제 20 판

Administrative Law

행정법개론

정하중 · 김광수

法 文 社

제20판 序 文

다사다난한 을사년 한 해가 지나가고 2026년 병오년 새해가 밝아왔다. 지난 2007년에 초판을 출간한 지 어언 20년이 흘렀다. 그동안 독자들의 꾸준한 호평을 받아 해마다 개정판을 내었고 이제 제20판을 출간하게 되었다.

20년은 강산이 두 번 바뀌는 긴 시간이다. 대한민국은 그 동안 정부가 여섯 번 바뀌었고, 경제, 사회, 문화적으로도 큰 변화를 겪었다. 아날로그와 디지털 시대를 뒤로하고 인공지능 시대가 개화하였다. 법학전문대학원이 설치되어 법조인 양성제도가 근본적으로 변화되었다. 수많은 법률들이 제 · 개정되고 분야별로 적지 않은 대법원 전원합의체 판결들이 나왔다. 새로 출간된 교과서를 초판과 비교하여 보니 질적 · 양적으로 현저하게 달라졌다. 특히 2021년 3월 제정된 행정기본법과 2022년 1월에 전부개정된 지방자치법은 교과서의 적지 않은 부분에 대하여 손을 보게 하였다. 제행무상(諸行無常), "세상의 모든 것은 변하고 영원한 것은 없다"는 불교의 가르침이 새삼 마음에 다가온다.

지난 한해도 중요한 행정법관련 법률들이 개정되었고 새로운 대법원 판례들이 나왔다. 「정부조직법」, 「행정기본법」, 「국가배상법」, 「국가공무원법」, 「지방공무원법」, 「도시 및 주거환경정비법」, 「환경영향평가법」 등이 개정되었다.

새로 나온 중요한 대법원 판결들을 열거하면 다음과 같다.

대법원은 기본적 사실관계가 동일하지 않더라도 원고가 추가 · 변경된 처분사유의 실체적 당부에 관하여 심리 · 판단하는 것에 명시적으로 동의하는 경우에는 예외적으로 이를 허용할 수 있다고 판시하였고(대판 2024. 11. 28, 2023두61349), 2024년 12. 19. 전원합의체 판결은 부진정 행정입법 부작위로 인해 장애인 접근권이 침해되었다는 이유에서 국가배상청구를 인용하였다(2022다289051).

또한 대법원은 정보공개법 제20조 제2항에 따라 비공개 열람 · 심사가 이루어지는 경우에는 행정청이 대통령기록물법 제17조 제4항을 근거로 자료제출을 거부할 수 없다고 판단하였으며(대판 2025. 1. 9, 2019두35763), 도시정비법 제27조 제1항에 따라 신탁업자가 사업시행자인 경우 토지 등 소유자가 위탁자 지위의 확인을 구하는 소송의 형태는 공법상 당사자소송이라고 판시하였다(대판 2025. 2. 20, 2024두52427).

대법원은 공법상 계약의 권리를 실현시키기 어려운 사정변경이 생겼거나 중대한 공익상의 필요가 발생한 경우와 같이 특별한 사정이 없는 이상, 행정청은 수익적 행정행위에 관한 재량권을 공법상 계약에 반하지 않는 범위에서 행사해야 한다고 판단하였고(대판 2025. 2. 27, 2024두47890), 특정한 처분으로 인하여 상대방에게 유리한 사실관계가 형성되었음을 인식하였음에도 이를 반영하지 않은 채 재량권을 행사했다면, 이는 행정청의 사실오인에 기초한 것으로서 재량권의 일탈 · 남용에 해당한다는 입장을 취하였다(대판 2025. 3. 13, 2024두58692). 아울러 판례는 다른 약사에 대한 약국개설등록처분으로 인하여 조제 기회를 전부 또는 일부라도 상실하게 된 기존 약국개설자는 특별한 사정이 없는 한 해당 처분의 취소를 구할 법률상 이익이 있다고 판단하였다(대판 2025. 9. 11, 2024두34276).

위 개정법률들과 대법원 판결들을 이번 20판 개정본에서 모두 반영하였음은 물론이다.

이번 20판 개정본작업에서도 여러분들의 귀중한 도움을 받았다. 바쁜 강의 일정에도 불구하고 개정작업을 꼼꼼하게 도와주신 류준세 선생께 감사드린다. 그리고 언제나 새롭고 중요한 판례를 찾아주신 임성훈 교수께 감사드린다. 매년 책의 출간을 전폭적으로 도와주시는 법문사 배효선 사장님, 김제원 이사님, 권혁기 차장님 그리고 배은영 씨에게도 감사와 더불어 행운과 축복이 있기를 기원한다.

2026년 1월

共著者 씀

제15판 序 文

지난 2007년 4월 행정법개론 초판을 출간한 지 어느덧 14년이 흘렀다. 그동안 독자들의 꾸준한 호평을 받아 해마다 개정판을 내었고 이제 제15판을 출간하게 되었다. 제15판을 계기로 이 책은 커다란 변화를 맞게 되었다. 제14판까지 정하중 단독 저서였던 이 책이 정하중 · 김광수 공저로 출간하게 된 것이다. 어느덧 세월이 흘러 칠순의 나이를 넘어 버렸다. 정신적으로 육체적으로 적지 않게 노쇠하여졌으며, 앞으로 혼자 개정작업을 하는 것보다 훌륭한 후배 교수에게 공동으로 개정작업을 부탁하는 것이 순리이고 현명하다고 판단하였다.

김광수 교수는 서울대학교 법과대학에서 박사학위를 취득하고, 순천향대학교, 명지대학교에서 법학교수를 역임하였으며, 2007년 이래로 서강대학교 법학전문대학원에서 행정법 전임교수로 재직하여 왔다. 동경대학교, 버클리대학에서 방문교수로 활동하였으며, 특히 영미법과 일본법에 깊은 조예가 있으며, 저서로 "환경과 법", "판례교재 행정법(공저)"이 있으며, 수많은 귀중한 연구논문을 발표한 한국행정법학을 대표하는 교수이다. 저자의 부탁을 기쁜 마음으로 흔쾌하게 수락한 김광수 교수에게 깊이 감사하며, 앞으로 행정법개론이 더욱 훌륭한 내용을 가지고 많은 독자들에게 사랑을 받는 교재로 거듭날 것을 기대한다.

금년에도 많은 법률들이 제 · 개정되었고 중요한 판례들이 나왔다.

주요 제 · 개정법률들을 살펴보면 「국가경찰과 자치경찰의 조직과 운영에 관한 법률」이 새로 제정되었고, 「지방자치법」이 전부 개정되었다. 아울러 「정부조직법」, 「경찰공무원법」, 「건축법」, 「도로교통법」, 「소방기본법」, 「출입국관리법」, 「민원처리에 관한 법률」, 「여객자동차운수사업법」, 「지방공기업법」, 「지방재정법」, 「지방자치단체를 당사자로 하는 계약에 관한 법률」, 「재난 및 안전관리기본법」, 「감염병의 예방 및 관리에 관한 법률」, 「주택법」, 「집회 및 시위에 관한 법률」, 「자연재해대책법」, 「문화재보호법」 등이 부분적으로 개정되었다. 특기할 사항은 그동안 행정법의 일반법원리와 중심적인 법제도를 규율하는 행정법총칙이 결여되어 법치행정의 실현과 국민의 권리보호에 큰 장애가 되어 왔다. 이제 행정법총칙에 해당하는 행정기본법안이 국회에 제출되어 조만간에 통과될 것으로 예상되는바, 이는 우리 행정법제사에 기념비적 사건으로 평가될 것이다.

행정법과 관련하여 지난 한 해 동안 나온 중요한 판례들을 열거하면 다음과 같다.

헌법재판소는 영창처분을 규정하고 있는 군인사법 제57조 제2항에 대하여 위헌결정을 내렸고(헌재결 2020. 9. 24, 2017헌바157), 공무원의 정치활동금지의무를 규정한 국가공무원법 제65조 제1항 중 "그 밖의 정치단체"에 관한 부분에 대하여 위헌결정을 내렸으며(헌재결 2020. 4. 23, 2018헌마551), 아울러 환매권의 발생기간을 10년으로 규정한 토지보상법 제91조 제1항에 대하여 헌법불합치결정을 내렸다(헌재결 2020. 11. 26, 2019헌바13). 한편 대법원은 지방법무사회의 사무직원 승인취소를 행정처분으로 판시하였으며(대판 2020. 4. 26, 2015다34444), 주민감사청구가 각하된 경우에 각하결정에 대하여 항고소송으로 다툴 필요 없이 주민소송을 제기할 수 있다고 판시하였고(대판 2020. 6. 25, 2018두67251), 토지상에 폐기물이 적치 또는 방치된 경우, 토지소유자 등에 대한 경찰상의 상태책임을 인정하였다(대판 2020. 6. 25, 2019두39048).

이번 제15판 개정작업에서도 여러분의 귀중한 도움을 받았다. 개정 작업을 함께 맡아 준 공저자 김광수 교수, 바쁜 강의 일정에도 귀중한 자료와 정보를 제공한 류준세 선생께 깊은 사의를 드린다. 제15판 출간을 위하여 온갖 노고를 아끼지 않은 법문사 김철환 사장님, 김제원 이사님, 권혁기 대리, 배은영 씨에게 감사의 말을 전한다.

2021년 1월

北漢山 書齋에서

著者씀

序 文

이번에 독자들의 요청과 출판업계의 일반적 추세에 따라 행정법총론과 행정법각론의 합본서인 행정법개론을 내게 되었다. 합본서를 출간하는 계기로 하여 총론과 각론의 내용에 상당한 손질을 하였다. 지나치게 상세한 설명은 줄였으며, 그동안 미진하다고 생각하였던 부분을 보충하였으며, 최근의 학설 및 주요판례와 개정된 법령을 빠짐없이 반영시켰다. 그리고 각 단원마다 사례연습을 추가함으로써 학생들의 행정법이론의 응용능력을 함양시키고 나아가 주요 국가고시에 대비하게 하였다. 그렇다고 하여 본서는 다른 합본서와는 달리 수험용 요약서로 출간한 것이 아니라 저자의 총론교과서와 각론교과서의 기본적 틀을 가급적 그대로 유지하는 것을 목적으로 하였다. 왜냐하면 모든 다른 법과목과 마찬가지로 행정법공부에 있어서도 요약된 내용의 기계적인 암기보다는 기본적인 법이론의 체계적인 이해가 무엇보다 중요하다고 생각하기 때문이다.

이에 따라 본서의 집필에 있어서 행정법을 처음부터 공부하는 학생들 뿐만 아니라, 행정법을 상당히 공부한 학생들에게도 유용한 교과서가 되도록 이해중심에 최대한의 역점을 두었다. 특히 행정법이론에서 가장 어려운 부분에 해당하는 무하자재량행사청구권, 행정재량과 판단여지, 부관에 대한 행정쟁송, 재산권보장에 있어서 경계이론과 분리이론, 수용유사적 · 수용적 침해법리, 결과제거청구권구에 관하여는 종전 행정법총론의 설명을 그대로 존속시켰고, 아울러 저자의 최근의 연구결과로서 이유제시의 하자의 치유와 처분사유의 추가 · 변경의 상호관계를 새로이 추가하였다.

그러나 일단 집필을 마치고 보니 마음 한 구석에는 아쉬움이 여전히 남아있다. 앞으로 기회가 있을 때마다 부족한 점을 계속 보완해 나갈 생각이며, 이와 관련하여 선 · 후배 동학의 기탄없는 조언과 비판을 기대한다.

이번 행정법개론의 출간에 있어서도 많은 사람의 도움이 있었다. 그 동안 총론부분의 교정을 맡아 준 박사과정의 金在胤군, 그리고 각론 부분의 교정을 맡아 준 사법연수원의 柳哲熙군에게 다시 한번 고마운 마음을 전한다. 그리고 이번에도 출판과 편집을 위하여 노고를 아끼지 않은 법문사 李在弼 이사와 金寧勳 차장께 깊은 감사를 드린다.

2007년 4월

茶山館 硏究室에서

著 者 씀

차 례

제1편 행정법통론

제1장 행 정 (3~17)

제 2 장 행 정 법 (18~54)

제 2 편　행정작용법

제 4 장 그 밖의 행정의 주요행위형식 (307~355)

제 3 편 행정절차 · 행정정보공개 · 개인정보보호

제 1 장 행정절차 (359~396)

제4편 행정상의 의무이행확보수단

제1장 행정강제 (445~491)

제2장 행 정 벌 (492~504)

제3장 새로운 의무이행확보수단 (505~514)

제5편 행정구제법

제6편 행정조직법

제1장 개 설 (877~904)

제 2 장 지방자치법 (905~1010)

제 7 편 특별행정작용법

제 1 장 경찰행정법 (1083~1120)

주요참고문헌

여기에서는 본서에서 참고한 문헌 중 국내외의 중요교과서와 주석서만 적어놓기로 한다.

1. 국내서적

姜求哲, 行政法 I, 1998, 螢雪出判社

김남철, 행정법강론, 2018, 박영사

金道昶, 一般行政法論(上), 1993, 青雲社

金道昶, 一般行政法論(下), 1993, 青雲社

金南辰, 行政法 I, 2000, 法文社

金南辰/金連泰, 行政法 I, 2024, 法文社

金南辰/金連泰, 行政法 II, 2024, 法文社

金東熙/崔桂暎, 行政法 I, 2023, 博英社

金東熙, 行政法 II, 2021, 博英社

金性洙, 一般行政法, 2021, 弘文社

김유환, 현대행정법, 2024, 박영사

金重權, 行政法, 2016, 法文社

金鐵容, 行政法, 2011, 博英社

朴均省, 行政法講義, 2024, 博英社

朴均省, 行政法論(上), 2024, 博英社

朴鈗炘/鄭亨根, 最新行政法講義(上), 2009, 博英社

朴鈗炘/鄭亨根, 最新行政法講義(下), 2009, 博英社

石琮顯, 一般行政法(上), 2015, 三英社

柳至泰/朴鍾秀, 行政法新論, 2016, 博英社

李琦雨, 地方自治理論, 1996, 學現社

李琦雨, 地方自治行政法, 1991, 法文社

李尙圭, 新行政法論(上), 1994, 法文社

李尙圭, 新行政法論(下), 1994, 法文社

張台柱, 行政法概論, 2011, 法文社

鄭南哲, 韓國行政法論, 2020, 法文社

洪井善, 行政法特講, 2020, 博英社

洪準亨, 行政法, 2017, 法文社

洪準亨, 行政救濟法, 2001, 한울

2. 외국서적

Bender, Bernd, Staatshaftungsrecht, 2. Aufl., 1974
Bender/Sparwasser, Umweltrecht, 1990
Detterbeck, Steffen, Allgemeines Verwaltungsrecht, 8. Aufl., 2010
Drews/Wacke/Vogel/Martens, Gefahrenabwehr, 9. Aufl., 1986
Erichsen, Hans-Uwe(Hg.), Allgemeines Verwaltungsrechts, 13. Aufl., 2005
Erichsen, Hans-Uwe, Kommunalrecht NW, 1988
Forsthoff, Ernst, Lehrbuch des Verwaltungsrechts, 10. Aufl., 1973
Frotscher, Werner, Wirtschaftsverfassungsrecht und Wirtschaftsverwaltungsrecht, 3. Aufl., 1999
Götz, Volkmar, Allgemeines Polizei und Ordnungsrecht, 14. Aufl., 2008
Hoppe/Beckmann, Umweltrecht, 2. Aufl., 2000
Hufen, Friedhelm, Verwaltungsprozeßrecht, 7. Aufl., 2008
Jarass, Hans. D., Wirtschaftsverwaltungsrecht und Wirtschaftsverfassungsrecht, 3. Aufl., 1997
Hoppe/Beckmann, Umweltrecht, 2. Aufl., 2000
Kloepfer, Michael, Umweltrecht, 2. Aufl., 1998
Kopp/Raumsauer, Verwaltungsverfahrensgesetz, 11. Aufl., 2010
Kopp/Schenke, Verwaltungsgerichtsordnung, 16. Aufl., 2009
Maurer/Waldhoff, Allgemeines Verwaltungsrecht, 20. Aufl., 2020
Mayer, Otto, Deutsches Verwaltungsrecht, Bd. Ⅰ, 3. Aufl., 1924
Mayer, Otto, Deutsches Verwaltungsrecht, Bd. Ⅱ, 3. Aufl., 1924
Ossenbühl, Fritz, Staatshatungsrecht, 5. Aufl., 1998
Obermayer, Kommentar zum Verwaltungsverfahrensgesetz, 3. Aufl., 1999
Püttner, Günter, Wirtschaftsverwaltungsrecht, 1989
Stelkens/Bonk/Sachs, Verwaltungsverfahrensgesetz, 6. Aufl., 2001
Schmidt-Aßmann, Eberhard(Hg.), Besonders Verwaltungsrecht, 12. Aufl., 2003
Schmidt-Jortzig, Eberhard, Kommunalrecht, 1982
Ule, Carl Hermann, Verwaltungsprozeßrecht, 9. Aufl., 1986
Wolff/Bachof/Stober, Verwaltungsrecht Ⅰ, 10. Aufl., 1994
Wolff/Bachof/Stober/Kluth, Verwaltungsrecht Ⅱ, 7. Aufl., 2010
Wolff/Bachof/Stober, Verwaltungsrecht Ⅲ, 5. Aufl., 2004

제 1 편

행정법통론

행 정

제 1 절 행정의 의의

Ⅰ. 근대입헌국가와 행정관념의 성립

행정법(行政法)은 행정을 규율대상으로 하기 때문에 행정법을 연구하기 위하여는 행정에 대한 관념을 이해하여야 한다. 행정의 관념은 근대입헌국가의 탄생과 그 시기를 같이한다. 근대입헌국가의 성립 이전인 근세 절대주의 국가시대에 있어서도 오늘날의 행정에 해당하는 국가작용이 존재하였는바, 즉 국가는 치안을 유지하기 위하여 국민에게 명령하고 강제를 가하거나, 토목공사를 위하여 부담을 과하고 국방을 목적으로 군대를 유지하고 관리하였다. 그러나 이들 국가작용은 입법이나 사법과 같은 다른 국가작용과 마찬가지로 절대군주의 통치권의 일환으로 행하여졌으며 오늘날과 같은 행정이라는 관념은 성립되지 않았다. 물론 이 시대에도 점진적으로 국가권력의 분화현상이 진행되고 있었으나 이는 어디까지나 군주의 통치작용의 내부현상에 지나지 않았다.

이와 같은 전제군주정치하의 절대주의적인 권력집중에 대한 항의가 영국의 권리청원(權利請願)(1628), 권리장전(權利章典)(1689), 미국의 독립선언(1776), 프랑스의 대혁명(1789) 등을 통하여 제기되었으며 그 결과로서 근대입헌국가가 성립되었다. 근대입헌국가는 시민의 자유와 재산에 대한 기본적 인권의 보장과 시민의 정치적 자유의 보장을 최고의 정치적 원리로 하였다. 따라서 입헌주의헌법에서는 국가권력의 집중과 남용으로 인한 국민의 자유침해를 방지하기 위하여 정치적 조직원리로서 권력분립의 원칙을 채택하였다. 존 로크(J. Locke)에 의하여 제창되고 몽테스큐(Montesquieu)에 의하여 완성된 고전적 의미의 권력분립이론은 과거의 전제군주에 의하여 장악되었던 통일적인 국가권력을 입법(立法) · 사법(司法) · 행정(行政)으로 나누어 각각 별개의 기관에 의하여 분장케 함으로써 상호견제를 통하여 권력집중으로 인한 전제를 방지하고 국민의 자유를 최대한 보장함을 그 이념으로 하였다. 이에 따라 입법(立法) · 사법(司法)과 구별되는 행정의 관념이 성립하게 되었다.

그러나 이와 같은 권력분립제도는 각국의 실정제도, 특히 정부형태가 대통령제냐 또는 의원내각제냐에 따라 상당한 차이가 있고, 그 현실적 적용형태 역시 몽테스큐가 주장한 바와 같이 입법 · 사법 · 행정의 세 작용을 성질상의 차이에 따라 분류하여 각각 다른 기관에 분장시켜야 된다는 이론과 엄격하게 일치하지 않는다. 즉 입법(立法)을 "법정립작용"이고 사법(司法)을 "법선언작용"이며 행정을 "법집행작용"이라고 정의한다면 현실적으로 입법부(立法府)도 어느 정도까지 행정작용을 담당하며(국회사무처의 국회에 대한 인사 및 예산집행), 행정부(行政府)도 일정한 전제조건하에서 입법작용을 하며(대통령령 또는 부령의 제정), 아울러 행정심판절차에서는 사법작용(司法作用)을 수행하고, 사법부(司法府)의 법원행정처에서는 실질적으로 법선언작용과는 무관한 행정작용을 담당한다. 이와 같이 제도적 권한분배에 있어서 이론과 실천의 유리는 학문에서 행정의 관념의 정립을 매우 어렵게 만들었으며 이에 따라 학설에서는 이른바 형식적 의미와 실질적 의미의 행정개념이 발전되었다.

Ⅱ. 형식적 의미의 행정과 실질적 의미의 행정

1. 형식적 의미의 행정

형식적 의미의 행정은 행정의 본질에 관한 이론적 개념으로서가 아니라 현실적인 국가기관을 기준으로 정립된 개념이다. 형식적 의미의 행정은 여러 국가기관 중에서 행정부에 속하는 기관에 의하여 행하여지는 모든 작용을 말한다. 형식적 의미의 행정의 개념을 따른다면 행정부에 의하여 행하여지는 국가작용이면 그것이 성질상 입법작용이거나 사법작용에 해당하거나를 가릴 것이 없이 모두 행정에 해당한다. 그런데 원래 권력분립의 기본취지는 입법, 사법, 행정의 세 가지 국가작용이 성질상 차이가 있기 때문에 각각 다른 국가기관에 의하여 수행되도록 하고 있음에도 불구하고, 형식적 의미의 행정개념은 국가작용의 성질상의 차이를 거꾸로 국가기관의 형태를 기준으로 결정하려는 시도로서 이는 본말의 전도에 해당된다는 비판을 받고 있다. 그러나 형식적 의미의 행정개념을 추구하는 것은 행정법학의 연구대상인 "행정"과의 관계에서 중요한 의미를 갖는다. 즉 실질적 의미의 입법에 속하는 행정입법 및 성질상 사법에 속하는 행정심판은 행정법학의 연구대상이 되는 반면에 실질적 의미의 행정에 속하는 사법행정이나 입법행정은 행정법학에서 다루지 않는다. 이것은 행정법학의 연구대상이 실질적 의미의 행정을 중심으로 하면서도, 아울러 형식적 의미의 행정을 포함하고 있음을 의미하는 것이다.

2. 실질적 의미의 행정

실질적 의미의 행정에 관한 학설로는 국가작용의 성질상의 차이를 인정하고 행정의 실질적 개념의 규정이 가능하다고 보는 긍정설과 국가작용의 성질상의 차이를 부인하고, 행정의 실질적 개념 규정이 불가능하다는 부정설로 나누어 볼 수 있고, 전자는 다시 소극설과 적극설로 구분할 수 있다.

1) 긍정설

가. 소극설

행정개념을 적극적으로 무엇이라고 규정하기는 곤란하다고 전제하고 단일한 통치작용으로부터 입법작용과 사법작용이 분화된 후에 남은 국가작용이 행정이었다고 하는 역사적 성립과정에 착안하여, 모든 국가작용 중에서 적극적으로 정의할 수 있는 입법작용과 사법작용을 먼저 밝히고 그 외의 국가작용을 행정이라고 보는 입장이다. 발터 엘리네크(W. Jellinek) 등에 의하여 주장된 소극설은 행정이란 입법이나 사법 이외의 국가 또는 기타 행정주체의 활동을 행정이라고 한다. 이른바 공제설(控除說)이라고 불리우는 이 설은 첫째, 입법이나 사법의 공제 후에도 행정에 속한다고 볼 수 없는 국가원수의 선전포고행위, 조약체결, 사면행위, 의회의 정부에 대한 통제 등의 통치행위(統治行爲) 등의 작용이 남게 되며, 둘째, 입법이나 사법의 영역도 사실상 명백하게 한계를 지울 수 없다는 이유에서 비판을 받고 있다.

나. 적극설

적극설이란 행정이라 함은 이러이러한 성질을 가진 국가작용이라고 적극적으로 규정하는 입장이다. 행정의 관념을 이론적으로 밝히기 위하여는 이러한 방법이 정도임은 물론이다. "국가가 법질서 아래서 국가목적을 실현하기 위하여 행하는 작용",[1] "공익상 필요한 결과를 실현함을 목적으로 하는 기술적 · 정신적 · 법률적 사무의 전체",[2] "법률의 범위 안에서 법에 의거하여 행하여지는 장래에 대한 계속적인 사회형성활동",[3] "이미 내려진 정치적 결정의 계획적이고 목적지향적인 집행"[4] 등 지금까지 많은 행정법학자들은 행정에 대한 적극적인 정의를 시도하였다. 그러나 이러한 정의들은 행정의 본질적인 측면을 올바로 지적하였으나 어느 하나도 행정이란 무엇인가에 대하여 만족할 만한 답변을 주고 있지 못하다. 이것은 행정의 본질에 대한 학계의 노력이 그동안 부진하였기 때문이 아니라 행정 자체의 고유성에 기인하고 있다. "행정이란 정의할 수 없으며 단지 묘사할 수 있을 뿐이다"라고 포르스트호프(E. Forsthoff)가 고백하였듯이,[5] 행정은 그 활동영역, 목적 및 작용형태가 너무나 다양하기 때문에 개념적 정의가 사실상 거의 불가능하다.

2) 부정설

다른 한편 켈젠(H. Kelsen)이나 메르클(A. Merkl) 등의 순수법학적 견해에 따르면 입법 · 사법 · 행정의 실질적 구별은 불가능하고 다만 실정법질서의 단계적 구조와 기관양태적 차이에 따라 이들을 구별할 수밖에 없다고 한다(이른바 법단계설 · 기관양태설). 켈젠에 의하면 전체의 국가작용은 상위규범에서 하위규범을 향하여 하향적으로 구체화되어가는 상 · 하의 단계적 구조, 즉 근본규범-헌법-법률-판결 · 처분-집행이라는 하향구조를 갖고 있다. 법정립인 최상급단계와 법집행인 최하급단계를 제외하고는 그 중간의 각 단계는 각각 그 직접상급단계에 대하여는 법집행이고, 그 직접 하급단계에 대하여는 법정립이라는 이중적 성질을 갖는다. 따라서 모든 국가작용은 법정립적 · 법선언적 · 법집행적 성질을 아울러 가지고 있는 것이므로, 성질에 따라 국가작용을 구별함은 불가능하다고 한다.[6]

메르클에 의하면 국가작용은 실정헌법에 대하여 똑같이 종속적이고 상호간에 상하관계를 맺고 있는 입법과 집행의 두 작용으로 나누어지고, 집행은 다시 입법에 대하여 똑같이 모자관계에 있으면서, 상호간으로는 자매관계에 있는 사법과 행정의 두 부분으로 나누어진다. 입법은 헌법의 직접적 집행인 데 대하여 집행은 입법을 통한 헌법의 간접적 집행에 해당한다. 집행은 다시 병렬적 기관복합체의 작용인 사법과 종속적 기관복합체의 작용인 행정으로 구분된다고 한다.[7] 이러한 견해는 국가작용이 성질상으로 절대적 차이가 나지 않는다는 점을 지적한 점에 있어서는 기여한 바 있으나, 특

1) O. Mayer, Deutsches Verwaltungsrecht, Bd. I, 3. Aufl., 1924, S. 13.
2) F. Fleiner, Institutionen des deutschen Verwaltungsrechts, 8. Aufl., 1928, S. 4.
3) Forsthoff, Lehrbuch des Verwaltungsrechts, 10. Aufl., 1973, S. 6.
4) Thieme, Verwaltungslehre, 4. Aufl., 1984, S. 7.
5) E. Forsthoff, aaO., S. 3.
6) H. Kelsen, Allgemeine Staatslehre, 1925, S. 236ff.
7) A. Merkl, Allgemeines Verwaltungsrecht, 1927, S. 36ff.

정한 시간과 장소에 타당한 제도적 행정법이론을 떠난 순수법학적 일반행정법이론이라는 점에서 그 한계를 지니고 있다고 보아야 할 것이다.

Ⅲ. 행정의 징표

행정에 대한 개념정의가 매우 어려운 것을 사실이지만, 그럼에도 불구하고 우리는 행정에 일반적으로 주어지며, 이에 따라 행정의 본질에 해당하는 징표들에 대하여 언급할 수 있다.

1. 사회적 형성활동

행정이란 사회적 형성활동이다. 행정의 대상은 사회적 공동생활이며 따라서 행정은 공동체와 그 공동체의 구성원인 인간들의 문제와 사건을 해결하고 형성하는 것을 그 목적으로 하고 있다. 공동체가 번영하고 발전하며, 그 구성원인 개개인이 행복한 삶을 영위할 수 있도록 하는 것이 행정의 최대과제라고 말할 수 있다.

2. 공익의 추구

행정은 또한 공익을 실현하는 작용이다. 그러나 공익이라는 개념은 그 내용이 확정되어 있는 불변의 개념이 아니라 시대에 따라 변화하는 전형적인 불확정법개념이다. 특히 오늘날과 같이 다양한 집단이 대립하여 자신의 이익을 추구하는 다원화된 사회에서는 무엇이 공익에 해당하는지를 결정한다는 것은 쉬운 것이 아니다. 개개의 이익이 충돌할 경우에(환경오염을 유발시킬 가능성이 있는 공장허가에 대한 인접주민의 반대) 이를 해결하는 것도 쉬운 것은 아니며, 경우에 따라서는 공익은 개인적 이익과 합치가 되기도 하고 또는 상호 충돌하기도 한다. 이러한 경우에 해결에 대한 결정적인 기준을 제공하는 것은 헌법과 헌법의 범위 안에서 제정된 관련법률들이라고 할 수 있다.

3. 구체적인 법집행행위

입법이 일반적 · 추상적 규율인 법규범을 제정하여 불특정한 다수의 사람과 불특정한 다수의 사안을 대상으로 하는 반면 행정은 입법자가 일반적이고 추상적으로 정하여 놓은 것을 구체적으로 실현한다. 따라서 성격상 행정은 구체적 사항의 규율과 특정한 목적의 실현을 위하여 개별적이고 구체적인 조치를 취한다. 물론 법률에도 법적 효과에 있어서 행정처분과 같은 성질을 갖는 처분적 법률(Maßnahmegesetz)이 있으며, 행정작용에도 일반적 · 추상적 규율에 해당하는 행정계획도 있으나 이들은 어디까지나 예외적인 현상에 지나지 않는다.

4. 능동적이고 미래지향적인 형성적 활동

행정이란 능동적이며 미래지향적인 형성적 활동이다. 행정은 구체적인 법집행행위에 제한되지 않고 법에서 규정된 사항 이외에도 제반분야에서 주도적이고 능동적으로 활동한다(도로건설, 사회적 · 문화적 시설의 설치 및 유지). 그러나 이러한 행정의 미래지향적이고 형성적인 활동도 헌법과 법률에 그 한계를 두고 있다.

제2절 통치행위

I. 의 의

통치행위(Regierungsakt)란 국정의 기본방향이나 국가적 정책사항을 대상으로 하는 고도의 정치성을 띤 행위로서, 사법심사(司法審査)의 대상으로 하기에 부적합할 뿐 아니라, 비록 그에 관한 판결이 있는 경우에도 그 집행이 곤란한 성질의 행위를 말한다. 종래 광의의 행정을 통치행위와 협의의 행정으로 구분하고 협의의 행정만이 법 아래 있는 작용으로서 행정법학의 대상이 되며 통치행위는 입법(立法)도 아니고 사법(司法)도 아니고 행정(行政)도 아닌 제4의 국가작용이라고 하여 왔다.[8] 일반적으로 협의의 행정은 법 아래에서 법에 의하여 행하여지고 원칙적으로 사법심사의 대상이 되는 반면에, 통치행위는 법적으로 구속을 받지 않으며 사법심사의 대상으로 하기에 적합하지 않다는 점에 있어서 그 차이점이 존재한다. 이러한 통치행위는 법치국가원리가 확립되고 국가작용의 합법성에 대한 사법통제가 일반적으로 인정되고 있는 오늘날에 있어서 예외적 현상에 해당된다.

II. 각국의 실태

오늘날 대부분의 국가는 판례를 통하여 통치행위에 상응하는 관념을 인정하고 있는데, 각국의 헌법구조와 권력분립의 형태, 사법제도운용의 상이성 때문에 그 통치행위의 근거 및 범위는 동일하지 않다.

1. 프 랑 스

프랑스에서는 일반행정과 구별되는 통치행위의 관념은 주로 국참사원의 판례를 중심으로 형성되었다. 모든 행정기관의 행위가 국참사원의 심리의 대상이 되었으나 일련의 정부 및 국회의 정치적 행위는 행정재판의 대상에서 제외되었다. 그러나 어떠한 행위가 어떠한 이유하에 통치행위에 속하며 사법심사에서 배제되는가는 법에서 규정되고 있지 않으며 주로 판례와 학설에 의하여 발전되어 갔다. 판례와 학설에서는 이러한 통치행위에 속하는 것으로서 ① 행정부와 의회의 관계에 관한 행위(대통령의 의회소집, 하원해산, 선거를 명하는 행위), ② 계엄선포, ③ 외교행위(조약체결 및 집행), ④ 외국인에 대한 전시경찰행위(외국인억류행위, 중립국 선박억류) 등을 들고 있다. 국참사원에서는 이들에 대한 심판거부이유로 이들은 고도의 정치성을 띠고 있는 행위들이기 때문에 합법성의 문제라기보다는 합목적성의 문제라는 데서 구하고 있다.

2. 독 일

독일에 있어서는 제2차 세계대전까지 행정재판제도는 열기주의를 채택하였기 때문에 통치행위에 대하여는 행정재판상으로는 그다지 문제될 수 없었고 단지 헌법재판의 한계와 관련하여 거론되었을 뿐이다. 그러나 제2차 세계대전 이후 개괄주의를 채택하여 모든 행정작용이 사법심사의 대상이

8) O. Mayer, Deutsches Verwaltungsrecht, Bd. I, 3. Aufl., 1924, S. 2.

됨에 따라 통치행위에 대한 논쟁이 야기되었다. 통설은 규범으로부터 독립하여 정치적으로 결정되는 일정한 정치상의 중대문제들은 신분이 보장되고 누구에게도 정치적 책임을 지지 않는 법관에 의하여 결정될 일이 아니라 국민이나 국회에 대하여 책임을 지는 정부에 의하여 결정되어야 한다는 정치적 합목적성의 고려에서 통치행위를 인정하는 경향이 있다. 오늘날 독일에서 인정되고 있는 통치행위의 예들은 수상의 선거, 국회의 해산, 조약의 비준을 포함한 외교행위들을 들고 있다.

3. 영 국

영국에 있어서도 일정한 범위의 국가행위, 즉 국왕의 대권행위 및 의회의 행위 등은 사법심사에서 제외되고 있다. 영국에서는 과거 군주주권 이래 "국왕은 소추될 수 없다"라는 원칙이 확립되고 국왕의 대권에 유보되어 있는 사항에는 법원이 관여하지 않는 것이 현명하다고 생각하여 국가승인 · 선전 · 강화 등 국왕의 대권행사에 대하여는 법원이 재판권을 행사하지 않았다. 다만 구체적인 사안에 대하여 과연 대권이 인정될 수 있는지, 만일 대권을 인정할 수 있으면 어떤 범위에서 그것이 허용되는지는 선결문제로서 심리되는 것이 보통이다.

4. 미 국

미국에 있어서 통치행위의 문제는 헌법의 기본원리의 하나인 엄격한 권력분립주의에 바탕을 둔 정치적 문제(Political questions)라는 형식으로 나타나고 있다. Luther v. Borden 사건 이래[9] 정치문제가 법률문제의 성격을 띠고 있다 하더라도 이를 의회 또는 집행부와 같은 정치적 기관으로 하여금 판단하게 하고 법원은 이를 심리 · 판단하지 않는다는 원칙이 판례를 통하여 확립되었다.

Ⅲ. 통치행위에 관한 학설

오늘날 통치행위의 인정여부 및 인정하는 경우 그 이론적 근거에 관하여 학설에서 다툼이 되고 있다.

1. 통치행위긍정설

현실적으로 오늘날 대부분의 국가에서는 판례를 통하여 통치행위를 인정하고 있으며 학설에 있어서도 이를 일반적으로 긍정하고 있다. 그러나 그 이론적인 근거에 있어서는 여러 가지 견해가 제시되고 있다.

1) 사법자제설

통치행위가 사법심사의 대상에서 제외되는 것은 고도의 정치성을 띤 타 국가기관의 행위에 사법부가 자제하는 것이 바람직하다는 이유에서이다. 통치행위도 그것이 법적 문제로서의 성격을 갖고 있는 이상 사법부는 이를 심사할 수는 있으나 사법심사로 인하여 막대한 국가적 손실이 발생하거나, 사법부가 정치기관화하게 되어 그 독립성을 위협당하게 될 우려가 있을 때에는 사법부가 그 문제에 대한 사법심사를 포기하는 조그만 해악을 감수할 수밖에 없다는 헌법정책적 고려에서 사법부의 자제

9) Luther v. Borden 事件: 1849년 Rhode Island 州에서는 반란으로 수립된 정부와 종래의 정부가 서로 적법정부임을 주장한 데 대하여 연방최고법원은 "어느 정부가 적법한가의 판단은 정치적 문제이므로 법원이 판단할 사항이 아니라, 연방의회와 연방정부가 결정할 사항이다"라고 판시하였다.

가 바람직하다고 하는 견해이다.

그러나 이 설에 대하여는 법률상 심사가 가능함에도 불구하고 법원이 심사하지 않는 것은 심사권의 포기를 의미하는 것으로 헌법의 명문규정에 위배될 뿐만 아니라 심사기피는 어느 한쪽의 정치적 입장을 대변한다는 비판이 제기되고 있다.

2) 재량행위설

재량행위설에 의하면 통치행위는 정치적 문제이고 정치적 문제는 국가최고기관의 자유재량에 속하는 사항이므로 사법심사의 대상에서 제외된다고 한다. 그러나 오늘날 재량행위도 사법심사의 대상이 되고 있으며 사법심사의 결과 재량이 유월 또는 남용되어 재량권행사의 한계를 넘는 경우에는 위법한 것으로 판단된다. 통치행위에 있어서는 그것이 재량권의 한계를 벗어나든 아니든 무조건 사법적 심사의 대상에서 제외하려는 것이며 여기에 통치행위를 인정하려는 의도가 있다. 이에 따라 재량행위설은 왜 통치행위가 사법심사의 대상에서 제외되는지에 대한 적절한 설명을 하여주지 못한다는 비판을 받고 있다.

3) 내재적 한계설(권력분립설)

법원의 사법심사권에는 권력분립의 견지에서 나오는 일정한 내재적 한계가 존재하는바, 고도의 정치성을 띠는 통치행위는 이러한 사법심사권의 한계를 넘어선다는 견해이다. 즉 정치적으로 중요한 의미를 갖는 행위에 대한 판단은 정치적으로 책임을 지지 않는 법원에 의한 소송절차를 통하여 해결할 문제가 아니고 정부나 의회 등에 의하여 정치적으로 해결되거나 국민에 의하여 민주적으로 통제되어야 한다는 입장으로 오늘날 다수에 의하여 지지를 받고 있다.

2. 통치행위부정설

통치행위를 부인하는 견해는 실질적 법치주의가 확립되고 국민의 재판청구권이 보장되고 있으며 행정소송에 있어서 개괄주의가 채택된 현대국가에서는 모든 국가작용이 사법심사의 대상이 되어야 하며 따라서 사법심사의 대상에서 제외된다는 의미에서의 통치행위를 인정할 수 없다고 한다. 사법적 통제의 대상이 되지 않는 통치행위를 인정하게 되면 헌법이 규정하고 있는 국가작용에 대한 사법부의 위헌·위법심사권이 부인될 뿐 아니라 정치의 무법상태를 허용하고 나아가서 독재권력의 발호를 허용하게 되는 결과가 된다고 한다.[10)]

3. 결　　어

상술한 바와 같이 우리나라에 있어서 통치행위의 관념을 부정하는 견해도 없지는 않으나 이를 인정하는 것이 지배적인 견해로 보인다. 그러나 국민에게 재판청구권이 보장되어 있으며 행정소송에 있어서 개괄주의가 채택되어 있고 헌법재판소의 헌법소원심사권이 인정되고 있는 이상, 법률적 판단이 가능하고 또한 이를 통하여 개인의 권리·이익에 관한 구체적 분쟁의 해결이 가능한 사항은 사법심사의 대상이 되어야 할 것이다. 다른 한편 정부나 국회의 권한행사 가운데 법원의 심판대상으로 하기에는 적절하지 않은 고도의 정치적 행위가 존재하고 있음은 부인할 수 없다. 이들의 경우에 있어서는 사법심사의 대상으로 할 것이 아니라 정치적 비판의 대상으로 유보하여 두는 것이 권력분립

10) 金鐵容, 우리 憲法과 統治行爲, 法政, 1964. 6, 54면 이하.

의 정신이나 사법권의 본질에 비추어 보다 합목적적일 것이다. 아울러 이러한 사법심사의 대상이 되지 않는 통치행위는 극히 제한적으로 인정되어야 하며 헌법의 기본원리를 부정하거나 국민의 기본권을 침해하거나 실정법의 엄격한 요건하에서 허용되는 행위는 통치행위가 될 수 없다고 보아야 한다.

Ⅳ. 우리나라에 있어서 통치행위의 범위와 판례

1. 통치행위의 범위

통치행위의 범위에 대하여는 학설에 따라 차이가 존재하기는 하나 일반적으로 대통령의 외교에 관한 행위(헌법 73조), 군사에 관한 행위(헌법 74조), 긴급명령 및 긴급재정경제명령 · 처분권의 행사(헌법 76조), 계엄의 선포(헌법 77조), 사면권의 행사(헌법 79조), 영전의 수여(헌법 80조), 국무총리 · 국무위원의 임면(헌법 86조 · 87조), 법률안거부권 행사(헌법 53조 2항), 중요정책의 국민투표부의권(헌법 72조), 국회의원의 자격심사 및 징계(헌법 64조), 국회의 국무총리 또는 국무위원의 해임건의(헌법 63조) 등이 열거되고 있다. 그러나 이들에 있어서 계엄선포나 긴급명령 및 긴급재정경제명령 · 처분권의 행사와 같이 고도의 정치적 성격을 띠고 있는 행위일지라도 헌법이나 법률에 그 행사요건이 구체적으로 규정되거나 국민의 기본권보장에 중대한 영향을 미치는 행위들은 그 통치행위의 성격이 부인되어져야 할 것이다.

2. 판 례

판례는 과거 권위주의 시대에서는 통치행위의 범주를 상대적으로 폭넓게 인정하였으나 민주화가 진행되고 법치주의가 강화됨에 따라 통치행위의 범주를 점차 좁혀 가고 있는 추세에 있다.

1) 대법원

대법원은 비상계엄의 선포와 그 확대행위는 고도의 정치적 · 군사적 성격을 지니는 행위로서 그 계엄선포의 요건 구비여부나 선포의 당 · 부당을 판단할 권한이 사법부에 없으나, 이들 행위들이 국헌문란의 목적으로 행하여진 경우에는 그 자체가 범죄행위에 해당하는지 여부에 관하여 심사할 수 있다고 판시하였다. 또한 대법원은 남북정상회담 개최와 관련된 대북송금사건에서 남북정상회담 개최는 고도의 정치적 성격을 지니고 있는 행위로서 사법심사의 대상으로 하는 것은 적절치 못하지만, 그 개최과정에서 불법적으로 송금한 행위 자체는 사법심사의 대상이 된다고 판시하였으며, 유신헌법 53조에 근거한 대통령의 긴급조치 제1호 역시 국민의 기본권제한과 관련된 것으로 사법심사의 대상이 된다고 판시하였다.

판례 1(대통령의 비상계엄선포행위가 사법심사의 되는지 여부) 대통령의 비상계엄의 선포나 확대 행위는 고도의 정치적 · 군사적 성격을 지니고 있는 행위라 할 것이므로, 그것이 누구에게도 일견하여 헌법이나 법률에 위반되는 것으로서 명백하게 인정될 수 있는 등 특별한 사정이 있는 경우라면 몰라도, 그러하지 아니한 이상 그 계엄선포의 요건 구비 여부나 선포의 당 · 부당을 판단할 권한이 사법부에는 없다고 할 것이나, 비상계엄의 선포나 확대가 국헌문란의 목적을 달성하기 위하여 행하여진 경우에는 법원은 그 자체가 범죄행위에 해당하는지의 여부에 관하여 심사할 수 있다(대판 1997. 4. 17, 96도3376).

판례 2(남북정상회담의 개최가 사법심사의 대상이 되는지 여부) 남북정상회담의 개최는 고도의 정치적 성격을 지니고 있는 행위라 할 것이므로 특별한 사정이 없는 한 그 당부를 심판하는 것은 사법권의 내재적 · 본질적 한계를 넘어서는 것이 되어 적절하지 못하지만, 남북정상회담의 개최과정에서 재정경제부장관에게 신고하지 아니하거나 통일부장관의 협력사업 승인을 얻지 아니한 채 북한측에 사업권의 대가 명목으로 송금한 행위 자체는 헌법상 법치국가의 원리와 법 앞에 평등원칙 등에 비추어 볼 때 사법심사의 대상이 된다(대판 2004. 3. 26, 2003도7878).

판례 3(대통령의 긴급조치가 사법심사의 대상이 되는지 여부) 입헌적 법치주의국가의 기본원칙은 어떠한 국가행위나 국가작용도 헌법과 법률에 근거하여 그 테두리 안에서 합헌적 · 합법적으로 행하여질 것을 요구하고, 이러한 합헌성과 합법성의 판단은 본질적으로 사법의 권능에 속하는 것이다. 다만 고도의 정치성을 띤 국가행위에 대하여는 이른바 통치행위라 하여 법원 스스로 사법심사권의 행사를 억제하여 그 심사대상에서 제외하는 영역이 있을 수 있다. 그러나 이와 같이 통치행위의 개념을 인정한다고 하더라도 과도한 사법심사의 자제가 기본권을 보장하고 법치주의 이념을 구현하여야 할 법원의 책무를 태만히 하거나 포기하는 것이 되지 않도록 그 인정을 지극히 신중하게 하여야 한다. 이러한 법리를 바탕으로 하여 볼 때, 평상시의 헌법 질서에 따른 권력행사방법으로는 대처할 수 없는 중대한 위기상황이 발생한 경우 이를 수습함으로써 국가의 존립을 보장하기 위하여 행사되는 국가긴급권에 관한 대통령의 결단은 가급적 존중되어야 한다. 그러나 앞에서 살펴 본 바와 같은 법치주의의 원칙상 통치행위라 하더라도 헌법과 법률에 근거하여야 하고 그에 위반되어서는 아니 된다. 더욱이 유신헌법 제53조에 근거한 긴급조치 제1호는 국민의 기본권에 대한 제한과 관련된 조치로서 형벌법규와 국가형벌권의 행사에 관한 규정을 포함하고 있다. 그러므로 기본권 보장의 최후 보루인 법원으로서는 마땅히 긴급조치 제1호에 규정된 형벌법규에 대하여 사법심사권을 행사함으로써, 대통령의 긴급조치권 행사로 인하여 국민의 기본권이 침해되고 나아가 우리나라 헌법의 근본이념인 자유민주적 기본질서가 부정되는 사태가 발생하지 않도록 그 책무를 다하여야 할 것이다(대판 2010. 12. 16, 2010도5986).

판례 4(서훈취소는 서훈수여와 달리 사법심사의 대상이 된다는 판례) 구 상훈법 제8조는 서훈취소의 요건을 구체적으로 명시하고 있고 절차에 관하여 상세하게 규정하고 있다. 그리고 서훈취소는 서훈수여의 경우와는 달리 이미 발생된 서훈대상자 등의 권리 등에 영향을 미치는 행위로서 관련 당사자에게 미치는 불이익의 내용과 정도 등을 고려하면 사법심사의 필요성이 크다. 따라서 기본권의 보장 및 법치주의의 이념에 비추어 보면, 비록 서훈취소가 대통령이 국가원수로서 행하는 행위라고 하더라도 법원이 사법심사를 자제하여야 할 고도의 정치성을 띤 행위라고 볼 수는 없다(대판 2015. 4. 23, 2012두26920).

2) 헌법재판소

헌법재판소는 긴급재정경제명령에 관한 헌법소원사건에서 통치행위라고 하더라도 기본권침해에 관련된 경우에는 헌법재판소의 심판대상이 된다고 판시하였다. 통치행위를 개념적으로 사법심사의 대상이 되지 않는 행위(gerichtsfreie Hoheitsakte)로 정의한다면[11] 이와 같은 결정은 결과적으로 기본권침해와 관련된 행위는 통치행위성이 부인된다는 견해로 보아야 할 것이다. 한편 헌법재판소는 이라크 전쟁에의 국군파병에 대한 헌법소원사건에서 해외파병은 국방 및 외교에 관련된 고도의 정치적 결단을 요하는 문제로서 헌법과 법률이 정한 절차를 지켜 이루어진 것이 명백한 이상 대통령과 국회의 판단은 존중되어야 하고 재판소가 사법적 기준만으로 이를 심판하는 것은 자제되어야 한다는 이유로 해외파병의 통치행위성을 인정하였다.

11) Wolff/Bachof/Stober, Verwaltungsrecht I, S. 621.

판례 1(긴급재정경제명령과 사법심사) 대통령의 긴급재정경제명령은 국가긴급권의 일종으로서 고도의 정치적 결단에 의하여 발동되는 행위이고 그 결단을 존중하여야 할 필요성이 있는 행위라는 의미에서 이른바 통치행위에 속한다고 할 수 있으나, 통치행위를 포함하여 모든 국가작용은 국민의 기본권적 가치를 실현하기 위한 수단이라는 한계를 반드시 지켜야 하는 것이고, 헌법재판소는 헌법의 수호와 국민의 기본권 보장을 사명으로 하는 국가기관이므로 비록 고도의 정치적 결단에 의하여 행해지는 국가작용이라고 할지라도 그것이 국민의 기본권 침해와 직접 관련되는 경우에는 당연히 헌법재판소의 심판대상이 된다(헌재결 1996. 2. 29, 93헌마186).

판례 2(국군파병의 통치행위성) 외국에의 국군의 파견결정은 파견군인의 생명과 신체의 안전뿐만 아니라 국제사회에서의 우리나라의 지위와 역할, 동맹국과의 관계, 국가안보문제 등 궁극적으로 국민 내지 국익에 영향을 미치는 복잡하고도 중요한 문제로서 국내 및 국제정치관계 등 제반상황을 고려하여 미래를 예측하고 목표를 설정하는 등 고도의 정치적 결단이 요구되는 사안이다. 따라서 그와 같은 결정은 그 문제에 대해 정치적 책임을 질 수 있는 국민의 대의기관이 관계분야의 전문가들과 광범위하고 심도있는 논의를 거쳐 신중히 결정하는 것이 바람직하며 우리 헌법도 그 권한을 국민으로부터 직접 선출되고 국민에게 직접 책임을 지는 대통령에게 부여하고 그 권한행사에 신중을 기하도록 하기 위해 국회로 하여금 파병에 대한 동의여부를 결정할 수 있도록 하고 있는바, 현행 헌법이 채택하고 있는 대의민주제 통치구조하에서 대의기관인 대통령과 국회의 그와 같은 고도의 정치적 결단은 가급적 존중되어야 한다(헌재결 2004. 4. 29, 2003헌마814).

V. 통치행위의 법적 효과

통치행위에 속하는 행위는 재판에 있어서 위법여부의 심사대상에서 제외되는 효과를 가져온다. 문제는 통치행위로 인하여 국민에게 손해가 발생된 경우에 국가에 대하여 손해배상을 제기할 수 있는지 여부이다. 이에 대하여는 학설의 다툼이 있다.[12] 통치행위 역시 헌법과 법률을 위반하고 국민의 기본권을 침해하는 경우에는 국가배상의 대상이 된다고 보아야 할 것이다. 판례는 종전의 입장을[13] 변경하고 위헌 · 무효인 대통령의 긴급조치권 행사가 국가배상의 대상이 된다고 판시하였다.[14]

판례(위헌 · 무효인 대통령의 긴급조치권 행사가 국가배상의 대상이 되는지 여부) 긴급조치 제9호는 위헌 · 무효임이 명백하고 긴급조치 제9호 발령으로 인한 국민의 기본권 침해는 그에 따른 강제수사와 공소제기, 유죄판결의 선고를 통하여 현실화되었다. 이러한 경우 긴급조치 제9호의 발령부터 적용 · 집행에 이르는 일련의 국가작용은, 전체적으로 보아 공무원이 직무를 집행하면서 객관적 주의의무를 소홀히 하여 그 직무행위가 객관적 정당성을 상실한 것으로서 위법하다고 평가되고, 긴급조치 제9호의 적용 · 집행으로 강제수사를 받거나 유죄판결을 선고받고 복역함으로써 개별 국민이 입은 손해에 대해서는 국가배상책임이 인정될 수 있다(대판(전원합의체) 2022. 8. 30, 2018다212610).

사례 1 대통령은 금융실명제도의 개선을 위하여 금융실명거래에 관한 긴급재정경제명령을 발하였다. 이로 인하여 갑소유 주식의 시가가 폭락하게 되었다. 이에 갑은 위 긴급재정경제명령을 행정소송 또는

12) 긍정설로는 金南辰, 行政法 I, 16면; 제한적 긍정설로는 洪井善, 行政法特講, 9면.
13) 대판 2015. 5. 26, 2012다48824.
14) 김광수, 긴급조치와 국가배상, 경찰법 연구 제21권 제3호, 2023.

헌법소원으로 다투고자 하는데 법원 또는 헌법재판소가 이를 심사·판단할 수 있는지 여부를 논하시오. (제36회 외무고시)

▶답안요지 국가행위 중에서 고도의 정치성을 갖기 때문에 사법심사의 대상이 되지 않는 행위를 통치행위라고 한다. 대통령의 긴급재정경제명령은 이러한 통치행위에 해당하여 원칙적으로 사법심사의 대상이 되지 않는다는 것이 학설과 판례의 일반적인 태도이다. 다만, 그것이 국민의 기본권침해와 직접 관련된다면 헌법재판의 대상이 된다. 뿐만 아니라 긴급재정경제명령은 처분성이 없어 직접 행정소송의 대상이 되지 못한다.

사례 2 A는 공문서위조와 사기죄로 3년의 징역형을 선고받아 교도소에서 복역하고 있다. A의 아내는 홀어머니와 3남매를 부양하고 있는 A가 복역중이기 때문에 일가족의 생계유지가 아주 곤란할 뿐 아니라 A 스스로 범행을 깊이 뉘우치고 있다는 이유로 법무부장관에 탄원을 하였다. 법무부장관의 특별사면의 상신에 대하여 대통령의 거부결정이 내려졌다. 대통령의 사면거부는 사법심사의 대상이 될 수 있을까?

▶답안요지 전통적으로 국가원수의 사면행위는 통치행위에 속하여 왔으며 그의 사법심사의 가능성은 부인되었다. 사면은 엄격한 법적 절차에 의하여 내려진 사법부의 결정을 전적으로 법률 이외적인 고려에 의하여 폐지 또는 변경하는 행위이기 때문에 사면거부결정에 의하여 관련인의 법률상 이익이 침해될 수가 없다고 한다. 비록 사면법에는 사면절차에 관하여 규율하고 있으나 사면에 관한 어떠한 내용상의 요건과 기준도 규율되어 있지 않기 때문에 대통령은 사면여부의 결정에 있어서 법적으로 기속되지 않는다고 한다. 그러나 근래의 유력설은 대통령의 원칙없이 반복되는 대규모의 사면권행사와 관련하여 사면행위 역시 올바른 절차에 따라 행하여졌는지, 헌법상의 평등의 원칙 및 비례의 원칙이 준수되었는지 여부에 대하여 사법심사가 이루어져야 한다고 주장하고 있다.

제3절 행정의 분류

행정은 그 내용에 따라 다양하게 분류할 수 있지만 그 대표적인 분류방법으로는 행정주체에 따른 분류, 임무와 목적에 따른 분류, 법적 효과에 따른 분류, 법적 기속에 따른 분류, 법적 형식에 따른 분류가 있다.

I. 행정주체에 따른 분류

행정주체라 함은 행정권을 담당하고 행정법상의 권리와 의무의 귀속주체가 되는 당사자를 의미한다. 행정은 그것을 수행하는 주체에 따라 직접국가행정, 간접국가행정, 위임행정으로 분류된다.

1. 직접국가행정

직접국가행정은 국가가 행정주체가 되어 자신의 고유기관을 통하여 행하는 행정을 말한다. 국가는 근원적인 지배권을 갖고 있으며 자신의 존재와 권한을 어떤 다른 곳으로부터 위임내지 수권을 받고 있지 않기 때문에 보통 시원적인 행정주체라고 한다.

2. 간접국가행정

행정은 국가의 고유기관을 통하여 수행될 뿐만 아니라 조직상으로 그리고 법적으로 독립된 공공단체들인 지방자치단체, 공공조합, 영조물법인 등의 행정주체에 의하여 수행되는 경우가 있는바 이를 간접국가행정이라고 한다. 이들 행정주체는 국가로부터 독립된 법인의 성격을 갖고 자기책임하에 행정을 수행하지만, 이들의 존립은 국가로부터 부여되며, 이들의 행정수행 역시 국가의 감독에 예속되고 있기 때문에 전래된 행정주체의 성격을 갖고 있다.

3. 위임행정

국가나 공공단체는 스스로 행정사무를 처리하지 않고 다른 행정주체나 사인에게 위임하여 사무를 처리하는 경우가 많은 바 이를 위임사무라고 한다. 특히 국가나 상급 지방자치단체가 지방자치단체장에게 위임하여 처리하는 사무를 기관위임사무라고 한다.

Ⅱ. 임무·목적에 따른 분류

1. 질서행정

공공(公共)의 안녕과 질서에 대한 위해방지를 목적으로 하는 행정을 질서행정이라고 한다. 즉 질서행정은 도로교통의 단속, 영업활동의 규제, 감염병예방, 재난구호, 화재의 예방 및 진화 등 제반 공공의 안녕과 질서의 유지를 그 목적으로 하고 있다. 이들 질서행정은 명령과 강제를 일반적인 특징으로 하고 있다.

2. 급부행정

급부행정이란 행정주체가 주는 수단을 통하여 개인 또는 단체를 돌보며 이들의 이익추구를 촉진시켜주는 행정을 말한다. 생활무능력자의 생활보호, 가난한 학생에 대한 장학금지급, 각급학교·도서관·병원 등의 설립 및 유지와 공기업의 운영을 통한 수도·가스의 공급, 전철 및 시영버스의 운행 등을 통하여 시민의 제반 생활조건을 보장하고 개선시키는 행정을 급부행정이라고 한다. 이러한 급부행정은 현대국가가 사회국가·복지국가를 지향함에 따라 점차 확대되고 있다.

3. 유도행정

유도행정이란 행정주체가 사회·경제·문화생활 등 모든 영역에 걸쳐 촉진시키며 일정한 방향으로 이끌어 가는 행정을 말한다. 특히 국토의 균형된 개발을 목적으로 농촌지역의 공장이주에 대한 조세감면, 구조적으로 취약한 경제분야의 육성을 위하여 자금지원 및 조세감면, 국민의 문화적 욕구충족을 위한 예술이나 학술활동의 장려 등을 그 예로 들 수 있다. 이러한 유도행정은 계획을 수립하고 이를 실현시키기 위하여 일반국민을 유인시키기 위한 각종 특혜조치 및 보조금지급을 전형적인 수단으로 하고 있다.

4. 보장행정

보장행정은 국가 스스로가 급부를 이행하지 않고 사적 주체에게 이를 위탁하고, 국가는 자신의 적합한 수단들을 통하여 사적 주체에 의한 급부가 국민에 대하여 충분하고 적절하게 이행되도록 보장하는 행정을 의미한다. 이러한 보장행정은 근래 교통, 에너지, 통신 등 생존배려행정의 민영화 과정에서 성립된 행정으로 이를 대상으로 하는 법을 보장행정법 또는 민영화결과법이라고 한다.

5. 공과행정

행정주체가 주어진 임무를 수행하기 위하여는 자금이 필요한데 이러한 자금을 조달하기 위하여 국가가 국민에게 조세, 수수료, 분담금 등을 부과 · 징수하는 활동을 보통 공과행정이라고 한다.

6. 조달행정

행정주체가 자신의 임무를 수행하기 위하여 필요한 자금 이외에 제반 인적 · 물적 수단이 필요한데 이러한 제반 인적 · 물적 수단을 확보하고 유지 및 관리하는 활동을 조달행정이라고 하며 각종의 공무원관계법, 국가재정법 및 국유재산법 등이 이를 뒷받침하고 있다.

Ⅲ. 법적 효과에 따른 분류

행정이 국민에게 주는 법적 효과의 성질을 기준으로 할 때에 침해행정과 수익행정으로 나눌 수가 있다.

1. 침해행정

침해행정은 행정주체의 활동수단이 개인의 법적 보호영역을 침해하는 행정으로서 국민의 자유와 권리를 제한한다든지, 국민에게 새로운 의무나 부담을 부과하는 행정을 말한다. 교통제한, 영업금지, 토지수용, 조세금부과 등을 그 예로 들 수 있는바 침해행정의 주요한 행정수단은 명령과 강제이다.

2. 수익행정

수익행정은 개인에게 금전이나 편익을 주거나 또는 이미 과하여진 의무나 부담을 해제하는 행정작용을 의미한다. 침해행정의 행정수단이 명령 · 강제임에 반하여 수익행정은 국민에게 도움을 제공하거나 촉진적 활동을 한다. 즉 중소기업에 보조금을 교부하거나 영세민의 생활을 보호하고 공공시설을 설치 · 유지하는 작용을 의미한다.

3. 복효적 행정

수익행정과 침해행정은 서로 다른 배타적인 영역에 속하는 것이 아니라 양자가 서로 복합적으로 이루어지거나 교차되어 행하여지는 경우가 많다. 예를 들어 임대주택건설을 조건으로 건설업체에 대하여 보조금을 지급하는 경우와 같이 상대방에게 수익적 효과와 부담적 효과를 동시에 발생시키는 경우가 있다. 또한 공해업체의 설립허가와 같이 기업체에게는 수익적 효과를 주나 인근주민에게는 불이익을 주는 경우도 있다. 특히 후자와 같이 일방에게는 이익을 주고, 타방에게는 불이익을 주는 행정행위를 제3자효행정행위라고 하는바 이는 행정절차 및 행정쟁송에서 중요한 의미를 갖고 있다.

Ⅳ. 법적 기속에 따른 분류

행정은 법적 기속의 강도에 따라 기속행정, 재량행정 그리고 법으로부터 자유로운 행정으로 분류되고 있다.

1. 기속행정

행정법규가 어떠한 요건하에서 어떠한 행정활동을 할 것인가를 일의적 · 확정적으로 규정하기 때문에 행정주체는 다만 기계적으로 법규를 집행하는 경우를 기속행정이라고 한다. 조세행정은 기속행정의 전형적인 경우에 해당하는바, 예를 들어 일정한 소득이 있는 자는 반드시 법률에서 정한 세금을 납부하여야 한다.

2. 재량행정

행정법규가 법률요건이 충족되는 경우에 행정청에게 수개의 동가치적인 법률효과에 관한 선택의 권한을 주는 경우에 이를 재량행정이라고 한다. 예를 들어 관련법규가 "도지사는 일정한 공급능력과 시설을 갖춘 사업자에게 여객자동차운송사업면허를 할 수 있다"라고 규정한 경우, 도지사는 사업자가 일정한 공급능력과 시설을 갖추었다고 하더라도 사업면허를 할 수도 있고 거절할 수가 있다. 과거에는 법률요건에 불확정법개념이 사용되는 경우에 이를 요건재량이라고 하여 행정청의 재량권을 인정하였으나, 오늘날의 다수설에 따르면 행정재량은 법률효과에만 주어지는 것으로 보고 있다. 법률요건에서 불확정법개념이 사용된 경우 예외적으로 행정청의 판단여지가 인정된다.

3. 법률로부터 자유로운 행정

행정활동이 법률에 의하여 전혀 규율되지 않고 순전히 행정주체의 창의와 주도하에서 수행되고 있는 경우가 있는바 이를 법률로부터의 자유로운 행정이라고 한다. 즉 도로행정의 경우 도로건설의 여부, 도로건설의 장소나 방법 등이 법에 전혀 규정되지 않고 행정청에 스스로 맡겨지는 경우가 있는데 이를 일컬어 법률로부터 자유로운 행정이라고 한다. 이러한 법률로부터 자유로운 행정에도 일정한 한계가 주어지는바 관련 행정청은 이에 상응하는 권한을 가져야 하며, 아울러 행정법의 일반원칙인 비례의 원칙, 평등의 원칙, 신뢰보호의 원칙을 위배하여서는 안된다.

Ⅴ. 법적 형식에 따른 분류

공 · 사법의 이원적 체계를 부인하고 보통법의 일반적 지배를 원칙으로 하는 영미법계와는 달리, 대륙법계에서는 공 · 사법의 엄격한 구별을 하고 있다. 이와 같은 대륙법계 특히 독일의 법체계를 받아들인 우리의 경우 행정은 공법의 형식으로 행하여지는 것이 원칙이지만 부분적인 영역에서는 사법의 형식에 의하여 행하여지고 있다.

1. 공법행정(고권적 행정)

행정이 공법의 규율을 받아가며 공법의 형식으로 행하여지는 경우에, 공법행정 또는 고권적 행정이라고 한다. 공법행정에서도 명령 · 강제수단을 사용하여 행하여지는 행정을 권력행정, 또는 권력고권적 행정이라고 하며, 공물과 영조물의 설치 및 관리, 공기업의 운영 등 명령·강제적 성격이 약하고 공법상의 계약 등 비권력적 행정수단을 사용하는 행정을 관리행정 또는 단순고권적 행정이라고 한다.

2. 사법행정(국고행정)

행정은 제한된 범위에서 사법의 규율을 받으며 사법의 형식으로 행하여지고 있다. 이와 같이 사법형식으로 행하여지고 있는 행정을 사법행정 또는 국고행정이라고 하는데 이는 좁은 의미의 국고행정과 행정사법(行政私法)에 의한 행정으로 다시 구분된다. 좁은 의미의 국고행정에는 행정주체가 자신에게 필요한 물자를 조달하는 행정이나 행정주체의 영리경제적 활동(은행 또는 기업 등의 대주주로서 경영에 참여) 등이 속하고 있다. 또한 행정주체는 급부행정영역에서 행정목적을 직접 수행하기 위하여 사법형식으로 활동하는 경우가 많은바 이를 행정사법에 의한 행정이라고 한다. 이러한 행정사법에 의한 행정은 기본권, 행정법의 일반원칙 등 일련의 공법적 규율에 예속되는 데 그 특수성이 있다.

02 행 정 법

제 1 절 행정법의 의의와 특수성

Ⅰ. 행정법의 의의

행정법은 일반적으로 행정의 조직 · 작용 · 구제 등에 관한 국내공법이라고 정의되고 있다. 따라서 행정법은 첫째, 행정에 관한 법, 둘째, 공법, 셋째, 국내법이라는 3요소로 구성되고 있다.

1. '행정'에 관한 법

행정법은 행정을 대상으로 하여 행정의 조직 및 작용과 행정구제에 관한 법이다. 그러한 의미에서 국가의 통치권 전반을 대상으로 하여 국가의 근본조직과 근본작용에 관한 법인 헌법과 구별되고, 입법권의 조직과 작용에 관한 법인 입법법(국회법 · 국회사무처법 등), 사법권의 조직과 작용에 관한 법인 사법법(법원조직법 · 민사소송법 · 형사소송법 등)과 구별된다.

2. 행정에 관한 '공법'

행정에 관한 모든 법이 행정법이 아니라 그 가운데서 행정에 관한 공법만이 행정법에 해당한다. 영 · 미와는 달리 프랑스나 독일 등의 대륙법계국가에서는 국가 등의 행정주체의 활동은 사법과 구별되는 독자적인 법원리에 의하여 규율되었으며, 이러한 독자적인 법체계가 공법으로서 행정법을 이루고 있다. 따라서 행정법은 행정에 관한 모든 법 중에서 사법을 제외하고 행정에 관한 특유한 법인 공법만을 의미한다. 그러나 근래 행정주체의 국고지원활동이나 영리경제활동과 같은 국고행정의 공익관련성이 증가되고, 급부행정의 상당부분이 사법형식으로 수행됨에 따라 사법행정의 공법적 기속과 통제에 대하여 학계의 관심이 점차 높아지고 있다.[1)]

3. 행정에 관한 '국내법'

행정법은 국내법이라는 점에서 국제법과 구별된다. 외국에 대한 행정, 즉 국제행정이 행정의 한 부분을 이루고 있는 것은 틀림없으나, 그것을 규율하는 국제법은 국가 사이의 관계를 규율하는 법으

1) 私法行政의 公法的 羈束에 대하여 자세한 내용은 鄭夏重, 私法行政의 基本權羈束, 서강법학연구 제2권, 2000. 3, 51면 이하 참조.

로서 행정법학의 대상에서 제외된다. 다만 국제법 가운데에는 각국의 국내에서 그것을 실시 · 준수하도록 하고 있는 것이 많다. 교통 · 통신 · 노동 · 위생 · 환경 · 지적재산권 등이 그 예이다. 따라서 이에 관한 조약은 국제법인 동시에 국내법으로서의 효력을 가지는데 그 한도에서 행정법의 일부를 구성한다. 헌법 제6조 제1항은 "헌법에 의하여 체결 · 공포된 조약과 일반적으로 승인된 국제법규는 국내법과 같은 효력을 가진다"라고 규정함으로써 이를 명확히 하고 있다.

Ⅱ. 행정법의 법적 특수성

행정의 조직과 작용 및 구제에 관한 법인 행정법은 단일법전 없이 무수한 법으로 구성되어 있다. 그럼에도 불구하고 그 전체를 특징짓는 공통의 법원리가 존재함으로써 통일적인 법체계를 구성하고 있다. 다음에서는 행정법이 민법 등을 비롯한 다른 법분야에 대하여 어떠한 특성을 갖고 있는지 형식 · 성질 · 내용으로 구분하여 살펴보기로 한다.

1. 행정법의 규정형식상의 특수성

1) 행정법의 성문성

행정법은 그 존재형식에 있어서 다른 법분야보다 성문법주의가 강하게 작용하고 있다. 민법은 사적 자치의 원칙을 바탕으로 당사자의 자주적 결정의 여지를 넓게 인정하고 있는 반면에 행정법은 행정작용의 공익성 때문에 불특정다수의 사람에 대한 획일적이고 강행적인 규율을 특색으로 한다. 이에 따라 행정법규의 일방적 규율의 예측가능성을 보장하고 법적 안정성을 보장하기 위하여 그 법규의 내용을 개인이 명확하게 알 수 있도록 성문화하는 것이 필요하다.

2) 형식의 다양성

행정법이 성문법주의를 채택하지만 단일한 법전으로 존재하는 것이 아니고 입법부가 정하는 무수한 법률 이외에 법률을 집행하기 위하여 행정권에 의한 법규명령, 지방자치단체의 자치법인 조례와 규칙 및 행정조직 내부에서 적용되는 행정규칙 등 다양한 형식으로 이루어져 있다.

2. 행정법의 규정성질상의 특수성

1) 행정법의 획일 · 강행성

사법(私法)이 사적 자치의 원칙에 따라 자유의사를 존중하여 임의법적인 성질을 많이 띠고 있는 반면, 행정법은 공공의 입장에서 국가목적의 실현을 위하여 일정한 사항을 획일적으로 그리고 강행적으로 규율하는 경우가 많다. 이와 같은 행정법의 획일 · 강행성은 개인에 대한 관계뿐만 아니라 행정청에 대한 관계에 있어서도 똑같이 나타난다. 따라서 개인만이 행정법규에 따라야 하는 것이 아니라 행정청도 행정법규가 정하는 바에 따라 이를 집행할 의무를 지는 것이며, 그 자신의 자의에 의하여 법규에 위반되는 행위를 할 수가 없다.

2) 행정법의 기술성

행정법은 한편으로는 끊임없이 변동하는 사회 · 경제적인 현상 속에서 행정목적을 안정적으로 실현하고, 그 과정에서 발생되는 공익과 사익, 사익 상호간의 대립과 갈등을 합리적으로 조정하는 것을 목적으로 하기 때문에 기술법적 성격이 두드러진다. 이에 따라 행정법은 정치적 법인 헌법과는 달리 정치적 변동에 민감하지 않다. 오토 마이어의 "헌법은 변하지만 행정법은 존속한다"라는 유명한 말은[2] 이러한 행정법의 기술적인 한 측면을 표현한 것이다.

3. 행정법의 규정내용상의 특수성

1) 행정주체의 우월성

행정법은 공권력행사에 관한 법률관계를 규율함을 주된 내용으로 한다. 행정법은 한편으로는 행정권을 기속하고 그 자의를 억제하는 것이나 다른 한편으로는 행정주체의 행위에 우월한 효력을 인정하고 대등한 개인사이의 행위와는 다른 법적 취급을 한다. 이와 같은 행정주체의 우월성은 일방적인 명령권, 형성권 및 자력집행권 등의 인정으로서 뚜렷이 나타난다. 이러한 행정주체의 우월성은 행정주체의 고유한 본래의 성질이 아니라 행정의 실효성을 위하여 실정법이 행정주체에 부여한 것에 지나지 않는다.

2) 행정법의 공익우선성

행정작용은 사법관계에 있어서 사인의 법률행위와는 달리 공공의 이익을 도모하기 때문에 행정작용에 관한 법인 행정법이 공익우선성을 갖는 것은 당연하다. 따라서 공법형식에 의한 행정뿐만 아니라 사법의 형식에 의한 행정의 경우에도 공익실현을 위하여 사인 상호간의 법률관계와는 달리 특별한 법적 규율을 하는 경우가 적지 않으며, 법해석에 있어서도 공익을 도모하는 경우가 많다. 그러나 공익우선성이라는 것은 사익을 결코 도외시하는 것이 아니라 공익상호간 또는 공익과 사익간의 합리적인 비교형량을 전제로 하는 것이다.

3) 행정법의 평등성

행정법은 일반적으로 다수인을 규율대상으로 하기 때문에, 이들 다수인간에 평등이 보장되도록 한다. 물론 평등의 원칙은 모든 법에 적용되는 기본원칙이기는 하나, 행정법의 경우 평등성이 더욱 뚜렷하고 그리고 강하게 작용을 한다. 우리 헌법 제11조 제1항에서 보장하고 있는 평등의 원칙은 같은 성질의 것은 동일하게 규율하도록 요구하고 있다. 단지 예외적으로 이를 정당화하는 합리적 사유가 있는 경우에만 차별적인 규율이 허용된다. 행정기본법 제9조 역시 합리적 이유없는 차별을 금지하고 있다.

Ⅲ. 공법(公法)으로서 행정법

1. 공 · 사법의 구별의 필요성
   1) 기능상의 차이
   2) 적용되는 법규와 법원칙의 차이
   3) 쟁송절차의 차이
2. 공법과 사법의 구별기준
   1) 이익설
   2) 종속설(복종설)
   3) 구주체설
   4) 귀속설(신주체설)
   5) 생활관계설
3. 판 례
   1) 공법관계로 본 판례
   2) 사법관계로 본 판례

2) O. Mayer, Deutsches VerwR, Bd. I, 3. Aufl., 1924, Vorwort.

1. 공 · 사법(公 · 私法)의 구별의 필요성

행정법은 행정에 관한 국내공법이라고 정의하여 행정에 관한 사법을 행정법의 영역에서 제외시켜 왔기 때문에 공 · 사법의 구별은 행정법학 연구의 출발이 되고 있다. 원래 공법으로서 행정법의 출현은 국가와 사회의 이원화를 전제로 하여 행정권의 지위를 특별히 보장하는 정치적 이데올로기의 산물이었다. 즉 행정권에 대하여는 일반인의 관계를 규율하는 사법의 적용을 배제하고 그와는 성질을 달리하는 공법을 적용함으로써 행정권의 특권적 지위를 보장하려고 하였던 것이다. 그러나 이와 같은 관념은 오늘날의 민주적 법치국가에서는 타당할 수 없는 것이다. 오늘날에는 행정에 관한 법률관계가 사인 상호간의 법률관계와는 그 실질을 달리한다는 법기술적인 이유에서 공법의 존립근거를 찾고 있다.

1) 기능상의 차이

공법과 사법은 상이한 기능을 수행하고 있는바 사법은 사적 자치의 원칙에서 출발하여 사인 사이의 법률행위를 규율하며, 이익충돌이 생길 경우에 이를 조정하고 해결하는 것을 목적으로 하고 있다. 반면 공법, 특히 헌법과 행정법은 공익과 사익을 조정하고, 공권력의 주체인 국가를 대상으로 하여 그의 권한을 확정하고 제한하는 기능을 수행한다.

2) 적용되는 법규와 법원칙의 차이

또한 공법관계인가 사법관계인가에 따라 적용될 법규와 법원칙을 달리하고 있다. 예를 들어 행정절차법은 행정주체의 공법작용에만 적용이 되며, 사법작용에는 적용되지 않는다. 한편, 행정행위나 공법상의 계약은 공법상의 특유한 법제도이며, 행정상의 강제집행은 공법상의 의무를 강제실현하기 위한 자력강제집행이고, 조세, 수수료, 분담금 등은 공법상의 특유한 공과금제도로서 이들에는 사법상의 법원칙이나 법규를 적용할 수 없다.

3) 쟁송절차의 차이

공법과 사법의 구별은 절차법적으로 분쟁해결을 위한 쟁송수단의 결정을 위하여도 필요하다. 우리나라 공법상의 분쟁은 헌법소송을 제외하고는 행정소송절차에 따라 해결되며, 일심관할법원을 행정법원으로 하고 있다. 아울러 다수설에 따르면 행정주체의 공행정작용에 의하여 손해를 입은 경우에는 피해자는 국가배상청구소송을 제기할 수 있으나 사경제작용에 의하여 손해를 입은 경우에는 민법상의 손해배상청구소송을 제기할 수 있다.

2. 공법과 사법의 구별기준

공법과 사법의 구별은 시대와 장소를 초월하여 각국의 실정법을 떠나서 선험적으로 보편타당하게 존재하는 것이 아니라 각국의 법률질서의 역사적 발전의 소산으로서, 각국의 특수한 사정, 필요, 기준에 따라 인정된 역사적 · 제도적 · 상대적 구별이다. 공 · 사법의 구별기준에 대하여는 그동안 많은 학설들이 주장되어 왔으나 대표적인 학설로는 이익설, 종속설, 주체설, 신주체설, 생활관계설 등이 있다.

1) 이익설

법이 규율하는 목적에 기준을 두어 전적으로 또는 우선적으로 공익에 봉사하는 법을 공법이라고 하고, 반면 사익에 봉사하는 법을 사법이라고 한다. 이익설은 공 · 사법의 구별의 본질적인 측면을 파악하고 있기는 하나, 상당수의 공법규정들이 공익뿐만 아니라 사익보호를 목적으로 하고 있음을 간과하고 있으며(건축법과 환경법의 인인을 보호하는 규정), 아울러 사법규정에도 역시 공익보호를 목적으로 하는 규정이 있음을 간과하고 있다(민법 974조의 직계혈족 간의 부양의무).

2) 종속설(복종설)

이 견해는 법률관계의 당사자들의 관계가 상하관계인가 대등관계인가에 따라 공 · 사법을 구별하는데 상하관계에 적용되는 법을 공법이라고 하고 대등관계에 적용되는 법을 사법이라고 한다. 종속설은 시민적 법치국가시대에 자유방임주의 사상을 배경으로 하여 나타난 이론이다. 당시의 행정은 질서유지를 위한 소극행정에 제한되었으며 중요한 행정수단은 법규명령과 행정행위 등 국가의 우월성을 나타내는 도구였다. 그러나 이 설은 사법관계에 있어서도 친자관계나 사용자와 피용자의 관계와 같이 복종관계가 있으며, 공법관계에 있어서도 공법상의 계약과 같이 대등관계가 있을 수 있다는 것을 간과하고 있다. 이러한 지배복종관계를 내세우는 종속설은 오늘날과 같이 국가가 개인의 생존배려를 도모하는 급부국가시대에는 타당하지 않다는 비판을 받고 있다.

3) 구주체설

이 설은 법률관계의 주체를 기준으로 하여 적어도 한 당사자가 국가 또는 기타의 행정주체로 되어 있는 법률관계를 규율하는 법이 공법이고 사인 상호간의 법률관계를 규율하는 법이 사법이라고 한다. 그러나 행정주체도 사인의 지위(국고적 지위)에서 활동할 때에는 사법의 적용을 받으며 사인도 공권을 부여받으면 행정주체의 지위에서 활동을 할 수 있다는 것을 간과하고 있다. 오늘날에 이 견해를 지지하는 학자는 거의 없다.

4) 귀속설(신주체설)

볼프(Wolff)에[3] 의하여 주장되고 오늘날 다수설의 지위를 갖고 있는 귀속설에 따르면 공권력주체 및 개인을 포함하여 누구에게나 권리나 의무를 귀속시키는 법을 사법, 권리나 의무의 귀속주체의 한 쪽을 반드시 국가 및 기타 공권력주체로 하는 법을 공법이라고 한다.

귀속설은 사인의 지위(국고적 지위)에서의 행정주체의 활동을 공법영역에서 제외하는 반면, 공법상 계약과 같은 대등관계라고 하더라도 공법에 포함시키는 장점을 갖고 있다. 그러나 귀속설은 국가의 행정작용이 법집행작용이 아닌 사실행위인 경우에(도로공사 및 도로교통에 참여) 공 · 사법의 구별에 어려움이 발생하는데 이 경우 행정기관이 사실행위를 통하여 추구하는 목적 내지 기능상호관계를 통하여 판단하게 된다. 보통 행정기관이 공법상의 권한규정에 근거하여 자신의 임무를 수행하는 경우 공법상의 법률관계로 추정하게 된다.

5) 생활관계설

이 설은 인간의 생활관계를 국민으로서의 생활관계와 사인으로서의 생활관계로 나누어 전자를 규율하는 것이 공법, 후자를 규율하는 것을 사법이라고 한다. 이 학설에 따르면 국가 기타 공공단체 상호간 및 그들과 사인간의 정치적 생활관계를 규율하는 법을 공법이라고 하고, 정치적 권력자의 지

---

3) H. J. Wolff, AöR 76(1950/1951), S. 205ff.

위를 떠난 국가 기타 공법인 상호간 및 그들과 사인과의 관계, 그리고 사인 상호간의 관계를 규율하는 법을 사법이라고 한다. 그러나 인간의 생활관계가 국민으로서의 생활관계와 사인으로서의 생활관계로 뚜렷이 양분될 수 있느냐가 문제이며 설사 구별될 수 있다고 하더라도 그 기준이 다시 문제가 되어 논리적 순환에 빠질 우려가 있다는 점에서 이 설에 대한 비판이 제기된다.

6) 결 어

비록 귀속설이 다수설에 의하여 지지를 받고 있으나 어느 학설도 완벽하다고 할 수 없다. 일반적으로 귀속설, 이익설, 복종설이 중요한 구별기준으로 사용되고 있는바, 이들은 각기 타당한 측면을 가지고 있고, 또한 상호배타적이 아니며 동일한 사물을 상이한 측면에서 본 것에 지나지 않는다. 공·사법의 구별에 있어서 이들 세 이론의 적용은 대체로 같은 결론에 도달하게 된다.

3. 판 례

1) 공법관계로 본 판례

가. 국유재산의 변상금 및 사용료부과처분

국유재산법 제51조(현행 72조) 제1항은 국유재산의 무단점유자에 대하여는 대부 또는 사용, 수익허가 등을 받은 경우에 납부하여야 할 대부료 또는 사용료 상당액 외에도 그 징벌적 의미에서 국가측이 일방적으로 그 2할 상당액을 추가하여 변상금을 징수토록 하고 있으며 동조 제2항은 변상금의 체납시 국세징수법에 의하여 강제징수토록 하고 있는 점 등에 비추어 보면 국유재산의 관리청이 그 무단점유자에 대하여 하는 변상금부과처분은 순전히 사경제 주체로서 행하는 사법상의 법률행위라 할 수 없고 이는 관리청이 공권력을 가진 우월적 지위에서 행한 것으로서 행정소송의 대상이 되는 행정처분이라고 보아야 한다(대판 1988. 2. 23, 87누1046·1047).

나. 국유 일반재산의 대부료 등의 지급을 민사소송의 방법으로 구할 수 있는지 여부

국유재산법 제42조 제1항, 제73조 제2항 제2호에 따르면, 국유 일반재산의 관리·처분에 관한 사무를 위탁받은 자는 국유 일반재산의 대부료 등이 납부기한까지 납부되지 아니한 경우에는 국세징수법 제24조와 같은 법의 체납처분에 관한 규정을 준용하여 대부료 등을 징수할 수 있다. 이와 같이 국유 일반재산의 대부료 등의 징수에 관하여는 국세징수법 규정을 준용한 간이하고 경제적인 특별구제절차가 마련되어 있으므로, 특별한 사정이 없는 한 민사소송의 방법으로 대부료 등의 지급을 구하는 것은 허용되지 아니한다(대판 2014. 9. 4, 2014다203588).

다. 국가나 지방자치단체에 근무하는 청원경찰의 근무관계

국가나 지방자치단체에 근무하는 청원경찰은 국가공무원법이나 지방공무원법상의 공무원은 아니지만, 다른 청원경찰과는 달리 그 임용권자가 행정기관의 장이고, 국가나 지방자치단체로부터 보수를 받으며, 산업재해보상보험법이나 근로기준법이 아닌 공무원연금법에 따른 재해보상과 퇴직급여를 지급받고, 직무상의 불법행위에 대하여도 민법이 아닌 국가배상법이 적용되는 등의 특질이 있으며 그외 임용자격, 직무, 복무의무 내용 등을 종합하여 볼 때, 그 근무관계를 사법상의 고용계약관계로 보기는 어려우므로 그에 대한 징계처분의 시정을 구하는 소는 행정소송의 대상이지 민사소송의 대상이 아니다(대판 1993. 7. 13, 92다47564).

라. 행정재산의 목적외사용에 대한 허가

공유재산의 관리청이 행한 행정재산의 사용 · 수익에 대한 허가는 순전히 사경제주체로서 행하는 사법상의 행위가 아니라 관리청이 공권력을 가진 우월적 지위에서 행하는 행정처분으로서 특정인에게 행정재산을 사용할 수 있는 권리를 설정하여 주는 강학상 특허에 해당한다. 행정재산의 사용 · 수익허가처분의 성질에 비추어 국민에게는 행정재산의 사용 · 수익허가를 신청할 법규상 또는 조리상의 권리가 있다고 할 것이므로 공유재산의 관리청이 행정재산의 사용 · 수익에 대한 허가신청을 거부한 행위 역시 행정처분에 해당한다(대판 1998. 2. 27, 97누1105).

마. 입찰자격의 제한조치

「국가를 당사자로 하는 계약에 관한 법률」(구 예산회계법) 또는 「지방자치단체를 당사자로 하는 계약에 관한 법률」(구 지방재정법)에 따라 국가나 지방자치단체가 입찰방식에 의하여 사인과 체결하는 물품구매계약이나 건축도급계약 등은 사법상의 계약에 해당되기 때문에 이에 관한 분쟁은 행정소송의 대상이 될 수 없다. 그러나 낙찰자가 이후에 계약상의 중대한 의무를 위반하는 부정당업자에 해당하는 경우에 이에 대한 제재조치로서 부과되는 입찰자격제한조치는 공권력의 행사로서 처분의 성격을 갖는다고 할 것이다(대판 1996. 12. 20, 96누14708; 대판 1983. 12. 27, 81누366). 판례는 나아가서 국가나 지방자체단체뿐만 아니라 공기업이나 준정부기관의 부정당업자에 대한 입찰자격제한조치에 대하여도 공권력의 행사로서 처분성을 인정하고 행정쟁송의 대상으로 하고 있다(대판 2013. 9. 12, 2011두10584).

2) 사법관계로 본 판례

가. 국유림의 대부행위

국유재산법 제31조, 제32조 제3항, 산림법 제75조 제1항의 규정 등에 의하여 국유의 일반재산(구 잡종재산)에 관한 관리처분의 권한을 위임받은 기관이 일반재산을 대부하는 행위는 국가가 사경제 주체로서 상대방과 대등한 위치에서 행하는 사법상의 계약이고, 행정청이 공권력의 주체로서 상대방의 의사 여하에 불구하고 일방적으로 행하는 행정처분이라고 볼 수 없으며, 국유의 일반재산(구 잡종재산)에 관한 대부료의 납부고지 역시 사법상의 이행청구에 해당하고, 이를 행정처분이라고 할 수 없다(대판 2000. 2. 11, 99다61675).

나. 「국가를 당사자로 하는 계약에 관한 법률」에 의한 입찰보증금의 국고귀속조치

「국가를 당사자로 하는 계약에 관한 법률」에 따라 체결되는 계약은 사법상의 계약이라고 할 것이고 동법 제70조의5의 입찰보증금은 낙찰자의 계약체결의무이행의 확보를 목적으로 하여 그 불이행시에 이를 국고에 귀속시켜 국가의 손해를 전보하는 사법상의 손해배상 예정으로서의 성질을 갖는 것이라고 할 것이므로 입찰보증금의 국고귀속조치는 국가가 사법상의 재산권의 주체로서 행위하는 것이지 공권력을 행사하는 것이거나 공권력작용과 일체성을 가진 것이 아니라 할 것이므로 이에 관한 분쟁은 행정소송이 아닌 민사소송의 대상이 될 수밖에 없다고 할 것이다(대판 1983. 12. 27, 81누366).

다. 국가의 철도운행사업

국가 또는 지방자치단체라 할지라도 공권력의 행사가 아니고 단순한 사경제의 주체로 활동하였을 경우에는 그 손해배상책임에 국가배상법이 적용될 수 없고 민법상의 사용자책임 등이 인정되는 것이고 국가의 철도운행사업은 국가가 공권력의 행사로서 하는 것이 아니고 사경제적 작용이라 할

것이므로, 이로 인한 사고에 공무원이 관여하였다고 하더라도 국가배상법을 적용할 것이 아니고 일반 민법의 규정에 따라야 한다(대판 1999. 6. 22, 99다7008).

라. 서울특별시지하철공사의 직원에 대한 징계처분의 불복절차

서울특별시지하철공사의 임원과 직원의 근무관계의 성질은 지방공기업법의 모든 규정을 살펴보아도 공법상의 특별권력관계라고는 볼 수 없고 사법관계에 속할 뿐만 아니라, 위 지하철공사의 사장이 그 이사회의 결의를 거쳐 제정된 인사규정에 의거하여 소속직원에 대한 징계처분을 한 경우 위 사장은 행정소송법 제13조 제1항 본문과 제2조 제2항 소정의 행정청에 해당되지 않으므로 공권력발동주체로서 위 징계처분을 행한 것으로 볼 수 없고, 따라서 이에 대한 불복절차는 민사소송에 의할 것이지 행정소송에 의할 수는 없다(대판 1989. 9. 12, 89누2103).

제 2 절 법치주의와 법치행정의 원칙

Ⅰ. 법치주의

법치주의는 우리 헌법의 기본원리일 뿐 아니라 행정법의 산모적인 역할을 하였다. 제도적 의미에서 법치주의는 근대입헌국가의 자유주의적 통치원리로서 권력분립의 원리를 바탕으로 하여, 국민의 대표기관인 의회가 제정하는 법률에 의하여 국가활동이 기속되는 동시에 법률의 적용을 보장하는 재판제도를 가짐으로써 인권보장의 목적을 달성하려는 제도를 의미한다. 즉 지배자의 자의에 의한 지배가 아닌 법의 지배를 의미하며 국가권력은 국민의 의사를 대표하는 의회가 제정한 법률에 따라 발동되어야 한다는 원리로서 근대국가초기의 경찰국가에 대항하여 성립하였다. 오늘날의 법치주의는 국가작용이 형식적으로 의회에서 제정한 법률에 따라 또는 그에 근거하여 행하여져야 할 뿐만 아니라, 그 법률의 목적과 내용도 자유 · 평등 · 정의 등 헌법이념에 합치되어야 하는 실질적 법치주의를 의미한다. 우리 헌법에서 보장하고 있는 법치주의 내용적 요소로서는 ① 기본권보장, ② 권력분립제도, ③ 입법작용의 헌법에의 기속, ④ 법치행정의 원리, ⑤ 법률의 명확성 및 예측가능성, ⑥ 법적 안정성의 원칙, ⑦ 효과적인 권리구제제도 등이 있다.

판례 오늘날의 법치주의는 국민의 권리 · 의무에 관한 사항을 법률로써 정해야 한다는 형식적 법치주의에 그치는 것이 아니라 비록 국회에서 제정한 법률이라 할지라도 그 법률의 목적과 내용 또한 헌법이념에 부합하는 등 정의에 합치되는 것이라야 한다는 실질적 법치주의를 의미한다(헌재결 1989. 7. 21, 89헌마38).

Ⅱ. 법치행정의 원칙

법치주의의 형식적 요소에 해당하는 법치행정의 원칙이란 국민의 대표기관인 의회가 제정하는 법률에 행정이 기속이 되며, 아울러 법률에 의한 행정을 보장하기 위하여 행정작용에 대한 사법심사가 이루어짐을 의미한다. 물론 여기서 말하는 법률이란 당연히 합헌적 법률을 말한다. 이러한 법치행정의 원칙의 핵심적인 내용을 이루고 있는 것은 행정의 법률적합성의 원칙이다. 행정의 법률적합성의 원칙은 오토 마이어의 이론에 따라[4] 세 가지 요소, 즉 법률의 법규창조력, 법률우위의 원칙, 법률유보의 원칙을 포함하여 왔다. 행정기본법 제8조는 "행정작용은 법률에 위반되어서는 아니 되며, 국민의 권리를 제한하거나 의무를 부과하는 경우와 그 밖에 국민생활에 중요한 영향을 미치는 경우에는 법률에 근거하여야 한다"고 법치행정의 원칙을 규정하고 있다.

1. 법률의 법규창조력
2. 법률우위의 원칙 - 행정의 모든 영역에 적용
3. 법률유보의 원칙(적용범위에 관해 견해가 대립)
   1) 침해유보설
   2) 전부유보설
   3) 급부행정유보설(사회유보설)
   4) 본질사항유보설
   5) 결 어
      가. 침해행정영역
      나. 행정내부영역
      다. 급부행정
         ㉠ 법적근거 불요설
         ㉡ 법적근거 필요설

1. 법률의 법규창조력

법률의 법규창조력이라 함은 의회에서 제정한 법률만이 그에 고유하게 내재하는 힘으로써 국민생활을 직접 구속하는 법규를 창설할 수 있음을 의미한다. 즉 국가작용 중에서 국민의 권리와 의무에 관하여 새로운 규율을 정하는 것은 전속적인 의회입법인 법률에 한정되어야 한다는 것을 의미한다. 그러나 오늘날 의회의 법률 이외에도 관습법이나 행정법의 일반원칙도 국민생활을 직접적으로 기속하는 효력을 가지며 아울러 행정권도 긴급명령 및 긴급재정경제명령(헌법 76조)과 같이 법률의 효력을 갖는 법규명령을 제정할 수 있다. 또한 법규관념의 재정립에 따라[5] 법률의 법규창조력은 행정의 법률적합성의 구성요소로서의 의미를 더 이상 갖지 못하게 되었다.[6] 오늘날 독일에서는 행정의 법률적합성의 원칙의 요소로서 법률의 법규창조력을 대체로 언급하고 있지 않다.

2. 법률우위의 원칙

법률우위의 원칙이란 행정작용의 법률종속성을 나타내는 것으로서 행정주체의 모든 행정작용은 그를 규율하는 법률에 위배되어서는 안되는 것을 의미한다. 법률우위의 원칙은 공법적 행위(公法的 行爲)이건 사법적 행위(私法的 行爲)이건 또는 수익적 행위(授益的 行爲)이건 침해적 행위(侵害的 行爲)이건 행정의 모든 영역에 적용된다. 행정행위나 공법상 계약과 같은 구체적 규율은 물론 법규명령이나 조례와 같은 행정입법도 법률에 위배되지 말아야 한다. 이러한 법률우위의 원칙은 소극적 의미의 법률적합성의 원칙이라고도 한다. 법률우위의 원칙에 위반되는 행정작용은 위법한 행정작용이 되나 그 구체적인 법률효과는 일률적이지 않다. 위법한 법규명령이나 조례는 무효에 해당하나, 위법한

4) O. Mayer, Deutsches Verwaltungsrecht I, 1924, S. 66-73.

5) 우리의 다수설은 법규의 개념을 실질적 의미의 법률과 동일하게 파악하여 "국민의 권리 · 의무관계에 직접 구속력을 갖는 일반적 · 추상적 규율"로 정의하고 있는바, 이에 대하여 독일의 유력한 견해는 법규를 법이론적으로 파악하여 "고권적인 일반적 · 추상적 규율"로 이해하고 있다. 이에 대하여 자세한 내용은 鄭夏重, 民主的 法治國家에 있어서 特別權力關係, 考試界, 1994. 9, 127면 이하 참조.

6) 同旨: 洪井善, 行政法特講, 24면; 金容燮, 韓國의 法治行政의 再照明, 韓國法學者大會, 1998. 10. 12, 267면.

행정행위는 중대하고 명백한 하자의 경우에만 무효에 해당하고 단순위법의 경우는 취소할 수 있음에 그친다.

판례(조례 제정과 법률우위의 원칙) 공유재산 및 물품을 보호하고 그 취득 · 유지 · 보존 및 운용과 처분의 적정을 도모하기 위한 공유재산법의 입법목적, 공유재산 사유화에 따른 사회적 형평의 문제, 공유재산 사용 · 수익 제한 규정의 취지 등을 종합하면, 제3자에게 행정재산의 사적 이용을 허용할 것인지 여부는 각 지방자치단체의 자율적 규율에 맡겨져 있다고 보기 어려우므로 지방자치단체가 조례 제정을 통해 공유재산법에 반하는 내용으로 행정재산의 제3자 사용 · 수익을 허용하는 것은 위법하다(대판 2022. 10. 27, 2022추5026).

---

3. 법률유보의 원칙

법률유보의 원칙이란 행정작용은 법률의 수권(授權)에 의하여 행하여져야만 한다는 것으로서 적극적 의미의 법률적합성의 원칙이라고도 한다. 이러한 법률유보의 원칙은 일반적으로 민주주의원리와 법치주의원리에서 도출되고 있다. 민주주의원리는 국민에 의하여 선출된, 따라서 직접적인 민주적 정당성을 가진 의회가 국가와 국민에 대하여 중요한 결정을 내리도록 요구하고 있으며, 법치주의원리에 의하면 국가의 행정작용은 가능한 한 명확하고 예견가능하여야 하며, 이에 따라 행정법관계는 일반적으로 법률에 의하여 규율되어야 한다. 여기서 법률이란 형식적 의미의 법률로서 의회입법을 의미하나 법률에 근거를 두고 위임요건을 충족한 법규명령이나 조례의 경우도 해당된다. 이러한 법률유보의 원칙의 적용범위는 법률우위의 원칙과는 달리 학설에서 오랫동안 다툼이 되어 왔다.

1) 침해유보설

침해유보설이란 개인의 권익을 침해하거나 의무를 과하는 등 개인에게 불이익을 가져오는 침해행정의 경우에만 법률의 근거를 요하고 수익적 행정작용이나 개인의 권리나 의무에 직접 관계되지 않는 행정작용은 반드시 법률의 근거를 요하지는 않는다는 견해이다. 이러한 침해유보설은 독일의 19세기 후반 입헌군주국가시대에 유래된 것으로 당시의 국가행정은 시민적 자유주의사상의 배경하에 질서유지를 목적으로 하는 소극적 행정이 주종을 이루었다. 당시의 법률유보사상은 개인과 사회의 고유한 영역을 군주를 중심으로 하는 행정권에 대하여 보호하기 위하여 필요불가결한 침해는 의회의 동의라는 법률의 형식에 의하도록 하였다. 법률유보의 적용범위는 국민의 자유와 재산에 대한 침해, 즉 침해행정에 제한되고 급부행정영역이나 행정내부영역인 특별권력관계나 행정조직관계는 행정권의 자율적 규율에 맡겨졌다. 그러나 이러한 침해유보설은 행정작용의 중점이 질서행정으로부터 개인생활을 배려하는 급부행정으로 옮겨진 오늘날의 사회적 법치국가시대에서는 그 타당성을 상실하였다고 보는 것이 타당할 것이다.

2) 전부유보설

전부유보설은 행정의 모든 영역이 법률유보의 대상이 된다는 견해로서, 민주국가에서는 주권이 국민에게 있고 국민은 그들의 대표기관인 의회에 권력을 위임하고 있기 때문에 국가의 다른 기관은 의회가 제정한 법률이 있어야만 비로소 행동할 수 있다는 이론에 근거하고 있다.[7] 이 설은 침해유보설을 입헌군주정의 유물로 규정짓고 오늘날의 민주적·법치국가적 헌법구조를 배경으로 이른바 법으로부터 자유로운 행정영역의 관념을 원칙적으로 부정하며 모든 공행정은 의회의 통제의 대상이 되어야 한다고 주장하고 있다. 이에 따라 유보범위에는 권력행정, 비권력행정 또는 침해행정, 급부행정을 막론하고 모든 공행정작용이 포함된다고 한다. 그러나 이 설에 대하여 다음과 같은 비판이 제기되고 있다. 현대공행정은 단순히 질서유지의 기능에 제한되는 것이 아니라 국민의 생활배려나 경제적 질서의 형성을 위하여 적극적으로 국민생활에 개입하여야 하는 동시에 복잡하고도 유동적인 대내외적인 행정수요에 임기응변적으로 대응하여야 한다. 이에 따라 법률의 기계적인 집행이 아닌 탄력성 있는 행정이 요구됨에도 불구하고 법률의 근거가 없으면 행정기관은 어떠한 활동도 할 수 없게 된다면 오늘날에 요구되는 행정책임의 완수는 기대하기 어렵다고 한다. 보다 근본적으로는 헌법해석의 문제로서 법률만이 민주적 정당성의 근원이 되고 행정부의 활동에 대하여는 그것을 전혀 인정할 수 없다는 주장은 납득하기가 어려우며 행정부 역시 민주적 헌법구조 아래에서 직·간접적으로 국민의 정치적 통제하에 있는 이상 행정부도 독자적인 권위와 책임하에 행정을 수행할 수 있다고 한다.

3) 급부행정유보설(사회유보설)

침해행정 이외에 급부행정영역에도 법률유보의 원칙이 적용되어야 한다는 견해이다. 현대사회와 같이 개인이 국가에 절대적으로 의존하여야 되는 상황에서 급부의 거부는 실제로 국민의 자유와 재산을 침해하는 침해행정과 사실상 차이가 없으므로 급부행정의 경우에도 법률유보의 원칙이 적용되어야 한다는 것이다. 그러나 이 설에 대하여는 만약에 국회가 법률로 정한 사항만이 급부행정의 대상이 되고 국회가 의도적이라든지 또는 객관적으로 전혀 입법을 할 수 없는 상황 때문에 법률로 규정하지 않은 범위에 대하여는 전혀 급부를 행할 수 없게 되어, 법률유보를 급부행정영역에 확장시키는 것은 오히려 국민의 법적 지위를 더욱 악화시키게 되는 결과를 가져오게 된다는 비판이 제기되고 있다.

4) 본질사항유보설

독일연방헌법재판소에 의하여 발전되고 또한 우리 판례와 다수설에 의하여 지지를 받고 있는 본질사항유보설은 법률유보의 원칙을 행정의 전 영역에 확대시키는 것은 현실적으로 불가능하며 따라서 국가와 그 구성원인 국민에게 중요하고 본질적인 사항들은 국회가 정한 법률의 수권을 요한다는 견해이다. 이 설에 따르면 국가의 공동생활에 중요하고 본질적인 모든 결정은 민주주의와 법치국가원리에 따라 국민의 대표기관인 의회가 정한 법률로 규정되어야 하며 행정부에 전적으로 맡겨서는 안된다. 그러나 이 설의 약점은 무엇이 중요하고 본질적인 사항인지에 대한 명확한 구별기준이 존재하지 않는다는 점이다. 즉, 어떤 사항을 행정부에 위임하여서는 안되고 입법자 스스로가 규율하여야 하는지(이른바 의회유보), 또한 규율하는 경우에도 법률은 어느 정도의 구체성과 명확성을 가져야 하는지, 또한 어떤 사항을 행정부의 법규명령에 위임하여도 좋은지 등이 문제가 되고 있다.

독일연방헌법재판소는 기본권에 관련된 모든 사항(기본권을 직접 침해하는 경우, 행정의 상대방에게 수익과 부담을 동시에 주는 경우, 행정의 상대방에게는 수익을 부여하나 제3자에게는 부담을 주는 경우)에는 예외없이 법률유보를 인정하고 있으며 기타 분야에서는 관련된 사항의 특수성과 중요성을 판단하여

7) Jesch, Gesetz und Verwaltung, 1961; Rupp, Grundlagen der Verwaltungsrechtslehre, 1965, S. 113ff.

법률유보의 범위와 강도를 구체화시켜 갔다. 특히 연방헌법재판소는 본질사항유보설을 통하여 종래 법치주의와 기본권이 배제되고 있던 특별권력관계를 해체하는 데 큰 기여를 하였다.

판례 1(법률유보의 대상인 본질적 사항) 어떠한 사안이 국회가 형식적 법률로 스스로 규정하여야 하는 본질적 사항에 해당될 것인지 여부는, 구체적 사례에서 관련된 이익 내지 가치의 중요성, 규제 또는 침해의 정도와 방법 등을 고려하여 개별적으로 결정하여야 할 것이지만, 규율대상이 국민의 기본권 및 기본적 의무와 관련한 중요성을 가질수록 그리고 그에 관한 공개적 토론의 필요성 또는 상충하는 이익 사이의 조정 필요성이 클수록, 그것이 국회의 법률에 의해 직접 규율될 필요성은 더 증대된다고 보아야 한다(대판(전원합의체) 2015. 8. 20, 2012두23808).

판례 2(수신료와 법률유보원칙) 오늘날 법률유보원칙은 단순히 행정작용이 법률에 근거를 두기만 하면 충분한 것이 아니라, 국가공동체와 그 구성원에게 기본적이고도 중요한 의미를 갖는 영역, 특히 국민의 기본권실현과 관련된 영역에 있어서는 국민의 대표자인 입법자가 그 본질적 사항에 대해서 스스로 결정하여야 한다는 요구까지 내포하고 있다(의회유보원칙). 그런데 텔레비전방송수신료는 대다수 국민의 재산권 보장의 측면이나 한국방송공사에게 보장된 방송자유의 측면에서 국민의 기본권실현에 관련된 영역에 속하고, 수신료금액의 결정은 납부의무자의 범위 등과 함께 수신료에 관한 본질적인 중요한 사항이므로 국회가 스스로 행하여야 하는 사항에 속하는 것임에도 불구하고 한국방송공사법 제36조 제1항에서 국회의 결정이나 관여를 배제한 채 한국방송공사로 하여금 수신료금액을 결정해서 문화관광부장관의 승인을 얻도록 한 것은 법률유보원칙에 위반된다(헌재결 1999. 5. 27, 98헌바70).

판례 3(한전이 만든 전기요금누진제가 법률유보원칙에 반하는지 여부) 전기가 국민의 생존과 직결되어 있어 전기의 사용이 일상생활을 정상적으로 영위하는 데에 필수불가결한 요소라 하더라도, 전기요금은 전기판매사업자가 전기사용자와 체결한 전기공급계약에 따라 전기를 공급하고 그에 대한 대가로 전기사용자에게 부과되는 것으로서, 조세 내지 부담금과는 구분된다. 즉 한국전력공사가 전기사용자에게 전기요금을 부과하는 것이 국민의 재산권에 제한을 가하는 행정작용에 해당한다고 볼 수 없다. 전기요금의 결정에는 전기를 공급하기 위하여 실제 소요된 비용과 투입된 자산에 대한 적정 보수, 전기사업의 기업성과 공익성을 조화시킬 수 있는 유인들, 산업구조나 경제상황 등이 종합적으로 고려되어야 하는바, 전기요금의 산정이나 부과에 필요한 세부적인 기준을 정하는 것은 전문적이고 정책적인 판단을 요할 뿐 아니라 기술의 발전이나 환경의 변화에 즉각적으로 대응할 필요가 있다. 전기요금의 결정에 관한 내용을 반드시 입법자가 스스로 규율해야 하는 부분이라고 보기 어려우므로, 심판대상조항은 의회유보원칙에 위반되지 아니한다(헌재결 2021. 4. 29, 2017헌가25).

---

5) 결 어

비록 법률유보의 적용범위에 대하여는 다양한 학설이 주장되고 있으나 분명한 것은 오늘날의 민주적 헌법구조하에서 행정작용은 궁극적으로 헌법과 법률을 통하여 구체화된 국민의 동의라는 바탕 위에서만 존립하는 것이고 이에 따라 법으로부터 떠난 독자적인 행정영역이란 있을 수 없다. 따라서 모든 행정작용은 침해행정이건 급부행정이건 법률의 근거를 가지는 것이 이상적이지만 이것을 너무 엄격히 요구하면 실현가능성이 없는 공상에 지나지 않는다. 따라서 법률유보의 범위와 강도에 대하여는 각 행정분야의 내용 및 기능과 아울러 국민의 기본권관련성 등 여러 관점에 따라 개별적으로 그리고 사안별로 판단하는 것이 바람직하다.

가. 침해행정영역

국민의 자유와 재산을 침해하는 침해행정의 경우 법률유보를 필요로 하는 데 대하여는 오늘날 어떠한 이의가 존재하지 않는다. 이것은 법률유보의 전통적인 견해인 침해유보설의 입장에서 뿐만 아니라 국민의 자유와 권리의 제한에 대하여 형식적 의미의 법률을 요구하는 헌법 제37조 제2항으로부터 직접 도출된다. 특히 침해행정에 있어서 법률유보의 강도는 다른 행정분야에서보다 높이 요구되며, 일반국민들이 이러한 침해를 사전에 충분히 예견하고 고려할 수 있도록 침해의 목적 · 내용 · 범위가 명확하게 규율될 것이 요구된다.

판례(침익적 행정처분의 근거법령에 대한 엄격해석) 거짓 · 부정을 이유로 하는 직불금 추가징수는 침익적 행정처분이고, 침익적 행정처분의 근거가 되는 행정법규는 엄격하게 해석 · 적용하여야 하며, 그 의미가 불명확한 경우 행정처분의 상대방에게 불리한 방향으로 해석 · 적용하여서는 아니 된다. 따라서 위와 같이 이 사건 조항에서 말하는 '지급한 금액'의 의미가 명확하지 않은 이상, 이것이 '지급한 직불금 전액'을 의미한다고 함부로 단정할 수 없다(대판(전원합의체) 2019. 2. 21, 2014두12697).

나. 행정내부영역

행정내부영역은 과거 법률이 지배하지 않는다고 하여 행정권의 자율적인 규율대상이 되었다. 그러나 이러한 관념은 오늘날의 실질적 법치국가와 합치되지 않음은 물론이다. 헌법 제96조는 행정각부의 조직과 직무범위는 법률로 정한다고 규정하여 행정조직법정주의를 채택하고 있으며, 정부조직법 및 지방자치법 등에 의하여 국가의 거의 모든 행정조직은 법률에 의하여 규율되고 있다고 하여도 과언이 아니다. 아울러 행정주체와 그 구성원과의 관계를 규율하는 특별권력관계 역시 기본권이 적용되며 이를 제한하는 경우에는 법률의 근거를 요한다. 오늘날 국가공무원법, 지방공무원법, 교육기본법, 초 · 중등교육법, 고등교육법, 형의 집행 및 수용자의 처우에 관한 법률, 병역법, 군인사법 등 모든 특별권력관계는 예외없이 법률에 의하여 규율되고 있다. 단지 행정목적을 추구하는 특별권력관계의 특수성에 비추어 수권법률은 법률요건에 불확정법개념을 사용하거나 법률효과부분을 재량으로 하는 경우가 많다.

다. 급부행정

오늘날 농촌진흥법, 국민기초생활보장법, 「보조금 관리에 관한 법률」, 「중소기업진흥에 관한 법률」, 기술신용보증기금법 등에서 볼 수 있는 바와 같이 급부행정영역에서도 광범위에 걸쳐 법률이 제정되고 있다. 그러나 법이론적으로 급부행정영역에서 법률유보가 반드시 필요한지 또 필요한 경우에 어느 범위까지 적용되어야 하는지는 학설에서 논란이 되고 있다. 전통적 견해는 급부행정에는 반드시 법률형식에 의한 근거가 필요한 것은 아니며 국회의 예산안의결에 의하여도 민주적 정당성이 충분히 확보된다고 한다. 그러나 이러한 견해도 급부행정이 상대방의 반대급부와 결부되거나 부관으로 제한되는 경우, 또는 제3자의 권리를 침해하는 경우에는 법률의 근거를 필요로 한다고 한다.[8)]

이에 대하여 근래의 유력한 견해는 급부행정에 있어서도 원칙적으로 법률의 근거가 필요하다는

8) 金連泰, 資金助成에 있어 法律留保, 안암법학 제4집, 1996, 393면 이하.

입장을 취하고 있다.[9] 국회의결에 의한 예산배정의 경우에는 단지 종목별 예산책정이 있을 뿐이지 급부의 대상, 목적, 조건과 범위가 규율되지 않아 이들은 결국 당해 중앙관서의 장이나 행정기관의 재량에 의하여 결정될 수밖에 없다. 이러한 상황은 헌법의 기본원리인 민주주의 및 법치주의원리와 합치되지 않는다. 오늘날의 사회적 법치국가에서 급부의 거부는 자유와 재산의 침해보다 관련 대상자에게 보다 심각한 영향을 줄 수 있다. 따라서 국가의 사회적 · 문화적 · 경제적 목적실현을 위한 재정수단의 배분은 관련 국민에게 충분히 예견가능하도록 법률에 의하여 규율되어야 한다. 단지 침해행정처럼 구체적이고 세부적인 규율은 필요하지 않으며 행정부에게 충분한 활동의 여지를 주기 위하여 상세한 규율은 법규명령에 위임하는 것이 바람직할 것이다. 물론 급부행정에 있어서 법률유보의 적용은 장기간에 걸쳐 그리고 다수국민을 대상으로 하는 급부에 대하여만 가능하며 갑자기 발생하는 재해나 국가전반에 걸친 경제적 위기에 대하여는 국회가 미리 예측하여 법률로 제정할 수 없을 것이다. 이러한 경우에는 행정부의 긴급권을 인정할 수밖에 없을 것이다.

사례 반도체를 생산하는 A회사는 무리한 시설투자를 계속하다가 결국 경영상의 어려움에 직면하였다. A회사는 산업통상자원부장관에 대하여 자금지원신청을 하였다. 산업통상자원부장관은 이에 대하여 반도체산업은 장래에 유망한 산업이라고 판단하여 50억원의 자금지원결정을 하였다. A회사와 경쟁관계에 있는 B회사는 산업통상자원부장관의 자금지원결정이 법률의 근거가 없는 위법한 결정이라고 주장하면서 이의를 제기하였다. B회사의 주장은 타당한 것일까?

▶답안요지 급부행정의 영역에서 법률유보가 적용되는지 여부에 대하여는 상술한 바와 같이 소극설과 적극설로 대립되고 있다. 설문에서는 A회사에 대한 자금지원은 B회사의 경쟁의 자유를 침해하고 있기 때문에 어느 견해에 의하여도 법률의 근거를 요한다고 할 것이다.

제3절 행정법의 법원(法源)

Ⅰ. 개 설

1. 법원(法源)의 의의

법원(Rechtsquelle)은 다양한 관점에서 이해되고 있다. 역사적이나 사회적인 관점에서는 어떤 특정한 법질서나 법의 존재에 대한 이유를 법원이라고 정의하고 특정한 사회적인 역학관계나 기타의 사회과정에서 그 해답을 찾는다. 반면 윤리적인 관점에서는 법이 도덕적으로 강제하는 이유를 법원이라고 하고 보통 그 근거를 양심이나 도덕률에서 찾는다. 그러나 여기서 중요한 것은 법이론적인 개념인바, 법이론적으로 법원이라 함은 실정법의 인식근거라고 정의되고 있다.[10] 법원은 또한 법의 성립 내지 형식과 밀접한 관련이 있기 때문에 법이 존재하는 형식이라고도 정의되기도 한다. 이에 따라 행정법의 법원이라 함은 실정법으로서 행정법의 인식근거 또는 행정법이 존재하는 형식이라고 정

9) Maurer, Allg. VerwR, S. 123; Ehlers, VerwArch 74(1983), S. 112ff.

10) Wolff/Bachof/Stober, VerwR I, S. 247.

의할 수 있다.

2. 행정법의 성문법주의

행정법은 성문법주의를 원칙으로 하고 있다. 행정법이 성문법주의를 취하고 있는 이유는 ① 행정작용은 일방적으로 국민의 권리와 의무를 규율하는 경우가 많기 때문에 예측가능성과 법적 안정성이 요구되며, ② 행정조직을 법정화하여 권한의 소재를 명확히 할 필요가 있고, ③ 공정한 행정수행을 위하여 명확한 기준이 요구될 뿐 아니라, ④ 국민의 권익보장을 위하여 명확한 권리구제절차가 필요하기 때문이다. 우리 헌법은 국민의 기본권은 법률에 의하여 제한할 수 있도록 규정하고 있으며(헌법 37조 2항), 행정기관의 설치 및 조직을 원칙적으로 법률로 정하도록 하고 있고(헌법 96조), 중요한 행정작용을 법률에 유보시키고 있을 뿐 아니라, 일정한 범위에서 행정입법을 인정하여(헌법 75조 · 95조) 행정법의 성문법주의를 뒷받침하고 있다.

3. 불문법에 의한 보완

그러나 행정법의 규율대상은 너무나 광범위하고 복잡하며 또한 유동적이기 때문에 그 모든 것을 성문법으로 규율한다는 것은 실제로 불가능하다. 이에 따라 성문법이 미치지 않는 영역에서는 관습법, 판례법, 조리 및 행정법의 일반원칙 등 불문법이 보충적으로 적용된다. 특히 총칙적 규정을 갖고 있지 않는 행정법에 있어서 행정법의 일반원칙은 중요한 기능을 수행하고 있다.

4. 행정법의 법전화

행정법은 헌법, 민법, 형법과는 달리 단일법전을 갖지 못하고, 무수한 법령으로 산재되고 있다. 행정법이 단일법전을 갖고 있지 못한 이유는 행정법의 역사가 비교적 짧으며, 행정법의 규율대상이 워낙 광범위하고 유동적일 뿐 아니라, 행정현상의 변화에 따른 빈번한 법개정에 있다고 볼 수 있다. 그러나 최소한 행정법 전반에 공통적으로 적용되는 법원리로서 행정법총칙에 대한 성문화는 가능할 뿐만 아니라 또한 바람직하다고 보아야 한다. 2021년 행정기본법의 제정은 행정법총칙의 성문화로 볼 수 있다.

Ⅱ. 성문법원(成文法源)

성문법원은 법제정권의 주체 내지 절차에 따라 헌법, 법률, 조약 및 국제법규, 명령, 자치법규로 분류된다. 이들 각 성문법의 형식은 헌법을 정점으로 하여, 통일적인 단계구조를 이루고 있으며, 이들 법령 상호간에 충돌이 있는 경우에는 상하순위에 의하여 해결하고, 동급의 법령 사이에는 신법우선의 원칙과 특별법우선의 원칙에 따라 해결한다.

1. 헌 법

국가의 근본작용과 조직에 대하여 규율하는 헌법은 좁은 의미의 행정법규범은 아니다. 그러나 국가의 기본법으로서 헌법은 행정권의 조직과 작용에 관하여도 여러 원칙적인 규정을 두고 있으며, 이들은 행정에 기준이 되거나 또는 직접 적용되기 때문에 헌법은 행정법의 법원이 되고 있다. "구체화된 헌법"이라는[11] 표현과 같이 행정법은 그 시대의 헌법에 의하여 본질적으로 결정된다. 국가의 성

11) F. Werner, DVBL 1959, S. 527.

격, 임무, 권한 및 국가와 개인과의 관계에 대하여 헌법에 의하여 내려진 결정은 행정법에 의하여 구체화됨으로써 실현된다.

2. 법 률

법률의 개념은 형식적 의미의 법률과 실질적 의미의 법률의 두 가지 의미를 갖고 있다.[12] 형식적 의미의 법률은 국회가 헌법상의 입법절차에 따라 제정한 법형식을 의미하는 반면에 실질적 의미의 법률은 개인이나 여타의 법인의 권리나 의무를 형성 · 변경 · 폐지하는 일반적 · 추상적 규율을 의미한다. 따라서 이러한 실질적 의미의 법률에는 법규명령과 조례가 포함될 수 있다. 여기서 말하는 행정법의 법원으로서 법률이라 함은 형식적 의미의 법률을 가리킨다. 법률은 행정법의 가장 중요한 법원을 이루고 있는바 이는 국회입법의 원칙과 법치행정의 원리에서 나오는 당연한 결과이다. 법률은 법규명령이나 자치법규(조례 · 규칙)보다 우월한 효력을 가지나 긴급재정경제명령과 긴급명령은 법률과 동일한 효력을 갖기 때문에 그 예외에 해당한다.

3. 국제조약 · 국제법규

국제조약은 조약 · 협정 · 협약 · 약정 · 의정서 · 규약 등 그 명칭에 불문하고 국가와 국가 사이 또는 국가와 국제기관 사이에 문서에 의한 합의를 말한다. 또한 국제법규는 우리나라가 당사국이 아닌 조약으로서 국제사회에서 일반적으로 그 규범성이 승인된 것과 국제관습법을 말한다.

국제조약 · 국제법규와 국내법과의 효력관계에 대하여는 국제법과 국내법을 전혀 별개의 법질서로 보아 각각 별도의 효력을 갖는다는 이원론과 하나의 법질서로 보는 일원론이 대립되고 있다. 일원론은 다시 국제법우위설 · 국내법우위설 · 동위설로 나뉜다. 우리 헌법 제6조 제1항은 "헌법에 의하여 체결 · 공포된 조약과 일반적으로 승인된 국제법규는 국내법과 같은 효력을 가진다"라고 규정하여 국제법과 국내법의 동위성을 인정하고 있다.

입법사항에 관한 국제조약 · 국제법규는 법률과 동등한 효력을 가지며, 입법사항과 관계없는 국제조약 · 국제법규는 반드시 법률과 동일한 효력을 가지는 것이 아니므로, 구체적인 사안에 따라 그것이 법률 또는 명령 중 어느 것에 상당하는지를 판단하여야 할 것이다. 국제조약 · 국제법규가 그와 동위의 효력을 가지는 국내법률 또는 명령과 충돌할 경우에는 신법우선의 원리와 특별법우선의 원리에 따라 해결된다.

판례(국제법규의 국내법상 효력) 「1994년 관세 및 무역에 관한 일반협정」(General Agreement on Tariffs and Trade 1994, GATT)은 1994. 12. 16. 국회의 동의를 얻어 같은 달 23. 대통령의 비준을 거쳐 같은 달 30. 공포되고 1995. 1. 1. 시행된 조약인 '세계무역기구(WTO) 설립을 위한 마라케쉬협정'(Agreement Establishing the WTO)(조약 1265호)의 부속 협정(다자간 무역협정)이고, 「정부조달에 관한 협정」(Agreement on Government Procurement, AGP)은 1994. 12. 16. 국회의 동의를 얻어 1997. 1. 3. 공포시행된 조약(조약 1363호, 복수국가간 무역협정)으로서 각 헌법 제6조 제1항에 의하여 국내법령과 동일한 효력을 가지므로 지방자치단체가 제정한 조례가 GATT나 AGP에 위반되는 경우에는 그 효력이 없다(대판 2005. 9. 9, 2004추10).

---

12) 鄭夏重, 法律의 槪念, 處分的 法律, 個別的 法律 그리고 執行的 法律에 대하여, 公法硏究 제24집 제2호, 179면 이하 참조.

4. 명 령

명령은 행정권에 의하여 제정되는 법형식을 의미한다. 명령은 법규명령과 행정규칙으로 구분된다.

1) 법규명령

법규명령은 국민의 권리와 의무에 대하여 규율하기 때문에 실질적 의미의 법률에 해당한다. 법규명령은 그 효력에 따라 법률과 동일한 효력을 갖는 법률대위적 법규명령(긴급재정경제명령 · 긴급명령), 법률종속적 법규명령으로 구분되나 법률종속적 법규명령이 원칙이다. 또한 법규명령은 법률의 위임여부에 따라 위임명령과 집행명령으로 나뉘고, 발령주체에 따라 대통령령, 총리령, 부령, 중앙선거관리위원회규칙, 대법원규칙, 헌법재판소규칙으로 구별된다. 법규명령에 대하여 보다 상세한 것은 행정입법에서 살펴보기로 한다.

2) 행정명령

행정명령이라고도 불리우는 행정규칙은 상급행정기관이 법령의 수권이 없이 하급행정기관의 조직과 임무수행에 대하여 규율하는 일반적 · 추상적 규율로서 정의된다. 행정규칙의 법규성(法規性) 내지 법원성(法源性) 여부에 대하여는 학설에서 논란이 되고 있다. 법규를 실질적 의미의 법률로 이해하여 국민의 권리와 의무에 대하여 규율하는 일반적 · 추상적 규율로 정의하는 입장에서는 내부법인 행정규칙의 법규성을 부인하고 있으나,[13] 법규를 법이론적 의미로 파악하여 단순히 고권적인 일반적 · 추상적 규율로 정의하는 입장에서는 행정규칙의 법규성을 인정하고 있다.[14] 또한 행정규칙의 법원성 여부에 대하여는 법원의 개념을 외부법에 제한시키는 입장에서는 행정규칙의 법원성을 부인하나,[15] 법원을 내부법을 포함하는 넓은 의미로 이해하는 입장에서는 행정규칙의 법원성을 인정하게 된다.[16] 이에 따라 행정규칙의 법규성 내지 법원성 여부는 단지 용어상의 문제라고 볼 수 있다.

5. 자치법규

자치법규는 지방자치단체가 자치입법권에 의하여, 법령의 범위 안에서 제정하는 "자치에 관한 규정"(헌법 117조 1항)을 말하며, 당해 지방자치단체 안에서만 효력을 갖는다. 자치법규에는 지방자치단체가 지방의회의 의결을 거쳐 제정하는 "조례"와 지방자치단체의 장이 정하는 "규칙"이 있고, 그 밖에 「지방교육자치에 관한 법률」에 의거하여 교육감이 정하는 "교육규칙"이 있다. 광의로는 여타의 공공단체(공공조합 등)가 정하는 정관 등도 자치법규에 포함된다. 오늘날 자치행정의 비중이 높아짐에 따라, 자치법규는 행정법의 중요한 법원이 되고 있다.

Ⅲ. 불문법원(不文法源)

행정법은 성문법주의를 원칙으로 하지만, 현대행정은 매우 광범위하고 복잡다기하기 때문에 성문법(成文法)이 정비되지 않은 분야가 적지 않다. 이러한 경우에 불문법원으로서 관습법 · 판례법 · 조

13) 金南辰/金連泰, 行政法 I, 165면; 金東熙/崔桂暎, 行政法 I, 165면.
14) Maurer/Waldhof, Allg. VerwR, S. 660; 鄭夏重, 民主的 法治國家에서의 特別權力關係, 考試界, 1994. 9, 121면 이하.
15) Wolff/Bachof/Stober, VerwR Ⅰ, S. 255.
16) Ossenbühl, in: Erichsen(Hg.), Allg, VerwR, S. 151.

리 · 행정법의 일반원칙이 적용된다.

1. 관 습 법

1) 관습법의 의의와 성립

행정관습법이라 함은 행정의 영역에서 장기적으로 계속된 관행이 일반국민 또는 관계인들의 법적 확신을 얻어 법규범으로서 승인을 받은 것을 의미한다. 이 점에서 아직 법적 확신에 의하여 법규범으로 승인될 정도에 이르지 않은 관습인 "사실인 관습"과 구별된다. 관습법이 성립하기 위하여 일정한 관행과 법적 확신의 존재 이외에 국가의 승인이 추가로 필요한지 여부에 대하여 법적 확신설과 국가승인설이 대립하고 있다.

가. 법적 확신설

이 견해는 일반인의 법적 확신을 얻은 장기계속적인 관행은 국가의 승인과는 관계없이 관습법이 된다는 학설이다. 일반인의 법적 확신을 토대로 하여 관습법이 결정된다는 것은 법사회학분야에서 매우 중요시되는 태도이며, 또한 다수설의 입장이기도 하다.[17] 그러나 법적 확신은 사회학적 견지에서 타당성이 있을지는 모르나 국가제정법 체계에서는 단지 입법적 소재에 지나지 않으며 법 그 자체라고 볼 수 없다.

나. 국가승인설

이 견해는 국가에 의한 명시적 또는 묵시적 승인이 있어야만 국가법의 한 형식으로서 관습법이 성립될 수 있다는 입장이다.[18] 한 국가에 있어서 법이란 국가권력이 그 위반에 대하여 제재를 가함으로써 그 준수를 강요하는 규범을 말하는 것이며, 이는 성문법이나 관습법이나 차이가 없다. 다만 성문법은 국가의 입법이란 적극적인 법창조의 방법으로서 성립되는 데 반하여 관습법은 국가의 승인이라는 소극적 방법에 의하여 성립되는 점에서 차이가 있을 뿐이다.

2) 관습법의 법원성

민법 제1조와 같이 관습법의 법원성을 인정하는 실정법상의 규정이 있는 경우에는 의문의 여지가 없으나, 그와 같은 규정이 없는 행정법에 있어서 관습법이 법원이 될 수 있는지는 논의의 대상이 되어 왔다.

가. 소극설

소극설은 행정의 법률적합성의 원칙에 따라 관습법에 의한 공의무의 설정은 허용될 수 없기 때문에, 입법자가 관습법을 허용하는 명문의 규정을 둔 경우를 제외하고는 행정관습법이 성립될 수 없다고 한다.[19] 단지 행정관습법은 예외적으로 협소한 공통이해관계자의 내부관계에 대한 관례로서 존재하는 경우가 있을 뿐이라고 한다(다수인이 부담하는 도로설치 · 유지비용의 분담비율에 대한 관례).

나. 적극설

오늘날 관습법을 행정법의 법원으로 인정하는 것은 통설적인 입장이다. 비록 행정법에 있어서

17) 金東熙/崔桂暎, 行政法 I, 49면; 洪井善, 行政法特講, 33면.

18) 金道昶, 一般行政法論(上), 154면.

19) O. Mayer, Deutsches VerwR, 1924, S. 88.

법치행정의 원리가 지배하고 있으나, 모든 행정법관계가 성문법에 의하여 빠짐없이 규율될 수는 없으며, 오히려 사법의 분야보다 성문법에 의한 규율이 불완전한 상태에 있다. 이러한 경우에 보충적인 법원으로서 관습법의 성립을 인정하여야 한다. 적극설의 입장에 따르면 관습법을 인정하는 명문의 규정이 없는 경우에도 관습법의 성립이 가능하다고 한다.

다. 결 어

오늘날 행정은 복잡다기하기 때문에, 모든 영역에 성문법규가 완비될 수 없다. 따라서 행정법에 있어서도 장기계속적인 관행과 일반국민의 법적 확신에 의하여 성립되는 불문법원으로서의 관습법의 존재를 부인할 수 없다. 그럼에도 불구하고 성문법화가 추진되어 가고 있을 뿐 아니라, 행정현상의 빠른 변화와 더불어 다양한 가치관이 지배하는 오늘날의 다원적 사회에서는 행정관습법이 성립한다는 것이 그리 수월한 것은 아니다. 또한 법률유보의 원칙이 지배하여 국회입법이 요구되는 영역에서는 관습법이 성립할 수 없다고 할 것이다.[20]

3) 관습법의 효력

행정관습법의 법원성을 인정하는 경우에도, 그 효력에 관하여 성문법에 대한 개폐적 효력설과 보충적 효력설의 대립이 있다. 법치행정의 원리에 따라 성문법의 우위성이 인정되기 때문에 원칙적으로 관습법은 성문법이 존재하지 않는 경우에 보충적 효력을 갖는다고 보아야 할 것이다. 그러나 예외적으로 일정법률이 장기간 적용되지 않거나 또는 관계여건의 변화 등으로 효력이 상실되었다는 일반인의 법적 확신이 존재하는 경우에 관습법은 개폐적 효력을 갖게 된다.[21]

4) 관습법의 종류

행정관습법은 행정선례법과 민중관습법의 두 가지로 구분되고 있다.

가. 행정선례법

행정사무처리상의 관행이 법적 성격을 갖게 되는 경우를 말한다. 국세기본법 제18조 제3항은 "세법의 해석 또는 국세행정의 관행이 일반적으로 납세자에게 받아들여진 후에는 그 해석 또는 관행에 의한 행위 또는 계산은 정당한 것으로 보며, 새로운 해석 또는 관행에 의하여 소급하여 과세되지 아니한다"라고 규정하여 조세행정에서의 행정선례법의 성립가능성을 명시하고 있다.

나. 민중관습법

민중 사이에 공법관계에 관한 일정한 관행이 장기간 계속됨으로써 그 관행이 법적 확신을 얻게 되었을 때, 그 관행을 민중관습법이라고 한다. 민중관습법은 주로 공물이용관계에서 성립되는바 입어권(入漁權)(수산업법 2조), 공유수면인수(公有水面引水) · 배수권(排水權)(공유수면매립법 12조 5호), 관습상의 하천용수권(河川用水權) 및 유지사용권(溜池使用權) 등이 그 예이다.

판례 농지소유자들이 수백 년 전부터 공유하천에 보를 설치하여 그 연안의 논에 관개를 하여 왔고 원고도 그 논 중 일부를 경작하면서 위 보로부터 인수(引水)를 하여 왔다면, 공유하천으로부터 용수를 함에 있어서 하천법에 의하여 하천관리청으로부터 허가를 얻어야 한다고 하더라도 그 허가를 필요로 하는 법규

20) Wolff/Bachof/Stober, VerwR I, S. 269.

21) Wolff/Bachof/Stober, VerwR I, S. 269.

시행 이전부터 원고가 위 보에 의하여 용수할 수 있는 권리를 관습에 의하여 취득하였음이 뚜렷하므로 원고는 하천법에 관한 법규에 불구하고 그 기득권이 있는 것이다(대판 1972. 3. 31, 72다78; 1968. 6. 4, 68다337).

2. 판 례 법

1) 의 의

법관은 구체적으로 법적 분쟁이 제기된 경우에 사실관계를 확인하고, 법을 적용함으로써 법질서를 유지하는 것을 임무로 하고 있다. 그러나 법관은 법적용과정에서 빈번히 성문법규가 결여되거나 또는 불충분하거나 다의적이거나, 상호 모순되는 것을 발견하게 된다. 이러한 경우에 있어서 법관의 법적용은 단순히 성문법의 포섭에 그쳐서는 안된다. 법관은 스스로의 판단기준을 발전시켜 성문법을 구체화하거나 보충함으로써 법창조적으로 활동하여야 한다. 행정법영역에서 이러한 방식에 의하여 성립된 법리나 판단기준이 지속적으로 반복되고 준수되는 법원칙으로 발전되는 경우에 이를 행정판례법이라고 한다. 그러나 권력분립의 원칙에 따라 법률구체화적인 판례법이나 법률보충적인 판례법은 허용되나 법률교정적인 판례법은 허용되지 않는다.

2) 판례법의 법원성

행정판례법이 행정법의 법원이 될 수 있는지 여부는 오랫동안 논의의 대상이 되고 있다. 선례기속의 원칙(stare decisis)이 지배하는 영미법계국가에서는 판례법의 법원성을 인정하는 데는 어떠한 의문이 없으나, 성문법주의를 취하고 있는 대륙법계국가에서는 사정이 다르다. 대륙법계에 속하는 우리나라에서도 상급법원의 판결은 당해 사건에 한하여서만 하급심을 기속하며, 상급법원도 자신의 판결을 변경할 수 있기 때문에 판례법의 성립 내지 그 법원성을 인정하는 것이 쉽지 않다. 그럼에도 상급법원의 판례, 특히 대법원판례가 가지는 현실적인 구속력을 무시할 수 없다. 대법원의 판례변경은 대법관 전원의 3분의 2 이상의 합의체에서 과반수로 결정하도록 하고 있어(법원조직법 7조 1항) 경성이 부여되고 있다. 또한 하급법원이 상급법원의 판례와 달리 판결하는 경우 상소심에서 파기될 위험이 존재할 뿐 아니라, 소액사건심판법에서는 대법원판례에 대한 위반을 상고이유로 규정하고 있다. 이에 따라 법관은 대법원의 판결을 존중하지 않을 수 없으며, 그러한 한도에서 판례법이 발전될 소지가 충분히 있으며, 이렇게 성립된 판례법은 성문법에 대한 보충적인 법원으로서 인정되어야 할 것이다.

3. 조 리

조리란 "사물의 본질적 법칙" 또는 "일반사회의 정의감에 비추어 반드시 그러하여야 할 것이라고 인정되는 것"을 의미한다. 이러한 조리는 법해석의 기본원리로서, 그리고 성문법 · 관습법 · 판례법이 모두 없는 경우에 재판의 준칙으로서 기능을 한다. 입법자가 아무리 완벽하게 법률을 제정하려고 노력을 하더라도, 사회적 생활관계는 지속적으로 변화하기 때문에 실정법질서는 숙명적으로 흠결이 발생하게 된다. 이러한 경우에 법관은 해당되는 생활관계를 규율하는 실정법이 존재하지 않는다고 하여, 판결을 거부하여서는 안되며, 조리에 따라 판결을 하여야 한다. 정의 · 형평 등 법이 원래 따라야 할 원리를 의미하는 조리는 특히 성문법이 완비되지 않은 행정법에 있어서 재판에 있어서 중요한 준거가 되고 있다. 다수설은 행정법에 있어서 조리의 보충적인 법원성을 인정하고 있다.

Ⅳ. 행정법의 일반원칙

1. 의 의

행정법의 일반원칙은 행정법의 전영역에 적용되는 원칙으로서 비례의 원칙 · 신뢰보호의 원칙 · 평등의 원칙 · 신의성실의 원칙 · 부당결부금지의 원칙 등을 들 수 있다. 이러한 행정법의 일반원칙의 법적 성격은 명확하지 않다. 우리 학설의 상당수는 이러한 행정법의 일반원칙을 조리의 범주에 포함시키고 있으나,[22] 타당하게도 이러한 견해에 대하여는 비판이 제기되고 있다.[23] 이들 행정법의 일반원칙들의 성립과정을 보면, 특정한 헌법원리에서 도출되었거나, 민법의 일반규정 또는 공법규정에 근거하여 학설과 판례법을 통하여 발전되어 온 원칙들로서 이들의 내용은 사물의 본질적인 법칙을 의미하는 조리의 개념에 속한다고 보기가 어렵다. 행정법의 일반원칙들은 어떠한 특정한 법원에 전적으로 귀속시키는 것이 가능하지 않기 때문에,[24] 독자적인 불문법원의 범주에 속하였다고 보는 것이 타당할 것이다. 그런데 행정기본법은 평등의 원칙, 비례의 원칙, 성실의무 및 권한남용금지의 원칙, 신뢰보호의 원칙, 부당결부금지의 원칙을 성문화하였다(동법 9조-13조). 이제 이들은 성문법원에 속한다고 할 것이다.

2. 비례의 원칙

1) 의의와 근거	가. 적합성의 원칙
가. 의의	나. 필요성의 원칙(최소침해의 원칙)
나. 근거－헌법 제37조 제2항, 행정기본법 제10조	다. 상당성의 원칙(협의의 비례의 원칙)
2) 내 용	3) 위반의 효과와 권리구제

1) 의의와 근거

과잉금지의 원칙(Übermaßverbot)이라고도 불리우는 비례의 원칙은 국가작용 전체에 적용되는 행정법의 일반원칙이다. 개인은 국가권력의 무제한하고 자의적인 행사의 대상이 되어서는 안되며, 이에 따라 국가권력은 적절히 제한되어야 한다는 원칙이다. 행정작용의 수행에 있어서는 행정목적과 이를 실현하는 수단 사이에는 합리적인 비례관계가 있어야 함을 의미한다. 이러한 비례의 원칙은 전통적으로 독일에서 경찰권발동의 한계를 설정하기 위하여 판례에 의하여 발전된 법원칙이며, Bonn 기본법 이후에는 법치국가원리와 기본권보호에서 도출되고 있다. 비례의 원칙은 우리나라에서도 학설과 판례에 의하여 일반적으로 인정되고 있으며, 이에 대한 실정법적 근거로는 헌법 제37조 제2항, 행정기본법 제10조, 경찰관직무집행법 제1조 제2항을 들 수 있다. 행정기본법 제10조는 "행정작용은 다음 각 호의 원칙에 따라야 한다. 1. 행정목적을 달성하는 데 유효하고 적절할 것, 2. 행정목적을 달성하는 데 필요한 최소한도에 그칠 것, 3. 행정작용으로 인한 국민의 이익 침해가 그 행정작용이 의도하는 공익보다 크지 아니할 것"이라고 규정하고 있다.

22) 金鐵容, 行政法, 49면; 洪井善, 行政法特講, 42면.
23) 金東熙/崔桂暎, 行政法 I, 54면.
24) Maurer/Waldhof, Allg. VerwR, S. 80.

2) 내 용

행정작용의 전 영역에 적용되는 비례의 원칙은 특히 재량권행사의 한계, 부관의 한계, 취소와 철회의 제한, 경찰권발동의 한계, 급부행정의 한계 등에 있어서 중요한 의미를 갖고 있다. 이러한 비례의 원칙은 적합성의 원칙, 필요성의 원칙, 상당성의 원칙의 세 가지 요소를 그 내용으로 한다.

가. 적합성의 원칙

적합성의 원칙이란 특정한 행정목적을 실현하기 위하여 사용되는 수단은 행정목적을 달성하기에 적합하여야 함을 의미한다. 선택된 수단은 최소한도 목적실현을 촉진시켜야 한다. 어떤 조치의 적합성여부가 불확실한 경우에는 이미 알려져 있는 수단 또는 이론에 근거하여 그 적합성여부를 심사할 필요가 있으며, 이러한 심사가 행하여졌다면 이 요건은 충족된 것으로 볼 수 있다.

나. 필요성의 원칙

최소침해의 원칙이라고도 불리우는 필요성의 원칙은 설정된 목적을 실현시키기 위한 행정조치는 필요한 한도 이상으로 행하여져서는 안된다는 것을 의미한다. 즉 동일한 목적을 실현시킬 수 있는 적합한 수단이 여러 가지가 있는 경우에 행정의 상대방에게 가장 적은 침해를 주는 수단을 선택하여야 함을 의미한다. 예를 들어 노후화된 건축물의 개수를 통하여 붕괴위험을 충분히 방지할 수 있다면 철거명령을 내려서는 안된다.

다. 상당성의 원칙

좁은 의미의 비례의 원칙이라고도 하는 상당성의 원칙은 최소로 침해를 주는 수단을 선택하는 경우에도 행정목적에 의하여 추구되는 이익이 행정의 상대방이 받는 손해보다 커야 함을 의미한다. 구체적인 경우에 행정조치를 취하지 않을 경우에 침해될 공익과 취할 경우에 침해되는 상대방의 이익을 비교형량하여야 한다. 예를 들어 건축법에 위배된 건축물이라고 하더라도, 공익을 심히 침해하지 않는 한 철거하여서는 안된다.

3) 위반의 효과와 권리구제

행정작용이 위에서 언급한 어느 한 원칙에 위배되는 경우, 그 행정작용은 비례의 원칙에 위배되어 위법한 행정작용이 된다. 비례의 원칙에 위배된 행정작용은 행정쟁송의 대상이 되며, 아울러 상대방에게 손해가 발생된 경우에는 그는 국가배상청구소송을 제기할 수가 있다.

판례 1(재량권행사의 한계로서 비례의 원칙) 행정청이 면허취소의 재량권을 갖는 경우에도 그 재량권은 면허취소처분의 공익목적뿐만 아니라 공익침해의 정도와 그 취소처분으로 인하여 개인이 입게 될 불이익을 비교교량하고 그 취소처분의 공정성을 고려하는 등 비례의 원칙과 평등의 원칙에 어긋나지 않게끔 행사되어야 할 한계를 지니고 있고 이 한계를 벗어난 처분은 위법하다고 볼 수밖에 없다(대판 1985. 11. 12, 85누303).

판례 2('관내 종교시설에 대한 집합금지' 등을 명한 조치가 비례의 원칙을 위반한지 여부) 코로나19의 확산을 차단하기 위한 방법으로 교인들의 대면 예배라는 집합 자체의 금지를 선택한 것은 위와 같은 행정목적을 달성하기 위한 유효 · 적절한 수단인 점, 당시 지역 내 주민 등의 생명과 건강을 보호하기 위한 목적을 달성하는 데 위 처분보다 덜 침해적이지만 동일하게 효과적인 수단이 있었다고 보기 어려운 점, 위 처분으로 인한 종교의 자유 제한의 효과가 일시적이고 한시적으로 적용되는 점과 과학적 불확실성이 높고 질병과 관련한 환경이 빠르게 변화하는 팬데믹 상황의 특수성을 고려할 때, 위 처분으로 제한되는 乙 교회 등의 종교의 자유가 이를 통하여 달성하고자 하는 공익보다 중하다고 보기 어려운 점에 비추어, 甲 시장이 위 처분을 하면서 비례의 원칙을 위반하여 乙 교회 등의 종교의 자유를 침해하였다고 보기 어렵다(대판(전원합의체) 2024. 7. 18, 2022두43528).

사례 甲 구청장은 관할구역을 순찰하는 도중 乙 소유의 3층 건물이 매우 노후하여 붕괴될 우려가 있음을 발견하였다. 이에 따라 甲 구청장은 乙에게 철거명령을 내렸다. 乙의 건물의 현재의 시가는 2억원에 달하며, 붕괴위험이 없도록 수리하는 경우에는 3000만원의 수리비가 소요되고, 철거하는 경우에는 300만원의 철거비가 소요된다. 甲의 철거명령의 적법성을 논하라.

▶답안요지 甲의 철거명령은 건물붕괴로 인한 개인의 신체 · 생명 · 재산 등 법익의 보호를 위한 적합한 수단이다. 그러나 이러한 철거명령은 또 다른 적합한 수단인 수리명령보다 乙의 재산권을 훨씬 더 침해하는 수단으로서 필요성의 원칙에 반한다. 이에 따라 철거명령은 비례의 원칙에 위배되는 위법한 처분에 해당한다.

3. 신뢰보호의 원칙

1) 의 의
2) 신뢰보호의 근거
  가. 실정법적 근거 – 행정절차법 제4조 제2항, 행정기본법 제12조
  나. 이론적 근거 – 법치국가원리의 한 구성요소인 법적 안정성
3) 신뢰보호의 요건
  가. 행정기관의 선행조치(판례: 공적인 견해표명)
  나. 보호가치 있는 신뢰
  다. 관계자의 신뢰에 기인한 처리행위
  라. 선행조치와 처리행위와의 인과관계
  마. 선행조치에 반하는 (후행)행정작용
4) 신뢰보호의 한계
  가. 사정변경
  나. 제3자의 쟁송제기
  다. 행정의 법률적합성의 원칙과의 관계 – 이익형량에 의한 해결
5) 신뢰보호의 원칙의 적용범위
6) 위반의 효과와 권리구제

1) 의 의

신뢰보호의 원칙이란 개인이 행정기관의 어떠한 언동의 적법성과 존속성에 대하여 신뢰한 경우에 그 신뢰가 보호가치가 있는 한 보호하여 주어야 함을 의미한다. 질서유지가 행정의 중심을 이루고 있던 근대 법치국가와는 달리 국민의 생존배려가 국가의 우선적인 책무로 부각되고 있는 현대 복리국가에 있어서 행정의 법률적합성의 원칙은 더 이상 유일한 척도가 될 수 없고 여타의 다른 법원칙과의 비교형량이 불가피하게 되었다. 이러한 견지에서 행정에 대한 신뢰보호가 또 다른 중요한 법원칙으로 등장하게 되었다. 이러한 신뢰보호의 원칙은 행정법의 일반원칙으로서 행정법의 모든 분야에 걸쳐 적용되고 있다.

2) 신뢰보호의 근거

가. 실정법적 근거

행정절차법 제4조 제2항과 행정기본법 제12조는 신뢰보호의 원칙의 실정법적 근거를 마련하고

있다. 행정절차법 제4조 제2항은 "행정청은 법령등의 해석 또는 행정청의 관행이 일반적으로 국민들에게 받아들여졌을 때에는 공익 또는 제3자의 정당한 이익을 현저히 해칠 우려가 있는 경우를 제외하고는 새로운 해석 또는 관행에 따라 소급하여 불리하게 처리하여서는 아니 된다"라고 규정하고 있다. 한편, 행정기본법 제12조는 "① 행정청은 공익 또는 제3자의 이익을 현저히 해칠 우려가 있는 경우를 제외하고는 행정에 대한 국민의 정당하고 합리적인 신뢰를 보호하여야 한다. ② 행정청은 권한 행사의 기회가 있음에도 불구하고 장기간 권한을 행사하지 아니하여 국민이 그 권한이 행사되지 아니할 것으로 믿을 만한 정당한 사유가 있는 경우에는 그 권한을 행사해서는 아니 된다. 다만, 공익 또는 제3자의 이익을 현저히 해칠 우려가 있는 경우는 예외로 한다"라고 규정하고 있다.

나. 이론적 근거

신뢰보호의 원칙은 독일에서 학설과 판례에 의하여 발전된 원칙으로서 이 원칙이 어디에서 도출되는지에 관하여는 오랫동안 논란이 되어 왔다.

가) 신의칙설 이는 신뢰보호의 근거를 사법에서 발달한 신의성실의 원칙에서 구하는 견해이다. 신의성실의 원칙은 사법뿐만 아니라 공법에도 적용되는 법의 일반원리에 해당한다. 행정기관은 성실하게 적법한 행정작용을 하여야 할 의무를 지며, 국민은 그것을 적법한 것으로 신뢰하게 되는바, 사후에 당해 행정작용의 위법을 이유로 그 효력을 부인하는 것은 상대방의 신뢰를 저버린 것으로서 신의성실의 원칙에 위배된다는 것이다. 그러나 신의성실의 원칙이란 당사자간에 구체적인 법률관계를 전제로 하는바 공법관계에서는 법규명령에서 볼 수 있는 바와 같이 그 구체적인 관계가 없는 경우가 있다는 점에서 한계가 있으며, 아울러 그 내용이 일반적이고 추상적이라는 비판을 받는다.

나) 법적 안정성설 다수의 학설은 신뢰보호의 원칙을 법치국가원리의 실질적인 요소인 법적 안정성의 원리로부터 도출하고 있다. 국가작용의 예측가능성, 계속성, 존속성을 내용으로 하고 있는 법적 안정성의 원리에 따르면 개인은 국가작용이 법에 따라 그가 예측한 대로 집행되고 존속될 것을 기대하며 이로부터 국가에 의하여 보호되어야 하는 신뢰보호의 요건이 조성된다고 한다. 그러나 이러한 법적 안정성설에 대하여는 행정의 법률적합성의 원칙도 법치국가원리에서 도출되고 신뢰보호의 원칙도 법치국가원리에서 도출된다고 하는 것은 이율배반적이라는 비판이 제기되고 있다.

다) 사회국가설 이 학설은 헌법상의 사회국가원리에서 신뢰보호의 근거를 구하는 학설이다. 즉 신뢰보호는 국민이 국가의 급부에 전적으로 의존하게 되는 현상을 균형으로 이끄는 평형추의 역할을 한다고 한다. 그러나 사회국가원리는 국가로 하여금 사회적 모순을 시정하고 정의로운 사회질서를 형성시킬 의무를 부과하는 것을 내용으로 하고 있다. 따라서 이를 통하여 국가의 급부에 대한 의존현상이 균형관계에 도달되지는 않는다는 비판을 받고 있다.

라) 기본권설 일부의 학설은 신뢰보호의 원칙을 헌법상의 재산권 또는 자유권에서 도출하고 있다. 그러나 재산권으로부터 도출하는 견해에 대하여는 생명 · 신체 등 비재산적 가치는 보호받지 못한다는 비판이 제기되고 있으며, 자유권으로부터 도출하는 견해는 위법하게 취득한 이익을 누리는 자유권은 존재하지 않는다는 비판을 받고 있다.

마) 독자성설 신뢰보호는 상이한 법원칙으로부터 도출되고 있으나 어느 원칙도 만족할 만

한 논거를 제시하지 못한다는 이유로 신뢰보호는 그 자체로 독립한 비헌법적인 보충적인 법원칙으로 보는 견해이다. 이에 대하여는 신뢰보호의 원칙의 이론적 근거를 포기하게 되는 결과를 가져온다는 점과 신뢰보호의 원칙을 비헌법적인 원칙으로 본다는 점에서 비판이 가하여지고 있다.

바) 결 어 오늘날 다수설은 신뢰보호의 원칙을 법치국가원리의 한 요소인 법적 안정성에서 도출하고 있다. 신뢰보호의 원칙, 행정의 법률적합성의 원칙은 둘 다 법치국가원리에서 도출되는 요소로서 헌법상 동위, 동가치적인 것으로 파악되고 있다. 구체적인 경우에 두 원칙이 충돌하는 경우에 비교형량하여 어느 원칙이 더 중요한지를 결정한다.

판례(변리사법시행령부칙 무효확인 사건) 어떤 법령이 장래에도 그대로 존속할 것이라는 합리적이고 정당한 신뢰를 바탕으로 국민이 그 법령에 상응하는 구체적 행위로 나아가 일정한 법적 지위나 생활관계를 형성하여 왔음에도 국가가 이를 전혀 보호하지 않는다면, 법질서에 대한 국민의 신뢰는 무너지고 현재의 행위에 대한 장래의 법적 효과를 예견할 수 없게 되어 법적 안정성이 크게 저해된다 할 것이므로, 입법자는 법령을 개정함에 있어서 이와 같은 신뢰를 적절하게 보호하는 조치를 취함으로써 법적 안정성을 도모하여야 한다는 것이 법치주의 원리가 요청하는 바이라 할 것이다(대판(전원합의체) 2006. 11. 16, 2003두12899).

---

3) 신뢰보호의 요건

신뢰보호가 인정되기 위하여는 다음의 요건이 충족되어야 한다.

가. 행정기관의 선행조치

우선 관계인의 신뢰의 대상이 되는 행정기관의 선행조치가 존재하여야 된다. 이러한 선행조치에는 법규명령, 조례, 규칙, 처분, 확약, 행정지도 등을 비롯한 모든 국가의 행정작용이 해당되며, 반드시 명시적 · 묵시적 언동을 가리지 않는다. 그러나 판례는 선행조치를 “공적인 견해표명”에 제한시키고 있다.

공적인 견해표명을 인정한 판례

판례 1(토지거래계약 허가와 신뢰보호) 종교법인이 도시계획구역 내 생산녹지로 답인 토지에 대하여 종교회관 건립을 이용목적으로 하는 토지거래계약의 허가를 받으면서 담당공무원이 관련 법규상 허용된다 하여 이를 신뢰하고 건축준비를 하였으나 그 후 당해 지방자치단체장이 다른 사유를 들어 토지형질변경허가신청을 불허가 한 것은 신뢰보호원칙에 반한다(대판 1997. 9. 12, 96누18380).

판례 2(적정통보와 신뢰보호) 폐기물처리업에 대하여 사전에 관할 관청으로부터 적정통보를 받고 막대한 비용을 들여 허가요건을 갖춘 다음 허가신청을 하였음에도 다수 청소업자의 난립으로 안정적이고 효율적인 청소업무의 수행에 지장이 있다는 이유로 한 불허가처분이 신뢰보호의 원칙 및 비례의 원칙에 반하는 것으로서 재량권을 남용한 위법한 처분이다(대판 1998. 5. 8, 98두4061).

판례 3(주민등록증 부여와 공적인 견해표명) 주민등록번호와 주민등록증은 외부에 공시되어 대내외적으로 행정행위의 적법한 존재를 추단하는 중요한 근거가 되는 점에 비추어 행정청이 공신력 있는 주민등록번호와 이에 따른 주민등록증을 부여한 행위는 갑과 을에게 대한민국 국적을 취득하였다는 공적인 견해를 표명한 것이다(대판 2024. 3. 12, 2022두60011).

공적인 견해표명을 부정한 판례

판례 1 당초 정구장 시설을 설치한다는 도시계획결정을 하였다가 정구장 대신 청소년 수련시설을 설치한다는 도시계획 변경결정 및 지적승인을 한 경우, 당초의 도시계획결정만으로는 도시계획사업의 시행자 지정을 받게 된다는 공적인 견해를 표명하였다고 할 수 없다는 이유로 그 후의 도시계획 변경결정 및 지적승인이 도시계획사업의 시행자로 지정받을 것을 예상하고 정구장 설계 비용 등을 지출한 자의 신뢰이익을 침해한 것으로 볼 수 없다(대판 2000. 11. 10, 2000두727).

판례 2 폐기물관리법령에 의한 폐기물처리업 사업계획에 대한 적정통보와 국토이용관리법령에 의한 국토이용계획변경은 각기 그 제도적 취지와 결정단계에서 고려해야 할 사항들이 다르므로, 폐기물처리업 사업계획에 대하여 적정통보를 한 것만으로 그 사업부지 토지에 대한 국토이용계획변경신청을 승인하여 주겠다는 취지의 공적인 견해표명을 한 것으로 볼 수 없다(대판 2005. 4. 28, 2004두8828).

나. 신뢰의 보호가치

관계인은 선행조치의 적법성과 존속성에 대하여 신뢰를 하여야 하며 그 신뢰가 보호가치가 있어야 한다. 행정행위 등의 하자가 수익자의 책임에 기인할 때, 즉 수익자의 사기, 강박, 증뢰 등 부정한 방법으로 수익적 행정행위가 발하여졌을 때, 또한 수익자가 행정작용의 위법성을 알았거나 중대한 과실로 알지 못한 경우와(행정기본법 18조 2항) 수익적 행정행위가 수익자의 잘못된 또는 불완전한 신고에 의하여 행하여진 경우들에 있어서는 신뢰의 보호가치가 없게 된다.

판례(신뢰가 보호가치가 없는 경우) 일반적으로 행정상의 법률관계에 있어서 행정청의 행위에 대하여 신뢰보호의 원칙이 적용되기 위하여는, 첫째 행정청이 개인에 대하여 신뢰의 대상이 되는 공적인 견해표명을 하여야 하고, 둘째 행정청의 견해표명이 정당하다고 신뢰한 데에 대하여 그 개인에게 귀책사유가 없어야 하며, 셋째 그 개인이 그 견해표명을 신뢰하고 이에 상응하는 어떠한 행위를 하였어야 하고, 넷째 행정청이 그 견해표명에 반하는 처분을 함으로써 그 견해표명을 신뢰한 개인의 이익이 침해되는 결과가 초래되어야 하며, 마지막으로 위 견해표명에 따른 행정처분을 할 경우 이로 인하여 공익 또는 제3자의 정당한 이익을 현저히 해할 우려가 있는 경우가 아니어야 하는바, 둘째 요건에서 말하는 귀책사유라 함은 행정청의 견해표명의 하자가 상대방 등 관계자의 사실은폐나 기타 사위의 방법에 의한 신청행위 등 부정행위에 기인한 것이거나 그러한 부정행위가 없다고 하더라도 하자가 있음을 알았거나 중대한 과실로 알지 못한 경우 등을 의미한다고 해석함이 상당하고, 귀책사유의 유무는 상대방과 그로부터 신청행위를 위임받은 수임인 등 관계자 모두를 기준으로 판단하여야 한다(대판 2002. 11. 8, 2001두1512).

다. 관계자의 신뢰에 기인한 처리행위(처리보호)

신뢰를 통하여 관계인의 처리행위가 있어야 한다. 예를 들어 관계인이 수령한 금전을 이미 소비하였거나 건축허가의 경우에 건축에 착수한 바와 같이 신뢰에 입각한 관계자의 처리가 있어야 한다. 신뢰보호를 통하여 관계인이 보호받는 실체는 그가 행정작용을 신뢰하여 일정한 행위를 함으로써 얻게 되는 이익이지 신뢰 그 자체는 아니다.

라. 선행조치와 처리행위와의 인과관계

선행조치와 처리행위간에 인과관계가 존재하여야 한다.

마. 선행조치에 반하는 행정작용

행정청이 선행조치에 반하는 행정작용을 함으로써, 선행조치의 존속에 대한 신뢰를 바탕으로 일정한 처리를 행한 관계자의 이익을 침해하여야 한다.

4) 신뢰보호의 한계

신뢰보호의 요건이 충족된다고 하여 언제나 관계자의 신뢰가 보호되는 것은 아니다. 다음과 같은 경우에 신뢰보호는 그 한계를 가진다.

가. 사정변경

행정조치와 관련하여 신뢰형성에 결정적인 요인이 되는 사실(법령 등)이 사후에 변경이 되고 관계인이 행정작용시에 이미 이를 예견하였거나 예견할 수 있는 상황에 있는 경우에 신뢰보호의 기속력은 배제가 된다. 판례는 "행정청이 상대방에 대하여 장차 어떤 처분을 하겠다는 공적인 견해를 표명하였다고 하더라도 공적인 견해표명 후에 그 전제로 된 사실적 · 법률적 상태가 변경되었다면 그러한 견해표명은 효력을 잃게 된다"[25]고 하여 사정변경을 이유로 신뢰보호를 제한하고 있다. 그러나 신뢰보호의 기속력을 배제시키기 위하여는 이러한 단순한 사실적 · 법률적 상태의 변경으로서는 불충분하고 관계인이 행정작용시에 이를 예견하였거나 예견할 수 있는 상황에 있어야 한다. 한편, 행정절차법 제40조의2는 법령의 개정이나 사정변경이 있으면 확약에 기속되지 않는다고 규정하고 있다.

판례(사정변경에 의한 공적 견해표명의 효력상실) 행정상의 법률관계에 있어 행정청의 행위에 대하여 신뢰보호의 원칙을 적용하기 위한 요건의 하나인 공적 견해표명이 있었는지는 당해 행위를 하게 된 구체적인 경위 및 그에 대한 상대방의 신뢰가능성을 고려하여 실질에 의하여 판단하여야 하며, 행정청이 상대방에 대하여 장차 어떠한 처분을 하겠다는 공적인 견해표명을 하였다고 하더라도 공적 견해표명 후에 그 전제로 된 사실적 · 법률적 상태가 변경되었다면 그러한 견해표명은 효력을 잃게 된다 할 것이다(대판 2000. 6. 13, 98두18596; 1996. 8. 20, 95누10877).

나. 제3자의 쟁송제기

또한 개인의 신뢰보호는 행정청의 선행조치가 제3자효행정행위로서 제3자에 의하여 취소쟁송의 제기가 있거나 예상되는 경우에도 그 기속력을 상실한다.

다. 행정의 법률적합성의 원칙과의 관계

신뢰보호의 원칙의 적용에 있어서 행정의 법률적합성의 원칙과의 관계 및 이에 관련하여 존속보호와 보상보호의 문제가 제기된다. 행정의 법률적합성의 원칙과 신뢰보호의 원칙이 서로 대립되는 경우에 행정의 법률적합성의 원칙이 우선한다는 일부의 견해도 있으나, 행정의 법률적합성의 원칙은 법치국가원리의 여러 요소 중의 하나이며, 또한 신뢰보호의 원칙이 근거하고 있는 법적 안정성의 원칙 역시 법치국가원리에 포함되고 있다. 따라서 양자는 헌법상 동위적이며 동가치적인 것으로 보는 것이 타당한 견해이다. 구체적인 경우에 어느 원칙이 더 우선하는가는 적법상태의 실현에 대한 공익과 행정작용에 대한 개인의 신뢰보호이익과의 비교형량에 따라 개별적으로 판단하여야 한다. 독일행

---

25) 대판 2000. 6. 13, 98두18596.

정절차법 제48조 제2항과 제3항은 수익적 행정행위의 직권취소에 있어서 비교형량의 적절한 기준을 제시하고 있다. 이에 따르면 신뢰보호대상을 한편으로는 금전 및 가분적 현물급부와 다른 한편으로는 허가 및 여타의 수익적 행정행위로 구분하고 있다. 전자의 경우 존속보호를 원칙으로 하는 반면, 후자의 경우에는 보상보호를 원칙으로 하고 있다. 금전 및 물건급부에서 존속보호를 인정하고 있는 데에는 국가의 재정적 이익보다 금전 및 물건급부에 대한 개인의 구체적이고도 중요한 생활이익이 우선한다는 기본사상이 그 배경이 되고 있다. 허가 및 여타의 수익적 행정행위의 경우에도 공익이 전혀 고려될 수 없는 예외적인 경우에 형량의 결과는 존속보호에 이르게 될 수 있다.

5) 신뢰보호의 원칙의 적용범위

신뢰보호의 원칙은 행정법의 일반원칙으로 행정법의 전 분야에서 적용되는 원칙이나 특히 수익적 행정행위의 직권취소와 철회의 제한, 확약, 실권(失權), 계획보장청구권, 개정법령의 적용과 관련하여 많이 논의되고 있다. 한편, 행정기본법 제23조는 실권과 관련하여 제재처분의 제척기간을 5년으로 규정하고 있다.

판례 1(실권을 인정한 사례) 택시 운전사가 1983.4.5 운전면허정지기간 중에 운전행위를 하다가 적발되어 형사처벌을 받았으나 행정청으로부터 아무런 행정조치가 없어 안심하고 계속 운전업무에 종사하고 있던 중 행정청이 위 위반행위가 있은 이후에 장기간에 걸쳐 아무런 행정조치를 취하지 않은 채 방치하고 있다가 3년여가 지난 1986.7.7에 와서 이를 이유로 행정제재를 하면서 가장 무거운 운전면허를 취소하는 행정처분을 하였다면 이는 행정청이 그간 별다른 행정조치가 없을 것이라고 믿은 신뢰의 이익과 그 법적 안정성을 빼앗는 것이 되어 매우 가혹할 뿐만 아니라 비록 그 위반행위가 운전면허취소사유에 해당한다 할지라도 그와 같은 공익상의 목적만으로는 위 운전사가 입게 될 불이익에 견줄바 못된다 할 것이다(대판 1987. 9. 8, 87누373).

판례 2(실권을 부인한 사례) 교통사고가 일어난지 1년 10개월이 지난 뒤 그 교통사고를 일으킨 택시에 대하여 운송사업면허를 취소하였더라도 처분관할관청이 위반행위를 적발한 날로부터 10일 이내에 처분을 하여야 한다는 교통부령인 자동차운수사업법 제31조 등의 규정에 의한 사업면허의 취소 등의 처분에 관한 규칙 제4조 제2항 본문을 강행규정으로 볼 수 없을 뿐만 아니라 택시운송사업자로서는 자동차운수사업법의 내용을 잘 알고 있어 교통사고를 낸 택시에 대하여 운송사업면허가 취소될 가능성을 예상할 수도 있었을 터이니, 자신이 별다른 행정조치가 없을 것으로 믿고 있었다 하여 바로 신뢰의 이익을 주장할 수는 없으므로 그 교통사고가 자동차운수사업법 제31조 제1항 제5호 소정의 "중대한 교통사고로 인하여 많은 사상자를 발생하게 한 때"에 해당한다면 그 운송사업면허의 취소가 행정에 대한 국민의 신뢰를 저버리고 국민의 법생활의 안정을 해치는 것이어서 재량권의 범위를 일탈한 것이라고 보기는 어렵다(대판 1989. 6. 27, 88누6283).

---

6) 위반의 효과와 권리구제

신뢰보호의 원칙에 반하는 행정작용은 위법한 것이 되어 행정쟁송의 대상이 되며, 아울러 상대방에게 손해가 발생된 경우에는 국가배상청구소송을 제기할 수 있다.

사례 A는 자기 소유의 토지상에 유기장을 설치하려고 하는바 건축법상 허용여부에 의문이 있어 서면으로 질의를 하였다. 이에 대하여 관할 구청에서는 A가 계획하고 있는 유기장이 금지되는 건축물에 해당하지 않으며, 만일 A가 건축허가신청을 하는 경우 즉시 허가할 것이라는 구청장의 명의로 된 서면상의 회신을 하였다. 이에 A는 유기장건축과 경영을 위한 준비를 하면서 건축허가를 신청한 바, 구청에서는 논란 끝에 금지된 건축물로 판단하여 불허가처분을 하였다. A가 이 불허가처분에 대하여 신뢰보호원칙위반을 이유로 행정소송을 제기하려고 한다. 인용여부를 논하라.(제35회 사법시험)

▶답안요지 우선 취소소송의 적법요건(대상적격, 원고적격, 제소기간 등)을 간단히 검토하고 본안에서는 불허가처분의 위법성을 검토한다. 사안에 있어서 신뢰보호요건이 충족되는지 문제가 된다. ① 구청장 명의의 회신은 확약으로서 선행조치에 해당하며(공적 견해표명), ② A는 확약의 적법성과 존속을 신뢰하고 유기장건축준비를 한 것으로 보아 보호가치가 있는 신뢰가 인정되며, ③ 유기장건축과 경영준비를 한 것은 처리행위에 해당하며, ④ 선행조치와 처리행위 사이에 인과관계도 인정되고, ⑤ 구청의 불허가처분은 선행조치에 반하는 작용으로서 신뢰보호의 요건이 충족된다. 다음으로 신뢰보호의 한계로서 행정의 법률적합성의 원칙과의 비교형량이 요구된다. 사안에서는 아직 유기장건축이 되지 않은 점을 비추어 적법성실현에 대한 공익이 우선된다고 판단되므로 A의 청구는 기각될 것이다. 대신 A는 신뢰보호의 관점에서 금전상 손실에 대한 보상을 당사자소송으로 청구할 수 있을 것이다(가치보호). 다른 한편 A는 구청의 위법한 확약으로 발생된 손해에 대하여 담당공무원의 고의 · 과실이 입증되는 경우 국가배상청구소송을 제기할 수 있을 것이다.

4. 평등의 원칙

헌법 제11조 제1항은 “모든 국민은 법앞에 평등하다. 누구든지 성별 · 종교 또는 사회적 신분에 의하여 정치적 · 경제적 · 사회적 · 문화적 생활의 모든 영역에 있어서 차별을 받지 않는다”라고 하여 평등권을 규정하고 있다. 헌법 제11조에서 도출되는 평등의 원칙은 행정작용을 함에 있어서 특별한 합리적인 사유가 없는 한, 상대방인 국민을 동등하게 대우하여야 한다는 원칙을 말한다. 행정기본법 제9조는 “행정청은 합리적 이유 없이 국민을 차별해서는 아니 된다.”고 규정하고 있다. 평등의 원칙은 헌법상의 법원칙으로서 이에 위반된 행정작용은 위헌 · 위법하게 된다. 평등의 원칙은 당연히 행정법의 전 영역에서 적용되는 원칙이나, 특히 행정규칙에 있어서 자기구속의 법리와 재량권행사의 한계와 관련하여 중요한 의미를 갖고 있다. 이에 대하여는 해당분야에서 상술하기로 한다.

판례 1(차등화된 과태료부과처분의 평등의 원칙에 위배여부) 공무원인지 여부, 기관(법인)의 대표나 임원인지 여부 등 증인의 사회적 신분에 따라 미리부터 과태료의 액수에 차등을 두고 있는 경우, 그와 같은 차별은 증인의 불출석이나 증언거부에 대하여 과태료를 부과하는 목적에 비추어 볼 때 그 합리성을 인정할 수 없고 지위의 높고 낮음만을 기준으로 한 부당한 차별대우라고 할 것이어서 헌법에 규정된 평등의 원칙에 위배되어 무효이다(대판 1997. 2. 25, 96추213).

판례 2(징계양정의 평등의 원칙에 위배여부) 같은 정도의 비위를 저지른 자들 사이에 있어서도 그 직무의 특성 등에 비추어, 개전의 정이 있는지 여부에 따라 징계의 종류의 선택과 양정에 있어서 차별적으로 취급하는 것은, 사안의 성질에 따른 합리적 차별로서 이를 자의적 취급이라고 할 수 없는 것이어서 평등원칙 내지 형평에 반하지 아니한다(대판 1999. 8. 20, 99두2611).

판례 3(국립대학 입시와 비례/평등원칙) 국립대학교 법학전문대학원 입시 과정에서 제칠일안식일예수재림교 신자들이 종교적 신념을 이유로 결과적으로 불이익을 받게 되는 경우, 이를 해소하기 위한 조치가 공익이나 제3자의 이익을 다소 제한하더라도, 그 제한의 정도가 재림교 신자들이 받는 불이익에 비해 현저히 적다고 인정된다면, 헌법이 보장하는 실질적 평등을 실현할 의무와 책무를 부담하는 국립대학교 총장으로서는 재림교 신자들의 신청에 따라 그들이 받는 불이익을 해소하기 위한 적극적인 조치를 취할 의무가 있다(대판 2024. 4. 4, 2022두56661).

판례 4(피부양자 자격취득과 평등원칙) 갑이 동성인 을과 교제하다가 서로를 동반자로 삼아 함께 생활하기로 합의하고 동거하던 중 결혼식을 올린 뒤 국민건강보험공단에 건강보험 직장가입자인 을의 사실혼 배우자로 피부양자 자격취득 신고를 하여 피부양자 자격을 취득한 것으로 등록되었는데, 이 사실이 언론에 보도되자 국민건강보험공단이 갑을 피부양자로 등록한 것이 '착오 처리'였다며 갑의 피부양자 자격을 소급하여 상실시키고 지역가입자로 갑의 자격을 변경한 후 그동안의 지역가입자로서의 건강보험료 등을 납입할 것을 고지한 사안에서, 위 처분이 행정절차법 제21조 제1항과 헌법상 평등원칙을 위반하여 위법하다(대판(전원합의체) 2024. 7. 18, 2023두36800).

5. 신의성실의 원칙

1) 의　의

민법 기타의 사법규정은 비교적 정치하고 완벽하며, 또한 사법규정의 흠결을 보충하는 사법이론이 현저하게 발전되고 있는 반면에, 상술한 바와 같이 행정법에서는 아직 통칙적인 규정이 없고 행정작용에서 구체적으로 발생하는 사건을 규율하는 법규가 존재하지 않는 경우가 많다. 이에 따라 행정법의 실무에서는 행정법의 흠결을 메꾸고 보충하기 위하여 민법을 유추적용한다든지 민법의 일반조항을 모든 법분야에서 타당한 법의 일반적 사상의 표현이라 하여 끌어다가 쓰는 경우가 많은데, 가장 전형적인 경우가 민법 제2조에 규정된 신의성실의 원칙이다. 신의성실의 원칙은 행정이 그의 목적을 달성하기 위하여 활동을 하는 경우뿐만 아니라 개인이 행정권을 상대로 하여 방어 내지 관철하는 경우에도 적용되는 원칙으로서 의의를 갖는다. 신의성실의 원칙에서 파생된 원칙으로 권리남용금지의 원칙, 사정변경의 원칙 등이 있다.

2) 근　거

국세기본법 제15조는 "납세자가 그 의무를 이행함에 있어서 신의에 좇아 성실히 하여야 한다. 세무공무원이 그 직무를 수행함에 있어서도 또한 같다"고 하여 신의성실의 원칙을 일찍이 규정하고 있었으며 행정절차법 제4조 제1항은 "행정청은 직무를 수행함에 있어서 신의에 따라 성실히 하여야 한다"고 하여 신의성실의 원칙을 규정하고 있다. 그리고 행정기본법 제11조는 "① 행정청은 법령등에 따른 의무를 성실히 수행하여야 한다. ② 행정청은 행정권한을 남용하거나 그 권한의 범위를 넘어서는 아니 된다"라고 규정하고 있다.

3) 내　용

신의성실의 원칙의 구체적인 적용례로서는 ① 행정청의 전후의 모순된 행위의 금지, ② 행정청의 사인에 대한 보호의무(특별한 부담이 없는 경우에는 개인에게 권리의 내용과 행사가능성을 설명할 의무), ③ 행정청의 불성실로 인하여 사인의 법적 지위가 악화되는 것의 금지(특별한 이유없이 허가 등을 지연시킴으로써 신청인이 불이익을 받는 것을 금지) 등이 있다.

4) 위반행위의 효과 및 권리구제

신의성실의 원칙에 반하는 행정작용은 위법한 것이 되어 행정쟁송의 대상이 되며, 아울러 상대방에게 손해가 발생된 경우에는 국가배상청구소송을 제기할 수 있다.

판례(휴업급여청구권에 대한 근로복지공단의 소멸시효 항변이 신의성실의 원칙에 반한다는 사례) 근로자가 입은 부상이나 질병이 업무상 재해에 해당하는지 여부에 따라 요양급여 신청의 승인, 휴업급여청구권의 발생 여부가 차례로 결정되고, 따라서 근로복지공단의 요양불승인처분의 적법 여부는 사실상 근로자의 휴업급여청구권 발생의 전제가 된다고 볼 수 있는 점 등에 비추어, 근로자가 요양불승인에 대한 취소소송의 판결확정시까지 근로복지공단에 휴업급여를 청구하지 않았던 것은 이를 행사할 수 없는 사실상의 장애사유가 있었기 때문이라고 보아야 하므로, 근로복지공단의 소멸시효 항변은 신의성실의 원칙에 반하여 허용될 수 없다(대판 2008. 9. 18, 2007두2173).

6. 부당결부금지의 원칙

1) 의 의

행정권한의 부당결부금지의 원칙은 행정기관이 행정작용을 함에 있어서 그와 실질적인 관련성이 없는 반대급부와 결부시켜서는 안된다는 원칙이다. 이 법원칙은 행정목적을 달성하기 위한 수단이 다양해짐에 따라 그 수단의 선택이나 급부에 일정한 한계를 설정하려는 의도에서 구성된 이론이다. 예를 들어 공법상의 계약에 있어서, 행정주체의 급부에 그와 실질적 관련성이 없는 상대방의 반대급부를 결부시켜서는 안되며, 수익적 행정행위의 발급에 있어서 행정행위의 목적실현과 관계없는 부담을 부과하여서는 안된다.

2) 근거 및 효력

부당결부금지의 원칙의 근거 및 법적 효력에 관하여 견해의 대립이 있다. 다수설인 헌법적 효력설에 따르면 부당결부금지의 원칙은 헌법상 법치국가의 원리와 자의금지의 원칙에서 도출된다고 보고, 부당결부금지의 원칙에 위반한 경우 위헌 · 위법이 된다고 본다. 그에 반해 법률적 효력설은[26] 부당결부금지의 원칙의 근거를 권한법정주의와 권한남용의 금지에 있다고 보고, 이를 위반한 경우 위법의 문제는 제기되지만 위헌의 문제는 제기되지 않는다고 본다.

생각건대 부당결부금지의 원칙은 헌법상 법치국가의 원리와 자의금지의 원칙에서 도출되는 것으로 보아야 하며, 따라서 법률의 규정이라도 이에 위반하면 위헌을 면치 못한다고 보아야 할 것이다. 행정기본법 제13조는 "행정청은 행정작용을 할 때 상대방에게 해당 행정작용과 실질적인 관련이 없는 의무를 부과해서는 아니 된다"라고 규정하여 부당결부금지원칙의 법적 근거를 마련하고 있다.

3) 요 건

일반적으로 행정작용과 그와 결부된 반대급부가 실질적 관련성을 갖기 위하여는 원인적 관련성과 목적적 관련성이 인정되어야 한다.

26) 朴均省, 行政法講義, 46면.

가. 원인적 관련성

행정작용과 반대급부 사이에 직접적인 인과관계가 인정되는 경우에 원인적 관련성이 인정된다. 예를 들어 하천점용허가시에 하천오염방지를 위한 오염방지시설의 설치의무를 내용으로 하는 부관을 붙인 경우에 원인적 관련성을 쉽게 인정할 수 있을 것이다. 반면 하천점용허가를 하면서 그동안 체납한 자동차세를 납부하라는 부관을 붙인 경우에는 원인적 관련성이 결여되어 부당결부금지의 원칙에 반하게 된다.

나. 목적적 관련성

또한 행정작용과 반대급부가 특정한 행정목적 추구에 있어서 관련성을 갖고 있어야 한다. 위 사례에 있어서 하천점용허가와 오염방지설치의무는 수질오염의 우려가 없는 하천점용허가라는 목적에 결부되어 목적적 관련성이 인정이 되나, 하천점용허가와 체납된 자동차세의 납부는 서로 이질적인 목적을 추구하고 있기 때문에 부당결부금지의 원칙에 위배될 것이다.

4) 위반행위의 효과 및 권리구제

행정작용이 부당결부금지의 원칙에 위배되는 경우에는 위헌 · 위법이 되어 행정쟁송의 대상이 되며, 상대방에게 손해가 발생되는 경우에는 국가배상청구소송의 대상이 된다.

판례 1(기부채납부관의 부당결부금지의 원칙에 위배여부) 지방자치단체장이 사업자에게 주택사업계획승인을 하면서 그 주택사업과는 아무런 관련이 없는 토지를 기부채납하도록 하는 부관을 주택사업계획승인에 붙인 경우, 그 부관은 부당결부금지의 원칙에 위반되어 위법하지만, 지방자치단체장이 승인한 사업자의 주택사업계획은 상당히 큰 규모의 사업임에 반하여, 사업자가 기부채납한 토지 가액은 그 100분의 1 상당의 금액에 불과한 데다가, 사업자가 그동안 그 부관에 대하여 아무런 이의를 제기하지 아니하다가 지방자치단체장이 업무착오로 기부채납한 토지에 대하여 보상협조요청서를 보내자 그때서야 비로소 부관의 하자를 들고 나온 사정에 비추어 볼 때 부관의 하자가 중대하고 명백하여 당연무효라고는 볼 수 없다(대판 1997. 3. 11, 96다49650).

판례 2(접도구역에 매설한 송유시설의 이설비용을 피고가 부담하도록 한 협약이 부당결부금지에 위배되는지 여부) 부당결부금지의 원칙이란 행정주체가 행정작용을 함에 있어서 이와 실질적인 관련이 없는 상대방의 의무를 부과하거나 그 이행을 강제하여서는 아니 된다는 원칙을 말한다. 기록에 의하면, 이 사건 협약에서, 고속국도의 유지관리 및 도로확장 등의 사유로 접도구역에 매설한 송유시설의 이설이 불가피할 경우 그 이설비용을 피고가 부담하도록 한 것은, 원고가 접도구역의 송유관 매설에 대한 허가를 할 것을 전제로 한 것으로, 피고는 송유관이설이라는 부대공사와 관련하여 공작물설치자로서 특별한 관계가 있다고 볼 수 있고, 피고로서는 접도구역 부지 소유자와 사이에 별도로 이용계약을 체결하고 그 부지점용에 따른 사용료를 지급하게 되나, 관리청인 원고로부터 접도구역의 송유관 매설에 관한 허가를 얻게 됨으로써 접도구역이 아닌 사유지를 이용하여 매설하는 경우에 비하여는 공사절차 등의 면에서 이익을 얻는다고 할 수 있으며, 피고의 사업이 공익성을 갖는다고 하더라도 비영리사업이라고 볼 수는 없고, 피고로서는 처음부터 이러한 경제적 이해관계를 고려하여 이 사건 협약을 체결한 것이라고 할 것이므로, 이 사건 협약 중 접도구역에 매설된 송유관 이설비용을 피고가 부담하도록 한 부분이 부당결부금지원칙에 위반된 것이라고 할 수는 없다(대판 2009. 2. 12, 2005다65500).

제4절 행정법의 효력

행정법의 효력의 문제는 행정법이 어떠한 범위에서 관계자를 구속하는 힘을 갖는가의 문제이다. 행정법의 효력은 다른 법분야와 마찬가지로 시간적 효력, 지역적 효력 그리고 대인적 효력의 세 가지 관점에서 고찰할 수 있다. 그러나 행정법은 행정목적을 실현하기 위한 기술적이고 합목적적인 성격을 갖고 있을 뿐 아니라, 그의 규율대상의 부단한 변화 때문에 빈번히 개폐되는 경우가 많기 때문에, 그 효력도 다른 법분야와는 약간 다른 특색을 나타내고 있다.

Ⅰ. 시간적 효력

1. 효력발생시기

1) 공포에 관한 원칙

행정법규는 시행일부터 그 효력을 발생한다. 개별법령 또는 조례나 규칙 등에서 시행일을 규정하는 것이 일반적이나, 시행일에 대하여 특별한 규정이 없는 경우에는, 이들은 공포한 날부터 20일을 경과함으로써 효력을 발생한다(헌법 53조 7항, 법령 등 공포에 관한 법률 13조, 지방자치법 32조 8항). 공포란 국가의 법령 · 조약에 있어서는 관보에 게재하는 행위를 말하고(법령 등 공포에 관한 법률 11조 1항), 지방자치단체의 조례 · 규칙에 있어서는 공보에 게재하는 행위를 말한다(지방자치법시행령 12조 1항). 예외적으로 대통령의 법률안거부권의 행사로 인하여 재의결된 법률을 국회의장이 공포하는 경우에는 서울특별시에서 발행되는 2개 이상의 일간신문에 게재하여야 하고(법령 등 공포에 관한 법률 11조 2항), 지방자치단체장이 공포하지 아니함으로써 지방의회의장이 공포하는 경우에는 공보나 일간신문에 게재하거나 게시판에 게시하여야 한다(지방자치법 33조 1항 단서). 공포일과 시행일 사이에 일정한 시간적 간격을 두는 이유는 행정법령의 내용을 국민에게 미리 주지시키기 위해서이다.

2) 공포에 관한 특칙

법령 · 조례 · 규칙들은 실제로 위의 원칙에 따르지 않고, 그 부칙 또는 별도의 시행법령에서 ① 공포 후 일정한 유예기간을 두고 시행하거나, ② 일정한 사실이 발생한 때부터 시행한다거나, ③ 공포일로부터 시행하는 경우들도 종종 발견된다. 특히 공포일시행주의는 관련법규가 국민의 권리나 의무를 규율하거나, 벌칙을 부과하는 경우에, 일반국민에게 예측가능성을 부여하기 위하여 주지기간을 두도록 하는 법치주의적 관점에서 심각한 이의가 제기된다.

3) 시행일

가. 공포일의 의미

시행일은 효력발생일을 의미하는데, 공포일이 기준이 된다. 공포일은 "그 법령 등을 게재한 관보 또는 신문이 발행된 날"(법령 등 공포에 관한 법률 12조)로 되어 있다. 그런데 "발행된 날"이라고 하더라도 어떠한 시점을 발행된 날로 볼 것인가가 문제가 된다. 이에 대하여는 관보가 발행 · 배포되는 일련의 과정에 착안하여, ① 법령을 게재한 관보의 일부일(日附日)의 오전 영시를 공포시점으로 보는 관보일부영시설, ② 인쇄가 완료된 시점을 공포시점으로 보는 인쇄완료시설, ③ 인쇄된 관보가 외부로의 발송절차가 완료된 시점을 공포시점으로 보는 발송절차완료시설, ④ 관보가 관보판매소에 도달하여 누구든지 관보를 구독할 수 있는 상태가 된 최초의 시점을 공포시점으로 보는 최초구독가능시설, ⑤ 관보가 각 지방의 관보판매소에 도달하여 주민이 관보를 구독할 수 있는 상태가 된 최초의 시점을 공포시점으로 보는 최초의 지방분포시설, ⑥ 관보가 관보판매소에 도달한 최종의 시점을 공포시점으로 보는 최종도달시점설 등의 여러 학설이 있다. 종래 정부의 관례는 관보일부영시설을 취하였으나 이는 법령의 내용을 일반에게 주지시키기 위한 공포제도의 취지에 반하는 견해이다. 통설과 판례는 법령의 효력발생일을 명확하게 하여주고, 법령의 일률적인 동시시행의 관점에서 최초구독가능시설을 지지하고 있다.

나. 시행일의 계산

① 법령등을 공포한 날(훈령 · 예규 · 고시 · 지침 등은 고시 · 공고 등의 방법으로 발령한 날을 말한다. 이하 이 조에서 같다)부터 시행하는 경우에는 공포한 날을 시행일로 한다. ② 법령등을 공포한 날부터 일정 기간이 경과한 날부터 시행하는 경우 법령등을 공포한 날을 첫날에 산입하지 아니한다. ③ 법령등을 공포한 날부터 일정 기간이 경과한 날부터 시행하는 경우 그 기간의 말일이 토요일 또는 공휴일인 때에는 그 말일로 기간이 만료한다(행정기본법 7조).

판례(관보 게재일의 의미) "관보 게재일"이라 함은 관보에 인쇄된 발행일자가 아니고 관보가 실제 인쇄되어 관보보급소에 발송배포되어 이를 일반인이 열람 또는 구독할 수 있는 상태에 놓이게 된 최초의 시기를 뜻한다(대판 1969. 11. 25, 69누129).

---

2. 행정법규의 적용과 소급적용금지의 원칙

1) 소급적용금지의 원칙

행정법규는 특별한 규정이 없는 한, 시행되기 전에 종결된 사실에 대하여 소급하여 적용되지 않는다. 행정기본법 제14조 제1항은 "새로운 법령등은 법령등에 특별한 규정이 있는 경우를 제외하고는 그 법령등의 효력 발생 전에 완성되거나 종결된 사실관계 또는 법률관계에 대해서는 적용되지 아니한다."고 규정하고 있다. 이러한 소급적용금지의 원칙은 관계인의 기득권보호와 법적 안정성의 요청에서 나오는 것이다. 법령의 효력이 시행일 이전에 소급하지 않는다는 것은 시행일 이전에 이미 종결된 사실에 대하여 적용되지 않는 것을 의미하는 것이지(진정소급효의 금지), 시행일 이전부터 계속되는 사실에 대하여도 법령이 적용되지 않는다는 의미는 아니다(부진정소급효의 허용). 이러한 진행중인 사실에 대하여는 신법과 구법의 관계를 조정하기 위하여 신법의 부칙에 경과규정을 두는 것이 보통이다. 헌법재판소는 진정소급효의 경우에도 "일반적으로 국민이 소급입법을 예상할 수 있었거나 법적 상태가 불확실하고 혼란스러워 보호할 만한 신뢰이익이 적은 경우와 소급입법에 의한 당사자의 손실이 없거나 아주 경미한 경우 그리고 신뢰보호의 요청에 우선하는 심히 중대한 공익상의 사유가 소급입법을 정당화하는 경우 등에는 예외적으로 진정소급입법이 허용된다"고 판시하고 있다.

2) 처분시주의와 그 예외

당사자의 신청에 따른 처분은 법령등에 특별한 규정이 있거나 처분 당시의 법령등을 적용하기 곤란한 특별한 사정이 있는 경우를 제외하고는 처분 당시의 법령등에 따른다(행정기본법 14조 2항). 여기서 특별한 사정이 있는 경우라 함은 부칙에 경과규정을 두고 있거나 또는 행정청이 당사자의 신청을 수리하고도 정당한 이유없이 처리를 늦추어 그 사이에 법령등이 변경된 경우 등을 의미한다.

한편, 법령등을 위반한 행위의 성립과 이에 대한 제재처분은 법령등에 특별한 규정이 있는 경우를 제외하고는 법령등을 위반한 행위 당시의 법령등에 따른다. 다만, 법령등을 위반한 행위 후 법령등의 변경에 의하여 그 행위가 법령등을 위반한 행위에 해당하지 아니하거나 제재처분 기준이 가벼워진 경우로서 해당 법령등에 특별한 규정이 없는 경우에는 변경된 법령등을 적용한다(행정기본법 14조 3항).

판례 1(세법의 부진정소급효의 허용성) 과세단위가 시간적으로 정해지는 조세에 있어 과세표준기간인 과세연도 진행중에 세율인상 등 납세의무를 가중하는 세법의 제정이 있는 경우에는 이미 충족되지 아니한 과세요건을 대상으로 하는 강학상 이른바 부진정소급효의 경우이므로 그 과세년도개시시에 소급적용이 허용된다(대판 1983. 4. 26, 81누423).

판례 2(법률불소급의 원칙의 예외) 법령의 소급적용, 특히 행정법규의 소급적용은 일반적으로는 법치주의의 원리에 반하고, 개인의 권리 · 자유에 부당한 침해를 가하며, 법률생활의 안정을 위협하는 것이어서, 이를 인정하지 않는 것이 원칙이고(법률불소급의 원칙 또는 행정법규불소급의 원칙), 다만 법령을 소급적용하더라도 일반 국민의 이해에 직접 관계가 없는 경우, 오히려 그 이익을 증진하는 경우, 불이익이나 고통을 제거하는 경우 등의 특별한 사정이 있는 경우에 한하여 예외적으로 법령의 소급적용이 허용된다(대판 2005. 5. 13, 2004다8630).

판례 3(법령이 변경된 경우에 변경 전에 발생한 사항에 대하여는 구 법령이 적용되어야 한다는 판례) 법령이 변경된 경우 신 법령이 피적용자에게 유리하여 이를 적용하도록 하는 경과규정을 두는 등의 특별한 규정이 없는 한 헌법 제13조 등의 규정에 비추어 볼 때 그 변경 전에 발생한 사항에 대하여는 변경 후의 신 법령이 아니라 변경 전의 구 법령이 적용되어야 한다. 구 건설업법 시행 당시에 건설업자가 도급받은 건설공사 중 전문공사를 그 전문공사를 시공할 자격 없는 자에게 하도급한 행위에 대하여 건설산업기본법 시행 이후에 과징금 부과처분을 하는 경우, 과징금의 부과상한은 건설산업기본법 부칙 제5조 제1항에 의하여 피적용자에게 유리하게 개정된 건설산업기본법 제82조 제2항에 따르되, 구체적인 부과기준에 대하여는 처분시의 시행령이 행위시의 시행령보다 불리하게 개정되었고 어느 시행령을 적용할 것인지에 대하여 특별한 규정이 없으므로, 행위시의 시행령을 적용하여야 한다(대판 2002. 12. 10, 2001두3228).

판례 4(법령의 부진정소급효의 허용성) 행정처분은 근거 법령이 개정된 경우에도 경과규정에서 달리 정함이 없는 한 처분 당시 시행되는 법령과 그에 정한 기준에 의하는 것이 원칙이다. 개정 법령이 기존의 사실 또는 법률관계를 적용대상으로 하면서 국민의 재산권과 관련하여 종전보다 불리한 법률효과를 규정하고 있는 경우에도 그러한 사실 또는 법률관계가 개정 법령이 시행되기 이전에 이미 완성 또는 종결된 것이 아니라면 개정 법령을 적용하는 것이 헌법상 금지되는 소급입법에 의한 재산권 침해라고 할 수는 없다. 다만 개정 전 법령의 존속에 대한 국민의 신뢰가 개정 법령의 적용에 관한 공익상의 요구보다 더 보호가치가 있다고 인정되는 경우에 그러한 국민의 신뢰를 보호하기 위하여 적용이 제한될 수 있는 여지가 있을 따름이다. 법령불소급의 원칙은 법령의 효력발생 전에 완성된 요건 사실에 대하여 당해 법령을 적용할 수 없다는 의미일 뿐, 계속 중인 사실이나 그 이후에 발생한 요건 사실에 대한 법령적용까지를 제한하는 것은 아니다(대판 2014. 4. 24, 2013두26552).

판례 5(법령개정의 경우 행정처분의 근거가 되는 법령) 행정처분은 그 근거 법령이 개정된 경우에도 경과 규정에서 달리 정함이 없는 한 처분 당시 시행되는 개정 법령과 거기에서 정한 기준에 의하는 것이 원칙이고, 개정 법령의 적용과 관련하여 개정 전 법령의 존속에 대한 국민의 신뢰가 개정 법령의 적용에 관한 공익상의 요구보다 더 보호가치가 있다고 인정되는 경우에 국민의 신뢰를 보호하기 위하여 개정 법령의 적용이 제한될 수 있는 여지가 있다. 행정청이 신청을 수리하고도 정당한 이유 없이 처리를 지연하여 그 사이에 법령 및 보상 기준이 변경된 경우에는 그 변경된 법령 및 보상 기준에 따라서 한 처분은 위법하고, '정당한 이유 없이 처리를 지연하였는지'는 법정 처리기간이나 통상적인 처리기간을 기초로 당해 처분이 지연되게 된 구체적인 경위나 사정을 중심으로 살펴 판단하되, 개정 전 법령의 적용을 회피하려는 행정청의 동기나 의도가 있었는지, 처분지연을 쉽게 피할 가능성이 있었는지 등도 아울러 고려할 수 있다(대판 2023. 2. 2, 2020두43722).

3. 효력의 소멸

명문으로 유효기간이나 적용시한을 정하여 둔 경우에는(한시법) 그 기간이 도래하면, 그 법령은 효력이 당연하게 소멸된다. 그 밖의 경우에는(비한시법) 당해 법령 또는 그와 동위 또는 상위에 있는 법령에 의한 명시적 개폐가 있거나, 그와 내용적으로 모순 · 저촉되는 동위 또는 상위에 있는 후법의 제정에 의하여 효력을 상실한다.

Ⅱ. 지역적 효력

행정법규는 그것을 제정한 기관의 권한이 미치는 모든 지역에 있어서 효력을 가지고, 그 이외의 지역에 대하여는 효력을 가지지 않는 것이 원칙이다. 따라서 국회가 제정한 법률이나 중앙행정관청이 제정한 법규명령은 전국에 효력을 미치고, 지방자치단체의 조례 · 규칙은 당해 지방자치단체의 구역 내에서만 효력을 가진다.

그러나 이러한 원칙에는 몇 가지 예외가 인정되고 있다. 국가가 제정한 법령이라도 일부지역에만 효력을 갖는 경우가 있으며(제주도개발특별법, 수출자유지역설치법), 이와 반대로 행정법규가 그것을 제정한 기관의 본래의 관할구역을 넘어 효력을 갖는 경우도 있다. 예를 들어 하나의 지방자치단체가 다른 지방자치단체의 구역에 공공시설을 설치하는 경우에, 이 공공시설에 관한 조례는 다른 지방자치단체의 구역에서 효력을 갖는다.

Ⅲ. 대인적 효력

행정법규는 속지주의원칙에 따라 영토 또는 구역 내의 모든 사람을 일률적으로 규율한다. 여기서 자연인 · 법인, 내국인 · 외국인 여부를 불문한다. 그러나 이러한 원칙에도 약간의 예외가 인정되고 있다.

① 국제법상 치외법권을 가진 외국원수 또는 외교사절에 대하여는 우리의 행정법규가 적용되지 않는다.

② 국내에 주둔하는 미합중국군대구성원에 대하여는 한미상호방위조약 제4조에 의한 한미행정협정 및 그 시행에 따른 법령이 정하는 바에 따라 세법 기타 각종의 행정법규의 적용이 배제되거나 제한되는 경우가 많다.

③ 외국인도 원칙적으로 국내법의 적용을 받으나 행정법규 가운데는 외국인에 대하여 특별한 규정을 두는 경우도 있다. 외국인의 참정권이 부인되거나, 상호보증이 있는 경우에만 국가배상법을

적용하며(국가배상법 7조), 출입국에 특례를 두고 있는 경우(출입국관리법 3장)가 그 예이다.

④ 행정법규는 국가의 공공이익 또는 그 목적과 취지에 따라 국외의 행위까지 규율할 필요성이 있는 경우에는 국외의 자국인에게도 적용된다.

Chapter 03 행정상의 법률관계

제1절 의 의

법률관계란 법에 의하여 규율되는 생활관계를 의미한다. 행정상의 법률관계란 행정에 관한 법률관계로서 행정법상의 권리와 의무를 그 내용으로 하고 있다. 행정상의 법률관계는 통상적인 의미에서는 국가 및 공공단체 등 행정주체와 상대방인 국민간의 법률관계인 행정작용법관계를 의미한다. 그러나 행정상의 법률관계를 넓은 의미로 파악할 때에는 행정작용법관계 외에 행정조직법관계를 포함한다.

행정작용법관계는 다시 공법관계와 사법관계(국고관계)로 구분되며, 공법관계는 권력관계와 관리관계, 사법관계는 좁은 의미의 국고관계와 행정사법관계로 구분된다. 여기서 공법관계만이 행정법관계로 인정되어 왔다. 왜냐하면 사법관계에서는 일반 사법원리가 그대로 타당한 것이라는 이유로 특별한 취급을 필요로 하지 않았기 때문이다. 그러나 행정작용이 다양화됨에 따라 행정이 사법형식에 의하여 수행되는 경우가 많기 때문에 근래 사법행정에 대한 연구가 활발해지고 있다.

≫행정상의 법률관계≪

- 행정조직법관계(행정주체내부관계, 행정주체상호간의 관계)
- 행정작용법관계(행정주체와 국민과의 관계)
  - 공법관계
    - 권력관계
    - 관리관계
  - 사법관계
    - 좁은 의미의 국고관계
    - 행정사법관계

제 2 절 행정상의 법률관계의 종류

Ⅰ. 행정조직법관계

1. 행정주체내부관계

상급행정청과 하급행정청간의 관계(권한의 위임, 지휘, 감독), 대등행정청간의 관계(행정청간의 협의, 사무의 위탁), 행정청과 보조기관 등의 관계 등이 행정주체내부관계에 속한다. 이들 관계는 권리주체간의 관계, 즉 권리 · 의무간의 관계가 아니라 기관권한 내지는 직무권한의 행사관계로서의 성격을 가지며 이들 관계에서 일어나는 분쟁은 원칙적으로 법률상의 쟁송에 해당하지 않으며, 특별한 법규정이 없는 한 법원에 제소할 수 없다(지방자치법 120조 3항, 192조 4항).

2. 행정주체 상호간의 관계

행정주체 상호간의 관계는 국가와 공공단체, 특히 지방자치단체와의 관계, 또는 공공단체 상호간의 관계를 의미한다. 이들 관계는 인허가 등의 감독관계, 보조금 · 교부금 등 급부관계, 협의 및 사무위탁 등을 내용으로 하는바 이들 관계가 행정조직법관계인지 또는 행정작용법관계인지는 문제가 되고 있다. 그러나 이 관계는 행정주체와 국민과의 관계처럼 순수한 행정작용법관계로만 보기는 어렵기 때문에 이에 관한 구체적인 것은 행정조직법의 고찰대상이 되고 있다.

Ⅱ. 행정작용법관계

행정작용법관계란 행정주체와 국민과의 관계로서 이에는 공법에 의하여 규율되는 권력관계 및 관리관계와 사법에 의하여 규율되는 사법관계(국고관계)가 있다.

1. 공법관계

1) 권력관계(권력고권적 관계)

권력관계란 행정주체가 공권력의 주체로서 우월한 지위에서 국민에 대하여 일방적으로 명령 · 강제하거나 혹은 일방적으로 법률관계를 형성 · 변경 · 소멸시키는 관계이다. 권력관계는 경찰행정 · 영업행정 · 조세행정 등에서 발견되는데 인허가 및 그들의 취소, 과세처분, 토지의 수용 등이 전형적인 예이다. 특별한 규정이 없는 한 공법규정 및 공법원리가 적용되며 이에 관련된 법적 분쟁은 행정쟁송의 대상이 된다.

2) 관리관계(단순고권적 관계)

행정주체가 공물이나 영조물을 설치 · 관리하고 공기업을 경영하는 등 명령 · 강제적 성격이 약하고 공법상의 계약과 같이 비권력행정수단을 사용하는 법률관계를 관리관계라고 한다. 이러한 관리관계는 주로 단순고권적 관계라고도 하며, 대부분의 급부행정과 유도행정이 이에 해당된다. 전기 · 가스와 같은 에너지공급, 교통수단의 제공, 상하수도의 설치, 폐기물수거 등 개인의 생존배려를 목적으로 하는 급부행정은 그것이 실질적인 공행정임에도 불구하고, 공법적인 행위수단의 흠결로 인하여, 상당부분이 사법에 의하여 규율되어 왔다(이른바 행정사법(行政私法)). 이러한 비권력행정에서 공법으로 규율되는 관계만을 공법관계로서 관리관계로 보아야 할 것이다. 구체적인 경우에 공법관계에 해당하는지 또는 사법관계에 해당하는지는 판단하기가 쉽지 않으나, 앞에서 설명한 공·사법의 구별기준에 따라 판단하는 수밖에 없다. 비권력행정분야에서 발생되는 분쟁이 공법적인 분쟁인 경우에는 행정소송의 대상이 되고, 개인에게 손해가 발생되는 경우에는 국가배상청구권을 행사할 수 있다. 반면 사법에 의하여 규율되는 경우에는 여기서 발생되는 분쟁은 민사소송의 대상이 되며, 개인에게 손해가 발생되는 경우에는 민법상의 손해배상청구권을 행사할 수 있을 것이다.

2. 사법관계(국고관계)

국가·공공단체 등 행정주체는 공법형식에 의하여만 활동을 하는 것이 아니라, 사법형식에 의하여도 활동을 하는 경우가 있다. 행정주체가 다른 사인과 마찬가지로 사법상의 주체로 활동하는 관계를 행정상의 사법관계 또는 국고관계라고 한다. 행정상의 사법관계는 다시 좁은 의미의 국고관계와 행정사법관계로 구분될 수가 있다.

1) 좁은 의미의 국고관계

가. 개 념

좁은 의미의 국고관계 또는 순수한 의미의 국고관계는 행정주체의 국고지원활동이나 수익경제활동을 규율하는 관계이다. 국고지원활동은 그 자체가 직접 어떤 행정목적을 실현하기 위한 활동은 아니지만, 본래의 행정활동에 소요되는 재화나 역무를 조달하며, 국·공유의 일반재산(구 잡종재산)을 관리하고 매각하는 것과 같은 간접적 행정지원적 성격의 활동이다. 즉 행정주체는 건물·사무실·집기·자동차·토지 등을 마련하기 위하여 매매계약, 임대차계약, 건축도급계약을 체결하고 또한 국·공유의 일반재산(구 잡종재산)을 매각하기 위하여 매매계약을 맺는다. 행정주체는 이러한 국고지원활동 이외에도 영리를 목적으로 하여 스스로 직접 기업을 운영하거나, 은행이나 기업(기업은행, 우리금융)의 주주가 되어 수익경제활동을 한다.

이와 같이 행정주체가 사법상의 주체로서 사인과 똑같이 경제생활에 참여하는 경우에 행정주체의 행위는 사법상의 행위로서 사법에 의한 규율을 받고 그에 관련된 법률상의 분쟁은 민사소송에 의하여 해결된다. 행정주체의 이러한 사법상의 활동에 의하여 개인에게 손해가 발생되는 경우에는 피해자인 개인은 민법상의 손해배상청구권을 행사할 수 있다.

나. 특수규율의 적용

그러나 이러한 국고관계에 있어서 행정주체의 사법적인 활동은 국가나 지방자치단체가 당사자가 된다는 점을 고려하고, 아울러 이들 작용의 공익성, 공정성, 신속성, 명확성을 담보하기 위하여 특수한 법률들에 의하여 제한이 가하여지고 있다. 예를 들어 「국가를 당사자로 하는 계약에 관한 법률」, 국가재정법, 국유재산법, 지방재정법, 기업예산회계법, 「조달사업에 관한 법률」 등은 계약의 상대방·방법·내용 등에 대하여 일정한 제한을 가하고 있다. 또한 이들 행정주체의 사경제작용은 다른 사인의 경제활동과 같이 「독점규제 및 공정거래에 관한 법률」(2조), 「약관의 규제에 관한 법률」(2조) 등의 적용을 받음은 물론이다.

다. 기본권적용

종래 행정주체의 국고활동은 일반사인과 같이 사법상의 규율에 예속되며, 따라서 기본권을 비롯한 공법적 기속으로부터 벗어난다는 이른바 국고자유의 원칙이 지배하였다. 그러나 이러한 국고자유의 원칙에 대하여 이들 국고작용의 공공성과 국가경제 전반에 대하여 갖고 있는 중요성에 비추어 이들 작용에도 기본권이 적용되어야 한다는 견해가 지배적으로 되었다. 예를 들어 국고지원활동에 있어서 대규모의 물품구매나 대규모시설건설의 발주 등은 국가의 경기정책, 재정정책 그리고 사회정책의 수행과 밀접한 관련성을 갖고 있다. 행정주체의 수익경제활동 역시 오늘날 더 이상 순수한 영리경제적 성격만을 갖는 것이 아니라, 다양한 경제행정상의 목적, 즉 고용정책, 전체경제의 균형과 산업전반의 구조조정을 위한 정책 등을 아울러 추구한다. 이러한 활동이 공정한 절차를 무시하고, 정파적인 이해 및 자의적인 관점에 의하여 행하여질 우려가 있으며, 이를 통하여 관련 개인의 기본권을 침해하는 경우가 빈번하게 발생되고 있다. 기본권은 행정주체가 공법형식을 사용하거나 사법형식을 사용하거나 그의 모든 활동을 기속하며, 만일 국고행정에 기본권적용을 인정하지 않는다면, 개인이 갖는 기본권을 존중하고 보장할 국가의 의무를 규정한 헌법 제10조 제2문은 형해화될 것이다.

판례 1(공사청부계약 등의 법적 성격) 국가 또는 행정권의 주체가 사인과 대등한 지위에서 하는 행위 예컨대 국유재산의 불하 정부수요품의 매입공사 청부계약 등은 재정법 또는 국유재산법에 그에 대한 여러 가지 제한규정은 있을지라도 그 본질은 사법상의 법률행위이고 행정행위의 관념에 속하지 않는 것으로서 그 행위는 행정소송의 대상이 되지 않고 이에 관한 쟁송은 민사소송에 속한다 해석할 것이다(대판 1960. 1. 27, 4290행상139).

판례 2(국유임야의 대부 · 매각 · 양여행위의 법적 성격) 산림청장이 산림법이나 구 산림법 또는 구 산림령 등이 정하는 바에 따라 국유임야를 대부하거나 매각 또는 양여하는 행위는 사경제주체로서 하는 사법상의 행위이고 행정청이 공권력을 행사하는 주체로서 행하는 행정처분이라고 볼 수 없으므로 산림청장의 국유임야 무상양여거부처분도 단순한 사법상의 행위일 뿐이며 따라서 위 거부처분은 행정소송의 대상이 되지 아니한다(대판 1983. 9. 27, 83누292).

2) 행정사법관계

가. 의 의

행정주체는 전기 · 가스 등의 에너지 공급, 통신 및 교통수단의 제공, 상 · 하수시설의 설치, 폐기물의 수거와 처리 등 개인의 생존에 필수적인 급부를 제공하는 생존배려영역에 있어서 많은 경우에 사법형식으로 활동을 하고 있다. 이들 급부행정은 실질적인 공행정에 해당하며, 이에 따라 공법에 의하여 규율되어야 하나, 많은 경우에 공법은 이에 대한 적합한 행위형식을 마련하고 있지 않기 때문에 행정주체는 사법상의 계약형식을 사용하게 된다. 그러나 이러한 경우, 보통의 사인과 사인 사이의 관계와는 달리 행정주체는 직접 행정목적의 실현을 위하여 활동하기 때문에 기본권을 포함한 일련의 공법적인 기속에 예속되며, 사적 자치의 원리는 현저하게 수정되어 적용된다. 행정사법관계(Verwaltungsprivatrecht)란 급부행정 및 유도행정영역에서 행정주체가 사법형식으로 공행정을 수행하는 경우에 일정한 공법적 규율을 받는 관계를 말한다. 즉 행정사법의 특징이란 사법규범이 공법규범에 의하여 보충되고, 중첩되고 수정되는 데 있다.[1] 이러한 행정사법은 행정주체가 헌법과 행정법의 엄격한 기속을 벗어나기 위하여 이른바 "사법(私法)으로의 도피"를 차단하기 위하여 볼프(Wolff) 등에 의하여 발전된 이론이다. 행정사법영역에서의 법적 분쟁은 그 실질이 공행정작용이라고 할지라도 법형식에 초점을 두어 민사소송의 대상이 되며, 개인이 손해를 입은 경우에는 민법상의 손해배상청구권을 행사할 수 있다.

나. 공법적 기속의 내용

행정사법관계에서는 ① 우선 평등권을 비롯한 기본권이 적용되며, ② 아울러 비례의 원칙, 신뢰보호의 원칙, 부당결부금지의 원칙, 신의성실의 원칙 등 행정법의 일반원칙이 적용된다. ③ 전기·가스의 공급, 교통수단의 이용, 상·하수도의 이용 등의 경우에 사적 자치가 현저하게 제한된다. 공기업의 사용관계에 있어서 대량적이고 정형적인 급부유형에 비추어 행위능력과 의사표시의 착오에 대한 사법규정이 수정되며, 계약이 법적으로 또는 사실상으로 강제되거나 또는 해지나 해제가 제한되어진다. 또한 기업경영의무가 존재하고, 사용료나 수수료 등이 조례로 정하여지거나(지자법 156조 1항) 또는 정부의 인가대상이 되고 있다. 최근 독일의 학설에서는 행정사법에 의하여 수행되는 이들 급부행정이 실질적인 공행정에 해당된다는 이유로 청문, 문서열람, 이유제시 등 법치국가실현에 본질적인 요소들을 이루고 있는 일련의 행정절차법의 규정들의 유추적용이 주장되고 있다.[2]

제3절 행정법관계의 당사자

행정법관계의 당사자는 행정법상의 권리·의무의 귀속주체를 말한다. 행정법관계의 당사자로서는 행정권을 담당하는 행정주체와 행정권의 대상이 되는 행정객체, 즉 행정의 상대방이 있다.

Ⅰ. 행정주체(行政主體)

행정법관계에서 행정권을 행사하는 당사자를 보통 행정주체라고 한다. 행정주체와 구별되어야 할 개념은 행정기관이다. 행정주체는 스스로의 이름으로 행정권을 행사하고 그의 법률효과가 자신에게 귀속하는데 대하여, 행정기관은 사법상의 법인에 있어서의 기관과 같이 행정주체를 위하여 권한을 행사하나 그의 법적 효과는 기관이 아니라 행정주체에 귀속된다는 점에서 양자의 차이가 있다. 행정주체로서는 국가나 공공단체 및 일정한 범위의 사인을 들 수 있다.

1. 국 가

행정주체로서 국가는 행정권을 다른 데로부터 위임 또는 수권을 받는 것이 아니라 시원적으로 갖고 있기 때문에 시원적인 행정주체라고 한다. 국가가 행정주체가 되는 경우 그 권한은 대통령을 정점으로 하는 국가행정조직을 통하여 행사하게 된다. 여기서 국가를 위하여 실제로 행정사무를 담당·수행하는 세포적 역할을 하는 것이 행정기관이다. 행정기관에 있어서 가장 중요한 역할을 수행

---

1) 이에 대한 자세한 내용은 鄭夏重, 私法行政의 기본권 기속, 西江法學 2권, 2000. 3, 51면 이하 참조.

2) Ehlers, DVBl 1983, S. 422ff.; Zezschwitz, NJW 1983, S. 1874.

하는 것은 행정주체의 의사를 내부적으로 결정하고, 이를 외부적으로 표시할 수 있는 권한을 가진 행정(관)청이다.

2. 공공단체

행정주체로서 공공단체인 공법인에는 지방자치단체, 영조물법인, 공공조합, 공공재단이 있다. 이들의 행정주체로서의 지위는 국가로부터 전래되었기 때문에 이들을 전래된 행정주체라고도 한다. 국가나 지방자치단체가 조직 · 재정 · 기술적인 이유에서 자신들의 행정임무를 스스로 실현하기 어려운 경우에는 독립된 공법인을 설치하여 이들로 하여금 행정임무를 담당하게 한다.

1) 지방자치단체

지방자치단체는 국가의 영토의 일부를 구역으로 하여 그 구역 내에 거주하는 모든 주민에 대하여 헌법과 법률이 인정하는 한도 내에서 포괄적인 행정권을 행사하는 지역사단이다. 행정주체로서 지방자치단체에는 보통지방자치단체(광역지방자치단체와 기초지방자치단체)와 특별지방자치단체 그리고 지방자치단체조합이 있다. 특별지방자치단체는 2개 이상의 지방자치단체가 공동으로 특정한 목적을 위하여 광역적으로 사무를 처리할 필요가 있을 때 설치한다(지자법 199조).

지방자치단체조합은 인접지방자치단체들이 그의 사무의 일부를 처리하기 위하여 필요한 때에 규약을 정하여 광역지방자치단체의 경우에는 행정안전부장관, 기초지방자치단체의 경우에는 광역지방자치단체장의 승인을 얻어 설치하도록 하고 있다(지자법 176조 1항). 지방자치단체의 기관에는 의결기관(지방의회)과 집행기관(지방자치단체장)이 있으며 이들 기관을 통하여 자치사무와 위임사무를 처리한다.

2) 공공조합

공공조합은 특정한 행정목적을 위하여 일정한 자격을 가진 사람(어민, 농민, 상공인)들에 의하여 구성된 공법상의 사단법인이다. 농업협동조합, 수산업협동조합, 상공회의소, 중소기업협동조합, 재향군인회, 변호사회, 도시재개발조합 등이 이에 속한다. 공공조합은 인적 결합체라는 점에서 사법상의 사단법인과 같으나 다만 그 목적이 국가로부터 부여되며 공행정을 수행한다는 점에서 구별이 된다. 공공조합은 지방자치단체와 같이 일반적인 공공사무를 처리함을 목적으로 하는 것이 아니라 한정된 특수한 사업을 수행함을 목적으로 한다. 공공조합의 설치목적은 동업자의 이익을 도모하는 것, 보험과 같은 공제사업을 하기 위한 것 등 여러 가지가 있으며 그들 사업을 위하여 여러 가지 행정권을 행사하는 것이 보통이다.

판례(변협이 변호사법에 위임받은 변호사 광고 규제를 설정함에 있어 공법인으로서 공권력 행사의 주체가 된다는 판례) 대한변호사협회는 변호사법 제23조 제2항 제7호에서 명시적으로 위임받은 변호사 광고에 관한 규제를 설정함에 있어 공법인으로서 공권력 행사의 주체가 된다. 나아가, 변협의 구성원인 변호사등은 위 규정을 준수하여야 할 의무가 있고, 이를 위반하게 되면 변호사법 등 관련 규정에 따라 징계를 받게 되는바, 이 사건 규정이 단순히 변협 내부 기준이라거나 사법적인 성질을 지니는 것이라 보기 어렵고, 수권법률인 변호사법과 결합하여 대외적 구속력을 가진다. 따라서 변협이 변호사 광고에 관한 규제와 관련하여 정립한 규범인 이 사건 규정은 헌법소원의 대상이 되는 공권력의 행사에 해당한다(헌재결 2022. 5. 26, 2021헌마619).

---

3) 영조물법인

일정한 행정목적을 실현하기 위하여 설립된 인적 · 물적 수단의 결합체에 공법상의 법인격이 부여된 경우에 이를 영조물법인이라고 한다. 일설에서는[3] 영조물개념을 좁게 파악하여 주로 정신적 · 문화적 · 의료적 사업을 위하여 설치된 시설에 제한시키고 있으나, 다수설은[4] 영조물을 광의로 이해하여 공사 · 공단 등 공기업을 포함시키고 있다.

보통 영조물은 행정주체가 자신의 기관에 의하여 운영하는 것이 보통이다(국 · 공립초 · 중 · 고등학교나 국립 · 시립도서관, 도립 · 시립병원). 그러나 국가 또는 지방자치단체의 인사 · 예산회계 등의 엄격한 제한을 완화하여 그 운영에 사기업과 비슷한 합리적이고 능률적인 경영이 요구되는 경우에는 영조물에 대하여 법인격을 부여하여 독립된 행정주체로서 영조물법인을 설치하게 된다. 영조물법인은 현대생활에 필요불가결한 물자나 역무를 제공하고 기타 국가의 경제 · 사회정책을 실시하며, 복리행정이 강조됨에 따라 현저하게 그 숫자가 증가하고 있다. 영조물법인의 예로서는 한국방송공사, 한국산업인력공단, 과학기술원, 국립중앙의료원, 서울대학교, 인천대학교, 한국도로공사, 한국토지주택공사, 서울특별시지하철공사, 한국은행 등이 있다. 「공공기관의 운영에 관한 법률」 및 지방공기업법과 각 설치법이 이들 영조물법인에 대하여 규율하고 있다.

4) 공법상의 재단

공법상의 재단이란 국가나 지방자치단체가 출연한 재산을 관리하기 위하여 설립된 재단법인인 공공단체이다. 재단설립자에 의하여 기부된 재산을 관리하기 위하여 설립되었다는 점에서 사법상의 재단법인과 같으나 행정목적을 수행하기 위하여 행정주체인 국가 및 지방자치단체에 의하여 설립된다는 점이 사법상의 재단법인과 다르다. 공법상의 재단법인에도 운영자 내지 직원 및 수혜자가 있으며 사법상의 재단법인과 같이 기부된 재산은 그 목적을 위하여 독립한 존재를 가지며, 그것에 의하여 이익을 받는 자의 증감변동이나 이를 운영하는 개인의 변경과는 관계없이 독자적인 존재를 계속한다. 현행법상 공법상 재단에 해당하는 것은 한국연구재단, 인천문화재단 및 안양문화예술재단 등이 있다.

판례(총포 · 화약안전기술협회가 공법상 재단법인이라는 판례) 총포 · 도검 · 화약류 등의 안전관리에 관한 법률 제48조, 제52조, 제62조의 규정 내용과 총포 · 화약안전기술협회가 수행하는 업무, 총포화약류로 인한 위험과 재해를 미리 방지함으로써 공공의 안전을 유지하고자 하는 총포화약법의 입법 취지(제1조)를 고려하면, 협회는 총포화약류의 안전관리와 기술지원 등에 관한 국가사무를 수행하기 위하여 법률에 따라 설립된 '공법상 재단법인'이라고 보아야 한다(대판 2021. 12. 30, 2018다241458).

---

3. 공무수탁사인(公務受託私人)

---

1) 의 의
가. 의의
나. 공무수탁사인의 예
2) 구별개념

---

3) 金南辰/金連泰, 行政法 I, 100면.
4) 朴鈗炘/鄭亨根, 最新行政法講義(上), 103면; 金東熙/崔桂暎, 行政法 I, 85면.

1) 의 의

보통의 경우 사인은 행정법관계에 있어서 행정주체의 상대방으로서의 지위를 갖는다. 그러나 때로는 사인도 일정한 경우에는 행정권한을 부여받아 행정주체로서의 지위를 갖는 경우가 있는데 이를 공무수탁사인(Beliehne)이라고 한다.[5] 특히 오늘날 지나치게 비대한 행정조직을 축소 · 간소화하는 작업의 일환으로 공무수탁사인 내지 사인에 의한 행정에 대한 관심이 높아지고 있다. 공무수탁사인의 제도적 의의는 국가와 지방자치단체의 행정부담을 완화하고, 사적인 자발성, 재정수단, 기술 및 전문지식을 활용하는 데 있다. 다른 한편 공무수탁사인은 책임있는 행정수행을 어렵게 한다는 문제점도 갖기 때문에 이에 대한 국가의 감독이 강조된다.

사인에 의한 공무수탁사인의 예로는 선박이나 항공기에서 경찰임무를 수행하는 선장이나 기장(항공안전 및 보안에 관한 법률 22조, 사법경찰관리의 직무를 행할 자와 그 직무범위에 관한 법률 7조), 교정업무를 위탁받은 민영교도소(민영교도소 등의 설치 · 운영에 관한 법률 3조), 별정우체국의 지정을 받아 체신업무를 수행하는 사인(별정우체국법 3조), 공공사업의 시행자로서 토지수용권을 행사하는 사인(공익사업을 위한 토지 등의 취득 및 보상에 관한 법률 4조, 도시 및 주거환경정비법 38조), 공증사무를 수행하는 공증인, 입학 · 졸업결정과 학위수여를 하는 사립학교(고등교육법 35조), 자동차검사대행업자(자동차관리법 44조) 등이 있다.

2) 구별개념

공무수탁사인은 행정주체의 지위에서 자신의 이름으로 공법상의 권한을 직접 행사한다는 점에서 공의무부담사인이나 행정보조인과 같은 다른 형태의 공행정을 수행하는 사인과 구별된다.

가. 공의무부담사인

공의무부담사인은 근로소득세 · 이자소득세 · 배당소득세 및 의료보험료의 원천징수 및 납부의무를 지거나(소득세법 127조 · 128조, 국민건강보험법 68조), 석유의 비축의무(석유사업법 17조), 공무원에 대한 원조의무(경범죄처벌법 3조 29호) 등을 부담하는 사인을 의미한다. 공의무부담사인은 법률에 의하여 직접 행정임무수행의 의무가 부담되나, 행정권한이 부여되지 않기 때문에 사인의 신분을 그대로 유지하고 사법상으로만 활동할 수 있다는 점에서, 자신의 이름으로 행정권한을 직접 행사하는 공무수탁사인과 구별된다. 이에 따라 공의무부담사인과 제3자와의 법률관계는 사법상의 법률관계에 해당한다.

판례(소득세의 원천징수행위의 처분성 여부) 원천징수하는 소득세에 있어서는 납세의무자의 신고나 과세관청의 부과결정이 없이 법령이 정하는 바에 따라 그 세액이 자동적으로 확정되고, 원천징수의무자는

5) 公務受託私人에 대하여 상세히는 鄭夏重, 公務受託私人의 概念과 法的 性質, 考試硏究, 2002. 11, 37면 이하 참고.

소득세법 제142조 및 제143조의 규정에 의하여 이와 같이 자동적으로 확정되는 세액을 수급자로부터 징수하여 과세관청에 납부하여야 할 의무를 부담하고 있으므로, 원천징수의무자가 비록 과세관청과 같은 행정청이더라도 그의 원천징수행위는 법령에서 규정된 징수 및 납부의무를 이행하기 위한 것에 불과한 것이지, 공권력의 행사로서의 행정처분을 한 경우에 해당되지 아니한다(대판 1990. 3. 23, 89누4789).

나. 행정보조인

행정보조인은 행정임무를 자기책임하에 수행함이 없이 순수한 기술적인 집행만을 떠맡는 사인을 의미한다. 즉 행정보조인은 행정주체를 위하여 비독립적으로 활동하고, 행정임무의 수행에 있어서 단순한 도구로 사용된다. 행정보조인은 공무수탁사인과는 달리 제3자와는 어떠한 직접적인 법률관계에 있지 않으며, 주로 행정주체와의 사법상의 계약에 근거하여 행정청의 지시에 따라 활동한다. 행정보조인의 예로는 견인업무를 대행하는 자동차견인업자(도로교통법 31조의2), 생활폐기물의 수집·운반 및 처리의 대행업자(폐기물관리법 13조 2항), 표준지의 적정가격의 조사 내지 평가 및 개별공시지가의 타당성 여부에 대하여 검증하는 감정평가사(부동산가격공시 및 감정평가에 관한 법률 5조 2항) 등이 있다.

다. 행정권한의 대행인

실정법상으로 행정청의 권한의 대행이라는 표현이 빈번하게 사용되고 있다. 예를 들어 자동차관리법 제44조는 "자동차검사대행자의 지정", 도로교통법 제36조는 "차의 견인 및 보관업무 등의 대행"을 규정하고 있다. 일설은 이러한 행정권한의 대행인을 공행정을 수행하는 사인(私人)의 한 유형으로 파악하여 대행인은 피대행기관 대신에 권한을 행사하고 법적으로는 그 행위의 효과는 피대행기관에게 귀속된다는 점에서 행정청의 권한의 대리와 동일하나, 통상 대리권이 법령에 규정되어 있고, 대행을 함에 있어서 피대행기관의 관계를 명시하지 않는다는 점에서 대리와 구별된다고 한다.[6] 그러나 실정법상 이러한 대행인은 구체적인 법률관계의 내용에 따라 "공무수탁사인" 또는 "행정보조인"으로 구분될 수 있으며, 단지 실정법은 양자를 구별함이 없이 권한 또는 업무의 대행이라는 표현을 습관적으로 사용하고 있을 뿐이다. 예를 들어 자동차검사대행인은 국토교통부장관의 자동차검사의 권한을 행사하는 "공무수탁사인"으로 보아야 하며, 차량견인 및 보관대행인은 "행정보조인"의 성격을 갖는다고 할 것이다. 이에 따라 실정법상의 권한 또는 업무의 대행인은 공행정을 수행하는 사인의 독자적인 범주에서 벗어난다고 할 것이다.

3) 공무수탁사인의 본질

공무수탁사인의 본질에 관하여는 임무학설, 기능위탁설, 법적 지위설 등의 견해가 대립되고 있다. 사인에게 국가임무의 수행이 위탁된다는 임무학설은 국가의 임무를 실질적으로 정의할 수 없다는 점에서 비판을 받으며, 국가의 기능이 사인에게 위탁된다는 기능위탁설은 공무수탁사인과 다른 공행정을 수행하는 사인과 구별을 어렵게 한다는 점에서 비판을 받고 있다. 공무수탁사인이란 특정한 공법상의 권한이 위탁된 사인이라는 법적 지위설이 오늘날 다수설이다.[7]

---

6) 박균성, 공무수탁자의 지위와 손해배상책임, 행정판례연구 XV-1, 2010, 151면 이하.
7) 이에 대하여 상세히는 鄭夏重, 앞의 글, 41면 이하.

4) 법적 근거

행정권한을 사인에게 위탁하는 것은 법적 근거를 필요로 한다. 행정권한의 행사는 일반국민에 대하여 직접적인 외부적 효력을 갖기 때문에, 그 위탁을 위하여는 형식적 의미의 법률 또는 그에 근거한 법규명령의 근거를 요한다. 다른 한편 그의 고유한 활동영역에 있어서 일정한 조직고권을 갖는 지방자치단체는 법령에 위배되지 않는 한 조례에 근거하여 사인에 행정권한을 위탁할 수 있을 것이다. 위에서 본 바와 같이 사인에 대한 행정권한의 위탁은 개별법률의 근거하에 이루어지고 있다.

한편 행정권한의 위탁의 일반법적 근거로는 정부조직법 제6조 제3항과 지방자치법 제117조 제3항을 들 수 있는바, 국가행정기관은 법령이 정하는 바에 의하여, 그리고 지방자치단체의 장은 조례 또는 규칙이 정하는 바에 의하여, 그 소관사무 중 조사 · 검사 · 검정 · 관리업무 등 국민의 권리 · 의무와 직접 관계되지 않은 사무를 법인 · 단체 또는 그 기관이나 개인에게 위탁할 수 있도록 하고 있다. 행정권한의 사인에 대한 위탁은 경우에 따라 제3자의 권리를 제한하거나 의무를 부과하는 공권력을 행사하는 권한까지 포함하기 때문에 이러한 경우에는 개별법적인 근거를 요하며, 정부조직법 제6조 제3항과 지방자치법 제117조 제3항은 권리와 의무와 직접 관계되지 않는 사무에 대한 일반법적인 근거에 해당한다고 볼 수 있다.

5) 공무수탁사인의 법률관계

가. 행정주체와 공무수탁사인과의 법률관계(공무수탁관계)

사인에 대한 행정권한의 위탁은 직접 법률에 의하여 행하여지기도 하나(사법경찰관리의 직무를 행할 자와 그 직무범위에 관한 법률 7조에 의한 기장과 선장에 대한 경찰권한의 위임), 대부분 법률에 근거한 행정행위의 형식으로 이루어지며(공증인의 임명), 또한 공법상 계약에 의한 위탁도 가능하다. 「행정권한의 위임 및 위탁에 관한 규정」은 민간위탁시 위탁에 관한 계약을 체결하도록 의무화하고 있다(동 규정 13조).

행정권한의 위탁에 의하여 행정주체와 공무수탁사인간에는 공법상의 위임관계가 성립하며, 위임관계의 내용은 그의 근거가 되고 있는 법률이나 구체적인 위탁행위에 의하여 결정된다. 공무수탁사인은 자신에게 위탁된 행정임무를 수행할 의무를 지며, 위탁행정주체의 지휘 · 감독에 예속된다. 한편, 공무수탁사인은 위탁된 행정권한을 행사할 권리가 있으며, 그가 공무수탁의 법률요건을 더 이상 충족시키지 않거나 법정사실이 발생하는 경우에는 이러한 권리는 제한되거나 취소 내지는 박탈될 수 있다(예: 별정우체국법 15조, 공증인법 14조 · 83조).

공무수탁사인은 위탁행정주체에 대하여 위탁수수료, 비용상환, 또는 보조금 등의 청구권을 갖는다. 공무수탁관계는 자연인인 공무수탁사인의 사망 또는 법인의 해산 및 기타 법정요건이 충족되는 경우에 소멸된다.

나. 공무수탁사인과 국민과의 법률관계

공무수탁사인과 국민과의 법률관계는 공무수탁사인과 위탁행정주체와의 관계와 같이 공법상의 법률관계이다. 공무수탁사인이 외부적으로 행정권한을 행사하는 한, 상대방에 대하여 행정주체로서 활동을 한다. 그는 자신의 권한의 범위 내에서 행정처분을 발하거나 수수료를 징수할 수 있으며, 여타의 고권적인 행위를 발할 수 있다.

가) 행정절차 공무수탁사인이 행정행위를 발하거나 행정지도를 하는 경우에는 행정절차법의 적용을 받는바, 특히 상대방에 대하여 불이익처분을 행하는 경우에는 사전통지(행정절차법 21조), 의견청취(행정절차법 22조), 이유제시(행정절차법 23조) 등의 절차를 준수하여야 할 것이다.

나) 행정쟁송 행정심판법 및 행정소송법은 공무수탁사인의 특수성을 고려하여 행정청의 개념에 포함시키고 있는바(행심법 2조 4호, 행소법 2조 2항), 공무수탁사인의 행정처분에 의하여 자신의 법률상 이익을 침해받은 자는 공무수탁사인을 피청구인 또는 피고로 하여 행정심판 또는 항고소송을 제기할 수 있다.

다) 국가배상 일설에 따르면 공무수탁사인은 행정주체의 지위를 갖고 있으며, 국가배상법은 행정주체 중 국가와 지방자치단체를 배상주체로 하고 있기 때문에, 공무수탁사인의 불법행위로 손해를 입은 개인은 민법상의 불법행위에 의한 손해배상청구를 할 수 있다고 한다.[8] 다만 피해자인 개인을 보호하기 위하여 국가배상법을 유추적용하여 사용자 및 공작물점유자의 면책조항은 적용되지 않는다는 견해를 주장한다. 그러나 국가배상법 제2조 제1항의 공무원의 개념은 조직법상의 의미의 공무원의 개념이 아니라 기능적 의미로 파악하여 여기에 공무수탁사인을 포함시키는 것이 지배적인 학설과 판례의 입장이다. 2009년 10월 21일에 개정된 국가배상법 제2조 제1항의 "공무원"을 "공무원 또는 공무를 위탁받은 사인"으로 개정하여 이를 명확히 하고 있다. 이에 따라 공무수탁사인의 직무상 불법행위로 손해를 입은 경우에는 국가배상법 제2조 제1항에 의하여 국가배상청구를 할 수 있다.

Ⅱ. 행정객체(행정의 상대방)

행정객체는 행정작용의 상대방을 의미한다. 행정객체로는 사인(자연인 · 단체 · 사법인)이 되는 것이 일반적이나, 경우에 따라서는 국가나 공공단체도 행정의 상대방이 될 수 있다. 국가나 공공단체는 사인에 대한 관계에서는 행정주체의 입장에 서는 것이나, 다른 행정주체에 대한 관계에서는 행정객체가 될 수 있다.

제4절 행정법관계의 내용

행정법관계의 내용은 행정법관계의 당사자, 즉 행정주체와 행정의 상대방이 가지는 권리와 의무로 구성된다. 행정법관계에서는 한편으로 행정주체인 국가 및 공공단체는 개인 등 행정의 상대방에 대하여 일정한 행정법상의 작위, 부작위, 수인, 급부의무를 지게 되며, 이러한 의무에 대하여 개인의 권리가 상응되는 경우가 많다. 다른 한편, 개인 등 행정의 상대방은 국가 등 행정주체에 대하여 일정한 작위, 부작위, 수인, 급부의무를 지게 되며, 행정주체는 이에 상응하여 권리를 갖게 된다. 즉, 행정법관계는 행정주체가 항상 명령하고 개인이 복종하는 관계로 이해되어서는 안되며, 사법상의 법률관계처럼 상호간에 권리와 의무를 갖고 대립하거나 협력하는 관계로 나타난다. 사법상의 법률관계와 행정법관계의 본질적인 차이점은, 사익이 지배하는 사법상의 법률관계에서는 권리 · 의무가 원칙적으로 사적 자치의 원칙에 따라 발생 · 변경 · 소멸되는 데 반하여, 공익이 지배하는 행정법관계

8) 朴均省, 行政法講義, 65면.

에서는 당사자의 권리와 의무의 내용에 관한 형성의 자유는 행정작용이 헌법과 법률에 기속되는 정도로 좁다는 것이다. 사법상의 법률관계는 사권과 사의무를 내용으로 하고 있는 반면, 행정법관계는 공권과 공의무를 내용으로 하고 있다.

Ⅰ. 공 권(公權)

1. 공권의 의의

권리란 일반법학의 개념으로서 법률관계의 한 당사자가 자신의 이익을 실현시키기 위하여 다른 당사자에게 특정한 작위, 부작위, 수인을 요구할 수 있는 법상의 힘을 의미한다. 이에 따라 공권은 공법관계의 한 당사자가 자신의 이익을 실현시키기 위하여 다른 당사자에게 특정한 작위, 부작위, 수인을 요구할 수 있는 공법상의 힘으로 정의될 수 있다. 이러한 공권의 개념은 19세기 후반 독일에서 국가학에 의하여 발전된 개념이다. 국가와 개인의 관계도 사인 상호간의 관계와 마찬가지로 법률관계이며, 법인격을 갖는 국가는 스스로 창설한 법질서에 복종하여 개인에 대하여 권리와 의무를 갖는다는 관념이 관철됨에 따라 사권에 대응하는 공권의 개념이 성립되었다.[9] 이러한 공권은 국가적 공권과 개인적 공권으로 나뉘어진다.

2. 국가적 공권

1) 의 의

국가적 공권은 국가, 공공단체 또는 국가로부터 공권력을 부여받은 자가 상대방인 개인에게 가지는 권리이다. 국가적 공권은 원래는 국가에 전속하는 권리이지만 국가는 일정한 범위 내에서 공법인 또는 사인에게 그의 공권을 부여하는 경우가 많으며 이러한 한도 내에서 이들도 공권의 귀속주체가 된다.

2) 국가적 공권의 종류

국가적 공권은 다음과 같이 목적에 따라 ① 경찰권, ② 규제권, ③ 공기업특권, ④ 공용부담권, ⑤ 군정권, ⑥ 조세권, ⑦ 과벌권 등으로 분류할 수 있으며, 내용에 따라 ① 하명권(특정한 작위·부작위·수인·급부의무를 명하거나, 명한 의무를 해제하는 권리), ② 형성권(법률관계 및 권리·의무를 발생·변경·소멸시키는 권리), ③ 강제권(행정상의 강제집행 내지 즉시강제를 하는 권리), ④ 공법상 물권(하천(河川)·해빈(海濱)에 대한 공소유권이나 사유지를 도로로 이용하는 공용지역권) 등으로 나누어진다.

3. 개인적 공권

1) 의 의

개인적 공권은 개인이 자신의 이익을 실현시키기 위하여 국가에 대하여 특정한 작위, 부작위, 수인을 요구할 수 있는 공법상의 힘을 의미한다. 개인적 공권의 고전적 개념은 독일에서 게르버(C.F. Gerber)에 의하여 근거지워졌으며, 게오르그 옐리네크(G. Jellinek)와 뷜러(O. Bühler)에 의하여 이론적으로 체계화되고 완성되었다. 특히 게오르그 옐리네크는 국가와 개인의 관계를 국가의 전능사상에 입

---

9) 公權槪念의 발전에 대한 자세한 내용은 鄭夏重, 獨逸公法學에 있어서 權利의 槪念, 行政法硏究 6호, 2000. 11, 30면 이하 참조.

각하여 국가의 포괄적인 지배권과 이에 대한 신민의 복종관계로 보는 전통적인 견해를 비판하고 이른바 그의 지위이론(Statustheorie)을 통하여 개인적 공권의 가능성을 주장하였다.[10] 그의 견해에 따르면 국가에 대하여 개인은 수동적 지위, 소극적 지위, 적극적 지위, 능동적 지위의 네 가지 법적 지위를 갖는다고 하였다. 개인의 국가에 대한 수동적 지위에서 국가에 대한 복종의무가 나오지만 소극적 지위, 적극적 지위, 능동적 지위에서 국가에 대하여 일정한 부작위, 작위, 수인을 요구하거나 직접 국정에 참여할 것을 요구할 수 있는 법상의 힘을 갖는다고 한다. 옐리네크는 개인적 공권을 자유권, 수익권, 참정권으로 구분하고, 개인이 자신의 자유영역을 보호하기 위하여 국가에 부작위를 요구할 수 있는 권리를 자유권, 국가에 대하여 일정한 행위나 급부를 요구할 수 있는 권리를 수익권, 국민이 국정에 참여할 것을 요구할 수 있는 권리를 참정권이라고 하였다. 이와 같이 게오르그 옐리네크에 의하여 체계화된 개인적 공권의 개념은 오늘날 더욱 발전되어 헌법과 행정법의 공법분야에서 본질적이고도 구조적인 개념이 되었다. 개인적 공권이 존재함으로써 개인은 공법상 법률관계에서 권리주체라는 것이 인정되며, 국가에 대하여 대등한 입장에서 자신의 이익을 보호하고 있는 법규의 준수를 요구할 수 있다. 개인적 공권이 인정됨으로써 개인은 더 이상 국가권력의 단순한 지배대상, 즉 과거의 전제국가시대와 같은 신민의 지위에 있지 않는 것이다. 개인적 공권이 존재함으로써 헌법에서 보장되고 있는 인간의 존엄과 가치가 실현될 수 있으며, 따라서 개인적 공권의 보장은 민주국가 · 복지국가 · 법치국가실현의 전제조건이 된다고 할 것이다.

2) 개인적 공권의 종류

개인적 공권은 게오르그 옐리네크 이래의 전통적 분류방법에 따라 자유권, 수익권, 참정권으로 구분된다.

가. 자유권

소극적 공권이라고도 하는 자유권은 개인이 위법한 행정작용에 의하여 자신의 자유를 침해당하지 않을 권리이다. 헌법상의 자유권적 기본권이 이에 해당하며, 수익권과는 달리 적극적 효과는 없고 위법한 공권력행사를 방어하고 배제하는 것을 내용으로 하는 권리이다. 즉 행정작용이 법률적 제한을 넘어서 개인의 자유권과 재산권을 침해하는 경우에 이를 방어하거나(위법처분의 취소 · 변경), 침해가 이루어진 경우에는 그 침해의 배제(원상회복 · 손해배상 등)를 내용으로 하는 권리이다.

나. 수익권

수익권은 국가 등 행정주체에 대하여 적극적으로 자신의 이익을 위하여 일정한 행위를 요구할 수 있는 권리로서 보통 적극적 공권이라고도 한다. 이러한 수익권은 개인이 국가의 급부에 전적으로 의존하는 오늘날의 현대행정에 있어서 매우 중요한 의미를 갖고 있다. 헌법상의 수익권으로서는 청구권적 기본권(기본권보장을 위한 기본권), 사회권적 기본권(생활권적 기본권)이 있다. 특히 사회권적 기본권의 경우, 개인이 직접 헌법규정에 근거하여 그러한 권리를 국가에 대하여 주장할 수 있는 것이 아니라, 개별적인 법률의 제정이 있은 후에 비로소 구체적 권리로서 인정되는 것이 그 특징이다. 오늘날 수익권은 개별법률상의 수익권이 대부분이다.

---

10) G. Jellinek, System der subjektiven öffentliche Rechte, 1. Aufl., 1892.

판례(법률의 형성에 의한 의료보험수급권) 사회적 기본권의 성격을 가지는 의료보험수급권은 국가에 대하여 적극적으로 급부를 요구하는 것이므로 헌법규정만으로는 이를 실현할 수 없고 법률에 의한 형성을 필요로 한다. 의료보험수급권의 구체적 내용 즉, 수급요건 · 수급권자의 범위 · 급여금액 등은 법률에 의하여 비로소 확정된다(헌재결 2003. 12. 18, 2002헌바1).

개별법률상의 수익권으로 중요한 것은 ① 특정행위(허가 · 특허 · 등록 등)를 요구할 수 있는 권리, ② 영조물이용권(국공립대학에서 교육을 받고, 국립 · 시립병원에서 진료를 받을 권리), ③ 공물사용권(도로 · 하천 · 해빈을 사용할 수 있는 권리), ④ 소권(訴權) 및 불복신청권(행정심판 · 공무원소청 · 토지수용재결에 대한 이의신청, 국세심판청구를 할 수 있는 권리), ⑤ 공법상 금전청구권(공무원의 봉급 · 연금청구권, 국민연금법에 의한 연금청구권, 국민기초생활보장법에 의한 수급권자의 급여청구권, 국가배상법 · 형사보상법에 의한 배상금 및 보상금지급청구권), ⑥ 공법상 영예권(학위를 수여받을 수 있는 권리) 등이 있다.

다. 참정권

참정권이란 능동적 권리라고도 하며 국가나 지방자치단체의 정치적 의사결정에 참여할 수 있는 개인의 모든 권리를 의미한다. 여기에는 헌법상의 권리로써 선거권(헌법 24조), 공무담임권(헌법 25조), 국민투표권(헌법 72조, 132조 2항), 아울러 지방자치법상의 주민투표권(법 18조), 주민의 조례제정 및 개폐청구권(법 19조), 주민의 감사청구권(법 21조), 주민소환투표청구권(법 25조) 등이 있다.

3) 반사적 이익과 개인적 공권의 성립요건

가. 반사적 이익의 개념

개인적 공권은 구조상 사권과는 상당한 차이가 있다. 사법상의 법률관계에 있어서는 예외적인 경우를 제외하고는, 법률관계의 한 당사자의 법적 의무에 다른 당사자의 권리가 상응하는 것이 일반적이다. 이는 한 당사자의 의무이행은 다른 당사자의 이익실현을 의미하는, 즉 사인 상호간의 이익관계를 조정하는 사법의 기능에서 나오는 당연한 결과이다. 이러한 사법관계에서는 의무주체가 자신의 의무를 이행하지 않는 경우에, 권리주체는 법으로 보호되고 있는 자신의 이익을 항상 법원을 통하여 실현시킬 수 있는 기회가 주어진다.

반면 공법, 특히 공익을 위하여 활동하는 행정을 규율하는 행정법에는 법규가 사회전체의 이익을 보호하기 위하여 행정주체에게 일방적으로 의무만을 과하고 이에 상응하여 개인에게 권리를 부여하지 않는 규정들이 많다. 따라서 행정법규가 전적으로 공익보호만을 의도하는 경우에(공공의 안녕이나 질서유지, 건전한 재정의 유지, 국토의 균형된 발전 등), 개인에게 사실상의 이익이 주어지는 경우가 있는데 이러한 이익을 권리와 구별하여 반사적 이익(Reflexwirkung)이라고 한다. 즉, 반사적 이익이란 법규가 공익상의 견지에서 행정주체 또는 제3자에게 일정한 의무를 부과하고 있는 결과로 개인이 간접적으로 얻게 되는 사실상의 이익을 의미한다. 예를 들어 특정여관업주가 공중위생법의 위반으로 인하여 영업허가가 취소되는 경우에 인접여관업주가 받는 영업이익 또는 수입관세의 인하로 수입업자가 받는 이익, 의료법상의 진료거부금지의무에 의하여 일반환자가 받는 이익, 특정지역개발계획의 고시로 인한 지가상승에 의한 토지소유자가 얻는 이익들은 전형적인 반사적 이익에 해당한다.

나. 개인적 공권의 성립요건

개인적 공권은 역사적으로 행정소송제도와 더불어 밀접하게 발전되어 온 개념이다. 독일의 경우 자신의 권리가 침해되었다고 주장하는 개인만이 행정소송의 원고적격을 인정받았으며 아울러 권리침해가 인정된 경우에만 본안에서 승소할 수 있었다. 이에 따라 행정소송을 통하여 구제를 받을 수 있는 권리와 법으로 보호받지 못하는 이익으로서, 그것이 침해된 경우에도 소송을 통하여 구제를 받을 수 없는 반사적 이익의 구별은 처음부터 학설의 중대한 관심사였다. 반사적 이익과 구별되는 공권의 성립요건은 뷜러(O. Bühler)에 의하여 비로소 체계화되었는데 그에 의하면 다음의 세 가지 요건이 충족되면 개인적 공권이 성립된다고 하였다.[11]

가) 강행법규의 존재　　개인적 공권이 성립하기 위하여는 이에 상응하는 행정주체의 의무의 존재를 전제로 하고 있다. 따라서 우선 행정주체에게 일정한 작위 · 부작위 · 수인의 의무를 부과하는 강행법규가 존재하여야 한다.

나) 강행법규의 사익보호성　　상술한 강행법규가 최소한도 개인의 이익보호를 의도하여야 한다. 즉, 법규가 공익의 실현뿐만 아니라 개인의 이익실현을 아울러 그 목적으로 하여야 한다. 어떠한 법규가 전적으로 공익만을 보호 내지 충족시키고, 개인의 이익보호를 전혀 의도하지 않는다면 개인적 공권이 성립할 수가 없다. 따라서 전적으로 공익보호만을 의도하는 법규의 집행을 통하여 개인에게 발생되는 사실상의 이익은 공권이 아니라 반사적 이익에 지나지 않는다.

다) 법상의 힘 또는 의사력의 존재　　마지막으로 개인적 공권이 성립하기 위하여는 강행법규에 의하여 보호되고 있는 사익을 소송을 통하여 관철시킬 수 있는 법상의 힘(Rechtsmacht) 또는 의사력(Willensmacht)이 주어져야 한다. 법으로 보호되고 있는 개인의 이익이 침해된 경우에 소송을 통하여 구제받을 수 있는 길이 열려져 있지 않는다면 그것은 권리라고 볼 수 없기 때문이다. 이러한 법상의 힘은 실무상으로 행정소송에 있어 원고적격을 의미하였으며, 과거 열기주의를 채택하고 있었던 시대에 있어서 개인적 공권과 반사적 이익의 한계설정에 중요한 의미를 갖고 있었다.

4) 개인적 공권의 확대과정

오늘날 실질적 법치국가의 실현에 따라 국가권력의 제한과 통제의 일반적인 경향, 국가이익에 대한 개인의 인격과 자유의 우월성, 헌법상의 사회국가원리의 선언, 행정소송제도에 있어서 개괄주의 채택, 즉 국가와 개인간의 관계가 근본적으로 변화됨에 따라 종래에 반사적 이익으로 간주되었던 것이 점차로 권리로 인정받게 되는 경향에 있다.

가. 2 요소론의 대두

위의 강행법규, 사익보호성, 법상의 힘의 세 요소는 독일에서 2차 세계대전 직후까지 공권의 성립을 위하여 불가결한 것으로 간주되었다. 그러나 Bonn기본법 제19조 제4항은 "누구든지 공권력에 의하여 자신의 권리를 침해받은 자에게는 제소의 길이 열려져 있다"고 규정하고 있으며, 이를 구체화한 행정소송제도 역시 개괄주의를 채택함에 따라, 세 번째 요건인 법상의 힘은 특별히 내세울 필요가 없어졌다. 공권이 성립하기 위하여는 두 가지 요소, 즉 강행법규와 법으로 보호하고 있는 이익이 존재하면 충분하게 되었다. 강행법규에 의하여 보호되고 있는 이익의 침해가 주장되면, 권리침해

11) O. Bühler, Die subjektiven öffentlichen Rechte und ihr Schutz in der deutschen Rechtsprechung, 1914, S. 21ff.

가 인정되어 원고적격이 인정되었다. 우리 헌법 역시 국민의 재판청구권을 기본권의 하나로 규정하고 있고, 행정소송제도 역시 개괄주의를 채택하고 있는 만큼 이러한 사정은 우리에게도 마찬가지로 적용된다고 할 수 있을 것이다.

나. 강행법규의 의미변화

종래에는 강행법규의 의미를 행정주체의 자유재량을 배제시키고 일정한 작위 · 부작위 · 수인의무를 부과하는 기속법규의 의미로 이해하여 재량행정영역에서는 개인적 공권이 성립할 수 없었다. 그러나 재량행정 역시 행정주체의 임의적인 재량이 아니라, 일정한 한계 내에서의 재량을 의미한다는 인식이 관철되었다. 오늘날 재량법규 역시 재량의 한계 내에서 재량권행사를 하여야 할 의무를 행정청에게 부과한다는 점에서 강행법규성을 인정받아 이른바 무하자재량행사청구권의 성립을 보았다. 독일학설의 상당수는 아예 "강행법규"의 존재 대신에 "일정한 행위의무"를 부과하는 규범의 존재를 공권성립의 요건으로 내세우고 있다.[12] 이에 따라 행정주체의 자유재량을 배제하는 전통적 의미의 기속법규로서 강행법규의 의미는 포기되었다.

다. 당해 법규의 확대해석

공권이 성립하기 위하여는 당해 강행법규가 개인의 이익보호를 의도하여야 하는바, 이를 파악하기 위하여는 당해 행정법규의 해석에 의하는 수밖에 없다. 이를 위하여는 연혁적 해석, 체계적 해석뿐만 아니라, 목적적 해석을 통하여 입법자의 의사를 규명하여야 할 것이다. 여기서 학설과 판례는 가능한 한 당해 법규를 공권성립에 유리하게 해석함으로써 공권의 폭을 확대시키는 경향에 있다. 즉, 가급적이면 관계법규가 공익보호뿐만 아니라 아울러 사익보호를 목적으로 하고 있는 것으로 해석하려는 노력이 행하여지고 있으며, 독일에서는 한걸음 더 나아가 당해 법규의 해석이 매우 어려운 때에는 동법규는 공익뿐만 아니라 개인의 이익도 아울러 보호하고 있는 것으로 추정하는 해석이 시도되고 있음은 주목할 만한 일이다.[13] 우리 판례에 있어서도 과거 인접주민이 위법한 연탄공장설치허가를 다룬 사건에서 원심인 서울고등법원은

> "원고가 주거지역 내에 건물을 소유하고 있고 이러한 주거지역에는 건축법상 건축물의 제한이 있음으로써 현실적으로 어떤 이익을 받고 있는 것이 사실이라 하더라도 이는 그 지역 거주의 개개인에게 보호되는 개인적인 이익이 아니고 단지 공공복리를 위한 건축법규의 제약의 결과로서 생기는 반사적 이익에 불과한 것이다(서울고판 1972. 3. 13, 72구558)."

라고 판시하여 원고의 소를 각하하였다.

그러나 대법원은

> "도시계획법과 건축법의 규정취지에 비추어 볼 때 이 법률들이 주거지역에서의 일정한 건축을 금지하고 또는 제한하고 있는 것은 도시계획법과 건축법이 추구하는 공공복리의 증진을 도모하는 데 그 목적이 있는 동시에 다른 한편에서는 주거지역 내에 거주하는 사람의 주거의 안녕과 생활환경을 보호하고자 하는 데에 그 목적이 있는 것으로 해석된다. 그러므로 주거지역 내에 거주하는 사람이 받는 이와 같은 보호이익은 단순한 반사적 이익이나 사실상의 이익이 아니라 바로 법률에 의하여 보호되는 이익이라

---

12) Erichsen, in: Erichsen, Allg. VerwR, S. 244.

13) O. Bachof, Gedächtnisschrift für W. Jellinek, S. 297.

고 할 것이다(대판 1975. 5. 13, 73누96).”

라고 판시하였다.

라. 개인적 공권과 법으로 보호하는 이익

상술한 바와 같이 법상의 힘(Rechtsmacht)이 공권의 성립요건으로부터 탈락되고, 재량법규가 강행법규의 개념에 포함되기 때문에, 원래의 강행법규의 의미가 희석되어졌다면, 공권의 성립요건 중 실질적으로 당해 법규의 사익보호성밖에 남아있지 않게 되었다. 즉, 개인적 공권의 존재가 결정적으로 당해 법률이 개인의 이익보호를 위하여 규정되었는지에 의존하고 있다면(이른바 보호규범설), 공권은 법으로 보호하는 이익을 의미하는 것이다. 우리 행정소송법 제12조는 “취소소송은 처분 등의 취소를 구할 법률상 이익이 있는 자가 제기할 수 있다”고 하여 취소소송의 원고적격에 대하여 규정하고 있다. 비록 학설상으로는 법률상 이익의 개념에 대하여 논란이 되고 있기는 하나, 판례는 거의 일관되게 “법으로 보호하는 이익”으로 해석하고 있다. 즉, 판례는 취소소송에 있어서 법으로 보호하고 있는 개인의 이익이 침해된다면 원고적격을 인정하고 있으나, 사실상의 이익이나 반사적 이익이 침해되는 경우에는 소각하판결을 내리고 있다. 따라서 행정소송법 제12조의 법률상 이익은 법으로 보호하는 이익을 의미하며 이는 개인적 공권의 또 다른 표현이라고 보아야 할 것이다.

판례 1(약사에게 한약조제권의 부여를 통한 한의사의 감소된 영업상 이익이 법으로 보호하는 이익에 해당하는지 여부) 한의사 면허는 경찰금지를 해제하는 명령적 행위(강학상 허가)에 해당하고, 한약조제시험을 통하여 약사에게 한약조제권을 인정함으로써 한의사들의 영업상 이익이 감소되었다고 하더라도 이러한 이익은 사실상의 이익에 불과하고 약사법이나 의료법 등의 법률에 의하여 보호되는 이익이라고는 볼 수 없으므로, 한의사들이 한약조제시험을 통하여 한약조제권을 인정받은 약사들에 대한 합격처분의 무효확인을 구하는 당해 소는 원고적격이 없는 자들이 제기한 소로서 부적법하다(대판 1998. 3. 10, 97누4289).

판례 2(외국인에게 사증발급 거부처분의 취소를 구할 법률상 이익이 인정되는지 여부) 행정처분에 대한 취소소송에서 원고적격이 있는지 여부는, 당해 처분의 상대방인지 여부에 따라 결정되는 것이 아니라 그 취소를 구할 법률상 이익이 있는지 여부에 따라 결정되는 것이다. 여기서 법률상 이익이란 당해 처분의 근거 법률에 의하여 보호되는 직접적이고 구체적인 이익이 있는 경우를 말하며, 간접적이거나 사실적 · 경제적 이해관계를 가지는 데 불과한 경우는 포함되지 아니한다. 체류자격 및 사증발급의 기준과 절차에 관한 출입국관리법과 그 하위법령의 위와 같은 규정들은, 대한민국의 출입국 질서와 국경관리라는 공익을 보호하려는 취지일 뿐, 외국인에게 대한민국에 입국할 권리를 보장하거나 대한민국에 입국하고자 하는 외국인의 사익까지 보호하려는 취지로 해석하기는 어렵다. 나아가 중화인민공화국 출입경관리법 제36조 등은 외국인이 사증발급 거부 등 출입국 관련 제반 결정에 대하여 불복하지 못하도록 명문의 규정을 두고 있으므로, 국제법의 상호주의원칙상 대한민국이 중국 국적자에게 우리 출입국관리 행정청의 사증발급 거부에 대하여 행정소송 제기를 허용할 책무를 부담한다고 볼 수는 없다. 이와 같은 사증발급의 법적 성질, 출입국관리법의 입법 목적, 사증발급 신청인의 대한민국과의 실질적 관련성, 상호주의원칙 등을 고려하면, 우리 출입국관리법의 해석상 외국인에게는 사증발급 거부처분의 취소를 구할 법률상 이익이 인정되지 않는다고 봄이 타당하다(대판 2018. 5. 15, 2014두42506).

---

5) 개별법상의 개인적 공권과 자유권[14)]

독일에 있어서 Bonn기본법 이전의 전통적인 학설은 개인적 공권의 성립여부에 대한 검토에 있어서 전적으로 개별법규에 초점을 맞추어 당해 법률이 개인의 이익보호를 의도하고 있는지 여부에 의존시켰다. 그러나 이러한 견해는 헌법에서 보장되고 있는 기본권으로서 자유권이 직접적으로 효력을 갖게 됨에 따라 비판을 받기 시작하였다. 즉, 부담적 행정행위의 상대방이 취소소송을 제기할 경우에 독일의 학설과 판례는 더 이상 당해 법률의 사익보호성 여부에 대하여 묻지 않고, 자유권침해의 관점에서 곧바로 원고적격을 인정하고 있다(이른바 수범자이론). 헌법상의 자유권이 위법한 국가권력으로부터의 자유를 보장하고 있다면, 침해적 행정행위의 수범자는 행정주체에게 자신의 자유를 법률에 적합하게 제한할 것을 요구할 수 있는 권리를 갖고 있기 때문이다. 이와 같은 입장은 우리 판례에 있어서도 반영되고 있는 것으로 보인다.

판례(불이익처분의 상대방의 원고적격) 행정처분에 있어서 불이익처분의 상대방은 직접 개인적 이익의 침해를 받은 자로서 원고적격이 인정되지만 수익처분의 상대방은 그의 권리나 법률상 보호되는 이익이 침해되었다고 볼 수 없으므로 달리 특별한 사정이 없는 한 취소를 구할 이익이 없다(대판 1995. 8. 22, 94누8129).

그러나 제3자효행정행위에 있어서 부담을 받는 제3자가 취소소송을 제기하는 경우에는 상황이 다르다. 제3자효행정행위에서 전형적으로 나타나는 바와 같이, 오늘날의 현대사회는 이해관계가 복잡하게 뒤얽혀져 있으며, 여기서 법률은 이익의 조정과 배분을 위한 불가피한 수단이다. 입법자는 이익이 다양하게 대립되고 중첩된 오늘날의 국가사회에서 분쟁의 조정 및 결정의 특권을 갖고 있기 때문에, 공권은 개별법률에서 나오게 된다. 비록 기본권으로서 자유권은 개별법률보다 효력에 있어서 우위권을 갖고 있으나, 개별법률은 적용의 우선권을 갖고 있다. 이에 따라 제3자효행정행위에 있어서 제3자가 취소소송을 제기하는 경우에는 학설과 판례는 종전과 같이 개별법률의 사익보호성 여부에 초점을 맞추고 있다. 우리 판례 역시 제3자효행정행위에 대한 취소소송의 원고적격에 있어서 처분의 근거법률 및 관련법률의 사익보호성 여부를 검토하고 있다.[15)]

판례(제3자효행정행위에 대한 취소소송의 원고적격) 행정처분의 직접 상대방이 아닌 제3자라도 당해 행정처분의 취소를 구할 법률상의 이익이 있는 경우에는 원고적격이 인정되고, 여기서 말하는 법률상의 이익은 당해 처분의 근거 법률 등에 의하여 보호되는 직접적이고 구체적인 이익이 있는 경우를 말하고, 간접적이거나 사실적, 경제적 이해관계를 가지는 데 불과한 경우는 여기에 포함되지 아니한다(대판 2000. 4. 25, 98두7923; 2000. 2. 8, 97누13337; 1996. 6. 28, 96누3630).

---

14) 헌법상에 보장되고 있는 수익권, 즉 사회권적 기본권과 청구권적 기본권은 그 내용이 법률에 의하여 구체화되기 때문에 개별법상의 권리와의 관계가 문제가 되지 않는다.

15) 우리 판례는 제3자효행정행위의 원고적격의 판단에 있어서 종래 일관되게 근거법률의 사익보호성 여부에 초점을 맞추었으나 최근에는 관련법률의 사익보호성 여부로 확대하고 있다. 이에 대하여 자세히는 본서 취소소송의 원고적격부분을 참고바람.

그러나 제3자효행정행위에 대한 취소소송의 경우에도 자유권은 일정한 범위 내에서 개인적 공권의 명확화 및 공권부여의 기능을 수행하고 있다. 우선 개별 행정법규, 즉 도로·건축·영업 관련 법률 등의 사익보호성 여부가 불분명할 때에는 해당법률을 직업의 자유 또는 재산권에 관련시켜 합헌적 해석을 통하여 법으로 보호하는 이익, 즉 개인적 공권을 인정한다(공권의 명확화로서의 자유권기능). 예를 들어 도로법이 인접주민의 도로사용권을 인정하고 있는지 해석상 어려운 때에는 헌법상 재산권보장에 관련시켜 관계법규가 도로사용권을 인정하는 것으로 합헌적 해석을 한다. 한편 개별법률이 결여된 경우에는 법원은 자유권을 직접 적용하여 그의 보호영역의 침해가 인정되면 자유권에서 직접 공권을 인정한다(공권부여로서의 자유권기능). 이 경우 물론 자유권의 보호영역과 그의 침해 여부의 불명확성 때문에 독일의 판례는 침해의 직접성과 중대성, 즉 수인이 기대가능하지 않은 침해가 있을 것을 요구하고 있다. 예를 들어 건축법규에 인인보호에 관한 규정이 없고 건축허가로 인하여 제3자로서 인인의 재산권이 중대하고 수인이 불가능할 정도로 침해를 받는 경우에는 제3자의 공권으로서 재산권이 직접 적용된다.[16)]

사례 특별소비세법시행령 제37조 제3항에 근거한 국세청고시에 따라 국세청장은 납세병마개 제조업자로 갑과 을을 지정하였다. 여기서 제외된 병은 이로 인하여 기업활동에 큰 애로를 겪게 되었다. 이에 병은 국세청장의 지정행위에 대하여 취소소송을 제기하였다. 취소소송에서 국세청장은 관련법령들은 전적으로 공익만을 보호하는 규정에 해당하므로 병의 원고적격이 인정될 수 없다고 주장하였다. 이에 대하여 병은 국체청장의 지정행위로 인하여 헌법상 기본권인 경쟁의 자유가 침해되었다는 이유로 원고적격이 인정되어야 한다고 주장하고 있다. 병의 주장은 타당한 것일까?

▶**답안요지** 위 사례는 병마개제조업자의 헌법소원사건에 대한 사례이다. 여기서는 헌법재판소의 판결요지를 그대로 옮겨 놓기로 한다.

행정소송법 제12조는 "취소소송은 처분 등의 취소를 구할 법률상 이익이 있는 자가 제기할 수 있다"고 규정하고 있는데, 대법원판례와 학계의 다수설이 취하는 법률상 보호이익설에 의하면 여기서의 법률상의 이익이란 법에 의하여 보호되는 이익, 즉 실정법을 근거로 하여 성립하는 공권을 뜻하므로, 비록 행정처분의 직접 상대방이 아닌 제3자라도 당해처분의 취소를 구할 법률상 이익이 있는 경우에는 행정소송을 제기할 수 있다. '법률상 보호이익설'은 행정처분의 직접 상대방이 아닌 제3자의 원고적격을 판단함에 있어서 주관적 공권의 성립여부를 그 기준으로 삼고 있는데, 여기서 공권이란 행정청의 특정 의무를 규정하는 객관적인 법규범이 존재하고 그 법규범이 공익뿐만 아니라 사익의 보호도 의도하고 있는 경우에 비로소 인정된다 하겠다.

설사 국세청장의 지정행위의 근거규범인 이 사건 조항들이 단지 공익만을 추구할 뿐 청구인 개인의 이익을 보호하려는 것이 아니라는 이유로 청구인에게 취소소송을 제기할 법률상 이익을 부정한다고 하더라도, 국세청장의 지정행위는 행정청이 병마개 제조업자들 사이에 특혜에 따른 차별을 통하여 사경제 주체간의 경쟁조건에 영향을 미치고 이로써 기업의 경쟁의 자유를 제한하는 것임이 명백한 경우에는 국세청장의 지정행위로 말미암아 기업의 경쟁의 자유를 제한받게 된 자들은 적어도 보충적으로 기본권에 의한 보호가 필요하다. 따라서 일반법규에서 경쟁자를 보호하는 규정을 별도로 두고 있지 않은 경우에도 기본권인 경쟁의 자유가 바로 행정청의 지정행위의 취소를 구할 법률상의 이익이 된다 할 것이다(헌재결 1998. 4. 30, 97헌마141).

16) 이에 대한 자세한 내용은 鄭夏重, 앞의 글, 45면 이하 참조.

6) 특수한 개인적 공권

근래 학설에서는 새로운 형태의 공권으로서 무하자재량행사청구권과 행정개입청구권이 소개되고 있다. 그러나 이들은 이미 독일에서 바이마르 공화국 시대부터 학설에 의하여 발전되기 시작하여 1950년대에 판례에 의하여 실무화된 제도이다. 다음에는 이들에 대하여 살펴보기로 한다.

가. 무하자재량행사청구권

가) 의 의
나) 법적 성격
㉠ 절차적 권리
㉡ 형식적 권리(지배적인 견해)
다) 무하자재량행사청구권의 성립 요건
㉠ 강행법규의 존재
㉡ 강행법규의 사익보호성
라) 무하자재량행사청구권의 존재의의 및 적용범위
㉠ 인정여부(부정설/긍정설)
㉡ 독자성(부정설/긍정설)
㉢ 검사임용거부처분 취소청구사건에 대한 평석
a. 동 판결이 무하자재량행사청구권을 인정하지 않았다고 보는 견해
b. 동 판결이 무하자재량행사청구권을 인정하였다고 보는 견해
마) 권리구제
㉠ 부담적 재량처분의 경우
㉡ 수익적 재량처분의 거부 또는 부작위의 경우

가) 의 의 무하자재량행사청구권이란 개인이 행정청에 대하여 재량을 하자없이 행사할 것을 요구하는 것을 내용으로 하는 공권이다.[17] 독일의 전통적인 학설에서는 공권의 성립요건의 첫번째 요소인 강행법규의 존재에 있어서 강행법규의 개념을 행정청의 재량을 배제하는 기속법규로 이해하였으며, 이에 따라 재량행정영역에서는 개인적 공권이 성립될 수 없다는 것이 지배적인 견해였다. 그러나 재량이론이 발전됨에 따라 행정재량은 임의적인 자유로운 재량이 아니라 일정한 한계 내에서 행사하여야 할 의무가 있는 재량이라는 견해가 관철됨에 따라, 재량법규 역시 부분적으로 그 강행성을 인정받게 되었다. 즉, 강행법규를 행정청에게 일정한 작위 · 부작위 · 수인의 의무를 부과하는 법규범으로 이해한다면 재량법규 역시 일정한 한계 내에서 재량을 행사하여야 할 의무를 부과한다는 점에서 강행법규에 해당된다. 이에 따라 재량법규가 개인의 이익보호를 목적으로 하는 경우에는 이른바 행정청에 대하여 하자없이 재량을 행사할 것을 요구하는 것을 내용으로 하는 무하자재량행사청구권이라는 개인적 공권이 성립하게 되었다.[17]

나) 법적 성격

㉠ 절차적 권리 이는 바이마르 공화국 및 Bonn기본법 초기에 학자들에 의하여 주장되었던 견해이다.[18] 개인이 행정결정과정에 있어서 청문 내지 문서열람권 등의 절차적 권리를 갖고 있듯이, 재량행위에 있어서는 적정한 결정절차에 대한 절차적 청구권이 발생할 수 있다고 하였다. 즉, 법원은 행정청의 재량행사에 있어서 개인의 주장을 충분히 반영하였는지, 이유와 반대이유를 충분하게 형량하였는지, 또는 특정사안을 처리함에 있어서 일관성을 유지하였는지 등 절차상의 하자가 발생하였는지에 대하여 통제할 수 있을 뿐 형량과정을 통하여 내린 결정이 옳은지에 대하여 심사할 수

17) 無瑕疵裁量行使請求權의 성립과 발전에 대한 자세한 내용은 鄭夏重, 無瑕疵裁量行使請求權의 法理와 그 實務化, 月刊考試, 1993. 12, 98면 이하.

18) O. Bühler, Die subjektiven Rechte und ihr Schutz in der deutschen Verwaltungsrechtsprechung, 1914, S. 208ff.; Bachof, Die verwaltungsgerichtliche Klage auf Vornahme einer Amtshandlung, 1951, S. 68ff.

없다고 하였다. 최소한 행정청에게 부여된 자유재량의 의미를 살리기 위하여는 행정법원은 재량의 결과에 대하여 심사하여서는 안되며 단지 결정의 성립과정만을 심사할 수 있다고 하였다.

㉡ 형식적 권리 그러나 행정소송법에 재량통제에 대한 명문의 규정이 도입되고 재량의 하자이론이 발전됨에 따라 절차적 권리설은 비판을 받게 되었다. 즉, 재량통제는 단순한 결정과정에 이르는 절차적 통제가 아니라 그 결정내용에 대한 통제로 전환되었다. 개인은 무하자재량행사청구권의 도움으로 결정의 내용적 한계를 지킬 것을 요구할 수 있고 이러한 한계는 재량을 부여하는 수권규범 및 비례의 원칙이나 평등의 원칙과 같은 헌법상의 원칙에서 나오게 되었다. 예를 들어, 수리가 가능한 건물에 대한 철거명령은 비례의 원칙에 위배되며, 종교적 이유로 인하여 특정인의 공무원채용을 거부하는 결정은 평등의 원칙에 위배되어 위법한 처분이 된다.

이에 따라 무하자재량행사청구권을 절차적 권리로 이해하였던 종래의 견해는 포기되었다. 단지 여타의 개인적 공권과 구별하기 위하여 다수의 학설은 형식적 권리라는 표현을 사용하고 있다. 무하자재량행사청구권과 여타의 개인적 공권과의 중요한 구별은 행정청이 그의 결정에 있어서 법에 완전히 기속되어 하나의 결정을 내려야만 하는가 또는 재량이 주어지기 때문에 여러 개의 적법한 결정이 가능한가에 따라서 구별된다. 그러나 이러한 무하자재량행사청구권도 재량이 영(零)으로 수축되는 경우에는, 특정한 행위에 대한 청구권으로 변화하기 때문에 여타의 실체적 권리와 본질적으로 차이가 나는 것은 아니다.

다) 무하자재량행사청구권의 성립요건 무하자재량행사청구권도 개인적 공권의 일종에 해당하기 때문에 공권의 성립요건을 충족시켜야 한다. 따라서 첫째, 재량의 한계 내에서 행사하여야 할 의무를 부과하는 의미에서 강행법규가 존재하여야 하고, 둘째, 당해 재량법규가 공익뿐만 아니라 최소한 사익보호를 의도하여야 한다.

라) 무하자재량행사청구권의 존재의의 및 적용범위 우리 학설의 일부에서는 무하자재량행사청구권을 절차적 권리로 이해하여 하자있는 재량행사의 경우에는 위법한 행정작용이 되기 때문에 실체법적인 측면에서 권리구제를 하면 충분하다고 주장하고 있으며 무하자재량행사청구권을 인정하면 원고적격을 부당하게 넓혀 민중소송화할 우려가 있다는 이유로 그 필요성을 부인하고 있다.[19] 그러나 상술한 바와 같이 무하자재량행사청구권은 절차적 권리라기보다는 오히려 실체적 권리의 성격을 갖고 있으며 또한 무하자재량행사청구권은 다른 공권과 마찬가지로 관련 법규가 공익뿐만 아니라 최소한 개인의 이익보호를 의도하는 경우에 주어지기 때문에 민중소송의 위험이 존재하지 않는다. 무하자재량행사청구권의 존재의의는 종래 원고적격이 부인되어 왔던 재량행위를 사법심사의 대상으로 하여 그 통제를 실현시키는 데 있는 것이다.

또한 학설의 다른 일부에서는[20] 무하자재량행사청구권을 광의와 협의로 구분하여 행정청이 결정재량권을 갖지 못하고 선택재량권을 갖는 경우에 개인에게 권리구제의 길을 열어주고자 하는 데에 특별한 의의가 있다고 하나 이는 무하자재량행사청구권의 본질에 대한 오해에 기인하고 있다. 무하자재량행사청구권이란 선택재량 또는 결정재량에 불문하고 재량의 하자없는 행사에 대한 청구권을 의미하는 것이며, 이것이 침해될 경우에는 언제나 행정소송을 통하여 구제받을 수 있다.

19) 李尙圭, 新行政法論(上), 200면.

20) 金南辰, 行政法 I, 113면.

다른 한편, 무하자재량행사청구권의 독자성을 부인하는 견해도 있으나,[21] 무하자재량행사청구권은 바로 재량법규가 사익을 보호하는 경우에 인정되는 실체적 권리이기 때문에 그 독자성이 인정되는 것이다. 대법원은 사법연수원을 수료한 자의 검사임용신청에 대한 거부처분취소소송에서

> "검사의 임용에 있어서 임용권자가 임용여부에 관하여 어떠한 내용의 응답을 할 것인지는 임용권자의 자유재량에 속하므로 일단 임용거부라는 응답을 한 이상 설사 응답내용이 부당하여도 사법심사의 대상으로 삼을 수 없는 것이 원칙이나, 적어도 재량권의 한계일탈이나 남용이 없는 위법하지 않은 응답을 할 의무가 임용권자에게 있고 이에 대응하여 임용신청권자로서도 재량권의 한계일탈이나 남용이 없는 적법한 응답을 요구할 권리가 있다(대판 1991. 2. 12, 90누5825)."

라고 판시하여 재량영역에서 무하자재량행사청구권의 존재를 인정하였다.

일설에서는[22] 무하자재량행사청구권은 원고적격이 아니라 본안에서 재량의 하자 여부와 관련하여 문제가 되기 때문에 위 판결이 무하자재량행사청구권을 인정하였다고 볼 수 없다고 주장하고 있다. 그러나 이러한 견해는 무하자재량행사청구권은 과거에 사법심사가 부인되었던 재량행정영역에 있어서 원고적격을 인정하였다는 데 그 본질적인 의미가 있음을 간과하고 있다. 처분의 근거법률이 재량법규이며 동법규가 사익을 보호하는 경우에 원고는 행정청에 재량을 하자없이 행사하여 줄 것을 요구할 수 있는 무하자재량행사청구권을 갖고 있기 때문에 원고적격을 인정받으며, 본안에서 재량의 하자가 확인되어 처분이 위법하다고 판단되면 인용판결을 받을 것이다. 또한, 이 견해는 행정소송의 원고적격에서 기본권을 고려하여야 한다고 하는바, 기본권과 그를 구체화하는 개별법률이 함께 있는 경우에는 항상 개별법률이 우선 적용되어야 한다는 점을 간과하고 있다. 예를 들어, 위 사건에서 원고적격은 헌법 제25조에 의한 공무담임권에서 나오는 것이 아니라 국가공무원법 제26조, 검찰청법 제34조에 근거하여 원고의 검사임용에 대한 무하자재량행사청구권에 의하여 주어지는 것이다.

마) 권리구제　　행정청의 부담적 재량처분이 재량의 하자로 인하여 위법한 경우에는 개인은 이를 취소소송을 통하여 다툴 수 있다. 반면, 행정청에 재량이 부여되는 사업의 특허나 인가의 경우, 상대방의 신청에 대하여 하자있는 재량행사로 인하여 거부나 부작위되고 있다면, 독일에서는 상대방은 의무이행소송을 제기하여 이른바 지령판결(적법재량행사명령판결)을 통하여 구제받을 수 있다. 기속행위에 대한 의무이행판결과는 달리 지령판결이란 법원이 행정청에게 특정한 처분을 발할 것을 의무지우는 판결이 아니라, 단지 행정청의 거부나 부작위가 어떠한 이유에서 하자가 있는지를 적시하고 행정청으로 하여금 판결의 취지에 따라 하자없는 결정을 다시 내리도록 의무지우는 판결을 의미한다. 행정청의 재처분이 또 다시 거부를 내용으로 하는 경우라도 재량의 한계 내의 행사에 해당되어 재량의 하자가 존재하지 않는다면 거부처분은 적법하게 됨은 물론이다. 이와 같은 지령판결은 법원이 행정청의 고유한 재량행사를 존중한다는 취지에서 나온 것이다.[23] 의무이행소송이 인정되지 않고 단지 거부처분취소소송 또는 부작위위법확인소송만이 인정되고 있는 우리의 경우, 행정청의 하

21) 洪井善, 行政法特講, 87면.
22) 洪井善, 行政法原論(上), 141면 이하.
23) 독일의 학설의 일부에서는 이러한 지령판결에 상응하여 지령소송을 인정하자는 주장을 하고 있으나 관철되지 못하고 있다. 지령소송은 행정소송법에 명문규정이 없고 개인에게는 어떤 행위가 재량행위에 속하는지 판별하기가 어렵고, 또한 행정행위가 재량에 속하는지 여부는 제소요건이 아니라 본안심리의 문제라는 이유로 부인되고 있다.

자있는 재량행사로 인하여 거부처분이나 부작위가 있는 경우에 거부처분취소소송이나 부작위위법확인소송을 제기하여 행정소송법 제30조 제2항(재처분의무)에서 규정한 바와 같이 지령판결과 동일한 방식에 의하여 구제를 받을 수가 있을 것이다.

나. 행정개입청구권

가) 의 의
나) 법적 성격 및 성립요건
㉠ 법적 성격–실체적 권리
㉡ 성립 요건
ⅰ) 개입의무를 부과하는 강행법규의 존재
ⅱ) 강행법규의 사익보호성
다) 행정개입청구권에 관한 판례
라) 권리구제수단

가) 의 의 행정개입청구권이란 자기를 위하여 타인에게 행정권을 발동할 것을 행정청에게 요구할 수 있는 권리를 의미한다.[24] 과거 질서행정영역에서는 행정청에게 광범위한 재량권이 부여되어 행정청은 편의주의원칙에 따라 행동하였다. 공공의 안녕과 질서에 대한 위해방지를 위하여 행정청에게 행정개입의 권한이 부여된다고 하더라도 행정권의 발동 여부는 행정청의 재량에 속하였으며, 행정권이 발동된다고 하더라도 이를 통하여 개인이 얻는 이익은 반사적 이익에 지나지 않는다는 견해가 지배적이었다. 그러나 국가와 개인의 관계에 대한 근본적인 시각변화 및 행정기능의 확대로 인하여 경우에 따라서 행정권의 발동이 의무화되며 이에 상응하여 개인의 행정개입청구권이 발생한다는 이론이 발전되었다. 이러한 행정개입청구권은 과거 경찰행정영역에서 발전되었으나 오늘날 경제 · 환경 등 규제행정 전반으로 확대되고 있다.

나) 법적 성격 및 성립요건 일설에서는 이러한 행정개입청구권을 절차적 공권이라고 보는 견해가 있으나 오히려 실체적 성격을 갖는 권리이다. 아울러 행정개입청구권은 사전예방적인 성격뿐만 아니라 사후구제적인 성격을 갖고 있다.

행정개입청구권이 성립하기 위하여, 첫째 요건으로는 행정개입의 의무를 부과하는 강행법규의 존재가 필요하다. 따라서 재량법규의 경우 행정개입청구권이 발생하기 위하여는 재량이 영(零)으로 수축하여야 한다. 재량이 영으로 수축하여 행정개입의 의무가 존재하기 위하여는 신체, 생명 등 개인의 중요한 법익에 대한 위해가 존재하여야 하며, 개입을 통하여 동가치적인, 또는 보다 높은 법익의 침해의 우려가 없어야 하고, 아울러 개인의 자력구제나 민사상의 구제수단을 기대하기가 어려워야 한다.

둘째 요건으로는 당해 법규가 공익뿐만 아니라 최소한 사익보호를 의도하고 있어야 한다.

다) 행정개입청구권에 관한 판례 행정개입청구권에 대하여 부정적인 입장을 취한 판례도 있으나 최근 대법원은 새만금간척종합개발사업에 관한 판결에서 비록 명시적인 표현을 하지 않았으나 공유수면매립면허취소요구에 대한 거부처분 취소소송에서 행정개입청구권의 존재를 전제로 신청권을 인정하였지만, 본안에서 원고의 청구를 기각했다.

24) 행정개입청구권을 넓게 보아 자신에게 행정권을 발동하여 줄 것을 요구할 권리도 포함한다는 견해도 있는 바, 이는 용어의 의미에도 합치되지 않을 뿐 아니라, 이러한 견해에 따르면 수익적 행정행위가 기속행위에 해당하는 경우에는 모두 행정개입청구권이 존재한다는 결과가 되기 때문에 타당성이 없다.

판례 1(제3자 소유의 건축물에 대한 철거요구권의 가능성) 구 건축법 및 기타 관계 법령에 국민이 행정청에 대하여 제3자에 대한 건축허가의 취소나 준공검사의 취소 또는 제3자 소유의 건축물에 대한 철거 등의 조치를 요구할 수 있다는 취지의 규정이 없고, 같은 법 제69조 제1항 및 제70조 제1항은 각 조항 소정의 사유가 있는 경우에 시장 · 군수 · 구청장에게 건축허가 등을 취소하거나 건축물의 철거 등 필요한 조치를 명할 수 있는 권한 내지 권능을 부여한 것에 불과할 뿐, 시장 · 군수 · 구청장에게 그러한 의무가 있음을 규정한 것은 아니므로 위 조항들도 그 근거 규정이 될 수 없으며, 그 밖에 조리상 이러한 권리가 인정된다고 볼 수도 없다(대판 1999. 12. 7, 97누17568).

판례 2(공유수면매립면허에 대한 주민의 취소 · 변경청구권의 가능성) 구체적인 공유수면매립면허에 의하여 매립사업이 진행되는 과정에서 환경 및 생태계 또는 경제성에 있어 예상하지 못한 변화가 발생하였다면, 처분청은 매립기본계획의 타당성을 검토하여야 함이 공유수면매립법의 취지에 부합하는 점, 공유수면매립면허에 의하여 환경영향평가 대상지역 안에 거주하는 주민이 수인할 수 없는 환경침해를 받거나 받을 우려가 있어 개별적 · 구체적 환경이익을 침해당하였다면 그 이익 침해의 배제를 위하여 면허의 취소 · 변경 등을 요구할 위치에 있다고 봄이 상당한 점, 환경영향평가 대상지역 안에 있어 환경상의 이익을 침해당한 개인이 공유수면매립면허가 취소되거나 변경됨으로써 그 이익을 회복하거나 침해를 줄일 수 있다고 주장하면서 그 주장의 당부를 판단하여 주도록 요구하는 재판 청구에 대하여 소송요건 심리에서 이를 배척할 것이 아니라 그 본안에 나아가 판단함이 개인의 권리구제를 본질로 하는 사법국가 원리에도 부합하는 점 등을 종합하면, 환경영향평가 대상지역 안에 거주하는 주민에게는 공유수면매립면허의 처분청에게 공유수면매립법 제32조에서 정한 취소 · 변경 등의 사유가 있음을 내세워 면허의 취소 · 변경을 요구할 조리상의 신청권이 있다고 보아야 함이 상당하다(서울고판 2005. 12. 21, 2005누4412; 대판(전원합의체) 2006. 3. 16, 2006두330).

라) 권리구제수단 개인의 행정개입의 요구에 대하여 행정청의 거부나 부작위가 있는 경우에는 개인은 행정심판에 있어서는 의무이행심판(行審法 5조 3호), 행정소송에 있어서는 거부처분취소소송(行訴法 4조 1호)이나 부작위위법확인소송(行訴法 4조 3호)을 통하여 자신의 권리를 실현시킬 수 있다.

사례 갑도지사는 을시의 외곽에 화학제품공장의 설립허가를 하였다. 그러나 공장의 가동 후 오염방지시설이 설치되었음에도 불구하고 주변환경이 대기오염으로 현저하게 악화되었고 이에 따라 인근 주민의 원성이 높아지기 시작하였다. 인근주민은 갑도지사에게 화학공장에 대한 개선조치를 취하여 줄 것을 요구할 수 있는 권리가 있을까?

▶답안요지 인근 주민이 행사할 수 있는 권리로서 행정개입청구권이 고려된다. 행정개입청구권이 성립하기 위하여는 첫째, 행정개입의 의무를 부과하는 강행법규가 존재하여야 한다. 대기환경보전법 33조는 "환경부장관은 배출시설에서 나오는 오염물질의 정도가 배출허용기준을 초과한다고 인정하면 대통령령으로 정하는 바에 따라 기간을 정하여 사업자에게 그 오염물질의 정도가 배출허용기준 이하로 내려가도록 필요한 조치를 취할 것을 명할 수 있다(개선명령)"고 규정하고 있고 동권한은 동법 87조, 동법시행령 63조에 의하여 시 · 도지사에게 위임되어 있다. 여기서 개선명령을 발할 수 있는지는 갑도지사의 재량에 있으나, 설문에서 환경오염으로 인하여 주민의 건강상의 위해가 급박한 것으로 인정되고, 개입을 통하여 보다 큰 또는 동가치적인 법익침해의 우려가 없기 때문에 재량이 영으로 수축되어 행정개입의 의무가 존재한다고 보아야 한다. 둘째, 당해 법규의 사익보호성이 인정되어야 하는바 대기환경보전법 33조는 공익뿐만 아니라 인근주민의 신체 · 생명을 보호하는, 즉 사익을 보호하는 규정으로 보아야 할 것이다. 이에 따라 인근주민은 도지사에 대하여 개선명령을 내용으로 하는 행정개입청구권을 행사할 수 있으며, 이를 의무이행심판, 거부처분취소소송 또는 부작위위법확인소송을 통하여 관철시킬 수가 있을 것이다.

4. 공권의 특성

공권은 국가적 공권이든 개인적 공권이든 오로지 권리자의 이익을 위하여만 존재하는 것이 아니라 아울러 공익에 합치되도록 행사하여야 할 의무를 함께 내포한다고 보아야 한다. 공권의 특수성은 이와 같은 공권의 상대성으로부터 연유한다.

1) 국가적 공권의 특성

국가적 공권은 사권과는 달리 국가의 통치권의 발현이기 때문에 행정주체의 의사에 대하여 일반적으로 우월한 힘이 인정된다. 따라서 행정주체는 공권의 내용을 행정행위에 의하여 일방적으로 확정하며, 경우에 따라서는 공권의 내용을 자력으로 실현시킬 수 있으며 또한 공권실현의 침해에 대하여 제재를 가할 수 있다는 점에서 특수성이 인정된다. 그러나 국가적 공권은 무제한한 것이 아니라, 법치주의에 따라 법령의 수권의 범위 안에서 법령이 정하는 바에 따라서만 행사되어야 한다는 한계가 있다.

2) 개인적 공권의 특성

개인적 공권은 사권이 권리자의 일방적인 이익의 추구를 전제로 하는 것과는 달리, 그것을 인정하는 것이 개인의 이익이 될 뿐 아니라 국가나 사회 전체의 이익에도 부합되기 때문에 부여되거나 인정되는 경우가 많다. 다만 구체적인 개인적 공권에 대하여 어떠한 특성을 인정할 것인가는 입법정책상의 문제이다. 따라서 어떠한 권리에 어떠한 특성이 부여되어 있는지의 문제는 개개의 법령의 취지 및 당해 권리의 성질에 비추어 개별적으로 판단하여야 한다. 개인적 공권이 일반적으로 갖고 있는 특성은 다음과 같다.

가. 이전의 제한

사권은 일신전속적인 것을 제외하고는 원칙적으로 권리자의 자유로운 의사에 의하여 그 권리를 이전할 수 있다(민법 449조). 이에 반하여 공권은 사실상 누구에 의하여 행사되느냐 하는 것이 중요한 의미를 가지는 경우가 많기 때문에, 권리자 자신에 의하여 행사됨을 필요로 하고 타인에의 이전이 금지되는 경우가 많다(예: 공무원연금법 39조의 연금청구권의 양도금지, 국가배상법 4조의 신체·생명의 침해의 경우에 배상받을 권리의 양도금지, 국민기초생활보장법 36조의 수급자의 급여받을 권리의 양도금지). 그러나 개인적 공권 중에서도 일신전속적인 성질의 것이 아니거나, 주로 채권적·경제적 성질의 것은 그 이전이 인정됨이 보통이다(손실보상청구권). 개인적 공권은 이전이 제한되는 결과, 그에 대한 압류가 제한되거나(민사집행법 246조 1항 1호에 의한 급여채권의 압류제한), 금지되는 경우가 많다(공무원연금법 32조의 연금청구권의 압류금지, 국민기초생활보장법 35조의 수급권의 압류금지).

나. 포기의 제한

사권은 그 포기가 공익을 해친다거나, 타인의 이익을 침해할 우려가 없는 것이 보통이기 때문에 그 포기는 자유로운 것이 원칙이다. 그러나 공권은 공익에 미치는 영향이 크기 때문에, 법령에 특별한 규정이 있는 경우를 제외하고는 포기를 인정하지 않는 것이 원칙이다. 선거권, 소권(訴權), 공무원의 봉급청구권 및 연금청구권 등이 그 좋은 예이다. 그러나 개인적 공권도 그것이 주로 권리자의 순수한 경제적 이익을 위하여 인정되고 있을 뿐 아니라, 그 포기가 공익이나 타인의 이익에 현저한 영향을 미치지 아니하는 것일 때에는 포기할 수 있음은 물론이다(공무원의 여비의 포기, 공법상의 손실보상청구권의 포기). 공권의 포기는 공권의 불행사와 다르므로 공권을 사실상 행사하지 않음으로써 그 공권이 시효의 완성이나 제척기간의 도과로 인하여 소멸되는 것은 별개의 문제이다.

판례 1(소권의 포기가능성) 원래 소권은 사인의 국가에 대한 공권이므로 당사자의 합의로써 국가에 대한 공권은 포기할 수 없는 것이며 이 법리는 민사소송에 있어서와 같이 행정소송에 있어서도 동일하다고 할 것이다(대판 1961. 11. 2, 4293행상60).

판례 2(재해위로금청구권의 포기가능성) 석탄산업법시행령 제41조 제4항 제5호 소정의 재해위로금청구권은 개인의 공권으로서 그 공익적 성격에 비추어 당사자의 합의에 의하여 이를 미리 포기할 수 없다(대판 1998. 12. 23, 97누5046).

다. 보호의 특수성

개인적 공권도 권리인 점에서 제소 등 법이 정한 보호를 받는다. 그러나 그 경우에도 행정소송법 내지 국가배상법의 적용을 받는 등 절차에 있어 특례가 인정되어 권리실현에 대한 특전 또는 제한을 받는다.

라. 시효제도의 특수성

공권의 소멸시효는 사권에 비하여 단기인 것이 보통이며, 공법상의 금전채권의 시효는 원칙적으로 국가재정법 96조, 지방재정법 82조에 따라 5년이다.

판례(국가에 대한 금전채권에 단기소멸시효를 두는 법률조항이 헌법에 위반되는지 여부) 국가채무에 대하여 단기소멸시효를 두는 것은 국가의 채권, 채무관계를 조기에 확정하고 예산 수립의 불안정성을 제거하여 국가재정을 합리적으로 운용하기 위한 것으로서 그 입법목적은 정당하며, 국가의 채무는 법률에 의하여 엄격하게 관리되므로 채무이행에 대한 신용도가 매우 높아 채무의 상환이 보장되고 채권자는 안정적인 지위에 있는데 반해 채무자인 국가는 기한에 채권자의 청구가 있으리라는 예상을 하여 이를 예산에 반영하여야 하므로 법률상태가 조속히 확정되지 않음으로써 받는 불안정성이 상당하고 특히 불법행위로 인한 손해배상이나 구상금 채권과 같이 우연한 사고로 말미암아 발생하는 채권의 경우 그 발생을 예상하기 어려우므로 불안정성이 매우 크다. 게다가 국가에 대한 채권의 경우 민법상 단기시효기간이 적용되는 채권과 같이 일상적으로 빈번하게 발생하는 것이라 할 수 없고 일반사항에 관한 예산·회계관련 기록물들의 보존기간이 5년으로 되어 있는 점에 비추어 이 사건 법률조항에서 정한 5년의 단기시효기간이 채권자의 재산권을 본질적으로 침해할 정도로 지나치게 짧고 불합리하다고 볼 수 없다(헌재결 2001. 4. 26, 99헌바37).

Ⅱ. 공의무(公義務)

1. 공의무의 개념

일반적으로 의무라 함은 법률상의 구속, 즉 의무자의 의사와 관계없이 반드시 따라야 하는 것으로 법에 의하여 강요되는 것을 말한다. 공의무라 함은 공법상의 권리에 대응한 개념으로서 공법상의 구속을 말한다. 공의무는 주체에 따라 국가적 공의무와 개인적 공의무로, 내용에 따라 작위의무, 부작위의무, 수인의무, 급부의무로 각각 나눌 수 있다.

2. 공의무의 특수성

공의무에는 공권의 특수성에 대응하는 특색이 인정되나, 특히 개인적 공의무의 경우에는 법령이나 법령에 근거한 행정주체의 일방적인 행위에 의하여 과하여지는 경우가 많으며, 의무의 불이행이 있을 때에는 행정주체의 자력집행이 인정되거나 제재의 대상이 되는 등 특성이 있다.

3. 공의무의 승계가능성

1) 의 의

근래 개인적 공의무의 승계가능성에 대하여 활발히 논의되고 있다.[25] 전통적인 견해에 따르면 공법상의 의무는 일신전속적인 성격을 갖고 있기 때문에 계약에 의하여 이전(특정승계)되거나, 상속(포괄승계)의 대상이 될 수 없었다. 그러나 이러한 견해는 점차 비판을 받기 시작하였다. 무엇보다도 실무상에서 발생되는 절차경제적인 어려움이 지적되었다. 예를 들어 위법건축물에 대한 철거의무의 승계가능성이 부인될 경우에 위법건축물의 소유주는 자신의 철거의무를 피하기 위하여 제3자에게 소유권을 이전시킬 수 있으며, 행정청은 또다시 새로운 소유자에게 철거명령을 발하여야 한다. 또한 새로운 소유자는 구소유자에 대한 철거명령이 불가쟁력이 발생되었음에도 불구하고, 새로운 처분에 대하여 행정소송을 제기할 수 있다. 이에 따라 학설과 판례에서는 공의무의 승계가능성에 대하여 긍정적인 입장이 관철되었다.

2) 승계가 가능한 공의무

오늘날 다수설은 공의무의 승계가능성 여부를 의무의 성격에 따라 구분하고 있다. 공의무가 의무자의 개인적인 성격과 능력에 의존하고 있기 때문에 단지 그에 의하여만 이행될 수 있는, 즉 일신전속적인 의무의 경우에는 원칙적으로 승계가능성을 부인하는 반면, 원래의 의무자 개인과 독립하여 이행될 수 있는 의무에 대하여는 그 승계가능성을 인정하고 있다. 이와 관련하여 승계가 가능한 의무로는 대물적 하명에 의하여 부과된 의무나, 타인에 의하여 이행될 수 있는, 즉 대체가능한 의무가 열거되고 있다. 그러나 승계가능성이 인정되는 공의무라고 하더라도 그것이 승계가 되기 위하여는 행정청의 처분에 의하여 구체화되고 특정화되어야 한다. 행정의 상대방이 법률에 규정된 추상적 의무를 위반한 경우에는 단지 행정청에 의한 구체적인 의무부과의 가능성만이 존재하기 때문에 아직 승계문제가 제기되지 못한다.[26] 이에 따라 구체적인 의무부과를 하는 행정청의 선행처분이 없이 공중위생업의 양도인의 위법사유의 승계를 인정한 판례는[27] 예견가능성과 법적 안정성의 관점에서 문제가 있다고 보아야 할 것이다.

3) 법률의 근거

행정청의 처분에 의하여 구체화된 개인적 공의무가 제3자에게 승계되기 위하여는 법률유보의 원칙에 따라 법률의 근거를 추가적으로 요한다. 의무의 승계는 승계인에게 침익적인 효과를 발생하기 때문이다. 특정승계에 대하여는 일반법적 근거가 없으며 단지 개별법상에 근거가 존재하고 있을 뿐이다(공중위생관리법 11조의3, 식품위생법 78조, 도시가스사업법 7조의2, 산림법 4조, 석유 및 석유대체연료사업법 8조, 건강기능식품에 관한 법률 34조 등). 한편 독일의 다수설은 포괄승계에 대한 일반적인 법적 근거로서 민법의 포괄승계규정(민법 997조, 1005조)의 유추적용을 주장하고 있다.

---

25) 鄭夏重, 警察法上의 責任, 公法研究 제25집 제3호, 109면 이하; 李賢修, 영업양도와 제재처분상의 지위승계, 行政判例研究 V, 2005, 139면 이하.

26) Papier, DVBL 1985, S.878; Mutius/Nolte, DÖV 2000, S.1.

27) 대판 2001. 6. 29, 2001두1611.

판례 1(이행이 대체가능한 의무의 승계가능성) 구 산림법 제90조 제11항, 제12항이 산림의 형질변경 허가를 받지 아니하거나 신고를 하지 아니하고 산림을 형질변경한 자에 대하여 원상회복에 필요한 조치를 명할 수 있고, 원상회복명령을 받은 자가 이를 이행하지 아니한 때에는 행정대집행법을 준용하여 원상회복을 할 수 있도록 규정하고 있는 점에 비추어, 원상회복명령에 따른 복구의무는 타인이 대신하여 행할 수 있는 의무로서 일신전속적인 성질을 가진 것으로 보기 어려운 점, 같은 법 제4조가 법에 의하여 행한 처분·신청·신고 기타의 행위는 토지소유자 및 점유자의 승계인 등에 대하여도 그 효력이 있다고 규정하고 있는 것은 산림의 보호·육성을 통하여 국토의 보전 등을 도모하려는 법의 목적을 감안하여 법에 의한 처분 등으로 인한 권리와 아울러 그 의무까지 승계시키려는 취지인 점 등에 비추어 보면, 산림을 무단형질변경한 자가 사망한 경우 당해 토지의 소유권 또는 점유권을 승계한 상속인은 그 복구의무를 부담한다고 봄이 상당하고, 따라서 관할 행정청은 그 상속인에 대하여 복구명령을 할 수 있다고 보아야 한다(대판 2005. 8. 19, 2003두9817, 9824).

판례 2(일신전속적 의무의 승계가능성) 구 건축법상의 이행강제금은 구 건축법의 위반행위에 대하여 시정명령을 받은 후 시정기간 내에 당해 시정명령을 이행하지 아니한 건축주 등에 대하여 부과되는 간접강제의 일종으로서 그 이행강제금 납부의무는 상속인 기타의 사람에게 승계될 수 없는 일신전속적인 성질의 것이므로 이미 사망한 사람에게 이행강제금을 부과하는 내용의 처분이나 결정은 당연무효이고, 이행강제금을 부과받은 사람의 이의에 의하여 비송사건절차법에 의한 재판절차가 개시된 후에 그 이의한 사람이 사망한 때에는 사건 자체가 목적을 잃고 절차가 종료한다(대판 2006. 12. 8, 2006마470).

판례 3(피합병법인의 권리의무가 합병·법인에 승계가능성여부) 회사합병이 있는 경우에는 피합병회사의 권리·의무는 사법상의 관계나 공법상의 관계를 불문하고 그의 성질상 이전을 허용하지 않는 것을 제외하고는 모두 합병으로 인하여 존속한 회사에게 승계되는 것으로 보아야 할 것이고, 공인회계사법에 의하여 설립된 회계법인 간의 흡수합병이라고 하여 이와 달리 볼 것은 아니다. 구 주식회사의 외부감사에 관한 법률 제4조의3에 규정된 감사인지정 및 같은 법 제16조 제1항에 규정된 감사인지정제외와 관련한 공법상의 관계는 감사인의 인적·물적 설비와 위반행위의 태양과 내용 등과 같은 객관적 사정에 기초하여 이루어지는 것으로서 합병으로 존속하는 회계법인에게 승계된다(대판 2004. 7. 8, 2002두1946).

판례 4(불법증차 차량 양수인의 의무) 불법증차를 실행한 운송사업자로부터 운송사업 영업을 양수하고 화물자동차법 제16조 제1항에 따른 신고를 하여 화물자동차법 제16조 제4항에 따라 운송사업자의 지위를 승계한 경우에는 설령 양수인이 영업양도·양수 대상에 불법증차 차량이 포함되어 있는지를 구체적으로 알지 못하였다 할지라도, 양수인은 불법증차 차량이라는 물적 자산과 그에 대한 운송사업자로서의 책임까지 포괄적으로 승계하는 것이다(헌재결 2019. 9. 26, 2017헌바397 등 전원재판부 결정 참조). 따라서 관할 행정청은 양수인의 선의·악의를 불문하고 양수인에 대하여 불법증차 차량에 관하여 지급된 유가보조금의 반환을 명할 수 있다. 다만 그에 따른 양수인의 책임범위는 지위승계 후 발생한 유가보조금 부정수급액에 한정되고, 지위승계 전에 발생한 유가보조금 부정수급액에 대해서까지 양수인을 상대로 반환명령을 할 수는 없다(대판 2021. 7. 21, 2018두49789).

판례 5(제재대상의 범위) 요양기관이 속임수나 그 밖의 부당한 방법으로 보험자에게 요양급여비용을 부담하게 한 때에 구 국민건강보험법 제85조 제1항 제1호에 의해 받게 되는 요양기관 업무정지처분은 의료인 개인의 자격에 대한 제재가 아니라 요양기관의 업무 자체에 대한 것으로서 대물적 처분의 성격을 갖는다. 따라서 속임수나 그 밖의 부당한 방법으로 보험자에게 요양급여비용을 부담하게 한 요양기관이 폐업한 때에는 그 요양기관은 업무를 할 수 없는 상태일 뿐만 아니라 그 처분대상도 없어졌으므로 그 요양기관 및 폐업 후 그 요양기관의 개설자가 새로 개설한 요양기관에 대하여 업무정지처분을 할 수는 없다(대판 2022. 1. 27, 2020두39365).

판례 6(흡수합병과 벌점승계 여부) 하도급거래 공정화에 관한 법률(이하 '하도급법'이라 한다) 위반을 이유로 시정명령 등과 그에 따른 벌점을 부과받은 갑 주식회사가 을 주식회사와 병 주식회사로 분할되었고, 정 주식회사가 갑 회사의 사업 부문 대부분이 이전된 을 회사를 흡수합병하자, 공정거래위원회가 정 회사에 대하여 갑 회사에 부과된 벌점이 정 회사에 승계되었음을 이유로 관계 행정기관의 장에게 입찰참가자격제한 및 영업정지를 요청하기로 결정한 사안에서, 공정거래위원회에 벌점의 부과 여부나 범위에 관하여 실질적으로 재량의 여지가 있다고 보기 어렵고 일정 기준을 초과하는 경우 공정거래위원회에 관계 행정기관의 장을 상대로 입찰참가자격의 제한 요청 등을 할 의무가 발생하는 점, 하도급법에 따른 벌점 부과를 단순한 사실행위에 불과하다고만 볼 수는 없고, 공법상 지위 내지 의무 · 책임이 구체화된 경우라고 볼 여지가 큰 점, 갑 회사에 부과된 벌점은 분할되는 회사의 공법상 의무 또는 이와 관련한 재산적 가치가 있는 사실관계에 해당하므로, 분할신설회사인 을 회사에 귀속된 후 이를 흡수합병한 정 회사에 승계되었다고 보는 것이 타당한 점 등을 종합하면, 입찰참가자격제한 요청 처분이 위법하다고 본 원심판단에 하도급법상 벌점 승계 여부에 관한 법리오해의 잘못이 있다(대판 2023. 4. 27, 2020두47892).

판례 7(시정조치의 승계여부) 현행 공정거래법은 분할하는 회사의 분할 전 공정거래법 위반행위를 이유로 신설회사에 과징금 부과 또는 시정조치를 할 수 있도록 규정을 신설하였다. 현행 하도급법은 과징금 부과처분에 관하여는 신설회사에 제재사유를 승계시키는 공정거래법 규정을 준용하고 있으나 시정조치에 관하여는 이러한 규정을 두고 있지 않다. 이와 같이 공정거래법과 하도급법이 회사분할 전 법 위반행위에 관하여 신설회사에 과징금 부과 또는 시정조치의 제재사유를 승계시킬 수 있는 경우를 따로 규정하고 있는 이상, 그와 같은 규정을 두고 있지 아니하는 사안, 즉 회사분할 전 법 위반행위에 관하여 신설회사에 시정조치의 제재사유가 승계되는지가 쟁점이 되는 사안에서는 이를 소극적으로 보는 것이 자연스럽다(대판 2023. 6. 15, 2021두55159).

사례 이용업에 종사하고 있는 갑은 업소 내에 칸막이와 커튼 등을 설치하여 영업을 하다가 관할 구청에 적발되었다.

1) 갑은 관할 구청에 적발된 후에 이용업소를 을에게 양도하였다. 관할 구청장은 을에 대하여 공중위생법위반을 이유로 3개월 영업정지처분을 발하였다. 이 처분은 적법한가?

2) 관할 구청장은 갑에게 칸막이와 커튼의 제거명령과 공중위생관리법과 동법 시행규칙에 의하여 3개월 영업정지처분을 발하였다. 이들 처분에 의하여 부과된 의무는 을에게 승계가 가능한가?

▶**답안요지** **제1문:** 갑은 공중위생관리법과 동법시행규칙의 시설기준에 위반하였다. 이는 법령에서 정한 추상적 의무의 위반상태를 의미하며 행정청에 의한 구체적인 의무부과의 가능성만이 존재한다. 이에 따라 승계의 대상이 되는 갑의 구체적인 공의무가 존재하지 않기 때문에 을에 대한 영업정지처분은 위법하다.

제2문: 여기서 칸막이 및 커튼의 제거의무는 제3자에 의하여 이행이 가능한 대물적 하명에 의하여 부과된 대체적 작위의무로서 승계가 가능하다. 반면 영업정지처분은 상대방에게 일정한 부작위의무를 부과하는 일신전속적인 의무로서 원칙적으로 승계의 대상이 되지 않는다. 한편 공중위생법은 법률유보의 원칙에 따라 제11조의3에서 행정제재처분의 승계에 관한 근거를 마련하고 있다. 동 조문은 행정제재처분에 의하여 부과되고 있는 의무가 대체적 작위의무 또는 일신전속적 의무인지 여부에 불문하고 양수인에게 승계를 허용하고 있다. 다만, 양수인이 양도 · 양수시에 제재적 처분 또는 법위반사실을 알지 못한 경우에는 제재적 처분의 효과의 승계를 부인하고 있다. 이는 양도인이 양수인과 담합하여 자신에 대한 제재적 처분의 회피를 방지하기 위한 입법목적에서 나온 것이라 볼 것이다(동일한 규정을 두고 있는 법률로는 식품위생법 78조, 도시가스사업법 7조의2 등). 공중위생법 제11조 제3항에 따르면 을이 갑의 법위반 사실 또는 그에 대한 제재적 처분을 알고 있는 경우에는 칸막이 및 커튼의 제거의무 및 영업정지의무가 승계가 될 것이고, 반대의 경우에는 승계가 되지 않을 것이다.

제 5 절 특별권력관계이론

Ⅰ. 전통적 특별권력관계의 이론

종래 독일에서는 행정법관계를 일반권력관계와 특별권력관계로 구별하여 왔다. 일반권력관계는 국가 및 공공단체와 일반국민 사이에 당연히 성립하는 법률관계를 의미하고, 여기에서는 법치주의가 적용되고 기본권이 보장되며 사법심사가 인정되었다. 반면 특별권력관계는 특별한 법률원인에 의하여 개인이 행정의 내부영역에 편입됨으로써 성립하며, 행정목적이 필요한 한도 내에서 국가 및 공공단체 등 행정주체에게 포괄적인 지배권이 부여되고 구성원은 이에 복종하는 관계를 의미하였다. 이러한 특별권력관계는 기본권이 적용되지 않고, 법률유보의 원칙이 배제되며 사법심사가 인정되지 않는 관계로 이해되었다. 이러한 특별권력관계는 역사적으로 19세기 중엽 독일의 입헌군주국가의 헌법적 · 정치적 배경하에서 성립되었다.[28)]

특별권력관계의 이론적인 뒷받침이 된 것은 그 당시의 법규관이었다. 당시의 학설은 법규를 독립적인 법주체 사이에 의사영역의 한계를 정하여 주는 규율,[29)] 또는 시민의 자유와 재산을 침해하는 규율로[30)] 정의하였다. 이들은 국가를 자연인에 유추하여 그 자체가 폐쇄되고 침투할 수 없는 법주체로 파악하여 국가와 자연인 또는 국가와 법인간의 상호관계를 규율하는 경우에만 법규가 성립될 수 있다고 하였다(국가법인법불침투성이론). 반면 공무원 및 기타의 특별권력관계의 구성원은 국가조직의 한 부분으로 국가에 대하여 외부적으로 독립된 법주체를 의미하지 않았기 때문에 국가와 이들간의 관계를 규율하는 행정규칙은 그것이 일반적 · 추상적 성격을 갖는다고 할지라도 법규의 성격이 부인

28) 특별권력관계의 성립과 극복과정에 대한 자세한 내용은 鄭夏重, 민주적 법치국가에 있어서 특별권력관계, 고시계, 1994. 12, 117면 이하 참조.

29) P. Laband, Das Staatsrecht des deutschen Reiches, 5. Aufl., Bd. II, S. 18.

30) Anschütz, Die Verfassung des deutschen Reiches, 14. Aufl., 1933, Erl. zu Art. 77.

되었다. 따라서 행정 내부의 영역은 법에 의하여 규율되지 않기 때문에 법률유보가 배제되며, 기본권이 적용되지 않고 사법심사가 배제되는 영역으로 간주되었다.

Ⅱ. 특별권력관계이론의 극복

입헌군주국가시대의 군주와 시민계급의 정치적 타협의 산물인 이러한 특별권력관계이론은 오늘날의 민주적 법치국가에 있어서는 더 이상 존립될 수 없음은 당연하다. 2차 세계대전 이후 특별권력관계이론은 이른바 "관권국가의 유산"[31] 또는 "법치국가의 흠결"[32]이라고 학계의 집중적인 비판을 받았다. 개인이 비록 행정영역에 편입된다 하더라도 법주체성을 상실하지 않는다. 또한 내부규율인 행정규칙에 의하여 부과되는 의무도 징계 등 제재가 따르는 구속력을 가지며, 이들 의무는 도덕이나 관습 또는 종교적 의무가 아닌 법적 의무라는 것은 자명하며 따라서 행정규칙도 법적 성격을 인정받게 되었다. 특히 임의적으로 성립된 특별권력관계에 있어서 기본권제한을 합리화시키기 위한 이론인 자유로운 의사에 의한 특별권력에 대한 복종, 즉 기본권포기이론(volonti non fit iniuria) 역시 오늘날 극복되었다. 계약자유의 원칙이 적용되고 있는 사법영역에서 일반적으로 인정되고 있는 권리포기의 가능성은 강행법규가 지배하는 공법관계에 있어서 적용되기 힘들며, 특히 민주적 정당성을 갖고 국가의 모든 중요한 사안에 대하여 결정하여야 하는 의회의 권한을 배제시키고 행정주체와 개인간의 합의에 의하여 기본권이 처분되어서는 안된다는 비판을 받았다. 특별권력관계도 일반권력관계와 마찬가지로 법률관계로서 권리 · 의무관계라는 인식과 더불어 법치주의가 지배하고, 기본권이 적용되며 여기서 발생되는 법적 분쟁 역시 사법심사의 대상이 되어야 한다는 견해가 관철되었다.[33]

그럼에도 불구하고 오늘날 특별권력관계는 완전히 사라져서 일반권력관계와 동일하게 보아야 할 것인지 또는 그의 특수성 때문에 단지 법률유보나 기본권 및 사법심사가 완화되어 적용되어야 할 것인지에 대하여 학설에서는 다툼이 되고 있다.

1. 특별권력관계의 긍정설

오늘날 어느 누구도 특별권력관계와 일반권력관계는 그 성립의 계기와 지배권의 성질이 전혀 다르며 그들에 관한 법은 서로 체계를 달리하기 때문에 특별권력관계에서는 일반권력관계에 적용되는 법률유보, 기본권, 사법심사가 적용되지 않는다는 전통적인 이론을 주장하고 있지 않다(이른바 절대적 구별설). 그러나 상당수의 학설은 일반권력관계와 특별권력관계의 본질적인 차이를 부정하면서도 특별권력관계의 특수성을 인정하여 특별권력관계가 추구하는 행정목적의 수행을 위하여 필요한 범위 내에서 법치주의, 기본권 및 사법심사가 완화되어 적용되어야 한다는 견해를 주장한다(특별권력관계수정설). 그러나 이 설에 있어서는 특별권력관계에 있어서 어느 정도로 법률유보와 기본권이 적

31) E. Becker, VVDStRL 14, S. 96.

32) Forsthoff, Lehrbuch des Verwaltungsrechts, 10. Aufl., S. 130.

33) 특히 전통적인 특별권력관계이론을 해체시키는 데 결정적인 기여를 한 것은 독일의 연방헌법재판소의 유명한 재소자판결이었다(BVerfGE 31, 1). 연방헌법재판소는 동 판결에서 재소자의 기본권은 행정목적이 요구하는 바에 따라 제한할 수 있으며 이를 위하여는 별도의 법적 근거가 필요없다는 행정법원의 판결을 취소하고, 특별권력관계에 있어서도 기본권은 단지 법률에 의하여 제한할 수 있다고 하여 특별권력관계에서도 기본권이 적용되며 법률유보의 원칙이 적용된다는 견해를 궁극적으로 관철시켰다.

용되는지 또한 어느 범위에 걸쳐 사법심사가 이루어지는지 한계설정이 문제가 되고 있다.

2. 특별권력관계의 부정설

1) 전면적 부정설

오늘날 기본권보장을 내용으로 하는 실질적 법치국가에서는 모든 공권력행사는 법률의 근거를 요하며 따라서 기본권과 법률유보의 적용을 배제하는 특별권력관계란 전근대적인 시대의 산물로서 오늘날 더 이상 존립의 타당성이 존재하지 않는다는 견해이다. 전면적 부정설은 일반권력관계와 구별되는 특별권력관계의 존재를 부정하고 이를 일반권력관계의 일환으로 보는 견해이다. 그러나 이 설은 법률관계로서 특별권력관계가 일반권력관계에 대하여 갖는 특수성을 전적으로 무시하는 데 문제가 있다.

2) 개별적 · 실질적 부정설

이 견해는 특별권력관계라는 관념 자체를 부인하는 데 있어서, 그 속에 포함되었던 개개의 법관계의 내용의 실질을 개별적으로 재검토하는 방법에 의한다. 우선 종래 특별권력관계에 속하였던 관계 중에서 권력적 색채가 비교적 강하고 법률의 규율대상이 되고 있는 관계(공무원관계 · 군복무관계 · 재소자관계 · 전염병강제입원관계)는 일반권력관계로 환원시켜 권력관계로 보나, 단지 포괄적인 재량권이 부여되는 관계로 보고 있다. 이에 대하여 권력적 색채가 약하고 상대방의 동의에 의하여 성립되는 관계(국공립학교 재학관계, 국공립병원 입원관계)는 구체적으로 그 실질을 판단하여 사법상의 계약관계 또는 공법상의 관리관계로 보고 있다.

3. 결 어

오늘날의 민주적 법치국가에서는 법치주의 및 기본권의 적용배제, 사법심사를 배제시키는 전통적인 특별권력관계는 성립될 수 없다. 오늘날의 헌법국가에서는 국민이 국가의 권력에 단순히 복종만 하는 관계가 성립될 수 없듯이 오로지 명령과 복종에 바탕을 둔 특별권력관계가 성립될 수 없다. 그럼에도 불구하고 공무원관계, 군복무관계, 영조물이용관계 등 전통적으로 특별권력관계에 속하였던 관계들은 오늘날에 있어서도 국가의 존립과 기능을 위하여 포기할 수 없는 제도에 해당한다. 또한 이들 관계들이 여타의 국가와 개인의 관계와는 달리 어느 정도의 고유성과 특수성을 갖고 있기 때문에 이에 상응된 규율을 필요로 하고 있음을 부인할 수 없다. 즉 종래의 특별권력관계로 표시되던 행정주체와 그 구성원의 관계는 국가와 국민의 일반적인 권리 · 의무관계로 설명할 수 없는 긴밀하고 밀접한 유착관계로 특징지워지며, 따라서 구성원은 일반국민이 부담하는 의무보다 더 큰 의무를 부담할 수 있고, 또 반대로 일반국민보다 더 많은 권리를 인정할 수 있는 일종의 특수한 신분관계이다. 이들을 규율하는 법률은 이들의 특수성과 고유성을 고려하여야 하며 따라서 법률요건에 불확정법개념을 사용하여 행정청에게 판단여지를 부여하거나 법률효과에 가능규정을 두어 재량을 부여하는 개괄조항형식의 법규정인 경우가 많다. 아울러 기본권적용에 있어서 구성원의 기본권보장과 특별권력관계가 추구하는 행정목적이라는 두 개의 충돌하는 헌법적 가치간의 실제적 조화(praktischer Konkordanz)가 요구되고 있다. 특별권력관계도 국가의 기능을 위하여 헌법이 마련한 제도이고 기본권도 헌법적 가치질서에 속한다면 어느 한쪽이 무시되거나 다른 한쪽만이 효력을 나타내는 방식으로 해결되어서는 안된다. 기본권제한이 불가피하게 요구되는 경우에도 규범조화적 해석에 의하여 용납될 수 있는 범위만큼 제한이 허용되며 그의 본질적인 내용의 침해는 어떤 경우에도 허용되지 않는다. 오늘날 특별권력관계는 일반권력관계에 대하여 갖는 특수성과 고유성을 이유로 이를 특별신분관계[34] 또는 행정법상의 특별관계[35]라고 불리우고 있다. 이하에서는 특별권력관계를 특별신분관계로 표현하고자 한다.

판례 1(수형자의 기본권제한의 한계) 수형자의 기본권제한에 대한 구체적인 한계는 헌법 제37조 제2항에 따라 법률에 의하여, 구체적인 자유 · 권리의 내용과 성질, 그 제한의 태양과 정도 등을 교량하여 설정하게 되며, 수용 시설 내의 안전과 질서를 유지하기 위하여 이들 기본권의 일부 제한이 불가피하다 하더라도 그 본질적인 내용을 침해하거나, 목적의 정당성, 방법의 적정성, 피해의 최소성 및 법익의 균형성 등을 의미하는 과잉금지의 원칙에 위배되어서는 안 된다. 실외운동은 구금되어 있는 수형자의 신체적 · 정신적 건강 유지를 위한 최소한의 기본적 요청이라고 할 수 있는데, 금치 처분을 받은 수형자는 일반 독거 수용자에 비하여 접견, 서신수발, 전화통화, 집필, 작업, 신문 · 도서열람, 라디오청취, 텔레비전 시청 등이 금지되어(행형법시행령 제145조 제2항 본문) 외부세계와의 교통이 단절된 상태에 있게 되며, 환기가 잘 안 되는 1평 남짓한 징벌실에 최장 2개월 동안 수용된다는 점을 고려할 때, 금치 수형자에 대하여 일체의 운동을 금지하는 것은 수형자의 신체적 건강뿐만 아니라 정신적 건강을 해칠 위험성이 현저히 높다. 따라서 금치 처분을 받은 수형자에 대한 절대적인 운동의 금지는 징벌의 목적을 고려하더라도 그 수단과 방법에 있어서 필요한 최소한도의 범위를 벗어난 것으로서, 수형자의 헌법 제10조의 인간의 존엄과 가치 및 신체의 안전성이 훼손당하지 아니할 자유를 포함하는 제12조의 신체의 자유를 침해하는 정도에 이르렀다고 판단된다(헌재결 2004. 12. 16, 2002헌마478).

판례 2(음주행위를 한 사관생도에 대한 퇴학처분의 기본권 침해여부) 사관생도는 군 장교를 배출하기 위하여 국가가 모든 재정을 부담하는 특수교육기관인 육군3사관학교의 구성원으로서, 학교에 입학한 날에 육군 사관생도의 병적에 편입하고 준사관에 준하는 대우를 받는 특수한 신분관계에 있다. 따라서 그 존립 목적을 달성하기 위하여 필요한 한도 내에서 일반 국민보다 상대적으로 기본권이 더 제한될 수 있으나, 그러한 경우에도 법률유보원칙, 과잉금지원칙 등 기본권 제한의 헌법상 원칙들을 지켜야 한다. 사관학교의 설치 목적과 교육 목표를 달성하기 위하여 사관학교는 사관생도에게 교내 음주 행위, 교육 · 훈련 및 공무 수행 중의 음주 행위, 사적 활동이라 하더라도 신분을 나타내는 생도 복장을 착용한 상태에서 음주하는 행위, 생도 복장을 착용하지 않은 상태에서 사적 활동을 하는 때에도 이로 인하여 사회적 물의를 일으킴으로써 품위를 손상한 경우 등에는 이러한 행위들을 금지하거나 제한할 필요가 있음은 물론이다. 그러나 여기에 그치지 않고 사관생도의 모든 사적 생활에서까지 예외 없이 금주의무를 이행할 것을 요구하는 것은 사관생도의 일반적 행동자유권은 물론 사생활의 비밀과 자유를 지나치게 제한하는 것이다. 나아가 사관생도 행정예규 제12조에서 사관생도의 모든 사적 생활에서까지 예외 없이 금주의무를 이행할 것을 요구하면서, 그 제61조에서 사관생도의 음주가 교육 및 훈련 중에 이루어졌는지 여부나 음주량, 음주 장소, 음주 행위에 이르게 된 경위 등을 묻지 않고 일률적으로 2회 위반 시 원칙으로 퇴학조치하도록 정한 것은 사관학교가 금주제도를 시행하는 취지에 비추어 보더라도 사관생도의 기본권을 침해하는 것이다(대판 2018. 8. 30, 2016두60591).

판례 3(수용자가 밖으로 내보내는 모든 서신을 봉함하지 않은 상태로 교정시설에 제출하도록 규정하고 있는 형의 집행 및 수용자의 처우에 관한 법률 시행령 제65조 제1항이 청구인의 통신 비밀의 자유를 침해하는지 여부) 이 사건 시행령조항은 교정시설의 안전과 질서유지, 수용자의 교화 및 사회복귀를 원활하게

34) Hesse, Grundzüge des Verfassungserecht der BRD, 1988, 6. Aufl., Rdn. 322.

35) Wolff/Bachof/Stober, VerwR I, S. 173.

하기 위해 수용자가 밖으로 내보내는 서신을 봉함하지 않은 상태로 제출하도록 한 것이나, 이와 같은 목적은 교도관이 수용자의 면전에서 서신에 금지물품이 들어 있는지를 확인하고 수용자로 하여금 서신을 봉함하게 하는 방법, 봉함된 상태로 제출된 서신을 X-ray 검색기 등으로 확인한 후 의심이 있는 경우에만 개봉하여 확인하는 방법, 서신에 대한 검열이 허용되는 경우에만 무봉함 상태로 제출하도록 하는 방법 등으로도 얼마든지 달성할 수 있다고 할 것인바, 위 시행령 조항이 수용자가 보내려는 모든 서신에 대해 무봉함 상태의 제출을 강제함으로써 수용자의 발송 서신 모두를 사실상 검열 가능한 상태에 놓이도록 하는 것은 기본권 제한의 최소 침해성 요건을 위반하여 수용자인 청구인의 통신비밀의 자유를 침해하는 것이다(헌재결 2012. 2. 23, 2009헌마333).

판례 4(변호사의 서신을 교도소장이 개봉이후 교부한 행위는 합헌이라는 판례) 교정시설은 다수의 수용자를 집단으로 관리하는 시설로서 구금의 목적을 달성하기 위해서 수용자의 신체적 구속을 확보하여야 하고 교도소 내의 수용질서 및 규율을 유지하여야 할 필요가 있다. 특히, 서신을 우편으로 받는 교정시설 입장에서는 교정환경을 안전하고 질서 있게 유지하기 위해 수용자에게 온 서신에 동봉된 물품의 수수를 통제할 필요가 있다. 이 사건 서신개봉행위는 금지물품 동봉 여부를 확인하기 위한 서신개봉을 허용한 '형의 집행 및 수용자의 처우에 관한 법률'(이하 '형집행법'이라 한다) 제43조 제3항, 형집행법 시행령 제65조 제2항에 근거한 것으로, 수용자가 외부로부터 마약·독극물·흉기 등 범죄에 이용될 우려가 있는 물건 및 담배·현금·수표 등 교정시설의 안전 또는 질서를 해칠 우려가 있는 물건, 음란물 등 수형자의 교화 또는 건전한 사회복귀를 해칠 우려가 있는 물건 등 금지물품(형집행법 제92조 제1항)을 반입하지 못하도록 하여 교정시설의 안전과 질서를 원활하게 유지하기 위한 것이므로 그 목적이 정당하다. 수용자에게 온 서신을 개봉하여 금지물품이 있는지를 확인하는 것은 위와 같은 목적을 달성할 수 있는 적합한 수단이 된다. 수용자에게 온 서신이 그의 변호인으로부터 발송된 것이라고 하더라도, 교도소장이 금지물품 동봉 여부를 확인하기 위하여 서신을 개봉하는 것은, 교정사고를 미연에 방지하고 교정시설의 안전과 질서 유지를 위하여 불가피한 측면이 있다. 구 형집행법 제84조에서 '제43조 제2항 단서에도 불구하고 미결수용자와 변호인 간의 서신은 검열할 수 없다'고 규정하면서도, 이 사건 서신개봉행위의 근거조항인 같은 법 제43조 제3항 및 구 형집행법 시행령 제65조 제2항에서 여전히 '수용자에게 온 서신에 금지물품을 확인할 수 있다'고 규정하고 있는 것도 같은 취지로 해석된다. 그렇다면 이 사건 서신개봉행위는 목적 달성을 위하여 불가피한 행위로서 침해의 최소성 원칙에 위반되지 아니한다(헌재결 2021. 10. 28, 2019헌마973).

Ⅲ. 특별신분관계의 성립

일반권력관계가 모든 국민 또는 주민에게 당연히 성립되는 데 비하여 특별신분관계는 특별한 법률원인이 있음으로써 성립한다. 특별신분관계의 성립원인은 직접 법률의 규정에 의하여 성립하는 경우와 상대방의 동의에 의하여 성립하는 경우로 구분될 수 있다.

1. 직접 법률에 의거하는 경우

특별신분관계는 당사자의 구체적인 의사표시와는 관계없이 법률의 규정에 의하여 직접 성립하는 경우가 있는바 재소자관계(형의 집행 및 수용자의 처우에 관한 법률 11조-16조), 군복무관계(병역법 16조), 감염병환자의 강제수용(감염병의 예방 및 관리에 관한 법률 41조) 등이 그 예이다.

2. 상대방의 동의에 의하는 경우

특별신분관계는 상대방의 동의에 의하여도 성립하는 바, 이것은 다시 그 동의가 자유로운 의사에 의한 것과, 법률에 의하여 강제되어 있는 경우가 있다. 공무원관계의 설정, 국공립대학 및 중고등학교의 입학, 국공립도서관 이용관계의 설정이 전자의 예이며, 학령아동의 초등학교의 입학이 후자의 예이다.

Ⅳ. 특별신분관계의 종류

1. 공법상의 근무관계

공법상의 근무관계는 특정인이 특별한 법률원인에 의하여 국가 · 공공단체를 위하여 포괄적으로 근무할 의무를 지는 것을 내용으로 하는 법률관계이다. 공무원의 국가 또는 지방자치단체와의 근무관계, 군인의 국가에 대한 군복무관계 등은 공법상의 근무관계에 속한다. 현행 헌법은 일반직 공무원이라든가 군인, 군무원, 경찰공무원 등 특별신분관계에 있는 자에 대하여 기본권제한에 대한 특례를 인정하고 있다(헌법 29조 2항 · 33조 2항).

판례(농지개량조합과 직원과의 관계는 공법상의 근무관계로 특별권력관계에 해당된다는 판례) 농지개량조합과 그 직원과의 관계는 사법상의 근로계약관계가 아닌 공법상의 특별권력관계이고, 그 조합의 직원에 대한 징계처분의 취소를 구하는 소송은 행정소송사항에 속한다(대판 1995. 6. 9, 94누10870).

---

2. 공법상의 영조물이용관계

공법상의 영조물이용관계라 함은 국공립학교의 재학관계, 국립 및 시립도서관 사용관계 등 특정인과 영조물주체 사이에 성립하는 이용관계를 의미한다. 그러나 영조물이용관계가 모두 행정법상의 특별신분관계에 해당하는 것은 아니다. 영조물이용관계에서 공법관계에 속하는 것만이 특별신분관계에 속한다. 예를 들어 국공립병원 이용관계, 지하철 이용관계 및 철도 이용관계 등은 사법상의 법률관계에 해당된다.

3. 공법상의 특별감독관계

공법상의 특별감독관계는 단체 또는 개인이 국가 또는 공공단체와 특별한 법률관계에 있음으로써 그 행위에 대하여 국가나 공공단체로부터 특별한 감독을 받는 관계이다. 예를 들어 공공조합, 특허기업자, 국가로부터 공무를 위탁받은 자 등이 국가의 특별한 감독을 받는 관계에 해당한다.

4. 공법상의 사단관계(社團關係)

공법상의 사단관계란 공공조합과 그 구성원의 관계이다. 공공조합은 민법상의 사단법인의 사단권과 같이 공법상의 조합권을 가지고 그 구성원을 규율하기 때문에 공공조합과 그 구성원 사이에 성립하는 관계를 의미한다.

Ⅴ. 특별신분관계에 있어서 권력의 내용

특별신분관계는 그 목적을 달성하고 내부질서를 유지하기 위하여 특별권력이 존재한다. 특별권력은 특별신분관계의 종류에 따라 공법상의 근무관계에서는 직무권력, 공법상의 영조물이용관계에서는 영조물권력, 공법상의 특별감독관계에서는 감독권력, 공법상의 사단관계에서는 사단권력으로 나뉜다. 이러한 특별권력은 내용에 따라 다시 명령권과 징계권으로 구분된다.

명령권은 특별신분관계의 주체가 그 구성원에 대하여 특별신분관계의 목적수행에 필요한 명령 또는 강제를 할 수 있는 권력을 의미하는데 이러한 명령권발동의 형식에는 일반적 · 추상적 명령과 개별적 · 구체적 명령이 있다.

징계권이란 특별권력의 주체가 특별신분관계의 내부질서를 유지하기 위하여 의무위반자에 대하여 제재를 가할 수 있는 권력을 말한다. 이러한 징계권의 발동은 법률유보의 원칙에 따라 법령의 근거를 요하며 비례의 원칙의 한계 내에서 행사되어야 한다. 특별신분관계가 상대방의 임의적 동의에 의하여 성립되는 경우에는 원칙적으로 의무위반자를 특별신분관계에서 배제시키고 거기에서 받을 수 있는 이익을 박탈하는 한도 내에서 징계권이 발동된다(공무원관계 및 국공립학교재학관계).

Ⅵ. 특별신분관계에 있어서 사법심사

앞서 설명한 바와 같이 전통적인 이론에 따르면 특별신분관계에서는 특별권력에 의하여 불이익을 받은 경우에도 사법심사의 대상이 되지 않았다. 그러나 이러한 이론이 오늘날의 민주적 법치국가에서 타당할 수 없음은 물론이다. 그럼에도 불구하고 특별신분관계에 있어서 행정주체의 행위에 대하여 어느 정도로 사법심사가 이루어질 수 있는지는 논쟁의 대상이 되어 왔다. 예를 들어 상급자의 하급자에 대한 서류작성명령, 경찰서장의 경찰관에 대한 범인체포명령 등 구성원에 대한 모든 개별적인 명령이 사법심사의 대상이 되어야 한다면 특별신분관계가 추구하는 행정목적은 완전히 수포로 돌아가게 될 것이다. 이에 따라 학계와 실무계의 관심은 특별신분관계에서 행정주체의 어떤 행위들이 사법심사의 대상이 될 수 있는가를 규명하는 데 있었다.[36] 다음에서는 이에 대한 독일학계의 논의를 설명하기로 한다.

1. 제한적 사법심사

1) 외부관계와 내부관계

바호프(Bachof)는 특별권력관계에 있어서 내부행위라고 할지라도 그것이 구성원의 권리와 의무를 규율하는 경우에는 외부적 효과를 갖기 때문에 행정행위의 성격을 가지며 이에 따라 행정소송의 대상이 될 수 있다고 하였다. 그는 공무원관계에 초점을 맞추어 공무원이 행정조직의 일원으로서 행정주체와 관계를 맺고 있는 경우에는 내부관계로 보는 반면 고유한 인격성을 가진 주체로서 행정주체와 관계를 맺고 있는 경우에는 외부관계로 파악하였다. 공무원이 고유한 인격성을 가진 주체로서의 지위를 갖는 경우에는 권리와 의무의 귀속주체가 될 수 있으며 이러한 지위에 관한 행위를 행정행위로 보아 행정소송의 대상으로 할 것을 주장하였다. 반면 공무원이 행정조직의 한 부분으로서 기관담당자의 지위를 갖는 경우에는 이에 관한 고권적 행위는 법적 성격이 부인되는 직무명령이라 하여 사법심사에서 배제시킬 것을 주장하였다.[37]

비록 일부의 학설과 판례에 적지 않은 영향을 주기는 하였으나 그의 견해는 일반적으로 비판을

36) 이에 대한 자세한 내용은 鄭夏重, 앞의 글, 133면 이하.

37) Bachof, FS für Laforet, 1951, S. 285.

받았다. 공무원을 기술적이고 기계적인 부분과 인격적인 부분으로 분리시키는 것은 불가능하며 또한 행정주체와 기관담당자간의 관계도 순수한 법적인 관계이며 단순히 행정조직의 일원이라고 하여 권리와 의무의 주체성이 부인될 수 없고, 직무명령 역시 법적 성격을 갖는 행위로서 경우에 따라서는 사법심사의 대상이 될 수 있다고 반박을 받았다.

2) 기본관계와 경영수행관계

울레(Ule)는 특별권력관계에서 무제한한 사법심사의 인정은 행정소송의 개괄주의에 대한 저항을 초래하며 결과적으로 법치국가실현에 장애가 된다고 지적하였다. 그는 특별권력관계를 기본관계와 경영수행관계로 나누고 기본관계는 특별권력관계의 성립(공무원임명, 국립학교입학 등), 변경(공무원의 승진, 학생의 상급반진학), 종료(공무원의 면직과 퇴직, 학생의 제적 · 졸업)를 규율하는 관계인 반면 경영수행관계는 특별권력관계 내부의 경영수행질서를 규율하는 관계(공무원의 직무수행, 학생의 수업)를 의미한다고 하였다. 그는 기본관계를 규율하는 행위는 외부적 효력을 갖기 때문에 행정행위의 성격을 가지며 따라서 행정소송의 대상이 될 수 있으나 경영수행관계를 규율하는 행위는 단지 내부적 효력만을 갖기 때문에 행정소송의 대상이 되지 못한다고 하였다. 단지 군복무관계와 폐쇄적 영조물관계(재소자관계, 전염병환자강제입원관계)에 있어서는 특히 구성원의 권리침해의 가능성이 매우 크다는 이유에서 경영수행관계일지라도 사법심사의 대상이 되어야 한다고 하였다.[38)]

이러한 울레의 견해는 학계의 일부의 지지를 받았을 뿐 아니라 판례에도 상당한 영향을 주었다. 우리나라에 있어서도 현재 공무원관계, 학교관계 등에 있어서 행정소송의 대상이 되고 있는 것은 주로 이러한 울레의 기본관계에 해당한다고 볼 수 있다. 그러나 울레의 견해 역시 다수의 견해와 판례에 의하여 비판을 받았다. 기본관계와 경영수행관계는 명확하게 구별될 수 없을 뿐 아니라, 또한 행정소송에는 행정행위를 대상으로 하는 항고소송 이외에도 일반적 이행소송(allgemeine Leistungsklage)과 확인소송(Feststellungsklage) 등이 있으며 경영수행관계의 행위일지라도 이들 소송의 대상이 될 수 있는지가 검토되어야만 한다고 비판을 받았다.

2. 완전한 사법심사

오늘날 다수학설은 특별권력관계에 대하여도 사법심사가 제한 없이 이루어져야 한다는 입장을 취하고 있다. 특히 독일의 경우 1960년 행정소송법의 개정을 통하여 일반적 이행소송과 확인소송이 도입됨에 따라 종래 내부관계 또는 경영수행관계에 속한다고 하여 행정행위의 성격이 부인되었던 직무명령도 행정소송의 대상이 되었다. 즉 행정조직의 구성부분으로 기관담당자의 지위에서 공무원에게 발하여지는 직무명령은 행정행위의 본질적 요소인 외부적 효력이 결여되어 항고소송의 대상이 될 수 없으나 일반적 이행소송이나 확인소송의 대상은 될 수 있다는 견해가 관철되었다.[39)] 무제한한 사법심사는 결국 행정기능의 장애를 초래한다는 비판에 대하여 다수설은 직무명령에 의하여 구성원의 권리가 실제로 침해되는 경우는 그리 많지 않으며, 대부분 원고적격의 결여로 소가 각하된다고 한다. 예를 들어 서류작성의 명령이나 사무실교체의 명령은 공무원에게 의무를 부과하기는 하나 법으로 보호하는 이익을 침해하는 것은 아니다. 또한 소(訴)의 이익이 인정되어 본안판단에 들어간다 하

38) Ule, VVDStRL 15(1957), S. 133ff.

39) Thiele, ZBR 1983, S. 345ff.; Fuß, DÖV 1972, S. 765; BVerwGE 60, 144ff.

더라도 특별권력관계를 규율하는 법률은 많은 경우에 불확정법개념을 사용하여 판단여지를 인정하거나 또는 재량권을 부여하기 때문에 이러한 한계 내에서 사법심사가 제한된다. 따라서 무제한한 사법심사는 행정목적의 수행에 큰 장애를 초래한다는 주장은 그리 신빙성이 높지 않다.

비록 우리의 실무에서는 일반적 이행소송이 아직 발전되지 않고 있으나, 우리의 현행 행정소송법체계는 항고소송과 당사자소송으로 구분되고 있으며 독일에서 확인소송과 일반적 이행소송이 당사자소송에서 발전된 것을 감안한다면, 특별신분관계에 있어서 사법심사의 범위를 행정행위의 성격을 갖는 행위에 제한시킬 이유가 없으며 행정주체의 모든 행위에 대하여 인정하여야 할 것이다.

판례 1(구청장과 동장의 관계) 동장과 구청장과의 관계는 이른바 행정상의 특별권력관계에 해당되며 이러한 특별권력관계에 있어서도 위법한 특별권력의 발동으로 말미암아 권리를 침해당한 자는 행정소송법 제1조의 규정에 따라 그 위법한 처분의 취소를 구할 수 있다(대판 1982. 7. 27, 80누86).

판례 2(퇴학처분에 대한 취소소송의 소의 이익) 고등학교졸업이 대학입학자격이나 학력인정으로서의 의미밖에 없다고 할 수 없으므로 고등학교졸업학력검정고시에 합격하였다 하여 고등학교 학생으로서의 신분과 명예가 회복될 수 없는 것이니 퇴학처분을 받은 자로서는 퇴학처분의 위법을 주장하여 그 취소를 구할 소송상의 이익이 있다(대판 1992. 7. 14, 91누4737).

판례 3(미결수용중인 피고인이 교도소장의 접견허가거부처분의 취소를 구할 원고적격을 가지는지 여부) 행정처분의 상대방이 아닌 제3자도 그 행정처분의 취소에 관하여 법률상 구체적 이익이 있으면 행정소송법 제12조에 의하여 그 처분의 취소를 구하는 행정소송을 제기할 수 있는바, 구속된 피고인은 형사소송법 제89조의 규정에 따라 타인과 접견할 권리를 가지며 행형법 제62조, 제18조 제1항의 규정에 의하면 교도소에 미결수용된 자는 소장의 허가를 받아 타인과 접견할 수 있으므로(이와 같은 접견권은 헌법상 기본권의 범주에 속하는 것이다) 구속된 피고인이 사전에 접견신청한 자와의 접견을 원하지 않는다는 의사표시를 하였다는 등의 특별한 사정이 없는 한 구속된 피고인은 교도소장의 접견허가거부처분으로 인하여 자신의 접견권이 침해되었음을 주장하여 위 거부처분의 취소를 구할 원고적격을 가진다(대판 1992. 5. 8, 91누7552).

판례 4(교도소장이 수형자를 '접견내용 녹음 · 녹화 및 접견시 교도관 참여대상자'로 지정한 행위가 항고소송의 대상이 되는 처분성을 갖는지 여부) 「형의 집행 및 수용자의 처우에 관한 법률」 제41조에 의하면, 수용자는 원칙적으로 외부의 사람과 접견을 할 수 있되(제1항), 교정시설의 장은 '범죄의 증거를 인멸하거나 형사 법령에 저촉되는 행위를 할 우려가 있는 때(제2항 제1호), 수형자의 교화 또는 건전한 사회복귀를 위하여 필요한 때(제2항 제2호), 시설의 안전과 질서유지를 위하여 필요한 때(제2항 제3호)'에 해당하는 사유가 있으면 교도관으로 하여금 수용자의 접견내용을 청취 · 기록 · 녹음 또는 녹화하게 할 수 있다. 원심은 원고가 천안교도소에 수감된 무렵, 피고가 원고를 '접견내용 녹음 · 녹화 및 접견시 교도관 참여대상자'로 지정한 사실, 이에 따라 원고의 첫 접견이 있었던 2011. 7. 16.부터 피고의 별도 지시 없이도 원고의 접견시에 항상 교도관이 참여하여 그 접견내용을 청취 · 기록하고, 녹음 · 녹화한 사실 등을 인정하였다. 나아가 원심은, ① 피고가 위와 같은 지정행위를 함으로써 원고의 접견 시마다 사생활의 비밀 등 권리에 제한을 가하는 교도관의 참여, 접견내용의 청취 · 기록 · 녹음 · 녹화가 이루어졌으므로 이는 피고가 그 우월적 지위에서 수형자인 원고에게 일방적으로 강제하는 성격을 가진 공권력적 사실행위의 성격을 갖고 있는 점, ② 위 지정행위는 그 효과가 일회적인 것이 아니라 이 사건 제1심판결이 선고된 이후인 2013. 2. 13.까지 오랜 기간 동안 지속되어 왔으며, 원고로 하여금 이를 수인할 것을 강제하는 성격도 아울러 가지고 있는 점, ③ 위와 같이 계속성을 갖는 공권력적 사실행위를 취소할 경우 장래에 이루어질지도 모르는 기본권의 침해로부터 수형자들의 기본적 권리를 구제할 실익이 있는 것으로 보이는 점 등을 종합하면, 위와 같은 지정행위는 수형자의 구체적 권리의무에 직접적 변동을 초래하는 행정청의 공법상 행위로서 항고소송의 대상이 되는

'처분'에 해당한다고 판단하였다. 원심의 위와 같은 판단은 정당한 것으로 수긍이 가고, 거기에 상고이유로 주장하는 법리오해 등의 위법이 있다고 할 수 없다(대판 2014. 2. 13, 2013두20899).

사례 갑은 A구청에서 2년 이상 근무하여 왔다. 그런데 A구청의 청소과장으로 근무하던 을이 갑자기 신병으로 인하여 1년 기한으로 휴직처리가 되었다. A구청장은 적당한 후임자를 찾지 못하다가 결국 자기가 평소에 신뢰하고 있던 갑을 청소과장으로 발령을 내었다. 이에 대하여 갑은 일반적으로 청소과장이라는 직책이 주택과장이라는 직책보다 훨씬 덜 중요한 직책이고 따라서 승진의 기회도 적을 뿐 아니라 만일 친지 등 외부에서 이 사실을 알게 될 경우에는 이를 좌천으로 받아들이게 될 것이라고 괴로워하였다. 결국 갑은 소청심사위원회에 소청을 제기하였으나 각하당하였다. 갑은 A구청장의 전보명령에 대하여 취소소송을 제기하였다. 인용여부를 논하라.

▶**답안요지** 위 사례는 공무원관계로서 대표적인 특별권력관계(특별신분관계)에 해당한다. 특별권력관계에 대한 사법심사가능성에 관하여는 부정설, 제한적 긍정설, 완전긍정설이 대립되고 있다. 제한적 긍정설로는 내부관계 · 외부관계이론, 기본관계 · 경영수행관계이론이 주장되고 있으나, 오늘날 다수설은 완전긍정설의 입장을 취하고 있다. 위 사례에서 완전긍정설을 취할 경우에 A구청장의 전보발령이 취소소송의 대상인 "처분 등(행소법 2조 1항 1호)"에 해당하는지 문제가 된다. 전보발령은 같은 직렬 내에서 동일한 직급으로의 보직변경(국공법 · 지공법 5조 6호)으로서 외부적 효력을 갖지 않기 때문에 행정행위의 성격이 부인되고 직무명령의 성격을 갖는다. 이러한 직무명령은 간혹 정실인사나 은폐된 징계수단으로 남용되는 경우가 있어,[40] 독일의 경우에는 전보명령에 의하여 권리를 침해받는 공무원은 일반적 이행소송을 제기할 수 있다. 한편 서울고등법원은 원고의 권리구제의 필요성에서 전보발령의 처분성을 인정한 바 있다(서울고판 1994. 9. 6, 94구1496: 동 판례에 대하여 상세히는 공무원법의 설명부분을 참고바람). 생각건대 처분개념을 무리하게 확장하여 전보발령에 대하여 취소소송을 인정하기 보다는 이를 당사자소송에 있어서 이행소송의 대상으로 하는 것이 바람직 할 것이다. 위 사례에서 서울고등법원의 판결과 같이 전보발령의 처분성을 인정하여 취소소송이 허용된다면, 본안에서 전보발령의 위법성 여부를 검토하여야 할 것이다. 지방공무원법 30조의 5는 "임용권자는 보직관리에 있어서 소속공무원의 직급과 직종을 고려하여 그 직급에 상응하는 일정한 직위를 부여하여야 하고, 당해 공무원의 전공분야 · 훈련 · 근무경력 · 전문성 및 적성을 고려하여 적격한 지위에 임용하여야 한다"고 규정하여 보직관리에서 임용권자의 재량권행사의 한계와 기준을 마련하고 있다. 위 사안에서 청소과장직이나 주택과장직은 특수한 전문적인 지식이나 경력을 요구하지 않는 일반행정직이다. 관할구역의 공동주택의 보급 · 관리 · 사업승인 등의 업무를 담당하는 주택과장의 업무 못지 않게 관할구역의 폐기물의 수거 · 처리 등의 업무를 담당하는 청소과장의 업무도 오늘날 배려행정에 있어서 중요한 업무이다. 또한 A구청장의 전보발령은 개인적 감정에 의한 것도 아니며, 비례의 원칙, 평등의 원칙 등 행정법의 일반원칙에 반하지 않는다. 전보발령에 있어서 A구청장의 재량의 유월이나 남용이 없으며 이에 따라 갑의 취소청구는 기각될 것이다.

---

40) 공무원임용령 45조, 지방공무원임용령 27조는 기구의 개편 · 직제 또는 정원의 변경 등의 경우를 제외하고는 1년 이내에 전보를 할 수 없도록 규정하고 있다.

제 6 절 행정법상의 법률요건과 법률사실

Ⅰ. 의의 및 종류

1. 의 의

행정법관계의 발생 · 변경 · 소멸의 법률효과를 발생시키는 사실을 행정법상의 법률요건이라고 하며, 이러한 법률요건을 이루는 개개의 사실을 행정법상의 법률사실이라고 한다. 행정법상의 법률요건 및 법률사실은 사법상의 법률요건 및 법률사실의 유추개념이라고 할 수 있다. 따라서 행정법상의 법률요건 및 법률사실에 관한 이론은 사법상의 것을 준용하는 것이 보통이다.

2. 종 류

행정법상의 법률사실은 민법에서와 같이 사람의 정신작용을 요소로 하는지의 여부에 따라 행정법상의 사건(자연적 사실)과 행정법상의 용태(정신적 사실)로 나눌 수 있다.

1) 행정법상의 사건

행정법상의 사건(자연적 사실)은 사람의 의식이나 행위로부터 독립된 외부적 · 자연적 법률사실을 말한다. 사람의 출생과 사망, 일정한 연령에의 도달, 시간의 경과, 일정한 장소에서의 거주 등이 그 예이다. 이러한 자연적 사실에 공법상의 법률효과가 인정되는 경우에 그것을 공법상의 사건이라고 한다.

2) 행정법상의 용태

행정법상의 용태(정신적 사실)란 위에서 설명한 바와 같이 사람의 정신적 작용을 요소로 하여 이루어진 행정법상의 법률사실을 의미한다. 정신적 사실은 내부적인 의식(선의 · 악의 · 고의 · 과실)과 외부적인 행위(작위 · 부작위)의 어느 것에 속하는지에 따라 다시 내부적 용태와 외부적 용태로 나누어진다.

Ⅱ. 행정법상의 사건

1. 시간의 경과

행정법상의 법률관계는 시간의 경과라는 사실에 의하여 발생 · 변경 · 소멸되는 경우가 있다. 이와 관련하여서는 주로 기간, 시효 및 제척기간이 문제가 되고 있다.

1) 기 간

기간이란 한 시점에서 다른 시점까지의 시간적 간격을 말한다. 법령에는 기간에 대하여 일정한 공법적 효과를 부여하는 경우가 적지 않은데, 그러한 경우에는 소정의 기간의 충족이라는 사실로 일정한 행정법상의 법률효과가 발생한다(예: 공무원연금법 46조 1항의 퇴직연금청구권, 공직선거법 16조 3항의 지방의회의원 및 지방자치단체장의 피선거권, 행정심판법 18조의 행정심판청구기간). 기간을 어떠한 방법으로 계산하느냐는 기술적인 문제로서 법령에 특별한 규정이 있는 경우를 제외하고는 행정법상의 기간의 계산에 있어서도 민법의 계산에 관한 규정(156조 · 157조 · 160조 · 161조)을 준용한다(행정기본법 6조 1항). 다만,

국민의 권익을 제한하거나 의무를 부과하는 경우 권익이 제한되거나 의무가 지속되는 기간의 계산은 민법의 일반원칙과는 달리 다음 각 호의 기준에 따른다. 그러나, 다음 각 호의 기준에 따르는 것이 국민에게 불리한 경우에는 그러하지 아니하다(동법 6조 2항).

1. 기간을 일, 주, 월 또는 연으로 정한 경우에는 기간의 첫날을 산입한다.
2. 기간의 말일이 토요일 또는 공휴일인 경우에도 기간은 그 날로 만료한다.

판례(행정법상의 기간계산에 있어서 민법규정의 준용) 병역법 제88조 제1항 제2호는 '공익근무요원 소집통지서를 받은 사람이 정당한 사유 없이 소집기일부터 3일이 지나도 소집에 응하지 아니한 경우에는 3년 이하의 징역에 처한다'고 규정하고 있으나, 병역법은 기간의 계산에 관하여 특별한 규정을 두고 있지 아니하다. 따라서 병역법 제88조 제1항 제2호에 정한 '소집기일부터 3일'이라는 기간을 계산할 때에도 기간계산에 관한 민법의 규정이 적용된다고 할 것이므로, 민법 제157조에 따라 기간의 초일은 산입하지 아니하고, 민법 제161조에 따라 기간의 말일이 토요일 또는 공휴일에 해당하는 때에는 기간은 그 익일로 만료한다고 보아야 한다(대판 2012. 12. 26, 2012도13215).

2) 나이의 계산 및 표시

행정에 관한 나이는 다른 법령 등에 특별한 규정이 있는 경우를 제외하고는 출생일을 산입하여 만(滿) 나이로 계산하고, 연수(年數)로 표시한다. 다만, 1세에 이르지 아니한 경우에는 월수(月數)로 표시할 수 있다(행정기본법 7조의2).

3) 시 효

시효란 일정한 사실상태가 일정한 기간 동안 계속된 경우에, 그 사실상태가 진실한 법률관계에 합치되는 것인지의 여부에 관계없이 그대로 존중함으로써, 그것을 진실한 법률관계로 인정하는 제도이다. 이러한 시효제도의 의의는 장기간 계속된 사실상태를 존중하고 그에 대하여 진실한 법률관계에 갈음하여 법률상의 보호를 함으로써 법적 생활의 안정을 도모하려는 데 있다. 시효제도의 취지는 공법관계에 있어서도 사법관계와 원칙적으로 같다고 보아야 하므로 법령에 특별한 규정이 없는 한 민법의 시효에 관한 규정(민법 162조–184조)은 공법관계에 준용 내지는 유추적용된다고 할 것이다.

가. 금전채권의 소멸시효

행정법상 시효에 관하여 주로 문제가 되는 것은 금전채권에 관한 것이다. 우리나라에 있어서 국가의 경우에는 국가재정법(96조)이, 지방자치단체의 경우에는 지방재정법(82조·83조)이 각각 일반적 규정을 두고 있다. 아울러 국세기본법(54조), 공무원연금법(81조), 관세법 등도 금전채권의 시효에 대하여 규정하고 있다.

가) 시효기간 국가나 지방자치단체를 당사자로 하는 금전채권은 국가·지방자치단체의 채권인지 또는 국가·지방자치단체에 대한 채권인지, 또는 공법상의 채권인지 사법상의 채권인지에 관계없이 다른 법률에 특별한 규정(관세법 22조, 공무원연금법 81조)이 없는 한, 5년간 이를 행사하지 않을 때에는 시효로 인하여 소멸한다.

나) 시효의 중단·정지 시효의 중단·정지 등에 관하여 적용할 특별한 규정이 없을 경우에는 원칙적으로 민법의 규정을 준용한다(국가재정법 96조, 지방재정법 83조 1항). 다만 법령의 규정에 의한 국가의 납입고지는

시효중단의 효력을 갖는다.

다) 소멸시효완성의 효과 소멸시효기간이 경과하면 권리는 당사자의 원용이 없어도 소멸된다는 절대적 소멸설과, 단지 권리자가 그 권리를 주장하는 경우에 이에 대한 항변권을 발생시키는 데 그친다는 상대적 소멸설이 대립하고 있다. 행정법관계에 있어서는 법률관계의 일률적 확정이라는 관점에서 절대적 소멸설이 타당할 것이다. 판례는 원칙적으로 절대적 소멸설의 입장에 서 있으나, 당사자의 원용이 없는 경우에 직권으로 소멸시효를 고려하지 않는 판례도 있다.

판례 1(조세채권의 소멸시효가 완성된 이후에 부과한 과세처분의 효력) 조세채권의 소멸시효가 완성되어 부과권이 소멸된 후에 부과한 과세처분은 위법한 처분으로 그 하자가 중대하고도 명백하여 무효라 할 것이다(대판 1988. 3. 22, 87누1018).

판례 2(당사자의 소멸시효의 원용필요성) 소멸시효의 이익을 받는 자가 그것을 포기하지 않고, 실제 소송에 있어서 권리를 주장하는 자에 대항하여 그 소멸시효의 이익을 받겠다는 뜻으로 항변하지 않는 이상, 그 의사에 반하여 재판할 수 없음은 변론주의의 원칙상 당연한 것이라 함이 본원의 판례이고, 이는 국가에 대한 공법상의 금전급부청구권에 있어서도 결론을 달리할 수 없다고 할 것이다(대판 1991. 7. 26, 91다5631).

나. 공물의 시효취득

민법에서는 부동산은 20년간, 동산은 10년간 소유의 의사로 평온 · 공연하게 점유를 계속하면, 점유자는 그 소유권을 취득한다고 규정하고 있다(민법 245조 · 246조). 이러한 민법규정이 공물에도 적용되는가에 대하여는 부정설, 제한적 시효취득설, 완전시효취득설이 대립되고 있다. ① 다수설인 부정설에 의하면 공물은 직접 공적 목적을 위하여 사용되는 것을 그 본질로 하기 때문에 공물로 제공되어 있는 한 시효취득의 대상이 되지 않는다고 한다. ② 제한적 시효취득설에 의하면 공물은 융통성이 인정되고 있는 한도에서 시효취득의 대상이 될 수 있으나 이 경우에도 공적 목적에 계속 제공되어야 하는 공법상의 제한을 그대로 받는다고 한다. ③ 이에 대하여 완전시효취득설에 의하면 공물이 법정의 기간 동안 장기간에 걸쳐 평온 · 공연하게 본래의 공용목적이 아닌 다른 사적인 목적으로 점유되었다면 묵시적인 공용폐지가 있는 것으로 보아 이미 사물에 해당되기 때문에 완전한 시효취득의 대상이 된다고 한다.

판례는 다수설의 견해에 따라 행정목적을 위하여 공용되는 행정재산은 공용폐지가 되지 않는 한 사법상의 거래의 대상이 될 수 없으므로 시효취득의 대상이 될 수 없다는 입장을 취하고 있다. 현행 국유재산법 제7조 제2항과 공유재산 및 물품관리법 제6조 제2항은 공물에 해당하는 행정재산을 시효취득에서 배제시키고 있다.

판례(행정재산의 취득시효의 가능성) 행정목적을 위하여 공용되는 행정재산은 공용폐지가 되지 않는 한 사법상 거래의 대상이 될 수 없으므로 취득시효의 대상도 될 수 없다(대판 1983. 6. 14, 83다카181).

---

4) 제척기간

제척기간이란 일정한 권리에 대하여 법률이 정한 존속기간을 말한다. 행정법에서도 법률관계의 신속한 확정을 위하여 제척기간의 제도가 있다. 행정심판 및 행정소송의 제기기간(행정심판법 27조, 행정소송법 20조), 제재처분의 제척기간(행정기본법 23조), 일정기간의 경과에 의하여 토지수용에 관한 사업인정의 효력이 소멸하는 것(토지보상법 23조 1항) 등이 그 예이다. 제척기간은 정하여진 기간 내에 권리를 행사하지 않는 경우에, 그 권리를 소멸시킨다는 점에서 소멸시효와 같으나, 법률관계의 신속한 확정을 위하여 일반적으로 그 기간이 짧은 점, 중단 · 정지의 제도가 없는 점 및 소송에서 원용이 없어도 고려되어야 한다는 점에서 소멸시효와 차이가 있다.

2. 주소 · 거소

1) 주 소

인간의 활동은 특정한 장소를 중심으로 행하여지는 것이 보통이므로 사법에서와 같이 행정법에 있어서도 주소나 거소를 기준으로 하여 법률관계를 규율하는 경우가 많다(지자법 12조의 주민의 자격, 국적법 5조의 귀화의 요건). 민법은 자연인의 주소와 관련하여 "생활의 근거되는 곳을 주소로 한다"(동법 18조)라고 규정함으로써 생활의 근거라는 사실에 따라 주소를 결정하는 객관주의를 택하고 있으나, 행정법상의 주소에 관하여는 주민등록법이 통칙적인 규정을 두어 다른 법률에 특별한 규정이 없는 한 동법에 의한 주민등록지를 주소로 하고 있다(동법 23조 1항). 한편 법인의 주소와 관련하여, 민법은 "법인의 주소는 그 주된 사무소의 소재지에 있는 것으로 한다"(동법 36조)라고 규정하고 있는바 행정법관계에서도 동일한 것으로 보아야 할 것이다. 자연인의 주소와는 달리 행정법에서는 법인의 주소와 관련하여 특례규정을 발견할 수가 없다.

2) 거 소

거소란 사람이 다소의 기간 동안 계속하여 거주하지만, 그 장소와의 밀접도가 주소만 못한 곳을 말한다. 행정법관계에서 이러한 거소에 대하여 법률효과를 발생시키는 경우가 적지 않다(예: 소득세법 1조 1항, 국세징수법 7조 2항 · 75조, 지방세법 37조 1항 · 51조). 무엇을 거소로 볼 것인지는 특별한 규정이 없는 한 민법의 예에 따를 것이나, 행정법관계의 주소는 주민등록법에 의한 주민등록지가 되는 것이므로 주민등록을 하지 않은 경우에는 그것이 생활의 근거가 되는 경우라고 하더라도 거소로 볼 수밖에 없다.

3. 공법상의 사무관리와 부당이득

사무관리란 법률상의 의무 없이 타인의 사무를 관리하는 행위(민법 734조)를 말하며, 부당이득이란 법률상 원인없이 타인의 재산 또는 노무로 인하여 이익을 얻고 이로 인하여 타인에게 손해를 끼치는 것(민법 741조)을 말한다. 이들은 본래 사법상의 관념이지만 공법의 영역에서도 이러한 행위들이 존재하며, 이들로 인하여 행정법상의 법률관계가 발생하게 된다. 이들에 대하여는 행정구제법편의 행정상의 손해전보 부분에서 고찰하기로 한다.

Ⅲ. 공법상의 행위

1. 공법행위의 의의

공법행위란 일반적으로 공법관계에 있어서의 행위, 즉 공법적 법률효과를 발생 · 변경 · 소멸시키는 모든 행위를 가리키는 것으로서, 사법행위에 대한 관념이다. 이러한 공법행위는 넓은 의미로는 입법권의 작용인 입법행위, 사법권의 작용인 사법행위 및 모든 행정법관계의 행위를 포함하나, 일반적으로는 행정법관계의 행위를 의미한다. 공법행위는 여러 가지 기준에 따라 분류할 수가 있으나, 가장 중요한 것은 행위주체에 의한 분류이다. 공법행위는 그 행위주체에 따라 행정주체의 공법행위와 사인의 공법행위로 나뉜다.

2. 행정주체의 공법행위

행정주체의 공법행위는 행정입법이나 행정행위와 같이, 행정주체가 상대방에 대하여 우월한 지위에서 하는 경우도 있고, 공법상의 계약이나 합동행위와 같이 상대방과 대등한 지위에서 하는 경우도 있다. 이러한 행정주체의 공법행위는 주로 행정주체가 행정목적을 실현하는 작용으로서 행하여진다. 행정주체의 공법행위에 대하여는 다음의 행정작용법에서 상술하기로 한다.

3. 사인(私人)의 공법행위(公法行爲)

사인의 공법행위는 행정법관계에서 사인의 행위로서 공법적 효과를 발생시키는 일체의 행위를 의미한다. 오늘날 행정기능이 확대되고, 행정이 민주화됨에 따라 중요한 의미를 갖게 되었다. 이러한 사인의 공법행위는 행정주체의 공법행위와 다른 것은 물론 사적 자치에 의하여 지배되는 사법행위와도 다르다.

1) 종 류

사인의 공법행위는 내용, 법적 성격 및 효과를 달리하는 다양한 행위를 포함하고 있는 바, 다음과 같이 여러 가지 기준에 따라 분류될 수 있다.

가. 행정주체의 기관으로서의 행위와 행정의 상대방으로서의 행위

이는 사인의 지위에 따른 구분이다. 사인의 공법행위 가운데 사인이 국가나 공공단체의 기관의 지위에서 하는 행위가 있는바 공직선거에서 투표나 서명을 하는 행위가 이에 해당한다. 이에 대하여 행정의 상대방의 지위에서의 행위는 사인이 행정주체의 상대방의 입장에서 국가나 공공단체에 대하여 행하는 행위이다. 예를 들어 각종의 신고나 신청 내지 동의의 제출 등이 예이다. 이러한 상대방의 지위에서의 행위가 사인의 공법행위의 중심이 된다.

나. 단순행위와 합성행위

이는 사인의 공법행위를 구성하는 의사표시의 수를 기준으로 한 구별이다. 단순행위란 신고나 등록과 같이 한 사람의 의사표시로써 특정한 법적 효과를 발생시키는 행위를 말하며, 합성행위란 투표에서 보는 바와 같이 여러 사람이 공동하여 하나의 의사를 구성하는 것을 말한다.

다. 자체완성적 행위와 행정요건적 행위

사인의 어떠한 행위가 그 행위 자체만으로 일정한 법적 효과를 가져올 때 이를 자체완성적 공법행위라고 한다. 사인의 자체완성적 공법행위의 예로서 선거시 투표, 건축물의 신고(항공사업법 62조 2항), 옥외집회 및 시위의 신고(집시법 6조) 등이 있다. 자체완성적 공법행위로서 신고는 신고의 도달로서 그 효력이 발생한다.

반면에 허가나 특허의 신청, 공무원임명의 동의와 같이 사인의 행위가 행정청의 특정한 행정행위의 전제요건을 구성하는 경우가 있는바 이를 행정요건적 공법행위라고 한다. 예를 들어 특허나 허가의 신청의 경우에 있어서 신청은 허가의 하나의 요건에 지나지 않으며, 행정청이 상대방의 신청을 받아들여 허가를 한 경우에 비로소 그 효과가 발생된다. 신고의 경우에도 농지의 전용신고(농지법 35조)나 어업신고(수산업법 46조) 등과 같이 수리를 요하는 경우에는 자체완성적 공법행위가 아니라 행정요건적 공법행위라고 보아야 할 것이다.

2) 사인의 공법행위의 특성

가. 행정행위와의 비교

행정청의 행정행위나 사인의 공법행위는 모두 공법적 효과를 목적으로 하는 점은 동일하다. 그러나 사인의 공법행위는 행정행위가 갖고 있는 구속력 · 공정력 · 존속력 · 집행력을 갖고 있지 않다.

나. 사법행위와의 비교

사인의 사법행위는 사적 자치의 원칙에 따라 당사자간의 이해조절을 목적으로 하는 것이나 사인의 공법행위는 행정목적의 실현을 목적으로 한다. 따라서 사인의 공법행위는 사법행위에 비하여 공공성 · 객관성 · 형식성을 띠게 된다.

3) 사인의 공법행위에 대한 적용법규

사인의 공법행위에 대하여는 일반적 · 통칙적 규정이 없으며, 예외적으로 개별법에 특별한 규정을 두고 있다. 사인의 공법행위에 대하여 특별한 규정이 있으면 그에 따르는 것이 당연하나, 그렇지 않은 경우에는 이에 적용할 법리가 문제되고 있다. 사인의 공법행위의 특수한 성격에 어긋나지 않는 범위 안에서 민법상의 법률행위에 관한 규정이나 법원칙이 적용된다는 것이 일반적인 견해이다.

가. 의사능력과 행위능력

사인의 공법행위에도 의사능력과 행위능력이 필요한지 여부가 문제되는바, 의사능력이 없는 자의 행위는 민법상의 법률행위와 마찬가지로 무효로 보고 있다. 그러나 행위능력에 대하여는 공법상 특별한 규정을 두어 민법상의 행위능력의 규정을 배제시키는 경우가 적지 않다(예: 우편법 10조, 우편환법 17조). 특별한 규정이 없는 경우에는 재산상의 행위에 대하여는 민법규정이 유추적용된다는 것이 일반적인 견해이다.

나. 대 리

사인의 공법행위에 대하여는 특히 대리행위를 금하는 특별한 규정을 두는 경우가 있는가 하면(예: 병역법 89조, 공직선거법 157조), 일정한 절차하에 대리를 허용하는 특별한 규정을 두고 있는 경우도 있다(예: 특허법 5조 내지 9조, 행정심판법 18조). 그러한 규정이 없는 경우에는 그 행위가 행위자의 일신전속적인 것(시험응시행위)이 아닌 경우에는 대리가 인정된다고 보아야 한다. 사인의 공법행위의 대리가 인정되는 경우에 대리의 형식 · 범위 및 대리권의 흠결 등에 관하여는 민법규정이 유추적용된다고 보아야 할 것이다.

다. 형 식

사인의 공법행위는 반드시 요식행위는 아니지만, 행위의 존재 및 내용을 명확하게 하기 위하여 법령이나 내규에 의하여 요식행위에 의할 것을 요구하는 경우가 많다(행정절차법 17조, 행정심판법 28조).

라. 효력발생시기

사인의 공법행위는 형식적인 확실성을 존중하여야 하기 때문에 일반적으로 그 효력발생시기에 대하여 민법상의 도달주의(민법 111조)에 의함이 원칙이다. 그러나 실정법은 특별히 행위자의 입장을 고려하거나 행정의 기술적인 필요성에 비추어 발신주의를 규정하고 있는 예도 있다(국세기본법 5조의2).

마. 의사표시의 흠결 또는 하자

사인의 공법행위에 있어서 의사표시의 흠결(허위표시, 심리유보, 착오 등)이 있거나 의사결정에 하자가 있는 경우(사기 · 강박 등)에는 대체로 민법규정을 유추적용한다. 그러나 행위의 단체적 성질 또는 정형적 성질이 강하게 요구되는 등 사법관계와 다른 특수성이 인정되는 경우에는 민법규정이 적용되지 않거나 수정하여 적용된다. 예를 들어 민법상 비진의 의사표시의 무효에 관한 규정은 그 성질상 영업재개신고나 일괄사직의 의사표시와 같은 사인의 공법행위에 적용되지 않는다. 또한 투표와 같은 합성행위는 단체적 성질의 행위이므로 민법상 착오를 주장할 수 없다.

판례 1(하자있는 의사표시에 의한 사인의 공법행위의 효과) 중앙정보부가 공무원의 면직 등에 관여할 수 없다 하더라도 그 부원이 사실상 당해 공무원을 구타 위협하는 등으로 관여하여 이로 말미암아 본의 아닌 사직원을 제출케 한 이상 위와 같은 사직원에 의한 공무원의 면직처분은 위법이다(대판 1968. 4. 30, 68누8).

판례 2(민법 107조 1항 단서의 무효규정이 사인의 공법행위에 적용되는지 여부) 원고가 제출한 사직원은 그의 의사에 의한 것이 아니라, 공무원숙정이라는 이름 아래 강제해직조치라는 강압에 의하여 의사결정의 자유를 박탈당한 상태에서 이루어진 것이고, 원고는 그 당시 사직의 진정한 의사가 없었을 뿐만 아니라 수리기관도 원고에게 사직의 의사가 없음을 알면서 이를 수리한 것이므로 이 사건 의원면직처분은 무효라는 주장에 대하여, 이른바 1980년의 공직자숙정계획의 입안과 실행에 따른 원고의 사직원 제출행위가 강압에 의하여 의사결정의 자유를 박탈당한 상태에서 이루어진 것이라고 할 수는 없고, 원고가 제출한 모든 증거에 의하여도 이를 인정하기에 부족하며, 원고가 그 주장과 같이 일괄 사직원을 제출하였다가 선별수리하는 형식으로 의원면직되었다고 하더라도 공무원들이 임용권자 앞으로 일괄 사직원을 제출한 경우 그 사직원의 제출은 제출 당시 임용권자에 의하여 수리 또는 반려 중 어느 하나의 방법으로 처리되리라는 예측이 가능한 상태에서 이루어진 것으로서 그 사직원에 따른 의원면직은 그 의사에 반하지 아니하고, 비록 사직원 제출자의 내심의 의사가 사직할 뜻이 아니었다 하더라도 그 의사가 외부에 객관적으로 표시된 이상 그 의사는 표시된 대로 효력을 발하는 것이며, 민법 제107조 제1항 단서의 비진의 의사표시의 무효에 관한 규정은 그 성질상 사인의 공법행위에 적용되지 아니하므로 원고의 사직원을 받아들여 의원면직처분한 것을 당연무효라고 할 수 없다(대판 2001. 8. 24, 99두9971).

바. 부 관

사인의 공법행위에는 부관을 붙일 수 없음이 원칙이다. 왜냐하면 사인의 공법행위는 사법상의 행위와는 달리 행정법관계의 변동을 가져오는 것이기 때문에 명확성과 신속한 확정을 요구하기 때문이다.

사. 철회 · 보정

사인의 공법행위는 그에 의거하여 행정처분이 행하여지거나 법적 효과가 완성되기까지는 자유로이 철회(행정심판의 취하 · 사직원의 철회)하거나 보정(행정심판서의 보정, 신고 · 신청에 첨부서류의 보충)할 수 있음이 원칙이다. 그러나 법률상 그 자유가 제한되는 경우가 있고(국세기본법 45조의 과세표준신고기간의 제한), 합성행위(선거에서의 투표) 또는 합동행위에서는 그 단체성과 형식성으로 인하여 철회나 보정이 인정되지 않는 경우가 있다.

4) 사인의 공법행위의 효과

가. 행정청의 처리의무

사인의 적법한 공법행위가 있는 경우에 행정청은 그에 대한 처리의무를 지게 되는바 행정청이 지는 처리의무의 주된 내용은 다음과 같다.

가) 수리행위 사인의 공법행위가 수리를 요하는 신고(행정요건적 신고)인 경우에는 행정청은 형식적 · 실질적 요건을 검토하여 이들이 충족되는 경우에는 수리를 하여야 할 의무를 진다. 행정청이 수리를 하지 않는 경우에는 수리거부처분의 취소를 구하는 취소쟁송 또는 의무이행심판이나 부작위위법확인소송을 제기함으로써 구제받을 수 있다. 반면에 자체완성적 공법행위로서 신고인 경우에는 그것이 형식적 요건을 갖춘 것이면 행정청의 수리처분 등을 기다릴 필요없이 그 접수시에 신고로서의 효력이 발생한다.

나) 신청에 따른 행위 사인의 공법행위가 신청이나 동의인 때에는 행정청은 그에 상응하는 행정행위를 할 것인지 여부를 결정하고 소정의 행정행위를 하여야 한다. 이 경우에 당해 행정행위가 기속행위인 경우에는 행정청은 신청이 된 특정한 행정행위를 발급할 의무가 있으나, 재량행위의 경우에는 행정청은 재량의 한계 내에서 행정행위를 거부 또는 발급할 수 있다. 행정청의 위법한 거부처분이나 부작위가 있는 경우에는 개인은 의무이행심판이나 거부처분취소소송 및 부작위위법확인소송을 제기할 수 있다. 행정절차법은 처분의 신청에 있어서 신청인의 편의를 위하여 처분의 처리기간을 종류별로 미리 정하여 공표하도록 규정하고 있고(법 19조 1항), 부득이한 사유로 당해 처리기간 내에 처리하기 어려운 경우에는 당해 처분의 처리기간의 범위 내에서 1회에 한하여 그 기간을 연장할 수 있도록 규정하고 있다(법 19조 2항).

나. 사인의 재행위

신고 · 신청 등 사인의 공법행위가 거부된 경우에, 당해 사인은 다시 같은 취지의 공법행위를 할 수 있는지 문제가 되는바, 여기서 당해 사인은 당초의 공법행위를 보완하거나 사정변경을 이유로 다시 같은 내용의 신고나 신청을 하여도 무방하다고 보아야 할 것이다. 사인의 공법행위에 보완할 수 있는 흠이 있는 때에는 당연히 그것을 보완할 기회를 주어야 하며, 거부처분이 불가쟁력이 발생되었다고 하더라도 사정변경이 있는 경우에는 새로운 처분을 할 수 있기 때문이다.

5) 사인의 공법행위의 하자와 행정행위와의 관계

사인의 공법행위에 하자가 있는 경우에 그에 관한 행정행위에 어떠한 영향을 주는지 문제가 되고 있다. 그 자체로써 일정한 법률효과를 발생시키는 사인의 자체완성적 공법행위의 경우에는 특별한 문제가 발생되지 않으나, 여타의 공법행위에 있어서 학설은 다음과 같이 구분하고 있다.

가. 사인의 공법행위가 행정행위의 단순한 동기인 경우

사인의 공법행위가 행정행위의 전제요건이 아니고 단순한 동기인 경우에는, 사인의 공법행위의 하자는 그 정도의 여하에 관계없이 행정행위에 영향을 미치지 않는다.

나. 사인의 공법행위가 행정행위의 전제요건이 되는 경우

이에 대하여 사인의 공법행위가 행정행위의 전제요건이 되는 경우에 사인의 공법행위의 하자가 행정행위에 미치는 효력에 관하여는 학설에서 대립이 되고 있다.

일설에 따르면 동의나 신청이 결여되는 경우에는 행정행위도 무효가 되나 여타의 경우에는 사인의 공법행위의 하자의 정도에 불구하고 행정행위는 원칙적으로 취소할 수 있다고 한다. 그렇지 않을 경우에는 사인의 공법행위가 행정행위의 효력을 좌우하게 될 우려가 있으며 이는 법적 안정성에도 도움이 되지 않는다고 한다.[41]

그러나 사인의 공법행위에 무효사유가 존재하는 경우에는 그에 대한 행정행위는 그 전제요건이 없는 것이 되어 무효가 됨이 원칙이나, 취소사유에 그치는 하자가 있는 경우에는 그에 대한 행정행위는 원칙적으로 유효하다고 보아야 할 것이다. 다수설[42]과 판례도 마찬가지 입장을 취하고 있다.

한편, 사인의 공법행위가 취소할 수 있는 행위인 경우에는, 사인은 그것이 전제요건이 되는 행정행위가 행하여지기 전까지는 언제든지 취소할 수 있으나, 일단 행정행위가 행하여진 이후에는 더 이상 취소할 수 없으며 다만 행정행위의 취소를 구할 수 있을 것이다.

판례 1(하자있는 허가신청에 의한 허가처분의 효과) 행정관청에 대하여 특정사항에 관한 허가신청을 하도록 위임받은 자가 위임자명의의 서류를 위조하여 위임받지 아니한 하자있는 허가신청에 기하여 이루어진 허가처분은 무효이다(대판 1974. 8. 30, 74누168).

판례 2(신고행위 자체가 효력이 없는 경우, 수리행위는 하자의 중대 · 명백성에도 불문하고 그 자체로 무효라는 판례) 장기요양기관의 폐업신고와 노인의료복지시설의 폐지신고는, 행정청이 관계 법령이 규정한 요건에 맞는지를 심사한 후 수리하는 이른바 '수리를 필요로 하는 신고'에 해당한다. 그러나 행정청이 그 신고를 수리하였다고 하더라도, 신고서 위조 등의 사유가 있어 신고행위 자체가 효력이 없다면, 그 수리행위는 유효한 대상이 없는 것으로서, 수리행위 자체에 중대 · 명백한 하자가 있는지를 따질 것도 없이 당연히 무효이다(대판 2018. 6. 12, 2018두33593).

판례 3(무효인 사업양도 · 양수의 수리처분에 대한 무효확인소송의 소의 이익) 사업양도 · 양수에 따른 허가관청의 지위승계신고의 수리는 적법한 사업의 양도 · 양수가 있었음을 전제로 하는 것이므로 그 수리대상인 사업양도 · 양수가 존재하지 아니하거나 무효인 때에는 수리를 하였다 하더라도 그 수리는 유효한 대상이 없는 것으로서 당연히 무효라 할 것이고, 사업의 양도행위가 무효라고 주장하는 양도자는 민사쟁송으로 양도 · 양수행위의 무효를 구함이 없이 막바로 허가관청을 상대로 하여 행정소송으로 위 신고수리처분의 무효확인을 구할 법률상 이익이 있다(대판 2005. 12. 23, 2005두3554).

판례 4(사직의 의사표시의 시간적 한계) 공무원이 한 사직 의사표시의 철회나 취소는 그에 터잡은 의원면직처분이 있을 때까지 할 수 있는 것이고, 일단 면직처분이 있고 난 이후에는 철회나 취소할 여지가 없다(대판 2001. 8. 24, 99두9971).

사례 甲은 단기복무부사관으로서 복무기간만료시점이 다가옴에 따라 복무기간연장을 신청하고자 한다. 그러나 복무기간연장을 위한 지원자심사에서 탈락하는 경우에 대비하여 전역지원서를 아울러 제출하도록 한 육군참모총장 乙의 방침에 따라 甲도 복무연장지원서와 전역지원서를 함께 제출하였다. 그런데 乙은

41) 金南辰/金連泰, 行政法 I, 155.
42) 朴鈗炘/鄭亨根, 最新行政法講義(上), 196면; 金東熙/崔桂暎, 行政法 I, 134면.

군인사법시행령 제4조에 근거하여, 甲의 전역지원서를 수리하여 전역처분을 하였다. 이에 대하여, 甲은 자신이 제출한 전역신청서는 乙이 복무연장신청과 동시에 제출하게 한 서류로서 복무연장의 의사를 명백히 한 의사와 모순되어 전역신청으로서의 효력이 없는 것이므로 전역처분은 위법하다고 주장한다. 甲의 주장의 당부를 검토하시오(단, 강박에 의한 의사표시의 쟁점은 논외로 한다).(제56회 행정고시)(20점)

[참조조문]

군인사법

제6조 (복무의 구분) ⑧ 단기복무부사관으로서 장기복무를 원하거나 복무기간을 연장하려는 사람은 대통령령으로 정하는 바에 따라 전형을 거쳐야 한다.

제44조 (신분보장) ② 군인은 이 법에 따른 경우 외에는 그 의사에 반하여 휴직되거나 현역에서 전역되거나 제적되지 아니한다.

군인사법시행령

제3조 (장기복무장교등의 전형) ① 법 제6조 제4항, 제6항 및 제8항에 따라 단기복무장교 또는 단기복무부사관으로서 장기복무 또는 복무기간연장을 원하는 사람은 장기복무지원서 또는 복무기간연장지원서를 제출하고 정해진 전형을 거쳐야 한다. 이 경우 단기복무자의 복무연장기간은 의무복무기간의 만료일을 기준으로 하여 1년 단위로 정할 수 있다.

제4조 (단기복무장교의 복무등) 제3조에 따른 전형에 합격하지 못한 단기복무장교 및 단기복무부사관은 의무복무기간을 초과하여 복무할 수 없다.

▶**답안요지** 설문에서는 사인의 공법행위(전역지원)의 하자와 행정행위(전역처분)와의 관계 및 사인의 공법행위로서 의사표시의 흠결(진의아닌 의사표시)의 효과가 문제가 되고 있다.

1) 사인의 공법행위의 하자와 행정행위의 관계

① 사인의 공법행위가 행정행위의 단순한 동기가 되는 경우에는 사인의 공법행위의 하자는 행정행위에 영향을 미치지 않는 반면, ② 사인의 공법행위가 행정행위의 전제요건이 되는 경우에는 견해의 대립이 있다. 일설은 동의나 신청이 결여되는 경우에는 무효가 되나 여타의 경우에는 사인의 공법행위의 하자의 정도에 불구하고 원칙적으로 취소할 수 있다는 견해를 취하고 있으나 다수설은 사인의 공법행위에 무효사유가 존재하는 경우에는 행정행위도 무효가 되나, 취소사유가 있는 경우에는 행정행위는 원칙적으로 유효하다는 입장을 취하고 있다.

2) 사인의 공법행위로서 의사표시의 흠결의 효과

사안의 경우 甲은 복무기간연장을 위하여 복무연장지원서를 제출함과 동시에 육군참모총장 乙의 방침에 따라 전역지원서를 함께 제출하였다. 여기서 乙의 전역지원에 대한 의사표시가 진의아닌 의사표시로서 민법 제107조 제1항 단서에 따라 무효에 해당하는지 문제가 된다. 일반적으로 사인의 공법행위에 있어서 의사표시에 흠결(허위표시, 심리유보, 착오 등)이나 하자(사기, 강박)가 있는 경우에 민법규정을 유추적용한다. 그러나 행위의 단체적 성질 또는 정형적 성질이 강하게 요구되는 등 사법관계와 다른 특수성이 인정되는 경우에는 민법규정이 적용되지 않거나 수정하여 적용된다. 예를 들어 민법상 비진의 의사표시의 무효에 관한 규정은 그 성질상 영업재개신고나 일괄사직의 의사표시와 같은 사인의 의사표시에 적용되지 않는다(대판 2001. 8. 24, 99두9971).

군인사정책상 필요에 의하여 복무연장지원서와 전역지원서를 동시에 제출하게 한 육군참모총장의 방침에 따라 양 지원서를 함께 제출한 이상, 그 취지는 복무연장지원의 의사표시를 우선으로 하되, 그것이 받아들여지지 아니하는 경우에 대비하여 원에 의하여 전역하겠다는 조건부 의사표시를 한 것이므로 그 전역지원의 의사표시도 유효한 것으로 보아야 한다. 설령 전역지원의 의사표시가 진의아닌 의사표시라고 하더라도 그 무효에 관한 법리를 선언한 민법 제107조 제1항 단서의 규정은 그 성질상 사인의 공법행위에는 적용되지 않는다 할 것이므로 그 표시된 대로 유효한 것으로 보아야 한다(대판 1994. 1. 11, 93누10057). 그의 전역처분은 甲의 유효한 의사표시에 근거한 것으로 적법하다.

4. 사인의 공법행위로서 신고(申告)

1) 신고의 의의

사인의 공법행위로서 신고란 "사인이 공법적 효과의 발생을 목적으로 행정주체에 대하여 일정한 사실을 알리는 행위"를 말한다. 이러한 사인의 공법행위로서 신고의 종류로는 ① 정보제공적 신고와 금지해제적 신고, ② 자체완성적 신고와 행정요건적 신고로 구분할 수가 있다.

2) 신고의 종류

가. 정보제공적 신고와 금지해제적 신고

가) 정보제공적 신고 정보제공적 신고란 효과적인 행정수행을 위하여 행정청에게 정보를 제공하는 기능을 갖는 신고를 말한다. 정보제공적 신고에 있어서 신고의무를 이행하지 않는 경우에는 벌금 또는 과태료의 처벌대상이 되는 경우가 있으나 신고 그 자체는 어떠한 법적 효과를 발생시키지 않는다(예: 소방기본법 19조에 의한 화재신고, 도로교통법 54조 2항에 의한 교통사고의 신고). 사실파악형 신고라고도 한다.

나) 금지해제적 신고 금지해제적 신고란 사인의 영업활동이나 건축활동 등 개인의 사적 활동을 규제하는 기능을 갖는 신고를 말한다. 신고유보하의 금지라고도 한다. 이러한 금지해제적 신고는 자체완성적 신고와 행정요건적 신고로 구별할 수가 있다.

나. 자체완성적 신고와 행정요건적 신고

가) 자체완성적 신고 자체완성적 신고는 행정청에게 일정한 사항을 통지함으로서 의무가 끝나는 신고로서 수리를 요하지 않으며 신고 그 자체로서 법적 효과를 발생시킨다(석유 및 석유대체연료사업법 12조 3항, 항공사업법 62조 2항, 여객자동차 운수사업법 21조 4항). 자체완성적 신고는 형식적 · 실질적 요건의 심사를 요구하는 행정요건적 신고와는 달리 신고 자체만으로 대상행위를 개시하도록 하고 있다. 다만 신고내용과 같이 사인의 행위가 이루어지고 있는지 여부 및 기타 실체법의 위반 여부에 대한 행정청의 사후적 감독조치가 뒤따르는 것이 일반적이다.

자체완성적 신고는 신고 그 자체로 절차가 완료되고, 수리를 요하지 않기 때문에 학설과 판례에 따르면 수리거부라는 행정청의 처분이 개입할 여지가 없다. 법령에서 정한 형식적 요건을 갖추고 있는 한, 행정청이 접수를 거부한다고 하더라도, 신고는 도달 그 자체로 효력을 발생하기 때문이다. 자체완성적 신고의 경우에도 신고필증이 교부되는바, 여기서 신고필증은 사인의 행위의 적법성이나 정당성을 승인하는 효과를 발생시키는 것이 아니라, 사인이 일정한 사실을 행정청에게 알렸다는 사실을 확인하여 주는 사실행위로서 접수증에 지나지 않는다.

자체완성적 신고의 경우에 법령에서 정하고 있는 형식적 요건, 즉 신고서 기재사항의 흠결 여부 및 소정의 서류의 구비 여부 등만이 심사대상이 된다는 것이 다수설과 판례의 일반적 견해이다.[43] 요건미비의 부적법한 신고를 하는 경우에는 행정청이 이를 접수하였다고 하더라도 신고의 효

43) 대판 2011. 1. 20, 2010두14954; 2011. 7. 28, 2005두11784.

과가 발생하지 않으며, 이에 따라 무신고영업이나 무신고건축물로서 개선명령, 영업금지, 폐쇄조치 또는 철거명령의 대상이 된다.

행정절차법 제40조는 자체완성적 신고에 대하여 특별히 규정하고 있는바, 제40조 제2항은 자체완성적 신고가 효력을 발생하기 위한 형식적 요건을, 제40조 제3항은 형식적 요건이 미비된 경우에 행정청의 보완요구 및 보완이 이루어지지 않은 경우에 신고서의 반려에 대하여 규정하고 있다.

판례 1(구 체육시설의 설치 · 이용에 관한 법률에 의한 당구장개설신고가 자체완성적 신고에 해당한다는 판례) 구 체육시설의 설치 · 이용에 관한 법률 제10조, 제11조, 제22조, 같은 법 시행규칙 제8조 및 제25조의 각 규정에 의하면, 체육시설업은 등록체육시설업과 신고체육시설업으로 나누어지고, 당구장업과 같은 신고체육시설업을 하고자 하는 자는 체육시설업의 종류별로 같은 법 시행규칙이 정하는 해당 시설을 갖추어 소정의 양식에 따라 신고서를 제출하는 방식으로 시 · 도지사에 신고하도록 규정하고 있으므로, 소정의 시설을 갖추지 못한 체육시설업의 신고는 부적법한 것으로 그 수리가 거부될 수밖에 없고 그러한 상태에서 신고체육시설업의 영업행위를 계속하는 것은 무신고 영업행위에 해당할 것이지만, 이에 반하여 적법한 요건을 갖춘 신고의 경우에는 행정청의 수리처분 등 별단의 조처를 기다릴 필요 없이 그 접수시에 신고로서의 효력이 발생하는 것이므로 그 수리가 거부되었다고 하여 무신고 영업이 되는 것은 아니다(대판 1998. 4. 24, 97도3121).

판례 2(구 건축법 제14조 제1항에 의한 신고가 자체완성적 신고라는 판례) 구 건축법 제9조 제1항(현행법 제14조 제1항)에 의하여 신고를 함으로써 건축허가를 받은 것으로 간주되는 경우에는 건축을 하고자 하는 자가 적법한 요건을 갖춘 신고만 하면 행정청의 수리행위 등 별다른 조치를 기다릴 필요 없이 건축을 할 수 있는 것이므로, 행정청이 위 신고를 수리한 행위가 건축주는 물론이고 제3자인 인근 토지 소유자나 주민들의 구체적인 권리 의무에 직접 변동을 초래하는 행정처분이라 할 수 없다(대판 1999. 10. 22, 98두18435).

판례 3(구 공동주택관리규칙 제4조 제2항 소정의 건축행위의 신고가 자체완성적 신고에 해당된다는 판례) 주택건설촉진법 제38조 제2항 단서, 공동주택관리령 제6조 제1항 및 제2항, 공동주택관리규칙 제4조 및 제4조의2의 각 규정들에 의하면, 공동주택 및 부대시설 · 복리시설의 소유자 · 입주자 · 사용자 및 관리주체가 건설부령이 정하는 경미한 사항으로서 신고대상인 건축물의 건축행위를 하고자 할 경우에는 그 관계 법령에 정해진 적법한 요건을 갖춘 신고만을 하면 그와 같은 건축행위를 할 수 있고, 행정청의 수리처분 등 별단의 조처를 기다릴 필요가 없다고 할 것이며, 또한 이와 같은 신고를 받은 행정청으로서는 그 신고가 같은 법 및 그 시행령 등 관계 법령에 신고만으로 건축할 수 있는 경우에 해당하는 여부 및 그 구비서류 등이 갖추어져 있는지 여부 등을 심사하여 그것이 법규정에 부합하는 이상 이를 수리하여야 하고, 같은 법 규정에 정하지 아니한 사유를 심사하여 이를 이유로 신고수리를 거부할 수는 없다(대판 1999. 4. 27, 97누6780).

나) 행정요건적 신고 행정요건적 신고는 사인이 행정청에 대하여 일정한 사항을 통지하고 행정청이 이를 수리함으로써 법적 효과를 발생하는 신고를 말한다(예: 외국환거래법 18조에 의한 자본거래의 신고, 산지관리법 15조에 의한 산지전용신고, 수산업법 47조에 의한 어업신고 등). 여기서 수리라 함은 사인의 행위를 유효한 것으로 받아들이는 수동적 의사행위로서 문헌에서는 이른바 준법률행위적 행정행위로 분류되고 있다. 행정요건적 신고의 경우에는 수리가 처분성을 갖기 때문에 수리의 거부 역시 처분성이 인정되어 항고소송의 대상이 된다. 행정요건적 신고의 경우에는 형식적 요건뿐만 아니라 실질적 요건의 심사가 이루어지는 것이 일반적이며,[44] 이에 따라 실무

44) 대판 2011. 1. 20, 2010두14954; 일설(洪井善, 行政法特講, 106면)은 행정요건적 신고는 형식적 요건만을 심사

상으로는 허가제와 큰 차이가 없이 운영되고 있다(이른바 완화된 허가제). 자체완성적 신고와 같이 신고 자체만으로 대상행위가 허용되는 것이 아니라, 행정청은 여전히 그 행위의 허용여부에 대한 통제권을 행사하고 있다. 행정요건적 신고에 있어서 신고필증은 자체완성적 신고와는 달리 사인에게 법적 효과를 발생시키는 수리가 이루어졌음을 증명하는 행위에 해당한다. 행정요건적 신고는 실정법상 등록으로 표현되는 경우도 있다. 행정기본법 제34조는 행정요건적 신고에 대하여 규정하고 있다.

판례 1(수리를 요하는 신고로서 어업신고) 어업의 신고에 관하여 유효기간을 설정하면서 그 기산점을 '수리한 날'로 규정하고, 나아가 필요한 경우에는 그 유효기간을 단축할 수 있도록까지 하고 있는 수산업법 제44조 제2항의 규정 취지 및 어업의 신고를 한 자가 공익상 필요에 의하여 한 행정청의 조치에 위반한 경우에 어업의 신고를 수리한 때에 교부한 어업신고필증을 회수하도록 하고 있는 구 수산업법시행령 제33조 제1항의 규정 취지에 비추어 보면, 수산업법 제44조 소정의 어업의 신고는 행정청의 수리에 의하여 비로소 그 효과가 발생하는 이른바 '수리를 요하는 신고'라고 할 것이고, 따라서 설사 관할관청이 어업신고를 수리하면서 공유수면매립구역을 조업구역에서 제외한 것이 위법하다고 하더라도, 그 제외된 구역에 관하여 관할관청의 적법한 수리가 없었던 것이 분명한 이상 그 구역에 관하여는 같은 법 제44조 소정의 적법한 어업신고가 있는 것으로 볼 수 없다(대판 2000. 5. 26, 99다37382).

판례 2(수리를 요하는 신고로서 노인복지시설의 설치신고) 구 노인복지법의 목적과 노인주거복지시설의 설치에 관한 법령의 각 규정들 및 노인복지시설에 대하여 각종 보조와 혜택이 주어지는 점 등을 종합하여 보면, 노인복지시설을 건축한다는 이유로 건축부지 취득에 관한 조세를 감면받고 일반 공동주택에 비하여 완화된 부대시설 설치기준을 적용받아 건축허가를 받은 자로서는 당연히 그 노인복지시설에 관한 설치신고 당시에도 당해 시설이 노인복지시설로 운영될 수 있도록 조치하여야 할 의무가 있고, 따라서 같은 법 제33조 제2항에 의한 유료노인복지주택의 설치신고를 받은 행정관청으로서는 그 유료노인복지주택의 시설 및 운영기준이 위 법령에 부합하는지와 아울러 그 유료노인복지주택이 적법한 입소대상자에게 분양되었는지와 설치신고 당시 부적격자들이 입소하고 있지는 않은지 여부까지 심사하여 그 신고의 수리 여부를 결정할 수 있다(대판 2007. 1. 11, 2006두14537).

판례 3(수리를 요하는 신고로서 주민등록신고) 주민들의 거주지 이동에 따른 주민등록전입신고에 대하여 행정청이 이를 심사하여 그 수리를 거부할 수는 있다고 하더라도, 그러한 행위는 자칫 헌법상 보장된 국민의 거주 · 이전의 자유를 침해하는 결과를 가져올 수도 있으므로, 시장 · 군수 또는 구청장의 주민등록전입신고 수리 여부에 대한 심사는 주민등록법의 입법 목적의 범위 내에서 제한적으로 이루어져야 한다. 한편, 주민등록법의 입법 목적에 관한 제1조 및 주민등록 대상자에 관한 제6조의 규정을 고려해 보면, 전입신고를 받은 시장 · 군수 또는 구청장의 심사 대상은 전입신고자가 30일 이상 생활의 근거로 거주할 목적으로 거주지를 옮기는지 여부만으로 제한된다고 보아야 한다. 따라서 전입신고자가 거주의 목적 이외에 다른 이해관계에 관한 의도를 가지고 있는지 여부, 무허가 건축물의 관리, 전입신고를 수리함으로써 당해 지방자치단체에 미치는 영향 등과 같은 사유는 주민등록법이 아닌 다른 법률에 의하여 규율되어야 하고, 주민등록전입신고의 수리 여부를 심사하는 단계에서는 고려 대상이 될 수 없다(대판(전원합의체) 2009. 6. 18, 2008두10997).

판례 4(수리를 요하는 신고로서 납골당설치 신고) 구 장사 등에 관한 법률 제14조 제1항, 구 장사 등에 관한 법률 시행규칙 제7조 제1항 [별지 제7호 서식]을 종합하면, 납골당설치 신고는 이른바 '수리를 요하

하고, 자체완성적 신고는 형식적 요건의 심사 자체도 요구되지 않는다는 견해를 취하고 있으나 이는 특정법률(구 사회단체등록에 관한 법률)의 해석에 관한 대법원 판례(대판 1989. 12. 26, 87누308)를 일반화시키는 것으로 타당성이 없다고 할 것이다.

는 신고'라 할 것이므로, 납골당설치 신고가 구 장사법 관련 규정의 모든 요건에 맞는 신고라 하더라도 신고인은 곧바로 납골당을 설치할 수는 없고, 이에 대한 행정청의 수리처분이 있어야만 신고한 대로 납골당을 설치할 수 있다. 한편 수리란 신고를 유효한 것으로 판단하고 법령에 의하여 처리할 의사로 이를 수령하는 수동적 행위이므로 수리행위에 신고필증 교부 등 행위가 꼭 필요한 것은 아니다(대판 2011. 9. 8, 2009두6766).

판례 5(수리를 요하는 신고로서 노동조합설립신고) 노동조합 및 노동관계조정법(이하 '노동조합법'이라 한다)이 행정관청으로 하여금 설립신고를 한 단체에 대하여 같은 법 제2조 제4호 각 목에 해당하는지를 심사하도록 한 취지가 노동조합으로서의 실질적 요건을 갖추지 못한 노동조합의 난립을 방지함으로써 근로자의 자주적이고 민주적인 단결권 행사를 보장하려는 데 있는 점을 고려하면, 행정관청은 해당 단체가 노동조합법 제2조 제4호 각 목에 해당하는지 여부를 실질적으로 심사할 수 있다. 다만 행정관청에 광범위한 심사권한을 인정할 경우 행정관청의 심사가 자의적으로 이루어져 신고제가 사실상 허가제로 변질될 우려가 있는 점, 노동조합법은 설립신고 당시 제출하여야 할 서류로 설립신고서와 규약만을 정하고 있고(제10조 제1항), 행정관청으로 하여금 보완사유나 반려사유가 있는 경우를 제외하고는 설립신고서를 접수받은 때로부터 3일 이내에 신고증을 교부하도록 정한 점(제12조 제1항) 등을 고려하면, 행정관청은 일단 제출된 설립신고서와 규약의 내용을 기준으로 노동조합법 제2조 제4호 각 목의 해당 여부를 심사하되, 설립신고서를 접수할 당시 그 해당 여부가 문제된다고 볼 만한 객관적인 사정이 있는 경우에 한하여 설립신고서와 규약 내용 외의 사항에 대하여 실질적인 심사를 거쳐 반려 여부를 결정할 수 있다(대판 2014. 4. 10, 2011두6998).

판례 6(수리를 요하는 건축주 명의변경신고) 구 건축법 제16조 제1항 본문과 구 건축법 시행령 제12조 제1항 제3호, 제4항 및 구 건축법 시행규칙 제11조 제1항, 제3항의 내용에 비추어 보면, 구 건축법 시행규칙 제11조의 규정은 단순히 행정관청의 사무집행의 편의를 위한 것이 아니라, 허가대상 건축물의 양수인에게 건축주의 명의변경을 신고할 수 있는 공법상의 권리를 인정함과 아울러 행정관청에게는 그 신고를 수리할 의무를 지게 한 것으로 봄이 타당하므로, 허가대상 건축물의 양수인이 구 건축법 시행규칙에 규정되어 있는 형식적 요건을 갖추어 시장 · 군수 등 행정관청에 적법하게 건축주의 명의변경을 신고한 때에는 행정관청은 그 신고를 수리하여야지 실체적인 이유를 내세워 신고의 수리를 거부할 수는 없다(대판 2014. 10. 15, 2014두37658).

다) 자체완성적 신고와 행정요건적 신고의 구별기준 실무에서 자체완성적 신고와 행정요건적 신고의 구별은 빈번히 어려움을 발생시키고 있다. 판례는 일반적으로 관련법령의 목적과 취지, 관련 법규정의 합리적이고 유기적인 해석, 당해 신고행위의 성질들을 고려하여 양자를 구별하여야 한다는 입장을 취하고 있다. 판례는[45] ① 외국환거래법 제18조(자본거래의 신고), 산지관리법 제15조(산지전용신고) 등과 같이 수리를 요한다는 명문의 규정을 두고 있는 경우, ② 법령에서 신고와 관련하여 일정한 실질적 요건을 정하거나 행정청의 실질적 심사를 허용하고 있다고 볼만한 규정을 두고 있는 경우, ③ 그 신고사항이 사회질서나 공공복리에 미치는 영향이 크거나 직접적으로 행정목적을 침해하는 행위인 경우에는 행정요건적 신고로 본다. 반면, ① 법령이 신고의무만을 규정할 뿐, 실질적 요건에 대하여 아무런 규정을 두지 않는 경우, ② 법령에서 신고를 하게 한 취지가 국민이 일정한 행위를 하기 전에 행정청에게 이를 알리게 함으로써 행정청으로 하여금 행정상 정보를 파악하여 관리하는 정도의 최소한의 규제를 가하기 위한 경우, ③ 사회질서나 공공복리에 미치는 영향이 작거나

45) 대판(전원합의체) 2011. 1. 20, 2010두14954.

직접적으로 행정목적을 침해하지 않는 행위인 경우에는 자체완성적 신고로 보고 있다. 관련 법률에 신고와 등록이 동시에 규정된 경우에는 신고는 자체완성적 신고, 등록은 행정요건적 신고로 보는 것이 일반적이다(예: 체육시설설치 · 이용에 관한 법률 19조 · 20조). 한편, 자체완성적 신고의 대상이 되는 행위라고 할지라도, 그 신고가 인허가의제의 효과를 갖는 경우에는 수리를 요하는 신고로 보아야 한다는 것이 판례의 입장이다.

판례(인 · 허가의제 효과를 수반하는 건축신고는 수리를 요하는 신고에 해당된다는 판례) 건축법에서 인 · 허가의제 제도를 둔 취지는, 인 · 허가의제사항과 관련하여 건축허가 또는 건축신고의 관할 행정청으로 그 창구를 단일화하고 절차를 간소화하며 비용과 시간을 절감함으로써 국민의 권익을 보호하려는 것이지, 인 · 허가의제사항 관련 법률에 따른 각각의 인 · 허가 요건에 관한 일체의 심사를 배제하려는 것으로 보기는 어렵다. 왜냐하면, 건축법과 인 · 허가의제사항 관련 법률은 각기 고유한 목적이 있고, 건축신고와 인 · 허가의제사항도 각각 별개의 제도적 취지가 있으며 그 요건 또한 달리하기 때문이다. 나아가 인 · 허가의제사항 관련 법률에 규정된 요건 중 상당수는 공익에 관한 것으로서 행정청의 전문적이고 종합적인 심사가 요구되는데, 만약 건축신고만으로 인 · 허가의제사항에 관한 일체의 요건 심사가 배제된다고 한다면, 중대한 공익상의 침해나 이해관계인의 피해를 야기하고 관련 법률에서 인 · 허가 제도를 통하여 사인의 행위를 사전에 감독하고자 하는 규율체계 전반을 무너뜨릴 우려가 있다. 또한 무엇보다도 건축신고를 하려는 자는 인 · 허가의제사항 관련 법령에서 제출하도록 의무화하고 있는 신청서와 구비서류를 제출하여야 하는데, 이는 건축신고를 수리하는 행정청으로 하여금 인 · 허가의제사항 관련 법률에 규정된 요건에 관하여도 심사를 하도록 하기 위한 것으로 볼 수밖에 없다. 따라서 인 · 허가의제 효과를 수반하는 건축 신고는 일반적인 건축신고와는 달리, 특별한 사정이 없는 한 행정청이 그 실체적 요건에 관한 심사를 한 후 수리하여야 하는 이른바 '수리를 요하는 신고'로 보는 것이 옳다(대판(전원합의체) 2011. 1. 20, 2010두14954).

라) 영업양도 등의 신고와 구별 법률에 따라서는 영업의 양도의 경우, 양수인이 신고하도록 하는 규정을 두는 경우가 있다. 이 경우에 신고의 성격은 양도대상이 되는 영업의 종류에 따라서 달리 판단하여야 한다. 즉 허가를 요하는 영업의 양도에 있어서 요구되는 신고는 허가신청으로, 행정요건적 신고를 요하는 영업의 양도에 있어서 요구되는 신고는 행정요건적 신고로, 자체완성적 신고를 요하는 영업의 양도에 있어서 요구되는 신고는 자체완성적 신고로 판단하여야 할 것이다.[46]

판례 1(식품위생법상의 영업자지위승계의 성질) 구 식품위생법 제25조 제1항, 제3항에 의하여 영업양도에 따른 지위승계신고를 수리하는 허가관청의 행위는, 단순히 양도 · 양수인 사이에 이미 발생한 사법상의 사업양도의 법률효과에 의하여 양수인이 그 영업을 승계하였다는 사실의 신고를 접수하는 행위에 그치는 것이 아니라, 실질에 있어서 양도자의 사업허가를 취소함과 아울러 양수자에게 적법히 사업을 할 수 있는 권리를 설정하여 주는 행위로서 사업허가자의 변경이라는 법률효과를 발생시키는 행위라고 할 것이다(대판 2001. 2. 9, 2000도2050).

판례 2(영업자지위승계를 수리하는 경우, 종전의 영업자에게 행정절차를 실시하여야 하는지 여부) 행정절차법 제21조 제1항, 제22조 제3항 및 제2조 제4호의 각 규정에 의하면, 행정청이 당사자에게 의무를 과하거나 권익을 제한하는 처분을 함에 있어서는 당사자 등에게 처분의 사전통지를 하고 의견제출의 기회를 주어야 하며, 여기서 당사자라 함은 행정청의 처분에 대하여 직접 그 상대가 되는 자를 의미한다 할 것

46) 同旨: 洪井善, 行政法特講, 120면.

이고, 한편 구 식품위생법 제25조 제2항, 제3항의 각 규정에 의하면, 지방세법에 의한 압류재산 매각절차에 따라 영업시설의 전부를 인수함으로써 그 영업자의 지위를 승계한 자가 관계 행정청에 이를 신고하여 행정청이 이를 수리하는 경우에는 종전의 영업자에 대한 영업허가 등은 그 효력을 잃는다 할 것인데, 위 규정들을 종합하면 위 행정청이 구 식품위생법 규정에 의하여 영업자지위승계신고를 수리하는 처분은 종전의 영업자의 권익을 제한하는 처분이라 할 것이고 따라서 종전의 영업자는 그 처분에 대하여 직접 그 상대가 되는 자에 해당한다고 봄이 상당하므로, 행정청으로서는 위 신고를 수리하는 처분을 함에 있어서 행정절차법 규정 소정의 당사자에 해당하는 종전의 영업자에 대하여 위 규정 소정의 행정절차를 실시하고 처분을 하여야 한다(대판 2003. 2. 14, 2001두7015).

3) 신고의 효과와 신고수리의 거부

가) 신고의 효과 신고는 도달주의에 따라 행정청에 도달함으로써 효력을 발생한다. 자체완성적 신고의 경우 부적법한 신고가 있는 경우에는 행정청이 신고를 접수하였다고 하더라도 신고의 효과가 발생하지 않는다. 자체완성적 신고의 경우에 신고의 접수는 단순한 사실행위에 지나지 않기 때문이다. 요건미비의 신고를 하는 경우에 관련 영업이나 건축물은 무신고 영업이나 무신고 건축물로서 개선명령, 영업정지, 폐쇄조치 내지는 철거명령의 대상이 될 수 있다. 이에 대하여 행정요건적 신고의 경우에는 부적법한 신고가 있는 경우에 행정청이 이를 수리하는 경우에는 하자있는 신고수리가 되어 행정청의 직권취소 또는 무효선언의 대상이 된다.

나) 신고수리의 거부 및 신고의 반려 행정요건적 신고의 수리거부는 거부처분에 해당하기 때문에 의무이행심판 또는 거부처분취소소송의 대상이 된다. 반면, 자체완성적 신고의 경우에는 사인의 신고 자체로 절차가 완료되기 때문에 수리의 거부라는 행정청의 처분이 개입할 여지가 없다. 이에 따라 자체완성적 신고의 반려행위는 항고소송의 대상이 되지 않는다는 것이 종래 판례의 입장이었다. 그러나 유력설은 자체완성적 신고의 반려행위와 관련하여 ① 신고에 따른 효력이 발생하였는지 여부에 관하여 당사자와 행정청의 견해와 다를 수 있으며, 이러한 경우 신고내용에 위법이 있는지 확인할 필요가 있으며, ② 적법한 신고를 하였음에도 불구하고 행정청이 의도적으로 접수를 거부하거나 반려하는 경우가 있다는 이유로 반려행위의 처분성을 주장하여 왔다. 일설은 쟁송법적 의미의 처분의 개념(행정소송법 2조 1항 1호의"이에 준하는 행정작용")으로 반려행위의 처분성을 인정하는가 하면,[47] 일설은 반려행위를 신고의 법적 효과인 금지해제의 효과가 일어나지 않게 하는 금지하명으로 이해하고 있다.[48]

이러한 유력설의 입장에 따라 최근 대법원 전원합의체 판결에서는 자체완성적 신고의 성격을 갖는 건축신고의 반려행위의 처분성을 인정하였다. 특기할 점은 동 판결은 신고의 반려행위의 처분성을 인정하였으나, 그렇다고 하여 이를 거부처분으로 표현하고 있지는 않다. 이는 판례가 자체완성적 신고의 수리 자체의 처분성을 여전히 부인하는 입장에 근거하고 있다고 할 것이다. 생각건대 자체완성적 신고의 반려행위는 신고의 법적 효과인 금지해제의 효과가 일어나지 않게 하는, 즉 신고대상행위의 개시를 금지시키는 하명의 성격을 갖는다고 보는 것이 타당할 것이다.

자체완성적 신고의 반려의 처분성을 인정하는 판례의 입장은 확대되고 있는 추세에 있다. 대법

47) 김용섭, 행정법상 신고와 수리, 판례월보, 2000. 1, 37면 이하; 박균성, 행정법상 신고, 고시연구, 1999. 11, 43면 이하.

48) 김중권, 건축법상의 건축신고의 문제점에 관한 소고, 저스티스, 2001. 6, 150면 이하.

원은 자체완성적 신고의 성격을 갖는 건축물 착공신고의 반려행위와[49] 원격평생교육신고의 반려행위의 처분성을 인정하였다. 특히 원격평생교육신고의 반려행위 취소사건에서는 행정청이 형식적 요건이 아닌 실체적 사유를 들어 거부한 것은 위법하다는 이유로 원고승소판결을 내렸다.

판례 1(건축신고의 반려행위가 항고소송의 대상이 되는지 여부) 행정청의 어떤 행위가 항고소송의 대상이 될 수 있는지의 문제는 추상적 · 일반적으로 결정할 수 없고, 구체적인 경우 행정처분은 행정청이 공권력의 주체로서 행하는 구체적 사실에 관한 법집행으로서 국민의 권리의무에 직접적으로 영향을 미치는 행위라는 점을 염두에 두고, 관련 법령의 내용과 취지, 그 행위의 주체 · 내용 · 형식 · 절차, 그 행위와 상대방 등 이해관계인이 입는 불이익과의 실질적 견련성, 그리고 법치행정의 원리와 당해 행위에 관련한 행정청 및 이해관계인의 태도 등을 참작하여 개별적으로 결정하여야 한다. 그런데 구 건축법 관련 규정의 내용 및 취지에 의하면, 건축주 등으로서는 신고제하에서도 건축신고가 반려될 경우 당해 건축물의 건축을 개시하면 시정명령, 이행강제금, 벌금의 대상이 되거나 당해 건축물을 사용하여 행할 행위의 허가가 거부될 우려가 있어 불안정한 지위에 놓이게 된다. 따라서 건축신고 반려행위가 이루어진 단계에서 당사자로 하여금 반려행위의 적법성을 다투어 그 법적 불안을 해소한 다음 건축행위에 나아가도록 함으로써 장차 있을지도 모르는 위험에서 미리 벗어날 수 있도록 길을 열어 주고, 위법한 건축물의 양산과 그 철거를 둘러싼 분쟁을 조기에 근본적으로 해결할 수 있게 하는 것이 법치행정의 원리에 부합한다. 그러므로 이 사건 건축신고 반려행위는 항고소송의 대상이 된다고 보는 것이 옳다(대판(전원합의체) 2010. 11. 18, 2008두167).

판례 2(원격평생교육신고의 반려행위가 처분성을 갖는다는 판례) 전통 민간요법인 침 · 뜸행위를 온라인을 통해 교육할 목적으로 인터넷 침 · 뜸 학습센터를 설립한 원고가 구 평생교육법 제22조 제2항 등에 따라 평생교육시설로 신고하였으나 관할 행정청이 교육 내용이 의료법에 저촉될 우려가 있다는 등의 사유로 이를 반려하는 처분을 한 사안에서, 관할 행정청은 신고서 기재사항에 흠결이 없고 정해진 서류가 구비된 이상 신고를 수리하여야 하고 형식적 요건이 아닌 신고 내용이 공익적 기준에 적합하지 않다는 등 실체적 사유를 들어 이를 거부할 수 없고, 또한 행정청이 단지 교육과정에서 무면허 의료행위 등 금지된 행위가 있을지 모른다는 막연한 우려만으로 침 · 뜸에 대한 교육과 학습의 기회제공을 일률적 · 전면적으로 차단하는 것은 후견주의적 공권력의 과도한 행사일 뿐 아니라 그렇게 해야 할 공익상 필요가 있다고 볼 수 없으므로, 형식적 심사 범위에 속하지 않는 사항을 수리거부사유로 삼았을 뿐만 아니라 처분사유도 인정되지 않으므로 위 처분은 위법하다(대판 2011. 7. 28, 2005두11784).

판례 3(중대한 공익상 필요를 이유로 건축신고 수리를 거부할 수 있는지 여부) 건축허가권자는 건축신고가 건축법, 국토의 계획 및 이용에 관한 법률 등 관계법령에서 정하는 명시적인 제한에 배치되지 않는 경우에도 건축을 허용하지 않아야 할 중대한 공익상 필요가 있는 경우에는 건축신고의 수리를 거부할 수 있다. 이 사건 인근주민의 통행로로 사용되고 있는 私소유토지(사실상의 도로)에 건물이 신축됨으로써 인근주민들의 통행을 막지 않도록 하여야 할 중대한 공익상 필요가 인정되고, 이러한 공익적 요청이 원고의 재산권 행사보다 훨씬 중요하므로, 피고가 원심에서 추가한 처분사유는 정당하여 결과적으로 이 사건 처분은 적법한 것으로 볼 여지가 있다(대판 2019. 10. 31, 2017두74320).

---

4) 신고제도의 합리화 정비사업 및 수리간주제도의 도입

현행법령상 신고규정은 약 450개의 법률에 약 1,300여건에 달한다. 그동안 신고제도와 관련하여 실무상으로 발생된 문제점은 무엇보다 자체완성적 신고와 행정요건적 구별의 어려움에 있었다. 법령상으로 양자의 명확한 구별기준이 결여된 경우가 많아, 집행을 담당하는 공무원뿐만 아니라 신고 당

49) 대판 2011. 6. 10, 2010두7321.

사자인 국민도 적지 않은 불편을 겪어 왔다. 담당 공무원은 법령을 자의적으로 해석하여 수리를 요하지 않는 신고임에도 불구하고 수리를 요하는 신고처럼 운영하거나, 또는 수리를 요하지 않는 신고인데 접수조차 하지 않고 거부하여 빈번한 행정분쟁을 야기시켜 왔다. 이에 따라 정부는 자체완성적 신고와 행정요건적 신고의 구별의 명확화를 통하여 신고민원의 예측가능성을 제고하며, 담당 공무원의 처리지연, 접수거부, 부당한 서류요구 등 소극적 행태를 제도적으로 해결하기 위하여 입법개선작업을 진행하고 있다.[50)]

가. 행정요건적 신고와 자체완성적 신고의 구별의 명확화

합리화 정비사업에 따른 개정법령들은 수리를 요하는 행정요건적 신고의 경우에는 행정청에게 신고를 받은 날부터 일정한 기간 이내에 신고인에게 수리 여부를 통지하도록 의무화하였다. 예를 들어 여객자동차운수사업법 제8조 제3항은 "국토교통부장관 또는 시 · 도지사는 제1항 또는 제2항에 따른 신고 또는 변경신고를 받은 날부터 국토교통부령으로 정하는 기간 내에 신고수리 여부를 신고인에게 통지하여야 한다."고 규정하고 있으며, 석유 및 석유대체연료 사업법 제5조 제3항은 "산업통산부장관은 제2항에 따른 신고 · 변경신고를 받은 날부터 7일 이내에 신고수리 여부를 신고인에게 통지하여야 한다."고 규정하고 있다. 반면 수리를 요하지 않는 자체완성적 신고의 경우에는 "신고서의 기재사항 및 첨부서류에 흠이 없고, 법령 등에 규정된 형식상의 요건을 충족하는 경우에는 신고서가 접수기관에 도달된 때에 신고 의무가 이행된 것으로 본다(항공사업법 62조 2항, 항공안전법 85조6항)."라고 규정하여 신고서의 기재사항 및 첨부서류 및 기타 법령 등에 규정된 형식적 요건을 충족된 경우 신고서가 접수기관에 도달된 때에 효력을 발생함을 명시적으로 밝히고 있다. 유의하여야 할 것은 이러한 정비사업의 진행작업에서 건축신고(건축법 14조 3항),[51)] 체육시설업의 신고,[52)] 건축착공신고(건축법 21조 3항) 등 종래 자체완성적 신고로 이해되었던 상당수의 신고가 수리를 요하는 신고로 전환되었다는 점이며, 자체완성적 신고는 위와 같은 명문의 규정을 둔 경우와 종래 실무에서 자체완성적 신고로 인정된 것 중에서 아직 수리를 요하는 신고로 전환되지 않은 신고의 경우가 이에 해당된다고 할 것이다.

행정요건적 신고와 자체완성적 신고의 구별을 명확하게 하기 위하여 행정기본법 제34조는 "법령등으로 정하는 바에 따라 행정청에 일정한 사항을 통지하여야 하는 신고로서 법률에 신고의 수리가 필요하다고 명시되어 있는 경우(행정기관의 내부 업무 처리 절차로서 수리를 규정한 경우는 제외한다)에는 행정청이 수리하여야 효력이 발생한다"고 행정요건적 신고에 대하여 규정하고 있다.

나. 수리간주제도의 도입

수리간주제도란 법령에서 정한 처리기간 내에 신고수리 여부 또는 처리기간의 연장을 신고인에게 알리지 않으면 신고를 수리한 것으로 보는 제도이다. 신고제도의 합리화 정비사업은 담당공무원

50) 박송이, 신고제합리화 정비사업, 법제 2017. 9, 182면 이하.

51) 건축법 제14조 제3항(건축신고): 특별자치시장 · 특별자치도지사 또는 시장 · 군수 · 구청장은 제1항에 따른 신고를 받은 날부터 5일 이내에 신고수리 여부 또는 민원 처리 관련 법령에 따른 처리기간의 연장 여부를 신고인에게 통지하여야 한다. 다만, 이 법 또는 다른 법령에 따라 심의, 동의, 협의, 확인 등이 필요한 경우에는 20일 이내에 통지하여야 한다.

52) 체육시설의 설치 · 이용에 관한 법률 제20조 제3항(체육시설업의 신고): 특별자치시장 · 특별자치도지사 · 시장 · 군수 또는 구청장은 제1항에 따른 신고를 받은 경우에는 신고를 받은 날부터 7일 이내에, 제2항에 따른 변경신고를 받은 경우에는 변경신고를 받은 날부터 5일 이내에 신고수리 여부를 신고인에게 통지하여야 한다.

의 소극적 업무처리를 방지하고 신고 당사자의 권익을 보호하기 위하여 수리를 요하는 행정요건적 신고 중 환경, 안전 등 이미 수리가 간주된 이후에 회복하기 어렵거나 이해관계자가 많은 경우를 제외하고 수리간주제도를 도입하고 있다. "행정청이 전항에서 정한 기간 내에 신고수리 여부나 민원처리 관련 법령에 따른 처리기간의 연장 여부를 신고인에게 통지하지 아니하면 그 기간이 끝난 날의 다음 날에 신고를 수리한 것으로 본다(건축법 21조 4항, 도로법 27조 5항, 식품위생법 37조 13항, 석유 및 석유대체연료 사업법 5조 4항, 체육시설설치 · 이용에 관한 법률 20조 4항 · 물환경보전법 53조 4항 등)."라는 형식의 수리간주규정이 채택되고 있는바, 이와 같이 수리가 간주되는 경우에는 처분성이 인정되어 직권취소, 철회 및 행정쟁송의 대상(특히 제3자의)이 될 것이다.

사례 1 갑은 식품위생법상의 식품접객업허가를 받아 유흥주점을 영위하여 오다가 17세의 가출 여학생을 고용하던 중, 식품위생법 제44조 제2항 제1호의 "청소년을 유흥접객원으로 고용하여 유흥행위를 하게 하는 행위"를 한 것으로 적발되었다. 관할행정청이 제재처분을 하기에 앞서 갑은 을에게 영업관리권만을 위임하였는데 을은 갑의 인장과 관계서류를 위조하여 관할 행정청에게 영업자지위승계신고를 하였고, 그 신고가 수리되었다.(제53회 행정고시)

1) 영업자지위승계신고 및 수리의 법적 성질을 검토하시오.(10점)

2) 갑은 관할 행정청의 영업자지위승계신고의 수리에 대하여 무효확인소송을 제기할 수 있는지 검토하시오.(15점)

3) 만약 갑과 을간의 영업양도가 유효하고 영업자지위승계의 수리가 적법하게 이루어졌다고 가정할 경우, 관할 행정청이 갑의 위반행위를 이유로 을에게 3개월의 영업정지 처분을 하였다면, 그 처분은 적법한지 검토하시오.(15점)

▶답안요지

제1문: 영업자지위승계신고 및 수리의 법적 성질

사인의 공법행위로서 신고의 종류로는 정보제공적 신고와 금지해제적 신고로 분류되고, 금지해제적 신고는 다시 자체완성적 신고와 행정요건적 신고로 구분된다. 자체완성적 신고는 행정청에게 일정한 사항을 통지함으로서 수리를 요하지 않으며, 신고 그 자체로서 법적 효과를 발생시키는 반면, 행정요건적 신고란 사인이 행정청에 대하여 일정한 사항을 통지하고 행정청이 이를 수리함으로써 법적 효과를 발생하는 신고를 의미한다. 한편 법률에 따라서는 영업의 양도의 경우, 양수인이 신고하도록 규정을 두는 경우가 있는바, 여기서 신고의 법적 성격은 양도대상이 되는 영업의 종류에 따라 달리 판단하여야 한다. 허가를 요하는 영업의 양도에 있어서 요구되는 신고는 허가신청으로, 행정요건적 신고를 요하는 영업의 양도에 있어서 요구되는 신고는 행정요건적 신고로, 자체완성적 신고를 요하는 영업의 양도에 있어서는 자체완성적 신고로 판단하여야 할 것이다. 사안에서 을은 식품위생법상의 허가대상사업인 유흥주점에 대한 영업자지위승계신고를 하였는바, 이에 따라 당해 신고행위는 유흥주점에 대한 허가신청으로서, 관할 행정청의 수리행위는 실질에 있어서 양도자의 사업허가를 철회함과 아울러 양수자에게 적법하게 사업을 할 수 있는 법규상 권리를 설정하여 주는 행위로서 강학상 허가에 해당한다고 할 것이다(참고판례: 대판 2001. 2. 9, 2000도2050; 1993. 6. 8, 91누11544).

제2문: 수리에 대하여 무효확인소송을 제기할 수 있는지 여부

가. 사인의 공법행위의 하자와 행정행위의 관계: 설문에서 갑과 을 사이에는 유흥주점의 유효한 양도계약이 존재하지 않으며 이에 따라 을의 영업자지위 승계신고행위는 법률상 원인이 없는 행위로서 무효에 해당한다. 사인의 공법행위에 하자가 있는 경우에 그에 관한 행정행위에 어떠한 영향을 주는지 문제가 되고 있다. 사인의 공법행위가 행정행위의 전제요건이 아니고 단순한 동기에 해당하는 경우에는 사인의 공법행위의 하자는 그 정도의 여하에 관계없이 행정행위에 영향을 미치지 않는다. 반면 사인의 공법행위가 행정

행위의 전제요건이 되는 경우에 일설에 따르면 그 행정행위는 원칙적으로 취소할 수 있는 행정행위에 해당한다는 입장을 취하고 있다. 그러나 다수설과 판례에 따르면 사인의 공법행위가 무효에 해당하는 경우에는 행정행위는 그 전제요건이 없는 것이 되어 무효가 되는 것이 원칙이나 취소사유에 그치는 하자가 있는 경우에는 원칙적으로 유효하다고 한다. 사안에서 식품위생법상의 영업자지위승계신고는 관할 행정청의 수리에 전제요건이 되는 것으로서 을의 신고는 무효에 해당하며, 이에 따른 행정청의 수리는 유효한 대상이 없는 것으로서 당연 무효에 해당한다(대판 1974. 8. 30, 74누168; 2005. 12. 23, 2005두3554).

여기서 갑은 민사소송으로 양도 · 양수행위의 무효확인을 구하는 대신에 관할 행정청의 수리행위에 대하여 무효확인소송을 제기할 수 있는지 문제가 된다. 종래 민사소송의 이행소송이나 행정소송과의 관계에서 행정행위의 무효확인소송의 보충성 여부가 문제가 되었으나 최근 대법원 전원합의체 판결에서는 이를 부정하였다(대판(전원합의체) 2008. 3. 20, 2007두6342). 사안에서는 민사소송의 무효확인소송과 행정소송의 무효확인소송과의 관계가 문제가 되고 있기 때문에 이러한 보충성문제는 적용되지 않는다고 할 것이다. 오히려 갑에게는 민사소송에 의하여 무효를 구함이 없이 막바로 관할 행정청을 상대로 하여 수리처분의 무효확인을 구하는 것이 더 효과적인 권리구제수단이 될 수가 있을 것이다(대판 2005. 12. 23, 2005두3554).

나. 무효확인소송의 적법요건: 사안에서 ① 관할 행정청의 수리행위는 강학상의 허가에 해당하기 때문에 처분성이 인정이 되며(대상적격), ② 관할 행정청의 수리행위는 을에 대한 허가의 발급을 의미할 뿐 아니라 동시에 갑의 영업허가를 철회하는 행위로서 갑은 불익처분의 상대방으로 수리행위의 취소를 구할 법률상 이익(행소법 12조)이 인정된다(원고적격). ③ 또한 상술한 바와 같이 갑의 권리보호의 필요가 충분히 인정된다고 할 것이다. 갑은 관할 행정청을 피고로 하여 피고의 소재지를 관할하는 1심 행정법원에 무효확인소송을 제기할 수 있을 것이다.

다. 갑의 청구의 이유유무: 식품위생법상 사업양도 · 양수에 따른 허가관청의 지위승계신고의 수리는 적법한 사업의 양도 · 양수가 있었음을 전제로 하는 것이므로 그 수리대상인 사업양도 · 양수가 존재하지 아니하거나 무효인 때에는 수리를 하였다 하더라도 그 수리는 유효한 대상이 없는 것으로서 당연무효라 할 것이다.

제3문: 영업정지처분의 적법성

사안에서 영업자지위승계의 수리가 적법하게 행하여진 경우에, 갑의 위반행위를 이유로 을에 대하여 내려진 3개월 영업정지처분의 적법성 여부를 묻고 있다. 허가효과의 승계와 관련하여 대인적 허가의 경우에는 승계를 부정하는 반면, 대물적 허가의 경우에는 긍정하고, 혼합적 허가의 경우에는 인적 요소의 변경에는 허가를 요하고, 물적 요소의 변경에는 신고를 요한다고 하는 것이 일반적인 학설의 견해이나, 관련법률의 규정이 결정적인 의미를 갖는다고 할 것이다. 식품위생법 제39조는 영업자가 영업을 양도하는 경우에는 그 양수인은 그 영업자의 지위를 승계한다고 규정하고 있는바, 여기서 허가의 효과가 승계됨으로서 양도인의 행정제재사유가 아울러 승계되는지 여부가 문제가 된다. 판례는 대물적 허가의 경우 영업양도와 더불어 양수인은 양도인의 지위를 승계함에 따라 양도인의 허가에 따른 권리 · 의무가 양수인에게 이전되므로, 만일 양도인에게 그 허가를 취소할 사유가 있다면 행정청은 이를 이유로 양수인에게 응분의 제재조치를 취할 수 있다는 입장을 취하고 있다(대판 1986. 7. 22, 86누203(석유판매업허가); 2001. 6. 29, 2001두1611(공중위생업허가)). 그러나 이러한 행정제재사유의 승계는 구체적인 의무부과행위(영업정지처분)를 전제로 하여, 그 의무가 양수인에게 승계되는지 여부의 이른바 '공의무의 승계문제'와 구별되는 개념으로서 원칙적으로 부인되어야 할 것이다. 양수인이 책임질 수 없는 사유로 그에게 제재처분을 부과하는 것은 예측가능성과 비례의 원칙에 반한다고 할 것이다(본서 제3장 행정상의 법률관계의 공의무의 승계부분 참조). 다만, 행정제재사유가 물적 사정에 관련되고 그러한 위법한 상태가 양수 이후에도 계속되고 있다면 양수인에게 이를 사유로 행정제재처분을 부과할 수 있을 것이다. 사안에서는 갑의 행정제재사유는 인적 제재사유로서 이를 이유로 을에 대하여 제재처분을 할 수 없다고 할 것이다.

사례 2 甲은 자신의 5번째 자녀(女)의 이름을 첫째에서 넷째 자녀의 돌림자인 "자(子)"자를 넣어, '말자(末子)'라고 지어 출생신고를 하였다. 가족관계의 등록 등에 관한 규칙 [별표1]에 의하면 '末'자와 '子'자는 이름으로 사용할 수 있는 한자이다. 그러나 甲의 출생신고서를 접수한 공무원 乙은 '末子'라는 이름이 개명(改名)신청이 잦은 이름이라는 이유로 출생신고서의 수리를 거부하였다. 乙의 수리거부행위가 항고소송의 대상이 되는지 검토하시오.(제55회 행정고시)(15점)

▶**답안요지** 乙의 수리거부행위가 항고소송의 대상이 되는 처분이 되는지를 판단하기 위하여는 우선 출생신고의 법적 성격을 파악하여야 한다.

1. 출생신고의 법적 성격

사안과 관련하여 출생신고의 법적 성격이 문제가 되고 있는바, 사인의 공법행위로서 신고란 "사인이 공법적 효과의 발생을 목적으로 행정주체에게 일정한 사실을 알리는 행위"를 말한다. 이러한 신고는 정보제공적 신고와 금지해제적 신고로 분류되고, 금지해제적 신고는 다시 자체완성적 신고와 행정요건적 신고로 구분된다. 자체완성적 신고는 행정청에게 일정한 사항을 통지함으로써 의무가 끝나는 신고로서, 수리를 요하지 않으며 신고 그 자체로서 법적 효과를 발생시키는 반면, 행정요건적 신고란 사인이 행정청에 대하여 일정한 사항을 통지하고 행정청이 이를 수리함으로써 법적 효과를 발생하는 신고를 의미한다. 개별법이 일정한 행위를 위하여 신고를 요구하는 경우에 그 구별이 쉽지 않은바, 관련 규정의 목적과 취지에 따라 판단하여야 한다. 판례에 따르면 ① 수리를 요한다는 명문의 규정이 있는 경우, ② 신고와 관련하여 법령이 실질적 요건을 정하거나 실질적 심사를 허용하는 규정을 둔 경우, ③ 신고사항이 사회질서나 공공복리에 미치는 영향이 크거나 직접적으로 행정목적을 침해하는 행위인 경우에는 행정요건적 신고로 보고 있다. 반면, ① 법령이 신고의무만을 규정할 뿐, 실질적 요건에 관하여 아무런 규정을 두지 않고 형식적 심사만을 허용하는 경우, ② 사회질서나 공공복리에 미치는 영향이 작거나 직접적으로 행정목적을 침해하지 않는 행위인 경우에는 자체완성적 신고로 보고 있다. 출생신고의 경우 가족관계의 등록 등에 관한 법률 44조 1항을 살펴볼 때, 행정청이 그 내용에 대하여 실질적 심사에 대한 규정이 없고, 사인의 신고만으로 그 법적 효과를 얻을 수 있으므로 자체완성적 신고라고 보아야 할 것이다. 자연인은 출생신고에 의하여 권리와 의무를 갖게 되는데, 만일 담당 공무원이 출생신고 수리를 좌우할 수 있고 시기를 지연시킬 수 있다면 이는 기본권의 중대한 침해에 해당되기 때문에 행정요건적 신고로 보는 견해는 타당성이 없을 것이다.

2. 수리거부행위의 처분성 여부

행정요건적 신고의 수리거부행위에 대하여는 처분성을 인정한 반면, 자체완성적 신고의 수리거부행위에 대하여는 처분성을 부인하는 것이 종래의 판례와 다수설의 입장이었다. 자체완성적 신고의 경우에 사인의 신고 자체로 절차가 완료되기 때문에 수리의 거부라는 처분이 개입할 여지가 없다. 신고가 형식적 요건을 갖추고 있는 한, 신고의 도달 그 자체로서 효력을 발생하기 때문에 수리의 거부는 별도의 법적인 의미를 갖지 못한다. 그러나 이러한 종래의 판례와 다수설은 근래 유력설에 의하여 비판을 받고 있다. 유력설은 ① 신고에 따른 효력이 발생하였는지 여부에 관하여 당사자와 행정청의 견해가 다른 경우가 있을 수 있으며, 이러한 경우 미리 신고내용에 위법이 있는지 여부에 관하여 확인할 필요가 있으며, ② 적법한 신고를 하였음에도 행정청에서 의도적으로 수리를 거부하는 경우가 있기 때문에 자체완성적 신고의 반려행위에 대하여 처분성을 인정하여야 한다고 주장하고 있다. 최근 대법원 전원합의체 판결(대판 2010. 11. 18, 2008두167) 역시 자체완성적 성격을 갖는 건축신고의 반려행위와 관련하여 "건축신고가 반려될 경우 당해 건축물의 건축을 개시하면 시정명령, 이행강제금, 벌금의 대상이 되거나 당해 건축물을 사용하여 행할 행위의 허가가 거부될 우려가 있어 불안정한 법적 지위에 있게 된다. 따라서 건축신고 반려행위가 이루어진 단계에서 당사자로 하여금 반려행위의 적법성을 다투어 그 법적 불안을 해소한 다음 건축행위에 나아가도록 함으로써 장차 있을지도 모르는 위험에서 미리 벗어나는 길을 열어주고, 위법한 건축물의 양산과 그 철거를 둘러싼 분쟁을 조기에 해결할 수 있게 하는 것이 법치행정의 원리에 부합한다"는 취지에서 처분성을 인정하였다. 출생신고는 가족관계의 등록에 관한 법률 44조 1항에 따라 출생 후 1개월 이내에 신고하도록 되어 있고, 이

기간 내에 신고하지 않은 경우 5만원 이하의 과태료를 부과받을 수 있다는 점, 출생인은 자연인으로서 권리와 의무를 행사하는 데 지장을 받게될 수 있다는 등 법적 불안 및 불이익의 해소를 위하여 처분성을 인정할 수 있을 것이다.

사례 3 A는 甲시에 소재하는「국토의 계획 및 이용에 관한 법률」에 따른 관리지역 내 110㎡ 토지(이하 '이 사건 토지'라 한다) 위에 연면적 29.15㎡인 2층 건축물을 건축하기 위한 신고를 관할 X행정청에 하였다. 그런데 이 건물을 신축하면 이 사건 토지에 위치하고 있는 관정(管井)이 폐쇄됨으로써 인근주민의 유일한 식수원 사용관계에 중대한 위해가 있게 된다. 따라서 관할 X행정청은 A가 신청한 건축물이 건축될 경우 보건상 위해의 염려가 있음을 이유로 당해 건축신고의 수리를 거부하였다.

1. A가 행한 건축신고의 법적 성질은 무엇이며 건축허가와는 어떻게 다른가?(15점)

2. X행정청이 건축법상 명문의 규정이 없음에도 불구하고 인근주민의 식수사용관계 등 보건상 위해를 이유로 한 건축신고 수리거부는 적법한가?(제54회 사법시험)(15점)

▶**답안요지** **제1문:**

1) A가 행한 건축신고의 법적 성질

사인의 공법행위로서 신고란 "사인이 공법적 효과의 발생을 목적으로 행정주체에 대하여 일정한 사실을 알리는 행위를 말한다". 이러한 신고는 정보제공적 신고와 금지해제적 신고로 구분되고 금지해제적 신고는 다시 ① 자체완성적 신고와 ② 행정요건적 신고로 구분된다. 자체완성적 신고는 행정청에게 일정한 사항을 통지함으로써 의무가 끝나는 신고로서 수리를 요하지 않으며, 신고 그 자체로서 법적 효과를 발생시킨다. 반면 행정요건적 신고란 사인이 행정청에 대하여 일정한 사항을 통지하고 행정청이 이를 수리함으로서 법적 효과를 발생하는 신고를 말한다. 자체완성적 신고는 수리를 요하지 않기 때문에 신고의 수리거부의 처분성을 부인하여 왔으나 최근 판례는 개인의 권리보호의 관점에서 처분성을 인정하고 있다. 실무상 자체완성적 신고와 행정요건적 신고의 구별은 어려움을 야기시키고 있으나 판례에 따르면 ① 수리를 요한다는 명문의 규정이 있는 경우, ② 신고와 관련하여 법령이 실질적 요건을 정하거나 실질적 심사를 허용하는 규정을 둔 경우, ③ 신고사항이 사회질서나 공공복리에 미치는 영향이 크거나 직접적으로 행정목적을 침해하는 행위인 경우에는 행정요건적 신고로 보고 있다. 반면, ① 법령이 신고의무만을 규정할 뿐, 실질적 요건에 관하여 아무런 규정을 두지 않고 형식적 심사만을 허용하는 경우, ② 사회질서나 공공복리에 미치는 영향이 작거나 직접적으로 행정목적을 침해하지 않는 행위인 경우에는 자체완성적 신고로 보고 있다. 설문에서 A는 관리지역 내 110㎡ 토지(이하 '이 사건 토지'라 한다) 위에 연면적 29.15㎡인 2층 건축물을 건축하기 위하여 X행정청에 건축을 신고하였는바, 이는 구 건축법 14조 1항 2호에 해당하는 건축물로서 그 자체로는 자체완성적 신고의 대상이 되는 건축물에 해당한다. 그런데 이 사건 토지는 도시계획구역에서 관리지역에 속하고 있는 것으로 건축 등 개발행위를 하기 위하여는「국토의 계획 및 이용에 관한 법률」에 따라 개발행위허가를 받아야 한다. 구 건축법 14조 1항에 의한 건축신고에는 구 건축법 11조 5항이 준용되기 때문에 개발행위허가의 의제효과가 수반되며, 이러한 인허가의제 효과를 수반하는 건축신고는 행정요건적 신고에 해당한다는 것이 판례의 입장이다. 건축신고를 하려는 자는 인허가의제사항 관련 법령에서 제출하도록 의무화하고 있는 신청서와 구비서류를 제출하여야 하는데, 이는 건축신고를 수리하는 행정청으로 하여금 인허가의제사항 관련법률에서 규정된 실체적 요건에 관하여 심사하도록 하기 위한 것이다. 이에 따라 사안의 건축신고는 인허가의제효과를 수반하는 건축신고로서 일반적인 건축신고와는 달리 행정요건적 신고에 해당된다(대판 2011. 1. 20, 2010두14954).

2) 건축허가와의 차이점

수리를 요하는 행정요건적 신고와 관련하여 실무상 허가와 차이가 없다는 이유로 허가와 실질적 차이가 없다는 견해가 있으나 허가보다 요건심사가 완화된 제도로 이해하는 것이 다수설이다. 실정법상 "등록"

으로 표현되어 허가와 구별되어 표시되기도 한다.

제2문: 사안에 있어서 건축신고는 행정요건적 신고로서 완화된 허가의 성격을 갖고 있다. 건축허가는 강학상 허가로서 법률에서 특별하게 규정하지 않는 한 개인의 기본권보호의 관점에서 기속행위의 성격을 갖고 있다. 다만 판례는 강학상 허가의 성격을 갖는 경우라도 예외적으로 중대한 공익상의 필요를 위하여 거부할 수 있다는 입장을 취하고 있다(대판 1999. 4. 23, 97누14378; 2002. 10. 25, 2002두6651). 수리를 요하는 행정요건적 신고의 경우에도 판례는 사설납골당 설치신고와 관련하여 "납골당의 규모와 진입로 및 주위 교통여건 등을 비교하여 교통량 증가로 교통체증이 심화되어 마을 주민들의 통행에 현저한 지장을 가져오는지 여부, 납골당 설치로 인해 보건위생상 또는 환경상의 문제가 발생할 우려가 있는지 여부, 파주시 장사시설의 현황과 장사시설에 관한 중장기계획의 내용 등에 비추어 위 사설납골당이 국토의 효율적 이용 및 공공복리 증진을 해칠 우려가 있는지 여부 등을 살펴 납골당 설치신고의 수리를 거부할 중대한 공익상 필요가 있는지를 판단하여야 한다(대판 2010. 9. 9, 2008두22631)"고 판시하고 있다. 사안에서 A가 신청한 건축물이 건축이 되면 이 사건 토지에 위치하고 있는 관정이 폐쇄됨으로써 인근주민의 유일한 식수원 사용관계에 중대한 위해가 있게 되는바, 이는 중대한 공익상 필요에 해당된다. 판례의 입장에 따른다면 X는 중대한 공익상의 필요로 수리를 거부할 수 있을 것이다. 더욱이 사안의 건축신고는 개발행위허가의 의제효과를 수반하는바, 여기서 건축을 위하여 개발행위허가를 수반하는 경우에는 그 범위 내에서 건축신고수리는 재량행위의 성격을 갖게 된다. X행정청은 자신의 재량권행사에 있어서 식수원사용관계에 있어서 중대한 위해를 고려하여 거부처분을 할 수 있으며 이러한 거부처분은 비례의 원칙에 합치되어 적법할 것이다.

제 2 편

행정작용법

개 설

행정주체가 행정목적을 달성하기 위하여 행하는 일체의 법률적 · 사실적 작용을 총칭하여 행정작용이라고 하며 행정작용에 관한 국내공법을 행정작용법이라고 한다. 사회가 산업화 · 복잡화되고 이에 따라 행정기능이 확대됨에 따라 행정목적을 실현시키기 위한 행정수단 역시 갈수록 다양해지고 있다. 이러한 행정수단들을 일정한 기준에 따라 분류하여 행정의 모습을 법적인 관점에서 체계적으로 파악하는 것이 행정작용법의 과제이다. 이러한 행정작용법은 한편에서는 행정주체의 조직 및 이들 상호간의 법률관계를 대상으로 하는 행정조직법과 구별되고 다른 한편에서는 행정작용에 대한 권리구제를 내용으로 하는 행정구제법과 구별된다. 행정작용은 그것이 이루어지는 행위형식에 따라 행정입법, 행정행위, 행정계획, 공법상 계약, 사실행위, 행정지도 등으로 분류될 수 있다. 과거 시민적 법치국가시대에 있어서는 행정작용은 소극적으로 질서유지를 그 중심과제로 하였으며, 일방적이고 고권적 규율인 행정입법과 행정행위가 그 당시의 지배적인 행위형식이었다. 그러나 오늘날 국가가 적극적으로 경제적 · 사회적 질서를 형성하고, 개인의 생존을 배려하는 사회적 법치국가시대에 있어서는 이들 전통적인 행위형식 이외에도 행정계획과 같은 유도적인 행위형식이나 공법상 계약 또는 행정지도와 같은 비권력적 행위형식의 중요성이 점차 강조되고 있다. 다음에서는 이들 행정의 행위형식들에 대하여 개별적으로 고찰하기로 한다.

02 행정입법(行政立法)

제1절 개 설

행정입법은 행정권이 법조의 형식으로 일반적 · 추상적 규율을 제정하는 작용 또는 그에 의하여 제정된 법규정을 의미한다. 행정주체로서의 국가에 의한 입법을 협의의 행정입법이라고 하고 이것에 지방자치단체의 자치입법(조례 · 규칙)을 포함시켜 광의의 행정입법이라고 한다. 여기에서 일반적이라 함은 불특정다수인을 대상으로 함을 의미하고 추상적이라 함은 불특정다수의 사건에 적용됨을 의미한다.[1] 또한 규율은 생활관계를 일방적이고 구속적으로 확인하고 형성하는 고권적 명령으로 정의된다. 행정입법이 일반적 · 추상적 규율이라는 점에서 후술하는 행정주체의 개별적 · 구체적 규율로서의 행정행위와 구별된다. 행정입법은 행정주체와 국민과의 관계를 규율하여 대외적인 효력을 갖는 법규명령과 원칙적으로 행정 내부의 영역에만 효력을 갖는 행정규칙으로 구별된다.

제2절 법규명령

Ⅰ. 법규명령의 의의와 필요성

1. 법규명령의 의의

법률의 위임에 의하여 또는 법률을 집행하기 위하여 행정권에 의하여 제정되는 법규명령은 국가기관은 물론 일반적으로 국민에 대하여 직접 구속력을 갖는 법규범으로서의 성격을 갖고 있다. 행정과 입법의 교차점에 있으며 법집행적인 성격과 입법적인 성격을 아울러 갖고 있는 법규명령은 국민생활을 일방적 · 고권적으로 규율한다는 점에서 행정행위와 상통하는 점이 있으며 그와 더불어 행정의 가장 중요한 행위형식이 되어 왔다. 의회에 의하여 제정된 법률과 동일한 방식으로 개인 기타 규범대상자들을 구속적으로 규율하는 법규명령은 ① 위임명령의 경우 반드시 법률이나 상위 법규명령에 그 근거를 두고 있다는 점, ② 일반성 · 추상성을 그 개념적 요소로 하고 있으나 행정조직내부에서만 구속력을 갖고 있는 법규명령이 있을 수 있다는 점에서(행정조직에 관한 대통령령인 직제) 일반

1) Wolff/Bachof/Stober, VerwR I, 10. Aufl., 1994, S. 678.

국민에 대한 구속력은 반드시 그 개념적 요소에 해당되지 않는다.

2. 법규명령의 필요성

이와 같은 법규명령을 제정하는 행정부의 권한은 국회입법원칙(헌법 40조)의 예외에 해당한다. 과거 19세기 후반에 있어서 행정권에 의한 입법은 권력분립의 원칙에 위배되는 것으로서 간주되었으며 그러한 이유로 여러 나라에 있어서 행정입법은 금기시되었다. 국민에 의하여 위임받은 입법권은 타기관에 재위임할 수 없다는 복위임금지의 원칙이 이러한 사상의 표현에 해당된다. 그러나 금세기에 들어와 행정기능의 확대, 그의 전문화·기술화 등의 사정은 법규명령을 불가결한 것으로 만들었으며 헌법상 명문으로 행정입법을 인정하는 나라도 늘기 시작하였는바 우리 헌법도 그 중의 하나이다.

오늘날 행정입법이 필요한 이유로서 학설에서는 ① 전문적·기술적 입법사항의 증대, ② 행정현상의 급격한 변화에 대응하기 위한 탄력성 있는 입법의 필요성, ③ 국회입법으로는 지방별·분야별 특수사항을 규율하기 곤란한 점, ④ 전시·비상시에 예외적으로 행정권에 대한 광범위한 수권이 불가피한 점을 들고 있다. 즉 현대국가에 있어서 법규명령제도는 전문적·기술적·시간적 이유에서 모든 사항에 대하여 세부적으로 규율할 수 없는 의회에 대한 부담을 현저하게 완화시켜준다. 또한 행정권은 스스로의 입법권한이 있기 때문에 법규명령을 제정하는 것이 아니라 원칙적으로 의회의 수권을 근거로 하여서만 법규명령을 제정할 수 있기 때문에 권력분립원칙에 위배되는 것은 아니다. 수권의 경우에도 의회는 중요하고도 근본적인 사항은 법률로 정하여야 하고, 입법계획의 세부적인 사항들만 행정권에 위임할 수가 있다. 의회는 여전히 입법의 주인으로서 법규명령의 필요 여부 및 제정방식에 대하여 스스로 결정하며 일단 발하여진 법규명령을 사후에 다시 법률의 제정에 의하여 폐기하거나 변경할 수 있다. 그러나 오늘날 행정기능의 확대·강화에 따라 법규명령이 급속히 증대되고 있으며 아울러 기본적이고 중요한 사항이 빈번히 세부적인 것으로 판단되어 법규명령의 규율대상이 됨에 따라 법치주의에 중대한 도전이 되고 있다. 오늘날 법규명령의 문제점은 제도적 그리고 현실적으로 그것을 어느 범위까지 인정할 것인지 그 한계를 어디에 둘 것인지, 즉 법규명령의 통제와 그 한계설정에 있다.

Ⅱ. 법규명령의 종류

1. 법형식에 의한 분류

1) 긴급명령과 긴급재정·경제명령

국가긴급권제도로써 대통령은 ① 내우·외환·천재·지변 또는 중대한 재정·경제상의 위기에 있어서 국가의 안전보장 또는 공공의 안녕·질서를 유지하기 위하여 긴급한 조치가 필요하고 국회의 집회를 기다릴 여유가 없을 때 긴급재정·경제명령을(헌법 76조 1항), ② 국가의 안위에 관계되는 중대한 교전상태에 있어서 국가를 보위하기 위하여 긴급한 조치가 필요하고 국회의 집회가 불가능한 때에 한하여 긴급명령을 발할 수 있다(헌법 76조 2항). 이들은 법률과 동일한 효력을 갖는다.

2) 대통령령

대통령은 사전에 국무회의의 심의를 거쳐 법규명령을 제정하는데 이는 법률에서 구체적으로 위임받은 사항이나(위임명령), 법률을 집행하기 위하여 필요한 사항을(집행명령) 규율하는 법규명령을 말한다(헌법 75조). 이를 보통 시행령이라고 부른다.

3) 총리령 · 부령

국무총리가 법률이나 대통령의 위임 또는 직권으로 발하는 명령이 총리령이며 행정각부의 장관이 법률이나 대통령령의 위임 또는 직권으로 발하는 명령이 부령이다(헌법 95조). 여기에서 법률 · 대통령령의 위임으로 발하는 명령이 위임명령이며 직권으로 발하는 명령이 집행명령이다. 총리령이나 부령을 보통 시행규칙이라고 부른다.

총리령과 부령에 관하여는 다음과 같은 문제점이 제기되고 있다.

첫째, 인사혁신처장 · 법제처장 · 기획예산처장 및 식품의약품안전처장과 같은 국무총리직속기관도 부령제정권을 갖고 있는지 논의가 되고 있다. 국무총리직속기관은 헌법 제95조에 의한 행정각부의 장에 해당하지 않으므로 처령과 같은 법규명령을 발할 수 없고 따라서 그 소관사무에 관하여는 총리령에 의하여야 한다는 입장이 지배적인 견해이다.

둘째, 총리령과 부령간의 효력문제이다. 이에 관하여는 총리령은 국무총리의 소관사무에 대하여 발하는 것인데, 국무총리의 소관사무는 대통령을 보좌하고 행정에 관하여 대통령의 명을 받아 행정각부를 통할하는 일이 주된 것이므로(헌법 86조 2항), 총리령이 부령보다 실질적으로 우월한 효력을 가진다는 견해와, 헌법은 양자간의 효력의 차이에 대하여 아무런 규정을 두지 않고 총리령은 국무총리가 행정각부의 장과 동일한 지위에서 그 소관사무에 대하여 발하는 것이므로 부령과 동등한 효력을 가진다는 견해가 대립되고 있다. 비록 헌법은 양자간의 효력의 차이에 대하여 어떠한 규정을 두고 있지는 않으나, 국무총리는 행정각부를 통할하는 지위를 갖고 있으므로 헌법 전체를 체계적으로 해석하여 총리령과 부령이 저촉하는 경우에는 전자가 우월하다고 보아야 한다.

4) 중앙선거관리위원회규칙

중앙선거관리위원회는 헌법 제114조 제6항에 따라 법령(法令)의 범위 안에서 선거관리, 국민투표관리, 정당사무에 관하여 규칙을 제정할 수 있다.

5) 대법원규칙 및 헌법재판소규칙

비록 행정입법에는 속하지 않으나 대법원과 헌법재판소도 법규명령의 효력을 갖는 규칙을 제정할 수 있다(헌법 108조, 113조 2항).

6) 감사원규칙

감사원은 감사원법 제52조에 근거하여 감사에 관한 절차, 감사원의 내부규율과 감사사무처리에 관하여 규칙을 제정할 수 있는바 감사원규칙의 법적 성질에 대하여는 학설이 대립하고 있다.

행정규칙으로 보는 견해는 ① 법규명령은 국회입법의 원칙에 대한 중대한 예외에 해당하기 때문에 이를 엄격히 통제하지 않으면 걷잡을 수 없는 결과가 된다는 점, ② 우리나라 헌법과 같은 고도의 경성헌법 아래에서 헌법상의 국회입법원칙의 예외는 헌법 스스로 명문으로 인정한 경우에 한하여야 한다는 점, ③ 법률은 법규명령의 내용상의 구체적인 위임을 할 수 있어도 법규명령이라는 입법형식 그 자체를 직접 창설하지 못한다는 점 등을 논거로 하고 있다.[2)]

2) 金道昶, 一般行政法論, 311면; 洪準亨, 行政法總論, 311면.

이에 대하여 법규명령으로 보는 견해는 ① 헌법은 일정한 법형식의 법규명령을 인정하고 있으나 그 이외의 법형식의 법규명령을 막는 뜻으로 해석할 것이 아니라는 점, ② 그것이 법률이 위임한 범위 내에서 사항을 정한다면 국회입법의 원칙에 반하는 것이 아니라는 점을 주장하고 있다.[3]

한편 헌법재판소는 헌법이 인정하고 있는 위임입법의 형식은 예시적이며 입법자가 규율의 형식도 선택할 수 있다고 판시하고, 다만 기본권을 제한하는 법률이 입법위임을 하는 경우에는 대통령령, 총리령, 부령 등 법규명령에 위임하는 것이 바람직하며, 법규명령과 같은 엄격한 제정 및 개정 절차를 요하지 않는 행정규칙에 입법사항을 위임하는 경우에는 전문적 · 기술적 사항이나 경미한 사항으로 업무의 성질상 위임이 불가피한 사항에 한정되어야 하며, 그러한 사항이라고 하더라도 포괄위임금지의 원칙상 법률의 위임은 반드시 구체적 · 개별적으로 한정된 사항에 대하여 행하여져야 한다고 판시하고 있다. 이러한 헌법재판소의 결정에 따른다면 감사원규칙뿐만 아니라 공정거래위원회규칙 · 금융위원회규칙 · 금융통화위원회규정 · 방송통신심의위원회심의규정 · 중앙노동위원회규칙 등도 위임입법의 한 형식으로서 법규명령의 성격을 갖는다고 할 것이다.

판례(헌법상의 위임입법형식의 예시적 성격) 오늘날 의회의 입법독점주의에서 입법중심주의로 전환하여 일정한 범위 내에서 행정입법을 허용하게 된 동기가 사회적 변화에 대응한 입법수요의 급증과 종래의 형식적 권력분립주의로는 현대사회에 대응할 수 없다는 기능적 권력분립론에 있다는 점 등을 감안하여 헌법 제40조와 헌법 제75조, 제95조의 의미를 살펴보면, 국회입법에 의한 수권이 입법기관이 아닌 행정기관에게 법률 등으로 구체적인 범위를 정하여 위임한 사항에 관하여는 당해 행정기관에게 법정립의 권한을 갖게 되고, 입법자가 규율의 형식도 선택할 수도 있다 할 것이므로, 헌법이 인정하고 있는 위임입법의 형식은 예시적인 것으로 보아야 할 것이다(헌재결 2004. 10. 28, 99헌바91).

---

2. 효력 및 내용에 따른 분류

1) 헌법 또는 법률대위명령

헌법적 효력을 가지는 명령을 헌법대위명령이라 하고 법률의 효력을 가지는 명령을 법률대위명령이라고 하는데 이러한 명령은 국가비상시에 한하여 예외적으로 인정된다. 구 헌법 제51조는 대통령이 발하는 긴급조치는 국민의 자유와 권리를 잠정적으로 정지할 수가 있고 정부나 법원의 권한에 대하여 특별한 조치를 취할 수 있다고 규정하여 헌법대위명령과 법률대위명령을 포함시키고 있었다. 그러나 현행헌법은 대통령에게 긴급한 조치가 필요한 경우에 법률의 효력을 가지는 명령을 발할 수 있는 법률대위명령만을 인정하고 있다(헌법 76조: 긴급재정 · 경제명령, 긴급명령).

2) 법률종속명령

법률보다 하위의 효력을 가지는 명령을 법률종속명령이라고 하는데 긴급명령을 제외한 대통령령 · 총리령 · 부령 등이 모두 이에 속한다. 법률종속명령은 다시 그 내용에 따라 위임명령과 집행명령으로 나눌 수 있다.

가. 위임명령

이는 법률 또는 상위명령에 의하여 위임된 사항에 관하여 발하는 명령으로서, 위임의 범위에서

3) 朴鈗炘/鄭亨根, 最新行政法講義(上), 200면.

는 국민의 권리 · 의무에 관한 사항, 즉 입법사항에 관하여도 규율할 수 있다.

나. 집행명령

집행명령은 법률 또는 상위명령의 규정의 범위 내에서 상위법령의 시행에 관하여 필요한 절차 및 형식에 관한 사항을 규정하는 법규명령을 말한다. 따라서 집행명령은 상위법령의 명시적인 수권이 없는 경우에도 발할 수 있으나 새로운 입법사항에 관하여는 규율할 수 없다. 대체로 위임명령과 집행명령은 하나의 명령에 혼합적으로 규정되는 것이 보통이다.

Ⅲ. 법규명령의 한계

법규명령의 한계로는 두 가지가 문제되는바, 첫째, 국회에서 법규명령에 대한 수권법률을 제정할 때 수권의 한계와, 둘째, 수권법률에 근거하여 행정부에서 법규명령을 제정할 때 법규명령의 내용적 한계가 그것이다. 그런데 긴급명령과 긴급재정 · 경제명령은 헌법의 직접적인 수권에 의하여 발하여지기 때문에 수권의 한계는 문제가 되지 않으며, 법률을 시행하기 위한 절차와 형식에 관한 세칙을 정하는 집행명령 역시 법률의 수권을 필요로 하지 않기 때문에 수권의 한계가 문제되지 않는다. 이들의 경우에는 단지 내용의 한계만이 문제가 될 뿐이다. 그러나 위임명령의 경우에는 반드시 법률의 개별적인 수권을 필요로 하며, 그 수권의 범위 안에서 제정되어야 하기 때문에 두 가지가 다 문제된다.

1. 긴급명령 및 긴급재정 · 경제명령의 한계

대통령의 긴급재정 · 경제명령은 ① 내우 · 외환 · 천재 · 지변 또는 중대한 재정 · 경제상의 위기에 있어서, ② 국가의 안전보장 또는 공공의 안녕질서를 유지하기 위하여 긴급한 조치가 필요하고, ③ 국회의 집회를 기다릴 여유가 없을 때에 한하여, ④ 최소한으로 필요한 재정 · 경제상의 처분을 하거나 이에 관하여 법률의 효력을 가지는 명령을 발할 수 있다(헌법 76조 1항). 이에 대하여 대통령의 긴급명령은 ① 국가의 안위에 관계되는 중대한 교전상태에 있어서, ② 국가를 보위하기 위하여 긴급한 조치가 필요하고, ③ 국회의 집회가 불가능한 때에 한하여 법률의 효력을 가지는 명령을 발할 수 있다(헌법 76조 2항).

대통령이 긴급재정 · 경제명령과 긴급명령을 발한 때에는 지체 없이 국회에 보고하여 그 승인을 얻어야 하며, 승인을 얻지 못한 때에는 그 처분 또는 명령은 그때부터 효력을 상실한다(헌법 76조 3항). 이 경우에 긴급재정 · 경제명령이나 긴급명령에 의하여 개정 또는 폐지되었던 법률은 그 명령이 승인을 얻지 못한 때부터 당연히 효력을 회복한다(헌법 76조 4항).

2. 위임명령의 한계

1) 상위법령의 수권상의 한계

상위법령의 수권상의 한계란 법규명령에 대한 위임을 정하는 법률 또는 법규명령을 제정할 때 준수하여야 할 한계를 의미한다. 수권상의 한계의 위반은 수권법령의 위헌의 문제를 가져온다.

가. 포괄적 위임의 금지

국회는 자신의 입법권한을 전면적으로 다른 기관에 위임할 수 없다. 헌법은 대통령령에 관하여서만 "법률에서 구체적으로 범위를 정하여 위임받은 사항"에 관하여 명령을 발할 수 있음을 규정하고 있으나(헌법 75조) 그 취지는 기타의 위임명령에도 적용되어야 함은 물론이다. "구체적으로 범위를 정하여"라 함은 그 수권법률에서 법규명령의 목적 · 내용 · 범위를 명백히 하여야 함을 의미하며 따라서 일반적 · 포괄적 위임은 허용되지 않음을 의미한다.

헌법재판소는 "구체적으로 범위를 정하여"라 함은 법률에 이미 대통령령으로 규정될 내용 및 범위의 기본사항이 구체적으로 규정되어 누구라도 당해 법률로부터 대통령령에 규정될 내용의 대강을 예측할 수 있어야 함을 의미한다고 판시하고 있다. 아울러 헌법재판소는 위임입법의 구체성 · 명확성의 요구정도는 그 규율대상의 종류와 성격에 따라 달라질 것이지만, 특히 국민의 기본권을 직접적으로 제한하거나 침해할 소지가 있는 법규에서는 구체성 · 명확성의 요구정도가 강화되어 그 위임의 요건과 범위가 일반적인 급부행정법규의 경우보다 더 엄격하게 제한적으로 규정되어야 하는 반면에, 규율대상이 지극히 다양하거나 수시로 변화하는 성질의 것일 때는 위임의 구체성 · 명확성의 요건이 완화되어야 한다고 일관되게 판시하고 있다.[4)]

판례 1(구 교통안전공단법 제17조에 대한 위헌확인) 이 사건 법률조항은 국민의 재산권과 관련된 중요한 사항 내지 본질적인 요소인 분담금의 분담방법 및 분담비율에 관한 기본사항을 구체적이고 명확하게 규정하지 아니한 채 시행령에 포괄적으로 위임함으로써, 분담금 납부의무자로 하여금 분담금납부의무의 내용이나 범위를 전혀 예측할 수 없게 하고, 나아가 행정부의 자의적인 행정입법권행사에 의하여 국민의 재산권이 침해될 여지를 남김으로써 경제생활의 법적 안정성을 현저히 해친 포괄적인 위임입법으로서 헌법 제75조에 위반된다고 하지 않을 수 없다(헌재결 1999. 1. 28, 97헌가8).

판례 2(구 소득세법 제60조에 대한 위헌확인) 이 사건 위임조항은 기준시가의 내용 자체에 관한 기준이나 한계는 물론 내용결정을 위한 절차조차도 규정함이 없이 기준시가의 내용 및 그 결정절차를 전적으로 대통령령이 정하는 바에 의하도록 하였다. 이는 어떤 사정을 고려하여, 어떤 내용으로, 어떤 절차를 거쳐 양도소득세 납세의무의 중요한 사항 내지 본질적 내용인 기준시가를 결정할 것인가에 관하여 과세권자에게 지나치게 광범한 재량의 여지를 부여함으로써, 국민으로 하여금 소득세법만 가지고서는 양도소득세 납세의무의 존부 및 범위에 관하여 개략적으로나마 이를 예측하는 것조차 불가능하게 하고, 나아가 대통령령을 포함한 행정권의 자의적인 행정입법권 및 과세처분권 행사에 의하여 국민의 재산권이 침해될 여지를 남김으로써 국민의 경제생활에서의 법적 안정성을 현저히 해친 입법으로서 조세법률주의 및 위임입법의 한계를 규정한 헌법의 취지에 반한다(헌재결 1995. 11. 30, 91헌바1 · 2 · 3 · 4 병합).

판례 3(포괄적 위임금지의 한계) 위임입법의 경우 그 한계는 예측가능성인바, 이는 법률에 이미 대통령령으로 규정될 내용 및 범위의 기본사항이 구체적으로 규정되어 있어 누구라도 당해 법률로부터 대통령령 등에 규정될 내용의 대강을 예측할 수 있어야 함을 의미하고, 이러한 예측가능성의 유무는 당해 특정

4) 헌재결 1999. 1. 28, 97헌가8; 1998. 4. 30, 96헌바70; 1994. 7. 29, 92헌바49 · 52.

조항 하나만을 가지고 판단할 것은 아니고 관련 법조항 전체를 유기적 · 체계적으로 종합 판단하여야 하며, 각 대상법률의 성질에 따라 구체적 · 개별적으로 검토하여 법률조항과 법률의 입법 취지를 종합적으로 고찰할 때 합리적으로 그 대강이 예측될 수 있는 것이라면 위임의 한계를 일탈하지 아니한 것이다. 질서위반행위규제법 제17조 제2항은 과태료를 부과하는 서면에 명시하여야 할 사항으로 '질서위반행위', '과태료 금액'을 규정하고, 그 밖에 명시하여야 할 사항을 대통령령으로 정하도록 위임하였는바, 누구라도 위 법률조항의 위임을 받은 대통령령에서는 과태료의 부과주체, 부과대상자, 과태료 납부에 관한 사항, 불복절차 및 방법 등을 규정할 것이라고 예측할 수 있으므로 위 법률 조항이 위임의 한계를 벗어나 위헌이라고 할 수 없다(대판 2014. 10. 16, 2014아132).

나. 국회전속입법사항의 위임금지

국회입법의 전속사항이나 국회의 심의를 거쳐야 하는 사항은 법규명령으로서 정할 수 없다. 헌법은 국적취득요건(헌법 2조 1항), 통신 · 방송의 시설기준(헌법 21조 3항), 재산권의 수용 · 사용 · 제한 및 그에 대한 보상(헌법 23조 3항), 국군의 조직과 편제(헌법 74조 2항), 행정각부의 설치와 조직(헌법 96조), 법관의 자격(헌법 101조 3항), 지방자치단체의 종류(헌법 117조 2항) 등을 법률로 정하도록 하고 있으며 또한 죄형법정주의(헌법 13조 1항)와 조세법률주의(헌법 59조)에 대하여 규정하고 있다. 다만 이러한 입법사항이 전적으로 법률로 규율되어야만 하는 것은 아니고 그 본질적인 내용을 법률로 정하여야만 함을 의미한다. 따라서 그 세부적 사항에 대하여 구체적으로 범위를 정하여 법규명령에 위임하는 것은 허용된다.

다. 벌칙위임의 문제

벌칙규정을 법규명령에 위임하는 것이 허용되는지가 죄형법정주의와 관련하여 문제가 되고 있는바 모법(母法)이 범죄구성요건의 구체적인 기준과 처벌의 상 · 하한을 정하여 위임하는 것은 허용된다고 보는 것이 통설이다.

판례 1(복표발행, 현상 기타 사행행위단속법 제9조에 대한 위헌확인) 위임입법에 관한 헌법 제75조는 처벌법규에도 적용되는 것이지만 처벌법규의 위임은 특히 긴급한 필요가 있거나 미리 법률로써 자세히 정할 수 없는 부득이한 사정이 있는 경우에 한정되어야 하고 이 경우에도 법률에서 범죄의 구성요건은 처벌대상인 행위가 어떠한 것일 것이라고 이를 예측할 수 있을 정도로 구체적으로 정하고 형벌의 종류 및 그 상한과 폭을 명백히 규정하여야 한다. 복표발행, 현상 기타 사행행위단속법 제9조는 벌칙규정이면서도 형벌만을 규정하고 범죄의 구성요건의 설정은 완전히 각령에 백지위임하고 있는 것이나 다름없어 위임입법의 한계를 규정한 헌법 제75조와 죄형법정주의를 규정한 헌법 제12조 제1항, 제13조 제1항에 위반된다(헌재결 1991. 7. 8, 91헌가4).

판례 2(법률의 시행령이 형사처벌에 관한 사항을 규정하면서 법률의 명시적인 위임 범위를 벗어나 처벌대상을 확장하는 경우, 위임범위를 벗어나 무효인지 여부) 법률의 시행령은 모법인 법률의 위임 없이 법률이 규정한 개인의 권리 · 의무에 관한 내용을 변경 · 보충하거나 법률에서 규정하지 아니한 새로운 내용을 규정할 수 없고, 특히 법률의 시행령이 형사처벌에 관한 사항을 규정하면서 법률의 명시적인 위임 범위를 벗어나 처벌의 대상을 확장하는 것은 죄형법정주의의 원칙에도 어긋나는 것이므로, 그러한 시행령은 위임입법의 한계를 벗어난 것으로서 무효이다(대판(전원합의체) 2017. 2. 16, 2015도16014).

라. 위임입법권의 재위임

위임입법권의 재위임이란 위임된 입법권을 다시 하위명령에 위임하는 것을 말한다. 이러한 재위임은 실질적으로 수권법의 내용을 개정하는 것이기 때문에 허용되지 않으나 다만 전면적 재위임이 아니고 위임받은 사항에 관한 요강을 정한 다음 그의 세부적인 사항의 보충을 하위명령에 위임하는 것은 허용된다고 보는 것이 일반적인 견해이다. 헌법 제95조가 "대통령령의 위임"이라고 한 것은 위와 같은 재위임의 의미로 이해되고 있다.

판례(위임입법권의 재위임의 허용성) 법률에서 위임받은 사항을 전혀 규정하지 않고 재위임하는 것은 위임금지의 법리에 반할 뿐 아니라 수권법의 내용변경을 초래하는 것이 되고, 부령의 제정 · 개정절차가 대통령령에 비하여 보다 용이한 점을 고려할 때 재위임에 의한 부령의 경우에도 위임에 의한 대통령령에 가해지는 헌법상의 제한이 당연히 적용되어야 할 것이므로 법률에서 위임받은 사항을 전혀 규정하지 아니하고 그대로 재위임하는 것은 허용되지 않으며 위임받은 사항에 관하여 대강을 정하고 그 중의 특정사항을 범위를 정하여 하위법령에 다시 위임하는 경우에만 재위임이 허용된다(헌재결 1996. 2. 29, 94헌마213).

2) 위임명령의 내용상의 한계

국가나 지방자치단체가 법령등을 제정 · 개정 · 폐지하고자 하거나 그와 관련된 활동을 할 때에는 헌법과 상위 법령을 위반해서는 아니 되며, 헌법과 법령등에서 정한 절차를 준수하여야 한다(행정기본법 38조 1항).

위임명령은 상위 수권법령의 범위 내에서 제정되어야 한다. 즉 위임명령은 수권되지 않은 입법사항에 대하여 스스로 규정을 할 수 없고, 규정의 내용도 상위법령의 내용에 반하지 않아야 한다.

3. 집행명령의 한계

집행명령은 위임명령과는 달리 법률 또는 상위명령을 "집행하기 위하여 필요한 사항(헌법 75조)"만을 규정할 수 있다. 그러므로 그것은 상위명령의 범위 내에서만 그 시행에 필요한 구체적인 절차 · 형식 등을 규정할 수 있음에 그친다. 따라서 집행명령은 이 한계를 일탈하여 새로운 입법사항을 규정할 수 없다.

Ⅳ. 법규명령의 성립 · 효력요건

법규명령이 적법하게 성립하여 효력을 발생하기 위하여는 다음의 요건을 충족시켜야 한다.

1. 주체에 관한 요건

법규명령은 대통령 · 국무총리 · 행정각부장관 등 헌법과 법률에 의하여 수권받은 기관, 즉 정당한 권한을 가진 기관에 의하여 그 권한의 범위 내에서 제정되어야만 한다.

2. 절차에 관한 요건

법규명령은 법률에서 정한 절차에 따라 제정되어야만 한다.

1) 국무회의의 심의와 법제처의 심사

대통령령은 국무회의의 심의(헌법 89조 3항)와 법제처의 심사(정부조직법 23조 1항)를 거쳐야 하며 총리령과 부령은 법제처의 심사를 거쳐야 한다(정부조직법 23조 1항).

2) 입법예고제도

행정절차법은 행정상 입법예고제도에 대하여 규정하고 있다. 국민의 권리 · 의무 또는 일상생활과 밀접한 관련이 있는 법령 등을 제정 · 개정 또는 폐지하고자 할 때에는 당해 입법안을 마련한 행정청은 입법안의 취지, 주요내용 또는 전문을 관보 · 공보나 인터넷 · 신문 · 방송 등의 방법으로 40일(자치법규는 20일) 이상 공고하여야 한다. 모든 국민은 예고된 입법안에 대하여 의견을 제출할 수 있으며 행정청은 특별한 사유가 없는 한 이를 존중하여 처리하여야 하고 의견을 제출한 자에게 처리결과를 통지하여야 한다(행정절차법 41조-45조).

3. 형식에 관한 요건

법규명령은 법조문의 형식에 의하여야 한다. 대통령령에는 국무회의의 심의를 거친 뜻을 기재하고 대통령이 서명 · 날인하고, 그 번호와 일자를 명기하여 국무총리와 관계국무위원이 부서한 전문을 붙여야 한다(법령 등 공포에 관한 법률 7조, 10조). 총리령 및 부령은 그 번호와 일자를 명기하고 국무총리 및 각부장관이 서명한 후 직인을 찍는다(법령 등 공포에 관한 법률 9조).

4. 내용에 관한 요건

행정의 행위형식으로서 법규명령에는 법률우위의 원칙이 당연히 적용되며 특히 위임명령의 경우에는 법률유보의 원칙이 적용된다. 위임명령의 수권법률은 수권의 목적 · 내용 · 범위를 명확하게 규정하여야 하며 이를 통하여 그에 근거하여 제정되는 법규명령의 내용에 대한 예측가능성이 있게 된다. 또한 법규명령은 그 내용이 이행가능한 것이어야 하며 명확하여야 한다.

행정기본법은 입법활동이 일반 국민 및 이해관계자로부터 의견을 수렴하고 관계 기관과 충분한 협의를 거쳐 책임 있게 추진되어야 하며, 법령등의 내용과 규정은 다른 법령등과 조화를 이루어야 하고, 법령등 상호 간에 중복되거나 상충되지 아니하여야 하며, 또한 법령등은 일반 국민이 그 내용을 쉽고 명확하게 이해할 수 있도록 알기 쉽게 만들어져야 한다고 규정하고 있다(행정기본법 38조 2항).

판례 1(구 노동조합 및 노동관계조정법 시행규칙 제2조 제4호가 법규명령으로서의 효력이 있는지 여부)

노동조합 및 노동관계조정법 제10조 제1항, 제12조 제2항, 제3항 제2호, 구 노동조합 및 노동관계조정법 시행규칙 제2조의 내용이나 체계, 취지 등을 종합하면, 구 노동조합법 시행규칙이 제2조 제4호에서 설립신고의 대상이 되는 노동조합이 '2 이상의 사업 또는 사업장의 근로자로 구성된 단위노동조합의 경우 사업 또는 사업장별 명칭, 조합원 수, 대표자의 성명'에 관한 서류를 설립신고서에 첨부하여 제출하도록 규정한 것은 상위 법령의 위임 없이 규정한 것이어서, 일반 국민에 대하여 구속력을 가지는 법규명령으로서의 효력은 없다. 따라서 행정관청은 구 노동조합법 시행규칙 제2조 제4호가 정한 사항에 관한 보완이 이루어지지 아니하였다는 사유를 들어 설립신고서를 반려할 수는 없다(대판 2015. 6. 25, 2007두4995).

판례 2(모법에 위임이 없는 시행령이 무효인지 여부) 시행령은 그 법률에 의한 위임이 없으면 개인의 권리 · 의무에 관한 내용을 변경 · 보충하거나 법률에 규정되지 아니한 새로운 내용을 정할 수는 없지만, 시행령의 내용이 모법의 입법 취지와 관련 조항 전체를 유기적 · 체계적으로 살펴보아 모법의 해석상 가능한 것을 명시한 것에 지나지 아니하거나 모법 조항의 취지에 근거하여 이를 구체화하기 위한 것인 때에는 모법의 규율 범위를 벗어난 것으로 볼 수 없으므로, 모법에 이에 관하여 직접 위임하는 규정을 두지 않았다고 하더라도 이를 무효라고 볼 수 없다(대판 2016. 12. 1, 2014두8650).

판례 3(법률의 근거가 없어 무효였던 법규명령이 그 후 법률개정으로 효력이 발생되는지 여부 및 그 한계) 일반적으로 법률의 위임에 따라 효력을 갖는 법규명령의 경우에 위임의 근거가 없어 무효였더라도 나중에 법 개정으로 위임의 근거가 부여되면 그때부터는 유효한 법규명령으로 볼 수 있다. 그러나 법규명령이 개정된 법률에 규정된 내용을 함부로 유추 · 확장하는 내용의 해석규정이어서 위임의 한계를 벗어난 것으로 인정될 경우에는 법규명령은 여전히 무효이다(대판 2017. 4. 20, 2015두45700).

판례 4(어느 시행령이나 조례의 규정이 모법에 저촉되어 무효인지 판단하는 기준) 어느 시행령이나 조례의 규정이 모법에 저촉되는지가 명백하지 않는 경우에는 모법과 시행령 또는 조례의 다른 규정들과 그 입법 취지, 연혁 등을 종합적으로 살펴 모법에 합치된다는 해석도 가능한 경우라면 그 규정을 모법위반으로 무효라고 선언해서는 안 된다. 이러한 법리는, 국가의 법체계는 그 자체 통일체를 이루고 있는 것이므로 상 · 하규범 사이의 충돌은 최대한 배제되어야 한다는 원칙과 더불어, 민주법치국가에서의 규범은 일반적으로 상위규범에 합치할 것이라는 추정원칙에 근거하고 있을 뿐만 아니라, 실제적으로도 하위규범이 상위규범에 저촉되어 무효라고 선언되는 경우에는 그로 인한 법적 혼란과 법적 불안정은 물론, 그에 대체되는 새로운 규범이 제정될 때까지의 법적 공백과 법적 방황은 상당히 심각할 것이므로 이러한 폐해를 회피하기 위해서도 필요하다(대판 2014. 1. 16, 2011두6264).

5. 공　포

공포는 법규명령의 효력요건이다. 법규명령은 그 내용을 외부에 표시함으로써 유효하게 성립한다. 이와 같은 법규명령의 대외적 표시절차를 공포라고 하는데 공포는 관보의 게재를 통하여 행하여야 한다. 이 경우 공포일은 법규명령을 게재한 날이 된다.

6. 효력발생

법규명령은 특별한 규정이 없는 한 공포한 날부터 20일을 경과함으로써 효력을 발생한다(법령 등 공포에 관한 법률 13조). 국민의 권리제한 또는 의무부과와 직접 관련되는 법규명령은 특별한 사유가 있는 경우를 제외하고는 공포일로부터 적어도 30일이 경과한 날로부터 시행되도록 하여야 한다(동법 13조의2).

Ⅴ. 법규명령의 하자

1. 하자있는 법규명령의 효력

법규명령은 상술한 성립 및 효력요건을 결한 경우에 하자있는 명령이 된다. 하자있는 법규명령의 효력에 대하여는 ① 행정행위와 같이 중대하고 명백한 하자가 있는 경우에는 무효이고 기타의 경우에는 취소할 수 있다는 견해, ② 하자있는 법규명령이라도 법질서의 공백을 막기 위하여 효력을 유지하여 구속력을 가지며, 다만 법원에 의한 구체적 부수적 규범통제와 헌법소원에 의하여만 통제될 수 있다는 견해,[5] ③ 법규명령은 행정행위와 같은 공정력이 인정되지 않기 때문에 무효라는 견해 등이 대립되고 있다.

5) 朴均省, 行政法講義, 140면.

생각건대, 법규명령은 행정행위와는 달리 공정력이 부여되지 않기 때문에 법규범 일반의 하자 법리에 따라 하자있는 법규명령은 무효에 해당한다고 할 것이다. ②의 견해는 하자있는 법규명령의 효력이 무효라는 것과 무효임을 유권적으로 확인하는 절차를 혼동하고 있다고 하겠다. 판례 역시 일관되게 하자있는 법규명령은 무효라는 입장을 취하고 있다. 다만, 법규명령의 통제절차와 관련하여 법규명령이 헌법소원의 대상이 되는 경우에는 원칙적으로 헌법재판소의 결정시점부터 효력을 상실하며(헌법재판소법 75조 6항, 47조 준용), 부수적 규범통제(헌법 107조 2항)의 대상이 되는 경우에는 당해 사건에 한정하여 그 적용이 배제되고 있다.

판례 1(하자있는 법규명령의 효력) 구 소득세법시행규칙 제77조 제1항 단서 규정에서 취득가액을 '환지예정면적×취득 당시의 단위당 기준시가'의 산식에 의하여 산정하도록 규정한 것은 그 산정방법이 합리적일 뿐만 아니라 구 소득세법시행령 제167조 제1항 제1호의 해석상 가능한 산정방법 즉, 종전 토지의 면적을 기준으로 하는 방법과 환지예정면적을 기준으로 하는 방법 가운데 환지예정면적을 기준으로 하도록 한 것이므로, 위 시행령 규정이 예정하고 있는 범위 내에서 산정방법을 구체화 · 명확화한 것에 불과하여 상위법령에 위임의 근거가 없다거나 상위법령에 위배되어 무효라고 볼 수 없다(대판 2003. 12. 26, 2002두4075).

판례 2(법규명령의 적법요건) 행정 각부의 장 등이 헌법 제95조에 따라 제정한 부령 등 법규명령이 모법의 위임범위를 벗어났는지 여부는 직접적인 위임 법률조항의 형식과 내용뿐만 아니라 그 밖에 모법의 전반적인 체계와 취지, 목적 등도 아울러 고려하여 모법의 위임의 범위나 한계를 객관적으로 확정한 다음 그 법규명령의 내용과 비교하여 판단하여야 하는 것이므로, 그 법규명령의 내용이 위와 같이 확정된 모법의 위임 내용, 범위에 있다고 인정되거나 모법이 예정하고 있는 바를 구체화, 명확화한 것으로 인정되면 그 법규명령은 무효로 되지 아니한다(대판 2005. 1. 28, 2002도6931).

2. 하자있는 법규명령에 근거한 처분의 효력

하자있는 법규명령에 근거하여 이루어진 처분 역시 위법하다. 다만 법원의 판결이 선고되기 전에는 그 법규명령의 위헌 · 위법여부가 객관적으로 명백한 것이라고 할 수 없으므로, 이러한 법규명령에 근거한 행정처분의 하자는 취소사유에 해당한다고 보는 것이 판례의 입장이다.

판례(하자있는 법규명령에 근거한 처분의 효력) 행정청이 위헌이거나 위법하여 무효인 시행령을 적용하여 한 행정처분이 당연무효로 되려면 그 규정이 행정처분의 중요한 부분에 관한 것이어서 결과적으로 그에 따른 행정처분의 중요한 부분에 하자가 있는 것으로 귀착되고, 또한 그 규정의 위헌성 또는 위법성이 객관적으로 명백하여 그에 따른 행정처분의 하자가 객관적으로 명백한 것으로 귀착되어야 하는바, 일반적으로 시행령이 헌법이나 법률에 위반된다는 사정은 그 시행령의 규정을 위헌 또는 위법하여 무효라고 선언한 대법원의 판결이 선고되지 아니한 상태에서는 그 시행령 규정의 위헌 내지 위법 여부가 해석상 다툼의 여지가 없을 정도로 명백하였다고 인정되지 아니하는 이상 객관적으로 명백한 것이라 할 수 없으므로, 이러한 시행령에 근거한 행정처분의 하자는 취소사유에 해당할 뿐 무효사유가 되지 아니한다(대판 2007. 6. 14, 2004두619).

Ⅵ. 법규명령의 소멸

1. 폐 지

법규명령의 효력을 장래에 향하여 소멸시키는 행정권의 의사표시를 폐지라고 한다. 이러한 법규명령의 폐지는 그 대상인 명령과 동위 또는 상위의 법령에서 규정되어야 한다. 폐지의 의사표시는 명시적으로 할 수도 있고 당해 법규명령과 내용상 충돌하는 상위법령의 제정과 같이 묵시적으로도 할 수가 있다.

2. 종기의 도래 또는 해제조건의 성취

시행기간 또는 해제조건이 붙은 법규명령은 종기의 도래 또는 해제조건의 성취에 의하여 각각 소멸한다.

3. 근거법령의 소멸

법규명령은 상위의 법령에 근거하여 발하여지는 것이므로, 특별한 규정이 없는 한 근거법령이 소멸된 경우에는 법규명령도 소멸함이 원칙이다.

판례(상위법령이 개정된 경우에 집행명령의 효력) 상위법령의 시행에 필요한 세부적 사항을 정하기 위하여 행정관청이 일반적 직권에 의하여 제정하는 이른바 집행명령은 근거법령인 상위법령이 폐지되면 특별한 규정이 없는 이상 실효되는 것이나, 상위법령이 개정됨에 그친 경우에는 개정법령과 성질상 모순, 저촉되지 아니하고 개정된 상위법령의 시행에 필요한 사항을 규정하고 있는 이상 그 집행명령은 상위법령의 개정에도 불구하고 당연히 실효되지 아니하고 개정법령의 시행을 위한 집행명령이 제정, 발효될 때까지는 여전히 그 효력을 유지한다(대판 1989. 9. 12, 88누6962).

Ⅶ. 법규명령에 대한 통제

1. 국회에 의한 통제
   1) 정치적 통제
   2) 입법적 통제
   3) 동의 및 승인권유보
2. 사법적 통제
   1) 일반법원에 의한 통제
   2) 헌법재판소에 의한 통제
3. 행정적 통제
   1) 행정감독권에 의한 통제
   2) 행정절차에 의한 통제
   3) 행정심판에 의한 통제
4. 국민에 의한 통제

행정기능의 확대 및 전문화 · 기술화로 인하여 오늘날 법규명령은 비약적으로 증가하고 있어 국민생활에 미치는 영향은 날로 커져가고 있다. 특히 국회의 입법사항이 되어야 할 기본적이고 중요한 사항이 세부적인 것으로 잘못 판단되어 법규명령의 규율대상이 되는 경우가 많아 법치행정에 대한 중요한 도전이 되고 있다. 이에 따라 법치행정의 확립과 국민의 권리보호라는 관점에서 법규명령의 남용방지 및 그에 대한 효과적인 통제가 중요한 문제로 등장하고 있다.

1. 국회에 의한 통제

1) 정치적 통제

이는 국회가 직접 법규명령의 성립이나 효력발생에 관여하는 것이 아니라 의회가 행정부에 대하여 가지는 통제권의 행사에 의하여 법규명령의 적법 · 타당성을 확보하는 것을 말한다. 현행 헌법상으로 인정되고 있는 정치적 통제의 방법으로는 국정감사 · 조사(헌법 61조), 국무총리 · 국무위원 등에 대한 질문(헌법 62조), 국무총리 및 국무위원해임건의(헌법 63조), 대통령 등에 대한 탄핵소추(헌법 65조) 등을 들 수가 있다.

2) 입법적 통제

국회는 법규명령의 제정에 관한 수권을 제한 또는 철회하거나 법규명령과 내용상 저촉되는 법률을 제정할 수 있다.

3) 동의 및 승인권유보

법규명령에 대한 궁극적인 동의 또는 승인권을 유보하는 방법에 의한 통제이다. 그 대표적인 예로서는 독일의 동의권유보, 영국의 의회제출절차, 미국의 입법적 거부를 들 수가 있다. 우리 헌법은 대통령이 긴급재정 · 경제명령이나 긴급명령을 발한 때에는 지체 없이 국회에 보고하여 그 승인을 얻도록 하고 만일 승인을 얻지 못한 때에는 그때부터 효력을 상실하도록 하고 있다(헌법 76조 3항 · 4항). 국회법 제98조의2에 따르면 중앙행정기관의 장은 대통령령 · 총리령 · 부령 및 훈령 · 예규 · 고시 등 행정규칙이 제정 또는 개정된 때에는 10일 이내에 이를 국회에 송부하여야 한다(동조 1항). 이와 관련하여 상임위원회는 위원회 또는 상설소위원회를 정기적으로 개최하여 그 소관 중앙행정기관이 제출한 대통령령 · 총리령 및 부령의 법률 위반 여부 등을 검토하여야 한다(제3항). 그런데 대통령령 · 총리령과 부령 간의 처리 방법이 차이가 있다.

상임위원회는 제3항에 따른 검토 결과 대통령령 또는 총리령이 법률의 취지 또는 내용에 합치되지 아니한다고 판단되는 경우에는 검토의 경과와 처리 의견 등을 기재한 검토결과보고서를 의장에게 제출하여야 한다(제4항). 의장은 제4항에 따라 제출된 검토결과보고서를 본회의에 보고하고, 국회는 본회의 의결로 이를 처리하고 정부에 송부한다(제5항). 정부는 제5항에 따라 송부받은 검토결과에 대한 처리 여부를 검토하고 그 처리결과(송부받은 검토결과에 따르지 못하는 경우 그 사유를 포함한다)를 국회에 제출하여야 한다(제6항).

부령의 처리 방법은 다음과 같다. 상임위원회는 제3항에 따른 검토 결과 부령이 법률의 취지 또는 내용에 합치되지 아니한다고 판단되는 경우에는 소관 중앙행정기관의 장에게 그 내용을 통보할 수 있다(제7항). 제7항에 따라 검토내용을 통보받은 중앙행정기관의 장은 통보받은 내용에 대한 처리 계획과 그 결과를 지체 없이 소관 상임위원회에 보고하여야 한다(제8항). 이러한 제98조의2에 의한 국회의 통제의 강도는 독일의 동의권유보나 미국의 입법적 거부에는 미치지 못하고 있다.

2. 사법적 통제

1) 일반법원에 의한 통제

법규명령에 대한 사법통제는 크게 추상적 규범통제(abstrakte Normenkontrolle)와 구체적 규범통제

(konkrete Normenkontrolle)로 나누어진다.

가. 추상적 규범통제

추상적 규범통제는 구체적 사건과 관계없이 법규명령 그 자체의 위헌 · 위법 여부를 추상적으로 심사하고, 위헌 · 위법으로 판단되면 법규명령의 효력을 상실하게 하는 제도를 말한다. 추상적 규범통제가 인정될 경우에는 구체적 사건을 매개로 하지 않고 일정한 조건을 구비한 제소권자에게 위헌 · 위법 심사청구권을 부여한다. 우리나라의 경우 현재 법규명령에 대한 추상적 규범통제가 인정되고 있지 않다. 한편, 지방자치법 제120조 제3항 및 제192조 제3항에서는 위법한 조례안에 대하여 지방자치단체장의 제소권을 인정하고 있는 바 이는 사전적 · 추상적 규범통제의 성격을 갖는다고 할 것이다.

나. 구체적 규범통제

구체적 규범통제는 구체적 사건 적용과 관련하여 법규명령의 위헌 · 위법 여부를 심사하는 제도로서 법규명령의 위헌 · 위법 여부를 직접 소송대상으로 하는 직접적 규법통제(prinzipale Normenkontrolle)와 법규명령의 위헌 · 위법 여부가 재판의 전제가 되는 경우에 이를 부수적으로 심사하는 부수적 규범통제(inzidente Normenkontrolle)로 구분된다. 우리의 경우에는 아직 직접적 규범통제가 인정되고 있지 않으며, 헌법 제107조 제2항에 따라 부수적 규범통제만이 인정되고 있다. 이에 따라 법규명령의 효력을 직접 소송을 통하여 다투는 것은 허용되지 않는다. 법원은 법규명령의 위헌 · 위법 여부가 구체적인 재판의 전제가 된 경우에 한하여 사건의 심판을 위한 선결문제로서 부수적 심사를 할 수 있으며, 이 경우에도 당해 법규명령을 당해 사건에 적용을 거부할 수 있을 뿐 명령의 무효를 선언할 수 없다. 단지 행정소송법 제6조는 행정소송에서 대법원판결에 의하여 명령 · 규칙이 헌법 또는 법률에 위반된다는 것이 확정된 경우에는 대법원은 지체 없이 그 사유를 행정안전부장관에게 통보하여야 하며(법 6조 1항), 통보를 받은 행정안전부장관은 지체 없이 이를 관보에 게재하도록 하고 있어 대세효를 확보시키고 있다. 한편 행정소송규칙 제2조는 대법원은 재판의 전제가 된 명령 · 규칙이 헌법 또는 법률에 위배된다는 것이 법원의 판결에 의하여 확정된 경우에는 그 취지를 해당 명령 · 규칙의 소관 행정청에도 통보하여야 한다고 규정하고 있다. 법규명령이 취소소송의 대상이 될 수 있는지 여부에 대하여 학설상 논란이 되고 있으나 일반적 · 추상적 규율인 법규명령은 처분성을 갖고 있지 않기 때문에 취소소송의 대상이 될 수가 없다. 단 예외적으로 형식상으로는 법규명령이나 실질적으로는 처분의 성격을 갖는 처분적 법규명령은 취소소송의 대상이 될 수가 있다. 일설은 처분적 법규명령뿐만 아니라 이른바 집행적 법규명령도 취소소송의 대상이 된다고 주장하고 있으나, 이러한 견해는 현행 법상으로 직접적 규범통제를 인정하는 결과가 될 뿐 아니라, 집행적 법규명령에 대한 헌법소원을 인정하는 헌법재판소의 입장과 배치가 된다.[6)]

6) 처분적 법규명령의 개념은 이른바 집행적 법규명령의 개념과 빈번히 혼동되고 있다. 집행적 법규명령은 그것이 일반적 · 추상적인 규율임에도 불구하고 집행행위의 매개 없이 직접 개인의 권리와 의무를 규율하는 법규명령이다(예: 당구장업소에 대하여 18세 미만의 청소년의 출입을 금지시키는 법규명령). 직접적 규범통제가 도입되고 있지 않은 현행법하에서는 집행적 법규명령은 헌법소원의 대상이 될 수 있을 뿐이다. 반면 처분적 법규명령은 외관은 법규명령의 형태를 갖고 있으나 내용은 개별적 · 구체적 규율로서 행정행위의 성격을 갖는 법규명령으로서 실질을 중시하여 취소소송의 대상이 된다(예: 두밀분교폐지조례). 이에 대하여 상세히는 鄭夏重, 執行的 法規命令과 處分的 法規命令, 법률신문, 2006. 8. 17.

판례 1(법규명령의 처분성 여부) 행정소송의 대상이 될 수 있는 것은 구체적인 권리의무에 관한 분쟁이어야 하고 일반적, 추상적인 법령 그 자체로서 국민의 구체적인 권리의무에 직접적인 변동을 초래하는 것이 아닌 것은 그 대상이 될 수 없으므로 구체적인 권리의무에 관한 분쟁을 떠나서 재무부령 자체의 무효확인을 구하는 청구는 행정소송의 대상이 아닌 사항에 대한 것으로서 부적법하다(대판 1987. 3. 24, 86누656).

판례 2(법규명령 형식의 행정처분) 원래 대통령령은 법령의 효력을 가진 것으로서 행정소송상 행정처분이라고 할 수 없다고 해석함이 타당할 것이지만, 법령의 효력을 가진 명령이라도 그 효력이 다른 행정행위를 기다릴 것 없이 직접적이고 현실적으로 그 자체로서 국민의 권리훼손 기타 이익침해의 효과를 발생케 하는 성질의 것이라면 행정소송법상 처분이라 보아야 할 것이요, 따라서 그에 관한 이해관계자는 그 구체적인 관계사실과 이유를 주장하여 그 명령의 취소를 법원에 구할 수 있을 것이다(대판 1954. 8. 19, 4286행상37).

2) 헌법재판소에 의한 통제

헌법 제107조 제2항은 명령 · 규칙의 위헌 · 위법성여부에 대한 최종심사권을 대법원에 부여하고 있다. 다른 한편 헌법재판소는 헌법 제111조 제1항 제5호에 근거한 헌법재판소법 제68조 제1항에 따라 법원의 재판을 제외한 공권력의 행사 또는 불행사에 대한 헌법소원심판권을 갖고 있는바 여기에 법규명령의 심판권도 포함되는지 여부에 대해 견해가 대립되고 있다. 소극설은 우리 헌법은 법률에 대한 위헌심사권과 명령 · 규칙에 대한 위헌 · 위법심사권을 구분하여 전자의 권한을 헌법재판소에 부여하고(헌법 107조 1항) 후자의 권한은 법원에 부여하고(헌법 107조 2항) 있다고 하면서 헌법재판소는 명령 · 규칙에 대한 위헌심판권을 갖지 않는다고 한다. 이에 대하여 적극설에 따르면 ① 헌법 제107조 제2항은 "재판의 전제"가 된 경우에 한하여 명령 · 규칙에 대한 법원의 위헌 · 위법심사권을 부여하고 있으므로 재판의 전제여부에 관련됨이 없이 명령 · 규칙이 국민의 기본권을 침해한 경우에는 그에 대한 헌법소원을 인정하는 것은 헌법 제107조 제2항에 위반하는 것이 아니라는 점, ② 헌법재판소법 제68조 제1항은 공권력의 행사 · 불행사에 대하여 헌법소원을 인정하고 있는데 명령 · 규칙은 당연히 이에 포함된다는 점 등을 근거로 하여 헌법재판소는 이에 대한 위헌심사권을 갖는다고 한다.

헌법재판소는 법무사법 시행규칙(대법원규칙)에 대한 헌법소원을 받아들여 동규칙이 위헌임을 결정하였으며 이후 구 「체육시설의 설치 · 이용에 관한 법률시행규칙」 제5조, 구 「교육법시행령」 제71조 등을 헌법소원의 심판대상으로 하여 적극설의 입장을 취하였다. 한 걸음 더 나아가 헌법재판소는 치과전문의자격시험불실시사건,[7] 평균임금입법부작위사건,[8] 군법무관보수입법부작위사건[9] 등에서 법규명령의 입법부작위에 대한 헌법소원까지 인정하고 있다.

판례 1(법무사법시행규칙 제3조 제1항에 대한 헌법소원) 법무사법 제4조 제2항이 대법원규칙으로 정하도록 위임한 법무사시험의 실시에 관하여 필요한 사항이란 시험과목 · 합격기준 · 시험실시방법 · 시험실시시기 · 시험횟수 등 시험실시에 관한 구체적인 방법과 절차를 말하는 것이지 시험의 실시여부까지 대법원

7) 헌재결 1998. 7. 16, 96헌마246.
8) 헌재결 2002. 7. 18, 2000헌가707.
9) 헌재결 2004. 2. 26, 2001헌마718.

규칙으로 정하라는 것은 아니다. 법무사법규칙 제3조 제1항은 "법원행정처장은 법무사를 보충할 필요가 있다고 인정되는 경우에는 대법원장의 승인을 얻어 법무사시험을 실시할 수 있다"라고 규정하고 있는바 이는 법원행정처장이 법무사를 보충할 필요가 없다고 인정하면 법무사시험을 실시하지 아니해도 된다는 것으로서 상위법인 법무사법 제4조 제1항에 의하여 모든 국민에게 부여된 법무사자격취득의 기회를 하위법인 시행규칙으로 박탈한 것이어서 평등권과 직업선택의 자유를 침해한 것이다(헌재결 1990. 10. 15, 89헌마178).

판례 2(체육시설의 설치 · 이용에 관한 법률시행규칙 제5조에 대한 헌법소원) 명령 · 규칙 그 자체에 의하여 직접 기본권이 침해되었을 경우에는 그것을 대상으로 하여 헌법소원심판을 청구할 수 있고, 그 경우 제소요건으로서 당해 법령이 구체적 집행행위를 매개로 하지 아니하고 직접적으로 그리고 현재적으로 국민의 기본권을 침해하고 있어야 한다. 당구장 경영자인 청구인에게 당구장 출입문에 18세 미만자에 대한 출입금지 표시를 하게 하는 이 사건 심판대상규정은 법령이 직접적으로 청구인에게 그러한 표시를 하여야 할 법적 의무를 부과하는 사례에 해당하는 경우로서, 그 표시에 의하여 18세 미만자에 대한 당구장 출입을 저지하는 사실상의 규제력을 가지게 되는 것이므로 이는 결국 그 게시의무규정으로 인하여 당구장 이용고객의 일정범위를 당구장 영업대상에서 제외시키는 결과가 된다고 할 것이고 따라서 청구인을 포함한 모든 당구장 경영자의 직업종사(직업수행)의 자유가 제한되어 헌법상 보장되고 있는 직업선택의 자유가 침해된다(헌재결 1993. 5. 13, 92헌마80).

판례 3(법규명령의 입법부작위에 대한 헌법소원) 법률이 군법무관의 보수를 판사, 검사의 예에 의하도록 규정하면서 그 구체적 내용을 시행령에 위임하고 있다면, 이는 군법무관의 보수의 내용을 법률로써 일차적으로 형성한 것이고, 따라서 상당한 수준의 보수청구권이 인정되는 것이라 해석함이 상당하다. 그러므로 이 사건에서 대통령이 법률의 명시적 위임에도 불구하고 지금까지 해당 시행령을 제정하지 않아 그러한 보수청구권이 보장되지 않고 있다면 그러한 입법부작위는 정당한 이유 없이 청구인들의 재산권을 침해하는 것으로써 헌법에 위반된다(헌재결 2004. 2. 26, 2001헌마718).

한편, 헌법재판소는 법령보충규칙에 대하여 법규명령의 성격을 인정하고, 그에 의하여 기본권이 직접 침해된 경우에는 헌법소원을 인정하고 있다(법령보충규칙에 대하여 상세히는 본서 행정규칙형식의 법규명령 부분을 참조).

판례(법령보충규칙에 대한 헌법소원) 법령의 직접적인 위임에 따라 위임행정기관이 그 법령을 시행하는데 필요한 구체적 사항을 정한 것이면, 그 제정형식은 비록 법규명령이 아닌 고시, 훈령, 예규 등과 같은 행정규칙이더라도 그것이 상위법령의 위임한계를 벗어나지 아니하는 한, 상위법령과 결합하여 대외적인 구속력을 갖는 법규명령으로서 기능하게 된다고 보아야 할 것인바, 청구인이 법령과 예규의 관계규정으로 말미암아 직접 기본권침해를 받았다면 이에 대하여 바로 헌법소원심판을 청구할 수 있다(헌재결 1992. 6. 26, 91헌마25).

---

3. 행정적 통제

1) 행정감독권에 의한 통제

행정청은 상 · 하의 계층적 구조를 이루고 있으며 상급행정청은 하급행정청의 적법 · 타당한 권한행사와 통일성 있는 행정을 위하여 지휘 · 감독권을 행사할 수 있다. 따라서 상급행정청은 하급행정청의 행정입법권의 행사에 대하여 ① 그 기준과 범위를 정하고, ② 수권을 철회하거나 위법한 법규명령의 폐지를 명할 수 있으며, ③ 행정입법권의 관장에 대하여 행정청간의 분쟁이 있는 경우에 주관쟁의결정권의 행사를 통하여 주관행정청을 결정할 수 있다.

2) 행정절차에 의한 통제

법규명령의 제정에 있어서 일정한 절차를 거치도록 함으로써 법규명령의 적법성을 확보하는 방법이다. 법규명령의 제정절차로서 국무회의의 심의 및 법제처의 심사가 있으며 아울러 행정절차법은 행정상 입법예고제도를 두고 있다(법 41조 내지 44조).

3) 행정심판에 의한 통제

아울러 행정심판법 제59조 제1항에 따르면 중앙행정심판위원회는 심판청구를 심리 · 의결함에 있어서 처분 또는 부작위의 근거가 되는 명령 등이 법령에 근거가 없거나 상위법령에 위배되거나 국민에게 과도한 부담을 주는 등 현저하게 불합리하다고 인정되는 경우에는 관계 행정기관에 대하여 당해 명령 등의 개정 · 폐지 등 적절한 시정조치를 요청할 수 있도록 하고 있어 법규명령에 대한 행정적 통제를 보완하고 있다.

4. 국민에 의한 통제

국민에 의한 통제방법으로써 법규명령안을 국민에게 예고한다든지 또는 그에 대한 공청회를 통하여 국민의 의사를 반영시켜 법규명령의 적정성을 확보할 수가 있다. 또한 매스컴이나 각종 비정부기관(NGO) 등 압력단체의 활동 등 여론에 의한 통제도 중요한 국민에 의한 통제의 하나이다. 오늘날 국민의 권리의식의 발전에 따라 국민의 직접적 통제가 중요한 의미를 갖게 되었다.

사례 갑은 사법시험에 합격하여 현재 군법무관으로 근무하고 있으며, 일반 현역군인과 동일한 조건으로 급여를 받고 있다. 갑은 구 「군법무관임용법」 제5조 제3항 및 「군법무관임용에 관한 법률」 제6조가 "군법무관의 대우는 법관 및 검사의 대우에 준하여 대통령령으로 정하도록 한다"고 규정하고 있음에도 불구하고, 구법 시행시부터 30년 이상 해당 대통령령이 제정되지 않았음을 발견하였다. 갑은 이러한 입법부작위가 자신의 재산권을 침해하는 것으로 위법하다고 주장하고 있다. 갑의 권리구제수단에 대하여 논하시오.

▶답안요지 갑이 취할 수 있는 권리구제수단으로서는 행정심판, 행정소송, 헌법소원, 국가배상청구권이 고려될 수 있다.

1) 행정심판

행정심판법 제3조 제2항은 대통령의 처분 또는 부작위에 대하여는 다른 법률에 특별한 규정이 있는 경우를 제외하고는 행정심판을 제기할 수 없다고 규정하고 있어 갑은 입법부작위에 대한 의무이행심판을 제기할 수 없을 것이다.

2) 행정소송

갑이 행정소송으로 부작위위법확인소송을 제기할 수 있는지 검토를 요한다. 행정소송법 제2조 제1항 제2호는 부작위위법확인소송의 대상이 되는 부작위를 "행정청이 당사자의 신청에 대하여 상당한 기간 내에 일정한 처분을 하여야 할 법률상 의무가 있음에도 불구하고 이를 하지 아니하는 것을 말한다"고 규정하고 있는바, 여기서 대통령령인 군법무관보수규정이 처분에 해당하는지 여부가 문제가 된다. 대통령령으로 제정될 군법무관보수규정은 일반적 · 추상적 규율로서 구체적 사실에 대한 법집행행위인 행정처분의 성격을 갖지 않기 때문에 갑의 부작위위법확인소송은 대상적격이 충족되지 않아 각하될 것이다. 판례 역시 부작위위법확인소송의 대상이 될 수 있는 것은 구체적 권리의무에 관한 분쟁이어야 하고 추상적인 법령에 관하여 제정의 여부 등은 그 자체로서 국민의 구체적인 권리의무에 직접적인 변동을 초래하는 것이 아니어서 행정소송의 대상이 될 수 없다고 판시하고 있다(대판 1992. 5. 8, 91누11261).

3) 헌법소원

법령이 명시적으로 법규명령의 제정을 위임하고 있음에도 불구하고 행정부가 그 제정을 부작위하는 경우에(진정입법부작위), 그 부작위가 기본권을 중대하게 침해하는 것이라면, 법규명령의 입법부작위에 대한 헌법소원을 제기할 수 있을 것이다. 법규명령의 입법부작위가 헌법소원의 대상이 되기 위하여는 ① 행정청에게 법규명령을 제정할 의무가 있어야 하고, ② 상당한 기간이 지나야 하며, ③ 입법부작위에 대한 정당한 이유가 없음에도 불구하고, ④ 법규명령제정권이 행사되지 않아야 하고, ⑤ 그 부작위를 통하여 청구인의 기본권이 직접 침해되어야 한다(헌재결 2004. 2. 26, 2001헌마718). 사안에서 군법무관임용에 관한 법률은 대통령령으로 군법무관의 보수에 관하여 규정하도록 의무를 부과하고 있음에도 불구하고, 행정권이 30년 이상 입법부작위를 하였으며, 그에 대한 정당한 이유가 없음이 인정되고, 입법부작위를 통하여 법률에서 규정한 청구인의 정당한 보수를 받을 권리, 즉 재산권을 직접 침해하였음이 인정된다. 이에 따라 갑은 법규명령의 입법부작위에 대한 헌법소원을 제기할 수 있다.

4) 국가배상청구권

국가배상법 제2조 제1항은 공무원 등의 위법한 직무행위로 고의 · 과실로 손해가 발생된 경우에 국가의 손해배상책임을 규정하고 있다. 입법부가 법률로써 행정부에게 특정한 사항을 위임했음에도 불구하고 행정부가 정당한 이유 없이 이를 이행하지 않는다면 권력분립의 원칙과 법치국가 내지 법치행정의 원칙에 위배되는 것으로서 위법함과 동시에 위헌적인 것이 된다(대판 2007. 11. 29, 2006다3561). 사안에서 군법무관 보수에 관한 시행령을 상당한 기간이 지나도록 제정하지 않은 입법부작위의 위법성을 인정할 수 있으며 또한 최소한 관련 공무원의 과실을 인정할 수 있다. 갑은 국가배상법 제2조 제1항에 의한 국가배상청구권을 행사할 수 있을 것이다.

제3절 행정규칙(行政規則)

Ⅰ. 행정규칙의 의의

행정규칙은 상급행정청이 하급행정청 또는 보조기관(이하 '하급행정기관'이라 약칭함)을 수범자로 하여 그의 임무수행과 조직에 관하여 발하는 일반적 · 추상적 규율이라고 정의된다. 행정기관이 발하는 일반적 · 추상적 규율이라는 점에서 법규명령과 같으나 법률의 수권없이 상급행정기관이 자신의 직무권한을 근거로 발하며 원칙적으로 행정조직 또는 특별신분관계 내부에서만 구속력을 갖는다는 점에서 법규명령과 구별된다. 행정규칙을 광의로 파악할 때에는 특별신분관계에서 그 구성원의 법적 지위와 영조물의 이용관계를 규율하는 특별명령을 포함시키나 일반적으로 협의로 파악하여 하급행정기관의 조직이나 임무수행에 대한 규율만을 의미한다.

Ⅱ. 행정규칙의 법적 성격

학설에서는 행정규칙의 법규성의 인정 여부를 두고 견해의 대립이 있다. 과거 독일의 입헌군주국가시대의 역사적 · 관습적 법규개념에 따르면 행정규칙은 법규적 성격이 부인되었다. 당시에 법규는 독립된 법주체 사이에 의사영역의 한계를 정하여 주는 규율,[10] 또는 시민의 자유와 재산을 침해

10) P. Laband, Das Staatsrecht des deutschen Reiches, 5. Aufl., Bd. II, S. 18.

하는 규율로[11] 정의되었다. 이들은 국가를 자연인에 유추하여 그 자체가 폐쇄되고 침투할 수 없는 법주체로 파악하여 국가와 자연인 또는 국가와 법인간의 상호관계를 규율하는 경우에만 법규가 성립될 수 있다고 하였다(국가법인법불침투성이론). 이에 따라 국가내부영역에는 법이 적용되지 않았으며 행정조직이나 특별권력관계를 규율하는 행정규칙을 법규의 개념에서 제외시켰다. 그러나 국가를 법이 침투할 수 없는 폐쇄된 단일체로 보는 이러한 견해는 오늘날 완전히 극복되었으며, 국가는 일정한 체계 속에서 상호관계를 맺는 수많은 기관들로 구성되며, 이들의 관계 역시 법적인 관계에 해당된다는 견해가 관철되었다. 이에 따라 상급기관이 하급행정기관에 대하여 의무를 부과하며 그 위반에 대하여 제재를 가하는 행정규칙 역시 법적 성격을 인정받게 되었다. 이에 따라 법규의 개념은 전통적이고 관습적인 협소성에서 벗어나서 그 영역과 범위를 확대하여 갔으며 오늘날 독일의 상당수의 학설은 법규를 법이론적으로 파악하여 고권적인 일반적 · 추상적 규율이라고 정의하고 있다.[12] 반면 우리나라의 다수설은 법규를 실질적 의미의 법률로 이해하여 대외적인 구속력을 갖고 국민의 권리와 의무를 규율하는 일반적 · 추상적 규율로서 재판의 기준이 되는 법규범으로 이해하고 있다.[13] 따라서 행정규칙은 전자의 법규개념에 따르면 법규성을 인정받게 되나, 후자의 법규개념에 따르면 법규성이 부인될 것이다. 생각건대 법규명령과 행정규칙을 법규성유무에 따라 구별하는 것은 독일의 입헌국가시대의 법규개념의 잔영이라고 보아야 할 것이며, 행정규칙과 여타의 법규범은 오히려 내부법규와 외부법규로 구별하는 것이 바람직할 것이다.[14]

Ⅲ. 행정규칙의 종류

상술한 바와 같이 행정규칙을 넓은 의미로 이해할 때에는 하급행정기관의 조직이나 임무수행에 대하여 규율하는 협의의 행정규칙 이외에 특별신분관계 내부에서 구성원의 법적 지위와 영조물의 이용관계를 규율하는 특별명령을 포함시키고 있으나 근래에는 행정규칙을 협의의 의미로만 파악하는 경향이 있다.

1. 특별명령

종래 특별신분관계를 규율하던 행정규칙 중에서도 구성원의 권리와 의무를 규율하는 일반적 · 추상적 규율, 즉 실질적 의미의 법률이 있음이 인식되기 시작하였다. 즉 학생의 입학 · 졸업 · 징계 등 특별신분관계의 구성원의 법적 지위를 규율하는 학칙이나 도서관사용에 대한 이용규율은 법규명령과 같이 수범자의 권리와 의무를 규율하는 외부적 효과를 갖고 있다. 종래 학설에서는 이들을 법규명령이나 협의의 의미의 행정규칙과 구별하여 특별명령이라고 명명하였다.[15] 이러한 특별명령은 인격주체로서의 구성원의 지위를 규율한다는 점에서 전통적인 법규개념에 입각하더라도 법규의 성격을 갖고 있으며 이 점에서 행정조직 내부에서 상급행정청이 하급행정기관의 조직이나 직무를 규율

11) Anschütz, Die Verfassung des deutschen Reiches, 14. Aufl., 1933, Erl. zu Art. 77.
12) Maurer/Waldhof, Allg. VerwR, S. 660.
13) 金南辰/金連泰, 行政法 I, 165면; 金東熙/崔桂暎, 行政法 I, 165면.
14) 同旨: 柳至泰/朴鍾秀, 行政法新論, 286면.
15) 특별명령에 대한 자세한 내용은 鄭夏重, 民主的 法治國家에서 特別權力關係, 考試界, 1994. 9, 117면 이하 참조.

대상으로 하는 협의의 의미의 행정규칙과 구별된다. 이러한 특별명령이 법규명령과 마찬가지로 실질적 의미의 법률의 성격을 갖는다면 이들이 법률의 수권을 필요로 하는지에 대하여 다툼이 있다. 일부의 학설은 행정권에 의한 특별명령의 제정권의 근거를 관습법에서, 일부의 학설은 행정의 시원적인 입법권에서[16] 찾고 있으며 이러한 특별명령은 의회에 의한 법률의 제정이 있을 때까지 대체규범으로서 과도기적인 기능을 한다고 한다. 그러나 다수의 학설은 실질적 의미의 법률의 성격을 갖는 행정입법은 반드시 의회법률의 수권에 의하여만 제정될 수 있고 이러한 요건을 충족시키는 특별명령은 법규명령이 될 수밖에 없고, 또한 특별신분관계에 있어서도 법률유보의 원칙이 적용되기 때문에 특별명령이라는 별개의 개념이 인정될 수 없다고 한다. 특히 법률의 수권이 없이 실질적 의미의 법률을 제정할 권한을 행정권에 부여함은 법치국가원리와 권력분립주의에 위배된다는 비판을 받고 있다.[17]

판례(국립대학교 학칙의 구속력) 국립대학의 장(이하 '총장'이라 한다) 후보자 선정 및 학교규칙(이하 '학칙'이라 한다)에 관한 구 교육공무원법 제24조 제1항, 제2항, 제3항, 제4항, 교육공무원 임용령 제12조의3 제1항, 고등교육법 제6조, 제19조, 구 고등교육법 시행령 제4조 제1항, 제3항의 체계 및 내용에 더하여, 총장 후보자 선정방식은 국립대학의 조직에 관한 기본적 사항의 하나로서 학칙으로 정할 수 있는 대상인 점, 해당 대학이 법령과 학칙이 정하는 절차에 따라 법령의 범위 내에서 제정 또는 개정한 학칙은 대학의 자치규범으로서 당연히 구속력을 갖는 점 등을 종합하여 보면, 총장 후보자 선정방식을 총장임용추천위원회에서의 선정(간선제)과 해당 대학 교원의 합의된 방식과 절차에 따른 선정(직선제) 중 어느 방법으로 할 것인지는 구 교육공무원법 제24조 제3항에 따라 해당 대학의 자율적 선택에 맡겨져 있어, 해당 대학은 총장 후보자 선정방식을 학칙으로 정할 수 있고, 나아가 학칙에 규정되어 있는 기존의 총장 후보자 선정방식을 학칙의 개정을 통하여 변경할 수 있다(대판 2015. 6. 24, 2013두26408).

2. 협의의 의미의 행정규칙

행정조직 내부에서 상급행정청이 하급행정기관의 조직이나 임무수행에 대하여 규율하는 협의의 의미의 행정규칙은 다시 내용과 형식에 따라 구분된다.

1) 내용에 따른 분류

가. 조직규칙

행정규칙으로 행정주체의 내부조직 및 권한배분에 관하여 정할 수 있는바, 예를 들어 사무분장규정 · 위임전결규정 등이 이에 속한다. 우리나라에서는 중앙행정기관 및 보조기관의 설치 · 조직 · 직무범위는 법률과 대통령령에 의하여 정하도록 하고 있고(헌법 96조, 정부조직법 2조), 지방자치단체의 행정기구는 조례로 정하도록 하고 있어(지자법 112조, 113조) 사실상 행정규칙에 의한 규율범위는 매우 제한되어 있다.

나. 근무규칙

근무규칙이란 상급기관이 하급기관 및 그의 구성원의 근무에 대하여 규율하는 규칙을 말한다. 예를 들면 서류를 처리하는 방식에 관한 행정규칙(事務管理規程), 행정을 처리하는 절차에 대한 행정

16) Böckenförde/Grawert, AöR 95, S. 31.

17) Maurer/Waldhof, Allg. VerwR, S. 195.

규칙(行政節次運營指針), 근무시간에 대한 행정규칙 등이 이에 해당한다.

다. 규범해석적 행정규칙

법규범이 다의적이라든지 또는 매우 해석하기 어려운 경우, 특히 불확정법개념이 있는 경우 이를 어떻게 해석하여야 하는지에 대하여 상급행정청이 해석의 기준을 정하여 통일적이고 일원적인 법적용을 보장하는 기능을 갖고 있다.

라. 재량준칙

법규범이 행정에게 재량권을 부여하는 경우에 상급행정기관이 하급행정기관의 재량권을 행사하는 방식에 대하여 정하는 행정규칙을 말한다. 예를 들어 국토교통부장관이 시장 · 군수 · 구청장에 대하여 철거대상이 되는 위법건축물의 기준을 정한다든지, 지방자치단체장이 지방공무원채용에 있어서 면접기준을 정하는 경우가 이에 해당한다. 재량준칙은 합목적적이고 통일적이며 일원적인 재량권행사를 보장하는 기능을 갖고 있다.

마. 법률대위적 행정규칙

법률유보의 원칙이 적용되지 않는 영역에서 법률이 전혀 없거나 또는 불충분한 경우에, 관련법률이 정하여지기까지 하급행정기관의 행위통제적 기능을 하는 규칙을 의미한다. 그 대표적인 경우로 예산에 배정된 보조금의 지급에 대하여 수령인의 범위 · 조건 · 절차를 규율하는 보조금준칙을 들 수 있다. 여기서 법률대위적 행정규칙이 법률과 동일한 효력을 갖는 것으로 오해하여서는 안된다. 법률대위적 행정규칙은 다른 행정규칙과 마찬가지로 그 수범자를 하급행정기관으로 하는 내부법에 지나지 않는다. 법률대위적 행정규칙은 이미 법률상 설정되어 있는 결정기준을 구체화하는 것이 아니라, 원초적으로 이를 설정한다는 점에서 재량준칙과 차이가 있으나, 많은 경우에 있어서 법률대위적 행정규칙은 재량준칙과 구별이 어렵다.

바. 규범구체화행정규칙

과학 · 기술의 전문분야에서 상위법령의 내용을 구체화하는 행정규칙을 의미한다. 독일에서 환경관계법상의 환경기준은 전문가들의 감정을 반영하여 행정규칙으로 정하도록 하고 있는바 이러한 것이 규범구체화행정규칙의 전형적인 예이다. 독일에서는 이러한 규범구체화행정규칙의 외부적 효력 여부를 두고 학설과 실무에서는 논란이 제기되고 있다.

사. 간소화규칙

대량으로 발하여지는 행정처분에 있어서 획일적인 기준을 정하여 주는 행정규칙을 의미한다.

2) 형식에 따른 분류

「행정업무의 운영 및 혁신에 관한 규정」 제4조는 행정규칙을 지시문서에 포함시켜 훈령, 지시, 일일명령 및 예규로 구분하고 있다.

가. 훈 령

상급행정청이 장기간에 걸쳐 하급행정기관의 권한행사를 일반적으로 지휘 · 감독하기 위하여 발하는 명령이다. 훈령은 기본적인 사항을 규율하는 점에서 세부적인 사항을 규율하는 통첩과 구별된다.

나. 지 시

상급행정청이 직권 또는 하급행정기관의 문의나 신청에 따라 개별적 · 구체적으로 발하는 명령을 의미하는바 따라서 일반적 · 추상적 규율인 행정규칙에 해당되지 않고 단순한 직무명령에 해당된다.[18)]

다. 예 규

법규문서 이외의 문서로서 반복적 행정사무의 기준을 제시한다.

라. 일일명령

출장 · 당직 · 특근 · 각종의 휴가 등 일일업무에 관한 명령이다. 이 경우에도 그의 내용이 일반성 · 추상성을 갖지 않는 경우에는 행정규칙이 아니라 단순한 직무명령에 해당될 것이다.

마. 고시(告示)

고시란 행정청이 법령이 정하는 바에 따라 일정한 사항을 일반인에게 알리는 행위를 말한다. 공고 또는 공시라고 표현되는 고시의 법적 성격 내지 효력은 고시의 내용에 의하여 결정된다. 고시가 상위법령의 수권에 따라 제정되어 외부적 효력을 갖는 일반적 · 추상적 규율인 경우에는 법규명령에 해당하나(예: 물가안정에 관한 법률 2조 4항에 근거한 최고가격고시, 대외무역법 19조 1항에 근거한 수출허가 등 제한이 필요한 전략물자의 고시), 상위법령의 수권이 없이 제정되어 단지 내부적 효력을 갖는 일반적 · 추상적 규율인 경우에는 행정규칙의 성격을 갖는다. 한편 고시의 내용이 일반적 · 구체적 규율 또는 개별적 · 구체적 규율인 경우에는 행정행위의 성격을 갖는다.

판례 1(법규명령의 성격을 갖는 고시) 식품제조영업허가기준이라는 고시는 공익상의 이유로 허가를 할 수 없는 영업의 종류를 지정할 권한을 부여한 구 식품위생법 제23조의3 제4호에 따라 보건사회부장관이 발한 것으로서, 실질적으로 법의 규정내용을 보충하는 기능을 지니면서 그것과 결합하여 대외적으로 구속력이 있는 법규명령의 성질을 가진 것이다(대판 1994. 3. 8, 92누1728).

판례 2(행정처분의 성격을 갖는 고시) 고시 또는 공고의 법적 성질은 일률적으로 판단될 것이 아니라 고시에 담겨진 내용에 따라 구체적인 경우마다 달리 결정된다고 보아야 한다. 즉, 고시가 일반 · 추상적 성격을 가질 때는 법규명령 또는 행정규칙에 해당하지만, 고시가 구체적인 규율의 성격을 갖는다면 행정처분에 해당한다. 이 사건 국세청고시는 특정 사업자를 납세병마개 제조자로 지정하였다는 행정처분의 내용을 모든 병마개 제조자에게 알리는 통지수단에 불과하므로, 청구인의 이 사건 국세청고시에 대한 헌법소원 심판청구는 고시 그 자체가 아니라 고시의 실질적 내용을 이루는 국세청장의 위 납세병마개 제조자 지정처분에 대한 것으로 해석함이 타당하다(헌재결 1998. 4. 30, 97헌마141).

판례 3(정보통신부고시의 법적 성격) '청소년유해매체물'의 표시방법에 관한 정보통신부고시(현 방송통신위원회고시)는 청소년유해매체물을 제공하려는 자가 하여야 할 전자적 표시의 내용을 정하고 있는데, 이는 정보통신망이용촉진및정보보호등에관한법률 제42조 및 동법시행령 제21조 제2항, 제3항의 위임규정에 의하여 제정된 것으로서 국민의 기본권을 제한하는 것인바 상위법령과 결합하여 대외적 구속력을 갖는 법규명령으로 기능하고 있는 것이므로 헌법소원의 대상이 된다(헌재결 2004. 1. 29, 2001헌마894).

18) 同旨: 金南辰/金連泰, 行政法 I, 161면; 洪井善, 行政法特講, 142면.

Ⅳ. 행정규칙의 성립 및 효력요건

1. 주체에 관한 요건

행정규칙도 그것을 발할 수 있는 정당한 권한을 가진 행정기관이 권한의 범위 내에서 발하여야 한다.

2. 절차에 관한 요건

일반적으로 따라야 할 법정의 절차는 없다. 그러나 대통령훈령 및 국무총리훈령은 "법제에 관한 사무"의 하나로 보아 법령안과 동일하게 법제처의 사전심사를 거치고 있으며(법제업무운영규정 23조), 아울러 행정규칙의 적법성과 타당성을 확보하기 위하여 모든 중앙행정기관의 훈령 및 예규는 법제처의 사후의 통제절차를 밟도록 하고 있다(법제업무운영규정 25조).

3. 형식에 관한 요건

보통 훈령 · 고시 · 예규 · 통첩의 형식으로 행하여지나 고유한 형식이 있는 것이 아니다. 구술에 의한 발령도 가능하나 행정규칙이 일반적 · 추상적 규율로서 기능을 발휘하기 위하여는 문서로서 그리고 조문형식으로 함이 바람직하며 또한 그것이 통례이다. 정부도 「행정 효율과 협업 촉진에 관한 규정」 시행규칙에서 훈령 등의 서식을 정하고 있다.

4. 내용에 관한 요건

행정규칙은 행정기관이 자신의 직권에 의하여 발하는 명령에 해당하기 때문에 법규명령과는 달리 법률의 근거를 요하지 않는다. 그러나 법률우위의 원칙에 따라 법령에 위배되어서는 안되며 아울러 이행가능하고 명확하여야 한다. 행정규칙은 또한 비례의 원칙, 평등의 원칙, 신뢰보호의 원칙, 신의성실의 원칙 등 행정법의 일반원칙에 위배되어서도 안된다.

5. 표　　시

법규명령과는 달리 표시는 공포라는 형식에 의함을 요하지 않는다. 따라서 반드시 대외적으로 국민에게 표시하여야 하는 것은 아니고, 관보게재 · 게시 · 사본배부 · 전문 등 어떠한 방법으로든지 수명기관에 도달함으로써 효력을 발생한다. 그러나 행정규칙 중에는 국민의 권리 · 의무에 영향을 미치는 것이 많기 때문에, 예측가능성과 법적 안정성을 위하여 원칙적으로 대외적 공표가 바람직할 것이다. 실무적으로 훈령과 고시는 거의 관보에 의하여 대외적으로 공표되고 있다.

판례(행정규칙의 효력요건) 서울특별시가 정한 개인택시운송사업면허지침은 재량권 행사의 기준으로 설정된 행정청의 내부의 사무처리준칙에 불과하므로, 대외적으로 국민을 기속하는 법규명령의 경우와는 달리 외부에 고지되어야만 효력이 발생하는 것은 아니다(대판 1997. 1. 21, 95누12941).

V. 행정규칙의 효력

1. 내부적 효력
2. 외부적 효력
   1) 간접적 외부적 효력
      가. 행정의 자기구속의 법리
      나. 행정의 자기구속의 법리가 성립하는 행정규칙
      다. 입증책임
      라. 행정의 자기구속의 법리에 대한 판례
   2) 직접적 외부적 효력

1. 내부적 효력

행정규칙은 상급기관이 하급기관의 조직과 직무수행에 관하여 발하는 일반적 · 추상적 규율로써 행정내부에서만 효력을 갖는 내부법의 성격을 갖는다. 즉 행정규칙은 행정내부의 조직과 작용을 규율하기 때문에 일반국민의 권리와 의무를 규율할 수 없으며 따라서 재판에 있어서도 법원을 구속하거나 그 판결의 기준이 되지 못한다. 행정규칙은 행정내부적인 효력만을 갖고 대국민적인 효력을 갖지 못하기 때문에 행정규칙에 위배된 처분은 단지 그 이유 때문에 위법하다고 판단할 수 없다.

판례(행정규칙에 위배되는 행정처분의 위법성 여부) 상급행정기관이 소속 공무원이나 하급행정기관에 대하여 업무처리지침이나 법령의 해석 · 적용 기준을 정해 주는 '행정규칙'은 일반적으로 행정조직 내부에서만 효력을 가질 뿐 대외적으로 국민이나 법원을 구속하는 효력이 없다. 처분이 행정규칙을 위반하였다고 해서 그러한 사정만으로 곧바로 위법하게 되는 것은 아니고, 처분이 행정규칙을 따른 것이라고 해서 적법성이 보장되는 것도 아니다. 처분이 적법한지는 행정규칙에 적합한지 여부가 아니라 상위법령의 규정과 입법 목적 등에 적합한지 여부에 따라 판단해야 한다(대판 2019. 7. 11, 2017두38874).

사례 갑세무서장은 을에게 800만원의 소득세부과처분을 하였다. 을은 담당공무원을 찾아가 자신이 소득세감면대상자라고 하여 이의를 제기하였으나 담당공무원은 소득세부과처분은 국세청장훈령인 소득세법통칙에 따라 산정되어 부과한 것으로 어떠한 하자도 존재하지 않는다고 응답하였다. 을이 취소소송을 제기하는 경우에 법원은 조세부과처분의 위법성 심사에 관련하여 행정규칙인 소득세법통칙에 의하여 기속을 당하지 않으며 단지 소득세법, 소득세법시행령, 소득세법시행규칙에 따라 적법성여부를 심사하면 된다.

2. 외부적 효력

상술한 바와 같이 행정규칙이 내부적인 법적 효력만을 갖고 있음에도 불구하고 경우에 따라서는 일반국민에 대하여 사실상의 외부적 영향력을 발생시키고 있음을 부인할 수 없다. 상당부분의 행정규칙은 일반국민과의 관계에서 행정작용의 집행기준을 정하고 수명기관은 자신의 복종의무에 따라 이러한 행정규칙을 준수하고 적용하여야 하기 때문이다. 예를 들어 국토교통부장관이 위법건축물의 철거기준에 대하여 행정규칙의 형식으로 지침을 정한 경우에 이러한 지침은 직접적인 외부적 효력을 갖지 않으나 구청장은 지침의 내용에 따라 철거처분을 내려야 하며 철거처분은 국민에 대하여 직접적인 효력을 갖는다. 문헌에서는 이와 같은 행정규칙의 사실상의 외부적 영향력을 법적으로 어떻게 구성하여 관련된 개인의 권리를 보호할 수 있는지에 대하여 논쟁을 하여 왔다.

1) 간접적 외부적 효력

가. 행정의 자기구속의 법리

다수설은[19] 행정규칙은 단지 내부적 효력만을 갖고 있다는 입장을 고수하면서 행정규칙의 사실상의 외부적 효력의 문제를 이른바 행정의 자기구속의 법리에 의하여 해결하고 있다. 행정기관을 통하여 일반국민에게 적용될 것이 예정되어 있는 행정규칙은 그것이 정립되고 적용되면 그에 따라 행정관행이 성립되며 행정기관은 이러한 행정관행에 구속되어 이후에 동일한 사례를 특별한 합리적인 사유없이 달리 취급하여서는 안된다. 만일 이후 동일한 경우를 달리 취급하여 처분을 한다면 이는 헌법상의 평등의 원칙에 위반되고 따라서 위법하게 될 것이다. 이러한 경우에 개인은 행정규칙위반을 이유로 하여 처분의 위법성을 주장하는 것이 아니라 평등원칙의 위반을 이유로 위법성을 주장하게 된다. 행정규칙은 여기서 직접적인 외부적 효력을 갖는 것이 아니라 헌법상의 평등원칙을 매개로 하여 간접적으로 외부적 효력을 갖는다.

나. 행정의 자기구속의 법리가 성립되는 행정규칙

이러한 행정의 자기구속의 법리는 모든 행정규칙에 대하여 성립되는 것이 아니라 행정에게 고유한 형성의 여지가 존재하는 영역에서 사실상의 외부적 영향력을 갖는 행정규칙들에 있어서 성립된다. 따라서 행정의 자기구속의 법리에 의하여 간접적인 외부적 효력이 주로 발생되는 행정규칙은 하급행정기관의 재량행사에 대하여 규율하는 재량준칙과 법적 규율이 필요한 영역이기는 하나 관련법률이 결여되고 있기 때문에 법률의 흠결을 메꾸어주는 법률대위적 행정규칙에서 발생된다고 보아야 할 것이다. 이들 영역에서 상급행정기관은 행정규칙을 통하여 하급행정기관의 대국민적인 행정작용을 간접적으로 조정한다고 할 수 있다.[20] 우리 학설의 일부에서는 규범해석적 행정규칙에 있어서도 행정의 자기구속의 법리의 성립이 가능하다고 하나[21] 규범해석적 행정규칙에 있어서는 원칙적으로 행정의 자기구속의 법리가 성립되지 않는다. 행정규칙이 법률을 옳게 해석한 경우에는 그것은 단지 법률에 의하여 이미 확정된 것을 규정하고 있기 때문에, 그 자체의 고유한 의미는 존재하지 않기 때문이다. 만일 행정규칙이 법률을 잘못 해석한 경우에는 개인은 직접 법률을 원용하면 된다. 단지 법률에 불확정법개념이 사용되어 행정청에게 고유한 판단여지가 인정되는 경우에 행정의 자기구속의 법리가 형성될 수 있다는 견해가 성립될 수 있다. 그러나 판단여지는 아주 제한된 분야(비대체적 결정, 합의제 행정기관의 구속적 가치평가, 예측결정, 행정정책적 결정 등)에서만 인정되고 있을 뿐 아니라, 일반적인 견해에 따르면 규범의 해석과정에서가 아니라 포섭과정에서 인정되기 때문에 규범해석적 행정규칙에는 행정의 자기구속의 법리가 성립하기 힘들다고 보아야 한다.[22]

---

19) Maurer/Waldhof, Allg. VerwR, S. 669; Scholler, DVBl 1968, S. 409; Zacher, VVDStRL 24, S. 237.

20) 일설은 이들 재량준칙이나 법률대위적 행정규칙 등이 간접적 외부적 효력을 발생시키는 점에 착안하여 이들을 준법규라고 표현하고 있으나, 이는 어디까지나 법규개념을 국민에 대하여 외부적 효력을 갖고 재판규범으로 이해하는 입장에 근거하고 있는 것이다(金東熙/崔桂暎, 行政法 I, 176면).

21) 朴鈗炘/鄭亨根, 最新行政法講義(上), 232면; 金東熙/崔桂暎, 行政法 I, 176면.

22) Maurer/Waldhof, Allg. VerwR, S. 676.

다. 입증책임

행정규칙의 외부적 효력은 평등의 원칙을 매개로 하는바, 평등의 원칙의 적용은 행정관행의 성립을 전제로 하고 있다. 독일의 경우에 재량준칙이나 법률대위적 행정규칙이 존재하면 예기관행을 인정하는 일부 판례도 있으나 학설과 실무의 일반적인 견해에 따르면 이들 행정규칙이 존재하면, 행정관례의 존재가 추정되며, 행정청의 당해 결정이 최초의 그리고 유일한 결정이라는 반증이 성립되지 않는 한 행정의 자기구속의 법리가 성립하게 된다고 한다.

라. 행정의 자기구속의 법리에 대한 판례

이러한 행정의 자기구속의 법리는 우리 판례에서도 긍정적으로 받아들여지고 있다. 헌법재판소는 '전라남도 교육위원회의 인사관리원칙에 대한 헌법소원사건'에서 자기구속의 법리에 의한 재량준칙의 대외적인 구속력을 긍정하였으며, 대법원 역시 최근 '신규건조저장시설 사업자 인정신청반려처분취소사건'에서 자기구속의 법리에 의한 재량준칙의 대외적인 구속력을 인정하였다. 또한 대법원은 재량준칙의 성격을 갖는 행정처분기준에서 정하고 있는 범위를 벗어나는 처분을 하기 위하여는 그 기준에 따른 처분을 할 경우에 공익상 필요와 상대방이 받게 되는 불이익 등과 사이에 현저한 불균형이 발생한다는 등의 특별한 사정이 있어야 한다고 판시하여 자기구속의 법리에 의한 행정규칙의 간접적 외부적 효력을 뒷받침하고 있다.

판례 1(인사관리원칙의 변경이 교원의 기본권이나 법적 이익을 침해하지 않는다는 판례) 행정규칙이 법령의 규정에 의하여 행정관청에 법령의 구체적 내용을 보충할 권한을 부여한 경우, 또는 재량권행사의 준칙인 규칙이 그 정한 바에 따라 되풀이 시행되어 행정관행이 이룩되게 되면, 평등의 원칙이나 신뢰보호의 원칙에 따라 행정기관은 그 상대방에 대한 관계에서 그 규칙에 따라야 할 자기구속을 당하게 되고, 그러한 경우에는 대외적인 구속력을 가지게 된다 할 것이다. 그러나, 이 사건 인사관리원칙은 중등학교 교원등에 대한 임용권을 적정하게 행사하기 위하여 그 기준을 일반 · 추상적 형태로 제정한 조직 내부의 사무지침에 불과하므로, 그 변경으로 말미암아 청구인(교원)의 기본권이나 법적 이익이 침해당한 것이 아니다(헌재결 1990. 9. 3, 90헌마13).

판례 2(구 '부당한 공동행위 자진신고자 등에 대한 시정조치 등 감면제도 운영고시'의 법적 성질 및 이를 위반한 행정처분의 위법성) 구 '부당한 공동행위 자진신고자 등에 대한 시정조치 등 감면제도 운영고시' 제16조 제1항, 제2항은 그 형식 및 내용에 비추어 재량권 행사의 기준으로 마련된 행정청 내부의 사무처리준칙 즉 재량준칙이라 할 것이고, 구 '독점규제 및 공정거래에 관한 법률 시행령' 제35조 제1항 제4호에 의한 추가감면 신청 시 그에 필요한 기준을 정하는 것은 행정청의 재량에 속하므로 그 기준이 객관적으로 보아 합리적이 아니라든가 타당하지 아니하여 재량권을 남용한 것이라고 인정되지 않는 이상 행정청의 의사는 가능한 한 존중되어야 한다. 이러한 재량준칙은 일반적으로 행정조직 내부에서만 효력을 가질 뿐 대외적인 구속력을 갖는 것은 아니므로 행정처분이 이를 위반하였다고 하여 그러한 사정만으로 곧바로 위법하게 되는 것은 아니고, 다만 그 재량준칙이 정한 바에 따라 되풀이 시행되어 행정관행이 이루어지게 되면 평등의 원칙이나 신뢰보호의 원칙에 따라 행정기관은 상대방에 대한 관계에서 그 규칙에 따라야 할 자기구속을 받게 되므로, 이러한 경우에는 특별한 사정이 없는 한 그에 반하는 처분은 평등의 원칙이나 신뢰보호의 원칙에 어긋나 재량권을 일탈 · 남용한 위법한 처분이 된다(대판 2013. 11. 14, 2011두28783).

판례 3(선례가 되는 행정처분이 위법한 경우에는 행정의 자기구속의 법리가 성립되지 않는다는 사례) 평등원칙 또는 신뢰보호원칙 위반 등과 관련한 상고이유에 대하여 일반적으로 행정상의 법률관계 있어서 행정청의 행위에 대하여 신뢰보호의 원칙이 적용되기 위하여는 행정청이 개인에 대하여 신뢰의 대상이 되는 공적인 견해표명을 하였다는 점이 전제되어야 한다. 그리고 그 평등의 원칙은 본질적으로 같은 것을 자의적으로 다르게 취급함을 금지하는 것이고, 위법한 행정처분이 수차례에 걸쳐 반복적으로 행하여졌다 하더라도 그러한 처분이 위법한 것인 때에는 행정청에 대하여 자기구속력을 갖게 된다고 할 수 없다(대판 2009. 6. 25, 2008두13132).

판례 4(행정처분기준을 벗어나는 처분을 하기 위하여는 이를 정당화 시킬 특별한 사정이 있어야 한다는 판례) 구 법 시행규칙 제53조 [별표 15] 행정처분기준이 비록 행정청 내부의 사무처리 준칙을 정한 것에 지나지 아니하여 대외적으로 법원이나 국민을 기속하는 효력은 없지만, 위 행정처분기준이 수입업자들 및 행정청 사이에 처분의 수위를 가늠할 수 있는 유력한 잣대로 인식되고 있는 현실에 수입식품으로 인하여 생기는 위생상의 위해를 방지하기 위한 단속의 필요성과 그 일관성 제고라는 측면까지 아울러 참작하면, 위 행정처분기준에서 정하고 있는 범위를 벗어나는 처분을 하기 위해서는 그 기준을 준수한 행정처분을 할 경우 공익상 필요와 상대방이 받게 되는 불이익 등과 사이에 현저한 불균형이 발생한다는 등의 특별한 사정이 있어야 한다. 이 사건은 이러한 특별한 사정이 있었다고 할 수 없으므로, 위 행정처분기준을 준수한 이 사건 처분에 재량권을 일탈 내지 남용한 위법이 있다고 보기 어렵다(대판 2010. 4. 8, 2009두22997).

2) 직접적 외부적 효력

반면 근래의 독일의 유력설은[23] 국가의 입법작용은 의회의 전유물이 아니며 행정부도 의회와 마찬가지로 민주적 정당성과 헌법적인 근거를 갖고 있기 때문에, 독자적인 시원적 입법권(始原的 立法權)을 갖고 외부적 효력을 갖는 행정규칙을 제정할 수 있다고 주장한다. 헌법해석상 의회는 입법을 독점하는 것이 아니라 단지 입법우선권을 갖는 것에 불과하다고 한다. 법률유보의 해당영역에서는 법률의 제정은 의회의 권한이자 의무이나 반면 법률유보의 영역 밖에서는 행정이 독자적으로 활동할 수 있으며 그 활동형식은 개별적 · 구체적 규율이 될 수도 있고 일반적 · 추상적 규율도 될 수도 있는 것이다. 따라서 법률유보의 영역 밖에서는 행정주체는 반드시 법률의 수권에 의한 법규명령을 제정할 필요가 없으며 외부적 효력을 갖는 행정규칙을 제정할 수 있다고 한다. 물론 이러한 법률유보의 영역 밖에서도 의회의 입법우선권은 인정되며 따라서 행정의 시원적 입법권은 의회의 개입여부에 따라 좌우되는 잔류된 권한을 의미한다. 이들은 외부적 효력을 갖는 행정규칙으로서 법률대위적 행정규칙, 재량준칙, 규범구체화행정규칙 등을 들고 있다. 유의할 점은 이들 행정규칙의 직접적인 외부적 효력을 인정하는 학설도 법률이나 법규명령처럼 엄격한 구속력을 갖는 것이 아니라 이를 정당화할 수 있는 합리적인 사유가 있는 경우에는 예외적으로 구속력에서 벗어날 수 있는 유연한 효력을 인정하고 있는 점에서는 간접적 효력을 주장하는 학설과 결과에 있어서 동일하다는 점이다. 특히 최근의 독일연방행정법원은 유명한 빌(Wyhl)판결에서[24] 연방내무부장관의 방사능피폭기준에 대하여 법률이 규정한 한계내에서 재판규범성을 인정함으로써 이른바 환경 및 기술법분야의 규범구체화행정규칙에 대하여 외부적 효력을 부여하여 행정규칙의 직접적인 외부적 효력설을 뒷받침하였다.[25]

23) Ossenbühl, Verwaltungsvorschriften und Grundgesetz, 1968, S. 150; Krebs, VerwArch 70, S. 259; Beckmann, DVBl 1987, S. 616ff.

24) BVerwGE 72, 300.

25) 연방오염방지법 등 여타의 환경관계법상의 환경기준은 전문가들의 감정을 반영하여 관계인의 청문을 거쳐 연방상원의 동의를 거친 후 연방정부에 의하여 제정하도록 규정하고 있어 행정규칙의 전문성, 절차적 적정성, 민주적 정당성을 확보하고 있다는 점이 여타의 행정규칙과 차이가 난다. 또한 이들 규범구체화행정규칙들은 법률의 수권에 의하여 제정되고 있다는 점에 있어서 법규명령과 실질적인 차이가 없다.

그러나 연방행정법원은 이후의 판결에서 규범구체화행정규칙은 단순히 선취된 전문가의 감정에 지나지 않는다고 하여 재판규범성을 부인함으로써 빌판결로부터 현저히 후퇴하였다.[26]

행정규칙의 직접적인 외부적 효력을 인정하는 학설은 권력분립의 원칙과 법률유보의 원칙과 관련하여 여전히 다수설에 의하여 비판을 받고 있다. 특히 직접적 효력설은 행정규칙의 외부적인 효력은 평등의 원칙을 매개로 하지 않고 행정의사를 근거로 직접적으로 발생된다고 하나 외부적 효력을 갖는 법규명령과 내부적 효력을 갖는 행정규칙 사이에 선택권을 갖고 있는 행정권이 일단 행정규칙의 선택을 통하여 내부적 효과를 의도하는 경우에, 또 어떻게 동시에 행정의사에 의하여 동 행정규칙이 외부적 효력을 갖게 할 수 있는지에 대한 답변을 제시하지 못하고 있다는 비판을 받고 있다.[27]

Ⅵ. 행정규칙의 하자와 소멸

1. 행정규칙의 하자

행정규칙에 하자가 있으면 무효가 된다. 따라서 취소할 수 있는 행정규칙은 관념적으로 성립되지 않는다.

2. 행정규칙의 소멸

행정규칙은 ① 명시적 · 묵시적 폐지, ② 종기의 도래, ③ 해제조건의 성취 등에 의하여 효력을 상실한다.

Ⅶ. 행정규칙의 통제

행정규칙은 비록 직접적인 외부적 효력을 갖지 않는다고 하더라도, 실제 행정운영상으로 국민의 생활에 적지 않은 영향력을 갖고 있기 때문에 그 적법성과 타당성을 확보하는 것이 중요한 과제가 되고 있다.

1. 국회에 의한 통제

중앙행정기관의 장은 법률에서 위임한 사항이나 법률을 집행하기 위하여 필요한 사항을 규정한 훈령 · 예규 · 고시 등이 제정 · 개정 또는 폐지된 때에는 10일 이내에 이를 국회에 제출하여야 한다(국회법 98조의2).

2. 행정적 통제

1) 행정감독권에 의한 통제

상급행정청은 감독권의 행사를 통하여 행정규칙의 폐지 내지 개선을 명할 수 있다.

2) 법제처에 의한 통제

대통령훈령 및 국무총리훈령은 "법제에 관한 사무"의 하나로 보아 관례적으로 법제처의 사전심사를 거치고 있다(정부조직법 20조). 또한 법제업무운영규정(2007. 2. 2. 대통령령 14785호)에 따라 모든 중앙행정기관의 장(중앙행

26) BVerwGE, NVwZ 1988, 824; BVerwGE 72, 285.

27) Maurer/Waldhof, Allg. VerwR, S. 675.

정기관에 준하는 위원회 등으로서 총리령으로 정하는 위원회를 포함한다)은 훈령 · 예규등이 제정 · 개정 또는 폐지된 때에는 발령 후 10일 이내에 해당 훈령 · 예규등을 법제처장이 정하는 정부입법 관련 전산시스템에 등재하여야 한다(25조 2항). 법제처장은 등재된 훈령 · 예규등을 수시로 심사 · 검토하고 법령으로 정하여야 할 사항을 훈령 · 예규등으로 정하고 있거나 법령에 저촉되는 사항 또는 불합리한 사항을 정한 훈령 · 예규등이 있는 경우에는 심사의견을 작성하여 소관 중앙행정기관의 장에게 통보하여야 한다(25조 3항). 심사의견 통보를 받은 중앙행정기관의 장은 특별한 사유가 없는 한 이를 관련 법령 또는 당해 훈령 · 예규등에 반영하고 그 결과를 심사의견을 통보받은 날로부터 1월 이내에 법제처장에게 통보하여야 한다(25조 4항 · 5항).

3) 행정심판절차를 통한 통제

중앙행정심판위원회는 심판청구를 심리 · 의결함에 있어서 처분 또는 부작위의 근거가 되는 훈령 · 예규 · 고시 등이 법령에 근거가 없거나 상위법령에 위배되거나 국민에게 과도한 부담을 주는 등 현저하게 불합리하다고 인정되는 경우에는 관계 행정기관에 대하여 당해 훈령 등의 개정 · 폐지 등 적절한 시정조치를 요청할 수 있다. 이 경우 중앙행정심판위원회는 시정조치를 요청한 사실을 법제처장에게 통보하여야 한다. 한편, 시정조치를 요청받은 관계행정기관은 정당한 사유가 없는 한 이에 따라야 한다(행심법 59조).

3. 사법적 통제

행정규칙은 재판규범이 아니기 때문에 법원은 재판에 있어서 행정규칙에 구속되지 않는다. 법원은 행정규칙을 전문가의 의견으로 존중할 수도 있고 또한 행정규칙이 법령에 위배되는 경우에는 그의 존재를 무시할 수도 있다. 법원은 또한 행정규칙에 위배되었다는 이유로 행정처분을 위법하다고 판단할 수 없다. 단 재량준칙 등에 의하여 일정한 행정관행이 성립된 경우에는 행정의 자기구속의 법리에 의하여 처분의 사법심사를 할 수 있다.

판례(상위법령에 반하는 행정규칙의 효력) '행정규칙'은 상위법령의 구체적 위임이 있지 않는 한 행정조직 내부에서만 효력을 가질 뿐 대외적으로 국민이나 법원을 구속하는 효력이 없다. 다만 행정규칙이 이를 정한 행정기관의 재량에 속하는 사항에 관한 것인 때에는 그 규정 내용이 객관적 합리성을 결여하였다는 등의 특별한 사정이 없는 한 법원은 이를 존중하는 것이 바람직하다. 그러나 행정규칙의 내용이 상위법령에 반하는 것이라면 법치국가원리에서 파생되는 법질서의 통일성과 모순금지 원칙에 따라 그것은 법질서상 당연무효이고, 행정내부적 효력도 인정될 수 없다. 이러한 경우 법원은 해당 행정규칙이 법질서상 부존재하는 것으로 취급하여 행정기관이 한 조치의 당부를 상위법령의 규정과 입법 목적 등에 따라서 판단하여야 한다(대판 2020. 11. 26, 2020두42262).

Ⅷ. 법규명령형식의 행정규칙과 행정규칙형식의 법규명령

실무에서는 실질적으로는 행정규칙에 해당하는 것이 법규명령형식으로 제정되거나 또는 실질적으로는 법규명령에 해당하는 것이 행정규칙의 형식으로 제정되는 경우가 빈번히 발생되고 있으며 학설과 판례에서는 이들의 법적 성격에 관하여 적지 않게 논란이 일고 있다.

1. 법규명령형식의 행정규칙

1) 의 의
2) 제재처분 기준의 법적 성격
가. 판례의 입장
가) 제재처분의 기준이 부령 형식인 경우 ―행정규칙
나) 제재처분의 기준이 대통령령 형식인 경우 ―법규명령
나. 학설의 견해
가) 행정규칙설(실질설)
나) 법규명령설(형식설)
다) 결어(=법규명령설)

1) 의 의

법규명령의 형식으로 제정되었으나 행정규칙의 성격을 갖는 것이 있는바 여기서도 법률의 수권이 없이 법규명령형식으로 제정된 행정규칙(이른바 진정한 행정규칙으로서의 법규명령)과 법률의 수권에 의하여 법규명령으로 제정된 행정규칙이 있다(이른바 부진정한 행정규칙으로서의 법규명령). 전자의 경우로 대표적인 것은 「행정업무의 운영 및 혁신에 관한 규정」(대통령령 33575호), 구 민원사무처리규정(대통령령 10869호) 등이 있는바 이들은 법률의 수권이 없이 제정된 것이므로 대외적으로 국민의 권리와 의무를 규율할 수 없으며 따라서 재판규범이 될 수 없다.[28] 반면 법률의 수권에 의하여 법규명령으로 제정된 행정규칙의 대표적인 것으로는 이른바 제재처분의 기준인바 식품위생법시행규칙 제89조에 의한 행정처분기준(근거법률: 식품위생법 75조 5항), 공중위생관리법시행규칙 제19조에 의한 행정처분기준(근거법률: 공중위생관리법 7조 2항, 11조 4항), 도로교통법시행규칙 제91조 제1항에 의한 운전면허의 취소 · 정지처분기준(근거법률: 도로교통법 93조 2항), 여객자동차운수사업법시행규칙 제59조에 의한 택시운전자격의 취소 · 정지처분기준(근거법률: 여객자동차운수사업법 87조 2항) 등이 그 예이다.

2) 제재처분의 기준의 법적 성격

가. 판 례

판례는 제재처분의 기준이 부령으로 된 경우에는 그 규정의 성질과 내용은 취소처분 등에 관한 사무처리기준 등 행정청 내의 사무처리기준을 규정한 것에 불과하며 따라서 행정조직 내부의 규율인 행정규칙의 성격을 갖는다는 일관된 입장을 취하고 있다. 반면 판례는 제재처분의 기준이 대통령령 형식으로 된 경우에는 부령과는 달리 법규명령의 성격을 인정하여 재판의 기준이 된다는 입장을 취하고 있다. 한편 판례는 여객자동차운수사업법의 위임에 따라 시외버스운송사업의 인가기준 등을 구체적으로 정한 여객자동차운수사업법시행규칙 조문들에 대하여 법규명령이라고 판시함으로써, 제재적 처분기준이 아닌 경우 부령형식의 처분기준을 법규명령으로 보고 있다.

판례 1(부령 형식의 제재처분기준의 법적 성격) 식품위생법시행규칙 제53조에서 별표 15로 같은 법 제58조에 따른 행정처분의 기준을 정하였다 하더라도, 이는 형식은 부령으로 되어 있으나 성질은 행정기관 내부의 사무처리준칙을 규정한 것에 불과한 것으로서 보건사회부장관이 관계행정기관 및 직원에 대하여 직무권한행사의 지침을 정하여 주기 위하여 발한 행정명령의 성질을 가지는 것이지 같은 법 제58조 제1항의

28) 대법원(1989. 10. 24, 88누9312)은 과거 정부공문서규정(현행 「행정 효율과 협업 촉진에 관한 규정」)에 근거하여 개인의 문서열람권 및 복사청구권을 인정하여 이를 거부한 처분을 위법하다고 판시하였다. 이에 대한 비판으로는 金南辰, 行政法 I, 187면.

규정에 의하여 보장된 재량권을 기속하는 것이라고 할 수는 없고, 대외적으로 국민이나 법원을 기속하는 힘이 있는 것은 아니다(대판 1993. 6. 29, 93누5635. 동지판결: 1994. 10. 14, 94누4370; 1995. 3. 28, 94누6925; 1996. 2. 23, 95누16318).

판례 2(대통령령 형식의 제재처분기준의 법적 성격) 당해 처분의 기준이 된 주택건설촉진법시행령 제10조의3 제1항 [별표 1]은 주택건설촉진법 제7조 제2항의 위임규정에 터잡은 규정형식상 대통령령이므로 그 성질이 부령인 시행규칙이나 또는 지방자치단체의 규칙과 같이 통상적으로 행정조직 내부에 있어서의 행정명령에 지나지 않는 것이 아니라 대외적으로 국민이나 법원을 구속하는 힘이 있는 법규명령에 해당한다(대판 1997. 12. 26, 97누15418).

판례 3(구 여객자동차 운수사업법 시행규칙의 법적 성격) 구 여객자동차 운수사업법 시행규칙 제31조 제2항 제1호, 제2호, 제6호는 구 여객자동차 운수사업법 제11조 제4항의 위임에 따라 시외버스운송사업의 사업계획변경에 관한 절차, 인가기준 등을 구체적으로 규정한 것으로서, 대외적인 구속력이 있는 법규명령이라고 할 것이고, 그것을 행정청 내부의 사무처리준칙을 규정한 행정규칙에 불과하다고 할 수는 없다(대판 2006. 6. 27, 2003두4355).

나. 학 설

가) 행정규칙설(실질설) 행정규칙설에 따르면 행정규칙은 법규명령의 형식으로 제정되어도 행정규칙으로서의 성질이 변하는 것이 아니기 때문에 일반국민이나 법원을 구속할 수 없다고 한다. 즉 법률이나 법규명령도 언제나 일반국민을 구속하는 것이 아니므로, 내용상 행정규칙에 해당함이 명백할 경우에는 그 형식에도 불구하고 행정규칙으로서의 성질이 변하지 않는다는 입장을 취하고 있다. 또한 제재처분의 기준의 수권법률은 예외없이 재량법규의 형식을 취하고 있는바, 만일 법규명령설을 취하면 법률에서 재량행위로 정한 것을 명령에서 기속행위로 바꾸게 되어 법률의 취지에 반하게 된다고 한다.[29)]

나) 법규명령설(형식설) 이에 대하여 다수설인 법규명령설은 훈령적 사항이라도 그것이 법률의 수권을 근거로 법규명령의 형식을 갖고 제정된다면, 실질적 의미의 법률로서 외부적 효력을 갖고 재판규범성을 갖는다고 한다.[30)] 행정규칙설은 행정의 일정한 사항은 본질적으로 행정규칙의 고유한 규율사항이 되어야 한다는 전제에 입각하고 있으나 일정한 사안을 법규명령의 형식으로 제정할 것인지 또는 행정규칙의 형식으로 제정할 것인지는 어디까지나 입법정책적인 문제이다. 이에 따라 일단 법률의 수권에 근거하여 엄격한 제정절차에 따라 법규명령의 형식으로 제정된 일반적·추상적 규율은 실질적으로도 외부적 효력을 갖는 위임명령으로 보아야 한다는 입장을 취하고 있다.

다) 결 어 법규명령설의 입장이 타당하다고 할 것이다. 특히 제재처분의 기준은 국민의 기본권행사와 직접적 관련성을 갖고 있는 점에 비추어 그것이 내용상 행정규칙의 성질을 갖는 것인지도 의문이다. 행정규칙설은 법규명령설을 따른다면 제재처분의 기준이 획일적·정형적으로 규정되어 있기 때문에 수권법률의 취지에 맞지 않을 뿐 아니라 구체적 타당성을 기하기 어렵다고 하나 현재 대부분의 제재처분의 기준은 가중·감경규정을 두는 추세에 있다. 또한 제재처분의 기준이 이러

29) 柳至泰/朴鍾秀, 行政法新論, 305면; 韓堅愚, 行政法理論 I, 247면.
30) 金南辰/金連泰, 行政法 I, 164면; 朴鈗炘/鄭亨根, 最新行政法講義(上), 224면; 金東熙/崔桂暎, 行政法 I, 165면 이하.

한 가중 · 감경규정이 없어 그에 근거한 행정처분이 구체적 타당성을 상실하는 경우에는 법원은 구체적 규범통제를 통하여 당해 사건에 그 적용을 배제할 수 있을 것이다. 한편 대법원은 처분기준이 대통령령형식으로 된 경우에는 부령과는 달리 법규명령의 성격을 인정하여 재판규범성을 인정하고 있으나, 대통령령이나 총리령 · 부령 모두 상위법령에서 위임한 사항이나 집행을 위하여 필요한 사항을 규율하는 법규명령이기 때문에 양자를 구별할 합리적 근거가 없다. 비록 대통령령인 경우에는 국무회의의 심의를 거쳐 대통령이 발하고, 부령인 경우에는 국무회의의 심의를 거치지 않고 행정각부의 장관이 발한다고 하나 그것이 양자를 질적으로 구별할 이유가 되지 못한다. 따라서 처분기준의 형식이 대통령령인지 또는 부령인지 여부에 처분기준의 법적 성격을 의존시키는 판례의 입장은 타당성이 없다고 하여야 할 것이다. 한편 대법원이 구 청소년보호법시행령상의 과징금처분기준을 재량법규로 보고, 처분기준이 되는 과징금액수를 최고한도액으로 판시함으로써, 처분기준이 법규명령의 성격을 갖는 경우에 그의 탄력적 적용을 시도하고 있음은 주목할 만하다.

판례(과징금처분기준의 재량법규의 성격) 구 청소년보호법 제49조 제1항, 제2항에 따른 같은 법 시행령 제40조 [별표 6]의 위반행위의 종별에 따른 과징금처분기준은 법규명령이기는 하나 모법의 위임규정의 내용과 취지 및 헌법상의 과잉금지의 원칙과 평등의 원칙 등에 비추어 같은 유형의 위반행위라 하더라도 그 규모나 기간 · 사회적 비난 정도 · 위반행위로 인하여 다른 법률에 의하여 처벌받은 다른 사정 · 행위자의 개인적 사정 및 위반행위로 얻은 불법이익의 규모 등 여러 요소를 종합적으로 고려하여 사안에 따라 적정한 과징금의 액수를 정하여야 할 것이므로 그 금액은 정액이 아니라 최고한도액이다(대판 2001. 3. 9, 99두5207).

2. 행정규칙 형식의 법규명령(법령보충적 규칙)

1) 의 의

행정규칙 형식의 법규명령이란 법률의 내용이 일반적이라 구체화가 필요하여 법령의 위임을 받아 그 구체적인 내용을 훈령 · 고시 등으로 정하는 경우에 이들이 법규명령의 성격을 갖는 것을 말한다. 판례가 인정한 이러한 행정규칙 형식의 법규명령은 재산제세사무처리규정,[31] 주류도매면허제도개선업무처리지침,[32] 석유판매허가기준고시,[33] 식품영업허가기준고시,[34] 노인복지사업지침,[35] 공업입지

31) 대판 1987. 9. 29, 86누484.
32) 대판 1994. 4. 26, 93누21688.
33) 대판 1995. 3. 10, 94누8556.
34) 대판 1995. 11. 14, 92도496.
35) 대판 1996. 4. 12, 95누7727.

기준고시[36] 등 계속 늘어가고 있는 추세에 있다. 이러한 행정규칙 형식의 법규명령이 증가하고 있는 이유는 상위법령에서 "○○○장관이 부령으로 정한다"라는 수권방식 대신에 "○○○장관이 고시로 정한다", "○○○장관이 정하는 사항", "○○청장이 지정하는 사항" 등의 수권방식을 채택하고 있는 데 기인하고 있다.

2) 법적 성격

이러한 행정규칙 형식의 법규명령의 법적 성격에 대하여는 판례와 학설에서 논란이 되고 있다.

가. 판 례

대법원은 일관된 판결에서 법령이 일정한 행정기관에 대하여 법령의 내용을 구체적으로 보충규정할 권한을 위임하고 이에 따라 행정기관이 행정규칙의 형식으로 그 법령의 내용이 될 사항을 규정하였다면 위 행정규칙은 법령의 내용과 결합하여 법규명령으로서의 효력을 가진다는 입장을 취하고 있다.

판례 1(재산제세사무처리규정의 법적 성격) 상급행정기관이 하급행정기관에 대하여 업무처리지침이나 법령의 해석적용에 관한 기준을 정하여서 발하는 이른바 행정규칙은 일반적으로 행정조직 내부에서만 효력을 가질뿐 대외적인 구속력을 갖는 것은 아니지만, 법령의 규정이 특정행정기관에게 그 법령내용의 구체적 사항을 정할 수 있는 권한을 부여하면서 그 권한행사의 절차나 방법을 특정하고 있지 아니한 관계로 수임행정기관이 행정규칙의 형식으로 그 법령의 내용이 될 사항을 구체적으로 정하고 있다면 그와 같은 행정규칙, 규정은 행정규칙이 갖는 일반적 효력으로서가 아니라, 행정기관에 법령의 구체적 내용을 보충할 권한을 부여한 법령규정의 효력에 의하여 그 내용을 보충하는 기능을 갖게 된다 할 것이므로 이와 같은 행정규칙, 규정은 당해 법령의 위임한계를 벗어나지 아니하는 한 그것들과 결합하여 대외적인 구속력이 있는 법규명령으로서의 효력을 갖게 된다(대판 1987. 9. 29, 86누484).

판례 2(액화석유가스 판매사업허가기준의 법적 성격) 법령의 규정이 지방자치단체장(허가관청)에게 그 법령내용의 구체적인 사항을 정할 수 있는 권한을 부여하면서 그 권한행사의 절차나 방법을 정하지 아니하고 있는 경우, 그 법령의 내용이 될 사항을 구체적으로 규정한 지방자치단체장의 고시는, 당해 법률 및 그 시행령의 위임한계를 벗어나지 아니하는 한 그 법령의 규정과 결합하여 대외적인 구속력이 있는 법규명령으로서의 효력을 갖게 되고, 허가관청인 지방자치단체장이 그 범위 내에서 허가기준을 정하였다면 그 허가기준의 내용이 관계 법령의 목적이나 근본취지에 명백히 배치되거나 서로 모순되는 등의 특별한 사정이 없는 한 그 허가기준이 효력이 없는 것이라고 볼 수는 없다(대판 2002. 9. 27, 2000두7933).

판례 3(위임범위를 벗어난 행정규칙의 효력) 행정규칙이나 규정이 상위법령의 위임범위를 벗어난 경우에는 법규명령으로서 대외적 구속력을 인정할 여지는 없다. 이는 행정규칙이나 규정 '내용'이 위임범위를 벗어난 경우뿐 아니라 상위법령의 위임규정에서 특정하여 정한 권한행사의 '절차'나 '방식'에 위배되는 경우도 마찬가지이므로, 상위법령에서 세부사항 등을 시행규칙으로 정하도록 위임하였음에도 이를 고시 등 행정규칙으로 정하였다면 그 역시 대외적 구속력을 가지는 법규명령으로서 효력이 인정될 수 없다(대판 2012. 7. 5, 2010다72076).

나. 학 설

가) 행정규칙설 판례의 견해에 대한 비판적인 입장에 따르면 헌법은 법규명령의 형식으로 대통령령 · 총리령 · 부령만을 인정하고 있으며 또한 법규명령은 국회입법원칙에 대한 예외에 해당하

36) 대판 2003. 9. 26, 2003두2274.

기 때문에 행정규칙은 그 자체로서 법규명령으로서의 법형식으로 인정되어서는 안되며, 만일 판례가 인정하는 바와 같이 헌법이 허용하고 있는 위임입법 형식 이외의 새로운 법형식을 인정하는 것은 헌법상의 권력분립의 원칙에 위배된다고 한다. 따라서 행정규칙 형식의 법규명령은 형식을 존중하여 행정규칙으로 보아야 한다는 견해를 취하고 있다.[37)]

나) 법규명령설 반면 판례의 입장을 긍정하는 견해에 따르면 헌법이 인정하는 법규명령의 형식은 예시적이며, 이 경우의 행정규칙은 실질적으로 상위명령을 보충하는 것으로서 근거법령과 결합하여 국민에 대하여 외부적 효력을 갖기 때문에 법규명령으로 보아야 한다는 입장을 취하고 있다.[38)]

다) 규범구체화 행정규칙설 한편 일설은 위 행정규칙의 대외적인 법적 구속력은 인정하지만 행정규칙의 형식을 취하고 있으므로, 통상의 행정규칙과는 달리 독일의 과학기술법영역에서 발견되는 규범구체화 행정규칙으로 보자는 입장을 취하고 있다.[39)]

다. 헌법재판소의 입장

최근 헌법재판소는 헌법이 인정하고 있는 위임입법의 형식은 예시적이고, 입법자가 규율의 형식도 선택할 수 있기 때문에, 입법자에게 상세한 규율이 불가능한 것으로 보이는 영역이라면 행정부는 법률의 위임에 따라 필요한 보충을 할 수 있다고 판시하고 법령보충적 규칙에 대하여 긍정적인 입장을 취하고 있다. 다만, 기본권을 제한하는 법률이 입법위임을 하는 경우에는 대통령령, 총리령, 부령 등 법규명령에 위임하는 것이 바람직하며, 법규명령과 같은 엄격한 제정 및 개정절차를 요하지 않는 행정규칙에 입법사항을 위임하는 경우에는 전문적 · 기술적 사항이나 경미한 사항으로 업무의 성질상 위임이 불가피한 사항에 한정되어야 하며, 그러한 사항이라고 하더라도 포괄위임금지의 원칙상 법률의 위임은 반드시 구체적 · 개별적으로 한정된 사항에 대하여 행하여져야 한다고 판시하고 있다.

판례(행정규칙 형식의 법규명령의 허용성) 오늘날 의회의 입법독점주의에서 입법중심주의로 전환하여 일정한 범위 내에서 행정입법을 허용하게 된 동기가 사회적 변화에 대응한 입법수요의 급증과 종래의 형식적 권력분립주의로는 현대사회에 대응할 수 없다는 기능적 권력분립론에 있다는 점 등을 감안하여 헌법 제40조와 헌법 제75조, 제95조의 의미를 살펴보면, 국회입법에 의한 수권이 입법기관이 아닌 행정기관에게 법률 등으로 구체적인 범위를 정하여 위임한 사항에 관하여는 당해 행정기관에게 법정립의 권한을 갖게 되고, 입법자가 규율의 형식도 선택할 수도 있다고 할 것이므로, 헌법이 인정하고 있는 위임입법의 형식은 예시적인 것으로 보아야 할 것이고, 그것은 법률이 행정규칙에 위임하더라도 그 행정규칙은 위임된 사항만을 규율할 수 있으므로, 국회입법의 원칙과 상치되지도 않는다. 다만, 형식의 선택에 있어서 규율의 밀도와 규율영역의 특성이 개별적으로 고찰되어야 할 것이고, 그에 따라 입법자에게 상세한 규율이 불가능한 것으로 보이는 영역이라면 행정부에게 필요한 보충을 할 책임이 인정되고 극히 전문적인 식견에 좌우되는 영역에서는 행정기관에 의한 구체화의 우위가 불가피하게 있을 수 있다. 그러한 영역에서 행정규칙에 대한 위임입법이 제한적으로 인정될 수 있다(헌재결 2004. 10. 28, 99헌바91).

---

37) 姜求哲, 行政法 I, 280면; 石琮顯, 行政法講義 1, 158면.
38) 朴鈗炘/鄭亨根, 最新行政法講義(上), 226면; 金東熙/崔桂暎, 行政法 I, 172면.
39) 金南辰, 行政法 I, 191면.

라. 결 어

대법원의 일관된 판례와 헌법재판소의 결정을 보건대, 헌법에 명시된 법규명령의 형식은 예시적이며 이에 따라 행정규칙 형식의 법규명령(법령보충적 규칙)의 인정은 이미 되돌릴 수 없는 것처럼 보인다. 한편, 행정기본법 제2조 제1호는 외부적 효력을 갖는 "법령등"의 범위에 법령보충적 규칙을 포함시키고 있고, 행정규제기본법 제4조 제2항 단서는 "다만, 법령이 전문적 · 기술적 사항이나 경미한 사항으로서 업무의 성질상 위임이 불가피한 사항에 관하여 구체적으로 범위를 정하여 위임한 경우에는 고시등으로 정할 수 있다"고 규정하여 법령보충적 규칙의 실정법적 근거를 마련하고 있다.

한편, 법규명령의 효력을 갖는 법령보충적 규칙의 존재를 긍정한다면, 법규명령과 동일한 입법절차를 거쳐야 할 뿐 아니라 엄격한 규범통제에 예속되어야 할 것이다. 그렇지 않을 경우 전문적 · 기술적 사항의 지속적 증가 및 그의 한계설정의 어려움 때문에 법령보충규칙은 결과적으로 법치행정과 기본권보장에 역행할 우려가 있다.

사례 1 일반음식점을 운영하는 甲은 2012. 12. 25. 2명의 청소년에게 주류를 제공한 사실이 경찰의 연말연시 일제 단속에 적발되어 2013. 2. 15. 관할 구청장 乙로부터 식품위생법 시행규칙 89조에 규정된 처분기준에 따라 영업정지 2개월의 처분을 받았다. 甲은 자신의 업소가 대학가에 소재하고 있어 주된 고객이 대학생인데, 고등학생이 오는 경우도 있어 신분증으로 나이를 확인하고 출입을 시키도록 종업원 A에게 철저히 교육을 하였다. 그런데 종업원 A는 사건 당일은 성탄절이라 점포 내 많은 손님들로 북적거려서 신분증을 일일이 확인하는 것은 어렵다고 판단하여 간헐적으로 신분증 확인을 하였고, 경찰의 단속에서 청소년이 발견된 것이다. 한편 甲은 평소 청소년 선도활동을 활발히 한 유공으로 표창을 받았을 뿐 아니라 지금까지 관계 법령위반으로 인한 영업정지 등 행정처분과 행정벌을 받은 바가 전혀 없으며, 간암으로 투병 중인 남편과 초등학생인 자식 2명을 부양하고 있다.

그런데 식품위생법 75조 4항에 근거하여 제정된 식품위생법 시행규칙 89조는 처분기준에 관한 별표에서 청소년에게 주류를 제공하는 위반행위를 1회 한 경우에는 2개월 영업정지, 2회를 한 경우에 3개월 영업정지 처분을 하도록 규정하고 있으며, "위반사항 중 그 위반의 정도가 경미하거나 고의성이 없는 사소한 부주의로 인한 경우"를 영업정지처분 기간의 2분의 1 이하의 범위에서 경감할 수 있는 사유로 규정하고 있다.

1. 乙의 2개월의 영업정지처분의 위법성 여부에 대하여 논하라.

2. 만약, 위 사례에서 2개월의 영업정지처분에 대하여 2013. 2. 20. 乙이 영업정지 1개월의 처분에 해당하는 과징금으로 변경하는 처분을 하였고 甲이 2013. 2. 23. 이 처분의 통지를 받았다면, 甲이 이에 대하여 취소소송을 제기할 경우 취소소송의 기산점과 그 대상을 설명하시오.(2013 행정직 5급공채)

▶답안요지

설문1: 2개월 영업정지처분의 위법성

2개월 영업정지처분은 일정한 부작위의무를 부과하는 강학상 행정행위로서 하명에 해당한다. 행정행위가 적법하게 성립하고 효력을 발생하기 위하여는 주체, 절차, 형식, 내용에 관한 적법요건이 충족되어야 한다. 관할 구청장 乙은 식품위생법 75조 1항에 따라 제재적 행정처분에 대한 정당한 권한을 갖는 행정청으로 주체에 관한 요건은 충족되었으며, 설문상 절차 · 형식에 관한 요건에 관하여 어떠한 언급이 없는 것으로 보아 이들 요건들도 충족된 것으로 보아야 한다. 문제는 2개월 영업정지처분이 식품위생법 시행규칙 89조에 위배되어 내용상 하자가 있는 처분인지 검토가 요구된다. 식품위생법 시행규칙 89조는 이른바 제재적 행정처분의 기준으로서 그의 법적 성격이 논란되고 있다.

1. 식품위생법 시행규칙 89조의 법적 성격

1) 학설의 대립

가. 행정규칙설: 시행규칙이 비록 외관상 부령으로서 법규명령의 형식을 갖고 있다고 하더라도 행정규칙의 성격을 갖는다고 한다. 제재적 처분기준으로서 시행규칙은 행정 내부의 사무처리준칙을 규정한 것으로 내용상 행정규칙에 해당하기 때문에 그 형식에도 불구하고 행정규칙의 성질이 변하지 않는다고 한다. 만일 처분기준을 법규명령으로 보는 경우에는 법률에서 재량행위로 정한 것을 기속행위로 바꾸게 되어 법률의 취지에 반하게 될 뿐 아니라, 획일적 · 정형적으로 적용되기 때문에 구체적 타당성을 기하기 어렵다고 한다.

나. 법규명령설: 일정한 사안을 법규명령의 형식으로 제정할 것인지 또는 행정규칙의 형식으로 제정할 것인지는 입법정책적인 문제로서 훈령적 사항이라도 그것이 법률의 수권을 근거로 법규명령의 형식을 갖고 제정된다면, 실질적 의미의 법률로서 외부적 효력을 갖는다고 한다.

2) 판례

판례는 제재처분의 기준이 대통령령인 경우에는 법규명령의 성격을 인정하는 반면, 부령인 경우에는 행정 내부의 사무처리기준에 지나지 않는다고 하여 행정규칙의 성격을 갖는다고 한다.

3) 소결

법규명령설이 타당할 것이다. 특히 제재적 처분기준은 국민의 기본권행사와 직접적 관련성을 갖는 것으로 법률의 수권에 따라 엄격한 제정절차에 따라 법규명령의 형식으로 제정되었는바 실질적으로도 외부적 효력을 갖는 법규명령의 성질을 갖는다고 할 것이다. 더욱이 근래의 제재적 처분기준은 설문에서와 같이 일반적으로 감경규정을 두어 구체적 타당성을 기하고 있는바, 이에 따라 식품위생법 시행규칙 89조는 법규명령으로서 재량법규의 성격을 갖는다고 할 것이다.

2. 식품위생법 시행규칙 89조의 위배여부

사안에서 乙은 시행규칙 89조의 제재처분 기준에 따라 甲에게 2개월 영업정지 처분을 하였다. 그러나 甲이 종업원으로 하여금 항상 신분증을 확인하고 출입을 시키도록 하여 온 점, 당일은 성탄절이라 일일이 신분증 확인이 어려웠던 점, 甲이 평소 청소년 선도활동을 활발히 한 유공으로 표창받은 일이 있으며, 지금까지 관계 법령위반으로 제재처분과 행정벌을 받은 바가 없으며, 간암으로 투병중인 남편과 초등학생 2명을 부양하고 있는 점을 비추어 볼 때 시행규칙 89조에 규정된 감경사유에 해당된다고 할 것이다. 이에 따라 乙의 2개월 영업정지처분은 비례의 원칙에 위배(필요성의 원칙과 상당성의 원칙에 위배)된 것으로 재량의 남용에 해당되어 위법하다고 할 것이다(한편, 판례와 같이 89조가 행정규칙의 성질을 갖는다면, 법원은 직접 식품위생법 75조 1항에 근거하여 2개월 영업정지처분의 위법성 여부를 판단할 것이다. 이 경우에도 법원은 甲의 구체적 사정을 고려하여 동 처분이 비례의 원칙에 위배된 것으로 재량의 남용으로 위법하다고 판단할 것이다).

설문2: 취소소송의 기산점과 대상

사안에서 乙은 2개월 영업정지처분을 1개월의 영업정지처분에 해당하는 과징금으로 변경하는 처분을 하였다. 이와 같이 변경처분이 있는 경우에 취소소송의 대상에 관하여 일설은 원처분이 소멸되었기 때문에 변경처분이 새로운 처분으로서 소송의 대상이 된다는 견해가 있으나, 다수설은 변경처분은 원처분의 강도를 변경한 것에 불과하기 때문에 변경된 원처분이 소송의 대상이 된다는 입장을 취하고 있다. 판례 역시 유사한 사안에서 제재처분을 한 후 그 처분을 유리하게 변경하는 처분을 한 경우 당초 처분은 소멸하는 것이 아니고 당초부터 유리하게 변경된 내용의 처분으로 존재하는 것이라고 하여 소의 대상은 변경된 내용의 원처분이라는 입장이다. 판례와 다수설의 견해를 따를 때, 변경된 내용의 원처분이 취소소송의 대상이 되고 취소소송의 기산점은 당초 처분이 있었음을 안 날인 2013. 2. 15.이 된다.

사례 2 구 노인복지법 제13조 제1항은 국가 또는 지방자치단체로 하여금 65세 이상의 자에 대하여 노령수당을 지급할 수 있도록 규정하고 있고 제2항은 노령수당을 지급할 시기 및 대상자의 선정기준 등에 관하여 필요한 사항은 대통령령으로 정하도록 규정하고 있다. 동법에 근거한 구 노인복지법시행령 제17조는 노령수당의 지급대상자를 "65세 이상의 자 중 소득수준을 참작하여 보건복지부장관이 정하는 일정 소득 이하의 자"로 규정하고 있다. A시에서 경제적으로 아주 어려운 생활을 하고 있는 66세인 노인 갑은 노령수당의 지급을 신청하였으나 A시장은 노인복지사업지침에 따라 70세 이상의 자에게만 노령수당이 지급된다는 이유로 거부처분을 하였다. 갑은 A시장의 거부처분에 대하여 취소소송을 제기하였다. 법원은 어떻게 판결할 것인가?

▶답안요지 우선 취소소송의 적법요건(대상적격, 원고적격, 피고적격, 법원관할, 제소기간)에 대하여 간단히 언급한다. 본안에서 거부처분의 위법성여부를 검토하여야 하는바 여기서 노인복지사업지침의 법적 성격이 문제가 된다. 이와 관련하여 ① 행정규칙설, ② 법규명령설, ③ 규범구체화 행정규칙설 등 견해의 다툼이 있는바, 판례는 노인복지사업지침이 비록 행정규칙의 형식으로 발하여졌으나 그것이 상위법령의 위임에 따라 상위법령의 내용을 보충하고 있다면, 상위법령과 결합하여 법규명령의 성격을 갖는다는 입장을 취하고 있다(대판 1996. 4. 12, 95누7727). 노인복지사업지침이 법규명령의 성격을 갖는다면, 갑은 거부처분에 대한 취소소송에서 부수적으로 노인복지사업지침을 다툴 수 있다(부수적 규범통제). 구 노인복지법 및 동법시행령이 노령수당의 지급대상자를 65세 이상자로 규정하고 있음에도 불구하고, 동 지침은 70세 이상자로 규정하고 있는바, 상위법령에 위배되어 무효에 해당한다. 무효인 법규명령에 근거한 처분은 마찬가지로 하자 있는 처분이 되어 특별한 사정이 없는 한 취소의 대상이 된다. 한편 행정규칙 형식의 법규명령을 행정규칙으로 보는 견해에 따르면, A시장의 거부처분은 직접 구 노인복지법 13조 및 동법 시행령 17조에 위반되어 위법하게 된다.

03 행정행위(行政行爲)

제 1 절 행정행위의 개념

Ⅰ. 개 설

일반적으로 "행정청이 구체적 사실에 관한 법집행으로서 행하는 외부적 효력을 갖는 공법상의 단독행위"로 정의되는 행정행위는 광범위한 범위에서 이루어진다. 예를 들어 교통경찰의 교통신호, 건축 및 영업허가, 보조금지급의 결정, 징집을 위한 영장발급, 도로건설을 위한 토지수용, 불법시위에 대한 해산명령 등 하루에도 수없이 많은 행정행위가 발하여지고 있다. 이러한 행정행위는 강학상의 개념으로서 실정법에서는 일반적으로 행정처분 또는 처분이라는 용어로 사용되고 있다. 행정행위는 행정재판제도를 가진 프랑스에서 처음 성립된 개념이다. 원래 프랑스에서 행정행위란 행정청의 법집행적 결정과 행정계약 양자를 포함하는 개념으로써 사실행위와 대비되는 모든 법적 행위를 의미하는 개념으로서 사용되었다. 이러한 프랑스의 행정행위의 개념이 19세기 중엽 독일에 도입되어 오토 마이어에 의하여 정교한 개념적 구성을 보게 되었다. 오토 마이어에 의하여 체계화된 행정행위의 개념은 행정주체가 행하는 수많은 행정작용에 대한 면밀한 검토결과 다른 행정작용과 구별되는 일정한 징표를 갖고 특수한 규율을 받는 행위가 존재한다는 점에 착안하여 학문적으로 구성된 목적적 · 경험적 개념이라고 할 수 있다. 이와 같이 프랑스나 독일에 있어서 행정행위의 개념이 발달된 이유는 이들 행정재판제도를 갖고 있는 국가에서는 행정주체의 모든 작용이 전부 행정소송의 대상이 되었던 것이 아니라 다른 행정작용과 구별되는 법적 성질을 갖고 특수한 법적 규율을 받는 일정한 행정작용만을 행정행위라는 개념으로 묶어서 행정소송의 대상으로 삼았기 때문이다. 우리나라에 있어서도 행정심판과 행정소송에 있어서 항고소송은 처분을 그 대상으로 하고 있다.

Ⅱ. 행정행위의 개념

학설에서는 행정행위의 개념을 설명함에 있어서 일반적으로 최광의, 광의, 협의, 최협의로 구분하여 설명하고 최협의의 행정행위의 개념이 강학상의 행정행위의 개념에 해당한다는 입장을 취하고 있다.

1. 최 광 의

행정청이 행하는 일체의 행위를 행정행위라고 부른다. 여기에는 사법행위와 공법행위는 물론 법정립행위와 법집행행위를 포함하며 법률행위와 사실행위를 가리지 않는다. 이런 의미에서의 행정행위는 행정청이 행하는 모든 행위를 의미하게 되어 개념정립의 의미가 없어진다.

2. 광 의

광의의 행정행위란 행정청이 행하는 행정작용 중에서 공법행위만을 의미한다. 이에는 최협의 행정행위뿐만 아니라 행정입법, 공법상의 계약 및 합동행위, 행정계획, 통치행위를 포함하는 반면 사법행위와 사실행위를 배제시킨다.

3. 협 의

협의의 행정행위란 행정청의 구체적인 사실에 대한 법집행행위로서 공법행위를 의미한다. 이러한 의미에서 행정행위란 광의의 행정행위의 개념에서 다시 입법행위와 통치행위를 제외하나 공법상의 계약과 합동행위는 포함한다.

4. 최 협 의

가장 좁은 의미의 행정행위란 행정청의 구체적 사실에 대한 법집행행위로서 공법상의 단독행위로 정의된다. 최협의의 행정행위란 협의의 행정행위 중에서 다시 공법상의 계약이나 합동행위를 배제시킨다. 왜냐하면 이들은 공법상의 단독행위에 해당되지 않기 때문이다.

5. 행정기본법의 규정

행정기본법은 처분의 개념(2조 4호), 효력(15조), 부관(17조), 취소와 철회(18조·19조), 자동적 처분(20조), 재량행사의 기준(21조), 제재처분의 기준 및 제척기간(22조·23조), 처분의 재심사(37조) 등을 규정하고 있다.

Ⅲ. 행정행위의 개념적 징표

1. "행정청"의 행위

행정행위는 행정청의 행위이다. 행정청은 강학상으로 행정주체의 의사를 내부적으로 결정하고 이를 외부적으로 표시하는 행정기관이다. 그러나 실정법상으로 행정청이라 함은 반드시 강학상의 의미의 행정청만을 의미하지 않으며 실질적 기능적 의미를 갖고 있음을 유의할 필요가 있다. 국회사무총장이나 법원행정처장도 행정청에 해당될 수 있으며 행정권한을 위임 또는 위탁받은 공공단체의 기관이나 사인도 행정청이 될 수 있다. 행정절차법(2조 1항)과 행정심판법(2조 4호)은 "행정청이라 함은 행정에 관한 의사를 결정하여 표시하는 국가 또는 지방자치단체의 기관 기타 법령 또는 자치법규에 의하여 행정권한을 가지고 있거나 위임 또는 위탁받은 행정기관, 공공단체나 그 기관 또는 사인을 말한다"고 정의하고 있으며, 행정소송법(2조 2항)은 "이 법을 적용함에 있어서 행정청에는 법령에 의하여 행정권한의 위임 또는 위탁을 받은 행정기관, 공공단체 및 그 기관 또는 사인이 포함된다"고 하여 행정청의 범위에 대하여 규정하고 있다. 그러나 행정주체에 귀속될 수 없는 순수한 사인의 행위(사인이 경찰공무원을 사칭하여 유가증권을 압수)나 국회의 입법행위나 법원의 재판작용은 행정행위에 해당되지 않는다. 판례는 지방자치단체의 대의기관이면서 동시에 행정기관의 성격을 갖고 있는 지방의회의 의결을 경우에 따라서는 행정처분으로 보고 있다.

판례 1(지방의회 의원징계의결의 처분성) 지방자치법 제78조 내지 제81조의 규정에 의거한 지방의회의 의원징계의결은 그로 인해 의원의 권리에 직접 법률효과를 미치는 행정처분의 일종으로서 행정소송의 대상이 되고, 그와 같은 의원징계의결의 당부를 다투는 소송의 관할법원에 관하여는 동법에 특별한 규정이 없으므로 일반법인 행정소송법의 규정에 따라 지방의회의 소재지를 관할하는 고등법원이 그 소송의 제1심 관할법원이 된다(대판 1993. 11. 26, 93누7341).

판례 2(한국마사회의 행정청의 지위를 부인한 사례) 행정소송의 대상이 되는 행정처분이란 행정청 또는 그 소속기관이나 법령에 의하여 행정권한의 위임 또는 위탁을 받은 공공단체 등이 국민의 권리 · 의무에 관계되는 사항에 관하여 직접 효력을 미치는 공권력의 발동으로서 하는 공법상의 행위를 말하며, 그것이 상대방의 권리를 제한하는 행위라 하더라도 행정청 또는 그 소속기관이나 권한을 위임받은 공공단체 등의 행위가 아닌 한 이를 행정처분이라고 할 수 없다. 한국마사회가 조교사 또는 기수의 면허를 부여하거나 취소하는 것은 경마를 독점적으로 개최할 수 있는 지위에서 우수한 능력을 갖추었다고 인정되는 사람에게 경마에서의 일정한 기능과 역할을 수행할 수 있는 자격을 부여하거나 이를 박탈하는 것에 지나지 아니하므로, 이는 국가 기타 행정기관으로부터 위탁받은 행정권한의 행사가 아니라 일반 사법상의 법률관계에서 이루어지는 단체 내부에서의 징계 내지 제재처분이다(대판 2008. 1. 31, 2005두8269).

---

2. "구체적 사실"에 대한 법집행행위(개별적 · 구체적 규율)

행정행위는 행정청이 행하는 "구체적 사실에 대한 법집행행위"이다. 행정행위는 행정청의 개별적 · 구체적 규율(individuell-konkrete Regelung)이라는 점에서 일반적 · 추상적 규율(generell-abstrakte Regelung)인 법규명령과 구별된다. 여기서 "개별적"인가 "일반적"인가는 규율의 수범자에 관련된 징표이며, "구체적"인가 "추상적"인가는 규율의 대상, 즉 사안에 관련된 징표이다. 법규명령은 일반적 · 추상적 규율로서 불특정다수의 사람과 불특정다수의 사안에 대한 규율인 반면, 개별적 · 구체적 규율인 행정행위는 특정한 사람과 특정한 사안에 대한 규율에 해당된다. 예컨대 법규명령에서 "구청장은 유흥업소가 미성년자를 고용한 경우에 영업의 정지 또는 취소를 할 수 있다"라고 규정한 경우에는 당해 법규명령은 불특정한 다수인과 불특정한 다수의 사안을 대상으로 하고 있다. 이러한 일반적 · 추상적 규율은 특정인을 대상으로 구체화하는 행정작용을 매개로 하여 현실화된다. 만일 유흥업소를 운영하는 갑이 미성년자를 고용한 사실이 적발되어, 관할구청장이 갑에게 영업정지조치를 내리는 경우에 이것이 바로 개별적 · 구체적 규율로서 행정행위가 된다. 만일 구청장의 영업정지처분이 위법하다면 갑은 취소소송을 제기할 수 있을 것이다. 이와 같이 행정행위는 특정인에 대하여 그 사안에서만 효력이 발생하는 것으로써 불특정다수인에게 되풀이 적용되는 법규명령과 구별되는 것이다.

3. 외부에 대한 직접적인 법적 효과

1) 법적 효과

행정행위는 법적 효과의 발생 · 변경 · 소멸을 의도하는 법적 행위이며, 따라서 직접적으로 법적 효과의 발생을 목적으로 하지 않는 사실행위와 구별된다. 구체적인 경우에 특정한 행정작용이 법적 효과의 발생을 의도하는지 불분명할 때가 많은바 이러한 경우에 다음의 법적 행위의 전형적인 징표들이 구별에 있어서 도움이 된다. ① 상대방에 대하여 부작위를 요구하는 행위(집회금지 · 주차금지 · 통행금지), ② 상대방에 대하여 일정한 작위를 요구하는 행위(공과금부과 · 위법건축물의 철거명령 · 집회해산명령), ③ 상대방에 대하여 일정한 권리를 부여 · 변경 또는 박탈하는 행위(각종 인허가의 발급 · 정지 또는 취소), ④ 불명확한 법적 상황을 확인하는 행위(연금액수의 확정 · 행정심판의 재결) 등은 법적 효과를 발생시키는 전형적인 행위들이다.

2) 직접적인 외부적 효과

행정행위는 외부에 대하여 직접 법적 효과를 발생시키는 행위이다. 행정행위는 행정주체와 행정의 상대방인 개인간의 관계에 있어서의 행위이기 때문에 행정조직 내부의 행위는 행정행위가 아니다. 즉 훈령 및 통첩 등의 일반적 · 추상적 규율인 행정규칙은 물론이고 지시와 같이 상관의 부하공무원에 대한 개별적인 직무명령은 내부적 효과만을 갖고 있기 때문에 행정행위가 아니다. 예를 들어 구청장이 건축과장에게 갑소유의 건축물이 위법건축물에 해당된다는 이유로 철거명령을 내리라는 지시를 한다면 이는 행정행위가 아니라 단순한 직무명령에 지나지 않는다.

그러나 행정내부영역인 특별신분관계에 있어서 구성원의 법적 지위에 관한 개별적 · 구체적 규율, 즉 공무원관계에 있어서 해임, 파면, 감봉조치, 전직명령 및 국공립학교재학관계에 있어서 퇴학, 정학, 유급조치 등은 외부적 효력을 갖기 때문에 행정행위에 해당함을 유의할 필요가 있다. 독일의 학설은 공무원관계에 있어서 행정조직법상의 구성원의 지위, 즉 직무담당자로서의 공무원의 지위에 관련된 개별적 · 구체적 규율과 독립된 인격주체로서의 공무원의 지위에 관련된 규율로 구분하여 전자를 직무명령, 후자를 행정행위로 보고 있다. 구체적인 구별을 위하여 독일의 다수설은 명령의 수범자가 결원이 되는 것을 상정하여, 동일한 명령이 후임자에 의하여 아무 문제가 없이 처리될 수 있는지의 여부에 초점을 두고 있다. 예를 들어 서류를 처리하라는 명령은 후임자에 의하여 대신 처리될 수 있기 때문에 직무명령인 반면, 승진발령은 오로지 전임자에게만 해당될 수 있기 때문에 행정행위에 해당된다. 그러나 이러한 기준에 따라 행정행위로 판단되는 것은, 결과적으로 볼 때에 울레(Ule)의 특별신분관계상 기본관계에 관한 행위들과 거의 일치한다.

판례 1(상급행정기관의 하급행정기관에 대한 승인 · 동의 · 지시 등의 처분성 여부) 항고소송의 대상이 되는 행정처분은 행정청의 공법상의 행위로서 특정 사항에 대하여 법규에 의한 권리의 설정 또는 의무의 부담을 명하거나 기타 법률상의 효과를 직접 발생케 하는 등 국민의 구체적인 권리 의무에 직접 관계가 있는 행위를 말하는바, 상급행정기관의 하급행정기관에 대한 승인 · 동의 · 지시 등은 행정기관 상호간의 내부행위로서 국민의 권리 의무에 직접 영향을 미치는 것이 아니므로 항고소송의 대상이 되는 행정처분에 해당한다고 볼 수 없다(대판 1997. 9. 26, 97누8540).

판례 2(상급행정기관의 지시의 효력) 상급행정기관의 지시는 일반적으로 행정조직 내부에서만 효력을 가질 뿐 대외적으로 국민이나 법원을 구속하는 효력이 없다. 대외적으로 처분 권한이 있는 처분청이 상급행정기관의 지시를 위반하는 처분을 하였다고 해서 그러한 사정만으로 처분이 곧바로 위법하게 되는 것은 아니고, 처분이 상급행정기관의 지시를 따른 것이라고 해서 적법성이 보장되는 것도 아니다. 처분이 적법한지는 상급행정기관의 지시를 따른 것인지 여부가 아니라, 헌법과 법률, 대외적으로 구속력 있는 법령의 규정과 입법 목적, 비례 · 평등원칙과 같은 법의 일반원칙에 적합한지 여부에 따라 판단해야 한다(대판 2019. 7. 11, 2017두38874).

---

4. 행정청의 공법상의 단독행위(일방적인 공권력행사)

1) 공법행위

행정행위는 행정청의 법적 행위 중에서 공법행위에 제한된다. 이에 따라 행정행위는 사법의 규율을 받는 행정청의 사법행위와 구별된다. 따라서 물자를 조달하거나 일반재산을 관리하는 국고지원 활동이나 또는 공적인 임무수행행위이기는 하나 사법계약의 형식을 취하는 행정사법작용은 행정행위에 해당하지 않는다.

2) 단독행위

행정행위는 행정청의 구체적인 법집행작용으로서 공법행위 중에서도 우월한 일방적인 의사의 발동으로써의 단독행위만을 의미한다. 따라서 양당사자의 의사표시의 합치를 요구하는 공법상의 계약이나 합동행위와 구별된다. 그러나 상대방의 동의나 신청을 요건으로 하는 이른바 협력을 요하는 행정행위는 어디까지나 일방적인 공권력행사에 해당되기 때문에 행정행위에 해당한다. 협력을 요하는 행정행위의 규율내용은 행정청에 의하여 일방적으로 결정되며, 단지 상대방의 의사에 반하여 강요될 수 없다는 점에 그 특징이 있다.

Ⅳ. 일반처분

1. 개별적 · 추상적 규율, 일반적 · 구체적 규율

행정청의 고권적이고 일방적인 법적 행위는 일반적 · 추상적 규율인 법규명령과 개별적 · 구체적 규율인 행정행위에 제한되는 것이 아니라 그의 변형된 형태로서 개별적 · 추상적 규율 및 일반적 · 구체적 규율을 생각할 수 있다.

개별적 · 추상적 규율의 예로는 특정음식점주인에 대하여 눈이 내릴 때마다 음식점입구에 모래를 뿌리라는 명령 또는 폭우가 내릴 시에 수위(水位)가 일정한 수준에 오를 때마다 수문을 열어놓으라는 명령 등을 들 수 있다. 이러한 개별적 · 추상적 규율은 엄격하게 고찰하여 볼 때 개별적 · 구체적인 규율과 실질적 차이가 없으며 단지 계속적 성격을 갖는 규율로써 행위의무가 추가적인 상황이 발생될 경우에만 구체화된다는 특성을 갖고 있다. 독일의 학설과 실무에서는 이에 따라 이러한 개별적 · 추상적 규율을 행정행위로 보고 있다.

반면 일반적 · 구체적 규율의 예로써는 외국원수의 방문을 계기로 특정한 장소에 개최된 시위의 참가자에 대한 해산명령, 교통사고가 발생한 특정한 장소에 운집한 사람들에 대한 해산명령 등이 있다. 독일의 행정절차법 제35조 후단에서는 이러한 일반적 · 구체적 규율을 이른바 물적 행정행위(物的行政行爲)와 더불어 일반처분(一般處分)이라 하여 행정행위에 해당된다고 규정하고 있다. 단 일반적 · 구체적 규율이 일반처분이 되기 위하여는 규율의 수범자가 시간적으로 공간적으로 특정화가 가능하여야 한다.[1)]

2. 물적 행정행위(物的 行政行爲)

물적 행정행위란 사람을 수범자로 하는 것이 아니라 물건에 대한 상태규율로써 독일행정절차법

1) 一般處分에 대한 자세한 내용은 鄭夏重, 法規命令과 行政行爲의 限界設定, 저스티스, 1997. 6, 35면 이하 참조.

제35조 후단은 이를 일반처분에 귀속시켜 행정행위로 보고 있다. 이러한 물적 행정행위로는 물건의 공법적 성격에 관한 규율과 공공시설 등에 대한 사용규율이 있다.

전자의 예로서는 도로의 공용지정행위, 특정물건을 문화재로 지정하는 행위, 「국토의 계획 및 이용에 관한 법률」상의 용도지역 · 지구 및 구역의 지정행위 등이 있으며, 후자의 예로서는 교통표지판을 통한 도로의 사용규율(주차금지, 속도제한, 일방통행, 통행금지) 등이 있다. 이러한 물적 행정행위는 물적 상태규율이기는 하나 그의 간접적 효과로써 물건의 소유자 또는 사용자의 권리나 의무에 영향을 준다는 데 특징이 있다.

판례(횡단보도설치행위의 처분성) 지방경찰청장이 횡단보도를 설치하여 보행자 통행방법 등을 규제하는 것은 행정청이 특정사항에 대하여 부담을 명하는 행위이고, 이는 국민의 권리의무에 직접 관계가 있는 행위로서 행정처분이라고 보아야 할 것이다(대판 2000. 10. 27, 98두8964).

---

3. 일반처분과 통상의 행정행위와의 차이

1) 사전통지 및 의견청취 절차의 생략

일반처분은 처분의 상대방을 특정할 수 없으므로 '처분의 성질상 의견청취가 현저히 곤란'한 경우에 해당한다. 따라서 행정절차법상 사전통지 및 의견청취 절차가 생략된다(행정절차법 21조 4항 3호, 22조 4항).

판례(일반처분은 사전통지의 예외사유에 해당된다는 판례) 행정절차법 제2조 제4호가 행정절차법의 당사자를 행정청의 처분에 대하여 직접 그 상대가 되는 당사자로 규정하고, 도로법 제25조 제3항이 도로구역을 결정하거나 변경할 경우 이를 고시에 의하도록 하면서, 그 도면을 일반인이 열람할 수 있도록 한 점 등을 종합하여 보면, 도로구역을 변경한 이 사건 처분은 행정절차법 제21조 제1항의 사전통지나 제22조 제3항의 의견청취의 대상이 되는 처분은 아니라고 할 것이다(대판 2008. 6. 12, 2007두1767).

---

2) 일반처분에 대한 제소기간

일반처분은 처분의 상대방을 특정할 수 없으므로 통상 고시에 의하여 처분을 하게 되는데, 판례는 행정처분에 이해관계를 갖는 자가 고시 또는 공고가 있었다는 사실을 현실적으로 알았는지 여부에 관계없이 고시가 효력을 발생하는 날에 행정처분이 있음을 알았다고 '간주'하고 그 때부터 90일 이내에만 취소소송을 제기할 수 있다고 보고 있다. 왜냐하면 일반처분은 그 효력이 불특정 다수인에게 동시에 발생하므로 제소기간 역시 주관적 사정을 고려함이 없이 일률적으로 정하는 것이 타당하기 때문이다.

판례(일반처분의 경우 제소기간) 통상 고시 또는 공고에 의하여 행정처분을 하는 경우에는 그 처분의 상대방이 불특정 다수인이고 그 처분의 효력이 불특정 다수인에게 일률적으로 적용되는 것이므로, 행정처분에 이해관계를 갖는 자가 고시 또는 공고가 있었다는 사실을 현실적으로 알았는지 여부에 관계없이 고시가 효력을 발생하는 날에 행정처분이 있음을 알았다고 보아야 한다. 인터넷 웹사이트에 대하여 구 청소년보호법에 따른 청소년유해매체물 결정 및 고시처분을 한 사안에서, 위 결정은 이해관계인이 고시가 있었

음을 알았는지 여부에 관계없이 관보에 고시됨으로써 효력이 발생하고, 그가 위 결정을 통보하지 못하였다는 것이 제소기간을 준수하지 못한 것에 대한 정당한 사유가 될 수 없다(대판 2007. 6. 14, 2004두619).

3) 고지제도의 적용여부

일반처분은 처분의 상대방을 특정할 수 없는 처분이므로 처분의 상대방에게 이루어지는 직권고지(행정심판법 58조 1항)의 대상이 될 수 없다. 다만 일반처분에 의해 법률상 이익의 침해를 받을 것이 예상되는 이해관계인이 요구하는 경우에는 고지하여야 할 것이다(행정심판법 58조 2항).

V. 행정행위와 행정쟁송법 및 행정절차법상의 처분의 개념

우리의 행정심판법 제2조 제1호는 처분의 개념을 "처분이라 함은 행정청이 행하는 구체적 사실에 관한 법집행으로서의 공권력의 행사 또는 그 거부와 그 밖에 이에 준하는 행정작용을 말한다"라고 규정하고 있고 행정소송법 제2조 제1항 제1호 역시 "행정심판의 재결"을 추가한 이외에는 행정심판법과 동일하게 규정하고 있다. 이와 같은 행정심판법과 행정소송법의 처분개념은 행정절차법 제2조 제2호 및 행정기본법 제2조 4호에 그대로 채택되고 있다.

상당수의 학설에서는[2] 이들 조항상의 "…… 이에 준하는 행정작용"이라는 문구에 기초하여 행정심판법과 행정소송법의 처분의 개념을 쟁송법상의 처분의 개념 또는 형식적 의미의 처분의 개념으로 정의하여 강학상의 행정행위(실체법상의 행정행위)의 개념에 대응시켜 그보다 넓게 이해하고 있다. 이들이 쟁송법상의 처분의 개념을 주장하는 이유로서는 항고쟁송의 대상을 강학상의 행정행위의 개념에 제한시키는 경우에는 현대의 다양한 행정작용에 대하여 효과적으로 국민의 권리구제를 도모할 길이 없다는 점을 지적하고 있다. 이들은 쟁송법상의 행정행위의 개념에는 강학상의 행정행위뿐만 아니라 실질적으로 국민생활을 일방적으로 규율하는 행정작용으로 국민이 이에 대하여 다른 적당한 불복절차를 쉽사리 발견하지 못하는 경우에 형식상으로 처분성을 인정하여 항고소송의 대상으로 할 것을 제안하고 있다. 그리고 이러한 범주에 속하는 것으로서 권력적 사실행위, 행정내부행위, 일부의 행정지도, 행정조사, 행정규칙 등을 들고 있다. 그러나 처분의 개념을 확장하여 개인의 권리구제를 확대하려는 이러한 시도는 쟁송법상의 행정행위의 개념을 아직 구체화시키는 데 성공하지 못하고 있으며 여전히 담론수준에 머물고 있다.

단지 전염병환자의 강제격리 및 강제입원, 출입국관리법에 의한 외국인의 강제수용 및 퇴거, 교도소 재소자의 이송조치, 식품용기의 수거, 압류처분, 단수처분 등의 권력적 사실행위에 있어서 판례는 부분적으로 처분성을 인정하고 있는바[3] 이러한 권력적 사실행위를 보다 자세히 고찰하면 수인하명이라는 강학상의 행정행위와 사실행위가 결합된 이른바 합성행위에 해당하며 항고소송의 대상이 되는 것은 실제로 수인하명에 해당한다고 보아야 한다. 특히 이러한 쟁송법상의 행정행위의 개념에서 문제가 제기되고 있는 것은 이들 여타의 행정작용에 처분성을 인정하여 취소소송의 대상으로

2) 金道昶, 一般行政法論(上), 751면 이하; 金東熙/崔桂暎, 行政法 I, 247면; 朴正勳, 取消訴訟의 性質과 處分의 개념, 고시계, 2001. 9, 6면 이하.

3) 대판 1969. 4. 29, 69누12(재산압류처분); 1979. 12. 28, 79누218(단수처분); 1992. 8. 7, 92두30(교도소 재소자의 이송조치).

할 경우에 이들에게 공정력 내지는 존속력이 부여되기 때문에 또 다시 실체법상의 행정행위와의 한계설정이 어려워진다는 것이며 결과적으로는 실체법상의 행정작용의 구분 및 행위형식의 분류에 관한 학문적 노력을 무위로 만들 염려가 있다는 비판을 받고 있다.[4)]

또한 우리의 행정소송법은 행정행위를 대상으로 하는 항고소송과 공법상의 법률관계에 관한 분쟁을 대상으로 하는 당사자소송으로 구분되고 후자의 소송의 형태를 이행소송과 확인소송으로 분류하는 것이 일반적 견해이다. 오늘날 독일에서 일반적 이행소송이 행정행위 이외의 사실행위, 직무명령과 같은 행정 내부행위를 대상으로 하고 있으며 이러한 일반적 이행소송이 당사자소송에서 발전된 것을 감안한다면 항고소송의 대상을 강학상의 행정행위에 제한시키고 여타의 행정작용을 당사자소송으로 하여 독일과 같이 일반적 이행소송으로 발전시키는 것이 바람직할 것이다. 문언상 행정소송법 제2조 제1항 제1호의 처분의 개념정의에 있어서 "…… 그 밖에 이에 준하는 행정작용"을 향후 일반처분 내지는 처분적 법규명령 등에 제한시켜 강학상의 행정행위에 제한시키는 것이 바람직하다.

판례 1(행정소송법상 처분의 개념) 행정청의 행정소송법상의 취소소송의 대상이 되는 행정청의 처분이라 함은 행정청의 공법상의 행위로서 특정 사항에 대하여 법규에 의한 권리의 설정 또는 의무의 부담을 명하거나 기타 법률상의 효과를 직접 발생하게 하는 행위를 말한다(대판 1984. 9. 14, 82누161; 1993. 4. 12, 93누20; 1996. 3. 22, 96누433).

판례 2(권력적 사실행위의 처분성여부) 권력적 사실행위가 행정처분의 준비단계로서 행하여지거나 행정처분과 결합된 경우(합성적 행정행위)에는 행정처분에 흡수 · 통합되어 불가분의 관계에 있다할 것이므로 행정처분만이 취소소송의 대상이 되고, 처분과 분리하여 따로 권력적 사실행위를 다툴 실익은 없다. 그러나 권력적 사실행위가 항상 행정처분의 준비행위로 행하여지거나 행정처분과 결합되는 것은 아니므로 그러한 사실행위에 대하여는 다툴 실익이 있다할 것임에도 법원의 판례에 따르면 일반쟁송 절차로는 다툴 수 없음이 분명하다. 이 사건 감사는 행정처분의 준비단계로서 행하여지거나 처분과 결합된 바 없다. 그렇다면, 이 사건 감사는 행정소송의 대상이 되는 행정행위로 볼 수 없어 법원에 의한 권리구제절차를 밟을 것을 기대하는 것이 곤란하므로 보충성의 원칙의 예외로서 소원의 제기가 가능하다(헌재결 2003. 12. 18, 2001헌마754).

한편, 최근 판례의 일부는 새로운 관점에서 실체법적 처분과 쟁송법적 처분을 구별하고 있다. 판례는 사전통지, 의견청취, 이유제시 및 불복방법 고지가 포함된 처분서를 작성하여 교부하는 등 실질적으로 행정절차법에서 정한 처분절차를 준수함으로써 상대방에게 방어권행사 및 불복의 기회가 보장된 경우에는, 개별 · 구체적 사안에 대한 규율로서 외부에 대하여 직접적 법적 효과를 갖는 행정청의 의사표시인 '실체법적 처분'으로 보는 반면, 행정절차법에서 정한 처분절차를 준수하지 않아 상대방에게 방어권행사 및 불복의 기회가 보장되지 않은 경우에는 단순히 권리구제를 가능하게 하기 위하여 행정소송법상 처분으로 인정되는 이른바 '쟁송법적 처분'으로 판단하고 있다. 이러한 판례가 일반화된다면, 행정심판법 및 행정소송법상의 처분의 개념을 동일하게 채택하고 있는 행정절차법상 처분 정의와 행정기본법상의 처분 정의는 수정되어야 할 것이다. 행정절차법상의 처분의 개념은 행정절차가 준수되는 처분을 의미하며, 행정기본법상의 처분의 개념은 공정력과 존속력이 부여되

4) 金南辰, 行政法 I, 207면; 洪井善, 行政法特講, 176면; 柳至泰, 行政法新論, 124면.

는 실체법적 처분을 의미하기 때문이다.

판례(실체법적 처분과 쟁송법적 처분의 구별) 근로복지공단이 사업종류 변경결정을 하면서 개별 사업주에 대하여 사전통지 및 의견청취, 이유제시 및 불복방법 고지가 포함된 처분서를 작성하여 교부하는 등 실질적으로 행정절차법에서 정한 처분절차를 준수함으로써 사업주에게 방어권행사 및 불복의 기회가 보장된 경우에는, 그 사업종류 변경결정은 그 내용 · 형식 · 절차의 측면에서 단순히 조기의 권리구제를 가능하게 하기 위하여 행정소송법상 처분으로 인정되는 소위 '쟁송법적 처분'이 아니라, 개별 · 구체적 사안에 대한 규율로서 외부에 대하여 직접적 법적 효과를 갖는 행정청의 의사표시인 소위 '실체법적 처분'에 해당하는 것으로 보아야 한다(대판 2020. 4. 9, 2019두61137).

제2절 행정행위의 특수성

Ⅰ. 사법상(私法上)의 법률행위와 법원의 판결과의 구별

행정행위는 행정청의 일방적 고권적 행위로서 사법상의 법률행위와 법원의 판결에 대하여 여러 가지 특수성을 갖고 있다.

1. 사법상의 법률행위와의 구별

사법상의 법률행위는 계약자유의 원칙에 따라 원칙적으로 당사자의 자유로운 의사의 합치에 의하여 성립한다. 민법은 사적 자치를 최대한으로 존중하고 단지 거래질서의 문란을 방지하고 당사자의 이해조정의 척도를 제공하기 위하여 후견적 견지에서 최소한의 외부적 규제를 가하는 것으로 그친다. 이에 반하여 행정행위는 법률을 구체적으로 집행하는 행위로서 행정청의 자유로운 의사에 의하여 행하여지는 것이 아니다. 즉 행정행위의 내용적 기초는 행정청의 심리적 의사가 아니라 법률에 구현된 국가의사가 된다.

사법상의 법률행위의 구속력은 의사의 합치 그 자체에서 발생하며 따라서 법률보다는 당사자의 의사가 중시되어 의사표시의 하자 내지 내심상의 효과의사와 표시상의 의사의 불일치의 유무가 항상 문제가 된다. 이에 대하여 법률의 구체적인 집행행위인 행정행위는 법률에 구현된 국가의사의 객관적인 표현에 불과하다. 따라서 행정행위의 효력문제에 있어서는 사법상의 법률행위의 의사표시에 관한 규율이 적용되지 않기 때문에 공무원개인의 의사표시의 하자, 흠결이 문제가 되는 것이 아니라 오로지 법률과의 관계에서 행정행위의 효력유무가 판단되어져야 한다.

2. 법원의 판결과의 구별

행정행위는 구체적인 경우에 무엇이 법(法)인가를 선언하는 법인식행위라는 점에서는 법원의 판결과 유사한 기능을 갖고 있지만 결정기관 및 결정절차와 관련하여 다음과 같은 현저한 차이점을 갖고 있다.

① 판결이 법적 평화를 위하여 법적 분쟁의 구속적이고 종국적인 해결을 목적으로 하는 반면 행정행위는 우선적으로 행정청의 미래지향적인 형성적 활동이다. 이에 따라 판결은 단지 법적 결정

을 의미하는 반면 행정행위에 있어서는 많은 경우에 합목적적인 고려가 작용한다.

② 판결을 내리는 법원은 양당사자간의 법적 분쟁에 있어서 제3자로서 중립적인 입장에서 결정하는 반면 행정청은 그에게 맡겨진 행정사안에 대하여 결정권자로서 또한 당사자로서의 지위를 갖는다.

③ 판결은 단지 제소를 통하여 법원에 의하여 내려지는 수동적인 성격을 갖는 반면 행정행위는 대부분이 행정청의 능동적 작용이라는 성격을 갖는다.

④ 판결은 올바르고 공정한 결정에 도달하기 위하여 여러 단계로 이루어진 엄격한 절차적인 보장하에서 내려지지만 행정행위는 신속성과 합목적성을 추구하기 때문에 무방식이 일반적이었다. 그러나 오늘날 국민의 사전적 권리구제 및 행정의 민주화의 요청에 따라 사전통지, 청문, 이유제시 등 행정절차가 정비되어 가고 있다.

Ⅱ. 행정행위의 일반적 특수성

행정행위는 공권력의 일방적인 행사로서 우월한 행정의사의 발동인 까닭에 대등한 당사자 사이의 행위인 사법상의 법률행위와 구별되는 여러 가지 특수성을 갖고 있다.

1. 법적합성

실질적 법치국가에서는 행정행위는 법에 엄격하게 적합하여야 한다. 여기서 법이라 함은 합헌적 법률, 합헌적이고 합법적인 법규명령 · 조례 · 규칙을 의미한다. 아울러 행정법의 일반원칙인 평등의 원칙, 비례의 원칙, 신뢰보호의 원칙 등에 위배되지 말아야 한다.

2. 행정의사의 우월성

행정행위는 행정청의 고권적이고 일방적인 규율로서 상대방의 의사에 대하여 우월성을 갖는다. 이러한 행정행위의 우월적인 지위에서 공정력, 구속력, 존속력, 그리고 집행력이 나오게 되는바 이에 대하여 상세히는 행정행위의 효력에 관한 부분에서 설명하기로 한다.

3. 행정행위에 대한 권리구제의 특수성

위법 · 부당한 행정행위로 인하여 권익을 침해받은 자는 행정심판법과 행정소송법상의 항고쟁송제도를 통하여 구제받을 수 있다. 또한 적법한 행정행위에 의하여 재산권을 침해받은 자는 손실보상제도를 통하여 그리고 위법한 행정행위로 인하여 손해를 받은 자는 국가배상제도를 통하여 권리를 구제받을 수 있다.

제 3 절 행정행위의 종류

제 1 항 개 설

행정행위는 여러 가지 기준에 따라 분류할 수 있다. 법률에 대한 기속여부에 따라 기속행위와 재량행위, 법적 효과에 따라 부담적 행정행위, 수익적 행정행위 및 복효적 행정행위, 내용에 따라 법률행위적 행정행위와 준법률행위적 행정행위, 상대방의 동의나 신청을 요하는지 여부에 따라 직권적 행정행위와 협력을 요하는 행정행위, 일정한 형식을 요하는지 여부에 따라 요식행위와 불요식행위, 상대방의 수령을 요하는지 여부에 따라 수령을 요하는 행정행위와 수령을 요하지 않는 행위로 구분할 수가 있다. 이외에도 행정행위는 규율대상에 따라 대인적 행정행위와 대물적 행정행위, 혼합적 행정행위, 규율의 종국성여부에 따라 가행정행위와 종행정행위로 분류되고 있으며, 근래에는 행정결정이 자동화됨에 따라 자동기계장치에 의한 행정행위가 주목을 받고 있다.

제 2 항 기속행위와 재량행위

Ⅰ. 행정재량의 의의

법치국가에서 행정은 법률적합성의 원칙에 따라 법률에 적합하게 집행됨으로써 소기의 행정목적을 구현하는 것으로 되어 있다. 일반적으로 행정법규는 요건규정과 효과규정의 양부분으로 구성되어 법률요건이 충족된 경우에는 법률효과에 따라 행정활동을 하도록 규정하고 있다. 행정법규는 법률요건을 아무런 의문의 여지가 없이 일의적·확정적으로 규정함과 아울러 그에 해당하는 법률사실이 주어지는 경우 반드시 법률효과에 따른 행정활동을 하도록 하는 것이 법치주의관점에서 볼 때 가장 이상적일 것이다. 그러나 첫째, 행정법규가 복잡다기하고 가변적인 사회현실을 빈틈없이 구체적으로 규율한다는 것은 사실상 불가능하며, 둘째, 사회의 끊임없는 변천에 순응하고 탄력성 있는 행정을 확보하기 위하여 입법자는 자연히 법률요건에 불확정법개념을 사용하거나 법률효과부분을 가능규정으로 하여 행정청에게 재량권을 부여하고 있다.

이러한 행정재량은 법치국가의 행정법에 있어서 "트로이 목마"라는 비판과 더불어 한때 법치국가에 적대적인 관념으로 파악되었다.[5] 그러나 행정재량은 오늘날 법치국가의 행정질서에 있어서 긍정적으로 평가되고 있을 뿐 아니라, 나아가서 국가와 개인의 이익을 유연하고 탄력성있게 보호하기 위한 필수적인 수단으로 인식되고 있다. 행정은 입법(立法)이나 사법(司法)과 달리 예기치 않거나 변화된 상황에 신속하게 반응하여야 하며 모든 가능한 경우를 위하여 행정의 목적을 적극적으로 실현시켜야 하기 때문이다. 무엇보다도 행정재량은 구체적인 경우에 있어서 공정하고 합목적적인 문제해결을 가능하게 한다. 행정청은 한편으로는 관련법률이 추구하고 있는 목적과, 다른 한편으로는 개별적인 상황을 고려하여 구체적으로 발생된 문제의 합리적 해결을 도모할 수 있게 한다. 행정청은 법률이 어떠한 목적에서 재량권을 부여하였는지, 즉 입법자의 의도를 묻고 이러한 관점에 따라 구체적인 상황을 판단하고 결정하여야 한다. 여기에 합목적성과 공정성의 원리가 지배하게 된다.

5) H. Huber, Festgabe für Giacometti, 1957, S. 59.

Ⅱ. 기속행위와 재량행위의 구별

1. 구별의 필요성

1) 행정쟁송과의 관계

원래 재량행위와 기속행위의 구별이 행정법학에서 본격적으로 논의되기 시작한 것은 19세기 후반 독일, 오스트리아 등 대륙법계국가들에 있어서 행정법원의 설치에 있었다. 당시의 고전적 행정법이론과 행정실무에서는 행정주체에게 법적 규율과 사법심사로부터 자유로운 영역을 인정하는 것을 당연한 것으로 간주하였다. 행정재량은 행정주체가 자신의 목적을 스스로 실현할 수 있는 여지를 의미하였으며 이러한 재량행사에 대하여는 사법심사가 명백히 배제되었다. 예를 들어 1875년에 제정된 오스트리아 행정법원법 제3조는 "행정관청의 자유재량에 속하는 사항은 행정법원의 관할에 속하지 아니한다"고 규정하였으며 당시 남독일의 뷔템베르그, 바이에른, 바덴 주(州) 등의 행정법원법에서도 같은 취지의 조항을 두게 되었다.

그러나 오늘날 행정재량은 행정주체의 임의적인 자유재량이 아니라 일정한 한계를 갖는 의무에 적합한 재량행사라는 인식이 관철됨에 따라 오늘날 대부분의 국가에서는 재량행위에 대한 사법통제가 이루어지게 되었다. 1960년 독일의 행정소송법 제114조는 "행정청이 재량행위에 대한 수권을 부여받는 경우에 법원은 재량행위가 재량의 법적 한계가 이탈되거나 또는 수권의 목적에 상응하지 않는 방식으로 재량이 행사되었기 때문에 위법한지의 여부에 대하여 심사를 하여야 한다"로 규정하고 있으며, 미국의 행정절차법 제701조 a항 2호는 재량권이 남용 또는 유월되는 경우에는 사법심사의 대상으로 하고 있다. 우리 행정소송법 제27조에서도 "행정청의 재량에 속하는 처분이라도 재량권의 한계를 넘거나 그 남용이 있는 때에는 법원은 이를 취소할 수 있다"고 규정하여 재량행위에 대한 사법심사를 인정하고 있다. 그러나 기속행위와 재량행위의 구별은 행정쟁송과 관련하여 오늘날도 여전히 중요한 의미를 갖고 있는바 기속행위는 행정소송의 전면적인 심사대상이 되는 반면 재량행위의 경우는 재량의 일정한 한계 내의 행사에 있어서는 당 · 부당의 문제로 보아 행정소송의 심사대상에서 제외시키고 있다. 반면 행정권 스스로의 시정절차인 행정심판절차에서 당 · 부당의 문제도 심판대상으로 하고 있음을 유의할 필요가 있다(행심법 1조 · 5조).

2) 공권의 성립과의 관계

O. Bühler는 공권의 성립요건으로서 ① 강행법규의 존재, ② 강행법규가 사익보호를 의도, ③ 의사력을 내세웠으며 과거의 지배적인 학설은 강행법규를 자유재량을 배제하고 행정주체에 일정한 작위, 부작위, 수인의무를 부과하는 법규범으로 이해하였다. 이에 따라 재량법규에서는 공권이 성립

할 여지가 없었다. 그러나 행정청의 재량행사도 임의적인 자유재량이 아니라 일정한 한계 내의 의무에 적합한 재량행사라는 견해가 지배하기 시작하였다. 재량법규 역시 부분적 강행성을 지닌 강행법규이며 이에 따라 재량영역에서도 공권, 이른바 무하자재량행사청구권이 발생할 수 있다는 견해가 관철되었다. 이러한 무하자재량행사청구권은 행정주체에 대하여 하자없는 재량행사를 요구하는 것을 내용으로 하고 있다는 점에서 특정한 작위, 부작위, 수인을 요구하는 여타의 공권과는 구별되고 있다. 그러나 재량이 영으로 수축되면 이러한 무하자재량행사청구권은 특정한 행위에 대한 청구권으로 변화된다.

3) 부관과의 관계

부관을 "행정행위의 효과를 제한하기 위하여 주된 의사표시에 부과된 종된 의사표시"라고 정의하는 종래의 학설은 부관을 재량행위에만 붙일 수 있고 기속행위에는 붙일 수 없다고 주장한다. 기속행위의 경우에는 행정청은 법규에 엄격히 기속되어 그것을 기계적으로 집행하는 데 그치므로, 행정청이 법규가 정한 효과를 임의대로 제한할 수 없다는 것을 근거로 하고 있다. 그러나 오늘날 유력한 견해는 부관을 "행정행위의 효과를 제한 또는 보충하기 위하여 주된 행정행위에 부가된 종된 규율"이라고 정의하고 있으며 이에 따르면 부관의 보충적 기능에 초점을 두어 기속행위에도 예외적인 경우에는 법률요건의 충족을 위하여 부관을 부가할 수 있다.

2. 구별기준

기속행위와 재량행위와의 구별에 관하여는 지금까지 다양한 학설이 주장되어 왔다. 그 대표적인 기준들로는 ① 기속재량과 자유재량설, ② 요건재량설, ③ 효과재량설 등이 있다.[6]

1) 기속재량과 자유재량[6]

가. 전통적 견해에 따른 기속행위/기속재량행위/자유재량행위의 구별 전통적 견해에 따르면 기속행위와 구별되는 재량행위를 보다 세분화하여 기속재량행위와 자유재량행위로 구분하고 있다. 이러한 견해에 따르면 기속행위란 법률요건을 아무런 의문의 여지가 없이 일의적·확정적으로 규정함과 아울러 이에 해당하는 법률사실이 있는 경우에 반드시 행정활동을 하도록 의무지우는 것을 의미한다.

반면 기속재량이란 무엇이 법인가를 판단하는 재량을 의미한다(이른바 법규재량). 법규가 행정행위의 발급요건에 대하여 명백하고 일의적으로 규정하지 않고 법의(法意)에 대한 행정청의 판단과 해석의 여지를 남겼다고 하더라도 이를 전적으로 행정청의 판단에 맡기지 않고, 단지 구체적인 경우에 법규의 취지와 의미가 무엇인지에 관한 법률적 판단의 여지를 부여한 데 그치는 재량을 말한다. 이 견해에 따르면 기속재량은 법률적 판단에 관한 재량이기 때문에 그 재량을 그르친 행위는 기속행위에 있어서 기속위반과 마찬가지로 위법성이 인정되어 사법심사의 대상이 된다고 한다.

이에 대하여 자유재량 또는 공익재량은 법규의 요건에 전혀 기속됨이 없이 행정청의 편의성·합목적성에 따른 판단을 의미한다. 행정청은 스스로의 권한하에 합목적적 고려에서 공익이 어디에 존재하는지 법률의 영향을 받지 않고 스스로 결정하는 재량을 의미한다. 이러한 공익재량은 당·부

6) 기속행위와 재량행위의 구별에 대하여 자세히는 鄭夏重, 行政法에 있어서 裁量과 判斷餘地 그리고 司法審査의 한계, 公法硏究, 1995. 6, 141면 이하 참조.

당의 문제로서 사법심사의 대상이 되지 않으며 행정청의 자율적 시정대상이 된다고 한다.

나. 전통적 견해에 대한 비판과 새로운 의미의 기속재량행위 전통적 견해에 따른 기속재량, 자유재량의 구별기준은 독일 바이마르 공화국 시대에 라운(Laun)에 의하여 주장된 이론으로서[7] 이후 학계의 심각한 비판을 받았으며 오늘날 그 자취를 찾기가 어렵다. 무엇보다 무엇이 법인가를 판단하는 기속재량은 단순히 법의 해석 및 적용작용에 지나지 않기 때문에 기속재량행위는 기속행위에 지나지 않는다. 또한 오늘날 사법심사에서 배제되는 자유재량행위란 존재하지 않으며, 재량행위 역시 일정한 한계를 넘는 경우에는 사법심사의 대상이 된다. 이에 따라 오늘날 기속행위와 재량행위의 이원적 구별이 일반화되고 있다. 그럼에도 불구하고 유력설은[8] 기속행위와 재량행위의 중간개념으로서 새로운 의미의 기속재량행위를 제안하고 있다. 이 견해는 독일의 다수설에 따라 재량은 법률효과에 있다고 전제하고, 법규가 행정청에게 동가치적인 여러 결정 사이에 선택권을 부여한 경우에는 재량행위가 존재하며, 반대로 하나의 결정만를 하도록 강제하고 있는 경우에는 기속행위에 해당된다고 한다. 다만 법규가 원칙적으로 하나의 결정만을 의무지우나, 예외적으로 그에 일탈되는 결정을 허용하는 경우에는 기속재량행위가 존재한다고 주장하고 있다(이른바 면제재량). 물론 행정청은 예외적으로 원칙과 일탈되는 결정을 하는 경우에 그를 정당화하는 사유를 입증하여야 할 것이다. 유력설은 원칙적으로 기속행위의 성격을 갖는 강학상 허가에 있어서 예외적으로 중대한 공익상의 필요를 이유로 거부할 수 있다는 판례를 그러한 기속재량행위의 대표적인 예로 들고 있다.

판례 1(중대한 공익상의 필요가 있는 경우 건축허가를 거부할 수 있는지 여부) 건축허가권자는 건축허가신청이 건축법 등 관계 법규에서 정하는 어떠한 제한에 배치되지 않는 이상 당연히 같은 법조에서 정하는 건축허가를 하여야 하고, 중대한 공익상의 필요가 없음에도 불구하고, 요건을 갖춘 자에 대한 허가를 관계 법령에서 정하는 제한사유 이외의 사유를 들어 거부할 수는 없다(대판 2006. 11. 9, 2006두1227).

판례 2(중대한 공익상 필요에 의한 주유소설치허가의 거부가능성) 주유소등록신청을 받은 행정청은 주유소설치등록신청이 석유사업법, 같은 법 시행령, 혹은 위 시행령의 위임을 받은 시 · 지사의 고시 등 관계 법규에 정하는 제한에 배치되지 않고, 그 신청이 법정등록 요건에 합치되는 경우에는 특별한 사정이 없는 한 이를 수리하여야 하고, 관계 법령에서 정하는 제한사유 이외의 사유를 들어 등록을 거부할 수는 없는 것이나, 심사결과 관계 법령상의 제한 이외의 중대한 공익상 필요가 있는 경우에는 그 수리를 거부할 수 있다(대판 1999. 4. 23, 97누14378).

---

2) 요건재량설

어떤 사실이 법에 정한 요건에 해당하는가의 판단에 재량이 존재한다는 견해로써 법률요건의 인정의 결과 법률효과가 도출되기 때문에 법률효과 자체에는 재량이 인정되지 않는다는 학설이다. 요건재량설에 따르면 법률요건이 일의적이고 명백하게 규정된 경우에는 기속행위에 해당하는 반면 법률요건이 공백으로 되어 있고 처분에 대한 권한만이 규정되어 있는 공백규정인 경우 또는 법률요건이 한정적으로 규정되어 있으나 공익이나 적합성, 필요성과 같은 불확정법개념이 존재하는 경우에는 재량행위에 해당된다고 한다. 이른바 판단재량 또는 인식재량이라고도 불리우는 이러한 요건재량

7) V. Laun, Das freie Ermessen und seine Grenze, 1910, S. 47.
8) 金容燮, 행정재량론의 재검토, 경희법학 제36권 1호, 66면 이하; 朴均省, 行政法講義, 206면 이하.

설은 오스트리아의 행정법학자 베르나찌크(Bernatzik)에[9] 의하여 발전된 이론으로 독일에서는 바이마르 공화국시대까지 지배적인 이론이 되었으며 오늘날도 부분적으로 지지를 받고 있다.

그러나 오늘날 다수설은 법률요건의 해석과 적용은 인식작용으로서 하나의 올바른 결정을 요구하기 때문에 재량에 특유한 합목적성의 고려가 있을 수 없다는 이유로 요건재량설을 부인하고 있다. 법개념의 인식은 하나의 올바른 결정을 요구하며 원칙적으로 전면적인 사법심사의 대상이 된다. 단지 법률요건에 불확정법개념이 사용되는 경우에는 예외적으로 행정청에게 판단여지가 주어질 수 있으나 이는 행정재량과는 다른 논리적 구조에 기초하고 있다.

3) 효과재량설

효과재량설은 행정재량은 법률요건의 해석과 적용에 있는 것이 아니라 법률효과의 선택에 있다는 견해이다. 종래 우리 문헌에서 주장되고 있는 효과재량설에 의하면 국민의 권리를 제한하거나 의무를 부과하는 행위인 경우에는 기속행위이며, 반면 권리나 이익을 부여하는 행위인 경우에는 재량행위에 해당한다고 한다. 그러나 개인에 대한 행정행위의 법적 효과를 기준으로 기속행위, 재량행위로 분류하는 방법은 효과재량설이라고 하기보다는 오히려 행정행위의 성질에 따라 분류하는 성질설이라고 보는 것이 적합할 것이다.[10] 또한 이러한 성질설 역시 그 타당성에 있어서 이의가 제기되는바 수익적 행정작용에 있어서도 법규가 기속행위만을 허용하는 경우도 있으며 부담적 행정행위(철거처분, 토지수용)에 있어서도 개인의 이익보호를 위하여 재량행위로 하는 것이 보다 바람직한 경우가 있기 때문이다.

오늘날 효과재량설로서 보다 타당한 견해는 수권설인데 이에 따르면 재량은 법규가 법률효과부분에서 행정청에게 동가치적인 여러 행위 사이에 선택권을 부여하는 경우에 주어지는바, 예를 들어 법규가 "행정청은 …… 할 수 있다"라고 가능규정의 형식인 경우에는 재량행위에 해당하며 "행정청은 …… 하여야 한다"라고 강제규정형식을 둔 경우에는 기속행위에 해당한다는 견해이다. 법률효과에 주어지는 행정재량은 다시 어떤 행위를 할 수도 있고 안할 수도 있는 결정재량과 법률요건이 충족된 경우에 A, B, C 중 어느 것도 선택할 수 있는 선택재량으로 구분할 수 있다.

4) 결 어

행정재량은 어디까지나 입법자에 의하여 행정청에게 부여되는 만큼 법규의 규정방식이 결정적인 기준이 될 것이다. 다수설과 같이 재량행위는 법률효과부분에서 가능규정형식으로 행정청에게 여러 결정 사이에 선택권을 부여한 경우에 주어지는 반면, 행정청이 하나의 결정을 내리도록 강제규정형식을 취한 경우에는 기속행위의 성격을 갖는다고 할 것이다. 다만 아쉽게도 우리의 입법실무는 아직 학설의 발전을 따라가고 있지 못하는 실정에 있다. 기속재량행위의 새로운 개념을 제시하는 유력설은 매우 경청할 가치가 있으나 이를 뒷받침하는 입법적 기술이 요구된다고 할 것이다.[11]

한편, "영업을 하고자 하는 자는 관할 행정청의 허가를 받아야 한다"와 같이 우리 실정법상 빈

9) Bernatzik, Rechtsprechung und materielle Rechtskraft, 1886, S. 36ff.

10) 金南辰, 行政法 I, 31면.

11) 예를 들어 독일의 입법실무에서 재량행위의 경우에는 법률효과 부분에 가능규정(können)을 두고, 기속행위에는 강제규정(müssen)을 두는 반면, 기속재량행위에서는 당위규정(sollen)을 두고 있는 점은 매우 의미있는 시사를 주고 있다.

번히 발견되고 있는 불분명한 법규정의 형식에 있어서는 재량행위 여부를 판단하기가 매우 어렵다. 이러한 경우에는 보충적으로 법규의 취지와 목적, 행위의 성질을 기준으로 판단할 수밖에 없을 것이다. 예를 들어 법규정에서 달리 정하고 있지 않는 한 원칙적으로 강학상의 허가는 기속행위, 강학상 특허는 재량행위에 속한다고 할 것이다.

판례(기속행위와 재량행위의 판단기준) 행정행위가 그 재량성의 유무 및 범위와 관련하여 이른바 기속행위 내지 기속재량행위와 재량행위 내지 자유재량행위로 구분된다고 할 때, 그 구분은 당해 행위의 근거가 된 법규의 체재 · 형식과 그 문언, 당해 행위가 속하는 행정 분야의 주된 목적과 특성, 당해 행위 자체의 개별적 성질과 유형 등을 모두 고려하여 판단하여야 한다(대판 2001. 2. 9, 98두17593; 1995. 12. 12, 94누12302; 1997. 12. 26, 97누15418).

Ⅲ. 재량의 한계

행정청에게 재량이 주어지는 경우에도 일정한 한계 내에서 행사되어야 하며 이러한 한계를 의도적이거나 또는 착오에 의하여 넘는 경우에는 위법한 재량행사가 되어 행정소송의 심사대상이 된다(행소법 27조). 반면 행정청의 재량행사가 재량의 한계 내에서 행사되는 경우에는 당 · 부당의 문제가 되며 행정심판의 심판대상이 될 수 있으나 행정소송의 심사대상은 되지 못한다. 행정기본법 제21조는 "행정청은 재량이 있는 처분을 할 때에는 관련 이익을 정당하게 형량하여야 하며, 그 재량권의 범위를 넘어서는 아니 된다"라고 재량행사의 기준에 대하여 규정하고 있다.

1. 재량의 유월(일탈)

재량의 외적 한계를 일탈한 경우에 재량의 유월 또는 일탈이라고 하는바 일반적으로 행정청이 법에서 정한 법률효과를 선택하지 않은 경우에 재량의 유월이 존재한다. 즉 법이 A, B, C 중 어느 하나를 선택할 수 있는 권한을 부여하고 있는 경우에 D나 E와 같은 규정 밖의 것을 택하는 경우에 이에 해당한다. 예를 들어 법에서 수수료를 2000원 이하에서 부과할 수 있도록 규정하였음에도 불구하고, 3000원의 수수료를 부과한 경우라든지 또는 법이 영업시간을 위반한 경우 20일 미만의 영업정지를 명할 수 있도록 규정하였음에도 불구하고 1개월의 영업정지를 명한 경우가 이에 해당된다. 아울러 재량행사가 부정확한 사실관계에 기초하고 있는 등 사실인정에 흠결이 있는 경우에도 재량의 유월이 인정된다(위법사실이 없음에도 불구하고 영업허가를 철회하는 경우).

2. 재량의 남용

재량의 내적 한계를 지키지 못한 경우에 재량의 남용이 주어진다. 즉 행정청이 재량을 부여한 수권규범의 목적에 따라 재량을 행사하지 않는 경우나 또는 재량행사에 있어서 공익과 사익 등 고려되어야 할 중요한 관점들을 고려하지 않는 경우가 이에 해당된다. 이러한 재량의 남용은 주관적 남용과 객관적 남용으로 구분할 수 있는바 주관적 남용은 행정청이 재량행사에 있어서 개인적 동기나 특정한 정파의 이익만을 고려하여 결정하는 경우에 발생한다(직무수행에 있어서 자신의 친척에게 경제적 이익을 준다든지 특정한 정파의 집회를 금지하는 행위). 반면 객관적 남용은 기본권을 침해한다든지 비례의 원칙, 평등의 원칙 등 행정법의 일반원칙을 침해하는 경우에 주어진다.

3. 재량의 해태(불행사)

재량의 불행사란 행정청이 재량행위를 태만 또는 착오로 인하여 기속행위로 간주하여 재량행사에 필요한 복수행위 상호간에 전혀 형량을 하지 않은 경우가 이에 해당한다. 즉 법이 행정청에게 A, B, C 중 어느 하나를 선택할 수 있도록 재량권을 부여했으나 기속행위로 오해하여 전혀 형량이 없이 A만을 선택한 경우(예를 들어 경찰관이 술집에서 싸움이 일어났다고 신고를 받았으나 자신이 지금 상관으로부터 부여받은 일이 더 중요하다고 하여 개입을 거부한 경우)가 이에 해당한다.

4. 재량의 영으로 수축

구체적인 경우에 행정재량은 여러 개의 가능한 결정 중에서 어느 하나의 결정으로 수축되어 다른 어떠한 결정의 선택도 위법하게 되는바 이를 재량의 영으로의 수축이라고 한다. 이러한 재량의 영으로의 수축은 개인의 신체, 생명 등 중요한 법익에 대한 침해의 우려가 있는 경우에 존재한다. 재량이 영으로 수축될 경우에는 재량행위는 기속행위로 변하게 된다.

판례 1(재량권행사의 한계) 공무원인 피징계자에게 징계사유가 있어 징계처분을 하는 경우 어떠한 처분을 할 것인가 하는 것은 징계권자의 재량에 맡겨진 것이고, 다만 징계권자가 재량권의 행사로서 한 징계처분이 사회통념상 현저하게 타당성을 잃어 징계권자에게 맡겨진 재량권을 남용하거나 그 범위를 일탈한 것이라고 인정되는 경우에 한하여 위법한 것이 된다(대판 1997. 11. 25, 97누14637; 1997. 11. 28, 97누8755).

판례 2(감경에 관한 참작사유가 있음에도 불구하고 이를 고려하지 않은 영업정지처분은 위법한 재량처분이라는 판례) 행정청이 건설산업기본법 및 구 건설산업기본법 시행령 규정에 따라 건설업자에 대하여 영업정지 처분을 할 때 건설업자에게 영업정지 기간의 감경에 관한 참작 사유가 존재하는 경우, 행정청이 그 사유까지 고려하고도 영업정지 기간을 감경하지 아니한 채 시행령 제80조 제1항 [별표 6] '2. 개별기준'이 정한 영업정지 기간대로 영업정지 처분을 한 때에는 이를 위법하다고 단정할 수 없으나, 위와 같은 사유가 있음에도 이를 전혀 고려하지 않거나 그 사유에 해당하지 않는다고 오인한 나머지 영업정지 기간을 감경하지 아니하였다면 영업정지 처분은 재량권을 일탈 · 남용한 위법한 처분이다(대판 2016. 8. 29, 2014두45956).

판례 3(재량권 불행사로 인한 처분의 위법성) 처분의 근거 법령이 행정청에 처분의 요건과 효과 판단에 일정한 재량을 부여하였는데도, 행정청이 자신에게 재량권이 없다고 오인한 나머지 처분으로 달성하려는 공익과 그로써 처분상대방이 입게 되는 불이익의 내용과 정도를 전혀 비교형량하지 않은 채 처분을 하였다면, 이는 재량권 불행사로서 그 자체로 재량권 일탈 · 남용으로 해당 처분을 취소하여야 할 위법사유가 된다(대판 2019. 7. 11, 2017두38874).

판례 4(재량행위와 사실오인) 만약 행정청이 과거 상대방에게 한 특정한 처분으로 인하여 그에게 유리한 사실관계가 형성되었음을 인식하고 있었음에도 이를 반영하지 않은 채 재량권을 행사했다면, 이는 행정청의 사실오인에 기초한 것으로서 재량권 일탈 · 남용에 해당하여 위법하다. 행정청이 상대방에게 그와 같은 사실관계에 관한 자료의 제출을 요청했으나 그가 이를 제대로 이행하지 않은 경우라고 하더라도, 그러한 사정으로 인하여 행정청이 사실오인을 일으켰다는 등의 특별한 사정이 없는 한, 마찬가지이다(대법원 2025. 3. 13, 2024두58692).

Ⅳ. 재량행위의 통제

오늘날과 같이 고도로 전문화되고 있는 행정국가에서는 행정청에 재량을 부여하는 것은 신축적이고 탄력성있고 행정목적의 실현을 위하여 불가피하지만 다른 한편으로는 적절한 통제가 실현되어 하자있는 재량행사로 인하여 국민의 권익이 침해하지 않도록 하여야 한다.

1. 국회에 의한 통제

1) 법규적 통제

국회입법에 의하여 재량행사의 목적과 범위를 정하거나 재량행사에 있어서 고려하여야 할 사항과 기준에 대하여 정한다.

2) 정치적 통제

의회가 행정부에 대하여 가지는 국정감시권을 통하여 재량권행사를 통제하는 것을 말한다. 예를 들어 국정감사 및 조사권(헌법 61조), 국무총리 · 국무위원출석요구 및 질문권(헌법 62조), 국무위원 · 국무총리 해임건의권(헌법 63조), 탄핵소추의결권(헌법 65조) 등에 의한 통제를 의미한다.

2. 행정적 통제

1) 행정감독에 의한 통제

행정기관은 계층적인 구조를 형성하고 있고 상급행정기관은 하급행정기관의 직무수행에 대하여 지휘 · 감독권을 갖고 있다. 이에 따라 상급행정기관은 감시권, 훈령권, 승인권, 취소 · 정지권, 주관쟁의결정권을 통하여 하급행정기관의 재량행사를 통제할 수 있다.

2) 행정절차를 통한 통제

오늘날 절차법에 의한 행정의 사전적 통제가 강조되고 있는바 우리 행정절차법은 의견제출(22조 3항), 청문(22조 1항), 공청회(22조 2항)에 대하여 규정하고 있고 아울러 처분기준에 대한 공표(20조), 이유제시(23조)에 대하여 규정하고 있는데 이들은 행정재량의 사전적 통제수단으로서 중요한 기능을 하고 있다.

3) 행정심판에 의한 통제

행정심판법은 위법한 처분뿐만 아니라 부당한 처분에 대한 행정심판을 인정함으로써 재량행위를 심사대상으로 하고 있다(행심법 1조, 5조).

3. 사법적 통제

재량행위는 재량의 한계 내의 행사에 있어서는 당 · 부당의 문제가 되어 행정소송의 심사대상이 되지는 않으나 행정소송법 제27조에 의하여 재량의 유월, 남용, 해태의 경우에는 하자있는 재량행사로써 위법한 행정행위가 되어 항고소송의 대상이 된다. 특히 무하자재량행사청구권의 발전은 재량행위에 대한 원고적격을 인정함으로써 사법심사에 대한 결정적인 기여를 하였다.

판례(재량행위에 대한 사법심사의 기준) 행정행위가 그 재량성의 유무 및 범위와 관련하여 이른바 기속행위 내지 기속재량행위와 재량행위 내지 자유재량행위로 구분된다고 할 때, 그 구분은 당해 행위의 근거가 된 법규의 체제 · 형식과 그 문언, 당해 행위가 속하는 행정 분야의 주된 목적과 특성, 당해 행위 자

체의 개별적 성질과 유형 등을 모두 고려하여 판단하여야 하고, 이렇게 구분되는 양자에 대한 사법심사는, 전자의 경우 그 법규에 대한 원칙적인 기속성으로 인하여 법원이 사실인정과 관련 법규의 해석·적용을 통하여 일정한 결론을 도출한 후 그 결론에 비추어 행정청이 한 판단의 적법 여부를 독자의 입장에서 판정하는 방식에 의하게 되나, 후자의 경우 행정청의 재량에 기한 공익판단의 여지를 감안하여 법원은 독자의 결론을 도출함이 없이 당해 행위에 재량권의 일탈·남용이 있는지 여부만을 심사하게 되고, 이러한 재량권의 일탈·남용 여부에 대한 심사는 사실오인, 비례·평등의 원칙 위배, 당해 행위의 목적 위반이나 동기의 부정 유무 등을 그 판단 대상으로 한다(대판 2001. 2. 9, 98두17593).

V. 행정청의 판단여지(判斷餘地)

1. 불확정법개념과 요건재량설

일반적으로 법률요건에 사용되는 법개념은 그 명확성의 정도에서 다양한 차이를 나타내고 있다. 예를 들어 주소, 거소, 기간 등 장소나 시간을 나타내는 개념은 사실상 내용이 확정된 반면 새벽, 위험, 야간 등의 법개념(경험적 개념)은 해석에 있어서 적지 않은 어려움이 있으나 구체적인 경우에 그 내용의 명확화가 가능하다. 이에 대하여 신뢰성, 필요성, 적합성, 공익 등의 법개념(규범적 개념)들은 그 해석뿐만 아니라 구체적인 경우에 적용에 있어서도 적지 않은 어려움을 나타내고 있다. 독일에서는 바이마르 공화국시대까지 행정재량은 법규정이 가능규정을 둔 경우에 법률효과에서 주어질 뿐 아니라(효과재량), 법률요건에 불확정법개념이 사용되는 경우에도 인정되었다(요건재량).[12)]

그러나 2차 세계대전 이후 기본법 제19조 제4항은 위법한 공권력행사에 대한 포괄적인 사법심사를 보장하였고 아울러 행정소송제도에 있어서도 개괄주의를 채택하였다. 실질적 법치국가를 구축하려는 시도 속에 판례와 학설의 다수는 행정재량을 축소시키려고 노력하였으며 이러한 시도는 특히 법률요건부분에서 행정재량을 부인하는 방식으로 이루어졌다. 재량이란 법률의 효과부분에서 가능규정을 두어 동가치적인 여러 행위 사이에 선택권을 부여한 경우에 주어지며 법률요건부분에서 사용되는 불확정법개념은 하나의 올바른 해석과 적용을 허용하며 이것은 완전한 사법심사의 대상이 된다는 견해가 관철되기 시작하였다. 법률요건부분에서 부여된다는 요건재량은 불확정법개념의 구체화과정이며 이것은 단순한 인식행위에 지나지 않는다. 인식의 영역에서는 법률효과의 영역에서와는 달리

12) 이에 대한 자세한 내용은 鄭夏重, 行政法에 있어서 裁量과 判斷餘地 그리고 司法審査의 限界, 公法研究 제23집 3호, 1995. 6, 141면 이하 참조.

어떠한 선택이 있을 수 없으며 단지 하나의 올바른 결정만이 존재한다. 불확정법개념의 적용에 있어서 법적 문제와 사실문제는 그 시대의 사회, 경제, 기술분야의 평균적이고 지배적인 견해에 따라 충분히 특정화된 내용으로 구체화될 수 있다고 하였다. 반면 법률효과부분에서 부여된 행위재량의 한계 내에서 내린 결정은 옳고 그른지의 문제가 제기될 수 없으며 모든 선택된 행위방식은 법적으로 동가치적이며 따라서 적법하다고 하였다.[13]

2. 불확정법개념과 행정청의 판단여지

판단여지설은 2차 세계 대전 이후 바호프(Bachof)의 판단여지설,[14] 울레(Ule)의 타당성이론(대체가능성설)[15] 등에 의하여 발전되었다. 이들 역시 행정재량은 법률효과에서 가능규정이 있다는 다수설에 동조하였으나, 법률요건에 불확정법개념, 특히 규범적 개념이 사용된 경우에는 일정한 조건하에서 행정청에게 판단여지가 주어진다고 주장하였다. 확인된 사실관계를 불확정법개념에 포섭하는 것은 행정청의 객관적인 경험칙과 주관적 가치판단을 동시에 요구하기 때문에 하나의 올바른 결정이 아니라 여러 가지 판단가능성이 존재한다고 한다. 이러한 행정청의 판단여지는 일정한 한계가 있으며, 법원은 이러한 한계 내에서의 행정청의 판단을 적법한 것으로 수인하여야 한다고 하여 비교적 폭넓은 판단여지를 인정하였다.

이에 대하여 오늘날 다수설인 판단수권설에[16] 따르면 확인된 사실관계의 불확정법개념에 포섭하는 것은 인식작용으로서 하나의 올바른 판단만이 존재한다고 한다. 예를 들어 특정 도서의 청소년유해성판정에 있어서 단지 하나의 올바른 결정이 존재하는 것이 아니라 동일한 도서가 유해하기도 하고 유해하지 않기도 하다는 양자의 결정이 모두 적법하다고 인정하는 것은 법질서에 모순된다고 하였다. 행정청은 유일하게 적법하다고 판단되는 결정에 도달하기 위하여 주어진 법률요건의 의미를 철저히 파악하여야 하나 한계적인 상황들에 있어서는 의심이 발생할 수 있다. 판단여지란 그 의심이 근거가 있고 행정청에 의하여 내려진 결정이 타당하다면 법원이 행정청의 결정을 적법하다고 수인하는데 있다. 다수설은 판단여지의 문제는 구체적인 경우에 마지막 인식에 대한 권한의 문제이고 이는 그때그때 적용되는 실체법상의 수권문제라고 하였다. 법적용에 있어서 마지막 인식의 권한은 원칙적으로 법원에 있으나 예외적으로 행정에게 있을 수 있으며 이로부터 행정과 사법간의 권한배분의 문제가 발생된다고 한다. 다수설은 사법의 행정에 대한 통제의 밀도에 대하여는 어떤 일괄적인 해결이 있을 수 없으며 기능적이고 법적인 관점에 따라 행정분야마다 다양한 통제의 밀도가 존재한다고 한다. 학설은 행정분야에 따른 특수한 통제의 밀도를 세분화하기 위하여 행정의 전문성과 책임성, 행정부서의 구성과 조직, 결정과정 등의 기준의 제시를 통하여 판례에 의하여 판단여지가 인정된 사례들을 유형화하였다.

---

13) Reuß, DVBl 1953, S. 537.

14) Bachof, JZ 1955, S. 97.

15) Ule, Gedächtnisschrift für W. Jellinek, 1955, S. 309 ff.

16) Schmidt-Aßmann, VVDStRl 34(1976), S. 221 ff.; Ossenbühl, FS für Menger, S. 735; Papier, DÖV 1986, S. 621.

3. 판단여지가 인정되는 영역

1) 비대체적인 결정

행정청의 판단여지가 인정되어 사법심사가 제한되는 첫 번째 집단은 비대체적인 결정들이다. 이에는 시험결정, 유급결정과 같은 교육적인 판단, 상급공무원에 의한 하급공무원의 인사고과 및 승진결정 등 고도의 개인적이고도 인격적인 사안에 관련된 결정들이 속한다. 독일판례는 이들 결정들에 있어서 사법심사의 제한이유의 근거를 결정의 비대체성, 즉 시험상황의 반복의 불가능성 및 행정의 특수한 전문적 지식에서 찾고 있다.

2) 구속적인 가치평가

사법심사가 제한되는 두 번째 영역은 특별하게 구성된 합의제 행정관청에 의한 구속적 가치평가이다. 이들에는 도서류의 청소년유해성판정이나 영화의 공연적합성의 판정, 문화재보호법에 따른 문화재의 판정 등 종교, 도덕, 문화, 윤리 등과 관련된 결정들이 속하고 있다. 여기서 행정청에 부여된 판단여지는 개별법에 규정된 행정기관의 지위와 구성에 근거하고 있다. 행정기관은 관련된 사안에 필수적이고도 전문적인 지식을 소유하고 있으며 또한 그의 구성원은 그가 속한 사회적 집단을 대표하고 있으며 합의에 따라 다른 행정기관으로부터 독립적인 결정을 내릴 수 있기 때문에 마지막 인식에 대한 권한이 주어진다고 하였다.

3) 예측결정

사법심사가 제한되는 세 번째 영역은 환경법 및 경제행정법 분야에서 예측결정과 위해의 평가를 들 수 있다. 예를 들어 지역경제여건의 변화에 대한 예측, 주택시장변화에 대한 예측, 환경행정에 있어서 위해의 평가 등이 있다. 불안정성과 합리성의 결여로 특징되고 있는 예측은 경험칙과 주어진 개연성의 정도에 의존되어 있으며 구체적인 경우 이들에 대한 판단은 행정청의 평가의 특권으로 요약된다. 이러한 평가의 특권을 부여하는 근거로서 예측결정에 대한 행정의 책임, 행정의 형성적 임무와 전문적 지식 등을 들고 있다.

4) 행정정책적인 결정

전쟁무기의 생산 및 수출 등의 외교정책, 자금지원대상업체의 결정과 같은 경제정책, 기타 사회정책 및 교통정책 등 행정정책적인 결정들이 불확정법개념과 결부될 때 이들은 변화하는 동적(動的)인 개념이 되며 이에 대한 내용적 결정은 행정의 고유한 임무이다. 이러한 개념들이 개별적인 경우에 적용되는 경우 이들에 대한 사법통제는 한계적인 상황에 있어서 극복할 수 없는 어려움에 부딪친다. 행정정책적인 결정들에는 조정과 유도와 계획을 통한 미래형성적인 탄력적인 요소들이 존재하는 바 이들의 실현은 판례의 임무가 아니라 입법과 행정의 임무인 것이다.

4. 판단여지의 한계

행정청에게 판단수권이 주어지는 위의 유형들은 상호 예리하게 분리되는 것이 아니라 많은 경우에 있어서는 상호 중복이 된다. 중요한 것은 판단수권이 인정되어 사법심사가 제한되는 행정결정에 있어서도 법원은 ① 합의제 행정기관이 적정하게 구성되었는지 여부, ② 법에 규정된 절차의 준수 여부, ③ 행정결정이 정확한 사실관계에 기초하고 있는지 여부, ④ 관련법률이 옳게 해석되고 일반적으로 인정된 평가기준이 준수되었는지 여부, ⑤ 사안과 무관한 고려 내지는 자의성의 개입 여부에 대하여 심사를 하여야 하며 이러한 한계를 넘는 경우에는 행정결정은 위법하게 된다는 점이다.

5. 판단여지설에 대한 비판과 우리 판례의 입장

1) 판단여지설에 대한 비판

상술한 바와 같이 독일의 다수설과 판례는 종래 법률요건에서 인정되어 온 요건재량을 부인하는 대신에 재량은 법률효과의 가능규정 또는 이와 유사한 표현이 있는 경우에만 인정하였다. 반면 법률요건에 불확정법개념이 사용된 경우에는 하나의 올바른 결정만이 가능하며 따라서 원칙적으로 다른 법개념과 마찬가지로 제한없는 사법심사의 대상이 되었고 단지 한계적인 상황에서만 판단여지가 인정되었다. 그러나 이와 같은 행위재량설과 판단수권설은 학설의 일부에 의하여 비판받았다. 이들은 행정재량은 법률요건과 법률효과의 2분화에 관계없이 행정이 고유한 기능을 갖고 활동할 수 있는 곳에 존재한다고 하면서 행정재량을 일원적으로 파악할 것을 주장하는가 하면[17] 오히려 재량은 법률효과가 아니라 법률요건에 불확정법개념이 사용된 경우에 부여된다고 하였다.[18]

이른바 다수설은 법률요건과 법률효과로 구분이 가능한 법규범을 전제로 하고 있으나 계획규범과 같이 법률요건이 없는 법규범이 존재하는 경우도 있고 비록 구별이 가능하다고 하더라도 법률효과에만 재량을 인정하는 것은 규범의 일체성을 파괴한다고 주장하였다. 특히 다수설은 법률요건에 불확정법개념이 존재하고 법률효과에 가능규정이 있는 이른바 융합규정의 경우를 충분히 설명하지 못한다고 지적하였다. 예를 들어 공과금법에 "구체적인 경우 부당한 경우가 발생한다면 조세를 전부 또는 부분적으로 면제할 수 있다"라고 규정된 경우에 행정청은 부당한 경우가 발생한 경우 "할 수 있다"라는 규정에도 불구하고 반드시 조세를 면제하여야 함을 지적하였다. 비판설은 또한 판단여지설은 바로 포기되어진 요건재량설과 본질적으로 차이가 없다고 하면서 요건재량설로의 복귀를 주장하였다.[19]

그러나 이러한 비판설은 아직 관철되지 못하고 있다. 불확정법개념의 문제는 인식의 영역에 있으며 이에는 행정재량에 있어서 전형적인 합목적성의 고려가 허용되지 않는다. 독일의 다수설과 판례는 법률요건과 법률효과의 분리가 불가능한 계획규범의 경우에는 행정재량과 구별되는 계획재량이론을 독자적으로 발전시켰으며 이른바 융합규정의 경우에도 법률요건에서는 판단수권의 법리에 따라 법률효과에서는 행위재량이론에 따라 각각 별개로 해결하고 있다.[20]

---

17) Ehmke, Ermessen und unbestimmter Rechtsbegriff, S. 23ff.; Scholz, VVDStRL 34, S. 145ff.; Bullinger, JZ 1984, S. 1001.

18) Forsthoff, Lehrbuch des VerwR, S. 84ff.; W. Schmidt, NJW 1975, S. 1753ff.

19) W. Schmidt, NJW 1975, S. 1753ff. 판단여지를 재량과 동일하게 이해하는 우리 학설로는 金東熙/崔桂暎, 行政法 I, 263면; 柳至泰/朴鍾秀, 行政法新論, 83면.

20) 단지 예외적으로 불확정법개념의 적용과정에서 재량행사에 관련된 관점들이 모두 고려되어 사실상 효과부분에서 재량행사의 여지가 전혀 없는 경우가 있을 수 있으며(이른바 재량의 소멸), 반면 요건부분의 불확정법개념이 재량의 내용과 범위를 결정하기 때문에 판단작용이 재량행사에 흡수되는 경우가 발생할 수 있는바 이는 개별법규의 내용과 구체적인 상황에 따라 발생되는 특수한 경우로 이해하면 될 것이다. Maurer, Allg. VerwR, 12. Aufl., S. 142ff.

2) 판례의 입장

우리 판례에서는 아직 판단여지이론을 도입하고 있지 않으며 시험 및 시험유사적인 결정 등에서는 독일의 판례와는 달리 일관되게 행정청의 판단여지 대신에 재량을 인정하여 왔다.[21] 한편 대법원은 근래 2종교과서검정처분취소사건,[22] 공장신설 불승인처분 취소사건,[23] 유적발굴허가신청불허가처분취소사건,[24] 의료기술시행중단명령처분취소사건,[25] 건설폐기물처리사업계획서부적합통보처분취소사건[26] 등에서 법률요건에 불확정개념이 사용된 경우 일응 행정청의 판단여지를 인정하는 듯 하였으나 결국 재량이론으로 결론지었다.

그러나 법률효과에 가능규정이 사용된 경우뿐만 아니라, 법률요건에 불확정법개념이 사용된 경우에도 재량을 인정하고, 양자를 동일하게 재량의 유월 · 남용 법리를 통하여 사법통제를 행하고 있는 판례는 법이론적 관점에서 비판을 벗어나기 어렵다. 재량의 유월 · 남용 법리는 법률효과의 선택과 관련하여 발전된 재량의 하자이론으로서, 법률요건의 포섭과 관련하여 적합한 통제기준이 될 수 없다. 법률요건의 포섭은 인식작용으로서 하나의 올바른 판단을 전제로 하며, 이에 대한 마지막 인식의 권한은 일반적으로 법원에게 주어진다. 다만, 법률요건에 불확정법개념이 사용된 경우에는 행정의 전문성, 경험, 행정조직의 구성 등을 고려하여 예외적으로 행정청에게 마지막 인식의 권한을 부여한다는 것이 판단여지의 이론이다. 여기서는 재량의 유월 · 남용이 문제가 되는 것이 아니라, 행정청의 결정이 판단여지의 한계 내에서 이루어졌는지가 문제가 되는 것이다.

이와 관련하여 독일연방헌법재판소의 기본권해석의 영향하에[27] 독일연방행정법원은 제한적으로 인정된 판단여지를 더욱 축소시키고 있음은[28] 행정에 대한 사법통제의 밀도의 관점에서 매우 의미있는 시사를 주고 있다.

판례 1(중학교 2종교과서검정처분취소사건) 교과서검정이 고도의 학술상, 교육상의 전문적 판단을 요한다는 특성에 비추어 보면, 교과용 도서를 사정함에 있어 법령과 심사기준에 따라서 심사위원회의 심사를 거치고, 또 검정상 판단이 사실적 기초가 없다거나 사회통념상 현저히 부당하다는 등 현저히 재량권의 범위를 일탈한 것이 아닌 이상 그 검정을 위법하다고 할 수 없다(대판 1992. 4. 24, 91누6634).

판례 2(공장신설 불승인처분 취소소송: '환경오염 발생 우려'와 같이 장래에 발생할 불확실한 상황과 파급효과에 대한 예측이 필요한 요건에 관한 행정청의 판단은 폭넓게 존중되어야 한다는 판례) 공장설립 등의 승인인 개발행위허가는 허가기준과 금지요건이 불확정개념으로 규정된 부분이 많아 그 요건에 해당하는지 여부는 행정청의 재량판단 영역에 속한다. 특히 환경의 훼손이나 오염을 발생시킬 우려가 있는 개발행위에 대한 행정청의 허가 여부와 관련된 재량권의 일탈 · 남용 여부를 심사할 때에는, 해당 지역 주민들의 토지이용실태와 생활환경 등 구체적 지역 상황과 상반되는 이익을 가진 이해관계자들 사이의 권익 균형과 환경

21) 대판 1962. 1. 18, 61누92(고등고시답안의 채점기준); 1964. 6. 30, 62누194(의사국가시험채점기준); 1998. 7. 24, 97누17339(한약조제자격시험불합격처분취소).

22) 대판 1992. 4. 24, 91누6634.

23) 대판 2018. 4. 12, 2017두71789.

24) 대판 2000. 10. 27, 99두264.

25) 대판 2016. 1. 28, 2013두21120.

26) 대판 2017. 10. 31, 2017두46783.

27) BVerfG 83, 130; 94, 34.

28) BVerwGE 91, 211; 91, 223.

권 보호에 관한 각종 규정의 입법 취지 등을 종합하여 신중하게 판단하여야 한다. 따라서 '환경오염 발생 우려'와 같이 장래에 발생할 불확실한 상황과 파급효과에 대한 예측이 필요한 요건에 관한 행정청의 재량적 판단은 그 내용이 합리성이 없거나 상반되는 이익과 가치를 대비해 볼 때 형평과 비례의 원칙에 뚜렷하게 배치되지 않는 한 폭넓게 존중되어야 한다. 이 사건 신청이 분진, 소음 등 환경오염 발생 우려를 이유로 개발행위 허가기준을 충족하지 못하였다고 보아 이를 불승인한 피고의 이 사건 처분이 재량권을 일탈·남용하여 위법하다고 단정하기 어렵다(대판 2018. 4. 12, 2017두71789).

판례 3(유적발굴허가신청 불허가처분취소사건) 행정청이 매장문화재의 원형보존이라는 목표를 추구하기 위하여 문화재보호법 등 관계 법령이 정하는 바에 따라 내린 전문적·기술적 판단은 특별히 다른 사정이 없는 한 이를 최대한 존중하여야 한다. 이 사건에 나타난 제반 사정 및 토지굴착을 수반하는 발굴을 할 경우 매장문화재의 현상이 파괴되고 역사문화자료가 멸실될 수 있어 그 원형을 보존하는 것이 문화재 보호 및 관리의 대원칙인 점에 비추어 볼 때, 비록 원고가 위 고분을 발굴할 수 없음으로 인하여 종합의료시설공사 중 일부에 대한 공사를 진행할 수 없게 되어 경제적인 손해를 입게 된다 하더라도 그 손해에 비하여 이 사건 처분으로 달성하려 하는 공익이 결코 적다고 할 수 없으므로, 이 사건 불허가처분에 어떠한 재량권의 일탈 또는 남용의 위법이 있다고 할 수 없다(대판 2000. 10. 27, 99두264).

판례 4(의료기술시행중단명령취소사건) 의료법 제53조 제1항, 제2항, 제59조 제1항의 문언과 체제, 형식, 모든 국민이 수준 높은 의료 혜택을 받을 수 있도록 국민의료에 필요한 사항을 규정함으로써 국민의 건강을 보호하고 증진하려는 의료법의 목적 등을 종합하면, 불확정개념으로 규정되어 있는 의료법 제59조 제1항에서 정한 지도와 명령의 요건에 해당하는지, 나아가 요건에 해당하는 경우 행정청이 어떠한 종류와 내용의 지도나 명령을 할 것인지의 판단에 관해서는 행정청에 재량권이 부여되어 있다. 신의료기술의 안전성·유효성 평가나 신의료기술의 시술로 국민보건에 중대한 위해가 발생하거나 발생할 우려가 있는지에 관한 판단은 고도의 의료·보건상의 전문성을 요하므로, 행정청이 국민의 건강을 보호하고 증진하려는 목적에서 의료법 등 관계 법령이 정하는 바에 따라 이에 대하여 전문적인 판단을 하였다면, 판단의 기초가 된 사실인정에 중대한 오류가 있거나 판단이 객관적으로 불합리하거나 부당하다는 등의 특별한 사정이 없는 한 존중되어야 한다. 또한 행정청이 전문적인 판단에 기초하여 재량권의 행사로서 한 처분은 비례의 원칙을 위반하거나 사회통념상 현저하게 타당성을 잃는 등 재량권을 일탈하거나 남용한 것이 아닌 이상 위법하다고 볼 수 없다(대판 2016. 1. 28, 2013두21120).

판례 5(건설폐기물처리사업계획서부적합통보처분취소사건) 행정청의 건설폐기물 처리 사업계획서에 대한 적합 여부 결정은 공익에 관한 판단을 해야 하는 것으로서 행정청에 광범위한 재량권이 인정된다. 적합 여부 결정과 관련한 재량권의 일탈·남용 여부를 심사할 때에는, 해당 지역의 자연환경, 주민들의 생활환경 등 구체적 지역 상황, 상반되는 이익을 가진 이해관계자들 사이의 권익 균형과 환경권의 보호에 관한 각종 규정의 입법 취지 등을 종합하여 신중하게 판단하여야 한다. 따라서 '자연환경·생활환경에 미치는 영향'과 같이 장래에 발생할 불확실한 상황과 파급효과에 대한 예측이 필요한 요건에 관한 행정청의 재량적 판단은 내용이 현저히 합리적이지 않다거나 상반되는 이익이나 가치를 대비해 볼 때 형평이나 비례의 원칙에 뚜렷하게 배치되는 등의 사정이 없는 한 폭넓게 존중될 필요가 있다. 이러한 사항은 적합 여부 결정에 관한 재량권의 일탈·남용 여부를 심사하여 판단할 때에도 고려하여야 한다(대판 2017. 10. 31, 2017두46783).

재량과 판단여지의 구별

	판단여지	재 량
인 정	법률요건에 불확정법개념의 사용	법률효과에 가능규정사용
본 질	포섭(인식작용)	합목적적인 고려
행 사	하나의 올바른 판단	두 개 이상의 동가치적인 결정(결정재량, 선택재량)

사법심사	① 합의제 행정기관의 적정한 구성, ② 법에서 정한 절차의 준수, ③ 정확한 사실관계에 기초, ④ 올바른 법해석과 일반적으로 인정된 기준적용 여부에 대한 심사	재량의 유월, 남용, 불행사 등 재량의 하자가 존재하는 경우에 사법심사의 대상이 됨

사례 A광역시는 시립예술고등학교를 설치하고 적법한 절차에 따라 다음과 같은 내용의 교육조례를 제정하였다.

제1조: 학생이 예술교육에 적합한 자질을 갖춘 경우에는 학교장은 입학을 허가한다.

제2조: 학생의 예술교육의 적합성여부는 1차 필기시험과 2차 실기시험의 결과에 의하여 결정된다.

제3조 이하 생략.

바이올린을 전공하는 여학생 갑은 1차 필기시험에 합격점수를 받았으나, 2차 실기시험에서는 전문가로 구성된 시험위원회의 부적합판정에 따라 불합격결정을 받았다. 갑은 자신에 대한 불합격결정이 시험위원회의 부당한 결정에 기초한 위법한 결정이라고 주장하고 있다. 갑에 대한 불합격결정의 위법성 여부에 대하여 논하라.

▶**답안요지** 교육조례 1조는 법률요건에 "적합한 자질"이라는 불확정법개념을 사용하고 있는바, 이러한 경우에 종래에 주장되었던 요건재량설에 대한 비판과정에서 판단여지설이 주장됨. 판단여지설의 이론적 근거와 재량과의 차이점에 대하여 설명하고 아울러 판단여지가 적용되는 범위와 한계에 대하여 기술함. 마지막으로 판단여지설의 비판 및 우리 판례의 입장을 논급함. 전문가로 이루어진 시험위원회의 입학결정은 행정청의 판단여지가 전형적으로 인정되는 비대체적 결정에 해당함. 이러한 시험위원회의 부적합판정도 판단여지의 한계를 넘는 경우에는 위법하게 됨.

제3항 수익적 행정행위, 부담적 행정행위, 복효적 행정행위

행정행위는 그의 법적 효과에 따라 수익적 행정행위, 부담적 행정행위, 복효적 행정행위로 구분할 수 있다. 특히 수익적 행정행위와 부담적 행정행위의 구별은 쟁송의 형태, 취소 및 철회권의 제한 등과 관련하여 중요한 의미를 갖고 있다.

Ⅰ. 수익적 행정행위

수익적 행정행위는 건축허가의 발급, 입학허가, 장학금의 지급결정, 공무원의 임명 등 상대방에게 권리나 이익을 부여하거나 또는 각종 부담적 행정행위의 철회 등 권리나 이익의 제한을 없애는 행정행위를 의미한다.

Ⅱ. 부담적 행정행위

반면 부담적 행정행위는 일체의 명령, 금지, 학생의 제적, 공무원의 파면, 건축허가의 거부, 장학금의 지급거부결정 등 상대방의 자유와 권리를 침해하거나 상대방에게 이익부여를 거부함으로써 상대방에게 불이익을 주는 행정행위를 의미한다.

Ⅲ. 복효적 행정행위

1. 의 의

복효적 행정행위(VA mit Doppelwirkung) 또는 이중효과적 행정행위란 하나의 행위에 수익과 부담이라는 두 가지 효과가 발생하는 경우를 의미한다. 복효적 효과가 동일인에게 발생하는 경우를 혼합효행정행위라고 하고 반면 1인에게는 수익을, 타인에게 불이익을 주는 상반된 효과를 발생시키는 행정행위를 제3자효행정행위라고 한다.[29] 특히 행정법상 많은 문제를 발생시키는 것은 제3자효행정행위(VA mit Drittwirkung)이다. 1인에게 건축허가 또는 영업허가를 부여한 결과 인접주민 또는 동종업자가 그 허가의 취소를 구하는 사례가 증가함에 따라 실무상 중요한 의미를 갖고 있다.

2. 제3자효행정행위의 관련문제

1) 절차법상 문제

제3자효행정행위는 당해 행정행위로 인하여 수익적 효과를 누리는 자가 있는 반면 아울러 부담적 효과를 받는 자가 있기 때문에, 부담적 효과를 받는 자의 권익을 보호하기 위하여 사전통지나 청문 등의 기회를 마련하는 것이 바람직하다. 행정절차법 제21조 제1항은 당사자에게 불이익처분을 하는 경우에는 원칙적으로 사전통지를 하도록 규정하고 있고, 동법 제22조 제1항과 2항에서는 청문과 공청회를 규정하고 있으며, 동법 제22조 제3항에서는 청문이나 공청회가 필요하지 않은 경우라고 할지라도 당사자 등에게 불이익처분을 하는 경우에는 최소한 의견제출을 할 수 있도록 규정하고 있다. 여기서 말하는 당사자 등이라 함은 행정청의 처분에 대하여 직접 그 상대가 되는 당사자와 행정청이 직권 또는 신청에 의하여 행정절차에 참여하게 한 이해관계인을 말한다(행정절차법 2조 4호). 따라서 행정처분의 상대방이 아니더라도 당해 처분에 의하여 자신의 권익을 침해받은 제3자는 직권 또는 신청에 의해 의견제출, 청문 또는 공청회 등 의견청취절차에 참여할 수 있다.

2) 제3자효행정행위의 직권취소와 철회

수익적 행정행위의 직권취소나 철회는 상대방의 신뢰보호의 관점에서 제한되고 있다. 그러나 제3자효행정행위에 있어서는 공익과 상대방의 신뢰보호뿐만 아니라, 제3자의 이익도 아울러 비교·형량하여야 한다.

가. 제3자효행정행위의 직권취소

수익적 행정행위의 직권취소는 상대방의 신뢰보호를 위하여 제한을 받는다. 그러나 제3자효행정행위에 있어서 이러한 신뢰보호는 제3자의 쟁송제기의 가능성 때문에 일정한 제약을 받는다. 왜냐하면 제3자효행정행위의 수익자는 부담을 받는 제3자의 취소심판 또는 취소소송을 예견하고 있기 때문에 그러한 한도에서 신뢰보호가 성립되지 않는다. 따라서 이러한 경우에는 위법한 행정행위의 직권취소의 여부는 행정청의 재량에 속하게 된다. 단지 제3자의 쟁송제기기간이 도과한 경우에, 즉 불가쟁력이 발생한 경우에 비로소 수익자의 신뢰보호가 형성되어 취소제한의 원칙이 적용되기 시작한다.

나. 제3자효행정행위의 철회

수익적 행정행위의 철회 역시 상대방의 신뢰보호를 위하여 강력한 제한을 받는다. 그러나 제3

29) Maurer/Waldhof, Allg. VerwR, S. 234; Wolff/Bachof/Stober, VerwR I, S. 635.

자효행정행위에 있어서는 수익자의 신뢰보호를 중시할 뿐만 아니라, 부담을 받는 제3자의 보호도 고려하지 않으면 안된다. 제3자효행정행위가 제3자의 권리·이익을 침해할 때, 당해 이익의 내용, 보호필요성의 정도에 따라 철회가 필요한 경우가 생길 수가 있다. 예를 들어 기업활동으로 인하여 심각한 환경오염이 발생되어 인근주민의 신체·건강 등의 법익이 침해되는 경우에는 기업허가를 철회하여야 하는 경우가 발생할 수가 있다.

3) 행정심판법과 행정소송법상의 관련규정

가. 불복수단의 고지

행정심판법 제58조 제1항은 행정청이 처분을 서면으로 하는 경우에는 그 상대방에게 처분에 관하여 행정심판을 제기할 수 있는지 여부, 제기하는 경우의 행정심판절차 및 청구기간을 알려야 한다고 규정하고 있다. 또한 동조 제2항은 행정청은 이해관계인으로부터 당해 처분이 행정심판의 대상이 되는 처분인지 여부와 행정심판의 대상이 되는 경우에 행정심판위원회 및 청구기간에 관하여 알려줄 것을 요구받은 때에는 지체 없이 이를 알려야 하며 이 경우 서면으로 알려줄 것을 요구받는 때에는 서면으로 알려야 한다고 규정하고 있다. 여기서 이해관계인은 제3자효행정행위에 있어서 제3자도 포함된다고 보아야 할 것이다.

나. 행정심판의 청구인적격과 행정소송의 원고적격

제3자효행정행위의 제3자도 쟁송제기의 법률상 이익이 있는 한 행정심판법상의 청구인적격 및 행정소송의 원고적격을 갖는 데 대하여는 이의가 없다(행심법 13조, 행소법 12조). 제3자효행정행위의 원고적격에 대하여 보다 자세히는 행정소송법부분에서 후술하기로 한다.

다. 쟁송제기기간

취소심판은 처분이 있음을 안 날부터 90일 이내에 제기하여야 하며 또한 정당한 사유가 있는 경우를 제외하고는 처분이 있은 날부터 180일을 경과하면 제기할 수 없다(행심법 27조 1항·3항). 또한 취소소송은 처분이 있음을 안지 90일 이내에 제기하여야 하며, 정당한 사유가 없는 한 처분 등이 있은 날부터 1년을 경과하면 제기할 수 없다(행소법 20조 1항·2항). 이와 같은 쟁송제기기간이 제3자효행정행위에 적용되는지 여부가 문제가 되고 있다. 제3자의 쟁송제기기간 역시 그가 처분이 있음을 알고 있는 경우에는 위 규정이 적용될 것이다. 그러나 제3자에게는 행정행위가 고지(告知)되지 않는 경우가 빈번히 발생하는바 이러한 경우에는 제3자는 대부분 행정행위의 존재를 모르게 된다.

대법원은 행정심판의 제기기간과 관련하여 제3자가 행정심판법 제27조 제3항(구법 18조 3항)의 심판청구기간 내에 심판청구를 제기하지 아니하였다고 하더라도, 그 심판청구기간 내에 심판청구가 가능하였다는 특별한 사정이 없는 한, 동법 제27조 제3항의 제척기간을 배제할 정당한 사유가 있는 경우에 해당한다고 판시하고 있다. 그러나 이 경우에도 제3자가 180일이 지난 후 과연 언제까지 심판청구를 할 수 있는지 여부가 문제된다. 독일의 실무에서와 같이 제3자에 행정행위가 통지된 경우에는 통상의 쟁송제기기간이 적용되어야 하며, 고지(告知)가 아예 결여된 경우에는 신의칙에 따라 제3자가 고지와 다른 방식으로 행정행위의 존재를 인식하였거나 인식을 할 수 있었다면 행정행위가 그 시점에서 공적으로 고지된 것으로 취급되어야 할 것이다.[30)]

30) 同旨: 金南辰, 行政法 I, 686면.

판례(제3자효행정행위에 대한 제소기간) 행정소송법 제20조 제1항의 제소기간 기산점인 '처분이 있음을 안 날'이라 함은 당사자가 당해 처분이 있었다는 사실을 현실적으로 안 날을 의미한다. 행정처분의 상대방이 아닌 제3자는 일반적으로 처분이 있는 것을 바로 알 수 없는 처지에 있으므로 처분이 있은 날로부터 90일이 경과하더라도 특별한 사유가 없는 한 제소기간이 도과하였다고 볼 것은 아니나, 그 제3자가 어떤 경위로든 행정처분이 있음을 알거나 쉽게 알 수 있는 등의 사정이 있는 경우에는 그 때로부터 제소기간이 진행한다고 보아야 한다(대전고법 2014. 2. 13, 2012누3246).

라. 행정심판 및 행정소송의 참가인적격

행정심판이나 행정소송의 결과에 대하여 이해관계가 있는 제3자는 당해 행정심판 또는 행정소송에 참가할 수 있다(행심법 20조, 행소법 16조). 제3자효행정행위에 대하여 불이익을 받는 제3자가 제기한 취소소송에 있어서 소송참가인은 처분의 상대방이 보통이다. 여기서 소송참가인은 필수적 공동소송에 있어서 공동소송인에 준하는 지위를 갖게 된다(행소법 16조 4항).

마. 판결의 제3자에 대한 효력과 재심청구

행정소송법 제29조 제1항은 "처분을 취소하는 확정판결은 제3자에 대하여서도 효력이 있다"라고 규정하고 있는바 여기서 제3자란 제3자효행정행위의 상대방인 수익자가 대부분일 것이다. 그러나 그는 자기에게 직접 책임없는 사유로 인하여 소송에 참가하지 못하여 판결의 결과에 영향을 미칠 공격 또는 방어방법을 제출하지 못한 것을 이유로 확정된 판결에 대하여 재심을 청구할 수 있다(행소법 31조 1항). 여기서 제3자에 의한 재심청구는 확정판결이 있음을 안 날부터 30일 이내, 판결이 확정된 날부터 1년 이내에 제기하여야 한다(행소법 31조 2항).

바. 제3자효행정행위의 집행정지

제3자효행정행위에 의하여 법률상 이익을 침해받은 자가 집행정지제도를 통하여 가구제를 받을 수 있는지가 문제된다. 학설의 일반적 견해는 그 필요성과 가능성을 충분히 인정하고 있다. 예를 들어 제3자가 이웃에 설치되는 시설물이나 공장의 건설을 저지할 목적으로 그 설치허가에 대한 취소소송을 제기한 경우에 공장이 완공되어 기성사실화되기 전에 가구제의 조치를 취할 필요성이 있으며, 행정소송법 제29조 제2항도 집행정지결정의 제3자효를 인정하고 있음에 비추어 제3자효행정행위에 대한 집행정지도 가능하다고 할 것이다. 판례 역시 시내버스 운송사업계획변경인가처분에 대하여 제3자인 기존 운송사업자의 집행정지신청을 인용한 바 있다.[31] 부담적 행정행위의 집행정지결정에 있어서는 공익과 상대방의 이익형량이 중요하나 제3자효행정행위의 집행정지결정에 있어서는 공익과 사익뿐만 아니라 사인 상호간의 이익형량도 행하여져야 할 것이다.

제3자효행정행위에 있어서 집행정지결정은 사인(私人) 대 행정청(行政廳)의 이해관계만이 아니고 사인과 사인의 이해관계와 관련되므로 집행정지결정에 대한 수익자의 대항수단이 강구되어야 한다. 여기서 수익자가 피고인 행정청의 참가인이 된 경우에는 필수적 공동소송의 공동소송인에 준하는 지위를 갖고 있기 때문에 법원의 집행정지결정에 대하여 즉시항고를 할 수 있으며(행소법 23조 5항), 아울러 집행정지결정의 취소를 신청할 수 있을 것이다(행소법 24조).

31) 대결 2004. 5. 17, 2004무6.

사례 X시장은 「개발제한구역의 지정 및 관리에 관한 특별조치법」 제12조 제1항 제1호 마목과 동법 시행령 및 동법 시행규칙 관련 규정에 의거하여, 개발제한구역 내의 간선도로 중 특정 구간에 고시된 선정 기준에 의거하여, 개발제한구역 내의 간선도로 중 특정 구간에 고시된 선정 기준에 따라 사업자 1인을 선정하여 자동차용 액화석유가스충전소(이하 '가스충전소'라고 함) 건축을 허가하기로 하는 가스충전소의 배치 계획을 고시하였다. 이에 A와 B는 각자 자신이 고시된 선정 기준에 따른 우선순위자임을 주장하며 가스충전소의 건축을 허가해 줄 것을 신청하였다. 이에 X시장은 각 신청서류를 검토한 결과 B가 고시된 선정 기준에 따른 우선순위자라고 인정하여 B에 대하여 가스충전소 건축을 허가하였다.(제53회 사법시험)

1) A는 우선순위자 결정의 하자를 주장하면서 X시장의 B에 대한 건축허가 결정을 다투려고 한다. 이 경우 A는 행정소송법상 원고적격이 있는가?(15점)

2) 만약 A가 X시장의 B에 대한 건축허가처분 취소심판을 제기하여 인용재결이 된 경우, B는 인용재결에 대하여 취소소송을 제기할 수 있는가?(10점)

3) A가 X시장의 처분에 불복하여 소송을 제기한 경우, B는 이에 대응하여 행정소송법상 어떤 방법(B가 아무런 조치를 취하지 못하는 사이 A가 제기한 위 소송에서 A가 승소하여 그 판결이 확정된 경우를 포함한다)을 강구할 수 있는가?(15점)

4) X시장이 B에게 가스충전 건축허가를 한 후 B가 허위, 기타 부정한 방법으로 건축허가신청을 하였다는 것을 발견하고 건축허가를 취소하였다. 이에 B는 X시장의 허가를 신뢰하여 가스충전소 신축공사계약을 비롯한 새로운 법률관계를 형성하였기 때문에 취소할 수 없다고 주장한다. B의 주장은 타당성이 있는가?(10점)

▶**답안요지**

제1문: A가 원고적격이 있는지 여부

행소법 12조는 취소소송은 '처분 등의 취소를 구할 법률상 이익이 있는자가 제기할 수 있다'고 하여 원고적격을 규정하고 있다. 여기서 법률상 이익의 개념에 대하여 ① 권리구제설, ② 법률상 이익구제설, ③ 이익구제설, ④ 적법성 보장설 등 견해의 대립이 있으나 처분의 근거법률에 의하여 보호되는 이익을 의미한다는 것이 다수설과 판례의 일관된 입장이다. 제3자효 행정행위에 대한 취소소송과 관련하여 근래 판례는 근거법률을 관련법률로 확대시키고 있으며, 헌법재판소는 근거법률의 사익보호성을 인정하기 어려운 경우에는 헌법상의 경쟁의 자유에서 직접 원고적격을 도출하고 있다(헌재결 1998. 4. 30, 97헌마141). 사안의 경우 수익적 행정처분을 신청한 여러 사람이 경쟁관계에 있어, 허가를 받지 못한 자가 타방이 받은 허가에 대하여 제기하는 이른바 경원자소송에 해당한다. 사안에서 개발제한구역의 지정 및 관리에 관한 특별조치법, 동법 시행령 및 동법 시행규칙에 근거하여 고시된 선정기준에 따라 사업자 1인에게만 가스충전소 건축허가만을 부여하기로 된 바, 여기서 A, B 중 어느 1인에 대한 허가는 타방에 대한 불허가로 귀결될 수밖에 없는바, B에 대한 가스충전소 건축허가가 취소될 경우에, A는 건축허가를 받을 수 있기 때문에 원고적격이 인정된다고 할 것이다(대판 1992. 5. 8, 91누13274).

제2문: 인용재결에 대하여 B가 취소소송을 제기할 수 있는지 여부

우리 행소법은 19조 단서에서 "재결취소소송의 경우 재결 자체에 고유한 위법이 있음을 이유로 하는 경우에 한한다"고 규정하여 원처분주의를 택하고 있다. 여기서 재결 자체의 고유한 위법이란 재결 자체에 주체 · 절차 · 형식 그리고 내용상의 위법이 있는 경우를 말한다. 설문에서 A가 B에 대한 건축허가처분에 대하여 취소심판을 제기하여 인용재결을 받은 바, 여기서 재결이 위법한 경우에 제3자인 B는 당연히 취소소송을 제기할 수 있을 것이다. 다만, B가 취소소송을 제기하는 경우에 행소법 19조 단서의 재결 자체의 고유한 위법을 다투는 것으로 볼 수 있는지 견해의 대립이 있다. 일설은 원처분의 상대방인 B는 인용재결로 인하여 비로소 법률상 이익을 침해받게 되어 인용재결을 형식상 재결이나, 실질적으로는 최초의 처분으로서 성질을 갖게 되므로 행소법 19조 본문에 의하여 인용재결의 취소를 구하는 것으로 해석되어야 한다고 주장한다. 이에 대하여 다수설은 원처분은 인용재결이 아니라 B에 대한 가스충전소 건축허가이기 때문에, B가

제기한 취소소송은 19조 단서에 따라 재결 자체의 고유한 위법을 다투는 것으로 보아야 한다는 입장이다. 판례 역시 마찬가지 입장을 취하고 있다(대판 2001. 5. 29, 99두10292).

결어: B는 행소법 19조 단서에 의하여 재결 자체의 고유한 위법을 이유로 인용재결에 대하여 취소소송을 제기할 수 있다.

제3문: B가 강구할 수 있는 행정소송법상 대응방법

설문에서 A가 B에 대한 건축허가처분에 대하여 취소소송을 제기한 경우, 만일 청구인용판결이 있게 된다면 취소판결의 제3자효에 따라 제3자에게도 효력이 미친다(행소법 29조 1항). 여기서 제3자의 범위에 대하여 논란이 되고 있으나(본서 취소소송의 판결의 효력 부분참조), B는 취소판결이 있는 경우 직접적으로 법률상 이익을 침해받는 자로서 29조 1항의 제3자에 해당된다고 할 것이다. 이에 따라 행소법은 B와 같은 제3자가 취소판결을 통하여 받는 불이익을 피하기 위하여 제3자의 소송참가제도(행소법 16조)와 확정판결에 대한 재심청구제도(행소법 31조)를 두고 있다.

1. 제3자의 소송참가

1) 의의

소송참가란 소송의 계속 중에 소송 외의 제3자가 타인 사이에 소송의 결과에 대하여 자기의 법률상 지위에 영향을 미치게 될 경우에 자기의 이익을 위하여 그 소송절차에 참가하는 것을 말한다. 특히 취소소송에 있어서는 소송의 대상인 처분 등이 다수인의 권익에 관계되는 경우가 많을 뿐 아니라, 제3자효행정행위와 같이 제3자의 권익에 영향을 미치는 경우가 적지 않기 때문에 참가의 필요성이 매우 크다.

2) 참가의 요건

행소법 16조에 따라 제3자의 소송참가가 허용되려면 ① 타인간의 소송이 계속 중일 것, ② 소송의 결과에 따라 권리 또는 이익을 침해받은 제3자일 것을 요한다. 설문의 경우 A와 X시장간의 취소소송이 계속 중이고, B는 취소소송이 인용된다면 법률상 불이익을 받게 되는 제3자에 해당되기 때문에 참가요건이 충족된다.

3) 참가절차

제3자의 참가는 당사자 또는 제3자의 신청 또는 법원의 직권에 의하여 결정으로 행하여지는바, 설문에서 B는 신청에 의하여 참가할 수 있을 것이다. 법원이 참가결정을 할 때에는 미리 당사자 및 제3자의 의견을 들어야 한다. 법원의 각하결정에 대하여는 B는 즉시항고를 할 수 있다.

2. 제3자의 재심청구

1) 의의

취소판결의 제3자효를 받는 제3자는 불측의 피해를 입지 않기 위해 소송참가를 할 수 있으나, 본인에게 귀책사유 없이 소송에 참가하지 못하는 경우도 있다. 행소법 31조는 이러한 경우에 제3자의 불이익을 구제하기 위하여 제3자의 재심청구제도를 규정하고 있다.

2) 제3자의 재심청구의 요건

제3자가 재심청구를 하기 위하여는 ① 처분 등을 취소하는 종국판결이 확정되었을 것, ② 재심청구의 원고는 처분 등을 취소하는 판결에 의하여 권리 또는 이익의 침해를 받는 제3자일 것, ③ 자기에게 책임없는 사유로 소송에 참가하지 못함으로써 판결의 결과에 영향을 미칠 공격 · 방어방법을 제출하지 못할 것의 요건이 충족되어야 한다(행소법 31조). 설문에서 A가 제기한 취소소송의 인용판결이 확정되고, B가 자신에게 책임없는 사유로 소송에 참가하지 못해 공격 · 방어방법을 제출하지 못한 경우에 재심청구를 할 수 있다. 여기서 재심청구는 확정판결이 있음을 안 날로부터 30일, 판결이 확정된 날부터 1년 이내에 하여야 한다.

제4문: 건축허가 취소의 타당성

1. 건축허가취소의 법적 성격

설문에서 X시장은 B가 허위, 기타 부정한 방법으로 건축허가신청을 하였다는 이유로 건축허가를 취소하였다. 여기서 건축허가의 취소는 일단 유효하게 성립된 행정행위에 대하여 그 성립에 있어서 하자를 이유로 효력의 전부 또는 일부를 소멸시키는 직권취소의 성격을 갖는다.

2. 취소의 근거

직권취소에 법적 근거가 요구되는지 여부에 대하여 일설은 상대방의 기득권보호를 위하여 법적 근거가 요구된다는 입장을 취하고 있으나, 판례와 다수설은 하자있는 행정행위를 취소하는 것은 법치행정의 원리를 구체적으로 실현하는 것으로 법적 근거를 별도로 요하지 않으며, 상대방의 기득권보호는 취소권행사에 있어서 신뢰보호원칙과의 이익형량을 통하여 고려할 수 있다는 입장을 취하고 있다. 사안의 경우 「개발제한구역의 지정 및 관리에 관한 법률」 30조 1항 2호는 거짓이나 부정한 방법으로 허가를 받은 경우에 취소를 할 수 있다고 규정하여 법적 근거를 마련하고 있으며, 취소여부에 대하여 행정청의 재량권을 인정하고 있다.

3. 취소의 제한

과거에는 행정의 법률적합성의 원칙에 따라 직권취소의 자유의 원칙이 지배하였다. 그러나 국민의 생존배려가 강조되는 현대급부행정국가에서는 신뢰보호원칙이 행정의 법률적합성의 원칙과 대등한 원칙으로 부각됨에 따라 수익적 행정행위의 직권취소는 적법실현에 대한 공익과 개인의 기득권에 대한 신뢰보호의 비교형량에 의하여 결정되어야 하는 것으로 보게 되었다. 이러한 비교형량의 결과로서 ① 직권취소가 제한되지 않는 경우, ② 직권취소가 허용되나 상대방의 신뢰보호를 위하여 손실보상을 하는 경우(가치보호), ③ 직권취소가 제한되는 경우(존속보호)로 구분할 수 있다. 학설에서는 직권취소가 제한되지 않는 경우로서 ① 공공의 안녕과 질서에 대한 중대한 위해가 있는 경우, ② 상대방의 부정한 행위에 의하여 수익적 행정행위가 발하여진 경우, ③ 수익자의 잘못된 신고나 불완전한 자료의 제출 등 행정행위의 위법성이 수익자의 객관적인 책임에 귀속시킬 수 있는 경우를 열거하고 있다. 한편 신뢰의 보호가치가 있어 취소가 제한되는 경우로는 수익자가 행정행위의 적법성과 존속을 신뢰하고, 신뢰에 기초하여 급부를 이미 사용한 경우를 들고 있다. 여기서도 구체적인 이익형량에 따라 취소 자체가 제한되는 경우와 취소는 하되, 손실보상을 할 수 있는 경우로 구분될 수 있을 것이다. 사안의 경우 B가 설문과 같이 허위, 기타 부정한 방법에 의하여 건축허가를 받았다면, 이에 대한 B의 신뢰는 보호받지 못하며 X는 허가를 취소할 수 있을 것이다. 또한 B에 대한 건축허가는 제3자효행정행위라는 점에서 B는 A의 행정쟁송의 제기를 충분히 예견할 수 있기 때문에 건축허가에 대한 B의 신뢰보호는 더욱 적용될 수 없을 것이다.

결어: X의 취소처분은 적법하다.

제4항 대인적 행정행위, 대물적 행정행위, 혼합적 행정행위

1. 의 의

행정행위는 순전히 인간의 학식 · 기술 · 경험 등 주관적 사정에 착안하여 행하여지는 경우(의사면허 · 약사면허 · 자동차운전면허 등)가 있는바, 이러한 행정행위를 대인적 행정행위(對人的 行政行爲)라고 한다. 반면 물건의 안전도나 품질 등의 객관적 사정에 착안하여 행하여지는 경우가 있는바(건축허가 · 건축물준공검사 · 자동차검사증교부), 이러한 행정행위를 대물적 행정행위(對物的 行政行爲)라고 한다. 대물적 행정행위와 구별되어야 할 것으로 물적 행정행위(物的 行政行爲)가 있다. 대물적 행정행위는 물건의 객관적 상태와 관련하여 물건의 소유자나 관리자에게 직접 권리를 부여하거나 의무를 부과하는 반면, 물적 행정행위는 배타적인 물적 상태규율로서 간접적으로만 관련된 사람에게 법적 효과를 발생시킨다는 점에서(주차금지구역의 지정, 도로의 공용지정, 자연공원지정, 사찰의 문화재지정 등) 차이가 존재한다.[32]

32) 鄭夏重, 警察上의 義務의 承繼, 考試研究, 1999. 12, 152면 이하. 同旨: 金南辰, 行政法 I, 244면.

다른 한편, 사람의 주관적 사정과 물건의 객관적 사정을 모두 고려하여 행하는 경우가 있는바(폐기물처리업허가, 액화석유가스충전 사업허가 등) 이를 혼합적 행정행위라고 한다.

2. 구별의 실익

이들 행정행위의 구분은 이들 행정행위의 효과가 타인에게 이전할 수 있는 것과 관련하여 실익이 있다. 대인적 행정행위의 효과는 일신전속적이기 때문에 다른 사람에게 이전할 수 없으나, 대물적 행정행위의 효과는 다른 사람에게 이전하는 것이 가능하다. 반면 혼합적 행정행위는 원칙적으로 사전에 행정청의 승인이 있어야 그 효과가 이전될 수 있다.

제 5 항 직권적 행정행위와 협력을 요하는 행정행위

행정청의 일방적인 공권력행사인 행정행위는 단독행위이기는 하나, 행위의 전제로 상대방의 아무런 협력을 요하지 않는 경우도 있고 신청 · 동의 등 상대방의 협력을 요하는 경우도 있다. 전자를 직권적 행정행위 또는 단독적 행정행위라고도 하며(조세부과처분 · 경찰하명 등), 후자를 협력을 요하는 행정행위 또는 쌍방적 행정행위라고도 한다(건축허가, 공무원임명 등). 협력을 요하는 행정행위는 협력의 내용에 따라 다시 동의를 요하는 행정행위와 신청을 요하는 행정행위로 나눌 수 있다.

협력을 요하는 행정행위는 공법상 계약과 구별된다. 협력을 요하는 행정행위는 상대방의 신청이나 동의라는 의사표시를 요구하나, 그의 규율내용은 법규에 근거하여 행정청에 의하여 일방적으로 결정된다. 즉 협력의 의미는 상대방을 규율내용의 결정에 참여시키기 위한 것이 아니라, 상대방이 원하지 않는 행정행위를 강요하지 않는 데 있다.

반면 양 당사자의 의사표시의 합치로 성립되는 공법상의 계약에 있어서는 상대방의 의사표시가 없으면 공법상의 계약은 성립하지 않게 된다. 공법상의 계약에 있어서 상대방의 의사표시는 성립요건에 해당하나, 협력을 요하는 행정행위에 있어서는 적법요건에 해당한다. 협력을 요하는 행정행위에 있어서 상대방의 동의나 신청같은 의사표시가 결여되는 경우, 행정행위는 성립하나 취소 또는 무효의 사유가 된다.

제 6 항 가행정행위(假行政行爲)와 종행정행위(終行政行爲)

종국적인 효력을 갖는 행정행위를 종행정행위라 하고 잠정적인 효력을 갖는 행정행위를 가행정행위(Vorläufiger VA)라고 한다. 가행정행위는 사실관계와 법률관계의 계속적인 심사를 유보한 상태에서 당해 행정법관계의 권리와 의무를 잠정적으로 확정하는 내용의 행정행위를 말한다. 이러한 가행정행위는 조세법영역에서 오래전부터 행하여져 왔다. 예를 들면 물품수입에 있어서 일단 잠정세율을 적용하여 부과처분을 하였다가 나중에 확정세율을 적용하여 부과처분을 정산하는 것과 같다. 가행정행위는 ① 사실관계와 법률관계에 대한 개략적인 심사에 기초하여 행하여진다는 점, ② 종국적인 결정이 있을 때까지 잠정적인 효력만이 인정된다는 점, ③ 종국적인 행정행위가 행하여지면 그것에 의하여 대체된다는 점의 특징을 갖고 있다. 이러한 가행정행위는 행정행위의 직권취소나 철회를 완화시켜주는 기능을 할 뿐 아니라 행정의 효율성에도 기여한다. 이러한 가행정행위는 그의 잠정성 이외에는 보통의 행정행위와는 다를 바 없기 때문에, 그에 대한 권리구제도 보통의 행정행위와 다를 바 없다.

판례(종국적 처분을 예정하고 있는 선행처분은 일종의 잠정적 처분으로서 종국적 처분이 있을 경우 종국처분에 흡수되어 소멸한다는 판례) 공정거래위원회가 부당한 공동행위를 행한 사업자로서 구 독점규제 및 공정거래에 관한 법률 제22조의2에서 정한 자진신고자나 조사협조자에 대하여 과징금 부과처분(이하 '선행처분'이라 한다)을 한 뒤, 독점규제 및 공정거래에 관한 법률 시행령 제35조 제3항에 따라 다시 자진신고자 등에 대한 사건을 분리하여 자진신고 등을 이유로 한 과징금 감면처분(이하 '후행처분'이라 한다)을 하였다면, 후행처분은 자진신고 감면까지 포함하여 처분 상대방이 실제로 납부하여야 할 최종적인 과징금액을 결정하는 종국적 처분이고, 선행처분은 이러한 종국적 처분을 예정하고 있는 일종의 잠정적 처분으로서 후행처분이 있을 경우 선행처분은 후행처분에 흡수되어 소멸한다. 따라서 위와 같은 경우에 선행처분의 취소를 구하는 소는 이미 효력을 잃은 처분의 취소를 구하는 것으로 부적법하다(대판 2015. 2. 12, 2013두987).

제7항 사전결정과 부분허가

1. 의 의

오늘날 원자력발전소, 공항건설, 고속전철사업 등 대규모시설사업에 대한 허가절차는 매우 복잡하여 경우에 따라서는 그 결정과정은 수년이 소요된다. 이렇게 복잡하고 장시간이 소요되는 결정과정에 예견가능성과 유연성을 확보시키기 위하여 발전된 제도가 이른바 다단계행정절차이다.[33] 다단계행정절차에 있어서는 복잡한 결정과정을 합목적으로 해결하기 위하여 결정과정을 여러 단계로 나누어 작업을 하고, 결정을 단계적으로 구체화시켜 나간다. 단일한 허가제도 대신에 연속적이고 단계적인 허가과정이 존재하며, 마지막 단계의 허가는 시설허가에 있어서 완성적 기능을 갖는다. 이러한 다단계행정절차는 절차경제에도 기여할 뿐 아니라 사업자의 투자위험을 축소시키고 새로운 기술의 반영 등 유연성을 제공한다. 이러한 다단계행정절차에 있어서 본질적인 기능을 수행하는 것은 이른바 사전결정과 부분허가이다.

2. 사전결정

사전결정(Vorbescheid)이란 시설의 설치 및 운영을 허가함이 없이 개개의 승인요건의 충족 여부에 대하여 미리 결정을 내리는 것을 의미한다(원자력발전소부지의 적합성 여부). 이러한 사전결정에 의하여 신청자의 특정한 행위가 허가되는 것이 아니라, 시설허가에 관련된 부분적인 법적 문제가 구속적으로 확인될 뿐이다. 사전결정은 단순한 교시(敎示, Auskunft)나 장래에 일정한 행정행위를 발급할 것을 약속하는 확약과는 달리 허가요건의 일부에 대한 선취된 결정으로서 독립된 행정행위로서 확인적 행정행위에 해당한다.

3. 부분허가

이에 대하여 부분허가(Teilgenehmigung)는 순수한 허가에 해당하며, 완전허가와는 그의 내용적 제한

---

33) 鄭夏重, 多段階行政節次에 있어서 事前決定과 部分許可의 意味, 저스티스 제32권 1호, 1999. 3, 131면 이하.

을 통하여 구별된다. 이에 따라 부분허가는 신청자에게 전체시설의 특정한 부분의 설치나 운영을 시작하는 것을 허가하며 당해시설의 특정부분에 관한 한 종국적인 결정으로서 행정행위에 해당한다. 예를 들어 고속전철공사에 있어서 일부 구간의 공사허가가 이에 해당한다.

현행법상 건축법 제10조 제1항의 건축 관련 입지와 규모의 사전결정 및 폐기물관리법 제25조에 의한 폐기물처리업의 사업계획의 적정통보는 사전결정의 성격을 갖는다고 할 것이며, 원자력안전법 제10조 제3항에 의한 부지사전승인제도는 사전결정과 부분허가의 성격을 동시에 갖는다고 할 것이다.

판례 1(부지사전승인의 법적 성격) 원자력법 제11조 제3항 소정의 부지사전승인제도는 원자로 및 관계 시설을 건설하고자 하는 자가 그 계획중인 건설부지가 원자력법에 의하여 원자로 및 관계 시설의 부지로 적법한지 여부 및 굴착공사 등 일정한 범위의 공사를 할 수 있는지 여부에 대하여 건설허가 전에 미리 승인을 받는 제도로서, 원자로 및 관계 시설의 건설에는 장기간의 준비 · 공사가 필요하기 때문에 필요한 모든 준비를 갖추어 건설허가신청을 하였다가 부지의 부적법성을 이유로 불허가될 경우 그 불이익이 매우 크고 또한 원자로 및 관계 시설 건설의 이와 같은 특성상 미리 사전공사를 할 필요가 있을 수도 있어 건설허가 전에 미리 그 부지의 적법성 및 사전공사의 허용 여부에 대한 승인을 받을 수 있게 함으로써 그의 경제적 · 시간적 부담을 덜어 주고 유효 · 적절한 건설공사를 행할 수 있도록 배려하려는 데 그 취지가 있다고 할 것이므로, 원자로 및 관계 시설의 부지사전승인처분은 그 자체로서 건설부지를 확정하고 사전공사를 허용하는 법률효과를 지닌 독립한 행정처분이다(대판 1998. 9. 4, 97누19588).[34)]

판례 2(폐기물처리업에 대한 적정통보의 법적 성격) 폐기물관리법 관계 법령의 규정에 의하면 폐기물처리업의 허가를 받기 위하여는 먼저 사업계획서를 제출하여 허가권자로부터 사업계획에 대한 적정통보를 받아야 하고, 그 적정통보를 받은 자만이 일정기간 내에 시설, 장비, 기술능력, 자본금을 갖추어 허가신청을 할 수 있으므로, 결국 부적정통보는 허가신청 자체를 제한하는 등 개인의 권리 내지 법률상의 이익을 개별적이고 구체적으로 규제하고 있어 행정처분에 해당한다. 폐기물처리업의 허가에 앞서 사업계획서에 대한 적정 · 부적정 통보 제도를 두고 있는 것은 폐기물처리업을 하고자 하는 자가 스스로 시설 등을 설치하여 허가신청을 하였다가 허가단계에서 그 사업계획이 부적정하다고 판명되어 불허가되면 허가신청인이 막대한 경제적 · 시간적 손실을 입게 되므로, 이를 방지하는 동시에 허가관청으로 하여금 미리 사업계획서를 심사하여 그 적정 · 부적정통보 처분을 하도록 하고, 나중에 허가단계에서는 나머지 허가요건만을 심사하여 신속하게 허가업무를 처리하는 데 그 취지가 있다(대판 1998. 4. 28, 97누21086).

---

4. 사전결정과 부분허가의 구속력

1) 처분청에 대한 구속력(자박력)

처분청이 제1단계 절차에서 내린 사전결정과 부분허가의 내용은 처분청 스스로에게 구속력을 발생하여 후행절차에서는 이들 사전결정과 부분허가와 모순된 결정을 내려서는 안된다. 다만 그 사이에 법적 · 사실적 상황이 변경된 경우에는 처분청은 이들 사전결정과 부분허가를 철회하고 새로운 결정을 내릴 수가 있다.

2) 사전결정과 부분허가의 실질적 존속력

사전결정과 부분허가에 대하여 제소기간이 도과되어 불가쟁력이 발생된 경우에는 사전결정과 부분허가에 대하여는 실질적 존속력(기결력)이 발생하여 후행절차에서 행정청은 사전결정과 부분허가

34) 동 판결에 대한 평석으로는 鄭夏重, 앞의 글, 131면 이하.

의 내용과 모순된 결정을 내려서는 안되며, 상대방도 불가쟁력이 발생된 사전결정과 부분허가의 하자를 이유로 후행결정에 대하여 다투어서는 안된다. 물론 이러한 실질적 존속력에는 객관적 한계, 주관적 한계, 시간적 한계 등이 존재한다. 행정행위의 실질적 존속력에 대하여는 행정행위의 효력 부분에서 보다 상세하게 설명하기로 한다.

5. 사전결정과 부분허가에 대한 행정소송

사전결정과 부분허가는 그 자체로서 행정처분의 성격을 갖기 때문에 항고소송의 대상이 되며, 다른 행정처분과 마찬가지로 제소기간이 지난 후에는 불가쟁력이 발생되어 더 이상 다툴 수 없다. 한편 판례는 사전결정이나 부분허가가 내려진 이후에 후행결정이 내려진 경우에는 이들은 후행결정에 흡수되기 때문에 사전결정이나 부분허가를 다툴 소의 이익이 없다는 입장을 취하고 있다. 그러나 사전결정이나 부분허가가 취소될 경우에 후행결정도 그 효력을 상실할 뿐 아니라, 부분허가(원자력발전소의 부지공사허가) 등에 취소소송을 허용하지 않을 경우에 기성사실이 발생되어 회복하기 어려운 손해가 발생될 우려가 있기 때문에 소의 이익을 인정하는 것이 타당할 것이다.

판례(부지사전승인처분의 위법성을 다툴 소의 이익) 원자로 및 관계 시설의 부지사전승인처분은 그 자체로서 건설부지를 확정하고 사전공사를 허용하는 법률효과를 지닌 독립한 행정처분이기는 하지만, 건설허가 전에 신청자의 편의를 위하여 미리 그 건설허가의 일부 요건을 심사하여 행하는 사전적 부분 건설허가처분의 성격을 갖고 있는 것이어서 나중에 건설허가처분이 있게 되면 그 건설허가처분에 흡수되어 독립된 존재가치를 상실함으로써 그 건설허가처분만이 쟁송의 대상이 되는 것이므로, 부지사전승인처분의 취소를 구하는 소는 소의 이익을 잃게 되고, 따라서 부지사전승인처분의 위법성은 나중에 내려진 건설허가처분의 취소를 구하는 소송에서 이를 다투면 된다(대판 1998. 4. 28, 97누21086).

제 8 항 자동화된 행정결정

1. 법적 성격

오늘날 행정작용의 전산화 및 기계화는 행정의 자동화현상을 초래하였다. 예를 들어 자동기계에 의한 교통신호, 컴퓨터에 의한 중고등학교의 배정, 세금 및 기타 공과금의 결정, 연금결정, 객관식 시험의 채점과 합격자결정 등 자동화된 행정결정이 급속하게 증가되고 있다. 이러한 자동화된 행정결정은 오늘날 대량행정의 신속하고 합리적인 처리를 가능하게 하고 있다.

자동화된 행정결정의 법적 성격이 문제가 되고 있는바 자동화된 행정결정도 내용적으로는 공무원이 작성하여 입력한 프로그램에 따라 행하여지는 것이다. 즉 이들 결정도 공무원이 기계를 사용하여 행하는 결정으로서, 공무원이 직접 행하는 행정결정과 본질적인 차이가 없다고 할 것이다. 따라서 자동화된 행정결정은 여타의 행정행위의 징표를 갖고 있는 한 행정행위로 보는 것이 일반적인 견해이다. 한편 자동화된 행정결정에 있어서도, 구체적 상황을 고려하여 개별적으로 행하여지는 재량결정이 가능한지 문제가 되고 있다. 자동화된 행정결정에 있어서도 정보처리시설에 입력되는 프로그램의 내용에 따라 여러 가지 기준을 설정할 수 있고, 이러한 기준에 따라 구체적 사정을 고려한 결정이 가능하기 때문에, 재량행정의 영역에 있어서도 자동화된 행정결정이 가능하다고 할 것이다. 이 경우에 프로그램에 설정된 기준은 법적으로 재량준칙의 성격을 갖는다고 하여야 할 것이다.

2. 자동화된 행정결정에 대한 특례

자동화 행정결정도 그것이 행정행위인 이상, 행정행위에 관한 일반원칙이 적용되는 것이 당연하다. 따라서 그것이 성립하고 효력을 발생하기 위하여는 다른 행정행위와 같이 주체·절차·형식·내용에 관한 요건을 충족시켜야 하며, 아울러 그 내용을 상대방에게 고지하여야 한다. 그러나 자동화된 행정결정은 컴퓨터 등의 자동기계에 의하여 반복적으로 그리고 대량적으로 행하여진다는 점에서, 행정청이 개개인을 직접 상대로 하여 행하는 보통의 행정행위와는 여러 가지 특수성이 있다. 이에 따라 독일의 행정절차법에서는 여러 가지 특례를 두고 있는바 예를 들어 발령행정청의 기명과 서명의 생략(법 37조 4항 1문), 행정행위의 상대방이나 관계인이 그에 부가된 설명을 통하여 내용을 알 수 있는 경우에는 부호의 사용허용(법 37조 4항 2문), 이유제시의 생략가능성(법 37조 2항 3호), 청문의 생략가능성(법 28조 2항 4호) 등이 그것이다. 그러나 행정의 효율성의 관점에서 규정된 이러한 특례들은 근래 법치주의적인 관점에서 비판을 받고 있다. 예를 들어 서명이나 기명은 관계인의 질의 또는 이의제기를 가능하게 할 뿐 아니라, 감독행정청의 감독을 용이하게 하고 국가배상청구를 위하여도 필요하기 때문에, 행정의 익명성을 강화시키는 자동화된 행정결정에 있어서도 가능한 한 서명이나 기명이 행하여져야 할 것이다. 또한 자동화된 행정결정에 있어서도 표준화된 서식이나 부호를 사용하여 처분의 근거를 제시할 수 있기 때문에, 이유제시의 생략은 불가피한 경우에 제한되어야 할 것이다. 또한 관계인에게 본질적으로 중요한 사실이 문제가 되는 경우에는, 자동화된 행정결정이라는 이유에서 청문을 기피하여서는 안될 것이다.[35]

한편 전자문서와 관련하여 우리 「정보통신망이용촉진 및 정보보호 등에 관한 법률」은 여러 가지 특례를 규정하고 있다. ① 전자문서와 그 문서상의 명의인을 표시한 문자 및 작성자를 알아볼 수 있고, 문서의 변경여부를 확인할 수 있는 전자서명은 당해 법령이 정한 문서와 당해 문서상의 서명날인으로 보며(법 18조 2항), ② 허가 등을 전자문서로 처리한 경우에는 당해 법령에서 정한 절차에 의하여 처리한 것으로 보도록 하고 있다(법 18조 3항). ③ 또한 전자문서는 작성자 외의 자 또는 작성자의 대리인 외의 자가 관리하는 컴퓨터에 입력된 때에 송신된 것으로 본다(법 19조 1항). ④ 전자문서는 수신자가 전자문서를 수신할 컴퓨터를 지정한 경우에는 지정한 컴퓨터에 입력된 때, 또는 수신자가 전자문서를 수신할 컴퓨터를 지정하지 않은 경우에는 수신자가 관리하는 컴퓨터에 입력된 때에 수신된 것으로 본다(법 19조 2항).

3. 행정기본법상의 자동적 처분

행정기본법 제20조는 행정청은 법률로 정하는 바에 따라 완전히 자동화된 시스템으로 처분을 할 수 있다고 규정하고 있다. 이를 자동적 처분이라고 하며, 자동화된 행정결정의 특수한 경우이다. 자동적 처분에는 인공지능 기술을 적용한 시스템이 포함되어 있다. 그러나 처분에 재량이 있는 경우에는 자동적 처분이 가능하지 않다. 독일은 이미 행정절차법의 개정을 통하여 제35조의a에서 사람의 개

35) Maurer/Waldhof, Allg. VerwR, S. 508.

입이 없이 완전 자동화된 행정처분의 법적 근거를 마련해 두고 있다. 여기서도 재량이나 판단여지가 있는 처분을 제외하고 있다. 자동적 처분은 인공지능 기술을 적용한 시스템을 포함하는 점에서 발전된 입법이라고 할 수 있다.

4. 자동화된 행정결정의 하자

자동화된 행정결정이 행정행위의 성격을 갖는다면, 그의 하자도 행정행위의 일반원칙에 따른다. 따라서 중대하고 명백한 하자의 경우에는 무효의 사유에 해당하며, 여타의 경우에는 취소의 사유가 된다. 하자있는 자동화된 행정결정에 대하여 행정쟁송이 가능하며, 그 하자가 공무원의 고의·과실로 인한 위법한 행위에 의한 경우에는 국가배상법 제2조에 따라 국가배상청구권을 행사할 수 있을 것이다. 또한 교통신호등의 고장과 같이 자동장치의 설치·관리상의 하자로 인하여 타인이 손해를 입은 경우에는 국가배상법 제5조에 의한 배상책임이 발생할 것이다.

제 9 항 법률행위적 행정행위와 준법률행위적 행정행위

Ⅰ. 개 설

행정행위를 내용에 따라 분류할 때 민법의 법률행위의 분류와 같이 법률행위적 행정행위와 준법률행위적 행정행위로 구분하는 것이 종래의 학설의 입장이다. 즉 법률행위적 행정행위는 의사표시를 그 요소로 하여 효과의사의 내용에 따라 법적 효과를 발생하는 반면, 준법률행위적 행정행위는 의사표시 이외의 정신작용(판단이나 관념의 통지)을 그 요소로 하고 그 법적 효과는 행위자의 의사여하에 불문하고 법이 정한 바에 따라 발생한다는 데 양자의 차이가 있다고 한다. 이러한 구분은 독일의 코르만(K. Kormann)이 1910년 "법률행위적 국가행위의 체계"라는 저서에서 주장한 견해로 지금까지 일본의 문헌에서 지배적인 분류방법에 속하였다. 이러한 분류방식은 민법상의 법률행위개념을 차용하여 행정주체와 국민간의 관계를 동위적으로 해석하여 행정행위의 권위성을 약화시키려는 의도에서 나온 것이다.[36)]

그러나 이러한 분류방식에 대하여 비판이 제기되고 있는바, 첫째, 행정행위는 법률의 구체화 또는 집행으로서의 성격을 갖기 때문에 행위자인 공무원의 의사표시는 중요한 의미를 갖지 않는다. 사실 법률행위적 행정행위의 경우 행정청의 의사표시를 요소로 한다지만 그 행정청의 의사는 공무원의 심리적 의사가 아니라 법에 구현된 국가의사의 구체화에 지나지 않는다. 예컨대 정신병환자인 공무원이 행한 행정행위도 그것이 법률에 적합하고 내용적으로 정당한 경우에는 유효하며 하자를 구성하지 않는다. 둘째, 행정행위는 민법상의 법률행위와는 달리 상대방이 협력하여 행하여지는 경우에도 공권력의 일방적인 행사에 지나지 않는다. 이에 따라 오늘날 독일에서는 행정행위의 내용적 분류를 법률행위적 행정행위 또는 준법률행위적 행정행위로 분류하기보다는 단순히 명령적 행정행위, 형성적 행정행위, 확인적 행정행위로 분류하는 것이 지배적인 견해이며 최근의 일본의 유력한 학설도 이와 같은 경향을 나타내고 있다. 이하에서는 전통적인 분류에 따라 법률행위적 행정행위와 준법률행위적 행정행위로 구분하여 설명하기로 한다.

36) 金道昶, 一般行政法論(上), 365면.

Ⅱ. 법률행위적 행정행위

행정청의 의사표시를 요소로 하는 법률행위적 행정행위는 다시 상대방에 대한 법률효과의 내용에 따라 명령적 행정행위, 형성적 행정행위로 구분된다.

1. 명령적 행정행위

명령적 행정행위는 국민에 대하여 일정한 작위, 부작위, 급부, 수인 등의 의무를 명하거나 또는 이들을 면제하는 행정행위를 말한다. 이러한 명령적 행정행위는 공공의 필요에 의하여 개인의 자유를 제한하거나 제한을 해제시켜주는 행위라는 점에서, 개인의 권리나 능력을 설정·변경·소멸시키는 행위인 형성적 행위와 구별된다. 명령적 행위는 다시 그 내용에 따라 하명, 허가, 면제로 나누어진다.

1) 하 명

가. 의 의

하명이란 작위(위법건축물의 철거, 집회의 해산, 징집 등), 부작위(통행금지, 주차금지, 영업정지 등), 수인(강제집행의 수인), 급부(조세부과) 등의 의무를 명하는 행위를 의미한다. 하명은 대부분 개별적·구체적 규율로서 행하여지나 일반처분(일반적·구체적 규율: 해산명령, 물적 행정행위: 주차금지)으로도 행하여지기도 한다.

나. 성 질

하명은 개인의 자유를 제한하고 의무를 부과하는 것을 내용으로 하기 때문에 부담적 행정행위에 속하며, 이에 따라 법령의 근거를 요한다. 하명은 기속행위의 성격을 갖는다는 견해가 있으나, 경찰하명의 경우에는(건축물의 철거명령, 영업정지명령, 집회의 해산명령 등) 대부분 재량행위에 해당한다. 따라서 하명이 기속행위인지 재량행위인지의 여부는 일률적으로 판단할 수 없으며 근거법령의 규정형식(가능규정)과 취지에 따라 판단하여야 할 것이다.

다. 하명의 종류

하명은 그에 의하여 과하여지는 의무의 내용에 따라 작위하명, 부작위하명, 수인하명, 급부하명으로 구별되며, 또한 그의 목적에 따라 경찰하명, 군정하명, 재정하명, 조직하명으로 나누어진다.

라. 하명의 형식과 절차

하명은 법률에 특별한 규정이 없는 한 불요식행위에 해당하였으나 행정절차법 제24조 제1항에 따라 다른 법령에 특별한 규정이 있는 경우나 신속을 요하거나 사안이 경미한 경우 이외에는 문서로 하여야 한다. 아울러 단순·반복적인 처분 또는 경미한 처분으로서 당사자가 그 이유를 명백히 알 수 있는 경우와 긴급을 요하는 경우 이외에는 이유제시를 하여야 한다(행정절차법 23조).

하명은 또한 당사자에게 의무를 과하거나 권익을 제한하는 전형적인 부담적 행정행위이기 때문에 행정절차법에 따라 사전통지(법 21조)를 하여야 하며, 청문 또는 공청회를 요하는 경우 이외에는 반드시 의견제출의 기회를 부여하여야 한다(법 22조).

마. 하명의 효과

하명이 유효하게 행하여진 때에는 상대방에게 그 내용에 따른 의무를 부과시킨다. 즉 작위하명의 경우에는 일정한 행위를 적극적으로 하여야 할 의무, 부작위하명의 경우에는 일정한 행위를 하지 않을 의무, 급부하명에 대하여는 금전을 납부하여야 할 의무, 수인하명은 행정청의 실력행사를 수인하고 이에 저항하지 않을 의무가 발생된다. 대인적 하명의 효과는 그 상대방에게 대하여만 발생하는데 대하여, 대물적 하명의 효과는 그 대상이 된 물건의 이전과 함께 양수인에게 이전됨이 보통이다. 물론 의무의 승계를 위하여는 법률유보의 원칙에 따라 법적 근거가 요구된다.

판례(요양기관에 대한 업무정지처분은 대물적 하명에 해당한다는 판례) 요양기관이 속임수나 그 밖의 부당한 방법으로 보험자에게 요양급여비용을 부담하게 한 때에 국민건강보험법 제98조 제1항 제1호에 의해 받게 되는 요양기관 업무정지처분은 의료인 개인의 자격에 대한 제재가 아니라 요양기관의 업무 자체에 대한 것으로서 대물적 처분의 성격을 갖는다. 따라서 속임수나 그 밖의 부당한 방법으로 보험자에게 요양급여비용을 부담하게 한 요양기관이 폐업한 때에는 그 요양기관은 업무를 할 수 없는 상태일 뿐만 아니라 그 처분대상도 없어졌으므로 그 요양기관 및 폐업 후 그 요양기관의 개설자가 새로 개설한 요양기관에 대하여 업무정지처분을 할 수는 없다. 이러한 법리는 보건복지부 소속 공무원의 검사 또는 질문을 거부·방해 또는 기피한 경우에 국민건강보험법 제98조 제1항 제2호에 의해 받게 되는 요양기관 업무정지처분 및 의료급여법 제28조 제1항 제3호에 의해 받게 되는 의료급여기관 업무정지처분의 경우에도 마찬가지로 적용된다(대판 2022. 4. 28, 2022두30546).

바. 하명위반의 효과

하명의 상대방이 의무를 이행하지 않는 경우에는 행정상의 강제집행 또는 행정벌의 대상이 된다. 그러나 하명에 위반한 행위의 법률효과는 법률에 별도의 규정이 있는 경우를 제외하고는 그 효력이 부인되지 않음이 원칙이다.

판례 구 경마법이 승마투표권의 이동을 금지한 법의는 단지 경마로 인한 사행성을 단속하는 데 있을 뿐이고 그 이동으로 인한 사법상의 법률적 효력의 발생까지를 방해하기 위한 규정이 아니다(대판 1954. 3. 30, 4282민상80).

사. 위법한 하명에 대한 권리구제

위법한 하명에 의하여 권리나 이익을 침해받은 자는 행정쟁송을 제기하여 그 취소·변경을 구할 수 있으며, 그로 인한 손해에 대하여는 국가배상을 청구할 수가 있다.

2) 허가(許可)

ⓛ 허가의 승계가 됨으로서 행정제재사유도 승계되는지 여부
마) 요허가행위를 무허가로 한 경우
바. 허가의 갱신
사. 허가에 대한 권리구제

가. 의 의

가) 허가의 개념 　허가란 법령에 의한 일반적 금지를 특정한 경우에 해제하여 적법하게 일정한 행위를 할 수 있게 하는 행정행위를 말한다(건축허가, 영업허가). 허가유보하의 금지 또는 금지의 해제라고도 불리우는 허가는 공익침해의 우려, 특히 공공의 안녕과 질서에 대한 위해의 우려가 있기 때문에 일정한 행위를 법으로 금지시켰다가 개인이 법에서 정한 요건을 충족시키는 경우에, 즉 공익침해의 가능성이 없는 경우에 금지를 해제시키는, 즉 상대적 금지의 해제를 의미한다. 공익침해를 사전에 방지하기 위한 이러한 허가제도는 사후에 공익침해가 발생된 경우에 그 제거를 위하여 명령이나 금지를 하는 경우보다 훨씬 효과적인 수단으로 기능한다.

허가는 실정법상으로 허가라는 용어 외에 면허 · 인가 · 승인 · 등록 등 각종 용어로 사용되고 있으며, 특히 건축법 · 식품위생법 · 도로교통법 등 질서행정법분야에서 많이 활용되고 있는 제도이다. 근래에는 정부의 규제완화정책의 일환으로 허가제는 신고제로 전환되는 경향이 있다.

나) 예외적 승인과의 구별 　예방적 금지를 해제하여 주는 행위인 허가는 이른바 억제적 금지를 해제하여 주는 행위인 예외적 승인과 구별된다. 즉 허가는 공익침해의 우려가 있어 잠정적으로 금지된 행위를 적법하게 할 수 있게 하여 주는 행위인 데 대하여, 예외적 승인은 행위 그 자체가 사회적으로 유해하기 때문에 법령에 의하여 일반적으로 금지된 행위를 예외적으로 적법하게 행사할 수 있도록 하는 행위이다(개발제한구역 내의 건축허가, 교육환경보호구역에서의 유흥음식점허가, 치료목적의 아편사용허가). 예외적 승인은 잠정적으로 금지된 개인의 자유를 다시 회복시켜 주는 허가와는 달리, 법에 의하여 억제적으로 금지된 행위를 예외적인 경우에 허용하는 행위로서 개인의 법적 지위를 확대시켜 주는 행위이다.

판례 1(예외적 승인으로서 개발제한구역 내에서 건축허가) 　개발제한구역 내에서는 구역지정의 목적상 건축물의 건축, 공작물의 설치, 토지의 형질변경 등의 행위는 원칙적으로 금지되고, 다만 구체적인 경우에 위와 같은 구역지정의 목적에 위배되지 아니할 경우 예외적으로 허가에 의하여 그러한 행위를 할 수 있게 되며, 한편 개발제한구역 내에서의 건축물의 건축 등에 대한 예외적 허가는 그 상대방에게 수익적인 것으로서 재량행위에 속하는 것이라고 할 것이므로 그에 관한 행정청의 판단이 사실오인, 비례 · 평등의 원칙위배, 목적위반 등에 해당하지 아니하는 이상 재량권의 일탈 · 남용에 해당한다고 할 수 없다(대판 2004. 7. 22, 2003두7606).

판례 2(예외적 승인으로서 학교환경위생정화구역 내에서 금지행위의 해제) 　학교보건법 제6조 제1항 단서의 규정에 의하여 시 · 도교육위원회교육감 또는 교육감이 지정하는 자가 학교환경위생정화구역 안에서의 금지행위 및 시설의 해제신청에 대하여 그 행위 및 시설이 학습과 학교보건에 나쁜 영향을 주지 않는 것인지의 여부를 결정하여 그 금지행위 및 시설을 해제하거나 계속하여 금지(해제거부)하는 조치는 시 · 도교육위원회교육감 또는 교육감이 지정하는 자의 재량행위에 속하는 것으로서, 그것이 재량권을 일탈 · 남용하여 위법하다고 하기 위하여는 그 행위 및 시설의 종류나 규모, 학교에서의 거리와 위치는 물론이고, 학교

의 종류와 학생수, 학교주변의 환경, 그리고 위 행위 및 시설이 주변의 다른 행위나 시설 등과 합하여 학습과 학교보건위생 등에 미칠 영향 등의 사정과 그 행위나 시설이 금지됨으로 인하여 상대방이 입게 될 재산권 침해를 비롯한 불이익 등의 사정 등 여러 가지 사항들을 합리적으로 비교 · 교량하여 신중하게 판단하여야 한다(대판 1996. 10. 29, 96누8253).

나. 허가의 성질

가) 명령적 행위 또는 형성적 행정행위 여부　　허가는 상대적 금지를 해제시켜 자연적 자유를 회복시켜주는 행위이므로 명령적 행위에 속하며 이 점에서 형성적 행위인 특허 · 인가와 구별된다고 하는 것이 종래의 학설의 태도이다. 그러나 근래에 허가의 명령적 행위성에 대하여 많은 의문이 제기되고 있다. 즉 허가는 단순히 자연적 자유의 회복에 그치는 것이 아니라, 헌법에 의하여 보장된 자유권을 적법하게 행사할 수 있게 하여주는 행위이다. 헌법상의 자유권은 절대적으로 보장되는 권리가 아니라 공공복리와 질서유지를 위하여 법률에 의하여 일정한 제한이 가하여지며, 행정청은 사전심사를 통하여 구체적인 경우에 개인의 신청된 행위가 법률요건을 충족시켜 공익침해의 우려가 없다고 판단되는 경우에, 제한을 해제하여 적법한 권리행사를 가능하게 한다. 따라서 허가는 개인에게 적법하게 자유권을 행사할 수 있는 법적 지위를 부여하는 행위로서 이를 근거로 새로운 법률관계가 형성된다는 점에서 형성적 행위의 일면을 갖고 있다.[37]

그러나 허가는 개인이 종전에 갖고 있지 않은 권리 · 능력 · 기타 법률상의 힘을 새로이 설정하여 주는 것이 아니라, 원래부터 갖고 있는 자유권을 회복시켜 준다는 점에서, 특허와 같은 형성적 행위와 구별된다.

나) 기속행위 또는 재량행위 여부　　허가는 헌법상으로 보장된 개인의 자유권을 공익목적으로 개별법적으로 제한을 가하고, 상대방의 신청된 행위가 법률요건을 충족시키는 경우 이를 해제하는 행위이다. 따라서 행정청은 구체적인 사전심사의 결과 법률요건이 충족된다면, 허가를 하여야 할 기속을 받는다. 이러한 경우에 허가거부는 헌법상의 자유권을 부당하게 계속 제한하는 행위로서 허용되지 않는다. 따라서 허가는 법령에서 특별히 재량을 부여하지 않는 한,[38] 기속행위의 성격을 갖는다고 보아야 할 것이며 이 점에서 재량행위인 예외적 승인과 구별된다. 이와 관련하여 행정청이 법규에서 정한 제한사유 이외에 중대한 공익을 이유로 허가신청에 대하여 거부할 수 있는지 문제가 되고 있다. 판례는 음식점영업허가 등에 있어서는 이를 부인하여 왔으나, 석유판매업허가 및 산림훼손허가 등에서는 이를 인정하고 있다. 결과적으로 이러한 판례에 의하면 석유판매업허가 및 산림훼손허가는 재량행위의 성격을 갖게 된다. 일설은 이러한 판례를 법치행정의 원리에 반한다고 비판하면서 중대한 공익을 사정판결의 방식으로 해결할 것을 제안하고 있다.[39] 생각건대 중대한 공익을 이유로 허가를 거부할 수 있다는 판례가 나타나는 이유는 해당법률에서 허가의 요건을 불충분하게 규율

37) 金南辰/金連泰, 行政法 I, 258면; 金東熙/崔桂暎, 行政法 I, 294면. 독일문헌의 일반적 견해 역시 허가를 형성적 행위로 보고 있다.

38) 근래 속칭 "러브호텔" 등의 건축허가에 대한 주민의 집단민원이 증가하자, 건축법 제11조 제4항은 위락시설 또는 숙박시설에 해당하는 건축물의 건축허가에 대하여는 허가권자에게 관계법규정 이외에 주거환경 또는 교육환경을 고려하여 건축허가를 불허할 수 있는 재량권을 부여하고 있다.

39) 金南辰, 重大한 公益上 必要와 法治行政의 失踪, 法律新聞, 2003. 8. 7.

하고 있는 것에 기인하고 있다. 허가제도의 의의를 고려할 때 중대한 공익에 반하여 허가를 발급할 수는 없을 것이다. 향후 입법론적으로 허가의 근거법률에서 중대한 공익에 해당하는 허가요건을 상세하게 규율하든지, 이것이 어려운 경우에는 중대한 공익 자체를 허가요건으로 규정하여 제한된 범위 내에서 행정청에게 판단여지를 부여하는 것이 바람직할 것이다.

판례 1(중대한 공익상의 필요가 있는 경우 건축허가를 거부할 수 있는지 여부) 건축허가권자는 건축허가신청이 건축법 등 관계 법규에서 정하는 어떠한 제한에 배치되지 않는 이상 당연히 같은 법조에서 정하는 건축허가를 하여야 하고, 중대한 공익상의 필요가 없음에도 불구하고, 요건을 갖춘 자에 대한 허가를 관계 법령에서 정하는 제한사유 이외의 사유를 들어 거부할 수는 없다(대판 2006. 11. 9, 2006두1227).

판례 2(중대한 공익상 필요에 의한 산림훼손허가의 거부가능성) 산림훼손은 국토 및 자연의 유지와 수질 등 환경의 보전에 직접적으로 영향을 미치는 행위이므로, 법령이 규정하는 산림훼손 금지 또는 제한 지역에 해당하는 경우는 물론 금지 또는 제한 지역에 해당하지 않더라도 허가관청은 산림훼손허가신청 대상토지의 현상과 위치 및 주위의 상황 등을 고려하여 국토 및 자연의 유지와 환경의 보전 등 중대한 공익상 필요가 있다고 인정될 때에는 허가를 거부할 수 있고, 그 경우 법규에 명문의 근거가 없더라도 거부처분을 할 수 있다(대판 2002. 10. 25, 2002두6651).

판례 3(대중음식점영업허가의 기속행위 여부) 식품위생법상 대중음식점영업허가는 성질상 일반적 금지에 대한 해제에 불과하므로 허가권자는 허가신청이 법에서 정한 요건을 구비한 때에는 허가하여야 하고 관계법규에서 정하는 제한사유 이외의 사유를 들어 허가신청을 거부할 수 없다(대판 1993. 5. 27, 93누2216).

한편, 허가 등에 의하여 의제되는 인허가가 재량행위인 경우에는, 주된 허가는 의제되는 인허가의 범위 내에서 재량행위의 성격을 갖는다고 할 것이다.

판례(토지의 형질변경행위를 수반하는 건축허가의 재량행위성) 국토의 계획 및 이용에 관한 법률에서 정한 도시지역 안에서 토지의 형질변경행위를 수반하는 건축허가는 건축법 제8조 제1항(현행법 11조 1항)의 규정에 의한 건축허가와 국토의 계획 및 이용에 관한 법률 제56조 제1항 제2호의 규정에 의한 토지의 형질변경허가의 성질을 아울러 갖는 것으로 보아야 할 것이고, 같은 법 제58조 제1항 제4호, 제3항, 같은 법 시행령 제56조 제1항 [별표 1] 제1호 (가)목 (3), (라)목 (1), (마)목 (1)의 각 규정을 종합하면, 같은 법 제56조 제1항 제2호의 규정에 의한 토지의 형질변경허가는 그 금지요건이 불확정개념으로 규정되어 있어 그 금지요건에 해당하는지 여부를 판단함에 있어서 행정청에게 재량권이 부여되어 있다고 할 것이므로, 같은 법에 의하여 지정된 도시지역 안에서 토지의 형질변경행위를 수반하는 건축허가는 결국 재량행위에 속한다(대판 2005. 7. 14, 2004두6181).

다. 허가와 신청

허가는 상대방의 신청에 의하여 행하여지는 것이 원칙이나, 예외적으로는 통행금지의 해제나 보도관제의 해제와 같이 신청에 의하지 않는 허가도 있다. 행정절차법상의 처분의 신청에 대한 규정(법 17조·20조)은 허가에도 적용됨은 물론이다.

가) 허가기준이 되는 법령 허가는 원칙적으로 신청시가 아니라 허가처분시의 법령에 따라

발하여져야 한다(행정기본법 14조 2항). 이에 따라 허가의 신청 후 허가의 발급 전에 법령의 개정에 따라 허가기준의 변경이 있게 되면, 허가는 원칙적으로 개정법령에 따라야 한다. 그러나 소관 행정청이 허가신청을 수리하고도 정당한 이유 없이 처리를 늦추어 그 사이에 법령 및 허가기준이 변경된 경우에는 변경 전의 법령 및 허가기준에 따라 처분을 하여야 할 것이다.

판례(허가의 기준시점) 행정행위는 처분 당시에 시행중인 법령과 허가기준에 의하여 하는 것이 원칙이고, 인·허가신청 후 처분 전에 관계 법령이 개정 시행된 경우 신법령 부칙에 그 시행 전에 이미 허가신청이 있는 때에는 종전의 규정에 의한다는 취지의 경과규정을 두지 아니한 이상 당연히 허가신청 당시의 법령에 의하여 허가 여부를 판단하여야 하는 것은 아니며, 소관 행정청이 허가신청을 수리하고도 정당한 이유 없이 처리를 늦추어 그 사이에 법령 및 허가기준이 변경된 것이 아닌 한 변경된 법령 및 허가기준에 따라서 한 불허가처분은 위법하다고 할 수 없다(대판 2005. 7. 29, 2003두3550).

나) 허가간주제도의 도입 근래 행정청의 소극적 업무처리를 방지하고 신청인의 권익을 보호하기 위하여 일정한 기간 내에 허가 여부를 통지하도록 행정청에게 의무를 부과하고, 그 기간 내에 허가 여부 또는 민원 처리 관련 법령에 따른 처리기간의 연장을 신청인에게 통지하지 아니하면 그 기간이 끝난 날의 다음 날에 허가를 한 것으로 보는 이른바 허가간주제도가 도입되고 있다(수산업법 14조 5항, 해운법 49조 5항, 의료기기법 6조 9항, 12조 3항, 식품위생법 37조 11항, 초지법 21조의2 3항, 문화재보호법 35조 5항). 이와 같이 허가가 간주되는 경우에는 처분성이 인정되어 직권취소, 철회 및 행정쟁송(특히 제3자의)의 대상이 될 것이다.

라. 허가의 형식

허가는 특정한 상대방에 대하여 개별적으로 행하여지는 것이 원칙이나 일반처분과 같이 불특정 다수인에게 행하여질 수도 있다(도로통행금지의 해제). 또한 허가는 행정절차법 제24조에 따라 원칙적으로 문서에 의하여야 한다. 개별법령에 따라 허가의 유무 및 내용을 객관적으로 명확하게 하기 위하여 면허증, 면허감찰, 공부에의 등록 등 특정한 형식을 요구하는 경우도 적지 않다.

마. 허가의 효과

가) 법률상 이익 또는 반사적 이익 여부 종래의 학설은 허가는 일반적 금지를 해제하여 상대방이 적법하게 특정한 행위를 할 수 있도록 하는 자연적 자유의 회복에 그친다고 한다. 따라서 종래의 학설은 허가에 의하여 상대방이 얻는 이익은 반사적 이익이라는 견해를 주장하고 있는바, 이에 대하여는 보다 세분화된 고찰이 필요하다. 허가에 의하여 상대방은 헌법에서 보장된 자유권을 적법하게 행사할 권리를 얻게 되나 그것은 제3자에 대하여 배타적으로 그리고 독점적으로 행사할 수 있는 권리에 해당하는 것은 아니다. 즉 허가에 의하여 상대방이 누리는 사실상의 독점적 이익은 일반적으로 반사적 이익에 지나지 않으며, 이 점에 있어서 독점적 이익을 부여하는 특허기업의 특허 등(자동차운수사업)과 구별된다. 개인이 허가를 받아 향유하는 이익은 법률상 이익으로서 행정쟁송을 통하여 보호를 받을 수 있으나(영업허가의 철회에 대한 취소소송), 신규업자가 나타남으로써 자신이 지금까지 누려왔던 독점적 지위가 침해되는 경우에는 반사적 이익의 침해에 해당되어 행정쟁송을 통하여 구제를 받지 못한다.

일반적으로 허가의 대상으로 간주되는 사업(담배소매업, 약종상 등)이 거리제한 등에 의하여 보호되고 있는 경우에, 일부학설은 허가와 특허의 성격을 갖는 합체행위의 성격을 갖는다고 하나,[40] 관계법률이 거리제한규정을 두는 목적·취지가 전적으로 공익적 고려에 기한 것인 때에는 허가의 성격을 갖는다고 할 것이며, 공익뿐만 아니라 기존업자의 이익도 동시에 보호하려는 것인 때에는 특허의 성격을 갖는다고 할 것이다.[41]

판례 1(주류제조면허와 법률상 이익) 주류제조면허는 국가의 수입확보를 위하여 설정된 재정허가의 일종이지만 일단 이 면허를 얻은 자의 이익은 단순한 사실상의 반사적 이익에만 그치는 것이 아니라 주세법의 규정에 따라 보호되는 이익이다(대판 1989. 12. 22, 89누46).

판례 2(신규 약종상허가에 의한 기존업자의 법률상 이익의 침해여부) 갑이 적법한 약종상허가를 받아 허가지역 내에서 약종상영업을 경영하고 있음에도 불구하고 행정관청이 구 약사법시행규칙을 위배하여 같은 약종상인 을에게 을의 영업허가지역이 아닌 갑의 영업허가지역 내로 영업소를 이전하도록 허가하였다면 갑으로서는 이로 인하여 기존업자로서의 법률상 이익을 침해받았음이 분명하므로 갑에게는 행정관청의 영업소이전허가처분의 취소를 구할 법률상 이익이 있다(대판 1988. 6. 14, 87누873).

판례 3(신규 공중목욕장업허가에 의한 기존업자의 법률상 이익의 침해여부) 원고에 대한 공중목욕장업 경영 허가는 경찰금지의 해제로 인한 영업자유의 회복이라고 볼 것이므로 이 영업의 자유는 법률이 직접 공중목욕장업 피 허가자의 이익을 보호함을 목적으로 한 경우에 해당되는 것이 아니고 법률이 공중위생이라는 공공의 복리를 보호하는 결과로서 영업의 자유가 제한되므로 인하여 간접적으로 관계자인 영업자유의 제한이 해제된 피 허가자에게 이익을 부여하게 되는 경우에 해당되는 것이고 거리의 제한과 같은 위의 시행세칙이나 도지사의 지시가 모두 무효인 이상 원고가 이 사건 허가처분에 의하여 목욕장업에 의한 이익이 사실상 감소된다하여도 이 불이익은 본건 허가처분의 단순한 사실상의 반사적 결과에 불과하고 이로 말미암아 원고의 권리를 침해하는 것이라고는 할 수 없다(대판 1963. 8. 31, 63누101).

나) 타법상의 제한과 집중효 허가는 그 근거가 된 법령에 의한 금지를 해제할 뿐이고 타법에 의한 금지까지 해제하는 효과를 가지지 않음이 일반적이다. 예를 들어 공무원인 자가 음식점영업허가를 받는다고 하더라도 동허가는 식품위생법상의 금지를 해제할 뿐이지 공무원법상의 영리업무금지까지 해제하여 주는 것은 아니다. 이에 따라 특정사업을 개시하기까지는 여러 법령에 따라 다수의 행정기관으로부터 또다른 허가·인가·특허·확인을 받아야 하는 경우가 빈번히 발생한다(이른바 복합민원). 이러한 복잡함과 번거로움을 피하기 위하여 특정법률에 의하여 허가를 받는 경우에는 다른 법률상의 허가·인가 등을 받은 것으로 의제하는 실정법적인 예가 늘어가고 있는바(예: 국토계획이용법 92조 1항, 주택법 17조), 독일의 문헌에서는 이러한 제도를 집중효(集中效)라는 이름으로 논의하고 있다. 현행법은 허가를 받으면 다른 법률상의 인허가를 받은 것으로 의제하는 경우에, 의제되는 인허가권을 갖는 행정청과 협의하도록 규정하고 있으나(건축법 11조 6항, 주택법 17조 3항, 국토계획이용법 61조 3항 등), 의제되는 인허가에 대한 이해관계인의 권익보호를 위한 절차적 규정이 미비되고 있는 실정이다. 향후 주된 인허가의 절차에서 의제되는 인허가에 대한 이해관계인의 절차적 보호를 위한 방안이 마련되어야 할 것이다.

다) 지역적 효과 허가의 효과는 당해 허가행정청의 관할구역 내에서만 미치는 것이 원칙이다. 그러나 법령의 규정이 있는 경우나, 허가의 성질상 관할구역 외까지 그 효과가 미치는 경우가

40) 金東熙/崔桂暎, 行政法 I, 296면.
41) 金南辰/金連泰, 行政法 I, 262면.

있다(운전면허).

라) 허가효과의 승계 허가의 효과가 승계되는지 여부는 일반적으로 그것이 대인적 허가, 대물적 허가 또는 혼합적 허가인지에 따라 다르다. 사람의 능력이나 지식과 같은 주관적 요소를 심사대상으로 하는 대인적 허가(운전면허, 약사면허)의 승계는 불가능하며, 물건의 객관적 사정을 심사대상으로 하는 대물적 허가(건축허가)는 그의 승계가 가능한 반면, 혼합적 허가(폐기물처리업허가, 액화석유가스충전 사업허가 등)는 인적 요소의 변경에 관하여는 새로운 허가를 요하고 물적 요소의 변경에는 신고를 요하는 등 제한이 따르는 것이 일반적이다.

한편, 허가의 효과가 승계됨으로써 행정제재사유가 마찬가지로 승계되는지 여부가 문제되고 있다. 판례의 입장에 따르면 대물적 허가의 경우 영업양도와 더불어 양수인은 양도인의 지위를 승계함에 따라 양도인의 허가에 따른 권리·의무가 양수인에게 이전되므로, 만일 양도인에게 그 허가를 취소할 사유가 있다면, 행정청은 이를 이유로 양수인에게 응분의 제재조치를 취할 수 있다고 한다. 그러나 이러한 행정제재사유의 승계는 행정청의 구체적인 의무부과행위(영업정지처분)를 전제로 하여, 그 의무가 양수인에게 승계되는지 여부에 관한 이른바 '공의무의 승계문제'와 구별되는 개념으로서 원칙적으로 부인되어야 할 것이다. 양수인이 책임질 수 없는 사유로(특히 양도인의 자격상실이나 부정영업 등 인적 제재사유인 경우에는) 그에게 제재처분을 부과하는 것은 예측가능성과 비례의 원칙에 반한다고 할 것이다(본서 제3장 행정상의 법률관계의 공의무의 승계부분 참조). 다만, 양도인이 자신에 대한 제재처분을 피할 목적으로 담합에 의해 양도하는 것을 방지하기 위하여, 양수인이 양도인의 위법사유를 알고 있었던 경우에는 예외적으로 승계를 인정함이 바람직할 것이다. 한편, 양도인의 행정제재사유가 물적 사정에 관련되고 그러한 위법상태가 양수 이후에도 계속되고 있다면 행정청은 이를 사유로 양수인에게 새로운 행정처분(시설개선명령)을 부과할 수 있을 것이다.[42]

판례 1(주유소허가의 양도인의 귀책사유의 승계가능성) 석유사업법 제12조 제3항, 제9조 제1항, 제12조 제4항 등을 종합하면 주유소허가는 소위 대물적 허가의 성질을 갖는 것이어서 그 사업의 양도도 가능하고 이 경우 양수인은 양도인의 지위를 승계하게 됨에 따라 양도인의 지위허가에 따른 권리의무가 양수인에게 이전되는 것이므로 만약 양도인에게 그 허가를 취소할 법적 사유가 있다면 허가관청은 이를 이유로 양수인에게 응분의 제재조치를 취할 수 있다 할 것이고, 양수인이 그 양수 후 허가관청으로부터 석유판매업허가를 다시 받았다 하더라도 이는 석유판매업의 양수도를 전제로 한 것이어서 이로써 양도인의 지위승계가 부정되는 것은 아니므로 양도인의 귀책사유는 양수인에게 그 효력이 미친다(대판 1986. 7. 22, 86누203).

판례 2(개인택시 운송사업면허의 양도인의 귀책사유의 승계가능성) 구 여객자동차 운수사업법 제15조 제4항에 의하면 개인택시 운송사업을 양수한 사람은 양도인의 운송사업자로서의 지위를 승계하는 것이므로, 관할관청은 개인택시 운송사업의 양도·양수에 대한 인가를 한 후에도 그 양도·양수 이전에 있었던 양도인에 대한 운송사업면허 취소사유를 들어 양수인의 사업면허를 취소할 수 있는 것이고, 가사 양도·양수 당시에는 양도인에 대한 운송사업면허 취소사유가 현실적으로 발생하지 않은 경우라도 그 원인되는 사실이 이미 존재하였다면, 관할관청으로서는 그 후 발생한 운송사업면허 취소사유에 기하여 양수인의 사업면허를 취소할 수 있는 것이다(대판 2010. 4. 8, 2009두17018).

---

42) 鄭夏重, 許可의 承繼, 制裁的 處分事由의 承繼, 制裁的 處分效果의 承繼, 法律新聞 2009. 8. 27, 15면.

마) 요허가행위(要許可行爲)를 무허가(無許可)로 한 경우 요허가행위를 허가를 받지 않고 행한 경우에는 행정법상의 강제집행이나 처벌의 대상은 되지만 당해 무허가행위의 법률상 효력이 당연히 부정되는 것은 아니다. 다만 법률에서 무허가행위에 대한 제재 이외에 당해 행위의 무효를 아울러 규정하고 있는 경우는 예외이다.

바. 허가의 갱신

허가는 일정한 기한을 붙여 행하여지는 경우가 많은바 기한부허가는 그 기한이 도래함으로써 별도의 행위를 기다릴 것 없이 당연히 효력을 상실한다. 여기서 재차 허가를 받더라도 허가의 기간만 갱신되어 종전의 허가의 효력 또는 성질이 계속된다고 볼 수 없고 새로운 허가의 효력이 발생한다.

판례(허가의 유효기간이 경과한 후 재차 허가를 받은 경우, 종전 허가의 효력이 계속되는지 여부) 어업에 관한 허가 또는 신고의 경우 그 유효기간이 경과하면 그 허가나 신고의 효력이 당연히 소멸하며, 재차 허가를 받거나 신고를 하더라도 허가나 신고의 기간만 갱신되어 종전의 어업허가나 신고의 효력 또는 성질이 계속된다고 볼 수 없고 새로운 허가 내지 신고로서의 효력이 발생한다(대판 2019. 4. 11, 2018다284400).

사. 허가에 대한 권리구제

허가에 대한 요건을 충족시키고 있음에도 불구하고, 허가를 위법하게 발급하지 않은 경우에는 신청자는 행정심판으로써 의무이행심판을, 행정소송으로써는 거부처분취소소송이나 부작위위법확인소송을 제기할 수 있다. 또한 영업허가 등이 위법하게 취소 또는 철회되는 경우에는 이에 대하여 취소소송을 제기할 수 있으며, 손해가 발생된 경우에는 국가배상청구권을 행사할 수 있다.

사례 1 갑은 「국토의 계획 및 이용에 관한 법률」상의 도시지역으로서 녹지지역에 위치한 토지 위에 지하 1층 지상 2층(건축면적 324㎡, 연면적 1,258㎡) 규모의 장례식장을 신축하는 내용의 건축허가신청을 하였다. 관할행정청인 A시의 시장 을은 건축위원회의 심의를 거친 다음 갑에게 사전에 통지를 하지 않고 2005. 6. 1. "관계법령에 규정된 허가요건들은 전부 구비되었지만, 위 장례식장이 신축될 경우 관광도시로서의 위상이 크게 손상되어 공익이 현저히 침해될 우려가 있을 뿐 아니라, 허가신청서에 첨부된 주민동의서도 대부분 위조되었다"라는 이유로 갑의 건축허가신청을 반려하였다. 갑은 위 건축허가신청 반려처분을 다투는 취소소송을 제기하고자 한다. 위법사유로 주장할 수 있는 모든 사유를 들고 그 당부를 논하라.(제47회 사법시험)

*** 건축법**

제11조 (건축허가) ① 건축물을 건축하거나 대수선하려는 자는 특별자치도지사 또는 시장 · 군수 · 구청장의 허가를 받아야 한다. 다만, 21층 이상의 건축물 등 대통령령으로 정하는 용도 및 규모의 건축물을 특별시나 광역시에 건축하려면 특별시장이나 광역시장의 허가를 받아야 한다.

② – ⑨ 생략

*** 국토의 계획 및 이용에 관한 법률**

제56조 (개발행위의 허가) ① 다음 각 호의 어느 하나에 해당하는 행위로서 대통령령으로 정하는 행위를 하려는 자는 특별시장 · 광역시장 · 시장 또는 군수의 허가(이하 "개발행위허가"라 한다)를 받아야 한다. 다만, 도시계획사업에 의한 행위는 그러하지 아니하다.

1. 건축물의 건축 또는 공작물의 설치
2. 토지의 형질 변경(경작을 위한 토지의 형질 변경은 제외한다)

3. 토석의 채취
4. 토지 분할(「건축법」 제57조에 따른 건축물이 있는 대지는 제외한다)
5. 녹지지역 · 관리지역 또는 자연환경보전지역에 물건을 1개월 이상 쌓아놓는 행위

▶**답안요지**

1. 절차상의 하자

행정절차법 21조는 불이익처분에 대하여 당사자에 대한 사전통지의무를 부과하고 있는바 거부처분에 있어서 사전통지의무가 인정되는지 논란이 되고 있다. 부정설은 ① 신청을 하였어도 아직 당사자에게 권익이 부여되지 않았으므로 신청을 거부하여도 직접 당사자의 권익을 제한하는 처분에 해당한다고 볼 수 없으며, ② 거부처분은 상대방의 신청에 의한 것이므로 성질상 이미 의견진술의 기회를 준 것으로 볼 수 있다는 입장을 취하고 있다. 이에 대하여 긍정설은 ① 거부처분 역시 당사자의 권익을 침해하는 처분에 해당하며, ② 당사자가 알지 못하는 사실을 근거로 거부처분을 하였을 경우 의견진술의 기회를 부여하였다고 볼 수 없으며, ③ 거부처분에 대하여도 절차적 보호가 필요하다는 입장을 취하고 있다. 판례는 부정설을 취하고 있다(대판 2003. 11. 28, 2003두674). 사안에서 건축허가를 기속행위로 볼 경우에 상대방은 긍정적 처분이 내려질 것을 기대하는 것이 일반적이기 때문에 사전통지가 필요하다. 사전통지가 결여된 경우 절차상의 하자에 해당하여 취소사유가 된다. 취소소송에서 절차상의 하자를 이유로 행정처분을 취소할 수 있는지 논쟁의 대상이 있으나 판례는 이를 긍정하고 있다(행정절차법 설명부분을 참고바람).

2. 실체적 하자

사안에서 건축허가가 기속행위 또는 재량행위에 해당하는지 문제가 되고 있다. 기속행위와 재량행위의 구별은 원칙적으로 법규정의 표현에서 구하고 2차적으로 근거법령의 취지와 목적, 당해 행정분야의 성질, 행위의 성질 · 유형을 고려하여 판단한다. 사안에서 갑은 녹지지역에 위치한 자신의 토지에 장례식장을 건축하려고 하는바, 갑의 건축을 위하여 토지형질변경허가(재량행위)를 별도로 받아야 하는 경우에는 갑에 대한 건축허가는 재량행위에 해당할 것이다(대판 2005. 7. 14, 2004두6181). 반면 갑의 토지가 이미 건축을 할 수 있는 대지로 조성되어 있는 경우에는 건축허가는 법정의 요건이 충족되어 기속행위에 해당될 것이다. 재량행위로 볼 경우에는 관광도시로서의 위상 내지 주민의 동의서 위조 등을 이유로 한 을의 거부처분은 위법하다고 볼 수 없는 것이다. 그러나 기속행위에 해당하는 경우에는 이미 법정의 요건이 충족되어 이들 사유로 거부처분을 할 수 없을 것이다.

사례 2 갑은 숙박시설을 경영하기 위하여 [건축법] 등 관계법령이 정하는 요건을 구비하여 관할 A시 시장 을에게 건축허가를 신청하였다. 그러나 시장 을은 [건축법] 제11조 제4항에 따라 해당 숙박시설의 규모나 형태 등이 주거환경이나 교육환경 등 주변 환경을 고려할 때 부적합하다는 이유로 건축허가를 거부하였고, 갑은 이에 대해 건축허가거부처분취소소송을 제기하였다. 이와 관련하여 아래 물음에 답하시오. (제54회 행정고시)

1) 을이 제시한 "주거환경이나 교육환경 등 주변환경을 고려할 때 부적합하다"는 거부사유에 대한 사법심사의 가부(可否) 및 한계는?(10점)

2) 갑이 을의 거부처분과 관련하여 처분의 법적 근거, 의견제출기한 등을 사전에 통지하지 않았으므로 위법하여 취소되어야 한다고 주장한다면, 법원의 판단은 어떠해야 하는가?(20점)

3) 한편, 갑의 취소소송은 인용되었으나, 동 소송의 계속 중 A시 건축조례가 개정되어 건축허가 요건으로 [건축법] 제49조 등 건축법령의 규정보다 강화된 피난시설의 구비를 요구하게 되었으며, 갑이 허가신청한 건축물은 현재에도 여전히 이를 구비하지 못한 상태이다. 이 경우 시장 을은 위 취소소송의 인용판결에도 불구하고 강화된 피난시설요건의 미비를 이유로 갑에게 건축허가거부처분을 할 수 있는가?(단, A시 개정건축조례가 적법함을 전제로 함)(20점)

▶**답안요지** **제1문:** 건축법 11조 4항은 위락시설이나 숙박시설에 해당하는 건축물의 건축을 허가하는

경우 주거환경이나 교육환경 등 주변 환경을 고려할 때 부적합하다고 인정하면 이 법이나 다른 법률에도 불구하고 건축위원회의 심의를 거쳐 건축허가를 하지 아니할 수 있다고 규정하여 법률요건에 "부적합"이라는 불확정법개념을 사용하고 있다. 법률요건에 불확정법개념, 특히 규범적 개념이 사용된 경우 행정청에게 재량이 부여되는지(요건재량), 이른바 판단여지가 부여되는지 논란이 되고 있으나 다수설은 후자의 입장을 취하고 있다. 다수설에 따르면 행정재량은 법률효과규정이 가능규정으로 된 경우에 행정청에 두 개 이상의 동가치적인 결정의 선택권을 부여하는 반면, 판단여지는 법률요건상의 불확정법개념의 인식에 있어서 행정청에 부여되는 하나의 올바른 결정에 대한 마지막 인식의 권한을 의미한다(이른바 판단수권설). 법개념의 인식에 있어서 행정청에 주어지는 이러한 판단여지는 행정청의 전문적 지식, 경험 등을 고려하여 인정되고 있는바, 특히 ① 비대체적 결정, ② 합의제행정기관의 구속적 가치결정, ③ 예측결정, ④ 행정정책적 결정 등이 판단여지가 인정되는 전형적인 영역이다. 사안의 경우 을의 거부결정은 갑의 건축물의 주거 및 교육환경에 대한 위해성평가에 관련된 결정으로서 이른바 판단여지가 인정되는 예측결정에 해당된다. 행정청에 판단여지가 인정된다고 하더라도 ① 합의제 행정기관의 적정한 구성, ② 법에서 정한 절차의 준수, ③ 정확한 사실관계의 준수, ④ 올바른 법해석과 일반적으로 인정된 가치기준의 적용, ⑤ 자의적인 고려의 여부 등의 한계가 존재하는바, 행정청의 결정이 이러한 한계를 일탈한 경우에는 위법한 처분이 되어 사법심사의 대상이 된다(본서 판단여지설 참고). 사안의 경우에 을의 거부결정이 이러한 한계를 준수하는 한 갑의 취소청구는 기각될 것이다. 한편, 판례는 아직 판단여지설을 받아들이지 않고 재량이론으로 해결하고 있는바, 판례의 입장을 따른다면 을의 결정이 재량의 유월과 남용의 법리에 따라 하자가 존재하는지 여부를 검토하면 될 것이다.

제2문: 거부처분과 관련하여 사전통지가 요구되는지 여부에 대하여 학설에서 긍정설과 부정설이 대립되고 있는바, 판례는 부정설의 입장을 취하고 있음. 이에 대하여는 사례1의 절차상의 하자부분을 참고.

제3문: 설문에서 취소판결의 기속력의 시간적 범위에 대하여 묻고 있는바, 판례와 다수설은 처분시를 기준으로 하고 있음. 이에 따라 갑의 건축허가신청은 취소소송의 계속 중 개정된 건축조례의 강화된 요건을 충족시키지 못하고 있기 때문에 A의 건축허가불허가처분은 적법함. 이에 대하여 보다 자세히는 본서 취소판결의 기속력 및 관련사례를 참고.

3) 면 제

면제란 법령에 의하여 정하여진 작위 · 급부 · 수인의 의무를 특정한 경우에 해제하는 행위이다. 해제되는 의무의 종류만 다를 뿐이지 의무를 해제한다는 점에서 허가와 같으므로 위의 허가에 대한 설명은 면제에도 그대로 적용된다. 학설의 일부는 작위의무나 급부의무의 이행의 연기나 유예를 면제의 일종으로 보고 있으나 하명의 변경에 해당된다고 보는 것이 타당할 것이다.

2. 형성적 행정행위

형성적 행정행위는 특정한 상대방에게 권리 · 능력(권리능력 · 행위능력) 또는 포괄적인 법률관계, 기타 법률상의 힘을 설정 · 변경 · 소멸시키는 행정행위를 말한다. 형성적 행정행위는 제3자에 대하여 대항할 수 있는 법률상의 힘을 부여하거나 또는 그것을 부정하는 것을 목적으로 하는 행위라는 점에서 자유의 제한 또는 그 해제를 내용으로 하는 명령적 행정행위와 구별된다. 형성적 행정행위는 직접 상대방을 위하여 권리 · 능력, 기타 법률상의 힘을 발생 · 변경 · 소멸시키는 행위와, 제3자의 법률행위를 보충하여 그 효력을 완성시키는 행위(인가) 및 제3자를 대신하여 하는 행위(대리행위) 등으로 구별된다.

1) 특 허

가. 의 의

특허란 특정인을 위하여 새로운 권리를 설정하는 행위(공기업의 특허, 공물사용권의 특허, 토지수용권의 설정, 광업허가, 어업면허 등), 능력을 설정하는 행위(공법인을 설립하는 행위), 포괄적인 법률관계를 설정하는 행위(공무원의 임명, 입학허가, 귀화허가 등)를 의미한다. 한편 특허에 대하여 특정인의 기존의 권리, 능력, 기타 포괄적인 법률관계를 변경하는 행위를 변경행위라고 하고 이들을 소멸시키는 행위를 박권행위라고 한다. 특허는 강학상의 용어로서 실정법상으로는 허가 · 면허 · 인가라는 용어로 사용되기도 하며 또한 특허법상의 특허와 같이 강학상으로는 확인행위에 해당하는 행위를 특허라고 사용하기도 한다.

나. 특허의 성질과 효과

특허는 사람이 자연적으로 갖고 있지 않은 법률상의 힘, 즉 권리 또는 능력 등을 특정인에게 새로이 설정하여 주는 행정행위라는 점에서 잠정적으로 금지된 개인의 자유를 다시 회복시켜주는 허가와 구별된다.

특허의 효과는 상대방에 대하여 일정한 권리나 능력 등의 법률상의 힘을 발생시키는 데 있다. 따라서 특허를 받은 자는 특허된 법률상의 힘을 제3자에 대하여 법적으로 주장하고 행사할 수 있으며, 특허에 대한 침해는 당해 권리나 능력에 대한 침해가 된다. 특허에 의하여 설정되는 권리는 공권인 것이 보통이나 사권(광업허가에 의한 광업권)인 경우도 있다. 또한 특허의 효과는 그것이 일신전속적인 경우에는 이전성이 없으나, 대물적인 경우에는 자유로이 또는 일정한 제한(행정청에의 신고 또는 승인)하에 이전될 수 있다.

다른 한편 특허는 공익상의 필요에 따라 특정인에게 법률상의 힘을 부여하는 것이기 때문에 특허를 할 것인지 여부는 행정청의 재량에 속하는 것이 일반적이나, 법규의 형식이 기속규정으로 되어 있거나 일반적인 경험칙에 비추어 하나의 결정을 내려야 하는 경우에는 기속행위에 해당한다.

판례 1(공유수면의 사용 · 점용허가의 재량행위 여부) 공유수면 관리 및 매립에 관한 법률에 따른 공유수면의 점용 · 사용허가는 특정인에게 공유수면 이용권이라는 독점적 권리를 설정하여 주는 처분으로서 처분 여부 및 내용의 결정은 원칙적으로 행정청의 재량에 속하고, 이와 같은 재량처분에 있어서는 재량권 행사의 기초가 되는 사실인정에 오류가 있거나 그에 대한 법령적용에 잘못이 없는 한 처분이 위법하다고 할 수 없다(대판 2017. 4. 28, 2017두30139).

판례 2(자동차운수사업면허의 재량행위 여부) 자동차운수사업법에 의한 개인택시운송사업의 면허는 특정인에게 권리나 이익을 부여하는 행정청의 재량행위이고 위 법과 그 시행규칙의 범위 내에서 면허를 위하여 필요한 기준을 정하는 것 역시 행정청의 재량에 속한다(대판 1992. 4. 28, 91누10220; 1996. 10. 11, 96누6172).

판례 3(귀화허가의 재량행위 여부) 국적법 제4조 제1항은 "외국인은 법무부장관의 귀화허가를 받아 대한민국의 국적을 취득할 수 있다."라고 규정하고, 그 제2항은 "법무부장관은 귀화 요건을 갖추었는지를 심사한 후 그 요건을 갖춘 자에게만 귀화를 허가한다."라고 정하고 있다. 국적은 국민의 자격을 결정짓는 것이고, 이를 취득한 사람은 국가의 주권자가 되는 동시에 국가의 속인적 통치권의 대상이 되므로, 귀화허가는 외국인에게 대한민국 국적을 부여함으로써 국민으로서의 법적 지위를 포괄적으로 설정하는 행위에 해당한다. 한편, 국적법 등 관계 법령 어디에도 외국인에게 대한민국의 국적을 취득할 권리를 부여하였다고 볼 만한 규정이 없다. 이와 같은 귀화허가의 근거 규정의 형식과 문언, 귀화허가의 내용과 특성 등을 고려해 보면, 법무부장관은 귀화신청인이 귀화 요건을 갖추었다 하더라도 귀화를 허가할 것인지 여부에 관하여 재량권을 가진다고 보는 것이 타당하다(대판 2010. 10. 28, 2010두6496).

판례 4(도로점용허가의 법적 성격) 도로법 제40조 제1항에 의한 도로점용은 일반공중의 교통에 사용되는 도로에 대하여 이러한 일반사용과는 별도로 도로의 특정부분을 유형적 · 고정적으로 특정한 목적을 위하여 사용하는 이른바 특별사용을 뜻하는 것이고, 이러한 도로점용의 허가는 특정인에게 일정한 내용의 공물사용권을 설정하는 설권행위로서, 공물관리자가 신청인의 적격성, 사용목적 및 공익상의 영향 등을 참작하여 허가를 할 것인지의 여부를 결정하는 재량행위이다(대판 2002. 10. 25, 2002두5795).

판례 5(재개발 · 재건축조합 설립인가의 법적 성격) 재개발조합설립 인가신청에 대한 행정청의 조합설립인가처분은 법령상 일정한 요건을 갖출 경우 주택재개발사업의 추진위원회에게 행정주체로서의 지위를 부여하는 일종의 설권적 처분의 성격을 가지고 있다(대판 2010. 12. 9, 2009두4555).

판례 6(출입국관리법상 체류자격 변경허가가 설권적 처분 및 재량행위의 성격을 갖는지 여부) 출입국관리법 제10조, 제24조 제1항, 구 출입국관리법 시행령 제12조 [별표 1] 제8호, 제26호 (가)목, (라)목, 출입국관리법 시행규칙 제18조의2 [별표 1]의 문언, 내용 및 형식, 체계 등에 비추어 보면, 체류자격 변경허가는 신청인에게 당초의 체류자격과 다른 체류자격에 해당하는 활동을 할 수 있는 권한을 부여하는 일종의 설권적 처분의 성격을 가지므로, 허가권자는 신청인이 관계 법령에서 정한 요건을 충족하였더라도, 신청인의 적격성, 체류 목적, 공익상의 영향 등을 참작하여 허가 여부를 결정할 수 있는 재량을 가진다. 다만 재량을 행사할 때 판단의 기초가 된 사실인정에 중대한 오류가 있는 경우 또는 비례 · 평등의 원칙을 위반하거나 사회통념상 현저하게 타당성을 잃는 등의 사유가 있다면 이는 재량권의 일탈 · 남용으로서 위법하다(대판 2016. 7. 14, 2015두48846).

다. 특허와 신청(출원)

특허는 특정인에게 일정한 법률상의 힘을 부여하는 행위이기 때문에 신청의 유무에 관계없이 특허를 할 수 있다고 하면, 행정의 불공정을 가져올 우려가 적지 아니함은 물론 특허를 받은 자에게도 손실을 가져오는 경우도 적지 않다. 따라서 특허는 상대방의 신청을 필요요건으로 한다. 공법인의 설립의 경우 신청을 요하지 않으나, 이는 법률에 의한 특허로서 여기서 설명하는 행정행위로서의 특허와 구별되어야 한다.

특허의 신청에 대하여는 행정절차법상의 처분의 신청에 대한 규정(법 17조, 20조)이 적용된다.

라. 특허의 형식

특허는 불특정다수인에게 행하여질 수 없으며, 언제나 특정인을 대상으로 행하여진다. 또한 특허는 처분의 형식을 취하는 것이 일반적이나 예외적으로는 공법인의 설립과 같이 법규의 형식으로 이루어지는 경우도 있다(한국도로공사법에 의한 한국도로공사의 설립, 한국토지주택공사법에 따른 한국토지주택공사의 설립). 그러나 후자를 특허의 한 형식으로 보기는 어려울 것이다.

마. 특허와 허가와의 차이

특허와 허가는 법률행위적 행정행위라는 점과 수익적 행정행위라는 점에서 공통점을 갖고 있으나 이미 상술한 바와 같이 허가와 특허는 다음과 같은 차이점을 갖고 있다.

① 종래의 견해에 따르면, 허가는 상대방에게 자연적 자유를 회복시켜 주는 명령적 행위인 데

대하여 특허는 법률상의 힘을 설정시켜 주는 형성적 행위라고 한다. 그러나 허가는 자연적 자유의 회복에 그치는 것이 아니라 헌법상의 자유권을 적법하게 행사할 수 있게 하는 행위이기 때문에 허가 역시 형성적 행위의 측면을 갖고 있다. 단지 허가는 헌법에 의하여 보장되고 있는 자유권을 적법하게 행사할 수 있게 하여 주는 데 그치는 반면, 특허는 새로운 법률상의 권리 · 능력 기타 법률상의 힘을 설정하여 준다는 점에서 양자는 차이가 난다.

② 허가는 헌법상으로 보장된 개인의 자유권을 공익목적으로 개별법상으로 제한을 가하고, 행정청의 구체적인 사전심사의 결과 상대방의 신청된 행위가 법률요건을 충족시키는 경우 이를 해제하는 행위로서 원칙적으로 기속행위에 해당한다. 반면 특허는 공익상의 필요에 따라 특정인에게 법률상의 힘을 부여하는 것이기 때문에 특허를 할 것인지의 여부는 행정청의 재량에 속하는 것이 일반적이다. 그러나 개별법의 규정방식에 따라 허가를 재량행위로 하는 경우도 있고(예: 건축법 11조 4항), 특허를 기속행위로 하는 경우도 있다.

③ 허가는 예외적으로 신청 없이 행하여지는 경우도 있으나, 특허는 항상 신청을 요하는 행정행위이다.

④ 또한 허가의 효과는 공법상의 금지의무의 해제로서 공법적인 데 대하여, 특허의 효과는 보통은 공법적이기는 하나 사권을 설정하여 주는 사법적인 경우도 있다.

2) 인 가

가. 의 의

인가란 행정청이 직접 자신과 관계없는 법률관계의 당사자의 법률행위를 보충하여 그 법률상 효력을 완성시켜주는 보충행위이다. 원래 행정의 상대방과 제3자간에 성립하는 법률관계는 행정청의 관여를 요하지 않고 효력을 발생하는 것이 원칙이지만 공익보호의 차원에서 일정한 법률적 효력의 완전한 발생을 위하여는 행정청의 인가를 요하도록 하는 법규정이 많다. 인가 역시 허가나 특허와 같이 실정법상으로 허가 · 특허 · 승인 · 인가 등으로 혼용되고 있다.

나. 인가의 성질

인가는 인가의 대상이 되는 기본행위의 효력을 완성시켜 준다는 점에서 형성적 행정행위이다. 인가는 기속행위인 경우도 있으나 재량행위인 경우도 적지 않다.

판례 1(사회복지법인의 정관변경허가의 재량행위 여부) 사회복지사업에 관한 기본적 사항을 규정하여 그 운영의 공정 · 적절을 기함으로써 사회복지의 증진에 이바지함을 목적으로 하는 구 사회복지사업법(1997. 8. 22. 법률 제5358호로 전문 개정되기 전의 것)의 입법 취지와 같은 법 제12조, 제25조 등의 규정에 사회복지법인의 설립이나 설립 후의 정관변경의 허가에 관한 구체적인 기준이 정하여져 있지 아니한 점 등에 비추어 보면, 사회복지법인의 정관변경을 허가할 것인지의 여부는 주무관청의 정책적 판단에 따른 재량에 맡겨져 있다고 할 것이고, 주무관청이 정관변경허가를 함에 있어서는 비례의 원칙 및 평등의 원칙에 적합하고 행정처분의 본질적 효력을 해하지 않는 한도 내에서 부관을 붙일 수 있다(대판 2002. 9. 24, 2000두5661).

판례 2(재단법인 임원취임의 인가의 재량행위 여부) 재단법인의 임원취임이 사법인인 재단법인의 정관에 근거한다 할지라도 이에 대한 행정청의 승인(인가)행위는 법인에 대한 주무관청의 감독권에 연유하는 이상 그 인가행위 또는 인가거부행위는 공법상의 행정처분으로서, 그 임원취임을 인가 또는 거부할 것인지 여부는 주무관청의 권한에 속하는 사항이라고 할 것이고, 재단법인의 임원취임승인 신청에 대하여 주무관청이 이에 기속되어 이를 당연히 승인(인가)하여야 하는 것은 아니다(대판 2000. 1. 28, 98두16996).

다. 인가의 대상

인가의 대상은 성질상 반드시 법률적 행위여야 하며 사실행위는 제외된다. 인가의 대상인 행위가 법률적 행위이면 공법적 행위 또는 사법적 행위를 가리지 않는다.

인가의 대상이 되는 사법적 행위의 예로는 투기대상지역의 토지거래허가(국토계획이용법 118조), 비영리법인의 설립인가(민법 32조), 외국인토지취득의 허가(부동산 거래신고 등에 관한 법률 9조), 공법적 행위의 예로서는 공공조합의 설립인가(농업협동조합법 15조, 수산업협동조합법 16조), 지방자치단체조합의 설립인가(지자법 149조) 등이 있다.

판례 1(토지거래허가의 법적 성격) 국토이용관리법 제21조의3 제1항 소정의 허가가 규제지역 내의 모든 국민에게 전반적으로 토지거래의 자유를 금지하고 일정한 요건을 갖춘 경우에만 금지를 해제하여 계약체결의 자유를 회복시켜주는 성질의 것이라고 보는 것은 위 법의 입법소지를 넘어선 지나친 해석이라고 할 것이고, 규제지역 내에서도 토지거래의 자유가 인정되나 다만 위 허가를 허가 전의 유동적 무효 상태에 있는 법률행위의 효력을 완성시켜 주는 인가적 성질을 띤 것이라고 보는 것이 타당하다(대판 1991. 12. 24, 90다12243).

판례 2(재단법인의 정관변경허가의 법적 성격) 민법 제45조와 제46조에서 말하는 재단법인의 정관변경 "허가"는 법률상의 표현이 허가로 되어 있기는 하나, 그 성질에 있어 법률행위의 효력을 보충해 주는 것이지 일반적 금지를 해제하는 것이 아니므로, 그 법적 성격은 인가라고 보아야 한다(대판(전원합의체) 1996. 5. 16, 95누4810).

라. 인가와 신청

인가는 기본이 되는 법률행위를 하고자 하는 자의 신청에 의하여 행하여진다. 행정청은 인가신청에 대하여 소극적으로 인가를 할 것인지 여부에 대하여 결정할 수 있으며 적극적으로 신청의 내용과 다른 수정인가를 행하지 못한다.

마. 인가의 형식

인가는 반드시 구체적인 처분의 형식으로 행하여지며 요식행위인 것이 원칙이다.

바. 인가의 효과

인가가 행하여짐으로써 신청자의 법률적 행위의 효과가 완성된다. 인가는 법률적 행위를 대상으로 하는 것이기 때문에 그 효과는 당해 법률적 행위의 관계에 대하여만 발생하며 타인에게 이전되지 않는 것이 원칙이다. 요인가행위를 인가받지 않고 한 행위는 무효이나 법률의 특별한 규정이 없는 한 처벌이나 강제집행의 대상이 되지 않는 것이 일반적이다. 이 점에서 허가는 적법요건으로서 무허가행위는 처벌의 대상이 되나, 원칙적으로 무효가 되지 않는 것과 차이가 난다.

판례(공유수면매립면허의 양도 · 양수 인가의 효력) 공유수면매립법 제20조 제1항 및 같은 법 시행령 제29조 제1항 등 관계법령의 규정내용과 공유수면매립의 성질 등에 비추어 볼 때, 공유수면매립의 면허로 인한 권리의무의 양도·양수에 있어서의 면허관청의 인가는 효력요건으로서, 위 각 규정은 강행규정이라고 할 것인바, 위 면허의 공동명의자 사이의 면허로 인한 권리의무양도약정은 면허관청의 인가를 받지 않은 이상 법률상 아무런 효력도 발생할 수 없다(대판 1991. 6. 25, 90누5184).

사. 인가와 기본행위

가) 인가는 적법하나 기본행위에 하자가 있는 경우 인가는 자신과 직접 관계없는 법률관계의 당사자의 법률행위의 효과를 완성시켜주는 보충행위에 지나지 않기 때문에 그 기본행위가 무효이거나 불성립인 경우에는 인가가 있다고 하더라도 유효하게 되는 것이 아니다. 또한 인가의 대상이 된 행위가 취소대상이 된 경우에는 인가가 있은 후에도 이를 취소할 수 있다. 아울러 유효한 기본행위를 대상으로 유효하게 성립한 인가라고 할지라도 후에 그 기본행위가 취소되거나 실효된 경우에는 인가는 그 존립의 바탕을 잃게 되어 실효된다.

판례(기본행위의 무효를 이유로 인가를 다툴 법률상 이익이 있는지 여부) 인가는 기본행위인 재단법인의 정관변경에 대한 법률상의 효력을 완성시키는 보충행위로서, 그 기본이 되는 정관변경 결의에 하자가 있을 때에는 그에 대한 인가가 있었다 하여도 기본행위인 정관변경 결의가 유효한 것으로 될 수 없으므로 기본행위인 정관변경 결의가 적법 유효하고 보충행위인 인가처분 자체에만 하자가 있다면 그 인가처분의 무효나 취소를 주장할 수 있지만, 인가처분에 하자가 없다면 기본행위에 하자가 있다 하더라도 따로 그 기본행위의 하자를 다투는 것은 별론으로 하고 기본행위의 무효를 내세워 바로 그에 대한 행정청의 인가처분의 취소 또는 무효확인을 소구할 법률상의 이익이 없다(대판(전원합의체) 1996. 5. 16, 95누4810).

나) 기본행위는 적법하나 인가에 하자가 있는 경우 기본행위는 적법하나 인가행위가 무효인 경우에는 무인가행위가 되므로 효력이 발행하지 않으며, 인가행위의 하자가 취소사유인 경우에는 인가행위가 취소되기 전까지는 유효한 행위가 될 것이다. 기본행위가 적법하고, 인가행위에만 흠이 있을 때에는 그 인가의 취소 또는 무효확인을 구할 법률상 이익이 있다.

판례 1(기본행위의 하자와 인가처분의 하자의 상호관련성) 사립학교법 제50조 제2항의 정관 변경에 대한 문교부장관의 인가는 기존 재단법인이 학교법인으로 조직을 바꾸기 위하여 정관을 변경하는 행위(기본행위)의 법률상의 효력을 완성시키는 보충행위로서, 비록 그 인가가 있다고 하더라도 정관변경을 의결하는 행위(기본행위)에 하자가 있다면, 그 정관변경이 유효한 것이 될 수 없으며 또 기본행위가 적법 유효하다고 하더라도 그 보충행위인 인가에 하자가 있다면, 그 인가의 무효나 취소를 주장할 수 있으나, 그 반대로 인가처분 자체에 하자가 없다면, 기본행위에 하자가 있다 하여 그 인가처분행위 자체에 하자가 있는 것이라 할 수 없다(대판 1969. 11. 11, 66누146).

판례 2(기본행위의 흠을 이유로 인가처분의 무효 또는 취소를 구할 수 있는지 여부) 「도시 및 주거환경정비법」에 기초하여 주택재개발정비사업조합이 수립한 관리처분계획은 그것이 인가·고시를 통해 확정되면 이해관계인에 대한 구속적 행정계획으로서 독립적인 행정처분에 해당한다. 이러한 관리처분계획을 인가하는 행정청의 행위는 조합의 관리처분계획에 대한 법률상의 효력을 완성시키는 보충행위이다. 따라서 기본행위가 적법·유효하고 보충행위인 인가처분 자체에 흠이 있다면 그 인가처분의 무효나 취소를 주장할 수 있다. 그러나 인가처분에 흠이 없다면 기본행위에 흠이 있다고 하더라도 따로 기본행위의 흠을 다투는 것은 별론으로 하고 기본행위의 흠을 내세워 바로 그에 대한 인가처분의 무효확인 또는 취소를 구할 수는 없으므로, 그 당부에 관하여 판단할 필요 없이 해당 부분 청구를 기각하여야 한다(대판 2016. 12. 15, 2015두51347).

판례 3(인가처분의 실효가능성) 외자도입법 제19조에 따른 기술도입계약에 대한 인가는 기본행위인 기술도입계약을 보충하여 그 법률상 효력을 완성시키는 보충적 행정행위에 지나지 아니하므로 기본행위인 기술도입계약이 해지로 인하여 소멸되었다면 위 인가처분은 무효선언이나 그 취소처분이 없어도 당연히 실효된다(대판 1983. 12. 27, 82누491).

3) 공법상의 대리

대리란 제3자가 하여야 할 일을 행정청이 대신하여 행함으로써 제3자가 행한 것과 같은 법적 효과를 발생시키는 행정행위이다. 피대리인의 수권에 의한 것이 아니라 법률의 규정에 의한 공권력의 발동으로서 행하여지는 것이므로 법정대리라고 할 수 있다. 다만 여기서 대리란 외부적 효력을 갖는 행정행위로서의 공법상 대리를 의미하기 때문에 행정조직 내부에서 행하여지는 권한의 대리와 구별되어야 한다.

공법상의 대리의 예로는 ① 행정청이 감독적 견지에서 행하는 사학재단의 임시이사의 임명, ② 당사자의 협의가 불성립할 경우에 조정적 견지에서 하는 토지수용위원회의 재결(토지보상법 34조), ③ 행정청이 타인을 보호하기 위한 경우(행려병자(行旅病者)·사자(死者)의 유류품처분(遺留品處分)), ④ 행정청 자신의 행정목적달성 등을 위하여 행하는 경우(체납처분절차에서 행하는 압류재산의 공매처분) 등이 있다.

Ⅲ. 준법률행위적 행정행위

종래의 학설에 의하면 준법률행위적 행정행위라 함은 법률행위적 행정행위와는 달리 의사표시를 그 요소로 하는 것이 아니라 의사표시 외의 정신작용, 즉 판단, 인식, 관념 등을 표시하고 그 법률적 효과는 행위자의 의사에 관계없이 직접 법규가 정하는 바에 따라 발생하는 행위를 말한다.

1. 확 인

1) 의 의

확인이란 특정한 사실 또는 법률관계의 존부 또는 정부에 대하여 의문이나 다툼이 있는 경우에 행정청이 이를 공적으로 확인하는 행위를 말한다. 도로·하천 등의 구역결정, 발명의 특허, 선거에 있어 당선인의 결정, 국가시험에 있어 합격자의 결정, 이의신청의 결정 및 행정심판의 재결, 소득금액의 결정 등이 그 예이다. 실정법상으로는 재결·결정·특허 등의 용어로 사용되는 경우가 많다.

2) 확인의 성질

확인은 특정한 사실 또는 법률관계의 존부·정부에 관한 분쟁을 전제로 하는 작용이라는 점에서 법원의 판단과 그 성질이 비슷하다. 따라서 확인을 준사법적 행위라고도 한다. 다만 확인행위가 발명의 특허처럼 구체적 권리를 발생하는 형성적 효과를 수반하는 경우가 있으나 그것은 법률이 부여하는 효과이지 확인 자체의 효과가 아니다. 확인은 판단작용이기 때문에 일정한 사실 또는 법률관계가 존재하거나 정당하다고 판단하는 경우에 확인을 하지 않으면 안되는 기속행위이다.

판례(준공검사처분의 기속행위 여부) 준공검사처분은 건축허가를 받아 건축한 건물이 건축허가사항대로 건축행정목적에 적합한가의 여부를 확인하고, 준공검사필증을 교부하여 줌으로써 허가받은 자로 하여금 건축한 건물을 사용, 수익할 수 있게 하는 법률효과를 발생시키는 것이므로 허가관청은 특단의 사정이 없는 한 건축허가내용대로 완공된 건축물의 준공을 거부할 수 없다고 하겠다(대판 1992. 4. 10, 91누5358).

3) 확인의 형식

확인은 항상 구체적인 처분의 형식으로 행하여지며 법령에 의한 일반적인 확인은 있을 수가 없다. 또한 확인은 일정한 형식이 요구되는 요식행위(要式行爲)인 것이 보통이다(자동차검사증의 교부, 행정심판의 재결서).

4) 확인의 효과

확인은 특정한 사실 또는 법률관계의 존부 여부 또는 정부 여부를 공적으로 확정하는 효과를 갖는다. 그러므로 확인이 행하여진 이후에는 새로운 사유의 발생을 이유로 하여 취소 · 변경을 할 수 없거나 취소 · 변경이 제한되는 불가변력이 발생된다. 그 밖에도 확인은 법령에서 정한 효과를 발생시킨다는 점에서 법률행위적 행정행위와 구별된다.

2. 공 증

1) 의 의

공증이란 특정한 사실 또는 법률관계의 존부(存否)를 공적으로 증명하는 행위이다. 공증이란 행정청의 효과의사를 요소로 하는 의사표시에 해당하는 것이 아니라 일정한 정신작용의 발현행위라는 점에서 확인과 같으나 ① 확인은 특정한 사실이나 법률관계에 관한 의문 · 분쟁을 전제로 하는 것이나 공증은 의문이나 분쟁이 없는 것을 전제로 한다는 점, ② 확인은 특정한 사실이나 법률관계의 존부를 확정하기 위한 판단표시행위이나 공증은 특정한 법률사실이나 법률관계의 존재를 증명하는 인식표시행위라는 점에서 차이가 있다. 그러나 확인이 일반적으로 공증(증명서)의 형식으로 표시되기 때문에 그 구체적인 구별이 어렵다. 이러한 공증의 종류로는 ① 등기부, 등록부 등의 등기 · 등록(부동산등기부, 외국인등록부에 등록), ② 각종의 명부, 장부, 원부 등에 등재(선거인명부, 토지대장, 가옥대장, 광업원부에 등재), ③ 각종의 증명서발급(합격증서발급) 등이 있다.

공증은 또한 특정한 사실 또는 법률관계가 객관적으로 존재하는 한 공증을 하여야 하는 기속행위이다.

2) 공증의 형식

공증은 원칙적으로 문서에 의할 뿐 아니라 일정한 서식이 요구되는 요식행위이다.

3) 공증의 효과

공증의 효과는 직접적으로 공증된 사실 또는 법률관계에 따라 공적 증거력을 발생시키는 데 있으나 증거력에 따라 어떠한 법적 효과를 발생하는가는 관계법령의 규정에 의하여 결정된다. 공증은 각 법령이 규정하는 바에 따라 ① 권리행사의 요건(선거인명부에의 등록), 또는 ② 권리의 성립 및 제3자에 대한 대항요건(부동산등기부에 등기)이 되는 경우가 있다. 공증의 효과는 오직 그 증명된 바에 대한 반증이 있을 때까지 일응 진실한 것으로 추정되는 효력을 가지는 데 그치며 누구든지 그에 대한 반증을 제시함으로써 그 증거력을 다투고 이를 번복시킬 수 있다. 이에 따라 공증은 원칙적으로 공정력을 갖지 않는다.

4) 공증의 처분성 문제

공증의 대부분이 공정력을 갖지 않게 됨에 따라 공증의 행정행위성 여부가 문제가 되고 있다. 공증의 법적 성격은 일률적으로 판단하기 어려우며, 개인의 권리나 법적 지위를 구속적으로 확정하는 행위, 즉 규율적 성격을 갖는 경우(범죄기록부에 등재, 농지취득자격증명발급, 문화재지정등록 등)에는 행정행위의 성격을 갖는 반면, 특정한 사실관계의 증명과 같이 반복적이고 기술적인 직무수행활동에 지나지 않는 것(인감증명행위, 졸업 및 재학증명서발급 등)은 사실행위에 지나지 않는다고 할 것이다. 판례는 종래 토지대장, 건물관리대장 등 각종의 공부에의 등재 또는 그 변경행위에 대하여 처분성을 부인하였으나, 최근 입장을 바꾸어 지적공부의 지목변경신청반려행위 및 건축물대장작성신청의 반려행위 등을 행정처분으로 보고 있다.[43)]

판례 1(인감증명행위의 처분성 여부) 인감증명행위는 인감증명청이 적법한 신청이 있는 경우에 인감대장에 이미 신고된 인감을 기준으로 출원자의 현재 사용하는 인감을 증명하는 것으로서 구체적인 사실을 증명하는 것일 뿐, 나아가 출원자에게 어떠한 권리가 부여되거나 변동 또는 상실되는 효력을 발생하는 것이 아니고, 인감증명의 무효확인을 받아들인다 하더라도 이로써 이미 침해된 당사자의 권리가 회복되거나 또는 곧바로 이와 관련된 새로운 권리가 발생하는 것도 아니므로 무효확인을 구할 법률상 이익이 없어 부적법하다(대판 2001. 7. 10, 2000두2136).

판례 2(자동차운전면허대장상에 등재행위의 처분성 여부) 자동차운전면허대장상 일정한 사항의 등재행위는 운전면허행정사무집행의 편의와 사실증명의 자료로 삼기 위한 것일 뿐 그 등재행위로 인하여 당해 운전면허 취득자에게 새로이 어떠한 권리가 부여되거나 변동 또는 상실되는 효력이 발생하는 것은 아니므로 이는 행정소송의 대상이 되는 독립한 행정처분으로 볼 수 없고, 운전경력증명서상의 기재행위 역시 당해 운전면허 취득자에 대한 자동차운전면허대장상의 기재사항을 옮겨 적는 것에 불과할 뿐이므로 운전경력증명서에 한 등재의 말소를 구하는 소는 부적법하다 할 것이다(대판 1991. 9. 24, 91누1400).

판례 3(지적공부상에 지목변경신청 반려행위의 처분성 여부) 구 지적법 제20조, 제38조 제2항의 규정은 토지소유자에게 지목변경신청권과 지목정정신청권을 부여한 것이고, 한편 지목은 토지에 대한 공법상의 규제, 개발부담금의 부과대상, 지방세의 과세대상, 공시지가의 산정, 손실보상가액의 산정 등 토지행정의 기초로서 공법상의 법률관계에 영향을 미치고, 토지소유자는 지목을 토대로 토지의 사용 · 수익 · 처분에 일정한 제한을 받게 되는 점 등을 고려하면, 지목은 토지소유권을 제대로 행사하기 위한 전제요건으로서 토지소유자의 실체적 권리관계에 밀접하게 관련되어 있으므로 지적공부 소관청의 지목변경신청 반려행위는 국민의 권리관계에 영향을 미치는 것으로서 항고소송의 대상이 되는 행정처분에 해당한다(대판 2004. 4. 22, 2003두9015).

판례 4(건축물대장작성신청의 반려행위의 처분성 여부) 구 건축법 제29조 제2항, 구 건축물대장의 기재 및 관리 등에 관한 규칙 제1조, 제5조 제1항, 제2항, 제3항의 각 규정에 의하면, 구 건축법 제18조의 규정에 의한 사용승인(다른 법령에 의하여 사용승인으로 의제되는 준공검사 · 준공인가 등을 포함한다)을 신청하는 자 또는 구 건축법 제18조의 규정에 의한 사용승인을 얻어야 하는 자 외의 자는 건축물대장의 작성신청권을 가지고 있고, 한편 건축물대장은 건축물에 대한 공법상의 규제, 지방세의 과세대상, 손실보상가

43) 이에 대하여 상세히는 宣正源, 公簿變更 및 그 拒否行爲의 處分性, 人權과 正義, 2002. 11, 126면 이하.

액의 산정 등 건축행정의 기초자료로서 공법상의 법률관계에 영향을 미칠 뿐만 아니라, 건축물에 관한 소유권보존등기 또는 소유권이전등기를 신청하려면 이를 등기소에 제출하여야 하는 점 등을 종합해 보면, 건축물대장의 작성은 건축물의 소유권을 제대로 행사하기 위한 전제요건으로서 건축물 소유자의 실체적 권리관계에 밀접하게 관련되어 있으므로 건축물대장 소관청의 작성신청 반려행위는 국민의 권리관계에 영향을 미치는 것으로서 항고소송의 대상이 되는 행정처분에 해당한다(대판 2009. 2. 12, 2007두17359).

3. 통 지

통지란 특정인 또는 불특정다수인에 대하여 특정한 사실을 알리는 행정행위이다. 통지에는 특정한 사실에 관한 관념을 알리는 행위(특허출원의 공고, 귀화의 고시)와 행정청의 의사를 알리는 행위(토지수용에 있어서 사업인정의 고시, 대집행의 계고, 조세체납자에 대한 독촉)가 있다. 통지는 그 자체가 독립된 행정행위이므로 이미 성립한 행정행위의 효력발생요건으로서 특정인에게 하는 구술, 교부, 송달과 불특정다수인에게 하는 공고(公告) 등과 다르다. 통지의 구체적인 효력은 관계법령의 규정에 따른다. 근래 유력한 견해는 통지의 준법률행정행위적 성격에 대하여 의문을 제기하고 있는바, 예를 들어 사업인정의 고시는 형성적 행정행위로, 대집행의 계고나 조세체납자에 대한 독촉을 명령적 행정행위로 볼 수 있다고 한다.[44]

판례(민원사무 처리에 관한 법률상의 사전심사결과 통보가 처분에 해당하는지 여부) 구 민원사무 처리에 관한 법률 제19조 제1항, 제3항, 구 민원사무 처리에 관한 법률 시행령 제31조 제3항의 내용과 체계에다가 사전심사청구제도는 민원인이 대규모의 경제적 비용이 수반되는 민원사항에 대하여 간편한 절차로써 미리 행정청의 공적 견해를 받아볼 수 있도록 하여 민원행정의 예측 가능성을 확보하게 하는 데에 취지가 있다고 보이고, 민원인이 희망하는 특정한 견해의 표명까지 요구할 수 있는 권리를 부여한 것으로 보기는 어려운 점, 행정청은 사전심사결과 가능하다는 통보를 한 때에도 구 민원사무처리법 제19조 제3항에 의한 제약이 따르기는 하나 반드시 민원사항을 인용하는 처분을 해야 하는 것은 아닌 점, 행정청은 사전심사결과 불가능하다고 통보하였더라도 사전심사결과에 구애되지 않고 민원사항을 처리할 수 있으므로 불가능하다는 통보가 민원인의 권리의무에 직접적 영향을 미친다고 볼 수 없고, 통보로 인하여 민원인에게 어떠한 법적 불이익이 발생할 가능성도 없는 점 등 여러 사정을 종합해 보면, 구 민원사무처리법이 규정하는 사전심사결과 통보는 항고소송의 대상이 되는 행정처분에 해당하지 아니한다(대판 2014. 4. 24, 2013두7834).

4. 수 리

1) 의 의

수리란 타인의 행정청에 대한 행위를 유효한 행위로써 받아들이는 행위를 말한다. 수리는 행정청이 타인의 행위를 유효한 행위로 판단하여 수령하는 인식표시행위라는 점에서 단순한 사실행위인 접수나 도달과는 차이가 난다. 수리의 예로서는 혼인신고의 수리, 입후보등록, 공무원사표의 수리, 행정심판청구서의 수리 등이 있으며 법령이 정하는 바에 따라 효과를 발생시킨다. 수리와 관련하여 특히 구별되어야 할 것은 자체완성적 신고의 접수이다. 자체완성적 신고는 형식적 요건을 갖추고 있는 한 신고서가 접수기관에 도달한 때에 그 효력을 발생하므로(행정절차법 40조), 행정청의 수리를 필요로 하

44) 金南辰/金連泰, 行政法 I, 280면.

지 않는 것이다.

통지와 마찬가지로 수리의 행정행위로서의 독자적인 성격을 주장하는 경향이 있음을 유의할 필요가 있다. 예를 들어 혼인신고의 수리, 공무원사표수리는 형성적 행정행위에 해당된다는 견해이다.

2) 수리의 효과

수리의 효과는 개별 법령이 정하는 바에 따라 다르다. 사법상의 법률효과가 발생하는 경우가 있고(혼인신고의 수리), 공법상의 법률효과가 발생하는 경우가 있으며(공무원의 사표수리), 그 밖에 행정청에 일정한 처리의무를 발생시키는 경우도 있다(행정심판의 수리). 수리의 부작위 또는 거부에 대하여는 행정쟁송이 가능하다.

제4절 행정행위의 부관

Ⅰ. 개 설
- 1. 부관의 의의
  - 1) 의 의
  - 2) 기 능
- 2. 부관의 개념
  - 1) 종래의 견해
  - 2) 새로운 견해

Ⅱ. 부관의 종류
- 1. 기 한
- 2. 조 건
- 3. 부 담－조건과의 구별이 중요
- 4. 철회권의 유보
- 5. 법률효과의 일부배제－부관성 여부에 대해 견해 대립
- 6. 부관의 사후부가 · 변경 · 보충의 유보
- 7. 수정부담－부관의 성격 부인

Ⅲ. 부관의 한계
- 1. 부관의 가능성
  - 1) 법률행위적 행정행위와 준법률행위적 행정행위
  - 2) 기속행위와 재량행위
- 2. 부관의 자유성
  - 1) 부관은 법령에 위배되지 않을 것
  - 2) 부관은 주된 행정행위의 목적에 위배되지 않을 것
  - 3) 부관은 비례의 원칙, 신뢰보호의 원칙, 부당결부금지의 원칙에 위배되지 않을 것
- 3. 부관의 사후부가
  - 1) 부정설
  - 2) 부담가능설
  - 3) 제한적 긍정설

Ⅳ. 부관의 하자

Ⅴ. 부관에 대한 행정쟁송
- 1. 의 의(문제의 소재)
- 2. 부관에 대한 취소쟁송의 제기가능성(가쟁성)
  - 1) 학 설
    - 가. 부관의 종류에 따른 구별
    - 나. 부관의 분리가능성에 따른 구별
    - 다. 모든 부관에 대한 취소쟁송의 가능성
  - 2) 판 례
  - 3) 결 어(=부관의 종류에 따른 구별)
- 3. 본안에 있어서 부관의 독립취소가능성
  - 1) 행정심판에서 부관의 독립취소가능성
  - 2) 행정소송에 있어서 부관의 독립취소가능성
    - 가. 기속행위와 재량행위의 구별
    - 나. 주된 행정행위와 부관과의 연관관계
    - 다. 부관만의 독립된 취소가능성
    - 라. 결 어(=부관만의 독립된 취소가능성)
- 4. 제3자효행정행위의 부관에 대한 행정쟁송

I. 개 설

1. 부관의 의의

행정행위는 기한 · 조건 · 부담 등 추가적인 규율에 의하여 제한되고 보완될 수 있다. 이처럼 주된 행정행위의 효과를 제한 또는 보충하기 위하여 부가된 종된 규율을 행정행위의 부관이라고 한다. 이러한 행정행위의 부관은 실무에 있어서, 특히 수익적 행정행위의 발급, 즉 영업허가 · 건축허가 등 각종 인허가의 발급과 관련하여 중요한 의미를 갖는다. 행정행위의 부관은 이들 수익적 행정행위를 제한없이 발급하기에는 아직 법적 또는 사실적 애로가 있기 때문에 이들을 제거하기 위한 목적을 갖고 있다. 즉 차고설치가 건물의 건축허가에 대한 요건에 해당함에도 불구하고 신청서류에 미비된 경우에 건축허가의 거부 대신에 차고설치조건부의 건축허가가 발급될 수 있다. "안된다(Nein)" 대신에 "된다, 그러나(Ja, aber)"의 구조를 갖는다. 따라서 부관은 한편으로는 탄력성 있는 행정을 가능하게 하며 다른 한편으로는 개인의 이익을 보호하는 기능을 갖고 있다. 이외에도 부관의 순기능으로서 행정의 절차적 경제의 도모 및 일반인과 제3자의 이익보호(환경오염방지를 위한 부관의 부가) 등이 열거되고 있다. 반면에 부관이 행정청의 지나친 개입이나 규제의 수단으로 남용될 수 있는 역기능이 존재하고 있음을 부인할 수 없다.

행정행위의 부관은 행정청 스스로의 의사로 붙이는 것을 의미한다는 점에서 법령이 행정행위의 기한 · 조건 등을 명시하는 법정부관(수렵면허의 유효기간, 자동차검사증의 유효기간)과 다르다. 다만 법정부관의 내용을 다시 부관으로 구체화하는 경우가 있다. 또한 부관의 내용을 공법상 계약의 내용으로 정할 수 있는 경우도 있다. 실정법적으로 부관은 조건으로 표시되는 경우가 많다.

2. 부관의 개념

이러한 부관의 개념적 정의는 논란이 되고 있는바 종래의 학설은 행정행위의 부관을 "행정행위의 효과를 제한하기 위하여 주된 의사표시에 부가된 종된 의사표시"로 정의하고 있는 반면 독일학설의 영향을 받은 새로운 학설은 "주된 행정행위의 효과를 제한 · 보충하기 위하여 부가된 종된 규율"이라고 정의하고 있다. 종래의 학설은 행정행위를 법률행위적 행정행위와 준법률행위적 행정행위로 구분하고 부관은 의사표시를 요소로 하는 법률행위적 행정행위에만 붙일 수 있으며 아울러 그 기능은 행정행위의 효과를 제한하는 데 있다는 견해에 근거하고 있다.[45)]

그러나 이러한 종래의 학설은 점차 비판을 받고 지지를 상실하고 있다. 우선 행정행위를 법률행위적 행정행위와 준법률행위적 행정행위로 분류하는 방법에 비판이 제기되고 있으며 또한 이와 같은 분류를 따른다고 하더라도, 법률행위적 행정행위에도 부관에 친숙하지 않은 행정행위가 있으며(귀화허가, 공무원임명, 입학허가 등 신분설정행위), 공증과 같은 준법률행위적 행정행위에도 부관을 붙일 수 있다(여권이나 공립학교학생증에 기한). 아울러 종래의 학설은 단지 부관의 효과제한적인 기능만을 강조하고 있는바, 부관은 행정행위의 효과를 제한하는 기능뿐만 아니라 보충하는 기능을 아울러 갖고 있음을 간과하고 있다.[46)]

45) 金道昶, 一般行政法論(上), 424면.
46) 金南辰/金連泰, 行政法 I, 291면.

Ⅱ. 부관의 종류

1. 기한(期限)

행정행위의 효력의 발생 · 소멸을 도래가 확실한 장래의 사실에 의존시키는 부관을 기한이라고 한다. 여기서 행정행위의 효과의 발생에 관한 기한을 시기(始期)라고 하고 소멸에 관한 기한을 종기(終期)라고 한다. 예를 들어 A구청장이 1999년 1월 1일부터 2000년 12월 31일까지의 기간으로 갑에게 하천점용허가를 발하였다면, 점용허가의 시기는 1999년 1월 1일이며, 종기는 2000년 12월 31일이 된다.

기한은 행정행위의 효력의 발생 · 소멸을 도래가 확실한 장래의 사실에 의존시키는 행정청의 의사표시라는 점에서 도래가 불확실한 장래의 사실에 의존시키는 조건과 구별된다. 기한은 반드시 "모월 모일"과 같이 일부로 표시될 필요가 없으며 "근속기간중(勤續期間중)" 또는 "종신(終身)"과 같이 도래시기가 확정되어 있지 않은 것도 기한의 일종이라고 할 수가 있으며 이 경우를 불확정기한이라고 한다.

행정행위는 시기의 도래로 당연히 그 효력이 발생되며 반대로 종기의 도래로 효력이 소멸된다. 한편 판례는 대상사업의 성질상 지나치게 짧은 종기가 붙을 경우에는 이를 행정행위의 존속기간으로 보기보다는 허가조건의 존속기간(예: 영업허가를 2년 기한으로 한 경우에, 2년마다 사회변화에 따라 허가내용을 바꾸는 기간)으로 보아, 그 기간이 도래함으로써 그 조건의 개정을 고려한다는 뜻으로 해석하고 있다.

판례 1(부당하게 짧은 기한의 법적 성격) 행정행위인 허가 또는 특허에 붙인 조항으로서 종료의 기한을 정한 경우 종기인 기한에 관하여는 일률적으로 기한이 왔다고 하여 당연히 그 행정행위의 효력이 상실된다고 할 것이 아니고 그 기한이 그 허가 또는 특허된 사업의 성질상 부당하게 짧은 기한을 정한 경우에 있어서는 그 기한은 그 허가 또는 특허의 조건의 존속기간을 정한 것이며 그 기한이 도래함으로써 그 조건의 개정을 고려한다는 뜻으로 해석하여야 할 것이다(대판 1962. 2. 22, 1960행상42).

판례 2(허가조건의 존속기간에서 연장신청의 필요성) 일반적으로 행정처분에 효력기간이 정하여져 있는 경우에는 그 기간의 경과로 그 행정처분의 효력은 상실되고, 다만 허가에 붙은 기한이 그 허가된 사업의 성질상 부당하게 짧은 경우에는 이를 그 허가 자체의 존속기간이 아니라 그 허가조건의 존속기간으로 보아 그 기한이 도래함으로써 그 조건의 개정을 고려한다는 뜻으로 해석할 수는 있지만, 그와 같은 경우라 하더라도 그 허가기간이 연장되기 위하여는 그 종기가 도래하기 전에 그 허가기간의 연장에 관한 신청이 있어야 하며, 만일 그러한 연장신청이 없는 상태에서 허가기간이 만료하였다면 그 허가의 효력은 상실된다(대판 2007. 10. 11, 2005두12404).

판례 3(제재적 행정처분에 효력기간의 시기와 종기를 다시 정하는 후속변경처분은 당초의 행정처분의 효력이 유지되는 동안에만 인정된다는 판례) 효력기간이 정해져 있는 제재적 행정처분의 효력이 발생한 이후에도 행정청은 특별한 사정이 없는 한 상대방에 대한 별도의 처분으로써 효력기간의 시기와 종기를 다시 정할 수 있다. 이러한 후속 변경처분도 특별한 규정이 없는 한 의사표시에 관한 일반법리에 따라 상대방에게 고지되어야 효력이 발생한다. 위와 같은 후속 변경처분서에 효력기간의 시기와 종기를 다시 특정하는 대신 당초 제재적 행정처분의 집행을 특정 소송사건의 판결 시까지 유예한다고 기재되어 있다면, 처분의 효력기간은 원칙적으로 그 사건의 판결 선고 시까지 진행이 정지되었다가 판결이 선고되면 다시 진행된다. 다만 이러한 후속 변경처분 권한은 특별한 사정이 없는 한 당초의 제재적 행정처분의 효력이 유지되는 동안에만 인정된다. 당초의 제재적 행정처분에서 정한 효력기간이 경과하면 그로써 처분의 집행은 종료되어 처분의 효력이 소멸하는 것이므로(행정소송법 제12조 후문), 그 후 동일한 사유로 다시 제재적 행정처분을 하는 것은 위법한 이중처분에 해당한다(대판 2022. 2. 11, 2021두40720).

2. 조건(條件)

행정행위의 효력의 발생·소멸을 장래의 도래가 불확실한 사실의 발생에 의존시키는 부관을 조건이라고 한다. 조건은 구조상 기한에 상응하지만 행정행위의 효력의 발생 또는 소멸이 시간적으로 확정되지 않고 도래가 불확실한 장래의 사건에 의존된다는 점에서 차이가 존재한다. 이 중에서 장래에 도래가 불확실한 사건에 행정행위의 효력발생을 의존시키는 조건을 정지조건이라고 하며(도로건설을 조건으로 한 자동차운수사업의 면허), 도래가 불확실한 사건에 행정행위의 효력의 소멸을 의존시키는 조건을 해제조건이라고 한다(특정기업에 취업조건으로 체류허가의 발급). 또한 조건과 관련하여 어떠한 사실의 발생이 행정행위의 상대방의 의사에 달려있는 것을 부진정한 조건이라고 한다(노래방허가에 있어서 소음방지시설의 설치).

3. 부담(負擔)

부담은 주된 행정행위에 부수하여 상대방에게 작위·부작위·수인·급부 등의 의무를 부과하는 부관을 의미한다. 특히 허가나 특허 등 수익적 행정행위의 발급에 있어서 그 실례를 많이 발견할 수 있다. 주된 행정행위의 구성요소를 이루는 기한이나 조건과는 달리 부담은 주된 행정행위에 추가하여 상대방에게 의무를 부과하는 규율로써, 그 자체로써 별도의 행정행위의 성격을 갖고 있다. 그럼에도 불구하고 주된 행정행위에 대한 부종성 때문에 부담의 부관성은 부인될 수 없다. 왜냐하면 부담 역시 주된 행정행위에 관련되어 있고, 부담의 존속여부도 주된 행정행위의 효력에 의존되어 있기 때문이다. 예를 들어, 행정청이 특정 건설업체에 대하여 낡은 임대아파트의 철거허가를 하면서 시의 임대아파트건설을 위하여 500만원의 급부의무를 부과하는 경우에, 철거허가가 직권취소된다면 급부의무도 소멸된다. 또한 건설업체가 철거허가를 받은 후에도 철거를 포기한다면 급부의무를 이행할 필요가 없다. 또한 행정청은 건설업체가 부담(급부의무)을 불이행하는 경우에는 철거허가를 철회할 수 있다. 독일의 일부의 학설은[47] 이러한 부담의 부종성 때문에 부담의 행정행위의 성격을 부인하고 있으나 아직 소수설에 머물고 있다.

부담은 실정법상 조건으로 표시되기 때문에 조건과의 구별이 쉽지 않다. 그러나 ① 정지조건부 행정행위는 일정한 사실의 성취가 있어야 효력이 발생하는 반면 부담부 행정행위는 처음부터 효력이 발생된다는 점(소음방지시설을 설치하는 부관하에 무도장허가를 하는 경우에 부관이 부담이라면 무도장허가는 즉시 효력이 발생하지만, 정지조건인 경우에는 소음방지시설이 완비될 때까지 무도장허가는 효력이 발생하지 않는다), ② 해제조건부 행정행위는 조건이 되는 사실의 성취에 의하여 당연히 효력이 소멸되는 데 대하여 부담은 이행하지 않더라도 당연히 효력이 소멸되지 않는다는 점, ③ 부담의 경우에는 상대방이 의무를 이행하지 않는 경우, 행정청은 주된 행정행위를 철회하거나 부과된 의무를 강제집행할 수 있다는 점에서 양자는 현저한 차이가 있다. 양자의 구별이 명확하지 않을 경우에는 개인에게 상대적으로 유리한 부담으로 보는 것이 타당할 것이다.

47) Schenke, JuS 1983, S. 182; Stadie, DVBl 1992, S. 613.

4. 철회권의 유보

철회권의 유보는 행정청이 일정한 경우에 행정행위를 철회하여 그 효력을 소멸시킬 수 있는 권한을 유보하는 부관을 의미한다. 실무상으로 취소권의 유보라고 부르기도 한다.

철회권의 행사 그 자체가 조건일 수 있다는 점에서 철회권의 유보는 해제조건의 특수한 형태라고 볼 수 있다. 철회권이 유보되는 경우에 상대방은 이후의 철회가능성을 예견하고 있기 때문에, 신뢰보호원칙에 근거하여 철회의 제한 내지는 손실보상을 요구할 수 없다.

그러나 철회권이 유보되었다고 하더라도 행정청은 자의로 철회권을 행사할 수 없으며 다음과 같은 요건이 충족될 경우에 철회권을 행사할 수가 있다. 첫째, 철회권의 유보가 적법하여야 하며, 둘째, 철회권의 행사를 정당화시키는 합리적인 사유가 있어야 하고, 셋째, 철회권의 행사는 비례성의 원칙 등 행정법의 일반원칙에 위배되지 않아야 한다.

판례(철회권행사의 허용성) 행정처분을 함에 있어 행정청의 취소권이 유보된 경우에 행정청은 그 유보된 취소권을 행사할 수 있으나 그 취소는 무제한으로 허용될 것이 아니라 공익상 기타 정당한 사유가 없을 때에는 그 취소가 적법한 것이라 할 수 없다(대판 1962. 2. 22, 60누42).

---

5. 법률효과의 일부배제

법령이 행정행위에 부여한 효과의 일부를 배제하는 행정청의 의사표시이다. 예를 들어 영업구역을 설정한 영업허가나 격일제운행을 내용으로 하는 택시영업허가 등이 이에 속한다. 이는 법률이 인정한 효과를 행정청의 의사로 배제하는 것이므로 법률의 근거가 있는 경우에만 허용될 것이다(예: 여객자동차운수사업법 4조 3항).

법률효과의 일부배제의 부관성 여부에 대하여 학설에서 다툼이 되고 있다. 일설과 판례는 법률효과의 일부배제의 부관성격을 인정하고 있는 것처럼 보이나,[48] 이는 행정행위의 내용적 제한, 즉 행정행위의 내용규정에 지나지 않으므로, 주된 행정행위에 부가되는 종된 규율인 부관과 구별되어야 할 것이다. 독일이나 일본의 일반적인 견해 역시 법률효과의 일부배제의 부관성을 부인하고 있다.[49]

법률효과의 일부가 배제된 행정행위를 받아들이기를 원하지 않는 경우에는 제한없는 행정행위의 발급에 대한 의무이행심판이나 거부처분취소소송을 제기하면 될 것이다. 법률효과의 일부가 배제된 행정행위의 발급은 완전한 효과를 발생시키는 행정행위의 거부를 내포하고 있기 때문이다.

판례(법률효과의 일부배제에 대한 행정소송의 가능성) 행정행위의 부관은 부담의 경우를 제외하고는 독립하여 행정소송의 대상이 될 수 없는 것인바, 행정청이 한 공유수면매립준공인가 중 매립지 일부에 대하여 한 국가귀속처분은 매립준공인가를 함에 있어서 매립의 면허를 받은 자의 매립지에 대한 소유권취득을 규정한 공유수면매립법 제14조의 효과 일부를 배제하는 부관을 붙인 것이므로 이러한 행정행위의 부관에 대하여는 독립하여 행정소송의 대상으로 삼을 수 없다(대판 1991. 12. 13, 90누8503).

---

48) 金南辰/金連泰, 行政法 I, 286면.
49) 鄭夏重, 附款에 대한 行政訴訟, 저스티스, 2001. 4, 5면 이하. 同旨: 金東熙/崔桂暎, 行政法 I, 313면.

6. 부관의 사후부가 · 변경 · 보충의 유보

행정행위의 부관의 사후부가 · 변경 · 보충의 유보란 행정청이 행정행위를 발하면서 사후에 부관을 부가할 수 있는, 또는 이미 부가된 부관을 변경 · 보충할 수 있는 권한을 유보하는 내용의 부관을 의미한다. 독일의 행정절차법 제36조 제2항 제5호는 부담의 사후부가, 사후변경 및 보충의 유보에 대하여 규정하고 있다. 이와 같은 부관의 필요성 여부에 대하여 국내에서는 견해가 갈리고 있으나 오늘날 사회 · 경제적인 변화와 기술적 발전의 속도가 매우 빠르고 예측하기가 어렵기 때문에 그 필요성이 강조되고 있다.

판례(부담의 사후부가의 유보가 가능한지 여부) 사업시행자가 사업시행 인가신청을 할 때는 정비사업의 시행으로 용도폐지되는 정비기반시설의 조서 · 도면과 가액에 관한 감정평가서, 새로이 설치되는 정비기반시설의 설치비용계산서 등을 제출하여야 하는 점 등에 비추어(구 도시 및 주거환경정비법 시행령 제41조 제2항 제11호 참조), 무상양도 대상인 국가 또는 지방자치단체 소유의 정비기반시설(이하 '종전 기반시설'이라 한다)의 대상과 범위는 보통은 인가관청이 사업시행계획서 등을 심사하여 사업시행인가처분을 하면서 무상양도 대상인 종전 기반시설을 결정하고 그에 해당하지 않는 종전 기반시설은 유상매수하도록 하는 부관(부담)을 부가하는 데 따라 결정될 것이지만, 사업시행인가처분 이후 따로 결정할 것을 유보한 경우에는 나중에 사후부담의 부관을 부가하거나 변경처분을 함으로써 달리 정할 수 있다(대판 2014. 2. 21, 2011두20871).

---

7. 수정부담

수정부담이란 행정행위에 부가하여 새로운 의무를 부과하는 것이 아니라, 상대방이 신청한 것과는 다르게 행정행위의 내용을 정하는 것을 의미한다. 예를 들어 신청한 노선과는 다른 노선의 자동차운수사업면허를 한다든지, 또는 3층 주택의 건축허가신청에 대하여 2층 주택의 건축허가를 한다든지, A국으로부터 곡물수입의 허가신청에 대하여 B국으로부터 곡물수입허가를 발하는 경우를 말한다. 부담일반이 "된다, 그러나(Ja, aber)"의 구조를 가진 반면 수정부담은 "안된다, 그러나(Nein, aber)"의 구조를 가진다는 점에서 그 특색이 있다. 이러한 수정부담은 당초 독일에서 판례를 통하여 발전된 것으로서 그 부관성 여부가 논쟁이 되었으며 오늘날은 행정행위의 내용적 규율로서 변경처분에 해당한다는 것이 통설적인 견해이다.[50] 이러한 수정부담은 상대방이 수정된 내용을 받아들임으로써 완전한 효력을 발생한다. 상대방이 수정된 내용을 받아들이기를 원하지 않는 경우에는, 수정된 내용의 행정행위에 대한 취소쟁송을 제기할 수는 없고, 신청한 행정행위에 대한 의무이행심판이나 거부처분취소소송을 제기하여야 할 것이다. 법률효과의 일부배제와 마찬가지로 수정부담에는 신청된 내용의 행정행위의 발급에 대한 거부를 내포하고 있기 때문이다.

Ⅲ. 부관의 한계

행정청은 그의 자유로운 의사에 따라 모든 행정행위에 대하여 언제나 부관을 붙일 수 있는 것이 아니다. 특정한 법률에서는 부관을 명시적으로 허용하는가 하면, 특정한 조건하에서만 부관이 가

50) Maurer/Waldhof, Allg. VerwR, S. 386; Hufen, Verwaltungsprozeßrecht, S. 253.

능한 경우도 있으며, 부관에 친숙하지 않은 행정행위도 있다. 부관의 한계에 있어서는 어떠한 행정행위에 부관을 붙일 수 있는지의 부관의 가능성의 문제와, 부관을 붙일 수 있는 경우에도 어느 범위까지 부관이 허용되는지 부관의 자유성이 문제가 되고 있다.

1. 부관의 가능성

1) 법률행위적 행정행위와 준법률행위적 행정행위

종래의 학설은 부관을 "행정행위의 효과를 제한하기 위하여 주된 의사표시에 부가된 종된 의사표시"라는 정의에 따라 부관은 의사표시를 요소로 하는 법률행위적 행정행위에만 붙일 수 있다는 견해를 취하고 있다. 그러나 상술한 바와 같이 근래의 다수설은 준법률행위적 행정행위인 공증(여권이나 국공립학교 학생증)에도 기한과 같은 부관을 붙일 수가 있으며 법률행위적 행정행위에 있어서도 귀화허가 · 공무원임명 · 입학허가와 같은 신분설정행위는 부관에 친숙하지 않음을 지적하고 있다.

2) 기속행위와 재량행위

종래의 학설과 판례의 일반적인 입장은 행정행위를 기속행위와 재량행위로 나누어 재량행위에만 부관을 붙일 수 있다고 한다.[51] 기속행위의 경우에는 행정청이 법규에 기속됨으로써 그의 자유로운 의사에 의하여 법령이 부여하는 법률효과를 제한하여서는 안된다고 한다. 즉 부관을 붙이는 그 자체가 재량권의 행사에 해당된다고 한다. 그러나 부관의 가능성을 재량행위에 제한시키는 이러한 견해는 부관의 기능을 "주된 행정행위의 효과제한"으로 보는 관점에서 근거하고 있다고 보아야 할 것이다. 비록 기속행위가 부관에 친숙한 것은 아니나, 기속행위도 법률에서 명시적으로 부관을 허용하는 경우 또는 행정행위의 법률요건을 충족시키기 위한 목적으로 부관을 붙일 수 있다. 즉 기속행위인 영업허가에 있어서 법정의 시설을 갖춘 경우에만 허가를 발급하는 것이 원칙이나 시설완비의 조건하에서 허가를 내줄 수 있으며, 건축설계상에 주차장시설이 구비되지 않아 건축허가를 발급할 수 없는 경우에도 이들 시설의 완비조건으로 건축허가를 발급할 수 있는 것이다. 기속행위에도 법률에서 명시적으로 허용하는 경우와 법률요건충족을 위한 부관은 허용된다는 것이 독일에서와 마찬가지로 우리 학설의 다수의 입장으로 보인다.[52]

한편, 행정기본법은 처분에 재량이 있는 경우에 부관을 붙일 수 있다고 규정하고 있으며, 재량이 없는 경우에는 법률에 근거가 있는 경우에 부관을 붙일 수 있다고 규정하고 있다(동법 17조), 공청회 때 제출된 당초 법안과 같이 기속행위의 경우에 법률의 근거가 있는 경우뿐만 아니라, 법률요건충족을 위한 부관을 붙일 수 있다고 추가적으로 규정하였으면 보다 바람직 하였을 것이다.

판례 1(기속행위에 대한 부관의 가능성) 기속행위에 대하여는 법령상 특별한 근거가 없는 한 부관을 붙일 수 없고 가사 부관을 붙였다 하더라도 이는 무효이다(대판 1993. 7. 27, 92누13998).

판례 2(건축허가에 대한 부관의 가능성) 건축허가를 하면서 일정 토지를 기부채납하도록 하는 내용의 허가조건은 부관을 붙일 수 없는 기속행위 내지 기속적 재량행위인 건축허가에 붙인 부담이거나 또는 법령상 아무런 근거가 없는 부관이어서 무효이다(대판 1995. 6. 13, 94다56883).

---

51) 金道昶, 一般行政法論(上), 425면.

52) 金南辰/金連泰, 行政法 I, 290면; 朴鈗炘/鄭亨根, 最新行政法講義(上), 341면; 洪井善, 行政法特講, 296면.

2. 부관의 자유성(좁은 의미의 한계)

부관의 자유성은 행정행위에 부관을 붙일 수 있는 경우에도 어느 정도까지 붙일 수 있는지의 문제이다. 특정한 행정행위에 부관을 붙일 수 있는 경우에도 그에 대한 부관은 무제한하게 허용되는 것이 아니고 일정한 한계 내에서만 적법하게 성립될 수 있다.

첫째, 행정의 법률적합성의 원칙에 따라 부관은 법령에 위배되지 않는 한도 내에서만 붙일 수 있다. 법령이 부관의 내용에 대하여 일정한 한계를 규정하고 있는 경우에 그 한계를 넘어서는 안됨은 물론이다. 한편, 법률유보의 원칙과 관련하여 부관을 붙이기 위하여 법적 근거가 필요한지 문제가 되는바, 판례는 수익적 행정행위에 있어서 특별한 법적 근거가 없다고 하더라도 부담을 붙일 수 있을 뿐 아니라, 그러한 부담의 내용을 협약을 통하여도 정할 수 있다는 입장을 취하고 있다.

판례(수익적 처분에 법령의 근거가 없다고 하더라도 부담을 붙일 수 있다는 판례) 수익적 행정처분에 있어서는 법령에 특별한 근거규정이 없다고 하더라도 그 부관으로서 부담을 붙일 수 있고, 그와 같은 부담은 행정청이 행정처분을 하면서 일방적으로 부가할 수도 있지만 부담을 부가하기 이전에 상대방과 협의하여 부담의 내용을 협약의 형식으로 미리 정한 다음 행정처분을 하면서 이를 부가할 수도 있다(대판 2009. 2. 12, 2005다65500).

둘째, 부관은 주된 행정행위의 목적에 위배하여 붙일 수 없다(행정기본법 17조 4항 1호). 예를 들어 주택건축허가를 하면서, 영업목적으로만 사용할 것을 부관으로 정하는 경우에, 이러한 부관은 주된 행정행위의 목적에 위배된다.

셋째, 부관은 비례의 원칙, 신뢰보호의 원칙, 부당결부금지의 원칙에 위배되어서는 안된다(행정기본법 17조 4항 2, 3호 참조).

판례 1(부관의 내용적 한계) 부관의 내용은 적법하고 이행가능하여야 하며 비례의 원칙 및 평등의 원칙에 적합하고 행정처분의 본질적 효력을 해하지 아니하는 한도의 것이어야 한다(대판 1992. 4. 28, 91누4300).

판례 2(주택건설사업계획의 승인처분에 있어서 기부채납부관의 적법성) 주택건설사업계획의 승인처분을 함에 있어 그 주택단지의 진입도로 부지의 소유권을 확보하여 진입도로 등 간선시설을 설치하고 그 부지 소유권 등을 기부채납하며 그 주택건설사업 시행에 따라 폐쇄되는 인근 주민들의 기존 통행로를 대체하는 통행로를 설치하고 그 부지 일부를 기부채납하도록 조건을 붙인 경우 …… 다른 특별한 사정이 없는 한 필요한 범위를 넘어 과중한 부담을 지우는 것으로서 형평의 원칙 등에 위배되는 위법한 부관이라 할 수 없다(대판 1997. 3. 14, 96누16698).

판례 3(주택건설사업계획의 승인처분에 있어서 기부채납부관의 위법성) 수익적 행정행위에 있어서는 법령에 특별한 근거규정이 없다고 하더라도 그 부관으로서 부담을 붙일 수 있으나, 그러한 부담은 비례의 원칙, 부당결부금지의 원칙에 위반되지 않아야만 적법하다. 사업자에게 주택사업계획승인을 하면서 그 주택사업과는 아무런 관련이 없는 토지를 기부채납하도록 하는 부관을 주택사업계획승인에 붙인 경우, 그 부관은 부당결부금지의 원칙에 위반되어 위법하다(대판 1997. 3. 11, 96다49650).

---

3. 부관의 사후부가

행정행위를 한 뒤에 새로이 부관을 붙일 수 있는지에 대하여 부정설, 부담가능설과 제한적 긍정설로 견해가 나뉘어져 있다.

1) 부정설

부관은 주된 행정행위에 부수된 종된 것이므로 그의 독자적인 존재를 인정할 수 없고 따라서 사후에 부관만을 따로이 붙일 수 없다는 견해이다.

2) 부담가능설

사후에 부관을 붙이는 것은 일반적으로 부관의 성질에 어긋나는 것이나 부담인 경우에는 주된 행정행위를 전제로 하는 것일 뿐 그 자체로서 하나의 행정행위를 이루는 것이므로 주된 행정행위에 부담을 붙일 수 있다면 사후에도 부담을 붙일 수 있다는 견해이다.

3) 제한적 긍정설

법규가 이를 예상하고 있거나 사후부관이 유보된 경우 또는 상대방이 동의한 경우에 사후부관을 붙일 수 있다는 견해로서 다수설의 입장이다. 판례는 이러한 사유 이외에도, 사정변경으로 인하여 당초에 부담을 부가한 목적을 달성할 수 없게 된 경우에도 그 목적달성에 필요한 범위 내에서 예외적으로 허용될 수 있다는 입장을 취하고 있다. 행정기본법 제17조 제3항은 ① 법률에 근거가 있는 경우, ② 당사자의 동의가 있는 경우, 그리고 ③ 사정이 변경되어 부관을 새로 붙이거나 종전의 부관을 변경하지 아니하면 해당 처분의 목적을 달성할 수 없다고 인정되는 경우에는 처분 이후에도 부관을 새로 붙이거나 종전의 부관을 변경할 수 있다고 규정하고 있다.

판례 1(부담의 사후변경의 허용성) 행정처분에 이미 부담이 부가되어 있는 상태에서 그 의무의 범위 또는 내용 등을 변경하는 부관의 사후변경은, 법률에 명문의 규정이 있거나 그 변경이 미리 유보되어 있는 경우 또는 상대방의 동의가 있는 경우에 한하여 허용되는 것이 원칙이지만, 사정변경으로 인하여 당초에 부담을 부가한 목적을 달성할 수 없게 된 경우에도 그 목적달성에 필요한 범위 내에서 예외적으로 허용된다(대판 1997. 5. 30, 97누2627).

판례 2(여객자동차운송사업자에 대한 면허 발급 이후 운송사업자의 동의하에 운송사업자가 준수할 의무를 정하고 이를 위반할 경우 감차명령을 할 수 있다는 내용의 면허 조건을 붙일 수 있는지 여부) 여객자동차 운수사업법 제85조 제1항 제38호에 의하면, 운송사업자에 대한 면허에 붙인 조건을 위반한 경우 감차 등이 따르는 사업계획변경명령(이하 '감차명령'이라 한다)을 할 수 있는데, 감차명령의 사유가 되는 '면허에 붙인 조건을 위반한 경우'에서 '조건'에는 운송사업자가 준수할 일정한 의무를 정하고 이를 위반할 경우 감차명령을 할 수 있다는 내용의 '부관'도 포함된다. 그리고 부관은 면허 발급 당시에 붙이는 것뿐만 아니라 면허 발급 이후에 붙이는 것도 법률에 명문의 규정이 있거나 변경이 미리 유보되어 있는 경우 또는 상대방의 동의가 있는 경우 등에는 특별한 사정이 없는 한 허용된다. 따라서 관할 행정청은 면허 발급 이후에도 운송사업자의 동의하에 여객자동차운송사업의 질서 확립을 위하여 운송사업자가 준수할 의무를 정하고 이를 위반할 경우 감차명령을 할 수 있다는 내용의 면허 조건을 붙일 수 있고, 운송사업자가 조건을 위반하였다면 여객자동차 운수사업법 제85조 제1항 제38호에 따라 감차명령을 할 수 있으며, 감차명령은 행정소송법 제2조 제1항 제1호가 정한 처분으로서 항고소송의 대상이 된다(대판 2016. 11. 24, 2016두45028).

Ⅳ. 부관의 하자

부관이 법령에 위반하여 하자가 있게 되는 경우에는 행정행위의 하자의 법리에 따라서 판단하면 된다. 즉 하자가 중대하고 명백하면 부관은 무효에 해당하고 그 밖에 하자는 취소할 수 있는 부관에 해당한다.

판례(부관의 하자) 부관부 행정처분에 있어서 그 부관의 내용은 적법하여야 하고 그 이행이 가능하여야 하며 위법하거나 그 이행이 불가능하여 그 하자가 명백하고 중대한 때에는 그 부관은 무효라고 할 것이다(대판 1985. 2. 6, 83누625).

1. 부관의 하자와 주된 행정행위의 효력

부관이 하자가 있는 경우에 주된 행정행위에 어떠한 효력을 미치는가는 부관에 대한 행정쟁송과 관련하여 중요한 문제가 되고 있다.

학설은 부관이 중대하고 명백한 하자로 인하여 무효인 경우에 ① 부관만이 무효가 될 뿐 본체인 행정행위에는 아무런 영향을 주지 않는다는 견해와, ② 주된 행정행위도 무효가 된다는 학설이 있으나, ③ 오늘날의 다수설은 행정행위의 일부무효의 법리에 따라 부관의 내용이 주된 행정행위에 매우 본질적이라 행정청이 부관이 없이는 주된 행정행위를 발하지 않았을 것이라고 인정된다면 주된 행정행위도 무효가 된다는 입장을 취하고 있다(독일행정절차법 44조 4항).[53] 여기서 행정청의 주관적인 의사가 아니라, 구체적인 경우에 객관적이고 합리적으로 판단하는 행정청의 의사에 초점을 두어야 한다는 것이 일반적인 견해이다. 부관의 내용이 전체 행정행위에 본질적인 의미를 갖고 있느냐의 여부에 초점을 두는 이러한 입장은 행정행위의 무효와 취소의 상대적 차이에 비추어 취소할 수 있는 부관에도 적용된다는 것이 독일의 일반적인 견해이다(이른바 행정절차법 44조 4항의 유추적용).

판례(점용기간과 허가의 위법성) 도로점용허가의 점용기간은 행정행위의 본질적인 요소에 해당한다고 볼 것이어서 부관인 점용기간을 정함에 있어서 위법사유가 있다면 이로써 도로점용허가처분 전부가 위법하게 된다(대판 1985. 7. 9, 84누604).

2. 부담의 하자와 부담의 이행행위인 법률행위의 효력

행정처분에 붙인 부담인 부관이 위법한 경우, 그 부담의 이행으로서 행하여진 법률행위(기부채납, 금전납부)의 효력에 관하여 견해의 대립이 있다. 학설에 따르면 부담의 이행행위인 법률행위는 공법상의 법률행위의 성격을 갖기 때문에, 부담이 무효나 취소되면, 그 이행행위인 기부채납이나 금전납부는 법률상 원인이 없이 이루어진 것으로 부당이득이 된다고 한다. 다만, 부담의 하자가 취소사유에 해당하고, 불가쟁력이 발생된 경우에는 공정력에 근거하여 부당이득이 되지 않는다고 한다

53) 독일의 행정절차법 제44조 제4항은 독일민법 139조(우리 민법 137조)를 본따서 "행정행위의 무효인 부분이 매우 본질적이라 행정청이 무효인 부분이 없이는 행정행위를 발하지 않을 것이라고 인정된다면 행정행위 전체는 무효가 된다"라고 행정행위의 일부무효에 대하여 규정하고 있다.

(이른바 종속설).[54)]

이에 대하여 판례는 부담의 이행행위를 사법상의 법률행위(사법상의 증여계약)의 성격을 갖는다고 보고 그의 효력도 부담과 별개로 논하여야 한다는 입장을 취하고 있다. 이에 따라 부담이 취소되거나 무효라고 하더라도, 사법상 법률행위가 당연히 무효가 되는 것이 아니라, 착오에 의한 의사표시로 취소사유가 될 수 있으며, 부담에 불가쟁력이 발생되었다고 하더라도 사법상의 법률행위의 효력을 다툴 수 있다고 한다(이른바 독립설).

생각건대 부담의 이행행위는 공법상 의무의 이행행위로서 공법상의 법률행위의 성격을 갖고 있기 때문에 종속설이 타당하다고 본다.

판례(부담의 하자와 부담의 이행행위로 행하여진 사법상 법률행위의 효력) 행정처분에 부담인 부관을 붙인 경우 부관의 무효화에 의하여 본체인 행정처분 자체의 효력에도 영향이 있게 될 수는 있지만, 그 처분을 받은 사람이 부담의 이행으로 사법상 매매 등의 법률행위를 한 경우에는 그 부관은 특별한 사정이 없는 한 법률행위를 하게 된 동기 내지 연유로 작용하였을 뿐이므로 이는 법률행위의 취소사유가 될 수 있음은 별론으로 하고 그 법률행위 자체를 당연히 무효화하는 것은 아니다. 또한, 행정처분에 붙은 부담인 부관이 제소기간의 도과로 확정되어 이미 불가쟁력이 생겼다면 그 하자가 중대하고 명백하여 당연 무효로 보아야 할 경우 외에는 누구나 그 효력을 부인할 수 없을 것이지만, 부담의 이행으로서 하게 된 사법상 매매 등의 법률행위는 부담을 붙인 행정처분과는 어디까지나 별개의 법률행위이므로 그 부담의 불가쟁력의 문제와는 별도로 법률행위가 사회질서 위반이나 강행규정에 위반되는지 여부 등을 따져보아 그 법률행위의 유효 여부를 판단하여야 한다(대판 2009. 6. 25, 2006다18174).

Ⅴ. 부관에 대한 행정쟁송

1. 의 의

부관에 대한 행정쟁송은 주로 수익적 행정행위를 발급할 시에 그 효과를 제한하는 기한, 조건, 철회권유보 등이 부가되거나, 일정한 의무를 부과하는 부담이 부가되는 경우에 문제가 되고 있다. 행정행위의 상대방은 당연히 부관이 없는 주된 행정행위의 발급을 원할 것이다. 여기서 상대방은 부관이 위법하여 자신의 법률상 이익을 침해하는 경우에 부관만을 취소쟁송의 대상으로 다툴 수 있는지, 또는 부관부 행정행위 전체를 취소쟁송의 대상으로 다투어야 하는지 의문이 제기된다. 또한 부관에 대하여 취소쟁송이 적법하게 제기된 경우에도 본안에 있어서 행정심판위원회나 법원이 부관의 위법성을 인정한 경우에 주된 행정행위와의 관련성을 고려하지 않고 부관만을 독립적으로 취소하는 재결이나 판결을 내릴 수 있는지가 문제된다.

부관에 대한 행정쟁송의 문제는 두 가지 관점, 즉 첫째, 부관에 대하여 취소쟁송이 가능한지의(可爭性) 문제와 둘째, 취소쟁송이 적법하게 제기된 경우에, 행정심판위원회나 법원이 본안에서 부관만을 주된 행정행위로부터 분리하여 취소하는 것이 가능한지(獨立取消可能性)의 문제로 구분하여 설명되어야 할 것이다.[55)]

54) 朴正勳, 기부채납부담과 의사표시의 착오, 行政法硏究 제3호, 1998. 10, 186면 이하.

55) 附款에 대한 行政訴訟에 대한 자세한 내용은 鄭夏重, 附款에 대한 行政訴訟, 저스티스, 2001. 4, 5면 이하.

2. 부관에 대한 취소쟁송의 제기가능성(가쟁성)

1) 학 설

부관에 대한 가쟁성문제에 대하여는 학설에서 다양한 견해가 주장되고 있다.

가. 부관의 종류에 따른 구별

종래의 전통적인 견해는 부관에 대한 행정쟁송의 문제를 부관의 종류에 따라 구별하고 있다. 부담인 경우에는 그 자체로 행정행위의 성격을 갖고 있기 때문에 주된 행정행위와 분리하여 독립적으로 취소쟁송을 제기할 수 있다고 한다(진정일부취소쟁송). 반면 기한, 조건, 철회권유보와 같은 부관은 그 자체가 행정행위의 성격을 갖지 않고, 주된 행정행위의 일부에 해당하기 때문에, 부관만을 대상으로 취소쟁송을 제기할 수 없으며, 부관부 행정행위 전체를 취소쟁송의 대상으로 하되, 행정심판법 제5조 제1호, 행정소송법 제4조 제1호에 근거하여 부관만의 취소를 구하는 취소쟁송을 제기할 수 있다는 견해를 취하고 있다(부진정일부취소쟁송).[56)]

나. 부관의 분리가능성에 따른 구별

이에 대하여 일부학설은 부관이 취소쟁송의 대상이 될 수 있는지 여부는 주된 행정행위로부터 부관의 분리가능성에 있다고 본다. 부관의 분리가능성이 없는 경우에는 부관부 행정행위 전체에 대하여 취소쟁송을 제기하여야 하는 반면, 분리가능성이 인정될 경우에는 부담의 경우에는 진정일부취소쟁송을 여타의 부관에 대하여는 부진정일부취소쟁송을 제기하여야 한다는 입장을 취하고 있다.[57)] 그러나 이러한 견해에 대하여는 분리가능성에 대한 명확한 기준을 제시하고 있지 않을 뿐만 아니라, 분리가능성의 문제는 본안에서 부관만의 독립취소가능성과 관련하여 판단되는 문제라는 비판을 받고 있다.

다. 모든 부관에 대한 취소쟁송의 가능성

또 다른 학설의 견해는 부담을 포함하여 모든 부관은 주된 행정행위와 분리가능하기 때문에 취소쟁송의 대상이 될 수 있으며 여기서 소송형태는 부관의 종류와 무관하게 부진정일부취소쟁송을 제기할 수 있다고 한다.[58)] 이러한 견해는 부담의 행정행위의 성격을 부인하고, 이에 따라 모든 부관에 대하여 동일하게 부진정일부취소소송을 제기할 수 있다고 주장한다.

2) 판 례

판례는 부담과 여타의 부관(기한, 조건, 철회권유보 등)을 구분하여, 부담은 처분성이 인정되기 때문에 주된 행정행위로부터 독립하여 취소소송의 대상이 될 수 있지만, 기한, 조건, 철회권유보 등은 주된 행정행위의 불가분적 요소를 이루고 있기 때문에, 독립하여 취소소송의 대상이 될 수가 없고, 부관부 행정행위 전체를 대상으로 하여 취소소송을 제기하여야 한다는 입장을 취하고 있다. 이에 따라 판례는 기한, 조건, 철회권유보 등에 대하여 학설의 상당수가 주장하는 바와 같은 부진정일부취소소송도 제기할 수 없다는 입장을 취하고 있다. 이러한 판례의 입장은 원고의 권리구제측면에서 심각한 장해를 발생시키고 있다. 즉 기한, 조건, 철회권유보 등에 대하여는 판례의 견해에 따른다면,

56) 金道昶, 一般行政法論(上), 427면; 李尙圭, 新行政法論(上), 278면.
57) 柳至泰/朴鍾秀, 行政法新論, 277면.
58) 金南辰, 行政法 I, 289면; 李日世, 行政行爲의 附款과 行政爭訟, 桂禧悅敎授 華甲論文集, 655면 이하.

원고가 부관부 행정행위 전체를 대상으로 하여 취소소송을 제기하여 승소한다고 할지라도, 자신이 원하는 수익적 행정행위 자체도 상실하는 결과가 되어 버린다. 원고는 승소 후에 다시 위법한 부관이 붙여지지 않은 수익적 행정행위에 대한 신청을 하여야 하고, 여기서 행정청이 거부를 한 경우에는 다시 거부처분취소소송을 제기하여야 한다는 번거로움이 발생된다.[59] 주목할 만한 것은 대법원의 1990년 4월 27일 판결이다.[60] 동 판결에서 대법원은 운반선, 등선 등 부속선을 사용할 수 없는 조건으로 어업면허를 받은 상대방이 행정청에 대하여 조건없는 행정행위로 변경처분을 하여 줄 것을 행정청에 신청을 한 후 행정청이 이를 거부한 경우에 상대방의 이에 대한 거부처분취소소송을 받아들였다. 이 사건에서 원고(原告)가 직접 조건(條件)에 대하여 취소소송을 제기하였다면, 조건은 주된 행정행위의 본질적인 요소를 이룬다는 이유로 각하판결을 받았을 것이다.

결과적으로 판례의 입장은 부담 이외에 조건 등 여타의 부관에 대하여는 직접 이를 다툴 수는 없으나, 부관부 행정행위를 부관없는 행정행위로 또는 다른 내용의 부관이 붙여진 행정행위로 변경신청을 한 후에, 이에 대한 불허가처분이 있는 경우에 취소소송을 제기할 수 있다고 하여, 이들에 대한 권리구제의 길을 열어놓고 있다. 예를 들어 기한부 행정행위의 상대방은 기한만을 다투는 취소소송이 허용되지 않으나, 기한연장을 신청하여 이에 대한 거부가 있는 경우에 거부처분취소소송을 제기하여 다툴 수 있도록 하는 대법원의 판례도[61] 같은 맥락에 있다고 볼 수 있다.

판례 1(부관에 대한 행정소송의 가능성) 행정행위의 부관은 행정행위의 일반적인 효력이나 효과를 제한하기 위하여 의사표시의 주된 내용에 부가되는 종된 의사표시이지 그 자체로서 직접 법적 효과를 발생하는 독립된 처분이 아니므로 현행 행정쟁송제도 아래에서는 부관 그 자체만을 독립된 쟁송의 대상으로 할 수 없는 것이 원칙이나 행정행위의 부관 중에서도 행정행위에 부수하여 그 행정행위의 상대방에게 일정한 의무를 부과하는 행정청의 의사표시인 부담의 경우에는 다른 부관과는 달리 행정행위의 불가분적인 요소가 아니고 그 존속이 본체인 행정행위의 존재를 전제로 하는 것일 뿐이므로 부담 그 자체로서 행정쟁송의 대상이 될 수 있다(대판 1992. 1. 21, 91누1264).

판례 2(어업면허처분의 기한부분에 대한 취소소송의 가능성) 어업면허처분을 함에 있어 그 면허의 유효기간을 1년으로 정한 경우, 위 면허의 유효기간은 행정청이 위 어업면허처분의 효력을 제한하기 위한 행정행위의 부관은 독립하여 행정소송의 대상이 될 수 없는 것이므로 위 어업면허처분 중 그 면허유효기간만의 취소를 구하는 청구는 허용될 수 없다(대판 1986. 8. 19, 86누202).

판례 3(부관의 변경신청의 거부에 대한 취소소송) 수산업법 제15조에 의하여 어업의 면허 또는 허가에 붙이는 부관은 그 성질상 허가된 어업이 본질적 효력을 해하지 않는 한도의 것이어야 하고 허가된 어업의 내용 또는 효력 등에 대하여는 허가청이 임의로 제한 또는 조건을 붙일 수 없다고 보아야 할 것이며 수산업법시행령 제14조의4 제3항의 규정내용은 기선선망어업에는 그 어선규모의 대소를 가리지 않고 등선과 부속선을 갖출 수 있고, 또 갖추어야 하는 것이라고 해석되므로 기선선망어업의 허가를 하면서 운반선, 등선 등 부속선을 사용할 수 없도록 제한한 부관은 그 어업허가의 목적달성을 사실상 어렵게 하여 그 본질적 효력을 해하는 것일 뿐만 아니라 위 시행령의 규정에도 어긋나는 것이며, 더욱이 어업이나 기타 공익상 필요하다고 인정되는 사정이 없는 이상 위법한 것이다(대판 1990. 4. 27, 89누6808).

판례 4(허가기간의 연장신청의 거부에 대한 취소소송) 개발제한구역 내에서의 광산에 대한 개발행위

---

59) 鄭夏重, 앞의 글, 11면. 同旨: 李日世, 앞의 글, 653면.
60) 대판 1990. 4. 27, 89누6808.
61) 대판 1991. 8. 27, 90누7920.

허가기간의 연장신청을 거부한 처분은 재량권을 남용하였거나 재량권의 범위를 일탈한 위법한 처분이다(대판 1991. 8. 27, 90누7920).

3) 결 어

결론적으로 모든 부관에 대하여 취소쟁송의 제기가 가능하다고 보아야 할 것이다. 여기서 부관의 종류에 따라 구별이 되는바 부담은 그 자체로 하나의 행정행위를 이루기 때문에 주된 행정행위와 독립하여 그에 대하여 직접 취소쟁송을 제기할 수 있다고 할 것이다(진정일부취소쟁송). 반면 조건, 기한, 철회권유보는 그 자체가 주된 행정행위의 규율의 일부에 해당하기 때문에 부관부 행정행위 전체를 대상으로 하여 취소쟁송을 제기하되, 부관부분만의 취소를 구할 수 있다고 할 것이다(부진정일부취소쟁송).[62] 우리 행정심판법 제5조 제1호, 행정소송법 제4조 제1호는 위법한 처분 등의 변경을 구하는 경우에도 취소쟁송이 허용된다고 규정하고 있는바, 여기서 변경의 의미해석은 논란의 여지는 있으나 일부취소를 포함한다는 데 대하여는 이론이 없는 것으로 보인다. 이들 규정이 일부취소를 허용하고 있다면, 당연히 부관만의 취소를 구하는 취소쟁송이 허용되어야 할 것이다. 부담에 대하여만 그것이 처분의 성격을 갖고 있다는 이유하에 취소쟁송을 허용하고, 다른 부관에 대하여는 그것이 처분성이 없다는 이유로 부관부 행정행위 전체에 대하여 취소쟁송을 제기하여야 한다는 판례의 입장은 원고가 원하는 수익적 행정행위까지 취소하게 되는 결과를 가져와 원고의 권리구제에 전혀 도움이 되지 않는 해결방안이다. 일부 판례는 조건부 행정행위에 대하여 조건이 없는 행정행위로 변경을 신청하거나, 기한부 행정행위의 경우 기한을 연장하는 신청을 한 후 이것이 행정청에게 거부당한 경우에 거부처분취소소송을 허용하고 있으나, 이는 상대방에게 매우 우회적이고 번거로운 해결방법일 뿐 아니라, 결과적으로는 기한이나 조건과 같은 부관도 주된 행정행위와 분리하여 다툴 수 있다는 것을 의미하고 있다.

일설은 독일의 일부견해와 같이, 부담의 행정행위성에 대하여 의문을 제기하고, 종류에 관계없이 모든 부관에 대하여 부진정일부취소쟁송을 제기할 수 있다고 하나, 부담은 기한이나 조건과는 달리 주된 행정행위에 부가되어 상대방에게 일정한 작위, 부작위, 수인의 의무를 부과하는 고유한 내용적인 규율로서 행정행위에 해당한다. 이에 따라 부담과 여타의 부관(기한, 조건, 철회권유보 등)의 법적 성격과 기능상의 차이를 인정하여 전자에 대하여는 진정일부취소쟁송을 제기할 수 있고, 후자에 대하여는 부진정일부취소쟁송을 제기할 수 있다고 하여야 할 것이다.

3. 본안에 있어서 부관의 독립취소가능성

부관에 대한 행정쟁송의 제기가 가능하다면 다음으로 본안의 심리결과 부관의 위법성이 인정된다면, 행정심판위원회나 법원이 부관만을 본체인 행정행위와 분리하여 독립적으로 취소할 수 있는지의 문제가 제기된다. 여기서는 행정심판과 행정소송을 구별하여 다루는 것이 요구된다. 행정소송에서는 처분의 위법성만이 심사대상이 되는 반면, 행정심판에서는 처분의 위법성 여부뿐만 아니

62) 예를 들어 진정일부취소소송의 청구취지는 "피고행정청이 몇 년 몇 월 며칠 원고에게 발한 어업면허에 부가된 부담은 위법한 처분이므로 이를 취소한다라는 판결을 구합니다"의 형식이 될 것이고, 부진정일부취소소송의 청구취지는 "피고행정청이 몇 년 몇 월 며칠 원고에게 발한 영업허가처분에서, 1년의 유효기간을 정한 부관부분이 위법하니 이를 취소한다라는 판결을 구합니다"의 형식이 될 것이다.

라 당 · 부당 여부까지도 심사대상이 된다. 또한 행정심판에서 행정심판위원회는 대부분 처분청의 직근상급행정청인 감독청에 소속되고 있는 반면, 법원은 독립된 사법기관의 지위를 갖고 있기 때문에, 권력분립의 관점에서 쟁송대상에 대한 심리범위와 통제밀도에 있어서도 차이가 있다.

1) 행정심판에서 부관의 독립취소가능성

행정심판에서 행정심판위원회는 처분의 위법뿐만 아니라 당 · 부당 여부까지 심사할 수 있으며, 아울러 행정심판위원회는 취소심판의 청구가 이유가 있다고 할 때에는 직접 처분을 취소 또는 다른 처분으로 변경하거나 처분청에게 다른 처분으로 변경할 것을 명하는 재결을 할 수 있다(행심법 43조 3항). 이에 따라 부관이 위법 · 부당한 경우에 행정심판위원회는 직접 부관을 취소하거나 또는 새로운 부관을 붙일 수 있다. 따라서 후술하는 바와 같이 행정소송에 있어서 권력분립의 관점에서 제기되는 재량행위 여부 및 행정의 법률적합성의 관점에서 제기되는 부관의 취소 후에 주된 행정행위의 적법성 여부와 같은 문제점들은 제기되지 않는다.

단지 행정심판에 적용되는 불이익변경금지의 원칙에 따라(행심법 47조 2항) 행정심판위원회는 원래의 부관보다 상대방에게 불이익을 주는 부관을 붙이거나 또는 명하는 재결을 하여서는 안된다.

2) 행정소송에 있어서 부관의 독립취소가능성

이에 대하여 행정소송에 있어서 부관의 독립취소가능성 여부에 대하여는 주로 사법심사의 한계와 관련하여 다양한 견해가 제시되고 있다. 여기서 학설은 주로 주된 행정행위로부터 부관의 분리가능성에 초점을 두고 있다.

가. 기속행위와 재량행위의 구별

일부학설은 기속행위와 재량행위로 나누어 기속행위인 경우 또는 재량이 영으로 수축된 경우에만 부관만의 독립취소의 가능성을 인정하고 있다.[63] 기속행위의 경우 상대방의 신청이 법률요건을 충족시키는 경우에는, 신청인은 관계법이 정하는 대로의 수익적 행정행위의 발급청구권이 있기 때문에 부관만을 분리하여 취소할 수 있다고 한다. 반면 법률요건충족적 부관인 경우에 법원이 부관의 위법성을 인정하여 취소한다면, 행정청은 요건이 결여된 위법한 수익적 행정행위의 발급이 강요되나, 행정청은 행정의 법률적합성의 원칙에 따라 위법한 행정행위를 직권취소할 수 있다고 한다. 반면에 재량행위의 경우에는 부관만을 취소하여 본체인 행정행위를 유지시키는 것은 결국 행정청에게 부관없이는 그가 발하기를 원하지 않는 주된 행정행위를 강요하는 결과가 되기 때문에 권력분립의 관점에서 독립취소가 허용되지 않는다고 한다. 그러나 이러한 견해는 재량행위의 경우에 결국 행정행위의 상대방은 위법한 부관이 부가된 행정행위를 수인하든지 또는 부관부 행정행위 전체를 취소소송의 대상으로 할 수밖에 없어 그나마 발급된 수익적 행정행위 자체도 상실하는 결과가 된다. 더욱이 부관은 대부분 재량행위에 부가되기 때문에 이러한 견해에 따르면 부관에 대한 행정소송은 실질적으로 유명무실하게 되는 문제가 발생된다.[64]

---

63) 朴鈗炘/鄭亨根, 最新行政法講義(上), 349면; 金東熙/崔桂暎, 行政法 I, 320면.

64) 독일의 경우 재량행위에 있어서 부관의 독립취소를 인정하지 않는 학설은, 법원의 기각판결에 대비하여 원고는 예비적으로 부관이 붙지 않은 주된 행정행위의 발급에 대한 의무이행소송을 제기하거나 또는 소송절차의 진행중에 의무이행소송으로 訴의 변경을 할 수 있다고 제안하고 있으나, 우리의 경우에는 의무이행소송이 인정되지 않기 때문에 이러한 해결방안은 무리가 있다고 보아야 할 것이다.

나. 주된 행정행위와 부관과의 연관관계

또 다른 견해에 따르면 부관에 하자가 있는 경우에 부관만을 독립취소할 수 있는지의 문제는 부관이 취소된 경우에도 주된 행정행위가 적법하게 존속할 수 있는지의 여부에 의존한다고 한다. 즉 부관의 위법성이 잔여 행정행위를 감염시키지 않는 경우에 가능하다고 한다.[65] 부관의 내용이 행정행위에 매우 본질적이라 행정청이 부관없이는 주된 행정행위를 발하지 않았을 것이라고 판단된다면, 부관의 위법성은 주된 행정행위의 위법성으로 이끈다. 이러한 경우에는 부관만이 아니라, 주된 행정행위 역시 위법하게 된다. 원고는 위법한 부관이 취소되는 경우 위법한 수익적 행정행위를 얻게 되는바 이는 행정의 법률적합성의 원칙에 위배된다고 한다. 그러나 이러한 견해 역시 위법한 부관이 주된 행정행위를 위법하게 만드는 경우에, 원고는 부관부 행정행위를 수인하여야 하든지, 또는 부관부 행정행위 전체에 대하여 취소소송을 제기할 수밖에 없어 권리구제에 미흡하게 된다.[66]

다. 부관만의 독립된 취소가능성

이에 대하여 오늘날 독일의 다수설은 본안(本案)에서 부관이 위법한 경우에는 부관만의 일부취소를 제한없이 인정하고 있다.[67] 이들은 행정행위의 분리가능성의 문제를 행정행위의 일부취소 후에 잔여 행정행위가 독자적으로 존속할 수 있는지에 의존시키고 있다. 이러한 기준에 따라 판단하여 볼 때, 모든 부관은 주된 행정행위에 부가된 규율에 해당하기 때문에, 주된 행정행위로부터 분리가 가능하며, 이에 따라 일부취소가 허용된다는 결론이 나온다. 여기서 부관의 종류나, 주된 행정행위의 재량성 여부, 부관의 제거 후에 남는 주된 행정행위의 위법성 여부는 어떠한 역할을 하지 못한다. 법원은 원고의 청구취지에 따라 부관이 위법하다고 판단하면 부관을 취소하여야 한다. 왜냐하면 주된 행정행위의 적법성 여부는 소송물에 속하지 않기 때문이다. 이 경우에 부관부 행정행위의 수범자는 부관에 대한 취소소송을 통하여 자신에게 불이익이 되는 부관을 제거하고 위법하거나 또는 행정청이 발하기를 원하지 않는 주된 행정행위를 누리게 된다는 문제점이 물론 나타날 수가 있다. 그러나 처분청은 주된 행정행위를 취소 및 철회할 수 있으며 또는 새로운 부관을 붙여 전체 행정행위를 적법하게 할 수가 있다. 주된 행정행위는 소송물이 되지 않기 때문에 법원의 판결의 기판력은 행정청에 의한 취소나 철회에 장애가 되지 않는다고 한다.

라. 결 어

모든 부관에 대한 독립취소의 가능성을 인정하는 것이 타당할 것이다. 부관에 대한 취소소송의 소송물은 주된 행정행위에 부가된 부관의 위법성이며, 주된 행정행위의 위법성은 원고의 청구취지에 속하지 않기 때문에 법원은 이에 대하여 판단할 필요가 없다. 부관의 취소 후에 주된 행정행위가 위법하게 되면 행정청은 이를 직권으로 취소하거나 또는 적법한 부관을 다시 부가하여 부관부 행정행위 전체를 적법하게 할 수 있다. 재량행위의 경우 위법한 부관이 취소되고, 비록 주된 행정행위가 적법할지라도 행정청이 이를 발하기를 원하지 않는 경우라면, 철회권의 행사 내지 적법한 부관의 부

65) Schenke, JuS 1983, S. 185; Lange, AöR 102(1977), S. 350.

66) 이 경우에도 독일의 학설은 청구기각에 대비하여 예비적으로 부관이 없는 주된 행정행위의 발급에 대한 의무이행소송을 제기하거나 또는 취소소송절차 중에 의무이행소송으로 소의 변경을 제안하고 있다.

67) Laubinger, VerwArch 73(1982), S. 362; Hufen, Verwaltungsprozeßrecht, S. 254; Erichsen, in: Allg. VerwR, S. 319.

가를 고려할 수 있을 것이다. 여기서 행정청의 주된 행정행위의 직권취소나 철회는 경우에 따라 신뢰보호의 원칙에 따라 제한될 수 있으며, 사후부관의 부가를 통하여 자신의 목적을 실현시킬 수가 있다면 비례의 원칙에 따라 가능한 한 이를 선택하여야 할 것이다. 이 점에서 사후부관과 관련된 대법원의 1997년 5월 30일의 판결은[68] 매우 고무적이다. 대법원은 "행정처분에 이미 부담이 부가되어 있는 상태에서 그 의무의 범위 또는 내용을 변경하는 부관의 사후변경은, 법률의 명문의 규정이 있거나 그 변경이 미리 유보되어 있는 경우 또는 상대방의 동의가 있는 경우에 한하여 허용되는 것이 원칙이지만, 사정변경으로 인하여 당초에 부담을 부가한 목적을 달성할 수 없게 된 경우에도 그 목적달성에 필요한 범위 내에서 예외적으로 허용된다"고 판시하고 있다.

4. 제3자효행정행위의 부관에 대한 행정쟁송

부관에 대한 행정쟁송문제는 상대방에게 수익적 효과를 주나 제3자에게는 부담적 효과를 주는 제3자효행정행위에 있어서도 발생된다. 부관이 결여되어 있거나 불충분한 부관이 부가된 행정행위에 대하여 제3자는 자신의 권리침해를 방지하기 위하여 행정청에게 필요한 부관의 사후부가를 신청할 수 있고, 이에 대한 거부나 부작위가 있는 경우에는 의무이행심판이나 거부처분취소소송 내지 부작위위법확인소송을 제기할 수가 있을 것이다.[69]

사례 1 甲은 서울에서 주유소를 운영하는 자로, 기존 주유소 진입도로 외에 주유소 인근 구미대교 남단 도로(이하 '이 사건 본선도로'라 한다)에 인접한 도로부지(이하 '이 사건 도로'라 한다)를 주유소 진·출입을 위한 가·감속차로 용도로 사용하고자 관할구청장 乙에게 도로점용허가를 신청하였다. 이 사건 본선도로는 편도 6차로 도로이고, 주행제한속도는 시속 70km이며, 이 사건 도로는 이 사건 본선도로의 바깥쪽을 포함하는 부분으로 완만한 곡선구간의 중간 부분에 해당한다. 이 사건 본선도로 중 1, 2, 3차로는 구미대교 방향으로 가는 차량이, 4, 5차로는 월드컵대로 방향으로 가는 차량이 이용하도록 되어 있다. 4, 5차로를 이용하던 차량이 이 사건 본선도로 중 6차로 및 이 사건 도로 부분을 가·감속차로로 하여 주유소에 진입하였다가 월드컵대로로 진입하는 데 별다른 어려움은 없다. 한편, 丙은 이 사건 도로상에서 적법한 도로점용허가를 받지 않고 수년 전부터 포장마차를 설치하여 영업을 하고 있었다. 乙은 법령에 명시적인 근거가 없음에도 "甲은 丙이 이 사건 도로 지상에 설치한 지상물 철거를 위한 비용을 부담한다."라는 조건을 붙여 甲에게 도로점용기간을 3년으로 하여 도로점용허가를 하였다.

1. 위 조건의 법적 성질 및 적법성 여부를 논하시오.(15점)

2. 乙이 아무런 조건 없이 도로점용허가를 하였다가 3개월 후 위와 같은 조건을 부가한 경우, 이러한 조건 부가행위가 적법한지 여부에 대하여 논하시오.(5점)

3. 乙이 도로점용허가 당시 "민원이 심각할 경우 위 허가를 취소할 수 있다."는 내용의 조건을 부가하였다가, 교통정체 및 교통사고 발생위험성 등을 이유로 한 이 사건 본선도로 이용자들의 민원이 다수 제기되자, 1년 후 甲에 대한 이 사건 도로점용허가를 취소하였다. 甲이 도로점용허가 취소처분의 취소소송을 제기한 경우 그 인용가능성에 대해 논하시오.(10점)(제5회 변호사시험 사례형)

---

68) 대판 1997. 5. 30, 97누2627.

69) 부담과는 달리 주된 행정행위의 본질적인 요소를 이루는 조건이나 기한 또는 철회권유보 등도 이들이 사후적으로 부가될 경우에는 하나의 독자적인 규율로서 행정행위의 성격을 갖는다는 것이 독일학설의 일반적인 견해이다. Störmer, DVBl 1966, S. 84; Stelkens, in: Stelkens/Bonk/ Sachs, §36, Rdn. 44.

▶답안요지

제1문: 乙이 부가한 조건의 법적 성격과 적법성

1. 乙이 부가한 조건의 법적 성질

구청장 乙은 甲에게 도로점용허가처분을 하면서 丙이 설치한 지상물 철거를 위한 비용을 부담한다는 조건을 부가하였다. 이러한 조건은 행정행위의 효력을 제한하거나 보충하기 위하여 주된 행정행위에 부가된 종된 규율로서 부관에 해당한다. 부관의 종류로는 기한, 조건, 부담, 철회권유보 등이 있는바, 실정법상 부담은 조건으로 표시되는 것이 일반적이다. 설문에서 구청장이 부가한 부관이 정지조건인지 또는 부담인지 문제된다. ① 정지조건부 행정행위는 일정한 사실의 성취가 있어야 비로소 효력이 발생한다는 점, ② 부담부 행정행위는 부담의 이행여부와 관계없이 처음부터 효력이 발생하나, 행정청은 부담의 불이행을 이유로 주된 행정행위를 철회하거나 또는 부담에 의하여 부과된 의무를 강제집행할 수 있다는 점에서 차이가 있다. 양자의 구별이 명확하지 않은 경우에는 개인에게 상대적으로 유리한 부담으로 보는 것이 타당하다. 설문에서 乙이 甲에게 부가한 부관은 부담의 성격을 갖는다.

2. 부담의 적법성

부담이 적법하기 위하여는 부관의 부가가 가능하여야 하고 부관의 내용상의 한계내에서 부가되어야 한다.

1) 부관의 가능성

가. 법률행위적 행정행위/준법률행위적 행정행위: 전통적 견해는 법률행위적 행정행위에는 부관의 부가가 가능한 반면, 준법률행위적 행정행위에는 부관의 부가가 허용되지 않는다고 한다. 그러나 법률행위적 행정행위에 있어서도 신분설정적 행위는 부관에 친숙하지 않으며, 준법률행위적 행정행위에 있어서 여권 등에 있어서는 기한의 부가가 가능하기 때문에 이러한 견해는 타당성이 없다고 할 것이다.

나. 기속행위/재량행위: 전통적 견해는 기속행위와 재량행위로 구분하여 재량행위에만 부관을 부가할 수 있으며, 판례 역시 이러한 입장을 취하여 기속행위에 부가한 부관을 무효라고 판시하고 있다. 그러나 기속행위가 부관에 친숙하지 않다고 하더라도 법률의 규정이 있는 경우나 법률요건충족적 부관은 가능하다는 것이 다수설의 입장이다.

다. 결어: 사안의 도로점용허가는 특허로서 법률행위적 행정행위로서 재량행위에 해당하기 때문에 어떤 견해에 의하여도 부관의 부가가 가능하다.

2) 부관의 내용적 한계

가. 행정의 법률적합성의 원칙의 위배 여부: 법률우위의 원칙에 따라 부관은 법률에 위배되서는 안된다. 설문상 乙의 부관이 법령에 위반한 것으로 보이지 않는다. 한편, 법률유보의 원칙과 관련하여 부관의 부가에 법률의 근거가 필요한지 여부에 대하여 다툼이 있으나, 판례는 수익적 행정행위에 법률의 근거가 없이 부담을 부가할 수 있다고 판시하고 있다. 乙은 법령에 명시적인 근거가 없음에도 위 부담을 부가하였는바, 판례의 입장을 따른다면 적법한 부담이다.

나. 주된 행정행위의 목적위배 여부 및 이행가능성: 위 부담은 주된 행정행위인 도로점용허가의 목적에 위배되지 않으며, 아울러 甲에게 충분히 이행가능하다.

다. 행정법의 일반원칙의 위배 여부: 부관의 부가는 비례의 원칙, 신뢰보호의 원칙, 부당결부금지의 원칙 등 행정법의 일반원칙에 위배되지 말아야 한다. 사안의 경우 丙의 포장마차는 무허가건축물로서 그 철거가 도로관리에 적합하고 필요한 점, 철거비용이 과도하지 않은 점을 고려할 때, 비례의 원칙에 위배되지 않는다. 또한 부관을 부가하지 않겠다는 乙의 공적 견해표명이 없었다는 점에서 신뢰보호의 원칙에 위배되지 않는다. 다만 부관의 부가가 부당결부금지의 원칙에 위배되는지 문제가 된다. 부당결부금지의 원칙은 행정권의 행사에 있어서 실질적 관련성이 없는 반대급부를 결부시켜서는 안된다는 원칙으로서 법치국가원리와 자의금지의 원칙에 그 근거를 두고 있다. 행정작용과 반대급부와 실질적 관련성이 인정되기 위하여는 ① 원인적 관련성과 ② 목적적 관련성이 있어야 한다. 설문에서 도로점용허가라는 수익적 행정행위에 철거비용 부담이라는 반대급부가 결부된바, 도로점용허가의 발급 때문에 철거비용 부담의 부관의 부가가 가능하게 되었고, 비용부담의 부관은 도로점용허가가 추구하는 목적을 위하여 부가된 것으로 볼 수 있기 때문에 양자는 실질적 관련성이 있다고 보아야 할 것이다.

이에 따라 철거비용부담의 부관은 부당결부금지의 원칙에 반하지 않는다.

3. 결어

乙이 도로점용허가에 부가한 철거비용부담은 부관으로서 부담의 성질을 가지며, 적법하게 부가되었다.

제2문: 사후부관의 가능성

乙은 甲에게 도로점용허가 발급 3개월 후에 철거비용을 부담하라는 조건을 부가하였는바, 이러한 사후부관이 가능한지 여부에 대하여 ① 행정행위에 대한 부관의 부종성 때문에 허용되지 않는다는 부정설, ② 부담은 그 자체로 행정행위의 성격을 가지므로 허용된다는 부담긍정설, ③ 법령이 이를 예상하고 있거나 사후부관이 유보된 경우, 또는 상대방이 동의한 경우에 가능하다는 제한적 긍정설이 대립되고 있다. ③이 다수설인바, 판례는 이러한 사유 이외에도, 사정변경으로 인하여 당초에 부담을 부가한 목적을 달성할 수 없게 된 경우에도 그 목적달성에 필요한 범위 내에서 예외적으로 허용될 수 있다는 입장을 취하고 있다(대판 1997. 5. 30, 97누2627).

사안에서 도로법상에 사후부관의 근거가 없고, 사후부관을 유보한 사정도 보이지 않으며, 상대방의 동의나 사정변경도 존재하지 않는다. 이에 따라 乙이 사후에 부가한 부담은 위법한 부관이다.

제3문: 도로점용허가의 취소처분에 대한 취소소송의 인용가능성

도로점용허가 취소처분은 후발적 사정을 이유로 하여 행정행위의 효력을 소멸시키는 항학상 철회로서 그 자체로 행정행위의 성격을 갖기 때문에 취소소송의 대상이 된다(행소법 2조 1항 1호). 甲은 또한 불이익처분의 직접적 상대방이기 때문에 행소법 12조의 원고적격이 인정된다. 피고적격, 제소기간, 관할법원 등 여타의 소송요건이 충족된 것으로 본다. 본안심리에서 도로점용허가의 철회가 위법하다고 인정된다면 甲의 취소청구는 인용될 것이다. 다음에서는 乙의 철회의 적법성 여부를 검토하기로 한다.

1. 철회의 법적 근거

부담적 행정행위의 철회는 상대방에게 수익적 효과를 발생시키기 때문에 법적 근거가 요구되지 않으나, 사안과 같이 수익적 행정행위의 철회는 상대방에게 침해적 효과를 발생시키기 때문에, 법적 근거가 필요한지 여부에 대하여 견해의 대립이 있다. 소극설의 관점에서는 ① 행정은 공익에 적합하고 변화에 적응하여야 한다는 점, ② 철회에 대하여도 쟁송이 가능하다는 점, ③ 원행정행위의 수권규정은 철회의 수권규정으로 볼 수 있다는 점, ④ 모든 행정행위의 철회에 법적 근거를 요한다는 것은 입법자를 만능시 한다는 점 등이 제시되고 있다. 반면 적극설의 입장에 따르면 ① 수익적 행정행위는 적법하게 발급된 행정행위의 효력을 소멸시킴으로써 상대방의 기득권을 침해시킨다는 점에서 원시적 하자를 이유로 효력을 소멸시키는 직권취소와 차이가 있다는 점, ② 수익적 행정행위의 철회는 상대방에게 불이익 효과를 발생시키는바 부담적 행정행위를 법률의 근거없이 단순한 공익상의 이유로 발급할 수 없다는 점, ③ 인허가 등 수익적 행정행위는 개인의 기본권을 구체화하는 작용인바, 이들의 철회는 기본권을 침해하는 행위로서 헌법 37조 2항에 따라 법적 근거가 필요하다고 주장한다. 판례는 소극설의 입장이나, 법률유보의 관점에서 향후 행정절차법에 일반법적 근거를 두는 것이 바람직 하다. 사안에서 도로법 97조는 도로의 구조나 교통의 안전에 대한 위해를 제거하거나 줄이기 위하여 필요한 경우 등 공익을 위하여 철회권을 행사할 수 있다고 규정하고 있기 때문에 법적 근거와 관련하여 문제가 없다.

2. 철회의 사유

부담적 행정행위의 철회는 원칙적으로 행정청의 재량에 속하나, 수익적 행정행위는 신뢰보호의 원칙에 따라 일정한 사유가 존재하여야 철회를 할 수 있다. 철회사유로 ① 철회권이 유보된 경우, ② 부담의 불이행, ③ 상대방의 의무위반, ④ 새로운 사정이 발생되어 철회하지 않는 경우에 공익이 침해될 경우, ⑤ 법령이 개정되어 철회하지 않으면 공익이 침해될 경우, ⑥ 기타 중대한 공익의 필요 등이 존재하여야 한다. 사안에서는 도로점용허가 당시 "민원이 심각할 경우 위 허가를 취소할 수 있다"는 내용의 철회권을 유보하였는바, 교통정체 및 교통사고 발생위험성 등을 이유로 본선도로 이용자들의 민원이 다수 제기된 것은 유보한 사유가 발생한 것에 해당하므로 철회사유도 존재한다.

3. 철회의 한계

철회사유가 있더라도 비례의 원칙, 신뢰보호의 원칙, 실권의 법리 등에 의하여 철회권행사는 제한을 받는다. 교통정체 및 교통사고위험을 방지하기 위한 공익과 도로점용 허가취소로 인하여 甲이 입게 되는 영업상 이익의 감소를 비교하면, 도로점용허가 이전에 이미 주유소 진입도로가 존재하고 있다는 점을 고려할 때 공익이 더 크다고 할 수 있으므로 비례의 원칙에 위배되지 않는다. 또한 도로점용허가시 철회권을 유보한 경우이므로 상대방은 사전에 철회가능성을 충분히 예견할 수 있으므로 신뢰보호원칙이 적용되지 않으며, 실권의 법리가 적용되는 상황도 아니다. 이에 따라 철회권 행사의 한계를 벗어나지 않는다.

4. 결어

구청장 乙의 도로점용허가 취소처분은 적법하며, 甲이 취소소송을 제기하면 기각판결을 받을 것이다.

사례 2 허가청은 을에게 유흥음식점 영업허가를 함에 있어서 식품위생법 제37조 제3항에 의거하여 공익상 필요할 시에는 영업허가를 언제든지 취소할 수 있다는 조건을 붙였다. 부관의 일반적 한계를 논하고 설문의 부관에 관하여 논평하라.(제17회 행정고시)

▶답안요지 1. 부관의 일반적 한계(부관의 가능성 및 자유성)에 대하여는 본문 참조.

2. 사안의 부관은 철회권의 유보에 해당한다. 철회권이 유보되었다고 하더라도 행정청은 자의로 철회권을 행사할 수 없다. ① 철회권의 유보가 적법하여야 하고, ② 철회권의 행사를 정당화시키는 합리적인 사유가 있어야 하며, ③ 철회권의 행사는 비례의 원칙 등 행정법의 일반원칙에 적합하여야 한다. 사안에서 공익상 필요에 의하여 불가피한 경우가 아니라 언제든지 노점시설 사용허가를 철회할 수 있다는 내용은 비례의 원칙에 위배되어 위법하다.

사례 3 A시장은 B에 대하여 도로점용허가에 있어서 점용기간을 1년으로 하고 월 10만원의 점용료를 납부할 것을 부관으로 붙였다. 이에 관한 다음 물음에 답하시오.(2013 행정직 5급공채)

1) B는 도로점용허가에 붙여진 부관부분에 대해 다투고자 하는 경우에 부관만을 독립하여 행정소송의 대상으로 할 수 있는가?(10점)

2) 부관을 다투는 소송에서 본안심리의 결과 부관이 위법하다고 인정되는 경우에 법원은 독립하여 부관만을 취소하는 판결을 내릴 수 있는가?(10점)

3) A시장은 B에 대하여 위 부관부 도로점용허가를 한 후에 추가로 도로점용시간을 16시부터 22시까지로 제한하는 부관을 붙일 수 있는가?(10점)

▶답안요지

설문1: 부관만을 독립하여 행정소송의 대상으로 할 수 있는지 여부

사안에서 A시장이 도로점용허가에 부가된 점용기간 1년은 부관으로서 기한에 해당하고, 10만원 점용료 납부의무는 부관으로서 부담에 해당한다. 설문에서 B가 이들 부관에 대하여 다투고자 하는바, 여기서 이들 부관이 독립하여 취소소송의 대상이 될 수 있는지는 다툼이 되고 있다.

1) 학설

① 부담과 여타의 부관을 구별하여 부담에 대하여는 처분성을 인정하여 취소소송의 대상으로 하되(진정일부취소소송), 기타의 부관은 처분성이 없기 때문에 부관부 행정행위 전체를 취소소송의 대상으로 하되, 행소법 4조 1호를 근거로 하여 부관만의 취소를 구하는 부진정일부취소소송이 가능하다는 견해, ② 주된 행정행위와 부관의 분리가능성에 따라 판단하여야 한다는 견해, ③ 부담의 처분성을 부인하고 모든

부관에 대하여 부진정일부취소소송을 제기할 수 있다는 견해 등이 대립하고 있다.

2) 판례

판례는 부담의 경우 진정일부취소소송을 인정하고 있으나, 기타 부관에 대하여는 부진정일부취소소송을 부정하고 부관부 행정행위 전체를 취소소송의 대상으로 하거나 부관변경신청 거부처분을 대상으로 취소소송을 제기하여야 한다는 입장이다.

3) 결어

분리가능성 여부는 본안판단사항이므로 쟁송가능성 단계에서 검토하는 것이 타당하지 않으며, 부진정일부취소소송을 인정하지 않는 판례의 입장 역시 효과적인 권리구제의 관점에서 문제가 있다. 이에 따라 처분성이 인정되는 부담의 경우에는 독립하여 취소소송의 대상을 하고(진정일부취소소송), 기타의 부관은 부관부 행정행위 전체를 취소소송의 대상으로 하되, 부관만의 취소를 구하는 부진정일부취소소송을 제기하면 될 것이다. 사안에서 B는 부담인 10만원 점용료 부과처분에 대하여는 직접 취소소송을 제기할 수 있으며, 1년 기한부분에 대하여는 기한부 행정행위 전체를 취소소송의 대상으로 하되 1년 기한 부분의 취소를 구하는 부진정일부취소소송을 제기할 수 있다.

설문2: 본안에서 부관만의 독립취소가능성

본안심리의 결과 부관이 위법하다고 인정하는 경우 법원이 부관만를 취소하는 판결을 내릴 수 있는지 여부에 대하여 다툼이 되고 있다.

1) 학설

① 기속행위와 재량행위의 구별: 일설은 기속행위와 재량행위로 구분하여 기속행위 또는 재량이 영으로 수축된 경우에만 부관만의 독립취소가능성을 인정하고 있다. 재량행위인 경우에 부관만을 취소하여 본체인 주된 행정행위를 유지시키는 것은 권력분립의 원칙에 반한다고 한다. 그러나 부관은 대부분 재량행위에 붙이기 때문에 이 견해에 따르면 부관에 대한 행정소송은 실질적으로 유명무실하게 될 우려가 있다.

② 부관의 내용이 주된 행정행위에 본질적 요소인지 여부: 일설은 부관만의 독립취소가능성은 부관이 취소된 경우에 주된 행정행위가 적법하게 존속할 수 있는지 여부에 의존한다고 한다. 즉 부관의 내용이 주된 행정행위에 본질적이라 부관없이는 주된 행정행위를 발하지 않을 것이라 인정된다면 부관의 위법성은 주된 행정행위의 위법성으로 이끈다. 이 경우 부관이 위법하다는 이유로 독립취소하게 된다면 개인은 위법한 수익적 행정행위를 누리게 되는바, 이는 행정의 법률적합성의 원칙에 위배된다. 이러한 견해에 따르면 부관이 주된 행정행위의 본질적 요소가 아닌 경우에 독립하여 취소할 수 있다. 이 견해에 대하여는 위법한 부관이 본질적 요소인 경우에 개인은 부관부 행정행위 전부를 취소하여야 할지 또는 이를 포기하고 위법한 부관을 수인하여야 하는지 문제가 제기된다.

③ 모든 부관의 독립취소가능성: 이 견해는 부관의 위법성이 인정된다면 주된 행정행위의 재량행위 여부 및 부관의 본질적 요소인지와 무관하게 부관의 독립취소가능성을 인정하는 견해이다. 주된 행정행위의 적법여부는 소송물이 아니기 때문에 법원은 이에 대하여 판단할 필요가 없다. 이러한 입장에 따른다면 개인은 행정청이 발하기를 원하지 않거나 또는 위법한 주된 행정행위를 누리게 된다는 문제점이 발생되나, 행정청은 주된 행정행위를 취소/철회하거나 사후부관의 부가를 통하여 이러한 문제를 제거할 수 있다고 한다.

2) 판례

판례는 부담의 경우 주된 행위와 무관하게 독립취소를 인정하고 있으나, 기타 부관의 경우에는 부진정일부취소소송을 인정하지 않기 때문에 독립취소가능성의 문제가 발생하지 않는다.

3) 결어

모든 부관의 독립취소가능성을 인정하는 것이 타당하다. 모든 부관은 주된 행정행위에 부가된 규율에 해당하기 때문에 주된 행정행위로부터 분리가 가능하며 이에 따라 일부취소가 가능하다. 부관에 대한 취소소송의 소송물은 부관의 위법성이기 때문에 법원은 주된 행정행위의 위법성에 대하여 판단할 필요가 없으며, 부관이 위법하면 이를 독립하여 취소하면 될 것이다. 이 경우 개인은 행정청이 발하기를 원하지 않거나 또는 위법한 주된 행정행위를 누리게 된다는 문제점이 발생되나, 행정청은 주된 행정행위를 취소/철회하거나 사후부관의 부가를 통하여 이러한 문제를 제거할 수 있다. 여기서 비례의 원칙이나 신뢰보호의 원칙에 따라 행정청은 가능한 한 적법한 사후부관의 부가를 선택하여야 할 것이다.

설문3: 사후적인 도로점용시간제한의 허용성

1) 도로점용시간의 제한의 법적 성격

도로점용시간의 제한은 부관으로서 법률효과의 일부배제, 또는 부담으로 이해될 수 있는바, 법률효과의 일부배제는 법령에 특별한 근거가 있는 경우에만 허용되나, 설문에서 법령에 특별한 근거가 있다는 사정은 보이지 않으므로 부담으로 보아야 할 것이다.

2) 사후부관의 허용성

도로점용시간의 제한은 사후적으로 부가되었는바, 사후부관의 허용성에 대하여는 견해가 갈리고 있다. ① 부관의 부종성에 반하여 허용될 수 없다는 부정설, ② 독립된 처분성이 인정되는 부담만은 가능하다는 부담가능성, ③ 법규가 이를 예상하고 있거나 사후부관이 유보된 경우, 상대방이 동의한 경우에 허용된다는 제한적 긍정설이 대립되나 제한적 긍정설이 다수설이다. 판례는 ③ 이외에도 사정변경으로 인하여 당초 목적을 달성할 수 없게 된 경우에도 그 목적달성에 필요한 범위 내에서 예외적으로 허용된다는 입장을 취하고 있다.

설문의 경우 도로점용시간을 사후적으로 제한하는 법령이 존재하지 않으며, 사후부관의 유보나 상대방의 동의도 없을 뿐 아니라, 사정변경 여부도 명확하지 않기 때문에 도로점용시간제한은 허용되지 않을 것이다.

제 5 절 행정행위의 성립 및 효력발생

Ⅰ. 행정행위의 성립요건(적법요건)

행정행위가 적법하게 성립하려면 행정의 법률적합성의 원칙에 따라 법질서가 행정행위에게 요구하는 요건을 갖추어야 하는데 이러한 요건을 종래 행정행위의 성립요건이라고 불러왔으나, 오히려 행정행위의 적법요건이라고 표현하는 것이 타당할 것이다. 행정행위가 적법하게 성립하기 위하여는 어떠한 요건을 갖추어야 하는가에 대하여는 행정행위의 근거법률과 행정절차법에서 규정하고 있는바, 일반적으로 학설과 실무에 의하여 인정되고 있는 행정행위의 적법한 성립요건은 첫째, 정당한 권한을 가진 행정청에 의하여, 둘째, 올바른 절차와 형식에 의하여 발하여지고, 셋째, 그의 내용에 아무런 하자가 없어야 하며, 넷째, 외부적으로 표시되어야 한다. 행정행위의 성립요건 중 주체 · 형식 · 절차 · 내용에 관한 요건을 내부적 성립요건이라 하며, 외부적 표시에 관한 요건을 외부적 성립요건이라고 한다.

1. 내부적 성립요건

1) 주체에 관한 요건

행정행위는 정당한 권한을 가진 행정청에 의하여 권한의 범위 내에서 정상적인 의사작용에 의하여 발하여져야 한다.

가. 권 한

행정권은 헌법과 법률에 의하여 국가 · 지방자치단체 등 여러 행정주체에 분할되어 있고 이들 행정주체의 의사를 결정하고 표시하는 기관인 행정청의 권한은 지역적 · 사항적으로 한정되어 있다. 행정청은 이러한 지역적 · 사항적 권한(관할)의 한계 내에서 행정행위를 발하여야 한다.

가) 사항적 한계 행정청의 권한은 그 사무의 성질과 내용에 따라 일정한 한계가 있는바 이를 사항적 한계라고 한다. 예를 들면 행정안전부장관은 정부조직, 정보공개, 정보보호, 지방자치단체의 사무를 감독하고 재정경제부장관은 금융, 조세, 외국환 등의 업무를 담당한다. 행정청이 타 행정청의 권한을 처리하는 경우에는 위법한 행정행위가 된다.

나) 지역적 한계 지역이나 구역에 의하여 정하여진 행정청의 활동범위를 권한의 지역적 한계라고 한다. 중앙행정청의 권한은 전국에 미치는 반면(행정각부의 장관 및 경찰청장 · 국세청장 · 병무청장 등), 지방행정청의 권한은 특정한 지역에 미친다(광역 및 지방자치단체장, 지방경찰청장 · 지방병무청장 등 국가의 특별지방행정기관). 행정청이 자신의 권한의 지역적 한계를 벗어나 발하는 행정행위는 위법하게 된다.

다) 행정절차법의 규정 행정청이 그 관할에 속하지 아니하는 사안을 접수하였거나 이송받은 경우에는 지체 없이 이를 관할 행정청에 이송하여야 하고 그 사실을 신청인에게 통지하여야 한다(행정절차법 6조 1항). 행정청의 관할이 분명하지 않은 경우에는 당해 행정청을 공통으로 감독하는 상급행정청이 그 관할을 결정하며, 공통으로 감독하는 상급행정청이 없는 경우에는 각 상급행정청의 협의로 그 관할을 결정한다(행정절차법 6조 2항).

나. 합의제 행정기관

정당한 권한을 가진 기관이 합의제기관인 경우에는 적법하게 구성되고 의사 · 의결정족수를 충족시켜야 한다.

다. 정상적인 의사작용

정상적인 의사작용에 의하여야 한다. 이에 따라 타인의 사기(詐欺)나 강박(强迫)에 의한 행위 또는 부정한 행위여서는 안된다.

2) 절차에 관한 요건

행정행위에 대하여 일정한 절차가 요구되는 경우에는 그에 관한 절차를 거치지 않으면 안된다. 이러한 절차에는 ① 협력을 요하는 행정행위에 있어서 상대방의 신청이나 동의, ② 당사자 및 이해관계인의 이해의 조정 및 권익보호를 목적으로 하는 행정절차, ③ 행정청의 의사결정에 있어서 신중 · 공정을 도모하기 위하여 관계기관의 협의 · 심의 · 자문 · 의결 등의 결정절차 등과 ④ 기타 법정의 절차가 있는바, 특히 행정행위에 의하여 영향을 받거나 불이익을 입게 될 당사자 및 이해관계인을 위한 행정절차가 매우 중요하다. 행정절차법은 상대방에게 의무를 부과하거나 권익을 제한하는 처분의 경우에는 반드시 사전통지(법 21조), 의견제출(법 22조 3항), 청문(법 22조 1항), 공청회(법 22조 2항) 등의 절차를 거치도록 하고 있다.

3) 형식에 관한 요건

행정행위에는 특별히 형식을 요하지 아니하는 것이 있으나(불요식행위(不要式行爲)), 행정행위의 내용을 명확히 하고 이해관계인이 그 내용을 쉽게 알 수 있도록 함과 동시에 행정행위의 존재를 객관적으로 나타내기 위하여 일정한 형식을 요구하는 경우가 일반적이다(요식행위(要式行爲)).

행정절차법은 행정청이 처분을 하는 때에는 다른 법령 등에 특별한 규정이 있는 경우를 제외하고는 문서로 하도록 하고 있으며, 당사자등의 동의가 있는 경우와 당사자가 전자문서로 처분을 신청한 경우에는 전자문서로 할 수 있다(법 24조). 또한 행정청이 행정행위를 하는 경우에 원칙적으로 그 근거와 이유를 제시하도록 하고 있어 이유제시의 의무를 부과하고 있다(법 23조).

4) 행정행위의 내용에 관한 요건

행정행위는 그 내용에 있어서 적법하여야 하며, 아울러 실현가능하여야 하고 객관적으로 명확하여야 한다.

가. 행정행위의 법률적합성

행정의 법률적합성의 원칙에 따라 행정행위는 그의 내용이 법에 적합하지 않으면 안된다. 행정행위는 법률우위의 원칙에 따라 그가 집행하는 법규범뿐만 아니라 그 밖에 헌법을 비롯한 모든 관련된 법규범에 적합하여야 한다. 행정행위는 또한 법률유보의 원칙이 적용되는 범위에서는 법률의 근거가 있어야 한다. 만일 행정행위의 근거가 되고 있는 법규범이 헌법에 위배되어 무효인 경우에는 행정행위는 법적 근거를 상실하여 하자가 있게 된다. 이 경우에 그 밖의 중대하고 명백한 하자가 없는 경우 이외에는 취소할 수 있는 행정행위가 된다.

나. 행정법의 일반원칙에 합치

행정행위는 비례의 원칙, 평등의 원칙, 신의성실의 원칙, 신뢰보호의 원칙, 부당결부금지원칙 등 행정법의 일반원칙에 위배되어서는 안된다.

다. 내용적 명확성

행정행위는 행정행위의 상대방이 누구인지 명확히 알 수 있도록 하여야 하며 또한 행정청이 무엇을 원하는지 명확히 알 수 있어야 한다. 특히 행정절차법 제5조는 행정청이 행하는 행정작용은 그 내용이 구체적이고 명확하여야 하며, 행정작용의 근거가 되는 법령 등의 내용이 명확하지 아니한 경우 상대방은 당해 행정청에 대하여 그 해석을 요청할 수 있고, 이 경우 당해 행정청은 특별한 사유가 없는 한 이에 응하도록 하고 있다.

라. 사실적 및 법적 실현가능성

행정청은 기술적으로 실현이 불가능한 시설물의 설치를 명령하여서는 안되며, 또한 법률에서 인정하지 않는 권리를 부여하거나(밀수허가) 의무를 부과하여서는 안된다.

2. 외부적 성립요건

행정행위는 외부적으로 표시됨으로써 성립한다. 행정행위의 외부적 성립 여부는 행정청에 의하여 당해 처분에 관한 행정의사가 법령 등에서 정하는 공식적인 방법으로 외부에 표시되었는지 여부를 기준으로 판단하여야 한다. 이에 따라 공무원에 의한 사적인 통지나, 상대방이 우연히 알게 된 경우만으로는 행정행위가 성립되지 않는다.[70]

70) 朴均省, 行政法講義, 275면.

행정처분의 외부적 성립은 행정의사가 외부에 표시되어 행정청이 자유롭게 취소 · 철회할 수 없는 구속을 받게 되는 시점, 그리고 상대방이 쟁송을 제기하여 다툴 수 있는 기간의 시점을 정하는 의미를 갖는다(참고: 행정소송법 20조 2항, 행정심판법 27조 3항).

판례 1(행정처분의 외부적 성립시점) 행정처분은 주체 · 내용 · 절차와 형식이라는 내부적 성립요건과 외부에 대한 표시라는 외부적 성립요건을 모두 갖춘 경우에 존재한다. 행정처분의 외부적 성립은 행정의사가 외부에 표시되어 행정청이 자유롭게 취소 · 철회할 수 없는 구속을 받게 되는 시점, 그리고 상대방이 쟁송을 제기하여 다툴 수 있는 기간의 시점을 정하는 의미를 가지므로, 어떠한 처분의 외부적 성립 여부는 행정청에 의하여 당해 처분에 관한 행정의사가 법령 등에서 정하는 공식적인 방법으로 외부에 표시되었는지를 기준으로 판단하여야 한다(대판 2017. 7. 11, 2016두35120).

판례 2(입국금지결정을 내부전산망인 '출입국관리정보시스템'에 입력하였으나, 상대방에게 통보하지 않은 경우 입국금지결정이 항고소송의 대상이 되는 '처분'에 해당하는지 여부) 법무부장관이 甲에 대하여 출입국관리법령에 따라 입국금지결정을 한 후, 그 정보를 내부전산망인 '출입국관리정보시스템'에 입력하였으나, 甲에게는 통보하지 않은 경우, 위 입국금지결정은 법무부장관의 의사가 공식적인 방법으로 외부에 표시된 것이 아니라 단지 그 정보를 내부전산망인 '출입국관리정보시스템'에 입력하여 관리한 것에 지나지 않으므로, 위 입국금지결정은 항고소송의 대상이 될 수 있는 '처분'에 해당하지 않는다(대판 2019. 7. 11, 2017두38874).

Ⅱ. 행정행위의 효력발생요건

적법하게 성립된 행정행위는 상대방에게 통지됨으로써 효력을 발생한다. 행정행위는 교통신호와 같이 단순히 외부적으로 표시됨으로써 효력을 발생하는 경우도 있으나, 상대방이 특정된 경우에는 원칙적으로 송달을 통하여 상대방이 알 수 있는 상태에 도달함으로써 효력을 발생한다. 행정절차법은 송달에 관하여 특별히 규정하고 있다.

1. 송달의 방법과 효력발생

송달은 우편 · 교부 또는 정보통신망 이용 등의 방법에 의하되 송달받을 자의 주소 · 거소 · 영업소 · 사무소 또는 전자우편주소(이하 '주소' 등이라 한다)로 한다. 다만, 송달받은 자가 동의하는 경우에는 그를 만나는 장소에서 송달할 수 있다(법 14조 1항).

1) 우편송달과 효력발생

우편에 의한 송달은 송달받는 자에게 도달됨으로서 그 효력을 발생한다(법 15조 1항). 여기서 도달이라 함은 반드시 상대방이 수령하여 요지(了知)하여야 함을 의미하는 것이 아니고 상대방이 알 수 있는 상태에 놓여지는 것을 의미한다. 우편에 의한 송달의 경우 상당한 기간 내에 도달된 것으로 추정하는 것이 종래의 판례의 입장이었으나 근래에는 상대방에게 도달되었음을 입증하여야 하므로 그 입증을 위하여 등기 등의 우편에 의할 필요가 있게 되었다.

판례 1(행정처분의 효력발생요건으로서 도달의 의미) 행정처분의 효력발생요건으로서의 도달이란 처분상대방이 처분서의 내용을 현실적으로 알았을 필요까지는 없고 처분상대방이 알 수 있는 상태에 놓임으로써 충분하며, 처분서가 처분상대방의 주민등록상 주소지로 송달되어 처분상대방의 사무원 등 또는 그 밖에 우편물 수령권한을 위임받은 사람이 수령하면 처분상대방이 알 수 있는 상태가 되었다고 할 것이다. 또한 우편물이 등기취급의 방법으로 발송된 경우 그것이 도중에 유실되었거나 반송되었다는 등의 특별한 사정에 대한 반증이 없는 한 그 무렵 수취인에게 배달되었다고 추정할 수 있다(대판 2017. 3. 9, 2016두60577).

판례 2(행정처분의 송달에 있어서 도달의 의미) 행정처분의 효력발생요건으로서의 도달이란 상대방이 그 내용을 현실적으로 양지할 필요까지는 없고 다만 양지할 수 있는 상태에 놓여짐으로써 충분하다고 할 것인데, 갑의 처가 갑의 주소지에서 갑에 대한 정부인사발령통지(파면처분통지)를 수령하였다면 비록 그 때 갑이 구치소에 수감중이었고 처분청 역시 그와 같은 사실을 알고 있었다거나 갑의 처가 위 통지서를 갑에게 전달하지 아니하고 폐기해 버렸더라도 갑의 처가 위 통지서를 수령한 때에 그 내용을 양지할 수 있는 상태에 있었다고 볼 것이다(대판 1989. 9. 26, 89누4963).

판례 3(유족이 서훈취소 처분의 상대방이 되는지 여부 및 망인에 대한 서훈취소 결정의 효력이 발생하기 위한 요건) 헌법 제11조 제3항과 구 상훈법 제2조, 제33조, 제34조, 제39조의 규정 취지에 의하면, 서훈은 서훈대상자의 특별한 공적에 의하여 수여되는 고도의 일신전속적 성격을 가지는 것이다. 나아가 서훈은 단순히 서훈대상자 본인에 대한 수혜적 행위로서의 성격만을 가지는 것이 아니라, 국가에 뚜렷한 공적을 세운 사람에게 영예를 부여함으로써 국민 일반에 대하여 국가와 민족에 대한 자긍심을 높이고 국가적 가치를 통합·제시하는 행위의 성격도 있다. 서훈의 이러한 특수성으로 말미암아 상훈법은 일반적인 행정행위와 달리 사망한 사람에 대하여도 그의 공적을 영예의 대상으로 삼아 서훈을 수여할 수 있도록 규정하고 있다. 그러나 그러한 경우에도 서훈은 어디까지나 서훈대상자 본인의 공적과 영예를 기리기 위한 것이므로 비록 유족이라고 하더라도 제3자는 서훈수여 처분의 상대방이 될 수 없고, 구 상훈법 제33조, 제34조 등에 따라 망인을 대신하여 단지 사실행위로서 훈장 등을 교부받거나 보관할 수 있는 지위에 있을 뿐이다. 이러한 서훈의 일신전속적 성격은 서훈취소의 경우에도 마찬가지이므로, 망인에게 수여된 서훈의 취소에서도 유족은 그 처분의 상대방이 되는 것이 아니다. 이와 같이 망인에 대한 서훈취소는 유족에 대한 것이 아니므로 유족에 대한 통지에 의해서만 성립하여 효력이 발생한다고 볼 수 없고, 그 결정이 처분권자의 의사에 따라 상당한 방법으로 대외적으로 표시됨으로써 행정행위로서 성립하여 효력이 발생한다고 봄이 타당하다(대판 2014. 9. 26, 2013두2518).

2) 교부와 효력발생

교부에 의한 송달은 수령확인서를 받고 문서를 교부함으로써 행하며, 송달하는 장소에서 송달받을 자를 만나지 못한 때에는 그 사무원·피용자 또는 동거인으로서 사리를 분별할 지능이 있는 사람에게 이를 교부할 수 있다. 다만, 문서를 송달받을 자 또는 그 사무원이 정당한 사유 없이 송달받기를 거부하는 때에는 그 사실을 수령확인서에 적고, 문서를 송달할 장소에 놓아둘 수 있다(법 14조 2항).

3) 정보통신망이용과 효력발생

정보통신망을 이용한 송달은 송달받을 자가 동의한 경우에 한한다. 이 경우 송달받을 자는 송달받을 전자우편주소 등을 지정하여야 한다(법 14조 3항). 정보통신망을 이용하여 전자문서로 송달하는 경우에는 송달받을 자가 지정한 컴퓨터 등에 입력된 때에 도달된 것으로 본다(법 15조 2항).

2. 고시(告示) 또는 공고(公告)와 효력발생

고시 또는 공고는 행정절차법상의 공고와 개별법령상의 공고가 있다.

1) 행정절차법상의 공고

행정처분을 송달받을 자의 주소 등을 통상의 방법으로 확인할 수 없는 경우 또는 송달이 불가능한 경우에는 송달받을 자가 알기 쉽도록 관보 · 공보 · 게시판 · 일간신문 중 하나 이상에 공고하고 인터넷에도 공고하여야 한다(법 14조 4항). 이 경우에는 다른 법령 등에 특별한 규정이 있는 경우를 제외하고는 공고일로부터 14일이 경과한 때에 그 효력이 발생한다. 다만, 긴급히 시행하여야 할 특별한 사유가 있어 효력발생시기를 달리 정하여 공고한 경우에는 그에 의한다(동법 15조 3항).

2) 개별법상의 공고 또는 고시

일반처분(일반적 · 구체적 규율 또는 물적 행정행위)의 경우에는 통상적인 송달방식에 의한 통지가 어렵기 때문에 공고 또는 고시의 방식에 의한 통지수단을 사용하고 있다. 이 경우에 공고 또는 고시의 효력발생일은 관련법령에서 규정한 바에 따른다. 예를 들어 국토의 계획 및 이용에 관한 법률에 따르면 도시 · 군관리계획의 결정은 지형도면을 고시한 날부터 그 효력이 발생하도록 하고 있다(국토계획이용법 31조 1항).

판례(청소년유해매체물 결정 및 고시처분의 효력발생시점) 구 청소년보호법(2001. 5. 24. 법률 제6479호로 개정되기 전의 것)에 따른 청소년유해매체물 결정 및 고시처분은 당해 유해매체물의 소유자 등 특정인만을 대상으로 한 행정처분이 아니라 일반 불특정 다수인을 상대방으로 하여 일률적으로 표시의무, 포장의무, 청소년에 대한 판매 · 대여 등의 금지의무 등 각종 의무를 발생시키는 행정처분으로서, 정보통신윤리위원회가 특정 인터넷 웹사이트를 청소년유해매체물로 결정하고 청소년보호위원회가 효력발생시기를 명시하여 고시함으로써 그 명시된 시점에 효력이 발생하였다고 봄이 상당하고, 정보통신윤리위원회와 청소년보호위원회가 위 처분이 있었음을 위 웹사이트 운영자에게 제대로 통지하지 아니하였다고 하여 그 효력 자체가 발생하지 아니한 것으로 볼 수는 없다(대판 2007. 6. 14, 2004두619).

한편 고시 또는 공고의 효력발생일에 대하여 개별법령에 명시적인 규정이 없는 경우에 판례는 구 사무관리규정 제7조(현행: 행정업무의 운영 및 혁신에 관한 규정 6조)를 적용하여 당해 고시 또는 공고가 있은 후 5일이 경과한 날로 보고 있다. 그러나 구 사무관리규정은 비록 형식은 대통령령으로 되어 있으나 행정 내부의 사무관리의 기준을 정하고 있는 진정한 행정규칙에 해당하므로 동규정에 대하여 외부적 효력을 인정하기는 어려울 것이다. 향후 일반처분 등의 효력발생일에 관하여는 행정절차법에 직접 규정하는 것이 바람직 할 것이다.

판례(개별법령에 규정이 없는 경우 고시 · 공고의 효력발생시점) 통상 고시 또는 공고에 의하여 행정처분을 하는 경우에는 그 처분의 상대방이 불특정 다수인이고, 그 처분의 효력이 불특정 다수인에게 일률적으로 똑같이 적용됨으로 인하여 고시일 또는 공고일에 그 행정처분이 있음을 알았던 것으로 의제하여 행정심판 청구기간을 기산하는 것이므로, 관리처분계획에 이해관계를 갖는 자는 고시가 있었다는 사실을 현실적으로 알았는지 여부에 관계없이 고시가 효력을 발생하는 날인 고시가 있은 후 5일이 경과한 날에 관리처분계획인가 처분이 있음을 알았다고 보아야 하고, 따라서 관리처분계획인가 처분에 대한 행정심판은 그 날로부터 60일 이내에 제기하여야 한다(대판(전원합의체) 1995. 8. 22, 94누5694).

제6절 행정행위의 효력

행정행위가 유효하게 성립하여 효력발생요건을 갖추게 되면 그 행정행위의 내용에 따라 현실적으로 효력을 발생한다. 행정행위가 구체적으로 상대방에게 어떠한 효력을 발생시키는가는 근거법령이나 행정행위의 종류에 따라 다르다. 일반적으로 행정행위가 다른 행정의 행위형식에 대하여 갖고 있는 특수한 효력으로서 공정력, 구속력, 존속력, 집행력이 언급되고 있다.

Ⅰ. 공정력(公定力)

1. 개 념

행정행위의 공정력이란 행정행위의 성립에 하자가 있다고 하더라도, 그것이 중대하고 명백하여 당연히 무효로 인정되는 경우를 제외하고는 권한있는 기관(처분청 · 감독청 · 행정심판위원회 · 수소법원)에 의하여 취소되기까지 유효한 것으로 통용되는 힘을 말한다.[71] 행정기본법 제15조는 "처분은 권한이 있는 기관이 취소 또는 철회하거나 기간의 경과 등으로 소멸되기 전까지는 유효한 것으로 통용된다. 다만, 무효인 처분은 처음부터 그 효력이 발생하지 아니한다."고 행정행위의 공정력에 대하여 규정하고 있다.

사법상(私法上)의 법률행위에 있어서는, 설혹 그것이 당사자의 일방적인 행위인 경우에도, 그 행위의 효력에 다툼이 있을 때에는 법원의 판결에 의하여 확정될 때까지 관계인은 그 법률행위의 효력을 언제든지 부인할 수 있다. 그러나 행정행위에는 공정력이 인정되기 때문에 그의 성립에 있어서 하자와는 관계없이 권한있는 기관에 의하여 취소될 때까지는 그 효력을 부인하지 못한다.

우리 학설의 일부는 행정행위의 구속력을 법률의 규정에 따라 일정한 효력을 발생하는 실체법적 효력인 데 대하여, 행정행위의 공정력은 그러한 구속력이 있는 것을 승인시키는 절차법적 효력이라고 보고 있다.[72] 그러나 행정행위의 공정력은 행정행위의 잠정적 유효성을 근거지우는 실체법적 효력이며, 구속력이란 행정행위의 유효성으로부터 나오는 당연한 효력에 지나지 않는다. 오늘날 독일학설의 일반적인 견해도 행정행위의 잠정적 유효성을 근거지우는 공정력을 실체법적 효력(Satz des materiellen Rechts)으로 보고 있다.[73]

일설은 행정행위의 공정력을 취소쟁송을 통하여 흠이 있다고 여기는 행정행위의 효력을 부인하게 만들어 놓은 취소쟁송제도의 반사적 효과에 지나지 않는다고 하나,[74] 그러나 취소쟁송제도는 행정행위에 인정되고 있는 실체법적인 효력인 공정력을 배제하기 위한 절차법적인 제도에 지나지 않는다. 절차법이란 실체법의 문제를 해결하기 위한 수단법적인 기능을 갖고 있는 점을 비추어 볼 때, 공정력을 단순히 절차법에서 나오는 반사적 효과라고 주장하는 입장은 본말이 전도된 견해라고 보아

71) 행정행위의 공정력과 구속력에 대한 자세한 내용은 鄭夏重, 行政行爲의 公定力과 拘束力, 考試硏究, 2001. 8, 102면 이하 참조.

72) 金道昶, 一般行政法論, 405면; 金東熙/崔桂暎, 行政法 I, 329면.

73) Wolff/Bachof/Stober, VerwR I, 10. Aufl., S. 678.

74) 金南辰/金連泰, 行政法 I, 251면.

야 할 것이다.[75)]

2. 공정력의 근거

행정행위의 공정력이론은 대륙법계의 여러 나라에서 인정·발전되어 왔는데 공정력의 근거에 대한 이론은 다음과 같다.

1) 자기확인설

이는 오토 마이어(Otto Mayer)에 의하여 주장된 견해로서 행정행위는 사인(私人)의 법률행위와는 법적 가치가 다른 것으로써 행정청이 그의 권한 내에서 한 행정행위는 그 행정청에 의하여 적법성의 요건이 확인된 것이고, 그 확인은 상대방을 구속하는 힘을 가지며 당해 행정청이 그 확인을 스스로 유지하는 한 그 행정행위는 유효한 것으로 간주된다는 것이다. 그는 행정행위는 법원의 판결과 같은 효력을 갖고 있다고 하면서 적법성에 대한 자기확인과 그에 따른 행정행위의 유효성은 보다 강력한 관할권에 의하여만 극복될 수 있다고 하였다.[76)]

이러한 오토 마이어의 견해는 이후 독일의 행정법학에 큰 영향을 주었으며, 이후의 지배적인 학설은 오토 마이어의 이론에 근거하여 이른바 행정행위뿐만 아니라 모든 국가행위에 대하여 적법성 추정이론을 발전시켰다.

2) 국가권위설

포르스트호프(Forsthoff)는 행정행위를 국가권위의 표현으로 보고 행정행위의 공정력은 국가권위가 행정행위에 통용력을 부여하기 때문에 발생한다고 하였다. 따라서 행정행위는 그의 위법성의 유무에 관계없이 그에 복종할 것을 요구하고 있다고 하였다. 행정행위는 그 때문에 법률에 위배된다고 하여 반드시 무효인 것은 아니며 이에 따라 하자있는 행정행위도 의심스러운 경우에는 일단 유효성을 추정받는다는, 이른바 행정행위의 유효성추정이론을 주장하였다.[77)]

3) 법적 안정성 및 신뢰보호설

행정행위는 그것이 하자가 있는 경우에도 이후에 그에 대한 불복절차를 밟는 것은 별론으로 하고 공익을 추구하는 행정법관계의 안정과 그에 대한 신뢰를 보호하기 위하여, 누구든지 우선은 그 효력을 인정하여야 할 필요성을 가진다. 따라서 행정행위가 일응 그 유효성을 인정받는 것은 권위의 산물이 아니라 행정법관계의 안정과 행정행위에 대한 신뢰를 보호하려는 법기술적인 요청에 바탕을 둔 것이라고 한다. 오늘날의 다수설에 해당하는 견해이다.

4) 결 어

오늘날 하자가 있는 행정행위의 잠정적인 유효성은 국가권위 또는 국가행위의 적법성추정이론 또는 유효성추정이론에 의하여 설명되지 않는다.[78)] 법규범도 행정행위와 동일한 권위를 갖고 있음에도 불구하고 위법한 법규범은 무효이다. 특히 적법성추정이론은 국가는 항상 올바르게 행동하며 그

75) 同旨: 金東熙/崔桂暎, 行政法 I, 329면.
76) O. Mayer, Deutsches Verwaltungsrecht, Bd. I, S. 95.
77) Forsthoff, Lehrbuch des Verwaltungsrechts, S. 224.
78) 적법성추정이론과 유효성추정이론에 대한 비판에 대하여는 鄭夏重, 行政訴訟法의 改正方向, 公法硏究, 31집 3호, 2003. 3, 11면 이하.

자체가 정당성의 구현이라는 관념에 근거하고 있는바, 지나간 역사적 경험은 이러한 관념의 근본적인 오류를 충분하게 증명하고 있다.

또한 행정행위가 행정의 다른 행위형식이나 법률행위보다는 통계적으로 무효인 경우보다 유효인 경우가 압도적으로 많은 경우에 행정행위의 유효성추정이 성립되는바 이는 지금까지 확인되지 않은 사실이다. 법관은 구체적인 경우에 확인된 사실관계와 엄격한 법적 심사에 근거하여 당해 행정행위가 무효인지 또는 유효인지 판단하고 있다.

오늘날 실정법을 바탕으로 하지 않는 초법적 · 선험적 공정력이란 있을 수 없다. 그러나 행정행위의 적법성이나 타당성에 대하여 의문이 있는 경우에 권한있는 기관에 의하여 취소 · 변경을 기다릴 것 없이 누구든지 행정행위의 구속력을 부인할 수 있다고 한다면 공익의 신속한 실현과 행정의 능률적인 수행은 기대하기 어렵다. 그러므로 공익의 신속한 실현 및 행정법관계의 안정을 도모하기 위하여 행정행위의 공정력은 실정법에 의하여 직접 또는 간접으로 인정되는 것이 보통이다. 행정기본법은 공정력에 대하여 직접적으로 근거규정을 두고 있으며(동법 15조), 행정심판법의 취소심판 및 행정소송법의 취소소송에 관한 규정은 공정력에 대한 간접적 근거로 보아야 할 것이다.

3. 공정력의 한계

행정행위의 공정력은 행정법관계의 안정성을 위하여 실정법에 의하여 인정된 제도로서 행정행위의 하자가 중대하고 명백하여 무효인 행정행위까지도 공정력을 인정하는 것은 공정력을 인정하는 합리적인 근거가 있다고 볼 수 없다. 따라서 행정행위의 공정력은 행정행위가 당연무효이거나 부존재의 경우에는 인정되지 않으며 이러한 경우에는 다른 행정기관이나 법원은 물론 사인까지도 독자적인 판단으로 행정행위의 효력을 부인할 수 있다.

4. 공정력과 입증책임

행정행위의 공정력이 법원의 심리절차에 있어서 행정행위의 하자에 대한 입증책임에 영향을 미치는지 문제가 된다. 종래의 학설 중에서는 행정행위의 적법성추정이론에 따라 행정행위의 하자를 주장하는 원고가 그 근거사실에 대한 입증책임을 져야 한다고 한다. 그러나 행정행위의 공정력이란 행정법관계의 안정성 내지는 신뢰보호를 위하여 권한있는 기관에 의하여 취소 · 변경이 있을 때까지 잠정적으로 그 유효성을 인정하는 실정법상의 제도로써 법원의 심리절차에 있어서 적법성 여부의 판단기초가 되는 사실관계의 존부여부에 대한 입증책임과는 아무런 관련이 없다는 것이 오늘날 학설의 일반적 견해이다. 행정행위의 적법성에 대한 입증책임은 민사소송법상의 입증책임의 분배원칙인 법률요건분류설을 원칙으로 하되, 행정소송의 특수성을 감안하여 당사자간의 공평, 사안의 성질, 입증의 난이 등의 구체적 사안에 따라 입증책임을 결정하여야 할 것이다.

판례(취소소송에서 행정처분의 적법사유에 대한 입증책임) 행정처분의 위법을 주장하여 그 처분의 취소를 구하는 소위 항고소송에 있어서는 그 처분이 적법하였다고 주장하는 피고에게 그가 주장하는 적법사유에 대한 입증책임이 있다고 하는 것이 당원판례의 견해이고, 그 견해를 행정처분의 공정력을 부정하는 것이라고는 할 수 없다(대판 1966. 10. 18, 66누134).

---

5. 공정력과 선결문제

선결문제란 행정행위의 적법 내지 효력유무를 항고소송의 관할법원 이외의 법원, 즉 민사법원과 형사법원이 심리 · 판단할 수 있는지의 문제이다. 지금까지의 학설은 이러한 선결문제를 공정력에 관련하여 언급하여 왔으나, 실제로 선결문제는 후술하는 바와 같이, 공정력에 근거한 행정행위의 구속력 중 다른 국가기관에 대한 구속력, 즉 구성요건적 효력과 관련하여 다루어져야 할 문제이다.

Ⅱ. 구 속 력

1. 의 의

행정행위는 그의 공정력 때문에 그 하자가 중대하고 명백하여 무효가 아닌 한, 상대방 및 관련인에게 통지되는 시점부터 유효하게 되어 구속력(Verbindlichkeit)을 발생한다. 행정행위의 구속력이란 그에 의하여 내려진 규율이 의도된 법적 효과를 발생하는 것을 의미하며 바로 행정행위의 유효성의 본질적인 부분이다.[79] 유효한 행정행위의 이러한 구속력은 다시 상대방 및 제3자에 대한 구속력과, 처분청에 대한 구속력, 그리고 다른 국가기관 및 수소법원 이외의 법원에 대한 구속력으로 구별할 수 있다. 특히 독일의 학설과 실무에서는 처분청 자신에 대한 구속력을 자박력이라 하고 수소법원 이외의 법원 및 다른 국가기관에 대한 구속력을 구성요건적 효력이라고 부르고 있다.

2. 공정력과의 구별

우리 학설 중 일부는[80] 행정행위의 상대방에 대한 구속력을 공정력이라 부르고 다른 국가기관 또는 수소법원 이외의 법원에 대한 구속력을 구성요건적 효력이라고 부르고 있으나, 공정력과 구속력은 서로 구별되어야 할 개념으로 다루어져야 할 것이다. 공정력은 행정행위가 잠정적으로 유효성을 인정받는 힘인 데 반하여, 구속력이란 이러한 유효성에서 나오는 효력이라고 보는 것이 타당할 것이다.

3. 구속력의 종류

1) 행정행위의 상대방 및 제3자에 대한 구속력

유효하게 성립된 행정행위는 상대방 및 이해관계인에게 통지되는 시점부터 구속력을 갖게 된다. 예를 들어 경찰관이 불법주차한 자동차의 운행자에게 즉각적인 발차명령을 내리거나 무허가건물의 소유자에게 철거명령을 내리면 자동차운행자나 무허가건물의 소유자는 이러한 명령을 이행하여야 하며, 명령에 의하여 부과된 의무는 강제집행을 통하여 실효성이 담보된다. 행정행위의 상대방이나 이해관계가 있는 제3자가 이러한 구속력을 벗어나기 위하여는 항고소송을 통하여 그 효력을 다투어야 할 것이다. 행정행위의 상대방이나 관련자에 대한 구속력의 내용은 개별적인 실체법의 규율내용에 의존하고 있기 때문에 추상적인 고찰의 영역에서 벗어난다.

2) 처분청에 대한 구속력(자박력)

유효한 행정행위는 상대방이나 제3자에 대한 구속력뿐만 아니라 아울러 처분청 자신에 대하여

79) Wolff/Bachof/Stober, VerwR I, 10. Aufl., S. 678.

80) 金南辰/金連泰, 行政法 I, 251면; 洪井善, 行政法特講, 239면.

구속력을 발생한다. 처분청은 행정행위가 형식적으로 존재하고 있는 한 자신에 의하여 내려진 규율내용과 모순되는 결정을 내려서는 안됨을 의미한다. 이러한 처분청에 대한 구속력을 자박력이라고도 한다. 처분청이 이러한 구속을 벗어나고자 하는 경우에는 스스로 행정행위를 철회 또는 직권취소하거나 변경하여야 한다. 행정행위의 이러한 자박력은 특히 대규모시설의 허가과정에서 볼 수 있는 바와 같이 부분허가나 사전결정을 통하여 사업의 부분적인 시설설치나 개개의 승인요건에 대하여 미리 결정하는 다단계행정절차의 모순 없는 수행을 위하여 중요한 의미가 있다. 처분청은 다단계허가절차에서 일차결정의 규율내용에 반하는 이차결정을 내려서는 안된다. 예를 들어 처분청이 사전결정을 통하여 시설의 입지적합성에 대하여 이미 승인하였다면 처분청은 시설운영에 대한 허가결정에 있어서 입지적합성을 다시 새롭게 문제삼아서는 안된다.

3) 처분청 및 수소법원 이외의 국가기관에 대한 구속력(구성요건적 효력)

가. 구성요건적 효력의 의의
나. 구성요건적 효력의 근거
다. 구성요건적 효력과 민사법원과 형사법원의 선결문제
　가) 민사소송절차에 있어서 선결문제
　　① 국가배상청구사건
　　　㉠ 심사부정설
　　　㉡ 심사긍정설(통설, 판례)
　　② 부당이득반환청구사건
　　　㉠ 행정행위의 하자가 당연무효에 해당하는 경우–심사가능
　　　㉡ 행정행위의 하자가 취소사유에 그치는 경우–그 효력을 부인할 수 없음
　나) 형사소송절차에 있어서 선결문제
　　① 행정행위의 위법성판단이 선결문제가 되는 경우
　　② 행정행위의 효력 여부의 판단이 선결문제가 되는 경우
　　　㉠ 처분이 취소되어야 범죄가 성립되는 경우
　　　㉡ 처분이 취소되어야 범죄가 불성립되는 경우

가. 의 의

학설에서는 수소법원 이외의 다른 법원(형사법원 및 민사법원)이나 제3의 국가기관도 처분청에 의하여 유효한 행정행위가 발급되어졌다는 사실을 존중하여야 하며 이러한 행정행위를 그들의 결정에 기초하여야 한다는 견해가 일반적으로 지배하고 있다. 이것은 행정행위가 그의 유효성과 더불어 다른 국가기관에 대하여 구속력을 갖고 있다는 것을 의미한다. 독일의 통설은 이러한 다른 국가기관에 대한 행정행위의 구속력을 구성요건적 효력이라고 표현하고 있다.[81] 예를 들어 관할행정청이 특정인의 국적을 박탈하거나, 특정공무원을 파면하는 경우에, 다른 행정청이나 민사법원 또는 형사법원은 이들 행정행위의 규율내용을 존중하고 주어진 사실로서 그들의 결정에 기초시켜야 한다.

나. 근 거

이러한 행정행위의 구성요건적 효력은 권력분립적이고 기능배분적인 권한법질서에 근거를 두고 있다. 구성요건적 효력은 법원 또는 행정청의 상호간의 관계에 있어서 자신들의 권한에 기한 정당한 행위를 다른 국가기관들이 존중하고 스스로의 결정에 근거시키도록 요구함으로써, 고권적 규율의 모순과 중복을 피하고 국가권력의 행사에 있어서 동질적인 체계를 창설하는 데 기여한다.

81) 鄭夏重, 行政行爲의 公定力과 拘束力, 考試硏究, 2001. 8, 112면 이하.

다. 구성요건적 효력과 민사법원과 형사법원의 선결문제

행정행위의 구성요건적 효력을 다수의 학설의 견해와 같이 제3의 국가기관 또는 수소법원 이외의 다른 법원에 대한 구속력으로 이해한다면 행정행위의 위법성 내지는 유효성 여부가 민사소송절차나 형사소송절차에 있어서 선결문제가 되는 경우에 관할 민사법원이나 형사법원이 이를 심사할 수 있는지, 이른바 선결문제심사권에 대한 문제가 발생된다.

가) 민사소송절차에 있어서 선결문제

① 국가배상청구사건 학계에서는 국가배상청구사건을 공법상의 당사자소송으로 할 것을 요구하고 있음에도 불구하고 실무에서는 여전히 민사소송절차에 의하고 있다.

국가배상청구소송에서 행정행위의 위법성 여부가 선결문제가 된 경우 관할 민사법원이 이를 심사할 수 있는지 여부에 대하여 소극설과 적극설로 갈리고 있다. 소극설은[82] 국가배상청구소송에 있어서 행정행위의 구성요건적 효력과 취소소송의 배타적 관할 및 행정소송법 제11조 제1항은 민사법원에 대하여 처분 등의 효력유무 또는 존재 여부만을 선결문제심판권으로 규정한다는 점을 들어 민사법원의 행정행위의 위법성 여부에 대한 심사권을 부인하고 있다.

반대로 적극설과[83] 판례는 국가배상사건의 선결문제에서는 행정행위의 효력 여부가 아니라, 그 위법성이 문제되기 때문에 관할법원의 위법성 여부의 판단이 가능하다는 입장을 취하고 있다. 또한 행정소송법 제11조는 선결문제심판권에 대한 예시적 규정에 불과하기 때문에 위법성판단을 배제시키는 것은 아니라고 한다. 이러한 적극설은 소송경제적인 이유와 개인의 권리보호의 관점에서도 장점을 갖는다고 보아야 할 것이다. 현재 적극설이 통설이다.

판례(국가배상청구사건에서 처분의 위법성판단에 대한 선결심판권) 위법한 행정대집행이 완료되면 그 처분의 무효 확인 또는 취소를 구할 소의 이익은 없다. 그러나 미리 그 행정처분의 취소판결이 있어야만, 그 행정처분의 위법임을 이유로 한 손해배상의 청구를 할 수 있는 것은 아니다(대판 1972. 4. 28, 72다337).

---

② 부당이득반환청구사건 공법상 부당이득반환청구소송 역시 공법상의 당사자소송으로 할 것을 주장하고 있는 학설에도 불구하고 실무에서는 민사소송으로 다루고 있다. 법률상 원인이 없는 재산상의 이동의 조정을 목적으로 하고 있는 공법상의 부당이득반환청구소송에 있어서는 국가배상청구소송과는 달리 행정행위의 위법성 여부가 아니라, 행정행위의 효력 여부가 선결문제가 되고 있다. 위법한 행정행위도 그것이 무효가 아닌 한, 권한있는 기관에 의하여 취소되기 전에는 유효성을 갖고 있기 때문에 재산상 이동의 법률상 원인이 되고 있다. 판례는 타당하게도 부당이득반환청구소송에서 하자가 중대하고 명백하여 무효에 해당하는 경우에는 이를 심사하여 부당이득 여부를 판단할 수 있으나, 단순한 취소사유에 그치는 경우에는 그 효력을 부인할 수 없다고 판시하고 있다.

판례 1(조세의 과오납이 부당이득이 되는 경우) 행정처분이 아무리 위법하다고 하여도 그 하자가 중대하고 명백하여 당연무효라고 보아야 할 사유가 있는 경우를 제외하고는 아무도 그 하자를 이유로 무단히

82) 李尙圭, 新行政法論(上), 408면.

83) 金南辰/金連泰, 行政法 I, 313면; 朴鈗炘/鄭亨根, 最新行政法講義(上), 115면; 金東熙/崔桂暎, 行政法 I, 333면.

그 효과를 부정하지 못하는 것으로, 이러한 행정행위의 공정력은 판결의 기판력과 같은 효력은 아니지만 그 공정력의 객관적 범위에 속하는 행정행위의 하자가 취소사유에 불과한 때에는 그 처분이 취소되지 않는 한 처분의 효력을 부정하여 그로 인한 이득을 법률상 원인 없는 이득이라고 말할 수 없는 것이다(대판 1994. 11. 11, 94다28000).

판례 2(부당이득반환청구사건에서 위법한 처분의 효력부인 가능성) 과세처분이 당연무효라고 볼 수 없는 한 과세처분에 취소할 수 있는 위법사유가 있다 하더라도 그 과세처분은 행정행위의 공정력 또는 집행력에 의하여 그것이 적법하게 취소되기 전까지는 유효하다 할 것이므로, 민사소송절차에서 그 과세처분의 효력을 부인할 수 없다(대판 1999. 8. 20, 99다20179).

③ 불가쟁력이 발생된 행정행위에 대한 선결문제 부당이득반환청구소송의 경우에 법률상 원인이 되는 행정행위의 하자가 취소사유에 해당하고 불가쟁력이 발생된 경우에는 행정청에 의하여 직권취소가 되지 않는 한 항고소송에서 더 이상 다툴 수 없기 때문에 민사법원은 그 위법성을 심사할 수 없을 뿐 아니라 그 유효성도 부인할 수 없다. 반면 국가배상청구사건에서 행정행위가 불가쟁력이 발생된 경우에 민사법원이 그 위법성을 심사할 수 있는지 문제가 되고 있다. 일설은 이 경우에 이차적 권리보호(국가배상)에 대한 일차적 권리보호(행정쟁송)의 우선의 관점에서 국가배상청구를 배제시키고 있는 독일의 법제를 원용하여 민사법원의 선결문제심사권을 부인하고 있으나, 다수설과 판례는 이에 대한 긍정적 입장을 취하고 있다. 다수설과 판례의 입장과 같이 국가배상청구사건에서 행정행위가 불가쟁력이 발생되었다고 하더라도 민사법원의 선결문제심사권을 인정하는 견해가 타당할 것이다. 다만, 피해자가 자신의 손해를 행정쟁송을 통하여 충분하게 방어를 할 수 있었음에도 불구하고 이를 해태한 경우에는 과실상계의 원칙에 따라 손해배상액을 감액시키는 것이 바람직 할 것이다.[84)]

나) 형사소송절차에 있어서 선결문제

형사사건의 경우에 있어서 행정행위의 위법 여부 또는 효력 여부가 선결문제로 된 경우에 형사법원이 이를 심사할 수 있는지 역시 학설에서는 다툼이 되고 있다. 여기서 형사법원이 범죄구성요건의 충족 여부를 판단하기 위하여 행정행위의 위법성을 심사할 수 있는지, 나아가서 행정행위의 효력까지 부인할 수 있는지 여부가 문제가 된다.

① 행정행위의 위법성판단이 선결문제가 되는 경우 민사소송절차에서와 마찬가지로 소극설은 행정행위의 구성요건적 효력과 취소소송의 배타적 관할 및 행정소송법 제11조를 이유로 하자가 중대하고 명백하여 무효인 경우를 제외하고는 그 위법성에 대하여는 심사할 수 없다고 한다. 이에 대하여 다수설과 판례는 행정행위의 구성요건적 효력과 위법성판단은 상호 관련성이 없으며, 행정소송법 제11조는 예시적 규정이라는 이유로 형사법원은 행정행위의 위법성을 심사할 수 있다는 입장을 취하고 있다.

84) 이차적 권리보호에 대한 일차적 권리보호의 우선의 원칙은 피해자는 행정쟁송을 통하여 자신의 손해를 방지할 수 있을 뿐 아니라, 국가는 이를 통하여 자신의 손해배상책임 및 이로부터 발생되는 막대한 재정부담을 피할 수 있다는 관점에서 정당화되고 있다. 피해자가 일차적 권리구제수단을 고의 또는 중대한 과실로 해태하는 경우에 국가배상을 전부 배제시키는 방안보다, 과실상계에서 고려되어야 한다는 견해가 오늘날 타당한 견해로 받아들여지고 있다. 이에 대하여는 Ossenbühl, Staatshaftungsrecht, S. 93.

판례 1(형사사건에서 처분의 위법성판단에 대한 선결심판권) 구 도시계획법 제78조 제1항에 정한 처분이나 조치명령을 받은 자가 이에 위반한 경우 이로 인하여 같은 법 제92조에 정한 처벌을 하기 위하여는 그 처분이나 조치명령이 적법한 것이라야 하고, 그 처분이 당연무효가 아니라 하더라도 그것이 위법한 처분으로 인정되는 한 같은 법 제92조 위반죄가 성립될 수 없다(대판 1992. 8. 18, 90도1709).

판례 2(시정명령이 위법한 경우 개발제한구역법 제32조 제2호의 위반죄가 성립하지 않는다는 판례) 개발제한구역의 지정 및 관리에 관한 특별조치법(이하 '개발제한구역법'이라 한다) 제30조 제1항에 의하여 행정청으로부터 시정명령을 받은 자가 이를 위반한 경우, 그로 인하여 개발제한구역법 제32조 제2호에 정한 처벌을 하기 위하여는 시정명령이 적법한 것이라야 하고, 시정명령이 당연무효가 아니더라도 위법한 것으로 인정되는 한 개발제한구역법 제32조 제2호 위반죄가 성립될 수 없다(대판 2017. 9. 21, 2017도7321).

판례 3(무효인 처분을 위반한 경우에 행정형벌을 부과할 수 없다는 판례) 소방시설설치유지 및 안전관리에 관한 법률 제9조에 의한 소방시설 등의 설치 또는 유지·관리에 대한 명령을 정당한 사유 없이 위반한 자는 같은 법 제48조의2 제1호에 의하여 행정형벌에 처해지는데 위 명령이 행정처분으로서 하자가 있어 무효인 경우에는 위 명령에 따른 의무위반이 생기지 아니하므로 행정형벌을 부과할 수 없다(대판 2011. 11. 10, 2011도11109).

② 행정행위의 효력 여부의 판단이 선결문제가 되는 경우 행정행위의 효력 여부의 판단이 선결문제가 되는 경우는 행정행위가 취소되어야 범죄가 성립되는 경우와 행정행위가 취소되어야 범죄가 불성립되는 경우로 구분하여 고찰할 수가 있다.

㉠ 처분이 취소되어야 범죄가 성립되는 경우 예컨대 위법사유가 있는 운전면허를 가진 자가 무면허운전으로 기소된 경우, 형사법원은 그 운전면허소지자를 무면허운전자로 처벌하기 위해서 운전면허처분의 효력 여부를 심사할 수 있는지가 문제되는바, 행정행위의 하자가 당연무효인 경우에는 형사법원은 행정행위의 효력을 판단할 수 있으나, 행정행위의 하자가 취소사유에 그치는 경우에는 구성요건적 효력 때문에 형사법원은 당해 행정행위가 취소되기 전에는 그 효력을 부인할 수 없다는 것이 학설과 판례의 일치된 견해이다.

판례(형사사건에서 위법한 처분의 효력부인 가능성) 연령미달의 결격자인 피고인이 소외인의 이름으로 운전면허시험에 응시, 합격하여 교부받은 운전면허는 당연무효가 아니고 도로교통법 제65조 제3호의 사유에 해당함에 불과하여 취소되지 않는 한 유효하므로 피고인의 운전행위는 무면허운전에 해당하지 아니한다(대판 1982. 6. 8, 80도2646).

㉡ 처분이 취소되어야 범죄가 불성립되는 경우 예컨대, 위법하게 영업허가취소처분을 당한 자가 영업을 계속하다가 무허가영업으로 기소된 경우, 영업허가취소처분의 효력을 부인하여야 무허가영업이 되지 않으므로, 형사법원은 영업허가취소처분의 효력을 부인할 수 있는지가 문제가 된다.

이에 대해 다수설은 행정행위의 하자가 당연무효인 경우에는 형사법원은 행정행위의 효력을 판단할 수 있으나, 행정행위의 하자가 취소사유에 그치는 경우에는 구성요건적 효력 때문에 형사법원은 당해 행정행위가 취소되기 전에는 그 효력을 부인할 수 없다고 한다.

그러나 다수설에 따르게 되면 불복기간이 도과한 경우 위법하게 영업허가취소처분을 당한 자는 그 위법한 행정처분의 취소를 청구할 수 없고 그에 따라 처벌을 받게 되는 바, 이는 피고인의 인권보장과 형평의 원칙상 문제가 있다. 따라서 이 경우에는 형사법원이 행정행위의 효력을 부인할 수 있어야 한다는 유력한 견해가 있다.[85)]

판례(운전면허취소처분이 행정쟁송절차에서 취소판결을 받아 확정된 경우에 무면허운전죄로 처벌할 수 없다는 판례) 피고인이 행정청으로부터 자동차 운전면허취소처분을 받았으나 나중에 그 행정처분 자체가 행정쟁송절차에 의하여 취소되었다면, 위 운전면허취소처분은 그 처분시에 소급하여 효력을 잃게 되고, 피고인은 위 운전면허취소처분에 복종할 의무가 원래부터 없었음이 후에 확정되었다고 봄이 타당할 것이고, 행정행위에 공정력의 효력이 인정된다고 하여 행정소송에 의하여 적법하게 취소된 운전면허취소처분이 단지 장래에 향하여서만 효력을 잃게 된다고 볼 수는 없는 것이다. 따라서 피고인이 자동차 운전면허취소처분을 받은 후 처분청을 상대로 운전면허취소처분의 취소소송을 제기하여 서울고등법원에서 승소판결을 받았고 그 판결이 대법원의 상고기각 판결로 확정되었다면, 피고인이 자동차를 운전한 행위는 도로교통법에 규정된 무면허운전의 죄에 해당하지 아니한다 할 것이다(대판 1999. 2. 5, 98도4239).

Ⅲ. 행정행위의 존속력

행정행위는 확정판결과는 달리 영속적 · 종국적으로 관계당사자를 구속하는 것은 아니다. 그러나 행정행위가 행하여지면 그를 근거로 하여 많은 법률관계가 형성되기 때문에, 법적 안정성과 관계인의 신뢰보호의 관점에서 그의 자유로운 취소 · 변경은 바람직하지 않다. 이에 따라 일단 발하여진 행정행위를 존속시키기 위하여 인정된 제도를 존속력(Bestandskraft)이라고 한다. 이러한 행정행위의 존속력은 법원의 종국판결의 확정력제도에서 유추하여 발달하여 왔으며, 그 때문에 종래 행정행위의 확정력이라는 용어로 사용되기도 하였다. 그러나 행정행위의 존속력은 종국판결의 확정력과 분명한 차이가 존재하므로 존속력이라는 용어를 사용하는 것이 바람직하다. 존속력은 다시 형식적 존속력과 실질적 존속력으로 구분되고 있다.[86)]

1. 행정행위의 형식적 존속력(불가쟁력)

1) 의 의

행정행위의 상대방 기타 이해관계인은 원칙적으로 일정한 불복신청기간 내에 행정쟁송을 통하여 행정행위의 효력을 다툴 수가 있으나 행정행위에 대한 쟁송제기기간이 경과하거나, 또는 쟁송수단을 다 거친 후에는 더 이상 그에 대하여 다툴 수 없게 하는 행정행위의 효력을 형식적 존속력 또는 불가쟁력이라고 한다. 이러한 형식적 존속력은 행정법관계의 안정과 능률적인 행정목적의 수행을 위하여 그 효력에 관한 다툼을 제한된 시간 내에서만 허용한다는 목적에서 인정되는 것이다. 불가쟁력이 발생한 행정행위에 대한 행정심판 및 행정소송의 제기는 부적법한 것으로 각하된다. 무효인 행정행위는 쟁송제기기간의 제한을 받지 않으므로 불가쟁력이 발생하지 않는다(행심법 18조 7항, 행소법 20조 · 38조).

형식적 존속력은 상대방이나 이해관계가 있는 제3자에 대하여만 발생하는 효력이기 때문에 처분

85) 朴均省, 行政法講義, 72면.

86) 행정행위의 존속력에 대한 자세한 내용은 鄭夏重, 행정행위의 公定力, 拘束力 그리고 存續力, 考試硏究, 1999. 4, 115면 이하 참조.

청을 구속하지 않는다. 처분청은 불가쟁력이 발생한 이후에도 사실적 또는 법적 상황을 다시 심사하여 행정행위를 취소 · 철회하거나 새로운 행정행위로 변경할 수 있다(행정기본법 37조 6항).

2) 불가쟁적 행정행위에 대한 재심사 제도

행정행위가 불가쟁력이 발생된 이후에 위법성이 확인되거나, 새로운 사정이 발생된 경우에 처분청은 행정행위를 직권취소·철회 또는 변경할 수 있으나, 행정행위의 상대방은 이러한 시정을 청구할 수 있는 방법이 없었다. 확정판결에도 재심제도가 인정되고 있는 점을 고려할 때, 절차적 공정성과 신중성에 있어서 판결에 훨씬 못 미치는 행정행위에 있어서 재심사 제도가 마련되고 있지 않는 것은 비합리적인 상황이라고 볼 수밖에 없었다. 판례 또한 불가쟁력이 생긴 행정처분에 대하여는 개별 법규에서 그 변경을 요구할 신청권을 규정하고 있거나 관계 법령의 해석상 그러한 신청권이 인정될 수 있는 등 특별한 사정이 없는 한 국민에게 그 행정처분의 변경을 구할 신청권이 없다고 하여 불가쟁적 행정행위에 대한 재심사 청구권의 인정을 소극적으로 보고 있었다.

그런데 행정기본법 제37조는 처분이 행정심판, 행정소송 및 그 밖의 쟁송을 통하여 다툴 수 없게 된 경우라도 당사자가 해당 처분을 한 행정청에 처분을 취소 · 철회하거나 변경하여 줄 것을 신청할 수 있는 처분의 재심사 제도를 마련하였다. 다만 재심사 대상이 되는 처분에 제재처분 및 행정상 강제는 포함되지 않는다.

가. 재심사 신청사유

재심사를 할 수 있는 사유로는 ① 행정처분의 근거가 되는 사실관계 또는 법률관계가 추후에 당사자에게 유리하게 변경된 경우, ② 당사자에게 유리한 결정을 가져다주었을 새로운 증거가 있는 경우, ③ 민사소송법 제451조에 따른 재심사유에 준하는 사유가 발생한 경우 등으로 대통령령으로 정하는 경우이다(행정기본법 37조 1항).

나. 재심사의 신청 및 불복

재심사의 신청은 해당 처분의 절차, 행정심판, 행정소송 및 그 밖의 쟁송에서 당사자가 중대한 과실 없이 제1항 각 호의 사유를 주장하지 못한 경우에만 할 수 있다(동조 2항). 재심사의 신청 기간은 위의 사유를 안 날부터 60일 이내, 처분이 있은 날부터 5년 이내이다(동조 3항). 처분의 재심사 결과 중 처분을 유지하는 결과에 대해서는 행정심판, 행정소송 및 그 밖의 쟁송수단을 통하여 불복할 수 없다(동조 5항).

다. 재심사의 대상이 되지 않는 처분

재심사의 대상이 되지 않는 처분으로는 ① 공무원 인사 관계 법령에 따른 징계 등 처분에 관한 사항, ②「노동위원회법」 제2조의2에 따라 노동위원회의 의결을 거쳐 행하는 사항, ③ 형사, 행형 및 보안처분 관계 법령에 따라 행하는 사항, ④ 외국인의 출입국 · 난민인정 · 귀화 · 국적회복에 관한 사항, ⑤ 과태료 부과 및 징수에 관한 사항, ⑥ 개별 법률에서 그 적용을 배제하고 있는 경우 등이다(동조 8항).

라. 개선방향

그동안 학계에서 지속적으로 그 도입을 주장하여온 불가쟁력이 발생된 행정행위의 재심사 제도가 행정기본법을 통하여 도입된 것은 매우 환영할 만한 일이다, 그러나 동법상의 재심사 제도의 내

용에 대하여는 다음과 같은 심각한 비판이 제기되고 있다.[87]

① 제재처분이 행정쟁송의 대부분을 차지하고 있음에도 불구하고 이를 재심사 대상에서 제외시키고 있으며, ② 행정기본법 제2조 제3호는 당사자의 범위를 처분의 상대방에 제한시킴으로써 제3자의 재심사 신청을 원천적으로 봉쇄하고 있고, ③ 처분을 유지하는 결과는 신청에 대한 거부처분임에도 불구하고 이에 대한 불복을 금지시킴으로써 실질적 권리구제수단으로 기능하기가 어렵다는 점 등을 들 수 있다. 이들은 재심사 제도의 실효성을 본질적으로 훼손하는 문제점들로 조속한 시일내에 입법적 개선이 요망된다.

판례(불가쟁력이 발생된 행정처분에 대한 변경신청권의 존부 여부) 제소기간이 이미 도과하여 불가쟁력이 생긴 행정처분에 대하여는 개별 법규에서 그 변경을 요구할 신청권을 규정하고 있거나 관계 법령의 해석상 그러한 신청권이 인정될 수 있는 등 특별한 사정이 없는 한 국민에게 그 행정처분의 변경을 구할 신청권이 있다 할 수 없다. 원고들의 이 사건 신청은 제소기간 경과로 이미 불가쟁력이 생긴 이 사건 사업계획승인상의 부관에 대해 그 변경을 요구하는 것으로서, 구 주택건설촉진법 등 관련 법령에서 그러한 변경신청권을 인정하는 아무런 규정도 두고 있지 않을 뿐 아니라, 나아가 관계 법령의 해석상으로도 그러한 신청권이 인정된다고 볼 수 없으므로 원고들에게 이를 구할 법규상 또는 조리상의 신청권이 인정된다 할 수 없고, 그러한 이상 피고가 원고들의 이 사건 신청을 거부하였다 하여도 그 거부로 인해 원고들의 권리나 법적 이익에 어떤 영향을 주는 것은 아니라 할 것이므로 그 거부행위인 이 사건 통지는 항고소송의 대상이 되는 행정처분이 될 수 없다(대판 2007. 4. 26, 2005두11104).

2. 행정행위의 실질적 존속력

1) 전통적 견해－행정행위의 실질적 존속력을 불가변력으로 이해하는 견해
   가. 실질적 존속력의 개념으로서 불가변력
   나. 불가변력이 인정되는 행정행위
   다. 불가쟁력과 불가변력의 관계
2) 새로운 견해－행정행위의 실질적 존속력을 불가쟁력이 발생된 시점에서 비로소 나타나는 상대방 및 이해관계인과 처분청에 대한 강화된 구속력으로 이해하는 견해
   가. 실질적 존속력의 개념
   나. 실질적 존속력이 인정되는 행정행위－모든 행정행위
   다. 불가쟁력과의 관계－불가쟁력(형식적 존속력)이 발생한 시점에서 실질적 존속력도 발생

형식적 존속력의 개념과는 달리 실질적 존속력의 개념은 심각한 논쟁의 대상이 되고 있는 개념이다. 개념상의 논쟁은 불가쟁력이 발생된 행정행위가 판결과 같은 실질적 확정력을 갖는지의 여부에서 출발하고 있다. 법원의 판결이 형식적 확정력을 갖게되면 그 판결은 이후의 소송에서 내용상의 구속력을 갖게 되어, 법원은 그와 모순·저촉되는 판단을 하여서는 안되며, 당사자에게도 그 내용에 반하여 되풀이 다투는 소송이 허용되지 않는다. 이를 판결의 실질적 확정력 또는 기판력이라고 한다. 즉 판결의 실질적 확정력은 이후의 법적 분쟁에 있어서 법원과 당사자 사이에 규준력(Maßgeblichkeit)을 의미한다.

87) 참고: 정하중, 행정기본법 제정안에 대한 소고, 법제 689호, 2020. 6. 15, 3면 이하; 조성규, 행정기본법상 '처분의 재심사' 규정의 법적 쟁점, 제48회 한국행정법학회 정기학술대회 발표집, 2021. 7. 2, 60면 이하.

1) 전통적 견해

가. 실질적 존속력의 개념으로서 불가변력

우리의 전통적 견해는 행정행위는 그 발급에 있어서 법원의 판결과 같은 엄격한 절차가 전제되어 있지 않으며, 그 발령기관도 법원과 같이 독립된 제3자가 아니고 법률관계의 당사자인 행정기관이라는 점 등에서 판결과 많은 차이가 있기 때문에, 행정행위가 판결의 이러한 실질적 확정력과 같은 실질적 존속력을 갖는 데 대하여 부정적인 시각을 갖고 있다. 이에 따라 행정행위의 실질적 존속력을 불가변력으로 이해하고 이러한 불가변력은 예외적으로 특정한 행정행위에만 인정되고 있으며, 반드시 불가쟁력을 전제로 하고 있지 않다고 한다.[88)]

즉 다수설은 행정행위의 실질적 존속력을 특정행위에 대하여 주어지는 취소나 철회가 불허되거나 제한되는 불가변력으로 이해하고 있다.

나. 불가변력이 인정되는 행정행위

다수설은 예외적으로 불가변력이 인정되는 행정행위를 다음과 같이 열거하고 있다.

가) 준사법적 행정행위 행정심판의 재결 또는 소청심사위원회의 결정 등과 같이 일정한 쟁송절차를 거쳐 행하여지는 준사법적 행정행위에는 소송법적인 확정력에 준하는 불가변력이 인정된다고 한다.

판례(준사법적 행정행위의 취소 · 변경 가능성) 귀속재산에 관한 지방관재기관의 귀속재산처리에 대한 소청심의회 결정이 원래 행정처분의 성격을 가진 것이라 할 것이나 실질적인 면에서 본다면 본질상 쟁송의 절차를 통한 준 재판이라 할 것인 만큼 이러한 성질을 가진 소청재결청의 판정은 일반 행정처분과는 달리 재심 기타 특별한 규정이 없는 한 재결청인 소청심의회 자신이 취소변경할 수는 없다(대판 1965. 4. 22, 63누200).

나) 수익적 행정행위의 취소 · 철회의 제한 다수설의 일부에서는 수익적 행정행위가 신뢰보호의 관점에서 직권취소나 철회가 제한되는 경우를 불가변력이 인정되는 경우로 보지 않는 반면,[89)] 다른 견해는 불가변력을 광의로 이해하여 취소 · 철회 또는 변경이 불허되는 경우뿐 아니라 제한되는 경우까지를 포함시키고 있다.[90)]

다) 법률의 규정이 있는 경우 토지보상법 제86조 제1항과 같이 법률의 명시적인 규정에 의하여, 확정판결과 같은 효력이 부여되는 경우가 있는바, 이러한 효력은 행정행위에 내재하는 효력이라기보다는 법률에 의하여 인정되는 효력으로 보는 것이 일반적인 견해이다.

라) 기타 중대한 공공복리가 요구하는 경우 그 밖에도 학설의 일부는 중대한 공공복리가 요구되는 경우에도 행정행위의 불가변력이 인정된다고 한다(사정판결 및 사정재결의 대상이 되는 행정행위).

---

88) 柳至泰/朴鍾秀, 行政法新論, 251면; 金東熙/崔桂暎, 行政法 I, 338면.

89) 金南辰/金連泰, 行政法 I, 262면; 洪井善, 行政法特講, 249면.

90) 金東熙/崔桂暎, 行政法 I, 340면.

다. 불가쟁력과 불가변력의 관계

행정행위의 실질적 존속력을 예외적으로 특정 행정행위에 부여되는 불가변력으로 이해하는 우리의 다수설의 입장에서는 불가쟁력과 불가변력은 행정법관계의 안정을 도모하고 상대방의 신뢰보호를 위하여 행정행위의 효력을 지속시킨다는 점을 제외하고는 다음과 같이 서로 상이한 내용을 갖는다. ① 불가쟁력(형식적 존속력)은 행정행위의 상대방 및 이해관계인에 대한 효력인 데 대하여 불가변력(실질적 존속력)은 처분청 등 행정기관에 대한 효력이며, ② 불가쟁력이 생긴 행위가 당연히 불가변력을 발생시키는 것은 아니기 때문에 불가쟁력이 발생한 행정행위도 불가변력이 발생되지 않는 한 권한있는 기관에 의하여 취소 · 철회 내지는 변경하는 것이 가능하다. ③ 또한 불가변력이 있는 행위가 당연히 불가쟁력을 가지는 것은 아니기 때문에 불가변력이 있는 행정행위도 쟁송제기기간이 경과하기 전에는 쟁송을 제기하여 그 효력을 다툴 수 있게 된다.

2) 새로운 견해

그러나 최근의 유력설은 독일의 다수설과 같이 행정행위의 실질적 존속력을 불가쟁력이 발생된 행정행위가 행정행위의 상대방과 이해관계인 그리고 처분청에 대하여 갖고 있는 포괄적인 내용적 구속력으로 이해하고 있다.[91] 독일에서도 전통적인 학설은 행정행위에 판결의 실질적 확정력과 같은 실질적 존속력이 부여된다는 데 대하여 회의적인 입장을 견지하였다. 무엇보다도 사법절차에 유사한 행정절차의 결여 때문에 행정행위에는 판결과 같은 적법성의 보장이 주어지지 않으며, 다른 한편으로는 미래지향적인 형성적 수단으로서의 행정행위에는 항상 새로운 사실적 상황과 법적 상황에 대한 적응의 필요성이 있음이 지적되었다.[92] 그러나 근래의 독일의 문헌에서는 사법절차와 행정절차의 구조적 차이에도 불구하고, 행정행위의 실질적 존속력을 판결의 실질적 확정력과 유사한 제도로 이해하려는 견해가 다수설화되고 있다.[93]

행정행위도 법원의 판결과 같이 구체적인 경우에 무엇이 법인가를 선언하는 행위이며, 고권적인 권리형성 및 확인기능을 그의 본질적인 특징으로 하고 있다. 이에 따라 행정행위에 대한 제소기간은 법원의 판결에 대한 상소기간과 같이 법적 안정성을 확보하기 위한 도구이며, 일단 불가쟁력이 발생한 행정행위는 비록 차원은 다르지만 판결의 실질적 확정력과 유사한 실질적 존속력이 부여된다고 한다.

이러한 견해에 따르면 판결의 실질적 확정력이 형식적 확정력을 전제로 하는 바와 같이, 행정행위의 실질적 존속력 역시 형식적 존속력을 전제로 하고 있다. 행정행위의 실질적 존속력은 형식적 존속력이 발생된 시점에서 비로소 나타나는 상대방 및 이해관계인과 행정청에 대한 포괄적인 구속력을 의미한다(이른바 강화된 구속력). 유효한 행정행위의 통지와 함께 발생되는 상대방과 이해관계인에 대한 구속력은, 형식적 존속력의 발생과 더불어 종국적인 것으로 변화된다. 이러한 종국적인 구속력은, 행정행위의 발급시점부터 존재하는 처분청에 대한 구속력과 결합하여 실질적 존속력을 구성하

91) 鄭夏重, 행정행위의 公定力, 拘束力 그리고 存續力(하), 考試硏究, 1999. 4, 115면 이하; 金性洙, 行政行爲의 存續力, 月刊考試, 1990. 8, 130면 이하.

92) Wolff/Bachof/Stober, VerwR I, S. 713; Forsthoff, aaO., S. 255.

93) Sachs, Stelkens/Bonks/Sachs, 1998, §43, Rdn. 43.; Erichsen/Knoke, NVwZ 1983, S. 185ff.; Ipsen, Die Verwaltung, 1984, S. 173.

고 있다. 행정행위의 실질적 존속력은 판결의 실질적 확정력이 이후의 소송에 있어서 법원과 당사자에 대한 내용적인 구속력, 즉 규준력을 의미하듯이, 둘 이상의 행정행위가 일련의 절차에서 연속하여 행하여지는 경우, 특히 다단계행정절차에 있어서 행정청과 상대방 및 이해관계인에 대한 규준력을 의미한다.

독일의 다수설은 이러한 실질적 존속력을 정도상의 차이는 있으나 모든 행정행위에 대하여 인정하고 있다. 처분청은 비록 변화된 법적 그리고 사실적 상황에 적응하기 위하여 행정행위의 취소·철회 내지 변경을 할 수 있으나 이는 실질적 존속력의 인정여부에 관련된 문제가 아니라 판결의 실질적 확정력의 한계와 마찬가지로 실질적 존속력의 한계에 관련된 문제이다. 행정행위의 실질적 존속력은 판결의 실질적 확정력과 마찬가지로 객관적 한계, 주관적 한계, 시간적 한계를 갖고 있는바, 이들은 행정행위의 흠의 승계부분에서 상술하기로 한다.

Ⅳ. 집 행 력

1. 의 의

행정행위의 집행력이란 행정행위에 의하여 부과된 행정상의 의무를 상대방이 이행하지 않는 경우에 행정청이 스스로의 강제력을 발동하여 그 의무를 실현시키는 힘을 말한다. 이를 자력집행력이라고 한다. 집행력을 갖고 있는 행정행위는 상대방에게 일정한 의무(작위·부작위·수인·급부)를 명하는 하명행위뿐이며 따라서 의무부과와 무관한 수익적 행정행위나 확인적 행정행위는 집행력을 갖지 않는다. 사법관계에 있어서는 채권자는 채무자의 의무의 불이행의 경우에는 확정판결에 부여된 집행권원을 통하여 집행기관에 강제집행을 구하지 않으면 안되는 데 대하여 행정법관계에 있어서는 행정청은 자신의 청구권을 법원 또는 국가의 특별한 집행기관의 도움이 없이 스스로 그 의무의 이행을 실현시킬 수 있다.

행정행위에 대한 의무를 위반한 경우에 행정상의 강제집행 이외에도 행정벌(행정형벌 또는 행정질서벌)이 과하여지는 경우가 많다. 학설의 일부는 이를 제재력이라고 하여 행정행위의 집행력과 함께 행정행위의 강제력이라고 부르고 있다. 그러나 이러한 제재력이 행정행위의 효력과 직접 연관되는 것인지에 대하여는 의문이 제기되고 있다.[94)]

2. 집행력의 근거

1) 직권집행설(일반행정강제의 원칙)

과거 독일에 있어서 오토 마이어 등 행정법학의 초기의 학자들은 행정행위의 집행력을 행정행위에 당연히 내재하는 고유한 효력으로 보았다. 다시 말하면 행정행위는 당연히 강제집행권을 포함하며 행정행위의 근거가 되는 법규는 강제집행의 수권규정이 된다. 행정강제는 새로운 부담을 추가적으로 과하는 것이 아니며 기존의 행정행위에 의하여 상대방이 부담하고 있는 의무를 실현시키기 때문에 특별한 법규의 근거를 요하지 않는다고 하였다.

94) 金南辰/金連泰, 行政法 I, 324면.

2) 강제집행에 대한 실정법적 근거

그러나 이러한 행정행위의 직권집행의 이론은 오늘날 극복되었다. 강제집행행위는 의무를 부과하는 행정행위에 추가하여 개인의 자유와 재산을 침해할 수 있으며 따라서 행정행위와는 별도로 법적 근거가 필요하다는 견해가 관철되었다. 즉 행정행위의 집행력은 행정행위의 성질상 당연히 내재하는 효력이 아니며 상대방에게 부과한 의무를 강제집행할 수 있는 행정청의 권리가 실정법에 수권되어 있을 때에만 인정되는 것이다. 우리나라의 행정대집행법, 국세징수법 및 지방세징수법 등은 행정행위의 집행력을 규정한 근거법률의 대표적인 예라고 볼 수 있다.

사례 1 갑이 국세를 체납하자 관할세무서장은 갑소유의 가옥에 대한 공매절차를 진행하여 그에 따라 낙찰자 을에게 소유권이전등기가 경료되었다. 그런데 갑은 그로부터 1년이 지난 후에야 위 공매처분에 하자가 있음을 발견하였다.

1) 갑이 공매처분의 하자를 이유로 을을 상대로 하여 소유권이전등기의 말소등기절차의 이행을 구하는 민사소송을 제기한 경우, 법원은 원고승소판결을 할 수 있는가?

2) 갑이 가옥의 소유권을 상실하는 손해를 입었음을 이유로 바로 국가를 상대로 한 손해배상청구소송을 제기한 경우, 법원은 공매처분의 위법성을 심사할 수 있는가?(제44회 사법시험)

▶**답안요지** **제1문:** 우선 공매처분의 법적 성격이 문제가 되는바 판례는 공매처분의 처분성을 인정하고 있다(대판(전원합의체) 2008. 11. 20, 2007두18154). 공매처분의 처분성을 인정할 경우에 그 하자가 당연무효사유인 경우와 단순위법하여 취소할 수 있는 사유로 구별하여야 한다. 공매처분이 당연무효인 경우에는 민사법원은 이를 심리하여 원고승소판결을 할 수 있지만, 취소할 수 있는 있는 경우에는 구성요건적 효력에 따라 민사법원은 공매처분의 효력을 부인하는 판단을 할 수 없기 때문에 원고패소판결을 할 것이다.

제2문: 국가배상청구소송사건에서는 소수설은 항고소송의 배타적 관할 및 구성요건적 효력을 근거로 공매처분이 무효에 해당하지 않는 한, 민사법원은 선결문제로서 위법성심사를 할 수 없다고 하나, 다수설과 판례는 공매처분의 효력을 부인하지 않는 범위 내에서 위법성심사를 할 수 있다는 입장을 취하고 있다.

사례 2 PC방 영업을 하는 丙은 청소년 출입시간을 준수하지 않았다는 이유로 관할 시장으로부터 영업정지 1월의 처분을 받았다. 그런데 관할 시장은 이 처분을 하기 전에 丙에게 처분의 원인이 되는 사실과 의견제출의 방법 등에 관한 「행정절차법」상 사전통지를 하지 아니하였다. 이에 丙은 사전통지 없는 영업정지처분이 위법하다고 주장하며 영업정지명령에 불응하여 계속하여 영업을 하였고, 관할 시장은 「게임산업진흥에 관한 법률」상 영업정지명령위반을 이유로 丙을 고발하였다. 이 사건을 심리하는 형사법원은 丙에 대해 유죄 판결을 할 수 있겠는가?(20점)(제5회 변호사시험 사례형)

▶**답안요지**

1. 관할 시장의 영업정지처분의 위법성

행정절차법 21조 1항은 불이익처분에 대하여 미리 처분의 원인이 되는 사실과 처분의 내용 및 법적 근거를 상대방에 통지하도록 규정하고 있으며, 동법 21조 4항은 사전통지에 대한 예외사유에 대하여 규정하고 있다. 이러한 사전통지절차는 불이익처분에 대한 예견가능성을 부여함과 동시에 앞으로 있을 의견청취절차에 있어서 권리주장, 증거 및 자료제출을 미리 준비할 수 있도록 하기 위한 것이다. 丙에 대한 영업정치처분은 이러한 사전통지가 결여되었고 21조 4항의 예외사유도 보이지 않는바, 절차상의 하자있는 위법한 처분으로서 판례에 의하면 취소사유에 해당된다. 절차상의 하자가 취소사유에 해당하는 경우에 취소소송의 본안결정에서 법원이 이를 이유로 취소할 수 있는지 여부에 대하여 ① 소극설, ② 절충설, ③ 적극설로 대립되고 있으나, 판례는 적극설을 취하고 있다(본서 행정절차의 하자 부분 참조).

2. 형사소송에서 선결문제

형사소송에 있어서 행정행위의 위법여부 또는 효력여부가 선결문제가 되는 경우에 형사법원이 심사할 수 있는지 견해의 대립이 된다. 이와 관련하여 행정행위의 구성요건적 효력이 문제가 되고 있다.

1) 구성요건적 효력의 의미와 근거

취소소송의 수소법원 이외의 다른 법원이나 제3의 국가기관은 처분청에 의하여 유효한 행정행위가 발급되었다는 사실을 존중하여야 하며, 이러한 행정행위를 자신의 결정에 기초하여야 한다는 구속력을 의미한다. 이러한 구성요건적 효력은 권력분립적이고 기능배분적인 권한법질서에 근거하고 있다.

2) 구성요건적 효력과 선결문제

형사소송에 있어서 행정행위의 위법성 판단이 선결문제가 되는 경우와 효력여부의 판단이 선결문제로 되는 경우를 구별하여야 한다. 설문의 경우 영업정지처분의 위법성 여부가 선결문제가 되는바, 여기서 형사법원의 심사권 여부에 대하여 ① 행정행위의 구성요건적 효력 및 취소소송의 배타적 관할 및 행정소송법 11조를 이유로 하자가 중대하고 명백하여 무효인 경우를 제외하고는 그 위법성을 심사할 수 없다는 소극설, ② 행정행위의 위법성 판단과 구성요건적 효력은 상호관련성이 없으며, 행정소송법 11조는 예시적 규정이라는 이유로 위법성을 심사할 수 있다는 견해가 대립하고 있다. ②설이 다수설이며 판례의 입장이다. 판례와 다수설을 따를 경우, 형사법원은 영업정지처분의 위법성을 판단할 수 있고, 이에 따라 丙에 대하여 무죄판결을 할 수 있다.

3) 결어

형사법원은 丙에 대하여 무죄판결을 할 수 있다.

제 7 절 행정행위의 하자

Ⅰ. 개 설

1. 하자의 의의

행정행위가 적법하게 성립하고 효력을 발생하기 위하여는 성립요건과 효력요건을 갖추어야 한다. 그러나 이러한 요건을 충족시키지 못한 경우에는 그 행정행위는 위법한 행정행위, 즉 하자(흠)있는 행정행위가 된다.

일설은[95] 행정행위의 하자를 광의로 이해하여 부당한 행정행위도 포함시키고 있으나 부당(不當)이라 함은 행정청이 재량행위에 있어서 재량을 그르치게 행사는 하였으나 재량의 한계를 벗어나지 않는 경우를 말하며, 재량의 한계를 벗어난 위법의 경우와 엄격하게 구별하여야 할 것이다. 본서에서는 하자의 개념을 좁은 의미로 이해하여 위법성을 의미하기로 한다.

오기(誤記)·오산(誤算) 및 기타 이에 유사한 명백한 표현상의 오류에 대하여는 행정청은 언제나 법령상 명시적인 규정이 없이도 정정할 수 있으며, 또한 상대방도 특별한 절차·형식에 의하지 않고 정정을 요구할 수 있기 때문에 여기서 의미하는 하자와 구별되어야 할 것이다. 행정절차법 25조에

95) 洪井善, 行政法特講(上), 252면; 金東熙/崔桂暎, 行政法 I, 341면; 朴鈗炘/鄭亨根, 最新行政法講義(上), 380면.

따르면 행정청은 처분에 오기 · 오산 기타 이에 준하는 명백한 잘못이 있는 때에는 직권 또는 신청에 의하여 지체 없이 정정하고 이를 당사자에게 통지하여야 한다.

2. 하자의 판단시점

행정행위에 하자가 있는가의 여부는 원칙적으로 행정행위가 외부에 표시되는 시점을 기준으로 판단하여야 한다. 즉 행정행위의 발급시점이 하자판단의 기준시점이 된다. 이에 따라 사법심사에 있어서 하자유무에 대한 판단자료도 원칙적으로 행정행위의 발급시에 제출된 것에 한정된다. 행정행위가 발급된 이후에 행정행위의 기초가 된 법적 및 사실적 상황의 변경은 원칙적으로 위법성판단에 영향을 미치지 않는다. 단지 이러한 경우에는 행정청은 변경된 상황에 적응하기 위하여 행정행위를 철회할 수 있다.

판례(행정처분의 위법성 판단기준시점) 행정처분은 원칙으로 처분시의 법령과 허가기준에 의하여 처리되어야 하는 것이고 허가신청 당시의 기준에 따라야 하는 것은 아니며 허가신청후 허가기준이 변경되었더라도 소관행정청이 허가신청을 수리하고도 이유 없이 그 처리를 늦추어 그 사이에 허가기준이 변경된 것이 아닌 한 새로운 허가기준에 따라서 한 불허가처분이 위법하다고 할 수 없다(대판 1989. 7. 25, 88누11926).

---

3. 행정행위의 하자의 효과

행정행위의 하자이론은 언제 행정행위의 하자가 발생되는지, 또 이러한 하자가 행정행위의 효력에 어떠한 영향을 미치는가의 문제로 귀결된다. 이에 대하여는 독일행정절차법(44조 · 47조)과는 달리 명문의 일반적 규정을 두고 있지 않는 우리의 경우는 개별 법률에 별도의 규정(예: 국가공무원법 13조 2항, 81조 3항)이 없는 한 전적으로 학설과 판례에 맡겨져 있다. 하자있는 행정행위의 효력에 대하여는 학설에서 다툼이 되고 있다. 다수설은 취소할 수 있는 행정행위와 무효인 행정행위로 구분하고 있는 데 반하여, 일설은 여기에 행정행위의 부존재를 추가시키고 있다.

Ⅱ. 행정행위의 부존재

1. 의 의

행정행위가 사실상 존재하지 않는 경우, 즉 행정행위라고 볼 수 있는 외형상의 존재 자체가 없는 경우에 이를 행정행위의 부존재라고 한다. 학설에서는 행정행위가 부존재하는 경우로서 ① 행정청이 아닌 것이 명백한 사인의 행위, ② 행정권의 발동으로 볼 수 없는 행위(행정청의 사법상의 행위 또는 지도 · 권유 · 알선과 같은 법적 효과를 발생하지 않는 사실행위), ③ 행정기관 내의 내부적 의사결정이 있었을 뿐 아직 외부에 표시되지 않아 행정행위로서 효력을 발생하지 않은 행위, ④ 취소 · 철회 · 실효 등으로 소멸한 경우 등을 열거하고 있다.

2. 무효와 부존재의 구별실익

행정행위의 부존재와 무효인 행정행위를 구별할 실익의 여부에 대하여 학설에서는 다툼이 되고 있다.

1) 부정설

부정설에[96] 의하면 ① 무효인 행정행위는 비록 외관상으로는 행정행위가 존재한다고 하더라도, 법적으로는 전혀 행정행위로서의 효력을 발생하지 않음으로써 그 법적 효력면에 있어서 부존재의 경우와 같으며, ② 행정심판법과 행정소송법은 무효등확인심판(행심법 5조 2호), 무효등확인소송(행소법 4조 2호)의 형태로 행정행위의 효력유무나 존재 여부의 확인을 구할 수 있게 하고 있는 점을 들어 양자를 구별할 실익이 없다고 한다.

2) 긍정설

반면 긍정설에 따르면[97] ① 비록 효력면에서 행정행위의 무효와 부존재는 같을지라도 전자는 행정행위로서 외형을 가지고 있다는 점에서 외형조차 가지고 있지 않는 후자와 다르며, ② 현행법상으로도 무효확인쟁송과 부존재확인쟁송은 그 소송형태를 달리한다는 점에서 양자를 구별하고 있다.

3) 결 어

생각건대 양자는 개념상으로 뿐만 아니라, 쟁송법상으로도 구별이 되어야 할 것이다. 비록 행정심판법과 행정소송법은 무효등확인소송(행심법 5조 2호)과 무효등확인심판(행소법 4조 2호)을 규정하여 행정청의 처분등의 효력유무 또는 존재 여부를 확인하는 쟁송으로 규정하고 있으나, 무효는 무효확인쟁송의 대상이 되어야 하는 반면, 부존재는 부존재확인쟁송의 대상이 된다. 양자는 쟁송형태를 달리하기 때문에 행정행위의 부존재에 대하여 무효확인소송을 제기하는 경우에는 부적법한 소송으로 각하판결을 면하지 못할 것이다.

또한 일설은 행정행위의 부존재를 하자의 한 유형으로 보고 있으나,[98] 행정행위의 하자는 개념상으로 행정행위의 존재를 전제로 하고 있으므로 부존재는 하자의 범주에 귀속시킬 수 없을 것이다.

Ⅲ. 무효인 행정행위와 취소할 수 있는 행정행위

하자있는 행정행위의 유형은 사법상의 법률행위의 효과를 유추하여 무효인 행정행위와 취소할 수 있는 행정행위로 나누어지고 있다.

1. 무효인 행정행위

무효인 행정행위라 함은 행정행위로서 외형을 갖추고 있으나 그 효력이 전혀 없는 경우를 말한다. 그의 하자가 중대하고 명백하여 권한있는 기관의 취소 없이도 누구나 그 효력을 부인할 수 있다. 행정행위의 외형을 갖추고 있다는 점에서 앞에서 설명한 바와 같이 부존재와는 구별된다.

2. 취소할 수 있는 행정행위

취소할 수 있는 행정행위라 함은 그 성립에 하자가 있음에도 불구하고 공정력의 결과로서 권한이 있는 기관인 행정청 또는 법원의 취소가 있을 때까지 유효한 행정행위로서 그 효력을 지속하는

96) 金道昶, 一般行政法論(上), 413면.
97) 金南辰/金連泰, 行政法 I, 328면.
98) 金東熙/崔桂暎, 行政法 I, 344면.

행정행위를 말한다. 따라서 그의 취소가 있을 때까지 사인은 물론이고 다른 국가기관도 그 효력을 부인하지 못한다.

3. 무효와 취소의 구별

상술한 바와 같은 개념상의 차이에도 불구하고 실무상으로 무효인 행정행위와 취소할 수 있는 행정행위의 구별은 많은 어려움을 발생시키고 있을 뿐만 아니라, 이에 관련된 학설의 견해도 매우 다양한 실정이다. 다음에서는 무효인 행정행위와 취소할 수 있는 행정행위의 구별의 필요성과 구별기준에 대하여 설명하기로 한다.

---

1) 구별의 필요성
- 가. 효력에 있어서 차이
- 나. 행정쟁송형태
- 다. 불가쟁력과의 관계
- 라. 하자의 치유와 전환과의 관계
- 마. 선행행정행위의 하자의 승계
- 바. 사정판결 및 사정재결과의 관계
- 사. 선결문제와의 관계

2) 무효와 취소와의 구별기준
- 가. 중대 · 명백설
  - 가) 하자의 중대성
  - 나) 하자의 명백성
- 나. 명백성보충요건설

---

1) 구별의 필요성

가. 효력에 있어서 차이

무효인 행정행위는 처음부터 행정행위로서 어떠한 효력을 발생하지 않는 데 반하여, 취소할 수 있는 행정행위는 공정력에 의하여 권한있는 기관에 의하여 취소될 때까지 유효한 행위로 통용된다.

나. 행정쟁송형태

취소할 수 있는 행정행위에 있어서는 취소심판 또는 취소소송의 형식으로 취소를 구할 수 있는 데 반하여(행심법 5조 1호, 행소법 4조 1항), 무효인 행정행위에 대하여는 무효확인심판 또는 무효확인소송으로 무효확인을 구할 수 있다(행심법 5조 2호, 행소법 4조 2호). 다만 무효인 행정행위에 대하여는 "무효선언을 구하는 의미에서의 취소소송"이 판례상 인정되고 있다. 이 경우에는 취소소송의 적법요건을 갖추어야 한다.

다. 불가쟁력과의 관계

무효인 행정행위는 언제나 무효이므로 쟁송제기기간의 제한을 받지 않는다(행심법 27조 7항, 행소법 20조 · 38조). 이에 대하여 취소할 수 있는 행정행위는 쟁송제기기간이 경과하면 불가쟁력이 발생된다.

라. 하자의 치유와 전환과의 관계

다수설에 의하면 취소할 수 있는 행정행위만이 요건의 사후보완 · 추완을 통하여 치유할 수 있으며 무효인 행정행위에는 이것이 인정될 수 없다고 한다. 또한 다수설에 따르면 무효인 행정행위만이 타행정행위로의 전환이 인정되는 반면, 취소할 수 있는 행정행위에는 이것이 허용되지 않는다고 한다.

마. 선행행정행위의 하자의 승계

일정한 행정목적을 실현하기 위하여 둘 이상의 행정행위가 연속적으로 행하여질 경우에, 선행

행위의 흠이 후행행위에 승계되는가의 문제는 선행행위가 취소할 수 있는 행정행위에만 해당되고 무효인 행정행위와는 무관하다.

바. 사정판결 및 사정재결과의 관계

행정심판법 제44조 제1항, 행정소송법 제28조 제1항은 중요한 공익보호의 견지에서 예외적으로 사정재결, 사정판결제도를 인정하고 있다. 다수설은 이들 규정이 무효등확인쟁송(행심법 44조 3항, 행소법 28조 · 38조 1항)에 준용되고 있지 않다는 점과, 무효인 행정행위에 대하여는 처음부터 효력을 유지시킬 유효한 행정행위가 존재하지 않는다는 이유로 취소할 수 있는 행정행위에 한하여 이들 제도를 인정하고 있다.

사. 선결문제와의 관계

민사사건 및 형사사건에 있어서, 행정행위의 위법성이 선결문제가 되는 경우에 있어서 본안사건의 관할법원은 행정행위가 무효인 경우에만 스스로 판단할 수 있으며, 취소할 수 있는 행정행위인 경우에는 그 위법성을 심사할 수 없다는 견해가 있다. 그러나 취소할 수 있는 행정행위인 경우에도 그 효력을 부인하지 않는 한 민사법원이나 형사법원은 그의 위법성에 대하여 심사할 수 있다는 것이 다수설의 입장이다.

2) 무효와 취소와의 구별기준

무효인 행정행위와 취소할 수 있는 행정행위의 구별이 위에서 본 바와 같은 여러 가지 관점에서 불가피하다면, 이를 위한 타당한 구별기준이 필요하다. 이에 대하여는 다양한 견해가 제시되고 있다.

가. 논리적 견해

법은 행정행위의 효과를 국가에 귀속시키기 위한 요건을 정하고 있으므로 그 요건을 결하는 행위는 법률에 특별한 규정이 없는 한 무효라고 주장하는 입장으로 켈젠(H. Kelsen)을 중심으로 한 비인(Wien)학파의 견해이다. 다시 말하면 법규에 정하여진 행정행위의 요건은 다같이 행정행위의 효과를 국가에 귀속시킨다는 점에서 동등한 가치를 가지는 것이며 그들 사이에 경중의 차이를 인정할 수 없으므로 법률요건에 위배되는 행정행위는 당연히 무효라는 것이다. 그러나 이 설은 법규의 성질 · 목적 · 규율대상 등에 있어서 여러 가지 차이가 있음에도 불구하고 그 모두를 한결같이 행정행위의 효력요건으로 보는 점에서 근본적인 문제가 있다.

나. 개념론적인 견해

법이 정한 행정행위의 요건에 가치의 차이를 두어 그에 따라 무효인 행정행위와 취소할 수 있는 행정행위로 구별하려고 하는 견해이다. 즉 법규를 ① 능력규정과 명령규정, ② 강행규정과 비강행규정으로 구분하여 능력규정과 강행규정에 위반되는 행정행위는 무효에 해당하고, 명령규정과 비강행규정에 위배되는 행정행위는 취소할 수 있는 것이라고 한다.

이러한 개념론적인 견해는 행정행위의 요건을 정한 법규의 성질 · 가치상의 차이를 인정하고 있다는 점에서 논리적 견해의 결함을 보완하고 있지만, 법규정에 있어서 이와 같은 구분이 분명한 것은 아니며, 또한 같은 성질의 규정도 입법취지에 따라 중요도에 차이가 있음을 간과하고 있다는 비판을 받고 있다.

다. 목적론적인 견해

이 설은 목적론적인 입장에서 행정행위의 하자를 인정하는 의의라든가 행정행위 일반의 성질 및 전체 행정제도의 취지와 목적 등을 고려하여 무효와 취소를 구별하려는 견해이다. 이 설은 무효와 취소의 양자 중 주로 무효라고 하는 견해와 주로 취소할 수 있다고 하는 견해로 구분된다.

① 주로 무효라는 견해는 행정행위는 사법상의 법률행위의 경우와는 달리 행정법규의 강행성과 공익성 때문에 원칙적으로 무효이고 예외적으로 취소할 수 있음에 그친다고 한다.

② 이에 대하여 주로 취소라는 견해는 행정행위는 행정청의 공권력의 발동으로써의 성질을 가지며 행정청의 적법성의 자기확인력을 가지는 것이므로, 행정청의 권한 내의 행위는 설혹 하자가 있다고 하더라도 취소할 수 있음에 그치고 오직 권한 이외의 행위인 경우에만 무효가 된다고 한다.

라. 중대 · 명백설

이는 하자의 성질을 기준으로 하는 견해로써, 중대하고 명백한 하자를 무효원인으로 보고 그에 이르지 않는 흠을 취소원인으로 보는 학설로써 오늘날 판례에 의하여도 지지를 받고 있는 통설적인 지위를 갖고 있다. 하자가 내용적으로 중대하고 아울러 외관상 명백한 경우에는 다른 국가기관은 물론이고 사인도 통상적인 행정쟁송절차를 거침이 없이 독자적인 판단으로 그 효력을 부인할 수 있다. 무효의 요건으로 중대성과 명백성을 함께 요구하는 것은 법적 안정성과 실질적 정의를 조화시키기 위한 것이다. 보통의 하자가 있는 행정행위의 경우에는 쟁송기간이 경과하면 하자를 더 이상 다툴 수 없도록 함으로써 법적 안정성을 고려하고, 하자가 중대하고 명백한 행정행위는 무효로 함으로써 실질적 정의를 도모하고 있다.[99] 여기서 어떤 경우에 하자가 중대하고 명백한지, 또 누구를 기준으로 하여 그것을 판단하는지의 문제가 남게 된다.

가) 하자의 중대성 　　하자의 중대성이란 행정행위가 중요한 법률요건을 위반하여 하자가 내용적으로 중대하다는 것을 의미한다. 여기서는 관련법규의 목적, 의미, 기능 등을 목적론적으로 고찰함과 동시에 구체적 사안의 특수성을 합리적으로 고찰하여 당해 행정행위에 요구되는 법률요건의 중요도를 고려하여 판단하여야 한다.

나) 하자의 명백성 　　어느 정도의 하자를 명백한 하자로 볼 것인가에 대하여는 학설이 일치되고 있지 않다. 즉 ① 구체적인 사정을 알고 있는 사람이라면 즉시 그 위법성을 인식할 수 있는 정도의 하자, ② 행정처분과 같은 법률행위의 하자는 법률가의 판단에 따라야 하므로 법률전문가가 쉽게 인식할 수 있는 하자, ③ 일반인의 정상적인 인식능력을 기준으로 관찰할 때 객관적으로 명백한 하자라는 등의 견해가 갈리고 있는바, 세 번째 견해가 통설이다.

판례 1(행정처분의 당연무효의 판단기준) 　[다수의견] 하자 있는 행정처분이 당연무효가 되기 위하여는 그 하자가 법규의 중요한 부분을 위반한 중대한 것으로서 객관적으로 명백한 것이어야 하며 하자가 중대하고 명백한 것인지 여부를 판별함에 있어서는 그 법규의 목적, 의미, 기능 등을 목적론적으로 고찰함과 동시에 구체적 사안 자체의 특수성에 관하여도 합리적으로 고찰함을 요한다.

[반대의견] 행정행위의 무효사유를 판단하는 기준으로서의 명백성은 행정처분의 법적 안정성 확보를 통하여 행정의 원활한 수행을 도모하는 한편 그 행정처분을 유효한 것으로 믿은 제3자나 공공의 신뢰를 보호

---

99) Maurer/Waldhof, Allg. VerwR, S. 296.

하여야 할 필요가 있는 경우에 보충적으로 요구되는 것으로서, 그와 같은 필요가 없거나 하자가 워낙 중대하여 그와 같은 필요에 비하여 처분 상대방의 권익을 구제하고 위법한 결과를 시정할 필요가 훨씬 더 큰 경우라면 그 하자가 명백하지 않더라도 그와 같이 중대한 하자를 가진 행정처분은 당연무효라고 보아야 한다(대판(전원합의체) 1995. 7. 11, 94누4615).

판례 2(과세처분의 하자의 명백성의 판단기준) 과세처분이 당연무효라고 하기 위하여는 그 처분에 위법사유가 있다는 것만으로는 부족하고 그 하자가 법규의 중요한 부분을 위반한 중대한 것으로서 객관적으로 명백한 것이어야 하며, 하자가 중대하고 명백한지를 판별할 때에는 과세처분의 근거가 되는 법규의 목적 · 의미 · 기능 등을 목적론적으로 고찰함과 동시에 구체적 사안 자체의 특수성에 관하여도 합리적으로 고찰하여야 한다. 그리고 어느 법률관계나 사실관계에 대하여 어느 법령의 규정을 적용하여 과세처분을 한 경우에 그 법률관계나 사실관계에 대하여는 그 법령의 규정을 적용할 수 없다는 법리가 명백히 밝혀져서 해석에 다툼의 여지가 없음에도 과세관청이 그 법령의 규정을 적용하여 과세처분을 하였다면 그 하자는 중대하고도 명백하다고 할 것이나, 그 법률관계나 사실관계에 대하여 그 법령의 규정을 적용할 수 없다는 법리가 명백히 밝혀지지 아니하여 해석에 다툼의 여지가 있는 때에는 과세관청이 이를 잘못 해석하여 과세처분을 하였더라도 이는 과세요건사실을 오인한 것에 불과하여 그 하자가 명백하다고 할 수 없다(대판(전원합의체) 2018. 7. 19, 2017다242409).

마. 조사의무설 및 명백성보충요건설

주로 일본의 학설에서 주장되는 견해로서, 이들 역시 행정행위의 하자가 중대하고 명백한 경우에 무효가 된다는 점에서는 중대 · 명백설과 입장을 같이 하고 있으나, 명백성의 내용 또는 비중에 있어서 차이를 두고 있는 점이 특색이다.

가) 조사의무설 이 설은 명백성의 요건을 완화하여 하자가 외관상 일견하여 인정될 수 있는 경우뿐만 아니라, 공무원이 직무의 성실한 수행상 당연히 요구되는 조사에 의하여 판명되는 사실관계에 비추어 보아, 당해 처분의 위법성이 명백하게 인정될 수 있는 경우에도, 하자의 명백성요건이 충족된다고 한다. 그러나 무엇을 "직무의 성실한 수행으로 당연히 요구되는 정도의 조사"로 볼 것인지가 명확하지 않다는 비판을 받고 있다.

나) 명백성보충요건설 이 설은 행정행위가 무효가 되기 위하여는 하자의 중대성은 항상 요구되나, 명백성은 일률적으로 요구되지 않고, 구체적인 사안에 있어서 이익형량에 따라 보충적 가중요건으로 하는 것이 타당하다는 견해이다. 예를 들어 이해관계를 가진 제3자가 있는 경우에는 명백성이 요구된다 할 것이나 직접 상대방의 이해에만 관계되는 경우에는 굳이 명백성을 요구할 필요가 없다고 한다.

위에서 소개한 대법원 1995. 7. 11, 94누4615 전원합의체 판결에서는 중대 · 명백설과 명백성보충요건설로 대립하였으나 후자는 소수의견으로 그치고 말았다. 한편 행정처분은 아니지만 취득세의 신고행위의 하자에 대하여 예외적으로 명백성보충요건설을 취하고 있는 판례도 발견되고 있다.

판례(납세자의 신고행위가 중대한 하자가 있는 경우에 당연무효를 인정한 판례) 취득세 신고행위는 납세의무자와 과세관청 사이에 이루어지는 것으로서 취득세 신고행위의 존재를 신뢰하는 제3자의 보호가 특별히 문제되지 않아 그 신고행위를 당연무효로 보더라도 법적 안정성이 크게 저해되지 않는 반면, 과세요건 등에 관한 중대한 하자가 있고 그 법적 구제수단이 국세에 비하여 상대적으로 미비함에도 위법한 결과를 시정하지 않고 납세의무자에게 그 신고행위로 인한 불이익을 감수시키는 것이 과세행정의 안정과 그 원활한 운영의 요청을 참작하더라도 납세의무자의 권익구제 등의 측면에서 현저하게 부당하다고 볼 만한 특별한 사정이 있는 때에는 예외적으로 이와 같은 하자 있는 신고행위가 당연무효라고 함이 타당하다(대판 2009. 2. 12, 2008두11716).

3) 위헌인 법률에 근거한 행정처분의 효력

행정처분이 행하여진 이후에 그 근거법률이 헌법재판소에 의하여 위헌판결을 받은 경우에는 특별한 사정이 없는 한 취소사유에 해당된다. 한편 위헌법률에 근거한 행정처분에 대하여는 위헌결정의 기속력에 반하므로 집행력이 부여되지 않는다.

판례 1(위헌법률에 근거한 행정처분의 효력) 법률에 근거하여 행정처분이 발하여진 후에 헌법재판소가 그 행정처분의 근거가 된 법률을 위헌으로 결정하였다면 결과적으로 위 행정처분은 법률의 근거가 없이 행하여진 것과 마찬가지가 되어 하자가 있는 것이 되나, 하자있는 행정처분이 당연무효가 되기 위하여는 그 하자가 중대할 뿐 아니라 명백한 것이어야 하는데, 일반적으로 법률이 헌법에 위반된다는 사정이 헌법재판소의 위헌결정이 있기 전에는 객관적으로 명백한 것이라고 할 수는 없으므로 헌법재판소의 위헌결정전에 행정처분의 근거가 되는 당해 법률이 헌법에 위반한다는 사유는 특별한 사정이 없는 한 그 행정처분의 취소소송의 전제가 될 수 있을 뿐 당연무효사유는 아니다(대판 1994. 10. 28, 92누9463).

판례 2(위헌인 법률에 근거한 행정처분이 당연무효가 될 수 있는 경우) 행정처분의 집행이 이미 종료되었고 그것이 번복될 경우 법적 안정성을 크게 해치게 되는 경우에는 후에 행정처분의 근거가 된 법규가 헌법재판소에서 위헌으로 선고된다고 하더라도 그 행정처분이 당연무효가 되지는 않음이 원칙이라고 할 것이나, 행정처분 자체의 효력이 쟁송기간경과 후에도 존속 중인 경우, 특히 그 처분이 위헌법률에 근거하여 내려진 것이고 그 행정처분의 목적달성을 위하여서는 후행 행정처분이 필요한데 후행 행정처분은 아직 이루어지지 않은 경우와 같이 그 행정처분을 무효로 하더라도 법적 안정성을 크게 해치지 않는 반면에 그 하자가 중대하여 그 구제가 필요한 경우에 대하여서는 그 예외를 인정하여 이를 당연무효사유로 보아서 쟁송기간 경과 후에라도 무효확인을 구할 수 있는 것이라고 봐야 할 것이다(헌재결 1994. 6. 30, 92헌바23).

판례 3(헌법재판소의 위헌결정의 소급효의 범위) 헌법재판소의 위헌결정의 효력은 위헌제청을 한 '당해사건', 위헌결정이 있기 전에 이와 동종의 위헌여부에 관하여 헌법재판소에 위헌여부심판제청을 하였거나 법원에 위헌여부심판제청신청을 한 '동종사건'과 따로 위헌제청신청은 아니하였지만 당해 법률 또는 법률 조항이 재판의 전제가 되어 법원에 계속 중인 '병행사건'뿐만 아니라, 위헌결정 이후 같은 이유로 제소된 '일반사건'에도 미친다. 하지만 위헌결정의 효력이 미치는 범위가 무한정일 수는 없고, 다른 법리에 의하여 그 소급효를 제한하는 것까지 부정되는 것은 아니며, 법적 안정성의 유지나 당사자의 신뢰보호를 위하여 불가피한 경우에 위헌결정의 소급효를 제한하는 것은 오히려 법치주의의 원칙상 요청된다(대판 2017. 3. 9, 2015다233982).

판례 4(위헌인 법률에 근거한 행정처분의 집행가능성) 위헌법률에 기한 행정처분의 집행이나 집행력을 유지하기 위한 행위는 위헌결정의 기속력에 위반되어 허용되지 않는다고 보아야 할 것인데, 그 위헌결정 이전에 이미 부담금 부과처분과 압류처분 및 이에 기한 압류등기가 이루어지고 위의 각 처분이 확정되었다고 하여도, 위헌결정 이후에는 별도의 행정처분인 매각처분, 분배처분 등 후속 체납처분절차를 진행할 수 없는 것은 물론이고, 특별한 사정이 없는 한 기존의 압류등기나 교부청구만으로는 다른 사람에 의하여 개시된 경매절차에서 배당을 받을 수도 없다(대판 2002. 8. 23, 2001두2959).

판례 5(위헌 법률에 기한 처분에 대한 후속처분의 효력) 조세 부과의 근거가 되었던 법률규정이 위헌으로 선언된 경우, 비록 그에 기한 과세처분이 위헌결정 전에 이루어졌고, 과세처분에 대한 제소기간이 이미 경과하여 조세채권이 확정되었으며, 조세채권의 집행을 위한 체납처분의 근거규정 자체에 대하여는 따로 위헌결정이 내려진 바 없다고 하더라도, 위와 같은 위헌결정 이후에 조세채권의 집행을 위한 새로운 체납처분에 착수하거나 이를 속행하는 것은 더 이상 허용되지 않고, 나아가 이러한 위헌결정의 효력에 위배하여 이루어진 체납처분은 그 사유만으로 하자가 중대하고 객관적으로 명백하여 당연무효라고 보아야 한다(대판(전원합의체) 2012. 2. 16, 2010두10907).

4. 행정행위의 하자의 구체적 사유

행정행위에 내재하는 흠이 행정행위의 무효원인인가 취소원인인가 혹은 행정행위의 효력에 아무런 영향을 미치지 않는 것인가는 구체적인 사정에 비추어 결정되어야 할 것으로 일률적으로 말하기는 곤란하다. 현재로서는 "중대하고 명백한 하자"가 무효와 취소를 구별하기 위한 일반적인 기준으로 되고 있다.

1) 주체에 관한 하자

가. 권한 이외의 행정행위

행정청의 권한은 사항적 · 지역적으로 한정되어 있는 것이 보통인바 이러한 권한의 한계를 넘는 행정행위는 무권한의 행위로서 하자가 있는 행정행위가 된다. 다수설과 판례에 따르면 무권한행위(해양수산부장관이 토지수용에 대한 사업인정을 하는 경우)는 원칙적으로 무효에 해당한다.

판례 1(동장이 행한 영업허가의 당연무효) 유기장법 및 지방자치법 7조의 규정에 비추어 유기장영업허가는 시장이 하게 되어 있을 뿐 이 허가권을 동장에게 외부위임할 수 있는 근거가 없고 영업허가 권한이 없는 동장이 한 영업허가는 당연무효가 될 것이므로 동장으로부터 유기장영업허가 취소를 받은 자는 행정처분 취소를 소구할 이익이 없다(대판 1976. 2. 24, 76누1).

판례 2(무권한 행위의 효력) 행정기관의 권한에는 사무의 성질 및 내용에 따르는 제약이 있고, 지역적 · 대인적으로 한계가 있으므로 이러한 권한의 범위를 넘어서는 권한유월의 행위는 무권한행위로서 원칙적으로 무효이다(대판 1996. 6. 28, 96누4374).

나. 공무원이 아닌 자의 행정행위

공무원으로 적법하게 선임되지 않은 자(무효인 선거 또는 임명에 의하여 공무원으로 된 자), 또는 적법하게 선임되기는 하였으나 행위당시에는 공무원의 지위에 있지 않은 자(정년, 면직, 결격사유발생 등으로 공무원의 신분을 상실한 자)가 한 행정행위는 원칙적으로 무효이다. 그러나 공무원의 결격사유의 유무, 임용행위의 적법여부 또는 정년이나 면직여부는 외부에서 쉽게 알 수 없는 경우가 많다. 따라서 적법하게 선임되지 않은 공무원의 행위라고 하더라도 객관적으로 공무원의 행위라고 믿을 만한 상태 아래에서 행하여진 경우에는 일반의 신뢰와 법적 생활의 안정을 위하여 사실상의 공무원(de facto Beamten)의 행위로 보아 유효한 행정행위로 인정되어야 할 것이다.

다. 대리권이 없는 자 또는 권한의 위임을 받지 아니한 자의 행위

정당한 대리권이 없는 자 또는 권한의 위임을 받지 아니한 자의 행위는 원칙적으로 무효에 해당한다고 할 것이다. 그러나 이 경우에도 정당한 권한을 가진 자로 믿을 만한 상당한 이유가 있는 때에는 민법상의 표현대리의 법리를 유추하여 유효한 행위로 인정하여야 할 것이다.

라. 적법하게 구성되지 않은 합의제행정기관의 행위

합의제행정기관은 법규가 요구하는 일정한 구성을 갖출 것을 전제로 하여 일정한 행정행위를 할 수 있는 권한이 부여된 행정기관이다. 이에 따라 법규가 요구하는 구성을 갖추지 않은 합의제행정기관, 즉 ① 소정의 소집절차를 밟지 않거나 정당한 소집권자가 아닌 자가 소집한 경우, ② 적법하게 임명 또는 위촉되지 않은 구성원이 참여한 경우, ③ 소정의 의사정족수 또는 의결정족수에 달하지 않은 회의에서 의결한 경우에는 원칙적으로 무효에 해당한다고 볼 것이다.

판례(합의제행정기관의 구성에 있어서 하자가 있는 경우에 행정처분의 효력) 구 폐기물처리시설 설치촉진 및 주변지역 지원 등에 관한 법률에 정한 입지선정위원회는 폐기물처리시설의 입지를 선정하는 의결기관이고 동위원회가 그 구성방법 및 절차에 관한 같은 법 시행령의 규정에 위배하여 군수와 주민대표가 선정·추천한 전문가를 포함시키지 않은 채 임의로 구성되어 의결을 한 경우, 그에 터잡아 이루어진 폐기물처리시설 입지결정처분의 하자는 중대한 것이고 객관적으로도 명백하므로 무효사유에 해당한다(대판 2007. 4. 12, 2006두20150).

마. 행정기관의 의사에 흠결이 있는 경우

가) 의사능력이 없는 자의 행위 공무원의 심신상실이나 저항할 수 없는 정도의 강박에 의한 행정행위는 무효이다.

나) 행위능력에 흠이 있는 행정행위 행위능력이 제한되는 자의 행위는 한편으로 미성년자의 행위와 다른 한편으로 피한정후견인 및 피성년후견인의 경우로 구분하여야 할 것이다. 미성년자도 18세 이상이면 8급 이하의 공무원이 될 수 있으므로(공무원임용시험령 16조), 그 경우에는 행위의 효력에 영향이 없다고 할 것이고, 피한정후견인 또는 피성년후견인은 공무원이 될 수 없는 결격사유에 해당하므로(국가공무원법 33조, 지방공무원법 31조) 이들에 해당되는 공무원의 행위는 무효에 해당할 것이다. 물론 이들의 행위도 경우에 따라서는 사실상의 공무원의 이론에 의하여 유효로 될 수도 있다.

다) 의사결정에 흠이 있는 행위 착오로 인한 행위는 법령에 특별한 규정이 없는 한, 착오가 있다는 것만으로 영향을 받지 않고, 표시된 내용에 따라 효력이 생긴다. 다만 착오로 인하여 그로 인한 행위의 내용이 불능 또는 위법한 것으로 된 때에는 이를 이유로 무효 또는 취소할 수 있다고 할 것이다.

판례는 착오에 의하여 위법하게 된 행정행위를 경우에 따라서 무효 또는 취소할 수 있는 행정행위로 판시하고 있다.

판례 1(착오가 행정처분의 취소사유가 되는 경우) 상속세 부과처분과 소득세 부과처분이 상속사실의 오인 또는 과세의 대상되는 법률관계나 일정한 사실을 오인한 것이라는 것이 원고의 주장 자체에 의하여 명백하다. 원고의 위와 같은 주장사실이 전부 인정된다 할지라도 위와 같은 세무서장의 오인만으로서 세금부과의 행정처분이 당연 무효라고 볼 수 없을 것이고 취소할 수 있음에 불과한 것이다(대판 1962. 9. 27, 62

누29).

판례 2(착오에 의한 행정처분이 당연무효가 되는 경우) 부동산을 양도한 사실이 없음에도 세무당국이 부동산을 양도한 것으로 오인하여 양도소득세를 부과하였다면 그 부과처분은 착오에 의한 행정처분으로서 그 표시된 내용에 중대하고 명백한 하자가 있어 당연무효이다(대판 1983. 8. 23, 83누179).

다른 한편 상대방의 사기, 강박 또는 증뢰 기타의 부정행위에 의한 행위는 당연히 무효가 되는 것이 아니며, 그것을 이유로 취소할 수 있음에 그친다. 여기서는 부정행위의 결과로 행정행위의 내용이 위법이 아닌 경우에도 상대방의 신뢰를 보호할 필요가 없다는 이유에서 독립의 취소원인으로 보는 것이 일반적인 견해이다. 판례도 사위로 인한 행정행위를 취소할 수 있는 행정행위로 보고 있다.

판례(사위에 의한 행정처분의 효력) 한지의사자격시험에 응시하기 위한 응시자격인정의 결정을 사위의 방법으로 받은 이상 이에 터잡아 취득한 한지의사면허처분도 면허를 취득할 수 없는 사람이 취득한 하자있는 처분이 된다 할 것이므로 보건사회부장관이 그와 같은 하자있는 처분임을 이유로 원고가 취득한 한지의사면허를 취소하는 처분을 하였음은 적법하다(대판 1975. 12. 9, 75누123).

2) 절차에 관한 하자

전통적 견해에 따르면 절차를 정한 취지 · 목적이 상호 대립하는 당사자 사이에 이해를 조정함을 목적으로 하거나 또는 이해관계인의 권익의 보호를 목적으로 하는 경우 그 절차를 결할 때에는 그 절차에 중대 · 명백한 하자가 되어 무효원인이 되나, 반면 절차의 취지 · 목적이 단순히 행정의 적정 · 원활한 운영을 위하는 등 행정상의 편의에 있는 때에는 그 절차를 결하는 행위는 취소원인이 된다고 한다. 그러나 근래 판례는 거의 일관되게 사전통지 · 청문 등 이해관계인의 권익을 보호하는 절차에 있어서 하자가 있는 경우에도 취소원인이 된다는 입장에 서고 있다.

가. 상대방의 신청 또는 동의를 결한 행위

법령이 일정한 행정행위에 대하여 상대방의 신청 또는 동의를 필요적 절차로 규정하고 있는 경우에 상대방의 신청 또는 동의를 결하는 행위는 원칙적으로 무효에 해당한다는 것이 일반적인 견해이다.

판례(신청을 결한 행정처분의 효력) 분배신청을 한 바 없고 분배받은 사실조차 알지 못하고 있는 자에 대한 농지분배는 허무인에게 분배한 것이나 다름이 없는 당연무효의 처분이라고 할 것이다(대판 1970. 10. 23, 70다1750).

나. 타기관의 필요한 협력을 결한 행위

법령에서 행정청이 행정행위를 함에 있어서 타기관의 의결 · 승인 · 협의 · 자문을 거치도록 규정된 경우가 있다. 이 경우 다른 기관의 의결이나 승인 또는 동의 등과 같이 행정청의 결정이 다른 기관의 의사결정에 기속되는 경우와 협의 · 자문 등과 같이 그렇지 않은 경우로 구별하여야 할 것이다.

전자의 경우는 주체의 하자에 해당하여 원칙적으로 무효원인이 되지만 후자의 경우에는 그 절차가 당해 행정행위에 갖고 있는 의미에 따라 무효 또는 취소원인이 된다고 할 것이다.

판례 1(관계도지사의 협의를 결여한 자동차운송사업계획변경인가처분의 효력) 자동차운송사업계획변경인가처분을 함에 있어서 그 내용이 둘 이상의 시도에 걸치는 노선업종에 있어서의 노선신설이나 변경 또는 노선과 관련되는 사업계획변경의 인가 등에 관한 사항이므로 미리 관계 도지사와 협의하여야 함에도 불구하고 이를 하지 아니한 하자가 있으나, 그와 같은 사정만으로는 자동차운송사업계획변경인가처분이 당연무효의 처분이라고 할 수 없다(대판 1995. 11. 7, 95누9730).

판례 2(관계중앙행정기관의 협의를 결여한 택지개발예정지구지정의 효력) 구 택지개발촉진법 제3조에서 건설부장관이 택지개발예정지구를 지정함에 있어 미리 관계중앙행정기관의 장과 협의를 하라고 규정한 의미는 그의 자문을 구하라는 것이지 그 의견을 따라 처분을 하라는 의미는 아니라 할 것이므로 이러한 협의를 거치지 아니하였다고 하더라도 이는 위 지정처분을 취소할 수 있는 원인이 되는 하자 정도에 불과하고 위 지정처분이 당연무효가 되는 하자에 해당하는 것은 아니다(대판 2000. 10. 13, 99두653).

판례 3(학교환경위생정화구역에서 학교환경위생정화위원회의 심의를 거치지 않은 금지시설해제의 효력)

행정청이 구 학교보건법 소정의 학교환경위생정화구역 내에서 금지행위 및 시설의 해제 여부에 관한 행정처분을 함에 있어 학교환경위생정화위원회의 심의를 거치도록 한 취지는 그에 관한 전문가 내지 이해관계인의 의견과 주민의 의사를 행정청의 의사결정에 반영함으로써 공익에 가장 부합하는 민주적 의사를 도출하고 행정처분의 공정성과 투명성을 확보하려는 데 있고, 나아가 그 심의의 요구가 법률에 근거하고 있을 뿐 아니라 심의에 따른 의결내용도 단순히 절차의 형식에 관련된 사항에 그치지 않고 금지행위 및 시설의 해제 여부에 관한 행정처분에 영향을 미칠 수 있는 사항에 관한 것임을 종합해 보면, 금지행위 및 시설의 해제 여부에 관한 행정처분을 하면서 절차상 위와 같은 심의를 누락한 흠이 있다면 그와 같은 흠을 가리켜 위 행정처분의 효력에 아무런 영향을 주지 않는다거나 경미한 정도에 불과하다고 볼 수는 없으므로, 특별한 사정이 없는 한 이는 행정처분을 위법하게 하는 취소사유가 된다(대판 2007. 3. 15, 2006두15806).

다. 필요한 공고 또는 통지를 결한 행위

법령이 행정행위를 함에 있어서 이해관계인으로 하여금 그의 권리를 주장하고 이의신청을 할 기회를 부여하기 위하여 행정행위에 앞서 일정한 공고 또는 통지를 하도록 규정하고 있는 경우가 있다. 특히 행정절차법 제21조는 당사자에게 의무를 부과하거나 권익을 제한하는 경우에 당사자에게 사전통지를 하도록 규정하고 있다. 판례는 이러한 사전통지나 공고를 결한 경우에 원칙적으로 취소사유로 보는 경향이 있다.

판례 1(독촉절차가 결여된 압류처분의 효력) 납세의무자가 세금을 납부기한까지 납부하지 아니하자 과세청이 그 징수를 위하여 압류처분에 이른 것이라면 비록 독촉절차없이 압류처분을 하였다 하더라도 이러한 사유만으로는 압류처분을 무효로 되게 하는 중대하고도 명백한 하자로는 되지 않는다(대판 1987. 9. 22, 87누383).

판례 2(최고 · 공고절차가 생략된 주민등록말소처분의 효력) 주민등록을 말소하는 처분을 한 경우 이 처분이 주민등록법 제17조의 2에 규정한 최고(催告), 공고(公告)의 절차를 거치지 아니하였다 하더라도 그러한 하자는 중대하고 명백한 것이라고 할 수 없어 처분의 당연무효사유에 해당하는 것이라고는 할 수 없다(대판 1994. 8. 26, 94누3223).

라. 필요한 이해관계인의 입회 또는 협의를 결한 행위

이해관계인의 이익의 보호 내지 조정을 위한 이해관계인의 입회 또는 협의를 결한 행정행위는 원칙적으로 무효이다(체납자 등의 참여절차 없이 행한 조세체납절차). 그러나 판례는 사업시행자가 토지소유자와 협의를 거치지 아니한 채, 수용의 재결을 신청한 것은 절차상의 하자로서 취소사유에 그친다고 판시하고 있다.

판례(토지소유자와 협의절차를 거치지 않은 토지수용재결의 효력) 기업자가 토지소유자와 협의를 거치지 아니한 채 토지의 수용을 위한 재결을 신청하였다는 등의 하자들 역시 절차상 위법으로서 이의재결의 취소를 구할 수 있는 사유가 될지언정 당연무효의 사유라고 할 수는 없다(대판 1993. 8. 13, 93누2148).

마. 필요한 청문 등을 결한 행위

행정행위를 함에 있어서 법에서 요구되고 있는 청문(행정절차법 22조 1항)이나 부담적 행정행위의 경우에 의견제출(행정절차법 22조 3항)의 절차를 결한 경우에, 그 행정행위는 무효라고 보는 것이 종래의 다수설과 판례의 견해였다. 그러나 근래 판례는 거의 일관되게 취소할 수 있는 행정행위로 보고 있다. 다만 법률이 청문이 흠결된 행정행위를 무효로 규정하고 있는 경우도 있다(예: 국가공무원법 13조 2항 · 81조 3항, 지방공무원법 18조 2항).

판례 1(청문을 결여한 영업소 폐쇄명령의 효력) 행정청이 영업허가취소 등의 처분을 하려면 반드시 사전에 청문절차를 거쳐야 하고 설사 식품위생법 제26조 제1항 소정의 사유가 분명히 존재하는 경우라 할지라도 당해 영업자가 청문을 포기한 경우가 아닌 한 청문절차를 거치지 않고 한 영업소 폐쇄명령은 위법하여 취소사유에 해당된다(대판 1983. 6. 14, 83누14).

판례 2(청문을 결여한 양약종상허가취소처분의 효력) 양약종상허가취소처분을 하기에 앞서 약사법 제69조의2 규정에 따른 청문의 기회를 부여하지 아니한 것은 위법이나 그러한 흠 때문에 동 허가취소처분이 당연무효가 되는 것은 아니다(대판 1986. 8. 19, 86누115).

판례 3(공청회를 거치지 않은 도시계획결정의 효력) 도시계획의 수립에 있어서 도시계획법 제16조의2 소정의 공청회를 열지 아니하고 공공용지의 취득 및 손실보상에 관한 특례법 제8조 소정의 이주대책을 수립하지 아니하였더라도 이는 절차상의 위법으로서 취소사유에 불과하고 그 하자가 도시계획결정 또는 도시계획사업시행인가 단계에서 다투지 아니하였다면 그 쟁송기간이 이미 도과한 후인 수용재결 단계에 있어서는 도시계획수립행위의 위와 같은 위법을 들어 재결처분의 취소를 구할 수 없다고 할 것이다(대판 1990. 1. 23, 87누947).

바. 환경영향평가의 실시대상사업에 대하여 환경영향평가를 거치지 않고 행한 처분

환경영향평가를 실시하여야 할 사업에 대하여 환경영향평가를 거치지 아니하였음에도 승인 등 처분을 한 경우, 그 하자는 중대하고 명백하여 당연무효사유에 해당한다는 것이 판례의 입장이다.

다만, 판례는 행정청이 사전환경성검토협의를 거쳐야 할 대상사업에 관하여 법의 해석을 잘못한 나머지 세부용도지역이 지정되지 않은 개발사업 부지에 대하여 사전환경성검토협의를 할지 여부를 결정하는 절차를 생략한 채 승인 등의 처분을 한 사안에서, 그 하자가 객관적으로 명백하다고 할 수 없다고 하여 취소사유로 판시한 바 있다.

판례 1(환경영향평가를 거치지 않은 행정처분의 효력) 환경영향평가를 거쳐야 할 대상사업에 대하여 환경영향평가를 거치지 아니하였음에도 불구하고 승인 등 처분이 이루어진다면, 사전에 환경영향평가를 함에 있어 평가대상지역 주민들의 의견을 수렴하고 그 결과를 토대로 하여 환경부장관과의 협의내용을 사업계획에 미리 반영시키는 것 자체가 원천적으로 봉쇄되는바, 이렇게 되면 환경파괴를 미연에 방지하고 쾌적한 환경을 유지 · 조성하기 위하여 환경영향평가제도를 둔 입법 취지를 달성할 수 없게 되는 결과를 초래할 뿐만 아니라 환경영향평가대상지역 안의 주민들의 직접적이고 개별적인 이익을 근본적으로 침해하게 되므로, 이러한 행정처분의 하자는 법규의 중요한 부분을 위반한 중대한 것이고 객관적으로도 명백한 것이라고 하지 않을 수 없어, 이와 같은 행정처분은 당연무효이다(대판 2006. 6. 30, 2005두14363).

판례 2(사전환경성검토협의 여부를 결정하는 절차를 생략한 승인은 당연무효가 아니라는 사례) 그러나 앞서 본 바와 같이 구 국토의 계획 및 이용에 관한 법률 제6조, 제36조 제1항에서 규정한 세부용도지역에 따라 사전환경성검토협의 대상이 되는 사업계획면적이 달리 규정되어 있는바, 소외 회사가 피고에게 제출한 개발사업시행승인신청서에는 이 사건 개발사업 부지가 6,418㎡로 기재되어 있어 이 사건 개발사업 부지의 세부용도지역 지정에 따라 사전환경성검토협의 대상 여부가 달라질 수 있었음에도, 이 사건 처분 당시 이 사건 개발사업 부지에 대하여 세부용도지역이 지정되지 않은 상태였고, 이러한 경우 피고로서는 이 사건 개발사업 부지의 이용실태 및 특성, 장래의 토지이용방향 등에 대한 구체적 조사 및 이에 기초한 평가작업을 거쳐 이 사건 개발사업 부지가 어떠한 세부용도지역의 개념 정의에 부합하는지 여부를 가린 다음 이를 토대로 사전환경성검토협의 여부를 결정하여야 한다는 법리는 이 사건 처분이 있은 후에 비로소 이 사건 대법원판결에 의하여 선언되는 것이므로, 설령 피고가 법의 해석을 잘못한 나머지 이 사건 개발사업이 사전환경성검토협의 대상이 아니라고 보고 그 절차를 생략한 채 이 사건 처분을 하였다고 하더라도, 그 하자가 외형상 객관적으로 명백하다고 할 수는 없다(대판 2009. 9. 24, 2009두2825).

3) 형식에 관한 하자

가. 문서에 의하지 않은 행위

법령상 문서에 의할 것을 요건으로 한 경우에 구술로 한 때에는 원칙적으로 무효라고 할 것이다(재결서에 의하지 않은 행정심판의 재결, 독촉장에 의하지 않은 납세의 독촉). 그러나 단순한 기재사항의 오류가 있는 때에는 취소원인이 될 것이다. 행정절차법 제24조는 다른 법령에 특별한 규정이 있는 경우 또는 신속을 요하거나 사안이 경미한 경우 이외에는 문서에 의하도록 하고 있어 서면주의를 원칙으로 하고 있다.

판례(행정절차법 24조에 위반한 행정처분을 원칙적으로 무효라는 판례) 행정절차법 제24조는 행정청이 처분을 하는 때에는 다른 법령 등에 특별한 규정이 있는 경우를 제외하고는 문서로 하여야 하고, 전자문서로 하는 경우에는 당사자 등의 동의가 있어야 하며, 다만 신속을 요하거나 사안이 경미한 경우에는 구술 기타 방법으로 할 수 있다고 규정하고 있는바, 이는 행정의 공정성 · 투명성 및 신뢰성을 확보하고 국민의 권익을 보호하기 위한 것이므로 위 규정에 위반하여 행하여진 행정청의 처분은 그 하자가 중대하고 명백하여 원칙적으로 무효이다(대판 2011. 11. 10, 2011도11109).

나. 이유제시 등을 결한 행위

개별법률에서 이유의 부기, 근거의 제시 등을 필요적 기재사항으로 한 경우에 이를 결한 행위는 원칙적으로 무효에 해당할 것이다(이유를 붙이지 아니한 행정심판재결). 그러나 일반적으로 행정행위의 근거나 이유제시가 결여된 경우에는 취소원인에 그친다. 행정절차법 제23조는 상대방이 신청내용을 모두 그대로 인정하는 처분인 경우 또는 단순 · 반복적인 처분 또는 경미한 처분으로서 당사자가 그 이유를 명백히 알 수 있는 경우, 긴급을 요하는 경우 이외에는 처분의 근거와 이유를 제시하도록 하고 있다.

판례(세액의 산출근거를 기재하지 않은 과세처분의 효력) 국세징수법 제9조 제1항은 단순히 세무행정상의 편의를 위한 훈시규정이 아니라 세무행정에 있어 자의를 배제하고 신중하고 합리적인 처분을 행하게 함으로써 공정을 기함과 동시에 납세의무자에게 부과처분의 내용을 상세히 알려 불복여부의 결정과 불복신청에 편의를 제공하려는 데서 나온 강행규정이므로 세액의 산출근거가 기재되지 아니한 물품세 납세고지서에 의한 부과처분은 위법한 것으로 취소의 대상이 된다(대판 1984. 5. 9, 84누116).

다. 서명 · 날인을 결한 행위

개별법령상으로 규정이 있는 경우는 물론이고, 그러한 규정이 없는 경우에도 「행정업무의 운영 및 혁신에 관한 규정」에 의하여 행정기관이 발하는 문서에는 원칙적으로 정당한 행정기관이 행한 것임을 명백하게 하기 위하여 관인을 찍거나 장이 서명하여야 하며, 이것을 결한 경우는 원칙적으로 무효이다.

4) 내용에 관한 흠

가. 내용이 실현불능인 행위

이에는 내용의 실현이 사실상 불능인 경우와 법률상 불능인 경우가 있다. 기술상 실현이 가능하지 않은 시설물의 설치를 요구한다든지 또는 존재하지 않는 건물에 대한 철거명령을 내리는 경우는 전자의 경우이며, 법률상 인정되지 않는 권리를 부여하거나 혹은 의무를 과하는 행위는 후자의 예이다(국가시험에 불합격된 자에 대한 의사면허). 이러한 불능을 내용으로 하는 행정행위는 무효이다.

판례(사망자에 대한 행정처분의 효력) 사망자에 대한 행정처분은 무효이고 그 무효의 행정처분이 그 상속인에게 송달되었다고 하여서 그 무효의 행정처분이 유효화 될 리가 없다(대판 1969. 1. 21, 68누190).

나. 내용이 불명확한 행정행위

행정행위의 내용이 사회통념상 인식할 수 없는 정도로 불명확하거나 확정되지 아니한 경우에는 소기의 법적 효과를 발생할 수 없으므로 원칙적으로 무효이다. 다만 행정행위의 내용이 불명확하더라도 전후의 사정으로 보아 그 내용이 명확히 될 수 있는 경우에는 그 흠은 치유가 된 것으로 볼 수 있을 것이다.

판례(목적물이 불특정한 행정처분의 효력) 행정처분은 행정청의 일방적 의사표시로서 상대방에게 일정한 권리를 설정하고 또는 의무를 명하는 공법상의 법률행위이며 특히 귀속재산에 대한 임대처분은 상대방으로 하여금 목적물을 직접 점유사용케 하는 준물권적 행정처분이라 할 수 있으므로 목적물의 특정은 행정처분의 요소라 할 것이요 그 특정이 없는 행정처분은 목적물 불특정에 의한 무효라 아니할 수 없다(대판 1961. 3. 13, 59누92).

다. 공서양속에 반하는 행위

공서양속에 반하는 행위의 효력에 대하여는 민법과는 달리 취소의 원인이 된다고 보는 견해가 다수설이다. 그러나 독일행정절차법 제44조 제2항은 선량한 풍속에 반하는 행위를 절대적 무효사유로 보고 있다.

Ⅳ. 행정행위의 하자의 승계

1. 하자의 승계의 의의

종래 우리 학설의 다수에서는 둘 이상의 행정행위가 일련의 절차에 따라 연속하여 행하여지는 경우에 후행하는 행정행위에 하자가 없다고 하더라도 선행하는 행정행위에 하자가 있는 때에는 그 선행하는 행정행위의 하자가 후행하는 행정행위에 승계되는 경우가 있다고 한다. 그리고 이러한 하자의 승계제도의 의의는 선행하는 행정행위가 불가쟁력이 발생되어 그 효력을 다툴 수 없는 경우에도 그 행정행위상의 하자의 승계를 이유로 후행행정행위의 효력을 다툴 수 있다는 데 있으며 이를 통하여 법적 안정성과 개인의 권익보호에 있어서 조화를 얻게 된다고 한다.

2. 논의의 전제

하자승계가 논의되기 위한 전제로는 ① 선행 행정행위에 하자가 존재하지만 후행 행정행위에는 하자가 존재하지 않을 것, ② 선행 행정행위에 무효가 아닌 취소의 하자가 존재할 것, ③ 선행 행정행위의 하자가 불가쟁력을 발생하여야 한다.

3. 하자의 승계여부

종래의 다수설과 판례의 견해에 따르면 선행 행정행위와 후행 행정행위가 결합하여 하나의 효과를 완성하는 경우에는 선행 행정행위의 흠이 후행 행정행위에 승계되는 반면, 선행 행정행위와 후행 행정행위가 서로 독립하여 별개의 효과를 발생시키는 경우에는 선행 행정행위가 당연무효가 되지 않는 한, 그 흠이 후행 행정행위에 승계되지 않는다고 한다.[100)]

판례에 의하여 흠의 승계가 인정된 경우로는 조세강제징수에 있어서 독촉 · 압류 · 매각 · 충당의 각 행위 사이, 행정대집행에 있어서 계고 · 대집행영장에 의한 통지 · 대집행실행 · 비용납부명령의 각 행위 사이,[101)] 표준지공시지가결정과 수용보상금에 대한 재결,[102)] 개별공시지가결정과 과세처분,[103)] 안경사시험합격처분과 안경사면허처분[104)] 등을 들 수 있다.

판례 1(계고처분과 대집행영장통지 사이에 흠의 승계가능성) 대집행의 계고, 대집행영장에 의한 통지, 대집행의 실행, 대집행에 요한 비용의 납부명령 등은 타인이 대신하여 행할 수 있는 행정의무의 이행을 의무자의 비용부담하에 확보하고자 하는, 동일한 행정목적을 달성하기 위하여 단계적인 일련의 절차로 연속하여 행하여지는 것으로서, 서로 결합하여 하나의 법률효과를 발생시키는 것이므로, 선행처분인 계고처분이 하자가 있는 위법한 처분이라면, 비록 그 하자가 중대하고도 명백한 것이 아니어서 당연무효의 처분이라고 볼 수 없고 행정소송으로 효력이 다투어지지도 아니하여 이미 불가쟁력이 생겼으며, 후행처분인 대집행영장발부통보처분 자체에는 아무런 하자가 없다고 하더라도, 후행처분인 대집행영장발부통보처분의 취소를 청구하는 소송에서 청구원인으로 선행처분인 계고처분이 위법한 것이기 때문에 그 계고처분을 전제로 행하여진 대집행영장발부통보처분도 위법한 것이라는 주장을 할 수 있다(대판 1993. 11. 9, 93누14271; 1996. 2. 9, 95누12507).

판례 2(행정절차 보장과 하자승계) 근로복지공단이 사업종류 변경결정을 하면서 실질적으로 행정절차법에서 정한 처분절차를 준수하지 않아 사업주에게 방어권행사 및 불복의 기회가 보장되지 않은 경우에는 이를 항고소송의 대상인 처분으로 인정하는 것은 사업주에게 조기의 권리구제기회를 보장하기 위한 것일 뿐이므로, 이 경우에는 사업주가 사업종류 변경결정에 대해 제소기간 내에 취소소송을 제기하지 않았다고 하더라도 후행처분인 각각의 산재보험료 부과처분에 대한 쟁송절차에서 비로소 선행처분인 사업종류 변경결정의 위법성을 다투는 것이 허용되어야 한다(대판 2020. 4. 9, 2019두61137).

반대로 흠의 승계가 부인된 경우로는 건물철거명령과 대집행계고처분,[105)] 과세처분과 체납처분,[106)] 공무원의 직위해제처분과 면직처분,[107)] 사업인정과 수용재결,[108)] 도시계획결정과 수용재결,[109)]

100) 金道昶, 一般行政法論(上), 481면; 金東熙/崔桂暎, 行政法 I, 352면.
101) 대판 1993. 11. 9, 93누14271; 1996. 2. 9, 95누12507.
102) 대판 2008. 8. 21, 2007두13845.
103) 대판 1994. 1. 25, 93누8542.
104) 대판 1993. 2. 9, 92누4567.
105) 대판 1998. 9. 8, 97누20502.
106) 대판 1987. 9. 22, 87누383.
107) 대판 1984. 9. 11, 84누191.
108) 대판 2000. 10. 13, 2000두5142.
109) 대판 1990. 1. 23, 87누947.

보충역편입처분과 공익근무요원소집처분,[110] 액화석유가스판매사업허가와 사업개시신고반려처분,[111] 표준지공시지가결정과 개별공시지가결정,[112] 소득금액변동통지와 징수처분[113] 등이 있다.

판례 1(직위해제처분과 면직처분 사이에 흠의 승계가능성) 구 경찰공무원법 제50조 제1항에 의한 직위해제처분과 같은 조 제3항에 의한 면직처분은 후자가 전자의 처분을 전제로 한 것이기는 하나 각각 단계적으로 별개의 법률효과를 발생하는 행정처분이어서 선행 직위해제처분의 위법사유가 면직처분에는 승계되지 아니한다 할 것이므로 선행된 직위해제처분의 위법사유를 들어 면직처분의 효력을 다툴 수 없다(대판 1984. 9. 11, 84누191).

판례 2(보충역편입처분과 공익근무요원소집처분 간에 흠의 승계가능성) 보충역편입처분 등의 병역처분은 구체적인 병역의무부과를 위한 전제로서 징병검사 결과 신체등위와 학력 · 연령 등 자질을 감안하여 역종을 부과하는 처분임에 반하여, 공익근무요원소집처분은 보충역편입처분을 받은 공익근무요원소집대상자에게 기초적 군사훈련과 구체적인 복무기관 및 복무분야를 정한 공익근무요원으로서의 복무를 명하는 구체적인 행정처분이므로, 위 두 처분은 후자의 처분이 전자의 처분을 전제로 하는 것이기는 하나 각각 단계적으로 별개의 법률효과를 발생하는 독립된 행정처분이라고 할 것이므로, 따라서 보충역편입처분의 기초가 되는 신체등위 판정에 잘못이 있다는 이유로 이를 다투기 위하여는 신체등위 판정을 기초로 한 보충역편입처분에 대하여 쟁송을 제기하여야 할 것이며, 그 처분을 다투지 아니하여 이미 불가쟁력이 생겨 그 효력을 다툴 수 없게 된 경우에는, 병역처분변경신청에 의하는 경우는 별론으로 하고, 보충역편입처분에 하자가 있다고 할지라도 그것이 당연무효라고 볼 만한 특단의 사정이 없는 한 그 위법을 이유로 공익근무요원소집처분의 효력을 다툴 수 없다(대판 2002. 12. 10, 2001두5422).

판례 3(소득금액변동통지의 하자가 징수처분에 승계되는지 여부) 과세관청의 소득처분과 그에 따른 소득금액변동통지가 있는 경우 원천징수의무자인 법인은 소득금액변동통지서를 받은 날에 그 통지서에 기재된 소득의 귀속자에게 당해 소득금액을 지급한 것으로 의제되어 그때 원천징수하는 소득세의 납세의무가 성립함과 동시에 확정되므로 소득금액변동통지는 원천징수의무자인 법인의 납세의무에 직접 영향을 미치는 과세관청의 행위로서 항고소송의 대상이 된다. 그리고 원천징수의무자인 법인이 원천징수하는 소득세의 납세의무를 이행하지 아니함에 따라 과세관청이 하는 납세고지는 확정된 세액의 납부를 명하는 징수처분에 해당하므로 선행처분인 소득금액변동통지에 하자가 존재하더라도 당연무효 사유에 해당하지 않는 한 후행처분인 징수처분에 그대로 승계되지 아니한다. 따라서 과세관청의 소득처분과 그에 따른 소득금액변동통지가 있는 경우 원천징수하는 소득세의 납세의무에 관하여는 이를 확정하는 소득금액변동통지에 대한 항고소송에서 다투어야 하고, 소득금액변동통지가 당연무효가 아닌 한 징수처분에 대한 항고소송에서 이를 다툴 수는 없다(대판 2012. 1. 26, 2009두14439).

판례 4(선행처분인 도시 · 군계획시설결정의 하자가 후행처분인 실시계획인가에 승계되는지 여부) 도시 · 군계획시설결정과 실시계획인가는 도시 · 군계획시설사업을 위하여 이루어지는 단계적 행정절차에서 별도의 요건과 절차에 따라 별개의 법률효과를 발생시키는 독립적인 행정처분이다. 그러므로 선행처분인 도시 · 군계획시설결정에 하자가 있더라도 그것이 당연무효가 아닌 한 원칙적으로 후행처분인 실시계획인가에 승계되지 않는다(대판 2017. 7. 18, 2016두49938).

110) 대판 2002. 12. 10, 2001두5422.
111) 대판 1991. 4. 23, 90누8756.
112) 대판 1996. 9. 20, 95누11931; 1996. 3. 28, 94누12920.
113) 대판 2012. 1. 26, 2009두14439.

4. 승계이론에 대한 비판적인 견해

근래의 유력설은 이러한 흠의 승계이론을 다음의 관점에서 비판하고 있다.[114)]

① 제소기간이란 입법자가 한편으로 행정의 효율성이라는 공익과, 다른 한편으로 개인의 권리보호라는 사익을 충분하게 형량하여 내린 결정이다. 후행 행정행위와 결합하여 한 개의 효과를 발생한다는 이유로 이미 불가쟁력이 발생된 선행 행정행위의 규율내용에 대하여 다시 다툴 수 있게 한다면, 법적 안정성을 실현시키는 제소기간제도의 의의는 본질적으로 훼손될 것이다. 이와 같은 흠의 승계이론은 소원에 대한 재결서를 송달받은지 1개월 이내에 취소소송을 제기하도록 규정한 구 행정소송법 시대에서는 나름대로의 설득력을 가질 수 있었다. 그러나 처분이 있음을 안지 90일 이내에, 그리고 처분이 있은지 1년 이내에 제기할 수 있도록 하고, 후자의 경우에는 정당한 사유가 있는 경우에는 이를 배제할 수 있도록 하는 세계적으로도 아주 긴 제소기간을 두고 있는 현행 행정소송법하에서는 심각한 이의에 노출될 수밖에 없다.[115)] 예를 들어 판례와 같이 계고처분과 대집행영장의 통지사이에 흠의 승계를 인정할 경우 상대방은 처분이 있음을 안지 거의 6개월이 다된 시점에서 계고처분의 위법성을 다툼으로써 자신의 의무이행을 고의적으로 지연시킬 수 있을 것이다.

② 다수설과 판례가 일련의 절차에 따라서 연속하여 행하여지는 두 개의 행정행위간에 흠의 승계여부를 서로 결합하여 하나의 법률효과를 발생시키는가의 여부에 의존시킨다는 것은 지나치게 형식적이고 편의적인 사고방식에서 나오는 논리라고 볼 수밖에 없다. 예를 들어 판례는 철거명령과 대집행의 계고처분은 서로 별개의 목적을 추구한다는 이유로 흠의 승계를 부인하고 있으나, 철거의무를 부과하는 철거명령이나 이의 실효성을 확보하는 대집행절차의 계고처분은 위법건축물의 제거라는 동일한 목적을 실현하고 있는 것으로 볼 수 있다. 이러한 목적을 보다 세분화하여 철거명령을 건축물철거라는 의무를 부과하는 행위로, 계고처분을 이러한 의무의 실효성을 확보하는 수단으로서 본다면, 대집행의 계고처분과 비용납부명령도 각기 다른 목적을 추구하기 때문에 흠의 승계를 부인하여야 할 것이다.

③ 원자력발전소, 고속전철, 신공항건설 등 대규모시설의 건설에서 볼 수 있는 바와 같이 과학화 및 기술화로 특징되는 현대행정에 있어서 수많은 중요한 행정결정은 다단계행정절차에 따라 수행되고 있다. 이와 같은 흠의 승계이론에 따르면, 이들 다단계행정절차에 의하여 행하여지고 있는 중요한 국가과제는 결코 안정적으로 실현될 수 없다. 흠의 승계이론을 근거로 이해관계인은 언제든지 이미 불가쟁력이 발생된 선행행정행위가 위법하다는 이유로 수개월이 경과된 이후에도 그에 대하여 다툴 수 있기 때문이다.

이에 따라 불가쟁력이 발생된 행정행위의 흠의 승계가능성은 원칙적으로 부인되어야 하며, 후행 행정행위에 대한 불복에서 불가쟁력이 발생된 선행 행정행위의 하자를 다툴 수 있는지의 문제는 오히려 행정행위의 실질적 존속력의 한계문제로 보아야 할 것이다. 형식적 확정력이 발생된 판결이 실질적 확정력(旣判力)을 발생하는 바와 같이, 형식적 존속력이 발생된 행정행위는 실질적 존속력

114) 鄭夏重, 行政行爲의 公定力, 拘束力 그리고 存續力(하), 考試硏究, 1999. 4, 115면 이하; 金南辰/金連泰, 行政法 I, 157면; 朴鍾局, 行政法總論, 405면.

115) 예를 들어 프랑스의 월권소송에서는 처분의 고지후 60일, 독일의 취소소송에서는 행정심판의 재결서가 송달된지 30일 이내에 제소를 하도록 규정하고 있다.

을 발생시킨다(이에 대하여 본서의 행정행위의 존속력부분을 참조바람). 이러한 행정행위의 실질적 존속력(旣決力)은[116] 판결의 실질적 확정력이 이후의 소송에 있어서 법원과 당사자에 대한 내용적 구속력, 즉 규준력을 의미하듯이, 둘 이상의 행정행위가 일련의 절차에서 연속하여 행하여지는 경우, 특히 다단계행정절차에 있어서 불가쟁력이 발생된 행정행위의 처분청과 상대방에 대한 내용적인 구속력, 즉 규준력을 의미한다. 행정청은 후행 행정행위의 규율에 있어서 불가쟁력이 발생된 선행 행정행위의 규율내용과 모순되는 결정을 내려서는 안되며, 상대방도 후행 행정행위에 대한 불복에 있어서 이미 불가쟁력이 발생된 선행 행정행위의 규율내용에 대하여는 다투어서는 안된다는 것을 의미한다.[117]

5. 실질적 존속력(기결력)의 한계

이러한 행정행위의 실질적 존속력은 판결의 실질적 확정력과 마찬가지로 객관적 한계, 주관적 한계, 시간적 한계를 갖고 있으며, 아울러 판결에 대한 행정행위의 특수성에 따라 선행 행정행위의 내용적 구속력의 예견가능성과 수인의 기대가능성을 전제로 하고 있다.

1) 객관적 한계

판결의 실질적 확정력과 같이 결정대상이 행정행위의 실질적 존속력의 한계를 결정한다. 동일한 결정대상이 문제되는 한도 내에서 실질적 존속력에 의한 선행 행정행위의 규율내용은 후행 행정행위에 대하여 구속력을 갖는다. 예를 들어 다단계행정절차에 있어서 선행 행정절차의 결정대상이 아닌 허가요건이 결여되었다는 이유로 후행 행정절차에 있어서 2단계 허가가 거부되고 있다면, 선행 행정행위의 규준력은 발생될 수 없는 것이다. 이에 대하여 건축물의 철거명령이 불가쟁력이 발생되고, 얼마후 계고처분이 발하여졌다면 동일한 결정대상이 문제가 되고 있기 때문에 상대방은 철거명령의 위법성을 이유로 하여 계고처분을 다툴 수 없다.

2) 주관적 한계

후행 행정행위의 당사자가 선행 행정행위의 당사자와 일치하는 경우에만, 후행 행정행위의 당사자는 선행 행정행위의 규율내용에 구속된다. 이들은 바로 선행 행정행위를 발한 처분청과 그 상대방을 의미한다. 행정행위의 실질적 존속력은 경우에 따라서는 관련된 제3자에게 확대될 수가 있다.

3) 시간적 한계

행정행위의 실질적 존속력은 또한 시간적 한계, 즉 결정시점에 존재하고 있는 사실적 그리고 법적 상황의 동일성을 전제로 하고 있다. 예를 들어 개인은 법적 상황이 변경되는 경우에 불가쟁력이 발생된 철거명령의 강제집행수단에 대하여 선행 행정행위의 위법성을 이유로 취소소송을 제기할 수 있다. 물론 사실적 · 법적 상황이 변화되는 경우에 처분청과 상대방에 대한 구속이 자동적으로 해제되는 것이 아니라 행정청에 의한 선행 행정행위의 철회나 직권취소를 전제로 한다.

---

116) 판결의 실질적 확정력을 기판력이라고 부른다면 행정행위의 실질적 존속력을 기판력(旣判力)과 구별하기 위하여 기결력(旣決力)이라고 표현하는 것이 바람직 할 것이다. 同旨: 朴鍾局, 先行行政行爲의 後行行政行爲에 대한 拘束力, 公法硏究 24집 2호, 159면 이하.

117) 鄭夏重, 行政行爲의 公定力, 拘束力 그리고 存續力(하), 考試硏究, 1999. 4, 115면 이하; Sachs, Stelkens/Bonk/Sachs, §43, Rdn. 43ff.; Ipsen, Die Verwaltung, S. 194.

4) 실질적 존속력의 추가적인 요건으로서 예견가능성과 수인의 기대가능성

행정행위의 실질적 존속력이 객관적, 주관적, 시간적 한계의 관점으로부터 어떠한 이익가 존재하지 않는 경우들에 있어서도 개인의 권리보호가 부당하게 축소되는 것을 방지하기 위하여 추가적인 한계설정이 필요하다. 예를 들어 실질적 존속력이 발생된 행정행위가 후행 행정행위에 대하여 내용적인 구속력을 갖는다는 사실을 상대방이 전혀 예측할 수 없다면, 그에게 권리보호를 박탈하는 것은 기대가능하지 않다. 이러한 이유에서 실질적 존속력의 추가적인 요건으로서 상대방의 예견가능성 및 수인의 기대가능성이 요구되고 있다. 이러한 예견가능성과 수인의 기대가능성의 요건은 예외적으로 기본권침해와 권리보호의 관점에서 개인에게 발생되는 가혹함을 방지하기 위하여 필요한 것으로 판단되고 있다.[118)]

6. 대법원 1994. 1. 25, 선고 93누8542 판결 및 최근 판례의 입장

1) 대법원 1994. 1. 25, 선고 93누8542 판결

대법원의 개별공시지가결정과 후행과세처분에 대한 1994년 1월 25일의 판결요지는 다음과 같다.

> "두 개 이상의 행정처분이 연속적으로 행하여지는 경우 선행처분과 후행처분이 서로 결합하여 1개의 법률효과를 완성하는 때에는 선행처분에 하자가 있으면 그 하자는 후행처분에 승계되므로 선행처분에 불가쟁력이 생겨 그 효력을 다툴 수 없게 된 경우에도 선행처분의 하자를 이유로 후행처분의 효력을 다툴 수 있는 반면, 선행처분과 후행처분이 서로 독립하여 별개의 법률효과를 목적으로 하는 때에는 선행처분에 불가쟁력이 생겨 그 효력을 다툴 수 없게 된 경우에는 선행처분의 하자가 중대하고 명백하여 당연무효인 경우를 제외하고는 선행처분의 하자를 이유로 후행처분의 효력을 다툴 수 없는 것이 원칙이다. 그러나 선행처분과 후행처분이 서로 독립하여 별개의 효과를 목적으로 하는 경우에도 선행처분의 불가쟁력이나 구속력이 그로 인하여 불이익을 입게 되는 자에게 수인한도를 넘는 가혹함을 가져오며, 그 결과가 당사자에게 예측가능한 것이 아닌 경우에는 국민의 재판받을 권리를 보장하고 있는 헌법의 이념에 비추어 선행처분의 후행처분에 대한 구속력은 인정될 수 없다."

여기서 대법원은 흠의 승계에 대한 자신의 종래의 입장을 다시 한번 확인을 하였으나 "수인한도", "선행처분의 후행처분에 대한 구속력"이라는 표현을 사용하였다. 이와 관련하여 비판설은 판례가 자신의 입장을 수용하였다는 입장을 취하고 있으나,[119)] 다수설은 흠의 승계의 형식적 기준을 적용함으로써 생기는 불합리를 제거하기 위하여 예측가능성과 수인의 기대가능성이라는 법치국가원리에서 도출되는 논거를 보충적으로 적용하였을 뿐 기존의 입장을 변화시킨 것은 아니라고 주장하고 있다. 생각건대 위 판결은 흠의 승계이론으로 문제를 해결하는 데 있어서 발생되는 문제점을 명백하게 나타내고 있는바, 향후 흠의 승계이론을 포기하고 이와 관련된 문제를 실질적 존속력의 한계문제로 해결하는 것이 바람직할 것이다.[120)]

---

118) Erichsen/Knoke, NVwZ 1983, S. 191.

119) 金南辰, 課税處分의 先行行爲인 個別公示地價의 違法性審査, 判例月報, 1996. 12, 12면 이하.

120) 대법원은 동일한 취지로 표준지공시지가결정과 수용보상금에 대한 재결 사이에 흠의 승계를 인정하였다(대판 2008. 8. 21, 2007두13845). 한편 대법원은 개별토지가격 결정에 대한 재조사 청구에 따른 감액조정을 하고 이를 원고에게 통지하였음에도 불구하고, 이에 대하여 더 이상 불복하지 아니한 경우, 이를 기초로 한 양도소득세 부과처분 취소소송에서 다시 개별토지가격 결정의 위법을 당해 과세처분의 위법사유로 주장할 수 없다고 판시하고 있다(대판 1998. 3. 13, 96누6059).

2) 최근 판례의 입장

최근 일부 판례에서는 실체법적 처분과 쟁송법적 처분을 구별하여 실체법적 처분은 흠의 승계를 부정하는 반면, 쟁송법적 처분의 경우에는 흠의 승계를 긍정하고 있다. 판례에 따르면 사전통지, 의견청취, 이유제시 및 불복방법 고지가 포함된 처분서를 작성하여 교부하는 등 실질적으로 행정절차법에서 정한 처분절차를 준수함으로써 상대방에게 방어권행사 및 불복의 기회가 보장된 경우에는 '실체법적 처분'으로 보는 반면, 행정절차법에서 정한 처분절차를 준수하지 않아 사업주에게 방어권행사 및 불복의 기회가 보장되지 않은 경우에는 단순히 권리구제를 가능하게 하기 위하여 행정소송법상 처분으로 인정되는 이른바 '쟁송법적 처분'으로 보고 있다. 향후 이러한 판례가 일반화 될 것인지는 관심의 대상이 되고 있다.

판례(실체법적 처분의 경우에는 흠의 승계를 부인하는 반면, 쟁송법적 처분의 경우에는 흠의 승계를 인정하는 판례) 근로복지공단이 사업종류 변경결정을 하면서 개별 사업주에 대하여 사전통지 및 의견청취, 이유제시 및 불복방법 고지가 포함된 처분서를 작성하여 교부하는 등 실질적으로 행정절차법에서 정한 처분절차를 준수함으로써 사업주에게 방어권행사 및 불복의 기회가 보장된 경우에는, 그 사업종류 변경결정은 그 내용 · 형식 · 절차의 측면에서 단순히 권리구제를 가능하게 하기 위하여 행정소송법상 처분으로 인정되는 소위 '쟁송법적 처분'이 아니라, 개별 · 구체적 사안에 대한 규율로서 외부에 대하여 직접적 법적 효과를 갖는 행정청의 의사표시인 소위 '실체법적 처분'에 해당하는 것으로 보아야 한다. 이 경우 사업주가 행정심판법 및 행정소송법에서 정한 기간 내에 불복하지 않아 불가쟁력이 발생한 때에는 그 사업종류 변경결정이 중대 · 명백한 하자가 있어 당연무효가 아닌 한, 사업주는 그 사업종류 변경결정에 기초하여 이루어진 각각의 산재보험료 부과처분에 대한 쟁송절차에서는 선행처분인 사업종류 변경결정의 위법성을 주장할 수 없다고 봄이 타당하다. 다만 근로복지공단이 사업종류 변경결정을 하면서 실질적으로 행정절차법에서 정한 처분절차를 준수하지 않아 사업주에게 방어권행사 및 불복의 기회가 보장되지 않은 경우에는 이를 항고소송의 대상인 처분으로 인정하는 것은 사업주에게 조기의 권리구제기회를 보장하기 위한 것일 뿐이므로, 이 경우에는 사업주가 사업종류 변경결정에 대해 제소기간 내에 취소소송을 제기하지 않았다고 하더라도 후행처분인 각각의 산재보험료 부과처분에 대한 쟁송절차에서 비로소 선행처분인 사업종류 변경결정의 위법성을 다투는 것이 허용되어야 한다(대판 2020. 4. 9, 2019두61137).

사례 1 「공익사업을 위한 토지 등의 취득 및 보상에 관한 법률」상의 사업인정을 설명하고, 사업인정의 하자를 이유로 수용재결의 취소를 구할 수 있는지 기술하시오.(제49회 행정고시)

▶답안요지 1) 사업인정: 사업인정이란 공용수용절차에 있어서 특정사업이 토지보상법 제4조에 열거되어 있는 공익사업에 해당함을 인정하여, 사업시행자에게 일정한 절차의 이행을 조건으로 하여 특정한 재산권에 수용권을 설정하는 행정행위이다. 법적 성격에 있어서 확인적 행위설과 형성적 행정행위설로 다투어지나 형성적 행위설이 다수설이고 판례의 입장이다.

2) 수용재결의 취소가능성: 사업인정이 하자가 있는 경우, 이에 대하여 취소쟁송을 제기할 수 있으나, 사업인정이 불가쟁력이 발생된 경우 사업인정의 하자를 이유로 수용재결에 대하여 취소쟁송을 제기할 수 있는지 여부가 문제가 된다. ① 종래의 다수설과 판례에 의한 흠의 승계이론에 따르면, 사업인정과 수용재결은 서로 별개의 효과를 발생하는 행정행위들이기 때문에 흠의 승계가 부인된다. ② 한편, 흠의 승계이론을 비판하는 유력설의 견해에 따르면, 선행 행정행위가 불가쟁력이 발생되면, 실질적 존속력(기결력)이론에 따라 선행 행정행위는 후행 행정행위에 내용적 구속력을 갖기 때문에 상대방은 객관적 한계, 주관적 한계, 시간적 한계 내에서는 선행 행정행위의 하자를 이유로 후행 행정행위를 다툴 수 없다.

사례 2 甲은 乙로부터 2014. 10. 7. A시 B구 소재 이용원 영업을 양도받고 관할 행정청인 B구 구청장 X에게 영업자 지위승계신고를 하였다. 그런데 甲은 위 영업소를 운영하던 중, 2014. 12. 16. C경찰서 소속 경찰관에 의해 「성매매알선 등 행위의 처벌에 관한 법률」 위반으로 적발되었다. 구청장 X는 2014. 12. 19. 甲에 대하여 3월의 영업정지처분을 하였다. 한편, 乙은 이미 같은 법 위반으로 2014년 7월부터 9월까지 2월의 영업정지처분을 받은 바 있었다. 그 후 2015. 5. 6. B구청 소속 공무원들은 위생관리실태를 검사하기 위하여 위 영업소에 들어갔다가 甲이 여전히 손님에게 성매매알선 등의 행위를 하는 것을 적발하였다. 이에 구청장 X는 이미 乙이 제1차 영업정지처분을 받았고 甲이 제2차 영업정지처분을 받았음을 이유로, 2015. 5. 6.에 적발된 위법행위에 대하여 甲에게 「공중위생관리법」 제11조 제1항 및 제2항, 같은 법 시행규칙 제19조 [별표7] 행정처분기준에 따라 적법한 절차를 거쳐서 가중된 제재처분인 영업소 폐쇄명령을 내렸다.

1. 甲은 구청장 X의 영업소 폐쇄명령에 대한 취소소송을 제기하면서, 자신에 대한 제2차 영업정지처분의 위법성을 폐쇄명령의 취소사유로 주장하고 있다. 甲에 대한 제2차 영업정지처분 시에 의견청취절차를 거치지 않았으나, 이를 다투지 않은 채 제소기간이 도과하였다. 이러한 甲의 주장이 타당한지를 검토하시오.(25점)

2. 甲의 영업소 바로 인근에서 이용업을 행해온 丙은 甲이 이전에 「성매매알선 등 행위의 처벌에 관한 법률」을 위반하여 폐쇄명령을 받은 전력이 있음에도 불구하고 구청장 X가 甲의 영업자 지위승계신고를 받아주었음을 이유로 하여 이를 취소소송으로 다투고자 한다. 구청장 X가 甲의 영업자 지위승계신고를 받아들인 행위는 丙이 제기하는 취소소송의 대상이 되는가?(15점)

3. 만일 甲이 영업소 안에서 문을 잠그고 B구청 소속 공무원들의 영업소 진입에 불응하여, 위 공무원들이 잠금장치와 문을 부수고 강제로 진입하여 위생관리실태를 조사하였다면, 甲이 그에 대하여 취할 수 있는 권리구제수단에 관하여 설명하시오.(15점)(제57회 사법시험)

▶**답안요지**

제1문: 甲의 주장의 타당성 여부

설문에서 甲은 불가쟁력이 발생된 2차 영업정지처분의 위법성을 이유로 폐쇄명령처분에 대하여 취소소송을 제기하였는바, 여기서 영업정지처분의 하자가 폐쇄명령처분에 승계가 된다면 甲의 취소청구는 인용될 것이다. 행정처분의 하자승계를 논의하기 위한 전제로서 ① 선행처분에 하자가 존재하지만 후행처분에는 하자가 존재하지 않아야 하며, ② 선행처분에 무효가 아닌 취소사유의 하자가 존재하여야 하고, ③ 선행처분에 불가쟁력이 발생하여야 한다. 다음에서는 선행처분인 2차 영업정지처분에 취소사유의 하자가 있는지 검토한 후, 폐쇄명령처분의 적법성 여부에 대하여 살펴 보기로 한다.

1. 2차 영업정지처분의 위법성

설문에서 제2차 영업정지처분 시에 의견청취절차를 거치지 않았다고 하는바, 이러한 절차상의 하자는 특별한 법률의 규정이 없는 한, 판례에 따르면 취소사유에 해당한다. 이러한 절차상의 하자를 이유로 취소소송을 제기할 수 있는지 여부에 대하여, 1) 긍정설, 2) 부정설, 3) 절충설로 견해가 갈리고 있으나 판례는 긍정설의 입장을 취하고 있다(이에 대하여 본서 행정절차의 하자 참고). 판례의 입장에 따르면 제2차 영업정지처분에는 취소사유의 하자가 있으며, 이에 대하여는 불가쟁력이 발생하였다.

2. 폐쇄명령처분의 적법성

1) 乙에 대한 영업정지처분의 효과가 甲에게 승계되는지 여부

식품위생법 7조, 11조 2항에 근거하여 제정된 공중위생관리법 시행규칙 19조 [별표7]에 의한 행정처분기준은 손님에게 성매매알선 등 행위 또는 음란행위를 하게 하거나 이를 알선 또는 제공하는 위반사유가 있을 때, 1차 위반의 경우 영업정지 2개월, 2차 위반의 경우 영업정지 3개월, 3차 위반의 경우에는 영업장 폐쇄명령 처분을 내리도록 규정하고 있다. 사안에서 甲은 乙로부터 이용원 영업을 양도받았는바, 乙은 이미 동일한 위반사유로 2개월 영업정지처분을 받은 바 있다. 행정제재부과처분의 승계가능성 여부는 학설에

서 논란이 되고 있으나, 공중위생관리법 11조의3은 처분기간이 만료된 날로부터 1년간 양수인에게 승계된다고 명문으로 규정하고 있는바, 乙에게 부과된 행정제재부과처분의 효과가 甲에게 승계된다고 보아야 한다. 이에 따라 甲에 대한 폐쇄명령은 [별표7]의 처분기준에 따른 3차 위반행위에 대한 제재적 처분에 해당된다고 보아야 한다.

2) 공중위생관리법 시행규칙 19조 [별표7]의 법적 성격

그런데 공중위생관리법 7조, 11조 2항에 근거하여 제정된 부령형식의 제재처분 기준의 법적 성격에 대하여는 ① 행정규칙설, ② 법규명령설로 견해가 갈리고 있다(이에 대하여 본서 법규명령형식의 행정규칙 참조). 판례는 행정규칙설을 취하고 있는 반면, 다수설은 법규명령설을 취하고 있다. 법규명령설을 취하는 경우 폐쇄명령처분은 처분기준에 따른 적법한 처분이며, 행정규칙설을 따르는 경우에도 3차 위반행위에 대한 제재로서 재량의 유월 또는 남용에 해당하지 않는 적법한 처분이라고 보아야 할 것이다.

3. 2차 영업정지처분의 하자가 폐쇄명령처분에 승계되는지 여부

불가쟁력이 발생된 선행처분의 하자가 후행처분에 승계되는지 여부에 관하여 1) 하자승계론과 2) 구속력이론으로 대립되고 있다.

1) 하자승계론

전통적 견해 및 판례에 따르면 선행처분과 후행처분이 서로 결합하여 하나의 법률효과를 발생시키는 경우에는 하자승계가 인정되나, 선행처분과 후행처분이 별개의 효과를 발생시키는 경우에는 하자승계가 부인되고 있다. 다만 근래 판례는 선행처분과 후행처분이 별개의 효과를 발생시켜 하자승계를 부인할 경우에, 상대방에게 수인한도를 넘는 가혹함을 가져오며, 그 결과가 당사자에게 예측가능성이 없는 경우에 예외적으로 하자승계를 인정하고 있다(대판 1994. 1. 25, 93누8542). 사안의 경우, 영업정지처분은 일정기간 영업을 금지시키는 하명에 해당하는 반면, 폐쇄명령처분은 궁극적으로 영업을 금지시키는 하명으로서 서로 별개의 법률효과를 발생시키기 때문에 하자승계는 부인될 것이다. 다만, 사안에서는 명확한 언급이 없으나, 乙이 영업정지처분을 받았던 사실을 甲이 전혀 몰랐다면, 하자승계의 부인할 경우에 甲에게는 수인한도를 넘는 가혹함을 발생시키고 그 결과가 예측가능성이 없었다면 하자승계는 예외적으로 인정될 수 있을 것이다.

2) 구속력이론

하자승계론을 비판하는 유력설에 따르면 선행처분이 불가쟁력을 발생하면, 실질적 존속력이론에 따라 선행처분은 후행처분에 대하여 내용적 구속력을 갖기 때문에 상대방은 객관적 한계, 주관적 한계, 그리고 시간적 한계 내에서 선행처분의 하자를 이유로 후행처분을 다툴 수 없다고 한다. 다만 상대방의 기본권침해의 방지와 권리보호의 관점에서 구속력의 예견가능성과 수인의 기대가능성을 추가적인 요건으로 제시하고 있다. 사안에서 영업정지처분과 폐쇄명령처분은 「성매매알선 등 행위의 처벌에 관한 법률」을 위반한 행위를 대상으로 하고 있으며(객관적 한계), 관할 행정청 B구 구청장과 甲을 당사자로 하고 있으며(주관적 한계), 법적 사실적 상황이 동일함(시간적 한계)을 알 수 있다. 구속력이론을 따른다고 하더라도 하자승계는 부인될 것이다. 다만, 구속력의 예견가능성과 수인의 기대가능성이 없다면 예외적으로 하자승계를 인정할 수 있을 것이다.

4. 결어

영업정지처분의 하자는 폐쇄명령에 승계되지 않기 때문에 甲의 주장은 타당성이 없다. 다만, 하자승계의 부인할 경우에 甲에게는 수인한도를 넘는 가혹함을 발생시키고 그 결과가 예측가능성이 없었다면 하자승계는 예외적으로 인정될 수 있을 것이다.

제2문: 구청장 X의 지위승계신고의 수리가 취소소송의 대상이 되는지 여부

1. 신고의 의의 및 종류

신고란 사인이 공법적 효과의 발생을 목적으로 행정주체에게 일정한 사실을 알리는 행위를 의미한다. 신고의 종류는 정보제공적 신고와 금지해제적 신고로 분류되고, 금지해제적 신고는 다시 자체완성적 신고와

행정요건적 신고로 구분된다. 자체완성적 신고는 행정청에게 일정한 사항을 통지함으로써 의무가 끝나는 신고로서, 수리를 요하지 않으며 신고 그 자체로서 법적 효과를 발생시키는 반면, 행정요건적 신고란 사인이 행정청에 대하여 일정한 사항을 통지하고 행정청이 이를 수리함으로써 법적 효과를 발생시키는 신고를 의미한다. 실무상 양자의 구별은 어려움을 야기시키고 있는바, 판례는 ① 수리를 요한다는 명문의 규정이 있는 경우, ② 신고와 관련하여 법령이 실질적 요건을 정하거나 실질적 심사를 허용하는 규정을 둔 경우, ③ 신고사항이 사회질서나 공공복리에 미치는 영향이 크거나 직접적으로 행정목적을 침해하는 행위인 경우에는 행정요건적 신고로 보고 있다. 반면, ① 법령이 신고의무만을 규정할 뿐, 실질적 요건에 관하여 아무런 규정을 두지 않고 형식적 심사만을 허용하는 경우, ② 사회질서나 공공복리에 미치는 영향이 작거나 직접적으로 행정목적을 침해하지 않는 행위인 경우에는 자체완성적 신고로 보고 있다. 관련법률에 신고와 등록이 동시에 규정된 경우에는 신고는 자체완성적 신고, 등록은 행정요건적 신고로 보는 것이 일반적이다.

2. 지위승계신고의 법적 성격

법률에 따라서는 영업의 양도의 경우, 양수인이 신고하도록 하는 규정을 두는 경우가 있다. 공중위생관리법 3조의2 4항에 따르면 공중위생영업자의 지위를 승계한 자는 1월 이내에 신고하도록 규정하고 있는바, 여기서 신고의 법적 성격은 양도대상이 되는 영업의 종류에 따라 달리 판단하여야 한다. 허가를 요하는 영업의 양도에 있어서 신고는 허가신청으로, 행정요건적 신고를 요하는 영업의 양도에 있어서 신고는 행정요건적 신고로, 자체완성적 신고를 요하는 영업의 양도에 있어서는 자체완성적 신고로 판단하여야 할 것이다. 공중위생관리법 3조 1항에 따르면 공중위생영업을 하고자 하는 자는 공중위생영업의 종류별로 보건복지부령이 정하는 시설 및 설비를 갖추고 시장 · 군수 · 구청장에게 신고하여야 한다. 숙박업, 이용업, 세탁업, 목욕장업 등 공중위생영업은 과거 허가를 요하는 영업이었으나, 규제완화정책의 일환으로 현재 실무상 자체완성적 신고의 대상이 되었다. 영업을 하고자 하는 자가 법령 등에 규정된 형식적 요건을 갖추어 필요한 구비서류를 첨부하여 신고하면, 신고서가 접수기관에 도달된 때에 신고의 효력이 발생된다(행정절차법 40조 2항). 관할 행정청은 신고영업이 법령에서 요구하는 시설과 설비 등 실질적 요건 준수 여부를 사후적으로 감독한다. 이에 따라 이용업 신고는 자체완성적 신고에 해당하며, 이용업의 지위승계신고도 자체완성적 신고에 해당한다. 설문에서 甲의 지위승계신고는 수리를 요하지 않는 신고로서 구청장 X의 접수행위는 처분성이 없어 취소소송의 대상이 되지 않는다. 다만 丙의 주장이 사실이라면, 甲의 신고는 형식적 요건이 충족되지 않은 부적법한 신고로서 효력이 발생되지 않을 것이다(참고: 공중위생관리법 6조 2항).

3. 결어

구청장 X의 지위승계접수행위는 처분성이 없어 취소소송의 대상이 되지 않는다.

제3문: 甲이 취할 수 있는 권리구제수단

공중위생관리법 9조 1항은 시장 · 군수 · 구청장은 소속공무원으로 하여금 영업소 · 사무소 등에 출입하여 공중위생영업자의 위생관리의무이행 및 공중이용시설의 위생관리실태 등을 검사하게 하거나 필요에 따라 서류 등을 열람하게 할 수 있도록 하여 행정조사에 대한 근거규정을 두고 있다. 이러한 행정조사는 상대방에게 보고의무 · 자료제출의무, 조사에 대한 수인의무 등 일정한 의무를 부과한다는 점에서 권력적 행정조사에 해당한다. 상대방이 이러한 의무를 이행하지 않는 경우에는 직접강제, 즉시강제를 통하여 또는 행정벌의 부과를 통하여 그 실효성을 확보시키고 있다. 종래 권력적 행정조사는 그의 강제적 요소에 초점을 두어 즉시강제에 포함시켜 다루어 왔으나, 양자는 그 목적과 내용을 달리하고 있다는 인식하에 별개의 제도로 분리하여 다루고 있다. 즉시강제는 직접 개인의 신체나 재산에 실력을 가하여 행정상 필요한 상태를 구체적으로 실현하는 것을 목적으로 하는 반면, 행정조사는 행정작용을 위한 자료를 얻기 위하여 행하는 준비적 · 보조적 수단으로서의 성질을 갖는다. 설문에서 공무원들이 甲의 영업소의 잠금장치와 문을 부수고 강제로 진입하여 위생관리상태를 조사하였는 바, 이러한 행위의 성격이 직접강제의 성격을 갖는지 또는 즉시강제의 성격을 갖는지 문제가 된다. 직접강제란 일정한 의무를 부과하는 하명을 전제로 하여 상대방의 의무불이행이 있는 경우에 계고 등의 절차를 거쳐 상대방의 신체 · 재산에 직접 실력을 가함으로써 의무이행이 있었던 것과 같은 상태를 실현시키는 작용이다(예: 공중위생관리법 11조 3항). 이에 대하여 즉시강제는 목전에 급박한 행정상 장해를 제거할 필요가 있는 경우에 미리 의무를 명할 시간적 여유가 없거나 또는 성질상 의무를 명해서는 그 목적을 달성하기 곤란한 때에 직접 개인의 신체·재산에 실력을 가함으로써 행정상 필요한 상태를 실현하는 작용이다. 설문에서 甲은 행정조사의 수인의무가 있음에도 불구하고 영업소 출입구를 잠그고 공무원의 진입에 불응한 바, 구청장이 출입구개방 하명을 내리고, 그 불이행이 있는 경우에 계고 등의 절차를 거친 후에, 신체·재산에 실력을 행사한다면, 위생관리실태의 조사라는 소기의 목적을 달성할 수 없을 것이다. 이에 따라 설문상 공무원의 행위는 미리 의무를 명할 시간적 여유가 없거나 또는 성질상 의무를 명해서는 그 목적달성이 곤란한 때에 직접 개인의 신체·재산에 실력을 가함으로써 행정상 필요한 상태를 실현하는 즉시강제에 해당할 것이다.

이러한 즉시강제에 대한 권리구제수단으로는 적법한 즉시강제에 대한 구제수단으로 손실보상청구권이, 위법한 즉시강제에 대한 구제수단으로 행정쟁송과 국가배상청구권이 고려된다.

1. 적법한 즉시강제에 대한 구제수단

적법한 즉시강제를 통하여 제3자 또는 상대방에게 특별한 희생이 발생될 경우에는 손실보상청구권이 주어진다. 사안에서 공무원이 문을 부수고 강제진입한 것은 甲의 불응에 기인하고 있는바, 특별한 희생에 해당하는 손실이 발생하지 않았다.

2. 위법한 즉시강제에 대한 구제수단

1) 행정쟁송

즉시강제는 권력적 사실행위로서 처분성을 갖기 때문에 취소심판이나 취소소송의 대상이 되나, 대부분 실행이 완료되기 때문에 소의 이익이 문제가 된다. 행소법 12조 후단의 법률상 이익을 전단의 법률상 이익과 동일하게 해석하여 근거법률 및 관련법률에서 직접적으로 보호하는 이익으로 보는 경우에는 소의 이익이 부정되나(판례의 입장), 위법확인의 정당한 이익으로 보아, 여기에 경제적 이익, 명예, 신용 등 법으로 보호가치가 있는 모든 이익을 포함된다고 본다면 소의 이익이 인정된다(유력설: 이에 대하여 본서 취소소송 부분 협의의 소의 이익 참조). 사안에서 유력설에 따라 취소소송에서 확정된 인용판결이 이후에 국가배상청구소송에서 갖는 기판력을 고려할 때, 甲은 취소소송을 제기할 수 있을 것이다.

3. 국가배상

설문에서 공무원의 즉시강제행위의 위법성과 고의·과실이 입증된다면, 甲은 국가배상을 청구할 수 있을 것이다.

V. 하자있는 행정행위의 치유와 전환

하자있는 행정행위는 그 하자의 정도에 따라 무효로 되거나 취소되어야 하는 것이 법치주의원칙에 합치될 것이다. 그러나 일정한 상황에서는 하자의 존재에도 불구하고 그 효력을 유지시키거나 다른 행정행위로 전환시키는 것이 행정법관계의 안정과 개인의 신뢰보호에도 합당할 경우가 있다. 행정행위의 하자의 치유와 위법한 행정행위의 전환이 이에 바로 해당된다. 독일행정절차법 제47조에서는 하자의 치유 및 하자있는 행정행위의 전환에 관하여 규율하고 있는 반면, 우리의 경우 명문의 규정이 없기 때문에, 단지 학설과 판례에 있어서만 논하여지고 있을 뿐이다.

1. 하자의 치유

1) 하자의 치유의 의의

행정행위의 하자의 치유라 함은 성립당시에 흠이 있는 행정행위가 사후에 흠의 원인이 되는 법률요건을 충족하였다든지 또는 그 흠이 취소를 요하지 않을 정도로 경미한 경우에는 그의 성립당시의 흠에도 불구하고 적법한 것으로 다루는 것을 말한다. 즉 흠있는 행정행위가 그 흠의 사후보완 또는 사후추완을 통하여 흠 없는 행정행위로 되는 것을 말한다. 여기서 사후보완은 이미 행하여진 것을 사후에 추가 · 보충 또는 정정하는 것을 의미하며, 사후추완이라 하면 빠뜨린 요건을 사후에 충족시키는 것을 의미한다.

이러한 하자의 치유는 ① 행정행위에 대한 이해관계인의 신뢰보호, ② 행정법관계의 안정성 및 공공복리의 도모, ③ 행정행위의 불필요한 반복의 배제의 관점에서 인정되고 있다.

일설은 무효와 취소의 구별이 상대적이라는 이유하에 취소할 수 있는 행정행위뿐만 아니라, 무효인 행정행위에도 하자의 치유가 가능하다고 하나, 하자가 중대하고 명백하여 어떠한 효력을 발생하지 않는 무효인 행정행위를 치유의 대상으로 할 경우에는 오히려 이해관계인의 신뢰 및 법적 안정성을 해치는 결과가 될 것이다. 취소할 수 있는 행정행위에 대하여만 하자의 치유가 인정된다는 것이 통설의 입장이다.

판례 1(행정행위의 하자치유의 제한적 허용) 행정소송에서 행정처분의 위법 여부는 행정처분이 있을 때의 법령과 사실상태를 기준으로 하여 판단하여야 하고, 처분 후 법령의 개폐나 사실상태의 변동에 의하여 영향을 받지는 않는다고 할 것이며, 흠이 있는 행정행위의 치유는 행정행위의 성질이나 법치주의 관점에서 볼 때 원칙적으로 허용될 수 없는 것이고, 예외적으로 행정행위의 무용한 반복을 피하고 당사자의 법적 안정성을 위해 이를 허용하는 때에도 국민의 권리나 이익을 침해하지 않는 범위에서 구체적 사정에 따라 합목적적으로 인정하여야 할 것이다. 주택재개발정비사업조합 설립추진위원회가 주택재개발정비사업조합 설립인가처분의 취소소송에 대한 1심 판결 이후 정비구역 내 토지 등 소유자 318명 중의 4분의 3을 초과하는 247명으로부터 새로 조합설립동의서를 받았다고 하더라도, 흠의 치유를 인정하더라도 원고들을 비롯한 토지 등 소유자들에게 아무런 손해가 발생하지 않는다고 단정할 수 없으므로 위 설립인가처분의 하자가 치유된다고 볼 수 없다(대판 2010. 8. 26, 2010두2579).

판례 2(당연무효인 징계처분의 치유가능성) 징계처분이 중대하고 명백한 흠 때문에 당연무효의 것이라면 징계처분을 받은 자가 이를 용인하였다고 하여 그 흠이 치유되는 것은 아니다(대판 1989. 12. 12, 88누8869).

2) 하자의 치유의 사유

종래의 학설에서는 하자의 치유사유로서 ① 흠결된 요건의 사후보완 및 사후추완(무권대리행위의 추인, 불특정목적물의 사후특정, 다른 기관 또는 상대방의 필요적 협력이 결여된 경우의 추인, 요식행위의 형식보완), ② 장기간방치로 인한 법률관계의 확정, ③ 취소를 불허하는 공익의 요구의 발생 등을 들고 있으나, ②, ③은 취소권의 제한사유로 보는 것이 다수설의 입장이다. 실제로 하자의 치유가 문제되는 경우로는 주로 형식 · 절차상의 하자가 사후에 치유되는 경우이다.

독일행정절차법 제45조는 무효에 해당하지 않는 형식 · 절차상의 하자의 치유에 대하여 규정하고 있는바 ① 필요한 신청의 사후제출, ② 필요한 이유의 사후제시, ③ 필요한 관계인의 청문의 사후추완, ④ 필요한 위원회의 사후의결, ⑤ 타행정청의 필요한 협력의 사후추완 등을 들고 있다.

판례 1(청문서도달기간을 준수하지 않은 하자의 치유가능성) 행정청이 식품위생법상의 청문절차를 이행함에 있어 소정의 청문서 도달기간을 지키지 아니하였다면 이는 청문의 절차적 요건을 준수하지 아니한 것이므로 이를 바탕으로 한 행정처분은 일단 위법하다고 보아야 할 것이지만 이러한 청문제도의 취지는 처분으로 말미암아 받게 될 영업자에게 미리 변명과 유리한 자료를 제출할 기회를 부여함으로써 부당한 권리침해를 예방하려는 데에 있는 것임을 고려하여 볼 때, 가령 행정청이 청문서 도달기간을 다소 어겼다하더라도 영업자가 이에 대하여 이의하지 아니한 채 스스로 청문일에 출석하여 그 의견을 진술하고 변명하는 등 방어의 기회를 충분히 가졌다면 청문서 도달기간을 준수하지 아니한 하자는 치유되었다고 봄이 상당하다(대판 1992. 10. 23, 92누2844).

판례 2(체납처분에 있어서 독촉의 흠결의 치유가능성) 공매절차에서 매수인이 매각결정에 따른 매수대금을 완납한 이후에는 매수 부동산의 소유권을 취득한 것으로 신뢰한 매수인의 권리 · 이익을 보호하여 거래의 안전을 도모하여야 할 필요성이 있는 점, 체납처분의 전제요건으로서의 독촉은 체납자로 하여금 당해 체납세액을 납부하여 체납처분을 당하는 것을 피할 수 있는 기회를 제공하기 위한 것인데, 설사 독촉장의 송달이 흠결되었다고 하더라도 그 이후에 이루어진 공매절차에서 공매통지서가 체납자에게 적법하게 송달된 경우에는 실질적으로 체납자의 절차상의 권리나 이익이 침해되었다고 보기 어려운 점 등에 비추어 보면, 비록 압류처분의 단계에서 독촉의 흠결과 같은 절차상의 하자가 있었다고 하더라도 그 이후에 이루어진 공매절차에서 공매통지서가 적법하게 송달된 바가 있다면 매수인이 매각결정에 따른 매수대금을 납부한 이후에는 다른 특별한 사정이 없는 한, 당해 공매처분을 취소할 수 없다(대판 2006. 5. 12, 2004두14717).

한편 판례는 경원자관계의 경우 위법한 수익적 행정행위의 하자의 치유를 인정한다면 타방 당사자의 이익을 침해할 수 있다는 이유로 그 가능성을 소극적으로 보고 있다.

판례(경원자관계에서 절차상의 하자의 치유가능성) 참가인들이 허가신청한 충전소설치예정지로부터 100미터 이내에 상수도시설 및 농협창고가 위치하고 있어 위 고시의 규정에 따라 그 건물주의 동의를 받아야 하는 것임에도 그 동의가 없으니 그 신청은 허가요건을 갖추지 아니한 것으로써 이를 받아들인 이 사건 처분은 위법하다고 한 다음, 이 사건 처분 후 위 각 건물주로부터 동의를 받았으니 이 사건 처분의 하자는 치유되었다는 피고의 주장에 대하여는, 하자 있는 행정행위의 치유는 행정행위의 성질이나 법치주의의 관점에서 볼 때 원칙적으로 허용될 수 없는 것이고 예외적으로 행정행위의 무용한 반복을 피하고 당사자의 법적 안정성을 위해 이를 허용하는 때에도 국민의 권리나 이익을 침해하지 않는 범위에서 구체적 사정에 따라 합목적적으로 인정하여야 할 것인데 이 사건에 있어서는 원고의 적법한 허가신청이 참가인들의 신청

과 경합되어 있어 이 사건 처분의 치유를 허용한다면 원고에게 불이익하게 되므로 이를 허용할 수 없다(대판 1992. 5. 8, 91누13274).

3) 치유의 시간적 한계

행정행위의 하자, 주로 절차 · 형식상의 하자의 치유가 어느 시점까지 가능한지에 대하여는 다툼이 되고 있다.

가. 행정쟁송제기 전에 치유가능성

일설은 행정행위의 하자의 치유를 위한 추완은 늦어도 당해처분에 대한 불복여부의 결정 및 불복신청에 편의를 줄 수 있는 상당한 기간내에 하여야 하며, 행정행위의 하자를 이유로 그 취소를 구하는 쟁송이 제기된 경우에는, 이미 착수된 행정구제절차에 비추어 부정적으로 보고 있다.[121]

나. 행정쟁송단계에서 치유가능성

가) 행정심판절차에서 치유가능성 이에 대하여 다른 견해는 행정심판절차는 넓은 의미의 행정절차에 해당하기 때문에 행정의 통일성의 원칙에 따라 흠의 치유는 행정심판절차에서 가능하며, 행정심판절차를 거칠 필요가 없는 경우에는 행정소송이 제기되기 전까지 가능하다는 입장을 취하고 있다.[122] 이는 종래의 독일행정절차법 제45조 제2항의 규정에 상응하는 견해이다.

나) 행정소송절차에서 치유가능성 이에 대하여 일설은 독일의 개정행정절차법 제45조 2항의 규정에 따라 분쟁의 일회적 해결이라는 소송경제적 관점에서 행정소송절차에서도 흠의 치유를 인정하고 있다.[123]

다. 판 례

하자의 치유는 늦어도 행정심판을 포함한 행정쟁송의 제기 이전에 이루어져야 한다는 것이 판례의 입장이다.

판례(세액산출근거가 누락된 과세처분의 하자치유의 시간적 한계) 세액산출근거가 누락된 납세고지서에 의한 과세처분의 하자의 치유를 허용하려면 늦어도 과세처분에 대한 불복여부의 결정 및 불복신청에 편의를 줄 수 있는 상당한 기간 내에 하여야 한다고 할 것이므로 위 과세처분에 대한 전심절차가 모두 끝나고 상고심의 계류중에 세액산출근거의 통지가 있었다고 하여 이로써 위 과세처분의 하자가 치유되었다고는 볼 수 없다(대판 1984. 4. 10, 83누393).

라. 결 어

생각건대 하자의 치유는 행정심판절차가 종료되기 전까지, 또는 행정심판절차를 거칠 필요가 없는 경우에는 행정소송제기 전까지 인정하는 것이 바람직할 것이다. 행정소송절차에서 특히 절차상의 하자의 치유를 인정할 경우, 행정의 효율성 및 소송경제를 일방적으로 강조하여 행정절차가 갖고 있는 법치국가적인 사전권리구제의 기능을 본질적으로 훼손시키는 결과가 될 것이다.

121) 李尙圭, 新行政法論(上), 433면.
122) 柳至泰/朴鍾秀, 行政法新論, 442면.
123) 洪井善, 行政法特講, 271면.

4) 치유의 효과

치유의 효과는 소급효를 갖는다. 치유된 행정행위는 처음부터 적법하게 성립한 것으로 취급된다.[124)]

2. 하자있는 행정행위의 전환

1) 의 의

하자있는 행정행위의 전환이라 함은 행정행위가 행정청이 의도한 행정행위로서는 흠이 있을지라도 이것을 다른 행정행위로 간주한다면 흠 없는 행정행위로 판단되는 경우에 그것에 다른 행정행위의 효력을 인정하는 것을 말한다. 방법은 다르지만 흠 있는 행정행위가 흠이 없는 행정행위로 되며, 행정법관계의 안정과 공공복리를 도모하고, 행정행위의 반복을 피한다는 점에서 "하자의 치유"의 경우와 동일한 의미와 목적을 가진다고 할 것이다.

종래의 다수설은 무효인 행정행위에 대하여만 타행위로의 전환을 인정하고 있으나 근래의 유력설은 독일의 입법례에 따라 취소할 수 있는 행정행위의 전환을 인정하고 있다.[125)]

2) 전환의 요건

일반적으로 전환의 요건으로서 적극적 요건과 소극적 요건이 있다. 전환의 적극적 요건으로서는 ① 흠 있는 행정행위와 전환되는 행정행위사이에 목적 · 효과에 있어서 실질적 공통성이 있어야 하며, ② 전환될 행위의 적법요건이 충족되어야 한다.

전환의 소극적 요건으로서는 ① 전환이 처분청의 의도에 반하지 않아야 하며, ② 상대방에게 원처분보다 불이익을 부과하여서는 안되고, ③ 제3자의 이익을 침해하여서는 안되며, ④ 아울러 기속행위의 재량행위로의 전환은 허용되지 않는다(예: 독일행정절차법 47조 3항).

판례(사망자에 대한 행정처분의 전환가능성) 사망자에게 대한 행정처분은 무효이고 그 무효의 행정처분이 그 상속인에게 송달되었다 하여서 그 무효의 행정처분이 유효화될 리는 없으나, 동인이 사망하였다는 사실을 발견하고 그 상속인들에게 대하여 다시 적법히 송달을 하였다면, 위와 같은 행정처분을 망인의 상속인들에게 송달할 때에 상속인들에 대하여 다시 그 불하처분을 취소한다는 새로운 행정처분을 한 것이라는 취지로 해석못할 바 아니다(대판 1969. 1. 21, 68누190).

---

3) 전환의 법적 성격

하자있는 행정행위의 전환의 성격에 대하여는 독일의 학설에서 다툼이 되고 있다. 상당수의 학설은 전환을 단순한 확인에 지나지 않는 순수한 인식행위로 보고 있다.[126)] 이러한 견해에 따르면 전환은 전환의 요건이 충족되는 경우에, 법률의 규정(독일행정절차법 47조)에 따라 새로운 내용을 가진 행정행위가 존재하게 된다.

이에 대하여 다른 견해는 전환이란 단순히 법률 근거에 따라 또는 법적 안정성이라는 일반적인

124) Sachs, Stelkens/Bonk/Sachs, §45, Rdn. 18.

125) 金南辰/金連泰, 行政法 I, 352면; 洪井善, 行政法特講, 272면; 홍준형, 행정법, 237면.

126) Maurer/Waldhof, Allg. VerwR, S. 296; Prutsch, DÖV 1981, S. 943.

법원칙에 따라 이루어지는 것이 아니라, 전환 여부에 대한 행정청의 별도의 결정에 근거하여 이루어지는 것이기 때문에 행정행위의 성격을 갖고 있다고 한다.[127)]

독일과는 달리 행정절차법에서 전환에 대한 근거규정이 없는 우리의 경우에는 전환은 별도의 행정청의 의사결정에 의하여 이루어진다고 보아야 하기 때문에 행정행위의 성격을 갖는다고 보아야 할 것이다. 이에 따라 전환에 대하여는 처분에 대한 행정절차규정이 적용되어야 하며, 특히 관계인의 권익보호를 위하여 최소한 의견청취(행정절차법 22조)의 기회를 부여하여야 할 것이다.

제 8 절 행정행위의 취소 · 철회 및 실효

I. 행정행위의 취소

1. 취소의 개념
   1) 취소의 의의
   2) 철회와의 구별
2. 직권취소와 쟁송취소의 구별
3. 취소권자
   1) 처분청
      가. 소극설
      나. 적극설
      다. 검 토(=소극설)
   2) 감독청의 취소권
4. 취소권의 근거와 취소사유
   1) 취소권의 근거
      가. 불요설(=판례)
      나. 필요설
      다. 검 토(=불요설)
   2) 취소의 사유
5. 직권취소의 한계
   1) 직권취소의 제한
   2) 이익형량의 기준
      가. 부담적 행정행위–행정청의 재량으로 취소 여부를 결정
      나. 수익적 행정행위–공익과 사익을 비교형량하여 취소 여부를 결정
6. 취소의 절차–행정절차법상 처분절차에 따를 것
7. 취소의 효과–소급 여부
   가. 부담적 행정행위–행정청의 재량
   나. 수익적 행정행위–상대방의 귀책사유가 있는 경우에는 소급
8. 취소의 취소
   1) 취소에 무효원인이 있는 경우
   2) 취소에 취소원인이 있는 경우
      가. 부정설
      나. 긍정설
      다. 절충설
      라. 판 례
      마. 결 어(=긍정설)
9. 제3자효행정행위의 직권취소

1. 취소의 개념

좁은 의미에서 행정행위의 취소란 일단 유효하게 성립된 행정행위에 대하여 그 성립에 있어서 하자를 이유로 그 효력의 전부 또는 일부를 소멸시키는 행정청의 의사표시를 말한다. 이를 직권취소라고 하며, 독립된 새로운 행정행위의 성격을 갖고 있다. 이에 대하여 넓은 의미의 취소란 직권취소 이외에 행정쟁송절차에 의한 취소, 즉 쟁송취소를 포함하고 있다. 오늘날 행정행위의 취소는 일반적으로 직권취소를 가리키고 있다. 행정행위의 직권취소는 그 성립당시의 흠을 이유로 효력을 소멸시

127) Schenke, DVBL 1987, S. 641.

키는 행위라는 점에서, 흠 없이 성립을 하였으나, 후발적 사유의 발생으로 효력을 소멸시키는 행위인 철회와 구별된다. 직권취소와 철회를 합친 개념을 강학상으로 폐지라고 한다.

2. 직권취소와 쟁송취소의 구별

과거에는 직권취소와 쟁송취소를 구별하지 않았는데 이는 2차대전 전에 독일이나 일본 등에서는 행정법원이 그 기능면에 있어서 "사법"에 속한 것이 아니라 "행정"에 속하였던 것에 주로 그 원인을 찾을 수 있다. 그러나 오늘날 행정재판작용은 엄연히 사법에 속하므로 쟁송취소 중에서도 법원에 의한 행정행위의 취소는 사법작용으로서의 판결이며 결코 행정작용으로서 성격을 갖고 있지 않다. 이에 따라 행정행위의 쟁송취소와 직권취소 사이에는 현저한 차이가 존재하고 있다.

1) 기본적 성격상의 차이

양자는 그 기본적 성격과 이익상황을 달리한다. 쟁송취소의 제도는 법률에 의한 행정의 원리의 실현을 위하여 법원이 행정행위의 위법성을 이유로 소급적으로 적법상태를 실현시키고 국민의 권리를 구제하는 제도이다. 이에 따라 주요한 취소대상은 부담적 행정행위가 된다. 이에 대하여 직권취소는 적법성을 회복시킴과 동시에 또 하나의 독립된 행정행위로서 장래를 향하여 행정목적을 실현시키기 위한 수단으로서의 기본적인 특색을 갖고 있다. 이 점에서 철회와 공통점을 많이 가지고 있으며 수익적 행정행위와 관련하여 여러 가지 법적 문제를 발생시키고 있다.

2) 구체적인 차이

쟁송취소와 직권취소의 구체적인 차이점들은 다음과 같다.

가. 취소사유

쟁송취소에서는 추상적인 위법성을 이유로 개인의 권리구제를 위하여 행위가 취소된다. 이에 대하여 직권취소에서는 위법의 내용이 구체적인 위법사유에 기하면서 행정목적의 실현이라는 공익의 요구에 의하여 행위가 취소된다.

나. 이익형량

쟁송취소에 있어서는 위법성이 있는 한 이익의 비교형량이 없이 취소됨이 원칙이며, 실정법상의 규정이 있는 예외적인 경우에 이익형량이 이루어진다(행심법 44조, 행소법 28조). 이에 대하여 직권취소에서는 개별적이고 구체적인 행정목적에 비추어 위법의 내용을 확정하여야 하는 동시에, 관련되는 제 이익을 비교형량하여 취소 여부를 결정하여야 한다.

다. 취소기간

쟁송취소는 쟁송제기를 전제로 하는 것이므로 쟁송제기기간에 따른 제한을 받으나(행심법 27조, 행소법 20조), 직권취소는 행정청이 직권으로 행하는 것이므로 그러한 기한의 제한을 받지 않는다. 단지 수익적 행정행위의 직권취소는 상대방의 신뢰보호를 위하여 기간의 제한이 따르게 된다.

라. 취소절차

쟁송취소는 법정의 쟁송절차에 따라 행하여지나 독자적인 행정행위의 성격을 갖고 있는 직권취소는 행정절차법상의 처분절차에 의한다. 특히 수익적 행정행위의 직권취소는 상대방에게 부담적 효과를 발생시키기 때문에, 사전통지, 청문 및 이유제시의 절차를 준수하여야 한다.

마. 취소의 소급효

쟁송취소에서는 회고적으로 적법성을 확보하는 것이기 때문에 원칙적으로 소급효가 인정되는데 대하여, 직권취소에서는 수익적 행정행위에 있어서는 상대방의 책임있는 경우 외에는 취소의 효과가 소급되지 않는다.

바. 취소의 범위

직권취소에서는 처분청 또는 상급행정청이 행정행위의 하자를 제거하고 구체적인 행정목적의 실현을 위하여 필요한 경우에는 적극적 변경을 할 수 있는 데 대하여, 취소소송절차에서의 쟁송취소의 경우에는 권력분립주의 때문에 원칙적으로 취소 또는 일부취소를 할 수 있을 뿐이다. 다만 행정심판절차에 의한 쟁송취소에서는 적극적 변경도 가능하다(행심법 43조 3항).

3. 취소권자

취소할 수 있는 권한을 가진 자는 원칙적으로 당해 행정행위를 한 행정청, 즉 처분청이다. 처분청은 하자있는 행정행위의 행위자로서 행정행위의 하자를 시정할 지위에 있으므로 이에 대한 법률적 규정이 없는 경우에도 행정행위를 취소할 수 있다.

이에 대하여 감독청이 직접 행정행위를 취소할 수 있는 권한을 가지는가에 대하여는 학설상으로 다툼이 있다. 소극설은 감독청은 특별한 법률적 규정이 없는 한 직접 취소권을 행사할 수 없다고 주장하고 있는 반면,[128] 적극설은 취소권은 감독의 목적을 달성하기 위한 불가결의 수단이라는 이유로 감독청도 당연히 취소권을 갖는다고 주장하고 있다.[129]

그러나 감독청은 피감독청에 대한 취소명령권만을 가진다고 보는 소극설의 입장이 타당하다고 할 것이다. 왜냐하면 취소의 효과는 행정조직 내부에 그치지 않고 당연히 국민에 대하여 미치며 또한 하급행정청이 한 행위를 감독청이 취소한다는 것은 하급행정청의 권한을 상급감독청이 대행하는 대집행적인 성질을 갖기 때문이다. 단지 예외적으로 법률에 의하여 감독청의 취소권이 인정되는 경우가 있다(정부조직법 11조 2항, 18조 2항, 지자법 188조 1항).

4. 취소권의 근거와 취소사유

1) 취소권의 근거

행정행위에 취소사유가 있음으로써 당해 행정행위를 취소하는 경우, 별도의 법적 근거를 필요로 하는지의 여부에 대하여 견해가 갈리고 있다. 즉 행정행위의 취소는 그 성립 · 효력의 요건을 갖추지 않은 하자가 있음을 이유로 그 효력을 소멸시키는 것이므로 행정행위의 발급에 대한 수권규정만으로 충분하고 취소를 위한 별도의 법적 근거를 요하지 않는다는 견해와,[130] 직권취소는 수익적 행정행위가 대상이 되는 경우가 많기 때문에, 침해유보설에 입각하여 법적 근거가 필요하다는 견해가 그것이다.[131]

그러나 하자있는 행정행위는 법치행정의 요구에 어긋나는 것이므로 그러한 위법한 행정행위를

128) 金道昶, 一般行政法論(上), 492면; 朴鈗炘/鄭亨根, 最新行政法講義(上), 387면.
129) 金東熙/崔桂暎, 行政法 I, 361면; 李尙圭, 新行政法論(上), 450면.
130) 朴鈗炘/鄭亨根, 最新行政法講義(上), 388면; 金東熙/崔桂暎, 行政法 I, 363면.
131) 金鐵容, 行政行爲의 取消, 考試界, 1977. 5, 21면 이하.

취소하는 것은 법치행정의 원리를 구체적으로 실현하는 것이므로 별도의 법적 근거를 요하지 않는 것이 다수설이며 우리나라 판례의 입장이다. 반대설은 수익적 행정행위의 직권취소는 개인의 기득권의 침해를 가져오므로 법률유보의 원칙에 따라 법령의 근거를 요한다고 하나 하자있는 수익적 행정행위로 얻은 권익은 그 자체가 원인면에서 하자가 있는 것이기 때문에, 적법하게 주어진 권익과 같은 차원에서 다루어질 수 없다. 수익적 행정행위의 기득권에 대한 고려는 법률유보의 문제라기보다는 취소권행사에 있어서 신뢰보호의 원칙에 따른 이익형량의 문제, 즉 취소권제한의 문제라고 할 수 있다. 행정기본법 제18조 제1항은 "행정청은 위법 또는 부당한 처분의 전부나 일부를 소급하여 또는 장래를 향하여 취소할 수 있다"고 규정하여 취소의 일반법적 근거를 마련하고 있다.

판례 1(취소의 법적 근거의 필요성 여부) 행정처분에 하자가 있는 경우에는 법령에 특별히 취소사유를 규정하고 있지 아니하여도 행정청은 그가 행한 위법한 행정처분을 취소할 수 있다(대판 1982. 7. 27, 81누271).

판례 2(수익적 행정처분의 취소의 한계) 행정행위를 한 처분청은 그 행위에 하자가 있는 경우에 별도의 법적 근거가 없더라도 스스로 이를 취소할 수 있는 것이며, 다만 그 행위가 국민에게 권리나 이익을 부여하는 이른바 수익적 행정행위인 때에는 그 행위를 취소하여야 할 공익상 필요와 그 취소로 인하여 당사자가 입을 기득권과 신뢰보호 및 법률생활 안정의 침해 등 불이익을 비교교량한 후 공익상 필요가 당사자의 기득권침해 등 불이익을 정당화할 수 있을 만큼 강한 경우에 한하여 취소할 수 있다(대판 1986. 2. 25, 85누664).

2) 취소의 사유

행정행위의 취소사유에 있어서는 관계법령에서 명문의 규정을 두고 있는 경우도 있으나 그러한 규정이 없는 경우에는, 무효원인에 이르지 않는 행정행위의 하자가 있으면 직권취소의 사유가 된다. 다만 흠이 있으나 이미 치유되었거나 다른 적법한 행위로 전환된 경우에는 취소의 대상이 되지 않는다. 일반적으로 학설에서 언급되는 취소사유로는 ① 무효에 이르지 않는 권한의 일탈이나 절차 또는 형식상의 하자, ② 사기 · 강박 · 증뢰 등 부정행위에 의한 것, ③ 착오의 결과로서 위법하게 된 것, ④ 공서양속에 위반된 것, ⑤ 행위의 내용이 단순히 경미한 성문법규위반이거나 불문법 및 행정법의 일반원칙 위반 등이다.

5. 직권취소의 한계

1) 직권취소의 제한

과거에는 행정의 법률적합성의 원칙에 따라 하자있는 행정행위의 자유로운 취소가 원칙이며 따라서 행정청은 하자있는 행정행위를 언제든지 특별한 이유없이 취소할 수 있다는 설이 지배하였다. 한걸음 더 나아가 흠 있는 행정행위가 있는 경우에는 행정청이 그것을 취소할 수 있음은 말할 것도 없고 취소는 행정청의 의무임을 강조한 학자도 있었다.

그러나 질서유지가 행정의 중심을 이루고 있었던 근대법치국가와는 달리 국민의 생존배려가 국가의 우선적인 책무로 부과되고 있는 현대복리국가에서는 행정의 법률적합성의 원칙은 더 이상 행정의 유일한 가치척도가 될 수 없게 되었고 신뢰보호의 원칙을 비롯한 다른 대등한 법원칙들이 등장하게 되었다. 경우에 따라서는 위법한 행정작용에 의하여 획득된 개인의 기득권은 행정작용의 적법성 실현보다 우월한 지위를 가질 수 있다는 신뢰보호의 원칙이 관철됨에 따라 취소자유의 원칙은 취소제한의 원칙으로 바뀌게 되었다. 구체적인 경우에 취소여부의 결정은 적법상태의 실현에 대한 공익과 개인의 기득권에 대한 신뢰보호와의 비교형량에 의하여 결정되어야 하는 것으로 보게 되었다(행정기본법 18조 2항). 이러한 비교형량의 결과로서는 ① 직권취소가 제한되지 않는 경우, ② 직권취소가 허용되나 상대방의 신뢰보호를 위하여 손실보상을 하여야 하는 경우(가치보호), ③ 직권취소가 제한되는 경우(존속보호)를 생각할 수가 있다.

2) 이익형량의 기준

가. 부담적 행정행위

부담적 행정행위의 직권취소는 특별한 사정이 없는 한 원칙적으로 행정청의 재량이다. 처분청은 행정행위의 불가쟁력이 발생된 경우라고 할지라도 취소할 수 있으며, 취소의 효과는 소급적일 수도 있으며 또한 장래적일 수 있다.

나. 수익적 행정행위

수익적 행정행위의 직권취소에 있어서는 관련된 공익과 사익을 비교형량하여 취소 여부를 결정하여야 함은 우리나라에 있어서도 학설과 판례의 확립된 견해이다. 이에 따라 어떠한 기준에 의하여 제 이익을 형량하느냐가 문제가 되는바 독일행정절차법 제48조의 영향하에 우리 학설에서는 대체적으로 다음과 같은 형량의 기준을 제시하고 있다.

가) 취소가 제한되지 않는 경우

① 공공의 안녕과 질서에 대한 중대한 위해 공공의 안녕과 질서에 대한 중대한 위해를 방지하기 위하여 필요한 경우에는 상대방의 신뢰에도 불구하고 흠 있는 수익적 행정행위는 취소되어야 할 것이다. 다만 이 경우에 상대방의 신뢰가 보호가치가 있는 경우에는 손실보상을 하여야 한다.

② 상대방의 부정한 행위 수익자의 사기·강박·증뢰 등 부정한 방법으로 수익적 행정행위가 발급되었을 경우에도 취소에 대한 공익이 우선한다. 또한 수익자가 행정행위의 위법성을 알았거나 중대한 과실로 알지 못한 경우에도 동일하게 취급되어야 한다(행정기본법 18조 2항 단서).

③ 위법성에 대한 상대방의 책임 행정행위의 위법성을 수익자의 객관적인 책임에 귀속시킬 수 있는 경우에도 취소에 대한 공익이 앞선다. 여기에서 수익자의 객관적 책임에 귀속시킬 수 있는 경우란 수익자가 제시한 잘못된 신고나 불완전한 자료에 의하여 행정행위가 행하여진 때를 말한다.

판례 1(부정한 행위에 의한 수익적 행정행위의 취소가능성) 행정처분에 하자가 있음을 이유로 처분청이 이를 취소하는 경우에도 그 처분이 국민에게 권리나 이익을 부여하는 수익적 처분인 때에는 그 처분을 취소하여야 할 공익상의 필요와 그 취소로 인하여 당사자가 입게 될 불이익을 비교교량한 후 공익상의 필요가 당사자가 입을 불이익을 정당화할 만큼 강한 경우에 한하여 취소할 수 있는 것이지만, 그 처분의 하자가 당사자의 사실은폐나 기타 사위의 방법에 의한 신청행위에 기인한 것이라면 당사자는 그 처분에 의한 이익이 위법하게 취득되었음을 알아 그 취소가능성도 예상하고 있었다고 할 것이므로, 그 자신이 위 처분에 관한 신뢰이익을 원용할 수 없음은 물론 행정청이 이를 고려하지 아니하였다고 하여도 재량권의 남용이 되지 아니한다(대판 2002. 2. 5, 2001두5286; 1989. 3. 28, 88누2694).

판례 2(국민연금법에 따라 급여를 받은 당사자로부터 잘못 지급된 급여액에 대한 환수처분을 하기 위한 요건) 구 국민연금법 제9조 제1항 제1호의 내용과 취지, 사회보장 행정영역에서 수익적 행정처분 취소의 특수성 등을 종합하여 보면, 위 조항에 따라 급여를 받은 당사자로부터 잘못 지급된 급여액에 해당하는 금액을 환수하는 처분을 할 때에는 급여의 수급에 관하여 당사자에게 고의 또는 중과실 등 귀책사유가 있는지, 지급된 급여의 액수·연금지급결정일과 지급결정 취소 및 환수처분일 사이의 시간적 간격·수급자의 급여액 소비 여부 등에 비추어 이를 다시 원상회복하는 것이 수급자에게 가혹한지, 잘못 지급된 급여액에 해당하는 금액을 환수하는 처분을 통하여 달성하고자 하는 공익상 필요의 구체적 내용과 그 처분으로 말미암아 당사자가 입게 될 불이익의 내용 및 정도와 같은 여러 사정을 두루 살펴, 잘못 지급된 급여액에 해당하는 금액을 환수하는 처분을 하여야 할 공익상 필요와 그로 인하여 당사자가 입게 될 기득권과 신뢰의 보호 및 법률생활 안정의 침해 등의 불이익을 비교·교량한 후, 공익상 필요가 당사자가 입게 될 불이익을 정당화할 만큼 강한 경우에 한하여 잘못 지급된 급여액에 해당하는 금액을 환수하는 처분을 하여야 한다(대판 2017. 3. 30, 2015두43971).

나) 취소가 제한되는 경우

① 보호가치가 있는 신뢰 수익자가 흠이 있는 행정행위의 적법성과 그 존속을 신뢰하였을 뿐 아니라, 수령한 급부를 이미 사용하였을 때에는 수익자의 신뢰가 취소에 대한 공익보다 앞선다. 즉 수령한 금액을 이미 소비하였거나 흠이 있는 건축허가를 믿고 건축에 착수한 경우에 그러하다. 그럼에도 불구하고 공익상의 필요에서 그 건축허가를 취소하여야 하는 경우에는 보상을 통하여 신뢰를 보호하여야 한다. 독일행정절차법(48조 2항·3항)에서는 금전급부나 가분적 물건급부에 대하여는 존속보호를, 허가 및 여타의 행정행위에 대하여는 사실상 변경이 불가능한 생활관계를 형성시킨 경우를 제외하고는 일반적으로 보상보호를 하여 준다. 금전 및 가분적 물건급부에 대하여 존속보호를 인정하고 있는 데에는 이들에 대한 국가의 재정적 이익보다 개인의 구체적이고도 중요한 생활이익이 우선한다는 기본사상이 그 배경이 되고 있다.

판례 1(건축허가의 일부취소 및 건축물 일부의 철거명령의 한계) 건축주가 건축허가 내용대로 공사를 상당한 정도로 진행하였는데, 나중에 건축법이나 도시계획법에 위반되는 하자가 발견되었다는 이유로 그 일부분의 철거를 명할 수 있기 위하여는 그 건축허가를 기초로 하여 형성된 사실관계 및 법률관계를 고려하여 건축주가 입게 될 불이익과 건축행정이나 도시계획행정상의 공익, 제3자의 이익, 건축법이나 도시계획법 위반의 정도를 비교·교량하여 건축주의 이익을 희생시켜도 부득이하다고 인정되는 경우라야 한다(대판 2002. 11. 8, 2001두1512).

판례 2(수익적 행정행위의 취소사유와 필요성에 관한 증명책임의 소재) 일정한 행정처분으로 국민이 일정한 이익과 권리를 취득하였을 경우에 종전 행정처분에 하자가 있음을 전제로 직권으로 이를 취소하는 행정처분은 이미 취득한 국민의 기존 이익과 권리를 박탈하는 별개의 행정처분으로, 취소될 행정처분에 하자가 있어야 하고, 나아가 행정처분에 하자가 있다고 하더라도 취소해야 할 공익상 필요와 취소로 당사자가 입게 될 기득권과 신뢰보호 및 법률생활안정의 침해 등 불이익을 비교·교량한 후 공익상 필요가 당사자가 입을 불이익을 정당화할 만큼 강한 경우에 한하여 취소할 수 있는 것이며, 하자나 취소해야 할 필요성에 관한 증명책임은 기존 이익과 권리를 침해하는 처분을 한 행정청에 있다(대판 2014. 11. 27, 2014두9226).

② 기간의 경과(실권) 위법한 행정행위가 고지된 시점, 또는 행정청이 그 위법성을 안 시점으로부터의 기간의 경과도 취소여부와 관련하여 중요한 의미를 갖는다. 그런데 행정기본법 제23조는 제재처분의 제척기간에 대하여 규정하고 있다. 수익적 행정행위의 직권취소는 제재처분의 성격을 갖는 경우가 많은바, 행정청은 법령등의 위반행위가 종료된 날부터 5년이 지나면 해당 위반행위에 대하여 직권취소를 할 수 없다(행정기본법 23조 1항). 다만 ① 거짓이나 그 밖의 부정한 방법으로 인허가를 받거나 신고를 한 경우, ② 당사자가 인허가나 신고의 위법성을 알고 있었거나 중대한 과실로 알지 못한 경우, ③ 정당한 사유 없이 행정청의 조사 · 출입 · 검사를 기피 · 방해 · 거부하여 제척기간이 지난 경우, ④ 제재처분을 하지 아니하면 국민의 안전 · 생명 또는 환경을 심각하게 해치거나 해칠 우려가 있는 경우는 그러하지 아니하다(동법 23조 2항).

③ 인 가 사인간의 법률적 행위의 효력을 보충하여 그 법률상 효과를 완성시켜 주는 행위인 인가의 경우에는 이미 사인의 법률행위가 완성된 이후에는 법적 안정성의 이유에 의하여 그 취소가 제한되다고 보아야 할 것이다.

④ 준사법적 행정행위 준사법적 절차에 따른 행정행위는(행정심판의 재결, 토지수용위원회의 재결 등) 그것이 부담적 행정행위이든 또는 수익적 행정행위이든 간에 취소의 제한을 받는다. 어떤 행정행위가 준사법적 절차에 의하여 행하여진다는 것은 그만큼 당해 행정행위의 적법성과 존속성이 보장된다고 보기 때문이다.

판례(준사법적 행정행위의 취소의 제한) 심계원의 판정이 행정처분임은 물론이나 당해 회계관계 직원과 관계 행정청을 구속하는 준사법적 성격을 띤 확정력을 가지는 것으로써 판정은 판정을 한 기관조차 일반행정처분과는 달리 위의 제32조 소정 재심에 의한 경우를 제외하고는 취소 · 변경할 수 없다(대판 1963. 7. 25, 63누65).

---

6. 취소의 절차

행정행위의 직권취소는 독립적인 행정행위의 성격을 갖고 있기 때문에 행정절차법상의 처분절차에 따라 행하여져야 한다. 특히 수익적 행정행위의 직권취소의 경우는 상대방에게 부담적 효과를 발생시키기 때문에 사전통지(행정절차법 21조), 의견청취(행정절차법 22조)를 거쳐야 하고 아울러 이유제시(행정절차법 23조)를 하여야 한다. 특히 영업허가 등의 취소와 관련하여서는 개별법상으로 거의 예외 없이 청문절차를 거치도록 하고 있다(예: 식품위생법 81조, 공중위생관리법 12조, 건축사법 28조의2).

7. 취소의 효과

1) 부담적 행정행위의 직권취소에 있어서 소급효가 인정되는지의 여부는 원칙적으로 행정청의 재량에 따른다. 이에 대하여 수익적 행정행위의 직권취소에 있어서는 당사자의 신뢰를 보호할 가치가 있는 등 정당한 사유가 있는 경우에는 장래를 향하여 취소할 수 있다(행정기본법 18조 1항 단서).

2) 위법한 행정행위를 취소한 경우에 있어서 행정청은 당사자 등이 행정행위의 존속을 신뢰함으로써 받은 재산상의 불이익을 보상하여야 한다.

8. 취소의 취소

직권취소에 하자가 있는 때에는 이를 직권으로 취소하여 원래의 행정행위를 회복시킬 수 있느냐에 대한 문제가 발생되는바 이는 ① 취소에 무효원인인 하자가 있는 경우와 ② 취소에 취소원인인 하자가 있는 경우로 구분할 수 있다.

1) 취소에 무효원인이 있는 경우

취소가 지닌 하자가 중대하고 명백한 경우에는 취소처분은 당연무효가 되어 처음부터 취소의 효과가 발생하지 않는다. 이 경우에는 쟁송에 의하여 무효확인 또는 직권에 의한 무효선언이 가능하다.

2) 취소에 취소원인이 있는 경우

취소처분에 취소원인인 하자가 있는 경우에는 그를 다시 직권으로 취소할 수 있느냐에 대하여 견해가 대립되고 있다.

가. 부정설

취소처분에 대하여 행정쟁송을 제기하는 경우를 제외하고는 취소에 의하여 다시 행정행위의 효력을 소생시킬 수 없다고 한다. 이에 따라 원행정행위를 다시 소생시키려면 원행정행위와 같은 내용의 새로운 행정행위를 행할 수밖에 없다고 한다.

나. 긍정설

취소처분은 성질상 행정행위의 일종이므로 그에 하자가 있으면 행정행위의 하자에 관한 일반원칙에 따라 취소할 수 있다고 하는 견해로서 오늘날 다수설의 견해이다.[132)]

다. 절충설

당해 행정행위의 성질, 새로운 이해관계인의 등장여부, 신뢰보호, 법적 안정성, 행정의 능률을 종합적으로 고려하여 취소가능성 여부를 판단하여야 된다는 견해이다.[133)]

라. 판 례

판례의 입장은 일정치가 않다. 전반적인 경향으로는 부정설의 입장을 취하고 있는 듯하나 긍정설을 취하는 판례도 발견된다.

판례 1(과세처분의 취소의 취소가능성) 국세기본법 제26조 제1호는 부과의 취소를 국세납부의무 소멸사유의 하나로 들고 있으나, 그 부과의 취소에 하자가 있는 경우의 부과의 취소의 취소에 대하여는 법률이 명문으로 그 취소요건이나 그에 대한 불복절차에 대하여 따로 규정을 둔 바도 없으므로, 설사 부과의 취소에 위법사유가 있다고 하더라도 당연무효가 아닌 한 일단 유효하게 성립하여 부과처분을 확정적으로 상실시키는 것이므로, 과세관청은 부과의 취소를 다시 취소함으로써 원부과처분을 소생시킬 수는 없고 납세의무자에게 종전의 과세대상에 대한 납부의무를 지우려면 다시 법률에서 정한 부과절차에 좇아 동일한 내용의 새로운 처분을 하는 수밖에 없다(대판 1995. 3. 10, 94누7027).

판례 2(이사취임승인취소의 취소가능성) 행정처분이 취소되면 그 소급효에 의하여 처음부터 그 처분

---

132) 柳至泰/朴鍾秀, 行政法新論, 442면; 朴均省, 行政法講義, 317면.
133) 金南辰/金連泰, 行政法 I, 377면.

이 없었던 것과 같은 효과를 발생하게 되는바, 행정청이 의료법인의 이사에 대한 이사취임승인취소처분(제1처분)을 직권으로 취소(제2처분)한 경우에는 그로 인하여 이사가 소급하여 이사로서의 지위를 회복하게 되고, 그 결과 위 제1처분과 제2처분 사이에 법원에 의하여 선임결정된 임시이사들의 지위는 법원의 해임결정이 없더라도 당연히 소멸된다(대판 1997. 1. 21, 96누3401).

판례 3(과세처분에 대한 이의신청절차에서 납세자의 이의신청 사유가 옳다고 인정하여 과세처분을 직권으로 취소한 경우, 이를 번복하고 종전과 동일한 과세처분을 할 수 있는지 여부) 과세처분에 관한 불복절차과정에서 불복사유가 옳다고 인정하여 이에 따라 필요한 처분을 하였을 경우에는, 불복제도와 이에 따른 시정방법을 인정하고 있는 국세기본법 취지에 비추어 볼 때 동일 사항에 관하여 특별한 사유 없이 이를 번복하고 종전과 동일한 처분을 하는 것은 허용될 수 없다. 따라서 과세관청이 과세처분에 대한 이의신청절차에서 납세자의 이의신청 사유가 옳다고 인정하여 과세처분을 직권으로 취소한 경우, 납세자가 허위의 자료를 제출하는 등 부정한 방법에 기초하여 직권취소되었다는 등의 특별한 사유가 없는데도 이를 번복하고 종전과 동일한 과세처분을 하는 것은 위법하다(대판 2017. 3. 9, 2016두56790).

마. 결 어

적극설이 타당하다고 본다. 직권취소도 행정처분의 성격을 갖는 한 그 하자의 시정을 위하여 직권취소가 가능하다고 보아야 한다. 다만 직권취소의 취소에 있어서도 상대방의 신뢰보호, 이해관계인의 이익 등을 고려하여야 한다는 점에서 행정행위 일반의 취소와 다를 바 없을 것이다. 이러한 점에서 절충설은 긍정설과 차이가 없다고 할 것이다.

9. 제3자효행정행위의 직권취소

위법한 행정행위가 상대방에게 수익적 효과를, 제3자에게 부담적 효과를 주는 제3자효행정행위인 경우에 불가쟁력이 발생되기 전에는 상대방은 이에 대한 제3자의 행정쟁송을 충분하게 예견할 수 있기 때문에 신뢰보호의 관점에서 직권취소의 제한을 주장할 수 없게 된다. 그러나 불가쟁력이 발생된 이후에는 상대방은 일반적인 경우와 같이 위법한 수익적 행정행위에 대한 신뢰보호를 주장할 수 있을 것이다.

사례 A시 외곽에 토지를 소유하고 있는 갑은 A시장의 건축허가를 받아 이곳에 주택을 짓기 시작하였다. 건축허가를 받은지 2개월 후 갑이 기초공사를 완료하였을 때 도의 감사과정에서 해당지역이 주택을 지을 수 없는 개발제한구역으로 밝혀졌다. 감독기관인 도지사는 A시장에게 갑에게 발급된 건축허가를 취소하라고 명령을 내렸다. 이에 따라 A시장은 청문절차를 거친 후 건축허가를 취소함과 동시에 철거명령을 내렸다. 건축허가의 취소에 대하여 갑은 취소소송을 제기하였다. 인용여부를 논하시오. 그리고 취소소송 이외에 다른 구제수단이 있다면 사안과 관련하여 간단히 논급하시오.(제31회 외무고시)

▶답안요지

1. 취소소송의 인용여부

우선 취소소송의 적법요건에 대하여 간단히 언급하고(건축허가의 취소의 처분성, 원고적격, 피고적격, 관할법원, 제소기간 등), 본안에서 취소처분의 위법성을 검토한다.

1) 취소권자(주체에 관한 요건): 감독청이 취소권자가 될 수 있는지 논란이 되고 있으나 사안에서는 허가권자(처분청)인 A시장이 취소를 하였기 때문에 문제가 없다.

2) 절차 · 형식에 관한 요건: 건축법 86조에서는 건축허가의 취소에 대하여는 행정절차법 제22조 제1

항에 의한 청문을 거치도록 하고 있는바, 사안에서는 청문절차를 준수하였으며 여타의 절차 · 형식상의 요건이 충족되었다고 본다.

3) 내용에 관한 요건: 직권취소에 대하여 법적 근거를 요하는지 여부에 대하여 다툼이 되고 있으나 사안에 있어서는 행정기본법 18조 1항에 의하여 직권취소가 행하여졌다고 보아야 한다.

4) 직권취소의 제한: 부담적 행정적 행정행위의 직권취소는 처분청의 재량에 있으나 수익적 행정행위는 신뢰보호의 원칙에 따라 공익과 상대방의 기득권을 비교형량하여 결정한다. 사안에서 갑은 사기 · 강박 등 부정한 행위로 건축허가를 받지 않았으며, 또한 처분의 위법성이 갑의 책임에 귀속되지 않는다. 갑은 건축허가의 적법성과 존속을 신뢰하고 이를 기초로 하여 건축공사에 착수한 것을 볼 때 갑의 신뢰는 보호가치가 있다고 보아야 할 것이다. 이 경우에도 직권취소가 제한되는지(존속보호) 또는 직권취소를 하되 손실보상(가치보호)을 하여야 하는지는 구체적인 형량에 따라 판단된다. 사안에서 갑의 건축이 기초공사에 이르고 있는 점과 개발제한구역의 유지라는 공익을 고려할 때 직권취소를 허용하고 대신 손실보상을 하여 주는 것이 바람직 할 것이다.

5) 결론: 직권취소는 적법하여 기각판결을 하게 될 것이다.

2. 기타의 권리구제수단

① 갑은 신뢰보호의 원칙에 근거하여 손실보상을 당사자소송으로 청구할 수 있다. ② 또한 A시의 담당 공무원은 당해 토지가 개발제한구역임에도 불구하고 건축허가를 발하여 결과적으로 갑에게 손해를 입혔기 때문에 국가배상법 제2조 제1항(공무원의 직무상 불법행위)에 의하여 국가배상청구권을 행사할 수 있다.

Ⅱ. 행정행위의 철회

1. 철회의 의의
   1) 철회의 의의
   2) 직권취소와의 구별
2. 철회권자 – 처분청(감독청은 법률에 근거가 있는 경우 이외에는 철회권 행사 불가)
3. 법적 근거
   수익적 행정행위의 철회에 대해 견해 대립(부담적 행정행위의 철회에는 법적 근거가 불요)
4. 철회의 사유
   1) 부담적 행정행위 – 행정청의 재량으로 철회 여부를 결정
   2) 수익적 행정행위
      가. 철회권이 유보된 경우
      나. 부담의 불이행
      다. 상대방의 의무위반
      라. 새로운 사정의 발생
      마. 법령의 개정
      바. 기타 중대한 공익의 필요
5. 철회의 한계
   1) 비례의 원칙
   2) 신뢰보호의 원칙
   3) 실권의 법리
   4) 불가변력이 발생된 행위
6. 철회의 절차 – 행정절차법상 처분절차에 따를 것
7. 철회의 효과 – 장래효가 원칙
8. 철회의 취소 – 취소의 취소 논의가 그대로 적용
9. 행정행위의 철회 및 변경청구권

1. 철회의 의의와 성질

행정행위의 철회란 아무런 하자없이 적법하게 성립된 행정행위의 효력을 그 성립후에 발생된 새로운 사정에 의하여 더 존속시킬 수 없는 경우에 장래에 향하여 그 효력의 전부 또는 일부를 소멸시키는 독립한 행정행위를 의미한다(행정기본법 19조 1항). 철회는 적법하게 성립된 행정행위의 효력을 사후에 발생된 새로운 사정에 의하여 그 효력을 소멸시킨다는 점에서 행정행위의 성립에 하자를 이유로 하여

그 효력을 소멸시키는 행정행위의 직권취소와 구별된다. 즉 직권취소는 하자의 시정을 그 주목적으로 하는 데 대하여, 철회는 변화된 사실 및 법률상태에 대한 적응을 목적으로 한다는 점에서 양자는 구별된다. 실정법상으로 철회는 직권취소와 구별되지 않고 취소라는 용어로 사용되고 있다(예: 식품위생법 75조, 도로법 63조 등).

판례(일부철회가 가능한 행정처분) 외형상 하나의 행정처분이라 하더라도 가분성이 있거나 그 처분대상의 일부가 특정될 수 있다면 그 일부만의 취소도 가능하고 그 일부의 취소는 당해 취소부분에 관하여 효력이 생긴다고 할 것인바, 이는 한 사람이 여러 종류의 자동차 운전면허를 취득한 경우 그 각 운전면허를 취소하거나 그 운전면허의 효력을 정지함에 있어서도 마찬가지이다(대판 1995. 11. 16, 95누8850).

2. 철회권자

행정행위의 철회는 처분청만이 할 수 있으며, 감독청은 법률에 근거가 있는 경우에만 할 수 있다. 흠의 시정을 목적으로 하는 직권취소의 경우에는 감독청의 취소의 권한에 대하여 다툼이 있으나 새로운 상황에 적응을 목적으로 하는 철회의 경우에는 원칙적으로 처분청만이 할 수 있다는 데 대하여는 이론이 없다. 처분청만이 철회권을 갖게 된다는 근거로는 ① 철회는 그 자체가 새로운 행정행위의 성질을 갖는다는 점, ② 감독청은 법률에 특별한 규정이 없는 한, 피감독청의 권한에 대한 대집행의 권한이 없다는 점을 들고 있다.

3. 법적 근거

부담적 행정행위의 철회는 상대방에게 수익적 효과를 주기 때문에 법적 근거가 불요하다는 것이 일반적인 견해이나, 수익적 행정행위의 철회에 있어서 법적 근거가 필요한지 여부에 대하여는 학설에서 다툼이 있다. 이는 행정목적의 달성을 위한 행정청의 자유로운 공익판단을 중시할 것인가 또는 법치행정의 원리를 중시할 것인가에 관한 견해의 대립으로 볼 수 있다.

1) 소극설

수익적 행정행위의 철회에는 법률의 근거를 요하지 않는다는 것이 소극설의 입장이다. 과거 행정행위의 철회자유의 원칙이 지배하던 시대에 있어서 이 입장이 지배적인 견해였다. 소극설의 논거로는 ① 행정은 공익에 적합하고 변화에 적응하여야 한다는 점, ② 철회원인의 발생시에 본래의 행정행위를 하였다면 그것은 흠 있는 행정행위가 되었을 것이라는 점, ③ 철회에 대하여도 쟁송이 가능하다는 점, ④ 원행정행위의 수권규정은 철회의 수권규정으로 볼 수 있다는 점, ⑤ 모든 행정행위의 철회에 법적 근거를 요한다고 하는 것은 입법자를 만능시 한다는 점 등이 제시되고 있다.

이 견해는 수익적 행정행위의 철회자유의 원칙을 인정하면서 그 한계를 신뢰보호를 위한 관계이익의 비교형량에 두고 있다. 현재 우리의 다수설과 판례도 소극설을 취하고 있다.[134)]

판례(철회의 법적 근거의 필요성 유무) 행정행위를 한 처분청은 그 처분당시에 그 행정처분에 별다

134) 朴鈗炘/鄭亨根, 最新行政法講義(上), 400면; 金東熙/崔桂暎, 行政法 I, 372면.

른 하자가 없었고 또 그 처분 후에 이를 취소할 별도의 법적 근거가 없다 하더라도 원래의 처분을 그대로 존속시킬 필요가 없게 된 사정변경이 생겼거나 또는 중대한 공익상의 필요가 발생한 경우에는 별개의 행정행위로 이를 철회하거나 변경할 수 있다(대판 1992. 1. 17, 91누3130).

2) 적극설

반면 근래 유력한 견해로 되어가고 있는 적극설에 따르면 수익적 행정행위의 철회는 적법하게 발급된 행정행위의 효력을 소멸시킴으로써 상대방의 기득권을 침해하는 행정행위인바 이러한 점에서 하자를 원인으로 하여 행정행위의 효력을 소멸시키는 수익적 행정행위의 직권취소와는 다르다고 한다. 부담적 행정행위를 법률의 근거없이 단순한 공익상의 이유로 발급할 수 없는 것과 같이 새로운 행정행위의 발급에 해당하는 철회 역시 법적 근거없이 행할 수 없다고 한다. 특히 허가·인가·특허 등의 수익적 행정행위는 직업의 자유 및 재산권 등 헌법에서 보장하고 있는 기본권을 구체화하는 작용인바 기왕에 발급된 이들의 철회는 개인의 기본권을 침해하기 때문에 법적인 근거가 필요하다고 한다.[135)]

3) 결 어

적극설이 타당한바 기본권보호를 목적으로 하는 실질적 법치국가에서 개인의 기본권침해에 해당하는 철회권의 행사는 아무리 변화된 상황이 이를 요구한다고 하더라도 법적인 근거가 없이는 허용될 수 없을 것이다. 행정기본법 제19조는 철회의 일반법적 근거와 사유를 규정하고 있다.

4. 철회의 사유

1) 부담적 행정행위

부담적 행정행위에 대한 철회는 원칙적으로 행정청의 재량에 속한다. 단지 예외적으로 일정한 경우에는 재량이 영으로 축소되어 철회에 대한 행정청의 의무가 발생될 수 있으며(철회하지 않는 경우에는 개인의 기본권이 침해되는 경우), 반면에 철회를 한다고 하더라도 동일한 행정행위가 다시 발하여질 수밖에 없는 경우(기속행위에 있어서 그의 발급요건이 충족된 경우), 또는 행정의 자기구속의 법리가 적용되는 경우에는 철회권의 행사가 허용되지 않을 수 있다. 다른 한편 행정청은 부담적 행정행위가 불가쟁적으로 되거나 또는 그의 적법성이 행정심판위원회나 법원에 의하여 확정된 경우라고 할지라도 철회권을 행사할 수 있다.

2) 수익적 행정행위

과거 공익타당성의 이유로 행정청의 재량에 따라 자유로이 행사할 수가 있었던 수익적 행정행위의 철회는 직권취소와 마찬가지로 신뢰보호의 원칙에 따라 제한되기 시작하였다. 특히 철회는 적법한 행정행위의 효력을 소멸시킨다는 점에서 하자를 원인으로 하여 행정행위의 효력을 소멸시키는 직권취소보다 상대방의 신뢰보호가 더욱 강하게 작용한다. 행정기본법 제19조 제1항은 ① 법률에서 정한 철회 사유에 해당하게 된 경우, ② 법령등의 변경이나 사정변경으로 처분을 더 이상 존속시킬 필요가 없게 된 경우 및 ③ 중대한 공익을 위하여 필요한 경우에는 그 처분의 전부 또는 일부를 장

135) 金南辰/金連泰, 行政法 I, 382면; 張台柱, 行政法槪論, 303면; 洪井善, 行政法特講, 282면.

래를 향하여 철회할 수 있다고 규정하고 있다. 한편 종래 우리 학설에서는 판례와 독일 행정절차법(49조 2항)의 입법례를 참조하여 수익적 철회사유를 다음과 같이 설명하고 있다.

가. 철회권이 유보된 경우

수익적 행정행위를 하면서 일정한 사실이 발생하게 되면 동 행정행위를 철회하겠다는 부관을 붙인 경우에 처분청은 유보된 사실이 발생되면 철회를 할 수 있는바 이 경우에도 항상 철회를 할 수 있는 것이 아니며 철회권의 유보가 적법하고 철회권의 행사가 합리적인 사유에 의하여 정당화되어야 한다.

판례(철회권행사의 한계) 행정처분을 함에 있어서 행정청의 취소권이 유보된 경우에 행정청은 그 유보된 취소권을 행사할 수 있으나 그 취소는 무제한으로 허용될 것이 아니라 공익상 기타 정당한 사유가 없을 때에는 그 취소가 적법한 것이라고 볼 수 없다(대판 1964. 6. 9, 63누407).

나. 부담의 불이행

또한 수익적 행정행위를 발급하면서 일정한 작위, 부작위, 수인, 급부의무를 부과하는 부담을 붙인 경우에 이러한 부담을 주어진 기간 내에 이행하지 않거나 전혀 이행하지 않는 경우에도 철회권이 행사될 수 있다.

판례(철회의 사유로서 부담의 불이행) 부담부 행정행위에 있어서 처분의 상대방이 부담을 이행하지 아니한 경우에 처분행정청으로서는 이를 들어 당해 처분을 취소할 수 있다(대판 1989. 10. 24, 89누2431).

다. 법률에서 정한 철회사유에 해당된 경우(행정기본법 19조 1항 1호)

법률에서 처분의 수익자가 법령에 의하여 직접 또는 행정청의 하명에 의하여 부과된 의무를 위반한 경우에 제재적 처분으로서 철회를 할 수 있다는 규정을 상당히 많이 발견할 수 있는바(건축법 79조 1항, 하천법 69조 1항, 도로법 63조), 행정청은 이와 같이 법에서 정한 사유가 발생하는 경우에는 수익적 행정행위를 철회할 수가 있다.

라. 새로운 사정의 발생(행정기본법 19조 1항 2호)

수익적 행정행위의 발급의 근거가 되는 사실관계가 사후에 변경되고 행정행위를 철회하지 않으면 공익이 침해될 경우가 이에 해당된다. 행정청은 변화된 상황에서 행정행위의 발급신청이 있는 경우에 이를 거부하여야 할 것인가를 자문(自問)하여 이를 인정할 수 있는 경우에 철회를 할 수 있다.

마. 법령의 변경(행정기본법 19조 1항 2호)

수익적 행정행위의 근거가 되는 법령이 개정되어 행정행위가 변경된 법령에 더 이상 적합하지 않아 철회를 하지 않으면 공익이 침해되는 경우가 이에 해당된다. 독일의 행정절차법 제49조 제2항은 이를 더욱 제한하여 상대방이 아직 수익적 행정행위에 대하여 어떠한 행사를 하지 않았거나 또는 어떠한 급부를 받지 않는 경우로 제한시키고 있다.

바. 기타 중대한 공익의 필요(행정기본법 19조 1항 3호)

궁극적으로 철회는 공공복리에 대한 중대한 손해를 방지하거나 제거하기 위하여 행사될 수 있다. 이러한 사유는 상술한 어떠한 사유가 존재하지 않는 경우에 보충적인 철회사유에 해당되는바 이를 엄격하게 해석하여 아주 제한된 경우에 적용되어야 한다.

5. 철회의 한계

상술한 사유들로 행정청이 처분을 철회를 하는 경우에도 철회로 인하여 당사자가 입게 될 불이익을 철회로 달성되는 공익과 비교 · 형량하여야 한다(행정기본법 19조 2항). 구체적으로 행정청의 철회권 행사는 다음과 같은 법리에 의하여 제한을 받는다.

1) 비례의 원칙

우선 행정청의 철회권행사는 비례의 원칙에 적합하여야 한다. 예를 들어 개인의 영업활동에서 위법사실이 발생하는 경우, 시정명령 및 개선명령으로 행정목적을 달성할 수 있다면 철회권의 행사 대신 이를 우선하여야 한다.

2) 신뢰보호의 원칙

아울러 철회권의 행사에 있어서 개인의 신뢰가 보호되어야 한다. 철회권의 유보, 부담의 불이행, 법에서 정한 의무위반 등에 있어서는 상대방은 사전에 철회가능성을 충분하게 예견하고 있기 때문에, 이들에 대하여는 신뢰보호의 원칙이 적용되지 않는다. 반면 새로운 사실의 발생, 법령의 개정, 기타 중대한 공익의 필요성 등의 사유로 철회권이 행사되는 경우, 상대방이 수익적 행정행위의 존속을 신뢰하고 그 신뢰가 보호가치가 있는 경우에는 보상이 주어져야 한다.

3) 실권의 법리

또한 철회사유가 발생한 경우에도 행정청이 일정기간 철회권을 행사하지 않는 경우에, 실권의 법리에 따라 행정청은 그 행정행위를 더 이상 철회할 수 없을 것이다. 수익적 행정행위의 철회는 제재처분의 성격을 갖는 경우가 많은바, 행정기본법 제23조는 제재처분의 제척기간에 대하여 규정하고 있다. 행정청은 법령등의 위반행위가 종료된 날부터 5년이 지나면 해당 위반행위에 대하여 철회를 할 수 없다(동법 23조 1항). 다만 ① 거짓이나 그 밖의 부정한 방법으로 인허가를 받거나 신고를 한 경우, ② 당사자가 인허가나 신고의 위법성을 알고 있었거나 중대한 과실로 알지 못한 경우, ③ 정당한 사유 없이 행정청의 조사 · 출입 · 검사를 기피 · 방해 · 거부하여 제척기간이 지난 경우, ④ 제재처분을 하지 아니하면 국민의 안전 · 생명 또는 환경을 심각하게 해치거나 해칠 우려가 있는 경우는 그러하지 아니하다(동법 23조 2항).

판례(실권의 법리에 따른 철회권의 소멸) 택시운전사가 1983. 4. 5. 운전면허정지기간 중의 운전행위를 하다가 적발되어 형사처벌을 받았으나 행정청으로부터 아무런 행정조치가 없어 안심하고 계속 운전업무에 종사하고 있던 중 행정청이 위 위반행위가 있은 이후에 장기간에 걸쳐 아무런 행정조치를 취하지 않은 채 방치하고 있다가 3년여가 지난 1986. 7. 7.에 와서 이를 이유로 행정제재를 하면서 가장 무거운 운전면허를 취소하는 행정처분을 하였다면 이는 행정청이 그간 별다른 행정조치가 없을 것이라고 믿은 신뢰의 이익과 그 법적 안정성을 빼앗는 것이 되어 매우 가혹할 뿐만 아니라 비록 그 위반행위가 운전면허취소 사유

에 해당한다 할지라도 그와 같은 공익상의 목적만으로는 위 운전사가 입게 될 불이익에 견줄바 못된다 할 것이다(대판 1987. 9. 8, 87누373).

4) 불가변력이 발생된 행위

준사법적 절차에 따라 합의제 행정기관에 의하여 발하여지는 행정행위에 대하여는 불가변력이 발생된다는 이유로 철회가 제한된다는 것이 종래의 다수설의 견해였다. 그러나 이러한 견해에 대하여 철회는 행정행위가 발하여진 이후에 발생된 후발적인 사정과 관련하여 행하여지고, 내용적으로는 새로운 행정행위에 해당한다는 이유에서 비판이 가하여지고 있다.[136)]

6. 철회의 절차

철회 그 자체는 행정행위에 해당되기 때문에 행정절차법상의 처분절차에 따라야 한다. 특히 수익적 행정행위의 철회는 상대방에게 부담적 효과를 주기 때문에 사전통지(동법 21조), 의견청취절차(동법 22조)를 준수하여야 하며, 이유제시(동법 23조)를 하여야 한다. 특히 영업허가 등의 철회의 경우에는 직권취소와 마찬가지로 개별법률에서 예외 없이 청문절차를 거치도록 하고 있다(식품위생법 81조, 공중위생관리법 12조, 건축사법 28조의2 등).

7. 철회의 효과

① 철회의 효과는 장래에 미치는 것이 원칙이다. 그러나 소급효를 인정하지 않을 경우에는 철회의 목적을 달성할 수 없는 경우에는 예외적으로 소급효를 인정할 수가 있다(상대방의 의무위반으로 인한 보조금지급결정의 철회).

② 철회의 부수적 효과로서 원상회복, 개수 등의 명령이 수반될 수 있으며 아울러 철회되는 행정행위와 관련된 문서나 물건의 반환도 요구할 수 있다(예: 독일행정절차법 52조).

③ 철회의 상대방의 신뢰보호를 위하여 보상이 필요한 경우도 있다(국유재산법 36조 3항).

판례(철회의 소급효를 인정하기 위하여는 별도의 법적 근거가 필요하다는 판례) 행정행위의 '철회'는 적법요건을 구비하여 완전히 효력을 발하고 있는 행정행위를 사후적으로 효력의 전부 또는 일부를 장래에 향해 소멸시키는 별개의 행정처분이다. 영유아보육법 제30조 제5항 제3호에 따른 평가인증의 취소는 평가인증 당시에 존재하였던 하자가 아니라 그 이후에 새로이 발생한 사유로 평가인증의 효력을 소멸시키는 경우에 해당하므로, 법적 성격은 평가인증의 '철회'에 해당한다. 그런데 행정청이 평가인증을 철회하면서 그 효력을 철회의 효력발생일 이전으로 소급하게 하면, 철회 이전의 기간에 평가인증을 전제로 지급한 보조금 등의 지원이 그 근거를 상실하게 되어 이를 반환하여야 하는 법적 불이익이 발생한다. 이는 장래를 향하여 효력을 소멸시키는 철회가 예정한 법적 불이익의 범위를 벗어나는 것이다. 이처럼 행정청이 평가인증이 이루어진 이후에 새로이 발생한 사유를 들어 영유아보육법 제30조 제5항에 따라 평가인증을 철회하는 처분을 하면서도, 평가인증의 효력을 과거로 소급하여 상실시키기 위해서는, 특별한 사정이 없는 한 영유아보육법 제30조 제5항과는 별도의 법적 근거가 필요하다(대판 2018. 6. 28, 2015두58195).

136) 金東熙/崔桂暎, 行政法 I, 374면.

8. 철회의 취소

행정행위의 철회는 하나의 독립된 행정행위이기 때문에 행정행위의 적법요건을 갖추어야 하며, 만일 이를 충족시키지 못할 경우에는 하자의 일반원칙에 따라 철회행위가 무효이거나 취소할 수 있는 행위가 된다. 여기서 철회 자체의 위법을 이유로 이를 취소하여 원행정행위를 소생시킬 수 있는지 여부는 취소의 취소에 관한 논의가 마찬가지로 적용될 것이다.

9. 행정행위의 철회 및 변경청구권

행정행위가 발급된 이후에 새로운 사정이 발생된 경우, 상대방에게 행정행위의 철회 내지 변경청구권이 주어지는지 문제가 된다. 판례는 법령의 명시적인 근거가 없는 경우에는 이러한 청구권을 원칙적으로 부인하는 입장을 취하고 있다. 그러나 새로운 사정이 발생하여 행정행위의 철회를 하지 않으면, 상대방의 기본권이 침해되는 등 철회에 대한 행정청의 재량이 영으로 수축되는 경우에는 법령의 명시적인 근거가 없는 경우에도 행정행위의 철회 내지 변경청구권을 인정하는 것이 타당할 것이다.

판례 1(토지형질변경행위허가의 철회 및 변경신청권) 도시계획법령이 토지형질변경행위허가의 변경신청 및 변경허가에 관하여 아무런 규정을 두지 않고 있을 뿐 아니라, 처분청이 처분 후에 원래의 처분을 그대로 존속시킬 필요가 없게 된 사정변경이 생겼거나 중대한 공익상의 필요가 발생한 경우에는 별도의 법적 근거가 없어도 별개의 행정행위로 이를 철회 · 변경할 수 있지만 이는 그러한 철회 · 변경의 권한을 처분청에게 부여하는 데 그치는 것일 뿐 상대방 등에게 그 철회 · 변경을 요구할 신청권까지를 부여하는 것은 아니라 할 것이므로, 이와 같이 법규상 또는 조리상의 신청권이 없이 한 국민들의 토지형질변경행위 변경허가신청을 반려한 당해 반려처분은 항고소송의 대상이 되는 처분에 해당되지 않는다(대판 1997. 9. 12, 96누6219).

판례 2(공사중지명령의 철회청구권을 인정한 사례) 지방자치단체장이 공장시설을 신축하는 회사에 대하여 사업승인 내지 건축허가 당시 부가하였던 조건에 따른 이행을 하고 이를 증명하는 서류를 제출할 때까지 신축공사를 중지하라는 공사중지명령에 있어서는 그 명령의 내용 자체로 또는 그 성질상으로 명령 이후에 그 원인사유가 해소되는 경우에는 잠정적으로 내린 당해 공사중지명령의 해제를 요구할 수 있는 권리를 위 명령의 상대방에게 인정하고 있다고 할 것이므로, 위 회사에게는 조리상으로 그 해제를 요구할 수 있는 권리가 인정된다고 할 것이다(대판 2007. 5. 11, 2007두1811).

판례 3(건축주가 토지 소유자로부터 토지사용승낙서를 받아 건축허가를 받았다가 착공에 앞서 토지를 사용할 권리를 상실한 경우, 토지 소유자가 건축허가의 철회를 신청할 수 있는지 여부) 건축허가는 대물적 성질을 갖는 것이어서 행정청으로서는 허가를 할 때에 건축주 또는 토지 소유자가 누구인지 등 인적 요소에 관하여는 형식적 심사만 한다. 건축주가 토지 소유자로부터 토지사용승낙서를 받아 그 토지 위에 건축물을 건축하는 대물적(對物的) 성질의 건축허가를 받았다가 착공에 앞서 건축주의 귀책사유로 해당 토지를 사용할 권리를 상실한 경우, 건축허가의 존재로 말미암아 토지에 대한 소유권 행사에 지장을 받을 수 있는 토지 소유자로서는 건축허가의 철회를 신청할 수 있다고 보아야 한다. 따라서 토지 소유자의 위와 같은 신청을 거부한 행위는 항고소송의 대상이 된다(대판 2017. 3. 15, 2014두41190).

사례 1 갑은 A구청장으로부터 식품위생법관련규정에 따라 적법하게 유흥접객업영업허가를 받아 영업을 시작하였다. 영업을 시작한지 1년이 지난 후에 갑의 영업장을 포함한 일부지역이 새로이 적법한 절차에 따라 교육환경보호구역으로 설정되었다. A구청장은 갑의 영업이 관할 지역교육환경보호위원회의 심의에 따라 금지되는 행위로 결정되었다는 이유로 청문을 거친 후에 갑의 영업허가(營業許可)를 취소하였다. 갑은 A구청장의 취소처분이 위법하다고 주장하면서 이에 대하여 취소소송을 제기하였다. 법원은 어떻게 판결을 하여야 할 것인가?

▶**답안요지** 사안에서 A구청장의 영업허가의 취소는 적법하게 성립한 행정행위를 후발적 사유의 발생을 이유로 그 효력을 소멸시키는 철회에 해당한다. 우선 취소소송의 적법요건에 대하여 간단히 언급하고(영업허가의 철회의 처분성, 원고적격, 피고적격, 관할법원, 제소기간 등), 본안에서 철회의 위법성을 검토한다.

1. 철회권자(주체에 관한 요건): 철회권자는 처분청인바, A구청장은 허가권자로서 아울러 철회의 권한을 갖고 있다.

2. 절차 · 형식: 영업허가의 철회에 대하여는 식품위생법 제81조에 따라 행정절차법 제22조 제1항에 의한 청문을 거치도록 하고 있는바, 사안에서는 청문절차를 준수하였으며 여타의 절차 · 형식상의 요건이 충족되었다고 본다.

3. 내용에 관한 요건(철회의 근거 · 사유 및 한계): ① 철회에 대하여 법적 근거가 요구되는지 학설의 다툼이 되고 있으나 행정기본법 19조 1항은 철회의 근거와 사유를 규정하고 있다. ② 수익적 행정행위의 철회의 사유로는 ⓐ 철회권의 유보, ⓑ 부담의 불이행, ⓒ 법률에서 정한 철회사유에 해당된 경우, ⓓ 새로운 사정의 발생, ⓔ 법령의 개정, ⓕ 기타의 중대한 공익의 필요 등이 있는바, 사안에서는 새로운 사정이 발생되어 철회를 하지 않으면 공익이 침해되는 경우에 해당된다. ③ 철회의 한계로는 비례의 원칙의 준수, 실권의 법리 등이 있는바, 사안에서는 교육환경보호구역의 유지를 위하여 철회 이외의 다른 수단이 없으며, 실권의 법리에도 반하지 않는다. 한편 갑은 신뢰보호의 원칙에 따라 영업허가의 철회로 인한 손실보상을 청구할 수 있을 것이다.

4. 결어: 갑의 취소청구는 기각될 것이다. 갑은 자신의 손실보상을 당사자소송으로 청구할 수 있을 것이다.

사례 2 甲은 2001. 1. A광역시 시장으로부터 「여객자동차 운수사업법」상 개인택시 운송사업면허를 취득하여 영업을 하던 중 2010. 5. 음주운전을 한 사실이 적발되어 관할 지방경찰청장으로부터 2010. 6. 「도로교통법」상 운전면허의 취소처분을 받았다. 그러나 위 운전면허취소의 사실이 A광역시장에게는 통지되지 않아 개인택시운송사업면허의 취소나 정지는 별도로 없었다. 甲은 2011. 7. 운전면허를 다시 취득하여 영업을 하다가 2014. 8. 乙에게 개인택시운송사업을 양도하는 계약을 체결하였고, 이에 대해 2014. 9. A광역시장의 인가처분이 있었다.

A광역시장은 인가 심사 당시에는 위 운전면허취소의 사실을 모르고 있다가 2016. 5. 관할 지방경찰청장으로부터 통지를 받아 알게 되었고, 2016. 6. 乙에게 위 운전면허취소의 사실을 이유로 개인택시운송사업면허의 취소처분을 하였다(이하 '이 사건 처분'이라 한다). 乙은 이 사건 처분에 대해서 취소소송을 제기하였다. 다음 물음에 답하시오.(2016 5급공무원 채용시험)

1) 乙은 양도 · 양수 계약 당시에 甲의 운전면허취소 사실을 전혀 알지 못하였으므로 이 사건 처분은 위법이라고 주장한다. 그 주장의 당부에 관하여 설명하시오.(10점)

2) 乙은 개인택시운송사업면허 취소사유가 발생한 날로부터 6년이나 경과한 시점에서 그 취소를 처분하는 것은 신뢰에 반한다는 점, A광역시장으로서는 인가 심사 당시에 음주운전으로 운전면허가 취소된 사실이 있는지 여부를 조사해서 그 사실이 확인되었을 때에는 인가처분을 해서는 안 되는 것인데 이를 게을리

한 잘못이 있는 점, 甲이 개인택시운송사업면허를 취득하여 그 사업을 양도하기까지 약 15년 동안 당해 음주운전을 제외하고는 교통 법규를 위반한 적 없는 점까지 종합적으로 고려한다면 이 사건 처분은 위법하다고 주장한다. 그 주장의 당부에 관하여 설명하시오.(20점)

[참조조문] (현행 법령을 사례해결에 적합하도록 수정하였음)

＊여객자동차 운수사업법

제4조(면허 등) ① 개인택시운송사업을 경영하려는 자는 사업계획을 작성하여 국토교통부령으로 정하는 바에 따라 특별시장 · 광역시장 · 특별자치시장 · 도지사 · 특별자치도지사(이하 "시 · 도지사"라 한다)의 면허를 받아야 한다.

제14조(사업의 양도 · 양수 등) ① 개인택시운송사업은 사업구역별로 사업면허의 수요 · 공급 등을 고려하여 관할 지방자치단체의 조례에서 정하는 바에 따라 시 · 도지사의 인가를 받아 양도할 수 있다.

② 제1항에 따른 인가를 받은 경우 개인택시운송사업을 양수한 자는 양도한 자의 운송사업자로서의 지위를 승계한다.

제85조(면허취소 등) ① 시 · 도지사는 개인택시운송사업자가 다음 각 호의 어느 하나에 해당하면 면허를 취소하거나 6개월 이내의 기간을 정하여 사업의 전부 또는 일부를 정지하도록 명할 수 있다.

1. ~36. (생략)

37. 개인택시운송사업자의 운전면허가 취소된 경우

＊여객자동차 운수사업법 시행령

제43조(사업면허 · 등록취소 및 사업정지의 처분기준 및 그 적용) ① 처분관할관청은 법 제85조에 따라 별표 3의 기준에 의하여 하여야 한다.

[별표 3] 사업면허취소 · 사업등록취소 및 사업정지 등의 처분기준(제43조 제1항 관련)

1. 일반기준

가. 처분관할관청은 다음의 어느 하나에 해당하는 경우에는 처분을 가중하거나 감경할 수 있다.

1) 감경 사유

가) 위반 행위자가 처음 해당 위반행위를 한 경우로서, 5년 이상 여객자동차운수사업을 모범적으로 해온 사실이 인정되는 경우

나. 처분관할관청은 가목에 따라 처분을 가중 또는 감경하는 경우에는 다음의 구분에 따른다.

1) 개인택시운송사업자의 사업면허취소를 감경하는 경우에는 90일 이상의 사업정지로 한다.

＊여객자동차운수사업법 시행규칙

제35조(사업의 양도 · 양수신고) ① 관할관청은 개인택시운송사업의 양도 · 양수 인가신청을 받으면 관계기관에 양도자 및 양수자의 운전면허의 효력 유무를 조회 · 확인하여야 한다.

② 관할관청은 제1항에 따른 조회 · 확인 결과 양도자 및 양수자가 음주운전 등 「도로교통법」 위반으로 운전면허가 취소되었거나 취소사유가 있는 것으로 확인되었을 때에는 양도 · 양수인가를 하여서는 아니 된다.

▶답안요지

제1문: 제재처분사유의 승계가능성

영업자가 법령을 위반하였으나 아직 구체적인 제재처분을 받지 않은 상황에서, 제3자에게 영업을 양도한 경우에 행정청이 양도인의 위법사유를 근거로 양수인인 제3자에 대하여 영업정지 내지 취소처분을 내릴 수 있는지 견해가 대립된다. ① 인허가가 대물적 성격을 갖는 경우 지위승계규정(예: 여객자동차운수사업법 14조)만으로도 제재적 처분사유의 승계가 가능하며, 행정제재의 목적달성 및 제재처분을 회피할 의도로 악용될 우려가 있다는 이유로 승계를 긍정하는 승계긍정설, ② 지위승계규정만으로 제재처분사유가 승계될 수 없으며, 자기책임의 원리에 따라 행위자만이 책임을 진다는 승계부정설이 대립된다. 판례는 ①설을 취하고 있으나, ②설이 타당할 것이다. 양수인이 책임질 수 없는 사유로 그에게 제재처분을 부과하는 것은 예측가능성과 비례의 원칙에 위반된다고 할 것이다. 다만, 양도인이 제재처분을 회피하기 위한 목적으로 담합에 의한 양도 · 양수의 방지를 위하여, 양수인이 양도인의 위법사유를 알고 있었던 경우에는 예외적으로 승계를 인정함이 바람직할 것이다. 참고로 제재적 처분사유의 승계와는 달리 제재적 처분효과의 승계에 관련하여서는 근래 대부분의 법률이 양수인의 선의(善意)가 인정되는 경우에는 제재적 처분효과의 승계를 부

정하고 있음을 유의할 필요가 있다. 사안에서 乙은 양도·양수계약시에 甲의 운전면허취소사실을 알지 못하였다고 하는바, 승계를 부정하여 취소처분의 위법성을 인정함이 타당할 것이다.

제2문: 각 주장의 당부판단

1. 신뢰보호의 원칙에 위배여부

신뢰보호원칙이란 개인이 행정청의 명시적·묵시적 언동의 적법성과 존속을 신뢰한 경우에 이를 보호하여 주는 원칙이다. 행정절차법 4조 2항은 신뢰보호원칙의 실정법적 근거가 되고 있으며, 이론적 근거에 대하여는 ① 신의칙설, ② 법적 안정성설, ③ 사회국가설, ④ 기본권설, ⑤ 독자성설이 대립되고 있으나 법적 안정설이 다수설이다.

설문에서 A는 2014. 9. 甲과 乙의 운송사업의 양도·양수 계약에 대한 인가처분을 하였다가, 2016. 5. 지방경찰서장의 통보에 근거하여 2016. 6. 乙에 대하여 운송사업면허의 취소처분을 하였는바 이러한 취소처분이 신뢰보호의 원칙에 위배되는지 문제가 된다. 신뢰보호가 인정되기 위하여는 ① 행정기관의 선행조치, ② 신뢰의 보호가치, ③ 신뢰에 기인한 처리행위, ④ 선행조치와 처리행위와의 인과관계, ⑤ 선행조치에 반하는 행정작용의 요건이 충족되어야 한다. 사안에서 A의 인가처분이 선행조치, 즉 공적 견해표명에 해당하는지 문제가 된다. 「여객자동차운수사업법 시행규칙」 35조에 따르면 관할관청은 개인택시운송사업의 양도·양수 인가신청을 받으면 관계기관에 양도자 및 양수자의 운전면허의 효력 유무를 조회·확인하여야 하며 조회·확인 결과 양도자 및 양수자가 음주운전 등 「도로교통법」 위반으로 운전면허가 취소되었거나 취소사유가 있는 것으로 확인되었을 때에는 양도·양수인가를 하여서는 아니 하도록 규정하고 있다. 제재적 처분기준이 부령(部令)으로 정하여진 경우에는 시행규칙의 법적 성격이 다툼이 되고 있지만, 위 시행규칙은 여객자동차운수사업법 14조에 근거하여 제정된 일반적인 부령으로서 법규명령의 성격을 갖는다. 판례 역시 인가기준 등을 구체적으로 정한 구 여객자동차운사업법 시행규칙을 법규명령으로 보고 있다(대판 2006. 6. 27, 2003두4355). 위 시행규칙 35조에 따라 A의 인가처분에는 甲의 운전면허가 취소되었던 사실 또는 취소사유의 존부여부를 조회·확인하였다는 공적 견해표명이 묵시적으로 포함되었다고 보아야 하며, 이는 행정기관의 선행조치로 평가할 수 있다. 乙은 이러한 선행조치의 적법성과 존속을 신뢰하였으며(신뢰의 보호가치), 신뢰에 근거하여 영업활동을 계속하여 왔다. 선행조치와 영업활동의 인과관계도 인정이 된다. 이후 A는 지방경찰서장의 통보를 받은 후 사업면허처분을 취소하였는바, 이는 선행조치에 반하는 행정작용으로 볼 것이다. 이에 따라 신뢰보호의 요건이 충족되었다. 한편, 신뢰보호의 한계로서 사정변경과 제3자의 쟁송제기 사실이 존재하지 않는다. 다만 행정의 법률적합성의 원칙과 관련하여 인가처분의 위법성과 乙의 신뢰보호이익과 비교형량하여야 하는바, A가 35조를 위반하여 위법한 인가처분을 하였다는 점, 이에 대하여 乙에게 어떠한 귀책사유가 없을 뿐 아니라, 택시영업은 그의 생업에 해당한다는 점을 고려할 때, 乙의 신뢰보호의 이익이 더 크다고 할 것이다. A의 사업면허처분 취소는 신뢰보호의 원칙에 위배되어 위법한 처분이다.

2. 실권의 법리 위반여부

실권의 법리는 신뢰보호의 원칙에서 파생된 것으로 행정청이 수익적 행정행위의 취소 및 철회 등 제재적 처분권한을 행사할 수 있다는 것을 알고 있음에도 불구하고 이를 장기간 방치하여 개인이 그 존속을 신뢰한 경우 제재처분을 할 수 없다는 법리를 의미한다.

행정기본법 23조는 실권의 법리에 따라 제재처분의 제척기간을 규정하고 있다. 행정청은 법령등의 위반행위가 종료된 날부터 5년이 지나면 해당 위반행위에 대하여 제재처분을 할 수 없다. 사안에서 甲은 2010. 5. 음주운전을 한 사실이 적발되었고, A는 2016. 6.이 되어야 비로소 개인택시운송사업면허의 취소처분을 하였다. 이에 따라 제재처분의 제척기간이 도과되었는바, A시장의 취소처분은 위법하다. A광역시장이 2016. 5에 비로소 관할 지방경찰서장의 운전면허취소처분을 알게 되었다는 사실은 甲에게 귀책될 수 없는 사유에 해당된다.

3. 재량권 행사의 한계를 넘은 위법한 처분인지 여부

乙은 甲이 그 사업을 양도하기까지 약 15년 동안 당해 음주사고를 제외하고는 교통법규를 위반한 적이 없다는 점을 고려하여 사업면허 취소처분은 위법하다고 주장하는바, 여기서 여객자동차 운수사업법 시행령 [별표 3] 처분기준의 법적 성격이 문제가 된다. 제재적 처분기준이 부령의 형식으로 된 경우에는 법적 성격에 대하여 다툼이 있으나 대통령령의 형식으로 된 경우에는 법규명령의 성격을 갖는다는 점에서 학설과 판례가 일치하고 있다. 한편 여객자동차운수사업법 85조는 "--- 면허를 취소하거나 --- 전부 또는 일부를 취소할 수 있다"고 규정하여 재량법규의 성격을 갖고 있고, 동법 시행령 역시 감경규정을 두고 있어 재량법규의 성격을 갖는다고 할 것이다. 동법 시행령 43조 [별표 3]에 따르면 감경사유로서 위반 행위자가 처음 위반행위를 한 경우로서, 5년 이상 여객자동차운수사업을 모범적으로 해 온 사실이 인정되는 경우를 규정하고 있고, 사업면허취소를 감경하는 경우에는 90일 이상의 사업정지로 한다고 규정하고 있다. A는 이러한 동법 시행령상의 처분기준의 감경사유와 처분의 감경을 전혀 고려 하지 않고 취소처분을 하였는바, 이는 재량의 불행사또는 사실오인으로 인한 위법한 재량처분에 해당한다. 판례 역시 감경사유가 있음에도 전혀 고려하지 않았거나 감경사유에 해당하지 않는다고 오인한 나머지 처분을 감경하지 않았다면 재량권을 일탈·남용한 위법한 처분이라고 판시하고 있다(대판 2014. 7. 24, 2014두36020).

Ⅲ. 행정행위의 실효

1. 실효의 의의

행정행위의 실효란 행정청의 의사행위에 의하지 않고 일정한 사실의 발생에 의하여 당연히 그 효력이 소멸되는 것을 말한다. 실효는 일단 ① 적법하게 발생된 효력이 실효사유에 의하여 소멸되고, ② 하자와는 전혀 관계가 없으며, ③ 실효사유가 발생한 때부터 장래에 향하여 효력이 소멸된다는 점에서 무효와 구별된다. 또한 일정한 사실의 발생에 의하여 당연히 그 효력을 소멸한다는 점에서 행정행위의 효력을 소멸시키는 행정청의 의사행위를 필요로 하는 취소·철회와도 구별된다.

2. 실효의 사유

1) 행정행위의 대상의 소멸

행정행위는 그 대상이 되는 사람의 사망이나(운전면허를 받은 자의 사망으로 인한 운전면허의 실효), 목적물의 소멸(화재로 인한 위법건축물의 소멸로 철거명령의 소멸) 등으로 당연히 효력이 소멸된다.

판례(목적물의 소멸로 인한 행정처분의 실효) 청량음료 제조업허가는 신청에 의한 처분이고, 이와 같이 신청에 의한 허가처분을 받은 원고가 그 영업을 폐업한 경우에는 그 영업허가는 당연 실효되고, 이런 경우 허가행정청의 허가취소처분은 허가의 실효됨을 확인하는 것에 불과하므로 원고는 그 허가취소처분의 취소를 구할 소의 이익이 없다고 할 것이다(대판 1981. 7. 14, 80누593).

2) 해제조건의 성취 및 종기의 도래

해제조건이 붙은 행정행위는 그 조건이 성취됨으로써, 종기가 붙은 행정행위는 종기가 도래함으로써 각각 그 효력이 당연히 소멸된다.

3) 목적의 달성

행정행위는 그 목적이 달성됨으로써 그 효력이 소멸된다(위법건축물의 철거를 통한 철거명령의 실효).

3. 실효의 효과

행정행위는 실효사유가 발생하면 행정청의 특별한 의사행위를 필요로 함이 없이 장래를 향하여 당연히 효력이 소멸된다. 실효여부에 대하여 분쟁이 생기면, 실효확인의 심판(행심법 5조 2호) 내지 실효확인의 소송(행소법 4조 2호)의 제기를 통하여 해결할 수 있다.

04 그 밖의 행정의 주요행위형식

Ⅰ. 확 약(確約)

1. 확약의 의의

행정청이 자기구속의 의도로 개인에게 장래에 대하여 일정한 작위, 부작위를 약속하는 의사표시를 행정법에 있어서 확언(Zusage)이라고 한다. 이 경우에 약속된 대상을 행정행위에 제한시키는 경우에는 별도로 확약(Zusicherung)이라고 한다. 이러한 확약의 예로는 양도소득세를 자진신고하는 자에게 일정률 이하로 과세를 하겠다는 약속, 건축허가 또는 영업허가를 발급하겠다는 약속 등을 들 수 있다. 이러한 확약제도는 독일 행정절차법 제38조에 규정되어 있고, 2022년에 개정된 우리 행정절차법 제40조의2에서 규정하고 있다.

2. 확약의 법적 성격

확약은 일방적 · 고권적 의사표시라는 점에서 쌍방간에 의사표시의 합치를 요소로 하는 공법상 계약과 구별되며, 법적 효과를 발생시킨다는 점에서 교시(Auskunft)나 행정지도와 구별된다.

일설은 확약이 행정청에 대하여 장래에 일정한 행위의 의무를 부과한다는 점을 강조하여 행정행위의 성격을 갖는다고 보고 있으나, 사안에 대한 종국적인 결정은 약속된 행정행위에 의하여 행하여지게 되며 확약은 단지 그러한 행정행위의 발급에 대한 보증에 지나지 않기 때문에 다수설에 따라 행정법상의 독자적인 행위형식이라고 보는 것이 타당할 것이다. 이러한 확약은 법적 이유에서 그리고 사실적 이유에서 어떤 문제에 대하여 즉시 규율할 수 없는 사정이 있을 때에 하게 되며, 따라서 확약에 의하여 그 가능성이 보증된 본처분과는 별개의 것이라고 보아야 한다. 판례 역시 확약의 처분성을 부인하고 있다.

다른 한편 다단계행정절차에서 활용되는 사전결정이나 부분허가는 한정된 사항에 대하여 종국적으로 규율하는 행정행위의 성격을 갖는다는 점에서 종국적 규율에 대한 약속에 지나지 않는 확약과 구별되어야 한다. 실무상으로 내인가가 확약의 의미로 사용되는 경우가 많다.

판례(확약의 처분성 여부) 어업권면허에 선행하는 우선순위결정은 행정청이 우선권자로 결정된 자의 신청이 있으면 어업권면허처분을 하겠다는 것을 약속하는 행위로서 강학상 확약에 불과하고 행정처분은 아니므로, 우선순위결정에 공정력이나 불가쟁력과 같은 효력은 인정되지 아니하며, 따라서 우선순위결정이 잘못되었다는 이유로 종전의 어업권면허처분이 취소되면 행정청은 종전의 우선순위결정을 무시하고 다시 우선순위를 결정한 다음 새로운 우선순위결정에 기하여 새로운 어업권면허를 할 수 있다(대판 1995. 1. 20, 94누6529).

3. 확약의 근거

종래 확약의 근거에 대하여 법령이 행정청에 대하여 행정행위를 할 수 있는 권한을 부여한 경우에는 당해 행정행위에 대한 확약도 할 수 있는 권한도 함께 주어지며, 별도의 법적 근거가 필요하지 않다는 견해가 다수설이었다. 그러나 이제 행정절차법 제40조의2 제1항은 "법령등에서 당사자가 신청할 수 있는 처분을 규정하고 있는 경우 행정청은 당사자의 신청에 따라 장래에 어떤 처분을 하거나 하지 아니할 것을 내용으로 하는 의사표시를 할 수 있다"고 규정하여 확약에 대하여 명시적으로 근거규정을 마련하고 있다.

4. 확약의 대상

행정절차법은 "법령등에서 당사자가 신청할 수 있는 처분"이라고 규정하여 확약의 대상을 수익적 처분에 제한시키고 있다(법 40조의2 1항). 아마도 이는 확약제도를 통하여 발생될 수 있는 행정부담을 경감시키고자 하는 의도에서 나온 것으로 보인다. 그러나 확약의 대상을 수익적 처분에 제한시킬 합리적 이유는 없으며, 부담적 행정행위에도 확약을 허용함으로써 상대방의 권익을 보호할 뿐만 아니라 탄력성 있는 행정을 도모할 수 있다(예: 행정청이 부과한 부담을 이행할 경우 영업허가의 정지처분 또는 건축물의 철거명령을 하지 않겠다는 확약). 아울러 확약을 수익적 처분에 제한시킴으로써 발생되는 행정절차법 제40조의2의 2번째 유형(당사자의 신청에 따라 장래에 어떤 처분을 하지 아니할 것을 내용으로 하는 의사표시)과 관련된 해석상의 어려움을 피할 수 있을 것이다. 향후 독일 행정절차법 제38조 및 1987년 행정절차법안 제25조와 같이 수익적 행정행위뿐만 아니라 부담적 행정행위도 확약의 대상으로 하는 것이 바람직 할 것이다.

한편, 재량행위와 기속행위를 구분하여 재량행위에만 확약이 허용된다는 견해도 있다. 이에 따르면 기속행위의 경우에는 법률요건이 충족된 경우에는 반드시 본처분을 하도록 기속되기 때문에 기속행위에 대한 확약은 무의미하며, 따라서 행정청에게 법률효과의 선택 및 결정에 대하여 재량권이 부여된 재량행위에만 확약이 허용된다고 한다. 그러나 재량의 문제와 확약의 가능성 문제는 별개의 문제이며 기속행위에 있어서도 법률요건이 충족된 경우라고 하더라도 상대방에게 예지이익 또는 대처이익을 줄 수 있기 때문에 확약이 가능하다고 보아야 한다.

5. 확약의 적법요건과 효력

확약이 적법하게 성립하여 효력을 발생하기 위하여는 다음과 같은 요건을 갖추어야 한다.

1) 주체에 관한 요건

정당한 권한을 갖는 행정청이 확약을 하여야 하는바 이는 약속된 행정행위에 대한 정당한 권한을 갖는 행정청을 의미한다.

2) 절차에 관한 요건

확약이 적법하게 성립하기 위하여는 당사사의 신청이 있어야 한다(법 40조의2 1항). 또한 행정청은 다른 행정청과의 협의 등의 절차를 거쳐야 하는 처분에 대하여 확약을 하려는 경우에는 확약을 하기 전에 그 절차를 거쳐야 한다(법 40조의2 3항). 한편, 본처분에서 이해관계인의 의견청취절차를 요구하는 경우에 확약에서 이러한 절차를 거쳐야 하는지 문제가 발생된다. 행정절차법은 이에 관하여 명문의 규정을 두고 있지 않으나, 관련 법률에서 본처분을 행할 시에 이해관계인의 의견제출 · 청문 등 의견청취를 요구하는 경우에는 확약 단계에서 이러한 절차를 거쳐야 할 것이다. 그렇지 않으면 확약은 이러한 절차를 회피하는 수단으로 전락될 가능성이 있기 때문이다.

3) 형식에 관한 요건

확약은 문서로 하여야 한다(법 40조의2 2항). 확약이 효력요건으로서 문서주의를 요구하는 것은 확약의 내용과 대상을 명확하게 하기 위함이다. 또한 확약의 문서화는 그 내용과 관련된 증명력을 담보하고 법적 안정성을 제고시키는 기능을 한다.

4) 내용에 관한 요건

확약은 내용상으로 적법하고, 가능하며, 명확하여야 한다. 또한 확약의 대상이 되는 행정행위도 적법하여야 한다.

5) 표시 및 효력

확약도 상대방에게 표시되고 상대방이 알 수 있는 상태에 도달되어야 그 효력을 발생한다. 일단 확약이 적법하게 행하여지면 확약을 행한 행정청은 자기구속을 받으며, 상대방은 확약의 대상이 된 수익적 처분의 발급을 청구할 권리를 갖게 된다.

6. 확약의 하자

종래의 다수설은 확약의 하자가 있는 경우에는 행정행위의 하자를 준용하여, 중대하고 명백한 하자가 있으면, 그 확약은 무효에 해당하고, 그렇지 않은 경우에는 취소할 수 있는 확약에 지나지 않는다는 입장을 취하였다. 그러나 행정절차법은 확약이 위법한 경우에 행정청은 확약에 기속되지 않는다고 하여 위법한 확약을 무효로 규정하고 있다(행정절차법 40조의2 4항 2호). 이에 따라 적법요건의 어느 하나라도 충족하지 못하면 확약은 무효에 해당한다. 이러한 행정절차법의 입장은 확약의 공정력을 부인하는 판례에[1] 근거한 것으로 보인다. 학설에서 이러한 행정절차법의 태도에 대하여 유력한 비판이 제기되고 있다. 비판설은 확약에도 공정력을 인정하고 행정소송법 제2조 제1항 1호(처분등) "— 이에

1) 대판 1995. 1. 20, 94누6529.

준하는 행정작용"으로 보아, 위법한 확약을 항고쟁송의 대상으로 할 것을 주장하고 있는 바,[2] 이는 향후 입법적 개선과제에 해당된다고 할 것이다.

7. 확약의 실효

행정절차법은 종래의 판례의 입장에 따라 "확약을 한 후에 확약의 내용을 이행할 수 없을 정도로 법령등이나 사정이 변경된 경우(법 40조의2 4항 1호)"에 확약의 실효를 규정하고 있다. 동 규정은 확약의 상대방에게 불리하게 운용될 우려가 많은바 행정청은 주관적이 아니라 객관적으로 실효사유를 판단하여야 한다. 한편, 상대방이 적법한 확약의 존속을 신뢰하였고, 법령이나 사정변경을 전혀 예견할 수 없었던 경우에는 신뢰보호의 원칙에 따라 보상이 주어져야 할 것이다.

판례(확약의 실효) 행정청이 상대방에게 장차 어떤 처분을 하겠다고 확약 또는 공적인 의사표명을 하였다고 하더라도, 그 자체에서 상대방으로 하여금 언제까지 처분의 발령을 신청을 하도록 유효기간을 두었는데도 그 기간 내에 상대방의 신청이 없었다거나 확약 또는 공적인 의사표명이 있은 후에 사실적·법률적 상태가 변경되었다면, 그와 같은 확약 또는 공적인 의사표명은 행정청의 별다른 의사표시를 기다리지 않고 실효된다(대판 1996. 8. 20, 95누10877).

8. 권리구제

확약은 수익적 처분을 대상으로 하는 것이므로 적법한 확약의 불이행에 대하여는 의무이행심판과 부작위위법확인소송을 통하여 구제받을 수 있다. 또한 위법한 확약 또는 적법한 확약의 불이행으로 손해를 입은 당사자는 국가배상청구권을 행사할 수 있을 것이다.

사례 갑은 모텔업을 운영하기 위하여 4층 건물을 신축하고자 관할 A시장에게 건축허가를 신청하였다. 이에 대하여 A시장은 갑의 건축물이 관련건축법규정에 위배되지 않는 않는다는 이유로 4주일 이내에 건축허가를 발급할 것을 서면으로 약속하였다. 이에 따라 갑은 건축공사를 위한 제반 준비를 하기 시작하였다. 그러나 4주가 지난 후 A시장은 약속대로 건축허가를 발급하지 않아 갑은 다시 이를 재촉하였다. 이에 대하여 A시장은 그동안 갑의 모텔업이 교육환경 주거환경 등을 침해한다는 주민들의 집단민원이 들어와 있었으며, 이에 따라 건축심의회의 심의결과 건축허가를 거부하기로 결정하였다고 통보하였다. 갑은 A시장의 거부처분의 대하여 취소소송을 제기하였다. 법원은 어떻게 판결을 하여야 할 것인가?

▶답안요지 우선 취소소송의 적법요건(대상적격, 원고적격, 피고적격, 관할법원, 제소기간 등)에 대하여 간단히 언급하고 본안에서 건축허가거부의 위법성에 대하여 검토한다. 사안에서 A시장의 건축허가의 발급의 약속은 확약에 해당하는바, 확약이 적법하게 성립하고 효력을 발생하면 갑은 건축허가의 발급에 대한 권리를 갖기 때문에 그의 취소청구는 인용될 것이다.

1) 법적 성격: 확약의 법적 성격에 대하여 다툼이 되고 있으나 독자적인 행정의 행위형식이라는 것이 다수설이다.

2) 근거: 행정절차법 40조의2가 확약의 근거가 된다.

3) 대상: 행정절차법 40조의2 1항은 수익적 행정처분을 대상으로 하는바 건축허가는 이에 해당한다. 한편, 확약은 재량행위에만 허용된다는 견해가 있으나, 기속행위의 경우에도 상대방의 대처이익 및 예지이익

2) 행정절차법의 현안과 과제, 제52회 한국행정법학회 정기학술대회, 2022. 6. 17. 발표문 및 토론문 참고.

을 위하여 허용된다는 것이 일반적 견해이다. 사안의 경우는 숙박시설의 건축허가가 문제가 되고 있는바, 이는 건축법 제11조 제4항에 해당되어 재량행위의 성격을 갖는다.

4) 확약의 적법 · 효력요건: 사안에서 ① 허가권자인 A시장(주체)이 확약을 하였으며, ② 문서에 의하여 행하여졌고 여타의 절차상의 하자가 없어 보이며, ③ 건축허가의 발급요건이 충족된 것으로 보아 확약은 적법하게 성립하였으며, 갑에게 고지되어 효력을 발생하였다.

5) 확약의 실효: 이후의 주민들의 집단민원이 제기되어 A시장은 건축법 제11조 제4항에 따라 건축허가의 발급을 거부하였는바, 이는 새로운 사정의 발생으로 확약의 실효사유에 해당될 수 있다(법 40조2의 4항). 또한 판례는 확약 후에 사실적 · 법률적 상태가 변경된 경우에 확약의 실효를 인정하고 있다(대판 1996. 8. 20, 95누10877). 여기서 확약의 실효를 인정할 수 있다.

6) 결어: 갑의 취소청구는 기각될 것이다. 갑은 건축공사준비에 소요된 손실을 당사자소송으로 청구할 수 있을 것이다.

Ⅱ. 행정계획

1. 현대행정과 행정계획

오늘날 행정실무에서 매우 중요한 역할을 하고 있는 행정계획은 행정법학과 행정학에 있어서 점점 더 큰 관심을 갖고 논의의 대상이 되고 있다. 오늘날 광범위한 분야에서 수많은 계획이 수립되고 있으며, 계획과 관련되지 않은 행정은 거의 존재하지 않는다고 하여도 과언이 아니다. 행정계획은 과거의 국가에도 존재하고 있었지만 오늘날에 있어 행정목적의 달성을 위한 중요한 수단으로 등장하게 된 이유는 다음과 같은 여러 가지 국가현실에 기인하고 있다.

1) 국가기능의 변화

과거 소극행정에 중점을 두었던 시민적 법치국가시대와는 달리 오늘날의 사회적 법치국가에서는 행정의 중점이 장기성 · 종합성을 요하는 사회국가적인 급부행정에 놓여지고 있다. 헌법상의 사회국가원리는 국가에 대하여 정의로운 사회질서의 실현이라는 의무를 부과하고 사회 전반에 적극적으로 개입하여 계획적으로 형성할 수 있는 권한을 부여함에 따라 행정계획은 행정의 중요한 행위형식이 되었다.

2) 자원의 부족과 배분

점차적으로 증대되는 자원(토지 · 수자원 · 에너지 등)의 부족과 고갈은 이들의 배분을 사회의 자동조절작용에 맡길 수 없게 되었고, 이에 따라 부족한 자원의 합리적인 배분을 위하여 직 · 간접적으로 행정과 개인의 활동에 관련되는 계획의 수립이 불가피하여졌다.

3) 과학기술의 발전

행정계획의 중요성은 현대에 있어서 급속한 과학기술의 발전에 기인하고 있다. 막대한 비용이 소요되나 효과면에서 볼 때 국민생활에 불가결한 거대시설(고속전철 · 공항건설 등)의 설치와 지역적인 배치 및 이를 위한 공적 및 사적 투자는 종합적인 계획의 수립을 필연적으로 나타나게 하였다.

4) 행정기관 상호간의 협조 · 조정의 필요성

현대행정의 광역화 · 복잡화는 그에 따른 행정기관상호간의 협조 · 조정을 불가피하게 만들었으며 이에 따라 행정내부영역에서 계획의 수립이 필요하게 되었다.

2. 행정계획의 정의와 개념적 요소

1) 정 의

행정계획이란 학자들 사이에 다소간에 차이는 있으나 행정주체가 일정한 행정활동을 위하여 장래를 예측하여 목표를 설정하고, 설정된 목표의 실현을 위하여 행정수단의 선택 · 조정 · 종합화의 과정을 통하여 장래의 일정한 질서의 실현을 목적으로 하는 구상 또는 활동기준의 설정이라고 정의될 수 있다. 계획(Plan)과 기획(Planung)은 구별되어야 하는바 계획을 수립하는 행위가 기획이며, 계획은 이러한 기획의 산물이라고 보아야 할 것이다.

2) 행정계획의 개념적 요소

가. 행정주체의 계획

행정계획은 행정주체의 구상 또는 활동기준의 설정이다. 행정계획은 행정주체의 행위이기 때문에 행정주체가 아닌 사기업 등이 행정계획과 비슷한 행위를 하는 경우에도 행정계획은 아니다.

나. 목표의 설정

행정계획은 장래의 일정한 시점에 있어서의 목표의 설정이다. 적어도 계획이라고 하기 위하여는 일정한 목표를 담고 있어야 한다. 어느 시점까지 경제를 일정수치 이상으로 향상시킨다고 하거나, 석탄 등 지하자원을 얼마만큼 생산하겠다는 등 목표가 설정되어야만 계획이라고 부를 수 있다. 따라서 비록 계획 또는 정책 등 유사한 명칭을 띠고 있다고 하더라도 특정한 내용의 목표를 담고 있지 않으면 계획이라고 말할 수 없다.

다. 행정수단의 종합 및 조정

행정계획은 설정된 목표를 달성하기 위하여 행정수단을 종합하고 조정하는 행정작용이다. 현대행정은 동일한 행정목적을 실현하는 작용이면서도 점차 전문화 · 세분화되는 경향에 있다. 그 결과 세분화된 행정기관이 다른 행정기관과 입체적이고 유기적인 연관을 가지지 않고 단편적인 행정조치를 하게 되는 경향에 있다. 즉 국토개발, 도시개발 및 산업진흥 등과 같은 이른바 개발행정이나 조성행정 등은 내용적으로는 여러 분야의 행정과 상호 밀접한 관련 속에서 이루어지기 때문에(신도시개발에 있어서 건축행정, 통신행정, 교통행정, 교육행정, 전기 및 상 · 하수 공급행정) 이들 다양한 분야의 행정수단을 종합 · 조정할 필요가 있다. 즉 행정계획은 일정한 행정목표하에 모든 행정기관들을 상호 입체적 · 유기적으로 연관시키면서 공익상의 갈등을 조정하고 종합화하는 작용이다.

라. 장래시점에서 일정한 질서의 실현

행정계획은 장래 일정한 시점에 있어서 일정한 질서를 실현시키는 작용이다. 행정계획은 다른 일반 행정작용의 경우와 같이 개별적 · 구체적 문제의 처리를 목적으로 하는 것이 아니라 앞으로 일정한 질서를 실현시키는 것을 목적으로 하는 미래지향적인 작용이다.

마. 구상 또는 활동기준의 설정

행정계획은 앞으로 일정한 목표를 실현하기 위한 구상 또는 활동기준의 설정이다. 행정계획은 대외적인 구속력을 발생시키는 것이 있는가 하면, 행정조직 내부에서 구속력을 갖는 데 불과하거나 하나의 사실행위에 그치는 것이 있으나 이들은 모두 일정한 활동기준을 설정하고 제시한다는 점에서 공통적인 특성을 갖고 있다.

3. 행정계획의 종류

행정계획은 이를 보는 기준에 따라 다양하게 분류될 수 있다.

1) 종합계획과 전문계획

이는 계획대상의 종합성 또는 개별성에 따른 분류이다. 종합계획은 종합적 · 전반적 사업을 대상으로 하는 계획이다. 국토종합계획 · 장기경제계획 · 장기사회계획과 같은 일종의 전략적 계획이 그 예에 속한다. 이에 대하여 전문계획은 종합계획의 구체적인 실현 또는 각 행정부분의 특정한 사업 및 목적을 실현시키기 위한 계획을 말하며, 이를 특정계획 또는 전술적 계획이라고도 한다. 지구단위계획 · 도로정비계획 · 특정지역개발계획 등이 이에 속한다.

2) 장기계획 · 중기계획 · 연도별계획

이는 계획의 기간에 따른 구분이다. 통상적으로 장기계획은 6년 이상의 기간, 중기계획은 2년 이상 5년 이하의 기간으로 책정된다. 산림기본계획(20년)은 장기계획의 예이고 도시 · 군기본계획(5년)은 중기계획의 예이며, 도시 · 군관리계획의 연차별집행계획은 연도별계획의 예이다. 이와 관련하여 「정부업무평가 기본법」이 제정되어 있다.

3) 지역계획과 비지역계획

이는 계획의 규율대상이 지역적 의미를 가지느냐의 여부에 따른 구별이다. 국토종합계획, 도시 · 군관리계획 및 도시재개발기본계획 등은 지역계획의 예에 속하며, 경제계획, 인력계획, 교육계획 및 사회계획 등은 비지역계획의 예이다. 지역계획은 다시 전국을 대상으로 하는 전국계획, 일정한 지방을 대상으로 하는 지방계획으로 나눌 수 있다. 예를 들어 국토기본법에 의한 국토종합계획은 전국계획에 해당하며, 수도권발전계획 및 특정지역개발계획은 지역계획에 해당한다.

4) 상위계획과 하위계획

이는 다른 계획의 기준이 되는 계획인가의 여부에 따른 구별이다. 국토종합계획은 다른 법령에 의한 모든 건설계획의 기준이 되는 상위계획이다. 또한 도시 · 군기본계획은 광역도시계획과의 관계에서 하위계획에 해당한다(국토의 계획 및 이용에 관한 법률 19조 2항: 이하 "국토계획이용법"이라 한다). 또한 도시 · 군기본계획의 하위계획은 도시 · 군관리계획이며(국토계획이용법 25조), 도시 · 군관리계획은 지구단위계획의 기준이 된다(동법 50조).

5) 구속적 행정계획과 비구속적 행정계획

행정계획은 기본적으로는 일정한 행정목적의 달성을 도모하기 위한 목표설정행위이며, 반드시 법적 구속력을 가지는 것이 아니다. 그러므로 행정계획 중에는 대내적으로나 대외적으로 아무런 법적 효과를 발생하지 않고 오직 앞으로의 행정의 방향에 대한 단순한 구상에 그치는 것도 적지 않다. 그러나 행정계획의 효과적인 실현을 보장하기 위하여 일정한 법적 효과가 부여되어 수범자에 대하여 구속력을 갖는 경우가 있다. 이에 따라 행정계획은 그 구속력의 유무에 따라 구속적 행정계획과 비구속적 행정계획으로 구분할 수 있다.

가. 구속적 행정계획(명령적 행정계획)

구속적 행정계획은 다시 행정내부에서 관계행정기관에 대하여 구속력을 갖는 행정계획과 대외적으로 국민에 대하여 구속력을 갖는 행정계획으로 나누어 볼 수가 있다.

가) 행정내부에 대하여 구속력을 갖는 행정계획　행정계획 중에는 행정작용을 위한 단순한 지침적인 구실을 하는데에 그치는 것이 아니라 관계행정기관에 대하여 일정한 작위 · 부작위 등의 의무를 과하는 경우가 적지 않다. 예를 들어 국무총리가 국무회의의 심의를 거쳐 대통령의 승인을 얻어 비상대비기본계획을 확정하면, 각 주무부장관은 이에 따라 집행계획을 작성할 의무를 지며(비상대비자원관리법 7조 · 8조), 국토종합계획이 확정되면 중앙행정기관의 장 및 시 · 도지사는 그 내용을 관련된 정책 및 계획에 반영하여야 하며, 아울러 국토종합계획을 실행하기 위한 소관별 실천계획을 수립하여 국토교통부장관에게 제출할 의무가 있다(국토기본법 18조 1항).

나) 국민에 대하여 구속력을 갖는 행정계획　행정계획이 수립되어 효력을 발생하면, 국민에 대하여 일정한 법적 효과를 발생하는 경우가 적지 않다. 예를 들어 도시 · 군관리계획이 결정 · 고시되어 효력을 발생하면 당해 계획으로 정하여진 용도지역 · 용도지구 및 용도구역 안에서의 일정한 행위가 제한된다(국토계획이용법 76조 내지 84조). 특히 대외적으로 국민에 대하여 법적 효과를 발생하는 행정계획을 협의의 의미의 구속적 행정계획이라고 하며 개인의 권리구제와 관련하여 중요한 의미를 갖고 있다.

나. 비구속적 행정계획

비구속적 행정계획에는 유도적 행정계획과 정보제공적 행정계획으로 나눌 수 있다.

가) 유도적 행정계획　유도적 행정계획이라 함은 직접적으로 명령이나 강제 등에 의한 구속력을 발생하지 않으나 보조금지급 · 조세감면 · 도로건설을 통한 하부구조의 개선 등의 조성적 수단을 통하여 계획의 수범자를 일정한 방향으로 유도시키는 계획을 말한다. 강제하지는 않지만 사회형성의 효과를 포기하지 않는 계획형태로서 오늘날의 복리국가에 적합한 행정계획이다.

나) 정보제공적 행정계획　정보제공적 행정계획이란 구체적인 목표나 구속력을 가짐이 없이 장래의 경제 · 사회발전의 추세, 전망 및 각종 자료와 정보를 담은 계획이 이에 해당된다. 이러한 계획의 이해관계자는 그 홍보적 계획을 하나의 자료로 삼아 스스로의 계획에 이용함이 보통이다. 이러한 정보제공적 행정계획은 단순한 정보수집에 지나지 않는다는 이유로 행정계획의 성격을 부인하는 견해도 있으나 자료나 정보수집도 일정한 목표설정하에 수집하여 이해관계인에게 촉진적인 효과를 줄 수 있기 때문에 행정계획의 범주에 속한다고 볼 수 있다.

4. 행정계획의 법적 성격

행정계획의 법적 성격을 둘러싸고 종래 행정입법설, 행정행위설, 독자성설 등으로 대립이 된 바 있으나, 오늘날 행정계획의 법적 성격은 획일적으로 결정될 수 없으며, 매우 다양한 형식으로 존재하고 있다는 데 대하여는 이론이 없다.

법률의 형식에 의한 행정계획(독일의 예산), 행정입법(법규명령 · 행정규칙)의 형식에 의한 행정계획, 행정행위의 형식에 의한 행정계획이 있을 수 있으며, 사실행위의 형식에 의한 행정계획과 같이 법적 효과를 발생시키지 않는 행정계획도 있다. 행정계획의 법적 성격에 대한 규명은 그에 대한 사법통제와 밀접한 관계가 있는바, 법률이나 법규명령형식의 행정계획은 구체적 규범통제의 대상이 되는 반면, 행정행위형식의 행정계획은 항고소송의 대상이 된다.

행정계획의 법적 성격과 관련하여 특히 논란이 되어 온 것은 구 도시계획법상의 도시계획(국토계획이용법상의 도시·군관리계획)의 법적 성격이다. 과거 서울고등법원은 "도시계획결정은 도시계획사업의 기본이 되는 일반적 추상적 결정으로서 특히 개인에게 어떤 직접적이고 구체적인 권리·의무가 발생된다고 볼 수가 없다"고 판시하여 도시계획결정의 처분성을 부인하고 법규명령의 성격을 인정하였다.[3]

그러나 대법원은 당해 사건에서 원심을 파기하고 도시계획결정의 처분성을 인정하였다.

판례(도시·군관리계획의 처분성) 도시계획법 제12조 소정의 도시계획결정이 고시되면 도시계획구역안의 토지나 건물 소유자의 토지형질변경, 건축물의 신축, 개축 또는 증축 등 권리행사가 일정한 제한을 받게 되는 바 이런 점에서 볼 때 고시된 도시계획결정은 특정 개인의 권리 내지 법률상의 이익을 개별적이고 구체적으로 규제하는 효과를 가져오게 하는 행정청의 처분이라 할 것이고, 이는 행정소송의 대상이 되는 것이라 할 것이다(대판 1982. 3. 9, 80누105).

그러나 도시·군관리계획(구 도시관리계획) 역시 ① 용도지역·용도지구의 지정 또는 변경에 관한 계획, ② 개발제한구역·시가화조정구역·수산자원보호구역의 지정 또는 변경에 관한 계획, ③ 기반시설의 설치·정비 또는 개량에 관한 계획, ④ 도시개발사업 또는 재개발사업에 관한 계획(국토계획이용법 2조 4호)과 같이 성질을 달리 하는 여러 가지 계획이 있기 때문에 그 법적 성격을 일률적으로 판단하기가 어려우며, 각 계획마다 분리하여 판단하여야 한다.[4]

이 중에서 용도지역·용도지구 및 개발제한구역·수산자원보호구역의 지정과 같은 도시계획결정은 물건의 상태규율로서 간접적으로 관련된 사람에게 법적 효과를 발생시킨다는 점에서 물적 행정행위의 성격을 갖는 일반처분이라고 보는 것이 타당할 것이다.

5. 행정계획의 적법요건과 효력

1) 적법요건

행정계획도 행정의 행위형식 중에 하나이므로 행정작용이 일반적으로 갖추어야 할 적법요건을 충족하여야만 적법하게 성립하고 효력을 발생할 수 있다.

가. 주체에 관한 요건

행정청이 일정한 행정계획을 수립하기 위하여는 정당한 권한을 갖고 있어야 한다는 점은 다른 행정작용의 경우와 다름이 없다.

나. 절차에 관한 요건

행정계획의 수립·확정절차에 대하여는 통칙적인 규정이 없기 때문에 행정계획에 따라 다양한 절차가 채택되고 있다. 그러나 행정계획은 일단 그것이 확정되면 많은 사람을 대상으로 하여 장기적으로 영향을 미침으로 여타 행정작용보다 많은 기관 및 이해관계자의 참여하에 결정됨이 보통이다.

---

3) 서울고판 1980. 1. 29, 79나416.

4) 金南辰/金連泰, 行政法 I, 404면.

특히 상당수의 종합계획이나 전문계획은 대내적 · 대외적 관계에 있어서 구속력을 갖기 때문에 그 수립에 대한 절차적 규제는 민주화의 요청에 상응할 뿐만 아니라, 계획결정의 적정화를 도모하여 법치국가의 요청에 충실하게 되어 국민의 권익보장에 기여한다.

가) 합의제기관의 심의　　행정계획의 수립 · 확정은 그의 전문성과 적정성을 확보하기 위하여 각종 합의제행정기관의 심의나 자문을 거치게 하는 경우가 많다. 예를 들어 국토교통부장관이 도시 · 군관리계획을 결정하고자 할 때에는 중앙도시계획위원회의 심의를, 시 · 도지사가 도시 · 군관리계획을 결정하고자 할 때에는 시 · 도도시계획위원회의 심의를 거쳐야 한다(국토계획이용법 30조 3항).

나) 행정기관상호간의 의견조정　　행정계획은 다양한 행정수단을 종합 · 조정하는 기능을 갖는다. 이는 곧 행정계획의 수립 · 결정에 있어서 이해관계를 달리하는 많은 행정기관들이 참여함에 따라 계획상의 이해의 갈등이 초래됨을 의미한다. 따라서 관계행정기관의 상반되는 이익 내지 의견의 충분한 조정을 도모하는 것은 당해 행정계획의 능률적이고 실효성있는 실현의 전제가 된다고 할 수 있다.

예를 들어 국토교통부장관이 도시 · 군관리계획을 결정하고자 할 때에는 관계 중앙행정기관의 장과 협의하여야 하며, 시 · 도지사가 도시 · 군관리계획을 결정하고자 할 때에는 관계 행정기관의 장과 미리 협의하여야 한다(국토계획이용법 30조 1항).

다) 이해관계인의 참여　　비록 행정계획이 이해관계인에게 미치는 영향은 한결같지 아니하나 행정계획은 법적 구속력의 유무에 관계없이 직 · 간접적으로 관계인의 법적 지위 내지 권리상태에 적지 않은 영향을 미치는 것이 사실이다. 따라서 행정계획의 수립 · 결정에 있어서 이해관계인이 참여하여 의견을 개진할 수 있는 기회가 보장되지 않으면 안된다. 예를 들어 국토교통부장관, 시 · 도지사, 시장 또는 군수가 도시 · 군관리계획을 입안하는 때에는 주민의 의견을 들어야 하며, 그 의견이 타당하다고 인정하는 때에는 이를 도시 · 군관리계획안에 반영하여야 한다(국토계획이용법 28조 1항).

판례(주민의 의견청취절차를 거치지 않은 도시관리계획결정의 위법성)　도시계획법 제11조 제1항, 제15조 제1항, 제16조의2 제2항, 동법시행령 제11조 제1항, 제14조의2 제6항 및 동법시행규칙 제4조 제2항 등의 취지는 도시계획의 입안에 있어 다수 이해관계자의 이익을 합리적으로 조정하여 국민의 자유권리에 대한 부당한 침해를 방지하고 행정의 민주화와 신뢰를 확보하기 위하여 국민의 의사를 그 과정에 반영시키는데 있다 할 것이므로 위와 같은 절차에 하자가 있는 행정처분은 위법하다(대판 1988. 5. 24, 87누388).

라) 행정예고　　행정청은 정책, 제도 및 계획을 수립 · 시행하거나 변경하려는 경우에는 이를 예고하여야 한다고 규정한다(행정절차법 46조). 다만, 1. 신속하게 국민의 권리를 보호하여야 하거나 예측이 어려운 특별한 사정이 발생하는 등 긴급한 사유로 예고가 현저히 곤란한 경우, 2. 법령등의 단순한 집행을 위한 경우, 3. 정책등의 내용이 국민의 권리 · 의무 또는 일상생활과 관련이 없는 경우, 4. 정책등의 예고가 공공의 안전 또는 복리를 현저히 해칠 우려가 상당한 경우에는 예고하지 아니할 수 있다. 행정예고기간은 예고 내용의 성격 등을 고려하여 정하되, 20일 이상으로 한다(3항). 법령등의 입법을 포함하는 행정예고는 입법예고로 갈음할 수 있다(2항).

다. 내용에 관한 요건

가) 법률의 근거 행정계획은 행정의 법률적합성의 원칙에 따라 그 내용이 적법하고 공익에 타당할 것이 요구된다. 문제가 되는 것은 법률유보의 원칙의 적용범위인바, 여기서 구속적 행정계획과 비구속적 행정계획으로 나누어 고찰할 수 있다. 도시 · 군관리계획 및 도시재개발사업에 있어서 관리처분계획 등과 같은 구속적 행정계획의 경우 개인의 법적 지위 및 권리상태에 변동을 가하거나 일정한 의무 또는 제한을 가하는 등 침해적일 수 있기 때문에 그것은 법률의 근거를 필요로 한다(국토계획이용법, 도시 및 주거환경정비법). 그러나 계획의 수립에 있어서 미래예측은 어려우며, 계획의 요소들이 부단히 변하므로 계획에 대한 수권법률 역시 개괄적일 수밖에 없다. 이에 대하여 비구속적 행정계획은 단순히 행정에 대한 지침과 국민에 대하여 정보를 제공하는 데 그치기 때문에 법적 근거는 필요하지 않다고 볼 수 있다.

나) 계획재량의 준수 행정청은 행정청이 수립하는 계획 중 국민의 권리 · 의무에 직접 영향을 미치는 계획을 수립하거나 변경 · 폐지할 때에는 관련된 여러 이익을 정당하게 형량하여야 한다(행정절차법 40조의4).

2) 행정계획의 효력요건과 효력

가. 효력요건

행정계획을 법률, 법규명령, 조례 등의 형식으로 정하는 경우에는 이에 관한 형식을 갖추어 대외적으로 공포하지 않으면 안된다. 그 밖의 형식으로 계획을 정하는 경우에는 개별법이 정한 형식에 의하여 고시하지 않으면 안된다. 예를 들어 국토교통부장관 또는 시 · 도지사는 도시 · 군관리계획을 결정한 때에는 이를 고시하고 관계서류를 일반이 공람하게 하여야 한다(국토계획이용법 30조 6항). 행정계획이 법령의 형식을 취하여 발하여지는 경우에는 공포한 날부터 20일을 경과함으로써 효력을 발생한다. 기타의 형식을 취하여 고시되는 행정계획은 법에 특별한 규정이 없는 한, 고시가 있은 날로부터 효력을 발생한다고 볼 수 있다. 「국토의 계획 및 이용에 관한 법률」에 따르면 도시 · 군관리계획 결정의 효력은 지형도면을 고시한 날부터 발생한다고 규정되고 있다(법 31조).

나. 행정계획의 효력-집중효의 문제

행정계획이 그 효력요건을 갖춘 경우에는 그의 행위형식에 상응한 효력을 갖는다. 독일에서는 행정행위의 성질을 갖는 계획이 계획확정절차에 따라 확정된 경우에는 그 행정계획에 ① 집중효(다른 법령에 의하여 받게 되어 있는 인허가를 받은 것으로 간주하는 효력), ② 배제효(주민 등 이해당사자에 대한 불가쟁력), ③ 구속효(행정청에 대한 불가변력) 등의 법적 효과가 발생하는 바, 특히 우리 문헌에서는 행정계획의 집중효와 관련하여 많은 논의가 되고 있다.

행정계획결정의 집중효에 따라 당해 사업에 본래 필요하였던 다른 행정청에 의한 인허가를 받은 것으로 의제된다(국토계획이용법 92조 1항). 여기서 계획확정기관이 의제되는 인허가의 실체적 및 절차적 요건에 기속되는지 여부에 관하여 문제가 되고 있다. 이와 관련하여 의제되는 인허가에서 요구되는 절차는 계획확정절차로 대체되기 때문에 실체적 요건에만 기속된다는 절차집중효설과 계획확정기관은 의제되는 인허가의 실체적 · 절차적 요건에 기속되지 않고 계획확정절차에만 따라 결정할 수 있다는 실체집중효설 등이 대립되고 있다. 다수설과 판례는 절차집중효설을 취하고 있다. 행정계획결정의 집중효는 계획확정절차의 완비를 전제로 하는바, 이러한 절차가 미비된 우리의 경우에는 현재 큰 의미를 갖고 있지 못하며 향후의 입법론적 과제라고 보아야 할 것이다. 다만 근래 복합민원절차와 관련하여 규제완화 및 불필요한 행정절차의 중복을 방지하기 위하여 고안된 인허가의제제도가 활발한 논의의 대상이 되고 있는바, 이에 대하여는 행정절차부분에서 자세히 설명하기로 한다.

6. 계획재량이론

가. 의 의

계획재량이란 행정주체가 계획행정영역에서 갖는 재량으로서 행정법규의 집행과 관련하여 행정주체에게 허용되는 일반적 의미의 행정재량과 구별되고 있다. 이러한 계획재량은 계획법규와 이에 기초하여 수립확정되는 행정계획의 특수성에서 도출되고 있다. 일반적인 행정법규는 "… 인 경우에는, … 하여야 한다"라는 조건명제(Wenn-Dann-Schema)형식을 취하고 있으나 계획법규는 법률요건 또는 법률효과에 아무런 규정을 두고 있지 않고, 계획에 의하여 추구하여야 할 목적과 이를 위한 수단에 대하여 규정하는 목적 · 수단명제(Zweck-Mittel-Schema)의 형식으로 되어 있다. 이러한 계획법규는 ① 계획을 통하여 달성하게 될 목표에 관하여 규율한다는 점, ② 계획목표의 설정에 있어서 지켜야 할 행정의 기본원칙과 계획실현을 위한 필요한 수단에 대하여 규율하는 점, ③ 계획목표의 실현을 위한 절차에 관하여 규율한다는 점 등의 구조적인 특색을 갖고 있다. 계획법규는 계획의 이념과 목적을 실현하기 위하여 계획목표를 설정하게 되며 이러한 계획목표의 설정과 수단의 선택에 있어서 행정청에게 폭넓은 형성의 자유를 부여하고 있다. 현대국가에 있어서 계획책무의 중요성과 더불어 이러한 계획재량의 통제가 중요한 과제로 대두되고 있다.

나. 계획재량의 하자

행정재량의 하자이론에 있어서는 재량권행사의 외적 · 내적 한계를 기준으로 하여 재량의 유월과 남용이론을 중심으로 구성되고 있으나 계획재량의 행사에 있어서는 절차적 과정에 있어서 공익과 사익의 정당한 형량을 중심으로 그 위법성 여부를 판단하게 된다. 즉 계획수립절차에 있어서 공익과 사익을 포함하여 관련 제이익의 정당한 형량을 행정청의 의무로 하고 있으며(형량명령), 이러한 형량의무에 위배된 행정주체의 계획활동에 대하여 위법성을 부여하고 있다(행정절차법 40조의4).

계획확정절차에 있어서 형량과정은 ㉮ 계획대상 및 요소의 조사 · 확인과정, ㉯ 평가과정, ㉰ 고유한 형량과정으로 구분되고 있다. 이러한 형량과정에서 형량명령에 위배되는 형량하자는 ① 조사를 하지 않거나 조사에 있어서 결함이 있는 경우(조사의 누락 및 결함), ② 형량을 전혀 행하지 않는 경우(형량의 해태), ③ 형량의 대상에 마땅히 포함시켜야 할 사항을 빠뜨리고 형량을 할 경우(형량의 흠결), ④ 제 이익간에 형량을 하였으나 그 형량이 객관성 · 비례성을 결하는 경우(오형량), ⑤ 제 이익간의 형량에 있어서 평등의 원칙에 위배한 경우(형량의 불평등) 등이 있다.[5)] 이러한 형량의 하자가 발생된 경우에는 행정계획은 위법하게 되어 취소소송 또는 무효등확인소송의 대상이 된다.

다. 계획재량의 독자성

일설은 계획재량도 행정재량과 마찬가지로 행정청에 선택의 자유를 부여한다는 점과 형량명령이란 법치국가원리에서 도출되는 비례의 원칙의 내용에 지나지 않는다는 이유로 그 독자성을 부인하고 있으며, 단지 재량의 인정범위에서 차이가 있을 뿐이라는 견해를 주장하고 있다.[6)] 그러나 행정재량과 계획재량은 규범구조 및 하자이론의 구성에 있어서 기본적인 차이 때문에 그 독자성을 인정하여야 할 것이다.[7)]

종래 판례는 행정계획결정에 있어서 광범위한 형성의 자유를 인정하고, 그에 대한 한계로서 형량명령의 법리를 반영하면서도 "형량하자"라는 용어를 사용하지 않고 재량권의 일탈 · 남용이라고 판시하였으나, 최근의 판례는 이러한 입장을 포기하고 계획재량의 독자성을 나타내는 경향을 보이고 있다.

판례(형량하자로 인한 행정계획결정의 위법성) 행정계획이라 함은 행정에 관한 전문적 · 기술적 판단을 기초로 하여 도시의 건설 · 정비 · 개량 등과 같은 특정한 행정목표를 달성하기 위하여 서로 관련되는 행정수단을 종합 · 조정함으로써 장래의 일정한 시점에 있어서 일정한 질서를 실현하기 위한 활동기준으로 설정된 것으로서, 구 도시계획법 등 관계 법령에는 추상적인 행정목표와 절차만이 규정되어 있을 뿐 행정계획의 내용에 대하여는 별다른 규정을 두고 있지 아니하므로 행정주체는 구체적인 행정계획을 입안 · 결정함에 있어서 비교적 광범위한 형성의 자유를 가진다고 할 것이지만, 행정주체가 가지는 이와 같은 형성의 자유는 무제한적인 것이 아니라 그 행정계획에 관련되는 자들의 이익을 공익과 사익 사이에서는 물론이고 공익 상호간과 사익 상호간에도 정당하게 비교교량하여야 한다는 제한이 있는 것이고, 따라서 행정주체가 행정계획을 입안 · 결정함에 있어서 이익형량을 전혀 행하지 아니하거나 이익형량의 고려 대상에 마땅히 포함시켜야 할 사항을 누락한 경우 또는 이익형량을 하였으나 정당성과 객관성이 결여된 경우에는 그 행정계획결정은 형량에 하자가 있어 위법하다(대판 2007. 1. 25, 2004두12063; 2006. 9. 8, 2003두5426).

한편, 판례는 형량하자의 법리를 행정주체가 구체적인 행정계획을 입안 · 결정할 때 뿐만 아니라 주민의 입안제안 또는 변경신청을 받아들여 도시관리계획결정을 하거나 도시계획시설을 변경할 것인지를 결정할 때에도 동일하게 적용된다고 판시하고 있다.

판례(주민의 도시관리계획 입안제안을 받아들여 도시관리계획결정을 할 경우에도 형량하자의 법리가 적용되는지 여부) 행정주체가 구체적인 행정계획을 입안 · 결정할 때에 가지는 비교적 광범위한 형성의 자유는 무제한적인 것이 아니라 행정계획에 관련되는 자들의 이익을 공익과 사익 사이에서는 물론이고 공익

---

5) 辛奉起, 衡量瑕疵있는 行政計劃에 대한 司法審査, 行政判例硏究 V, 2000, 107면 이하.
6) 柳至泰, 行政法新論, 291면; 朴均省, 行政法講義, 184면.
7) 金南辰/金連泰, 行政法 I, 410면; 辛奉起, 앞의 글, 107면 이하.

상호 간과 사익 상호 간에도 정당하게 비교교량하여야 한다는 제한이 있는 것이므로, 행정주체가 행정계획을 입안·결정하면서 이익형량을 전혀 행하지 않거나 이익형량의 고려 대상에 마땅히 포함시켜야 할 사항을 빠뜨린 경우 또는 이익형량을 하였으나 정당성과 객관성이 결여된 경우에는 행정계획결정은 형량에 하자가 있어 위법하게 된다. 이러한 법리는 행정주체가 구 국토의 계획 및 이용에 관한 법률 제26조에 의한 주민의 도시관리계획 입안 제안을 받아들여 도시관리계획결정을 할 것인지를 결정할 때에도 마찬가지이고, 나아가 도시계획시설구역 내 토지 등을 소유하고 있는 주민이 장기간 집행되지 아니한 도시계획시설의 결정권자에게 도시계획시설의 변경을 신청하고, 결정권자가 이러한 신청을 받아들여 도시계획시설을 변경할 것인지를 결정하는 경우에도 동일하게 적용된다고 보아야 한다. 甲 등이 자신들의 토지를 도시계획시설인 완충녹지에서 해제하여 달라는 신청을 하였으나 관할 구청장이 이를 거부하는 처분을 한 사안에서, 위 토지를 완충녹지로 유지해야 할 공익상 필요성이 소멸되었다고 볼 수 있다는 이유로, 위 처분은 甲 등의 재산권 행사를 과도하게 제한한 것으로서 행정계획을 입안·결정하면서 이익형량을 전혀 하지 않았거나 이익형량의 정당성·객관성이 결여된 경우에 해당한다고 본 원심판단은 정당하다(대판 2012. 1. 12, 2010두5806).

7. 행정계획과 권리구제

행정계획에는 상술한 바와 같이 여러 가지 성질의 것이 있으므로 행정계획에 대한 권리구제 역시 행정계획의 성질에 따라 한결같지 않다. 행정계획 가운데 대외적으로 아무런 구속력을 가지지 않는 것에 의하여도 사실상 손해가 발생되는 예가 없지 않으나(특정지역건설종합계획이 결정·고시됨으로써 지가의 변동이 오는 경우), 그것은 행정계획의 직접적인 효과가 아니라 반사적 효과에 지나지 않는다. 그러므로 대외적으로 구속력이 없는 행정계획에는 행정쟁송이나 손해전보를 가릴 것 없이 행정구제의 여지가 없는 것이 많이 있다.

행정구제와의 관계에 있어서 특히 중요한 의미를 가지는 것은 대외적으로 법적 효과를 발생시키는 구속적 행정계획이다. 이러한 행정계획에 대한 권리구제의 문제는 행정쟁송의 경우와 손해전보의 경우로 나누어 살펴볼 수 있다.

1) 행정쟁송

구속적 행정계획에 처분성이 인정되고 그것에 의하여 자신의 법률상 이익을 침해받는 자는 행정쟁송을 제기할 수 있다. 이러한 행정계획의 위법성심사에 있어서는 단순히 실체법의 위반여부의 관점뿐만 아니라 관계이익의 정당한 형량을 포함한 절차의 공정성여부 등의 관점에서도 심사되어야 한다. 그러나 행정청은 행정계획의 수립·결정에 있어서 폭넓은 계획재량이 인정되고 있어, 행정쟁송이 제기되어도 승소의 가능성이 그리 크지 않을 뿐만 아니라, 공사 등의 완료로 기성사실이 발생될 경우에는 사정판결을 받게 될 가능성이 있어 권리구제에 적지 않은 어려움이 존재하고 있다. 따라서 사후적 권리구제방법을 통하여 효과적인 권리구제를 담보하기 어렵기 때문에 이해관계인의 절차적 참여권을 보장하여, 공익(公益)과 사익(私益)간의 계획상의 갈등을 조정하는 것이 보다 효과적인 권리구제방법이 된다. 행정절차법에 계획확정절차의 도입은 앞으로의 중요한 입법과제라고 할 것이다.

2) 손해전보

가. 국가배상

행정계획의 수립 및 집행과정에 있어서 공무원의 위법한 직무행위로 인하여 손해를 입은 자는 국가배상법 제2조 제1항에 의하여 국가 또는 지방자치단체에 손해배상청구를 할 수 있다.

나. 손실보상

적법한 행정계획으로 인하여 개인에게 현실적으로 손실이 발생되는 경우가 적지 않으며, 이러한 예들은 계획제한 또는 변경 등의 경우에서 많이 찾아 볼 수 있다. 예컨대 택지가 개발제한구역으로 지정되거나 또는 상업지역으로 지정되었던 지역이 주거지역으로 변경되는 경우에 관련지역의 소유자에게 발생하는 재산상의 손실은 대부분 재산권의 사회적 제약에 해당되기 때문에 보상이 배제되나, 경우에 따라서는 관련 개인에게 보상이 요구되는 특별한 희생이 발생될 수 있다. 종래 계획관련 법률들은 계획제한이나 변경으로 인하여 개인에게 특별한 희생이 발생될 수 있음에도 불구하고 이에 대한 보상규정을 두고 있지 않아 행정구제에 적지않은 어려움이 존재하였다. 이 경우에 해결방안으로 ① 헌법 제23조 제3항을 근거로 직접 손실보상을 청구할 수 있다는 직접효력설, ② 수용유사적 침해법리에 의한 보상설, ③ 보상규정을 두지 않는 근거법률이 위헌이라는 위헌무효설 등이 대립되고 있다(이에 대하여 상세히는 행정상의 손해전보법편에서 설명하기로 한다). 한편, 헌법재판소는 개발제한구역의 지정이나 도시·군계획시설(구 도시계획시설)부지의 지정으로 인하여 토지를 종래의 목적으로 사용할 수 없거나 또는 더 이상 법적으로 허용된 토지이용의 방법이 없기 때문에 실질적으로 토지의 사용·수익의 길이 없는 경우에는 토지소유자가 수인해야 하는 사회적 제약의 한계를 넘는 특별한 희생을 인정하여, 이와 관련하여 보상규정을 두지 않은 구 도시계획법 제4조와 제21조에 대하여 헌법불합치판결을 내렸다.[8]

판례 1(개발제한구역의 지정으로 사회적 제약의 한계를 넘는 재산권침해가 발생되는 경우) 개발제한구역 지정으로 인하여 토지를 종래의 목적으로도 사용할 수 없거나 또는 더 이상 법적으로 허용된 토지이용의 방법이 없기 때문에 실질적으로 토지의 사용·수익의 길이 없는 경우에는 토지소유자가 수인해야 하는 사회적 제약의 한계를 넘는 것으로 보아야 한다(헌재결 1998. 12. 24, 89헌마214, 90헌바16, 97헌바78 병합).

판례 2(도시계획시설의 지정으로 사회적 제약의 한계를 넘는 재산권침해가 발생되는 경우) 도시계획시설의 지정으로 말미암아 당해 토지의 이용가능성이 배제되거나 또는 토지소유자가 토지를 종래 허용된 용도대로도 사용할 수 없기 때문에 이로 말미암아 현저한 재산적 손실이 발생하는 경우에는, 원칙적으로 사회적 제약의 범위를 넘는 수용적 효과를 인정하여 국가나 지방자치단체는 이에 대한 보상을 해야 한다(헌재결 1999. 10. 21, 97헌바26).

---

3) 헌법소원

행정계획에 의하여 직접 기본권을 침해당한 자는 헌법소원을 통한 권리구제가 가능하다. 헌법재판소는 비구속적 행정계획안도 예외적으로 헌법소원심판의 대상이 되는 공권력의 행사가 될 수 있다고 본다.

판례(비구속적 행정계획의 헌법소원의 대상여부) 비구속적 행정계획안이나 행정지침이라도 국민의

8) 현재 자신의 토지가 개발제한구역의 지정으로 인하여 특별한 희생을 받은 개인은 「개발제한구역지정 및 관리에 관한 특별조치법」 제16조에 따라 매수청구권을 행사할 수 있으며, 도시계획시설부지의 지정으로 인하여 특별한 희생을 받은 경우에는 「국토의 계획 및 이용에 관한 법률」 제47조에 따라 매수청구권을 행사할 수 있다.

기본권에 직접적으로 영향을 끼치고, 앞으로 법령의 뒷받침에 의하여 그대로 실시될 것이 틀림없을 것으로 예상될 수 있을 때에는, 공권력행위로서 예외적으로 헌법소원의 대상이 될 수 있다(헌재결 2000. 6. 1, 99헌마538).

8. 행정계획과 신뢰보호 – 계획보장청구권

행정계획은 안정성과 가변성의 긴장관계에 있다. 행정계획은 경제활동에 종사하는 일반국민의 일정한 행위, 처분 또는 투자를 유인하려는 목적을 갖고 있는 경우가 많다. 계획은 한편으로는 현실화되는 것을 목적으로 하고 있으며 이는 계획의 존속과 실현에 대한 개인의 신뢰를 야기시킨다. 다른 한편으로 계획은 그가 형성하려고 하는 정치 · 경제 · 사회의 영역에 있어서 일정한 관계를 전제하고 있다. 이러한 관계가 변화되거나 또는 잘못 평가된다면 계획의 수정은 불가피하게 요구된다. 이러한 긴장관계에 있어서 계획보장의 문제, 즉 계획주체와 계획의 수범자간에 위험부담의 배분문제가 생긴다. 예를 들어 특정한 개인이 정부의 새로운 공단설치계획을 믿고서 그 지역에 투자하였는데, 그 후 정부가 공단설치계획을 백지화하는 경우에 개인은 해당계획의 존속 · 이행 또는 손실보상청구권을 갖는지가 문제될 수 있다.

1) 계획존속청구권

일반적인 계획존속청구권은 개인의 신뢰보호가 공익에 대하여 일방적인 우선권을 가지는 경우를 전제로 하기 때문에 원칙적으로는 인정되지 않는다. 즉 계획존속청구권은 유연성과 가변성을 전제로 하고 있는 행정계획과 양립하지 않는다. 단지 예외적으로 법률의 형식에 의한 행정계획과 행정행위의 형식에 의한 행정계획에는 잠정적인 계획보장청구권이 고려될 수 있다. 법률의 형식에 의한 행정계획에 있어서 계획변경은 경우에 따라 부진정소급효를 가질 수가 있는데, 여기서 계획이 개인의 재산적 처분의 계기가 되었고, 계획존속에 대한 개인의 신뢰가 계획변경에 대한 공익보다 우월한 경우에는 예외적으로 계획존속청구권이 성립할 수 있다. 한편 행정행위의 형식에 의한 도시계획에 있어서는 행정행위의 취소와 철회의 제한의 원칙에 의하여 개인의 신뢰를 보호할 수 있을 것이다.[9)]

2) 계획이행청구권

개인이 일단 확정된 행정계획을 행정주체로 하여금 실현하도록 요구할 수 있는 계획이행청구권 역시 계획존속청구권과 같이 원칙적으로 인정되지 않는다. 비록 행정청에게 계획이행의무가 있다고 할지라도 즉각적으로 의무지워지지 않는다. 개인이 행정청의 계획이행에 대한 법률상 이익이 있는 경우에 이러한 권리를 인정할 수 있으나 계획의 수립 · 집행에 대한 행정청의 폭넓은 재량에 비추어 희박하다고 할 것이다. 「국토의 계획 및 이용에 관한 법률」 제47조는 도시계획시설부지로 지정한 후 10년 이내에 도시계획시설사업을 시행하지 않는 경우에 해당토지소유자는 관련 지방자치단체에 대하여 매수청구권을 행사할 수 있도록 하고 있는바 이는 계획이행청구권을 갈음하는 청구권이라고 보아야 할 것이다.

3) 경과조치 및 적응조치청구권

이는 계획의 변경이나 폐지로 인하여 재산상 손실을 입게 될 개인이 새로운 상황에 적응할 수

9) Maurer/Waldhof, Allg. VerwR, S. 477.

있도록 경과조치나 적응조치를 요구할 수 있는 권리를 의미한다. 예를 들어 보조금지급계획의 변경에 있어서 일시에 통보하여 완전히 중단하지 않고 단계적으로 줄여 나가거나, 도로계획의 변경에 있어서 이미 동계획에 근거하여 투자한 자의 사업변경을 위하여 재정적 지원을 하는 것을 생각할 수 있다. 다만 이러한 경과조치나 적응조치에 대한 청구권은 실정법적 근거가 있는 경우에만 행사할 수 있다.

4) 계획변경 및 폐지로 인한 손실보상청구권

계획의 변경 및 폐지로 인하여 개인의 보호할 가치가 있는 신뢰가 침해된 경우에는 손실보상을 하는 것이 일반적이며, 계획보장청구권의 주된 내용을 이루고 있다. 이러한 신뢰보호에 근거한 손실보상청구권은 존속보호를 갈음하는 가치보호에 해당하는 것으로서 재산권의 특별한 희생에 대하여 주어지는 헌법 제23조에 근거한 손실보상청구권과 구별된다. 계획의 변경 및 폐지가 있는 경우에 두 가지 손실보상청구권의 요건이 동시에 충족되는 경우가 있는바, 여기서 당사자는 자신에게 유리한 청구권을 행사하면 될 것이다.

1987년의 행정절차법안 제58조에서는 행정계획을 확정 · 폐지 · 변경하고자 할 때에는 국민의 재산상의 손실을 방지하기 위하여, 시설의 설치 기타 필요한 예방대책을 세워야 하며, 예방조치에도 불구하고 국민의 재산상의 손실이 있는 때에는 법률이 정하는 바에 의하여, 손실보상 및 기타 필요한 구제조치를 취하여야 한다고 규정한 바 있으나 아쉽게도 현행 행정절차법에 채택되지 않았다.

9. 계획변경 및 폐지청구권

계획보장청구권은 기존계획의 존속과 집행에 대한 관련 개인의 신뢰를 보호하는 것을 목적으로 하고 있으나, 계획변경 · 폐지청구권은 계획이 확정된 후 사정변경 및 관련개인의 권익침해 등을 이유로 하여 그 계획의 변경이나 폐지를 청구할 수 있는 권리를 의미한다.

이러한 계획변경 · 폐지청구권도 일반적으로 인정되지 않는다. 다만 행정계획이 행정행위의 성격을 갖고 사정변경으로 인하여 계획변경 내지 철회를 하지 않는 경우에 관련개인의 기본권을 침해한다면, 계획변경 · 폐지청구권이 인정될 수 있다고 보아야 한다(계획재량의 영으로의 수축).

한편, 판례는 종래 계획변경청구권을 일반적으로 인정하지 않았으나, 근래 입장을 바꾸어 일정한 경우에는 계획변경청구권에 대하여 긍정적인 입장을 취하고 있다. 판례는 폐기물처리사업의 적정통보를 받은 자의 계획변경신청권과 도시계획시설에 이해관계가 있는 주민에게 도시시설계획의 입안 내지 변경신청권을 인정하였으며, 또한 산업단지 안의 토지 소유자로서 산업단지개발계획에 적합한 시설을 설치하여 입주하려는 자에게 산업단지개발계획의 변경신청권을 인정하였다.

대법원 2012. 1. 12. 선고 2010두5806 판결은 자신들의 토지를 장기미집행 도시계획시설인 완충녹지에서 해제하여 달라는 원고들의 신청을 행정청이 거부한 사건을 대상으로 하였다. 여기서 거부행위의 처분성 여부(계획변경신청권 여부)는 더 이상 쟁점이 되지 않았다. 대법원은 본안에서 피고의 계획변경청구권의 성립여부를 실체법적으로 검토하였고 피고의 거부처분이 원고들의 재산권 행사를 과도하게 제한한 것으로서, 행정계획을 입안 · 결정함에 있어 이익형량을 전혀 행하지 아니하였거나 이익형량의 정당성 · 객관성이 결여된 경우에 해당한다고 판시하여 형량의 하자로 위법하다고 판단하였다.

판례 1(폐기물처리사업의 적정통보를 받은 자의 계획변경신청권) 구 국토이용관리법상 주민이 국토이용계획의 변경에 대하여 신청을 할 수 있다는 규정이 없을 뿐만 아니라, 국토건설종합계획의 효율적인 추진과 국토이용질서를 확립하기 위한 국토이용계획은 장기성, 종합성이 요구되는 행정계획이어서 원칙적으로는 그 계획이 일단 확정된 후에 어떤 사정의 변동이 있다고 하여 그러한 사유만으로는 지역주민이나 일반 이해관계인에게 일일이 그 계획의 변경을 신청할 권리를 인정하여 줄 수는 없을 것이지만, 장래 일정한 기간 내에 관계 법령이 규정하는 시설 등을 갖추어 일정한 행정처분을 구하는 신청을 할 수 있는 법률상 지위에 있는 자의 국토이용계획변경신청을 거부하는 것이 실질적으로 당해 행정처분 자체를 거부하는 결과가 되는 경우에는 예외적으로 그 신청인에게 국토이용계획변경을 신청할 권리가 인정된다고 봄이 상당하므로, 이러한 신청에 대한 거부행위는 항고소송의 대상이 되는 행정처분에 해당한다. 피고로부터 폐기물처리사업계획의 적정통보를 받은 원고가 폐기물처리업허가를 받기 위하여는 이 사건 부동산에 대한 용도지역을 '농림지역 또는 준농림지역'에서 '준도시지역'으로 변경하는 국토이용계획변경이 선행되어야 하고, 원고의 위 계획변경신청을 피고가 거부한다면 이는 실질적으로 원고에 대한 폐기물처리업허가신청을 불허하는 결과가 되므로, 원고는 위 국토이용계획변경의 입안 및 결정권자인 피고에 대하여 그 계획변경을 신청할 법규상 또는 조리상 권리를 가진다고 할 것이다(대판 2003. 9. 23, 2001두10936).

판례 2(도시계획시설결정에 이해관계가 있는 주민에게 도시시설계획의 입안 내지 변경을 요구할 수 있는 법규상 또는 조리상의 신청권을 인정한 판례) 도시 · 군관리계획의 입안권자인 특별시장 · 광역시장 · 특별자치시장 · 특별자치도지사 · 시장 또는 군수(이하 '입안권자'라 한다)는 5년마다 관할 구역의 도시 · 군관리계획에 대하여 타당성 여부를 전반적으로 재검토하여 정비하여야 할 의무를 지우고(제34조), 주민(이해관계자 포함)에게는 도시 · 군관리계획의 입안권자에게 기반시설의 설치 · 정비 또는 개량에 관한 사항, 지구단위계획구역의 지정 및 변경과 지구단위계획의 수립 및 변경에 관한 사항에 대하여 도시 · 군관리계획도서와 계획설명서를 첨부하여 도시 · 군관리계획의 입안을 제안할 권리를 부여하고 있고, 입안제안을 받은 입안권자는 그 처리 결과를 제안자에게 통보하도록 규정하고 있다. 이들 규정에 헌법상 개인의 재산권 보장의 취지를 더하여 보면, 도시계획구역 내 토지 등을 소유하고 있는 사람과 같이 당해 도시계획시설결정에 이해관계가 있는 주민으로서는 도시시설계획의 입안권자 내지 결정권자에게 도시시설계획의 입안 내지 변경을 요구할 수 있는 법규상 또는 조리상의 신청권이 있고, 이러한 신청에 대한 거부행위는 항고소송의 대상이 되는 행정처분에 해당한다(대판 2015. 3. 26, 2014두42742).

판례 3(산업단지 안의 토지 소유자로서 산업단지개발계획에 적합한 시설을 설치하여 입주하려는 자에게 산업단지개발계획의 변경을 요청할 수 있는 법규상 또는 조리상 신청권이 있는지 여부) 산업단지개발계획상 산업단지 안의 토지 소유자로서 산업단지개발계획에 적합한 시설을 설치하여 입주하려는 자는 산업단지지정권자 또는 그로부터 권한을 위임받은 기관에 대하여 산업단지개발계획의 변경을 요청할 수 있는 법규상 또는 조리상 신청권이 있고, 이러한 신청에 대한 거부행위는 항고소송의 대상이 되는 행정처분에 해당한다고 보아야 한다(대판 2017. 8. 29, 2016두44186).

판례 4(도시정비법과 계획변경 신청권) 도시재정비법과 도시정비법의 관련 규정의 내용과 체계, 헌법상 개인의 재산권 보장의 취지 등을 종합해 보면, 재정비촉진계획의 결정에 이해관계가 있는 재정비촉진구역 안의 토지 등 소유자는 재정비촉진계획의 입안권자 내지 수립권자에게 도시재정비법 제3조 제2항, 도시정비법 제14조 제1항 제6호에 따라 재정비촉진계획 변경의 입안을 제안할 수 있으므로 도시정비법상 정비계획에 관한 사항이 포함된 재정비촉진계획의 변경을 요구할 법규상 또는 조리상 신청권이 인정되고, 이러한 신청에 대한 거부행위는 항고소송의 대상이 되는 행정처분에 해당한다고 봄이 타당하다(대법원 2024. 10. 31, 2021두41204).

판례 5(계획변경신청에 대한 거부처분이 위법하다는 판례) 甲 등이 자신들의 토지를 도시계획시설인 완충녹지에서 해제하여 달라는 신청을 하였으나 관할 구청장이 이를 거부하는 처분을 한 사안에서, 위 토지를 완충녹지로 유지해야 할 공익상 필요성이 소멸되었다고 볼 수 있다는 이유로, 위 처분은 甲 등의 재산권 행사를 과도하게 제한한 것으로서 행정계획을 입안 · 결정하면서 이익형량을 전혀 하지 않았거나 이익형량의 정당성 · 객관성이 결여된 경우에 해당한다(대판 2012. 1. 12, 2010두5806).

사례 1 갑은 준주거지역에서 허용되는 상가건물을 짓기 위하여 준주거지역으로 지정된 지역안에 위치한 토지를 취득하여 건축을 준비하여 왔으나 이후 광역시장 을은 당해 지역을 준주거지역에서 전용주거지역으로 변경하는 도시관리계획변경결정(현행법상 도시 · 군관리계획변경결정)을 하였다. 그 후 갑은 자기 소유의 당해 토지가 위치한 지역이 전용주거지역으로 변경됨에 따라 관할관청으로부터 건축이 불가하다는 통지를 받았다. 다음 물음에 답하시오.

1) 갑은 을이 한 도시관리계획변경결정의 취소를 구하는 행정소송을 제기하였다. 갑의 소송상 청구는 적법한가?(본안판단은 제외)

2) 갑은 을을 상대로 위 용도지역을 변경한 도시관리계획변경결정을 취소하고 갑소유의 토지가 위치한 지역을 다시 준주거지역으로 지정하여 달라고 요구할 수 있는 권리를 가지는지 검토하시오.(제21회 입법고시)

▶답안요지 **제1문**: 취소소송의 적법요건으로는 ① 대상적격(처분 등의 존재), ② 원고적격, ③ 피고적격, ④ 관할법원, ⑤ 제소기간 등의 요건이 충족되어야 한다.

1) 대상적격: 도시관리계획의 법적 성격에 대하여는 법규명령설, 행정행위설, 독자성설 등 다툼이 되고 있으나 판례는 행정처분의 성격을 갖고 있다는 입장을 취하고 있다.

2) 원고적격: 갑은 취소를 구할 법률상 이익이 있어야 하는바, 학설에는 행소법 12조의 법률상 이익의 개념을 둘러싸고 권리구제설, 법률상 이익구제설, 이익구제설, 적법성보장설 등으로 다투어지고 있으나 법률상 이익구제설이 판례와 다수설의 입장이다. 주거지역과 준주거지역에서는 건축할 수 있는 건축물의 종류에 있어서 차이가 있을 뿐 아니라, 건폐율 및 용적률에 있어서도 차이가 존재하기 때문에 사안에서 준주거지역을 주거지역으로 변경하는 도시계획결정은 갑의 재산권을 침해하는 행위로 법률상 이익이 인정된다.

3) 여타의 소송요건: 갑은 도시계획결정을 한 A시장을 피고로 하여(행소법 13조), A시장의 소재지를 관할하는 1심 행정법원(서울을 제외한 지역의 경우 지방법원본원)에 도시계획결정이 있음을 안 날로부터 90일 이내에(행소법 20조 1항) 취소소송을 제기하면 될 것이다.

제2문: 사안에서 갑이 계획존속청구권을 갖는다면 갑의 취소청구는 인용될 것이다. 일반적인 계획존속청구권은 존재하지 않는다. 다만 해당지역을 준주거지역으로 하는 기존의 도시계획결정에 대한 갑의 신뢰가 공익보다 우선하는 경우에는 철회나 취소제한의 법리에 따라 예외적으로 계획존속청구권이 성립할 수 있으나, 사안에서는 갑이 아직 건축허가를 받지 않은 점, 건축을 착공하지 않은 점을 미루어 갑의 신뢰가 도시계획변경결정에 의하여 추구되는 공익보다 우월하여 보이지 않는다.

사례 2 행정청 을의 관할 구역 내에 있는 A도시공원을 찾는 등산객이 증가하고 있다. 등산객들이 공원입구를 주차장처럼 이용하여 공원의 경관과 이미지를 훼손하고 있다. 이에 을은 이곳에 휴게광장을 조성하여 주민들에게 만남의 장소를 제공하고, 도시경관을 향상시키기 위하여 갑의 토지를 포함한 일단의 지역에 대해서 광장의 설치를 목적으로 하는 도시관리계획(현행법상 도시 · 군관리계획)을 입안 · 결정하였다. 그런데 을은 지역발전에 대한 의욕이 앞선 나머지 인구, 교통, 환경, 토지이용 등에 대한 기초조사를 하지 않고 도시관리계획을 입안 · 결정하였다. 갑은 자신의 토지전부를 광장에 포함시키는 을의 도시관리계획의 입안 · 결정이 법적으로 문제가 있다고 보고, 위 도시관리계획의 취소를 구하는 소송을 제기하였다.(제51회 사법시험)

1. 위 취소소송에서 갑의 청구는 인용될 수 있는가?(30점)

2. 갑의 청구가 인용된 경우에 을은 동일한 내용의 도시관리계획결정을 할 수 있는가?(20점)

[참조조문]

국토의 계획 및 이용에 관한 법률

제13조 ① 국토교통부장관, 시 · 도지사, 시장 또는 군수는 광역도시계획을 수립하거나 변경하려면 미리 인구, 경제, 사회, 문화, 토지 이용, 환경, 교통, 주택, 그 밖에 대통령령으로 정하는 사항 중 그 광역도시계획의 수립 또는 변경에 필요한 사항을 대통령령으로 정하는 바에 따라 조사하거나 측량하여야 한다.

② - ③: 생략

제27조 ① 도시관리계획을 입안하는 경우에는 제13조를 준용한다. 다만, 대통령령으로 정하는 경미한 사항을 입안하는 경우에는 그러하지 아니하다.

② - ④: 생략

▶답안요지 제1문: 갑의 취소청구의 인용가능성

1. 취소소송의 적법요건

갑은 을의 도시관리계획의 결정에 따라 자신의 토지의 전부가 휴게광장에 포함됨으로서 재산권이 침해되고 있는바 불이익처분의 상대방으로 행소법 12조 1항에 따라 원고적격이 인정된다. 대상적격, 제소기간, 관할법원 등 기타의 소송요건에 대하여는 사례 1을 참고바람.

2. 을의 도시계획결정의 위법성

도시관리계획에 있어서 원칙적으로 광역지방자치단체장이 결정권자이며, 예외적으로 법이 정한 일정한 경우에 한하여 국토교통부장관이 결정권을 갖는다(국토계획이용법 29조). 설문은 관할 구역의 행정청 을의 도시관리계획의 결정권을 전제하고 있으므로 주체에 관하여는 문제가 없어 보인다. 그러나 을은 도시관리계획의 입안 · 결정과정에 있어서 국토계획이용법 제27조에서 요구하고 있는 중요사항에 대하여 기초조사를 하지 않았는바, 여기서 ① 절차상의 하자와 ② 내용상의 하자로 구분하여 검토할 수 있다.

1) 절차상의 하자

사안에서 법에서 요구하는 기초조사를 누락하였는바, 이는 절차상의 하자에 해당한다. 법원이 본안에서 절차상의 하자로 인하여 행정처분을 취소할 수 있는지 ① 소극설, ② 절충설, ③ 적극설로 대립이 되나, 판례는 적극설의 입장을 취하고 있다(본서 행정절차의 하자부분을 참고). 사안에서 누락된 기초조사를 할 경우에 다른 내용의 도시관리계획의 결정이 나올 수 있기 때문에 어느 입장을 취하더라도 절차상의 하자로 취소할 수 있다고 보아야 한다.

2) 내용상의 하자

사안에서 을은 기초조사를 누락하고 도시관리계획결정을 하였는바, 여기서 이른바 계획재량의 하자가 발생하였는지 문제가 된다. 학설에서는 계획법규와 행정법규의 구조적인 차이점 및 계획의 수립 · 결정과정에서 다양하게 상반된 이익의 형량이 필요하다는 점에서 일반적인 행정재량이론과 구별되는 계획재량이론을 발전시켰다(행정절차법 40조의4). 계획확정절차에 있어서 형량과정은 ① 계획대상 및 요소의 조사 · 확인과정, ② 평가과정, ③ 고유한 형량과정으로 구분되고 있다. 이러한 형량과정에서 형량명령에 위배되는 형량하자는 ① 조사의 누락 및 결함, ② 형량의 해태, ③ 형량의 흠결, ④ 오형량, ⑤ 형량의 불평등 등이 있다. 형량의 하자가 발생된 경우에는 행정계획은 위법하게 되어 행정쟁송의 대상이 된다.

이러한 계획재량의 독자성 유무를 두고 견해가 갈리고 있으나 일반적인 행정재량과는 규범의 구조 및 하자이론의 구성에 있어서 기본적 차이 때문에 그 독자성을 인정하여야 할 것이다. 판례 역시 계획재량의 법리를 받아들이고 있으며, 최근에는 재량의 일탈이나 남용이라는 표현을 피함으로써 계획재량이론의 독자성을 인정하고 있다(대판 2007. 1. 25, 2004두12063; 2006. 9. 8, 2003두5426).

사안에서 을은 기초조사를 전혀 하지 않음으로서 조사의 누락이 발생하였는바, 이를 기초로 한 이후의 평가과정 및 고유한 형량과정이 제대로 이루어지지 않았음을 쉽게 인정할 수 있다. 이에 따라 위 도시관리계획의 결정은 특정한 공익적 관점만을 전면에 내세우고 여타의 공익과 사익을 전혀 고려하지 않은 결정으로 형량의 하자로 위법하다고 할 것이다.

제2문: 동일한 내용의 도시관리계획을 할 수 있는지 여부

도시관리계획결정이 절차상의 하자 및 계획재량의 하자로 취소된 경우, 을이 동일한 내용의 도시관리계획을 다시 결정할 수 있는지의 문제는 취소판결의 기속력에 있어서 반복금지효에 관한 문제이다(판결의 기속력에 관하여는 본서 취소소송의 판결의 효력부분을 참고). 행소법 제30조 제1항은 "처분등을 취소하는 확정판결은 그 사건에 관하여 당사자인 행정청과 그 밖의 관계행정청을 기속한다"라고 규정하고 있는바, 사안에서 피고인 을이 상소를 포기하고, 취소판결이 확정된 경우에는 을은 동일한 사실관계 아래서 동일 당사자에게 동일한 내용의 처분을 반복 하여서는 안된다. 다만 취소판결의 사유가 절차나 형식상의 하자인 경우에는 기속력은 취소사유로 된 절차나 형식상의 하자에만 미치기 때문에 적법한 절차나 형식을 갖추어 다시 동일 내용의 처분을 하는 것은 무방하다. 사안에서는 단순히 절차상의 하자뿐만 아니라 계획재량의 하자로 처분이 위법하게 된 경우이다. 을이 다시 관련된 제반 이익을 올바르게 형량을 할 경우에는 비록 내용상으로 동일한 결정을 한다고 하더라도 실질적으로 상이한 새로운 처분에 해당하기 때문에 기속력에 반하지 않을 것이다.

사례 3 A시는 자신의 관할 구역 내의 국유하천에 대한 주변환경개선계획(이하 '자연환경개선계획')을 발표하면서 관계 A시 소유의 시민체육공원이 포함된 부지를 시민자연생태공원용지로 그 지목과 용도를 변경하여 생태공원을 조성하고 생태학습장 및 환경교육센터 등을 설치한다고 고시하였다. 이러한 자연환경개선계획을 발표하는 과정에서 법령상 정해진 도시계획위원회의 심의는 거치지 않았다. 이 계획에 대해 인근주민과 환경관련 시민사회단체(NGO) 등은 적극적인 찬성입장을 표명하였으나, 시민체육공원의 위탁관리주체인 서울올림픽기념국민체육공단(이하 '진흥공단')은 A시의 자연환경개선계획에 대하여 '이는 국가예산의 낭비일 뿐만 아니라, 시민체육공원을 정기적, 부정기적으로 이용하는 국민 일반의 권리를 침해하는 것'이라고 비판하고 있다.

1) 진흥공단이 A시의 자연환경개선계획에 대해서 항고소송을 제기할 경우 당해 소송은 적법한가? (20점)

2) A시의 국유하천주변 자연환경개선계획의 효력유무에 대하여 검토하시오.(단, 실체적 요건은 모두 갖춘 것으로 전제한다)(10점)

3) 인근 주민 갑은 평소 시민체육공원의 배트민튼장을 정기적으로 이용하다가 A시의 자연환경개선계획으로 인해 이 시설을 더 이상 이용하지 못할 위험에 처했다. 이에 갑은 A시의 자연환경계획에 대해서 행정소송을 제기하려고 한다. 갑의 시민체육공원 시설이용의 법적 성질에 대해 검토하시오.(10점)(55회 행정고시)

▶**답안요지** **제1문: 진흥공단이 제기한 항고소송의 적법성**

진흥공단의 제기할 수 있는 항고소송으로는 취소소송이 고려될 수 있는바, 취소소송의 요건의 충족되고 있는지 검토가 요구된다.

1) 대상적격: 진흥공단이 자연환경계획에 대하여 취소소송을 제기하기 위하여는 행소법 2조 1항 1호의 처분성이 인정되어야 한다. 자연환경계획은 행정계획의 한 형태에 해당하는바, 행정계획의 법적 성질에 관하여는 행정입법설, 행정행위설, 독자성설 등이 주장되고 있으나 계획에 따라 법적 성질을 개별적으로 검토하여야 한다는 개별검토설이 통설이다. 사안의 자연환경계획은 시민체육공원이 포함된 부지를 시민자연생태공원용지로 지목과 용도를 변경하여 생태공원을 조성하는 것을 내용으로 하고 있는바, 이는 인근주민과 기존의 체육시설을 이용하는 주민 등의 권리와 의무을 제한 및 영향을 주는 물적 행정행위의 성격을 갖는다고 할 것이다. 이에 따라 자연환경계획의 처분성이 인정될 것이다.

2) 원고적격: 진흥공단은 취소를 구할 법률상 이익이 있어야 하는바, 학설에서는 행소법 12조의 법률상 이익의 개념과 관련하여 ① 권리구제설, ② 법률상 이익구제설, ③ 이익구제설, ④ 적법성 보장설 등으로

대립되고 있으나, 법률상 이익구제설이 판례와 다수설의 입장이다. 근래 대법원은 제3자효행정행위와 관련하여 근거법률을 관련법률로 확장하고 있으며, 헌법재판소는 헌법상의 자유권에서 원고적격을 직접 도출하고 있다. 사안에서 국민체육진흥법을 검토하건데, 진흥공단은 "국가예산의 낭비일 뿐 아니라, 시민체육공원을 정기적, 부정기적으로 이용하는 국민일반의 권리를 침해하는 것"이라는 이유로 비판하고 있는바, 진흥공단이 법인 스스로의 법익침해가 아닌, 국민일반의 권리침해를 이유로 소를 제기하는 것은 주관적 소송체계를 유지하는 우리 행정소송법에서는 가능하지 않다.

한편, 진흥공단은 국민체육진흥법 36조 2호에 따라 기금을 조성, 운용 및 관리와 이에 딸린 사업을 하고, 36조 4항에 따라 올림픽대회를 위하여 설치된 체육시설의 유지 · 관리에 드는 경비를 충당하기 위하여 체육시설의 유지 · 관리에 드는 경비를 충당하기 위하여 체육시설에 입장하는 자로부터 입장료를 받을 수 있는바, 자연환경개선계획에 의하여 이러한 사업운영 및 입장료수입에 영향을 받을 수 있으나 이는 공익보호를 위하여 공단에게 인정된 권한으로 보아야 하며, 공단의 경제적 이익을 법적으로 보호하기 위한 규정으로 보기는 어려울 것이다. 이에 따라 진흥공단의 원고적격은 부인될 것이며, 그가 제기한 취소소송은 부적법 각하될 것이다.

제2문: 자연환경개선계획의 효력유무

사안에서 자연환경계획은 법령상 정해진 도시계획위원회의 심의를 거치지 않고 수립 · 확정되었는바, 이에 따라 절차상의 하자가 존재한다. 행정행위의 절차상의 하자와 마찬가지로 중대 · 명백설에 따라 중대 · 명백한 하자가 있는 경우에는 무효사유에 해당하며, 여타의 경우에는 취소사유에 해당한다. 관계중앙행정기관의 협의를 결여한 택지개발예정지구의 효력(대판 2000. 10. 13, 99두653) 및 학교환경위생정화위원회의 심의를 거치지 않은 금지시설의 효력(대판 2007. 3. 15, 2006두15806)에 대한 판례의 입장을 고려할 때 사안의 경우는 취소사유에 해당된다고 볼 것이다. 행정행위의 하자가 절차상의 하자로 취소사유에 해당하는 경우에 처분청은 직권취소할 수 있으나, 취소소송이 제기된 경우에 법원이 본안에서 취소할 수 있는지 여부에 대하여 ① 소극설, ② 절충설, ③ 적극설이 대립되고 있는바, 판례는 적극설을 취하고 있다(본서 행정절차의 하자부분참고). 사안의 경우 계획재량이 광범위하게 인정되고 있는 점, 도시계획위원회의 심의를 거칠 경우에 다른 내용의 자연환경개선계획이 수립될 가능성을 배제할 수 없는바, 어느 견해를 따른다고 하더라도 법원은 자연환경계획을 취소할 수 있을 것이다.

제3문: 시민체육공원 시설이용의 법적성질

1. 시민체육공원의 법적 성질

공물이란 다수설에 따르면 행정주체에 의하여 또는 관습법에 의하여 직접 행정목적에 제공되어 공법적 규율을 받는 유체물과 무체물 및 물건의 집합체로 정의되고 있다. 이러한 공물은 목적에 따라 직접 일반공중의 사용에 제공된 공공용물, 직접 행정주체의 사용에 제공된 공용물, 물건 그 자체의 보전에 목적을 두고 있는 보존공물로 구분된다. 사안에서 시민체육공원은 일반공중의 사용에 직접 제공된 공공용물에 해당한다.

2. 시민체육공원 시설이용의 법적성질

공공용물의 사용관계는 일반공중이 공물을 본래의 제공목적에 따라 자유로이 사용하는 일반사용과 일반사용의 범위를 넘어서는 특별사용으로 구분된다. 사안에서 시민체육공원에 설치된 배드민턴 시설에 대한 갑의 사용이 문제가 되고 있는바 이는 공공용물의 일반사용에 해당된다. 공공용물의 일반사용의 법적 성질에 대하여는 반사적 이익설과 개인적 공권설이 대립되는바, 개인적 공권설이 다수설이다. 행정주체는 공공용물의 성립과 더불어 관련법률에 따라 이를 일반사용에 제공할 의무를 부담하며, 일반사용은 단순한 공익뿐만 아니라 사용자의 구체적 이익을 아울러 실현하기 때문에 그 권리성이 인정된다. 이러한 일반사용권은 현존하는 공공용물을 그 제공목적에 따라 방해를 받지않고 자유로이 사용하는 것을 내용으로 하는 것으로서, 새로운 공공용물의 공용지정을 통한 일반사용의 창설이나, 기존 공공용물의 존속을 요구하는 권리를 포함하고 있지 않다. 다만 인접주민은 공공용물과의 특별한 공간적 관계를 근거로 일반사용을 넘어서는 고양된 일반사용권을 행사할 수 있다. 이러한 고양된 일반사용권의 한계로는 ① 자신의 토지나 건물 등의 적절한 이용을 위하여 불가결한 사용이어야 하며, ② 당해 지역의 관행과 합치되어야 하며, 일반공공의 사용과 조화되어야 한다. 사안에서 갑의 배드민턴장 이용은 이러한 인접주민의 고양된 일반사용에 해당되지 않으며, 단순한 일반사용에 지나지 않는다. 이에 따라 갑은 기존의 배트민턴 사용에 대한 방해배제를 청구할 권리는 행사할 수 있으나, 동 시설의 폐지에 대하여는 행정소송을 통하여 다툴 수 없을 것이다(본서 공물의 사용관계 참조).

Ⅲ. 공법상 계약

1. 공법상 계약의 의의

"공법상 계약이란 공법적 효과의 발생을 목적으로 하는 복수당사자 사이의 서로 반대방향의 의사표시의 합치에 의하여 성립되는 공법행위"로 정의되고 있다. 공법상 계약은 행정주체와 사인 사이 또는 행정주체 상호간에 행정목적을 수행하기 위하여 이루어지는 계약이라는 점에서 사법상의 효과의 발생을 목적으로 하는 사법상 계약과 차이가 존재한다. 공법상 계약의 관념은 원래 공·사법의 이원적 구분과 행정재판제도를 가진 유럽의 행정국가에서 형성되었다. 이러한 공법상 계약은 사법적 바탕에서 형성된 영·미의 이른바 정부계약과 구별된다.

행정의 중점이 적극적인 급부행정으로 이동되고, 행정작용이 다양화됨에 따라 비권력행정이 전체 행정작용에서 차지하는 비중이 점차 높아지게 되었다. 이에 따라 비권력적 행정의 대표적인 행위형식인 공법상 계약에 대한 관심이 증대되고 있으며, 이를 통한 행정목적의 수행의 필요성과 그 유용성이 새롭게 인식되고 있다. 공법상 계약의 장점으로는 일반적으로 ① 행정을 개별적·구체적 상황에 따라 탄력적으로 융통성있게 처리할 수 있게 하며, ② 사실관계나 법률관계가 명확하지 않을 때에도 해결을 용이하게 하여 주며, ③ 법의 흠결을 메꾸어 줄 뿐 아니라, ④ 법률지식이 없는 자에게도 교섭을 통하여 문제를 이해시키고 해결할 수 있다는 점들이 거론되고 있다.

무엇보다 공법상 계약은 개인이 행정의 단순한 객체가 아니라, 독립된 법주체로서 행정주체의 동반자적 지위에서 행정작용의 수행에 참여하는 민주적 법치국가시대에 적합한 행위형식에 해당한다고 볼 수 있다. 행정기본법 제27조는 행정청은 법령등을 위반하지 아니하는 범위에서 행정목적을 달성하기 위하여 필요한 경우에는 공법상 법률관계에 관한 계약을 체결할 수 있다고 규정하여 공법상 계약의 체결 가능성을 인정하고 있다.

판례(공법상 계약의 판단기준) 공법상 계약이란 공법적 효과의 발생을 목적으로 하여 대등한 당사자 사이의 의사표시 합치로 성립하는 공법행위를 말한다. 어떠한 계약이 공법상 계약에 해당하는지는 계약이 공행정 활동의 수행 과정에서 체결된 것인지, 계약이 관계 법령에서 규정하고 있는 공법상 의무 등의 이행을 위해 체결된 것인지, 계약 체결에 계약 당사자의 이익만이 아니라 공공의 이익 또한 고려된 것인지 또는 계약 체결의 효과가 공공의 이익에도 미치는지, 관계 법령에서의 규정 또는 그 해석 등을 통해 공공의 이익을 이유로 한 계약의 변경이 가능한지, 계약이 당사자들에게 부여한 권리와 의무 및 그 밖의 계약 내용 등을 종합적으로 고려하여 판단하여야 한다(대판 2024. 7. 11, 2024다211762).

예 1 A는 도시중심지에 백화점을 지으려고 건축허가를 신청하였다. 그는 해당토지에 주차장을 건축할 여유가 전혀 없어 관할시장에 대하여 이에 대한 면제를 신청하였다. 관할시장은 백화점 신축예정지역에서 얼마 떨어져 있지 않은 곳에 건축예정인 공용주차장을 위하여 5000만원의 기부금을 내는 경우에 이를 면제할 수 있다고 제안하였다. 이에 따라 A와 市 사이에 市의 주차장시설의 면제의무와 A의 5000만원의 납부의무를 내용으로 하는 공법상 계약이 체결되었다.

예 2 을시는 인구분산을 위하여 시외곽에 새로운 시가지를 만들려고 하였으나 이에 소용되는 예산이 부족하였다. 마침 해당지역에 제약공장을 갖고 있는 B회사는 종업원을 위한 아파트를 필요로 하였다. 을시와 B회사 사이에 을시는 도시계획결정을 통하여 해당지역을 주거지역으로 지정하는 반면, B회사는 개발비용의 일부를 부담하는 것을 내용으로 하는 공법상 계약이 체결되었다.

2. 공법상 계약의 유형

1) 독일의 공법상 계약

독일의 경우 행정행위가 행정법학계와 실무계에서 지배적인 역할을 한 반면에 공법상의 계약은 학문적으로 등한시 되거나 심지어는 거부당하였다. 행정행위를 창안한 오토 마이어 스스로 행정주체의 우월성을 전제로 하는 공법관계에서는 법주체 상호간에 대등한 관계를 전제로 하는 계약이 성립한다는 것은 불가능하다고 하였다.[10] 이러한 견해는 지배적인 견해가 되었으며, 행정주체는 자신이 사법상의 주체로 활동하는 국고행정영역에 있어서만 사법상 계약에 의하여 활동할 수 있었다(물건납품계약, 공공토목공사도급계약 등). 그러나 이러한 전통적인 견해는 급부행정의 지속적인 확대과정에 따라 점차 변화되기 시작하였다. 1950년대에 들어와 학계의 논쟁과정에서 공법상 계약은 판례에 의하여 점차 인정되기 시작하였다. 1976년에 제정된 행정절차법은 공법상 계약을 행정행위와 동가치적인 행위형식으로 인정하고, 공법상 계약의 종류, 형식, 하자, 해지 등에 대하여 상세하게 규율하고 있다(동법 54조-62조).

2) 프랑스의 행정계약

프랑스에서는 국참사원의 판례를 중심으로 일찍이 행정계약의 관념이 인정되어 왔다. 프랑스의 행정계약의 개념은 독일의 그것보다 훨씬 넓고 광범위하게 인정되어 왔다. 독일에서 행정행위로 보는 공기업의 특허, 공물사용권의 특허뿐만 아니라 독일에서 사법상 계약으로 보는 공공토목공사도급계약, 물건납품계약까지도 행정계약에 포함시키고 있다.

국참사원이 사법상의 계약과 구별되는 행정계약으로 보는 기준은 ① 적어도 계약당사자의 일방이 공법인일 것, ② 공공역무의 집행을 목적으로 할 것, ③ 계약조항에 사법적용제외 조항을 채택할 것 등이다.

이러한 프랑스의 행정계약은 그의 명칭에도 불구하고 독일에서의 공법상 계약보다도 오히려 행정행위에 가까운 성격을 갖고 있다. 왜냐하면 프랑스의 행정계약은 법집행행위(좁은 의미의 행정행위)와 더불어 행정행위의 관념 속에 포함되어 있을 뿐 아니라, 경우에 따라서는 행정계약을 일방적으로 변경, 해제 또는 해지하기도 하고 상대방의 계약상의 의무를 강제로 이행시킬 수 있는 실무적 수단(금전적 제재, 강제집행, 실권 등)을 행사할 수 있는 등 권력적 요소를 갖고 있기 때문이다.

10) O. Mayer, AöR 3, 1988, S. 42.

3) 영 · 미의 정부계약

영 · 미에서는 공 · 사법의 이원적인 법체계를 부인하여 왔기 때문에 전통적으로 공법상 계약이라는 관념이 인정되지 않았다. 그러나 19세기 후반부터 행정기능의 확대에 따라 행정목적의 달성을 위한 수단으로 이른바 정부계약이라는 특수한 형태의 계약을 사용하여 왔으며, 이러한 정부계약에 표준조항(standard terms and conditions)을 도입함으로써 실질적으로는 프랑스의 행정계약과 유사한 형태를 인정하고 있다. 표준조항은 정부의 감독권, 계약내용의 변경권, 해지 · 해제권 등에 대하여 정하는 것으로 공공토목공사계약, 물건납품계약 등과 같은 정부계약에 포함시키고 있다.

3. 타행위와의 구별

1) 사법상 계약과의 구별

행정주체상호간 또는 행정주체와 국민상호간에 체결되는 계약에는 공법상 계약과 사법상 계약이 있다. 공법상 계약이나 사법상 계약은 모두 복수당사자의 반대방향의 의사표시의 합치에 의하여 일정한 법률효과가 발생한다는 점에서는 본질적으로 같다. 그러나 사법상 계약에서는 원칙적으로 쌍방당사자의 의사가 대등한 가치를 갖고 있으며, 사법상의 법률효과를 발생시키는 데 반하여 공법상의 계약은 쌍방당사자의 의사가 대등한 가치를 갖고 있지 않은 경우도 적지 않으며, 공법상의 법률효과를 발생시키며, 계약대상도 공법적으로 판단할 수 있는 사실관계를 대상으로 한다는 점에서 차이가 존재한다.

국가 등의 행정주체가 개인과 체결하는 사법상 계약은 좁은 의미의 국고행정영역(국고지원활동, 수익경제활동)과 행정사법영역에서 발견된다. 좁은 의미의 국고행정영역에서는 행정주체는 개인과 물건납품계약, 공공토목공사도급계약 및 국공유재산의 매각 · 양여 · 대부 · 교환계약을 체결한다. 이들 계약에 대하여는 계약체결의 공정성, 하자보증, 계약내용이행확보 등을 위하여 「국가를 당사자로 하는 계약에 관한 법률」, 「지방자치단체를 당사자로 하는 계약에 관한 법률」 등에서 특별한 규정을 두고 있다.

다른 한편으로 행정주체는 급부행정영역, 예를 들어 전기 · 가스공급, 전화이용, 상 · 하수시설사용, 폐기물처리, 교통 · 체육시설 등의 영조물이용관계에 있어서 사법상 계약을 체결하는 경우가 많은바, 이는 실질적으로 행정임무에 해당한다는 이유로 이른바 행정사법관계로 불리우고 있으며, 그에 대한 공법적 기속을 두고 활발한 논쟁이 진행되고 있다. 이와 같은 행정사법관계가 발전된 이유는 공법상 계약의 뒤늦은 발전에 기인하고 있으며, 향후 공법상 계약의 활성화에 따라 행정사법관계는 현저하게 축소될 것으로 예상된다.

일본과 우리 학설의 일부에서는 행정주체가 계약의 당사자로 되는 한, 공법상 계약과 사법상 계약을 모두 포함한 개념으로 행정계약이라는 용어를 사용하자는 견해를 제시하고 있다. 행정계약이라는 용어사용을 주장하는 학자들은 ① 우리나라의 경우 공법상 계약과 사법상 계약의 구별기준이 아직 확립되어 있지 않고, ② 공법상 계약의 법리도 제도적으로나 이론적으로 발전되어 있지 않으며, ③ 현재 학설상 공법상 계약은 매우 제한된 범위에서 인정되고 있는 반면, 사법상 계약으로 인정되는 계약유형에 대하여도 실정법상 특별한 규율이 행하여지는 경우가 많을 뿐 아니라, 계약의 내용과 대상에 따라서 공익성의 이유로 계약에 관한 사법상의 원리가 수정 및 제한될 수 있는 여지가 있다는 점을 고려할 때, 공법적인 것에만 한정하여 별도의 계약의 개념을 구성할 의미가 그리 크지 않다는 입장을 취하고 있다.

그러나 ① 우리나라는 공·사법의 이원적 체계를 취하고 있으며, ② 공법상 계약에 대한 소송제도로서 민사소송과 구별되는 공법상의 당사자소송이 마련되어 있으며, ③ 공법상 계약과 사법상계약은 실정법상 기본법리의 차이가 있기 때문에, 사법상 계약과 구별되는 공법상 계약의 독립적인 존재를 인정하여야 할 것이다. 비록 공법상 계약과 관련된 법이론과 실무의 발전이 지금까지 답보상태에 머물고 있다는 것은 부인할 수 없지만 이것이 바로 공법상 계약의 독자성을 부인하는 주된 이유가 될 수는 없을 것이다. 행정기본법 제27조는 공법상 계약의 근거를 마련했고, 아울러 계약의 목적 및 내용을 명확하게 적은 계약서를 작성하도록 규정하고 있다.

2) 행정행위와의 구별

가. 구별의 일반론

공법상 계약과 행정행위는 양자가 모두 외부적 효력을 갖는 행정법상의 개별적·구체적 규율이라는 점에서 공통성을 가지며, 이 점에서 일반적·추상적 규율인 행정입법과 구별된다. 행정행위와 공법상 계약의 중요한 차이점은 성립의 방법과 양식에서 발견된다. 공법상 계약은 양 당사자의 합의에 의하여 성립되는 반면, 행정행위는 행정청에 의하여 일방적으로 결정된다. 이러한 차이점은 양자의 성립요건, 효력, 하자, 변경 및 집행 등에 있어서 중요한 결과를 수반하게 된다.

나. 협력을 요하는 행정행위와의 구별

행정행위 가운데 상대방의 동의나 신청에 의하여 행하여지는 공무원임명, 귀화허가, 영업허가 등 협력을 요하는 행정행위의 경우는 상대방의 의사표시를 요소로 하고 있다는 점에 있어서, 공법상 계약과 공통점이 있다. 그러나 협력을 요하는 행정행위에 있어서 이러한 동의나 신청의 필요성은 개인으로 하여금 규율에 있어서 함께 결정하도록 하는 목적을 가진 것이 아니라, 그가 원하지 않는 행정행위를 강제하지 않는데 목적을 갖고 있다. 공법상 계약에 있어서 개인의 의사표시는 계약의 성립요건을 이루는데 반하여, 행정행위에 있어서 개인의 의사표시의 존재는 적법요건을 이루고 있다. 공법상 계약에 있어서 상대방의 의사표시가 없게 되면, 계약이라는 것이 성립하지 않게 되나, 협력을 요하는 행정행위에 있어서는 상대방의 협력이 없더라도 행정행위는 성립하나, 위법으로서의 취소사유가 되거나 무효사유가 될 뿐이다.

다. 부관이 붙은 행정행위와의 구별

공법상 계약의 목적이 행정행위의 발급을 개인의 반대급부에 의존시킬 때, 부담 또는 정지조건 등의 부관이 붙은 행정행위와 유사한 모습을 갖게 된다. 양자는 다같이 상대방의 일정한 반대급부를 확보하는 목적이 있으나 공법상 계약과 행정행위간에는 기본적인 차이가 있다는 점에는 변함이 없다. 즉 개인에게 부과되는 의무는 부관부 행정행위에 있어서는 행정청에 의하여 일방적으로 부과되나, 공법상 계약에 있어서는 합의에 의하여 부과된다.

개인은 자신에게 부과되는 의무를 원하지 않는 경우에는 공법상 계약에 있어서는 계약체결을 위한 의사를 표시하지 않으면 되나, 부관부 행정행위에 있어서는 주된 행정행위에 의하여 부여되는 수익조치를 행사하지 않거나 조건을 이행하지 않으면 된다.

판례(부담의 내용을 미리 협약의 형식으로 정한 다음 부과할 수 있다는 사례) 수익적 행정처분에 있어서는 법령에 특별한 근거규정이 없다고 하더라도 그 부관으로서 부담을 붙일 수 있고, 그와 같은 부담은 행정청이 행정처분을 하면서 일방적으로 부가할 수도 있지만 부담을 부가하기 이전에 상대방과 협의하여 부담의 내용을 협약의 형식으로 미리 정한 다음 행정처분을 하면서 이를 부가할 수도 있다(대판 2009. 2. 12, 2005다65500).

라. 행정행위와의 대체가능성

행정행위와의 구별에 있어서 행정행위에 갈음하는 공법상 계약을 법률의 수권없이 체결할 수 있는지가 문제가 된다. 독일의 경우는 이 문제를 입법을 통하여 해결하였으며(독일행정절차법 54조 2문), 학설에서는 행정행위에 갈음하여 체결하는 계약을 종속계약이라고 부르고 있다. 생각건대 법률이 행정행위로 할 것을 명시하고 있지 않은 경우에는 행정청은 법률의 집행에 있어서 행정행위를 수단으로 할 것인지, 계약을 수단으로 할 것인지는 법의 강제를 받는 것이 아니며, 오히려 계약에 의한 것이 쌍방에 만족할 만한 결과를 가져 올 때에는 행정청은 가능한 한 상대방의 의사가 참여되는 공법상 계약을 통하여 행정을 실현시키는 것이 바람직하다.

3) 공법상 합동행위와의 구별

공법상 계약과 공법상 합동행위는 모두 당사자의 의사합치로 성립한다는 점에서는 같다. 그러나 공법상 계약은 그 당사자간의 반대방향의 의사의 합치로 성립한다는 점에서, 즉 그 법적 효과는 쌍방의 당사자에 대하여 각각 반대의 의미를 갖는다는 점에서, 같은 방향의 의사의 합치이며, 그 법적 효과가 당사자쌍방에 대하여 같은 의미를 갖는 공법상의 합동행위와 구별된다(시·군조합의 설립).

4. 공법상 계약의 종류

1) 주체에 관한 구분

가. 행정주체상호간의 공법상 계약

국가와 공공단체 사이에 또는 공공단체상호간에 성립하는 공법상 계약을 의미한다. ① 공공단체상호간의 사무위탁(지자법 168조), ② 도로·하천 및 공공시설의 관리 및 경비부담에 관한 협의(도로법 23조·58조, 하천법 12조·50조) 등이 그 예에 해당하며, 이와 같은 공법상 계약을 특히 공법상의 협정이라고 부른다.

나. 행정주체와 사인간의 공법상 계약

공법상 계약의 대부분의 영역을 차지하는 행정주체와 사인간에 체결되는 공법상 계약의 대표적 예로서는 다음과 같은 것들이 있다.

가) 행정권한위탁에 관한 계약 오늘날 지나치게 비대한 행정권을 축소·간소화하고 민간의 기술 및 전문지식을 활용하기 위하여 행정권한을 사인에게 위탁하는 경향이 증가하고 있다(이른바 공무수탁사인). 「행정권한의 위임 및 위탁에 관한 규정」 제13조에서는 행정권한의 민간위탁시에는 계약을 체결하도록 규정하고 있어 공법상 계약에 대한 법적 근거를 마련하고 있다.

나) 자금지원에 관한 계약 행정주체가 개인을 포함한 사적 경제주체에게 제공하는 자금지원의 종류로서는 반환의무 없이 제공되는 단순한 보조금과 융자 및 보증 등이 있다. 여기서 단순한 보조금의 경우에는 대부분 행정행위의 형식에 의하여 부여되고 있으나(「보조금의 예산 및 관리에 관한

법률」에 의한 보조금지급결정), 융자나 보증에 있어서는 그 행위형식에 관하여 오랫동안 학설의 논쟁이 되어 왔다. 과거 학설에서 다수설적 지위를 차지하였던 2단계설은 오늘날 그 자체에 내재하고 있는 문제점으로 인하여 비판되고 있으며, 오늘날은 행정행위 또는 공법상 계약 중 어느 한 형식에 의하여도 가능하다는 것이 학설의 일반적 견해이다.[11)]

판례 1(협약의 해지에 따른 정부지원금 환수통보가 행정처분에 해당하는지 여부) 중소기업 정보화지원사업에 따른 지원금 출연을 위하여 중소기업청장이 체결하는 협약은 공법상 대등한 당사자 사이의 의사표시의 합치로 성립하는 공법상 계약에 해당한다고 봄이 타당하며, 중소기업 정보화지원사업을 위한 협약에서 해지에 관한 사항을 정하고 있고 이에 따라 협약 해지를 통보한 경우, 그 효과는 전적으로 협약이 정한 바에 따라 정해질 뿐, 달리 협약 해지의 효과 또는 이에 수반되는 행정상 제재 등에 관하여 관련 법령에 아무런 규정을 두고 있지 아니한 점 등을 종합하면, 이 사건 협약의 해지 및 그에 따른 이 사건 환수통보는 공법상 계약에 따라 행정청이 대등한 당사자의 지위에서 하는 의사표시로 봄이 타당하고, 이를 행정청이 우월한 지위에서 행하는 공권력의 행사로서 행정처분에 해당한다고 볼 수는 없다(대판 2015. 8. 27, 2015두41449).

판례 2(연구개발 중단 조치 및 연구비 집행중지 조치가 행정처분에 해당되는지 여부) 한국환경산업기술원장이 환경기술개발사업 협약을 체결한 甲 주식회사 등에게 연차평가 실시 결과 절대평가 60점 미만으로 평가되었다는 이유로 연구개발 중단 조치 및 연구비 집행중지 조치(이하 '각 조치'라 한다)를 한 사안에서, 각 조치는 甲 회사 등에게 연구개발을 중단하고 이미 지급된 연구비를 더 이상 사용하지 말아야 할 공법상 의무를 부과하는 것이고, 연구개발 중단 조치는 협약의 해약 요건에도 해당하며, 조치가 있은 후에는 주관연구기관이 연구개발을 계속하더라도 그에 사용된 연구비는 환수 또는 반환 대상이 되므로, 각 조치는 甲 회사 등의 권리 · 의무에 직접적인 영향을 미치는 행위로서 항고소송의 대상이 되는 행정처분에 해당된다(대판 2015. 12. 24, 2015두264).

판례 3(방위사업청과 국책사업인 '한국형헬기 핵심구성품 개발협약'을 체결한 주식회사가 외부적 요인으로 협약금액을 초과하는 비용이 발생한 경우, 국가를 상대로 초과비용 지급을 구하는 분쟁은 행정소송의 대상이 되어야 한다는 판례) 국책사업인 '한국형헬기(KHP) 개발사업' 개발주관사업자 중 하나로 참여하여 국가 산하 중앙행정기관인 방위사업청과 '한국형헬기 민군겸용 핵심구성품 개발협약'을 체결한 甲 주식회사가 협약을 이행하는 과정에서 환율변동 및 물가상승 등 외부적 요인 때문에 협약금액을 초과하는 비용이 발생하였다고 주장하면서 국가를 상대로 초과비용의 지급을 구하는 민사소송을 제기한 사안에서, 과학기술기본법 제11조, 구 국가연구개발사업의 관리 등에 관한 규정(이하 '국가연구개발사업규정'이라 한다) 제2조 제1호, 제7호, 제7조 제1항, 제10조, 제15조, 제20조, 항공우주산업개발 촉진법 제4조의 입법 취지와 규정 내용, 위 협약에서 국가는 甲 회사에 '대가'를 지급한다고 규정하고 있으나 이는 국가연구개발사업규정에 근거하여 국가가 甲 회사에 연구경비로 지급하는 출연금을 지칭하는 데 다름 아닌 점, 위 협약에 정한 협약금액은 정부의 연구개발비 출연금과 참여기업의 투자금 등으로 구성되는데 위 협약 특수조건에 의하여 참여기업이 물가상승 등을 이유로 국가에 협약금액의 증액을 내용으로 하는 협약변경을 구하는 것은 실질적으로는 KHP사업에 대한 정부출연금의 증액을 요구하는 것으로 이에 대하여는 국가의 승인을 얻도록 되어 있는 점, KHP사업의 참여기업인 甲 회사로서도 민 · 군 겸용 핵심구성품 개발사업에 참여하여 기술력을 확보함으로써 향후 군용 헬기 양산 또는 민간 헬기 생산에서 유리한 지위를 확보할 수 있게 된다는 점 등을 종합하면, 국가연구개발사업규정에 근거하여 국가 산하 중앙행정기관의 장과 참여기업인 甲 회사가 체결한 위 협약의 법률관계는 공법관계에 해당하므로 이에 관한 분쟁은 행정소송으로 제기하여야 한다(대판 2017.

---

11) 資金支援의 行爲形式에 관하여 상세히는 鄭夏重, 資金助成行政의 法的 性格과 行爲形式, 公法硏究 28집 1호, 1999. 10, 131면 이하 참조.

11. 9, 2015다215526).

다) 공용부담에 관한 계약 공용부담은 원칙적으로 행정주체의 단독행위에 의하여 사인에게 부과되는 것이나 사인이 이를 임의로 부담하는 경우, 예컨대 사유지를 도로·학교·공원 등의 부지로 제공하는 경우에 있어서는 이는 공용부담계약(기부채납)으로서, 그에 의하여 공법상의 권리·의무가 성립한다는 점에서 공법상 계약이라고 할 것이다. 한편, 판례는 기부채납을 사법상 증여계약으로 보고 있다.

판례(기부채납의 법적 성격) 기부채납이란 지방자치단체 외의 자가 부동산 등의 소유권을 무상으로 지방자치단체에 이전하여 지방자치단체가 이를 취득하는 것으로서, 기부자가 재산을 지방자치단체의 공유재산으로 증여하는 의사표시를 하고 지방자치단체가 이를 승낙하는 채납의 의사표시를 함으로써 성립하는 증여계약에 해당한다(대판 2022. 4. 28, 2019다272053).

라) 공물의 특허사용에 관한 계약 공물의 특허사용은 일반적으로 형성적 행정행위로서 특허에 의하여 부여되는 것이 일반적이다. 그러나 이러한 행정행위 대신에 공법상 계약에 의하여 공물의 특허사용관계가 성립하는 것도 가능하다고 할 것이다.

마) 환경보전협정 국가나 지방자치단체는 사기업과 공해발생의 방지 및 환경보전을 목적으로 공법상의 계약을 체결할 수 있다. 예를 들어 폐기물관리법 제16조는 지방자치단체장으로 하여금 관할구역 안의 폐기물을 배출하는 자 또는 이들로 구성된 단체와 폐기물의 발생억제 및 처리를 위한 협약을 체결할 수 있도록 하고 있는바 이러한 협약은 공법상의 권리와 의무를 내용으로 하고 있다는 점에서 공법상 계약이라고 할 것이다.

판례(광주광역시합창단원 위촉의 법적 성격) 광주광역시문화예술회관장의 광주광역시립합창단원 위촉은 광주광역시문화예술회관장이 행정청으로서 공권력을 행사하여 행하는 행정처분이 아니라 공법상의 근무관계의 설정을 목적으로 하여 광주광역시와 합창단원이 되고자 하는 자 사이에 대등한 지위에서 의사가 합치되어 성립하는 공법상 근로계약에 해당한다고 보아야 할 것이므로, 합창단원으로서 위촉기간이 만료되는 자들의 재위촉 신청에 대하여 광주광역시문화예술회관장이 실기와 근무성적에 대한 평정을 실시하여 재위촉을 하지 아니한 것을 항고소송의 대상이 되는 불합격처분이라고 할 수는 없다(대판 2001. 12. 11, 2001두7794).

다. 사인상호간의 공법상 계약

사인상호간의 공법상 계약은 계약당사자의 한편이 행정권한을 위탁받은 공무수탁사인인 경우에 생각할 수 있다. 현행법상 사인상호간의 공법상 계약은 「공익사업을 위한 토지 등의 취득 및 보상에 관한 법률」 제26조에 의한 사인인 사업시행자와 토지소유자 및 관계인과의 협의를 들 수 있다. 학설에서는 동법상의 협의가 성립되면 사법상의 매매계약이 성립된다는 견해가 있으나, 협의가 이루어져 토지수용위원회의 확인을 받는 경우에는 토지수용위원회에 의한 재결과 동일한 효력을 발생하고, 사업시행자의 권리는 원시취득이 되는 동시에 피수용자에게 환매권이 발생하는 등 협의는 수용절차의 한 단계이며, 공권력을 그 배경으로 하고 있다는 점을 감안한다면, 이를 공법상 계약으로 보는 것이 당연하다.

2) 성질에 의한 구분

공법상 계약은 양 당사자의 대등성여부에 따라 대등계약과 종속계약으로 구분된다.

가. 대등계약

대등계약은 대등하거나 거의 대등한 지위에 있는 행정주체상호간에 체결된 공법상의 권리 · 의무에 관한 계약으로 주로 행정행위에 의하여 규율될 수 없는 법률관계를 그 대상으로 하는 계약을 말한다(지방자치단체경계를 통과하는 하천관리에 관한 지방자치단체상호간의 협의).

나. 종속계약

이에 대하여 종속계약은 일방당사자가 행정주체이고 타방당사자가 사인 또는 하위에 있는 행정주체간에 성립하는 계약이다. 위에서 설명한 행정주체와 사인간의 공법상 계약은 거의 종속계약에 해당된다고 할 것이다. 이러한 종속계약의 개념에 대하여 일부의 학설에서는 계약은 계약당사자의 대등성을 전제로 한다는 관점에서 비판을 제기하고 있다.[12]

그러나 사법상 계약에 있어서도 계약의 일방당사자가 다양한 조건과 약관을 통하여 계약내용을 대부분 확정시키고 타방당사자는 사실상으로 이에 강요되는 부합계약의 형태가 널리 행하여지고 있다. 계약당사자의 대등성은 계약인정에 대한 결정적인 징표가 될 수 없으며, 오히려 공법상 계약의 가장 현저한 특성은 그 종속성에 있다고 보아야 할 것이다.

3) 내용에 의한 구분

계약내용을 기준으로 할 때 다양한 구분이 가능하나, 이 중에서 대표적으로 언급되는 종류로서 교환계약과 화해계약이 있다.

가. 화해계약

화해계약은 사실관계나 법적 상황이 불확실하고 이를 제거하는 데 있어서 현저한 어려움이 존재하는 경우에, 양 당사자의 양보를 통하여 체결된다(추가적인 보상청구를 포기할 것을 조건으로 수용보상액의 즉각적 지급에 대한 행정청과 사인 사이의 합의).

나. 교환계약

교환계약은 양 당사자에게 서로 대응하는 공역무의 제공의무를 지우는 계약을 의미한다. 이러한 교환계약에 있어서는 급부와 반대급부는 적절한 비례관계가 있어야 하며, 부당결부금지원칙에 따라 상호간에 실질적 관련성이 있어야 한다.

5. 공법상 계약의 적법요건

1) 주체에 관한 요건

공법상 계약도 정당한 권한을 가진 행정청에 의하여 체결될 수 있음은 다른 행정작용에서와 마찬가지이다. 계약당사자의 한편은 행정주체이나 실제로 계약체결을 하는 자는 행정청이 된다. 공법

12) 李尚圭, 新行政法論(上), 475면.

상 계약도 사법상 계약과 마찬가지로 양 계약당사자의 청약과 승낙이라는 의사표시의 합치에 의하여 성립된다.

2) 형식 · 절차에 관한 요건

행정기본법 제27조 제1항 후문은 계약의 목적 및 내용을 명확하게 적은 계약서를 작성하여야 한다고 규정하고 있다. 한편, 독일의 행정절차법은 법령에서 다른 형식을 규정하고 있지 않는 한 문서에 의하도록 하고 있으며(법 57조), 제3자의 권리를 침해하는 공법상 계약의 경우에는 제3자의 문서에 의한 동의가 있는 경우에, 비로소 유효하게 성립한다고 규정하고 있다(법 58조). 아울러 동법은 다른 행정청의 승인 · 동의 또는 협의를 요하는 행정행위를 갈음하는 공법상 계약을 체결하는 경우에는 다른 행정청의 이러한 협력을 거친 후에 비로소 유효하게 성립한다고 규정하고 있다(법 58조). 이들 규정은 향후 공법상 계약에 관한 규정을 보완할 경우에 좋은 참고가 될 것이다.

3) 내용에 관한 요건

공법상 계약의 내용형성과 행정의 법률적합성의 원칙과의 관계는 오랫동안 논쟁이 되어 왔다.

가. 법률우위의 원칙

법률우위의 원칙은 공법상 계약의 내용형성에 있어서 제한없이 적용된다(행정기본법 27조 1항). 행정주체에 의하여 약속된 급부나 개인의 반대급부는 법률에 위반되서는 안된다. 강행법규의 이탈은 법률에서 그 면제나 예외를 명시적으로 규정한 경우에 허용되며, 재량법규에 있어서는 계약당사자의 급부는 재량의 한계 내에서만 허용된다.

나. 법률유보의 원칙

공법상 계약의 내용형성에 있어서 법률유보의 원칙의 적용여부는 논란의 대상이 되어 왔다. 오늘날 다수설에 따르면 개인의 계약상의 의무부담은 헌법상의 자유권의 행사에 해당되기 때문에 원칙적으로 법률유보의 원칙이 적용되지 않는다. 예를 들어 행정주체에게 자신의 소유권을 양도하거나 사용권을 부여하는 계약을 체결하는 개인은 자신의 재산권(헌법 23조)을 행사하며, 행정주체에게 자신의 주거의 출입을 허용하는 계약을 체결하는 개인은 자신의 주거의 자유에 대한 기본권(헌법 16조)을 행사하기 때문에, 이러한 계약들에 대하여는 법률의 근거를 요하지 않는다. 다만, 사실상의 계약강제가 존재하는 등 행정주체의 우월성에 의하여 의사결정의 자유가 침해되거나 제3자의 권리를 침해하는 계약의 경우에는 법률유보가 적용된다고 할 것이다.[13]

6. 공법상 계약의 하자

공법상 계약에 존재할 수 있는 하자에 대하여는 공법상 계약을 성립시키는 행정주체나 개인의 의사표시의 하자와 공법상 계약의 내용상의 하자로 구별하여 고찰되어야 한다.

1) 의사표시의 하자

계약당사자의 의사표시의 하자에 대하여는 사법상의 계약에 있어서와 마찬가지로 무효와 취소의 하자가 모두 인정된다고 할 것이다. 계약당사자 어느 한편의 의사표시에 무효사유가 있는 경우에는 공법상 계약은 성립하지 않게 될 것이며, 취소사유가 있는 경우에는 당해 계약당사자는 이를 취

13) 이에 대하여 자세히는 鄭夏重, 法治行政의 原理와 公法上 契約, 西江法學研究, 2009. 6, 173면 이하.

소하여 일단 유효하게 성립된 계약을 소급적으로 무효로 만들 수 있을 것이다.

2) 내용상의 하자

공법상 계약이 내용상으로 하자가 있는 경우에는 행정행위와는 달리 공정력이 인정되지 않기 때문에 무효인 하자유형만이 존재한다고 할 것이다. 여기서 실정법에 반하는 모든 위법한 공법상 계약이 무효에 해당하는지 문제가 발생한다. 이는 한편으로 행정의 법률적합성의 원칙과 다른 한편으로 법적 안정성의 원칙 및 계약기속의 원칙(pacta sunt servanda)과 비교형량하여 입법정책적으로 결정하여야 할 문제이다. 참고로 독일행정절차법은 민법상 계약의 무효사유를 모든 공법상 계약에 준용하고 있으며(동법 59조 1항), 행정행위를 갈음하여 체결되는 종속계약에 있어서는 ① 상응된 내용의 행정행위가 무효에 해당하는 경우, ② 절차나 형식상으로 하자가 있고, 계약당사자가 그 하자를 인식하고 있는 경우, ③ 화해계약의 요건이 충족되지 않은 경우, ④ 교환계약에 있어서 반대급부가 비례성을 결여하거나 부당결부금지의 원칙에 위배되는 경우에 당해 계약을 무효로 규정하고 있다. 동법은 이와 같이 특별한 사유가 있는 경우에만 공법상 계약을 무효로 규정함으로써 여타의 하자있는 공법상 계약의 유효성과 존속성을 인정하고 있다. 우리의 경우 이러한 입법례를 따를 것인지는 향후 입법정책적인 과제라고 할 것이다.

판례(계약직공무원 채용계약해지 의사표시에 이유제시의 필요성 유무) 계약직공무원에 관한 현행 법령의 규정에 비추어 볼 때, 계약직공무원 채용계약해지의 의사표시는 일반공무원에 대한 징계처분과는 달라서 항고소송의 대상이되는 처분 등의 성격을 가진 것으로 인정되지 아니하고, 일정한 사유가 있을 때에 국가 또는 지방자치단체가 채용계약 관계의 한쪽 당사자로서 대등한 지위에서 행하는 의사표시로 취급되는 것으로 이해되므로, 이를 징계해고 등에서와 같이 그 징계사유에 한하여 효력 유무를 판단하여야 하거나, 행정처분과 같이 행정절차법에 의하여 근거와 이유를 제시하여야 하는 것은 아니다(대판 2002. 11. 26, 2002두5848).

---

7. 공법상 계약의 이행과 급부장애

계약당사자는 계약내용에 따라 이행의무를 진다. 이행지체, 이행불능, 불완전이행 등 급부장애가 발생될 경우에는 민법상의 규정을 유추적용하되 공법상 계약의 특성을 고려하여야 할 것이다.

판례(공법상 계약과 행정재산의 무상 사용 청구) 공법상 계약 체결에 따른 권리를 취득한 상대방이 그러한 권리의 실질적 보장을 위한 방법의 하나로 공법상 계약의 상대방 측인 행정청을 상대로 수익적 행정행위를 신청하였고 그러한 신청이 공법상 계약에 따른 권리 · 의무의 이행방식에 위배되는 것이 아니라면, 수익적 행정행위 형식으로 공법상 계약의 권리를 실현시키기 어려운 사정변경이 생겼거나 중대한 공익상의 필요가 발생한 경우와 같이 특별한 사정이 없는 이상, 행정청으로서는 수익적 행정행위에 관한 재량권을 공법상 계약에 반하지 않는 범위에서 행사해야 한다(대법원 2025. 2. 27, 2024두47890).

---

8. 공법상 계약의 변경 및 해지

사법상 계약에 사정변경의 원칙이 적용되는 바와 같이 공법상 계약에도 사정변경의 원칙이 적용된다고 할 것이다. 계약내용의 결정에 기초가 되었던 상황이 본질적으로 변경되어 원래의 계약내용의 이행이 일방당사자에게 기대가능하지 않은 경우에, 그는 계약내용의 변경을 요구할 수 있다. 이러한 변경이 불가능하거나, 타방당사자에게 기대가능하지 않은 경우에는 그는 계약을 해지할 수 있다. 이러한 사정변경의 원칙 이외에도 행정청은 예외적인 경우에 공공복리에 중대한 침해를 방지하거나 제거하기 위하여 계약을 해지할 수 있을 것이다(예: 독일행정절차법 60조).

판례(공법상 계약과 명시되지 않은 내용의 추가) 공법상 계약에서도 계약당사자 사이에 어떠한 계약내용을 서면으로 작성한 경우에 문언의 객관적인 의미가 명확하다면, 특별한 사정이 없는 한 문언대로 의사표시의 존재와 내용을 인정해야 한다. 그러나 그 문언의 객관적인 의미가 명확하게 드러나지 않는 경우에는 문언의 내용, 계약이 이루어지게 된 동기와 경위, 당사자가 계약으로 달성하려고 하는 목적과 진정한 의사, 유사한 거래 선례, 해당 공법상 법률관계의 근거가 된 법령의 목적과 내용 등을 종합적으로 고찰하여 논리와 경험의 법칙, 그리고 사회일반의 상식과 행정법상 기본원칙 등에 따라 계약내용을 합리적으로 해석해야 한다. 특히 당사자 일방이 주장하는 계약의 내용이 상대방에게 중대한 책임을 부과하게 되는 경우에는 그 문언의 내용을 더욱 엄격하게 해석해야 한다. 계약서에 표현된 당사자의 의사가 명백한데도 합리적인 근거 없이 계약서에 명시되지 않은 내용을 추가하는 것은 의사해석의 범위를 넘어선 것으로 허용될 수 없다(대법원 2024. 12. 12, 2024두41816).

9. 공법상 계약상의 의무불이행에 있어서 강제집행

공법상 계약에 따른 의무를 일방당사자가 이행하지 않는 경우에는 다른 당사자는 정식재판을 통하여 집행권원을 취득하여 법원의 도움으로 강제집행을 할 수 있다. 다만 예외적으로 별도의 명문규정이 있는 경우에는, 행정청은 법원의 판결없이도 자력으로 강제집행할 수 있을 것이다. 참고로 독일의 행정절차법은 종속계약의 경우에는 당사자의 합의에 의하여 계약상의 의무를 즉시집행할 수 있도록 규정하고 있다(동법 61조).

10. 쟁송절차

공법상 계약에 관한 법적 분쟁은 공법상의 권리관계에 관한 소송인 당사자소송으로서 행정소송절차에 의한다.

판례 1(공중보건의 채용계약해지 의사표시의 무효확인) 전문직공무원인 공중보건의사의 채용계약 해지의 의사표시는 일반공무원에 대한 징계처분과는 달라서 항고소송의 대상이 되는 처분 등의 성격을 가진 것으로 인정되지 아니하고, 일정한 사유가 있을 때에 관할 도지사가 채용계약 관계의 한쪽 당사자로서 대등한 지위에서 행하는 의사표시로 취급하고 있는 것으로 이해되므로, 공중보건의사 채용계약 해지의 의사표시에 대하여는 대등한 당사자간의 소송형식인 공법상의 당사자소송으로 그 의사표시의 무효확인을 청구할 수 있는 것이지, 이를 항고소송의 대상이 되는 행정처분이라는 전제하에서 그 취소를 구하는 항고소송을 제기할 수는 없다(대판 1996. 5. 31, 95누10617).

판례 2(서울특별시 무용단원의 해촉의 무효확인) 서울특별시립 무용단원의 공연 등 활동은 지방문화 및 예술을 진흥시키고자 하는 서울특별시의 공공적 업무수행의 일환으로 이루어진다고 해석될 뿐 아니라, 단원으로 위촉되기 위하여는 일정한 능력요건과 자격요건을 요하고, 계속적인 재위촉이 사실상 보장되며,

공무원연금법에 따른 연금을 지급받고, 단원의 복무규율이 정해져 있으며, 정년제가 인정되고, 일정한 해촉사유가 있는 경우에만 해촉되는 등 서울특별시립 무용단원이 가지는 지위가 공무원과 유사한 것이라면, 서울특별시립무용단 단원의 위촉은 공법상의 계약이라고 할 것이고, 따라서 그 단원의 해촉에 대하여는 공법상의 당사자소송으로 그 무효확인을 청구할 수 있다(대판 1995. 12. 22, 95누4636).

판례 3(지방전문직공무원 채용계약해지의 무효확인) 현행 실정법이 지방전문직공무원 채용계약 해지의 의사표시를 일반공무원에 대한 징계처분과는 달리 항고소송의 대상이 되는 처분 등의 성격을 가진 것으로 인정하지 아니하고, 지방전문직공무원규정 제7조 각 호의 1에 해당하는 사유가 있을 때 지방자치단체가 채용계약관계의 한쪽 당사자로서 대등한 지위에서 행하는 의사표시로 취급하고 있는 것으로 이해되므로, 지방전문직공무원채용계약 해지의 의사표시에 대하여는 대등한 당사자간의 소송형식인 공법상 당사자소송으로 그 의사표시의 무효확인을 청구할 수 있다(대판 1993. 9. 14, 92누4611).

판례 4(공법상 계약과 당사자 소송) 공법상 계약이란 공법적 효과의 발생을 목적으로 하여 대등한 당사자 사이의 의사표시의 합치로 성립하는 공법행위를 말한다. 공법상 계약의 한쪽 당사자가 다른 당사자를 상대로 효력을 다투거나 이행을 청구하는 소송은 공법상의 법률관계에 관한 분쟁이므로 분쟁의 실질이 공법상 권리 · 의무의 존부 · 범위에 관한 다툼이 아니라 손해배상액의 구체적인 산정방법 · 금액에 국한되는 등의 특별한 사정이 없는 한 공법상 당사자소송으로 제기하여야 한다(대판 2021. 2. 4, 2019다277133).

Ⅳ. 행정상의 사실행위

1. 의 의

행정상의 사실행위란 행정행위, 공법상 계약, 확약 등의 법적 행위와 같이 직접 일정한 법적 효과의 발생을 의도하는 행위가 아니라 단순히 사실상의 결과실현(도로청소, 불법건축물의 철거, 불법감시 등)을 목적으로 하는 일체의 행위형식을 의미한다. 행정상의 사실행위는 법적 효과의 발생, 즉 권리나 의무를 발생 · 변경 · 소멸시키는 행위가 아니기 때문에 법적 행위보다는 덜 학문적 관심의 대상이 되어 왔다. 그러나 그러한 사실행위 역시 법적으로 전혀 무의미한 것은 아니다. 왜냐하면 사실행위 역시 법에 위배되어서는 안되며, 위법한 경우에는 손해배상청구권 또는 결과제거청구권을 발생시키기 때문이다.

2. 행정상 사실행위의 종류

행정상의 법적 행위가 법규명령, 행정행위, 공법상 계약, 확약 등으로 다양하게 나누어지듯이 행정상의 사실행위도 보는 관점에 따라서 다양하게 분류될 수 있다.

1) 내부적 사실행위와 외부적 사실행위

내부적 사실행위와 외부적 사실행위는 당해 사실행위가 행정조직내부에서 행하여지는 것인지 또는 대외적으로 국민과의 관계에서 행하여지는 것인지에 따른 분류이다. 내부적 사실행위는 행정조직내부에서 행정사무의 처리에 관한 사실행위를 말하며(문서작성, 장부정리, 정책결정을 위한 준비행위 등), 외부적 사실행위는 대외적으로 국민과의 관계에서 행정목적의 실현을 위한 구체적 행정활동과 관련하여 행하여지는 사실행위를 의미한다(금전출납, 폐기물수거, 행정지도, 공공시설의 설치 · 관리 등). 행정상 사실행위에 있어서 권리구제의 측면에서 중요한 의미를 갖는 것은 외부적 사실행위라고 할 수 있다.

2) 정신적 사실행위와 물리적 사실행위

정신적 사실행위는 인간의식의 표시가 수반되어 행하여지는 사실행위(행정지도, 상담 등)를 의미하는 반면, 물리적 사실행위는 인간의식의 표시가 수반됨이 없이 단순히 물리적 행위로만 행하여지는 사실행위를 말한다(공공시설의 설치 · 관리, 관용차의 운행 등).

3) 집행적 사실행위와 독립적 사실행위

집행적 사실행위는 법령 또는 행정행위를 집행하기 위하여 행하여지는 사실행위를 의미하며(무허가건물의 강제철거, 전염병환자의 강제격리 등의 행정강제작용 등), 독립적 사실행위는 법적 행위의 집행과는 독자적인 의미를 가지는 사실행위를 말한다(행정지도, 도로의 보수공사, 관용차운행 등).

4) 권력적 사실행위와 비권력적 사실행위

권력적 사실행위는 공권력의 행사로서 일반적으로 특정한 법령 또는 행정행위를 집행하기 위한 사실행위를 말한다. 위에서 본 집행적 사실행위는 권력적 사실행위에 속한다. 비권력적 사실행위란 공권력의 행사와 무관한 사실행위이며, 교시, 상담, 안내, 행정지도 등 정신적 사실행위와 쓰레기수거, 관용차운행, 공공시설의 설치 · 관리 등의 물리적 사실행위가 이에 속한다.

5) 공법적 사실행위와 사법적 사실행위

공법적 사실행위와 사법적 사실행위는 행정상의 사실행위가 공 · 사법 중 어느 것의 규율을 받게 되는가에 따른 분류이다. 이 분류는 권리구제의 방법에 있어서 의미를 갖는다. 예를 들어 공법적 사실행위로 인하여 손해를 입은 자는 국가배상법에 의한 손해배상을 청구할 수 있으나 사법적 사실행위로 인하여 손해를 입은 자는 민법상의 손해배상을 청구하여야 한다. 사법적 사실행위인가 또는 공법적 사실행위인가의 판단은 이들을 규율하고 있는 법규범의 성격에 따라 결정될 것이다. 이들을 규율하는 법률이 없는 경우에는 행위의 기능상호연관관계에 따라 판단될 것이다.

3. 사실행위의 적법요건

1) 정당한 권한을 가진 행정청의 행위

사실행위가 적법하게 행하여지기 위하여는 행정청이 당해 사실행위를 할 수 있는 정당한 권한을 가져야 한다.

2) 행정의 법률적합성과의 관계

행정상의 사실행위 역시 행정주체의 행정작용의 하나이기 때문에, 그것이 권력적이든 또는 비권력적이든 관계없이 법률우위의 원칙에 위배되어서는 안된다. 아울러 사실행위 역시 평등의 원칙, 비례의 원칙, 신뢰보호의 원칙 등 행정법의 일반원칙에 위배되지 말아야 한다.

사실행위에 있어서 법률유보의 원칙의 적용여부가 문제되고 있는바, 행정상의 사실행위 중 개인의 신체와 재산에 직접적으로 작용하는 집행적 사실행위나 권력적 사실행위에는 법적 근거가 필요하다는 것이 지배적인 견해이다.

4. 사실행위에 대한 권리구제

행정상의 사실행위 역시 행정작용의 하나로 행하여지기 때문에 권리구제의 문제는 행정쟁송과 행정상의 손해전보로 구분하여 살펴볼 수 있다.

1) 행정쟁송

행정심판법 제2조 제1항 제1호 및 행정소송법 제2조 제1항 제1호는 처분에 대하여 “행정청이 행하는 구체적 사실에 대한 법집행으로서 공권력의 행사 또는 그 거부와 그 밖에 이에 준하는 행정작용”이라고 정의하고 있는바 행정청의 단순한 사실행위는 어떠한 법적 효과의 발생을 의도하지 않기 때문에 처분성이 결여되어 항고쟁송의 대상이 되지 않는다.

그러나 학설의 다수는 사실행위 중 권력적 사실행위는 공권력의 행사에 해당한다는 점을 들어 처분성을 인정하여 항고쟁송의 대상이 된다고 한다. 그러나 권력적 사실행위 중 대부분은 비교적 단시간에 집행이 종료되는 경우가 보통이므로, 그 경우 권리보호의 필요(협의의 소의 이익)가 결여되어 항고쟁송을 제기하여도 각하판결을 받게 될 것이다. 그러나 예외적으로 물건의 영치, 전염병환자의 격리, 외국인의 강제송환을 위한 수용 등 계속적인 성격을 갖는 권력적 사실행위는 본안판결의 대상이 되어 위법성여부의 판단이 가능할 것이다. 그러나 이들 계속적 성격을 갖는 권력적 사실행위는 상세히 관찰하면 수인하명과 사실행위가 결합된 합성행위의 성격을 갖고 있으며, 실제로 항고쟁송의 대상이 되는 것은 이러한 수인하명이라고 보아야 할 것이다.[14)]

근래에는 행정청이 국민의 신체나 재산에 대하여 침해적인 권력적 사실행위를 할 우려가 있는 경우에 그 침해를 사전에 예방하기 위한 소송으로 예방적 금지소송을 인정하여야 한다는 견해가 제시되고 있다.[15)] 2007년 법무부의 행정소송법개정안에는 예방적 금지소송이 도입되어 있다.

2) 행정상의 손해전보

가. 국가배상 및 결과제거청구권

행정청의 사법상의 사실행위로 손해를 받은 자는 가해공무원 또는 그 공무원이 속한 국가나 지방자치단체에 대하여 민법상의 불법행위에 의한 손해배상을 청구할 수 있다. 반면 공법상의 사실행위에 의한 손해가 발생할 경우에는 피해자는 국가 또는 지방자치단체에 대하여 국가배상법 제2조 제1항(공무원의 직무상 불법행위) 또는 국가배상법 제5조(영조물의 설치·관리상의 하자)에 의한 손해배상을 청구할 수 있다.

한편 행정청의 사실행위로 위법한 상태가 초래되어 권리가 침해되는 경우에는 피해자는 결과제거청구권을 행사할 수 있을 것이다.

나. 손실보상

도로공사 등 적법한 사실행위에 의하여 개인의 재산권이 침해되어 특별한 희생이 발생될 경우에 헌법 제23조 제3항에서 보장하고 있는 손실보상을 국가 및 지방자치단체에게 청구할 수 있다. 여기서 실정법상에 보상규정이 없는 경우에 일부의 학설은 독일에서 발전된 수용유사적 및 수용적 침해제도를 도입하자고 주장하고 있으나, 입법자는 적법한 사실행위에 의한 재산권침해가 예견되는 경우에는 예외없이 보상규정을 두어야 할 것이다.

---

14) 同旨: 金南辰/金連泰, 行政法 I, 427면.

15) 鄭夏重, 行政訴訟制度에 있어서 豫防的 權利救濟, 考試研究, 1994. 10, 79면 이하.

3) 헌법소원

사실행위에 대하여 독일과는 달리 일반적 이행소송이 실무화 되지 않은 현실에서 헌법소원이 실효성있는 권리구제수단이 될 수 있다.

판례 1(행정감사의 법적 성격) 권력적 사실행위가 행정처분의 준비단계로서 행하여지거나 행정처분과 결합된 경우(合成的 行政行爲)에는 행정처분에 흡수·통합되어 불가분의 관계에 있다할 것이므로 행정처분만이 취소소송의 대상이 되고, 처분과 분리하여 따로 권력적 사실행위를 다툴 실익은 없다. 그러나 권력적 사실행위가 항상 행정처분의 준비행위로 행하여지거나 행정처분과 결합되는 것은 아니므로 그러한 사실행위에 대하여는 다툴 실익이 있다할 것임에도 법원의 판례에 따르면 일반쟁송 절차로는 다툴 수 없음이 분명하다. 이 사건 부여군수의 감사는 행정처분의 준비단계로서 행하여지거나 처분과 결합된 바 없다. 그렇다면, 이 사건 감사는 행정소송의 대상이 되는 행정행위로 볼 수 없어 법원에 의한 권리구제절차를 밟을 것을 기대하는 것이 곤란하므로 보충성의 원칙의 예외로서 소원의 제기가 가능하다(헌재결 2003. 12. 18, 2001헌마754).

판례 2(국립대학 입시요강의 법적 성격) 국립대학인 서울대학교의 "94학년도 대학입학고사주요요강"은 사실상의 준비행위 내지 사전안내로서 행정쟁송의 대상이 될 수 있는 행정처분이나 공권력의 행사는 될 수 없지만 그 내용이 국민의 기본권에 직접 영향을 끼치는 내용이고 앞으로 법령의 뒷받침에 의하여 그대로 실시될 것이 틀림없을 것으로 예상되어 그로 인하여 직접적으로 기본권 침해를 받게 되는 사람에게는 사실상의 규범작용으로 인한 위험성이 이미 현실적으로 발생하였다고 보아야 할 것이므로 이는 헌법소원의 대상이 되는 헌법재판소법 제68조 제1항 소정의 공권력의 행사에 해당된다고 할 것이며, 이 경우 헌법소원 외에 달리 구제방법이 없다(헌재결 1992. 10. 1, 92헌마68·76).

판례 3(서신검열이 행정쟁송의 대상이 되는 행정처분인지 여부) 수형자의 서신을 교도소장이 검열하는 행위는 이른바 권력적 사실행위로서 행정심판이나 행정소송의 대상이 되는 행정처분으로 볼 수 있으나, 위 검열행위가 이미 완료되어 행정심판이나 행정소송을 제기하더라도 소의 이익이 부정될 수밖에 없으므로 헌법소원심판을 청구하는 외에 다른 효과적인 구제방법이 있다고 보기 어렵기 때문에 보충성의 원칙에 대한 예외에 해당한다(헌재결 1998. 8. 27, 96헌마398).

V. 행정지도

1. 개　　설

행정현상이 복잡해짐에 따라 그 행정수요에 대응한 행정의 행위형식 또한 다양해지고 있으며, 이에 따라 법규명령, 행정행위, 사실행위 등 고전적 행위형식 이외에 새로운 명칭의 행위형식이 추가되고 있다. 행정지도 역시 새로운 행정의 행위형식의 하나로서 일본에서 생성되어 한국의 행정실무에서도 보편화되고 있다. 현재 행정절차법은 제6장에서 행정지도의 원칙과 방식 및 의견제출에 대하여 별도로 규정하고 있다. 독일에서는 이러한 행정지도에 해당하는 개념을 이른바 비공식적 행정작용이라는 집합개념(Sammelbegriff)에 포함시켜 다루고 있다.

2. 행정지도의 개념

행정지도의 개념에 대하여 행정절차법 제2조 제3호에서는 "행정기관이 그 소관사무의 범위안에서 일정한 행정목적을 실현하기 위하여 특정인에게 일정한 행위를 하거나 하지 아니하도록 지도·권고 · 조언 등을 하는 행정작용"이라고 정의하고 있다.

이러한 행정지도는 사실행위의 성격을 갖고 있기 때문에 법규명령, 행정행위, 공법상 계약과 같은 법적 행위와 구별된다. 아울러 행정지도는 비권력적 사실행위라는 점에서, 상대방에 대하여 강제력을 갖는 권력적 사실행위와 구별된다. 또한 행정지도는 상대방의 임의적 협력이나 동의를 필요로 한다는 점에서, 홍보활동, 도로공사의 시행 등 여타의 비권력적 사실행위와 구별된다.

3. 행정지도의 기능과 문제점

1) 기 능

가. 임시응급대책기능

현대국가의 행정은 종래의 권력적인 행정작용만으로는 모든 현실적인 행정수요에 대응하기 어려운 특징을 나타내고 있다. 예컨대 경제상황의 급격한 변동이나 새로운 과학기술의 발전은 입법과 그 집행작용이라는 전통적인 방식에 의하여 해결하기 어려운 문제를 발생시키고 있다. 행정지도는 이러한 행정현상의 급격한 변화에 탄력적으로 대응하고 임시응급대책적 기능을 수행한다.

나. 비권력적 · 임의적 수단의 편의성

법령에 의한 처분 등 권력적 수단에 의한 행정작용을 하는 경우에는 절차가 상대적으로 까다로울 뿐만 아니라 상대방의 저항을 야기시킬 수 있기 때문에, 행정지도와 같이 상대방의 협력을 바탕으로 한 임의적 · 비권력적 수단에 의하는 것이 쓸데없는 마찰이나 저항을 불러일으킴이 없이 소기의 행정목적을 달성하는 편리한 방법이 될 수 있다.

다. 지식 · 기술 · 정보의 제공

행정이 고도로 전문화 및 기술화되고 사회적 · 경제적 현상의 변동이 심한 오늘날 개인은 자신이 필요로 하는 모든 지식 · 기술 · 정보를 스스로 확보하기가 어렵기 때문에 행정주체는 행정지도의 방법을 통하여 새로운 지식 · 기술 · 정보를 국민에게 제공하여 일정한 방향으로 국민을 유도할 필요가 있다. 예컨대 중소기업의 현대화 및 농업구조의 개선 등의 분야에서 점차 행정지도가 중요한 비중을 차지하고 있다.

라. 다원적 사회에서 이익집단간의 이해의 조정

다양한 이익집단간의 이해의 대립과 갈등현상은 현대사회의 전형적인 특징을 이루고 있다. 행정지도는 집단상호간의 이해의 대립을 합리적으로 해결하고 균형있는 사회발전을 도모하는 기능을 수행한다.

2) 문제점

행정지도는 상술한 바와 같이 현대행정의 성격에 비추어 그 필요성을 부정할 수 없으나 동시에 다음과 같은 적지 않은 결함과 문제점을 갖고 있다.

가. 사실상의 강제성

행정지도는 국민의 임의적인 협력을 바탕으로 하는 비권력적 행위이지만 ① 행정주체가 공권력주체의 지위로서 하는 점, ② 대체로 상대방에 대한 경제적 이익부여를 간접적 요건으로 제시하게 되는 점 등으로 사실상으로 강제적 효과를 발생시킨다는 점에서 법치행정에 부합하기 어려운 점을 갖고 있다.

나. 한계의 불명확

행정지도는 반드시 법령의 근거하에 이루어지는 것이 아니기 때문에 그 기준이 명확하지 않고 따라서 그 필요성의 한계를 넘어서 행해지기가 쉽다. 이에 따라 행정기관이 불필요한 간섭이나 개입을 행하게 되어 상대방의 권익을 침해하게 될 위험이 많다.

다. 책임소재의 불분명

행정지도는 근거법령이나 명확한 기준이 결여되기 때문에, 담당자의 변동 등의 경우에는 책임소재가 불분명하게 되거나 동일사항에 대하여 모순된 행정지도가 행하여질 우려가 있다.

라. 행정구제수단의 불완전

행정지도는 상대방의 동의 또는 임의적인 협력을 전제로 하는 비권력적 사실행위이기 때문에 행정쟁송의 대상이 되기 어려울 뿐 아니라 행정상의 손해전보에 있어서도 적지 않은 문제점이 있다. 그러므로 행정지도로 인하여 현실적으로 권익의 침해가 있는 경우에는 만족할 만한 행정구제를 기대하기 어렵다.

4. 행정지도의 종류

행정지도는 근거규정의 유무 및 그 기능에 따라 여러 가지로 분류될 수가 있다.

1) 법령의 근거유무에 따른 분류

가. 법령의 직접적 근거에 의한 행정지도

행정지도는 반드시 법률의 근거를 요하는 것은 아니나 실정법 가운데서 행정지도에 대하여 직접 규정하고 있는 것이 적지 않다. 법령에 근거를 두고 있는 행정지도의 예로는 「독점규제 및 공정거래에 관한 법률」 제88조에 의한 위반행위의 시정권고, 「대 · 중소기업 상생협력 촉진에 관한 법률」 제33조 제1항에 의한 중소기업의 사업영역 보호를 위한 중소기업청장의 사업조정에 관한 권고, 「건설산업기본법」 제48조에 의한 건설업자 상호간에 협력에 대한 지도, 「여객자동차운수사업법」 제55조에 의한 경영개선을 위한 지도, 「직업안정법」 제14조에 의한 직업지도 등이 있다.

나. 법령에 직접 근거가 없는 행정지도

법령에 근거가 없는 행정지도는 다시 법령에 행정행위에 대한 근거규정이 있는 경우에 행정행위에 갈음 또는 선행하여 행하는 행정지도(법령의 간접적 근거에 의한 행정지도)와 단순히 조직법상의 권한을 근거로 행하는 행정지도로 구분할 수 있다. 특히 공권력의 행사인 행정행위에 갈음하거나 또는 그에 앞서 행하는 행정지도는 그의 비권력적 · 임의적 성격에 비추어 매우 합리적인 수단으로 보아야 할 것이다.

2) 기능에 따른 분류

행정지도는 기능적인 관점에서 다음의 세 가지로 나눌 수 있다.

가. 규제적 행정지도

일정한 행정목적의 달성이나 공익에 장애가 될 일정한 행위를 예방 · 억제하기 위한 행정지도를 의미한다. 「독점규제 및 공정거래에 관한 법률」 제88조에 의한 위반행위의 시정권고, 물가억제를 위한 지도, 환경보호를 목적으로 오물투기억제를 위한 행정지도 등이 있다.

나. 조정적 행정지도

개인 또는 단체사이에 이해의 대립 또는 과열경쟁으로 인하여 건전한 경제질서의 조성 등 일정한 행정목적의 달성에 지장을 가져올 우려가 있는 경우에 그 대립이나 경쟁의 조정을 위하여 행하여지는 행정지도로서 중소기업의 사업영역 보호를 위한 중소기업청장의 사업조정에 관한 권고(대·중소기업 상생협력 촉진에 관한 법률 33조 1항), 노동위원회의 노사간의 쟁의조정(노동조합 및 노동관계조정법 53조) 등이 있다.

다. 조성적 행정지도

조성적 행정지도라 함은 중소기업의 기술지도(중소기업기본법 6조), 직업지도(직업안정법 14조) 및 장학지도 등과 같이 일정한 질서의 형성을 촉진하기 위하여 관계자에게 기술이나 지식을 제공하거나 조언을 하는 것과 같은 행정지도를 의미한다.

5. 행정지도의 근거와 한계

1) 법적 근거

행정의 법률적합성의 원칙에 따라 행정지도는 법률에 위배되지 말아야 한다. 문제는 행정지도를 하기 위하여 법률유보의 원칙에 따라 법률의 근거를 요하는가이다. 이에 관하여는 여러 가지 학설이 주장되고 있다.

가. 부정설

부정설은 비권력적 활동에 있어서 행정지도를 필요로 하는 현실과 행정지도의 본질과 기능, 수권법의 실효성에 대한 의문 등에 비추어 일반적으로 행정지도는 법적 근거를 필요로 하지 않다는 견해이다. 현재 다수설이라고 할 수 있다.

나. 긍정설

이에 대하여 긍정설은 행정지도는 비권력적 사실행위, 상대방의 임의적 동의나 협력을 바탕으로 하고 있으나, 그것이 행정주체의 행위이기 때문에 실질적으로 권력적 행정에 못지 않은 강제적 효과를 발생시킬 수 있다는 점에서 원칙적으로 법적 근거를 요한다는 견해이다.

다. 절충설

다른 한편 절충설에 따르면 조성적 행정지도는 법률의 근거를 요하지 않지만 규제적 행정지도는 상대방의 임의성을 억압하는 일방적 공권력행사로 변질될 가능성이 많기 때문에 법적 근거를 요한다고 한다.

라. 결 어

행정지도는 비권력적·임의적 행위형식에 해당하기 때문에 법적 근거가 필요하지 않다고 보아야 할 것이다. 행정지도란 법률이 흠결된 경우에 새로운 행정수요에 탄력적으로 대응하여 행정책임을 수행하기 위한 수단이며 또한 이것이 행정지도의 장점이며 유용성이라고 할 수 있다. 행정지도에 일일이 법적 근거를 요한다면, 이러한 장점이 사라지게 되며, 오히려 행정지도는 탈법적으로 행하여지게 될 우려가 있다. 규제적 행정지도라는 것도 내용이 규제적이라는 것이지 행정지도의 효과가 규

제적이라는 것은 아니기 때문에 법률의 근거를 요하는 것은 아니다.[16)]

2) 행정지도의 한계

행정지도가 적법하게 행하여지기 위하여는 행정청은 조직법상으로 정당한 권한을 가져야 하며 법률우위의 원칙에 따라 법령에 위배되어서는 안된다. 또한 행정법의 일반원칙인 비례의 원칙, 신뢰보호의 원칙, 신의성실의 원칙, 평등의 원칙, 부당결부금지의 원칙에 위배되어서는 안된다. 그 밖에 행정절차법은 행정지도의 원칙으로서 임의성의 원칙과 불이익조치금지의 원칙을 규정하고 있다(동법 48조).

판례(행정관청의 행정지도에 따라 매매가격을 허위신고한 행위의 위법성 여부) 토지의 매매대금을 허위로 신고하고 계약을 체결하였다면 이는 계약예정금액에 대하여 허위의 신고를 하고 토지 등의 거래계약을 체결한 것으로서 구 국토이용관리법 제33조 제4호에 해당한다고 할 것이고, 행정관청이 국토이용관리법 소정의 토지거래계약신고에 관하여 공시된 기준시가를 기준으로 매매가격을 신고하도록 행정지도를 하여 그에 따라 허위신고를 한 것이라 하더라도 이와 같은 행정지도는 법에 어긋나는 것으로서 그와 같은 행정지도나 관행에 따라 허위신고행위에 이르렀다고 하여도 이것만 가지고서는 그 범법행위가 정당화될 수 없다(대판 1994. 6. 14, 93도3247).

---

6. 행정지도의 원칙과 방법

행정절차법은 종래 행정지도가 갖고 있는 여러 가지 문제점, 즉 사실상의 강제성, 한계의 불명확, 책임소재의 불분명 등의 문제점을 개선하기 위하여 행정지도의 원칙과 방법에 대하여 명시적으로 규정하고 있다.

1) 행정지도의 원칙

가. 비례의 원칙 및 임의성의 원칙

행정지도는 그 목적달성에 필요한 최소한도에 그쳐야 하며 아울러 상대방의 의사에 반하여 부당하게 강요하여서는 안된다(법 48조 1항). 이러한 비례의 원칙과 임의성의 원칙에 위배된 행정지도는 당연히 위법하게 된다.

나. 불이익조치금지원칙

행정기관은 상대방이 행정지도에 따르지 아니하였다는 것을 이유로 불이익한 조치를 하여서는 안된다(법 48조 2항). 행정지도는 상대방의 동의나 협력을 요하는 비권력적인 행위형식이기 때문에 상대방이 그에 따르지 않는다고 하여 불이익조치를 행하여서는 안되나 실제로는 이러한 원칙이 지켜지지 않는 경우가 많아 법에서 명시적으로 규정한 것이다.

2) 행정지도의 방식

가. 명확성의 원칙 및 행정지도실명제

행정지도의 문제점의 하나는 그 책임소재와 내용의 불분명에 있었다. 이에 따라 행정절차법은 이러한 점을 개선하기 위하여 행정지도를 하는 자는 상대방에게 행정지도의 취지·내용 및 신분을 밝히도록 규정하고 있고(법 49조 1항), 행정지도가 구술로 이루어지는 경우에 상대방이 이러한 내용을 기재

---

16) 洪井善, 行政法特講, 430면.

한 서면의 교부를 요구한 때에는 직무수행에 특별한 사정이 없는 한 이를 교부하도록 규정하고 있다(법 49조 2항).

나. 의견제출

행정지도의 상대방은 당해 행정지도의 방식 · 내용 등에 관하여 행정기관에게 의견제출을 할 수 있다. 여기서 상대방은 당해 행정지도가 위법하거나 부당하게 행하여지는 경우에는 그 시정을 촉구할 수 있음은 물론이다(법 50조).

다. 다수인에 대한 행정지도

행정기관이 같은 행정목적을 실현하기 위하여 많은 상대방에게 행정지도를 하고자 하는 때에는 특별한 사정이 없는 한 행정지도의 공통적인 내용이 되는 사항을 공표하여야 한다(법 51조). 다수인에 대한 행정지도의 명확성과 공평성을 확보하기 위한 것이다.

7. 행정지도에 대한 권리구제

행정지도로 인하여 권익의 침해를 받는 자가 있는 경우, 행정쟁송과 손해전보의 두 가지 측면에서 검토할 수 있다.

1) 행정지도에 대한 행정쟁송

위법 또는 부당한 행정지도로 인하여 권익을 침해받은 자가 행정지도를 대상으로 항고쟁송(抗告爭訟)을 제기할 수 있는지 문제가 된다. 이를 인정하기 위하여는 행정지도의 처분성이 인정되어야 하는바 행정지도는 법적 효과를 발생하지 않는 사실행위로써 그 자체로서는 처분성을 인정할 수가 없어 항고쟁송의 대상이 될 수 없다. 현재 다수설과 판례의 입장이기도 하다.

일부 학설은[17] 규제적 또는 조정적 행정지도는 사실상의 강제력을 갖는다는 이유로 "그 밖에 이에 준하는 행정작용"(행소법 2조 1항 1호)으로 보아 항고쟁송의 대상이 될 수 있다고 하나 이러한 행정지도 역시 상대방의 협력이나 동의를 요구하는 임의적인 행정작용에 지나지 않기 때문에 일방적 공권력행사로서의 처분성이 결여되고 있다고 보아야 할 것이다.

한편 대법원은 구 「남녀차별금지 및 구제에 관한 법률」 제28조 제1항에 따른 국가인권위원회의 권고결정에 대하여 처분성을 인정하였는바, 이는 권고대상자는 당해 법률에 따라 특별한 사유가 있음을 소명하지 않는 한 국가인권위원회의 시정조치권고(차별행위의 중지, 원상회복 · 손해배상 기타 필요한 구제조치)에 응하여야 할 법적 의무를 부담하고 있기 때문이다.

판례 1(알선 · 권유의 행정처분성 여부) 항고소송의 대상이 되는 행정처분이라 함은 행정청의 공법상 행위로서 특정사항에 대하여 법규에 의한 권리의 설정 또는 의무의 부담을 명하며 기타 법률상 효과를 발생케 하는 등 국민의 구체적 권리의무에 직접적 변동을 초래하는 행위를 말하고 행정권 내부에서의 행위나 알선, 권유, 사실상의 통지 등과 같이 상대방 또는 기타 관계자들의 법률상 지위에 직접적인 법률적 변동을 일으키지 아니하는 행위는 항고소송의 대상이 될 수 없다(대판 1993. 10. 26, 93누6331).

판례 2(시정조치 권고의 행정처분성 여부) 구 남녀차별금지및구제에관한법률 제28조에 의하면, 국가인권위원회의 성희롱결정과 이에 따른 시정조치의 권고는 불가분의 일체로 행하여지는 것인데 국가인권위

17) 朴均省, 行政法講義, 373면.

원회의 이러한 결정과 시정조치의 권고는 성희롱 행위자로 결정된 자의 인격권에 영향을 미침과 동시에 공공기관의 장 또는 사용자에게 일정한 법률상의 의무를 부담시키는 것이므로 국가인권위원회의 성희롱결정 및 시정조치권고는 행정소송의 대상이 되는 행정처분에 해당한다고 보지 않을 수 없다(대판 2005. 7. 8, 2005두487).

판례 3(재개발구역내 지장물철거촉구가 행정처분에 해당하는지 여부) 구청장이 도시재개발구역내의 건물소유자 갑에게 건물의 자진철거를 요청하는 내용의 공문을 보냈다고 하더라도 그 공문의 제목이 지장물철거촉구로 되어 있어서 철거명령이 아님이 분명하고, 행위의 주체면에서 구청장은 재개발구역내 지장물의 철거를 요구할 아무런 법적 근거가 없으며, 공문의 내용도 갑에게 재개발사업에의 협조를 요청함과 아울러 자발적으로 협조하지 아니하여 법에 따른 강제집행이 행하여짐으로써 갑이 입을지도 모를 불이익에 대한 안내로 되어 있고 구청장이 위 공문을 발송한 후 갑으로부터 취소요청을 받고 위 공문이 도시재개발법 제36조의 지장물이전요구나 동 제35조 제2항에 따른 행정대집행법상의 강제철거지시가 아니고 자진철거의 협조를 요청한 것이라고 회신한 바 있다면 이러한 회신내용과 법치행정의 현실 및 일반적인 법의식수준에 비추어 볼 때 외형상 행정처분으로 오인될 염려가 있는 행정청의 행위가 존재함으로써 상대방이 입게 될 불이익 내지 법적 불안도 존재하지 않는다고 볼 것이므로 이를 행정소송의 대상이 되는 처분이라고 볼 수 없다(대판 1989. 9. 12, 88누8883).

2) 행정지도에 대한 헌법소원

헌법재판소는 행정지도가 임의성의 한계를 넘어 상대방에게 강제적인 효과를 발생하는 경우에는 헌법소원의 대상이 되는 공권력의 행사에 해당된다는 입장을 취하고 있다.

판례 1(행정지도가 헌법소원의 대상이 되는 경우) 교육인적자원부장관의 대학총장들에 대한 이 사건 학칙시정요구는 고등교육법 제6조 제2항, 동법시행령 제4조 제3항에 따른 것으로서 그 법적 성격은 대학총장의 임의적인 협력을 통하여 사실상의 효과를 발생시키는 행정지도의 일종이지만, 그에 따르지 않을 경우 일정한 불이익조치를 예정하고 있어 사실상 상대방에게 그에 따를 의무를 부과하는 것과 다를 바 없으므로 단순한 행정지도로서의 한계를 넘어 규제적 · 구속적 성격을 상당히 강하게 갖는 것으로서 헌법소원의 대상이 되는 공권력의 행사라고 볼 수 있다(헌재결 2003. 6. 26, 2002헌마337).

판례 2(초고가주택구입용 담보대출의 금지조치의 성격 및 헌법소원의 대상 여부) 시중은행을 대상으로 한 금융위원회위원장의 조치는 비록 행정지도의 형식으로 이루어졌으나, 일정한 경우 주택담보대출을 금지하는 것을 내용으로 하므로 규제적 성격이 강하고, 부동산 가격 폭등을 억제할 정책적 필요성에 따라 추진되었으며, 그 준수 여부를 확인하기 위한 현장점검반 운영이 예정되어 있었다. 그러므로 이 사건 조치는 규제적 · 구속적 성격을 갖는 행정지도로서 헌법소원의 대상이 되는 공권력 행사에 해당된다(헌재결 2023. 3. 23, 2019헌마1399).

3) 행정상의 손해전보

가. 국가배상

행정지도가 공무원의 직무상 불법행위에 대한 손해배상청구권을 규정하고 있는 국가배상법 제2조 제1항의 요건을 충족시키는 경우, 피해자인 상대방은 국가 또는 지방자치단체를 상대로 손해배상을 청구할 수 있다. 그러나 행정지도에 의하여 손해가 발생하였다고 하더라도 상대방은 자신의 임의적인 의사로 행정지도를 따르기 때문에 위법성이 조각되거나 인과관계가 부정되어 국가배상법 제2조

제1항의 요건충족이 어렵다고 볼 것이다. 그러나 행정지도가 임의성을 벗어나 상대방에게 사실상의 강제력을 갖는 경우에는 국가배상청구권을 행사할 수 있음은 물론이다.

판례 1(행정지도로 인한 손해배상책임의 성립가능성) 국가배상법이 정한 배상청구의 요건인 '공무원의 직무'에는 권력적 작용만이 아니라 행정지도와 같은 비권력적 작용도 포함되며 단지 행정주체가 사경제주체로서 하는 활동만 제외되는 것이고, 기록에 의하여 살펴보면, 피고 및 그 산하의 강남구청은 이 사건 도시계획사업의 주무관청으로서 그 사업을 적극적으로 대행 · 지원하여 왔고 이 사건 공탁도 행정지도의 일환으로 직무수행으로서 행하였다고 할 것이므로, 비권력적 작용인 공탁으로 인한 피고의 손해배상책임은 성립할 수 없다는 상고이유의 주장은 이유가 없다(대판 1998. 7. 10, 96다38971).

판례 2(행정지도의 위법성조각사유에 해당 여부) 이른바 행정지도라 함은 행정주체가 일정한 행정목적을 실현하기 위하여 권고 등과 같은 비강제적인 수단을 사용하여 상대방의 자발적 협력 내지 동의를 얻어내어 행정상 바람직한 결과를 이끌어내는 행정활동으로 이해되고, 따라서 적법한 행정지도로 인정되기 위하여는 우선 그 목적이 적법한 것으로 인정될 수 있어야 할 것이므로, 주식매각의 종용이 정당한 법률적 근거 없이 자의적으로 주주에게 제재를 가하는 것이라면 이 점에서 벌써 행정지도의 영역을 벗어난 것이라고 보아야 할 것이고 만일 이러한 행위도 행정지도에 해당된다고 한다면 이는 행정지도라는 미명하에 법치주의의 원칙을 파괴하는 것이라고 하지 않을 수 없으며, 더구나 그 주주가 주식매각의 종용을 거부한다는 의사를 명백하게 표시하였음에도 불구하고, 집요하게 위협적인 언동을 함으로써 그 매각을 강요하였다면 이는 위법한 강박행위에 해당한다고 하지 않을 수 없다. 이에 따라 위 매각종용 행위가 행정지도에 해당되어 위법성이 조각된다는 논지는 어느 모로 보나 이유 없음이 명백하다(대판 1994. 12. 13, 93다49482).

나. 손실보상

행정청의 적법한 행정지도에 의하여 재산상의 손실을 입은 경우에 헌법 제23조 제3항에 의한 손실보상청구권이 주어지는지 문제가 된다. 손실보상청구권은 일방적인 공행정작용에 의한 재산권침해를 요건으로 하기 때문에 임의적 협력을 전제로 하는 행정지도가 이러한 요건을 충족시킨다고 보기는 어려울 것이다. 단지 행정지도가 상대방의 신뢰에 위배하여 불측의 손실을 발생시키는 경우에는 신뢰보호의 원칙에 따른 손실보상을 요구할 수 있을 것이다.

사례 1 주요농작물종자법 제8조에 의하여 도지사가 하는 권고의 성질을 설명하고 필요성과 결함을 살핀 후 그 법적 한계를 언급하라.(제18회 행정고시)

▶답안요지 구 주요농작물종자법 제8조에 의한 도지사의 권고는 행정지도에 해당한다. 행정지도의 의의, 필요성, 결함, 법적 한계 및 행정절차법의 관련규정은 본문설명을 참조바람.

사례 2 갑이 공중목욕장허가를 받아 영업을 하던 중 수지가 맞지 않으므로 요금을 10% 인상하였다. 이에 대하여 을시장이 종전의 요금으로 환원할 것을 권고하였으나 갑이 이에 불응하자 을시장은 위생상태의 불량을 이유로 3개월간의 영업정지처분을 명하였다. 갑은 이에 대해 위법성을 다툴 수 있는지 당부는?(1996년 지방고시)

▶답안요지 을시장의 권고는 행정지도에 해당한다. ① 을시장은 자신의 권한내에서 행정지도를 하였

기 때문에 주체에 관한 요건에 있어서는 문제가 없으며, 절차나 형식에 관한 하자는 없는 것으로 보인다. ② 아울러 행정지도는 법적 근거를 반드시 요하지 않는다는 것이 다수설의 입장인바, 행정의 법률적합성의 원칙에도 위배되지 않는다. ③ 을시장은 위생상태의 불량을 이유로 영업정지처분을 하였는바, 여기서 영업정지처분이 실제로 위생상태에 불량을 이유로 행하여졌다면, 처분은 적법할 것이다. 그러나 권고불응을 이유로 영업정지처분을 하였다면, 불이익조치금지의 원칙을 규정한 행정절차법 제48조 제2항에 위배되어 당해 처분은 위법할 것이다.

사례 3 가구제조업을 운영하는 甲은 사업상 필요에 의해 자신이 소유하는 산림 50,000m^2 일대에서 입목을 벌채하고자 「산림자원의 조성 및 관리에 관한 법률」 제36조 및 같은 법 시행규칙 제44조의 규정에 따라 관할 행정청 乙시장에게 입목벌채허가를 신청하였다. 이에 대해서 인근 A사찰의 신도들은 해당 산림의 입목벌채로 인하여 사찰의 고적하고 엄숙한 분위기가 저해될 것을 우려하여 乙시장에게 당해 허가를 내주지 말라는 민원을 강력히 제기하였다. 그러나 乙시장은 甲의 입목벌채허가신청이 관계 법령이 정하는 허가요건을 모두 갖추었음을 이유로 입목벌채허가를 하였다.(2018년 5급공채)

1) 乙시장은 A사찰 신도들의 민원이 계속되자 甲에게 벌채허가구역 중 A사찰의 반대쪽 사면(斜面)에서만 벌채를 하도록 서면으로 권고하였다. 乙시장의 이러한 권고에 상당한 압박을 느낀 甲은 乙시장의 서면권고행위의 취소를 구하는 소를 제기하였다. 이 소는 적법한가?(15점)

2) A사찰 신도들의 민원이 계속되자 乙시장은 민원을 이유로 甲에 대한 입목벌채허가를 취소하였고, 이에 대해 甲은 입목벌채허가취소처분 취소소송을 제기하였다. 乙시장은 취소소송 계속 중에 A사찰이 「산림자원의 조성 및 관리에 관한 법률」 제36조 제2항에 따라 유서가 깊은 사찰로 보존가치가 높고 사찰 인근의 산림이 수려하여 보호가 있다는 처분사유를 추가하였다. 이러한 처분사유의 추가가 허용되는가?(15점)

▶**답안요지**

제1문: 甲의 취소소송의 적법성

甲의 취소소송이 적법하기 위하여는 ① 처분 등(행소법 2조 1항 1호)을 대상으로, ② 법률상 이익이 있는 자가(행소법 12조), ③ 처분청을 피고로 하여(행소법 13조), ④ 제소기간 내에(행소법 20조), ⑤ 관할법원(행소법 9조)에 제기되어야 한다. 우선 사안에서 乙시장의 서면권고행위가 취소소송의 대상인 처분 등에 해당하는지 문제된다.

행정기관이 그 소관 사무의 범위에서 일정한 행정목적을 실현하기 위하여 특정인에게 일정한 행위를 하거나 하지 아니하도록 지도, 권고, 조언 등을 하는 행정작용을 행정지도라고 한다(행정절차법 2조 3호). 乙시장의 서면권고행위는 행정지도에 해당한다. 행정지도의 처분성 여부에 대하여 견해가 갈리고 있다. 일설은 행소법 2조 1항 1호의 처분 등의 개념을 쟁송법적 의미의 처분으로 파악하여, 규제적 행정지도 또는 조정적 행정지도는 사실상의 강제력을 갖는다는 이유로 처분성을 인정하고 있으나, 행정지도는 상대방의 협력이나 동의를 요구하는 임의적 행정작용에 지나지 않기 때문에 일방적인 공권력행사로서 처분성이 결여된다고 보아야 할 것이다. 판례 역시 항고소송의 대상이 되는 행정처분이라 함은 행정청의 공법상 행위로서 특정사항에 대하여 법규에 의한 권리의 설정 또는 의무의 부담을 명하며 기타 법률상 효과를 발생케 하는 등 국민의 구체적 권리의무에 직접적 변동을 초래하는 행위를 말하고 알선, 권유, 사실상의 통지 등과 같이 상대방 또는 기타 관계자들의 법률상 지위에 직접적인 법률적 변동을 일으키지 아니하는 행위는 항고소송의 대상이 될 수 없다고 판시하고 있다(대판 1993. 10. 26, 93누6331). 다만 판례는 예외적으로 권고대상자에게 일정한 법률상의 의무를 부담시키는 국가인권위원회의 시정조치권고(차별행위 중지, 원상회복·손해배상 등 기타 필요한 구제조치)의 처분성을 인정하고 있다. 사안에서 乙시장의 서면권고행위는 甲에게 어떠한 법률상 의무를 부과하지 않고, 단순히 협력을 요청하는 행정작용으로서 처분성을 인정하기 어렵다고 할 것이다. 甲의 취소소송은 여타의 소송요건을 검토할 필요없이 대상적격의 결여로 부적법 각하될 것이다.

제2문: 처분사유의 추가의 허용성

처분사유의 추가 · 변경이란 당초 처분시에는 존재하였지만 처분사유로 제시하지 않았던 사실 및 법적 근거를 소송의 심리과정에서 추가하거나 변경하는 것을 의미한다. 처분사유의 추가 · 변경의 허용성 여부에 대하여 ① 부정설, ② 긍정설, ③ 제한적 긍정설이 대립되고 있으나, 다수설과 판례는 제한적 긍정설을 취하고 있다(본서 취소소송의 심리 부분을 참고). 취소소송에서 처분사유의 추가 · 변경의 허용성의 근거로는 ① 분쟁의 일회적 해결이라는 소송경제의 원칙과 ② 행정소송의 직권탐지주의가 제시되고 있다. 다만 그 한계로는 ① 그 사유가 처분시에 존재하는 사유이어야 하고, ② 처분의 동일성이 유지되어야 하며, ③ 사실심 변론 종결시까지 가능하다. 설문에서 당초 취소처분의 사유는 "신도들의 민원"이었으나, 이에 "사찰로서의 보존가치가 높고 인근 산림의 보호필요성"이라는 사유를 추가하였다. 이러한 새로운 추가사유는 처분시에 존재하였던 사유에 해당한다. 문제는 처분사유의 추가를 통하여 처분의 동일성이 유지되고 있는가이다. 판례는 기본적 사실관계의 동일성 여부를 처분의 동일성 여부에 대한 판단기준으로 내세우고 있는바, 기본적 사실관계의 동일성 여부는 "처분사유를 법률적으로 평가하기 이전의 구체적인 사실에 착안하여 그 기초가 되는 사회적 사실관계가 기본적인 점에서 동일한지 여부에 따라 결정하여야 한다"고 판시하고 있다. 여기서 당초 처분사유와 추가된 사유와 시간적 · 장소적 근접성, 행위의 태양 · 결과 등 제반 사정을 종합적으로 고려하여 개별사안에 따라 구체적으로 판단하여야 한다는 입장을 취하고 있다. 사안에서 당초 처분사유인 "신도들의 민원"과 추가된 처분사유인 "사찰로서의 보존가치가 높고 인근 산림의 보호필요성"은 거부사유의 취지나 장소적 동일성 등을 고려할 때 사회적 사실관계가 기본적인 점에서 동일하다고 볼 수가 없다. 이에 따라 乙시장의 처분사유의 추가는 하용되지 않을 것이다.

Ⅵ. 비공식적 행정작용

1. 의　　의

행정지도에서 설명한 바와 같이 오늘날 행정주체는 일정한 작위 또는 부작위의 법적 의무를 부과함이 없이 행정의 상대방의 의사에 영향을 줌으로써 상대방이 자신의 기대에 부응하게 행동하도록 유도하는 경향을 나타내고 있다. 여기에서 이른바 비공식적 행정작용(informelles Verwaltungshandeln)이 중요한 의미를 갖게 되는바, 비공식적 행정작용이란 그의 요건 · 효과 · 절차 등이 일반적으로 법에 의하여 정해지지 않으며, 법적 구속력을 발생하지 않는 일체의 행정작용을 의미한다.[18]

행정주체와 국민의 관계가 종래의 명령 · 복종의 관계에서 타협과 협동으로 변화된 현대국가에서는 명령과 강제를 특징으로 하는 전통적인 공식적 행정작용은 많은 경우에 있어서 행정과제를 수행하는데 적절하지 않은 것으로 입증되고 있다. 또한 오늘날 국가의 기능과 임무확대로 인한 규범의 범람현상과 그 집행부전현상에 따라 전통적인 행정의 행위형식은 한계에 부딪치게 되었다. 이에 따라 전통적인 행위형식을 보완하기 위한 새로운 행위형식으로서 비공식적 행정작용이 점차 중요한 의미를 얻게 되었다.

그럼에도 불구하고 비공식적 행정작용의 개념과 범주에 대하여는 학계에서는 완전한 합의가 이루어지고 있지 않은 바, 이는 비공식적 행정작용에 대한 연구가 일천할 뿐 아니라, 그 자체가 매우 다양하고 이질적인 행위유형을 포함하는 집합개념에 해당되기 때문이다. 비공식적 행정작용은 일반

18) Ossenbühl, UTR 1987, S. 27ff.

적으로 ① 일방적인 비공식적 행정작용과 ② 행정청과 개인간의 협력에 의한 비공식적 행정작용으로 구분하는 바, 전자에는 경고, 권고, 정보제공 등이 있으며, 후자에는 협상, 타협, 합의, 사전절충 등이 있는 바, 좁은 의미로 비공식적 행정작용을 이해하는 경우에는 후자만을 가리킨다. 이러한 비공식적 행정작용은 사실행위의 성격을 가지며, 공식적 행정작용의 예비행위로서 또는 그 대체행위로서 행하여진다. 앞에서 설명한 행정지도 역시 비공식적 행정작용에 포함되고 있음은 물론이다.

2. 비공식적 행정작용에 대한 평가

1) 비공식적 행정작용의 유용성

가. 행정의 효율성제고

명령과 금지를 특징으로 하는 전통적인 행위형식은 규범의 집행 및 그에 대한 통제의 어려움을 가져올 뿐 아니라, 특히 상대방의 자발적인 참여를 저해한다. 명령이나 금지 등의 고권적인 수단은 요구된 것을 넘는 모든 것, 또는 금지되지 않은 모든 것을 허용함으로써 오히려 행정목적의 최적상태의 실현을 저해한다. 이에 대하여 비공식적 행정작용은 개인의 자유로운 의사결정을 유도함으로써 행정목적의 달성을 쉽게 하고, 아울러 행정기관과 개인간의 협의에 의한 행정수행은 절차진행의 신속, 직무수행의 간편화 및 비용절약 등의 효과를 가져와 행정과 개인에게 적지 않은 이익이 된다.

나. 행정의 탄력성제고

경제법 · 환경법 · 지역정서행정 등에서 빈번히 활용되는 비공식적 행정작용은 행정의 탄력성제고에도 적지 않게 기여한다. 예를 들어 사업인가에 있어서 개인사업자 A와 행정청과의 협상과정에서 행정청은 사업에 대한 이의와 유보사항을 전달할 수 있으며, 개인사업자는 그러한 장애사유를 반박하거나 대안을 제시하여 인가를 얻을 수가 있다. 또 다른 예로서 공해업소 B의 오염방지시설이 노후화 된 경우에 관할행정청은 협상을 통하여 공해업소가 오염방지시설을 스스로 개선토록 함으로써 대기오염방지법에 의한 개선명령이나 조업정지명령을 회피할 수 있게 된다. 이와 같이 비공식적 행정작용은 서로 대립되는 입장을 상호간의 양해와 조정을 통하여 해결함으로써 부관의 생략 등을 포함한 탄력성 있는 행정을 도모한다.[19]

다. 법적 불확실성의 제거

오늘날 행정현상은 고도로 전문화 · 기술화되어가고 있으며, 이를 규율하는 법규범은 불확정법개념을 사용하거나 행정청에 재량을 부여하는 경우가 많다. 여기서 행정주체와 상대방간의 논의나 설명을 통하여 법적 불확실성을 제거하여 행정심판이나 행정소송의 제기와 같은 법적 분쟁을 회피하거나 감소시키는 긍정적인 측면을 갖고 있다.

2) 비공식적 행정작용의 위험성

상술한 바와 같이 비공식적 행정작용은 여러 가지 유용성을 갖고 있음에도 불구하고, 그러한 유용성이 또한 위험성으로 전락할 가능성을 내포하고 있다.

가. 법치행정의 후퇴

비공식적 행정작용의 위험성으로는 행정주체와 국민간의 협력에 바탕을 둔 비공식적 의사소통

19) Maurer/Waldhof, Allg. VerwR, S. 461.

을 통하여 법을 교환목적물로 전락시키고 행정활동에 대한 통제를 약화시키게 된다. 더욱이 행정주체와 개인간에 협상 내지 타협은 경우에 따라서는 법률의 엄격성을 완화시키고 규율수준의 저하를 초래하여 법치행정을 후퇴시킬 우려가 있다.

나. 투명성의 결여 및 제3자의 위험부담

비공식적 행정작용은 행정청과 상대방간에 행하여지는 것이 보통이나, 문서에 의하여 이루어지지 않는 경우가 많으며 그 배경과 동기가 외부로 노출되지 않기 때문에 행정내부적인 통제가 어려울 뿐 아니라 이해관계가 있는 제3자의 지위를 위태롭게 할 가능성이 많은바 이에 대한 적절한 대비책이 강구되어야 할 것이다.

다. 권리구제의 어려움

비공식적 행정작용은 어떠한 법적 구속력을 갖지 않는 사실행위에 지나지 않기 때문에 처분성이 없어 항고쟁송의 대상이 되지 않는다. 또한 협상 · 타협 등은 공법상 계약이 아니라 구속력이 없는 이른바 신사협정에 지나지 않기 때문에 이행청구권이나 불이행으로 인한 손해배상청구권이 발생되지 않는다.

3. 비공식적 행정작용의 허용성 · 효력 · 한계

1) 허용성

행정의 행위형식에는 정원(定員)이 없다는 점에서 비공식적 행정작용의 허용성에 대하여는 원칙적인 이의가 존재하지 않는다. 독일에서는 오히려 비공식적 행적작용의 허용성에 대한 적극적인 근거가 제시되고 있다. 학설은 우선 비공식적 행정작용의 근거를 헌법상의 행정청의 청문의무에서 찾고 있다. 여기서 말하는 청문의무란 단순한 의견청취에 끝나는 것이 아니라, 상대방과 중요한 관점에 대하여 논의하고 설명하도록 하는 의무를 포함한다. 비공식적 행정작용의 또 다른 근거는 행정청의 조사의무에서 구하고 있는바, 행정청은 자신의 조사의무에 따라 가능한 한 사실관계를 명확하게 하여야 할 의무가 있는바 이는 관련자와의 접촉없이는 불가능하다. 마지막으로 학설은 비공식적 행정작용에 대한 근거를 행정결정에 있어서 공익과 사익을 적정하게 고려하여야 할 행정청의 의무에서 찾고 있다.

2) 효 력

앞에서 본 바와 같이 비공식적 행정작용은 어떠한 법적 구속력을 갖지 않는 사실행위에 지나지 않는다. 이에 따라 당사자가 법적 구속력을 갖기를 원한다면, 공법상 계약, 확약, 사전결정 등에 의하여야 할 것이다. 비공식적 행정작용의 본질적인 특징은 바로 비구속성에 있으므로 신뢰보호원칙이나 신의성실의 원칙 또는 행정의 자기구속의 법리를 통하여 구속력이 부여되지도 않는다. 행정청은 사실적 또는 법적 상황의 변경뿐만 아니라 자신의 상황평가의 변화에 의하여도 협상이나 협의에서 벗어날 수가 있다.[20)]

3) 한 계

비록 비공식적 행정작용의 허용성이 인정된다고 하더라도 무제한하게 허용되는 것은 아니다.

---

20) Maurer/Waldhof, Allg. VerwR, S. 462.

비공식적 행정작용에도 일정한 실체법적 그리고 절차법적 한계가 있다.

가. 실체법적 한계

실체법상으로 행정청과 상대방은 위법한 허가나 상태로 귀결될 성질의 것을 양해사항으로 하여서는 안된다. 아울러 관할 및 권한규정을 준수하여야 하며, 평등의 원칙, 부당결부금지의 원칙 및 제3자에게 불이익을 주는 내용의 합의를 금지하는 원칙은 비공식적 행정작용에도 적용된다.

나. 절차법적 한계

절차법상으로 비공식적 행정작용은 행정청의 사실관계에 대한 포괄적인 조사의무를 축소시키거나 제3자의 청문권이나 참가권 등을 배제하기 위한 수단으로 사용되어서는 안된다. 이와 관련하여 독일의 일부학설에서는 행정절차법 또는 그의 일부규정을 비공식적 행정작용에도 유추적용할 것을 제안하고 있는 바, 이는 다수설에 의하여 부인되고 있다. 왜냐하면 비공식적 행정작용을 공식화하는 경우에는 그것은 더 이상 비공식적 행정작용이 아니며, 이렇게 공식화된 행정작용에 앞서 협상이나 사전절충과 같은 다른 형태의 비공식적 행정작용이 개입될 수 있기 때문이다.

제 3 편

행정절차 · 행정정보 공개 · 개인정보보호

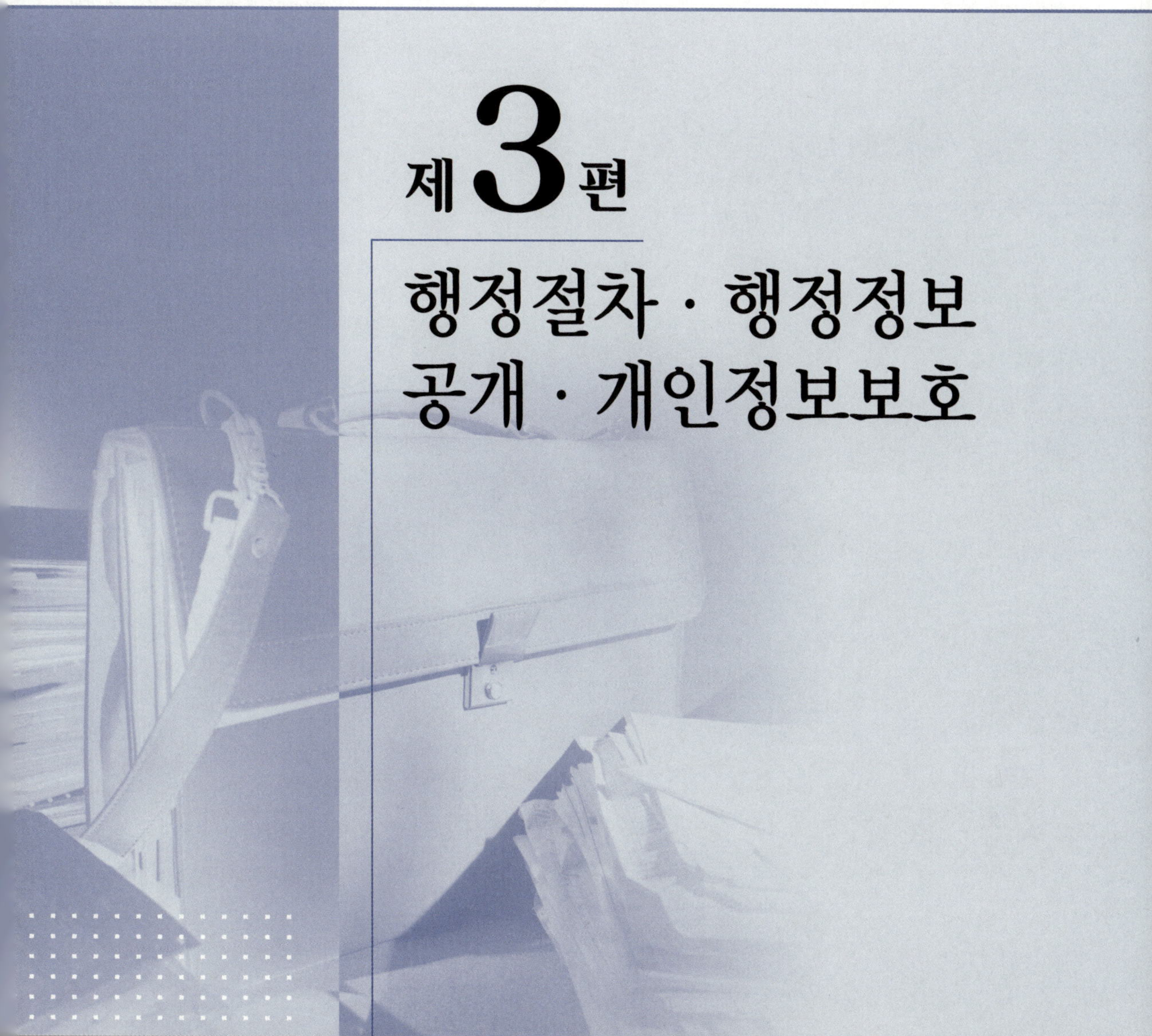

행정절차

제1절 개 설

Ⅰ. 개 념

행정절차라 함은 행정청이 행정작용을 함에 있어서 거치는 일련의 절차를 의미한다. 그럼에도 불구하고 행정절차에 대한 일반적인 개념은 정립되고 있지 않으며, 학자에 따라 또는 각국의 입법례에 따라 상당한 차이를 나타내고 있다. 행정절차의 개념은 대체로 광의와 협의로 나누어 설명되고 있다.

1. 광의의 행정절차

넓은 의미의 행정절차라 함은 행정청이 행정활동을 함에 있어서 거치는 모든 절차를 의미하며, 입법작용에 있어서의 입법절차, 사법작용에 있어서의 사법절차에 대응되는 개념으로 사용된다. 이러한 넓은 의미의 행정절차는 다시 사전절차와 사후절차로 구분할 수 있다. 사전절차로는 행정입법절차, 행정처분절차, 행정계획확정절차, 공법상계약의 체결절차, 행정지도절차 등이 있으며, 사후절차로는 행정상 의무이행확보절차와 행정심판절차가 있다.

2. 협의의 행정절차

좁은 의미의 행정절차란 행정입법절차, 행정처분절차, 행정계획확정절차, 공법상계약절차, 행정지도절차 등 행정의사결정에 관한 절차로서 위에서 설명한 사전절차를 의미한다. 이러한 협의의 행정절차는 대외적으로 국민과의 관계에서 거치는 절차로서 행정조직내부에서만 이루어지는 행정결정의 준비절차와는 구별된다. 일반적으로 행정절차는 협의의 의미의 행정절차를 의미한다. 우리 행정절차법은 행정입법예고절차, 행정처분절차, 행정지도절차, 행정예고절차를 규정하고 있다.

Ⅱ. 행정절차의 기능

근대법치국가는 법률에 의한 행정의 원리에 따라 행정권의 발동을 법률에 근거하여 행하여질 것을 요구하면서 위법 · 부당한 행정권행사로 인하여 국민의 권익이 침해될 경우에는 행정감독에 의하여 시정하거나 권익구제를 위한 사후적 불복수단을 인정하는 것만으로 법치주의요청을 충족시키는 것으로 보았다. 반면 행정작용에 대한 엄격한 절차적 규제를 행한다는 것은 효율적인 행정운영에 역행하거나 지장을 주는 것을 의미하였다. 그러나 국민의 기본권보장을 이념으로 하는 실질적 법치국가에 있어서는 행정작용이 형식적으로 법률에 의하여 행하여지는 것만으로는 법치주의요청을 충족시키기에 부족한 것으로 인식하게 되면서 행정의 적법성과 공정성의 확보를 위한 사전적 규제를 요구하게 되었다. 이에 따라 각국에서는 행정결정의 사전적 규제장치로서 행정절차가 발전되기 시작하였는바 오늘날 행정절차가 수행하고 있는 주요한 기능은 다음과 같이 설명될 수 있다.

1. 행정의 민주화

행정절차는 행정의 민주화에 현저하게 기여한다. 현대국가에서 개인생활은 행정활동에 의존하고 종속되는 것이 일반적인 현상이다. 행정주체의 행정작용은 국민생활에 직 · 간접적으로 영향을 미치게 되고, 행정작용을 중심으로 복잡한 이해관계가 대립하게 된다. 이에 따라 행정작용에 있어서 공익과 사익, 사익과 사익을 적정하게 조정하고 반영하기 위하여 이해관계인의 참여기회를 절차적으로 보장할 필요가 있으며 이는 결과적으로 행정작용의 민주화를 의미한다. 행정과정에 이해관계인의 절차적 참여를 인정하는 것은 종래 행정주체의 단순한 행정객체로만 파악하였던 개인을 행정주체와 대등한 지위로 격상시키는 것을 의미하며 이는 곧 민주적 법치국가의 당연한 요청에 부합되는 것이라고 할 수 있다.

2. 행정작용의 적정화

행정절차는 행정작용의 내용의 적법성과 공정성을 확보하는 중요한 수단으로서 기능한다. 행정작용을 하고자 함에 있어서 미리 관계인에게 그 뜻을 통지하고 그에 대한 의견 또는 참고자료 등을 제출할 수 있는 기회를 부여하는 것은 행정과정을 투명하게 할 뿐 아니라 행정청의 사실인정과 법령의 해석 · 적용을 올바르게 함으로써 행정작용의 적법 · 타당성을 확보하는 바탕이 된다. 이러한 행정작용의 적정화기능은 특히 재량행정영역에서 두드러지게 나타난다.

3. 사전적 권리구제

근대입헌국가 이래 행정은 법치주의의 요구에 따라 법에 근거하고 또 법에 적합하도록 행하여져야 하며, 만일 위법한 행정작용에 의하여 개인의 권익이 침해되면 이에 대한 사후적 구제수단을 제도적으로 보장하여 왔다. 그러나 이러한 사후적 권리구제수단은 많은 시간과 비용을 소요할 뿐만 아니라 이미 침해된 권익의 완전한 회복에 있어서도 미흡한 경우가 많다. 이에 대하여 행정작용이 행하여지기 전에 이해관계인에 대하여 의견진술 및 자료제출 등 절차적 참여의 기회를 보장한다면 사전에 위법한 행정결정을 피할 수 있는 가능성이 커지고 이를 통하여 개인의 권리침해를 사전에 방지할 수 있다. 더 나아가 행정절차는 사후적인 법적 분쟁을 사전에 차단시킴으로써 법원의 재판부담을 적지 않게 완화시키는 기능도 하게 된다.

4. 행정작용의 능률화

종전에는 행정절차와 행정능률은 양립되지 않는 개념으로 보았다. 그러나 복잡하고 다양한 행정작용에 대한 절차를 표준화하는 것은 오히려 행정작용을 간소화시키고 원활하게 수행하는데 도움이 된다. 또한 행정의 잘못을 사후에 시정하는 것은 사전통제의 경우보다 더 많은 비용과 노력을 소모하는 경우가 많다. 반면 사전절차를 지나치게 번잡하게 할 때, 이것이 행정의 능률을 저하시키는 요인으로 작용할 수 있음을 부인할 수 없다. 행정절차를 통하여 달성하고자 하는 목표는 행정의 능률성과 국민의 권리보호 중 어느 하나를 버리고 다른 하나를 택하는 것이 아니라 양자를 조화시키는 데 있다.

Ⅲ. 각국의 행정절차법의 발전

1. 영 국

영국에 있어서 행정절차는 판례법으로 형성되어 온 자연적 정의의 원칙과 이것을 보충하는 제정법을 통하여 발전되었다. 자연적 정의는 ① "누구든지 자기가 관계하는 사건에서 심판관이 될 수가 없다(No one shall be a judge in his own case)"라고 하는 편견배제의 원칙과 ② "누구든지 청문없이 비난당하지 않는다(No one shall be condemned unheard)"라는 사전 청문의 원칙을 포함하고 있다. 이들 원칙은 본래 법원에서의 사법절차에 적용되었던 것인데 행정기능이 확대됨에 따라 행정절차에도 적용되게 되었다. 행정절차는 특히 두 번째 원칙에 의하여 뒷받침되고 있는바, 이는 행정작용에 의하여 구체적으로 영향을 받은 자는 청문을 받을 권리가 있으며, 청문은 편견없이 공정해야 한다는 것을 내용으로 하고 있다. 근래에 와서는 각 제정법에서 행정절차에 대한 구체적인 규정을 하는 예가 늘어났는바, 그 대표적 법률은 1958년에 제정되어 그 후 수차례 개정을 겪은 「행정심판소 및 심문에 관한 법률」이다. 이 법률은 재결절차에 관한 일반적 사항을 규정하고 있다.

2. 미 국

미국에서 행정절차에 관한 문제는 미국헌법상의 이른바 적법절차조항을 중심으로 다루어져 왔다. 미국헌법 수정 제5조는 "누구든지 적법절차(due process of law)에 의하지 아니하고는 생명 · 자유 또는 재산을 박탈당하지 않는다"라고 규정하고 있다. 처음에는 적법절차조항은 사법작용에만 적용되는 것으로 보고 행정작용에의 적용여부에 관하여는 소극적 태도가 지배적이었다. 그러나 1880년대부터 법원은 적법절차는 실질적으로 부당하게 국민의 권익을 침해할 우려가 있는 모든 국가작용에 대하여 요구된다는 태도를 확립함에 따라 적법절차는 일반행정작용에 대하여도 적용되게 되었다. 적법절차에 부합되는 행정절차란 사실인정자로서의 행정청이 공정하게 구성되고 행정청의 사실인정이 적정한 통지와 공정한 청문을 거쳐서 이루어져야 한다는 것을 내용으로 하고 있다. 즉 행정절차는 ① 조직상의 공정, ② 적정한 사전통지, ③ 공정한 청문의 요구를 충족시킬 수 있는 것이어야 한다. 미국에서의 행정절차는 이와 같이 주로 헌법상의 적법절차조항의 해석과 운용을 통하여 발전되어 왔으나 행정작용을 일반적으로 규제하고 적정화하려는 노력은 1946년 연방행정절차법의 제정으로 그 결실을 보게 되었다. 전문 12개조로 구성된 동법은 연방법전 551–559, 701–706, 1305, 3105, 3344, 5372, 7521 등으로 산재되어 있으며 따라서 독립된 행정절차법은 존재하지 않는다. 그럼에도 불구하고 연방법전의 상기한 제조항들을 총괄하여 연방 행정절차법이라고 부르는 것이 일반적이다. 이들은 행정작용을 행정입법(rule-making)과 재결(adjudication)로 나누어 각각 이에 대하여 적용되는 절차를 규정하고 있다.

3. 독 일

독일에서는 원래 법률에 의한 행정의 원리 아래 행정작용이 법률에 근거하여 그 범위 안에서 행하여지기만 하면 되고, 이에 대한 사후적인 사법통제가 보장되면 법치주의요청을 충족하는 것으로 보았다. 따라서 행정절차법의 제정에는 큰 관심이 없었으나 연혁적으로는 이미 행정절차에 관한 일반법으로 1926년의 튀링겐(Thüringen)행정법령 및 1931년의 뷔템베르그(Württemberg)행정절차법초안 등이 있었다. 2차대전 후 서독에서 ① 사법심사를 통한 권리구제의 실망, ② 실체법의 기능저하, ③ 절차를 통한 권리실현에 대한 재인식 등의 이유로 행정절차법제정에 관심이 집중되었다. 그리하여 1976년 5월 25일 연방행정절차법이 제정되어 1977년 1월 1일부터 시행되고 있다. 동법은 행정작용에 대한 사전적 절차뿐만 아니라 행정행위의 개념, 부관, 효력, 철회, 취소, 확약, 재량행사의 한계 등 많은 실체법적 규정을 두고 있다. 독일의 행정절차는 정식절차와 비정식절차가 있는 바 특별한 형식을 요구하지 않는 비정식절차를 원칙으로 하고 있다. 이에 대하여 법에 특별한 규정이 있는 경우에 적용되는 정식절차는 당사자, 증인, 감정인 등의 참여하에 구술심리를 거치고 서면을 작성하여, 이유제시를 하는 등 엄격한 절차가 요구되고 있다.

4. 우리나라

우리나라에 있어서 개별법상에 청문제도 등이 도입된 지는 오래되었으나 행정절차에 대하여 본격적인 관심을 갖게 된 것은 1970년대에 들어와서이다. 1975년에 정부의 의뢰에 따라 한국공법학회에 의하여 전문 145개조의 행정절차법초안이 마련되었으나 시기상조라는 정부판단에 따라 입법화에는 실패하였다. 이후 행정절차법의 입법을 위한 노력은 계속되었으며, 1987년에는 정부에 의하여 마련된 행정절차법안이 입법예고되었다. 그 안에는 행정처분절차(2장), 행정계획의 확정절차(3장), 행정입법의 예고절차(4장), 행정예고절차(5장), 행정지도절차(6장) 등의 사전절차뿐만 아니라 확약, 행정행위의 취소와 철회의 제한 등 실체법적 규정을 포함한 획기적인 내용을 담고 있었으나 정부내 부처간의 이견 등이 원인이 되어 법률로 완성되지 못하였다.

이후 1993년 행정쇄신위원회에서 행정절차법의 제정을 건의하였으며, 1995년에는 정부의 주도하에 행정절차법안심의위원회가 구성되었으며, 1996년에는 동위원회의 도움을 거쳐 정부안이 기초되었다. 1996년 10월 22일에 동법률안은 입법예고 되었고 1996년 12월 31일 법률 제5241호로 공포되어 1998년 1월 1일부터 시행되기 시작하였다.

행정절차법은 제1장 총칙, 제2장 처분절차, 제3장 신고, 확약 및 위반사실 등의 공표 등, 제4장 행정입법절차, 제5장 행정예고절차, 제6장 행정지도절차, 제7장 보칙으로 이루어져 총 68개조로 구성되었다. 행정절차법은 행정행위의 효력, 하자, 부관, 취소, 철회 등 실체법적 규정을 삽입할 것을 주장하는 학계의 상당수의 건의가 반영되지 못하고, 주로 절차법적 내용들로만 구성되어 있다. 또한 행정처분절차, 행정입법예고절차, 행정예고절차, 행정지도절차 등이 규정되고 있으나 행정계획절차는 매우 간소하고, 공법상 계약은 행정기본법에 규정되어 있는 등 완결된 절차법의 성격을 갖고 있지 않으며 처분에 대한 규정이 거의 반을 차지하고 있는 점에 비추어 처분절차법이라고 보아도 과언이 아니라는 지적을 받고 있다. 행정절차는 광의로 볼 때에는 사전절차와 사후절차를 포함하는 것이나 행정절차법의 규율내용은 사전절차만을 포함하고 있다.

Ⅳ. 행정절차의 헌법적 근거

오늘날 행정절차가 헌법적 요청에서 나오고 있다는 데 대하여는 인식을 같이 하고 있다. 그러나 행정절차의 헌법적 근거를 어디에서 찾을 수 있는지에 대하여는 논란이 되고 있다. 상당수의 학설과 헌법재판소는 행정절차의 근거를 헌법 제12조 제1항의 적법절차조항에서 찾고 있다. 우리 헌법 제12조 제1항 후단은 "모든 국민은 …… 법률과 적법한 절차에 의하지 아니하고는 처벌 · 보안처분 또는 강제노역을 받지 않는다"고 하여 미국헌법의 적법절차조항과 비슷한 내용을 규율하고 있는바, 여기서 "적법한 절차"는 직접적으로 형사사법권의 발동에 적용될 뿐만 아니라 아울러 이와 같은 취지는 행정절차에도 적용된다고 한다.[1]

그러나 행정절차의 기능이 국민의 행정참여를 도모하고, 행정의 적정성과 사전적 권리구제를 실현하는 데 있다고 본다면, 헌법 제12조 제1항 후단의 적법절차조항뿐만 아니라, 민주국가원리와 법치국가원리도 아울러 행정절차의 헌법적 근거가 된다고 보는 것이 타당한 견해일 것이다. 종래 개별적인 구체적인 법률의 근거가 없이도 헌법적 근거에서 직접 절차적 권리를 도출할 수 있는지 여부에 대하여는 다툼이 있었으나 행정절차법의 제정으로 더 이상의 논쟁은 실익이 없게 되었다.

판례(행정절차의 헌법적 근거) 헌법 제12조 제3항의 본문은 동조 제1항과 함께 적법절차원리의 일반조항에 해당하는 것으로서 형사절차상의 영역에 한정되지 않고 입법 · 행정 등 국가의 모든 공권력의 작용에는 절차상의 적법성뿐만 아니라 법률의 실체적인 내용도 합리성과 정당성을 갖춘 실체적인 적법성이 있어야 한다는 적법절차의 원리를 헌법의 기본원리로 명시한 것이다(헌재결 1992. 12. 24, 92헌마78).

제2절 행정절차법의 주요내용

Ⅰ. 총칙적 일반사항

1. 용어의 정의

동법 제2조에서는 행정청 · 처분 · 행정지도 · 당사자 등 · 청문 · 공청회 · 의견제출에 관한 정의를 하고 있다. 여기서 특기할 점은 다음과 같다.

제1호는 행정청을 "행정에 관한 의사를 결정하여 표시하는 국가 또는 지방자치단체의 기관(가목)"과 "그 밖에 법령 또는 자치법규에 의하여 행정권한을 가지고 있거나 위임 또는 위탁받은 공공단체나 그 기관 또는 사인(나목)"으로 정의하고 있다. 이러한 행정청의 개념은 강학상의 행정관청의 개념보다 넓은 개념으로서 행정권한을 위임 또는 위탁받은 공공단체나 그 기관 및 공무수탁사인을 포함하고 있으며 행정심판법과 행정소송법상의 행정청의 개념과 동일한 개념이라고 보아야 할 것이다.

제2호는 처분의 개념을 "행정청이 행하는 구체적 사실에 관한 법집행으로서의 공권력의 행사 또는 그 거부와 기타 이에 준하는 행정작용"라고 정의하고 있는바, 마찬가지로 행정심판법과 행정소

1) 金道昶, 一般行政法論(上), 537면; 洪性邦, 憲法學, 420면.

송법상의 처분의 개념을 그대로 채택하였다. 이에 따라 강학상의 처분개념과의 동일성 여부에 관한 논쟁은 행정절차법에서도 여전히 지속될 것으로 보인다.

제4호는 “당사자 등”을 “행정청의 처분에 대하여 직접 그 상대가 되는 당사자(가목)”와 “행정청이 직권 또는 신청에 의하여 행정절차에 참여하게 한 이해관계인(나목)”으로 정의하고 있는바, 이해관계인의 경우에는 행정청의 직권 또는 신청에 의하여 행정절차의 당사자가 될 수 있다.

2. 적용범위

행정절차법은 행정절차에 관한 일반법으로서 다른 법률에 특별한 규정이 있는 경우를 제외하고는 이 법이 정하는 바에 의한다(법 3조 1항). 행정절차법은 처분, 신고, 확약, 위반사실 등의 공표, 행정계획, 행정상 입법예고, 행정예고 및 행정지도의 절차에 관하여 규율하고 있다. 행정절차법은 국가의 행정작용뿐만 아니라 지방자치단체의 행정작용에도 적용된다(법 2조 1호). 행정절차에 관한 특별법이 있는 경우에는 특별법이 적용됨은 물론이다. 예를 들어 민원사무처리와 관련된 절차에 관하여는 민원처리에 관한 법률이 행정절차법보다 우선하여 적용됨은 물론이다.

또한 행정절차법은 동법의 적용이 배제되는 다음의 9개 사항에 대하여 규정하고 있다. 이들은 ① 국회 또는 지방의회의 의결을 거치거나 동의 또는 승인을 얻어 행하는 사항, ② 법원 또는 군사법원의 재판에 의하거나 그 집행으로 행하는 사항, ③ 헌법재판소의 심판을 거쳐 행하는 사항, ④ 각급선거관리위원회의 의결을 거쳐 행하는 사항, ⑤ 감사원이 감사위원회의 결정을 거쳐 행하는 사항, ⑥ 형사 · 행형 및 보안처분 관계법령에 의하여 행하는 사항, ⑦ 국가안전보장 · 국방 · 외교 또는 통일에 관한 사항 중 행정절차를 거칠 경우 국가의 중대한 이익을 현저히 해할 우려가 있는 사항, ⑧ 심사청구 · 해양안전심판 · 조세심판 · 특허심판 · 행정심판, 그 밖의 불복절차에 의한 사항, ⑨ 병역법에 의한 징집 · 소집, 외국인의 출입국 · 난민인정 · 귀화, 공무원 인사 관계 법령에 의한 징계와 그 밖의 처분 또는 이해조정을 목적으로 법령에 의한 알선 · 조정 · 중재 · 재정 또는 그 밖의 처분 등 해당 행정작용의 성질상 행정절차를 거치기 곤란하거나 불필요하다고 인정되는 사항과 행정절차에 준하는 절차를 거친 사항으로서 대통령령으로 정하는 사항이다.

판례 1(별정직 공무원에 대한 직권면직 처분에 행정절차법이 적용되는지 여부) 구 행정절차법 제3조 제2항 제9호, 구 행정절차법 시행령 제2조 제3호의 내용을 행정의 공정성, 투명성 및 신뢰성을 확보하고 국민의 권익을 보호함을 목적으로 하는 행정절차법의 입법 목적에 비추어 보면, 공무원 인사관계 법령에 의한 처분에 관한 사항이라 하더라도 전부에 대하여 행정절차법의 적용이 배제되는 것이 아니라, 성질상 행정절차를 거치기 곤란하거나 불필요하다고 인정되는 처분이나 행정절차에 준하는 절차를 거치도록 하고 있는 처분의 경우에만 행정절차법의 적용이 배제되는 것으로 보아야 하고, 이러한 법리는 ‘공무원 인사관계 법령에 의한 처분’에 해당하는 별정직 공무원에 대한 직권면직 처분의 경우에도 마찬가지로 적용된다. 별정직 공무원에 대한 직권면직의 경우에는 징계처분과 달리 징계절차에 관한 구 공무원징계령의 규정도 적용되지 않는 등 행정절차에 준하는 절차를 거치도록 하는 규정이 없으며, 이 사건 처분이 성질상 행정절차를 거치기 곤란하거나 불필요하다고 인정되는 처분에도 해당하지 아니하다. 이 사건 처분은 구 행정절차법 제21조 제4항 제3호, 제22조 제4항에 따라 원고에게 사전통지를 하지 않거나 의견제출의 기회를 주지 아니하여도 되는 예외적인 경우에 해당한다고 할 수 없기 때문에 절차상 하자가 있어 위법하다(대판 2013. 1. 16, 2011두30687).

판례 2(공무원에 대한 직위해제처분에 행정절차법이 적용되는지 여부) 국가공무원법 제73조의3 제1항 제2호 및 제3항은 임용권자는 직무수행 능력이 부족하거나 근무성적이 극히 나쁜 자에게 직위해제 처분을 할 수 있고, 직위해제된 자에게는 3개월의 범위에서 대기를 명한다고 규정하면서, 법 제75조 및 제76조 제1항에서 공무원에 대하여 직위해제를 할 때에는 그 처분권자 또는 처분제청권자는 처분사유를 적은 설명서를 교부하도록 하고, 처분사유 설명서를 받은 공무원이 그 처분에 불복할 때에는 그 설명서를 받은 날부터 30일 이내에 소청심사청구를 할 수 있도록 함으로써 임용권자가 직위해제처분을 행함에 있어서 구체적이고도 명확한 사실의 적시가 요구되는 처분사유 설명서를 반드시 교부하도록 하여 해당 공무원에게 방어의 준비 및 불복의 기회를 보장하고 임용권자의 판단에 신중함과 합리성을 담보하게 하고 있고, 직위해제처분을 받은 공무원은 사후적으로 소청이나 행정소송을 통하여 충분한 의견진술 및 자료제출의 기회를 보장하고 있다. 그리고 위와 같이 대기명령을 받은 자가 그 기간에 능력 또는 근무성적의 향상을 기대하기 어렵다고 인정되면 법 제70조 제1항 제5호에 의해 직권면직 처분을 받을 수 있지만 이 경우에는 같은 조 제2항 단서에 의하여 징계위원회의 동의를 받도록 하고 있어 절차적 보장이 강화되어 있다. 그렇다면 국가공무원법상 직위해제처분은 구 행정절차법 제3조 제2항 제9호, 동법 시행령 제2조 제3호에 의하여 당해 행정작용의 성질상 행정절차를 거치기 곤란하거나 불필요하다고 인정되는 사항 또는 행정절차에 준하는 절차를 거친 사항에 해당하므로, 처분의 사전통지 및 의견청취 등에 관한 행정절차법의 규정이 별도로 적용되지 아니한다고 봄이 상당하다(대판 2014. 5. 16, 2012두26180).

판례 3(군인사법령에 의하여 진급예정자명단에 포함된 자에 대하여 의견제출의 기회를 부여함이 없이 진급선발을 취소하는 처분의 위법성 여부) 군인사법 및 그 시행령의 관계 규정에 따르면, 원고와 같이 진급예정자 명단에 포함된 자는 진급예정자명단에서 삭제되거나 진급선발이 취소되지 않는 한 진급예정자 명단 순위에 따라 진급하게 되므로, 이 사건 처분과 같이 진급선발을 취소하는 처분은 진급예정자로서 가지는 원고의 이익을 침해하는 처분이라 할 것이고, 한편 군인사법 및 그 시행령에 이 사건 처분과 같이 진급예정자 명단에 포함된 자의 진급선발을 취소하는 처분을 함에 있어 행정절차에 준하는 절차를 거치도록 하는 규정이 없을 뿐만 아니라 위 처분이 성질상 행정절차를 거치기 곤란하거나 불필요하다고 인정되는 처분이라고 보기도 어렵다고 할 것이어서 이 사건 처분이 행정절차법의 적용이 제외되는 경우에 해당한다고 할 수 없으며, 나아가 원고가 수사과정 및 징계과정에서 자신의 비위행위에 대한 해명기회를 가졌다는 사정만으로 이 사건 처분이 행정절차법 제21조 제4항 제3호, 제22조 제4항에 따라 원고에게 사전통지를 하지 않거나 의견제출의 기회를 주지 아니하여도 되는 예외적인 경우에 해당한다고 할 수 없으므로, 피고가 이 사건 처분을 함에 있어 원고에게 의견제출의 기회를 부여하지 아니한 이상, 이 사건 처분은 절차상 하자가 있어 위법하다고 할 것이다(대판 2007. 9. 21, 2006두20631).

판례 4(행정절차법의 적용이 배제되는 공무원 인사관계 법령에 의한 처분의 범위) 행정절차법 제3조 제2항, 행정절차법 시행령 제2조 등 행정절차법령 관련 규정들의 내용을 행정의 공정성, 투명성 및 신뢰성을 확보하고 국민의 권익보호를 목적으로 하는 행정절차법의 입법 목적에 비추어 보면, 행정절차법의 적용이 제외되는 공무원 인사관계 법령에 의한 처분에 관한 사항이란 성질상 행정절차를 거치기 곤란하거나 불필요하다고 인정되는 처분이나 행정절차에 준하는 절차를 거치도록 하고 있는 처분에 관한 사항만을 말하는 것으로 보아야 한다. 이러한 법리는 '공무원 인사관계 법령에 의한 처분'에 해당하는 육군3사관학교 생도에 대한 퇴학처분에도 마찬가지로 적용된다. 그리고 행정절차법 시행령 제2조 제8호는 '학교 · 연수원 등에서 교육 · 훈련의 목적을 달성하기 위하여 학생 · 연수생들을 대상으로 하는 사항'을 행정절차법의 적용이 제외되는 경우로 규정하고 있으나, 이는 교육과정과 내용의 구체적 결정, 과제의 부과, 성적의 평가, 공식적 징계에 이르지 아니한 질책 · 훈계 등과 같이 교육 · 훈련의 목적을 직접 달성하기 위하여 행하는 사항을 말하는 것으로 보아야 하고, 생도에 대한 퇴학처분과 같이 신분을 박탈하는 징계처분은 여기에 해당한다고 볼 수 없다(대판 2018. 3. 13, 2016두33339).

판례 5(국가에 대한 처분과 행정절차) 행정절차법의 규정과 행정의 공정성 · 투명성 및 신뢰성 확보라는 행정절차법의 입법취지 등을 고려해보면, 행정기관의 처분에 의하여 불이익을 입게 되는 국가를 일반 국민과 달리 취급할 이유가 없다. 따라서 국가에 대한 행정처분을 함에 있어서도 앞서 본 사전 통지, 의견 청취, 이유 제시와 관련한 행정절차법이 그대로 적용된다고 보아야 한다(대판 2023. 9. 21, 2023두39724).

3. 행정법의 일반원칙

행정절차법은 행정절차에 관한 일반법임에도 불구하고 행정실체법에 해당하는 행정법의 일반원칙인 신의성실의 원칙, 신뢰보호의 원칙 그리고 투명성의 원칙에 대하여도 규정하고 있다.

1) 신의성실의 원칙

이미 국세기본법 제15조에 규정되고 있는 신의성실의 원칙은 일반적 법사상의 표현으로서 사법뿐만 아니라 공법에서도 적용되는 법원칙이다. 행정절차법은 "행정청은 직무를 수행할 때 신의에 따라 성실히 하여야 한다(법 4조 1항)"라고 규정하여 이를 명문으로 확인하고 있다.

2) 신뢰보호의 원칙

신뢰보호원칙은 오늘날 다수설에 따르면 법치국가원리의 실질적 요소인 법적 안정성의 원칙에서 도출되고 있다. 행정절차법은 신뢰보호의 원칙의 제목하에 "행정청은 법령 등의 해석 또는 행정청의 관행이 일반적으로 국민들에게 받아들여질 때에는 공익 또는 제3자의 정당한 이익을 현저히 해할 우려가 있는 경우를 제외하고는 새로운 해석 또는 관행에 의하여 소급하여 불리하게 처리하여서는 아니된다(법 4조 2항)"라고 규정하고 있다. 그러나 국세기본법 제18조와 유사하게 구성된 동규정은 신뢰보호의 원칙의 한 적용례에 지나지 않는다. 신뢰보호의 원칙의 일반적인 개념정의 및 그 요건을 구체적으로 명시하였으면 바람직하였을 것이다.

3) 투명성의 원칙

행정절차법은 투명성의 원칙의 제목하에 "행정청이 행하는 행정작용은 그 내용이 구체적이고 명확하여야 한다(법 5조 1항). 행정작용의 근거가 되는 법령등의 내용이 명확하지 아니한 경우 상대방은 해당 행정청에 그 해석을 요청할 수 있으며, 해당 행정청은 특별한 사유가 없으면 그 요청에 따라야 한다(법 5조 2항). 행정청은 상대방에게 행정작용과 관련된 정보를 충분히 제공하여야 한다(법 5조 3항)"라고 규정하고 있다. 이러한 투명성의 원칙은 법치국가원리의 본질적인 요소인 명확성의 원칙을 명문화한 것이라고 보아야 할 것이다.

4. 행정청의 관할 · 협조 및 행정응원

행정절차법은 제6조부터 제8조까지 행정청의 관할, 행정청간의 협조 및 행정응원에 대하여 규정하고 있다.

1) 관 할

행정청이 그 관할에 속하지 아니하는 사안을 접수하였거나 이송받은 경우에는 지체없이 이를 관할 행정청에 이송하여야 하고 그 사실을 신청인에게 통지하여야 한다. 행정청이 접수하거나 이송받은 후 관할이 변경된 경우에도 또한 같다(법 6조 1항). 행정청의 관할이 분명하지 아니하는 경우에는 해당 행정청을 공통으로 감독하는 상급행정청이 그 관할을 결정하며, 공통으로 감독하는 상급행정청이 없는 경우에는 각 상급행정청이 협의하여 그 관할을 결정한다(법 6조 2항).

2) 협조 · 응원

행정조직은 종적인 계층체계로 되어 있어 횡적인 협조나 응원이 소홀이 되기 쉽다. 행정절차법은 이에 따라 행정청 상호간의 협조와 행정응원에 관하여 규율하고 있다. 행정청은 ① 법령 등의 이유로 독자적인 직무수행이 어려운 경우, ② 인원 · 장비의 부족 등 사실상의 이유로 독자적인 직무수행이 어려운 경우, ③ 다른 행정청에 소속되어 있는 전문기관의 협조가 필요한 경우, ④ 다른 행정청이 관리하고 있는 문서(전자문서를 포함한다) · 통계 등 행정자료가 직무수행을 위하여 필요한 경우, ⑤ 다른 행정청의 응원을 받아 처리하는 것이 보다 능률적이고 경제적인 경우에는 다른 행정청에 행정응원을 요청할 수 있도록 하고 있다(법 8조 1항).

행정응원을 요청받은 행정청은 ① 다른 행정청이 보다 능률적이거나 경제적으로 응원할 수 있는 명백한 이유가 있는 경우, ② 행정응원으로 인하여 고유의 직무수행이 현저히 지장받을 것으로 인정되는 명백한 이유가 있는 경우에는 이를 거부할 수 있으며(법 8조 2항), 이 경우 그 사유를 응원요청한 행정청에 통지하도록 하고 있다(법 8조 4항).

행정응원을 위하여 파견된 직원은 응원을 요청한 행정청의 지휘 · 감독을 받는다. 다만, 해당 직원의 복무에 관하여 다른 법령등에 특별한 규정이 있는 경우에는 그에 의한다(법 8조 5항).

행정응원에 소요되는 비용은 응원을 요청한 행정청이 부담하며, 그 부담금액 및 부담방법은 응원을 요청한 행정청과 응원을 행하는 행정청이 협의하여 결정한다(법 8조 6항).

5. 송달 및 기간 · 기한의 특례

송달의 방법은 우편 · 교부 또는 정보통신망 이용 등의 방법에 의하되 송달받을 자의 주소 · 거소 · 영업소 · 사무소 또는 전자우편주소로 한다. 다만, 송달받을 자가 동의하는 경우에는 그를 만나는 장소에서 송달할 수 있다(법 14조 1항). 송달의 효력발생은 도달주의를 원칙으로 하되, 공고의 경우에는 다른 법령 등에 특별한 규정이 있는 경우를 제외하고는 공고일로부터 14일이 경과한 때에 그 효력을 발생하도록 하고 있다(법 15조 1항 · 3항). 다만, 정보통신망을 이용하여 전자문서로 송달하는 경우에는 송달받을 자가 지정한 컴퓨터 등에 입력된 때에 도달된 것으로 본다(법 15조 2항).

또한 행정절차법은 기간 및 기한의 특례를 정하고 있다. 천재지변 기타 당사자 등의 책임없는 사유로 기간 및 기한을 지킬 수 없는 경우에는 그 사유가 끝나는 날까지 기간의 진행이 정지되며(법 16조 1항), 외국에 거주 또는 체류하는 자에 대한 기간 및 기한은 우편이나 통신에 걸리는 일수를 감안하여 정하도록 하고 있다(법 16조 2항).

Ⅱ. 처분절차

처분절차는 행정절차의 중심을 이루고 있다. 행정절차법은 처분절차를 수익적 처분절차와 불이익처분절차로 구분하여 이들의 공통사항을 규정한 후, 이들 처분에 대한 고유한 절차를 규정하고 있다.

1. 처분절차의 공통사항

1) 처분기준의 설정 · 공표

행정절차법은 처분에 대한 상대방의 예측가능성을 높이고 이를 통하여 행정의 공정성, 투명성, 신뢰성을 확보하며 행정청의 자의적인 권한행사를 방지하기 위한 목적에서 처분기준의 설정 · 공표 의무를 규정하고 있다. 행정청은 필요한 처분기준을 해당 처분의 성질에 비추어 되도록 구체적으로 정하여 공표하여야 한다(법 20조 1항). 「행정기본법」 제24조에 따른 인허가의제의 경우 관련 인허가 행정청은 관련 인허가의 처분기준을 주된 인허가 행정청에 제출하여야 하고, 주된 인허가 행정청은 제출받은 관련 인허가의 처분기준을 통합하여 공표하여야 한다. 처분기준을 변경하는 경우에도 또한 같다(법 20조 2항). 다만 예외적으로 처분기준을 공표하는 것이 해당 처분의 성질상 현저히 곤란하거나 공공의 안전 또는 복리를 현저히 해하는 것으로 인정될 만한 상당한 이유가 있는 경우에는 이를 공표하지 않을 수 있다(법 20조 3항). 당사자 등은 공표한 처분기준이 불명확한 경우에는 행정청에 대하여 그 해석 또는 설명을 요구할 수 있으며, 이 경우 해당 행정청은 특별한 사정이 없는 한 그 요청에 따라야 한다(법 20조 4항).

가. 행정절차법 제20조의 처분기준의 성격

처분기준이 해당 처분의 근거법령에서 구체적으로 위임을 받아 제정 · 공포된 경우에는 법규명령의 성격을 갖는 반면, 근거법령에서 구체적인 위임없이 설정하여 공표된 처분기준은 행정규칙의 성격을 갖는다고 할 것이다.

나. 처분기준의 공표방식

처분기준이 법규명령의 형식으로 제정된 경우에는 입법절차에 따라 공포되어야 하나, 행정규칙의 형식으로 설정된 경우에는 당사자 등이 알기 쉽도록 편람을 만들어 비치하거나 게시판 · 관보 · 공보 · 일간신문 또는 소관 행정청의 인터넷 홈페이지 등에 공고하여야 한다(법 시행령 12조).

다. 처분기준의 설정 · 공표의무에 위반한 경우 처분의 효력

처분기준을 설정하지 않거나, 설정했다고 하더라도 추상적으로 정하였거나 또는 설정된 처분기준을 공표하지 않고 처분을 하였을 경우 처분의 효력에 대하여 견해가 갈리고 있다.

① 적극설은 처분기준의 설정 · 공표는 처분의 이유제시, 의견청취 및 문서열람과 더불어 중요한 절차에 해당하기 때문에 독립적인 취소사유로 인정하여야 한다는 입장을 취하고 있다.[2]

② 이에 대하여 소극설은 행정절차법상 처분기준을 설정 · 공표하여야 하는 경우와 아닌 경우의 구분이 불명확하고 처분기준이 설정되지 않았다고 하더라도 처분을 할 수 없는 것은 아니라는 이유로 행정청의 단순한 성실의무로 취급하여 처분기준 설정 · 공표의무 위반만으로 구체적인 처분의 하자가 되지 않아 취소사유가 되지 않는다는 입장을 취하고 있다.[3]

③ 절충설은 모든 경우에 취소사유를 구성한다고 할 수 없고 처분기준의 설정 · 공표의무가 개별사안에서 구체적인 처분과 관련하여 응축되는 경우이거나 당사자의 절차적 공정성을 침해한 경우

2) 朴均省, 行政法講義, 683면; 하명호, 행정법, 279면.

3) 정형근, 행정법, 227면.

에만 그의 의무위반을 독립된 취소사유를 구성할 수 있다는 견해를 취하고 있다.[4] 판례는 소극설에 기울고 있는 것으로 보인다.

한편, 판례는 근거가 되는 법령에서 이미 그 처분기준에 관하여 구체적으로 규정하고 있기 때문에 더 이상 구체화가 불가능한 경우에는 처분기준의 설정 · 공표는 불필요하다는 입장을 취하고 있다.

판례 1(처분기준의 설정 · 공표의무에 위반한 처분의 효력) 행정청이 행정절차법 제20조 제1항에 따라 정하여 공표한 처분기준은, 그것이 해당 처분의 근거 법령에서 구체적 위임을 받아 제정 · 공포되었다는 특별한 사정이 없는 한, 원칙적으로 대외적 구속력이 없는 행정규칙에 해당한다. 처분이 적법한지는 행정규칙에 적합한지 여부가 아니라 상위법령의 규정과 입법 목적 등에 적합한지 여부에 따라 판단해야 한다. 행정청이 미리 공표한 기준, 즉 행정규칙을 따랐는지 여부가 처분의 적법성을 판단하는 결정적인 지표가 되지 못하는 것과 마찬가지로, 행정청이 미리 공표하지 않은 기준을 적용하였는지 여부도 처분의 적법성을 판단하는 결정적인 지표가 될 수 없다. 행정청이 정하여 공표한 처분기준이 과연 구체적인지 또는 행정절차법 제20조 제2항에서 정한 처분기준 사전공표 의무의 예외사유에 해당하는지는 일률적으로 단정하기 어렵고, 구체적인 사안에 따라 개별적으로 판단하여야 한다. 만약 행정청이 행정절차법 제20조 제1항에 따라 구체적인 처분기준을 사전에 공표한 경우에만 적법하게 처분을 할 수 있는 것이라고 보면, 처분의 적법성이 지나치게 불안정해지고 개별법령의 집행이 사실상 유보 · 지연되는 문제가 발생하게 된다. 이에 따라 행정청이 행정절차법 제20조 제1항의 처분기준 사전공표 의무를 위반하여 미리 공표하지 아니한 기준을 적용하여 처분을 하였다고 하더라도, 그러한 사정만으로 곧바로 해당 처분에 취소사유에 이를 정도의 흠이 존재한다고 볼 수는 없다. 다만 해당 처분에 적용한 기준이 상위법령의 규정이나 신뢰보호의 원칙 등과 같은 법의 일반원칙을 위반하였거나 객관적으로 합리성이 없다고 볼 수 있는 구체적인 사정이 있다면 해당 처분은 위법하다고 평가할 수 있다(대판 2020. 12. 24, 2018두45633).

판례 2(처분기준의 설정 · 공표가 필요하지 않은 경우로 본 사례) 방송법 제15조의2 2항이 방송의 공적 책임 · 공정성 및 공익성의 실현가능성, 사회적 신용 및 재정적 능력, 시청자의 권익보호 등 심사요건을 규정하고 있다. 이해관계인들도 이러한 의의와 내용을 인식할 수 있으므로 승인처분이 행정절차법 제20조 1항에서 요구한 처분기준의 설정 · 공표의무를 위반한 것으로 볼 수는 없다(대판 2011. 8. 25, 2008두5148).

판례 3(처분기준의 설정 · 공표가 필요하지 않은 경우로 본 사례) 교육부장관이 학교법인에 대하여 대학교의 폐쇄 및 법인해산명령을 발령함에 있어서, 고등교육법 제62조, 사립학교법 제47조에 이미 예측가능한 처분기준이 규정되어 있기 때문에 행정절차법 제20조 제1항에서 요구한 처분기준의 설정 · 공표의무를 위반한 것이 아니다(대판 2016. 4. 29, 2014두3631).

---

2) 처분의 이유제시

가. 의 의

이는 처분 등을 함에 있어서 그 법적 근거와 이유를 구체적으로 명시하도록 하는 절차이다. 행정청의 이유제시는 의견청취절차와 더불어 오늘날 민주적 법치국가의 행정절차에 있어서 본질적 요소를 이루고 있다. 이러한 이유제시는 ① 상대방에게 행정처분의 근거가 되는 사실관계와 행정처분의 내용을 인식하게 하는 명확화 기능, ② 상대방에게 행정결정의 타당성을 확신시키고 그의 수인을 얻어내는 설득기능, ③ 상대방으로 하여금 행정처분의 타당성과 그에 대한 쟁송가능성을 검토하게

4) 홍준형, 행정절차법상 처분기준의 살정 · 공표, 고시계 1997, 43면; 박재윤, 처분기준의 설정 · 공표와 신뢰보호, 행정법연구, 2019, 128면.

하는 권리보호의 기능, ④ 행정청과 감독청으로 하여금 행정처분의 합목정성과 적법성을 스스로 검토하게 하는 자기통제기능 등 중요한 기능을 수행한다.[5] 특히 이유제시는 행정재량의 적정한 행사에 상당한 기여를 하며, 판례는 행정절차법이 제정되기 전에 개별법상의 근거가 없는 경우에도 인허가의 취소처분 등에 있어서 행정청의 이유제시의무를 요구하는 입장을 취하여 왔다.

판례(행정절차법의 제정이전에 이유제시가 흠결된 취소처분의 치유가능성에 대한 판례의 입장) 허가의 취소처분에는 그 근거가 되는 법령과 처분을 받은 자가 어떠한 위반사실에 대하여 당해처분이 있었는지를 알 수 있을 정도의 위 법령에 해당하는 사실의 적시를 요한다고 할 것이고 이러한 사실의 적시를 흠결한 하자는 그 처분후 적시되어도 이에 의하여 치유될 수는 없다(대판 1984. 7. 10, 82누551; 1987. 5. 26, 86누788; 1990. 9. 11, 90누1786).

나. 이유제시의 내용

행정절차법은 행정청이 처분을 하는 때에는 ① 신청내용을 모두 그대로 인정하는 처분, ② 단순 · 반복적인 처분 또는 경미한 처분으로서 당사자가 그 이유를 명백히 알 수 있는 경우, ③ 긴급히 처분을 할 필요가 있는 경우를 제외하고는 당사자에게 그 근거와 이유를 제시하도록 하여 이유제시의 원칙을 규정하고 있다(법 23조 1항). ②와 ③의 경우에도 처분후 당사자가 요청하는 경우에는 그 근거와 이유를 제시하도록 하였다(법 23조 2항).

이러한 이유제시의 원칙은 직접적으로 부담을 주는 행정처분의 경우뿐만 아니라 수익적 행정행위의 거부에도 적용됨은 물론이다.

다. 이유제시의 정도

이유제시의 구체성정도에 있어서 행정처분의 발급에 있어서 의미가 있는 모든 관점의 제시가 요구되는 것은 아니며, 행정처분의 발급으로 이끈 본질적인 근거와 이유가 제시된다면 충분할 것이다. 이유제시의 정도와 범위는 일반적으로 결정될 수 없으며, 개별법영역의 특수성과 개별경우의 구체적 상황에 따라 차이가 날 수 있을 것이다. 여기서 상대방이 처분의 근거와 이유를 알고 있는지 여부도 고려될 수 있으며, 경우에 따라 보다 간결한 이유제시도 가능할 것이다. 불이익처분의 경우에는 그 침해의 정도가 심각할수록 이유제시는 보다 상세하고 구체적이어야 할 것이다. 특히 이유제시가 중요한 의미를 갖고 있는 재량처분에 있어서는 재량행사의 모든 관점을 제시할 필요는 없으나 당해 결정을 도출시킨 본질적인 재량고려를 제시하여야 할 것이다.[6] 근래 판례는 이유제시의 구체성 정도에 있어서 처분의 상대방의 인식가능성을 함께 고려하고 있다.

판례 1(인 · 허가 등의 거부처분에 있어서 이유제시의 정도) 행정절차법 제23조 제1항은 행정청은 처분을 하는 때에는 당사자에게 그 근거와 이유를 제시하여야 한다고 규정하고 있는 바, 일반적으로 당사자가 근거규정 등을 명시하여 신청하는 인 · 허가 등을 거부하는 처분을 함에 있어 당사자가 그 근거를 알 수

5) 이유제시의 목적과 기능에 대하여 상세히는 鄭夏重, 理由提示의 瑕疵의 治癒와 處分事由의 追加 · 變更, 人權과 正義, 2006. 12, 132면 이하.

6) 鄭夏重, 앞의 글, 149면.

있을 정도로 상당한 이유를 제시한 경우에는 당해 처분의 근거 및 이유를 구체적 조항 및 내용까지 명시하지 않았더라도 그로 말미암아 그 처분이 위법한 것이 된다고 할 수 없다(대판 2002. 5. 17, 2000두8912).[7]

판례 2(구체적이고 합리적인 이유제시없는 재량처분의 위법성) 폐기물처리업 허가와 관련된 법령들의 체제 또는 문언을 살펴보면 이들 규정들은 폐기물처리업 허가를 받기 위한 최소한도의 요건을 규정해 두고는 있으나, 사업계획 적정 여부에 대하여는 일률적으로 확정하여 규정하는 형식을 취하지 아니하여 그 사업의 적정 여부에 대하여 재량의 여지를 남겨 두고 있다 할 것이고, 이러한 경우 사업계획 적정 여부 통보를 위하여 필요한 기준을 정하는 것도 역시 행정청의 재량에 속하는 것이므로, 그 설정된 기준이 객관적으로 합리적이 아니라거나 타당하지 않다고 볼 만한 다른 특별한 사정이 없는 이상 행정청의 의사는 가능한 한 존중되어야 할 것이나, 그 설정된 기준이 객관적으로 합리적이 아니라거나 타당하지 않다고 보이는 경우 또는 그러한 기준을 설정하지 않은 채 구체적이고 합리적인 이유의 제시 없이 사업계획의 부적정 통보를 하거나 사업계획서를 반려하는 경우에까지 단지 행정청의 재량에 속하는 사항이라는 이유만으로 그 행정청의 의사를 존중하여야 하는 것은 아니고, 이러한 경우의 처분은 재량권을 남용하거나 그 범위를 일탈한 조치로서 위법하다(대판 2004. 5. 28, 2004두961).

판례 3(해산명령에 사유를 특정하여 고지할 의무가 있는지 여부) 집회 및 시위에 관한 법률(이하 '집시법'이라 한다) 제20조 제1항은 관할 경찰관서장은 다음 각 호의 어느 하나에 해당하는 집회 또는 시위에 대하여는 상당한 시간 이내에 자진 해산할 것을 요청하고 이에 따르지 아니하면 해산을 명할 수 있다고 규정하고, 제20조 제2항은 집회 또는 시위가 제1항에 따른 해산 명령을 받았을 때에는 모든 참가자는 지체 없이 해산하여야 한다고 규정하는바, 관련 규정의 해석상 관할 경찰관서장이 위 해산명령을 할 때는 해산 사유가 집시법 제20조 제1항 각 호 중 어느 사유에 해당하는지 구체적으로 고지하여야 한다. 따라서 해산명령을 하면서 구체적인 해산사유를 고지하지 않았거나 정당하지 않은 사유를 고지하면서 해산명령을 한 경우에는, 그러한 해산명령에 따르지 않았다고 하더라도 집시법 제20조 제2항을 위반하였다고 할 수 없다(대판 2014. 3. 13, 2012도14137).

판례 4(침해적 처분의 경우에도 이유제시의 구체성을 완화한 사례) 행정절차법 제23조 제1항은 행정청이 처분을 하는 때에는 당사자에게 그 근거와 이유를 제시하도록 규정하고 있고, 이는 행정청의 자의적 결정을 배제하고 당사자로 하여금 행정구제절차에서 적절히 대처할 수 있도록 하는 데 그 취지가 있다. 따라서 처분서에 기재된 내용과 관계 법령 및 당해 처분에 이르기까지 전체적인 과정 등을 종합적으로 고려하여, 처분 당시 당사자가 어떠한 근거와 이유로 처분이 이루어진 것인지를 충분히 알 수 있어서 그에 불복하여 행정구제절차로 나아가는 데에 별다른 지장이 없었던 것으로 인정되는 경우에는 처분서에 처분의 근거와 이유가 구체적으로 명시되어 있지 않았다고 하더라도 그로 말미암아 그 처분이 위법한 것으로 된다고 할 수는 없다(대판 2013. 11. 14, 2011두18571).

판례 5(교육부장관이 어떤 후보자를 총장 임용에 부적격하다고 판단하여 배제하고 다른 후보자를 임용제청하는 경우에 요구되는 이유제시의 정도) 교육부장관이 어떤 후보자를 총장 임용에 부적격하다고 판단하여 배제하고 다른 후보자를 임용제청하는 경우라면 배제한 후보자에게 연구윤리 위반, 선거부정, 그 밖의 비위행위 등과 같은 부적격사유가 있다는 점을 구체적으로 제시할 의무가 있다. 그러나 부적격사유가 없는 후보자들 사이에서 어떤 후보자를 상대적으로 더욱 적합하다고 판단하여 임용제청하는 경우라면, 이는 후보자의 경력, 인격, 능력, 대학운영계획 등 여러 요소를 종합적으로 고려하여 총장 임용의 적격성을 정성적으로 평가하는 것으로 그 판단 결과를 수치화하거나 이유제시를 하기 어려울 수 있다. 이 경우에는 교육부장관이 어떤 후보자를 총장으로 임용제청하는 행위 자체에 그가 총장으로 더욱 적합하다는 정성적 평가 결과가 당연히 포함되어 있는 것으로, 이로써 행정절차법상 이유제시의무를 다한 것이라고 보아야 한다. 여기에서 나아가 교육부장관에게 개별 심사항목이나 고려요소에 대한 평가 결과를 더 자세히 밝힐 의무까지는 없다(대판 2018. 6. 15, 2016두57564).

7) 판례에 대한 평석으로는 曺海鉉, 行政處分의 根據 및 理由提示의 程度, 行政判例研究, 2003, 제8집, 123면 이하.

라. 이유제시의 하자

행정처분의 이유제시가 없는 경우, 또는 이유제시가 행정절차법 제23조 제1항에서 요구하는 기준을 충족시키지 못하는 경우에는 행정처분은 형식상의 하자로 인하여 위법하게 된다. 여기서 일설은 이유제시가 전혀 없거나 중요사항의 기재가 결여된 경우에는 처분의 무효사유에 해당하며, 그 외의 경우에는 취소사유에 해당된다는 입장을 취하고 있으나,[8] 어느 경우에나 취소사유에 해당된다고 보아야 하며, 이는 또한 판례의 일관된 입장이기도 하다.

판례(세액의 산출근거의 기재가 누락된 과세처분의 효과) 과세표준과 세율, 세액, 세액산출근거 등의 필요한 사항을 납세자에게 서면으로 통지하도록 한 세법상의 제규정들은 단순히 세무행정의 편의를 위한 훈시규정이 아니라 조세행정에 있어 자의를 배제하고 신중하고 합리적인 처분을 행하게 함으로써 공정을 기함과 동시에 납세의무자에게 부과처분의 내용을 상세히 알려서 불복여부의 결정과 불복신청에 편의를 제공하려는데서 나온 강행규정으로서 납세고지서에 그와 같은 기재가 누락되면 그 과세처분 자체가 위법한 처분이 되어 취소의 대상이 된다(대판 1985. 5. 28, 84누289).

마. 이유제시의 하자의 치유와 처분사유의 추가 · 변경

가) 의 의 이유제시의 하자의 치유란 이유제시가 아예 결여되어 있거나 이유제시가 행정절차법 23조 1항의 형식적 요건을 충족시키지 못하는 불충분한 이유제시가 있는 경우에 이를 사후적으로 추완하거나 보완함으로써 절차상의 하자를 제거하는 것(Nachholung von Begründung)을 의미한다. 반면, 처분사유의 추가 · 변경은 이유제시가 제23조 제1항의 형식적 요건을 충족시키기는 하나(즉 절차상의 하자가 없으나) 그것이 잘못된 사실인정이나 또는 법적 견해에 기초하는 경우, 즉 내용상의 하자가 있는 경우 사후에 이를 추가하거나 변경하는 것(Nachschieben von Gründen)을 의미한다.[9]

나) 이유제시의 하자의 치유의 시간적 한계 이유제시의 하자의 치유의 시간적 한계로는 학설의 다툼이 있다. 학설에서는 ① 절차상의 하자의 치유가 행정쟁송의 제기전까지 가능하다는 견해, ② 행정심판절차에서는 가능하다는 견해, ③ 행정소송절차에서도 가능하다는 견해가 대립되고 있으나, 판례는 ①설을 취하고 있다. 생각건대 행정심판절차는 행정절차의 일환으로 보아야 한다는 점, 행정소송절차에서 이유제시의 하자의 치유를 인정하는 경우에는 행정절차의 사전적 권리구제기능이 형해화 된다는 점에 비추어 행정심판절차까지 허용된다고 보는 것이 타당할 것이다. 이에 대하여는 행정행위의 흠의 치유부분에서 이미 고찰하였으므로 상세한 설명은 생략하기로 한다.

판례(이유제시의 하자의 치유의 시간적 한계) 과세처분시 납세고지서에 과세표준, 세율, 세액의 산출근거 등이 누락된 경우에는 늦어도 과세처분에 대한 불복여부의 결정 및 불복신청에 편의를 줄 수 있는 상당한 기간내에 보정행위를 하여야 그 하자가 치유된다 할 것이므로, 과세처분이 있은지 4년이 지나서 그 취소소송이 제기된 때에 보정된 납세고지서를 송달하였다는 사실이나 오랜 기간(4년)의 경과로써 과세처분의 하자가 치유되었다고 볼 수는 없다(대판 1983. 7. 26, 82누420).

---

8) 김철용, 행정법, 356면; 洪井善, 行政法特講, 345면.
9) 이에 대하여 상세히는 鄭夏重, 앞의 글, 132면 이하.

다) 처분사유의 추가 · 변경의 시간적 한계　이유제시가 행정절차법 제23조 제1항의 형식적 요건을 충족시키나 내용적으로 하자가 있는 경우에(잘못된 사실인정 및 법해석) 사후에 새로운 처분사유를 추가하거나 또는 새로운 처분사유로 대체하는 것이 가능한지 학설의 다툼이 되어 왔다. 행정심판절차는 행정절차에 해당하며, 행정심판위원회가 행정부 소속이라는 점에서, 처분사유의 추가 · 변경이 원칙적으로 허용된다고 할 것이다. 반면, 행정소송절차에서 처분사유의 추가변경의 허용성 여부에 대하여 다툼이 되고 있는바, 다수설은 ① 행정소송의 직권탐지주의, ② 소송경제의 원칙에 입각하여 이를 인정하고 있다. 우리 판례는 기본적 사실관계의 동일성이 인정되는 한도에서 행정소송절차의 사실심변론종결시점까지 처분사유의 추가 · 변경을 인정하고 있다. 처분사유의 추가 · 변경에 대하여 보다 자세한 설명은 행정소송법부분으로 미루기로 한다.

판례(처분사유의 추가 · 변경의 한계)　행정처분의 취소를 구하는 항고소송에 있어서는 실질적 법치주의와 행정처분의 상대방인 국민에 대한 신뢰보호라는 견지에서 처분청은 당초처분의 근거로 삼은 사유와 기본적 사실관계가 동일성이 있다고 인정되는 한도 내에서만 다른 사유를 추가하거나 변경할 수 있을 뿐, 기본적 사실관계와 동일성이 인정되지 않는 별개의 사실을 들어 처분사유로 주장함은 허용되지 아니하고, 여기서 기본적 사실관계의 동일성 유무는 처분사유를 법률적으로 평가하기 이전의 구체적인 사실에 착안하여 그 기초가 되는 사회적 사실관계가 기본적인 점에서 동일한지 여부에 따라 결정된다(대판 1999. 3. 9, 98두18565).

---

3) 처분의 방식 – 서면주의

행정법의 이론상으로는 문서에 의한 처분과 구두에 의한 처분이 모두 인정되고 있다. 그러나 행정절차법은 서면주의를 채택하여 다른 법령 등에 특별한 규정이 있는 경우를 제외하고는 문서로 하여야 하며, 당사자의 동의가 있거나 당사자가 전자문서로 처분을 신청한 경우에는 전자문서로 할 수 있다(법 24조 1항). 다만 공공의 안전 또는 복리를 위하여 긴급히 처분을 할 필요가 있거나 사안이 경미한 경우에는 말, 전화, 휴대전화를 이용한 문자 전송, 팩스 또는 전자우편 등 문서가 아닌 방법으로 처분을 할 수 있다. 이 경우 당사자가 요청하면 지체 없이 처분에 관한 문서를 주어야 한다(법 24조 2항).

행정절차법은 또한 처분을 하는 문서에는 처분 행정청 및 담당자의 소속 · 성명과 연락처(전화번호 · 팩스번호 · 전자우편주소)를 기재하도록 하여 행정실명제를 도입하고 있다(법 24조 3항).

판례(전자문서에 의한 조치명령)　행정청이 폐기물관리법 제48조 제1항, 같은 법 시행규칙 제68조의3 제1항에서 정한 폐기물 조치명령을 전자문서로 하고자 할 때에는 구 행정절차법 제24조 제1항에 따라 당사자의 동의가 필요하다(대판 2024. 5. 9, 2023도3914).

---

4) 처분의 정정

행정청은 처분에 오기 · 오산 또는 그 밖에 이에 준하는 명백한 잘못이 있을 때에는 직권으로 또는 신청에 따라 지체없이 정정하고 그 사실을 당사자에게 통지하여야 한다(법 25조). 이러한 오기 · 오산 등이 있는 행정처분은 형식적으로 하자있는 처분에 해당하나, 그 하자가 행정청이나 당사자에게 모두 단순한 기재 또는 계산상의 잘못임이 명백하고 처분의 실질적 내용에 대하여는 다툼이 없는 경우라면, 이러한 형식적 하자를 이유로 하여 당해 처분을 취소하는 것은 불합리하다고 할 것이다. 이에 따라 행정절차법은 오기 · 오산 등의 명백한 잘못이 있는 경우에는 행정청의 직권 또는 상대방의 신청에 의하여 이를 시정할 수 있도록 하고 있다.

5) 고 지

행정청이 처분을 하는 때에는 당사자에게 그 처분에 관하여 행정심판 및 행정소송을 제기할 수 있는지 여부, 그 밖에 불복할 수 있는지 여부, 청구절차 및 청구기간 그 밖에 필요한 사항을 알려야 한다(법 26조). 고지는 원래 행정절차법에서 규정할 사항인데 그동안 행정절차법이 제정되지 않아 행정심판법에서 규정하고 있었다. 행정심판법 제58조 제2항에서 규정하고 있는 이해관계인에 대한 고지규정 역시 행정절차법에서 규정하고 행정심판법의 관련규정들을 삭제하는 것이 보다 바람직할 것이다.

2. 수익적 처분절차

행정절차법은 수익처분의 절차로서 ① 처분의 신청, ② 다수 행정청이 관여하는 처분, ③ 처리기간의 설정 · 공표 등에 관하여 규정하고 있다.

1) 처분의 신청

가. 신청의 방식

행정청에 대하여 처분을 구하는 신청은 다른 법령 등에 필요한 규정이 있는 경우와 행정청이 미리 다른 방법을 정하여 공시한 경우를 제외하고는 문서로 하여야 한다(법 17조 1항). 처분을 신청할 때 전자문서로 하는 경우에는 행정청의 컴퓨터 등에 입력된 때에 신청한 것으로 본다(법 17조 2항). 행정청은 신청에 필요한 구비서류 · 접수기관 · 처리기간 그 밖에 필요한 사항을 게시(인터넷 등을 통한 게시를 포함)하거나 이에 대한 편람을 비치하여 누구나 열람할 수 있도록 하여야 한다(법 17조 3항).

나. 신청의 접수

행정청은 신청을 받았을 때에는 다른 법령 등에 특별한 규정이 있는 경우를 제외하고는 그 접수를 보류 또는 거부하거나 부당하게 되돌려 보내서는 아니되며, 신청을 접수한 경우에는 대통령령이 정한 경우를 제외하고는 신청인에게 접수증을 주어야 한다(법 17조 4항).

행정청은 신청에 구비서류의 미비 등 흠이 있는 경우에는 보완에 필요한 상당한 기간을 정하여 신청인에게 보완을 요구하여야 하며(법 17조 5항), 신청인이 기간 내에 보완을 하지 아니하였을 때에는 그 이유를 구체적으로 밝혀 접수된 신청을 되돌려 보낼 수 있다(법 17조 6항).

신청인은 다른 법령 등에 특별한 규정이 있거나 그 신청의 성질상 보완 · 변경하거나 취하할 수 없는 경우를 제외하고는 처분이 있기 전에는 그 신청의 내용을 보완 · 변경하거나 취하할 수 있다(법 17조 8항).

다. 다수의 행정청이 관여하는 처분

행정청은 다수의 행정청이 관여하는 처분을 구하는 신청을 접수한 경우에는 관계 행정청과의 신속한 협조를 통하여 그 처분이 지연되지 않도록 하여야 한다(법 18조). 이는 이른바 복합민원에 관한 규정이다. 다수의 행정청이 관여하는 처분의 경우에는 각 행정청의 권한의 한계가 불명확한 경우도 있고, 그 때문에 처분이 지연되는 사례가 있어 이에 관한 규정을 둔 것이다.

2) 처리기간의 설정 · 공표

행정청은 신청인의 편의를 위하여 처분의 처리기간을 종류별로 미리 정하여 공표하여야 한다(법 19조 1항). 행정청은 부득이한 사유로 공표된 처리기간 내에 처리하기 곤란한 경우에는 해당 처분의 처리기간의 범위에서 한 번만 그 기간을 연장할 수 있으며(법 19조 2항), 이 경우 행정청은 처리기간의 연장 사유와 처리 예정 기한을 지체 없이 신청인에게 통지하여야 한다(법 19조 3항). 행정청이 처리기간 내에 처리하지 아니하였을 때에는 신청인은 해당 행정청 또는 그 감독행정청에 신속한 처리를 요청할 수 있다(법 19조 4항). 공표된 처리기간을 도과하여 행한 처분이 위법한지 여부에 대하여 문제가 되고 있으나, 행정절차법의 취지는 처분의 처리기간을 미리 설정하여야 함을 의무화한 것이지 처리기간 내에 처분을 하여야 할 법적 의무를 인정한 것이라고 보기 어렵다는 이유로 위법성을 부인하는 것이 일반적인 견해이다. 다만 처분이 처리기간을 도과한 경우에는 행정감독에 의한 통제사유가 될 것이다.

한편 공표된 처리기간은 의무이행심판 및 부작위위법확인소송에 있어서 "부작위"의 판단에 중요한 기준이 될 것이다.

판례(공장설립 등의 승인신청에 대한 처리 기한을 정한 산업집적활성화 및 공장설립에 관한 법률 시행규칙 6조 3항이 강행규정이나 효력규정인지 여부) 산업집적활성화 및 공장설립에 관한 법률 시행규칙 제6조 제3항에 의하면, 시장 · 군수 또는 구청장(이하 '시장 등'이라 한다)은 공장의 신설 · 증설 또는 업종 변경(이하 '공장설립 등'이라 한다)의 신청을 받은 날부터 20일 이내에 승인 여부를 결정하도록 되어 있지만, 위 규정은 가능한 한 조속히 승인사무를 처리하도록 정한 훈시규정에 불과할 뿐 강행규정이나 효력규정이라고 할 수는 없다. 따라서 시장 등이 위 기한을 경과하여 공장설립 등의 승인신청을 거부하는 처분을 하였다고 해서 거부처분이 위법하다고 할 수는 없고, 나아가 위 기한을 경과함으로써 승인이 있는 것으로 간주되는 것도 아니다(대판 2017. 3. 16, 2016두54084).

---

3. 불이익처분의 절차

행정절차법상의 불이익처분은 당사자에게 의무를 부과하거나 권익을 침해하는 처분을 의미한다. 행정절차법은 불이익처분의 절차로서 수익적 처분과의 공통적인 절차 이외에 사전통지, 청문, 의견제출 및 공청회로 구분하여 규정하고 있다.

1) 처분의 사전통지

가. 의 의

사전통지란 행정처분 등을 하기전에 상대방 또는 이해관계인에게 당해 결정내용과 청문의 일시 · 장소 등을 알리는 행위를 의미한다. 이는 상대방 등에게 앞으로 있을 의견청취절차에 있어서 권리주장, 증거 및 자료제출 등을 미리 준비할 수 있도록 하기 위한 것이다. 사전통지는 법령에 특별한 규정이 있는 경우를 제외하고는 송달 또는 공고의 방법에 의한다. 행정절차법은 제21조에서 사전통지에 대하여 규정하고 있다.

나. 사전통지의 대상과 방식

행정청은 당사자에게 의무를 부과하거나 권익을 제한하는 처분을 하는 경우에는 미리 당사자, 즉 상대방 및 이해관계인에게 ① 처분의 제목, ② 당사자의 성명 또는 명칭과 주소, ③ 처분하고자 하는 원인이 되는 사실과 처분의 내용 및 법적 근거, ④ 이에 대하여 의견을 제출할 수 있다는 뜻과 의견을 제출하지 않는 경우의 처리방법, ⑤ 의견제출기관의 명칭과 주소, ⑥ 의견제출기한 등을 통지하여야 한다(법 21조 1항). 의견제출에 필요한 기간은 10일 이상으로 고려하여 정하여야 한다(법 21조 3항).

한편 거부처분에도 사전통지절차가 적용되는지 학설에서 다툼이 되고 있다. 부정설은 ① 신청을 하였어도 아직 당사자에게 권익이 부여되지 않았으므로 신청을 거부하여도 직접 당사자의 권익을 제한하는 처분에 해당한다고 볼 수 없으며, ② 거부처분은 그것이 상대방의 신청에 의한 것이므로 성질상 이미 의견진술의 기회를 준 것으로 볼 수 있다는 견해를 취하는 반면,[10] 긍정설은 ① 신청에 대한 거부처분은 분명히 당사자의 권익을 제한하는 처분에 해당하며, ② 당사자가 알지 못하는 사실을 근거로 거부처분을 하였을 경우 이미 의견진술의 기회를 부여하였다고 할 수 없으며, ③ 수익적 처분의 거부에 대한 상대방의 보호를 위하여 절차적 통제가 요구된다는 논거를 제시하고 있다.[11] 판례는 부정설을 취하고 있다.

생각건대, 오늘날 급부행정국가에서 상대방의 신청을 거부하는 처분은 침익적 처분 못지 않게 상대방의 권익을 침해하고 있는 현실을 고려하여 거부처분도 사전통지의 대상이 되도록 하는 것이 바람직 할 것이다.

판례(거부처분의 사전통지의 대상 여부) 행정절차법 제21조 제1항은 행정청은 당사자에게 의무를 과하거나 권익을 제한하는 처분을 하는 경우에는 미리 처분의 제목, 당사자의 성명 또는 명칭과 주소, 처분하고자 하는 원인이 되는 사실과 처분의 내용 및 법적 근거, 그에 대하여 의견을 제출할 수 있다는 뜻과 의견을 제출하지 아니하는 경우의 처리방법, 의견제출기관의 명칭과 주소, 의견제출기한 등을 당사자 등에게 통지하도록 하고 있는바, 신청에 따른 처분이 이루어지지 아니한 경우에는 아직 당사자에게 권익이 부과되지 아니하였으므로 특별한 사정이 없는 한 신청에 대한 거부처분이라고 하더라도 직접 당사자의 권익을 제한하는 것은 아니어서 신청에 대한 거부처분을 여기에서 말하는 '당사자의 권익을 제한하는 처분'에 해당한다고 할 수 없는 것이어서 처분의 사전통지대상이 된다고 할 수 없다(대판 2003. 11. 28, 2003두674).

다. 사전통지의 예외

① 공공의 안전 또는 복리를 위하여 긴급히 처분을 할 필요가 있는 경우, ② 법령 등에서 요구된 자격이 없거나 없어지게 되면 반드시 일정한 처분을 하여야 하는 경우에 그 자격이 없거나 없어지게 된 사실이 법원의 재판 등에 의하여 객관적으로 증명된 때, ③ 해당 처분의 성질상 의견청취가 현저히 곤란하거나 명백히 불필요하다고 인정될 만한 상당한 이유가 있는 경우 등에는 사전통지를 아니할 수 있다(법 21조 4항). 제21조 제4항에 따라 사전통지를 아니할 수 있는 구체적인 사항은 대통령령으로 정한다(법 21조 5항). 제21조 제4항에 따라 사전 통지를 하지 아니하는 경우 행정청은 처분을 할 때 당사

10) 朴均省, 行政法講義, 444면.
11) 吳峻根, 行政節次法, 339면 이하.

자등에게 통지를 하지 아니한 사유를 알려야 한다. 다만, 신속한 처분이 필요한 경우에는 처분 후 그 사유를 알릴 수 있다(법 21조 6항).

판례는 이들 예외사유를 매우 엄격하게 해석하고 있다.

판례 1(사전통지가 불필요하다고 인정할 만한 상당한 이유가 있는지 여부) 행정청이 침해적 행정처분을 하면서 당사자에게 사전통지를 하거나 의견제출의 기회를 주지 아니하였다면, 사전통지나 의견청취를 하지 않을 수 있는 예외적인 경우에 해당하지 아니하는 한, 처분은 위법하여 취소를 면할 수 없다. 여기서 '의견청취가 현저히 곤란하거나 명백히 불필요하다고 인정될 만한 상당한 이유가 있는 경우'에 해당하는지는 해당 행정처분의 성질에 비추어 판단하여야 하고, 처분상대방이 이미 행정청에 위반사실을 시인하였다거나 처분의 사전통지 이전에 의견을 진술할 기회가 있었다는 사정을 고려하여 판단할 것은 아니다(대판 2024. 1. 25, 2023도12793).

판례 2(고시의 방법으로 불특정다수인에게 의무를 부과하거나 권익을 제한하는 처분의 경우 의견제출의 기회가 주어져야 하는지) 구 행정절차법 제22조 제3항에 따라 행정청이 의무를 부과하거나 권익을 제한하는 처분을 할 때 의견제출의 기회를 주어야 하는 '당사자'는 '행정청의 처분에 대하여 직접 그 상대가 되는 당사자'(구 행정절차법 제2조 제4호)를 의미한다. 그런데 '고시'의 방법으로 불특정 다수인을 상대로 의무를 부과하거나 권익을 제한하는 처분은 성질상 의견제출의 기회를 주어야 하는 상대방을 특정할 수 없으므로, 이와 같은 처분에 있어서까지 구 행정절차법 제22조 제3항에 의하여 그 상대방에게 의견제출의 기회를 주어야 한다고 해석할 것은 아니다(대판 2014. 10. 27, 2012두7745).

판례 3(사실의 증명과 사전통지의 예외) 행정절차법 시행령 제13조 제2호에서 정한 "법원의 재판 또는 준사법적 절차를 거치는 행정기관의 결정 등에 따라 처분의 전제가 되는 사실이 객관적으로 증명되어 처분에 따른 의견청취가 불필요하다고 인정되는 경우"는 법원의 재판 등에 따라 처분의 전제가 되는 사실이 객관적으로 증명되면 행정청이 반드시 일정한 처분을 해야 하는 경우 등 의견청취가 행정청의 처분 여부나 그 수위 결정에 영향을 미치지 못하는 경우를 의미한다고 보아야 한다. 처분의 전제가 되는 '일부' 사실만 증명된 경우이거나 의견청취에 따라 행정청의 처분 여부나 처분 수위가 달라질 수 있는 경우라면 위 예외사유에 해당하지 않는다(대판 2020. 7. 23, 2017두66602).

---

2) 의견청취절차

가. 의 의

의견청취절차란 사전통지된 내용에 따라 행정처분의 상대방 또는 이해관계인에게 자신의 의견을 진술하며 스스로를 방어할 수 있는 기회를 부여하는 절차를 의미하며, 넓은 의미의 청문절차라고도 한다. 의견청취절차에는 약식절차인 의견제출과 정식절차인 청문과 공청회가 있다.

의견제출은 당사자가 일정한 규격적인 방식에 의하지 않고 당해 행정작용에 대하여 의견 및 참고자료를 제출하는 절차를 의미한다(행정절차법 2조 7호). 행정절차법은 청문과 공청회를 거치는 경우를 제외한 모든 불이익처분에 대하여 반드시 의견제출절차를 거치도록 하고 있다(법 22조 3항).

이에 대하여 청문은 청문주재자의 지휘 아래 심문방식에 따라 이해관계인이 주장과 반박을 개진하고 그것을 뒷받침할 증거를 제출함으로써 이루어지는 절차를 말한다(법 2조 5호). 청문절차에서는 청문주재자가 청문과정에서 제출된 주장과 증거 등을 종합하여 그 스스로의 판단을 내려 당해 행정청에게 의견서를 제출하고 당해 행정청은 그것을 참작하여 행정작용에 대한 결정을 하게 된다.

한편 공청회란 공청회주재자의 주관하에 공개적인 토론을 통하여 어떠한 행정작용에 대하여 당사자 등, 전문지식과 경험을 가진 자 그 밖의 일반인으로부터 의견을 널리 수렴하는 절차를 말한다(법 2조 6호).

나. 의견제출

행정청은 당사자에게 의무를 과하거나 권익을 제한하는 처분을 함에 있어서 청문 또는 공청회를 개최하는 경우 외에는 당사자 등에게 의견제출의 기회를 주어야 한다(법 22조 3항). 당사자 등은 처분전에 관할 행정청에 서면이나 말로 또는 정보통신망을 이용하여 의견제출을 할 수 있으며, 여기서 그 주장을 입증하기 위한 증거자료 등을 첨부할 수 있다(법 27조 1항 · 2항). 행정청은 당사자 등이 구술로 의견제출을 할 때에는 서면으로 그 진술의 요지와 진술자를 기록하여야 한다(법 27조 3항). 행정청은 의견제출을 거친 때에는 신속히 처분하여 당해 처분이 지연되지 아니하도록 하여야 하며(법 22조 5항), 처분을 할 때에 당사자 등이 제출한 의견이 상당한 이유가 있다고 인정하는 경우에는 이를 반영하여야 한다. 행정청은 당사자등이 제출한 의견을 반영하지 아니하고 처분을 한 경우 당사자등이 처분이 있음을 안 날부터 90일 이내에 그 이유의 설명을 요청하면 서면으로 그 이유를 알려야 한다. 다만, 당사자등이 동의하면 말, 정보통신망 또는 그 밖의 방법으로 알릴 수 있다(법 27조의2).

당사자 등이 정당한 이유 없이 의견제출기한 내에 의견제출을 하지 않은 경우에는 의견이 없는 것으로 본다(법 27조 4항). 청문절차에 적용되는 문서의 열람 및 복사청구권은 의견제출절차에 유추적용 된다고 볼 것이다. 행정청은 처분 후 1년 이내에 당사자 등의 요청이 있는 경우에는 의견제출을 위하여 제출받은 서류 기타 물건을 반환하여야 한다(법 22조 6항).

다. 청 문

청문이라 함은 행정청이 어떠한 처분을 하기 전에 당사자 등의 의견을 직접 듣고 증거를 조사하는 절차를 말한다(법 2조 5호).

가) 적용범위 행정절차법은 청문을 ① 다른 법령 등에서 청문을 하도록 규정하고 있는 경우, ② 행정청이 필요하다고 인정하는 경우, ③ ㉮ 인허가 등의 취소, ㉯ 신분 · 자격의 박탈, ㉰ 법인이나 조합 등의 설립허가의 취소시 실시하도록 하고 있다(법 22조 1항). 다른 법령에서 청문을 실시하도록 규정하고 있는 경우라 함은 행정절차법에서는 청문에 대한 일반적 절차만을 정하고 있을 뿐, 어떠한 경우에 청문을 할 것인지의 여부는 각 개별법에서 정한다는 의미이다.

한편, 당사자가 의견진술의 기회를 포기한다는 뜻을 명백히 표시한 경우 및 행정절차법 제21조 제4항 각 호의 사유가 주어지는 경우에는 청문을 거치지 않을 수 있다(행정절차법 22조 4항).

판례 1(청문통지서가 반송되거나 청문일시에 불출석한 경우 청문을 실시하지 않은 처분의 위법성 여부) 행정절차법 제21조 제4항 제3호는 침해적 행정처분을 할 경우 청문을 실시하지 않을 수 있는 사유로서 "당해 처분의 성질상 의견청취가 현저히 곤란하거나 명백히 불필요하다고 인정될 만한 상당한 이유가 있는 경우"를 규정하고 있으나, 여기에서 말하는 '의견청취가 현저히 곤란하거나 명백히 불필요하다고 인정될 만한 상당한 이유가 있는지 여부'는 당해 행정처분의 성질에 비추어 판단하여야 하는 것이지, 청문통지서의 반송 여부, 청문통지의 방법 등에 의하여 판단할 것은 아니며, 또한 행정처분의 상대방이 통지된 청문일시에 불출석하였다는 이유만으로 행정청이 관계 법령상 그 실시가 요구되는 청문을 실시하지 아니한 채

침해적 행정처분을 할 수는 없을 것이므로, 행정처분의 상대방에 대한 청문통지서가 반송되었다거나, 행정처분의 상대방이 청문일시에 불출석하였다는 이유로 청문을 실시하지 아니하고 한 침해적 행정처분은 위법하다(대판 2001. 4. 13, 2000두3337).

판례 2(협약의 체결을 통한 의견청취절차의 배제가능성) 행정청이 당사자와 사이에 도시계획사업의 시행과 관련한 협약을 체결하면서 관계 법령 및 행정절차법에 규정된 청문의 실시 등 의견청취절차를 배제하는 조항을 두었다고 하더라도, 국민의 행정참여를 도모함으로써 행정의 공정성 · 투명성 및 신뢰성을 확보하고 국민의 권익을 보호한다는 행정절차법의 목적 및 청문제도의 취지 등에 비추어 볼 때, 위와 같은 협약의 체결로 청문의 실시에 관한 규정의 적용을 배제할 수 있다고 볼 만한 법령상의 규정이 없는 한, 이러한 협약이 체결되었다고 하여 청문의 실시에 관한 규정의 적용이 배제된다거나 청문을 실시하지 않아도 되는 예외적인 경우에 해당한다고 할 수 없다(대판 2004. 7. 8, 2002두8350).

나) 청문절차

① 사전통지 　행정청이 청문을 실시하고자 하는 경우에는 청문이 시작되는 날부터 10일 전까지 앞에서 설명한 사항을 당사자 등에게 사전통지하여야 한다(법 21조 2항).

② 청문 주재자 　행정청은 소속 직원 또는 대통령령으로 정하는 자격을 가진 사람 중에서 청문 주재자를 공정하게 선정하여야 한다(법 28조 1항). 행정청은 1. 다수 국민의 이해가 상충되는 처분, 2. 다수 국민에게 불편이나 부담을 주는 처분, 3. 그 밖에 전문적이고 공정한 청문을 위하여 행정청이 청문 주재자를 2명 이상으로 선정할 필요가 있다고 인정하는 처분을 하려고 하는 경우에는 청문 주재자를 2명 이상으로 선정할 수 있다. 이 경우 선정된 청문 주재자 중 1명이 청문 주재자를 대표한다(법 28조 2항).

행정청은 청문이 시작되는 날부터 7일 전까지 청문 주재자에게 청문과 관련된 필요한 자료를 미리 통지하여야 한다(법 28조 3항). 청문 주재자는 독립하여 직무를 수행하며, 그 직무수행을 이유로 본인의 의사에 반하여 신분상 어떠한 불이익도 받지 아니한다(법 28조 4항). 아울러 행정절차법은 청문의 공정한 진행을 위하여 청문 주재자의 제척 · 기피 · 회피에 관하여 규정하고 있다(법 29조).

③ 청문의 진행 　청문주재자가 청문을 시작할 때에는 먼저 예정된 처분의 내용, 그 원인이 되는 사실 및 법적 근거 등을 설명하여야 한다(법 31조 1항). 당사자 등은 의견을 진술하고 증거를 제출할 수 있으며, 참고인 · 감정인 등에 대하여 질문할 수 있다(법 31조 2항). 당사자 등이 의견서를 제출한 경우에는 그 내용을 출석하여 진술한 것으로 본다(법 31조 3항). 청문을 계속할 경우에는 행정청은 당사자 등에게 다음 청문의 일시 및 장소를 서면으로 통지하여야 하며, 당사자 등이 동의하는 경우에는 전자문서로 통지할 수 있다. 다만, 청문에 출석한 당사자 등에게는 그 청문일에 청문주재자가 말로 통지할 수 있다(법 31조 5항).

④ 청문의 공개 　청문은 당사자의 공개신청이 있거나 청문주재자가 필요하다고 인정하는 경우 이를 공개할 수 있으나, 다만 공익 또는 제3자의 정당한 이익을 현저히 해할 우려가 있는 경우에는 공개하여서는 안된다(법 30조).

⑤ 청문의 병합 · 분리 　행정청은 직권 또는 당사자의 신청에 따라 여러 개의 사안을 병합하거나 분리하여 청문을 할 수 있다(법 32조).

⑥ 증거조사 　청문주재자는 신청 또는 직권에 의하여 필요한 조사를 할 수 있으며, 당사자

등이 주장하지 않은 사실에 대하여도 조사할 수 있다고 하여, 직권조사주의를 채택하고 있다(법 33조 1항). 증거조사는 ① 문서 · 장부 · 물건 등 증거자료의 수집, ② 참고인 · 감정인에 대한 질문, ③ 검증 또는 감정 · 평가 등의 방법에 의하되(법 33조 2항), 청문주재자가 필요하다고 인정하는 때에는 관계 행정청에 대하여 필요한 문서의 제출 또는 의견의 진술을 요구할 수 있다. 이 경우 관계 행정청은 직무 수행에 특별한 지장이 없으면 그 요구에 따라야 한다(법 33조 3항).

⑦ 문서의 열람 및 비밀유지 문서열람이란 청문절차와 관련하여 처분의 상대방 등이 당해 사안에 관하여 행정청이 보유하고 있는 기록을 열람하는 것을 말한다. 처분의 상대방은 사전통지에 의하여 처분의 이유를 알 수 있으나 그것이 어떠한 증거에 의하여 뒷받침되고 있는 것을 알아야 보다 정확한 의견을 진술할 수 있기 때문에 그러한 점에서 문서열람은 청문절차의 실효성을 확보하여 주는 기능을 한다. 행정절차법 37조에 따라 당사자 등은 의견제출의 경우에는 처분의 사전통지가 있는 날부터 의견제출기한까지, 청문의 경우에는 청문의 통지가 있는 날부터 청문이 끝날 때까지 행정청에 대하여 해당 사안의 조사결과에 대한 문서 그 밖에 해당 처분과 관련되는 문서의 열람 또는 복사를 요청할 수 있다. 이 경우 행정청은 다른 법령에 따라 공개가 제한되는 경우를 제외하고는 이를 거부할 수 없으며, 열람 · 복사를 거부하는 경우에는 그 이유를 소명하여야 한다(법 37조 1항 및 3항).

아울러 행정절차법은 누구든지 청문을 통하여 알게 된 사생활 또는 경영상이나 거래상의 비밀을 정당한 이유 없이 누설하거나 다른 목적으로 사용하는 것을 금지하여 당사자의 비밀유지의무를 규정하고 있다(법 37조 6항).

⑧ 청문조서 및 청문주재자의 의견서 청문주재자는 ① 제목, ② 청문주재자의 소속 · 성명, ③ 당사자의 주소 · 성명 및 출석여부, ④ 청문의 일시 및 장소, ⑤ 당사자 등의 진술의 요지 및 제출된 증거, ⑥ 공개여부 및 공개 또는 비공개이유, ⑦ 증거조사를 한 경우에는 그 요지 및 첨부된 증거, ⑧ 그 밖에 필요한 사항 등을 기재한 청문조서를 작성하여야 한다(법 34조 1항). 당사자 등은 청문조서의 내용을 열람 · 확인할 수 있으며, 이의가 있을 때에는 그 정정을 요구할 수 있다(법 34조 2항).

한편 청문주재자는 ① 청문의 제목, ② 처분의 내용 · 주요 사실 또는 증거, ③ 종합의견, ④ 그 밖에 필요한 사항이 기재된 의견서를 작성하여야 한다(법 34조의2).

⑨ 청문의 종결 청문주재자는 해당 사안에 대하여 당사자 등의 의견진술 · 증거조사가 충분히 이루어졌다고 인정되는 경우에는 청문을 마칠 수 있다(법 35조 1항). 청문주재자는 당사자 등의 전부 또는 일부가 정당한 사유 없이 청문기일에 출석하지 못하거나 의견서를 제출하지 못한 경우에는, 이들에게 다시 의견진술 및 증거제출의 기회를 주지 아니하고 청문을 마칠 수 있다(법 35조 2항). 또한 청문주재자는 당사자 등의 전부 또는 일부가 정당한 사유로 인하여 청문기일에 출석하지 못하거나 의견서를 제출하지 못한 경우에는, 10일 이상의 기간을 정하여 이들에게 의견진술 및 증거제출을 요구하여야 하며 해당 기간이 지났을 때에는 청문을 마칠 수 있다(법 35조 3항).

⑩ 청문종결 후의 조치 청문주재자는 청문을 마친 때에는 지체 없이 청문조서, 청문주재자의 의견서, 그 밖의 관계서류 등을 행정청에게 지체 없이 제출하여야 한다(법35조 4항). 행정청은 처분을 할 때에 제출받은 청문조서, 청문주재자의 의견서, 그 밖의 관계서류를 충분히 검토하고 상당한 이유가 있다고 인정하는 경우에는 청문결과를 반영하여야 한다(법 35조의2).

행정청은 청문을 거친 때에는 신속히 처분하여 당해 처분이 지연되지 아니하도록 하여야 한다

(법 22조 5항). 행정청은 처분 후 1년 이내에 당사자 등이 요청하는 경우에는 청문을 위하여 제출받은 서류 기타 물건을 반환하여야 한다(법 22조 6항).

⑪ 청문의 재개 행정청은 청문을 마친 후 처분을 하기까지 새로운 사정이 발견되어 청문을 재개할 필요가 있다고 인정하는 때에는 제출받은 청문서를 되돌려 보내고 청문의 재개를 명할 수 있다(법 36조).

라. 공청회

행정청은 처분을 할 때, ① 다른 법령등에서 공청회를 개최하도록 규정하고 있는 경우, ② 해당 처분의 영향이 광범위하여 널리 의견을 수렴할 필요가 있다고 행정청이 인정하는 경우, ③ 국민생활에 큰 영향을 미치는 처분으로서 대통령령으로 정하는 처분에 대하여 대통령령으로 정하는 수 이상의 당사자등이 공청회 개최를 요구하는 경우에는 공청회를 개최한다(법 22조 2항).

가) 공청회의 개최 행정청은 공청회를 개최하고자 하는 경우에는 공청회 개최 14일 전까지 ① 제목, ② 일시 · 장소, ③ 주요내용, ④ 발표자에 관한 사항, ⑤ 발표신청 방법 및 신청기한, ⑥ 정보통신망을 통한 의견제출 그 밖에 필요한 사항을 당사자에게 통지하고 관보 · 공보 · 인터넷 홈페이지 또는 일간신문 등에 공고하는 방법으로 널리 알려야 한다(법 38조 1항). 아울러 행정청은 공청회와 병행하여 전자공청회를 실시할 수 있으며, 이 경우 누구든지 정보통신망을 이용하여 의견을 제출하거나 제출된 의견 등에 대한 토론에 참여할 수 있다(법 38조의2).

나) 공청회의 주재자 및 발표자의 선정 공청회의 주재자는 해당 공청회의 사안과 관련된 분야에 전문적 지식이 있거나 그 분야에서 종사한 경험이 있는 사람 중에서 행정청이 지명 또는 위촉하는 사람으로 한다(법 38조의3의 1항). 공청회의 발표자는 발표를 신청한 사람 중에서 행정청이 선정한다. 다만, 발표 신청자가 없거나 공청회의 공정성 확보를 위하여 필요하다고 인정하는 경우에는 ① 당해 공청회의 사안과 관련된 당사자 등, ② 당해 공청회의 사안과 관련된 분야에 전문적 지식이 있는 사람, ③ 당해 공청회의 사안과 관련된 분야에 종사한 경험이 있는 사람 중에서 지명 또는 위촉할 수 있다(법 38조의3의 2항).

행정청은 공청회의 주재자 및 발표자를 지명 또는 위촉하거나 선정할 때 공정성이 확보될 수 있도록 하여야 한다(법 38조의3의 3항).

다) 공청회의 진행 공청회의 주재자는 공청회를 공정하게 진행하여야 하며, 공청회의 원활한 진행을 위하여 발표내용을 제한할 수 있고, 질서유지를 위하여 발언중지, 퇴장명령 등 행정안전부장관이 정하는 필요한 조치를 할 수 있다(법 39조 1항). 발표자는 공청회의 내용과 직접 관련된 사항에 대하여만 발표하여야 한다(법 39조 2항). 공청회의 주재자는 발표자의 발표가 끝난 후에는 발표자 상호 간에 질의 및 답변을 할 수 있도록 하여야 하며, 방청인에게도 의견을 제시할 기회를 주어야 한다(법 39조 3항).

라) 공청회의 사후조치 의견제출절차나 청문절차와 마찬가지로 행정청은 공청회를 거친 때에는 신속히 처분하여 당해 처분이 지연되지 아니하도록 하여야 한다(법 22조 5항). 행정청은 처분을 함에 있어서 공청회, 전자공청회 및 정보통신망 등을 통하여 제시된 사실 및 의견이 상당한 이유가 있다고 인정하는 경우에는 이를 반영하여야 한다(법 39조의2). 행정청은 공청회를 마친 후 처분을 할 때까지 새로운 사정이 발견되어 공청회를 다시 개최할 필요가 있다고 인정할 때에는 공청회를 다시 개최할 수 있다(법 39조의3). 행정청이 처분후 1년 이내에 당사자 등의 요청이 있는 경우에는 공청회를 위하여 제출받

은 서류 기타 물건을 반환하여야 함은 의견제출절차나 청문절차에서와 마찬가지이다(법 22조 6항).

마) 온라인공청회 원래 온라인공청회는 공청회와 병행하여서만 실시할 수 있었다. 그러나 법의 개정으로 1. 국민의 생명 · 신체 · 재산의 보호 등 국민의 안전 또는 권익보호 등의 이유로 공청회를 개최하기 어려운 경우, 2. 공청회가 행정청이 책임질 수 없는 사유로 개최되지 못하거나 개최는 되었으나 정상적으로 진행되지 못하고 무산된 횟수가 3회 이상인 경우, 3. 행정청이 널리 의견을 수렴하기 위하여 온라인공청회를 단독으로 개최할 필요가 있다고 인정하는 경우에는 온라인공청회를 단독으로 개최할 수 있다(법 38조의2 2항). 그러나 2항 3호의 경우 다른 법령에서 공청회를 개최하도록 규정하고 있거나 일정 수 이상의 당사자등이 공청회 개최를 요구하는 경우에는 원래의 공청회를 개최하여야 한다(법 38조의2 2항 3호 단서).

마. 의견청취절차의 흠결과 치유

불이익처분에 있어서 의견청취절차가 흠결된 경우에는 행정처분은 하자있는 처분이 된다. 이 경우에 무효사유에 해당한다는 견해가 있으나 취소사유에 해당한다는 것이 판례의 일관된 입장이다. 다만 법률이 청문이 흠결된 행정행위를 무효로 규정하고 있는 경우가 있다(국공법 13조 2항 · 81조 3항, 지공법 18조 2항).

청문이나 의견제출이 결여된 경우 그 추완의 시간적 한계는 이유제시의 하자의 치유의 시간적 한계에 관하여 설명한 것이 그대로 적용된다.

판례(청문을 결여한 행정처분의 효과) 행정청이 구 도시계획법 제23조 제5항의 규정에 의한 사업시행자 지정처분을 취소하기 위해서는 청문을 실시하여야 하고, 다만 행정절차법 제22조 제4항, 제21조 제4항에서 정한 예외사유에 해당하는 경우에 한하여 청문을 실시하지 아니할 수 있으며, 이러한 청문제도는 행정처분의 사유에 대하여 당사자에게 변명과 유리한 자료를 제출할 기회를 부여함으로써 위법사유의 시정가능성을 고려하고 처분의 신중과 적정을 기하려는 데 그 취지가 있음에 비추어 볼 때, 행정청이 침해적 행정처분을 함에 즈음하여 청문을 실시하지 않아도 되는 예외적인 경우에 해당하지 않는 한 반드시 청문을 실시하여야 하고, 그 절차를 결여한 처분은 위법한 처분으로서 취소사유에 해당한다(대판 2004. 7. 8, 2002두8350).

Ⅲ. 신고절차

1. 의 의

신고(申告)절차는 이른바 사인의 공법행위로서 자체완성적 신고를 위한 절차이다. 자체완성적 공법행위로서 신고는 행정청에 대하여 일정한 사항을 통지함으로써 의무가 끝나는 신고로서, 수리를 요하지 않으며 신고 그 자체로서 법적 효과를 발생시킨다(예: 건축법 9조에 의한 건축물의 신고, 집회 및 시위에 관한 법률 6조에 의한 옥외집회 및 시위의 신고, 체육시설의 설치 · 이용에 관한 법률 22조에 의한 체육시설업의 신고). 따라서 신고가 형식적 요건을 갖추었으면, 행정청은 이를 접수하여야 한다.

그러나 실제로 적법한 신고가 있었음에도 불구하고 행정청이 신고자의 의사에 반하여 접수를 거부함으로써, 인허가 등의 신청과 같이 다루는 경우가 적지 않게 발생하기 때문에 행정절차법은 이를 시정하기 위한 특별한 규정을 두었다. 이러한 행정절차법이 규정한 요건은 형식적 요건으로서, 신고가 이러한 형식적 요건을 갖추었다고 하더라도 그것이 실체법에 부합하지 않은 경우에는 이후에 시정 및 제재처분의 대상이 된다.

2. 신고절차

법령 등에서 행정청에 대하여 일정한 사항을 통지함으로써 의무가 끝나는 신고를 규정하고 있는 경우 신고를 관장하는 행정청은 신고에 필요한 구비서류와 접수기관 등 그 밖에 법령 등에 따른 신고에 필요한 사항을 게시하거나(인터넷 등을 통한 게시를 포함) 이에 대한 편람을 비치하여 누구나 다 열람할 수 있도록 하여야 한다(법 40조 1항).

행정절차법은 ① 신고서의 기재사항에 하자가 없으며, ② 필요한 구비서류가 첨부되고, ③ 그 밖에 법령 등에 규정된 형식상의 요건에 적합한 경우에 신고서가 신고기관에 도달된 때에 신고의 의무가 이행된 것으로 보도록 규정하고 있다(법 40조 2항). 행정청은 이러한 요건을 갖추지 못한 신고서가 제출된 경우 지체없이 상당한 기간을 정하여 신고인에게 보완을 요구하여야 하며(법 40조 3항), 이 기간내에 보완을 하지 아니한 때에는 그 이유를 구체적으로 밝혀 당해 신고서를 되돌려 보내야 한다(법 40조 4항).

Ⅳ. 행정상 입법예고절차

행정절차법은 국민의 권리 · 의무 또는 일상생활과 밀접한 관련이 있는 법령 등을 제정 · 개정 또는 폐지하고자 하는 때에는 행정청으로 하여금 미리 이를 예고하여 이에 대한 국민의 의견을 반영하도록 하고 있다.

1. 예고대상

입법예고대상은 ① 학사제도, ② 공중위생, ③ 환경보전, ④ 농지 기타 토지제도, ⑤ 국토계획 및 도시계획, ⑥ 건축, ⑦ 도로교통, ⑧ 행정심판, ⑨ 국가시험, ⑩ 정보화관련제도, ⑪ 기타 국민의 일상생활과 관련되는 분야에 관한 법령 등이며(법제업무규정 14조 1항), 여기에서 법령이라 함은 국가의 법령과 지방자치단체의 자치법규를 의미한다.

그러나 ① 신속한 국민의 권리 보호 또는 예측 곤란한 특별한 사정의 발생 등으로 입법이 긴급을 요하는 경우, ② 상위 법령 등의 단순한 집행을 위한 경우, ③ 입법내용이 국민의 권리 · 의무 또는 일상생활과 관련이 없는 경우, ④ 단순한 표현 · 자구를 변경하는 경우 등 입법내용의 성질상 예고의 필요가 없거나 곤란하다고 판단되는 경우, ⑤ 예고함이 공공의 안전 또는 복리를 현저히 해칠 우려가 있는 경우에는 입법예고를 아니할 수 있다(법 41조 1항 단서).

입법안을 마련한 행정청은 입법예고 후 예고내용에 국민생활과 직접 관련된 내용이 추가되는 등 대통령령으로 정하는 중요한 변경이 발생하는 경우에는 해당 부분에 대한 입법예고를 다시 하여야 한다(법 41조 4항).

법제처장은 입법예고를 하지 아니한 법령안의 심사요청을 받은 경우에 입법예고를 함이 적당하다고 판단될 때에는 당해 행정청에 대하여 입법예고를 권고하거나 직접 예고할 수 있다(법 41조 3항).

2. 예고방법 및 기간

행정청은 입법안의 취지, 주요 내용 또는 전문(全文)을 다음 각 호의 구분에 따른 방법으로 공고하여야 하며, 추가로 인터넷, 신문 또는 방송 등을 통하여 공고할 수 있다(법 42조 1항).

① 법령의 입법안을 입법예고하는 경우: 관보 및 법제처장이 구축 · 제공하는 정보시스템을 통

한 공고

② 자치법규의 입법안을 입법예고하는 경우: 공보를 통한 공고

행정청은 대통령령을 입법예고를 하는 경우에는 국회 소관 상임위원회에 이를 제출하여야 하며, 또한 입법예고를 할 때 입법안과 관련이 있다고 인정되는 중앙행정기관, 지방자치단체 그 밖의 단체 등이 예고사항을 알 수 있도록 예고사항을 통지하거나 그 밖의 방법으로 알려야 한다(법 42조 2항 · 3항). 행정청은 예고된 입법안에 대하여 전자공청회 등을 통하여 널리 의견을 수렴할 수 있다(법 42조 4항). 행정청은 예고된 입법안의 전문에 대하여 열람 또는 복사의 요청이 있는 때에는 특별한 사유가 없으면 그 요청에 따라야 한다(법 42조 5항).

입법예고기간은 예고할 때 정하되, 특별한 사정이 없는 한 40일(자치법규는 20일) 이상으로 한다(법 43조).

3. 의견제출 및 처리

누구든지 예고된 입법안에 대하여 의견을 제출할 수 있다(법 44조 1항). 행정청은 당해 입법안에 대한 의견이 제출된 경우 특별한 사유가 없는 한 이를 존중하여 처리하여야 하며, 의견을 제출한 자에게 그 제출된 의견의 처리결과를 통지하여야 한다(법 44조 3항 · 4항).

4. 공 청 회

행정청은 입법안에 대하여 공청회를 개최할 수 있으며 공청회에 관하여는 행정절차법 제38조, 제38조의2, 제38조의3, 제39조 및 제39조의2의 규정을 준용하도록 하고 있다(법 45조).

Ⅴ. 행정예고절차

행정절차법은 행정에 대한 예측가능성을 확보하고, 행정정책에 대한 국민의 이해와 참여를 도모하기 위하여 국민생활에 매우 중요한 의미를 가지는 일정한 행정정책 · 제도 및 계획에 대하여는 이를 미리 예고하도록 하고 있다. 비록 행정절차법은 행정계획의 확정절차를 규정하고 있지 않으나 국민생활에 밀접한 영향을 주거나 다수국민의 이해가 상충되는 행정계획의 수립에는 국민의 의견을 수렴할 수 있을 것이다.

1. 행정예고의 대상

행정청은 정책, 제도 및 계획(이하 "정책등"이라 한다)을 수립 · 시행하거나 변경하려는 경우에는 이를 예고하여야 한다. 다만, ① 신속하게 국민의 권리를 보호하여야 하거나 예측이 어려운 특별한 사정이 발생하는 등 긴급한 사유로 예고가 현저히 곤란한 경우, ② 법령등의 단순한 집행을 위한 경우, ③ 정책등의 내용이 국민의 권리 · 의무 또는 일상생활과 관련이 없는 경우, ④ 정책등의 예고가 공공의 안전 또는 복리를 현저히 해칠 우려가 상당한 경우에는 예고를 하지 아니할 수 있다.

2. 행정예고의 방법, 의견제출 및 처리, 공청회

행정청은 정책등 안(案)의 취지, 주요 내용 등을 관보 · 공보나 인터넷 · 신문 · 방송 등을 통하여 공고하여야 한다. 행정예고의 방법, 의견제출 및 처리, 공청회 및 전자공청회에 관하여는 제38조, 제

38조의2, 제38조의3, 제39조, 제39조의2, 제39조의3, 제42조(제1항 · 제2항 및 제4항은 제외한다), 제44조 제1항부터 제3항까지 및 제45조 제1항을 준용한다(법 47조). 행정예고기간은 예고 내용의 성격 등을 고려하여 정하되, 특별한 사정이 없으면 20일 이상으로 한다(법 46조 3항).

3. 행정예고 통계 작성 및 공고

행정청은 매년 자신이 행한 행정예고의 실시현황과 그 결과에 관한 통계를 작성하고, 이를 관보 · 공보 또는 인터넷 등의 방법으로 널리 공고하여야 한다(법 46조의2).

Ⅵ. 행정지도절차

오늘날 행정영역에서 광범위하게 사용되고 있는 행정지도는 그것이 상대방의 임의적 협력을 요소로 하는 비권력적 작용임에도 불구하고 실질적으로는 강제적 효과를 발생하거나 그 내용이나 책임소재 등이 명확하지 않아 적지 않은 문제점이 존재하였다. 이에 따라 행정절차법은 행정지도에 관한 기본원칙을 규정함과 아울러 행정지도의 방식 및 의견제출 등에 대하여 규율하고 있다.

1. 행정지도의 원칙

1) 과잉금지의 원칙 및 임의성의 원칙

행정지도는 그 목적달성에 필요한 최소한도에 그쳐야 하며, 상대방의 의사에 반하여 부당하게 강요하여서는 안된다(법 48조 1항).

2) 불이익조치금지원칙

행정기관은 행정지도의 상대방이 행정지도에 따르지 아니하였다는 것을 이유로 불이익한 조치를 취하여서는 안된다(법 48조 2항).

2. 행정지도의 방식

행정지도를 행하는 자는 그 상대방에게 그 행정지도의 취지 · 내용 및 신분을 밝혀야 한다(법 48조 1항). 행정지도가 말로 이루어지는 경우에 상대방이 이러한 사항을 적은 서면의 교부를 요구하면 그 행정지도를 하는 자는 직무수행에 특별한 지장이 없으면 이를 교부하여야 한다(법 49조 2항). 이는 행정지도의 책임의 소재와 내용을 명확히 하고 행정지도의 자의적인 행사를 억제하기 위한 것이라고 볼 수 있다.

3. 의견제출

행정지도의 상대방은 해당 행정지도의 방식 · 내용 등에 관하여 행정기관에 의견제출을 할 수 있다(법 50조). 이는 행정지도에 있어서도 상대방의 의견을 반영하고 사후분쟁을 예방하기 위한 것이다.

4. 다수인을 대상으로 하는 행정지도

행정기관이 같은 행정목적을 실현하기 위하여 많은 상대방에게 행정지도를 하려는 경우에는 특별한 사정이 없는 한 행정지도에 공통적인 내용이 되는 사항을 공표하여야 한다(법 51조). 이는 행정지도의 명확성을 기함과 아울러 동일한 조건하에 있는 복수의 자에 대하여 공평한 행정지도가 이루어지도록 하기 위한 것이다.

Ⅶ. 전자적 정책토론

행정청은 국민에게 영향을 미치는 주요 정책 등에 대하여 국민의 다양하고 창의적인 의견을 수렴하기 위하여 정보통신망을 이용한 정책토론(이하 "전자적 정책토론"이라 한다)을 실시할 수 있다(법 53조 1항). 행정청은 효율적인 전자적 정책토론을 위하여 과제별로 한시적인 토론 패널을 구성하여 해당 토론에 참여시킬 수 있다. 이 경우 패널의 구성에 있어서는 공정성 및 객관성이 확보될수 있도록 노력하여야 한다(법 53조 2항). 토론 패널의 구성, 운영방법, 그 밖에 전자적 정책토론의 운영을 위하여 필요한 사항은 대통령령으로 정한다(법 53조 4항).

Ⅷ. 복합민원절차로서 인허가의제 제도(認許可擬制制度)

1. 의 의

인허가의제라 함은 하나의 인허가를 받으면 법률로 정한 여러 관련 인허가를 받은 것으로 보는 것을 말한다(행정기본법 24조 1항). 인허가의제란 복합민원처리시 창구를 단일화하여 행정절차의 중복을 피하고, 시간 및 비용을 줄임으로써 편리한 사무처리를 도모하는 데 제도적 의의가 있다. 반면, 지나친 행정사무의 집중화로 인한 사무처리의 부실화가 초래될 수 있는 문제점을 안고 있다. 인허가의제란 행정계획의 집중효제도와 유사하나 행정계획뿐만 아니라 주로 인허가 등의 행정행위에 인정된다는 점에서 차이가 있다.

인허가의제에서 주된 인허가를 해주는 행정청을 주무행정청(주된 인허가행정청)이 되고 의제된 인허가 등을 담당하는 행정청을 관련행정청(관련 인허가행정청)이 된다.

2. 법적 근거

인허가의 의제는 행정청의 권한의 변경을 가져오므로 법률에 명시적인 근거가 있어야 하며, 인허가가 의제되는 범위도 법률에 표시하여야 한다(예: 건축법 11조 5항, 주택법 17조 1항, 국토계획이용법 61조 1항). 행정기본법은 제24조 내지 제26조에서 인허가의제의 기준, 효과 및 사후관리에 대하여 비교적 상세한 규정을 마련하고 있다.

3. 신청 및 절차

주된 인허가를 받기를 원하는 신청인은 주된 인허가의 권한을 갖는 주무행정청에게 의제되는 모든 인허가의 관련서류 등을 구비하여 신청서를 제출하면 된다(행정기본법 24조 2항). 여기서 주무행정청은 주된 인허가를 발급하기에 앞서 관련행정청의 협의를 거쳐야 한다. 이에 관하여는 명문을 규정을 두는 것이 보통이나(건축법 11조 6항, 주택법 17조 3항, 국토계획이용법 61조 3항), 명문의 규정이 없는 경우에도 집중화된 사무처리의 폐해를 방지를 위하여 관련행정청의 협의를 거쳐야 할 것이다(행정기본법 24조 3항). 관련행정청은 제3항에 따른 협의를 요청받으면 그 요청을 받은 날부터 20일 이내에 의견을 제출하여야 한다. 이 경우 전단에서 정한 기간 내에 협의 여부에 관하여 의견을 제출하지 아니하면 협의가 된 것으로 본다(동법 24조 4항).

인허가의제의 절차와 관련하여 주무행정청은 주된 인허가에 요구되는 절차만을 준수하면 되는지 또는 의제되는 인허가에 요구되는 절차를 아울러 준수하여야 하는지 문제가 된다. 일설은 주된 인허가에 요구되는 절차만을 거치면 되고 의제되는 인허가의 절차를 거칠 필요가 없다는 견해를 취하고 있으나(이른바 절차집중설), 의제되는 인허가의 모든 절차를 일일이 거칠 필요는 없으나, 이해관계인의 권익보호와 같은 중요한 절차는 주된 인허가의 통합된 절차에서 준수하는 것이 바람직할 것이다(이른바 제한적 절차집중설).

이와 관련하여 판례는 절차집중설을 취하고 있다. 즉 대법원은 도시계획결정이 의제되는 주택건설사업계획승인의 경우 주무행정청의 승인이 있으면 구도시계획법에 의한 도시계획결정절차를 거치지 않아도 도시계획결정이 의제된다고 판시한 바 있다.

판례(도시 · 군관리계획 결정권자와 협의를 거쳐 주택건설사업계획을 승인함으로써 도시 · 군관리계획결정이 이루어진 것으로 의제되기 위해서는 별도로 주민 의견청취 절차를 거쳐야 하는지 여부) 구 주택법 제17조 제1항에 인허가 의제 규정을 둔 입법 취지는, 주택건설사업을 시행하는 데 필요한 각종 인허가 사항과 관련하여 주택건설사업계획 승인권자로 그 창구를 단일화하고 절차를 간소화함으로써 각종 인허가에 드는 비용과 시간을 절감하여 주택의 건설 · 공급을 활성화하려는 데에 있다. 이러한 인허가 의제 규정의 입법 취지를 고려하면, 주택건설사업계획 승인권자가 구 주택법 제17조 제3항에 따라 도시 · 군관리계획 결정권자와 협의를 거쳐 관계 주택건설사업계획을 승인하면 같은 조 제1항 제5호에 따라 도시 · 군관리계획결정이 이루어진 것으로 의제되고, 이러한 협의 절차와 별도로 국토의 계획 및 이용에 관한 법률 제28조 등에서 정한 도시 · 군관리계획 입안을 위한 주민 의견청취 절차를 거칠 필요는 없다(대판 2018. 11. 29, 2016두38792).

한편, 행정기본법 제24조 제5항 단서는 인허가에 필요한 심의, 의견 청취 등 절차에 관하여는 법률에 인허가의제 시에도 해당 절차를 거친다는 명시적인 규정이 있는 경우에만 이를 거친다고 규정하고 있기 때문에 인허가 의제시 거쳐야 하는 절차에 관하여 향후 관련 법규정의 정비가 필요하다.

4. 결 정

신청을 받은 주무행정청은 주된 인허가의 요건과 의제된 인허가의 요건을 심사하여 결정한다. 협의가 된 사항에 대해서는 주된 인허가를 받았을 때 관련 인허가를 받은 것으로 본다(행정기본법 25조 1항). 인허가의제의 효과는 주된 인허가의 해당 법률에 규정된 관련 인허가에 한정된다(동조 2항).여기서 관련행정청의 협의의 의미에 대하여 견해가 갈리고 있다. 주무행정청은 관련행정청의 협의의견을 고려하여 독자적으로 판단할 수 있다는 견해가[12] 있는 반면, 협의를 동의로 보아 관련행정청의 협의에 기속된다는 견해도 있다.[13]

생각건대, 협의는 단순히 의제대상 인허가관청의 의견을 듣는데 그치는 것이 아니라, 의제대상 인허가의 요건의 준수를 보장하기 위한 목적을 갖고 있는바, 이에 따라 협의는 관련행정청의 동의를 구하는 절차로 보아야 할 것이다. 따라서 협의가 이루어지지 아니한 경우에는 주된 인허가를 할 수 없으며, 관련행정청의 반대의견에도 불구하고 주된 인허가를 한 경우에는 당해 행위는 무효 또는 취소사유가 있는 처분에 해당된다고 할 것이다. 한편, 주무행정청의 의제되는 인허가의 요건의 심리

12) 朴均省, 行政法講義, 463면.
13) 권수철, 인허가의제제도의 법적 성격과 사후감독에 관한 소고, 法制, 2002. 7, 7면 이하.

범위와 관련하여, ① 의제되는 인허가의 요건에 엄격하게 구속되지 않고, 단지 이익형량의 요소로서 종합적으로 고려하면 된다는 견해(이른바 제한적 실체집중설), ② 의제되는 인허가의 요건에 엄격히 기속되어, 의제되는 인허가의 요건이 모두 충족되어야 주된 인허가를 할 수 있다는 견해(이른바 실체집중부정설)가 갈리고 있으나 법치행정의 원리상 후설이 타당하다고 할 것이다. 판례 역시 실체집중부정설의 입장을 취하는 것으로 보인다.

판례 1(공유수면 관리청의 결정에 대한 채광계획 인가관청의 기속여부) 채광계획이 중대한 공익에 배치된다고 할 때에는 인가를 거부할 수 있고, 채광계획을 불인가 하는 경우에는 정당한 사유가 제시되어야 하며 자의적으로 불인가를 하여서는 아니 될 것이므로 채광계획인가는 기속재량행위에 속하는 것으로 보아야 할 것이나, 구 광업법 제47조의2 제5호에 의하여 채광계획인가를 받으면 공유수면 점용허가를 받은 것으로 의제되고, 이 공유수면 점용허가는 공유수면 관리청이 공공 위해의 예방 경감과 공공 복리의 증진에 기여함에 적당하다고 인정하는 경우에 그 자유재량에 의하여 허가의 여부를 결정하여야 할 것이므로, 공유수면 점용허가를 필요로 하는 채광계획 인가신청에 대하여도, 공유수면 관리청이 재량적 판단에 의하여 공유수면 점용을 허가 여부를 결정할 수 있고, 그 결과 공유수면 점용을 허용하지 않기로 결정하였다면, 채광계획 인가관청은 이를 사유로 하여 채광계획을 인가하지 아니할 수 있는 것이다(대판 2002. 10. 11, 2001두151).

판례 2(주된 인 · 허가가 있으면 다른 법률에 의하여 인 · 허가를 받았음을 전제로 하는 그 다른 법률의 모든 규정들이 적용되는지 여부) 인 · 허가가 있으면 다른 법률에 의한 인 · 허가가 있는 것으로 보는 데 그치는 것이고, 거기에서 더 나아가 다른 법률에 의하여 인 · 허가를 받았음을 전제로 한 다른 법률의 모든 규정들까지 적용되는 것은 아니다. 학교용지부담금 부과대상 사업에 관한 학교용지법 제2조 제2호는 그 부과대상 사업의 근거 법률로 구 보금자리주택건설법을 들고 있지 아니하다. 그리고 구 보금자리주택건설법 제35조 제4항이 보금자리주택에 관한 사업계획의 승인을 받은 때에는 건축법에 의한 건축허가(제1호), 도시개발법에 의한 실시계획의 인가(제9호)를 받은 것으로 본다고 규정하고 있으나, 이는 구 보금자리주택건설법상 주택건설에 관한 사업계획의 승인을 받으면 그와 같은 허가나 인가를 받은 것으로 의제함에 그치는 것이지 더 나아가 그와 같은 허가나 인가를 받았음을 전제로 하는 건축법과 도시개발법의 모든 규정들까지 적용된다고 보기는 어렵다. 따라서 구 보금자리주택건설법에 따른 주택건설사업은 학교용지법 제2조 제2호에 정한 학교용지부담금 부과대상 개발사업에 포함되지 아니한다고 보아야 하고, 이와 달리 학교용지부담금 부과대상 개발사업에 포함된다고 해석하는 것은 학교용지부담금 부과에 관한 규정을 그 상대방에게 불리한 방향으로 지나치게 확장해석하거나 유추해석하는 것이어서 허용되지 아니한다(대판 2016. 12. 15, 2014두40531).

---

5. 인허가의제의 유형

1) 일괄 인허가의제

인허가의제에 관하여 규정하고 있는 개별법률들 중에는 주된 인허가를 받으면 법이 정한 관련 인허가들에 대하여 일괄적으로 의제효과를 부여하는 경우가 있다. 예를 들어 건축법 제11조 제5항, 도시 및 주거환경정비법 제57조 제1항, 공공주택특별법 제18조 제1항이 일괄 인허가의제방식으로 되어 있다. 이러한 일괄 인허가의제의 경우 주무행정청은 관련행정청과 협의를 한 결과 일부 인허가에 대하여 협의가 이루어지지 않으면, 협의가 이루어진 나머지 인허가에 대해 의제효과를 부여하여서는 안되며, 아예 주된 인허가를 거부하여야 한다.

2) 부분 인허가의제

부분 인허가의제란 관련 인허가에 대한 의제신청이 있는 경우에 협의가 이루어진 인허가에 대하여만 의제효를 부여하는 경우이다. 의제되지 않은 인허가는 관련행정청과 협의가 완료되는 대로 순차적으로 의제되거나 별도의 인허가의 대상이 될 수 있다. 이러한 부분 인허가의제는 근래 현저하게 증가되는 추세에 있다.

6. 주된 인허가가 무효이거나 취소 · 철회된 경우 의제된 인허가의 효력

1) 주된 인허가가 무효인 경우

주된 인허가가 무효인 경우에는 애당초 의제효과가 발생하지 않기 때문에 관련 인허가도 무효이다. 판례는 도시 및 주거환경정비법상의 사업시행계획이 당연 무효이거나 확정판결로 취소된다면 그로 인하여 의제된 사업인정도 효력을 상실한다고 판시하였다.[14)]

2) 주된 인허가가 취소 · 철회된 경우

이에 대하여는 다툼이 있다. 일설은 관련 인허가의 주된 인허가에 대한 종속성을 이유로 주된 인허가가 취소 · 철회되면 관련 인허가도 모두 효력을 상실한다고 본다.[15)] 반면 다른 견해는 주된 인허가가 취소 · 철회되었다고 하더라도 의제된 인허가를 존속시킬 필요가 있는 경우도 있고, 인허가의제는 효력발생에 관한 것이고, 의제후에 인허가의 효력소멸에 관한 것은 아니기 때문에, 모두 소멸한 것으로 보기 위하여는 법률의 명시적인 규정이 필요하다고 본다.[16)]

생각건대 이 문제는 주된 인허가가 취소된 경우와 철회된 경우로 구별하여 보아야 할 것이다. 관련 인허가의 의제의 성립은 주된 인허가를 적법하게 받은 것을 전제로 하기 때문에, 주된 인허가가 하자로 인하여 취소된 경우에는 원칙적으로 관련 인허가에 대한 의제효과도 상실한다고 보아야 할 것이다. 반면, 주된 인허가를 철회한 경우에는 관련 인허가의 의제가 당연히 실효된다고 볼 수 없다. 주된 인허가에 따라 관련 인허가의 의제가 적법하게 성립되었기 때문에 관련 인허가는 독립된 처분으로 존재하는 것으로 간주되기 때문이다. 다만, 주된 인허가의 철회로 인하여 관련 인허가의 목적을 달성하기 어렵다고 인정되는 때에는 관련 인허가의 철회사유가 될 것이다.

7. 의제된 인허가의 취소 · 철회가능성

학설과 실무에서는 의제된 인허가를 취소 또는 철회가 가능한지, 이들이 가능할 경우, 주된 인허가에 어떤 효력을 미치는지 다툼이 되고 있다. 이 문제는 일괄 인허가의제인지 또는 부분 인허가의제인지 여부와 관련되고 있다.

1) 일괄 인허가의제

일괄 인허가의제에서 의제된 인허가에 취소사유가 있는 경우 애당초 주된 인허가를 발급하여서는 안되는 상황이기 때문에 주된 주무행정청은 의제된 인허가의 하자를 이유로 주된 인허가를 취소하여야 한다. 반면, 의제된 인허가에 후발적 사정으로 철회사유가 발생된 경우에는 관련 인허가에

---

14) 대판 2018. 7. 26, 2017두33978.

15) 김중권, 행정법, 283면; 정남철, 현대행정법의 작용형식, 2016, 496면.

16) 홍정선, 행정기본법 해설서, 190면; 박균성, 행정법강의, 501면.

대한 의제는 이미 적법하게 효력을 발생하였기 때문에 주된 인허가와는 이미 별개의 처분으로 존재하기 때문에 해당 인허가만을 철회할 수 있다고 볼 것이다.[17]

2) 부분 인허가의제

법률상 부분 인허가의제가 허용되는 경우에는 주된 인허가와 의제된 인허가는 각각 별개의 처분으로 존재하고 양자는 분리될 수 있으므로, 의제된 인허가에 취소 · 철회사유가 있으면, 행정청은 해당 인허가만을 취소 · 철회할 수 있을 것이다. 한편, 취소 · 철회된 관련 인허가를 다시 취득하는 것이 불가능하고, 이로 인하여 주된 인허가의 목적을 달성할 수 없는 경우에는 주무 행정청은 주된 인허가를 취소 · 철회할 수 있을 것이다.

판례(부분 인허가의제의 경우 의제된 인허가의 취소 · 철회가능성) 중소기업창업법 제35조 제1항의 인허가의제 조항은 창업자가 신속하게 공장을 설립하여 사업을 개시할 수 있도록 창구를 단일화하여 의제되는 인허가를 일괄 처리하는 데 입법 취지가 있다. 위 규정에 의하면 사업계획승인권자가 관계 행정기관의 장과 미리 협의한 사항에 한하여 승인 시에 그 인허가가 의제될 뿐이고, 해당 사업과 관련된 모든 인허가의제 사항에 관하여 일괄하여 사전 협의를 거쳐야 하는 것은 아니다. 업무처리지침 제15조 제1항은 협의가 이루어지지 않은 인허가사항을 제외하고 일부만을 승인할 수 있다고 규정함으로써 이러한 취지를 명확히 하고 있다. 사업계획승인으로 의제된 인허가는 통상적인 인허가와 동일한 효력을 가지므로, 그 효력을 제거하기 위한 법적 수단으로 의제된 인허가의 취소나 철회가 허용될 필요가 있다. 특히 업무처리지침 제18조에서는 사업계획승인으로 의제된 인허가 사항의 변경 절차를 두고 있는데, 사업계획승인 후 의제된 인허가 사항을 변경할 수 있다면 의제된 인허가 사항과 관련하여 취소 또는 철회 사유가 발생한 경우 해당 의제된 인허가의 효력만을 소멸시키는 취소 또는 철회도 할 수 있다고 보아야 한다(대판 2018. 7. 12, 2017두48734).

---

8. 인허가의제와 항고소송

인허가의제에 있어서는 주된 인허가와 의제되는 관련 인허가 사이에 상호 밀접한 관계가 있기 때문에 이와 관련된 항고소송에서 쟁송대상과 피고의 선택에 있어서 매우 어려운 문제가 발생된다. 여기서는 ① 협의 불성립을 이유로 주된 인허가의 발급을 거부한 경우 상대방의 소송, ② 의제된 인허가에 취소 · 철회사유가 있는 경우 이해관계인의 소송으로 구분하여 살펴보기로 한다.

1) 협의 불성립을 이유로 주된 인허가의 발급을 거부한 경우

의제신청된 관련 인허가에 대해 행정청 사이에 협의가 이루어지지 않았음을 이유로 주된 인허가의 발급이 거부될 수 있다. 이에 대하여 상대방이 다투고자 하는 경우, 일괄 인허가의제와 부분 인허가의제를 구별하여 고찰하여야 한다. 일괄 인허가의제의 경우에 판례는 주무행정청을 피고로 하여 주된 인허가 거부처분에 대하여 다투어야 한다는 입장을 취하고 있다.

판례(건축불허가처분에 관한 쟁송에서 건축법상의 건축불허가 사유뿐만 아니라 의제된 도시계획법상의 형질변경불허가 사유나 농지법상의 농지전용불허가 사유에 관하여도 다툴 수 있다는 판례) 구 건축법 제

17) 이일세, 인허가의제에 있어 취소 · 철회와 행정쟁송, 행정법학 제25호, 2023. 9, 108면 이하.

8조 제1항, 제3항, 제5항에 의하면, 건축허가를 받은 경우에는 구 도시계획법 제4조에 의한 토지의 형질변경허가나 농지법 제36조에 의한 농지전용허가 등을 받은 것으로 보며, 한편 건축허가권자가 건축허가를 하고자 하는 경우 당해 용도·규모 또는 형태의 건축물을 그 건축하고자 하는 대지에 건축하는 것이 건축법 관련 규정이나 같은 도시계획법 제4조, 농지법 제36조 등 관계 법령의 규정에 적합한지의 여부를 검토하여야 하는 것일 뿐, 건축불허가처분을 하면서 그 처분사유로 건축불허가 사유뿐만 아니라 형질변경불허가 사유나 농지전용불허가 사유를 들고 있다고 하여 그 건축불허가처분 외에 별개로 형질변경불허가처분이나 농지전용불허가처분이 존재하는 것이 아니므로, 그 건축불허가처분을 받은 사람은 그 건축불허가처분에 관한 쟁송에서 건축법상의 건축불허가 사유뿐만 아니라 같은 도시계획법상의 형질변경불허가 사유나 농지법상의 농지전용불허가 사유에 관하여도 다툴 수 있는 것이지, 그 건축불허가처분에 관한 쟁송과는 별개로 형질변경불허가처분이나 농지전용불허가처분에 관한 쟁송을 제기하여 이를 다투어야 하는 것은 아니며, 그러한 쟁송을 제기하지 아니하였어도 형질변경불허가 사유나 농지전용불허가 사유에 관하여 불가쟁력이 생기지 아니한다(대판, 2001. 1. 16, 99두10988).

반면, 부분 인허가의제의 경우에는 의제신청된 인허가의 요건이 불비되면, 주무행정청은 해당 인허가의 의제를 거부한 채, 주된 인허가를 발할 수 있으므로, 의제거부된 인허가에 대하여는 별도로 거부처분이 있는 것으로 볼 수 있기 때문에, 이를 대상으로 관련 행정청을 피고로 하여 항고소송을 제기하는 것이 타당할 것이다.[18] 그런데, 부분 인허가의제의 경우에도 주무행정청이 의제신청된 인허가의 요건이 불비되었다는 이유로 주된 인허가를 거부하여 전체가 의제되지 않는 경우가 발생될 수 있다. 이 경우 상대방은 주무행정청을 피고로 하여 거부처분을 대상으로 취소소송을 제기하면 될 것이다. 여기서 그는 의제신청된 인허가의 요건충족 여부에 대하여 다툴 수 있다.

2) 의제된 인허가에 취소·철회사유가 있는 경우 이해관계인의 쟁송

의제된 인허가에 취소·철회사유가 있는데 행정청이 방치하여 이해관계인이 이를 다투고자 하는 경우에도 행정쟁송의 대상 및 피고가 문제된다. 이에 대하여는 취소사유와 철회사유가 있는 경우를 구분하여 다루기로 한다.

가. 의제된 인허가에 취소사유가 있는 경우

일괄 인허가제만이 허용되는 경우에는 행정청은 의제 대상이 되는 관련 인허가중 어느 하나라도 그 요건을 갖추지 못하는 경우에는 주된 인허가를 발급하여서는 안된다. 만일 주무행정청이 관련 인허가에 요건불비가 있음에도 불구하고 주된 인허가를 발급하였다면, 주된 인허가의 발급자체가 위법하게 된다. 이 경우 이해관계인은 의제된 인허가의 하자를 이유로 주된 인허가에 대하여 항고소송을 제기하여야 한다.

반면, 부분 인허가의제가 허용되는 경우에는 주무행정청은 관련행정청 사이에 협의가 이루어진 인허가에 대하여만 선택적으로 의제효과를 부여할 수 있다. 의제된 인허가도 법적으로 독립한 처분으로 존재하기 때문에, 만일 그에 대한 의제가 위법하게 이루어졌다면 항고소송의 대상이 된다. 이해관계인은 관련행정청을 피고로 의제된 인허가에 대하여 항고소송을 제기하면 될 것이다.[19]

---

18) 이일세, 앞의 글, 117면.

19) 이일세, 앞의 글, 126면; 임성훈, 행정기본법 하에서 인허가의제의 운용방안, 법학연구 32권 2호, 2021. 12, 78면.

판례('부분 인허가의제'가 허용되는 경우 항고소송의 대상) 제17조 제1항에 따르면, 주택건설사업계획 승인권자가 관계 행정청의 장과 미리 협의한 사항에 한하여 승인처분을 할 때에 인허가 등이 의제될 뿐이고, 각호에 열거된 모든 인허가 등에 관하여 일괄하여 사전협의를 거칠 것을 주택건설사업계획 승인처분의 요건으로 규정하고 있지 않다. 따라서 인허가의제 대상이 되는 처분에 어떤 하자가 있더라도, 그로써 해당 인허가의제의 효과가 발생하지 않을 여지가 있게 될 뿐이고, 그러한 사정이 주택건설사업계획 승인처분 자체의 위법사유가 될 수는 없다. 또한 의제된 인허가는 통상적인 인허가와 동일한 효력을 가지므로, 적어도 '부분 인허가의제'가 허용되는 경우에는 그 효력을 제거하기 위한 법적 수단으로 의제된 인허가의 취소나 철회가 허용될 수 있고, 이러한 직권 취소 · 철회가 가능한 이상 그 의제된 인허가에 대한 쟁송취소 역시 허용된다. 따라서 주택건설사업계획 승인처분에 따라 의제된 인허가가 위법함을 다투고자 하는 이해관계인은, 주택건설사업계획 승인처분의 취소를 구할 것이 아니라 의제된 인허가의 취소를 구하여야 하며, 의제된 인허가는 주택건설사업계획 승인처분과 별도로 항고소송의 대상이 되는 처분에 해당한다(대판 2018. 11. 29, 2016두38792).

나. 의제된 인허가에 철회사유가 발생한 경우

주된 인허가에 따라 적법하게 관련 인허가가 의제된 이후에 관련 인허가에 철회사유가 발생된 경우, 이해관계인은 우선 의제된 인허가의 사후 관리 · 감독권한을 갖는 관련행정청(행정기본법 26조 1항)에 해당 인허가를 철회해 줄 것을 신청하여야 할 것이다. 만일 그에 대하여 관련행정청이 거부하거나 아무런 응답을 하지 않는다면, 관련행정청을 피고로 하여 거부처분취소소송이나 부작위위법확인소송을 제기하여야 할 것이다.[20]

9. 선승인 후협의제

1) 의 의

선승인 후협의제란 의제대상 인허가에 대한 관계행정기관과의 모든 협의가 완료되기 전이라도 공익상 긴급한 필요가 있고 사업시행을 위한 중요한 사항에 대한 협의가 있는 경우에는 협의가 완료되지 않은 인허가에 대한 협의를 완료할 것을 조건으로 각종 공사 또는 사업의 시행승인이나 시행인가를 할 수 있도록 하는 제도를 의미한다. 선승인 후협의제는 2009년에 「도시 및 주거환경정비법」 제57조 제6항 및 「주한미군공여구역주변지역 등 지원특별법」 등 법률에 도입되어 있고 현재 그 확대가 추진 중에 있다.

2) 법적 성격 및 효과

선승인 후협의제는 협의가 완료된 인허가에 대하여 인허가 등이 의제되는 제도이기 때문에, 관계행정기관과의 협의가 잘 이루어지지 않은 경우에는 의제의 효과가 발생하지 않을 뿐 아니라(도시 및 주거환경정비법 57조 6항), 주된 인허가의 철회사유가 된다. 이에 따라 협의를 완료할 것을 조건으로 주된 인허가를 하여주는 선승인 후협의제는 협의가 잘 이루어지지 않은 경우에는 그 주된 인허가를 철회할 수 있는 철회권이 유보된 것으로 보는 것이 타당할 것이다.[21] 여기서 주된 인허가의 철회의 위험부담은 신청인이 지며, 손실보상의 문제는 발생되지 않는다. 만일 관계 행정기관과의 협의가 이루어진 경우에는

20) 이일세, 앞의 글, 127면.
21) 朴均省, 行政法講義, 465면.

관련된 인허가가 의제되는 최종사업승인처분을 내린다.

제3절 행정절차의 하자

Ⅰ. 행정절차의 하자의 의의

행정절차의 하자를 넓은 의미로 이해할 때에는 모든 행정작용의 절차상의 모든 하자를 의미한다. 따라서 행정행위뿐만 아니라 행정입법, 행정지도 등 모든 행정작용의 절차에 관련된 모든 하자가 여기에 포함된다. 반면 절차상의 하자를 좁은 의미로 이해할 때에는 행정행위의 절차상의 하자를 의미한다. 여기서는 좁은 의미의 절차상의 하자에 대하여 고찰하기로 한다.

Ⅱ. 절차상의 하자있는 행정행위의 효력

행정행위의 성립에 있어 형식 · 절차에 관한 법령의 규정에 위반한 경우에 위법한 행위가 되는 것은 물론이다. 하자의 일반이론에 따른다면 흠의 정도가 중대 · 명백한 경우에는 무효가 되며 그렇지 않은 경우에는 취소할 수 있는 사유에 지나지 않을 것이다. 절차상의 하자가 취소사유에 해당하는 경우에 처분청은 이를 직권취소할 수 있음은 물론이다.[22]

문제는 행정행위의 절차상의 하자가 취소사유에 해당하는 경우에 행정소송의 본안판단에서 법원이 이를 이유로 취소할 수 있는가이다. 학설에서는 이에 대하여 다툼이 되고 있다.

1. 소 극 설

소극설의 입장에 따르면 절차상의 하자가 실체법적인 결정에 어떠한 영향을 미치지 않는다는 것이 명백한 경우에는 본안에서 법원은 절차상의 하자를 이유로 하여 행정처분을 취소할 수 없다고 한다. 그 논거로서 ① 행정행위의 절차규정은 실체법적으로 적정한 행정결정을 확보하기 위한 수단이라는 점, ② 행정청이 적법한 절차를 거친다고 하더라도 다시 동일한 처분을 할 수밖에 없는 경우에는, 절차상의 하자만을 이유로 당해 행위를 취소하는 것은 행정의 효율성과 소송경제에 반한다는 것이다. 이는 독일행정절차법 제46조에 근거하고 있는 입장이다.

2. 절 충 설

절충설은 행정행위를 기속행위와 재량행위로 구별하여 기속행위의 경우에는 그 실체적 요건이

22) Maurer/Waldhof, Allg. VerwR, S. 276.

충족된 경우에는 절차상의 하자를 이유로 하여 취소할 수 없다는 입장을 취하고 있다.[23] 행정청의 독자적인 판단권이 인정되는 재량행위에 있어서는 적법한 형식과 절차를 거친 경우에는 사실관계를 보다 구체적으로 파악하거나 새로운 재량고려를 기초로 하여 기존처분과는 다른 처분을 내릴 수 있기 때문에 법원은 절차상의 하자만을 이유로 기존처분을 취소할 수 있다고 한다. 반면에 기속행위와 재량이 영으로 수축되는 경우에 있어서는 실체법적 요건이 충족되는 경우에는 적법한 절차를 거쳐 다시 처분을 하게 된다고 하더라도 동일한 처분을 할 수밖에 없기 때문에 절차상의 하자만을 이유로 당해 처분을 취소할 수 없다고 한다. 절충설 역시 행정의 효율성과 소송경제를 그 논거로 하고 있음은 소극설과 마찬가지이며, 이는 구 독일행정절차법 제46조가 취하였던 입장이다.

3. 적 극 설

이에 대하여 적극설은 행정행위의 종류에 불문하고 절차상의 하자있는 행정행위를 내용상의 하자있는 행정행위와 마찬가지로 보아 이를 이유로 취소할 수 있다는 견해를 주장하고 있다. 즉 내용상의 하자는 없다고 하더라도 절차상의 하자만 있는 경우에도 처분은 위법하게 되어 행정심판위원회나 법원은 이를 이유로 본안에서 취소할 수 있다고 한다.[24] 적극설은 이에 대한 논거로서 ① 절차규정은 실체적 결정의 적정성을 확보하기 위한 것이기 때문에, 적정한 결정은 적법한 절차에 따라 행하여져야 한다는 것이 전제되어 있고, ② 적법한 절차를 거쳐 다시 처분을 하는 경우에 반드시 동일한 결정에 이르게 되는 것은 아니라고 주장하고 있다. 적극설은 이에 대한 실정법적 근거로서 절차상의 위법을 이유로 신청에 따른 처분의 취소를 규정하고 있는 행정소송법 제30조 제3항을 들고 있다.

판례 역시 적극설의 입장을 취하고 있다. 판례는 재량행위 뿐만 아니라 기속행위의 경우에도 절차상의 하자를 이유로 소송대상이 된 행정행위를 취소하고 있다. 다만 최근에는 경미한 절차하자에 대해서는 바로 위법성을 인정하여 취소사유라고 하지 않고 재량권의 일탈 또는 남용이 있는지 여부를 판단하는 하나의 요소로 보는 판례가 늘어나고 있다.

판례 1(기속행위에 있어서 절차상의 하자) 부과처분의 실체가 적법한 이상 납세고지서의 기재사항 누락이라는 경미한 형식상의 하자 때문에 부과처분을 취소한다면 소득이 있는데 세금을 부과하지 못하는 불공평이 생긴다거나, 다시 납세부과처분이나 보완통지를 하는 등 무용한 처분을 되풀이 한다 하더라도 원 · 피고는 이로 인하여 경제적, 시간적 정신적인 낭비만 초래하게 된다는 사정만으로는 이 건 관세처분을 취소하는 것이 현저히 공공복리에 적합하지 않거나 납세의무자에게 실익이 전혀 없다고도 할 수 없다(대판 1984. 5. 9, 84누116).

판례 2(재량행위에 있어서 절차상의 하자) 식품위생법 제64조, 같은 법 시행령 제37조 제1항 소정의 청문절차를 전혀 거치지 아니하거나 거쳤다고 하여도 그 절차적 요건을 제대로 준수하지 아니한 경우에는 가사 영업정지사유 등 위 제58조 등 소정사유가 인정된다고 하더라도 그 처분은 위법하여 취소를 면할 수 없다(대판 1991. 7. 9, 91누971).

판례 3(사전통지의 흠결로 민원인에게 의견진술의 기회를 주지 아니한 거부처분의 하자 유무) 민원사무를 처리하는 행정기관이 민원 1회 방문 처리제를 시행하는 절차의 일환으로 민원사항의 심의 · 조정 등을 위한 민원조정위원회를 개최하면서 민원인에게 회의일정 등을 사전에 통지하지 아니하였다 하더라도, 이러

23) 朴均省, 行政法講義, 474면.

24) 金鐵容, 行政法, 407면; 洪井善, 行政法特講, 371면.

한 사정만으로 곧바로 민원사항에 대한 행정기관의 장의 거부처분에 취소사유에 이를 정도의 흠이 존재한다고 보기는 어렵다. 다만 행정기관의 장의 거부처분이 재량행위인 경우에, 위와 같은 사전통지의 흠결로 민원인에게 의견진술의 기회를 주지 아니한 결과 민원조정위원회의 심의과정에서 고려대상에 마땅히 포함시켜야 할 사항을 누락하는 등 재량권의 불행사 또는 해태로 볼 수 있는 구체적 사정이 있다면, 거부처분은 재량권을 일탈·남용한 것으로서 위법하다(대판 2015. 8. 27, 2013두1560).

판례 4(도시계획위원회의 심의를 거치지 않은 개발행위 불허가처분의 하자 유무) 국토계획법령의 입법 목적과 규정내용, 국토계획법 제56조 제1항 제2호의 규정에 따른 토지의 형질변경허가는 재량행위에 속하므로 행정기관의 장이 반드시 도시계획위원회의 심의 결과대로 개발행위허가 여부를 결정하여야 한다고 볼 수 없는 점 등에 비추어 보면, 국토계획법 제59조 제1항이 일정한 개발행위의 허가에 대하여 사전에 도시계획위원회의 심의를 거치도록 하고 있는 것은 행정기관의 장으로 하여금 개발행위허가를 신중하게 결정하도록 함으로써 난개발을 방지하고자 하는 데에 주된 취지가 있다고 할 것이다. 위와 같은 사정들을 종합하여 볼 때, 개발행위허가에 관한 사무를 처리하는 행정기관의 장이 일정한 개발행위를 허가하는 경우에는 국토계획법 제59조 제1항에 따라 도시계획위원회의 심의를 거쳐야 할 것이나, 개발행위허가의 신청 내용이 허가 기준에 맞지 않는다고 판단하여 개발행위허가신청을 불허가하였다면 이에 앞서 도시계획위원회의 심의를 거치지 않았다고 하여 이러한 사정만으로 곧바로 그 불허가처분에 취소사유에 이를 정도의 절차상 하자가 있다고 보기는 어렵다. 다만 행정기관의 장이 도시계획위원회의 심의를 거치지 아니한 결과 개발행위 불허가처분을 함에 있어 마땅히 고려하여야 할 사정을 참작하지 아니하였다면 그 불허가처분은 재량권을 일탈·남용한 것으로서 위법하다고 평가할 수 있을 것이다(대판 2015. 10. 29, 2012두28728).

4. 결 어

소극설의 입장이 타당한 것으로 보인다. 비록 절차적 규정이 내용적으로 올바른 결정을 보장하는 기능을 갖고 있음을 부인할 수 없으나, 실체법적으로 적법한 행정행위를 단지 절차상의 하자를 이유로 행정행위를 취소하여, 다시 동일한 행정행위를 발하도록 하는 것은 행정의 효율성과 소송경제에 적지 않은 부담이 될 것이다. 따라서 절차상의 하자가 실체법적 결정에 어떠한 영향도 미치지 않는다는 것이 명백한 경우에는 본안에서 법원이 이를 이유로 취소할 수 없도록 하는 것이 타당할 것이다. 물론 여기서 절차상의 하자가 실체법적인 결정에 영향을 주지 않는 것이 의심할 여지가 없는 명백한 경우에 제한됨은 물론이다. 이는 대부분 기속행위에 있어서 실체적 요건이 충족된 경우에 해당될 것이며, 재량행위의 경우에는 매우 드물 것이다.

Ⅲ. 절차상의 하자의 치유

행정행위의 성립에 있어서 절차 및 형식상의 하자가 있는 경우에 이를 치유할 수 있는지 여부와 그 시간적 한계는 학설의 다툼이 되고 있다. 이에 대하여는 행정행위의 흠의 치유부분에서 상세히 설명하였으므로 여기서는 생략하기로 한다.

사례 1. A구청장은 유흥주점을 운영하는 갑이 미성년자를 고용하였다는 이유로 의견청취절차를 거침이 없이 3개월 영업정지를 하였다. 갑은 A구청장의 영업정지처분이 위법하다는 이유로 행정심판을 제기하였으나 기각재결을 받자 다시 취소소송을 제기하였다. 법원은 어떻게 판결을 하여야 할 것인가?

2. 상기 사례에서 A구청장은 행정심판절차에서 갑에 대한 의견청취절차가 추완되었다는 이유로 영업정

지처분은 더 이상 위법한 처분이 아니라고 주장하고 있다. A구청장의 주장은 타당한가?

▶**답안요지** **제1문:** 영업정지처분은 행소법 제2조 제1호의 처분 등에 해당하여 대상적격이 주어지고, 갑은 불이익처분의 상대방으로 행소법 제12조의 원고적격을 갖는다. 제소기간 및 피고적격, 관할법원 등 여타의 요건도 충족되어 취소소송은 적법하게 된 것으로 보인다.

본안에서 A구청장의 영업정지처분이 위법하다고 판단된다면 갑의 취소청구는 인용될 것이다. 사안의 경우 구청장은 의견청취절차를 거침이 없이 영업정지처분을 한바, 절차상의 하자가 문제가 된다. 행정절차법 제22조 제3항에 따르면 행정청은 청문이나 공청회를 거치는 경우를 제외하고는 모든 불이익처분에 대하여 의견제출절차를 거치도록 하고 있다. 영업정지처분은 불이익처분으로 공청회나 식품위생법 제64조에 의한 청문대상이 아니므로 의견제출절차를 거쳐야 한다. A구청장은 의견제출절차를 거치지 않았기 때문에 영업정지처분은 절차상의 하자로 위법하게 된다. 이 경우 법원은 영업정지처분을 취소할 수 있는지 여부에 대하여는 다툼이 되고 있다. 이와 관련하여는 본문에서 설명한 바와 같이 소극설, 절충설 및 적극설이 대립하고 있는바 판례는 적극설을 취하고 있다. 사안에서 영업정지처분은 재량행위에 해당하기 때문에 어느 견해를 취한다고 하더라도 영업정지처분은 절차상의 하자로 취소될 것이다.

제2문: 행정처분이 의견제출을 거치지 않아 절차상의 하자가 있는 경우에는 법률의 특별한 규정이 없는 한 판례에 따르면 취소사유에 해당된다. 이 경우 행정처분을 치유할 수 있는바, 치유의 시간적 한계에 대하여는 ① 행정쟁송제기전에 가능하다는 견해, ② 행정심판절차까지는 가능하다는 견해. ③ 행정소송절차에서도 가능하다는 견해가 대립하고 있는바, ①설이 판례의 주류적 입장이다. 생각건대 행정절차의 사전적 권리구제기능 및 행정심판절차는 넓은 의미의 행정절차에 해당된다는 점을 고려할 때 행정심판절차에서는 절차상의 하자의 치유가 가능하다고 볼 것이다. 따라서 A구청장의 주장은 타당하다.

02 행정정보공개 · 개인정보보호 제도

제1절 개 설

오늘날의 사회는 컴퓨터를 비롯한 각종 통신매체의 발달로 인하여 이른바 정보혁명 또는 제2의 산업혁명이 급속하게 진행되어가고 있는 이른바 정보화사회를 맞이하고 있다. 대량적이고 신속한 정보처리와 정보유통에 의하여 특징되는 정보화사회에 있어서 행정기관은 과거에는 거의 생각할 수 없었던 정도의 광범위하고 방대한 정보를 보유하고 처리할 수 있다. 이로 인하여 행정사무가 신속화되고 비용이 절감되었을 뿐 아니라, 위해방지 및 급부행정의 수행에 있어서 현저한 개선이 이루어졌다. 그러나 행정권에 의한 각종 정보와 자료의 독점화 현상은 결과적으로 국민으로 하여금 수동적으로 정부의 결정과 시책을 수용하도록 강제하며, 더 나아가서는 전산망 등을 통한 개인정보의 수집을 통하여 개인은 행정권의 통제와 감시의 대상이 되고 말 것이다. 이러한 국가에 의한 정보의 집중화 현상은 결국 민주주의와 개인의 기본권보호에 중대한 위협을 초래하게 될 것이다.

따라서 현대 정보화사회에 있어서 행정의 민주화 · 투명화가 이루어지기 위해서는 무엇보다 행정과정이 공개적으로 이루어지고 행정기관이 보유하고 있는 정보 · 자료에 대한 국민의 접근이 보장될 필요가 있으며 이로부터 행정정보공개제도의 문제가 나온다. 다른 한편으로는 개인은 행정기관 또는 다른 사적 단체가 보유하고 있는 자기 자신의 정보에 대한 일정한 통제권이 인정되어야 하는 개인정보보호제도의 문제가 발생한다.

제2절 행정정보공개제도

Ⅰ. 의 의

행정정보공개제도라 함은 개인이 행정주체가 보유하고 있는 정보에 접근하여 그것을 이용할 수 있게 하기 위하여 개인에게 정보공개를 청구할 수 있는 권리를 보장하고, 행정주체에 대하여 정보공개의 의무를 지게 하는 제도를 의미한다. 이러한 행정정보공개제도는 다음과 같은 중요한 기능을 수행한다.

1. 국민의 알권리충족

정보공개는 국민의 알권리를 충족시키는바, 이러한 알권리는 개인의 인격형성과 자기실현을 가능하게 하는 권리로서 행복추구권의 중요한 내용이 되고 있다.

2. 민주주의의 실현

국민으로 하여금 국정에 대하여 폭넓고 정확한 정보를 갖도록 하여 올바른 정치적 의사를 결정하고 이를 여론이나 선거에 반영하도록 함으로써 오늘날 정보화사회에 있어서 민주주의실현에 불가결한 요소가 되고 있다.

3. 국민의 권익보호

정보공개는 국민의 권익을 보호하는데 필수적인 제도이다. 행정주체는 행정조사 등을 통한 방대한 양의 정보를 확보하고 있는 만큼, 개인 역시 행정주체가 보유하고 있는 정보를 알 수 있어야만 법적 분쟁에 있어서 무기의 평등성이 확보될 수 있다.

4. 행정운영의 투명성 확보

정보공개제도는 행정운영을 투명하게 함으로써 부정 · 부패를 방지하고 공정한 행정운영을 가능하게 하여, 행정에 대한 국민의 신뢰성을 확보한다.

다른 한편으로 정보공개제도가 갖고 있는 역기능을 간과할 수 없는바, 예를 들어 국가기밀이나 사생활의 비밀이 침해될 우려가 있으며, 경쟁기업체의 영업비밀을 탐지하기 위한 목적으로 악용될 소지가 있고 또한 정보접근능력이 있는 자와 부족한 자 사이에 형평성문제가 발생될 수가 있다.[1] 이에 따라 앞으로의 행정정보공개제도의 운영은 역기능을 최소화하고, 그 장점들을 최대한 활성화시키는 방향으로 나가야 함은 물론이다.

Ⅱ. 외국의 입법례

행정정보공개에 관한 외국의 법제를 연혁적으로 살펴보면, 스웨덴의 1766년 12월에 제정된 「출판의 자유에 관한 법률」(1937 · 1949 · 1974 · 1983년에 각각 개정)에서 "시민이 공적 기관의 불법한 행위나 부당한 고발로부터 자신을 보호하는 수단으로서 공문서를 자유로이 열람할 수 있는 권리"를 인정하여 공문서공개의 원칙을 확립하였다. 그 이후 핀란드에서는 1951년 2월 「공문서의 공개에 관한 법률」이 제정되었고, 이를 뒤이어 1970년 6월에는 덴마크와 노르웨이에서 「행정문서공개에 관한 법률」이 제정되었다. 또한 1982년 3월에 오스트레일리아에서 정보자유법, 1982년 12월에 뉴질랜드에서 「행정정보에 관한 법률」, 2015년 10월에 프랑스에서 행정절차법이 각각 제정되었다.

무엇보다 행정정보공개법제의 대표적인 선례가 되고 있으며 아울러 우리의 법제에 많은 영향을 준 것은 1966년에 제정된 미국의 정보자유법이다. 미국에서는 이미 1946년 행정절차법 제3조에서 정보공개에 관한 근거규정을 두었는바, 정보자유법은 동조항을 보강 · 개정한 것이다. 동법은 정보청구권자를 "이해관계인"으로부터 "누구든지"로 확대하였고, 아울러 개괄적으로 규정되었던 공

---

1) 朴鈗炘/鄭亨根, 最新行政法講義(上), 437면.

개면제사유를 9개항으로 구체화하였으며, 공개거부에 대하여 특별한 구제제도를 마련하였다. 동법은 1974년, 1976년, 1978년, 1986년의 개정을 거쳐 오늘에 이르고 있는바, 특히 1974년의 개정에서는 국방 · 외교적 비밀은 대통령령으로 구체적으로 정하는 기준에 따라 적절히 지정하도록 하여, 비밀의 내용에 대한 법원의 실질적 심사의 길을 열어놓았다. 아울러 1976년에는 공문서공개뿐만 아니라 정책결정과정인 회의까지도 공개하도록 하는 회의공개법이 제정되었다.

Ⅲ. 행정정보공개청구권의 법적 근거

1. 헌법적 근거

문서열람권 등을 포함한 행정정보공개청구권을 알권리의 본질적 요소로 보고 있는 것이 우리 학계의 일반적 견해이다. 여기서 알권리의 내용은 일반적으로 접근할 수 있는 정보원으로부터 방해받지 않고 보고, 듣고, 읽을 수 있는 소극적 측면으로서의 권리와 정보의 공개를 청구할 수 있는 적극적 측면에서의 권리의 두 가지 요소를 포함하고 있다.

그러나 이러한 알권리에 대한 헌법적 근거에 대하여는 학설에서 논란이 되고 있다. ① 헌법 제10조의 인간의 존엄과 가치 및 행복추구권에서 찾는 견해,[2] ② 헌법 제21조 제1항에서 보장하고 있는 표현의 자유에서 찾는 견해,[3] ③ 그 밖에 헌법의 특정조항이 아니라 제21조 제1항(표현의 자유), 제1조(국민주권의 원리), 제10조(인간의 존엄 및 행복추구권), 제34조 제1항(인간다운 생활을 할 권리) 등에서 찾는 견해가[4] 있다.

헌법재판소는 알권리를 자유민주주의적 기본질서를 천명하고 있는 헌법전문, 제1조(국민주권의 원리), 제21조 제1항(표현의 자유)에서 도출하고 있으며, 그것도 개별법률의 근거없이 직접 헌법조문을 근거로 한 정보공개청구권을 인정하고 있다.

판례(정보공개청구권의 헌법적 근거) 청구인의 정당한 이해관계가 있는 정부보유의 정보의 개시에 대하여 행정청이 아무런 검토없이 불응한 부작위는 헌법 제21조에 규정된 표현의 자유와 자유민주주의적 기본질서를 천명하고 있는 헌법전문, 제1조, 제4조의 해석상 국민의 정부에 대한 일반적 정보공개를 구할 권리(청구권적 기본권)로서 인정되는 "알"권리를 침해한 것이고 위 열람 · 복사민원의 처리는 법률의 제정이 없더라도 불가능한 것이 아니다(헌재결 1989. 9. 4, 88헌마22).

생각건대 국민의 알권리는 헌법상의 특정한 조항에서 도출되는 권리가 아니라, 헌법 제1조의 국민주권의 원리, 헌법 제10조의 인간의 존엄 및 행복추구권, 헌법 제21조의 표현의 자유에서 도출되는 포괄적 권리라고 보는 것이 타당한 견해일 것이다. 이러한 알권리는 일반적으로 접근할 수 있는 정보원으로부터 방해받지 않고 보고, 듣고, 읽을 수 있는 자유권적 성격을 갖는 권리와, 국가에 대하여 적극적으로 정보공개를 요구할 수 있는 청구권적 성격을 갖는 권리의 두 가지 내용을 갖는다. 자유권적 성격을 갖는 알권리는 직접 헌법조항에 근거하여 주장할 수 있으나 청구권적 성격을

2) 金哲洙, 憲法學槪論, 706면.
3) 洪性邦, 憲法學, 483면.
4) 權寧星, 憲法學原論, 492면.

갖는 알권리, 즉 적극적인 정보공개청구권은 보다 세분화된 고찰이 요구된다. 자기의 권익의 방어와 보호에 불가피하게 요구되는 자기관련정보는 개별법률의 매개 없이 직접 헌법에 근거하여 공개할 것을 청구할 수 있으나, 자기와 직접적으로 이해관계가 없는 일반적 정보의 공개를 청구할 수 있는 권리, 즉 일반적 정보공개청구권은 다른 중요한 헌법상의 법익을 아울러 고려하여야 하는 입법자의 형성권을 존중하여야 하기 때문에 이를 구체화한 개별법률의 규정없이는 주장할 수 없다고 보아야 할 것이다.[5)]

2. 개별법적 근거

1) 지방자치단체의 조례

우리나라에서 행정정보공개제도의 입법에 앞장 선 것은 지방자치단체였다. 그 효시는 청주시의회가 입안한 청주시행정정보공개조례이다. 동 조례안은 제2조 제1호에서 행정정보를 집행기관에서 직무상 작성 또는 취득한 문서 · 그림 · 화면 · 필름 및 컴퓨터에 입력한 자료 등으로 정의하고, 제5조에서 집행기관은 ① 법령상 공개가 금지되었거나, ② 개인의 사생활을 침해할 우려가 있거나, ③ 행정집행과정에 관련되었거나, ④ 집행기관이 공익 등의 이유로 공개하지 않는 것이 명백하다고 판단되는 등의 정보를 제외한 모든 정보는 이를 공개하여야 한다고 규정하였다. 이러한 조례안이 시의회에서 재의결되자 청주시장은 구 지방자치법 제159조 제3항(현행법 192조 4항)에 따라 대법원에 제소하였다. 행정정보공개는 그의 성격상 전국 공통의 이해관계를 가지는 것이며, 먼저 모법이 제정되고, 그 범위 안에서 조례제정이 가능하며, 따라서 모법에 근거 없이 제정된 정보공개조례는 법령의 범위를 일탈하여 위법하다는 것이 제소의 주된 이유였다. 이에 대하여 대법원은 다음과 같이 기각판결을 내렸다.

> "지방자치단체는 그 내용이 주민의 권리의 제한 또는 의무의 부과에 관한 사항이거나 벌칙에 관한 사항이 아닌 한 법률의 위임이 없더라도 조례를 제정할 수 있다 할 것인데 청주시의회에서 의결한 청주시행정정보공개조례안은 행정에 대한 주민의 알 권리의 실현을 그 근본내용으로 하면서도 이로 인한 개인의 권익침해 가능성을 배제하고 있으므로 이를 들어 주민의 권리를 제한하거나 의무를 부과하는 조례라고는 단정할 수 없고 따라서 그 제정에 있어서 반드시 법률의 개별적 위임이 따로 필요한 것은 아니다. 행정정보공개조례안이 국가위임사무가 아닌 자치사무 등에 관한 정보만을 공개대상으로 하고 있다고 풀이되는 이상 반드시 전국적으로 통일된 기준에 따르게 할 것이 아니라 지방자치단체가 각 지역의 특성을 고려하여 자기고유사무와 관련된 행정정보의 공개사무에 관하여 독자적으로 규율할 수 있다(대판 1992. 6. 23, 92추17)."

즉, 구 지방자치법 제15조 후단(현행법 28조 후단)에 따라 주민의 권리제한 또는 의무부과에 관한 사항이나 벌칙을 정할 때에는 법률의 위임이 있어야 하나, 주민에 대한 정보공개청구권의 부여는 수익적 규율에 해당한다는 점에서 지방자치단체는 법률의 수권이 없이 독자적으로 정보공개조례를 제정할 수 있다는 것이다. 이와 같은 대법원의 판결에 힘입어 많은 지방자치단체들의 후속적인 정보공개조례의 제정이 뒤따랐으며, 현재 그 수는 170여 개에 달한다.

2) 공공기관의 정보공개에 관한 법률

상술한 바와 같이 국민이 헌법규정에 근거하여 일반적 정보공개청구권을 직접 행사할 수 있는

5) 同旨: 朴鈗炘/鄭亨根, 最新行政法講義(上), 439면; 홍준형, 행정법, 421면.

지 여부에 대하여 논란이 되고 있으나, 헌법이 보장하고 있는 알권리, 즉 정보공개청구권을 확실하게 실현시키기 위하여는 권리의 주체, 내용과 한계 등을 명확하게 규정한 실정법의 제정이 필요함은 물론이다. 1980년대에 들어와 정보공개법의 제정은 정부의 당연한 과제라는 것이 일반적으로 인식되었음에도 불구하고 일반법으로서의 정보공개법의 제정은 그 부작용에 대한 우려 때문에 보류되어 왔다. 행정쇄신위원회에서는 1995년까지 정보공개법의 제정을 건의하였고, 1994년 7월에는 총무처(행정안전부)에 정보공개법심의위원회가 설치되었다. 동위원회는 정보공개법안을 작성하여 정부에 이송하였고, 정부는 공청회를 개최하여 일부 수정을 한 후 「공공기관의 정보공개에 관한 법률안」을 확정하여 국회에 제출하였다. 동 법안은 국회에서 1996년 11월 법률로 의결되고 1996년 12월 31일에 제정 · 공포되어 1998년 1월 1일부터 시행되어 왔다. 「공공기관의 정보공개에 관한 법률」은 2004년 1월 29일에 대폭 개정되었는바, 이는 전자적 정보공개의 근거를 마련함과 동시에 그동안 정보공개제도의 운영상 나타난 일부 미비점을 개선 · 보완하기 위한 것이었다.

Ⅳ. 「공공기관의 정보공개에 관한 법률」의 내용

1. 목　　적

「공공기관의 정보공개에 관한 법률」은 공공기관이 보유 · 관리하는 정보에 대한 국민의 공개 청구 및 공공기관의 공개 의무에 관하여 필요한 사항을 필요한 사항을 정함으로써 국민의 알권리를 보장하고 국정에 대한 국민의 참여와 국정운영의 투명성을 확보함을 목적으로 하고 있다(법 1조).

2. 적용범위

동법은 "정보의 공개는 다른 법률에 특별한 규정이 있는 경우를 제외하고는 이 법이 정하는 바에 의한다"고 규정함으로써(법 4조 1항), 동법이 공공기관이 보유 · 관리하는 정보공개에 관한 일반법임을 명시하고 있다. 그러나 국가안전보장에 관련되는 정보 및 보안업무를 관장하는 기관에서 국가안전보장과 관련된 정보분석을 목적으로 수집하거나 작성된 정보에 관하여는 이 법을 적용하지 않는다(법 4조 3항). 아울러 동법은 지방자치단체는 그 소관사무에 관하여 법령의 범위 안에서 정보공개에 관한 조례를 정할 수 있다(법 4조 2항)고 하여, 지방자치단체가 소관사무와 관련하여 동법에 위배되지 않는 한도에서 독자적인 행정정보공개조례를 제정할 수 있음을 명시적으로 밝히고 있다.

3. 정보공개의 원칙

동법은 공공기관이 보유 · 관리하는 정보는 이 법이 정하는 바에 따라 적극적으로 공개한다고 규정하여 정보공개가 원칙이고 비공개가 예외임을 명확히 하고 있다(법 3조).

4. 정보공개청구권자와 의무자

모든 국민은 정보의 공개를 청구할 권리를 갖는다(법 5조 1항). 여기서 말하는 국민에는 자연인과 법인 모두를 포함한다. 외국인의 정보공개청구권에 대해서는 대통령령으로 정하도록 하고 있는바, 국내에 일정한 주소를 두고 거주하거나 학술 · 연구를 위하여 일시적으로 체류하는 외국인과 국내에 사무소를 두고 있는 외국법인 또는 외국인단체는 정보공개청구권을 갖는다(법시행령 3조).

판례(지방자치단체가 정보공개청구권자인 '국민'에 해당 여부) 정보공개청구제도는 국민이 국가 · 지방자치단체 등이 보유한 정보에 접근하여 그 정보의 공개를 청구할 수 있는 권리로서 이로 인하여 국정에 대한 국민의 참여를 보장하기 위한 제도인 점, 지방자치단체에게 이러한 정보공개청구권이 인정되지 아니한다고 하더라도 헌법상 보장되는 행정자치권 등이 침해된다고 보기는 어려운 점, 오히려 지방자치단체는 공권력기관으로서 이러한 국민의 알권리를 보호할 위치에 있다고 보아야 하는 점 등에 비추어 보면, 지방자치단체에게는 알권리로서의 정보공개청구권이 인정된다고 보기는 어렵고, 나아가 공공기관의 정보공개에 관한 법률 제4조, 제5조, 제6조의 각 규정의 취지를 종합하면, 공공기관의 정보공개에 관한 법률은 국민을 정보공개청구권자로, 지방자치단체를 국민에 대응하는 정보공개의무자로 상정하고 있다고 할 것이므로, 지방자치단체는 공공기관의 정보공개에 관한 법률 제5조에서 정한 정보공개청구권자인 '국민'에 해당되지 아니한다(서울행판 2005. 10. 2, 2005구합10484).

정보공개의무자로서 공공기관은 ① 국가기관, ② 지방자치단체, ③「공공기관의 운영에 관한 법률」 제2조에 따른 공공기관, ④ 그 밖에 대통령령으로 정하는 기관을 말한다. 국가기관에는 ① 국회, 법원, 헌법재판소, 중앙선거관리위원회, ② 중앙행정기관(대통령 소속 기관과 국무총리 소속 기관을 포함한다) 및 그 소속 기관, ③「행정기관 소속 위원회의 설치 · 운영에 관한 법률」에 따른 위원회가 포함된다. 한편, 대통령령은 정보공개의무자로서 공공기관을 1.「유아교육법」, 「초 · 중등교육법」, 「고등교육법」에 따른 각급 학교 또는 그 밖의 다른 법률에 따라 설치된 학교. 3.「지방자치단체 출자 · 출연 기관의 운영에 관한 법률」 제2조 제1항에 따른 출자기관 및 출연기관, 4. 특별법에 따라 설립된 특수법인. 5.「사회복지사업법」 제42조 제1항에 따라 국가나 지방자치단체로부터 보조금을 받는 사회복지법인과 사회복지사업을 하는 비영리법인, 6. 제5호 외에「보조금 관리에 관한 법률」 제9조 또는 「지방재정법」 제17조 제1항 각 호 외의 부분 단서에 따라 국가나 지방자치단체로부터 연간 5천만원 이상의 보조금을 받는 기관 또는 단체(다만, 정보공개 대상 정보는 해당 연도에 보조를 받은 사업으로 한정한다)로 규정한다(시행령 2조).

공공기관은 ① 국민생활에 매우 큰 영향을 미치는 정책에 관한 정보, ② 국가의 시책으로 시행하는 공사 등 대규모 예산이 투입되는 사업에 관한 정보, ③ 예산집행의 내용과 사업평가 결과 등 행정감시를 위하여 필요한 정보, ④ 그 밖에 공공기관의 장이 정하는 정보에 대하여는 공개청구가 없더라도 공개의 범위, 주기, 시기, 방법 등을 미리 정하여 공표하고 이에 따라 정기적으로 공개하여야 한다(법 7조 1항). 공공기관은 전항의 경우 외에도 국민이 알아야 할 필요가 있는 정보를 국민에게 공개하도록 적극적으로 노력하여야 한다(법 7조 2항).

판례(한국증권업협회는 정보공개의무자가 아니라는 사례) '한국증권업협회'는 증권회사 상호간의 업무질서를 유지하고 유가증권의 공정한 매매거래 및 투자자보호를 위하여 일정 규모 이상인 증권회사 등으로 구성된 회원조직으로서, 증권거래법 또는 그 법에 의한 명령에 대하여 특별한 규정이 있는 것을 제외하고는 민법 중 사단법인에 관한 규정을 준용받는 점, 그 업무가 국가기관 등에 준할 정도로 공동체 전체의 이익에 중요한 역할이나 기능에 해당하는 공공성을 갖는다고 볼 수 없는 점 등에 비추어, 공공기관의 정보공개에 관한 법률 시행령 제2조 제4호의 '특별법에 의하여 설립된 특수법인'에 해당한다고 보기 어렵다고 한 사례(대판 2010. 4. 29, 2008두5643).

5. 공개 및 비공개대상정보

1) 공개대상정보

공개대상정보는 공공기관이 직무상 작성 또는 취득하여 관리하고 있는 문서(전자문서를 포함) · 도면 · 사진 · 필름 · 테이프 · 슬라이드 및 그 밖에 이에 준하는 매체 등에 기록된 사항을 의미한다(법 2조 1호). 여기서 공개라 함은 "공공기관이 이 법의 규정에 의하여 정보를 열람하게 하거나 그 사본 또는 복제물을 교부하는 것 또는 「전자정부구현을 위한 행정업무 등의 전자화촉진에 관한 법률」 제2조 제7호의 규정에 의한 정보통신망을 통하여 정보를 제공하는 것 등을 말한다(법 2조 2호)."

공개청구의 대상이 되는 정보는 공공기관이 보유 · 관리하고 있는 정보에 한정되며, 문서의 경우는 반드시 원본일 필요는 없다.

판례(정보공개청구의 대상이 되는 정보) 공공기관의 정보공개에 관한 법률상 공개청구의 대상이 되는 정보란 공공기관이 직무상 작성 또는 취득하여 현재 보유 · 관리하고 있는 문서에 한정되는 것이기는 하나, 그 문서가 반드시 원본일 필요는 없다(대판 2006. 5. 25, 2006두3049).

2) 비공개대상정보

정보공개제도의 본질에 비추어 국가의 모든 정보를 공개함이 원칙이나 국가의 기밀, 개인정보, 기업비밀 등 일정한 정보를 예외적으로 비공개정보로 하는 것은 다른 이익과의 조화를 위하여 불가피한 일이다. 그러나 비공개정보를 지나치게 확대할 경우에는 정보공개법은 오히려 정보비공개를 법적으로 제도화하여 주는 비밀보호법으로 전락할 우려가 있다. 비공개대상정보에 대한 입법방식은 한정적 열거주의와 개괄적 열거주의가 있는바 스웨덴을 제외하고 대부분의 국가는 개괄적 열거주의를 채택하고 있으며, 우리의 경우도 이에 속한다고 볼 수 있다. 정보공개법은 제9조 제1항에서 비공개대상정보를 다음과 같이 8개 사항으로 규정하고 있는바, 정보공개에 관한 대부분의 판례는 해당정보가 비공개대상정보에 해당하는지 여부를 핵심쟁점으로 다루고 있다.

① 다른 법률 또는 법률이 위임한 명령(국회규칙 · 대법원규칙 · 헌법재판소규칙 · 중앙선거관리위원회규칙 · 대통령령 및 조례에 한한다)에 의하여 비밀 또는 비공개사항으로 규정된 정보(법 9조 1항 1호).

구법에서는 법률에 위임한 명령의 범위 및 해석을 둘러싸고 견해의 대립이 있어, 개정법률에서는 이를 명확히 하기 위하여 국회규칙 · 대법원규칙 · 헌법재판소규칙 · 중앙선거관리위원회규칙 · 대통령령 및 조례로 한정하였다.

여기서 다른 법령이 비공개대상정보를 일반적 · 추상적으로 규정할 경우에는 비공개로의 도피를 제도적으로 보장하게 될 우려가 있다. 다른 법령에서 비공개대상정보를 규정할 경우에는 구체적이고 한정적으로 명확하게 규정하여야 할 것이다. 이와 관련하여 공무원의 비밀엄수의무를 규정한 국가공무원법 제60조, 지방공무원법 제62조가 정보공개법 제9조 제1항 제1호 소정의 "다른 법률"에 해당하는지 여부에 대하여 다툼이 되고 있다. 일부 견해에 따르면 "다른 법률"은 비공개로 해야 하는 정보의 내용과 범위가 구체적으로 특정되어 있고 재량의 여지를 남기지 않는 방식으로 규정된 경우 또는 적어도 비공개로 하는 정보의 내용과 범위 및 구별기준이 구체적으로 특정된 경우에 한정되어야 하기 때문에, 비공개대상정보가 일반적이고 추상적으로 규정된 국가공무원법 제60조, 지방공무원법 제62조는 이에 해당하지 않는다고 한다.[6]

그러나 판례가 공무원의 직무상 알게된 비밀을 "통상의 지식과 경험을 가진 다수인에게 알려지지 아니한 비밀성을 가졌고, 또한 정부나 국민의 이익 또는 행정목적의 달성을 위하여 비밀로서 보호할 필요성이 있는 것"으로 한정하고 있음을 고려할 때, 국가공무원법 제60조 및 지방공무원법 제62조도 정보공개법 제9조 제1항 제1호 소정의 "다른 법률"에 해당된다고 보아도 무방할 것이다. 달리 해석하여 공무원이 직무상 알게 된 비밀도 정보공개대상이 되는 것으로 보는 경우, 비밀엄수의무를 위반한 공무원을 처벌하도록 규정한 형법 제127조와 상호 모순될 것이다.[7]

판례 1(검찰보존사무규칙이 다른 법률 또는 법률에 의한 명령에 해당하는지 여부) 검찰보존사무규칙은 법무부령으로 되어 있으나, 그 중 재판확정기록 등의 열람 · 등사에 대하여 제한하고 있는 부분은 위임근거가 없어 행정기관 내부의 사무처리준칙으로서 행정규칙에 불과하므로, 위 규칙에 의한 열람 · 등사의 제한을 공공기관의 정보공개에 관한 법률 제4조 제1항의 '정보의 공개에 관하여 다른 법률에 특별한 규정이 있는 경우' 또는 제7조 제1항 제1호의 '다른 법률 또는 법률에 의한 명령에 의하여 비공개사항으로 규정된 경우'에 해당한다고 볼 수는 없다(대판 2003. 12. 26, 2002두1342).

판례 2(확정된 형사재판기록이 정보공개청구 대상이 되는지 여부) 구 공공기관의 정보공개에 관한 법률 제4조 제1항은 "정보의 공개에 관하여는 다른 법률에 특별한 규정이 있는 경우를 제외하고는 이 법이 정하는 바에 의한다."라고 규정하고 있다. 여기서 '정보공개에 관하여 다른 법률에 특별한 규정이 있는 경우'에 해당한다고 하여 정보공개법의 적용을 배제하기 위해서는, 특별한 규정이 '법률'이어야 하고, 나아가 내용이 정보공개의 대상 및 범위, 정보공개의 절차, 비공개대상정보 등에 관하여 정보공개법과 달리 규정하고 있는 것이어야 한다. 형사소송법 제59조의2의 내용 · 취지 등을 고려하면, 형사소송법 제59조의2는 형사재판확정기록의 공개 여부나 공개 범위, 불복절차 등에 대하여 구 공공기관의 정보공개에 관한 법률과 달리 규정하고 있는 것으로 정보공개법 제4조 제1항에서 정한 '정보의 공개에 관하여 다른 법률에 특별한 규정이 있는 경우'에 해당한다. 따라서 형사재판확정기록의 공개에 관하여는 정보공개법에 의한 공개청구가 허용되지 아니한다(대판 2016. 12. 15, 2013두20882).

판례 3[변호사시험 성적을 공개하지 않도록 규정한 변호사시험법 제18조 제1항이 청구인들의 알 권리(정보공개청구권)를 침해하는지 여부] 변호사시험 성적 비공개를 통하여 법학전문대학원 간의 과다경쟁 및 서열화를 방지하고, 교육과정이 충실하게 이행될 수 있도록 하여 다양한 분야의 전문성을 갖춘 양질의 변호사를 양성하기 위한 심판대상조항의 입법목적은 정당하다. 그러나 변호사시험 성적 비공개로 인하여 변호사시험 합격자의 능력을 평가할 수 있는 객관적인 자료가 없어서 오히려 대학의 서열에 따라 합격자를 평가하게 되어 대학의 서열화는 더욱 고착화된다. 또한 변호사 채용에 있어서 학교성적이 가장 비중 있는 요소가 되어 다수의 학생들이 학점 취득이 쉬운 과목 위주로 수강하기 때문에 학교별 특성화 교육도 제대로 시행되지 않고, 학교 선택에 있어서도 자신이 관심 있는 교육과정을 가진 학교가 아니라 기존 대학 서열에 따라 학교를 선택하게 되며, 법학전문대학원도 학생들이 어떤 과목에 상대적으로 취약한지 등을 알 수 없게 되어 다양하고 경쟁력 있는 법조인 양성이라는 목적을 제대로 달성할 수 없게 된다. 한편 시험 성적이 공개될 경우 변호사시험 대비에 치중하게 된다는 우려가 있으나, 좋은 성적을 얻기 위해 노력하는 것은 당연하고 시험성적을 공개하지 않는다고 하여 변호사시험 준비를 소홀히 하는 것도 아니다. 오히려 시험성적을 공개하는 경우 경쟁력 있는 법률가를 양성할 수 있고, 각종 법조직역에 채용과 선발의 객관적 기준을 제

---

6) 이에 대하여 자세히는 변현철, 정보공개법의 실무적 연구, 재판자료 제89집, 622면 이하 참조.

7) 同旨: 金容贊, 情報公開請求事件에서의 몇가지 爭點, 法曹, 2003. 9, 243면 이하.

공할 수 있다. 따라서 변호사시험 성적의 비공개는 기존 대학의 서열화를 고착시키는 등의 부작용을 낳고 있으므로 수단의 적절성이 인정되지 않는다. 또한 법학교육의 정상화나 교육 등을 통한 우수 인재 배출, 대학원 간의 과다경쟁 및 서열화 방지라는 입법목적은 법학전문대학원 내의 충실하고 다양한 교과과정 및 엄정한 학사관리 등과 같이 알 권리를 제한하지 않는 수단을 통해서 달성될 수 있고, 변호사시험 응시자들은 자신의 변호사시험 성적을 알 수 없게 되므로, 심판대상조항은 침해의 최소성 및 법익의 균형성 요건도 갖추지 못하였다. 따라서 심판대상조항은 과잉금지원칙에 위배하여 청구인들의 알 권리를 침해한다(헌재결 2015. 6. 25, 2011헌마769).

---

② 공개될 경우 국가안전보장 · 국방 · 통일 · 외교관계 등 국가의 중대한 이익을 해할 우려가 있다고 인정되는 정보(법 9조 1항 2호).

정보공개법 제9조 제1항 제2호는 "국가의 중대한 이익을 해할 우려"라는 불확정법개념을 사용하고 있는바, 이들을 가능한 한 엄격하게 해석하여 국민의 정보공개청구권이 침해되지 않도록 하여야 할 것이다.

판례(정보공개가 외교관계상 국익침해의 우려가 있는지 여부) 甲이 외교부장관에게 '2015. 12. 28. 일본군위안부 피해자 합의와 관련하여 한일 외교장관 공동 발표문의 문안을 도출하기 위하여 진행한 협의 협상에서 일본군과 관헌에 의한 위안부 강제연행의 존부 및 사실인정 문제에 대해 협의한 협상 관련 외교부장관 생산 문서'에 대한 공개를 청구하였으나, 외교부장관이 甲에게 '공개 청구 정보가 공공기관의 정보공개에 관한 법률 제9조 제1항 제2호에 해당한다.'는 이유로 비공개 결정을 한 사안에서, 일본군위안부 피해자 합의와 관련된 협의가 비공개로 진행되었고, 대한민국과 일본 모두 그 협의 관련 문서를 비공개문서로 분류하여 취급하고 있는데 우리나라가 그 협의 내용을 일방적으로 공개할 경우 우리나라와 일본 사이에 쌓아온 외교적 신뢰관계에 심각한 타격이 있을 수 있는 점, 이에 따라 향후 일본은 물론 다른 나라와 협상을 진행하는 데에도 큰 어려움이 발생할 수 있는 점 등을 종합하여, 위안부 '강제연행'의 존부 및 사실인정 문제에 대해 협의한 정보를 공개하지 않은 처분이 적법하다고 본 원심판단이 정당하다(대판 2023. 6. 1, 2019두41324).

---

③ 국민의 생명 · 신체 및 재산의 보호 기타 공공의 안전과 이익을 현저히 해할 우려가 있다고 인정되는 정보(법 9조 1항 3호).

판례(보안관찰관련 통계자료의 공개가 국가의 중대한 이익을 해할 우려가 있는지 여부) 보안관찰법 소정의 보안관찰 관련 통계자료는 우리나라 53개 지방검찰청 및 지청관할지역에서 매월 보고된 보안관찰처분에 관한 각종 자료로서, 보안관찰처분대상자 또는 피보안관찰자들의 매월별 규모, 그 처분시기, 지역별 분포에 대한 전국적 현황과 추이를 한눈에 파악할 수 있는 구체적이고 광범위한 자료에 해당하므로 '통계자료'라고 하여도 그 함의(含意)를 통하여 나타내는 의미가 있음이 분명하여 가치중립적일 수는 없고, 그 통계자료의 분석에 의하여 대남공작활동이 유리한 지역으로 보안관찰처분대상자가 많은 지역을 선택하는 등으로 위 정보가 북한정보기관에 의한 간첩의 파견, 포섭, 선전선동을 위한 교두보의 확보 등 북한의 대남전략에 있어 매우 유용한 자료로 악용될 우려가 없다고 할 수 없으므로, 위 정보는 공공기관의정보공개에관한법률 제7조 제1항 제2호 소정의 공개될 경우 국가안전보장 · 국방 · 통일 · 외교관계 등 국가의 중대한 이익을 해할 우려가 있는 정보, 또는 제3호 소정의 공개될 경우 국민의 생명 · 신체 및 재산의 보호 기타 공공

의 안전과 이익을 현저히 해할 우려가 있다고 인정되는 정보에 해당한다(대판(전원합의체) 2004. 3. 18, 2001두8245).

④ 진행중인 재판에 관련된 정보와 범죄의 예방, 수사, 공소의 제기 및 유지, 형의 집행, 교정, 보안처분에 관한 사항으로서 공개될 경우 그 직무수행을 현저히 곤란하게 하거나 형사피고인의 공정한 재판을 받을 권리를 침해한다고 인정할 만한 상당한 이유가 있는 정보(법 9조 1항 4호).

판례 1(형의 집행, 교정에 관한 사항으로 공개될 경우 그 직무수행을 현저히 곤란하게 하는 정보의 의미) 구 공공기관의 정보공개에 관한 법률 제7조 제1항 제4호에서 비공개대상으로 규정한 '형의 집행, 교정에 관한 사항으로서 공개될 경우 그 직무수행을 현저히 곤란하게 하는 정보'라 함은 당해 정보가 공개될 경우 재소자들의 관리 및 질서유지, 수용시설의 안전, 재소자들에 대한 적정한 처우 및 교정 · 교화에 관한 직무의 공정하고 효율적인 수행에 직접적이고 구체적으로 장애를 줄 고도의 개연성이 있고, 그 정도가 현저한 경우를 의미한다고 할 것이며, 여기에 해당하는지 여부는 비공개에 의하여 보호되는 업무수행의 공정성 등의 이익과 공개에 의하여 보호되는 국민의 알권리의 보장과 국정에 대한 국민의 참여 및 국정운영의 투명성 확보 등의 이익을 비교 · 교량하여 구체적인 사안에 따라 개별적으로 판단되어야 한다(대판 2004. 12. 9, 2003두12707).

판례 2(정보공개법 제9조 제1항 제4호의 진행중인 재판에 관련된 정보의 의미) 정보공개법은 공공기관이 보유 · 관리하는 정보에 대한 국민의 공개청구 및 공공기관의 공개의무에 관한 필요한 사항을 정함으로써 국민의 알 권리를 보장하고 국정에 대한 국민의 참여와 국정운영의 투명성을 확보함을 목적으로 공공기관이 보유 · 관리하는 모든 정보를 원칙적 공개대상으로 하면서도, 재판의 독립성과 공정성 등 국가의 사법작용이 훼손되는 것을 막기 위하여 제9조 제1항 제4호에서 '진행중인 재판에 관련된 정보'를 비공개대상 정보로 규정하고 있다. 이와 같은 정보공개법의 입법 목적, 정보공개의 원칙, 위 비공개대상정보의 규정 형식과 취지 등을 고려하면, 법원 이외의 공공기관이 위 규정이 정한 '진행중인 재판에 관련된 정보'에 해당한다는 사유로 정보공개를 거부하기 위하여는 반드시 그 정보가 진행중인 재판의 소송기록 그 자체에 포함된 내용의 정보일 필요는 없으나, 재판에 관련된 일체의 정보가 그에 해당하는 것은 아니고 진행중인 재판의 심리 또는 재판결과에 구체적으로 영향을 미칠 위험이 있는 정보에 한정된다고 봄이 상당하다(대판 2011. 11. 24, 2009두19021).

판례 3(수사에 관한 사항으로서 공개될 경우 직무수행을 현저히 곤란하게 한다고 인정할 만한 상당한 이유가 있는 정보에 해당하는지 여부) 공공기관의 정보공개에 관한 법률(이하 '정보공개법'이라고 한다) 제9조 제1항 제4호는 '수사에 관한 사항으로서 공개될 경우 그 직무수행을 현저히 곤란하게 한다고 인정할 만한 상당한 이유가 있는 정보'를 비공개대상정보의 하나로 규정하고 있다. 그 취지는 수사의 방법 및 절차 등이 공개되어 수사기관의 직무수행에 현저한 곤란을 초래할 위험을 막고자 하는 것으로서, 수사기록 중의 의견서, 보고문서, 메모, 법률검토, 내사자료 등이 이에 해당하나, 공개청구대상인 정보가 의견서 등에 해당한다고 하여 곧바로 정보공개법 제9조 제1항 제4호에 규정된 비공개대상정보라고 볼 것은 아니고, 의견서 등의 실질적인 내용을 구체적으로 살펴 수사의 방법 및 절차 등이 공개됨으로써 수사기관의 직무수행을 현저히 곤란하게 한다고 인정할 만한 상당한 이유가 있어야만 위 비공개대상정보에 해당한다. 여기에서 '공개될 경우 그 직무수행을 현저히 곤란하게 한다고 인정할 만한 상당한 이유가 있는 정보'란 당해 정보가 공개될 경우 수사 등에 관한 직무의 공정하고 효율적인 수행에 직접적이고 구체적으로 장애를 줄 고도의 개연성이 있고 그 정도가 현저한 경우를 의미하며, 여기에 해당하는지는 비공개에 의하여 보호되는 업무수행의 공정성 등의 이익과 공개에 의하여 보호되는 국민의 알권리의 보장과 수사절차의 투명성 확보 등의 이익을 비교 · 교량하여 구체적 사안에 따라 신중히 판단하여야 한다(대판 2017. 9. 7, 2017두44558).

⑤ 감사 · 감독 · 검사 · 시험 · 규제 · 입찰계약 · 기술개발 · 인사관리 · 의사결정과정 또는 내부검토과정에 있는 사항 등으로서 공개될 경우 업무의 공정한 수행이나 연구 · 개발에 현저한 지장을 초래한다고 인정할 만한 상당한 이유가 있는 정보. 다만, 의사결정 과정 또는 내부검토 과정을 이유로 비공개할 경우에는 의사결정 과정 및 내부검토 과정이 종료되면 정보공개 청구인에게 이를 통지하여야 한다(법 9조 1항 5호).

판례는 정보공개법 제9조 제1항 제5호의 "공개될 경우 업무의 공정한 수행에 현저한 지장을 초래한다고 인정할 만한 상당한 이유가 있는 경우"라 함은 공개될 경우 업무의 공정한 수행이 객관적으로 현저하게 지장을 받을 것이라는 고도의 개연성이 존재하는 경우를 의미한다는 입장을 취하고 있다.[8)]

판례 1(도시공원위원회의 회의관련자료 및 회의록이 비공개대상정보에 해당하는지 여부) 지방자치단체의 도시공원에 관한 조례에서 규정된 도시공원위원회의 심의사항에 관하여 위 위원회의 심의를 거친 후 시장이나 구청장이 위 사항들에 대한 결정을 대외적으로 공표하기 전에 위 위원회의 회의관련자료 및 회의록이 공개된다면 업무의 공정한 수행에 현저한 지장을 초래한다고 할 것이므로, 위 위원회의 심의 후 그 심의사항들에 대한 시장 등의 결정의 대외적 공표행위가 있기 전까지는 위 위원회의 회의관련자료 및 회의록은 공공기관의 정보공개에 관한 법률 제7조 제1항 제5호에서 규정하는 비공개대상정보에 해당한다고 할 것이고, 다만 시장 등의 결정의 대외적 공표행위가 있은 후에는 이를 의사결정과정이나 내부검토과정에 있는 사항이라고 할 수 없고 위 위원회의 회의관련자료 및 회의록을 공개하더라도 업무의 공정한 수행에 지장을 초래할 염려가 없으므로, 시장 등의 결정의 대외적 공표행위가 있은 후에는 위 위원회의 회의관련자료 및 회의록은 같은 법 제7조 제2항에 의하여 공개대상이 된다고 할 것이다(대판 2000. 5. 30, 99추85).

판례 2(독립유공자서훈 공적심사위원회의 회의록이 비공개대상정보에 해당하는지 여부) 독립유공자서훈 공적심사위원회의 심사는 피고인 국가보훈처장이 영전 수여 추천 여부를 결정하기 위한 절차의 하나일 뿐이어서 신청당사자의 알권리는 일정 부분 제한될 수밖에 없는 한계를 지니고 있다. 한편 독립유공자 등록신청을 받은 피고는 독립유공자에 해당하는지 여부를 심사한 후 그 심사 결과의 구체적 사유를 밝혀 신청당사자에게 통보하여야 하므로 이로써 신청당사자의 알권리가 어느 정도 보장된다고 볼 수 있다. 이와 같이 독립유공자 등록에 관한 신청당사자의 알권리 보장에는 불가피한 제한이 따를 수밖에 없고 관계 법령에서 그 제한을 다소나마 해소하기 위한 조치를 마련하고 있다고 볼 수 있다. 공적심사위원회의 심사에는 등록신청 대상자의 독립운동 이후 사망시까지 행적 또한 평가의 대상이 되는 점까지 감안하면, 심사위원들의 전문적 · 주관적 판단이 상당 부분 개입될 수밖에 없는 심사의 본질에 비추어 공개를 염두에 두지 않은 상태에서의 심사가 그렇지 않은 경우보다 더 자유롭고 활발한 토의를 거쳐 객관적이고 공정한 심사 결과에 이를 개연성이 큰 점 등 위 회의록 공개에 의하여 보호되는 알권리의 보장과 비공개에 의하여 보호되는 업무수행의 공정성 등의 이익 등을 비교 · 교량해 볼 때, 위 회의록은 정보공개법 제9조 제1항 제5호에서 정한 '공개될 경우 업무의 공정한 수행에 현저한 지장을 초래한다고 인정할 만한 상당한 이유가 있는 정보'에 해당함에도 이와 달리 본 원심판결에 비공개대상정보에 관한 법리를 오해한 위법이 있다(대판 2014. 7. 24, 2013두20301).

판례 3(사법시험 답안지의 열람이 비공개대상정보에 해당하는지 여부) 공공기관의 정보공개에 관한 법률 제7조 제1항 제5호는 시험에 관한 사항(이하 '시험정보'라 한다)으로서 공개될 경우 업무의 공정한 수행에 현저한 지장을 초래한다고 인정할 만한 상당한 이유가 있는 정보는 공개하지 아니할 수 있도록 하고 있는바, 여기에서 시험정보로서 공개될 경우 업무의 공정한 수행에 현저한 지장을 초래하는지 여부는 법

8) 대판 2003. 8. 22, 2002두12946.

및 시험정보를 공개하지 아니할 수 있도록 하고 있는 입법취지, 당해 시험 및 그에 대한 평가행위의 성격과 내용, 공개의 내용과 공개로 인한 업무의 증가, 공개로 인한 파급효과 등을 종합하여 개별적으로 판단되어야 할 것이다. 답안지는 응시자의 시험문제에 대한 답안이 기재되어 있을 뿐 평가자의 평가기준이나 평가결과가 반영되어 있는 것은 아니므로 응시자가 자신의 답안지를 열람한다고 하더라도 시험문항에 대한 채점위원별 채점 결과가 열람되는 경우와 달리 평가자가 시험에 대한 평가업무를 수행함에 있어서 지장을 초래할 가능성이 적은 점, 답안지에 대한 열람이 허용된다고 하더라도 답안지를 상호비교함으로써 생기는 부작용이 생길 가능성이 희박하고, 열람업무의 폭증이 예상된다고 볼만한 자료도 없는 점 등을 종합적으로 고려하면, 답안지의 열람으로 인하여 시험업무의 수행에 현저한 지장을 초래한다고 볼 수 없다(대판 2003. 3. 14, 2000두6114).

⑥ 당해 정보에 포함되어 있는 이름 · 주민등록번호 등 개인에 관한 사항으로서 공개될 경우 개인의 사생활의 비밀 또는 자유를 침해할 우려가 있다고 인정되는 정보(다만 다음에 열거한 개인에 관한 정보는 제외한다. ㉮ 법령이 정하는 바에 따라 열람할 수 있는 정보, ㉯ 공공기관이 공표를 목적으로 작성하거나 취득한 정보로서 개인의 사생활의 비밀과 자유를 부당하게 침해하지 않는 정보, ㉰ 공공기관이 작성하거나 취득한 정보로서 공개하는 것이 공익 또는 개인의 권리구제를 위하여 필요하다고 인정되는 정보, ㉱ 직무를 수행한 공무원의 성명 · 직위, ㉲ 공개하는 것이 공익을 위하여 필요한 경우로써 법령에 의하여 국가 또는 지방자치단체가 업무의 일부를 위탁 또는 위촉한 개인의 성명 · 직업)(법 9조 1항 6호).

판례 1(비공개대상정보로서 개인식별정보의 의미) 법 제7조 제1항 제6호는 비공개대상정보의 하나로 '당해 정보에 포함되어 있는 이름 · 주민등록번호 등에 의하여 특정인을 식별할 수 있는 개인에 관한 정보'를 규정하면서, 같은 호 단서 (다)목으로 '공공기관이 작성하거나 취득한 정보로서 공개하는 것이 공익 또는 개인의 권리구제를 위하여 필요하다고 인정되는 정보'는 제외된다고 규정하고 있는데, 여기에서 '공개하는 것이 개인의 권리구제를 위하여 필요하다고 인정되는 정보'에 해당하는지 여부는 비공개에 의하여 보호되는 개인의 사생활의 비밀 등의 이익과 공개에 의하여 보호되는 개인의 권리구제 등의 이익을 비교 · 교량하여 구체적 사안에 따라 개별적으로 판단하여야 할 것인바, 이 사건 정보와 같은 수사기록에 들어 있는 특정인을 식별할 수 있는 개인에 관한 정보로는 통상 관련자들의 이름, 주민등록번호, 주소, 연락처, 그 외 직업 · 나이 등이 있을 것인데, 그 중 관련자들의 이름은 수사기록의 공개를 구하는 필요성이나 유용성, 즉 개인의 권리구제라는 관점에서 특별한 사정이 없는 한 원칙적으로 공개되어야 할 것이고, 관련자들의 주민등록번호는 동명이인의 경우와 같이 동일성이 문제되는 등의 특별한 사정이 있는 경우를 제외하고는 개인의 권리구제를 위하여 필요하다고 볼 수는 없으므로 원칙적으로 비공개하여야 할 것이며, 관련자들의 주소 · 연락처는 공개될 경우 악용될 가능성이나 사생활이 침해될 가능성이 높은 반면, 증거의 확보 등 개인의 권리구제라는 관점에서는 그 공개가 필요하다고 볼 수 있는 경우도 있을 것이므로 개인식별정보는 비공개라는 원칙을 염두에 두고서 구체적 사안에 따라 개인의 권리구제의 필요성과 비교 · 교량하여 개별적으로 공개 여부를 판단하여야 할 것이고, 그 외 직업, 나이 등의 인적사항은 특별한 경우를 제외하고는 개인의 권리구제를 위하여 필요하다고 볼 수는 없다고 할 것이다(대판 2003. 12. 26, 2002두1342).

판례 2(사면대상자들의 사면실시건의서와 그와 관련된 국무회의 안건자료가 비공개대상정보에 해당하는지 여부) 구 공공기관의 정보공개에 관한 법률 제7조 제1항 제6호는 비공개대상정보의 하나로 '당해 정보에 포함되어 있는 이름 · 주민등록번호 등에 의하여 특정인을 식별할 수 있는 개인에 관한 정보'(이하 '개인식별정보'라 한다)를 규정하면서, 같은 호 단서 (다)목으로 '공공기관이 작성하거 나 취득한 정보로서 공개하는 것이 공익 또는 개인의 권리구제를 위하여 필요하다고 인정되는 정보'는 제외된다고 규정하고 있는

데, 여기에서 '공개하는 것이 공익을 위하여 필요하다고 인정되는 정보'에 해당하는지 여부는 비공개에 의하여 보호되는 개인의 사생활 보호 등의 이익과 공개에 의하여 보호되는 국정운영의 투명성 확보 등의 공익을 비교 · 교량하여 구체적 사안에 따라 신중히 판단하여야 할 것이다. 원고가 공개를 청구한 사면대상자들의 사면실시건의서와 그와 관련된 국무회의 안건자료를 공개할 경우 비록 당사자들의 사생활의 비밀 등이 침해될 염려가 있다고 하더라도, 사면실시 당시 법무부가 발표한 사면발표문 및 보도자료에 이미 이 사건 정보의 당사자들 상당수의 명단이 포함되어 있는 점, 대통령이 행하는 사면권 행사가 고도의 정치적 행위라고 하더라도, 위 정보의 공개가 정치적 행위로서의 사면권 자체를 부정하려는 것이 아니라 오히려 사면권 행사의 실체적 요건이 설정되어 있지 아니하여 생길 수 있는 사면권의 남용을 견제할 국민의 자유로운 정치적 의사 등이 형성되도록 위 정보에의 접근을 허용할 필요성이 있는 점, 이 사건 정보의 당사자들이 저지른 범죄의 중대성과 반사회성에 비추어 볼 때 이 사건 정보를 공개하는 것은 사면권 행사의 형평성이나 자의적 행사 등을 지적하고 있는 일부 비판적 여론과 관련하여 향후 특별사면행위가 보다 더 국가이익과 국민화합에 기여하는 방향으로 이루어질 수 있게 하는 계기가 될 수 있다는 점 등에 견주어 보면, 이 사건 정보의 공개로 얻는 공익이 이로 인하여 침해되는 당사자들의 사생활의 비밀에 관한 이익보다 더욱 크다고 할 것이므로 정보공개법 제7조 제1항 제6호 소정의 비공개사유에 해당되지 않는다(대판 2006. 12. 7, 2005두241).

판례 3(공무원이 직무와 관련없이 개인적 자격으로 금품을 수령한 경우의 정보가 비공개대상정보에 해당하는지 여부) 금품수령자정보 중 그 공무원이 직무와 관련하여 금품을 수령한 정보는 '공개하는 것이 공익을 위하여 필요하다고 인정되는 정보'에 해당한다고 인정된다 하더라도, 그 공무원이 직무와 관련 없이 개인적인 자격 등으로 금품을 수령한 경우의 정보는 그 공무원의 사생활 보호라는 관점에서 보더라도 그 정보가 공개되는 것은 바람직하지 않으며 위 정보의 비공개에 의하여 보호되는 이익보다 공개에 의하여 보호되는 이익이 우월하다고 할 수도 없으므로 이는 '공개하는 것이 공익을 위하여 필요하다고 인정되는 정보'에 해당하지 않는다고 봄이 상당하다(대판 2003. 12. 12, 2003두8050).

판례 4(정보공개법 제9조 제1항 제6호의 비공개대상정보의 의미) 정보공개법의 개정 연혁, 내용 및 취지 등에 헌법상 보장되는 사생활의 비밀 및 자유의 내용을 보태어 보면, 정보공개법 제9조 제1항 제6호 본문의 규정에 따라 비공개대상이 되는 정보에는 구 정보공개법상 이름 · 주민등록번호 등 정보의 형식이나 유형을 기준으로 비공개대상정보에 해당하는지 여부를 판단하는 '개인식별정보'뿐만 아니라 그 외에 정보의 내용을 구체적으로 살펴 '개인에 관한 사항의 공개로 인하여 개인의 내밀한 내용의 비밀 등이 알려지게 되고, 그 결과 인격적 · 정신적 내면생활에 지장을 초래하거나 자유로운 사생활을 영위할 수 없게 될 위험성이 있는 정보'도 포함된다고 새겨야 한다. 따라서 불기소처분 기록 중 피의자신문조서 등에 기재된 피의자 등의 인적사항 이외의 진술내용 역시 개인의 사생활의 비밀 또는 자유를 침해할 우려가 인정되는 경우 정보공개법 제9조 제1항 제6호 본문 소정의 비공개대상에 해당한다고 할 것이다(대판 2012. 6. 18, 2011두2631).

---

⑦ 법인 · 단체 또는 개인의 경영 · 영업상 비밀에 관한 사항으로서 공개될 경우 법인 등의 정당한 이익을 현저히 해할 우려가 있다고 인정되는 정보(다만, 다음에 열거한 정보를 제외한다. ㉮ 사업활동에 의하여 발생하는 위해로부터 사람의 생명 · 신체 또는 건강을 보호하기 위하여 공개할 필요가 있는 정보, ㉯ 위법 · 부당한 사업활동으로부터 국민의 재산 또는 생활을 보호하기 위하여 공개할 필요가 있는 정보)(법 9조 1항 7호).

판례 1(법인 · 단체 또는 개인의 금융기관 계좌번호가 비공개대상정보에 해당하는지 여부) 피고의 업무추진비 집행과 관련한 이 사건 정보 중 법인 · 단체 또는 개인의 금융기관 계좌번호에 관한 정보는 법인 등의 영업상 비밀에 관한 사항으로서 법인 등의 이름과 결합하여 공개될 경우 당해 법인 등의 영업상 지위가 위협받을 우려가 있다고 할 것이므로 위 정보는 법 제7조 제1항 제7호에서 비공개대상정보로 정한 '법인 · 단체 또는 개인의 영업상 비밀에 관한 사항으로서 공개될 경우 법인등의 정당한 이익을 현저히 해할 우려가 있다고 인정되는 정보'에 해당한다(대판 2003. 4. 22, 2002두9391).

판례 2(재건축사업계약에 의하여 조합원들에게 제공될 무상보상평수 산출내역이 비공개대상정보에 해당하는지 여부) 이 사건 무상보상평수 산출내역은 구 '공공기관의 정보공개에 관한 법률' 제7조 제1항 제5호 소정의 '의사결정과정 또는 내부검토과정에 있는 사항 등으로 공개될 경우 업무의 공정한 수행에 현저한 지장을 초래한다고 인정할 만한 상당한 이유가 있는 정보'에 해당한다고 할 수 없고, 이 사건 재건축사업의 경과, 피고의 사업참여 경위, 피고와 소외 조합과의 재건축사업계약의 내용 등에 비추어 보더라도 이 사건 정보가 공개될 경우 피고가 이 사건 재건축아파트의 분양 등 업무를 추진하는 것이 곤란해진다고 보기 어려울 뿐만 아니라, 이 사건 정보가 공개되면 피고와 소외 조합 사이의 재건축사업계약에 의하여 조합원들에게 제공될 무상보상평수의 산출근거를 알 수 있게 되어 조합원들의 알 권리를 충족시키고 이 사건 재건축사업의 투명성을 확보할 수 있게 되는 점 등 여러 사정들을 감안하여 보면, 이 사건 정보가 법 제7조 제1항 제7호 소정의 '법인 등의 영업상 비밀에 관한 사항으로서 공개될 경우 법인 등의 정당한 이익을 현저히 해할 우려가 있다고 인정되는 정보'에 해당한다고 보기도 어렵다(대판 2006. 1. 13, 2003두9459).

판례 3(방송프로그램의 기획 · 편성 · 제작 등에 관한 정보가 법인 등의 경영 · 영업상 비밀에 관한 사항'에 해당하는지 여부) 공공기관의 정보공개에 관한 법률에 의한 정보공개청구의 방법으로 방송사가 가지고 있는 방송프로그램의 기획 · 편성 · 제작 등에 관한 정보 등을 제한 없이 모두 공개하도록 강제하는 것은 방송사로 하여금 정보공개의 결과로서 야기될 수 있는 각종 비난이나 공격에 노출되게 하여 결과적으로 방송프로그램 기획 등 방송활동을 위축시킴으로써 방송사의 경영 · 영업상의 이익을 해하고 나아가 방송의 자유와 독립을 훼손할 우려가 있다. 따라서 방송프로그램의 기획 · 편성 · 제작 등에 관한 정보로서 방송사가 공개하지 아니한 것은, 사업활동에 의하여 발생하는 위해로부터 사람의 생명 · 신체 또는 건강을 보호하기 위하여 공개할 필요가 있는 정보나 위법 · 부당한 사업활동으로부터 국민의 재산 또는 생활을 보호하기 위하여 공개할 필요가 있는 정보를 제외하고는, 공공기관의 정보공개에 관한 법률 제9조 제1항 제7호에 정한 '법인 등의 경영 · 영업상 비밀에 관한 사항'에 해당할 뿐만 아니라 그 공개를 거부할 만한 정당한 이익도 있다고 보아야 한다(대판 2010. 10. 23, 2008두13101).

판례 4(이동통신사업자가 감독청에 제출한 영업보고서 및 영업통계명세서가 비공개대상정보에 해당하는지 여부) 영업보고서에 기재된 각 항목들은 개별적인 항목들의 합계금액으로 이루어진 것이어서, 공개되더라도 기간통신사업자의 정당한 이익을 현저히 해할 우려가 있다고 인정되지 않는다. 영업통계명세서(서식17)에 기재된 분기별 가입자 수, 회선 수, 통화량 및 고용인원 수 등의 정보는, ① 서비스 상품별 요금이 적정하게 산정되었는지 여부를 평가하기 위해서 필요한 기본적 항목들로 보이고, ② 해당 정보가 포괄적인 항목 및 수치로 구성되어 있어, 그 항목들의 공개로 인해 해당 사업자의 자산, 수익 및 비용의 구체적인 현황 및 구조를 확인할 수 있다고 보기는 어려우며, ③ 피고는 이미 자신의 홈페이지에 서비스별 가입자 수를 공개하고 있고, 정보통신정책연구원이 작성한 2010년도 통신시장 경쟁상황평가서에는 참가인들의 연도별 발신통화량 및 망내통화량 비중이 기재되어 있는 점 등에 비추어, 중요한 영업상 비밀에 해당한다고 보기는 어렵다(대판 2018. 4. 12, 2014두5477).

⑧ 공개될 경우 부동산투기 · 매점매석 등으로 특정인에게 이익 또는 불이익을 줄 우려가 있다고 인정되는 정보(법 9조 1항 8호).

3) 비공개대상정보의 공개 등

위 비공개대상정보라고 하더라도 기간의 경과 등으로 비공개의 필요성이 없어진 경우에는 당해 정보를 공개하여야 한다(법 9조 2항). 아울러 공공기관은 제9조 제1항 각 호의 범위에서 해당 공공기관의 업무 성격을 고려하여 비공개 대상 정보의 범위에 관한 세부 기준을 수립하고 이를 공개하여야 한다(법 9조 3항).

4) 정보공개청구권 행사의 제한

공개대상정보라고 하더라도 정보공개 제도를 이용하여 사회통념상 용인될 수 없는 부당한 이득을 얻으려 하거나, 오로지 공공기관의 담당공무원을 괴롭힐 목적으로 정보공개청구를 하는 경우처럼 권리의 남용에 해당하는 것이 명백한 경우에는 정보공개청구권의 행사를 허용하지 않는 것이 타당하며, 판례의 입장이기도 하다.

판례(권리의 남용에 해당하는 경우 정보공개청구권의 행사가 허용되는지 여부) 일반적인 정보공개청구권의 의미와 성질, 구 공공기관의 정보공개에 관한 법률 제3조, 제5조 제1항, 제6조의 규정 내용과 입법 목적, 정보공개법이 정보공개청구권의 행사와 관련하여 정보의 사용 목적이나 정보에 접근하려는 이유에 관한 어떠한 제한을 두고 있지 아니한 점 등을 고려하면, 국민의 정보공개청구는 정보공개법 제9조에 정한 비공개 대상 정보에 해당하지 아니하는 한 원칙적으로 폭넓게 허용되어야 하지만, 실제로는 해당 정보를 취득 또는 활용할 의사가 전혀 없이 정보공개 제도를 이용하여 사회통념상 용인될 수 없는 부당한 이득을 얻으려 하거나, 오로지 공공기관의 담당공무원을 괴롭힐 목적으로 정보공개청구를 하는 경우처럼 권리의 남용에 해당하는 것이 명백한 경우에는 정보공개청구권의 행사를 허용하지 아니하는 것이 옳다(대판 2014. 12. 24, 2014두9349).

---

6. 정보공개청구절차

1) 정보공개의 청구

정보공개를 청구하는 자는 당해 정보를 보유하거나 관리하고 있는 공공기관에 대하여 ① 청구인의 이름 · 주민등록번호 · 주소 및 연락처, ② 공개를 청구하는 내용 및 공개방법을 기재한 정보공개청구서를 제출하거나 구술로써 정보의 공개를 청구할 수 있다(법 10조 1항). 구술로써 정보의 공개를 청구하는 때에는 공무원 또는 담당 임 · 직원의 면전에서 진술하여야 하고, 담당 공무원 등은 정보공개청구조서를 작성하고 이에 청구인과 기명날인하거나 서명하여야 한다(법 10조 2항).

판례(정보공개청구서에 있어서 청구대상정보의 내용과 범위의 특정) 공공기관의 정보공개에 관한 법률 제10조 제1항 제2호는 정보의 공개를 청구하는 자는 정보공개청구서에 '공개를 청구하는 정보의 내용' 등을 기재할 것을 규정하고 있는바, 청구대상정보를 기재함에 있어서는 사회일반인의 관점에서 청구대상정보의 내용과 범위를 확정할 수 있을 정도로 특정함을 요한다. 정보비공개결정의 취소를 구하는 사건에 있어서, 만일 공개를 청구한 정보의 내용 중 너무 포괄적이거나 막연하여서 사회일반인의 관점에서 그 내용과 범위를 확정할 수 있을 정도로 특정되었다고 볼 수 없는 부분이 포함되어 있다면, 이를 심리하는 법원으로서는 마땅히 공공기관의 정보공개에 관한 법률 제20조 제2항의 규정에 따라 공공기관에게 그가 보유 · 관리하고 있는 공개청구정보를 제출하도록 하여 이를 비공개로 열람 · 심사하는 등의 방법으로 공개청구정보

의 내용과 범위를 특정시켜야 하고, 나아가 위와 같은 방법으로도 특정이 불가능한 경우에는 특정되지 않은 부분과 나머지 부분을 분리할 수 있고 나머지 부분에 대한 비공개결정이 위법한 경우라고 하여도 정보공개의 청구 중 특정되지 않은 부분에 대한 비공개결정의 취소를 구하는 부분은 나머지 부분과 분리하여 이를 기각하여야 한다(대판 2007. 6. 1, 2007두2555).

2) 정보공개여부의 결정

정보공개청구가 있는 때에는 공공기관은 그 청구일로부터 10일 이내에 공개여부를 결정하여야 한다(법 11조 1항). 그러나 부득이한 사유로 앞의 기간내에 결정할 수 없을 때에는, 그 기간의 만료일 다음 날로부터 기산하여 10일 이내의 범위에서 공개여부의 결정기간을 연장할 수 있다. 이 경우 공공기관은 연장된 사실과 연장사유를 지체없이 문서로 통지하여야 한다(법 11조 2항).

공개대상정보의 일부 또는 전부가 제3자와 관련이 있다고 인정하는 때에는 공공기관은 지체없이 관련 제3자에게 통지하여야 하며, 필요한 경우에는 그에 대한 의견을 청취할 수 있다(법 11조 3항).

공공기관은 다른 공공기관이 보유 · 관리하는 정보의 공개청구를 받은 때에는 지체 없이 이를 소관기관으로 이송하여야 하며, 이송을 한 공공기관은 지체 없이 소관기관 및 이송사유를 명시하여 청구인에게 문서로 통지하여야 한다(법 11조 4항).

3) 정보공개심의회

공공기관은 청구된 정보공개의 여부를 심의하기 위하여 정보공개심의회를 설치 · 운영한다(법 12조 1항). 심의회는 위원장 1인을 포함하여 5인 내지 7인으로 구성된다(법 12조 2항). 심의회의 위원장을 제외한 위원은 소속 공무원, 임직원 또는 외부 전문가로 지명하거나 위촉하되, 그 중 2분의 1은 해당 국가기관 등의 업무 또는 정보공개의 업무에 관한 지식을 가진 외부 전문가로 위촉하여야 한다. 다만, 제9조 제1항 제2호 및 제4호에 해당하는 업무를 주로 하는 국가기관은 그 국가기관의 장이 외부 전문가의 위촉 비율을 따로 정하되, 최소한 3분의 1 이상은 외부 전문가로 위촉하여야 한다(법 12조 3항).

4) 정보공개여부결정의 통지 및 공개방법

공공기관은 정보공개를 결정할 때에는 공개일시 · 공개장소 등을 명시하여 청구인에게 통지하여야 한다(법 13조 1항). 공개대상의 양이 과다하여 정상적인 업무수행에 현저한 지장을 초래할 우려가 있는 경우에는 정보의 사본 · 복제물을 일정 기간별로 나누어 교부하거나 열람과 병행하여 교부할 수 있다(법 13조 2항). 정보를 공개함에 있어 당해 정보의 원본이 오손 또는 파손될 우려가 있거나 그 밖에 상당한 이유가 있다고 인정될 때에는 당해 정보의 사본 · 복제물을 공개할 수 있다(법 13조 3항).

정보공개의 방법으로는 청구인에게 정보를 열람하게 하거나 그 사본 또는 복제물을 교부하는 방법이 있는바, 정보공개청구인이 정보의 사본 또는 복제물의 교부를 선택하여 청구를 한 경우에는 정보공개법 제13조 제2항에 의한 제한사유에 해당하지 않는 한, 원칙적으로 청구인이 선택한 공개방법에 따라 정보를 공개하여야 한다. 또한 공공기관이 전자적 형태로 보유 · 관리하는 정보에 대하여 청구인이 전자적 형태로 공개하여 줄 것을 요구하는 경우에는 당해 정보의 성질상 현저히 곤란한 경우를 제외하고는 청구인의 요청에 응하여야 한다(법 15조 1항).

공개청구한 정보가 제9조 제1항 각 호 1에 해당하는 부분과 공개가 가능한 부분이 혼합되어 있는 경우에는 공개취지에 어긋나지 않는 범위 안에서 양 부분을 분리할 수 있을 때에는 제9조 제1항 각 호 1에 해당하는 부분을 제외하고 공개하여야 한다(법 14조).

청구된 정보의 비공개결정을 할 때에는 그 사실을 청구인에게 지체없이 문서로 통지하여야 하며, 이 경우 비공개이유 · 불복방법 및 불복절차를 구체적으로 명시하여야 한다(법 13조 4항).

판례 1(정보공개방법의 선택가능성) 정보공개를 청구하는 자가 공공기관에 대해 정보의 사본 또는 출력물의 교부의 방법으로 공개방법을 선택하여 정보공개청구를 한 경우에 공개청구를 받은 공공기관으로서는 같은 법 제8조 제2항에서 규정한 정보의 사본 또는 복제물의 교부를 제한할 수 있는 사유에 해당하지 않는 한 정보공개청구자가 선택한 공개방법에 따라 정보를 공개하여야 하므로 그 공개방법을 선택할 재량권이 없다고 해석함이 상당하다(대판 2003. 12. 12, 2003두8050; 2003. 3. 11, 2002두2918).

판례 2(공공기관이 공개청구의 대상이 된 정보를 청구인이 신청한 공개방법 이외의 방법으로 공개하기로 하는 결정을 한 경우, 이에 대하여 항고소송으로 다툴 수 있는지 여부) 공공기관의 정보공개에 관한 법률은, 정보의 공개를 청구하는 이가 정보공개방법도 아울러 지정하여 정보공개를 청구할 수 있도록 하고 있고, 전자적 형태의 정보를 전자적으로 공개하여 줄 것을 요청한 경우에는 공공기관은 원칙적으로 요청에 응할 의무가 있고, 나아가 비전자적 형태의 정보에 관해서도 전자적 형태로 공개하여 줄 것을 요청하면 재량판단에 따라 전자적 형태로 변환하여 공개할 수 있도록 하고 있다. 이는 정보의 효율적 활용을 도모하고 청구인의 편의를 제고함으로써 구 정보공개법의 목적인 국민의 알 권리를 충실하게 보장하려는 것이므로, 청구인에게는 특정한 공개방법을 지정하여 정보공개를 청구할 수 있는 법령상 신청권이 있다. 따라서 공공기관이 공개청구의 대상이 된 정보를 공개는 하되, 청구인이 신청한 공개방법 이외의 방법으로 공개하기로 하는 결정을 하였다면, 이는 정보공개청구 중 정보공개방법에 관한 부분에 대하여 일부 거부처분을 한 것이고, 청구인은 그에 대하여 항고소송으로 다툴 수 있다(대판 2016. 11. 10, 2016두44674).

판례 3(공개대상정보와 비공개대상정보의 분리가능성) 법원이 행정청의 정보공개거부처분의 위법 여부를 심리한 결과 공개를 거부한 정보에 비공개대상정보에 해당하는 부분과 공개가 가능한 부분이 혼합되어 있고 공개청구의 취지에 어긋나지 아니하는 범위 안에서 두 부분을 분리할 수 있음을 인정할 수 있을 때에는, 위 정보 중 공개가 가능한 부분을 특정하고 판결의 주문에 행정청의 위 거부처분 중 공개가 가능한 정보에 관한 부분만을 취소한다고 표시하여야 한다(대판 2003. 10. 10, 2003두7767; 2003. 3. 11, 2001두6425).

---

5) 청구인의 비용부담

정보의 공개 및 우송 등에 소요되는 비용은 실비의 범위에서 청구인의 부담으로 한다(법 17조 1항). 다만, 청구하는 정보의 사용 목적이 공공복리의 유지 · 증진을 위하여 필요하다고 인정되는 경우에는 제1항에 따른 비용을 감면할 수 있다(법 17조 2항).

6) 즉시공개제도

정보의 공개는 정식절차에 따라 하는 것이 원칙이지만 ① 법령에 의해 공개를 목적으로 작성된 정보, ② 일반국민에게 알리기 위하여 작성된 홍보자료, ③ 공개결정이 있는 정보로서 공개에 오랜 시간이 걸리지 않는 정보들에 대하여는 즉시 또는 구술에 의한 정보의 공개도 인정하고 있다.

7. 불복절차

1) 이의신청

청구인의 정보공개와 관련한 공공기관의 비공개 결정 또는 부분 공개 결정에 대하여 불복이 있거나 정보공개 청구 후 20일이 경과하도록 정보공개 결정이 없는 때에는 공공기관으로부터 정보공개 여부의 결정 통지를 받은 날 또는 정보공개 청구 후 20일이 경과한 날부터 30일 이내에 해당 공공기관에 문서로 이의신청을 할 수 있다(법 18조 1항). 국가기관 등은 이의신청이 있는 경우에는 (1) 심의회의 심의를 이미 거친 사항, (2) 단순 · 반복적인 청구, (3) 법령에 따라 비밀로 규정된 정보에 대한 청구 이외는 심의회를 개최하여야 한다. 공공기관은 이의신청을 받은 날부터 7일 이내에 그 이의신청에 대하여 결정하고 그 결과를 청구인에게 지체 없이 문서로 통지하여야 한다. 다만, 부득이한 사유로 정해진 기간 이내에 결정할 수 없는 때에는 그 기간의 만료일 다음 날부터 기산하여 7일 이내의 범위에서 결정할 수 있으며, 연장사유를 청구인에게 통지하여야 한다(법 18조 2항). 공공기관은 이의신청을 각하 또는 기각하는 결정을 한 때에는 청구인에게 행정심판 또는 행정소송을 제기할 수 있다는 취지를 이의신청에 대한 결과 통지와 함께 알려야 한다(법 18조 3항).

판례(정보공개 소송과 제소기간) 공공기관의 정보공개에 관한 법률 제18조 제1항, 제3항, 제4항, 제20조 제1항, 행정소송법 제20조 제1항의 규정 내용과 그 취지 등을 종합하여 보면, 청구인이 공공기관의 비공개 결정 또는 부분 공개 결정에 대한 이의신청을 하여 공공기관으로부터 이의신청에 대한 결과를 통지받은 후 취소소송을 제기하는 경우 그 제소기간은 이의신청에 대한 결과를 통지받은 날부터 기산한다고 봄이 타당하다(대판 2023. 7. 27, 2022두52980).

---

2) 행정심판

청구인이 정보공개와 관련한 공공기관의 결정에 대하여 불복이 있는 때에는 행정심판법이 정하는 바에 따라 행정심판을 청구할 수 있다. 이 경우 국가기관 및 지방자치단체 외의 공공기관의 결정에 대한 감독행정기관은 관계중앙행정기관의 장 및 지방자치단체의 장으로 한다(법 19조 1항). 청구인은 이의신청절차를 거치지 않고 직접 행정심판을 청구할 수 있다(법 19조 2항). 이 경우 청구인은 거부처분에 대하여 취소심판이나 의무이행심판을 청구할 수 있고, 부작위에 대하여는 의무이행심판을 청구할 수 있다.

한편, 의무이행심판이 청구된 경우에는 행정심판위원회의 인용재결에는 처분재결과 처분명령재결의 두 가지가 있는바(행심법 43조 5항), 정보공개청구사건에서는 행정심판위원회가 해당정보를 보유하지 않기 때문에 처분명령재결만이 가능하다고 할 것이다. 또한 처분명령재결의 기속력을 확보하기 위하여 행정심판법은 행정심판위원회의 직접처분을 규정하고 있으나(행심법 50조 1항), 이러한 직접처분은 정보공개청구사건에서는 마찬가지 이유로 현실적으로 가능하지 않다고 할 것이다. 따라서 간접강제가 효율적인 구제수단이 된다(행심법 50조의2).

3) 행정소송

가. 행정소송의 원고적격

청구인이 정보공개와 관련한 공공기관의 결정에 대하여 불복이 있는 때에는 행정소송법이 정하는 바에 따라 행정소송을 제기할 수 있다. 구법에서는 공공기관의 결정에 대하여 청구인이 "법률상 이익"이 있는 경우에만 이의신청, 행정심판, 행정소송을 제기할 수 있도록 규정하고 있었기 때문에 법률상 이익의 개념에 대한 해석을 두고 견해의 대립이 있었다.[9] 판례는 모든 국민은 구법 제6조에 따라 정보공개청구권을 갖고 있기 때문에 청구인이 공공기관에 대하여 정보공개를 청구하였다가 거부처분을 받은 것 자체가 법률상 이익의 침해에 해당하며 그 외에 별도로 침해되는 법률상 이익을 요구하지 않는다는 입장을 취하였다. 한 걸음 더 나아가 판례는 구법 제6조의 국민에는 자연인은 물론 법인, 권리능력없는 사단 · 재단도 포함되고, 법인, 권리능력없는 사단 · 재단의 경우 설립목적과 관계없이 당사자적격을 가진다고 판시하여 결과적으로 시민단체 등에 의한 행정감시목적의 객관적 정보공개가 가능하게 되었다. 개정법률은 이러한 실무의 입장을 반영하여 "법률상 이익"의 용어를 삭제하고, 단지 행정소송법이 정하는 바에 따라 행정소송을 제기할 수 있도록 규정하고 있다.

판례(비공개결정에 대한 취소소송의 원고적격) 공공기관의정보공개에관한법률 제6조 제1항은 "모든 국민은 정보의 공개를 청구할 권리를 가진다."고 규정하고 있는데, 여기에서 말하는 국민에는 자연인은 물론 법인, 권리능력 없는 사단 · 재단도 포함되고, 법인, 권리능력 없는 사단 · 재단 등의 경우에는 설립목적을 불문하며, 한편 정보공개청구권은 법률상 보호되는 구체적인 권리이므로 청구인이 공공기관에 대하여 정보공개를 청구하였다가 거부처분을 받은 것 자체가 법률상 이익의 침해에 해당한다(대판 2003. 12. 12, 2003두8050).

나. 소송의 심리

재판장은 필요하다고 인정되는 때에는 당사자를 참여시키지 않고 제출된 공개청구정보를 비공개로 열람 · 심사할 수 있다(법 20조 2항). 재판장은 행정소송의 대상이 제9조 제1항 제2호의 규정에 의한 정보 중 국가안전보장 · 국방 또는 외교에 관한 정보의 비공개 또는 부분공개 결정처분인 경우에 공공기관이 그 정보에 대한 비밀지정의 절차, 비밀의 등급 · 종류 및 성질과 이를 비밀로 취급하게 된 실질적 이유 및 공개를 하지 않는 사유 등을 입증하는 때에는 당해 정보를 제출하지 않게 할 수 있다(법 20조 3항).

판례(대통령기록물과 정보공개) 정보공개 거부처분을 다투는 항고소송에서, 해당 정보를 대통령지정기록물로 지정하고 보호기간을 정한 행위의 적법성을 심사하기 위해 정보공개법 제20조 제2항에 따라 비공개 열람 · 심사가 이루어지는 경우에는 행정청이 대통령기록물법 제17조 제4항을 근거로 자료제출을 거부할 수 없다고 해석하는 것이 헌법을 최고법규로 하는 통일적인 법질서의 형성을 위한 합헌적 법률해석의 원칙에 부합한다(대법원 2025. 1. 9, 2019두35763).

---

9) 이에 대하여 자세히는 金容贊, 情報公開請求事件에서의 몇 가지 爭點, 法曹, 2003. 9, 223면 이하.

다. 입증책임

판례는 공공기관이 당해 정보를 보유 · 관리하고 있다는 점에 대한 입증책임은 정보공개를 청구하는 원고에게 있다는 입장을 취하면서도 그 입증의 정도는 "당해 정보를 공공기관이 보유 · 관리하고 있다는 개연성에 대한 증명"으로 족한 반면, 공공기관이 공개를 구하는 정보를 한때 보유 · 관리하였으나 후에 그 정보가 담긴 문서들이 폐기되어 존재하지 않게 된 것이라면 그에 대한 증명책임은 공공기관에 있다고 판시하고 있다. 한편 비공개사유의 주장 · 입증책임은 당연히 피고인 공공기관에 있다고 할 것이다.

판례 1(공공기관이 보유 · 관리하는 정보에 대한 입증책임) 공공기관의 정보공개에 관한 법률에서 말하는 공개대상 정보는 정보 그 자체가 아닌 정보공개법 제2조 제1호에서 예시하고 있는 매체 등에 기록된 사항을 의미하고, 공개대상 정보는 원칙적으로 공개를 청구하는 자가 정보공개법 제10조 제1항 제2호에 따라 작성한 정보공개청구서의 기재내용에 의하여 특정되며, 만일 공개청구자가 특정한 바와 같은 정보를 공공기관이 보유 · 관리하고 있지 않은 경우라면 특별한 사정이 없는 한 해당 정보에 대한 공개거부처분에 대하여는 취소를 구할 법률상 이익이 없다. 이와 관련하여 공개청구자는 그가 공개를 구하는 정보를 공공기관이 보유 · 관리하고 있을 상당한 개연성이 있다는 점에 대하여 입증할 책임이 있으나, 공개를 구하는 정보를 공공기관이 한때 보유 · 관리하였으나 후에 그 정보가 담긴 문서들이 폐기되어 존재하지 않게 된 것이라면 그 정보를 더 이상 보유 · 관리하고 있지 않다는 점에 대한 증명책임은 공공기관에 있다(대판 2013. 1. 24, 2010두18918).

판례 2(비공개사유의 주장 및 입증책임) 공공기관의 정보공개에 관한 법률 제1조, 제3조, 제6조는 국민의 알권리를 보장하고 국정에 대한 국민의 참여와 국정운영의 투명성을 확보하기 위하여 공공기관이 보유 · 관리하는 정보를 모든 국민에게 원칙적으로 공개하도록 하고 있으므로, 국민으로부터 보유 · 관리하는 정보에 대한 공개를 요구받은 공공기관으로서는 같은 법 제7조 제1항 각 호에서 정하고 있는 비공개사유에 해당하지 않는 한 이를 공개하여야 할 것이고, 만일 이를 거부하는 경우라 할지라도 대상이 된 정보의 내용을 구체적으로 확인 · 검토하여 어느 부분이 어떠한 법익 또는 기본권과 충돌되어 같은 법 제7조 제1항 몇 호에서 정하고 있는 비공개사유에 해당하는지를 주장 · 입증하여야만 할 것이며, 그에 이르지 아니한 채 개괄적인 사유만을 들어 공개를 거부하는 것은 허용되지 아니한다(대판 2003. 12. 11, 2001두8827).

---

4) 제3자의 불복절차

정보공개법 제11조 제3항의 규정에 의하여 공개청구된 사실을 통지받은 제3자는 통지받은 날로부터 3일 이내에 당해 공공기관에 대하여 자신과 관련된 정보를 공개하지 아니할 것을 요청할 수 있다(법 21조 1항). 그러나 제3자의 비공개요청에도 불구하고 공공기관이 공개결정을 하는 때에는 공개결정이유와 공개실시일을 명시하여 지체 없이 문서로 통지하여야 하며(법 21조 2항 1문), 이 경우 공개결정일과 공개실시일의 사이를 최소한 30일의 간격을 두어야 한다(법 21조 3항). 공공기관의 공개결정에 대하여 제3자는 이의신청을 하거나 행정심판 또는 행정소송을 제기할 수 있다. 이의신청의 경우에는 통지를 받은 날부터 7일 이내에 하여야 한다. 여기에서의 제3자의 행정소송은 이른바 미국에서 발전되어 온 역정보소송(Reverse FOIA Litigation)에 해당된다고 볼 것이다.

여기서 제3자는 행정심판 또는 행정소송의 제기와 동시에 집행정지신청을 하여 관련정보의 공개를 정지시킬 수 있을 것이다. 그러나 집행정지가 받아들여지지 않아 행정기관에 의한 관련정보가 공개되고 나면 제3자가 승소하여도 그 실질적 의미가 없게 된다. 이에 따라 행정소송법상의 집행부정지원칙에 대한 예외로서 집행정지를 규정하는 것이 바람직할 것이다.

8. 기타 정보공개를 위한 제도

개정법률은 위에서 설명한 기본적인 사항 이외에도 정보공개제도의 효율적인 시행과 운영을 담보하기 위하여 다음의 보완조치들을 규정하고 있다.

1) 정보목록의 작성 · 비치 등

공공기관은 당해 기관이 보유 · 관리하는 정보의 목록을 작성 · 비치하고, 그 목록을 정보통신망을 활용한 정보공개시스템을 통하여 제공하도록 하여 국민이 정보공개청구에 필요한 정보의 소재를 쉽게 알 수 있도록 하고 있다(법 8조 1항). 공공기관은 또한 정보공개업무의 신속 · 원활한 수행을 위하여 정보공개장소를 확보하고 공개에 필요한 시설을 갖추어야 한다(법 8조 2항).

2) 공개대상 정보의 원문공개

공공기관 중 중앙행정기관 및 대통령령으로 정하는 기관은 전자적 형태로 보유 · 관리하는 정보 중 공개대상으로 분류된 정보를 국민의 정보공개 청구가 없더라도 정보통신망을 활용한 정보공개시스템 등을 통하여 공개하여야 한다(법 8조의2).

3) 정보공개위원회의 설치

행정안전부장관 소속하에 정보공개위원회를 두어 정보공개에 관한 정책의 수립과 제도개선, 정보공개기준의 수립 및 정보공개제도의 운영실태의 평가 등에 관한 사항을 심의 · 조정하도록 하고 있다(법 22조 · 23조).

4) 자료의 제출요구 및 평가

행정안전부장관 · 국회사무총장 · 법원행정처장 · 헌법재판소사무처장 · 중앙선거관리위원회사무총장은 관계 공공기관에 대하여 정보공개에 관한 자료의 제출 등의 협조를 요청할 수 있도록 하고 있다(법 25조). 또한 행정안전부장관은 정보공개위원회가 정보공개제도의 효율적인 운영을 위하여 필요하다고 요청하는 경우에는 공공기관에 대하여 정보공개제도의 운영실태를 평가할 수 있도록 하고 있다(법 24조 2항).

5) 신분보장

누구든지 이 법에 따른 정당한 정보공개를 이유로 징계조치 등 어떠한 신분상 불이익이나 근무조건상의 차별을 받지 않도록 하여 정보공개 담당 공무원 등의 업무수행상의 애로가 발생하지 않도록 하고 있다(법 28조).

사례 1　산업통상자원부장관은 중 · 저준위방사성폐기물 처분시설이 설치될 지역을 관할하는 지방자치단체의 지역(이하 "유치지역"이라 한다)에 대한 지원계획 및 유치지역지원시행계획을 수립한 후, 처분시설의 유치지역을 선정하고자 하였다. 이에 A시와 A시로부터 20킬로미터 밖에 위치한 B군, C군 등 3개 지역이 처분시설의 유치를 신청하였다. 산업통상자원부장관은 B군과 C군에 대하여는 중 · 저준위방사성폐기물 처분시설의 유치지역지원에 관한 특별법 제7조 제3항에 따른 설명회를 개최하였으나, A시에 대하여는 주민반대를 이유로 설명회나 토론회를 개최하지 않았다. 그 뒤 위 3개지역에 대하여 주민투표를 실시한 결과 A시가 81.35%, B군이 55.24%, C군이 61.17%의 찬성을 얻게 되자, 산업통상자원부장관은 부지선정위원회의 자문을 거쳐 A시를 최종 유치지역으로 선정하였다. B군 주민 을이 부지선정위원회의 선정기준, 선정과정에 관한 회의록 및 각 위원의 자문의견에 대한 정보공개를 요구하는 경우 이를 공개하여야 하는가?(제48회 사법시험)

▶**답안요지** 공공기관의 정보공개에 관한 법률(이하 정보공개법이라 함) 제3조는 공공기관이 보유·관리하는 정보는 정보공개법에 정하는 바에 따라 공개하여야 한다는 정보공개의 원칙을 정하고 있다. 산업통상자원부장관은 국가기관으로서 정보공개법 제2조 제3호의 공공기관에 해당한다. 한편 정보공개법 제5조는 모든 국민은 정보의 공개를 청구할 권리를 가진다고 규정하고 있는바 여기서 말하는 국민이라 함은 자연인, 법인, 권리능력 없는 사단·재단을 말한다. 이에 따라 을은 산업통상자원부장관이 보유하고 있는 정보 중 비공개대상정보를 제외하고 공개를 청구할 권리를 갖는다. 사안에서 을은 ① 부지선정위원회의 선정기준, ② 선정과정에 대한 회의록 및 각 위원의 자문의견에 대한 정보공개를 요구하고 있는바, 이들 정보가 정보공개법 제9조에서 규정하고 있는 비공개대상정보에 해당하는지 문제가 된다. 정보공개법 제9조 제5호는 비공개대상정보로서 "감사·감독·검사·시험·규제·입찰계약·기술개발·인사관리·의사결정과정 또는 내부검토과정에 있는 사항 등으로서 공개될 경우 업무의 공정한 수행이나 연구·개발에 현저한 지장을 초래한다고 인정할 만한 상당한 이유가 있는 정보"를 규정하고 있다.

① 부지선정위원회의 선정기준은 정보가 공개된다고 하더라도 업무의 공정한 수행에 전혀 지장을 주지 않으며, 오히려 행정운영의 투명성을 위하여 공개가 바람직하다.

② 회의록 공개와 관련하여 판례는 행정기관의 의사결정을 대외적으로 공표하기 전에 위원회의 회의록 내용이 공개된다면 업무의 현저한 지장을 초래할 우려가 있다고 하여 비공개대상정보에 해당된다고 판시하였는바(대판 2004. 12. 9, 2003두12707), 사안에서는 이미 의결결정이 대외적으로 공표되었기 때문에 비공개대상정보라 할 수 없다. 다만, 위원회의 심의의 자유롭고 솔직한 의사교환을 위하여 누가 어떠한 발언이나 의견을 주장하였는지, 즉 발언자의 인적 사항은 제외되어야 할 것이다(대판 2003. 8. 22, 2002두12946).

▶**요약** ① 부지선정위원회의 선정기준은 공개되어야 한다. ② 회의록 내용은 공개하되, 발언자의 인적 사항은 비공개되어야 한다.

사례 2 A고등학교 교장인 갑은 소속 교사인 을의 행실이 못마땅하고, 그 소속 단체인「교사연구회」에 대하여도 반감을 가지고 있던 중에 을이 신청한 A학교시설의 개방 및 그 이용을 거부하였다. 그러자 평소 갑의 학교운영에 불만을 품고 있던 을은 학교장 갑의 업무추진비 세부항목별 집행내역 및 그에 관한 증빙서류에 대하여 정보공개를 청구하였다. 이에 갑은 청구된 정보의 내용 중에는 개인의 사생활의 비밀 또는 자유를 침해할 우려가 있는 정보가 포함되어 있다는 것을 이유로 을의 청구에 대하여 비공개결정을 하였다.(53회 행정고시)

1) 갑의 비공개결정의 적법성 여부에 대하여 검토하시오.(15점)

2) 갑의 비공개결정에 대하여 을이 취소소송을 제기하여 다투고 있던 중, 갑은 위 사유 이외에 학교장의 업무추진비에 관한 정보 중에는 법인·단체의 경영상의 비밀이 포함되어 있다는 것을 비공개결정 사유로 추가하려고 한다. 그 허용여부에 대하여 검토하시오.(15점)

▶**답안요지** **제1문: 갑의 비공개결정의 적법성여부**

1.「교육관련기관의 정보공개에 관한 특례법」에 의한 공개대상이 되는 정보

각급학교는「교육관련기관의 정보공개에 관한 특례법」에 따라 정보공개의무자가 되며, 공개대상이 되는 정보는 학교교육과 관련하여 직무상 작성 또는 취득하여 관리하고 있는 도면·사진·필름·테이프·슬라이드 및 그 밖에 이에 준하는 매체 등에 기록된 사항을 말한다. 이에 따라 을이 요구한 사항은「교육관련기관의 정보공개에 관한 특례법」 제4조에 따라 정보공개법 제9조 제1항에서 규정하고 있는 비공개대상정보에 해당되지 않는 한 공개대상정보라고 할 것이다. 사안에서 갑은 을이 공개 청구를 하고 있는 정보의 내용 중에는 개인의 사생활의 비밀 또는 자유를 침해할 우려가 있다는 이유로 거부를 하고 있는 바, 여기서 문제가 되고 있는 정보가 정보공개법 제9조 제1항 제6호의 비공개대상정보에 해당되는지 문제가 된다.

2. 정보공개법 제9조 제1항 제6호의 비공개대상정보와 그 예외

동 조항에 따르면 당해 정보에 포함되어 있는 이름 · 주민등록번호 등 개인에 관한 사항으로서 공개될 경우 개인의 사생활의 비밀 또는 자유를 침해할 우려가 있다고 인정되는 정보는 공개하지 아니할 수 있다. 다만, 이 경우에도 ㉮ 다만 법령이 정하는 바에 따라 열람할 수 있는 정보, ㉯ 공공기관이 공표를 목적으로 작성하거나 취득한 정보로서 개인의 사생활의 비밀과 자유를 부당하게 침해하지 않는 정보, ㉰ 공공기관이 작성하거나 취득한 정보로서 공개하는 것이 공익 또는 개인의 권리구제를 위하여 필요하다고 인정되는 정보, ㉱ 직무를 수행한 공무원의 성명과 직위, ㉲ 공개하는 것이 공익을 위하여 필요한 경우로서 법령에 의하여 국가 또는 지방자치단체가 업무의 일부를 위탁 또는 위촉한 개인의 성명 · 직업 등은 공개하도록 규정하고 있다.

3. 사안의 경우

1) 비공개대상여부

사안에서 갑은 을이 공개를 청구하고 있는 업무추진비 세부항목별 집행내역 및 그에 관한 증빙서류정보의 공개는 학교운영의 투명성확보라는 공익을 위하여 그 필요성이 인정된다. 그러나 이들 서류에는 지출상대방의 이름 및 주민등록번호 등이 포함될 가능성이 있는바, 이들을 공개할 경우에는 관련 개인의 사행활의 비밀과 자유를 침해하게 된다. 한편, 제9조 제1항 제6호 다목은 이러한 경우에도 공익을 위하여 필요한 경우에는 공개할 수 있도록 규정하고 있는바, 비록 해당 서류의 공개가 학교운영의 투명성확보라는 공익을 위하여 그 필요성을 충분히 인정할 수 있으나, 이러한 공익은 관련 개인의 사생활의 비밀과 자유의 침해보다 우월하다고 판단되지 않는다.

2) 부분공개가능성

정보공개법 제14조는 공개를 거부한 정보에 비공개대상 정보에 해당하는 부분과 공개가 가능한 부분이 혼합되어 있고 공개청구의 취지에 어긋나지 않은 범위 안에서 두 부분을 분리할 수 있음을 인정할 수 있는 때에는 공개가 가능한 정보만을 공개하도록 규정하고 있다. 상술한 바와 같이 업무추진비의 상세집행내역과 그 증빙자료의 공개가 학교운영의 투명성확보를 위하여 그 필요성이 인정되는바, 이들 자료에 포함된 개인의 이름이나 주민등록번호 등의 정보를 분리할 수 있는 경우에는 이들 정보를 제외하고 공개하여야 한다.

4. 결어: 갑의 해당 정보의 일괄적인 비공개결정은 위법하다.

제2문: 처분사유의 추가 · 변경 가능성

사안에서 갑이 취소소송의 계속 중에 위 사유 이외에 법인 · 단체의 경영상의 비밀(정보공개법 제9조 제1항 제7호)이 포함되어 있다는 것을 해당 정보의 비공개결정의 추가적인 사유로 제시할 수 있는지 묻고 있는바, 이는 처분사유의 추가 · 변경의 허용성에 관한 문제이다. 처분사유의 추가 · 변경이란 당초 처분시에는 존재하였지만 처분사유로 제시되지 아니하였던 사실 및 법적 근거를 소송계속 중에 추가하거나 변경하는 것을 의미한다. 처분사유의 추가 · 변경의 허용성여부에 대하여는 ① 긍정설, ② 부정설, ③ 제한적 긍정설 등 견해가 대립하고 있는바, 제한적 긍정설이 판례와 다수설의 입장이다. 제한적 긍정설에 따르면 처분사유의 추가 · 변경이 허용되기 위하는 ① 처분시에 존재하는 사유여야 하며, ② 처분의 동일성이 유지되어야 한다(본서 취소소송의 판결 중 처분사유의 추가 · 변경 부분 참고). 판례의 일관된 입장에 따르면 처분의 동일성이 유지되기 위하여는 기본적 사실관계의 동일성이 유지되어야 한다. 기본적 사실관계의 동일성여부는 처분사유를 법률적으로 평가하기 이전에 구체적인 사실에 착안하여 그 기초가 되는 사회적 사실관계가 기본적인 점에서 동일한지 여부에 따라 결정되어야 한다고 판시하고 있다.

사안에서 정보공개에 관련하여 사생활의 비밀과 자유의 침해라는 처분사유와 법인 및 단체의 경영상에

비밀이라는 처분사유는 모두 처분시에 존재하는 사유에 해당한다. 그러나 제6호는 개인의 사생활의 비밀과 자유의 보호함으로써 제3자의 법익침해를 방지하는 것을 목적으로 하는 데 비하여, 제7호는 영업상 비밀에 관한 것으로서 법인 등의 정당한 이익이 침해되는 것을 방지하는 데 그 취지가 있다. 이에 따라 비공개대상 정보로 한 6호의 사유와 추가된 사유인 제7호는 기본적 사실관계의 동일성이 없기 때문에 처분사유의 추가 · 변경은 허용되지 않는다고 보아야 할 것이다(대판 2003. 12. 11, 2001두8827).

사례 3 서울특별시 X구에 위치한 대학입학전문상담사로 근무하는 갑은 과학적이고 체계적인 학생 입학지도를 위해 '공공기관의 정보공개에 관한 법률'에 따라 교육부장관 을에게 학교별 성적분포도를 포함하여 서울지역 2010 원데이터에 대한 정보(수능시험정보)의 공개를 청구하였다. 이에 대해 을은 갑의 청구대로 응할 경우 학교의 서열화를 야기할 뿐 아니라 업무의 공정한 수행에 현저한 지장을 초래한다는 이유로 비공개결정을 하였다. 갑의 권리구제와 관련하여 다음의 질문에 대답하시오(단, 무효확인심판과 무효확인소송은 제외한다).(제55회 행정고시)

1) 갑이 현행 행정쟁송법상 권리구제와 수단으로 선택할 수 있는 방식에 대하여 기술하시오.(10점)

2) 을이 비공개결정을 한 이유의 타당성을 검토하시오.(10점)

3) 만약 갑이 행정심판을 제기한 경우에 행정심판위원회는 어떠한 재결을 할 수 있는지 행정심판 유형에 따라 기술하고 이때 행정심판법상 갑의 권리구제수단의 한계에 대해서도 검토하시오.(20점)

4) 만약 갑이 취소소송을 제기하여 인용판결이 확정되었음에도 불구하고 을이 계속 정보를 공개하지 않을 경우 갑의 권리구제를 위한 행정소송법상 실효성 확보수단과 그 요건 및 성질에 대해 기술하시오.(10점)

▶답안요지 **제1문: 현행 행정쟁송법상 권리구제수단**

을의 갑의 정보공개청구에 대한 비공개결정은 거부처분으로 볼 수 있는바, 이에 대한 현행 행정쟁송법상의 권리구제수단으로는 의무이행소송, 거부처분취소송, 거부처분취소심판, 의무이행심판이 고려될 수 있다. 그 밖에 가구제로서 임시처분을 고려할 수 있다.

1. 행정소송

1) 의무이행소송: 현행법상 의무이행소송이 허용될 수 있는지 여부에 대하여 긍정설과 부정설이 대립되고 있는바, 긍정설은 권력분립의 원칙을 실질적으로 보아 행소법 제4조의 항고소송의 종류는 예시적 규정에 불과하고, 행소법 제4조 제1호의 "변경"을 적극적 변경으로 이해하여 무명항고소송의 형태로 의무이행소송이 가능하다고 한다. 이에 대하여 부정설은 권력분립의 원칙을 형식적으로 파악하여 행정에 대한 1차적 판단권은 행정권에 맡겨져야 한다는 관점에서 현행법상 의무이행소송이 허용되지 않는다고 한다. 이에 따라 행소법 제4조의 소송종류를 열거적으로 보고, 행소법 제4조 제1호의 변경을 일부취소로 파악하고 있다. 현행법의 해석상 행소법 제4조의 항고소송의 유형은 열거적으로 볼 수밖에 없으므로 의무이행소송은 허용되지 않을 것이다. 다만, 오늘날 급부행정국가에 있어서 수익적 행정행위의 거부나 부작위는 부담적 행정행위보다 개인의 권리를 심각하게 침해할 수 있다는 현실을 고려하여 입법론적으로는 권력분립의 원칙을 실질적으로 파악하고 의무이행소송을 도입하는 것이 바람직하다(본서 행정소송의 한계 참조).

2) 거부처분취소소송: 판례에 따르면 취소소송의 대상이 되는 거부처분이 인정되기 위하여는 법규상 조리상 신청권이 요구되고 있다. 이에 대하여 학설에서는 원고적격에서 검토되어야 할 사항이라는 비판, 본안을 선취한다는 비판이 제기되고 있으나 판례는 신청권의 의미를 형식상의 단순한 응답요구권으로 파악하고 있다. 사안의 경우 정보공개법 제5조는 일반적 정보공개청구권을 규정하고 있는바, 판례가 요구하는 법규상 신청권이 인정될 것이다.

3) 집행정지: 거부처분에 대한 집행정지는 행정청에게 적극적인 처분을 하는 효력을 발생하지 않고, 여전히 신청시의 상태로 되돌아가는데에 불과하기 때문에 원칙적으로 허용되지 않는다고 할 것이다. 일설에

서는 행소법 제8조 제2항을 근거로 하여 민사소송법의 가처분제도의 준용을 주장하고 있으나 관철되지 못하고 있다(본서 취소소송의 가구제 참조).

2. 행정심판

1) 거부처분취소심판/의무이행심판

갑은 을의 거부처분에 대하여 거부처분취소심판과 의무이행심판을 제기할 수 있다.

2) 임시처분

행심법은 적극적인 가구제로서 임시처분제도를 도입하고 있는바, 그 요건으로는 ① 처분 또는 부작위가 위법 · 부당하다고 상당히 의심될 것, ② 행정심판청구의 계속, ③ 처분 또는 부작위 때문에 당사자가 받을 우려가 있는 중대한 불이익이나 당사자에게 생길 급박한 위험이 존재할 것, ④ 이를 막기 위하여 임시지위를 할 필요성이 인정되어야 한다. 사안의 경우 ③의 요건의 충족여부가 명확하지 않고, 정보공개청구소송에서 정보공개를 내용으로 하는 임시처분은 실제로 본안을 선취하는 효과를 발생하기 때문에 허용되지 않는다고 할 것이다.

제2문: 비공개결정이유의 타당성여부

정보공개법 제9조 제1항은 비공개대상정보로서 8개 사항을 규정하고 있다. 을은 수능시험정보를 공개할 경우, 학교의 서열화 및 업무의 공정한 수행에 현저한 지장을 초래한다는 이유로 거부를 한 바, 이는 제9조 제1항 제5호의 시험에 관한 정보로서 공개될 경우 업무의 공정한 수행에 현저한 지장을 초래한다고 인정할 만한 상당한 이유가 있는 정보에 해당되는지 문제가 된다. 제9조 제1항 제5호에 해당한다고 하더라도 공개여부는 제9조 제1항의 취지에 따라 행정청의 재량에 속한다. 또한 공개청구한 정보가 제9조 제1항 제5호에 해당하는 부분과 공개가 가능한 부분이 혼합되어 있는 경우에는 공개취지에 어긋나지 않는 범위에서 양 부분을 분리할 수 있을 때에는 비공개정보를 제외하고 공개하여야 한다. 사안의 경우 수능시험성적의 학교별분포도와 수험생의 원점수정보로 구분하여 고찰할 필요가 있다.

1. 수능시험의 학교별 분포도

여기서 한편으로 행정의 투명성, 국민의 알권리, 학부모의 자녀교육권과 다른 한편으로 공개거부를 정당화할 공익과의 비교형량이 요구된다. 학교별 수능시험정보를 공개할 경우 을이 주장하는 바와 같이 학교의 서열화를 초래하고, 이는 사교육비의 증대, 공교육의 파행, 특정지역의 전세값의 폭등 등 우리 교육의 고질적 병폐를 심화시킬 우려가 있다. 비록 국민의 알권리 및 학부모의 자녀교육권 등의 관점에서 공개필요성도 충분히 인정될 수 있으나 학교교육의 평준화, 공교육의 내실을 위하여 요구되는 비공개의 필요성이 더욱 크다고 판단된다.

2. 수험생의 원점수정보

수험생의 원점수정보의 경우 인적 사항을 제외하고 공개할 경우에 위에 언급한 부작용이 존재하지 않을 뿐 아니라, 오히려 그 공개가 국민의 알권리 및 학부모의 자녀교육권 등을 위하여 요청된다고 할 것이다. 판례 역시 수험생의 원점수정보에 대한 학부모모임의 공개청구에 대하여 인적 사항을 제외하고는 인용판결을 하였다(대판 2010. 2. 11, 2009두6001).

▶결어 사안에서 수능시험의 학교별분포도에 대한 비공개사유는 타당하나, 수험생의 원점수정보는 인적 사항을 제외하고는 공개가 요구된다.

제3문: 행정심판의 재결 및 권리구제수단의 한계

1. 의무이행심판을 제기한 경우

의무이행심판을 제기하여 청구가 인용될 경우에 재결의 종류로는 처분재결, 처분명령재결이 있다(법 43조 5항). 처분명령재결의 경우 재결의 기속력에 따라 처분청의 재처분의무가 존재한다(법 49조 2항). 처분청이 재처분의무를 이행하지 않는 경우에는 행정심판위원회는 기간을 정하여 시정을 명하고 그 기간에 이행하지 않으면 직접처분을 할 수 있다(법 50조 1항). 그러나 문제가 되는 수능시험정보는 을이 독점을 하고 있기 때문에 중앙행정심판위원회의 처분재결과 직접처분은 한계를 가질 수밖에 없다. 만일 을이 처분명령재결의 기속력에 따라 정보공개를 하지 않을 경우에는 행정심판법 제50조의2에 따라 갑은 행정심판위원회에 간접강제를 신청할 수 있다.

2. 거부처분취소심판을 제기한 경우

거부처분취소심판을 제기하여 청구가 인용될 경우에 재결로는 거부처분취소재결이 있다. 구 행정심판법에서는 거부처분취소재결에 대하여는 의무이행심판과는 달리 재결의 기속력으로 재처분의무를 규정하고 있지 않아, 재처분의무의 인정 여부와 관련하여 견해의 대립이 있었으나 개정 행정심판법 제49조 제2항은 거부처분취소재결의 기속력으로서 재처분의무를 명문으로 규정하고 있다. 만일 을이 거부처분취소재결의 기속력에 따라 정보공개를 하지 않을 경우에는 행정심판법 제50조의2에 따라 갑은 행정심판위원회에 간접강제를 신청할 수 있다.

제4문: 인용판결의 기속력과 간접강제

1. 간접강제의 의의

갑의 거부처분취소소송에 대한 인용판결이 확정된 경우에 을에게는 행소법 제30조 제2항에 따라 재처분의무가 발생한다. 그러나 설문에서 을은 기속력에 반하여 계속 공개를 거부하고 있는바, 이에 대한 갑의 권리구제수단으로는 간접강제가 고려된다. 수소법원은 당사자의 신청에 의하여 결정으로서 상당한 기간을 정하고 행정청이 그 기간 내에 이행하지 아니하는 때에는 그 지연기간에 따라 일정한 배상을 할 것을 명하거나 즉시 손해배상을 할 것을 명할 수 있다(행소법 34조).

2. 간접강제의 요건

간접강제의 요건으로는 ① 거부처분취소판결 등이 확정되었을 것, ② 행정청이 재처분의무를 이행하지 않을 것이 요구된다.

3. 성질

간접강제는 민사집행법상의 간접강제를 본뜬 것으로 본래 비대체적 작위의무를 강제하게 위한 제도이다. 거부처분취소판결의 경우에도 행정청의 재처분의무도 비대체적인 것이므로 그 실효성을 담보하기 위하여 인정되었다. 판례는 간접강제에 기한 배상금은 재처분의 지연에 대한 제재나 손해배상이 아니고, 심리적 강제수단에 불과한 것으로 이행기간이 경과된 후라도 재처분의 이행이 있으면 더 이상 배상금을 추심하는 것이 허용되지 않는다는 입장을 취하고 있다(대판 2004. 1. 15, 2002두2444).

제 3 절 개인정보보호제도

Ⅰ. 의 의

개인정보보호제도라 함은 개인에 관한 정보가 부당하게 수집 · 저장 · 유통되는 것을 막아 개인의 프라이버시를 보호하는 제도를 말한다. 오늘날 고도화된 정보화사회에서는 컴퓨터 및 정보통신기술사업의 급속한 발전을 통하여 막대한 양의 개인정보가 국가기관이나 사적 단체에 의하여 수집 · 저장 · 처리가 가능하게 되고 이를 통하여 개인정보의 유출 · 오용 · 남용 등의 사례가 지속적으로 증가됨에 따라 개인의 프라이버시의 침해가 심각한 수준에 도달하게 되었다. 이에 따라 개인이 자신에 대한 정보를 수집 · 저장 · 처리되는 것을 제한하고 통제하는 것을 목적으로 하는 개인정보제도의 필요성이 필연적으로 대두되고 있다. 이와 같은 개인정보보호는 공공부분에서의 개인정보보호와 민간부분에서의 개인정보보호로 구분된다.

Ⅱ. 외국의 입법례

개인정보보호에 대한 외국의 입법례로서 1973년에 스웨덴이 최초로 개인정보보호법을 제정하였고, 그 후 미국의 1974년 프라이버시법, 1988년의 「컴퓨터연결 및 프라이버시보호법」이 있으며, 독일의 경우에 1977년에 연방정보보호법을 제정하였다. 그 밖에 1978년 프랑스의 「행정과 국민의 관계개선에 관한 법률」, 1984년 영국의 개인정보보호법, 1988년 일본의 「행정기관이 보유하는 전자계산처리에 따른 개인정보의 보호에 관한 법률」 등이 있다.

개인정보보호에 관한 국제적 기준과 관련하여서는 1968년 국제연합이 "인권과 과학기술의 발전"에 관한 연구보고서에서 개인정보보호를 위하여 취하여야 할 최소한도의 국제기준을 제시하였고, 1980년 경제협력개발기구(OECD)에서는 「개인정보의 국제유통과 프라이버시보호에 관한 가이드라인」을 제시하였다. 이 가이드라인은 ① 수집제한의 원칙, ② 정보의 정확성의 원칙, ③ 수집목적 특정의 원칙, ④ 사용제한의 원칙, ④ 개인참가의 원칙, ⑤ 책임소재의 원칙으로 되어 있다.

Ⅲ. 법적 근거

1. 헌법적 근거

개인정보보호제도는 이른바 헌법상의 개인정보자기결정권에 근거를 두고 있다. 개인정보자기결정권은 자신에 관한 정보가 언제 누구에게 어느 범위까지 알려지고 또 이용되도록 할 것인지를 그 정보주체가 스스로 결정할 수 있는 권리, 즉 정보주체가 개인정보의 공개와 이용에 관하여 스스로 결정할 권리를 의미한다.[10] 그러나 이러한 정보상 자기결정권에 대한 헌법적 근거는 학설에서 다툼이 되고 있다. 다수설은 정보상 자기결정권의 근거를 헌법 제17조의 사생활의 자유와 비밀에서 찾고 있는 반면,[11] 일설은 헌법 제17조의 사생활의 자유와 비밀은 자유권의 성격을 갖기 때문에 청구권적 성격을 갖는 정보상 자기결정권의 근거가 될 수 없다고 하며, 그 근거를 헌법 제10조의 행복추구권에서 찾고 있다.[12]

생각건대, 정보상 자기결정권은 사생활자유의 일반적 규정인 헌법 제17조에서 도출된다고 보는 것이 타당할 것이다. 비록 자유권은 우선적으로 국가에 대하여 부작위를 청구할 수 있는 권리이기는 하나, 이러한 부작위청구권은 국가권력에 의하여 이미 자유권이 침해된 경우에는 그 침해의 배제를 요구할 수 있는 결과제거청구권으로 변화된다. 헌법 제17조의 사생활자유로부터 개인은 국가가 자신에 관한 정보를 임의로 조사 · 저장 · 처리하는 행위를 배제할 것을 청구할 수 있으며, 또한 자신에 관한 정보의 정정 · 사용중지 · 삭제 등을 요구할 수 있고, 이러한 요구가 수용되지 않을 경우에 불복신청이나 손해배상을 청구할 수 있는 권리를 갖는다.

사생활을 보호하는 기본권은 헌법 제17조 이외에도 헌법 제16조(주거의 자유), 헌법 제18조(통신

10) 헌재결 2005. 7. 21, 2003헌마282.

11) 權寧星, 憲法學原論, 451면 이하; 金日煥, 情報自己決定權의 憲法上 根據와 保護에 관한 硏究, 公法硏究 29집 3호, 2001. 5, 100면 이하.

12) 金哲洙, 憲法學槪論, 599면.

의 비밀)가 있는바 이들은 헌법 제17조와의 관계에 있어서 일반법과 특별법의 관계에 있다. 헌법 제16조와 헌법 제18조는 이들에 의하여 보호되는 사생활영역에 있어서 정보상 자기결정권을 근거지우는 반면, 헌법 제17조는 여타의 사생활영역에 있어서 개인정보자기결정권을 보장한다고 할 수 있다.

대법원은 헌법 제10조와 헌법 제17조에서 개인정보자기결정권을 도출하고 있는 반면, 헌법재판소는 독자적 기본권으로서 헌법에 명시되지 않은 기본권으로 보고 있다.

판례 1(개인정보자기결정권의 근거를 헌법 제10조와 제17조에서 찾은 대법원판례) 헌법 제10조는 "모든 국민은 인간으로서의 존엄과 가치를 가지며, 행복을 추구할 권리를 가진다. 국가는 개인이 가지는 불가침의 기본적 인권을 확인하고 이를 보장할 의무를 진다"고 규정하고, 헌법 제17조는 "모든 국민은 사생활의 비밀과 자유를 침해받지 아니한다"라고 규정하고 있는바, 이들 헌법 규정은 개인의 사생활 활동이 타인으로부터 침해되거나 사생활이 함부로 공개되지 아니할 소극적인 권리는 물론, 오늘날 고도로 정보화된 현대사회에서 자신에 대한 정보를 자율적으로 통제할 수 있는 적극적인 권리까지도 보장하려는 데에 그 취지가 있는 것으로 해석된다(대판 1998. 7. 24, 96다42798).

판례 2(개인정보자기결정권은 독자적 기본권으로서 헌법에 명시되지 않은 기본권이라고 본 헌재의 결정) 개인정보자기결정권의 헌법상 근거로는 헌법 제17조의 사생활의 비밀과 자유, 헌법 제10조 제1문의 인간의 존엄과 가치 및 행복추구권에 근거를 둔 일반적 인격권 또는 위 조문들과 동시에 우리 헌법의 자유민주적 기본질서 규정 또는 국민주권원리와 민주주의원리 등을 고려할 수 있으나, 개인정보자기결정권으로 보호하려는 내용을 위 각 기본권들 및 헌법원리들 중 일부에 완전히 포섭시키는 것은 불가능하다고 할 것이므로, 그 헌법적 근거를 굳이 어느 한 두개에 국한시키는 것은 바람직하지 않은 것으로 보이고, 오히려 개인정보자기결정권은 이들을 이념적 기초로 하는 독자적 기본권으로서 헌법에 명시되지 아니한 기본권이라고 보아야 할 것이다(헌재결 2005. 5. 26, 2004헌마190).

---

2. 개인정보보호에 관한 법률

앞서 언급한 바와 같이 개인정보보호는 공공부분에서의 개인정보보호와 민간부분에서의 개인정보보호로 구분된다. 민간부분의 개인정보보호와 관련하여서는 정보통신서비스제공자가 수집한 이용자의 개인정보보호를 위하여 1999년 2월 8일에 「정보통신망이용촉진 및 정보보호 등에 관한 법률」이 제정되었으며, 신용정보업자가 수집 · 이용하는 개인의 신용정보는 1995년 1월 5일에 제정된 「신용정보의 이용 및 보호에 관한 법률」에 의하여 보호되며, 금융거래의 내용에 관한 개인정보는 「금융실명거래 및 비밀보장에 관한 법률」에 의하여 보호되어 왔다.

한편, 공공부분에서 개인정보보호와 관련하여 1994년 1월 7에 공공기관의 개인정보보호에 관한 법률이 제정되어 공공기관에 의한 개인정보의 수집 · 보유 · 처리의 제한 및 통제기능을 수행하여 왔다. 그러나 오늘날 정보사회의 고도화에 따라 개인정보의 경제적 가치 증대로 국가사회 모든 영역에 있어서 개인정보의 수집과 이용이 보편화되고 있으나, 국가사회 전반을 규율하는 개인정보 보호원칙과 개인정보처리기준이 마련되지 못하여 개인정보보호의 사각지대가 발생되고 있을 뿐 아니라, 공공기관뿐만 아니라 사적 단체에 의하여도 개인정보의 유출 · 오용 · 남용 등 개인정보 침해 사례가 지속적으로 발생함에 따라 개인의 프라이버시 침해는 물론 정신적 · 금전적 피해가 증가되고 있다. 이에 따라 공공부분과 민간부분을 망라하여 국제수준에 부합하는 개인정보 처리원칙을 규정하고, 개인정보 침해로 인한 피해구제를 강화하여 국민의 사생활의 비밀을 실효성있게 보호하기 위한 개인정보보호에 관한 일반법의 제정이 요구되어 왔다. 이러한 요청에 따라 개인정보보호법이 2011년 3월 29일에 제정되어 2011년 9월 30일부터 시행되었다. 최근에는 2020년 2월 및 2023년 3월에 각각 일부개정되어 시행되고 있다.

Ⅳ. 개인정보보호법의 내용

1. 동법의 적용범위

동법은 개인정보보호에 관한 일반법으로서, 「정보통신망 이용촉진 및 정보보호 등에 관한 법률」, 「신용정보의 이용 및 보호에 관한 법률」 등 다른 법률에 특별한 규정이 있는 경우를 제외하고는 동법에서 정하는 바에 따른다(법 6조). 아울러 동법의 제정에 따라 공공부분의 개인정보보호에 관한 일반법인 「공공기관의 개인정보보호에 관한 법률」은 폐지되었다.

동법의 적용을 받는 개인정보처리자는 업무를 목적으로 개인정보파일을 운용하기 위하여 스스로 또는 다른 사람을 통하여 개인정보를 처리하는 공공기관, 법인, 단체 및 개인 등을 말한다(법 2조 5호). 이에 따라 공공기관뿐만 아니라, 비영리단체나 소규모 자영업자까지 업무를 목적으로 개인정보를 사용하거나 처리하는 모든 사업자가 동법의 적용대상자가 된다. 동법에서 말하는 공공기관이라 함은 국회, 법원, 헌법재판소, 중앙선거관리위원회의 행정사무를 처리하는 기관, 중앙행정기관(대통령 소속 기관과 국무총리 소속 기관을 포함) 및 그 소속 기관, 지방자치단체, 그 밖의 국가기관 및 공공단체 중 대통령령으로 정하는 기관을 의미한다(법 2조 6호).

2. 보호대상이 되는 개인정보

동법에서 보호되는 개인정보란 살아 있는 개인에 관한 정보로서 성명, 주민등록번호 및 영상 등을 통하여 개인을 알아볼 수 있는 정보, 해당 정보만으로는 특정 개인을 알아볼 수 없더라도 다른 정보와 쉽게 결합하여 알아볼 수 있는 정보(이 경우 쉽게 결합할 수 있는지 여부는 다른 정보의 입수 가능성 등 개인을 알아보는 데 소요되는 시간, 비용, 기술 등을 합리적으로 고려하여야 한다), 위의 정보를 가명처리함으로써 원래의 상태로 복원하기 위한 추가 정보의 사용 · 결합 없이는 특정 개인을 알아볼 수 없는 정보(가명정보)를 말한다(법 2조 1호). 이러한 개인정보에는 ① 성명, 주민등록번호, 주소, 연락처 등의 '일반정보', ② 소득, 재산상황, 신용, 부채 등의 '경제정보', ③ 학력, 성적, 병역, 직업, 자격 등의 '사회정보', ④ 전자우편, 통화내용, 인터넷접속IP 등의 '통신정보', ⑤ 사상, 신념, 노동조합, 정당의 가입탈퇴, 정치적 견해, 건강 등의 '민감정보' 등 모두가 포함된다. 여기에는 전자적으로 처리되는 개인정보 외에 수기(手記) 문서까지 개인정보의 보호범위에 포함된다.

3. 개인정보보호의 원칙

동법은 개인정보처리자가 개인정보의 수집 · 보유 · 처리에 있어서 준수하여야 할 기본원칙을 정하고 있다.

개인정보처리자는 개인정보의 처리목적을 명확하게 하여야 하고 그 목적에 필요한 범위에서 최소한의 개인정보만을 적법하고 정당하게 수집하여야 한다(법 3조 1항). 개인정보처리자는 개인정보의 처리

방법 및 종류 등에 따라 정보주체의 권리가 침해받을 가능성과 그 위험 정도를 고려하여 개인정보를 안전하게 관리하여야 한다(법 3조 4항). 개인정보처리자는 개인정보의 처리 목적에 필요한 범위에서 적합하게 개인정보를 처리하여야 하며, 그 목적 외의 용도로 활용하여서는 안된다(법 3조 2항). 개인정보처리자는 정보주체의 사생활침해를 최소화하는 방법으로 개인정보를 처리하여야 하며, 개인정보처리자는 개인정보의 익명처리가 가능한 경우에는 익명에 의하여, 익명처리로 목적을 달성할 수 없는 경우에는 가명에 의하여 처리될 수 있도록 하여야 한다(법 3조 7항). 개인정보처리자는 개인정보 처리방침 등 개인정보의 처리에 관한 사항을 공개하여야 하며, 열람청구권 등 정보주체의 권리를 보장하여야 한다(법 3조 5항).

4. 정보주체의 권리

정보주체는 자신의 개인정보처리와 관련하여 ① 개인정보의 처리에 관한 정보를 제공받을 권리, ② 개인정보의 처리에 관한 동의 여부, 동의 범위 등을 선택하고 결정할 권리, ③ 개인정보의 처리 여부를 확인하고 개인정보에 대하여 열람(사본발급을 포함)을 요구할 권리, ④ 개인정보의 처리 정지, 정정 · 삭제 및 파기를 요구할 권리, ⑤ 개인정보의 처리로 인하여 발생한 피해를 신속하고 공정한 절차에 따라 구제받을 권리를 갖는다(법 4조).

5. 개인정보의 수집 및 이용

1) 개인정보의 수집 및 이용이 허용되는 경우

개인정보처리자는 ① 정보주체의 동의를 받은 경우, ② 법률에 특별한 규정이 있거나 법령상 의무를 준수하기 위하여 불가피한 경우, ③ 공공기관이 법령 등에서 정하는 소관 업무의 수행을 위하여 불가피한 경우, ④ 정보주체와 체결한 계약을 이행하거나 계약을 체결하는 과정에서 정보주체의 요청에 따른 조치를 이행하기 위하여 필요한 경우, ⑤ 명백히 정보주체 또는 제3자의 급박한 생명, 신체, 재산의 이익을 위하여 필요하다고 인정되는 경우, ⑥ 개인정보처리자의 정당한 이익을 달성하기 위하여 필요한 경우로서 명백하게 정보주체의 권리보다 우선하는 경우(개인정보처리자의 정당한 이익과 상당한 관련이 있고 합리적인 범위를 초과하지 아니하는 경우에 한한다) 및 ⑦ 공중위생 등 공공의 안전과 안녕을 위하여 긴급히 필요한 경우 개인정보를 수집할 수 있으며 그 수집 목적의 범위에서 이용할 수 있다(법 15조 1항).

개인정보처리자가 개인정보의 수집 · 이용에 있어서 정보주체의 동의를 받은 경우에는 ① 개인정보의 수집 · 이용 목적, ② 수집하려는 개인정보의 항목, ③ 개인정보의 보유 및 이용 기간, ④ 동의를 거부할 권리가 있다는 사실 및 동의 거부에 따른 불이익이 있는 경우에는 그 불이익의 내용 등을 정보주체에게 알려야 하며, 이들 사항 중 어느 하나를 변경하는 경우에도 이를 알리고 동의를 받아야 한다(법 15조 2항).

판례(정보통신서비스 제공자가 이용자에게서 개인정보 수집 · 제공에 관하여 적법한 동의를 받기 위한 요건) 구 정보통신망 이용촉진 및 정보보호 등에 관한 법률 제22조 제1항, 제24조의2 제1항, 제26조의2, 구 정보통신망 이용촉진 및 정보보호 등에 관한 법률 시행령 제12조 제1항의 문언 · 체계 · 취지 등에 비추어 보면, 정보통신서비스 제공자가 이용자에게서 개인정보 수집 · 제공에 관하여 정보통신망법에 따라 적법

한 동의를 받기 위하여는, 이용자가 개인정보 제공에 관한 결정권을 충분히 자유롭게 행사할 수 있도록, 정보통신서비스 제공자가 미리 인터넷 사이트에 통상의 이용자라면 용이하게 '개인정보를 제공받는 자, 개인정보를 제공받는 자의 개인정보 이용 목적, 제공하는 개인정보의 항목, 개인정보를 제공받는 자의 개인정보 보유 및 이용 기간'(이하 통틀어 '법정 고지사항'이라 한다)의 구체적 내용을 알아볼 수 있을 정도로 법정 고지사항 전부를 명확하게 게재하여야 한다. 아울러, 법정 고지사항을 게재하는 부분과 이용자의 동의 여부를 표시할 수 있는 부분을 밀접하게 배치하여 이용자가 법정 고지사항을 인지하여 확인할 수 있는 상태에서 개인정보의 수집 · 제공에 대한 동의 여부를 판단할 수 있어야 하고, 그에 따른 동의의 표시는 이용자가 개인정보의 수집 · 제공에 동의를 한다는 명확한 인식하에 행하여질 수 있도록 실행 방법이 마련되어야 한다(대판 2016. 6. 28, 2014두2638).

2) 최소한의 개인정보수집

개인정보처리자는 법 제15조 제1항 각 호의 어느 하나에 해당하여 개인정보를 수집하는 경우에는 그 목적에 필요한 최소한의 개인정보를 수집하여야 한다. 이 경우 최소한의 개인정보 수집이라는 입증책임은 개인정보처리자가 부담한다(법 16조 1항). 개인정보처리자는 정보주체의 동의를 받아 개인정보를 수집하는 경우 필요한 최소한의 정보 외의 개인정보 수집에는 동의하지 아니할 수 있다는 사실을 구체적으로 알리고 개인정보를 수집하여야 한다(법 16조 2항). 개인정보처리자는 정보주체가 필요한 최소한의 정보 외에 개인정보 수집에 동의하지 아니한다는 이유로 정보주체에게 재화 또는 서비스의 제공을 거부하여서는 안된다(법 16조 3항).

3) 정보주체 이외로부터 수집한 개인정보의 수집 출처 등 고지

개인정보처리자가 정보주체 이외로부터 수집한 개인정보를 처리하는 때에는 정보주체의 요구가 있으면 ① 개인정보의 수집출처, ② 개인정보의 처리목적, ③ 법 제37조에 따른 개인정보처리의 정지를 요구할 수 있거나 동의를 철회할 수 있다는 사실 모두를 즉시 정보주체에게 알려야 한다(법 20조 1항).

6. 개인정보의 제공

1) 개인정보의 제공이 허용되는 경우

개인정보처리자는 ① 정보주체의 동의를 받은 경우, ② 제15조 제1항 제2호, 제3호 및 제5호부터 제7호까지에 따라 개인정보를 수집한 목적 범위에서 개인정보를 제공하는 경우에는 정보주체의 개인정보를 제3자에게 제공(공유를 포함함)할 수 있다(법 17조 1항).

개인정보처리자가 정보주체의 동의를 받은 경우에는 ① 개인정보를 제공받는 자, ② 개인정보를 제공받는 자의 개인정보 이용목적, ③ 제공하는 개인정보의 항목, ④ 개인정보를 제공받는 자의 개인정보 보유 및 이용기간, ⑤ 동의를 거부할 권리가 있다는 사실 및 동의 거부에 따른 불이익이 있는 경우에는 그 불이익의 내용 등을 알려야 하고, 이들 중 어느 하나의 사항을 변경하는 경우에도 이를 알리고 동의를 받아야 한다(법 17조 2항).

2) 개인정보의 목적 외 이용 · 제공제한

개인정보처리자는 개인정보를 제15조 제1항에 따른 범위를 초과하여 이용하거나 제17조 제1항 및 제28조의8 제1항에 따른 범위를 초과하여 제3자에게 제공하여서는 안된다(법 18조 1항). 법 제18조 제1항에도 불구하고 개인정보처리자는 다음 각 호의 어느 하나에 해당하는 경우에는 정보주체 또는 제3

자의 이익을 부당하게 침해할 우려가 있을 때를 제외하고는 개인정보를 목적 외의 용도로 이용하거나 이를 제3자에게 제공할 수 있다. 다만 제5호부터 제9호까지의 경우는 공공기관의 경우로 한정한다(법 18조 2항).

1. 정보주체로부터 별도의 동의를 받은 경우
2. 다른 법률에 특별한 규정이 있는 경우
3. 명백히 정보주체 또는 제3자의 급박한 생명, 신체, 재산의 이익을 위하여 필요하다고 인정되는 경우
5. 개인정보를 목적 외의 용도로 이용하거나 이를 제3자에게 제공하지 아니하면 다른 법률에서 정하는 소관 업무를 수행할 수 없는 경우로서 보호위원회의 심의 · 의결을 거친 경우
6. 조약, 그 밖의 국제협정의 이행을 위하여 외국정부 또는 국제기구에 제공하기 위하여 필요한 경우
7. 범죄의 수사와 공소의 제기 및 유지를 위하여 필요한 경우
8. 법원의 재판업무 수행을 위하여 필요한 경우
9. 형(刑) 및 감호, 보호처분의 집행을 위하여 필요한 경우
10. 공중위생 등 공공의 안전과 안녕을 위하여 긴급히 필요한 경우

또한 개인정보처리자는 제1호에 따른 동의를 받을 때에는 다음 각 호의 사항을 정보주체에게 알려야 한다. 다음 각 호의 사항을 변경하는 경우에도 이를 알리고 동의를 받아야 한다(법 18조 3항).

1. 개인정보를 제공받는 자
2. 개인정보의 이용 목적(제공 시에는 제공받는 자의 이용 목적을 말한다)
3. 이용 또는 제공하는 개인정보의 항목
4. 개인정보의 보유 및 이용 기간(제공 시에는 제공받는 자의 보유 및 이용 기간을 말한다)
5. 동의를 거부할 권리가 있다는 사실 및 동의 거부에 따른 불이익이 있는 경우에는 그 불이익의 내용

판례 1(공개된 개인정보를 영리목적으로 사용할 수 있는지 여부) 이 사건 개인정보는 이미 정보주체의 의사에 따라 국민 누구나가 일반적으로 접근할 수 있는 정보원에 공개된 개인정보로서 그 내용 또한 민감정보나 고유식별정보에 해당하지 않고 대체적으로 공립대학교 교수로서의 공적인 존재인 원고의 직업적 정보에 해당하여, 피고 주식회사 ○○○ 등이 영리목적으로 이 사건 개인정보를 수집하여 제3자에게 제공하였더라도 그에 의하여 얻을 수 있는 법적 이익이 그와 같은 정보처리를 막음으로써 얻을 수 있는 정보주체의 인격적 법익에 비하여 우월하다고 할 것이므로, 피고들의 행위를 원고의 개인정보자기결정권을 침해하는 위법한 행위로 평가할 수는 없다(대판 2016. 8. 17, 2014다235080).

판례 2(검사 또는 수사관서의 장의 요청에 따라 전기통신사업자가 이용자에게 통지없이 통신자료를 제공할 수 있도록 규정한 전기통신사업법 83조에 대한 헌법불합치결정) 이 사건 전기통신사업법 제83조 제3항에 의한 통신자료 제공요청이 있는 경우 통신자료의 정보주체인 이용자에게는 통신자료 제공요청이 있었다는 점이 사전에 고지되지 아니하며, 전기통신사업자가 수사기관 등에게 통신자료를 제공한 경우에도 이러한 사실이 이용자에게 별도로 통지되지 않는다. 그런데 당사자에 대한 통지는 당사자가 기본권 제한 사

실을 확인하고 그 정당성 여부를 다툴 수 있는 전제조건이 된다는 점에서 매우 중요하다. 효율적인 수사와 정보수집의 신속성, 밀행성 등의 필요성을 고려하여 사전에 정보주체인 이용자에게 그 내역을 통지하도록 하는 것이 적절하지 않다면 수사기관 등이 통신자료를 취득한 이후에 수사 등 정보수집의 목적에 방해가 되지 않는 범위 내에서 통신자료의 취득사실을 이용자에게 통지하는 것이 얼마든지 가능하다. 그럼에도 이 사건 법률조항은 통신자료 취득에 대한 사후통지절차를 두지 않아 적법절차원칙에 위배되어 개인정보자기결정권을 침해한다(헌재결 2022. 7. 21, 2016헌마388).

3) 개인정보를 제공받은 자의 이용 · 제공제한

개인정보처리자로부터 개인정보를 제공받은 자는 ① 정보주체로부터 별도의 동의를 받은 경우, ② 다른 법률에 특별한 규정이 있는 경우를 제외하고는 개인정보를 제공받은 목적 외의 용도로 이용하거나 이를 제3자에게 제공하여서는 안된다(법 19조).

4) 영업양도 등에 따른 개인정보의 이전제한

개인정보처리자는 영업의 전부 또는 일부의 양도 · 합병 등으로 개인정보를 다른 사람에게 이전하는 경우에는 미리 ① 개인정보를 이전하려는 사실, ② 개인정보를 이전받는 자(이하 "영업양수자등"이라 함)의 성명(법인의 경우 법인의 명칭), 주소, 전화번호 및 그 밖의 연락처, ③ 정보주체가 개인정보의 이전을 원하지 않는 경우 조치할 수 있는 방법 및 절차를 대통령령으로 정하는 방법에 따라 해당 정보주체에게 알려야 한다(법 27조 1항).

영업양수자등은 개인정보를 이전받았을 때에는 지체 없이 그 사실을 대통령령으로 정하는 바에 따라 정보주체에게 알려야 한다. 다만, 개인정보처리자가 제1항에 따라 그 이전 사실을 이미 알린 경우에는 그러하지 아니하다(법 27조 2항).

영업양수자등은 영업의 양도 · 합병 등으로 개인정보를 이전받은 경우에는 이전 당시의 본래 목적으로만 개인정보를 이용하거나 제3자에게 제공할 수 있다. 이 경우 영업양수자등은 개인정보처리자로 본다(법 27조 3항).

7. 개인정보의 파기

개인정보처리자는 보유기간의 경과, 개인정보의 처리 목적 달성, 가명정보의 처리 기간 경과 등 그 개인정보가 불필요하게 되었을 때에는 지체 없이 그 개인정보를 파기하여야 한다(법 21조 1항). 개인정보처리자가 개인정보를 파기할 때에는 복구 또는 재생되지 않도록 조치하여야 한다(법 21조 2항). 개인정보처리자가 다른 법령에 따라 개인정보를 파기하지 아니하고 보존하는 경우에는 해당 개인정보 또는 개인정보파일을 다른 개인정보와 분리하여서 저장 · 관리하여야 한다(법 21조 3항), 개인정보의 파기방법 및 절차 등에 필요한 사항은 대통령령으로 정한다.

8. 개인정보의 처리제한

1) 민감정보의 처리제한

개인정보처리자는 사상 · 신념, 노동조합 · 정당의 가입 · 탈퇴, 정치적 견해, 건강, 성생활 등에 관한 정보, 그 밖에 정보주체의 사생활을 현저히 침해할 우려가 있는 개인정보로서 대통령령으로 정하는 정보(이하 "민감정보"라 함)를 처리하여서는 아니 된다. 다만, ① 정보주체에게 제15조 제2항 각

호 또는 제17조 제2항 각 호의 사항을 알리고 다른 개인정보의 처리에 대한 동의와 별도의 동의를 받은 경우, ② 법령에서 민감정보의 처리를 요구하거나 허용하는 경우에는 그러하지 아니하다(법 23조 1항). 개인정보처리자가 민감정보를 처리하는 경우에는 그 민감정보가 분실 · 도난 · 유출 · 위조 · 변조 또는 훼손되지 아니하도록 제29조에 따른 안전성 확보에 필요한 조치를 하여야 한다(법 23조 2항). 개인정보처리자는 재화 또는 서비스를 제공하는 과정에서 공개되는 정보에 정보주체의 민감정보가 포함됨으로써 사생활 침해의 위험성이 있다고 판단하는 때에는 재화 또는 서비스의 제공 전에 민감정보의 공개 가능성 및 비공개를 선택하는 방법을 정보주체가 알아보기 쉽게 알려야 한다(법 23조 3항).

2) 고유식별정보의 처리제한

개인정보처리자는 ① 정보주체에게 제15조 제2항 각 호 또는 제17조 제2항 각 호의 사항을 알리고 다른 개인정보의 처리에 대한 동의와 별도의 동의를 받은 경우, ② 법령에서 구체적으로 고유식별정보의 처리를 요구하거나 허용하는 경우를 제외하고는 법령에 따라 개인을 고유하게 구별하기 위하여 부여된 식별정보로서 대통령령으로 정하는 정보를 처리할 수 없다(법 24조 1항). 개인정보처리자가 고유식별정보를 처리할 수 있는 경우에는 그 고유식별정보가 분실 · 도난 · 유출 · 변조 또는 훼손되지 아니하도록 대통령령으로 정하는 바에 따라 암호화 등 안전성 확보에 필요한 조치를 하여야 한다(법 24조 3항). 행정안전부장관은 처리하는 개인정보의 종류 · 규모, 종업원 수 및 매출액 규모 등을 고려하여 대통령령으로 정하는 기준에 해당하는 개인정보처리자가 제3항에 따라 안전성 확보에 필요한 조치를 하였는지에 관하여 대통령령으로 정하는 바에 따라 정기적으로 조사하여야 하며, 대통령령으로 정하는 전문기관으로 하여금 조사를 수행하게 할 수 있다(법 24조 3항 · 4항).

3) 주민등록번호의 처리제한

개인정보처리자는 ① 법률 · 대통령령 · 국회규칙 · 대법원규칙 · 헌법재판소규칙 · 중앙선거관리위원회규칙 및 감사원규칙에서 구체적으로 주민등록번호의 처리를 요구하거나 허용한 경우, ② 정보주체 또는 제3자의 급박한 생명, 신체, 재산의 이익을 위하여 명백히 필요하다고 인정되는 경우 및 ③ 주민등록번호 처리가 불가피한 경우로서 보호위원회가 고시로 정하는 경우를 제외하고는 주민등록번호를 처리할 수 없다(법 24조의2 1항). 개인정보처리자는 주민등록번호가 분실 · 도난 · 유출 · 위조 · 변조 또는 훼손되지 아니하도록 암호화 조치를 통하여 안전하게 보관하여야 한다(법 24조의2 2항). 개인정보처리자는 주민등록번호를 처리하는 경우에도 정보주체가 인터넷 홈페이지를 통하여 회원으로 가입하는 단계에서는 주민등록번호를 사용하지 아니하고도 회원으로 가입할 수 있는 방법을 제공하여야 한다(법 24조의23항).

4) 고정형 영상정보처리기기의 설치 · 운영 제한

"고정형 영상정보처리기기"란 일정한 공간에 설치되어 지속적 또는 주기적으로 사람 또는 사물의 영상 등을 촬영하거나 이를 유 · 무선망을 통하여 전송하는 장치를 말한다(법 2조 7호). 고정형 영상정보처리기기의 설치 · 운영은 ① 법령에서 구체적으로 허용하고 있는 경우, ② 범죄의 예방 및 수사를 위하여 필요한 경우, ③ 시설의 안전 및 관리, 화재 예방을 위하여 정당한 권한을 가진 자가 설치 · 운영하는 경우, ④ 교통단속을 위하여 정당한 권한을 가진 자가 설치 · 운영하는 경우, ⑤ 교통정보의 수집 · 분석 및 제공을 위하여 정당한 권한을 가진 자가 설치 · 운영하는 경우 및 ⑥ 촬영된 영상

정보를 저장하지 아니하는 경우로서 대통령령으로 정하는 경우로 엄격히 제한하고 있다(법 25조1항). 누구든지 불특정 다수가 이용하는 목욕실, 화장실, 발한실(發汗室), 탈의실 등 개인의 사생활을 현저히 침해할 우려가 있는 장소의 내부를 볼 수 있도록 고정형 영상정보처리기기를 설치 · 운영하여서는 아니 된다. 다만, 교도소, 정신보건 시설 등 법령에 근거하여 사람을 구금하거나 보호하는 시설로서 대통령령으로 정하는 시설에 대하여는 그러하지 아니하다(법 25조 2항). 고정형 영상정보처리기기를 설치 · 운영하는 자는 ① 설치 목적 및 장소, ② 촬영 범위 및 시간, ③ 관리책임자의 연락처 등의 안내판을 잘 보이는 곳에 설치하여야 한다(법 25조 4항).

5) 이동형 영상정보처리기기의 설치 · 운영 제한

"이동형 영상정보처리기기"란 사람이 신체에 착용 또는 휴대하거나 이동 가능한 물체에 부착 또는 거치(据置)하여 사람 또는 사물의 영상 등을 촬영하거나 이를 유 · 무선망을 통하여 전송하는 장치를 말한다(법 2조 7의2). 업무를 목적으로 이동형 영상정보처리기기를 운영하려는 자는 ① 법률에 의하여 개인정보를 수집할 수 있는 경우 및 ② 촬영 사실을 명확히 표시하여 정보주체가 촬영 사실을 알 수 있도록 하였음에도 불구하고 촬영 거부 의사를 밝히지 아니한 경우(이 경우 정보주체의 권리를 부당하게 침해할 우려가 없고 합리적인 범위를 초과하지 아니하는 경우로 한정한다)를 제외하고는 공개된 장소에서 이동형 영상정보처리기기로 사람 또는 그 사람과 관련된 사물의 영상(개인정보에 해당하는 경우로 한정한다)을 촬영하여서는 아니 된다(제25조의2 1항). 누구든지 불특정 다수가 이용하는 목욕실, 화장실, 발한실, 탈의실 등 개인의 사생활을 현저히 침해할 우려가 있는 장소의 내부를 볼 수 있는 곳에서 이동형 영상정보처리기기로 사람 또는 그 사람과 관련된 사물의 영상을 촬영하여서는 아니 된다. 다만, 인명의 구조 · 구급 등을 위하여 필요한 경우로서 대통령령으로 정하는 경우에는 그러하지 아니하다(제25조의2 2항). 이동형 영상정보처리기기로 사람 또는 그 사람과 관련된 사물의 영상을 촬영하는 경우에는 불빛, 소리, 안내판 등 대통령령으로 정하는 바에 따라 촬영 사실을 표시하고 알려야 한다(제25조의2 3항).

6) 업무위탁에 따른 개인정보의 처리제한

개인정보처리자가 제3자에게 개인정보처리를 위탁하는 경우에는 ① 위탁업무 수행목적 외 개인정보의 처리금지에 관한 사항, ② 개인정보의 기술적 · 관리적 보호조치에 관한 사항, ③ 그 밖에 개인정보의 안전한 관리를 위하여 대통령령으로 정하는 사항이 포함된 문서에 의하여야 한다(법 26조 1항). 개인정보의 처리업무를 위탁하는 개인정보처리자(이하 "위탁자"라 함)는 위탁하는 업무의 내용과 개인정보처리 업무를 위탁받아 처리하는 자(이하 "수탁자"라 함)를 정보주체가 언제든지 쉽게 확인할 수 있도록 대통령령으로 정하는 방법에 따라 공개하여야 한다(법 26조 2항). 위탁자가 재화 또는 서비스를 홍보하거나 판매를 권유하는 업무를 위탁하는 경우에는 대통령령으로 정하는 방법에 따라 위탁하는 업무의 내용과 수탁자를 정보주체에게 알려야 한다. 위탁하는 업무의 내용이나 수탁자가 변경된 경우에도 또한 같다(법 26조 3항). 위탁자는 업무위탁으로 인하여 정보주체의 개인정보가 분실 · 도난 · 유출 · 변조 또는 훼손되지 아니하도록 수탁자를 교육하고, 처리현황 점검 등 대통령령으로 정하는 바에 따라 수탁자가 개인정보를 안전하게 처리하는지를 감독하여야 한다(법 26조 4항). 수탁자는 개인정보처리자로부터 위탁받은 해당 업무범위를 초과하여 개인정보를 이용하거나 제3자에게 제공하여서는 아니 된다(법 26조 5항). 수탁자가 위탁받은 업무와 관련하여 개인정보를 처리하는 과정에서 이 법을 위반하여 발생한 손해배상책임에 대하여는 수탁자의 개인정보처리자의 소속 직원으로 본다(법 26조 6항).

판례(개인정보 보호법 제17조에서 말하는 개인정보의 '제3자 제공'의 의미 및 개인정보 보호법 제26조에서 말하는 개인정보의 '처리위탁'의 의미) 개인정보 보호법 제17조 제1항 제1호, 제26조, 제71조 제1호, 정보통신망 이용촉진 및 정보보호 등에 관한 법률(이하 '정보통신망법'이라고 한다) 제24조의2 제1항, 제25조, 제71조 제3호의 문언 및 취지에 비추어 보면, 개인정보 보호법 제17조와 정보통신망법 제24조의2에서 말하는 개인정보의 '제3자 제공'은 본래의 개인정보 수집 · 이용 목적의 범위를 넘어 정보를 제공받는 자의 업무처리와 이익을 위하여 개인정보가 이전되는 경우인 반면, 개인정보 보호법 제26조와 정보통신망법 제25조에서 말하는 개인정보의 '처리위탁'은 본래의 개인정보 수집 · 이용 목적과 관련된 위탁자 본인의 업무 처리와 이익을 위하여 개인정보가 이전되는 경우를 의미한다. 개인정보 처리위탁에 있어 수탁자는 위탁자로부터 위탁사무 처리에 따른 대가를 지급받는 것 외에는 개인정보 처리에 관하여 독자적인 이익을 가지지 않고, 정보제공자의 관리 · 감독 아래 위탁받은 범위 내에서만 개인정보를 처리하게 되므로, 개인정보 보호법 제17조와 정보통신망법 제24조의2에 정한 '제3자'에 해당하지 않는다. 한편 어떠한 행위가 개인정보의 제공인지 아니면 처리위탁인지는 개인정보의 취득 목적과 방법, 대가 수수 여부, 수탁자에 대한 실질적인 관리 · 감독 여부, 정보주체 또는 이용자의 개인정보 보호 필요성에 미치는 영향 및 이러한 개인정보를 이용할 필요가 있는 자가 실질적으로 누구인지 등을 종합하여 판단하여야 한다(대판 2017. 4. 7, 2016도13263).

9. 동의를 받는 방법

개인정보처리자는 이 법에 따른 개인정보의 처리에 대하여 정보주체의 동의를 받을 때에는 각각의 동의 사항을 구분하여 정보주체가 이를 명확하게 인지할 수 있도록 알리고 동의를 받아야 한다(법 22조 1항). 개인정보처리자는 이 동의를 서면(전자문서를 포함한다)으로 받을 때에는 개인정보의 수집 · 이용 목적, 수집 · 이용하려는 개인정보의 항목 등 대통령령으로 정하는 중요한 내용을 보호위원회가 고시로 정하는 방법에 따라 명확히 표시하여 알아보기 쉽게 하여야 한다(법 22조 2항). 개인정보처리자는 정보주체의 동의 없이 처리할 수 있는 개인정보에 대해서는 그 항목과 처리의 법적 근거를 정보주체의 동의를 받아 처리하는 개인정보와 구분하여 법에 따라 공개하거나 전자우편 등 대통령령으로 정하는 방법에 따라 정보주체에게 알려야 한다. 이 경우 동의 없이 처리할 수 있는 개인정보라는 입증책임은 개인정보처리자가 부담한다(법 22조 3항). 개인정보처리자는 정보주체가 선택적으로 동의할 수 있는 사항을 동의하지 아니하거나 동의를 하지 아니한다는 이유로 정보주체에게 재화 또는 서비스의 제공을 거부하여서는 아니 된다(법 22조 5항).

10. 아동의 개인정보 보호

개인정보처리자는 만 14세 미만 아동의 개인정보를 처리하기 위하여 이 법에 따른 동의를 받아야 할 때에는 그 법정대리인의 동의를 받아야 하며, 법정대리인이 동의하였는지를 확인하여야 한다(법 22조의2 1항). 그렇지만 법정대리인의 동의를 받기 위하여 필요한 최소한의 정보로서 대통령령으로 정하는 정보는 법정대리인의 동의 없이 해당 아동으로부터 직접 수집할 수 있다(법 22조의2 2항). 개인정보처리자는 만 14세 미만의 아동에게 개인정보 처리와 관련한 사항의 고지 등을 할 때에는 이해하기 쉬운 양식과 명확하고 알기 쉬운 언어를 사용하여야 한다(법 22조의2 3항).

11. 개인정보의 안전한 관리

1) 안전조치의무

개인정보처리자는 개인정보가 분실 · 도난 · 유출 · 변조 또는 훼손되지 않도록 내부 관리계획의 수립, 접속기록 보관 등 대통령령으로 정하는 바에 따라 안전성 확보에 필요한 기술적 · 관리적 및 물리적 조치를 취하여야 한다(법 29조).

2) 개인정보 처리방침의 수립 및 공개

개인정보처리자는 ① 개인정보의 처리 목적, ② 개인정보의 처리 및 보유 기간, ③ 개인정보의 제3자 제공에 관한 사항(해당되는 경우에만 정한다), ④ 개인정보처리의 위탁에 관한 사항(해당되는 경우에만 정한다), ⑤ 정보주체와 법정대리인의 권리 · 의무 및 그 행사방법에 관한 사항, ⑥ 제31조에 따른 개인정보 보호책임자의 성명 또는 개인정보 보호업무 및 관련 고충사항을 처리하는 부서의 명칭과 전화번호 등 연락처, ⑦ 인터넷 접속정보파일 등 개인정보를 자동으로 수집하는 장치의 설치 · 운영 및 그 거부에 관한 사항(해당하는 경우에만 정한다), ⑧ 그 밖에 개인정보의 처리에 관하여 대통령령으로 정한 사항이 포함된 개인정보의 처리 방침(이하 "개인정보 처리방침"이라 한다)을 정하여야 한다. 개인정보처리자가 개인정보 처리방침을 수립하거나 변경하는 경우에는 정보주체가 쉽게 확인할 수 있도록 대통령령으로 정하는 방법에 따라 공개하여야 한다(법 30조 2항).

3) 개인정보 보호책임자의 지정

개인정보처리자는 개인정보의 처리에 관한 업무를 총괄해서 책임질 개인정보 보호책임자를 지정하여야 한다(법 31조 1항). 개인정보 보호책임자는 ① 개인정보 보호계획의 수립 및 시행, ② 개인정보 처리실태 및 관행의 정기적인 조사 및 개선, ③ 개인정보처리와 관련한 불만의 처리 및 피해구제, ④ 개인정보 유출 및 오용 · 남용 방지를 위한 내부통제시스템의 구축, ⑤ 개인정보보호 교육계획의 수립 및 시행, ⑥ 개인정보파일의 보호 및 관리 · 감독, ⑦ 그 밖에 개인정보의 적절한 처리를 위하여 대통령령으로 정한 업무를 수행한다(법 31조 2항).

4) 개인정보 유출통지 등

개인정보처리자는 개인정보가 분실 · 도난 · 유출(유출등)되었음을 알게 되었을 때에는 지체 없이 해당 정보주체에게 ① 유출등이 된 개인정보의 항목, ② 유출등이 된 시점과 그 경위, ③ 유출등으로 인하여 발생할 수 있는 피해를 최소화하기 위하여 정보주체가 할 수 있는 방법 등에 관한 정보, ④ 개인정보처리자의 대응조치 및 피해 구제절차, ⑤ 정보주체에게 피해가 발생한 경우 신고 등을 접수할 수 있는 담당부서 및 연락처 등 사항을 알려야 한다. 다만, 정보주체의 연락처를 알 수 없는 경우 등 정당한 사유가 있는 경우에는 대통령령으로 정하는 바에 따라 통지를 갈음하는 조치를 취할 수 있다(법 34조 1항). 개인정보처리자는 개인정보가 유출등이 된 경우 그 피해를 최소화하기 위한 대책을 마련하고 필요한 조치를 하여야 한다. 개인정보처리자는 개인정보의 유출등이 있음을 알게 되었을 때에는 개인정보의 유형, 유출등의 경로 및 규모 등을 고려하여 대통령령으로 정하는 바에 따라 위 각 호의 사항을 지체 없이 보호위원회 또는 대통령령으로 정하는 전문기관에 신고하여야 한다(법 34조 2항). 이 경우 보호위원회 또는 대통령령으로 정하는 전문기관은 피해 확산방지, 피해 복구 등을 위한 기술을 지원할 수 있다(법 34조 3항).

5) 노출된 개인정보의 삭제 · 차단

개인정보처리자는 고유식별정보, 계좌정보, 신용카드정보 등 개인정보가 정보통신망을 통하여 공중(公衆)에 노출되지 아니하도록 하여야 한다(제34조의2 1항). 개인정보처리자는 공중에 노출된 개인정보에 대하여 보호위원회 또는 대통령령으로 지정한 전문기관의 요청이 있는 경우에는 해당 정보를 삭제하거나 차단하는 등 필요한 조치를 하여야 한다(제34조의2 1항).

12. 공공기관의 개인정보파일의 등록 및 공개

공공기관의 장이 개인정보파일을 운용하는 경우에는 ① 개인정보파일의 명칭, ② 개인정보파일의 운영근거 및 목적, ③ 개인정보파일에 기록되는 개인정보의 항목, ④ 개인정보의 처리방법, ⑤ 개인정보의 보유기간, ⑥ 개인정보를 통상적 또는 반복적으로 제공하는 경우에는 그 제공받는 자, ⑦ 그 밖에 대통령령으로 정하는 사항을 행정안전부장관에게 등록하여야 한다(법 32조 1항). 행정안전부장관은 제1항에 따른 개인정보파일의 등록 현황을 누구든지 쉽게 열람할 수 있도록 공개하여야 한다(법 32조 4항).

13. 공공기관의 개인정보 영향평가

공공기관의 장은 개인정보파일의 운용으로 인하여 정보주체의 개인정보 침해가 우려되는 경우에는 그 위험요인의 분석과 개선 사항 도출을 위한 평가(영향평가)를 하고 그 결과를 보호위원회에 제출하여야 한다(법 34조 1항). 보호위원회는 대통령령으로 정하는 인력 · 설비 및 그 밖에 필요한 요건을 갖춘 자를 영향평가를 수행하는 기관(평가기관)으로 지정할 수 있으며, 공공기관의 장은 영향평가를 평가기관에 의뢰하여야 한다(법 34조 2항). 영향평가를 하는 경우에는 ① 처리하는 개인정보의 수, ② 개인정보의 제3자 제공 여부, ③ 정보주체의 권리를 해할 가능성 및 그 위험 정도 등을 고려하여야 한다(법 34조 3항). 보호위원회는 제1항에 따라 제출받은 영향평가 결과에 대하여 의견을 제시할 수 있다(법 34조 4항).

14. 정보주체의 권리보장

1) 개인정보의 열람

정보주체는 개인정보처리자가 처리하는 자신의 개인정보에 대한 열람을 해당 개인정보처리자에게 요구할 수 있다(법 35조 1항). 한편, 정보주체가 자신의 개인정보에 대한 열람을 공공기관에 요구하고자 할 때에는 공공기관에 직접 열람을 요구하거나 대통령령으로 정하는 바에 따라 행정안전부장관을 통하여 열람을 요구할 수 있다(법 35조 2항). 개인정보처리자는 제1항 및 제2항에 따른 열람을 요구받았을 때에는 대통령령으로 정하는 기간 내에 정보주체가 해당 개인정보를 열람할 수 있도록 하여야 한다.

2) 개인정보의 전송요구

정보주체는 개인정보 처리 능력 등을 고려하여 대통령령으로 정하는 기준에 해당하는 개인정보처리자에 대하여 법 35조의2 1항 각 호의 요건을 모두 충족하는 개인정보를 자신에게로 전송할 것을 요구할 수 있다. 다만 아직 이 조항의 시행일은 정해지지 않고 있다.

3) 개인정보의 정정 · 삭제

제35조에 따라 자신의 개인정보를 열람한 정보주체는 개인정보처리자에게 그 개인정보의 정정

또는 삭제를 요구할 수 있다. 다만, 다른 법령에서 그 개인정보가 수집대상으로 명시되어 있는 경우에는 그 삭제를 요구할 수 없다(법 36조 1항). 이 경우 개인정보처리자는 지체 없이 그 내용을 정보주체에게 알려야 한다(법 36조 4항).

개인정보처리자는 제1항에 따른 정보주체의 요구를 받았을 때에는 개인정보의 정정 또는 삭제에 관하여 다른 법령에 특별한 절차가 규정되어 있는 경우를 제외하고는 지체 없이 그 개인정보를 조사하여 정보주체의 요구에 따라 정정 · 삭제 등 필요한 조치를 한 후 그 결과를 정보주체에게 알려야 한다(법 36조 2항). 개인정보처리자가 제2항에 따라 개인정보를 삭제할 때에는 복구 또는 재생되지 아니하도록 조치하여야 한다(법 36조 3항). 개인정보처리자는 제2항에 따른 조사를 할 때 필요하면 해당 정보주체에게 정정 · 삭제 요구사항의 확인에 필요한 증거자료를 제출하게 할 수 있다(법 36조 5항).

4) 개인정보의 처리정지 등

정보주체는 개인정보처리자에 대하여 자신의 개인정보 처리의 정지를 요구하거나 개인정보 처리에 대한 동의를 철회할 수 있다. 이 경우 공공기관에 대해서는 법에 따라 등록 대상이 되는 개인정보파일 중 자신의 개인정보에 대한 처리의 정지를 요구하거나 개인정보 처리에 대한 동의를 철회할 수 있다(법 37조 1항). 개인정보처리자는 위에 따른 처리정지 요구를 받았을 때에는 지체 없이 정보주체의 요구에 따라 개인정보 처리의 전부를 정지하거나 일부를 정지하여야 한다. 다만 ① 법률에 특별한 규정이 있거나 법령상 의무를 준수하기 위하여 불가피한 경우, ② 다른 사람의 생명 · 신체를 해할 우려가 있거나 다른 사람의 재산과 그 밖의 이익을 부당하게 침해할 우려가 있는 경우, ③ 공공기관이 개인정보를 처리하지 아니하면 다른 법률에서 정하는 소관 업무를 수행할 수 없는 경우, ④ 개인정보를 처리하지 아니하면 정보주체와 약정한 서비스를 제공하지 못하는 등 계약의 이행이 곤란한 경우로서 정보주체가 그 계약의 해지 의사를 명확하게 밝히지 아니한 경우 등에는 정보주체의 처리정지 요구를 거절할 수 있다(법 37조 2항). 개인정보처리자는 정보주체가 위에 따라 동의를 철회한 때에는 지체 없이 수집된 개인정보를 복구 · 재생할 수 없도록 파기하는 등 필요한 조치를 하여야 한다. 다만, 위 각 호의 어느 하나에 해당하는 경우에는 동의 철회에 따른 조치를 하지 아니할 수 있다, 다음 각 호의 어느 하나에 해당하는 경우에는 정보주체의 처리정지 요구를 거절할 수 있다(법 37조 3항). 개인정보처리자는 처리정지 요구를 거절하거나 동의 철회에 따른 조치를 하지 아니하였을 때에는 정보주체에게 지체 없이 그 사유를 알려야 한다(법 37조 4항). 개인정보처리자는 정보주체의 요구에 따라 처리가 정지된 개인정보에 대하여 지체 없이 해당 개인정보의 파기 등 필요한 조치를 하여야 한다(법 37조 5항).

5) 자동화된 결정에 대한 정보주체의 권리 등

정보주체는 완전히 자동화된 시스템(인공지능 기술을 적용한 시스템을 포함)으로 개인정보를 처리하여 이루어지는 결정(「행정기본법」 제20조에 따른 행정청의 자동적 처분은 제외하며, 이하 '자동화된 결정'이라 한다)이 자신의 권리 또는 의무에 중대한 영향을 미치는 경우에는 해당 개인정보처리자에 대하여 해당 결정을 거부할 수 있는 권리를 가진다. 다만, 자동화된 결정이 ① 정보주체의 동의를 받은 경우, ② 법률에 특별한 규정이 있거나 법령상 의무를 준수하기 위하여 불가피한 경우, ③ 정보주체와 체결한 계약을 이행하거나 계약을 체결하는 과정에서 정보주체의 요청에 따른 조치를 이행하기 위하여 필요한 경우에는 그러하지 아니하다(법 37조의2 1항). 정보주체는 개인정보처리자가 자동화된 결정을 한 경우에는 그 결정에 대하여 설명 등을 요구할 수 있다(법 37조의2 2항). 개인정보처리자는 정보주체가 자동화된 결정을 거부하거나 이에 대한 설명 등을 요구한 경우에는 정당한 사유가 없는 한 자동화된 결정을 적용하지 아니하거나 인적 개입에 의한 재처리 · 설명 등 필요한 조치를 하여야 한다(법 37조의2 3항). 개인정보처리자는 자동화된 결정의 기준과 절차, 개인정보가 처리되는 방식 등을 정보주체가 쉽게 확인할 수 있도록 공개하여야 한다(법 37조의2 4항).

6) 권리행사의 방법 및 절차

정보주체는 이 법에 따른 권한의 행사를 대통령령으로 정하는 방법 · 절차에 따라 대리인에게 하게 할 수 있다(법 38조 1항). 만 14세 미만 아동의 법정대리인은 개인정보처리자에게 그 아동의 개인정보 열람등요구를 할 수 있다(법 38조 2항). 개인정보처리자는 열람등요구를 하는 자에게 대통령령으로 정하는 바에 따라 수수료와 우송료를 청구할 수 있다(법 38조 3항). 개인정보처리자는 정보주체가 열람등요구를 할 수 있는 구체적인 방법과 절차를 마련하고, 이를 정보주체가 알 수 있도록 공개하여야 한다(법 38조 4항). 개인정보처리자는 정보주체가 열람등요구에 대한 거절 등 조치에 대하여 불복이 있는 경우 이의를 제기할 수 있도록 필요한 절차를 마련하고 안내하여야 한다(법 38조 5항).

7) 손해배상책임

정보주체는 개인정보처리자가 이 법을 위반한 행위로 손해를 입으면 개인정보처리자에게 손해배상을 청구할 수 있다. 이 경우 그 개인정보처리자는 고의 또는 과실이 없음을 입증하지 아니하면 책임을 면할 수 없다(법 39조 1항). 개인정보처리자의 고의 또는 중대한 과실로 인하여 개인정보가 분실 · 도난 · 유출 · 위조 · 변조 또는 훼손된 경우로서 정보주체에게 손해가 발생한 때에는 법원은 그 손해액의 5배를 넘지 아니하는 범위에서 손해배상액을 정할 수 있다. 다만, 개인정보처리자가 고의 또는 중대한 과실이 없음을 증명한 경우에는 그러하지 아니하다(법 39조 3항).

8) 법정 손해배상의 청구

정보주체는 개인정보처리자의 고의 또는 과실로 인하여 개인정보가 분실 · 도난 · 유출 · 위조 · 변조 또는 훼손된 경우에는 300만원 이하의 범위에서 상당한 금액을 손해액으로 하여 배상을 청구할 수 있다. 이 경우 해당 개인정보처리자는 고의 또는 과실이 없음을 입증하지 아니하면 책임을 면할 수 없다(법 39조의2 1항).

15. 가명정보의 처리에 관한 특례

"가명처리"란 개인정보의 일부를 삭제하거나 일부 또는 전부를 대체하는 등의 방법으로 추가 정보가 없이는 특정 개인을 알아볼 수 없도록 처리하는 것을 말한다(법 2조 1의2). 개인정보처리자는 통계작성, 과학적 연구, 공익적 기록보존 등을 위하여 정보주체의 동의 없이 가명정보를 처리할 수 있다(법 28조의2 1항). 개인정보처리자는 가명정보를 제3자에게 제공하는 경우에는 특정 개인을 알아보기 위하여 사용될 수 있는 정보를 포함해서는 아니 된다(법 28조의2 2항). 가명정보를 처리하는 자는 특정 개인을 알아보기 위한 목적으로 가명정보를 처리해서는 아니 된다(법 28조의5 1항).

판례(가명정보의 처리의 합헌성) 심판대상조항(개인정보 보호법 제28조의2-가명정보 처리)은 데이터 관련 신산업 육성이 범국가적 과제로 대두되고 인공지능, 클라우드, 사물인터넷 등 신기술을 활용한 데이터 이용이 필요한 상황에서, 통계작성, 연구, 공익적 기록보존을 위한 데이터의 이용을 활성화하기 위하여 도입된 것이다. 데이터의 이용을 활성화함으로써 신산업을 육성하고 통계작성, 연구, 공익적 기록보존을 보다 효과적으로 수행하는 것은 궁극적으로는 데이터를 이용하는 주체뿐만 아니라 사회 전체의 편익에 기여하는 것으로서, 심판대상조항은 입법목적의 정당성이 인정된다. 심판대상조항이 가명정보를 정보주체의 동의 없이 처리할 수 있도록 하는 것은 이와 같은 입법목적 달성을 위하여 적합한 수단이다(헌재결 2023. 10. 26, 2020헌마1476).

16. 개인정보의 국외이전

1) 개인정보의 국외이전

개인정보처리자는 개인정보를 국외로 제공(조회되는 경우를 포함한다) · 처리위탁 · 보관(이하 이전)하여서는 아니 된다. 다만, 다음 각 호의 어느 하나에 해당하는 경우에는 개인정보를 국외로 이전할 수 있다(법 28조의8 1항).

1. 정보주체로부터 국외 이전에 관한 별도의 동의를 받은 경우
2. 법률, 대한민국을 당사자로 하는 조약 또는 그 밖의 국제협정에 개인정보의 국외 이전에 관한 특별한 규정이 있는 경우
3. 정보주체와의 계약의 체결 및 이행을 위하여 개인정보의 처리위탁 · 보관이 필요한 경우로서 다음 각 목의 어느 하나에 해당하는 경우
   가. 제2항 각 호의 사항을 제30조에 따른 개인정보 처리방침에 공개한 경우
   나. 전자우편 등 대통령령으로 정하는 방법에 따라 제2항 각 호의 사항을 정보주체에게 알린 경우
4. 개인정보를 이전받는 자가 제32조의2에 따른 개인정보 보호 인증 등 보호위원회가 정하여 고시하는 인증을 받은 경우로서 다음 각 목의 조치를 모두 한 경우
   가. 개인정보 보호에 필요한 안전조치 및 정보주체 권리보장에 필요한 조치
   나. 인증받은 사항을 개인정보가 이전되는 국가에서 이행하기 위하여 필요한 조치
5. 개인정보가 이전되는 국가 또는 국제기구의 개인정보 보호체계, 정보주체 권리보장 범위, 피해구제 절차 등이 이 법에 따른 개인정보 보호 수준과 실질적으로 동등한 수준을 갖추었다고 보호위원회가 인정하는 경우

개인정보처리자는 제1항 제1호에 따른 동의를 받을 때에는 미리 다음 각 호의 사항을 정보주체에게 알려야 한다(법 28조의8 2항).

1. 이전되는 개인정보 항목
2. 개인정보가 이전되는 국가, 시기 및 방법
3. 개인정보를 이전받는 자의 성명(법인인 경우에는 그 명칭과 연락처를 말한다)
4. 개인정보를 이전받는 자의 개인정보 이용목적 및 보유 · 이용 기간
5. 개인정보의 이전을 거부하는 방법, 절차 및 거부의 효과

개인정보처리자는 제2항 각 호의 어느 하나에 해당하는 사항을 변경하는 경우에는 정보주체에

게 알리고 동의를 받아야 한다(법 28조의8 3항). 개인정보처리자는 제1항 각 호 외의 부분 단서에 따라 개인정보를 국외로 이전하는 경우 국외 이전과 관련한 이 법의 다른 규정을 준수하여야 하고, 대통령령으로 정하는 보호조치를 하여야 한다(법 28조의8 4항). 개인정보처리자는 이 법을 위반하는 사항을 내용으로 하는 개인정보의 국외 이전에 관한 계약을 체결하여서는 아니 된다(법 28조의8 5항).

2) 개인정보의 국외 이전 중지 명령

보호위원회는 개인정보의 국외 이전이 계속되고 있거나 추가적인 국외 이전이 예상되는 경우로서 다음 각 호의 어느 하나에 해당하는 경우에는 개인정보처리자에게 개인정보의 국외 이전을 중지할 것을 명할 수 있다(법 28조의9 1항).

1. 제28조의8 제1항, 제4항 또는 제5항을 위반한 경우
2. 개인정보를 이전받는 자나 개인정보가 이전되는 국가 또는 국제기구가 이 법에 따른 개인정보 보호 수준에 비하여 개인정보를 적정하게 보호하지 아니하여 정보주체에게 피해가 발생하거나 발생할 우려가 현저한 경우

개인정보처리자는 제1항에 따른 국외 이전 중지 명령을 받은 경우에는 명령을 받은 날부터 7일 이내에 보호위원회에 이의를 제기할 수 있다(법 28조의9 1항).

17. 개인정보보호위원회

1) 개인정보보호위원회의 설치 및 구성

개인정보 보호에 관한 사무를 독립적으로 수행하기 위하여 국무총리 소속으로 개인정보보호위원회를 둔다(개인정보 보호법 7조 1항). 보호위원회는 「정부조직법」 제2조에 따른 중앙행정기관으로 본다(동조 2항). 보호위원회는 상임위원 2명(위원장 1명, 부위원장 1명)을 포함한 9명의 위원으로 구성한다.

2) 개인정보 보호위원회의 소관 사무

보호위원회는 다음 각 호의 소관 사무를 수행한다.

1. 개인정보의 보호와 관련된 법령의 개선에 관한 사항
2. 개인정보 보호와 관련된 정책 · 제도 · 계획 수립 · 집행에 관한 사항
3. 정보주체의 권리침해에 대한 조사 및 이에 따른 처분에 관한 사항
4. 개인정보의 처리와 관련한 고충처리 · 권리구제 및 개인정보에 관한 분쟁의 조정
5. 개인정보 보호를 위한 국제기구 및 외국의 개인정보 보호기구와의 교류 · 협력
6. 개인정보 보호에 관한 법령 · 정책 · 제도 · 실태 등의 조사 · 연구, 교육 및 홍보에 관한 사항
7. 개인정보 보호에 관한 기술개발의 지원 · 보급 및 전문인력의 양성에 관한 사항
8. 이 법 및 다른 법령에 따라 보호위원회의 사무로 규정된 사항

18. 개인정보 보호 기본계획의 수립 및 자료제출 요구 등

1) 개인정보 보호 기본계획의 수립

개인정보의 보호와 정보주체의 권익보장을 위하여 행정안전부장관은 3년 마다 개인정보 보호계획(이하 "기본계획"이라 함)을 관계 중앙행정기관의 장과 협의하에 작성하여 보호위원회에 제출하고, 보호위원회의 심의 · 의결을 거쳐 시행하여야 한다(법 9조 1항).

2) 시행계획

중앙행정기관의 장은 기본계획에 따라 매년 개인정보 보호를 위한 시행계획을 작성하여 보호위원회에 제출하고, 보호위원회의 심의 · 의결을 거쳐 시행하여야 한다(법 10조 1항). 시행계획의 수립 · 시행에 필요한 사항은 대통령령으로 정한다.

3) 자료제출 요구 등

보호위원회는 기본계획을 효율적으로 수립하기 위하여 개인정보처리자, 관계 중앙행정기관의 장, 지방자치단체의 장 및 관계 기관 · 단체 등에 개인정보처리자의 법규 준수 현황과 개인정보 관리 실태 등에 관한 자료의 제출이나 의견의 진술 등을 요구할 수 있다(법 11조 1항). 보호위원회는 개인정보 보호 정책 추진, 성과평가 등을 위하여 필요한 경우 개인정보처리자, 관계 중앙행정기관의 장, 지방자치단체의 장 및 관계 기관 · 단체 등을 대상으로 개인정보관리 수준 및 실태파악 등을 위한 조사를 실시할 수 있다(법 11조 2항). 중앙행정기관의 장은 시행계획을 효율적으로 수립 · 추진하기 위하여 소관 분야의 개인정보처리자에게 제1항에 따른 자료제출 등을 요구할 수 있다(법 11조 3항).

19. 개인정보 분쟁조정

개인정보에 관한 분쟁의 조정(調停)을 위하여 개인정보 분쟁조정위원회(이하 "분쟁조정위원회"라 한다)를 둔다(법 40조).

개인정보와 관련한 분쟁의 조정을 원하는 자는 분쟁조정위원회에 분쟁조정을 신청할 수 있다(법 43조 1항).

국가 및 지방자치단체, 개인정보 보호단체 및 기관, 정보주체, 개인정보처리자는 정보주체의 피해 또는 권리침해가 다수의 정보주체에게 같거나 비슷한 유형으로 발생하는 경우로서 대통령령으로 정하는 사건에 대하여는 분쟁조정위원회에 일괄적인 분쟁조정(이하 "집단분쟁조정"이라 한다)을 의뢰 또는 신청할 수 있다(법 49조 1항).

20. 개인정보 단체소송

1) 단체소송의 대상 등

다음 각 호의 어느 하나에 해당하는 단체는 개인정보처리자가 제49조에 따른 집단분쟁조정을 거부하거나 집단분쟁조정의 결과를 수락하지 아니한 경우에는 법원에 권리침해 행위의 금지 · 중지를 구하는 소송(이상 "단체소송"이라 함)을 제기할 수 있다(법 51조).

1. 소비자기본법 제29조에 따라 공정거래위원회에 등록한 소비자단체로서 ① 정관에 따라 상시적으로 정보주체의 권익증진을 주된 목적으로 하는 단체일 것, ② 단체의 정회원수가 1천명 이상일 것, ③ 소비자기본법 제29조에 따른 등록 후 3년이 경과하였을 것의 요건을 모두 갖춘 단체
2. 비영리민간단체 지원법 제2조에 따른 비영리민간단체로서 ① 법률상 또는 사실상 동일한 침해를 입은 100명 이상의 정보주체로부터 단체소송의 제기를 요청받을 것, ② 정관에 개인정보 보호를 단체의 목적으로 명시한 후 최근 3년 이상 이를 위한 활동실적이 있을 것, ③ 단체의 상시 구성원수가 5천명 이상일 것, ④ 중앙행정기관에 등록되어 있을 것의 요건을 모두

갖춘 단체

2) 전속관할 및 소송대리인의 선정

단체소송의 소는 피고의 주된 사무소 또는 영업소가 있는 곳, 주된 사무소나 영업소가 없는 경우에는 주된 업무담당자의 주소가 있는 곳의 지방법원 본원 합의부의 관할에 전속한다(법 52조 1항). 제1항을 외국사업자로 적용하는 경우 대한민국에 있는 이들의 주된 사무소 · 영업소 또는 업무담당자의 주소에 따라 정한다(법 52조 2항).

단체소송의 원고는 변호사를 소송대리인으로 선임하여야 한다(법 53조).

3) 소송허가신청 및 소송허가요건 등

단체소송을 제기하는 단체는 소장과 함께 ① 원고 및 그 소송대리인, ② 피고, ③ 정보주체의 침해된 권리의 내용을 기재한 소송허가신청서를 법원에 제출하여야 한다(법 54조 1항). 제1항에 따른 소송허가신청서에는 ① 소제기단체가 제51조 각 호의 어느 하나에 해당하는 요건을 갖추고 있음을 소명하는 자료, ② 개인정보처리자가 조정을 거부하였거나 조정결과를 수락하지 아니하였음을 증명하는 서류를 첨부하여야 한다(법 54조 2항).

법원은 ① 개인정보처리자가 분쟁조정위원회의 조정을 거부하거나 조정결과를 수락하지 아니하였을 것, ② 제54조에 따른 소송허가신청서의 기재사항에 흠결이 없을 것의 요건을 모두 갖춘 경우에 한하여 결정으로 단체소송을 허가한다(법 55조 1항). 단체소송을 허가하거나 불허가하는 결정에 대하여는 즉시항고를 할 수 있다(법 55조 2항).

4) 확정판결의 효력

원고의 청구를 기각하는 판결이 확정된 경우 이와 동일한 사안에 관하여는 제51조에 따른 다른 단체는 단체소송을 제기할 수 없다(법 56조 1항). 다만 ① 판결이 확정된 후 그 사안과 관련하여 국가 · 지방자치단체 또는 국가 · 지방자치단체가 설립한 기관에 의하여 새로운 증거가 나타난 경우, ② 기각판결이 원고의 고의로 인한 것임이 밝혀진 경우에는 그러하지 아니하다.

21. 보 칙

1) 적용의 일부제외

국가안전보장과 관련된 정보 분석을 목적으로 수집 또는 제공 요청되는 개인정보, 언론, 종교단체, 정당이 각각 취재 · 보도, 선교, 선거 입후보자 추천 등 고유 목적을 달성하기 위하여 수집 · 이용하는 개인정보에 대해서는 제3장부터 제8장까지 적용하지 않는다(법 58조 1항). 개인정보처리자가 동창회, 동호회 등 친목 도모를 위한 단체를 운영하기 위하여 개인정보를 처리하는 경우에는 개인정보의 수집 · 이용에 관한 규정, 개인정보 처리방침의 수립 및 공개에 관한 규정, 및 개인정보 보호 책임자의 지정에 관한 규정이 적용되지 않는다(법 58조 3항).

2) 금지행위 및 비밀유지의무

개인정보를 처리하거나 처리하였던 자는 ①거짓이나 그 밖의 부정한 수단이나 방법으로 개인정보를 취득하거나 처리에 관한 동의를 받는 행위, ② 업무상 알게 된 개인정보를 누설하거나 권한 없이 다른 사람이 이용하도록 제공하는 행위, ③ 정당한 권한 없이 또는 허용된 권한을 초과하여 다른 사람의 개인정보를 이용, 훼손, 멸실, 변경, 위조 또는 유출하는 행위를 하여서는 아니 된다(법 59조). 법이 규정하는 개인정보 보호 업무에 종사하거나 종사하였던 자는 직무상 알게 된 비밀을 다른 사람에게 누설하거나 직무상 목적 외의 용도로 이용하여서는 아니 된다(법 60조).

3) 침해사실의 신고

개인정보처리자가 개인정보를 처리할 때 개인정보에 관한 권리 또는 이익을 침해받은 사람은 보호위원회에게 그 침해사실을 신고할 수 있다(법 62조 1항). 보호위원회는 제1항에 따른 신고의 접수 · 처리 등에 관한 업무를 효율적으로 수행하기 위하여 대통령령으로 정하는 바에 따라 전문기관을 지정할 수 있다. 이 경우 전문기관은 개인정보침해 신고센터(이하 "신고센터"라고 함)를 설치 · 운영하여야 한다(법 62조 2항). 신고센터는 ① 개인정보처리와 관련한 신고의 접수 · 상담, ② 사실의 조사 · 확인 및 관계자의 의견청취, ③ 제1호 및 제2호에 딸린 업무를 수행한다(법 62조 3항). 보호위원회는 제3항 제2호의 사실 조사 · 확인 등의 업무를 효율적으로 하기 위하여 필요하면 국가공무원법 제32조의4에 따라 소속 공무원을 제2항에 따른 전문기관에 파견할 수 있다(법 62조 4항).

4) 자료제출요구 및 검사

보호위원회는 ① 이 법을 위반하는 사항을 발견하거나 혐의가 있음을 알게 된 경우, ② 이 법 위반에 대한 신고를 받거나 민원이 접수된 경우, ③ 그 밖에 정보주체의 개인정보 보호를 위하여 필요한 경우로서 대통령령으로 정하는 경우에는 개인정보처리자에게 관계 물품 · 서류 등 자료를 제출하게 할 수 있다(법 63조 1항). 보호위원회는 개인정보처리자가 위에 따른 자료를 제출하지 아니하거나 이 법을 위반한 사실이 있다고 인정되면 소속 공무원으로 하여금 개인정보처리자 및 해당 법 위반사실과 관련한 관계인의 사무소나 사업장에 출입하여 업무 상황, 장부 또는 서류 등을 검사하게 할 수 있다. 이 경우 검사를 하는 공무원은 그 권한을 나타내는 증표를 지니고 이를 관계인에게 내보여야 한다(법 63조 2항). 보호위원회는 제1항 및 제2항에 따라 제출받거나 수집한 서류 · 자료 등을 이 법에 따른 경우를 제외하고는 제3자에게 제공하거나 일반에 공개해서는 아니 된다(법 63조 6항).

5) 시정조치 등

보호위원회는 이 법을 위반한 자(중앙행정기관, 지방자치단체, 국회, 법원, 헌법재판소, 중앙선거관리위원회는 제외함)에 대하여 ① 개인정보 침해행위의 중지, ② 개인정보 처리의 일시적인 정지, ③ 그 밖에 개인정보의 보호 및 침해 방지를 위하여 필요한 조치를 명할 수 있다(법 64조 1항). 보호위원회는 중앙행정기관, 지방자치단체, 국회, 법원, 헌법재판소, 중앙선거관리위원회가 이 법을 위반하였을 때에는 해당 기관의 장에게 제1항 각 호에 해당하는 조치를 하도록 권고할 수 있다. 이 경우 권고를 받은 기관은 특별한 사유가 없으면 이를 존중하여야 한다(법 64조 3항).

제 4 편

행정상의 의무이행확보수단

01 행정강제

행정법관계의 내용을 이루는 공법상의 권리와 의무는 궁극적으로 실현되어야만 행정주체는 공익실현이라는 소기의 목적을 충분히 달성할 수 있다. 대부분의 경우 행정법질서는 개인이 행정법상으로 부여된 권리를 행사하고 부과된 의무를 자발적으로 이행함으로써 어려움 없이 유지되고 있다. 그러나 개인에게 부과된 의무는 적지 않은 경우에 불이행됨으로써 행정목적달성에 장애를 야기시키고 있다(과속차량에 대한 교통경찰의 정지명령의 불이행, 무허가건물에 대한 철거명령의 불이행, 조세납부명령의 불이행 등). 따라서 행정목적의 실현을 확보하고 행정법규의 실효성을 담보하기 위하여 강제적 수단이 필요하게 된다. 행정법상 이러한 의무이행확보수단으로서는 현재의 의무불이행상태에 대하여 직접적으로 실력을 행사하여 장래의 방향으로 의무이행을 실현시키는 행정강제와 과거의 의무위반에 대하여 일정한 제재를 가함으로써 행정법규위반에 대한 처벌을 직접 목적으로 하면서도, 간접적으로 심리적 압박을 통하여 의무이행을 확보시키는 행정벌이 있다. 최근에는 사회현상의 변화에 따라 행정강제 · 행정벌 등 전통적인 의무이행확보수단 이외에도 새로운 유형의 의무이행확보수단이 등장하고 있다. 예컨대 수도나 전기의 공급을 거부하는 공급거부, 행정법규위반자의 명단공표, 행정법상의 의무위반을 통하여 얻은 경제적 이익을 환수하기 위한 과징금제도 등이 있다. 이하에서는 전통적인 의무이행확보수단인 행정강제와 행정벌을 다룬 후에 새로운 의무이행확보수단에 대하여 살펴보기로 한다.

≫행정상의 의무이행확보수단≪

- 행정강제
  - 행정상의 강제집행
    - 비금전적 의무
      - 대집행
      - 이행강제금
      - 직접강제
    - 금전적 의무(강제징수)
  - 행정상의 즉시강제
- 행정벌
- 새로운 의무이행확보수단(과징금, 가산세, 공급거부, 위반사실의 공표, 수익적 행정행위의 정지 · 철회, 관허사업의 제한)

제 1 절 개 설

행정강제란 "행정목적을 실현하기 위하여 개인의 신체 또는 재산에 실력을 가하여 행정상 필요한 상태를 실현하는 행정권의 사실상의 작용"이라고 정의되고 있으며 이러한 행정강제는 다시 행정상의 강제집행과 즉시강제로 구분되고 있다.

여기서 행정상의 강제집행은 행정법상의 의무불이행에 대하여 행정주체가 장래를 향하여 그 의무를 이행시키거나 또는 의무이행이 있는 것과 같은 상태를 실현시키는 작용을 의미하며, 행정상의 즉시강제란 목전에 급박한 행정상의 장애를 제거할 필요가 있는 경우에 미리 의무를 명할 시간적 여유가 없거나 또는 성질상 의무를 명함에 의하여는 그 목적을 달성하기 어려운 경우에, 직접 개인의 신체나 재산에 실력을 가함으로써 필요한 상태를 실현하는 작용을 의미한다. 행정상의 강제집행수단은 다시 비금전적 의무의 강제집행수단과 금전적 의무의 강제집행수단이 있다. 비금전적 의무의 강제집행수단으로서는 대집행, 이행강제금, 직접강제와 금전적 의무의 강제집행수단으로서는 강제징수가 있다.

이러한 행정강제제도로서의 행정상의 강제집행과 즉시강제는 역시 독일에서 발전된 제도로서 일본을 매개로 하여 우리의 행정법체계에 도입되었다. 일본의 경우에는 제2차세계대전 종료까지 행정집행법을 통하여 독일의 행정강제제도를 그대로 답습하였으나, 전후에는 신헌법의 제정과 더불어 인권보호의 견지에서 일반법으로서 행정집행법을 폐지하였다. 대신 대집행에 대하여는 행정대집행법을 통하여 규정하고, 이행강제금과 직접강제는 개별법에서 규정하는 경우에만 예외적으로 인정하고 있고, 즉시강제 역시 경찰관직무집행법 및 개별법을 통하여만 인정하고 있다. 미국의 경우 강제집행의 권한은 원칙적으로 법원에 부여되어 있다.[1)]

제 2 절 현행 행정강제제도의 문제점

우리 역시 일반적인 행정집행법을 제정함이 없이 일본의 법제를 그대로 모방하여 대집행의 경우 「행정대집행법」을 통하여 규정하고, 이행강제금과 직접강제는 개별법에서 규정한 경우에만 인정하고 있으며 즉시강제는 「경찰관직무집행법」 및 개별법에서 인정하고 있는 현실이다. 과거 독일이나 일본에서는 행정의 명령권은 강제권을 수반한다는 이른바 일반행정강제의 원칙에 따라 행정상의 강제수단은 법적 근거가 없이 행사되었으며, 행정소송사항은 열기주의에 의하여 제한되었기 때문에 이들에 의한 개인의 신체나 재산 등 기본권침해의 정도는 능히 짐작할 수 있었다.

그러나 다른 한편 직접강제, 이행강제금과 즉시강제를 법률에서 인정된 예외적인 경우에 제한시키는 것은 종래 이들 수단들이 수행하여온 의무이행확보기능에 있어서 큰 흠결을 의미한다. 비대체적 의무의 이행확보수단으로서 기능해 온 이행강제금과 종국적인 강제집행수단으로서의 직접강제

1) ICC v. Brimson, 154 U.S. 447(1894).

는 비록 행정벌로 대체되었으나 행정벌 역시 의무이행확보수단으로서 나름대로의 문제점을 갖고 있음이 입증되고 있다. 결과적으로 이행강제금, 직접강제, 즉시강제를 법률에서 인정되고 있는 예외적인 경우에만 행사할 수 있도록 함은 행정청의 탈법적 강제 내지는 심각한 의무불이행의 방치현상의 초래를 의미하는 것이다.

일본의 일부학설에서는 이러한 흠결을 보완하기 위하여 민사상의 강제집행수단의 활용을 제안하는 견해도 있으나 관철되고 있지 못하다. 현행법이 행정상의 강제수단이라는 보다 편리한 수단을 제공하고 있음에도 불구하고 우회적인 민사상의 제도에 의존한다는 것은 법의 취지에 어긋날 뿐 아니라, 의무이행확보수단으로서의 민사상 제도의 실효성문제, 법원의 부담, 간접강제에 있어서 강제금의 산정문제 등이 지적되고 있다.[2)]

결국 종래의 행정상의 강제수단들이 개인의 기본권보호의 관점에서 문제가 있었던 것은 사실이나 이를 개선하는 방법은 이들을 예외적인 경우로 제한시키는 것이 아니라, 법치국가적인 절차적 보완과 이들에 대한 권리구제수단의 확보가 중요한 것이다. 독일의 경우에는 1953년에 연방행정집행법이 제정되고, 이를 뒤이어 각 주에서 행정집행법이 제정되어, 행정강제수단에 대한 절차적인 규율을 완비시키고, 아울러 이들에 대한 권리구제를 보장시켜 자기완결적인 법치국가적 행정강제제도를 갖추고 있음은 우리의 입법실무에 좋은 참고가 되고 있다. 행정기본법은 행정강제의 수단으로서 대집행, 이행강제금, 직접강제, 즉시강제를 규정하고, 이들 수단의 한계와 사전절차에 대하여 일반적으로 규정하고 있다(법 30조-31조). 행정상 강제집행에 관하여 입법상 진전으로 평가할 수 있으나, 개별법상 의무이행수단이 결여된 경우에 행정기본법을 직접 적용하는 것이 어렵기 때문에 향후 단행법으로서 행정강제법의 제정이 바람직 할 것이다.

제3절 행정상의 강제집행

I. 의 의

행정상의 강제집행수단은 금전적 의무의 강제집행수단인 강제징수와 비금전적 의무의 강제집행수단인 대집행, 이행강제금, 직접강제가 있다. 대집행은 대체적 작위의무에 대한 강제집행수단인 반면, 이행강제금은 비대체적 작위의무, 수인의무, 부작위의무에 대한 강제집행수단이다. 직접강제는 대집행과 이행강제금을 통하여 의무이행을 확보시키기 어려운 경우에 마지막 수단으로서 행하여지는 강제집행수단이다.

이러한 강제집행수단들은 민사상의 강제집행수단들인 대체집행(민법 389조 2항, 민사집행법 260조), 간접강제(민사집행법 261조), 직접강제(민사집행법 257조, 258조)에 유추하여 발전된 제도들이다. 이러한 행정상의 강제집행제도는 민사상의 강제집행과는 달리 법원 및 국가의 강제집행기관의 도움 없이 자력에 의하여 집행한다는 데 그 특성을 갖고 있다. 법원의 확정된 종국판결이 민사상의 강제집행의 권원이 되는 반면, 행정청은 스스로 의무를 부과하는 처분을 통하여 행정상의 권원을 마련하며, 스스로의 강제력을 통하여 이를 이행시킨

2) 金南辰/金連泰, 行政法 I, 562면.

다. 행정상의 강제집행은 청구권의 주체가 동시에 집행권자가 되는 자력집행이라는 점에서 민사상의 강제집행과 여러 가지 차이점들을 갖고 있다.

Ⅱ. 행정상의 강제집행의 근거

과거에는 행정상의 강제집행의 근거에 대하여 일반행정강제의 원칙 또는 행정의 직권집행설에 의하여 행정주체에게 명령권을 부여한 법은 동시에 그 의무이행에 대한 근거법이 된다고 보는 것이 일반적이었다. 즉 행정주체에게 명령권을 부여한 법은 행정주체가 의무의 내용을 강제적으로 실현하는 권능도 함께 부여하였기 때문에 명령권의 근거가 되는 법은 동시에 강제집행의 근거가 된다고 보았다. 그러나 오늘날 행정상의 강제집행은 행정청의 의무를 명하는 하명과 별도로 개인의 자유와 재산을 추가적으로 침해할 수 있으며 따라서 행정상의 강제집행에 대하여는 하명과 별도로 법적 수권이 필요하다는 견해가 관철되었다. 행정상의 강제집행이 행정목적의 실현을 위하여 불가피하다고 하더라도 그것은 국민의 기본권보호를 위하여 법률이 정하는 엄격한 요건과 절차에 따라 행하여져야 한다. 행정상의 강제집행에 대한 실정법적 근거로는 대집행에 관한 일반법인 행정대집행법과 행정상 강제징수에 대하여 실질적으로 일반법의 역할을 하는 국세징수법이 있으며, 그 이외에도 이행강제금과 직접강제에 대하여는 개별법률상의 근거가 있다.

Ⅲ. 행정상 강제집행의 수단

1. 대집행(代執行)

1) 의 의
2) 대집행의 주체
3) 대집행의 요건
  가. 대체적 작위의무의 불이행
  나. 다른 수단으로는 그 이행확보가 곤란할 것
  다. 그 불이행을 방치함이 심히 공익을 해하는 것으로 인정될 것
4) 대집행의 절차
  가. 계 고
    가) 의 의
    나) 법적 성격
    다) 계고처분의 내용
  나. 대집행영장에 의한 통지
    가) 의 의
    나) 법적 성격
  다. 대집행의 실행
    가) 의 의
    나) 법적 성격－권력적 사실행위
    ※대집행의무자가 저항하는 경우 실력으로 저항을 배제할 수 있는지 여부
  라. 비용징수
5) 대집행에 대한 구제
6) 하자의 승계 문제
  가. 철거명령과 대집행 사이
  나. 각각의 대집행절차 사이

1) 의 의

대집행이라 함은 대체적 작위의무(건축물의 철거, 교통사고로 인한 부상자의 병원후송)에 대한 강제집행수단으로 당해 행정청이 스스로 행하거나 또는 제3자로 하여금 이를 행하게 함으로써 의무의 이행이 있는 것과 같은 상태를 실현시킨 후 그에 관한 비용을 의무자로부터 징수하는 강제집행수단을 의미한다. 대집행에 관하여는 일반법인 행정대집행법이 있으며 그밖에도 「도로교통법」 제31조의2 및

「공익사업을 위한 토지 등의 취득 및 보상에 관한 법률」 제89조 등 개별법률에서 대집행에 대하여 규율하고 있다.

2) 대집행의 주체

가. 자기집행과 타자집행

대집행을 할 수 있는 자는 당해 행정청이다(행정대집행법 2조). 당해 행정청이라 함은 당초에 의무를 명하는 행정행위를 한 행정청을 말한다. 당해 행정청은 의무자가 행하여야 할 행위를 스스로 하거나(자기집행) 또는 제3자로 하여금 이를 대신 행하게 할 수 있다(타자집행). 여기서 제3자로 하여금 이를 대신 행하게 하는 타자집행의 경우에 행정청과 의무자와의 관계는 공법관계인 반면, 행정청과 제3자와의 법률관계는 사법상의 계약관계로 이루어진다. 예를 들어 차량견인업자는 행정청과 도급계약의 체결하에 불법주차를 견인한다. 다른 한편 제3자와 의무자 사이에는 직접 어떠한 법률관계가 성립되지 않으며, 제3자는 단순히 행정청의 이행보조인으로서 기능을 한다.[3)]

나. 대집행권한이 공법인에게 위탁된 경우 법률관계

대집행권한을 공법인에게 위탁한 경우, 공법인은 법령에 의하여 대집행권한을 위탁받은 자로서 대집행 실시에 따르는 권리 · 의무 및 책임이 귀속되는 행정주체의 지위를 갖는다. 따라서 당해 공법인은 대집행비용을 행정대집행법의 절차와 국세징수법의 예에 따라 징수할 수 있다.

판례(한국토지주택공사가 대집행권한을 위탁받아 대집행을 실시하는 경우 그 법적 지위) 대한주택공사는 구 대한주택공사법 제2조, 제5조에 의하여 정부가 자본금의 전액을 출자하여 설립한 법인이고, 대한주택공사가 택지개발촉진법에 따른 택지개발사업을 수행하는 경우 이러한 사업에 관하여는 법 제9조 제1항 제2호, 제9조 제2항 제7호, 구 대한주택공사법 시행령 제10조 제1항 제2호, 공익사업을 위한 토지 등의 취득 및 보상에 관한 법률 제89조 제2항에 따라 시 · 도지사나 시장 · 군수 또는 구청장의 업무에 속하는 대집행권한을 대한주택공사에 위탁하도록 되어 있다. 따라서 대한주택공사는 위 사업을 수행함에 있어 법령에 의하여 대집행권한을 위탁받은 자로서 공무원 대집행을 실시함에 따르는 권리 · 의무 및 책임이 귀속되는 행정주체의 지위에 있다고 볼 것이다. 대한주택공사가 구 대한주택공사법 및 구 대한주택공사법 시행령에 의하여 대집행권한을 위탁받아 공무인 대집행을 실시하기 위하여 지출한 비용을 행정대집행법 절차에 따라 국세징수법의 예에 의하여 징수할 수 있음에도 민사소송절차에 의하여 그 비용의 상환을 청구한 사안은 소의 이익이 없어 부적법하다(대판 2011. 9. 8, 2010다48240).

---

3) 대집행의 요건

가. 대체적 작위의무의 불이행

대집행의 대상은 법률(법률의 위임에 의한 법규명령, 지방자치단체의 조례 포함)에 의하여 직접 명령되었거나 또는 법률에 의거한 행정청의 명령에 의한 행위로서 타인이 대신 행할 수 있는 행위, 즉 대체적 작위의무이다. 대집행의 대상이 되는 의무는 개별적 · 구체적 의무여야 하는바 법령에 의하여 직접 개별적 · 구체적 행위를 하여야 할 의무가 명하여지는 경우는 매우 드물며, 대부분의 경우에는 행정처분에 의하여 비로소 그러한 의무가 부과된다. 여기서 대체적 작위의무란 타인에 의하여도 의

3) 鄭夏重, 民間에 의한 公行政遂行, 公法硏究 제30집 제1호, 475면.

무자 스스로 행한 것과 동일한 행정상의 목적을 실현시킬 수 있는 성질의 의무이기 때문에 대체성이 없는 의무, 즉 일신전속적인 성질이 강하거나(병역의무, 불법으로 점유하고 있는 건물이나 토지의 명도의무) 또는 고도의 개인적 기술 · 지능을 요하는 작위의무, 또는 부작위의무(야간소음금지의무), 수인의무는 대체성이 없으므로 대집행의 요건을 결여한다.

한편, 판례는 단순한 부작위의무를 위반한 경우에는 당해 법령에서 그 위반에 의하여 생긴 결과의 시정을 명하는 행정처분의 권한을 인정하는 규정을 두고 있지 않는 이상, 부작위의무로부터 그 의무를 위반함으로써 생긴 결과를 시정하기 위한 작위의무를 도출할 수 없다는 입장을 취하고 있다.

판례 1(부작위의무가 대집행의 대상이 되는지 여부) 하천유수인용(河川流水引用)허가신청이 불허되었음을 이유로 하천유수인용행위를 중단할 것과 이를 불이행할 경우 행정대집행법에 의하여 대집행하겠다는 내용의 계고처분은 대집행의 대상이 될 수 없는 부작위의무에 대한 것으로서 그 자체로 위법함이 명백한바, 이러한 경우 법원으로서는 마땅히 석명권을 행사하여 원고로 하여금 위 계고처분의 위법사유를 밝히게 하고, 나아가 위와 같은 법리에 따라 그 취소 여부를 가려 보아야 한다(대판 1998. 10. 2, 96누5445).

판례 2(도시공원시설의 매점점유자의 퇴거의무가 대집행의 대상이 되는지 여부) 도시공원시설인 매점의 관리청이 그 공동점유자 중의 1인에 대하여 소정의 기간 내에 위 매점으로부터 퇴거하고 이에 부수하여 그 판매 시설물 및 상품을 반출하지 아니할 때에는 이를 대집행하겠다는 내용의 계고처분은 그 주된 목적이 매점의 원형을 보존하기 위하여 점유자가 설치한 불법 시설물을 철거하고자 하는 것이 아니라, 매점에 대한 점유자의 점유를 배제하고 그 점유이전을 받는 데 있다고 할 것인데, 이러한 의무는 그것을 강제적으로 실현함에 있어 직접적인 실력행사가 필요한 것이지 대체적 작위의무에 해당하는 것은 아니어서 직접강제의 방법에 의하는 것은 별론으로 하고 행정대집행법에 의한 대집행의 대상이 되는 것은 아니다(대판 1998. 10. 23, 97누157).

판례 3(수용대상 토지의 명도의무가 대집행의 대상이 되는지 여부) 피수용자 등이 기업자에 대하여 부담하는 수용대상 토지의 인도의무에 관한 구 토지수용법(2002. 2. 4. 법률 제6656호 공익사업을 위한 토지 등의 취득 및 보상에 관한 법률 부칙 제2조로 폐지) 제63조, 제64조, 제77조 규정에서의 '인도'에는 명도도 포함되는 것으로 보아야 하고, 이러한 명도의무는 그것을 강제적으로 실현하면서 직접적인 실력행사가 필요한 것이지 대체적 작위의무라고 볼 수 없으므로 특별한 사정이 없는 한 행정대집행법에 의한 대집행의 대상이 될 수 있는 것이 아니다(대판 2005. 8. 19, 2004다2809).

판례 4(부작위의무로부터 작위의무의 도출가능성) 대집행계고처분을 하기 위하여는 법령에 의하여 직접 명령되거나 법령에 근거한 행정청의 명령에 의한 의무자의 대체적 작위의무 위반행위가 있어야 한다. 따라서 단순한 부작위의무의 위반, 즉 관계 법령에 정하고 있는 절대적 금지나 허가를 유보한 상대적 금지를 위반한 경우에는 당해 법령에서 그 위반자에 대하여 위반에 의하여 생긴 유형적 결과의 시정을 명하는 행정처분의 권한을 인정하는 규정(예컨대, 건축법 제69조, 도로법 제74조, 하천법 제67조, 도시공원법 제20조, 옥외광고물등 관리법 제10조 등)을 두고 있지 아니한 이상, 법치주의의 원리에 비추어 볼 때 위와 같은 부작위의무로부터 그 의무를 위반함으로써 생긴 결과를 시정하기 위한 작위의무를 당연히 끌어낼 수는 없으며, 또 위 금지규정(특히 허가를 유보한 상대적 금지규정)으로부터 작위의무, 즉 위반결과의 시정을 명하는 권한이 당연히 추론되는 것도 아니다(대판 1996. 6. 28, 96누4374).

나. 다른 수단으로는 그 이행확보가 곤란할 것

대체적 작위의무의 불이행이 있다고 하더라도 곧바로 대집행을 할 수 있는 것은 아니다. 비례의 원칙에 따라 다른 수단으로는 그 이행확보가 곤란하여야 한다.

다. 그 불이행을 방치함이 심히 공익을 해하는 것으로 인정될 것

여기서 공익이라는 불확정법개념을 사용하고 있어 그 적용에 있어 행정청의 판단여지가 적용될 소지가 있으나, 대집행은 실력으로써 행정상 필요한 상태를 실현시키는 제도로서 개인의 권리를 침해할 가능성이 많기 때문에 그 해석과 적용은 상당히 엄격하게 하여야 한다.

위의 세 가지 요건이 충족되는 경우, 행정청이 대집행을 할 것인지의 여부에 관하여 기속행위로 보는 견해와[4] 재량행위로 보는 견해가[5] 대립되고 있으나, 행정대집행법 제2조의 규정형식이 가능규정(… 할 수 있다)의 형태를 취하고 있는 점에 비추어 판례와 다수설의 견해와 같이 재량행위로 보는 것이 타당할 것이다. 그러나 구체적인 상황에 따라서는 재량이 영으로 수축되어 대집행의 실시가 행정청의 의무로 되는 경우가 많을 것이다.

판례 1(계고처분의 재량행위성 여부) 이 사건 건물 중 위법하게 구조변경을 한 건축물 부분은 제반 사정에 비추어 그 원상복구로 인하여 원고가 받는 불이익의 정도가 그로 인하여 유지하고자 하는 공익상의 필요 또는 제3자의 이익보호의 필요에 비하여 현저히 크다고 할 것이므로 위 건축물 부분에 대한 이 사건 계고처분은 재량권의 범위를 벗어난 위법한 처분이다(대판 1996. 10. 11, 96누8086).

판례 2(대집행에서 요구되는 공익침해의 정도) 위법건축부분은 그 면적이 지나치게 클 뿐 아니라 무단증축함으로써 결국 2층 공장건물을 그 구조 및 용도가 전혀 다른 4층 일반건물로 변경한 결과가 되었으므로 합법화될 가능성도 없어서 위법건축부분을 그대로 방치하여야 한다면 불법건축물을 단속하는 당국의 권능을 무력화하여 건축행정의 원활한 수행을 위태롭게 하고, 건축법이 정하고 있는 여러 제한규정을 회피하는 것을 사전에 예방하지 못하게 되어 이는 더 큰 공익을 해하는 것이 되기 때문에 이에 대한 철거계고처분은 적법하다(대판 1995. 12. 26, 95누14114).

---

4) 대집행의 절차

대집행의 절차는 계고, 대집행영장의 통지, 실행, 비용징수의 4단계로 나누어진다.

가. 계 고

가) 의 의 　대집행을 하려면 상당한 이행기간을 정하여 그 기한까지 이행하지 아니할 때에는 대집행을 한다는 뜻을 문서로 계고하여야 한다. 이 경우 행정청은 상당한 이행기간을 정함에 있어 의무의 성질·내용 등을 고려하여 사회통념상 해당 의무를 이행하는 데 필요한 기간이 확보되도록 하여야 한다(법 3조 1항).

계고는 대집행이 행하여지는 것을 미리 상대방에게 통지하여 의무이행을 독촉하는 기능을 가지며, 대집행에 대한 예측가능성을 부여하는 대집행절차의 중요한 부분이다. 다만 법률에 다른 규정이 있거나 비상시 또는 위험이 절박한 경우에 있어서 당해 행위의 급속한 실시를 요하여, 계고를 할 여유가 없을 때에는 계고를 생략할 수 있다(법 3조 3항).

계고를 할 때에는 이미 대집행의 요건이 충족되어 있어야 한다. 따라서 독일의 경우와 달리 명

---

4) 金南辰/金連泰, 行政法 I, 574면.
5) 朴鈗炘/鄭亨根, 最新行政法講義(上), 510면; 金東熙/崔桂暎, 行政法 I, 466면.

문의 규정이 없는 우리나라에서는 의무를 명하는 행정행위와 대집행의 계고는 결합할 수 없는 것이 원칙이다. 다만 의무를 부과하는 처분을 할 때에 대집행의 요건이 충족될 것이 명백하고 급속한 실시를 요하는 아주 긴박한 사유가 있는 경우에는 예외적으로 행정처분과 계고를 동시에 할 수 있다고 보아야 할 것이다.[6)]

판례 1(철거명령이 결여된 계고처분의 위법성) 원심은 모름지기 석명권을 행사하여, 본건 계고처분에 선행하여 철거명령이 있었는지의 여부를 심리하여, 그 철거명령이 없었다면, 본건 계고처분은 요건흠결로 인하여 적법한 것이라 할 수 없고, 철거명령이 있어, 취소된 바 없다면, 본건에서 건축법 제42조 소정 요건의 흠결을 주장할 수 없음을 판단하였어야 할 것을, 그러하지 아니한 원판결에는 심리미진의 위법이 있음을 면할 수 없다(대판 1966. 2. 28, 65누141).

판례 2(철거명령과 계고처분의 결합가능성) 계고서라는 명칭의 1장의 문서로서 일정기간 내에 위법건축물의 자진철거를 명함과 동시에 그 소정기한 내에 자진철거를 하지 아니할 때에는 대집행할 뜻을 미리 계고한 경우라도 위 건축법에 의한 철거명령과 행정대집행법에 의한 계고처분은 독립하여 있는 것으로서 각 요건이 충족되었다고 볼 것이고, 이 경우 철거명령에서 주어진 일정기간이 자진철거에 필요한 상당한 기간이라면 그 기간 속에는 계고시에 필요한 '상당한 이행기간'도 포함되어 있다고 보아야 할 것이다. 논지는 철거명령과 계고처분을 결합하여 한꺼번에 행하는 것은 현행법체계상 허용되지 않고 또 대집행의 성질상으로도 불가능하며 다른 한편 계고시 의무자에게 주어질 '상당한 이행기간'을 박탈하게 되어 위법하다는 취지이나 이는 독자적 견해에 불과하여 받아들일 수 없다(대판 1992. 6. 12, 91누13564; 1978. 12. 26, 78누114; 1968. 3. 26, 67다2380).

나) 계고의 법적 성격 계고의 성질은 통설에 따르면 준법률행위적 행정행위로서 통지에 속한다고 하나 그 효과적인 측면을 중시하여 작위의무를 부과하는 하명으로 보는 유력한 견해가 있다.[7)] 한편 반복된 계고의 경우에는 1차 계고만이 항고소송의 대상으로서 처분에 해당한다.

판례(제2차 및 제3차 계고의 처분성) 건물의 소유자에게 위법건축물을 일정기간까지 철거할 것을 명함과 아울러 불이행할 때에는 대집행한다는 내용의 철거대집행 계고처분을 고지한 후 이에 불응하자 다시 제2차, 제3차 계고서를 발송하여 일정기간까지의 자진철거를 촉구하고 불이행하면 대집행을 한다는 뜻을 고지하였다면 행정대집행법상의 건물철거의무는 제1차 철거명령 및 계고처분으로서 발생하였고 제2차, 제3차의 계고처분은 새로운 철거의무를 부과한 것이 아니고 다만 대집행기한의 연기통지에 불과하므로 행정처분이 아니다(대판 1994. 10. 28, 94누5144).

다) 계고처분의 내용 행정청이 대집행의 계고를 함에 있어서 의무자가 스스로 이행하지 않는 경우에 대집행할 행위의 내용 및 범위를 구체적으로 특정화하여야 한다. 따라서 구체적인 특정이 결여된 계고처분은 위법하다. 그러나 판례는 대집행할 내용 및 범위는 반드시 대집행계고서에 의하여 특정되어야 하는 것이 아니고 계고처분 후에 송달된 문서나 기타 사정을 종합하여 특정할 수 있는 것이라면 족하다는 완화된 입장을 취하고 있다.

6) 同旨: 朴鈗炘/鄭亨根, 最新行政法講義(上), 511면.
7) 金南辰/金連泰, 行政法 I, 575면.

판례(대집행계고서에 대집행할 의무의 내용 및 범위의 특정성) 행정청이 행정대집행법 제3조 제1항에 의한 대집행계고를 함에 있어서는 의무자가 스스로 이행하지 아니하는 경우에 대집행할 행위의 내용 및 범위가 구체적으로 특정되어야 하지만, 그 행위의 내용 및 범위는 반드시 대집행계고서에 의하여서만 특정되어야 하는 것이 아니고 계고처분 전후에 송달된 문서나 기타 사정을 종합하여 행위의 내용이 특정되거나 대집행 의무자가 그 이행의무의 범위를 알 수 있으면 족하다(대판 1997. 2. 14, 96누15428; 1990. 1. 25, 89누4543).

나. 대집행영장에 의한 통지

가) 의 의 의무자가 계고를 받고 그 지정기한까지 의무를 이행하지 않는 경우에는 당해 행정청은 대집행영장으로서 대집행을 할 시기, 대집행을 시키기 위하여 파견하는 집행책임자의 성명과 대집행에 요하는 비용의 개산에 의한 견적액을 의무자에게 통지하여야 한다(법 3조 2항). 대집행영장에 의하여 대집행의 구체적 내용과 그에 대한 실행을 수인할 의무가 확정된다.

나) 법적 성격 대집행의 영장의 통지 역시 다수설에 의하면 통지행위로서 준법률행위적 행정행위에 속한다. 다만 법률에 다른 규정이 있거나 비상시 또는 위험이 절박한 경우에, 통지를 할 여유가 없을 때에는 통지를 생략할 수 있다(법 3조 3항).

다. 대집행의 실행

가) 의 의 대집행은 대집행영장에 기재된 시기에 대집행책임자에 의하여 실행된다. 대집행을 하기 위하여 현장에 파견되는 집행책임자는 그가 집행책임자라는 것을 표시한 증표를 휴대하여 대집행시에 이해관계인에게 제시하여야 한다(법 4조 3항).

나) 법적 성격 대집행의 실행은 권력적 사실행위이다. 그런데 의무자는 대집행실행에 대한 수인의무가 있는데도 불구하고 만일 이에 저항할 경우에 실력으로 저항을 배제하는 것이 허용되는지 문제가 된다.[8] 독일의 행정집행법은 이에 대하여 명문규정을 두고 있으나, 그러한 명문규정이 없는 우리나라에서는 실력에 의한 저항배제를 행정대집행의 일부로 보기는 힘들며 그와 같은 항거가 형법 제136조의 공무집행방해죄의 구성요건에 해당하면 이에 의하고 그 행위가 경찰관직무집행법 제5조의 위험발생의 방지를 위한 경찰권발동요건에 해당된다면 그에 따라 배제할 수 있을 것이다. 우리도 독일의 경우처럼 의무자의 저항배제를 위한 실력행사에 대한 법적 근거를 마련하여 두는 것이 분쟁의 소지가 없고 법치국가의 원리에 적합하다고 볼 수 있다.

판례 1(계고 및 대집행영장에 의한 통지절차를 거치지 않은 철거대집행에 대항한 경우에 특수공무집행방해죄의 성립여부) 도로법 제65조 제1항은 "관리청은 반복적, 상습적으로 도로를 불법 점용하는 경우나 신속하게 실시할 필요가 있어서 행정대집행법 제3조 제1항과 제2항에 따른 절차에 의하면 그 목적을 달성하기 곤란한 경우에는 그 절차를 거치지 아니하고 적치물을 제거하는 등 필요한 조치를 취할 수 있다"고 규정하고 있는바, 위 규정의 취지는 교통사고의 예방과 도로교통의 원활한 소통을 목적으로 도로 관리청으로 하여금 반복·상습적인 도로의 불법점용과 같은 행위에 대하여 보다 적극적이고 신속하게 대처할 수 있도록 하기 위하여, 행정대집행법 제3조 제1항 및 제2항에서 정한 대집행 계고나 대집행영장의 통지절차를

8) 이에 대하여 긍정적 견해는 朴鈗炘/鄭亨根, 最新行政法講義(上), 512면; 金東熙/崔桂暎, 行政法 I, 470면. 부정적 견해는 金道昶, 一般行政法論(上), 560면; 李尙圭, 新行政法論(上), 538면.

생략할 수 있도록 하는 행정대집행의 특례를 인정하는 데에 있다. 따라서 위 규정은 일반인의 교통을 위하여 제공되는 도로로서 도로법 제8조에 열거된 도로를 불법 점용하는 경우 등에 적용될 뿐 도로법상 도로가 아닌 장소의 경우에까지 적용된다고 할 수 없고, 토지대장상 지목이 도로로 되어 있다고 하여 반드시 도로법의 적용을 받는 도로라고 할 수는 없다. 이 사건 서울광장은 도로법 제65조 제1항 소정의 행정대집행의 특례규정이 적용되는 도로법상 도로라고 할 수 없으므로 위와 같은 계고 및 대집행영장에 의한 통지절차를 거치지 아니한 채 철거대집행을 행하는 공무원들에 대항하여 폭행이나 협박을 가하였다고 하더라도 특수공무집행방해죄가 성립하지 않는다(대판 2010. 11. 11, 2009도11523).

판례 2(행정청이 건물철거 대집행 과정에서 부수적으로 건물의 점유자들에 대한 퇴거 조치를 할 수 있는지 여부 및 이 경우 필요하면 경찰의 도움을 받을 수 있는지 여부) 관계 법령상 행정대집행의 절차가 인정되어 행정청이 행정대집행의 방법으로 건물의 철거 등 대체적 작위의무의 이행을 실현할 수 있는 경우에는 건물철거의무에 퇴거의무도 포함되어 있는 것이어서 별도로 퇴거를 명하는 집행권원이 필요하지 않다. 행정청은 건물철거 대집행 과정에서 부수적으로 건물의 점유자들에 대한 퇴거 조치를 할 수 있고, 점유자들이 적법한 행정대집행을 위력을 행사하여 방해하는 경우 형법상 공무집행방해죄가 성립하므로, 필요한 경우에는 '경찰관 직무집행법'에 근거한 위험발생 방지조치 또는 형법상 공무집행방해죄의 범행방지 내지 현행범체포의 차원에서 경찰의 도움을 받을 수도 있다(대판 2017. 4. 28, 2016다213916).

다) 대집행 실행의 시간적 한계와 안전조치　행정청 또는 대집행을 실행하는 제3자는 해가 뜨기 전이나 해가 진 후에는 대집행을 하여서는 안된다. 다만, ① 의무자가 동의한 경우, ② 해가 지기 전에 대집행을 착수한 경우, ③ 해가 뜬 후부터 해가 지기 전까지 대집행을 하는 경우에는 대집행의 목적 달성이 불가능한 경우, ④ 그 밖에 비상시 또는 위험이 절박한 경우에는 그러하지 아니하다(법 4조 1항).

행정청은 대집행을 할 때 대집행 과정에서의 안전 확보를 위하여 필요하다고 인정하는 경우 현장에 긴급 의료장비나 시설을 갖추는 등 필요한 조치를 하여야 한다(법 4조 2항).

라) 대집행과 관련된 물건의 보관책임　대집행의 실행으로 발생된 대집행대상과 관련된 물건의 보관책임의 문제가 발생될 수 있으나(건물의 해체자재, 견인된 차량 등), 대집행은 의무자에게 부과되어 있는 대체적 의무를 실행하는 데 그치기 때문에, 대집행의 실행으로 생긴 물건에 대하여는 그것을 인수할 것을 통지하고 소유자가 점유 · 관리할 수 있는 상태에 두는 것을 조건으로 집행책임자는 보관책임을 면한다고 할 것이다.

라. 비용징수

대집행에 소요된 비용은 납기일을 정하여 의무자에게 문서로써 납부할 것을 명하고 불납하는 경우에는 국세징수의 예에 따라 강제징수한다(법 5조, 6조). 대집행에 요한 비용은 국세에 다음가는 순위의 선취득권을 가지며, 이와 같이 징수된 징수금은 사무비의 소속에 따라 국고 또는 지방자치단체의 수입으로 한다(법 6조 2항 · 3항).

5) 대집행에 대한 구제

대집행에 대하여 불복이 있는 자는 당해행정청 또는 직접상급행정청에 행정심판을 제기할 수 있다(법 7조 1항). 대집행에 대하여 행정소송을 제기하는 경우에는 구체적으로 대집행의 어느 단계의 행위에 대하여 행정소송을 제기할 수 있는지 문제가 발생된다. 과거에는 행정상의 강제집행조치는 독자적인 행정행위가 아니라 선행된 행정행위의 발급과 함께 시작된 행정절차의 완결에 지나지 않기 때문에 이들에 대하여는 어떠한 사법구제가 인정되지 않았다. 그러나 대집행의 필요적 절차로서의 대집행의 계고 및 대집행영장의 통지는 하나의 독립된 행정행위이며, 이들에 의하여 대집행내용이 확정되고 그에 대한 수인의무가 부과되기 때문에, 행정쟁송의 대상이 될 수 있으며, 비용납부명령 역시 위법한 경우에 취소 · 변경의 대상이 될 수 있다. 반면 대집행의 실행은 비록 그것이 권력적 사실행위이기는 하나, 대부분 단시간에 집행되기 때문에 소의 이익이 없어 행정소송의 대상이 되지 못한다.

대집행의 실행이 완료된 경우에는 판례는 일관되게 행정소송법 제12조 후단의 "처분 등의 취소로 인하여 회복되는 법률상 이익"(협의의 소의 이익)을 부인하여 왔다. 그러나 제12조 후단의 법률상 이익을 전단과 달리 위법확인의 정당한 이익으로 보아 여기에 경제적 이익, 명예 등 정신적 이익을 포함시키는 것이 바람직한 바, 취소소송의 계속 도중에 대집행이 완료된 경우에는 소송비용 및 취소소송의 확정판결이 이후의 국가배상사건에 갖는 기판력을 고려할 때 소의 이익을 인정하는 것이 타당하다고 판단된다(본서 취소소송에 있어서 협의의 소의 이익 부분 참고).

한편 공무원의 위법한 직무행위에 의하여 대집행이 행하여진 경우에는 피해자인 개인은 국가배상청구권을 행사할 수 있을 것이다.

판례(대집행실행이 완료된 경우에 계고처분에 대한 취소소송의 소의 이익) 대집행계고처분 취소소송의 변론종결 전에 대집행영장에 의한 통지절차를 거쳐 사실행위로서 대집행의 실행이 완료된 경우에는 행위가 위법한 것이라는 이유로 손해배상이나 원상회복 등을 청구하는 것은 별론으로 하고 처분의 취소를 구할 법률상 이익은 없다(대판 1993. 6. 8, 93누6164).

---

6) 하자의 승계문제

대집행은 여러 단계에 걸쳐 일련의 절차에 따라 집행되기 때문에 선행하는 행정행위가 위법하게 되면 후행하는 행정행위도 위법하게 된다. 기본처분(철거명령)은 전체절차의 근거가 되고 있으므로, 기본처분이 위법하면, 불가쟁력이 발생하지 않는 한 전체 강제집행절차의 행위들을 위법하게 만든다. 또한 계고처분의 위법성은 그에 대한 불가쟁력이 발생되지 않는 한, 후속하는 대집행영장의 통지, 실행, 비용납부명령을 위법하게 만든다.

문제는 선행하는 행위에 불가쟁력이 발생된 경우에 선행행위의 위법성을 이유로 하여 후행행위를 취소할 수 있는가이다. 판례와 다수의 견해는 두 개의 행위가 서로 결합하여 한 개의 효과를 완성시키는 경우에는(대집행에 있어서 계고, 대집행영장의 통지, 비용의 납부명령), 선행행위의 흠이 승계되어 이를 이유로 하여 후행행정행위를 취소할 수 있다고 한다. 반면 기본처분과 집행행위는 별개의 효과를 목적으로 하기 때문에 흠의 승계가 부인되어 선행행위의 위법성을 이유로 후행행위를 취소할 수 없다고 한다. 이에 대하여 근래의 유력설은 선행행위가 불가쟁력이 발생된 경우에는, 아울러 실질적 존속력이 발생되기 때문에, 선행행정행위는 후행행정행위에 내용적 구속력(규준력)을 갖게 된다고 한다. 이에 따라 실질적 존속력의 객관적 한계, 주관적 한계, 시간적 한계, 그리고 수인의 기대가능성 및 예견가능성의 한계 내에서는 선행행위의 하자를 이유로 후행행위를 취소할 수 없다고 한다.[9)]

9) 이에 대한 자세한 내용은 본서 행정행위의 존속력 부분을 참조.

사례 1 A시장이 택지개발지구로 지정된 구역 내의 무허가 건축물에 대하여 소유자 갑에게 철거명령을 내렸는데 갑은 이를 이행하지 않고 있다. 이에 A시장은 의무불이행 그 자체만을 염두에 두고 곧바로 행정대집행을 실행하였다.

1) 갑의 권리구제가능성과 그 구제방법을 논하시오.

2) 만약 갑이 철거반의 접근을 실력으로 방해할 경우에 A시장은 어떻게 대처할 수 있는가?(제49회 행정고시)

▶**답안요지** **제1문**: 갑에 대한 권리구제가능성과 구제방법은 철거명령과 행정대집행실행에 대한 취소소송과 국가배상청구권 및 결과제거청구권을 생각할 수가 있다.

① 철거명령에 대한 취소소송: 무허가건축물에 대한 철거명령은 적법하기 때문에 이에 대한 갑의 취소소송은 기각될 것이다.

② 대집행실행에 대한 취소소송: 대집행실행은 권력적 사실행위로 수인의무가 결합된 합성행위로서 처분성이 인정되어 취소소송의 대상이 된다. A시장의 행정대집행실행은 계고, 대집행영장의 통지가 생략되었는바, 행정대집행법 제3조 제3항에 따르면 비상시 또는 위험이 절박하여 당해 행위의 급속한 실시를 요하는 경우에는 계고나 대집행영장의 통지를 생략할 수 있다. 사안에서 이러한 급박한 상황이 있다고 보기는 어려우므로 대집행실행은 위법하다. 그러나 대집행실행은 이미 완료되었기 때문에 갑의 취소청구는 결과적으로 소의 이익이 없어 각하될 것이다.

③ 국가배상청구권: A시장은 계고나 대집행영장의 통지없이 대집행을 실행하였는바 이에 따라 공무원의 위법한 직무행위, 고의 · 과실이 인정된다. 위법건축물의 철거로 발생된 손해에 대하여 갑은 국가배상청구권을 행사할 수 있을 것이다(국배법 2조 1항).

④ 결과제거청구권: 갑의 건축물은 무허가건물로서 위법건축물에 해당하기 때문에 갑은 법적인 실현가능성이 없기 때문에 결과제거청구권을 행사할 수 없다.

제2문: 갑의 저항을 A시장이 실력에 의하여 배제할 수 있는지 학설의 다툼이 되고 있다. 이에 대한 법률의 근거가 없는 한, A시장은 경찰의 조력을 요청하고 경찰은 공무집행방해죄(형법 136조)로 갑을 현행범으로 체포하거나 경찰관직무집행법 제5조(위험발생의 방지)에 근거하여 경찰권을 발동할 수 있을 것이다.

사례 2 A시의 시장은 건물 소유자인 甲에게 건축법 제79조 및 행정대집행법 제3조에 따라 동 건물이 무허가건물이라는 이유로 일정기간까지 철거할 것을 명함과 아울러 불이행할 때에는 대집행한다는 내용의 계고를 하였다. 그 후 甲이 이에 불응하자 다시 2차계고서를 발송하여 일정기간까지 자진철거를 촉구하고 불이행하면 대집행한다는 내용을 고지하였다. 그러나 甲은 동 건물이 무허가건물이 아니라고 다투고 있다.(단, 대집행 요건의 구비 여부에 대하여는 아래 각 질문사항에 따라서만 검토하기로 한다)(총 40점)

1) 甲은 위 계고에 대하여 취소소송을 제기하려고 한다. 계고의 법적 성질을 논하고, 소송의 대상이 되는 계고가 어느 것인지를 검토하시오.(15점)

2) 철거명령과 함께 이루어진 1차 계고는 적법한가?(10점)

3) 위 사안에서 대집행에 대한 甲의 구제방안에 대하여 설명하시오.(15점)(제56회 행정고시)

▶**답안요지**

제1문: 계고의 법적 성질과 소송의 대상이 되는 계고

대집행의 절차는 계고, 대집행영장의 통지, 실행, 비용징수의 4단계로 이루어진다. 대집행을 하려면 상당한 이행기간을 정하여 그 기한까지 이행하지 아니할 때에는 대집행을 한다는 뜻을 문서로 계고하여야 한다. 계고의 성질은 다수설에 따르면 준법률행위적 행정행위로서 통지에 속한다고 하나 그 효과적인 측면을 중시하여 작위하명을 부과하는 하명으로 보는 유력한 견해가 있다. 반복된 계고의 경우에는 1차 계고만이 항고소송의 대상으로 처분에 해당한다(대판 1994. 10. 28, 94누5144). 사안의 경우 철거명령과 결합된 제1차 계고만이 처분의 성격을 갖는다고 할 것이다.

제2문: 철거명령과 함께 이루어진 1차 계고의 적법성

계고를 할 때에는 이미 대집행의 요건이 충족되어 있어야 한다. 따라서 원칙적으로 의무를 명하는 행정행위와 계고는 결합할 수 없다. 다만 의무를 부과하는 처분을 할 때, 대집행의 요건(① 대체적 작위의무의 불이행, ② 다른 수단으로 그 이행확보가 곤란할 것, ③ 그 불이행을 방치함이 심히 공익을 해하는 것으로 인정될 것)이 충족될 것이 명백하고 대집행의 급속한 실시를 요하는 긴박한 사유가 있는 경우에 예외적으로 기본처분과 계고와의 결합이 가능하다고 할 것이다. 사안에서는 대집행의 요건이 충족될 것인지 명확하지 않으며 대집행의 급속한 실시가 요구되는지 명확하지 않다. 이에 따라 1차 계고는 위법하다.

제3문: 대집행에 대한 甲의 구제수단

1) 행정쟁송

사안에서 甲은 자신의 건물이 무허가건물이 아니라고 주장하고 있다. 甲은 우선 철거명령에 대하여 취소심판 및 취소소송의 제기와 더불어 집행정지신청을 할 수 있다. 아울러 예비적 청구로서 1차 계고에 대하여 취소심판 및 취소소송을 제기하거나 흠의 승계이론을 근거로 계고처분의 위법성을 이유로 대집행영장에 대하여 취소심판 및 취소소송을 제기할 수 있을 것이다.

취소소송의 계속중에 대집행의 실행이 완료된 경우에 판례는 소의 이익(행소법 12조 후단)을 부인하고 있으나 소송비용 및 취소판결의 확정판결이 이후에 국가배상사건에 갖는 기판력을 고려할 때 소의 이익을 인정하는 것이 타당할 것이다.

2) 국가배상청구권

대집행이 이미 실행되어 국가배상법 2조의 요건이 충족된 경우에는 甲은 국가배상청구권을 행사할 수 있다. 甲은 또한 철거된 건물의 원상회복이 기대가능성이 있는 경우에 결과제거청구권을 행사할 수 있다.

2. 이행강제금(履行强制金)

1) 의 의

이행강제금이란 비대체적 작위의무, 부작위의무 또는 수인의무의 불이행이 있는 경우에(야간소음금지, TV에 주류광고금지 등) 그 의무자에게 강제금의 부과를 통하여 의무의 이행을 간접적으로 강제하기 위한 행정상의 강제집행수단이다. 이행강제금은 일정한 기한까지 의무자가 이행하지 않는 경우에는 일정한 강제금을 과할 뜻을 계고함으로써 의무자에게 심리적 압박을 줌으로써 장래에 그 의무를 이행하게 하려는 간접적인 강제집행수단의 일종이다. 우리 문헌에서는 부분적으로 이행강제금을 집행벌이라는 표현으로 사용하고 있으나, 이행강제금이 강제집행수단이라는 점, 그리고 실정법적으로도 이행강제금이라는 표현이 정착된 만큼, 앞으로는 집행벌이라는 표현을 피하는 것이 좋을 것이다.

이행강제금은 과거의 의무위반에 대한 제재로서의 벌인 행정벌과 다르다. 우리의 경우 종래 이행강제금보다는 행정벌에 의한 통제에 의하여 이들 의무이행을 담보하여 왔으며 따라서 실정법에서도 이행강제금제도를 발견하기가 어려웠다. 그러나 근래에 들어와 행정벌제도가 갖고 있는 문제점이 부각됨과 아울러 이행강제금의 유용성이 강조되고 있다. ① 이행강제금은 대체성이 없는 작위의무와 부작위의무 및 수인의무에 대한 강제집행수단일 뿐만 아니라, ② 대체적 작위의무에 있어서도 대집행이 부적절한 경우에 행사할 수 있는 효과적인 제도이며,[10] ③ 그 불이행이 있는 경우에는 반복하

10) 건축법 제80조 및 옥외광고물 등의 관리와 옥외광고산업 진흥에 관한 법률 제10조의3은 이행강제금을 대체적

여 부과할 수 있기 때문에 이기적인 의무자에게도 적합한 제도이며, ④ 또한 산업화 · 기술화 시대에 있어서 행정법규상의 의무는 점차 대체성을 상실하는 경향에 있으므로 그 동안 학계에서는 그 장점의 지적과 아울러 그 도입을 주장하여 왔다.

판례(대집행과 이행강제금의 선택적 활용가능성) 전통적으로 행정대집행은 대체적 작위의무에 대한 강제집행수단으로, 이행강제금은 부작위의무나 비대체적 작위의무에 대한 강제집행수단으로 이해되어 왔으나, 이는 이행강제금제도의 본질에서 오는 제약은 아니며, 이행강제금은 대체적 작위의무의 위반에 대하여도 부과될 수 있다. 현행 건축법상 위법건축물에 대한 이행강제수단으로 대집행과 이행강제금(제83조 제1항)이 인정되고 있는데, 양 제도는 각각의 장 · 단점이 있으므로 행정청은 개별사건에 있어서 위반내용, 위반자의 시정의지 등을 감안하여 대집행과 이행강제금을 선택적으로 활용할 수 있으며, 이처럼 그 합리적인 재량에 의해 선택하여 활용하는 이상 중첩적인 제재에 해당한다고 볼 수 없다(헌재결 2004. 2. 26, 2001헌바80).

---

2) 이행강제금과 행정벌

이행강제금은 의무위반에 대하여 장래의 방향으로 의무이행을 확보하는 수단이라는 점에서 과거의 의무위반에 대한 제재인 행정벌과 구별되어야 한다. 이에 따라 이행강제금은 과태료나 벌금과 같은 행정벌과 병과될 수 있다.

판례(이행강제금과 행정벌의 병과 가능성) 건축법 제78조에 의한 무허가 건축행위에 대한 형사처벌과 건축법 제83조 제1항에 의한 시정명령 위반에 대한 이행강제금의 부과는 그 처벌 내지 제재대상이 되는 기본적 사실관계로서의 행위를 달리하며, 또한 그 보호법익과 목적에서도 차이가 있으므로 헌법 제13조 제1항이 금지하는 이중처벌에 해당한다고 할 수 없다(헌재결 2004. 2. 26, 2001헌바80 등, 2002헌바26 병합).

---

3) 이행강제금의 법적 근거

이행강제금은 과거 일제하의 행정집행령에서는 일반적 규정이 있었으나 해방 후에 일본의 법제를 답습한 우리의 현실에서는 법적인 규정을 거의 찾아보기 힘들었으나 근래에 들어와서 급속하게 늘어가고 있는 실정이다. 구 건축법이 1991년 법개정을 통하여 제83조(현행법 80조)에 도입한 것을 필두로 하여, 노인복지법 제62조, 근로기준법 제33조, 은행법 제65조의9, 「부동산실권리자명의등기에 관한 법률」 제6조, 「부동산 거래신고 등에 관한 법률」 제18조, 「옥외광고물 등의 관리와 옥외광고산업 진흥에 관한 법률」 제10조의3, 「장애인 · 노인 · 임산부 등의 편의증진보장에 관한 법률」 제28조, 「다중이용업소의 안전관리에 관한 특별법」 제26조, 「개발제한구역의 지정 및 관리에 관한 특별조치법」 제30조의2 등에서 이행강제금을 도입하고 있다. 한편, 행정기본법 제31조[시행일 2023. 3. 24(부칙 1조)]는 이행강제금의 부과에 관한 원칙적 내용을 정하고 있다.

작위의무의 위반에 도입하고 있어, 행정청은 구체적인 의무위반에 대하여 이행강제금 또는 대집행을 의무의 적합한 재량에 따라 선택할 수 있다.

4) 이행강제금의 부과

이들 법률에 의하여 도입된 이행강제금절차의 특징을 살펴보면 처분청은 이행강제금을 부과하기 전에 문서로 계고를 하고 의무불이행의 경우에는 반복하여 부과할 수 있으며(건축법 80조 4항, 노인복지법 62조, 옥외광고물 등의 관리와 옥외광고산업 진흥에 관한 법률 10조의3 등), 부과할 시에는 이행강제금의 금액, 이행강제금의 부과사유, 납부기한 및 수납기관, 이의제기방법 및 이의제기기관을 명시한 문서에 의하도록 하고 있다. 만일 의무자가 의무를 이행한 경우에는 새로운 이행강제금의 부과를 즉시 중지하되, 이미 부과된 이행강제금은 이를 징수하도록 하고 있다(행정기본법 31조 5항). 한편 이행강제금 납부의무는 일신전속적인 성격을 갖기 때문에 승계가 가능하지 않다.

판례 1(이행강제금 납부의무의 승계가능성) 구 건축법(2005. 11. 8. 법률 제7696호로 개정되기 전의 것)상의 이행강제금은 구 건축법의 위반행위에 대하여 시정명령을 받은 후 시정기간 내에 당해 시정명령을 이행하지 아니한 건축주 등에 대하여 부과되는 간접강제의 일종으로서 그 이행강제금 납부의무는 상속인 기타의 사람에게 승계될 수 없는 일신전속적인 성질의 것이므로 이미 사망한 사람에게 이행강제금을 부과하는 내용의 처분이나 결정은 당연무효이고, 이행강제금을 부과받은 사람의 이의에 의하여 비송사건절차법에 의한 재판절차가 개시된 후에 그 이의한 사람이 사망한 때에는 사건 자체가 목적을 잃고 절차가 종료한다(대판 2006. 12. 8, 2006마470).

판례 2(건축주 등이 장기간 시정명령을 이행하지 아니하였으나 뒤늦게 이행 기회가 제공된 경우, 이행 기회가 제공되지 아니한 과거의 기간에 대한 이행강제금까지 한꺼번에 부과할 수 있는지 여부) 구 건축법 제79조 제1항, 제80조 제1항, 제2항, 제4항 본문, 제5항의 내용, 체계 및 취지 등을 종합하면, 구 건축법상 이행강제금은 시정명령의 불이행이라는 과거의 위반행위에 대한 제재가 아니라, 시정명령을 이행하지 않고 있는 건축주 · 공사시공자 · 현장관리인 · 소유자 · 관리자 또는 점유자(이하 '건축주 등'이라 한다)에 대하여 다시 상당한 이행기한을 부여하고 기한 안에 시정명령을 이행하지 않으면 이행강제금이 부과된다는 사실을 고지함으로써 의무자에게 심리적 압박을 주어 시정명령에 따른 의무의 이행을 간접적으로 강제하는 행정상의 간접강제 수단에 해당한다. 그리고 구 건축법 제80조 제1항, 제4항에 의하면 문언상 최초의 시정명령이 있었던 날을 기준으로 1년 단위별로 2회에 한하여 이행강제금을 부과할 수 있고, 이 경우에도 매 1회 부과 시마다 구 건축법 제80조 제1항 단서에서 정한 1회분 상당액의 이행강제금을 부과한 다음 다시 시정명령의 이행에 필요한 상당한 이행기한을 정하여 그 기한까지 시정명령을 이행할 수 있는 기회를 준 후 비로소 다음 1회분 이행강제금을 부과할 수 있다. 따라서 비록 건축주 등이 장기간 시정명령을 이행하지 아니하였더라도, 그 기간 중에는 시정명령의 이행 기회가 제공되지 아니하였다가 뒤늦게 시정명령의 이행 기회가 제공된 경우라면, 시정명령의 이행 기회 제공을 전제로 한 1회분의 이행강제금만을 부과할 수 있고, 시정명령의 이행 기회가 제공되지 아니한 과거의 기간에 대한 이행강제금까지 한꺼번에 부과할 수는 없다. 그리고 이를 위반하여 이루어진 이행강제금 부과처분은 과거의 위반행위에 대한 제재가 아니라 행정상의 간접강제 수단이라는 이행강제금의 본질에 반하여 구 건축법 제80조 제1항, 제4항 등 법규의 중요한 부분을 위반한 것으로서, 그러한 하자는 중대할 뿐만 아니라 객관적으로도 명백하다(대판 2016. 7. 14, 2015두46598).

판례 3(의무이행기간이 도과된 이후에 의무이행을 한 경우에 이행강제금을 부과할 수 있는지 여부) 장기미등기자에 대하여 부과되는 이행강제금은 소유권이전등기신청의무 불이행이라는 과거의 사실에 대한 제재인 과징금과 달리, 장기미등기자에게 등기신청의무를 이행하지 아니하면 이행강제금이 부과된다는 심리적 압박을 주어 그 의무의 이행을 간접적으로 강제하는 행정상의 간접강제 수단에 해당한다. 따라서 장기미등기자가 이행강제금 부과 전에 등기신청의무를 이행하였다면 이행강제금의 부과로써 이행을 확보하고자 하는 목적은 이미 실현된 것이므로 부동산실명법 제6조 제2항에 규정된 기간이 지나서 등기신청의무를 이행한 경우라 하더라도 이행강제금을 부과할 수 없다고 보아야 한다(대판 2016. 6. 23, 2015두36454).

---

5) 불복절차

종래 이행강제금의 불복절차는 과태료의 불복절차와 동일하게 규율하여 왔다. 즉 이행강제금의 납부의무자는 납부고지에 대하여 이의신청을 할 수 있으며, 처분청은 이의가 제기된 경우에는 지체 없이 관할법원에 그 사실을 통보하여야 한다. 통보를 받은 관할법원은 비송사건절차법에 따라 재판을 하여야 하며, 만일 의무자가 이의신청을 하지 않는 경우에는 국세체납처분절차에 따라 강제징수하도록 하고 있다(구 건축법 83조 6항, 옥외광고물 등의 관리와 옥외광고산업 진흥에 관한 법률 10조의3, 장애인 · 노인 · 임산부 등의 편의증진보장에 관한 법률 28조 4항). 그러나 이행강제금의 권리구제절차를 행정쟁송에 의하지 않고 과태료부과처분에 따라 규율한 것은 이행강제금을 과태료의 성격을 갖는 것으로 이해하는 데 기인하는 것이다. 이행강제금은 상술한 바와 같이 순수한 강제수단이며, 그의 계고와 부과처분은 행정행위의 성격을 갖기 때문에 행정쟁송의 대상이 되어야 한다. 이와 같이 규율하는 것이 대집행절차와 체계적으로 상호모순이 없게 될 것이다. 최근 은행법 제65조의9 제4항, 「다중이용업소의 안전관리에 관한 특별법」 제26조 제7항은 이행강제금을 행정쟁송의 대상으로 하고 있다. 또한 개정된 건축법 제80조는 과태료불복절차의 준용규정을 삭제하였으며, 판례 역시 개정법률의 취지에 따라 건축법에 의한 이행강제금의 부과를 종전과는 달리 행정처분으로 보아 항고소송의 대상으로 하고 있다. 이에 따라 과태료불복절차의 준용규정을 두고 있지 않는 「국토의 계획 및 이용에 관한 법률」 제124조의2, 노인복지법 제62조, 근로기준법 제33조 등에 의한 이행강제금도 향후 항고소송의 대상이 될 것으로 판단된다.

판례 1(건축법상 이행강제금부과를 처분으로 본 판례) 위반 건축물이 개정 건축법 시행 이전에 건축된 것일지라도 행정청이 현행 건축법 시행 이후에 시정명령을 하고, 그 건축물의 소유자 등이 그 시정명령에 응하지 않은 경우에는 행정청은 현행 건축법에 따라 이행강제금을 부과할 수 있다. 원심이 같은 취지에서, 이 사건 건물이 개정 건축법 시행 전의 위반 건축물이지만 현재까지 위법 상태가 계속되고 있어 행정청인 피고가 그 소유자인 원고에게 원상회복의 시정명령을 하였음에도 원고가 이에 응하지 아니하자, 피고가 현행 건축법을 적용하여 이 사건 이행강제금 부과처분을 한 것이 적법하다고 판단한 것은 정당하고, 거기에 상고이유 주장과 같은 적용 법규에 관한 법리오해의 위법이 없다(대판 2012. 3. 29, 2011두27919: 이행강제금부과처분취소청구).

판례 2(농지법상 이행강제금 부과처분이 항고소송의 대상이 아니라는 판례) 농지법은 농지 처분명령에 대한 이행강제금 부과처분에 불복하는 자가 그 처분을 고지받은 날부터 30일 이내에 부과권자에게 이의를 제기할 수 있고, 이의를 받은 부과권자는 지체 없이 관할 법원에 그 사실을 통보하여야 하며, 그 통보를 받은 관할 법원은 비송사건절차법에 따른 과태료 재판에 준하여 재판을 하도록 정하고 있다(제62조 제1항, 제6항, 제7항). 따라서 농지법 제62조 제1항에 따른 이행강제금 부과처분에 불복하는 경우에는 비송사건절차법에 따른 재판절차가 적용되어야 하고, 행정소송법상 항고소송의 대상은 될 수 없다(대판 2019. 4. 11, 2018두42955).

판례 3(이행강제금 납부의 독촉이 항고소송의 대상이 되는 처분성을 갖는지 여부) 구 건축법 제69조의2 제6항, 지방세법 제28조, 제82조, 국세징수법 제23조의 각 규정에 의하면, 이행강제금 부과처분을 받은 자가 이행강제금을 기한 내에 납부하지 아니한 때에는 그 납부를 독촉할 수 있으며, 납부독촉에도 불구하고 이행강제금을 납부하지 않으면 체납절차에 의하여 이행강제금을 징수할 수 있고, 이때 이행강제금 납부의 최초 독촉은 징수처분으로서 항고소송의 대상이 되는 행정처분이 될 수 있다(대판 2009. 12. 24, 2009두14507).

사례 甲은 B광역시장의 허가를 받지 아니하고 B광역시에 공장 건물을 증축하여 사용하고 있다. 이에 B광역시장은 甲에 대하여 증축한 부분을 철거하라는 시정명령을 내렸으나 甲은 이를 이행하지 아니하고 있다. 다음 물음에 답하시오.(2016 5급공무원 공채시험)

1) B광역시장은 상당한 기간이 경과하였음에도 甲에 대하여 이행강제금을 부과 · 징수하지 않고 있다. 이에 대하여 B광역시 주민 乙은 부작위위법확인소송을 통하여, 주민 丙은 적법한 절차를 거쳐 주민소송을 통하여 다투려고 한다. B광역시장이 甲에 대하여 이행강제금을 부과 · 징수하지 않고 있는 행위는 부작위위법확인소송 및 주민소송의 대상이 되는가?(10점)

2) B광역시장이 甲에 대하여 일정기간까지 이행강제금을 납부할 것을 명하였으나, 甲은 이에 불응하였다. B광역시장은 「지방세외수입금의 징수 등에 관한 법률」 제8조에 따라 다시 甲에게 일정기간까지 위 이행강제금을 납부할 것을 독촉하였다. 위 독촉행위는 항고소송의 대상이 되는가?(10점)

▶**답안요지**

제1문: 이행강제금을 부과 · 징수하지 않고 있는 행위가 부작위위법확인소송 및 주민소송의 대상이 되는지 여부

1. 부작위위법확인소송의 대상이 되는지 여부

행소법 2조 2호는 부작위위법확인소송의 대상이 되는 부작위를 "행정청이 당사자의 신청에 대하여 상당한 기간 내에 일정한 처분을 하여야 할 법률상 의무가 있음에도 불구하고 이를 하지 아니하는 것을 말한다"고 정의하고 있는바, 이에 따라 B광역시장의 부작위가 행소법 2조 2호의 의미의 부작위가 되는지 검토를 요한다.

1) 이행강제금의 부과가 행소법 2조 1항 1호의 처분 등의 성격을 갖는지 여부

부작위가 성립하기 위하여는 원고가 신청한 행위가 행소법 2조 1항 1호의 처분 등에 해당하여야 한다. 종래 이행강제금 부과에 대한 실정법상 불복절차는 과태료의 불복절차와 동일하게 취급하여 왔으며, 이에 따라 판례 역시 이행강제금의 처분성을 부인하였다(대판 2000. 9. 22, 2000두5722). 그러나 다수설은 강제집행수단으로서 이행강제금은 금전급부하명의 성격을 갖는 처분으로서 행정쟁송의 대상으로 하여야 한다는 비판을 하였다. 근래의 대부분의 법률들은 다수설에 따라 이행강제금 부과에 대하여 행정쟁송으로 다툴수 있도록 하고 있으며, 개정된 건축법 역시 종래의 비송사건절차법에 따른 과태료불복절차의 규정의 준용을 삭제하였다. 판례 역시 개정된 법률에 따라 건축법상 이행강제금의 부과의 처분성을 인정하고 있다(대판 2012. 3. 29, 2011두27919). 설문에서 이행강제금의 부과는 금전금부하명으로서 처분성을 갖는다고 할 것이다.

2) 신청권이 요구되는지 여부

판례는 부작위위법확인소송의 대상이 되기 위하여는 개인이 행정청에 대하여 신청에 따른 처분을 해줄 것을 요구할 수 있는 법규상 또는 조리상의 권리가 있어야 한다는 입장을 취하고 있다. 이러한 판례의 입장은 학설에서 대상적격과 원고적격의 혼동 내지는 본안의 선취에 해당한다는 비판을 받아왔다. 근래 판례는 신청권의 존부는 구체적 사건에서 신청인이 누구인지를 고려하지 않고 관계법규의 해석에 의하여 일반국민에게 그러한 신청권을 인정하고 있는지를 살펴 추상적으로 결정되는 것이고, 신청인이 그 신청에 따른 단순한 응답을 받을 권리를 넘어서 신청의 인용이라는 만족적 결과를 얻을 권리를 의미하는 것은 아니라 하고, 구체적으로 그 신청이 인용될 수 있는가 하는 점은 본안에서 판단하여야 할 사항이라고 판시하고 있다. 그러나 실제로 신청권이 있는가 여부를 본안에서 판단하여야 할 문제라고 한다면, 추상적 신청권의 존재 여부는 부작위의 개념에 속한 것이 아니라, 여전히 원고적격에 관한 문제로 보아야 할 것이다.

판례에 따르면 처분의 발급을 구할 수 있는 권리, 즉 신청권의 존부 여부는 부작위의 근거가 되는 법률에 의하여 직접적이고 구체적인 이익이 있는지 여부에 따라 판단하고 있다(대판 1989. 5. 23, 88누8135). 설문에서 丙은 甲의 건물의 증축행위를 통하여 어떠한 법률상 이익이 침해되고 있는지 나타나 있지 않을 뿐 아니라, 건축법 80조 역시 제3자의 이행강제금 신청권을 인정하고 있지 않다. 설문에서 B광역시장은 상당 기간이 경과하였음에도 이행강제금을 부과 · 징수하고 있지 않는바, 판례에 따르면 대상적격이 부정될 것이

나, 학설에 따르면 원고적격이 부정되어 부작위위법확인소송을 제기할 수 없을 것이다.

2. 주민소송의 대상이 되는지 여부

1) 의의 및 성격

주민의 직접참여에 의한 지방행정의 공정성과 투명성강화 및 주민감사청구권의 실효성 확보를 위하여 지방자치법 제17조에 규정된 주민소송은 지방자치단체장의 위법한 재무행위를 시정하기 위하여 주민이 제기하는 소송으로서, 주민의 구체적인 권리침해가 없어도 제기될 수 있다는 점에서 객관소송의 성격을 갖는다. 주민소송은 감사청구를 한 주민만이 제기할 수 있도록 되어 있어 감사청구전치주의를 채택하고 있다.

2) 주민소송의 대상

지방자치법 17조는 ① 공금의 지출에 관한 사항, ② 해당 지방자치단체를 당사자로 하는 매매 · 임차 · 도급계약이나 그 밖의 계약의 체결 · 이행에 관한 사항, ③ 지방세 · 사용료 · 수수료 · 과태료 등 공금의 부과 · 징수를 게을리한 사항으로서 이미 이들에 대하여 감사청구를 한 사항들을 주민소송의 대상으로 규정하고 있다. 설문에서 이행강제금을 부과 · 징수하지 않는 B광역시장의 행위가 주민소송의 소송의 대상이 되는지 묻고 있다. 이행강제금은 지방자치단체의 재정수입을 구성하는 재원 중의 하나로서 "지방세외수입금의 징수등에 관한 법률"에서 이행강제금의 효율적인 징수 등에 필요한 사항을 특별히 규정하는 등 그 부과 · 징수를 재무회계의 관점에서도 규율하고 있으므로, 이행강제금의 부과 · 징수를 게을리한 행위는 주민소송의 대상이 된다(대판 2011. 12. 22, 2009두14309). 乙은 B광역시장의 부작위에 대하여 주민감사청구절차를 거친 후에 주민소송을 제기할 수 있을 것이다.

제2문: 이행강제금납부의 독촉행위가 항고소송의 대상이 되는지 여부

항고소송은 행정청의 처분 등이나 부작위에 대하여 제기하는 소송으로(행소법 3조 1호), 행소법 2조 1항 1호는 처분 등의 개념에 대하여 "행청청이 행하는 구체적 사실에 관한 법집행으로서 공권력의 행사 또는 그 거부와 그 밖에 이에 준하는 행정작용 및 행정심판의 재결"로 정의하고 있다. 이에 따라 항고소송의 대상이 되는 처분 등의 개념징표를 충족시키기 위하여는 ① 행정청의 행위일 것, ② 구체적 사실에 대한 집행행위일 것, ③ 국민에 대하여 직접적인 법적 효과를 발생하는 행위일 것, ④ 공권력의 행사에 해당될 것이 요구된다. 설문에서 독촉행위는 행정청인 B광역시장의 행위이며, 甲에 대한 이행강제금 납부독촉은 구체적인 사실에 대한 법집행행위이고, 「지방세외수입금의 징수 등에 관한 법률」 8조 및 9조 1항은 독촉장을 받고 지정된 기한까지 지방세외수입금과 가산금을 완납하지 아니한 경우에는 체납자의 재산을 압류하도록 규정하고 있는바, 甲에 대하여 직접적인 법적 효과를 발생하는 공권력 행사에 해당한다. 이에 따라 B광역시장의 독촉행위는 대집행절차의 계고나 국세징수절차에 있어서 독촉과 마찬가지로 처분의 성격을 갖는바, 항고소송의 대상이 된다. 판례 역시 이행강제금 납부의 최초 독촉은 징수처분으로서 항고소송의 대상이 되는 행정처분이 된다는 입장을 취하고 있다(대판 2009. 12. 24, 2009두14507).

3. 직접강제(直接强制)

1) 의 의

의무자가 의무를 이행하지 않는 경우에 의무자의 신체 · 재산에 직접 실력을 가함으로써 의무이행이 있었던 것과 같은 상태를 실현시키는 직접강제제도는 가장 강력한 강제집행수단으로서 대집행, 이행강제금이 부적합하거나 아무 성과를 기대할 수 없는 경우에 마지막으로 사용하는 작위, 부작위, 수인의무에 대한 강제수단이다(행정기본법 32조 1항). 이러한 직접강제는 대체적 작위의무뿐만 아니라, 비대체적 작위의무 · 부작위의무 · 수인의무 등 일체의 의무불이행에 대하여 행사할 수 있다는 점에서 대집행 및 이행강제금과 구별된다. 또한 재산 자체에 대하여 행하여지는 경우에도 행정법규의 위반상태를 띠고 있는 재산상태를 배제한다는 점에서 금전적 급부의무의 강제수단인 강제징수와도 구별된다.

2) 법적 근거

일제하에 「행정집행령」에서 인정되었던 직접강제제도는 해방 이후에 인권보호의 견지에서 단지 방어해면법 제7조, 군사기지 및 군사시설보호법 제11조, 출입국관리법 제62조, 식품위생법 제79조, 공중위생관리법 제11조 등 몇몇 개별법에 제한하여 인정되어 왔다. 해방전에 개인의 권리구제가 거의 인정되지 않았던 우리나라는 물론이고 행정소송제도에서 열기주의를 채택하여 강제집행행위에 대하여 어떠한 행정소송도 제기할 수 없었으며, 강제집행에 대한 절차적 규정이 미비하였던 일본에서조차 직접강제수단에 의한 인권의 침해는 그리 상상하기 어렵지 않다. 그러나 직접강제수단 역시 그 행사에 대한 요건을 엄격하게 하고 절차적 규정을 완비시키고 위법한 행사로 인한 권리침해에 대하여 행정소송을 인정한다면 대집행이나 이행강제금으로 이행확보가 어려운 작위 · 부작위 · 수인의무에 대하여 유익하고 실효성있는 강제수단으로서 기능할 수 있다. 직접강제의 예외적 인정은 행정상 의무이행확보수단에 있어서 중요한 흠결을 의미하며, 결과적으로 탈법적인 행정강제를 초래하게 될 것이다. 예를 들어 「집회 및 시위에 관한 법률」은 경찰관으로 하여금 불법시위가담자에 대하여 해산명령을 내릴 수 있도록 하고 있는 반면(법 20조), 가담자가 의무를 불이행하는 경우에 이에 대한 강제집행수단으로 직접강제를 규정하고 있지 않다. 그러나 실제로 실력에 의한 불법시위의 강제해산은 빈번히 목도되는 현상이다.

근래에 의무이행확보수단의 개선작업의 일환으로 안전관리분야, 의약품제조분야, 환경보전분야, 기타 사회질서와 관련된 29개 분야에서 무허가 및 미신고영업에 대하여 폐쇄조치 등 직접강제수단을 도입하기로 한 정부의 계획에 따라 관련법률의 개정시마다 입법조치를 하고 있음은 주목할 만한 일이다(예: 공중위생관리법 11조 3항, 사행행위등규제 및 처벌특례법 20조, 영화 및 비디오물의 진흥에 관한 법률 70조, 대기환경보전법 38조, 수질 및 수생태계보전에 관한 법률 44조).

3) 절차 및 권리구제

상술한 바와 같이 직접강제제도는 대집행이나 이행강제금으로 그 이행을 확보하기가 어려운 경우에 마지막 수단(ultima ratio)으로 행사되는 가장 강력한 강제집행수단에 해당한다. 이에 따라 그 행사는 비례의 원칙에 적합하여야 할 뿐 아니라, 이 제도를 도입함에 있어서 그 절차를 엄격하게 하고 이에 대한 권리구제장치를 마련하는 것이 무엇보다 중요하다. 행정기본법 제32조[시행일 2023. 3. 24(부칙 1조)]는 대집행절차 및 이행강제금절차와 같이 문서에 의한 계고와 통지를 하도록 규정하고 있으며(동조 3항), 직접강제를 실시하는 집행책임자의 증표제시 의무를 규정하고 있다(동조 2항). 아울러 직접강제에 의한 신체의 체포 · 구속이나 주거의 수색 및 압수의 경우에는 영장주의를 도입하는 것이 필요하다.

한편, 위법한 직접강제에 의하여 개인이 국가, 지방자치단체, 공법인 또는 개인, 민간단체 등이 운영하는 의료시설 · 복지시설 · 수용시설 · 보호시설에 수용 · 보호 또는 감금된 경우에는 인신보호법에 의한 절차에 따라 구제받을 수 있다(인신보호법 3조).

4. 행정상의 강제징수(强制徵收)

1) 의 의

행정상의 강제징수라 함은 행정법상의 금전급부의무가 이행되지 않는 경우에, 행정청이 의무자의 재산에 실력을 가하여, 의무가 이행된 것과 동일한 상태를 실현하는 작용을 말한다. 작위, 부작위 또는 수인의무를 강제하기 위한 수단인 대집행, 이행강제금, 직접강제와는 달리 강제징수는 금전급부의 불이행에 대한 강제수단이다.

2) 근 거

강제징수에 대한 일반법으로는 「국세징수법」과 「지방세징수법」이 있는데 원래 「국세징수법」과 「지방세징수법」은 국세나 지방세의 징수에 관한 법이나 「보조금관리에 관한 법률」, 「국유재산법」, 「공유재산 및 물품관리에 관한 법률」 등 많은 법률들이 이들을 준용하기 때문에 실질적으로 이들은 행정상의 강제징수에 대한 일반법적 지위를 갖고 있다.

3) 절 차

「국세징수법」과 「지방세징수법」의 강제징수절차는 동일한 방식으로 규율되고 있다. 다음에서는 국세징수절차를 중심으로 설명하기로 한다. 국세징수법상의 강제징수절차는 독촉 및 강제징수로 나누어지며, 강제징수는 다시 재산압류, 압류재산의 매각, 청산(충당)의 3단계로 이루어진다.

가. 독 촉

국세를 그 납부기한까지 완납하지 않는 경우에는 관할 세무서장은 납부기한이 지난 후 10일 내에 독촉장을 발급하여야 한다(법 10조 1항). 관할 세무서장은 독촉장을 발급하는 경우 독촉을 하는 날부터 20일 이내의 범위에서 기한을 정하여 발급한다(법 10조 2항). 이러한 독촉은 납세의무자에게 이행을 최고하고 일정한 기한까지 그 의무를 이행하지 않는 경우에는 강제징수를 할 것이라는 통지행위인 준법률행위적 행정행위로 보는 것이 일반적 견해이다. 그러나 그 효과를 기준으로 하여 볼 때 금전급부의무를 부과하는 하명으로 보는 유력한 견해가 있다.[11] 납부최고는 강제징수의 전제요건을 충족시키며, 또한 시효중단의 효과를 발생하게 한다.

나. 강제징수

강제징수는 재산의 압류, 압류재산의 매각, 청산의 3단계를 거쳐 행한다.

가) 재산의 압류 세무서장은 납세자가 독촉장을 받고 지정된 기한까지 국세를 완납하지 아니한 경우 납세자의 재산을 압류한다(법 31조 1항). 압류란 의무자의 재산에 대하여 사실상 법률상의 처분을 금지시키고 그것을 확보하는 강제보전행위이다. 압류는 권력적 사실행위나 상대방의 수인의무와 결합하여 처분의 성격을 갖는다.

① 압류의 요건 압류는 원칙적으로 납세의무자가 독촉을 받고도 지정된 기한까지 국세와 가산금을 완납하지 않은 때에 하게 된다(법 31조 1항 1호). 그러나 예외적으로 납기전징수의 경우에는 납부고지서를 받고 지정기한까지 완납하지 않은 때에도 압류가 허용되며(법 31조 1항 2호), 또한 납기전징수의 사유가 있고 국세의 확정 후에는 당해 국세를 징수할 수 없다고 인정되는 때에는 국세로 확정되리라고 추정되는 금액의 한도 안에서 의무자의 재산을 압류할 수 있다(법 31조 2항).

판례(압류요건이 흠결된 압류처분의 효력) 국세징수법 제24조에 의하여, 세무공무원의 납세자의 재산에 대한 압류는 납세자가 독촉장을 받고도 지정된 기한까지 국세와 가산세를 완납하지 아니한 경우에 할

11) 金南辰/金連泰, 行政法 I, 435면.

수 있는 것이 원칙이나, 다만 예외적으로 납세의 고지(또는 독촉)를 받고 납세자가 도피할 우려가 있어 그 기한을 기다려서는 고지한 국세나 체납액을 징수할 수 없다고 인정되는 경우 등에도 납세자의 재산을 압류할 수 있는 것이고, 또 이와 같은 압류요건이 흠결한 경우의 압류처분은 위법한 처분임은 틀림없으나 그 압류처분이 당연무효한 것이라고는 할 수 없다 할 것이다(대판 1982. 7. 13, 81누360).

② **압류대상재산** 압류대상재산은 의무자의 소유로써 금전적 가치가 있고 양도할 수 있는 재산이다. 즉 동산 · 부동산 · 무체재산권을 불문한다. 그러나 국세징수법은 의무자의 생활필수품이나 임금 · 급여 등에 대하여 최저생활의 보장, 생업의 유지, 수학의 계속 등의 이유에서 압류를 금지 또는 제한하고 있다(법 41조). 또한 국세를 징수하기 위하여 필요한 재산 이외의 재산을 압류할 수 없다(법 32조). 압류가 허용된 재산 중에서 어느 것을 선택하여 압류할 것인가는 당해 공무원의 재량에 속한다고 할 것이나, 압류된 재산가격은 체납금액과 상당한 비례관계가 있어야 하며, 가능한 한 제3자의 권리를 존중하여야 할 것이다(법 33조).

판례(제3자의 재산을 대상으로 한 압류처분의 효력) 강제징수로서 압류의 요건을 규정하는 국세징수법 제31조 각 항의 규정을 보면, 어느 경우에나 압류의 대상을 납세자의 재산에 국한하고 있으므로, 납세자가 아닌 제3자의 재산을 대상으로 한 압류처분은 그 처분의 내용이 법률상 실현될 수 없는 것이어서 당연무효이다(대판 2001. 2. 23, 2000다68924).

③ **압류의 방법** 세무공무원은 압류처분을 하기 위하여 질문, 검사 또는 수색을 하거나 압류할 때에는 그 신분을 표시하는 증표를 휴대하고 이를 관계자에게 제시하여야 한다(법 38조). 세무공무원은 재산을 압류할 때에는 압류조서를 작성하여야 하며, 압류의 방법은 동산 및 유가증권의 압류, 채권의 압류, 부동산의 압류, 그 밖의 재산권의 압류를 그 대상에 따라 각각 구별하여 행한다(법 43조 · 48조 · 51조 등).

④ **압류의 효력** 압류에 의하여 압류재산의 사실상 · 법률상 처분이 금지된다(법 43조 1항). 질권이 설정된 재산인 경우에 질권자는 그 질권의 설정시기 여하에 불문하고 질물을 세무공무원에게 인도하여야 한다(법 48조). 압류의 효력은 재판상의 가압류 · 가처분 또는 체납자의 사망이나 법인의 합병으로 인한 영향을 받지 않는다(법 26조 · 27조). 또한 압류의 효력은 압류재산에서 생기는 천연과실 또는 법정과실에도 미친다(법 44조 1항).

체납자의 재산에 대하여 강제징수를 시작한 후 체납자가 사망하였거나 체납자인 법인이 합병에 의하여 소멸되었을 때에도 그 재산에 대한 강제징수는 계속 진행하여야 한다(법 27조 1항). 체납자가 사망한 후 체납자 명의의 재산에 대하여 한 압류는 그 재산을 상속한 상속인에 대하여 한 것으로 본다(법 27조 2항).

⑤ **압류의 해제** 납부 기타 일정한 사유가 있는 경우에는 반드시 압류를 해제하여야 하며(법 57조 1항), 압류후 재산가격의 변동 기타의 사유로 그 가격이 징수할 체납액의 전액을 현저히 초과한 때, 기타 일정한 사유가 있는 때에는 전부 또는 일부에 대하여 그 압류를 해제할 수가 있다(법 57조 2항).

⑥ **교부청구, 참가압류** 압류에 갈음하는 수단으로 교부청구와 참가압류가 있다. 교부청구

는 이미 다른 국세의 체납으로 강제징수를 받은 때 등, 다른 강제환가절차가 개시된 경우에 미리 재산을 압류함이 없이 그 집행기관에 대하여 체납세액의 교부를 청구하여 그 강제환가절차로부터 배당을 받는 제도를 말한다(법 59조).

참가압류란 압류하고자 하는 재산이 이미 다른 기관의 강제징수에 의하여 압류되어 있는 재산인 경우에 교부청구에 갈음하여 그 압류에 참가하는 제도를 말한다(법 61조). 교부청구 이외에 참가압류를 인정한 것은 교부청구의 경우에는, 기압류기관이 압류를 해제하면 교부청구도 효력이 상실하기 때문에 이러한 결함을 보완하기 위한 것이다(법 62조).

나) 압류재산의 매각

① 매각의 의의 매각은 납세자의 압류재산을 금전으로 환가하는 것을 의미한다. 강제징수는 결국 금전에 의한 조세의 징수를 목적으로 하므로 압류재산을 매각하여 금전으로 환가하여야 한다. 매각의 공정성을 도모하기 위하여 공매를 원칙으로 하고(법 66조), 예외적으로 수의계약에 의한다. 공매는 입찰 또는 경매에 의한다. 세무서장은 압류된 재산이 증권시장에 상장된 증권일 때에는 해당 시장에서 직접 매각할 수 있다(법 66조 2항).

② 매각의 성질 공매의 법적 성질에 대하여는 체납자의 압류재산을 금전으로 환가하기 위하여 강제적으로 소유권을 이전하게 하는 행정행위설과 채무자와 매수인 사이에 체결되는 사법상의 계약이라는 설로 대립되고 있다. 생각건대 매각결정은 압류된 체납자의 재산에 대한 소유권을 강제적으로 이전하게 하는 행정행위로 보는 것이 타당하다. 판례는 공매에 있어서 낙찰자 또는 경락자에 대하여 압류재산을 매각하기로 하는 매각결정은 처분성을 가지나, 이에 앞서서 체납자에게 행하는 공매통지에 대하여는 공매의 절차적 요건으로서 처분성을 부인하고 있다. 다만 수의계약은 사법상의 매매계약으로 보아야 할 것이다.

판례 1(공매의 처분성 여부) 과세관청이 체납처분으로서 행하는 공매는 우월한 공권력의 행사로서 행정소송의 대상이 되는 공법상의 행정처분이며 공매에 의하여 재산을 매수한 자는 그 공매처분이 취소된 경우에 그 취득처분의 위법을 주장하여 행정소송을 제기할 법률상 이익이 있다(대판 1984. 9. 25, 84누201).

판례 2(체납자에 대한 공매통지의 법적 성격) 국세징수법이 압류재산을 공매할 때 공고와 별도로 체납자 등에게 공매통지를 하도록 한 이유는 체납자 등에게 공매절차가 유효한 조세부과처분 및 압류처분에 근거하여 적법하게 이루어지는지 여부를 확인하고 이를 다툴 수 있는 기회를 주는 한편, 국세징수법이 정한 바에 따라 체납세액을 납부하고 공매절차를 중지 또는 취소시켜 소유권 또는 기타의 권리를 보존할 수 있는 기회를 갖도록 함으로써, 체납자 등이 감수하여야 하는 강제적인 재산권 상실에 대응한 절차적인 적법성을 확보하기 위한 것이다. 따라서 체납자 등에 대한 공매통지는 국가의 강제력에 의하여 진행되는 공매에서 체납자 등의 권리 내지 재산상의 이익을 보호하기 위하여 법률로 규정한 절차적 요건이라고 보아야 하며, 공매처분을 하면서 체납자 등에게 공매통지를 하지 않았거나 공매통지를 하였더라도 그것이 적법하지 아니한 경우에는 절차상의 흠이 있어 그 공매처분은 위법하다(대판(전원합의체) 2008. 11. 20, 2007두18154).

---

③ 매각의 요건 ⅰ) 압류한 재산을 매각하기 위하여는 매각당시 조세채권이 확보되어야 한다. 따라서 납세의무확정 전에 압류한 재산은 그 납세의무가 확정되기 전에는 공매할 수 없다(법 66조 3항).

ii) 또한 국세기본법상의 이의신청, 심사청구 또는 심판청구가 계류중에 있는 경우는 부패 · 변질 또는 감량되기 쉬운 재산으로 속히 매각하지 않으면 그 재산가액이 감손될 우려가 있는 경우를 제외하고는 청구 등에 대한 결정이 확정되어야 한다(법 66조 4항). iii) 매각당시 조세채권이 소멸되지 말아야 하는 바, 체납자 또는 제3자가 공매개시 전까지 국세 등을 완납하는 경우에는 공매를 중지하여야 한다(법 86조).

④ **매각의 방법과 절차** 상술한 바와 같이 매각은 공매에 의하나 공매에 의할 필요가 없거나 부적당한 경우에는 수의계약에 의한다. 즉 매각대금이 강제징수비에 충당하고 잔여가 생길 여지가 없는 때, 부패 · 변질 또는 감량되기 쉬운 재산으로서 속히 매각하지 않으면 그 재산가격이 감손될 우려가 있는 때에는 수의계약에 의하여 매각한다(법 67조). 세무서장은 압류한 재산의 공매에 전문지식이 필요하거나 기타 특수한 사정이 있어서 직접 공매하기에 적당하지 아니하다고 인정되는 때에는 한국자산관리공사로 하여금 이를 대행하게 할 수 있으며, 이 경우의 공매는 세무서장이 한 것으로 본다(법 103조). 재산을 공매에 붙여도 매수희망자가 없거나 그 가격이 매각예정가격에 미만일 때에는 재공매에 붙여야 한다(법 87조).

⑤ **매각결정과 그 취소** 세무서장은 매각결정을 할 때에는 매수대금의 납부기한을 정하여 매각결정통지서를 교부하여야 한다(법 84조). 매수인이 최고를 받고도 매수대금을 납부하지 아니한 때에는 세무서장은 매각결정을 취소한다. 한편 헌법재판소는 이 경우에 보증금을 국고에 귀속하도록 하는 구 국세징수법 제78조 제2항에 대하여 민사집행법상의 경매절차와 비교할 때 수동적으로 절차에 참여하게 되는 매각대상재산의 소유자 및 담보권자 등을 합리적 이유 없이 차별하는 것으로 평등의 원칙에 위반된다는 이유로 헌법불합치판결을 내렸다. 이에 따라 2010면 1월 1일 개정된 국세징수법 제78조 제2항은 압류재산의 매각결정을 취소하는 경우에 계약보증금은 강제징수비, 압류와 관계되는 국세의 순으로 충당하고 잔액은 체납자에게 지급하도록 규정하였다.

판례(보증금의 국가귀속을 규정한 구 국세징수법 제78조 제2항의 위헌 여부) 국가 등에 조세채권의 자력집행권을 인정하는 취지는, 절차를 직접 개시할 수 있도록 하고 현금화된 대상재산의 교환가치에 의한 채권의 만족에 일정 정도 우선적 지위를 가지도록 하는 데에 있을 뿐, 대상재산의 현금화 단계에서 조세채권 및 절차비용 이외에 별도의 이익을 취득하도록 허용하는 것은 아니다. 따라서 이 사건 법률조항은 위약금약정의 성격을 가지는 매각의 법정조건으로서 민사집행법상 매수신청보증금과 본질적으로 동일한 성격을 가지는 국세징수법상 계약보증금을 절차상 달리 취급함으로써, 국세징수법상 공매절차에서의 체납자 및 담보권자를 민사집행법상 경매절차에서의 집행채무자 및 담보권자에 비하여 그 재산적 이익의 영역에서 합리적 이유 없이 자의적으로 차별하고 있으므로 헌법상 평등원칙에 위반된다(헌재결 2009. 4. 30, 2007헌가8).

다) 청 산

① **청산의 의의** 청산이라 함은 강제징수에 의하여 수령한 금액을 체납세금 기타의 공과금, 담보채권 및 체납자에게 배분하는 행정작용을 의미한다. 여기서 배분금전의 범위는 i) 압류한 금전, ii) 채권 · 유가증권 · 그 밖의 재산권의 압류에 따라 체납자 또는 제3채무자로부터 받은 금전, iii) 압류재산의 매각대금 및 그 예치이자, iv) 교부청구에 의하여 받은 금전 등이 그에 해당한다(법 94조).

② 배분의 방법 압류재산의 매각대금과 채권 · 유가증권 · 무체재산권의 압류 등으로 인하여 체납자 또는 제3채무자로부터 받은 금전은 ① 압류재산에 관계되는 체납액, ② 교부청구를 받은 체납액 · 지방세 또는 공과금, ③ 압류재산에 관계되는 전세권 · 질권 · 저당권 또는 가등기담보권에 의하여 담보된 채권, ④ 「주택임대차보호법」 또는 「상가건물 임대차보호법」에 따라 우선변제권이 있는 임차보증금 반환채권, ⑤ 「근로기준법」 또는 「근로자퇴직급여 보장법」에 따라 우선변제권이 있는 임금, 퇴직금, 재해보상금 및 그 밖에 근로관계로 인한 채권, ⑥ 압류재산에 관계되는 가압류채권, ⑦ 집행력 있는 판결정본에 의한 채권에 배분한다(법 96조 1항). 이상과 같이 배분한 금전의 잔액이 있는 때에는 이를 체납자에게 지급하여야 한다. 매각대금이 국세 · 가산금과 강제징수비 기타의 채권의 총액에 부족한 때에는 민법 기타 법령에 의하여 배분할 순위와 금액을 정하여 배분하여야 한다(법 96조 4항). 이 경우 국세관계채권은 다른 공과금 기타 채권에 우선하고(국세기본법 35조), 압류된 국세관계채권은 교부청구된 다른 국세관계채권 및 지방세에 우선한다(국세기본법 36조). 한편 국세 · 가산금과 강제징수비의 징수순위는 강제징수비 · 국세 · 가산금 순이다(법 3조). 관할 세무서장은 배분계산서 원안을 작성하고, 이의제기절차를 거친 후에 확정된 배분계산서에 따라 배분을 실시한다(법 98조 · 99조).

라) 강제징수의 유예 세무서장은 체납자가 ① 국세청장이 성실체납자로 인정하는 기준에 해당된 때, ② 재산의 압류나 압류재산의 매각을 유예함으로써 사업을 정상적으로 운영할 수 있게 되어 체납액의 징수가 가능하다고 인정하는 때에는 강제징수에 의한 재산의 압류나 압류재산의 매각을 대통령령이 정하는 바에 따라 유예할 수 있다(법 105조 1항). 강제징수의 유예를 하는 경우에는 그에 상당하는 납세담보의 제공을 요구할 수 있다.

4) 국세징수법상의 강제징수에 대한 불복

독촉 또는 강제징수 등이 위법 · 부당하다고 인정할 때에는 행정쟁송절차에 의하여 그 취소 또는 변경을 청구할 수 있다. 다만 행정쟁송절차 중 행정심판에 있어서는 일반법인 행정심판법이 배제되고 국세기본법상에 특별한 전심절차로서 심사청구와 심판청구절차를 마련하고(법 55조 이하), 이들 절차 중 어느 한 절차를 거친 후에 비로소 행정소송을 제기할 수 있도록 하였다(법 56조 2항).

다른 한편 하자의 승계와 관련하여 판례와 다수설은 기본처분인 조세부과처분과 독촉 및 강제징수 사이에는 하자의 승계를 부인하고 있으나 독촉과 강제징수 사이, 그리고 강제징수의 각 행위 사이에는 하자의 승계를 인정하고 있다. 이러한 하자의 승계이론에 따른다면 납세의무자는 독촉행위가 불가쟁력이 발생하였다고 하더라도, 그 위법성을 이유로 하여 압류처분을 다툴 수가 있을 것이다. 이러한 흠의 승계이론에 대하여 행정행위의 실질적 존속력의 이론을 근거로 유력한 반론이 제기되고 있음은 앞에서 설명한 바와 같다.

판례(조세부과처분과 강제징수 사이에 흠의 승계가능성) 조세의 부과처분과 압류 등의 강제징수는 별개의 행정처분으로서 독립성을 가지므로 부과처분에 하자가 있더라도 그 부과처분이 취소되지 아니하는 한 그 부과처분에 의한 강제징수는 위법이라고 할 수는 없지만, 강제징수는 부과처분의 집행을 위한 절차에 불과하므로 그 부과처분에 중대하고도 명백한 하자가 있어 무효인 경우에는 그 부과처분의 집행을 위한 강제징수도 무효라 할 것이다(대판 1987. 9. 22, 87누383).

---

5. 위헌법률에 근거한 처분의 집행력

위헌인 법률에 근거한 처분은 특별한 사정이 없는 한 취소할 수 있는 행정처분이 된다. 이러한 위헌인 법률에 근거한 행정처분에 불가쟁력이 발생된 경우에 행정상의 강제집행의 대상이 될 수 있는지 견해가 대립되고 있다.

1) 부정설

부정설은 헌법재판소의 위헌결정 이후에 위헌법률에 근거한 처분을 집행하는 것은 위헌결정의 기속력(헌법재판소법 47조 1항)에 반하게 된다는 견해이다. 비록 처분에 대하여는 불가쟁력이 발생되었으나 처분의 근거가 되는 법률은 위헌결정에 의하여 이미 효력이 소멸되었기 때문에 이후에 강제집행의 근거가 될 수 없다고 한다.[12)]

2) 긍정설

이에 대하여 긍정설은 위헌법률에 근거한 행정처분은 불가쟁력이 발생된 경우에는 강제집행이 가능하다는 견해이다. 위헌법률에 근거한 행정처분이라고 하여도 일단 불가쟁력이 발생된 경우에는 위헌결정의 소급효가 미치지 않기 때문에, 당해 행정처분의 강제집행의 허용성 여부는 위헌결정의 기속력과 어떠한 관계가 없다고 한다.[13)]

3) 결 어

부정설이 타당하다고 할 것이다. 행정청이 위헌결정 이후에 위헌법률에 근거한 처분을 집행하는 것은 헌법재판소법 제47조 제1항이 규정하고 있는 위헌결정의 기속력(헌법재판소법 47조 1항)에 반한다고 할 것이다. 위헌인 법률에 근거한 행정처분은 불가쟁력이 발생된 경우에 법적 안정성을 이유로 더 이상 다툴 수는 없지만, 위헌법률에 기초한 법률관계를 실현하는 집행행위는 실질적 법치주의 및 국민의 기본권보장을 위하여 허용되지 않는다고 할 것이다. 판례도 부정설을 취하고 있다.

판례(위헌인 법률에 근거한 처분의 집행가능성) 구 헌법재판소법 제47조 제1항은 "법률의 위헌결정은 법원 기타 국가기관 및 지방자치단체를 기속한다."고 규정하고 있는데, 이러한 위헌결정의 기속력과 헌법을 최고규범으로 하는 법질서의 체계적 요청에 비추어 국가기관 및 지방자치단체는 위헌으로 선언된 법률규정에 근거하여 새로운 행정처분을 할 수 없음은 물론이고, 위헌결정 전에 이미 형성된 법률관계에 기한 후속처분이라도 그것이 새로운 위헌적 법률관계를 생성 · 확대하는 경우라면 이를 허용할 수 없다. 따라서 조세 부과의 근거가 되었던 법률규정이 위헌으로 선언된 경우, 비록 그에 기한 과세처분이 위헌결정 전에 이루어졌고, 과세처분에 대한 제소기간이 이미 경과하여 조세채권이 확정되었으며, 조세채권의 집행을 위한 체납처분의 근거규정 자체에 대하여는 따로 위헌결정이 내려진 바 없다고 하더라도, 위와 같은 위헌결정 이후에 조세채권의 집행을 위한 새로운 체납처분에 착수하거나 이를 속행하는 것은 더 이상 허용되지 않고, 나아가 이러한 위헌결정의 효력에 위배하여 이루어진 체납처분은 그 사유만으로 하자가 중대하고 객관적으로 명백하여 당연무효라고 보아야 한다(대판(전원합의체) 2010. 2. 16, 2010두10907).

---

12) 남복현, 위헌법률에 기한 처분의 집행력 허용 여부에 대한 검토, 헌법연구실무, 448면 이하; 이동흡, 위헌법률에 근거한 처분에 대한 집행력허용 여부, 행정판례연구 Ⅵ, 2001, 55면 이하.

13) 윤진수, 헌법재판소 위헌결정의 소급효, 헌법문제와 재판(상), 재판자료 제75집, 627면 이하; 소순무, 조세법의 헌법적 조명, 헌법문제와 재판(하), 재판자료, 제77집, 569면 이하.

사례 A 세무서장은 甲의 주식회사에 대하여 1996년 사업연도 귀속법인세 8억원을 부과하였다. 甲 회사가 이를 체납하고 甲 회사 재산으로는 위 법인세 충당에 부족하자 A 세무서장은 1997년 10. 22 甲 회사의 최대주주인 乙의 아들 丙에 대하여 과점주주이자 乙과 생계를 같이하는 직계비속인 이유로 구 국세기본법 제39조 제1항 제2호 다.목상 제2차 납세의무자로 지정하고, 위 법인세를 납부하도록 통지하였다. 그 후 위 丙에 대한 법인세부과처분이 확정되자 A 세무서장은 2005년 10. 11 丙이 체납 중이던 체납액 10억원(가산세 포함)을 징수하기 위하여 丙 명의의 부동산을 압류하였다. 한편, 1998. 5. 28 헌법재판소는 위 구 국세기본법 제39조 제1항 제2호에 대하여 위헌결정을 하였다.(제56회 사법시험)

1. 丙에 대한 위 법인세부과처분의 효력은 어떻게 되는가?(단, 각 처분과 관련된 시효 및 제척 기간은 도과되지 않았다고 간주함)(17점)

2. A 세무서장의 丙에 대한 압류처분의 효력은 어떻게 되는가?(13점)

구 국세기본법

제39조 (출자자의 제2차 납세의무) ① 법인의 재산으로 그 법인에 부과되거나 그 법인이 납부할 국세·가산금과 체납처분비에 충당하여도 부족한 경우에는 그 국세의 납세의무 성립일 현재 다음 각 호의 1에 해당하는 자는 그 부족한 금액에 대하여 제2차 납세의무를 진다.

1. 생략
2. 과점주주 중 다음 각목의 1에 해당하는 자

가. 주식을 가장 많이 소유하거나 출자를 가장 많이 한 자
나. 법인의 경영을 사실상 지배하는 자
다. 가목 및 나목에 규정하는 자와 생계를 함께 하는 자

▶답안요지 **설문1: 丙에 대한 법인세부과처분의 효력**

사안에서 丙은 구 국세기본법 제39조 제1항 제2호에 따라 제2차 납세의무자로 지정되어 1997. 10. 22. 법인세부과처분을 받았다. 그런데 동 법률은 1998. 5. 28. 헌법재판소에 의하여 위헌결정을 받았다(97헌가13). 이와 관련하여 甲에 대한 법인세부과처분의 효력이 문제된다.

1. 위헌결정의 소급효 여부

헌법재판소의 위헌결정의 효력은 형벌규정을 제외하고 원칙적으로 장래효를 갖는다(헌재법 47조 2·3항). 다만, 대법원은 예외적으로 ① 법원의 위헌심판제청이나 헌법소원의 청구 등을 통하여 헌법재판소에 법률에 대한 위헌결정의 계기를 부여한 당해 사건, ② 위헌결정이 있기 전에 이와 동종의 사안으로 헌법재판소에 위헌심판제청을 하였거나 법원에 위헌심판제청신청을 한 경우의 당해 사건, ③ 따로 위헌심판제청신청은 아니하였지만 당해 법률 조항이 재판의 전제가 되어 법원에 계속중인 사건, ④ 위헌결정 이후에 위와 같은 이유로 제소된 일반사건에도 미친다고 한다. 다만 ④의 경우에는 이미 취소소송의 제소기간이 경과하여 불가쟁력이 발생한 행정처분에는 위헌결정의 소급효가 미치지 않는다고 본다. 헌법재판소는 위 ①, ②, ③의 사유 외에도 당사자의 권리구제를 위한 구체적 타당성의 요청이 현저한 반면에 소급효를 인정하여도 법적 안정성을 침해할 우려가 없고 나아가 구 법에 의하여 형성된 기득권자의 이득이 침해될 사안이 아닌 경우로서 소급효의 부인이 오히려 정의와 평등 등 헌법적 이념에 심히 배치되는 때에도 소급효를 인정할 수 있다고 한다. 사안에서 명확하지는 않으나 丙의 사건이 ①, ②, ③, ④에 해당하는 경우에는 헌법재판소의 위헌결정의 효력은 소급효가 인정될 것이다.

2. 위헌인 법률에 근거한 처분의 효력

위헌인 법률에 근거한 처분은 행정의 법률적합성의 원칙에 따라 하자있는 처분이 된다. 이 경우 그 하자가 취소사유에 해당하는지 또는 무효사유에 해당하는지 문제가 된다. 취소사유와 무효사유의 구별기준으로는 ① 명백성보충요건설, ② 조사의무설, ③ 중대·명백설 등으로 견해의 대립이 있으나 다수설과 판례의 일반적 경향은 중대·명백설을 따르고 있다. 위헌인 법률에 근거한 처분인 경우에는 헌법재판소의 위헌결정이 있기 전까지는 그 하자가 명백하지 않다는 이유로 원칙적으로 취소사유에 해당한다는 것이 판례와 일반적인 학설의 입장이다.

3. 결어

사안의 경우 丙에 대한 법인세부과처분에 위헌결정의 효력이 미친다고 하더라도 그 하자는 취소사유에 불과하다. 이에 따라 법인세부과처분은 공정력에 의하여 권한있는 기관(A세무서장 또는 수소법원)에 의하여 취소되기 전까지는 유효하다.

설문2: 丙에 대한 압류처분의 효력

위헌인 법률에 근거한 처분이 불가쟁력이 발생된 경우에 강제집행의 대상이 될 수 있는지 여부에 대하여 긍정설과 부정설로 나누어지고 있다(본문설명 참고). 위헌법률에 근거한 처분을 집행하는 것은 기속력(헌재법 47조 1항)에 반하기 때문에 허용되지 않는다고 할 것이다. 판례도 같은 입장을 취하고 있다.

한편 긍정설을 취하는 입장은 상대방의 권리구제를 위하여 흠의 승계이론을 원용하고 있는바, 사안에서 법인세부과처분과 압류처분은 흠의 승계가 인정되지 않아, 법인세부과처분의 하자를 이유로 압류처분을 다툴 수 없다.

결어: A 세무서장의 압류처분은 위헌결정의 기속력에 반하기 때문에 무효이다.

제 4 절 행정상 즉시강제

Ⅰ. 의 의

행정상 즉시강제란 목전에 급박한 행정상 장애를 제거할 필요가 있는 경우에 미리 의무를 명할 시간적 여유가 없거나 또는 그 성질상 의무를 명해서는 그 목적을 달성하기 곤란한 때에 직접 개인의 신체·재산에 실력을 가함으로써 행정상 필요한 상태를 실현하는 작용이라고 정의되고 있다. 행정상의 질서유지는 보통 하명의 형식에 의하여 일정한 의무를 명한 후, 그 의무의 불이행이 있는 경우에 강제력을 행사함으로써 그 목적을 달성하는 것을 원칙으로 한다. 그러한 행정상의 장애가 이러한 방법으로 제거할 수 없는 성질의 것일 경우에는 의무를 명함이 없이 직접 강제력을 행사하는 경우가 있는데(동물원을 탈출한 맹수가 사람을 해할 우려가 있는 경우 이를 사살하는 행위, 도로상에 교통방해물의 제거 및 기타 사람의 신체와 생명에 대한 급박한 위험을 방지하기 위한 행위), 이를 행정상 즉시강제라고 한다.

1. 행정상 직접시행(行政上 直接施行)과의 구별

일설에는 즉시강제를 협의의 즉시강제(즉시집행)와 직접시행으로 나누어 즉시강제는 기본처분(하명)과 계고 등의 절차를 생략하고 상대방의 신체·재산에 실력을 가하여 행정상 필요한 상태를 실현시키는 작용으로, 직접시행은 기본처분은 있으나, 절차가 생략된 행위로 구분하여 부를 것을 제안하고 있다. 그러나 독일의 경우에는 양자는 실질적으로 차이가 없다는 이유로 거의 구별을 하지 않고 있으며 일부의 학설에서는 동일한 개념으로 보고 있다.[14] 왜냐하면 위급시에 의무를 부과하는 기본처분은 묵시적으로 발하여질 수도 있으며, 또한 기본처분을 발함과 동시에 즉시강제를 할 수 있기 때문이다.

오히려 독일에서는 즉시강제와 직접시행을 상대방의 반대되는 의사의 존재여부에 따라 구별하

14) Wolff/Bachof, VerwR III, 1978, 4. Aufl., S. 381.

고 있다. 즉 상대방의 의사가 행정청의 의사에 반대되지 않기 때문에 강제적 요소가 없는 경우를 직접시행(사람을 구조하기 위하여 전복된 차량을 쇠톱으로 절단하는 행위), 반면에 상대방의 저항적인 의사가 있는 경우를 즉시강제(사람의 생명을 침해하는 범죄행위의 제지)라고 한다.[15]

2. 행정상 강제집행(行政上 强制執行)과의 구별

행정상 강제집행과 행정상 즉시강제는 행정상 필요한 상태를 실현시키는 강제행위라는 점에서는 같으나 행정상의 강제집행은 선행하는 의무부과와 그 불이행을 전제로 하지만 행정상 즉시강제는 선행하는 의무부과와 불이행을 반드시 전제로 하지 않는다. 행정상 강제집행에 있어서는 선행하는 의무란 법령에 근거한 개별적 의무를 말하며 이러한 의무는 구체성을 갖고 있다고 볼 수 있다.

그러나 행정상 즉시강제도 행정상의 필요한 상태를 실현시키기 위하여 의무자에게 실력을 행사하는 강제작용의 일종인 이상, 어떠한 형식에 의하든 의무가 존재하는 것이라고 볼 수 있다. 다만 행정상 즉시강제의 전제가 되는 의무는 행정상 강제집행과 같은 구체적인 의무가 아니라 법령에 의하여 부과된 추상적인 의무이며, 그것은 즉시강제의 실행시에 비로소 구체화된다. 따라서 행정상 강제집행은 그 전제인 의무를 명하는 행위와는 별도로 그 의무의 내용을 실현시키는 사실행위인 데 대하여 행정상 즉시강제는 구체적인 의무를 부과하는 행정행위와 그 의무의 내용을 실력으로 실현시키는 사실행위가 결합된 것이라고 볼 수 있다.[16]

행정상 즉시강제는 사전에 구체적인 의무를 부과하고 그 불이행을 기다려서 부과하는 것이 아니라 구체적인 의무를 부과하는 행위와 그 의무내용을 실현시키는 행위가 동시에 행사된다는 점에서 행정의 예측가능성과 법적 안정성을 침해하는 전형적인 권력작용이라고 할 수 있다. 이에 따라 국민의 기본권을 보장하고 법치국가에 충실하기 위하여는 행정상의 의무이행확보에 있어서 행정상 강제집행이 원칙적인 수단이 되어야 하며, 행정상 즉시강제는 예외적인 수단으로 머물러야 함은 당연한 것이다.

Ⅱ. 행정상 즉시강제의 근거

행정상 즉시강제의 이론적 근거로 독일에서는 특히 경찰행정의 분야에 있어서는 행정의 긴급권 이론에서 찾았다. 국가는 공공의 안녕과 질서를 유지하여야 할 자연법적인 권리와 의무를 가지고 있으므로 공공의 안녕과 질서에 대한 위해가 있는 경우에는 경찰의 일반적 임무를 규정한 경찰법상의 개괄조항으로부터 경찰상 즉시강제의 허용성을 발견할 수 있다고 하여 즉시강제에는 별도의 법적 근거를 요하지 않는다고 보았다. 즉 국가는 민법 또는 형법에서 사인에게 인정되고 있는 정당방위 및 긴급피난의 법리와 같이, 공공의 안녕과 질서에 대한 급박한 위해가 존재하는 경우에는 구체적인 법률의 수권이 없이도 경찰상의 즉시강제를 인정할 수 있다고 하였다.

그러나 오늘날과 같은 실질적 법치국가에 있어서 국민의 권리를 침해하는 전형적인 수단인 즉

15) 鄭夏重, 한국의 行政上 强制執行制度의 改善方向, 公法硏究 제24집 제3호, 1996, 97면 이하.

16) Wolff/Bachof, aaO., S. 382. 이는 종래 독일에서 행정상 즉시강제에 대하여 처분성을 인정하여 행정쟁송을 가능하게 하기 위하여 구성된 이론인바, 사실행위에 대하여도 일반적 이행소송을 통하여 권리구제가 가능하기 때문에, 오늘날 유력설은 즉시강제를 단지 순수한 사실행위로 보는 경향이 있다.

시강제의 근거를 행정의 긴급권사상에서 찾는 것은 무리이며, 법률에 명시적으로 그에 대한 수권규정이 마련되어야 한다. 현행법상 즉시강제에 대한 수권규정으로는 경찰관직무집행법상의 일부 수권규정들을 비롯하여 여러 개별법상의 수권규정들이 있다.

Ⅲ. 행정상 즉시강제의 수단

학설의 일반적 견해는 행정상 즉시강제수단을 대인적 강제, 대물적 강제, 대가택강제로 구분하여 이들을 다시 경찰관직무집행법상의 수단과 개별법상의 수단으로 나누어 설명하고 있다. 그러나 실제로 종래의 우리의 교과서에서 언급하고 있는 즉시강제의 수단은 처분에 대한 수권규정에 지나지 않거나 직접강제의 근거규정인 경우가 많다.

1. 대인적 강제(對人的 强制)

대인적 강제란 개인의 신체에 실력을 가하여 행정상 필요한 상태를 실현시키는 행정상 즉시강제를 말한다.

1) 경찰관직무집행법상의 대인적 강제

종래의 학설에서는 이 법에서 규정하고 있는 대인적 강제의 수단으로 보호조치(법 4조 1항), 위험발생의 방지(법 5조 1항), 범죄행위의 예방과 제지(법 6조), 경찰장비(법 10조 1항), 경찰장구(법 10조의2) 및 무기사용(법 10조의4) 등을 언급하고 있는바, 여기서 무기나 장구사용은 직접강제의 수단이라고 보는 것이 타당할 것이다.[17] 아무리 법치주의가 발전되지 않은 나라에서도 사전에 의무를 부과하는 하명과 경고없이 사람에 대하여 총기나 경찰봉, 최루탄 등을 느닷없이 사용할 수는 없을 것이다.

2) 개별법상의 대인적 강제

종래의 학설은 기타 개별법상의 즉시강제의 수단으로 「감염병의 예방 및 관리에 관한 법률」상의 감염병에 관한 강제처분(법 42조), 출입국관리법상의 보호조치(법 51조), 강제퇴거(법 46조) 등을 들고 있으나[18] 역시 하명의 수권규정 또는 직접강제의 근거법인 경우가 많다.

2. 대물적 강제(對物的 强制)

물건에 실력을 가하여 행정상 필요한 상태를 실현하는 작용을 말한다. 경찰관직무집행법상의 대물적 강제로는 물건 등의 임시영치(법 4조 3항)가 있으며, 개별법상의 대물적 강제로는 도로교통법 제66조 제2항의 위법공작물에 대한 조치, 제67조 제2항의 연도공작물 등의 위험방지조치, 소방기본법 제25조의 강제처분, 「재난 및 안전관리기본법」 제45조의 응급부담, 방조제관리법 제10조의 긴박사태하의 응급조치, 수난구호법 제7조의 물건의 제거 · 사용 등이 있다.

3. 대가택강제(對家宅强制)

대가택강제란 소유자나 점유자 혹은 관리인의 의사에 관계없이 타인의 가택, 영업소에 출입하여 행정상 필요한 상태를 실현시키는 경우를 말한다.

---

17) 鄭夏重, 앞의 글, 109면. 同旨: 金南辰/金連泰, 行政法 I, 453면.

18) 朴鈗炘/鄭亨根, 最新行政法講義(上), 529면; 金東熙/崔桂暎, 行政法 I, 494면.

경찰관직무집행법상의 대가택강제는 위험방지를 위한 출입(7조 1항)이 있으며, 개별법상의 대가택강제로는 식품위생법 제22조 및 공중위생관리법 제9조의 출입 · 검사행위, 「총포 · 도검 · 화약류 등 단속법」 제4조에 의한 출입 · 검사 등이 있다. 그러나 이러한 대가택강제는 개인의 신체 · 생명에 대한 급박한 위험을 제거하거나, 목전에 발생되는 범죄를 예방하고 제지하는 경우를 제외하고는, 대부분 수인하명을 전제로 한 직접강제라고 보는 것이 타당할 것이다.[19)]

일설에서는 대가택강제를 행정조사의 한 형태로 보고 있으나,[20)] 상대방이 거부하는 경우에 직접적으로 실력행사를 통하여 가택을 출입하는 대가택강제와 직접적 실력행사가 아니라 단순히 행정작용을 위한 자료를 얻기 위하여 행하는 준비적 · 보조적 수단인 행정조사는 서로 구별되는 개념이라고 할 것이다. 그러나 상대방이 행정조사를 수인할 의무를 이행하지 않는 경우에는 직접강제로서 대가택강제가 행하여질 수 있을 것이다.

Ⅳ. 행정상 즉시강제의 한계

행정상 즉시강제의 한계는 실체법적 한계와 절차법적 한계로 구분하여 설명되고 있다.

1. 실체법적 한계

행정상 즉시강제란 사전에 구체적인 의무를 부과하고 그 불이행을 기다려서 하는 것이 아니라 구체적으로 의무를 명하는 행위와 그 의무내용을 실현시키는 행위가 결합되어 즉각적으로 이루어지는 것이기 때문에 개인의 신체 · 재산에 미치는 영향이 매우 심각하다. 따라서 즉시강제의 발동요건은 엄격한 법적 근거를 요할 뿐 아니라, 그 남용을 방지하고 관련된 개인을 기본권보호를 위하여 일정한 한계 내에서 행사되어야 한다.

1) 급박성

즉시강제는 공공의 안녕과 질서에 대한 위해가 발생할 가능성이 있는 경우가 아니라 그 위해가 현존하고 있거나 또는 위해발생이 명백하거나 확실히 예견할 수 있는 경우에 한하여 행할 수가 있다.

2) 비례성의 원칙

즉시강제는 또한 비례의 원칙에 따라 목적실현에 적합하여야 하고(적합성의 원칙), 개인에게 최소로 피해를 주는 수단이어야 하며(최소침해의 원칙)(행정기본법 33조 참고), 즉시강제를 통하여 추구하는 공익보다 개인의 권익에 대한 침해가 커서는 안된다(상당성의 원칙).

3) 소극성

즉시강제는 소극적으로 공공의 안녕과 질서를 유지하기 위하여 필요한 범위 내에 그쳐야 하고 적극적으로 공공복리를 위하여 발동되어서는 안된다. 이는 실력행사의 소극목적성을 의미한다.

---

19) 참고로 독일의 직접강제에 관한 법률(UZwG)에서는 무기나 장구의 사용 및 대가택강제를 모두 직접강제의 수단으로 규율하고 있다.

20) 金東熙/崔桂暎, 行政法 I, 495면.

2. 절차법상의 한계

1) 증표제시

즉시강제를 실시하기 위하여 현장에 파견되는 집행책임자는 그가 집행책임자임을 표시하는 증표를 보여 주어야 하며, 즉시강제의 이유와 내용을 고지하여야 한다(행정기본법 33조 2항). 그러나 집행책임자는 즉시강제를 하려는 재산의 소유자 또는 점유자를 알 수 없거나 현장에서 그 소재를 즉시 확인하기 어려운 경우에는 즉시강제를 실시한 후 집행책임자의 이름 및 그 이유와 내용을 고지할 수 있다. 다만, ① 즉시강제를 실시한 후에도 재산의 소유자 또는 점유자를 알 수 없는 경우, ② 재산의 소유자 또는 점유자가 국외에 거주하거나 행방을 알 수 없는 경우, ③ 그 밖에 대통령령으로 정하는 불가피한 사유로 고지할 수 없는 경우에는 게시판이나 인터넷 홈페이지에 게시하는 등 적절한 방법에 의한 공고로써 고지를 갈음할 수 있다(법 33조 3항).

2) 영장주의

행정상의 즉시강제는 실력수단으로써 때로는 사람의 신체를 구속하거나 또는 주거에 대한 침해와 물건의 소유권이나 기타의 권리를 침해하는 경우가 많다. 그런데 헌법 제12조 제3항은 체포 · 구속 · 압수 또는 수색을 할 때에는 적법한 절차에 따라 검사의 신청에 의하여 법관이 발부한 영장을 제시하여야 하며, 헌법 제16조 역시 주거에 대한 압수나 수색에는 검사의 신청에 의하여 법관이 발부한 영장을 제시하도록 규정하고 있다. 학설에서는 행정상 즉시강제에 대하여 헌법에서 요구하고 있는 영장주의가 적용되어야 하는지 다툼이 되고 있다.

가. 영장불요설

헌법의 영장주의에 관한 원칙은 ① 연혁적으로 형사사법권의 남용으로부터 국민의 자유권을 보장함을 목적으로 하기 때문에, 행정목적수행을 위한 행정상 즉시강제에는 적용되지 않을 뿐 아니라, ② 즉시강제는 하명, 계고 등이 선행될 수 없는 급박한 상황에서 발동되기 때문에 여기에 영장주의를 요구하는 경우에는 사실상 즉시강제의 관념을 부인하게 되는 결과가 된다고 한다.[21)]

나. 영장필요설

영장주의가 형사작용에만 적용된다는 명문의 규정이 없는 이상 헌법상의 영장주의의 적용을 거부하는 영장불요설은 헌법조항의 뜻을 부당하게 축소해석하여 헌법의 기본권보장의 취지를 몰각하고 있다는 주장을 하면서 형사작용과 행정상의 즉시강제는 직접적인 목적은 다르나 신체 · 재산에 대한 국가공권력에 의한 작용이라는 점과 양자가 함께 결부되어 행사되는 경우가 많기 때문에 행정상 즉시강제에도 영장주의가 타당하다는 학설이다.[22)]

다. 절충설

헌법상의 영장제도는 형사사법권뿐만 아니라 행정상의 즉시강제에도 동일하게 적용되어야 하는 것이 원칙이나 행정강제의 특질을 전혀 무시할 수는 없으므로 행정상의 즉시강제 가운데 행정목적의 달성을 위하여 불가피하다고 인정할 만한 합리적인 사유가 있는 예외적인 경우에만 영장주의의 적용이 배제될 수 있다고 한다.

21) 朴鈗炘/鄭亨根, 最新行政法講義(上), 527면.
22) 金箕範, 憲法講義, 142면.

라. 판례의 태도

헌법재판소는 게임물 등의 영장없는 수거(즉시강제)를 규정하고 있는 구 「음반 · 비디오물 및 게임물에 관한 법률」 제24조 제4항은 급박한 상황에 대처하기 위한 것으로 그 불가피성과 정당성이 충분히 인정되는 경우로 헌법상 영장주의에 위배되지 않는다고 결정하였다. 한편 대법원은 사전영장주의는 인신의 자유를 제한하는 모든 국가작용에서 존중되어야만 하나, 행정목적을 달성할 수 없는 경우에는 그 예외를 인정하여야 한다는 이유로 구 사회안전법 제11조 소정의 동행보호규정이 헌법상 사전영장주의에 위배되지 않는다고 판시하였다.

판례 1(게임물 등의 영장없는 수거가 사전영장주의에 위배여부) 이 사건 법률조항은 앞에서 본바와 같이 급박한 상황에 대처하기 위한 것으로서 그 불가피성과 정당성이 충분히 인정되는 경우이므로, 이 사건 법률조항이 영장 없는 수거를 인정한다고 하더라도 이를 두고 헌법상 영장주의에 위배되는 것으로는 볼 수 없고, 위 구 음반 · 비디오물 및 게임물에 관한 법률 제24조 제4항에서 관계공무원이 당해 게임물 등을 수거한 때에는 그 소유자 또는 점유자에게 수거증을 교부하도록 하고 있고, 동조 제6항에서 수거 등 처분을 하는 관계공무원이나 협회 또는 단체의 임 · 직원은 그 권한을 표시하는 증표를 지니고 관계인에게 이를 제시하도록 하는 등의 절차적 요건을 규정하고 있으므로, 이 사건 법률조항이 적법절차의 원칙에 위배되는 것으로 보기도 어렵다(헌재결 2002. 10. 31, 2000헌가12).

판례 2(구 사회안전법 제11조 소정의 동행보호규정이 사전영장주의에 위배여부) 사전영장주의는 인신보호를 위한 헌법상의 기속원리이기 때문에 인신의 자유를 제한하는 모든 국가작용의 영역에서 존중되어야 하지만, 헌법 제12조 제3항 단서도 사전영장주의의 예외를 인정하고 있는 것처럼 사전영장주의를 고수하다가는 도저히 행정목적을 달성할 수 없는 지극히 예외적인 경우에는 형사절차에서와 같은 예외가 인정되므로, 구 사회안전법 제11조 소정의 동행보호규정은 재범의 위험성이 현저한 자를 상대로 긴급히 보호할 필요가 있는 경우에 한하여 단기간의 동행보호를 허용한 것으로서 그 요건을 엄격히 해석하는 한, 동 규정 자체가 사전영장주의를 규정한 헌법규정에 반한다고 볼 수는 없다(대판 1997. 6. 13, 96다56115).

마. 결 어

개인의 신체를 구속하거나 물건을 압수하거나 주거의 침해를 발생시키는 행정작용에도 헌법에서 요구하고 있는 영장주의가 적용됨은 물론이다. 그러나 목전에 급박한 행정상의 장해를 제거하기 위하여 사전에 의무를 명하는 하명과 계고 등의 절차가 생략되는 즉시강제에 있어서 사전에 영장을 발부받는다는 것은 거의 불가능할 것이다. 오히려 이러한 영장주의의 적용여부의 문제는 하명에 의한 의무부과를 전제로 하고 이를 이행하지 않는 경우에 개인의 신체를 구속하거나 물건을 압수하거나 가택을 강제로 출입하는 직접강제에 중요하게 발생될 것이다.[23)]

반면 사전에 영장을 발부받을 시간적 여유가 전혀 없는 즉시강제의 경우에는 증표의 제시로서 충분히 목적을 달성할 수 있으며, 아울러 그 권한을 남용한 공무원에 대하여는 형사책임을 묻도록 하는 것이 바람직할 것이다(형법 123조 · 124조, 경찰관직무집행법 12조). 다른 한편 즉시강제에 의하여 야기된 사람의 구속, 물건의 압수 등이 일정시간 이상 지속되는 경우에는 사후에 영장을 발부받도록 하는 것이 입법론적으로 바람직할 것이다.

---

23) 참고로 독일 각 주의 경찰법은 직접강제의 형식에 의하여 행하여지는 신체의 구속, 물건의 압수, 수색, 주거의 출입에 대하여는 법관이 발부한 영장을 요구하고 있다.

V. 행정상 즉시강제에 대한 권리구제

행정상의 즉시강제에 대한 권리구제는 적법한 즉시강제에 대한 권리구제와 위법한 즉시강제에 대한 권리구제로 나누어 살펴볼 수 있다.

1. 적법한 즉시강제에 대한 구제

행정상 즉시강제 자체는 아무런 하자없이 적법하게 행하여졌으나 그로 말미암아 아무런 귀책사유 없는 제3자에게 특별한 희생이 발생되는 경우가 적지 않다. 그러한 경우에 공익과 사익의 조정을 도모한다는 입장에서 국가는 제3자가 입은 특별한 희생에 대하여 정당한 보상을 하여야 한다. 적법한 즉시강제에 대한 구제문제는 특히 대물적 강제에 현저하게 나타나는바 우리 헌법 제23조 제3항에 따라 즉시강제의 근거법률은 이에 대한 보상규정을 아울러 마련하여야 할 것이다. 현행법상 적법한 즉시강제를 통하여 제3자가 입은 특별희생에 대하여 보상규정을 두고 있는 예로는 소방기본법 제25조 제4항(강제처분에 대한 손실보상), 「재난 및 안전관리기본법」 제64조(응급조치에 따른 손실보상), 수난구호법 제7조 제3항(구호업무에 종사, 물건의 제거 · 사용에 대한 손실보상), 방조제관리법 제11조(응급조치에 대한 손실보상) 등이 있다.

한편, 개정된 경찰관직무집행법 제11조의2는 경찰관의 적법한 직무집행작용에 의하여 경찰비책임자 등 제3자가 입은 손실에 대하여 정당한 보상을 하도록 규정하고 있어, 적법한 경찰상의 즉시강제에 대한 손실보상의 근거를 마련하고 있다.

2. 위법한 즉시강제에 대한 구제

위법한 즉시강제로 인하여 개인이 권익을 침해받은 경우에 구제수단으로서는 행정쟁송, 국가배상, 형사상의 구제를 생각할 수 있다.

1) 행정쟁송

즉시강제는 권력적 사실행위로서 상대방의 수인의무와 결합하여 처분의 성격을 갖기 때문에 항고쟁송의 대상이 된다. 그러나 즉시강제는 주로 급박을 요하는 경우에 신체나 재산에 실력을 가하는 행위로서 계속적 성질을 갖는 경우를 제외하고는(보호조치 · 물건의 임시영치 등), 상대방이 취소소송을 제기하려고 하여도 이미 실행이 완료되어 그것이 위법한 경우에도 소의 이익이 부인되는 경우가 많다. 그러나 제12조 후단의 "회복되는 법률상 이익"(협의의 소의 이익)을 위법확인의 정당한 이익으로 보아 여기에 경제적 이익 및 명예 등 정신적 이익을 포함시키는 것이 바람직한 바, 즉시강제의 실행이 완료된 경우라고 할지라도 취소소송의 확정판결이 이후의 국가배상사건에 대하여 갖는 기판력을 고려하여 소의 이익을 인정하는 것이 타당하다고 판단된다(본서 취소소송에 있어서 협의의 소의 이익 부분 참고).

2) 인신보호법에 의한 구제

위법한 즉시강제에 의하여 국가, 지방자치단체, 공법인 또는 개인, 민간단체 등이 운영하는 의료시설 · 복지시설 · 수용시설 · 보호시설에 수용 · 보호 또는 감금된 경우에는 인신보호법에 의한 절차에 따라 구제받을 수 있다(인신보호법 3조).

3) 국가배상

위법한 즉시강제가 국가배상법상의 공무원의 직무상 불법행위(국배법 2조 1항)를 구성하는 경우에는 국가 또는 지방자치단체에 대하여 손해배상을 청구할 수 있다. 즉시강제에 대한 행정쟁송이 사실상 많은 제약이 있기 때문에 국가배상법에 의한 구제가 주요한 구제수단을 이룬다.

4) 정당방위

일반적으로 행정상 즉시강제에 대하여 항거를 하는 경우에는 공무집행방해죄를 성립시키나 권한이 없는 공무원이 강제를 가하거나, 법률이 즉시강제의 요건으로 정하고 있는 증표를 제시하지 못한 경우, 또는 권한을 남용하는 위법한 즉시강제에 대하여는 형법상의 정당방위에 의하여 위법성이 조각되어 형법상의 공무집행방해죄를 성립시키지 못한다.

판례(위법한 즉시강제에 대항한 행위가 정당방위 또는 정당행위에 해당하는지 여부) 피고인들을 비롯한 대학생 및 민노총 광주지역본부 회원 등 800여 명은 2007. 11. 11. 08:10경부터 09:40경까지 광주 서구 유촌동에 있는 기아자동차 광주공장 앞 도로에서, 위 집회에 참가하기 위해 버스 22대를 대절하여 나누어 타고 상경하려다가 경찰에 의해 차단된 사실, 이에 피고인들을 비롯한 참가자 200여 명은 경찰이 상경을 차단하였다는 이유로 버스에서 내려 광주지방경찰청 북부경찰서 방범순찰대 소속 의경 공소외 1, 2, 3등 대비병력을 향해 PVC파이프를 휘두르거나 돌을 던지고, 진압방패와 채증장비를 빼앗고, 주먹과 발로 마구 때리고, 경찰버스 유리창 등을 부순 사실, 그때 피고인들은 제1심 약식명령 공동피고인 1, 3, 4, 5, 7과 함께 도로를 가로막고 있는 대비병력 사이로 관광버스가 지날 수 있는 길을 뚫기 위하여 병력과 밀고 당기는 등의 몸싸움을 한 사실을 인정할 수 있는바, 위 법리에 비추어 보면, 비록 경찰관들의 위법한 상경 제지 행위에 대항하기 위하여 한 것이라 하더라도, 피고인들이 다른 시위참가자들과 공동하여 위와 같이 경찰관들을 때리고 진압방패와 채증장비를 빼앗는 등의 폭행행위를 한 것은 소극적인 방어행위를 넘어서 공격의 의사를 포함하여 이루어진 것으로서 그 수단과 방법에 있어서 상당성이 인정된다고 보기 어려우며 긴급하고 불가피한 수단이었다고 볼 수도 없으므로, 이를 사회상규에 위배되지 아니하는 정당행위나 현재의 부당한 침해를 방어하기 위한 정당방위에 해당한다고 볼 수 없다(대판 2009. 6. 11, 2009도2114).

사례 1 A시에서 육류판매업을 영위하고 있는 을은 살모넬라병에 감염된 쇠고기를 보관 · 판매하였던바, A시 시장은 이를 인지하고 「식품위생법」 제5조와 제72조에 근거하여 담당공무원 갑에게 해당 제품을 폐기조치하도록 명하였다. 이에 따라 갑은 을이 보관 · 판매하고 있던 감염된 쇠고기를 수거하여 폐기행위를 개시하였고, 을은 즉시 갑의 폐기행위에 대해 취소소송을 제기하였다. 이 소송의 적법 여부를 설명하시오.(25점)(제54회 행정고시)

* **식품위생법 시행규칙**

제4조 (판매 등이 금지되는 병든 동물 고기 등) 법 제5조에서 "보건복지부령으로 정하는 질병"이란 다음 각 호의 질병을 말한다.

1. 「축산물가공처리법 시행규칙」 별표 3 제1호 다목에 따라 도축이 금지되는 가축전염병
2. 리스테리아병, 살모넬라병, 파스튜렐라병 및 선모충증

▶**답안요지** 사안에서 갑의 폐기행위에 대하여 을이 제기한 취소소송의 적법성을 묻고 있는바, 여기서는 대상적격, 원고적격 및 권리보호의 필요의 요건이 문제가 되고 있다.

1) 대상적격

갑의 폐기행위가 행소법 제2조 제1항 제1호의 처분 등에 해당하여야 할 것이다. 갑의 폐기행위는 목전

에 급박한 행정상 장애를 제거할 필요가 있는 경우에 미리 의무를 명할 시간적 여유가 없거나 또는 그 성질상 의무를 명하여서는 그 목적을 달성하기 곤란한 때에 직접 개인의 신체 · 재산에 실력을 가함으로써 행정상 필요한 상태를 실현시키는 작용으로 강학상 즉시강제에 해당한다. 즉시강제는 권력적 사실행위라는 견해가 있으나 엄격한 고찰방식에 의하면 의무를 부과하는 행위와 그 내용을 실력으로 실현시키는 사실행위가 결합된 합성행위의 성격을 갖는다는 것이 다수설이다. 어느 견해에 의하든 폐기행위의 처분성이 인정된다.

2) 원고적격

행소법 제12조에 따라 취소소송은 처분 등의 취소를 구할 법률상 이익이 있는 자가 제기할 수 있다. 여기서 법률상 이익의 개념을 두고 권리구제설, 법률상 이익구제설, 이익구제설, 적법성 보장설 등이 대립되고 있으나 판례와 다수설은 법률상 이익구제설을 취하고 있다. 사안에서 을은 불이익처분의 직접적 상대방으로서 원고적격이 인정된다고 할 것이다.

3) 권리보호의 필요

제12조 후단은 "처분 등의 효과가 기간의 경과, 처분 등의 집행 그 밖의 사유로 인하여 소멸된 뒤에도 그 처분 등의 취소로 인하여 회복되는 법률상 이익이 있는 자의 경우에는 또한 같다"고 규정하고 있는 바, 이는 취소소송의 권리보호의 필요에 관한 규정이라는 것이 지배적인 견해이다. 여기서 회복되는 법률상 이익의 개념에 관하여 ① 전단과 같이 근거 및 관련 법률에서 직접적으로 보호하는 이익을 의미한다는 견해, ② 법률에서 직접적으로 보호하는 이익뿐만 아니라 부수적 이익도 포함한다는 견해, ③ 위법확인의 정당한 이익을 의미한다는 견해가 대립되고 있다. 판례는 종래 1설을 취하였으나 점차 이익의 범위를 확대시키고 있다(이에 대하여는 본서 취소소송의 권리보호의 필요 참고).

폐기행위와 같은 즉시강제는 주로 급박을 요하는 경우에 신체나 재산에 실력을 가하는 행위로서 상대방이 취소소송을 제기하려고 하여도 이미 실행이 완료되기 때문에 그것이 위법한 경우에도 판례는 소의 이익을 부인하여 왔다 그러나 12조 후단의 회복되는 법률상 이익을 위법확인의 정당한 이익으로 보아 여기에 경제적 이익 및 명예 등 정신적 이익을 포함시키는 것이 바람직한 바, 즉시강제의 실행이 완료된 경우라고 할지라도 취소소송의 확정판결이 이후의 국가배상사건에 대하여 갖는 기판력을 고려하여 소의 이익을 인정하는 것이 바람직 할 것이다.

4) 기타의 소송요건

사안에서 특별한 언급이 없는 것으로 보아 피고적격, 제소기간, 관할법원 등 기타의 소송요건은 충족되었다고 볼 것이다.

사례 2 甲과 乙은 丙 소유의 집에 동거 중이다. 甲은 乙의 외도를 의심하여 식칼로 乙을 수차례 위협하였다. 이를 말리던 乙의 모(母) 丁이 112에 긴급신고함에 따라 출동한 경찰관 X는 신고현장에 진입하고자 대문개방을 요구하였다. 甲이 대문개방을 거절하자 경찰관 X가 시건장치를 강제적으로 해제하고 집 안으로 진입하였고, 그 순간에 甲은 乙의 왼팔을 칼로 찔러 경미한 상처를 입혔다. 경찰관 X는 현행범으로 체포된 甲이 경찰관 X의 요구에 순순히 응하였기 때문에, 甲에게 수갑을 채우지 않았고 신체나 소지품에 대한 수색도 제대로 하지 않은 채 지구대로 연행하였다. 그 후 乙이 피해자 진술을 하기 위해 지구대에 도착하자마자 甲은 경찰관 X의 감시소홀을 틈타 가지고 있던 접이식 칼로 乙의 가슴부위를 찔러 사망하게 하였다.

1. 경찰관 X의 강제적 시건장치 해제의 법적 성격은 무엇인가? 또한 대문의 파손에 대한 丙의 행정법상 권익구제방법은 무엇인가?(10점)

2. 사망한 乙의 유일한 유가족인 丁은 국가배상을 청구할 수 있는가? 경찰관 X가 배상금 전액을 丁에게 지급한 경우 경찰관 X는 국가에게 구상할 수 있는가?(15점)

※ 丙은 甲, 乙과 가족관계에 있지 않음(제58회 사법시험)

▶**답안요지**

제1문: 강제적 시건장치 해제의 법적 성격과 丙의 행정법적 구제수단

1. 강제적 시건장치의 해제의 법적 성격

사안의 경우 경찰관 X는 신고현장에 진입하고자 대문개방의 하명을 하였으나 甲이 불응하여 강제로 시건장치를 해제하였는바, ① 의무부과 행위가 있었다는 점, ② 甲의 의무불이행이 있었다는 점에서, 의무부과와 그 불이행을 전제로 하지 않는 즉시강제의 성격을 갖지 않는다. 오히려 강제적 시건장치의 해제는 의무자가 의무를 이행하지 않는 경우에 의무자의 신체 · 재산에 직접 실력을 가하여 의무이행이 있었던 것과 같은 상태를 강제집행수단으로서 직접강제의 성격을 갖는다. 직접강제는 작위, 부작위, 수인의무의 불이행이 있는 경우에 대집행이나 이행강제금이 부적합하거나 아무 성과를 기대할 수 없는 경우에 마지막으로 사용되는 강제집행수단이다. 다만 사안의 경우는 비상시 또는 위험이 절박하여 급속한 실시가 요구되는 경우, 계고와 대집행영장의 통지의 생략을 규정하고 있는 대집행절차(행정대집행법 3조 3항)와 같이 절차가 생략된 직접강제에 해당된다. 설문상 경찰관 X의 강제적 시건장치의 해제와 진입행위는 경찰관집행법 7조 1항(위험방지를 위한 출입)에 근거를 두고 있으나, 강제집행에 대한 구체적인 절차규정이 요구된다고 할 것이다.

2. 丙의 행정법상 권익구제수단

이미 경찰관 X의 강제적 시건장치의 해제와 진입이 이루어졌기 때문에 행정쟁송의 제기는 소의 이익이 부인될 것이다. 이에 따라 丙의 권익구제수단으로서는 국가배상과 손실보상이 고려된다. 사안에서 X의 행위의 위법성이 나타나 있지 않아 손실보상청구권이 丙의 적합한 구제수단이 될 것이다. 손실보상은 적법한 공행정작용으로 재산권이 침해되어 특별한 희생이 발생한 경우에 행정주체가 행하는 재산적 보상을 의미하는바, 경찰관직무집행법 11조의2 ①은 적법한 직무집행으로 인하여 손실발생의 원인에 대하여 책임이 없는 자가 재산상의 손실을 입은 경우 정당한 보상을 하도록 규정하고 있다. 丙은 경찰관직무집행법 11조의2 ①에 따라 손실보상청구권을 행사할 수 있다.

제2문: 丁의 국가배상청구권의 행사가능성과 X의 구상권 행사가능성

1. 丁의 국가배상청구권의 행사가능성

국가배상청구권이 성립하기 위하여는 ① 공무원 또는 공무를 위탁받은 사인이, ② 직무를 집행하면서, ③ 법령에 위반하여, ④ 고의 또는 과실로, ⑤ 타인에게 손해를 가할 것의 요건이 충족되어야 한다. 설문에서 X는 경찰관으로서 공무원이며, 甲을 연행하여 현행범으로 수사하는 것은 경찰관의 직무집행에 해당하고, X의 감시소홀로 乙이 사망하였는바, ①,②,⑤의 요건이 충족되었다고 볼 것이다. 다만 X의 부작위의 위법성과 고의 · 과실이 문제가 된다.

1) X의 부작위의 위법성 여부

가. 국가배상법 2조의 위법성개념: 국가배상법 2조의 위법성개념에 대하여는 견해의 대립이 있다. ① 국가배상법의 위법성을 판단함에 있어서 항고소송의 위법성과는 달리 피해의 결과에 따라 위법성을 판단하여야 한다는 결과위법설, ② 항고소송의 위법성과 동일하게 보아 공무원의 직무행위가 법규범에 합치하는가 여부에 따라 위법성을 판단하여야 한다는 행위위법설, ③ 행위위법설과 결과위법설을 절충하여 행위 자체의 위법뿐만 아니라, 피침해이익의 성격과 침해의 정도 및 가해행위의 태양 등을 종합적으로 고려하여 정당성을 결여하는 경우에 위법성을 인정하여야 한다는 상대적 위법성설이 대립되고 있는바, 행위위법설이 타당할 것이다. 국가배상법 2조의 위법성은 국가 등이 개인에게 부담하고 있는 법적 의무를 위반한 경우에 주어진다. 부작위로 인한 위법성은 공무원이 일정한 작위의무가 있음에도 불구하고(재량행위의 경우 재량이 영으로 수축되는 경우), 이를 행하지 않는 경우에 주어진다. 설문에서 X는 ① 甲의 체포시에 수갑을 채우지 않고 수색을 하지 않았으며, ② 감시를 소홀히 하여 사망사고가 발생한바, X의 부작위의 위법성이 문제가 된다. 여기서는 ①과 ②를 구분하여 설명하기로 한다.

나. 형사소송법 216조 및 경찰관직무집행법 10조2의 위반여부: 형사소송법 216조 2호는 검사 또는 사법경찰관은 현행범인을 체포 또는 구속하는 경우에 필요한 때에는 영장없이 체포현장에서의 압수, 수색, 검증할 수 있다고 규정하고 있다. 한편, 경찰관직무집행법 10조의2는 경찰관은 ① 현행범이나 사형 · 무기 또는 장기 3년 이상의 징역이나 금고에 해당하는 죄를 범한 범인의 체포 또는 도주 방지, ② 자신이나 다른 사람의 생명 · 신체의 방어 및 보호, ③ 공무집행에 대한 항거제지의 직무를 수행하기 위하여 필요하다고 인정되는 상당한 이유가 있을 때에는 그 사태를 합리적으로 판단하여 필요한 한도에서 수갑 · 포승 · 경찰봉 등 경찰장구를 사용할 수 있다. 형사소송법 216조 및 경찰관직무집행법 10조의2는 재량규정으로 되어 있는바, 여기서 X의 수갑을 채우지 않은 행위와 수색을 하지 않은 부작위가 위법한지 문제가 된다. 판례에 따르면 "경찰은 범죄의 예방, 진압 및 수사와 함께 국민의 생명, 신체 및 재산의 보호 기타 공공의 안녕과 질서유지를 직무로 하고 있고, 직무의 원활한 수행을 위하여 경찰관 직무집행법, 형사소송법 등 관계 법령에 의하여 여러 가지 권한이 부여되어 있으므로, 구체적인 직무를 수행하는 경찰관으로서는 제반 상황에 대응하여 자신에게 부여된 여러 가지 권한을 적절하게 행사하여 필요한 조치를 할 수 있고, 그러한 권한은 일반적으로 경찰관의 전문적 판단에 기한 합리적인 재량에 위임되어 있으나, 경찰관에게 권한을 부여한 취지와 목적에 비추어 볼 때 구체적인 사정에 따라 경찰관이 권한을 행사하여 필요한 조치를 하지 아니하는 것이 현저하게 불합리하다고 인정되는 경우에는 권한의 불행사는 직무상 의무를 위반한 것이 되어 위법하게 된다(대판 2016. 4. 15, 2013다20427)"는 입장을 취하고 있다. 사안에서 甲은 X의 요구에 순순히 응하였기 때문에 수갑을 채울 필요는 없었으나, 타인의 신체 · 생명을 보호하기 위하여 여타의 흉기소지 여부를 수색할 필요성이 인정되며, 이를 이행하지 않는 X의 부작위는 위법하다.

다. 감시소홀의 위법성 여부: 현행범으로 체포 · 구속된 자에 대한 감시에 관하여 규정하고 있는 법령은 찾아보기 어렵다. 그러나 판례는 국가배상법 2조의 법령위반에 있어서 형식적 의미의 법령뿐만 아니라, 국민의 신체, 생명, 재산 등에 대하여 절박하고 중대한 위험상태가 발생하였거나 발생할 우려가 있는 경우에 국가의 초법규적 위해방지의무를 인정하고 있다(대판 1998. 10. 13, 98다18520). X는 이미 甲이 乙에 자상(刺傷)을 입힌 점, 甲에 대한 감시소홀의 경우에 乙의 신체나 생명에 추가적인 위험이 발생할 수 있다는 점을 고려할 때, 판례의 입장을 따른다면 X의 부작위의 위법성은 충분하게 인정된다.

라. 해당법령의 사익보호성 여부 및 소결: 형사소송법 216조 및 국가의 기본권보호의무에서 도출되는 초법규적 위해방지의무의 사익보호성이 충분히 인정되며, 이에 따라 X의 부작위는 위법하다.

2) X의 부작위의 고의 · 과실

X가 甲에 대하여 수색을 하지 않고, 감시를 소홀이 한 것은 고의 또는 고의에 가까운 현저히 주의를 게을리한 중과실에 해당된다고 보기는 어려우나 경과실은 충분하게 인정될 것이다. 근래 학설에서는 과실의 객관화를 위하여 조직과실 및 일응추정의 법리가 주장되고 있다(과실의 객관화에 대하여는 본서 국가배상법 부분참조).

3) 결어

X는 국가공무원이므로 丁은 국가에 대하여 국가배상청구권을 행사할 수 있다.

2. X의 국가에 대한 구상권행사의 가능성

국가배상법 2조 2항은 공무원에게 고의 또는 중대한 과실이 있으면 국가나 그 공무원에게 구상할 수 있다. 한편 피해자의 공무원에 대한 선택적 청구권행사에 관하여 긍정설, 부정설, 절충설의 대립이 있으나, 판례는 공무원의 고의나 중과실이 있는 경우에 선택적 청구권의 행사를 인정하고 있다(본서 국가배상법 부분 참조). 따라서 공무원의 경과실인 경우에는 국가나 지방자치단체가 종국적으로 책임을 부담한다. 사안에서 X의 경과실이 인정되므로 국가에 대하여 구상권을 행사할 수 있다.

제5절 행정조사

Ⅰ. 개 설

1. 의 의

오늘날 행정청은 행정목적을 효과적으로 수행하기 위하여 각종 자료의 수집을 위한 조사를 행한다. 이러한 자료의 수집은 설문지의 응답 등 상대방의 임의적 협력에 의하여 행하여지기도 하며, 행정청의 현장검증·질문·검사 등 강제적 조사방법에 의하여 행하여지기도 한다. 그러나 행정조사에 대하여는 아직 명확한 개념이 설정되어 있지 못하다. 행정조사의 개념을 넓게 보아 행정청의 모든 자료조사활동으로 이해하여 이를 독자적인 제도로 파악하려는 견해가 있는 반면,[24] 전통적인 견해는 이를 좁게 권력적 조사활동만으로 보아 행정법상의 의무이행확보의 한 수단으로 이해하고 있다.[25]

체계론적으로는 행정조사의 개념에 행정청의 모든 자료조사활동을 포함시켜 독자적인 행정작용으로 파악하는 것이 타당하지만, 여기서는 행정법상의 의무이행확보의 목적을 위하여 강제적으로 행하여지는 행정조사에 제한시켜 설명하기로 한다. 2007년 5월 17일 제정된 행정조사기본법도 행정조사를 "행정기관이 정책을 결정하거나 직무를 수행하는 데 필요한 정보나 자료를 수집하기 위하여 현장조사·문서열람·시료채취 등을 하거나 조사대상자에게 보고요구·자료제출요구 및 출석·진술요구를 행하는 활동"으로 정의하여 권력적 행정조사를 그 중심대상으로 하고 있다.

2. 즉시강제와의 구별

종래 질문, 검사, 조사목적을 위한 영업소 등의 출입 등 행정조사는 그의 강제적인 요소에 초점을 두어 행정상 즉시강제에 포함시켜 다루어 왔으나 양자는 그 목적과 내용을 달리하고 있다는 인식하에서 별개의 제도로서 분리하여 다루는 것이 일반적 경향이다. 즉 ① 행정상 즉시강제는 직접 개인의 신체나 재산에 실력을 가하여 행정상 필요한 상태를 구체적으로 실현시키는 것을 목적으로 하는 데 대하여, 행정조사는 그 자체가 목적이 아니라, 행정작용을 위한 자료를 얻기 위하여 행하는 준비적·보조적 수단으로서의 성질을 가지며, ② 행정상 즉시강제는 직접적인 실력행사를 통하여 일정한 상태를 실현시키는 것인 데 대하여, 행정조사는 직접적인 실력행사가 아니라, 상대방의 수인의무에 근거하여 행하여지는 단순한 조사활동에 지나지 않는다는 점에서 차이가 난다. 그러나 상대방이 행정조사의 수인의무를 이행하지 않는 경우에는 직접강제를 통하여 이를 관철시킬 수 있거나 행정벌의 부과대상이 된다는 점을 유의하여야 할 것이다.

Ⅱ. 행정조사의 종류

행정조사는 조사행정영역(경찰행정, 재무행정, 군사행정, 복리행정 등), 조사수단(구두 또는 문서),

24) 金南辰/金連泰, 行政法 I, 401면; 洪井善, 行政法原論(上), 541면.
25) 朴鈗炘/鄭亨根, 最新行政法講義(上), 534면; 金東熙/崔桂暎, 行政法 I, 497면.

조사목적, 조사대상 등 여러 가지 기준에 따라 분류할 수 있다. 다음에서는 조사대상, 조사목적, 조사의 실효성확보수단의 관점에서 분류하기로 한다.

1. 조사대상에 따른 분류

조사대상에 따라 행정조사는 대인적 조사, 대물적 조사, 대가택조사로 구분된다. 대인적 조사란 조사대상이 사람인 경우로서 불심검문 · 질문 · 신체수색 등이 이에 속한다. 대물적 조사란 조사대상이 물건인 경우로서 장부 · 서류의 열람, 시설검사, 물품의 검사 · 수거 등이 있다. 이에 대하여 대가택조사란 주거나 창고 및 영업소에 대한 출입 · 검사를 말한다. 일반적으로 대가택조사는 대물적 조사와 병행되는 경우가 많다.

2. 조사목적에 따른 분류

행정조사는 조사목적의 일반성과 개별성에 따라 개별적 조사와 일반적 조사로 구분된다. 개별적 조사란 법률이 정하는 개별적 · 구체적 목적을 위하여 행하는 자료수집활동을 의미한다. 예를 들어 「공익사업을 위한 토지 등의 취득 및 보상에 관한 법률」 제27조에 따라 토지 또는 물건조서를 작성하기 위하여 토지 등에 출입하여 조사하는 활동과 식품위생법 제17조에 따라 영업소 등에 출입하여 식품 등 또는 영업시설 등을 검사하는 활동이 이에 속한다.

이에 대하여 일반적 조사란 일반적인 행정정책의 수립을 목적으로 하는 조사를 의미하는바 통계법에 의한 통계조사가 그 대표적인 예이다.

3. 실효성확보수단에 따른 분류

상대방의 임의적 협력에 따라 행하여지는 행정조사는 그 실효성확보수단을 필요로 하지 않으나 구체적인 행정목적을 수행하기 위하여 행하여지는 권력적 행정조사는 그 실효성을 확보하기 위한 수단을 필요로 하고 있다. 상대방이 행정조사에 대한 수인의무를 거부하는 경우에는 그 실효성을 담보하기 위하여는 직접강제의 수단을 활용하는 방법과 행정벌을 부과하는 방법이 있다. 행정조사는 이러한 실효성확보수단에 따라 분류할 수 있으나 보통의 경우 양자가 함께 사용되는 경우가 많다. 예를 들어 식품위생법 제17조에 근거하여 식품조사를 위한 영업소출입을 거부하는 경우에는 대가택강제를 가하여 강제로 행정조사를 하거나, 동법 제77조에 따라 행정벌을 부과할 수 있다.

일설에서는 법률이 행정조사를 위한 주거나 영업소출입에 대한 근거규정을 두었다고 할지라도, 상대방이 이를 거부하는 경우에, 법에서 이를 명시적으로 허용하는 경우를 제외하고는 실력행사에 의한 행정조사를 할 수 없다는 소극적인 입장을 취하고 있으나,[26] 행정조사를 위한 주거나 영업소의 출입은 그 자체가 상대방의 의사여부에 불문하고 행하여지는 강제조사이기 때문에, 상대방이 자신의 수인의무에 위반하여 거부하는 경우 비례의 원칙의 한계 내에서 실력행사를 할 수 있다고 보는 것이 타당할 것이다.[27]

---

26) 金東熙/崔桂暎, 行政法 I, 499면.
27) 同旨: 洪井善, 行政法原論(上), 546면.

Ⅲ. 법적 근거

행정조사를 좁은 의미로 이해하여 권력적 조사활동을 의미하는 경우에는 개인에게 수인의무를 부과하는 침해적 작용에 해당하기 때문에 법적 근거가 필요할 것이다. 반면 상대방의 협력을 요하는 임의적 행정조사의 경우에는 법률의 수권을 요하지 않는다고 할 것이다. 대부분의 행정행위를 하기 위하여는 대개 행정조사가 선행되며, 이러한 행정조사가 강제적 요소가 없는 한, 당해 행정행위의 수권법률에는 임의적 행정조사의 권한이 내포되어 있다고 보는 것이 타당할 것이다.

행정조사에 대한 근거법률로는 행정조사에 관한 일반법인 「행정조사기본법」이 있으며, 개별적 행정조사에 관한 근거법률로는 경찰관직무집행법 제3조(불심검문), 국세징수법 제26조 · 제27조, 소득세법 제170조, 「공익사업을 위한 토지 등의 취득 및 보상에 관한 법률」 제27조, 식품위생법 제22조 · 제70조, 약사법 제69조, 근로기준법 제102조 등이 있다.

판례(개별 법령 등에서 행정조사를 규정하고 있는 경우, 행정기관이 행정조사기본법 제5조 단서에서 정한 '조사대상자의 자발적인 협조를 얻어 실시하는 행정조사'를 실시할 수 있는지 여부) 행정조사기본법 제5조에 의하면 행정기관은 법령 등에서 행정조사를 규정하고 있는 경우에 한하여 행정조사를 실시할 수 있으나(본문), 한편 '조사대상자의 자발적인 협조를 얻어 실시하는 행정조사'의 경우에는 그러한 제한이 없이 실시가 허용된다(단서). 행정조사기본법 제5조는 행정기관이 정책을 결정하거나 직무를 수행하는 데에 필요한 정보나 자료를 수집하기 위하여 행정조사를 실시할 수 있는 근거에 관하여 정한 것으로서, 이러한 규정의 취지와 아울러 문언에 비추어 보면, 단서에서 정한 '조사대상자의 자발적인 협조를 얻어 실시하는 행정조사'는 개별 법령 등에서 행정조사를 규정하고 있는 경우에도 실시할 수 있다(대판 2016. 10. 27, 2016두41811).

Ⅳ. 행정조사의 한계

행정조사는 개인의 사생활의 자유, 주거의 자유 및 직업의 자유 등 기본권을 침해할 우려가 많기 때문에, 법률의 근거를 요할 뿐 아니라, 일정한 한계 내에서 행사되어야 한다. 「행정조사기본법」은 행정조사의 실체법적 한계와 절차법적 한계에 대하여 규정을 하고 있다.

1. 실체법적 한계

1) 비례의 원칙

행정조사는 조사목적을 달성하는 데 필요한 최소한의 범위 안에서 실시하여야 하며, 다른 목적 등을 위하여 조사권을 남용하여서는 아니 된다(법 4조 1항). 행정기관은 조사목적에 적합하도록 조사대상자를 선정하여 행정조사를 실시하여야 한다(법 4조 2항).

판례(세무조사가 과세자료의 수집 또는 신고내용의 정확성 검증이라는 본연의 목적이 아니라 부정한 목적을 위하여 행하여진 경우, 세무조사에 의하여 수집된 과세자료를 기초로 한 과세처분이 위법한지 여부) 국세기본법은 제81조의4 제1항에서 "세무공무원은 적정하고 공평한 과세를 실현하기 위하여 필요한 최소한의 범위에서 세무조사를 하여야 하며, 다른 목적 등을 위하여 조사권을 남용해서는 아니 된다."라고 규정하고 있다. 동 조항은 세무조사의 적법 요건으로 객관적 필요성, 최소성, 권한 남용의 금지 등을 규정하고 있는데, 이는 법치국가원리를 조세절차법의 영역에서도 관철하기 위한 것으로서 그 자체로서 구체적인 법규적 효력을 가진다. 따라서 세무조사가 과세자료의 수집 또는 신고내용의 정확성 검증이라는 본연의 목적이 아니라 부정한 목적을 위하여 행하여진 것이라면 이는 세무조사에 중대한 위법사유가 있는 경우에 해당하고 이러한 세무조사에 의하여 수집된 과세자료를 기초로 한 과세처분 역시 위법하다. 세무조사가 국가의 과세권을 실현하기 위한 행정조사의 일종으로서 과세자료의 수집 또는 신고내용의 정확성 검증 등을 위하여 필요불가결하며, 종국적으로는 조세의 탈루를 막고 납세자의 성실한 신고를 담보하는 중요한 기능을 수행하더라도 만약 남용이나 오용을 막지 못한다면 납세자의 영업활동 및 사생활의 평온이나 재산권을 침해하고 나아가 과세권의 중립성과 공공성 및 윤리성을 의심받는 결과가 발생할 것이기 때문이다(대판 2016. 12. 15, 2016두47659).

2) 중복조사금지의 원칙

행정기관은 유사하거나 동일한 사안에 대하여는 공동조사 등을 실시함으로써 행정조사가 중복되지 않도록 하여야 한다(법 4조 3항).

판례 1(중복세무조사금지의 원칙을 위반한 과세처분은 중대한 절차적 하자에 해당된다는 판례) 세무조사는 기본적으로 적정하고 공평한 과세의 실현을 위하여 필요한 최소한의 범위 안에서만 행하여져야 하고, 더욱이 같은 세목 및 같은 과세기간에 대한 재조사는 납세자의 영업의 자유나 법적 안정성을 심각하게 침해할 뿐만 아니라 세무조사권의 남용으로 이어질 우려가 있으므로 조세공평의 원칙에 현저히 반하는 예외적인 경우를 제외하고는 금지할 필요가 있다. 같은 취지에서 국세기본법은 재조사가 예외적으로 허용되는 경우를 엄격히 제한하고 있는바, 그와 같이 한정적으로 열거된 요건을 갖추지 못한 경우 같은 세목 및 같은 과세기간에 대한 재조사는 원칙적으로 금지되고, 나아가 이러한 중복세무조사금지의 원칙을 위반한 때에는 과세처분의 효력을 부정하는 방법으로 통제할 수밖에 없는 중대한 절차적 하자가 존재한다고 보아야 한다. 이는 과세관청이 그러한 재조사로 얻은 과세자료를 과세처분의 근거로 삼지 않았다거나 이를 배제하고서도 동일한 과세처분이 가능한 경우라고 하여 달리 볼 것은 아니다(대판 2017. 12. 13, 2016두55421).

판례 2(당초 세무조사를 한 항목을 제외한 나머지 항목에 대하여 다시 세무조사를 하는 것이 금지되는 재조사에 해당하는지 여부) 국세기본법 제81조의4 제2항, 제81조의7 제1항, 제81조의9 제1항, 제81조의11의 문언과 체계, 같은 세목 및 과세기간에 대한 거듭된 세무조사는 납세자의 영업의 자유나 법적 안정성 등을 심각하게 침해할 뿐만 아니라 세무조사권의 남용으로 이어질 우려가 있으므로 조세공평의 원칙에 현저히 반하는 예외적인 경우를 제외하고는 금지될 필요가 있는 점, 재조사를 금지하는 입법 취지에는 세무조사기술의 선진화도 포함되어 있는 점 등을 종합하여 보면, 세무공무원이 어느 세목의 특정 과세기간에 대하여 모든 항목에 걸쳐 세무조사를 한 경우는 물론 그 과세기간의 특정 항목에 대하여만 세무조사를 한 경우에도 다시 그 세목의 같은 과세기간에 대하여 세무조사를 하는 것은 구 국세기본법 제81조의4 제2항에서 금지하는 재조사에 해당하고, 세무공무원이 당초 세무조사를 한 특정 항목을 제외한 다른 항목에 대하여만 다시 세무조사를 함으로써 세무조사의 내용이 중첩되지 아니하였다고 하여 달리 볼 것은 아니다. 다만 당초의 세무조사가 다른 세목이나 다른 과세기간에 대한 세무조사 도중에 해당 세목이나 과세기간에도 동일한 잘못이나 세금탈루 혐의가 있다고 인정되어 관련 항목에 대하여 세무조사 범위가 확대됨에 따라 부분적으로만 이루어진 경우와 같이 당초 세무조사 당시 모든 항목에 걸쳐 세무조사를 하는 것이 무리였다는 등의 특별한 사정이 있는 경우에는 당초 세무조사를 한 항목을 제외한 나머지 항목에 대하여 향후 다시 세무조사를 하는 것은 구 국세기본법 제81조의4 제2항에서 금지하는 재조사에 해당하지 아니한다(대판 2015. 2. 26, 2014두12062).

판례 3(재조사가 금지되는 '세무조사'에 해당하는지 판단하는 방법) 세무공무원의 조사행위가 재조사가 금지되는 구 국세기본법 제81조의4 제2항이 적용되는 '세무조사'에 해당하는지는 조사의 목적과 실시경위, 질문조사의 대상과 방법 및 내용, 조사를 통하여 획득한 자료, 조사행위의 규모와 기간 등을 종합적으로 고려하여 구체적 사안에서 개별적으로 판단하며, 납세자 등을 접촉하여 상당한 시일에 걸쳐 질문검사권을 행사하여 과세요건사실을 조사·확인하고 일정한 기간 과세에 필요한 직접·간접의 자료를 검사·조사하고 수집하는 일련의 행위를 한 경우에는 특별한 사정이 없는 한 '세무조사'로 보아야 한다(대판 2017. 12. 13, 2015두3805).

3) 비밀누설금지 및 목적외 사용금지의 원칙

다른 법률에 따르지 아니하고는 행정조사의 대상자 또는 행정조사의 내용을 공표하거나 직무상 알게 된 비밀을 누설하여서는 아니된다(법 4조 5항). 행정기관은 행정조사를 통하여 알게 된 정보를 다른 법률에 따라 내부에서 이용하거나 다른 기관에 제공하는 경우를 제외하고는 원래의 조사목적 이외의 용도로 이용하거나 타인에게 제공하여서는 안된다(법 4조 6항).

2. 절차법적 한계

1) 사전절차

권력적으로 행하는 행정조사는 상대방의 기본권을 침해할 뿐 아니라, 그것이 원활하게 행하여지기 위하여는 상대방의 협력이 불가피하게 요구되고 있다. 행정조사기본법은 사전절차로서 사전통지와 의견제출에 관하여 규정하고 있다.

가. 사전통지

행정조사를 실시하고자 하는 행정기관의 장은 출석요구서, 보고요구서·자료제출요구서 및 현장출입조사서를 조사개시 7일 전까지 조사대상자에게 서면으로 통지하여야 한다(법 17조 1항). 다만 ① 행정조사를 실시하기 전에 관련사항을 미리 통지하는 때에는 증거인멸 등으로 행정조사의 목적을 달성할 수 없다고 판단되는 경우, ② 「통계법」 제3조 제2호에 따른 지정통계의 작성을 위하여 조사하는 경우, ③ 조사대상자의 자발적인 협조를 얻어 실시하는 행정조사의 경우에는 행정조사의 개시와 동시에 이들 서류를 조사대상자에게 제시하거나 행정조사의 목적 등을 조사대상자에게 구두로 통지할 수 있다.

나. 의견제출

조사대상자는 사전통지의 내용에 대하여 행정기관의 장에게 의견을 제출할 수 있다(법 21조 1항). 행정기관의 장은 조사대상자가 제출한 의견이 상당한 이유가 있다고 인정하는 경우에는 이를 반영하여야 한다(법 21조 2항). 조사대상자는 조사원에게 공정한 행정조사를 기대하기 어려운 사정이 있다고 판단되는 경우에는 행정기관의 장에게 당해 조사원의 교체를 신청할 수 있으며(법 22조 2항), 천재지변이나 그 밖에 대통령령으로 정하는 사유로 인하여 행정조사를 받을 수 없는 때에는 당해 행정조사를 연기하여 줄 것을 행정기관의 장에게 요청할 수 있다(법 18조 1항).

2) 증표제시의무

조사원이 가택·사무실 또는 사업장 등에 출입하여 현장조사를 실시하는 경우에는 조사원은 그 권한을 나타내는 증표를 지니고 이를 조사대상자에게 내보여야 한다(법 11조 3항).

3) 행정조사와 영장주의

권력적 행정조사는 대부분의 경우 주거의 출입 · 수색 및 물건의 압수 · 검사 등을 통하여 행하여진다. 이러한 행정조사에 대하여 헌법 제12조 및 제16조가 요구하는 영장주의가 적용되는지 여부에 대하여 문제가 되는바, 일부의 학설에 따르면 헌법상의 영장주의는 형사사법권의 행사에서만 적용된다는 이유로 이를 부인하고 있으나, 주거의 출입 · 수색 및 물건의 압수 등의 작용에는 형사작용이나 행정작용을 불문하고 영장주의가 적용되어야 함은 당연하다. 또한 대부분의 행정조사는 즉시강제와는 달리 법관으로부터 영장을 발부받을 충분한 시간적 여유가 있기 때문에 이를 부인할 이유가 전혀 없다. 단지 예외적으로 긴급한 상황이 발생하여 영장을 기다려서는 적정한 조사가 이루어질 수 없는 경우에는 증표제시의무로 충분할 것이다.

판례(우편물 통관검사절차와 영장주의) 우편물 통관검사절차에서 이루어지는 우편물의 개봉, 시료채취, 성분분석 등의 검사는 수출입물품에 대한 적정한 통관 등을 목적으로 한 행정조사의 성격을 가지는 것으로서 수사기관의 강제처분이라고 할 수 없으므로, 압수 · 수색영장 없이 우편물의 개봉, 시료채취, 성분분석 등 검사가 진행되었다 하더라도 특별한 사정이 없는 한 위법하다고 볼 수 없다(대판 2013. 9. 26, 2013도7718).

---

4) 조사결과의 통지

행정기관의 장은 법령 등에 특별한 규정이 있는 경우를 제외하고는 행정조사의 결과를 확정한 날부터 7일 이내에 그 결과를 조사대상자에게 통지하여야 한다(법 24조).

V. 위법한 행정조사에 의한 행정행위의 효력

행정행위가 위법한 조사의 결과 행해진 때 그 효력이 문제된다. 행정행위 그 자체가 하자를 가지고 있는 경우에는 위법하다고 인정된다. 행정행위가 위법하지 않은 경우에도 조사의 하자를 이유로 그 행정행위를 위법하다고 할 수 있는지에 대해서는 의견이 긍정설과 부정설로 나누어진다. 이밖에 절충적인 입장에서는 적정절차의 중대한 위반이나 조사의 법적 요건을 결하였을 경우 위법하다고 본다. 판례는 긍정설의 입장에 서 있으나, 행정조사절차가 경미한 하자가 있는 경우에는 위법사유가 되지 않는다고 본다.[28)]

판례(위법한 행정조사와 행정행위의 효력) 구 국세기본법 제81조의5가 정한 세무조사대상 선정사유가 없음에도 세무조사대상으로 선정하여 과세자료를 수집하고 그에 기하여 과세처분을 하는 것은 적법절차의 원칙을 어기고 구 국세기본법 제81조의5와 제81조의3 제1항을 위반한 것으로서 특별한 사정이 없는 한 과세처분은 위법하다(대판 2014. 6. 26, 2012두911).

---

28) 대판 2009. 1. 30, 2006두9498.

Ⅵ. 행정조사에 대한 구제

1. 적법한 행정조사에 대한 구제

행정조사에 의하여 귀책사유없이 재산상 특별한 희생을 받는 자가 있는 경우에는 헌법 제23조 제3항에 따라 정당한 보상을 받을 수 있도록 근거법률에서 보상을 규정하여야 한다. 토지수용을 위한 출입조사에 대한 보상을 그 예로 들 수 있다(토지보상법 27조 3항). 그러나 미량의 식품을 수거하여 검사하는 것과 같이, 손실이 경미한 경우에는 재산권의 사회적 제약에 해당되어 보상을 요구할 수 없을 것이다. 행정조사기본법에서는 조사원이 조사목적달성을 위하여 시료채취를 하는 경우에, 시료채취로 조사대상자에게 손실을 입히는 때에는 행정기관의 장은 손실을 보상하여야 한다고 규정하고 있다(법 12조 2항).

2. 위법한 행정조사에 대한 구제

1) 행정쟁송

권력적 행정조사는 상대방에 대하여 수인의무를 부과하기 때문에, 처분성이 인정되어 행정쟁송, 특히 취소심판과 취소소송의 대상이 된다. 그러나 불심검문(경찰관직무집행법 3조)에서 보는 바와 같이 단기간에 종료되는 행정조사는 소의 이익이 없어 국가배상을 청구하는 방법 이외에는 달리 구제방법이 없게 된다. 다만, 위법한 행정조사가 종료되었다고 할지라도 그것이 반복될 위험이 있는 경우에는 행정심판법 제13조 제1항 후단, 행정소송법 제12조 후단에 따라 소의 이익이 인정될 것이다.

위법한 행정조사가 행하여지는 경우에 상대방은 이에 대하여 예방적 금지소송을 제기하여 이를 저지할 수 있을 것이다. 판례는 예방적 금지소송에 대하여 소극적인 입장을 취하고 있으나,[29] 입법론적으로 그 도입을 적극적으로 고려하여야 할 것이다.

한편 판례는 세무조사 여부에 대한 과세관청의 결정에 대하여 처분성을 인정하고 있다.

판례(행정조사결정이 항고소송의 대상이 되는 처분에 해당하는지 여부) 부과처분을 위한 과세관청의 질문조사권이 행해지는 세무조사결정이 있는 경우 납세의무자는 세무공무원의 과세자료 수집을 위한 질문에 대답하고 검사를 수인하여야 할 법적 의무를 부담하게 되는 점, 세무조사는 기본적으로 적정하고 공평한 과세의 실현을 위하여 필요한 최소한의 범위 안에서 행하여져야 하고, 더욱이 동일한 세목 및 과세기간에 대한 재조사는 납세자의 영업의 자유 등 권익을 심각하게 침해할 뿐만 아니라 과세관청에 의한 자의적인 세무조사의 위험마저 있으므로 조세공평의 원칙에 현저히 반하는 예외적인 경우를 제외하고는 금지될 필요가 있는 점, 납세의무자로 하여금 개개의 과태료 처분에 대하여 불복하거나 조사 종료 후의 과세처분에 대하여만 다툴 수 있도록 하는 것보다는 그에 앞서 세무조사결정에 대하여 다툼으로써 분쟁을 조기에 근본적으로 해결할 수 있는 점 등을 종합하면, 세무조사결정은 납세의무자의 권리·의무에 직접 영향을 미치는 공권력의 행사에 따른 행정작용으로써 항고소송의 대상이 된다고 할 것이다(대판 2011. 2. 11, 2009두23617).

---

2) 국가배상

행정조사가 공무원의 직무상 불법행위에 해당하는 경우에, 피해를 입은 개인은 국가배상청구권

29) 대판 1987. 3. 24, 86누182.

을 행사할 수 있다(국배법 2조 1항).

사례 甲은 A시에서 개인 변호사 사무실을 운영하는 변호사로서 관할 세무서장 乙에게 2010년부터 2012년까지 3년간의 부가가치세 및 종합소득세를 자진신고 납부한 바 있다. 丙은 甲의 변호사 사무실에서 사무장으로 근무하다가 2013년 3월경 사무장 직을 그만 두면서 사무실의 형사약정서 복사본과 민사사건 접수부를 가지고 나와 이를 근거로 乙에게 甲의 세금탈루사실을 제보하였다.

이에 따라 乙은 2013년 6월 甲에 대하여 세무조사를 하기로 결정하고, 甲에게 조사를 시작하기 10일 전에 조사대상 세목, 조사기간 및 조사 사유, 그 밖에 대통령령으로 정하는 사항을 통지하였다. 그런데 통지를 받은 甲은 장기출장으로 인하여 세무조사를 받기 어렵다는 이유로 乙에게 조사를 연기해 줄 것을 신청하였으나 乙은 이를 거부하였다.(제56회 사법시험)

1. 위 사례에서 세무조사와 세무조사결정의 법적 성질은?(10점)

2. 위 사례에서 乙이 행한 세무조사 연기신청 거부처분에 대하여 甲은 취소심판을 청구하였다. 관할 행정심판위원회가 이를 인용하는 재결을 하는 경우 乙은 재결의 취지에 따라 처분을 하여야 하는가?(15점)

3. 甲은 소득세부과처분에 대하여 취소소송을 제기하였으나 기각판결이 확정되었다. 만약 그 후 甲이 이전 과세처분상의 납부액이 법령상 기준을 초과하였다는 이유로 초과납부한 금액에 대한 국세환급결정을 신청하였지만 乙이 이를 거부하였다면, 이에 대하여 甲이 권리구제를 받을 수 있는 방안은 무엇인가?(15점)

▶답안요지 **설문1: 세무조사와 세무조사결정의 법적 성격**

세무조사가 행하여지기 전에 대상자에 대한 세무조사결정을 하고 이에 대한 통지를 하여야 한다(국세기본법 81조의6, 81조의7).

1. 세무조사의 법적 성질

1) 처분성 여부

국세기본법 81조의6에 의한 세무조사는 행정조사의 일종이다. "행정조사"란 행정기관이 정책을 결정하거나 직무를 수행하는 데 필요한 정보나 자료를 수집하기 위하여 현장조사 · 문서열람 · 시료채취 등을 하거나 조사대상자에게 보고요구 · 자료제출요구 및 출석 · 진술요구를 행하는 활동을 말한다(행정조사기본법 2조 1호). 이러한 행정조사는 상대방의 협력을 요하는지 여부에 따라 임의적 행정조사와 권력적 행정조사로 구분된다. 권력적 행정조사는 상대방에 대하여 수인의무를 부과하고, 보고요구 및 자료제출요구 등을 할 수 있기 때문에 권력적 사실행위로서 행소법 2조 1항 1호의 처분 등의 성질을 갖는다. 사안에서 국세기본법 81조의6에 의한 세무조사는 권력적 행정조사로서 처분 등의 성질을 갖는다.

2) 재량행위 여부

사안에서 세무조사는 81조의6 1항에 따른 정기선정에 의한 조사 외에 납세자에 대한 구체적인 탈세 제보가 있는 경우에 행하는 조사로서(81조의6 2항) 해당 법문언은 가능규정의 형식을 취하고 있기 때문에 재량행위의 성격을 갖는다고 할 것이다.

2. 세무조사결정의 법적 성격

세무조사의 선행단계에서 행하여지는 세무조사결정의 법적 성격에 대하여 논란이 되고 있다. 판례는 세무조사결정이 있는 경우, 납세의무자는 세무공무원의 과세자료수집을 위한 질문에 대답하고, 검사를 수인하여야 할 법적 의무를 부담하게 되는 점, 행정조사 이후에 과태료 처분에 대하여 불복하거나 과세처분에 대해서만 다툴 수 있도록 하는 것보다는 그에 앞서 세무조사결정에 대하여 다툼으로서 분쟁을 조기에 해결할 수 있다는 점을 고려하여 처분성을 인정하고 있다. 생각건대 권력적 행정조사는 비교적 단기에 종료되어 소의 이익이 부정되는 경우가 많으며, 일단 행정조사가 시작되면 회복할 수 없는 손해가 발생될 수 있다는 점을 고려할 때, 행정조사의 전단계인 행정조사결정에 처분성을 인정하여 이를 다툴 수 있도록 하는 것이 타당할 것이다.

설문2: 취소심판에 대한 인용재결의 기속력

1. 기속력의 의의

기속력이란 처분청 및 관계행정청이 재결의 취지에 따르도록 처분청 및 관계행정청을 구속하는 효력이다. 행심법 49조 1항은 재결의 실효성을 확보하기 위하여 기속력을 규정하고 있는바, 이러한 기속력은 인용재결에만 인정된다.

2. 취소심판의 기속력의 내용

1) 소극적 효력

처분청은 재결의 취지에 반하는 처분을 다시 하여서는 안된다. 즉 처분청은 동일한 사정 아래서 같은 사유로 동일인에 대하여 같은 내용의 처분을 반복하여서는 안된다(반복금지의무).

2) 적극적 효력

거부처분에 대하여는 의무이행심판과 거부처분심판을 제기할 수 있는바, 의무이행심판을 제기하여 인용재결이 있는 경우에는 기속력의 내용으로서 재처분의무가 생긴다. 그러나 의무이행심판을 제기하지 않고, 甲처럼 거부처분취소심판을 제기하여 그에 대한 인용재결이 있는 경우에 처분청의 재처분의무가 발생되지는지 여부는 명문의 규정이 없어 견해의 대립이 있었다. 그러나 개정 행정심개정 행정심판법 제49조 제2항은 거부처분취소재결의 기속력으로서 재처분의무를 명문으로 규정하고 있는바, 만일 乙이 거부처분취소재결의 기속력에 따라 세무조사 연기처분을 하지 않는 경우에는 甲은 행정심판법 제50조의2에 따라 행정심판위원회에 간접강제를 신청할 수 있다.

3) 결어: 乙은 인용재결의 기속력에 따라 甲의 연기신청을 인용하는 처분을 내려야 할 것이다.

설문3: 甲의 권리구제수단

1. 환급거부결정에 대한 항고소송의 가능성

납세자가 세무서장에게 국세환급금지급청구를 하는 경우에 세무서장이 이를 거부하거나 아무런 조치를 취하지 않을 때, 납세자가 거부처분취소소송이나 부작위위법확인소송 등 항고소송을 제기할 수 있는지 문제가 된다. 이와 관련하여 견해가 대립되고 있는바, 환급거부결정은 처분성이 인정되기 때문에 항고소송을 제기할 수 있다는 긍정설, 국세기본법상 국세환급금결정에 대한 규정은 환급청구권이 확정된 국세환급금에 대한 내부적 사무처리절차로서 과세관청의 환급절차를 규정한 것에 지나지 않으며, 환급거부결정은 환급청구권의 존부나 범위에 직접적인 영향을 미치는 처분이 아니어서 항고소송의 대상이 되지 않는다는 부정설이 대립하고 있다. 판례는 일관되게 부정설을 취하고 있다. 과오납금은 개별세법에 따라 적법하게 산출된 세액 기준으로 당연히 발생하는 것으로, 환급청구권도 개별세법이 정한 요건에 따라 확정되는 것으로 환급거부결정은 납세의무자의 법적 지위에 영향을 미치는 처분이라고 볼 수 없는바, 판례의 입장에 따라 甲은 거부결정에 대하여 항고소송을 제기할 수 없다고 할 것이다.

2. 당사자소송의 제기가능성(공법상 부당이득반환청구소송)

과세관청이 과오납금을 환급하지 않을 경우에 납세자가 제기할 수 있는 소송의 종류에 대하여 견해가 대립되고 있다. 일설은 과오납금반환청구권은 민사상의 부당이득반환청구권에 해당하기 때문에 민사소송을 제기하여야 한다는 입장을 취하나, 다수설은 과오납금반환청구권은 공법상의 법률관계에 의하여 발생된 공법상의 부당이득반환청구권에 해당되기 때문에 공법상의 당사자소송(행소법 3조 2호)으로 다루어야 한다는 입장이다. 판례는 일관되게 과오납반환청구권은 민사상의 부당이득반환청구권으로 보아 민사소송으로 다루어 왔다. 그러나 최근 판례(대판(전원합의체) 2013. 3. 21, 2011다95564)는 부가가치세환급청구사건과 관련하여 "국가의 환급의무는 …… 부가가치세 법령의 규정에 의하여 직접 발생하는 것으로서, 그 법적 성질은 정의와 공평의 관념에서 수익자와 손실자 사이의 재산상태 조정을 위해 인정되는 부당이득 반환의무가 아니라 부가가치세법령에 의하여 그 존부나 범위가 구체적으로 확정되고 조세 정책적 관점에서 특별히 인정되는 공법상 의무라고 봄이 타당하다고 판시하고 부가가치세 환급세액 지급청구는 민사소송이 아니라 행정소송법 제3조 제2호에 규정된 당사자소송의 절차에 따라야 한다"고 판시하고 종래의 판례를 변경하였다. 생각건대 국세환급금지급청구권은 성질상 공법상 부당이득반환청구권에 해당되기 때문에 당사자소송으로 다루어야 할 것이다.

참고로 법무부 행정소송법 개정안 제3조 제2호는 당사자소송을 "행정상 손실보상 · 손해배상 · 부당이득반환이나 그 밖의 공법상 원인으로 발생하는 법률관계에 관한 소송으로서 그 법률관계의 한쪽 당사자를 피고로 하는 소송"으로 정의하여 공법적 원인으로 하는 부당이득반환을 당사자소송의 대상으로 하고 있다. 설문에서 甲은 자신이 초과납부한 국세의 환급을 받기 위하여 당사자소송을 제기하면 될 것이다.

본안판단에 있어서 甲의 공법상 부당이득반환청구권이 성립하기 위하여는 법률상 원인이 없는 국가의 부당이득이 존재하여야 한다. 설문에서 조세부과처분에 대하여 甲이 이미 취소소송을 제기하여 기각판결을 받고, 확정되었다고 하는바, 이 경우 조세부과처분은 불가쟁력이 발생하게 되어, 과오납금은 유효한 처분에 근거한 것으로 더 이상 법률상 원인이 없는 부당이득이 되지 않기 때문에 甲의 청구는 기각판결을 받을 것이다.

3. 국가배상청구소송의 가능성

甲에 대한 소득세부과처분에 있어서 국가배상법 2조 1항의 요건, 즉 ① 직무행위의 위법성, ② 공무원의 고의나 과실이 입증되면 국가배상청구소송을 제기할 수 있을 것이다. 다수설은 국가배상청구소송을 당사자소송으로 다룰 것을 주장하고 있으나 판례는 일관되게 민사소송으로 다루고 있다. 설문에서 甲이 조세부과처분에 대하여 제기한 취소소송이 기각판결을 받고 확정되었다고 하는바, 여기서 취소소송의 기판력이 후소인 국가배상청구소송에 미치는지 문제가 된다. 이와 관련하여 ① 부정설, ② 긍정설, ③ 제한적 긍정설로 대립되고 있으나(본서 공무원의, 직무상 불법행위로 인한 손해배상 참조), 법질서의 일체성과 분쟁의 일회적 해결을 위하여 긍정설이 타당하다. 甲의 취소소송이 기각되어 소득세부과처분이 적법하다는 사실에 기판력이 발생한 이상 국가배상청구소송에서 이를 위법하다고 달리 판단할 수 없다.

02 행 정 벌

Ⅰ. 개 설

1. 행정벌의 의의

행정벌이란 행정법상의 의무위반에 대한 제재로써 국가의 일반통치권에 의하여 과하는 벌을 말하며, 행정벌이 과하여지는 비행을 형사범과 구별하여 행정범이라고 부른다. 행정벌은 직접적으로는 과거의 의무위반에 대한 제재로서의 의미를 가지는 것이나, 간접적으로는 의무자에게 심리적인 위압을 가함으로써 의무이행을 촉진시키는 수단으로서의 의미를 갖는다. 그 때문에 행정법상 의무를 규정하는 법규는 동시에 행정벌에 관하여 규정하는 것이 보통이며, 행정벌에 관한 형법을 특히 행정형법이라고 부르기도 한다.

2. 행정벌의 문제점

이미 앞선 장에서 설명한 바와 같이 우리 행정법상의 의무이행확보수단으로서 이행강제금과 직접강제는 개별법이 인정하는 경우에 한정되어 왔으며, 이들의 기능은 행정벌에 의하여 수행되어 왔다. 이는 직접강제와 이행강제금이 국민의 자유를 직접적으로 속박하고 그 남용가능성이 크기 때문에 행정벌이라는 간접적인 심리적 강제를 통하여 국민의 임의적인 이행을 기대하는 것이 법치주의에 부합한다는 취지에서였다. 그러나 행정벌도 행정법상의 의무이행확보수단으로서 여러 가지 문제점을 갖고 있다. 행정벌의 주요한 문제점들로는 ① 벌칙을 과한다고 하더라도 위반행위를 계속하는 경우에는, 이행강제금과는 달리 이중처벌금지의 원칙이 적용되어 동일사실에 대하여 목적을 달성할 때까지 반복하여 부과하는 것이 허용되지 않으며, ② 행정벌 중에서 가장 일반적으로 사용되는 벌금형은 위반행위에서 얻어지는 경제적 이익이 막대한 경우에는 그 강제효과가 미미하며, ③ 행정벌의 경우에는 본래의 의무를 부과하는 기관은 주무행정기관인데 반하여, 행정벌을 과하는 기관은 사법경찰관 · 검사 및 법원으로 되어 있어 행정법상의 의무실현이 행정청을 떠나서 제3의 기관에게 맡겨진 결과가 되기 때문에 행정적 판단을 관철시키는 것을 어렵게 하고 있으며, ④ 위반행위가 있다고 하여 벌칙을 빠짐없이 과하는 것은 사실상 불가능하며, ⑤ 행정법규가 늘어감에 따라 행정벌칙도 증가하고 이에 따라 전과자가 증대하고 있는 점 등이 열거되고 있다.[1)]

1) 朴鈗炘/鄭亨根, 最新行政法講義(上), 546면.

이에 따라 행정의무의 실효성 확보수단에 대한 전면적 재검토가 요구되고 있는 실정인바, 그 개선책으로서는 대집행, 이행강제금, 직접강제, 즉시강제를 포함한 완결된 행정집행법의 제정과 더불어, 행정벌에 있어서 형사벌인 행정형벌을 비형사벌인 행정질서벌로의 전환을 적극적으로 고려하여야 할 것이다. 이미 정부에서는 1983년부터 226개의 법률에서 536개 조항의 벌칙을 과태료로 전환하는 계획을 수립하고 해당법률의 개정시마다 이를 반영하여 전환하고 있다.

Ⅱ. 행정벌의 성질

1. 징계벌과의 구별

징계벌은 공법상의 특별신분관계 내에서 그 내부질서를 유지하기 위하여 특별권력에 근거하여 그 내부질서위반자에게 과하는 제재인 반면에, 행정벌은 일반권력관계에 있어서 일반통치권에 의하여 행정법상의 의무위반에 대하여 과하는 제재이다. 양자는 그 목적 · 대상 · 권력의 기초에 있어서 차이가 있기 때문에 일사부재리의 원칙이 적용되지 않고, 병과가 가능하다.

2. 이행강제금과의 구별

행정벌과 이행강제금은 행정의무의 실효성 확보를 위한 수단인 점에서는 공통점을 갖고 있으나, 그 구체적인 수단과 목적에 있어서는 차이가 있다. 즉 행정벌은 과거의 행정법상의 의무위반에 대하여 가하는 제재인 반면에, 이행강제금은 행정법상의 의무불이행이 있는 경우에 장래의 방향으로 이행을 강제하기 위한 강제집행의 수단이라는 점에서 서로 다르다.

3. 형사벌과의 구별

행정벌 중에는 형법상의 형(刑)(형법 41조)을 그 제재의 내용으로 하는 행정형벌과 형법상의 형이 아닌 과태료를 제재의 내용으로 하는 행정질서벌이 있다. 이에 따라 행정질서벌과 형사벌은 쉽게 구별이 가능하나, 행정형벌과 형사벌의 구별은 어려운 문제를 제기하고 있으며, 이에 대하여는 학설의 다툼이 있다.

1) 구별부정설

이는 형식적인 관점에서 형사범과 행정범의 구별을 부정하는 견해이다. 형사범이나 행정범은 형벌을 과할 수 있는 가벌행위로서 구성요건에 해당하는 위법 · 유책행위인 점에서 양자간에 질적인 차이가 없으며, 단지 형사범은 중대사범인 반면, 행정범은 경미사범이라는 양적인 차이가 있을 뿐이라고 한다. 이러한 부정설에 대하여 형사범과 행정범은 형식적 범죄징표에서가 아니라, 실질적 성질에 있어서 차이가 있다는 비판이 가하여지고 있다.

2) 구별인정설

형사범과 행정범은 실질적으로 성질상 차이가 있기 때문에 구별이 가능하다는 견해로, 이는 다시 피침해이익의 성질을 기준으로 하는 견해와 피침해규범의 성질을 기준으로 하는 견해로 나누어진다.

가. 피침해이익의 성질을 기준으로 하는 견해

이 견해에 따르면 형사범은 "법익침해행위로서 위법행위"인 데 반하여, 행정범은 공공복리를 목적으로 하는 행정에 대한 협조를 게을리하는 "반행정행위"라고 한다. 이에 따라 행정범에 대하여는 형사범과 다른 원칙이 적용되어야 하며, 그 제재수단과 과벌절차도 달라야 한다고 주장한다.[2] 그러나 이설에 대하여는 반행정행위도 행정법규위반이며, 공공복리 역시 국가 또는 국민의 이익으로서 법이 보호하는 법익에 해당한다는 비판이 제기되고 있다.

나. 피침해규범의 성질을 기준으로 하는 견해

이러한 견해에 따르면 형사범은 반도덕성 · 반사회성이 국가의 명령이나 금지를 기다릴 필요가 없이 명백한 자연범인 데 대하여, 행정범은 그 자체로서는 반윤리성, 반사회성은 없으나 실정법에 규정을 둠으로써 비로소 범죄의 성질을 갖게 되어 형벌의 제재를 받는 행위, 즉 법정범이라고 한다.[3] 이러한 차이는 양자의 규정형식에서도 나타나는바, 형사범에 있어서는 행위규범을 전제로 하지 않고 바로 재판규범을 정립하는 데 비하여, 행정범에 있어서는 먼저 행위규범을 명시한 다음 벌칙조항에서 그 재판규범을 규정하는 것이 일반적이다.

그러나 이러한 입장에 대하여도 행정범도 실질적으로는 윤리적 비난을 포함하고 있는 것으로 양자의 차이는 본질적인 것이 아니라 상대적 유동적인 것에 지나지 않는다는 반론이 제기되고 있다.

3) 결 어

상술한 바와 같이 형사범은 상해 · 방화 · 살인 등과 같이 사회의 기본적 생활질서에 위반하는 행위로서, 이를 금지하는 법규를 기다릴 것 없이 사회통념상 당연히 사회인으로서 그것을 행하는 것이 허용되지 않는 반사회적 · 반윤리적이라고 인식되는 행위인 데 대하여, 행정범은 국가가 행정목적의 달성을 위하여 제정법을 통하여 부과한 의무를 위반한 행위로서 법규정에 의하여 비로소 죄악성이 인식되는 행위로서의 성격이 강하다. 그러나 현실적으로 형사범과 행정범을 명확하게 구별한다는 것은 쉬운 일은 아니다. 사회통념이나 도덕관념도 시대에 따라 변함으로써 처음에는 행정범이었던 것이 나중에는 형사범으로 되어 형사벌의 처벌대상이 될 수 있다. 이에 따라 행정벌과 형사벌의 성질의 차이는 본질적이 아니라, 상대적 · 유동적이라고 할 것이다. 행정벌에도 형법적 제재가 사용되는 이상, 행정의 합목적성을 강조하여 형법의 기본원리를 배제할 수 없으며, 행정벌의 특수성에 비추어 예외적으로 일부원칙이 수정되는 데 그친다고 보아야 할 것이다.

Ⅲ. 행정벌의 근거

행정벌은 그것이 행정형벌이든 행정질서벌이든 처벌이라는 점에서 형벌과 다름이 없으며, 따라서 죄형법정주의가 적용되며,[4] 처벌법규의 소급효가 인정되지 않는다. 현재 약 1000여개에 달하는 개별 행정법률들이 마지막 부분인 "벌칙"의 장에서 행정형벌과 행정질서벌의 처벌규정을 두고 있다. 한편 2007년 12월 21일에 행정질서벌의 일반법인 질서위반행위규제법이 제정되었고 2008년 6월 22일부터 시행되고 있다. 질서위반행위규제법이 제정된 동기는 질서위반행위의 성립과 과태료처분에 관

2) Goldschmidt, Begriff und Aufgabe eines Verwaltungsstrafrechts, 1902, S. 17ff.
3) Röder, Schuld und Irrtum im Justiz-und Verwaltungsstraftrecht, 1938, S. 31.
4) 다만 행정질서벌에 죄형법정주의가 적용되는지 다툼이 되고 있다. 일설은 지방자치단체의 조례에 의하여 과태료를 부과할 수 있다는 입장에서 부정설을 취하고 있으나, 조례에 의한 과태료부과도 지방자치법의 위임에 의하여 허용되기 때문에(지자법 27조, 139조), 죄형법정주의가 적용된다고 할 것이다.

한 법률관계를 명확히 하고, 개별법령에서 통일되지 못하고 있던 과태료의 부과·징수절차를 일원화하여 국민의 권익보호를 강화함과 동시에, 의무이행확보수단으로서 과태료의 효과적인 기능을 도모하기 위한 것이다. 동법은 "과태료의 부과·징수, 재판 및 집행 등의 절차에 관한 다른 규정 중 이 법의 규정에 저촉되는 것은 이 법으로 정하는 바에 따른다"고 하고 있으므로(동법 5조), ① 각 개별법률에서 과태료에 관한 규정을 두고 있는 경우에도 동법규정의 내용이 우선 적용되며, ② 동법에서 정하지 않은 사항에 대해서만 각 개별법률의 규정이 적용된다고 할 것이다.

법률이 벌칙규정을 법규명령에 위임하는 것이 허용되는지가 죄형법정주의와 관련하여 문제가 되고 있는바 모법(母法)이 범죄구성요건의 구체적인 기준과 처벌의 상·하한을 정하여 위임하는 것은 허용된다고 보는 것이 통설이다. 지방자치단체는 조례로써 조례위반행위에 대하여, 1000만원 이하의 과태료의 벌칙을 정할 수 있으며(지자법 34조), 또한 사기 기타 부정한 방법으로 사용료·수수료 또는 분담금의 징수를 면한 자에 대하여는 그 징수를 면한 액의 5배 이내의 과태료에, 공공시설을 부정사용한 자에 대하여는 50만원 이하의 과태료의 벌칙을 정할 수 있다(지자법 156조).

Ⅳ. 행정벌의 종류

행정벌은 행정분야에 따라 경찰벌·재정벌·군정벌·공기업벌로 나눌 수 있으며, 처벌내용에 따라 행정형벌과 행정질서벌로 구분된다.

1. 행정형벌(行政刑罰)

형법에 정하여져 있는 형(사형·징역·금고·자격상실·자격정지·벌금·구류·과료 및 몰수)을 과하는 행정벌을 행정형벌이라고 한다. 행정형벌은 행정법상의 의무위반에 의하여 직접 행정목적과 사회공익이 침해되는 경우에 과하여지며, 대부분의 행정벌이 행정형벌에 속한다. 원칙적으로 형법총칙이 적용되고 과벌절차는 형사소송절차에 의하나, 예외적으로 즉결심판절차 또는 통고처분절차에 의하는 경우도 있다.

2. 행정질서벌(行政秩序罰)

형법상의 형이 아닌 과태료가 과하여지는 행정벌을 행정질서벌이라고 한다. 행정질서벌은 국가의 법령에 의한 것과 지방자치단체의 조례에 의한 것이 있다. 행정질서벌에는 형법총칙이 적용되지 않으며, 과벌절차는 질서위반행위규제법에 따라 행정청에 의한 부과절차와 법원의 비송사건절차에 의한 재판으로 구분된다.

행정질서벌은 신고·등록·서류비치 등의 의무를 태만히 하는 것과 같이 간접적으로 행정목적의 달성에 장애를 줄 위험성이 있는 행위에 대하여 과하여지는 것이 보통이다. 그러나 근래 행정형벌로 규정된 것이 대폭 행정질서벌로 전환되는 경향이 나타나고 있는바, 이는 행정형벌의 과벌절차가 복잡할 뿐만 아니라, 전과자가 양산되는 등 국민의 법감정이 좋지 않다는 점에 근거하고 있다.

3. 행정형벌과 행정질서벌의 병과가능성

행정형벌과 행정질서벌은 과벌절차는 다르지만 다같은 행정벌이므로 동일한 행정범(行政犯)에 대하여 일사부재리의 원칙 내지 이중처벌금지의 원칙에 따라 양자를 병과할 수 없다는 것이 학설의 지배적인 견해이다. 판례는 행정형벌과 행정질서벌의 실질적인 차이가 있다는 것을 전제로 하여 반대입장을 취하고 있으나 오늘날 행정형벌과 행정질서벌이 상대화되고 있다는 점을 고려할 때, 타당성이 없는 견해라고 할 것이다.

판례 1(과태료부과후 형사처벌을 하는 경우 일사부재리 원칙에 위배되는지 여부) 일사부재리의 효력은 확정재판이 있을 때에 발생하는 것이고 과태료는 행정법상의 질서벌에 불과하므로 과태료처분을 받고 이를 납부한 일이 있더라도 그후에 형사처벌을 한다고 해서 일사부재리의 원칙에 어긋난다고 할 수 없다(대판 1989. 6. 13, 88도1983).

판례 2(건축법상 행정형벌과 과태료부과가 이중처벌금지의 원칙에 위배되는지 여부) 헌법 제13조 제1항이 정한 "이중처벌금지의 원칙"은 동일한 범죄행위에 대하여 국가가 형벌권을 거듭 행사할 수 없도록 함으로써 국민의 기본권 특히 신체의 자유를 보장하기 위한 것이므로, 그 "처벌"은 원칙으로 범죄에 대한 국가의 형벌권 실행으로서의 과벌을 의미하는 것이고, 국가가 행하는 일체의 제재나 불이익처분을 모두 그에 포함된다고 할 수는 없다. 구 건축법 제54조 제1항에 의한 형사처벌의 대상이 되는 범죄의 구성요건은 당국의 허가 없이 건축행위 또는 건축물의 용도변경행위를 한 것이고, 동법 제56조의2 제1항에 의한 과태료는 건축법령에 위반되는 위법건축물에 대한 시정명령을 받고도 건축주 등이 이를 시정하지 아니할 때 과하는 것이므로, 양자는 처벌 내지 제재대상이 되는 기본적 사실관계로서의 행위를 달리하는 것이다. 그리고, 전자가 무허가건축행위를 한 건축주 등의 행위 자체를 위법한 것으로 보아 처벌하는 것인 데 대하여, 후자는 위법건축물의 방치를 막고자 행정청이 시정조치를 명하였음에도 건축주 등이 이를 이행하지 아니한 경우에 행정명령의 실효성을 확보하기 위하여 제재를 과하는 것이므로 양자는 그 보호법익과 목적에서도 차이가 있고, 또한 무허가건축행위에 대한 형사처벌시에 위법건축물에 대한 시정명령의 위반행위까지 평가된다고 할 수 없으므로 시정명령위반행위가 무허가건축행위의 불가벌적 사후행위라고 할 수도 없다. 이러한 점에 비추어 구 건축법 제54조 제1항에 의한 무허가건축행위에 대한 형사처벌과 동법 제56조2 제1항에 의한 과태료의 부과는 헌법 제13조 제1항이 금지하는 이중처벌에 해당한다고 할 수 없다(헌재결 1994. 6. 30, 92헌바38).

V. 행정형벌의 특수성

1. 행정형벌과 형법총칙

행정벌 중 형법상의 형을 처벌내용으로 하는 행정형벌에 대하여는 형법총칙이 원칙적으로 적용된다는 데 대하여는 학설에서 일치를 보고 있다. 그러나 앞에서 설명한 바와 같이 비록 상대적일지라도 행정범은 형사범과 성질상 차이가 있기 때문에 형법총칙의 적용에 있어서 그 특수성을 인정하지 않을 수 없다. 형법 제8조는 "본법총칙은 타법령에 정한 죄에 적용한다. 단, 그 법령에 특별한 규정이 있는 때에는 예외로 한다"고 규정하고 있다. 이는 행정범에 대하여도 원칙적으로 형법총칙이 적용됨을 정함과 동시에 행정범의 특수성에 비추어 그 행정법령에 "특별한 규정"이 있으면 그 범위 안에서 형법총칙의 적용이 배제됨을 명시하고 있는 것이다. 여기에서 "특별한 규정"의 의미가 문제가 되는바 이에 대하여는 견해가 갈리고 있다.

1) 명문규정만으로 보는 견해

이는 죄형법정주의를 엄격하게 해석하여 특별한 규정을 명문의 성문법규만을 의미한다는 견해이다. 이에 따라 다른 법령에 특별규정이 없는 경우에는 행정형벌의 특수성을 전혀 고려하지 않는다는 입장이다.

2) 특별규정은 명문규정의 해석을 의미한다는 견해

명문의 성문법규는 물론 당해 규정 자체의 해석에 의하여 인정되는 특수성을 의미하는 견해이다. 여기에서의 해석은 일반적으로 문리적 해석 · 목적적 해석뿐만 아니라 유추해석까지 허용하고 있는바, 유추해석의 경우에는 형벌의 축소 · 경감을 위하여서만 허용된다고 보아야 할 것이다. 오늘날 통설과 판례의 입장이기도 하다.

3) 특별규정은 조리까지 포함한다는 견해

행정범의 특수성을 강조하여 명문규정 및 해석에 의하여 인정되는 특수성은 물론, 법령의 취지와 목적 및 그 행위의 성질을 고려하여 조리상으로 형법총칙이 배제되는 것으로 인정되는 경우가 있다는 견해이다. 그러나 이 견해는 죄형법정주의의 관점에서 비판을 받고 있다.

2. 행정형벌의 특수성

다음에서는 행정형벌에 관하여 명문상 또는 해석상 형법총칙이 배제되는 구체적인 사례를 살펴보기로 한다.

1) 범의(犯意)

형사범의 성립에는 원칙적으로 범의가 있음을 요건으로 하고(형법 13조), 과실있는 행위는 법률에 특별한 규정이 있는 경우에 한하여 처벌한다(형법 14조). 이는 형법원리인 책임주의의 당연한 결론으로서 고의를 책임요소로서 요구하고 있는 것이며, 행정형벌에서도 이 원칙은 그대로 적용된다. 행정범인 경우에도 범죄성립을 위하여 고의가 있어야 하며, 과실인 경우에는 명문규정이 있거나 과실범도 벌한다는 취지가 명백한 경우에만 범죄가 성립한다. 행정법규에는 과실에 의한 의무위반을 처벌하는 취지의 명문규정이 적지 않다(예: 도로교통법 151조, 부정수표단속법 2조 3항).

판례(행정형벌에 있어서 과실범의 처벌가능성) 구 대기환경보전법의 입법목적이나 제반 관계규정의 취지 등을 고려하면, 법정의 배출허용기준을 초과하는 배출가스를 배출하면서 자동차를 운행하는 행위를 처벌하는 위 법 제57조 제6호의 규정은 자동차의 운행자가 그 자동차에서 배출되는 배출가스가 소정의 운행 자동차 배출허용기준을 초과한다는 점을 실제로 인식하면서 운행한 고의범의 경우는 물론 과실로 인하여 그러한 내용을 인식하지 못한 과실범의 경우도 함께 처벌하는 규정이다(대판 1993. 9. 10, 92도1136).

2) 위법성의 인식

형법 제16조는 "자기의 행위가 법령에 의하여 죄가 되지 아니하는 것으로 오인한 행위는 그 오인에 정당한 이유가 있는 때에 한하여 벌하지 아니한다"라고 하여 금지착오에 대하여 규정하고 있다. 오늘날 형법학의 다수설의 견해인 책임설에 따르면 위법성인식은 범죄체계론에 있어 책임의 영역에 속하며, 금지착오가 회피불가능한 경우에는 행위자의 책임을 탈락시키며, 회피가능한 경우에는 책임을 경감시키고 있다. 이러한 금지착오에 대한 규정은 원칙적으로 행정형벌에도 적용된다고 할 것이다. 그러나 행정범은 행정목적을 달성하기 위하여 제정된 법규를 위반함으로써 비로소 성립하는 법정범이므로, 행위자가 구체적인 행정법규의 인식이 없는 결과 위법성을 인식하지 못하는 경우가 빈번히 발생할 수 있다. 이에 따라 형법 제16조는 행정범에 대하여 항상 타당하다고 볼 수 없으며,

명문으로 이의 적용을 배제시키는 개별법률들도 있다(예: 담배사업법 31조).

판례(행정형벌에 있어서 형법 제16조의 적용가능성) 국민학교 교장이 도교육위원회의 교과식물활용 지시에 따라 교과내용으로 되어 있는 꽃양귀비를 교과식물로 비치하기 위하여 그 종자를 사서 교무실 앞 화단에 심은 행위는 죄가 되지 아니한 것으로 믿었다 할 것이며, 이와 같은 인식에는 정당한 이유가 있다고 할 것이며, 이러한 경우에는 누구에게도 위법의 인식을 기대할 수 없다 할 것이므로 이는 형법 제16조 규정에 해당된다고 볼 것이다(대판 1972. 3. 31, 72도64).

3) 책임능력

형사범에 있어서는 심신장애자 및 농아자의 행위는 벌하지 아니하거나 그 벌을 감경하며(형법 10조, 11조), 14세 미만인 자의 행위는 벌하지 않는다(형법 9조). 그러나 행정범에 대하여는, 이들 규정의 적용을 배제 또는 제한하는 규정을 둔 경우가 있다(예: 담배사업법 31조).

4) 법인의 책임

형법학에 있어서 법인의 범죄능력을 부인하는 것이 종래의 다수설의 견해이다. 그 주된 논거로써 형사책임은 행위자의 도의적 죄악성에 대한 문책인데, 법인은 그 자체로서 윤리적 자기결정을 할 인격성이 결여되고 있다는 이유에서이다. 그러나 행정범에 있어서는 법인의 대표자 또는 대리인 · 사용인 기타의 종업원이 법인의 업무에 관하여 의무를 위반한 경우에는 행위자뿐만 아니라 법인에 대하여도 처벌하는 경우가 많다(예: 건축사법 40조, 소방기본법 55조, 문화재보호법 102조). 물론 이 경우에 처벌수단은 법인의 성질상 벌금 · 과료 · 몰수 등의 금전벌이다.

종래 법인이 처벌되는 경우에 그 대표자의 행위에 대한 책임은 자기책임이나 법인의 대리인 · 사용인 기타 종업원의 행위에 대한 책임은 이들에 대한 선임 · 감독의무를 태만히 한 데 대한 과실책임이라는 견해가 지배적이었다. 법무부는 기업활동의 불편을 해소하기 위하여 향후 392개 법률에 규정되어 있는 법인의 처벌규정에 "다만, 법인이 그 종업원 등의 위반행위를 방지하기 위해 상당한 주의와 감독을 게을리하지 아니한 때에는 그러하지 아니하다"는 취지의 단서조항(면책조항)을 신설하여 과실책임주의를 명문화하여 법인의 처벌에도 책임주의를 관철시키기로 하였다. 이와 같은 법인의 책임은 죄형법정주의에 따라 명문의 규정이 있는 경우에만 인정됨은 물론이다.

판례 1(명문의 규정이 없는 경우에 법인의 처벌가능성) 변호인의 상고이유를 보기 전에 직권으로 원심이 유지하고 있는 제1심판결의 적용법조를 본다. 첫째로 이 판결은 피고인 한국제강주식회사에 대하여도 수출진흥법 제10조 제1항 제4호를 적용하고 있다. 그러나 법인도 처벌한다는 특별규정이 없는 수출진흥법 하에서는 법인에게 위 법을 적용하지 못한다(대판 1968. 2. 20, 67도1683).

판례 2(지방자치단체가 양벌규정에 따라 처벌대상이 되는 법인인지 여부) 헌법 제117조, 지방자치법 제3조 제1항, 제9조, 제93조, 도로법 제54조, 제83조, 제86조의 각 규정을 종합하여 보면, 국가가 본래 그의 사무의 일부를 지방자치단체의 장에게 위임하여 그 사무를 처리하게 하는 기관위임사무의 경우에는 지방자치단체는 국가기관의 일부로 볼 수 있는 것이지만, 지방자치단체가 그 고유의 자치사무를 처리하는 경우에는 지방자치단체는 국가기관의 일부가 아니라 국가기관과는 별도의 독립한 공법인이므로, 지방자치단체 소속 공무원이 지방자치단체 고유의 자치사무를 수행하던 중 도로법 제81조 내지 제85조의 규정에 의한 위반행위를 한 경우에는 지방자치단체는 도로법 제86조의 양벌규정에 따라 처벌대상이 되는 법인에 해당한다(대판 2005. 11. 10, 2004도2657).

5) 타인의 행위에 대한 책임

형사범에 있어서는 행위자 이외의 자를 벌하는 경우는 없으나, 행정범에 있어서는 행위자 이외의 자를 처벌하는 규정을 두는 경우가 있다. 예를 들어 종업원의 위반행위에 대하여 사업주를 처벌하거나 미성년자나 금치산자의 위반행위에 대하여 그 법정대리인을 처벌하는 것 등은 그 예에 속한다(예: 조세범처벌법 18조, 관세법 279조, 근로기준법 115조). 여기서 사업주나 법정대리인이 지는 책임의 성질에 대하여, 타인에 갈음하여 책임을 지는 대위책임 내지 무과실책임이라는 견해도 있었으나, 자신의 주의·감독의무를 태만히 한 과실책임이라는 것이 일반적 견해이다. 한편 헌법재판소는 「보건범죄단속에 관한 특별조치법」상의 양벌규정에 대하여 고의·과실 유무에 상관없이 양벌규정을 적용하는 것은 책임주의 원칙에 어긋난다고 위헌결정을 내렸다. 사업주나 법정대리인 등 타인의 행위에 대하여 책임을 지는 경우도 죄형법정주의에 따라 명문의 규정이 있는 경우에만 허용됨은 물론이다.

판례 1(양벌규정에 의한 영업주의 처벌은 선임·감독상의 과실책임이라는 견해) 양벌규정에 의한 영업주의 처벌은 금지위반행위자인 종업원의 처벌에 종속하는 것이 아니라 독립하여 그 자신의 종업원에 대한 선임·감독상의 과실로 인하여 처벌되는 것이므로 영업주의 위 과실책임을 묻는 경우 금지위반행위자인 종업원에게 구성요건상의 자격이 없다고 하더라도 영업주의 범죄성립에는 아무런 지장이 없다(대판 1987. 11. 10, 87도1213).

판례 2(영업주의 책임 유무를 묻지 않고 형벌을 부과하는 양벌규정이 형사법상의 책임주의에 반하는지 여부) 이 사건 법률조항이 종업원의 업무 관련 무면허의료행위가 있으면 이에 대해 영업주가 비난받을 만한 행위가 있었는지 여부와는 관계없이 자동적으로 영업주도 처벌하도록 규정하고 있고, 그 문언상 명백한 의미와 달리 "종업원의 범죄행위에 대해 영업주의 선임·감독상의 과실(기타 영업주의 귀책사유)이 인정되는 경우"라는 요건을 추가하여 해석하는 것은 문리해석의 범위를 넘어서는 것으로서 허용될 수 없으므로, 결국 위 법률조항은 다른 사람의 범죄에 대해 그 책임 유무를 묻지 않고 형벌을 부과함으로써, 법정형에 나아가 판단할 것 없이, 형사법의 기본원리인 '책임없는 자에게 형벌을 부과할 수 없다'는 책임주의에 반한다(헌재결 2007. 11. 29, 2005헌가10).

6) 공 범

형법총칙의 공동정범(형법 30조), 교사범(형법 31조), 종범(형법 32조), 간접정범(형법 34조)에 관한 규정이 행정범에 적용될 것인지 문제가 된다.

가. 명문규정이 있는 경우

행정범에 있어서는 행정법상의 의무의 다양성 때문에 행정법규 중에는 공동정범·교사범·종범의 규정의 적용을 배제한 경우(예: 선박법 39조), 종범감경규정의 적용을 배제한 경우(예: 담배사업법 31조) 등이 있다.

나. 명문규정이 없는 경우

행정법규에 공범(共犯)에 관한 특별규정이 없는 경우에 형법상의 공범규정이 그대로 적용되는지 문제가 되고 있다. 여기서 행정법상의 의무가 일반인에 대한 경우와 특정인에게 제한된 경우로 나누어 고찰할 수 있다. 행정법상의 의무가 일반인을 대상으로 한 경우에는 형법상의 공범에 관한 규정이 행정범에도 적용된다는 데 대하여는 학설의 일치를 보고 있다. 그러나 행정법상의 의무가 특정인을 대상으로 하는 경우에 있어서는 견해가 갈리고 있는바, ① 적극설은 의무 없는 자라도 교사·방조하는 행위는 사회적 비난을 받아 마땅하며, 그러한 처벌을 하는 것은 단속목적을 위하여도 합리적이라고 주장하는 반면,[5] ② 소극설은 당해 행위를 행하여도 처벌되지 아니하는 데도 불구하고, 그 행위의 교사·방조를 처벌하는 것은 형평에 맞지 않을 뿐 아니라 죄형법정주의에 위반된다는 견해를 취하고 있다.[6] 후설이 다수설이다.

7) 누범·경합범·작량경감

이들에 대하여도 행정범에 대하여는 법령에서 그 적용을 배제하는 특별규정을 두는 경우가 적지 않다(예: 담배사업법 31조, 조세범처벌법 20조, 관세법 278조). 그러한 특별규정이 없는 경우에 해석상 행정범의 특수성을 고려할 수 있는지 여부에 대하여 역시 견해가 나뉘어지고 있다.

3. 행정형벌의 과벌절차

행정형벌도 형사소송법이 정하는 절차에 따라 법원이 과벌하는 것이 원칙이나 다음과 같은 예외가 인정되고 있다.

1) 통고처분

현행법상 조세범(조세범처벌법)·관세범(관세법)·출입국사범(출입국관리법)·교통사범(도로교통법) 등에 대하여는 형사소송절차에 대신하여 행정청이 벌금 또는 과료에 상당하는 금액의 납부를 명할 수 있는데, 이를 통고처분이라고 한다. 통고처분은 상대방의 임의의 승복을 그 발효요건으로 하기 때문에 그 자체만으로는 통고이행을 강제하거나 상대방에게 아무런 권리·의무를 형성하지 않으므로 행정쟁송의 대상으로서의 처분성을 갖지 않는다.

범칙자가 법정기간 내에 통고된 내용에 따라 이행한 경우에는 일사부재리의 원칙의 적용을 받아 다시 소추를 받지 않으며, 처벌절차는 종료된다. 반면에 범칙자가 법정기간 내에 통고된 내용을 이행하지 않는 경우에는 통고처분은 효력을 상실하고 관계 기관장의 고발에 의하여 형사소송절차로 이행하게 된다.

판례 1(통고처분이 재판을 받을 권리를 침해하는지 여부) 통고처분은 상대방의 임의의 승복을 그 발효요건으로 하기 때문에 그 자체만으로는 통고이행을 강제하거나 상대방에게 아무런 권리의무를 형성하지 않으므로 행정심판이나 행정소송의 대상으로서의 처분성을 부여할 수 없고, 통고처분에 대하여 이의가 있으면 통고내용을 이행하지 않음으로써 고발되어 형사재판절차에서 통고처분의 위법·부당함을 얼마든지 다툴 수 있기 때문에 관세법 제38조 제3항 제2호가 법관에 의한 재판받을 권리를 침해한다든가 적법절차의 원칙에 저촉된다고 볼 수 없다(헌재결 1998. 5. 28, 96헌바4).

판례 2(경찰서장의 통고처분이 행정처분에 해당하는지 여부) 도로교통법 제118조에서 규정하는 경찰서장의 통고처분은 행정소송의 대상이 되는 행정처분이 아니므로 그 처분의 취소를 구하는 소송은 부적법하고, 도로교통법상의 통고처분을 받은 자가 그 처분에 대하여 이의가 있는 경우에는 통고처분에 따른 범

5) 徐元宇, 現代行政法論(上), 616면.
6) 朴鈗炘, 最新行政法講義(上), 656면; 金東熙/崔桂暎, 行政法 I, 518면.

칙금의 납부를 이행하지 아니함으로써 경찰서장의 즉결심판청구에 의하여 법원의 심판을 받을 수 있게 될 뿐이다(대판 1995. 6. 29, 95누4674; 1976. 1. 27, 75누40).

판례 3(조세범 처벌절차법상 세무서장의 고발 이후 동일 사건에 대해 이루어진 통고처분의 효력)

조세범 처벌절차법 제15조 제1항에 따른 지방국세청장 또는 세무서장의 조세범칙사건에 대한 통고처분은 법원에 의하여 자유형 또는 재산형에 처하는 형사절차에 갈음하여 과세관청이 조세범칙자에 대하여 금전적 제재를 통고하고 이를 이행한 조세범칙자에 대하여는 고발하지 아니하고 조세범칙사건을 신속 · 간이하게 처리하는 절차로서, 형사절차의 사전절차로서의 성격을 가진다. 그리고 조세범 처벌절차법에 따른 조세범칙사건에 대한 지방국세청장 또는 세무서장의 고발은 수사 및 공소제기의 권한을 가진 수사기관에 대하여 조세범칙사실을 신고함으로써 형사사건으로 처리할 것을 요구하는 의사표시로서, 조세범칙사건에 대하여 고발한 경우에는 지방국세청장 또는 세무서장에 의한 조세범칙사건의 조사 및 처분 절차는 원칙적으로 모두 종료된다. 위와 같은 통고처분과 고발의 법적 성질 및 효과 등을 조세범칙사건의 처리 절차에 관한 조세범 처벌절차법 관련 규정들의 내용과 취지에 비추어 보면, 지방국세청장 또는 세무서장이 조세범 처벌절차법 제17조 제1항에 따라 통고처분을 거치지 아니하고 즉시 고발하였다면 이로써 조세범칙사건에 대한 조사 및 처분 절차는 종료되고 형사사건 절차로 이행되어 지방국세청장 또는 세무서장으로서는 동일한 조세범칙행위에 대하여 더 이상 통고처분을 할 권한이 없다고 보아야 한다. 따라서 지방국세청장 또는 세무서장이 조세범칙행위에 대하여 고발을 한 후에 동일한 조세범칙행위에 대하여 통고처분을 하였다 하더라도, 이는 법적 권한 소멸 후에 이루어진 것으로서 특별한 사정이 없는 한 그 효력이 없고, 설령 조세범칙행위자가 이러한 통고처분을 이행하였다 하더라도 조세범 처벌절차법 제15조 제3항에서 정한 일사부재리의 원칙이 적용될 수 없다(대판 2016. 9. 28, 2014도10748).

2) 즉결심판절차

20만원 이하의 벌금 · 과료 또는 구류에 해당하는 행정형벌은 즉결심판절차법이 정하는 바에 따라 과벌되는바, 그 형은 경찰서장에 의하여 집행된다. 즉결심판에 대하여 불복이 있는 자는 7일 이내에 정식재판을 청구할 수 있다(법원조직법 34조 · 35조). 이러한 즉결심판절차는 일반형사범에 대하여도 적용되는 절차에 해당하기 때문에 행정형벌에 적용되는 특별한 과벌절차는 아니다.

Ⅵ. 행정질서벌의 특수성

1. 행정질서벌의 총칙

과태료를 처벌내용으로 하는 행정질서벌에 대하여는 형법총칙이 적용되지 않는다. 한편 질서위반행위규제법은 형법총칙에 상응하여 행정질서벌에 대한 총칙을 마련하고 있다.

1) 의무위반자의 고의 · 과실

행정질서벌의 대상이 되는 행위는 단순한 업무해태행위로서 반윤리성이 희박하기 때문에 객관적 법규위반이 있으면 과벌할 수 있으며, 원칙적으로 행위자의 고의 · 과실은 문제되지 않는다는 것이 종래의 통설과 판례의 입장이었다. 그러나 동법은 질서위반행위의 성립요건으로서 고의와 과실을 요구하고 있다(동법 7조). 이는 행정형벌이 행정질서벌로 전환되는 경향에 맞추어 행위자의 권익보호를 강화하기 위한 것으로 풀이할 수 있다.

판례 과태료와 같은 행정질서벌은 행정질서유지를 위하여 행정법규위반이라는 객관적 사실에 대하여 과하는 제재이므로 반드시 현실적인 행위자가 아니라도 법령상 책임자로 규정된 자에게 부과되고 또한 특별한 규정이 없는 한 원칙적으로 위반자의 고의 · 과실을 요하지 아니한다(대판 1984. 8. 26, 94누6949).

2) 위법성의 인식

자신의 행위가 위법하지 아니한 것으로 오인하고 행한 질서위반행위는 그 오인에 정당한 이유가 있는 경우에 한하여 과태료를 부과하지 아니한다(동법 8조).

3) 책임능력

다른 법률에 특별한 규정이 있는 경우를 제외하고는 14세 미만의 자의 질서위반행위는 과태료를 부과하지 않는다(동법 9조). 또한 심신장애자 및 심신미약자의 행위는 과태료를 부과하지 않거나 그 액수를 감경한다(동법 10조 1항 · 2항). 그러나 스스로 심신장애를 일으켜 질서위반행위를 한 자는 그러하지 아니하다(동법 10조 3항).

4) 법인의 책임

법인의 대표자, 법인 또는 개인의 대리인 · 사용인 및 그 밖의 종업원이 업무에 관하여 법인 또는 그 개인에게 부과한 법률상의 의무를 위반한 때에는 법인 또는 그 개인에게 과태료를 부과한다(동법 11조).

5) 다수인의 질서위반행위 가담

2인 이상이 질서위반행위에 가담한 때에는 각자가 질서위반행위를 한 것으로 본다(동법 12조 1항). 신분에 의하여 성립하는 질서위반행위에 신분이 없는 자가 가담한 때에는 신분이 없는 자에 대하여도 질서위반행위가 성립한다(법 12조 2항). 한편 신분에 의하여 과태료를 감경 또는 가중하거나 과태료를 부과하지 아니하는 때에는 그 신분의 효과는 신분이 없는 자에게는 미치지 아니한다.

6) 질서위반행위의 경합

하나의 행위가 2 이상의 질서위반행위에 해당하는 경우에는 각 질서위반행위에 대하여 정한 과태료 중 가장 중한 과태료를 부과한다(동법 13조 1항). 전항의 경우를 제외하고, 법령에 특별한 규정이 없는 한 2 이상의 질서위반행위가 경합하는 경우에는 각 질서위반행위에 대하여 정한 과태료를 각각 부과한다(동법 13조 2항).

7) 과태료의 산정

행정청 및 법원은 과태료를 정함에 있어서 ① 질서위반행위의 동기 · 목적 · 방법 · 결과, ② 질서위반행위 이후의 당사자의 태도와 정황, ③ 질서위반행위자의 연령 · 재산상태 · 환경, ④ 그 밖에 과태료의 산정에 필요하다고 인정되는 사유를 고려하여야 한다(동법 14조).

8) 과태료의 소멸시효

질서위반행위규제법은 "행정청의 과태료 부과처분이나 법원의 과태료 재판이 확정된 후 5년간 징수하지 아니하거나 집행하지 아니하면 시효로 인하여 소멸한다"고 규정하고 있다(동법 15조 1항).

2. 행정질서벌의 과벌절차

질서위반행위규제법이 시행되기 전에 과태료의 과벌절차로는 개별법에 따라 ① 행정청이 위반사실을 적발하여 통보함으로써 관할 지방법원이 비송사건절차법에 따라 결정으로 부과하는 방법과, ② 1차적으로 행정청이 직접 부과 · 징수하되, 그 부과처분을 받은 자가 이의신청을 하는 경우에는 관할 지방법원에 그 사실을 통보함으로써 비송사건절차법에 의한 과태료부과를 하는 방법이 있었다. 후자의 방법을 채택하고 있는 입법례가 점차 일반화되고 있는 추세였는바, 이는 국민의 편의를 도모함과 아울러 과태료제도의 실효성을 높이기 위한 것이었다. ① 경미한 위반행위에 대한 과태료부과를 처음부터 법원의 결정으로 하는 것은 법원의 업무에 과중한 부담을 줄 뿐 아니라, 국민에게도 번거로우며, ② 또한 법원이 직접 과태료를 결정 · 부과하는 경우, 당해 주무행정기관이 위반사항을 발견하고 법원에 통고하여야 하는바, 조사 및 통고절차가 불비하여 위반행위가 있어도 이를 통고하지 않고 방치하는 경우가 허다하여 과태료제도의 실효성이 크지 않았기 때문이다. 질서위반행위규제법은 후자의 방식을 채택하여 과태료 부과절차를 통일적으로 규율함과 더불어 사전통지 및 의견제출절차를 도입하여 이를 절차적으로 보완하고 있다.

가. 사전통지 및 의견제출

행정청이 질서위반행위에 대하여 과태료를 부과하고자 하는 경우에는 미리 당사자에게 이를 통지하고, 10일 이상의 기간을 정하여 의견을 제출할 기회를 주어야 한다. 이 경우 지정된 기일까지 의견제출이 없는 경우에는 의견이 없는 것으로 본다(동법 16조 1항). 당사자는 의견제출 기한 이내에 행정청에 의견을 진술하거나 필요한 자료를 제출할 수 있다(동법 16조 2항). 행정청은 당사자가 제출한 의견에 상당한 이유가 있는 경우에는 과태료를 부과하지 않거나 통지한 내용을 변경할 수 있다.

나. 과태료의 부과

행정청은 의견제출절차를 마친 후에 서면(당사자가 동의하는 경우에는 전자문서를 포함한다)으로 과태료를 부과하여야 하는 바, 여기에는 질서위반행위, 과태료 금액, 그 밖에 대통령령으로 정하는 사항을 명시하여야 한다(동법 17조).

다. 과태료부과의 제척기간

행정청은 질서위반행위가 종료된 날로부터 5년이 경과한 경우에는 해당 질서위반행위에 대하여 과태료를 부과할 수 없다(동법 19조 1항). 다만 법원의 재판에 의하여 과태료 결정이 있는 경우에는 그 결정이 확정된 날부터 1년이 경과하기 전까지는 과태료를 정정부과하는 등 해당 결정에 따라 필요한 처분을 할 수 있다(동법 19조 2항).

라. 이의제기 등

행정청의 과태료부과에 불복하는 당사자는 과태료 부과통지를 받은 날부터 60일 이내에 해당 행정청에 서면으로 이의제기를 할 수 있다. 이 경우 과태료 부과처분은 그 효력을 상실한다(동법 20조). 이의제기를 받은 행정청은 14일 이내에 이에 대한 의견 및 증빙서류를 첨부하여 관할 법원에 통보하여야 한다(동법 21조). 만일 당사자가 소정의 기한 이내에 이의를 제기하지 아니하고 또한 과태료 및 가산금을 납부하지 않은 경우에는 국세 또는 지방세 체납처분의 예에 따라 강제징수한다(동법 24조 3항).

마. 법원의 재판 및 집행

행정청의 통보가 있는 경우에 관할 법원(당사자의 주소지의 지방법원 또는 그 지원)은 비송사건절차법에 따라 과태료 재판을 하며 과태료 재판은 이유를 붙인 결정으로 한다(동법 28조·36조). 당사자는 과태료 결정에 대하여 즉시항고를 할 수 있으며, 이 경우 항고는 집행정지의 효력이 있다(동법 38조). 과태료 재판은 검사의 명령으로 집행하며, 이 경우 그 명령은 집행력 있는 집행권원과 동일한 효력이 있다(동법 42조 1항). 과태료 재판의 집행절차는 민사집행법에 따르거나 국세 또는 지방세 체납처분의 예에 따라 집행한다(동법 42조 2항).

새로운 의무이행확보수단

Ⅰ. 개 설

오늘날 행정현상이 다양해지고 복잡해짐에 따라 행정상의 강제집행수단이나 행정벌과 같은 전통적인 행정법상의 의무이행확보수단이 부적절하거나 미흡한 경우가 빈번히 발생된다. 따라서 전통적인 의무이행수단을 보완하기 위하여 과징금, 가산금 · 가산세, 공표, 인허가의 철회 · 정지, 공급거부 등과 같은 이른바 새로운 의무이행확보수단이 등장하게 되었다. 학설에서는 이들을 제재적 행정수단으로 보거나[1] 또는 의무이행확보수단으로 보는 견해가 있으나,[2] 양자의 성격을 함께 갖고 있다고 보아야 할 것이다. 이들 역시 행정벌과 같이 의무위반자에게 제재를 가하여 간접적으로 의무이행을 확보하는 기능을 수행한다.

Ⅱ. 금전상의 제재

금전상의 제재란 행정법상의 의무위반자에 금전납부를 명함으로써 간접적으로 의무이행을 확보하는 것을 말한다. 이러한 금전상의 제재수단으로는 과징금 · 가산세 · 가산금 · 부당이득세 등이 있다.

1. 과 징 금

1) 의 의

과징금제도는 원래 행정법상의 의무를 위반한 자에게 경제적 이익이 발생한 경우에 그 이익을 박탈하여 간접적으로 의무이행을 확보하기 위한 수단으로 도입되었다(예: 독점규제 및 공정거래에 관한 법률 6조). 그러나 이러한 과징금제도는 많은 법률에서 채택됨에 따라 그 성격상에 변화가 발생되었다. 원래의 과징금은 불법적인 경제적 이익을 박탈하기 위한 목적을 가졌으나, 변형된 형태의 과징금은 주로 다수국민이 이용하는 사업이나 국가 · 사회에 중대한 영향을 미치는 사업을 행하는 자가 행정법상의 의무를 위반하는 경우에 그 인허가의 정지에 갈음하여 부과하는 행정제재금의 성격을 갖고 있다(예: 여객자동차운수사업법 88조, 해운법 20조, 석유 및 석유연료대체사업법 14조, 도시가스사업법 10조, 의료법 67조, 약사법 81조, 대기환경보전법 56조, 수질보전법 43조). 예를 들어 여객자동차운수사업법 제88조 제1항은 국토교통부장관 또는 시 · 도지사는 여객자동차운수사업자가 동법상의 의무를 위반하여 사업정지처분을 할

1) 李尙圭, 新行政法論(上), 521면.

2) 朴鈗炘/鄭亨根, 最新行政法講義(上), 565면.

사유가 발생한 경우에 그 사업정지처분이 당해 여객자동차운수사업의 이용자에게 심한 불편을 주거나 기타 공익을 해할 우려가 있는 때에는 그 사업정지처분에 갈음하여 5천만원 이하의 과징금을 부과 · 징수할 수 있도록 규정하고 있다.

이러한 변형된 형태의 과징금제도가 점차 확대되어 가고 있는 이유는 ① 의무위반에 대하여 사업의 인허가를 철회하거나 정지하는 경우에 일반국민의 현저한 생활상 불편을 주게 되며, ② 벌금 등의 형사처벌을 할 경우에는 사업자는 전과자가 될 뿐 아니라 경미한 의무위반에는 벌금 등의 행정벌이 적합하지 않기 때문이다. 따라서 인허가의 철회나 정지와 같은 제재적 처분대신 사업을 계속시키되 일정기간 당해 사업으로부터 발생되는 이익을 박탈함으로써 의무이행을 확보시키는 데 이러한 과징금제도의 의의가 있다고 할 것이다.

2) 성 질

과징금은 단순한 금전부담으로서 벌금이나 과태료와 같은 행정벌과 다른 것으로서 그 부과행위는 행정행위로서 급부하명의 성격을 갖는다. 과징금과 벌금 · 과태료는 그 법적 성격이 다르기 때문에 이론적으로 양자가 병과가 가능할 것이다. 그러나 과징금이나 벌금은 실질적으로 다 같은 금전부담으로서 함께 부과시키는 것은 이중처벌의 성질을 갖기 때문에 양자 중 택일적으로 부과하도록 관계법령을 정비하는 것이 바람직하다.

판례(과징금과 벌금의 병과가 이중처벌금지의 원칙에 반하는지 여부) 구 독점규제 및 공정거래에 관한 법률 제24조의2에 의한 부당내부거래에 대한 과징금은 그 취지와 기능, 부과의 주체와 절차 등을 종합할 때 부당내부거래 억지라는 행정목적을 실현하기 위하여 그 위반행위에 대하여 제재를 가하는 행정상의 제재금으로서의 기본적 성격에 부당이득환수적 요소도 부가되어 있는 것이라 할 것이고, 이를 두고 헌법 제13조 제1항에서 금지하는 국가형벌권 행사로서의 '처벌'에 해당한다고는 할 수 없으므로, 공정거래법에서 형사처벌과 아울러 과징금의 병과를 예정하고 있더라도 이중처벌금지원칙에 위반된다고 볼 수 없으며, 이 과징금 부과처분에 대하여 공정력과 집행력을 인정한다고 하여 이를 확정판결 전의 형벌집행과 같은 것으로 보아 무죄추정의 원칙에 위반된다고도 할 수 없다(헌재결 2003. 7. 24, 2001헌가25).

---

3) 법적 근거

과징금부과행위는 부담적 행정행위이기 때문에 법률유보의 원칙에 따라 법률의 근거를 요한다. 행정기본법 제28조 1항은 "행정청은 법령등에 따른 의무를 위반한 자에 대하여 법률로 정하는 바에 따라 그 위반행위에 대한 제재로서 과징금을 부과할 수 있다"고 규정하고 있다. 과징금에 대하여는 현재 여객자동차운수사업법 88조, 해운법 20조, 석유 및 석유연료대체사업법 14조, 도시가스사업법 10조, 의료법 67조, 약사법 81조, 대기환경보전법 56조, 수질보전법 43조 등 약 40개의 법률에서 규정하고 있다. 최근에는 사업의 인허가의 정지뿐만 아니라 시정명령이나 자격정지에 갈음하는 과징금(예: 국민건강보험법 85조의2)이 도입되고 있는 실정이다. 그러나 의무이행확보의 실효성보다는 사업정지 등에 의하여 발생되는 상대방과의 마찰을 회피하려는 행정편의적인 발상이나 의무자의 입장을 지나치게 고려하는 온정주의적 사고하에서 과징금제도를 확대하는 것은 경계하여야 할 것이다.[3] 바람직한 것은 과징

---

3) 朴鈗炘/鄭亨根, 最新行政法講義(上), 569면.

금이 부과되는 사업의 대상을 공익성이 있는 것으로 제한하며, 과징금액의 적정성을 도모함과 아울러 그 사용용도에 대하여 규정하고, 같은 법률에서 규정된 벌금 및 과태료와의 관계에 있어서도 명확한 기준을 설정할 필요가 있다. 행정기본법 제28조는 과징금의 근거가 되는 법률에는 ① 부과·징수 주체, ② 부과 사유, ③ 상한액, ④ 가산금을 징수하려는 경우 그 사항, ⑤ 과징금 또는 가산금 체납 시 강제징수를 하려는 경우 그 사항을 명확하게 규정하도록 하였다. 그리고 사업상 어려움이 있을 때에는 과징금의 납부기한을 연기하거나 분할 납부할 수 있도록 하였다(행정기본법 29조).

한편, 체납된 과징금에 대한 가산금을 부과하는 규정을 정할 때에는 가산금의 부과율 및 부과기간이 금융기관 등이 연체대출금에 대하여 적용하는 이자율 등을 고려하여 대통령령으로 정하는 부과율 및 부과기간을 넘지 아니하도록 규정하여야 한다(행정기본법 28조 2항).

4) 구제수단

과징금의 부과행위는 행정쟁송법상의 처분에 해당하므로 행정심판이나 행정소송을 제기하여 그 취소 등을 구할 수 있다. 아울러 과징금이 법률상 원인없이 징수된 경우에는 공법상의 부당이득반환청구권을 행사할 수 있을 것이다.

판례 1(행정청이 과징금 부과처분을 한 후 부과처분의 하자를 이유로 감액처분을 한 경우, 감액된 부분에 대한 부과처분 취소청구가 적법한지 여부) 행정처분을 한 처분청은 처분에 하자가 있는 경우에는 별도의 법적 근거가 없더라도 스스로 이를 취소하거나 변경할 수 있는바, 과징금 부과처분에서 행정청이 납부의무자에 대하여 부과처분을 한 후 부과처분의 하자를 이유로 과징금의 액수를 감액하는 경우에 감액처분은 감액된 과징금 부분에 관하여만 법적 효과가 미치는 것으로서 당초 부과처분과 별개 독립의 과징금 부과처분이 아니라 실질은 당초 부과처분의 변경이고, 그에 의하여 과징금의 일부취소라는 납부의무자에게 유리한 결과를 가져오는 처분이므로 당초 부과처분이 전부 실효되는 것은 아니다. 따라서 감액처분에 의하여 감액된 부분에 대한 부과처분 취소청구는 이미 소멸하고 없는 부분에 대한 것으로서 소의 이익이 없어 부적법하다(대판 2017. 1. 12, 2015두2352).

판례 2(영업자의 의무위반을 탓할 수 없는 정당한 사유가 있는 경우 제재처분 및 이를 갈음하는 과징금부과처분을 할 수 없다는 판례) 행정법규 위반에 대한 제재처분은 행정목적의 달성을 위하여 행정법규 위반이라는 객관적 사실에 착안하여 가하는 제재이므로, 반드시 현실적인 행위자가 아니라도 법령상 책임자로 규정된 자에게 부과되고, 특별한 사정이 없는 한 위반자에게 고의나 과실이 없더라도 부과할 수 있다. 이러한 법리는 공중위생관리법 제11조 제1항 제8호, 제11조의2 제1항에 따라 공중위생영업자에 대하여 「청소년 보호법」 위반을 이유로 영업정지를 갈음하는 과징금부과처분을 하는 경우에도 마찬가지로 적용된다. 다만 공중위생영업자가 남녀 투숙객이 청소년이라는 점을 예견하거나 결과 발생을 회피하기 어렵다고 인정할 만한 특별한 사정이 있어 공중위생영업자의 의무 위반을 탓할 수 없는 정당한 사유가 있는 경우에는 시장·군수·구청장은 공중위생영업자에 대하여 제재처분을 할 수 없다고 보아야 한다. 여기에서 '의무위반을 탓할 수 없는 정당한 사유'가 있는지를 판단할 때에는 공중위생영업자 본인이나 그 대표자의 주관적인 인식을 기준으로 하는 것이 아니라, 그의 가족, 대리인, 피용인 등과 같이 본인에게 책임을 객관적으로 귀속시킬 수 있는 관계자 모두를 기준으로 판단하여야 한다(대판 2020. 7. 9, 2020두36472).

사례 갑은 영리를 목적으로 2006. 5. 10. 22:00경 청소년인 남녀 2인을 혼숙하게 하였는데, 이에 대하여 관할 행정청은 청소년보호법 위반을 이유로 500만원의 과징금부과처분을 하였다. 그러자 갑은 적법한

제소요건을 갖추어 관할 법원에 위 부과처분이 위법하다고 주장하면서 과징금부과처분 취소소송을 제기하였다.

그런데 청소년법시행령 제40조 제2항 [별표 7] 위반행위의 종별에 따른 과징금 부과기준 제9호는 "법 제26조의2 제8호의 규정에 위반하여 청소년에 대하여 이성혼숙을 하게 하는 등 풍기를 문란하게 하는 영업행위를 하거나 그를 목적으로 장소를 제공하는 행위를 한 때"에 대한 과징금액을 위반 횟수마다 300만원으로 규정하고 있다.

1) 과징금의 성격은?

2) 위 과징금부과처분은 적법한가?

3) 위 사안에서 관할 법원은 과징금부과처분이 위법하다고 인정하는 경우 일부취소판결을 할 수 있는가?(제48회 사법시험)

▶답안요지 **제1문: 본문설명을 참고**

제2문: 사안에서 관할 행정청은 갑에게 500만원의 과징금부과처분을 발하였는바, 이는 위반 횟수마다 300만원의 과징금부과를 하도록 규정한 청소년보호법시행령 제40조 제2항의 과징금부과기준에 합치되지 않는다. 여기서 과징금부과기준, 즉 제재처분의 기준의 법적 성격이 문제가 되고 있다. 제재처분의 기준이 시행규칙(총리령 · 부령) 또는 지방자치단체의 규칙으로 된 경우, 그 법적 성격에 대하여 법규명령설, 행정규칙설의 다툼이 되고 있는바, 시행령의 형식으로 된 경우에는 다수설과 판례의 입장은 법규명령설을 취하고 있다(본서의 법규명령형식의 행정규칙에 관한 설명 참조). 이에 따라 청소년법시행령에 의한 과징금부과기준은 법규명령성격을 갖고 있으며, 아울러 동법시행령 제40조 제3항의 감경규정을 고려할 때 과징금의 최고한도를 정한 재량법규라고 할 것이다(대판 2001. 3. 9, 99두5207). 따라서 갑에 대한 500만원의 과징금부과처분은 재량의 한계를 일탈한 위법한 처분이 될 것이다(재량의 유월).

제3문: 행정소송법 제4조 제1호는 취소소송을 "행정청의 위법한 처분 등을 취소 또는 변경하는 소송"으로 규정하고 있으며, 다수설과 판례는 그 변경을 일부취소로 이해하고 있다. 이에 따라 처분의 일부취소판결은 일반적으로 인정된다. 다만 성질상 일부취소가 허용되지 않는 경우가 있는바, 불가분처분과 재량처분이 그에 해당한다. 사안에서 과징금부과처분은 재량행위의 성격을 갖기 때문에 일부취소판결은 허용되지 않을 것이다(대판 2004. 10. 14, 2001두2881).

2. 가 산 세

1) 의 의

가산세란 행정법상의 금전급부의 불이행에 대하여 과하여지는 금전상의 제재를 의미한다. 예를 들어 국세기본법은 무신고가산세(47조의2), 과소신고 · 초과환급신고가산세(47조의3), 납부지연가산세(47조의4), 불성실가산세(제47조의5) 등에 대하여 규정하고 있다. 가산세는 행정법상 의무위반에 대하여 가하여지는 금전상의 제재인 점에 있어서 벌금과 같지만 금전상의 납부의무의 성실한 이행을 확보한다는 점에서 반사회적인 행위에 대한 제재인 벌금과 구별된다. 또한 벌금의 부과주체는 사법기관인데 반하여 가산세의 부과주체는 행정기관이다. 따라서 동일한 행위에 대하여 벌금과 가산세는 병과할 수 있으나 실질적으로는 이중처벌을 의미할 수 있기 때문에 입법론적으로 병과는 신중하여야 할 것이다.

판례(가산세의 법적 성격) 가산세는 과세권의 행사와 조세채권의 실현을 용이하게 하기 위하여 납세의무자가 법에 규정된 신고, 납세 등 각종 의무를 위반한 경우에 법이 정하는 바에 따라 부과하는 행정적 제재로서, 정당한 사유가 있는 때에는 이를 부과하지 않는다(국세기본법 제48조 제1항). 따라서 단순한 법률의 부지나 오해의 범위를 넘어 세법 해석상 견해가 대립하는 등으로 납세의무자가 그 의무를 알지 못한 것에 책임을 귀속시킬 수 없는 합리적인 이유가 있을 때 또는 그 의무의 이행을 당사자에게 기대하기 어려운 사정이 있을 때 등 그 의무를 게을리한 점을 비난할 수 없는 정당한 사유가 있는 경우에는 가산세를 부과할 수 없다(대판 2017. 7. 11, 2017두36885).

2) 가산세부과에 대한 구제

국세기본법 및 지방세기본법이 정하는 바에 따른다.

Ⅲ. 공급거부

1. 의 의

공급거부란 행정법상의 의무를 위반하거나 불이행한 자에 대하여 행정상의 역무나 재화의 공급을 거부하는 행위를 말한다. 행정에 의하여 공급되는 각종의 역무나 재화(수도 · 전기 · 전화 · 가스 등)는 오늘날 국민생활에 불가결하다는 점에서 그 공급의 거부는 매우 강력한 의무이행확보수단으로 기능한다.

2. 법적 근거

공급거부는 국민의 권익을 침해하는 행정작용이므로 당연히 법률에 근거가 있어야 한다. 공급거부에 대한 법적 근거로는 구 건축법 제69조 제2항, 구 공업배치 및 공장설립에 관한 법률 제27조, 구 대기환경보전법 제21조, 구 수질환경보전법 제21조 등이 이러한 공급거부에 대하여 규정하고 있었으나 부당결부금지의 원칙에 위배된다는 논란이 있어 현재 삭제되었다.

3. 공급거부의 요건

공급거부는 법률의 근거가 있어야 할 뿐만 아니라, 비례의 원칙 및 부당결부금지의 원칙에 위배되지 말아야 한다. 예를 들어 구 건축법 제69조 제2항에 의하면 허가권자는 허가 또는 승인이 취소된 건축물 또는 시정명령을 받고 이행하지 아니한 건축물에 대하여는 전기 · 전화 · 수도의 공급자, 도시가스사업자 또는 관계 행정기관의 장에게 전기 등의 설치 또는 공급의 중지를 요청할 수 있으며, 이러한 요청을 받은 자는 특별한 이유가 없는 한 이에 응하도록 하고 있었다. 건축법상의 의무위반에 대하여 그와 실질적 관련성이 없는 전기 · 수도 · 가스 등의 공급을 중단하도록 규정한 동 규정에 대하여는 오래전부터 부당결부금지의 원칙에 반한다는 비판이 제기되어 왔다.

4. 공급거부에 대한 구제

전기 · 수도 등의 위법한 공급거부에 대하여는 당해 급부의 형식이 공법적 또는 사법적인가에 따라 행정상 또는 민사상의 구제수단을 취할 수 있을 것이다. 판례는 단수처분을 행정처분으로 보고 있는바, 이에 대하여는 행정쟁송을 제기할 수 있을 것이다. 한편, 행정청이 다른 행정기관이나 사업자에게 공급거부를 요청한 행위의 성격에 대하여는 다툼이 있다. ① 공급거부의 요청을 받은 자는 특별한 이유가 없는 한 이에 응하여야 하기 때문에 처분에 해당한다는 견해, ② 다른 행정기관에 하는 단수요청은 내부적 관계에 해당하기 때문에 처분에 해당하지 않으나 사업자에게 하는 요청은 처분에 해당한다는 견해가 있으나, 단순히 권고적 성격을 갖는 행위라고 보아야 할 것이다. 다른 행정기관이나 사업자가 요청에 따르는 것은 법률규정에서 나오는 효과에 지나지 않기 때문이다.

판례 1(건축법에 위반된 건축물에 대한 단수처분의 적법성 여부) 위와 같이 당초 허가받은 건축물의 용도를 변경하여 그 허가받은 용도 이외의 다른 용도로 사용하는 것이 건축법 제48조에서 말하는 건축물의 건축에 해당하는 이상 이는 같은 법 제42조 제1항 제1호에서 정한 이 법 또는 이 법에 의하여 발하는 명령이나 처분에 위반하여 건축물의 건축을 한 경우에 해당된다 할 것이고, 한편 같은 법 제42조 제3항의 규정에 의하면 제1항 제1호에 해당하는 건축물에 대하여는 수도를 설치하거나 공급하여서는 아니되므로, 위와 같은 요건에 해당하는 이상, 피고가 한 이 사건 단수처분은 적법하다 할 것이고, 용도변경 면적이 건물의 일부에 불과하고 토산품을 취급하지 아니하면 근린생활시설에 해당되는 사정이 있다 한들 그러한 사정을 가지고서는 피고의 단수처분이 재량권을 남용한 것이라고도 할 수 없다(대판 1985. 12. 24, 84누598).

판례 2(행정청이 전기 · 전화의 공급자에게 공급중단을 요청한 행위의 법적 성격) 건축법 제69조 제2항, 제3항의 규정에 비추어 보면, 행정청이 위법 건축물에 대한 시정명령을 하고 나서 위반자가 이를 이행하지 아니하여 전기 · 전화의 공급자에게 그 위법 건축물에 대한 전기 · 전화공급을 하지 말아 줄 것을 요청한 행위는 권고적 성격의 행위에 불과한 것으로서 전기 · 전화공급자나 특정인의 법률상 지위에 직접적인 변동을 가져오는 것은 아니므로 이를 항고소송의 대상이 되는 행정처분이라고 볼 수 없다(대판 1996. 3. 22, 96누433).

Ⅳ. 위반사실의 공표

1. 의 의

위반사실의 공표란 행정법상의 의무위반 또는 의무의 불이행이 있는 경우에 행정청이 그 사실을 일반에게 공표하여, 의무자의 명예심을 자극하거나 수치심을 불러일으켜, 개인에게 제재를 가함과 동시에 간접적으로 의무이행을 확보하는 수단이다. 예를 들어 고액세액체납자 · 불공정거래를 한 사업자 및 환경오염배출업소의 명단공개 등이 이에 해당한다. 이러한 공표는 일정한 사실을 일반에게 알리는 사실행위에 지나지 않으며, 그 자체로서는 어떠한 법적 효과가 발생하지 않는다. 따라서 공표제도의 실효성이 문제될 수 있으나 오늘날의 정보화 내지 신용사회에 있어서는 의무위반자의 명단과 위반사실의 공표는 이들의 명예와 신용을 적지 않게 손상시키고 이에 의한 유형 · 무형의 불이익을 가져다 줄 수 있기 때문에 매우 실효성있는 의무이행확보수단으로 작용할 수가 있다.

2. 법적 근거

행정의무의 위반사실의 공표는 비록 그것이 사실행위이며 어떠한 법적 효과를 발생시키지는 않으나 상대방의 명예나 신용 및 사생활의 비밀을 침해할 수 있는 침해적 작용에 해당하기 때문에 법적 근거를 요한다. 과거에는 위반사실의 공표는 구체적인 법적 근거가 없이 행하여지는 경우가 많았으나 근래에는 이에 대한 입법례가 늘어가고 있다. 현재 「독점규제 및 공정거래에 관한 법률」 제5조 · 24조, 공직자윤리법 제8조의2 제1항, 소비자기본법 제28조 제3항, 식품위생법 제15조의2 및 제73조, 「하도급거래공정화에 관한 법률」 제25조 제4항, 국세기본법 제85조의5, 「아동 · 청소년의 성보호에 관한 법률」 제38조 등이 있다. 행정절차법 제40조의3 제1항은 "행정청은 법령에 따른 의무를 위반한 자의 성명 · 법인명, 위반사실, 의무 위반을 이유로 한 처분사실 등을 법률로 정하는 바에 따라 일반에게 공표할 수 있다"고 규정하여 공표에 관한 일반법적 근거를 두고 있다.

3. 법적 성격

공표의 법적 성격에 대하여는 ① 공표 그 자체는 비권력적 사실행위로서 행정처분의 성격을 인정하기 어렵다는 전통적 견해,[4] ② 공표는 상대방의 명예나 신용을 침해하는 권력적 사실행위로서 처분성이 인정된다는 견해,[5] ③ 공표에 앞서 공표결정이 통보되는 경우에는 공표결정통보는 행정처분의 성격을 갖고 공표 자체는 사실행위의 성격을 갖는 반면, 공표에 앞서 공표결정이 통보되지 않는 경우에는 공표는 권력적 사실행위를 갖는다는 견해가[6] 대립하고 있다.

생각건대 「공공기관의 정보공개에 관한 법률」에 있어서 정보공개 여부의 결정은 행정처분의 성격을 갖고 정보공개 자체는 사실행위의 성격을 갖는 점을 고려할 때, ③의 견해가 타당하다고 본다.

4. 공표의 절차

행정절차법은 공표의 일반적 절차에 대하여 규정하고 있다.

1) 증거조사 및 확인

행정청은 위반사실등의 공표를 하기 전에 사실과 다른 공표로 인하여 당사자의 명예 · 신용 등이 훼손되지 아니하도록 객관적이고 타당한 증거와 근거가 있는지를 확인하여야 한다(법 40조의3 2항).

판례(한국소비자원의 행정상 공표의 위법성) 소비자기본법 제35조 제3항이 "한국소비자원은 업무수행 과정에서 취득한 사실 중 소비자의 권익증진, 소비자피해의 확산 방지, 물품 등의 품질향상 그 밖에 소비생활의 향상을 위하여 필요하다고 인정되는 사실은 이를 공표하여야 한다. 다만 사업자 또는 사업자단체의 영업비밀을 보호할 필요가 있다고 인정되거나 공익상 필요하다고 인정되는 때에는 그러하지 아니하다." 라고 정함으로써 한국소비자원에 그 본문에서 정한 소비자의 권익증진이나 소비자피해의 확산 방지 등을 위하여 공표할 필요가 있는 사실에 대해서는 원칙적으로 공표 의무를 부과하는 한편, 그 단서에서 정한 사업자단체의 영업비밀을 보호할 필요나 다른 공익상 필요가 있을 경우에는 예외적으로 그 이익을 비교 · 형량하여 공표 여부를 결정할 재량권을 부여한 점도 아울러 고려되어야 한다(대법원 2025. 5. 15, 2020다296604).

---

2) 의견제출

행정청은 위반사실등의 공표를 할 때에는 미리 당사자에게 그 사실을 통지하고 의견제출의 기회를 주어야 한다. 다만, ① 공공의 안전 또는 복리를 위하여 긴급히 공표를 할 필요가 있는 경우, ② 해당 공표의 성질상 의견청취가 현저히 곤란하거나 명백히 불필요하다고 인정될 만한 타당한 이유가 있는 경우, ③ 당사자가 의견진술의 기회를 포기한다는 뜻을 명백히 밝힌 경우에는 그러하지 아니하다(법 40조의3 3항). 의견제출의 기회를 받은 당사자는 공표 전에 관할 행정청에 서면이나 말 또는 정보

4) 洪井善, 行政法特講, 495면.
5) 金東熙, 行政法 I, 487면.
6) 朴均省, 行政法講義, 424면.

통신망을 이용하여 의견을 제출할 수 있다(법 40조의3 4항). 의견제출의 방법과 제출 의견의 반영 등에 관하여는 행정절차법 제27조 및 제27조의2를 준용한다(법 40조의3 5항).

5. 공표의 방식

위반사실등의 공표는 관보, 공보 또는 인터넷 홈페이지 등을 통하여 한다(법 40조의3 6항). 행정청은 위반사실등의 공표를 하기 전에 당사자가 공표와 관련된 의무의 이행, 원상회복, 손해배상 등의 조치를 마친 경우에는 위반사실등의 공표를 하지 아니할 수 있다(법 40조의3 7항).

6. 구제수단

1) 행정쟁송

공표에 공표결정통보가 선행되는 경우에는 공표결정통보는 처분성을 갖기 때문에 이에 대하여 행정심판이나 취소소송 등 항고쟁송을 제기할 수 있으며, 가구제 수단으로서 집행정지를 신청할 수 있을 것이다. 공표결정통보가 선행되지 않는 경우에는 공표는 권력적 사실행위의 성격을 갖기 때문에 쟁송법적 의미의 행정행위설을 주장하는 견해를 따른다면 처분성이 인정될 수 있을 것이다. 그러나 일단 공표 그 자체가 행하여진다면 대부분의 경우 소의 이익이 부정되기 때문에 각하판결을 받게 될 것이다. 공표에 대한 보다 적절한 구제수단으로서 예방적 금지소송을 고려할 수 있는바, 이를 조속히 실무화하는 것이 바람직하다.

판례(병무청장의 병역의무 기피자의 인적사항 등의 공개결정이 항고소송의 대상이 되는 행정처분인지 여부) 병무청장이 하는 병역의무 기피자의 인적사항 등 공개는, 특정인을 병역의무 기피자로 판단하여 그 사실을 일반 대중에게 공표함으로써 그의 명예를 훼손하고 그에게 수치심을 느끼게 하여 병역의무 이행을 간접적으로 강제하려는 조치로서 병역법에 근거하여 이루어지는 공권력의 행사에 해당한다. 병무청장이 하는 병역의무 기피자의 인적사항 등 공개조치에는 특정인을 병역의무 기피자로 판단하여 그에게 불이익을 가한다는 행정결정이 전제되어 있고, 공개라는 사실행위는 행정결정의 집행행위라고 보아야 한다. 병무청장이 그러한 행정결정을 공개 대상자에게 미리 통보하지 않은 것이 적절한지는 본안에서 해당 처분이 적법한가를 판단하는 단계에서 고려할 요소이며, 병무청장이 그러한 행정결정을 공개 대상자에게 미리 통보하지 않았다거나 처분서를 작성·교부하지 않았다는 점만으로 항고소송의 대상적격을 부정하여서는 아니 된다(대판 2019. 6. 27, 2018두49130).

---

2) 국가배상 및 결과제거청구권

공표가 위법하게 행하여져 개인의 명예나 신용을 침해한 경우 피해자는 국가배상청구권을 행사할 수 있을 것이다. 또한 피해자는 결과제거청구권을 행사하여 공표의 철회나 정정을 요구할 수 있다. 행정청은 공표된 내용이 사실과 다른 것으로 밝혀지거나 공표에 포함된 처분이 취소된 경우에는 그 내용을 정정하여, 정정한 내용을 지체 없이 해당 공표와 같은 방법으로 공표된 기간 이상 공표하여야 한다. 다만, 당사자가 원하지 아니하면 공표하지 아니할 수 있다(행정절차법 40조의3 8항).

판례(명예훼손과 관련된 행정상 위법성판단기준) 일정한 행정목적 달성을 위하여 언론에 보도자료를 제공하는 등 이른바 행정상의 공표의 방법으로 실명을 공개함으로써 타인의 명예를 훼손한 경우, 그 대상

자에 관하여 적시된 사실의 내용이 진실이라는 증명이 없더라도 그 공표의 주체가 공표 당시 이를 진실이라고 믿었고 또 그렇게 믿을 만한 상당한 이유가 있다면 위법성이 없는 것이고, 이 점은 언론을 포함한 사인에 의한 명예훼손의 경우와 다를 바가 없다 하겠으나, 그러한 상당한 이유가 있는지 여부의 판단에 있어서는 실명공표 자체가 매우 신중하게 이루어져야 한다는 요청에서 비롯되는 무거운 주의의무와 공권력을 행사하는 공표 주체의 광범한 사실조사 능력, 그리고 공표된 사실이 진실하리라는 점에 대한 국민의 강한 기대와 신뢰 등에 비추어 볼 때 사인의 행위에 의한 경우보다는 훨씬 더 엄격한 기준이 요구되므로, 그 공표사실이 의심의 여지 없이 확실히 진실이라고 믿을 만한 객관적이고도 타당한 확증과 근거가 있는 경우가 아니라면 그러한 상당한 이유가 있다고 할 수 없다(대판 1998. 5. 22, 97다57689).

Ⅴ. 수익적 행정행위의 정지 · 철회

1. 의 의

허가 · 인가 · 면허 · 승인 · 등록 등을 규정한 법률은 예외없이 의무위반에 대한 제재로서 그 허가 등을 철회하거나 일정기간 정지하는 제도를 두고 있다. 적법하게 성립하여 일단 효력을 발생한 행정행위를 후발적인 사유를 이유로 효력을 소멸시키는 철회는 행정의 공익타당성을 확보하기 위한 목적에서 뿐만 아니라 의무위반에 대한 제재수단으로서도 널리 활용되고 있다. 특히 허가 등 수익적 행정행위의 정지 및 철회는 가장 강력한 제재수단에 해당되기 때문에, 일반공중에 중대한 영향을 미치는 사업에 대하여는 과징금으로 대체되고 있다는 것은 앞에서 설명한 바와 같다.

2. 법적 근거와 한계

허가 등의 정지 또는 철회는 관련 개인의 직업의 자유나 재산권을 침해하는 작용에 해당되기 때문에 법률의 근거를 요한다. 다만 판례는 수익적 행정행위의 철회에는 반드시 법적 근거를 요하지 않는다는 입장을 취하고 있다. 실정법으로 인허가 등을 규정한 모든 법률은 의무위반에 대하여 예외없이 정지 및 철회의 법적 근거를 마련하고 있다(예: 식품위생법 75조 1항, 건축법 79조 1항, 도로법 74조, 하천법 69조, 도로교통법 93조, 여객자동차운수사업법 85조).

법적 근거가 있다고 하여 인허가의 정지나 철회는 언제든지 할 수 있는 것은 아니다. 첫째 비례의 원칙, 평등의 원칙, 신뢰보호의 원칙, 부당결부금지의 원칙 등에 위배되서는 안되며, 실권의 법리에 따라 위반사실을 알고 일정한 기한 내에 행사되어야 한다. 행정기본법 제23조[시행일 2023. 3. 24(동법 부칙 1조)]는 제재처분의 제척기간에 대하여 규정하고 있다. 행정청은 법령등의 위반행위가 종료된 날부터 5년이 지나면 해당 위반행위에 대하여 제재처분을 할 수 없다(행정기본법 23조 1항). 다만 ① 거짓이나 그 밖의 부정한 방법으로 인허가를 받거나 신고를 한 경우, ② 당사자가 인허가나 신고의 위법성을 알고 있었거나 중대한 과실로 알지 못한 경우, ③ 정당한 사유 없이 행정청의 조사 · 출입 · 검사를 기피 · 방해 · 거부하여 제척기간이 지난 경우, ④ 제재처분을 하지 아니하면 국민의 안전 · 생명 또는 환경을 심각하게 해치거나 해칠 우려가 있는 경우는 그러하지 아니하다(동법 23조 2항).

3. 구제수단

수익적 행정행위의 정지나 철회는 처분에 해당하기 때문에 이들이 위법한 경우에는 행정쟁송을 제기하여 취소 등을 구할 수 있을 것이다. 위법한 인허가의 철회 · 정지에 의하여 손해를 입은 경우, 피해자가 국가배상을 청구할 수 있음은 물론이다.

Ⅵ. 관허사업의 제한

1. 의 의

관허사업의 제한이라 함은 넓은 의미에서 바로 위에서 설명한 바와 같이 ① 인허가 등을 받은 자가 그 사업을 수행하는 과정에서 행정법상의 의무를 위반한 경우에 이미 발급한 인허가를 철회 내지 정지하는 것뿐만 아니라, ② 특정한 행정법상의 의무와 직접적인 관련성이 없는 사업의 인허가를 거부하는 것을 포함한다. 그러나 관허사업의 제한을 좁은 의미로 이해할 때에는 후자의 경우만을 의미한다. 실정법상으로 좁은 의미의 관허사업의 제한의 예로는 건축법상의 위법건축물에 대한 영업허가의 제한이 있다.

2. 위반건축물을 사업장으로 하는 관허사업의 제한

건축법은 허가 또는 승인이 취소된 건축물 또는 시정명령을 받고 이행하지 아니한 건축물에 대하여는 허가권자는 당해 건축물을 사용하여 행할 다른 법령에 의한 영업 기타 행위의 허가를 하지 아니하도록 요청할 수 있으며 그러한 요청을 받은 행정기관은 특별한 이유가 없는 한 이에 응하도록 규정하고 있다(건축법 79조 2항·3항). 이는 위반건축물의 발생을 예방함과 동시에 위반건축물을 사실상 사용할 수 없게 함으로써 간접적으로 의무이행을 확보하기 위한 목적을 갖고 있다.

오늘날 대형 위반건축물을 대집행에 의하여 철거함은 국가적으로 막대한 경제적 손실을 발생시킨다는 점에서 이를 대체하기 위하여 고안된 제도이다. 그러나 관허사업의 허가의 제한 역시 대형건축물의 소유주에게 막대한 경제적 손실을 야기시킨다는 점에서, 사후적 강제수단이라기보다는 사전적 예방수단이라고 보는 것이 타당할 것이다.

3. 조세체납자의 관허사업의 제한

국세징수법에 의하면 세무서장은 납세자가 허가·인가·면허 및 등록을 받은 사업과 관련된 소득세, 법인세 및 부가가치세를 체납하였을 때에는 해당 사업의 주무관청에 그 납세자에 대하여 허가등의 갱신과 그 허가등의 근거 법률에 따른 신규 허가등을 하지 아니할 것을 요구할 수 있다(법 112조 1항). 또한 세무서장은 허가등을 받아 사업을 경영하는 자가 해당 사업과 관련된 소득세, 법인세 및 부가가치세를 3회 이상 체납한 경우로서 그 체납액이 500만원 이상일 때에는 대통령령으로 정하는 경우를 제외하고 그 주무관서에 사업의 정지 또는 허가등의 취소를 요구할 수 있다(법 112조 2항). 해당 주무관서는 제1항 또는 제2항에 따른 세무서장의 요구가 있을 때에는 해당 주무관서는 정당한 사유가 없으면 요구에 따라야 하며, 그 조치결과를 즉시 해당 세무서장에게 알려야 한다(법 112조 4항). 구법은 관허사업의 제한을 조세체납과 관련이 없는 모든 사업을 대상으로 하여 부당결부금지의 원칙에 반한다는 비판을 받았는바, 개정법은 이를 반영하여 관련 사업에 국한시키고 있다.

이는 조세를 체납한 자에 대하여 허가등을 받은 사업을 새로이 할 수 없게 함은 물론 기존의 허가등을 정지 또는 철회하여 사업을 하지 못하게 함으로써 조세체납을 스스로 납부하게 하는 의무이행확보수단이다. 조세체납에 대하여는 강제징수라는 전통적인 강제집행수단이 있으나, 절차가 복잡하고 상대방과 물리적 충돌이 발생할 수 있어 이를 보완하기 위하여 고안된 제도이다.

제 5 편

행정구제법

01 개 설

행정구제라 함은 행정작용으로 자신의 권리나 이익이 침해될 우려가 있거나 또는 침해되었다고 주장하는 자가 행정기관이나 법원에 대하여 당해 행정작용의 취소 · 변경 또는 원상회복 · 손해전보를 청구하거나, 기타 피해의 구제 또는 예방을 청구하고, 이에 대하여 행정기관 또는 법원이 심리하여 권리 · 이익의 보호에 관하여 판정을 내리는 일련의 절차를 의미하며 이에 관한 법을 총칭하여 통상 행정구제법이라고 부른다.

법치국가에서 행정은 적법 · 타당하며 개인의 권리나 이익을 침해하여서는 안된다. 그럼에도 불구하고 행정이 위법 · 부당하게 행하여짐으로써 개인의 권리와 이익을 침해하는 경우가 빈번히 발생된다. 이러한 경우에 피해자가 행정기관이나 법원을 상대로 그 구제를 청구할 수 있는 행정구제제도를 완비하는 것은 헌법이 지향하는 실질적 법치국가의 실현에 있어서 불가결한 전제조건이 되고 있다.

행정구제제도는 내용적으로 사전적 구제제도와 사후적 구제제도로 구분할 수 있다. 사전적 구제제도란 행정작용으로 인하여 개인의 권리나 이익의 침해가 발생되기 전에 이를 방지하는 제도적 장치를 의미한다. 행정절차가 그 주된 기능을 수행한다고 볼 수 있으며, 아울러 우리의 청원제도나 국민고충민원처리제도 및 외국의 옴부즈만제도도 부분적으로 사전적 구제제도로서의 의미를 갖고 있다.

이에 대하여 사후적 구제제도란 행정작용으로 인하여 개인의 권리나 이익이 이미 침해된 경우에 이를 시정하거나, 그 손해나 손실을 보전하여 주는 제도를 의미하며, 이에는 행정쟁송제도와 행정상 손해전보제도가 있다. 행정쟁송제도에는 행정청의 처분 등에 대하여 행정심판위원회가 일정한 절차에 따라 재결을 하는 행정심판제도와 법원이 제소에 의하여 소송절차에 따라 판결을 하는 행정소송이 있다. 또한 행정상 손해전보제도는 공무원의 직무상 불법행위 또는 공공의 영조물의 설치 · 관리의 하자로 인한 손해에 대한 배상인 국가배상제도와 적법한 행정작용으로 발생된 손실에 대한 보상인 행정상 손실보상제도가 있다. 일반적으로 행정구제제도를 좁은 의미로 사용할 때에는 사후적 구제제도를 의미한다. 다음에서는 사후적 권리구제제도인 행정상 손해전보제도와 행정쟁송제도에 대하여 설명하기로 한다.

행정상 손해전보

제 1 절 행정상 손해배상과 손실보상

행정상 손해전보라 함은 국가 또는 공공단체의 작용에 의하여 개인에게 발생한 손해 또는 손실을 전보하여 주는 제도를 말한다. 이러한 행정상 손해전보제도에는 위법한 국가작용에 의하여 발생된 손해에 대한 구제수단인 국가배상제도와[1] 적법한 행정작용에 의하여 발생된 손실에 대한 구제수단인 손실보상제도가 있다. 양자는 국가작용에 의한 손해 · 손실을 보전하는 제도인 점에서는 공통되나 종래 그 연혁과 성질을 달리하는 것으로 파악되어 법적으로는 별개의 제도로 발전되어 왔다. 즉 국가배상제도는 연혁적으로 근세 개인주의사상에 입각하여 개인적 과실책임주의를 이념으로 하여 민법상의 불법행위책임으로부터 발전하였다. 단지 배상책임의 주체가 국가라는 점에서 통상의 민사책임과 다소 그 구성을 달리하였다. 반면 손실보상제도는 자연법사상에 기초를 둔 사유재산의 절대성을 전제로 하여, 재산권은 천부의 기득권이므로 이를 침해하는 경우에는 평등의 견지에서 국가전체의 공동의 부담하에 보상을 하여야 한다는 생각을 그 출발점으로 하였다. 이러한 의미에서 손실보상은 단체주의 사상과 사회적 공평부담주의를 그 기초이념으로 하여 구성된 것이다.

그러나 오늘날의 행정작용은 과거에 비하여 질적 · 양적으로 확대되었을 뿐만 아니라, 그 형태도 다양하고 복잡해졌으며, 이에 따라 전통적인 국가배상제도와 손실보상제도에 의하여 전보될 수 없는 새로운 유형의 손해들이 발생되고 있다. 이에 따라 전통적인 제도가 갖고 있는 흠결을 메꾸기 위하여 독일에서는 위법 · 무과실책임제도인 수용유사적 침해제도(enteignungsgleicher Eingriff)와 위험책임제도에 해당하는 수용적 침해제도(enteignender Eingriff)가 발전되었으며, 프랑스에서는 이른바 위험책임제도(Responsabilité pour risque)가 발전되었다. 특히 위험책임은 국가작용의 적법 · 위법과 고의 · 과실을 불문한다는 점에서 국가배상제도와 손실보상제도의 중간영역을 차지한다고도 볼 수가 있다. 이에 따라 학설에서는 양자의 융합현상을 지적하고 양자를 일원적으로 파악하여 국가보상제도 또는 행정상 손해전보제도로 표현하려는 경향이 있다.

그러나 위법한 국가작용과 적법한 국가작용은 본질적으로 그 성질을 달리 할 뿐만 아니라, 이

1) 종래 학설에서는 국가배상제도를 행정상 손해배상제도로 표현하여 왔는바, 오늘날 행정작용뿐만 아니라 입법작용 및 사법작용에 대하여도 손해배상을 인정하고 있는 점에 비추어, 모든 국가작용에 대한 손해배상이라는 의미에서 국가배상제도라는 표현을 사용하는 것이 보다 적절할 것이다.

들에 의하여 발생된 손해 및 손실의 전보를 구성하는 법원리에 있어서도 현저한 차이가 있으며, 우리의 실정법 역시 국가배상제도와 손실보상제도를 엄격하게 구별하고 있다. 바람직한 것은 두 제도의 균형된 발전 속에 개인의 권리구제를 확대시킴과 동시에, 이들의 중간영역에 있는 위법·무과실책임이나 위험책임 등 흠결된 부분은 판례의 발전과 입법적 조치를 통하여 개선을 도모하는 것이다.

제2절 국가배상

제1항 개 설

I. 의 의

국가배상이란 위법한 국가작용으로 인하여 개인에게 발생한 손해를 국가가 보전하여 주는 제도를 의미한다. 이러한 국가배상제도는 서구제국에 있어서도 비교적 뒤늦게 발전하였다. 근대초기까지도 국가무책임사상이 지배하였으며, 공무원의 직무상 불법행위로 인한 가해행위에 대하여는 공무원 개인이 책임을 부담하였다. 국가는 여러 가지 명분을 내세워 배상책임을 면하였다. 이른바 "국왕은 악을 행할 수 없다", 또는 "공무원은 적법한 행위에 대한 위임만을 부여받기 때문에, 공무원의 위법한 직무행위에 대하여는, 국가자신은 책임질 이유가 없다"라는 논리가 이를 말하여 준다. 즉 국가무책임사상은 공무원의 불법행위는 국가의사에 반하는 행위이므로 그 효과는 국가에 귀속될 수 없다는 사고에 기초하였다.

그러나 이와 같이 공무원의 위법한 직무행위로 발생된 손해에 대한 책임을 공무원 개인만이 지고 국가는 면책된다는 사상은 점차 설득력을 상실하게 되었다. 국가기능이 확대됨에 따라 위법한 행정작용으로 인한 손해발생이 급속히 증가되었으며, 이러한 손해에 대한 배상책임을 공무원 개인에게만 부담시키는 것은 공무원의 제한된 배상능력으로 한계에 부딪치게 되었다. 이는 국민의 피해구제를 등한히 하는 결과를 가져왔을 뿐 아니라 국가가 국민의 생활을 배려해야 한다는 시대적 요청에도 역행하게 되었다. 이에 따라 각국에서는 비록 시간적인 차이는 있지만 점차 국가배상책임을 인정하게 되었다.

II. 각국의 국가배상제도의 발전

1. 독일의 국가배상제도

독일의 절대주의 국가시대에 있어서는 국가무책임사상이 지배하여 공무원의 하자있는 직무수행을 통하여 개인에게 발생된 손해를 국가가 책임진다는 것은 용납이 되지 않았다. 당시 지배자와 공무원의 관계는 사법상의 위임계약관계로 간주되었다. 공무원이 적법하게 직무를 수행하는 경우에만 그 행위의 결과는 국가에 귀속하는 반면, 공무원 개인이 위법하게 직무를 수행하는 경우, 이는 위임의 한계를 일탈한다고 하여 공무원 개인이 사인의 법적 지위에서 이에 대하여 책임을 져야 한다는 이유로 공무원 개인의 책임제도가 발전하였다.

그러나 20세기에 접어들어 국가기능이 확대되고 사회 각분야에 대한 국가개입이 증대됨에 따라 공무원의 직무상 불법행위로 인하여 개인이 심각한 손해를 보는 경우가 현저히 증가함에 따라 공무원책임제도는 권리구제제도로써 크게 미흡함을 드러내었다. 피해자인 국민은 상당한 비용과 시간을 소모하여 승소한다고 할지라도 많은 경우 재정적으로 빈약한 공무원에게 그들의 배상청구권을 관철시키기가 어려웠다.

이에 따라 실정법적인 해결방안으로 나타난 것은 이른바 독일의 일부 주에서 채택되어 제국국가배상법 및 바이마르 헌법 제153조와 독일기본법 제34조에 계수된 이른바 대위책임구조의 국가책임제도였다. 이러한 대위책임구조의 국가배상제도는 공무원의 위법한 직무행위의 결과는 오로지 공무원 개인에 대하여만 발생되나, 법률의 규정에 의하여 재정능력이 있는 국가로 이전된다는 면책적 채무인수적 성격을 갖고 있다. 단지 고의 · 중과실이 있는 경우에만 위법행위를 한 공무원에게 내부적으로 구상할 수 있도록 함으로써 공무원의 원활한 직무수행을 도모하였다. 그러나 이러한 대위책임구조는 공무원 개인의 고의 · 과실을 책임요건으로 할 뿐만 아니라, 배상에 있어서도 금전배상주의를 취하고 있는 등의 취약점들을 갖고 있었다. 판례는 곧 공무원 개인의 과실을 객관화하여 조직과실화하였으며, 아울러 무과실책임제도인 수용유사적 · 수용적 침해제도를 발전시켰으며 또한 금전배상주의의 단점을 극복하기 위하여 결과제거청구권을 발전시켰다.

이후 1981년에 제정된 독일의 신국가배상법은 대위책임구조의 국가배상제도를 근본적으로 개혁하여 자기책임제도를 도입하였고, 기본권침해에 있어서는 무과실책임을 인정하였고, 아울러 금전배상과 결과제거를 대등한 배상수단으로 인정하였다. 이러한 신국가배상법은 그간의 학계의 노력의 결집으로 실질적 법치국가원리에 기초한 현대적인 국가배상법의 제정시도였으나 연방과 주의 입법관할권다툼으로 인하여 1982년 10월 16일 위헌판결을 받았다.

2. 프랑스의 국가배상제도

프랑스에서는 1870년에 성립된 제3공화국에 이르기까지 국가배상은 일반적으로 부인되었다. 군주주권사상에 바탕을 둔 국가무책임사상이 지배하였으며 단지 공무원 개인의 배상책임만이 아주 제한된 범위에서 인정되었다. 프랑스혁명 전에는 개인이 공무원에 대하여 손해배상청구소송을 일반민사법원에 제기한다고 하더라도 국왕고문회의에서 언제든지 소송절차를 중지하고 공무원에 대한 손해배상문제를 직권에 의하여 처리할 권한을 갖고 있었다. 혁명 후에는 공무원에 대한 손해배상청구소송은 관할감독관의 승인을 얻어 제기될 수 있었으며, 1848년에 수립된 제2공화국 이후에는 관할감독관의 승인은 국참사원의 승인으로 대체되었다. 이와 같이 국가책임이 부인되고 단지 공무원책임만을 아주 제한적으로 인정하는 제도는 독일과 같이 국민의 권리구제에 거의 도움이 되지 못함이 입증되었다. 1870년에 제3공화국이 들어선 후 자유주의사상의 영향하에 국참사원의 승인제도는 폐지되었고, 종래의 국가무책임사상은 현저하게 수정되기 시작하였다.

국가배상을 보통의 민사책임과 다른 책임제도로 발전시킨 발단은 1873년 관할법원의 유명한 블랑코(Blanco)판결이었다. 여기서 관할법원은 공역무에 종사한 자들에 의하여 개인에게 가하여진 손해에 대한 국가의 책임은 사인상호간의 관계를 규율하는 민법의 원리에 따르지 않고 공역무의 필요성 및 국가의 이익과 개인의 이익을 조화시키는 필요성에 따라 변화하는 그 자체의 고유한 규율에 따라 판단되어져야 한다고 판시하고, 공역무의 과실(faute de service public)이라는 개념을 처음 사용하여 민법상의 손해배상책임과 구별되는 공행정영역에서의 국가책임의 독자성을 부각시켰다. 이후 1905년 토마조 그레코(Tomaso Greco)판결에서 국참사원은 최초로 공행정작용에 있어서 공역무의 과실에 대한 국가의 책임을 인정하였다.

프랑스의 국가책임이론은 내용적으로는 과실책임과 위험책임의 이원적 구조로 되어 있다. 국가의 배상책임은 당초에는 공역무의 과실책임을 중심으로 하였는바, 여기서 공역무의 과실개념은 민법상의 과실개념과 달리 위법성에 근접되는 이른바 독일의 조직과실과 같이 아주 객관화된 개념이다. 공역무의 과실은 정상적으로 기능하는 공행정으로부터 기대하여도 되는 것을 행정주체가 이행하지 못한 경우에 일반적으로 인정되고 있다. 반면 국참사원의 판례에 의하여 발전된 위험책임은 공공의 토목공사에 있어서의 불의의 손해, 공무종사 중의 직업적 위험, 폭동에 의한 사회적 위험, 폭발물과 같은 위험 등에 대하여 국가의 무과실책임을 인정함으로써 위험의 사회화 및 공적 부담 앞에 평등을 실현하고 있다. 그러나 이러한 프랑스의 위험책임은 과실책임을 인정할 수 없으나, 그렇다고 하여 그 손해를 개인이 부담하는 것이 기대가능하지 않은 매우 제한적인 경우에만 인정되고 있다.

3. 영국의 국가배상제도

영국에서는 “국왕은 악을 행할 수 없다”라는 법리에 의하여 20세기 초에 이르기까지 국가배상청구권이 인정되지 않았다. 블랙스톤(Blackstone)에 따르면 “국왕은 악을 행할 수 없다”라는 고전적이고 기본적인 법언은 두 가지 의미를 갖는다고 하였다. 첫째 공무집행의 예외인 불법행위는 국왕에 귀속될 수 없으며, 둘째 국왕대권은 불법행위로 확대될 수 없음을 말한다고 하였다. 이러한 법리에 의하여 국가배상책임의 관념은 배제되었으며, 공무원은 자신의 위법한 행위에 대한 개인적인 배상책임을 졌다.

그러나 산업사회의 발전에 따라 사회의 모든 영역에 있어서 국가의 개입이 확대됨에 따라 국가작용으로 인하여 개인이 입는 손해의 빈도와 규모가 과거에 비하여 비교할 수 없을 정도로 증대됨에 따라 종래의 보통법상의 구제수단만으로는 충분한 구제를 기대할 수 없게 되었다. 이에 따라 국가의 배상책임을 인정하기 위한 입법적 해결로 나타난 것이 1947년 7월에 제정된 국왕소추법(Crown Proceedings Act)이다. 동법에 따라 국가는 자신의 사용인 또는 대리인에 의하여 행하여진 불법행위에 대하여 사인과 동일하게 책임을 지게 되었으며, 이에 따라 국왕의 불법행위에 대한 배상책임을 명문으로 인정하게 되었다. 그러나 동법은 사용인 및 대리인의 개념에 관하여 광범위한 제한규정을 두고 있어 실질적으로 국가의 배상책임을 상당히 제한하고 있어 내용상으로 독일이나 프랑스의 법제에 훨씬 못미치고 있다. 이런 가운데 1987년 법개정을 통하여 군인의 복무중 손해에 대한 국가배상책임의 제한을 평시에는 배제시킨 것은 주목할 만한 개선으로 평가되고 있다.

4. 미국의 국가배상제도

미국에서도 앞에 본 영국에서와 같은 이유로 공무원의 직무상 불법행위로 인한 국가의 배상책임을 비교적 근래에까지 부인하였다. 첫째로는 미국이 영국으로부터 계수한 “국왕은 악을 행할 수 없다”라는 법리에 근거를 둔 주권면책의 원칙에 의하여, 둘째로는 건국초기의 연방 및 주의 재정적 어려움 등으로 인하여 국가배상책임은 일반적으로 인정되지 않았다. 따라서 공무원의 불법행위로 인한 배상책임은 행위자인 공무원 자신이 사인과 동일한 입장에서 책임을 지는 데 그쳤다. 그러나 직무수행의 안정성을 위하여 공무원의 면책특권의 범위가 점차 확대됨에 따라 공무원 개인을 상대로 한 손해배상청구가 어려워졌을 뿐 아니라, 공무원의 배상책임이 인정된다고 하더라도 배상능력의 부족으로 만족할 만한 배상을 기대할 수가 없었다.

이러한 불공정한 점을 시정하고 공무원의 불법행위로 인한 국민의 손해를 국가가 보전하여 주는 제도를 마련하기 위하여 1946년 8월 연방불법행위청구권법(The Federal Tort Claims Act)이 제정되었으며 그에 의하여 비로소 국가의 배상책임이 인정되었다. 이 법은 1948년 5월 연방사법법에 흡수되었는바 동법 제2647조에 의하면, 연방은 같은 상황하에서 사인과 같은 방법 및 같은 정도에서(in the same manner and to the same extent as a private individual under like circumstances) 책임을 지게 되었다. 그러나 미국의 국가배상법 역시 영국과 같이 광범위한 적용배제조항을 둠으로써 주권면책의 원칙을 완전히 포기하지 못하고 있는 실정이다.

Ⅲ. 우리나라의 국가배상제도

1. 헌법상 국가배상청구권의 보장

우리 헌법 제29조 제1항은 "공무원의 직무상 불법행위로 그 손해를 받은 국민은 법률이 정하는 바에 따라 국가 또는 공공단체에 정당한 배상을 청구할 수 있다. 이 경우 공무원 자신의 책임은 면제되지 않는다"라고 규정하고 있고 제2항은 "군인 · 군무원 · 경찰공무원 기타 법률이 정하는 자가 전투 · 훈련 등 직무행위와 관련하여 받은 손해에 대하여는 법률이 정하는 보상 외에 국가 또는 공공단체에 직무상 불법행위로 인한 배상은 청구할 수 없다"라고 규정하여 국가배상청구권을 헌법적으로 보장하고 있다. 즉 위법한 국가작용에 의한 권리침해에 대하여 국민이 구제를 받을 수 있는 수단으로서 손해배상청구권을 명시하여 이를 청구권적 기본권의 하나로 명시하고 있는 것이다. 그러므로 국가의 손해배상에 관한 법률은 손해배상청구권의 요건 · 내용 · 절차 등에 관하여 구체적으로 정할 수 있을 뿐 헌법 제29조 제2항을 제외하고는 손해배상청구권 자체를 부인하거나 본질적으로 침해하는 내용을 규정할 수 없다. 아울러 국가배상청구권의 요건이나 내용을 정함에 있어서 손해배상의 일반법리를 존중하고 그에 위배하여서는 안된다는 것은 국가배상청구권을 기본권의 하나로서 보장하고 있는 헌법정신에 비추어 당연한 일이라고 하겠다.

국가배상청구권의 성격에 대하여는 이를 재산권의 하나로 보는 견해와 청구권적 기본권의 하나로 보는 견해가 있는바 국가에 대하여 일정한 작위(손해배상)를 해 줄 것을 요구하는 내용으로 하는 권리라는 점에서 청구권설이 타당하다.

2. 국가배상법의 제정과 개정

우리의 국가배상법이 현재의 모습에 이르기까지는 매우 복잡한 과정을 거쳤다. 우리의 국가배상법을 제대로 이해하기 위하여는 그 제정 및 개정과정을 알아야 하는바 다음에서는 이에 대하여 간단히 살펴 보기로 한다.

1) 국가배상법의 제정

1951년 9월 8일에 제정된 우리나라의 국가배상법은 전문 5개조로 구성된바 이는 순서만 다를 뿐, 대부분의 그 당시의 법률들이 그러하듯이 일본의 국가배상법을 그대로 옮겨 놓은 것이었다. 제2조에서는 공무원의 직무상 불법행위에 의하여, 그리고 제3조에서는 영조물의 설치·관리의 하자로 인하여 발생된 손해에 대하여(현행법 5조) 국가와 공공단체의 배상책임에 대하여 규정하였다. 그리고 제4조에서는 공무원의 선임·감독 또는 영조물의 설치·관리를 맡은 자와 비용부담자가 동일하지 않은 경우에 비용부담자의 책임에 대하여 규정하였고(현행법 6조), 제5조에서는 외국인의 경우에 상호주의원칙의 적용을 규정하였다(현행법 7조).

2) 1967년 개정 및 그 이후의 변화

이후 동법은 수차례 개정되었는바 특히 1967년 3월 3일의 국가배상법개정은 거의 새로운 법의 제정이라고 불러야 할 만큼 전면적인 개정에 해당하였다. 1967년의 국가배상법 개정의 직접적인 동기는 월남전참가 등으로 국가배상금의 지출의 급격한 증가에 있었다. 1951년 법의 제정 이후 수년 동안 국가배상청구소송은 그리 활발한 편은 아니었으나, 1960년 이후에는 급격히 증가하였다. 당시의 통계에 의하면 1959년에는 1억원이었던 배상액이 1966년에는 10억원 이상을 넘게 되었다. 1967년의 개정내용과 그 이후의 변화를 요약하면 다음과 같다.

가. 배상책임주체의 제한

헌법상으로는 국가배상책임의 주체는 "국가와 공공단체"로 되어 있고 1951년의 법에는 배상책임주체가 국가와 공공단체로 되어 있었으나, 개정된 법은 공공단체를 지방자치단체로 제한시켰다. 이는 배상책임주체를 국가와 공공단체로 하고 있는 헌법규정과 합치되고 있지 않은바 지금까지 위헌시비가 계속되고 있는 실정이다.

나. 전심절차의 도입

1967년의 개정법에는 아울러 국가배상청구소송을 제기하기 전에 반드시 국가배상심의회의 결정을 거치도록 하는 전심절차를 도입하였다. 전심절차를 도입하게 된 동기는 국가 등이 배상책임이 있는 경우에 스스로 배상금을 지급함으로써, 국민과의 사이에 발생될 수 있는 법적 분쟁을 미리 해결할 수 있고, 피해자가 시간과 비용을 절약하여 배상금을 받을 수 있다는 취지였다. 그러나 전심절차에서의 배상결정의 공평성을 기대하기가 어려웠을 뿐만 아니라, 배상결정에 불복하는 경우에도, 전심절차에 소요되는 기간을 허송하기 때문에 국민의 신속한 재판을 받을 권리를 침해한다는 이유로 끊임없이 그 위헌성이 지적되어 왔다.

다행히도 필요적 전심절차는 2000년 12월 29일의 국가배상법개정에 있어서 임의적 전심절차로 변경되어 본인이 원하는 경우에만 국가배상심의회의 결정을 신청할 수 있게 하였다.

다. 신체·생명의 침해에 대한 별도의 배상액 산정기준의 설정

배상금증가의 원인이 주로 월남전에 참여한 군인의 신체·생명의 침해에 있었던바, 이에 따라 개정법률 제3조에서는 사람의 신체·생명의 침해에 대하여는 불법행위에 대한 통상의 손해배상기준에 현저하게 벗어나는 별도의 배상액 산정기준을 마련하였다. 예를 들어 신체의 장해가 생기는 경우에는 장해등급에 따라 피해당시의 월실수액의 5개월 내지 40개월분을 지급하며(법 3조 1항), 사망의 경우에는 사망당시의 월실수액의 12개월 내지 60개월분을 지급하도록 한 바(법 3조 3항), 이는 실질적으로는 국가배상을 단순한 위로금차원으로 전락시킴을 의미하였다. 당연히 학계에서는 동규정이 위헌이라는 비판이 제기되었다. 그러나 당시의 위헌법률심사권한을 가진 대법원은 1970년 1월 29일 판결에서 동 배상기준은 전심절차에 적용될 뿐 법원은 이에 기속되지 않는다는 이유로 합헌판결을 내렸다.[2)]

그러나 당시의 배상기준은 지금과 같이 기속법규형식으로 되었을 뿐 아니라, 당시의 입법자의 의도 역시 명확하였음을 볼 때, 이러한 합헌판결은 설득력이 없었을 뿐 아니라, 법관은 법에 따라 재판하여야 한다는 헌법규정에도 위반되는 것이었다.[3)] 더욱이 대법원판결에 따라 전심절차와 사법절차에 각각 다른 배상액 산정기준이 적용됨으로써, 사실상 전심절차의 취지는 유명무실하게 되었으며, 단지 개인의 권리구제절차만을 지연시키는 결과만을 초래하였다.

구 국가배상법 제3조의 배상기준은 1981년 1월 4일에 개정되어 오늘의 국가배상법 제3조에 이르고 있다. 또한 1997년 12월 13일 개정에서는 종래의 중간이자공제에 있어서 복할인방식(Leibniz식) 대신 단할인방식(Hoffmann식)을 채택하여(법 3조의2 2항 · 3항) 배상기준은 전반적으로 볼 때 민법상의 손해배상의 산정기준에 거의 접근하고 있다. 그럼에도 불구하고 신체 · 생명의 침해에 있어서 위자료산정 및 취업가능기간 · 장해의 등급 · 노동력상실률을 대통령령에 위임함으로써 그러한 한도에서 민법상의 손해배상액과 차이가 날 수 있음을 부인할 수 없다.

판례(국가배상법 제3조 제1항 및 제3항의 기준이 법원을 구속하는지 여부) 국가배상법 제3조 제1항과 제3항의 손해배상 기준은 배상심의회의 배상금 지급기준을 정함에 있어서의 하나의 기준을 정한 것에 지나지 아니하는 것이고 이로써 배상액의 상한을 제한한 것으로 볼 수는 없다 할 것이며 따라서 법원이 국가배상법에 의한 손해배상액을 산정함에 있어서는 같은 법 제3조 소정의 기준에 구애되는 것이 아니라 할 것이니 이 규정은 국가 또는 공공단체에 대한 손해배상청구권을 규정한 헌법 제26조에 위배된다고는 볼 수 없다(대판 1970. 1. 29, 69다1203).

라. 군인 · 군무원의 국가배상청구권의 제한

그러나 1967년의 법개정에서 보다 큰 문제를 야기시킨 것은 국가배상법 제2조 제1항 단서에 군인 · 군무원에 대한 국가배상청구권의 제한규정을 도입한 것이었다. 동 단서규정에 따르면 군인 · 군무원이 직무수행중에 발생한 전사 · 순직 또는 공상으로 인하여 다른 법령의 규정에 의하여 재해보상금 · 유족일시금 · 유족연금을 받을 수 있을 때에는 손해배상을 청구할 수 없도록 하였다. 군인 · 군무원에 대한 국가배상청구권을 제한한 것은, 이들의 직무수행 중에 발생된 사고에 대하여는 군인재해보상법 등에 의하여 보상을 받는바 만일 국가배상법에 따라 별도의 배상을 받는다면 이중배상이 되어, 공평성이 없을 뿐만 아니라 국고손실을 야기시킨다는 이유에서였다. 그러나 이에 대하여 군인재해보상법 등에 의한 보상금은 사회보장적인 성격을 갖는 반면, 국가배상법에 의한 배상금은 국가의 불법행위에 대한 손해배상의 성격을 갖기 때문에 양자는 그 성격이 다르며, 군인 등에 대한 국가배

2) 대판(전원합의체) 1970. 1. 29, 69다1203.
3) 대법원판결에 대한 비판으로는 李鍾極, 法曹, 1970. 5, 10면 이하.

상청구권의 제한은 다른 공무원에 대한 형평성을 상실할 뿐 아니라, 기본권의 본질적 내용의 침해금지에도 위반하여 위헌에 해당한다는 비판이 제기되었다. 대법원은 1971년 6월 22일의 판결에서[4] 동 단서규정은 평등권 및 기본권의 본질적 내용의 침해에 해당한다는 이유로 위헌결정을 내렸다.

그러나 1972년 12월 27일에 제정된 유신헌법에서는 명문으로 군인 · 군무원 · 경찰공무원 및 기타 법률로 정하는 자에 대하여 국가배상청구권을 제한하는 규정을 두어(유신헌법 26조 2항), 위헌법률이 헌법조항이 되는 세계에서도 유례가 없는 상황을 맞게 되었다. 이는 국가배상법 제2조 단서에 대한 위헌시비를 원천적으로 봉쇄하기 위한 것이었다. 사실상 군인 등의 이중배상문제는 국가배상금으로부터 군사원호보상급여금법 등에서 규정된 보상금을 손익상계의 원칙에 따라 공제함으로써 충분히 해결될 수 있었으며 개정당시의 판례 역시 이와 같은 방식으로 문제를 처리하였다.

판례(이중배상이 되지 않기 위하여 손해배상액 산정에 있어서 재해보상금 등을 공제하여야 한다는 판례)

재해보상금 등은 군인 · 군속 등의 복무 중의 봉사 및 희생에 대하여 이를 보상하고 퇴직 후의 생활 또는 유족의 생활을 부조함에 그 사회보장적 목적이 있고 손해배상제도는 불법행위로 인한 손해를 전보하는 데 그 목적이 있으므로 양자는 그 제도의 목적이 다르며, 군인연금법 제41조 등에는 타 법령에 의하여 국고 또는 지방자치단체의 부담으로 같은 법에 의한 급여와 같은 류의 급여를 받는 자에게는 그 급여금에 상당하는 액에 대하여는 같은 법에 의한 급여를 지급하지 않도록 규정하여 불법행위로 인한 손해배상과 같은 성질의 급여가 손해배상과 이중으로 지급되지 않게 하고 있으며, 판례도 양청구권은 경합할 수 있고 같은 성질의 손해전보는 어느 한쪽의 행사에 의하여 만족되면 다른 청구권은 그 범위 안에서 소멸한다는 전제 아래에서 재해보상금, 유족일시금 또는 유족연금이 이미 지급된 경우에는, 손해배상을 명함에 있어서는 같은 성질의 손해액에서 이를 공제하여 손해액을 산정하여야 한다고 하여 같은 성질의 돈이 이중으로 지급되지 않도록 하고 있다(대판 1971. 6. 22, 70다1010).

이후의 2차례에 걸친 헌법개정과정에서 군인 등에 대한 국가배상청구권을 제한하는 헌법조항을 삭제할 기회가 충분히 있었으나 유감스럽게도 지금까지 방치되고 있다. 학설의 일부에서는 헌법규범 상호간에 우열이 있으며 하위의 헌법규정이 상위의 헌법규정에 근본적으로 반하는 경우에는, 하위의 헌법규정은 효력이 없다는 입장에서, 헌법 제29조 제2항은 헌법 제11조 제1항의 평등의 원칙과 인간의 존엄과 가치를 보장한 헌법 제10조에 위배된다는 이유에서 위헌이라고 주장하고 있으나[5] 헌법재판소는 이에 대하여 소극적인 입장을 취하고 있다.[6] 다른 한편 헌법재판소는 민간인이 직무집행 중인 군인과 공동불법행위로 다른 군인에게 공상을 입힌 후 그 피해자에게 배상한 경우에, 공동불법행위자인 군인의 부담부분에 대하여 국가에 대하여 구상권을 인정하여 동법 단서조항의 적용범위를 축소시켰다. 이러한 헌법재판소의 판결과는 달리 이후 대법원은 민간인의 공동불법행위자의 연대책임을 부인하고 민간인은 자신의 부담부분만을 피해자인 군인에게 배상하면 되고, 국가에 대해 구상청구를 할 수 없다는 입장을 취하고 있다.

4) 대판 1971. 6. 22, 70다1010.
5) 李相哲, 國家賠償法 제2조 제1항 但書의 違憲性, 安岩法學 창간호, 1993. 9, 274면 이하.
6) 헌재결 2001. 2. 22, 2000헌바38.

판례 1(헌법상의 개별규정이 위헌심사의 대상이 될 수 있는지 여부) 헌법 및 헌법재판소의 규정상 위헌심사의 대상이 되는 법률은 국회의 의결을 거친 이른바 형식적 의미의 법률을 의미하는 것이므로 헌법의 개별규정 자체는 헌법소원에 의한 위헌심사의 대상이 아니다. 한편, 이념적 · 논리적으로는 헌법규범 상호간의 우열을 인정할 수 있다 하더라도 그러한 규범 상호간의 우열이 헌법의 어느 특정규정이 다른 규정의 효력을 전면적으로 부인할 수 있을 정도의 개별적 헌법규정 상호간에 효력상의 차등을 의미하는 것이라고 할 수 없으므로, 헌법의 개별규정에 대한 위헌심사는 허용될 수 없다(헌재결 2001. 2. 22, 2000헌바38).

판례 2(일반국민이 군인과 공동불법행위로 다른 군인에게 손해를 가하여 손해배상을 한 이후에 공동불법행위자인 군인의 부담부분에 대하여 국가에 대하여 구상권을 행사할 수 있는지 여부) 국가배상법 제2조 제1항 단서 중 군인에 관련되는 부분을, 일반국민이 직무집행 중인 군인과의 공동불법행위로 직무집행 중인 다른 군인에게 공상을 입혀 그 피해자에게 공동의 불법행위로 인한 손해를 배상한 다음 공동불법행위자인 군인의 부담부분에 관하여 국가에 대하여 구상권을 행사하는 것을 허용하지 않는다고 해석한다면, 이는 위 단서 규정의 헌법상 근거규정인 헌법 제29조가 구상권의 행사를 배제하지 아니하는데도 이를 배제하는 것으로 해석하는 것으로서 합리적인 이유없이 일반국민을 국가에 대하여 지나치게 차별하는 경우에 해당하므로 헌법 제11조, 제29조에 위반되며, 또한 국가에 대한 구상권은 헌법 제23조 제1항에 의하여 보장되는 재산권이고 위와 같은 해석은 그러한 재산권의 제한에 해당하며 재산권의 제한은 헌법 제37조 제2항에 의한 기본권제한의 한계 내에서만 가능한데, 위와 같은 해석은 헌법 제37조 제2항에 의하여 기본권을 제한할 때 요구되는 비례의 원칙에 위배하여 일반국민의 재산권을 과잉제한하는 경우에 해당하여 헌법 제23조 제1항 및 제37조 제2항에도 위반된다(헌재결 1994. 12. 29, 93헌바21).

판례 3(민간인과 직무집행중인 군인 등의 공동불법행위로 인하여 직무집행중인 다른 군인 등이 피해를 입은 경우, 민간인의 피해 군인 등에 대한 손해배상의 범위 및 민간인이 피해 군인 등에게 자신의 귀책부분을 넘어서 배상한 경우 국가 등에게 구상권을 행사할 수 있는지 여부) 민간인으로서는 손해 전부를 배상할 의무를 부담하면서도 국가 등에 대한 구상권을 행사할 수 없다고 한다면 부당하게 권리침해를 당하게 되는 결과가 되는 것과 같은 각 당사자의 이해관계의 실질을 고려하여, 위와 같은 경우에는 공동불법행위자 등이 부진정연대채무자로서 각자 피해자의 손해 전부를 배상할 의무를 부담하는 공동불법행위의 일반적인 경우와 달리 예외적으로 민간인은 피해 군인 등에 대하여 그 손해 중 국가 등이 민간인에 대한 구상의무를 부담한다면 그 내부적인 관계에서 부담하여야 할 부분을 제외한 나머지 자신의 부담부분에 한하여 손해배상의무를 부담하고, 한편 국가 등에 대하여는 그 귀책부분의 구상을 청구할 수 없다고 해석함이 상당하다 할 것이고, 이러한 해석이 손해의 공평 · 타당한 부담을 그 지도원리로 하는 손해배상제도의 이상에도 맞는다 할 것이다(대판(전원합의체) 2001. 2. 15, 96다42420).

한편 2005년 7월 13일에는 국가배상법 제2조 제1항 단서의 개정이 있었다. 종전에는 군인 · 군무원 · 경찰공무원 또는 예비군대원이 전투 · 훈련 기타 직무집행과 관련하거나 국방 또는 치안유지의 목적상 사용하는 시설 및 자동차 · 함선 · 항공기 기타 운반기구 안에서 전사 · 순직 또는 공상을 입은 경우에 다른 법령의 규정에 의하여 재해보상금 · 유족연금 등의 보상을 지급받을 수 있을 때에는 국가배상청구를 할 수 없게 하였다. 그러나 개정법률은 국가배상청구를 할 수 없는 경우를 전투 · 훈련 등 직무집행과 관련하여 전사 · 순직 또는 공상을 입은 경우로 제한하고 있다. 동법의 개정취지는 국가배상청구권의 배제를 전투 · 훈련 등 이에 준하는 직무행위에 제한시킴으로써 일반적 직무행위의 수행과정에서 받은 손해에 대하여는 국가배상청구권을 행사할 수 있도록 하여, 그동안 다른 공무원에 비하여 불합리한 차별을 받아오던 경찰공무원의 보상체계를 부분적으로 개선하려는 데 목적을 두고 있다. 그러나 군인 · 군무원 · 경찰공무원 등이 자신들의 일반적 직무행위에 의하여 손해를 입은 경우에는 국가배상을 청구할 수 있게 하고, 전투 · 훈련 등의 직무행위와 관련하여 전사 · 순직 또는 공상을 당한 경우에는 국가배상액 수준에 못미치는 「국가유공자 등 예우 및 지원에 관한 법률」에 의하여 보상을 받도록 하는 이번 개정법률 역시 형평성과 합리성이 결여되고 있다. 판례 역시 국가배상법 제2조 제1항 단서의 개정취지에도 불구하고, 개정된 단서조항은 개정전 조항과 마찬가지로 군인 · 군무원 · 경찰공무원 등의 전투 · 훈련 또는 이에 준하는 직무집행뿐만 아니라 '일반적 직무집행'에 관하여도 국가나 지방자치단체의 배상책임을 제한한다고 판시하였다.

최근 대법원은 헌법 제29조 제2항과 국가배상법 제2조 제1항 단서의 이중배상금지 원칙은 국가배상청구에 앞서 다른 보상금을 먼저 지급받은 때에 적용되지만, 이와 반대로 국가배상을 먼저 받은 뒤 보상금을 받을 때에는 적용되지 않는다는 입장을 취하여 이중배상금지의 원칙의 적용을 제한하여 국가유공자 등의 권리 보호를 확대하였다. 궁극적으로 헌법개정시에 헌법 제29조 제2항 및 국가배상법 제2조 제1항 단서를 삭제하거나 또는 「국가유공자 등 예우 및 지원에 관한 법률」과 「군인 재해보상법」의 보상수준을 국가배상법의 배상수준과 거의 동일한 수준으로 상향시키는 것이 타당하다.

한편, 개정된 국가배상법 제2조 제3항은 전사하거나 순직한 군인, 군무원, 경찰공무원 또는 예비군 대원의 유족이 정신적 고통에 대한 위자료를 청구할 수 있도록 규정하고 있다.

판례 1(개정된 국가배상법 2조 1항 단서 조항이 군인 등의 일반적 직무집행행위를 포함하는지 여부)
경찰공무원이 낙석사고 현장 주변 교통정리를 위하여 사고현장 부근으로 이동하던 중 대형 낙석이 순찰차를 덮쳐 사망하자, 도로를 관리하는 지방자치단체가 국가배상법 제2조 제1항 단서에 따른 면책을 주장한 사안에서, 경찰공무원 등이 '전투 · 훈련 등 직무집행과 관련하여' 순직 등을 한 경우 같은 법 및 민법에 의한 손해배상책임을 청구할 수 없다고 정한 국가배상법 제2조 제1항 단서의 면책조항은 구 국가배상법(2005. 7. 13. 법률 제7584호로 개정되기 전의 것) 제2조 제1항 단서의 면책조항과 마찬가지로 전투 · 훈련 또는 이에 준하는 직무집행뿐만 아니라 '일반 직무집행'에 관하여도 국가나 지방자치단체의 배상책임을 제한하는 것이라고 해석하여, 위 면책 주장을 받아들인 원심판단은 정당하다(대판 2011. 3. 11, 2010다85942).

판례 2(공상을 입은 군인이 국가로부터 손해배상을 받았더라도 추가로 국가유공자 보상금을 받을 수 있는지 여부) 국가배상법 제2조 1항 단서는 다른 법령에 따라 보상을 지급받을 수 있을 때에는 국가배상법 등에 따른 손해배상을 청구할 수 없다고 규정하고 있지만, 국가유공자법은 국가배상법에 따른 손해배상금을 지급받은 자를 보상금 등 보훈급여금의 지급대상에서 제외하도록 하는 규정을 두고 있지 않다. 따라서 국가유공자 요건에 해당해 보상금 등 보훈급여금을 지급받을 수 있는 경우에는 국가배상법 제2조 1항 단서에 따라 국가를 상대로 국가배상을 청구할 수 없다고 봐야 하지만, 이와 달리 국가배상법에 따라 손해배상금을 지급받은 다음 국가유공자법이 정한 보상금 등 보훈급여금의 지급을 청구하는 경우에는 지급을 거부할 수 없다. 국가유공자법 등에 의한 보상을 받을 수 있는 경우 추가로 국가배상법에 따른 손해배상청구를 하지 못한다는 것을 넘어 국가배상법상 손해배상금을 받은 경우 일률적으로 보훈급여금의 지급을 금지하는 취지로까지 해석하기 어렵다(대판 2017. 3. 9, 2014두40012).

---

3. 국가배상법의 적용범위

1) 국가배상법과 특별법 및 민법과의 관계

국가배상법 제8조는 "국가 또는 지방자치단체의 손해배상의 책임에 관하여는 이 법의 규정에 의한 것을 제외하고는 민법의 규정에 의한다. 다만, 민법 이외의 법률에 다른 규정이 있을 때에는 그 규정에 의한다"라고 규정하여 동법이 국가작용으로 인한 손해배상에 대한 일반법임을 명시하고 있다. 따라서 국가배상에 관하여 특별법이 있는 경우에는 특별법이 우선적으로 적용되며, 국가배상법 및 특별법에 규정되어 있는 사항 이외에는 민법이 보충적으로 적용된다. 국가배상에 관한 특별법으로는 무과실책임을 인정하고 있는 환경정책기본법 제44조 제1항(환경오염에 의한 피해에 대한 손해배상), 원자력손해배상법 제3조(국공영원자력사업으로 인한 손해), 책임의 범위나 손해배상액을 정형화하고 있는 우편법 제38조 내지 제44조 및 전기통신사업법 제33조 등이 있다.

한편, 국가배상법 제2조 제1항 본문 후단에서는 "… 자동차손해배상보장법의 규정에 의하여 손해배상의 책임이 있는 때에는 이 법에 의하여 그 손해를 배상하여야 한다"고 규정하고 있는바, 공무원이 공무수행의 목적으로 관용차운행 도중에 인신사고를 일으킨 경우에는 국가는 특별법인 자동차손해배상보장법에 따라 배상책임을 지나, 그 청구절차나 손해배상액은 국가배상법에 따른다고 보아야 할 것이다.

판례(공무원이 직무를 집행하기 위하여 관용차를 운행한 경우에 자동차손해배상보장법 제3조의 '자기를 위하여 자동차를 운행하는 자'로 볼 수 있는지 여부) 자동차손해배상보장법 제3조 소정의 "자기를 위하여 자동차를 운행하는 자"라고 함은 자동차에 대한 운행을 지배하여 그 이익을 향수하는 책임주체로서의 지위에 있는 자를 뜻하는 것인바, 공무원이 그 직무를 집행하기 위하여 국가 또는 지방자치단체 소유의 관용차를 운행하는 경우, 그 자동차에 대한 운행지배나 운행이익은 그 공무원이 소속한 국가 또는 지방자치단체에 귀속된다고 할 것이고, 그 공무원 자신이 개인적으로 그 자동차에 대한 운행지배나 운행이익을 가지는 것이라고는 볼 수 없으므로, 그 공무원이 자기를 위하여 관용차를 운행하는 자로서 같은 법조 소정의 손해배상책임의 주체가 될 수는 없다(대판 1992. 2. 25, 91다12356).

2) 공공단체의 배상책임

헌법 제29조 제1항은 배상책임의 주체를 국가와 공공단체로 규정하고 있음에도 불구하고, 국가배상법은 배상책임의 주체를 국가와 지방자치단체로 하고 있다. 이에 따라 영조물법인, 공공조합, 공공재단 등 공공단체는 자신의 활동에 대하여, 그것이 공행정작용에 해당하든 또는 사경제작용에 해당하든 국가배상법이 아닌 민법에 의한 손해배상책임을 지게 된다. 그러나 오늘날 대부분의 급부행정이 공공단체에 의하여 수행되고, 이들이 실질적으로 공행정에 해당됨을 볼 때, 공공단체의 활동에 대하여도 국가배상법이 적용되어야 할 것이다. 따라서 현재 배상책임의 주체를 국가와 지방자치단체에 제한시키고 있는 국가배상법은 체계정당성에 위반된다고 할 것이다. 이와 관련하여 ① 헌법 제29조의 취지에 반한다는 견해,[7] ② 제2조와 제5조에 국가 · 지방자치단체뿐만 아니라 기타 공공조합 · 영조물법인 등의 공공단체가 포함되는 예시적 의미로 해석하여야 한다는 견해, ③ 제2조와 제5조를 공공단체의 공행정작용에 유추적용하여야 한다는 견해가[8] 주장되고 있다.

7) 洪準亨, 行政法, 557면.
8) 朴均省, 行政法講義, 509면.

판례 1(민법 750조에 의한 농지개량조합의 손해배상책임을 인정한 판례) 농지개량조합이 저수지를 축조하기 전에는 누수가 없었는데 저수지축조 후에 누수가 있어 원고들의 전답 작물에 피해가 있었고 위 조합이 누수차단공사를 실시한 후에도 누수가 계속되고 있다면 그것은 저수지축조시에 누수방지를 잘하지 못한 때문이라고 보아야 하고 그로 인한 손해는 위 조합이 배상하여야 한다(대판 1990. 6. 22, 90다카483).

판례 2(민법 758조에 의한 한국철도시설공단의 손해배상책임을 인정한 판례) 이 사건 철로의 설치·관리자인 피고 한국철도시설공단은 이 사건 철로 건설 후에도 이를 관리하면서 열차 운행으로 인하여 참을 한도를 넘는 소음·진동 피해가 발생하지 않도록 하여야 할 주의의무가 있다. 피고 공단이 이러한 주의의무를 다하지 않아 이 사건 철로를 통한 열차 운행으로 인해 참을 한도를 넘는 피해가 발생한 경우에는 민법 제758조 제1항에 따라 그 손해를 배상할 책임이 있다(대판 2017. 2. 15, 2015다23321).

최근 판례는 공법인(공공단체)이라고 하더라도 국가로부터 위탁받은 공행정사무를 집행하는 과정에서 공법인의 임직원이나 피용인이 고의 또는 과실로 법령을 위반하여 타인에게 손해를 입힌 경우에는, 공법인은 위탁받은 공행정사무에 관한 행정주체의 지위에서 배상책임을 부담하여야 한다고 판시하면서 대한변호사협회의 국가배상책임을 인정하였다. 이 판례를 일반화한다면, 공공단체는 국가로부터 위탁받은 공행정사무를 집행하는 과정에서 타인에게 손해를 입힌 경우에는 행정주체로서 국가배상책임을 부담한다고 볼 것이다.

판례(공법인으로서 대한변호사협회가 위탁받은 공행정사무를 집행하는 타인에게 손해를 입힌 경우에는 행정주체로서 국가배상책임을 부담한다는 판례) 공법인이 국가로부터 위탁받은 공행정사무를 집행하는 과정에서 공법인의 임직원이나 피용인이 고의 또는 과실로 법령을 위반하여 타인에게 손해를 입힌 경우에는, 공법인(사안: 대한변협)은 위탁받은 공행정사무에 관한 행정주체의 지위에서 배상책임을 부담하여야 하지만, 공법인의 임직원(사안: 협회장)이나 피용인은 실질적인 의미에서 공무를 수행한 사람으로서 국가배상법 제2조에서 정한 공무원에 해당하므로 고의 또는 중과실이 있는 경우에만 배상책임을 부담하고 경과실이 있는 경우에는 배상책임을 면한다(대판 2021. 1. 28, 2019다260197).

3) 외국인에 대한 상호주의적용

국가배상법은 외국인이 피해자인 경우에는 상호의 보증이 있는 때에 한하여 적용한다(법 7조). 다른 한편 주한미국군대 및 한국군증원군(KATUSA)의 직무행위 및 그들이 점유·관리하는 시설 등의 설치 또는 관리의 하자로 인한 손해에 대하여는 국가배상법이 정하는 바에 따라 대한민국에 손해배상을 청구할 수 있도록 되어 있다(주한미군 사법 2조).

판례 1(대한민국과 중화민국 사이에 국가배상법상 상호주의가 적용되는지 여부) 중화민국 민법 제188조·제192조·제197조에 외국인도 중화민국을 상대로 피용인의 직무집행시의 불법행위에 인한 재산상 및 정신상 손해를 배상하도록 규정되어 있으므로 중화민국과 우리나라 사이에 국가배상법 본조에 이른바 외국인이 피해자인 경우에 상호의 보증이 있는 때에 해당한다(대판 1968. 12. 3, 68다1929).

판례 2(국가배상법 제7조에서 정한 '상호보증'이 있는지 판단기준 및 대한민국과 일본 사이에 국가배상법상 상호주의가 적용되는지 여부) 일본인 甲이 대한민국 소속 공무원의 위법한 직무집행에 따른 피해에 대하여 국가배상청구를 한 사안에서, 일본 국가배상법 제1조 제1항, 제6조가 국가배상청구권의 발생요건 및 상호보증에 관하여 우리나라 국가배상법과 동일한 내용을 규정하고 있는 점 등에 비추어 우리나라와 일본 사이에 국가배상법 제7조가 정하는 상호보증이 있다고 보아야 한다(대판 2015. 6. 11, 2013다208388).

4. 국가배상법의 법적 성격

국가배상법의 법적 성격에 대하여는 학설에서 공법설과 사법설이 대립되고 있는바 이는 바로 동법에 근거한 국가배상청구권이 공법상의 청구권인지 또는 사법상의 청구권인지의 대립이기도 하다.

1) 사법설

사법설은 국가배상법을 손해배상에 관한 민법의 특별법으로 본다. 우리 헌법은 공권력주체로서 국가가 종래 누리고 있던 주권면책특권을 포기하고 국가를 사인과 동일한 지위에 두어, 그 배상책임을 인정하고 있으므로 국가배상책임은 일반불법행위책임의 한 유형이라고 한다. 국가배상청구권은 원인행위 그 자체의 법률효과라기보다는 손해에 대하여 법이 부여한 법률효과라고 할 수 있으며, 배상청구원인이 공법적인 것인지 또는 사법적인 것인지 가릴 필요가 없다고 한다. 또한 국가배상법 제8조의 규정은 동법의 민법에 대한 특별법적인 성격을 나타낸 것이라고 볼 수 있다고 한다. 아울러 행정소송법 제10조 제1항 및 제2항은 "당해 처분과 관련되는 손해배상 …… 등 청구소송"을 취소소송에 병합할 수 있도록 규정하고 있는바, 이것은 위법한 행정작용으로 인한 손해배상의 청구는 원칙적으로 민사소송절차에 의한 것임을 전제로 하여 그와 같은 민사상의 청구를 이질적인 행정소송에 병합한 것이라고 보아야 한다는 등의 이유들을 제시하고 있다.[9] 판례 역시 사법설에 입각하여 국가배상청구사건을 통상의 민사소송사건으로 다루고 있다.

판례(국가배상법의 법적 성격) 공무원의 직무상 불법행위로 손해를 받은 국민이 국가 또는 공공단체에 배상을 청구하는 경우 국가 또는 공공단체에 대하여 그의 불법행위를 이유로 손해배상을 구함은 국가배상법이 정한 바에 따른다 하여도 이 역시 민사상의 손해배상책임을 특별법인 국가배상법이 정한데 불과하다(대판 1972. 10. 10, 69다701).

2) 공법설

이에 대하여 다수설인 공법설에 따르면 공행정작용은 민법이 예정하는 사경제작용과는 근본적으로 성격을 달리 하는 것이므로 민법과 국가배상법 사이에는 일반법 · 특별법의 관계가 성립할 수 없으며, 국가배상법은 공행정작용 및 공공시설운영관계에서 발생한 배상책임에 관하여 규정하는 특수한 법분야를 규율하는 공법이라는 것이다. 다시 말하면 우리의 법체계가 공법과 사법의 이원적 체계를 인정하고 있는 이상 공법적 원인에 의하여 발생한 손해에 대한 배상법은 공법으로 보지 않을 수 없다고 한다. 국가배상법이 공법임을 뒷받침하고 있는 실정법적 근거는 국가배상법 제9조가 민법과는 달리 전심절차를 두고 있으며, 행정소송법 제3조 제2호의 "행정청의 처분 등을 원인으로 하는 법률관계의 소송"으로서 당사자소송에는 당연히 국가배상청구소송이 포함되고 있다고 한다. 또한 행

9) 李尙圭, 新行政法論(上), 590면.

정소송법 제10조 제1항 및 제2항의 취소소송과 관련청구소송의 병합제기에 있어서 관련청구소송에는 민사소송뿐만 아니라 행정소송으로서 당사자소송도 포함된다고 주장하고 있다.[10)]

3) 결 어

공 · 사법에 구별기준에 따라 판단하여 볼 때 국가배상법은 국가 및 지방자치단체에만 전적으로 배상책임의 의무를 귀속시키기 때문에(귀속설) 공법(公法)에 해당된다고 할 것이다. 국가배상법은 공법적 원인에 의하여 발생된 손해에 대한 국가 등의 배상책임을 규정한 공법이라고 할 것이다. 사법설은 먼저 헌법이 국가의 주권면책특권을 부인하고 사인과 동일한 지위에서 그 배상책임을 인정하고 있기 때문에, 국가배상책임을 민법상의 불법행위책임의 한 유형에 지나지 않는다고 한다. 그러나 국가의 주권면책특권을 포기하고 그 배상책임을 인정하였다고 하여, 곧바로 그 성질이 민사상의 불법행위책임의 한 유형에 불과한 것이라고 보아야 할 필연적인 이유가 없다. 개인이 국가에 의존하고 있는 현대 급부행정국가에 있어서는, 국가는 사인과 동일한 지위에서 책임을 지는 것이 아니라, 과실의 객관화현상 및 무과실책임의 발전 등에서 보는 것과 같이, 오히려 사인보다 더 강하게 책임지도록 요구되고 있는 것이다. 국가배상청구권은 헌법상 보장된 기본권으로서 공권이며, 향후 국가배상청구사건은 행정소송법 제3조 제2호에 따라 당사자소송으로 다루는 것이 바람직할 것이다.

제 2 항 공무원의 직무상 불법행위로 인한 손해배상

Ⅰ. 배상책임의 구조(성질)

국가배상법 제2조 제1항은 "국가 또는 지방자치단체는 공무원 또는 공무를 위탁받은 사인(이하 '공무원'이라 한다)이 직무를 수행하면서 고의 또는 과실로 법령을 위반하여 타인에게 손해를 가하거나, 자동차손해배상보장법의 규정에 의하여 손해배상의 책임이 있는 때에는 이 법에 의하여 그 손해를 배상하여야 한다"라고 규정하여 공무원의 직무상 불법행위에 대한 국가 및 지방자치단체의 손해배상책임에 대하여 규정하고 있다. 아울러 동법 제2조 제2항에서는 공무원이 고의 또는 중대한 과실이 있는 때에는 국가 또는 지방자치단체는 그 공무원에게 구상할 수 있도록 하고 있다.

학설에서는 공무원의 직무상 불법행위로 인한 손해배상에 대한 국가 등의 배상책임의 구조에 대하여 견해가 대립되고 있다.[11)]

1. 대위책임설(간접책임설)

대위책임설은 국가배상법 제2조 제1항의 책임은 국가의 직접적인 책임을 규정한 것이 아니라 원래 공무원개인이 지는 책임을 국가가 대신하여 지는 책임이라고 한다. 공무원의 위법한 직무행위는 국가의 행위로 볼 수 없는 공무원의 행위이며, 그러한 행위의 결과는 국가에 귀속시킬 수 없기 때문에 손해배상청구권은 일단 공무원 개인에 대하여 발생되나, 배상능력이 없는 공무원을 대신하여 재정적 능력이 있는 국가가 책임을 진다고 하는 견해이다. 이 설에 의하면 국가는 자신의 책임이 아닌

10) 金道昶, 一般行政法論(上), 616면; 金南辰/金連泰, 行政法 I, 492면.
11) 國家賠償의 責任構造에 대하여는 鄭夏重, 國家責任과 公務員責任, 判例月報, 1996. 7, 29면 이하 참조.

데도 공무원을 대신하여 피해자에게 배상하였으므로 공무원에게 구상할 수 있게 됨은 물론이다. 한편 동법 제2조 제2항은 공무원에게 고의 · 중과실이 있는 경우에만 구상권을 인정하고 있는바 이것은 공무원의 직무의욕의 저하와 사무정체를 방지하기 위한 입법정책적 고려에 의한 것이라고 한다.[12)]

2. 자기책임설(직접책임설)

국가 등이 지는 배상책임은 공무원을 대신하여 지는 책임이 아니고 국가가, 비록 형식적으로는 그의 기관인 공무원의 행위이기는 하나, 실질적으로는 자신의 행위에 대하여 직접 책임을 진다고 하는 것이 자기책임설의 입장이다. 자기책임설은 국가는 그의 기관인 공무원을 통하여 행위하는 것이기 때문에 공무원의 직무행위는 그 위법여부에 관계없이 국가에 그 효과가 귀속된다는 데 그 논거를 두고 있다.[13)]

3. 중 간 설

중간설에 따르면 공무원의 고의 · 중과실에 대한 국가의 배상책임은 대위책임이나 경과실에 대한 책임은 자기책임의 성격을 갖는다고 한다.[14)] 이는 국가배상법 제2조 제2항이 고의 · 중과실의 경우에만 공무원에 대한 구상권을 인정하고 경과실에 대하여는 구상권을 인정하지 않고 있다는 것을 그 논거로 하고 있다. 그러나 공무원의 주관적인 요소인 고의 · 중과실에 따라 책임의 구조가 바뀐다는 것은 설득력이 없다고 보아야 할 것이다.

4. 절 충 설

한편, 일설은[15)] 공무원의 선택적 청구권과 관련된 판례의 입장을 고려하여 공무원의 경과실의 경우에는 공무원의 직무행위는 기관행위의 품격을 갖기 때문에 국가는 자기책임을 부담하며, 공무원의 고의 · 중과실의 경우에는 기관행위의 품격을 상실하여 공무원 개인이 책임을 지나, 이 경우에도 공무원의 행위가 직무행위로서 외형을 갖춘 경우에는 국가가 중첩적으로 책임을 부담하고 여기서 국가의 책임은 자기책임의 성질을 갖는다고 한다. 그러나 공무원의 주관적 요소인 고의 · 중과실 여부에 따라 행위의 성격이 변화하는 것은 아니며, 배상책임의 구조와 공무원에 대한 선택적 청구권은 불가분의 관계가 있는 것은 아니므로 절충설은 독자적 의미를 갖지 않는다.

5. 결　　어

자기책임설이 타당할 것이다. 대위책임설은 국가는 불법을 행할 수 없으며, 따라서 불법을 행할 수 있는 공무원만이 책임져야 하는 것을 재정적 이유로 하여 국가가 대신 책임을 진다는 이른바 국가무책임사상에서 연유되는 책임구조에 해당하는바 이는 오늘날 법치국가의 헌법구조에 합치되지 않는 책임구조이다. 이러한 대위책임설은 위헌법률심사제도와 더불어, 공권력의 행사 · 불행사로 인한 기본권침해에 대하여 헌법소원을 인정하고, 명령 · 규칙 · 처분의 위법성에 대한 대법원의 최종적 심사권을 규정함으로써 국가의 불법행위능력을 명백히 인정하고 있는 우리 헌법과도 합치될 수 없음은

12) 金道昶, 一般行政法論(上), 636면; 朴鈗炘/鄭亨根, 最新行政法講義(上), 594면.
13) 權寧星, 憲法學原論, 609면.
14) 李尙圭, 新行政法論(上), 612면.
15) 金東熙/崔桂暎, 行政法 Ⅰ, 584면.

물론이다. 아울러 대위책임설은 원래 공무원 개인이 져야 할 책임을 국가가 대신하여 진다는 논리에 따라, 공무원개인의 고의 · 과실을 배상책임의 요건으로 하기 때문에 과실책임주의를 피할 수 없으며, 이에 따라 위법 · 무과실의 경우에는 국가 등의 배상책임을 부인하게 되는 취약점을 갖고 있다.

프랑스 국가배상법이나 독일의 신국가배상법에서 보는 바와 같이 오늘날의 발전된 국가배상책임이론은 이러한 자기책임설에 기초하고 있다. 국가 등의 자기책임구조는 공법상의 법률관계의 구조에서 도출된다. 공법상의 법률관계는 외부법관계와 내부법관계로 나누어지며, 외부법관계는 공법상의 법인격을 가진 국가 등의 행정주체와 개인간의 법률관계로서 이들간의 권리와 의무를 규율하는 반면, 내부법관계는 국가 등 행정주체와 공무원간의 법률관계로서 이들간의 권리와 의무를 규율하고 있다. 국민 개개인의 법률관계의 상대방은 항상 국가이며, 따라서 개인과 공무원간에는 법률관계가 성립되지 않는다. 공무원은 단지 국가가 국민에 대하여 갖고 있는 권리와 의무의 집행자로서만 외부에 나타나며, 그의 법적 효과는 적법하든 위법하든 모두 국가에 귀속된다. 국가는 비록 그것이 공무원에 의하여 행하여졌다고 하더라도 자신의 법적 의무위반에 대하여 스스로 피해자인 개인에 대하여 직접 책임을 져야 한다. 이러한 자기책임설에 의하면 공무원의 직무행위가 위법하기만 하면, 고의 · 과실에 불문하고 국가의 배상책임이 성립하게 되어 국가배상책임은 무과실책임화하게 된다.

Ⅱ. 배상책임의 요건

공무원의 직무상 불법행위에 대한 국가 및 지방자치단체의 손해배상책임이 성립하기 위하여는 ① 공무원 또는 공무를 위탁받은 사인(이하 '공무원'이라 한다)이, ② 직무를 집행하면서 한 행위, ③ 법령에 위반한 행위, ④ 고의 · 과실로 인한 행위, ⑤ 타인에게 손해를 입힐 것의 요건이 충족되어야 한다.

1. 공무원 또는 공무를 위탁받은 사인

국가 등이 배상책임을 지게 되는 손해는 공무원이 그 직무를 집행하면서 가한 것이어야 한다. 여기서 공무원이라 함은 기능적 의미의 공무원을 가리키며, 국가공무원법 및 지방공무원법 등에 의하여 공무원신분을 가진 자뿐만 아니라 널리 공무를 위탁받아 그에 종사하는 모든 자를 포함한다. 판례는 이러한 취지에서 통장, 소집중인 예비군대원, 시청소운전사, 지방자치단체에 근무하는 청원경찰, 교통할아버지 등을 공무원의 개념에 포함시키고 있다. 다만 판례는 과거 한 때 의용소방대원의 경우에 공무원의 성격을 부인한 바 있었으나 타당하게도 이에 대하여 비판이 제기되고 있다. 화재진압을 위하여 소집되어 소방업무에 종사하는 의용소방대원은 당연히 국가배상법상의 공무원으로 보아야 할 것이다.

2009년 10월 21에 개정된 국가배상법 제2조 제1항은 종전 "공무원"을 "공무원 또는 공무를 위탁받은 사인"으로 변경하여 학설과 판례의 입장을 반영하고 있다. "공무를 위탁받은 사인"의 범위와 관련하여 학설에서는 논란이 되고 있는바, 행정권한을 위탁받은 강학상의 "공무수탁사인"(공증인, 자동차검사대행업자, 토지수용권을 행사하는 사기업, 민영교도소 등)은 당연히 이에 포함될 것이다. 행정임무를 자기책임하에 수행함이 없이 순수한 기술적인 집행만을 떠맡은 "행정보조인"(자동차견인업자, 생활폐기물의 수집 · 운반 및 처리업자 등)이 어떤 경우에 "공무를 위탁받은 사인"으로 볼 수 있는지 문제가 되고 있다. 여기서 행정보조인이 행정주체의 지시나 영향력에 예속되어 임무수행상 행정주체의 도구로 간주될 수 있는지 여부에 초점을 맞추어야 할 것이다(이른바 도구이론). 이는 행정주체의 임무의 성격, 이러한 임무와 행정보조인에 위탁된 활동과의 연관성의 밀접도, 공법상 의무에 대한 행정보조인의 기속정도에 따라 상이하게 판단될 것이다. 행정임무의 권력적 성격이 강하게 나타날수록, 행정주체의 임무와 행정보조인에 위탁된 업무의 관련성이 밀접할수록 행정보조인을 행정주체의 도구로 간주하여 "공무를 위탁받은 사인"으로 보는 것이 타당할 것이다. 이러한 관점에서 독일의 판례는 견인업체에 의한 차량견인과정에서 발생된 손해에 대하여 국가배상책임을 인정하고 있다.[16] 한편 판례는 공법인인 구 한국토지공사(현재 한국토지주택공사)의 국가배상법상의 공무원(공무를 위탁받은 사인의 지위)의 성격을 부인하고 행정주체의 성격을 인정하고 있는바, 타당한 견해라고 할 것이다. 만일 사법인(私法人)이 대집행의 권한을 법령에 의하여 부여받은 경우에는 공무수탁사인의 지위를 갖게 되어 국가배상법 제2조 제1항의 의미의 "공무를 위탁받은 사인"이 되지만, 구 한국토지공사는 공법인(公法人)으로서 법령의 위탁에 따라 권한이 주어진 행정주체의 지위를 갖기 때문이다.

판례 1(통장이 국가배상법 제2조의 공무원에 해당하는지 여부) 국가배상법 제2조 소정의 "공무원"이라 함은 국가공무원법이나 지방공무원법에 의하여 공무원으로서의 신분을 가진 자에 국한하지 않고, 널리 공무를 위탁받아 실질적으로 공무에 종사하고 있는 일체의 자를 가리키는 바, 주민등록법 제14조와 같은 법시행령 제7조의2 등에 의하면 주민등록 전입신고를 하여야 할 신고의무자가 전입신고를 할 경우에는 신고서에 관할이장(시에 있어서는 통장)의 확인인을 받아 제출하도록 규정되어 있는 점 등에 비추어보면 통장이 전입신고서에 확인인을 찍는 행위는 공무를 위탁받아 실질적으로 공무를 수행하는 것이라고 보아야 하므로, 통장은 그 업무범위 내에서는 국가배상법 제2조 소정의 공무원에 해당한다(대판 1991. 7. 9, 91다5570).

판례 2(교통할아버지 봉사원이 국가배상법 제2조의 공무원에 해당하는지 여부) 원심이 이 사건 사실관계에 터잡아, 피고가 '교통할아버지 봉사활동' 계획을 수립한 다음 관할 동장으로 하여금 '교통할아버지' 봉사원을 선정하게 하여 그들에게 활동시간과 장소까지 지정해 주면서 그 활동시간에 비례한 수당을 지급하고 그 활동에 필요한 모자, 완장 등 물품을 공급함으로써, 피고의 복지행정업무에 해당하는 어린이 보호, 교통안내, 거리질서 확립 등의 공무를 위탁하여 이를 집행하게 하였다고 보아, 소외인은 '교통할아버지' 활

---

16) BGH NJW 1978, 2502.

동을 하는 범위 내에서는 국가배상법 제2조에 규정된 지방자치단체의 '공무원'이라고 봄이 상당하다고 판단한 것은 수긍되고 거기에 법리오해 등 상고이유로 주장된 바와 같은 위법은 없다(대판 2001. 1. 5, 98다39060).

판례 3(한국토지공사가 국가배상법 제2조상의 공무원에 해당하는지 여부) 한국토지공사는 구 한국토지공사법 제2조, 제4조에 의하여 정부가 자본금의 전액을 출자하여 설립한 법인이고, 같은 법 제9조 제4호에 규정된 한국토지공사의 사업에 관하여는 공익사업을 위한 토지 등의 취득 및 보상에 관한 법률 제89조 제1항, 위 한국토지공사법 제22조 제6호 및 같은 법 시행령 제40조의3 제1항의 규정에 의하여 본래 시 · 도지사나 시장 · 군수 또는 구청장의 업무에 속하는 대집행권한을 한국토지공사에게 위탁하도록 되어 있는바, 한국토지공사는 이러한 법령의 위탁에 의하여 대집행을 수권받은 자로서 공무인 대집행을 실시함에 따르는 권리 · 의무 및 책임이 귀속되는 행정주체의 지위에 있다고 볼 것이지 지방자치단체 등의 기관으로서 국가배상법 제2조 소정의 공무원에 해당한다고 볼 것은 아니다(대판 2010. 1. 28, 2007다82950, 82867).

2. 직무행위

1) 직무행위의 범위

공무원의 직무행위에는 원칙적으로 모든 행정작용과 입법작용 및 사법작용이 포함된다. 입법작용과 사법작용에 의하여 개인에게 손해가 발생될 경우 그 배상책임의 여부에 관하여는 논란이 되고 있다. 이에 대하여는 별도로 후술하기로 한다. 행정작용에 있어서도 국가배상법 제2조 제1항의 직무행위의 범위에 대하여 다툼이 되고 있다.

가. 협의설

국가배상법 제2조 제1항의 의미의 직무행위는 권력작용, 즉 명령과 강제작용만을 내용으로 한다고 한다.[17] 이는 국가배상법의 연혁적 이유에 그 근거를 두고 있는 견해로서 국가배상법이 성립될 당시 국가배상의 대상이 되는 행정작용은 주로 권력작용이었다는 데 그 이유를 두고 있다. 그러나 권력행정뿐만 아니라 관리행정이 주요한 영역을 차지하고 있는 오늘날의 급부행정국가에서는 타당하지 않은 이론이다.

나. 광의설

광의설은 국가배상법 제2조 제1항의 직무행위를 권력작용뿐만 아니라 관리작용까지도 포함하여 모든 공행정작용을 포함하는 것으로 이해하고 있다.[18] 동설에 따르면 공행정작용이면 권력작용이나 관리작용을 불문하고 동법 제2조 제1항의 직무행위로 보아야 하는 반면, 사인상호간의 행위와 성질을 같이하는 국가의 사경제작용은 동일한 성질의 관계에는 동일한 법을 적용하여야 한다는 일반법리에 따라 민법의 적용대상이 되어야 한다고 주장한다. 현재 다수설이다.

다. 최광의설

이는 본조의 직무행위를 국가 등의 공행정작용뿐만 아니라 사경제적 작용까지도 포함한다고 한다. 이는 국가배상법의 법적 성질을 사법으로 보는 학자들의 견해이다.[19] 동설에 따르면 헌법 제29조

17) 李種極, 新行政法(上), 1961, 516면.
18) 金道昶, 一般行政法論(上), 624면; 朴鈗炘/鄭亨根, 最新行政法講義(上), 596면.
19) 李尙圭, 新行政法論(上), 595면.

제1항이나 국가배상법 제2조 제1항은 공무라는 표현을 사용하지 않고 직무라는 표현을 사용하고 있고, 만일 국가 등의 사경제작용을 직무행위에서 제외하여 민법의 적용대상으로 하면, 국가는 사용자책임에 따라 공무원의 선임 · 감독상의 주의의무이행을 입증함으로써 면책되기 때문에(민법 756조), 국가의 사경제작용에도 국가배상법을 적용하는 것이 피해자에게 유리하다고 한다.

라. 결 어

국가배상제도를 일찍부터 발전시킨 독일 · 프랑스의 경우 연혁상으로도 또한 실정법적으로도 국가배상의 대상인 직무행위는 권력작용과 관리작용을 포함하는 공행정작용에 제한되고 있다. 그에 대하여 우리의 경우 국가배상법은 단순히 직무라고만 표현하고 있어 문리상으로 양설이 다 수용될 수가 있다. 그런데 우리의 경우도 국가배상법이 제정되기 전에 사경제작용으로 인한 손해에 대하여는 종래부터 민사상의 책임이 인정된 반면,[20] 공행정작용, 특히 권력작용에 대하여는 국가책임이 부인되어 왔는바 헌법 제29조 및 국가배상법은 이러한 공행정작용으로 인한 손해에 대한 국가책임을 인정한 점에 그 의의가 있다. 사경제작용에 대하여 민법 제756조를 적용하게 되면 국가가 면책될 우려가 있다는 주장은 일응 타당하기는 하나 동조의 사용자책임은 실무상 피해자보호를 위하여 거의 사용자의 면책을 인정하지 않고 있어 무과실책임에 가까워지고 있다. 또한 같은 법률관계는 같은 법에 의하여 규율되어야 하는 것이므로 사법에 의하여 규율되는 사경제작용의 경우에 그로 인한 손해도 사법인 민법규정에 의하여 배상되는 것이 타당하기 때문에 광의설이 타당할 것이다.

판례는 과거 최광의설에 입각한 것도 있으나,[21] 오늘날에는 거의 광의설로 기울고 있다.

판례 1(공무원의 직무의 범위에 사경제작용이 포함되는지 여부) 국가배상법이 정한 손해배상청구의 요건인 '공무원의 직무'에는 국가나 지방자치단체의 권력적 작용뿐만 아니라 비권력적 작용도 포함되지만 단순한 사경제의 주체로서 하는 작용은 포함되지 않는다(대판 2004. 4. 9, 2002다10691).

판례 2(도봉구청장과 원고 사이에 체결된 매매계약에 국가배상법의 적용가능성) 서울특별시장의 대행자인 도봉구청장이 원고와 사이에 체결한 이 사건 매매계약은 공공기관이 사경제주체로서 행한 사법상 매매이므로, 설령 서울특별시장이나 그 대행자인 도봉구청장에게 원고를 위하여 양도소득세 감면신청을 할 법률상의 의무가 인정되고 이러한 의무를 위반하여 원고에게 손해를 가한 행위가 불법행위를 구성하는 것으로 본다 하더라도, 이에 대하여는 국가배상법을 적용하기는 어렵고 일반 민법의 규정을 적용할 수 있을 뿐이라 할 것이다(대판 1999. 11. 26, 98다47245).

일단 공무원의 행위가 직무행위의 범위에 속한다면 법적 행위(법규명령 · 행정행위 · 확약 등) · 사실행위 또는 작위 · 부작위를 가리지 않는다. 판례는 최근 대통령령의 입법부작위에 대하여 국가배상책임을 인정하였다. 대통령의 긴급조치권 행사는 국가배상책임의 대상이 되지 않는다고 판시하였다가 최근 대법원 전원합의체에서 국가배상 책임을 인정하는 판결을 하였다.[22]

20) 李炳勇, 國家賠償法의 理論과 實際, 法曹, 1958. 7, 1면 이하.
21) 대판 1967. 10. 4, 67다1676; 1969. 4. 29, 67다786; 1972. 2. 22, 71다1599.
22) 김광수, 긴급조치와 국가배상, 경찰법연구 제21권 제3호(2023), 92면 이하.

판례 1(행정입법부작위가 국가배상의 대상이 되는지 여부) 입법부가 법률로써 행정부에게 특정한 사항을 위임했음에도 불구하고 행정부가 정당한 이유 없이 이를 이행하지 않는다면 권력분립의 원칙과 법치국가 내지 법치행정의 원칙에 위배되는 것으로서 위법함과 동시에 위헌적인 것이 되는바, 구 군법무관임용법 제5조 제3항과 군법무관임용 등에 관한 법률 제6조가 군법무관의 보수를 법관 및 검사의 예에 준하도록 규정하면서 그 구체적 내용을 시행령에 위임하고 있는 이상, 위 법률의 규정들은 군법무관의 보수의 내용을 법률로써 일차적으로 형성한 것이고, 위 법률들에 의해 상당한 수준의 보수청구권이 인정되는 것이므로, 위 보수청구권은 단순한 기대이익을 넘어서는 것으로서 법률의 규정에 의해 인정된 재산권의 한 내용이 되는 것으로 봄이 상당하고, 따라서 행정부가 정당한 이유 없이 시행령을 제정하지 않은 것은 위 보수청구권을 침해하는 불법행위에 해당한다(대판 2007. 11. 29, 2006다3561).

판례 2(부진정 행정입법 부작위로 인해 장애인 접근권이 침해되었다는 이유에서 국가배상을 인용한 사례) 행정입법의무의 불이행으로 인한 국가배상의 경우 위자료 산정에 고려하여야 할 다음과 같은 특수한 사정이 있다. 즉, 행정입법은 별도의 집행행위가 개입되지 않는 이상 그 자체로 국민의 권리의무에 직접적인 변동을 일으키지 않으므로 행정입법의무의 불이행으로 인한 권리 침해는 추상적인 수준에 머물게 된다. 또한 행정입법은 다른 행정행위와 달리 상대방이 구체적으로 특정되어 있지 않고 전체 국민을 수범자로 하므로 특정 집단 또는 개인을 구체적인 대상으로 하는 행정행위에 비해 사회구성원 개인의 안전과 이익을 보호할 직무상 의무 위반에 대한 비난가능성은 상대적으로 크지 않은 반면, 국가배상책임이 인정되는 상대방의 인적 범위는 과도하게 확대될 수 있다. 나아가, 행정입법의무의 불이행이 위법함을 선언하는 판결을 통해 피해자의 정신적 손해가 상당 부분 회복될 수 있음은 물론 국가의 위법한 행위에 대한 사법통제도 충분히 이루어질 수 있다는 점도 고려되어야 한다(대판(전원합의체) 2024. 12. 19, 2022다289051).

판례 3(위헌 · 무효인 대통령의 긴급조치권 행사가 국가배상의 대상이 되는지 여부) 긴급조치 제9호는 위헌 · 무효임이 명백하고 긴급조치 제9호 발령으로 인한 국민의 기본권 침해는 그에 따른 강제수사와 공소제기, 유죄판결의 선고를 통하여 현실화되었다. 이러한 경우 긴급조치 제9호의 발령부터 적용 · 집행에 이르는 일련의 국가작용은, 전체적으로 보아 공무원이 직무를 집행하면서 객관적 주의의무를 소홀히 하여 그 직무행위가 객관적 정당성을 상실한 것으로서 위법하다고 평가되고, 긴급조치 제9호의 적용 · 집행으로 강제수사를 받거나 유죄판결을 선고받고 복역함으로써 개별 국민이 입은 손해에 대해서는 국가배상책임이 인정될 수 있다(대판(전원합의체) 2022. 8. 30, 2018다212610).

판례 4(특별신분관계인 행형관계에서 과밀수용에 대하여 국가배상책임을 인정한 판례) 원심은 피고가 원고들을 수용자 1인당 도면상 면적이 $2m^2$ 미만인 거실에 수용한 행위는 인간으로서의 존엄과 가치를 침해하여 위법한 행위라는 이유로, 피고는 원고들에게 국가배상법 제2조 제1항에 따라 원고들이 입은 정신적 손해를 배상할 의무가 있다고 판단하였다. 수면은 인간의 생명 유지를 위한 필수적 행위 중 하나인 점, 관계 법령상 수용자에게 제공되는 일반 매트리스의 면적은 약 $1.4m^2$인데, 이는 수용자 1인당 수면에 필요한 최소한의 면적으로 볼 수 있는 점, 교정시설에 설치된 거실의 도면상 면적은 벽, 기둥의 중심선으로 둘러싸인 수평투영면적을 의미하는데, 벽, 기둥 외의 실제 내부 면적 중 사물함이나 싱크대 등이 설치된 공간을 제외하고 수용자가 실제 사용할 수 있는 면적은 그보다 좁을 수밖에 없는 점 등을 고려하면, 원심이 수용자 1인당 도면상 면적이 $2m^2$ 미만인 거실에 수용되었는지를 위법성 판단의 기준으로 삼아 피고의 원고들에 대한 국가배상책임을 인정한 것은 수긍할 수 있다. 원심판단에 국가배상책임의 성립 요건과 객관적 정당성, 위법한 과밀수용의 기준 등에 관한 법리를 오해하거나 필요한 심리를 다하지 아니하는 등의 잘못이 없다(대판 2022. 7. 14, 2017다26677).

2) 직무행위에 대한 판단기준

국가배상법 제2조 제1항의 “직무를 집행하면서”라 함은 직무행위 자체는 물론 객관적으로 직무의 범위에 속한다고 판단되는 행위 및 직무와 밀접히 관련된 행위를 말한다. 직무행위인지의 여부는 당해 행위가 현실적으로 정당한 권한내의 것인지 또는 공무원이 직무집행에 주관적 의사를 갖고 있는지의 여부에 관련없이, 이른바 외형설에 따라 객관적으로 직무행위의 외관을 갖추고 있는지 여부에 따라 판단하여야 한다는 것이 판례의 태도이다.

판례 1(공무원의 직무행위의 판단기준) 국가배상법 제2조 제1항의 "직무를 집행함에 당하여"라 함은 직접 공무원의 직무집행 행위이거나 그와 밀접한 관계에 있는 행위를 포함하고, 이를 판단함에 있어서는 행위 그 자체의 외관을 객관적으로 관찰하여 공무원의 직무행위로 보여질 때에는 비록 그것이 실질적으로 직무행위가 아니거나 또는 행위자로서는 주관적으로 공무집행의 의사가 없었다고 하더라도 그 행위는 공무원이 "직무를 집행함에 당하여" 한 것으로 보아야 한다(대판 1995. 4. 21, 93다14240).

판례 2(근무지로 출근하기 위하여 자기 소유의 자동차를 운행한 경우가 직무행위에 해당하는지 여부) 공무원이 통상적으로 근무하는 근무지로 출근하기 위하여 자기 소유의 자동차를 운행하다가 자신의 과실로 교통사고를 일으킨 경우에는 특별한 사정이 없는 한 국가배상법 제2조 제1항 소정의 공무원이 "직무를 집행함에 당하여" 타인에게 불법행위를 한 것이라고 할 수 없으므로 그 공무원이 소속된 국가나 지방공공단체가 국가배상법상의 손해배상책임을 부담하지 않는다(대판 1995. 5. 31, 94다15271).

3. 법령의 위반

1) 법령의 범위

공무원의 가해행위는 법령에 위반한 것이어야 한다. 여기서 법령의 위반이라 함은 성문법, 불문법 및 행정법의 일반원칙(비례의 원칙, 신뢰보호의 원칙, 신의성실의 원칙, 평등의 원칙 등)의 위반을 의미한다. 일설은 위법성을 엄격한 의미의 법령위반뿐만 아니라 인권존중, 사회질서, 공서양속의 위반을 포함하여 널리 그 행위가 객관적인 정당성을 결여하고 있음을 의미한다고 하나,[23] 이러한 위법성의 개념은 지나치게 막연하다고 보아야 할 것이다.[24] 국가배상법 제2조 제1항의 의미의 위법성은 국가 등의 행정주체가 개인에 대하여 부담하고 있는 법적 의무를 위반한 경우에 주어진다.

위법성은 공무원의 적극적인 행위뿐만 아니라, 부작위에 의하여도 주어진다. 부작위로 인한 위법성은 공무원이 일정한 작위에 대한 법적 의무가 있음에도 불구하고(재량행위의 경우에는 재량이 영으로 수축되는 경우), 이를 행하지 않는 경우에 주어진다.

판례 1(경찰관의 권한 불행사가 직무상 의무를 위반하여 위법하게 되는 경우) 경찰은 범죄의 예방, 진압 및 수사와 함께 국민의 생명, 신체 및 재산의 보호 기타 공공의 안녕과 질서유지를 직무로 하고 있고, 직무의 원활한 수행을 위하여 경찰관 직무집행법, 형사소송법 등 관계 법령에 의하여 여러 가지 권한이 부여되어 있으므로, 구체적인 직무를 수행하는 경찰관으로서는 제반 상황에 대응하여 자신에게 부여된 여러 가지 권한을 적절하게 행사하여 필요한 조치를 할 수 있고, 그러한 권한은 일반적으로 경찰관의 전문적 판단에 기한 합리적인 재량에 위임되어 있으나, 경찰관에게 권한을 부여한 취지와 목적에 비추어 볼 때 구체적인 사정에 따라 경찰관이 권한을 행사하여 필요한 조치를 하지 아니하는 것이 현저하게 불합리하다고 인

23) 金道昶, 一般行政法論(上), 629면; 金東熙/崔桂暎, 行政法 I, 563면.
24) 同旨: 朴鈗炘/鄭亨根, 最新行政法講義(上), 604면.

정되는 경우에는 권한의 불행사는 직무상 의무를 위반한 것이 되어 위법하게 된다(대판 2016. 4. 15, 2013다20427).

판례 2(소방공무원의 권한 불행사가 직무상 의무를 위반하여 위법하게 되는 경우) 구 소방시설설치유지 및 안전관리에 관한 법률 제4조 제1항, 제5조, 구 다중이용업소의 안전관리에 관한 특별법 제9조 제2항은 전체로서의 공공 일반의 안전과 이익을 도모하기 위한 것일 뿐만 아니라 나아가 국민 개개인의 안전과 이익을 보장하기 위하여 둔 것이므로, 소방공무원이 구 소방시설법과 다중이용업소법 규정에 정하여진 직무상 의무를 게을리한 경우 의무 위반이 직무에 충실한 보통 일반의 공무원을 표준으로 객관적 정당성을 상실하였다고 인정될 정도에 이른 때는 국가배상법 제2조 제1항에 정한 위법의 요건을 충족하게 된다. 그리고 소방공무원의 행정권한 행사가 관계 법률의 규정 형식상 소방공무원의 재량에 맡겨져 있더라도 소방공무원에게 그러한 권한을 부여한 취지와 목적에 비추어 볼 때 구체적인 상황 아래에서 소방공무원이 권한을 행사하지 아니한 것이 현저하게 합리성을 잃어 사회적 타당성이 없는 경우에는 소방공무원의 직무상 의무를 위반한 것으로서 위법하게 된다(대판 2016. 8. 25, 2014다225083).

판례 3(부작위가 위법한 직무행위에 해당하는지 여부) 공무원의 부작위로 인한 국가배상책임을 '직무를 집행함에 당하여 고의 또는 과실로 법령에 위반하여 타인에게 손해를 가한 때'라고 하는 국가배상법 제2조 제1항의 요건이 충족되어야 할 것인바, 여기서 '법령에 위반하여'라고 하는 것이 엄격하게 형식적 의미의 법령에 명시적으로 공무원의 작위의무가 규정되어 있는데도 이를 위반하는 경우만을 의미하는 것은 아니고, 국민의 생명, 신체, 재산 등에 대하여 절박하고 중대한 위험상태가 발생하였거나 발생할 우려가 있어서 국민의 생명, 신체, 재산 등을 보호하는 것을 본래적 사명으로 하는 국가가 초법규적, 일차적으로 그 위험 배제에 나서지 아니하면 국민의 생명, 신체, 재산 등을 보호할 수 없는 경우에는 형식적 의미의 법령에 근거가 없더라도 국가나 관련 공무원에 대하여 그러한 위험을 배제할 작위의무를 인정할 수 있을 것이나, 그와 같은 절박하고 중대한 위험상태가 발생하였거나 발생할 우려가 있는 경우가 아닌 한, 원칙적으로 공무원이 관련 법령대로만 직무를 수행하였다면 그와 같은 공무원의 부작위를 가지고 '고의 또는 과실로 법령에 위반'하였다고 할 수는 없을 것이므로, 공무원의 부작위로 인한 국가배상책임을 인정할 것인지 여부가 문제되는 경우에 관련 공무원에 대하여 작위의무를 명하는 법령의 규정이 없다면 공무원의 부작위로 인하여 침해된 국민의 법익 또는 국민에게 발생한 손해가 어느 정도 심각하고 절박한 것인지, 관련 공무원이 그와 같은 결과를 예견하여 그 결과를 회피하기 위한 조치를 취할 수 있는 가능성이 있는지 등을 종합적으로 고려하여 판단하여야 한다(대판 2001. 4. 24, 2000다57856).

2) 결과위법과 행위위법

법령의 위반이 결과위법을 의미하는지 또는 행위위법을 말하는지 다툼이 있다.

가. 결과위법설

이 설은 국가배상법상의 위법성을 판단함에 있어서는 항고소송의 위법성판단과는 달리 피해의 결과에 따라 위법성을 판단하여야 한다는 견해이다. 이 견해는 공무원의 행위로 인하여 국민의 권리가 침해된 경우에는 그 결과를 정당화할 다른 사유가 없는 한 국가배상책임을 인정한다.

나. 행위위법설

가) 좁은 의미의 행위위법설(협의설) 국가배상법상의 위법을 항고소송의 위법과 동일하게 보아 가해행위가 법규범에 합치하는가 여부에 따라 위법성여부를 판단하는 견해이다. 국가배상법의 위법의 개념은 민법상의 불법행위의 개념과 차이가 나는바, 사인(私人)간에는 타인의 권리침해가 원칙적으로 허용되지 않으므로 권리침해가 곧 위법을 의미하지만, 공행정작용에 있어서는 법규범에의 적

합성여부가 가장 중요한 기준인바 법규범에 적합하게 행사된 이상 개인의 권리침해가 있다고 하여 곧 위법이라고 할 수 없다는 견해이다.[25]

나) 넓은 의미의 행위위법설(광의설) 일설은 위법성을 항고소송의 위법성보다 넓게 파악하여 성문법 및 불문법의 위반뿐만 아니라 인권존중, 사회질서, 공서양속 등의 위반도 포함하여 널리 그 행위가 객관적인 정당성을 결여하고 있음을 의미한다고 한다.[26]

다. 상대적 위법성설

일설은 행위위법설과 결과위법설을 절충하여 국가배상법 제2조의 위법의 개념을 행위 자체의 위법뿐만 아니라 피침해이익의 성격과 침해의 정도 및 가해행위의 태양 등을 종합적으로 고려하여 행위가 객관적으로 정당성을 결하고 있는 것을 의미한다는 입장을 취하고 있다.

라. 결 어

국가배상법이 법치주의의 요청에 따라 법규범을 위반한 직무행위에 의하여 발생된 손해에 대한 국가 등의 배상책임을 인정하기 위하여 제정되었음을 볼 때에 좁은 의미의 행위위법설이 타당하다고 할 것이다.

국가배상법 제2조의 위법성의 개념을 넓게 파악하여 공서양속 및 사회질서의 위반행위도 포함된다는 광의설은 제2조의 문언에 반할 뿐 아니라 국가의 배상책임을 시대와 장소에 따라 변화하는 윤리칙에 결부시킴으로서 책임의 한계를 불명확하게 하고 법적 불안정성을 초래할 우려가 있다. 판례는 좁은 의미의 행위위법설을 지지하는 것으로 보이나[27] 넓은 의미의 행위위법설을 취하고 있는 판례도[28] 간혹 나타나고 있다.

한편, 국가배상법 제2조의 위법의 개념을 행위 자체의 위법뿐만 아니라 피침해이익의 성격과 침해의 정도 및 가해행위의 태양 등을 종합적으로 고려하여 행위가 객관적으로 정당성을 결하고 있는 것을 의미한다는 상대적 위법성설은 자신의 견해를 뒷받침하기 위하여 일부 판례를 원용하고 있으나, 이는 위법성뿐만 아니라 인과관계의 검토부분에서도 빈번하게 나타나는 판례의 태도에 지나지 않는다.[29]

주목할 점은 독일의 판례는 공무원의 직무행위에 민법상의 불법행위를 행하는 것을 금지시키는 법적 의무(Allgemeine Sorgfaltspflicht)를 발전시켰으며,[30] 우리 판례 역시 국가의 기본권보호의무로부터 도출되는 초법규적 위해방지의무를 인정함으로써, 좁은 의미의 행위위법설이 갖고 있는 협애성을 보완하고 있다.

판례 1(직무행위가 법령위반에 해당하는지 여부) 국가배상책임은 공무원의 직무집행이 법령에 위반한 것임을 요건으로 하는 것으로서, 공무원의 직무집행이 법령이 정한 요건과 절차에 따라 이루어진 것이라면 특별한 사정이 없는 한 이는 법령에 적합한 것이고 그 과정에서 개인의 권리가 침해되는 일이 생긴다

25) 朴鈗炘/鄭亨根, 最新行政法講義(上), 605면.
26) 金東熙/崔桂暎, 行政法 Ⅰ, 564면; 朴均省, 行政法講義, 518면.
27) 대판 1997. 7. 25, 94다2480.
28) 대판 2008. 6. 12, 2007다64365.
29) 대판 2000. 5. 12, 99다70600; 1994. 12. 27, 94다36285.
30) Bender, Staatshaftungsrecht, 1974, 2. Aufl., S. 205; Ossenbühl, aaO., S. 46.

고 하여 그 법령적합성이 곧바로 부정되는 것은 아니라고 할 것인바, 불법시위를 진압하는 경찰관들의 직무집행이 법령에 위반한 것이라고 하기 위하여는 그 시위진압이 불필요하거나 또는 불법시위의 태양 및 시위 장소의 상황 등에서 예측되는 피해 발생의 구체적 위험성의 내용에 비추어 시위진압의 계속 수행 내지 그 방법 등이 현저히 합리성을 결하여 이를 위법하다고 평가할 수 있는 경우이어야 한다(대판 1997. 7. 25, 94다2480).

판례 2(경찰관이 의당 지켜야 할 법규상 또는 조리상 한계를 위반한 행위는 불법행위에 해당된다는 판례) 국가배상책임에 있어 공무원의 가해행위는 법령을 위반한 것이어야 하고, 법령을 위반하였다 함은 엄격한 의미의 법령 위반뿐 아니라 인권존중, 권력남용금지, 신의성실과 같이 공무원으로서 마땅히 지켜야 할 준칙이나 규범을 지키지 아니하고 위반한 경우를 포함하여 널리 그 행위가 객관적인 정당성을 결여하고 있음을 뜻하는 것이므로, 경찰관이 범죄수사를 함에 있어 경찰관으로서 의당 지켜야 할 법규상 또는 조리상의 한계를 위반하였다면 이는 법령을 위반한 경우에 해당한다. 경찰관은 그 직무를 수행함에 있어 헌법과 법률에 따라 국민의 자유와 권리를 존중하고 범죄피해자의 명예와 사생활의 평온을 보호할 법규상 또는 조리상의 의무가 있고, 특히 이 사건과 같이 성폭력범죄의 피해자가 나이 어린 학생인 경우에는 수사과정에서 또 다른 심리적 · 신체적 고통으로 인한 가중된 피해를 입지 않도록 더욱 세심하게 배려할 직무상 의무가 있다(대판 2008. 6. 12, 2007다64365).

판례 3(법령위반에 국가의 초법규적 위해방지의무가 포함된다는 판례) '법령에 위반하여'라고 하는 것이 엄격하게 형식적 의미의 법령에 명시적으로 공무원의 작위의무가 규정되어 있는데도 이를 위반하는 경우만을 의미하는 것은 아니고, 국민의 생명, 신체, 재산 등에 대하여 절박하고 중대한 위험상태가 발생하였거나 발생할 우려가 있어서 국민의 생명, 신체, 재산 등을 보호하는 것을 본래적 사명으로 하는 국가가 초법규적, 일차적으로 그 위험 배제에 나서지 아니하면 국민의 생명, 신체, 재산 등을 보호할 수 없는 경우에는 형식적 의미의 법령에 근거가 없더라도 국가나 관련 공무원에 대하여 그러한 위험을 배제할 작위의무를 인정할 수 있다(대판 1998. 10. 13, 98다18520).

3) 행정규칙위반

학설의 일부는 행정규칙의 위반도 법령의 위반에 포함시키고 있으나 내부적 효력을 갖고 있는 행정규칙의 위반은 위법성의 요건을 충족시키지 않을 것이다.[31] 단지 예외적으로 행정규칙이 외부적 효력을 갖는 경우, 예를 들어 재량준칙과 같이 행정의 자기구속의 법리를 통하여 외부적 효력을 갖는 경우나 법규명령의 성격을 갖는 법령보충규칙의 경우에는 그 위반은 위법성의 개념을 충족시킬 것이다.

4) 재량의 하자

공무원의 직무행위가 재량행위에 해당하는 경우에는 부당한 재량행사는 위법에 해당하지 않으나, 하자있는 재량행사, 즉 재량의 유월, 남용 및 해태는 위법성의 개념을 충족시킨다고 보아야 할 것이다.

31) 행정규칙의 위반을 위법성의 개념에 포함시키는 견해는 독일의 국가배상법을 그 논거로 하고 있으나, 이는 독일의 국가배상법을 잘못 이해하고 있다. 독일국가배상법은 위법성의 개념을 "제3자에 대하여 부담하고 있는 직무의무의 위반(einem Dritten gegenüber obliegende Amtspflicht)"이라는 표현을 사용하고 있는바(§839 BGB), 학설과 판례는 이 개념을 국가 등이 개인에 대하여 부담하는 외부적인 법적 의무로 이해하고 있으며, 따라서 상급행정기관이 하급행정기관의 직무수행에 대하여 단순히 내부적인 법적 의무를 부과하는 행정규칙의 위반을 위법성의 개념에서 배제시키고 있다. 이에 대하여는 Bender, Staatshaftungsrecht, aaO., S. 186ff.; Rüfner, in: Erichsen, Allg. VerwR, 11. Aufl., S. 689ff.

판례(식품의약청장이 강화된 규제조치를 취하지 않은 것이 재량의 한계를 넘는 위법한 직무행위인지 여부) 구 식품위생법 제7조, 제9조, 제10조, 제16조의 내용과 형식에 비추어 보면, 위 각 규정들은 식품의 위해성을 평가하고, 식품산업 종사자들의 재산권이나 식품산업의 자율적 시장질서를 부당하게 해치지 않는 범위 내에서 적정한 식품의 규격과 기준을 설정하고 그러한 규격과 기준을 실행하기 위한 검사조치를 실시하는 등 식품으로 인한 국민의 생명·신체에 대한 위험을 예방하기 위한 조치를 취할 수 있는 합리적 재량 권한을 식품의약품안전청장 및 관련 공무원에게 부여한 것이라고 봄이 상당하다. 위와 같이 구 식품위생법의 규정이 식품의약품안전청장 등에게 합리적인 재량에 따른 직무수행 권한을 부여한 것으로 해석되는 이상, 식품의약품안전청장 등에게 그러한 권한을 부여한 취지와 목적에 비추어 볼 때 구체적인 상황 아래에서 식품의약품안전청장 등이 그 권한을 행사하지 아니한 것이 현저하게 합리성을 잃어 사회적 타당성이 없는 경우에 한하여 직무상 의무를 위반한 것이 되어 위법하게 된다. 어린이가 미니컵 젤리를 섭취하던 중 미니컵 젤리가 목에 걸려 질식사한 두 건의 사고가 연달아 발생한 뒤 약 8개월 20일 이후 다시 어린이가 미니컵 젤리를 먹다가 질식사한 사안에서, 당시의 미니컵 젤리에 대한 국제적 규제수준과 식품의약품안전청장 등의 기존의 규제조치의 수준, 이전에 발생한 두 건의 질식사고의 경위와 미니컵 젤리로 인한 사고의 빈도, 구 식품위생법이 식품에 대한 규제조치를 식품의약품안전청장 등의 합리적 재량에 맡기고 있는 취지 등에 비추어, 미니컵 젤리의 유통을 금지하거나 물성실험 등을 통하여 미니컵 젤리의 위험성을 확인하고 기존의 규제조치보다 강화된 미니컵 젤리의 기준 및 규격 등을 마련하지 아니하였다고 하더라도, 그러한 규제권한을 행사하지 아니한 것이 현저하게 합리성을 잃어 사회적 타당성이 없다고 볼 수 있는 정도에 이른 것이라고 보기 어렵다(대판 2010. 11. 25, 2008다67828).

5) 사익보호성의 요구

과거 우리의 학계와 실무계에서는 공무원의 위법한 직무행위에 있어서 해당법령이 피해자의 이익을 보호하는지 여부에 대하여 별다른 관심을 기울이지 않았다. 그러나 선진국, 특히 독일, 오스트리아, 스위스 등의 국가배상법의 실무에서는 직무행위의 위법성검토에서 객관적인 위법성에 추가하여, 위법한 직무행위가 개인적 공권 또는 법으로 보호하는 사익을 침해하였는지의 여부를 검토할 것을 요구하고 있다. 즉 전적으로 공익만을 추구하는 법규의 위법한 집행으로 인하여 개인이 사실상으로 받는 이익, 즉 반사적 이익이 침해된 경우에는 국가배상이 인정되지 않고 있다. 이는 피해자인 개인은 국가작용의 적법한 행사에만 관심을 갖고 있는 일반공공보다 가해자인 국가와 보다 밀접한 관계에 있어야 한다는 생각에 의해 뒷받침되고 있다.

우리의 경우 사익보호성의 문제는 취소소송의 원고적격에 관련된 문제이기 때문에 국가배상법의 위법성 요건에서 검토할 필요가 없다는 견해도 있으나 타당성이 없다고 할 것이다. 취소소송의 위법성과 국가배상법의 위법성을 이원적으로 판단할 이유가 없으며, 또한 반사적 이익이 침해된 경우에는 국가배상의 필요성을 인정하기가 어렵기 때문이다. 근래 우리 판례에서는 인과관계부분에서 객관적인 위법성 이외에도 해당법령이 피해자의 이익을 보호하고 있는지 여부를 검토하고 있는바, 향후 위법성 요건에서 사익보호성 여부를 판단하는 것이 바람직할 것이다.

판례 1(선박안전법이나 유선 및 도선업법이 공공의 안전 외에 일반인의 인명과 재화의 안전보장도 보호하고 있는지 여부) 선박안전법이나 유선 및 도선업법의 각 규정은 공공의 안전 외에 일반인의 인명과 재화의 안전보장도 그 목적으로 하는 것이라고 할 것이므로 국가소속 선박검사관이나 시 소속 공무원들이 직무상 의무를 위반하여 시설이 불량한 선박에 대하여 선박중간검사에 합격하였다 하여 선박검사증서를 발급하고, 해당 법규에 규정된 조치를 취함이 없이 계속 운항하게 함으로써 화재사고가 발생한 것이라면, 화재사고와 공무원들의 직무상 의무위반행위와의 사이에는 상당인과관계가 있다(대판 1993. 2. 19, 91다43466).

판례 2(공무원의 직무상 위반행위에 대하여 국가 또는 지방자치단체가 손해배상책임을 부담하기 위한 요건) 국민 개개인의 안전과 이익을 보호하기 위하여 법령에서 정한 직무상의 의무에 위반하여 국민에게 손해를 가하면 상당인과관계가 인정되는 범위 안에서 국가 또는 지방자치단체가 배상책임을 부담하는 것이지만, 공무원이 직무를 수행하면서 그 근거되는 법령의 규정에 따라 구체적으로 의무를 부여받았어도 그것이 국민의 이익과는 관계없이 순전히 행정기관 내부의 질서를 유지하기 위한 것이거나, 또는 국민의 이익과 관련된 것이라도 직접 국민 개개인의 이익을 위한 것이 아니라 전체적으로 공공 일반의 이익을 도모하기 위한 것이라면 그 의무에 위반하여 국민에게 손해를 가하여도 국가 또는 지방자치단체는 배상책임을 부담하지 아니한다(대판 2001. 10. 23, 99다36280. 同旨: 대판 1994. 12. 27, 94다36285).

판례 3(공공기관이 산업기술혁신 촉진법상의 인증신제품 구매의무를 이행하지 아니하였더라도 손해배상책임을 지는 것은 아니라고 한 사례) 구 산업기술혁신 촉진법 및 그 시행령의 목적과 내용 등을 종합하여 보면, 위 법령이 공공기관에 부과한 인증신제품 구매의무는 기업에 신기술개발제품의 판로를 확보하여 줌으로써 산업기술개발을 촉진하기 위한 국가적 지원책의 하나로 국민경제의 지속적인 발전과 국민의 삶의 질 향상이라는 공공 일반의 이익을 도모하기 위한 것으로 봄이 타당하고, 공공기관이 구매의무를 이행한 결과 신제품 인증을 받은 자가 재산상 이익을 얻게 되더라도 이는 반사적 이익에 불과할 뿐 위 법령이 보호하고자 하는 이익으로 보기는 어렵다. 따라서 피고들이 위 법령에서 정한 인증신제품 구매의무를 위반하였다고 하더라도, 이를 이유로 원고에 대하여 국가배상법 제2조가 정한 배상책임이나 불법행위를 이유로 한 손해배상책임을 지는 것은 아니라고 할 것이다(대판 2015. 5. 28, 2013다41431).

6) 선결문제 및 항고소송의 판결의 기판력문제

가. 선결문제로서 행정행위의 위법판단

우리의 경우 실무에서는 국가배상청구사건을 민사소송절차에 따라 다루고 있다. 여기서 관할법원이 국가배상을 심리함에 있어서 행정행위의 위법여부가 재판의 전제가 되는 경우에 행정행위의 위법여부를 스스로 심판할 수 있는지 여부가 다툼이 되고 있다. 일설에 따르면 행정행위의 공정력 때문에 행정행위가 무효가 아닌 한 민사법원은 그 위법성을 스스로 판단할 수 없다고 한다. 그러나 다수설과 판례는 행정행위의 효력을 부인하지 않는 한 그 위법성을 심사할 수 있다는 입장을 취하고 있다.

한편, 행정행위가 불가쟁력이 발생된 이후에는 독일의 입법례에 따라 이차적 권리보호(국가배상)에 대한 일차적 권리보호(행정쟁송)의 우선성의 관점에서 민사법원의 선결문제심사권을 부인하는 견해가 있으나, 피해자가 자신의 손해를 행정쟁송을 통하여 충분하게 방어할 수 있었음에도 불구하고 이를 해태한 경우에는 국가배상을 전적으로 배제시키는 것보다는 과실상계의 원칙에 따라 손해배상액을 감액시키는 방안이 바람직할 것이다.

나. 항고소송의 판결의 기판력문제

가) 일원설(전부기판력긍정설) 이는 행위위법의 개념에 기초하여 항고소송의 위법개념과 국가배상의 위법개념이 동일하다는 입장에서 전소(前訴)인 항고소송의 판결의 기판력이 후소(後訴)인 국

가배상청구소송에 미친다는 견해이다.[32]

나) 이원설(전부기판력부정설) 이는 결과위법설 또는 상대적 위법성설에 따라 항고소송의 위법개념과 국가배상의 위법개념이 상이하기 때문에, 전소(前訴)인 항고소송의 판결의 기판력이 그 인용여부를 불문하고 후소인 국가배상청구소송에 미치지 않는다는 견해이다.

다) 제한적 기판력긍정설 이는 실정법위반이 없다고 하더라도 조리상의 손해방지의무 또는 신체 · 생명 · 재산 등을 보호하기 위한 초법규적인 위해방지의무를 인정한 판례의 예를 들어 국가배상의 위법개념이 항고소송의 위법개념보다 넓다는 이유로 항고소송의 기판력은 제한적으로 국가배상청구소송에 영향을 준다는 견해이다.[33] 즉 전소인 취소소송이 청구인용판결이라면 그 기판력이 후소인 국가배상청구소송에 미치게 되나 청구기각판결의 경우에는 후소인 국가배상청구소송에는 그 기판력이 미치지 않는다고 한다.

라) 결 어 일원설이 타당하다고 본다. 위법의 개념을 다양화하는 것은 혼란을 가져올 우려가 있을 뿐 아니라, 분쟁의 일회적 해결 및 법질서의 일체성에도 반한다. 제한적 기판력긍정설은 조리상의 손해방지의무 또는 국가의 초법규적인 위해방지의무를 인정한 판례의 예를 들어 국가배상법의 위법의 개념이 항고소송의 위법의 개념보다 넓다고 하나, 조리상의 손해방지의무의 내용을 이루고 있는 행정법의 일반원칙의 위반은 항고소송의 위법의 개념에 포함되고 있으며, 초법규적인 위해방지의무 역시 헌법상의 기본권보호의무에서 도출되기 때문에 항고소송의 위법의 개념과 달리 구성할 필요가 없다.

이에 따라 취소소송에서 행정행위의 적법성이 인정되어 원고의 청구가 기각되어 판결이 확정된 경우에는 원고는 기판력에 의하여 행정행위가 위법하다는 이유로 국가배상청구소송을 제기하지 못하며, 역으로 취소소송에서 행정행위의 위법성이 인정되어 취소판결이 확정된 경우에는, 후소(後訴)인 국가배상청구소송에서는 국가 등은 판결의 기판력에 의하여 행정행위의 적법성을 주장할 수가 없다. 그러나 취소소송에서 행정행위의 위법성이 인정되었다고 하여, 그 행정행위가 곧바로 공무원의 고의 또는 과실에 의한 것이라고 단정할 수는 없다.

판례(행정처분이 항고소송에서 취소된 경우 공무원의 귀책사유를 인정할 수 있는지 여부) 어떠한 행정처분이 후에 항고소송에서 취소되었다고 할지라도 그 기판력에 의하여 당해 행정처분이 곧바로 공무원의 고의 또는 과실로 인한 것으로서 불법행위를 구성한다고 단정할 수 없는바, 그 이유는 행정청이 관계 법령의 해석이 확립되기 전에 어느 한 설을 취하여 업무를 처리한 것이 결과적으로 위법하게 되어 그 법령의 부당집행이라는 결과를 빚었다고 하더라도 처분 당시 그와 같은 처리방법 이상의 것을 성실한 평균적 공무원에게 기대하기 어려웠던 경우라면 특단의 사정이 없는 한 이를 두고 공무원의 과실로 인한 것이라고는 할 수 없기 때문이다(대판 1999. 9. 17, 96다53413).

7) 행정절차와 국가배상

경우에 따라서는 행정절차 위반으로 인한 국가배상 책임이 인정될 수 있다.

32) 李尚圭, 新行政法論(上), 540면; 洪井善, 行政法特講, 463면.
33) 朴均省, 行政法講義, 531면.

판례(행정절차와 국가배상 책임) 행정절차상 권리의 성격이나 내용 등에 비추어 볼 때, 국가나 지방자치단체가 행정절차를 진행하는 과정에서 주민들의 의견제출 등 절차적 권리를 보장하지 않은 위법이 있다고 하더라도 그 후 이를 시정하여 절차를 다시 진행한 경우, 종국적으로 행정처분 단계까지 이르지 않거나 처분을 직권으로 취소하거나 철회한 경우, 행정소송을 통하여 처분이 취소되거나 처분의 무효를 확인하는 판결이 확정된 경우 등에는 주민들이 절차적 권리의 행사를 통하여 환경권이나 재산권 등 사적 이익을 보호하려던 목적이 실질적으로 달성된 것이므로 특별한 사정이 없는 한 절차적 권리 침해로 인한 정신적 고통에 대한 배상은 인정되지 않는다. 다만 이러한 조치로도 주민들의 절차적 권리 침해로 인한 정신적 고통이 여전히 남아 있다고 볼 특별한 사정이 있는 경우에 국가나 지방자치단체는 그 정신적 고통으로 인한 손해를 배상할 책임이 있다. 이때 특별한 사정이 있다는 사실에 대한 주장 · 증명책임은 이를 청구하는 주민들에게 있고, 특별한 사정이 있는지는 주민들에게 행정절차 참여권을 보장하는 취지, 행정절차 참여권이 침해된 경위와 정도, 해당 행정절차 대상사업의 시행경과 등을 종합적으로 고려해서 판단해야 한다(대판 2021. 7. 29, 2015다221668).

8) 위법성의 입증책임

공무원의 직무행위의 위법성에 대한 입증책임은 원고인 피해자에게 있다고 하여야 할 것이다.

4. 고의 · 과실

1) 고의 · 과실의 개념

고의 · 과실은 국가배상책임의 주관적 성립요건인데 이는 우리나라 국가배상법이 원칙적으로 과실책임주의에 입각하고 있음을 나타낸다. 실무에서는 국가배상법상의 고의 · 과실의 개념을 민법상의 불법행위의 고의 · 과실의 개념과 동일하게 취급하고 있다. 즉 고의란 자신의 행위로 일정한 결과의 발생을 인식하면서 그 결과의 발생을 용인하고 그 행위를 하는 심리상태를 말하는 데 대하여, 과실이란 자신의 행위로 일정한 결과가 발생할 것을 알 수 있었을 텐데 부주의로 그 결과의 발생을 인식하지 못하고 그 행위를 하는 심리상태를 말한다. 우리의 실무에서는 국가배상법상의 고의 · 과실의 요건을 민법상의 불법행위와 마찬가지로 손해발생에 관련시키고 있으나 법치주의에 기초하여 국가와 개인의 이익의 조정을 목적으로 하는 국가배상법에 있어서는 손해발생보다는 법령위반, 즉 위법성에 관련시키는 것이 타당할 것이다.

과실은 추상적 과실과 구체적 과실로 구분할 수 있는바 구체적 과실은 주의의무의 위반에 있어서 행위자의 주관적 인식능력에 초점을 맞추는 반면, 추상적 과실은 그 직업에 종사하는 평균인에게 요구되는 주의의무를 게을리하는 경우에 인정된다. 일반적으로 추상적 과실에서 요구되는 주의의무의 정도는 구체적 과실의 경우보다 높다. 판례는 국가배상법상의 과실을 민법상의 불법행위와 마찬가지로 추상적 과실의 의미로 이해하고 있다.

판례 1(공무원의 직무집행상의 과실의 의미) 공무원의 직무집행상의 과실이라 함은 공무원이 그 직무를 수행함에 있어 당해직무를 담당하는 평균인이 보통(통상) 갖추어야 할 주의의무를 게을리한 것을 말하는 것이다(대판 1987. 9. 22, 87다카1164).

판례 2(위법 · 무효인 행정입법에 관여한 공무원의 과실인정 여부에 관한 판단기준) 법령의 개정에 있어서 입법자의 광범위한 재량이 인정되는 경우라 하더라도 구 법령의 존속에 대한 당사자의 신뢰가 합리적이고도 정당하며 법령의 개정으로 야기되는 당사자의 손해가 극심하여 새로운 법령으로 달성하고자 하는 공익적 목적이 그러한 신뢰의 파괴를 정당화할 수 없다면 입법자는 경과규정을 두는 등 당사자의 신뢰를 보호할 적절한 조치를 하여야 하며 이와 같은 적절한 조치 없이 새 법령을 그대로 시행하거나 적용하는 것은 허용될 수 없는바, 이는 헌법의 기본원리인 법치주의 원리에서 도출되는 신뢰보호의 원칙에 위배되기 때문이다. 그러나 입법자가 이러한 신뢰보호 조치가 필요한지를 판단하기 위하여는 관련당사자의 신뢰의 정도, 신뢰이익의 보호가치와 새 법령을 통해 실현하고자 하는 공익적 목적 등을 종합적으로 비교 형량하여야 할 것인데, 이러한 비교 형량에 관하여는 여러 견해가 있을 수 있으므로, 행정입법에 관여한 공무원이 입법 당시의 상황에서 다양한 요소를 고려하여 나름대로 합리적인 근거를 찾아 어느 하나의 견해에 따라 경과규정을 두는 등의 조치 없이 새 법령을 그대로 시행하거나 적용하였다면, 그와 같은 공무원의 판단이 나중에 대법원이 내린 판단과 같지 아니하여 결과적으로 시행령 등이 신뢰보호의 원칙 등에 위배되는 결과가 되었다고 하더라도, 이러한 경우에까지 국가배상법 제2조 제1항 소정의 국가배상책임의 성립요건인 공무원의 과실이 있다고 할 수는 없다(대판 2013. 4. 26, 2011다14428).

판례 3(행정청의 처분 여부 결정의 지체로 국가배상책임이 성립하기 위한 요건) 행정청의 처분을 구하는 신청에 대하여 상당한 기간 처분 여부 결정이 지체되었다고 하여 곧바로 공무원의 고의 또는 과실에 의한 불법행위를 구성한다고 단정할 수는 없고, 행정처분의 담당공무원이 보통 일반의 공무원을 표준으로 하여 볼 때 객관적 주의의무를 결하여 처분 여부 결정을 지체함으로써 객관적 정당성을 상실하였다고 인정될 정도에 이른 경우에 비로소 국가배상법 제2조가 정한 국가배상책임의 요건을 충족한다. 이때 객관적 정당성을 상실하였는지는 신청의 대상이 된 처분이 기속행위인지 재량행위인지 등 처분의 성질, 처분의 지연에 따라 신청인이 입은 불이익의 내용과 정도, 행정처분의 담당공무원이 정당한 이유 없이 처리를 지연하였는지 등을 종합적으로 고려하되, 손해의 전보책임을 국가 또는 지방자치단체에게 부담시킬 만한 실질적인 이유가 있는지도 살펴서 판단하여야 한다. 여기서 정당한 이유 없이 처리를 지연하였는지는 법정 처리기간이나 통상적인 처리기간을 기초로 처분이 지연된 구체적인 경위나 사정을 중심으로 살펴 판단하되, 처분을 아니하려는 행정청의 악의적인 동기나 의도가 있었는지, 처분 지연을 쉽게 피할 가능성이 있었는지 등도 아울러 고려할 수 있다(대판 2015. 11. 27, 2013다6759).

2) 과실의 객관화 경향

현대행정은 그 익명성 · 다단계성 · 복잡성으로 인하여 개인이 공무원의 과실을 입증하기가 매우 어려우며, 이에 따라 국가배상법에서 유책성요건의 부적합이 오래전부터 강조되어 왔다. 이에 따라 근래에는 국가배상법 제2조의 과실개념을 객관화하여 되도록 피해자에 대한 구제의 폭을 넓히려는 추세에 있다. 과실의 객관화를 위한 시도에는 다음과 같은 것이 있다.

가. 가해공무원의 특정의 포기

가해공무원의 특정을 포기하려는 시도이다. 이에 의하면 누구의 행위인지 판명되지 않더라도 공무원의 행위인 이상 국가는 배상책임을 지게 된다. 이러한 관점에 근거하여 독일에 있어서 조직과실(Organisationsverschulden), 프랑스에 있어서 공역무의 과실(faute de service public)의 개념이 발전되었다. 가해공무원의 특정화의 포기는 결과적으로 과실의 개념을 "공무원의 위법행위로 인한 국가작용의 흠"이라는[34] 표현과 같이 조직과실화로 이끌게 된다. 우리의 경우에도 근래 판례는 집회해산의 과정에서 발생된 손해 또는 광범위한 다수 공무원이 관여한 일련의 국가작용에 의한 국가배상책임의 성립이 문제 되는 경우에는 가해공무원의 특정화를 포기하고 있음은 주목할 만한 일이다.

34) 金道昶, 一般行政法論(上), 628면.

판례 1(시위진압에 있어서 공무원의 특정화를 포기한 사례) 원심이 그 판시 사실을 인정한 다음, 피고 소속의 전투경찰들은 시위진압을 함에 있어서 합리적이고 상당하다고 인정되는 정도로 가능한 한 최루탄의 사용을 억제하고 또한 최대한 안전하고 평화로운 방법으로 시위진압을 하여 그 시위진압 과정에서 타인의 생명과 신체에 위해를 가하는 사태가 발생하지 아니하도록 하여야 하는데도 이를 게을리한 채 합리적이고 상당하다고 인정되는 정도를 넘어 지나치게 과도한 방법으로 시위진압을 한 잘못으로 소외 망인으로 하여금 사망에 이르게 하였다 할 것이므로 피고는 그 소속 공무원인 전투경찰들의 직무집행상의 과실로 발생한 이 사건 사고로 인하여 원고들이 입은 손해를 배상할 책임이 있다고 판단하였음은 옳고, 거기에 소론과 같은 채증법칙 위배로 인한 사실오인이나 경찰의 시위진압권한에 관한 법리오해 등의 위법이 있다고 할 수 없다(대판 1995. 11. 10, 95다23897).

판례 2(다수 공무원이 관여한 일련의 국가작용에 의한 기본권 침해에 대하여는 전체적으로 보아 객관적 주의의무 위반이 인정되면 충분하다는 판례) 긴급조치 제9호의 발령행위가 위법하다고 하더라도 그 발령행위 자체만으로는 개별 국민에게 구체적인 손해가 발생하였다고 보기 어렵고, 긴급조치 제9호의 적용·집행과정에서 개별 공무원의 위법한 직무집행을 구체적으로 특정하거나 개별 공무원의 고의·과실을 증명 또는 인정하는 것은 쉽지 않다. 따라서 이처럼 광범위한 다수 공무원이 관여한 일련의 국가작용에 의한 기본권 침해에 대해서 국가배상책임의 성립이 문제 되는 경우에는 전체적으로 보아 객관적 주의의무 위반이 인정되면 충분하다. 만약 이러한 국가배상책임의 성립에 개별 공무원의 구체적인 직무집행행위를 특정하고 그에 대한 고의 또는 과실을 개별적·구체적으로 엄격히 요구한다면 일련의 국가작용이 국민의 기본권을 침해한 경우에 오히려 국가배상책임이 인정되기 어려워지는 불합리한 결론에 이르게 된다(대판(전원합의체) 2022. 8. 30, 2018다212610).

나. 과실의 입증책임의 완화

불법행위에 있어서 고의·과실의 입증책임은 원고인 피해자에게 있다는 것이 일반론이다. 그러나 여기서도 과실의 객관화의 추세에 비추어 민사소송법상의 일응추정(prima facie)법리를 원용함으로써 완화되는 경향에 있다. 즉 피해자측이 공무원의 위법한 직무행위에 의하여 손해가 발생하였음을 입증하면, 공무원에게 과실이 있는 것으로 일응추정되어 피고인 국가는 입증을 통하여 그 추정을 전복시키지 않는 한 배상책임을 져야 한다.

5. 타인에게 손해를 입힐 것

국가 등이 배상책임을 지기 위하여는 공무원의 직무상 불법행위로 인하여 타인에게 손해가 발생되어야 한다.

1) 타 인

여기에서 타인이라 함은 가해자인 공무원과 그의 위법한 직무행위에 가담한 자 이외에 모든 사람을 의미하며, 자연인·법인을 가리지 않는다. 공무원 역시 다른 공무원의 가해행위로 인하여 손해를 입는 경우에 타인에 해당된다. 그러나 헌법 제29조 제2항과 국가배상법 제2조 제1항 단서는 군인·군무원·경찰공무원·예비군대원에 대하여 특례를 규정하여, ① 이들이 전투·훈련 등 직무집행과 관련하여 전사·순직 또는 공상을 입은 경우에, ② 본인 또는 그 유족이 다른 법령의 규정에 의하여 재해보상금·유족연금·상이연금 등의 보상을 지급받을 수 있을 때에는 국가배상법에 의한 손해배상청구권을 행사할 수 없도록 하고 있다. 상술한 바와 같이 이중배상을 금지하기 위하여 도입된 동 조항은 평등의 원칙에 위배될 뿐 아니라, 기본권의 본질적 내용을 침해하는 전혀 타당성이 없는 규정이다. 특히 현재 「국가유공자 등 예우 및 지원에 관한 법률」에 의한 재해보상금 · 유족연금 · 상이연금 등은 그 액수에 있어서 국가배상액에 못 미치고 있는바, 이는 국가에 봉직하다 특별한 희생을 입은 사람들에 대한 배려를 등한시하는 태도라 보지 않을 수 없다. 헌법 제29조 제2항은 조속한 시일 내에 폐지되어야 할 것이다.

판례는 경비교도대원 및 공익근무요원에 대하여는 국가배상법 제2조 제1항 단서조항의 적용을 부인하고 있으며, 아울러 군인 · 군무원 등일지라도 다른 법령의 규정에 의하여 보상금을 받을 수 없는 경우에는 국가배상청구권을 인정하여 동 단서조항을 매우 엄격하게 적용하고 있다.

판례 1(국가배상법 2조 1항 단서의 적용범위) 군인 · 군무원 등 국가배상법 제2조 제1항에 열거된 자가 전투, 훈련 기타 직무집행과 관련하는 등으로 공상을 입은 경우라고 하더라도 군인연금법 또는 국가유공자예우 등에 관한 법률에 의하여 재해보상금 · 유족연금 · 상이연금 등 별도의 보상을 받을 수 없는 경우에는 국가배상법 제2조 제1항 단서의 적용대상에서 제외하여야 한다(대판 1997. 2. 14, 96다28066).

판례 2(경비교도의 국가배상법 2조 1항 단서에 해당여부) 현역병으로 입영하여 소정의 군사교육을 마치고 병역법 제25조의 규정에 의하여 전임되어 구 교정시설경비교도대설치법 제3조에 의하여 경비교도로 임용된 자는, 군인의 신분을 상실하고 군인과는 다른 경비교도로서의 신분을 취득하게 되었다고 할 것이어서 국가배상법 제2조 제1항 단서가 정하는 군인 등에 해당하지 아니한다(대판 1997. 2. 10, 97다45919).

판례 3(공익근무요원의 국가배상법 2조 1항 단서에 해당여부) 공익근무요원은 병역법 제2조 제1항 제9호, 제5조 제1항의 규정에 의하면 국가기관 또는 지방자치단체의 공익목적수행에 필요한 경비 · 감시 · 보호 또는 행정업무 등의 지원과 국제협력 또는 예술 · 체육의 육성을 위하여 소집되어 공익분야에 종사하는 사람으로서 보충역에 편입되어 있는 자이기 때문에, 소집되어 군에 복무하지 않는 한 군인이라고 말할 수 없으므로, 비록 병역법 제75조 제2항이 공익근무요원으로 복무 중 순직한 사람의 유족에 대하여 국가유공자 등 예우 및 지원에 관한 법률에 따른 보상을 하도록 규정하고 있다고 하여도, 공익근무요원이 국가배상법 제2조 제1항 단서의 규정에 의하여 국가배상법상 손해배상청구가 제한되는 군인 · 군무원 · 경찰공무원 또는 예비군대원에 해당한다고 할 수 없다(대판 1997. 3. 28, 97다4036).

---

2) 손해의 발생

손해란 법익침해로 인한 불이익을 말하며, 반사적 이익의 침해는 여기에 포함되지 않는다. 손해는 재산적 손해 · 비재산적 손해 또는 적극적 손해 · 소극적 손해를 가리지 않는다.

3) 직무상 불법행위와 손해와의 인과관계

국가는 공무원의 직무상 불법행위로 인하여 발생한 손해를 배상할 책임이 있는 것이므로 그 위법한 직무행위와 손해와는 인과관계가 있지 않으면 안된다. 판례는 상당인과관계설을 따르고 있는바, 일반적인 경험칙에 비추어 볼 때 일정한 선행사실이 있으면 후행사실이 발생되는 경우에, 상당인과관계가 인정된다. 근래 판례는 상당인과관계를 규범목적에 의하여 제한하는 경향을 나타내고 있다.

판례 1(상당인과관계 유무의 판단기준) 공무원에게 부과된 직무상 의무의 내용이 단순히 공공일반의 이익을 위한 것이거나 행정기관의 내부의 질서를 규율하기 위한 것이 아니고, 전적으로 또는 부수적으로

사회구성원 개인의 안전과 이익을 보호하기 위하여 설정된 것이라면, 공무원이 그와 같은 직무상 의무를 위반함으로 인하여 피해자가 입은 손해에 대하여는 상당인과관계가 인정되는 범위 내에서 국가나 지방자치단체가 손해배상책임을 지는 것이고, 이때 상당인과관계의 유무를 판단함에 있어서는 일반적인 결과발생의 개연성은 물론 직무상의 의무를 부과하는 행동규범의 목적, 그 수행하는 직무의 목적 내지 기능으로부터 예견가능한 행위 후의 사정 및 가해행위의 태양이나 피해의 정도 등을 종합적으로 고려하여야 한다(대판 1994. 12. 27, 94다36285).

판례 2(공무원의 직무상 의무 위반행위와 제3자의 손해 사이에 상당인과관계가 있는지 판단하는 기준) 공무원이 법령에서 부과된 직무상 의무를 위반한 것을 계기로 제3자가 손해를 입은 경우에 제3자에게 손해배상청구권이 인정되기 위하여는 공무원의 직무상 의무 위반행위와 제3자의 손해 사이에 상당인과관계가 있어야 하고, 상당인과관계의 유무를 판단할 때 일반적인 결과발생의 개연성은 물론 직무상 의무를 부과한 법령 기타 행동규범의 목적이나 가해행위의 태양 및 피해의 정도 등을 종합적으로 고려하여야 한다. 공무원에게 직무상 의무를 부과한 법령의 목적이 사회 구성원 개인의 이익과 안전을 보호하기 위한 것이 아니고 단순히 공공일반의 이익이나 행정기관 내부의 질서를 규율하기 위한 것이라면, 설령 공무원이 그 직무상 의무를 위반한 것을 계기로 하여 제3자가 손해를 입었다고 하더라도 공무원이 직무상 의무를 위반한 행위와 제3자가 입은 손해 사이에 상당인과관계가 있다고 할 수 없다(대판 2020. 7. 9, 2016다268848).

Ⅲ. 입법작용과 사법작용에 대한 국가배상

국가배상법 제2조 제1항의 공무원에는 국회의원과 법관도 포함되며 또한 직무행위의 내용에는 원칙적으로 입법 및 사법작용도 포함된다고 보아야 할 것이다. 그러나 구체적으로 입법작용과 사법작용이 어느 정도로 국가배상의 대상이 될 수 있는지에 대하여는 논쟁이 되고 있다.

1. 입법작용(立法作用)에 대한 국가배상

1) 개 설

과거에는 입법작용에 대한 국가배상은 여러 가지 이유에서 부인되었다.[35)]

그 논거로는 첫째, 국가와 사회의 이원론에 기초하여 국회는 국가기관이 아니라 사회를 대표하는 사회기관으로 간주되어 국회의원은 공무원의 성격이 부인되었다. 그러나 국가와 사회의 이원론은 군주제의 폐지와 더불어 사라졌으며, 국회는 국가기관이 되었고 그 구성원인 국회의원 역시 공무원의 성격을 갖게 되었다.

둘째, 국민의 대표기관인 국회에 의하여 제정된 법률은 주권자의 의사로서 이에 대한 어떠한 통제가 있을 수 없다는 사상은 결국 입법작용에 대한 국가배상을 불가능하게 하였다. 그러나 오늘날 위헌법률심사제도가 인정되고 아울러 법률에 대한 헌법소원이 인정되어 입법상 불법이라는 개념이 성립된 이상 이러한 주장은 더 이상 타당성이 없게 되었다.

셋째, 입법작용에 대하여 손해배상을 인정하는 데 있어서 또 다른 장애는 법률의 일반적 · 추상적 성격에 있었다. 법률은 그의 일반적 · 추상적 성격 때문에 그에 의하여 직접 손해가 발생할 수 없으며, 그를 집행하는 집행행위에 의하여 손해발생이 비로소 가능하다는 것이다. 그러나 오늘날 집행적 법률 또는 처분적 법률의 형태의 법률이 증가하고, 이들에 의하여 개인의 자유와 재산이 직접 침

35) 입법작용에 국가배상에 관하여는 鄭夏重, 立法上 不法에 대한 국가책임의 문제, 司法行政, 1993. 3, 4면 이하 참조.

해되고 있는 현실에 비추어 이러한 관점도 절대적이 될 수 없게 되었다. 이에 따라 국회의 입법작용도 원칙적으로 국가배상의 대상이 된다는 데 대하여는 오늘날 합의가 존재하고 있다. 그럼에도 불구하고 현행법상 입법작용에 대한 국가배상에는 특수한 문제가 있음을 부인할 수 없다. 입법상 불법에 대한 국가배상은, ① 법률에 의하여 직접 손해가 발생되는 경우와 ② 법률에 근거한 행정청의 처분에 의하여 손해가 발생된 경우로 나누어 살펴 볼 수 있다.

2) 법률에 의하여 직접 손해가 발생된 경우

이른바 집행적 법률(Vollzugsgesetz) 또는 처분적 법률(Maßnahmegesetz)에 의하여 직접 개인의 권리가 침해되어 손해가 발생된 경우를 의미한다. 여기서 법률이 헌법재판소에 의하여 위헌·무효로 판정되는 경우에는 위법성을 인정하는 데는 문제가 없을 것이다.

과거 서울민사지방법원은 국가보위입법회의법 부칙 제4항에 근거하여 면직당한 국회사무처 및 국회도서관직원에게 입법상 불법에 의한 국가배상청구권을 인정한 바 있다.[36] 한편 대법원은 구 사회안전법에 대한 손해배상청구사건에서

> "우리 헌법이 채택하고 있는 의회민주주의하에서 국회는 다원적 의견이나 갖가지 이익을 반영시킨 토론과정을 거쳐 다수결의 원리에 따라 통일적인 국가의사를 형성하는 역할을 담당하는 국가기관으로서 그 과정에 참여한 국회의원은 입법에 관하여 원칙적으로 국민 전체에 대한 관계에서 정치적 책임을 질 뿐 국민 개개인의 권리에 대응하여 법적 의무를 지는 것은 아니므로, 국회의원의 입법행위는 그 입법 내용이 헌법의 문언에 명백히 위반됨에도 불구하고 국회가 굳이 당해 입법을 한 것과 같은 특수한 경우가 아닌 한 국가배상법 제2조 제1항 소정의 위법행위에 해당된다고 볼 수 없다(대판 1997. 6. 13, 96다56115)."

고 판시하였다.

대법원은 공비토벌 등을 이유로 국군병력이 작전수행을 하던 중에 거창군 일대의 지역주민이 희생된 이른바 '거창사건'으로 인한 희생자와 그 유족들이 국가를 상대로 제기한 손해배상청구소송에서 동일한 취지에서 국회의 입법부작위로 인한 불법행위를 부인하였다.

판례(국회의 입법부작위가 국가배상법 제2조 제1항의 위법행위에 해당하는지 여부) 우리 헌법이 채택하고 있는 의회민주주의하에서 국회는 다원적 의견이나 갖가지 이익을 반영시킨 토론과정을 거쳐 다수결의 원리에 따라 통일적인 국가의사를 형성하는 역할을 담당하는 국가기관으로서 그 과정에 참여한 국회의원은 입법에 관하여 원칙적으로 국민 전체에 대한 관계에서 정치적 책임을 질 뿐 국민 개개인의 권리에 대응하여 법적 의무를 지는 것은 아니므로, 국회의원의 입법행위는 그 입법 내용이 헌법의 문언에 명백히 위배됨에도 불구하고 국회가 굳이 당해 입법을 한 것과 같은 특수한 경우가 아닌 한 국가배상법 제2조 제1항 소정의 위법행위에 해당한다고 볼 수 없고, 같은 맥락에서 국가가 일정한 사항에 관하여 헌법에 의하여 부과되는 구체적인 입법의무를 부담하고 있음에도 불구하고 그 입법에 필요한 상당한 기간이 경과하도록 고의 또는 과실로 이러한 입법의무를 이행하지 아니하는 등 극히 예외적인 사정이 인정되는 사안에 한정하여 국가배상법 소정의 배상책임이 인정될 수 있으며, 위와 같은 구체적인 입법의무 자체가 인정되지 않는 경우에는 애당초 부작위로 인한 불법행위가 성립할 여지가 없다(대판 2008. 5. 29, 2004다33469).

---

36) 서울민사지판 1992. 10. 2, 91가합84035: 본 판례에 대한 평석으로는 鄭夏重, 앞의 글, 4면 이하.

그러나 정상적인 국가에서 국회가 헌법의 문언에 명백하게 위반됨에도 불구하고 입법을 하는 경우는 거의 생각할 수 없기 때문에, 이러한 판결의 취지는 사실상 입법상 불법에 대한 국가배상책임을 부인하는 결과가 된다. 생각건대 위헌법률이 처분적 법률로서 특정한 집단 또는 제한된 사람들을 대상으로 하는 경우에는, 이들의 기본권을 보호할 입법자의 의무가 발생될 수 있기 때문에 사익보호성을 충분히 인정할 수 있다. 또한 입법과정시 해당 법률의 위헌성이 여론 또는 법안에 반대하는 동료의원들에 의하여 지적되는 경우에는 유책성도 어렵지 않게 인정할 수 있다. 지금까지 입법상 불법에 대한 국가배상책임을 인정하는 데 있어서 판례가 소극적인 태도를 견지하고 있는 중요한 이유는 무엇보다 재정적 이유에서 찾아볼 수 있다. 그런데, 우리나라의 경우 위헌결정에 기속력은 장래효를 원칙으로 하고, 예외적인 경우에만 소급효를 원칙으로 하기 때문에 이러한 우려는 근거가 없다고 볼 것이다. 향후 판례의 보다 전향적인 입장을 기대하여 본다.

3) 법률에 근거한 행정청의 처분에 의하여 손해가 발생된 경우

일반적 · 추상적 성격을 갖고 있는 법률은 그에 근거하고 있는 행정처분을 매개로 하여 집행되는 것이 일반적이다. 여기서 처분의 근거법률이 헌법재판소에 의하여 위헌 · 무효로 판정되었다면 당해 처분은 법률상 근거가 없는 것이기 때문에 그 위법성을 인정하는 데에는 문제가 없다. 그러나 공무원에게는 법관과는 달리 법률의 위헌여부에 대한 심사권한이 없기 때문에, 공무원이 스스로 합헌이라고 판단하여 집행한 이후 당해 법률이 헌법재판소에 의하여 위헌으로 밝혀질 경우에 그의 과실을 인정하기가 거의 어려울 것이다.

2. 사법작용(司法作用)에 대한 국가배상

국가공무원법상의 경력직공무원에 해당하는 법관(국공법 2조 2항) 역시 국가배상법상의 공무원에 해당하며, 아울러 사법작용도 국가배상법 제2조 제1항의 의미의 직무행위에 속한다는 점에 대하여는 이의가 존재하지 않는다. 그럼에도 불구하고 사법작용에 대하여 국가배상을 인정하는 데 있어서는 입법작용과 마찬가지로 적지 않은 어려움이 존재하여 왔다. 종래 사법작용에 대하여 국가배상이 부인된 것은 무엇보다도 법관의 신분상의 독립(헌법 103조)의 이유에서였다. 그러나 이에 대하여 법관 역시 그의 재판작용에 있어서 채증법칙의 위반, 수뢰, 직권남용, 고의적 재판지연 등 불법행위를 행할 수가 있으며, 이를 통하여 타인에게 손해를 가한 경우에도 단순히 법관의 신분상의 독립이라는 이유로 국가배상을 부인함은 헌법상의 법치국가원리에 합치되지 않는다는 비판이 관철되고 있다.

그럼에도 불구하고 오늘날 사법작용에 대한 국가배상에는 일정한 한계가 있다는 데 대하여는 합의가 존재하는바 그 이유를 재판작용의 고유한 기능, 즉 판결의 기판력을 통하여 법적 분쟁을 종국적으로 해결함으로써 법적 평화와 안정성을 실현하는 기능에서 찾고 있다.[38] 만약에 기판력이 발생된 판결에 대하여 무제한하게 국가배상이 인정된다면, 법적 안정성과 평화의 실현을 목적으로 하는 판결의 고유한 기능은 현저하게 침해될 것이다. 입법론적으로는 독일과 같이 법관의 재판작용을 판결과 명령 · 결정으로 구분하여, 기판력을 발생시키는 판결작용 및 일부의 명령 · 결정에 대하여는 법관의 직무행위가 범죄(수뢰, 직권남용 등)를 구성하는 경우에만 국가배상을 인정하는 것이 타당한 반면, 기판력을 발생하지 않는 여타의 명령 · 결정작용(가처분 · 가압류명령 · 강제집행절차, 호적 · 등기 · 공탁 등의 비송사건)에 대하여는 국가배상법 제2조 제1항을 제한없이 적용하는 것이 바람직할 것

이다.[37]

근래 우리 판례는 법관의 재판작용에 관한 국가배상사건에서 국가배상법 제2조 제1항의 위법성 개념을 제한적으로 해석하여 국가배상책임을 제한시키고 있다. 대법원은

> "법관의 재판에 법령의 규정을 따르지 아니한 잘못이 있다고 하더라도 이로써 바로 그 재판상 직무행위가 국가배상법 제2조 제1항에서 말하는 위법한 행위가 되어 국가의 손해배상책임이 발생하는 것이 아니고, 그 국가배상책임이 인정되려면 당해 법관이 위법 또는 부당한 목적을 가지고 재판을 하였다거나, 법이 법관의 직무수행상 준수할 것을 요구하는 기준을 현저하게 위반하는 등 법관이 그에게 부여된 권한의 취지에 명백히 어긋나게 이를 행사하였다고 인정할 만한 특별한 사정이 있어야 한다(대판 2003. 7. 11, 99다24218. 동지의 판례: 대판 2001. 4. 24, 2000다16114; 2001. 3. 9, 2000다29905; 1994. 4. 12, 93다62591)."

고 판시하고 있다. 한걸음 더 나아가 대법원은 재판에 대하여 따로 불복절차 또는 시정절차가 마련되어 있음에도 불구하고 스스로 그와 같은 시정을 구하지 아니한 결과 권리 내지 이익을 회복하지 못한 사람은 원칙적으로 국가배상에 의한 권리구제를 받을 수 없다고 판시하여 법관의 재판작용에 있어서 국가배상책임의 보충성을 인정하고 있다.

이러한 대법원의 입장에 대하여 두 가지 점을 언급할 필요가 있다.[38] 대법원은 재판작용에 대한 국가배상을 제한하기 위하여 위법성개념을 제한시킨다는 입장을 취하고 있으나, 사실상 위법성이 아니라 유책성을 제한시키고 있다. 즉 대법원은 재판작용에 있어서 법관의 고의(故意)와 중과실(重過失)이 인정되는 경우에만 국가배상책임을 인정하고 있다고 보아야 할 것이다. 아울러 대법원은 판결작용과 명령 · 결정작용을 구분없이 자신의 입장을 적용하고 있으나, 기판력이 발생되지 않는 명령이나 결정에 대하여는 국가배상법을 전면적으로 적용하는 것이 바람직할 것이다.

판례 1(헌법소원심판과 국가배상) 헌법소원심판을 청구한 자로서는 헌법재판소 재판관이 일자 계산을 정확하게 하여 본안판단을 할 것으로 기대하는 것이 당연하고, 따라서 헌법재판소 재판관의 위법한 직무집행의 결과 잘못된 각하결정을 함으로써 청구인으로 하여금 본안판단을 받을 기회를 상실하게 한 이상, 설령 본안판단을 하였더라도 어차피 청구가 기각되었을 것이라는 사정이 있다고 하더라도 잘못된 판단으로 인하여 헌법소원심판 청구인의 위와 같은 합리적인 기대를 침해한 것이고 이러한 기대는 인격적 이익으로서 보호할 가치가 있다고 할 것이므로 그 침해로 인한 정신상 고통에 대하여는 위자료를 지급할 의무가 있다(대판 2003. 7. 11, 99다24218).

판례 2(형벌법규가 헌법재판소의 위헌결정으로 소급하여 효력을 소멸한 경우에 그 법령이 위헌판결을 받기 전에 유죄판결을 선고한 법관의 직무행위가 국가배상법상의 불법행위에 해당하는지 여부) 형벌에 관한 법령이 헌법재판소의 위헌결정으로 소급하여 효력을 상실하였거나 법원에서 위헌 · 무효로 선언된 경우, 그 법령이 위헌으로 선언되기 전에 그 법령에 기초하여 수사가 개시되어 공소가 제기되고 유죄판결이 선고되었더라도, 그러한 사정만으로 수사기관의 직무행위나 법관의 재판상 직무행위가 국가배상법 제2조 제1항에서 말하는 공무원의 고의 또는 과실에 의한 불법행위에 해당하여 국가의 손해배상책임이 발생한다고 볼 수는 없다(대판 2014. 10. 27, 2013다217962).

판례 3(재판에 대하여 불복절차 또는 시정절차가 마련되어 있는 경우, 시정을 구하지 아니한 사람이 국가

---

37) Bender, aaO., S. 240; Ossenbühl, aaO., S. 102.

38) 판례에 대한 평석으로는 鄭夏重, 法官의 裁判作用에 대한 國家賠償責任, 저스티스, 2003. 10, 58면 이하.

배상에 의한 권리구제를 받을 수 있는지 여부) 재판에 대하여 불복절차 또는 시정절차가 마련되어 있는 경우, 법관이나 다른 공무원의 귀책사유로 불복에 의한 시정을 구할 수 없었다거나 그와 같은 시정을 구할 수 없었던 부득이한 사정이 없는 한, 그와 같은 시정을 구하지 아니한 사람은 원칙적으로 국가배상에 의한 권리구제를 받을 수 없다(대판 2003. 7. 11, 99다24218; 2016. 10. 13, 2014다215499).

판례 4(사법보좌관의 직무상 행위에 대한 국가배상 책임) 법원조직법 제54조 제2항 제2호는 사법보좌관이 「민사집행법」에 따른 부동산에 대한 강제경매절차, 담보권 실행 등을 위한 경매절차에서의 법원의 사무' 중 대법원규칙으로 정하는 업무를 할 수 있다고 규정하고 그 위임에 따라 사법보좌관규칙 제2조 제1항 제10호는 사법보좌관이 「민사집행법」제252조부터 제259조까지의 규정에 따른 배당절차에 관한 법원의 사무'를 행할 수 있다고 규정한다. 사법보좌관이 위 각 규정에 기초하여 민사집행법 제254조 및 제256조로 준용되는 제149조에 따라 배당표원안을 작성하고 확정하는 업무를 행하는 것은 배당절차를 관할하는 집행법원의 업무에 해당한다. 나아가 채권자는 사법보좌관이 작성한 배당표에 대해 이의하고 배당이의의 소를 제기하는 등의 불복절차를 통하여 이를 시정할 수 있다. 따라서 배당표원안을 작성하고 확정하는 사법보좌관의 행위는 재판상 직무행위에 해당하고, 사법보좌관의 이러한 재판상 직무행위에 대한 국가의 손해배상책임에 대하여도 위 법리가(※ 재판상 직무행위의 국가배상책임에 관한 법리) 마찬가지로 적용된다고 할 것이다(대판 2023. 6. 1, 2021다202224).

Ⅳ. 손해배상책임(법률효과)

공무원의 직무상 불법행위에 대한 배상책임의 요건이 충족되면, 국가 또는 지방자치단체는 피해자에게 손해배상을 하여야 한다.

1. 배상책임자

1) 국가 또는 지방자치단체

공무원의 위법한 직무행위로 인한 손해의 배상책임자는 국가 또는 지방자치단체이다(법 2조 1항). 헌법은 "국가 또는 공공단체"로 규정하고 있으나, 국가배상법은 국가 또는 지방자치단체로 한정하고 지방자치단체 이외에 공공단체(공공조합 · 영조물법인 · 공공재단)의 배상책임을 민법에 맡기고 있다.

2) 공무원의 선임 · 감독자와 비용부담자가 다른 경우

국가배상법은 공무원의 선임 · 감독자와 공무원의 봉급 · 급여 기타의 비용을 부담하는 자가 동일하지 않은 경우에는 그 비용을 부담하는 자도 손해를 배상하도록 규정하고 있다(법 6조 1항). 따라서 이러한 경우에 피해자는 양자에 대하여 선택적으로 손해배상을 청구할 수 있다. 공무원의 선임 · 감독자와 비용부담자가 다른 경우는 지방자치단체가 국가위임사무를 처리하는 경우나 국영공비사업(國營公費事業)[39] 등에서 볼 수 있다. 학설에서는 비용부담자의 의미를 ① 대외적으로 비용을 부담하는 형식적 비용부담자설, ② 내부적으로 사무에 소요된 비용을 부담하는 실질적 비용부담자설, ③ 피해자 보호의 견지에서 형식적 비용부담자와 실질적 비용부담자가 모두 비용부담자에 포함된다는 병합설 등이 주장되고 있다. 판례는 지방자치단체가 국가의 기관위임사무를 처리하는 경우에 비록 비용의 실질적 · 궁극적 부담자는 국가라고 할지라도, 형식적 기준에 초점을 두어 국가배상법 제6조 제1항의

39) 국영공비사업은 국가와 지방자치단체가 협력에 의하여 행하는 공기업의 경영 · 관리의 한 형태로써 지방자치단체의 경비부담에 의하여 국가가 관리 · 경영하는 공기업을 말한다. 지방자치단체가 경비를 일부 부담하여 국가가 시행하는 농지개량사업은 그 한 예이다.

비용부담자를 지방자치단체로 보고 있다.

판례(기관위임사무에 있어서 비용부담자의 의미) 구 지방자치법 제131조(현행 제158조), 구 지방재정법 제16조 제2항(현행 제21조 제2항)의 규정상, 지방자치단체의 장이 기관위임된 국가행정사무를 처리하는 경우 그에 소요되는 경비의 실질적 · 궁극적 부담자는 국가라고 하더라도 당해 지방자치단체는 국가로부터 내부적으로 교부된 금원으로 그 사무에 필요한 경비를 대외적으로 지출하는 자이므로, 이러한 경우 지방자치단체는 국가배상법 제6조 제1항 소정의 비용부담자로서 공무원의 불법행위로 인한 같은 법에 의한 손해를 배상할 책임이 있다(대판 1994. 12. 9, 94다38137).

2. 손해배상액

공무원의 직무상 불법행위로 손해를 입은 국민은 헌법 제29조 제1항에 따라 "정당한" 배상을 청구할 수 있는바, 여기서 정당한 배상이란 공무원의 불법행위와 상당인과관계에 있는 모든 손해의 배상을 의미한다. 이 경우 손해배상액의 산정은 민법상의 불법행위에 있어서의 배상액의 산정방법에 따라 산정되는 것이 원칙이다. 따라서 손해배상액의 산정을 국가배상법에 별도로 규정하는 경우에도 그 내용은 민법상의 불법행위의 경우와 균형을 유지하여야 함은 당연한 것이다.

1) 배상기준

국가배상법 제3조와 제3조의2는 민법과는 별도의 배상기준을 규정하고 있다. 제3조 제1항 · 제2항에서는 신체 · 생명의 침해에 대한 손해배상의 기준을, 그리고 제3조 제3항에서는 물건의 멸실 · 훼손에 대한 손해배상기준을 정하고 있다. 현재의 배상기준은 전체적으로 볼 때 민법의 손해배상기준에 상당히 접근하고 있으나 취업가능기간 · 장해의 등급 · 노동상실률과 위자료 산정을 대통령령에 위임하고 있어(법 3조 5항 · 6항), 그러한 한도에서 민법상의 손해배상액과 다소 차이가 날 수 있다. 학설에서는 국가배상법 제3조의 배상기준의 성격에 대하여 다툼이 되고 있다.

가. 한정액설

이 견해는 국가배상법 제3조의 배상기준은 배상액의 상한을 규정한 제한규정이라고 한다. 그 논거로서 ① 동조의 배상기준은 배상의 범위를 명백히 하여 당사자 사이에 분쟁의 소지를 없애기 위한 것이며, ② 배상의 범위를 법정화한 것은 곧 그에 따른 배상액의 산정을 요구한 것이라고 보아야 하기 때문이라고 한다.[40]

나. 기준액설

반면 기준액설에 따르면 국가배상법 제3조상의 배상기준은 단순한 기준에 불과하기 때문에 구체적 사안에 따라서는 배상액을 증감할 수 있다고 본다. 국가배상법의 배상기준을 한정적으로 보는 경우에는 민법상의 불법행위책임에 따른 배상에 비하여 피해자에게 불리한 결과가 될 수 있어, 이는 정당한 배상을 규정한 헌법 제29조에도 반한다고 한다. 현재 기준액설이 다수의 견해이다.

다. 판 례

판례의 일관된 견해는 제3조의 배상기준은 전심절차에서 배상심의회의 배상금지급기준을 정함

40) 李尙圭, 新行政法論(上), 608면.

에 있어 하나의 기준이 되는 것에 지나지 않고 이로써 손해배상액의 상한을 제한한 것이라고 볼 수 없다는 견해를 취하고 있다.

판례(국가배상법 제3조의 배상기준의 구속력 여부) 구 국가배상법 제3조 소정의 손해배상기준은 배상심의회의 배상금지급기준을 정한 것에 지나지 아니하는 것이므로 법원이 동법에 의한 손해배상액을 산정함에 있어서 동조의 기준에 구애되는 것이 아니라 할 것이다(대판 1970. 5. 12, 70다554; 1970. 4. 28, 70다394; 1970. 1. 29, 69다1203).

---

2) 공 제

피해자가 손해를 입은 동시에 이익을 얻은 경우에는 손익상계의 원칙에 따라 손해배상액에서 그 이익에 상응하는 금액을 공제하여야 한다(법 3조의2 1항). 아울러 생명 · 신체의 침해로 인한 유족배상 · 장해배상 및 장래에 필요한 요양비 등을 일시에 청구하는 경우에는 중간이자를 공제하도록 하고 있다(법 3조의2 2항). 종래에는 복할인방식(Leibniz식)에 의하여 공제하였으나 1997년 12월의 법개정에 의하여 민법과 같이 단할인방식(Hoffmann식)에 의하여 중간이자를 공제하고 있다(법 3조의2 3항, 법시행령 6조 3항).

3. 양도 등 금지

공무원의 직무상 불법행위로 인한 손해배상청구권 중 생명 · 신체상의 손해로 인한 것은 양도나 압류할 수 없다(법 4조). 국가배상청구권은 채권적 성격을 갖는 것이기 때문에 원칙적으로 양도나 압류가 가능하나, 유족이나 신체의 장해를 입은 자를 사회보장적 관점에서 보호하기 위하여 그 양도와 압류를 금지시키고 있다.

4. 배상청구권의 소멸시효

국가배상청구권은 피해자나 그 법정대리인이 손해 및 가해자를 안 날부터 3년간, 불법행위가 있은 날부터 5년간 이를 행사하지 않으면 시효로 인하여 소멸된다(국배법 8조, 민법 766조). 민법 제766조 제2항은 불법행위가 있은 날부터 10년이 경과하면 손해배상청구권을 행사할 수 없도록 소멸시효를 규정하고 있으나, 판례는 국가재정법 제96조의 해석과 관련하여 타 법률에서 5년보다 길게 소멸시효를 규정하고 있는 경우에는 5년을, 5년보다 짧은 소멸시효를 규정한 경우에는 규정된 짧은 기간을 각각 소멸시효로 인정하고 있다. 한편, 국가배상법 제9조에 따른 배상심의회에 손해배상신청은 시효중단사유인 청구(민법 168조)에 해당하므로 그 신청에 대한 배상심의회의 결정이 있는 때부터 다시 시효기간이 진행된다.[41)]

판례 1(민법 제766조 제2항이 국가배상청구권의 소멸시효에 적용되지 않는다는 판례) 국가재정법 제96조에 '다른 법률의 규정'이라 함은 다른 법률에 국가재정법 제96조에서 규정한 5년의 소멸시효기간보다 짧은 기간의 소멸시효의 규정이 있는 경우를 가리키는 것이고, 이보다 긴 10년의 소멸시효를 규정한 민법 제766조 제2항은 국가재정법 제96조에서 말하는 '다른 법률의 규정'에 해당하지 아니한다(대판 2001. 4. 24, 2000다57856).

41) 서울고판 1975. 5. 11, 75나2077.

판례 2(국가배상청구권의 소멸시효의 기산) 국가배상청구권에 관한 3년의 단기시효기간을 기산하는 경우에도 민법 제766조 제1항 외에 소멸시효의 기산점에 관한 일반규정인 민법 제166조 제1항이 적용되므로, 3년의 단기시효기간은 '손해 및 가해자를 안 날'에 더하여 '권리를 행사할 수 있는 때'가 도래하여야 비로소 시효가 진행한다. 그런데 공무원의 직무수행 중 불법행위에 의하여 납북된 것을 원인으로 하는 국가배상청구권 행사의 경우, 남북교류의 현실과 거주 · 이전 및 통신의 자유가 제한된 북한 사회의 비민주성이나 폐쇄성 등을 고려하여 볼 때, 다른 특별한 사정이 없는 한 북한에 납북된 사람이 국가를 상대로 대한민국 법원에 소장을 제출하는 등으로 권리를 행사하는 것은 객관적으로도 불가능하므로, 납북상태가 지속되는 동안은 소멸시효가 진행하지 않는다(대판 2012. 4. 13, 2009다33754).

판례 3(국가배상청구권의 소멸시효) 국가배상법 제2조 제1항 본문 전단 규정에 따른 배상청구권은 금전의 급부를 목적으로 하는 국가에 대한 권리로서 국가재정법 제96조 제2항, 제1항이 적용되므로 이를 5년간 행사하지 아니할 때에는 시효로 인하여 소멸한다. 소멸시효는 객관적으로 권리가 발생하여 그 권리를 행사할 수 있는 때로부터 진행하고 그 권리를 행사할 수 없는 동안은 진행하지 않으나, '권리를 행사할 수 없는' 경우란 권리행사에 법률상의 장애사유가 있는 경우를 의미하고 사실상 권리의 존재나 권리행사 가능성을 알지 못하였고 알지 못함에 과실이 없다고 하여도 이에 해당하지 않는다(대판 2023. 12. 14, 2023다248903).

V. 구 상 권

1. 공무원에 대한 구상

공무원의 직무행위에 있어서 고의 또는 중대한 과실이 있는 때에는 국가 또는 지방자치단체는 그 공무원에게 구상할 수 있다(법 2조 2항). 고의 · 중과실이 있는 경우에 공무원은 국가 등에 의하여 구상을 당하기 때문에, 궁극적으로 배상책임은 공무원에게 돌아간다. 행정기관의 장은 소속공무원의 가해행위로 인하여 국가 또는 지방자치단체가 배상금을 지급한 때에는 국가배상법 제2조 제2항에 의하여 구상권행사를 위한 조치를 할 수 있다(법시행령 25조 1항). 한편 경과실의 경우에 있어서 구상을 인정하지 아니함은 공무원의 사기저하와 사무정체를 방지하기 위한 정책적 고려에 따른 것이다.

판례는 구상권의 행사에 있어서 당해 공무원의 직무내용, 불법행위의 상황, 손해발생에 대한 공무원의 기여정도, 당해 공무원의 근무태도 및 불법행위의 예방이나 손실부담 등에 대한 국가 등의 배려정도를 고려하여 구상권의 범위를 정하여야 한다는 입장을 취하고 있다.

판례(공무원에 대한 구상권의 범위) 국가배상법 제2조는, 공무원이 직무를 집행하면서 고의 또는 과실로 법령을 위반하여 타인에게 손해를 입힌 때에는 국가나 지방자치단체가 배상책임을 부담하고(제1항), 국가 등이 그 책임을 이행한 경우에 해당 공무원에게 고의 또는 중대한 과실이 있으면 그 공무원에게 구상할 수 있다(제2항)고 규정하고 있다. 이 경우 국가나 지방자치단체는 해당 공무원의 직무내용, 불법행위의 상황과 손해발생에 대한 해당 공무원의 기여 정도, 평소 근무태도, 불법행위의 예방이나 손실분산에 관한 국가 또는 지방자치단체의 배려의 정도 등 제반 사정을 참작하여 손해의 공평한 분담이라는 견지에서 신의칙상 상당하다고 인정되는 한도 내에서 구상권을 행사할 수 있다(대판 2016. 6. 9, 2015다200258).

2. 공무원의 선임 · 감독자와 비용부담자가 다른 경우의 구상

양쪽 모두 피해자에게 배상책임을 지며, 이 경우 손해를 배상한 자는 내부관계에서 그 손해를 배상할 책임이 있는 자에게 구상할 수 있다(법 6조 2항). 여기서 누가 내부관계에서 손해를 배상할 책임이 있는 자가 되는지에 관하여는 학설에서 다툼이 되고 있다. ① 공무원의 선임·감독을 맡은 자가 궁극적인 배상책임자라는 관리주체설, ② 비용을 부담하는 자가 궁극적인 배상책임자라는 비용부담자설, ③ 손해발생에 기여한 정도에 따라 궁극적인 배상책임자가 결정되어야 한다는 기여도설이 대립되고 있는바, 관리주체설이 우리의 다수설이다.[42] 공무원의 선임·감독을 맡은 자가 손해를 방지할 수 있는 위치에 있다는 점, 그리고 국가배상법 제6조 제1항이 "그 비용을 부담하는 자도 손해를 배상하여야 한다"고 규정하고 있는 규정형식을 고려할 때 관리주체설이 타당할 것이다.

Ⅵ. 공무원의 직접적인 배상책임의 문제

가해자인 공무원이 피해자에게 직접 손해배상책임을 져야 하는지의 문제, 즉 피해자가 국가 또는 지방자치단체 외에 가해공무원에 대하여 직접 손해배상을 청구할 수 있는지 여부가 다툼이 되고 있다.

1. 선택적 청구권을 긍정하는 견해

일부의 학설은 국가 등의 배상책임과 공무원 개인의 배상책임은 관계가 없기 때문에 피해자는 그의 선택에 따라 국가·지방자치단체뿐만 아니라 공무원 개인에 대하여도 배상을 청구할 수 있다고 한다.[43] 그 논거를 보면 ① 헌법 제29조 제1항 단서는 공무원 자신의 책임은 면제되지 않는다고 규정하고 있는바, 여기서 면제되지 않는 공무원의 책임은 형사상·민사상 책임을 포함하며, ② 손해배상은 피해자의 손해전보뿐만 아니라 가해자에 대한 경고 및 제재의 기능을 아울러 갖고 있기 때문에 공무원에 대하여 선택적 청구권을 인정할 경우에는 공무원 개인의 직권남용과 위법행위를 방지하고 이를 통하여 개인의 권리보호를 도모할 수 있다고 한다. ③ 또한 피해자의 입장에서도 국가와 공무원에게 선택적으로 손해배상을 청구할 수 있기 때문에 피해자의 권리구제에도 만전을 기할 수 있다고 한다. 이러한 선택적 청구권을 인정하는 학설은 종래 주로 자기책임설을 지지하는 학자들에 의하여 주장되어 왔다.

2. 선택적 청구권을 부인하는 견해

반면 공무원에 대한 선택적 청구권을 부인하는 학설은 종래 대위책임설을 지지하는 학자들에 의하여 주장되어 왔다. 이들의 논거를 보면 ① 헌법 제29조 제1항 후단의 면제되지 않는 공무원의

42) 金南辰/金連泰, 行政法 I, 684면; 金鐵容, 行政法, 491면.; 洪井善, 行政法原論(상), 585면.
43) 金哲洙, 憲法學槪論, 881면.

책임은 반드시 공무원의 외부적 책임을 의미하는 것이 아니라, 내부적인 구상책임 및 징계책임 내지 형사상의 책임을 의미하는 것이며, ② 경제적 부담능력이 있는 국가가 손해배상책임을 부담하면 피해자의 구제는 완전히 이루어지며, ③ 공무원에 대한 위법방지기능은 구상권과 징계책임을 통하여 충분히 담보할 수 있다. ④ 또한 공무원 개인에 대하여 선택적 청구권을 인정하여 피해자가 승소한다고 하더라도 공무원의 배상능력의 결여로 인하여 그 실효성이 없을 뿐 아니라, 나아가서 배상책임에 대한 두려움은 공무원의 직무집행을 위축시켜 행정사무의 원활한 수행을 저해하고, 결과적으로 국민 전체에 대하여 불이익을 가져오게 된다고 한다.[44)]

3. 절충적 견해

절충설에 따르면 공무원의 위법행위가 경과실에 의한 경우에는 통상 예기할 수 있는 흠에 해당하여 그 행위는 국가 자신의 행위로 보아 선택적 청구권을 부인한다. 반면 공무원의 위법행위가 고의·중과실에 의한 경우에는 그 행위는 기관행위로서의 품격을 상실하기 때문에 국가 자신의 행위로 볼 수 없고 공무원 개인의 불법행위로 보아 그에게 배상책임을 부담시키되, 이 경우에도 그 행위의 외관을 객관적으로 관찰하여 공무원의 직무집행으로 보여질 경우에는 피해자인 국민을 두텁게 보호하기 위하여 국가 등에 대하여도 배상책임이 인정된다고 한다. 즉 절충설은 공무원의 직무행위가 경과실로 인한 경우에는 선택적 청구권을 부인하되, 고의·중과실에 해당하는 경우에는 공무원 개인과 국가 등에 대하여 선택적 청구권을 인정한다.[45)]

4. 판례의 입장

공무원에 대하여 직접적으로 손해배상을 청구할 수 있는지 여부에 대하여 판례는 그동안 입장을 계속 바꾸어 왔다. 과거 대법원은 1972년 10월 10일 판결에서 공무원의 고의·중과실·경과실에 불문하고 공무원에 대한 직접적인 손해배상청구권을 인정하였으나,[46)] 1994년 4월 12일의 판결에서는 정반대로 부정설의 입장을 취하였다.[47)] 그러다가 1996년 2월 15일 대법원 전원합의체 판결에서는 또다시 입장을 바꾸어 절충설의 입장을 택하였다.[48)]

판례 1(고의·중과실의 경우에 공무원에 대한 선택적 청구권의 인정) 국가배상법 제2조 제1항 본문 및 제2항의 입법 취지는 공무원의 직무상 위법행위로 타인에게 손해를 끼친 경우에는 변제자력이 충분한 국가 등에게 선임감독상 과실 여부에 불구하고 손해배상책임을 부담시켜 국민의 재산권을 보장하되, 공무원이 직무를 수행함에 있어 경과실로 타인에게 손해를 입힌 경우에는 그 직무수행상 통상 예기할 수 있는 흠이 있는 것에 불과하므로, 이러한 공무원의 행위는 여전히 국가 등의 기관의 행위로 보아 그로 인하여 발생한 손해에 대한 배상책임도 전적으로 국가 등에만 귀속시키고 공무원 개인에게는 그로 인한 책임을 부담

44) 金道昶, 一般行政法論(上), 637면; 金南辰/金連泰, 行政法 I, 687면; 朴鈗炘/鄭亨根, 最新行政法講義(上), 616면.
45) 金東熙/崔桂暎, 行政法 I, 579면.
46) 대판 1972. 10. 10, 69다701.
47) 대판 1994. 4. 12, 93다11807. 동 판결에 대한 평석으로는 鄭夏重, 公務員에 대한 損害賠償請求權, 法律新聞, 1994. 9. 5, 14면.
48) 대판 1996. 2. 15, 95다38677. 동 판결에 대한 평석으로는 鄭夏重, 國家責任과 公務員責任, 判例月報, 1996. 7, 71면 이하.

시키지 아니하여 공무원의 공무집행의 안정성을 확보하고, 반면에 공무원의 위법행위가 고의 · 중과실에 기한 경우에는 비록 그 행위가 그의 직무와 관련된 것이라고 하더라도 그와 같은 행위는 그 본질에 있어서 기관행위로서의 품격을 상실하여 국가 등에게 그 책임을 귀속시킬 수 없으므로 공무원 개인에게 불법행위로 인한 손해배상책임을 부담시키되, 다만 이러한 경우에도 그 행위의 외관을 객관적으로 관찰하여 공무원의 직무집행으로 보여질 때에는 피해자인 국민을 두텁게 보호하기 위하여 국가 등이 공무원 개인과 중첩적으로 배상책임을 부담하되 국가 등이 배상책임을 지는 경우에는 공무원 개인에게 구상할 수 있도록 함으로써 궁극적으로 그 책임이 공무원 개인에게 귀속되도록 하려는 것이라고 봄이 합당하다(대판(전원합의체) 1996. 2. 15, 95다38677).

판례 2(공법인과 국가배상의 선택적 청구) 공법인이 국가로부터 위탁받은 공행정사무를 집행하는 과정에서 공법인의 임직원이나 피용인이 고의 또는 과실로 법령을 위반하여 타인에게 손해를 입힌 경우에는, 공법인은 위탁받은 공행정사무에 관한 행정주체의 지위에서 배상책임을 부담하여야 하지만, 공법인의 임직원이나 피용인은 실질적인 의미에서 공무를 수행한 사람으로서 국가배상법 제2조에서 정한 공무원에 해당하므로 고의 또는 중과실이 있는 경우에만 배상책임을 부담하고 경과실이 있는 경우에는 배상책임을 면한다(대판 2021. 1. 28, 2019다260197).

판례 3(공무원의 직무상 불법행위에 있어서 중과실의 개념) 공무원이 직무 수행 중 불법행위로 타인에게 손해를 입힌 경우에 국가나 지방자치단체가 국가배상책임을 부담하는 외에 공무원 개인도 고의 또는 중과실이 있는 경우에는 불법행위로 인한 손해배상책임을 지고, 공무원에게 경과실이 있을 뿐인 경우에는 공무원 개인은 불법행위로 인한 손해배상책임을 부담하지 아니하는데, 여기서 공무원의 중과실이라 함은 공무원에게 통상 요구되는 정도의 상당한 주의를 하지 않더라도 약간의 주의를 한다면 손쉽게 위법 · 유해한 결과를 예견할 수 있는 경우임에도 만연히 이를 간과함과 같은 거의 고의에 가까운 현저한 주의를 결여한 상태를 의미한다(대판 2011. 9. 8, 2011다34521).

판례 4(공무원이 불법행위로 타인에게 손해를 입힌 경우, 피해자에게 손해를 직접 배상한 경과실이 있는 공무원이 국가에 대하여 구상권을 취득하는지 여부) 공무원이 직무수행 중 불법행위로 타인에게 손해를 입힌 경우에 국가 등이 국가배상책임을 부담하는 외에 공무원 개인도 고의 또는 중과실이 있는 경우에는 불법행위로 인한 손해배상책임을 지고, 공무원에게 경과실이 있을 뿐인 경우에는 공무원 개인은 손해배상책임을 부담하지 아니한다. 이처럼 경과실이 있는 공무원이 피해자에 대하여 손해배상책임을 부담하지 아니함에도 피해자에게 손해를 배상하였다면 그것은 채무자 아닌 사람이 타인의 채무를 변제한 경우에 해당하고, 이는 민법 제469조의 '제3자의 변제' 또는 민법 제744조의 '도의관념에 적합한 비채변제'에 해당하여 피해자는 공무원에 대하여 이를 반환할 의무가 없고, 그에 따라 피해자의 국가에 대한 손해배상청구권이 소멸하여 국가는 자신의 출연 없이 채무를 면하게 되므로, 피해자에게 손해를 직접 배상한 경과실이 있는 공무원은 특별한 사정이 없는 한 국가에 대하여 국가의 피해자에 대한 손해배상책임의 범위 내에서 공무원이 변제한 금액에 관하여 구상권을 취득한다고 봄이 타당하다(대판 2014. 8. 20, 2012다54478).

5. 결 어

종래의 학설에 따르면 대위책임설의 입장에서는 공무원에 대한 선택적 청구권을 부인한 반면, 자기책임설의 관점에서는 이를 인정하고 있다. 그러나 자기책임설의 관점에서도 공무원에 대한 선택적 청구권은 부인되어진다. 이미 배상책임의 구조부분에서 설명한 바와 같이 국민의 공법상의 법률관계의 상대방은 항상 국가이며, 공무원과 국민간에는 직접적으로 어떠한 법률관계가 성립되지 않는다. 공무원은 단지 국가가 국민에 대하여 갖고 있는 권리와 의무의 집행자로서만 외부에 나타나며, 그의 법적 효과는 적법하든 위법하든 모두 국가에 귀속한다. 국가는 그것이 공무원에 의하여 행하여졌다고 하더라도 자신의 법적 의무위반에 대하여 스스로 피해자인 국민에 대하여 직접 책임을 져야 한다. 반면 내부법관계에서 공무원은 국가에 대하여 자신이 지고 있는 직무의무를 위반한 경우에는 징계책임을 지거나 고의 · 중과실로 개인에게 손해를 입힌 경우에는 구상책임을 지는 것이다. 이와 같은 공법상의 법률관계의 구조로부터 국가의 직접적인 책임이 인정되며 공무원 개인의 외부적 책임은 논리적으로 부인된다.

공무원 개인의 직접적인 손해배상책임의 부인은 국가의 배타적이고 직접적인 자기책임이라는 법이론적인 측면에서만 타당한 것이 아니라 법정책적으로 타당하다. 오늘날의 현대행정에서 공무원은 그가 사인이라면 결코 할 수도 없고 하기를 원하지 않는 재산적 파급효과가 매우 큰 결정을 내리는 경우가 허다하다. 만약 공무원 개인의 외부적 책임을 인정할 경우에는 손해배상의 두려움 때문에 공무원의 직무수행의 의욕은 현저히 떨어지며, 급한 결정이 요구되는 시점에 필연적으로 업무지체를 초래하게 된다. 고의 · 중과실의 경우에만 내부관계에서 공무원에 대한 구상권을 인정한 제2조 제2항의 취지는 공무원 개인의 외부적 책임을 부인하고 경과실의 경우에는 공무원의 책임을 면제시켜 국가행정기능을 활성화시키는 데 그 궁극적인 의의가 있다. 또한 공무원에 대한 선택적 청구권을 인정하는 경우 피해자의 권리구제에 유리한 것 같지만 지불능력이 없는 공무원을 상대로 하여 승소판결을 받는다고 하더라도 개인의 권리구제에 얼마나 도움이 될지는 의심스럽다.

대법원 전원합의체 판결의 다수견해는 헌법 제29조의 단서조항에 의거하여 공무원의 직접적 책임을 도출하고 있으나, 국가배상법 제2조 제2항은 바로 헌법에 명확하게 규정되고 있지 않은 공무원 책임을 구체화하고 있는 규정으로서 그 의미는 공무원은 단지 국가 등에 의한 구상의 형태로만 책임을 질 뿐, 직접 피해자에게 책임을 지지 않음을 명확히 하고 있는 것으로 보아야 할 것이다.[49]

사례 1 영하 15도의 추운 겨울날 A는 친구와 함께 음주를 한 후 집으로 돌아가다가 새벽 1시경 C파출소 부근의 도로상에서 잠이 들었다. C파출소 근무자인 경찰관 B는 근무시간을 마치고 집으로 돌아가던 중 잠든 A를 보았으나 아무런 조치를 취하지 않고 지나쳐 버렸다. A는 새벽 6시경 추위로 사망하였다. A의 배우자인 D는 누구에게 손해배상청구를 할 수 있는가?(제17회 입법고시)

▶답안요지 사안에서 배상책임자로서 국가(경찰관 B는 국가공무원)와 경찰관 B가 고려된다.

1) 국가에 대한 손해배상청구권: 공무원의 직무상 불법행위에 의한 손해배상책임(국배법 2조 1항)의 요건이 충족된다면 D는 국가배상청구권을 행사할 수 있다. ① 국배법 2조의 공무원의 개념을 간단히 정의하고 사안에서 B가 공무원에 해당함을 기술한다. ② 직무행위의 범위와 판단기준에 대하여 간단히 언급한다. 직무행위의 판단기준으로 당해 행위가 현실적으로 정당한 권한 내의 것인지 공무원의 주관적 의사에 관계없이 객관적으로 직무행위의 외관에 따라 판단하여야 한다. 사안에서 비록 B가 퇴근 중이라고 하더라도 경찰관의 위해방지업무는 종료되지 않는다. ③ 직무행위가 법령에 위반되어야 하는바, 우선 법령의 개념에 대하여 간단히 언급한다. 사안에서 경찰관직무집행법 4조 1항 1호(보호조치)의 위배여부가 문제가 되는바, 동조항은 "경찰관은 정신착란 또는 술취한 상태로 인하여 자기 또는 타인의 생명 · 신체와 재산에 위해를 미칠 우려가 있는 자와 자살을 기도하는 자 등 응급의 구호를 요한다고 믿을 만한 상당한 이유가 있는 자를 발견한 때에는 보건의료기관 또는 공공구호기관에 긴급구호를 요청하거나 경찰관서에 보호하는 등 적당한 조치를 할 수 있다"고 규정하고 있다. 사안에서 A를 그대로 방치하는 경우에는 신체 · 생명에 대한 위험

49) 同旨: 金南辰/金連泰, 行政法 I, 687면.

이 우려되는바 이에 따라 재량이 영으로 수축된다. 이에 따라 B의 부작위에 의한 보호조치의무위반을 인정할 수 있다. 또한 경찰관직무집행법 4조 1항 1호는 공익뿐만 아니라 사익보호를 목적으로 하는 규정이다. ④ 공무원의 고의 · 과실이 있어야 하는바, 우선 고의 · 과실의 개념에 대하여 간단히 언급한다. 사안에서 B는 A를 보고도 아무런 조치를 취하지 않고 그대로 지나친 바, 고의 내지는 최소한 중과실이 인정된다고 할 것이다. ⑤ 위법한 직무행위로 타인에게 손해가 발생하여야 하는바, 여기서 타인의 개념, 인과관계에 대하여 간단히 설명한다. 여기서 B의 부작위와 A의 사망 사이에 상당인과관계를 인정할 수 있다.

▶**결어** D는 A의 사망으로 인한 손해배상을 국가에 대하여 청구할 수 있을 것이다. 공무원 B의 고의 · 중과실이 인정되기 때문에 국가는 공무원 B에 대하여 구상권을 행사할 수 있을 것이다(국배법 2조 2항).

2) 공무원 B에 대한 손해배상청구권: 피해자가 공무원에 대하여 직접 손해배상청구를 할 수 있는지 여부에 대하여 ① 긍정설, ② 부정설, ③ 절충설이 다투어지고 있다. 판례는 절충설을 취하고 있다(이에 대하여는 본문참조). 사안에서 B의 고의 내지는 최소한 중과실이 인정됨으로 판례에 따르면, D는 B에 대하여 민법상 불법행위(민법 750조)로 인한 손해배상청구를 할 수 있을 것이다.

사례 2 A군 소유의 임야에 25가구가 주택을 지어 살고 있다. 이 주택가 내에는 어린이들의 놀이터로 사용되어온 약 10여평 정도의 공터가 있고 공터의 뒤편에는 암벽이 있는데, 이 암벽은 높이가 약 3미터로 그 상층부가 하단부보다 약 1미터 앞으로 튀어나와 있다. 지역 주민들은 이 암벽이 붕괴위험이 있으므로 이를 보수하여 달라는 민원을 수차례 제기하였으나, A군은 아무런 조치를 취하지 않았다. 그런데 해빙기에 얼었던 암벽이 녹아 균열이 생기면서 상층부의 암벽이 붕괴되어 이 공터에서 놀던 어린이 3명이 사망하였다. 사고 후 사망한 어린이의 부모 갑 등은 A군을 상대로 국가배상청구소송을 제기하였다. 이 경우 A군에 대하여 국가배상법 제2조의 배상책임요건 중 위법 · 과실을 인정할 수 있는 것인가? 이와 관련하여 지방자치단체가 붕괴위험이 있는 암벽에 대한 안전관리조치를 취하여야 한다는 법령규정은 존재하지 않는다.(20점)(51회 사법시험)

▶**답안요지** 국가배상법 제2조 제1항의 공무원의 직무상 불법행위로 인한 손해배상청구권이 성립하기 위하여는 ① 공무원 또는 공무를 위탁받은 사인이, ② 직무를 집행하면서, ③ 법령에 위반하여, ④ 고의 · 과실로, ⑤ 타인에게 손해를 입힐 것의 요건이 충족되어야 한다. 사안에서는 배상책임요건 중 위법성(법령위반) 및 고의 · 과실의 요건의 충족여부를 묻고 있다.

1. 위법성 인정여부

1) 국가배상법 제2조 제1항의 "법령에 위반하여"의 의미

국가배상책임이 인정되기 위하여는 공무원의 직무행위가 법령에 위반한 것이어야 한다. 여기서 법령의 위반이라 함은 성문법, 불문법 및 행정법의 일반원칙의 위반을 의미한다. 일설에 따르면 위법성을 엄격한 의미의 법령위반뿐만 아니라 인권존중, 사회질서, 공서양속의 위반을 포함하여 널리 그 행위가 객관적인 정당성을 결여하고 있음을 의미한다고 하나, 국가배상법 제2조 제1항의 의미의 위법성은 국가 등의 행정주체가 개인에 대하여 부담하고 있는 법적 의무를 위반한 경우에 주어진다고 할 것이다. 위법성은 공무원의 적극적인 행위뿐만 아니라 부작위에 의하여도 주어진다. 부작위로 인한 위법성은 공무원이 일정한 작위의무가 있음에도 불구하고(재량행위의 경우에는 재량이 영으로 수축되는 경우), 이를 행하지 않는 경우에 주어진다. 사안에서는 A군의 담당공무원이 암벽의 붕괴를 방지하기 위한 안전관리조치를 취하지 않은 부작위가 위법한지 문제가 되고 있다. 지방자치단체가 붕괴위험이 있는 암벽에 대한 안전관리조치를 취하여야 한다는 법령규정은 존재하지 않는다고 하는바, 이와 관련하여 국가배상법 제2조의 위법성이 행위위법을 의미하는지 결과위법을 의미하는지 견해가 대립하고 있다.

2) 결과위법설/행위위법설/상대적 위법성설

① 결과위법설은 국가배상법의 위법성을 판단함에 있어서 항고소송의 위법성판단과는 달리 피해의 결과에 따라 위법성을 판단하여야 한다는 입장인데 대하여, ② 행위위법설은 국가배상법의 위법성을 항고소송의 위법과 동일하게 보아 공무원의 직무행위가 법규범에 합치하는가 여부에 따라 위법성을 판단하여야 한다는 견해이다. 상대적 위법성설은 행위위법설과 결과위법설을 절충하여 국가배상법 제2조의 위법의 개념을 행위 자체의 위법뿐만 아니라 피침해이익의 성격과 침해의 정도 및 가해행위의 태양 등을 종합적으로 고려하여 행위가 객관적으로 정당성을 결하고 있는 것을 의미한다는 입장을 취하고 있다. 행위위법설이 타당하다 할 것이다. 국가배상법의 위법의 개념은 민법상의 불법행위의 개념과 차이가 나는바, 사인간에는 타인의 권리침해가 원칙적으로 허용되지 않으므로 권리침해가 곧 위법을 의미하지만, 공행정작용에 있어서는 법규범의 적합성여부가 결정적인 기준으로서 법규범에 적합하게 행사된 이상 개인의 권리침해가 있다고 하여 곧 위법이라고 볼 수 없다.

사안과 같이 관련 법규정이 없는 경우가 문제가 되고 있는바, 이 경우에 판례는 국가의 기본권보호의무에서 도출되는 초법규적 위해방지의무를 인정하여 행위위법설의 협애성을 보완하고 있다(대판 1998. 10. 13, 98다18520). 이러한 초법규적 위해방지의무를 인정할 경우에, A군의 담당공무원의 부작위의 위법성을 인정할 수 있는지 문제가 된다. 사안에서 암벽붕괴의 우려가 있어, 아이들의 신체 · 생명의 위험이 존재하고 있고 이와 관련하여 주민의 수차례의 민원이 있음에 비추어, 비록 이러한 안전조치가 공무원의 재량에 있다고 인정하더라도 재량의 영으로 수축을 인정할 수 있을 것이다. 이에 따라 담당공무원의 부작위는 이러한 초법규적 위해방지의무에 위반하여 위법하다고 할 것이다.

3) 사익보호성

공무원의 위법한 직무행위에 있어서 해당법률이 피해자의 이익을 보호하여야 하는지 여부에 대하여 견해가 대립하고 있다. 일설에 따르면 사익보호성의 문제는 취소소송의 원고적격에 관련된 문제이기 때문에 검토할 필요성이 없다고 하나, 반사적 이익의 침해는 국가배상의 대상이 되기가 어렵다는 점, 취소소송과 국가배상의 위법성을 이원적으로 판단할 이유가 없다는 점에서 사익보호성의 검토가 요구된다. 판례는 해당법령의 사익보호성유무를 인과관계 부분에서 검토하고 있으나 위법성요건에서 검토하는 것이 타당할 것이다. 사안의 경우 초법규적 손해방지의무는 국가의 기본권보호의무에서 도출되는바 여기서 사익보호성을 인정하는 데 어려움이 없다.

2. 고의 · 과실의 인정여부

국가배상법 제2조 제1항의 국가배상책임이 인정되기 위하여는 공무원의 고의 · 과실이 존재하여야 한다. 고의란 자신의 행위로 일정한 결과의 발생을 인식하면서 그 결과의 발생을 용인하고 그 행위를 하는 심리상태를 의미하며, 과실이란 자신의 행위로 일정한 결과가 발생할 것을 알 수 있었을 텐데 부주의로 그 결과의 발생을 인식하지 못하고 행위를 하는 심리상태를 의미한다. 판례에 따르면 공무원의 직무집행상의 과실이라 함은 당해 직무를 수행함에 있어 평균적인 공무원이 통상 갖추어야 할 주의의무를 게을리 한 것을 의미한다고 하여 추상적 과실의 기준을 적용하고 있다. 학설에서는 과실의 입증책임에 있어서 가해 공무원의 특정화의 포기, ② 일응추정의 법리의 적용을 통한 과실의 입증책임의 완화 등을 통하여 과실의 객관화를 주장하고 있다. 특히 가해공무원의 특정화를 포기할 경우 과실의 개념은 "공무원의 위법행위로 인한 흠"을 의미하는 이른바 조직과실로 발전하게 된다. 이러한 객관화된 과실의 개념을 따를 때 사안의 경우, A군의 담당공무원의 과실은 충분히 인정될 것이다.

제3항 영조물의 설치 · 관리의 하자로 인한 손해배상

Ⅰ. 개 설

국가배상법 제5조 제1항은 "도로 · 하천, 그 밖의 공공의 영조물의 설치나 관리에 하자가 있기 때문에 타인에게 손해를 발생하게 하였을 때에는 국가나 지방자치단체는 그 손해를 배상하여야 한다. 이 경우 제2조 제1항 단서, 제3조 및 제3조의2를 준용한다"고 규정하고 있다. 본조는 민법 제758조의 공작물의 설치 · 보존의 하자로 인한 배상책임에 상응하는 것이나 점유자의 면책조항이 없다는 점과 그 대상이 민법상의 공작물보다 넓은 개념이라는 데서 차이가 있다. 다수의 학설과 판례는 영조물의 설치 · 관리를 담당하는 공무원의 고의 · 과실의 유무를 불문한다는 점에서 직무상 불법행위로 인한 배상책임과는 달리 무과실책임으로 보고 있다.

Ⅱ. 배상책임의 요건

국가 등의 배상책임이 성립하기 위하여는 도로 · 하천 기타의 공공의 영조물의 설치 또는 관리에 하자가 있어 타인에게 손해가 발생하게 하였어야 한다. 따라서 배상책임의 요건으로는 ① 도로 · 하천 기타 공공의 영조물일 것, ② 설치 · 관리에 하자가 있을 것, ③ 타인에게 손해가 발생하게 하였을 것으로 구분된다.

1. 공공의 영조물일 것

영조물이란 학문적으로 행정목적을 달성하기 위한 인적 요소 · 물적 요소가 결합된 종합시설체를 의미한다. 다만 국가배상법에서의 영조물은 학문적 의미의 공물, 즉 행정주체가 직접 공적 목적을 달성하기 위하여 제공한 유체물을 의미한다고 할 수 있다. 유체물에서는 개개의 물건뿐만 아니라 물건의 집합체인 공공시설도 포함된다.[50]

공물에는 인공공물 · 자연공물 및 타유공물 · 자유공물을 불문한다. 학설에서는 부동산뿐만 아니라 동산(자동차 · 경찰견 등)을 포함한다고 하나, 동산에 대하여 국가배상법 제5조의 책임을 인정한 판례는 아직 발견되지 않고 있다.

다른 한편 국 · 공유재산이라고 할지라도 공적 목적에 제공된 공물이 아닌 경우, 즉 국 · 공유의 사물(私物)은 영조물에 포함되지 않는다. 따라서 임야와 같은 일반재산(구 잡종재산)의 관리 · 하자

50) 金南辰, 行政法 I, 589면.

로 인하여 타인에게 손해가 발생된 경우에는 국가 등은 민법 제758조에 의한 책임을 진다고 보아야 할 것이다. 판례에서 인정되고 있는 영조물의 주요한 예를 들면 도로,[51] 하천,[52] 광장,[53] 건널목경보기,[54] 공중화장실,[55] 가로수[56] 등이 있다.

판례(공공의 영조물의 개념) 국가배상법 제5조 소정의 공공의 영조물이란 공유나 사유임을 불문하고 행정주체에 의하여 특정공공의 목적에 공여된 유체물 또는 물적 설비를 의미하므로 사실상 군민의 통행에 제공되고 있던 도로 옆의 암벽으로부터 떨어진 낙석에 맞아 소외인이 사망하는 사고가 발생하였다고 하여도 동 사고지점 도로가 피고군에 의하여 노선인정 기타 공용개시가 없었으면 이를 영조물이라 할 수 없다(대판 1981. 7. 7, 80다2478).

2. 설치 또는 관리에 하자가 있을 것

1) 설치 · 관리의 하자의 의의

영조물의 설치 · 관리란 영조물의 설계 · 축조와 그후의 유지 · 수선 및 보관작용을 의미하는 바, 이에는 구체적 처분이나 사실행위뿐만 아니라 관리규칙의 제정과 같은 추상적 작용도 포함된다. 영조물의 설치 · 관리의 하자에 있어서 하자는 "공물이 통상적으로 갖추어야 할 안전성을 결여"한 것으로 이해하는 것이 학설과 판례의 일반적인 견해이다.[57]

문제는 안전성의 결여상태의 판단에 있어서 관리책임자인 공무원의 귀책사유를 아울러 고려하느냐의 여부를 둘러싸고 논쟁이 되고 있는바 이는 국가배상법 제5조에 의한 책임의 성격과 결부되는 문제이다.

2) 배상책임의 성격

가. 객관설

이른바 다수설로 표현되어지는 객관설에 따르면 하자는 영조물이 통상적으로 갖추어야 할 안전성을 결여한 것으로 이해하고, 여기에서 안전성을 결여하였는지의 여부는 물적 상태에 초점을 두어 객관적으로 파악하여야 하며, 그것이 설치 · 관리자의 작위나 부작위의무의 위반으로 발생된 것인지는 전혀 문제가 되지 않는다고 한다.[58] 이러한 견해는 물건의 객관적인 상태에 초점을 두어 객관적으로 보아 안전성을 결여하고 있는 경우에는 관리자측의 과실이나 재정력의 유무에 관계없이 국가 또는 지방자치단체에게 배상책임을 인정하여 본조의 책임을 무과실책임 또는 위험책임이라고 한다. 그러나 위험책임이란 행위자의 적법 · 위법여부와 고의 · 과실을 요건으로 하지 않는 데 대하여, 국가배상법 제5조는 설치나 관리상의 하자를 그 요건으로 하고 있다는 점에서 순수한 위험책임이라고 하

51) 대판 1994. 11. 22, 94다32924; 1997. 4. 22, 97다3194; 2000. 1. 14, 99다24201.
52) 대판 1981. 9. 22, 80다3011; 1984. 7. 24, 83다카1962; 1997. 2. 13, 95다44658.
53) 대판 1995. 2. 24, 94다57671.
54) 대판 1994. 11. 8, 94다34036.
55) 대판 1971. 8. 31, 71다1331.
56) 대판 1993. 7. 27, 93다20702.
57) 대판 1967. 2. 21, 66다1723; 1978. 2. 14, 76다1530; 2000. 4. 25, 99다54998.
58) 金道昶, 一般行政法論(上), 640면; 朴鈗炘, 最新行政法論(上), 732면.

기는 어렵다는 비판을 받고 있다.

나. 주관설

주관설은 영조물의 설치 · 관리의 하자를 영조물 자체에 물적 결함이 있는 경우로 보는 것은 같으나 제5조의 책임이 설치 · 관리의 하자를 전제로 하고 있다는 점에서 위험책임 또는 무과실책임이 아니고 그 하자발생에 있어서 어떤 의미이든지 주관적 귀책사유가 있어야 한다는 인식을 배경으로 하고 있다. 이러한 주관설은 하자의 판단여부에 있어서 관리자의 주의의무의 위반이라는 주관적 귀책사유를 고려하기 때문에 피해자구제의 관점에서 바람직하지 못하다는 비판을 받고 있으나 관리자의 주의의무를 고도로 객관화시킬 경우에는 이 문제점을 실질적으로 해결할 수 있다고 한다.[59)]

다. 절충설

이 설은 주로 일본학설의 일부에서 주장되고 있는 견해로 영조물의 하자유무의 판단에 있어서 영조물 자체의 하자뿐 아니라 관리자의 주관적 귀책사유까지도 제5조의 하자로 파악하려는 입장이다. 즉 물적 결함이 있는 경우는 물론이고 그와는 별도로 공물관리자의 관리행위의 과오도 독립된 관리의 흠의 하나로 이해하여 영조물의 설치 · 관리에 관련된 손해는 그것이 물적 하자에 기인한 것이든 또는 관리작용상의 과오에 기인한 것이든 불문하고, 국가배상법 제5조를 적용하여 통일적인 해결을 시도하는 것이 절충설의 의도라고 하겠다. 예를 들어 도로의 물적 상태에 전혀 결함이 없다고 할지라도 짙은 안개 또는 폭우로 인하여 교통사고가 발생한 경우에 교통운행자에 대한 사전경고의 의무를 해태한 경우에도 본조의 하자의 의미로 파악하여 국가 등의 배상책임을 인정하고자 하는 것이 절충설의 취지이다.[60)]

그러나 물적인 결함과 아무 관계없이 순수히 관리자의 의무위반으로 인하여 발생된 손해는 국가배상법 제2조에 의하여 충분히 전보받을 수 있기 때문에 동조의 하자를 물적인 결함에 관련시키는 것이 제5조의 목적에 상응하는 해석이라고 할 것이다.

라. 위법 · 무과실책임설

반면에 근래의 유력설은 영조물의 물적 상태에 초점을 두는 객관설과는 달리 제5조의 책임을 행위책임으로 보고 이를 위법 · 무과실책임으로 파악하고 있다.[61)]

국가배상법 제5조는 민법 제758조의 공작물책임에 상응하는 규정인바 민법 제758조는 독일민법의 공작물책임에 관한 규정(동법 836조 · 838조)의 영향을 받았다. 이러한 독일민법규정은 이미 제국재판소 이래 판례법에 의하여 발전된 법원칙인 교통안전의무(Verkehrssicherungpflicht)를 성문화한 것이라고 볼 수 있다.[62)] 자신의 토지나 그의 지배영역에 공적인 교통을 허용하거나 또는 자신의 물건을 일반의 교통에 노출시킨 사람은 교통에 참여한 다른 사람의 위험을 방지하기 위하여 필요하고도 기대가능한 조치를 취하여야 할 교통안전의 의무를 지고 있다. 그가 이러한 법적 의무를 위반하여 타인의 신체 · 생명 · 재산을 침해하여 손해를 발생시킨 경우에는 이에 대한 책임을 져야 한다. 이러한 교통안전의 의무는

59) 金東熙, 國家賠償法 5조에 관한 小考, 考試界, 1975. 10, 48면.
60) 朴鈗炘/鄭亨根, 最新行政法講義(上), 625면.
61) 鄭夏重, 국가배상법 제5조의 영조물의 설치 · 관리에 있어서 瑕疵의 의미와 賠償責任의 성격, 判例月報, 1995. 7, 56면 이하; 金南辰/金連泰, 行政法 I, 696면.
62) K. Larenz, Schuldrecht II/2, 13. Aufl., 1983, S. 488; Ermann, BGB, 8. Aufl., 1989, 836 Rdn. 1.

민법 제758조뿐만 아니라 국가배상법 제5조의 책임근거라고 하여야 할 것이다. 행정주체가 형체적 요소를 갖춘 일정한 물건을 공용지정을 통하여 일반의 사용에 제공한 경우 또는 일반의 교통에 노출시킨 경우에는 타인에게 위험이 발생하지 않도록 안전조치를 취하여야 할 법적 의무를 부담한다. 제5조에 의한 책임은 이러한 교통안전의무라는 법적 의무를 위반하여, 즉 위법한 행위에 의하여 발생된 손해에 대한 행정주체의 책임이라고 할 수 있으며, 영조물의 설치 · 관리의 하자란 이러한 관리주체의 안전의무의 위반을 의미한다고 보아야 할 것이다.

여기서 공물의 관리주체는 공무원개인의 과실여부를 불문하고 책임을 진다. 왜냐하면 교통안전의무는 외부법관계에서 국가 등의 공물의 관리주체가 직접 개인에 대하여 부담을 지는 의무이지 공무원 개인의 의무가 아니기 때문이다. 행정주체와 개인간의 권리와 의무관계인 외부법관계에서 공무원은 전혀 권리와 의무의 귀속주체로 나타날 수 없기 때문에 공무원 개인의 주관적이고 심리적인 요소인 고의 · 과실은 전혀 작용을 할 수 없다. 이와 같이 국가배상법 제5조의 책임이 행위책임이며 위법 · 무과실책임이라는 것은 동조가 영조물의 단순한 하자가 아니라 설치 또는 관리의 하자를 요건으로 하고 있다는 점, 또한 국가배상법 제2조와는 달리 공무원의 고의 · 과실을 요건으로 하고 있지 않다는 점과 민법 제758조와는 달리 점유자의 주의의무를 규정하고 있지 않다는 점에서도 뒷받침되고 있다.

마. 판례의 입장

대법원은 도로의 지하에 매설된 상수도관이 파열되어 유출된 물이 노면에 결빙되어 발생된 손해배상사건에서

> "국가배상법 제5조 소정의 영조물의 설치 · 관리상의 하자로 인한 책임은 무과실책임이고 나아가 민법 제758조 소정의 공작물의 점유자의 책임과는 달리 면책사유도 규정되어 있지 않으므로 국가 또는 지방자치단체는 영조물의 설치 · 관리상의 하자로 인하여 타인에게 손해를 가한 경우에 그 손해의 방지에 필요한 주의를 해태하지 아니하였다 하여 면책을 주장할 수 없다(대판 1994. 11. 22, 94다32924)."

라고 판시하여 제5조의 손해배상책임이 무과실책임임을 명시적으로 밝히고 있다.[63] 다른 한편 대법원은 거의 일관되게

> "영조물 설치 · 관리상의 하자라 함은 공공의 목적에 공여된 영조물이 그 용도에 따라 통상 갖추어야 할 안전성을 갖추지 못한 상태에 있음을 말하고, 영조물의 설치 및 관리에 있어서 항상 완전무결한 상태를 유지할 정도의 고도의 안전성을 갖추지 아니하였다고 하여 영조물의 설치 또는 관리에 하자가 있는 것으로는 할 수 없는 것으로서, 영조물의 설치자 또는 관리자에게 부과되는 방호조치의무의 정도는 영조물의 위험성에 비례하여 사회통념상 일반적으로 요구되는 정도의 것을 말한다(대판 2000. 4. 25, 99다54998; 2000. 2. 25, 99다54004; 1986. 2. 11, 85다카2336; 1984. 7. 24, 83다카1962)."

라고 판시하여 제5조에 의한 책임이 무과실책임이기는 하나 방호조치의무라는 법적 의무위반을 전제로 한 책임, 즉 위법 · 무과실책임임을 밝히고 있다.

3) 하자의 판단기준(안전의무의 내용과 범위)

공물을 일반의 사용에 제공 또는 교통에 노출시킨 행정주체가 공물의 안전상태를 확보하는 안

63) 대판 1994. 11. 22, 94다32924.

전의무를 구체적으로 어떤 내용과 어떤 범위까지 부담하는지를 일률적으로 정하기는 매우 어렵다. 대법원판례가 강조하는 바와 같이 모든 영조물의 설치·관리상의 하자에 있어서 완전무결한 상태를 유지할 정도의 고도의 안전성을 확보시킨다는 것은 사실상 불가능하다. 영조물의 설치·관리에 있어서 행정주체에게 부과되는 방호조치의 의무는 그 공작물의 위험성에 비례하여 사회통념상 일반적으로 요구되는 정도를 의미한다고 할 것이다. 즉 위험방지를 위하여 객관적으로 필요하고 행정주체에게 기대가능한 조치가 요구된다고 할 것이다. 여기서 필요한 안전조치는 구체적인 상황을 고려하여 공물의 이용상황, 이용목적, 장소적 환경 등을 종합하여 개별적으로 판단하여야 할 것이다. 구체적으로 취하여진 조치는 현재의 기술수준에 상응되어야 하며 국가의 재정적 부담은 하자에 대한 결정적인 기준은 되지 않으나 위험의 정도에 비례되어야 할 것이다. 이와 같이 위험을 방지하기 위한 조치의 필요성과 기대가능성에 따라 판단되는 안전의무의 내용은 공물의 설치·관리의 하자의 판단기준이 될 것이다. 한편 최근 판례는 일본 판례의 영향을 받아 손해발생의 예견가능성과 회피가능성에 초점을 맞추고 있다.

판례 1(영조물의 설치·관리의 하자의 판단기준) 국가배상법 제5조 제1항 소정의 영조물의 설치 또는 관리의 하자라 함은 영조물이 그 용도에 따라 통상 갖추어야 할 안전성을 갖추지 못한 상태에 있음을 말하는 것으로서, 영조물이 완전무결한 상태에 있지 아니하고 그 기능상 어떠한 결함이 있다는 것만으로 영조물의 설치 또는 관리에 하자가 있다고 할 수 없는 것이고, 위와 같은 안전성의 구비 여부를 판단함에 있어서는 당해 영조물의 용도, 그 설치장소의 현황 및 이용 상황 등 제반 사정을 종합적으로 고려하여 설치·관리자가 그 영조물의 위험성에 비례하여 사회통념상 일반적으로 요구되는 정도의 방호조치의무를 다하였는지 여부를 그 기준으로 삼아야 할 것이며, 객관적으로 보아 시간적·장소적으로 영조물의 기능상 결함으로 인한 손해발생의 예견가능성과 회피가능성이 없는 경우, 즉 그 영조물의 결함이 영조물의 설치관리자의 관리행위가 미칠 수 없는 상황 아래에 있는 경우에는 영조물의 설치관리상의 하자를 인정할 수 없다(대판 2000. 2. 25, 99다54004).

판례 2(교통신호등의 고장에 의한 손해발행이 예견가능성이나 회피가능성이 없는지 여부) 가변차로에 설치된 신호등의 용도와 오작동시에 발생하는 사고의 위험성과 심각성을 감안할 때, 만일 가변차로에 설치된 두 개의 신호기에서 서로 모순되는 신호가 들어오는 고장을 예방할 방법이 없음에도 그와 같은 신호기를 설치하여 그와 같은 고장을 발생하게 한 것이라면, 그 고장이 자연재해 등 외부요인에 의한 불가항력에 기인한 것이 아닌 한 그 자체로 설치·관리자의 방호조치의무를 다하지 못한 것으로서 신호등이 그 용도에 따라 통상 갖추어야 할 안전성을 갖추지 못한 상태에 있었다고 할 것이고, 따라서 설령 적정전압보다 낮은 저전압이 원인이 되어 위와 같은 오작동이 발생하였고 그 고장은 현재의 기술수준상 부득이한 것이라고 가정하더라도 그와 같은 사정만으로 손해발생의 예견가능성이나 회피가능성이 없어 영조물의 하자를 인정할 수 없는 경우라고 단정할 수 없다(대판 2001. 7. 27, 2000다56822).

판례 3(국도상에 떨어진 쇠파이프로 인한 교통사고에 있어서 국가의 손해배상책임 여부) 소외 김○○이 1995. 11. 21. 10:30경 피고가 점유 관리하는 편도 2차선의 국도를 프라이드 승용차를 운전하여 가다가 반대방향 도로 1차선에 떨어져 있던 길이 120cm, 직경 2cm 크기의 U자형 쇠파이프가 번호미상 갤로퍼 승용차 뒷타이어에 튕기어 김○○의 승용차 앞유리창을 뚫고 들어오는 바람에 쇠파이프에 목부분이 찔려 개방성 두개골 골절 등으로 사망한 사실을 인정하고, 그와 같은 쇠파이프가 위 도로에 떨어져 있었다면 일단 도로의 관리에 하자가 있는 것으로 볼 수 있으나, 내세운 증거에 의하면 사고 당일 09:57부터 10:08 사이에 피고 운영의 과적차량 검문소 근무자 교대차량이 사고장소를 통과하였으나 위 쇠파이프를 발견하지 못한 사실을 인정하고 피고가 관리하는 넓은 국도상을 더 짧은 간격으로 일일이 순찰하면서 낙하물을 제거하는 것은 현실적으로 불가능하므로 피고에게 국가배상법 제5조 제1항이 정하는 손해배상책임이 없다(대판 1997. 4. 22, 97다3194).

4) 영조물의 설치 · 관리상의 하자와 환경오염에 의한 피해

근래 판례에서는 영조물의 설치 · 관리상의 하자를 물적시설 그 자체에 있는 물리적 · 외형적 흠결이나 불비로 인하여 그 이용자에게 위해를 끼칠 위험성이 있는 경우뿐만 아니라, 영조물이 공공의 목적에 이용됨에 있어 그 이용상태 및 정도가 일정한 한도를 초과하여 제3자에게 사회통념상 수인할 것이 기대되는 한도를 넘는 피해를 입히는 경우까지 포함시켜(이른바 기능적 의미의 하자), 영조물의 설치 · 관리로 인한 환경상의 피해까지 그 손해배상의 대상으로 하고 있다.

판례(김포공항에서 발생하는 소음에 대한 국가배상책임) 국가배상법에 정하여진 '영조물의 설치 또는 관리의 하자'라 함은 공공의 목적에 공여된 영조물이 그 용도에 따라 갖추어야 할 안전성을 갖추지 못한 상태에 있음을 말하고, 안전성을 갖추지 못한 상태, 즉 타인에게 위해를 끼칠 위험성이 있는 상태라 함은 당해 영조물을 구성하는 물적 시설 그 자체에 있는 물리적 · 외형적 흠결이나 불비로 인하여 그 이용자에게 위해를 끼칠 위험성이 있는 경우뿐만 아니라, 그 영조물이 공공의 목적에 이용됨에 있어 그 이용상태 및 정도가 일정한 한도를 초과하여 제3자에게 사회통념상 수인할 것이 기대되는 한도를 넘는 피해를 입히는 경우까지 포함된다고 보아야 한다. '영조물 설치 또는 하자'에 관한 제3자의 수인한도의 기준을 결정함에 있어서는 일반적으로 침해되는 권리나 이익의 성질과 침해의 정도뿐만 아니라 침해행위가 갖는 공공성의 내용과 정도, 그 지역환경의 특수성, 공법적인 규제에 의하여 확보하려는 환경기준, 침해를 방지 또는 경감시키거나 손해를 회피할 방안의 유무 및 그 난이 정도 등 여러 사정을 종합적으로 고려하여 구체적 사건에 따라 개별적으로 결정하여야 한다. 피고가 김포공항을 설치 · 관리함에 있어 항공법령에 따른 항공기 소음기준 및 소음대책을 준수하려는 노력을 경주하였다고 하더라도, 김포공항이 항공기 운항이라는 공공의 목적에 이용됨에 있어 그와 관련하여 배출하는 소음 등의 침해가 인근 주민인 선정자들에게 통상의 수인한도를 넘는 피해를 발생하게 하였다면 김포공항의 설치 · 관리상에 하자가 있다고 보아야 할 것이다(대판 2005. 1. 27, 2003다49566).

5) 자연공물의 설치 · 관리의 하자

영조물의 설치 · 관리 및 하자의 내용은 영조물의 종류에 따라 차이가 난다고 하겠다. 자연공물의 경우 인공공물과는 달리 특별한 고찰을 요구하는 바, 예컨대 하천에 있어서는 강수량의 정확한 예측이 어려울 뿐만 아니라, 수해를 완전히 방지하기 위하여는 제방 등의 축조로 인한 막대한 비용 · 시간 · 인력을 요하고 있다. 이에 따라 하천이 범람하여 수재가 발생될 때마다 그 손해 전부에 대하여 국가 등이 책임질 수는 없는 것이다. 물론 제방 등의 방재시설 그 자체에 통상적으로 요구되는 안정성에 결함이 있어 수해가 발생되는 경우(이른바 파제형(破堤型)의 수해) 국가 등의 배상책임이 인정되나, 제방의 높이가 낮아 물이 넘쳐 발생되는 수해의 경우에는(일제형(溢堤型)의 수해) 하자판단에 있어서 어려운 문제가 제기된다. 여기서 학설은 하자판단의 기준으로 계획고수량의 개념을 제시하고 있다. 즉 계획고수량이 과학적으로 그리고 정당하게 산정되었는지, 또한 제방이 계획고수량에

상응된 높이와 안전성을 갖추었는지의 여부에 따라 하자를 판단하고 있다.[64)]

판례(하천범람에 의한 손해배상책임) 사고지점 제방은 1백년 발생빈도를 기준으로 책정된 계획홍수위보다 30센티미터 정도 더 높았으며, 당시 상류지역의 강우량은 6백년 또는 1천년 발생빈도의 강우량이어서 사고지점의 경우 계획홍수위보다 무려 1.6미터 정도가 넘는 수위의 유수가 흘렀다고 추정된다. 따라서 특별히 계획홍수위를 정한 이후에 이를 상향조정할 만한 사정이 없는 한 계획홍수위보다 높은 제방을 갖춘 이상 통상 갖추어야 할 안전성을 갖추지 못한 하자가 있다고 볼 수 없고, 계획홍수위를 훨씬 넘는 유수에 의한 범람은 예측가능성 및 회피가능성이 없는 불가항력적인 재해에 해당하는 만큼 그 영조물의 관리청에게 책임을 물을 수 없다고 할 것이다(대판 2003. 10. 23, 2001다48057).

---

6) 하자의 입증책임

하자의 입증책임은 원고인 피해자에게 있다. 일설에서는 일본학설의 영향을 받아 일응추정의 법리를 원용하여 피해자가 영조물로 인하여 손해가 발생하였음을 입증하면 하자의 존재가 추정된다고 주장하고 있으나 실무에서 채택되고 있지 않다.

3. 타인에게 손해를 발생하게 하였을 것

영조물의 설치 · 관리의 하자로 인하여 타인에게 손해가 발생하여야 하며 하자와 손해 사이에 인과관계가 있어야 한다. 타인의 개념에 대하여는 국가배상법 제2조 제1항 단서가 적용된다(법 5조 1항 단서). 여기서 손해라 함은 공무원의 직무행위로 인한 손해와 같이 재산적 손해 · 비재산적 손해 및 적극적 손해 · 소극적 손해를 가리지 않는다.

인과관계에 있어서 판례는 상당인과관계설을 취하고 있다. 불가항력적인 사유, 예컨대 전례가 없는 강풍이나 폭우로 말미암아 도로 기타의 공공시설이 파괴되고 그로 인하여 손해가 발생한 경우에는 공공시설의 하자가 없다고 하더라도 손해가 발생한 정도의 것인 때는 하자와 손해발생 사이에는 인과관계를 인정할 수 없으므로 배상책임이 생기지 않는다. 그러나 하자와 손해발생 사이에 상당인과관계가 있으면 자연력 또는 제3자나 피해자의 행위가 그 손해발생의 원인으로 가세하는 것은 무방하다.

판례(도로붕괴와 손해발생 사이에 상당인과관계를 부정한 사례) 위 도로는 그 설치에 있어서 도로가 갖추어야 할 통상의 안전성을 갖춘 것이었다 할 것이고, 가사 그 도로의 붕괴가 논지가 주장하는 바와 같은 설치 보존의 하자로 인한 것이었다 하더라도 이 사건 사고발생은 피고가 설치한 도로의 붕괴로 인하여 발생한 것이 아니고 그것과는 관계없이 발생한 산사태에 의하여 발생된 것으로 밖에 볼 수 없다는 위 원심의 인정사실에 따른다 하여도 결국 이 사건 사고의 결과와 위 도로붕괴와 사이에 상당인과관계가 없어 피고에 대하여 그 책임을 물을 수 없다 할 것이다(대판 1978. 2. 14, 76다1530).

---

64) 金南辰/金連泰, 行政法 I, 698면; 朴鈗炘/鄭亨根, 最新行政法講義(上), 630면.

Ⅲ. 손해배상책임(법률효과)

1. 배상책임자

1) 국가 또는 지방자치단체

상술한 국가배상법 제5조의 배상책임의 요건이 충족된 경우에는 국가 또는 지방자치단체는 그 손해를 배상할 책임을 진다. 지방자치단체 이외의 공공단체(영조물법인, 공공조합, 공공재단)가 설치·관리하는 공물의 하자로 인하여 손해가 발생하는 경우에는 피해자는 민법 제758조에 의한 손해배상 청구를 할 수 있다.

한편, 고속국도법은 고속국도의 관리청은 국토교통부장관으로 하되(도로법 23조), 국토교통부장관의 권한을 대행하는 범위 내에서 한국도로공사를 고속국도의 관리청으로 보고 있는바(도로법 112조), 이 경우에 고속국도의 설치·관리자를 국가로 보아야 하고, 한국도로공사는 국토교통부장관의 권한을 대행하는 영조물법인으로 보아야 할 것이다. 고속국도의 설치·관리상의 하자로 인하여 발생된 손해에 대하여 민법 제758조를 적용하여야 하는지 또는 국가배상법 제5조를 적용하여야 하는지 논란이 되고 있으나, 고속국도가 국가도로의 중심적인 기능과 역할을 수행한다는 점에서, 한국도로공사는 단지 국가의 권한을 대행한다는 점에서 국가배상법 제5조를 적용하여야 할 것이다.[65] 이에 관한 판례의 입장은 일정하지 않다.

판례 1(고속도로 관리상의 하자로 인한 손해발생에 대하여 민법 758조를 적용한 판례) 트럭 앞바퀴가 고속도로상에 떨어져 있는 자동차의 타이어에 걸려 중앙분리대를 넘어가 사고가 발생한 경우에 있어서 한국도로공사에게 도로의 보존상 하자로 인한 손해배상책임(민법 758조)을 인정하기 위하여는 도로에 타이어가 떨어져 있어 고속으로 주행하는 차량의 통행에 안전상의 결함이 있다는 것만으로 족하지 않고, 위 공사의 고속도로 안전성에 대한 순찰 등 감시체제, 타이어의 낙하시점, 위 공사가 타이어의 낙하사실을 신고받거나 직접 이를 발견하여 그로 인한 고속도로상의 안전성 결함을 알았음에도 사고방지조치를 취하지 아니하고 방치하였는지 여부, 혹은 이를 발견할 수 있었음에도 발견하지 못하였는지 여부 등 제반 사정을 심리하여 고속도로의 하자 유무를 판단하였어야 할 것이다(대판 1992. 9. 14, 92다3243).

판례 2(고속도로 관리상의 하자로 인한 손해발생에 대하여 국가배상법 제5조를 적용한 판례) 국가배상법 제5조 제1항에 정하여진 '영조물 설치·관리상의 하자'라 함은 공공의 목적에 공여된 영조물이 그 용도에 따라 통상 갖추어야 할 안전성을 갖추지 못한 상태에 있음을 말하는바, 영조물의 설치 및 관리에 있어서 항상 완전무결한 상태를 유지할 정도의 고도의 안전성을 갖추지 아니하였다고 하여 영조물의 설치 또는 관리에 하자가 있다고 단정할 수 없다. 고속도로가 사고지점에 이르러 다소 굽어져 있으나, 사고 지점의 차선 밖에 폭 3m의 갓길이 있을 뿐 아니라, 사고 지점 도로변에 야간에 도로의 형태를 식별할 수 있게 하는 시설물들이 기준에 따라 설치되어 있는 경우 도로의 관리자로서는 야간에 차량의 운전자가 사고 지점의 도로에 이르러 차선을 따라 회전하지 못하고 차선을 벗어난 후 갓길마저 지나쳐 도로변에 설치되어 있는 방음벽을 들이받은 사고를 일으킨다고 하는 것은 통상 예측하기 어려우므로 도로의 관리자가 그러한 사고에 대비하여 도로변에 야간에 도로의 형태를 식별할 수 있는 시설물들을 더 많이 설치하지 않고, 방음벽에 충격방지시설을 갖추지 아니하였다고 하여 사고 지점 도로의 설치 또는 관리에 하자가 있다고 볼 수 없다(대판 2002. 8. 23, 2002다9158).

---

65) 黃彰根, 고속도로의 관리상 하자의 판단기준, 行政判例硏究 13집, 2008, 219면 이하.

2) 영조물의 설치 · 관리자와 비용부담자가 다른 경우

영조물의 설치 · 관리를 맡은 자와 그 비용부담자가 동일하지 않은 경우에는 비용부담자도 손해를 배상할 책임이 있다(법 6조 1항). 피해자는 그 어느쪽에 대하여도 선택적으로 손해배상을 청구할 수 있다. 국영공비(國營公費) 또는 공영국비(公營國費)의 공물의 설치 · 관리에 하자로 손해가 발생된 경우가 바로 이러한 예에 해당할 것이다. 공무원의 직무상 불법행위에 대한 책임과 마찬가지로 여기서도 비용부담자의 개념에 관하여 ① 형식적 비용부담자설, ② 실질적 비용부담자설, ③ 병합설의 대립이 있으나 판례는 원칙적으로 형식적 비용부담자설을 취하고 있다.

판례 1(시장이 국도의 관리청인 경우에 국가는 설치 · 관리자로서, 지방자치단체인 시는 비용부담자로서 책임을 진다는 사례) 도로법 제23조 제2항에 의하여 지방자치단체의 장인 시장이 국도의 관리청이 되었다 하더라도 이는 시장이 국가로부터 관리업무를 위임받아 국가행정기관의 지위에서 집행하는 것이므로 국가는 도로관리상 하자로 인한 손해배상책임을 면할 수 없다. 반면 시가 국도의 관리상 비용부담자로서 책임을 지는 것은 국가배상법 제6조 제1항에서 정한 자신의 고유한 배상책임이므로 도로의 하자로 인한 손해에 대하여 시는 부진정연대채무자인 공동불법행위자와의 내부관계에서 배상책임을 분담하는 관계에 있으며, 국가배상법 제6조 제2항의 규정은 도로의 관리주체인 국가와 그 비용을 부담하는 경제주체인 시 상호간에 내부적으로 구상의 범위를 정하는 데 적용된다(대판 1993. 1. 26, 92다2684).

판례 2(지방자치단체가 교통신호기를 설치하여 그 관리업무를 지방경찰청장에게 위임한 경우 지방자치단체는 설치 · 관리자로서 국가는 비용부담자로서 책임을 진다는 사례) 지방자치단체장이 교통신호기를 설치하여 그 관리권한이 도로교통법 제71조의2 제1항의 규정에 의하여 관할 지방경찰청장에게 위임되어 지방경찰청 소속 공무원이 그 관리업무를 담당하던 중 위 신호기가 고장난 채 방치되어 교통사고가 발생한 경우, 국가배상법 제2조 또는 제5조에 의한 배상책임을 부담하는 것은 지방경찰청장이 소속된 국가가 아니라, 그 권한을 위임한 지방자치단체장이 소속된 지방자치단체라고 할 것이나, 한편 국가배상법 제6조 제1항은 공무원의 선임 · 감독 또는 영조물의 설치 · 관리를 맡은 자와 공무원의 봉급 · 급여 기타의 비용 또는 영조물의 설치 · 관리의 비용을 부담하는 자가 동일하지 아니한 경우에는 그 비용을 부담하는 자도 손해를 배상하여야 한다고 규정하고 있으므로 교통신호기를 관리하는 지방경찰청장 산하 경찰관들에 대한 봉급을 부담하는 국가도 국가배상법 제6조 제1항에 의한 배상책임을 부담한다(대판 1999. 6. 25, 99다11120).

판례 3(국토해양부장관이 지방하천공사를 대행한 경우 지방자치단체가 배상책임을 부담하는지 여부) 구 하천법 제28조 제1항에 따라 국토해양부장관이 하천공사를 대행하더라도 이는 국토해양부장관이 하천관리에 관한 일부 권한을 일시적으로 행사하는 것으로 볼 수 있을 뿐 하천관리청이 국토해양부장관으로 변경되는 것은 아니므로, 국토해양부장관이 하천공사를 대행하던 중 지방하천의 관리상 하자로 인하여 손해가 발생하였다면 하천관리청이 속한 지방자치단체는 국가와 함께 국가배상법 제5조 제1항에 따라 지방하천의 관리자로서 손해배상책임을 부담한다(대판 2014. 6. 26, 2011다85413).

한편 도로법은 일반국도의 관리청을 국토교통부장관으로 규정하고 있는 반면, 특별시 · 광역시 · 특별자치시 · 특별자치도 또는 시의 관할구역의 경우 일반국도의 관리청을 해당 시 · 도지사 또는 시장으로 규정하고 있다(도로법 23조 2항). 도로에 관한 비용은 국토교통부장관이 관리하는 도로의 경우에는 국고의, 기타의 도로에 관한 것은 관리청이 속하는 지방자치단체의 부담으로 하고 있다(도로법 85조 1항). 여기서 특별시장 · 광역시장 등이 관리하는 국도의 안전상의 하자로 인하여 손해가 발생한 경우에는 특별시장 · 광역시장 등은 국가기관의 지위를 갖기 때문에 국가는 설치 · 관리자로서 손해배상책임을 지며,

특별시 · 광역시 등은 형식적 비용부담자의 지위에서 뿐만 아니라 실질적 비용부담자의 지위에서 손해배상책임을 부담한다고 볼 것이다.

또한 하천법은 국가하천의 관리청을 국토교통부장관으로 규정하고 있으나 그 유지 · 보수는 원칙적으로 시 · 도지사가 시행하도록 하고 있고(하천법 27조 5항). 그 비용도 해당 시 · 도가 부담하도록 하고 규정하고 있다(하천법 59조 단서). 이 경우에 국가하천의 안전상의 하자로 손해가 발생한 경우에는 시 · 도지사는 국가기관의 지위를 갖기 때문에 국가는 설치 · 관리자로서 시 · 도는 실질적 비용부담자로서 그리고 형식적 비용부담자로서 손해배상책임을 부담한다고 볼 것이다. 일반적으로 국유공물의 경우 국가는 설치 · 관리자로서, 지방자치단체는 형식적 비용부담자로서 손해배상책임을 지게 되나, 위 도로법 및 하천법의 규정은 지방자치단체가 실질적 비용부담자 및 형식적 비용부담자로서 책임을 지도록 하고 있다. 이는 어디까지나 개별법상의 규정에 근거한 예외적인 경우에 해당하는 것으로 보아야 할 것이다.

판례(지방자치단체가 실질적 · 형식적 비용부담자로서 배상책임을 진 사례) 여의도광장의 관리는 광장의 관리에 관한 별도의 법령이나 규정이 없으므로 서울특별시는 여의도광장을 도로법 제2조 제2항 소정의 "도로와 일체가 되어 그 효용을 다하게 하는 시설"로 보고 같은 법의 규정을 적용하여 관리하고 있으며, 그 관리사무 중 일부를 영등포구청장에게 권한위임하고 있어, 여의도광장의 관리청이 본래 서울특별시라고 하더라도 그 관리사무의 일부가 영등포구청장에게 위임되었다면, 그 위임된 관리사무에 관한 한 여의도광장의 관리청은 영등포구청장이 되고, 같은 법 제56조에 의하면 도로에 관한 비용은 건설부장관이 관리하는 도로 이외의 도로에 관한 것은 관리청이 속하는 지방자치단체의 부담으로 하도록 되어 있어 여의도광장의 관리비용부담자는 그 위임된 관리사무에 관한 한 관리를 위임받은 영등포구청장이 속한 영등포구가 되므로, 영등포구는 여의도광장에서 차량진입으로 일어난 인신사고에 관하여 국가배상법 제6조 소정의 비용부담자로서의 손해배상책임이 있다(대판 1995. 2. 24, 94다57671).

2. 손해배상액

국가 등의 영조물의 설치관리의 하자와 상당인과관계에 있는 모든 손해를 배상하여야 한다. 그러나 그 손해배상액의 산정기준에서 국가배상법 제5조 제1항 후단은 동법 제3조 및 제3조의2의 배상기준을 준용하도록 하고 있는데, 판례에서는 제3조의 기준을 전심절차에서 적용되는 기준으로 보고 있음은 전술한 바와 같다.

Ⅳ. 구 상 권

영조물의 설치 · 관리상의 하자로 인하여 국가 · 지방자치단체에 구상권을 행사할 수 있는 것은 두 가지인바 그 하나는 공공시설의 설치 · 관리자와 비용부담자가 다른 경우이고(법 6조 2항) 또 하나는 손해의 원인에 대하여 책임을 질 자가 따로 있는 경우이다(법 5조 2항).

1. 설치 · 관리자와 비용부담자가 다른 경우의 구상

영조물의 설치 · 관리를 맡은 자와 비용을 부담하는 자가 동일하지 않을 때 누가 궁극적인 배상책임자가 될 것인지에 관하여 국가배상법 제2조에서와 같이 ① 관리주체설, ② 비용부담자설, ③ 기여도설이 대립되고 있으나 관리주체설이 다수설의 입장이다.[66] 한편 기여도설에 가까운 입장을 보이는 판례가 있으나 대상 사건은 국가와 지방자치단체가 모두 점유자, 관리자, 비용부담자로서의 책임을 중첩적으로 지는 예외적인 경우로서 이를 일반화하기는 어려울 것이다.

판례(국가와 지방자치단체가 모두 점유자 · 관리자 · 비용부담자로 중첩적으로 책임을 지는 경우) 원래 광역시가 점유 · 관리하던 일반국도 중 일부 구간의 포장공사를 국가가 대행하여 광역시에 도로의 관리를 이관하기 전에 교통사고가 발생한 경우, 광역시는 그 도로의 점유자 및 관리자, 도로법 제56조, 제55조, 도로법시행령 제30조에 의한 도로관리비용 등의 부담자로서의 책임이 있고, 국가는 그 도로의 점유자 및 관리자, 관리사무귀속자, 포장공사비용 부담자로서의 책임이 있다고 할 것이며, 광역시와 국가 모두가 도로의 점유자 및 관리자, 비용부담자로서의 책임을 중첩적으로 지는 경우에는, 광역시와 국가 모두가 국가배상법 제6조 제2항 소정의 궁극적으로 손해를 배상할 책임이 있는 자라고 할 것이고, 결국 광역시와 국가의 내부적인 부담 부분은, 그 도로의 인계 · 인수 경위, 사고의 발생 경위, 광역시와 국가의 그 도로에 관한 분담비용 등 제반 사정을 종합하여 결정함이 상당하다(대판 1998. 7. 10, 96다42819).

---

2. 손해원인의 책임자에 대한 구상

국가 또는 지방자치단체가 책임을 질 때에는 그 손해의 원인에 대하여 책임을 질 자가 따로 있을 때에는 그 자에 대하여 구상할 수 있다(법 5조 2항). 손해의 원인에 대하여 책임을 질 자는 공물의 설치 · 관리상의 하자를 생기게 한 자, 다시 말하면 공물이 갖추어야 할 안전성에 흠을 낸 자를 의미한다. 예컨대 공공시설의 구조를 불완전하게 한 건축공사의 수급인, 교량을 손괴한 중량차량의 운전자 및 기타 손상자이다.

Ⅴ. 기 타

양도 및 압류의 금지 및 소멸시효 등은 공무원의 위법 · 유책한 행위로 인한 손해배상에 있어서와 같다.

Ⅵ. 제2조와 제5조의 경합

동일한 손해가 공무원의 직무상 불법행위와 영조물의 설치 · 관리의 하자로 인하여 발생된 경우에는 국가배상법 제2조와 제5조의 책임이 중복하여 성립하기 때문에 피해자는 양자 중 그 어느 것에 의하여도 손해배상을 청구할 수가 있다.

> 사례 1 갑도의 도지사는 자신의 관할구역에 흐르는 국가하천을 국토교통부장관으로부터 위임받아 관리하여 왔다. 그런데 하천에 설치한 제방의 높이가 계획고수량에 미달되어 제방을 보수할 계획이었으나 예산사정으로 보수를 미루고 있던 차에 그 해 여름에 유례없는 폭우로 인하여 하천이 범람함으로써 동 하천의 하류일대에 거주하는 Y 등 주민이 가옥을 유실당하는 등 커다란 피해를 입었다. Y를 비롯한 피해주민은 누구에게 손해배상청구를 할 수 있는가?(유사사례: 제39회 행정고시; 제52회 사법시험)

66) 朴鈗炘/鄭亨根, 最新行政法講義(上), 635면; 金鐵容, 行政法 I, 448면.

▶답안요지 1) 국가에 대한 손해배상청구권: 사안에서 갑도의 도지사는 국토교통부장관으로부터 기관위임을 받았기 때문에 국가기관의 지위에서 하천을 관리하고 있다고 할 것이다. 이에 따라 국가배상법 제5조의 요건이 충족된다면 피해주민은 하천의 관리주체인 국가를 상대로 손해배상을 청구할 수 있을 것이다.

① 우선 영조물의 개념을 간단히 설명한다. 사안에서 A하천은 자연공물로서 영조물에 해당한다.

② 설치 · 관리상의 하자의 개념에 대하여 간단히 설명한다. 하자의 판단과 관련하여 i) 객관설, ii) 주관설, iii) 절충설, iv) 위법 · 무과실책임설 등이 다투어진다. 특히 하천의 관리에 있어서는 계획고수량의 개념을 설정하여 하자를 판단하고 있는바, 사안에서 제방의 높이가 계획고수량에 미치지 못하는 점을 미루어 하자가 인정된다.

③ 하자로 인하여 타인에게 손해가 발생하여야 하는바, 여기서 하자와 손해 사이에 상당인과관계가 문제가 된다. 사안에서 비록 유례없는 폭우로 인하여 하천이 범람하여 손해가 발생하였다고 하나, 제방이 계획고수량에 미치지 못한 점을 미루어 불가항력에 의한 손해로 보이지 않기 때문에 상당인과관계도 인정이 된다.

④ 결어: Y를 비롯한 피해주민은 국가에 대하여 국가배상법 5조에 의하여 손해배상청구권을 행사할 수 있다.

2) 갑도에 대한 손해배상청구권: 하천의 관리비용은 관리를 위임한 국가가 궁극적으로 부담하여야 하나, 다만 하천법 제27조 제5항에 따라 시 · 도지사가 국가하천을 유지 · 보수를 하는 경우에는 시 · 도는 형식적 비용부담자로서뿐만 아니라 실질적 비용부담자로서 책임을 진다(하천법 59조). Y를 비롯한 피해자는 관리주체인 국가나 비용부담자인 갑도에 대하여 선택적으로 손해배상을 청구할 수 있다. 내부적으로는 다수설인 관리주체설에 따라 국가가 궁극적인 책임을 진다.

사례 2 A광역시는 2010. 5. 10. 시도인 X도로를 개설하였고, 도로의 관리권한을 B구청장에게 위임하였다. X도로는 빈번한 차량 통행으로 인해 환경법령상 기준을 현저히 초과하는 소음이 상시적으로 발생되고 있다. 甲은 2005. 1. 1.부터 X도로와 인접한 지역에서 거주하고 있고, 乙은 2014. 5. 1.부터 X도로와 인접한 지역으로 이주하여 거주하고 있다. 甲과 乙은 X도로의 도로소음으로 인하여 정상적인 생활이 곤란할 정도로 생활상 및 정신적 피해가 크다는 이유로 「국가배상법」에 따른 손해배상청구소송을 제기하였다.(2019 5급공채 시험)

1) 위 사안에서 「국가배상법」에 따른 손해배상책임의 주체에 대하여 논하시오.(15점)

2) 피고는 甲에 대한 배상책임은 인정하면서도 乙에 대해서는 X도로의 개통 이후 이주하였음을 이유로 배상책임을 부인하고 있다. 피고 주장의 당부를 판단하시오.(15점)

▶답안요지

제1문: 손해배상책임의 주체

국배법 5조 1항은 도로 · 하천, 그 밖의 공공의 영조물의 설치나 관리에 하자가 있기 때문에 타인에게 손해를 발생하게 하였을 때에는 국가나 지방자치단체는 그 손해를 배상하도록 규정하고 있는바, 설문에서 X도로의 개설에 의한 소음피해로 인하여 배상책임이 인정될 경우 배상책임의 주체에 대하여 묻고 있다. 사안에서 A광역시는 시도인 X도로를 개설하였고 도로의 관리권한을 B구청장에게 위임하였는바, 이에 따라 B구청장이 도로관리청의 권한을 갖게 되고, 도로의 관리는 기관위임사무의 성격을 갖는다. 여기서 배상주체가 A광역시가 되는지, 또는 B구가 되는지 문제가 되는바, 위와 관련하여 국배법 6조 1항은 영조물의 설치 · 관리를 맡은 자와 영조물의 설치 · 관리 비용을 부담하는 자가 동일하지 아니하면 그 비용을 부담하는 자도 손해를 배상하여야 한다고 규정하고 있다. 여기서 비용부담자의 개념에 대하여 ① 형식적 비용부담자설, ② 실질적 비용부담자설, ③ 병용설의 견해로 대립하고 있으나, 판례는 "지방자치단체의 장이 기관위임된 국가행정사무를 처리하는 경우 그에 소요되는 경비의 실질적 · 궁극적 부담자는 국가라고 하더라도 당해 지방자치단체는 국가로부터 내부적으로 교부된 금원으로 그 사무에 필요한 경비를 대외적으로 지출하는 자이므로, 이러한 경우 지방자치단체는 국가배상법 제6조 제1항 소정의 비용부담자로서 손해를 배상할 책임이 있다"고 판시하여 형식적 비용부담자설을 취하고 있다. 한편 도로법 제85조 제1항은 도로에 관한 비용은 도로관리청이 국토교통부장관인 도로에 관한 것 외의 도로에 대해서 해당 도로의 도로관리청이 속해 있는 지방자치단체가 부담한다고 규정하고 있다. 사안의 경우 도로관리청은 관리사무를 A광역시로부터 기관위임을 받은 B구청장인바, 이에 따라 B구는 형식적 비용부담자 및 실질적 비용부담자로서 배상책임의 주체가 된다.

제2문: 피고주장의 타당성 여부

국배법 5조에 의한 국가배상책임이 성립하기 위하여는 ① 공공의 영조물, ② 설치 · 관리상의 하자, ③ 타인에게 손해발생의 요건이 충족되어야만 한다.

1. 공공의 영조물

여기서 공공의 영조물이라 함은 국 · 공유나 사유임을 불문하고 행정주체에 의하여 공적 목적에 직접 제공된 유체물, 즉 강학상 공물을 의미한다.

사안의 경우 X도로는 일반 공중의 사용에 제공된 물건으로 공공용물에 해당하며, 또한 인위적으로 가공된 인공공물에 해당한다. 따라서 X도로는 공공의 영조물이다.

2. 설치 · 관리상의 하자

영조물의 설치 · 관리상의 하자에 있어서 하자란 "공물이 통상적으로 갖추어야 할 안전성을 결여"한 것으로 이해하는 것이 학설과 판례의 일반적 견해이다. 하자의 판단에서 국배법 5조의 배상책임의 성격과 관련하여 ① 객관설, ② 주관설, ③ 절충설, ④ 위법 · 무과실책임설 등 견해가 대립하고 있다. 판례는 "안전성의 구비 여부를 판단함에 있어서 당해 영조물의 용도, 그 설치장소의 현황 및 이용 상황 등 제반 사정을 종합적으로 고려하여 영조물의 위험성에 비례하여 사회통념상 일반적으로 요구되는 정도의 방호조치의무를 다하였는지 여부를 기준으로 하여야 한다"고 판시하여 위법 · 무과실책임설에 가까운 입장을 취하고 있다. 구체적인 경우 영조물의 기능상 결함으로 인한 손해발생의 예견가능성과 회피가능성이 없는 경우 하자를 부인하고 있다.

한편 판례는 영조물의 설치 · 관리상의 하자를 물적 시설 그 자체에 있는 물리적 · 외형적 흠결이나 불비뿐만 아니라 영조물이 공공의 목적에 이용함에 있어 그 이용상태 및 정도가 일정한 한도를 초과하여 제3자에게 사회통념상 수인한도를 넘는 피해를 입히는 경우를 포함시켜(이른바 기능적 의미의 하자), 영조물의 설치 · 관리로 인한 환경상의 피해까지 손해배상의 대상으로 하고 있다. 여기서 제3자에게 수인한도의 기준을 결정함에 있어서 "침해되는 권리나 이익의 성질 및 침해의 정도뿐만 아니라, 침해행위가 갖는 공공성의 내용과 정도, 지역환경의 특수성, 환경기준, 침해를 방지 또는 경감시키거나 손해를 회피할 방안의 유무 및 그 난이 정도 등 여러 사정을 종합적으로 판단하여야 한다"고 판시하고 있다(대판 2005. 1. 27, 2003다49566).

사안에서 甲은 X도로 건설 이전인 2005. 1. 1.부터 인접지역에서 거주한 자로서 X도로의 소음이 발생할 것이라는 것을 거주시점부터 예견하기가 어렵다고 판단된다. 또한 2010. 5. 10. 도로가 완성되고 일반의 사용에 제공되기 이전에는 소음의 강도를 정확하게 알지 못하기 때문에 침해를 경감하거나 회피할 방안을 미리 마련하기 어려웠다고 볼 것이다. 이에 따라 甲에게는 수인한도를 넘는 기능적 하자가 인정된다.

한편 乙은 2014. 5. 1.부터 X도로에 인접한 지역에 거주하였는바, 이 당시에는 乙은 도로에 의한 소음피해를 충분히 예견할 수 있었으며, 그 손해를 회피할 방안을 이주 시점에 충분히 마련할 수 있었을 것으로 보인다. 이에 따라 乙에게 수인한도를 넘는 기능적 하자를 인정하기 어렵다고 판단된다. 다만, 예외적으로 乙이 위험지역으로 이주하는 경우라도 위험의 존재를 인식하면서 굳이 위험으로 인한 피해를 용인하였다고 볼 수 없는 경우에는 손해배상액의 감액사유로 고려할 수 있을 것이다(대판 2005. 1. 27, 2003다49566).

3. 타인에게 손해발생

영조물의 설치 · 관리의 하자로 타인에게 손해가 발생하여야 하며, 하자와 손해 사이에 상당인과관계가 있어야 한다. 사안의 경우 甲에게는 X도로의 소음으로 인하여 수인한도가 넘는 생활상 및 정신적 피해가 발생하는 손해가 인정된다.

4. 결어

甲에 대한 배상책임은 인정되고, 乙에 대한 배상책임은 원칙적으로 부인될 것이다.

제4항 국가배상의 청구절차

국가배상의 청구절차는 전심절차로서 배상심의회의 결정절차와 법원에 의한 사법절차가 있다. 양자의 관계에 있어서 종전에는 배상심의회의 결정을 거치지 않으면, 법원에 청구할 수 없는 필요적 전치주의를 채택하였으나, 2000년 12월 29일의 국가배상법개정에 의하여 임의적 전치주의로 변경되어 학계의 오랜 주장이 실현되었다(법 9조). 이제 피해자는 본인이 원하는 경우에만 소송을 제기하기 전에 배상심의회의 결정을 신청할 수 있게 되었다.

Ⅰ. 배상심의회에 의한 결정절차

1. 의 의

국가배상법 제9조는 "이 법에 의한 손해배상의 소송은 배상심의회에 배상신청을 하지 아니하고도 이를 제기할 수 있다"(법 9조)고 규정하고 있다.

국가배상법에서 과거 전심절차를 채택하고 있었던 이유로는 ① 국가 등은 배상책임이 있는 경우에 스스로 배상금을 지급함으로써 국민과의 사이에 발생될 수 있는 법적 분쟁을 미리 해결할 수 있고, ② 시간 · 노력 · 비용을 절약하여 피해자가 간이 신속한 절차에 따라 배상금을 받을 수 있도록 하기 위한 것이었다. 그러나 종래 전심절차에 있어서 배상심의회의 결정은 그 배상기준이 민법상의 손해배상기준과의 차이로 인하여 공평성을 기대하기 어려웠다. 이에 따라 피해자는 전심절차에 소요되는 기간을 허송하는 경우가 많았기 때문에 신속한 재판을 받는 권리를 침해한다는 이유로 그 위헌성이 계속 제기되어 왔다. 현행법이 임의적 전치주의를 취함은 피해자의 신속한 권리구제를 실현할 뿐만 아니라, 아울러 배상심의회결정의 공평성에 크게 기여할 것으로 보인다.

국가배상법상의 전심절차는 행정심판전치주의와 시간 · 노력 등을 절약할 수 있는 점이 공통되고 있으나, ① 처분에 대한 항고쟁송이 아니라는 점, ② 행정청의 반성을 촉구하는 것이 아닌 점, ③ 행정청의 전문지식을 활용하기 위한 제도가 아니라는 점에서 차이가 있다.

2. 배상금지급신청

배상금의 지급을 받고자 하는 자는 그 주소지 · 소재지 또는 배상원인발생지를 관할하는 배상심의회에 배상금지급신청을 하여야 한다(법 12조 1항).

3. 배상심의회

일종의 행정위원회적 성격을 가진 합의제 행정관청이다. 배상심의회는 상급심의회인 본부심의회와 특별심의회, 하급심의회인 지구심의회가 있다. 본부심의회는 법무부에 두고 배상금의 가액이 대통령령으로 정하는 가액 이상의 사건 및 기타 법령이 정하는 사건을 심리한다(법 11조 1항). 특별심의회는 군인 · 군무원이 타인에게 가하는 사건의 배상결정을 위하여 국방부에 두며 그 권한은 본부심의회와 같다(법 10조 1항 단서). 지구심의회는 국가배상사건에 대한 일차적 심의 · 결정기관으로서 그 관할에 속하는 국가 · 지방자치단체에 대한 배상금지급사건을 심의 · 처리한다. 본부심의회소속의 지구심의회는 각 지방검찰청에, 특별심의회소속의 지구심의회는 각 군부대에 둔다(법 시행령 8조).

4. 결정절차

① 지구심의회가 배상신청을 받은 때에는 지체없이 증인심문 등 증거조사를 한 후 그 심의를 거쳐 4주일 이내에 배상금지급 · 기각 또는 각하의 결정을 하여야 하며, 그 결정이 있은 날부터 1주일 이내에 그 결정정본을 신청인에게 송달하여야 한다(법 13조 1항, 14조 1항). ② 배상심의회가 배상금지급결정을 함에 있어서는 국가배상법 제3조 및 제3조의2의 기준에 의하여 배상금지급을 심의결정하여야 한다. 지구심의회는 긴급한 사유가 있다고 인정한 때에는 장례비와 요양비의 일부를 사전에 지급할 수 있다(법 13조 2항 · 3항).

5. 재심절차

① 지구심의회에서 배상신청이 기각 또는 각하된 신청인은 결정정본이 송달된 날부터 2주일 이내에 당해 심의회를 거쳐 본부심의회 또는 특별심의회에 재심을 신청할 수 있다(법 15조 의2 1항). 이 경우 지구심의회는 1주일 이내에 배상신청기록 일체를 본부심의회 또는 특별심의회에 송부하여야 한다(법 15조 의2 2항). ② 본부심의회 또는 특별심의회는 이에 대한 심의를 거쳐 4주일 이내에 다시 배상결정을 하여야 한다(법 15조 의2 3항).

6. 배상결정의 효력

① 배상결정을 받은 신청인은 지체없이 그 결정에 대한 동의서를 첨부하여 국가 또는 지방자치단체에 대하여 배상금지급을 청구하여야 한다(법 15조 1항). ② 배상결정을 받은 신청인이 배상금지급의 청구를 하지 아니하거나 지방자치단체가 대통령령이 정하는 기간내에 배상금을 지급하지 아니한 때에는 그 결정에 동의하지 아니한 것으로 본다(법 15조 3항). 구 국가배상법 제16조는 배상심의회의 결정에 신청인이 동의하거나 지방자치단체가 신청인의 청구에 따라 배상금을 지급한 때에는 민사소송법에 의한 재판상 화해가 성립한 것으로 간주된다고 규정하였으나, 이는 신청인의 재판청구권을 과도하게 제한하는 법률로서 과잉금지의 원칙에 위배된다는 이유로 헌법재판소에 의하여 위헌판결을 받았으며,[67] 1997년 12월 13일 국가배상법 개정시에 삭제되었다.

---

67) 헌재결 1995. 5. 25, 91헌가7.

Ⅱ. 사법절차에 의한 배상청구

사법절차에 의한 국가배상청구는 일반절차에 의한 경우와 특별절차에 의한 경우로 구분할 수 있다.

1. 일반절차에 의한 경우

현재 국가배상청구사건은 우리 재판실무에서 민사소송절차에 의하나 앞에서 설명한 바와 같이 국가배상청구권은 공권의 성격을 갖고 있기 때문에 공법상 당사자소송으로 다루는 것이 바람직할 것이다.

2. 특별절차에 의한 경우

행정소송법 제10조에 의하여 국가배상청구소송을 취소소송에 병합하여 제기하는 소송절차가 이에 해당한다. 이는 심리의 중복을 피함으로써 소송경제를 도모하기 위한 것이다.

제 3 절 행정상의 손실보상

제 1 항 개 설

Ⅰ. 의 의

행정상의 손실보상이란 적법한 공행정작용에 의한 개인의 재산권의 침해로 인한 특별한 희생에 대하여 사유재산권의 보장과 공평부담이라는 견지에서 행정주체가 행하는 재산적 보상을 의미한다.

이러한 행정상의 손실보상은 첫째, "적법한" 공행정작용에 의한 재산권의 침해로 발생된 특별한 희생에 대한 보상이라는 점에서, 위법한 국가작용에 의하여 발생된 손해에 대한 배상인 국가배상과 다르다.

둘째, 손실보상은 "공행정작용"에 의한 재산권의 침해로 인한 특별한 희생에 대한 보상이라는 점에서 사법상의 임의매수에 수반된 보상과 구별된다. 다른 한편 구「공공용지의 취득 및 손실보상에 관한 특례법」은 공공사업을 위하여 필요한 토지를 수용하기 전에 협의에 의한 취득과 이에 따른 손실보상의 방법과 기준을 정하고 있는 바, 동법상의 협의취득은 사법상의 매매계약에 해당하기 때문에 이에 대한 보상은 엄격한 의미에서 손실보상과 구별된다. 그러나 동법상의 협의매수 역시 공공사업을 목적으로 행하여지며, 협의매수가 실패하는 경우에는 대부분 후속조치로서 토지수용절차가 뒤따르는 현실을 고려할 때 동법상의 보상 역시 넓은 의미의 손실보상에 포함된다고 볼 수 있을 것이다.[68] 2002년 2월 4일에 제정되고 2003년 1월 1일부터 시행되고 있는「공익사업을 위한 토지 등의 취득 및 보상에 관한 법률」(약칭: 토지보상법)에 의하여「공공용지의 취득 및 손실보상에 관한 특례법」은 토지수용법과 통합됨으로써 공익사업을 위한 토지취득과 보상에 관한 통일적인 법체계를 보게 되

68) 헌재결 1994. 2. 24, 92헌가15 내지 17, 20 내지 24.

었다.

셋째, 재산상의 손실보상은 재산권의 침해로 인한 손실을 보상한다는 점에서 사람의 신체 · 생명 · 자유의 침해로 인하여 발생된 특별한 희생에 대한 보상을 의미하지 않는다. 독일에서는 신체 · 생명 · 자유에 대한 특별한 희생을 희생보상제도라는 관습법에 의하여 보상하여 오고 있다. 신체 · 생명 · 자유의 침해에 의하여 발생된 특별희생에 대한 보상법으로는 현재「국가유공자 등 예우 및 지원에 관한 법률」,「형사보상 및 명예회복에 관한 법률」,「의사상자예우에 관한 법률」,「감염병의 예방 및 관리에 관한 법률」제70조, 제71조 등이 있다.

넷째, 손실보상은 특별한 희생에 대한 조절적 보상이라는 점에서 납세의무와 같은 일반적인 부담이나 또는 재산권 자체에 내재하는 사회적 기속과 구별된다. 헌법 제23조 제2항은 "재산권의 행사는 공공복리에 적합하여야 한다"고 하여 재산권의 사회적 기속을 규정하고 있고, 제23조 제1항에서는 "재산권의 내용과 한계는 법률로 정한다"고 하여 입법자로 하여금 사회적 기속을 구체화하도록 하고 있다.

Ⅱ. 손실보상의 근거

1. 이론적 근거

손실보상의 이론적 근거에 대하여는 프랑스에서는 1789년 프랑스인권선언 제13조에 근거를 둔 공적 부담 앞의 평등원칙에서 찾고 있다.

한편 독일에서 손실보상제도는 중세의 자연법사상에 근거를 두고 있는 사유재산의 절대성을 전제로 하여 발전하였다. 자연법사상에 따르면 재산권은 천부의 기득권(wohlerworbenes Recht)으로서 개인의 신체 · 생명 · 자유와 마찬가지로 국가권력에 의하여 침해될 수 없는 한계를 의미하였다. 그러나 근대국가의 성립과 아울러 국가권력이 강화됨에 따라 개인의 기득권의 불가침사상은 포기되었다. 국가는 예외적으로 긴급한 필요(ius eminens)에 의하여 개인의 재산권을 침해할 수 있었으며, 이 경우에 특별한 희생을 입은 사람은 경제적으로 동가치의 금전적 보상을 받았다. 이러한 특별희생에 대한 보상은 평등의 원칙과 결합되어 모든 국민의 공평부담의 원칙은 손실보상의 이론적 근거가 되었다(이른바 특별희생설).

그러나 시민적 법치국가가 성립되고 헌법이 제정됨에 따라 자연법에 기초를 둔 기득권사상은 포기되고, 재산권은 헌법상의 권리인 기본권으로 보장되었다. 이와 더불어 공공의 필요를 위하여 재산권을 침해하는 경우에는 이에 대한 보상을 하도록 하는 손실보상의 근거규정이 헌법에 마련되었다(예: Weimar 헌법 153조 2항, 독일기본법 14조 3항).

2. 손실보상의 헌법적 근거와 그 변화

우리 헌법 제23조 제3항은 "공공필요에 의한 재산권의 수용 · 사용 또는 제한 및 그에 대한 보상은 법률로써 하되, 정당한 보상을 지급하여야 한다"라고 하여 손실보상에 대한 근거규정을 두고 있다. 그러나 이러한 헌법상의 손실보상의 근거규정은 다음에서 보는 바와 같이 제헌헌법 이래 수차례 변경되었다.

① 1948년의 제헌헌법 제15조 제3항은 손실보상에 관하여 "공공필요에 의하여 국민의 재산권을

수용 또는 제한함은 법률이 정하는 바에 의하여 상당한 보상을 지급함으로써 행한다"라고 규정하였다.

② 이에 대하여 1962년의 제3공화국헌법 제20조 제3항에서는 "공공필요에 의한 재산권의 수용·사용 또는 제한은 법률로써 하되 정당한 보상을 지급하여야 한다"는 내용으로 규정하였다. 동조항의 해석과 관련하여 학설과 판례는 공공필요를 위한 재산권의 침해에는 법률의 근거를 요하나 손실보상은 직접 헌법에 근거하여 청구할 수 있다는 이른바 직접효력설을 지지하였다.

③ 1972년의 유신헌법 제20조 제3항은 "공공필요에 의한 재산권의 수용·사용 또는 제한 및 그 보상의 기준과 방법은 법률로 정한다"라고 규정하였다. 동규정에 따라 개인은 재산권이 침해된 경우에도 법률에 보상의 기준과 방법이 있는 경우에만 보상을 요구할 수 있었다. 더욱이 기본권의 본질적 내용의 침해금지조항이 삭제됨에 따라 손실보상규정의 재산권보장기능은 현저하게 약화되었다.

판례(유신헌법 제20조 제3항의 해석) 개정헌법 제20조 제3항의 규정에 의하면 공공필요에 의한 재산권의 수용·사용 또는 제한 및 그 보상의 기준과 방법은 법률로 정한다라고 명시하고 있어서 적어도 개정헌법시행 후에 있어서는 개정전 헌법 제20조 제3항의 경우와는 달리 손실보상을 청구하려면 그 손실보상의 기준과 방법을 정한 법률에 의하여서만 가능하다(대판 1976. 10. 16, 76다1443).

④ 한편, 1980년의 제5공화국 헌법 제22조 제3항은 "공공필요에 의한 재산권의 수용·사용 또는 제한은 법률로써 하되 보상을 지급하여야 한다. 보상은 공익 및 관계자의 이익을 정당하게 형량하여 법률로 정한다"라고 하여 독일기본법 제14조 제3항과 유사하게 규정하여 이른바 부대조항(불가분조항)을 도입하였다. 동 규정에 따라 재산권의 공용침해에[69] 대하여는 보상을 반드시 지급하도록 함으로써 보상없는 공용침해는 배제되었다. 또한 보상은 공익 및 관계자의 이익을 정당하게 형량하여 법률로 정하도록 하여 법원은 법적인 근거없이 스스로 판단하여 보상을 지급할 수 없도록 하였다. 아울러 공용침해에 대한 수권법률이 보상규정을 결여하고 있거나 또는 보상규정을 마련하였다고 하더라도 공익 및 관계자의 이익을 정당하게 형량하지 못한 경우에는 공용침해의 수권법률은 위헌·무효가 된다.

⑤ 현행 헌법 제23조 제3항은 "공공필요에 의한 재산권의 수용·사용 또는 제한 및 그에 대한 보상은 법률로써 하되, 정당한 보상을 지급하여야 한다"라고 규정하고 있는바, 비록 문구상의 차이는 있으나 제5공화국 헌법 제23조 제3항과 비교하여 볼 때 손실보상의 체계에 있어서 구조적 변화가 나타난 것은 아니다. 비록 입법자에 대한 형량명령은 삭제되었으나, 여전히 공용침해에 대한 보상은 법률로 정하도록 함으로써 법원이 자신의 판단에 따라 보상을 지급하는 것을 허용하고 있지 않으며, 아울러 "정당한 보상을 지급하여야 한다"라고 규정하여 보상없는 공용침해를 배제시키고 있다. 공용침해에 대한 수권법률은 반드시 보상규율을 두어야 하며(부대조항), 만일 보상규정을 결여하거나 또는 보상규정을 두었다고 하더라도 정당한 보상을 내용으로 하지 않는 경우에는 수권법률은 위헌·무효에 해당한다.[70]

69) 본서에서도 공공필요에 의한 재산권의 수용·사용 또는 제한을 학설에서의 일반적 경향에 따라 공용침해라는 용어로 요약하여 사용하기로 한다.

70) 부대조항에 대하여는 鄭夏重, Bonn基本法 제14조상의 附帶條項의 意味와 한국헌법 23조 3항의 解釋(上), 司法

판례(조선철도의 통일폐지법률에 의하여 군정법령을 폐지하고 그 보상에 관하여 아무런 입법조치를 취하지 않은 것이 위헌인지 여부) 우리 헌법은 제헌이래 현재까지 일관하여 재산의 수용, 사용 또는 제한에 대한 보상금을 지급하도록 규정하면서 이를 법률이 정하도록 위임함으로써 국가에게 명시적으로 수용 등의 경우 그 보상에 관한 입법의무를 부과하여 왔는바, 해방 후 사설철도회사의 전 재산을 수용하면서 그 보상절차를 규정한 군정법령 제75호에 따른 보상절차가 이루어지지 않은 단계에서 조선철도의 통일폐지법률에 의하여 위 군정법령이 폐지됨으로써 대한민국의 법령에 의한 수용은 있었으나 그에 대한 보상을 실시할 수 있는 절차를 규정하는 법률이 없는 상태가 현재까지 계속되고 있으므로, 대한민국은 위 군정법령에 근거한 수용에 대하여 보상에 관한 법률을 제정하여야 하는 입법자의 헌법상 명시된 입법의무가 발생하였으며, 위 폐지법률이 시행된 지 30년이 지나도록 입법자가 전혀 아무런 입법조치를 취하지 않고 있는 것은 입법재량의 한계를 넘는 입법의무불이행으로서 보상청구권이 확정된 자의 헌법상 보장된 재산권을 침해하는 것이므로 위헌이다(헌재결 1994. 12. 29, 89헌마2).

Ⅲ. 손실보상청구권의 법적 성격

행정상의 손실보상청구권의 법적 성격에 관하여는 사권설과 공권설이 대립되고 있다.

1. 사권설(私權說)

손실보상의 원인행위가 공법적인 것이라고 하여도 이에 대한 손실보상은 당사자의 의사 또는 직접 법률에 의거한 사법상의 채권·채무관계로 보는 견해이다. 이에 따라 손실보상청구권도 사법상의 권리로 보는 견해이다.

2. 공권설(公權說)

손실보상이란 그 원인행위인 공권력에 의한 재산권에 대한 침해와 일체성을 이루고 있으며, 그 권력작용(토지수용 · 징발 등)의 법적 효과로 보아야 하기 때문에, 손실보상청구권은 공법상의 권리이며, 손실보상의무의 이행관계는 공법관계라고 하는 견해이다. 우리의 통설이다.

3. 결　　어

손실보상은 공공의 필요를 위하여 공행정작용에 의하여 개인의 재산권에 대하여 가하여진 특별한 희생을 보전하기 위하여 행하는 공법상의 특유한 제도라는 점에서, 또한 손실보상청구권은 헌법에서 보장하고 있는 행정주체에 대한 개인의 권리라는 점에서 공권으로 보아야 할 것이다. 아울러 손실보상청구권에 관한 소송은 행정소송법 제3조 제2호의 공법상 당사자소송으로 다루어야 할 것이다. 판례는 종래 개별법에서 별도의 규정을 두고 있지 않는 한 손실보상청구권을 사권으로 보아 민사소송으로 다루어 왔으나, 2006년 하천구역 편입토지에 대한 손실보상청구사건에서 입장을 바꾸어 공법상의 권리로 보아 당사자소송으로 다루었다. 또한 대법원은 최근 구 토지보상법 제77조 제2항의 농업손실에 대한 보상청구권 및 제79조 제2항의 사업폐지에 대한 보상청구권을 공법상의 권리로서 행정쟁송절차에 의하여야 한다고 판시하였다.

行政, 1992. 9, 35면 이하.

판례 1(하천구역으로 편입된 토지에 대한 손실보상청구권의 법적 성격) 개정 하천법 등이 하천구역으로 편입된 토지에 대하여 손실보상청구권을 규정한 것은 헌법 제23조 제3항이 선언하고 있는 손실보상청구권을 하천법에서 구체화한 것으로서, 하천법 그 자체에 의하여 직접 사유지를 국유로 하는 이른바 입법적 수용이라는 국가의 공권력 행사로 인한 토지소유자의 손실을 보상하기 위한 것이므로 하천구역 편입토지에 대한 손실보상청구권은 공법상의 권리임이 분명하고, 따라서 그 손실보상을 둘러싼 쟁송은 사인간의 분쟁을 대상으로 하는 민사소송이 아니라 공법상의 법률관계를 대상으로 하는 당사자소송 절차에 의하여야 할 것이다(대판(전원합의체) 2006. 5. 18, 2004다6207).

판례 2(토지보상법 제77조 제2항에 의한 농업손실에 대한 보상청구권은 행정쟁송절차에 의하여야 한다는 판례) 구 공익사업을 위한 토지 등의 취득 및 보상에 관한 법률 제77조 제2항의 농업손실에 대한 보상청구권은 공익사업의 시행 등 적법한 공권력의 행사에 의한 재산상의 특별한 희생에 대하여 전체적인 공평부담의 견지에서 공익사업의 주체가 그 손해를 보상하여 주는 손실보상의 일종으로 공법상의 권리임이 분명하므로 그에 관한 쟁송은 민사소송이 아닌 행정소송절차에 의하여야 할 것이다(대판 2011. 10. 13, 2009다43461).

판례 3(토지보상법 제79조 제2항에 의한 사업폐지에 대한 손실보상청구권은 행정쟁송절차에 의하여야 한다는 판례) 구 토지보상법 제79조 제2항, 토지보상법 시행규칙 제57조에 따른 사업폐지 등에 대한 보상청구권은 토지보상법의 시행 등 적법한 공권력의 행사에 의한 재산상 특별한 희생에 대하여 전체적인 공평부담의 견지에서 공익사업의 주체가 손해를 보상하여 주는 손실보상의 일종으로 공법상 권리임이 분명하므로 그에 관한 쟁송은 민사소송이 아닌 행정소송절차에 의하여야 한다. 또한 위 규정들과 구 토지보상법 제26조, 제28조, 제30조, 제34조, 제50조, 제61조, 제83조 내지 제85조의 규정 내용 · 체계 및 입법 취지 등을 종합하여 보면, 공익사업으로 인한 사업폐지 등으로 손실을 입게 된 자는 구 토지보상법 제34조, 제50조 등에 규정된 재결절차를 거친 다음 재결에 대하여 불복이 있는 때에 비로소 구 토지보상법 제83조 내지 제85조에 따라 권리구제를 받을 수 있다고 보아야 한다(대판 2012. 10. 11, 2010다23210).

제 2 항 손실보상청구권의 요건

공용침해로 인한 손실에 대한 보상청구권이 성립하기 위하여는, 공공필요를 위하여 적법한 공행정작용에 의하여 개인의 재산권을 침해하여 특별한 희생이 발생하여야 한다.

Ⅰ. 공행정작용에 의한 재산권침해

1. 재산권의 의의

우선 헌법 제23조 제1항에서 보장하고 있는 재산권에 대한 침해가 있어야 한다. 여기서 재산권이라 함은 소유권뿐만 아니라 법에 의하여 보호되고 있는 일체의 재산적 가치가 있는 권리를 의미한다. 이러한 재산권에는 물권뿐만 아니라 채권 · 유가증권 · 무체재산권을 포함하며, 공법상의 권리도 자신의 노력에 의하여 획득된 경우에는 재산권에 포함된다. 그러나 헌법 제23조 제1항의 재산권이란 구체적으로 개인에게 현존하는 재산적 가치가 있는 권리이므로 단순한 이익이나 재화획득에 대한 기회 등은 이에 포함되지 않는다.[71)]

판례 1(약사에게 인정된 한약조제권이 재산권의 범위에 속하는지 여부) 헌법 제23조 제1항 및 제13조 제2항에 의하여 보호되는 재산권은 사적유용성 및 그에 대한 원칙적 처분권을 내포하는 재산가치있는 구체적 권리이므로 구체적인 권리가 아닌 단순한 이익이나 재화의 획득에 관한 기회 등은 재산권 보장의 대상이 아니라 할 것인바, 약사는 단순히 의약품의 판매뿐만 아니라 의약품의 분석, 관리 등의 업무를 다루며, 약사면허 그 자체는 양도 · 양수할 수 없고 상속의 대상도 되지 아니하며, 또한 약사의 한약조제권이란 그것이 타인에 의하여 침해되었을 때 방해를 배제하거나 원상회복 내지 손해배상을 청구할 수 있는 권리가 아니라 법률에 의하여 약사의 지위에서 인정되는 하나의 권능에 불과하고, 더욱이 의약품을 판매하여 얻게 되는 이익 역시 장래의 불확실한 기대이익에 불과한 것이므로, 구 약사법상 약사에게 인정된 한약조제권은 위 헌법조항들이 말하는 재산권의 범위에 속하지 아니한다(헌재결 1997. 11. 27, 97헌바10).

판례 2(개설되고 행사 중인 영업이 재산권에 해당하는지 여부) 영업은 일정한 영업 목적에 의하여 조직화된 유기적 일체로서의 기능적 재산이므로, 영업을 구성하는 유형 · 무형의 재산과 경제적 가치를 가지는 사실관계가 서로 유기적으로 결합하여 수익의 원천으로 기능하고, 하나의 재화와 같이 거래의 객체가 된다(대판 2015. 12. 10, 2013다84162).

---

2. 공행정작용에 의한 침해

보상청구권이 성립하기 위하여는 재산권에 대한 "공행정작용에 의한 침해"가 있어야 한다. 이에 따라 행정주체의 사법적 작용은 배제된다. 여기서 공행정작용이란 법적 행위(토지의 수용, 징발 등)뿐만 아니라 사실행위(도로공사, 공공시설의 설치 · 관리)를 포함한다. 침해란 재산권의 가치를 감소시키는 일체의 작용으로써 헌법 제23조 제3항은 재산권침해의 형태로써 재산권의 수용 · 사용 · 제한을 규정하고 있다. 수용은 재산권의 강제적인 박탈을 의미하며, 사용이란 재산권의 강제적이고 일시적인 사용을 의미하고, 제한이란 재산권에 가하여지는 일체의 공법상의 제한으로 그 전형적인 예로서 계획제한, 보전제한, 사용제한 등이 있다. 침해의 형태는 사업손실보상(간접보상)에서 보는 바와 같이 반드시 의도적인 침해를 요구하지 않는다.

Ⅱ. 공공(公共)의 필요

재산권의 공용침해는 공공필요를 위하여만 가능하다. 공공필요는 전형적인 불확정법개념으로서 일반적으로 헌법 제37조 제2항의 국가안전보장 · 공공복리 · 질서유지를 포함하는 넓은 개념으로 이

71) 제23조 제1항의 재산권개념에 대하여는 鄭夏重, 憲法裁判所의 判例에 있어서 財産權保障, 憲法論叢 제9집, 1998. 12, 286면 이하 참조.

해되고 있다. 그렇다고 하여 공공필요는 단순한 국가의 이익 또는 공익을 의미하는 것이 아니라, 개인의 재산권침해를 정당화하는 중요한 공익으로 이해되어야 한다. 공공필요는 특정한 공익사업과 관련하여 특정인의 재산권침해가 불가피한 경우에 인정되며, 단순히 국가의 재정적 수요를 충족시키거나 또는 미래의 개발욕구를 충족시키기 위한 토지수용은 허용되지 않는다고 할 것이다. 근래 기업도시개발 등과 같이 사기업에 의하여 공용수용이 행하여지는 경우가 빈번히 발생하는바, 여기서 지역발전이나 고용증대 등의 공익보다 기업의 영리경제적 목적이 전면에 나타나는 경우에는 공공필요의 개념이 충족되지 못한다고 할 것이다. 구체적인 경우에 비례의 원칙에 따라 공용침해를 통하여 추구하는 공익과 재산권자의 이익의 비교형량을 통하여 결정하여야 할 것이다.

판례 1(고급골프장을 위한 토지수용이 공공필요에 해당하는지 여부) 고급골프장, 고급리조트 등(이하 '고급골프장 등'이라 한다)의 사업과 같이 넓은 부지에 많은 설치비용을 들여 조성됨에도 불구하고 평균고용인원이 적고, 시설 내에서 모든 소비행위가 이루어지는 자족적 영업행태를 가지고 있어 개발이 낙후된 지역의 균형 발전이나 주민소득 증대 등 입법목적에 대한 기여도가 낮을 뿐만 아니라, 그 사업이 대중을 상대로 하는 영업이면서도 사업 시설을 이용할 때 수반되는 과도한 재정적 부담 등으로 소수에게만 접근이 용이한 경우 등 대중의 이용 · 접근가능성이 작아 공익성이 낮은 사업도 있다. 고급골프장 등 사업의 특성상 그 사업 운영 과정에서 발생하는 지방세수 확보와 지역경제 활성화는 부수적인 공익일 뿐이고, 이 정도의 공익이 그 사업으로 인하여 강제수용 당하는 주민들이 침해받는 기본권에 비하여 그 기본권침해를 정당화할 정도로 우월하다고 볼 수는 없다. 그러므로 이 사건 법률조항은 공익적 필요성이 인정되기 어려운 민간개발자의 지구개발사업을 위해서까지 공공수용이 허용될 수 있는 가능성을 열어두고 있어 헌법 제23조 제3항에 위반된다(헌재결 2014. 10. 30, 2011헌바129, 2011헌바172 병합).

판례 2(워커힐관광, 서비스 제공사업을 위한 토지의 수용이 공공의 필요에 해당한다는 사례) 이 건 워커힐관광, 서비스 제공사업을 한국전쟁에서 전사한 고 워커 장군을 추모하고 외국인을 대상으로 하여 교통부 소관사업으로 행하기로 하는 정부방침 아래 교통부 장관이 토지수용법 제3조 1항 3호 소정의 문화시설에 해당하는 공익사업으로 인정하고 스스로 기업자가 되어 본건토지수용의 재결신청을 하여 중앙토지수용위원회의 재결을 얻어 보상금을 지급한 사실을 인정하였음은 정당하고, 사실관계가 이렇다면 본건 수용재결은 적법유효한 것이라 할 것이다(대판 1971. 10. 22, 71다1716).

판례 3(민간기업이 수용의 주체가 될 수 있는지 여부) 헌법 제23조 제3항은 정당한 보상을 전제로 하여 재산권의 수용 등에 관한 가능성을 규정하고 있지만, 재산권 수용의 주체를 한정하지 않고 있다. 위 헌법조항의 핵심은 당해 수용이 공공필요에 부합하는가, 정당한 보상이 지급되고 있는가 여부 등에 있는 것이지, 그 수용의 주체가 국가인지 민간기업인지 여부에 달려 있다고 볼 수 없다(헌재결 2009. 9. 24, 2007헌바114).

Ⅲ. 침해의 적법성

손실보상의 원인으로서 개인의 재산권에 대한 침해는 적법하여야 한다. 여기에서 침해가 적법한 것이라고 함은 침해가 법률에 위반하지 말아야 하며 아울러 법률에 근거한 것이어야 함을 의미한다. 법률유보의 적용범위에 관하여 전통적인 학설인 침해유보설에 입각하여서도 재산권의 침해에 대하여는 법률의 근거가 필요함은 당연하나, 헌법 제23조 제3항은 공공필요에 의한 재산권의 수용 · 사용 · 제한은 법률에 의하도록 할 것을 명시적으로 규정하고 있다. 여기에서 법률이라 함은 국회에서 제정된 형식적 의미의 법률을 가리키며, 법률의 수권에 따른 법규명령이나 조례에 의한 공용침해도 가능하다. 현재 공용침해에 대하여 규율하고 있는 법률은 무수히 많으나 그 중에서 대표적인 것으로 「공익사업을 위한 토지 등의 취득 및 보상에 관한 법률」을 들 수 있다. 법률에 근거하여 적법하게 개인의 재산권을 침해하는 것이 손실보상의 중요한 요건에 해당하는바, 공용침해가 법률의 근거가 없거나 법률에 위반하여 행하여지는 경우에는 국가배상의 원인이 된다.

Ⅳ. 특별한 희생

손실보상의 요건이 충족되기 위하여는 끝으로 재산권의 침해를 통하여 개인에게 특별한 희생이 발생되어야 한다. 여기에서 특별한 희생이란 재산권의 사회적 기속(또는 사회적 제약)을 넘어서는 손실을 의미한다. 헌법 제23조 제2항은 "재산권의 행사는 공공복리에 적합하여야 한다"고 규정하여 재산권에 대한 사회적 기속을 규정하고 있고 제23조 제1항 후단은 입법자로 하여금 이러한 재산권의 사회적 기속을 구체화하도록 하고 있다. 구체적인 경우에 재산권의 침해에 의하여 발생된 손실이 사회적 기속에 해당하는지 또는 특별희생에 해당하는지에 관한 구별기준은 오랫동안 논쟁의 대상이 되어 왔다. 이에 대한 구별기준은 크게 형식적 기준설, 실질적 기준설 그리고 절충설로 구분할 수 있다.

1. 형식적 기준설

형식적 기준설에 있어서 대표적인 학설로서는 개별행위설이 있는바 주로 독일의 바이마르 공화국시대에 판례와 일부의 학설에 의하여 지지되었던 견해로서 침해가 특정인 또는 특정집단에 가하여지는 경우에 평등의 원칙에 위배되는 특별희생이 존재한다고 한다. 즉 개별적·구체적 규율인 행정행위에 의하여 침해가 이루어지는 경우에는 특별희생이 주어지는 반면 일반적·추상적 규율인 법령에 의하여 재산권의 제한이 가하여지는 경우에는 재산권의 내용과 한계를 의미하는 사회적 기속에 해당한다고 한다. 이러한 개별행위설은 이후 독일연방민사법원(BGH)에 의하여 특별희생설로 발전되었다. 그러나 형식적 기준설은 이후 법령에 의한 직접적 수용, 즉 입법적 수용이 인정됨에 따라 그 취약성을 드러내게 되었다. 일반적이고 추상적인 규율에 의하여도 개인의 재산권이 심각하게 침해될 수 있으며, 이러한 경우에 개별행위설은 사회적 기속과 특별희생에 대한 타당한 기준을 제시하지 못한다는 비판을 받았다.

2. 실질적 기준설

이미 독일의 바이마르 공화국시대부터 학설의 상당수는 사회적 기속과 특별희생의 구별은 형식적 기준에 의하여가 아니라 실질적 기준에 따라서만 가능하다고 하여 피해자의 침해상태 및 강도 등 실질적 요소에 초점을 두었다.

1) 보호가치성설

발터 엘리네크(W. Jellinek)에 의하여 주장된 견해로 침해된 재산권이 보호가치가 있는 경우에 특별한 희생이 존재한다고 한다. 보호가치가 있는 재산권과 보호가치가 없는 재산권의 한계설정은 역사, 그 시대의 지배적인 사상, 언어의 사용, 법률의 취지 등을 통하여 파악된다고 한다. 이러한 보호가치성설은 비록 당시의 실무에 반영되지는 않았으나 이후 수인한도성설의 발전에 계기를 제공하였다.

2) 수인한도성설

슈퇴터(Stödter)에[72] 의하여 주장된 수인한도성설에 따르면 침해의 강도와 범위에 초점을 맞추어 평등의 원칙에 위배되는 특별희생은 피해자가 정상적인 부담을 넘어서는 침해를 수인하여야만 하는 경우에 주어진다고 한다. 즉, 재산권의 실체를 훼손하는 본질적인 침해만이 보상을 요하는 특별한 희생에 해당된다고 한다. 수인한도성설은 다수의 학설에 의하여 지지를 받았으며 아울러 중대성설이라는 이름으로 연방행정법원의 판례에 채택되었다. 그러나 침해의 실질적 내용을 강조하는 이 설의 약점은 수인의 한도가 되는 침해의 강도를 결정하는 데 있어서 발생되는 어려움에 있으며 결국 구체적인 경우마다 공평성의 관점에 따라 판단하는 수밖에 없다.

3) 목적위배설

목적위배설에 따르면 보상을 요하는 공용침해는 재산권의 본래의 이용목적이나 기능에서 벗어나, 새로운 목적과 임무가 배정되는 경우에 존재한다고 한다.[73] 반면에 법률이 재산권을 본래의 이용목적에 따라 규율하고 있다면 이는 기능에 적합하게 재산권을 기속하는 것으로 사회적 기속에 해당된다고 한다.

4) 사적 효용설

재산권의 본질적 기능이란 수익 · 사용 · 처분이라는 사적 효용에 있는바, 이러한 재산권의 사적 효용은 자본주의를 전제로 하는 국가의 헌법 · 경제 및 사회질서의 토대가 되고 있다. 재산권의 사적 효용이 보다 높은 공익의 관점에서 박탈되는 경우에는 보상이 필요한 공용침해가 주어지는 반면, 사적 효용의 기능을 보장하고 유지하기 위한 규율들은 사회적 기속으로서 수인되어야 한다고 한다.[74] 사적 효용설은 침해의 강도를 결정하는데 있어서 나름대로의 타당한 기준을 제공하기는 하나, 지나치게 추상적인 개념으로 구체적인 경우마다 재산권의 종류에 따른 주관적인 가치판단이 불가피하다.

3. 절충설 – 상황구속성설

특별희생의 존부여부에 대하여 일관되게 형식적 기준설인 특별희생설을 고수하여온 독일의 연방민사법원은 적지 않은 경우에 한계에 부딪쳤으며, 이에 따라 이른바 상황구속성설이라는 절충설을 발전시켰다. 이에 따르면 모든 재산권은 그의 성질상 그리고 그의 주변상황에 따라 의무성이 내재하고 있으며 이러한 의무성이 법적 의무로 구체화된다면, 재산권의 사회적 기속에 해당된다. 반면에 합리적이고 경제적인 판단을 하여 볼 때에, 재산권자에게 객관적으로 가능한 사용이 금지되거나 본질적으로 제한될 때에는 보상을 요하는 공용침해가 존재한다고 한다. 상황구속성설은 토지 등의 위치와 상태와 같은 사실적인 요인과 규범적인 가치개념을 결합시킨 이론으로 관련 판례들을 상세히 고찰하여 보면 많은 경우에 침해목적물의 보호가치성, 침해의 강도, 수인한도성 등 실질적인 요소에

72) R. Stödter, Öffentlich-rechtliche Entschädigung, 1933, S. 208ff.
73) Kutscher, Die Enteignung, 1938, S. 123.
74) Reinhardt, in : Reinhardt/Scheuner, Verfassungsschutz des Eigentums, 1954, S. 1ff.

초점을 맞추고 있다. 이에 따라 상황구속성설은 일종의 은폐된 중대성설이라는 비판을 받고 있다.[75]

4. 결 어

형식적 기준설과 실질적 기준설은 특별한 희생의 존부여부에 대한 나름대로의 타당성을 갖고 있음을 부인할 수 없으나, 완전한 판단기준은 되지 못하고 있다. 재산권의 사회적 기속과 특별희생을 구별함에 있어서 어떠한 절대적인 기준은 없으며 그때그때의 구체적인 상황에 따라 형식적 기준설과 실질적 기준설을 종합하여 판단하는 수밖에 없을 것이다.

판례 1(개발제한구역의 지정이 사회적 제약의 한계를 넘는 경우) 개발제한구역 지정으로 인하여 토지를 종래의 목적으로도 사용할 수 없거나 또는 더 이상 법적으로 허용된 토지이용의 방법이 없기 때문에 실질적으로 토지의 사용 · 수익의 길이 없는 경우에는 토지소유자가 수인해야 하는 사회적 제약의 한계를 넘는 것으로 보아야 한다(헌재결 1998. 12. 24, 89헌마214, 90헌바16, 97헌바78 병합).

판례 2(허가 · 신고 어업에 대하여 '국방상 필요하다고 인정하여 국방부장관으로부터 요청이 있을 때'에 손실보상 없이 제한할 수 있도록 정한 것이 헌법에 위배되는지 여부) 구 수산업법 제81조 제1항 제1호 단서에서 허가 · 신고 어업에 대하여 '국방상 필요하다고 인정하여 국방부장관으로부터 요청이 있을 때'(구 수산업법 제34조 제1항 제3호)에는 '공익사업을 위한 토지 등의 취득 및 보상에 관한 법률 제4조의 공익사업상 필요한 때'(구 수산업법 제34조 제1항 제5호)와 달리 손실보상 없이 이를 제한할 수 있도록 정한 것이 재산권자가 수인하여야 하는 사회적 제약의 한계를 넘어 가혹한 부담을 발생시키는 등 비례의 원칙을 위반하였다고 보기 어려우므로 위 단서 조항이 헌법에 위배된다고 볼 수 없다(대판 2016. 5. 12, 2013다62261).

V. 손실보상규정의 존재

헌법 제23조 제3항은 "공공필요에 의한 재산권의 수용 · 사용 또는 제한 및 그에 대한 보상은 법률로써 하되, 정당한 보상을 지급하여야 한다"고 규정하고 있다. 이에 따라 헌법은 공행정작용에 의하여 개인의 재산권이 침해되어 특별한 희생이 발생된 경우에는 반드시 이에 대한 정당한 보상을 규율하도록 입법자에게 의무를 부과하고 있다.[76] 그러나 공용침해의 근거법률에 반드시 보상에 관한 규정을 두어야 한다는 이른바 부대조항은 재산권의 사회적 기속과 특별희생의 구별에 관한 절대적 기준의 결여로 인하여 많은 경우에 어려움에 직면할 수밖에 없다. 특히 재산권의 수용이나 사용의 경우에는 그 침해형태의 명확성 때문에 보상규정을 마련하기는 쉬우나, 제한의 경우에는 특별희생의 판단여부에 대한 어려움 때문에 보상규정을 두기가 현실적으로 상당히 어려운 것은 사실이다. 보상규정이 없는 손실보상문제에 관련하여 우리 학설에서는 다음과 같이 여러 가지 해결방안들이 제시되고 있다.

1. 방침규정설

방침규정설에 따르면, 헌법 제23조 제3항은 단지 공용침해에 대한 보상의 원칙을 정한 입법지침에 지나지 않으므로 재산권이 침해되어 특별한 희생이 발생된 자에 대한 보상여부는 입법자가 자유로

---

75) Ossenbühl, Staatshaftungsrecht, 5. Aufl., 1998, S. 171.

76) 헌재결 1994. 12. 29, 89헌마2(조선철도주식의 보상금청구에 관한 헌법소원).

이 결정할 수 있으며, 따라서 입법자가 보상이 불필요하다고 판단하여 보상을 두지 않는 경우에는 이에 따라 하여야 한다는 입장이다. 그러나 이러한 이론은 실질적 법치국가에서는 이미 극복된 입법자 절대주의가 지배하였던 시대의 산물에 지나지 않으며 오늘날 어느 누구도 이를 지지하고 있지 않다.

2. 직접효력설

직접효력설은 손실보상규정이 없는 경우에는 헌법규정을 직접 근거로 하여 보상을 청구할 수 있다고 주장하는 학설이다. 즉 보상규정이 없다고 하더라도 헌법 제23조 제3항의 후반부에서는 정당한 보상을 지급하여야 한다고 규정하고 있기 때문에 이를 근거로 보상을 요구할 수 있다고 한다.[77] 그러나 직접효력설은 과거 제3공화국 헌법 제20조 제3항의 해석에 있어서나 가능한 이론이지 현행헌법의 문구상 이러한 해석은 허용되지 않는다고 보아야 할 것이다.[78] 문리적 해석은 법률해석의 출발점과 한계를 이루고 있으며, 목적적 해석이란 법률의 문구상 여러 가지 해석이 가능한 경우에 비로소 의미를 갖게 되는 것이다.

3. 입법자에 대한 직접효력설(위헌 · 무효설)

이 설은 헌법상의 손실보상의 근거규정은 국민에 대하여 직접 효력을 갖는 규정이 아니라, 재산권에 대한 공용침해가 있는 경우에는 정당한 보상을 규율하도록 입법자에 대하여 의무를 부과하는 규정이라고 한다. 이에 따라 공용침해에 대한 수권법률에 보상규정이 결여된 경우에는 당해 법률은 위헌이 되고(부대조항), 위헌법률에 근거한 공용침해행위는 위법하게 되어, 행정쟁송의 제기 또는 국가배상법에 의한 손해배상청구가 가능하다고 한다.[79]

현재 다수설의 견해이나, 국가배상법 제2조의 공무원의 직무상 불법행위에 손해배상청구권은 고의 · 과실을 전제로 하고 있는 반면, 공무원이 법률에 따라 개인의 재산권에 대하여 침해적 처분을 한 후에, 당해 법률이 위헌으로 판정되어 무효가 되는 경우에는 비록 직무행위의 위법성을 인정할 수가 있으나 공무원의 고의나 과실을 인정하기가 어렵기 때문에 국가배상청구권이 성립하기가 어렵다는 비판을 받고 있다.

4. 보상입법부작위위헌설

이 설은 공용침해에 대한 근거법률이 보상규정을 두지 않는 경우에는 당해 법률이 위헌이 되는 것이 아니라 손실보상규정을 두지 않는 입법부작위가 위헌이라는 견해이다. 이 설은 우리 헌법 제23

77) 金東熙/崔桂暎, 行政法 I, 606면; 金哲洙, 憲法學概論, 648면.

78) 현행 헌법 제23조 제3항에 관한 여야협상과정에서 야당인 통일민주당은 제3공화국헌법의 제20조 제3항을 그대로 채택하자는 안(案)을 주장하였으나 결국 관철되지 못하였다. 당시의 반대론은 제3공화국 헌법 제20조 제3항과 동일한 내용을 채택할 경우에는 국민은 특별한 희생에 해당된다고 볼 수 없는 경우에도 법원에 보상을 청구하게 될 것이며, 그에 따른 국민의 경비 · 노력 · 시간의 낭비 등 혼란이 발생하여 법률생활의 안정 내지는 법적 평화를 유지하기가 어렵다고 주장하였는바, 최종합의 과정에서 "…… 그에 대한 보상은 법률로 하되 ……"라는 문구를 삽입하여, 당해 법률에서 정하는 재산권에 대한 제한이 특별한 희생인 경우에는 반드시 당해 법률에서 보상에 관하여 정하도록 하여, 법률에 근거가 있을 때에만 청구를 할 수 있도록 하였다. 이에 대하여는 朴鈗炘, 最新行政法講義(上), 754면.

79) 朴鈗炘/鄭亨根, 最新行政法講義(上), 651면; 金道昶, 新行政法論(上), 658면; 柳至泰/朴鍾秀, 行政法新論, 519면.

조 제3항은 독일기본법 제14조 제3항과 비교할 때 문언상의 차이가 있기 때문에 부대조항의 성격을 갖지 않는다는 입장에 기초하고 있다.[80] 그러나 이 설은 보상입법부작위에 대한 헌법소원 및 헌법재판소의 위헌결정과 그에 따른 입법조치에 의하여 비로소 구제받을 수 있다는 점에서 그 구제가 우회적이라는 비판을 받는다.

5. 수용유사적 침해제도의 도입 내지 관계규정의 유추적용

일설은[81] 손실보상규정이 결여된 경우에는 수용유사적 침해의 법리를 원용하여 보상을 함으로써 문제를 해결할 수 있다고 한다. 수용유사적 침해제도는 독일의 연방민사법원에 의하여 발전된 제도이다. 독일의 경우 기본법 제14조 제3항의 부대조항에 따라 공용침해의 수권법률이 보상규정을 결여할 경우에는 당해 수권법률은 위헌 · 무효에 해당되며, 이에 근거한 공용침해행위 역시 위법하게 된다. 이 경우 연방민사법원은 적법한 공용침해에 대하여 보상이 주어진다면, 위법한 침해에 대하여는 당연히(erst recht) 보상이 주어져야 한다는 논리하에, 수권법률에 보상규정이 없는 경우에는, 적법한 침해에 대한 보상의 근거가 되는 기본법 제14조 제3항을 유추적용하여 보상을 하여 왔다.

그러나 후술하는 바와 같이 연방헌법재판소의 자갈채취사건에 대한 판결 이후 독일의 판례는 더 이상 수용유사적 침해제도를 헌법상의 손실보상규정에서 끌어내고 있지 않으며, 전통적인 관습법적 효력을 갖고 있는 희생보상제도에서 그 근거를 찾고 있다. 아울러 수용유사적 침해제도 역시 후술하는 바와 같이 적지 않은 문제점들을 갖고 있는바 이들이 신국가배상법의 제정의 주요한 동기가 되었다는 점을 유의할 필요가 있다. 우리의 경우 관습법적 효력을 갖고 있는 희생보상청구권이 존재하지 않을 뿐 아니라, 자체적으로 여러 가지 문제점들을 갖고 있는 수용유사적 침해제도를 도입한다는 것은 바람직하지 않을 것이다. 서울고등법원은 한때 1980년 6월 비상계엄하에서 언론통폐합조치의 일환으로 행하여진 MBC 주식의 국가귀속조치에 대하여 수용유사침해제도의 법리에 의하여 그 손실을 전보하여야 한다고 판시하였으나[82] 대법원은 동 판결을 파기하고 수용유사적 침해제도에 대하여 유보적인 입장을 취하였다.

판례(대한민국의 MBC 주식취득이 수용유사적 침해에 해당하는지 여부) 수용유사적 침해의 이론은 국가 기타 공권력의 주체가 위법하게 공권력을 행사하여 국민의 재산권을 침해하였고 그 효과가 실제에 있어서 수용과 다름없을 때에는 적법한 수용이 있는 것과 마찬가지로 국민이 그로 인한 손실의 보상을 청구할 수 있다는 내용으로 이해되는데, 과연 우리 법제하에서 그와 같은 이론을 채택할 수 있는 것인가는 별론으로 하더라도 위에서 본 바에 의하여 이 사건에서 피고 대한민국의 이 사건 주식취득이 그러한 공권력의 행사에 의한 수용유사적 침해에 해당한다고 볼 수는 없다(대판 1993. 10. 26, 93다6409).

다른 한편 수용유사적 침해제도의 도입을 주장하는 학설은 헌법 제23조 제3항의 유추적용과 동시에 관련 법규상의 보상규정의 유추적용을 주장하고 있는바[83] 이 두 개념은 구별되어야 할 것이다.

80) 金文顯, 補償規定없는 법률에 기한 收用的 財産權制限에 대한 權利救濟方法, 考試研究, 2000. 8, 23면 이하.
81) 金南辰, 行政法 I, 605면; 石琮顯, 行政法講義(상), 545면; 洪準亨, 行政救濟法, 235면 이하.
82) 서울고판 1992. 12. 24, 92나20073.
83) 그 밖에도 일부의 학설은 수용유사적 침해제도는 헌법 제23조 제3항 이외에도 헌법 제23조 제1항과 평등권에

수용유사적 침해제도는 재산권침해로 인하여 개인에게 특별한 희생이 발생되기 때문에 입법자가 보상규정을 두어야 함에도 불구하고 보상규정을 두지 않는 경우에, 그 침해는 부대조항의 위배로 인하여 위법한 침해가 되지만, 적법한 침해와 마찬가지로 특별한 희생이 가하여진다는 관점에서 법원의 직권에 의하여 보상을 하여 주는 것을 내용으로 하고 있다.

반면 관련 법규상의 보상규정의 유추적용은 특정한 재산권의 공용침해에 대한 수권법률이 보상에 대하여 규정을 두지 않을 때에, 유사한 재산권의 공용침해의 근거법률이 보상규정을 두고 있는 경우에, 그 보상규정을 유추적용하여 보상을 하는 것을 내용으로 하는 것이다. 우리 판례 역시 제외지(堤外地)에 대하여 하천법 제74조에 의한 보상규정을 유추적용한 바 있으며,[84] 공공사업의 시행으로 발생된 간접손실의 경우에 「공공용지의 취득 및 손실보상에 관한 특례법」을 유추적용하였다.[85]

판례가 인정하는 유추적용은 재산권에 대한 공용침해를 규정하면서도 보상규정을 두지 않은 경우에, 법의 일반적 해석원리에 따라 개별적으로 검토하여 유사한 재산권침해규정이 보상규정을 둔 경우에 이를 유추적용함을 의미하는 것이다. 이는 통상적인 법률규정의 흠결을 보충하는 해석론의 문제로서, 넓은 의미로 볼 때 보상규율이 존재하고 있는 경우에 해당되며, 따라서 헌법 제23조 제3항을 유추적용하여 법원의 직권에 의하여 보상을 하여주는 수용유사적 침해의 법리와는 차원이 다른 것이다. 여기서 말하는 손실보상규정이 없는 경우라 함은 관련법규상의 보상규정의 유추적용 자체가 불가능한 경우에 비로소 논의가 되는 것이다.[86]

판례 1(제외지 보상에 대하여 하천법 제74조의 규정을 유추적용하여 손실보상을 한 사례) 하천법 제2조 제1항 제2호, 제3조에 의하면 제외지는 하천구역에 속하는 토지로서 법률의 규정에 의하여 당연히 그 소유권이 국가에 귀속된다고 할 것인 바, 한편 동법에서는 위 법의 시행으로 인하여 국유화가 된 제외지의 소유자에 대하여 그 손실을 보상한다는 직접적인 보상규정을 둔 바가 없으나 동법 제74조의 손실보상요건에 관한 규정은 보상사유를 제한적으로 열거한 것이라기보다는 예시적으로 열거하고 있으므로 국유로 된 제외지의 소유자에 대하여는 위 법조를 유추적용하여 관리청은 그 손실을 보상하여야 한다(대판 1987. 7. 21, 84누126).

판례 2(물건 또는 권리 등에 대한 손실보상액 산정의 기준이나 방법에 관하여 구체적으로 정하고 있는 법령의 규정이 없는 경우, 그 성질상 유사한 물건 또는 권리 등에 대한 관련 법령상의 손실보상액 산정의 기준이나 방법에 관한 규정을 유추적용할 수 있다는 판례) ① 토지보상법 제76조 제1항은 광업권 · 어업권 및 '물의 사용에 관한 권리'에 대하여 보상하여야 한다고 규정하고 있는데, 그 위임을 받은 토지보상법 시행규칙은 제43조에서 광업권의 평가에 관하여, 제44조에서 어업권의 평가에 관하여 각 규정하고 있을 뿐이고, 토지보상법 및 그 시행령, 시행규칙에 '물의 사용에 관한 권리'의 평가에 관한 규정이 없다. ② 하천법 제50조에 의한 하천수 사용권과 면허어업의 성질상 유사성(허가어업이나 신고어업과는 달리 어업면허를 받은 자는 어업권원부에 등록함으로써 어업권을 취득하는데, 어업면허는 독점적 · 배타적으로 어업을 할 수 있는

근거할 수 있다고 하는바(金南辰, 行政法 I. 605면; 洪準亨, 行政救濟法, 235면) 이는 설득력이 없다고 하여야 할 것이다. 헌법 제23조 제1항은 재산권의 존속보호를 보장하는 규정으로서 이로부터 어떠한 보상청구권이 도출되지 않는다.

84) 대판 1987. 7. 21, 84누126.

85) 대판 1999. 11. 13, 98다11529; 1999. 10. 8, 99다27231.

86) 鄭夏重, 大法院判例의 漁業補償에 대한 小考, 土地補償法研究 제1집, 2001. 2, 128면 이하. 同旨: 朴鈗炘/鄭亨根, 最新行政法講義(上), 649면.

권리를 설정하여 주는 특허로서의 성격을 가진다), 면허어업의 손실액 산정 방법과 환원율 등에 비추어 볼 때, 원고의 하천수 사용권에 대한 '물의 사용에 관한 권리'로서의 정당한 보상금액은 토지보상법 시행규칙 제44조(어업권의 평가 등) 제1항이 준용하는 수산업법 시행령 [별표 4](어업보상에 대한 손실액의 산출방법 · 산출기준 등) 중 어업권이 취소되거나 어업면허의 유효기간 연장이 허가되지 않은 경우의 손실보상액 산정 방법과 기준을 유추적용하여 산정함이 타당하다(대판 2018. 12. 27, 2014두11601).

6. 결 어

헌법 제23조 제3항의 문구에서 명확하게 나타난 바와 같이 재산권의 수용 · 사용 또는 제한으로 인하여 특별한 희생이 발생된 경우에, 입법자는 자신의 헌법상의 의무에 따라 공용침해의 수권법률에 정당한 보상을 내용으로 하는 보상규정을 두어야 한다. 공용침해의 수권법률에 반드시 보상규율을 두도록 하는 부대조항은 입법자에 대한 경고기능, 국회의 예산상의 특권반영, 개인의 재산권의 절차적 보호 등 적지 않은 법치국가적인 기능을 갖고 있다. 그러나 상술한 바와 같이 재산권의 모든 침해에 대하여 손실보상규정을 두기는 쉽지 않으며 입법자에 대하여 불가능한 경우까지 보상규정을 요구할 수는 없을 것이다. 그러나 독일의 다수설에 의하여 주장되고 있는 예견가능성이론을 적용하면 대부분의 문제는 어렵지 않게 해결될 것이다. 즉 제3자의 사전적 관찰에 의하여 침해의 파급효과와 범위 및 침해행위의 의미 등을 평가할 때 고권적인 침해가 개인에게 특별희생을 야기시키는 것이 객관적으로 예견되는 경우에는 입법자는 미리 보상규율을 마련할 수 있는 것이다.[87]

특별희생의 판단여부가 아주 어려운 한계적인 경우에 있어서는 입법자는 정당한 보상의 구체적인 내용규율을 생략하고 단지 "이 법률에 근거한 처분이 공용침해에 해당한다면 정당한 보상을 지급한다. 보상의 구체적인 기준은 「공익사업을 위한 토지 등의 취득 및 보상에 관한 법률」을 준용한다"라는 방식의 구제적 보상규율을 마련할 수도 있을 것이다.[88] 객관적으로 보상규정을 두는 것이 가능함에도 불구하고 이것이 결여되거나 또는 규정되었다 하더라도 보상이 정당한 수준에 미달되는 경우는 위헌무효가 된다. 이러한 위헌무효의 법률에 의하여 또는 이에 근거한 재산권의 침해행위는 위법하게 된다. 이 경우에 재산권의 존속보호우선의 법리에 따라 우선적으로 행정소송이나 헌법소원을 통하여 침해를 방어하여야 하며, 방어할 수 없는 불가피한 경우에 비로소 국가배상청구권이나 결과제거청구권을 통하여 구제받을 수 있을 것이다. 이 경우에 국가배상법은 고의 · 과실을 그 요건으로 하기 때문에 결국 손해전보를 받을 수 없다고 하나 이는 과실의 개념을 객관화함으로써 상당부분 해결될 수 있으며 궁극적으로는 독일의 신국가배상법이나 스위스 국가배상법과 같이 무과실책임제도를 도입하는 것이 바람직할 것이다.

Ⅵ. 헌법재판소의 구 도시계획법 제21조에 대한 헌법불합치결정과 분리이론

1. 헌법재판소의 구 도시계획법에 대한 헌법불합치결정

헌법재판소는 1998년 12월 24일 이른바 그린벨트판결이라고 불리는 구 도시계획법 제21조에 대

87) 豫見可能性理論에 대하여는 鄭夏重, 독일기본법 14조상의 附帶條項의 의미와 韓國憲法 23조 3항의 解釋(上), 司法行政, 1992. 10, 37면.

88) 구제적 보상규율에 대하여는 鄭夏重, 앞의 글, 42면.

한 헌법소원사건에 대한 결정에서[89] 토지이용제한으로 인하여 토지소유자가 토지를 종래의 목적으로 사용할 수 없거나 또는 더 이상 법적으로 허용된 토지이용방법이 없기 때문에 실질적으로 토지의 사용 · 수익의 길이 없는 경우에는 토지소유자가 수인하여야 하는 사회적 제약의 한계를 넘는 것으로, 아무런 보상 없이 이를 감수하도록 하는 것은 비례의 원칙에 위배되어 당해 토지소유자의 재산권을 과도하게 침해하는 것으로서 헌법에 위반된다고 판시하였다. 또한 헌법재판소는 입법자가 도시계획법 제21조를 통하여 국민의 재산권을 비례의 원칙에 부합하게 합헌적으로 제한하기 위해서는, 수인의 한계를 넘어 가혹한 부담이 발생하는 예외적인 경우에는 이를 완화하는 보상규정을 두어야 하며, 이러한 보상규정은 입법자가 헌법 제23조 제1항 및 제2항에 의하여 재산권의 내용을 구체적으로 형성하고 공공의 이익을 위하여 재산권을 제한하는 과정에서 이를 합헌적으로 규율하기 위하여 두어야 하는 규정이라고 판시하였다.

이에 따라 헌법재판소는 보상규정을 두고 있지 않은 구 도시계획법 제21조의 위헌성을 인정하였으나, 위헌판결을 내릴 시에 야기될 법질서의 혼란을 피하고 개발제한구역의 지정에 따라 생기게 되는 가혹한 부담의 유무와 정도 및 이에 따른 보상의 구체적인 기준과 방법은 개개의 토지에 대하여 구체적이고 객관적인 사정을 종합하여 입법자가 결정하여야 할 사항이라고 하여 위헌결정을 피하고 변형결정으로서 헌법불합치결정을 내렸다. 이와 같은 헌법재판소의 입장은 1999년 10월 21일의 구 도시계획법 제4조에 대한 헌법소원사건의 결정에서 재확인되었다.[90]

이들 결정들은 국민의 재산권보호를 현저하게 강화시킨 획기적인 판결들이다. 입법자(立法者)는 앞으로 법률을 제정할시 사회적 기속을 넘어 개인의 재산권을 과도하게 침해할 가능성이 있는 경우에 보상규율을 마련하지 않는 한 헌법재판소의 위헌 내지는 헌법불합치판결을 피할 수 없게 되었다. 그러나 문제는 헌법재판소가 구 도시계획법 제21조나 제4조의 위헌여부를 헌법 제23조 제3항의 관점에서 검토한 것이 아니라 헌법 제23조 제1항 제2문(재산권의 내용규정)의 관점에서 검토하여 이른바 독일에서 자갈채취사건 이후에 관철된 분리이론을 채택한 점이다.

2. 재산권보장체계에 있어서 분리이론의 내용과 비판

독일의 헌법상의 재산권보장체계에 있어서 가장 어려운 문제점으로 지적되어온 것은 사회적 기속과 특별희생의 구별에 있어서 절대적 기준의 결여로 인한 보상판결의 불안정성 및 부대조항과 관련하여 사전에 보상규정을 마련하는 데 발생되는 어려움이었다. 이에 따라 자갈채취사건 이후 독일 연방헌법재판소는 바이마르 공화국시대 이래로 지속적으로 확대되어 온 재산권의 수용 · 사용 및 제한을 포함하는 공용수용(Enteignung)의 개념을 축소하여 "의도적이고 목적지향적인 재산권의 일부 또는 전부의 박탈과정"으로 정의하였다. 아울러 연방헌법재판소는 축소된 공용수용의 개념에 포함되지는 않으나 그럼에도 불구하고 개인에게 특별한 희생을 부과하는 재산권의 사용, 제한 등을 기본법

89) 헌재결 1998. 12. 24, 89헌마214, 90헌바16, 97헌바78 병합.

90) 헌재결 1999. 10. 21, 97헌바26. 헌법재판소의 결정에 따라 새로 제정된 「개발제한구역의 지정 및 관리에 관한 특별조치법」 제17조는 개발제한구역의 지정으로 인하여 재산상의 특별한 희생을 당하는 토지소유자는 매수청구권을 행사할 수 있도록 하고 있으며, 또한 「국토의 계획 및 이용에 관한 법률」 제47조(구 도시계획법 40조)는 도시계획시설부지로 지정된 후 장기간 방치되어 토지소유자가가 과도한 재산상의 침해를 받게 될 경우에는 매수청구권을 행사할 수 있도록 하고 있다.

제14조 제1항 2문에 귀속시켜 이른바 보상의무가 있는 재산권의 내용규정(ausgleichspflichtige Inhaltbestimmung)으로 범주화시켰다. 동시에 연방헌법재판소는 종래 연방민사법원에 의하여 주도되어 온 이른바 경계이론(Schwellentheorie), 즉 "입법자에 의하여 재산권의 내용규정으로 구체화되는 사회적 기속을 넘어서는 재산권침해는 보상을 요하는 공용수용을 의미한다"는 이론을 배격하고, 재산권의 내용규정(기본법 14조 1항 2문)과 공용수용규정(기본법 14조 3항)을 각각 별개의 범주로 분리시켰다.[91)]

그러나 연방헌법재판소는 이러한 분리이론(Trennungstheorie)을 통하여 종래 재산권보장체계에 내재하고 있는 문제를 해결하는 데 완전히 성공하지를 못하였다. 연방헌법재판소의 형식화된 공용수용 개념에 따라 입법자는 사전에 보상규율을 마련하는 데 거의 어려움이 없게 되어 부대조항으로부터 발생되는 어려움을 제거할 수 있었다. 그러나 재산권의 과도한 침해를 발생하는 사용이나 제한은 이제 기본법 제14조 제1항 제2문의 이른바 보상의무가 있는 재산권의 내용규정에 귀속하게 되었으며, 입법자는 내용규정의 위헌성을 피하기 위하여 보상규율을 두어야만 한다. 여기서 비례의 원칙에 위배되는 과도한 재산권의 침해에 해당하기 때문에 보상규율이 필요한지 여부에 대하여 판례와 학설은 다시 종래의 사회적 기속과 특별희생의 구별기준, 즉 경계이론에 따라 판단하고 있다. 이는 종래 공용수용규정(기본법 14조 3항)에 존재하였던 문제점들이 다시 내용규정(기본법 14조 1항 2문)으로 옮겨진 데 불과하다. 독일의 유력한 학설은 연방헌법재판소의 분리이론을 실질적인 재산권보호측면의 관점에서 오히려 회의적인 입장을 취하고 있다.[92)]

이러한 분리이론이 우리의 재산권보장체계에 수용될 수 있는지 문제가 되고 있다. 우리 헌법 제23조 제3항은 공용침해의 개념을 재산권의 수용·사용 또는 제한으로 명시하여, 사회적 제약을 넘어서는 모든 재산권침해를 의미하고 있는바, 이는 처음부터 독일식의 형식화된 공용수용의 개념의 구성을 불가능하게 하고 있다. 우리 헌법재판소와 분리이론의 채택을 주장하고 있는 일부 견해는 이러한 독일과 우리 헌법의 근본적인 차이점을 간과하고 있는 것이다.[93)]

또한 전통적인 경계이론의 취약점, 즉 사회적 제약과 특별희생의 한계설정의 어려움은 독일연방헌법재판소의 분리이론도 완전히 극복하고 있지 못하는 바와 같이, 평등의 개념, 즉 평등과 불평등의 구별에 내재하고 있는 본질적인 문제라고 할 것이다. 이에 따라 우리 헌법재판소는 구 도시계획법 제21조와 제4조의 위헌여부를 재산권의 내용규정 제23조 제1항 제2문의 관점에서가 아니라 제23조 제3항에 따라 판단했어야 하였다. 입법자는 사회적 제약과 특별희생의 전통적인 구별기준에 따라 자신이 제정하는 법률에 의하여 재산상의 특별한 희생이 발생될 것을 예견할 수 있는 경우에는 정당한 보상을 내용으로 하는 보상규정을 마련하여야 하며, 만일 그러하지 못할 경우에는 당해법률은 위헌·무효가 될 것이다.[94)]

---

91) 분리이론과 경계이론에 대하여 상세히는 鄭夏重, 憲法上의 財産權保障體系에 있어서 境界理論과 分離理論, 서강법학연구 5권, 2003. 5, 57면 이하 참조.

92) Ossenbühl, Staatshaftungsrecht, 5. Aufl., 1998, S. 194; Schmidt-Aßmann, in: FS der jur. Fakultät Heidelberg, 1986, S. 108.

93) 韓秀雄, 財産權의 內容을 새로이 형성하는 法規定의 憲法的 問題, 저스티스, 1999. 6, 29면 이하.

94) 경계이론은 가치보호를 우선하는 반면, 분리이론은 존속보호를 우선한다는 견해가 있으나, 존속보호우선의 원칙은 분리이론에 내재하는 것이 아니라 법치국가원리에서 도출되는 일반적인 원칙이다. 이에 따라 경계이론에 따라 특정한 재산상의 침해행위가 특별한 희생으로 판단되나 근거법률에 보상규정이 없는 경우에는 우선 손실

사례 갑은 A광역시의 상업지역에 위치하고 있는 자신의 소유의 건물에서 유흥접객업소를 운영하고 있었다. A광역시장은 도시의 기능과 환경을 대폭적으로 개선하기 위하여 적법한 절차에 따라 입안되고 결정된 새로운 도시·군관리계획에 따라 해당지역을 주거지역으로 변경하였다. 갑은 관련법령에 따라 더 이상 자신의 건물에서 유흥접객업소를 할 수 없게 되었을 뿐만 아니라, 사실상 건물을 다른 어떤 상업적 용도로도 사용하기가 어렵게 되었다. 이에 따라 갑은 상당한 재산상의 손실을 입게 되었다. 갑은 A광역시에 대하여 손실보상을 청구하였으나 A광역시는 손실보상청구권의 요건이 충족되지 않을 뿐 아니라 보상에 대한 근거규정도 존재하지 않는다는 이유로 거부하였다. 갑이 A광역시에 대하여 손실보상청구권을 행사할 수 있는지 여부를 논하시오.(유사사례: 제14회 입법고시, 제40회 행정고시)

▶답안요지 1) 사안에서 우선 손실보상청구권의 요건이 충족되었는지를 검토한다. ① 공행정작용에 의한 재산권의 침해가 있어야 하는바, 사안에서 도시·군관리계획의 결정에 의하여 갑의 건물의 사용용도가 제한되었다(계획제한). ② 공공의 필요에 의한 재산권의 침해가 있어야 하는바, A광역시장은 도시의 기능과 환경을 적극적으로 개선하기 위하여 상업지역을 주거지역으로 변경한 것으로 보아 공공의 필요성이 인정된다. ③ 침해가 적법하여야 하는바, A광역시장은 도시관리계획을 「국토의 계획 및 이용에 관한 법률」 제36조 제1항에 따라 적법한 절차에 따라 입안되고 결정한 것으로 보아 침해의 적법성이 인정된다 ④ 특별한 희생이 발생하여야 하는바, 사회적 제약과 특별한 희생과의 구별기준으로는 본문에서 설명한 바와 같이 ㉠ 형식적 기준설, ㉡ 실질적 기준설(보호가치성설, 수인한도성설, 목적위배설, 사적효용설), ㉢ 절충설(상황구속성설)이 주장되고 있는바, 구체적인 경우 여러 학설을 종합하여 특별희생의 존재여부에 대하여 판단한다. 헌재는 그린벨트사건에서 개발제한구역 지정으로 인하여 토지를 종래의 목적으로도 사용할 수 없거나 또는 더 이상 법적으로 허용된 토지이용의 방법이 없기 때문에 실질적으로 토지의 사용·수익의 길이 없는 경우에는 토지소유자가 수인해야 하는 사회적 제약의 한계를 넘는 것으로 판시하고 있다. 사안에서 갑은 자신의 건물을 더 이상 어떠한 상업적 용도로 사용할 수 없는 것으로 보아 특별한 희생을 인정할 수 있다.

2) 「국토의 계획 및 이용에 관한 법률」은 용도지역변경으로 인하여 개인에게 특별한 희생이 발생한 경우에 이에 대한 보상규정을 두고 있지 않은바, 이에 관한 해결방안으로 ① 방침규정설, ② 직접효력설, ③ 위헌·무효설, ④ 보상입법부작위위헌설, ⑤ 수용유사침해에 의한 보상 및 관계규정의 유추적용설 등이 대립되고 있으나 위헌·무효설이 다수설이다. 존속보호우선의 원칙에 따라 갑은 우선 도시계획결정에 대하여 취소소송을 제기하고 부수적 규범통제를 통하여 근거법률의 위헌을 다툴 수 있으며, 취소소송을 제기할 수 없는 경우에는 국가배상청구소송을 제기할 수 있다.

한편 헌법재판소는 분리이론에 따라 재산권의 사용이나 제한의 경우에는 재산권의 내용규정(헌법 23조 1항 2호)으로 보아 여기서 재산권이 과도하게 침해되는 경우에는 보상규율을 요한다고(보상을 요하는 내용규정) 판시하여 구 도시계획법 21조 및 4조에 대하여 헌법불합치판결을 내린바 있다. 그러나 이러한 분리이론은 독일기본법과의 차이로 인하여 우리 헌법에 채택될 수 없다는 비판을 받고 있다.

제3항 손실보상의 내용

Ⅰ. 손실보상의 기준

손실보상의 기준은 재산권에 대한 사회적 가치관과 각국의 입법제도에 따라 달라질 수 있으나 일반적으로는 완전보상설과 상당보상설이 있다.

보상을 요구하기보다는 당해 행위를 항고소송으로 다투어야 할 것이다.

1. 완전보상설

완전보상설은 침해된 재산이 갖고 있는 재산적 가치를 충분하고 완전하게 보상하는 것이어야 한다는 견해이다. 이러한 완전보상설은 다시 ① 손실보상의 목적은 공평부담의 원칙의 실현에 있으므로 공용침해를 통하여 발생된 손실의 전부를 보상하여야 한다는 견해와, ② 손실보상은 재산권의 보장에 대응한 것이므로 피침해재산의 객관적 시장가치를 보상하면 된다는 견해로 나누어 볼 수 있다. 이들 두 주장의 차이는 재산권침해에 의하여 필연적으로 발생된 부대적 손실(잔여지보상 · 영업손실 · 이전비용 등)의 보상을 필요로 하는 것인지의 여부에 있다. 즉 전자에 따르면 완전보상의 내용은 부대적 손실을 포함하나, 후자의 주장에 따르면 부대적 손실을 포함하지 않는다. 현재 각국의 입법례는 객관적 가치의 보상을 원칙으로 하나 구체적인 경우에 부대적 손실을 함께 보상하는 경향을 나타내고 있다.

2. 상당보상설

이는 손실보상은 재산권의 사회적 제약성, 침해행위의 공공성에 비추어 사회국가의 원리에 바탕한 기준에 따른 적정한 보상이면 족하다는 견해이다. 상당보상설 역시 ① 일반적으로 사회통념에 비추어 객관적으로 타당하면 완전보상을 하회할 수 있다는 견해와, ② 완전보상을 원칙으로 하지만 합리적인 사유가 있는 경우에는 완전보상을 상회하거나 하회할 수 있다는 견해로 나누어진다. 독일의 기본법 제14조 제3항은 "보상은 일반의 이익과 관계인의 이익을 정당하게 형량하여 결정한다"라고 규정하고 있는바, 실무에서는 원칙적으로 객관적인 시장가치를 보상하고 있으나, 아주 예외적인 경우에는 시장가치를 하회할 수 있다는 입장을 취하고 있어 상당보상주의를 택하고 있다고 할 것이다.

Ⅱ. 현행법상의 손실보상의 기준과 내용

1. 헌법 제23조 제3항의 정당한 보상의 원칙

우리 헌법 제23조 제3항은 "…… 보상은 법률로써 하되 정당한 보상을 지급하여야 한다"라고 규정하여 손실보상의 구체적인 내용이나 절차는 법률에 유보하였으나, 그 보상은 정당한 보상이어야 함을 명시하고 있다. 여기에서 정당한 보상의 내용에 대하여 논란의 여지가 있을 수 있으나 헌법재판소는 피침해재산의 객관적 가치를 완전하게 보상하여야 한다는 완전보상을 뜻하는 것으로서 보상금액뿐만 아니라 보상의 시기나 방법에 있어서도 제한을 두어서는 아니된다는 것으로 이해하고 있다. 여기서 피침해재산의 객관적 가치라 함은 당해 물건의 시장에서의 개방된 가격, 이른바 동일한 물건을 시장에서 다시 살 수 있는 가격(재구매가능가격)을 의미한다.

판례(헌법 제23조 제3항의 정당한 보상의 의미) 헌법 제23조 제3항이 규정하는 정당한 보상이란 원칙적으로 피수용재산의 객관적인 재산가치를 완전하게 보상하는 것이어야 한다는 완전보상을 뜻하는 것으로서 보상금액뿐만 아니라 보상의 시기나 방법 등에 있어서도 어떠한 제한을 두어서는 아니된다는 것을 의미한다고 할 것이다(헌재결 1995. 4. 20, 93헌바20; 1990. 6. 25, 89헌마107).

2. 개별법상의 보상기준과 내용

재산권의 공용침해에 대하여 손실보상을 규정하고 있는 개별법으로서는 토지의 취득 및 사용에 대한 손실보상에 관한 대표적 법률로서 「공익사업을 위한 토지 등의 취득 및 보상에 관한 법률」(이하 '토지보상법'이라고 한다)이 있으며, 이 밖에도 하천법 제76조, 도로법 제82조, 공유수면 관리 및 매립에 관한 법률 제57조, 수산업법 제81조, 산지관리법 제48조, 소방기본법 제49조의2 등 그 수가 상당히 많으나 보상에 관한 규율방식이 다양할 뿐 아니라, 보상기준 역시 통일되어 있지 않다. 예를 들어 토지보상법에서는 법률에 상세한 보상규율을 마련하고 있으나, 수산업법에서는 손실보상의 근거만을 두고, 보상의 구체적인 기준을 시행령에 위임하고 있으며, 하천법, 도로법, 공유수면 관리 및 매립에 관한 법률 등에서는 법률에 손실보상의 근거만을 마련하고 보상기준을 결여하고 있어서 그 구체적인 보상액산정을 행정청 및 법원의 권한에 맡기고 있는 실정이다. 조속한 시일 내에 보상법제에 대한 통일적 기준을 마련하는 것이 시급한 실정이다.

다음에서는 손실보상에 대하여 비교적 상세한 기준과 내용을 마련하고 있는 토지보상법의 주요 보상규정에 대하여 살펴보기로 한다. 토지보상법의 보상내용은 공용침해로 발생된 재산상의 손실에 대한 보상인 재산권보상과 공공사업의 실시 또는 완성 후에 시설이 사업지 밖의 재산권에 미치는 손실에 대한 보상인 사업손실보상(간접손실보상) 및 공용침해로 인하여 생활근거를 상실한 재산권자에 대한 생활재건을 내용으로 하는 생활보상으로 구분할 수 있다.

1) 재산권보상

재산권보상이란 피침해재산의 손실에 대한 객관적인 가치의 보상과 공용침해로 필연적으로 발생된 부대적 손실(영업손실 · 이전료 등)에 대한 보상을 의미한다.

가. 토지수용에 대한 보상

협의 또는 재결에 의하여 취득하는 토지에 대하여는 공시지가를 기준으로 하여 보상하되, 그 공시기준일로부터 가격시점까지의 관계법령에 의한 당해토지의 이용계획, 당해 공익사업으로 인한 지가의 영향을 받지 아니하는 지역의 지가변동률, 생산자물가상승률, 기타 당해 토지의 위치 · 형상 · 환경 · 이용상황 등을 참작하여 평가한 적정가격으로 보상한다(토지보상법 70조 1항). 여기서 말하는 공시지가는 사업인정고시일전의 시점을 공시기준일로 하는 공시지가로서, 당해 토지에 관한 협의의 성립 또는 재결 당시 공시된 공시지가중 당해 사업인정고시일에 가장 가까운 시점에 공시된 공시지가로 한다(토지보상법 70조 4항). 이러한 보상기준은 구 토지수용법 제46조 제2항과 동일한 보상기준으로서 사업인정고시일전의 시점을 공시기준일로 하는 공시지가를 그 기준으로 하는 이유는 개발이익을 배제하기 위함이다. 공공사업시행의 발표로 인하여 지가가 상승하는 경우가 대부분일 것이다. 이러한 경우에는 공시지가에서 자연상승분을 제외한 추가적 상승분을 공제하는 것은 당연한 것이다. 헌법재판소는 이 보상기준에 대하여 합헌판결을 내렸다.

판례(구 토지수용법 제46조 제2항에 의한 손실보상액 산정이 정당보상의 원칙에 위배되는지 여부)

구 토지수용법 제46조 제2항 및 지가공시및토지등의평가에관한법률 제10조 제1항 제1호가 토지수용으로 인한 손실보상액의 산정을 공시지가를 기준으로 하되 개발이익을 배제하고, 공시기준일부터 재결시까지의 시점보정을 인근토지의 가격변동률과 도매물가상승률 등에 의하여 행하도록 규정한 것은 위 각 규정에 의한 기준지가가 대상지역 공고일 당시의 표준지의 객관적 가치를 정당하게 반영하는 것이고, 표준지와 지가산정 대상토지 사이에 가격의 유사성을 인정할 수 있도록 표준지의 선정이 적정하며, 대상지역 공고일 이후 수용시까지의 시가변동을 산출하는 시점보정의 방법이 적정한 것으로 보이므로, 헌법상의 정당보상의 원칙에 위배되는 것이 아니며, 또한 위 헌법조항의 법률유보를 넘어섰다거나 과잉금지의 원칙에 위배되었다고 볼 수 없다(헌재결 1995. 4. 20, 93헌바20 · 66, 94헌바4 · 9, 95헌바6 병합).

나. 이전료 및 물건의 수용에 대한 보상

건축물 · 입목 · 공작물 기타 토지에 정착한 물건에 대하여는 이전에 필요한 비용을 보상하여야 한다. 다만 건축물 등의 이전이 어렵거나 그 이전으로 인하여 건축물 등을 종래의 목적대로 사용할 수 없게 된 경우, 또는 건축물 등의 이전비가 그 물건의 가격을 넘는 경우 및 사업시행자가 공익사업에 직접 사용할 목적으로 취득하는 경우에는 당해 물건의 가격으로 보상하여야 한다(법 75조).

다. 토지의 사용에 대한 보상

토지의 사용에 대하여는 그 토지 및 인근유사토지의 지료 · 임대료 · 사용방법 · 사용기간 및 그 토지의 가격 등을 참작하여 평가한 적정가격으로 보상하여야 한다(법 71조). 그러나 토지를 사용하는 기간이 3년 이상일 때, 또는 토지의 사용으로 인하여 토지의 형질의 변경되는 경우, 또는 사용하고자 하는 토지에 그 토지소유자의 건축물이 있는 경우에는 토지의 매수 또는 수용을 청구할 수 있다(법 72조).

판례(토지보상법 제72조에 의한 수용청구권의 법적 성격과 불복수단) 공익사업을 위한 토지 등의 취득 및 보상에 관한 법률(이하 '토지보상법'이라고 한다) 제72조의 문언, 연혁 및 취지 등에 비추어 보면, 위 규정이 정한 수용청구권은 토지보상법 제74조 제1항이 정한 잔여지 수용청구권과 같이 손실보상의 일환으로 토지소유자에게 부여되는 권리로서 그 청구에 의하여 수용효과가 생기는 형성권의 성질을 지니므로, 토지소유자의 토지수용청구를 받아들이지 아니한 토지수용위원회의 재결에 대하여 토지소유자가 불복하여 제기하는 소송은 토지보상법 제85조 제2항에 규정되어 있는 '보상금의 증감에 관한 소송'에 해당하고, 피고는 토지수용위원회가 아니라 사업시행자로 하여야 한다(대판 2015. 4. 9, 2014두46669).

라. 권리에 대한 보상

광업권 · 어업권 및 물 등의 사용에 관한 권리에 대하여는 투자비용 · 예상수익 및 거래가격 등을 참작하여 평가한 적정가격으로 보상하여야 한다(법 76조).

마. 영업손실 등에 대한 보상

영업을 폐지하거나 휴업함에 따른 영업손실에 대하여는 영업이익과 시설의 이전비용 등을 참작하여 보상하되, 농업의 손실에 대하여는 농지의 단위면적당 소득 등을 참작하여 보상하여야 한다(법 77조 1항 · 2항). 영업의 폐지 또는 휴업에 의하여 휴직 · 실직하는 근로자의 임금손실에 대하여는 근로기준법에 의한 평균임금 등을 참작하여 보상한다(법 77조 3항).

판례(토지보상법 77조 1항의 영업손실에 대한 보상을 받기 위하여는 재결절차를 거쳐야 한다는 판례) 공익사업으로 인하여 영업을 폐지하거나 휴업하는 자가 사업시행자로부터 구 공익사업을 위한 토지 등의 취득 및 보상에 관한 법률 제77조 제1항에 따라 영업손실에 대한 보상을 받기 위해서는 구 토지보상법 제34조, 제50조 등에 규정된 재결절차를 거친 다음 그 재결에 대하여 불복이 있는 때에 비로소 구 토지보상법 제83조 내지 제85조에 따라 권리구제를 받을 수 있을 뿐, 이러한 재결절차를 거치지 않은 채 곧바로 사업시행자를 상대로 손실보상을 청구하는 것은 허용되지 않는다고 봄이 타당하다(대판 2011. 9. 29, 2009두10963).

2) 사업손실보상

사업손실보상은 공익사업의 시행 또는 완성후의 시설이 간접적으로 사업지 밖의 재산권에 가해지는 손실을 말하며 간접손실보상이라고도 한다. 사업지주변에 미치는 손실에는 물리적 내지 기술적 손실과 경제적 내지 사회적 손실로 구분할 수 있다. 물리적 내지 기술적 손실은 예를 들어 공사중의 소음 · 진동이나 완성된 시설에 의한 일조 또는 전파에 의한 장해 등 넓은 의미의 공해에 해당한다. 이에 대하여 경제적 내지는 사회적 손실이란 댐건설 등에 의하여 주민이 이전함으로써 발생되는 생산체계와 유통구조의 변화 또는 어업권의 소멸에 따라 발생되는 지역경제의 변화를 통하여 개인에 미치는 간접적인 피해를 의미한다.

이러한 사업손실이 인정되기 위하여는 ① 공공사업의 시행으로 사업시행지 이외의 토지소유자 등이 입은 손실이어야 하고, ② 그 손실이 공공사업의 시행으로 인하여 발생하리라는 것이 예견되어야 하고, ③ 손실의 범위가 구체적으로 특정화될 수 있어야 한다. 사업손실에 대하여는 현행법상 보상규정을 두고 있지 않은 경우가 많은 바, 이 경우 독일에서는 이른바 수용적 침해제도를 통하여 보상을 하여 왔으며, 우리 판례는 관련규정의 유추적용을 통하여 보상을 하고 있다.

판례 1(공유수면매립공사로 인하여 사업지 밖에서 발생한 간접손실에 대하여 공특법 시행규칙을 유추적용하여 손실보상을 한 사례) 공공사업의 시행 결과 그 공공사업의 시행이 기업지 밖에 미치는 간접손실에 관하여 그 피해자와 사업시행자 사이에 협의가 이루어지지 아니하고 그 보상에 관한 명문의 근거 법령이 없는 경우라고 하더라도, 헌법 제23조 제3항은 "공공필요에 의한 재산권의 수용 · 사용 또는 제한 및 그에 대한 보상은 법률로써 하되, 정당한 보상을 지급하여야 한다."고 규정하고 있고, 이에 따라 국민의 재산권을 침해하는 행위 그 자체는 반드시 형식적 법률에 근거하여야 하며, 토지수용법 등의 개별 법률에서 공익사업에 필요한 재산권 침해의 근거와 아울러 그로 인한 손실보상 규정을 두고 있는 점, 공공용지의 취득 및 손실보상에 관한 특례법 제3조 제1항은 "공공사업을 위한 토지 등의 취득 또는 사용으로 인하여 토지 등의 소유자가 입은 손실은 사업시행자가 이를 보상하여야 한다."고 규정하고, 같은 법 시행규칙 제23조의2 내지 7에서 공공사업시행지구 밖에 위치한 영업과 공작물 등에 대한 간접손실에 대하여도 일정한 조건하에서 이를 보상하도록 규정하고 있는 점에 비추어, 공공사업의 시행으로 인하여 그러한 손실이 발생하리라는 것을 쉽게 예견할 수 있고 그 손실의 범위도 구체적으로 이를 특정할 수 있는 경우라면 그 손실의 보상에 관하여 공공용지의 취득 및 손실보상에 관한 특례법 시행규칙의 관련규정 등을 유추적용할 수 있다고 해석함이 상당하다(대판 1999. 10. 8, 99다27231).

판례 2(참게 축양업자의 손실에 대하여 공특법시행규칙의 간접보상규정의 유추적용을 통한 손실보상을 부인한 사례) 참게 축양업자가 참게 축양업을 계속할 수 없게 되고 그 소유의 참게 축양장 시설이 기능을 상실하게 된 손해를 입은 원인은, 하구둑 공사의 시행 결과 공유수면의 지류에서 용수를 끌어 쓸 수 없게 된 것이 아니라, 금강 유역 어민들이 참게를 더 이상 채포할 수 없게 되고 임진강을 제외한 전국의 다른 하천에서도 참게가 잘 잡히지 않게 되었기 때문이므로, 참게 축양업자가 입게 된 그와 같은 손해는 공공사업의 기업지 밖에서 일어난 간접손실에 불과하여, 참게 축양업자가 토지수용법 또는 공공용지의 취득 및 손실보상에 관한 특례법 시행규칙의 간접보상의 관련 규정에 근거하여 곧바로 공공사업의 시행자에게 손실보상청구권을 가진다고 할 수는 없으며, 나아가, 참게 축양업자가 입은 위 간접손실은 그 발생을 예견하기가 어렵고 그 손실의 범위도 쉽게 확정할 수 없으므로 위 특례법시행규칙의 간접보상에 관한 규정을 준용 또는 유추적용하여 사업시행자에 대하여 그 손실보상청구권을 인정할 수도 없다(대판 1998. 1. 20, 95다29161).

현행법상 사업손실보상에 대하여는 토지보상법 제73조 · 제74조에 의한 잔여지보상 및 제75조의2에 의한 잔여건축물에 대한 보상과 동법 제79조 제2항 및 시행규칙 제59조 내지 제64조의 공익사업지구 밖의 토지 등에 대한 보상이 있다.

가. 잔여지에 대한 손실보상 및 수용청구

가) 잔여지에 대한 손실보상　사업시행자는 동일한 소유자에게 속하는 일단의 토지의 일부가 취득되거나 사용됨으로 인하여 잔여지의 가격이 감소하거나 그 밖의 손실이 있을 때 또는 잔여지에 통로 · 도랑 · 담장 등의 신설이나 그 밖의 공사가 필요할 때에는 그 손실이나 공사의 비용을 보상하여야 한다. 다만, 잔여지의 가격 감소분과 잔여지에 대한 공사의 비용을 합한 금액이 잔여지의 가격보다 큰 경우에는 사업시행자는 그 잔여지를 매수할 수 있다(법 73조 1항). 제73조 제1항에 따른 손실 또는 비용은 해당 사업의 공사완료일로부터 1년이 지난 후에는 청구할 수 없다.

여기서 토지소유자가 사업시행자에게 직접 손실보상을 청구할 수 있는지 또는 토지수용위원회의 재결절차를 통하여 손실보상청구권을 행사할 수 있는지 문제가 된다. 판례에 따르면 토지소유자가 토지보상법 제73조에 따른 손실보상을 받기 위하여는 토지수용위원회의 재결절차를 거쳐야 하며, 그 재결에 대하여 불복이 있는 때에는 중앙토지수용위원회에 이의신청을 하거나 토지보상법 제85조 2항에 의한 보상금증감청구소송을 제기할 수 있으며, 사업시행자를 상대로 직접 손실보상을 청구하는 것은 허용되지 않는다.

나) 잔여지의 매수 및 수용청구권　동일한 소유자에게 속하는 일단의 토지의 일부가 협의에 의하여 매수되거나 수용됨으로 인하여 잔여지를 종래의 목적에 사용하는 것이 현저히 곤란할 때에는 해당 토지소유자는 사업시행자에게 잔여지를 매수하여 줄 것을 청구할 수 있으며, 사업인정 이후에는 관할 토지수용위원회에 수용을 청구할 수 있다. 이 경우 수용의 청구는 매수에 관한 협의가 성립되지 아니한 경우에만 할 수 있으며, 그 사업의 공사완료일까지 하여야 한다(법 74조 2항).

여기서 "종래의 목적"이라 함은 수용재결 당시에 당해 잔여지가 현실적으로 사용되고 있는 구체적인 용도를 의미하고, "사용하는 것이 현저히 곤란한 때"라고 함은 물리적으로 사용하는 것이 곤란하게 된 경우는 물론 사회적 · 경제적으로 사용하는 것이 곤란하게 된 경우, 즉 절대적으로 이용불가능한 경우만이 아니라 이용은 가능하나 많은 비용이 소요되는 경우를 포함한다.[95]

---

95) 대판 2010. 8. 19, 2008두822.

토지소유자는 사업인정 이후에는 매수에 관한 협의가 성립되지 않은 경우에 한하여 토지수용위원회에 수용청구를 할 수 있는바, 여기서 수용청구권은 그 요건이 충족된 경우에는 토지수용위원회의 특별한 조치를 기다릴 것 없이 청구에 의하여 수용의 효과를 발생하는 형성권적 성질을 갖는다.[96] 토지수용위원회는 잔여지수용청구권을 확인하는 수용재결을 하고 손실보상액을 결정한다. 토지수용위원회의 재결에 대하여 불복이 있는 경우에는 중앙토지수용위원회에 이의신청을 하거나 행정소송을 제기할 수 있는바, 여기서 제기할 수 있는 행정소송이 항고소송인지 보상금증감청구소송인지 견해의 대립이 있을 수 있다. 판례와 다수설은 제74조 제1항에 의한 잔여지 수용청구권은 손실보상의 일환에 해당하기 때문에 토지수용위원회의 잔여지 수용거부재결에 대하여 토지소유자가 제기하는 소송은 토지보상법 85조 제2항에 의한 보상금증감소송(형식적 당사자소송)에 해당한다는 입장을 취하고 있다.

판례 1(토지의 일부가 취득 또는 사용됨으로 인하여 잔여지의 가격이 감소된 경우 직접 사업시행자를 대상으로 손실보상을 청구할 수 있는지 여부) 이하 토지보상법 제73조에서는 "사업시행자는 동일한 토지소유자에 속하는 일단의 토지의 일부가 취득 또는 사용됨으로 인하여 잔여지의 가격이 감소하거나 그 밖의 손실이 있는 때 또는 잔여지에 통로 · 도랑 · 담장 등의 신설 그 밖의 공사가 필요한 때에는 국토교통부령이 정하는 바에 따라 그 손실이나 공사의 비용을 보상하여야 한다"고 규정하고 있는바, 토지보상법 제34조, 제50조, 제61조, 제73조, 제83조 내지 제85조의 규정 내용 및 입법 취지 등을 종합하여 보면, 토지소유자가 사업시행자로부터 토지보상법 제73조에 따른 잔여지 가격감소 등으로 인한 손실보상을 받기 위해서는 토지보상법 제34조, 제50조 등에 규정된 재결절차를 거친 다음 그 재결에 대하여 불복이 있는 때에 비로소 토지보상법 제83조 내지 제85조에 따라 권리구제를 받을 수 있을 뿐, 이러한 재결절차를 거치지 않은 채 곧바로 사업시행자를 상대로 손실보상을 청구하는 것은 허용되지 않는다고 봄이 상당하다(대판 2008. 7. 10, 2006두19495).

판례 2(잔여지 수용청구의 재결에 대하여 제기한 행정소송의 성격) 토지보상법 제74조 제1항에 규정되어 있는 잔여지 수용청구권은 손실보상의 일환으로 토지소유자에게 부여되는 권리로서 그 요건을 구비한 때에는 잔여지를 수용하는 토지수용위원회의 재결이 없더라도 그 청구에 의하여 수용의 효과가 발생하는 형성권적 성질을 가지므로, 잔여지 수용청구를 받아들이지 아니한 토지수용위원회의 재결에 대하여 토지소유자가 불복하여 제기하는 소송은 토지보상법 제85조 제2항에 규정되어 있는 '보상금의 증감에 관한 소송'에 해당하여 사업시행자를 피고로 하여야 한다(대판 2010. 8. 19, 2007다63089).

나. 잔여 건축물에 대한 손실보상 및 수용청구

사업시행자는 동일한 소유자에게 속하는 일단의 건축물의 일부가 취득되거나 사용됨으로 인하여 잔여 건축물의 가격이 감소하거나 그 밖의 손실이 있을 때에는 국토교통부령으로 정하는 바에 따라 그 손실을 보상하여야 한다. 다만, 잔여 건축물의 가격 감소분과 보수비를 합한 금액이 잔여 건축물의 가격보다 큰 경우에는 사업시행자는 그 잔여 건축물을 매수할 수 있다(법 75조의2 1항).

한편, 동일한 소유자에게 속하는 일단의 건축물의 일부가 협의에 의하여 매수되거나 수용됨으로 인하여 잔여 건축물을 종래의 목적에 사용하는 것이 현저히 곤란할 때에는 그 건축물소유자는 사업시행자에게 잔여 건축물을 매수하여 줄 것을 청구할 수 있으며, 사업인정 이후에는 관할 토지수용

96) 대판 1993. 11. 12, 93누11159.

위원회에 수용을 청구할 수 있다. 이 경우 수용청구는 매수에 관한 협의가 성립되지 아니한 경우에만 하되, 그 사업의 공사완료일까지 하여야 한다(법 75조의2 2항).

잔여 건축물에 대한 손실보상청구절차 및 수용청구절차는 잔여지에 대한 손실보상청구절차와 수용청구절차와 동일하다.

판례(잔여 건축물 가격감소에 관한 손실보상에 관한 재결을 받고, 추가로 잔여 건축물 보수비에 관한 손실보상에 대한 재결절차를 거쳐야 하는지 여부) 피보상자별로 어떤 토지, 물건, 권리 또는 영업이 손실보상대상에 해당하는지, 나아가 그 보상금액이 얼마인지를 심리 · 판단하는 기초 단위를 보상항목이라고 할 수 있는데, 재결절차를 거쳤는지 여부는 보상항목별로 판단하여야 한다. 토지보상법 시행규칙 제35조 제1항의 잔여 건축물 가격감소에 관한 손실보상은 건축물의 일부가 취득 또는 사용됨으로 인하여 잔여 건축물의 가격이 감소된 경우를 요건으로 하여 공익사업시행지구에 편입되기 전 잔여 건축물의 가격에서 공익사업시행지구에 편입된 후의 잔여 건축물의 가격을 뺀 금액을 손실보상하는 것이고, 같은 조 제2항의 잔여 건축물 보수비에 관한 손실보상은 잔여 건축물에 보수가 필요한 경우를 요건으로 하여 건축물의 잔여부분을 종래의 목적대로 사용할 수 있도록 그 유용성을 동일하게 유지하는 데 통상 필요하다고 볼 수 있는 공사에 사용되는 비용을 손실보상하는 것으로, 그 법률상 근거, 요건, 손실보상의 대상 및 범위, 평가방법이 다른바, 토지보상법 시행규칙 제35조 제1항의 잔여 건축물 가격감소에 관한 손실보상과 같은 조 제2항의 잔여 건축물 보수비에 관한 손실보상은 보상항목을 달리하는 것이라고 봄이 상당하다. 따라서 잔여 건축물 보수비에 관한 손실보상을 받으려는 건축물 소유자는 잔여 건축물 보수비에 관한 손실보상청구의 소를 제기하기 전에 그에 관한 적법한 재결을 거쳐야 한다. 잔여 건축물 가격감소에 관한 손실보상에 관한 재결만을 받은 이후 제기한 잔여 건축물 가격감소에 관한 손실보상청구의 소에서 잔여 건축물 보수비에 관한 손실보상청구를 구하는 것은 적법한 재결절차를 거치지 못한 것으로 부적법하여 허용되지 않는다고 보아야 한다(대판 2024. 1. 25, 2023두49172).

다. 공익사업지구 밖의 토지 등의 보상

가) 대지 및 농경지의 간접보상 공익사업지구 밖의 대지 · 건축물 또는 농지가 공익사업의 시행으로 인하여 산지나 하천 등에 둘러싸여 교통이 두절되거나 경작이 불가능하게 된 경우에는 소유자의 청구에 따라 공공사업시행지구에 편입되는 것으로 보아 보상한다(법시행규칙 59조).

나) 건축물 등의 간접보상 소유농지의 대부분이 공익사업지구에 편입됨으로써 건축물만이 공익사업지구 밖에 남게 되어 매매가 불가능하고 이주가 부득이한 경우에는 소유자의 청구에 의하여 이를 공공사업지구 안에 편입되는 것으로 보아 보상한다(법시행규칙 60조).

다) 소수잔존자보상 공익사업의 시행으로 인하여 1개 마을의 가옥들의 대부분이 공익사업지구에 편입되고 잔여가옥의 생활환경이 현저히 불편하게 되어 이주가 불가피한 경우에는 잔여가옥 소유자의 청구에 의하여 이를 공익사업지구 안에 편입되는 것으로 보아 보상한다(법시행규칙 61조).

라) 영업의 간접보상 공익사업의 시행으로 인하여 당해 영업의 고객이 소재하는 배후지의 3분의 2 이상이 상실되어 당해 장소에서 종전의 영업을 계속할 수 없는 경우에는 그 영업자의 청구에 의하여 당해 영업을 공익사업지구 안에 편입되는 것으로 보아 보상한다(법시행규칙 64조).

마) 공작물 등의 간접보상 공익사업지구 밖에 있는 공작물 등이 공익사업의 시행으로 인하여 그 본래의 기능을 다할 수 없게 되는 경우에는 소유자의 청구에 의하여 이를 공익사업지구에 편

입되는 것으로 보아 보상한다(법시행규칙 62조).

3) 생활보상

가. 의 의

오늘날 재산권에 대한 공용침해의 경우에 그의 객관적 가치만을 완전히 보상받으면 충분하다는 생각은 많은 경우에 적절하지 않은 것으로 나타났다. 예를 들어 신도시개발, 공항건설, 댐건설 등 대규모 공공사업이 시행됨에 따라 광범위한 토지취득이 행하여지고 지역사회가 파괴되어 주민들의 생활근거가 상실되는 경우가 빈번히 발생된다. 이에 따라 재산권의 피침해자의 생활재건에 필요한 보상을 해주어야 한다는 생활보상이라는 개념이 등장하게 되었다. 재산권보상은 재산권의 침해가 없었던 것과 동일한 재산상태의 실현을 목적으로 하는 반면에, 생활보상이라 함은 침해가 없었던 것과 동일한 생활상태의 실현을 목적으로 하고 있다.

그러나 현행법상 이러한 생활보상의 내용에 대하여는 학설에 따라 차이가 있는바 생활보상을 협의로 보는 견해는 영세민보상과 이주대책 등의 생활재건조치만을 포함시키는 반면, 광의로 보는 견해는 협의의 생활보상에 부대적 손실(영업보상 · 이전비)과 사업손실보상을 포함시키고 있다. 생각건대 부대적 손실은 재산권의 직접적인 침해로 발생한다는 점에서, 그리고 사업손실보상은 그 침해가 비록 간접적으로 발생되기는 하나 그 침해의 대상이나 강도에 있어서 직접적 침해와 다르지 않기 때문에 이들 모두를 재산권보상으로 보고 헌법 제23조 제3항의 정당한 보상의 내용을 이루는 것으로 보는 것이 타당할 것이다.[97] 본서에서는 생활보상을 협의의 의미로 보고자 한다.

나. 생활보상의 헌법적 근거

생활보상의 헌법적 근거에 대하여는 학설의 다툼이 있는바 ① 일설은 생활보상은 헌법 제23조 제3항의 정당한 보상의 범위에 포함되지 않는다 하여 그 근거를 헌법 제34조의 인간다운 생활을 할 권리에서 찾고 있다. 만약 생활보상이 정당보상의 범위에 포함된다면 경제적 약자가 아닌 자에게도 생활권보상을 하여야 하기 때문에 정당한 보상에 반한다고 한다. ② 반면 헌법 제23조 · 제34조의 통일설에 따르면 생활보상을 헌법 제34조에만 근거하는 경우에는 재산권보장을 단지 단순히 교환가치 지배권으로 구성함으로써 그것을 생활권과 분리된 것으로 이해하는 오류에 빠지거나 또는 생활보상을 인정하지 않게 되는 결과에 이르게 된다고 한다. 따라서 재산권보장과 생활권보장을 통일적으로 파악하여 헌법 제23조 제3항의 해석에 있어서도 헌법 제34조를 기초로 한 재산권으로 파악하여야 한다고 한다. 헌법 제23조 · 제34조의 통일설이 다수설이다. 그러나 헌법재판소는 이주대책을 생활보상의 일환으로서 정당한 보상에 부가하여 국가의 정책적 배려에 의하여 마련된 제도라고 판시하여 ① 설을 취하고 있다. 한편, 대법원은 공익사업 시행지구 안에 거주하는 세입자에게 지급하는 주거이전비는 사회보장급부의 성격을 갖는다고 판시한 반면, 생활대책의 일환으로서 사업시행자의 생활용지의 공급은 일정한 경우에 헌법 제23조 제3항의 정당한 보상의 내용에 포함된다고 판시하고 있다.

판례 1(이주대책을 실시하지 않은 것이 세입자의 재산권의 침해에 해당하는지 여부) 이주대책은 정당한 보상에 포함되는 것이라기보다는 정당한 보상에 부가하여, 이주자들에게 종전의 생활상태를 회복시키기

97) 朴鈗炘/鄭亨根, 最新行政法講義(上), 671면.

위한 생활보상의 일환으로서 국가의 정책적인 배려에 의하여 마련된 제도이다. 그러므로 이주대책의 실시 여부는 입법자의 입법정책적 재량의 영역에 속한다고 볼 것이다. 그렇다면 이 사건 조항이 세입자에게 이주대책을 제공하지 않았다고 해서 세입자의 재산권을 침해하는 것이라 볼 수 없다(헌재결 2006. 2. 23, 2004헌마19).

판례 2(이주대책의 법적 성격) 구 공공용지의 취득 및 손실보상에 관한 특례법 제8조 제1항은 "사업시행자는 공공사업의 시행에 필요한 토지 등을 제공함으로 인하여 생활근거를 상실하게 되는 자(이하 '이주자'라고 한다)를 위하여 대통령령이 정하는 바에 따라 이주대책을 수립 실시한다"고 규정하고 있는바, 위 특례법상의 이주대책은 공공사업의 시행에 필요한 토지 등을 제공함으로 인하여 생활의 근거를 상실하게 되는 이주자들을 위하여 사업시행자가 '기본적인 생활시설이 포함된' 택지를 조성하거나 그 지상에 주택을 건설하여 이주자들에게 이를 '그 투입비용 원가만의 부담하에' 개별 공급하는 것으로서, 그 본래의 취지에 있어 이주자들에 대하여 종전의 생활상태를 원상으로 회복시키면서 동시에 인간다운 생활을 보장하여 주기 위한 이른바 생활보상의 일환으로 국가의 적극적이고 정책적인 배려에 의하여 마련된 제도라 할 것이다(대판 2003. 7. 25, 2001다57778).

판례 3(생활대책용지공급이 정당한 보상의 내용에 포함되는지 여부) 토지보상법은 제78조 제1항에서 "사업시행자는 공익사업의 시행으로 인하여 주거용 건축물을 제공함에 따라 생활의 근거를 상실하게 되는 자(이하 '이주대책대상자'라 한다)를 위하여 대통령령으로 정하는 바에 따라 이주대책을 수립 · 실시하거나 이주정착금을 지급하여야 한다."고 규정하고 있을 뿐, 생활대책용지의 공급과 같이 공익사업 시행 이전과 같은 경제수준을 유지할 수 있도록 하는 내용의 생활대책에 관한 분명한 근거 규정을 두고 있지는 않으나, 사업시행자 스스로 공익사업의 원활한 시행을 위하여 필요하다고 인정함으로써 생활대책을 수립 · 실시할 수 있도록 하는 내부규정을 두고 있고 내부규정에 따라 생활대책대상자 선정기준을 마련하여 생활대책을 수립 · 실시하는 경우에는, 이러한 생활대책 역시 "공공필요에 의한 재산권의 수용 · 사용 또는 제한 및 그에 대한 보상은 법률로써 하되, 정당한 보상을 지급하여야 한다."고 규정하고 있는 헌법 제23조 제3항에 따른 정당한 보상에 포함되는 것으로 보아야 한다. 따라서 이러한 생활대책대상자 선정기준에 해당하는 자는 사업시행자에게 생활대책대상자 선정 여부의 확인 · 결정을 신청할 수 있는 권리를 가지는 것이어서, 만일 사업시행자가 그러한 자를 생활대책대상자에서 제외하거나 선정을 거부하면, 이러한 생활대책대상자 선정기준에 해당하는 자는 사업시행자를 상대로 항고소송을 제기할 수 있다고 보는 것이 타당하다(대판 2011. 10. 13, 2008두17905).

판례 4(공익사업 시행지구 안에 거주하는 세입자에게 지급하는 주거이전비는 사회보장급부의 성격을 갖는다는 판례) 구 토지보상법령의 규정에 의하여 공익사업 시행에 따라 이주하는 주거용 건축물의 세입자에게 지급하는 주거이전비는 공익사업 시행지구 안에 거주하는 세입자들의 조기 이주를 장려하고 사업추진을 원활하게 하려는 정책적인 목적과 주거이전으로 특별한 어려움을 겪게 될 세입자들에게 사회보장적인 차원에서 지급하는 금원이다. 그런데 주택재개발정비사업의 개발이익을 누리는 조합원은 그 자신이 사업의 이해관계인이므로 관련 법령이 정책적으로 조기 이주를 장려하고 있는 대상자에 해당한다고 보기 어렵다. 이러한 조합원이 소유 건축물이 아닌 정비사업구역 내 다른 건축물에 세입자로 거주하다 이전하더라도, 일반 세입자처럼 주거이전으로 특별한 어려움을 겪는다고 보기 어려우므로, 그에게 주거이전비를 지급하는 것은 사회보장급부로서의 성격에 부합하지 않는다(대판 2017. 10. 31, 2017두40068).

다. 생활보상의 종류

토지보상법과 동법 시행규칙은 생활보상의 형태로서 영세민보상과 이주대책에 대하여 규정하고 있다.

가) 영세민보상 영세민보상의 종류로는 이어비 · 이농비 · 주거대책비 · 휴직 및 실직보상 등

이 있다.

① 이어비 · 이농비 공익사업으로 인하여 어업 또는 농업을 할 수 없어 다른 지역으로 이주하는 경우, 보상금을 전혀 받지 못하거나 또는 보상액이 1년분의 평균생계비에 미달하는 자에게는 가족수에 따른 1년분의 평균생계비까지 지급한다(법 78조 6항, 법시행규칙 56조).

② 주거대책비 전세입자에 대한 일시적인 주거대책으로서 당해지역에서 3개월 이상 거주한 전세입자가 공익사업의 시행으로 이주하는 경우, 가구원수에 따라 4월분의 주거이전비를 지급한다(법시행규칙 54조 2항). 주거용건물의 보상에서 주거용건물의 평가액이 600만원에 미달하는 경우에 600만원의 최저보상액을 지급한다(법시행규칙 58조 1항).

판례(주거이전비 지급의무를 규정하고 있는 토지보상법 시행규칙 54조 2항이 강행규정이라는 판례) 토지보상법은 공익사업에 필요한 토지 등을 협의 또는 수용에 의하여 취득하거나 사용함에 따른 손실의 보상에 관한 사항을 규정함으로써 공익사업의 효율적인 수행을 통하여 공공복리의 증진과 재산권의 적정한 보호를 도모함을 목적으로 하고 있고, 위 법에 근거하여 토지보상법 시행규칙에서 규정하고 있는 세입자에 대한 주거이전비는 공익사업의 시행으로 인하여 생활의 근거를 상실하게 되는 세입자를 위하여 사회보장적 차원에서 지급하는 금원으로 보아야 하므로, 사업시행자의 세입자에 대한 주거이전비 지급의무를 규정하고 있는 토지보상법 시행규칙 제54조 제2항은 당사자의 합의 또는 사업시행자의 재량에 의하여 그 적용을 배제할 수 없는 강행규정이라고 보아야 할 것이다(대판 2011. 7. 14, 2011두3685).

③ 휴직 및 실직보상 공익사업으로 인하여 근로장소가 이전되어 일정기간 휴직하게 된 경우에는 그 휴직기간(120일 이하)에 대하여 근로기준법에 의한 평균임금의 100분의 70에 상당하는 금액을 휴직보상으로서 지급한다(법시행규칙 51조 1호). 또한 근로장소의 폐지 등으로 인하여 직업을 상실하게 된 경우에는 실직보상으로서 근로기준법에 의한 평균임금의 120일분에 상당하는 금액을 지급한다(법시행규칙 51조 2호).

나) 이주대책 아울러 생활보상의 내용으로서 이주대책을 들 수 있다. 이에 대하여는 토지보상법 제78조에서 규정하고 있다. 사업시행자는 공익사업의 시행으로 인하여 주거용건축물을 제공함에 따라 생활의 근거를 상실하게 되는 자를 위하여 이주대책을 수립 · 실시하거나 이주정착금을 지급하여야 한다(법 78조 1항). 사업시행자가 이주대책을 수립하고자 하는 때에는 미리 관할 지방자치단체의 장과 협의하여야 한다(법 78조 2항). 사업시행자가 이주대책을 수립 · 시행한 경우에는 국가나 지방자치단체는 이주대책의 실시에 따른 주택지의 조성 및 주택의 건설에 대하여 주택법에 의한 국민주택기금을 우선적으로 지원하여야 한다(법 78조 3항).

이주대책의 내용에는 이주정착지에 대한 도로 · 급수시설 · 배수시설 기타 공공시설 등 당해 지역조건에 따른 생활기본시설이 포함되어야 하며, 이에 필요한 비용은 사업시행자의 부담으로 한다. 다만 행정청이 아닌 사업시행자가 이주대책을 수립 · 실시하는 경우에는 지방자치단체는 비용의 일부를 보조할 수 있다(법 78조 4항).

또한 주거용 건물의 거주자에 대하여는 주거이전에 필요한 비용과 가재도구 등 동산의 운반에 필요한 비용을 산정하여 보상하여야 한다(법 78조 5항).

판례 1(이주대책에 있어서 사업시행자의 재량의 범위) 구 공공용지의 취득 및 손실보상에 관한 특례법 제8조 제1항 및 같은 법 시행령 제5조 제5항에 의하여 실시되는 이주대책은 공공사업의 시행으로 생활근거를 상실하게 되는 이주자에게 이주정착지의 택지를 분양하도록 하는 것이고, 사업시행자는 특별공급주택의 수량, 특별공급대상자의 선정 등에 있어 재량을 가진다(대판 2007. 2. 22, 2004두7481).

판례 2(이주대책에 있어서 수분양권의 성립요건) 같은 법 제8조 제1항이 사업시행자에게 이주대책의 수립 · 실시의무를 부과하고 있다고 하여 그 규정 자체만에 의하여 이주자에게 사업시행자가 수립한 이주대책상의 택지분양권이나 아파트 입주권 등을 받을 수 있는 구체적인 권리(수분양권)가 직접 발생하는 것이라고는 도저히 볼 수 없으며, 사업시행자가 이주대책에 관한 구체적인 계획을 수립하여 이를 해당자에게 통지 내지 공고한 후, 이주자가 수분양권을 취득하기를 희망하여 이주대책에 정한 절차에 따라 사업시행자에게 이주대책대상자 선정신청을 하고 사업시행자가 이를 받아들여 이주대책대상자로 확인 · 결정하여야만 비로소 구체적인 수분양권이 발생하게 된다(대판(전원합의체) 1994. 5. 24, 92다35783).

판례 3(이주대책을 규정하고 있는 토지보상법 78조는 그 적용을 배제할 수 없는 강행법규라는 판례) 토지보상법은 공익사업에 필요한 토지 등을 협의 또는 수용에 의하여 취득하거나 사용함에 따른 손실의 보상에 관한 사항을 규정함으로써 공익사업의 효율적인 수행을 통하여 공공복리의 증진과 재산권의 적정한 보호를 도모함을 목적으로 하고 있고, 위 법에 의한 이주대책은 공익사업의 시행에 필요한 토지 등을 제공함으로 인하여 생활의 근거를 상실하게 되는 이주대책대상자들에게 종전의 생활상태를 원상으로 회복시키면서 동시에 인간다운 생활을 보장하여 주기 위하여 마련된 제도이므로, 사업시행자의 이주대책 수립 · 실시의무를 정하고 있는 구 토지보상법 제78조 제1항은 물론 그 이주대책의 내용에 관하여 규정하고 있는 같은 법 제78조 제4항 본문 역시 당사자의 합의 또는 사업시행자의 재량에 의하여 그 적용을 배제할 수 없는 강행법규이다(대판 2011. 6. 23, 2007다63096).

판례 4(공익사업의 시행자가 이주대책대상자와 체결한 택지에 관한 특별공급계약에서 생활기본시설 설치비용을 분양대금에 포함시킨 경우 그 부분은 강행법규에 위배되어 무효라는 판례) 이주대책대상자와 공익사업의 시행자 사이에 체결된 택지에 관한 특별공급계약에서 구 공익사업을 위한 토지 등의 취득 및 보상에 관한 법률 제78조 제4항에 규정된 생활기본시설 설치비용을 분양대금에 포함시킴으로써 이주대책대상자가 생활기본시설 설치비용까지 사업시행자에게 지급하게 되었다면, 특별공급계약 중 생활기본시설 설치비용을 분양대금에 포함시킨 부분은 강행법규인 구 토지보상법 제78조 제4항에 위배되어 무효이다(대판 2019. 3. 28, 2015다49804).

Ⅲ. 손실보상의 수단과 방법

1. 손실보상의 수단

손실보상은 법정통화에 의한 보상, 즉 금전보상을 원칙으로 하나 법률이 정하는 바에 따라 그 이외의 방법에 의한 보상도 인정되고 있다.

1) 금전보상

손실보상은 금전지급에 의함을 원칙으로 한다(토지보상법 63조). 이는 자유로운 유통이 보장되고 또한 그 객관적 가치의 변동이 비교적 적은 보상수단에 의함으로써 정당한 보상을 도모하기 위한 것이다.

2) 채권보상

토지보상법은 금전보상을 원칙으로 하면서도 예외적으로 다음의 경우에는 채권보상을 허용하고 있다.

첫째, 사업시행자가 국가 · 지방자치단체 그 밖에 대통령령으로 정하는 공공기관 및 공공단체인 경우로서 ① 토지소유자 또는 관계인이 원하는 경우, ② 사업인정을 받은 사업에 있어서 대통령령이 정하는 부재부동산소유자의 토지에 대한 보상금이 대통령령이 정하는 일정금액을 초과하는 경우로서 그 초과하는 금액에 대하여 보상하는 경우 해당 사업시행자가 발행하는 채권으로 지급할 수 있도록 하고 있다(법 63조 7항).

둘째, 토지투기가 우려되는 지역으로서 대통령령이 정하는 지역 안에서 대통령령으로 정하는 공공기관 및 공공단체가 ①「택지개발촉진법」에 의한 택지개발사업, ②「산업입지 및 개발에 관한 법률」에 의한 산업단지개발사업, ③ 그 밖에 대규모 개발사업으로서 대통령령이 정하는 공익사업을 시행하는 경우에는 전항에도 불구하고 부재부동산소유자의 토지에 대한 보상금 중 대통령령이 정하는 1억원 이상의 일정금액을 초과하는 부분에 대하여는 당해 사업시행자가 발행하는 채권으로 지급하도록 하고 있다(법 63조 8항).

채권의 상환기간은 5년을 넘지 않는 범위 안에서 정하여야 하며, ① 부재부동산소유자의 경우에 상환기한이 3년 이하인 채권은 3년 만기 정기예금 이자율을, 상환기한이 3년 초과 5년 이하인 채권은 5년 만기 국고채 금리를 적용하고(법 63조 9항 1호), ② 부재부동산소유자가 아닌 자가 원하여 채권으로 지급하는 경우에는 상환기한이 3년 이하인 채권은 3년 만기 국고채 금리로 하되(다만 3년 만기 정기예금 이자율이 3년 만기 국고채 금리보다 높은 경우에는 3년 만기 정기예금 이자율을 적용한다), 상환기한이 3년 초과 5년 이하인 채권은 5년 만기 국고채 금리를 적용한다(법 63조 9항 2호).

이러한 채권보상에 대하여 그 합헌성여부가 논란이 되고 있다. 위헌설은 장기간에 걸쳐 일정수준 이하의 금리만을 지급하고 있는 것은 헌법 제23조 제3항의 정당한 보상과 관련하여 문제가 있고 부재지주라는 이유로 채권보상을 하는 것은 헌법 제11조상의 평등의 원칙에 위배된다는 견해를 제기하고 있으나,[98] 부재부동산소유자는 일반적으로 당해 토지를 자산증식수단으로 소유하고 있으며, 아울러 통상적인 수익률이 보장되기 때문에 채권보상을 위헌이라고 보기는 어려울 것이다.

3) 현물보상

부동산의 수용 또는 사용에 따르는 손실보상은 환지의 제공(농어촌정비법 40조, 도시개발법 40조) 등과 같이 수용 또는 사용하는 물건에 갈음하는 물건을 제공함으로써 보상을 하는 것이 인정되는 경우가 있다. 이 경우에 교환될 토지는 종전의 토지의 지목 · 지적 · 등위 · 토성 기타의 객관적 이용도 등을 참작하여 등가의 것일 뿐만 아니라 피수용자의 생활관계에 부당한 영향을 미치지 아니하는 것을 선택하여야 한다. 한편, 토지보상법은 손실보상자금을 효율적으로 관리하고 토지소유자가 개발혜택을 공유할 수 있도록 하기 위하여 토지소유자가 원하는 경우에는 해당 공익사업의 토지이용계획 및 사업계획 등을 고려하여 공익사업의 시행으로 조성된 토지로 보상받을 수 있도록 하고 있다(법 63조 1항 단서 · 2항 내지 5항).

4) 매수보상

이는 물건의 사용 및 기타의 이용제한에 따라 종래의 이용목적에 제공되는 것이 곤란하게 된 경우에 상대방의 이익을 위하여 그 물건에 대한 매수청구권을 인정하고, 이에 따른 물건의 매수를 통하여 정당한 보상을 도모하려는 것이다(토지보상법 72 · 74조, 개발제한구역의 지정 및 관리에 관한 특별조치법 17조, 국토계획이용법 47조, 하천법 79조 1항). 매수보상은 현금

98) 李尙圭, 新行政法論(上), 659면.

보상의 변형된 형태라고 할 것이다.

2. 손실보상의 지급방법

보상의 지급방법은 지급시기에 따라 선불과 후불로, 지급횟수에 따라 일시불과 분할불로, 지급의 개별성여부에 따라 개별불과 일괄불로 구분할 수 있다.

1) 선불과 후불

보상액의 지급시기는 피수용자를 위하여 선불주의를 원칙으로 하고 있다. 다만 성질상 선불이 곤란한 경우(긴급한 시행 또는 천재 · 지변시의 토지사용 및 토지소유자 및 관계인의 승낙 등)에는 후불이 인정된다(토지보상법 62조). 후불의 경우에 손실발생시부터 보상금지급시까지의 이자를 지불하여야 한다(징발법 19조 5항).

2) 일시불과 분할불

이는 보상금을 일시에 전액지급하는지 또는 여러 차례에 나누어 지급하는지에 따른 구분이다. 일시불이 원칙이나 부득이 하여 분할불로 하는 경우가 있다(징발법 22조의2 2항).

3) 개별불과 일괄불

보상액을 피보상자에게 개인별로 지급하는 것이 개별불이고 개인별 보상액의 산정이 불가능한 경우에 한하여 일단의 피보상자에게 일괄적으로 지급하는 것이 일괄불이다. 개별불이 원칙이다(토지보상법 65조).

Ⅳ. 손실보상액의 결정 및 불복절차

손실보상액의 결정방법에 관하여는 통칙적인 규정이 없고 각 개별법에서 다양하게 규정하고 있다.

1. 손실보상액의 결정

1) 당사자의 협의에 의한 결정

일차적으로 당사자간에 협의에 의하여 결정하도록 하고, 협의가 안되는 경우에 토지수용위원회의 재결에 의하여 결정하는 경우가 있다(토지보상법 26조, 도로법 79조, 하천법 76조, 공유수면 관리 및 매립에 관한 법률 57조, 자연재해대책법 68조).

2) 행정청의 결정에 의한 경우

상대방의 신청에 따라 행정청이 일방적으로 결정하는 경우로 ① 행정청이 일방적으로 결정하도록 하는 것과(수산업법 81조), ② 행정청이 결정하되 이의가 있는 경우에는 합의제행정기관의 재심을 청구하도록 하는 것이 있고(징발법 22조, 24조), ③ 소방기본법은 손실보상의 심의를 위한 위원회를 두고 있다(법 49조의2).

3) 소송에 의하여 결정되는 경우

종래 판례는 이 경우에 소송을 민사소송으로 하였으나, 대법원 전원합의체 판결에 따라[99] 향후 공법상 당사자소송으로 할 것으로 예상된다.

---

99) 대판 2006. 5. 18, 2004다6207.

2. 불복절차

손실보상액의 결정에 대한 불복절차 역시 개별법에 따라 상이하게 규정되고 있다.

1) 도로법 등에서는 당사자간에 보상액에 대한 협의가 성립되지 않는 경우에 토지수용위원회의 재결에 의하여 결정하도록 하고 있는바, 판례는 이러한 재결의 처분성을 인정하여, 토지수용위원회를 피고로 하여 보상액결정처분에 대한 취소심판 또는 취소소송을 제기하여 그 결과에 따라 보상액을 증액받을 수 있다는 견해를 취하고 있다.[100]

2) 다른 한편 수산업법과 같이 손실보상액이 별도의 결정절차가 없이 행정청에 의하여 일방적으로 결정되는 경우에는 판례는 국가 또는 지방자치단체를 피고로 하여 민사소송으로 다툴 수 있다는 견해를 취하였으나[101] 위에서 언급한 바와 같이 당사자소송으로 다툴 것으로 전망된다.

3) 토지보상법의 경우 당사자(사업주체와 토지소유자 · 관계인) 사이에 협의가 성립하지 않는 경우 토지수용위원회의 재결에 의하여 결정하도록 하고 있다. 토지수용위원회의 재결에 대하여 당사자는 이의신청을 제기할 수 있도록 하고 있다. 즉 지방토지수용위원회 또는 중앙토지수용위원회의 재결에 대하여 불복이 있는 자는 일정 기간 내에 중앙토지수용위원회에 이의신청을 할 수 있으며(법 83조), 이의신청을 받은 중앙토지수용위원회는 원재결이 위법 또는 부당한 때에는 그 재결의 전부 또는 일부를 취소하거나 보상액을 변경할 수 있다(법 84조). 또한 당사자는 토지수용위원회의 재결 또는 이의신청의 재결에 대하여 불복이 있는 경우에는 행정소송을 제기할 수 있다. 행정소송이 보상금의 증감에 관한 소송인 경우에는 원고가 토지소유자 또는 관계인인 때에는 사업시행자를 피고로 하고, 원고가 사업시행자인 때에는 토지소유자 또는 관계인을 피고로 하여 소송을 제기할 수 있도록 함으로써, 구 토지수용법 제75조2의 제2항과는 달리 토지수용위원회를 피고에서 배제시켜, 당해 소송의 성격이 형식적 당사자소송의 성격을 갖고 있음을 명확히 하고 있다(법 85조 2항). 이와 같은 토지보상법의 손실보상액에 대한 불복절차는 개정된 하천법, 공유수면 관리 및 매립에 관한 법률, 자연재해대책법, 도시개발법 등에서 준용되고 있는바, 이러한 입법례는 계속 늘어갈 추세에 있다.

제 4 절 행정상 손해전보제도의 흠결과 그 보완

Ⅰ. 개 설

앞에서 설명한 바와 같이 행정상 손해전보제도는 현행법상 국가배상제도와 손실보상제도로 이루어져 있다. 국가배상제도는 위법한 국가작용에 의하여 발생된 손해에 대한 전보제도인데 대하여, 손실보상제도는 적법한 공행정작용에 의하여 개인에게 발생된 특별한 희생에 대한 전보제도이다. 그러나 현실적으로 이러한 행정상 손해전보제도에 의하여 충분하게 구제받지 못하고 있는 피해가 존재하고 있음을 부인할 수 없다.

우선 국가배상법 제2조 제1항에 의한 국가배상책임은 공무원의 직무행위의 위법성과 유책성(고

100) 대판 1989. 10. 27, 89누39; 1992. 12. 27, 92누5058.

101) 대판 1998. 2. 27, 97다46450.

의 · 과실)을 전제로 하기 때문에, 위법 · 무책의 직무행위로 인하여 발생된 손해에 대하여는 구제를 받을 수 없다. 물론 프랑스나 독일에서는 일찍이 공역무의 과실 또는 조직과실의 개념을 통하여 과실을 객관화하였으나 법률요건에 과실이라는 요소가 있는 한, 완전한 위법 · 무과실책임으로 이행할 수 없었다. 이에 따라 독일에서는 바이마르 공화국 후기부터 위법 · 무과실책임제도인 이른바 수용유사적 침해제도(Enteignungsgleicher Eingriff)가 발전되었다.

또한 현대행정이 확대되고 복잡화됨에 따라 개인은 특별한 위험에 노출되고, 이로부터 발생된 비정형적이고 예견이 가능하지 않은 손해에 대한 구제의 필요성이 점차 증가하여 이른바 위험책임제도가 발전하기 시작하였다. 이른바 프랑스에서 국참사원의 판례에 의하여 발전된 위험책임(responsabilité pour risque)과 독일에서 연방민사법원의 판례에 의하여 발전된 수용적 침해제도(enteignender Eingriff)가 이에 해당한다. 이러한 위험책임은 공무원의 직무행위의 적법 · 위법을 불문하며 고의 · 과실을 묻지 않는 데 그 특성이 있다.[102)]

다른 한편 우리의 국가배상제도와 손실보상제도는 금전배상 및 보상을 원칙으로 함으로써 피해자가 방해제거나 원상회복을 원하는 경우에도 이를 위한 적합한 구제제도가 존재하지 않았다. 이에따라 학설의 상당수는 이미 오래전부터 독일에서 발전된 결과제거청구권을[103)] 소개하고 그 도입을 주장하여 왔다. 이하에서는 독일에서 행정상 손해전보제도의 흠결을 메꾸기 위하여 판례에 의하여 발전된 수용유사적 침해제도 및 수용적 침해제도와 결과제거청구권에 대하여 비교적 상세히 살펴보기로 하고, 이들 제도의 도입가능성에 대하여 고찰하여 보기로 한다.

Ⅱ. 수용유사적 침해제도

1. 수용유사적 침해제도의 발전

1) 바이마르 공화국시대

독일에서 수용유사적 침해제도는 이미 바이마르 공화국 시대에서 그 기원을 찾을 수 있다. 19세기말 이래 독일의 행정상 손해전보제도는 공무원의 위법 · 유책한 직무행위로 인하여 발생된 손해에 대한 국가배상제도와 적법한 공행정작용에 의한 재산권침해로 인하여 발생된 특별한 희생에 대한 손실보상제도라는 두 개의 양립된 제도로 발전되었다. 바이마르 시대의 이르러 학설은 이러한 행정상의 손해전보제도에 흠결이 있음을 발견하였다. 즉 적법한 공행정작용에 대하여는 손실보상이 주어지고, 위법 · 유책의 공행정작용에 대하여는 국가배상이 주어지는 반면, 위법 · 무책의 공행정작용에 대하여는 보상이 결여되고 있음을 인식하게 되었다. 다수설은 당시 독일 각주에서 관습법적 효력을 갖고 있으며, 개인의 적법한 권리의 침해에 대하여 적용되어 왔던 희생보상제도를 위법 · 무책의 침해에 대하여 확대 적용함으로써 문제를 해결하려고 노력하였다. 다수설의 견해는 곧 실무에 반영되었다. 제국법원은 위법한 침해로 인하여 공공복리를 위하여 특별한 희생을 당하였음에도 불구하고 보상을 거부하는 것은 부당하다는 이유로 희생보상청구권을 위법 · 무책의 침해에 대하여 인정하였

102) 수용유사적 침해 및 수용적 침해제도에 대하여 상세히는 鄭夏重, 收用類似的 그리고 收用的 侵害制度, 考試研究, 1994. 3, 88면 이하 참조.

103) 독일의 결과재거청구권의 대한 자세한 내용은 鄭夏重, 독일의 結果除去請求權의 발전과정과 한국에의 同請求權의 導入可能性, 考試研究, 1993. 11, 102면 이하.

다.[104)]

2) 연방민사법원에 의한 수용유사적 침해제도의 발전

바이마르 공화국시대의 제국법원에 의한 희생보상청구권의 위법 · 무책의 침해에 확대적용은 연방민사법원의 수용유사적 침해제도에 의하여 계승되었다. 판례는 관습적인 효력을 갖는 희생보상청구권을 신체 · 생명 · 자유 등 비재산적 법익의 침해에 대하여만 적용하고, 재산권영역의 모든 공법적 침해에 대하여는 손실보상청구권을 적용하였다. 연방민사법원은 1952년 6월 10일 판결에서 무주택자의 강제배정으로 재산상의 손해를 입은 원고들에 대하여 처음으로 수용유사적 침해에 의한 보상을 인정하였다. 연방민사법원은 행정청의 강제배정이 근거법률에 보상규정이 결여되어 위법한 침해임을 확인하고, 이러한 위법한 침해에 의하여 야기된 재산상의 손해가 그 효과와 내용에 있어서 기본법 제14조 제3항의 적법한 침해와 똑같이 피해자에게 특별한 희생을 강요한다면, 이러한 위법한 침해에 대하여 적법한 침해와 같이 보상을 하여 주는 것이 타당하다고 판시하였다. 즉 연방민사법원은 위법한 침해가 기본법 제14조 제3항의 수용과 유사한 효과를 개인에게 발생시킨다는 이유로 동 조항을 유추적용하여 보상을 하였다.

3) 수용유사적 침해제도의 변형

수용유사적 침해제도의 초기형태의 핵심은 공용침해로 야기된 피해자의 희생상태였다. 즉 침해를 통하여 특별한 희생이 야기된다면, 피해자는 침해의 위법 · 적법 또는 고의 · 과실에 불문하고 보상을 받아야 한다는 것이다. 그러나 이러한 원래적 형태의 수용유사적 침해제도는 1960년대에 들어와 변형되었다. 연방민사법원은 더 이상 위법한 침해로 인하여 개인에게 재산권의 사회적 기속을 넘어서는 특별한 희생이 발생되었는지 여부에 대하여 검토하지 않았으며, 단순히 침해의 위법성만을 이유로 인하여 보상을 하였으며, 그 위법성이 보상규정의 결여에 기인하건, 또는 여타의 실정법규정의 위반에 기인하건 불문하였다.[105)] 이에 따라 수용유사적 침해제도는 특별한 희생에 대한 손실보상의 성격을 떠났고, 재산권의 위법한 침해에 대한 국가배상의 성격을 갖게 되었다.

2. 수용적 침해제도의 발전

손실보상에 관한 연방민사법원의 초기의 판례는 재산권의 "침해"의 요건에 있어서, 침해의 형태와 효과에 있어서 의도적인 침해만을 요구하였다. 이에 따라 행정주체가 의도적으로 개인에게 특별한 희생을 요구하여야 하며, 타인에 대한 행정작용으로 인하여 간접적으로 손실을 입는다든지 또는 기타의 비의도적인 침해로 인하여 손실을 입는 경우에는 보상이 주어지지 않았다. 그러나 1950년대 후반부터는 침해요건에 있어서 의도성과 목적지향성의 요건은 포기되었으며, 대신 직접성의 요건으로 대체되었다. 이제 재산권의 비의도적 침해나 고권적 행위의 부수적 결과에 대하여도 보상이 주어졌다(포사격으로 인한 산림피해, 지하철공사로 인한 영업손실, 도로공사에 의한 건물균열로 인한 손실). 이러한 비의도적인 침해는 침해의 적법성에 있어서 수용과 동일하나 비의도적인 침해에 의하여 부수적 손실이 발생한다는 점에서 연방민사법원은 수용적 침해제도(enteignender Eingriff)라는 명칭을 붙였다.

104) RGZ 140, 276(1933. 3. 11).
105) BGHZ 32, 208(1960. 4. 25).

3. 독일연방헌법재판소의 판결과 수용유사적 및 수용적 침해제도의 수정

1) 연방헌법재판소의 자갈채취사건에 대한 판결

수용유사적 및 수용적 침해제도는 자갈채취사건에 대한 연방헌법재판소의 판결에[106] 의하여 근본적인 수정을 보게 되었다. 하천에서 자갈채취업을 운영하는 자가 영업을 지속하기 위하여 허가의 연장을 신청하였으나 거부처분을 받았다. 거부처분이 위법하다고 판단한 자갈채취업자는 행정심판을 제기하였으나 기각재결을 받았다. 그는 이에 대하여 의무이행소송을 제기하는 대신에 재산권의 위법한 침해의 이유로 수용유사적 침해에 대한 보상을 청구하였다. 동 사건에 대한 구체적 규범통제에서 연방헌법재판소는 기본법상의 재산권조항에 대한 새로운 해석을 하였다. 우선 종래의 판례의 입장과는 달리 재산권의 내용규정(기본법 14조 1항 2호)과 보상을 요하는 공용수용(기본법 14조 3항)을 별개로 파악하여 사회적 기속을 넘어서는 재산권침해를 공용수용으로 보는 것을 허용하지 않았다. 아울러 부대조항에서 발생되는 문제해결을 위하여 종래 수용 · 사용 및 제한을 포함한 넓은 의미의 공용수용을 기술적 의미의 수용, 즉 "재산권의 일부 또는 전부의 박탈과정"으로 축소시켰다. 또한 공용수용에 대한 수권법률은 반드시 보상규정을 두어야 하며, 공용수용으로 인하여 손실을 받은 개인은 보상에 대한 법적 근거가 있는 경우에만 보상을 요구할 수 있다는 종전의 견해를 재확인하였다. 공용침해에 대하여 보상규정이 없는 법률은 위헌 · 무효이며 이러한 위헌 · 무효에 근거한 재산권침해는 위법하게 된다. 이 경우 개인은 우선적으로 취소소송을 통하여 위법한 처분을 취소하여야 하며, 취소소송 대신에 법에서 인정하지 않은 보상을 요구할 수 없고, 법원 역시 보상에 대한 법적 근거없이 어떠한 보상도 인정하여서는 안된다는 입장을 취하였다. 포괄적인 권리구제제도가 완비된 현대적 법치국가에서는 개인에게 위법한 처분을 취소하기 위하여 행정소송을 제기하거나 또는 위법한 행위를 수인하고 대신 손실보상청구권을 행사할 수 있는 선택권이 주어지지 않는다고 판시하였다.

2) 수용유사적 및 수용적 침해제도의 수정

이와 같이 재산권의 가치보호보다 존속보호를 강조하고 보상의 법적 근거없이 법원의 독자적인 판단에 의한 보상을 금지시키는 연방헌법재판소의 판결에 의하여 수용유사적 침해와 수용적 침해제도는 수정이 불가피하여졌다. 일부의 학설은 수용유사적 침해와 수용적 침해제도의 존속을 비관적으로 보았으나, 다수설은 이들 제도를 법이론적으로 재구성하여 존속시키려고 노력하였다. 수용유사적 침해와 수용적 침해제도는 비록 그 자체로 여러 가지 약점을 갖고 있으나, 그 나름대로 국가배상법의 결점을 보완하여 온 제도임을 부인할 수 없었기 때문이다.

다수설은 연방헌법재판소의 판결을 고려하여 재산권에 대한 침해가 의도적으로 행하여져 개인의 재산권을 박탈하는 경우 보상규율이 없는 경우에는 수용유사적 침해에 의한 보상이 적용될 수 없음을 인정하였다. 반면, 재산권의 침해가 사회적 기속 또는 특별한 희생을 의미하는지 여부에 불문하고 그 침해의 위법성을 이유로 보상을 하여 주는 변형된 형태의 수용유사적 침해제도는 그대로 존속될 수 있다고 주장하였다. 재산권침해의 위법성을 이유로 보상을 하여온 수용유사적 침해제도는 법원에 의하여 판례법적으로 발전되어온 국가배상의 성격을 갖는 무과실책임제도이기 때문에 구태여 그 법적 근거를 기본법 제14조 제3항에 둘 필요가 없으며, 전통적인 관습법적 효력을 갖는 희생

106) BVerfGE 58, 300.

보상제도(犧牲補償制度)에서 그 근거를 찾았다. 아울러 다수의 학설은 피해자가 위법한 침해를 행정소송을 통하여 방어할 수 있음에도 불구하고, 이를 해태한 경우에는 과실상계의 법리하에 보상액을 감소 내지는 아예 보상청구권을 배제할 수 있다고 함으로써 연방헌법재판소의 존속보호우선의 원칙을 반영시켰다.

다른 한편 수용적 침해제도에 관련하여서는 그 침해가 비의도적으로 이루어지기 때문에 이는 기본법 제14조 제3항의 의미의 수용에 해당되지 않기 때문에 이 경우도 희생보상제도에 법적 근거를 두고 있는 판례법적으로 발전되어온 법제도로 이해한다면 헌법재판소의 판례에 모순되는 것은 아니라고 하였다.

이와 같은 다수설의 견해는 판례에 반영되었다. 연방민사법원은 수용유사적 침해와 수용적 침해제도의 법적 근거를 기본법 제14조 제3항이 아니라, 희생보상제도에서 찾았으며 아울러 위법한 침해의 경우 그 손실을 방지하기 위하여 법적 구제수단을 해태한 경우에는 과실상계의 원칙을 적용하였다. 이로써 수용유사적 그리고 수용적 침해제도는 존속되었으나 법적 근거는 바뀌었으며, 적용범위도 축소되었다.

4. 수용유사적 및 수용적 침해제도의 도입가능성

수용유사적 및 수용적 침해제도는 행정상의 손해전보제도를 보완하기 위하여 독일의 판례에 의하여 발전된 무과실책임제도로서 적지 않게 국민의 권리구제를 확대하여 온 제도이다. 이에 따라 독일과 유사한 손해전보제도를 갖고 있는 우리의 경우 이러한 제도는 오랫동안 관심의 대상이 되어 왔고, 아울러 상당수의 학설은 그 도입을 주장하여 온 것은 사실이다.[107)]

그러나 이들 제도의 도입여부를 판단하기 위하여는 이들 제도가 갖고 있는 문제점과 아울러 우리와 독일의 실정법체계상의 차이에 대한 보다 면밀한 비교적 검토가 요구되고 있다. 우선 독일에서도 이들 제도는 학설의 상당수에 의하여 다음과 같은 비판을 끊임없이 받아 왔음을 유의하여야 할 것이다.[108)]

첫째, 방법론적으로 볼 때에 적법한 침해에 대하여 개인은 수인의무(受忍義務)가 발생하는 반면, 위법한 침해에 대하여는 방어적 권리가 발생되기 때문에 양자 사이에는 본질적 차이가 존재하며, 이에 따라 재산권의 적법한 침해에 대한 손실보상을 위법한 침해에 유추적용할 수 없음이 일찍이 지적되었다. 적법한 공행정작용에 대한 보상제도인 손실보상제도를 국가배상제도가 적용되어야 할 위법한 공행정작용 또는 위험책임의 영역에 무리하게 확대시킴으로써 국가배상제도와 손실보상제도의 균형적이고 체계적인 발전이 저해되어 왔다.

둘째, 법정책적으로 볼 때에 무과실책임은 재산권뿐만 아니라 신체 · 생명 · 종교 · 언론의 자유 등 기본권을 포함한 모든 법으로 보호하는 이익의 침해로 발생된 손해를 그 대상으로 하여야 하는 것이 당연한 반면 수용유사적 및 수용적 침해제도는 현존하는 재산적 가치만을 보호하는 재산권만을 그 대상으로 하기 때문에, 여전히 무과실책임제도로서 그 제도상의 한계가 있다.

셋째, 수용유사적 침해나 수용적 침해는 적극적인 행위 또는 거부행위를 전제로 하기 때문에,

107) 金南辰, 行政法 I, 605면; 石琮顯, 行政法講義(上), 545면; 洪準亨, 行政救濟法, 235면 이하.
108) Stödter, DÖV 1953, S. 136ff.; Dürig, JZ 1955, S. 523ff.

단순한 부작위에 의한 손실에 대하여는 보상이 주어지지 않기 때문에 현대적 급부국가의 무과실책임 제도로서는 중요한 흠결을 포함하고 있다.

넷째, 수용유사적 침해는 위법한 행위에 대한 보상이기 때문에 국가배상과 같이 일실이익을 포함하여 침해로 인하여 발생된 모든 손실에 대하여 보상을 하여야 하나, 그것이 적법한 공용침해에 대한 손실보상에서 유추발전되었기 때문에 보상액에 있어서도 대물보상으로서 객관적인 시장가격에 제한된다는 문제점을 갖고 있다.

이와 같은 수용유사적 및 수용적 침해제도의 불완전성이 독일의 신국가배상법(新國家賠償法)의 제정동기가 되었음을 유념하여야 할 것이다.[109)]

특히 수용유사적 침해제도는 그동안의 발전과정 속에서 두 가지 형태로 발전되었다. 첫 단계에서는 손실보상에 있어서 여타 요건(재산권에 대한 적법한 침해, 공공의 필요, 특별한 희생)이 충족되고 단지 보상규율이 결여된 경우에 보상을 위한 제도로서 기능을 하였으나, 두번째 단계에서는 공용침해(公用侵害)의 요건의 충족여부에 대한 구체적인 검토가 없이 단순히 재산권에 대한 위법한 침해, 즉 단순히 실체법에 위반하여 재산권을 침해한 경우에 보상제도로서 기능을 하여 사실상 재산권영역에서 국가무과실배상제도로 전환되었다.

이러한 두 번째 단계가 수용유사적 침해제도의 주요한 적용영역이 되었으며 자갈채취사건 이후에도 바로 살아남은 것도 이 부분이다. 바로 이러한 형태를 연방민사법원은 전통적인 희생보상제도에 근거하여 유지시켰다. 수용유사적 침해제도의 도입을 주장하는 우리 학설은 과연 어느 형태의 수용유사적 침해제도가 도입이 되어야 하는지 밝히지 못하고 있으며 더욱이 자갈채취사건 이후 연방민사법원은 재산권의 존속보호우선의 원칙에 따라 재산권의 위법한 침해에 대하여 행정소송을 통하여 손해를 미리 방어하지 않은 경우에 민법상의 과실상계의 원칙에 따라 손실보상을 전부 배제시키거나 또는 보상액을 부분적으로 감하도록 하고 있는바, 한국에도 이러한 원칙이 적용되어야 하는지, 또 이 경우에 국가배상법과 관련하여 어떠한 문제가 발생되는지를 설명을 하지 못하고 있는 실정이다. 결론적으로 수용유사적, 수용적 침해제도는 독일의 특유한 역사적인 배경 속에서 발전된 제도로서 한국의 행정상의 손해전보제도의 발전에 하나의 참고는 될 수는 있으나 현실적인 수용을 위하여는 여러 가지 법정책적이고 법방법론적인 문제점들을 안고 있다고 볼 수 있다. 우리 국가배상법의 과실책임주의를 극복하기 위하여는 무엇보다도 과실의 개념을 실무적으로 독일의 조직과실이나 프랑스의 공역무의 과실과 같이 객관화시킬 필요성이 있으며, 입법론적으로는 스위스의 국가배상법이나 독일의 신국가배상법과 같이 무과실책임제도를 도입하는 것이 바람직할 것이다.

사례 A도는 자신이 관할하고 있는 서해안의 일부지역에 지역개발 및 고용증대를 위한 목적으로 산업단지를 조성하기 위하여 적법한 절차에 따라 매립면허를 받고 매립공사를 하였다. 매립공사에 따라 해당지역에서 더 이상 어업활동을 할 수 없게 된 어민들은 공유수면매립법에 따라 보상을 받았다. 한편 매립지 인근지역에서 수산물공판장을 운영하던 갑은 해당지역의 어민들로부터 더 이상 수산물을 공급받지 못하게 되자, 영업을 폐쇄하기에 이르렀다. 갑은 A도지사에게 보상을 청구하였으나 A도지사는 손실보상청구권의 요건이 충족되지 않았을 뿐만 아니라 손실보상규정도 존재하지 않는다는 이유로 보상을 거부하였다. 갑이

109) Kommissionsbericht, in: Reform des Staatshaftungsrecht, 1973, S. 41.

A도에 대하여 손실보상청구권을 행사할 수 있는지 여부에 대하여 논하시오.

▶**답안요지** 우선 사안에서 손실보상청구권의 요건의 충족여부를 검토한 후에 손실보상규정이 없는 경우에 해결방안을 다루기로 한다.

1. 손실보상청구권의 요건

손실보상청구권이 성립하기 위하여는 ① 공행정작용에 의한 재산권의 침해, ② 공공의 필요, ③ 침해의 적법성, ④ 특별한 희생이 존재하여야 한다.

1) 공행정작용에 의한 재산권의 침해

사안에서 A도의 공유수면매립공사로 더 이상 어민으로부터 수산물공급을 받지 못하게 된 갑은 수산물공판장을 폐쇄하기에 이르렀는바, 갑의 수산물공판장영업은 이른바 개설되고 행사중인 영업으로서 이는 헌법 제23조 제1항의 재산권의 개념에 포함된다. 한편 갑은 공유수면매립공사에 의한 재산권침해를 받았는바, 이는 공행정작용의 의도적인 침해가 아니라 비의도적이고 부수적인 재산권침해에 해당할 것이다. 독일의 경우 자갈채취사건 이후 공행정작용의 의도적인 재산권침해만을 손실보상청구권의 대상으로 하고 있으나, 독일과 상이한 공용침해규정을 두고 있는 우리의 경우 사업손실보상의 경우에서 볼 수 있는 바와 같이 비의도적이고 부수적 침해도 헌법 제23조 제3항의 의미의 공용침해(수용 · 사용 · 제한 등)에 포함된다고 볼 것이다. 이에 따라 사안에서 공행정작용에 의한 재산권침해의 요건이 충족되었다고 할 것이다.

2) 공공의 필요

일반적으로 공공의 복리보다 넓은 개념으로 이해되는 공공의 필요는 단순한 공익이 아니라 재산권침해를 정당화하는 중대한 공익을 의미하며, 이에 관하여는 비례의 원칙이 판단기준이 된다. 사안에서 공유수면매립이 지역개발, 고용확대 등을 위한 산업단지의 조성을 목적으로 행하여진 점을 비추어 볼 때 공공의 필요의 개념도 충족되었다고 할 것이다.

3) 침해의 적법성

공용침해는 법률의 근거하에 행하여지고 법률에 위반되어서는 안된다. 사안에서 공유수면매립은 공유수면매립법에 따라 적법한 절차에 따라 행하여진바, 이 요건도 충족되었다고 할 것이다.

4) 특별한 희생

재산권침해로 인하여 사회적 제약을 넘어서는 특별한 희생이 발생되어야 한다. 사회적 제약과 특별한 희생의 한계설정의 기준으로는 ① 형식적 기준설, ② 실질적 기준설(수인한도성설, 목적위배설, 사적 효용설), ③ 절충설(상황구속성설) 등이 주장되고 있는바, 구체적인 경우 여러 학설을 종합하여 특별희생의 존재여부에 대하여 판단하여야 한다. 사안에서 갑은 ① 인근지역의 다른 사람과 달리 개인적으로 재산권침해를 받았다는 점(형식적 기준설), ② 종래의 목적에 따라 재산권을 사용할 수 없다는 점(목적위배설), ③ 영업을 폐쇄하기에 이르렀다는 점(수인한도성설), ④ 객관적으로 기대가능한 재산권의 사용방식이 본질적으로 침해되었다는 점(상황구속성설) 등을 고려할 때, 특별희생을 쉽게 인정할 수 있다.

5) 결어

사안에서 갑의 손실보상청구권의 요건이 충족었다고 할 것이다.

2. 손실보상규정이 없는 경우의 해결방안

손실보상규정이 없는 경우의 해결방안으로는 ① 방침규정설, ② 직접효력설, ③ 수용적 침해제도, ④ 관련규정의 유추적용, ⑤ 위헌무효설, ⑥ 보상입법부작위위헌설, ⑦ 헌재의 분리이론 등이 주장되고 있다. 방침규정설은 오늘날 실질적 법치국가와 합치되지 않은 이론이며, 직접효력설은 헌법 제23조 제3항의 문리해석에 반하고, 보상입법부작위위헌설은 우회적인 해결방안이라는 점에서 비판을 받고 있다. 또한 헌법 제23조 제3항의 공용침해를 의도적이고 목적지향적인 침해로 보고 기타 재산권의 과도한 침해를 헌법 제23조 제1항의 보상을 요하는 재산권의 내용으로 보는 헌재의 분리이론 역시 헌법 제23조 제3항의 문구와 합치되지 않는 해결방안이다(본문참조). 일설은 사안과 같이 비의도적인 재산권침해를 독일의 수용적 침해제도의 도입을 통하여 해결을 주장하고 있으나 오늘날 수용적 침해제도는 더 이상 헌법상의 손실보상규정이 아니라 희생보상청구권으로부터 도출되고 있는바, 이러한 제도가 없는 우리 현실에서는 도입이 어려울 것이다. 한편, 판례는 사안과 같은 간접적인 침해로 인하여 손실이 발생되는 경우에는(사업손실보상), ① 공공사업의 시행으로 사업시행지 이외의 토지소유자 등이 입은 손실이어야 하고, ② 그 손실이 공공사업의 시행으로 발생하리라는 것이 예견되어야 하고, ③ 손실의 범위가 구체적으로 특정화될 수 있어야 한다는 요건하에 관련규정의 유추적용을 통하여 보상을 하고 있다(대판 1999. 10. 8, 99다27231). 판례에 따르면 갑은 토지보상법 제79조 제2항 동법 시행규칙 64조를 유추적용하여 보상을 받을 수 있을 것이다. 그러나 헌법 제23조 제3항에 따라 공용침해에 대하여는 보상규정을 두어야 한다는 점, 갑의 특별한 희생은 사전에 충분히 예견가능하였다는 점에 비추어, 이에 대한 보상규정을 두고 있지 않은 공유수면매립법의 관련조항은 위헌에 해당하며, 이에 따라 갑에 대한 재산권침해작용 역시 위법하다고 볼 것이다. 갑은 자신의 손해에 대하여 국가배상청구를 할 수 있으며, 부수적으로 관련법조항의 위헌여부를 다툴 수 있을 것이다.

Ⅲ. 결과제거청구권

1. 의 의

결과제거청구권(Folgenbeseitigungsanspruch)은 공행정작용으로 인하여 자신의 권리를 침해받아 이로 인하여 위법한 상태가 초래되는 경우, 침해 이전의 상태 또는 이와 동가치적인 상태로 다시 회복시켜 줄 것을 요구할 수 있는 청구권을 의미한다. 이러한 결과제거청구권 역시 독일에서 국가배상법의 흠결을 메꾸기 위하여 학설과 판례에 의하여 발전된 제도로서, 금전배상 또는 보상만을 그 대상으로 하는 국가배상제도, 수용유사적 및 수용적 침해제도에 의하여 구제되지 못하는 영역에서 개인의 권리구제에 크게 기여하고 있는 법제도이다.[110] 우리 학설에서는 이미 오래전부터 독일의 결과제거청구권이 소개되고 또한 그 도입이 주장되어 온 반면, 그 성격과 내용에 있어서는 일치를 보지 못하고 있는 현실이다.

110) 독일의 결과제거청구권의 발전에 대하여 상세히는 鄭夏重, 독일의 結果除去請求權의 發展過程과 한국에의 同請求權의 도입가능성, 考試硏究, 1993. 11, 102면 이하.

2. 결과제거청구권의 성질

1) 방해배제청구권설/손해배상청구권설

독일의 학설에서는 결과제거청구권을 공법상의 방해제거청구권으로 보는 견해와 손해배상청구권의 한 형태인 원상회복청구권으로 보는 견해로 대립되어 왔으나 다수설은 침해 이전의 상태를 회복시켜 주는 것을 내용으로 하는 이른바 축소된 의미의 원상회복청구권으로 보고 있다. 그러나 손해배상방법에 있어서 원상회복우선주의를 원칙으로 하는 독일과는 달리 우리 민법(394조·763조)과 이를 준용하고 있는 국가배상법은 금전배상주의를 원칙으로 하고 있다.[111] 따라서 우리의 경우 판례를 통하여 결과제거청구권을 실무화하는 경우에 원상회복청구권을 그 내용으로 한다면 이는 실정법에 위배되는(contra legem) 결과가 되기 때문에, 법률개정이 없는 한 방해배제청구권의 성격을 갖는다는 것이 타당할 것이다.

2) 물권적 청구권여부

우리 학설의 일부는 결과제거청구권을 방해제거청구권으로 이해하고 이를 행정청의 정당한 권원없는 행위에 의하여 개인의 물권적 지배권이 침해된 경우에 그 침해행위의 배제를 요구할 수 있는 권리로 정의하고 있다.[112] 그러나 개인의 신체·생명·명예 등의 권리가 침해된 경우에도 결과제거청구권이 발생될 수 있기 때문에 동 청구권을 물권적 권리로 제한하는 것은 타당성이 없다고 할 것이다.

3) 공권/사권

학설의 일부는 결과제거청구권을 사법상의 권리로 파악하고 있는바, 비록 행정상의 방해제거청구권의 원인이 공권력의 행사에 있다고 할지라도 그 자체로서는 아무런 법적 권원이 없는 행위로 야기된 침해상태의 제거를 목적으로 하는 권리에 해당하기 때문에, 따로이 공법의 규율대상으로 하여야 할 이유가 없으며 따라서 사인상호간에 있어서의 동일한 법률관계와 같이 취급하는 것이 타당하다며 민법 제213조(소유물반환청구권), 제214조(소유물방해제거청구권) 등을 직접 적용할 것을 제안하고 있다.[113]

그러나 결과제거청구권은 행정주체의 공행정작용으로 인하여 발생된 위법한 상태의 제거를 목적으로 하고 있으며, 또한 청구권의 요건 역시 사법상의 방해제거청구권과 차이가 있기 때문에 이를 공법상의 권리로 보는 것이 타당할 것이다. 예를 들어 경찰관이 운전면허증을 압수하는 것과 개인이 타인으로부터 운전면허증을 압수하거나 절취하는 것은 그 성격이 본질적으로 다르다.

3. 법적 근거

우리 행정소송법 제10조 제1항(소의 이송)은 원상회복청구소송을 포함시키고 있으며, 또한 취소

111) 손해배상방법에 있어서 금전배상을 원칙으로 하는 한국민법과는 달리 독일민법에서는 원상회복우선주의를 채택하고 있다. 나름대로의 입법정책적인 이유에서 채택된 민법상의 이러한 원상회복우선주의는 독일국가배상법에서는 그 특유한 대위책임구조로 인하여 배제되고 있고 금전배상만을 내용으로 하고 있다. 독일에서 결과제거청구권은 국가배상에서 결여되어 있는 이러한 원상회복청구권을 보충하기 위하여 발전된 것이라고 볼 수가 있다. 이에 대하여 상세히는 鄭夏重, 앞의 논문, 103면 이하.

112) 李尙圭, 新行政法論(上), 1993, 626면.

113) 李尙圭, 新行政法論(上), 1993, 626면 이하.

소송의 판결의 기속력에 있어서도 학설은 결과제거의무를 인정하고 있어, 실체법상의 권리로서 결과제거청구권을 전제하고 있다. 문제는 이러한 결과제거청구권의 근거를 어디에서 찾을지는 학설에서 다툼이 되고 있다.

1) 행정의 법률적합성의 원칙

일설은 행정작용에 의하여 야기된 위법한 상태를 방치하는 것은 행정의 법률적합성의 원칙에 위배된다는 이유로 결과제거청구권의 근거를 헌법상의 법치국가원리 및 행정의 법률적합성의 원칙에서 구하고 있다.[114] 그러나 행정의 법률적합성의 원칙은 행정작용이 법률에 적합하게 행사되어야 함을 의미할 뿐 이를 위반하는 경우에 어떠한 법률효과가 발생하는지에 대하여 규정을 하고 있지 않기 때문에, 별도의 법적 근거 없이 동 원칙에서 행정청의 결과제거의 의무와 이에 상응하는 개인의 권리를 도출할 수 없다는 비판을 받고 있다.

2) 민법상의 방해제거청구권의 유추적용

이에 대하여 다른 견해는 독일민법 제12조(성명권), 제862조(점유물방해제거청구권), 제1004조(소유물방해제거청구권)에 제한되었던 민법상의 방해배제청구권이 제국법원에 의하여 제823조(불법행위)에서 보호하고 있는 신체 · 생명 · 자유 · 재산 등 여타의 절대권에 확대되어 왔음을 지적하고 이러한 사법상의 방해제거청구권을 공법관계에 유추적용할 것을 주장하고 있다.[115] 그러나 이러한 견해 역시 공법에서는 사법보다 공익이 비교되지 않을 정도로 중요한 역할을 하고 있고, 개인적 공권 특히 자유권은 사법상의 절대권과 상이한 성격을 갖고 있기 때문에 민법상의 방해제거청구권을 공법관계에 적용시킬 수가 없다고 비판받았다.

3) 자유권으로부터 결과제거청구권의 도출

오늘날 독일학설의 지배적인 견해는 결과제거청구권을 자유권으로부터 도출하고 있다.[116] 자유권은 국가에 대하여 부작위의무를 발생시키며, 이러한 국가의 부작위의무에 상응하여 개인은 부작위청구권을 갖는다. 방해예방청구권으로서 이러한 부작위청구권은 개인의 자유권이 침해된 경우에 방해제거청구권으로 변화한다. 방해예방청구권으로서 이러한 부작위청구권과 자유권침해에 대한 반응적 청구권으로서 방해제거청구권은 자유권보호에 그 법적 근거를 갖고 있으며, 동일한 청구권의 침해형태에 따른 다양한 형태라고 한다. 즉 방해제거청구권을 위법한 고권적 행위의 직접적인 결과의 제거를 목적으로 하는 자유권에 대한 보호청구권으로 보는 것이 일반적 견해이다.

4. 결과제거청구권의 요건

개인이 행정주체의 공행정작용으로 인하여 자신의 권리를 침해받아 이로 인하여 위법한 상태가 초래되는 경우에 침해 이전의 상태 또는 이와 동가치적인 상태로 다시 회복시켜 줄 것을 요구하는 것을 내용으로 하는 결과제거청구권은 다음과 같은 요건들이 충족될 것을 전제로 하고 있다.

---

114) Bachof, Die verwaltungsgerichtliche Klage auf Vornahme einer Amtshandlung, 1951, S. 91ff.

115) Bettermann, DÖV 1955, S. 528ff.

116) Weyreuther, 47 DJT., Bd. I, 1968, S. 35ff.; Schoch, VerwArch 79(1988), S. 1ff.; Ossenbühl, Staatshaftungsrecht, 5. Aufl., S. 294ff.

1) 공행정작용으로 인한 위법한 상태의 초래

여기서 말하는 공행정작용에는 법적 행위로서 행정행위 또는 사실행위를 가리지 않는다. 사실행위에 의하여 위법한 침해가 발생되는 경우로는 도로공사에 의한 사유지침해, 국공영기업의 운영과정에서 발생된 공해, 공무원의 직무수행상의 발언을 통한 개인의 명예훼손 등이 있다. 일반적으로 위법한 행정행위에 의한 침해가 위법한 상태를 발생시키지만 적법한 행정행위가 종기의 도래나 해제조건의 성취로 인하여 소멸된 경우에도 위법한 상태가 초래된다. 행위자의 고의 · 과실을 묻지 않는다.

일설에서는 부작위에 의하여도 결과제거청구권이 발생한다는 견해도 있으나[117] 결과제거청구권은 적극적인 행위로 인한 개인의 자유권의 침해에 대한 반응적 청구권이기 때문에 부작위는 결과제거청구권을 발생시키지 못한다고 할 것이다. 수익적 행정행위의 위법한 거부나 부작위에 의하여 자신의 권리를 침해당한 경우에는 거부처분취소소송이나 부작위위법확인소송을 통하여 구제를 받을 수 있기 때문에 결과제거청구권은 고려의 대상이 되지 않는다.

2) 권리의 침해

단순한 반사적 이익의 침해의 경우에는 결과제거청구권은 성립하지 않는다. 특히 독일의 지배적인 견해는 권리의 범주를 더욱 제한시켜 개인의 자유권 및 재산권 등 소극적 지위의 침해를 요구하고 있다.

3) 취소소송의 선행

위법한 행정행위로 인한 침해의 경우에는 취소소송이 선행되어야 한다. 왜냐하면 공정력이 발생된 행정행위는 위법한 상태를 정당화시키기 때문이다.

4) 결과제거의 사실적 그리고 법적 가능성

결과제거가 사실적으로 그리고 법적으로 가능하여야 한다. 사실적인 불가능성은 침해 이전의 상태 또는 이와 동가치적인 상태의 회복이 사실적인 이유에서 불가능함을 의미하는데 예를 들어 불법으로 압류된 자동차가 압류 이후에 화재로 인하여 소실되거나 불법으로 압류된 음식물이 썩어 버린 경우가 이에 해당한다. 법적 불가능성의 경우란 건축물의 위법한 철거 후에 도시계획의 변경에 따라 해당지역이 건축제한구역으로 지정된 경우이다. 이들 사실적 또는 법적인 불가능의 경우에는 침해를 받은 개인은 결과제거 대신에 손해배상을 요구할 수 있을 것이다.

판례(지방자치단체가 30년 전 불법 매립한 폐기물에 대하여 방해배제청구권을 행사할 수 있는지 여부)

이 사건 토지 지하에 매립된 생활쓰레기는 매립된 후 30년 이상 경과하였고, 그 사이 오니류와 각종 생활쓰레기가 주변 토양과 뒤섞여 토양을 오염시키고 토양과 사실상 분리하기 어려울 정도로 혼재되어 있다고 봄이 상당하며, 이러한 상태는 과거 피고의 위법한 쓰레기매립행위로 인하여 생긴 결과로서 토지 소유자인 원고가 입은 손해에 불과할 뿐 생활쓰레기가 현재 원고의 소유권에 대하여 별도의 침해를 지속하고 있는 것이라고 볼 수 없다. 따라서 원고의 방해배제청구는 인용될 수 없다(대판 2019. 7. 10, 2016다205540).

---

117) 金南辰/金連泰, 行政法 I, 755면.

5) 결과제거의 기대가능성

결과제거청구권은 침해 이전의 상태의 회복이 기대가능하지 않은 경우에도 탈락한다. 기대가능성이 존재하지 않는 경우란 결과제거가 예외적으로 높은 비용하에서만 가능하다든지 또는 우월한 공익에 반하는 경우에는 성립하지 않는다. 예를 들어 완공된 도로건설에서 아주 미세한 부분의 사유지가 침해된 경우가 이에 해당한다고 할 수가 있다. 결과제거의 기대가능성이 없는 경우에는 피해자는 사실적 또는 법적 불가능의 경우와 마찬가지로 국가배상청구에 의하여 금전배상을 요구할 수가 있다.

5. 법률효과로서 결과제거의 범위

1) 직접적인 결과의 제거

결과제거청구권은 손해배상에 있어서 원상회복청구권과는 달리 고권적 작용으로 인하여 발생된 상당인과관계에 있는 모든 위법한 상태를 제거하는 것을 내용으로 하는 것이 아니라 직접적으로 야기된 결과만을 제거하는 것을 내용으로 하고 있다. 예를 들어 무주택자가 사인의 주택에 강제로 배정되고, 그 이후에 강제배정처분이 위법한 것으로 입증된 경우에는, 결과제거청구권으로서는 무주택자의 퇴거만을 요구할 수 있으며, 무주택자가 주거에 가한 기물파손 기타의 손해에 대하여는 원상회복을 요구할 수가 없다. 이들 부분에 대하여는 국가배상청구권에 의한 금전배상을 요구할 수 있을 것이다.

2) 과실상계

민법상의 손해배상에 있어서 과실상계규정은 일반적 법사상의 표현에 해당하기 때문에 결과제거청구권에 유추적용을 하여야 할 것이다.[118] 그러나 결과제거자체는 분할할 수 없는 경우가 많고 분할의 경우에도 부분적 제거 그 자체는 피해자에게 큰 의미가 없기 때문에 피해자의 과실이 큰 경우에는 결과제거청구권은 소멸되고 대신 금전배상을 하여야 할 것이다.

6. 권리구제절차

행정주체에 대하여 일정한 결과의 제거를 요구하는 소송은 이행소송의 형태가 된다. 행정소송법 제3조 제2호는 공법상의 법률관계에 관한 분쟁을 대상으로 하는 당사자소송에 대하여 규정하고 있고, 이러한 당사자소송은 확인소송과 이행소송을 포함하고 있는바, 결과제거청구권은 당사자소송으로 다루어져야 할 것이다. 피해자가 위법한 행정행위의 집행에 의하여 야기된 결과의 제거를 원하는 경우에는, 행정소송법 제10조 제2항(관련청구소송의 병합)에 따라 취소소송과 결과제거청구소송을 병합하여 제기할 수 있을 것이다.

사례 A구청에서 불법으로 비디오물을 제작·판매 및 대여하는 행위를 단속하는 업무를 담당하는 공무원 갑은 비디오물의 대여영업을 하고 있는 을의 점포에서 일부의 비디오물들이 지나치게 음란한 내용을 담고 있을뿐 아니라 이들은 영상물등급위원회의 등급심사를 받지 않았다는 이유로 「영화 및 비디오물의 진흥에 관한 법률」 42조에 따라 강제수거조치를 하였다. 이에 대하여 을은 해당 비디오물들은 영상물등급위원회에 의하여 적법하게 등급심사를 받았을 뿐 아니라 부여된 등급에 따라 성인남녀들에게만 대여하여 왔다고 주장하면서 수거조치에 대하여 취소소송을 제기하였다. 을은 취소소송에서 승소를 하였으나 수거된

118) BVerwG NJW 1971, S. 269.

비디오물은 A구청에 계속 보관되고 있었다. 자신의 비디오물을 반환받기를 원하는 을은 A구에 대하여 어떠한 권리구제수단을 행사할 수 있는가?

▶**답안요지** 사안에서 을의 권리구제수단으로 결과제거청구권이 고려된다. 공법상의 방해제거청구권 또는 원상회복청구권의 성격을 갖는 결과제거청구권은 오늘날 자유권보호에 그 근거를 두고 있다. 결과제거청구권의 요건으로는 ① 공행정작용에 의하여 위법한 상태가 초래되고 이를 통하여 개인의 권리가 침해되어야 하는바, 사안에서 을이 취소소송에서 승소한 것을 보아, 공무원 갑은 위법하게 을의 비디오를 수거하여 구청에 보관하고 있고 이를 통하여 을의 재산권을 침해하고 있다. ② 침해행위가 행정행위인 경우에는 취소소송이 선행되어야 하는바, 사안에서 동 요건도 충족되었다. ③ 결과제거가 사실상·법률상으로 가능하여야 하는바, 사안에서는 비디오가 여전히 구청에 보관되어 있는 것으로 보아 이와 관련하여서는 문제가 없다. ④ 아울러 결과제거의 기대가능성에 관하여도 문제가 없어 보인다. 이에 따라 을은 A구에 대하여 결과제거청구권을 행사할 수 있으며, 이를 당사자소송으로 관철시킬 수 있을 것이다.

제5절 손해전보를 위한 그 밖의 제도

Ⅰ. 공법상의 부당이득반환청구권

1. 의 의

부당이득반환청구권이란 법률상 원인이 없이 타인의 재산 또는 노무로 인하여 이익을 얻고 이로 인하여 타인에게 손해를 가한 자는 그 이익을 반환하여야 하는 제도를 의미한다(민법 741조). 이른바 원상회복적 정의사상에서 나오는 이러한 부당이득반환청구권은 민법상의 법률관계뿐만 아니라 행정법관계에 있어서도 요구되고 있음은 말할 나위가 없다. 학설에서는 행정법관계에서 성립하는 부당이득반환청구권을 특히 공법상의 부당이득반환청구권이라 하고 있다. 이러한 공법상의 부당이득반환청구권에는 세 가지 유형이 있다.[119]

첫째는 행정주체가 부당이득의 수익자가 되는 경우인바, 이는 공과금부과처분에 의하여 발생되는 부당이득(예: 국세기본법 51조-54조, 지방세기본법 60조, 관세법 24조·25조)과 사유지의 무단점유와 같은 사실행위에 의한 부당이득으로 구분할 수 있다.

둘째는 개인이 부당이득의 수익자가 되는 경우인바 공무원연금의 과다지급(공무원연금법 37조), 또는 보조금의 용도 이외의 사용(보조금 관리에 관한 법률 33조) 등이 있다.

셋째는 특정 지방자치단체에 재해발생시에 다른 지방자치단체의 행정응원을 통하여 발생되는 비용(소방기본법 16조의2)과 같이 행정주체 상호간에도 부당이득의 문제가 발생할 수 있다.

그러나 구체적인 경우에 공법상의 부당이득반환청구권을 적용할 것인지 또는 민법상의 부당이득반환청구권을 적용하여야 할 것인지 문제가 되는바 이러한 경우에는 사실관계가 공법상의 법률관계에 해당되는지 또는 사법상의 법률관계에 해당되는지에 따라 판단하여야 할 것이다.

---

119) 공법상 부당이득반환청구권에 대하여 상세히는 鄭夏重, 公法上 不當利得返還請求權의 獨自性, 行政判例研究 15권 1집, 2010, 3면 이하.

2. 공법상의 부당이득반환청구권의 법적 성격

학설과 실무에서는 이러한 공법상의 부당이득반환청구권의 법적 성격에 관련하여 공권설(公權說)과 사권설(私權說)이 대립되고 있다.

1) 사권설

판례와 일설은[120] 행정법관계에서 발생되는 공법상의 부당이득반환청구권의 법적 성격을 민법상의 부당이득반환청구권과 동일하게 보아 특별한 법규정이 없는 한 민법상의 부당이득에 관한 법규정이 직접 적용되며 이에 대한 소송은 민사소송절차에 의하여야 한다고 주장하고 있다. 이 설에 따르면 원래 부당이득의 문제는 공법상이나 사법상이나를 가릴 것 없이 아무런 법률상의 원인이 없이 타인의 재산이나 노무로 인하여 이익을 얻고 그로 인하여 상대방이 손해를 입음으로써 생기는 것이기 때문에, 위법한 행정행위로 인하여 부당이득의 문제가 생기는 경우에도 관련 행정행위가 무효이거나 취소됨으로써 부당이득이 비로소 발생되는 것이므로 부당이득이 문제가 되고 있는 때에는 벌써 아무런 법률원인도 없는 것이라는 것이다. 또한 부당이익은 오로지 경제적 이해관계의 조정에서 인정되는 것이라는 점에서 공법상의 부당이득반환청구권을 사법상의 것과 구별할 이유가 없다는 견해를 주장하고 있다.

판례(개발부담금 반환소송의 성격) 개발부담금 부과처분이 취소된 이상 그 후의 부당이득으로서의 과오납금 반환에 관한 법률관계는 단순한 민사관계에 불과한 것이고, 행정소송 절차에 따라야 하는 관계로 볼 수 없다(대판 1995. 12. 22, 94다51253).

2) 공권설

이에 대하여 다수설은[121] 공법상의 부당이득반환청구권은 행정법관계에서 공법적인 원인에 의하여 발생되기 때문에 사인상호간의 재산적 이익을 조정하는 민법상의 부당이득반환청구권과 달리 행정주체와 사인간에 재산적 이익을 조정하는 독자적인 성격을 갖는 제도로 이해하고 있다. 이에 따라 다수설은 공법상의 부당이득반환청구권은 공권의 성격을 가지며, 행정소송법 제3조 제2호의 당사자소송으로 다룰 것을 주장하고 있다.

3) 결 어

공 · 사법의 이원적인 실정법체계를 갖는 우리 현실에 있어서 공권설이 타당하다고 보아야 할 것이다. 비록 공법상의 부당이득반환청구권이나 사법상의 부당이득반환청구권은 법률상 정당화할 수 없는 사유로 인한 재산이동의 원상회복을 목적으로 하고 있다는 점에서는 동일하지만 공법상의 부당이득반환청구권은 행정목적을 수행하기 위한 행정작용에 의하여 발생된다는 점에서 특수성이 있으며 이에 따라 요건 및 법률효과에 있어서 차이점이 존재하고 있다. 즉 원인행위가 행정행위인지 또는 사실행위인지에 따라 요건이 다르며 법률효과에 있어서 부당이득의 반환범위에 있어서도 차이가 난다. 2012년 법무부 행정소송법 개정안에서도 이를 당사자소송의 대상으로 규정한 바 있다. 최근

120) 대판 1995. 12. 22, 94다51253; 1991. 2. 6, 90프2; 李尙圭, 新行政法論(上), 1993, 240면.
121) 金南辰/金連泰, 行政法 I, 764면; 金道昶, 一般行政法論(上), 288면; 洪井善, 行政法原論(上), 159면.

판례는 확정된 부가가치세 환급세액 지급의무는 조세 정책적 관점에서 특별히 인정되는 공법상 의무로서 납세의무자의 환급세액 지급청구는 민사소송이 아니라 행정소송법 제3조 제2호에 규정된 당사자소송의 절차에 따라야 한다고 판시하여 입장의 변화를 보이고 있다.

판례(부가가치세 환급세액 지급청구가 당사자소송의 대상인지 여부) 납세의무자에 대한 국가의 부가가치세 환급세액 지급의무는 그 납세의무자로부터 어느 과세기간에 과다하게 거래징수된 세액 상당을 국가가 실제로 납부받았는지와 관계없이 부가가치세법령의 규정에 의하여 직접 발생하는 것으로서, 그 법적 성질은 정의와 공평의 관념에서 수익자와 손실자 사이의 재산상태 조정을 위해 인정되는 부당이득 반환의무가 아니라 부가가치세법령에 의하여 그 존부나 범위가 구체적으로 확정되고 조세 정책적 관점에서 특별히 인정되는 공법상 의무라고 봄이 타당하다. 그렇다면 납세의무자에 대한 국가의 부가가치세 환급세액 지급의무에 대응하는 국가에 대한 납세의무자의 부가가치세 환급세액 지급청구는 민사소송이 아니라 행정소송법 제3조 제2호에 규정된 당사자소송의 절차에 따라야 한다(대판(전원합의체) 2013. 3. 21, 2011다95564).

3. 공법상 부당이득반환청구권의 법적 근거

이러한 공법상의 부당이득반환청구권의 법적 근거에 대하여 민법상의 부당이득반환청구권에서 유추하여 발전된 제도라는 견해도 있으나,[122] 지배적인 학설에 따르면 민법상의 부당이득반환청구권에 관한 법규정은 법질서 전체에 적용되는 일반적인 법원칙의 표현이기 때문에, 이러한 법원칙은 아울러 공법에도 직접 적용되어 공법상의 부당이득반환청구권의 근거가 된다고 한다.[123] 공법상의 부당이득반환청구권에 대하여는 일반법적인 규정이 없으며, 국세기본법 제51조 내지 제54조, 지방세기본법 제60조, 관세법 제46조 내지 제48조, 「보조금 관리에 관한 법률」 제31조, 하천법 제68조, 도로법 제78조의2 등에서 규율되고 있다. 공법상의 부당이득반환청구권에 대하여 개별법이 있는 경우에는 특별법우선의 원칙에 따라 개별법이 적용되어야 하나 개별법이 없는 경우에는 일반적인 공법상의 부당이득반환청구권의 법리에 따라 해결되어야 할 것이다.

4. 공법상 부당이득반환청구권의 성립요건

1) 재산적 이익의 이동

부당이득반환청구권이 발생하기 위하여는 법률관계의 한 당사자에게 이익이 발생하고 다른 한 당사자에게 손실이 발생하여야 한다. 이익과 손실 사이에 인과관계가 요구되고 있는바 여기서 의미하는 인과관계에 대하여는 학설에서 다툼이 되고 있으나 다수설에 따르면 하나의 동일한 사실관계에 의하여 한편에는 이익이 다른 한편에는 손실이 직접적으로 발생되면 충분하다.

2) 법률상 원인이 없을 것

부당이득이 성립하기 위하여는 법률상 원인이 없는 재산적 이동이 이루어져야 한다. 여기서 법률상 원인이라 함은 수익자의 재산적 이익을 정당화하는 사유, 즉 수익의 보유를 정당화하는 권원(權原)을 의미한다. 공법상의 부당이득반환청구권에 있어서는 수익자의 재산적 이익이 행정행위에 의

122) OVG Lüneburg, NJW 1953, S. 839.

123) BVerwGE 20, 295; 71, 85; H. Weber, JuS 1986, S. 29.

한 경우와 사실행위에 의한 경우를 구별하여야 하는바, 행정행위에 의하여 이익이 발생되는 경우에는 행정행위가 실효되거나 직권 또는 쟁송에 의하여 취소되어야 한다. 왜냐하면 위법한 행정행위도 공정력에 의하여 권한있는 기관에 의하여 취소될 때까지는 유효하며 이에 따라 수익자의 재산적 이익을 정당화하기 때문이다.

판례(조세의 과오납이 부당이득이 되기 위한 요건) 조세의 과오납이 부당이득이 되기 위하여는 납세 또는 조세의 징수가 실체법적으로나 절차법적으로 전혀 법률상의 근거가 없거나 과세처분의 하자가 중대하고 명백하여 당연무효이어야 하고, 과세처분의 하자가 단지 취소할 수 있는 정도에 불과할 때에는 과세관청이 이를 스스로 취소하거나 항고소송절차에 의하여 취소되지 않는 한 그로 인한 조세의 납부가 부당이득이 된다고 할 수 없다(대판 1994. 11. 11, 94다28000).

---

5. 부당이득의 반환범위

법률효과로서 수익자는 손실자에게 부당이득을 반환하여야 하는 바 여기서 수익자는 자신이 획득한 목적물을 반환하는 것이 원칙이나 수익자가 획득한 물건을 소비하였든지 또는 물건이 아니라 노무에 의하여 재산적 이익을 얻은 경우에는 그 가액을 반환하여야 한다. 문제가 되고 있는 것은 수익자의 반환범위에 대하여 규율하고 있는 민법 제748조를 공법상의 부당이득반환청구권에 유추적용할 수 있는지의 여부이다. 민법 제748조는 선의(善意)의 수익자와 악의(惡意)의 수익자로 나누어 선의의 수익자는 그 받은 이익이 현존하는 한도에서 반환할 책임이 있으며 악의의 수익자는 그 받은 이익에 이자를 붙여 반환하고 손해가 있으면 이를 배상하여야 한다고 규정하고 있다. 우리 실무에서는 이에 대하여 아직 명백한 태도를 취하고 있지 않으나 사권설을 유지하는 것으로 보아 대체로 민법 제748조를 직접적으로 적용하는 입장을 취하고 있는 것처럼 보인다. 그러나 공법상의 부당이득반환청구권의 특수성 때문에 제748조는 제한없이 유추적용할 수 없으며, 여기서 개인이 수익자인지 또는 국가가 수익자인지의 여부에 따라 구별되어야 할 것이다.

1) 수익자가 개인인 경우

수익자가 개인인 경우에는 부당이득의 반환범위는 신뢰보호의 원칙의 적용에 의하여 결정된다. 구체적인 경우에 개인이 이득의 적법성과 존속을 신뢰하고 이러한 신뢰에 기초하여 이득을 소모한 경우에는 부당이득반환청구권이 배제된다. 따라서 공법상의 부당이득반환청구권에서 개인이 수익자인 경우에는 신뢰보호의 원칙이 민법 제748조의 기능을 수행한다.

판례(보조금의 환수 범위) 사회복지사업법 제42조 제3항 단서에서 규정하고 있는 보조금 환수처분은 이미 지급받은 보조금 전액을 환수 대상으로 하되, 그 환수 범위는 보조사업의 목적과 내용, 보조금을 교부받으면서 부정한 방법을 취하게 된 동기 또는 보조금을 다른 용도로 사용하게 된 동기, 보조금의 전체 액수 중 부정한 방법으로 교부받거나 다른 용도로 사용한 보조금의 비율과 교부받은 보조금을 그 조건과 내용에 따라 사용한 비율 등을 종합하여 개별적으로 결정해야 하는 재량행위의 성격을 지니고 있다(대판 2024. 6. 13, 2023두54112).

---

2) 수익자가 행정주체인 경우

이에 대하여 행정주체가 선의의 수익자인 경우에는 독일의 일반적인 학설과 실무에 따르면 신뢰보호의 원칙이 적용되지 않을 뿐 아니라, 선의의 수익자의 부당이득반환범위를 규율하고 있는 제748조 제1항의 유추적용도 허용되지 않는다. 행정주체는 행정의 법률적합성의 원칙에 따라 엄격한 재정법의 기속하에 재정을 관리하여야 하며 잉여금은 단지 채무의 변제 및 여타의 재정수요에 사용하여야 하기 때문이다. 또한 개인에 대하여 비교할 수 없이 강력한 재정적인 지위를 갖고 있는 행정주체가 제748조 제1항의 유추적용을 주장할 수 있다면 원상회복적인 정의를 목적으로 하는 부당이득반환청구권의 의미는 현저하게 상실될 것이다.

이에 따라 행정주체가 수익자인 경우에는 민법 제748조는 직접 또는 유추적용되지 않으며, 행정주체는 선의 · 악의에 불문하고 법정이자율에 따른 이자를 붙여 반환함과 동시에 상대방에게 손해가 있을 때에는 그 손해도 배상하여야 할 것이다.

한편 판례는 조세환급금은 국가가 법률상 원인없이 수령하거나 보유하고 있는 부당이득에 해당하고 환급가산금은 그 부당이득에 대한 법정이자로서의 성질을 갖는 것으로서, 환급가산금은 수익자인 국가의 선의 · 악의를 불문하고 그 가산금에 관한 각 규정에서 정한 기산일과 비율에 의하여 확정된다고 하여, 민법 제748조의 적용을 배제하고 있다.

판례(환급가산금의 법적 성격) 조세환급금은 조세채무가 처음부터 존재하지 않거나 그 후 소멸하였음에도 불구하고 국가가 법률상 원인 없이 수령하거나 보유하고 있는 부당이득에 해당하고, 환급가산금은 그 부당이득에 대한 법정이자로서의 성질을 갖는다. 이때 환급가산금의 내용에 대한 세법상의 규정은 부당이득의 반환범위에 관한 민법 제748조에 대하여 그 특칙으로서의 성질을 가진다 할 것이므로, 환급가산금은 수익자인 국가의 선의 · 악의를 불문하고 그 가산금에 관한 각 규정에서 정한 기산일과 비율에 의하여 확정된다(대판 2009. 9. 10, 2009다11808).

---

6. 소멸시효

공법상의 부당이득반환청구권이 금전지급을 목적으로 하는 경우에는 법에서 별도로 규정하고 있는 경우를 제외하고는, 민법의 소멸시효(10년)와는 달리 그 시효는 행정상의 금전채권의 소멸시효의 예에 따라 5년으로 한다. 국가재정법 제96조 및 지방재정법 제82조는 그 권리의 성질에 관계없이 국가 또는 지방자치단체가 갖고 있는, 또는 국가나 지방자치단체에 대한 금전채권의 소멸시효를 5년으로 규정하고 있다.

7. 공법상 부당이득반환의 청구절차

공법상의 부당이득반환청구권의 행사에 대하여 법률에 특별한 규정이 있는 경우에는 그의 절차에 따라 행하여야 하나(예: 국세기본법 51조-54조; 지방세기본법 76조-79조) 특별한 규정이 없는 경우, 현재 실무에서는 민사소송절차에 의하고 있다. 그러나 공법상의 부당이득반환청구권이 공권(公權)의 성격을 갖는 행정상의 법제도인 점에 비추어 향후 공법상의 당사자소송으로 다루어야 할 것이다. 행정주체의 부당이득이 행정주체의 공과금처분에 의한 경우에는 개인은 행정소송법 제10조 제2항에 따라 취소소송과 부당이득반환청구소송을 병합하여 제기할 수 있을 것이다.

사례 행정청 A는 미성년자에게 주류를 판매한 업주 甲에게 영업정지처분에 갈음하여 과징금부과처분을 하였고, 甲은 부과된 과징금을 납부하였다. 그러나 甲은 이후 과징금부과처분에 대하여 하자가 있음을 알게 되었다.(아래 각 문제는 독립된 것임)

1. A가 권한없이 과징금부과처분을 한 경우, 甲이 이미 납부한 과징금을 반환받기 위해 제기할 수 있는 소송유형들을 검토하시오.(20점)

2. A가 처분의 이유를 제시하지 아니한 채 과징금부과처분을 하였고, 甲은 이미 납부한 과징금을 반환받기 위해 과징금부과처분을 다투고자 한다. 甲이 제기할 수 있는 소송을 설명하시오.(10점)(제57회 사법시험)

▶**답안요지**

제1문: 甲이 과징금을 반환하기 위하여 제기할 수 있는 소송유형

甲이 제기할 수 있는 소송유형으로 항고소송과 공법상의 부당이득반환청구소송이 고려된다.

1. 甲이 제기할 수 있는 항고소송

설문1에서 행정청 A는 권한없이 과징금부처분을 하였는바, 무효와 취소의 구별기준에 관한 판례와 다수설의 입장인 중대·명백설에 따를 때 권한없는 자의 처분은 중대한 법규 위반이며 객관적으로 명백한 하자로 보아 당연무효에 해당한다는 것이 일반적이다. 이에 따라 甲이 제기할 수 있는 항고소송으로는 무효확인소송이 고려된다. 종래 판례는 민사소송의 일반원칙인 형성소송 및 이행소송에 대한 확인소송의 보충성의 원칙에 따라 행정처분의 무효를 전제로 한 이행소송과 같은 구체적인 구제수단이 있는 경우에는 원칙적으로 소의 이익을 부정하고, 다른 구제수단에 의하여 분쟁이 해결되지 않은 경우에 한하여 무효확인소송을 보충적으로 인정하여 왔다. 이러한 종전의 입장은 대법원 전원합의체 판결에 의하여 변경되었다(대판(전원합의체) 2008. 3. 20, 2007두6342). 무효확인소송은 비록 확인소송의 일종이기는 하나, 동시에 행정행위의 효력유무를 다투는 항고소송의 성격을 갖고 있으며, 행소법 38조 1항은 취소판결의 기속력에 관한 행소법 30조를 무효확인소송에 준용하고 있으므로 무효확인판결 자체만으로도 원상회복 및 결과제거 등 실효성을 확보할 수 있다.

설문에서 甲은 과징금부과처분에 대하여 무효확인소송을 제기할 수 있으며, 인용판결의 기속력 중 행정청의 결과제거의무에 따라 이미 납부한 과징금을 반환받을 수 있을 것이다.

한편 甲은 무효선언을 구하는 취소소송을 제기할 수도 있으나, 이 경우에 제소기간 등 취소소송의 적법요건을 갖추어야 한다.

2. 부당이득반환청구소송

민법상의 법률관계에서 뿐만 아니라, 행정법관계에서도 부당이득반환청구권이 성립된다. 행정법관계에서 발생하는 부당이득반환청구권을 공법상 부당이득반환청구권이라 한다. 다수설은 공법상 부당이득반환청구권을 당사자소송의 대상이 되어야 한다는 입장을 취하고 있으나 판례는 민사소송으로 다루고 있다. 판례의 입장을 따른다면 甲은 민사소송을 제기할 수 있을 것이다. 부당이득반환청구권이 성립하기 위하여는 ① 재산적 이익의 이동이 있어야 하며, ② 법률상 원인이 없을 것의 요건이 충족되어야 한다. 甲은 이미 과징금을 납부하였는바, ①의 요건이 충족되었으며, 이러한 재산적 이동은 무효인 과징금부과처분에 의하여 이루어졌기 때문에 ②의 요건도 충족되었다. 여기서 민사법원이 부당이득반환청구소송의 선결문제로서 과징금부과처분의 효력유무를 판단할 수 있는지 문제가 된다. 무효인 행정행위는 구성요건적 효력을 발생하지 않을 뿐만 아니라, 행소법 11조는 행정처분의 효력유무가 선결문제가 되는 경우 민사법원의 판단권을 인정하고 있다. 판례 역시 행정처분의 당연무효 여부가 선결문제로 되는 때에는 이를 판단하여 당연무효임을 전제로 판결할 수 있고 반드시 행정소송 등의 절차에 의하여 그 취소나 무효확인을 받아야 하는 것은 아니라고 판시하고 있다(대판 2010. 4. 8, 2009다90092).

甲은 항고소송을 제기하지 않고 즉시 민사법원에 부당이득반환청구소송을 제기할 수 있다.

3. 결어

甲은 항고소송으로 무효확인소송을 제기하거나 또는 민사소송으로서 부당이득반환청구소송을 제기할 수 있다.

제2문: 甲이 제기할 수 있는 소송유형

설문에서 이유제시가 없이 과징금부과처분을 하였고, 甲은 이미 납부한 과징금을 반환받으려고 한다. 여기서 甲이 제기할 수 있는 소송유형으로는 항고소송과 민사소송으로서 부당이득반환청구소송이 고려된다.

1. 항고소송

설문에서 A의 과징금부과처분은 이유제시 없이 행하여졌는바, 이러한 절차상의 하자는 판례와 학설에 따르면 취소사유에 해당한다. 처분의 상대방이 절차상의 하자를 이유로 취소소송을 제기할 수 있는지 여부에 관하여 ① 긍정설, ② 부정설, ③ 절충설로 대립되고 있으나 판례는 긍정설의 입장을 취하고 있다. 판례에 따라 甲은 과징금부과처분에 대하여 취소소송을 제기할 수 있으며, 인용판결이 확정된 경우 판결의 기속력 중 결과제거의무에 따라 과징금을 반환받을 수 있을 것이다.

2. 부당이득반환청구소송

甲은 판례의 입장에 따라 민사소송으로 부당이득반환청구소송을 제기할 수 있다. 부당이득반환청구권이 성립하기 위하여는 ① 재산적 이익의 이동이 있을 것, ② 법률상 원인이 없을 것의 요건이 충족되어야 하는바, 甲은 이미 과징금을 납부하였으므로 ①의 요건이 갖추어졌다. ②의 요건이 충족되어야 하는 바, 위법한 처분이라고 하더라도 공정력 때문에 중대하고 명백한 하자가 있어 당연무효가 아닌 한 유효성을 인정받는다. 사안에서 과징금부과처분은 위법하나 무효가 아니기 때문에 효력을 유지하며, 이는 행정주체의 재산적 이익의 법률상 원인이 되기 때문에 ②의 요건이 충족되지 않는다. ②의 요건이 갖추어지기 위하여는 민사법원은 선결문제로서 과징금부과처분의 효력을 부인할 수 있어야 하지만, 이러한 권한은 행정행위의 구성요건적 효력(이에 대하여는 본서 행정행위의 효력 부분참조) 때문에 부정된다. 이에 따라 甲이 부당이득반환청구권을 행사하기 위하여는 우선 취소소송을 제기하여 법률상 원인이 되는 과징금부과처분의 효력을 소멸시켜야 한다. 甲은 취소소송의 인용판결 후에 별도로 부당이득반환청구소송을 제기할 수 있으나, 취소소송과 부당이득반환청구소송을 병합하여 제기하는 것이 소송경제적으로 유리할 것이다(행소법 10조 2항).

3. 결어

甲은 과징금부과처분의 위법함을 이유로 취소소송을 제기할 수 있다. 취소소송의 인용판결 후에 별도로 부당이득반환청구소송을 제기할 수 있으며, 처음부터 취소소송에 부당이득반환청구소송을 병합하여 제기할 수 있다.

Ⅱ. 행정법상의 채권관계에 근거한 손해배상청구권

1. 의 의

행정법상의 채권관계는 그 구조와 대상에 있어서 민법상의 채권관계와 유사한 행정주체와 개인 사이에 법률관계이다. 행정법학에서는 이미 오래전부터 행정주체와 개인이 일반적인 행정법관계를 넘어서서 보다 상호간에 밀접하게 결합되고 접촉하는 관계가 있음을 인정하고 이를 행정법상의 채권관계(Verwaltungsrechtliches Schuldverhältnis)라고 하였다.[124)]

124) 이에 대하여 상세히는 Eckert, DVBL 1962, 11ff.; Blume, Schuldrechtsähnliche Sonderverbindungen im

이러한 행정법상의 채권관계의 대표적인 예로서는 공법상의 계약관계, 배려행정영역에 있어서 공급 및 이용관계(상수공급 및 하수시설 이용관계 등), 공무원관계, 공법상의 사무관리 및 임치 등을 들 수 있다. 독일의 학설과 판례는 행정법상의 채권관계에서 한 당사자의 의무위반으로 급부장애가 발생되는 경우에는 민법상의 채권관계의 관련규정을 유추적용하여 손해배상청구권을 인정하여 왔다. 이러한 행정법상의 채권관계에 근거한 손해배상책임은 국가배상청구권을 보완하고 확충하는 기능을 갖고 있으며 피해자는 구체적인 경우에 국가배상청구권과 행정법상의 채권관계에 근거한 손해배상청구권을 선택적으로 청구할 수 있다. 행정법상의 채권관계에 근거한 손해배상청구권은 시효가 국가배상청구권보다 장기인 점, 이행보조인의 과실에 대하여 완전하게 책임진다는 점(민법 391조) 등에서 국가배상법보다 유리한 점이 있다.

2. 행정법상의 채권관계의 종류

1) 공법상 계약 및 공법상의 공급 및 사용관계

행정목적을 실현시키기 위하여 행정주체는 개인과 공법상의 계약을 체결하는 경우가 많은바(융자 및 보증계약, 행정임무의 위탁계약, 공용부담계약 등), 이러한 공법상 계약이 체결되면 계약당사자는 계약내용에 따라 이행의무를 진다. 당사자의 채무불이행, 이행지체에 대하여는 민법의 관련규정을 유추적용하여 손해배상책임을 인정할 수가 있다. 또한 불완전이행과 계약체결상의 과실(culpa in contrahendo)에 의한 손해배상책임 역시 일반적인 법원칙의 표현으로서 공법상의 계약관계에 적용할 수 있을 것이다.

상수의 공급 및 하수도의 사용과 같은 공법상의 공급관계나 사용관계는 공법상 계약의 형식에 의하기보다는 연결강제나 사실상의 사용에 의하여 성립됨에도 불구하고 독일의 판례에서는 행정법상의 채권관계로 보아 행정주체가 불완전이행을 하는 경우(오염된 상수의 공급)에는 민법상의 적극적 채권침해의 법리를 원용하여 손해배상책임을 인정하고 있음은 주목할 만한 일이다.[125)]

2) 공법상의 사무관리

가. 의 의

사무관리란 법률상의 의무없이 타인을 위하여 그의 사무를 처리하는 행위를 의미한다(민법 734조). 사무관리란 원래 민법에서 발전된 관념이나 행정법관계에서도 오래전부터 인정되어 왔다. 그러나 공법상의 사무관리의 허용범위는 행정의 법률적합성의 원칙과 관련하여 문제가 되고 있다. 민법상의 사무관리는 본인에게 불리하거나 본인의 의사에 반한다는 것이 명백하지 않은 경우에 성립되나 이러한 요건은 공법상의 사무관리에 그대로 적용될 수가 없다. 행정주체가 법률의 수권에 의하여 활동하여야 하는 경우에는 사무관리가 배제된다. 행정의 법률적합성의 원칙에 따라 행정주체는 법률적 권한과 관할권이 없는 경우에 사무관리의 이름으로 다른 행정주체의 관할권이나 개인의 법적 보호영역을 침해하여서는 안된다. 그렇지 않은 경우에는 법률에 의하여 규정된 관할규정은 사무관리의 이름으로 형해화될 것이다. 이에 따라 행정주체에 의한 공법상의 사무관리는 긴급한 경우나 또는 법률에 의하여 규율되지 않은 단순고권적인 행정영역에 제한되어 인정되고 있으며, 행정주체를 위한 개인의 사

öffentlichen Recht, 1967.

125) BGHZ 17, 191; BGHZ 59, 301.

무관리 역시 긴급한 경우에 제한되어 인정되어야 할 것이다.[126]

나. 사무관리의 종류

가) 행정주체의 다른 행정주체를 위한 사무관리 행정주체가 자신의 긴급권한을 근거로 또는 착오에 의하여 다른 행정주체의 권한을 수행하는 경우를 의미하는바, 예를 들어 지방자치단체에 소속된 도로에 유조차가 전복되어 기름이 유출되었을 때, 국가소속의 경찰이 이를 제거하는 경우나 지방자치단체소속의 소방대가 국가소속의 기차의 운행도중 발생된 화재를 진압한 경우가 이에 해당된다.

나) 행정주체의 사인을 위한 사무관리 주로 위해방지영역에서 인정되고 있는바 예를 들어 행정주체가 긴급재해시에 행하는 구호나 행려병자의 보호·관리, 사망자의 유류품의 처리 등을 들 수가 있다.

다) 사인의 행정주체를 위한 사무관리 마찬가지로 비상재해시에 사인이 행정주체를 위하여 사무관리를 하는 경우가 발생될 수 있는바 예를 들어 홍수에 의하여 파손된 지방자치단체소속의 도로나 하수관을 사인이 수리하는 경우, 고속도로의 난간을 사인이 수리하는 경우, 폐기물수거 등이 이에 해당된다.

다. 비용상환 및 손해배상청구권

공법상의 사무관리에는 민법의 사무관리규정이 그 성질에 반하지 않는 한 유추적용된다. 관리자가 본인을 위하여 사무를 처리하고, 본인을 위하여 필요비 또는 유익비를 지출한 경우에는 관리자는 민법 제739조를 유추적용하여 본인에 대하여 비용상환청구권을 갖는다. 아울러 관리자가 사무관리를 함에 있어서 과실없이 손해를 입은 때에는 본인의 현존이익의 한도에서 그 손해의 보상을 청구할 수 있다. 반면 관리자가 본인의 의사에 반하거나 본인의 이익에 합치되지 않는 방법으로 사무를 처리하여 이로 인하여 손해가 발생된 경우에는 민법 제734조를 유추하여 손해배상을 하여야 한다.

한편 판례는 사무관리의 법리에 따라 2007년 태안 앞바다 기름유출사고 당시 해양경찰의 지시를 받고 유류방제작업에 참가한 기업의 방제비용청구권을 인정하였으며, 아울러 공법상 사무관리의 특수성을 판시하였다.

판례(사인이 국가의 사무를 처리한 경우, 사무관리가 성립하기 위한 요건) 사무관리가 성립하기 위하여는 우선 사무가 타인의 사무이고 타인을 위하여 사무를 처리하는 의사, 즉 관리의 사실상 이익을 타인에게 귀속시키려는 의사가 있어야 하며, 나아가 사무의 처리가 본인에게 불리하거나 본인의 의사에 반한다는 것이 명백하지 아니할 것을 요한다. 다만 타인의 사무가 국가의 사무인 경우, 원칙적으로 사인이 법령상 근거 없이 국가의 사무를 수행할 수 없다는 점을 고려하면, 사인이 처리한 국가의 사무가 사인이 국가를 대신하여 처리할 수 있는 성질의 것으로서, 사무 처리의 긴급성 등 국가의 사무에 대한 사인의 개입이 정당화되는 경우에 한하여 사무관리가 성립하고, 사인은 그 범위 내에서 국가에 대하여 국가의 사무를 처리하면서 지출된 필요비 내지 유익비의 상환을 청구할 수 있다. 甲 주식회사 소유의 유조선에서 원유가 유출되는 사고가 발생하자 해상 방제업 등을 영위하는 乙 주식회사가 피해 방지를 위해 해양경찰의 직접적인 지휘를 받아 방제작업을 보조한 사안에서, 甲 회사의 조치만으로는 원유 유출사고에 따른 해양오염을 방지하기 곤란할 정도로 긴급방제조치가 필요한 상황이었고, 위 방제작업은 乙 회사가 국가를 위해 처리할 수 있는 국

126) Maurer, All. VerwR, S. 788.

가의 의무 영역과 이익 영역에 속하는 사무이며, 乙 회사가 방제작업을 하면서 해양경찰의 지시 · 통제를 받았던 점 등에 비추어 乙 회사는 국가의 사무를 처리한다는 의사로 방제작업을 한 것으로 볼 수 있으므로, 乙 회사는 사무관리에 근거하여 국가에 방제비용을 청구할 수 있다(대판 2014. 12. 11, 2012다15602).

3) 공법상의 임치

임치란 민법상의 제도로서 당사자의 일방(任置人)이 상대방에 대하여 금전이나 유가증권 기타의 물건의 보관을 위탁하고, 상대방(受置人)이 이를 승낙함으로써 성립하는 계약이다(민법 693조). 이러한 임치는 행정상의 법률관계에서도 성립될 수 있는바 예를 들어 경찰관직무집행법 제4조 제3항에 따라 경찰관이 무기 · 흉기 등 위험을 야기할 수 있는 것으로 인정되는 물건을 임시영치하는 경우나 도로교통법 제35조 제3항에 따라 경찰서장이 주차위반차량을 견인하여 보관하는 경우가 이에 해당된다고 할 것이다. 사인(私人)이 공법(公法)에 근거하여 행정주체의 물건을 보관하는 경우도 공법상에 임치에 해당된다(예비군의 무기 및 군장비의 보관 등).

사법상의 임치는 계약에 의하여 성립하는데 반하여 공법상의 임치는 행정행위, 공법상의 계약 또는 사실상의 점유에 의하여 성립한다. 임치에 있어서 결정적인 것은 보관장소가 주어질 뿐만 아니라, 물건이 실제로 보관되고 훼손이나 분실이 되지 않도록 관리되어야 한다는 점이다. 공법상의 임치에 대하여는 민법 제693조 이하가 유추적용되나 일부규정은 행정주체의 특수한 지위와 임무의 성격 때문에 적용이 되지 않는다. 예를 들어 개인의 물건이 압수된 경우에는 임치인의 해지권에 대한 규정(민법 698조 · 699조)의 적용이 배제된다.

수치인은 임치물을 반환할 의무를 지는바, 만일 행정주체가 물건의 파손이나 손실 등으로 인하여 반환이 불가능한 경우에 민법상의 채무불이행으로 인한 손해배상책임을 규정한 제390조를 유추적용하여 개인에게 손해배상을 하여야 할 것이다.

행정쟁송

제1절 개 설

법치국가에서 행정작용은 법에 적합하고 공익에 타당하게 행사되어야 한다. 행정작용이 위법하고 부당하게 행하여지는 경우에 그 시정은 행정감독 등의 수단에 의하여 어느 정도 달성될 수 있다. 그러나 보다 효과적인 방법은 위법 · 부당한 행정작용에 의하여 권익을 침해받은 자가 직접 그 효력을 다툴 수 있게 하고 일정한 심판기관이 그에 대한 유권적 판정을 내리게 하는 제도를 보장하는 것일 것이다. 행정쟁송이란 행정법관계에 분쟁이 발생된 경우에 분쟁당사자의 쟁송제기에 대하여 일정한 심판기관이 심판하는 절차를 의미한다.

이러한 행정쟁송에는 행정심판과 행정소송이 있다. 행정심판은 행정기관에 의하여 심리 · 재결되는 행정쟁송을 의미하는 반면, 행정소송이란 법원에 의하여 심리 · 판결되는 행정쟁송이다. 양자는 심판기관 · 심리절차 및 쟁송사항에 있어서 차이가 있다.

제2절 행정심판

제1항 개 설

Ⅰ. 행정심판의 개념

행정심판은 실질적 의미의 개념과 형식적 의미의 개념으로 구분하여 설명하고 있는 것이 문헌의 일반적 경향이다.

1. 실질적 의미의 행정심판

실질적 의미의 행정심판이란 특정한 실정법제도와 관계없이 이론적인 관점에서 파악하는 행정심판의 개념이다. 이에 따르면 행정심판이란 행정상의 법률관계에 관한 법적 분쟁을 행정기관이 심리 · 판정하는 쟁송절차를 총칭한다. 이러한 의미의 행정심판은 실정법상으로 행정심판 · 이의신청 · 심사청구 · 심판청구 등 여러 가지 형태로 제도화되고 있으며, 또한 이들은 서로 상이한 절차를 갖고 있다. 그럼에도 불구하고 이들은 행정기관이 심판기관이라는 점과 약식절차가 인정된다는 점에서 행정소송과 구별되는 행정심판으로서의 공통성을 갖고 있다.

2. 형식적 의미의 행정심판

형식적 의미의 행정심판은 특정한 실정법제도에 의하여 인식되는 행정심판을 가리키는 것으로서 현행 행정심판법에 따른 행정심판을 의미한다. 행정심판법에서 말하는 행정심판이란 "위법 또는 부당한 처분이나 부작위로 침해된 국민의 권리 또는 이익을 구제하고, 아울러 행정의 적정한 운영을 도모하기 위한(행심법 1조)" 행정기관에 의한 심판절차를 가리킨다. 이러한 행정심판은 항고쟁송의 성격을 갖고 있다. 이하에서 행정심판이라 함은 행정심판법의 적용을 받는 행정쟁송을 의미하기로 한다.

Ⅱ. 행정심판과 유사개념과의 구별

1. 이의신청과의 구별

이의신청이란 위법 · 부당한 행정작용으로 권리나 이익이 침해된 자가 행정청에 대하여 그러한 행위의 시정을 구하는 절차이다. 실무상 "진정(陳情)"으로 표현되기도 한다.

행정심판과 이의신청은 우선 심판기관에 있어서 차이가 존재한다. 행정심판은 원칙적으로 처분청의 직근상급행정기관에 속한 행정심판위원회에 제기하는 쟁송인 반면, 이의신청은 처분청 자신에 대하여 제기하는 쟁송이다. 아울러 행정심판은 사법절차가 준용되는 반면, 이의신청에는 사법절차가 준용되지 않는다. 동일한 처분에 대하여 이의신청과 행정심판이 함께 인정되는 경우가 있으며 이 경우 양자는 전심(前審) · 후심(後審)의 관계에 있는 것이 보통이다(국세기본법 68조, 공공기관의 정보공개에 관한 법률 19조 · 20조).

한편, 개별법상의 "이의신청"이 단순히 진정(陳情)의 성격을 갖는 경우도 있으며(부동산가격공시 및 감정평가에 관한 법률 제12조에 따른 개별공시지가에 대한 이의신청), 또한 행정심판의 성격을 갖는 경우도 있는 바(토지보상법 제83조에 의한 토지수용위원회의 재결에 대한 이의신청), 이에 관한 구별은 실무적으로 중요한 의미가 있다.

행정심판의 성격을 갖는 경우에는 ① 재심판청구금지(행심법 51조)에 따라 이의신청을 거친 후에 다시 행정심판을 청구할 수 없으며, ② 재결자체에 고유한 위법이 존재한다면, 취소소송의 대상이 될 수 있다. 반면, 이의신청이 단순한 진정에 해당한다면, ① 이의신청의 대상이 된 처분을 취소하는 결정은 직권취소로서 그리고 변경하는 결정은 종전의 처분을 대체하는 새로운 처분으로서 취소소송의 대상이 될 수 있으나, ② 이의신청을 기각하는 결정은 종전의 처분을 단순히 확인하는 행위로 독립한 처분의 성질을 갖지 않는다.

한편, 행정기본법은 처분에 대한 이의신청에 관하여 일반적인 절차를 규정하고 있다. 이에 따르면 처분에 이의가 있는 당사자는 처분을 받은 날부터 30일 이내에 해당 행정청에 이의신청을 할 수 있다(행정기본법 36조 1항). 행정청은 제1항에 따른 이의신청을 받으면 그 신청을 받은 날부터 14일 이내에 그 이의신청에 대한 결과를 신청인에게 통지하여야 한다(동조 2항). 이의신청을 한 경우에도 그 이의신청과 관계없이 「행정심판법」에 따른 행정심판 또는 「행정소송법」에 따른 행정소송을 제기할 수 있다(동조 3항). 이의신청에 대한 결과를 통지받은 후 행정심판 또는 행정소송을 제기하려는 자는 그 결과를 통지받은 날부터 90일 이내에 제1항의 처분(이의신청 결과 처분이 변경된 경우에는 변경된 처분으로 한다)에 대하여 행정심판 또는 행정소송을 제기할 수 있다(동조 4항). 행정청은 제2항 또는 다른 법률에 따라 이의신청에 대한 결과를 통지할 때에는 대통령령으로 정하는 바에 따라 제4항에 따른 행정심판 또는 행정소송을 제기할 수 있는 기간 등 행정심판 또는 행정소송의 제기에 관한 사항을 함께 안내하여야 한다. 다만, 이의신청에 대한 결과를 통지하기 전에 이미 신청인이 행정심판 또는 행정소송을 제기한 경우에는 안내하지 아니할 수 있다(동조 5항). 행정기본법이 정하는 이의신청 절차는 다른 법률에서 정하고 있는 이의신청 절차를 보충하는 의미를 가지고 있다. 다만 공무원의 징계를 포함한 인사 처분, 국가인권위원회의 의결, 노동위원회의 의결, 형사 · 행형 및 보안처분, 외국인의 출입국 · 난민인정 · 귀화 · 국적회복, 과태료의 부과 및 징수 등에 관해서는 적용되지 않는다(동조 8항).

판례 1(민원사무처리법상의 이의신청에 대한 기각결정이 항고소송의 대상이 되는지 여부) 민원사무처리법 제18조 제1항에서 정한 거부처분에 대한 이의신청은 행정청의 위법 또는 부당한 처분이나 부작위로 침해된 국민의 권리 또는 이익을 구제함을 목적으로 하여 행정청과 별도의 행정심판기관에 대하여 불복할 수 있도록 한 절차인 행정심판과는 달리, 민원사무처리법에 의하여 민원사무처리를 거부한 처분청이 민원인의 신청 사항을 다시 심사하여 잘못이 있는 경우 스스로 시정하도록 한 절차이다. 이에 따라, 민원 이의신청을 받아들이는 경우에는 이의신청 대상인 거부처분을 취소하지 않고 바로 최초의 신청을 받아들이는 새로운 처분을 하여야 하지만, 이의신청을 받아들이지 않는 경우에는 다시 거부처분을 하지 않고 그 결과를 통지함에 그칠 뿐이다. 따라서 이의신청을 받아들이지 않는 취지의 기각 결정 내지는 그 취지의 통지는, 종전의 거부처분을 유지함을 전제로 한 것에 불과하고 또한 거부처분에 대한 행정심판이나 행정소송의 제기에도 영향을 주지 못하므로, 결국 민원 이의신청인의 권리 · 의무에 새로운 변동을 가져오는 공권력의 행사나 이에 준하는 행정작용이라고 할 수 없어, 독자적인 항고소송의 대상이 된다고 볼 수 없다고 봄이 타당하다(대판 2012. 11. 15, 2010두8676).

판례 2(국가유공자법이 정한 이의신청에 대한 결정의 처분성 여부 및 쟁송제기기간) 국가유공자법 제74조의18 제1항이 정한 이의신청을 받아들이지 아니하는 결정은 이의신청인의 권리 · 의무에 새로운 변동을 가져오는 공권력의 행사나 이에 준하는 행정작용이라고 할 수 없으므로 원결정과 별개로 항고소송의 대상이 되지는 않는다. 한편, 국가유공자 비해당결정 등 원결정에 대한 이의신청이 받아들여지지 아니한 경우에도 이의신청인으로서는 원결정을 대상으로 항고소송을 제기하여야 하고, 국가유공자법 제74조의18 제4항이 이의신청을 하여 그 결과를 통보받은 날부터 90일 이내에 행정심판법에 따른 행정심판의 청구를 허용하고 있고, 행정소송법 제18조 제1항 본문이 "취소소송은 법령의 규정에 의하여 당해 처분에 대한 행정심판을 제기할 수 있는 경우에도 이를 거치지 아니하고 제기할 수 있다."라고 규정하고 있는 점 등을 종합하면, 이의신청을 받아들이지 아니하는 결과를 통보받은 자는 통보받은 날부터 90일 이내에 행정심판법에 따른 행정심판 또는 행정소송법에 따른 취소소송을 제기할 수 있다(대판 2016. 7. 27, 2015두45953).

판례 3(한국토지주택공사의 생활대책대상자 부적격통보에 대한 재심사결정통보의 처분성 여부) 한국토지주택공사가 택지개발사업의 시행자로서 택지개발예정지구 공람공고일 이전부터 영업 등을 행한 자 등 일정 기준을 충족하는 손실보상대상자들에 대하여 생활대책을 수립 · 시행하였는데, 직권으로 甲 등이 생활대책대상자에 해당하지 않는다는 결정(이하 '부적격통보'라고 한다)을 하고, 甲 등의 이의신청에 대하여 재심사 결과로도 생활대책대상자로 선정되지 않았다는 통보(이하 '재심사통보'라고 한다)를 한 사안에서, 부적격통보가 심사대상자에 대하여 한국토지주택공사가 생활대책대상자 선정 신청을 받지 아니한 상태에서 자체적으로 가지고 있던 자료를 기초로 일정 기준을 적용한 결과를 일괄 통보한 것이고, 각 당사자의 개별 · 구체적 사정은 이의신청을 통하여 추가로 심사하여 고려하겠다는 취지를 포함하고 있다면, 甲 등은 이의신청을 통하여 비로소 생활대책대상자 선정에 관한 의견서 제출 등의 기회를 부여받게 되었고 한국토지주택공사도 그에 따른 재심사과정에서 당사자들이 제출한 자료 등을 함께 고려하여 생활대책대상자 선정기준의 충족 여부를 심사하여 재심사통보를 한 것이라고 볼 수 있는 점 등을 종합하면, 비록 재심사통보가 부적격통보와 결론이 같더라도, 단순히 한국토지주택공사의 업무처리의 적정 및 甲 등의 편의를 위한 조치에 불과한 것이 아니라 별도의 의사결정 과정과 절차를 거쳐 이루어진 독립한 행정처분으로서 항고소송의 대상이 된다(대판 2016. 7. 14, 2015두58645).

2. 청원과의 구별

헌법 제26조에 따라 모든 국민은 국가기관에 대하여 청원할 권리를 갖고 있으며, 국가기관은 청원에 대하여 심사할 의무를 지고 있다. 이를 구체화한 청원법은 나아가서 국가기관에 대하여 심사결과에 대한 통지의무까지 부과하고 있다(청원법 14조 1항). 청원이나 행정심판은 행정청의 위법·부당한 행정처분 등의 취소를 구할 수 있다는 점에서 공통점을 갖고 있으나, 다음과 같이 여러 가지 차이점을 갖고 있다.

① 행정심판은 권리구제를 위한 쟁송제도로서 개인의 주장이 이유가 있는 경우에는 이를 인용하는 재결을 하여야 하는 반면, 청원은 쟁송수단이라기보다는 국정에 대한 국민의 의견이나 희망을 진술할 권리로서 국가기관은 반드시 이에 따라야 할 의무는 없다. ② 행정심판은 제기권자·제기기관·제기사항 등에 있어서 제한이 있으나, 청원에는 이러한 제한이 없다. ③ 행정심판은 심사절차·판정형식·판정내용 등이 법에서 정하여져 있으나 청원은 그러한 제한이 없다. ④ 행정심판에 대한 재결은 불가쟁력·불가변력 등의 효력을 발생하는 데 대하여 청원에 대한 결정은 그러한 효력을 발생하지 않는다.

Ⅲ. 행정심판의 성격

행정심판은 두 가지 성격을 갖는다. 즉 행정심판은 분쟁에 대한 심판작용으로서의 성격을 갖는 동시에 행정작용으로서의 성격을 갖는다. 행정심판은 행정법관계의 사실을 인정하고 법을 해석·적용함으로써 행정법관계의 분쟁을 심리 및 판단한다는 점에서 재판에 준하는 성격을 가진다. 다른 한편으로는 행정심판은 심판기관의 의사의 표현으로서 분쟁있는 행정법관계를 규율하고 형성함으로써 행정목적을 실현하는 행정작용에 해당한다. 이들 두 가지 중 어느 것이 행정심판에 있어서 더 큰 비중을 차지하고 있는지는 각국의 실정법제도에 따라 상이한 바, 심판작용으로서의 성격이 강조되는 경우에는 심판기관의 독립성·객관성이 강하게 보장되고 그 심리절차에 있어서 사법절차가 광범위하게 도입되는 데 반하여, 행정작용으로서의 성격이 강조되는 경우에는 행정기관이 심판기관이 되는 예가 많고 약식절차가 지배하게 된다.

Ⅳ. 행정심판의 존재이유

1. 자율적 행정통제

행정법관계의 법적 분쟁에 대하여 행정기관이 스스로 심판기관이 되어 심리·판단하는 행정심판은 한편으로는 행정권 스스로에 의하여 국민의 권익을 구제하는 제도로서 의의를 갖는 동시에, 다른 한편으로는 행정의 적법성과 합목적성을 행정권 스스로 확보하려는 자율적 행정통제로서의 의의를 갖고 있다. 오늘날 국민의 권리구제와 행정의 적정성확보는 궁극적으로 사법부에 의하여 보장될 수 있음에도 불구하고 행정심판제도를 두는 것은 권력분립주의에 따라 행정작용에 대한 제1차적 통제는 행정권에 의하여 자율적으로 행하도록 하는 것이 보다 합리적이고 효율적이라는 사고에서 출발하고 있다.

2. 행정능률의 보장

사법절차에 의한 행정법관계의 분쟁에 대한 심판은 심리절차의 공정과 신중으로 개인의 권리구제에 충실할 수 있으나 상당한 시일을 요하기 때문에 현대행정에서 요구되는 능률성을 저해할 수 있다. 이에 따라 사법절차에 앞서서 신속·간편한 행정심판을 거치도록 함으로써 행정법관계의 분쟁을 조속히 해결하도록 하는 것은 행정능률에 적지 않게 이바지한다고 볼 수 있다.

3. 행정의 전문지식의 활용과 사법기능의 보완

현대산업사회에서 나타나고 있는 새로운 사회적·경제적 문제는 고도의 전문성과 기술적인 성격을 갖고 있는바, 일반법원은 이러한 전문적·기술적 문제의 해결에 적합하지 않은 경우가 많다. 이에 대하여 행정기관은 그러한 전문적·기술적 문제의 처리에 적합하게 조직되었을 뿐 아니라, 이에 대한 충분한 경험과 지식을 갖추고 있는 것이 일반적이다. 따라서 적어도 행정쟁송의 일차적 단계에서라도 전문기관인 행정청으로 하여금 이에 대한 분쟁을 심판하도록 하는 것이 보다 합리적일 뿐 아니라 이는 또한 사법의 기능을 보완하고 아울러 법원의 부담을 현저하게 완화시켜 준다.

4. 소송경제의 확보

사법절차는 법원·소송당사자 및 기타 관계인에게 막대한 노력·경비 등을 부담시킬 뿐 아니라, 심리에도 장시간을 요구하는 것이 보통이다. 이에 대하여 행정심판은 노력·경비·시간 등을 상당하게 절약시킬 수 있다. 이에 따라 행정심판을 사법절차와 별도의 절차로서 또는 전심절차로서 인정함은 소송경제에 적지 않게 기여한다.

Ⅴ. 행정심판제도의 유형

행정심판제도는 각국의 역사적 발전의 배경이나 입법정책 등의 차이로 그 구체적 내용이나 절차에 있어서 차이가 나고 있다. 행정심판제도는 크게 대륙법계 국가의 행정심판제도와 영미법계 국가와 대별하여 고찰할 수 있다.

1. 대륙법계의 행정심판제도

독일과 프랑스를 중심으로 발전된 대륙법계 행정심판제도는 행정작용에 대한 개인의 권익구제제도로서 기능도 수행하였으나, 행정의 적법성과 합목적성을 행정권 스스로 확보한다는 자율적 통제에 그 중점이 놓여져 있었다. 이러한 전통적인 대륙법계국가의 행정심판제도의 특징은 행정심판의 쟁송사항·쟁송기간·심판기관 및 심판절차 등에서 그 모습을 발견할 수 있다. 즉 행정소송은 위법한 처분만을 대상으로 하는 데 대하여 행정심판은 부당한 처분까지도 쟁송대상으로 함으로써 행정재량에 속하는 사항까지도 심사를 하며, 아울러 심판제기기간은 단기간으로 제한하고 있음에도 불구하고 심판기관의 직권으로 판단할 수 있다. 또한 심판기관은 처분청의 상급기관이 되기 때문에 객관성을 보장받기 어려운 것은 사실이며, 심리절차 역시 서면심리주의를 채택하는 등 약식쟁송절차의 형태를 갖추고 있었다. 그러나 제2차 세계대전이 끝난 이후 이들 대륙법계 국가에서도 영 · 미의 예에 따라 행정심판의 권리구제의 기능을 높이기 위하여 행정심판사항의 확대 및 심리절차의 객관화 등을 위한 입법적 노력을 하여 왔다.

2. 영 · 미법계의 행정심판제도

이에 대하여 영 · 미의 행정심판제도는 처음부터 사법기능을 보충하는 제도로서, 즉 권리구제기능에 중점이 놓여져 있었다. 전통적인 영 · 미법의 견지에서는 개인의 사적 활동에 대한 간섭과 규제는 입법 및 사법작용에 의하여만 가능하였으며, 이에 따라 행정작용에 대한 사법심사의 요구가 우세하게 나타났고 자율적 통제의 요구는 크게 부각되지 않았다. 그러나 이들 국가에 있어서도 사회적 · 경제적 여건이 변화되고 행정작용이 고도로 전문화 내지 기술화됨에 따라 종래의 사법심사는 이러한 시대적 변화에 대응하는 데 있어서 적지 않은 결함을 내포하고 있음이 드러났다. 이에 따라 영 · 미에서도 20세기에 들어와 각종의 행정심판기관에 의한 준사법적인 행정심판절차의 급속한 발달을 보게 되었다. 이들 절차는 적법절차의 요청에 따라 사법절차에 준하는 절차를 갖게 되었다. ① 심판기관은 각종의 행정위원회로서 계열상 통상의 행정조직으로부터 독립적인 지위를 갖고 있으며, ② 심판절차는 구술변론주의 · 청문 · 심리공개 등 사법절차에 유사한 절차가 채택되고 있고, ③ 사실인정에 있어서 실질적 증거의 법칙에 따라 행정청의 사실인정에 종국성이 인정되고 있다.

3. 우리나라의 행정심판제도

1) 1951년의 소원법 및 1984년의 행정심판법

우리의 경우 행정심판제도는 1951년에 소원법의 제정에 의하여 처음으로 도입되었다. 그러나 소원법에 의한 행정심판제도는 ① 심판기관의 독립성 결여, ② 원칙적인 서면심리주의, ③ 신청인의 입증활동에 필요한 절차적 권리의 결여, ④ 부작위에 대한 소원의 불인정, ⑤ 집행부정지를 원칙으로 하되, 행정청의 재량에 의하여만 정지를 할 수 있게 하고, ⑥ 불이익변경금지의 원칙의 불채택 등 허다한 제도적인 불비와 결함을 갖고 있어 국민의 권리구제에 많은 차질이 있었다. 이러한 행정심판제도는 3분의 1세기가 지난 1984년 12월 15일에 제정된 행정심판법을 통하여 대폭 개선되었다. 그 주요한 개선내용으로서는 ① 재결청마다 행정심판위원회를 두어 재결은 행정심판위원회의 의결에 따라 행하도록 함으로써 심판기관을 제3기관화한 것, ② 심판절차를 대심구조로 하고 청구인에게 입증활동에 필요한 절차를 인정한 것, ③ 심판청구기간을 대폭 연장한 것, ④ 부작위에 대한 행정심판을 인정하고 의무이행심판을 도입한 것, ⑤ 불이익변경금지원칙을 채택한 것, ⑥ 불복고지제도의 채택 등을 들 수 있다.

2) 1995년의 행정심판법

그러나 1984년의 행정심판법에 의한 행정심판제도는 여전히 ① 재결기관의 제3기관화가 미흡할 뿐 아니라, ② 심판청구인에 대한 구술청구권의 인정여부가 행정심판위원회의 재량에 맡겨져 있으며, ③ 심판청구인에게 처분청이 보유하는 자료제공요구권이 인정되지 않는 등의 미흡한 점들을 갖고 있었다. 행정심판법은 1995년에 다시 개정되었는바 ① 종래의 행정심판전치주의를 임의적 절차로 바꾸었으며, ② 모든 행정심판위원회의 구성원을 변호사 등 외부인사를 과반수 이상으로 하도록 하여 심판기관의 제3기관화를 강화하였고, ③ 당사자가 구술심리를 신청한 경우에는 원칙적으로 이에 응하도록 하여 그 동안의 미비점들을 상당히 개선하였다.

3) 2008년의 행정심판법개정

종래 국민의 권리구제 및 권익보호를 위한 기능이 행정심판위원회, 국민고충처리위원회 및 국가청렴위원회 등 여러 기관으로 나뉘어져 국민에게 혼란과 불편을 초래한 면이 적지 않았다. 이에 따라 2008년 2월 29일에 제정된 「부패방지 및 국민권익위원회의 설치 및 운영에 관한 법률」은 국민권익위원회를 설치하고 여기에 국무총리행정심판위원회, 국민고충처리위원회, 국가청렴위원회를 통합하였다. 이에 상응하여 행정심판법도 개정되었다. 종래 법제처장이 국무총리행정심판위원회의 위원장이 되어 위원회의 운영을 맡아 왔으나, 개정법은 국무총리행정심판위원회를 국민권익위원회에 둠을 명시하고(법 5조 3항), 국민권익위원회의 부위원장 중 1인이 국무총리행정심판위원회의 위원장이 되도록 하고 있다(법 6조 2의 3항).

아울러 종전에는 행정심판위원회는 행정심판의 심리와 의결기능만을 수행하고, 처분청의 직근 상급행정청인 재결청이 행정심판의 재결을 하였으나 개정법은 행정심판위원회가 직접 재결기능까지 맡도록 하고 있다(법 5조). 지금까지 행정심판절차는 처분청, 행정심판위원회, 재결청 등 행정심판과 관련된 기관의 구조가 복잡하여 국민에게 혼선이 발생하였을 뿐만 아니라, 행정심판사건의 처리기간이 늦어져 신속한 권리구제라는 행정심판제도의 원래의 취지에 부합되고 있지 못하다는 지적을 받아왔다. 이에 따라 개정법은 재결청의 개념을 폐지하고, 개인이 행정심판을 청구하는 경우에 처분청은 행정심판위원회에 직접 답변서를 제출하고(법 17조의2), 행정심판위원회는 행정심판사건을 직접 재결도록 하여(법 38조) 창구를 일원화하고 사건의 처리기간을 대폭 단축시키고 있다. 이는 현재 심리·의결기능과 재결기능이 통합된 소청심사위원회, 조세심판원, 중앙노동위원회, 토지수용위원회 등의 예를 따른 것이라고 하겠다.

4) 2010년의 행정심판법의 전부개정

2010년 1월 25일에 행정심판법의 전부개정이 있었다. 2010년 7월 26일부터 시행된 동법은 행정심판청구사건이 매년 큰 폭으로 증가하고 있고, 당사자의 행정심판절차에의 참여 요구가 증가함에 따라 임시처분, 이의신청, 전자정보처리조직을 통한 행정심판제도 등 당사자의 절차적 권리를 강화하기 위한 제도를 도입하는 한편, 국무총리행정심판위원회의 명칭을 중앙행정심판위원회로 변경하고, 상임위원의 수를 4명으로 늘리며, 자동차운전면허 관련 사건은 소위원회가 심리·의결할 수 있도록 현행 제도의 운영상 나타난 일부 미비점을 개선·보완하기 위한 것이다. 개정법의 주요내용을 살펴보면 다음과 같다.

가. 명칭변경

국무총리행정심판위원회의 명칭을 "중앙행정심판위원회"로 변경하였다(법 6조 2항). 중앙행정기관과 광역지방자치단체의 처분이나 부작위에 대한 행정심판의 관할범위를 명칭에 드러나도록 하고, 보다 간결하고 부르기 쉬운 명칭으로 변경하였다.

나. 특별행정심판 신설 등을 위한 협의의 의무화

특별한 사유없이 개별법령에 행정심판에 대한 특별한 절차를 규정하는 사례가 늘어나고 있어, 특별행정심판의 남설을 방지하기 위하여 관계 행정기관의 장이 개별법에 특별행정심판을 신설하거나 국민에게 불리한 내용으로 변경하고자 하는 경우 미리 중앙행정심판위원회와 협의하도록 하였다(법 4조 3항). 이를 통하여 행정심판제도의 통일적 운영이 가능하여지고, 개별법에 의한 특별행정심판절차의 남설이 억제되며, 행정심판의 공정성 · 전문성이 훼손되는 것을 예방할 수 있을 것으로 기대되고 있다.

다. 회의정원 및 위촉위원의 비중확대 등

행정심판위원회의 회의 위원정수 및 민간위촉위원 비중을 확대하였으며, 시 · 도의 조례로 비상임 민간위원장을 도입할 수 있는 근거를 마련하였다(법 7조). 중앙행정심판위원회 외에 시 · 도행정심판위원회 등 이법에 따른 다른 행정심판위원회의 공정성 제고를 위하여 회의정원 등을 확대할 필요가 있었다. 이에 따라 원칙적으로 회의정원을 7명에서 9명으로 늘리고 회의시 위촉위원의 비중도 4명 이상에서 6명 이상으로 늘렸다. 한편, 중앙행정심판위원회는 위원장 1명을 포함한 70명의 위원으로 늘렸으며, 위원 중 상임위원의 정수를 2명 이내에서 4명 이내로 확대하였다(법 8조 1항). 그 밖에 행정심판의 공정성과 독립성을 담보하기 위하여 위원의 결격사유를 신설하였다(법 9조 4항).

라. 이의신청제도의 도입

종래 양수인의 청구인 지위 승계신청에 대한 불허가 등 행정심판위원회의 절차적 사항에 대한 결정에 대하여는 당사자가 다툴 방법이 없었다. 개정법은 행정심판위원회의 결정 중 당사자의 절차적 권리에 중대한 영향을 미치는 지위 승계의 불허가, 참가신청의 불허가 또는 청구의 변경 불허가 등에 대하여는 행정심판위원회에 이의신청을 할 수 있도록 하였다(법 16조 8항, 17조 6항, 20조 6항 및 29조 7항). 이를 통하여 심판절차에 참여하는 자의 절차적 권리를 보장하고, 행정심판위원회로 하여금 관련 결정을 신중히 하도록 함으로써 행정심판절차의 공정성이 강화될 것으로 기대되고 있다.

마. 행정심판참가인의 절차적 권리강화

종래 행정심판절차에 참가하려는 경우 참가절차, 참가인의 권리구제에 관한 규정이 미비하여 행정심판절차에서 참가가 미진한 편이었다. 따라서 심판참가인은 당사자에 준하는 절차적 지위를 갖도록 하고, 관련 서류를 참가인에게도 송달하도록 하는 등 참가인의 절차적 지위를 강화하였다(법 20조– 법 22조). 향후 행정심판사건에 이해관계가 있는 자의 절차참여가 활성화될 것으로 기대되고 있다.

바. 집행정지의 요건완화와 임시처분제도의 도입

구법은 "회복하기 어려운 손해의 예방"을 집행정지의 요건으로 규정하여 금전적 손해의 경우 청구인이 집행정지결정을 받는 데 어려움이 있었으나, 개정법은 "중대한 손해가 생기는 것을 예방"으로 그 요건을 완화하여 집행정지제도를 개선하였다(법 30조 2항). 한편 청구인이 거부처분이나 부작위에 의하여 발생될 수 있는 중대한 손해를 입게 되는 경우에 종전의 집행정지제도만으로는 청구인의 권익을 구제하기가 어려웠다. 따라서 개정법은 행정청의 처분이나 부작위 때문에 발생할 수 있는 당사자의 중대한 불이익이나 급박한 위험을 막기 위하여 당사자에게 임시지위를 부여할 수 있는 임시처분제도를 도입하여 가구제를 획기적으로 확대하였다(법 31조).

사. 전자정보처리조직을 통한 행정심판의 근거 마련

전자문서를 통한 송달에 관한 근거를 두는 등 온라인 행정심판제도의 운용 근거를 마련하였다(법 52조– 법 54조). 전자정보처리조직을 통하여 간편하게 행정심판을 청구할 수 있는 시스템이 개발·운영됨에 따라 이와 관련된 제반 법적 근거를 마련함으로써 국민의 권리구제를 활성화시키고, 행정심판제도의 운영의 향상을 도모하고 있다.

아. 자동차운전면허처분관련사건에 대한 특칙

청구인의 신속한 권리구제를 위하여 심판청구사건 중 자동차운전면허행정처분과 관련한 사건은 4명의 위원으로 구성하는 소위원회에서 심리·의결할 수 있도록 규정하였다(법 8조 6항).

자. 행정소송사건에 대한 자료제출

행정심판을 거쳐 행정소송이 제기된 사건에 대하여 처분청으로 하여금 그 내용이나 결과를 중앙행정심판위원회 또는 시·도행정심판위원회에 제출하도록 하였다(법 60조 2항·3항). 이를 통하여 처분청으로부터 관련 정보나 자료를 수집·분석하여 재결의 적정성을 확보하고 유사한 처분의 재발을 방지할 것으로 기대된다.

5) 2017년 행정심판법의 개정

2017년에는 행정심판법을 개정하여 행정심판의 재결에 의하여 각종 신청에 대한 거부처분이 취소되거나 무효 또는 부존재로 확인되는 경우에 그 처분을 행한 행정청은 재결의 취지에 따라 다시 이전의 신청에 대한 처분을 하여야 하고, 행정청이 행정심판 인용재결에 따른 일정한 처분을 하지 않는 경우 이행시까지 배상을 명하는 간접강제제도를 도입하여 재결의 기속력과 실효성을 높였다.

6) 우리나라의 행정심판제도의 특성

1995년 법개정에서 행정심판절차를 원칙적으로 임의적 절차로 변경하였고, 행정심판위원회의 구성원을 외부인사를 과반수로 하여 제3기관화를 강화하였으며, 2008년 법개정에서는 행정심판위원회에 재결권한까지 부여하였고, 2010년 전면 개정에서는 행정심판위원회의 절차결정에 대한 이의신청제도의 도입 및 참가인의 절차적 권리를 강화시킨 것은 행정심판의 사법절차화라는 헌법 제107조 제3항의 헌법적 과제의 실현으로 볼 수 있다. 이를 통하여 행정심판의 권리구제기능은 크게 신장되었다고 볼 수 있다. 그러나 다른 한편 행정심판의 임의적 절차화와 더불어 행정심판위원회의의 제3기관화는 행정심판의 고유적 기능으로서 자율적 행정통제기능과 행정청의 전문지식의 활용기능은 현저하게 약화되었다고 볼 수 있다. 이러한 문제점들은 향후 행정심판위원회의 구성 등에 있어서 적극적으로 참작하여 해결하여야 할 것으로 판단된다.

제 2 항 행정심판의 종류와 대상

Ⅰ. 행정심판의 종류

행정심판법은 행정심판의 종류로서 취소심판, 무효등확인심판, 의무이행심판의 세 가지 종류를 인정하고 있으며(법 5조), 이들은 모두 항고심판에 속한다.

1. 취소심판

1) 의 의

행정심판 중에서 가장 대표적인 유형으로서 "행정청의 위법 또는 부당한 처분을 취소 또는 변경하는 심판"을 말한다(법 5조 1호). 취소심판은 무효등확인심판과 부작위에 대한 의무이행심판과는 달리 일정한 청구기간 내에 심판청구를 제기하여야 한다. 행정심판법은 취소심판이 행정심판 중에서 가장 중요한 역할을 하고 있는 점에 비추어 취소심판을 중심으로 각각 절차적 규정을 마련하고 있다.

2) 성 질

취소심판의 성질에 대하여는 취소소송의 성질에 대한 논의에서와 마찬가지로 형성적 쟁송으로 보는 견해와 확인적 쟁송으로 보는 견해로 갈리고 있다. 형성적 쟁송설에 따르면 취소심판이란 일단 일정한 법률관계를 형성시킨 처분의 효력을 다투어 당해 처분의 취소 또는 변경을 통하여 그 법률관계를 변경 또는 소멸시킨다는 점에서 형성적 성질을 갖는 것으로 본다. 이에 대하여 확인적 쟁송설은 취소심판은 처분의 위법성 또는 부당성을 확인하는 행정심판이기 때문에 확인적 쟁송의 성격을 갖는다고 한다. 확인적 쟁송설은 위법한 처분은 원칙적으로 무효라는 입장에 근거하고 있는 것이다. 형성적 쟁송설이 통설적인 견해이다.

3) 재 결

취소심판의 청구가 부적법한 것이거나 이유가 없다고 인정되는 경우에는 다른 유형의 행정심판과 마찬가지로 당해 심판청구를 각하 또는 기각하는 재결을 한다(법 43조 1항 · 2항). 반면 취소심판의 청구가 이유가 있다고 인정할 때에는 행정심판위원회는 그 심판청구를 인용하는 재결로써 심판청구의 대상이 된 처분을 직접 취소 또는 다른 처분으로 변경하거나 처분청에게 다른 처분으로 변경할 것을 명할 수 있다(법 43조 3항). 예외적으로 행정심판위원회는 심판청구가 이유있다고 인정하는 경우에도 이를 인용하는 것이 공공복리에 크게 위배된다고 인정할 때에는 그 심판청구를 기각하는 사정재결을 할 수 있다(법 44조 1항).

2. 무효등확인심판

1) 의 의

무효등확인심판이란 "행정청의 처분의 효력의 유무 또는 존재여부에 대한 확인을 하는 심판"(법 5조 2호)을 의미한다. 이론상 처분이 무효 또는 부존재인 경우에는 누구의 무효확인 등을 기다릴 것도 없이 처음부터 당연히 효력이 없지만, 실제로 유효 또는 존재하는 것으로 오인되어 행정청에 의하여 집행될 우려가 있고, 또한 반대로 유효하게 존재하는 처분도 무효 또는 부존재라 하여 무시되는 경우가 있다. 따라서 처분의 상대방이나 이해관계인은 특정한 처분의 효력유무나 존재여부에 대하여 공권적인 판단을 받음으로써 처분의 무효 · 부존재 또는 유효 · 존재를 확정할 필요성이 있는바, 이것이 무효등확인심판의 존재이유이다.

무효등확인심판은 취소심판의 경우와는 달리 청구기간의 제한을 받지 않는다(법 27조 7항).

2) 성 질

무효등확인심판의 성질에 대하여는 무효등확인소송의 경우와 마찬가지로 확인적 쟁송설 · 형성적 쟁송설 및 준형성적 쟁송설로 나누어지고 있다. 확인적 쟁송설은 처분의 무효등확인심판은 적극적으로 처분의 효력을 소멸시키기 위한 것이 아니라 처분이 무효 · 부존재 또는 유효 · 존재하는 것을 공권적으로 확인 · 선언하는 데 그치는 것이므로 확인적 쟁송에 속한다고 한다. 이에 대하여 형성적 쟁송설은 무효사유인 하자와 취소사유인 하자의 상대성을 전제로 하여 무효등확인심판도 결국 행정청에 의한 처분의 효력관계를 다투는 것으로서 본질적으로는 형성적 쟁송의 성질을 가진다고 한다. 다른 한편 준형성적 쟁송설은 무효등확인심판은 형식적으로 확인적 쟁송이나 실질적으로는 처분의 효력유무 등을 직접 쟁송의 대상으로 한다는 점에서 아울러 형성적 쟁송의 성격을 갖는 것으로 본다. 준형성적 쟁송설이 통설적 견해이다.

3) 재 결

무효등확인심판에 있어서 심판청구가 이유있다고 인정하는 경우에는 심판청구의 대상이 된 처분의 유효 · 무효 또는 존재 · 부존재를 확인하는 재결을 한다(법 43조 4항). 이러한 확인재결에는 처분무효확인재결, 처분유효확인재결, 처분부존재확인재결, 처분존재확인재결 등이 있을 수 있다. 한편 무효등확인심판에 있어서는 사정재결을 할 수 없다(법 44조 3항).

3. 의무이행심판

1) 의 의

의무이행심판이란 "당사자의 신청에 대한 행정청의 위법 또는 부당한 거부처분이나 부작위에 대하여 일정한 처분을 하도록 하는 행정심판(법 5조 3호)"을 의미한다. 행정심판이 행정청의 공권력행사에 대한 불복의 심판절차라고 한다면, 불복의 대상인 행정작용은 적극적 행정작용뿐만 아니라, 소극적 작용(거부처분 또는 부작위)으로 나타나는바 이들을 구별할 어떠한 이유가 없다. 오히려 오늘날 급부행정국가시대에 있어서는 이러한 소극적 행정작용에 의한 권익침해가 더욱 문제가 되고 있다. 거부처분에 대한 의무이행심판은 청구기간의 제한을 받으나, 부작위에 대한 의무이행심판은 그 제한을 받지 않는다(행심법 27조 7항).

2) 성 질

의무이행심판은 행정청에 대하여 일정한 처분을 할 것을 명하는 재결을 구하는 행정심판이므로 이행쟁송의 성격을 갖는다. 의무이행심판은 항고쟁송의 성질을 갖기 때문에 현재의 이행소송, 즉 피청구인이 일정한 처분을 하여야 할 법률상 의무의 이행기가 도래하여 현실화된 경우에 그 이행의무의 존재를 주장하는 행정심판만이 가능하고, 장래의 이행쟁송과 같은 것은 허용되지 않는다.

3) 재 결

행정심판위원회는 심판청구가 이유있다고 인정하는 경우에는 지체없이 신청에 따른 처분을 하거나(형성재결), 처분청에게 그 신청에 따른 처분을 할 것을 명하는 재결을 한다(이행재결)(법 43조 5항). 이 경우 당해 행정청은 지체없이 그 재결의 취지에 따라 이전의 신청에 대하여 처분을 하여야 한다(법 49조 2항).

Ⅱ. 행정심판의 대상

1. 개 설

행정심판의 대상을 어떻게 정할 것인가는 각국의 역사적 배경이나 정치 · 사회적인 여건 등을 고려하여 입법정책적으로 정할 문제라고 하겠으나, 열기주의와 개괄주의로 크게 구분할 수 있다. 열기주의라 함은 행정심판사항을 법률에 의하여 개별적으로 열기하고, 그 특정한 사항에 대하여만 행정심판의 청구를 허용하는 제도이다. 이에 대하여 개괄주의는 법률에 의하여 특별한 예외가 인정된 경우를 제외하고는, 행정작용의 모든 사항에 대하여 행정심판의 청구를 허용하는 제도를 말한다. 국민의 권익구제를 위하여는 개괄주의가 바람직함은 상세한 설명을 요하지 않는다.

종래 대륙법계 국가들에서는 대개 열기주의를 채택하였으나 제2차 세계대전 이후에는 개괄주의를 취하고 있다. 행정심판법은 "행정청의 처분 또는 부작위에 대하여 다른 법률에 대하여 특별한 규정이 있는 경우 외에는 이 법에 의하여 행정심판을 청구할 수 있다(법 3조 1항)"라고 규정함으로써, 행정심판을 청구할 수 있는 사항을 한정하여 명시하지 않고 모든 처분에 대하여 행정심판을 청구할 수 있도록 하여 개괄주의를 채택하고 있다. 더욱이 부당한 처분이나 부작위도 행정심판의 대상으로 함으로써 위법한 처분이나 부작위만을 대상으로 하는 행정소송보다 대상을 넓히고 있다. 이는 행정심판이 행정의 자기통제의 수단이라는 측면에서 의미를 갖고 있는 것이기는 하나, 권리구제수단이라는 측면에서도 행정소송에 대하여 갖고 있는 장점이라고 할 수 있다.

2. 행정청의 처분 또는 부작위

1) 행정청

행정심판의 대상은 "행정청"의 처분 또는 부작위이다. 강학상 의미의 행정청의 개념은 국가 또는 지방자치단체의 행정에 관한 의사를 결정하고 이를 외부에 표시할 수 있는 권한을 가진 행정기관을 말한다. 그러나 행정심판법상의 행정청의 개념은 이보다 넓은 기능적 의미의 개념으로 사용되고 있다. 이에 따라 행정부에 속하지 않은 국회사무총장 · 법원행정처장 및 헌법재판소사무처장 역시 행정청에 해당되며 또한 법령에 의하여 행정권한을 위임 또는 위탁받은 행정기관, 공공단체 및 그 기관 또는 사인도 행정청에 포함되고 있다(법 2조 4호).

다른 한편 처분이나 부작위가 있은 뒤에 그 처분이나 부작위에 관계되는 권한이 다른 행정청에 승계된 때에는 그 권한을 승계한 행정청이 처분청 또는 부작위청이 된다(법 17조 1항).

2) 처분 또는 부작위

"처분"이라 함은 "행정청이 행하는 구체적 사실에 대한 법집행으로서의 공권력의 행사 또는 그 거부, 그 밖에 이에 준하는 행정작용"을 말한다(법 2조 1호). 이에 대하여 "부작위"라 함은 "행정청이 당사자의 신청에 대하여 상당한 기간 내에 일정한 처분을 하여야 할 법률상 의무가 있음에도 불구하고 처분을 하지 아니하는 것을 말한다"(법 2조 2호). 행정심판법상의 처분과 부작위의 개념은 행정소송법상의 처분이나 부작위의 개념과 동일하므로 이에 대하여 상세히는 행정소송법부분에서 설명하기로 한다.

3. 제외사항

행정청의 처분 또는 부작위에 해당한다고 하더라도 행정청의 지위나 행정작용의 성질 등에 비추어 행정심판의 대상으로 하기에 적합하지 않은 것이 있을 수 있다. 행정심판법은 두 가지의 제외사항을 규정하고 있는바, ① 대통령의 처분이나 부작위에 대하여는 다른 법률에 특별한 규정(국가공무원법상의 소청 등)이 있는 경우를 제외하고는 행정심판을 제기할 수 없으며(법 3조 2항), ② 심판청구에 대한 재결이 있으면 그 재결 및 같은 처분 또는 부작위에 대하여 다시 행정심판을 청구할 수 없다(법 51조). 또한 행정심판법 자체에서 행정심판의 대상에서 제외되는 것으로 규정하지 않은 사항이라고 하더라도 다른 법률에서 별도의 구제절차를 마련하고 있는 경우에는 행정심판의 대상에서 제외되는 것으로 보아야 한다.

제3항 행정심판의 당사자 · 관계인

Ⅰ. 행정심판의 당사자

행정심판절차의 사법절차를 요구하는 헌법 제107조 제3항의 취지에 따라 행정심판법은 심리절차와 관련하여 청구인과 피청구인인 행정청이 서로 대립하는 대심구조를 취하고 있다.

1. 청 구 인

1) 의 의

행정심판의 청구인이라 함은 심판청구의 대상인 처분 또는 부작위에 불복하여 그의 취소 또는 변경 등을 구하는 심판청구를 제기하는 자를 말한다. 청구인은 처분의 상대방인가 제3자인가를 불문하며, 또한 사람인가 법인인가를 불문한다. 청구인은 원칙적으로 권리능력자임을 요구하나 법인격이 없는 사단(社團)이나 재단(財團)의 경우도 대표자나 관리인이 있을 때에는 그 이름으로 행정심판을 제기할 수 있다(법 14조).

2) 선정대표자

다수의 청구인이 공동으로 심판청구를 하는 때에는 청구인 중 3인 이하의 대표자를 선정할 수 있다(법 15조 1항). 다수의 청구인이 대표자를 선정하지 않은 경우에 행정심판위원회가 필요하다고 인정할 때에는 청구인에게 대표자를 선정할 것을 권고할 수 있다(법 15조 2항). 선정대표자는 각기 다른 청구인을 위하여, 청구의 취하를 제외하고는, 그 사건에 관한 모든 행위를 할 수 있으며, 청구인들은 그 선정대표자를 통해서만 그 사건에 관한 행위를 할 수 있다(법 15조 3항 · 4항).

3) 청구인적격

심판청구의 청구인이 되어 재결을 받을 수 있는 법적 자격은 행정심판의 종류에 따라 다른 바, 이를 나누어 살펴보기로 한다.

가. 취소심판의 청구인적격

가) 법률상 이익 취소심판은 처분의 취소 또는 변경을 구할 법률상 이익이 있는 자가 제기할 수 있다(법 13조 1항 전단). 법률상 이익이 무엇을 의미하는지 학설에서는 ① 권리구제설, ② 법률상 보호이익구제설, ③ 보호가치이익설, ④ 적법성보장설로 대립되고 있다.

권리구제설에 따르면 권리를 침해당한 자만이 취소심판의 청구인적격을 갖는다고 하는 반면,

법률상 보호이익구제설에 따르면 권리를 침해당한 자뿐만 아니라 법률이 보호하고 있는 이익을 침해받은 자도 청구인적격을 갖는다고 한다. 그러나 오늘날 확대된 권리의 개념에 비추어 권리구제설과 법률상 이익구제설은 실질적인 차이가 없다고 할 것이다(이른바 보호규범설).

이익구제설(보호가치이익설)은 청구인이 주장하는 이익이 처분의 근거가 된 법률에 의하여 보호되고 있는 이익이 아니더라도 심판절차에 의하여 보호할 가치가 있는 이익이면 법률상 이익으로 볼 수 있다는 견해이다. 이러한 견해는 청구인적격을 확대시킬 수 있는 장점을 갖고 있으나, 명확한 한계설정이 어려우며 결과적으로는 심판기관의 자의적인 판단에 맡겨질 우려가 있다.

적법성보장설에 따르면 청구인적격을 판정함에 있어서 청구인의 주장이익의 성질만을 기준으로 하지 않고, 당해 처분의 성질상 당해 처분을 다툴 가장 적합한 이익상태에 있는 자에게 청구인적격이 인정된다고 한다. 그러나 적법성보장설은 행정심판의 적법성보장 또는 행정통제의 기능을 중시하는 견해로서 "법률상 이익"이라는 현행법의 해석상 무리가 따르는 입법론적 견해라고 할 것이다.

행정소송법은 취소소송의 원고적격에 관하여 취소심판의 청구인적격과 마찬가지로 "법률상 이익"이라는 용어를 쓰고 있으며 이에 대하여는 동일한 견해가 대립되고 있으나 판례는 거의 일관되게 법률상 이익구제설을 취하고 있다.

나) 처분의 효력이 소멸된 때　　행정심판법은 취소심판의 경우에는 처분의 효과가 기간의 경과, 처분의 집행, 그 밖의 사유로 인하여 소멸된 뒤에도 그 처분의 취소로 인하여 회복되는 법률상 이익이 있는 경우에는 행정심판을 제기할 수 있게 하였다(법 13조 1항 후단). 그러나 실제로 처분의 효력이 소멸된 경우에는 당해 처분은 취소심판의 대상이 될 수 없는 것이며, 따라서 취소심판을 제기하여 인용재결을 받는다고 하더라도 위법성의 확인판단을 받는 것 이상의 효과를 기대할 수 없다. 유력설은 행정소송법 제12조 후단에서와 마찬가지로 행정심판법 제13조 제1항 후단은 권리보호의 필요에 대하여 규정하는 것으로 보고 있으며, 동조항의 법률상 이익의 개념을 위법확인의 정당한 이익으로 해석하여, 법으로 보호하는 이익뿐만 아니라, 경제적 이익 및 정신적 이익(정치적 · 문화적 · 인격적 이익)을 포함하여 모든 법으로 보호할 가치가 있는 이익을 포함하는 넓은 개념으로 보고 있다.[1]

나. 무효등확인심판의 청구인적격

무효등확인심판은 처분의 효력유무나 존재여부에 대한 확인을 구할 법률상 이익이 있는 자가 청구인적격을 가진다(법 13조 2항). 확인을 구할 법률상 이익은 취소심판과 마찬가지로 근거법률에 의하여 직접적으로 구체적으로 보호하는 이익을 의미한다. 종래 법률상 이익이 민사소송의 확인의 소에 있어서 "확인의 이익"과 동일한 개념인지 여부에 대하여 논란이 되어 왔으나, 확인의 이익은 무효등확인심판의 권리보호의 필요의 요건으로서 청구인적격과 별도로 검토되어야 할 요건으로 보아야 할 것이다.

다. 의무이행심판의 청구인적격

의무이행심판은 거부처분이나 부작위에 대하여 일정한 처분을 구할 법률상 이익이 있는 자가

1) 鄭夏重, 行政訴訟法 제12조 후단의 의미와 독일 행정소송법상의 계속확인소송, 저스티스, 2008. 10. 269면; 洪準亨, 行政救濟法, 374면.

청구인적격을 갖는다(법 13조 3항). 청구인적격이 인정되기 위하여는 일정한 처분을 신청한 것만으로는 충분하지 않고, 근거법률에 근거한 신청권이 있어야 한다.

라. 행정심판법상의 청구인적격에 대한 비판

유력설은 행정심판은 위법한 처분뿐만 아니라 부당한 처분을 그 대상으로 하고 있기 때문에 권리침해뿐만 아니라, 반사적 이익이 침해되는 경우에도 행정심판을 제기할 수 있도록 하여야 한다고 주장하고 있다. 이에 따라 행정심판법에서 반사적 이익을 배제하는 의미의 "법률상 이익이 있는 자"에게만 행정심판을 제기하도록 하고 있는 것은 모순이라고 지적한다. 아울러 행정심판에 대하여 청구인적격을 규정하고 있지 않은 독일의 행정소송법 제68조 이하 및 일본의 행정불복심사법 제4조를 참고하여 입법론적 개선을 주장하고 있다.[2]

이에 대하여 반대설은 부당한 처분에 의하여도 권리가 침해될 수 있으며, 위법과 부당의 문제는 본안심리의 대상이라는 이유에서 현행 행정심판법을 지지하고 있다.[3]

생각건대 권리침해란 위법한 행정작용에 의하여만 행하여질 수 있다는 점과 그리고 행정심판의 목적은 개인의 권리나 이익의 구제뿐만 아니라 행정의 자율적 통제에 있다는 점을 고려할 때 입법론적으로 청구인적격을 별도로 규정할 필요가 없다고 판단된다.

4) 청구인의 지위승계

청구인의 지위가 승계되는 경우로는 당연승계와 허가승계가 있다.

가. 당연승계

행정심판을 제기한 뒤에 자연인인 청구인이 사망한 때에는 그 상속인이나 법령에 의하여 당해 처분에 관계되는 권익을 승계한 자가 그 청구인의 지위를 승계하며(법 16조 1항), 법인 또는 법인격없는 사단(社團)이나 재단(財團)인 청구인이 다른 법인과 합병한 때에는 합병에 의하여 존속하거나 설립된 법인 등이 그 청구인의 지위를 승계한다(법 16조 2항). 이 경우에 청구인의 지위를 승계한 자는 그 사유를 증명하는 서면을 첨부하여 행정심판위원회에 신고하여야 한다(법 16조 3항).

나. 허가승계

심판청구의 대상인 처분에 관계되는 권리나 이익을 양수한 자는 관계 행정심판위원회의 허가를 받아 청구인의 지위를 승계할 수 있다(법 16조 5항). 행정심판의 대상이 되는 처분 가운데 타인에게 그 효과를 이전할 수 있는 것이 적지 않은 바(하천점용허가, 공유수면매립면허 등), 허가승계의 목적은 당해 처분에 관계되는 권익을 양수한 자가 청구인의 지위를 승계할 수 있도록 함으로써 당해 사건에 대한 실질적인 이해관계자와 청구인을 부합되게 하려는 데 목적이 있다.

위원회는 지위승계 신청을 받으면 기간을 정하여 당사자와 참가인에게 의견을 제출하도록 할 수 있으며, 당사자와 참가인이 그 기간에 의견을 제출하지 아니하면 의견이 없는 것으로 본다(법 16조 6항). 위원회는 지위승계 신청에 대하여 허가 여부를 결정하고, 신청인에게는 결정서 정본을, 당사자와 참가인에게는 결정서 등본을 송달하여야 한다(법 16조 7항).

---

2) 金南辰/金連泰, 行政法 I, 781면; 柳至泰/朴鍾秀, 行政法新論, 573면.

3) 徐元宇, 行政審判의 請求人適格, 考試硏究, 1991. 4, 115면; 金鐵容, 행정심판법 제9조의 입법상 과오론, 法制, 1999. 6, 3면 이하.

만일 위원회가 지위승계를 허가하지 아니하면, 신청인은 결정서 정본을 받은 날부터 7일 이내에 위원회에 이의신청을 할 수 있다(법 16조 8항). 종래에는 위원회의 결정에 대하여 다툴 방법이 없었으나 개정법은 이의신청제도를 도입하였다.

2. 피청구인

1) 의 의

피청구인이란 심판청구를 제기받은 상대방인 당사자를 말한다. 심판청구는 당해 심판청구의 대상인 처분이나 부작위를 한 행정청을 피청구인으로 하여 제기하여야 한다(법 17조 1항). 이론상 행정청은 권리주체인 국가나 지방자치단체의 기관에 불과하므로 국가나 지방자치단체 등 행정주체가 피청구인이 되어야 하나, 행정소송의 경우와 마찬가지로 공격·방어방법의 용이성, 기타 절차진행상의 기술적 편의를 위하여 행정청을 피청구인으로 한 것이다.

처분이나 부작위가 있은 뒤에 그에 관한 권한이 다른 행정청에 승계된 때에는 새로이 그 권한을 승계한 행정청이 피청구인이 된다(법 17조 1항 단서). 또한 법령에 의하여 행정권한이 다른 행정기관, 공공단체 및 그 기관 또는 사인에게 위임 또는 위탁된 경우에는, 위임 또는 위탁받은 자가 피청구인이 되며(법 2조 4호), 처분이나 부작위가 있은 뒤에 위임이나 위탁이 있는 경우에도 같다.

2) 피청구인의 경정

행정심판의 제기에 있어서 피청구인을 잘못 지정한 경우 또는 행정심판이 제기된 뒤에 당해 처분이나 부작위에 대한 권한이 다른 행정청에 승계된 경우에는 행정심판위원회는 당사자의 신청이나 직권에 의한 결정으로 피청구인을 경정한다(법 17조 2항·5항). 이는 행정조직의 복잡성 등으로 정당한 피청구인을 명확히 판단할 수 없는 경우가 많은 바, 피청구인을 잘못 지정한 심판청구를 부적법한 것으로 각하한다면, 정당한 청구인에 대한 심판제기는 청구기간의 경과 등으로 불가능하여지는 경우가 적지 않을 것이다. 따라서 피청구인경정제도란 청구인의 효과적인 권리구제를 도모하기 위한 것이다.

행정심판위원회가 피청구인의 경정결정을 할 때에는 그 결정정본을 원래의 당사자 쌍방과 새로운 피청구인에게 송달하여야 한다(법 17조 3항). 피청구인의 경정결정이 있으면 종전의 피청구인에 대한 심판청구는 취하되고, 새로운 피청구인에 대한 심판청구가 처음에 심판청구를 한 때에 소급하여 제기된 것으로 본다(법 17조 4항).

Ⅱ. 행정심판의 관계인

1. 참 가 인

1) 심판참가의 의의

심판청구의 결과에 대하여 이해가 있는 제3자 또는 행정청은 해당 행정심판에 대한 위원회나 소위원회의 의결이 있기 전까지 그 사건에 대하여 심판참가를 할 수 있다(법 20조 1항). 여기서 이해관계인이란 당해 심판청구에 대한 재결의 주문에 의하여 직접 자신의 권익을 침해받을 자를 의미한다. 따라서 이해관계인에는 당해 처분 자체에 대하여 이해관계가 있는 자뿐 아니라, 재결의 내용 여하에 따라서 불이익을 받게 될 자도 포함된다고 볼 것이다(공매처분의 취소를 구하는 행정심판이 제기된 경우에 그 공매처분이 된 물건의 매수인). 이해관계인의 심판참가제도는 제3자효행정행위에 대한 행정쟁송이 증가되어 가고 있는 현실에 비추어, 이해관계인을 심판절차에 참가시켜 의견진술의 기회를 부여하여 그의 이익을 보호하게 하고, 심리의 적정과 공정을 도모하도록 하기 위한 것이다. 또한 행정심판법은 처분청 이외에 협의 등 처분에 대하여 관계된 행정청을 심판절차에 참가케 하여 심리의 적정을 도모하고 있다.

2) 심판참가의 절차

가. 신청에 의한 참가

심판참가를 하려는 자는 참가의 취지와 이유를 적은 참가신청서를 위원회에 제출하여야 하며, 이 경우 당사자의 수만큼 참가신청서 부본을 함께 제출하여야 한다(법 20조 2항). 위원회는 참가신청서 부본을 당사자에게 송달하여야 한다(동조 3항). 이때 위원회는 기간을 정하여 당사자와 다른 참가인에게 제3자의 참가신청에 대한 의견을 제출하도록 할 수 있으며, 당사자와 다른 참가인이 그 기간에 의견을 제출하지 아니하면 의견이 없는 것으로 본다(동조 4항). 위원회는 참가신청을 받으면 그에 대한 허가 여부를 결정하고, 지체없이 신청인에게는 결정서 정본을, 당사자와 다른 참가인에게는 결정서 등본을 송달하여야 한다(동조 5항). 위원회의 결정에 이의가 있는 경우 신청인은 결정서 등본을 송달받은 날부터 7일 이내에 위원회에 이의신청을 할 수 있다(동조 6항). 이러한 이의신청제도는 종전에는 없었으나 개정 행정심판법에 의하여 새로이 도입된 것이다.

나. 위원회의 심판참가 요구

위원회는 필요하다고 인정하면 그 행정심판 결과에 이해관계가 있는 제3자나 행정청에 그 사건 심판에 참가할 것을 요구할 수 있으며, 이러한 요구를 받은 제3자나 행정청은 지체없이 그 사건 심판에 참가할 것인지 여부를 위원회에 통지하여야 한다(법 21조).

3) 참가인의 지위

참가인은 행정심판 절차에서 당사자가 할 수 있는 심판절차상의 행위를 할 수 있다(법 22조 1항). 당사자가 위원회에 서류를 제출할 때에는 참가인의 수만큼 부본을 제출하여야 하고, 위원회가 당사자에게 통지를 하거나 서류를 송달할 때에는 참가인에게도 통지하거나 송달하여야 한다(동조 2항). 이 경우 참가인의 대리인 선임과 대표자 자격 및 서류 제출에 관하여는 제18조(대리인의 선임), 제19조(대표자의 자격) 및 제22조 제2항을 준용한다(동조 3항).

2. 대 리 인

1) 의 의

심판청구의 당사자인 청구인이나 피청구인은 대리인을 선임하여 당해 심판청구에 관한 행위를 할 수 있다(법 18조 1항). 대리인이란 청구인 또는 피청구인을 대신하여 자신의 의사결정에 따라 그의 명의로 심판청구에 관한 행위를 하는 자를 말한다. 대리인이 그 권한의 범위 안에서 한 행위는 본인이 한 것과 같은 효과를 발생하고, 그 효과는 본인에게 발생한다.

2) 대리인의 선정

청구인의 경우에는 법정대리인 외에 ① 청구인의 배우자, 청구인 또는 배우자의 사촌 이내의 혈족, ② 청구인이 법인이거나 제14조에 따른 청구인 능력이 있는 법인이 아닌 사단 또는 재단인 경우 그 소속 임직원, ③ 변호사, ④ 다른 법률에 따라 심판청구를 대리할 수 있는 자, ⑤ 그 밖에 위원회의 허가를 받은 자 등을 대리인으로 선임할 수 있다(동법 18조 1항). 피청구인의 경우에는 그 소속 직원 또는 위의 ③에서 ⑤까지의 어느 하나에 해당하는 자를 대리인으로 선임할 수 있다(동조 2항). 이와 같이 선임된 대리인에 관하여는 선정대표자에 관한 제15조 제3항 및 제5항을 준용한다(동조 3항).

3) 국선대리인의 선임

청구인이 경제적 능력으로 인해 대리인을 선임할 수 없는 경우에는 위원회에 국선대리인을 선임하여 줄 것을 신청할 수 있다(법 18조 2의 1항). 위원회는 청구인의 신청에 따른 국선대리인 선정 여부에 대한 결정을 하고, 지체 없이 청구인에게 그 결과를 통지하여야 한다. 이 경우 위원회는 심판청구가 명백히 부적법하거나 이유 없는 경우 또는 권리의 남용이라고 인정되는 경우에는 국선대리인을 선정하지 아니할 수 있다(법 18조 2의 2항).

제 4 항 행정심판기관

I. 개 설

행정심판기관이라 함은 행정심판의 청구를 수리하고 이를 심리·재결할 수 있는 권한을 가진 행정기관을 말한다. 행정심판기관을 어떻게 설치할 것인지는 행정조직의 전체적인 구조와 행정심판제도의 취지를 고려하여 입법정책적으로 결정할 문제이다. 그러나 행정심판의 심리와 재결의 객관적인 공정성을 보장하기 위하여는 영·미의 행정심판위원회나 행정심판소와 같이 행정심판기관의 독립성과 합의제를 도모하고 전문가를 참여시키는 것이 바람직할 것이다. 종래 행정심판법은 심리·의결기능과 재결기능을 분리시켜, 심리·의결기능은 행정심판위원회에 부여하고, 처분청의 직근상급행정기관인 재결청은 그 의결에 따르는 형식적인 재결기능만을 갖도록 하였다. 그러나 현재의 행정심판법은 창구의 일원화 및 절차의 신속화를 위하여 행정심판위원회가 행정심판청구사건의 심리·의결뿐만 아니라 재결까지 하도록 규정하고 있다(법 6조).

Ⅱ. 행정심판위원회

1. 법적 지위와 종류

행정심판위원회는 행정청의 처분 또는 부작위에 대한 행정심판의 청구를 심리·의결하고 그 판단에 따라 재결하는 비상설 합의제행정관청이다. 행정심판기관은 일정한 행정기관의 소속하에 설치되어 그의 지휘·감독을 받지 않고 독자적으로 행정심판사건에 대하여 심리·재결할 권한을 갖는다(법 6조). 현행법상 행정심판위원회의 종류는 다음과 같다.

1) 처분행정청 소속의 행정심판위원회

① 감사원, 국가정보원장, 그 밖에 대통령령으로 정하는 대통령 소속기관의 장, ② 국회사무총장·법원행정처장·헌법재판소 사무처장 및 중앙선거관리위원회사무총장, ③ 국가인권위원회, 그 밖

에 지위 · 성격의 독립성과 특성 등이 인정되어 대통령령으로 정하는 행정청의 경우에는, 그 행정청 또는 그 소속행정청의 처분 또는 부작위에 대한 행정심판의 청구에 대하여는 그 행정청에 두는 행정심판위원회에서 심리 · 재결한다. 여기서 소속행정청이라 함은 행정기관의 계층구조와 관계없이 그 감독을 받거나 위탁을 받은 모든 행정청을 말하되, 위탁받은 사무에 관하여는 위탁한 행정청의 소속행정청으로 본다(법 6조 1항).

2) 중앙행정심판위원회

① 행정심판법 제6조 제1항에 따른 행정청 외의 국가행정기관의 장(국무총리 또는 행정각부의 장관 등) 또는 그 소속행정청, ② 특별시장 · 광역시장 · 특별자치시장 · 도지사 · 특별자치도지사(이 경우 교육감을 포함한다) 또는 특별시 · 광역시 · 특별자치시 · 도 · 특별자치도의 의회(의장, 위원회의 의장, 사무처장 등 의회 소속 모든 행정청을 포함한다), ③ 지방자치법에 따른 지방자치단체조합 등 관계 법률에 따라 국가 · 지방자치단체 · 공공법인이 공동으로 설립한 행정청(다만, 동법 6조 3항 3호에 해당하는 행정청은 제외한다)의 경우에는, 그 행정청의 처분 또는 부작위에 대한 심판청구에 대하여 국민권익위원회에 두는 중앙행정심판위원회에서 심리 · 재결한다(동법 6조 2항).

3) 시 · 도지사 소속의 행정심판위원회

① 특별시 · 광역시 · 도 · 특별자치도 소속 행정청, ② 특별시 · 광역시 · 도 · 특별자치도의 관할구역에 있는 시 · 군 · 자치구의 장, 소속 행정청 또는 시 · 군 · 자치구의 의회(의장, 위원회의 위원장, 사무국장, 사무과장 등 의회 소속 모든 행정청을 포함한다), ③ 특별시 · 광역시 · 도 · 특별자치도의 관할구역에 있는 둘 이상의 지방자치단체(시 · 군 · 자치구를 말한다) · 공공법인 등이 공동으로 설립한 행정청의 경우에는, 그 행정청의 처분 또는 부작위에 대한 심판청구에 대하여 특별시장 · 광역시장 · 도지사 · 특별자치도지사(이 경우 교육감을 포함한다) 소속으로 두는 행정심판위원회에서 심리 · 재결한다(동법 6조 3항).

4) 직근 상급행정기관 소속의 행정심판위원회

행정심판법 제6조 제2항 제1호에도 불구하고 대통령령으로 정하는 국가행정기관 소속 특별행정기관의 장의 처분 또는 부작위에 대한 심판청구에 대하여는 해당 행정청의 직근 상급행정기관에 두는 행정심판위원회에서 심리 · 재결한다(동법 6조 4항).

5) 제3기관

행정심판에서 심리 · 재결의 객관적 공정성을 특별히 보장하기 위하여, 개별법에서 특별한 제3자적 기관을 설치하여 심리 · 재결하게 하는 경우가 있는데, 소청심사위원회(국가공무원법 9조, 지방공무원법 13조), 조세심판원(국세기본법 67조) 등이 그에 해당한다.

2. 행정심판위원회의 구성과 회의

행정심판위원회는 중앙행정심판위원회와 일반 행정심판위원회로 구분된다.

1) 중앙행정심판위원회

가. 구 성

중앙행정심판위원회는 국민권익위원회에 두되, 위원장 1인을 포함하여 70명 이내의 위원으로 구성하되, 위원 중 상임위원은 4명 이내로 한다(법 8조 1항).

중앙행정심판위원회의 위원장은 국민권익위원회의 부위원장 중 1명이 되며, 위원장이 없거나 부득이한 사유로 직무를 수행할 수 없거나 위원장이 필요하다고 인정하는 경우에는 상임위원(상임으로 재직한 기간이 긴 위원 순으로, 재직기간이 같은 경우에는 연장자 순서로 한다)이 위원장의 직무를 대행한다(동조 2항).

상임위원은 일반직공무원으로서 「국가공무원법」 제26조의5에 따른 임기제공무원으로 임명하되, 3급 이상 공무원 또는 고위공무원단에 속하는 일반직공무원으로 3년 이상 근무한 사람이거나 그 밖에 행정심판에 관한 지식과 경험이 풍부한 사람 중에서 위원장의 제청으로 국무총리를 거쳐 대통령이 임명한다(동조 3항).

비상임위원은 ① 변호사 자격을 취득한 후 5년 이상의 실무 경험이 있는 사람, ② 고등교육법 2조 1호로부터 6호까지의 규정에 따른 학교에서 조교수 이상으로 재직하거나 재직하였던 사람, ③ 행정기관의 4급 이상 공무원이었거나 고위공무원단에 속하는 공무원이었던 사람, ④ 박사학위를 취득한 후 해당 분야에서 5년 이상 근무한 경험이 있는 사람, ⑤ 그 밖에 행정심판과 관련된 분야의 지식과 경험이 풍부한 사람(법 7조 4항) 중에서 위원장의 제청으로 국무총리가 성별을 고려하여 위촉한다(동조 4항).

나. 회의 및 운영

중앙행정심판위원회의 회의는 위원장, 상임위원 및 위원장이 회의마다 지정하는 비상임위원을 포함하여 총 9명으로 구성된다(법 8조 5항). 다만, 심판청구사건 중 도로교통법에 따른 자동차운전면허 행정처분에 관한 사건(소위원회가 중앙행정심판위원회에서 심리 · 의결하도록 결정한 사건은 제외한다)을 심리 · 의결하게 하기 위하여 4명의 위원으로 구성하는 소위원회를 둘 수 있다(동조 6항). 중앙행정심판위원회 및 소위원회는 각각 구성원 과반수의 출석과 출석위원 과반수의 찬성으로 의결한다(동조 7항). 또한 중앙행정심판위원회는 위원장이 지정하는 사건을 미리 검토하도록 필요한 경우에는 전문위원회를 둘 수 있다(동조 8항).

중앙행정심판위원회, 소위원회 및 전문위원회의 조직과 운영 등에 필요한 사항은 대통령령으로 정한다(동조 9항).

2) 일반행정심판위원회

가. 구 성

일반행정심판위원회는 위원장 1명을 포함한 50명 이내의 위원으로 구성한다(법 7조 1항). 종전에는 15명 이내의 위원이었으나, 행정심판 청구가 급증하고, 청구사건이 다양화되고 전문화됨에 따라 다양한 분야의 전문가를 확보하기 위하여 위원 정원을 확대하였다.

위원장은 그 위원회가 소속된 행정청이 되며, 위원장이 없거나 부득이 한 사유로 직무를 수행할 수 없거나 위원장이 필요하다고 인정하는 경우에는 ① 위원장이 사전에 지명한 위원, ② 동법 제7조 제4항에 따라 지명된 공무원인 위원(2명 이상인 경우에는 직급 또는 고위공무원단에 속하는 공무원의 직무등급이 높은 위원 순서로, 직급 또는 직무등급도 같은 경우에는 위원 재직기간이 긴 위원 순서로, 재직기간이 같은 경우에는 연장자 순서로 한다)이 순서에 따라 위원장의 직무를 대행한다(동법 7조 2항).

한편, 행정심판법 제6조 제3항에 따라 특별시장 · 광역시장 · 도지사 · 특별자치도지사(여기에는 교육감이 포함된다) 소속으로 두는 행정심판위원회의 경우에는 해당 지방자치단체의 조례로 정하는 바에 따라 공무원이 아닌 위원을 위원장으로 정할 수 있으며, 이 경우 위원장은 비상임으로 한다(법 7조 3항). 이와 같이 개정법에서는 시 · 도 조례로 비상임 민간위원장을 도입할 수 있는 근거를 마련하였다.

행정심판위원회의 위원은 해당 행정심판위원회가 소속된 행정청이 제7조 제4항 각 호의 어느 하나에 해당하는 사람 중에서 위촉하거나 그 소속 공무원 중에서 지명한다.

나. 회의 및 운영

일반행정심판위원회의 회의는 위원장과 위원장이 회의마다 지정하는 8명의 위원으로 구성하는데, 그 중 제7조 제4항에 따른 위촉위원은 6명 이상으로 하되, 제7조 제3항에 따라 위원장이 공무원이 아닌 경우에는 5명 이상으로 한다. 다만, 국회규칙, 대법원규칙, 헌법재판소규칙, 중앙선거관리위원회규칙 또는 대통령령(6조 3항에 따라 시 · 도지사 소속으로 두는 행정심판위원회의 경우에는 해당 지방자치단체의 조례)으로 정하는 바에 따라 위원장과 위원장이 회의마다 지정하는 6명의 위원으로 구성할 수 있으며, 그 중 제7조 제4항에 따른 위촉위원은 5명 이상으로 하되, 제7조 제3항에 따라 위원장이 공무원이 아닌 경우에는 4명 이상으로 한다(동법 7조 5항). 위원회는 제7조 제5항에 따른 구성원 과반수의 출석과 출석위원 과반수의 찬성으로 의결한다(동조 6항).

일반행정심판위원회의 조직과 운영, 그 밖의 필요한 사항은 국회규칙, 대법원규칙, 헌법재판소규칙, 중앙선거관리위원회규칙 또는 대통령령으로 정한다(동조 7항).

3. 위원의 임기 및 신분보장

1) 위원의 임기

행정심판법 제7조 제4항에 따라 해당 행정심판위원회가 소속된 행정청이 그 소속 공무원 중에 지명한 위원은 그 직에 재직하는 동안 재임한다(법 9조 1항). 동법 제8조 제3항에 따라 임명된 중앙행정심판위원회 상임위원의 임기는 3년으로 하며, 1차에 한하여 연임할 수 있다(동조 2항). 동법 제7조 제4항과 제8조 제4항에 따라 위촉된 위원의 임기는 2년으로 하되, 2차에 한하여 연임할 수 있다. 다만, 제6조 제1항 제2호에 규정된 기관에 두는 행정심판위원회의 위촉위원의 경우에는 각각 국회규칙, 대법원규칙, 헌법재판소규칙 또는 중앙선거관리위원회규칙으로 정하는 바에 따른다.

2) 위원의 결격사유

대한민국 국민이 아닌 사람이나 국가공무원법 제33조 각 호의 어느 하나에 해당하는 사람은 제6조에 따른 행정심판위원회의 위원이 될 수 없으며, 위원이 이에 해당하게 된 때에는 당연히 퇴직한다(법 9조 4항).

3) 위원의 신분보장

제7조 제4항 및 제8조 제4항에 따라 위촉된 위원은 금고 이상의 형을 선고받거나 부득이한 사유로 장기간 직무를 수행할 수 없게 되는 경우 외에는 임기 중 그의 의사와 다르게 해촉되지 아니한다(법 9조 5항).

4. 위원 등의 제척 · 기피 · 회피제도

행정심판법은 행정심판청구사건에 대한 심리 · 재결의 공정과 이에 대한 국민의 신뢰를 확보하기 위하여 위원에 대한 제척 · 기피 · 회피제도를 두고 있으며, 이들 제도는 사건의 심리 · 재결에 관한 사무에 관여하는 위원 아닌 직원에게도 준용하도록 하고 있다(법 10조).

1) 제 척

제척이란 법정사유가 있으면 당연히 그 사건에 대한 직무집행(여기서는 심리 · 의결)에서 배제되는 것을 말한다. 행정심판법에 규정된 제척사유로는 ① 위원 또는 그 배우자나 배우자였던 사람이 사건의 당사자이거나 사건에 관하여 공동권리자 또는 의무자인 경우, ② 위원이 사건의 당사자와 친족이거나 친족이었던 경우, ③ 위원이 사건에 관하여 증언이나 감정(鑑定)을 한 경우, ④ 위원이 당사자의 대리인으로서 사건에 관여하거나 관여하였던 경우, ⑤ 위원이 사건의 대상이 된 처분 또는 부작위에 관여한 경우 등이다(법 10조 1항).

제척사유있는 위원이 관여한 심리 · 의결은 주체상의 중요한 하자로서 무효에 해당된다. 제척사유에 해당하는 위원 등의 제척은 위원장의 직권 또는 당사자의 신청에 의하여 행하여지는바, 그 제척결정은 위원장이 행정심판위원회의 의결을 거치지 않고 행한다(법 10조 1항). 제척의 효과는 법률상 당연히 발생하는 것이지 당해 결정에 의하여 발생하는 것이 아니기 때문에, 당사자가 제척사유를 알든 모르든, 주장하든 않든 발생한다. 이에 따라 제척결정은 확인적 성질을 갖는다.

2) 기 피

기피란 법률상 정해진 제척사유 이외의 심리 · 의결의 공정을 기대하기 어려운 사정이 있는 경우에 당사자의 신청을 기다려 위원장의 결정으로 위원을 심리 · 의결에서 배제시키는 것을 말한다. 이는 제척제도를 보충하여 심리 · 의결의 공정을 보다 철저히 보장하기 위한 것이다.

행정심판법은 기피사유로 "위원에게 공정한 심리 · 의결을 기대하기 어려운 사정"으로 규정하고 있는바(법 10조 2항), 이는 통상인의 객관적인 판단에 비추어 볼 때 위원과 사건의 관계로 보아 편파적이고 불공평한 것이 원인이 되어 공정한 심리 · 의결을 기대하기 어려운 사정이 있는 경우이다. 주관적인 의혹만으로는 기피사유에 해당되지 않는다고 할 것이다. 기피의 결정은 제척과 달리 형성적이다.

한편 제척 · 기피신청의 결정에 대하여는 불복신청을 할 수 없는바(법시행령 11조), 그 점에서 각하결정 또는 기각결정에 대하여 즉시항고를 할 수 있는 민사소송과 구별된다고 할 것이다(민사소송법 43조 2항).

3) 회 피

회피란 위원이 스스로 제척 또는 기피의 사유가 있다고 인정하여 자발적으로 심리 · 의결을 피하는 것을 말한다(법 10조 6항). 회피하고자 하는 위원은 위원장에게 그 사유를 소명하여야 하고 위원장의 허가를 받아야 한다. 위원장은 회피신청이 이유있다고 인정하는 때에는 지체 없이 이를 허가하여야 한다(법시행령 13조).

5. 권 한

행정심판위원회는 행정심판청구사건에 대하여 심리하고 재결할 권한을 가지며, 그 밖에 심리권에 부수된 권한을 갖는다.

1) 심리권

행정심판위원회는 심판청구사건에 대한 심리권을 가진다. 여기에서 심리권이란 재결의 기초가 되는 사실관계 및 법률관계를 명백히 하기 위하여 당사자 및 관계인의 주장과 반박을 듣고 그를 뒷받침하는 증거 기타의 자료 등을 수집·조사할 수 있는 권한을 의미한다. 심리는 각 심판청구사건을 단위로 하는 것이 원칙이나, 필요하다고 인정할 때에는 서로 관련되는 내용의 심판청구를 병합하여 심리하거나, 병합된 심판청구를 다시 분리하여 심리할 수 있다(법 37조). 이는 심리의 능률성과 합리성을 확보하기 위한 것이다.

2) 심리권에 부수된 권한

행정심판위원회는 심판청구사건에 대한 심리권을 효율적으로 행사하기 위하여 여러 가지 부수적 권한을 갖는다. 이들 부수적 권한들로서는 ① 증거조사권(법 36조), ② 대표자선정권고권(법 15조 2항), ③ 청구인의 지위승계허가권(법 16조 5항), ④ 대리인 선임허가권(법 18조 1항·5호), ⑤ 피청구인 경정결정권(법 17조 2항), ⑥ 심판참가허가 및 요구권(법 20조 5항·21조 1항), ⑦ 청구의 변경허가권(법 29조 6항), ⑧ 보정명령권(법 32조), ⑨ 관계행정기관에 대한 필요한 서류의 제출 또는 의견의 진술요구권(법 35조) 등을 가진다.

3) 재결권

재결권이란 심판청구사건에 대하여 법적 판단을 할 수 있는 권한을 의미한다. 행정심판위원회는 심판청구사건에 대하여 재결할 권한을 가진다(법 6조 1항). 종전에는 행정심판위원회가 심리·의결하고 그가 소속된 행정청(재결청)이 재결권을 행사하였으나, 이러한 재결권은 형식적인 권한에 불과하였다. 이에 따라 2008년 개정된 행정심판법은 창구의 일원화 내지 권리구제절차의 신속화를 위하여 행정심판위원회가 재결권을 갖도록 하였다. 다만 행정심판위원회가 소속된 행정청은 스스로 행정심판위원회의 위원장이 되고, 아울러 행정심판위원회의 위원을 위촉 내지 지명할 수 있기 때문에 그러한 한도에서 행정심판의 재결에 대하여 영향을 미칠 수 있을 것이다. 한편, 중앙행정심판위원회가 심리·재결하는 심판청구의 경우 소관 중앙행정기관의 장은 의견서를 제출하거나 위원회에 출석하여 의견을 진술할 수 있다(법 35조 4항). 행정심판위원회의 재결사항은 심판청구에 대한 것뿐만 아니라 집행정지 및 임시처분결정에 관한 것도 포함된다.

4) 시정조치요구권

중앙행정심판위원회는 심판청구를 심리·의결함에 있어서 처분 또는 부작위의 근거가 되는 명령 등(대통령령·총리령·부령·훈령·예규·고시·조례·규칙 등)이 법령에 근거가 없거나 상위법령에 위배되거나 국민에게 과도한 부담을 주는 등 현저히 불합리하다고 인정되는 경우에는 관계행정기관에 대하여 당해 명령 등의 개정·폐지 등 적절한 시정조치를 요청할 수 있다(법 59조 1항). 이 경우 관계행정기관은 정당한 사유가 없는 한 이에 따라야 한다(법 59조 2항).

5) 조사·지도 등

중앙행정심판위원회는 행정청에 대하여 위원회 운영실태, 재결 이행 상황, 행정심판의 운영 현황 등을 조사하고, 그에 따라 필요한 지도를 할 수 있다(법 60조 1항).

행정청은 이 법에 따른 행정심판을 거쳐 행정소송법에 따른 항고소송이 제기된 사건에 대하여 그 내용이나 결과 등 대통령령으로 정하는 사항을 반기(半期)마다 그 다음달 15일까지 해당 심판청구에 대한 재결을 한 중앙행정심판위원회 또는 시 · 도지사 소속으로 두는 행정심판위원회에 알려야 하며(동법 60조 2항), 제6조 제3항에 따라 시 · 도지사 소속으로 두는 행정심판위원회는 중앙행정심판위원회가 요청하면 제2항에 따라 수집한 자료를 제출하여야 한다(동법 60조 3항).

6. 권한의 승계

당사자의 심판청구 후 위원회가 법령의 개정 · 폐지 또는 피청구인의 경정결정에 따라 그 심판청구에 대하여 재결할 권한을 잃게 된 경우에는 해당 위원회는 심판청구서와 관계 서류, 그 밖의 자료를 새로 재결할 권한을 갖게 된 위원회에 보내야 한다(법 12조 1항). 이 경우 송부를 받은 위원회는 지체 없이 그 사실을 청구인, 피청구인, 그리고 참가인에게 알려야 한다(동법 12조 2항).

7. 권한의 위임

행정심판위원회의 권한 중 일부를 국회규칙 · 대법원규칙 · 헌법재판소규칙 · 중앙선거관리위원회 규칙 또는 대통령령으로 정하는 바에 따라 위원장에게 위임할 수 있다(법 61조).

제 5 항 행정심판의 청구

Ⅰ. 행정심판의 제기요건

행정심판은 청구인적격이 있는 자가 심판청구사항인 구체적인 처분이나 부작위를 대상으로 심판청구기간 내에 소정의 절차와 형식을 갖추어 피청구인인 행정청이나 행정심판위원회에 제기하여야 한다.

1. 청 구 인

심판청구의 청구인이 될 수 있는 자는 당해 심판청구에 대하여 구체적인 법률상 이익이 있는 자이어야 한다. 당해 심판청구의 대상인 처분이나 부작위의 직접적인 상대방이거나 제3자를 가리지 않으며, 또한 사람이거나 법인을 불문한다.

2. 심판청구의 대상

개괄주의에 따라 모든 위법 또는 부당한 처분이나 부작위가 심판청구의 대상이 된다.

3. 심판청구기간

심판청구는 소정의 청구기간 내에 제기하여야 한다. 다만 행정심판 가운데 무효등확인심판과 부작위에 대한 의무이행심판은 심판청구기간의 제한이 적용되지 않으므로 청구기간은 취소심판청구와 거부처분에 대한 의무이행심판에서만 문제가 된다.

심판청구기간은 개인의 권리구제와 행정법관계의 안정성이라는 두 개의 상반된 요청을 충분히 고려하여 입법정책적으로 결정할 문제이다. 과거의 소원법은 소원제기기간을 처분이 있은 것을 안 날로부터 1월, 있은 날로부터 3월 이내로 하였으며, 또한 천재지변 등과 같은 불가항력적인 사유가 있는 경우에도 특례를 인정하지 않았으므로, 권익구제가 충분하지 않았다. 이에 따라 1984년 12월에 제정된 행정심판법은 심판청구기간을 두 배로 늘렸고 불가항력적 사유가 있는 경우에는 특례를 인정하였으며, 또한 고지제도를 채택하여 심판청구인의 편의를 도모하였으며, 1995년의 행정심판법개정에서는 또 다시 심판청구기간을 세 배로 늘렸다.

1) 원칙적인 심판청구기간

행정심판청구는 원칙적으로 처분이 있음을 알게 된 날부터 90일 이내(동법 27조 1항), 처분이 있었던 날부터 180일 이내에 제기하여야 한다(동조 3항). 이들은 불변기간으로서 두 기간중에 어느 하나라도 도과하면 행정심판을 제기하지 못한다.

"처분이 있음을 알게 된 날"이란 통지 · 공고 기타의 방법으로 당해 처분이 있었다는 사실을 현실적으로 안 날을 의미하는데, 격지자에게 서면으로 통지하는 경우에는 그 서면이 상대방에게 도달한 날, 공시송달의 경우에는 서면이 도달한 것으로 간주되는 날을 의미한다.

처분이 있은 날이란 대외적으로 표시되어 효력이 발생한 날을 말한다. 처분은 원칙적으로 상대방에게 도달되어야만 효력을 발생한다. 그런데 상대방이 처분의 존재를 알았든 몰랐든 간에 180일이 경과하면 다툴 수 없도록 한 것은 법적 안정성을 확보하기 위한 것이다.

행정심판청구기간이 경과하였는지 여부는 행정심판위원회의 직권조사사항이다.

판례(심판청구기간의 기산점인 '처분이 있음을 안 날'의 의미) 과징금부과처분에 대한 심판청구기간의 기산점인 행정심판법 제18조 제1항 소정의 '처분이 있음을 안 날'이라 함은 당사자가 통지 · 공고 기타의 방법에 의하여 당해 처분이 있었다는 사실을 현실적으로 안 날을 의미하고, 추상적으로 알 수 있었던 날을 의미하는 것은 아니라 할 것이며, 다만 처분을 기재한 서류가 당사자의 주소에 송달되는 등으로 사회통념상 처분이 있음을 당사자가 알 수 있는 상태에 놓여진 때에는 반증이 없는 한 그 처분이 있음을 알았다고 추정할 수는 있다. 아파트 경비원이 관례에 따라 부재중인 납부의무자에게 배달되는 과징금부과처분의 납부고지서를 수령한 경우, 납부의무자가 아파트 경비원에게 우편물 등의 수령권한을 위임한 것으로 볼 수는 있을지언정, 과징금부과처분의 대상으로 된 사항에 관하여 납부의무자를 대신하여 처리할 권한까지 위임한 것으로 볼 수는 없고, 설사 위 경비원이 위 납부고지서를 수령한 때에 위 부과처분이 있음을 알았다고 하더라도 이로써 납부의무자 자신이 그 부과처분이 있음을 안 것과 동일하게 볼 수는 없다(대판 2002. 8. 27, 2002두3850).

---

2) 예외적인 심판청구기간

가. 90일에 대한 예외

청구인이 천재지변 · 전쟁 · 사변 그 밖의 불가항력으로 위 기간 내에 심판청구를 제기할 수 없을 때에는 그 사유가 소멸한 날부터 14일 이내(국외에서는 30일)에 제기할 수 있다(법 27조 2항). 다만 이러한 불가항력의 사유는 처분이 있음을 알게 된 날부터 90일 이내, 있었던 날부터 180일 이내에 시작되어야 한다고 볼 것이다.

나. 180일에 대한 예외

처분이 있었던 날부터 180일 이내에 제기하여야 하지만 정당한 사유가 있는 경우에는 180일이 넘어서도 제기할 수 있다(법 27조 3항). 여기서 무엇이 정당한 사유에 해당하는지가 문제가 되는바, 이는 처분이 있었던 날부터 180일 이내에 심판청구를 하지 못함을 정당화할 만한 객관적인 사유를 의미하는 바, 위의 불가항력보다는 넓은 개념이라 할 것이다. 정당한 사유 역시 처분이 있음을 안 날부터 90일 이내, 있었던 날부터 180일 이내에 시작되어야 한다고 볼 것이다.

3) 제3자효행정행위의 심판청구기간

제3자효행정행위에 있어서 직접 상대방이 아닌 제3자가 행정심판을 제기한 경우에도, 심판청구기간은 원칙적으로 처분이 있음을 안 날부터 90일 이내, 처분이 있었던 날부터 180일 이내라 할 것이다. 그런데 행정행위는 원칙적으로 상대방에게 통지됨으로써 효력이 발생되나, 현행법상 제3자에게는 통지하도록 규정되어 있지 않다. 이에 따라 제3자가 특별한 사정이 없는 한 처분이 있음을 안다는 것은 매우 어려운 것은 사실이다.

이에 따라 판례는 제3자가 행정심판법 제27조 제3항의 심판청구기간 내에 심판청구를 제기하지 아니하였다고 하더라도, 그 심판청구기간 내에 심판청구가 가능하였다는 특별한 사정이 없는 한, 동법 제27조 제3항의 제척기간을 배제할 정당한 사유가 있는 경우에 해당한다고 판시하고 있다.

판례(제3자효행정행위에 대한 행정심판의 청구기간) 행정처분의 직접상대방이 아닌 제3자는 행정처분이 있음을 곧 알 수 없는 처지이므로 행정심판법 제18조 제3항 소정의 심판청구의 제척기간내에 처분이 있음을 알았다는 특별한 사정이 없는 한 그 제척기간의 적용을 배제할 같은 조항 단서 소정의 정당한 사유가 있는 때에 해당한다고 볼 수 있다(대판 1989. 5. 9, 88누5150).

그러나 이 경우에도 제3자가 180일이 지난 후 과연 언제까지 심판청구를 할 수 있는지 여부가 문제된다. 독일의 실무에서와 같이 제3자에게 행정행위가 통지된 경우에는 통상의 쟁송제기기간이 적용되어야 하며, 통지가 아예 결여된 경우에는 신의칙에 따라 제3자가 통지와 다른 방식으로 처분의 존재를 인식하였거나 인식을 할 수 있었다면 행정행위가 그 시점에서 공적으로 통지된 것으로 취급되어야 할 것이다.

4) 심판청구기간의 불고지(不告知) 또는 오고지(誤告知)의 경우

현행 행정심판법상의 불복고지제도에 따라 행정청은 처분을 서면으로 하는 경우에 그 상대방에게 처분에 관하여 행정심판을 청구할 수 있는지 여부, 청구하는 경우의 심판청구절차 및 청구기간을 알려 주도록 규정하고 있다(법 58조). 그러나 행정청이 고지 자체를 하지 않거나, 고지는 하되 심판청구기간을 알리지 않거나, 착오에 의하여 법정의 심판청구기간보다 긴 기간으로 잘못 고지한 경우가 발생될 수 있다.

행정심판법은 이러한 행정심판기간의 불고지(不告知) 또는 오고지(誤告知)의 경우에 행정청에게 위험부담을 지우고 있다. 심판청구기간을 알리지 않은 경우에는 상대방이 처분이 있음을 알았을지라도 처분이 있었던 날부터 180일 이내에, 실제보다 긴 기간으로 잘못 알린 경우에는 그 잘못 고지된 기간 내에 심판청구를 할 수 있게 하고 있다(법 27조 5항·6항).

4. 심판청구의 방식

행정심판의 청구는 일정한 사항을 기재한 서면으로 행하여야 한다(법 28조 1항). 심판청구를 서면으로만 할 수 있게 한 것은 내용을 명확히 하고 정형적인 방식에 의함으로써, 구술로 하는 경우에 발생할 수 있는 지체와 번잡을 피하기 위한 것이다.

심판청구서의 필요적 기재사항에 대하여는 행정심판법 제28조 제2항 내지 제5항에서 규정하고 있다. 필요적 기재사항에 흠결이 있는 경우에는 부적법한 심판청구서가 되는 것이므로, 행정심판위원회는 그 흠결이 보정할 수 있는 것인 때에는 기간을 정하여 보정을 명할 수 있고(법 32조 1항), 그렇지 않은 경우에는 각하하는 내용의 재결을 하여야 한다.

5. 심판청구서의 제출

1) 피청구인인 행정청 또는 행정심판위원회에 제출

행정심판의 청구인은 행정심판청구서를 피청구인인 행정청 또는 위원회에 제출하여야 한다. 이 경우 피청구인의 수만큼 심판청구서 부본을 함께 제출하여야 한다(법 23조 1항).

종전에는 처분청경유주의를 택하였으나 1995년 12월의 개정 행정심판법은 이를 폐지하였다. 종래 처분청경유주의를 채택한 이유는 처분청에게 반성 · 시정의 기회를 부여함과 동시에 심판청구에 대한 답변서의 작성 · 제출을 용이하게 하기 위해서였다. 그러나 처분청이 청구인에게 심판청구의 취하를 종용하거나, 부당하게 수리조차 하지 않는 폐단이 있어, 개정법은 이를 시정하기 위하여 심판청구서를 피청구인인 행정청에 제출하든 행정심판위원회에 직접 제출하든 청구인의 선택에 맡기고 있다.

2) 피청구인에게 제출되는 경우의 처리

피청구인인 행정청이 청구인으로부터 심판청구서를 접수한 때에는 다음과 같이 처리한다.

가. 행정심판위원회에 송부

피청구인이 심판청구서를 접수하거나 송부받으면 10일 이내에 심판청구서와 답변서를 위원회에 보내야 한다. 다만, 청구인이 심판청구를 취하한 경우에는 그러하지 아니하다(법 24조 1항). 다만 심판청구가 그 내용이 특정되지 아니하는 등 명백히 부적법하다고 판단되는 경우에 피청구인은 답변서를 위원회에 보내지 아니할 수 있다. 이 경우 심판청구서를 접수하거나 송부받은 날부터 10일 이내에 그 사유를 위원회에 문서로 통보하여야 한다(법 24조 2항). 그러나 위원장이 심판청구에 대하여 답변서 제출을 요구하면 피청구인은 위원장으로부터 답변서 제출을 요구받은 날부터 10일 이내에 위원회에 답변서를 제출하여야 한다(법 24조 3항). 피청구인은 위의 답변서를 보낼 때에는 청구인의 수만큼 답변서 부본을 함께 보내되, 답변서에는 1. 처분이나 부작위의 근거와 이유, 2. 심판청구의 취지와 이유에 대응하는 답변, 3. 제3자가 심판청구를 한 경우에는 지체 없이 처분의 상대방에게 알린 사실, 처분의 상대방의 이름 · 주소 · 연락처를 명확히 알려야 한다(법 24조 6항). 피청구인은 처분의 상대방이 아닌 제3자가 심판청구를 한 경우에는 지체 없이 처분의 상대방에게 그 사실을 알려야 한다. 이 경우 심판청구서 사본을 함께 송달하여야 한다(법 24조 4항).

피청구인이 제24조 제1항에 따라 심판청구서를 보낼 때에는 심판청구서에 위원회가 표시되지 아니하였거나 잘못 표시된 경우에도 정당한 권한이 있는 위원회에 보내야 한다(법 24조 5항).

한편, 중앙행정심판위원회에서 심리 · 재결하는 사건인 경우 피청구인이 위원회에 심판청구서 또는 답변서를 보낼 때에는 소관 중앙행정기관의 장에게도 그 심판 · 답변의 내용을 알려야 한다

(법 24조 8항).

나. 청구인에게 통지

피청구인인 행정청이 제24조 제4항과 제5항에 따라 심판청구서를 행정심판위원회에 송부한 때 또는 제3자가 심판청구를 한 때에 처분의 상대방에게 심판청구서 사본을 송달한 때 지체없이 그 사실을 청구인에게 통지하여야 한다(법 24조 7항). 이는 청구인으로 하여금 자기가 제출한 심판청구서의 처리 상황을 알 수 있도록 하여 주장의 보충 및 증거서류의 제출을 용이하게 하기 위한 것이다.

다. 직권취소 등 청구내용의 인용

피청구인인 행정청은 심판청구가 이유있다고 인정할 때에는 심판청구의 취지에 따라 직권으로 처분을 취소·변경 또는 확인을 하거나 신청에 따른 처분을 할 수 있으며, 이 경우 서면으로 청구인에게 알려야 한다(법 25조 1항). 행정심판이 제기된 때에는 행정심판위원회가 이를 심리·재결하는 것이 원칙이나, 심판청구의 대상인 처분이나 부작위를 직접 행한 행정청이 심판청구서를 받아 이를 재검토한 결과 그 심판청구가 이유있다고 인정할 때에는 더 이상의 절차와 시간을 허비함이 없이, 그 단계에서 심판청구의 취지에 따르는 처분을 하게 하려는 것이 제도의 취지라 할 것이다.

피청구인이 직권취소 등을 하는 경우, 청구인이 심판청구를 취하하는 경우가 아니라면 행정심판위원회에 심판청구서·답변서를 보낼 때 직권취소 등의 사실을 증명하는 서류를 함께 위원회에 제출하여야 한다(법 25조 2항).

3) 행정심판위원회에 제출된 경우의 처리

행정심판위원회가 피청구인을 거치지 않고 청구인으로부터 심판청구서를 직접 받은 때에는 지체없이 그 부본을 피청구인에게 송부하고(법 26조 1항), 피청구인은 그 부본을 받은 날부터 10일 이내에 행정심판위원회에 답변서를 보내야 한다(법 24조 1항). 피청구인으로부터 답변서가 제출되면 위원회는 답변서 부본을 청구인에게 송달하여야 한다(법 26조 2항).

4) 보정(補正)

위원회는 심판청구가 적법하지 아니하나 보정할 수 있다고 인정하면 기간을 정하여 청구인에게 보정할 것을 요구할 수 있다. 다만, 경미한 사항은 직권으로 보정할 수 있다(법 32조 1항). 청구인은 보정의 요구를 받으면 서면으로 보정하여야 하며, 이 경우 다른 당사자의 수만큼 보정서 부본을 함께 제출하여야 한다(법 32조 2항). 위원회는 제출된 보정서 부본을 지체 없이 다른 당사자에게 송달하여야 한다(법 32조 3항). 보정을 한 경우에는 처음부터 적법하게 행정심판이 청구된 것으로 보며, 보정기간은 재결 기간에 산입하지 아니한다(법 32조 4항·5항). 위원회는 심판 청구서에 타인을 비방하거나 모욕하는 내용 등이 기재되어 청구 내용을 특정할 수 없고 그 흠을 보정할 수 없다고 인정되는 경우에는 보정요구 없이 그 심판청구를 각하할 수 있다(법 32조의2).

6. 전자정보처리조직을 통한 심판청구 등

2010년 개정된 행정심판법에서는 전자정보처리조직을 통한 행정심판의 근거를 마련하였다. 여기서 '전자정보처리조직'이란 행정심판 절차에 필요한 전자문서를 작성·제출·송달할 수 있도록 하는 하드웨어, 소프트웨어, 데이터베이스, 네트워크, 보안요소 등을 결합하여 구축한 정보처리능력을 갖춘 전자적 장치를 말한다(법 52조 1항).

행정심판법에 따른 행정심판 절차를 밟는 자는 심판청구서와 그 밖의 서류를 전자문서화하고 이를 정보통신망을 이용하여 위원회에서 지정 · 운영하는 전자정보처리조직을 통하여 제출할 수 있으며(법 52조 1항), 제출된 전자문서는 행정심판법에 따라 제출된 것으로 보며, 부본을 제출할 의무는 면제된다(동조 2항).

위원회는 전자정보처리조직을 통하여 행정심판절차를 밟으려는 자에게 본인임을 확인할 수 있는 전자서명법 제2조 제3호에 따른 공인전자서명이나 그 밖의 인증을 요구할 수 있으며(법 53조 1항), 전자서명 등을 한 자는 이 법에 따른 서명 또는 날인을 한 것으로 본다(동조 2항).

피청구인 또는 위원회는 제52조 제1항에 따라 행정심판을 청구하거나 심판참가를 한 자에게 전자정보처리조직과 그와 연계된 정보통신망을 이용하여 재결서나 이 법에 따른 각종 서류를 송달할 수 있다. 다만, 청구인이나 참가인이 동의하지 아니하는 경우는 그러하지 아니하다(법 54조 1항). 이러한 전자정보처리조직을 이용한 서류 송달은 서면으로 한 것과 같은 효력을 가진다(동조 3항).

Ⅱ. 심판청구의 변경 · 취하

1. 심판청구의 변경

행정심판법은 청구인이 심판청구를 제기한 이후에 일정한 사유가 있는 경우에는 새로운 심판청구를 제기할 필요가 없이, 청구의 변경을 할 수 있도록 하여 청구인의 편의와 심판의 촉진을 도모하고 있다.

1) 청구의 변경

청구인은 청구의 기초에 변경이 없는 범위에서 청구의 취지(취소심판청구를 무효등확인심판청구로 변경하는 것) 또는 청구의 이유(처분의 부당을 위법으로 변경하는 것)를 변경할 수 있다(법 29조 1항).

2) 처분변경으로 인한 청구의 변경

행정심판이 청구된 후에 피청구인이 새로운 처분을 하거나 심판청구의 대상인 처분을 변경한 경우에는(허가취소처분을 허가정지처분으로 변경한 때) 청구인은 새로운 처분이나 변경된 처분에 맞추어 청구취지나 이유를 변경할 수 있다(법 29조 2항).

3) 변경절차

청구의 변경은 서면으로 신청하여야 하며, 이 경우 피청구인과 참가인의 수만큼 청구변경신청서 부본을 함께 제출하여야 한다(법 29조 3항). 위원회는 청구변경신청서 부본을 피청구인과 참가인에게 송달하여야 한다(동조 4항). 여기서 위원회는 기간을 정하여 피청구인과 참가인에게 청구변경 신청에 대한 의견을 제출하도록 할 수 있으며, 피청구인과 참가인이 그 기간에 의견을 제출하지 아니하면 의견이 없는 것으로 본다(동조 5항).

위원회는 청구변경신청에 대하여 허가할 것인지 여부를 결정하고, 지체 없이 신청인에게는 결정서 정본을, 당사자 및 참가인에게는 결정서 등본을 송달하여야 한다(동조 6항). 결정에 이의가 있는 신청인은 결정서 등본을 송달받은 날부터 7일 이내에 위원회에 이의신청을 할 수 있다(동조 7항). 이러한 이의신청제도는 개정법에 의하여 새로이 도입되었다.

청구의 변경결정이 있으면 처음 행정심판이 청구되었을 때부터 변경된 청구의 취지나 이유로 행정심판이 청구된 것으로 본다(동조 8항).

2. 심판청구의 취하

심판청구의 취하란 청구인이 행정심판위원회에 대하여 심판청구를 철회하는 일방적 의사표시를 말한다. 청구인은 심판청구의 취하의 자유에 의하여 위원회의 의결이 있을 때까지 언제든지 서면으로 심판청구를 취하할 수 있다(법 42조 1항). 피청구인 또는 위원회는 계속 중인 사건에 대하여 취하서를 받으면 지체 없이 다른 관계기관, 청구인, 참가인에게 취하사실을 알려야 한다(동조 5항). 심판청구를 취하하게 되면 심판청구의 계속이 처음부터 없었던 것으로 본다.

Ⅲ. 행정심판청구의 효과

심판청구의 제기에 따르는 효과는 행정심판위원회에 대한 것과 당해 심판청구의 대상인 처분에 대한 것으로 구분할 수 있다.

1. 행정심판위원회에 대한 효과

위원회는 심판청구인으로부터 직접 심판청구서를 받거나 피청구인인 행정청으로부터 심판청구서를 송부받으면 지체 없이 심리를 한 후 재결을 하여야 한다. 이는 심판제기요건상에 흠결이 있어 부적법한 심판청구의 경우에도 마찬가지이다. 또한 행정심판위원회는 제3자가 심판청구를 한 때에는 처분의 상대방에게 이를 알려야 한다(법 24조 2항).

2. 처분에 대한 효과

1) 집행부정지의 원칙

행정심판법은 심판청구가 처분의 효력이나 그 집행 또는 절차의 속행에 영향을 주지 않는다고 규정하여(법 30조 1항) 집행부정지원칙을 취하고 있다. 이와 같은 집행부정지원칙의 이론적 근거를 종래 처분의 공정력 내지 자력집행력에서 찾는 견해가 있었다. 그러나 오늘날 집행부정지원칙을 채택하는가 또는 집행정지원칙을 채택하는가는 행정의 효율적인 운영을 중시하는가 또는 국민의 권리구제를 중시하는가에 따라 입법정책적으로 결정될 문제라는 것이 지배적인 견해이다.

우리 행정심판법은 행정소송법과 마찬가지로 행정심판청구의 남용의 폐단을 방지하고 행정의 신속성과 효율성 등을 이유로 집행부정지원칙을 취함과 동시에, 예외적으로 일정한 경우에 집행정지를 인정하고 있다.

2) 집행정지의 결정

행정심판위원회는 예외적으로 처분이나 그 집행 또는 절차의 속행 때문에 중대한 손해가 생기는 것을 예방할 필요가 있다고 인정할 때에는 직권으로 또는 당사자의 신청에 의하여 처분의 효력이나 그 집행 또는 절차의 속행의 전부 또는 일부의 정지를 결정할 수 있다(법 30조 2항).

가. 집행정지의 요건

집행정지의 요건은 적극적 요건과 소극적 요건으로 구분된다. 적극적 요건으로는 ① 심판청구의 계속, ② 처분의 존재, ③ 중대한 손해가 생기는 것을 예방, ④ 긴급한 필요가 존재하여야 하며, 소극적 요건으로는 ① 공공복리에 중대한 영향을 미칠 우려가 없어야 하며(법 30조 2항), ② 본안청구가 이유없음이 명백하지 않아야 한다.

구법에서는 행정소송법 제23조 제2항과 같이 집행정지의 적극적 요건의 하나로서 "회복하기 어려운 손해의 예방"으로 규정하였으며, 판례는 근래 당해 요건을 "금전보상으로는 사회통념상 행정처분을 받은 자가 수인할 수 없거나 수인하는 것이 현저히 곤란한 유형 · 무형의 손해"로 해석하고 있다. 여기서 판례는 처분의 성질과 태양 및 내용, 처분상대방이 입는 손해의 성질 · 내용 및 정도(사업계속불능 또는 경영상의 위기를 초래할 정도인가 여부), 원상회복 · 금전배상의 방법 및 난이 등은 물론 본안청구의 승소가능성의 정도 등을 종합적으로 고려하여 구체적 · 개별적으로 판단하고 있다.[4] 최근에는 과세처분이나[5] 과징금납부명령[6] 등 재산상의 손해에 대하여도 집행정지결정이 나오고 있다. 개정 행정심판법은 집행정지요건에 대한 이러한 판례의 적극적 해석을 반영하여, "회복하기 어려운 손해의 예방"의 요건을 "중대한 손해가 생기는 것을 예방"으로 변경하여 그 요건을 완화시키고 있다. 향후 재산적 손해뿐만 아니라 정신적 손해의 경우에도 그 중대성이 인정되면 당해 요건이 충족된다고 보아야 할 것이다. 여타의 적극적 요건과 소극적 요건은 행정소송의 집행정지의 요건과 동일하므로 이에 대한 자세한 설명은 행정소송법 부분으로 미루기로 한다.

나. 집행정지결정의 대상

집행정지결정의 대상은 처분의 효력, 처분의 집행 또는 절차의 속행이다(법 30조 2항). 집행정지는 종전의 상태를 유지시키는 소극적인 것이므로 종전의 상태를 변경시키는 적극적인 조치로 활용될 수 없다. 이에 따라 거부처분에 대하여는 원칙적으로 집행정지가 허용되지 않는다고 할 것이나, 예외적으로는 그 필요성이 인정되는 경우도 있을 것이다(외국인의 체류기간갱신허가에 대한 거부처분).

가) 처분의 효력정지　처분의 효력정지란 처분의 내용에 따르는 공정력 · 구속력 · 집행력 등을 잠정적으로 정지시킴으로써, 이후부터 처분이 존재하지 않는 상태에 두는 것을 말한다. 예를 들어 영업허가취소처분에 대한 정지결정이 있으면 이러한 처분이 없는 것과 같은 상태에서 영업 내지는 사업을 계속할 수 있게 된다. 그러나 처분의 효력정지는 처분의 집행 또는 절차의 속행을 정지함으로써 목적을 달성할 수 있는 경우에는 허용되지 않는다(법 30조 2항 단서). 예를 들어 토지수용절차에 있어서와 같이 그 절차의 속행을 정지시킴으로써 목적을 달성할 수 있는 경우에는 사업인정 등 개별적인 처분의 효력을 정지할 수 없다 할 것이다.

나) 처분의 집행정지　처분의 집행정지는 처분의 내용을 강제적으로 실현하는 집행력의 행사를 정지시키는 것으로서 처분의 내용이 실현되지 않은 상태로 두는 것이다. 예를 들어 철거명령의 대상이 된 건축물의 대집행에 의한 강제철거를 할 수 없게 만드는 것이다.

다) 절차의 속행정지　절차의 속행정지는 심판대상인 처분에 따르는 후속처분을 정지시키는

---

4) 대결 2004. 5. 17, 2004무6.
5) 대판 2000. 9. 7, 2000아20.
6) 대결 2001. 10. 10, 2001무29.

것을 말한다. 예컨대 대집행절차에 있어서 계고처분이 행정심판의 대상이 되는 경우에 대집행영장의 통지, 대집행의 실시 등 절차의 속행을 정지시키는 것을 의미한다.

다. 집행정지결정의 절차

집행정지결정은 행정심판위원회가 직권 또는 당사자의 신청에 의하여 심리를 거쳐 행한다. 신청은 심판청구와 동시에 또는 심판청구에 대한 의결이 있기 전까지 할 수 있으며, 신청의 취지와 원인을 기재한 서면을 위원회에 제출하여야 한다. 다만, 심판청구서를 피청구인에게 제출한 경우로서 심판청구와 동시에 집행정지 신청을 할 때에는 심판청구서 사본 및 접수증명서를 함께 제출하여야 한다(법 30조 5항).

한편, 위원회의 심리 · 결정을 기다릴 경우 중대한 손해가 발생할 우려가 있다고 인정될 때에는 위원회의 위원장은 직권으로 위원회의 심리 · 결정에 갈음하는 결정을 할 수 있다. 이 경우 위원장은 지체 없이 위원회에 그 사실을 보고하고 추인을 받아야 하며, 위원회의 추인을 받지 못하면 위원장은 집행정지에 관한 결정을 취소하여야 한다(법 30조 6항).

위원회는 집행정지에 관하여 심리 · 결정한 때에는 지체 없이 결정서를 당사자에게 송달하여야 한다(법 30조 7항).

라. 집행정지결정의 취소

행정심판위원회는 집행정지가 공공복리에 중대한 영향을 미치거나, 그 정지사유가 없어진 때에는 당사자의 신청 또는 직권에 의하여 집행정지결정을 취소할 수 있다(법 30조 4항). 공공복리에 미칠 중대한 영향의 존부여부는 사익과의 비교형량을 통하여 개별적 · 구체적으로 판단하여야 할 것이다. 여기서 공공복리에 영향을 이유로 집행정지결정의 취소신청을 할 수 있는 당사자는 처분청이 된다. 그러나 처분의 직접 상대방이 아닌 제3자의 신청에 의하여 집행정지결정이 내려진 경우에는 심판절차에 참가한 처분의 직접 상대방도 신청을 할 수 있다고 보아야 한다. 이 경우는 공익과 사익의 형량뿐만 아니라, 사익상호간의 형량이 취소여부의 결정에 중요한 기준이 될 것이다.

집행정지결정의 취소신청은 심판청구에 대한 위원회나 소위원회의 의결이 있기 전까지 신청의 취지와 원인을 적은 서면을 위원회에 제출하여야 한다(법 30조 5항). 집행정지결정의 취소에도 제30조 제6항과 제30조 제7항의 규정이 적용된다.

3. 임시처분

1) 의 의

종래 행정심판제도는 청구인의 가구제제도로서 집행정지제도만을 두어, 행정청의 부작위나 거부처분을 통하여 침해될 우려가 있는 청구인의 권익을 효과적으로 보호할 수가 없었다. 특히 행정심판법은 행정소송법과는 달리 의무이행심판을 인정하면서도 이에 대응되는 적극적인 가처분제도를 인정하고 있지 않아 그 실효성을 제약하고 있다는 문제점이 지적되어 왔다. 이에 따라 개정 행정심판법에서는 행정청의 거부처분이나 부작위 때문에 발생할 수 있는 당사자의 중대한 불이익이나 급박한 위험을 막기 위하여 당사자에게 임시지위를 부여할 수 있는 임시처분제도를 도입하였다(국가시험 1차 시험에서 불합격된 자가 행정심판을 청구한 경우 일단 2차 시험을 볼 수 있는 자격을 임시로 부여).

2) 임시처분결정의 요건

가. 적극적 요건

위원회가 임시처분결정을 하기 위하여는 ① 처분 또는 부작위가 위법·부당하다고 상당히 의심될 것, ② 행정심판청구의 계속, ③ 처분 또는 부작위 때문에 당사자가 받을 우려가 있는 중대한 불이익이나 당사자에게 생길 급박한 위험이 존재할 것, ④ 이를 막기 위하여 임시지위를 정하여야 할 필요가 있어야 한다. 여기서 처분 또는 부작위가 위법·부당하다고 상당히 의심되는 경우에 한하여 임시처분결정을 하도록 하고 있음은 동 제도의 남용을 방지하기 위한 것이다. "중대한 불이익" 또는 "급박한 위험"의 존재는 향후 행정심판의 실무를 통하여 보다 구체화될 것으로 보인다.

나. 소극적 요건

집행정지제도와 마찬가지로 임시처분은 적극적 요건이 충족된다고 하더라도 공공복리에 중대한 영향을 미칠 우려가 있는 경우에는 허용되지 않는다(법 30조 3항, 31조 2항). 여기서는 비례의 원칙을 적용하여 임시처분이 공공복리에 미치는 영향과 임시처분을 하지 않음으로써 신청인이 입게 되는 손해를 비교형량하여 요건충족을 신중하게 판단하여야 할 것이다.

3) 임시처분의 보충성

임시처분은 제30조 제2항에 의한 집행정지로 목적을 달성할 수 있는 경우에는 허용되지 않는다(동법 31조 3항). 즉 임시처분 제도는 당사자에게 적극적으로 일정한 법적 지위를 부여하는 것이기 때문에, 소극적 수단인 집행정지로 손해의 발생을 막을 수 없는 경우에만 허용되는 수단으로 보아야 한다.

4) 임시처분결정의 절차

임시처분결정의 절차에는 집행정지결정의 절차에 관한 규정이 준용된다(법 31조 2항, 30조 5항·6항·7항). 여기서 제30조 제6항 전단 중 "중대한 손해가 생길 우려"는 "중대한 불이익이나 급박한 위험이 생길 우려"로 본다.

5) 임시처분결정의 취소

위원회는 임시처분결정을 한 후에 임시처분이 공공복리에 중대한 영향을 미치거나 임시지위를 정하여야 할 필요가 없어진 경우에는 직권으로 또는 당사자의 신청에 의하여 임시처분결정을 취소할 수 있다(법 31조 2항, 30조 4항).

제 6 항 행정심판의 심리

행정심판의 심리란 재결의 기초가 될 사실관계 및 법률관계를 명백히 하기 위하여 행정심판위원회가 당사자 및 관계인의 주장과 반박을 듣고 증거 기타의 자료를 수집·조사하는 일련의 절차를 의미한다.

Ⅰ. 심리의 내용

심판청구의 심리는 그 내용에 따라 요건심리와 본안심리로 구분된다.

1. 요건심리

요건심리란 당해 심판청구가 그 제기요건을 갖추고 있는지 여부를 심리하는 것을 말한다. 행정심판의 청구요건으로는 ① 행정심판의 대상(처분 또는 부작위)의 존재 여부, ② 권한있는 행정심판위원회에의 제기 여부, ③ 청구인적격의 유무, ④ 필요한 절차의 경유 여부, ⑤ 행정심판의 청구기간의 준수 여부, ⑥ 심판청구서의 기재사항 구비 등이 있다.

위의 요건을 충족하지 않은 심판청구는 부적법한 심판청구로서 각하를 받는다. 다만 그 요건불비가 보정될 수 있는 때에는 행정심판위원회는 상당한 기간을 정하여 그 보정을 명하거나, 경미한 것은 직권으로 보정할 수 있다(법 32조 1항). 심판청구의 보정이 있는 경우에는 처음부터 적법한 심판청구가 제기된 것으로 본다(법 32조 4항).

2. 본안심리

요건심리의 결과 행정심판제기가 적법한 경우에 그 행정심판의 본안, 즉 행정심판의 위법 또는 부당 여부를 심리하는 것을 말한다. 본안심리의 결과 심판청구의 취지를 인용하거나 기각하는 판정을 하게 된다.

Ⅱ. 심리의 범위

1. 불고불리 및 불이익변경금지의 원칙

심리의 범위가 심판청구의 취지에 의하여 제한되는지 여부, 즉 불고불리의 원칙과 불이익변경금지의 원칙이 적용되는지 여부에 대하여 문제가 되고 있다. 소극설은 행정의 적법 · 타당성을 확보하려는 행정의 자기통제의 기능을 중시하여 심판청구의 심리 · 재결에는 불고불리 및 불이익변경금지의 원칙이 적용되지 않는다고 하나, 이에 대하여 적극설은 행정심판의 권리구제적 기능을 강조하여 이들 원칙의 적용을 인정하고 있다.

행정심판법은 행정심판의 권리구제기능을 중시하여 재결의 범위에 대하여 불고불리의 원칙과 불이익변경금지의 원칙을 명문화하였다(법 47조). 그 결과 심리에 있어서도 이러한 원칙에 의하여 제약을 받게 된다고 할 것이다.

2. 법률문제와 사실문제

행정심판의 심리에 있어서, 행정심판의 대상인 처분이나 부작위에 관한 적법 · 위법의 판단인 법률문제뿐만 아니라, 당 · 부당의 판단인 재량문제, 그리고 사실문제까지 심리할 수 있다.

Ⅲ. 심리의 절차

1. 심리절차의 구조와 원칙

1) 대심주의

대심주의란 대립되는 분쟁당사자들의 공격 · 방어를 통하여 심리를 진행하는 제도를 의미한다. 즉 심리에 있어서 당사자 쌍방에게 공격 · 방어방법을 제출할 수 있는 대등한 기회를 보장하는 제도를 말하는 것이다. 행정심판법은 행정심판절차에 사법절차가 준용되어야 한다는 헌법의 취지에 따라 심판청구인과 피청구인이 당사자임을 명시하고, 서로 대등한 입장에서 공격과 방어방법을 제출하게 하고, 원칙적으로 이와 같이 제출된 공격·방어방법을 심리의 기초로 하여, 행정심판위원회가 중립적 지위에서 심리를 행하는 대심주의를 취하고 있다.

2) 처분권주의

처분권주의란 절차의 개시, 심판의 대상 및 절차의 종결을 당사자의 의사에 일임하는 것을 말한다. 행정심판법에 따르면 행정심판은 청구인의 심판청구에 의하여 개시되고, 청구인이 심판대상과 범위를 결정하며(청구취지의 특정, 불고불리의 원칙), 청구인이 심판청구를 취하함으로써 심판절차를 종료시킬 수가 있다. 이에 따라 행정심판법도 처분권주의에 입각하고 있으나 심판청구의 제기기간의 제한, 청구인낙(請求認諾)의 부인 등 공익적 견지에서 여러 제한을 가하고 있다.

3) 서면심리주의와 구술심리주의

행정심판의 심리방법에 있어서 서면심리주의와 구술심리주의가 있으며 이들은 각각 장·단점을 갖고 있다. 서면심리주의는 심리자료가 모두 서면에 기재되므로 ① 명료하고 확실하며, ② 심리를 간이·신속하게 할 수 있으며, ③ 행정심판위원회가 원격지에 있는 경우에 청구인의 시간과 비용을 절약할 수 있다는 등의 장점을 갖고 있다. 이에 대하여 그 단점으로서는 ① 인상(印象)이 간접적이며, ② 석명에 의하여 의문점을 명확하게 할 수 없고, ③ 진실이 정확하게 서면에 기재되어 있는지 여부를 알기 어렵다는 점 등을 들 수 있다.

다른 한편 구술심리주의의 장점으로서는 ① 당사자의 진의를 파악하기가 편리한 점, ② 진술에 모순 또는 부족이 있는 경우에 석명을 통하여 보완할 수 있는 점, ③ 쟁점의 정리가 용이하다는 점 등을 들 수 있으며, 단점으로는 ① 심리가 지연될 가능성, ② 진술자의 진술누락가능성 및 청취자의 청취누락의 가능성 등이 있다.

행정심판법은 서면심리주의와 구술심리주의를 함께 채택하여 어느 방식을 취할 것인지는 행정심판위원회의 판단에 맡기고 있다(법 40조 1항 전단). 그러나 당사자가 구술심리를 신청한 때에는 서면심리만으로 결정할 수 있다고 인정하는 경우 외에는 구술심리를 하도록 하고 있어(법 40조 1항 후단), 심판청구인이 자신의 주장을 행할 기회를 충분히 부여하고 있다.

4) 직권심리주의

직권심리주의는 당사자주의에 대한 것으로 심리의 진행을 심판위원회의 직권으로 함과 동시에, 심리에 필요한 자료를 당사자가 제출한 것만에 의존하지 않고, 직권으로 수집·조사하는 제도를 의미한다. 행정심판법은 위원회가 필요하다고 인정할 때에는 당사자가 주장하지 아니한 사실에 대하여도 심리할 수 있고(법 39조 1항), 사건의 심리를 위하여는 직권으로 증거조사를 할 수 있다고 규정함으로써(법 36조 1항) 직권심리주의를 채택하고 있다.

행정심판의 심리과정에서 직권심리주의를 채택하여 행정심판위원회가 주도적인 역할을 하게 하는 이유는 ① 절차의 대상이 단지 사적 관심사에 그치지 않고, 공익과 밀접한 관련이 있으며, ② 공정한 재결은 당사자의 의사에만 매이지 않고 실질적 진실을 밝힘으로써 가능하고, ③ 심리의 간이·신속을 도모하기 위한 것이다.

그러나 행정심판위원회의 직권심리도 불고불리의 원칙에 따라 심판청구의 대상이 되는 처분 또는 부작위 외의 사항에는 미칠 수 없다. 다른 한편 행정심판법은 직권심리주의의 자의성을 억제하고, 행정심판절차에 있어서 당사자주의를 가미하기 위하여 당사자의 절차적 권리로서 증거서류 등의 제출(법 34조 1항) 및 증거조사의 신청권(법 36조 1항)을 인정하고 있다.

5) 비공개주의

행정심판의 심리와 재결과정을 일반에게 공개하는 원칙을 공개주의라고 한다. 행정심판법은 이에 대하여 명문의 규정을 두고 있지 않다. 그러나 직권심리주의, 서면심리주의를 택한 동법의 전체적인 구조를 보아 비공개주의를 원칙으로 하고 있다고 보아야 할 것이다. 일설에서는 "위원회에서 위원이 발언한 내용이나 그 밖에 공개되면 위원회의 심리·재결의 공정성을 해할 우려가 있는 사항으로서 대통령령이 정하는 사항은 이를 공개하지 않는다"고 규정한 행정심판법 제41조를 근거로 하여 공개주의를 원칙으로 하고 있다고 하나, 이는 회의가 끝난 후 회의록 등의 일부내용을 「공공기관의 정보공개에 관한 법률」의 적용대상에서 배제시키려고 하는 것으로서 심리의 공개여부와 직접적인 관련성이 없는 것으로 보아야 할 것이다.

2. 당사자의 절차적 권리

심판청구의 당사자는 행정심판의 심리과정에서 다음과 같은 절차적 권리를 행사할 수 있다.

1) 위원·직원에 대한 기피신청권

당사자는 행정심판위원회의 위원이나 사건의 심리·의결에 관여하는 직원에게 심리·의결의 공정을 기대하기 어려운 사정이 있는 경우에는 이들에 대한 기피신청권을 갖는다. 당사자의 기피신청이 있을 때에는 위원장은 심판위원회의 의결을 거치지 않고 스스로 기피여부를 결정한다(법 10조 6항).

2) 구술심리신청권

위에서 설명한 바와 같이 행정심판의 심리는 구술심리 또는 서면심리를 할 수 있는데, 당사자는 행정심판위원회에 구술심리를 신청할 권리를 갖는다(법 40조 1항).

구술심리를 신청할 수 있는 사유는 분명하지 않으나, 서면방식만으로는 자기의 주장을 충분히 개진할 수 없고, 효과적인 공격·방어를 위하여 구술심리가 바람직하다고 인정되는 때에는 구술심리를 신청할 수 있을 것이다.

3) 보충서면제출권

당사자는 심판청구서·답변서 또는 참가신청서에서 주장한 사실을 보충하고 다른 당사자의 주장을 다시 반박하기 위하여 보충서면을 제출할 수 있다. 위원회가 보충서면의 제출기한을 정한 때에는 그 기간 내에 제출하여야 한다(법 33조).

4) 증거제출권

당사자는 심판청구서·답변서 또는 참가신청서 등에 덧붙여 그 주장을 뒷받침하는 증거서류 또는 증거물을 제출할 수 있다(법 34조 1항). 증거서류에는 다른 당사자의 수에 따른 부본을 첨부하여야 하며, 위원회는 당사자로부터 제출된 증거서류의 부본을 지체 없이 다른 당사자에게 송달하여야 한다(법 34조 2항·3항).

"증거서류"란 서증(書證)의 일종으로서 일정한 서면의 내용이 증거로 되는 것을 말하며, "증거물"은 증거서류 이외의 모든 서류 · 물품을 말하는 것으로서, 두 가지를 합쳐 물증(物證)이라고 한다.

5) 증거조사신청권

당사자는 위원회에 당사자 또는 참고인의 신문(訊問), 당사자 또는 관계인이 소지하는 문서 등의 위원회의 제출 요구, 감정 · 검증의 요구 등 증거조사를 신청할 수 있는 권리를 가진다(법 36조 1항).

심판청구에 있어서는 직권에 의한 증거조사, 즉 직권탐지주의를 기조로 하면서 당사자의 증거제출권을 인정하고 있으며, 동시에 행정심판절차에 사법절차를 준용하도록 한 헌법 제107조 제3항의 취지를 감안하여 당사자의 증거조사신청권을 인정함으로써 직권탐지주의의 자의성을 억제함과 동시에 심리의 적정을 도모한 것이라고 할 수 있다.

Ⅳ. 심리의 병합과 분리

행정심판법은 심판청구사건에 대한 심리의 신속성과 경제성을 도모하기 위하여 심리의 병합과 분리를 규정하고 있다.

1. 심리의 병합

수개의 심판청구사건이 동일한 또는 서로 관련된 사안에 대하여 제기된 경우, 또는 동일한 행정청이 행한 유사한 내용의 처분에 관련된 경우에는 심리의 경제적이고 신속한 진행을 위하여 이들을 병합하여 심리할 필요가 있다. 행정심판법은 행정심판위원회가 필요하다고 인정할 때에는 관련되는 심판청구를 병합하여 심리할 수 있도록 하고 있는바(법 37조), 여기서 수개의 심판청구가 함께 심리를 진행하는 것이 가능하고 또한 효과적인 관련성이 있으면 족할 것이다. 병합심리의 필요성 및 관련성의 유무는 행정심판위원회가 구체적 · 개별적으로 결정할 일이다. 병합심리는 심리절차의 병합에 그치는 것이므로, 재결은 병합된 심판청구별로 각각 행하여야 함은 물론이다.

2. 심리의 분리

행정심판위원회는 이미 병합된 심판청구사건을 필요에 따라 직권으로 분리하여 심리할 수 있다(법 37조). 분리심리의 대상이 되는 것은 "병합된 관련청구"인바, 병합된 관련청구는 병합하여 심리하기로 결정한 관련청구사건 및 당사자에 의하여 병합제기된 심판청구를 모두 포함하는 개념이라고 할 것이다. 심리의 분리 역시 심리의 신속성과 능률성을 위하여 인정된 것이다.

제 7 항 행정심판의 재결

재결이란 행정심판청구사건에 대하여 행정심판위원회가 법적 판단을 하는 행위를 의미한다. 재결은 행정상의 법률관계에 관한 분쟁에 대하여 행정심판위원회가 일정한 절차를 거쳐서 판단 · 확정하는 행위이므로 확인행위로서의 성질을 가지며, 아울러 행정심판위원회에게 재량이 허용되지 않는 기속행위이다. 또한 재결은 심판청구의 제기를 전제로 한 판단작용이라는 점에서 법원의 판결과 유사한 성격을 갖고 있기 때문에 준사법적 행정행위에 해당된다.

Ⅰ. 재결의 절차와 형식

1. 행정심판위원회의 재결 및 재결기간

행정심판위원회는 심리를 마치면 그 심판청구에 대하여 재결을 하여야 한다. 재결은 행정심판위원회 또는 피청구인인 행정청이 심판청구서를 받은 날부터 60일 이내에 하여야 한다. 다만 부득이 한 사정이 있을 때에는 위원장이 직권으로 30일을 연장할 수 있다(법 45조 1항). 재결기간을 연장한 때에는 재결기간이 만료되기 7일 전까지 당사자에게 이를 통지하여야 한다(법 45조 2항). 재결기간에는 심판청구가 부적법하여 보정을 명한 경우의 보정기간은 산입되지 않는다(법 32조 5항).

2. 재결의 방식

재결은 서면에 소정의 사항을 기재하여야 하는 요식행위이다(법 46조 1항). 재결서에는 ① 사건번호와 사건명, ② 당사자 · 대표자 또는 대리인의 이름과 주소, ③ 주문, ④ 청구의 취지, ⑤ 이유, ⑥ 재결 날짜를 기재하고, 그 재결이 위원회의 결정에 의한 것임을 명기하고 기명날인을 하여야 한다(법 46조 2항). 재결서에 기재하는 이유에는 주문내용이 정당함을 인정할 수 있는 정도로 판단을 표시하여야 한다.

3. 재결의 범위

1) 불고불리 및 불이익변경금지의 원칙

불고불리의 원칙(Nemo judex sine actore)은 당사자의 청구범위를 넘어서 심리 · 판단하지 못한다는 것을 내용으로 하며, 불이익변경금지의 원칙(Verbot der reformation in peius)은 원처분보다 불리하게 변경하는 내용의 재결은 금지된다는 원칙이다.

구 소원법에서는 이에 관한 규정을 두지 않았기 때문에 이들 원칙의 적용 여부에 대하여 다툼이 있었으나, 행정심판법은 심판청구의 대상이 되는 처분 또는 부작위 외의 사항에 대하여 재결하지 못하며(법 47조 1항), 심판청구의 대상이 되는 처분보다 청구인에게 불이익한 재결을 하지 못한다고 규정하여(법 47조 2항) 이들 원칙들을 명문화하고 있다.

판례(조세심판원이 재조사결정을 함에 따라 과세관청이 추계조사를 통하여 증액된 종합소득세를 부과한 경우 불이익변경금지 원칙에 반하는지 여부) 심판청구에 대한 결정의 한 유형으로 실무상 행해지고 있는 재조사결정은 재결청의 결정에서 지적된 사항에 관해서 처분청의 재조사결과를 기다려 그에 따른 후속 처분의 내용을 심판청구 등에 대한 결정의 일부분으로 삼겠다는 의사가 내포된 변형결정에 해당하고, 처분청의 후속 처분에 따라 그 내용이 보완됨으로써 결정으로서 효력이 발생하므로, 재조사결정의 취지에 따른 후속 처분이 심판청구를 한 당초 처분보다 청구인에게 불리하면 법 제79조 제2항의 불이익변경금지원칙에 위배되어 후속 처분 중 당초 처분의 세액을 초과하는 부분은 위법하게 된다(대판 2016. 9. 28, 2016두39382).

---

2) 재량문제

행정심판은 행정소송과는 달리 위법한 처분이나 부작위뿐만 아니라 부당한 처분이나 부작위에 대하여도 제기할 수 있으므로(법 5조 1호 · 3호), 재량행위와 관련하여 행정심판위원회는 재량의 유월 · 남용 등과 같은 재량권행사의 위법 여부뿐만 아니라, 재량권한계 내에서의 재량권행사의 당부에 대하여 판단할 수 있다.

4. 재결의 송달

행정심판위원회가 재결을 한 때에는, 지체 없이 당사자에게 재결서의 정본을 송달하여야 한다(법 48조 1항). 재결은 청구인에게 송달이 있은 때에 그 효력이 발생한다(법 48조 2항). 심판청구에 참가인이 있는 때에는 그 참가인에 대하여도 재결서의 등본을 송달하여야 하는 것이나(법 48조 3항), 그 송달은 재결의 효력발생과는 직접 관계가 없다.

처분의 상대방이 아닌 제3자가 심판청구를 한 경우 위원회는 재결서의 등본을 지체 없이 피청구인을 거쳐 처분의 상대방에게 송달하여야 한다(법 48조 4항).

Ⅱ. 재결의 종류

재결은 그 내용에 따라 다음과 같이 나누어진다.

1. 각하재결

각하재결은 심판청구의 제기요건을 충족하지 않은 부적법한 심판청구에 대하여 본안에 대한 심리를 거절하는 내용의 재결을 말한다(법 43조 1항). 예를 들어 청구인적격이 결여된 자가 행정심판을 제기하는 경우, 또는 행정심판의 제기기간이 도과된 경우, 행정심판의 대상인 처분성이 결여된 경우에는 각하재결을 하게 된다.

2. 기각재결

1) 일반적인 경우

일반적인 경우에 있어서 기각재결은 본안심리의 결과 그 심판청구가 이유없다고 인정하여 청구를 배척하고 원처분을 지지하는 재결을 의미한다. 기각재결은 심판청구를 배척하여 원처분을 시인하는 데 그칠 뿐, 처분청 등에 대하여 원처분을 유지하여야 할 의무를 지우는 등 원처분의 효력을 강화하는 것은 아니기 때문에, 기각재결이 있은 후에도 처분청은 당해 처분을 직권으로 취소·변경할 수 있다.

이와 같은 기각재결은 후술하는 특수한 형태의 기각재결인 사정재결과 구별되어야 한다.

2) 사정재결

가. 의 의

행정심판위원회는 심판청구의 심리결과 그 청구가 이유있다고 인정되는 경우에도 이를 인용하는 것이 공공복리에 크게 위배된다고 인정하면 그 심판청구를 기각하는 재결을 할 수 있는 바(법 44조 1항), 이를 사정재결이라 한다. 심판청구가 이유있다고 인정되는 경우에는 청구인의 권익보호를 위하여 인용재결하는 것이 원칙이지만 그로 인하여 공공복리가 크게 침해되는 경우가 있다. 사정재결이란 이러한 경우에 공익과 사익을 합리적으로 조정하기 위하여 예외적으로 인정된 제도로서 행정소송의 사정판결에 대응하는 제도이다.

사정재결은 취소심판 및 의무이행심판에서만 인정되고 무효등확인심판에서는 인정되지 않는다

(법 44조 3항). 행정심판위원회가 사정재결을 하는 경우에는 재결의 주문(主文)에 그 처분이나 부작위가 위법 또는 부당한 것임을 명시하여야 한다(법 44조 1항).

나. 요 건

사정재결은 심판청구를 인용하는 것이 "공공복리에 크게 위배된다고 인정하는 때에" 할 수 있다. 구법에서는 "현저히 공공복리에 적합하지 아니하다고 인정하는 때에"를 그 요건으로 하였으나, 개정법은 이를 보다 엄격하게 하고 있다. 사정재결은 공익보호를 위한 예외적인 것이므로, 그 요건인 공공복리를 매우 제한적으로 해석 · 적용하여야 하는바, 인용재결에 따른 공익침해의 정도가 위법 · 부당한 처분의 유지에 따른 사익침해의 정도보다 월등하게 큰 경우에 한하여 인정되어야 할 것이다.

다. 구제조치

사정재결은 원래 인용되어야 할 심판청구임에도 불구하고 공익보호를 위하여 심판청구를 기각하는 예외적인 재결이므로, 그러한 재결로 인하여 청구인이 입을 손해, 즉 심판청구의 대상인 위법 · 부당한 처분 또는 부작위가 유효하게 존속하게 됨으로써 입게 되는 손해에 대하여 적절한 구제방법이 강구되어야 함은 당연한 일이다. 이에 따라 행정심판위원회는 사정재결을 함에 있어서 청구인을 위하여 상당한 구제방법(제해시설(除害施設)의 설치 및 손해배상)을 스스로 취하거나 피청구인인 행정청에게 상당한 구제방법을 취할 것을 명할 수 있다(법 44조 2항).

3. 인용재결

인용재결은 기각에 반대되는 재결로서 본안심리의 결과 원처분이나 부작위가 위법 또는 부당하다고 인정하여 청구의 취지를 받아들이는 내용의 재결이다.

인용재결에는 행정심판의 종류에 대응하여 취소 · 변경재결, 무효등확인재결 및 의무이행재결이 있다.

1) 취소 · 변경재결

취소 · 변경재결이란 취소심판의 청구가 이유있다고 인정할 때에 행정심판위원회가 스스로 처분을 취소 또는 다른 처분으로 변경하거나, 처분을 다른 처분으로 변경할 것을 피청구인에게 명하는 재결을 말한다(법 43조 3항). 이러한 취소 · 변경재결에는 ① 처분취소재결, ② 처분변경재결, ③ 처분변경명령재결이 있는바, ①, ②는 형성재결의 성질을 갖는 데 반하여, ③은 이행재결의 성격을 갖는다고 할 것이다.

구 법에서는 위원회가 직접 처분을 취소하는 처분취소재결과 처분청에게 취소를 명하는 처분취소명령재결을 두었으나, 처분취소명령재결의 경우 ① 활용도가 매우 낮다는 점, ② 처분청이 이를 이행하지 않으면 당사자의 권리구제가 약화되는 결과가 발생할 소지가 있다는 점, ③ 취소명령재결에 대하여는 위원회의 직접처분권을 인정하기가 어렵다는 점 등을 이유로 개정법에서는 이를 삭제하였다.[7)]

처분취소재결에는 처분의 전부취소 및 일부취소가 포함된다. 한편, 변경재결에 있어서 "변경"의

7) 행정심판법 전부개정법률안 -추진경과 및 조문별 개정이유-, 2009. 4, 국민권익위원회, 61면.

의미에 대하여 다툼이 있을 수 있으나, 제43조 제3항에서 "취소"와 "변경"을 따로이 규정하고 있는 점과 제43조 제5항에서 의무이행재결을 인정하고 있는 점에 비추어 "적극적 변경", 즉 원처분을 갈음하는 다른 처분으로의 변경(영업허가취소처분을 영업정지처분으로 변경)을 의미한다고 볼 것이다. 한편, 거부처분에 대한 취소심판의 경우에는 변경될 처분이 없기 때문에 취소재결만이 가능하다.

2) 무효등확인재결

무효등확인재결이란 행정심판위원회가 무효등확인심판의 청구가 이유있다고 인정할 때에 처분의 효력 유무 또는 존재 여부를 확인하는 재결을 말한다(법 43조 4항). 이러한 확인재결에는 처분무효확인재결, 처분유효확인재결, 처분존재확인재결, 처분부존재확인재결, 처분실효확인재결이 있다.

3) 의무이행재결

가. 의 의

의무이행재결이란 행정심판위원회가 의무이행심판의 청구가 이유있다고 인정할 때에 지체없이 신청에 따른 처분을 하거나 처분청에게 그 신청에 따른 처분을 할 것을 명하는 재결을 말한다(법 43조 5항). 따라서 의무이행재결에는 처분재결과 처분명령재결이 있다. 전자는 형성재결의 성격을 갖고 있으나 후자는 이행재결의 성격을 갖고 있다.

나. 위법 · 부당판단의 기준시

취소 · 변경재결의 경우에 위법 · 부당판단의 기준시는 원칙적으로 처분시가 되나, 의무이행재결의 경우에는 과거에 행하여진 거부처분이나 부작위를 계속 유지하는 것이 위법 · 부당한지 여부가 판단의 핵심이므로 재결시를 기준으로 위법 · 부당 여부를 판단하여야 할 것이다.

다. 인용재결의 내용

가) 처분재결과 처분명령재결의 선택 위원회는 처분재결과 처분명령재결 중 어느 것을 선택할 것인지는 위원회의 재량에 속하나 처분청의 처분권을 존중하여 원칙적으로 처분명령재결을 하고, 만약 처분청이 이를 따르지 않는 경우에 위원회가 직접 처분을 하는 것이 타당할 것이다(법 50조 1항 참조).

나) 처분명령재결의 내용 청구대상의 행위가 기속행위인 경우에는 청구의 내용대로 처분을 할 것을 명하는 재결을 하여야 하나, 재량행위의 경우에는 재량의 하자가 없는 일정한 처분(인용처분 또는 거부처분)을 하도록 명하는 재결을 하여야 한다.

사례 A시는 10여 년 전까지 석탄 산업으로 번창하던 도시였으나, 최근 석탄 산업의 쇠퇴로 현저하게 인구가 줄어들고 있다. 국토교통부장관은 관광레저형 기업도시를 건설하려는 민간기업인 주식회사 갑과 지역 개발을 위해 이를 유치하려는 A시장의 공동 제안에 따라 A시 외곽 지역에 개발구역을 지정 · 고시하고, 갑을 개발사업의 시행자로 지정하였다. 그 후 갑은 개발사업의 시행을 위해 필요한 토지 면적의 55%를 확보한 후, 해당 지역의 나머지 토지에 대한 소유권을 취득하기 위하여 토지소유자 을, 병 등과 합의하였으나 협의가 성립되지 않자 중앙토지수용위원회에 수용재결을 신청하였고, 동 위원회는 수용재결을 하였다.

1) 갑이 추진하는 관광레저형 기업도시를 건설하기 위한 토지수용에 있어서 "공공필요"를 검토하시오.

2) 을은 갑에게 생활대책에 필요한 대체용지의 공급을 포함하는 이주대책의 수립을 신청하였지만 상당한 기간이 경과하였는데도 갑은 이주대책을 수립하지 않고 있다. 이에 을은 이주대책의 수립을 구하는 의무이행심판을 청구하였다. 심판청구의 인용가능성 유무와 재결의 형식을 검토하시오.(제49회 사법시험)

▶**답안요지** **제1문:** 설문에서 관광레저형 기업도시건설이 헌법 제23조 제3항에서 요구하는 "공공필요"에 해당하는지를 묻고 있다. 여기서 "공공필요"의 개념은 대표적인 불확정법개념으로서 일반적으로 "공공복리"의 개념보다 넓은 개념, 즉 헌법 제37조 제2항의 국가안전보장, 질서유지, 공공복리를 포함하는 개념으로 이해되고 있다. 그렇다고 하여 공공필요는 단순한 국가의 이익 또는 공익을 의미하는 것이 아니라, 개인의 재산권침해를 정당화하는 중요한 공익으로 이해되어야 한다. 공공필요는 특정한 공익사업과 관련하여 특정인의 재산권침해가 불가피한 경우에 인정되며, 단순히 국가의 재정적 수요를 충족시키거나 또는 미래의 개발욕구를 충족시키기 위한 토지수용은 허용되지 않는다고 할 것이다. 근래 설문과 같이 수용권을 부여받은 사기업에 의하여 공용수용이 행하여지는 경우가 많이 발생한다. 이 경우에 지역발전이나 고용증대 등의 공익보다 기업의 영리목적이 전면에 나오는 경우에는 공공필요의 요건을 충족시키지 못한다고 할 것이다. 구체적인 경우에 비례의 원칙에 따른 판단을 요하는바, 사안에서 A시의 경우 지역경제의 활성화 및 고용증대가 무엇보다 우선적인 과제로 대두되고 있으며, A시의 자체적인 재원으로는 관광레저형도시의 개발이 거의 가능하지 않음을 고려할 때, 민간기업의 참여를 통한 기업도시건설은 공공필요에 해당된다고 보아야 할 것이다.

제2문:

1) 의무이행심판의 적법요건

을이 갑의 이주대책수립의 부작위에 대하여 의무이행심판을 청구하였는바(행심법 5조 3호)에 따라, 우선 행정심판이 적법하게 제기되었는지 검토를 요한다.

① 갑은 기업도시개발특별법 제4조, 제10조에 의하여 토지수용권을 부여받은 민간기업으로서 행정심판법 제2조 제2항의 의미의 행정청에 해당한다(행정권한의 위탁을 받은 사인). 행정심판위원회는 토지수용 및 보상 등에 관한 재결권한을 갖는 중앙토지수용위원회가 될 것이다.

② 또한 의무이행심판의 대상이 되는 부작위가 존재하여야 한다. 행정심판법 제5조 제3호는 의무이행심판을 "행정청의 위법 또는 부당한 거부처분이나 부작위에 대하여 일정한 처분을 하도록 하는 심판"으로 정의하고 있고, 행정심판법 제2조 제1항 제2호는 부작위를 "행정청이 당사자의 신청에 대하여 상당한 기간 내에 일정한 처분을 하여야 할 법률상 의무가 있음에도 불구하고 이를 하지 아니하는 것"으로 정의하고 있다. 사안에서 을은 갑에게 생활대책에 필요한 대체용지의 공급을 포함하는 이주대책의 수립을 신청하였는바 여기서 이주대책이 행정심판법 제2조 제1항 제1호에서 규정하고 있는 처분에 해당하는지 문제가 된다. 생각건대 이주대책은 개발사업시행에 필요한 토지 등을 제공함으로써 생활의 근거를 상실하는 자에게 대체용지의 공급결정 등을 내용으로 하는 것으로서 관련 개인에게 대하여 특정한 토지의 소유권을 부여하거나 확정하는 구속적 행정계획의 성격을 갖는 것으로서 처분성을 인정하 는 것이 타당할 것이다. 을의 이주대책수립의 신청에 대하여 갑은 상당한 기간이 지나도록 이를 행하지 않고 있는바, 이에 따라 사안에서 의무이행심판의 대상이 되는 부작위가 존재한다고 할 것이다.

③ 또한 을은 자신의 생활대책에 필요한 대체용지의 공급을 포함하는 이주대책의 수립에 대한 신청권을 갖고 있기 때문에 행정심판법 제13조 제3항의 청구인적격이 인정된다.

이에 따라 을의 의무이행심판은 적법하게 제기되었다고 할 것이다.

2) 의무이행심판의 인용여부 및 재결의 형식

기업도시개발 특별법 제12조는 동법상의 요건이 충족되는 경우에는 이주대책을 수립·시행하는 것을 사업시행자의 의무로 하고 있다. 이에 따라 행정심판의 심리과정에서 을이 기업도시개발로 인하여 실제로 생활의 근거지를 상실하였다는 것이 밝혀지면 을의 청구는 인용될 것이다. 행정심판위원회는 의무이행심판의 청구가 이유있다고 인정할 때에는 지체 없이 신청에 따른 처분을 하거나(처분재결), 처분청에게 그 신청에 따른 처분을 할 것을 명한다(처분명령재결)(법 43조 5항). 여기서 행정심판위원회가 직접 이주대책을 수립하는 것은 적절하지 않기 때문에 처분명령재결의 방식으로 재결을 하여야 할 것이다.

[참조조문]

기업도시개발 특별법

제10조 (개발사업의 시행자 지정 등) ① 국토교통부장관은 제4조의 규정에 의하여 개발구역의 지정을 제안한 민간기업 등을 개발사업의 시행자로 지정한다.

제14조 (토지등의 수용 · 사용) ① 시행자는 개발구역 안에서 개발사업의 시행을 위하여 필요한 때에는 공익사업을 위한 토지 등의 취득 및 보상에 관한 법률 제3조의 규정에 의한 토지 · 물건 또는 권리(이하 "토지등"이라고 한다)를 수용 또는 사용할 수 있다.

③ 공익사업을 위한 토지 등의 취득 및 보상에 관한 법률 제28조의 규정에 의한 재결의 신청은 개발구역 토지면적의 50퍼센트 이상에 해당하는 토지를 확보 후에 이를 할 수 있다.

⑤ 제1항의 규정에 의한 토지등의 수용등에 관한 재결의 관할 토지수용위원회는 중앙토지수용위원회가 된다.

⑥ 시행자는 공익사업을 위한 토지 등의 취득 및 보상에 관한 법률이 정하는 바에 따라 개발사업의 시행에 필요한 토지등을 제공함으로 인하여 생활의 근거를 상실하게 되는 자에 대하여 주거단지 등을 조성 · 공급하는 등 이주대책을 수립 · 시행하여야 한다.

Ⅲ. 재결의 효력

행정심판에 있어서 행정심판위원회의 재결은 행정행위의 성질을 갖는다. 따라서 재결서의 정본이 당사자에게 송달되어 그 효력을 발생하게 되면 공정력, 구속력, 불가쟁력, 불가변력, 집행력 등 행정행위의 효력을 갖게 된다. 아울러 재결은 쟁송판단행위로서 형성력과 기속력을 갖는다.

1. 형 성 력

재결의 형성력이란 재결의 내용에 따라 기존의 법률관계에 변동을 가져오는 효력을 말한다. 재결에 의하여 청구가 인용되어 원처분의 전부 또는 일부가 취소된 때에는 원처분의 당해 부분의 효력은 동시에 소멸되고, 처음부터 존재하지 않는 것으로 된다. 또한 변경재결에 의하여 원처분이 취소되고 그에 갈음하는 별도의 처분이 행하여진 경우에도 새로운 처분은 즉시 효력이 발생하며, 그 효력 역시 소급효를 갖는다 할 것이다. 의무이행심판에 대한 인용재결 중에서 상대방의 신청에 따른 처분을 한 경우에도 마찬가지로 형성적 효력을 발생하나, 이 경우에는 재결의 효력은 소급되지 않는다 할 것이다.

재결의 형성력은 그에 의한 법률관계의 변동은 누구나가 인정하여야 하기 때문에 대세적 효력의 성격을 갖는다. 그러나 모든 재결에 형성력이 인정되는 것은 아니다. 행정심판위원회가 재결로써 직접 처분의 취소 · 변경 등을 하지 않고 취소심판에서 "처분변경명령재결", 의무이행심판에서 "처분명령재결"을 한 경우에는, 당해 재결은 형성력을 발생시키는 것이 아니라 기속력을 발생시키게 된다.

2. 불가쟁력과 불가변력

1) 불가쟁력

재결에 대하여는 다시 심판청구를 제기하지 못하며(법 51조), 재결 자체에 고유한 위법이 있는 경우에 한하여 행정소송을 제기할 수 있다(행소법 19조 단서). 그러나 이 경우에도 제소기간이 경과하면 누구든지 그 효력을 다툴 수 없는 효력을 가지는 바, 이를 재결의 불가쟁력이라고 한다.

2) 불가변력

재결은 국가기관이 분쟁을 해결하기 위하여 당사자 기타 이해관계인을 절차에 참여시켜 신중한 절차를 거쳐 행하는 분쟁의 심판행위이므로, 그 재결은 일단 분쟁을 종결시키는 효과를 가져야 한다. 따라서 일단 재결이 행하여지면 설령 그것이 위법 · 부당하게 생각된다고 하더라도 행정심판위원회 스스로 이를 취소 또는 변경하는 것이 허용되지 않는다고 보아야 한다. 재결이 갖는 이러한 효력을 불가변력이라고 한다.

3. 기 속 력

1) 의 의

심판청구가 인용되더라도 피청구인인 행정청이나 관계행정기관이 재결의 취지에 따르지 않는다면, 청구인의 권리구제를 달성할 수 없다. 따라서 행정심판법은 "재결은 피청구인인 행정청과 그 밖의 관계행정청을 기속한다(법 49조 1항)"라고 하여 재결의 기속력을 규정하고 있다.

재결의 기속력은 인용재결의 경우에만 인정되고, 각하 · 기각재결에는 인정되지 않는다. 각하 · 기각재결은 청구인의 심판청구를 배척하는 데 그칠 뿐, 처분청과 그 밖의 관계행정청에 대하여 원처분을 유지시켜야 할 의무를 지우지 않으므로, 처분청은 재결이 있은 뒤에도 정당한 사유가 있으면 직권으로 원처분을 취소 · 변경 또는 철회할 수 있다.

2) 기속력의 내용

처분청 및 관계행정청에 대한 재결의 기속력으로서는 소극적 효력과 적극적 효력이 있다.

가. 소극적 효력: 동일처분의 반복금지효

처분청은 재결의 취지에 반하는 처분을 다시 하여서는 안된다. 즉 취소심판이나 무효등확인심판에 대하여 인용재결이 있는 경우에 처분청은 동일한 사정 아래서 같은 사유로 동일인에 대하여 같은 내용의 처분을 하여서는 안된다.

판례 1(동일한 조세부과처분을 되풀이 한 경우 재결의 기속력에 반하는지 여부) 양도소득세 및 방위세부과처분이 국세청장에 대한 불복심사청구에 의하여 그 불복사유가 이유있다고 인정되어 취소되었음에도 처분청이 동일한 사실에 관하여 부과처분을 되풀이 한 것이라면 설령 그 부과처분이 감사원의 시정요구에 의한 것이라 하더라도 위법하다(대판 1986. 5. 27, 86누127).

판례 2(위법사유를 시정 · 보완하여 발급한 새로운 부담금부과처분이 재결의 기속력에 반하는지 여부) 택지초과소유부담금 부과처분을 취소하는 재결이 있는 경우 당해 처분청은 재결의 취지에 반하지 아니하는 한, 즉 당초 처분과 동일한 사정 아래에서 동일한 내용의 처분을 반복하는 것이 아닌 이상, 그 재결에 적시된 위법사유를 시정 · 보완하여 정당한 부담금을 산출한 다음 새로이 부담금을 부과할 수 있는 것이고, 이러한 새로운 부과처분은 재결의 기속력에 저촉되지 아니한다(대판 1997. 2. 25, 96누14784).

나. 적극적 효력: 처분의무 및 변경의무

가) 거부처분취소재결에 따른 재처분의무 처분청의 거부처분에 대하여는 거부처분취소심판 및 무효등확인심판과 의무이행심판을 청구할 수 있는바, 의무이행심판을 제기하여 그것이 인용되어

의무이행재결이 있으면 후술하는 바와 같이 처분청의 재처분의무가 생긴다. 그러나 거부처분에 대하여 의무이행심판을 청구하지 않고, 거부처분취소심판 및 무효등확인심판을 청구하여 인용재결이 행하여지는 경우에 구 행정심판법은 처분청의 재처분의무를 규정하지 않아, 재처분의무의 인정여부를 두고 긍정설과 부정설로 대립하여 왔다. 판례는 이에 대하여 긍정설을 취하였다.[8)]

2017년 개정된 행정심판법 제49조 제2항은 행정소송법 제30조 제2항과 마찬가지로 처분청의 재처분의무를 새로이 도입하였다. 즉 재결에 의하여 취소되거나 무효 또는 부존재로 확인되는 처분이 당사자의 신청을 거부하는 것을 내용으로 하는 경우에는 그 처분을 한 행정청은 재결의 취지에 따라 다시 이전의 신청에 대한 처분을 하도록 규정하고 있다.

나) 신청에 따른 처분의 취소재결에 따른 재처분의무　　행정심판법 제49조 제4항은 신청에 따른 처분이 절차의 위법 또는 부당을 이유로 재결로써 취소된 경우에는 제49조 제2항을 준용하고 있는바, 이는 제3자효행정행위에 의하여 권익을 침해받고 있는 자가 제기한 취소심판 및 무효등확인심판에 있어서, 당해 처분의 절차상의 위법을 이유로 인용재결을 받은 경우에 처분청의 재처분의무를 규정한 것이다. 제3자효행정행위가 실체법적 이유로 취소된 경우에는 행정청은 그 판결의 취지에 기속되므로 다시 상대방에 대하여 수익처분을 할 수 없다. 그러나 절차상의 이유로 취소된 경우에는 적법한 절차에 따라 다시 동일한 처분을 할 수 있기 때문에 신청인(처분의 상대방)에게는 재처분을 받을 이익이 있기 때문이다.

다) 처분변경명령재결에 따른 변경의무　　처분에 대한 취소심판에 있어서 다른 처분으로 변경하라고 명령하는 재결이 있는 때에는 처분청은 당해 처분을 다른 처분으로 변경하여야 한다.

라) 의무이행재결에 따른 처분의무

① 처분의무　　당사자의 신청을 거부하거나 부작위로 방치한 처분의 이행을 명하는 재결이 있는 경우에는 처분청은 지체 없이 그 재결의 취지에 따라 다시 이전의 신청에 대한 처분을 하여야 한다(법 49조 3항).

② 위원회의 직접처분　　행정심판위원회의 처분명령재결이 있는 경우, 위에서 설명한 바와 같이 처분청은 지체 없이 그 재결의 취지에 따라 다시 이전의 신청에 대한 처분을 하여야 한다. 그러나 처분청이 처분을 하지 아니하는 때에는 당사자의 신청에 따라 기간을 정하여 서면으로 시정을 명하고, 그 기간 내에 이행하지 않는 경우에는 직접 당해 처분을 할 수 있다(법 50조 1항). 다만, 그 처분의 성질이나(예: 정보공개결정) 그 밖의 불가피한 사유로 위원회가 직접 처분을 할 수 없는 경우에는 그러하지 아니하다(동조 단서).

과거 재결청이 대부분 처분청의 직근상급행정청으로서 감독청의 지위를 갖고 있었으며, 지방자치가 활성화 되지 않던 시대에는 처분청이 재결을 이행하지 않는 경우란 거의 없었다. 그러나 행정심판위원회가 스스로 재결의 권한을 갖고 독립적 기능을 수행하고, 지방자치 등 행정조직의 분권화 현상에 따라, 처분청이 재결을 이행하지 않는 사례도 종종 발생하고 있는바, 이러한 경우에 처분명령재결의 실효성을 확보하기 위하여 행정심판위원회의 직접적인 처분권을 인정한 것이다. 이 경우 행정심판위원회의 직접처분은 의무이행심판에 대하여 행정심판위원회가 재결로서 처분을 행하는 처

8) 대판 1988. 12. 13, 88누7880.

분재결과는 성격을 달리 하고 있다. 처분재결은 처음부터 행정심판위원회가 재결로서 처분을 행하는 것이고, 직접처분은 처분청이 처분명령재결을 이행하지 않는 경우에 그 실효성을 확보하기 위하여 행정심판위원회가 처분청이 행할 처분을 직접 행하는 것이다. 행정심판위원회가 직접처분을 한 때에는 그 사실을 당해 행정청에게 통보하여야 하며, 그 통보를 받은 행정청은 위원회가 행한 처분을 당해 행정청이 행한 처분으로 보아 관계 법령에 따라 관리·감독 등 필요한 조치를 하여야 한다(법 50조 2항).

마) 결과제거의무 행정심판에서 취소 또는 무효확인 등의 재결이 행하여지면, 처분청은 결과적으로 위법이 되는 처분에 의하여 초래된 상태를 제거할 의무를 진다. 예를 들어 자동차의 압류처분이 취소되면 행정청은 그 자동차를 원고에게 반환할 의무를 진다. 여기서 처분청이 그에 따른 의무를 이행하지 않는 경우에는 이른바 공법상 결과제거청구권을 행사하여 자동차의 반환을 청구할 수 있을 것이다.

다. 부수적 의무

법령의 규정에 따라 공고되거나 고시한 처분이 재결로써 취소되거나 변경되면, 처분청은 지체없이 그 처분이 취소 또는 변경되었다는 것을 공고하거나 고시하여야 한다(법 49조 5항). 한편, 법령의 규정에 따라 처분의 상대방 외의 이해관계인에게 통지된 처분이 재결로써 취소되거나 변경되면 처분청은 지체 없이 그 이해관계인에게 그 처분이 취소 또는 변경되었더는 것을 알려야 한다(법 49조 6항).

3) 기속력의 주관적·객관적 범위

기속력이 미치는 주관적 범위는 피청구인인 행정청뿐만 아니라 그 밖의 관계행정청이다(법 49조 1항). 여기서 관계행정청은 취소된 처분 등을 기초로 하여 그와 관련되는 처분이나 부수되는 행위를 할 수 있는 행정청을 총칭한다. 다른 한편 기속력의 객관적 범위는 재결의 주문 및 그 전제가 되는 요건사실의 인정과 효력의 판단에 미치고, 재결의 결론과 직접 관계없는 방론이나 간접사실에 대한 판단에까지 미치지 않는다.

판례 1(기속력의 주관적·객관적 범위) 행정심판법 제37조에서 정하고 있는 행정심판청구에 대한 재결이 행정청과 그 밖의 관계 행정청을 기속하는 효력은 당해 처분에 관하여 재결주문 및 그 전제가 된 요건사실의 인정과 판단에만 미치고 이와 직접 관계가 없는 다른 처분에 대하여는 미치지 아니한다(대판 1998. 2. 27, 96누13972).

판례 2(재결이 확정된 경우, 처분의 기초가 되는 사실관계나 법률적 판단에 당사자들이나 법원이 이에 기속되어 모순되는 주장이나 판단을 할 수 없는지 여부) 행정심판의 재결은 피청구인인 행정청을 기속하는 효력을 가지므로 재결청이 취소심판의 청구가 이유 있다고 인정하여 처분청에 처분을 취소할 것을 명하면 처분청으로서는 재결의 취지에 따라 처분을 취소하여야 하지만, 나아가 재결에 판결에서와 같은 기판력이 인정되는 것은 아니어서 재결이 확정된 경우에도 처분의 기초가 된 사실관계나 법률적 판단이 확정되고 당사자들이나 법원이 이에 기속되어 모순되는 주장이나 판단을 할 수 없게 되는 것은 아니다(대판 2015. 11. 27, 2013다6759).

---

4) 간접강제

전술한 바와 같이 구 행정심판법에서는 거부처분에 대한 취소심판이나 무효등확인심판에 대한 인용재결이 있는 경우에 기속력에 관한 규정을 두고 있지 않아 처분청의 재처분의무의 인정여부를 두고 견해가 대립하였을 뿐만 아니라, 긍정설을 취할 경우에도 그 이행을 확보하기 위한 강제집행수단이 존재하지 않았다. 또한 의무이행심판의 인용재결의 경우에는 그 기속력 및 실효성을 확보하기 위하여 직접처분에 관한 규정을 두고 있으나(법 49조 2항, 50조) 별도의 강제집행수단에 관한 규정이 없었다. 종래 재결청이 대부분 처분청의 직근 상급행정청으로서 감독청으로 기능하던 시기에는 이러한 강제집행수단의 결여는 크게 문제되지 않았으나, 행정심판위원회가 독립적인 기능을 수행하게 되고, 지방자치 등 행정조직의 분권화 경향에 따라 점차 중요한 실무상의 문제점으로 부각되었다. 이에 따라 개정 행정심판법에서는 행정소송법 제34조와 유사하게 강제집행수단으로서 간접강제를 도입하였다.

행정심판위원회는 피청구인이 제49조 제2항(49조 4항에서 준용하는 경우를 포함한다) 또는 제3항에 따른 처분을 하지 아니하면, 청구인의 신청에 의하여 결정으로 상당한 기간을 정하고 피청구인이 그 기간 내에 이행하지 아니하는 경우에는 그 지연기간에 따라 일정한 배상을 하도록 명하거나 즉시 배상을 할 것을 명할 수 있다(동법 50조 2의 1항).

행정심판위원회는 사정의 변경이 있는 경우에는 당사자의 신청에 의하여 제1항의 결정의 내용을 변경할 수 있다(동법 50조 2의 2항). 행정심판위원회는 제1항 또는 제2항에 따른 결정을 하기 전에 신청 상대방의 의견을 들어야 하며(동법 50조 2의 3항), 청구인은 제1항 또는 제2항에 따른 결정에 불복하는 경우 그 결정에 대하여 행정소송을 제기할 수 있도록 하였다(동법 50조 2의 4항).

한편, 행정심판위원회의 배상명령이 피청구인인 행정청이 소속된 국가 · 지방자치단체 또는 공공단체에 미치게 하여 그 집행의 실효성을 보장하였으며, 결정서 정본은 제4항에 따른 소송제기와 관계없이 「민사집행법」에 따른 강제집행에 관하여는 집행권원과 같은 효력을 갖도록 하였다(동법 50조 2의 5항).

Ⅳ. 재결에 대한 불복

1. 재심판청구의 금지

행정심판법은 심판청구에 대한 재결이 있는 경우에는 당해 재결 및 동일한 처분 또는 부작위에 대하여 다시 심판청구를 제기할 수 없도록 하여(법 51조), 행정심판의 단계를 단일화하였다. 다만 국세기본법 등 각 개별법에서 다단계의 행정심판을 인정하는 경우에는 그에 따라야 한다.

2. 재결에 대한 행정소송

재결 자체에 고유한 위법이 있는 경우에 행정심판의 청구인이 이에 대하여 항고소송을 제기할 수 있음은 당연한 것이나(행소법 19조 단서 및 38조), 행정심판의 피청구인인 처분청이 인용재결에 대하여 항고소송을 제기할 수 있는지에 관하여는 다툼이 있다.

다수설인 부정설은 행정심판의 재결은 피청구인인 행정청을 기속한다고 규정하고 있는 행정심판법 제49조 제1항에 근거하여 처분청은 행정심판의 재결에 대해 불복할 수 없다는 입장을 취하고 있다. 이에 대하여 제한적 긍정설은 행정심판의 재결이 처분청 또는 감독청에 속한 행정심판위원회에 의하여 행하여지는 경우에는 인용재결에 대한 처분청의 항고소송 제기가능성은 부정되지만, 자치사무에 속한 처분에 대한 행정심판의 인용재결에 대하여는 지방자치단체장이 항고소송을 제기할 수 있다는 입장을 취하고 있다. 생각건대 제한적 긍정설은 현행법의 해석상으로 통용되기는 어려울 것이며 향후 입법상의 개선과제라고 보아야 할 것이다. 판례 역시 부정설을 취하고 있다. 공공단체의 경우에도 이와 같이 교원소청심사위원회의 재결에 대하여 행정소송을 제기할 수 없다고 본다.

판례 1(재결에 대하여 처분행정청인 지방자치단체장이 불복을 할 수 있는지 여부) 행정심판법 제37조(현행 제49조) 제1항에 "재결은 피청구인인 행정청과 그 밖의 관계행정청을 기속한다"고 규정하고 있으므로, 이에 따라 처분행정청은 인용재결에 기속되어 재결의 취지에 따른 처분의무를 부담하게 되므로 이에 불복하여 항고소송을 제기할 수 없다 할 것이며, 이 규정이 지방자치의 내재적 제약의 범위를 일탈하여 헌법상의 지방자치의 제도적 보장을 침해하는 것으로 볼 수 없다(대판 1998. 5. 8, 97누15432).

판례 2(교원의 지위 향상 및 교육활동 보호를 위한 특별법 제10조 제4항 위헌확인) 광주과학기술원 설립목적의 특수성과 그 목적을 달성하기 위한 국가의 관리 · 감독 및 재정 지원, 사무의 공공성 내지 공익성 등을 고려할 때, 그 소속 교원의 신분을 국 · 공립학교의 교원의 그것과 동등한 정도로 보장하면서 공공단체인 광주과학기술원이 교원소청심사결정에 대해 행정소송을 제기할 수 없도록 한 것을 두고 입법형성의 범위를 벗어났다고 보기 어렵다(헌재결 2022. 10. 27, 2021헌마1557).

V. 조정제도

1. 의 의

항고쟁송에 있어서 '대체적 분쟁해결수단(ADR)'으로서 조정 및 화해제도의 도입이 오래전부터 논의 되어 왔다.[9] 전통적 견해는 행정처분은 당사자간의 타협에 의하여 법이 인정하지 않은 내용으로 행하여질 수 없다는 법치행정의 관점에서 그 도입에 소극적 입장을 취하여 왔다. 그러나 항고쟁송에 있어서도 행정청이 처분에 대한 권한을 갖고 있고 강행법규 및 행정법의 일반원칙 및 공공복리에 반하지 않는 한 조정이나 화해제도는 원칙적으로 허용된다고 할 것이다. 조정이나 화해제도를 통하여 분쟁의 자율적 · 종국적 해결, 법원의 업무부담의 경감, 쟁송요건의 엄격성 완화에 따른 충실한 권리구제, 번잡한 쟁송절차의 회피 등 적지 않은 효용을 살릴 수 있다. 개정 행정심판법은 이와 같은 취지에서 조정제도를 도입하였다.

2. 조정의 개시 및 대상

위원회는 당사자의 권리 및 권한의 범위에서 당사자의 동의를 받아 심판청구의 신속하고 공정한 해결을 위하여 조정을 할 수 있다. 다만, 그 조정이 공공복리에 적합하지 아니하거나 해당 처분의 성질에 반하는 경우에는 그러하지 아니하다(법 43조의2 1항). 예를 들어 처분이 기속행위의 성질을 갖거나, 조정의 내용이 제3자의 권리를 침해하거나 또는 원자력발전소의 건설이나 방사성폐기물 설치 등 대규모공공사업 등 공공복리가 우선시 되는 경우가 이에 해당될 것이다.

3. 조정의 절차와 성립

위원회는 조정을 함에 있어서 심판청구된 사건의 법적 · 사실적 상태와 당사자 및 이해관계자의 이익 등 모든 사정을 참작하고, 조정의 이유와 취지를 설명하여야 한다(법 43조의2 2항). 조정은 당사자가 합

9) 김현준 · 정하중, 행정심판 체계 정비방안에 관한 연구, 국민권익위원회, 2013. 11, 90면 이하; 정남철, 대체적 분쟁해결수단으로서 행정소송에서의 조정, 사법행정, 2005. 6, 6면 이하.

의한 사항을 조정서에 기재한 후 당사자가 서명 또는 날인하고 위원회가 이를 확인함으로써 성립한다(법 43조의2 3항).

4. 조정의 효력

조정이 성립하면 재결과 동일한 효력이 발생한다(법 43조의2 3항). 즉 재결과 동일한 기속력이 발생하고, 피청구인이 조정의 내용과 달리 처분을 하지 아니하는 경우에는 위원회는 법 제50조에 따라 직접처분을 행할 수 있으며, 법 제50조의2에 의한 간접강제를 행할 수 있다. 아울러 조정이 성립하는 경우에 합의된 사항에 대하여는 다시 행정심판을 청구할 수 없다(법 51조).

제 8 항 고지제도(告知制度)

Ⅰ. 개 설

1. 의 의

행정심판의 고지제도란 행정청이 처분을 행하면서 상대방에게 당해 처분에 대하여 행정심판을 제기할 경우에 필요한 사항을 아울러 고지할 의무를 지우는 제도를 말한다. 이러한 고지제도는 관계인에게 행정심판제기에 관련된 지식과 정보를 제공하는 데 목적을 두고 있다. 오늘날과 같이 행정의 행위형식이 다양해지고 행정조직이 복잡해진 경우에는 당해 행위가 행정심판의 대상이 되는지 여부, 행정심판의 대상이 되는 경우, 그의 제기절차 및 청구기간 등을 법률지식이 없는 일반국민이 파악하기가 쉽지 않다. 이러한 사정은 고지제도를 인정하지 않았던 구 소원법하에서 특히 심하였는바, 이는 결과적으로 처분으로 인하여 권익을 침해받은 개인이 소원제도를 충분히 활용하지 못하는 원인이 되기도 하였다.

행정심판법은 이러한 폐단을 개선하기 위하여 고지제도를 전면적으로 채택하였는바, 행정청이 처분을 하는 경우에는 그 상대방에게 처분에 관하여 행정심판을 청구할 수 있는지 여부, 청구하는 경우에 청구절차 · 청구기간을 알려주도록 하였고(직권고지), 또한 이해관계인으로부터 이러한 사항을 알려 줄 것을 요구받은 때에는 서면으로 알려 주도록 하였다(청구고지)(법 58조).

이러한 행정심판의 고지제도란 행정절차법적 성격을 가진 것으로서 많은 나라에서는 행정절차법에 고지제도를 두고 있으며, 1996년에 제정된 우리 행정절차법도 제26조에서 고지에 대하여 규정하고 있다.

2. 고지의 성질

행정심판법상의 고지는 사실행위로서 그 자체는 직접 어떠한 법적 효력을 발생하지 않는 행위이다. 즉 고지는 일정한 관념이나 의사를 통지하는 준법률행위적 행정행위가 아니라 기존의 법규의 내용(행정심판청구에 필요한 사항)을 구체적으로 알리는 비권력적 사실행위로서 그 자체는 어떠한 법률효과를 발생하지 않는다.

3. 고지의 필요성

고지는 주로 두 가지 관점에서 그 필요성이 인정되고 있다.

첫째, 고지는 행정심판제기의 기회를 보장한다. 즉 처분의 상대방이 당해 처분에 대한 불복절차를 알지 못함으로써 불복의 기회를 잃는다거나 불복절차를 취하는 요건을 그르침으로써 부적법한 행정심판으로 각하되는 일이 없도록 함으로써 행정심판제기의 기회를 실질적으로 보장하려는 데에 고지의 필요성을 인정할 수 있다.

둘째, 고지는 행정의 적정성에도 기여한다. 행정청이 처분을 함과 동시에 고지를 하게 되면, 당해 처분에 대한 심판제기를 예상하게 되기 때문에, 당해 처분을 함에 있어서 보다 신중을 기하게 되고, 결과적으로 처분의 적정화를 도모할 수 있게 된다.

Ⅱ. 고지의 종류

고지는 직권에 의한 고지와 청구에 의한 고지로 나누어진다.

1. 직권에 의한 고지

행정청이 처분을 할 때에는 처분의 상대방에게 고지하여야 한다(법 58조 1항).

1) 고지의 대상

구 법에서는 서면에 의한 처분만이 고지의 대상이 되었으며, 따라서 구두에 의한 처분은 고지의 대상이 되지 않았다. 그러나 개정법은 이러한 제한을 두지 않았으며, 따라서 구두에 의한 처분도 고지의 대상이 된다고 할 것이다(법 58조 1항).

고지의 대상이 되는 처분은 행정심판법상의 심판청구의 대상이 되는 처분에 한하지 않고, 다른 법령에 의한 행정심판의 대상이 되는 처분을 포함한다는 것이 통설이다. 고지는 일반행정절차적 차원에서 요구되는 것으로서 행정절차법은 행정심판법의 심판대상을 포함하여 모든 다른 법령에 의한 처분을 할 때도 고지를 요구하기 때문이다(행정절차법 26조). 다른 법령에 의한 심판청구에는 이의신청(국세기본법 66조, 주민등록법 21조, 산림법 60조, 광업법 90조 등), 심사청구(국세기본법 61조, 공무원연금법 108조), 심판청구(국세기본법 68조) 등이 있다.

판례(수용재결에 대한 이의절차에 행정심판법의 고지규정이 적용되는지 여부) 토지수용위원회의 수용재결에 대한 이의절차는 실질적으로 행정심판의 성질을 갖는 것이므로 토지수용법에 특별한 규정이 있는 것을 제외하고는 행정심판법의 규정이 적용된다고 할 것이다. 토지수용법 제73조 및 제74조의 각 규정을 보면 수용재결에 대한 이의신청기간을 재결서정본송달일로부터 1월로 규정한 것 외에는 행정심판법 제42조 제1항 및 같은 법 제18조 제6항과 다른 내용의 특례를 규정하고 있지 않으므로, 재결서정본을 송달함에 있어서 상대방에게 이의신청기간을 알리지 않았다면 행정심판법 제18조 제6항의 규정에 의하여 같은 조 제3항의 기간 내에 이의신청을 할 수 있다고 보아야 할 것이다(대판 1992. 6. 9, 92누565).

다른 한편 상대방의 신청에 의한 처분으로서 신청대로 한 처분의 경우와 행정청이 일방적으로 행하였으나 상대방에게 어떠한 부담적 효과를 발생하지 않는 처분에 대하여는 고지가 필요하지 않다고 보아야 할 것이다. 이에 대하여 신청을 거부하는 처분이나 부관이 부가되어 불이익적 요소가 있

는 처분에 대하여는 고지를 하여야 한다.

행정심판의 재결에 대하여는 원칙적으로 다시 심판청구를 할 수 없으므로 고지를 요하지 않으나 개별법에 의하여 예외적으로 재결에 대하여 재심판청구가 인정되는 경우에는 선행된 행정심판청구에 대하여 각하재결이나 기각재결 또는 일부인용재결을 하는 때에는 또 다시 고지를 하여야 할 것이다.

2) 고지의 내용

고지할 내용은 행정심판을 청구할 수 있는지의 여부, 청구하는 경우의 행정심판위원회 · 경유절차 및 청구기간 등이다.

우리 행정소송법은 원칙적으로 행정심판을 임의적인 전심절차로 채택하고 있으며, 예외적으로 개별법에서 특별히 규정한 경우에만 행정심판을 거치도록 하고 있다(행소법 18조 1항 단서). 그러나 이러한 예외적인 경우에도 행정심판을 제기하되 재결을 거치지 않고 소송을 제기할 수 있는 경우(법 18조 2항)와 행정심판을 제기함이 없이 소송을 제기할 수 있는 경우(법 18조 3항)가 있는데, 후자의 경우에는 국민의 신속한 권리구제를 위하여 이러한 내용의 취지를 고지하여야 한다.

3) 고지의 상대방 · 방법 · 시기

고지의 상대방은 당해 처분의 상대방이다(법 58조 1항). 그러나 근래 제3자효 행정행위에 의하여 권익을 침해받는 제3자가 증가하고 있는 현실에 비추어, 행정심판법은 제3자를 포함한 이해관계인에게 고지청구권을 인정하고 있다(법 58조 2항). 그런데 제3자가 자신의 권익을 침해하는 처분이 있는지를 모르는 경우가 대부분이기 때문에 제3자에도 가능한 경우에는 직권고지를 하는 것이 바람직하다.

고지의 방법에는 명문의 규정이 없을 뿐 아니라, 행정심판법 제58조 제2항의 단서의 규정에 비추어 볼 때, 구술에 의한 고지도 가능하다고 보겠다. 그러나 고지의 유무 및 고지의 내용에 관한 분쟁을 막기 위하여도 서면에 의한 고지가 바람직할 것이다.

고지는 원칙적으로 처분시에 하여야 할 것이나, 처분시에 하지 못한 때에는 처분 후에 지체없이 고지하여 추완하여야 한다.

2. 청구에 의한 고지

행정청은 처분의 이해관계인으로부터 고지를 요청받은 때에는 지체 없이 고지를 하여야 한다(법 58조 2항).

1) 고지의 청구권자

당해 처분에 대한 이해관계인 인바, 보통은 당해 처분으로 인하여 자신의 법률상 이익이 침해되었다고 주장하는 제3자가 이해관계인에 해당된다고 할 것이다. 그러나 처분시에 고지를 하지 아니한 경우에는 당해 처분의 상대방도 이해관계인에 포함된다고 할 것이다. 고지를 청구한 자는 스스로 당해 처분에 대하여 이해관계가 있음을 소명하여야 할 것이다.

2) 고지의 대상 및 내용

고지의 대상은 반드시 서면에 의한 처분에 한하지 않고, 그 고지의 청구권자와 이해관계가 있는 모든 처분이 그에 해당된다고 할 것이다. 고지할 내용은 당해 처분이 행정심판의 대상이 되는지 여부, 행정심판의 대상이 되는 경우에 소관 행정심판위원회 및 청구기간 등이다(법 58조 2항). 직권고지와는 달리 심판청구 절차를 규정하고 있지 않은 바, 이는 입법의 불비로서 당연히 심판청구 절차를 고지의 내용에 포함시켜야 할 것이다.

3) 고지의 시기 및 방법

고지를 요구받은 행정청은 지체없이 고지를 하여야 한다. "지체 없이"란 사회통념상 인정될 수 있는 범위 내에서의 신속한 시간을 의미한다고 할 것이다.

고지의 방법에는 특별한 제한이 없으나, 고지를 신청한 자가 서면에 의한 고지를 요구한 때에는 반드시 서면에 의한 방법으로 고지를 하여야 한다(법 58조 2항 후단).

Ⅲ. 불고지(不告知) 또는 잘못된 고지(告知)의 효과

행정청이 자신의 고지의무를 이행하지 않거나 잘못된 고지를 하는 경우에, 당해 처분의 효력에는 영향을 미치는 것은 아니나, 행정심판법은 이에 대하여 일정한 절차법상의 제재를 규정하고 있다.

1. 불고지(不告知)의 효과

1) 심판청구서의 송부

행정청이 심판청구의 절차를 알리지 않아 청구인이 심판청구서를 다른 행정기관에 제출한 때에는 당해 행정기관은 그 심판청구서를 지체 없이 정당한 권한있는 행정청에 송부하고 그 사실을 청구인에게 통지하여야 한다(법 23조 2항 · 3항). 이 경우에 행정심판기간을 계산함에 있어서는 최초의 행정기관에 심판청구서가 제출된 때에 심판청구가 제기된 것으로 본다.

2) 청구기간

행정청이 심판청구기간을 고지하지 아니한 때에는 당해 처분에 대한 심판청구기간은 처분이 있은 날부터 180일이 된다(법 27조 6항). 이 경우 청구인이 처분이 있은 것을 알았는지의 여부 및 청구인이 고지에 관계없이 심판청구기간에 관하여 알고 있었는지의 여부는 가리지 않는다.

판례 1(고지의무의 위반이유로 하자있는 행정처분이 되는지 여부) 고지절차에 관한 규정은 행정처분의 상대방이 그 처분에 대한 행정심판의 절차를 밟는데 있어 편의를 제공하려는데 있으며 처분청이 위 규정에 따른 고지의무를 이행하지 아니하였다고 하더라도 경우에 따라서는 행정심판의 제기기간이 연장될 수 있는 것에 그치고 이로 인하여 심판의 대상이 되는 행정처분에 어떤 하자가 수반된다고 할 수 없다(대판 1987. 11. 24, 87누529).

판례 2(행정심판청구기간을 고지하지 않은 경우에 행정심판청구기간) 도로점용료 상당 부당이익금의 징수 및 이의절차를 규정한 지방자치법에서 이의제출기간을 행정심판법 제18조 제3항 소정기간 보다 짧게 정하였다고 하여도 같은 법 제42조 제1항 소정의 고지의무에 관하여 달리 정하고 있지 아니한 이상 도로관리청인 피고가 이 사건 도로점용료 상당 부당이득금의 징수고지서를 발부함에 있어서 원고들에게 이의제출기간 등을 알려주지 아니하였다면 원고들은 지방자치법상의 이의제출기간에 구애됨이 없이 행정심판법 제18조 제6항, 제3항의 규정에 의하여 징수고지처분이 있은 날로부터 180일 이내에 이의를 제출할 수 있다고 보아야 할 것이다(대판 1990. 7. 10, 89누6839).

---

2. 잘못된 고지의 효과

1) 심판청구서의 송부

고지를 한 행정청이 심판청구에 있어서 심판청구 절차를 잘못 고지하고, 청구인이 그 고지에 따라서 심판청구를 다른 행정기관에 잘못 제출한 때에는 위에서 본 불고지(不告知)의 경우와 같이 그 심판청구서를 접수한 행정기관은 정당한 권한있는 행정청에 송부하고, 그 사실을 청구인에게 통지하여야 한다(법 23조 2항 · 3항).

2) 청구기간

행정청이 고지한 심판청구기간이 착오로 법에서 정한 심판청구기간보다 길게 된 때에는 그 고지된 청구기간 내에 심판청구가 있으면, 법정의 청구기간이 경과된 때에도 적법한 기간 내에 심판청구가 있은 것으로 본다(법 27조 5항).

한편 판례는 행정심판법 제27조 제5항(구법 18조 5항)의 규정은 행정소송 제기에는 적용되지 않는다고 보아, 당사자가 행정청으로부터 행정심판제기기간을 법정심판청구기간보다 긴 기간으로 잘못 통지받아 행정소송법상 법정 제소기간을 도과하였다고 하더라도 그것이 당사자가 책임질 수 없는 사유로 인한 것이라고 할 수는 없다는 입장을 취하고 있다.

판례(행정심판법 제27조 제5항이 행정소송에 적용되는지 여부) 행정심판과 행정소송은 그 성질, 불복사유, 제기기간, 판단기관 등에서 본질적인 차이점이 있고, 임의적 전치주의는 당사자가 행정심판과 행정소송의 유 · 불리를 스스로 판단하여 행정심판을 거칠지 여부를 선택할 수 있도록 한 취지에 불과하므로 어느 쟁송 형태를 취한 이상 그 쟁송에는 그에 관련된 법률 규정만이 적용될 것이지 두 쟁송 형태에 관련된 규정을 통틀어 당사자에게 유리한 규정만이 적용된다고 할 수는 없으며, 행정처분시나 그 이후 행정청으로부터 행정심판 제기기간에 관하여 법정 심판청구기간보다 긴 기간으로 잘못 통지받은 경우에 보호할 신뢰이익은 그 통지받은 기간 내에 행정심판을 제기한 경우에 한하는 것이지 행정소송을 제기한 경우에까지 확대된다고 할 수 없으므로, 당사자가 행정처분시나 그 이후 행정청으로부터 행정심판 제기기간에 관하여 법정 심판청구기간보다 긴 기간으로 잘못 통지받아 행정소송법상 법정 제소기간을 도과하였다고 하더라도, 그것이 당사자가 책임질 수 없는 사유로 인한 것이라고 할 수는 없다(대판 2001. 5. 8, 2000두6916).

제3절 행정소송

제1항 개 설

Ⅰ. 행정소송의 의의

행정소송이란 행정법상의 법률관계에 관한 분쟁에 대하여 법원이 정식소송절차에 의하여 행하는 재판이다. 행정소송의 개념을 보다 자세히 설명하면 다음과 같다.

1. 행정법상 법률관계의 분쟁에 관한 재판

행정소송은 행정법상 법률관계의 분쟁에 관한 재판작용이다. 이 점에서 행정소송은 사법상의 법률관계에 관한 분쟁을 심판하는 민사소송이나 국가의 형벌권발동에 관한 소송인 형사소송과 구별된다.

2. 법원을 심판기관으로 하는 재판

행정소송은 심판기관이 법원이라는 점에서 행정심판과 구별된다. 행정심판과는 달리 행정소송은 위법한 행정작용으로부터 개인의 권익구제를 그 주목적으로 하고 있으며, 행정통제적인 기능은 오히려 부수적인 효과에 그치기 때문에, 그 심판기관은 행정기관과는 계통을 달리하고 제3자적 입장에 있는 법원이 된다.

3. 정식절차에 의한 재판

행정소송은 ① 대심구조를 취하는 점, ② 심리절차가 원칙적으로 공개된다는 점, ③ 당사자에게 구술변론의 권리가 보장되는 점, ④ 증거조사가 법정절차에 의하여 행하여진다는 점, ⑤ 독립된 기관이 심판기관이 된다는 점 등 정식쟁송절차에 의한 재판작용이라는 점에서 약식쟁송절차에 의하는 행정심판과 구별된다.

4. 행정소송의 기능

행정소송은 일반적으로 행정구제기능과 행정의 적법성을 보장하기 위한 행정통제기능을 수행하고 있다. 양자 중 어느 측면이 더 우선시 되는가는 각국이 채택하고 있는 실정법제도에 따라 다소간의 차이가 있을 수 있으나, 어느 나라의 행정소송제도나 이 두 가지 기능을 함께 수행한다고 보아야 한다.

1) 행정구제기능

행정소송은 우선 행정구제제도로서의 기능을 한다. 법치주의의 실질적 목적은 행정권의 작용을 법에 예속시켜 그 자의적인 행사를 억제함으로써 개인의 자유와 권리를 보장하는 데 있다. 그러나 현실적으로 행정작용은 법의 기속에서 벗어나 개인의 권익을 침해하는 경우가 적지 않게 발생되고 있다. 행정소송은 행정작용이 위법하게 행하여짐으로써 개인의 권익을 침해하는 경우에, 이를 시정하여 침해된 권익을 구제하는 것을 그 우선적인 목적으로 하고 있다. 우리 행정소송법 제1조는 "… 행정소송절차를 통하여 행정청의 위법한 처분 그 밖에 공권력의 행사 · 불행사 등으로 인한 국민의 권리 또는 이익의 침해를 구제하고,…"라고 규정함으로써 행정소송이 가지는 행정구제적 기능을 명시하고 있다.

2) 행정통제기능

법원은 행정소송사건에서 행정작용의 위법여부를 심사함으로써 행정통제의 기능을 수행한다. 오늘날 행정의 적법성을 보장하기 위하여 행정감독 · 행정절차 등 여러 가지 제도적 수단이 있으나, 위법한 행정작용에 의하여 권익을 침해받은 자로 하여금 소송을 제기하게 하여, 일정한 절차에 따라 그 적법 여부를 심판하고 하자를 시정하게 하는 것이, 행정의 적법성을 보장하기 위한 가장 효과적인 방법이라고 할 것이다.

그러나 우리 실정법상 행정소송은 행정구제를 주된 기능으로 하고 있으며, 행정통제기능은 그의 종된 기능으로 하고 있다고 볼 것이다. 행정소송제도는 주관적 소송인 항고소송과 당사자소송을 중심으로 구성되어 있으며, 객관적 소송인 기관소송과 민중소송은 법에서 인정하는 예외적인 경우에만 인정되고 있다. 주관적 소송에 있어서 법원은 행정권에 대하여 전면적 통제를 하는 것이 아니라 행정권의 행사가 개인의 권익을 침해하는지 여부를 심사하는 한도에서만 행정통제를 할 수 있기 때문이다.[10]

Ⅱ. 행정소송제도의 유형

현대국가는 법치주의를 제도적으로 보장하고, 위법한 행정작용으로부터 국민의 권익을 보호하기 위하여 예외 없이 행정소송제도를 갖고 있다. 그러나 각국이 채택하고 있는 행정소송제도는 역사적 전통과 정치적 상황에 따라 차이가 나는바, 이를 대별하면 행정소송을 일반법원의 관할로 하지 않고, 조직계열상 행정부에 속하는 기관인 행정법원에서 관장하도록 하는 대륙형과 행정소송도 일반 민사·형사소송과 마찬가지로 일반법원에서 관장하도록 하는 영미형으로 나눌 수 있다. 일반적으로 대륙형을 행정국가형(行政國家型)이라고 하고 영미형을 사법국가형(司法國家型)이라고 한다.

1. 대륙형의 행정재판제도

1) 프랑스의 행정소송제도

대혁명전 프랑스의 구체제하에서는 사법재판소(司法裁判所)와 국왕의 행정기관 사이에는 항상 대립과 항쟁이 그치지 않았다. 세습적 지위를 갖는 법관들로 구성된 사법재판소는 행정에 대한 간섭이 심하였고, 특히 그들의 특권적 지위를 유지하기 위하여 국왕의 모든 개혁적 조치에 반대하였다. 이에 따라 대혁명 이후에는 사법재판소가 새로운 행정기구에 대하여 간섭하고 저항하는 전통을 이어받을 것을 두려워하여 법률의 제정을 통하여 권력분립을 이유로 사법법원의 행정사건에 대한 재판을 금지시켰다. 이에 따라 행정사건에 대한 재판권은 행정권 자체에 의하여 행하여졌는바 최종적으로는 국왕 또는 군주제폐지 후에는 행정수반에 의하여 행하여졌다. 1790년에 이르러 중앙에서는 국참사원이, 지방에서는 도참사원이 자문기관으로서 설치되어 행정사건에 대한 재판권행사에 참여하게 되어 행정내부에서 행정작용과 재판작용의 기능분리가 행하여졌고 이에 따라 행정재판제도가 탄생하게 되었다. 특히 1872년 5월 24일 법률에 의하여 국참사원은 자문기관적 성격을 탈피하고 그의 고유한 권한으로서 행정사건에 대한 재판권을 행사하게 되었다.

제2차 세계대전 이후 1953년에 행정소송제도는 다시 크게 개혁이 되었는바 무엇보다도 과거에는 국참사원이 제1심관할도 아울러 맡았으나, 업무분담을 줄이고 국민의 신속한 권리구제를 위하여 종전의 도참사원을 26개의 지방행정법원으로 개편하여 제1심 관할을 지방행정법원으로 하고 예외적인 경우를 제외하고는 국참사원은 상소심으로 되었다.

프랑스의 행정재판제도는 상술한 바와 같이 사법법원의 행정권에 대한 간섭을 배제하기 위한 동기에서 발전하였지만 오늘날은 행정법이 갖고 있는 특수성과 고유한 법리 때문에 일반법원이 그를

10) 同旨: 金南辰/金連泰, 行政法 I, 828면.

적용하고 다루는 데 적합하지 않다는 법기술적인 고려에 의하여 뒷받침되고 있다.

프랑스에 있어서 행정소송의 유형은 취소소송, 완전심리소송, 해석소송, 처벌소송으로 나눌 수 있으나 취소소송과 완전심리소송이 그의 중심으로 이루고 있다. 또한 취소소송의 중심을 이루고 있는 것은 월권소송이며, 완전심리소송의 중심을 이루고 있는 것이 행정계약 및 손해배상에 관한 소송이다. 월권소송에서는 원칙적으로 피고가 존재하고 있지 않으며, 위법한 행정결정의 취소를 구하는 것에 대하여 이익을 갖는 자는 누구나가 원고가 될 수 있다. 프랑스의 월권소송을 객관적 소송이라고 부르는 이유가 여기에 있는 것이다.[11]

2) 독일의 행정소송제도

과거 독일에서는 행정의 우월성사상을 바탕으로 하여 프랑스제도를 모방하여 행정조직내부에 자율적인 행정재판기관으로 사법재판소로부터 독립된 행정법원이 설치되었는바 1863년에 바덴에서 시작하여 1924년에 브레멘에 설치됨으로써 모든 주에 설치되었다. 이러한 행정법원의 재판작용을 중심으로 행정분야만을 규율하는 독특한 법체계로서 행정법이 발전되었으며, 오늘날 독일 행정법총론의 기본원칙들은 이미 이 시대의 행정법원의 판례를 통하여 형성되었다고 볼 수 있다.

제2차 세계대전 이후 본기본법하에 들어와 행정소송사항은 열기주의로부터 개괄주의로 전환되었으며, 1960년 행정법원법의 제정에 의하여 주마다 수개의 행정법원과 항소심인 고등행정법원을 두었으며 1968년 기본법개정을 통하여 연방민사법원, 연방재정법원, 연방노동법원, 연방사회법원과 더불어 상고심인 연방행정법원이 설치되었다.

이러한 본기본법하에서 주나 연방의 행정법원은 과거와 같이 사법재판소로부터 분리 · 독립된 행정조직내부의 자율적 재판기관이 아니라 다른 법원과 같이 사법조직의 일부가 되었고, 그의 재판작용은 사법작용으로서 영 · 미식의 사법국가주의를 지향하게 되었다.

종래 독일의 행정소송의 유형은 항고소송과 당사자소송으로 구분하는 것이 일반적인 경향이었으나 현행 행정법원법은 행정소송의 유형을 취소소송, 의무이행소송, 확인소송, 일반적 이행소송으로 구분하고 있다. 특히 종래에는 행정행위의 취소를 목적으로 하는 취소소송이 중심이 되었으나, 오늘날은 행정행위의 발급을 목적으로 하는 의무이행소송과 여타의 직무행위의 작위 · 부작위를 목적으로 하는 일반적 이행소송이 실무상으로 취소소송에 못지않은 중요한 의미를 갖고 있다.

2. 영 · 미형의 행정재판제도

영 · 미국가에서는 법의 지배의 원리에 따라 행정사건에 대한 재판도 일반사법재판소가 행하였다. 법의 지배의 원리에 의하여 행정권에 대하여 특수한 지위를 인정하지 않고, 행정권도 사인과 동일한 법에 의하여 규율될 것이 요구되었으며, 이에 따라 행정에 고유한 법체계로서 행정법이 발달하지 못하였고 행정법의 적용을 보장하는 행정재판제도도 존재하지 않았다.

그러나 영미에서도 자본주의경제의 급격한 발달로 여러 가지 사회경제적으로 복잡한 문제가 발생하고 이를 해결하는 과정에서 행정법의 비약적인 발전을 보게 되었다. 아울러 일반법원은 다양한 전문적이고 기술적인 행정사건을 처리하는 데 한계를 갖게 되어 행정부 내에 수많은 행정위원회 또

11) 프랑스월권소송에 대하여는 金東熙, 越權訴訟制度, 현대공법이론, 1982. 11, 525면 이하; 韓堅愚, 프랑스 行政訴訟制度上 越權訴訟에 있어서 訴의 利益, 연세법학연구 제1집, 1990. 2, 215면 이하 참조.

는 행정심판소가 설치되고 이들이 실질적으로 행정사건에 대한 일심관할권을 행사하게 되었다. 또한 실질적 증거의 법칙(substantial evidence)에 따라 행정사건에 대한 법원의 심사권은 원칙적으로 법률문제에 한정되어 있어 행정국가화의 경향을 보이고 있다.

영미에서는 행정사건에 대한 재판을 일반사법재판소가 관할하고 있으나, 소송유형이나 절차에 있어서 여러 가지 특수성을 발견할 수 있다. 예를 들어 민사사건과 공통된 소송형태로서 선언적 판결소송(Declaration), 금지명령소송(Injunction), 손해배상소송(Award of Damage)과 국왕의 대권영장에서 유래한 행정사건에만 특수한 공법적 소송형태인 사건이송명령(Certiorari), 금지명령(Prohibition), 직무집행명령(Mandamus) 및 인신보호영장(habeas corpus) 등이 있으며 이들의 실무적인 운영모습은 영국과 미국에 있어서 상당한 차이를 나타내고 있다.

3. 대륙형과 영미형의 융화현상

행정재판제도에 있어서 행정국가형과 사법국가형은 나름대로의 장단점을 갖고 있다. 행정사건을 일반법원이 관할하고 있는 사법국가형이 행정에 대한 통제와 국민의 권리구제의 관점에서 행정국가형에 대하여 갖고 있는 장점을 부인할 수가 없다. 다른 한편 사법국가형은 현대행정이 갖고 있는 복잡성 · 전문성 · 기술성에 부응하여 신속하고 구체적으로 타당성있는 심판을 하기에는 여러 가지 어려움을 갖고 있다. 이에 따라 행정국가형과 사법국가형의 행정재판제도가 오늘날 서로 접근하고 융화되고 있는 것이 일반적인 현상이라고 하겠다.

제2차 세계대전 이후 대륙형제도를 채택하고 있는 국가, 특히 독일의 경우 행정법원이 사법기관화 되어 행정소송은 사법작용이 되었으며, 영국과 미국에 있어서도 전문적이고 기술적인 영역에 있어서는 행정위원회와 행정심판소가 일심관할로서 그에 대한 행정심판을 수행하고 있다.

Ⅲ. 우리나라의 행정소송제도의 연혁

1. 행정소송법의 제정

1948년 7월 17일 공포된 제헌헌법 제81조에서는 “명령 · 규칙 · 처분이 헌법이나 법률에 위반되는지의 여부가 재판의 전제가 된 경우에는 대법원은 이를 최종적으로 심사할 권한을 가진다”고 규정하여, 이른바 행정사건도 일반법원이 관할하는 사법국가주의를 채택하였다. 뒤이어 1951년 8월 24일에 행정소송법이 제정되었다. 전문 14개조로 간략하게 구성된 동법은 정부수립 후에 충분한 사전적 연구 없이 일본에서 제2차 세계대전 이후 미군의 점령하에 제정된 행정사건특례법(行政事件特例法)을 그대로 받아들인 법이다. 동법은 1955년과 1963년의 경미한 개정을 제외하고는 1984년에 전문개정에 이르기까지 30년 이상 시행되었는 바, 비록 우리나라에서 행정구제제도의 확립에 크게 공헌을 하였으나 여러 가지 결함들을 갖고 있었다.

구 행정소송법의 주요한 결함들을 살펴보면, ① 행정소송의 유형은 다양하며 이에 따른 소송목적 및 소송대상이 차이가 있음에도 불구하고 행정소송의 종류를 “처분의 취소 · 변경에 관한 소송과 공법상의 권리관계에 관한 소송”으로 포괄적으로 규정하고 있어 그 해석과 운용에 적지 않은 문제점이 있었으며, ② 개괄주의를 취하고 있었음에도 불구하고 행정소송사항을 “처분”으로만 규정하고 있어서, 부작위는 제외되는 것으로 해석되었고, ③ 소(訴)의 이익 내지는 원고적격에 관한 규정을 두지 않아 이에 대하여 논란이 많았으며, ④ 행정소송을 재결서를 송달받은지 1개월 이내에 제기하도록 함으로써 제소기간을 지나치게 단기적으로 정하여 개인의 권리구제에 지장이 많았으며, ⑤ 집행부정지의 원칙을 채택하고 집행정지는 엄격한 요건하에 예외적으로만 인정하여 본안소송에서 승소하는 경우에도 그 실효를 거둘 수 없는 경우가 많았다.

2. 1984. 12. 15.의 행정소송법의 전면개정

상술한 바와 같은 구 행정소송법의 여러 가지 문제점을 개선하기 위하여 그의 개정이 지속적으로 요구된 바, 결국 1984년 12월 15일에 이르러 전면개정을 보게 되었다. 전문 46개조로 구성된 개정 행정소송법은 1985년 10월 1일부터 시행되었는바 그 개정의 주요골자는 다음과 같다. ① 우선 구 행정소송법이 취소소송에 대하여만 명기한데 대하여 개정행정소송법은 행정소송의 종류를 항고소송과 당사자소송으로 나누고 항고소송의 종류를 취소소송, 무효등확인소송, 부작위위법확인소송으로 구분하였으며(법 3조, 4조), ② 아울러 항고소송의 원고적격을 명시하였고(법 12조, 35조, 36조), ③ 항고소송의 일심을 종전과 같이 고등법원이 관할하되 전속관할을 임의관할로 바꾸었으며(법 9조), 선결문제에 관한 조항을 신설하였다(법 11조), 이와 더불어 취소소송의 제소기간을 종전의 30일에서 60일로 연장하였고(법 20조), 제3자와 행정청의 소송참가에 관한 규정을 신설하였다(법 16조, 17조). 이외에도 재량처분의 취소(법 27조) 및 취소판결 등의 효력(법 29조)에 관한 규정을 신설하는 등 전반적으로 구법에 비하여 현저한 내용적인 개선이 이루어졌다.

그럼에도 불구하고 개정된 행정소송법에 대하여 ① 처분개념의 불명확, ② 의무이행소송의 불채택, ③ 항고소송의 원고적격에 있어서 소송의 유형에 관계없이 "법률상 이익"의 개념의 일률적인 사용, ④ 가구제에 있어서 집행부정지의 원칙의 존속과 가명령제도의 결여 등에 대하여 적지 않은 비판이 제기되고 있는 현실이었다.

3. 1994. 7. 27.의 개정

새로운 행정소송법은 다시 1994년 7월 27일 개정된 바, 비록 부분적이기는 하나 내용상으로는 매우 중요한 개정에 해당하였다. 개정법률은 1998년 3월 1일부터 시행된 바, 그 개정된 주요내용은 다음과 같다.

① 법원조직법의 개정에 따라 지방법원의 하나로 행정법원이 신설됨에 따라 개정법률은 항고소송 및 당사자소송의 일심관할법원을 행정법원으로 정하고 있다(법 9조, 40조). 이는 전문법원으로서 행정법원의 신설과 아울러 종래의 고등법원 · 대법원의 2심제가 행정법원 · 고등법원 · 대법원의 3심제로 변경됨을 의미한다(다만 공정거래위원회의 처분과 특허사건에 대한 소송은 고등법원 · 대법원의 2심제로 운영되고 있다).

② 종래에는 행정소송의 제기에 앞서 행정심판을 필요적으로 거치도록 하는 행정심판전치주의를 채택하였으나 개정법은 당사자의 선택에 의한 임의적 전치절차로 하되, 다른 법률에서 특별히 규정한 경우에만 예외적으로 필요적 전치주의를 취하도록 하였다. 이는 종래의 행정심판절차의 공정성 여부에 대한 비판에 근거하여 취하여진 개선책이라고 할 것이다.

③ 종전 행정소송법에 따르면 행정심판 재결서의 정본의 송달을 받은 날부터 60일 이내에 취소

소송을 제기하도록 하였으나, 개정법은 처분등이 있음을 안 날부터 90일 이내에, 처분등이 있은 날부터 1년 이내에 취소소송을 제기하도록 함으로써 국민의 권리구제의 확대를 위하여 제소기간을 연장하였다(법 20조).

4. 법무부 행정소송법개정안

그동안 우리 행정소송법이 오늘날의 사회적 법치국가에서 국민의 권리구제와 행정의 적법성실현이라는 관점에서 적지 않은 취약점이 있으며 학계와 실무계에서는 이미 오랫동안 그 개정의 필요성을 공감하고 있었다. 이에 따라 대법원은 2002년 4월에 행정소송법개정위원회를 구성하였으며, 동 위원회는 2004년 10월에 개정안을 마련하였다. 동 개정안은 ① 항고소송 대상적격의 대폭적인 확대, ② 의무이행소송의 도입, ③ 예방적 금지소송의 도입, ④ 가처분제도의 도입, ⑤ 기관소송법정주의의 포기, ⑥ 소송상 화해제도의 도입 등 획기적인 내용을 담고 있었으나 항고소송의 대상적격과 원고적격의 확대와 관련하여 학계와 실무계의 심각한 논쟁을 야기시켰으며 결국 결실을 보지 못하고 말았다.

한편, 법무부는 독자적으로 2006년 4월에 행정소송법개정특별분과위원회를 구성하였고 동 개정위원회는 2007년 4월에 행정소송법개정안을 마련하여 입법예고와 공청회를 거친 후 2007년 10월에 국회에 제출하였다. 동 개정안은 현행법상의 대상적격과 원고적격을 그대로 유지시키는 한편, ① 의무이행소송의 도입(개정안 4조 3호 및 43조 내지 47조), ② 예방적 금지소송의 도입(개정안 4조 4호 및 48조 내지 50조), ③ 행정소송과 민사소송 사이에 소의 변경과 이송의 허용(개정안 22조), ④ 이해관계자에게 소제기의 사실을 통지하고 의견을 제출할 수 있는 기회의 부여(개정안 16조), ⑤ 집행정지요건의 완화(개정안 24조 2항), ⑥ 가처분제도의 도입(개정안 26조), ⑦ 행정청에 대한 자료제출요구권의 신설(개정안 28조) ⑧ 취소판결의 기속력으로써 결과제거의무의 인정(개정안 34조 4항), ⑨ 행정상 손실보상, 처분 등의 위법으로 인한 손해배상, 부당이득반환 등의 당사자소송으로 명문화를 주요내용으로 하고 있다. 그러나 동 개정안은 대법원 개정안과 마찬가지로 중요한 개선내용을 담고 있었으나 당시의 정치적 상황으로 인하여 제대로 논의조차 해보지 못하고 제17대 국회의 임기가 종료됨에 따라 자동 폐기되었다.

2011년에 들어와 행정소송법 개정작업이 다시 시작되었다. 법무부는 2011년 11월 15일에 행정소송법 개정위원회를 구성하였으며, 동 개정위원회는 2012년 5월 11일에 개정안을 마련하고, 2012년 5월 24일에 공청회를 가졌다. 2012년 법무부 공청회 개정안은 2004년 대법원 개정안과 2007년 법무부 개정안을 기초로 하여 마련된 것으로 ① 항고소송의 원고적격의 확대, ② 의무이행소송의 도입, ③ 예방적 금지소송의 도입, ④ 당사자소송의 대상확대, ⑤ 기관소송법정주의의 폐지, ⑥ 집행정지제도의 개선, ⑦ 가처분제도의 도입, ⑧ 행정청에 대한 자료제출요구권, ⑨ 화해권고결정제도의 제한적 신설, ⑩ 결과제거의무규정의 신설 등 획기적인 개선내용을 담고 있다.

Ⅳ. 우리나라 행정소송의 특수성

행정소송도 정식재판절차에 의한 심리 · 판단작용이라는 점에서, 민사소송과 본질을 같이 하고 있다. 따라서 행정소송법도 동법에 특별히 규정한 경우를 제외하고는 민사소송법을 준용하도록 하고 있다(법 8조 2항).

그러나 행정소송은 공익을 목적으로 하는 공행정작용을 대상으로 한다는 점에서 행정사건으로서의 여러 가지 특수성을 인정하지 않을 수 없다. 실정법상 행정소송이 갖고 있는 주요한 특수성들로는 ① 일심 관할법원으로서 행정법원의 설치(법 9조 1항, 40조 1항), ② 임의적인 전심절차로서 행정심판제도(법 18조), ③ 피고의 특수성(법 13조), ④ 제소기간의 제한(법 20조), ⑤ 청구와 관련된 원상회복 · 손해배상 등 관련청구소송의 병합(법 10조), ⑥ 제3자 및 행정청의 소송참가(법 16조 · 17조), ⑦ 소(訴)의 변경의 특수성(법 21조 · 22조), ⑧ 직권증거조사주의(법 26조), ⑨ 집행부정지원칙(법 23조), ⑩ 사정판결(법 28조), ⑪ 판결의 효력(법 29조) 등을 들 수 있다. 이들에 대하여는 이후에 자세히 고찰하기로 한다.

V. 행정소송의 한계

헌법은 모든 국민의 재판청구권을 보장하고 있으며(헌법 27조 1항), 이를 구체화한 행정소송법은 행정소송사건에 대하여 개괄주의를 채택하여 위법한 공행정작용에 대하여 널리 국민의 권리구제를 인정하고 있다. 그러나 모든 위법한 공행정작용에 대하여 어느 경우에든지 행정소송의 제기가 허용되는 것은 아니며, 여기에는 사법의 본질 및 권력분립주의에서 나오는 일정한 한계가 있다.

1. 사법의 본질에 의한 한계

법원조직법 제2조 제1항은 "법원은 헌법에 특별한 규정이 있는 경우를 제외한 일체의 법률상의 쟁송을 심판하고, 이 법과 다른 법률에 의하여 법원에 속하는 권한을 가진다"라고 규정하여 법률에 특별한 규정이 없는 한, 원칙적으로 법률상 쟁송만이 법원의 심판대상임을 명시하고 있다. 여기서 법률상 쟁송이란 법령의 해석 · 적용에 의하여 해결할 수 있는 당사자 사이의 구체적인 권리 · 의무에 관한 분쟁을 의미한다는 것이 일반적인 견해이다. 이에 따라 행정소송 역시 법률상 쟁송의 존재를 전제로 하는 것으로서 이로부터 행정소송의 한계를 발견할 수 있다. 다시 말하면 행정소송은 당사자간의 구체적인 권리 · 의무에 관한 분쟁, 즉 구체적 사건성을 전제로 함과 동시에, 법령을 해석 · 적용함으로써 해결할 수 있는 분쟁, 즉 법적 해결성을 필요로 한다.

1) 구체적 사건성을 결여한 사건-추상적인 법령의 효력 또는 해석에 관한 분쟁

당사자의 구체적인 권리 · 의무와 관계없는 이른바 추상적 규범통제를 채택할 것인지의 여부는 입법정책적인 문제이다. 현행 헌법 제107조 제2항은 "명령 · 규칙 · 처분이 헌법이나 법률에 위반되는 여부가 재판의 전제가 되는 경우에는 대법원은 이를 최종적으로 심사할 권한을 가진다"고 규정하여 명령 · 규칙에 대하여는 원칙적으로 부수적 규범통제를 취하고 있다.

일반적 · 추상적 규율의 성격을 갖는 법령은 그것이 개별적 · 구체적 규율인 행정처분의 매개를 통하여 개인의 권리나 의무에 직접적으로 영향을 미친다. 따라서 행정처분이 있기 전에 추상적인 법령의 효력과 해석에 관한 분쟁은 당사자의 구체적인 권리 · 의무에 관한 분쟁이 아니기 때문에 구체적 사건성이 결여되어 행정소송의 대상이 되지 않음이 원칙이다. 다만, 지방자치법 제120조 제3항, 제192조 제4항은 조례안에 대하여 사전적 추상적 규범통제를 인정하고 있다.

판례(취소소송의 대상적격) 행정청의 위법한 처분 등의 취소 또는 변경을 구하는 취소소송의 대상이 될 수 있는 것은 구체적인 권리의무에 관한 분쟁이어야 하고 일반적, 추상적인 법령이나 규칙 등은 그 자체로서 국민의 구체적인 권리의무에 직접적 변동을 초래케 하는 것이 아니므로 그 대상이 될 수 없다(대판 1992. 3. 10, 91누12639).

한편 예외적으로 외관은 법령의 형식으로 되어 있다고 하더라도, 내용적으로는 개별적 · 구체적 규율로서 개인의 권리 · 의무에 직접적으로 영향을 미치는 처분(이른바 처분적 법규명령)에 해당하는 경우에는, 구체적 사건성이 인정되어 행정소송의 대상이 된다.

2) 자신의 법률상 이익에 관한 분쟁이 아닌 사건

가. 반사적 이익에 관한 분쟁

행정소송 역시 다른 사법작용과 같이 법률상 쟁송, 즉 당사자간의 구체적인 권리 · 의무에 관한 분쟁을 해결하는 것을 목적으로 하고 있다. 이에 따라 행정소송법은 항고소송의 경우 법률상 이익이 있는 경우에만 원고적격을 인정하여 행정소송을 제기할 수 있게 하고 있다. 법률상 이익의 개념에 대하여는 학설상 대립이 되고 있으나 판례 및 다수의 학설은 법으로 보호하는 이익, 즉 확대된 권리의 개념으로 이해하고 있다. 이에 따라 행정작용을 통하여 개인이 향유하기는 하나 법의 보호를 받지 못하는 반사적 이익의 유무는 법원의 심판대상이 되지 못한다.

나. 객관적 소송 · 단체소송

개인의 구체적인 권리 · 의무와 관계가 있는 법률상 쟁송이 아니고, 단지 국민 또는 주민의 한 사람으로서 법치행정의 유지를 위하여 위법한 국가작용의 시정을 구하는 민중소송이나 국가 또는 공공단체의 기관상호간에 있어서 권한의 존부여부에 대하여 다투는 기관소송은 법률에 의하여 특별히 인정된 경우를 제외하고는 행정소송의 대상이 되지 않는다.

다른 한편 개인뿐만 아니라 단체에 대하여도 원고적격을 인정함으로써, 행정소송을 공익소송으로 활용하는 추세가 있다. 단체소송은 일반적으로 부진정한 단체소송과 진정한 단체소송으로 구분된다. 부진정한 단체소송은 단체 스스로가 개인과 마찬가지로 법으로 보호하는 자신의 이익을 보호받기 위하여 제기하는 소송을 의미하는바(등록거부처분에 대한 사회단체의 취소소송), 이는 개인이 자신의 법률상 이익을 위하여 제기하는 행정소송과 다름이 없다.

진정한 단체소송은 다시 이기적 단체소송과 이타적 단체소송으로 나눌 수 있다.[12] 이기적 단체소송은 단체가 그의 구성원의 집단적 이익을 관철하기 위하여 단체의 이름으로 제기하는 행정소송을 의미한다(약사회가 약사 전체의 이익을 위하여 특정한 처분에 대하여 제기하는 취소소송). 반면 이타적 단체소송은 단체자신의 이익이나 단체구성원의 이익을 직접적으로 보호하기 위한 것이 아니라 특정한 제도나 문화가치, 환경오염의 방지 등 공익추구를 목적으로 하는 소송을 말한다. 이기적 단체소송과 이타적 단체소송은 객관적 소송으로서의 성격을 갖기 때문에 법률에 특별한 규정이 없는 한 허용되지 않는다.

12) Hoppe/Beckmann, Umweltrecht, 1989, S. 200.

2. 권력분립에서 오는 한계

사법은 구체적으로 법률상 분쟁이 발생된 경우에 법령의 해석 · 적용을 통하여 이를 종국적으로 해결하기 위한 작용인 반면, 행정은 공익목적의 실현을 위한 계속적이고도 형성적 활동이다. 이러한 양자의 성격 및 기능상의 차이로 인하여 사법권의 행정작용에 대한 개입과 심사는 일정한 한계가 존재한다. 그러나 법원이 행정작용의 어떠한 사항을 어느 범위에서 심사할 수 있는지는 그 나라의 사법 및 행정제도의 전반을 고려하여 입법정책적으로 결정되어야 할 사항이다. 다만 어느 경우에도 입법자는 권력분립의 원칙에 따라 행정의 독자성을 존중하여야 할 구속을 받는다고 할 것이다.

1) 재량과 판단여지

과거 재량행정의 영역은 행정주체에게 법적 규율과 사법심사로부터 자유로운 영역을 의미하였다. 그러나 재량하자이론의 발전과 더불어 행정청의 재량도 임의적인 자유재량이 아니라 일정한 한계를 갖는 의무에 적합한 재량이라는 인식이 관철됨에 따라 재량행위도 그 한계를 넘어 행사되는 경우에는 사법통제의 대상이 되기 시작하였다. 특히 무하자재량행사청구권의 발전은 재량행정영역에 있어서 원고적격을 인정하는 데 결정적인 기여를 하였다.

우리 행정소송법 제27조는 “행정청의 재량에 속하는 처분이라도 재량권의 한계를 넘거나 그 남용이 있는 때에는 법원은 이를 취소할 수 있다”고 규정하여 재량행위에 대한 사법심사를 인정하고 있다. 그럼에도 불구하고 재량행위에 대한 사법심사에는 일정한 한계가 존재한다. 행정청의 재량권 한계 내의 행사는 당 · 부당의 문제로 행정심판의 대상은 되나, 법원의 심사대상은 되지 못한다.

행정재량과 구별되는 것은 행정청의 판단여지이다. 행정재량은 법규가 법률효과에 가능규정을 두는 경우에 행정청에게 주어지는 여러 가지 동가치적인 결정에 대한 선택권을 의미하는 반면, 판단여지는 법률요건에 불확정법개념이 사용되는 경우에 행정청에게 예외적으로 주어지는 하나의 올바른 결정에 대한 마지막 인식의 권한이다. 행정청의 전문성과 책임성 및 경험을 존중하여 부여되는 판단여지 역시 사법심사의 대상이 되지 않으나 여기에는 일정한 한계가 존재한다. 법원은 ① 합의제 행정기관이 적정하게 구성되었는지, ② 행정청의 결정이 올바른 사실관계에 기초하고 있는지, ③ 일반적으로 인정된 가치기준을 적용하였는지, ④ 법에서 정한 절차를 준수하였는지, ⑤ 기타 자의적인 고려가 작용하지 않았는지 여부 등에 대하여 심사를 한다.

2) 이행소송

행정청이 일정한 직무행위를 이행할 의무가 있음에도 불구하고 이를 이행하지 않는 경우에 이행을 청구할 수 있는 이행소송이 인정될 수 있는지 논란이 되고 있다. 이러한 이행소송은 의무이행소송과 일반적 이행소송으로 구분되어진다. 의무이행소송은 행정청에 대하여 일정한 행정처분을 신청하였는데 거부된 경우나 아무런 응답이 없는 경우에 그 이행을 청구하는 것을 내용으로 하는 행정소송인 데 대하여, 일반적 이행소송은 행정청에 대하여 행정행위를 제외한 여타의 직무행위의 작위 또는 부작위를 청구하였는데 거부된 경우나 아무런 응답이 없는 경우에 그 이행을 청구하는 것을 내용으로 하는 행정소송이다. 우리 문헌에서는 실정법상 이러한 의무이행소송이나 일반적 이행소송의 가능성여부를 둘러싸고 논란이 되고 있다.

가. 의무이행소송(Verpflichtungsklage)

우리 행정소송법은 의무이행소송 대신에 행정처분의 거부에 대하여는 거부처분취소소송(법 4조 1호), 그리고 부작위에 대하여는 부작위위법확인소송을 인정하고 있다(법 4조 3호). 이러한 거부처분취소소송과 부작위위법확인소송 이외에도 현행법상 의무이행소송을 인정할 수 있는지 여부에 대한 논쟁은 주로 행정소송법 제4조 제1호의 "취소 또는 변경"에 있어서 "변경"의 의미를 "적극적 변경"으로 해석할 수 있는지 여부 및 동법 제4조의 항고소송의 종류를 예시적으로 보아 법정외항고소송으로서 무명항고소송을 인정할 수 있는지 여부와 관련되고 있다.

가) 소극설 전통적인 학설은 권력분립의 원칙을 형식적 · 정치적으로 파악하여 일반법원은 행정청에 대한 감독기관이 아니므로 법원이 행정청에 갈음하여 일정한 행위를 결정하고, 그것을 하도록 명하는 것은 사법권이 행정권의 고유영역을 침해하는 것이 되어 권력분립의 원칙에 반한다고 한다. 행정에 대한 제1차적인 판단권은 행정권에 맡겨야 한다는 관점에서 법원은 오직 확인 또는 취소의 판결만을 할 수 있을 뿐, 이행판결을 할 수 없다고 한다. 소극설은 이에 따라 명문의 규정이 없는 한 의무이행소송을 인정할 수 없다고 한다.[13] 판례 역시 이러한 소극설의 입장을 취하고 있다. 따라서 이 견해는 행정소송법 제4조 제1호의 "변경"을 소극적 의미의 변경, 즉 일부취소를 의미하는 것으로 보고 있으며, 동법이 정한 항고소송의 종류를 열거적으로 보고 있다.

판례(현행 행정소송법상 의무이행소송의 허용성 여부) 현행 행정소송법상 행정청으로 하여금 일정한 행정처분을 하도록 명하는 이행판결을 구하는 소송이나 법원으로 하여금 행정청이 일정한 행정처분을 행한 것과 같은 효과가 있는 행정처분을 직접 행하도록 하는 형성판결을 구하는 소송은 허용되지 아니한다(대판 1997. 9. 30, 97누3200).

나) 적극설 이에 대하여 적극설은 권력분립의 원칙을 실질적 · 기능적으로 이해하여, 그의 진정한 의미는 권력 상호간의 견제와 균형을 도모함으로써 권력의 남용을 막고 개인의 권리를 보장하는 데 있다는 입장에서, 사법권은 행정청의 위법한 행위를 취소할 수 있음은 물론 위법한 부작위에 대한 이행판결을 인정할 수 있다고 한다. 적극설은 행정소송법 제4조 제1호의 "변경"에는 적극적 변경이 포함되며, 동법이 정한 항고소송의 종류를 예시적으로 보고 있다.[14]

다) 결 어 우리의 1984년 행정소송법 개정시에 의무이행소송 대신에 부작위위법확인소송만을 인정한 것은 입법정책적으로 과오에 해당한다고 할 수 있다. 오늘날의 급부행정국가에서는 수익적 행정행위의 위법한 거부나 불발급은 경우에 따라서는 부담적 행정행위보다 개인에게 더욱 치명적인 손실을 가할 수 있다. 더욱이 권력분립주의를 실질적으로 이해할 때 사법권은 법령의 적법한 보장을 통하여 개인의 권리를 보장하기 위하여 행정청의 위법한 행위를 취소 또는 확인하는 판결을 할 뿐만 아니라, 위법한 부작위나 거부에 대하여 적극적인 이행판결을 하여야 한다는 것은 오늘날 일반적으로 관철된 견해이다. 그러나 현행법상 무명항고소송(無名抗告訴訟)의 형태로 의무이행소송을 실무화하는 것이 가능하다는 적극설은 납득하기 어려운 견해라고 보지 않을 수 없다. 행정소송법 제

---

13) 金道昶, 一般行政法論, 740면; 朴鈗炘/鄭亨根, 最新行政法講義(上), 782면.

14) 李尙圭, 新行政法論(上), 775면.

4조의 연혁적 및 문리적 해석상 이를 예시적 규정이라고 보기는 매우 어려울 뿐 아니라, 설사 이를 예시적 규정이라고 하여 의무이행소송을 실무화시킨다면 결과적으로는 명문으로 인정된 부작위위법 확인소송을 사문화(死文化)시키는 것을 의미하는 것이다. 이는 법관의 법형성기능의 한계를 넘는 법률교정적 또는 법률대체적 법관법의 발전에 해당한다고 볼 것이다. 2012년 5월의 법무부 행정소송법 개정안에서는 의무이행소송의 도입이 예정되어 있었다(개정법안 4조 3호 및 44조 내지 50조).

나. 일반적 이행소송(Allgemeine Leistungsklage)

의무이행소송 이외에도 금전지급, 결과제거, 정보제공 등 사실행위를 포함한 여타의 직무행위의 작위 또는 부작위를 구하는 일반적 이행소송이 가능한지 여부에 대하여도 학설에서는 논의가 되고 있다. 독일의 일반적 이행소송이 당사자소송에서 발전되었으며, 우리의 당사자소송 역시 확인소송과 이행소송을 포함하고 있다는 것이 학설의 일반적 견해라면 일반적 이행소송은 충분히 당사자소송의 형태로 발전될 수 있을 것이다. 현행법상 당사자소송은 원고적격 등 관련규정이 미비되고 있으나 이에 대하여는 항고소송에 관한 규정을 유추적용하면 될 것이다. 판례는 손실보상청구 및 일련의 금전지급청구사건에서[15] 당사자소송을 인정하고 있다.

다. 예방적 금지소송(Vorbeugende Unterlassungsklage)

예방적 금지소송은 일정한 행정행위나 여타의 직무행위의 부작위를 구하는 내용의 행정소송을 의미한다. 예방적 권리구제제도로서 예방적 금지소송의 가능성여부는 독일에서도 오랫동안 논쟁의 대상이 되어 왔다.[16]

가) 부정설　부정설의 주요논거는 주로 권력분립의 원칙에 근거하고 있다. 행정권에 대한 사법통제는 일단 행정작용이 행하여진 이후에만 가능하며, 행정작용이 있기 전에 행정권이 의도하고 있거나 계획중인 일정한 행위를 금지시키는 것은 사법권의 한계를 일탈한다고 한다. 예방적 금지소송은 행정의 고유한 영역을 침해하며 이에 따라 행정임무의 수행은 현저하게 지장을 받게 되어 권력분립의 원칙에 위배된다고 한다.[17]

우리의 판례 역시 이러한 예방적 금지소송의 인정에 대하여 부정적인 입장을 취하고 있다.

판례(행정소송법상 예방적 금지소송의 허용성)　건축건물의 준공처분을 하여서는 아니된다는 내용의 부작위를 구하는 청구는 행정소송에서 허용되지 아니하는 것이므로 부적법하다(대판 1987. 3. 24, 86누182).

나) 긍정설　그러나 예방적 금지소송의 인정은 권력분립의 원칙에 위배되지 않는다고 할 것이다. 사법의 본질은 구체적인 법률상의 분쟁이 제기되는 경우에 무엇이 법인가를 선언하는 작용인 바, 부담적 행정행위를 위법하다고 판단하여 취소하고 위법하게 거부된 행정행위의 발급을 행정청에게 명하는 것과 마찬가지로, 행정청이 위법한 행정행위의 발급을 의도할 때 그 부작위를 명하는 것

15) 대판 2006. 5. 18, 2004다6207(하천구역지정에 대한 손실보상청구사건); 1997. 5. 30, 95다28960(석탄가격안정 지원금지급청구사건); 1992. 12. 24, 92누3335(광주민주화운동관련자보상청구사건).

16) 예방적 부작위청구소송에 대한 자세한 내용은 鄭夏重, 행정소송제도에 있어서 豫防的 權利救濟, 考試硏究, 1994, 10, 79면 이하.

17) Ringe, DVBl 1958, S. 387; Hoffmann, BayVBL 1962, S. 72ff.

은 모두 법을 선언하는 작용으로써 오늘날의 실질적 의미의 권력분립의 원칙에 합치된다고 하여야 할 것이다.

행정청이 적법한 행정작용을 하여야 할 의무를 위반하여 개인의 권리를 침해하는 경우에 개인은 위법한 상태를 제거할 청구권이 있을 뿐 아니라 더 이상의 위법한 침해에 대한 예방청구권도 갖는다 할 것이다. 비록 행정소송은 이미 행하여진 권리침해를 대상으로 하는 것이 일반적이나, 경우에 따라서는 권리가 침해될 때까지 상대방에게 기다리도록 하는 것이 기대가능하지 않은 경우가 종종 발생한다. 독일의 판례와 지배적인 학설은 이러한 입장에 따라 예방적 금지소송을 일반적 이행소송의 형태로 실무화하고 있다.[18]

우리 학설의 일부는 이러한 예방적 금지소송을 무명항고소송의 형태로 도입할 것을 주장하고 있으나,[19] 상술한 바와 같이 현행법상 행정소송법 제4조를 열거규정이라고 보는 한 무명항고소송을 인정하기란 매우 어렵다. 더욱이 예방적 금지소송은 일정한 행정행위의 부작위뿐만 아니라 사실행위(환경오염)를 포함한 여타의 직무행위의 부작위를 구하는 소송임을 유의할 필요가 있다. 독일의 실무에서는 급부의 이행은 적극적 행위뿐만 아니라 소극적 행위인 부작위에 의하여 실현될 수 있다는 관점에서, 행정행위의 부작위를 포함한 모든 직무행위에 대한 예방적 금지소송을 일반적 이행소송의 한 형태로 인정하고 있다. 우리의 실정법상 당사자소송은 이행소송을 포함하고 있는바 예방적 금지소송도 당사자소송의 한 형태로 인정하면 될 것이다.

예방적 금지소송의 원고적격으로서는 항고소송의 원고적격을 유추적용하여 향후 당해 행정작용이 행하여질 경우에 원고의 권리가 침해될 것이 확실시 되어야 하며, 아울러 권리보호의 필요에 대한 특별한 검토가 요구된다. 즉 행정행위의 경우에는 그 발급을 기다려 취소소송을 제기하는 것이 당사자에게 기대가능하지 않은 경우에 권리보호의 필요가 인정된다. 이에 해당하는 경우들로는 ① 단기간에 실효되는 행정행위, 즉 취소소송을 제기하였으나 그 사이에 행정행위가 집행되거나 목적을 달성하여 실효되는 경우(특정한 날에 예정된 집회행사에 대한 금지처분), ② 기성사실이 발생되는 경우(건축주에 대한 건축허가에 대하여 제3자가 취소소송을 제기하였으나 이미 공사가 상당부분 진척되는 경우), ③ 행정청의 즉시강제 등이 있을 것이다.

3) 통치행위

통치행위란 국정의 기본방향이나 국가적 정책사항을 대상으로 하는 고도의 정치성을 띤 행위로서, 사법적 심사의 대상으로 하기에 부적합할 뿐만 아니라, 비록 그에 관한 판결이 있는 경우에도 그 집행이 곤란한 성질의 행위를 말한다. 오늘날 통치행위에 대한 이론적 근거로는 사법자제설, 재량행위설, 내재적 한계설 등 다양한 학설이 대립하고 있으나 권력분립의 관점에서 주장되는 내재적 한계설, 즉 정치적으로 중요한 의미를 갖는 행위에 대한 판단은 정치적으로 책임을 지지 않는 법원에 의하여 해결될 문제가 아니라 정부나 의회 등에 의하여 민주적으로 통제되어야 한다는 견해가 다수설의 입장이다.

구체적으로 통치행위의 범주는 각국의 헌법구조, 권력분립의 형태 및 사법제도의 운용방식에 따

18) Schenke, Vorbeugende Unterlassungs–und Feststellungsklage, AöR 95(1970), S. 223.
19) 金道昶, 一般行政法論(上), 747면.

라 차이가 나지만 그 범위는 축소되는 것이 일반적인 추세이다. 헌법재판소는 통치행위라고 하더라도 국민의 기본권침해와 관련된 경우에는 헌법재판소의 심판대상이 된다는 입장을 취하고 있으며[20] 대법원은 남북정상회담 개최는 고도의 정치적 성격을 지니고 있는 행위로서 사법심사의 대상으로 하는 것은 적절치 못하지만, 그 개최과정에서 불법적으로 송금한 행위 자체는 사법심사의 대상이 된다고 판시하였다.[21]

사례 갑은 건축법령상 고도제한으로 자기소유의 대지상에 2층 건물밖에 지을 수 없다는 것을 알고 사위의 방법으로 고도기준선을 낮춰 잡아 관할행정청에 3층 건물에 대한 건축허가를 신청하였다. 이에 위 대지의 바로 북쪽에 가옥을 소유하고 있는 을은 위 건물이 완공될 경우 일조권이 침해되므로 위 건물에 대한 건축허가와 공사를 막고자 한다. 을이 그 구제방법으로 생각할 수 있는 항고소송에는 어떤 것이 있으며, 그러한 항고소송이 현행법상 허용되는지 여부를 아래 단계별로 논하시오.

1) 건축허가가 나오기 전 단계
2) 갑이 신청한 대로 건축허가가 나온 단계
3) 갑이 신청한 대로 건축허가가 나와 그에 따라 건축공사가 완료된 단계(제44회 사법시험)

▶**답안요지** **제1문:** 건축허가가 나오기전 을이 제기할 수 있는 행정소송으로는 예방적 금지소송이 고려된다. 이러한 예방적 금지소송의 허용성여부에 대하여 권력분립주의의 관점에서 논란이 되고 있으나, 본문에서 설명한 바와 같이 다수의 학설은 긍정적 입장을 취하고 있다. 일설은 예방적 금지소송을 무명항고소송의 형태로 도입할 것을 주장하고 있으나 행정소송법 4조를 예시적 규정으로 보기가 어렵다는 점, 예방적 금지소송은 처분뿐만 아니라 사실행위를 대상으로 하고 있는 점 등으로 보아, 본문에서 설명한 바와 같이 당사자소송의 형태로 도입되는 것이 바람직하다. 이러한 예방적 금지소송은 향후 당해 행정작용이 행하여질 경우에 원고의 권리가 침해될 것이 확실시 되어야 하며, 행정행위의 경우에는 그 발급을 기다려 취소소송을 제기하는 것이 당사자에게 기대가능하지 않는 경우에 고려된다. 사안에서 건축허가가 발급되어 이에 대하여 을이 취소소송을 제기한다고 하더라도 을의 집행정지신청이 받아들여질 가능성이 없는 경우에 고려될 것이다. 다만 판례는 현행법상 예방적 금지소송이이 허용되지 않는다는 입장을 취하고 있다(대판 1987. 3. 24, 86누182).

제2문: 건축허가가 나온 이후에는 을은 이에 대하여 취소소송을 제기하면 될 것이다. 여기서 건축법령상 고도제한규정은 공익뿐만 아니라 사익을 보호하는 규정으로 볼 수 있기 때문에 을의 원고적격도 인정이 되며, 본안에서 관할구청장의 갑에 대한 건축허가는 건축법령의 고도제한규정에 위배되기 때문에 을의 취소청구는 인용될 것이다.

제3문: 건축공사가 완료된 경우에는 건축허가에 대한 취소소송은 소의 이익이 없어 각하될 것이다. 다만 을은 갑의 신청에 대한 관할 행정청의 사용승인의 부작위를 구하는 예방적 부작위청구소송을 제기할 수 있을 것이나, 판례는 상술한 바와 같이 이에 대하여 부정적인 입장을 취하고 있다.

Ⅵ. 행정소송의 종류

1. 성질에 따른 분류

행정소송은 그 성질에 따라 형성의 소, 이행의 소, 확인의 소로 구분할 수 있다.

20) 헌재결 1996. 2. 29, 93헌마186.
21) 대판 1997. 4. 17, 96도3376.

1) 형성의 소

형성의 소라 함은 행정법상의 법률관계를 발생·변경 또는 소멸시키는 판결을 구하는 소송이다. 따라서 형성판결은 형성요건의 존재를 확정하는 동시에, 새로운 법률관계를 발생시키거나, 기존의 법률관계를 변경 또는 소멸시키는 판결이다. 항고소송 중 취소소송은 행정청의 위법한 처분 등의 취소·변경을 구하는 소송이므로 형성의 소에 속한다.

2) 이행의 소

이행의 소라 함은 피고에 대하여 특정한 이행청구권의 존재를 주장하고 이에 근거하여 이행명령을 구하는 소송이다. 이 소송은 다툼이 있거나 불확실한 권리를 확정받음과 동시에 피고에 대한 이행명령의 선고를 받아 확정된 권리를 실현시키는 명령형의 소송이다. 행정청의 부작위에 대한 의무이행소송이나 이행명령을 구하는 당사자소송이 이행의 소에 해당한다.

3) 확인의 소

확인의 소는 특정한 권리 또는 법률관계의 존재 또는 부존재를 주장하여 이를 확인하는 판결을 구하는 소송이다. 원칙적으로 권리 또는 법률관계만이 확인의 소의 대상이 된다. 항고소송 중 무효등확인소송·부작위위법확인소송이나 공법상의 법률관계의 존부를 확인받기 위한 당사자소송은 확인의 소에 해당한다.

2. 내용에 따른 분류

행정소송법은 행정소송을 내용에 따라 항고소송·당사자소송·민중소송·기관소송으로 구분하고 있다(법 3조). 항고소송과 당사자소송은 개인의 주관적 권익의 보호를 직접 목적으로 하는 소송인 반면, 민중소송과 기관소송은 공익실현 또는 행정의 적법성보장을 직접 목적으로 하는 객관적 소송이다.

1) 항고소송

항고소송은 행정청의 처분 등이나 부작위에 대하여 제기하는 소송, 즉 행정청의 적극적 또는 소극적인 공권력행사에 의하여 발생한 행정법상의 위법한 법상태를 제거하여 권리나 이익의 보호를 목적으로 하는 소송을 의미한다.

이러한 항고소송의 종류로는 행정청의 위법한 처분 등을 취소 또는 변경하는 취소소송(법 4조 1호), 행정청의 처분 등의 효력 유무 또는 존재여부를 확인하는 무효등확인소송(법 4조 2호), 행정청의 부작위가 위법하다는 것을 확인하는 부작위위법확인소송(법 4조 3호) 등이 있다.

상당수의 학설은 행정소송법 제4조를 예시적 규정으로 보아 법정외항고소송으로서 이른바 무명항고소송을 인정하고, 이에는 의무이행소송과 예방적 금지소송을 포함시키고 있다. 그러나 앞에서 설명한 바와 같이 행정소송법 제4조는 연혁적으로 그리고 문리적으로 열거적·제한적인 규정으로 해석할 수밖에 없는바, 따라서 무명항고소송을 부인하는 것이 타당할 것이다.

2) 당사자소송

당사자소송이란 "행정청의 처분 등을 원인으로 하는 법률관계에 관한 소송 그 밖에 공법상의 법률관계에 관한 소송으로서 그 법률관계의 한쪽 당사자를 피고로 하는 소송"을 말한다(법 3조 2호). 당사자소송에는 행정주체의 일정한 작위, 부작위, 수인을 구하는 이행소송과 공법상의 법률관계의 존부를 다투는 확인소송이 있다.

3) 민중소송

민중소송이란 국가 또는 공공단체의 기관이 법률에 위배되는 행위를 한 때에, 개인이 직접 자기의 법률상 이익과 관계없이 그 시정을 구하기 위한 소송을 의미한다(법 3조 3호). 민중소송은 자신의 구체적인 권리나 이익의 침해와는 무관하게 단지 행정법규의 적정한 적용을 확보하기 위한 소송이라는 점에서 객관적 소송에 해당하며, 법률에 명시적인 규정이 있는 경우에 허용된다. 일반선거인이 제기하는 선거소송(공직선거법 222조), 일반투표인이 제기하는 국민투표무효소송(국민투표법 92조), 그리고 지방자치법에 규정된 경우가 그 예이다.

4) 기관소송

기관소송이란 국가 또는 공공단체의 기관 상호간에 있어서의 권한의 존부 또는 그 행사에 관한 다툼이 있을 때에 이에 대하여 제기하는 소송을 말한다. 다만 헌법재판소법 제2조의 규정에 의하여 헌법재판소의 관장사항으로 되는 소송은 제외한다(법 3조 4호). 현행법상 이러한 기관소송 역시 민중소송과 같이 행정법규의 적정성을 확보하기 위하여 인정되고 있으며, 법률의 명시적인 규정이 있는 경우에만 허용되고 있다(법 45조).

제 2 항 항고소송

앞에서 본 바와 같이 항고소송으로서는 취소소송, 무효등확인소송, 부작위위법확인소송 세 종류가 있는바 이 중에서 가장 핵심적인 지위를 차지하고 있는 것은 취소소송이다. 행정소송법은 취소소송에 대하여 상세한 규정을 두고 있으며(2장), 그 이외의 항고소송에 대하여는 취소소송에 대한 규정을 준용하고 있다(3장). 이에 따라 여기에서도 취소소송을 중심으로 살펴보고 그 밖의 행정소송에 대하여는 취소소송과 다른 점을 설명하기로 한다.

제 1 관 취소소송

Ⅰ. 개 설

1. 의 의

취소소송이란 "행정청의 위법한 처분 등을 취소 또는 변경하는 소송"(법 4조 1호)으로서 가장 전형적인 행정소송에 해당한다. 행정심판의 재결의 취소 · 변경은 당해 재결 자체에 고유한 위법이 있는 경우에만 인정된다(법 19조). 취소소송은 취소사유인 하자있는 처분 등을 대상으로 하는 것이 보통이나, 무효인 처분 등을 대상으로 무효선언을 구하는 의미에서 취소청구를 하는 것도 가능하다고 하겠다. 다만 이 경우에는 형식에 있어서 취소소송이므로 제소기간 등의 제한을 받는다는 것이 판례의 입장이다.[22]

22) 대판 1976. 2. 24, 75누128.

2. 성 질

취소소송의 성질에 대하여 형성소송설, 확인소송설, 준형성소송설 등이 대립하고 있다. 형성소송설은 취소소송이란 일정한 법률관계를 성립시킨 행정처분의 위법을 다투어 당해 행정처분의 취소 · 변경을 통하여 그 법률관계를 소멸시킨다는 점에서 형성적 성질을 갖는다고 한다. 이에 대하여 확인소송설은 사인에게는 실체법상 행정처분에 대한 형성권을 부여할 수 없고 단지 국가에 대한 위법처분취소청구권이 인정되는 데 그치는 것이므로 취소소송은 행정행위의 위법성을 확인하는 성질을 갖는다고 한다.

다른 한편 준형성소송설은 행정처분의 위법성확인이라는 확인소송적 성격과 행정처분의 공정력을 배제한다는 형성소송의 성격을 아울러 갖는다고 한다. 형성소송설이 현재의 통설이며 아울러 판례의 입장이기도 하다.

판례(형성소송으로서 취소소송의 성격) 위법한 행정처분의 취소를 구하는 소는 위법한 처분에 의하여 발생한 위법상태를 배제하여 원상으로 회복시키고 그 처분으로 침해되거나 방해받은 권리와 이익을 보호, 구제하고자 하는 소송이므로 비록 그 위법한 처분을 취소한다 하더라도 원상회복이 불가능한 경우에는 그 취소를 구할 이익이 없다(대판 1992. 4. 24, 91누11131).

3. 소 송 물

1) 의 의

소송에 있어서는 당사자가 소송을 제기하고 법원이 심리 · 판단하는 모든 단계에 있어서 그 대상이 정하여져야 분쟁이 해결될 수 있다. 소송물이란 소송법상의 기초개념으로서 심판대상 또는 심판대상이 되는 단위이다. 소송물은 특히 소의 병합, 변경 및 기판력의 범위에 있어서 중요한 의미를 갖는다. 이미 제기된 소송과 동일한 소송물의 소송을 제기하는 것은 이중소송에 해당하며, 하나의 소송절차 중에 두 개의 소송물이 있는 경우에는 소(訴)의 병합이 있는 것으로 된다. 또한 소송물이 변경되는 경우에는 소의 변경이 문제되며, 판결의 기판력의 객관적 범위는 소송물의 범위에 의하여 결정된다.

2) 취소소송에 있어서 소송물의 개념

취소소송에 있어서 무엇이 소송물이 되는가는 학설에서 다툼이 되고 있다.

가. 처분의 위법성일반을 소송물로 보는 견해

취소소송에서 원고는 특정한 처분의 위법성을 주장하는 것이며, 그 처분의 위법성이 심리대상이 되어 원고의 주장의 당부가 법원의 판결에 의하여 확정된다. 이에 따라 취소소송의 소송물은 행정처분의 위법성인바 여기서 개개의 위법사유가 별개의 소송물을 이루고 있는 것이 아니라, 행정처분의 적법요건을 충족시키지 않은 모든 위법사유(위법성일반)가 하나의 소송물을 이루고 있는 것으로 보아야 한다는 견해로서 현재 다수설이다.[23] 취소소송의 기판력은 다툼의 대상이 된 행정처분의 위법성일반에 대하여 발생하기 때문에 취소소송에서 청구기각판결을 받은 경우에 다른 위법사유를 들

23) 金道昶, 一般行政法論(上), 745면; 朴鈗炘/鄭亨根, 最新行政法講義(上), 767면.

어 동일한 처분에 대하여 새로운 취소소송을 제기하는 것이 허용되지 않는다.

나. 처분의 위법사유마다 취소소송의 소송물로 보는 견해

이 견해는 개개의 위법사유마다 소송물을 달리한다는 견해인바, 이 설에 대하여는 행정청이 새로운 처분이유를 들어 동일한 행정행위를 반복하였을 때마다 원고는 새로운 취소소송을 제기하여야 한다는 불이익을 받을 뿐 아니라, 소송경제적인 관점에서도 비판을 받는다.

다. 위법한 처분으로 자신의 권리 또는 법률상 이익이 침해당하였다는 원고의 주장으로 보는 견해

이 견해는 처분의 객관적 위법만으로는 부족하고 원고와의 관계에서 주관적으로 위법하여야 한다는 견해이다. 여기서 주관적 위법성은 원고의 권리침해 또는 법률상 이익의 침해를 의미한다. 독일의 지배적인 견해이며, 우리 학설의 상당수가 지지하고 있다.[24)]

라. 판례의 입장

판례는 다수설에 따라 처분의 위법성일반을 취소소송의 소송물로 보고 있다. 한편, 판례는 처분사유의 추가 · 변경을 기본적 사실관계의 동일성 범위 내에서 허용함으로써, 기본적 사실관계의 동일성 여부를 처분의 동일성 여부, 즉 소송물의 동일성 여부의 기준으로 보고 있다.

판례 1(과세처분취소소송의 소송물) 원래 과세처분이란 법률에 규정된 과세요건이 충족됨으로써 객관적, 추상적으로 성립한 조세채권의 내용을 구체적으로 확인하여 확정하는 절차로서, 과세처분취소소송의 소송물은 그 취소원인이 되는 위법성 일반이고 그 심판의 대상은 과세처분에 의하여 확인된 조세채무인 과세표준 및 세액의 객관적 존부이다(대판 1990. 3. 23, 89누5386).

판례 2(과세처분취소소송에서 처분사유의 추가 · 변경) 과세처분취소소송의 소송물은 과세관청이 결정한 세액의 객관적 존부이므로, 과세관청으로서는 소송 도중 사실심 변론종결시까지 당해 처분에서 인정한 과세표준 또는 세액의 정당성을 뒷받침할 수 있는 새로운 자료를 제출하거나 처분의 동일성이 유지되는 범위 내에서 그 사유를 교환 · 변경할 수 있는 것이고, 반드시 처분 당시의 자료만에 의하여 처분의 적법 여부를 판단하여야 하거나 처분 당시의 처분사유만을 주장할 수 있는 것은 아니다(대판 2002. 10. 11, 2001두1994).

Ⅱ. 취소소송의 재판관할

1. 심급관할

취소소송의 제1심 관할법원은 행정법원이다(법 9조). 구 행정소송법하에서는 취소소송의 일심관할법원은 고등법원으로 되어 있었던바 이는 구법하에서 필요적 전심절차로서 행정심판을 실질적으로 제1심에 해당되는 것으로 보았기 때문이다. 그러나 행정심판이 임의적인 전심절차로서 바뀜에 따라 행정소송도 민사소송과 마찬가지로 3심제로 되었다. 지방법원급의 행정법원을 새로 설치하여 일심법원으로 한 것은 행정소송에 대한 국민의 보다 용이한 접근을 가능하게 하며, 아울러 행정사건을 다루는 전문법원을 설치하여 행정사건의 심리와 재판에 있어서 전문화를 도모하기 위한 것이다. 행정법원은 예상 사건수를 감안하여 우선은 서울지역에서만 설치하고, 다른 지역에서는 사건수의 증가에

24) 洪井善, 行政法原論(上), 749면; 洪準亨, 行政救濟法, 527면.

따라 순차적으로 설치하고 그때까지는 지방법원 본원에서 행정사건을 관할하도록 하고 있다. 다만 예외적으로 춘천지방법원 강릉지원만이 행정사건을 관할하고 있다(법원조직법 부칙 2조).

2. 토지관할

1) 일반관할

취소소송은 피고의 소재지를 관할하는 행정법원이 그 관할법원이다. 다만 중앙행정기관, 중앙행정기관의 부속기관과 합의제행정기관 또는 그 장(법 9조 2항 1호) 및 국가의 사무를 위임 또는 위탁받은 공공단체 또는 그 장(법 9조 2항 2호)이 피고가 되는 경우에는 소재지를 관할하는 행정법원뿐만 아니라 대법원소재지를 관할하는 행정법원에 제기할 수 있도록 하고 있다. 이는 상당수의 국가기관 및 공공단체 등이 세종시 등 지방으로 이전됨에 따라 야기되는 일반국민의 불편을 해소하기 위한 것이다. 한편, 행정법원이 설치되지 않은 지역에 있어서 행정법원의 권한에 속하는 사건은 해당 지방법원이 관할하도록 되어 있기 때문에, 현재는 행정법원이 설치되어 있는 서울을 제외하고는 피고의 소재지를 관할하는 지방법원본원이 제1심 관할법원이 된다.

2) 특별관할

토지수용 기타 부동산 또는 특정한 장소에 관계되는 처분 등에 대한 취소소송은 그 부동산 또는 장소의 소재지를 관할하는 행정법원에도 이를 제기할 수 있다(법 9조 3항). 2개 이상의 관할구역에 걸쳐 있을 때에는 어느 구역을 관할하는 법원도 관할권을 갖는다.

3) 토지관할의 성질

구법과는 달리 현행 행정소송법은 항고소송이나 당사자소송의 전속관할을 규정하지 않음으로써 임의관할임을 간접적으로 밝히고 있다. 따라서 관할의 결정에 대하여는 민사소송법상의 합의관할(법 29조), 응소관할(법 30조)에 관한 규정이 준용될 수 있다.

판례(행정소송법이 전속관할을 택하고 있는지 여부) 행정소송법 제9조나 제40조에 항고소송이나 당사자소송의 토지관할에 관하여 이를 전속관할로 하는 명문의 규정이 없는 이상 이들 소송의 토지관할을 전속관할이라 할 수 없다(대판 1994. 1. 25, 93누18655).

---

3. 관할법원에의 이송

법원은 행정소송의 전부 또는 일부가 그 관할에 속하지 않는다고 인정할 때에는 결정으로 관할법원에 이송한다(법 8조 2항, 민소법 34조 1항). 이는 또한 원고의 고의 또는 중대한 과실 없이 행정소송이 심급을 달리하는 법원에 잘못 제기된 경우에도 적용된다(법 7조).

Ⅲ. 관련청구소송의 이송 · 병합

1. 제도의 취지

항고소송, 특히 취소소송에 있어서는 한편으로는 위법한 처분 등의 취소 또는 변경을 구함과 아울러, 다른 한편으로는 그와 관련되는 손해배상이나 부당이득반환 등을 청구할 필요가 있는 경우가 적지 않다. 이 경우 취소소송은 처분청을 피고로 제기하여야 하는 데 대하여, 손해배상 · 부당이득반환청구소송 등은 공법상 당사자소송 또는 민사소송으로서 국가 또는 공공단체를 피고로 하게 되며, 그 관할법원에 있어서도 차이가 있다.

이러한 경우에 취소소송과 이와 관련되는 수개의 청구를 병합하여 하나의 소송절차에서 통일적으로 심판하게 되면 심리의 중복이나 재판의 모순 · 저촉을 피하고 당사자나 법원의 부담을 경감할 수 있는바, 이러한 취지에서 행정소송법은 관련청구소송의 이송과 병합을 인정하고 있다.

행정소송법 제10조는 관련청구소송의 범위를 명확히 함과 동시에, 그 병합과 이를 위한 이송에 대하여 규정하고 있다.

2. 관련청구소송의 범위

취소소송에 대한 관련청구소송의 범위는 다음과 같다.

1) 당해 처분이나 재결과 관련되는 손해배상 · 부당이득반환 · 원상회복 등 청구소송(법 10조 1항 1호)

여기에서 당해 처분 등과 관련된다고 함은 ① 처분이나 재결이 원인이 되어 발생한 청구, ② 처분이나 재결의 취소나 변경을 선결문제로 하는 청구 등을 의미한다.

2) 당해 처분 등과 관련되는 취소소송(법 10조 1항 2호)

여기에는 ① 그 처분과 함께 하나의 절차를 구성하는 다른 처분(대집행절차에 있어서 계고처분과 대집행영장의 통지)의 취소를 구하는 소송, ② 그 처분에 관한 행정심판의 재결의 취소를 구하는 소송, ③ 취소소송의 대상이 행정심판의 재결인 경우에 재결대상인 처분의 취소소송, ④ 그 처분이나 재결의 취소 · 변경을 구하는 다른 사람의 취소소송(일반처분) 등이 포함될 수 있다.

3. 관련청구소송의 이송

1) 의 의

취소소송과 관련청구소송이 각각 다른 법원에 계속(係屬)되고 있는 경우에 관련청구소송이 계속된 법원이 상당하다고 인정하는 때에는, 당사자의 신청 또는 직권에 의하여, 이를 취소소송이 계속된 법원으로 이송할 수 있다(법 10조 1항). 관련청구의 이송에 관한 규정은 다른 항고소송은 물론 당사자소송, 민중소송 그리고 기관소송에도 준용된다(법 38조 · 44조 · 45조).

2) 이송의 요건

가. 취소소송과 관련청구소송이 각각 다른 법원에 계속된 경우

예를 들어 처분 등의 취소를 구하는 취소소송이 서울행정법원에 계속중인 경우에 당해 처분과 관계되는 손해배상청구소송이 서울지방법원에 계속된 경우가 이에 해당한다.

나. 이송의 상당성

관련청구소송이 계속된 법원이 상당하다고 인정하는 때에, 즉 병합심리의 필요성을 인정하는 경우에만 이송이 가능하고, 관련청구이면 당연히 이송되는 것은 아니다.

다. 당사자의 신청 및 법원의 직권

관련청구소송의 이송은 당사자의 신청이나 법원의 직권으로 할 수 있다. 이 경우 이송신청을 할 수 있는 자는 당해 관련청구소송의 원고 · 피고는 물론 참가인도 포함된다.

3) 이송결정의 효과

이송결정은 이송받는 법원을 기속하며, 당해 법원은 그 사건을 다른 법원에 이송하지 못한다(민소법 38조). 이송결정과 이송신청의 각하결정에 대하여는 즉시항고를 할 수가 있다(민소법 39조). 이송결정이 확정된 때에는 당해 관련청구소송은 처음부터 이송을 받은 법원에 계속된 것으로 본다(민소법 40조 1항).

4. 관련청구소송의 병합

1) 의 의

청구의 병합에는 단수당사자(하나의 원 · 피고간)에 있어서 수개의 청구를 병합하는 객관적 병합과 복수당사자에 의한(수인의 수인에 대한) 수개의 청구를 병합하는 주관적 병합(공동소송)이 있으며, 처음부터 병합하는 원시적 병합과 계속적인 소송에다가 추가적으로 병합하는 추가적 병합이 있다.

행정소송법은 취소소송과 관련하여 관련청구소송의 병합인 객관적 병합(법 10조 2항 전단)과 피고 이외의 자를 상대로 한 관련청구소송을 병합하는 것으로서의 주관적 병합(법 10조 2항 후단)을 인정하고 있으며, 이외에도 공동소송으로서 주관적 병합(법 15조)을 인정하고 있다.

민사소송에 있어서는 같은 원고가 같은 피고를 상대로 동종의 소송절차에 의하는 소송만을 병합할 수 있게 하고 있지만(민소법 253조), 행정소송법은 관련청구에 해당하는 것이면 소송절차의 동종 · 이종을 불문하며, 나아가 피고를 달리하는 소송까지 병합할 수 있게 하는 것이 특징이다. 이는 취소소송과 관련청구소송은 서로 피고 및 소송절차를 달리하는 경우가 대부분임을 고려한 것이다.

2) 관련청구소송의 병합의 요건

관련청구의 병합은 그 청구를 병합할 본체인 취소소송을 전제로 하는 것이므로, 취소소송은 그 자체로서 소송요건을 구비하여 적법하지 않으면 안된다. 다만 본체인 취소소송이 병합전에 계속되어 있어야 하는 것은 아니므로 처음부터 관련청구를 병합하여 제기하는 것은 가능하다. 또한 관련청구의 병합은 사실심의 변론종결 이전에 하여야 하는 바(법 10조 2항), 사실심의 변론종결 이전이면 원시적 병합이든 추가적 병합이든 문제가 되지 않는다.

3) 관련청구소송의 심리

관련청구소송이 민사소송인 경우에, 그 관련청구의 심리에 있어서 행정소송법의 규정, 특히 직권심리주의 규정이 적용될 것인가 여부에 관하여 견해가 갈린다. 이에 대하여는 민사소송을 변론주의로 심판하는 것은 합목적적인 고려의 소산에 지나지 않으므로 일반원칙에 구애됨이 없이 당연히 병합된 행정소송절차에 따라 심리 · 재판하여야 한다는 견해와, 병합된다고 하여 소송의 본질이 달라지지 않기 때문에 민사사건을 행정소송의 절차로 심리하여서는 안된다는 견해가 대립하고 있는바 후설이 다수설로 보인다.[25]

---

25) 金道昶, 一般行政法論(上), 770면; 金南辰, 行政法 I, 752면.

Ⅳ. 취소소송의 당사자

1. 개 설

1) 당사자의 지위

행정소송도 원고와 피고가 대립하는 대심구조를 취하여 구체적 사건을 다투는 점에서 민사소송과 다름이 없다. 그러나 원고와 피고의 지위는 소송의 종류에 따라 다르다.

당사자소송에서는 원고와 피고는 서로 자기의 권리를 주장하여 대립하는 점에서 민사소송에서와 동일한 지위를 갖는다. 그러나 취소소송의 경우에는 원고와 피고가 서로 자신의 권리를 주장하는 것이 아니라는 점에서 그 특수성이 있다. 원고는 자신의 권익보호를 위하여 처분 등의 위법을 이유로 그의 취소·변경을 구하는 반면, 피고인 행정청은 자신의 권익을 주장하는 것이 아니라 자신의 법적용에 있어서 위법이 없다는 것을 주장하는 데 그친다. 여기서 행정청은 국가 또는 지방자치단체의 기관으로서 그 자체로서는 피고의 자격을 가지는 것이 아니지만 편의상 피고의 지위가 인정되는 점, 그리고 자신의 이익을 주장하고 방어하는 것이 아니라, 공익을 위하여 소송에 임한다는 점 등의 특수성을 갖고 있다.

2) 당사자능력과 당사자적격

가. 당사자능력

당사자능력이란 소송의 주체(원고·피고·참가인)가 될 수 있는 일반적 능력을 의미한다. 민법 기타 법률에 의하여 권리능력을 가지는 자, 즉 사람과 법인은 행정소송에 있어서 당사자능력을 갖는다(법 8조 2항, 민소법 51조). 다른 한편 민사소송법은 법인격 없는 사단이나 재단이라 하여도 대표자나 관리인이 있어서 외부에 명확한 조직을 갖고 있는 경우에는 당사자능력을 인정하고 있는바, 이들은 행정소송에 있어서도 그 자체의 이름으로 원고가 될 수 있다(법 8조 2항, 민소법 52조).

나. 당사자적격

당사자적격이란 구체적인 소송사건에서 당사자로서 소송을 수행하고 본안판결을 받기에 적합한 자격을 말한다. 원고나 피고가 어느 특정사건에서 자기의 이름으로 소송을 수행하고 거기에서 판결을 받았으나, 그것이 아무런 법적 가치도 없고 불필요한 것이라면 소송은 무의미한 것이므로, 그러한 무의미한 소송을 배제하기 위하여 소송법상 인정된 제도이다. 당사자적격을 권한적인 측면에서 볼 때에는 소송수행권이라고도 한다.

최근 판례는 다른 국가기관이 내린 처분에 의해 국가기관이 불이익을 받을 수 있는 상황이고, 항고소송 이외에 다른 구제수단 없는 상황에 한하여, 해당 국가기관은 항고소송의 당사자능력과 원고적격을 가진다는 입장을 취하고 있다.

판례 1(국가기관도 항고소송의 당사자가 될 수 있다는 판례) 甲이 국민권익위원회에 부패방지 및 국민권익위원회의 설치와 운영에 관한 법률(이하 '국민권익위원회법'이라 한다)에 따른 신고와 신분보장조치를 요구하였고, 국민권익위원회가 甲의 소속기관 장인 乙 시·도선거관리위원회 위원장에게 '甲에 대한 중징계요구를 취소하고 향후 신고로 인한 신분상 불이익처분 및 근무조건상의 차별을 하지 말 것을 요구'하는 내용의 조치요구를 한 사안에서, 국가기관 일방의 조치요구에 불응한 상대방 국가기관에 국민권익위원회법

상의 제재규정과 같은 중대한 불이익을 직접적으로 규정한 다른 법령의 사례를 찾아보기 어려운 점, 그럼에도 乙이 국민권익위원회의 조치요구를 다툴 별다른 방법이 없는 점 등에 비추어 보면, 처분성이 인정되는 위 조치요구에 불복하고자 하는 乙로서는 조치요구의 취소를 구하는 항고소송을 제기하는 것이 유효·적절한 수단이므로 비록 乙이 국가기관이더라도 당사자능력 및 원고적격을 가진다고 보는 것이 타당하고, 乙이 위 조치요구 후 甲을 파면하였다고 하더라도 조치요구가 곧바로 실효된다고 할 수 없고 乙은 여전히 조치요구를 따라야 할 의무를 부담하므로 乙에게는 위 조치요구의 취소를 구할 법률상 이익도 있다고 본 원심판단을 정당하다(대판 2013. 7. 25, 2011두1214).

판례 2(행정기관 등에게 항고소송 원고로서의 당사자능력과 원고적격을 인정할 수 있는지 여부) 국가기관 등 행정기관(이하 '행정기관 등'이라 한다) 사이에 권한의 존부와 범위에 관하여 다툼이 있는 경우에 이는 통상 내부적 분쟁이라는 성격을 띠고 있어 상급관청의 결정에 따라 해결되거나 법령이 정하는 바에 따라 '기관소송'이나 '권한쟁의심판'으로 다루어진다. 그런데 법령이 특정한 행정기관 등으로 하여금 다른 행정기관을 상대로 제재적 조치를 취할 수 있도록 하면서, 그에 따르지 않으면 그 행정기관에 대하여 과태료를 부과하거나 형사처벌을 할 수 있도록 정하는 경우가 있다. 이러한 경우에는 단순히 국가기관이나 행정기관의 내부적 문제라거나 권한 분장에 관한 분쟁으로만 볼 수 없다. 행정기관의 제재적 조치의 내용에 따라 '구체적 사실에 대한 법집행으로서 공권력의 행사'에 해당할 수 있고, 그러한 조치의 상대방인 행정기관이 입게 될 불이익도 명확하다. 그런데도 그러한 제재적 조치를 기관소송이나 권한쟁의심판을 통하여 다툴 수 없다면, 제재적 조치는 그 성격상 단순히 행정기관 등 내부의 권한 행사에 머무는 것이 아니라 상대방에 대한 공권력 행사로서 항고소송을 통한 주관적 구제대상이 될 수 있다고 보아야 한다. 기관소송 법정주의를 취하면서 제한적으로만 이를 인정하고 있는 현행 법령의 체계에 비추어 보면, 이 경우 항고소송을 통한 구제의 길을 열어주는 것이 법치국가 원리에도 부합한다. 따라서 이러한 권리구제나 권리보호의 필요성이 인정된다면 예외적으로 그 제재적 조치의 상대방인 행정기관 등에게 항고소송 원고로서의 당사자능력과 원고적격을 인정할 수 있다(대판 2018. 8. 1, 2014두35379).

2. 원고(原告)

가. 의 의

행정소송의 원고적격도 민사소송의 원고적격에서와 마찬가지로 소의 이익의 문제의 하나이다. 민사소송에서 본안판결을 받기 위하여는 형식적·절차적 요건 외에 당해 분쟁에 관하여 국가의 재판제도를 이용하여 자기를 위하여 그 분쟁을 해결할 만한 필요성 내지 이익이 원고에게 존재하여야 하는바, 이를 실체적 소송요건인 소의 이익이라고 한다. 소의 이익은 광의로는 ① 당사자가 본안판결을 받을 만한 정당한 이익을 가지고 있을 것(원고적격), ② 청구의 내용이 본안판결을 받기에 적합한 자격을 가지고 있을 것(권리보호의 자격), ③ 원고의 청구가 소송을 통하여 분쟁을 해결할 만한 현실적인 필요성이 있을 것(권리보호의 필요)의 세 가지를 포함하고 있으나, 협의로는 권리보호의 필요만을 의미한다.

행정소송법은 행정소송이 민사소송에 대하여 가지는 특성을 고려하여 원고적격에 관하여 명문의 규정을 두고 있는바, 여기서는 취소소송의 원고적격에 대하여만 설명하기로 한다.

나. 취소소송의 원고적격에 대한 학설의 다툼

취소소송의 원고적격에 관하여 행정소송법 제12조 1문은 "취소소송은 처분 등의 취소를 구할 법률상 이익이 있는 자가 제기할 수 있다"고 규정하고 있는바 여기서 "법률상 이익"이 무엇을 의미하는지에 대하여는 학설에서 다툼이 되고 있다.

가) 권리구제설 이 설은 취소소송의 본질도 민사소송과 같이 실체법상의 권리보호에 있다고 보아 위법한 처분 등으로 인하여 권리를 침해당한 자만이 원고적격을 갖는다고 본다. 권리구제설은 19세기 후반 행정법원의 설치 이래로 일관되게 유지되어 온 독일의 입법례에 근거를 두고 있다.[26)]

나) 법률상 보호이익구제설 이 설은 위법한 처분에 의하여 침해되고 있는 이익이 근거법률에 의하여 보호되고 있는 이익인 경우에는, 그러한 이익이 침해된 자에게도 당해 처분의 취소를 구할 원고적격이 인정된다고 한다. 권리를 침해받은 자 외에도 법률이 보호하고 있는 이익을 침해받은 자에게도 원고적격을 인정하고 있기 때문에 원고적격이 현저하게 확대된다고 한다. 현재 다수설의 견해이며[27)] 판례의 거의 일관된 입장이다. 그러나 실체법상의 권리의 개념이 보호규범설에 따라 법으로 보호하는 이익으로 변화됨에 따라 권리구제설이나 법률상 이익구제설은 본질적인 차이가 없다고 할 것이다.[28)]

다) 이익구제설(보호할 가치있는 이익구제설) 이 설은 제12조 제1문의 법률상 이익의 개념을 법률에 의하여 보호되는 실체법상의 이익이 아니라, 그와는 성질을 달리하는 일종의 소송법상의 이익으로 보고 있다. 즉 이익구제설은 법률상 이익의 유무를 반드시 실정법의 규정에 의하는 것이 아니라, 위법한 처분 등에 의하여 침해된 이익이 재판상 보호할 가치가 있는지 여부에 따라 판단하게 된다.[29)]

침해된 이익이 법으로 보호되는 이익이건, 사실상의 이익이건 실질적으로 보호할 가치가 있는 이익이면 원고적격을 인정하기 때문에 법률상 이익구제설에 비하여 원고적격이 넓게 인정된다.

라) 적법성보장설 적법성보장설은 취소소송의 목적을 행정의 적법성보장에 있는 것으로 보아, 원고적격을 판정함에 있어서 원고가 주장하는 이익의 성질을 기준으로 할 것이 아니라, 당해 처분의 성질상 당해 처분을 다툴 가장 적합한 이익상태에 있는 자에게 원고적격을 인정하여야 한다고 한다. 이는 취소소송을 객관적 소송으로 파악하는 입장에 근거한 견해로서 민중소송의 우려가 있다.

마) 결 어 적법성보장설은 우리의 항고소송이 주관적 소송이라는 점에서 문제가 있으며, 이익구제설은 비록 원고적격을 넓힐 수 있다는 점에서 장점이 있으나 재판상 보호할 가치가 있는 이

26) 독일행정소송법 제42조 제2항은 자신의 권리를 침해당하였다고 주장하는 자만이 취소소송과 의무이행소송을 제기할 수 있다고 규정하고 있다.

27) 金南辰/金連泰, 行政法 I, 857면; 金東熙/崔桂暎, 行政法 I, 728면; 洪井善, 行政法原論(上), 776면.

28) 本書의 개인적 공권 부분을 참고.

29) 李尙圭, 新行政法論(上), 1993, 823면 이하; 徐元宇, 現代行政訴訟과 訴의 利益, 考試硏究, 1990. 9, 75면 이하.

익의 존부여부에 대한 일반적으로 통용될 수 있는 기준을 마련하기가 어려우며 이는 결과적으로 법관의 자의적인 판단에 맡기는 결과가 될 것이다.[30)]

더욱이 소송법은 실체법상의 권리를 실현시키는 수단법적 성격을 갖고 있는 점에 비추어 볼 때, 법률에 의하여 보호되는 이익인지 여부와 무관하게 법관이 스스로 보호할 가치가 있는지의 유무를 판단하는 것은 타당하지 않다. 어떤 이익이 보호할 가치가 있는지의 여부는 법관이 아니라 입법자가 판단할 사항이다.

다른 한편 권리개념의 확장과정에 비추어 볼 때 권리구제설과 법률상 보호이익구제설은 동일한 견해라고 볼 수 있다. 행정소송법 제12조 제1문의 법률상 이익은 문자의 표현 그대로 법으로 보호하는 이익을 의미하는 것이며, 이러한 이익은 사실상 이익이나 보호할 가치가 있는 이익이 될 수 없는 것이다. 결국 취소소송의 원고적격은 원고가 주장하는 이익이 근거법률의 해석상 법으로 보호되는 이익으로 인정되는 경우에 주어진다고 보아야 할 것이다. 근래 들어와 판례는 근거법률을 될 수 있는 한 개인에게 유리하게 해석함으로써 권리구제의 길을 넓혀 나가고 있다.

판례 1(행정소송법 제12조 제1문의 법률상 이익의 개념) 행정처분에 대한 취소소송에서 원고적격이 있는지 여부는, 당해 처분의 상대방인지 여부에 따라 결정되는 것이 아니라 그 취소를 구할 법률상 이익이 있는지 여부에 따라 결정되는 것이다. 여기서 법률상 이익이란 당해 처분의 근거 법률에 의하여 보호되는 직접적이고 구체적인 이익이 있는 경우를 말하며, 간접적이거나 사실적 · 경제적 이해관계를 가지는 데 불과한 경우는 포함되지 아니한다(대판 2001. 9. 28, 99두8565; 2018. 5. 15, 2014두42506).

판례 2(구분소유자의 원고적격) 건축법 규정은 구분소유자들이 공유하고 각자 그 용도에 따라 사용할 수 있는 공용부분의 대수선으로 인하여 공용부분의 소유 · 사용에 제한을 받을 수 있는 구분소유자의 개별적 이익을 구체적이고 직접적으로 보호하는 규정으로 볼 수 있다(대판 2024. 3. 12, 2021두58998).

다. 원고적격의 확대

가) 불이익처분의 원고적격 종래 독일의 전통적인 학설은 원고적격의 인정여부를 보호규범설에 따라 전적으로 개별법규에 초점을 맞추어 관계법률이 당사자의 이익보호를 의도하고 있는지 여부에 초점을 맞추었다. 그러나 이러한 견해는 헌법에서 보장하고 있는 자유권이 직접적인 효력을 갖게 됨에 따라 비판을 받기 시작하였다. 불이익처분의 상대방이 취소소송을 제기하는 경우에는 독일의 학설과 판례는 더 이상 근거법률의 사익보호성 여부에 대하여 묻지 않고, 곧바로 자유권침해의 관점에서 원고적격을 인정하고 있다. 헌법상의 자유권이 위법한 국가권력으로부터 자유를 보장하고 있다면, 침해적 행정행위의 수범자는 행정주체에게 자신의 자유를 법률에 적합하게 제한할 것을 요구할 수 있는 권리를 갖고 있기 때문이다.

우리 판례 역시 부담적 행정행위의 상대방의 경우에는 근거법률에 의존함이 없이 직접 원고적격을 인정하고 있다.

판례(불이익처분의 상대방의 원고적격) 행정처분에 있어서 불이익처분의 상대방은 직접 개인적 이익

30) 鄭夏重, 獨逸公法學에 있어서 權利의 槪念, 行政法研究, 2000. 11, 44면.

의 침해를 받은 자로서 원고적격이 인정되지만 수익처분의 상대방은 그의 권리나 법률상 보호되는 이익이 침해되었다고 볼 수 없으므로 달리 특별한 사정이 없는 한 취소를 구할 이익이 없다(대판 1995. 8. 22, 94누8129).

나) 제3자효행정행위의 원고적격 그동안 취소소송의 원고적격에 관련하여 실무에서 어려운 문제를 제기하여 온 것은 주로 제3자효행정행위에 대한 취소소송이었다. 제3자효행정행위에 대한 취소소송을 유형적으로 본다면, 경업자소송(競業者訴訟), 경원자소송(競願者訴訟), 인인소송(隣人訴訟)으로 구분할 수 있다. 경업자소송은 새로운 경쟁자에 대하여 신규허가를 발급함으로써 기존업자가 제기하는 소송을 말하며(여객자동차운송사업허가 또는 해상운송사업허가에 대한 기존업자의 취소소송),[31] 경원자소송은 수익적 행정처분을 신청한 수인이 서로 경쟁관계에 있는 경우(공무원에 대한 임용신청, 동일대상지역에 대한 도시가스사업허가신청 또는 도로점용허가신청), 허가를 받지 못한 자가 타방이 받은 허가에 대하여 제기하는 소송을 의미한다.[32] 이에 대하여 인인소송은 관할 행정청의 건축허가나 LPG 충전허가에 대하여 법률상 이익을 침해받은 인근주민이 제기하는 소송을 말한다.[33]

① 경업자소송에 관한 판례

판례 1(신규 노선버스운송사업인가에 대하여 기존 노선버스사업자의 취소를 구할 법률상 이익) 일반적으로 면허나 인·허가 등의 수익적 행정처분의 근거가 되는 법률이 해당 업자들 사이의 과당경쟁으로 인한 경영의 불합리를 방지하는 것도 그 목적으로 하고 있는 경우, 다른 업자에 대한 면허나 인·허가 등의 수익적 행정처분에 대하여 미리 같은 종류의 면허나 인·허가 등의 수익적 행정처분을 받아 영업을 하고 있는 기존의 업자는 경업자에 대하여 이루어진 면허나 인·허가 등 행정처분의 상대방이 아니라 하더라도 당해 행정처분의 취소를 구할 당사자적격이 있다. 구 여객자동차운수사업법 제6조 제1항 제1호에서 '사업계획이 당해 노선 또는 사업구역의 수송수요와 수송력공급에 적합할 것'을 여객자동차운송사업의 면허기준으로 정한 것은 여객자동차운송사업에 관한 질서를 확립하고 여객자동차운송사업의 종합적인 발달을 도모하여 공공의 복리를 증진함과 동시에 업자 간의 경쟁으로 인한 경영의 불합리를 미리 방지하자는 데 그 목적이 있다 할 것인바, 시외버스운송사업계획변경인가처분으로 인하여 기존의 시내버스운송사업자의 노선 및 운행계통과 시외버스운송사업자들의 그것들이 일부 중복되게 되고 기존업자의 수익감소가 예상된다면, 기존의 시내버스운송사업자와 시외버스운송사업자들은 경업관계에 있는 것으로 봄이 상당하다 할 것이어서 기존의 시내버스운송사업자에게 시외버스운송사업계획변경인가처분의 취소를 구할 법률상의 이익이 있다(대판 2002. 10. 25, 2001두4450).

판례 2(인근 건물의 숙박업구조변경허가에 대하여 기존 숙박업자의 취소를 구할 법률상 이익) 원고들이 경영하는 여관이 있는 곳에서 50미터 내지 700미터 정도의 거리에 있는 이 사건 건물의 4, 5층 일부에 객실을 설비할 수 있도록 숙박업구조변경허가를 함으로써 원고들에게 중대한 손해를 입게 하였으므로 위 숙박업구조변경처분의 무효확인 또는 취소를 구한다는 것이나 원고들이 위 숙박업구조변경허가로 인하여 받게 될 불이익은 간접적이거나 사실적, 경제적인 불이익에 지나지 아니하여 그것만으로는 원고들에게 위 숙박업구조변경허가처분의 무효확인 또는 취소를 구할 소익이 있다고 할 수 없다(대판 1990. 8. 14, 89누7900).

판례 3(신규 담배소매인의 지정에 대하여 기존 담배소매인의 취소를 구할 법률상 이익) 구 담배사업

31) 대판 1969. 12. 30, 69누106; 2002. 10. 25, 2001두4450.
32) 대판 1992. 5. 8, 91누13274; 1998. 9. 8, 98두6272.
33) 대판 1975. 5. 13, 73누96; 1983. 7. 12, 83누59; 1998. 9. 4, 97누19588.

법과 그 시행령 및 시행규칙을 종합하여 보면, 담배 일반소매인의 지정기준으로서 일반소매인의 영업소 간에 일정한 거리제한을 두고 있는 것은 담배유통구조의 확립을 통하여 국민의 건강과 관련되고 국가 등의 주요 세원이 되는 담배산업 전반의 건전한 발전 도모 및 국민경제에의 이바지라는 공익목적을 달성하고자 함과 동시에 일반소매인 간의 과당경쟁으로 인한 불합리한 경영을 방지함으로써 일반소매인의 경영상 이익을 보호하는 데에도 그 목적이 있다고 보이므로, 일반소매인으로 지정되어 영업을 하고 있는 기존업자의 신규 일반소매인에 대한 이익은 단순한 사실상의 반사적 이익이 아니라 법률상 보호되는 이익이라고 해석함이 상당하다(대판 2008. 3. 27, 2007두23811).

판례 4(약국개설등록처분과 취소소송의 원고적격) 약국개설등록과 관련하여 약사법 제20조 제5항 제2호, 제3호, 제4호는 의료기관과 약국 사이에 일정한 장소적 관련성이 있는 경우 약국을 개설하지 못하도록 하고 있다. 이는 약사법 제23조, 제23조의2, 제24조, 제24조의2, 제26조 등 관련 규정의 체계나 내용 등에 비추어, 의료기관과 담합행위를 할 가능성이 큰 약국의 개설을 금지함으로써 의료기관의 처방전에 대한 인근 약국개설자들의 접근 기회가 공정하게 배분되도록 하고, 나아가 인근 약국개설자가 약사법이 정하는 바에 따라 의료기관으로부터 독립하여 조제업무를 수행할 수 있도록 하는 취지도 있다. 따라서 '의료기관의 처방약 조제 기회를 공정하게 배분받을 기존 약국개설자의 이익'은 약국개설등록처분의 근거 법규 및 관련 법규에 의하여 보호되는 개별적 · 직접적 · 구체적 이익이라고 할 수 있다. 그러므로 다른 약사에 대한 약국개설등록처분으로 인하여 조제 기회를 전부 또는 일부라도 상실하게 된 기존 약국개설자는 특별한 사정이 없는 한 해당 처분의 취소를 구할 법률상 이익이 있다(대법원 2025. 9. 11, 2024두34276).

② 경원자소송에 관한 판례

판례 1(항만공사 시행허가에 대하여 허가받지 못한 자의 취소를 구할 법률상 이익) 인 · 허가 등의 수익적 행정처분을 신청한 여러 사람이 서로 경쟁관계에 있어 일방에 대한 허가 등의 처분이 타방에 대한 불허가 등으로 될 수밖에 없는 때에는 허가 등의 처분을 받지 못한 사람은 처분의 상대방이 아니라 하더라도 당해 처분의 취소를 구할 당사자적격이 있고, 다만 구체적인 경우에 있어서 그 처분이 취소된다 하더라도 허가 등의 처분을 받지 못한 불이익이 회복된다고 볼 수 없을 때에는 당해 처분의 취소를 구할 정당한 이익이 없다. 원고와 피고보조참가인은 동일한 장소인 포항부두 4번 접안장소 뒤에 바다모래 제염 처리시설을 설치하기 위하여 항만공사 시행허가 신청을 하였고, 피고는 1개 업체만 허가하기로 하였으므로, 피고보조참가인의 신청을 허가하면 원고의 신청은 거부할 수밖에 없었으니, 원고에게 피고보조참가인에 대한 허가처분의 취소를 구할 법률상 이익이 있다(대판 1998. 9. 8, 98두6272).

판례 2(경원관계에서 허가 등 처분을 받지 못한 사람이 자신에 대한 거부처분의 취소를 구할 원고적격과 권리보호의 필요가 있는지 여부) 인가 · 허가 등 수익적 행정처분을 신청한 여러 사람이 서로 경원관계에 있어서 한 사람에 대한 허가 등 처분이 다른 사람에 대한 불허가 등으로 귀결될 수밖에 없을 때 허가 등 처분을 받지 못한 사람은 신청에 대한 거부처분의 직접 상대방으로서 원칙적으로 자신에 대한 거부처분의 취소를 구할 원고적격이 있고, 취소판결이 확정되는 경우 판결의 직접적인 효과로 경원자에 대한 허가 등 처분이 취소되거나 효력이 소멸되는 것은 아니더라도 행정청은 취소판결의 기속력에 따라 판결에서 확인된 위법사유를 배제한 상태에서 취소판결의 원고와 경원자의 각 신청에 관하여 처분요건의 구비 여부와 우열을 다시 심사하여야 할 의무가 있으며, 재심사 결과 경원자에 대한 수익적 처분이 직권취소되고 취소판결의 원고에게 수익적 처분이 이루어질 가능성을 완전히 배제할 수는 없으므로, 특별한 사정이 없는 한 경원관계에서 허가 등 처분을 받지 못한 사람은 자신에 대한 거부처분의 취소를 구할 소의 이익이 있다(대판 2015. 10. 29, 2013두27517).

판례 3(경원자소송에 있어서 비법인사단의 구성원의 원고적격) 수익적 행정처분을 신청한 수인이 서로 경쟁관계에 있어서 일방에 대한 허가 등의 처분이 타방에 대한 불허가 등으로 귀결될 수밖에 없는 때에는 허가 등의 처분을 받지 못한 자는 비록 경원자(競願者)에 대하여 이루어진 허가 등 처분의 상대방이 아니라 하더라도 당해 처분의 취소를 구할 당사자적격이 있다 할 것이나, 그 허가 등의 처분을 받지 못한 자가 비법인 사단일 경우 그 구성원에 불과한 자는 경원자에 대하여 이루어진 처분에 의하여 법률상 직접적이고 구체적인 이익을 침해당하였다 할 수 없으므로 당해 처분의 취소를 구할 당사자적격이 없다(대판 1996. 6. 28, 96누3630).

③ 인인소송에 대한 판례

판례 1(연탄공장허가처분에 대하여 인접주민의 취소를 구할 법률상 이익) 주거지역 안에서는 도시계획법 19조 1항과 개정전 건축법 32조 1항에 의하여 공익상 부득이 하다고 인정될 경우를 제외하고는 거주의 안녕과 건전한 생활환경의 보호를 해치는 모든 건축이 금지되고 있을뿐 아니라 주거지역내에 거주하는 사람이 받는 위와 같은 보호이익은 법률에 의하여 보호되는 이익이라고 할 것이므로 주거지역 내에 위 법조 소정 제한면적을 초과한 연탄공장 건축허가처분으로 불이익을 받고 있는 제3거주자는 비록 당해 행정처분의 상대자가 아니라 하더라도 그 행정처분으로 말미암아 위와 같은 법률에 의하여 보호되는 이익을 침해받고 있다면 당해행정 처분의 취소를 소구하여 그 당부의 판단을 받을 법률상의 자격이 있다(대판 1975. 5. 13, 73누96).

판례 2(상수원보호구역 변경처분에 대한 지역주민의 취소를 구할 법률상 이익) 상수원보호구역 설정의 근거가 되는 수도법 제5조 제1항 및 동 시행령 제7조 제1항이 보호하고자 하는 것은 상수원의 확보와 수질보전일 뿐이고, 그 상수원에서 급수를 받고 있는 지역주민들이 가지는 상수원의 오염을 막아 양질의 급수를 받을 이익은 직접적이고 구체적으로는 보호하고 있지 않음이 명백하여 위 지역주민들이 가지는 이익은 상수원의 확보와 수질보호라는 공공의 이익이 달성됨에 따라 반사적으로 얻게 되는 이익에 불과하므로 지역주민들에 불과한 원고들에게는 위 상수원보호구역변경처분의 취소를 구할 법률상의 이익이 없다(대판 1995. 9. 26, 94누14544).

판례 3(원자력발전소 부지사전승인처분에 대한 지역주민의 취소를 구할 법률상 이익) 원자력법 제12조 제2호(발전용 원자로 및 관계 시설의 위치 · 구조 및 설비가 대통령령이 정하는 기술수준에 적합하여 방사성물질 등에 의한 인체 · 물체 · 공공의 재해방지에 지장이 없을 것)의 취지는 원자로 등 건설사업이 방사성물질 및 그에 의하여 오염된 물질에 의한 인체 · 물체 · 공공의 재해를 발생시키지 아니하는 방법으로 시행되도록 함으로써 방사성물질 등에 의한 생명 · 건강상의 위해를 받지 아니할 이익을 일반적 공익으로서 보호하려는 데 그치는 것이 아니라 방사성물질에 의하여 보다 직접적이고 중대한 피해를 입으리라고 예상되는 지역 내의 주민들의 위와 같은 이익을 직접적 · 구체적 이익으로서도 보호하려는 데에 있다 할 것이므로, 위와 같은 지역 내의 주민들에게는 방사성물질 등에 의한 생명 · 신체의 안전침해를 이유로 부지사전승인처분의 취소를 구할 원고적격이 있다(대판 1998. 9. 4, 97누19588).

판례 4(판례 4(환경피해의 영향권 밖의 주민들에게 원고적격이 인정되기 위한 요건) 행정처분의 근거 법규 또는 관련 법규에 그 처분으로써 이루어지는 행위 등 사업으로 인하여 환경상 침해를 받으리라고 예상되는 영향권의 범위가 구체적으로 규정되어 있는 경우에는, 그 영향권 내의 주민들에 대하여는 당해 처분으로 인하여 직접적이고 중대한 환경피해를 입으리라고 예상할 수 있고, 이와 같은 환경상의 이익은 주민 개개인에 대하여 개별적으로 보호되는 직접적 · 구체적 이익으로서 그들에 대하여는 특단의 사정이 없는 한 환경상 이익에 대한 침해 또는 침해 우려가 있는 것으로 사실상 추정되어 법률상 보호되는 이익으로 인정됨으로써 원고적격이 인정되며, 그 영향권 밖의 주민들은 당해 처분으로 인하여 그 처분 전과 비교하여 수인한도를 넘는 환경피해를 받거나 받을 우려가 있다는 자신의 환경상 이익에 대한 침해 또는 침해 우려가 있음을 증명하여야만 법률상 보호되는 이익으로 인정되어 원고적격이 인정된다. 김해시장이 낙동강에 합류하는 하천수 주변의 토지에 공장설립을 승인하는 처분을 한 이 사건에서, 공장설립으로 수질오염 등이 발생할 우려가 있는 취수장에서 물을 공급받는 부산광역시 또는 양산시에 거주하는 주민들도 위 처분의 근거법규 및 관련 법규에 의하여 법률상 보호되는 이익이 침해되거나 침해될 우려가 있는 주민으로서 원고적격이 인정된다(대판 2010. 4. 15, 2007두16127).

판례 5(자연환경보전법상의 등급변경이 인근주민의 법률상 이익을 침해하는지 여부) 환경부장관이 생태·자연도 1등급으로 지정되었던 지역을 2등급 또는 3등급으로 변경하는 내용의 생태·자연도 수정·보완을 고시하자, 인근 주민 甲이 생태·자연도 등급변경처분의 무효 확인을 청구한 사안에서, 생태·자연도의 작성 및 등급변경의 근거가 되는 구 자연환경보전법 제34조 제1항 및 그 시행령 제27조 제1항, 제2항에 의하면, 생태·자연도는 토지이용 및 개발계획의 수립이나 시행에 활용하여 자연환경을 체계적으로 보전·관리하기 위한 것일 뿐, 1등급 권역의 인근 주민들이 가지는 생활상 이익을 직접적이고 구체적으로 보호하기 위한 것이 아님이 명백하고, 1등급 권역의 인근 주민들이 가지는 이익은 환경보호라는 공공의 이익이 달성됨에 따라 반사적으로 얻게 되는 이익에 불과하므로, 인근 주민에 불과한 甲은 생태·자연도 등급권역을 1등급에서 일부는 2등급으로, 일부는 3등급으로 변경한 결정의 무효 확인을 구할 원고적격이 없다(대판 2014. 2. 21, 2011두29052).

이러한 제3자효행정행위에 대한 취소소송에 있어서 원고적격의 판단에 있어서 결정적인 것은 어디까지나 근거법률의 사익보호성 여부이다. 왜냐하면 다양한 이익이 대립되고 중첩된 현대사회에 있어서, 이익의 조정과 배분의 특권은 입법자에게 있기 때문이다. 이에 따라 제3자효행정행위에 대한 취소소송의 원고적격의 판단에 있어서 독일이나 우리의 판례는 거의 일관되게 근거법률의 사익보호성 여부에 초점을 두어 왔다. 그러나 문제는 제3자효행정행위와 관련하여 입법자가 근거법률을 불충분하게 규율한다든지 또는 아예 근거법률을 규정하지 않는 경우가 간혹 발생한다는 점에 있다. 이 경우에 독일의 판례는 자유권의 보충적 적용을 통하여 문제를 해결하여 왔다.[34)]

이와 같은 방법을 택하지 않은 대법원은 속리산국립공원 용화집단시설지구의 개발을 위한 공원사업시행허가에 대한 취소소송사건에서 자연공원법령뿐만 아니라 허가와 불가분적으로 관계가 있는 환경영향평가법령도 공원사업시행허가처분의 근거법률이 된다고 판시하여, 근거법률의 범위를 확대하였다.

판례(환경영향평가법령이 국립공원 집단시설지구개발사업의 허가처분에 대한 근거법률이 될 수 있는지 여부) 조성면적 10만㎞ 이상이어서 환경영향평가대상사업에 해당하는 당해 국립공원 집단시설지구개발사업에 관하여 당해 변경승인 및 허가처분을 함에 있어서는 반드시 자연공원법령 및 환경영향평가법령 소정의 환경영향평가를 거쳐서 그 환경영향평가의 협의내용을 사업계획에 반영시키도록 하여야 하는 것이니 만큼 자연공원법령뿐 아니라 환경영향평가법령도 당해 변경승인 및 허가처분에 직접적인 영향을 미치는 근거 법률이 된다(대판 1998. 4. 24, 97누3286).

한걸음 더 나아가 2004년 대법원은 주택건설사업계획승인처분에 대한 인인소송에서

"행정처분의 직접 상대방이 아닌 제3자라 하더라도 당해 행정처분으로 인하여 법률상 보호되는 이익을 침해당한 경우에는 취소소송을 제기하여 그 당부의 판단을 받을 자격이 있다 할 것이나, 여기에서 말

34) 자유권의 공권의 명확화 기능 및 공권부여의 기능에 대하여 상세히는 본서의 개인적 공권 부분을 참고.

하는 법률상 보호되는 이익이라 함은 당해 처분의 근거법규 및 관련법규에 의하여 보호되는 개별적 · 직접적 · 구체적 이익이 있는 경우를 말하고, 당해 처분의 근거법규 및 관련법규에 의하여 보호되는 법률상 이익이라 함은 당해 처분의 근거법규(근거법규가 다른 법규를 인용함으로 인하여 근거법규가 된 경우까지를 아울러 포함한다)의 명문규정에 의하여 보호받는 법률상 이익, 당해 처분의 근거법규에 의하여 보호되지는 아니하나 당해 처분의 행정목적을 달성하기 위한 일련의 단계적인 관련처분들의 근거법규에 의하여 명시적으로 보호받는 법률상 이익, 당해 처분의 근거법규 또는 관련법규에서 명시적으로 당해 이익을 보호하는 명문의 규정이 없더라도 근거법규 및 관련법규의 합리적 해석상 그 법규에서 행정청을 제약하는 이유가 순수한 공익의 보호만이 아닌 개별적 · 직접적 · 구체적 이익을 보호하는 취지가 포함되어 있다고 해석되는 경우까지를 말한다(대판 2004. 8. 16, 2003두2175)."

라고 판시하고, 주택건설사업계획승인처분의 대상이 된 사업부지 밖의 토지소유자에게는 그 처분의 취소를 구할 원고적격이 없다고 판시하였다. 위 사건에서 대법원은 비록 제한적이기는 하나 명시적으로 법률상 이익을 근거법률뿐만 아니라 관련법률에서 보호하는 이익으로 확대하고 있다. 판례의 취지에 대체로 동의하나, 근거법률의 사익보호성 여부에 대한 해석상 어려움이 있는 경우에는 체계적 해석을 통하여 관련법률의 목적과 취지를 고려하여 근거법률의 사익보호성을 도출하는 논증방법이 보다 바람직하였으며, 근거법률이 아예 존재하지 않는 경우는 독일의 판례와 같이 자유권을 보충적으로 적용하여 원고적격 여부를 판단하는 것이 보다 바람직하였을 것이다.

원고적격과 관련하여 자유권이 보충적으로 적용되기 위하여는 자유권 한계의 불명확성으로 원고의 신체, 생명, 재산 등 자유권 및 재산권이 직접적으로 그리고 수인이 기대가능하지 않을 정도로 침해될 것을 전제로 한다. 대법원은 이른바 새만금사건에서 환경영향평가 대상지역 밖에 거주하는 주민에게 헌법상의 환경권에 근거하여 원고적격을 인정하는 것을 부인하는 한편, 환경영향평가 대상지역 밖에 거주하는 주민의 경우에도 수인한도를 넘는 환경피해를 받거나 받을 우려가 있다는 것을 입증하는 경우에는 원고적격을 인정받을 수 있다고 판시하였다. 결과적으로 동 판결은 환경영향평가 대상지역 밖에 거주하는 주민의 경우에도 환경피해로 인하여 자유권이나 재산권이 수인이 기대가능하지 않을 정도로 침해될 우려가 있는 경우에는 원고적격이 인정될 수 있다는 논리로 해석되어야 할 것이다.

한편, 헌법재판소는 이른바 병마개제조업자 지정행위에 대한 취소소송에서 헌법상의 경쟁의 자유를 보충적으로 적용하여 원고적격을 인정하였는바, 이는 원고적격 확대를 위한 의미있는 방향제시로 판단된다.

판례 1(헌법상의 기본권인 경쟁의 자유가 행정청의 지정행위의 취소를 구할 법률상 이익이 될 수 있는지 여부) 행정처분의 직접 상대방이 아닌 제3자라도 당해처분의 취소를 구할 법률상 이익이 있는 경우에는 행정소송을 제기할 수 있다. 이 사건에서 보건대, 설사 국세청장의 지정행위의 근거규범인 이 사건 조항들이 단지 공익만을 추구할 뿐 청구인 개인의 이익을 보호하려는 것이 아니라는 이유로 청구인에게 취소소송을 제기할 법률상 이익을 부정한다고 하더라도, 청구인의 기본권인 경쟁의 자유가 바로 행정청의 지정행위의 취소를 구할 법률상 이익이 된다 할 것이다(헌재결 1998. 4. 30, 97헌마141).

판례 2(환경영향평가 대상지역 밖에 거주하는 주민에게 원고적격이 인정되기 위한 요건) 헌법 제35조 제1항에서 정하고 있는 환경권에 관한 규정만으로는 그 권리의 주체 · 대상 · 내용 · 행사방법 등이 구체적으로 정립되어 있다고 볼 수 없고, 환경정책기본법 제6조도 그 규정 내용 등에 비추어 국민에게 구체적인 권리를 부여한 것으로 볼 수 없다는 이유로, 환경영향평가 대상지역 밖에 거주하는 주민에게 헌법상의 환경권 또는 환경정책기본법에 근거하여 공유수면매립면허처분과 농지개량사업 시행인가처분의 무효확인을 구할 원고적격이 없다. 한편, 환경영향평가 대상지역 밖의 주민이라 할지라도 공유수면매립면허처분 등으로 인하여 그 처분 전과 비교하여 수인한도를 넘는 환경피해를 받거나 받을 우려가 있는 경우에는, 공유수면매립면허처분 등으로 인하여 환경상 이익에 대한 침해 또는 침해우려가 있다는 것을 입증함으로써 그 처분 등의 무효확인을 구할 원고적격을 인정받을 수 있다(대판(전원합의체) 2006. 3. 16, 2006두330).

사례 1 갑은 A시와 B시간의 시외버스 운송사업을 하면서 그럭저럭 수지를 맞추고 있었다. 그런데 관할 행정청은 을에게 동일한 구간에 대하여 새로운 운송사업면허를 부여하였다. 갑은 이에 대하여 행정소송을 제기하였는데 이 경우 법원은 어떻게 결정을 하여야 할 것인가?(제40회 사법시험)

▶답안요지 1) 소송요건: 을에 대한 운송사업면허에 대하여 갑이 제기할 수 있는 소송으로는 취소소송이 고려된다. 운송사업면허는 강학상의 행정행위로서 처분성이 인정되어(행소법 2조 1항 1호) 대상적격이 충족되며, 피고적격, 관할법원, 제소기간 등 여타의 취소소송의 요건이 충족된 것으로 보인다. 문제는 갑이 취소소송의 원고적격을 갖고 있는가이다. 취소소송은 처분등의 취소를 구할 법률상 이익이 있는 자가 제기할 수 있는바(행소법 12조), 법률상 이익의 개념에 대하여는 권리구제설, 법률상 보호이익구제설, 이익구제설, 적법성보장설 등이 대립되고 있는바, 다수설과 판례의 일관된 입장은 법률상 보호이익구제설, 즉 "처분에 의하여 침해되고 있는 이익이 근거법률에 의하여 보호되고 있는 이익"이라는 입장을 취하고 있다. 사안에서 갑이 제기한 취소소송은 경업자소송에 해당하는바, 최근 판례는 제3자효행정행위에 대한 취소소송의 경우 관련법률에 의하여 보호되는 이익까지 넓혀가고 있다(본문설명 참조). 여객자동차운수사업법 제6조 제1항 제1호는 여객자동차운수사업의 면허기준으로서 "사업계획이 당해 노선 또는 사업구역의 수송수요와 수송력공급에 적합할 것"으로 규정하고 있는바 이 규정은 공익뿐만 아니라 해당 업자들 사이에 과당경쟁으로 인한 경영의 불합리를 방지하는 것을 그 목적으로 하고 있다. 이에 따라 기존업자인 갑은 경업자 을에 대하여 행하여진 면허처분의 취소를 구할 법률상 이익이 있다(대판 2002. 10. 25, 2001두4450).

2) 본안판단: 을에 대한 노선버스사업면허가 위법하면 갑의 취소청구는 인용된다. 사안에서 주체, 절차, 형식상의 하자는 없어 보인다. 노선버스사업면허는 강학상 특허로서 재량행위의 성격을 갖는바 을에 대한 면허처분이 재량의 한계는 넘는 처분인지 문제가 된다. 관할 행정청이 갑이 그럭저럭 수지를 맞추고 있음에도 불구하고 새로이 을에게 면허처분을 내린 것은 여객자동차운수사업법 제6조 제1항 제1호의 취지와 목적에 반한다. 이에 따라 을에 대한 노선버스사업면허는 재량의 남용에 해당되어 위법하다.

사례 2 산업통상자원부장관은 중 · 저준위방사성폐기물 처분시설이 설치될 지역을 관할하는 지방자치단체의 지역(이하 "유치지역"이라 한다)에 대한 지원계획 및 유치지역지원시행계획을 수립한 후, 처분시설의 유치지역을 선정하고자 하였다. 이에 A시와 A시로부터 20킬로미터 밖에 위치한 B군, C군 등 3개 지역이 처분시설의 유치를 신청하였다. 산업통상자원부장관은 B군과 C군에 대하여는 중 · 저준위방사성폐기물 처분시설의 유치지역지원에 관한 특별법 제7조 제3항에 따른 설명회를 개최하였으나, A시에 대하여는 주민반대를 이유로 설명회나 토론회를 개최하지 않았다. 그 뒤 위 3개지역에 대하여 주민투표를 실시한 결과 A시가 81.35%, B군이 55.24%, C군이 61.17%의 찬성을 얻게 되자, 산업통상자원부장관은 부지선정위원회의 자문을 거쳐 A시를 최종 유치지역으로 선정하였다.

1) 유치지역선정에 반대하는 A시 주민 갑과 B군 주민 을이 유치지역선정의 위법성을 소송상 다투고자 한다. 이들의 원고적격이 인정되는가?

2) 처분시설이 건설 · 운영된 이후 처분시설로 통하는 진입도로에 연접한 곳에서 그 이전부터 활어횟집을

영위하여온 A시 주민 병이 고객의 급감으로 더 이상 영업을 계속할 수 없다고 주장하면서 처분시설의 건설·운영자에 대하여 손실보상을 청구하는 경우 이를 인정할 수 있는가?(제48회 사법시험)

▶답안요지 **제1문:** 산업통상자원부장관의 부지선정은 특정지역의 법적 성격을 규율하는 물적 행정행위에 해당한다. 이에 대하여 갑과 을이 제기할 수 있는 소송으로는 취소소송이 고려된다. 사안에서 이들이 원고적격을 갖고 있는지 문제가 되는바, 취소소송은 처분등의 취소를 구할 법률상 이익이 있는 자가 제기할 수 있다(행소법 12조). 상술한 바와 같이 법률상 이익의 개념에 대하여는 권리구제설, 법률상 보호이익구제설, 이익구제설, 적법성보장설 등이 대립되고 있는바, 다수설과 일관된 판례는 법률상 보호이익구제설을 취하고 있다. 최근 판례는 제3자효행정행위에 대한 취소소송에서 법률상 이익을 근거법률 뿐만 아니라 관련법률에서 보호하는 이익으로 파악하여 원고적격을 넓히고 있다. 사안에서 중·저준위방사성폐기물처분시설의 유치지역지원에 관한 특별법이 유치지역의 주민을 보호하는 여러 규정(동법 1조·7조·8조·14조 등)을 두고 있음을 비추어 A시 주민 갑의 원고적격을 인정할 수 있을 것이다. 한편 을은 유치지역의 주민이 아니므로 원칙적으로 처분의 취소를 구할 법률상 이익이 없다고 할 것이다. 다만, 을은 폐기물시설의 설치·운영으로 인하여 수인한도를 넘는 중대한 환경상의 침해를 받을 우려가 있다는 것을 입증하는 경우에는 예외적으로 원고적격이 인정될 것이다(참고판례: 폐기물소각시설의 부지경계선으로부터 300m 밖에 거주하는 주민들도 위와 같은 소각시설 설치사업으로 인하여 사업 시행 전과 비교하여 수인한도를 넘는 환경피해를 받거나 받을 우려가 있음에도 폐기물처리시설 설치기관이 주변영향지역으로 지정·고시하지 않는 경우 같은 법 제17조 제3항 제2호 단서 규정에 따라 당해 폐기물처리시설의 설치·운영으로 인하여 환경상 이익에 대한 침해 또는 침해우려가 있다는 것을 입증함으로써 그 처분의 무효확인을 구할 원고적격을 인정받을 수 있다(대판 2005. 3. 11, 2003두13489)).

제2문: 중·저준위방사성폐기물처분시설의 유치지역지원에 관한 특별법은 유치지역 내에 주민들을 위한 여러 가지 재정적 지원을 규정하고 있다(8조, 10조, 14조). 처분시설이 건설·운영된 이후 처분시설로 통하는 진입도로에 연접한 곳에서 그 이전부터 활어횟집을 영위하여 온 A시 주민 병은 고객의 급감으로 더 이상 영업을 할 수 없다고 하면서 이에 대한 손실보상을 주장하고 있으나 동법은 이와 같이 사업지 밖의 지역에 대한 보상규정을 두고 있지 않다(이른바 간접손실보상 또는 사업손실보상). 이와 같이 행정작용에 의하여 비의도적 또는 부수적으로 발생된 손실은 이른바 수용적 침해에 해당한다. 이러한 경우에 학설은 그 해결방안으로 ① 직접효력설, ② 위헌무효설, ③ 독일에서 발전된 수용적 침해법리에 의한 보상 등을 제안하고 있으나, 판례는 관련법규에 보상규정이 있는 경우 이를 유추적용하여 왔다. 토지보상법시행규칙 제64조는 "공익사업시행지구 밖에서 제45조의 규정에 의한 영업손실의 보상대상이 되는 영업을 하고 있는 자가 공익사업의 시행으로 인하여 배후지의 3분의 2 이상이 상실되어 당해 장소에서 영업을 계속할 수 없는 경우에는 그 영업자의 청구에 의하여 당해 영업을 공익사업시행지구에 편입되는 것으로 보아 보상하여야 한다"고 규정하고 있는바, 동 규정의 유추적용을 통하여 병에 대한 손실보상이 가능할 것이다〔참고판례: 공공용지의취득및손실보상에관한 특례법시행규칙은 공공사업시행지구 밖에 위치한 영업과 공작물 등에 대한 간접손실에 대하여도 일정한 조건하에서 이를 보상하도록 규정하고 있는 점에 비추어, 공공사업의 시행으로 인하여 그러한 손실이 발생하리라는 것을 쉽게 예견할 수 있고 그 손실의 범위도 구체적으로 이를 특정할 수 있는 경우라면 그 손실의 보상에 관하여 동 규정을 유추적용할 수 있다고 해석함이 상당하다(대판 1999. 10. 8, 99다27231)〕.

사례 3 A주식회사는 2000. 3.경 안동시장으로부터 분뇨·수집운반업 허가를 받은 다음, 안동시장과 사이에 분뇨수집·운반 대행계약을 맺은 후, 통상 3년 단위로 계약을 연장하여 왔는데 2009. 3. 18. 계약기간을 그 다음 날부터 2012년 3. 18.까지로 다시 연장하였다.

B주식회사는 안동시에서 분뇨·수집운반업을 영위하기 위하여 하수도법 및 같은 법 시행령 소정의 시

설, 장비 등을 구비하고 2011. 11. 10. 안동시장에게 분뇨수집 · 운반업 허가를 신청하여 같은 해 12. 1. 허가처분(이하 '이 사건 처분'이라 한다)을 받았다.

안동시장은 이 사건 처분후 안동시 전역을 2개 구역으로 나누어 A, B 주식회사에 한 구역씩을 책임구역으로 배정하고 각각 2014. 12. 31.까지를 대행기간으로 하는 새로운 대행계약을 체결하였다. A주식회사는 과거 안동시 전역에서 단독으로 분뇨 관련 영업을 하던 기득권이 전혀 인정되지 않은데다가 수익성이 낮은 구역을 배정받은 데 불만을 품고 B주식회사에 대한 이 사건 처분은 허가기준에 위배되는 위법한 처분이라고 주장하면서 안동시장을 상대로 2011. 12. 20. 관할 법원에 그 취소를 구하는 행정소송을 제기하였다.

1. 위 소송에서 A주식회사에게 원고적격이 인정되는가?(30점)

2. 만약 이 사건 처분의 절차가 진행중인 상태에서 A주식회사가 안동시장을 상대로 "안동시장은 B주식회사에게 분뇨수집 · 운반업을 허가하여서는 아니된다."라는 판결을 구하는 행정소송을 제기하였다면 이러한 행정소송은 현행 행정소송법상 허용될 수 있는가?(10점)

3. 안동시장은 이 사건 처분을 함에 있어 분뇨 · 수집운반업허가에 필요한 조건을 붙일 수 있다는 하수도법 제45조 제5항에 따라 B주식회사에게 안동시립박물관 건립기금 5억원의 납부를 조건으로 부가하였다.

1) 위 조건의 법적 성질은?(7점)

2) 위 조건은 위법한가?(15점)

3) B주식회사는 위 조건만의 취소 또는 무효확인을 구하는 행정소송을 제기할 수 있을까?(8점)(제1회 변호사시험)

▶답안요지

제1문: A주식회사에게 원고적격이 인정되는가?

취소소송은 처분등의 취소를 구할 법률상 이익이 있는 자가 제기할 수 있다(행소법 12조). 처분 등의 직접 상대방이 아닌 제3자라 하더라도 당해 행정처분으로 인하여 법률상 이익이 침해된 경우에는 원고적격이 인정된다는 것이 학설과 판례의 일반적 견해이다. 여기서 법률상 이익의 개념에 대하여 ① 권리구제설, ② 법률상 보호이익구제설, ③ 이익구제설, ④ 적법성 보장설 등의 견해가 대립되고 있으나 처분등에 의하여 근거법률에서 보호되는 이익이 침해되는 경우에 원고적격이 인정된다는 법률상 보호이익구제설이 다수설과 판례의 입장이다. 근래 판례는 제3자효행정행위에 대한 취소소송에서 근거법률을 관련법률로 확대시키고 있으며, 헌법재판소는 보충적으로 헌법상 자유권을 적용하고 있다. 설문에서 안동시장이 B에 대하여 발급한 분뇨수집 · 운반업허가에 대하여 기존업자 A가 취소소송을 제기하였는 바, 이는 경업자소송의 전형적인 경우이다. 여기서 A가 B에 대한 허가처분의 취소를 구할 법률상 이익이 있는지 여부를 판단하기 위하여는 근거법률과 관련법률의 목적과 취지에 따라 판단하여야 하는바, 분뇨의 수집 · 운반업은 공익성이 강하게 요청되는 사업에 해당하고, 그 사업의 허가를 받기 위한 요건으로서 시행령에서 시설 · 장비 및 기술능력 등에 관한 최소한도를 규정하고 있으며(하수도법 45조 1항), 관할 행정청은 분뇨의 수집 · 운반업의 허가 여부를 결정함에 있어서 분뇨의 수집 · 운반대행이 적정하게 이루어질 수 있도록 허가요건 이외에 분뇨의 처리계획, 관할구역 안에서의 현재 및 장래의 분뇨등의 발생량, 현재의 분뇨등의 처리상황 등을 고려할 수 있는 점, 당해 관할 구역 내의 분뇨등의 발생량에 비하여 기존 분뇨의 수집 · 운반업에 종사하는 업체의 시설이 과다하여 신규허가를 한다면 업체 간의 과당경쟁 및 무계획적인 수집 · 운반으로 인하여 분뇨의 수집 · 운반에 관한 안정적이고 효율적인 책임행정의 이행이 불가능하게 될 것으로 예상되며, 법 45조 5항에 의하여 영업구역 등 조건을 붙이더라도 이를 해결할 수 없는 상태라고 판단되면 분뇨등 수집 · 운반업 및 정화조청소업의 신규허가를 제한할 수 있는 점을 고려할 때 분뇨수집 · 운반업의 허가는 강학상 특허의 성격을 갖는다고 할 것이다. 이와 같이 하수도법 및 동법시행령이 관할 구역 내의 분뇨등의 발생량에 비하여 기존 업체의 시설이 과다한 경우 일정한 범위 내에서 분뇨수집 · 운반업에 대한 허가를 제한할 수 있도록 하고 있는 것은 분뇨 등을 적정하게 처리하여 자연환경과 생활환경을 청결히 하고 수질오염을 감소시킴으로써 국민보건의 향상과 환경보전에 이바지한다는 공익목적을 달성하고자 함과 동시에 업자 간의 과당경쟁으로 인한 경영의 불합리를 미리 방지하자는 데 그 목적이 있다. 이러한 점을 고려할 때 분뇨의 수집 · 운반업의 허가를 받아 영업을 하고 있는 기존업자의 이익은 사실상의 반사적 이익이 아니고 법률상 보호되는 이익이라고 할 것이다. 이에 따라 A는 B에 대하여 발급한 안동시장의 분뇨수집 · 운반업허가를 취소를 구할 원고적격이 인정된다(대판 2006. 7. 28, 2004두6716).

제2문: 예방적 금지소송의 허용성

B에 대한 허가가처분의 절차가 진행중인 상태에서 A가 그 허가발급의 금지를 구하는 예방적 금지소송의 허용성 여부는 학설에서 다툼이 되고 있다.

1) 부정설

부정설에 따르면 행정권에 대한 사법통제는 일단 행정작용이 행하여진 이후에만 가능하며, 행정작용이 있기 전에 행정권이 의도하고 있거나 계획 중인 일정한 행위를 금지시키는 것은 행정의 고유한 영역을 침해하여 권력분립의 원칙에 위배될 뿐만 아니라 행정임무의 수행이 현저하게 지장을 받게 된다고 한다.

2) 긍정설

긍정설에 따르면 사법의 본질은 구체적인 법률상의 분쟁이 제기되는 경우에 무엇이 법인가를 선언하는 작용인바, 부담적 행정행위를 위법하다고 판단하여 취소하며(취소소송), 위법하게 거부된 행정행위의 발급을 행정청에게 명하는 것과(의무이행소송) 마찬가지로 행정청이 위법한 행정행위의 발급을 의도할 때 그 부작위를 명하는 것은(예방적 금지소송) 모두 법을 선언하는 작용으로 실질적 의미의 권력분립의 원칙에 합치된다고 한다.

긍정설이 타당하다. 오늘날 실질적 법치국가에서는 행정청이 적법한 행정작용을 하여야 할 의무를 위반하여 개인의 권리를 침해하는 경우에 개인은 위법한 상태를 제거할 청구권이 있을 뿐 아니라 더 이상의 위법한 침해에 대한 금지청구권을 갖는다. 다만, 예방적 금지소송은 처분의 발급을 기다려 취소소송을 제기하는 것이 기대가능하지 않는 예외적인 경우에 허용된다. 일설은 현행법상 무명항고소송의 한 형태로, 일설은 당사자소송의 한 형태로 예방적 금지소송의 실무화가 가능하다고 보고 있으나 판례는 현행법상 허용되지 않는다는 입장을 취하고 있다(대판 1987. 3. 24, 86누182). 2012년 5월 법무부 행정소송법 개정안에서 그 도입이 예정되어 있다.

3) 결어

판례의 입장에 따르면 예방적 금지소송은 허용되지 않을 것이다.

제3문:

1) 조건의 법적 성질

설문에서 안동시장은 B에게 안동시립박물관 건립기금 5억원의 납부를 조건으로 허가처분을 발급하였다. 이러한 조건은 행정행위의 효력을 제한 또는 보충하기 위하여 부가된 종된 규율로서 부관에 해당된다. 부관의 종류로는 기한, 조건, 부담, 철회권유보, 법률효과의 일부배제 등이 있는바 부담은 실정법상 조건으로 표시되기 때문에 조건과의 구별이 어렵다. 설문에서도 안동시장이 부가한 부관이 정지조건인지 부담인지 문제가 된다. 5억원 납부가 정지조건인 경우에는 허가처분은 B가 5억원을 납부할 때까지 효력이 발생하지 않는다. 부담인 경우에는 B는 5억원의 납부의무를 부담하나 허가처분은 즉시 효력을 발생한다. 다만 B가 납부의무를 이행하지 않는 경우에는 강제징수를 하거나 허가를 철회할 수 있다. 부담인지 조건인지 명확하지 않은 경우에는 B에게 유리한 부담으로 보아야 한다는 것이 일반적 견해이다. 이에 따라 사안의 경우 조건은 5억원의 납부의무를 부과하는 부담으로 보아야 할 것이다.

2) 조건의 위법성

부관의 한계로서 ① 행정의 법률적합성의 원칙에 따라 법령에 위반하지 않는 한도에서 붙일 수 있으며, ② 주된 행정행위의 목적에 위배하여 붙일 수 없으며, ③ 비례의 원칙, 신뢰보호의 원칙, 부당결부금지의 원칙 등 행정법의 일반원칙에 위배되어서는 안된다.

가. 부당결부금지의 원칙: 부당결부금지의 원칙이란 행정기관이 행정작용을 함에 있어서 그와 실질적

관련이 없는 반대급부와 결부시켜서는 안된다는 원칙으로 다수설은 법치국가원리와 자의금지의 원칙에서 도출하고 있다. 사안에서 안동시장은 분뇨수집 · 운반업 허가처분에 부가하여 시립박물관 건립기금 5억원의 납부의무를 부과하였는바, 이러한 부담은 주된 행정행위와 원인적 관련성, 목적적 관련성이 없기 때문에 부당결부금지의 원칙에 위배된다.

나. 비례의 원칙: 이미 분뇨수집 · 운반업을 위하여 막대한 비용을 투자한 B에게 시립박물관 건립기금으로 5억원이라는 큰 금액의 납부의무를 부과한 것은 ① 적합성의 원칙, ② 필요성의 원칙, ③ 상당성의 원칙에 위배되어 위법하다.

3) 조건에 대한 행정소송의 제기가능성

본서 부관부분의 사례 3, 사례 4 참고

라. 협의의 소의 이익

소의 이익에 있어서 권리보호의 필요를 협의의 소의 이익이라고 하는바, 즉 "원고의 청구가 소송을 통하여 분쟁을 해결할 만한 현실적인 필요성"을 의미한다. 협의의 소의 이익이 인정되기 위하여는 처분의 효력이 존재하여 권리침해의 상태가 계속되거나 또는 취소를 통하여 원상회복이 가능하여야 한다. 행정소송법 제12조 제2문은 "처분 등의 효과가 기간의 경과, 처분 등의 집행 그 밖의 사유로 인하여 소멸된 뒤에도 그 처분 등의 취소로 인하여 회복되는 법률상 이익이 있는 자의 경우에는 또한 같다"고 규정하고 있는 바, 학설과 판례는 비록 동 규정이 원고적격부분에 있다고 하더라도 권리보호의 필요에 관한 규정이라는 점에서는 견해를 같이 하고 있다. 행정소송법 제12조 제2문의 취지는 취소소송에 있어서 처분의 효력이 소멸된 경우에는 그와 동시에 권리보호의 필요성이 소멸되는 것이 일반적이나, 예외적으로 원고에게 효력이 소멸된 처분의 취소를 통하여 회복되는 법률상 이익이 있는 때에 권리보호의 필요성을 인정하고 있는 것이라고 보아야 할 것이다. 그러나 행정소송법 제12조 후단의 소송의 성격과 법률상 이익이 구체적으로 무엇을 의미하는지 학설의 다툼이 있다.

가) 취소소송에 있어서 권리보호의 필요 전통적인 견해는 행정소송법 제12조 후단을 실효된 행정처분에 대한 취소소송에 있어서 권리보호의 필요에 관한 규정으로 보고 있다.[35] 제12조 전단은 원고가 본안판결을 받을 자격을 갖추었는지 여부의 문제인데 대하여(원고적격), 후단은 일단 구비한 자격을 유지할 수 있는지의 문제(분쟁의 현실성)이라고 한다. 따라서 비록 법문상으로 모두 법률상 이익으로 되어 있지만 위와 같은 기능상의 차이로 그 내용은 완전히 동일할 필요는 없다고 한다. 처분의 취소에 의하여 회복되는 법률상 이익은 원처분에서 볼 때에 부수적인가 또는 본래적인가는 문제되지 않으며 다만 사실상 이익은 배제된다고 한다.

여기서 법률상 이익이 인정되는 경우로는 크게 두 가지로 나누어 볼 수 있는데, 첫째 판결에 의하여 당해 처분이 소급적으로 취소됨으로써 원고의 기본적인 권리회복은 불가능하다 하더라도 원고의 법률상 이익에 해당하는 부수적 이익이 구제될 수 있는 경우에는 권리보호의 필요가 인정된다고 한다.[36] 예를 들어 공무원이 파면처분을 다투고 있는 중에 정년에 도달하여 공무원의 지위를 회복할 여지가 없게 된 경우에도, 그 동안의 급여청구와의 관계에서 아직 법률상 이익이 있기 때문에 소를

35) 金東熙/崔桂暎, 行政法 I, 736면; 金鐵容, 行政法, 662면; 朴鈗炘/鄭亨根, 最新行政法講義(上), 795면.
36) 朴鈗炘/鄭亨根, 最新行政法講義(上), 795면.

제기할 수 있다고 한다.[37]

법률상 이익이 인정되는 두 번째 경우로는 취소소송의 대상이 되고 있는 행정처분이 존재하였다는 것이 원고에 대한 장래의 불리한 법률효과에 대하여 요건사실로서의 의미를 갖고 있는 경우라고 한다. 예를 들어 건축사업무정지처분이나 운전면허정지처분 등 각종의 영업이나 자격의 정지처분과 같은 제재적 행정처분에 있어서 그 제재기간이 경과된 후에도 위반의 전력이 법령에 가중요건으로 규정된 경우에는 당해 제재적 처분을 다툴 소의 이익이 인정된다고 한다. 다만 전단 규정과 마찬가지로 원처분 내지 근거법규의 취지를 고려하여 잔존하는 불이익이 본래의 취지 · 목적의 범위 내의 것이면 법률상 이익이 되고 그렇지 않은 경우에는 사실상의 이익에 지나지 않는다고 한다. 예를 들어 변호사에 대한 업무정지처분처럼 처분의 본래적 목적이 제재 · 징벌적인 기능인 경우는 원고가 그 명예 · 신용 등에 관하여 입은 불이익도 법률상의 이익으로 인정될 수 있지만, 풍속영업정지처분처럼 처분의 본래의 목적이 행정상의 지도 · 감독에 있는 경우에는 그로 인한 명예 · 신용 등에 관한 불이익은 사실상의 것에 지나지 않는다고 한다.[38]

나) 위법확인소송에 있어서 권리보호의 필요　　그러나 근래의 유력설이[39] 주장하는 바와 같이 행정소송법 제12조 제2문의 소송은 취소소송의 성격을 갖는 것이 아니라 위법확인소송의 성격을 갖는다고 보는 것이 타당할 것이다. 비록 행정소송법 제12조 제2문은 처분 등의 취소로 인하여 회복될 수 있는 법률상 이익이 있는 경우에는 취소소송을 제기할 수 있도록 규정하고 있으나, 실제로 당해 처분은 이미 효력이 소멸되어 취소소송의 대상이 될 수 없는 것이며, 따라서 취소소송을 제기하여 인용판결을 받는다고 하여도 실질적으로 당해 처분의 위법성의 확인판단을 받는 것 이상의 효과를 기대할 수 없다. 따라서 행정소송법 제12조 제2문에 의한 소송은 독일행정소송법 제113조 제1항 제4문에서 규정한 계속확인소송의 성격과 유사한 소송의 성격을 갖는다고 할 것이다. 제12조 제1문의 소송과 제12조 제2문의 소송이 서로 상이한 성격을 갖고 있으며, 제12조 제2문은 원고적격이 아니라 권리보호의 필요에 관한 규정임에도 불구하고 양자를 취소소송의 원고적격이라는 제목하에 "법률상 이익"이라는 표현을 사용하고 있는 것은 입법론적인 과오에 해당한다고 보아야 할 것이다. 실무적으로도 제12조 제2문의 법률상 이익은 독일행정소송법 제113조 제1항 제4문과 같이 "위법확인의 정당한 이익"으로 보는 것이 바람직하며, 이에는 법으로 보호하는 이익뿐만 아니라 경제적 이익은 물론 보호가치가 있는 정신적 이익(ideele Interese)을 포함한다고 할 것이다. 특히 반복되는 위험의 방지나 명예회복의 필요 등이 이러한 이익의 전형적인 경우에 해당될 것이다. 전통적 견해와 같이 법률상 이익의 개념을 고수하게 되면 권리보호의 필요는 현저하게 좁혀지게 될 것이다.

다) 판례의 입장　　판례는 제12조 후단의 소송을 취소소송으로 보고 법률상 이익의 개념을 제12조 전단의 법률상 이익의 개념과 동일하게 파악하여 처분의 근거법률에 의하여 보호되는 직접적이고 구체적인 이익을 의미하며, 따라서 간접적이거나 사실상이나 경제적 이익을 갖는 데 불과한 경우는 이에 해당하지 않는다는 입장을 취하여 왔다. 그러나 최근에 들어와 판례의 태도는 상당한 변

37) 대판 1977. 7. 12, 74누147.
38) 曹海鉉, 抗告訴訟에서의 訴의 利益, 64면 이하.
39) 鄭夏重, 行政訴訟法 12조 後段의 意味와 獨逸 行政訴訟法上의 繼續確認訴訟, 저스티스, 2008. 10. 269면; 金南辰, 行政法 I, 759면; 洪準亨, 行政救濟法, 374면.

화를 보이고 있다.

대법원은 영업정지처분 등 제재적 처분의 기간이 경과되어 효력이 소멸된 경우에 제재적 처분의 기준이 법률이나 대통령령으로 정해진 경우에는 가중적 제재처분의 위험성의 이유에서 법률상 이익을 인정한 반면,[40] 시행규칙(법규명령형식의 행정규칙)으로 정해진 경우에는 처분기준은 행정규칙의 성격을 가진다고 하여 법률상 이익을 부인하여 소의 이익을 부정하여 왔다.[41] 그러나 최근 대법원은 전원합의체 판결에서[42] "제재적 처분의 기준이 법령이 아니라 시행규칙의 형식으로 되어 있다고 하더라도, 그러한 규칙이 법령에 근거를 두고 있는 이상 그 법적 성질이 법규명령인지 여부와는 상관없이, 담당공무원은 이를 준수할 의무가 있으므로 이들이 그 규칙에 정해진 바에 따라 행정작용을 할 것이 당연히 예견되고, 그 결과 행정작용의 상대방인 국민으로서는 그 규칙의 영향을 받을 수밖에 없다. 따라서 그러한 규칙이 정한 바에 따라 선행처분을 받은 상대방이 그 처분의 존재로 인하여 장래에 받을 불이익, 즉 후행처분의 위험은 구체적이고 현실적인 것이므로, 상대방에게는 선행처분의 취소소송을 통하여 그 불이익을 제거할 필요가 있다"라는 이유로 소의 이익을 인정하여 종래의 입장을 변경하였다.

한편 대법원은 종래 학교법인의 임원취임승인취소처분의 취소를 구하는 소송에서 이사의 임기가 만료된 경우에 임원취임승인취소처분의 취소를 구하는 소는 법률상 이익이 없다고 판시하여 왔다.[43] 또한 학교법인의 이사에 대한 취임승인이 취소되고 임시이사가 선임된 경우 그 임시이사의 재직기간이 지나 다시 임시이사가 선임되었다면 당초의 임시이사 선임처분의 취소를 구하는 것은 마찬가지로 법률상 이익이 없어 부적법하다고 판시하였다.[44] 그러나 대법원 2007. 7. 19, 2006두19297 전원합의체 판결에서는 "제소당시에는 권리보호의 이익을 갖추었는데 제소후 취소대상 행정처분이 기간의 경과 등으로 그 효과가 소멸한 때, 동일한 소송당사자 사이에 동일한 처분이 반복될 위험성이 있어 행정처분의 위법성 확인 내지 불분명한 법률문제에 대한 해명이 필요하다고 판단되는 경우, 그리고 선행처분과 후행처분이 단계적인 일련의 절차로 연속하여 행하여져 후행처분이 선행처분의 적법함을 전제로 이루어짐에 따라 선행처분의 하자가 후행처분에 승계된다고 볼 수 있어 이미 소를 제기하여 다투고 있는 선행처분의 위법성을 확인하여 줄 필요가 있는 경우 등에는 행정의 적법성 확보와 그에 대한 사법통제, 국민의 권리구제의 확대 등의 측면에서 여전히 그 처분의 취소를 구할 법률상 이익이 있다"고 판시하면서 취소소송의 제기 후에 임기가 만료된 사립학교임원의 소의 이익을 인정하였다.[45] 이와 같은 판례의 태도는 행정소송법 제12조 후단의 "법률상 이익"의 개념을 전단의 "법률상 이익"의 개념과 동일하게 보아왔던 종전의 입장과 현저한 차이가 나는 것이라고 하겠다. 특히 "반복될 위험성이 있어 행정처분의 위법성 확인 내지 불분명한 법률문제에 대한 해명이 필요하다고

40) 대판 2000. 3. 25, 2004두14106; 2000. 4. 21, 98두10080; 1999. 2. 5, 98두13997.

41) 대판 1995. 10. 17, 94누14148; 1988. 3. 22, 87누1230(법규명령형식의 행정규칙의 법적 성격에 대하여는 본서 제2편 제2장 행정규칙부분을 참고).

42) 대판(전원합의체) 2006. 6. 22, 2003두1684. 동판결에 대한 평석으로는 鄭夏重, 失效된 行政處分에 대한 取消訴訟, 考試界, 2006. 9, 58면 이하.

43) 대판 1999. 6. 11, 96누10614; 2003. 3. 14, 2002두10568; 2003. 10. 24, 2003두5877.

44) 대판 2002. 11. 26, 2001두2874.

45) 동판결에 대한 評釋으로는 鄭夏重, 앞의 글, 273면 이하.

판단되는 경우" "이미 소를 제기하여 다투고 있는 선행처분의 위법성을 확인하여 줄 필요가 있는 경우" 등에 소의 이익을 인정한 대법원판결은 행정소송법 제12조 후단의 법률상 이익의 개념을 독일 행정법원법 제113조 제1항 제4호의 계속확인소송의 위법확인의 정당한 이익의 개념에 상당히 접근시키고 있음을 보여주고 있다.

판례 1(부령에 근거한 제재적 행정처분에 대한 취소소송의 계속 중 제재기간이 경과된 이후에도 소의 이익을 인정할 수 있는지 여부) 제재적 행정처분이 그 처분에서 정한 제재기간의 경과로 인하여 그 효과가 소멸되었으나, 부령인 시행규칙 또는 지방자치단체의 규칙(이하 이들을 '규칙'이라고 한다)의 형식으로 정한 처분기준에서 제재적 행정처분(이하 '선행처분'이라고 한다)을 받은 것을 가중사유나 전제요건으로 삼아 장래의 제재적 행정처분(이하 '후행처분'이라고 한다)을 하도록 정하고 있는 경우, 제재적 행정처분의 가중사유나 전제요건에 관한 규정이 법령이 아니라 규칙의 형식으로 되어 있다고 하더라도, 그러한 규칙이 법령에 근거를 두고 있는 이상 그 법적 성질이 대외적 · 일반적 구속력을 갖는 법규명령인지 여부와는 상관없이, 관할 행정청이나 담당공무원은 이를 준수할 의무가 있으므로 이들이 그 규칙에 정해진 바에 따라 행정작용을 할 것이 당연히 예견되고, 그 결과 행정작용의 상대방인 국민으로서는 그 규칙의 영향을 받을 수밖에 없다. 따라서 그러한 규칙이 정한 바에 따라 선행처분을 받은 상대방이 그 처분의 존재로 인하여 장래에 받을 불이익, 즉 후행처분의 위험은 구체적이고 현실적인 것이므로, 상대방에게는 선행처분의 취소소송을 통하여 그 불이익을 제거할 필요가 있다. 또한, 나중에 후행처분에 대한 취소소송에서 선행처분의 사실관계나 위법 등을 다툴 수 있는 여지가 남아 있다고 하더라도, 이러한 사정은 후행처분이 이루어지기 전에 이를 방지하기 위하여 직접 선행처분의 위법을 다투는 취소소송을 제기할 필요성을 부정할 이유가 되지 못한다. 그러한 쟁송방법을 막는 것은 여러 가지 불합리한 결과를 초래하여 권리구제의 실효성을 저해할 수 있기 때문이다. 오히려 앞서 본 바와 같이 행정청으로서는 선행처분이 적법함을 전제로 후행처분을 할 것이 당연히 예견되므로, 이러한 선행처분으로 인한 불이익을 선행처분 자체에 대한 소송에서 사전에 제거할 수 있도록 해 주는 것이 상대방의 법률상 지위에 대한 불안을 해소하는 데 가장 유효적절한 수단이 된다고 할 것이고, 또한 그 소송을 통하여 선행처분의 사실관계 및 위법 여부가 조속히 확정됨으로써 이와 관련된 장래의 행정작용의 적법성을 보장함과 동시에 국민생활의 안정을 도모할 수 있다. 이상의 여러 사정과 아울러, 국민의 재판청구권을 보장한 헌법 제27조 제1항의 취지와 행정처분으로 인한 권익침해를 효과적으로 구제하려는 행정소송법의 목적 등에 비추어 행정처분의 존재로 인하여 국민의 권익이 실제로 침해되고 있는 경우는 물론이고 권익침해의 구체적 · 현실적 위험이 있는 경우에도 이를 구제하는 소송이 허용되어야 한다는 요청을 고려하면, 규칙이 정한 바에 따라 선행처분을 가중사유 또는 전제요건으로 하는 후행처분을 받을 우려가 현실적으로 존재하는 경우에는, 선행처분을 받은 상대방은 비록 그 처분에서 정한 제재기간이 경과하였다 하더라도 그 처분의 취소소송을 통하여 그러한 불이익을 제거할 권리보호의 필요성이 충분히 인정된다고 할 것이므로, 선행처분의 취소를 구할 법률상 이익이 있다고 보아야 한다(대판(전원합의체) 2006. 6. 22, 2003두1684).

판례 2(임시이사 선임처분에 대한 취소소송의 계속 중 임기가 만료된 경우에도 소의 이익을 인정할 수 있는지 여부) 제소 당시에는 권리보호의 이익을 갖추었는데 제소 후 취소 대상 행정처분이 기간의 경과 등으로 그 효과가 소멸한 때, 동일한 소송 당사자 사이에서 동일한 사유로 위법한 처분이 반복될 위험성이 있어 행정처분의 위법성 확인 내지 불분명한 법률문제에 대한 해명이 필요하다고 판단되는 경우, 그리고 선행처분과 후행처분이 단계적인 일련의 절차로 연속하여 행하여져 후행처분이 선행처분의 적법함을 전제로 이루어짐에 따라 선행처분의 하자가 후행처분에 승계된다고 볼 수 있어 이미 소를 제기하여 다투고 있는 선행처분의 위법성을 확인하여 줄 필요가 있는 경우 등에는 행정의 적법성 확보와 그에 대한 사법통제, 국민의 권리구제의 확대 등의 측면에서 여전히 그 처분의 취소를 구할 법률상 이익이 있다.

임시이사 선임처분에 대하여 취소를 구하는 소송의 계속중 임기만료 등의 사유로 새로운 임시이사들로 교체된 경우, 선행 임시이사 선임처분의 효과가 소멸하였다는 이유로 그 취소를 구할 법률상 이익이 없다고 보게 되면, 원래의 정식이사들로서는 계속중인 소를 취하하고 후행 임시이사 선임처분을 별개의 소로 다툴 수밖에 없게 되며, 그 별소 진행 도중 다시 임시이사가 교체되면 또 새로운 별소를 제기하여야 하는 등 무익한 처분과 소송이 반복될 가능성이 있으므로, 이러한 경우 법원이 선행 임시이사 선임처분의 취소를 구할 법률상 이익을 긍정하여 그 위법성 내지 하자의 존재를 판결로 명확히 해명하고 확인하여 준다면 위와 같은 구체적인 침해의 반복 위험을 방지할 수 있을 뿐 아니라, 후행 임시이사 선임처분의 효력을 다투는 소송에서 기판력에 의하여 최초 내지 선행 임시이사 선임처분의 위법성을 다투지 못하게 함으로써 그 선임처분을 전제로 이루어진 후행 임시이사 선임처분의 효력을 쉽게 배제할 수 있어 국민의 권리구제에 도움이 된다(대판(전원합의체) 2007. 7. 19, 2006두19297).

판례 3(소의 이익과 처분이 반복될 위험성의 의미) 행정처분의 무효 확인 또는 취소를 구하는 소가 제소 당시에는 소의 이익이 있어 적법하였는데, 소송계속 중 해당 행정처분이 기간의 경과 등으로 그 효과가 소멸한 때에 처분이 취소되어도 원상회복이 불가능하다고 보이는 경우라도, 무효 확인 또는 취소로써 회복할 수 있는 다른 권리나 이익이 남아 있거나 또는 그 행정처분과 동일한 사유로 위법한 처분이 반복될 위험성이 있어 행정처분의 위법성 확인 내지 불분명한 법률문제에 대한 해명이 필요한 경우에는 행정의 적법성 확보와 그에 대한 사법통제, 국민의 권리구제 확대 등의 측면에서 예외적으로 그 처분의 취소를 구할 소의 이익을 인정할 수 있다. 여기에서 '그 행정처분과 동일한 사유로 위법한 처분이 반복될 위험성이 있는 경우'란 불분명한 법률문제에 대한 해명이 필요한 상황에 대한 대표적인 예시일 뿐이며, 반드시 '해당 사건의 동일한 소송 당사자 사이에서' 반복될 위험이 있는 경우만을 의미하는 것은 아니다(대판 2020. 12. 24, 2020두30450).

라) 제12조 후단에 관한 판례의 검토

행정소송법 제12조 후단의 권리보호의 필요에 대한 대법원판례를 유형별로 살펴보면 다음과 같다.

① 처분의 전부 또는 일부가 직권취소되고 이후에 새로운 처분이 행하여진 경우 행정처분의 전부 또는 일부가 행정청에 의하여 취소되고 새로운 처분이 행하여진 경우에 취소된 처분에 대한 취소소송은 소의 이익이 없다는 것이 일관된 판례의 입장이다. 예를 들어 처분청이 납품업자에 대한 입찰자격제한처분을 취소하고, 제1심 판결의 취지에 따라 그 제재기간만을 감경하는 새로운 처분을 다시 한 사안에서 대법원은 당초의 처분은 적법하게 취소되었다고 할 것이어서 그 처분의 취소를 구할 소의 이익이 없다고 판시하였다.[46]

마찬가지로 대법원은 처분청이 당초의 운전면허 취소처분을 신뢰보호의 원칙에 반하는 과중한 처분으로 보아 이를 취소하고 운전면허정지처분을 한 사안에서, 운전면허 취소처분은 취소로 인하여 그 효력이 상실되어 더 이상 존재하지 않으므로, 그에 대한 취소소송은 소의 이익이 없다고 판시하였다.[47] 그러나 최근 대법원은 취소소송의 계속 중 처분청이 다툼의 대상이 되는 행정처분을 직권으로 취소하면 그 처분은 효력을 상실하여 더 이상 존재하지 않는 것이므로, 취소소송은 원칙적으로 소의 이익이 소멸하여 부적법하지만, 직권취소에도 불구하고 완전한 원상회복이 이루어지지 않아 취소로써 회복할 수 있는 다른 권리나 이익이 남아 있거나 또는 동일한 소송 당사자 사이에서 그 행정

46) 대판 2002. 9. 6, 2001두5200.
47) 대판 1997. 9. 26, 96누1931.

처분과 동일한 사유로 위법한 처분이 반복될 위험성이 있어 행정처분의 위법성 확인 내지 불분명한 법률문제에 대한 해명이 필요한 경우 행정의 적법성 확보와 그에 대한 사법통제, 국민의 권리구제의 확대 등의 측면에서 예외적으로 그 처분의 취소를 구할 소의 이익을 인정할 수 있다고 판시하였다.

판례(처분청이 다툼의 대상이 되는 행정처분을 직권으로 취소한 경우, 그 처분의 취소를 구할 소의 이익을 인정할 수 있는 경우) 행정처분의 무효확인 또는 취소를 구하는 소가 제소 당시에는 소의 이익이 있어 적법하였더라도, 소송 계속 중 처분청이 다툼의 대상이 되는 행정처분을 직권으로 취소하면 그 처분은 효력을 상실하여 더 이상 존재하지 않는 것이므로, 존재하지 않는 그 처분을 대상으로 한 항고소송은 원칙적으로 소의 이익이 소멸하여 부적법하다. 다만 처분청의 직권취소에도 불구하고 완전한 원상회복이 이루어지지 않아 무효확인 또는 취소로써 회복할 수 있는 다른 권리나 이익이 남아 있거나 또는 동일한 소송 당사자 사이에서 그 행정처분과 동일한 사유로 위법한 처분이 반복될 위험성이 있어 행정처분의 위법성 확인 내지 불분명한 법률문제에 대한 해명이 필요한 경우 행정의 적법성 확보와 그에 대한 사법통제, 국민의 권리구제의 확대 등의 측면에서 예외적으로 그 처분의 취소를 구할 소의 이익을 인정할 수 있을 뿐이다(대판 2019. 6. 27, 2018두49130).

---

② 근거법령의 폐지·개정 행정처분의 근거법령이 폐지된 경우에는 처분도 그 근거를 상실하여 실효되므로, 그 취소를 구할 소의 이익도 소멸된다고 보는 것이 판례의 입장이다. 대법원은 건축법상의 용도변경허가제도가 법령의 개정으로 폐지된 사안에서 용도변경허가 신청반려처분에 대한 취소소송은 소(訴)의 이익(利益)이 소멸되어 부적법하다고 판시하였다.[48] 또한 대법원은 주택건설사업계획의 사전결정반려처분의 취소소송의 계속 중 주택건설촉진법의 개정으로 사전결정제도가 폐지된 사안에서 부칙에서 별도의 규정이 없는 한, 개정전 법에 기하여 사전결정반려처분의 취소를 구하는 소송에서 승소한다고 하더라도 사전결정신청을 한 상태로 돌아갈 뿐이고, 개정법에 따라 사전결정을 받을 여지가 없게 되어 소의 이익이 없다고 판시하였다.[49]

이와 같이 처분의 근거법령이 폐지 내지 개정된 경우에는, 경과규정이 구 법령에 근거한 처분의 유효성을 인정하고 있거나 또는 상대방의 구체적인 신뢰이익이 형성되지 않는 한 처분의 취소를 다툴 권리보호의 필요가 없다고 볼 것이다.

③ 처분이 집행되거나 공사가 완료되어 처분의 효력이 소멸된 경우 판례는 행정처분이 그 집행에 의하여 또는 공사 등의 완료로 인하여 그 목적을 달성한 경우에는 처분의 법적 효과는 소멸되므로 처분의 취소를 구할 소의 이익이 소멸된다는 일관된 입장을 취하고 있다. 대법원은 "건축허가에 기하여 건축공사가 완료되었다면 인접대지 소유자로서는 위 건축허가처분의 취소를 구할 법률상 이익이 없다"고 보았다.[50] 여기서 대법원은 취소소송의 계속 중에 공사가 완료되거나 또는 취소소송의 제기전에 공사가 완료되거나 어떤 경우에도 소의 이익을 부정하고 있다. 한편 대법원은 대집행계고처분에 대한 취소소송의 계속 중에 그 대상건물의 철거가 완료된 사안에서도 그 취소를 구할

48) 대판 1999. 12. 10, 97누2177.
49) 대판 1999. 6. 11, 97누379.
50) 대판 1994. 1. 14, 93누20481; 1996. 11. 29, 96누9768; 2007. 4. 26, 2006두18409.

소의 이익이 소멸되었다고 판시하였다.[51] 그러나 이러한 경우들에 있어서 이후에 국가배상청구권을 행사하기 위하여 처분의 위법확인의 이익을 인정할 필요성이 있을 것이다. 비록 민사법원은 국가배상사건에서 선결문제에 대한 심사권을 갖고 있으나, 원고가 취소소송을 제기하여 그 동안 기울였던 시간 · 비용상의 노력과 행정소송의 기판력이 민사소송에 갖는 의미를 고려할 때 소의 이익을 인정하는 것이 바람직할 것이다.

④ 법적 지위의 소멸 및 시험의 불합격처분 대법원은 자격정지처분의 취소청구에 있어서 그 정지기간이 경과된 이상 그 처분의 취소를 구할 이익이 없고 설사 그 처분으로 인하여 명예, 신용 등의 인격적인 이익이 침해되어 그 침해상태가 자격정지기간경과 후까지 잔존하더라도 이와 같은 불이익은 동 처분의 직접적인 효과라고 할 수 없다고 판시하면서 소의 이익을 부정하였다.[52] 이러한 판례는 행정소송법 12조 후단의 법률상 이익의 개념을 전단의 개념과 동일하게 파악하는 입장에 기인하고 있는바, 12조 후단의 법률상 이익을 위법확인의 정당한 이익으로 넓게 본다면 명예회복의 관점에서 소의 이익을 쉽게 인정할 수 있을 것이다. 반면 대법원은 고등학생에 대한 퇴학처분의 취소청구에서 "고등학교졸업이 대학입학자격이나 학력인정으로서의 의미밖에 없다고 할 수 없으므로 고등학교졸업학력검정고시에 합격하였다 하여 고등학생으로서의 신분과 명예가 회복될 수 없는 것이니 퇴학처분을 받은 자로서는 퇴학처분의 위법을 주장하여 그 취소를 구할 소송상의 이익이 있다" 고 판시하였다.[53] 이는 대법원이 퇴학처분의 징계적 성격을 보다 중시함으로서 그로 인한 명예 손상의 회복도 법률상 이익에 해당된다고 본 것이라고 할 수 있다. 또한 대법원은 종래 임기만료된 지방의회의원이 지방의회를 상대로 한 의원제명처분 취소소송에서 승소한다고 하더라도 지방의회의원으로서 지위를 회복할 수 없다는 이유로 소의 이익을 부인하였으나,[54] 최근 판결에서는 입장을 변경하여 지방의회의원으로서 지위를 회복할 수 없다고 할지라도 제명의결시부터 임기만료일까지의 기간에 대하여 월정수당의 지급을 구할 수 있다는 법률상 이익을 인정하였다.[55] 생각건대 여기서도 월정수당의 지급을 구할 수 있다는 관점에서 뿐만 아니라 명예회복의 관점에서도 소의 이익을 인정하는 것이 바람직하였을 것이다.

다른 한편 대법원은 불합격처분에 대한 취소소송사건에서 어느 학년도의 합격자는 반드시 당해 년도에만 입학하여야만 한다고 볼 수 없으므로 원고들이 불합격처분의 취소를 구하는 이 사건 소송계속 중 당해연도의 입학시기가 지났다고 하더라도 당해연도의 합격자로 인정되면 다음연도의 입학시기에 입학할 수도 있다는 이유로 소의 이익을 인정하였으나,[56] 새로이 실시된 사법시험 제1차 시험에 합격한 수험생이 지난 회 제1차시험 불합격처분에 대하여 제기한 취소소송에서는 소의 이익을 부인하였다.[57]

51) 대판 1995. 11. 21, 94누11293.
52) 대판 1978. 5. 8, 78누72.
53) 대판 1992. 7. 14, 91누4737.
54) 대판 1996. 2. 9, 95누14978.
55) 대판 2009. 1. 30, 2007두13487.
56) 대판 1990. 8. 28, 89누8255.
57) 대판 1996. 2. 23, 95누2685.

판례(법적 지위의 소멸과 소의 이익) 부당해고 구제명령제도에 관한 근로기준법의 규정 내용과 목적 및 취지, 임금 상당액 구제명령의 의의 및 법적 효과 등을 종합적으로 고려하면, 근로자가 부당해고 구제신청을 하여 해고의 효력을 다투던 중 정년에 이르거나 근로계약기간이 만료하는 등의 사유로 원직에 복직하는 것이 불가능하게 된 경우에도 해고기간 중의 임금 상당액을 지급받을 필요가 있다면 임금 상당액 지급의 구제명령을 받을 이익이 유지되므로 구제신청을 기각한 중앙노동위원회의 재심판정을 다툴 소의 이익이 있다고 보아야 한다(대판 2020. 2. 20, 2019두52386).

⑤ 후속처분이 존재하는 경우 일련의 절차에 따라 선행처분과 후행처분이 행하여지는 경우에 선행처분이 실효하는 경우, 또는 두개의 행위가 결합하여 법률효과가 완성되는 경우에는 그 선행처분의 취소를 구할 소의 이익은 소멸한다는 것이 종전의 판례의 입장이었다. 대법원은 환지예정지정처분에 대한 취소소송에서 환지처분이 일단 공고되어 효력을 발생하게 되면 환지예정지정처분은 그 효력이 소멸되는 것이므로, 환지처분이 공고된 후에는 환지예정지정처분에 대하여 그 취소를 구할 법률상 이익은 없다고 판시하였으며,[58] 주택개량재개발사업 관리처분계획변경인가신청 반려처분 사건에서 분양처분이 고시되어 효력을 발생한 후에는 관리처분계획의 변경을 구할 소의 이익은 없다고 판시하였다.[59] 그러나 대법원은 사립학교 임원취임 승인취소처분 및 임시이사선임처분에 대한 취소소송에서 "선행처분과 후행처분이 단계적인 일련의 절차로 연속하여 행하여져 후행처분이 선행처분의 적법함을 전제로 이루어짐에 따라 선행처분의 하자가 후행처분에 승계된다고 볼 수 있어 이미 소를 제기하여 다투고 있는 선행처분의 위법성을 확인하여 줄 필요가 있는 경우 등에는 행정의 적법성 확보와 그에 대한 사법통제, 국민의 권리구제의 확대 등의 측면에서 여전히 그 처분의 취소를 구할 법률상 이익이 있다"고 판시하여 종전의 입장을 변경하였다.

⑥ 인허가처분의 효력기간의 경과 처분청의 인허가처분의 취소나 철회에 대하여 취소소송을 제기한 경우에 당해 처분의 효력기간이 도과된 경우에는 판례는 일관되게 소의 이익을 부인하여 왔다.

대법원은 공유수면점용허가, 광업허가, 채석허가 취소처분 등에 대한 취소소송에서 "취소 처분이 있었다고 하여도 허가기간이 경과하였다면 그 허가처분은 실효된 것이고, 위 취소처분을 취소하더라도 허가된 상태로의 원상회복은 불가능하므로, 위 취소처분이 외형상 잔존함으로 말미암아 어떠한 법률상 불이익이 있다고 볼만한 특별한 사정이 없는 한 위 취소처분의 취소를 구할 이익이 없다"고 판시하였다.[60] 그러나 이러한 판례의 입장에 따르면 효력기간이 정하여진 인허가처분의 경우에 그 효력기간이 도과된 경우에는 상대방은 행정청의 위법한 취소나 철회에 대하여 전혀 다툴 수 없다는 부당한 결과가 발생된다. 최소한도 영업허가취소처분에 대한 취소소송을 제기하고 영업허가에서 정한 허가기간의 만료가 임박하여 허가기간 연장신청을 하였다가 거부당하여 연장불허가처분을 다툰 경우에는 허가기간이 만료되었다고 할지라도 영업허가취소처분에 대한 취소소송을 제기할 소의 이익이 인정되어야 할 것이다. 아울러 법률상 이익을 넓게 해석하여 이후에 국가배상청구권의 행사

58) 대판 1999. 10. 8, 99두6873.
59) 대판 1999. 10. 8, 97누12105.
60) 대판 1985. 5. 28, 85누32; 1991. 7. 23, 90누6651; 1993. 7. 27, 93누3899.

를 위하여 취소나 철회처분의 위법확인의 정당한 이익을 인정할 수 있을 것이다.

사례 1 갑은 일반음식점을 경영하는 자로서 식품위생법 위반으로 인하여 2월의 영업정지처분을 받았다. 영업정지기간이 경과한 후 갑은 식품위생법시행규칙에 2회 이상의 법규위반에 대한 가중적 제재규정이 있어 불이익을 받을 우려가 있다는 이유를 들어 당해 처분에 대한 취소소송을 제기하였다. 위 취소소송의 적법여부를 논하시오.(제45회 사법시험, 유사사례: 97년 지방고시, 제44회 행정고시, 제55회 사법시험)

▶**답안요지** 사안에서 갑이 제기한 취소소송의 적법여부에 대하여 묻고 있는바, ① 영업정지처분은 강학상 행정행위로서 대상적격이 인정되며(행소법 2조 1항 1호), ② 갑은 불이익처분의 상대방으로서 원고적격이 인정된다. 그러나 영업정지처분은 기간이 도과된바, 여기서 소의 이익(권리보호의 필요)이 인정될 수 있는지 문제가 된다. 행정소송법 제12조 후단은 "처분등의 효과가 기간의 경과, 처분등의 집행 그 밖의 사유로 인하여 소멸된 뒤에도 그 처분등의 취소로 인하여 회복되는 법률상 이익이 있는 자의 경우에는 또한 같다"고 규정하여, 처분이 실효된 경우에 소의 이익에 대하여 규정하고 있다. 판례는 동 조항의 법률상 이익을 12조 전단의 법률상이익과 동일하게 보아, 법률에 의하여 구체적이고 직접적으로 보호하는 이익으로 보아 제재처분의 기준이 법률이나 대통령령으로 규정된 경우에는 가중처분의 불이익을 방지하기 위한 소의 이익을 인정하는 반면, 시행규칙이나 지방자치단체장의 규칙으로 규정된 경우에는 행정규칙의 성질을 갖는다고 보아 이를 부인하여 왔다. 그러나 최근 대법원은 위에서 언급한 전원합의체 판결에서 이러한 입장을 바꾸어 제재처분의 기준의 형식에 불문하고 가중처분의 위험을 방지하기 위한 소의 이익을 인정하고 있다. 한편 유력설은 제12조 후단의 법률상 이익을 위법확인의 정당한 이익으로 보아 여기에는 법으로 보호하는 이익뿐만 아니라 경제적 이익은 물론 반복되는 위험의 방지나 명예회복 등 모든 보호가치가 있는 이익을 포함시키고 있다. 사안에서는 어느 견해에 따른다고 하더라도 권리보호의 필요가 인정된다 할 것이다. 한편 피고적격, 관할법원, 제소기간 등의 요건도 충족된 것으로 보이는바, 이에 따라 갑의 취소소송은 적법하게 제기되었다고 할 것이다.

사례 2 Y구 의회의원 갑은 평소 의원간담회나 각종 회의 때 동료의원의 의견을 무시한 채 자기만의 독단적인 발언과 주장으로 회의분위기를 망치고 'Y구 의회는 탄압의회'라고 적힌 현수막을 Y구 청사현관에 부착하고 홀로 철야농성을 하였으며, 만취한 상태에서 공무원의 멱살을 잡는 등 추태를 부려 의원으로서의 품위를 현저히 손상하였다. 이에 Y구 의회는 갑을 의원직에서 제명하는 의결을 하였다(제53회 행정고시).

1) 갑은 위 제명의결에 대하여 행정소송을 제기할 수 있는가?(10점)

2) 만일 법원이 갑의 행정소송을 받아들여 소송의 계속 중 갑의 임기가 만료되었다면, 수소법원은 어떠한 판결을 하여야 하는가?(10점)

▶**답안요지**

제1문: 갑의 행정소송의 제기가능성

1. 취소소송과 대상적격

사안에서 Y의회의 제명의결이 행소법 제2조 제1항 제1호의 처분 등에 해당한다면 갑은 취소소송을 제기할 수 있을 것이다. 행소법 제2조 제1호는 "행정청의 구체적 사실에 관한 법집행행위로서 공권력의 행사 또는 그 거부와 이에 준하는 행정작용 및 행정심판의 재결을 말한다"라고 정의하고 있다. 여기서 지방의회가 행소법 2조 1항 1호의 행정청의 개념에 해당하는지 문제가 된다. 행정청이라 함은 강학상으로 행정주체의 의사를 내부적으로 결정하고 이를 외부적으로 표시할 수 있는 권한을 가진 행정기관을 의미하나 행소법 2조 1항 1호의 행정청의 개념은 기능적 의미로 사용되고 있다는 것이 일반적 견해이다. 이에 따라 국회사무총장이나 법원행정처장도 행정에 관한 처분을 하는 경우에는 행정청의 지위를 갖는다. 지방의회는 지방자치단체의 대의기관의 지위를 가질 뿐 아니라, 동시에 행정주체인 지방자치단체의 기관으로서 행정기관의 성격을 가지며, 그의 기능은 조례제정과 같은 입법작용에 제한되는 것이 아니라 순수한 행정결정을 내리는 행정청의 지위를 갖는 경우도 많다. 사안에서 Y구의회는 갑의 의원직을 박탈하는 제명의결을 하였는바, 이는 개별적 구체적 규율로서 외부적 법적 효과를 발생하는 일방적 공권력행사로서 강학상의 행정행위의 성격을 갖는다고 할 것이다. 판례 역시 지방의회의 의원징계의결은 의원의 권리에 직접 법률효과를 미치는 행정처분의 일종으로서 행정소송의 대상이 된다고 판시하고 있다(대판 1993. 11. 26, 93누7341).

2. 원고적격

행소법 12조는 취소소송은 처분등의 취소를 구할 법률상 이익이 있는 자가 제기할 수 있다고 규정하여 취소소송의 원고적격을 규정하고 있다. 동조항의 "법률상 이익"의 개념에 관하여 ① 권리구제설, ② 법률상 이익구제설, ③ 이익구제설, ④ 적법성 보장설 등의 견해의 대립이 있으나 다수설과 판례의 입장은 근거법률 및 관련법률에서 직접적이고 구체적으로 보호하는 이익으로 해석하여 법률상 이익구제설을 취하고 있다. 사안에서 갑은 제명의결이라는 불이익처분의 직접적인 상대방으로 원고적격을 인정할 수 있을 것이다.

3. 기타의 소송요건

갑은 지방의회를 피고로 하여(행소법 13조), 피고의 소재지를 관할하는 1심 행정법원에(행소법 9조), 처분이 있음을 안지 90일 이내에(행소법 20조) 취소소송을 제기할 수 있을 것이다. 다만 서울을 제외한 기타 지역은 행정법원 대신에 지방법원본원이 1심 관할법원이 된다.

제2문: 소송의 계속 중 갑의 임기가 만료된 경우에 수소법원의 판결

사안에서 수소법원이 갑의 행정소송을 받아들여 소송의 계속 중 갑의 임기가 만료된 경우에 어떠한 판결을 하여야 하는지에 대하여 묻고 있는바, 행소법 12조 후단은 "처분등의 효과가 기간의 경과, 처분등의 집행 그밖의 사유로 인하여 소멸된 뒤에도 그 처분등의 취소로 인하여 회복되는 법률상 이익이 있는 자의 경우에는 또한 같다"고 하여 처분이 실효된 경우에 소의 이익에 대하여 규정하고 있다. 여기서 동조항의 법률상 이익의 개념에 대하여 견해의 대립이 있다.

1. 판례의 입장

판례는 종래 동조항의 법률상 이익을 전단의 법률상 이익과 동일하게 해석하여 "법률에 의하여 직접적으로 구체적으로 보호하는 이익"으로 보아 비교적 소의 이익을 좁게 해석하여 왔다. 그러나 근래 이러한 입장의 변화가 보이고 있다. 대법원은 임원취소처분에 대한 취소소송에서 "반복될 위험성이 있어 행정처분의 위법성확인 내지 불분명한 법률문제에 대한 해명이 필요하다는 이유로 임기가 만료된 사립학교 임원의 소의 이익을 인정하여 종래의 입장을 변경하였다(대판 2007. 7. 19, 2006두19297). 또한 대법원은 종래 임기만료된 지방의회의원이 지방의회를 상대로 한 의원제명처분 취소소송에서 승소한다고 하더라도 지방의회의원으로서 지위를 회복할 수 없다는 이유로 소의 이익을 부인하였으나, 최근 판결에서는 입장을 변경하여 지방의회의원으로서 지위를 회복할 수 없다고 할지라도 제명의결시부터 임기만료일까지의 기간에 대하여 월정수당의 지급을 구할 수 있다는 소의 이익을 인정하였다(대판 2009. 1. 30, 2007두13487). 이러한 변화된 판례에 따르면 법원은 갑의 소의 이익을 인정하여 본안판단을 할 수 있을 것이다.

2. 위법확인의 정당한 이익설

근래 유력설은 12조 후단의 소송을 독일의 계속확인소송과 유사한 소송의 성격을 갖는다고 보아 동 조항의 법률상 이익을 위법확인의 정당한 이익으로 보아 여기에는 법으로 보호하는 이익뿐만 아니라 경제적 이익은 물론 반복되는 위험의 방지나 명예회복등 모든 보호가치가 있는 이익을 포함시키고 있다. 이러한 유력설의 견해에 따르면 사안의 경우에 월정수당의 지급을 구할 수 있다는 관점에서뿐만 아니라 갑의 명예회복의 필요성의 관점에서도 소의 이익을 인정할 수 있을 것이다.

3. 피 고

1) 피고적격

가. 처분청

취소소송은 다른 법률에 특별한 규정이 없는 한 그 처분 등을 행한 행정청을 피고로 한다(법 13조). 행정청은 국가 · 지방자치단체 등의 기관으로서의 지위를 갖는데 불과하기 때문에, 취소소송의 피고적격은 처분이나 재결의 효과가 귀속되는 국가나 지방자치단체가 갖는 것이 원칙이나, 행정소송법은 소송수행의 편의를 위하여 처분을 행한 행정청에게 피고적격을 인정하고 있다.

행정청이라 함은 강학상으로 행정주체의 의사를 내부적으로 결정하고, 이를 외부적으로 표시할 수 있는 권한을 가진 행정기관을 가리키나, 여기서 행정청은 기능적인 의미로 사용되고 있다. 이에 따라서 법원행정처장이나 국회사무총장 역시 행정청의 지위를 갖고 있으며, 지방의회도 처분을 발하는 경우에는 행정청의 지위를 갖는다.

나. 권한의 위임 · 위탁의 경우

행정소송법은 법령에 의하여 행정권한의 위임 또는 위탁을 받은 행정기관, 공공단체 및 그 기관 또는 사인을 행정청에 포함시키고 있다(법 2조 2항). 행정권한의 위임이나 위탁이 있는 경우에는 권한이 수임청 또는 수탁청에게 넘어가기 때문에 이들이 피고가 된다. 아울러 사인도 행정권한이 위탁된 공무수탁사인의 경우에는 행정청이 된다. 반면 내부위임의 경우에는 권한이 이전되는 것이 아니기 때문에 위임기관이 피고가 된다. 그러나 판례는 두 가지로 구분하여 수임기관의 명의로 처분을 한 경우에는 수임기관을,[61] 위임기관의 명의로 한 경우에는 위임기관이 피고가 된다는 입장을 취하고 있다.[62] 이는 외부위임과 내부위임의 구별이 실제로 어렵기 때문에 처분명의에 따른 것이라고 하겠다.

판례(권한의 내부위임의 경우에 취소소송의 피고적격) 행정처분의 취소 또는 무효확인을 구하는 행정소송은 다른 법률에 특별한 규정이 없는 한 그 처분을 행한 행정청을 피고로 하여야 하며, 행정처분을 행할 적법한 권한있는 상급행정청으로부터 내부위임을 받은 데 불과한 하급행정청이 권한 없이 행정처분을 한 경우에도 실제로 그 처분을 행한 하급행정청을 피고로 하여야 할 것이지 그 처분을 행할 적법한 권한있는 상급행정청을 피고로 할 것은 아니다(대판 1994. 8. 12, 94누2763).

다. 권한의 대리

권한의 대리는 권한의 귀속자체의 변경을 발생시키지 않기 때문에 원칙적으로 피대리청이 피고가 된다. 그러나 대리기관이 대리관계를 밝힘이 없이 자신의 명의로 처분을 하였다면 대리기관이 피고가 된다.

다만 비록 대리관계를 명시적으로 밝히지는 아니하였다 하더라도 처분명의자가 피대리청 산하의 행정기관으로서 실제로 피대리청으로부터 대리권한을 수여받아 피대리청을 대리한다는 의사로 행정처분을 하였고, 처분명의자는 물론 그 상대방도 그 행정처분이 피대리청을 대리하여 한 것임을 알고서 이를 받아들인 예외적인 경우에는 피대리청이 피고가 되어야 한다.

61) 대판 1994. 8. 12, 94누2763.
62) 대판 1991. 10. 8, 91누520.

판례(현명이 없어도 피대리행정청이 피고가 되는 경우) 항고소송은 다른 법률에 특별한 규정이 없는 한 원칙적으로 소송의 대상인 행정처분을 외부적으로 행한 행정청을 피고로 하여야 하는 것이고, 다만 대리기관이 대리관계를 표시하고 피대리행정청을 대리하여 행정처분을 한 때에는 피대리행정청이 피고로 되어야 할 것이다. 따라서 대리권을 수여받은 데 불과하여 그 자신의 명의로는 행정처분을 할 권한이 없는 행정청의 경우 대리관계를 밝힘이 없이 그 자신의 명의로 행정처분을 하였다면 그에 대하여는 처분명의자인 당해 행정청이 항고소송의 피고가 되어야 하는 것이 원칙이지만, 비록 대리관계를 명시적으로 밝히지는 아니하였다 하더라도 처분명의자가 피대리 행정청 산하의 행정기관으로서 실제로 피대리 행정청으로부터 대리권한을 수여받아 피대리행정청을 대리한다는 의사로 행정처분을 하였고 처분명의자는 물론 그 상대방도 그 행정처분이 피대리행정청을 대리하여 한 것임을 알고서 이를 받아들인 예외적인 경우에는 피대리행정청이 피고가 되어야 한다고 할 것이다(대결 2006. 2. 23, 2005부4).

라. 처분적 조례의 경우

조례가 처분성이 인정되어 항고소송의 대상이 되는 경우에는 조례를 공포한 지방자치단체장이 피고가 되고, 교육 · 학예에 관한 조례는 시 · 도교육감이 피고가 된다.

마. 합의제행정기관의 경우

법령에 의하여 합의제행정기관의 이름으로 처분을 할 수 있는 권한이 주어진 경우에는 당해 합의제행정기관이 합의제행정청으로서 피고가 된다. 즉 토지수용위원회, 공정거래위원회, 행정심판위원회, 감사원 등은 합의제행정청으로서 피고가 된다. 다만 노동위원회법 제27조는 중앙노동위원회의 처분에 대한 소송의 피고를 중앙노동위원회위원장으로 규정하고 있다.

바. 타법에 특별규정이 있는 경우

국가공무원법 등 각종 공무원법에서는 공무원에 대한 징계, 기타 불이익처분의 처분청이 대통령 · 국회의장 또는 중앙선거관리위원회위원장인 경우에는 특례를 인정하여, 처분청이 대통령인 경우에는 소속장관, 국회의장인 경우에는 국회규칙이 정하는 소속기관장, 중앙선거관리위원장인 경우에는 사무총장이 피고가 되도록 하였다(국가공무원법 16조 · 30조, 경찰공무원법 28조, 소방공무원법 25조).

그 밖의 처분의 경우에는 국회의장이 처분청인 경우에는 국회사무총장(국회사무처법 4조 3항), 대법원장이 처분청인 경우에는 법원행정처장(법원조직법 70조), 헌법재판소장이 처분청인 경우에는 사무처장(헌법재판소법 17조 5항)이 각각 피고가 되도록 하였다. 이는 국가의 최고기관의 지위를 고려한 특례라고 할 것이다.

사. 권한승계와 기관폐지의 경우

처분 등이 있은 뒤에 그 처분 등에 관계되는 권한이 다른 행정청에 승계된 때에는 이를 승계한 행정청이 피고가 된다(법 13조 1항 단서). 한편 처분이나 재결을 한 행정청이 없게 된 때에는 그 처분 등에 관한 사무가 귀속되는 국가 또는 공공단체가 피고가 된다(법 13조 2항). 앞의 두 경우가 발생한 때에는 법원은 당사자의 신청 또는 직권에 의하여 피고를 경정하여야 한다(법 14조 6항).

판례(고용보험료 부과처분에 대한 항고소송의 피고는 권한을 승계한 국민건강보험공단이 된다는 판례) 근로복지공단이 갑 지방자치단체에 고용보험료 부과처분을 하자, 갑 지방자치단체가 구 고용보험 및 산업재해보상보험의 보험료징수 등에 관한 법률 제4조 등에 따라 국민건강보험공단을 상대로 위 처분의 무효확인 및 취소를 구한 사안에서, 근로복지공단이 갑 지방자치단체에 대하여 고용보험료를 부과 · 고지하는 처분을 한 후, 국민건강보험공단이 위 법 제4조에 따라 종전 근로복지공단이 수행하던 보험료의 고지 및 수납 등의 업무를 수행하게 되었고, 위 법 부칙 제5조가 '위 법 시행 전에 종전의 규정에 따른 근로복지공단의 행위는 국민건강보험공단의 행위로 본다'고 규정하고 있어, 갑 지방자치단체에 대한 근로복지공단의 고용보험료 부과처분에 관계되는 권한 중 적어도 보험료의 고지에 관한 업무는 국민건강보험공단이 그 명의로 고용노동부장관의 위탁을 받아서 한 것으로 보아야 하므로, 위 처분의 무효확인 및 취소소송의 피고는 국민건강보험공단이 되어야 한다(대판 2013. 2. 28, 2012두22904).

2) 피고의 경정

가. 제도의 취지

피고경정이란 소송의 계속중에 피고로 지정된 자를 다른 자로 변경하거나 추가하는 것을 의미한다. 원래 행정법규나 행정조직은 복잡할 뿐만 아니라 수시로 변경되기 때문에 어느 행정청을 취소소송의 피고로 할지 판단하는 것은 쉽지 않으며, 이에 따라 피고의 지정이 잘못되는 경우도 적지않게 발생한다. 이 경우 그 소를 부적법한 것으로 각하하게 되면, 다시 정당한 피고를 정하여 제소하려고 하여도 제소기간의 경과 등으로 권리구제를 받을 수 없게 되는 경우가 있다. 행정소송법은 이와 같은 원고의 불측의 손해를 막기 위하여 피고경정에 관한 규정을 두고 있다(법 14조).

나. 피고경정이 허용되는 경우

가) 피고를 잘못 지정한 때　피고를 잘못 지정한 때(법 14조 1항)란 당해 취소소송의 피고로 지정된 자가 행정소송법 제13조 또는 다른 법률의 특별한 규정에 의한 정당한 피고적격을 객관적으로 갖지 않은 경우를 말한다. 여기에서 피고를 잘못 지정한 때에 해당하는 것은 취소소송을 제기할 때를 기준으로 하여 그 당시에 피고적격이 인정되지 않는 자를 피고로 한 것을 의미하며, 소의 제기 후에 행정청의 권한의 변동이 있거나 청구의 변경에 따라 피고적격을 가지는 자가 달라짐으로써 피고경정을 하여야 할 경우는 포함되지 않는다. 피고를 잘못 지정한 것에 고의 · 과실이 있는지 여부는 불문한다.

판례(피고를 잘못 지정한 경우에 석명권 행사를 통한 피고경정)　국무회의에서 건국훈장 독립장이 수여된 망인에 대한 서훈취소를 의결하고 대통령이 결재함으로써 서훈취소가 결정된 후 국가보훈처장이 망인의 유족 甲에게 '독립유공자 서훈취소결정 통보'를 하자 甲이 국가보훈처장을 상대로 서훈취소결정의 무효확인 등의 소를 제기한 사안에서, 甲이 서훈취소 처분을 행한 행정청(대통령)이 아니라 국가보훈처장을 상대로 제기한 위 소는 피고를 잘못 지정한 경우에 해당하므로, 법원으로서는 석명권을 행사하여 정당한 피고로 경정하게 하여 소송을 진행해야 함에도 국가보훈처장이 서훈취소 처분을 한 것을 전제로 처분의 적법 여부를 판단한 원심판결에 법리오해 등의 잘못이 있다(대판 2014. 9. 26, 2013두2518).

나) 행정청의 권한변경이 있을 때　취소소송의 제기 후에 행정청의 권한변경 또는 행정조직상의 변경이 있는 경우에는 당해 처분에 관한 권한을 승계한 행정청이 피고가 되고, 만일 행정조직상의 변경으로 인하여 그 권한을 가지는 행정청이 없게 된 때에는 그 처분 등에 관한 사무가 귀속되는 국가나 공공단체가 피고가 되기 때문에, 이러한 경우에는 새로이 피고적격을 가지는 자로 피고를

경정하게 된다(법 13조 1항 단서 및 2항, 14조 6항 단서).

다) 소의 변경이 있을 때 소의 변경과 당사자의 변경으로서 피고경정은 엄격히 구별되는 개념이나, 소송실무상 소의 변경으로 피고의 경정이 필요한 경우가 발생될 수 있는바, 행정소송법은 소의 변경에 따르는 피고의 경정을 간접적으로 인정하고 있다(법 21조 2항 · 4항).

다. 피고경정의 절차

피고를 잘못 지정한 경우에 피고의 경정은 원고의 신청에 의하여 행한다(법 14조 1항). 소의 제기 후에 권한승계, 기관폐지로 인한 피고경정의 경우에는 법원은 당사자의 신청 또는 직권에 의하여 피고를 경정할 수 있다(법 14조 6항).

피고경정의 요건충족은 법원의 직권조사사항이다. 법원은 심리의 결과 피고경정의 요건이 충족되었다고 판단되면, 결정의 형식으로서 피고경정을 허가할 수 있다(법 14조 1항). 법원은 결정을 서면으로 하여야 하며, 결정의 정본을 새로운 피고에게 송달하여야 한다(법 14조 2항). 원고의 신청을 각하하는 결정에 대하여는 즉시항고를 할 수 있다(법 14조 3항).

라. 피고경정허가의 효과

피고경정에 대한 허가결정이 있을 때에는 새로운 피고에 대한 소송은 처음에 소를 제기한 때에 제기된 것으로 본다(법 14조 4항). 따라서 허가결정 당시에 이미 제소기간이 경과하고 있는 경우에도 제소기간이 준수된 것이 된다. 아울러 피고경정의 허가결정이 있을 때에는 종전의 피고에 대한 소송은 취하된 것으로 본다(법 14조 5항). 따라서 피고의 동의를 구하는 절차를 요하지 않는다.

Ⅴ. 공동소송

행정소송법은 수인(數人)의 청구 또는 수인(數人)에 대한 청구가 처분 등의 취소청구와 관련되는 청구인 경우에 한하여 그 수인은 공동소송인이 될 수 있게 하였다(법 15조). 이는 앞에서 설명한 관련청구소송에 관하여 주관적 병합을 인정한 것이다. 예를 들어 동종의 과세처분을 다투는 수인의 수개의 취소소송, 또는 처분청을 상대로 하는 취소소송과 그와 관련하여 국가를 상대로 하는 손해배상청구소송에 있어서는 관계되는 수인의 원고 또는 피고는 이 규정에 의하여 공동소송인이 될 수 있다. 민사소송법에 의한 공동소송의 경우에는 소송의 목적이 되는 권리 · 의무가 수인에게 공통될 것 등 여러 제약이 있으나(民訴法 65조), 취소소송의 경우에는 관련청구인 이상 병합이 인정된다.

Ⅵ. 소송참가

1. 의　　의

소송참가란 소송의 계속중에 소송 외의 제3자가 타인 사이의 소송의 결과에 따라 자기의 법률상 지위에 영향을 미치게 될 경우에 자기의 이익을 위하여 그 소송절차에 참가하는 것을 의미한다. 특히 취소소송에 있어서는 소송의 대상인 처분 등이 다수인의 권익에 관계되는 경우가 많을 뿐만 아니라, 제3자효행정행위와 같이 처분의 상대방 이외에 제3자의 권익에 영향을 미치는 경우가 적지 않기 때문에 소송참가의 필요성이 매우 크다고 하겠다. 더욱이 행정소송법은 취소판결의 제3자효를 규정하고 있는바, 이와 관련하여서도 제3자의 권익보호를 위한 제도적 장치가 마련되어야 한다. 이에 따라 행정소송법은 취소소송에 있어서 민사소송법과는 별도로 제3자의 소송참가를 명문화함과 동시에, 피고가 되는 이외에는 그 자체로서 당사자적격을 가지지 않는 행정청의 소송참가제도를 규정하게 되었다(법 16조·17조). 이와 같은 소송참가제도는 다른 항고소송은 물론(법 38조), 당사자소송과 민중소송 및 기관소송에도 준용된다(법 44조 1항, 46조).

2. 제3자의 소송참가

1) 의 의

법원은 소송의 결과에 따라 권리 또는 이익의 침해를 받을 제3자가 있는 경우에는(이웃인 A가 B의 건축허가에 대하여 취소소송을 제기한 경우의 B), 당사자 또는 제3자의 신청 또는 직권에 의하여 결정으로써 그 제3자를 소송에 참가시킬 수가 있다(법 16조 1항). 제3자의 소송참가는 제3자효행정행위와 같이 제3자가 당해 소송에 의하여 권익을 침해당할 우려가 있는 경우에 그 소송에서 공격과 방어방법을 제출할 기회를 제공하여 권익을 보호하게 하고, 아울러 적정한 심리와 재판을 실현함과 동시에, 나아가 제3자에 의한 재심청구(법 31조)를 미연에 방지하기 위한 의미를 갖고 있다.

2) 참가의 요건

가. 타인의 취소소송의 계속

제3자의 소송참가가 인정되기 위하여는 타인의 취소소송이 적법하게 제기되어 계속되고 있어야 한다. 여기서 소송이 어느 심급에 있는가는 불문한다.

나. 소송의 결과에 따라 권익침해를 받을 제3자

소송참가가 인정되기 위하여는 또한 소송의 결과, 즉 판결에 의하여 권리 또는 이익을 침해받을 제3자일 것을 필요로 하는바, 여기서 제3자란 당해 소송당사자 이외의 자를 가리키는 것으로 국가·공공단체도 그에 포함될 수 있다. 그러나 행정청은 그 자체로서 당사자능력이 없으므로 그에 해당하지 않는다. 소송의 결과에 의하여 "침해될 권리 또는 이익"은 법률상 이익을 의미하며 단순한 반사적 이익이나 사실상의 이익은 여기에 해당하지 않는다.

다. 참가의 절차

제3자의 참가는 당사자 또는 제3자의 신청 또는 법원의 직권에 의하여 결정으로써 행하여진다(법 16조 1항). 법원이 참가결정을 하고자 할 때에는 미리 당사자 및 제3자의 의견을 들어야 한다(법 16조 2항). 제3자는 참가신청을 각하한 결정에 대하여는 즉시항고를 할 수 있다. 소송당사자가 각하결정에 대하여 불복할 수 있는지 문제가 되는바, 제3자의 소송참가는 제3자의 보호와 공익의 보장을 주된 목적으로 하기 때문에 소극적으로 보는 것이 타당할 것이다.[63]

라. 참가인의 지위

법원의 참가결정이 있게 되면 제3자는 참가인의 지위를 획득한다. 참가인인 제3자에 대하여는 민사소송법 제67조의 규정이 준용되기 때문에(법 16조 4항), 그 참가인은 피참가인과 필수적 공동소송에 있어서 공동소송인에 준한 지위에 있다. 그러나 제3자는 어디까지나 참가인이며 소송당사자에 대하여 독자적인 청구를 하지 못한다는 점에서 일종의 공동소송적 보조참가와 비슷한 성격을 갖는 것으로

63) 同旨: 金南辰/金連泰, 行政法 I, 883면.

보는 견해가 일반적이다.[64)]

3. 행정청의 소송참가

1) 의 의

법원은 취소소송에 있어서 소송당사자인 행정청 이외의 행정청을 당사자나 당해 행정청의 신청 또는 직권으로 소송에 참가시킬 수 있다(법 17조 1항). 행정청이 처분 또는 재결을 함에 있어서는 처분청 또는 재결청 이외의 행정청이 그에 절차적으로 관계되는 경우가 많다. 그러나 취소소송에 있어서는 당해 처분이나 재결을 한 처분청이나 재결청을 피고로 하는 것이 원칙이므로 처분청 또는 재결청 이외의 행정청이 중요한 공격 · 방어방법을 가지고 있다고 하더라도 당해 소송에 관계인으로서 참여할 수 없다. 이에 따라 행정소송법은 취소소송의 적정한 심리 · 재판을 도모하기 위하여 관계행정청이 직접 소송에 참여하여 공격 · 방어방법을 제출할 수 있도록, 행정청의 소송참가제도를 명문으로 규정하고 있다(법 17조).

2) 참가의 요건

가. 타인의 취소소송의 계속

행정청의 소송참가도 소송참가의 일종이므로 타인의 취소소송이 적법하게 계속되고 있을 것을 전제로 한다. 소송이 어느 심급에 있는가는 불문한다.

나. 다른 행정청일 것

"다른 행정청"이라 함은 피고인 행정청 이외의 행정청이면 모두 그에 해당하는 것이 아니라, 계쟁대상인 처분이나 재결과 관계있는 행정청에 한정된다고 할 것이다(재결이 행하여진 경우의 원처분청).

다. 참가의 필요성

행정청의 소송참가는 법원이 "참가시킬 필요가 있다고 인정할 때"에 결정으로써 행하여진다. "참가시킬 필요가 있다고 인정할 때"란 법원의 재량으로 판단할 문제라고 하겠으나, 행정청의 소송참가제도에 비추어 관계행정청을 소송에 끌어들여 공격 · 방어에 참가시킴으로써 사건의 적정한 심리 · 재판을 실현하기 위하여 필요한 경우를 의미한다고 할 것이다.

3) 참가의 절차

법원의 직권, 당사자 또는 당해 행정청의 신청에 의한다(법 17조 1항). 참가의 허부의 재판은 결정의 형식으로 하며, 당사자 및 행정청의 의견을 듣지 않으면 안된다(법 17조 2항). 다른 행정청은 피고인 행정청 측에만 참가할 수 있고, 원고측에는 참가할 수 없다. 또한 법원의 결정에 대하여는 불복할 수 없다고 하여야 할 것이다.

4) 참가행정청의 지위

법원의 참가결정이 있게 되면 민사소송법 제76조의 규정이 준용되기 때문에 보조참가인에 준한 지위에서 소송을 수행하게 된다(법 17조 3항). 이는 행정청이 처분을 함에 있어서 처분청 이외의 관계행정청은 협의 또는 승인의 방식으로 관여하는 경우가 많다는 점을 고려하여, 이들 관계행정청이 갖고

64) 朴鈗炘/鄭亨根, 最新行政法講義(上), 767면; 李尙圭, 新行政法論(上), 769면.

있는 공격 · 방어방법을 제출하게 함으로써 피고행정청을 보조하여 행정처분의 효력을 유지하려는 취지에서 규정한 것이다. 이에 따라 참가행정청은 참가당시의 소송정도에 따라서 공격 · 방어방법을 제출할 수 있고 이의신청 · 상소도 가능하지만, 피참가인의 소송행위와 저촉되는 소송행위를 할 수 없으며, 한다고 하더라도 무효가 된다(민소법 76조).

4. 민사소송법에 의한 소송참가

행정소송법은 소송참가에 관하여 앞에서 본 바와 같이 제3자 및 행정청의 소송참가에 대하여 규정하고 있는바, 이외에도 민사소송법에 의한 소송참가규정이 준용될 수 있는지 문제가 된다. 행정소송법 제8조 제2항은 "행정소송에 관하여 이 법에 특별한 규정이 없는 사항에 대하여는 법원조직법과 민사소송법 및 민사집행법의 규정을 준용한다"라고 규정하고 있음에 비추어, 행정소송법에 민사소송법의 규정을 배제하는 특별한 규정이 없는 경우에는 행정소송의 특수성에 어긋나지 않는 범위내에서 민사소송법의 규정을 준용할 수 있다고 보는 것이 타당한 견해일 것이다.

1) 보조참가

보조참가라 함은 소송의 계속중에 소송의 결과에 대하여 이해관계있는 제3자가 당사자일방의 승소를 보조하기 위하여 그 소송에 참가하는 것을 말한다(민소법 71조). 보조참가는 참가인 자신의 이름으로 판결을 구하는 것이 아니라 당사자일방을 보조하는 데 그치는 것이므로, 민사소송법 제71조의 요건을 충족하는 한 행정소송에도 허용된다고 할 것이다.[65]

판례(행정소송 사건에서 참가인이 한 보조참가가 민사소송법 제78조에 규정된 공동소송적 보조참가인지 여부) 행정소송 사건에서 참가인이 한 보조참가가 행정소송법 제16조가 규정한 제3자의 소송참가에 해당하지 않는 경우에도, 판결의 효력이 참가인에게까지 미치는 점 등 행정소송의 성질에 비추어 보면 그 참가는 민사소송법 제78조에 규정된 공동소송적 보조참가라고 볼 수 있다. 민사소송법 제78조의 공동소송적 보조참가에는 필수적 공동소송에 관한 민사소송법 제67조 제1항, 즉 "소송목적이 공동소송인 모두에게 합일적으로 확정되어야 할 공동소송의 경우에 공동소송인 가운데 한 사람의 소송행위는 모두의 이익을 위하여서만 효력을 가진다."라고 한 규정이 준용되므로, 피참가인의 소송행위는 모두의 이익을 위하여서만 효력을 가지고, 공동소송적 보조참가인에게 불이익이 되는 것은 효력이 없으므로, 참가인이 상소를 할 경우에 피참가인이 상소취하나 상소포기를 할 수는 없다(대판 2017. 10. 12, 2015두36836).

2) 공동소송참가

공동소송참가라 함은 소송의 목적이 당사자일방과 제3자에 대하여 합일적으로 확정될 경우에 제3자가 계속중인 소송에 공동소송인으로 참가하는 것을 의미한다(민소법 83조). 행정소송법 제16조에 의한 제3자의 소송참가에 있어서 제3자가 공동소송참가인에 준하는 지위를 갖고 있음에 비추어 민사소송법에 의한 공동소송참가가 별도로 인정될 수 있는지 문제가 된다. 그러나 ① 행정소송법 제16조에 의한 참가인은 자신의 청구를 따로이 갖지 않는 데 대하여 민사소송법 제83조에 의한 공동소송참가인은 독자적인 청구를 가질 수 있다는 점, 그리고 ② 전자는 공동소송적 보조참가인과 유사한 지위를 갖는 데 대하여, 후자는 필수적 공동소송인이라는 점에서 양자의 소송상의 지위에 차이가 있다고

65) 朴鈗炘/鄭亨根, 最新行政法講義(上), 783면; 李尙圭, 新行政法論(上), 837면.

할 것이다. 이에따라 민사소송법 제83조에 의한 공동소송참가는 행정소송에도 준용될 수 있다고 할 것이다. 단 공동소송참가인은 그의 청구에 대하여 당사자적격을 가져야 할 뿐 아니라 제소기간의 준수와 같은 소송요건을 충족시켜야 할 것이다.[66]

3) 독립당사자참가

독립당사자참가라 함은 타인간의 소송의 계속중에 원고 · 피고 쌍방을 상대방으로 하여 원 · 피고간의 청구와 관련된 자기의 청구에 대하여 동시에 심판을 구하기 위하여 그 소송절차에 참가하는 것을 말한다. 독립당사자참가는 서로 이해관계가 대립하는 원고 · 피고 · 참가인 3자간의 분쟁의 해결형태임을 특색으로 하므로, 참가인은 보조참가인의 경우처럼 소송수행에 제약을 받음이 없이 자신의 법률상 지위를 강력하게 수호할 수 있다. 이와 같은 소송참가형태는 행정소송의 당사자적격, 제소요건 및 행정소송의 취지에 비추어 볼 때 행정소송과는 친숙하지 않기 때문에 준용될 수 없다고 할 것이다.

판례(행정소송에 있어서 독립당사자참가의 허용성) 민사소송법에 대한 특별법인 행정소송법에 있어서는 동법에서 처분을 행한 행정청을 상대로 하여 제기하라고 규정되어 있으므로 행정청 아닌 원고를 피고로 하여 독립당사자참가를 하는 것은 허용되지 아니한다(대판 1970. 8. 31, 70누7071).

Ⅶ. 행정소송의 대리인

행정소송에도 민사소송의 경우와 같이 당사자의 소송대리인이 인정됨은 물론이나, 행정소송법에는 소송대리에 관한 특별규정이 없으므로 원칙적으로 민사소송법의 관련규정이 준용된다. 다만 국가를 당사자로 하는 소송에 있어서는 「국가를 당사자로 하는 소송에 관한 법률」에 의한 특례가 인정된다. 국가를 당사자 또는 참가인으로 하는 소송(국가소송)에서는 법무부장관이 국가를 대표한다(법 2조). 법무부장관은 법무부의 직원, 각급 검찰청의 검사 또는 「공익법무관에 관한 법률」에서 정한 공익법무관을 지정하여 국가소송을 수행하게 할 수 있다. 또 법무부장관은 행정청의 소관사무나 감독사무에 관한 국가소송에서 필요하다고 인정하면 해당 행정청의 장의 의견을 들은 후 행정청의 직원을 지정하여 그 소송을 수행하게 할 수 있다(법 3조 1, 2항).

Ⅷ. 취소소송의 제기

1. 개 설

개인이 취소소송을 제기하여 자신의 청구에 대한 법원의 본안판결을 받기 위하여는 소송제기에 대한 법정요건을 모두 충족하지 않으면 안된다. 소송요건이란 법원의 본안판결의 요건을 의미하는 것으로서, 소송요건의 일부가 결여되면 당해 소는 부적법한 것으로 각하된다. 소송요건으로서는 ① 처분 등의 존재, ② 소의 이익, ③ 소장, ④ 관할법원, ⑤ 피고적격, ⑥ 제소기간, ⑦ 전심절차 등이 있는바, 보통 ①, ②를 실체적 요건이라 하고 나머지는 형식적 요건이라고 한다. 법원에 의한 본

66) 李尙圭, 新行政法論(上), 838면.

안판결을 받기 위하여는 형식적 요건을 갖춘 것만으로는 불충분하고 실체적 요건인 소의 이익, 즉 원고의 청구가 국가의 소송제도를 이용하여 해결할 만한 실제적 가치 내지는 필요성이 인정되어야 한다.

2. 처분 등의 존재

1) 개 설

취소소송은 행정청의 위법한 처분 등의 취소 · 변경을 구하는 소송이므로 취소소송을 제기함에는 취소의 대상인 행정청의 처분 등이 존재하여야 한다. 여기서 "처분 등"이라 함은 "행정청이 행하는 구체적 사실에 관한 법집행으로서의 공권력의 행사 또는 그 거부와 그 밖에 이에 준하는 행정작용 및 행정심판에 대한 재결"을 말한다(법 2조 1항 1호). 행정소송법상의 처분의 개념은 행정심판법상의 처분의 개념에 행정심판의 재결을 추가한 것이 특징이다. 학설에서는 행정소송법 제2조 제1항 제1호의 처분 등의 개념을 실체법적 행정행위(강학상 행정행위)와 동일한 개념으로 파악하는 견해(일원론(一元論))와 실체법적 행정행위의 개념보다 넓은 이른바 쟁송법적 행정행위(형식적 의미의 행정행위)의 개념으로 이해하는 견해(이원론(二元論)) 사이에 다툼이 있다.

2) 행정청

행정청이라 함은 강학상으로는 행정주체의 의사를 내부적으로 결정하고, 이를 외부적으로 표시할 수 있는 권한을 가진 행정기관을 가리키나, 여기서 행정청은 기능적인 의미로 사용되고 있다. 이에 따라서 국회나 법원의 기관(법원행정처장, 국회사무총장)도 실질적 의미의 행정에 관한 처분을 하는 경우에는 행정청의 지위를 갖는다.

또한 행정소송법은 "법령에 의하여 행정권한의 위임 또는 위탁을 받은 행정기관, 공공단체 및 그 기관 또는 사인"을 행정청에 포함시키고 있다(법 2조 2항). 행정권한의 위임 또는 위탁을 받은 행정기관은 위임행정청의 하급행정청이나 보조기관 또는 그 밖의 행정청이나 공공단체 및 그 기관을 포함하며, 사인은 공무수탁사인으로서 행정권한이 부여된 사법인 또는 자연인을 의미한다.

판례 1(대한주택공사가 행정소송법 제2조 제2항의 행정청에 해당하는지 여부) 대한주택공사의 설립목적, 취급업무의 성질, 권한과 의무 및 택지개발사업의 성질과 내용 등에 비추어 같은 공사가 관계법령에 따른 사업을 시행하는 경우 법률상 부여받은 행정작용권한을 행사하는 것으로 보아야 할 것이므로 같은 공사가 시행한 택지개발사업 및 이에 따른 이주대책에 관한 처분은 항고소송의 대상이 된다(대판 1992. 11. 27, 92누3618).

판례 2(지방법무사회의 사무직원 승인취소가 행정처분인지 여부) 법무사규칙을 근거로 '채용승인을 취소'하는 조치는 공법인인 지방법무사회가 행하는 구체적 사실에 관한 법집행으로서 공권력의 행사 또는 그 거부에 해당하므로 항고소송의 대상인 '처분'에 해당한다. 본래 법무사 사무원 채용승인은 소관 지방법원장이 수행하던 업무였는데 1996년 대법원규칙을 통해 지방법무사회로 이관됐다. 법무사규칙에 의하면 법무사에 대한 징계처분권한은 소관 지방법원장에게 있고, 법무사가 소속 지방법무사회의 승인 없이 사무원을 채용하면 '법무사법 또는 법무사법에 따른 대법원규칙을 위반한 경우'로서 징계사유에 해당하며 이러한 점들에 비춰보면 지방법무사회의 법무사 사무원 채용승인은 단순히 지방법무사회와 소속 법무사 사이의 내부 법률문제라거나 지방법무사회의 고유사무라고 볼 수 없고, 법무사 감독이라는 국가사무를 위임받아 수행하는 것이라고 보아야 한다(대판 2020. 4. 26, 2015다34444).

3) 구체적 사실에 대한 법집행으로서 공권력의 행사

구체적 사실에 대한 법집행으로서의 공권력의 행사란 개별적 · 구체적 규율로서 외부적 효력을 갖는 법적 행위로서 강학상의 행정행위를 의미한다. 이에 따라 행정기관의 내부적 행위(직무명령)나 법적 행위가 아닌 알선, 권고, 지도와 같은 사실행위는 처분에 해당하지 않는다. 또한 처분은 일방적 공권력행사에 해당하기 때문에 행정청과 개인과의 의사표시의 합치에 의하여 성립하는 공법상 계약이나 행정청의 사법상 행위는 처분의 개념에 해당되지 않음은 물론이다.

판례(항고소송의 대상이 되는 행정처분의 개념) 항고소송의 대상이 되는 행정처분이란 행정청의 공법상 행위로서 특정사항에 대하여 법규에 의한 권리의 설정 또는 의무의 부담을 명하며 기타 법률상 효과를 발생하게 하는 등 국민의 구체적 권리의무에 직접적 변동을 초래하는 행위를 말하고, 행정청 내부에서의 행위나 알선, 권유, 사실상의 통지 등과 같이 상대방 또는 기타 관계자들의 법률상 지위에 직접적인 법률적 변동을 일으키지 아니하는 행위는 항고소송의 대상이 될 수 없다(대판 2019. 2. 14, 2016두41729).

행정소송법상의 처분 등의 개념을 쟁송법적 행정행위의 개념으로 이해하는 상당수의 학설은[67] 감염병환자의 강제격리 및 강제입원, 출입국관리법에 의한 외국인의 강제수용 및 퇴거, 식품용기의 수거, 재산압류 등 계속적 성질을 갖는 권력적 사실행위도 처분에 해당한다고 하며, 판례 역시 재산압류나,[68] 단수처분,[69] 재소자의 이송조치[70] 등 부분적으로 처분성을 인정하고 있다.

그러나 이러한 권력적 사실행위를 보다 자세히 고찰하면 수인의무라는 강학상의 행정행위와 사실행위가 결합된 이른바 합성행위에 해당하며 취소소송의 대상이 되는 것은 실제로 수인의무에 해당한다고 보아야 할 것이다.[71] 취소소송에 의하여 수인의무가 취소되었음에도 불구하고 여전히 위법한 사실행위가 계속되고 있는 경우에는 당사자소송을 통하여 결과제거청구권을 행사하면 될 것이다.

4) 거부처분

가. 의 의
나. 법률관계의 변동 및 신청권의 존재
  가) 판례의 태도(=신청권을 대상적격의 문제로 접근)
  나) 학설의 입장
    ① 신청권을 원고적격의 문제로 보는 견해
    ② 신청권의 존재여부는 본안문제라는 견해
  다) 결 어(=신청권은 원고적격에 관한 문제)

가. 의 의

거부처분은 행정행위의 신청이 있는 경우에 그 신청에 따르는 행정행위를 할 것을 거부하는 내용의 행정행위를 말한다. 거부처분은 부작위와는 달리 소극적 내용이기는 하나 행정청의 일정한 행위가 있는 것이다. 이러한 거부처분은 개별적 · 구체적 규율로서 외부적 효력을 갖는 일방적 공권력

67) 朴鈗炘/鄭亨根, 最新行政法講義(上), 804면; 李尙圭, 新行政法論(上), 701면; 金東熙/崔桂暎, 行政法 I, 709면.
68) 대판 1969. 4. 29, 69누12(재산압류처분).
69) 대판 1979. 12. 28, 79누218(단수처분).
70) 대결 1992. 8. 7, 92두30(재소자의 이송처분).
71) 同旨: 金南辰/金連泰, 行政法 I, 903면.

행사로서 당연히 강학상의 행정행위의 개념에 속하는바, 행정소송법 제2조 제1항 제1호의 "공권력행사의 거부"라는 표현은 단지 이를 확인하는 의미를 갖는다고 할 것이다.

행정청의 부작위의 경우에도 법에서 거부로 의제하는 경우나, 경원자신청에 있어서 일방당사자에 대한 부작위의 경우는 거부처분이 된다.[72)]

나. 법률관계의 변동 및 신청권의 존재

판례는 행정청의 국민의 신청에 대한 거부행위가 항고소송의 대상으로 되는 행정처분이 되기 위하여는 "① 그 신청한 행위가 공권력의 행사 또는 이에 준하는 행정작용이어야 하고, ② 그 거부행위가 신청인의 법률관계에 어떤 변동을 일으키는 것이어야 하며, ③ 그 국민에게 그 행위발동을 요구할 법규상 또는 조리상의 신청권이 있어야 한다"는 입장을 취하고 있다.[73)] 여기서 "신청인의 법률관계에 어떤 변동을 일으키는 것"이라는 의미는 신청인의 실체상의 권리관계에 직접적인 변동을 일으키는 것뿐만 아니라, 신청인이 실체상의 권리자로서 권리를 행사함에 중대한 지장을 초래하는 것도 포함하고 있다.

한편, 행위발동을 요구할 법규상 또는 조리상의 신청권을 요구하는 판례의 입장에 대하여는 대상적격과 원고적격의 구별을 간과하는 입장,[74)] 또는 본안을 선취하는 입장이라고 비판을 받아왔다.[75)] 근래 대법원은 거부처분취소소송에 있어서 신청권의 존부는 구체적 사건에서 신청인이 누구인가를 고려하지 않고 관계법규의 해석에 의하여 일반국민에게 그러한 신청권을 인정하고 있는가를 살펴 추상적으로 결정되는 것이고, 신청인이 그 신청에 따른 단순한 응답을 받을 권리를 넘어서 신청의 인용이라는 만족적 결과를 얻을 권리를 의미하는 것은 아니라고 하여, 신청권을 형식상의 단순한 응답요구권의 의미로 파악하고, 구체적으로 그 신청이 인용될 수 있는가 하는 점은 본안에서 판단하여야 할 사항이라고 판시하고 있다. 그러나 실제로 신청권이 있는가 여부를 본안에서 판단할 문제라고 한다면, 추상적 신청권의 존재여부는 거부처분의 개념에 속한 것이 아니라, 여전히 원고적격에 관한 문제로 보아야 할 것이다.[76)]

판례 1(거부처분에 있어서 신청권의 의미) 거부처분의 처분성을 인정하기 위한 전제요건이 되는 신청권의 존부는 구체적 사건에서 신청인이 누구인가를 고려하지 않고 관계 법규의 해석에 의하여 일반 국민에게 그러한 신청권을 인정하고 있는가를 살펴 추상적으로 결정되는 것이고, 신청인이 그 신청에 따른 단순한 응답을 받을 권리를 넘어서 신청의 인용이라는 만족적 결과를 얻을 권리를 의미하는 것은 아니다. 따라서 국민이 어떤 신청을 한 경우에 그 신청의 근거가 된 조항의 해석상 행정발동에 대한 개인의 신청권을 인정하고 있다고 보여지면 그 거부행위는 항고소송의 대상이 되는 처분으로 보아야 할 것이고, 구체적으로 그 신청이 인용될 수 있는가 하는 점은 본안에서 판단하여야 할 사항인 것이다(대판 1996. 6. 11, 95누12460).

판례 2(거부행위가 항고소송의 대상이 되는 행정처분이 되는 요건) 국민의 적극적 행위 신청에 대하

---

72) 대판 1991. 2. 12, 90누5825(검사임용거부처분취소소송).
73) 대판 1991. 2. 26, 90누5597; 1990. 9. 28, 89누8101; 1990. 5. 25, 89누5768.
74) 金南辰, 行政法 I, 838면.
75) 洪準亨, 行政救濟法, 544면.
76) 예를 들어 독일의 의무이행소송에서는 원고적격에서는 원고의 신청에 따라 처분을 발급받을 권리의 존재가능성만을 검토하고 본안에서는 그러한 신청권이 실재로 존재하는가를 검토한다.

여 행정청이 그 신청에 따른 행위를 하지 않겠다고 거부한 행위가 항고소송의 대상이 되는 행정처분에 해당하는 것이라고 하려면, 그 신청한 행위가 공권력의 행사 또는 이에 준하는 행정작용이어야 하고, 그 거부행위가 신청인의 법률관계에 어떤 변동을 일으키는 것이어야 하며, 그 국민에게 그 행위발동을 요구할 법규상 또는 조리상의 신청권이 있어야 하는바, 여기에서 '신청인의 법률관계에 어떤 변동을 일으키는 것'이라는 의미는 신청인의 실체상의 권리관계에 직접적인 변동을 일으키는 것은 물론, 그렇지 않다 하더라도 신청인이 실체상의 권리자로서 권리를 행사함에 중대한 지장을 초래하는 것도 포함한다(대판 2007. 10. 11, 2007두1316).

한편, 대법원은 임용기간이 만료된 국 · 공립대 조교수의 재임용에 관련하여 공정한 심사를 요구할 법규상 또는 조리상의 신청권을 가진다고 판시하였으며,[77] 또한 대학교원채용에 있어서 신청자가 일정한 심사절차를 통과한 경우에는 교원으로 임용해 줄 것을 신청할 조리상의 권리가 있다고[78] 판시하여 취소소송의 대상이 되는 거부처분의 개념을 확대시키고 있다.

판례 1(기간제 임용교수의 재임용에 관련하여 공정한 심사를 요구할 신청권) 기간제로 임용되어 임용기간이 만료된 국 · 공립대학의 조교수는 교원으로서의 능력과 자질에 관하여 합리적인 기준에 의한 공정한 심사를 받아 위 기준에 부합되면 특별한 사정이 없는 한 재임용되리라는 기대를 가지고 재임용 여부에 관하여 합리적인 기준에 의한 공정한 심사를 요구할 법규상 또는 조리상 신청권을 가진다고 할 것이니, 임용권자가 임용기간이 만료된 조교수에 대하여 재임용을 거부하는 취지로 한 임용기간만료의 통지는 위와 같은 대학교원의 법률관계에 영향을 주는 것으로서 행정소송의 대상이 되는 처분에 해당한다(대판(전원합의체) 2004. 4. 22, 2000두7735).

판례 2(교원채용에 있어서 일정한 심사절차를 통과한 지원자의 임용신청권) 임용지원자가 당해 대학의 교원임용규정 등에 정한 심사단계 중 중요한 대부분의 단계를 통과하여 다수의 임용지원자 중 유일한 면접심사 대상자로 선정되는 등으로 장차 나머지 일부의 심사단계를 거쳐 대학교원으로 임용될 것을 상당한 정도로 기대할 수 있는 지위에 이르렀다면, 그러한 임용지원자는 임용에 관한 법률상 이익을 가진 자로서 임용권자에 대하여 나머지 심사를 공정하게 진행하여 그 심사에서 통과되면 대학교원으로 임용해 줄 것을 신청할 조리상의 권리가 있다고 보아야 하고, 또한 유일한 면접심사 대상자로 선정된 임용지원자에 대한 교원신규채용업무를 중단하는 조치는 교원신규채용절차의 진행을 유보하였다가 다시 속개하기 위한 중간처분 또는 사무처리절차상 하나의 행위에 불과한 것이라고는 볼 수 없고, 유일한 면접심사 대상자로서 임용에 관한 법률상 이익을 가지는 임용지원자에 대한 신규임용을 사실상 거부하는 종국적인 조치에 해당하는 것이며, 임용지원자에게 직접 고지되지 않았다고 하더라도 임용지원자가 이를 알게 됨으로써 효력이 발생한 것으로 보아야 할 것이므로, 이는 임용지원자의 권리 내지 법률상 이익에 직접 관계되는 것으로서 항고소송의 대상이 되는 처분 등에 해당한다(대판 2004. 6. 11, 2001두7053).

사례 甲은 개발제한구역 내에 위치한 지역에서 폐기물 처리시설의 설치를 위하여 관할 시장 A에게 개발행위허가를 신청하였다. 위 처리시설의 예정지역에 거주하는 주민 乙은 위 처리시설이 설치되면 주거생활에 심각한 침해를 받는다고 생각하여, 시장 A에게 위 신청을 반려할 것과 주민들의 광범위한 의견을 수렴한 후 다시 허가절차를 밟게 하라고 요구하였다. 그러나 시장 A는 위 처리시설이 필요하고, 개발제한

77) 대판 2004. 4. 22, 2000두7735.
78) 대판 2004. 6. 11, 2001두7053.

구역이 아닌 지역에 입지하기가 곤란하다는 이유로 위 개발행위를 허가하였다. 다만 민원의 소지를 줄이기 위하여, 위 처리시설로 인하여 환경오염이 심각해질 경우 위 개발행위허가를 취소 · 변경할 수 있다는 내용의 부관을 붙였다. 그런데 위 처리시설이 가동된 지 얼마 지나지 않아 예상과 달리 폐기물 처리량이 대폭 증가하였다. 이에 주민 乙은 위 처리시설로 인하여 평온한 주거생활을 도저히 영위하기 어렵다고 여겨, 시장 A에게 위 부관을 근거로 위 개발행위허가를 취소 · 변경하여 줄 것을 요구하였다. 그런데 시장 A는 이를 거부하였다.(제55회 사법시험)

1. 위 개발행위허가의 법적 성질을 밝히고, 그 특징을 설명하시오.(15점)
2. 乙이 위 개발행위허가가 행해지기 전에 고려할 수 있는 행정소송상의 수단을 검토하시오.(10점)
3. 위 부관을 근거로 한 乙의 요구에 대한 시장 A의 거부행위와 관련하여, 乙이 자신의 권익보호를 국가배상청구소송과 행정소송에서 실현할 수 있는지 검토하시오.(25점)

▶**답안요지**

설문1: 개발행위허가의 법적 성질과 특징

1) 개발행위허가의 법적 성질

개발제한구역은 지정은 도시의 무질서한 확산을 방지하고 도시주변의 자연환경을 확보하기 위하여 국토교통부장관이 지정하는 것으로서(개발제한구역의 지정 및 관리에 관한 특별조치법 3조), 개발제한구역의 개발은 원칙적으로 금지되며, 예외적으로 엄격한 요건하에 지방자치단체장의 허가를 받아 개발을 할 수가 있다(동법 12조). 사안의 경우 폐기물처리시설은 동법 12조 1호 다호에 따른 대통령령으로 정하는 건축물에 해당하는 것으로서 개발제한구역이 아닌 지역에 입지가 곤란하여 개발제한구역 내에 입지하여야만 그 기능과 목적이 달성되는 시설로서 A시장의 甲에게 행한 개발행위허가는 이른바 억제적 금지를 해제하여 주는 예외적 승인의 성격을 갖는다(대판 2004. 7. 22, 2003두7606).

2) 개발행위허가의 특징

개발제한구역 내에서 개발행위허가는 예외적 승인의 성격을 갖는 것으로서 강학상의 허가와 구별된다. 허가는 헌법상의 기본권으로 보호되는 개인의 자연적 자유를 공익침해의 우려가 있기 때문에 법령에 의하여 잠정적으로 금지된 행위를 적법하게 행할수 있도록 하는 예방적 금지의 해제의 성격을 갖는 반면, 예외적 승인은 대상행위 그 자체가 사회적으로 유해하기 때문에 법령에 의하여 일반적으로 금지된 행위를 예외적으로 적법하게 행사할 수 있도록 하는 행위이다. 잠정적으로 금지된 개인의 자유를 다시 회복시켜 주는 허가가 일반적으로 기속행위의 성질을 갖는 반면 예외적 승인은 개인의 법적 지위를 확대시켜 주는 행위로서 재량행위의 성격을 갖는 것이 보통이다(본서 예외적 승인 참고).

설문2: 乙이 고려할 수 있는 행정소송상의 수단

개발행위허가가 행해지기 전에 乙이 취할 수 있는 행정소송상의 수단으로는 예방적 금지소송이 고려된다. 예방적 금지소송에 대하여는 본서 예방적 금지소송 부분의 설명과 관련사례를 참고.

설문3: A시장의 거부행위에 대하여 乙이 자신의 권익보호를 국가배상청구소송과 행정소송에서 실현할 수 있는지 여부

1) 乙이 행사할 수 있는 권리

乙은 부관을 근거로 하여 A시장에게 개발행위허가를 취소 · 변경하여 줄 것을 요구하였는바, 여기서 乙이 행사할 수 있는 권리로는 행정개입청구권이 고려된다. 행정개입청권은 자기를 위하여 타인에게 행정권을 발동할 것을 행정청에게 요구할 수 있는 권리를 의미한다. 이러한 행정개입청구권이 성립하기 위하여는 ① 행정개입의 의무를 부과하는 강행법규가 존재하여야 하며(재량법규의 경우에는 재량이 영으로의 수축), ② 개입을 통하여 동가치적인 또는 보다 높은 법익침해의 우려가 없어야 하고, ③ 당해 법규가 공익뿐만 아니라 사익보호를 의도하고 있어야 한다. 사안의 경우 개발행위허가뿐만 아니라 그를 취소하는 행위도 A시장의 재량의 범위에 속하나, 폐기물처리량의 대폭증가로 乙의 평온한 주거생활이 도저히 영위되기 어렵다는 사정을 고려할 때 재량의 영으로의 수축을 인정할 수 있어 ①의 요건이 충족되었고, 환경오염방지를 통한 주민의 평온한 주거생활의 확보가 폐기물처리시설의 설치보다 보다 높은 법익에 해당되기 때문에 ②의 요건도 충족된다. 아울러 개발제한구역의 지정 및 관리에 관한 특별조치법 제1조, 제3조는 동법 및 개발제한구역의 지정의 목적을 "도시민의 건전한 생활환경을 확보하는 것을 목적"으로 규정하고 있어 12조의 사익보호성을 인정할 수 있다. 이에 따라 乙의 행정개입청구권을 인정할 수 있다.

2) 행정소송을 통한 권리의 실현가능성

a) 행정소송의 적법성: 乙은 부관을 근거로 개발행위허가를 취소 · 변경하여 줄 것을 요구하였으나 A시장은 이를 거부하였다. A시장의 거부행위가 행소법 2조 1항 1호의 처분 등에 해당한다면 乙은 취소소송을 제기할 수 있을 것이다. 판례에 따르면 행정청의 거부가 처분 등에 해당하기 위하여는 ① 신청한 행위가 행위가 공권력의 행사 또는 이에 준하는 행정작용이어야 하고, ② 그 거부행위가 신청인의 법률관계에 어떤 변경을 일으키는 것이어야 하며, ③ 그 국민에게 그 행위발동을 요구할 법규상 조리상의 신청권이 있어야 한다는 입장을 취하고 있다. ③과 관련하여 학설에서는 대상적격과 원고적격의 구별을 간과하는 입장, 또는 본안을 선취하는 입장이라는 비판을 제기하고 있다. 판례는 신청권의 존부는 구체적 사건에서 신청인이 누구인가를 고려하지 않고 관계법규의 해석에 의하여 일반국민에게 그러한 신청권을 인정하고 있는가를 추상적으로 결정되는 것이라고 하여 신청권을 형식상의 단순한 응답요구권으로 파악하고 구체적으로 그 신청이 인용될 수 있는가 하는 점은 본안에서 판단되어야 할 사항이라고 판시하고 있다. 판례의 이러한 태도는 대상적격과 원고적격을 결합시키고 있는 입장이라고 할 것이다. 사안에서 개발제한구역의 지정 및 관리에 관한 특별조치법 12조의 사익보호성을 긍정할 수 있기 때문에 乙의 신청권이 인정된다. 이에 따라 A시장의 거부행위의 처분성이 인정되며 아울러 행소법 12조에 따른 乙의 원고적격도 인정될 것이다.

b) 본안판단: A시장의 거부처분의 적법성

상술한 바와 같이 사안에서 乙의 행정개입청구권이 인정되기 때문에 A시장의 거부행위는 위법할 것이다.

3) 국가배상청구소송을 통한 권리의 실현가능성

A시장의 거부행위가 국가배상법 2조의 요건을 충족시킨다면 乙은 국가배상청구권을 행사할 수 있을 것이다. 국가배상법 2조의 요건은 ① 공무원 또는 공무를 위탁받은 사인, ② 직무를 집행하면서 한 행위, ③ 법령에 위반한 행위, ④ 고의 · 과실로 인한 행위, ⑤ 타인에게 손해를 입힐 것으로 이루어지고 있는바, A시장은 지방자치단체의 장으로서 지방공무원에 해당하여 ①의 요건이 충족되며, 개발행위허가 및 그 취소는 전형적인 직무행위에 해당되어 ②의 요건도 충족된다. 문제는 A시장의 거부행위가 법령에 위반한 행위로서 위법한 행위에 해당하는지 여부이다. 여기서 A시장의 거부행위가 개발제한구역의 지정 및 관리에 관한 특별조치법 12조에 위배되는지 여부가 문제가 된다. 상술한 바와 같이 개발행위허가 및 그 취소행위는 행정청의 재량에 속한다. 행정청의 거부행위가 재량행위에 해당된다고 하더라도 재량의 유월이나 남용이 있는 경우, 또는 재량이 영으로 수축되어 일정한 작위의무가 인정되는 경우에 위법성이 인정될 것이다. 상술한 바와 같이 A시장이 개발행위허가를 취소하지 않을 경우에 폐기물처리량이 대폭 증대되어 주민들이 평온한 주거생활을 영위하기가 어렵게 되었는바, 여기서 A시장이 재량이 영으로 수축되어 취소의무가 인정될 수 있다(대판 2012. 7. 26, 2001다59842).

한편 위법성과 관련하여 해당법령의 사익보호성이 요구되는지 문제가 되고 있는바, ① 사익보호성은 취소소송의 원고적격에 관한 문제로 부정하는 입장, ② 반사적 이익이 침해된 경우에는 국가배상을 인정할 필요가 없다는 입장에서 긍정하는 견해, ③ 인과관계부분에서 고려하여야 한다는 견해들이 대립하고 있다. 다수설은 긍정설을 취하는바, 판례는 인과관계 부분에서 사익보호성을 인정하고 있다. 상술한 바와 같이 특별조치법 1조, 3조의 목적을 고려할 때 12조의 사익보호성을 인정할 수 있으며, 이에 따라 A시장의 거부행위는 위법하다고 할 것이다. 사인에서 최소한 A시장의 과실을 충분히 인정할 수 있으며, 만일 A시장의 위법한 거부행위로 乙이 손해를 입는다면, 직무행위와 손해사이에 상당인과관계도 인정될 것이다. 결론적으로 乙은 자신의 침해된 권리를 국가배상청구소송을 통하여 보호받을 수 있을 것이다.

5) 공권력의 행사 또는 그 거부에 "준하는 행정작용"

공권력의 행사 또는 그 거부에 "준하는 행정작용"의 개념은 명확하지 않다. 쟁송법적 행정행위의 개념을 주장하는 상당수의 학설에서는 항고소송의 대상을 강학상의 행정행위, 즉 실체법상의 행정행위의 개념에 제한시키는 경우에는 현대의 다양한 행정작용에 대하여 효과적으로 국민의 권리구제를 도모할 길이 없다는 점을 지적하고 있다. 이들은 쟁송법상의 행정행위의 개념에는 강학상의 행정행위뿐만 아니라 실질적으로 국민생활을 일방적으로 규율하는 행정작용으로 국민이 이에 대하여 다른 적당한 불복절차를 쉽사리 발견하지 못하는 경우에 형식상으로 처분성을 인정하여 취소소송의 대상으로 할 것을 제안하고 있다.[79]

그리고 이러한 범주에 속하는 것으로서 권력적 사실행위, 행정내부행위, 일부의 행정지도, 행정조사, 행정규칙 등을 들고 있다. 그러나 처분의 개념을 확장하여 개인의 권리구제를 확대하려는 이러한 시도는 쟁송법상의 행정행위의 개념을 아직 구체화시키는 데 성공하지 못하고 있으며 여전히 담론수준에 머물고 있다.

그러나 강학상 의미의 행정행위의 개념과 쟁송법상의 의미의 행정행위의 개념을 동일한 것으로 보는 본서의 입장에서는 이에 준하는 작용을 일반처분(일반적 · 구체적 규율, 물적 행정행위)과 처분적 법규명령에 한정시키는 것이 바람직하다는 생각이다. 특히 이러한 쟁송법상의 행정행위의 개념에서 문제가 제기되고 있는 것은 이들 여타의 행정작용에 처분성을 인정하여 취소소송의 대상으로 할 경우에 이들에게 공정력 내지는 존속력이 부여되기 때문에 또 다시 실체법상의 행정행위와의 한계설정이 어려워지며 결과적으로는 실정법상의 행정작용의 구분 및 행위형식의 분류에 관한 학문적 노력을 무위로 만들 염려가 있다는 비판을 받고 있다.[80]

또한 우리의 행정소송법은 행정행위를 대상으로 하는 항고소송과 공법상의 법률관계에 관한 분쟁을 대상으로 하는 당사자소송으로 구분되고 후자의 소송형태를 이행소송과 확인소송으로 분류하는 것이 일반적 견해이다. 오늘날 독일에서 일반적 이행소송이 행정행위 이외의 사실행위, 직무명령과 같은 행정내부행위를 대상으로 하고 있으며 이러한 일반적 이행소송이 당사자소송에서 발전된 것을 감안한다면 항고소송의 대상을 강학상의 행정행위에 제한시키고 여타의 행정작용을 당사자소송으로 하여 독일과 같이 일반적 이행소송으로 발전시키는 것이 바람직할 것이다. 행정소송법상의 처분의 개념을 강학상의 행정행위보다 넓게 보는 것 같은 판례도 드물게 발견되고 있으나,[81] 거의 일관되게 강학상의 행정행위와 동일하게 보고 있다.

판례 1(행정처분의 판단기준) 행정청의 어떤 행위를 행정처분으로 볼 것이냐의 문제는 추상적, 일반적으로 결정할 수 없고, 구체적인 경우 행정처분은 행정청이 공권력의 주체로서 행하는 구체적인 사실에 관한 법집행으로서 국민의 권리의무에 직접 영향을 미치는 행위라는 점을 고려하고 행정처분이 그 주체, 내용, 절차, 형식에 있어서 어느 정도 성립 내지 효력요건을 충족하느냐에 따라 개별적으로 결정해야 할 것이며, 행정청의 어떤 행위가 법적 근거도 없이 객관적으로 국민에게 불이익을 주는 행정처분과 같은 외형을 갖추고 있고, 그 행위의 상대방이 이를 행정처분으로 인식할 정도라면 그로 이하여 파생되는 국민의 불

79) 金道昶, 一般行政法論(上), 751면; 金東熙/崔桂暎, 行政法 I, 709면; 朴鈗炘/鄭亨根, 最新行政法講義(上), 801면.
80) 金南辰, 行政法 I, 207면; 洪井善, 行政法原論(上), 247면; 柳至泰, 行政法新論, 558면.
81) 대판 1992. 1. 17, 91누1714; 1993. 12. 10, 93누12619.

이익 내지 불안감을 제거시켜 주기 위한 구제수단이 필요한 점에 비추어 볼 때 행정청의 행위로 인하여 그 상대방이 입는 불이익 내지 불안이 있는지 여부도 그 당시에 있어서의 법치행정의 정도와 국민의 권리의식 수준 등은 물론 행위에 관련한 당해 행정청의 태도 등도 고려하여 판단하여야 한다(대판 1992. 1. 17, 91누1714; 1993. 12. 10, 93누12619).

판례 2(보조금 지급신청 결과 통보의 처분성) 여객자동차 운송사업자 갑 주식회사가 시내버스 노선을 운행하면서 환승요금할인 및 청소년요금할인을 시행한 데에 따른 손실을 보전해 달라며 경기도지사와 광명시장에게 보조금 지급신청을 하였으나, 경기도지사가 갑 회사와 광명시장에게 '갑 회사의 보조금 지급 신청을 받아들일 수 없음은 기존에 회신한 바와 같고, 광명시에서는 적의 조치하여 주기 바란다.'는 취지로 통보한 사안에서, 경기도 여객자동차 운수사업 관리 조례 제15조에 따른 보조금 지급사무는 광명시장에게 위임되었으므로 위 신청에 대한 응답은 광명시장이 해야 하고, 경기도지사는 갑 회사의 보조금 지급신청에 대한 처분권한자가 아니며, 위 통보는 경기도지사가 갑 회사의 보조금 신청에 대한 최종적인 결정을 통보하는 것이라기보다는 광명시장의 사무에 대한 지도·감독권자로서 갑 회사에 대하여는 보조금 지급신청에 대한 의견을 표명함과 아울러 광명시장에 대하여는 경기도지사의 의견에 따라 갑 회사의 보조금 신청을 받아들일지를 심사하여 갑 회사에 통지할 것을 촉구하는 내용으로 보는 것이 타당하므로, 경기도지사의 위 통보는 갑 회사의 권리·의무에 직접적인 영향을 주는 것이라고 할 수 없어 항고소송의 대상이 되는 처분으로 볼 수 없다(대판 2023. 2. 23, 2021두44548).

일반적으로 실무상 처분성 여부와 관련하여 문제가 되고 있는 것은 처분적 법규법령, 행정계획, 개별공시지가, 행정행위의 부관, 행정내부행위(직무명령), 다단계행정절차에 있어서 사전결정과 부분허가 등이 있는바 이들을 구체적으로 살펴보면 다음과 같다.

가. 처분적 법규명령

일반적으로 법규명령은 일반적·추상적 규율로서 사건의 성숙성이 없어 처분성이 부인되나 그것이 외관적으로 법규명령이나 실질적으로는 개별적·구체적 규율로서 개인의 권리와 의무를 직접 규율하는 경우에는 처분성을 갖는다. 근래 판례는 지방분교의 폐지에 대한 지방자치단체의 조례에 처분성을 인정하였다.

판례(조례가 항고소송의 대상이 되는 행정처분에 해당하는경우) 조례가 집행행위의 개입 없이도 그 자체로서 직접 국민의 구체적인 권리의무나 법적 이익에 영향을 미치는 등의 법률상 효과를 발생하는 경우 그 조례는 항고소송의 대상이 되는 행정처분에 해당한다(대판 1996. 9. 20, 95누8003).

한편 처분적 법규명령과 구별되어야 할 개념은 집행적 법규명령이다. 처분적 법규명령은 개별적·구체적 규율로서 실질적으로는 행정행위의 성격을 갖고 있으나, 집행적 법규명령은 일반적·추상적 규율이기는 하나 다만 집행행위의 매개 없이 직접 수범자의 권리와 의무를 규율하는 규범에 해당한다(예: 모든 당구장 주인에게 18세 미만의 청소년의 출입을 금지하는 법규명령). 이러한 집행적 법규명령은 처분의 성격을 갖고 있지 않기 때문에 취소소송의 대상이 될 수 없으며, 또한 현행법상 직접적 규범통제가 도입되고 있지 않기 때문에 헌법소원의 대상이 될 뿐이다.[82]

82) 이에 대하여는 鄭夏重, 執行的 法規命令과 處分的 法規命令의 概念, 法律新聞 3482호 2006. 8, 14면.

나. 고 시

고시란 행정기관이 법령이 정하는 바에 따라 일정한 사항을 일반에게 알리는 문서로서(사무관리규정 7조), 그 법적 성질은 내용에 따라 결정된다. 고시가 상위법령의 근거에 따라 제정되어 외부적 효력을 갖는 일반적 · 추상적 규율인 경우에는 법규명령에 해당하나, 상위법령의 수권이 없이 제정되어 내부적 효력만을 갖는 경우에는 행정규칙에 해당할 것이다. 한편 고시가 외부적 효력을 갖는 개별적 · 구체적 규율 또는 일반적 · 구체적 규율(일반처분)인 경우에는 처분의 성격을 갖는다. 판례는 국민건강보험의 요양급여산정기준에 관한 보건복지부장관의 고시들에 대하여 처분성을 인정하였는바 이들은 특정회사의 특정약품을 2차 약물로 지정하거나 또는 급여상한을 정하는 것을 내용으로 하는 개별적 · 구체적 규율로서 처분에 해당한다.

판례 1(항정신병 치료제의 요양급여에 관한 보건복지부 고시의 처분성) 이 사건 고시가 불특정의 항정신병 치료제 일반을 대상으로 한 것이 아니라 특정 제약회사의 특정 의약품을 규율 대상으로 하는 점 및 의사에 대하여 특정 의약품을 처방함에 있어서 지켜야 할 기준을 제시하면서 만일 그와 같은 처방기준에 따르지 않은 경우에는 국민건강보험공단에 대하여 그 약제비용을 보험급여로 청구할 수 없고 환자 본인에 대하여만 청구할 수 있게 한 점 등에 비추어 볼 때, 이 사건 고시는 다른 집행행위의 매개 없이 그 자체로서 제약회사, 요양기관, 환자 및 국민건강보험공단 사이의 법률관계를 직접 규율하는 성격을 가진다고 할 것이므로, 이는 항고소송의 대상이 되는 행정처분으로서의 성격을 갖는다고 할 것이다(대판 2003. 10. 9, 2003무23).[83)]

판례 2(보건복지부 고시인 약제급여 · 비급여목록 및 급여상한금액표의 처분성) 약제급여 · 비급여목록 및 급여상한금액표(보건복지부 고시 제2002-46호)는 ① 특정 제약회사의 특정 약제에 대하여 국민건강보험가입자 또는 국민건강보험공단이 지급하여야 하거나 요양기관이 상환받을 수 있는 약제비용의 구체적 한도액을 특정하여 설정하고 있는 점, ② 약제의 지급과 비용의 청구행위가 있기만 하면 달리 행정청의 특별한 집행행위의 개입 없이 이 사건 고시가 적용되는 점, ③ 특정 약제의 상한금액의 변동은 곧바로 국민건강보험가입자 또는 국민건강보험공단이 지급하여야 하거나 요양기관이 상환받을 수 있는 약제비용을 변동시킬 수 있다는 점 등에 비추어 보면, 이 사건 고시는 다른 집행행위의 매개없이 그 자체로서 국민건강보험가입자, 국민건강보험공단, 요양기관 등의 법률관계를 직접 규율하는 성격을 가진다고 할 것이므로, 항고소송의 대상이 되는 행정처분에 해당한다(대판 2006. 9. 22, 2005두2506).

다. 행정계획

행정계획은 다양한 법적 성격을 갖고 있기 때문에 그 성격을 일률적으로 파악하기가 어렵다. 그러나 행정계획 중 용도지역 · 지구 및 구역의 지정(상업지역 또는 주거지역으로의 지정 등)과 같은 외부적 효력을 갖는 구속적 행정계획은 물적 행정행위의 성격을 갖는 것으로서 처분성을 갖는다.

판례 도시계획법 제12조 소정의 고시된 도시계획결정은 특정 개인의 권리 내지 법률상의 이익을 개별적이고 구체적으로 규제하는 효과를 가져 오게 하는 행정청의 처분이라 할 것이고, 이는 행정소송의 대상이 된다(대판 1982. 3. 9, 80누105).

---

83) 동 판결에 대한 평석: 金重權, 告示의 처분성인정에 따른 問題點에 관한 小考, 제216차 行政判例研究會發表.

라. 표준지공시지가와 개별공시지가

국토교통부장관이 매년 표준지의 적정가격을 평가 · 공시하여 지가산정의 기준이 되게 하는 표준지공시지가의 법적 성격에 대하여는 견해가 대립되고 있다. 다수설에 따르면 표준지공시지가는 개인과 국가기관에 그들의 결정과 처분을 위하여 현재의 상황이나 사실에 대한 정보를 제공하는 사실행위로서 이른바 지침적 행정계획에 해당한다고 한다. 그러나 판례는 표준지공시지가를 행정소송의 대상이 되는 행정처분으로 그 위법여부를 다툴 수 있음은 물론, 수용보상금의 증액을 구하는 소송에서도 선행처분으로서 그 위법을 독립된 사유로 주장할 수 있다는 입장을 취하고 있다.

한편, 시장 · 군수 · 구청장 등이 다른 법령이 정하는 목적을 위한 지가산정을 위하여 표준지의 공시지가의 공시기준일 현재 관할구역안에 개별토지의 단위면적당 가격을 일괄적으로 정하는 개별공시지가의 법적 성격에 대하여도 학설에서 다툼이 되고 있다. 일부의 학설에서는 법규명령 또는 행정규칙의 성격을 갖고 있다는 견해가 있으나, 개별공시지가는 양도소득세, 개발부담금 산정 등의 기준이 되어 국민의 권리, 의무 내지 법률상 이익에 직접 관계되어 처분성을 갖는다는 것이 판례의 입장이다. 개별공시지가는 개별토지의 단위면적당 가격에 해당하는 것으로서 그 결정은 관련토지의 물적 상태규율로서 물적 행정행위에 해당한다고 할 것이다.

판례 1(표준지공시지가의 처분성) 인근 토지소유자 등으로 하여금 결정된 표준지공시지가를 기초로 하여 장차 토지보상 등이 이루어질 것에 대비하여 항상 토지의 가격을 주시하고 표준지공시지가결정이 잘못된 경우 정해진 시정절차를 통하여 이를 시정하도록 요구하는 것은 부당하게 높은 주의의무를 지우는 것이고, 위법한 표준지공시지가결정에 대하여 그 정해진 시정절차를 통하여 시정하도록 요구하지 않았다는 이유로 위법한 표준지공시지가를 기초로 한 수용재결 등 후행 행정처분에서 표준지공시지가결정의 위법을 주장할 수 없도록 하는 것은 수인한도를 넘는 불이익을 강요하는 것으로서 국민의 재산권과 재판받을 권리를 보장한 헌법의 이념에도 부합하는 것이 아니다. 따라서 표준지공시지가결정이 위법한 경우에는 그 자체를 행정소송의 대상이 되는 행정처분으로 보아 그 위법 여부를 다툴 수 있음은 물론, 수용보상금의 증액을 구하는 소송에서도 선행처분으로서 그 수용대상 토지 가격 산정의 기초가 된 비교표준지공시지가결정의 위법을 독립한 사유로 주장할 수 있다(대판 2008. 8. 21, 2007두13845).

판례 2(개별공시지가의 처분성) 시장, 군수, 구청장이 산정하여 한 개별토지가액의 결정은 토지초과이득세, 택지초과소유부담금 또는 개발부담금 산정 등의 기준이 되어 국민의 권리, 의무 내지 법률상 이익에 직접적으로 관계된다고 할 것이고, 따라서 이는 행정소송법 제2조 제1항 제1호 소정의 행정청이 행하는 구체적 사실에 관한 법집행으로서의 공권력행사이어서 행정소송의 대상이 되는 행정처분으로 보아야 할 것이다(대판 1993. 1. 15, 92누12407).

마. 행정행위의 부관

주된 행정행위의 효과를 제한 또는 보충하기 위하여 부가되는 종된 규율로서의 부관의 법적 성격은 한결같지 않다. 기한, 조건, 철회권의 유보 등은 주된 행정행위의 규율의 일부를 이루고 있기 때문에 독립적인 처분에 해당하지 않으며, 이에 따라 이들을 취소하고자 하는 경우에는 부진정일부취소소송을 제기하여야 한다는 것이 다수설의 견해이다. 반면 주된 행정행위에 부가하여 작위, 부작위, 수인, 급부의무를 부과하는 부담은 그 자체로 독립된 처분의 성격을 갖고 있기 때문에, 주된 행정행위와 독립하여 취소소송의 제기가 가능할 것이다(진정일부취소소송(眞正一部取消訴訟)).

판례(부관이 항고소송의 대상이 되는 행정처분에 해당하는지 여부) 부관은 행정행위의 일반적인 효력이나 효과를 제한하기 위하여 의사표시의 주된 내용에 부가되는 종된 의사표시이지 그 자체로서 직접 법적 효과를 발생하는 독립된 처분이 아니므로 현행 행정쟁송제도 아래서는 부관 그 자체만을 독립된 쟁송의 대상으로 할 수 없는 것이 원칙이나 행정행위의 부관 중에서도 행정행위에 부수하여 그 행정행위의 상대방에게 일정한 의무를 부과하는 행정청의 의사표시인 부담의 경우에는 다른 부관과는 달리 행정행위의 불가분적인 요소가 아니고 그 존속이 본체인 행정행위의 존재를 전제로 하는 것일 뿐이므로 부담 그 자체로서 행정쟁송의 대상이 될 수 있다(대판 1992. 1. 21, 91누1264).

바. 전보발령

전보발령이란 같은 직열내에서 동일한 직급으로의 보직변경(국공법·지공법 5조 6호)으로서 외부적 효력을 갖지 않기 때문에 행정행위의 성격이 부인되고 직무명령의 성격을 갖는다. 이러한 직무명령은 간혹 정실인사나 은폐된 징계수단으로 남용되는 경우가 있어, 독일의 경우 일반적 이행소송에 의하여 권리구제를 인정하고 있다. 한편 하급심판례는 원고의 권리구제의 필요성에서 전보발령의 처분성을 인정한 바 있으나, 처분개념을 무리하게 확장하기보다는 이를 당사자소송에서 이행소송의 대상으로 하는 것이 바람직 할 것이다.

판례(전보발령이 항고소송의 대상이 되는 행정처분에 해당하는지 여부) 전보발령은 행정청인 위 피고가 그 행정조직법상의 공법상 권한에 기하여 그 권한발동의 상대방이 되는 원고에 대하여 지방공무원법상의 직무집행의무의 내용을 변경시킴으로서 그 법률상 지위에 변동을 가져오게 하는 행위에 해당하는 것으로서, 그것이 행정청의 단순한 내부적 행위나 알선, 권유, 사실상의 통지 등 법률적 효과를 가져오지 아니하는 행위에 불과하다고 볼 수 없으며, 형평에 반하거나 특정인에게 특별히 불리한 결과를 가져오게 되는 등 재량권의 범위를 벗어난 전보명령에 대하여는 그 당사자가 소송을 통하여 이를 시정받을 길을 열어줄 실제적인 필요성도 있다고 인정됨으로 이 사건 전보발령은 행정소송의 대상이 되는 행정처분이라고 보아야 할 것이다(서울고판 1994. 9. 6, 94구1496).

사. 경 고

경고를 일률적으로 처분으로 보는 견해도 없지 않으나,[84] 이에 대하여는 보다 세분화된 고찰이 필요하다. 경고에는 개인의 행위에 대한 규율적 성격을 갖는 경고와 단지 위험상황을 알리는 경고가 있다. 반복 또는 계속되는 개인의 위법행위에 대하여 제재에 앞서 행하는 사전경고(정학처분에 대한 경고, 대집행에 대한 계고)는 일방적인 공권력행사로서 규율적 성격을 갖기 때문에 처분에 해당하나, 단순한 위험상황을 알리는 경고(위험표지판)는 규율적 성격을 갖지 않는 단순한 사실행위에 지나지 않는다. 한편, 판례는 함양군 지방공무원징계양정에 관한 규칙에 근거한 불문경고 및 구「표시·광고의 공정화에 관한 법률」 위반을 이유로 한 공정거래위원회의 경고의결의 처분성을 긍정한 반면, 서울특별시 교육청감사결과지적사항 및 법률위반공무원처분기준에 근거한 경고의 처분성을 부인하

84) 金南辰, 行政法 Ⅰ, 777면.

였다. 판례는 경고의 처분성 인정여부에 있어서 직접적 법률적 효과를 발생시키는지 여부에 초점을 맞추고 있다.

판례 1(불문경고의 처분성을 인정한 사례) 함양군 지방공무원징계양정에 관한 규칙은 행정조직 내부에서 행정의 사무처리기준으로 제정된 일반적 · 추상적 규범인 행정규칙이어서, 일반 국민이나 법원에 대한 대외적인 구속력은 없지만 행정조직 내부에서는 구속력 있는 규범으로 적용되고 있는바, 이들 규칙이나 예규 및 지침 등에 의하면, 이 사건 불문경고가 비록 법률상의 징계처분은 아니라 하더라도, 이 사건 경고에는 적어도 경고를 받지 아니하였다면 차후 다른 징계처분이나 경고를 받게 될 경우 징계감경사유로 사용될 수 있었던 표창공적의 사용가능성을 소멸시키는 효과와 1년 동안 인사기록카드에 등재됨으로써 그 동안은 장관표창이나 도지사표창 대상자에서 제외시키는 효과 등이 있음을 알 수 있다. 그렇다면 이 사건 처분은 그 근거와 법적 효과가 위와 같은 행정규칙에 규정되어 있다 하더라도, 행정규칙의 내부적 구속력에 의하여 상대방에게 권리의 설정 또는 의무의 부담을 명하거나 기타 법적 효과를 발생하게 하는 등으로 원고의 권리의무에 직접 영향을 미치는 행위로서 항고소송의 대상이 되는 행정처분에 해당하는 것으로 보아야 할 것이다(대판 2002. 7. 26, 2001두3532).

판례 2(불문경고의 처분성을 부인한 사례) '서울특별시교육청감사결과지적사항및법률위반공무원처분기준'에 정해진 경고는, 교육공무원의 신분에 영향을 미치는 교육공무원법령상의 징계의 종류에 해당하지 아니하고, 인사기록카드에 등재되지도 않으며, '2001년도정부포상업무지침'에 정해진 포상추천 제외대상이나 교육공무원징계양정등에관한규칙 제4조 제1항 단서에 정해진 징계감경사유제외대상에 해당하지도 않을 뿐만 아니라, '서울특별시교육청교육공무원평정업무처리요령'에 따라 근무평정자가 위와 같은 경고를 이유로 경고를 받은 자에게 상위권 평점을 부여하지 않는다고 하더라도 그와 같은 사정은 경고 자체로부터 직접 발생되는 법률상 효과라기보다는 경고를 받은 원인이 된 비위사실이 인사평정 당시의 참작사유로 고려되는 사실상 또는 간접적인 효과에 불과한 것이어서 교육공무원으로서의 신분에 불이익을 초래하는 법률상의 효과를 발생시키는 것은 아니라 할 것이다. 따라서 위와 같은 경고는, 교육공무원법, 교육공무원징계령, 교육공무원징계양정등에관한규칙에 근거하여 행해지고, 인사기록카드에 등재되며, '2001년도정부포상업무지침'에 따른 포상추천 제한사유 및 교육공무원징계양정등에관한규칙 제4조 제1항 단서에 정해진 징계감경사유 제외대상에 해당하는 불문(경고)과는 달리, 항고소송의 대상이 되는 행정처분에 해당하지 않는다고 할 것이다(대판 2004. 4. 23, 2003두13687).

판례 3(서면경고의 처분성을 부인한 사례) 공무원이 소속 장관으로부터 받은 "직상급자와 다투고 폭언하는 행위 등에 대하여 엄중 경고하니 차후 이러한 사례가 없도록 각별히 유념하기 바람"이라는 내용의 서면에 의한 경고가 공무원의 신분에 영향을 미치는 국가공무원법상의 징계의 종류에 해당하지 아니하고, 근무충실에 관한 권고행위 내지 지도행위로서 그 때문에 공무원으로서의 신분에 불이익을 초래하는 법률상의 효과가 발생하는 것도 아니므로, 경고가 국가공무원법상의 징계처분이나 행정소송의 대상이 되는 행정처분이라고 할 수 없어 그 취소를 구할 법률상의 이익이 없다(대판 1991. 11. 12, 91누2700).

판례 4(구 표시 · 광고의 공정화에 관한 법률 위반을 이유로 한 공정거래위원회의 경고의결이 처분성을 갖는지 여부) 구 표시 · 광고의 공정화에 관한 법률 위반을 이유로 한 공정거래위원회의 경고의결은 당해 표시 · 광고의 위법을 확인하되 구체적인 조치까지는 명하지 않는 것으로 사업자가 장래 다시 표시 · 광고의 공정화에 관한 법률 위반행위를 할 경우 과징금 부과 여부나 그 정도에 영향을 주는 고려사항이 되어 사업자의 자유와 권리를 제한하는 행정처분에 해당한다. 구 표시 · 광고의 공정화에 관한 법률 제7조 제1항에 따르면, 공정거래위원회는 사업자 등이 부당한 표시 · 광고행위를 하는 때에는 그 시정을 위하여 '당해 위반행위의 중지(제1호), 시정명령을 받은 사실의 공표(제2호), 정정광고(제3호), 기타 위반행위의 시정을 위하여 필요한 조치(제4호)'를 명할 수 있다. 여기서 '기타 위반행위의 시정을 위하여 필요한 조치'란 '당해 위반행위의 중지 명령' 등 제1호에서 제3호까지 규정한 시정조치 외에 위반행위를 시정하기 위하여 필요하고 적절하다고 인정되는 제반 조치를 말하는 것이고, 표시·광고의 공정화에 관한 법률 위반행위에 따른 과징금 부과 여부나 그 정도에 영향을 미칠 수 있는 경고처분도 이에 해당한다고 볼 수 있다(대판 2013. 12. 26, 2011두4930).

아. 사전결정과 부분허가

공항건설·원자력발전소 또는 고속전철공사 등 대규모시설의 건설은 일반적으로 여러 단계의 결정과정을 거쳐 진행된다. 여기서 개별단계마다 행정청에 의하여 내려지는 사전결정과 부분허가는 그 자체로서 종국적인 규율에 해당하는 것으로서 처분성을 갖기 때문에 취소소송의 대상이 된다. 부분허가는 신청자에게 전체시설 중 특정부분의 설치나 운영을 시작하는 것을 허가하는 것을 의미하는 반면, 사전결정은 개개의 승인요건의 충족여부에 대하여 미리 결정을 내리는 확인적 행정행위에 해당한다(원자력발전소를 위한 부지적합성여부에 대한 결정; 폐기물처리업 사업계획의 적정통보).

판례 1(원자로시설부지사전승인의 처분성) 원자로시설부지사전승인처분의 근거 법률인 구 원자력법 제11조 제3항에 근거한 원자로 및 관계시설의 부지사전승인처분은 원자로 등의 건설허가 전에 그 원자로 등 건설예정지로 계획중인 부지가 원자력법의 관계 규정에 비추어 적법성을 구비한 것인지 여부를 심사하여 행하는 사전적 부분건설허가처분의 성격을 갖고 있다(대판 1998. 9. 4, 97누19588).

판례 2(폐기물처리업 사업계획의 부적정통보의 처분성) 폐기물관리법 관계 법령의 규정에 의하면 폐기물처리업의 허가를 받기 위하여는 먼저 사업계획서를 제출하여 허가권자로부터 사업계획에 대한 적정통보를 받아야 하고, 그 적정통보를 받은 자만이 일정기간 내에 시설, 장비, 기술능력, 자본금을 갖추어 허가신청을 할 수 있으므로, 결국 부적정통보는 허가신청 자체를 제한하는 등 개인의 권리 내지 법률상의 이익을 개별적이고 구체적으로 규제하고 있어 행정처분에 해당한다(대판 1998. 4. 28, 97누21086).

자. 권 고

행정청이 행정지도의 일환으로 행하는 권고는 상대방에 대하여 직접 권리를 부여하거나 의무를 부과하지는 않는 사실행위의 성격을 갖고 있으나, 개별법률에서 권고의 효력으로 일정한 법적 의무를 결부시키는 경우에는 처분의 성격을 갖는다.

판례 남녀차별금지및구제에관한법률 제28조에 의하면, 국가인권위원회의 성희롱결정과 이에 따른 시정조치의 권고는 불가분의 일체로 행하여지는 것인데 국가인권위원회의 이러한 결정과 시정조치의 권고는 성희롱 행위자로 결정된 자의 인격권에 영향을 미침과 동시에 공공기관의 장 또는 사용자에게 일정한 법률상의 의무를 부담시키는 것이므로 국가인권위원회의 성희롱결정 및 시정조치권고는 행정소송의 대상이 되는 행정처분에 해당한다고 보지 않을 수 없다(대판 2005. 7. 8, 2005두487).

차. 내부행위

어떤 행위가 아직 외부에 표시되지 아니한 채 내부적 단계에 머물러 있는 한 항고소송의 대상이 되는 처분에 해당하지 않는다. 예를 들어 처분의 준비를 위한 결정, 처분의 기초자료를 제공하기 위한 결정 등은 원칙적으로 내부행위이고 처분이 아니다. 또한 행정기관 상호간의 협의나 동의 역시 처분에 해당하지 않는다.

판례 1(운전면허 행정처분처리대장상 벌점배점의 처분성 여부) 운전면허 행정처분처리대장상 벌점의 배점은 도로교통법규 위반행위를 단속하는 기관이 도로교통법시행규칙 별표 16의 정하는 바에 의하여 도로교통법규 위반의 경중, 피해의 정도 등에 따라 배정하는 점수를 말하는 것으로 자동차운전면허의 취소, 정지처분의 기초자료로 제공하기 위한 것이고 그 배점 자체만으로는 아직 국민에 대하여 구체적으로 어떤 권리를 제한하거나 의무를 명하는 등 법률적 규제를 하는 효과를 발생하는 요건을 갖춘 것이 아니어서 그 무효확인 또는 취소를 구하는 소송의 대상이 되는 행정처분이라고 할 수 없다(대판 1994. 8. 12, 94누2190).

판례 2(관계 행정기관의 협의가 항고소송의 대상이 행정처분에 해당하는지 여부) 외환은행장이 수입허가의 유효기간 연장을 승인하고자 할 때에는 무역거래법시행규칙 제10조 제3항에 의하여 미리 피고인 상공부장관과 하는 협의는 행정청의 내부 행위로서 이것만으로서는 직접 국민의 권리의무에 변동을 가져오는 것이라고는 할 수 없고, 따라서 이것은 항고소송의 대상이 되는 행정처분이라고는 볼 수 없다(대판 1971. 9. 14, 71누99).

판례 3(구 건축법 제29조 제1항에서 정한 건축협의의 취소가 처분에 해당하는지 여부) 구 건축법 제29조 제1항, 제2항, 제11조 제1항 등의 규정 내용에 의하면, 건축협의의 실질은 지방자치단체 등에 대한 건축허가와 다르지 않으므로, 지방자치단체 등이 건축물을 건축하려는 경우 등에는 미리 건축물의 소재지를 관할하는 허가권자인 지방자치단체의 장과 건축협의를 하지 않으면, 지방자치단체라 하더라도 건축물을 건축할 수 없다. 그리고 구 지방자치법 등 관련 법령을 살펴보아도 지방자치단체의 장이 다른 지방자치단체를 상대로 한 건축협의 취소에 관하여 다툼이 있는 경우에 법적 분쟁을 실효적으로 해결할 구제수단을 찾기도 어렵다. 따라서 건축협의 취소는 상대방이 다른 지방자치단체 등 행정주체라 하더라도 '행정청이 행하는 구체적 사실에 관한 법집행으로서의 공권력 행사'(행정소송법 제2조 제1항 제1호)로서 처분에 해당한다고 볼 수 있고, 지방자치단체인 원고가 이를 다툴 실효적 해결 수단이 없는 이상, 원고는 건축물 소재지 관할 허가권자인 지방자치단체의 장을 상대로 항고소송을 통해 건축협의 취소의 취소를 구할 수 있다(대판 2014. 2. 27, 2012두22980).

판례 4(교육부장관의 대학총장 후보자를 임용제청에서 제외하는 행위가 항고소송의 대상이 되는 처분에 해당하는지 여부) 교육대학의 장 임용에 관하여 교육부장관의 임용제청권을 인정한 취지는 대학의 자율성과 대통령의 실질적인 임용권 행사를 조화시키기 위하여 대통령의 최종적인 임용권 행사에 앞서 대학의 추천을 받은 총장 후보자들의 적격성을 일차적으로 심사하여 대통령의 임용권 행사가 적정하게 이루어질 수 있도록 하기 위한 것이다. 대학의 추천을 받은 총장 후보자는 교육부장관으로부터 정당한 심사를 받을 것이라는 기대를 하게 된다. 만일 교육부장관이 자의적으로 대학에서 추천한 복수의 총장 후보자들 전부 또는 일부를 임용 제청하지 않는다면 대통령으로부터 임용을 받을 기회를 박탈하는 효과가 있다. 이를 항고소송의 대상이 되는 처분으로 보지 않는다면, 침해된 권리 또는 법률상 이익을 구제받을 방법이 없다. 따라서 교육부장관이 대학에서 추천한 복수의 총장 후보자들 전부 또는 일부를 임용제청에서 제외하는 행위는 제외된 후보자들에 대한 불이익처분으로서 항고소송의 대상이 되는 처분에 해당한다고 보아야 한다(대판 2018. 6. 15, 2016두57564).

판례 5(취소소송의 대상인 처분) 교육부가 국공립대학의 교육 · 연구 및 학생지도 비용에 대한 감사결과를 바탕으로 갑(甲) 국립대학교 총장에게 소속 교원 을(乙) 등에 대한 교육 · 연구 및 학생지도 비용 환수 및 신분상 조치를 하도록 요구함에 따라, 총장이 교내 이메일을 통해 을 등에게 '환수금 납입 안내'라는 제목의 문서를 첨부하여 교육 · 연구 및 학생지도 비용에 관한 환수금을 납부해 달라는 요청을 통지한 사안에서, 위 환수 통지는 행정청이 행하는 구체적 사실에 관한 법집행으로서 공권력의 행사인 '처분'에 해당한다(대법원 2025. 5. 15, 2024두35989).

카. 입찰자격의 제한조치

「국가를 당사자로 하는 계약에 관한 법률」(구 예산회계법) 또는 「지방자치단체를 당사자로 하는 계약에 관한 법률」(구 지방재정법)에 따라 국가나 지방자치단체가 입찰방식에 의하여 사인과 체결하는 물품구매계약이나 건축도급계약 등은 사법상의 계약에 해당되기 때문에 이에 관한 분쟁은 행정소송의 대상이 될 수 없다. 그러나 낙찰자가 이후에 계약상의 중대한 의무를 위반하여 부정당업자에 해당하는 경우에 이에 대한 제재조치로서 부과되는 입찰자격제한조치는 공권력의 행사로서 처분의 성격을 갖는다고 할 것이다. 판례는 나아가서 국가나 지방자치단체뿐만 아니라 「공공기관의 운영에 관한 법률」상의 공기업이나 준정부기관의 부정당업자에 대한 입찰자격제한조치에 대하여도 행정소송의 대상이 되는 처분성을 인정하고 있다(대판 2013. 9. 12, 2011두10584). 다만 대법원은 「공공기관의 운영에 관한 법률」상의 공기업이나 준정부기관이 아닌 기타공공기관에 해당하는 수도권매립지관리공사의 입찰자격제한조치를 행정처분이 아니라 단순히 사법상의 효력을 갖는 통지에 불과하다고 판시하고 있다.

최근에 판례는 공정거래위원회가 관계 행정기관의 장에게 입찰자격제한을 요청한 사안에 있어서 요청결정의 처분성을 인정하고 있다. 원칙적으로 행정기관 상호간에 의사표시(협의, 동의, 요청, 지시 등)은 내부행위로서 처분성이 인정되지 않으나, 사안에서는 원고가 공정거래위원회의 요청결정을 알고 있었으며. 그에 따른 입찰자격제한처분을 예견할 수 있었던 상황을 고려한 것으로 보인다.

판례 1(공기업 · 준정부기관이 입찰참가자격제한처분을 하기 위한 요건) 침익적 행정처분의 근거 규정에 관한 엄격해석 원칙에 비추어 보면, 공공기관의 운영에 관한 법률 제39조 제2항, 제3항, 공기업 · 준정부기관 계약사무규칙 제15조, 구 국가를 당사자로 하는 계약에 관한 법률 제27조 제1항 제8호 (나)목, 구 국가를 당사자로 하는 계약에 관한 법률 시행령 제76조 제1항 제2호 (가)목은 다음과 같이 해석해야 한다. 공기업 · 준정부기관이 입찰을 거쳐 계약을 체결한 상대방에 대해 위 규정들에 따라 계약조건 위반을 이유로 입찰참가자격제한처분을 하기 위해서는 입찰공고와 계약서에 미리 계약조건과 그 계약조건을 위반할 경우 입찰참가자격 제한을 받을 수 있다는 사실을 모두 명시해야 한다. 계약상대방이 입찰공고와 계약서에 기재되어 있는 계약조건을 위반한 경우에도 공기업 · 준정부기관이 입찰공고와 계약서에 미리 계약조건을 위반할 경우 입찰참가자격이 제한될 수 있음을 명시해 두지 않았다면, 위 규정들을 근거로 입찰참가자격제한처분을 할 수 없다(대판 2021. 11. 11, 2021두43491).

판례 2(수도권매립지관리공사의 입찰자격제한조치가 행정소송의 대상이 되는 처분에 해당하는지 여부) 행정소송의 대상이 되는 행정처분은, 행정청 또는 그 소속기관이나 법령에 의하여 행정권한의 위임 또는 위탁을 받은 공공기관이 국민의 권리의무에 관계되는 사항에 관하여 공권력을 발동하여 행하는 공법상의 행위를 말하며, 그것이 상대방의 권리를 제한하는 행위라 하더라도 행정청 또는 그 소속기관이나 권한을 위임받은 공공기관의 행위가 아닌 한 이를 행정처분이라고 할 수 없다. 수도권매립지관리공사가 갑에게 입찰참가자격을 제한하는 내용의 부정당업자제재처분에 대하여 갑이 무효확인 또는 취소를 구하는 행정소송을 제기하면서 제재처분의 효력정지신청을 하였는바, 수도권매립지관리공사는 행정소송법에서 정한 행정청 또는 그 소속기관이거나 그로부터 제재처분의 권한을 위임받은 공공기관에 해당하지 않으므로, 수도권매립지관리공사가 한 위 제재처분은 행정소송의 대상이 되는 행정처분이 아니라 단지 갑을 자신이 시행하는 입찰에 참가시키지 않겠다는 뜻의 사법상의 효력을 가지는 통지에 불과하므로, 갑이 수도권매립지관리공사를 상대로 하여 제기한 위 효력정지신청은 부적법함에도 그 신청을 받아들인 원심결정은 집행정지의 요건에 관한 법리를 오해한 위법이 있다(대판 2010. 11. 26, 2010무137).

판례 3(수요기관이 기타공공기관인 요청조달계약의 경우에 관하여 조달청장이 계약상대방에 대하여 입찰참가자격 제한 처분을 할 수 있는지 여부) 조달청장이 수요기관을 대신하여 국가계약법 제27조 제1항에 규정된 입찰참가자격 제한 처분을 할 수 있기 위해서는 그에 관한 수권의 취지가 포함된 업무 위탁에 관한 근거가 법률에 별도로 마련되어 있어야 한다. 그런데 공공기관의 운영에 관한 법률 제44조 제2항은 "공기업 · 준정부기관은 필요하다고 인정하는 때에는 수요물자 구매나 시설공사계약의 체결을 조달청장에게 위탁할 수 있다."라고 규정함으로써, 공기업 · 준정부기관에 대해서는 입찰참가자격 제한 처분의 수권 취지가 포함된 업무 위탁에 관한 근거 규정을 두고 있는 반면, 기타공공기관은 여기에서 제외하고 있음을 알 수 있다.

따라서 수요기관이 기타공공기관인 요청조달계약의 경우에 관하여는 입찰참가자격 제한 처분의 수권 등에 관한 법령상 근거가 없으므로, 조달청장이 국가계약법 제27조 제1항에 의하여서는 계약상대방에 대하여 입찰참가자격 제한 처분을 할 수는 없고, 그 밖에 그러한 처분을 할 수 있는 별도의 법적 근거도 없다(대판 2017. 6. 29, 2014두14389).

판례 4(공정위의 입찰자격제한 요청결정의 처분성) 공정거래위원회는 구 하도급법 제26조 제2항 후단에 따라 관계 행정기관의 장에게 해당 사업자에 대한 입찰참가자격제한 등 요청 결정을 하게 되며, 이를 요청받은 관계 행정기관의 장은 특별한 사정이 없는 그 사업자에 대하여 입찰참가자격제한 등의 처분을 해야 하므로, 사업자로서는 입찰참가자격제한 등 요청 결정이 있으면 장차 후속 처분으로 입찰참가자격이 제한되고 영업이 정지될 수 있는 등의 법률상 불이익이 존재한다. 이때 입찰참가자격제한 등 요청 결정이 있음을 알고 있는 사업자로 하여금 입찰참가자격제한처분 등에 대하여만 다툴 수 있도록 하는 것보다는 그에 앞서 직접 입찰참가자격제한 등 요청 결정의 적법성을 다툴 수 있도록 함으로써 분쟁을 조기에 근본적으로 해결하도록 하는 것이 법치행정의 원리에도 부합하므로, 공정거래위원회의 입찰참가자격제한 등 요청 결정은 항고소송의 대상이 되는 처분에 해당한다(대판 2023. 2. 2, 2020두48260).

타. 변경처분과 취소소송의 대상

과세관청은 과세처분에 잘못이 있는 경우에 당초처분을 시정하기 위한 경정처분을 할 수 있다. 이러한 과세관청의 경정처분에는 감액경정처분과 증액경정처분이 있는바, 이와 관련하여 취소소송의 대상은 학설과 판례에서 다툼이 되고 있다(자세히는 본서 조세법 부분 제4절 조세행정구제제도 참고). 판례와 다수설은 감액경정처분의 경우에는 감액된 당초처분이 취소소송의 대상이 되고, 제소기간준수 여부도 당초처분을 기준으로 판단하여야 한다는 입장을 취하고 있다(역흡수설). 이에 대하여 증액경정처분의 경우에는 당초처분은 경정처분에 흡수된다는 이유로 증액경정처분만이 취소소송의 대상이 된다는 것이 판례와 다수설의 입장이다(흡수설).

판례 1(변경처분이 있는 경우 항고소송의 대상) 기존의 행정처분을 변경하는 내용의 행정처분이 뒤따르는 경우, 후속처분이 종전처분을 완전히 대체하는 것이거나 주요 부분을 실질적으로 변경하는 내용인 경우에는 특별한 사정이 없는 한 종전처분은 효력을 상실하고 후속처분만이 항고소송의 대상이 되지만, 후속처분의 내용이 종전처분의 유효를 전제로 내용 중 일부만을 추가 · 철회 · 변경하는 것이고 추가 · 철회 · 변경된 부분이 내용과 성질상 나머지 부분과 불가분적인 것이 아닌 경우에는, 후속처분에도 불구하고 종전처분이 여전히 항고소송의 대상이 된다(대판(전원합의체) 2015. 11. 19, 2015두295).

판례 2(감액경정처분의 경우에 취소소송의 대상) 과세관청이 조세부과처분을 한 뒤에 그 불복절차과정에서 국세청장이나 국세심판소장으로부터 그 일부를 취소하도록 하는 결정을 받고 이에 따라 당초 부과처분의 일부를 취소, 감액하는 내용의 경정결정을 한 경우 위 경정처분은 당초 부과처분과 별개 독립의 과세처분이 아니라 그 실질은 당초 부과처분의 변경이고, 그에 의하여 세액의 일부 취소라는 납세자에게 유리한 효과를 가져오는 처분이라 할 것이므로 그 경정결정으로도 아직 취소되지 않고 남아 있는 부분이 위법하다고 하여 다투는 경우에는 항고소송의 대상이 되는 것은 당초의 부과처분 중 경정결정에 의하여 취소되지 않고 남은 부분이 된다 할 것이고, 경정결정이 항고소송의 대상이 되는 것은 아니라 할 것이므로, 이 경우 제소기간을 준수하였는지 여부도 당초처분을 기준으로 하여 판단하여야 할 것이다(대판 1991. 9. 13, 91누391).

판례 3(증액경정처분의 경우에 취소소송의 대상) 국세기본법 제22조의2의 시행 이후에도 증액경정처분이 있는 경우, 당초 신고나 결정은 증액경정처분에 흡수됨으로써 독립한 존재가치를 잃게 된다고 보아야 하므로, 원칙적으로는 당초 신고나 결정에 대한 불복기간의 경과 여부 등에 관계없이 증액경정처분만이 항고소송의 심판대상이 되고, 납세의무자는 그 항고소송에서 당초 신고나 결정에 대한 위법사유도 함께 주장할 수 있다고 해석함이 타당하다(대판 2009. 5. 14, 2006두17390).

파. 반복된 행위

가) 침익적 처분인 경우 동일한 내용이 반복된 침익적 처분의 경우에는 최초의 처분만이 항고소송의 대상이 된다고 할 것이다. 판례도 같은 입장을 취하고 있다.

판례(기일을 연기한 공익근무요원 소집통지가 독립한 행정처분인지 여부) 지방병무청장이 보충역 편입처분을 받은 자에 대하여 복무기관을 정하여 공익근무요원 소집통지를 한 이상 그것으로써 공익근무요원으로서의 복무를 명하는 병역법상의 공익근무요원 소집처분이 있었다고 할 것이고, 그 후 지방병무청장이 공익근무요원 소집대상자의 원에 의하여 또는 직권으로 그 기일을 연기한 다음 다시 공익근무요원 소집통지를 하였다고 하더라도 이는 최초의 공익근무요원 소집통지에 관하여 다시 의무이행기일을 정하여 알려주는 연기통지에 불과한 것이므로, 이는 항고소송의 대상이 되는 독립한 행정처분으로 볼 수 없다(대판 2005. 10. 28, 2003두14550).

나) 거부처분의 경우 판례는 거부처분이 있은 후 당사자가 다시 신청을 한 경우에는 신청의 제목 여하에 불구하고 그 내용이 새로운 신청을 하는 취지라면 관할 행정청이 이를 다시 거절하는 것은 새로운 거부처분이라고 보아야 한다는 입장이다. 관계 법령이나 행정청이 사전에 공표한 처분기준에 신청기간을 제한하는 특별한 규정이 없는 이상 재신청을 불허할 법적 근거가 없으며, 설령 신청기간을 제한하는 특별한 규정이 있더라도 재신청이 신청기간을 도과하였는지는 본안에서 재신청에 대한 거부처분이 적법한가를 판단하는 단계에서 고려할 요소이지, 소송요건 심사단계에서 고려할 요소가 아니라고 판시하고 있다.

판례(거부처분 있은 후 새로이 신청하는 경우 이를 거절하는 의사표시가 거부처분에 해당하는지 여부) 수익적 행정처분을 구하는 신청에 대한 거부처분은 당사자의 신청에 대하여 관할 행정청이 이를 거절하는 의사를 대외적으로 명백히 표시함으로써 성립된다. 거부처분이 있은 후 당사자가 다시 신청을 한 경우에는 신청의 제목 여하에 불구하고 그 내용이 새로운 신청을 하는 취지라면 관할 행정청이 이를 다시 거절하는 것은 새로운 거부처분이라고 보아야 한다. 관계 법령이나 행정청이 사전에 공표한 처분기준에 신청기간을 제한하는 특별한 규정이 없는 이상 재신청을 불허할 법적 근거가 없으며, 설령 신청기간을 제한하는 특별한 규정이 있더라도 재신청이 신청기간을 도과하였는지는 본안에서 재신청에 대한 거부처분이 적법한가를 판단하는 단계에서 고려할 요소이지, 소송요건 심사단계에서 고려할 요소가 아니다(대판 2021. 1. 14, 2020두50324).

6) 행정심판의 재결

행정심판의 재결에 있어서 행정심판이란 행정심판법에 의한 행정심판에 한하지 않고 국세심판 등을 포함하여 널리 위법 · 부당한 처분으로 인하여 권익을 침해당한 자가 행정기관에 대하여 그 시정을 구하는 행정쟁송절차를 총칭한다.

가. 원처분주의

행정청의 처분에 대하여 행정심판의 재결을 거쳐 취소소송을 제기하는 경우에, 원처분과 재결을 모두 취소소송의 대상으로 할 수 있게 한 경우에, 원처분주의를 취할 것인가 또는 재결주의를 취할 것인가가 문제된다.

원처분주의는 원처분과 재결 중 어느 것에 대하여도 소를 제기할 수 있으나, 원처분의 위법은 원처분취소소송에서만 주장할 수 있으며, 재결취소소송에서는 원처분의 위법은 주장할 수가 없고, 재결 자체의 고유한 위법만을 주장할 수 있는 제도를 의미한다. 반면 재결주의란 원처분에 대하여는 소송을 제기할 수 없고, 재결에 대하여만 소송을 제기할 수 있도록 하되, 재결 자체의 위법뿐만 아니라 원처분의 위법도 재결취소소송에서 주장할 수 있게 하는 제도를 말한다.

우리 행정소송법은 취소소송의 대상을 원칙적으로 원처분으로 하고, 재결에 대하여는 그 재결 자체에 고유한 위법이 있음을 이유로 하는 경우에 한하여 제소를 허용하고 있어 원처분주의를 취하고 있다(법 19조).

나. 취소소송의 대상이 되는 재결

원처분이 위법함에도 불구하고 그를 유지하는 각하재결이나 기각재결에 대하여는 원처분에 대하여 취소소송을 제기할 수 있고, 그것이 보다 직접적인 권리구제수단이 되기 때문에 재결은 취소소송의 대상이 되지 못한다.

반면 재결이 취소소송의 대상이 되는 경우는 재결 자체에 고유한 위법이 있는 경우에 한하는 바, 여기서 재결 자체의 고유한 위법이란 재결 자체에 주체 · 절차 · 형식 그리고 내용상의 위법이 있는 경우를 말한다. 이에 대하여 보다 구체적으로 살펴 보기로 한다.

가) 재결의 주체에 관한 위법 　권한이 없는 행정심판위원회가 재결을 하거나, 행정심판위원회의 구성상에 하자가 있거나 의사 및 의결정족수가 흠결된 경우에 주체에 관한 위법이 있게 된다.

나) 재결의 절차에 관한 위법 　행정심판법상의 심판절차를 준수하지 않은 경우를 그 예로 들 수 있다. 다만, 행정심판법 제45조에서 규정하고 있는 재결기간은 훈시규정으로 해석되므로 재결기간을 넘긴 경우에는 그것만으로는 절차의 위법이 있다고 볼 수 없다.

다) 재결의 형식에 관한 위법 　문서에 의하지 않은 재결, 재결에 주문만 기재가 되고 이유가 전혀 기재되어 있지 않거나 이유가 불충분한 경우, 또는 재결서에 기명날인을 하지 않은 경우 등을

그 예로 들 수 있다.

라) 재결의 내용에 관한 위법　재결의 내용상의 위법은 다시 각하재결과 기각재결 및 인용재결로 구분된다.

① 각하재결의 경우　각하재결에 대하여 불복하는 상대방은 취소소송을 제기할 수 있으며, 이때는 원칙적으로 원처분이 취소소송의 대상이 될 것이다. 그러나 행정심판청구가 심판청구의 요건을 다 갖추어서 부적법하지 않음에도 불구하고 실체심리를 하지 않고 부적법 각하한 경우에는, 위원회가 심판청구인의 실체심리를 받을 권리를 박탈한 것으로서 원처분에는 없는 재결 자체의 고유한 하자가 있는 경우에 해당하고, 이에 따라 취소소송의 대상이 된다고 할 것이다.

판례(위법한 각하재결의 취소소송 가능성)　행정소송법 제19조에 의하면 행정심판에 대한 재결에 대하여도 그 재결 자체에 고유한 위법이 있음을 이유로 하는 경우에는 항고소송을 제기하여 그 취소를 구할 수 있고, 여기에서 말하는 '재결 자체에 고유한 위법'이란 그 재결자체에 주체, 절차, 형식 또는 내용상의 위법이 있는 경우를 의미하는데, 행정심판청구가 부적법하지 않음에도 각하한 재결은 심판청구인의 실체심리를 받을 권리를 박탈한 것으로서 원처분에 없는 고유한 하자가 있는 경우에 해당하고, 따라서 위 재결은 취소소송의 대상이 된다(대판 2001. 7. 27, 99두2970).

② 기각재결의 경우　원처분을 정당하다고 유지하고 심판청구를 기각한 재결에 대하여는 원칙적으로 내용상의 위법을 주장하여 제소할 수 없다. 그러나 불고불리의 원칙(행심법 47조 1항)에 반하여 심판청구의 대상이 되지 아니한 사항에 대하여 재결을 한 경우나, 불이익변경금지의 원칙(행심법 47조 2항)에 반하여 원처분보다 청구인에게 불리한 재결을 한 경우에는 재결 자체의 고유한 위법이 있으므로 그 취소를 구할 수 있다. 한편, 행정심판위원회가 청구인의 취소심판에 대하여 사정재결을 한 경우에, 사정재결의 요건이 존재하지 않는다는 이유로 그 취소를 구할 수 있다.

③ 취소심판에 대하여 인용재결이 나온 경우　취소심판에 대하여 인용재결이 나온 경우에는 원칙적으로 심판청구인은 취소소송을 제기할 필요가 없을 것이다. 다만 제3자효행정행위에 대한 인용재결과 일부인용재결 및 수정재결이 나온 경우에 이들이 재결취소소송의 대상이 될 수 있는지 논의가 되고 있다.

㉠ 제3자효행정행위에 대한 인용재결　제3자효행정행위에 대한 제3자의 행정심판청구에 있어서 인용재결이 있는 경우, 처분의 상대방은 이로 인하여 불이익한 효과를 받게 되므로 인용재결 자체를 다툴 수밖에 없다. 이 경우에 행정소송법 제19조 단서의 재결 자체의 고유한 위법을 다투는 것으로 볼 수 있는지 견해의 대립이 있다. 일설은 원처분의 상대방은 인용재결로 인하여 비로소 권익을 침해받게 되므로 인용재결은 형식상 재결이나, 실질적으로는 상대방에게는 최초의 처분으로서 성질을 갖게 되므로 행정소송법 제19조 본문에 따라 원처분의 취소를 구하는 것으로 해석되어야 한다고 주장하고 있다. 그러나 여기서 원처분은 인용재결인 제3자효행정행위의 취소·변경재결이 아니라 제3자효행정행위 자체이기 때문에 제19조 단서에 따라 재결 자체의 고유한 위법을 다투는 것으로 보아야 할 것이다. 판례도 마찬가지 입장을 취하고 있다.

판례 1(제3자효행정행위에 대한 행정심판의 인용재결의 취소소송 가능성) 이른바 복효적 행정행위, 특히 제3자효를 수반하는 행정행위에 대한 행정심판청구에 있어서 그 청구를 인용하는 내용의 재결로 인하여 비로소 권리이익을 침해받게 되는 자는 그 인용재결에 대하여 다툴 필요가 있고, 그 인용재결은 원처분과 내용을 달리하는 것이므로 그 인용재결의 취소를 구하는 것은 원처분에는 없는 재결에 고유한 하자를 주장하는 셈이어서 당연히 항고소송의 대상이 된다(대판 2001. 5. 29, 99두10292).

판례 2(제3자효행정행위에 대한 행정심판의 인용재결의 취소소송 가능성 및 소의 이익) 복효적 행정행위, 특히 제3자효를 수반하는 행정행위에 대한 행정심판청구에 있어서 그 청구를 인용하는 내용의 재결로 인하여 비로소 권리이익을 침해받게 되는 자(예컨대, 제3자가 행정심판청구인인 경우의 행정처분 상대방 또는 행정처분 상대방이 행정심판청구인인 경우의 제3자)는 재결의 당사자가 아니라고 하더라도 그 인용재결의 취소를 구하는 소를 제기할 수 있으나, 그 인용재결로 인하여 새로이 어떠한 권리이익도 침해받지 아니하는 자인 경우에는 그 재결의 취소를 구할 소의 이익이 없다. 이 사건 수산청장의 그 인용재결은 도지사의 어업면허취소로 인하여 상실된 면허권자의 어업면허권을 회복하여 주는 것에 불과할 뿐 인용재결로 인하여 제3자의 권리이익이 새로이 침해받는 것은 없고, 가사 그 인용재결로 인하여 그 면허권자의 어업면허가 회복됨으로써 그 제3자에 대하여 사실상 당초의 어업면허에 따른 효과와 같은 결과를 초래한다고 하더라도 이는 간접적이거나 사실적 · 경제적인 이해관계에 불과하므로, 그 제3자는 인용재결의 취소를 구할 소의 이익이 없다(대판 1995. 6. 13, 94누15592).

판례 3(거부처분의 취소재결에 대하여 제3자가 제기한 취소소송의 소의 이익) 당사자의 신청을 받아들이지 않은 거부처분이 재결에서 취소된 경우에 행정청은 종전 거부처분 또는 재결 후에 발생한 새로운 사유를 내세워 다시 거부처분을 할 수 있다. 그 재결의 취지에 따라 이전의 신청에 대하여 다시 어떠한 처분을 하여야 할지는 처분을 할 때의 법령과 사실을 기준으로 판단하여야 하기 때문이다. 또한 행정청이 재결에 따라 이전의 신청을 받아들이는 후속처분을 하였더라도 후속처분이 위법한 경우에는 재결에 대한 취소소송을 제기하지 않고도 곧바로 후속처분에 대한 항고소송을 제기하여 다툴 수 있다. 나아가 거부처분을 취소하는 재결이 있더라도 그에 따른 후속처분이 있기까지는 제3자의 권리나 이익에 변동이 있다고 볼 수 없고 후속처분 시에 비로소 제3자의 권리나 이익에 변동이 발생하며, 재결에 대한 항고소송을 제기하여 재결을 취소하는 판결이 확정되더라도 그와 별도로 후속처분이 취소되지 않는 이상 후속처분으로 인한 제3자의 권리나 이익에 대한 침해 상태는 여전히 유지된다. 이러한 점들을 종합하면, 거부처분이 재결에서 취소된 경우 재결에 따른 후속처분이 아니라 그 재결의 취소를 구하는 것은 실효적이고 직접적인 권리구제수단이 될 수 없어 분쟁해결의 유효적절한 수단이라고 할 수 없으므로 법률상 이익이 없다(대판 2017. 10. 31, 2015두45045).

㉡ 일부인용재결과 수정재결 일부인용재결(6개월 영업정지처분을 3개월 영업정지처분으로 감경)의 경우, 원처분과 재결 사이에는 질적인 차이가 없고 양적인 차이만 존재한다고 볼 것이다. 이에 따라 원래의 처분 중 재결에 의하여 취소된 일부분을 제외하고 남은 원처분을 소의 대상으로 삼아야 하며, 판례도 마찬가지 입장이다.

한편, 수정재결(영업정지처분을 과징금부과처분으로 변경하거나 파면처분을 감봉처분으로 변경)은 일부인용재결과는 달리 양적인 차이뿐만 아니라 질적인 차이를 가져온다. 일설에 따르면 수정재결은 원처분을 완전히 대체하는 경우이므로 수정재결이 소의 대상이 되어야 한다고 하나, 수정재결도 제재처분의 강도를 감경한다는 것에 불과하다는 점에서 일부인용재결과 본질적으로 다른 구조를 가진다고 보이지 않는다. 판례 역시 수정재결의 경우에도 수정된 원처분을 취소소송의 대상으로 하고 있다.

판례 1(수정재결의 취소소송 가능성) 항고소송은 원칙적으로 당해 처분을 대상으로 하나, 당해 처분에 대한 재결 자체에 고유한 주체, 절차, 형식 또는 내용상의 위법이 있는 경우에 한하여 그 재결을 대상으로 할 수 있다고 해석되므로, 징계혐의자에 대한 감봉 1월의 징계처분을 견책으로 변경한 소청결정 중 그를 견책에 처한 조치는 재량권의 남용 또는 일탈로서 위법하다는 사유는 소청결정 자체에 고유한 위법을 주장하는 것으로 볼 수 없어 소청결정의 취소사유가 될 수 없다(대판 1993. 8. 24, 93누5673).

판례 2(이행재결에 의한 변경처분이 있는 경우) 행정청이 식품위생법령에 따라 영업자에게 행정제재처분(영업정지처분)을 한 후 그 처분을 영업자에게 유리하게 변경하는 처분(과징금부과처분)을 한 경우, 변경처분에 의하여 당초 처분은 소멸하는 것이 아니고 당초부터 유리하게 변경된 내용의 처분으로 존재하는 것이므로, 변경처분에 의하여 유리하게 변경된 내용의 행정제재가 위법하다고 하여 그 취소를 구하는 경우 그 취소소송의 대상은 변경된 내용의 당초 처분이지 변경처분은 아니고, 제소기간의 준수여부도 변경처분이 아닌 변경된 내용의 당초 처분을 기준으로 판단하여야 한다(대판 2007. 4. 27, 2004두9302).

ⓒ 이행재결의 경우에 취소소송의 대상 취소심판에 대한 행정심판위원회의 재결은 형성재결(취소 · 변경재결)과 이행재결(변경명령재결)로 구분된다. 형성재결에 고유한 위법이 있는 경우에는 형성재결이 취소소송의 대상이 되나, 이행재결에 의하여 변경처분이 내려지고, 이행재결에 고유한 위법이 있는 경우에 이행재결을 취소소송의 대상으로 할 것인지, 이행재결에 따른 변경처분을 취소소송으로 하여야 할 것인지 문제가 된다. 이에 대하여 ① 이행재결과 변경처분이 각각 취소소송의 대상이 되어야 한다는 견해, ② 이행재결의 기속력을 고려할 때 이행재결에 대한 취소가 선행되어야 한다는 견해, ③ 이행재결은 내부적 행위에 불과함으로 직접적으로 효과를 미치는 변경처분이 소의 대상으로 되어야 한다는 견해가 대립되어 있다.

생각건대 이행재결에 따른 행정청의 변경처분은 재결의 기속력에 의한 부차적 처분에 지나지 않는다는 점을 고려하면 재결만이 소의 대상이 될 것이나, 국민에 대한 구체적인 권익침해는 재결에 따른 처분이 있어야 발생한다는 점을 강조하면 행정청의 변경처분도 소의 대상으로 하는 입장이 타당하다고 본다. 판례도 마찬가지 입장을 취하고 있다.

판례 1(형성재결의 경우 소의 대상) 재결청인 문화체육부장관 스스로가 직접 당해 사업계획승인처분을 취소하는 형성적 재결을 한 경우에는 그 재결 외에 그에 따른 행정청의 별도의 처분이 있지 않기 때문에 재결 자체를 쟁송의 대상으로 할 수밖에 없다(대판 1997. 12. 23, 96누10911).

판례 2(이행재결의 경우 소송의 대상) 행정심판법 제37조(현행 제49조) 제1항의 규정에 의하면 재결은 행정청을 기속하는 효력을 가지므로 재결청이 취소심판의 청구가 이유 있다고 인정하여 처분청에게 처분의 취소를 명하면 처분청으로서는 그 재결의 취지에 따라 처분을 취소하여야 하지만, 그렇다고 하여 그 재결의 취지에 따른 취소처분이 위법할 경우 그 취소처분의 상대방이 이를 항고소송으로 다툴 수 없는 것은 아니다(대판 1993. 9. 28, 92누15093).

④ 무효확인심판에 대하여 인용재결이 나온 경우 취소심판의 경우와 마찬가지로 무효확인심판에 대한 인용재결이 나온 경우도 원칙적으로 심판청구인은 취소소송을 제기할 필요가 없다. 다만 제3자효행정행위에 대한 무효확인재결이 나온 경우 이로 인하여 불이익을 받은 처분상대방 또는

일부무효확인재결이 나와 여전히 불이익이 남아있는 심판청구인은 취소소송을 제기할 필요가 있다. 이때 제3자효행정행위에 대한 무효확인재결의 경우는 위에서 설명한 제3자효행정행위에 대한 취소재결에 대한 논의가 그대로 적용될 것이고, 일부무효확인재결의 경우에도 취소심판에 있어서 일부인용재결에 대한 논의가 그대로 적용될 것이다.

⑤ 의무이행심판에 대하여 인용재결이 나온 경우 의무이행심판에 대한 인용재결로는 처분재결(형성재결)과 처분명령재결(이행재결)이 있다. 의무이행심판에 대하여 인용재결이 나온 경우에는 심판청구인은 취소소송을 제기할 필요가 없다. 다만 인용재결로 인하여 불이익을 받는 제3자(건축불허가처분에 대한 의무이행심판청구가 인용된 경우 인접주민)는 취소소송을 제기할 필요가 있다.

인용재결이 처분재결인 경우에는 제3자는 이로 인하여 불이익한 효과를 받게 되므로 처분재결을 다툴 수밖에 없다. 만약 행정심판위원회의 처분재결 후 처분청이 허가신청인에게 처분을 한다는 통지를 한 경우, 이는 단순한 사실의 통지에 불과할 뿐, 새로운 형성적 행위가 아니므로 취소소송의 대상이 되는 처분이라고 할 수 없다.

이에 대하여 인용재결이 처분명령재결(이행재결)인 경우에는 취소심판의 변경명령재결(이행재결)과 같이 재결 이외에 그에 따른 행정청의 처분이 있게 되므로 처분명령재결과 행정청의 처분 중 어느 것을 취소소송의 대상으로 하여야 하는지 문제가 된다. 이러한 경우에도 취소심판의 이행재결에 대한 논의가 마찬가지로 적용될 것이다. 즉 이행재결에 따른 행정청의 처분은 재결의 기속력에 의한 부차적 처분에 지나지 않는다는 점을 고려하면 재결만이 소의 대상이 될 것이나, 국민에 대한 구체적인 권익침해는 재결에 따른 처분이 있어야 발생한다는 점을 고려하면 행정청의 처분도 소의 대상으로 할 수 있을 것이다.

다. 행정소송법 제19조 단서에 반하여 제기된 취소소송에 대한 판결

재결 자체에 고유한 위법이 없는 경우에도 재결에 대한 취소소송을 제기한 경우에 소송상 처리에 대하여 학설의 대립이 있다. 일설은 행정소송법 제19조 단서를 소극적 소송요건으로 보아 '각하' 판결을 하여야 한다고 하나, 재결 자체의 고유한 위법 여부는 본안판단사항이기 때문에 '기각'판결을 하여야 할 것이다. 판례도 마찬가지 입장을 취하고 있다.

판례 행정소송법 제19조는 취소소송은 행정청의 원처분을 대상으로 하되(원처분주의), 다만 "재결 자체에 고유한 위법이 있음을 이유로 하는 경우"에 한하여 행정심판의 재결도 취소소송의 대상으로 삼을 수 있도록 규정하고 있으므로 재결취소소송의 경우 재결 자체에 고유한 위법이 있는지 여부를 심리할 것이고, 재결 자체에 고유한 위법이 없는 경우에는 원처분의 당부와는 상관없이 당해 재결취소소송은 이를 기각하여야 한다(대판 1994. 1. 25, 93누16901).

라. 원처분주의의 예외

원처분주의에 대한 예외로서 개별법에 재결주의를 채택하고 있는 경우가 있다. 이 경우에는 취소소송의 대상은 재결이 된다. 감사원의 변상판정에 대한 재심의 판정(감사원법 36조 1항 · 40조 2항), 노동위원회의 처분에 대한 재심의 판정(노동위원회법 26조 · 27조 1항), 특허심판원의 심결(특허법 186조 · 189조) 등이 그 예에 해당한다.

사례 1 A장관은 소속 일반직 공무원인 갑이 '재직 중 국가공무원법 제61조 제1항을 위반하여 금품을 받았다'는 이유로 적법한 징계절차를 거쳐 2008. 4. 3. 갑에 대해 해임처분을 하였고, 갑은 2008. 4. 8. 해임처분서를 송달받았다. 이에 갑은 소청심사위원회에 이 해임처분이 위법 · 부당하다고 주장하며 소청심사를 청구하였다. 소청심사위원회는 2008. 7. 25. 해임을 3개월의 정직처분으로 변경하라는 처분명령재결을 하였고, 갑은 2008. 7. 30. 재결서를 송달받았다. A장관은 2008. 8. 5. 갑에 대해 정직처분을 하였다. 2008. 8. 10. 정직처분서를 송달받은 갑은 취소소송을 제기하고자 한다.(제51회 사법시험; 유사사례: 제6회 변호사시험)

1. 소청심사위원회의 법적 지위와 처분명령재결의 효력을 설명하시오.(10점)

2. 처분을 대상으로 취소소송을 제기하는 경우 어떠한 처분을 대상으로 하여야 할 것인가? 또 이 취소소송에서 어느 시점을 제소기간 준수여부의 기준시점으로 하여야 하는가?(20점)

▶답안요지 제1문

1. 소청심사위원회의 법적 지위

공무원법관계에서는 공무원이 징계처분 기타 그의 의사에 반하는 불리한 처분이나 부작위를 받은 자가 그 처분이나 부작위에 불복이 있는 경우에 관할 소청심사위원회에 심사를 청구하는 소청제도를 두고 있다. 소청절차는 행정심판법에 의한 행정심판에 대한 특례로서 행정소송을 제기하기 전에 반드시 거쳐야 하는 필요적 전치주의를 취하고 있다. 소청심사위원회는 재결권한과 심리권한을 동시에 갖고 있는 독립적인 합의제 행정관청으로서 일반적으로 위원장 1인을 포함한 5인 이상 7인 이내의 비상임위원으로 구성된다. 위원의 신분은 3년이며, 1차에 한하여 연임된다. 소청심사위원회는 국가공무원의 경우에는 인사혁신처, 지방공무원의 경우에는 시 · 도에 설치되며, 아울러 법원행정처, 국회사무처, 헌법재판소사무처, 중앙선거관리위원회사무처에도 설치된다(본서 공무원법의 권익의 보장 및 행정구제부분을 참고).

2. 처분변경명령재결의 효력

행정심판에 있어서 재결의 효력은 ① 형성력, ② 불가쟁력과 불가변력, ③ 기속력으로 구분되고 있다(본서 행정심판의 재결의 효력부분 참고). 사안에서 소청심사위원회는 해임처분을 3개월의 정직처분으로 변경하라는 처분변경명령재결을 하였는바, 이러한 처분변경명령재결은 이행재결의 성격을 갖는바 형성재결과는 달리 형성력을 발생시키지 않으며, 기속력과 불가쟁력 및 불가변력이 문제될 뿐이다.

1) 기속력

국가공무원법 제15조는 "제14조에 의한 소청심사위원회의 결정은 처분행정청을 기속한다"라고 하여 인용재결의 기속력에 대하여 규정하고 있다. 취소심판의 인용재결의 기속력으로는 ① 소극적 효력으로 반복금지효가 있고, ② 적극적 효력으로는 처분의 취소 · 변경명령재결에 따른 취소 · 변경의무가 있다. 사안에서 소청심사위원회는 해임처분을 3개월의 정직처분으로 변경하는 처분변경명령재결을 한바(국가공무원법 14조 3항 3호), A장관은 국가공무원법 15조에 따라 해임처분을 3개월 정직처분으로 변경하여야 한다. 다만 국가공무원법 제14조 제4항에 따라 소청심사위원회의 취소명령 또는 변경명령결정은 그에 따른 처분청의 징계나 그 밖의 처분이 있을 때까지는 종전에 행한 징계처분에 영향을 미치지 아니한다.

2) 불가쟁력/불가변력

불가쟁력과 불가변력은 인용재결뿐만 아니라 재결일반에 전부 적용되는 효력으로서 처분명령재결에도 주어지는 효력이라고 할 것이다.

가. 불가쟁력: 재결에 대하여는 다시 행정심판을 제기하지 못하며(행정심판법 51조), 재결 자체에 고유한 위법이 있는 경우에 한하여 행정소송을 제기할 수 있다. 그러나 이 경우에도 제소기간이 경과하면 누구든지 그 효력을 다툴 수 없는 효력을 갖는다.

나. 불가변력: 행정심판의 재결은 준사법적 행정행위로서 일단 재결이 행하여지면, 설령 그것이 위법 · 부당하다고 판단이 된다고 하더라도 행정심판위원회가 이를 스스로 취소 또는 변경하는 것이 허용되지 않는다.

제2문: 취소소송의 대상이 되는 처분 및 제소기간의 기준시점

1. 취소소송의 대상이 되는 처분

1) 원처분주의

행정소송법은 법률에서 특별히 규정하고 있지 않는 한 원처분주의를 채택하여 원처분이 위법함에도 불구하고 그를 유지하는 각하재결이나 기각재결에 대하여는 취소소송을 제기할 수 없고 원처분을 대상으로 취소소송을 제기할 수 있을 뿐이다. 다만 재결이 취소소송의 대상이 되는 경우는 재결 자체에 고유한 위법이 있는 경우에 한한다(행소법 19조). 재결자체의 고유한 위법이란 원처분에는 없고 재결에만 있는 위법으로 소청심사위원회의 권한 또는 구성의 위법, 재결의 절차나 형식의 위법, 내용의 위법 등을 의미한다.

2) 취소소송의 대상이 되는 처분

행정소송의 원처분주의에 따라 소청심사위원회의 결정이 있는 경우에는 결정 자체의 고유한 위법이 없는 한 원처분이 취소소송의 대상이 된다. 사안에서 소청심사위원회는 원처분인 A장관의 해임처분을 3개월 정직처분으로 변경하라는 처분변경명령재결을 하였고 이에 따라 A장관은 원처분을 정직처분으로 변경하였다. 원고가 이러한 원처분의 내용을 수정하는 처분변경명령재결의 위법성을 다투는 경우에 취소소송의 대상에 관하여 견해의 대립이 있다. 일설에 따르면 수정재결은 원처분을 완전히 대체하는 경우이므로 수정재결을 취소소송의 대상으로 하여야 한다고 하나, 다수설은 수정재결은 원처분의 강도를 변경한 것에 불과하다는 입장에서 변경된 내용의 원처분을 취소소송의 대상으로 하여야 한다는 입장이다. 판례도 후자의 입장을 취하고 있다(대판 2007. 4. 27, 2004두9302). 갑은 자신에게 유리하게 변경된 원처분(3개월 정직처분)을 대상으로 원처분청인 A장관을 피고로 취소소송을 제기하여야 할 것이다.

반면 수정재결은 원처분을 완전히 대체하는 것으로서 수정재결을 취소소송의 대상으로 할 것을 주장하는 소수설에 따르면 재결 자체의 고유한 위법을 이유로 갑은 소청심사위원회를 피고로 하여 처분변경명령재결을 다투거나 또는 A장관의 정직처분을 취소소송의 대상으로 하여 다투면 될 것이다. 이 경우 취소소송의 대상이 처분변경명령재결이 되어야 하는지 또는 재결에 따른 행정청의 처분이 되어야 하는지 여부에 대하여 다툼이 있으나 판례는 양자가 모두 가능하다는 입장이다.

2. 제소기간의 기준시점

수정재결의 경우에 재결이 취소소송의 대상이 된다는 견해와 변경된 당초 처분이 취소소송의 대상이 된다는 견해는 제소기간의 기준시점에 있어서도 차이를 발생시킨다. 수정재결이 취소소송의 대상이 된다는 견해에 따르면 재결서를 송달받은 시점(2008. 7. 30) 또는 A장관의 정직처분서를 송달받은 시점(2008. 8. 10)부터 90일 이내에 취소소송을 제기하여야 한다.

그러나 다수설과 판례와 같이 변경된 내용의 당초처분이 취소소송의 대상이 되어야 한다는 견해에 따르면 제소기간의 준수여부도 변경된 처분이 아니라 변경된 내용의 당초처분을 기준으로 판단하여야 한다(대판 2007. 4. 27, 2004두9302). 이에 따라 사안의 경우 갑은 해임처분을 송달받은 날인 2008. 4. 8.일자로부터 90일 이내에 취소소송을 제기하여야 하나, 행정심판을 제기한 경우에 해당되기 때문에 재결서를 송달받은 날인 2008년 7월 30일부터 90일 이내에 취소소송을 제기하여야 한다(행소법 20조 1항).

사례 2 X시 소속 공무원 甲은 다른 동료들과 함께 회식을 하던 중 옆자리에 앉아 있던 동료 丙과 시비가 붙어 그를 폭행하였다. 이러한 사실이 지역 언론을 통하여 크게 보도되자, X시의 시장 乙은 적법한 절차를 통해 甲에 대해 정직 3월의 징계처분을 하였다. 甲은 "해당 징계처분이 과도하기 때문에 위법이다"라고 주장하면서, X시 소청심사위원회에 소청을 제기하였다. 이에 대해 X시 소청심사위원회는 정직 3월을 정직 2월로 변경하는 결정을 내렸다.(제55회 사법시험)

1. 甲은 2월의 정직기간 만료 후에 위 소청결정에 따른 시장 乙의 별도 처분 없이 업무에 복귀하였다.

이와 관련하여 X시 소청심사위원회가 내린 위 결정의 효력에 대하여 설명하시오.(10점)

2. 甲은 2월의 정직기간 만료 전에 X시 소청심사위원회가 내린 정직 2월도 여전히 무겁다고 주장하면서 취소소송을 제기하려고 한다. 이 경우 취소소송의 피고 및 대상을 검토하시오.(20점)

▶답안요지 **설문1: X시 소청심사위원회의 결정의 효력**

국가공무원법 및 지방공무원법에서는 공무원관계에 있어서 특별행정심판제도로서 소청심사제도를 두고 있으며, 소청심사위원회의 결정은 행정심판법상의 재결의 성격을 갖고 있다.

X시 소청심사위원회는 甲에 대한 3월의 정직처분을 2월의 정직처분으로 변경하는 결정을 내렸는바 이러한 취소 · 변경 결정은 행정심판의 취소 · 변경재결과 같이 공정력, 형성력, 기속력, 불가쟁력, 불가변력을 갖는다. 설문에서 甲은 2월의 정직기간의 만료후에 乙시장의 별도 처분 없이 업무에 복귀하였는바, 이는 재결의 형성력에 근거한 것이다.

재결의 형성력이라 함은 재결의 내용에 따라 새로운 법률관계의 발생이나 종래의 법률관계의 변경, 소멸을 가져오는 효력을 말한다. 이러한 형성력은 취소재결, 변경재결, 처분재결에만 주어지는 것으로 이행재결이나 확인재결에는 인정되지 않는다. 사안에서 X시 소청심사위원회는 3개월 정직처분을 2개월 정직처분으로 변경하는 결정을 하였는바, 이러한 변경결정은 형성력에 근거하여 즉시 효력을 발생하며 아울러 소급효를 갖기 때문에 甲은 乙시장의 별도의 처분이 없이 2월의 정직기간 만료 후에 업무에 복귀할 수 있다.

설문2: 취소소송의 피고 및 대상

1) 원처분주의와 재결주의

행정처분에 대하여 행정심판의 재결을 거쳐 취소소송을 제기하는 경우에 재결이 취소소소의 대상이 되는지 여부와 관련하여 원처분주의와 재결주의로 구별되고 있다. 원처분주의란 원처분의 위법은 원처분취소 소송에서만 주장할 수 있으며, 재결취소송에서는 원처분의 위법은 주장할 수 없고 재결 자체의 고유한 위법만을 주장할 수 있는 제도를 의미한다. 반면 재결주의란 원처분에 대하여는 소를 제기할 수 없고 재결에 대하여만 소를 제기할 수 있되 재결 자체의 위법뿐만 아니라 원처분의 위법도 재결취소소송에서 주장할 수 있게 하는 제도를 의미한다. 우리 행소법 19조는 재결에 대하여는 재결 자체에 고유한 위법이 있는 경우에 취소소송을 제기할 수 있도록 하여 원처분주의를 취하고 있다.

2) 변경재결에 고유한 위법이 인정될 수 있는지 여부

재결 자체의 고유한 위법은 재결 자체에 주체, 절차, 형식 그리고 내용상의 위법이 있는 경우를 말한다. 특히 내용상의 위법과 관련하여 일부인용재결 또는 수정재결에 있어서 재결 자체의 고유한 위법이 인정될 수 있는지 문제가 되고 있다. 사안에서 X 소청심사위원회는 3개월 정직처분을 2개월 정직처분으로 변경하는 재결을 하였는바, 이는 일부인용재결에 해당할 것이다. 일설은 일부인용재결이나 수정재결이 있는 경우에는 원처분을 대체하는 새로운 결정에 해당하고 원처분은 존재하지 않기 때문에 재결자체의 고유한 위법을 인정하여 재결취소소송을 제기하여야 한다고 주장한다. 그러나 다수설과 판례는 원처분과 재결사이에는 질적인 차이가 없고 양적인 차이만이 존재하기 때문에, 원처분청을 피고로 하여 재결에 의하여 감경된 원처분을 대상으로 취소소송을 제기하여야 한다는 입장을 취하고 있다.

3) 결어

다수설과 판례의 입장에 따라 甲은 乙시장을 피고로 하여 감경된 원처분인 2개월 정직처분을 대상으로 취소소송을 제기하여야 할 것이다.

3. 처분 등의 위법주장

취소소송의 요건이 충족되기 위하여는 처분 등의 존재가 있는 것만으로는 부족하고, 처분의 위법성이 주장되어야 한다. 이 점에서 부당한 처분도 그 대상이 되는 행정심판과는 다르다. 여기서 처분 등이 위법하다는 것은 그것이 성문법, 불문법 및 행정법의 일반원칙에 위배됨을 의미한다. 재량처분의 경우에는 재량의 하자, 즉 재량의 유월 · 남용 · 불행사가 존재하는 경우에 위법하게 된다. 제소단계에서는 단지 원고가 처분 등의 위법성을 주장하면 충분하며, 실제로 처분의 위법성여부의 판단은 본안에서의 이유유무의 문제이다.

4. 원고적격 및 소의 이익

소의 이익은 국가적 · 공익적 견지에서는 무익한 소송제도의 이용을 통제하는 원리이며, 당사자의 견지에서는 소송제도를 이용할 정당한 이익 또는 필요성을 의미한다. 이는 "소익없으면 소없다"는 법언이 말하듯이 소송제도에 필연적으로 내재하는 요청이며 이에 의하여 법원은 본안판결을 필요로 하는 사건에만 정력을 집중할 수 있게 하고, 또 불필요한 소송에 응소하지 않으면 안되는 상대방의 불이익을 배제할 수 있다. 소의 이익은 광의로는 ① 원고적격, ② 권리보호의 자격, ③ 권리보호의 필요를 포함하는 개념인 바, 협의로는 권리보호의 필요만을 의미한다. 원고적격 및 권리보호의 필요에 대하여는 이미 앞부분에서 설명하였다.

5. 피고적격

취소소송은 처분청 또는 행정심판위원회를 피고로 하여 제기하여야 한다. 피고적격에 대하여도 앞부분에서 다루었기 때문에 설명을 생략하기로 한다.

6. 제소기간

1) 개 설

행정소송은 민사소송과는 달리 제소기간을 제한하고 있는바, 이는 행정법관계는 직접 공익과 관련되어 있어서 오랫동안 불확정상태로 둘 수 없고 조속히 안정시킬 필요성이 있기 때문이다. 구 행정소송법에 있어서 취소소송의 제소기간은 상대적으로 짧은 편에 속하여 국민의 권리구제에 미흡한 면이 있어 현행법은 그 기간을 대폭 연장하였다.

제소기간은 행정심판을 거치는 경우와 직접 제소할 수 있는 경우 여하에 따라 달리 규정되고 있다.

2) 제소기간

가. 처분이 있음을 안 날 또는 행정심판의 재결서를 송달받은 날부터 90일 이내(주관적 제소기간)

취소소송은 처분이 있음을 안 날 또는 행정심판의 재결서를 송달받은 날부터 90일 이내에 제기하여야 한다(법 20조 1항). 후자의 경우 행정심판의 제기는 그것이 필요적인 것인지, 임의적인 것인지를 가리지 않는다. 처분이 있음을 안 날이란 당해 처분의 존재를 현실적으로 알게 된 날을 의미한다.

이 기간은 불변기간이므로(법 20조 3항), 법원은 직권으로 이를 단축할 수 없고, 다만 원격지에 주소 · 거소를 둔 자를 위하여 부가기간을 정하거나(민소법 172조), 당사자에 책임 없는 사유로 인하여 이 기간을 준수할 수 없는 경우에는, 소송행위의 추완을 허용할 수 있을 뿐이다(민소법 173조). 다만 국외에서의 추완기간은 14일에서 30일로 한다(법 5조).

판례 1(행정소송법 제20조 제1항이 정한 제소기간 기산점인 '처분 등이 있음을 안 날'의 의미) 행정소송법 제20조 제1항이 정한 제소기간의 기산점인 '처분 등이 있음을 안 날'이란 통지, 공고 기타의 방법에 의하여 당해 처분 등이 있었다는 사실을 현실적으로 안 날을 의미하므로, 행정처분이 상대방에게 고지되어 상대방이 이러한 사실을 인식함으로써 행정처분이 있다는 사실을 현실적으로 알았을 때 행정소송법 제20조 제1항이 정한 제소기간이 진행한다고 보아야 하고, 처분서가 처분상대방의 주소지에 송달되는 등 사회통념상 처분이 있음을 처분상대방이 알 수 있는 상태에 놓인 때에는 반증이 없는 한 처분상대방이 처분이 있음을 알았다고 추정할 수 있다. 또한 우편물이 등기취급의 방법으로 발송된 경우 그것이 도중에 유실되었거나 반송되었다는 등의 특별한 사정에 대한 반증이 없는 한 그 무렵 수취인에게 배달되었다고 추정할 수 있다(대판 2017. 3. 9, 2016두60577).

판례 2(민사소송법 제173조 제1항에 의한 소송행위의 추완이 있었는지 여부) 금융위원회가 甲 상호저축은행 주식회사에 '경영이 건전하지 못하여 공익을 크게 해할 우려가 있다'는 이유로 구 상호저축은행법 제24조 제2항 제2호 및 제6호 규정에 따라 영업인가를 취소하는 처분을 하였는데, 甲은행이 처분 통지일로부터 90일이 지나서 취소소송을 제기하고 그 직후 선임된 특별대리인이 이를 추인한 사안에서, 甲은행의 기존 대표이사와 관리인이 취소소송을 제기할 수 없었던 이상 甲은행이 처분 통지일부터 90일의 제소기간이 지난 후에 소를 제기하였다고 하더라도 이는 민사소송법 제173조 제1항에 규정된 책임질 수 없는 사유로 말미암아 불변기간을 지킬 수 없었던 경우로서 특별대리인이 선임되어 그 사유가 없어진 날부터 2주 내에 게을리한 소송행위를 보완할 수 있다고 볼 여지가 있고, 이러한 책임질 수 없는 사유가 존재했는지는 취소소송의 당사자인 甲은행을 기준으로 살펴야 하므로, 원심은 甲은행의 특별대리인이 선임된 때부터 2주 내에 소송행위를 적법하게 보완한 것인지를 살펴 甲은행의 소가 적법한지를 판단했어야 함에도 불구하고, 이러한 조치 없이 제소기간이 지났다고 보아 甲은행의 소를 각하한 원심판결에 제소기간에 관한 법리를 오해한 위법이 있다(대판 2012. 3. 15, 2008두4619).

판례 3(행정소송법 20조 1항 단서의 행정심판의 의미) 행정소송법 제20조 제1항에 따르면, 취소소송은 처분 등이 있음을 안 날부터 90일 이내에 제기하여야 하는데, 행정심판청구를 할 수 있는 경우에 행정심판청구가 있은 때의 기간은 재결서의 정본을 송달받은 날부터 기산한다. 이처럼 취소소송의 제소기간을 제한함으로써 처분 등을 둘러싼 법률관계의 안정과 신속한 확정을 도모하려는 입법 취지에 비추어 볼 때, 여기서 말하는 '행정심판'은 행정심판법에 따른 일반행정심판과 이에 대한 특례로서 다른 법률에서 사안의 전문성과 특수성을 살리기 위하여 특히 필요하여 일반행정심판을 갈음하는 특별한 행정불복절차를 정한 경우의 특별행정심판(행정심판법 제4조)을 뜻한다. 甲 광역시 교육감이 공공감사에 관한 법률 등에 따라 乙 학교법인이 운영하는 丙 고등학교에 대한 특정감사를 실시한 후 丙 학교의 학교장과 직원에 대하여 징계(해임)를 요구하는 처분을 하였는데, 乙 법인이 위 처분에 대한 이의신청을 하였다가 기각되자 위 처분의 취소를 구하는 소를 제기한 사안에서, 공공감사법상의 재심의신청 및 구 甲 광역시교육청 행정감사규정상의 이의신청은 자체감사를 실시한 중앙행정기관 등의 장으로 하여금 감사결과나 그에 따른 요구사항의 적법·타당 여부를 스스로 다시 심사하도록 한 절차로서 행정심판을 거친 경우의 제소기간의 특례가 적용될 수 없으며, 이의신청에 대한 결과통지일이 아니라 乙 법인이 위 처분이 있음을 알았다고 인정되는 날부터 제소기간을 기산한다(대판 2014. 4. 24, 2013두10809).

나. 처분이 있은 날부터 1년(객관적 제소기간)

취소소송은 처분이 있은 날부터 1년(행정심판을 거쳐 제기하는 경우에는 재결이 있는 날로부터 1년)

을 경과하면 이를 제기할 수 없다. 다만 정당한 사유가 있을 때에는 그러하지 아니하다(법 20조 2항). 여기에서 "처분이 있은 날"이란 당해 처분이 대외적으로 표시되어 효력을 발생한 날을 의미한다. "정당한 사유"는 불확정법개념으로서 그 존부는 사안에 따라 개별적으로 판단하여야 하나, 민사소송법 제173조의 "당사자가 그 책임을 질 수 없는 사유" 또는 행정심판법 제27조 제2항의 "천재 · 지변 · 전쟁 · 사변 그 밖에 불가항력적인 사유"보다는 넓은 개념으로서 여러 사정을 종합하여 지연된 제소를 허용하는 것이 사회통념상 상당하다고 할 수 있는가에 따라 판단되어야 한다.

판례(행정소송법 제2항의 '정당한 사유'의 개념) 행정소송법 제20조 제2항 소정의 "정당한 사유"란 불확정 개념으로서 그 존부는 사안에 따라 개별적, 구체적으로 판단하여야 하나 민사소송법 제173조의 "당사자가 그 책임을 질 수 없는 사유"나 행정심판법 제18조 제2항 소정의 "천재, 지변, 전쟁, 사변 그 밖에 불가항력적인 사유"보다는 넓은 개념이라고 풀이되므로, 제소기간 도과의 원인 등 여러 사정을 종합하여 지연된 제소를 허용하는 것이 사회통념상 상당하다고 할 수 있는가에 의하여 판단하여야 한다(대판 1991. 6. 28, 90누6521).

위의 두 기간은 선택적인 것이 아니므로, 그 어느 기간이 만료되면 제소기간은 종료된다. 제소기간의 도과여부는 법원의 직권조사사항이다. 기간계산에 있어서는 민법 157조의 초일불산입(初日不算入)의 원칙이 준용된다.

다. 처분이 공고 또는 고시된 경우

처분이 공고 또는 고시의 방법에 의하여 통지된 경우에는 처분의 상대방이 실제로 공고 또는 고시를 본 날이 '처분이 있음을 안 날'이 될 것이다. 그러나 처분의 상대방이 공고나 고시를 보지 못한 경우에 제소기간을 어떻게 계산할 것인지가 문제가 되고 있다.

가) 일반처분(일반적 · 구체적 규율 또는 물적 행정행위)의 경우 일반처분은 고시 · 공고 등에 의하여 효력을 발생하는 바, 판례는 이 경우에 개별법령에서 정한 고시 또는 공고의 효력발생일에 행정처분이 있음을 알았던 것으로 기산하여야 한다고 보고 있다. 또한 판례는 개별법령에 효력발생일이 규정되지 않은 경우에 구 사무관리규정 제7조(현행: 행정 업무의 운영 및 혁신에 관한 규정 6조 3항)를 적용하여 고시 또는 공고가 있은 후 5일이 경과한 날에 행정처분이 있음을 알았던 것으로 기산하고 있다. 그러나 구 사무관리규정은 비록 형식은 대통령령이나 법률의 수권이 없이 제정된 행정내부의 사무관리기준으로서 실질적으로는 행정규칙의 성격을 갖는다는 점에 비추어 이러한 판례의 입장에 대하여는 의문이 제기된다.

한편 개별공시지가의 결정의 경우에 있어서와 같이 처분의 효력이 각 상대방에 대하여 개별적으로 발생하는 경우에는 그 처분은 실질에 있어서 개별처분이라고 볼 수 있으므로 공고 또는 고시가 효력을 발생하여도 통지 등으로 실제로 알았거나 알 수 있었던 경우를 제외하고는, 처분이 있음을 알지 못한 경우의 제소기간, 즉 '처분이 있은 날부터 1년 이내'가 적용된다.[85]

판례 1(일반처분 등에 대한 제소기간) 통상 고시 또는 공고에 의하여 행정처분을 하는 경우에는 그 처분의 상대방이 불특정 다수인이고 그 처분의 효력이 불특정 다수인에게 일률적으로 적용되는 것이므로,

85) 대판 1993. 12. 24, 92누17204.

그 행정처분에 이해관계를 갖는 자가 고시 또는 공고가 있었다는 사실을 현실적으로 알았는지 여부에 관계없이 고시가 효력을 발생하는 날 행정처분이 있음을 알았다고 보아야 한다. 인터넷 웹사이트에 대하여 구 청소년보호법에 따른 청소년유해매체물 결정 및 고시처분을 한 사안에서, 위 결정은 이해관계인이 고시가 있었음을 알았는지 여부에 관계없이 관보에 고시됨으로써 효력이 발생하고, 그가 위 결정을 통지받지 못하였다는 것이 제소기간을 준수하지 못한 것에 대한 정당한 사유가 될 수 없다(대판 2007. 6. 14, 2004두619).

판례 2(관리처분계획인가처분에 대한 행정심판청구기간) 통상 고시 또는 공고에 의하여 행정처분을 하는 경우에는 그 처분의 상대방이 불특정 다수인이고, 그 처분의 효력이 불특정 다수인에게 일률적으로 똑같이 적용됨으로 인하여 고시일 또는 공고일에 그 행정처분이 있음을 알았던 것으로 의제하여 행정심판 청구기간을 기산하는 것이므로, 관리처분계획에 이해관계를 갖는 자는 고시가 있었다는 사실을 현실적으로 알았는지 여부에 관계없이 고시가 효력을 발생하는 날인 고시가 있은 후 5일이 경과한 날에 관리처분계획 인가 처분이 있음을 알았다고 보아야 하고, 따라서 관리처분계획인가 처분에 대한 행정심판은 그날로부터 60일 이내에 제기하여야 한다(대판(전원합의체) 1995. 8. 22, 94누5694).

판례 3(공유수면법 제8조 제6항에 따라 처분내용을 고시한 경우에 제소기간) 공유수면법 제8조 제6항은 '공유수면관리청은 점용 · 사용허가를 하였을 때에는 대통령령으로 정하는 바에 따라 그 내용을 고시하여야 한다'고 규정하고 있다. 고시의 효력발생으로 인하여 이 사건 처분의 상대방이 아닌 원고가 이 사건 처분이 있었음을 알았다고 볼 수 있는지에 관하여 본다. 살피건대, 위 규정에 의한 고시는 공유수면에 대한 점용 · 사용허가처분이 있다는 사실을 관련 이해관계인들의 이익을 위하여 그들에게 널리 알리고자 하는 차원에서 이루어지는 것이다. 불특정 다수인을 상대로 고시에 의하여 행정처분을 하는 일반적인 경우와는 달리 그 고시의 효력발생일 또는 고시일에 관련 이해당사자 전원이 그 처분이 있었음을 알았다고 보아야 할 이유가 없다. 이 사건 고시일에 이해관계인들이 일률적으로 그 허가처분이 있었음을 알았다고 본다면, 이해관계인들의 알 권리를 보장하기 위하여 이루어진 고시로 인하여 그들의 쟁송기간을 단축시키는 결과가 되어 부당하다. 이 사건 처분의 경우 피고가 공유수면법 제8조 제6항에 따라 그 처분 내용을 고시하였다고 하더라도, 그러한 사정만으로 이 사건 처분의 상대방이 아닌 원고가 이 사건 고시의 효력발생일 내지 그 고시일에 이 사건 처분이 있었음을 알았다고 볼 수는 없고, 달리 원고가 그 고시일에 이 사건 처분이 있었음을 알았다고 인정할 만한 증거가 없다(대전고법 2014. 2. 13, 2012누3246).

나) 행정절차법상의 공고 행정절차법 제14조 제4항은 행정처분을 송달받을 자의 주소 등을 통상의 방법으로 확인할 수 없는 경우 또는 송달이 불가능한 경우에는 송달받을 자가 알기 쉽도록 관보 · 공보 · 게시판 · 일간신문 중 하나 이상에 공고하고 인터넷에도 공고하도록 규정하고 있는바, 이 경우 처분이 있음을 안 날은 상대방이 그 처분을 현실적으로 안 날을 의미한다는 것이 판례의 입장이다.

판례 1(행정절차법상의 공고에 있어서 제소기간) 행정소송법 제20조 제1항 소정의 제소기간 기산점인 '처분이 있음을 안 날'이라 함은 당사자가 통지, 공고 기타의 방법에 의하여 당해 처분이 있었다는 사실을 현실적으로 안 날을 의미하는바, 특정인에 대한 행정처분을 주소불명 등의 이유로 송달할 수 없어 관보 · 공보 · 게시판 · 일간신문 등에 공고한 경우에는, 공고가 효력을 발생하는 날에 상대방이 그 행정처분이 있음을 알았다고 볼 수는 없고, 상대방이 당해 처분이 있었다는 사실을 현실적으로 안 날에 그 처분이 있음을 알았다고 보아야 한다(대판 2006. 4. 28, 2005두14851).

판례 2(행정청이 인터넷 홈페이지에 이 사건 처분의 결정 내용을 게시한 것만으로 행정절차법 제14조에서 정한 송달이 이루어졌지 여부) 피고가 인터넷 홈페이지에 이 사건 처분의 결정 내용을 게시한 것만으로는 행정절차법 제14조에서 정한 바에 따라 송달이 이루어졌다고 볼 수 없고, 원고가 그 홈페이지에 접속하여 결정 내용을 확인하여 알게 되었다고 하더라도 마찬가지이다. 또한 피고가 이 사건 처분서를 행정절차법 제14조 제1항에 따라 원고 또는 그 대리인의 주소 · 거소 · 영업소 · 사무소로 송달하였다거나 같은 조 제3항 또는 제4항에서 정한 요건을 갖추어 정보통신망을 이용하거나 혹은 관보, 공보, 게시판, 일간신문 중 하나 이상에 공고하고 인터넷에도 공고하는 방법으로 송달하였다는 점에 관한 주장 · 증명도 없다. 따라서 이 사건 처분은 상대방인 원고에게 고지되어 효력이 발생하였다고 볼 수 없으므로, 이에 관하여 구 공무원연금법 제80조 제2항에서 정한 심사청구기간이나 행정소송법 제20조 제1항, 제2항에서 정한 취소소송의 제소기간이 진행한다고 볼 수 없다(대판 2019. 8. 9, 2019두38656).

라. 헌법재판소의 위헌결정으로 취소소송의 제기가 가능하게 된 경우

판례는 처분 당시에는 취소소송의 제기가 법제상 허용되지 않아 소송을 제기할 수 없다가 위헌결정으로 인하여 비로소 취소소송을 제기할 수 있게 된 경우에는 객관적으로는 '위헌결정이 있은 날', 주관적으로는 '위헌결정이 있음을 안 날' 비로소 취소소송을 제기할 수 있게 되어 이때를 제소기간의 기산점으로 삼아야 한다고 판시하였다.

판례(헌법재판소의 위헌결정으로 취소소송이 가능한 경우에 제소기간) 행정소송법 제20조가 제소기간을 규정하면서 '처분 등이 있은 날' 또는 '처분 등이 있음을 안 날'을 각 제소기간의 기산점으로 삼은 것은 그때 비로소 적법한 취소소송을 제기할 객관적 또는 주관적 여지가 발생하기 때문이므로, 처분 당시에는 취소소송의 제기가 법제상 허용되지 않아 소송을 제기할 수 없다가 위헌결정으로 인하여 비로소 취소소송을 제기할 수 있게 된 경우, 객관적으로는 '위헌결정이 있은 날', 주관적으로는 '위헌결정이 있음을 안 날' 비로소 취소소송을 제기할 수 있게 되어 이때를 제소기간의 기산점으로 삼아야 한다(대판 2008. 2. 1, 2007두20997).

마. 청구취지를 추가하는 경우, 추가된 청구취지에 대한 제소기간

청구취지를 추가하는 경우, 청구취지가 추가된 때에 새로운 소를 제기한 것으로 보아야 하기 때문에, 추가된 청구취지에 대한 제소기간 준수 등은 원칙적으로 청구취지의 추가 · 변경 신청이 있는 때를 기준으로 판단하여야 한다. 그러나 선행 처분의 취소를 구하는 소를 제기하였다가 이후 후행 처분의 취소를 구하는 청구취지를 추가한 경우에, 선행 처분이 종국적 처분을 예정하고 있는 일종의 잠정적 처분으로서 후행 처분이 있을 경우 선행 처분은 후행 처분에 흡수되어 소멸되는 관계에 있고, 당초 선행 처분에 존재한다고 주장되는 위법사유가 후행 처분에도 마찬가지로 존재할 수 있는 관계여서 선행 처분의 취소를 구하는 소에 후행 처분의 취소를 구하는 취지도 포함되어 있다고 볼 수 있다면, 후행 처분의 취소를 구하는 소의 제소기간은 선행 처분의 취소를 구하는 최초의 소가 제기된 때를 기준으로 정하여야 한다.[86]

바. 무효확인소송과 관련된 경우

가) 무효확인의 소에 취소를 구하는 소를 추가적으로 병합한 경우 판례는 주된 청구인 무효확인의 소가 취소소송의 적법한 제소기간 내에 제기되었다면 추가로 병합된 취소청구의 소도 적법하

86) 대판 2018. 11. 15, 2016두48737.

게 제기된 것으로 보고 있다.

나) 무효확인소송을 제기하였다가 취소소송으로 변경한 경우 행정소송법 제21조 제4항, 제14조 제4항에 의하여 소변경을 허가하는 결정이 있게 되면 새로운 소송은 구소를 제기한 때에 제기된 것으로 본다. 이에 따라 무효확인소송을 제기하였다가 취소소송으로 변경한 경우 취소소송의 제소기간 준수여부는 소변경서 제출시가 아니라 원래의 무효확인의 소제출시를 기준으로 한다.[87]

사. 항고소송으로 제기해야 할 사건을 민사소송으로 잘못 제기하여, 항고소송으로 소변경을 하는 경우 제소기간 준수여부

항고소송으로 제기해야 할 사건을 민사소송으로 잘못 제기하여, 항고소송으로 소변경을 하는 경우 제소기간 준수여부는 행정소송법 제8조 제2항 및 민사소송법 제40조 제1항, 행정소송법 제21조 제1항, 제4항, 제14조 제4항의 규정내용 및 취지에 따라 처음 소를 제기한 때에 원칙적으로 처음에 소를 제기한 때를 기준으로 판단하여야 한다.

판례(잘못 제기한 민사소송을 항고소송으로 소변경을 하는 경우 제소기간 준수여부) 행정소송법 제8조 제2항은 "행정소송에 관하여 이 법에 특별한 규정이 없는 사항에 대하여는 법원조직법과 민사소송법 및 민사집행법의 규정을 준용한다."라고 규정하고 있고, 민사소송법 제40조 제1항은 "이송결정이 확정된 때에는 소송은 처음부터 이송받은 법원에 계속된 것으로 본다."라고 규정하고 있다. 한편 행정소송법 제21조 제1항, 제4항, 제37조, 제42조, 제14조 제4항은 행정소송 사이의 소 변경이 있는 경우 처음 소를 제기한 때에 변경된 청구에 관한 소송이 제기된 것으로 보도록 규정하고 있다. 이러한 규정 내용 및 취지 등에 비추어 보면, 원고가 행정소송법상 항고소송으로 제기해야 할 사건을 민사소송으로 잘못 제기한 경우에 수소법원이 그 항고소송에 대한 관할을 가지고 있지 아니하여 관할법원에 이송하는 결정을 하였고, 그 이송결정이 확정된 후 원고가 항고소송으로 소 변경을 하였다면, 그 항고소송에 대한 제소기간의 준수 여부는 원칙적으로 처음에 소를 제기한 때를 기준으로 판단하여야 한다(대판 2022. 11. 17, 2021두44425).

---

7. 전심절차

1) 개 설

전심절차로서 행정심판은 행정청에 자율적 통제기회를 주고, 사법재판에서 기대하기 어려운 행정청의 전문지식을 활용할 수 있으며, 나아가 법원의 부담과 개인의 시간과 비용을 줄일 수 있는 장점이 있는 반면, 다른 한편 행정기관이 심판기관의 지위에 있다는 점에서 그 결정의 공정성에 있어서 문제점이 있다. 이러한 이유에서 행정심판절차의 준사법절차화가 요구되고 있다.

취소소송 등의 제기에 있어서 행정심판을 거치게 할 것인가는 국가에 따라 상당한 차이가 있다. 독일의 경우에는 행정심판전치주의를 채택하고 있으나, 프랑스나 일본의 경우에는 임의적 절차를 취하고 있다. 우리나라에서는 1951년의 소원법 이래 계속 행정심판전치주의를 택하여 왔다. 그러나 사법제도개혁의 일환으로 개정되어 1998년 3월 1일부터 시행된 개정 행정소송법 제18조 제1항에 따라 행정심판은 원칙적으로 임의적인 절차로 변경되었고, 예외적으로 각 개별법률에서 정하는 경우에만 행정심판전치주의를 택하고 있다. 개정행정소송법이 행정심판임의주의를 채택하고 예외적으로

87) 대판 2005. 12. 23, 2005두3554.

만 행정심판전치주의를 채택한 이유는 그 동안 행정심판이 국민의 권리구제제도로서 제대로 그 기능을 다하지 못한 데 그 원인을 찾을 수 있다.

현행법상 예외적으로 행정심판전치주의를 채택하고 있는 경우로는 국가공무원법 제16조, 지방공무원법 제20조의2, 국세기본법 제56조, 지방세기본법 98조 3항, 관세법 제120조, 도로교통법 제142조 등이 있다. 다음에서는 개별법이 행정심판전치주의를 채택하고 있는 경우에 제기되는 문제점들과 아울러 개별법상의 행정심판전치주의에 대하여 행정소송법이 정하고 있는 특례를 살펴보기로 한다.

2) 예외적 행정심판전치주의의 적용범위

가. 행정심판전치주의가 적용되는 행정소송

취소소송에 대하여 예외적 행정심판전치주의를 규정하고 있는 행정소송법 제18조 제1항은 부작위위법확인소송에 준용되고 있으나 무효등확인소송에는 준용되고 있지 않다. 이에 따라 개별법에 행정심판전치주의를 규정하는 경우에 이는 부작위위법확인소송에는 준용되나 무효등확인소송에는 준용되지 않는다고 할 것이다.

나. 무효선언을 구하는 의미의 취소소송

위에서 본바와 같이 무효등확인소송에는 행정심판전치주의가 적용되지 않으나, 처분의 무효를 구하는 의미의 취소소송에 대하여 전치주의가 적용될 것인지에 대하여는 긍정설과 부정설이 대립되고 있다. 긍정설은 행정행위의 취소와 무효의 구별은 상대적이기 때문에, 비록 무효선언을 구하는 의미에서 취소소송을 제기하였다고 하더라도 소송의 형식이 취소소송이라면 행정소송법상 취소소송에 요구되는 소송요건이 충족되어야 하기 때문에 행정심판전치주의가 적용되어야 한다고 한다. 이에 대하여 부정설은 무효선언을 구하는 의미에서의 취소소송은 그 형식이 취소소송일 뿐, 그 소송으로 구하는 판결은 당해 행정행위가 무효임을 확인하는 무효등확인소송이며 이에 따라 행정심판전치주의가 적용될 필요가 없다고 한다.

긍정설이 통설이며 또한 판례의 입장이기도 하다.

판례(무효선언을 구하는 취소소송의 제소요건) 행정처분의 당연무효를 선언하는 의미에서 그 취소를 구하는 행정소송을 제기하는 경우에는 전치절차와 그 제소기간의 준수 등 취소소송의 제소요건을 갖추어야 한다. 과세처분의 취소를 구하는 행정소송은 반드시 그 전치요건으로서 국세기본법 소정의 심사청구 및 심판청구 절차를 모두 경유하지 아니하면 이를 제기할 수 없다(대판 1987. 6. 9, 87누219).

다. 2단계 이상의 행정심판절차가 규정된 경우

하나의 처분에 대하여 법령이 이의신청과 행정심판 등 2 이상의 행정심판절차를 규정한 경우에 그 모두를 거치지 않으면 행정소송을 제기할 수 없는지가 문제가 된다. 그러한 내용의 명문규정이 있는 경우에는 당연히 이들 절차를 모두 거쳐야 하지만, 그러한 내용의 명문규정이 없는 경우에는 이들 중 하나의 절차만 거치면 행정심판전치주의의 요건은 충족되는 것으로 보아야 한다. 왜냐하면 행정청에게 자율적 심사기회를 한번 주는 것으로서 충분하며, 모든 절차를 거치게 하는 것은 간편한 쟁송절차에 의하여 국민의 권리구제를 조속히 실현하려는 행정심판절차의 의의에 반하기 때문이다.

참고로 국세기본법은 종전에는 심사청구와 심판청구를 모두 거쳐야 행정소송을 제기할 수 있도록 하였으나, 개정법은 두 개의 절차 중 하나만 거치면 행정소송을 제기할 수 있도록 하여 납세자의 신속한 권리구제를 도모하고 있다.

라. 제3자의 취소소송

행정행위는 상대방에게 통지됨으로써 효력이 발생되나 제3자효행정행위의 경우 제3자에게는 통지되지 않는 경우가 일반적이다. 이에 따라 제3자가 취소소송을 제기하는 경우에 행정심판법에서 정한 제기기간내에 행정심판을 제기한다는 것이 어렵다는 점에서, 개별법에서 규정된 행정심판전치주의가 적용되는지 문제가 된다. 구 행정소송법하에서 판례는 제3자는 소원제기기간 내에 그 제기가 가능했다는 특별한 사정이 없는 한, 소원을 경유하지 않아도 되는 "정당한 사유"에 해당한다고 보아 행정심판전치주의가 적용되지 않는다는 입장을 취한 바가 있다. 그러나 현행 행정소송법하에서 판례는 제3자가 제기하는 취소소송에 있어서도 행정심판제기기간에 대하여만 특례를 인정하고, 행정심판전치주의가 적용된다는 입장을 취하고 있다.

판례(제3자효행정행위에 대한 취소소송에 있어서 행정심판전치주의의 적용여부) 행정처분의 상대방이 아닌 제3자는 행정심판법 제18조(현행 제27조) 제3항 본문소정의 제척기간내에 심판청구가 가능하였다는 특별한 사정이 없는 한 그 제척기간에 구애됨이 없이 행정심판을 제기할 수 있으나, 어떠한 경우에도 행정심판을 제기함이 없이 곧바로 행정소송을 제기할 수는 없다고 보아야 할 것이다(대판 1989. 5. 9, 88누5150).

생각건대 행정소송법은 예외적이기는 하나 행정심판전치주의를 채택한 경우에는 행정심판을 취소소송의 제기요건으로 하고 있으며, 제3자가 행정행위가 있는 것을 알기가 어렵다는 것은 행정심판제기 기간내에 행정심판을 제기하는 것이 어렵다는 것을 의미하며, 행정심판절차를 거치는 것이 어렵다는 것을 의미하는 것은 아니다. 이에 따라 전심절차를 거칠 경우 신속하게 권리구제를 받을 수 없는 정당한 사유가 없는 한 행정심판전치주의가 적용된다고 할 것이다. 또한 정당한 사유가 있는 경우라고 하더라도 현행 행정소송법은 이를 행정심판을 제기하고 재결을 거치지 아니할 수 있는 경우로 규정하고 있기 때문에 행정심판은 제기하여야 할 것이다(법 18조 2항 · 4항).

3) 행정심판전치주의의 예외

현행 행정소송법은 예외적으로 행정심판전치주의를 택하고 있으면서도, 이러한 경우에도 이를 일률적으로 적용하는 경우에는 국민의 권리구제에 있어서 폐단이 있을 수 있기 때문에, 이에 대한 예외를 널리 인정하고 있다. 이러한 예외는 두 가지 유형으로 구분할 수 있는바, 그 하나는 행정심판을 제기한 뒤에 재결을 거치지 않아도 되는 경우이며, 또 다른 하나는 행정심판 자체를 제기하지 않고 직접 제소할 수 있는 경우이다.

가. 행정심판의 재결을 거치지 않고 제소할 수 있는 경우

이는 취소소송을 제기하기 위하여는 행정심판을 제기하여야 하되, 일정한 사유가 있어 재결을 기다릴 수 없기 때문에 재결을 받지 않고 소송을 제기할 수 있는 경우를 말한다. 행정소송법 제18조

제2항은 이에 대하여 다음과 같은 네 가지 사유를 규정하고 있다.

가) 행정심판청구가 있는 날부터 60일이 지나도 재결이 없는 때 이는 행정심판의 재결이 부당하게 지연됨으로 인하여 국민이 입게 될 불이익을 방지하기 위하여 인정한 것이다. 행정심판법 제45조는 피청구인 또는 행정심판위원회가 심판청구서를 받은 날로부터 60일 이내에 재결하도록 하고, 부득이한 사정으로 그 기간내에 재결할 수 없을 때에는 30일을 넘지 않는 범위 안에서 그 기간을 연장할 수 있도록 하고 있다. 그러나 이러한 경우에도 심판청구인으로 하여금 재결을 기다려 행정소송을 제기하도록 하는 것은 불측의 손해를 받을 우려가 있기 때문에 행정소송법은 심판청구가 있은 날부터 60일이 지나도 재결이 없는 때에는 곧바로 소송을 제기할 수 있도록 하고 있다(법 18조 2항 1호).

이 경우의 60일의 경과요건은 행정소송을 제기한 날에 충족되어야 하는 것이 원칙이나, 당해 소송의 변론종결시까지에 "60일의 경과"라는 요건이 충족되면 행정심판전치주의에 대한 흠이 치유되는 것으로 보는 것이 판례의 입장이다.[88]

나) 처분의 집행 등으로 생길 중대한 손해를 예방해야 할 긴급한 필요가 있는 때 행정심판은 행정소송의 전심절차이기 때문에 그에 대한 재결은 종국성을 갖지 못한다. 그런데 재결을 기다려서는 처분의 집행, 절차의 속행 또는 부작위의 계속으로 생길 중대한 손해를 예방해야 할 긴급한 필요가 있는 사건까지 행정심판전치주의를 관철시킨다면, 행정구제절차로서 행정소송의 목적에 위배되는 결과가 발생할 우려가 없지 않다. 이에 따라 행정소송법은 행정심판전치주의를 적용함으로써 발생될 중대한 손해를 예방하기 위하여 긴급한 필요가 있는 경우에는 재결을 기다릴 필요가 없이 곧바로 행정소송을 제기할 수 있도록 하고 있다(법 18조 2항 2호).

다) 법령의 규정에 의한 행정심판기관이 의결 또는 재결을 하지 못할 사유가 있는 때 이는 행정심판위원회가 구성되어 있지 않거나 과반수 이상의 결원이 있고 단시일 안에 보충될 가망성이 없는 경우 등을 예상한 것이다. 이러한 사유가 있음에도 불구하고 재결을 기다리도록 하는 것은 무용한 시간의 낭비를 초래하고, 결과적으로 행정구제제도의 취지에 어긋난다 할 것이기 때문에 재결을 거치지 않고 취소소송을 제기할 수 있도록 하고 있다(법 18조 2항 3호).

라) 그 밖의 정당한 사유가 있는 때 어떤 사유가 정당한 사유에 해당하는지는 구체적인 경우에 합리적으로 판단할 것이나, 판례의 입장에 따르면[89] "시기 기타 사유로 인하여 행정심판을 거칠 경우에는 그 청구의 목적을 달성치 못하겠거나 또는 현저히 그 목적을 달성키 곤란한 경우"를 의미한다. 예컨대 행정심판의 재결을 기다려서는 취소소송을 제기하는 목적을 잃게 될 경우, 60일 이내에 재결이 행하여질 가능성이 없는 경우, 재결의 결과가 예측되는 경우 등이 이에 해당된다고 할 것이다.

이상의 사유가 있는 경우, 원고가 이를 소명하여야 한다(법 18조 4항).

나. 행정심판을 제기함이 없이 바로 제소할 수 있는 경우

행정소송법 제18조 제3항은 행정심판 자체의 제기없이 바로 취소소송을 제기할 수 있는 경우로 다음의 사유들을 열거하고 있다.

가) 동종사건에 대하여 이미 행정심판의 기각재결이 있은 때 여기서 동종사건이란 동일한 사

88) 대판 1969. 5. 13, 69누9.
89) 대판 1953. 4. 15, 4285행상11.

실에 대하여 동일 법적 근거에서 대량으로 행하여진 처분, 즉 당해 사건과 기본적인 점에서 동질성이 인정되는 사건을 말한다(동일한 법규정에 근거한 조세부과처분). 이러한 동종사건 중의 어느 하나에 대하여 기각재결이 있는 경우에는 다른 경우에도 기각재결이 있을 것은 거의 명백하다. 따라서 행정청에게 일단 동종사건에 대하여 심리하여 시정할 기회를 준 이상, 다른 동종사건에 대하여 행정심판을 제기하는 것은 청구인에게 불필요한 부담만을 지우게 되기 때문에 바로 소송을 제기할 수 있도록 하고 있다.

판례 1(행정소송법 제18조 제3항 제1호의 '동종사건'의 의미) 행정소송법 제18조 제3항 제1호에서 행정심판의 제기 없이도 행정소송을 제기할 수 있는 경우로 규정하고 있는 "동종사건에 관하여 이미 행정심판의 기각재결이 있은 때"에 있어서의 "동종사건"이라 함은 당해 사건은 물론 당해 사건과 기본적인 점에서 동질성이 인정되는 사건을 가리킨다(대판 1992. 11. 24, 92누8972).

판례 2(동일한 행정처분에 의하여 동일한 의무를 부담하는 수인 중 1인이 전심절차를 거친 경우 나머지 사람도 전심절차를 다시 거쳐야 하는지 여부) 동일한 행정처분에 의하여 여러 사람이 동일한 의무를 부담하는 경우 그 중 한 사람이 적법한 행정심판을 제기하여 행정처분청으로 하여금 그 행정처분을 시정할 수 있는 기회를 가지게 한 이상 나머지 사람은 행정심판을 거치지 아니하더라도 행정소송을 제기할 수 있다(대판 1988. 2. 23, 87누704).

나) 서로 내용상 관련되는 처분 또는 같은 목적을 위하여 단계적으로 진행되는 처분 중 어느 하나가 이미 행정심판의 재결을 거친 때 서로 내용상 관련되는 복수의 처분 중 어느 하나에 대한 행정심판의 재결이 있은 때에는 그 관련되는 다른 처분에 대한 취소소송의 제기에는 별도의 행정심판의 제기를 요하지 않는다. 서로 내용상 관련되는 처분이라 함은 각각 별개의 처분이지만 그 내용에 있어서는 관련되는 처분을 말한다(가산금징수처분과 중가산금징수처분).

또한 같은 목적을 위하여 단계적으로 진행되는 처분 중 어느 하나에 대한 행정심판의 재결이 있은 때에는 다시 행정심판절차를 거칠 것 없이 취소소송을 제기할 수 있다. 여기서 "같은 목적을 위하여 단계적으로 진행되는 처분"이란 각각 별개의 처분이지만, 하나의 행정목적을 실현하기 위한 단계적인 절차관계에 있는 처분을 말한다(행정대집행에 있어서 계고와 대집행영장의 통지).

판례(가산금 및 중가산금 징수처분에 대한 행정소송을 제기함에 있어서 별도로 전심절차를 거쳐야 하는지 여부) 국세징수법 제21조, 제22조 규정에 따른 가산금 및 중가산금 징수처분은 국세의 납세고지처분과 함께 별개의 행정처분이라고 볼 수 있다 하더라도, 위 국세채권의 내용이 구체적으로 확정된 후에 비로소 발생되는 징수권의 행사이므로 국세의 납세고지처분에 대하여 적법한 전심절차를 거친 이상 가산금 및 중가산금 징수처분에 대하여 따로이 전심절차를 거치지 않았다 하더라도 행정소송으로 이를 다툴 수 있다(대판 1986. 7. 22, 85누297).

다) 사실심변론종결 후에 행정청이 당해 소송의 대상인 처분을 변경하여 그 변경된 처분에 관하여 소를 제기한 때 취소소송이 제기된 뒤에도 행정청은 당해 소송의 대상인 처분을 변경할 수 있다(운전면허취소처분을 운전면허정지처분으로 변경). 그런데 행정청에 의한 처분의 변경이 사실심변론종결

후에 행하여진 때에는 당해 소송은 이미 그 대상이 없어진 것이 되나, 원고로서는 소(訴)의 변경을 할 수가 없어 변경된 처분을 대상으로 한 별소(別訴)의 제기가 불가피하게 된다. 이러한 경우에 변경된 처분을 대상으로 다시 행정심판절차를 거치게 하는 것은 원고에게 지나친 부담이 될 뿐 아니라, 행정청에 의한 소송지연 또는 방해를 가져올 우려도 있으며, 아울러 처분의 변경에 따른 소의 변경(법 22조)과도 균형을 유지할 필요에서 전심절차를 거치지 않고 직접 소송을 제기할 수 있도록 하고 있다.

라) 처분을 행한 행정청이 행정심판을 거칠 필요가 없다고 잘못 알린 때 처분청이 착오로 당해 행정처분에 대하여 행정심판을 제기할 필요가 없는 것으로 고지한 때에는 행정소송의 원고가 될 자는 그것이 잘못된 고지인 것을 알았는지의 여부에 관계없이 행정심판절차를 거치지 않고 행정소송을 제기할 수 있다. 행정청의 잘못된 고지에 행정심판전치주의의 예외의 효과를 연계시킨 것은 행정에 대한 신뢰를 보호함과 아울러 고지의 실효성을 확보하기 위한 것이다.

마) 처분의 변경에 따라 소를 변경하는 때 취소소송이 법원에 계속되고 있는 동안에 당해 소송의 대상인 처분이 행정청에 의하여 변경된 때에는 그 변경된 처분에 맞추어 소의 변경을 할 수 있다(법 22조 1항). 이러한 경우에는 변경된 처분에 대하여 따로 행정심판을 거칠 것 없이 전심절차의 요구를 충족한 것으로 된다(법 22조 3항). 이는 행정청의 소송지연을 막고 원고의 소송절차상의 편의를 도모하며, 사실심변론종결 후에 행정청이 처분을 변경함으로써 별도의 취소소송을 제기하는 때에 전심절차를 거칠 필요가 없도록 한 경우(법 18조 3항 3호)와 균형을 유지하기 위한 것이다.

이상의 사유가 있는 경우, 원고가 이를 소명(疎明)하여야 한다(법 18조 4항).

4) 예외적 행정심판전치주의의 충족여부의 판단

가. 직권조사사항

행정심판절차를 거치는 것은 취소소송의 제기를 위한 요건이므로, 전심절차를 거쳤는지의 여부는 다른 소송요건의 경우와 마찬가지로 법원의 직권조사사항에 속한다. 따라서 행정심판전치절차의 이행여부는 당해 소송당사자의 인정여부와 관계없이 법원이 직권으로 조사하여야 할 것이다.

판례(전심절차를 거친 여부는 직권조사사항에 해당한다는 사례) 전심절차를 거친 여부는 행정소송제기의 소송요건으로서 직권조사사항이라 할 것이므로 이를 거치지 않았음을 원고 소송대리인이 시인하였다고 할지라도 그 사실만으로 전심절차를 거친 여부를 단정할 수는 없다(대판 1986. 4. 8, 82누242).

나. 판단기준시

행정심판전치요건의 충족은 행정소송제기 당시에 요구되는 것이고, 그 때에 충족되지 않으면 행정소송은 부적법한 것으로 되어 각하판결을 받게 된다. 그러나 판례는 행정소송의 제기 이후에도 가급적 원고의 권익을 구제할 수 있게 하기 위하여 사실심변론종결시까지 행정심판절차를 거친 경우에는 이 요건의 흠결은 치유된 것으로 보고 있다. 이는 결과적으로 행정심판전치요건의 충족여부의 판단기준시는 당해 취소소송의 사실심변론종결시가 된다는 것을 의미한다.

판례(행정심판전치요건의 충족여부의 판단기준시) 전심절차를 밟지 아니한 채 증여세과세처분취소소

송을 제기하였다면 제소당시로 보면 전치요건을 구비하지 못한 위법이 있다 할 것이지만, 소송계속중 심사청구 및 심판청구를 하여 각 기각결정을 받았다면 원심변론종결일 당시에는 위와 같은 전치요건흠결의 하자는 치유되었다고 볼 것이다(대판 1987. 4. 28, 86누29).

---

8. 소장(訴狀)

행정소송의 제기는 일정한 형식을 갖춘 서면인 소장을 법원에 제출함으로써 한다. 소장에 관하여는 행정소송법에 특별한 규정이 없으므로 민사소송법이 정하는 바에 따라 작성하여야 한다(법 8조 2항, 민소법 249조 1항). 소장에는 당사자, 즉 원고 · 피고, 대리인, 청구취지와 원인을 기재하고 소정의 인지를 첨부하여야 한다.

9. 관할법원

취소소송은 피고인 행정청의 소재지를 관할하는 행정법원에 제기하여야 한다(법 9조 1항).

Ⅸ. 소의 변경

1. 의 의

소의 변경이란 소송 중에 원고가 심판대상인 청구를 변경하는 것을 말하며, 청구의 변경이라고도 한다. 소의 변경은 청구 그 자체의 변경일 것을 요하고, 청구를 이유있게 하기 위한 공격 · 방어방법의 변경은 소의 변경이 아니다.

일반적으로 소의 변경에는 종래의 청구를 철회하고 새로운 청구를 하는 교환적 변경과, 구청구를 유지하면서 신청구를 제기하는 추가적 변경이 있다. 소의 변경은 당초의 소에 의하여 개시된 소송절차가 유지되며, 거기서 나타난 소송자료가 승계되는 점에 의의가 있다.

2. 행정소송법상의 소의 변경

민사소송법에서 소의 변경은 청구의 변경만을 허용하는 반면(민소법 262조, 263조), 행정소송법은 소의 변경에 관하여 피고의 변경을 포함하는 소의 종류의 변경(법 21조)과 처분변경으로 인한 소의 변경(법 22조)의 두 가지를 규정하고 있다. 이는 민사소송법에 대한 특칙이라고 할 것이며, 이에 따라 그 외에도 민사소송법에 의한 청구의 변경을 할 수 있음은 물론이다(법 8조 2항).

1) 소의 종류의 변경

가. 의 의

취소소송의 원고는 당해 소송의 사실심의 변론이 종결될 때까지 청구의 기초에 변경이 없는 범위 안에서 법원의 허가를 받아 당해 취소소송을 다른 행정소송, 즉 다른 항고소송 또는 당사자소송으로 변경할 수 있다(법 21조). 이와 같은 소의 종류의 변경은 당사자(피고)의 변경을 수반할 수 있다는 점에서 민사소송법에 의한 소의 변경에 대한 특례에 해당한다. 취소소송에 있어서는 그의 계속중에 대상인 처분이 조건의 성취, 종기의 도래 또는 목적물의 소멸 등으로 소의 이익이 상실될 가능성이 있다. 이와 같은 사정으로 취소청구를 유지하기 어려운 경우에 별소의 제기를 강요한다는 것은 원고의 보호 및 소송경제의 관점에서 바람직하지 않다. 이에 따라 행정소송법은 다른 소송절차로 변경하는 것일 뿐만 아니라 당사자의 변경까지 수반하는 소의 변경을 허용하는 명문의 규정을 두게 되었다. 행정소송법 제21조에 의한 소의 변경은 교환적 변경에 제한되며, 추가적 변경은 허용되지 않는다 할 것이다.

나. 요건 및 절차

가) 취소소송이 계속되고 있을 것 행정소송법 제21조에 의한 소의 종류의 변경을 위하여는 우선 취소소송이 계속되고 있어야 한다.

나) 사실심의 변론종결시까지 원고의 신청이 있을 것 소송요건의 흠결로 인하여 취소소송이 부적법한 경우에도 각하판결을 받을 때까지는 소의 변경신청을 할 수 있다. 그러나 취소소송이 상고심에 계속되는 때에는 그 신청을 할 수 없는 바, 이는 상고심은 사실심이 아닌 법률심이기 때문이다.

다) 당사자소송 또는 취소소송 외의 항고소송으로의 변경 원고의 신청은 취소소송을 무효등확인소송이나 부작위위법확인소송 또는 당해 처분 등에 관계되는 사무가 귀속하는 국가 또는 공공단체에 대한 당사자소송으로 변경하는 것을 내용으로 하여야 한다. 여기서 사무가 귀속하는 국가 또는 공공단체라 함은 처분 등의 효과가 귀속하는 국가 또는 공공단체를 의미하는 것으로서, 국가사무의 경우에는 국가가, 공공단체의 사무의 경우에는 공공단체가 당사자소송의 피고가 된다. 예를 들어 지방자치단체장이 국가의 기관위임사무를 처리하는 경우에는 그 사무가 귀속하는 것은 국가이므로 국가를 피고로 하지 않으면 안된다.

라) 청구의 기초에 변경이 없을 것 소의 종류의 변경은 청구의 기초의 변경이 없어야 허용되는데, 청구의 기초라는 개념은 신 · 구청구간의 관련성을 의미한다. 청구의 기초의 변경이 없어야 한다는 것은 법원에 계속중인 취소소송에 의하여 구제받으려는 원고의 법률상 이익의 동일성이 유지되어야 한다는 것을 의미한다는 것이 학설의 일반적인 견해이다.

판례(청구의 기초에 변경이 없음의 의미) 소변경제도를 인정하는 취지는 소송으로서 요구받고 있는 당사자 쌍방의 분쟁에 합리적 해결을 실질적으로 달성시키고, 동시에 소송경제에 적합하도록 함에 있다 할 것이므로, 동일한 생활사실 또는 동일한 경제적 이익에 관한 분쟁에 있어서 그 해결방법에 차이가 있음에 불과한 청구취지의 변경은 청구의 기초에 변경이 없다(대판 1987. 7. 7, 87다카225).

마) 법원의 허가결정 법원은 소의 종류를 변경하는 것이 상당하다고 인정하는 때에 결정으로 허가할 수 있다. 법원은 소의 변경을 허가함에 있어서 피고를 달리하게 될 때에는 새로이 피고로 될 자의 의견을 들어야 한다(법 21조 2항). 의견을 듣는 방법은 법에 규정이 없기 때문에 구두나 문서 어느 것도 무방할 것이다. 소의 종류변경을 허가하는 결정에 대하여는 새 피고나 종래의 피고는 즉시항고를 할 수 있다(법 21조 3항). 불허가결정에 대한 불복방법은 행정소송법에서 규정하고 있지 않은 바, 원고는 새 피고를 상대로 별소를 제기하면 될 것이다.

다. 효 과

소의 변경을 허가하는 결정이 있게 되면, 새로운 소(訴)는 구소(舊訴)가 처음 제기된 때에 제기된 것으로 보고, 구소(舊訴)는 취하된 것으로 본다(법 21조 4항, 14조 5항). 따라서 구소(舊訴)에 대하여 진행되어 온 소송절차는 새로운 소에 유효하게 승계된다.

2) 처분변경으로 인한 소의 변경

가. 의 의

행정소송법은 취소소송의 계속중에 피고인 행정청이 소송대상인 처분을 변경한 경우에(영업취소처분을 영업정지처분으로 변경한 경우), 원고의 신청이 있으면 법원은 결정으로서 청구취지 또는 청구원인의 변경을 허가할 수 있도록 하였다(법 22조 1항).

이러한 소의 변경을 인정하는 취지는 피고의 책임있는 사유로 소의 목적물이 변경 또는 소멸되어 생기는 소각하(訴却下)와 다시 제소(提訴)를 하여야만 하는 절차의 불합리한 반복을 피하고 원고로 하여금 신속하게 구제받도록 하는 데 있다고 할 것이다. 이러한 처분의 변경은 처분내용의 동일성이 없는 다른 처분으로 변경하는 실질적 변경(영업허가취소처분을 영업정지처분으로 변경)뿐만 아니라, 구처분과 동일한 내용의 처분 또는 구처분과 기초를 같이 하는 다른 처분(하천점용료부과처분을 절차상의 하자로 취소한 이후 동일한 내용의 하천점용료부과처분을 한 경우)으로 변경하는 형식적 변경을 포함한다.

판례(동일한 내용의 하천점용료를 대상으로 한 청구의 변경과 기초의 동일성) 피고가 원고에게 하천점용료 부과처분을 하였다가 절차상 하자를 이유로 이를 취소하고 다시 동일한 내용의 처분을 한 경우에, 원고가 당초의 부과처분에 대한 취소청구를 새로운 부과처분에 대한 취소청구로 변경하더라도 두 처분이 모두 동일한 내용의 하천점용료를 대상으로 한 것으로서 별개의 두 부과처분이 병존하는 것이 아닌 이상 그 청구의 기초에 변경이 없다고 볼 것이다(대판 1984. 2. 28, 83누638).

나. 요건 및 절차

원고의 소변경허가신청은 처분의 변경이 있음을 안 날부터 60일 이내에 하여야 하고(법 22조 2항), 이에 대한 법원의 변경허가결정이 있어야 한다(법 22조 1항). 행정청에 의한 처분변경으로 인한 소변경의 청구는 행정심판전치주의의 요건을 갖춘 것으로 본다(법 22조 3항).

다. 효 과

소의 변경을 허가하는 결정이 있으면 구소가 처음 제기된 때에 새로운 소가 제기되고, 동시에 구소는 취하된 것으로 본다.

3) 행정소송법상의 기타의 소의 변경

행정소송법 제21조에 의한 소의 종류의 변경은 무효등확인소송이나 부작위위법확인소송을 취소소송 또는 당사자소송으로 변경하는 경우와 당사자소송을 항고소송으로 변경하는 경우에 준용한다(법 37조 · 42조).

한편 행정소송법 제22조에 의한 처분변경으로 인한 소의 변경은 무효확인소송(법 38조 1항)과 당사자소송(법 44조)에 준용된다. 부작위위법확인소송에는 변경될 처분이 존재하지 않는다는 이유로 제22조가 준용되지 않고 있다(법 38조 2항).

3. 민사소송법상의 소의 변경

1) 행정소송과 민사소송 사이의 소의 변경

행정소송법은 행정소송의 여러 형태간의 소의 변경에 대하여만 규정하고, 행정소송과 민사소송 간의 소변경에 관하여는 아무런 규정을 두고 있지 않다. 여기서 민사소송을 행정소송으로, 또는 행정소송을 민사소송으로 변경할 수 있는지 여부에 관하여 견해의 대립이 있다.

가. 부정설

민사소송법상의 소의 변경은 법원과 당사자의 동일성을 유지하면서 동종의 절차에서 심리될 수 있는 경우에만 가능한 것이므로, ① 피고의 변경(처분청 ↔ 국가 등)을 수반하며, ② 서로 관할법원이 다른 민사소송과 행정소송 사이의 변경은 허용되지 않는다고 한다.[90]

나. 긍정설

항고소송을 처분을 원인으로 하는 민사소송으로 변경하는 경우, ① 피고가 처분청에서 국가 등으로 변경되지만 양당사자는 실질에 있어서 동일성이 유지되고 있고, ② 항고소송과 민사소송은 관할법원을 달리하는 문제가 있지만 행정법원은 일반 사법법원으로부터 독립된 법원이 아니라 사법법원의 하나로서 전문법원에 불과한 것이므로 행정법원이 당해 민사사건을 심판하는 것도 가능하므로, 항고소송과 민사소송 사이의 소의 변경을 허용할 수 있다고 한다.[91]

다. 판 례

대법원은 (구)의료보호법에 따라 보호비용을 청구하였다가 거부된 진료기관이 구제받기 위하여는 진료비지급거부처분에 대한 항고소송을 제기하여야 하는데 민사소송으로 진료비청구를 한 사건에서, "만약 수소법원이 그 행정소송에 대한 관할도 동시에 가지고 있는 경우라면 원고로 하여금 항고소송으로 소 변경을 하도록 하여 심리 · 판단하여야 한다"라고 판시하여, 민사소송의 항고소송으로의 소의 변경을 제한적으로 허용하고 있다. 한편 최근 당사자소송을 민사소송으로의 변경을 허용한 판례(대판 2023. 6. 29, 2022두44262)는 주목의 대상이 되고 있다.

판례(민사소송의 항고소송으로의 소변경의 허용성) 행정소송법 제7조는 원고의 고의 또는 중대한 과실 없이 행정소송이 심급을 달리하는 법원에 잘못 제기된 경우에 민사소송법 제31조 제1항을 적용하여 이를 관할 법원에 이송하도록 규정하고 있을 뿐 아니라 관할 위반의 소를 부적법하다고 하여 각하하는 것보다 관할 법원에 이송하는 것이 당사자의 권리구제나 소송경제의 측면에서 바람직하므로, 원고가 고의 또는 중대한 과실 없이 행정소송으로 제기하여야 할 사건을 민사소송으로 잘못 제기한 경우 수소법원으로서는 만약 그 행정소송에 대한 관할도 동시에 가지고 있는 경우라면, 행정소송으로서의 전심절차 및 제소기간을 도과하였거나 행정소송의 대상이 되는 처분 등이 존재하지도 아니한 상태에 있는 등 행정소송으로서의 소송요건을 결하고 있음이 명백하여 행정소송으로 제기되었더라도 어차피 부적법하게 되는 경우가 아닌 이상, 원고로 하여금 항고소송으로 소 변경을 하도록 하여 그 1심법원으로 심리 · 판단하여야 한다(대판 1999. 11. 26, 97다42250).

---

90) 柳明建, 實務行政訴訟法, 200면.
91) 朴均省, 行政法講義, 857면.

라. 결 어

생각건대 국민의 소송상 편의와 소송경제를 위하여 행정소송과 민사소송 사이에 소의 변경을 명문으로 규정하는 것이 바람직할 것이다. 법무부 행정소송법개정안은 행정소송과 민사소송 사이의 소 변경을 인정하고 있다.

2) 민사소송법 제262조에 의한 소의 변경

행정소송법 제21조나 제22조는 민사소송법상의 소변경을 배척하는 취지가 아니므로, 행정소송에서도 민사소송법 제262조에 의한 소의 변경이 가능하다고 할 것이다. 즉 처분의 변경을 전제로 하지 않고, 소의 종류를 변경하지도 않는 청구의 변경이 이에 해당한다(처분의 일부취소만을 구하다가 전부취소를 구하는 것으로 청구취지를 확장하는 경우). 이와 같은 민사소송법에 의한 소의 변경의 경우에는 행정소송법 제14조 제4항이 준용되지 아니하므로, 처음 소가 제기된 때에 제소된 것으로 볼 수 없고 소변경신청서 제출시에 제소된 것으로 보아야 하므로, 제소기간 준수여부도 소변경서 제출시를 기준으로 보아야 할 것이다.

X. 취소소송제기의 효과

취소소송이 제기되면 일정한 절차법상 및 실체법상의 효과가 발생되는 바, 절차법적으로는 소송계속의 효과가 발생되고 실체법적으로는 제척기간준수의 효과 등이 발생되는 것이 그것이다.

1. 절차법적 효과 – 소송의 계속

소송의 계속이라 함은 특정한 청구에 대하여 법원에 판결절차가 현실적으로 존재하는 상태, 즉 법원이 판결에 필요한 행위를 할 수 있는 상태를 말한다. 소송계속의 효과로서는 소송법률관계가 성립되어 그에 따르는 각종의 소송법상의 효과가 발생하는 것이지만, 중요한 것으로는 중복제소가 금지되고, 소송참가의 기회가 생기게 되며(법 16조·17조), 관련청구의 이송(법 10조 1항)이 인정되고 처분 등의 집행정지결정이 가능하게 된다(법 23조).

2. 실체법적 효과

취소소송이 제기되면 실체법적 효과로서 법률상의 기간준수의 효과가 발생한다. 법률상의 기간이란 제소기간 그 밖의 청구를 위한 제척기간 등 권리나 법률상태를 보존하기 위하여 일정한 기간내에 소를 제기하지 않으면 안되는 기간을 의미한다. 취소소송의 제기기간(법 20조)이 그 예에 해당한다.

XI. 취소소송의 가구제(假救濟)

1. 의 의

소송을 통한 법적 분쟁의 해결은 장시간을 요하기 때문에 그 동안 법률관계의 내용이 실현되어 원고가 비록 승소의 판결을 받는다고 하더라도 권리구제라는 소기의 소송목적을 달성하기가 어려운 경우가 발생될 수 있다. 이에 따라 행정소송에 있어서도 판결에 이르기 전까지 잠정적인 권리구제수단으로서 가구제가 필요함은 물론이다.

행정소송에 있어서 가구제라 함은 본안판결의 실효성을 확보하기 위하여 분쟁있는 행정작용이나 공법상의 권리관계에 임시적인 효력관계나 지위를 정함으로써 본안판결이 확정될 때까지 잠정적으로 권리구제를 도모하는 것을 의미한다. 행정소송에 있어서 가구제제도에는 침해적 행정처분에 대한 집행정지제도와 수익적 행정처분의 신청에 대한 부작위 또는 거부처분에 대한 적극적인 가처분제도가 있다. 우리 행정소송법은 침해적 행정처분에 대한 가구제제도로서 집행정지제도만을 규정하고 있는바, 이에 따라 수익적 행정처분에 대한 가구제를 위하여 민사집행법상의 가처분제도가 행정소송에 준용될 수 있는지 여부가 문제되고 있다.

2. 집행정지제도

1) 집행부정지의 원칙
2) 집행정지의 결정
  가. 집행정지결정의 성질
    가) 사법작용
    나) 잠정성 · 긴급성 · 부종성
    다) 소극적 가처분
  나. 집행정지의 요건
    가) 적극적 요건
      ① 본안소송의 계속
      ② 처분의 존재
        ㉠ 거부처분에 대한 집행정지 인정여부
        ㉡ 행정행위의 부관
      ③ 회복하기 어려운 손해예방의 필요
      ④ 긴급한 필요의 존재
    나) 소극적 요건
      ① 공공복리에 중대한 영향을 미칠 우려가 없을 것
      ② 본안청구가 이유없음이 명백하지 않을 것
  다. 집행정지결정의 절차
  라. 집행정지결정의 내용
    가) 처분의 효력정지－효력정지의 보충성
    나) 처분의 집행정지
    다) 절차의 속행정지
  마. 집행정지결정의 효력
    가) 형성력
    나) 대인적 효력
    다) 시간적 효력
  바. 집행정지결정의 취소
  사. 집행정지결정에 대한 불복

1) 집행부정지의 원칙

행정소송법은 "취소소송의 제기는 처분 등의 효력이나 그 집행 또는 절차의 속행에 영향을 주지 아니한다(법 23조 1항)"라고 규정하여 집행부정지원칙을 취하고 있다. 이와 같은 집행부정지원칙의 이론적 근거를 종래 처분의 공정력 내지 자력집행력에서 찾는 견해가 있었다. 그러나 오늘날 집행부정지원칙을 채택하는가(일본, 프랑스) 또는 집행정지원칙을 채택하는가는(독일)[92] 행정의 효율적인 운영을 중시하는가 또는 국민의 권리구제를 중시하는가에 따라 입법정책적으로 결정될 문제라는 것이 지배적인 견해이다. 우리 행정소송법은 남소의 폐단을 방지하고 행정의 신속성과 효율성 등을 이유로 집행부정지원칙을 취함과 동시에, 예외적으로 일정한 경우에 한하여 집행정지를 인정하고 있다.

2) 집행정지의 결정

취소소송이 제기된 경우에 처분 등이나 그 집행 또는 절차의 속행으로 인하여 생길 회복하기

92) 독일행정소송법은 취소소송에 있어서 집행정지효를 원칙으로 하고 있으며(80조 1항), 예외적으로 ① 공과금부과처분(80조 2항 1호), ② 경찰집행공무원의 긴급한 명령이나 조치(80조 2항 2호), ③ 공익이나 당사자의 우월한 이익을 위하여 행정청에 의하여 즉시집행이 명하여진 경우(80조 2항 4호), ④ 강제집행조치 중 州法에 의하여 규율된 경우에는 집행정지효가 탈락하도록 하고 있다.

어려운 손해를 예방하기 위하여 긴급한 필요가 있다고 인정할 때에는 본안이 계속되고 있는 법원은 당사자의 신청 또는 직권에 의하여 처분 등의 효력이나 그 집행 또는 절차의 속행의 전부 또는 일부의 정지(이하 "집행정지"라 한다)를 결정할 수 있다(법 23조 2항). 집행정지결정은 무효등확인소송이 제기된 경우에도 준용된다(법 38조 1항).

가. 집행정지결정의 성질

가) 사법작용　　처분 등의 집행정지가 행정작용의 성질을 가지는가 또는 사법작용의 성질을 가지는가 다툼이 되고 있다. 행정작용설에 따르면 처분 등의 집행정지결정은 실질적으로는 행정작용에 지나지 않으며, 단지 형식적으로 본안소송이 계속된 법원이 그 권한을 갖는 데 불과하다고 한다. 그러나 집행정지는 사법절차에 의한 구제조치의 일종이며, 사법절차에는 본안에 대한 재판절차뿐만 아니라 그에 부수되는 가구제절차가 당연히 포함되므로 사법작용으로 보아야 한다. 사법작용설(司法作用說)이 통설적인 견해이다.

나) 잠정성 · 긴급성 · 부종성　　집행정지는 처분 등의 효력이나 그 집행 또는 절차의 속행을 판결확정시까지 방치한다면 원고인 개인이 현저한 손해를 입거나 소송의 목적을 달성하기 어렵기 때문에 그 위험을 방지하기 위하여 잠정적으로 처분 등의 효력이나 그 집행 또는 절차의 속행의 전부 또는 일부를 정지할 것을 내용으로 하는 보전처분이다. 이에 따라 집행정지는 본안판결이 확정될 때까지 현상을 유지시키는 잠정적 처분이므로, 본안소송과는 달리 ① 잠정성, ② 긴급성, ③ 본안소송에의 부종성이라는 세 가지 특징을 갖는다.[93]

다) 소극적 가처분　　집행정지는 본안소송이 확정될 때까지 현상을 유지시키는 잠정적 처분이므로 민사집행법상의 가처분적인 성격을 갖고 있다. 그러나 쟁의있는 공법상 권리관계에 대하여 적극적으로 임시의 지위를 정하는 것이 아니라, 소극적으로 계쟁처분 등의 효력 내지 집행 또는 절차의 속행을 정지시키는 현상유지적인 것에 그치기 때문에 소극적인 가처분적 성격과 내용을 갖고 있다고 할 것이다.

나. 집행정지의 요건

집행정지의 요건은 적극적 요건과 소극적 요건으로 구분할 수 있는바 국민의 권리구제를 위하여 그 완화가 요청된다고 할 것이다.

가) 적극적 요건　　법원이 집행정지결정을 하기 위하여 적극적으로 존재할 것이 요구되는 요건을 말한다.

① 본안소송의 계속　　적법한 본안소송이 계속되어 있어야 한다. 행정소송법 제23조 제2항이 "취소소송이 제기된 경우에"라거나 "본안이 계속되고 있는 법원"이라고 규정하고 있는 것은 곧 집행정지의 요건의 하나로 본안소송의 계속을 요구하고 있는 것이라고 하겠다. 이 점에서 본안소송 제기전에 신청이 가능한 민사소송에 있어서의 가처분과 차이가 있다. 본안소송은 적법한 것이어야 하므로, 기간을 도과하거나 피고를 잘못 정한 소송은 집행정지의 신청을 위법하게 만든다.

93) 李尙圭, 新行政法論(上), 852면.

판례 1(집행정지의 법률상 이익) 행정처분에 대한 집행정지신청을 구함에 있어서도 이를 구할 법률상 이익이 있어야 하는바, 이 경우 법률상 이익이란 그 행정처분으로 인하여 발생하거나 확대되는 손해가 해당 처분의 근거 법규 및 관련 법규에 의하여 보호받는 직접적이고 구체적인 이익과 관련된 것을 말하고 단지 간접적이거나 사실적·경제적 이해관계를 가지는 데 불과한 경우는 여기에 포함되지 않는다. 이 사건 증원배정 처분의 근거가 된 고등교육법령 및「대학설립·운영 규정」(대통령령)은 의과대학의 학생정원 증원의 한계를 규정함으로써 의과대학에 재학 중인 학생들이 적절하게 교육받을 권리를 개별적·직접적·구체적으로 보호하고 있다고 볼 여지가 충분하다(대결 2024. 6. 19, 2024무689).

판례 2(집행정지결정의 요건으로서 '본안소송의 계속') 행정처분의 효력정지는 소위 행정처분집행부정지의 원칙에 대한 예외로서 인정되는 일시적인 응급처분이므로 그러한 신청은 행정소송법 제23조에 의한 효력정지결정을 구하는 방법에 의해야 하고 위의 방법에 의한 행정처분효력정지결정을 하려면 그 효력정지를 구하는 당해 행정처분에 대한 본안소송이 법원에 제기되어 계속중임을 요건으로 한다(대결 1988. 6. 14, 88두6).

② 처분의 존재 처분 등이 존재하여야 한다. 따라서 부작위인 경우나, 처분 등이 효력을 발생하기 전 또는 처분이 그 목적을 달성하여 소멸된 경우에는 집행정지의 대상이 될 처분이 존재하지 않게 된다. 이에 대하여 무효인 처분에 있어서는 처분으로서의 외관이 존재하고 또한 행정소송법은 집행정지에 관한 규정을 무효등확인소송의 경우에 준용시키고 있는 점(법 38조 1항)에 비추어, 집행정지결정과 관련하여서는 처분이 존재하는 것으로 보아야 한다.

거부처분, 제3자효행정행위, 행정행위의 부관 등이 집행정지의 대상과 관련하여 문제가 되고 있다.

㉠ 거부처분 집행정지는 종전의 상태를 유지시키는 소극적인 것이므로 종전의 상태를 변경시키는 적극적인 조치로 활용될 수 없다. 또한 거부처분에 대하여는 행정소송법 제23조 제6항은 집행정지결정의 기속력에 관하여 제30조 제1항만을 준용하고 있을 뿐, 제30조 제2항을 준용하고 있지 않다는 점이 부정적 입장의 추가적인 논거가 되고 있다. 이에 따라 거부처분에 대하여는 원칙적으로 집행정지가 허용되지 않는다고 할 것이다. 예를 들어 대법원은 투전기업소 허가갱신신청을 거부한 불허가처분의 효력을 정지하더라도 이로 인하여 신청인에게 허가의 효력이 회복되거나 또는 행정청에게 허가를 갱신할 의무가 생기는 것은 아니므로 불허가처분의 효력정지로서는 신청인이 입게 될 손해를 피하는 데에 아무런 보탬이 되지 않는다 하여 집행정지를 인정하지 않았다.

그러나 예외적으로 거부처분에 대한 집행정지의 필요성이 인정되는 경우도 있을 것이다.

예를 들어 외국인의 체류기간갱신허가의 거부처분의 경우에 효력이 정지된다고 하더라도 외국인이 체류하는 권리를 취득하는 것은 아니나, 체류기간이 경과하더라도 불법체류자로 문책당하지 않게 되며 따라서 당장에 추방되지는 않게 되기 때문에 집행정지의 요건은 충족될 것이다. 한편, 서울행정법원은 한국보건의료인국가시험원이 한약사국가시험에 응시한 원고들에게 한약관련과목의 이수가 부족하여 응시자격이 없다고 원서를 반려한 거부처분에 대하여 처분의 효력이 한약사국가시험시행시까지 유지된다면, 그동안 시험을 준비하여 왔고 시험에 합격할 가능성이 있는 신청인들의 응시기회가 부당히 박탈될 수 있다는 이유로 집행정지결정을 하였다.[94] 또한 서울행정법원은 서울대학교 신입생 1단계 전형불합격처분에 대하여 처분의 효력이 2단계 전형실시 때까지 그대로 유지된다면,

94) 서울행정 2000아120.

신청인의 응시기회가 부당하게 박탈됨에 따라 신청인이 회복하기 어려운 손해를 입게 될 것이라는 이유로 집행정지결정을 내렸다.[95]

판례 1(불합격처분에 대한 집행정지결정의 필요성) 국립대학교 총장이 어떠한 입학지원자에 대하여 입학을 거부하는 불합격처분을 한 경우에 설령 이 처분에 대하여 집행정지를 한다 하여도 이로 인하여 소관 행정청에 입학을 명하는 것이 되는 것도 아니고, 또 당연히 입학이 되는 것은 아니어서 결국 아무런 의미가 없으므로 이 행정처분의 집행을 정지할 필요성이 없다(대결 1963. 6. 29, 62두9).

판례 2(거부처분에 대한 집행정지결정의 필요성) 신청에 대한 거부처분의 효력을 정지하더라도 거부처분이 없었던 것과 같은 상태, 즉 거부처분이 있기 전의 신청시의 상태로 되돌아가는 데에 불과하고 행정청에게 신청에 따른 처분을 하여야 할 의무가 생기는 것이 아니므로, 거부처분의 효력정지는 그 거부처분으로 인하여 신청인에게 생길 손해를 방지하는 데에 아무런 소용이 없어 그 효력정지를 구할 이익이 없다(대결 1992. 2. 13, 91두47; 1995. 6. 21, 95두26).

㉡ **행정행위의 부관** 부관 중 주된 행정행위에 부가하여 작위, 부작위, 수인, 급부의 의무를 부가하는 부담은 독립적인 행정행위의 성격을 갖고 있기 때문에 집행정지의 대상이 될 것이다.

㉢ **제3자효행정행위** 제3자효행정행위가 집행정지의 대상이 되는지 문제가 되나, 학설에서는 그 필요성과 가능성을 인정하고 있다. 예를 들어 제3자가 이웃에 설치되는 시설물이나 공장의 건설을 저지할 목적으로 그 설치허가에 대한 취소소송을 제기한 경우에 공장이 완공되어 기성사실화 되기전에 가구제의 조치를 취할 필요성이 있으며, 행정소송법 제29조 제2항도 집행정지결정의 제3자효를 인정하고 있음에 비추어 제3자효행정행위에 대한 집행정지도 가능하다고 할 것이다. 판례 역시 시내버스 운송사업계획변경인가처분에 대하여 기존 운송사업자의 집행정지신청을 인용한 바가 있다.[96] 부담적 행정행위의 집행정지결정에 있어서는 공익과 상대방의 이익형량이 중요한 반면 제3자효행정행위의 집행정지결정에 있어서는 공익과 사익뿐만 아니라 사익상호간의 이익형량도 아울러 행하여져야 한다.

③ **회복하기 어려운 손해예방의 필요** 집행정지는 처분이나 그 집행 또는 절차의 속행으로 인하여 발생하는 회복하기 어려운 손해를 예방하기 위하여 인정된다. "회복하기 어려운 손해"란 일관된 판례의 입장에 따르면 사회통념상 금전으로 보상할 수 없는 손해를 말하는 바, 이는 금전보상이 불능인 경우 뿐만 아니라, 금전보상으로는 사회통념상 행정처분을 받은 당사자가 수인할 수 없거나 수인하는 것이 현저히 곤란한 경우의 유형 · 무형의 손해를 의미한다. 여기서 판례는 처분의 성질과 태양 및 내용, 처분상대방이 입는 손해의 성질 · 내용 및 정도(사업계속불능 또는 경영상의 위기를 초래할 정도인가 여부), 원상회복 · 금전배상의 방법 및 난이 등은 물론 본안 청구의 승소가능성의 정도 등을 종합적으로 고려하여 구체적 · 개별적으로 판단하고 있다. 최근에는 과세처분이나[97] 과징금 납부명령[98] 등 재산상 손해에 대하여도 집행정지결정이 나오고 있다.

95) 서울행정 2003아95.
96) 대결 2004. 5. 17, 2004무6.
97) 대판 2000. 9. 7, 2000아20.
98) 대결 2001. 10. 10, 2001무29.

④ **긴급한 필요의 존재** 집행정지는 본안에 대한 판결을 기다릴 시간적 여유가 없는 "긴급한 필요가 있다고 인정될 때"에만 허용된다. "긴급한 필요"는 회복하기 곤란한 손해의 발생이 시간적으로 절박하였거나 이미 시작됨으로 인하여 판결을 기다릴 여유가 없는 경우를 말한다. 이에 따라 긴급한 필요의 여부는 회복하기 어려운 손해발생의 가능성과 연계하여 합일적으로 판단하여야 할 것이다.

판례(집행정지의 요건) 효력정지 요건인 '회복하기 어려운 손해'란, 특별한 사정이 없는 한 금전으로 보상할 수 없는 손해로서 금전보상이 불가능한 경우 내지는 금전보상으로는 사회관념상 행정처분을 받은 당사자가 참고 견딜 수 없거나 참고 견디기가 현저히 곤란한 경우의 유형, 무형의 손해를 일컫는다. 그리고 '처분 등이나 그 집행 또는 절차의 속행으로 인하여 생길 회복하기 어려운 손해를 예방하기 위하여 긴급한 필요'가 있는지는 처분의 성질과 태양 및 내용, 처분상대방이 입는 손해의 성질 · 내용 및 정도, 원상회복 · 금전배상의 방법 및 난이 등은 물론 본안청구의 승소가능성 정도 등을 종합적으로 고려하여 구체적 · 개별적으로 판단하여야 한다(대결(전원합의체) 2011. 4. 21, 2010무111).

㉠ 회복하기 어려운 손해를 예방하기 위하여 긴급한 필요를 인정한 판례

판례 1(시내버스 운송사업계획변경인가처분에 대한 기존 운송업자의 집행정지신청을 인용한 사례) 행정소송법 제23조 제2항에서 정하고 있는 집행정지 요건인 '회복하기 어려운 손해'라 함은 특별한 사정이 없는 한 금전으로 보상할 수 없는 손해로서 이는 금전보상이 불능인 경우 내지는 금전보상으로는 사회관념상 행정처분을 받은 당사자가 참고 견딜수 없거나 또는 참고 견디기가 현저히 곤란한 경우의 유형, 무형의 손해를 일컫는다할 것이고, '처분등이나 그 집행 또는 절차의 속행으로 인하여 생길 회복하기 어려운 손해를 예방하기 위하여 긴급한 필요'가 있는지 여부는 처분의 성질과 태양 및 내용, 처분상대방이 입는 손해의 성질 · 내용 및 정도, 원상회복 · 금전배상의 방법 및 난이 등은 물론 본안 청구의 승소가능성의 정도 등을 종합적으로 고려하여 구체적 · 개별적으로 판단하여야 하며, 한편, 같은 조 제3항에서 규정하고 있는 집행정지의 장애사유로서의 '공공복리에 중대한 영향을 미칠 우려'라 함은 일반적 · 추상적인 공익에 대한 침해의 가능성이 아니라 당해 처분의 집행과 관련된 구체적 · 개별적인 공익에 중대한 해를 입힐 개연성을 말하는 것으로서 이러한 집행정지의 소극적 요건에 대한 주장 · 소명책임은 행정청에게 있다. 이 사건 처분의 집행으로 인한 운행이 장기화됨에 따라 신청인은 상당한 경제적 손실을 입어 여객자동차운송사업 자체에 중대한 영향을 받거나 심각한 경영상의 위기를 맞을 우려가 있고, 이와 같은 손해는 신청인에게 참고 견디기가 현저히 곤란한 유형 · 무형의 손해로서 행정소송법 제23조 제2항의 '회복하기 어려운 손해'에 해당하고 이를 예방하기 위하여 이 사건 처분의 집행을 정지시킬 긴급한 필요가 있다(대결 2004. 5. 17, 2004무6).

판례 2(과징금부과처분에 대한 사업자의 집행정지신청을 인용한 사례) 사업여건의 악화 및 막대한 부채비율로 인하여 외부자금의 신규차입이 사실상 중단된 상황에서 285억 원 규모의 과징금을 납부하기 위하여 무리하게 외부자금을 신규차입하게 되면 주거래은행과의 재무구조개선약정을 지키지 못하게 되어 사업자가 중대한 경영상의 위기를 맞게 될 것으로 보이는 경우, 이 사건 처분이 신청인의 자금사정이나 경영전반에 미치는 파급효과는 매우 중대하다고 할 것이므로, 그로 인한 신청인의 손해는 비록 그 성질이나 태양이 재산상의 손해에 속한다고 하더라도 사회관념상 사후의 금전보상으로는 참고 견딜 수 없거나 또는 견디기가 현저히 곤란한 손해라고 할 것이어서 효력정지 내지 집행정지의 적극적 요건인 '회복하기 어려운 손해'에 해당한다고 할 것이고 신청인의 손해가 회복하기 어려운 것인 이상 신청인에게는 이를 예방하기 위한 긴급한 필요도 있다고 할 것이다(대결 2001. 10. 10, 2001무29).

판례 3(약제 및 치료재료의 산정기준 등에 관한 보건복지부 고시에 대한 제약회사의 집행정지신청을 인용한 사례) 이 사건 고시의 성질과 태양 및 내용, 처분상대방인 신청인이 입는 손해의 성질·내용 및 정도, 원상회복·금전배상의 방법 및 난이, 이 사건 본안소송의 경과 등 제반 사정을 종합하여 보면, 신청인은 이 사건 고시의 효력이 계속 유지되는 경우 이로 인한 매출액의 감소, 시장점유율 및 판매신장률의 감소, 거래처의 감소, 신약의 공급중단위기가능성, 이 사건 약제들의 적정한 상한금액을 확보하지 못할 위험성 등의 경제적 손실과 기업 이미지 및 신용의 훼손 등을 입게 되어 앞서 본 신청인의 경영상황에 비추어 볼 때 경영상의 위기를 맞게 될 수도 있으므로, 이러한 손해는 금전보상이 불능인 경우 내지 금전보상으로는 신청인으로 하여금 참고 견딜 수 없거나 또는 참고 견디기가 현저히 곤란한 경우의 유형·무형의 손해로서 행정소송법 제23조 제2항의 '회복하기 어려운 손해'에 해당한다고 볼 것이고, 신청인의 위와 같은 손해를 예방하기 위하여서는 이 사건 고시의 효력을 정지하는 것 외에 다른 적당한 방법이 없으므로, 위 고시의 효력을 정지할 긴급한 필요도 있다고 보아야 할 것이다(대결 2004. 5. 12, 2003무41).

판례 4(미결수용자에 대한 이송처분에 대하여 집행정지신청을 인용한 사례) 행정처분의 집행정지나 효력정지결정을 하기 위하여는 행정소송법 제23조 제2항에 따라 회복하기 어려운 손해를 예방하기 위하여 긴급한 필요가 있어야 하고, 여기서 말하는 "회복하기 어려운 손해"라 함은 특별한 사정이 없는 한 금전으로 보상할 수 없는 손해라 할 것이며 이는 금전보상이 불능한 경우뿐만 아니라 금전보상으로는 사회 관념상 행정처분을 받은 당사자가 참고 견딜 수 없거나 또는 참고 견디기가 현저히 곤란한 경우의 유형, 무형의 손해를 일컫는다. 기록에 의하면 신청인 및 그 가족들의 주소는 서울이고 위 형사피고사건의 상고심에서 신청인을 위하여 선임된 변호인도 서울지방변호사회 소속 변호사임을 알 수 있으므로 신청인이 그에 관한 형사피고사건이 상고심에 계속중에 안양교도소로부터 진주교도소로 이송되는 경우에는 그로 인하여 변호인과의 접견이 어려워져 방어권의 행사에 지장을 받게 됨은 물론 가족이나 친지 등과의 접견권의 행사에도 장애를 초래할 것임이 명백하고 이로 인한 손해는 금전으로 보상할 수 없는 손해라 할 것이어서 원심이 이 사건 이송처분으로 인하여 신청인에게 회복할 수 없는 손해가 발생할 염려가 있다고 본 것은 결국 정당하다(대결 1992. 8. 7, 92두30).

ⓛ 회복하기 어려운 손해를 예방하기 위하여 긴급한 필요를 부정한 판례

판례 1(영업허가취소처분에 대한 집행정지신청을 기각한 사례) 재항고인이 이 사건 영업을 위하여 거의 전재산인 금 1억 5천만원을 투자하고 영업을 하여 온 까닭에 그 영업허가취소처분의 효력이 정지되지 않는다면 위 업소경영에 절대적인 타격을 입게 되고 그로 인하여 재항고인은 물론 그 가족 및 종업원들의 생계까지 위협받게 되는 결과가 초래될 수 있다는 등의 사정은 이 사건 처분의 존속으로 재항고인에게 금전으로 보상할 수 없는 손해가 생길 우려가 있는 경우에 해당한다고 볼 수 없으며 그밖에 기록을 살펴보아도 이 사건 처분의 존속으로 말미암아 재항고인에게 회복할 수 없는 손해가 생길 우려가 있음을 인정할 만한 자료가 발견되지 아니하므로 원심이 위와 같은 취지에서 이 사건 효력정지신청을 기각한 조치는 정당하고 논지는 이유 없다(대결 1995. 11. 23, 95두53).

판례 2(건설업면허취소처분에 대한 집행정지신청을 기각한 사례) 이 사건 처분이 존속된다면 재항고인은 이미 수주받아 시공중에 있는 공사들을 중단하고 그에 따른 손해배상책임까지 부담하여야 하는 데다가 앞으로 새로운 공사의 수주를 받을 수 없게 되어 그 존립조차 위태로울 정도로 막대한 재산상 손실을 입게 됨은 물론 대외적인 신용 내지 명예도 실추된다는 등의 사정은 다른 특별한 사정이 없는 한 이 사건 처분의 존속으로 재항고인에게 금전적으로 보상할 수 없는 손해가 생길 우려가 있다고 볼 수 없다(대결 1995. 3. 30, 94두57).

판례 3(과세처분에 대한 집행정지신청을 기각한 사례) 행정소송법 제23조 제2항에 정하고 있는 행정처분 등의 집행정지 요건인 '회복하기 어려운 손해'라 함은 특별한 사정이 없는 한 금전으로 보상할 수 없

는 손해로서 이는 금전보상이 불능인 경우 내지는 금전보상으로는 사회관념상 행정처분을 받은 당사자가 참고 견딜 수 없거나 또는 참고 견디기가 현저히 곤란한 경우의 유형, 무형의 손해를 일컫는다 할 것이다. 그런데 상대방이 이 사건 신청원인으로 내세운 사유는 이 사건 과세처분에 따라 납부한 세액 중 취소판결이 선고된 부분에 해당하는 세액을 환급받고자 한다는 것으로서, 이와 같이 단순히 취소판결 확정 이전에 기납부세액을 조기에 환급받고자 한다는 사유만으로는 위에서 본 '회복하기 어려운 손해'에 해당한다고 도저히 볼 수가 없고, 그 밖에 기록을 살펴보아도 이 사건 과세처분 부분의 존속으로 인하여 상대방에게 회복하기 어려운 손해가 생길 우려가 있다고 볼 만한 자료도 찾아볼 수 없다(대결 1998. 8. 23, 99무15).

나) 소극적 요건　　소극적 요건이란 집행정지결정을 위하여 존재하여서는 안되는 요건을 의미한다.

① 공공복리에 중대한 영향을 미칠 우려가 없을 것　　집행정지는 적극적 요건이 충족된다고 하더라도 공공복리에 중대한 영향을 미칠 우려가 있는 경우에는 허용되지 않는다(법 23조 3항). 여기서는 비례의 원칙을 적용하여 집행정지가 공공복리에 미치는 영향과 처분의 집행부정지를 통하여 신청인이 입는 손해를 비교형량하여 요건충족을 신중히 판단하여야 한다. 공설화장장 이전설치처분의 효력정지가 공공의 복리에 중대한 영향을 미침을 인정한 판례가 있다.[99]

판례 1(보호명령의 집행정지가 공공복리에 중대한 영향을 미칠 우려가 있다고 인정한 사례)　출입국관리법상의 강제퇴거명령 및 그 집행을 위한 같은 법 제63조 제1항, 같은 법 시행령 제78조 제1항 소정의 보호명령에 대하여 그 취소를 구하는 소송이 제기되고 나아가 강제퇴거명령의 집행이 정지되었다면, 강제퇴거명령의 집행을 위한 보호명령의 보호기간은 결국 본안소송이 확정될 때까지의 장기간으로 연장되는 결과가 되어 그 보호명령이 그대로 집행된다면 본안소송에서 승소하더라도 회복하기 어려운 손해를 입게 된다고 할 것이나, 이 사건 기록을 살펴보면 신청인은 중국인에게만 발행되는 거민신분증을 소지하고 있어 중국국적을 취득한 듯한 외형을 갖추고 있는바, 신청인이 주장하는 바와 같이 위 거민신분증이 위조되었다는 점에 관하여 소명이 매우 불충분한 상태에서 보호명령의 집행을 정지하여 신청인에 대한 보호를 해제할 경우, 외국인의 출입국 관리에 막대한 지장을 초래하여 공공복리에 중대한 영향을 미칠 우려가 있다고 보여지므로, 이와 같은 이유로 그 집행정지신청을 받아들이지 않은 원심결정은 결국 정당하다(대결 1997. 1. 10, 96두31).

판례 2(공공복리에 중대한 영향을 미칠 우려가 없을 것의 의미)　행정소송법 제23조 제3항이 집행정지의 또 다른 요건으로 '공공복리에 중대한 영향을 미칠 우려가 없을 것'을 규정하고 있는 취지는, 집행정지 여부를 결정함에 있어서 신청인의 손해뿐만 아니라 공공복리에 미칠 영향을 아울러 고려하여야 한다는 데 있고, 따라서 공공복리에 미칠 영향이 중대한지의 여부는 절대적 기준에 의하여 판단할 것이 아니라, 신청인의 '회복하기 어려운 손해'와 '공공복리' 양자를 비교·교량하여, 전자를 희생하더라도 후자를 옹호하여야 할 필요가 있는지 여부에 따라 상대적·개별적으로 판단되어야 한다. 이 사건 해임처분의 효력이 정지되면 신청인이 위원장의 지위를 회복하게 됨에 따라 위 후임 위원장과 신청인 중 어느 사람이 이 사건 위원회를 대표하고 그 업무를 총괄하여야 할 것인지 현실적으로 해결하기 어려운 문제가 야기됨으로써 이 사건 위원회의 대내외적 법률관계에서 예측가능성과 법적 안정성을 확보할 수 없게 되고, 그 결과 이 사건 위원회가 목적 사업을 원활하게 수행하는 데 지장을 초래할 가능성이 큰 점 등 제반 사정을 종합하여 보면 이 사건 해임처분으로 인하여 신청인에게 회복하기 어려운 손해가 발생할 우려가 있어 이를 예방하기 위하여 긴급한 필요가 있다고 인정되지 않을 뿐 아니라 이 사건 해임처분의 효력을 정지할 경우 공공복리에 중대한 영

99) 대판 1971. 3. 5, 71두2.

향을 미칠 우려가 있다고 인정된다(대결 2010. 5. 14, 2010무48).

② 본안청구가 이유없음이 명백하지 않을 것 집행정지는 임시적인 보전절차이므로 본안청구의 이유유무(理由有無)를 따지는 것은 허용되지 않는다고 할 것이다. 그러나 판례와 학설의 유력한 견해는[100] "본안청구의 이유가 없음이 명백하지 아니 할 것"을 집행정지의 소극적 요건으로 내세우고, 본안에서 승소할 가망이 전혀 없는 경우까지도 집행정지신청을 인용하는 것은 집행정지제도의 취지에 반한다는 입장을 취하고 있는바, 타당한 견해라고 할 것이다.

판례(본안청구가 이유가 없음이 명백하지 않을 것이 집행정지의 요건에 포함되는지 여부) 행정처분의 효력정지나 집행정지를 구하는 신청사건에서 행정처분 자체의 적법 여부는 궁극적으로 본안재판에서 심리를 거쳐 판단할 성질의 것이므로 원칙적으로는 판단할 것이 아니고 그 행정처분의 효력이나 집행을 정지할 것인가에 대한 행정소송법 제23조 제2항, 제3항에 정해진 요건의 존부만이 판단의 대상이 된다고 할 것이지만, 효력정지나 집행정지는 신청인이 본안소송에서 승소판결을 받을 때까지 그 지위를 보호함과 동시에 후에 받을 승소판결을 무의미하게 하는 것을 방지하려는 것이어서 본안소송에서 처분의 취소가능성이 없음에도 처분의 효력이나 집행의 정지를 인정한다는 것은 제도의 취지에 반하므로 효력정지나 집행정지사건 자체에 의하여도 신청인의 본안청구가 이유 없음이 명백하지 않아야 한다는 것도 효력정지나 집행정지의 요건에 포함시켜야 한다(대결 1997. 4. 28, 96두75).

다. 집행정지결정의 절차

집행정지는 본안이 계속되어 있는 법원이 당사자의 신청 또는 직권에 의하여 결정으로써 한다. 신청인은 그 신청의 이유에 대하여 소명하여야 한다(법 23조 4항). 이 경우 신청인이 소명하여야 하는 것은 집행정지의 적극적 요건에 관한 것이고, 소극적 요건은 그 성질상 피신청인인 행정청이 이를 소명하여야 할 것이다. 법원은 집행정지에 관한 결정에 대하여 변론을 거치지 않고 할 수 있으나 당사자를 심문할 수 있다.

라. 집행정지결정의 내용

집행정지결정은 본안소송이 종결될 때까지 처분 등의 효력이나 그 집행 또는 절차의 속행의 전부 또는 일부를 정지함을 그 내용으로 한다(법 23조 2항).

가) 처분의 효력정지 처분의 효력정지란 처분의 내용에 따르는 공정력 · 구속력 · 집행력 등을 잠정적으로 정지시킴으로써, 이후부터 처분이 존재하지 않는 상태에 두는 것을 말한다. 예를 들어 영업허가취소처분에 대한 정지결정이 있으면 이러한 처분이 없는 것과 같은 상태에서 영업 내지는 사업을 계속할 수 있게 된다. 그러나 "처분의 효력정지"는 처분의 집행 또는 절차의 속행을 정지함으로써 목적을 달성할 수 있는 경우에는 허용되지 않는다(법 23조 2항 단서). 예를 들어 토지수용절차에 있어서와 같이 그 절차의 속행을 정지시킴으로써 목적을 달성할 수 있는 경우에는 사업인정 등 개별적인 처분의 효력을 정지할 수 없다 할 것이다.

나) 처분의 집행정지 처분의 집행정지는 처분의 내용을 강제적으로 실현하는 집행력의 행

100) 崔光律, 執行停止의 要件과 本案理由와의 關係, 行政判例硏究 제1집, 1992, 195면.

사를 정지시키는 것으로서 처분의 내용이 실현되지 않은 상태로 두는 것이다. 예를 들어 철거명령의 대상이 된 건축물의 대집행에 의한 강제철거를 할 수 없게 만드는 것이다.

다) 절차의 속행정지 절차의 속행정지는 심판대상인 처분에 따르는 후속처분을 정지시키는 것을 말한다. 예컨대 대집행절차에 있어서 계고처분이 행정소송의 대상이 되는 경우에 대집행영장의 통지, 대집행의 실시 등 절차의 속행을 정지시키는 것을 의미한다. 집행정지결정에 반하는 행정청의 후속처분은 무효이다.[101]

마. 집행정지결정의 효력

가) 형성력 처분 등의 효력정지는 공정력을 바탕으로 한 당해 처분 등의 구속력을 일응 정지시킴으로써 당해 처분이 없었던 것과 같은 상태를 실현시키는 것이므로 그 범위 안에서 형성력을 갖는다.

나) 대인적 효력 집행정지결정은 판결의 효력에 준하여 당사자인 행정청과 그 밖의 관계행정청(법 23조 6항, 30조 1항)과 제3자(법 29조 2항)에 대하여 효력을 발생한다. 당사자인 행정청 이외에 관계행정청에 대하여 효력이 미치는 것은 행정소송에서의 실질적인 피고는 행정주체인 국가 또는 지방자치단체라는 점에서 당연한 것이라고 하겠다.

제3자에 대하여 효력이 미친다 함은 집행정지결정을 신청한 자가 아닌 자에 대하여 미친다는 뜻으로, 예컨대 제3자효행정행위에 있어서 부담자인 제3자가 취소소송을 제기하고 집행정지결정을 받은 경우에 그 효력이 제3자효행정행위의 직접 상대방인 수익자에게 미치는 것을 의미한다고 할 것이다.

다) 시간적 효력 집행정지결정의 효력은 결정의 주문에 정해진 시기까지 존속하는 것이나, 특별하게 정하지 않는 경우에는 본안판결까지 존속하는 것으로 볼 것이다. 또한 집행정지결정은 장래에 대하여 효력을 발생함이 원칙이나 처분의 효력의 정지의 경우에는 소급효가 인정된다(예: 운전면허 취소처분).[102] 집행정지는 본안소송의 계속을 전제로 하기 때문에 집행정지결정이 있은 후에 본안소송이 취하되면 집행정지결정은 별도의 취소조치 없이 당연히 그 효력이 소멸된다.[103]

판례 1(효력정지결정의 시간적 효력) 행정소송법 제23조에 의한 효력정지결정의 효력은 결정주문에서 정한 시기까지 존속하고 그 시기의 도래와 동시에 효력이 당연히 소멸하므로, 보조금 교부결정의 일부를 취소한 행정청의 처분에 대하여 법원이 효력정지결정을 하면서 주문에서 그 법원에 계속 중인 본안소송의 판결 선고 시까지 처분의 효력을 정지한다고 선언하였을 경우, 본안소송의 판결 선고에 의하여 정지결정의 효력은 소멸하고 이와 동시에 당초의 보조금 교부결정 취소처분의 효력이 당연히 되살아난다. 따라서 효력정지결정의 효력이 소멸하여 보조금 교부결정 취소처분의 효력이 되살아난 경우, 특별한 사정이 없는 한 행정청으로서는 보조금법 제31조 제1항에 따라 취소처분에 의하여 취소된 부분의 보조사업에 대하여 효력정지기간 동안 교부된 보조금의 반환을 명하여야 한다(대판 2017. 7. 11, 2013두25498).

판례 2(집행정지결정과 불이익한 결과제거) 집행정지결정은 결정주문에서 정한 기간까지 존속하다가 그 기간이 만료되면 장래를 향하여 소멸한다. 집행정지결정은 본안판결이 있을 때까지 해당처분의 집행을

101) 대판 2003. 7. 11, 2002다48023.
102) 김연태, 과징금 부과처분에 대한 집행정지의 효력, 행정판례연구 10권, 2005, 382면 이하.
103) 대결 2007. 6. 28, 2005무75.

잠정적으로 정지함으로써 처분 상대방의 손해를 예방하는데 그 취지가 있으므로, 항고소송의 원고가 본안 소송에서 패소 확정판결을 받았다고 하더라도 집행정지결정의 효력은 소급하여 소멸하지 않는다.

제재처분에 대한 행정쟁송절차에서 처분에 대해 집행정지결정이 이루어졌더라도 본안에서 해당 처분이 최종적으로 적법한 것으로 확정되어 집행정지결정이 실효되고 제재처분을 다시 집행할 수 있게 되면, 처분청으로서는 당초 집행정지결정이 없었던 경우와 동등한 수준으로 해당 제재처분이 집행되도록 필요한 조치를 취하여야 한다. 집행정지는 행정쟁송절차에서 실효적 권리구제를 확보하기 위한 잠정적 조치일 뿐이므로, 본안 확정판결로 해당 제재처분이 적법하다는 점이 확인되었다면 제재처분의 상대방이 잠정적 집행정지를 통해 집행정지가 이루어지지 않은 경우와 비교하여 제재를 덜 받게 되는 결과가 초래되도록 해서는 안 된다. 반대로, 처분상대방이 집행정지결정을 받지 못했으나 본안소송에서 해당 제재처분이 위법하다는 것이 확인되어 취소하는 판결이 확정되면, 처분청은 그 제재처분으로 처분상대방에게 초래된 불이익한 결과를 제거하기 위하여 필요한 조치를 취하여야 한다(대판 2020. 9. 3, 2020두34070).

판례 3(기간이 정해져 있는 제재적 행정처분에 대한 집행정지결정의 효력) 기간이 정해져 있는 제재적 행정처분에 대한 취소소송에서 법원이 본안소송의 판결 선고 시까지 집행정지결정을 하면, 처분에서 정해 둔 효력기간(집행정지결정 당시 이미 일부 집행되었다면 그 나머지 기간)은 판결 선고 시까지 진행하지 않다가 판결이 선고되면 그때 집행정지결정의 효력이 소멸함과 동시에 처분의 효력이 당연히 부활하여 처분에서 정한 효력기간이 다시 진행한다. 이는 처분에서 효력기간의 시기와 종기를 정해 두었는데, 그 시기와 종기가 집행정지기간 중에 모두 경과한 경우에도 특별한 사정이 없는 한 마찬가지이다(대판 2022. 2. 11, 2021두40720).

바. 집행정지결정의 취소

집행정지의 결정이 확정된 후 집행정지가 공공복리에 중대한 영향을 미치거나, 그 정지사유가 없어진 때에는 당사자의 신청 또는 직권에 의하여 결정으로써 집행정지결정을 취소할 수 있다(법 24조 1항). 공공복리에 미칠 중대한 영향의 존부여부는 사익과의 비교형량을 통하여 개별적 · 구체적으로 판단하여야 할 것이다. 여기서 공공복리에 영향을 미친다는 이유로 집행정지결정의 취소신청을 할 수 있는 당사자는 처분청이 된다. 한편, 제3자효행정행위에 대한 취소소송에 있어서 처분의 직접적 상대방인 수익자가 행정청의 참가인이 된 경우에 필수적 공동소송의 공동소송인에 준하는 지위를 갖고 있기 때문에 마찬가지로 집행정지결정의 취소를 신청할 수 있다고 보아야 할 것이다. 이 경우 공익과 사익의 형량뿐만 아니라, 사익상호간의 형량도 취소여부의 결정에 중요한 기준이 될 것이다.

판례('집행정지가 공공복리에 중대한 영향을 미치는 때'의 의미) 행정소송법 제24조 제1항에서 규정하고 있는 집행정지결정의 취소사유는 특별한 사정이 없는 한 집행정지 결정이 확정된 이후에 발생한 것이어야 하고, 그 중 '집행정지가 공공복리에 중대한 영향을 미치는 때'라 함은 일반적 · 추상적인 공익에 대한 침해의 가능성이 아니라 당해 집행정지 결정과 관련된 구체적 · 개별적인 공익에 중대한 해를 입힐 개연성을 말하는 것이다. '이 사건 토지가 구미시의 중심상업지역으로서 구미역에서도 가까운 곳에 위치해 있고, 이 사건 극장 건물에 접해 있는 전면의 소방도로가 초등학교 학생들의 주 통학로라고는 볼 수 없을 뿐만 아니라, 이 사건 극장 건물의 위치나 주변상황, 극장의 영업개시시간과 구미초등학교 학생들의 등 · 하교시간의 시차 등에 비추어 이 사건 극장 건물에서의 극장 영업이 구미초등학교 학생들의 학습과 학교보건위생에 나쁜 영향을 미칠 가능성은 희박하다고 보이는 점 및 극장영업을 위한 해제신청에 대하여 금지처분을 함으로 인한 신청외인의 재산권 침해등의 불이익이 매우 클 것으로 보이는 점'을 이 사건 집행정지결정의 취소사유로 들고 있으나, 위와 같은 사유는 이 사건 집행정지결정이 확정된 이후에 비로소 발생한 사유가 아님이 분명하므로 특별한 사정이 없는 한 이를 이 사건 집행정지결정의 취소사유로 삼을 수 없다 할 것인데, 기록상 위와 같은 특별한 사정에 대한 소명이 있다고 볼 수 없을 뿐만 아니라, 위와 같은 사유만으로 이 사건 집행정지결정이 공공복리에 중대한 영향을 미치거나 그 정지사유가 없어졌다고 볼 수도 없다(대결 2005. 7. 15, 2005무16).

사. 집행정지결정에 대한 불복

집행정지결정이나 집행정지신청기각의 결정 또는 집행정지결정의 취소결정에 대하여는 즉시항고를 할 수 있다. 집행정지결정에 대한 즉시항고에는 결정의 집행을 정지하는 효력이 없다(법 23조 5항). 제3자효행정행위에 있어서 수익자가 행정청의 참가인이 된 경우에는 집행정지결정에 대한 대항수단으로서 즉시항고 및 집행정지결정 취소신청을 할 수 있다고 보아야 할 것이다.

3. 민사집행법상의 가처분제도의 활용문제

1) 개 설

위에서 본 집행정지결정은 그 내용상 가구제제도로서는 일정한 한계가 있다. 왜냐하면 그것은 민사집행법상의 가처분과 같이 광범위한 권리에 대한 잠정적 보호를 가능하게 하는 것이 아니라, 처분 등을 전제로 하여 그 효력 등을 정지시키는 것을 내용으로 하는 부담적 행정행위에 대한 보전처분으로서의 기능만을 수행하기 때문이다. 이에 따라 수익적 행정처분의 신청에 대한 부작위나 거부에 대하여 잠정적인 허가 또는 급부 등을 명하는 조치는 행할 수 없다.

여기에서 민사집행법상의 가처분에 관한 규정을 행정소송에도 준용하여 집행정지결정이 갖는 한계를 보충할 수 있는지 여부가 논의 되고 있다. 가처분이란 금전 이외의 특정한 급부를 목적으로 하는 청구권의 집행보전을 도모하거나 쟁의있는 권리관계에 관하여 임시의 지위를 정함을 목적으로 하는 가구제제도를 말한다. 민사집행법은 가처분으로서 ① 계쟁물에 관한 가처분과 ② 쟁의있는 권리관계에 대하여 임시의 지위를 정하기 위한 가처분을 인정하고 있다(민사집행법 300조).

이러한 가처분에 관하여 그 준용을 명문으로 배제하고 있는 일본의 행정사건소송법(44조)과는 달리 우리 행정소송법은 이에 대하여 명문의 규정을 두고 있지 않다. 단지 행정소송법 제8조 제2항은 "행정소송에 관하여 이 법에 특별한 규정이 없는 사항에 대하여는 법원조직법과 민사소송법 및 민사집행법의 규정을 준용한다"라고 규정하고 있는바, 이를 근거로 과연 행정소송에 민사집행법상의 가처분규정을 준용할 수 있느냐 여부에 대하여 소극설과 적극설이 대립하고 있다.

2) 민사집행법상의 가처분규정의 준용여부

가. 소극설

소극설은 그 논거를 권력분립에서 오는 사법권의 한계와, 집행정지결정에 관한 행정소송법규정은 민사집행법의 가처분에 관한 규정을 배제하는 특별규정이라는 데서 찾는다. 법원은 구체적 사건에 대하여 법적용의 보장적 기능을 가지므로 행정처분의 적법여부는 판단할 수 있으나, 그 판단에 앞서 행정처분에 대한 가처분을 하는 것은 사법권의 범위를 벗어나는 것이라고 한다. 또한 행정소송법 제23조 제2항의 규정은 항고소송에 있어서 가구제에 관한 민사집행법상의 가처분을 배제한 특별규정으로 보아야 하며, 이에 따라 민사집행법의 가처분에 관한 규정은 항고소송에는 준용될 수 없다고 한다. 추가적으로 소극설은 본안소송으로서 의무이행소송이나 예방적 금지소송 등이 인정되고 있지 않음을 그 이유로 들고 있다.[104] 판례도 소극설의 입장을 취하고 있다.

판례(민사소송법의 가처분에 관한 규정의 준용 여부) 항고소송에 있어서는 행정소송법 제14조(현행법 8조 2항)에 불구하고 민사소송법 중 가처분에 관한 규정은 준용되지 않는 것이므로 행정처분의 집행정지신청을 기각하는 결정이나 집행정지결정을 취소하는 결정에 대하여는 불복을 할 수 없으나 민사소송법 제420조 제1항 소정의 특별항고는 할 수 있다(대결 1980. 12. 22, 80두5).

나. 적극설

이에 대하여 적극설은 가처분 등의 가구제는 본안판결의 실효성을 확보하기 위한 것이므로 가구제조치를 취하여 개인의 권익구제를 도모하는 것은 당연히 사법권의 범위에 속한다는 견해를 취하고 있다. 더욱이 헌법 제27조 제1항이 보장하는 재판을 받을 권리는 형식적인 소권(訴權)의 보장에 그치는 것이 아니라, 사법권에 의한 실효성 있는 권리보호의 보장을 내용으로 하고 있기 때문에, 행정소송에 있어서 가처분의 필요성을 인정하고 있다. 아울러 우리 행정소송법의 해석상 가처분을 배제하는 특별한 규정이 없으므로 행정소송법 제8조 제2항의 해석에 의하여 당연히 가처분에 관한 민사집행법의 규정이 행정소송에 적용되어야 한다고 한다.[105]

다. 결 어

적극설이 주장하는 바와 같이 가처분 등의 가구제는 본안판결의 실효성을 확보하여 개인의 권익구제를 도모하기 위한 것이므로 당연히 사법권의 범위에 속한다고 할 것이다. 또한 헌법 제27조 제1항이 보장하는 재판을 받을 권리는 사법권에 의한 실효성 있는 권리보호의 보장을 그 내용으로 하기 때문에 행정소송에 있어서도 민사집행법과 같이 적극적인 가처분제도가 필요함은 당연하다. 그러나 행정소송법 제23조 제2항에 의한 집행정지결정은 민사집행법상의 가처분과는 ① 정지요건을 달리하고, ② 본안소송의 계속중에만 가능하며, ③ 보전조치의 내용이 집행정지라는 소극적인 현상동결에 그칠 뿐, 적극적으로 쟁의있는 권리관계에 대한 어떤 임시의 지위를 정하는 내용의 보전조치가 아니며, ④ 법원의 직권으로 가능한 점에서 차이가 있다. 이와 같이 행정소송법이 항고소송과 관련하여 민사집행법의 가처분과 다른 가구제제도를 마련한 것은 행정소송의 공익관련성 때문에 민사집행법상의 가처분을 배제하고 특별한 규정을 둔 것이라고 볼 수 있다. 이러한 입법적인 태도는 우리 행정소송법이 거부처분이나 부작위에 대하여 의무이행소송을 인정하지 않는 것과 같은 맥락에 있다. 이에 따라 민사집행법상의 가처분에 관한 규정은 항고소송에 준용되지 않는다고 할 것이다.[106]

그럼에도 불구하고 항고소송에 있어서 집행정지라는 소극적인 가처분만을 인정하고 있는 현행

104) 朴鈗炘/鄭亨根, 最新行政法講義(上), 830면; 徐元宇, 現代行政法論(上), 842면.
105) 金南辰/金連泰, 行政法 I, 943면.
106) 한편 판례는 당사자소송에 대하여는 행정소송법 제23조 제2항의 집행정지에 관한 규정이 준용되지 아니하므로(행정소송법 제44조 제1항 참조), 이를 본안으로 하는 가처분에 대하여는 행정소송법 제8조 제2항에 따라 민사집행법상 가처분에 관한 규정이 준용되어야 한다는 입장을 취하고 있다(대결 2015. 8. 21, 2015무26).

법의 태도는 오늘날과 같은 급부행정국가에서 시대낙후적인 모습을 면하지 못하고 있다고 할 것이다. 입법론적으로는 의무이행소송의 도입과 더불어 독일 행정소송법과 같이 적극적인 가처분제도(가명령제도)를 도입하는 것이 바람직할 것이다. 2012년 5월의 법무부 행정소송법개정안은 가처분제도를 도입하고 있다. 개정법안 제26조 제1항은 처분등이나 부작위가 위법하다는 상당한 의심이 있는 경우로서 ① 다툼의 대상에 관하여 현상이 바뀌면 당사자의 권리를 실행하지 못하거나 그 권리를 실행하는 것이 매우 곤란할 염려가 있어 다툼의 대상에 관한 현상을 유지할 긴급한 필요가 있는 경우, ② 다툼이 있는 법률관계에 관하여 당사자의 중대한 손해를 피하거나 급박한 위험을 피하기 위하여 임시의 지위를 정하여야 할 긴급한 필요가 있는 경우, 본안의 관할법원은 당사자의 신청에 따라 결정으로서 가처분을 할 수 있다고 규정하고 있다.

사례 1 갑은 A시와 B시간의 시외버스 운송사업을 하면서 그럭 저럭 수지를 맞추고 있었다. 그런데 관할 행정청은 을에게 동일한 구간에 대하여 새로운 운송사업면허를 부여하였다. 이에 대한 갑의 취소소송이 적법하게 제기되어 본안심리 중에 있다. 심각한 영업상의 피해를 우려하고 있는 갑이 취할 수 있는 긴급한 구제수단 및 그 가능성에 대하여 논하라.(제40회 사법시험, 유사사례 1995년 지방고시)

▶답안요지 갑이 취할 수 있는 긴급한 구제수단으로서는 집행정지제도가 고려된다. 제3자효행정행위의 취소소송에 있어서도 학설과 판례는 집행정지의 가능성을 인정하고 있다. 갑의 집행정지신청이 인용되기 위하여는 집행정지의 적극적 요건과 소극적 요건이 충족되어야 한다. 적극적 요건으로는 ① 적법한 본안소송이 계속, ② 처분의 존재, ③ 회복하기 어려운 손해예방의 필요, ④ 긴급한 필요의 존재의 요건이 충족되어야 하는바, 사안에서 ③의 요건의 충족여부가 문제되고 있다. 판례에 따르면 회복하기 어려운 손해란 이는 금전보상이 불능인 경우 뿐만 아니라, 금전보상으로는 사회 통념상 행정처분을 받은 당사자가 수인할 수 없거나 수인하는 것이 현저히 곤란한 경우의 유형 · 무형의 손해를 의미한다. 그러나 행정소송법이 집행부정지원칙을 채택하고 있다는 점을 고려하여 당해 요건을 보다 폭 넓게 해석할 필요가 있다. 사안에서 집행정지가 인정되지 않을 경우에, 갑은 심각한 경영상의 위기뿐만 아니라 종업원의 실직 등 수인하기가 현저히 곤란한 손해가 발생될 우려가 있으며, 을의 경우에도 본안판결에 따라 막대한 투자상의 손실이 발생하는 것을 고려할 때 본 요건도 충족되었다고 보아야 할 것이다. 집행정지의 소극적 요건으로는 ① 공공복리에 중대한 영향이 없어야 하는바, 제3자효행정행위에 있어서는 공공복리와 처분의 상대방의 이익뿐만 아니라 제3자의 이익도 함께 고려하여야 할 것이다. 사안에서 갑과 을의 이익을 고려할 때 집행정지의 필요가 인정된다. ② 본안청구가 이유가 없음이 명백하지 않아야 하는바, 사안에서 갑이 그럭 저럭 노선버스사업을 운영하고 있는 점 및 여객자동차운수사업법 제6조 제1항 제1호를 고려할 때 ②의 요건도 충족된다고 할 것이다.

▶결어 갑의 집행정지신청은 인용될 것이다 한편 을이 피고인 관할 행정청의 참가인이라면 법원의 집행정지결정에 대하여 즉시항고를 할 수 있을 것이다.

사례 2 사행행위영업의 하나인 투전기영업허가를 받은 갑은 3년의 허가유효기간이 얼마 남지 아니하여 허가관청에 대하여 허가갱신신청을 하였으나 거부당하였다. 이에 갑은 허가갱신거부처분취소소송을 제기함과 동시에 허가갱신거부처분의 집행정지결정을 신청하였다. 갑의 집행정지주장의 당부와 그 논거를 제시하시오.(제46회 사법시험)

▶답안요지 상술한 바와 같이 갑의 집행정지신청이 인용되기 위하여는 적극적 요건, 소극적요건이

충족되어야 한다. 적극적 요건으로는 ① 적법한 본안소송의 계속, ② 처분의 존재, ③ 회복하기 어려운 손해발생의 우려, ④ 긴급한 필요의 요건이 충족되어야 한다. 사안에서 갑은 거부처분에 대하여 집행정지신청을 하였는바 ②의 요건이 문제되고 있다. 집행정지는 종전의 상태를 유지시키는 소극적인 것이므로 종전의 상태를 변경시키는 적극적인 조치로 활용될 수 없다. 이에 따라 거부처분에 대한 집행정지는 원칙적으로 부인된다. 판례는 "투전기업소허가갱신신청을 거부한 불허가처분의 효력을 정지하더라도 이로 인하여 신청인에게 허가의 효력이 회복되거나 또는 행정청에게 허가를 갱신할 의무가 생기는 것은 아니므로 불허가처분의 효력정지로서는 신청인이 입게 될 손해를 피하는 데에 아무런 보탬이 되지 아니하여 그 불허가처분의 효력정지를 구할 이익이 없다"고 판시하여 집행정지신청의 이익을 부정하였다. 다만 예외적으로 거부처분에 대하여 집행정지의 필요성이 인정되는 경우도 있다(본문설명 참조).

사안의 경우 민사집행법의 가처분규정(법 300조)의 준용가능성과 관련하여 적극설과 소극설이 대립하고 있으나 다수설과 판례는 소극설을 취하고 있다(본문설명 참조).

XII. 취소소송의 심리

1. 개 설

소송의 심리라 함은 법원이 소에 대한 판결을 하기 위하여 그 기초가 되는 소송자료(사실 및 증거)를 수집하는 것을 말하며, 소송절차에 있어서 핵심적인 위치를 차지한다. 심리에 관한 원칙으로는 당사자주의와 직권주의가 있다. 당사자주의란 소송절차에서 당사자에게 주도권을 부여하는 원칙으로서 이는 다시 처분권주의와 변론주의로 구분되는바 처분권주의란 소송의 개시 · 종료 또는 그 범위의 결정을 소송당사자 특히 원고의 의사에 맡기는 원칙을 말하며, 변론주의란 재판의 기초가 되는 자료의 수집 · 제출을 당사자의 권능과 책임으로 하는 원칙을 의미한다. 이에 대하여 직권주의란 소송절차에서 법원의 주도권을 인정하는 원칙을 의미하는바, 형사소송은 직권주의를 원칙으로 하고 있다.

당사자주의는 민사소송법상의 기본원칙이나 행정소송의 심리에도 원칙적으로 적용된다. 그러나 행정소송은 민사소송과는 달리 그 결과는 공익에 광범위한 영향을 미치는 것이므로 행정소송법은 직권탐지주의 등 기타 민사소송에 대한 특칙을 정하고 있다(법 25조 · 26조 등).

2. 심리의 내용

심리는 그 내용에 따라 요건심리와 본안심리로 나뉘어진다.

1) 요건심리

요건심리란 소가 적법한 취급을 받기 위하여 구비하지 않으면 안되는 사항, 즉 소송요건(관할권, 제소기간, 당사자능력, 당사자적격, 전심절차 등)의 충족여부에 대한 심리를 말한다. 요건심리는 피고의 항변을 기다릴 필요도 없는 법원의 직권조사사항이며, 소송요건을 결하고 그 보정이 불가능한 경우에는 그 소는 부적법한 것으로 각하된다. 소송요건의 존부를 판정하는 시기는 소송을 제기한 때라고 할 것이나 변론종결시까지 보완되면 치유된다고 할 것이다. 따라서 제소당시에는 결여되었더라도 사실심의 변론종결시까지 이를 구비하면 된다고 할 것이다. 다만 제소기간의 준수여부는 사실심 변론종결시가 아니라 제소시가 기준이 된다.

2) 본안심리

소송요건을 구비한 적법한 소가 제기되면 법원은 그 청구의 당부에 관하여 심판하지 않으면 안되는 바, 이와 같이 그 소에 의한 청구를 인용할 것인지 또는 기각할 것인지를 판단하기 위하여 사건의 본안을 실체적으로 심리하는 것을 본안심리라고 한다. 행정소송의 심리의 본체를 이루는 것은 바로 본안심리이므로 다음에서 설명하는 심리의 절차 및 범위는 주로 본안심리에 관련되고 있다.

3. 심리의 범위

1) 불고불리의 원칙과 그 예외

취소소송에서도 처분권주의에 따라 불고불리의 원칙이 적용되어, 법원은 소제기가 없는 사건에 대하여 심리 · 재판할 수 없으며, 소제기가 있는 사건에 대하여도 당사자의 청구범위를 넘어서 심리 · 재판할 수 없음이 원칙이다. 다만, 행정소송법은 이 원칙에 대한 예외를 인정하여 법원은 필요하다고 인정할 때에는, 당사자가 주장하지 아니한 사실에 대하여도 심리 · 판단할 수 있도록 하였다(법 26조 전단). 그러나 동규정은 법원이 아무런 제한 없이 당사자가 주장하지 않은 사실을 판단할 수 있다는 것이 아니라, 원고의 청구범위를 유지하면서 그 범위 내에서 공익상 필요에 따라 당사자가 주장하지 않은 사실에 대하여도 판단할 수 있음을 규정한 것으로 보아야 할 것이다.

2) 재량문제의 심리

행정청의 재량행위도 행정소송사항이 된다. 이에 따라 재량행위에 대하여 취소소송이 제기된 경우에는 법원은 각하하여서는 안되며, 본안에서 재량권행사의 위법여부를 심리하여 그 결과에 따라 기각하거나 당해 처분을 취소하는 판결을 내려야 한다. 다만 재량권이 인정된 한계내에서 재량을 그르친 경우에는 부당에 해당하여 법원은 기각판결을 내려야 한다. 행정소송법 제27조는 "행정청의 재량에 속하는 처분이라도 재량권의 한계를 넘거나 그 남용이 있는 때에는 법원은 이를 취소할 수 있다"고 규정하여 법원이 재량문제에 대하여 심리 · 판단할 수 있음을 명백히 하였다.

3) 법률문제와 사실문제

법원은 행정사건의 심리에 있어서 당해 소송의 대상이 된 처분의 실체면 · 절차면 및 법률문제 · 사실문제의 모든 점에 관하여 완전한 재심사를 할 수 있다. 그러나 전문 · 기술적인 지식을 요하는 사항에 관하여는 행정의 전문성과 통일성을 살리기 위하여 법원의 심리범위를 법률문제에 한정시키는 입법례도 있다. 이러한 심리범위의 한정은 미국에서 이른바 실질적 증거의 법칙(substantial evidence rule)을 중심으로 판례법상 확립되고 있으며, 일본에서도 몇 개의 개별법에서 채택하고 있다.

실질적 증거의 법칙이란 행정청은 사실인정자로서 작용하고, 법원은 사법심사를 통하여 처분 등이 법에 부합되는지의 여부를 판단하는 데 그치는 것을 말한다. 다만 행정청의 사실인정이 실질적 증거에 의하여 뒷받침되고 있는지를 심사하는 것은 법률문제로 보아 법원의 심리대상이 된다고 본다. 미국에서의 실질적 증거의 법칙과 유사한 것으로 영국법상의 무증거의 법칙(no evidence rule) 내지 독일의 판단여지(Beurteilungspielraum) 등을 들 수 있는데, 이들은 모두 사실문제에 대한 법원의 심리를 제한하기 위한 것이라는 점에서 공통점을 가진다. 그런데 우리의 경우 1 · 2심은 법률심이자 사실심인 데 대해 대법원은 법률심이다.

4. 심리의 절차

1) 심리에 관한 일반적인 원칙

행정소송사건의 심리에 있어서도 행정소송법에 특별한 규정이 없는 한 민사소송법과 법원조직법이 준용되는 바(법 8조 2항), 그 가운데 대표적인 심리절차로는 처분권주의, 공개심리주의, 구술심리주의, 그리고 변론주의를 들 수가 있다.

가. 처분권주의

처분권주의란 소송절차의 개시, 심판대상의 결정, 그리고 소송절차의 종결에 대하여 당사자에게 결정권을 주어 그 처분에 맡기는 입장을 말한다. 이는 형사소송을 지배하는 직권주의에 대립하는 민사소송의 대원칙으로서, 행정소송에서도 처분권주의가 적용된다는 점에서는 이론이 없다. 행정소송에서 처분권주의는 원고에 의한 소제기와 소송물, 소의 변경 및 취하에 대한 원고의 결정권 등에서 나타나며, 앞서 설명한 불고불리의 원칙도 처분권주의의 한 내용으로 볼 수 있다. 다만 민사소송절차에서 처분권주의의 중요한 요소를 이루고 있는 청구의 포기 · 인낙 및 소송상의 화해가 행정소송에 있어서도 허용되는지 여부는 학설에서 다툼이 되고 있다(이에 대하여는 취소소송의 종료부분에서 설명함).

나. 공개심리주의

재판의 심리와 판결의 선고를 일반인이 방청할 수 있는 상태에서 행하는 것을 공개심리주의라고 한다. 이는 국민에게 재판을 감시시켜 그 공정성을 담보하고 사법에 대한 국민의 신뢰를 유지하는 한편, 허위진술 · 허위증언을 방지하려는 데 그 목적이 있다. 헌법은 "재판의 심리와 판결은 공개한다. 다만, 심리는 국가의 안전보장 또는 안녕질서를 방해하거나 선량한 풍속을 해할 염려가 있을 때에는 법원의 결정으로 공개하지 아니할 수 있다(헌법 109조)"라고 규정하여 공개심리주의를 택하면서 그에 대한 예외를 인정하고 있다(아울러 법원조직법 57조 1항 · 2항).

다. 구술심리주의

구술심리주의란 심리에 있어서 당사자 및 법원의 소송행위, 특히 변론 및 증거조사를 구술로 행하는 원칙으로서 서면심리주의에 대한 것이다. 민사소송법은 "당사자는 소송에 관하여 법원에서 변론하여야 한다(법 134조 1항)"라고 규정하여 구술심리주의를 택하고 있는바 이 조항은 행정소송에도 적용된다. 구술심리는 진술로부터 받는 인상이 선명하여 사건의 진상파악이 쉽고, 의문나는 점을 석명을 통하여 쉽게 해명할 수 있으며, 당사자는 변론의 진행상황을 알 수 있고, 법원은 기일을 정하지 않을 수 없으므로 사건을 오랫동안 방치할 수 없는 강제를 받는다.

라. 변론주의

변론주의란 직권탐지주의에 대한 것으로서 소송자료, 즉 사실과 증거의 수집 · 제출의 책임을 당사자에게 지우고, 당사자가 수집 · 제출한 소송자료만을 재판의 기초로 삼는 것을 말한다. 실무상 행정소송의 심리에도 원칙적으로 변론주의가 지배한다. 변론주의에 따르면 법원은 ① 원칙적으로 당사자가 주장하지 않은 사실을 판결의 기초로 삼아서는 안되고, ② 당사자간에 다툼이 없는 사실은 그대로 판결의 기초로 하지 않으면 안되며, ③ 당사자간에 다툼이 있는 사실을 인정함에 있어서는 반드시 당사자가 제출한 증거에 의하지 않으면 안된다. 국민의 권리구제와 행정의 적법성을 보장하는 행정소송에서는 이러한 민사소송을 지배하는 변론주의는 다음에서 설명하는 바와 같이 직권심리주의에 의하여 현저하게 수정된다.

2) 심리에 관한 특수한 절차

행정소송법은 판결의 객관적인 공정성과 타당성을 보장하기 위하여, 변론주의에 대한 예외로서 직권에 의한 증거조사와 법원의 행정심판기록제출명령 등에 관하여 규정하고 있다(법 25조, 26조).

가. 직권심리주의

행정소송법 제26조는 "법원은 필요하다고 인정할 때에는 직권으로 증거조사를 할 수 있고, 당사자가 주장하지 아니한 사실에 대하여도 판단할 수 있다"라고 규정하여 변론주의에 대한 특례로서 직권증거조사를 인정하고 있다. 물론 민사소송법 제292조도 "법원은 당사자가 신청한 증거에 의하여 심증을 얻을 수 없거나 기타 필요하다고 인정한 때에는 직권으로 증거조사를 할 수 있다"고 규정하여, 민사소송에 있어서 직권에 의한 증거조사를 인정하고 있다. 그러나 민사소송에서의 직권증거조사제도는 변론주의의 폐단을 수정하기 위한 것으로 어디까지나 보충적인 것에 그친다. 즉 당사자가 주장한 사실이 증거가 불충분하여 심증을 얻을 수 없는 경우에 직권으로 증거를 조사할 수 있다는 것이다. 학설에서는 행정소송법 제26조의 해석과 관련하여 어느 범위까지 직권증거조사를 인정할 수 있는지에 대하여 견해가 갈리고 있다.[107)]

가) 직권탐지주의원칙설 행정소송법 제26조는 직권탐지주의를 원칙으로 하고 있다는 견해이다. 행정법관계에서는 민사법과 달리 사적 자치의 원칙이 적용되지 않고, 그 규정들은 거의가 강행법규로서 사익 상호간의 충돌을 조정하기보다 행정권과 국민의 관계를 규율하고 있다. 행정소송의 목적은 행정의 적법성 보장과 국민의 권리보호를 실현하는 데 있으며, 행정소송의 결과는 곧바로 국가와 국민의 이해에 관계되어 공공복리에 영향을 미친다. 이에 따라 법원은 민사소송처럼 당사자에게만 소송의 운명을 맡길 것이 아니라 필요성이 인정되는 경우에는 적극적으로 소송에 개입하여 재판의 적정성을 도모하여야 한다. 이러한 견해에 따르면 직권탐지주의가 적용되는 범위에서는 당사자의 주장과 관계없이 증거자료에 의하여 인정되는 사실을 당연히 재판의 기초로 할 수 있는 것이므로 그 한도에서 주장책임이 발생되지 않으며, 자백의 구속력이 배제된다고 한다.[108)]

나) 변론주의보충설 이 견해는 행정소송법 제26조의 직권심리의 범위를 민사소송법 제292조의 보충적 직권증거조사의 의미와 거의 동일하게 파악하는 견해이다.[109)] 행정소송의 목적은 행정의 적법성 보장과 국민의 권익보호를 실현하는 데 있으나, 그 기본적인 성격은 민사소송과 다름이 없고 변론주의에 따라 소송자료의 수집과 제출을 당사자에게 맡기는 것이 진실발견의 합리적인 수단이 될 뿐 아니라, 분쟁의 해결, 불의타 방지 등에도 도움이 된다고 한다. 비록 행정처분이 공익실현을 목적으로 한다고 하더라도, 이로 인하여 권리를 침해받은 원고의 입장에서는 사익에 관한 것으로

107) 이에 대하여 상세히는 鄭夏重, 行政訴訟에 있어서 職權探知主義와 立證責任, 고려법학 제64호, 2012, 205면 이하.

108) 鄭夏重, 앞의 글, 205면 이하; 李時潤, 新民事訴訟法, 2011, 416면; 吳錫洛, 立證責任論, 1996, 215면 이하; 尹一泳, 行政訴訟과 職權主義, 대한변호사협회지, 1975, 10호, 37면; 강영호, 행정소송법 제26조에 대한 검토, 행정재판실무편람 Ⅲ, 서울행정법원, 2003, 125면.

109) 李赫雨, 行政訴訟에서의 職權審理의 範圍, 法曹 45권 11호, 1996, 104면 이하; 李尙圭, 新行政訴訟法, 2000, 465면; 金學世, 行政訴訟의 體系, 1998, 164면 이하.

서 승소를 위하여 모든 가능한 소송자료를 제출하며, 행정청의 입장에서도 공익을 위하여 처분의 적법성을 뒷받침할 자료를 적극적으로 제출할 것이므로 소송자료의 수집이 충분하지 않을 염려는 거의 없다고 한다. 다만, 행정소송에서는 변론주의가 적용되지만 민사소송보다는 완화되고 그 부분을 직권심리주의에 의하여 보완함으로서 기록상 그 자료가 현출된 이상 법원은 당사자가 주장하지 아니한 사실에 대하여서까지 직권으로 이를 판단할 수 있음을 허용하고 있는 점에서 차이가 있다고 할 수 있으나, 그것은 민사소송에서도 변론주의의 완화가 시도되고 있다는 점을 비추어 정도의 차이에 불과한 것이라고 주장하고 있다. 이러한 변론주의보충설에 따르면 행정소송에서도 당연히 주장책임이 존재하며 자백의 구속력이 인정된다.

다) 직권탐지주의 가미설 이 설에 따르면 행정소송법 제26조는 변론주의에 직권탐지주의를 보충 또는 가미하고 있다는 견해이다.[110] 제26조의 전단만을 볼 때, 민사소송법 제292조의 직권증거조사규정과 유사하나 후단의 규정 "당사자가 주장하지 아니한 사실"을 고려한다면 직권탐지주의를 아울러 규정한 것으로 보아야 한다. 즉 제26조는 행정소송의 목적, 즉 국민의 권리보호와 행정의 적법성을 보장할 필요성이 있으므로 제한적 범위에서 변론주의에 대한 예외로서 직권탐지주의를 인정하고 있다고 한다. 여기서 직권탐지주의는 변론주의에 대한 예외에 불과하기 때문에 법원은 원고의 청구를 유지하면서 공익상 필요하다고 인정할 때에는 그 범위 안에서 당사자가 주장하지 않은 사실에 대하여도 판단할 수 있다고 한다.

라) 판 례 판례는 행정소송법 제26조를 행정소송의 특수성에서 연유하는 변론주의의 일부 예외규정으로 보고, 제26조를 축소 해석하여 "기록에 나타난 자료"에 의하여 판단할 수 있을 때에 한하여 직권으로 증거조사를 할 수 있다는 입장을 취하고 있다. 즉 기록에도 나타나 있지 않고, 당사자가 주장하지 않은 사실은 직권조사의 대상이 되지 않으며, 기록에 나타난 사실에 대하여는 당사자가 주장하지 아니하였다고 하더라도 직권조사의 대상이 된다는 입장을 취하고 있다. 즉 처분의 위법 여부에 관한 합리적 의심을 품을 만한 자료가 기록상 나타나 있고 그러한 자료에 의하여 판단하는 것이 구체적 타당성 있는 결과를 가져 올 수 있다고 보이는 경우에는 이에 대하여 당사자의 주장이 없다고 하더라도 판단할 수 있다는 입장을 취하고 있다. 이는 민사소송법 제292조 보다도 직권조사의 강도가 다소 강하다고 볼 수 있으며, 그러한 한도에서 변론주의에 직권탐지주의를 가미시키고 있다고 볼 수 있다.

그러나 기록에 현출된 사실은 당사자가 단지 변론절차에서 주장하지 않았을 뿐, 준비서면 등 당사자에 의하여 제출된 자료에 기재된 것으로서, 법원의 직권조사를 이에 한정시키는 것은 변론주의 원칙에서 크게 벗어난 것은 아니다. 이에 따라 다수설은 판례가 변론주의보충설의 입장을 취하고 있다고 평가하고 있다.

판례는 행정소송에서도 원칙적으로 변론주의가 적용된다는 입장에서 본안심리에서 당사자의 주관적 입증책임과 자백의 구속력을 인정하고 있다.

판례 1(행정소송법 제26조의 직권심리주의의 의미) 행정소송법 제26조가 법원은 필요하다고 인정할

110) 金南辰/金連泰, 行政法 I, 758면; 朴鈗炘/鄭亨根, 行政法講義, 844면; 洪準亨, 行政法 923면; 朴均省, 行政法論(上), 1132면.

때에는 직권으로 증거조사를 할 수 있고, 당사자가 주장하지 아니한 사실에 대하여도 판단할 수 있다고 규정하고 있지만, 이는 행정소송의 특수성에 연유하는 당사자주의, 변론주의에 대한 일부 예외규정일 뿐 법원이 아무런 제한없이 당사자가 주장하지 아니한 사실을 판단할 수 있는 것은 아니고, 일건 기록에 현출되어 있는 사항에 관하여서만 직권으로 증거조사를 하고 이를 기초로 하여 판단할 수 있을 따름이고, 그것도 법원이 필요하다고 인정할 때에 한하여 청구의 범위내에서 증거조사를 하고 판단할 수 있을 뿐이다(대판 1994. 10. 11, 94누4820).

판례 2(당사자가 주장하지 아니하였고, 기록에 나타나 있지 않은 사실은 직권조사의 대상이 되지 않는다는 판례) 기록을 검토하여 보니 원심판결은 원고가 교통법규위반 차량을 적발하고, 그 처리를 소속계원에게 지시하였으나 그 결과를 확인 아니한 점과 소속계원이 금원을 수수한 비위를 상사에게 보고 아니한 사실은 인정되나 원고가 소속계원의 비위를 종용하였거나 원고자신이 금원을 수수한 사실은 인정되지 아니한다는 취지의 판단을 한 조치에 수긍이 가며 그 과정에 소론과 같은 심리미진이나 채증법칙위배의 잘못이 있다고 할 수 없다. 소론중 원고가 전에 견책의 징계처분을 받았다는 점은 사실심에서 주장하지 아니하던 사실일 뿐 아니라 행정소송에서 직권조사할 수 있다 하여도 소송상에 나타나지 아니한 사실을 법원이 직권조사할 의무는 없다 할 것이므로 이점에 관한 소론은 채택할 바 못되며 소론 거시의 당원 판례는 본건에 적절한 것이 아니다(대판 1984. 5. 15, 83누627).

판례 3(기록상 자료가 나타나 있다면 당사자가 주장하지 아니하였다고 하더라도 판단할 수 있다는 판례) 행정소송법 제26조에 "법원은 필요하다고 인정할 때에는 직권으로 증거조사를 할 수 있고, 당사자가 주장하지 아니한 사실에 대하여 판단할 수 있다"고 규정하여 변론주의의 일부 예외를 인정하고 있으므로, 행정소송에서는 법원이 필요하다고 인정할 때에는 당사자가 명백하게 주장하지 않는 사실이라 할지라도 기록에 나타난 자료를 기초로 하여 직권으로 심리조사하고 이를 토대로 판단할 수 있다 할 것이다. 따라서 원심이 이 사건 재심판정의 적법성 여부를 판단함에 있어 기록에 나타난 자료에 터잡아 피고보조참가인 회사(이하 '참가인회사'라 한다)의 취업규칙 제52조 제1호, 제3호는 단체협약에 반하므로 그 사유로는 원고를 해고할 수 없고, 달리 원고에게 적용된 해고사유가 단체협약에서 정한 징계사유의 어느 하나에 해당한다고 볼 수 없다는 이유로 원고가 주장하지 아니한 사유를 들어 이 사건 해고가 정당하다는 피고 및 참가인 회사의 주장을 배척하는 취지에서 이 사건 해고가 부당하다고 한 것에 소론과 같은 변론주의의 원칙을 위배하거나 주장책임의 법리를 오해한 위법이 없으므로, 이 점을 다투는 논지는 이유가 없다(대판 1995. 2. 14, 94누5069).

판례 4(행정소송에 자백의 법칙이 적용되는지 여부) 행정소송에서도 원칙적으로 변론주의가 적용되고, 행정소송법 제8조 제2항에 의하여 민사소송법 제261조가 규정하는 자백에 관한 법칙이 적용된다고 함은 당원의 확립된 판례인데 기록에 의하면, 피고는 원심 제1차 변론기일에서 진술한 답변서와 제3차 변론기일에 진술한 준비서면으로 이 사건 선박의 1989년도 제2기분 총공급가액은 금 2,505,872,447원이라 주장하고 있고, 원고도 원심 제2차 및 제3차 변론기일에서 진술한 각 그 준비서면에서 피고의 위 주장사실을 인정하면서 다만, 위 총공급가액 중 자기의 울산공장으로 반출한 참치의 가액은 면세공급가액이 아니라고 다투고 있을 뿐이므로, 위 총공급가액에 관한 한 당사자 쌍방의 진술이 일치되어 자백이 성립하였다고 할 것이다. 그런데, 원심은 이 사건 선박이 통조림의 제조에 직접 사용된 것은 아니라는 이유로 위 총공급가액 중 울산공장으로 반출된 참치의 가액을 제외함으로써 이 사건 선박의 총공급가액을 위 자백내용과 달리 인정한 후, 그 금액을 기초로 이 사건 선박의 자가공급가액을 산출하고 있으므로, 원심판결은 자백의 법리를 오해한 위법이 있고, 그것이 판결의 결과에까지 영향을 미쳤음이 명백하다(대판 1992. 8. 14, 91누13229).

마) 결 어 직권탐지주의원칙설이 타당하다고 본다. 변론주의보충설을 따른다면 행정소송법 제8조 제2항에 따라 민사소송법 제292조를 준용하면 되지 구태여 행정소송법 제26조를 별도로 규

정할 이유가 없는 것이다. 더욱이 행정소송법 제26조는 제292조와 달리 "당사자가 주장하지 아니한 사실에 대하여도 판단할 수 있다"고 규정하여 문구상으로도 현저한 차이를 나타내고 있다. 행정소송 절차에서 원고인 개인은 행정사안에 친숙하지 않다. 개인은 전문적 지식을 갖춘 행정청에 대하여 일반적으로 열등한 지위에 있으며, 사실적 상황을 완전하게 진술할 상황에 있지 않기 때문에 사실관계의 해명이 당사자의 책임에 있게 된다면 행정의 효과적인 통제는 불가능하다. 행정소송에서 무기평등의 원칙을 실현하고 공권력에 의하여 침해된 권리를 효과적으로 구제하고 행정작용의 적법성을 보장하기 위하여는 계약자유의 원칙과 사익상호간의 조정을 목적으로 하는 민사소송의 변론주의가 그대로 적용될 수 없는 것이다. 사실관계의 파악의 완벽성과 공개성, 그리고 중립성이 민사소송보다 월등히 강조되는 행정소송에서 행정작용의 적법성 여부 및 법률관계의 존부 여부가 다툼이 되고 있는 한, 이들을 전적으로 당사자의 의사에 맡길 수 없으며, 직권탐지주의에 의한 수정이 필연적으로 요청되고 있다.[111] 이에 따라 직권에 의한 증거조사는 법원의 단순한 권능을 넘어 법원에 부과된 의무라고 보아야 할 것이다. 그렇다고 하여 법원에 부과된 직권증거조사의무는 변론주의를 배제시키고 소송자료의 수집책임을 전적으로 법원이 지게 됨을 의미하는 것은 아니다. 법원은 공공복리와 원고의 권리보호를 위하여 필요하다고 인정하는 때에는 정확한 사실관계의 파악을 위하여 직권으로 증거조사를 할 수 있고 당사자가 주장하지 않은 사실에 대하여도 판단할 수 있다고 보아야 할 것이다. 직권탐지주의가 적용되는 범위 내에서는 당연히 당사자의 주장책임과 자백의 구속력이 배제되어야 할 것이다.

나. 행정심판기록제출명령

법원은 당사자의 신청이 있는 때에는, 결정으로써 그 재결을 행한 행정청에 대하여 행정심판에 관한 기록의 제출을 명할 수 있으며, 이 경우 행정청은 지체 없이 당해 행정심판에 관한 기록을 법원에 제출하여야 한다(법 25조 1항·2항). 여기에서 행정심판기록이란 당해 행정심판에 관한 모든 기록을 가리키는 것으로서, 행정심판청구서와 그에 대한 답변서 및 재결서뿐만 아니라, 행정심판위원회의 회의록 및 기타 행정심판위원회의 심리를 위하여 제출된 모든 증거와 자료를 포괄한다고 할 것이다. 행정소송법에 이러한 규정을 둔 것은 원고의 지위확보와 소송경제를 도모하기 위한 것으로 볼 수 있다. 향후 원고의 지위를 피고와 대등하게 하기 위하여 입증방법을 확보할 수 있도록 행정청이 보유하고 있는 서류의 열람 및 복사청구권이 인정되어야 할 것이다.

5. 주장책임과 입증책임

1) 주장책임

가. 의 의

변론주의하에서는 법원은 당사자가 주장하지 않은 사실을 판결의 기초로 삼을 수 없다. 이때의 사실은 모든 사실이 아니라 주요사실만을 의미한다. 따라서 당사자는 자기에게 유리한 주요사실을 변론에서 주장하지 않으면 그 사실이 존재하지 아니한 것으로 다루어져 불이익한 재판을 받게 되는 바 이러한 불이익을 주장책임이라고 한다.

주장책임은 변론주의의 특유한 현상이며, 직권탐지주의에서는 문제가 되지 않는다. 그런데 판례

111) 鄭夏重, 앞의 글, 205면 이하.

에 따르면 행정소송의 경우에도 변론주의가 원칙적으로 적용되기 때문에 주장책임이 인정되고 있다. 주장책임은 ① 판결에 의하여 해결하여야 할 분쟁의 쟁점형성을 양 당사자에게 맡기고, ② 그로 인하여 어느 당사자나 상대방이 주장한 사실에 대하여서만 공격 · 방어를 다하면 되기 때문에 당사자에게 공격 · 방어의 목표를 명시하고, 불의의 위험을 방지하는 기능을 수행한다. 행정소송법 제26조는 법원으로 하여금 당사자가 주장하지 아니한 사실에 대하여도 판단할 수 있도록 규정하고 있는바(법 26조), 이는 원고의 청구범위 내에서 공공복리와 권리보호를 위하여 필요한 경우에는 주장 외의 사실에 대하여도 판단할 수 있다는 의미라고 하겠다.

판례(행정심판과 행정소송에서 주장의 부합성 여부) 전심절차에서의 주장과 행정소송에서의 주장이 전혀 별개의 것이 아닌 한 그 주장이 반드시 일치하여야 하는 것은 아니고 당사자는 전심절차에서 미처 주장하지 아니한 사유를 공격방어방법으로 제출할 수 있다고 하겠으므로 전심절차에서 증여사실에 기초하여 주식가액의 평가방법이 위법하다고 주장하다가 행정소송에 이르러 증여사실 자체를 부인하는 등 공격방어방법을 변경하였다 하여 이를 금반언의 원칙 또는 신의성실의 원칙에 반한다고 할 수 없다(대판 1988. 2. 9, 87누903).

나. 주장의 범위

원고가 행정심판을 거치는 경우에 행정소송과 행정심판에서 한 주장이 어느 정도 부합되어야 하는지 문제가 된다. 양 주장은 전혀 별개의 것이 아닌 한 반드시 일치하여야 하는 것은 아니고, 기본적인 점에서 서로 부합되는 것이면 족하다고 하겠다.

다. 주장책임의 분배

주장책임에 있어서도 어느 주요사실의 주장책임을 원고 · 피고 중 누가 질 것인가 하는 분배문제가 발생한다. 이에 대하여는 견해가 대립하고 있는바 ①설은 주장책임의 분배문제를 입증책임의 분배문제와 연계시켜 주장책임은 주요사실에 대한 입증책임을 지는 자가 부담한다고 주장하는 반면, ②설은 자신에게 유리한 사실이 소송심리에서 주장되지 아니하여 받는 불이익과, 주요사실의 존부 · 진위불명의 경우에 받는 불이익과는 항상 동일한 분배기준에 의하여 결정할 것은 아니라는 견해를 주장하고 있다. 후자의 견해가 다수설이다.

판례는 행정처분의 위법을 들어 그 취소를 청구함에 있어서는, 직권조사사항을 제외하고는 그 취소를 구하는 자가 위법사유에 해당하는 구체적 사실을 먼저 주장하여야 한다는 입장을 취하고 있다.

판례(취소소송에 있어서 처분의 위법사유의 주장책임) 행정소송에 있어서 특단의 사정이 있는 경우를 제외하면 당해 행정처분의 적법성에 관하여는 당해 처분청이 이를 주장 · 입증하여야 할 것이나 행정소송에 있어서 직권주의가 가미되어 있다고 하여도 여전히 변론주의를 기본 구조로 하는 이상 행정처분의 위법을 들어 그 취소를 청구함에 있어서는 직권조사사항을 제외하고는 그 취소를 구하는 자가 위법사유에 해당하는 구체적인 사실을 먼저 주장하여야 한다(대판 2000. 3. 23, 98두2768).

2) 입증책임

가. 의 의

입증책임에는 주관적 입증책임과 객관적 입증책임이 있다. 주관적 입증책임(증거제출책임)이란 당사자가 자신의 패소를 막기 위하여 스스로의 활동을 통하여 그 존부여부가 다툼이 되고 있는 사실에 대하여 증거를 제출하여야 하는 책임을 의미한다. 반면 객관적 입증책임은 한 당사자가 그 적용을 주장하는 법규의 구성요건에 해당하는 사실의 존부여부가 증명이 불가능한 경우에 부담하는 소송상의 불이익 또는 위험으로 이해된다. 유력설에 따르면 행정소송에는 원칙적으로 직권탐지주의가 적용되기 때문에 그 한도에서는 주관적 입증책임이 적용되지 않는다고 하나,[112] 행정소송에도 변론주의가 원칙적으로 적용된다는 판례의 입장에 따르면 주관적 입증책임이 인정될 수밖에 없을 것이다. 그럼에도 불구하고 학설과 실무상으로는 객관적 입증책임의 분배가 논의의 중심이 되고 있다. 행정소송에 있어서 당사자소송의 입증책임은 그 성질상 민사소송의 경우와 다를 것이 없다 할 것이므로, 입증책임이 특히 문제가 되는 것은 취소소송을 중심으로 하는 항고소송이라 할 것이다.

나. 취소소송에서의 (객관적) 입증책임

행정소송에 있어서 입증책임에 관하여는 행정소송법에 아무런 규정이 없기 때문에, 취소소송에 있어서 입증책임을 어떻게 분배할 것인지는 종래부터 논쟁의 대상이 되어 왔다. 이에 관한 학설로는 원고책임설, 법률요건분류설, 행정법독자분배설 등이 있다.

가) 원고책임설　　이는 행정처분의 취소소송에 있어서는 입증책임이 원고에게 있다는 견해로서, 행정행위의 공정력에 관한 이론인 적법성추정이론에 근거하고 있다.[113] 그러나 오늘날 행정행위의 잠정적 유효성을 의미하는 공정력은 행정행위의 적법성추정과는 관계없이 행정법관계의 안정성 또는 신뢰보호를 위하여 실정법질서에 의하여 직·간접적으로 인정되고 있는 효력이라는 것이 오늘날의 지배적인 견해이다. 원고책임설에 따라 입증책임을 항상 원고가 지도록 하는 것은 행정권을 부당하게 보호함으로써 소송당사자간의 공평이념에 반하고, 분배원칙 자체를 부인하는 결과가 된다. 이에 따라 원고책임설은 행정의 우월성을 내세우는 과거의 권위주의국가의 산물이라는 비판을 받고 있으며, 오늘날 이 견해를 지지하는 학자는 없다.

나) 법률요건분류설(규범수익이론)　　행정행위의 잠정적인 유효성을 의미하는 공정력과 취소소송의 입증책임과는 어떠한 직접적인 관계가 없으며 취소소송에 있어서도 양 당사자의 지위는 대등하다는 입장에서 민사소송의 일반원칙인 법률요건분류설에 따라 입증책임을 분배하여야 한다는 견해이다. 즉 행정소송에 있어서도 민사소송에 있어서 통설인 법률요건분류설에 따라 각 당사자는 자기에게 유리한 법규범의 모든 요건사실의 존재에 관하여 입증책임을 진다고 한다. 권리를 주장하는 자는 그에게 유리한 권리근거규정에 해당하는 요건사실을 입증하여야 하고 그 권리를 부인하는 상대방은 권리장애·권리멸각·권리저지규정에 해당하는 요건사실을 입증하여야 한다. 현재 다수설의 입장이다.

다) 권리제한·확장구분설(헌법질서귀납설)　　국민의 자유를 제한하고 의무를 부과하는 처분에

112) 吳錫洛, 앞의 책, 215면 이하; 尹一泳, 앞의 글, 37면 이하.
113) Bettermann, DVBl 1957, S. 683ff.; 田中二郎, 行政法總論, 1976, 276면.

대한 취소소송에서는 행정청이 처분의 적법성에 대한 입증책임을 부담하고, 국민의 권리영역의 확장을 구하는 청구의 거부처분의 취소소송에서는 원고가 청구권의 근거가 되는 사실에 대한 입증책임을 부담한다는 견해이다. 그러나 이러한 권리제한·확장구분설은 법률요건분류설의 구체적인 적용에 지나지 않는다고 볼 것이다.

라) 행정법독자분배설(개별구체설) 행정법독자분배설은 민법법규와 행정법규의 차이를 이유로 민사소송법상의 지배적인 원칙인 법률요건분류설을 행정소송에 그대로 적용될 수 없다고 한다. 법률요건분류설은 사익상호간의 합리적인 조정을 목적으로 하는 민법의 근본가치에 상응하나, 행정법에 있어서는 민법과는 달리 동가치적인 이익이 대립되지 않고 오히려 공공복리가 우선적인 가치가 강조되고 있으며, 이에 따라 각자가 자신에게 유리한 법률효과를 다툰다는 법률요건분류설의 전제가 결여되고 있다는 비판을 받고 있다. 이에 따라 유력설은 행정소송에서는 일원적인 입증책임의 분배의 규율은 존재하지 않으며, 헌법규정, 개별행정법의 목적 및 그에 따른 원칙과 예외, 사안의 접근성(진위불명의 당사자의 귀속가능성), 입증책임의 기대가능성과 공정성 등의 다원적 관점에 따라 입증책임이 분배되어야 한다고 주장하고 있다. 그러나 이러한 다원적 관점에 따른 입증책임의 분배이론은 관철되지 못하고 있다. 다원적 관점에 따른 입증책임의 분배는 필연적으로 개별 사안마다 법관의 가치판단을 요구하며, 결코 안정성 있는 분배기준을 마련하지 못한다는 비판을 받고 있다.

마) 판 례 판례는 원칙적으로 법률요건분류설을 취하고 있으나 사안의 접근성, 입증책임 부담의 기대가능성 및 공정성 등의 개별구체설의 관점도 빈번히 발견되고 있다.

판례(항고소송에서 입증책임의 분배) 민사소송법의 규정이 준용되는 행정소송에 있어서 입증책임은 원칙적으로 민사소송의 일반원칙에 따라 당사자간에 분배되고 항고소송의 경우에는 그 특성에 따라 당해 처분의 적법을 주장하는 피고에게 그 적법사유에 대한 입증책임이 있다 할 것인바 피고가 주장하는 당해 처분의 적법성이 합리적으로 수긍할 수 있는 일응의 입증이 있는 경우에는 그 처분은 정당하다 할 것이며 이와 상반되는 주장과 입증은 그 상대방인 원고에게 그 책임이 돌아간다고 할 것이다(대판 1984. 7. 24, 84누124).

바) 결 어 소송에 있어서 입증책임의 분배는 재판에 의한 정의의 실현을 확보하고, 양 당사자의 실질적 형평을 도모하는 데 있다. 행정소송에서도 입증책임의 분배에 있어서 결정적인 것은 우선 관련 실체법의 규정이며, 관련 실체법의 규정이 결여된 경우에는 민사소송의 입증책임의 분배의 일반원칙인 법률요건분류설이 적용될 것이다. 즉 특정한 사실의 존부가 불명인 경우에는 그러한 사실의 존재로부터 유리한 법률효과를 도출하기를 원하는 당사자의 부담으로 작용한다. 권리 또는 권한을 주장하는 자는 관련법률에서 달리 규정하고 있지 않는 한, 권리나 권한을 근거지우는 요건사실에 대한 입증책임을 진다. 반면 다른 당사자의 권리나 권한을 부인하기를 원하는 당사자는 권리장애적, 권리멸각적, 또는 권리저지적 요건사실에 대한 입증책임을 부담한다. 다만 법률요건분류설의 단점[114] 및 행정법의 특수성을 고려하여 법규정의 목적과 그에 따른 원칙과 예외, 문제가 되는 법

114) 법률요건분류설의 단점으로 법규범의 요건사실의 존부가 의심스러운 경우에는 그로부터 도출되는 양자 선택관계에 있는 법률효과도 마찬가지로 의심스러울 수밖에 없으며, 특히 권리를 근거지우거나 권리를 저지하는

익의 종류, 사안의 접근성, 입증책임부담의 기대가능성 및 공정성 등 개별구체설이 제시하는 관점을 통하여 보완하여야 할 것이다.

① 국민의 권리나 자유를 제한하거나 의무를 부과하는 부담적 처분의 취소소송에서는 행정행위가 근거하고 있는 법규범의 요건사실의 존재에 대한 입증책임은 원고가 아니라 피고인 행정청이 진다. 왜냐하면 여기서는 피고인 행정청이 행정행위의 발급을 통하여, 범규범으로부터 나오는 법률효과를 일방적으로 선언하였기 때문이다.

② 반면 개인이 자신의 권리나 이익영역의 확장을 구하는 거부처분취소소송이나 부작위위법확인소송에서는 원고는 그가 신청한 처분의 발급에 대한 권리를 근거지우는 법규범의 요건사실의 존재에 대한 입증책임을 지게 된다. 이에 대하여 권리장애적 요건사실의 존재에 대한 입증책임은 행정청이 진다.

③ 무효등확인소송에 있어서는 소송형식상의 차이와 무효등확인소송에서 주장되는 하자의 중대성·명백성, 즉 특별한 하자의 주장이라는 점 등을 이유로 당해 행정행위의 무효사유에 대한 입증책임은 원고가 진다는 것이 판례의 입장이다.

판례(무효등확인소송에 있어서 입증책임) 행정처분의 당연무효를 구하는 소송에 있어서 그 무효를 구하는 사람에게 그 행정처분에 존재하는 하자가 중대하고 명백하다는 것을 주장 입증할 책임이 있다(대판 1984. 2. 28, 82누154).

---

④ 재량행위에 대한 항고소송에 있어서는 재량행위가 근거하고 있는 법규범의 요건사실의 존재에 대한 입증책임은 피고인 행정청이 진다. 이에 대하여 재량행위의 일탈·남용을 이유로 한 항고소송에 있어서는 원고가 재량의 일탈·남용사실에 대한 입증책임을 진다. 왜냐하면 재량의 한계 내에서 행정청이 행한 모든 결정이 적법하다면, 행정처분이 이러한 한계를 넘어 위법하다는 사실에 대하여는 당연히 원고가 입증을 하여야 하기 때문이다.[115)]

판례(재량권 일탈·남용에 관한 주장·증명책임의 소재) 국토계획법이 정한 용도지역 안에서 토지의 형질변경행위·농지전용행위를 수반하는 건축허가는 건축법 제11조 제1항에 의한 건축허가와 위와 같은 개발행위허가 및 농지전용허가의 성질을 아울러 갖게 되므로 이 역시 재량행위에 해당하고, 그에 대한 사법심사는 행정청의 공익판단에 관한 재량의 여지를 감안하여 원칙적으로 재량권의 일탈이나 남용이 있는지 여부만을 대상으로 하는데, 판단 기준은 사실오인과 비례·평등의 원칙 위반 여부 등이 된다. 이러한 재량권 일탈·남용에 관하여는 행정행위의 효력을 다투는 사람이 주장·증명책임을 부담한다(대판 2017. 10. 12, 2017두48956).

---

⑤ 상대방에게 수익적 효과를 의도하고 있으나 제3자에게는 침익적 효과를 발생시키는 행정

요건이 동일한 사실에 기초하고 이러한 사실이 불분명할 때에는 어떠한 해결방안도 제시하지 못한다는 비판을 받고 있다. 이에 대하여 자세히는 鄭夏重, 앞의 글, 230면 이하.

115) Ule, Verwaltungsprozeßrecht, 9. Aufl., 1986, S. 276.

행위에 대하여 제3자가 취소소송을 제기하는 경우에는, 피고인 행정청이 행정행위의 적법요건사실에 대하여 입증책임을 부담한다. 제3자에게는 부담적 행정행위에 대한 취소소송에 해당하기 때문이다.[116]

⑥ 행정소송에서도 민사소송과 마찬가지로 법률상의 추정 및 사실상의 추정의 법리가 적용된다. 특정한 사실관계의 존재에 대하여 법률상의 추정이 존재한다면 입증책임이 전환된다. 법원은 반증에 의하여 추정이 무너지지 않는 한, 법률에 의하여 주어진 상황에서 출발하여야 한다. 사실상의 추정은 법률상 추정과 구별된다. 일상의 경험칙에 의할 때 특정한 전형적인 사건경과에서 인정되는 사실상의 추정은 입증책임의 전환을 야기시키지 않으며 단지 표현증명을 근거지운다. 사실상의 추정에서 상대방은 입증책임을 부담하는 자의 승소를 원하지 않는 경우에는 그 추정을 무력화 시켜야 한다. 그는 추정에 대하여 반증할 필요는 없으며, 단지 사안에서 전형적인 경우와 다른 이형적인 사건경과가 존재하고 있다고 진술하면 충분하다.[117]

3) 법관의 석명의무

석명이란 당사자의 진술에 불명 · 모순 · 결함이 있거나 또는 입증을 다하지 못하는 경우에 법관이 질문하거나 시사하는 형식으로 보충함으로써 변론을 완전하게 하는 법원의 권능을 말한다(민사소송법 136조). 행정소송법에 준용되는 민사소송법 제136조의 규정은 석명이 법관의 재량인 것 같이 규정하고 있으나, 오히려 법관의 의무의 성질을 갖는다는 것이 통설적인 견해이다. 석명의무는 직권탐지주의의 표현으로서 특히 행정소송의 심리에서 존재하는 행정청의 개인에 대한 정보상의 우월을 균형으로 이끌며, 궁극적으로는 불의의 타격을 방지하는 기능을 한다.

판례 1(행정소송에 있어서 석명권의 범위) 행정소송법 제26조는 법원이 필요하다고 인정할 때에는 직권으로 증거조사를 할 수 있고 당사자가 주장하지 아니한 사실에 대하여 판단할 수 있다고 규정하고 있으나, 이는 행정소송에 있어서 원고의 청구범위를 초월하여 그 이상의 청구를 인용할 수 있다는 뜻이 아니라 원고의 청구범위를 유지하면서 그 범위 내에서 필요에 따라 주장 외의 사실에 관하여 판단할 수 있다는 뜻이고 또 법원의 석명권은 당사자의 진술에 모순, 흠결이 있거나 애매하여 그 진술의 취지를 알 수 없을 때 이를 보완하여 명료하게 하거나 입증책임 있는 당사자에게 입증을 촉구하기 위하여 행사하는 것이지 그 정도를 넘어 당사자에게 새로운 청구를 할 것을 권유하는 것은 석명권의 한계를 넘어서는 것이다(대판 1992. 3. 10, 91누6030).

판례 2(소변경에 대한 석명권행사가능성) 행정소송법상 항고소송으로 제기하여야 할 사건을 민사소송으로 잘못 제기한 경우에 수소법원이 그 항고소송에 대한 관할도 동시에 가지고 있다면, 전심절차를 거치지 않았거나 제소기간을 도과하는 등 항고소송으로서의 소송요건을 갖추지 못했음이 명백하여 항고소송으로 제기되었더라도 어차피 부적법하게 되는 경우가 아닌 이상, 원고로 하여금 항고소송으로 소변경을 하도록 석명권을 행사하여 행정소송법이 정하는 절차에 따라 심리 · 판단하여야 한다(대판 2019. 1. 16, 2019다264700).

---

116) Höfling, in: Sodann/Ziekow, VwGO, §108, Rdn. 124.
117) Ule, Verwatungsprozeßrecht, S. 278.

XIII. 취소소송의 판결

1. 판결의 의의 및 종류

1) 판결의 의의

취소소송의 판결이란 구체적인 취소소송사건에 대하여 법원이 원칙적으로 변론을 거쳐서 그에 대한 법적 판단을 선언하는 행위를 말한다.

2) 판결의 종류

취소소송의 판결은 그 내용에 따라 여러 가지로 나눌 수 있는바, 그 주된 분류를 보면 다음과 같다.

가. 종국판결 · 중간판결

소송절차에 대한 관계에서 본 분류로서 종국판결은 취소소송의 전부나 일부를 종료시키는 판결이며, 중간판결은 종국판결을 하기 전에 소송의 진행중에 생긴 쟁점을 해결하기 위한 확인적 성질의 판결을 말한다. 중간판결의 예를 들면 소송의 대상인 사건이 행정사건이 아니라는 피고의 항변을 이유 없다고 하는 판결 등이다. 소송에 있어서 중요한 의미를 갖는 것은 종국판결이다.

나. 소송판결 · 본안판결

종국판결은 다시 소송판결과 본안판결로 구분된다. 소송판결은 소송의 적부에 대한 판결로서, 요건심리의 결과 당해 행정소송을 부적법한 것이라 하여 각하하는 판결을 말한다. 즉 소송판결은 소송의 제기요건에 흠이 있음을 이유로 하는 판결이다. 본안판결은 취소소송에 의한 청구의 당부에 대한 판결로서, 본안심리의 결과 청구의 전부 또는 일부를 인용하거나 기각함을 내용으로 한다.

다. 전부판결 · 일부판결

종국판결은 그 판결의 범위에 따라서 전부판결과 일부판결로 나눌 수 있는바, 동일한 소송절차로 계속되어 있는 사건의 일부를 다른 부분으로부터 분리시켜 재판하는 것을 일부판결이라 하고, 당해 사건의 전부에 대하여 동시에 재판하는 것을 전부판결이라고 한다. 일부판결을 한 후에 잔여부분에 대하여 하는 판결을 잔부판결이라고 한다.

2. 위법판단의 기준시

취소소송의 소송물은 당해 처분의 위법성인바, 법원이 어느 시점의 사실상태 내지 법상태를 기준으로 그 위법성을 판단할 것인지가 문제가 되고 있다. 즉, 처분 등이 행하여진 뒤에 당해 처분 등의 근거가 된 법령이 개폐되거나 사실상태가 변화된 경우에, 법원은 어느 시점을 기준으로 처분 등의 위법성을 판단하여야 하는지의 문제가 발생한다. 이에 관하여는 처분시설과 판결시설이 대립하고 있는바, 이는 취소소송의 목적이나 기능에 관한 견해의 차이에서 연유되고 있다.[118]

1) 처분시설

처분시설은 취소소송에서의 당해 처분의 위법여부의 판단은 처분시의 법령 및 사실상태를 기준으로 하여야 한다는 견해이다. 취소소송은 행정처분의 사후심사를 속성으로 한다는 견해로서, 만일

118) 취소소송의 위법판단기준시에 대하여 상세히는 鄭夏重, 取消訴訟에서 處分의 違法判斷의 基準時點, 人權과 正義, 2004. 11, 95면 이하 참조.

법원이 판결시를 기준으로 처분시 이후의 법령의 개폐나 사정변경을 고려하여 위법성을 판단하게 되면, 법원은 원고가 요구하지 않는 소송물에 대하여 판단하게 된다고 한다. 또한 법원이 처분시 이후의 변화된 사정을 참작하여 당해 처분의 취소여부를 결정하게 된다면 행정청의 일차적 판단권을 침해하는 것이 되어 권력분립의 원칙에 위배된다고 한다.[119] 이러한 처분시설에 따르면 적법한 행정행위가 법적 · 사실적 상황의 변경으로 인하여 위법하게 되더라도 법원은 기각판결을 내려야 한다고 한다. 원고는 새로운 법적 · 사실적 상황을 근거로 행정청에 새로운 신청을 하여야 하며, 행정청이 이에 대하여 거부처분을 발하는 경우에는 거부처분취소소송 또는 의무이행소송을 제기하여야 한다는 견해이다(알콜중독으로 인하여 해임처분을 받은 공무원이 이에 대하여 취소소송을 제기하고 취소소송의 계속중에 중독증세가 치료된 경우, 또는 퇴거명령에 대하여 취소소송을 제기한 불법체류외국인이 그 사이에 한국여자와 결혼하여 국적을 취득한 경우). 처분시설이 다수설의 견해이며 또한 판례의 입장이다. 그러나 이러한 처분시설에 대하여 소송경제의 관점 및 권리보호의 효율성의 관점에서 비판이 제기되고 있다. 특히 비판설은 행정의 선결권 내지 권력분립의 원칙에 의하여 제기되는 이의는 오늘날 의무이행소송 등의 도입에 의하여 이미 극복되었다고 주장하고 있다.[120]

판례(취소소송에 있어서 위법성 판단기준시점) 항고소송에 있어서 행정처분의 위법 여부를 판단하는 기준 시점에 대하여 판결시가 아니라 처분시라고 하는 의미는 행정처분이 있을 때의 법령과 사실상태를 기준으로 하여 위법 여부를 판단할 것이며 처분 후 법령의 개폐나 사실상태의 변동에 영향을 받지 않는다는 뜻이고 처분 당시 존재하였던 자료나 행정청에 제출되었던 자료만으로 위법 여부를 판단한다는 의미는 아니므로, 처분 당시의 사실상태 등에 대한 입증은 사실심 변론종결 당시까지 할 수 있고, 법원은 행정처분 당시 행정청이 알고 있었던 자료뿐만 아니라 사실심 변론종결 당시까지 제출된 모든 자료를 종합하여 처분 당시 존재하였던 객관적 사실을 확정하고 그 사실에 기초하여 처분의 위법 여부를 판단할 수 있다(대판 1993. 5. 27, 92누19033).

2) 판결시설

이 견해는 취소소송의 목적은 당해 처분 등이 현행법규의 목적에 비추어 유지될 수 있는지 여부를 판단 · 선언하는 데 있는 것으로 보아 처분 등의 위법여부의 판단의 기준시는 원칙적으로 판결시의 법령 및 사실상태라고 한다. 판결시설에 따르면 적법하게 발급된 처분이 새로운 사정의 발생으로 위법하게 된 경우에는 법원은 위법하게 된 시점부터 취소할 수 있다고 하면서, 이를 통하여 당사자에게 발생되는 가혹함은(위법한 처분이 적법하게 되는 경우에는 원고에게 불리하게 작용하며, 적법한 처분이 위법하게 되는 경우에는 피고인 처분청에게 불리하게 작용함) 법적 안정성의 원리와 소송비용의 분담을 통하여 고려될 수 있다고 한다.[121] 그러나 판결시설에 대하여는 적법하게 발급된 처분 등이 사후에 위법하게 될 수 있어 인용판결을 받거나 또는 위법하게 발급된 행정행위가 적법하게 되어 기각판결을 받게 되는 것은 행정의 적법성통제를 목적으로 하는 취소소송의 본질에 반하며, 판결의 지연

119) Ule, Verwaltungsprozeßrecht, S. 304; Kopp, FS für Menger, 1985, S. 693ff.
120) Schenke, NVwZ 1986, S. 522.
121) Schenke, NVwZ 1986, S. 522ff.

에 따라 불균형한 결과가 초래될 수 있다는 비판이 제기되고 있다.[122]

3) 결 어

취소소송은 위법한 처분 등에 의하여 권익을 침해당한 자가 그 위법한 행위(행위시에 위법한 행위)의 취소를 구하는 것이므로, 법원은 그 청구취지에 따라 당해 처분 등의 위법여부(행위시의 위법여부)를 판단하여야 할 것이다. 단지 계속적 효력을 갖는 처분(물건의 압수처분, 건축물의 사용금지처분, 주차금지구역의 설정 등)이나 미집행의 처분(특정건축물에 대하여 철거명령을 발하였으나, 이후에 새로운 도시계획결정으로 건축이 가능하여진 경우)에 대한 취소소송에서는 판결시를 기준으로 하는 것이 타당할 것이다.[123] 또한 거부처분취소소송의 경우에는 그 인용판결은 행정소송법 제30조 제2항과 결부하여 행정청에게 신청에 따른 처분의무를 부과한다는 점에서 실질적으로는 의무이행소송과 유사한 성격을 갖는다는 점에서 이행소송의 일반적인 법리에 따라 거부처분의 위법성판단시점을 판결시로 하는 것이 타당할 것이다.[124]

3. 처분사유의 추가 · 변경

1) 의 의

행정청은 근거법상의 처분요건에 해당하는 사실을 인정하여 행정처분을 한다. 이에 따라 행정처분은 근거사실과 근거법규를 기초로 하는바, 이 양자를 합쳐서 처분사유 또는 처분이유라고 한다. 이와 관련하여 행정청이 취소소송의 심리과정에서 처분시에는 그 이유로 하지 않았던 새로운 법률상 · 사실상 근거를 내세워 당해 처분의 적법성을 뒷받침할 수 있는지 다툼이 되고 있다.[125]

2) 구별되는 개념

가. 이유제시의 하자의 치유와 구별

처분사유의 추가 · 변경의 개념은 빈번히 이유제시의 하자의 치유의 개념과 혼동되고 있다. 이유제시의 하자의 치유란 이유제시가 아예 결여되어 있거나 이유제시가 행정절차법 23조 1항의 형식적 요건을 충족시키지 못하는 불충분한 이유제시가 있는 경우에 이를 사후적으로 추완하거나 보완함

122) Ule, aaO., S. 304.
123) 同旨: 朴鈗炘/鄭亨根, 最新行政法講義(上), 853면.
124) 鄭夏重, 앞의 글, 112면 이하.
125) 처분사유의 추가변경에 대한 문헌으로는 鄭夏重, 理由提示瑕疵의 治癒와 處分事由의 追加 · 變更, 人權과 正義, 2004. 12, 132면 이하; 石鎬哲, 羈束力의 범위로서의 處分事由의 同一, 行政判例研究 제5집, 2000, 9, 258면 이하; 朴正勳, 處分事由의 追加 · 變更과 行政行爲의 轉換, 行政判例研究 7집, 2002, 196면 이하.

으로서 절차상의 하자를 제거하는 것(Nachholung von Begründung)을 의미한다. 반면, 처분사유의 추가 · 변경은 이유제시가 제23조 제1항의 형식적 요건을 충족시키기는 하나(즉 절차상의 하자가 없으나) 그것이 잘못된 사실인정이나 또는 법적 견해에 기초하는 경우, 즉 내용상의 하자가 있는 경우 사후에 이를 추가하거나 변경하는 것(Nachschieben von Gründen)을 의미한다.[126]

나. 처분의 위법성판단기준시와 구별

처분의 위법성판단기준시의 문제는 처분 등이 행하여진 뒤에 당해 처분 등의 근거가 된 법령이 개폐되거나 사실상태가 변화된 경우에, 법원은 어느 시점을 기준으로 처분 등의 위법성을 판단하여야 하는지의 문제인 데 반하여, 처분사유의 추가 · 변경은 처분시에 이미 존재하였으나 행정청이 처분의 근거로 삼지 않은 사실이나 법령을 사후에 새로운 처분사유로 추가하거나 또는 종래의 처분사유를 대체하여 내세울 수 있는지의 문제에 해당한다.

3) 처분사유의 추가 · 변경의 허용성

취소소송의 심리과정에서 행정청의 처분사유의 추가 · 변경이 허용되는지 여부에 대하여 학설에서는 부정설, 긍정설, 제한적 긍정설로 대립이 되고 있다.

가. 긍정설

긍정설은 취소소송의 소송물을 행정처분의 위법성일반으로 보아 소송의 양 당사자는 처분의 적법성 또는 위법성의 사유로 될 수 있는 모든 법률상 · 사실상의 주장을 할 수 있기 때문에, 취소소송에서의 처분사유의 추가 또는 변경은 원칙적으로 제한되지 않는다고 한다. 이 설에 대하여는 상대방의 방어권 및 신뢰보호의 관점에서 비판이 제기되고 있다.

나. 부정설

이에 대하여 부정설은 취소소송의 소송물을 그 처분사유에서 특정된 처분의 위법성으로 보아 당초의 사유를 다른 사유로 변경하기 위하여는 별개의 새로운 행정처분에 의하여 행하여져야 하기 때문에, 처분사유의 변경은 허용되지 않는다고 한다. 그러나 이 설에 대하여는 처분의 내용이 동일함에도 불구하고 수회에 걸쳐 재판이 반복되어 소송경제에 반하고, 원활한 행정운영에 문제가 된다는 비판을 받고 있다.

다. 제한적 긍정설

앞에서 본 바와 같이 긍정설은 상대방의 신뢰보호의 원칙 및 이유제시의 법리의 관점에서 비판을 받고 있는 반면, 부정설은 행정의 효율적 운영 및 소송경제의 관점에서 비판을 받고 있다. 이에 따라 제한적 긍정설은 양설을 절충하여 기본적 사실관계의 동일성이 유지되는 범위 내에서 사실심변론종결시까지 처분사유의 추가 또는 변경이 가능하다고 한다. 현재 다수설이며 또한 우리 판례가 취하고 있는 입장이다.

라. 결 어

취소소송에서 처분사유의 추가 · 변경은 사실심변론종결시까지 원칙적으로 허용된다고 할 것이다. 이러한 처분사유의 추가 · 변경의 허용성에 대한 근거로는 ① 소송경제의 원칙(분쟁의 일회적 해

---

126) 鄭夏重, 앞의 글, 135면.

결)과 ② 행정소송의 직권탐지주의가 제시되고 있다. 만일 취소소송에서 처분사유의 추가 · 변경이 허용되지 않아 행정처분이 취소되고, 행정청은 다른 처분사유로 다시 동일한 처분을 발급하게 되고, 이것이 또 다시 취소소송의 대상이 된다면 소송경제의 원칙에 반하게 될 것이다. 또한 행정소송에서는 법관은 직권탐지주의에 따라서 당사자의 주장에 기속됨이 없이 행정처분의 적법성을 모든 법적 · 사실적 관점에서 검토하여야 하며, 행정처분의 발급시에 이미 존재하고 있으나, 행정청에 의하여 제시되지 않은 법적 · 사실적 상황도 고려하여야 한다. 이에 따라 행정청은 소송절차에서 그의 결정을 뒷받침하기 위하여 처분사유를 추가 · 변경하는데 방해를 받지 않는다. 다만 처분사유의 추가 · 변경 한계로는 ① 처분시에 존재하였던 처분사유이어야 하며, ② 처분의 동일성이 유지되어야 한다. 행정소송규칙 제9조는 "행정청은 사실심 변론을 종결할 때까지 당초의 처분사유와 기본적 사실관계가 동일한 범위 내에서 처분사유를 추가 또는 변경할 수 있다"고 규정하고 있다. 처분의 동일성이 유지되지 않을 경우에는 원고는 새로운 처분에 대한 취소소송을 제기하든지 또는 처분변경에 따른 소의 변경(행소법 22조)을 신청할 수 있다. 판례는 기본적 사실관계의 동일성 여부를 처분의 동일성여부에 대한 판단기준으로 내세우고 있으며, 기본적 사실관계의 동일성 유무는 처분사유를 법률적으로 평가하기 이전의 구체적인 사실에 착안하여 그 기초가 되는 사회적 사실관계가 기본적인 점에서 동일한 지의 여부에 따라 결정하여야 한다고 판시하고 있다.

판례 1(기본적 사실관계의 동일성이 인정된다고 하더라도 처분사유의 추가변경이 허용되지 않는 특별한 경우) 사회적 사실관계의 기본적 동일성이 인정되는 경우라고 하더라도 그에 대한 규범적 평가와 처분의 근거 법령의 변경으로, 예를 들어 기속행위가 재량행위로 변경되는 경우와 같이, 당초 처분의 내용을 변경할 필요성이 제기되는 경우에는 해당 처분을 취소한 후 처분청으로 하여금 다시 처분절차를 거쳐 새로운 처분을 하도록 하여야 할 것이지 당초 처분의 내용을 그대로 유지한 채 근거 법령만 추가 · 변경하는 것은 허용될 수 없다(대판 2024. 11. 28, 2023두61349).

판례 2(기본적 사실관계의 동일성이 인정되지 않는다고 하더라도 예외적으로 처분사유의 추가변경이 허용되는 경우) 처분청이 기본적 사실관계의 동일성이 인정되지 않는 별개의 사실을 들어 처분사유로 주장하는 것이 허용되지 않는다고 해석하는 이유는 행정처분의 상대방의 방어권을 보장함으로써 실질적 법치주의를 구현하고 행정처분의 상대방에 대한 신뢰를 보호하고자 하는 데에 취지가 있음을 고려하면, 처분청이 거부처분에 대한 항고소송에서 기존의 처분사유와 기본적 사실관계가 동일하지 않은 사유를 처분사유로 추가 · 변경한 것에 대하여 처분상대방이 추가 · 변경된 처분사유의 실체적 당부에 관하여 해당 소송 과정에서 심리 · 판단하는 것에 명시적으로 동의하는 경우에는, 법원으로서는 그 처분사유가 기존의 처분사유와 기본적 사실관계가 동일한지와 무관하게 예외적으로 이를 허용할 수 있다. 처분상대방으로서는 처분청이 별개의 사실을 바탕으로 새롭게 주장하는 처분사유까지 동일 소송절차 내에서 판단을 받음으로써 분쟁을 한꺼번에 해결하는 것을 유효 · 적절한 수단으로서 선택할 수도 있으므로, 처분상대방의 그러한 절차적 선택을 존중하는 것이 처분사유 추가 · 변경 제한 법리의 기본취지와도 부합하기 때문이다. 그렇다면 법원은, 처분상대방의 명시적 동의에 따라 처분사유의 추가 · 변경을 허용할 경우, 추가 · 변경된 거부처분사유가 당초 거부처분사유와 기본적 사실관계의 동일성이 인정되지 않더라도 처분사유 추가 · 변경 제한 법리에 따라 처분청의 주장을 형식적으로 배척할 것이 아니라 추가 · 변경된 거부처분사유의 실체적 당부에 관하여 심리 · 판단해야 한다. 그 결과 추가 · 변경된 거부처분사유도 실체적으로 위법하여 처분을 취소하는 판결이 선고 · 확정되는 경우 추가 · 변경된 거부처분사유에 관한 법원의 판단에 대해서까지 취소판결의 기속력이 미친다고 보아야 한다(대판 2024. 11. 28, 2023두61349).

한편 처분의 성격에 따라 처분사유의 추가 · 변경의 허용범위가 달라진다고 할 것이다. 기속행위의 적법성판단에 있어서는 규율내용이 객관적으로 법에 상응하는가가 결정적이며, 처분사유의 타당성여부는 처분의 적법성에 원칙적으로 영향을 주지 않기 때문에 처분사유의 추가 · 변경이 폭넓게 허용된다. 이에 대하여 재량행위에 있어서는 처분사유(재량고려)의 추가 · 변경은 처분의 동일성을 변경시키는 경우가 많다. 이에 따라 재량행위는 처분사유의 추가 · 변경에 친숙하지 않다. 재량행위에도 처분사유의 추가 · 변경을 인정하는 판례를 종종 발견할 수 있는바, 이러한 관점에서 비판의 여지가 있다.[127]

① 기본적 사실관계의 동일성을 부인한 판례

판례 1(입찰자격제한처분에서 정당한 이유없이 계약을 이행하지 않은 사실과 관계 공무원에게 뇌물을 준 사실의 기본적 사실관계의 동일성 여부) 행정처분의 취소를 구하는 항고소송에 있어서는 실질적 법치주의와 행정처분의 상대방인 국민에 대한 신뢰보호라는 견지에서 처분청은 당초처분의 근거로 삼은 사유와 기본적 사실관계가 동일성이 있다고 인정되는 한도 내에서만 다른 사유를 추가하거나 변경할 수 있을 뿐, 기본적 사실관계와 동일성이 인정되지 않는 별개의 사실을 들어 처분사유로 주장함은 허용되지 아니하고, 여기서 기본적 사실관계의 동일성 유무는 처분사유를 법률적으로 평가하기 이전의 구체적인 사실에 착안하여 그 기초가 되는 사회적 사실관계가 기본적인 점에서 동일한지 여부에 따라 결정된다. 입찰참가자격을 제한시킨 당초의 처분 사유인 정당한 이유 없이 계약을 이행하지 않은 사실과 항고소송에서 새로 주장한 계약의 이행과 관련하여 관계 공무원에게 뇌물을 준 사실은 기본적 사실관계의 동일성이 없다고 할 것이다(대판 1999. 3. 9, 98두18565).

판례 2(의료보험요양기관 지정취소처분에서 본인부담금 수납대장을 비치하지 않은 사실과 관계서류제출명령 위반사실의 기본적 사실관계의 동일성 여부) 의료보험요양기관 지정취소처분의 당초의 처분사유인 구 의료보험법 제33조 제1항이 정하는 본인부담금 수납대장을 비치하지 아니한 사실과 항고소송에서 새로 주장한 처분사유인 같은 법 제33조 제2항이 정하는 보건복지부장관의 관계서류 제출명령에 위반하였다는 사실은 기본적 사실관계의 동일성이 없다(대판 2001. 3. 23, 99두6392).

판례 3(주류면허취소처분에서 무자료 주류판매 및 위장거래사실과 무면허 판매업자에게 주류를 판매한 사실이 기본적 사실관계의 동일성 유무) 피고는 이 사건 주류면허에 붙은 지정조건 제6호에 따라 원고의 무자료 주류 판매 및 위장거래 금액이 부가가치세 과세기간별 총주류판매액의 100분의 20 이상에 해당한다는 이유로 피고에게 유보된 취소권을 행사하여 위 면허를 취소하였음이 분명한바, 피고가 이 사건 소송에서 위 면허의 취소사유로 새로 내세우고 있는 위 지정조건 제2호 소정의 무면허 판매업자에게 주류를 판매한 때 해당한다는 것은 피고가 당초 위 면허취소처분의 근거로 삼은 사유와 기본적 사실관계가 다른 사유이므로 피고는 이와 같은 사유를 위 면허취소처분의 근거로 주장할 수 없다고 보아야 할 것이다(대판 1996. 9. 6, 96누7427).

판례 4(자동차매매업 불허가처분에 있어서 거리제한규정의 위반사실과 최소 주차용지 미달사실의 기본적 사실관계의 동일성 유무) 행정처분 취소소송에 있어서 처분청은 당초의 처분사유와 기본적 사실관계에 있어서 동일성이 인정되는 한도 내에서만 새로운 처분사유를 추가하거나 변경할 수 있고, 기본적 사실관계와 동일성이 전혀 없는 별개의 사실을 들어 처분사유로서 주장함은 허용되지 아니하는바, 피고의 이 사건 처분사유인 기존 공동사업장과의 거리제한규정에 저촉된다는 사실과 피고 주장의 최소 주차용지에 미달한다는 사실은 기본적 사실관계를 달리하는 것임이 명백하여 피고가 이를 새롭게 처분사유로서 주장할 수 없다(대판 1995. 11. 21, 95누10952).

127) 鄭夏重, 앞의 글, 153면.

판례 5(비공개대상결정에 있어서 비공개사유 7조(현행 9조) 1항 5호의 사유와 7조(현행 9조) 1항 4호 및 6호의 사유의 기본적 사실관계의 동일성 여부) 공공기관의 정보공개에 관한 법률 제7조(현행 9조) 제1항에 있어서 제4호의 위 정보를 비공개대상정보로 하고 있는 것은 범죄의 일방예방 및 특별예방, 원활한 수사 및 교정행정의 원활성을 보호하고자 함에, 제5호의 위 의사결정과정 또는 내부검토과정에 있는 사항 등을 비공개대상정보로 하고 있는 것은 공개로 인하여 공공기관의 의사결정이 왜곡되거나 외부의 부당한 영향과 압력을 받을 가능성을 차단하여 중립적이고 공정한 의사결정이 이루어지도록 하고자 함에, 제6호의 개인식별정보를 비공개대상정보로 하고 있는 것은 개인의 사생활의 비밀과 자유의 존중 및 개인의 자신에 대한 정보통제권을 보장하는 등 정보공개로 인하여 발생할 수 있는 제3자의 법익침해를 방지하고자 함에 각 그 취지가 있어 그 각 정보를 비공개대상정보로 한 근거와 입법취지가 다른 점 등 여러 사정을 합목적적으로 고려하여 보면, 피고가 처분사유로 추가한 법 제7조(현행 9조) 제1항 제5호의 사유와 당초의 처분사유인 같은 항 제4호 및 제6호의 사유는 기본적 사실관계가 동일하다고 할 수 없다고 할 것이다(대판 2003. 12. 11, 2001두8827).

② 기본적 사실관계의 동일성을 인정한 판례

판례 1(산림형질변경불허가처분에서 준농림지역의 행위제한 사실과 중대한 공익상의 필요라는 사실의 기본적 사실관계의 동일성) 주택신축을 위한 산림형질변경허가신청에 대하여 행정청이 거부처분을 하면서 당초 거부처분의 근거로 삼은 준농림지역에서의 행위제한이라는 사유와 나중에 거부처분의 근거로 추가한 자연경관 및 생태계의 교란, 국토 및 자연의 유지와 환경보전 등 중대한 공익상의 필요라는 사유는 기본적 사실관계에 있어서 동일성이 인정된다(대판 2004. 11. 26, 2004두4482).

판례 2(토지형질변경 불허가처분에서 미개발지의 이용대책 수립시까지 허가를 유보한다는 사실과 주변의 환경 · 풍치 · 미관 등을 손상시킬 우려가 있다는 사실의 기본적 사실관계의 동일성 유무) 토지형질변경 불허가처분의 당초의 처분사유인 국립공원에 인접한 미개발지의 합리적인 이용대책 수립시까지 그 허가를 유보한다는 사유와 그 처분의 취소소송에서 추가하여 주장한 처분사유인 국립공원 주변의 환경 · 풍치 · 미관 등을 크게 손상시킬 우려가 있으므로 공공목적상 원형유지의 필요가 있는 곳으로서 형질변경허가 금지 대상이라는 사유는 기본적 사실관계에 있어서 동일성이 인정된다(대판 2001. 9. 28, 2000두8684).

판례 3(토지형질변경 불허가처분에서 행위제한을 추진 중이라는 사유와 도심의 환경보전이라는 공익상의 사유의 기본적 사실관계의 동일성 유무) 이 사건 처분은 이와 같은 도심의 환경보전과 주변농지의 보전, 이 사건 토지 인근의 고등학교의 면학분위기조성 및 학생들의 정서안정, 교통사고발생위험배제 등의 공익상 필요가 있어 이루어진 것이라는 취지의 주장을 하고 있음이 기록상 분명한바, 피고의 이러한 주장 중에는 원고의 이 사건 신청이 이 사건 토지상의 주유소 설치에 있어 필요한 토지형질변경허가에 관하여 규정하고 있는 도시계획법 제4조 및 형질변경규칙 제4조 제1항 소정의 요건을 갖추지 못하였기 때문이라는 취지의 주장과 위와 같은 중대한 공익상의 필요가 있었기 때문이라는 취지의 주장도 포함되어 있다고 볼 여지가 있고, 만약 그러한 경우라면, 원심에서 피고가 주장한 이와 같은 처분사유들 중 이 사건 신청이 토지형질변경허가의 요건을 갖추지 못하였다는 사유와 도심의 환경보전의 공익상 필요라는 사유는 당초에 피고가 이 사건 처분의 처분사유로 삼은 "이 사건 토지에 관하여 도시계획법 제4조 및 형질변경규칙에 의거하여 행위제한을 추진하고 있다"는 사유와 기본적 사실관계에 있어서 동일성이 인정된다고 보아야 할 것이다(대판 1999. 4. 23, 97누14378).

판례 4(자동차운송사업면허 취소처분에서 자동차운수사업법 제26조를 위반하였다는 사유와 직영으로 운영하도록 한 면허조건을 위반하였다는 사유의 기본적 사실관계의 동일성 유무) 원심은 원고가 이 사건 버스 6대를 지입제로 운영하는 행위가 당초의 이 사건 행정처분 사유인 자동차운수사업법 제26조의 명의이용금지에 위반되는 행위라고 할 수는 없으나, 피고는 원고에게 이 사건 버스운송사업면허 및 증차인가처분을 함에 있어서 그 버스를 직영으로 운영토록 하고 이를 위반하는 경우 그 면허 및 인가를 취소할 수 있다는 조건을 붙였는데 원고의 이 사건 버스 6대에 대한 지입제 운영행위는 면허 및 인가처분시에 유보된 취소권의 행사대상이 될 뿐만 아니라 위 면허 및 인가조건에 위반한 것으로서 자동차운수사업법 제31조 제1항 제1호의 면허취소대상에 해당하고, 위 면허 및 인가조건위반의 취소사유는 당초의 취소사유와 기본적 사실관계에 있어서 동일하므로 결국 이 사건 행정처분은 적법하다고 판단하였는바, 원심의 위와 같은 판단은 정당하다(대판 1992. 10. 9, 92누213).

판례 5(자동차 운송사업면허 취소처분에서 적용법조의 변경이 허용되는지 여부) 행정처분이 적법한가의 여부는 특별한 사정이 없는 한 처분당시의 사유를 기준으로 판단하면 되는 것이고 처분청이 처분당시에 적시한 구체적 사실을 변경하지 아니하는 범위내에서 단지 그 처분의 근거법령만을 추가변경하는 것은 새로운 처분사유의 추가라고 볼 수 없으므로 이와 같은 경우에는 처분청이 처분당시에 적시한 구체적 사실에 대하여 처분후에 추가변경한 법령을 적용하여 그 처분의 적법여부를 판단하여도 무방하다 할 것이다. 따라서 원심이 피고가 교통사고로 개인택시 운송사업면허의 기본요건인 자동차면허가 취소되었음을 이유로 원고에 대한 이 사건 개인택시 운송사업면허취소처분을 하면서 처음에는 그것이 자동차운수사업법 제31조 제1항 제3호 소정의 면허취소사유에 해당한다고 보아 같은 법조를 적용하였다가 이 사건 소제기에 즈음하여 그 구체적 사실을 변경하지 아니하는 범위내에서 적용법조만을 같은 법 제31조와 같은 법시행규칙 제15조로 바꾸어 원고에게 통고한 사실을 확정한 다음 위와 같은 취지에서 이는 단순한 법령적용의 오류를 정정한 것일뿐 그에 의하여 취소사유를 달리하는 것은 아니라고 판시하고 나서 처분당시에 적시한 구체적 사실인 원고의 자동차운전면허가 취소된 점에 관하여 피고가 처분후에 추가로 통고한 근거법령인 자동차운수사업법 제31조 제1항 제1호 또는 제4호를 적용하여 그 처분의 적법여부를 판단한 것은 정당하다(대판 1987. 12. 8, 87누632).

판례 6(처분사유 자체가 아니라 그 근거가 되는 기초 사실 내지 평가요소에 지나지 않는 사정은 추가로 주장할 수 있다는 판례) 외국인 甲이 법무부장관에게 귀화신청을 하였으나 법무부장관이 심사를 거쳐 '품행 미단정'을 불허사유로 국적법상의 요건을 갖추지 못하였다며 신청을 받아들이지 않는 처분을 하였는데, 법무부장관이 甲을 '품행 미단정'이라고 판단한 이유에 대하여 제1심 변론절차에서 자동차관리법위반죄로 기소유예를 받은 전력 등을 고려하였다고 주장하였다가 원심 변론절차에서 불법 체류한 전력이 있다는 추가적인 사정까지 고려하였다고 주장한 사안에서, 법무부장관이 처분 당시 甲의 전력 등을 고려하여 甲이 구 국적법 제5조 제3호의 '품행단정' 요건을 갖추지 못하였다고 판단하여 처분을 하였고, 그 처분서에 처분사유로 '품행 미단정'이라고 기재하였으므로, '품행 미단정'이라는 판단 결과를 위 처분의 처분사유로 보아야 하는데, 법무부장관이 원심에서 추가로 제시한 불법 체류 전력 등의 제반 사정은 불허가처분의 처분사유 자체가 아니라 그 근거가 되는 기초 사실 내지 평가요소에 지나지 않으므로, 법무부장관이 이러한 사정을 추가로 주장할 수 있다(대판 2018. 12. 13, 2016두31616).

③ 처분사유의 추가 · 변경의 시간적 한계에 관한 판례

판례 과세관청은 소송 도중이라도 당해 처분에서 인정한 과세표준 또는 세액의 정당성을 뒷받침할 수 있는 새로운 자료를 제출하거나 처분의 동일성이 유지되는 범위 내에서 그 사유를 교환 · 변경할 수 있다고 할 것이나 이는 사실심 변론종결시까지만 허용된다고 할 것이다(대판 1999. 2. 9, 96누8796; 1997. 10. 24, 97누2429).

4) 행정심판에서 처분사유의 추가 · 변경의 허용성

판례는 행정심판에서도 기본적 사실관계의 동일성이 인정되는 경우에는 처분사유의 추가 · 변경이 허용될 뿐 아니라, 행정청 내부의 시정절차에 해당하는 심사청구에서는 기본적 사실관계의 동일성이 인정되지 않는다고 하더라도 처분의 적법성과 합목적성을 뒷받침하는 처분사유로 추가 · 변경할 수 있다는 입장을 취하고 있다.

판례 1(처분사유의 추가 · 변경을 위한 기본적 사실관계의 동일성 유무의 판단기준이 행정심판에서도 적용되는지 여부) 행정처분의 취소를 구하는 항고소송에서 처분청은 당초 처분의 근거로 삼은 사유와 기본적 사실관계가 동일성이 있다고 인정되는 한도 내에서만 다른 사유를 추가 또는 변경할 수 있고, 이러한 기본적 사실관계의 동일성 유무는 처분사유를 법률적으로 평가하기 이전의 구체적 사실에 착안하여 그 기초인 사회적 사실관계가 기본적인 점에서 동일한지에 따라 결정되므로, 추가 또는 변경된 사유가 처분 당시에 이미 존재하고 있었다거나 당사자가 그 사실을 알고 있었다고 하여 당초의 처분사유와 동일성이 있다고 할 수 없다. 그리고 이러한 법리는 행정심판 단계에서도 그대로 적용된다(대판 2014. 5. 16, 2013두26118).

판례 2(행정청 내부의 시정절차에서는 기본적 사실관계의 동일성이 없는 처분사유라도 추가 · 변경할 수 있다는 판례) 산업재해보상보험법 규정의 내용, 형식 및 취지 등에 비추어 보면, 산업재해보상보험법상 심사청구에 관한 절차는 보험급여 등에 관한 처분을 한 근로복지공단으로 하여금 스스로의 심사를 통하여 당해 처분의 적법성과 합목적성을 확보하도록 하는 근로복지공단 내부의 시정절차에 해당한다고 보아야 한다. 따라서 처분청이 스스로 당해 처분의 적법성과 합목적성을 확보하고자 행하는 자신의 내부 시정절차에서는 당초 처분의 근거로 삼은 사유와 기본적 사실관계의 동일성이 인정되지 않는 사유라고 하더라도 이를 처분의 적법성과 합목적성을 뒷받침하는 처분사유로 추가 · 변경할 수 있다고 보는 것이 타당하다(대판 2012. 9. 13, 2012두3859).

사례 甲은 주택을 소유하고 있었는데 그 지역이 한국토지주택공사가 사업자가 되어 시행하는 주택건설사업의 사업시행지구로 편입되면서 甲의 주택도 수용되었다. 사업시행자인 한국토지주택공사는 「공익사업을 위한 토지 등의 취득 및 보상에 관한 법률」 제78조에 따라 이주대책의 일환으로 주택특별공급을 실시하기로 하였다. 그 후 甲은 「주택공급에 관한 규칙」 제19조 제1항의 제3호에 따라 A아파트 입주권을 특별분양하여 줄 것을 신청하였다. 그런데 한국토지주택공사는 甲이 A아파트의 입주자모집공고일을 기준으로 무주택세대주가 아니어서 특별분양 대상자에 해당되지 않는다는 이유로 특별분양신청을 거부하였다.

1. 甲이 한국토지주택공사를 피고로 하여 특별분양신청 거부처분취소소송을 제기한 경우, 그 적법성은?(15점)

2. 취소소송을 제기하기 전에 특별분양신청 거부에 대하여 행정심판을 제기하려는 경우, 甲이 제기할 수 있는 행정심판법상의 권리구제수단에 대하여 검토하시오.(15점)

3. 취소소송의 계속 중에 입주자모집공고일 당시 무주택세대주였다는 甲의 주장이 사실로 인정될 상황에 처하자 한국토지주택공사는 甲의 주택이 무허가주택이었기 때문에 甲은 특별분양대상자에 해당되지 않는다고 처분사유를 변경하였고, 심리결과 甲의 주택이 무허가주택이었음이 인정되었다. 이 경우 법원은 변경된 사유를 근거로 甲의 청구를 기각할 수 있는가? 법원의 판결확정 후 한국토지주택공사가 甲의 주택이 무허가주택임을 이유로 특별분양신청을 재차 거부할 수 있는지 여부도 함께 검토하시오.(20점)(제54회 사법시험)

***주택공급에 관한 규칙(국토교통부령)**

제19조(주택의 특별공급) ① 사업주체가 국민주택등의 주택을 건설하여 공급하는 경우에는 제4조 제1항에도 불구하고 입주자모집공고일 현재 무주택세대주로서 다음 각 호의 어느 하나에 해당하는 자에게 관련기관의 장이 정하는 우선순위 기준에 따라 1회(제3호 · 제4호 · 제4호의2에 해당하는 경우는 제외한다)에 한정하여 그 건설량의 10퍼센트의 범위에서 특별공급할 수 있다. 다만, 시 · 도지사의 승인을 받은 경우에는 10퍼센트를 초과하여 특별공급할 수 있다.

3. 다음 각 목의 어느 하나에 해당하는 주택(관계법령에 의하여 허가를 받거나 신고를 하고 건축하여야 하는 경우에 허가를 받거나 신고를 하지 아니하고 건축한 주택을 제외한다)을 소유하고 있는 자로서 당해 특별시장 · 광역시장 · 시장 또는 군수가 인정하는 자. 다만, 바목에 해당하는 주택의 경우에는 관계법령에 따라 해당 사업시행을 위한 고시 등이 있은 날 이전부터 소유하고 있는 자로 한정한다.

가. 국가 · 지방자치단체 · 한국토지주택공사 및 지방공사인 사업주체가 당해 주택건설사업을 위하여 철거하는 주택

▶답안요지

제1문: 甲이 제기한 거부처분취소소송의 적법성

1) 대상적격

甲이 취소소송을 제기하기 위하여는 행소법 2조 1항 1호의 처분 등이 존재하여야 한다. 행소법 2조 1항 1호는 "처분등이라 함은 행정청이 행하는 구체적 사실에 관한 법집행으로서의 공권력의 행사 또는 그 거부와 그 밖에 이에 준하는 행정작용(이하 "처분"이라 한다) 및 행정심판에 대한 재결을 말한다"고 규정하고 있다. 우선 설문에서 한국토지주택공사가 행정청에 해당하는지 문제가 된다. 행소법 2조 2항의 행정청의 개념은 기능적 의미의 행정청을 의미하는바, 여기서는 강학상 의미의 행정청 뿐만 아니라, "법령에 의하여 행정권한의 위임 또는 위탁을 받은 행정기관, 공공단체 및 그 기관 또는 사인"을 포함하고 있다. 토지주택공사는 토지의 취득, 개발, 공급, 주택의 건설, 공급, 관리업무를 수행하는 공기업으로서 법령에 의하여 행정권한을 부여받은 공공단체로서 행소법 2조 2항의 의미의 행정청에 해당된다. 문제는 한국토지주택공사의 특별분양신청거부의 처분성 여부이다. 판례는 국민의 신청에 대한 행정청의 거부행위가 항고소송의 대상이 되는 처분이 되기 위하여는 ① 신청한 행위가 공권력의 행사 또는 이에 준하는 행정작용이어야 하고, ② 그 거부행위가 신청인의 법률관계에 어떤 변경을 일으키는 것이어야 하며, ③ 그 국민에게 행위발동을 요구할 법규상 또는 조리상의 신청권이 있어야 한다는 입장을 취하고 있다. 여기서 "신청인의 법률관계에 어떤 변경을 일으키는 것"이란 신청인의 실체상의 법률관계에 직접적인 변동을 일으키는 것 뿐만 아니라 신청인이 실체상의 권리자로서 권리를 행사함에 중대한 지장을 초래하는 것도 포함된다. 「주택공급에 관한 규칙」 19조 1항에 따른 주택의 특별분양은 구체적 사실에 대한 법집행행위로서 공권력의 행사에 해당하고, 한국토지주택공사의 거부행위에 의하여 甲은 자신의 특별분양을 받을 권리를 실현할 수 없게 되었다. 또한 판례는 거부행위의 처분성을 인정하기 의하여 법규상 또는 조리상 신청권을 요구하고 있는바, 이에 대하여 학설에서는 신청권의 존부는 원고적격 또는 본안판단의 문제라는 입장에서 비판을 하고 있다. 판례는 "신청권의 존부여부는 구체적 사건에서 신청인이 누구인가를 고려하지 않고 관계법규의 해석에 의하여 일반국민에게 그러한 신청권을 인정하고 있는가를 살펴 추상적으로 결정되는 것이고, 신청인이 그 신청에 따른 단순한 응답을 받을 권리를 넘어서 신청의 인용이라는 만족적 권리를 얻을 권리를 의미하는 것은 아니다"라는 입장을 취하고 있다. 판례와 같이 신청권을 추상적 신청권으로 파악한다고 하더라도 신청권의 존부는 원고적격에서 검토할 문제로 보는 것이 타당할 것이다. 판례의 입장은 대상적격과 원고적격을 함께 결합하여 검토하는 입장으로 보아야 할 것이다. 설문에서 한국토지주택공사의 거부행위는 취소소송의 대상이 되는 거부처분에 해당될 것이다(대판 1999. 8. 20, 98두17043).

2) 원고적격

취소소송은 처분등의 취소를 구할 법률상 이익이 있는 자가 제기할 수 있다(행소법 12조). 법률상 이익의 개념에 대하여 ① 권리구제설, ② 법률상 이익구제설, ③ 이익구제설, ④ 적법성보장설의 견해가 대립되고 있으나 법률상 이익구제설이 판례와 다수설의 입장이다. 법률상 이익구제설에 따르면 처분에 의하여 침

해되고 있는 이익이 근거법률에서 보호하는 이익인 경우에 원고적격이 인정된다. 최근 제3자효행정행위에 대한 취소소송과 관련하여 대법원은 관련법률에서 보호하는 이익으로 확대하고 있고, 헌법재판소는 헌법상 자유권을 포함시키고 있다. 설문에서 甲은 「주택공급에 관한 규칙」 19조 1항 3호의 요건을 충족시키는 경우에 특별분양을 받을 수 있는 권리가 부여된다. 이에 따라 甲은 거부처분에 의하여 근거법률에서 보호하는 자신의 이익을 침해받기 때문에 원고적격이 인정된다. 다만 19조 1항은 사업주체에게 특별분양에 대한 재량권을 부여하고 있기 때문에 여기서 법률상 이익의 내용은 한국토지주택공사에게 재량의 하자없이 특별분양결정을 하여달라는 무하자재량행사청구권이 될 것이다.

3) 기타의 소송요건

甲은 거부처분이 있음을 안지 90일 이내에(행소법 20조), 한국토지주택공사를 피고로 하여(행소법 13조), 피고의 소재지를 관할하는 일심 행정법원에(행소법 9조) 취소소송을 제기하여야 한다.

제2문: 특별분양신청거부에 대한 행정심판법상의 권리구제수단

한국토지주택공사의 특별분양신청거부에 대한 甲의 행정심판법상의 권리구제수단으로는 의무이행심판 및 거부처분취소심판과 가구제로서 임시처분제도가 고려된다.

1) 의무이행심판

의무이행심판은 처분을 신청한 자로서 행정청의 거부처분 또는 부작위에 대하여 일정한 처분을 구할 법률상 이익이 있는 자가 청구할 수 있다(행심법 13조 3항). 상술한 바와 같이 甲은 한국토지주택공사의 거부처분에 대하여 일정한 처분(재량의 하자 없는 특별분양결정)을 구할 법률상 이익이 있다. 甲은 거부처분이 있음을 안지 90일 이내에 관할 행정심판위원회에 의무이행심판을 제기하면 될 것이다.

행정심판위원회가 행정심판의 심리에서 甲의 청구가 이유가 있다고 판단하여 인용재결을 할 경우에는 처분재결과 처분명령재결 양자가 모두 가능하다(행심법 43조 5항). 거부처분에 대한 처분명령재결의 경우 재결의 기속력에 의하여 재처분의무가 발생된다(행심법 49조 2항). 처분청이 재처분의무를 불이행하는 경우에는 행정심판위원회는 기간을 정하여 시정명령을 내리고 그 기간에 이행하지 않으면 직접처분을 할 수 있다(행심법 50조 1항). 아울러 한국토지주택공사가 처분명령재결의 기속력에 따라 재처분의무를 이행하지 않는 경우에는 甲은 행정심판법 제50조의2에 따라 행정심판위원회에 간접강제를 신청할 수 있다.

2) 거부처분취소심판

취소심판은 처분의 취소 또는 변경을 구할 법률상 이익이 있는 자가 청구할 수 있다(법 13조 1항). 상술한 바와 같이 한국토지주택공사의 거부행위의 처분성이 인정되며, 아울러 甲의 청구인적격이 인정된다.

행정심판위원회가 행정심판의 심리에서 甲의 청구가 이유가 있다고 인정하면, 직접 거부처분을 취소하는 재결을 할 수 있다(행심법 43조 3항). 한편, 구 행정심판법에서는 거부처분취소재결의 기속력과 관련하여 재처분의무를 규정하고 있지 않아, 재처분의무의 인정 여부와 관련하여 견해의 대립이 있었으나 개정 행정심판법 제49조 제2항은 거부처분취소재결의 기속력으로서 재처분의무를 명문으로 규정하고 있다. 만일 한국토지주택공사가 거부처분취소재결의 기속력에 따라 특별분양을 하지 않을 경우에는 행정심판법 제50조의2에 따라 甲은 행정심판위원회에 간접강제를 신청할 수 있다.

3) 임시처분의 신청

甲은 자신의 가구제수단으로 임시처분을 신청할 수 있는바, 행정심판위원회는 ① 한국토지주택공사의 거부처분의 위법 · 부당성에 대하여 상당한 의심이 있고, ② 거부처분 때문에 甲이 받을 우려가 있는 중대한 불이익이나 甲에게 생길 급박한 위험을 막기 위하여 ③ 임시지위를 정하여야 할 필요가 있는 경우에는 직권으로 또는 당사자의 신청에 의하여 임시처분을 결정할 수 있다(법 31조 1항). 이러한 임시처분은 집행정지결정과 같이 공공복리에 중대한 영향을 미칠 우려가 있는 경우에는 허용되지 않으며, 또한 집행정지로서 목적을 달성할 수 있는 경우에는 허용되지 않는다(법 31조 3항).

제3문: 처분사유의 변경의 허용성

처분사유의 추가 · 변경이란 당초 처분시에는 존재하였지만 처분사유로 제시하지 않았던 사실 및 법적 근거를 소송의 심리과정에서 추가하거나 변경하는 것을 의미한다. 이러한 처분사유의 추가·변경은 내용상으로 잘못된 처분사유를 이후에 변경하거나 추가한다는 점에서, 이유제시가 결여되어 있거나 행정절차법 23조 1항의 형식적 요건을 충족시키지 못하는 경우에 이를 사후적으로 추완하거나 보완함으로서 절차상의 하자를 제거하는 이유제시의 하자의 치유와 구별된다. 처분사유의 추가·변경의 허용성 여부에 대하여 ① 부정설, ② 긍정설, ③ 제한적 긍정설이 대립되고 있으나 다수설은 제한적 긍정설을 취하고 있다. 취소소송에서 처분사유의 추가·변경의 허용성의 근거로는 ① 분쟁의 일회적 해결이라는 소송경제의 원칙과 ② 행정소송의 직권탐지주의가 제시되고 있다. 다만 그 한계로는 ① 그 사유가 처분시에 존재하였던 사유이어야 하며, ② 처분의 동일성이 유지되어야 하고, ③ 사실심변론 종결시까지 가능하다. 설문에서 한국토지주택공사는 甲의 신청에 대한 거부처분의 당초 사유로서 甲이 무주택세대주가 아니라는 사실을 내세웠으나 이러한 사실이 잘못되었음이 밝혀지자 새로운 처분사유로 甲의 주택이 무허가주택이라는 사실을 내세우고 있다. 이러한 새로운 사유는 처분시에 존재하였던 사유에 해당한다. 문제는 처분사유의 변경을 통하여 처분의 동일성이 유지되고 있는가이다. 판례는 기본적 사실관계의 동일성 여부를 처분의 동일성 여부에 대한 판단기준으로 내세우고 있으며, 기본적 사실관계의 동일성 여부는 "처분사유를 법률적으로 평가하기 이전의 구체적인 사실에 착안하여 그 기초가 되는 사회적 사실관계가 기본적인 점에서 동일한지 여부에 따라 결정하여야 한다"고 판시하고 있다. 특별분양거부처분의 당초 사유인 무주택세대주 여부는 주택공급규칙 19조 1항 본문상의 요건에 해당하는 반면 변경된 사유인 무허가주택소유주는 19조 1항 3호상의 요건으로 그 기본적 사실관계가 상이하다고 할 것이다. 더욱이 19조 1항의 특별분양처분은 재량행위의 성격을 갖고 있으며, 재량행위에 있어서 처분사유의 추가·변경은 처분의 동일성을 변경시키는 것이 일반적이다. 이에 따라 한국토지주택공사에 의하여 변경한 새로운 처분사유는 처분의 동일성을 변경시키기 때문에 허용되지 않는다 할 것이다.

4. 종국판결의 내용

상술한 바와 같이 취소소송의 판결은 여러 가지 기준에 따라 분류할 수 있으나 여기서는 판결의 종류에서 가장 중요한 의미를 갖는 종국판결에 대하여 보다 구체적으로 살펴보기로 한다.

1) 소각하판결

각하판결은 소송요건을 갖추지 못한 소에 대하여 본안심리를 거절하는 판결이다. 소송요건이 결여된 경우는 예를 들어 당사자적격이 없는 경우, 제소기간이 경과된 경우, 행정심판의 전치가 요구됨에도 불구하고 행정심판을 거치지 않은 경우, 소송의 대상인 처분이 소멸된 경우 등을 들 수 있다. 또한 취소소송이 제기된 이후에 소의 대상이나 소의 이익이 소멸된 경우에도 각하판결을 행한다.

2) 청구기각판결

가. (보통의) 기각판결

본안심리의 결과 원고의 청구가 이유없다고 하여 이를 배척하는 내용의 판결이다. 기각판결은 원칙적으로 취소소송의 대상인 처분 등에 위법성이 없는 경우에 행하여진다. 다만 기각판결이 있더라도 행정청이 당해 처분을 철회 또는 변경하는 것을 막는 것은 아니다.

나. 사정판결

가) 의 의　　처분 등이 위법함에도 불구하고 예외적으로 기각판결을 하는 경우가 있다. 즉 원고의 청구가 이유 있다고 인정하는 경우에도 당해 처분 등을 취소·변경함이 현저히 공공복리에 적

합하지 아니하다고 인정하는 때에는 법원은 원고의 청구를 기각할 수 있는바, 이것을 사정판결이라고 한다. 사정판결은 계쟁처분을 기초로 하여 형성된 법률관계가 중요한 공공복리의 실현을 내용으로 하는 경우에는, 공공복리 우선의 관점에서 처분의 위법성을 감수하면서라도 그를 기초로 하여 형성된 법률적 내지는 사실적 관계를 존속시키기 위한 제도이다. 그러나 공공복리의 관점에서 위법한 처분 등을 그대로 유지시키는 이러한 사정판결제도는 법치행정의 원리 및 재판을 통한 개인의 권리보호라는 헌법원칙에 대한 중대한 예외에 해당하기 때문에 그 요건은 아주 엄격하게 해석하여야 할 것이다.

나) 요 건 사정판결은 "원고의 청구가 이유있다고 인정하는 경우에도 처분 등을 취소하는 것이 현저히 공공복리에 적합하지 아니하다고 인정하는 때"에 할 수 있다(법 28조 1항).

① 처분등의 위법성 취소소송의 대상이 되는 처분등의 위법성이 본안심리를 통하여 인정되어야 한다.

② 공공복리와 사익과의 비교교량 공공복리는 사정판결의 요건에 있어서 가장 중요하고도 기본적인 개념이다. 전형적인 불확정법개념에 해당하는 공공복리의 개념을 명확하게 정의하기란 매우 어려우나, 일반적으로 개인의 인권존중과 사회공익의 조화 위에 창출되는 사회 전체의 공동이익을 뜻한다고 하겠다. 그러나 "현저히 공공복리에 적합하지 아니하다고 인정하는 때"가 어떤 경우인가는 사안마다 개별적 · 구체적으로 판단하는 수밖에 없다고 할 것이다. 판례 역시 사정판결에 있어서 공공복리의 개념을 적극적으로 제시하는 대신에, "위법 · 부당한 행정처분을 취소 · 변경하여야 할 필요와 그 취소 · 변경으로 인하여 발생할 수 있는 공공복리에 반하는 사태 등을 비교 · 교량하여 그 적용 여부를 판단하여야 한다"고 판시하여 개별적인 사건에 있어서의 사태가 공공복리에 적합한 것인지의 여부를 구체적으로 판단하는 입장을 취하고 있다.

판례 1(사정판결에 있어서 공공복리와 사익과의 비교형량) 행정처분이 위법한 경우에는 이를 취소하는 것이 원칙이나 그 위법한 처분을 취소 · 변경함이 도리어 현저히 공공의 복리에 적합하지 않는 경우에 예외적으로 위법한 행정처분의 취소를 허용하지 아니하는 사정판결을 할 수 있는 것이고, 그 요건인 현저히 공공복리에 적합하지 아니한가의 여부를 판단함에 있어서는 위법 · 부당한 행정처분을 취소 · 변경하여야 할 필요와 그 취소 · 변경으로 인하여 발생할 수 있는 공공복리에 반하는 사태 등을 비교 · 교량하여 그 적용 여부를 판단하여야 한다(대판 1997. 11. 11, 95누4902, 95누4919; 1995. 6. 13, 94누4660).

판례 2(재개발조합설립 및 사업시행인가처분을 취소하는 것이 공공복리에 현저히 반하는지 여부)
원심이 재개발사업이 시행될 경우 재개발구역 내 토지 등 소유자의 권리에 미치는 영향의 중대성에 비추어 볼 때 재개발사업에 동의한 자가 동의하지 아니한 자에 비하여 많다거나 재개발사업을 시행하지 못하게 됨으로써 사업시행에 동의한 사람들이 생활상의 고통을 받는다는 사정만으로는 이 사건 재개발조합설립 및 사업시행인가처분을 취소하는 것이 현저히 공공복리에 적합하지 아니하다고 할 수 없다고 보아 사정판결의 필요성에 대한 피고의 주장을 배척한 조치는 옳고, 거기에 상고이유의 주장과 같은 법리오해의 위법이 없다(대판 2001. 6. 15, 99두5566).

---

③ 사정조사 절차상 법원이 사정판결을 하기 위하여는 미리 원고가 사정판결로 인하여 입게 될 손해의 정도와 배상방법, 그 밖의 사정을 조사하여야 한다(법 28조 2항). 이러한 조사를 하게 한 것은, 원고가 입게 될 손해를 조사하여 사정판결을 위한 이익형량의 기준으로 삼고, 동시에 원고로 하

여금 있을지도 모르는 사정판결에 대비한 구제방법의 청구를 병합할 수 있는 기회를 주기 위한 것이라고 할 수 있다.

④ 피고인 행정청의 신청의 필요성 여부　　사정판결을 위하여 피고인 행정청의 신청이 필요한지 견해의 대립이 있다. 일설에 따르면 행정소송법이 제26조(직권심리)를 규정하고 있다고 하더라도 행정소송법 제8조 제2항에 따라 민사소송법상의 변론주의가 배제되는 것이 아니기 때문에 피고의 신청이 필요하다는 견해를 취하고 있으나, 판례는 행정소송법 제26조 및 제28조 제1항의 취지에 비추어 직권으로 사정판결을 할 수 있다는 입장이다.

판례(법원이 직권으로 사정판결을 할 수 있는지 여부)　행정소송법 제28조 제1항 전단은 원고의 청구가 이유 있다고 인정하는 경우에도 처분등을 취소하는 것이 현저히 공공복리에 적합하지 아니하다고 인정하는 때에는 법원은 원고의 청구를 기각할 수 있다고 규정하고 있고 한편 같은 법 제26조는 법원은 필요하다고 인정할 때에는 직권으로 증거조사를 할 수 있고 당사자가 주장하지 아니한 사실에 대하여도 판단할 수 있다고 규정하고 있으므로 행정소송에 있어서 법원이 행정소송법 제28조 소정의 사정판결을 할 필요가 있다고 인정하는 때에는 당사자의 명백한 주장이 없는 경우에도 일건 기록에 나타난 사실을 기초로 하여 직권으로 사정판결을 할 수 있다고 풀이함이 상당하다 할 것이다(대판 1992. 2. 14, 90누9032; 2006. 9. 22, 2005두2506).

다) 위법판단의 기준시, 주장 · 입증책임　　사정판결의 대상이 되는 처분 등의 위법판단의 기준시에 대하여는 견해의 대립이 있다. 일설은 사정판결에 있어서는 처분 후의 사정도 고려되어야 한다는 의미에서 판결시설을 주장하고 있으나,[128] 위법판단의 기준시의 문제는 당해 처분의 위법성의 판단시점의 문제라면 일반원칙에 따라 처분시를 기준으로 결정되어야 할 것이다.[129] 단 사정판결이 필요한가의 판단의 기준시점은 판결시점이 된다. 사정판결은 처분시에는 위법하였으나 사후의 변화된 사정을 고려하는 제도이기 때문이다. 행정소송규칙 제14조는 법원이 사정판결을 할 때 그 처분등을 취소하는 것이 현저히 공공복리에 적합하지 아니한지 여부는 사실심 변론을 종결할 때를 기준으로 판단한다고 규정하고 있다. 한편 사정판결을 하여야 할 사유는 예외적인 사항에 속하는 것이므로 이에 대한 주장 · 입증의 책임은 당연히 피고인 행정청이 부담한다고 할 것이다.

라) 효　과　　사정판결은 상술한 바와 같이 이형적인 기각판결인 것으로서, 당해 소송의 대상인 처분 등이 위법하여 원고의 청구가 이유가 있음에도 불구하고 원고의 청구는 기각된다. 사정판결도 일반 기각판결과 성질상 다를 것이 없으므로, 사정판결에 대하여 패소자인 원고가 상소(上訴)할 수 있음은 물론이다.

① 판결주문에 위법성 명시　　사정판결은 당해 소송의 대상인 처분 등의 위법함을 인정하면서도, 그 처분을 취소하지 않고 오히려 원고의 청구를 기각하는 판결이다. 그러나 그것은 결코 당해 처분 등의 위법성을 치유하는 것이 아니고, 공익적 견지에서 위법성을 지닌 채로 그 효력을 지속시키는 데 그치는 것이다. 그러므로 당해 처분으로 인하여 원고가 손해를 입은 경우에 손해배상청구를

---

128) 金道昶, 一般行政法論(上), 811면.

129) 朴鈗炘/鄭亨根, 最新行政法講義(上), 856면; 金東熙/崔桂暎, 行政法 I, 780면.

하게 한다든가, 당해 처분 등의 존재를 전제로 한 행정청의 후속처분 등을 저지하기 위하여 당해 처분이 위법한 것임을 법적으로 확정할 필요가 있다. 이에 따라 행정소송법은 법원이 사정판결을 할 경우에 판결의 주문에서 그 처분 등이 위법한 것임을 명기하도록 하였다(법 28조 1항 후단).

② **소송비용** 사정판결이 있은 경우의 소송비용은 원고의 청구가 이유있음에도 불구하고 그 청구를 기각하는 것이므로 일반적인 소송비용부담의 예와는 달리 승소자인 피고가 부담한다(법 32조). 그러므로 피고는 소송비용 부담을 피하기 위한 상소가 가능하다.

③ **원고의 권익구제** 사정판결은 처분 등이 위법함에도 불구하고 기성의 공공복리상태를 유지하기 위하여 계쟁처분의 효력만을 유지시키는데 지나지 않으므로, 원고가 당해 처분 등으로 인하여 입게 된 손해는 국가배상법에 따라 보전되어야 하고, 손해의 발생 내지 확대를 막기 위한 제해시설(除害施設)의 설치 기타의 구제방법이 강구되어야 함은 물론이다. 이에 따라 행정소송법은 원고는 피고인 행정청이 속하는 국가 또는 공공단체를 상대로 손해배상 · 제해시설의 설치 그 밖에 적당한 구제방법의 청구를 당해 취소소송 등이 계속된 법원에 병합하여 제기할 수 있도록 하였다(법 28조 3항).

판례(사정판결시에 고려할 사항) 행정소송법 제28조에서 정한 사정판결은 행정처분이 위법함에도 불구하고 이를 취소 · 변경하게 되면 그것이 도리어 현저히 공공의 복리에 적합하지 않은 경우에 극히 예외적으로 할 수 있으므로, 그 요건에 해당하는지는 위법 · 부당한 행정처분을 취소 · 변경하여야 할 필요와 취소 · 변경으로 발생할 수 있는 공공복리에 반하는 사태 등을 비교 · 교량하여 엄격하게 판단하되, 처분에 이르기까지의 경과 및 처분 상대방의 관여 정도, 위법사유의 내용과 발생원인 및 전체 처분에서 위법사유가 관련된 부분이 차지하는 비중, 처분을 취소할 경우 예상되는 결과, 특히 처분을 기초로 새로운 법률관계나 사실상태가 형성되어 다수 이해관계인의 신뢰 보호 등 처분의 효력을 존속시킬 공익적 필요성이 있는지 여부 및 정도, 처분의 위법으로 인해 처분 상대방이 입게 된 손해 등 권익 침해의 내용, 행정청의 보완조치 등으로 위법상태의 해소 및 처분 상대방의 피해 전보가 가능한지 여부, 처분 이후 처분청이 위법상태의 해소를 위해 취한 조치 및 적극성의 정도와 처분 상대방의 태도 등 제반 사정을 종합적으로 고려하여야 한다. 나아가 사정판결은 처분이 위법하나 공익상 필요 등을 고려하여 취소하지 아니하는 것일 뿐 처분이 적법하다고 인정하는 것은 아니므로, 사정판결의 요건을 갖추었다고 판단되는 경우 법원으로서는 행정소송법 제28조 제2항에 따라 원고가 입게 될 손해의 정도와 배상방법, 그 밖의 사정에 관하여 심리하여야 하고, 이 경우 원고는 행정소송법 제28조 제3항에 따라 손해배상, 제해시설의 설치 그 밖에 적당한 구제방법의 청구를 병합하여 제기할 수 있으므로, 당사자가 이를 간과하였음이 분명하다면 적절하게 석명권을 행사하여 그에 관한 의견을 진술할 수 있는 기회를 주어야 한다(대판 2016. 7. 14, 2015두4167).

마) 적용범위 사정판결은 취소소송에 인정된다. 사정판결이 무효등확인소송에 인정될 수 있는지 여부에 대하여 견해가 갈리고 있다. 일설은[130] 처분의 무효와 취소의 구별이 상대적이라는 점과 사정판결은 공공복리의 적합성여부에서 판단하여야지 처분의 무효여부에 따라 판단하여서는 안된다는 입장에서 긍정적으로 보고 있다. 반면 통설과[131] 판례는 처분이 무효 또는 부존재인 경우에는 존치시킬 유효한 처분이 없다는 이유로 부정적인 입장을 취하고 있다. 행정소송법에서도 사정판결에

130) 徐元宇, 事情判決制度, 考試界, 1983. 9, 31면 이하.

131) 金道昶, 一般行政法論(上), 811면; 朴鈗炘/鄭亨根, 最新行政法講義(上), 857면; 金東熙/崔桂暎, 行政法 I, 779면.

관한 규정은 취소소송에서만 인정하고(법 28조), 무효등확인소송에는 준용시키지 않고 있다(법 38조 1항).

판례(사정판결이 무효등확인소송에 적용되는지 여부) 당연무효의 행정처분을 소송목적물로 하는 행정소송에서는 존치시킬 효력이 있는 행정행위가 없기 때문에 행정소송법 제28조 소정의 사정판결을 할 수 없다(대판 1996. 3. 22, 95누5509).

3) 청구인용판결

취소소송의 인용판결은 원고의 청구가 이유 있다 하여 그 전부 또는 일부를 인용하는 형성판결이다. 그러나 무효선언을 구하는 의미의 취소소송에서는 판결은 취소판결의 형식을 취하고 있으나 그의 실질은 처분의 무효를 확인하는 효과만을 가진다. 행정소송법은 취소소송에 관해 "행정청의 위법한 처분 등을 취소 또는 변경하는 소송(법 4조 1호)"이라고 규정하고 있는바 취소소송의 인용판결에는 변경판결도 포함되며, 이 경우 변경을 소극적 변경(일부취소)으로 보는 견해가 다수설이며 또한 판례의 입장이다.

처분의 일부취소의 가능성은 일부취소의 대상이 되는 부분의 분리취소가능성에 따라 판단된다. 외형상 하나의 처분이라 하더라도 가분성이 있거나 그 처분대상의 일부가 특정될 수 있다면 그 일부만의 취소도 가능하고 그 일부의 취소는 당해 취소부분에 한하여 효력이 생긴다(조세부과처분의 일부취소). 반면 과징금부과처분이나 영업정지처분과 같이 재량행위인 경우에는 처분청의 재량권을 존중하여야 하고, 법원이 직접 처분을 하는 것은 인정되지 않으므로 전부취소를 하여 처분청이 재량권을 행사하여 적법한 처분을 하도록 하여야 한다.

가. 일부취소를 인정한 판례

판례 1(개발부담금부과처분 취소소송에서 일부 금액의 취소가능성) 개발부담금부과처분 취소소송에 있어 당사자가 제출한 자료에 의하여 적법하게 부과될 정당한 부과금액을 산출할 수 없을 경우에는 부과처분 전부를 취소할 수밖에 없으나, 그렇지 않은 경우에는 그 정당한 금액을 초과하는 부분만 취소하여야 한다(대판 2004. 7. 22, 2002두868).

판례 2(여러 종류의 자동차운전면허 중 개별면허의 취소가능성) 외형상 하나의 행정처분이라 하더라도 가분성이 있거나 그 처분대상의 일부가 특정될 수 있다면 그 일부만의 취소도 가능하고 그 일부의 취소는 당해 취소부분에 관하여 효력이 생긴다고 할 것인바, 이는 한 사람이 여러 종류의 자동차운전면허를 취득한 경우 그 각 운전면허를 취소하거나 그 운전면허의 효력을 정지함에 있어서도 마찬가지이다. 제1종 보통, 대형 및 특수면허를 가지고 있는 자가 레이카크레인을 음주운전한 행위는 제1종 특수면허의 취소사유에 해당될 뿐 제1종 보통 및 대형면허의 취소사유는 아니므로, 3종의 면허를 모두 취소한 처분 중 제1종 보통 및 대형면허에 대한 부분은 이를 이유로 취소하면 될 것이나, 제1종 특수면허에 대한 부분은 원고가 재량권의 일탈 · 남용하여 위법하다는 주장을 하고 있음에도, 원심이 그 점에 대하여 심리 · 판단하지 아니한 채 처분 전체를 취소한 조치는 위법하다(대판(전원합의체) 1995. 11. 16, 95누8850).

판례 3(제재처분 중 위법성이 인정되는 부분만 취소할 수 있는지 여부) 행정청이 여러 개의 위반행위에 대하여 하나의 제재처분을 하였으나, 위반행위별로 제재처분의 내용을 구분하는 것이 가능하고 여러 개의 위반행위 중 일부의 위반행위에 대한 제재처분 부분만이 위법하다면, 법원은 제재처분 중 위법성이 인정되는 부분만 취소하여야 하고 제재처분 전부를 취소하여서는 아니 된다(대판 2020. 5. 14, 2019두63515).

나. 일부취소를 부정한 판례

판례 1(영업정지처분 중 정지기간의 일부취소가능성) 행정청이 영업정지처분을 함에 있어서 그 정지기간을 어느 정도로 할 것인지는 행정청의 재량권에 속하는 사항인 것이며, 다만 그것이 공익의 원칙이나 평등의 원칙 또는 비례의 원칙등에 위반하여 재량권의 한계를 벗어난 재량권 남용에 해당하는 경우에만 위법한 처분으로서 사법심사의 대상이 되는 것이나, 법원으로서는 영업정지처분이 재량권 남용이라고 판단될 때에는 위법한 처분으로서 그 처분의 취소를 할 수 있을 뿐이고, 재량권의 한계내에서 어느 정도가 적정한 영업정지 기간인지를 가리는 일은 사법심사의 범위를 벗어난다(대판 1982. 9. 28, 82누2).

판례 2(과징금부과처분 중 일부금액의 취소가능성) 자동차운수사업면허조건 등을 위반한 사업자에 대하여 행정청이 행정제재수단으로 사업 정지를 명할 것인지, 과징금을 부과할 것인지, 과징금을 부과키로 한다면 그 금액은 얼마로 할 것인지에 관하여 재량권이 부여되었다 할 것이므로 과징금부과처분이 법이 정한 한도액을 초과하여 위법할 경우 법원으로서는 그 전부를 취소할 수밖에 없고, 그 한도액을 초과한 부분이나 법원이 적정하다고 인정되는 부분을 초과한 부분만을 취소할 수 없다(대판 1998. 4. 10, 98두2270).

5. 판결의 형식

행정소송의 판결의 형식에 대하여는 행정소송법에 특별한 규정이 없으므로, 민사소송법상의 판결의 형식에 관한 규정이 적용된다(민소법 208조). 판결은 서면으로 하되, ① 당사자와 법정대리인, ② 주문, ③ 청구의 취지, ④ 이유, ⑤ 변론종결연월일, ⑥ 법원을 기재하고 판결한 법관이 서명날인하여야 한다.

판결은 선고로 효력이 생기는 바, 판결을 선고함에는 판결원본에 의하여 주문을 낭독하여야 하며, 필요한 때에는 이유의 요지를 설명할 수 있다(민소법 205조 · 206조).

사례 1 A시와 B시 구간의 시외버스 운송사업을 하고 있는 갑은 최근 자가용이용의 급증 등으로 시외버스 운송사업을 하는데 상당한 어려움에 처해있다. 그런데 관할 행정청 X는 갑이 운영하는 노선에 대해 인근에서 대규모 운송사업을 하고 있던 을에게 새로이 시외버스 운송사업면허를 하였다.(51회 행정고시)

1) 갑은 X의 을에 대한 시외버스 운송사업면허에 대하여 행정소송을 제기할 수 있는가?(15점)

2) 법원은 X의 을에 대한 시외버스 운송사업면허처분에 위법사유가 발견되어 갑의 행정소송을 인용하고 을에 대한 시외버스 운송사업면허처분을 취소하고자 한다. 그러나 이미 많은 시민들이 을이 운영하는 버스를 이용하고 있다는 이유로 면허취소판결을 하지 아니할 수 있는가?(10점)

3) 위 사안에서 갑이 을에 대한 시외버스 운송사업면허의 취소를 구하는 행정심판을 제기하여 인용재결을 받았다면, 을은 무엇을 대상으로 어떠한 쟁송수단을 강구할 수 있는가?(15점)

▶답안요지

제1문: 본서 취소소송의 원고적격 부분 [사례1] 참고

제2문: 법원의 사정판결의 가능성

1. 사정판결의 의의

사안에서 사정판결이 고려되는바, 사정판결이란 법원이 원고의 청구가 이유있다고 인정하는 경우에도 처분 등을 취소하는 것이 현저히 공공복리에 적합하지 아니하다고 인정하는 때에는 원고의 청구를 기각할 수 있는 판결제도를 의미한다(행소법 28조). 기각판결의 일종으로서 사정판결제도는 공공복리의 관점에서 위법한 처분 등을 유지시키는 판결로서 법치행정의 원리 및 재판을 통한 개인의 권리보호에 중대한 예외에 해당하기 때문에 그 요건을 매우 엄격하게 해석하여야 한다.

2. 사정판결의 요건

1) 처분 등의 위법성

취소소송의 대상이 되는 처분등의 위법성이 본안심리를 통하여 인정되어야 하는바, 설문은 을에 대한 운송사업면허의 위법성을 인정하고 있다.

2) 공공복리와 사익의 비교형량

위법한 처분을 취소할 필요성과 취소로 인하여 침해된 공공복리를 상호 비교하여 공공복리가 월등하게 우월한 경우에 사정판결이 인정된다. 이러한 비교형량을 위하여 법원은 사정판결로 인하여 입게 될 원고의 손해 등의 사정을 조사하여야 한다. 사안에서 이미 많은 시민들이 을이 운영하는 버스를 이용하고 있다는 사정 때문에 사정판결을 하여야만 하는지 문제가 된다. 갑의 운송사업이 이미 이용객의 부족으로 경영난을 겪고 있다는 점, 을에 대한 운송사업면허를 취소할 경우에도 시민들은 갑이 운영하는 버스를 어려움 없이 이용할 수 있다는 점에서 공공복리가 우월하다고 판단되지 않는다.

3) 피고인 행정청의 신청여부

사정판결을 위하여 피고인 행정청의 신청이 필요한지 견해의 대립이 있으나 행정소송법 제26조 및 제28조 제1항의 취지에 비추어 직권에 의하여도 사정판결을 할 수 있다는 입장을 취하고 있다(대판 2006. 9. 22, 2005두2506).

3. 위법판단의 기준시/주장 · 입증책임

사정판결의 대상이 되는 처분의 위법성판단기준시는 여타의 경우와 마찬가지로 처분시가 되나 사정판결이 필요한가의 판단의 기준시점은 판결시가 된다. 한편, 사정판결을 하여야 할 사유는 예외적인 사항에 속하는 것이기 때문에 이에 대한 주장 · 입증책임은 피고인 행정청이 부담한다.

4. 효과 및 적용범위

만일 사안에서 공공복리의 우월성이 인정되고 사정판결이 있게 되면 원고의 손해배상청구 및 후속처분의 방지를 위하여 처분의 위법성을 판결주문에 명시하여야 한다.

판례와 다수설에 따르면 사정판결은 취소소송에만 가능하고, 무효등확인소송에는 인정되지 않는다고 한다. 사안에서 을에 대한 운송사업면허는 중대 · 명백설에 비추어 볼 때 무효로 보기 어려운바, 이러한 관점에서 문제가 제기되지 않는다.

5. 결어

사안에서 사정판결을 할 공공복리의 우월성이 보이지 않는바, 법원은 을에 대한 위법한 운송사업면허를 취소하여야 할 것이다.

제3문: 행정심판에 있어서 인용재결이 있는 경우에 취소소송의 대상

취소소송은 원처처분주의를 취하고 있으며, 재결은 그 자체에 고유한 위법이 있는 경우에 한하여 취소소송의 대상이 된다(행소법 19조). 재결 자체의 고유한 위법이란 원처분에는 없고 재결에만 있는 주체 · 절차 · 형식 및 내용상의 위법을 말한다. 사안과 같이 제3자효 행정행위에 있어서 제3자(갑)가 행정심판청구을 제기하여 인용재결을 받는 경우에 있어서 수익처분의 상대방(을)은 인용재결에 대하여 취소소송을 제기할 수밖에 없다. 이 경우에 인용재결에 대한 취소소송이 원처분에 대한 취소소송인지 또는 재결취소소송인지 견해의 대립이 있다. 일설에 따르면 수익처분의 상대방(을)은 인용재결에 의하여 비로소 권익을 침해받게 되므로 인용재결은 형식상 재결이나, 실질적으로 수익처분의 상대방에게는 최초의 처분으로서 성질을 갖게 되므로 행소법 19조 본문에 따라 원처분의 취소를 구하는 것으로 보아야 한다고 주장하고 있다. 그러나 여기서 원처분은 인용재결이 아니라 제3자효 행정행위 자체이기 때문에 제19조 단서에 따라 재결 자체의 고유한 위법을 다투는 것으로 보아야 할 것이다. 판례도 마찬가지 입장을 취하고 있다(대판 2001. 5. 29, 99두10292).

사례 2 20년 무사고 운전경력의 레커 차량 기사인 甲은 2013. 3. 2. 혈중알코올농도 0.05%의 주취상태로 레커 차량을 운전하다가 신호대기 중이던 乙의 승용차를 추돌하여 3중 연쇄추돌 교통사고를 일으켰다. 위 교통사고로 乙이 운전하던 승용차 등 3대의 승용차가 손괴되고, 승용차 운전자 2명이 약 10주의 치료가 필요한 상해를 입게 되었다. 서울지방경찰청장은 위 교통사고와 관련하여 甲이 음주운전 중에 자동차 등을 이용하여 범죄행위를 하였다는 이유로 1개의 운전면허 취소통지서로 도로교통법 93조 1항 3호에 의하여 甲의 운전면허인 제1종 보통, 대형, 특수면허를 모두 취소하였다.(제3회 변호사시험 사례형)

1. 甲이 서울지방경찰청장을 상대로 위 운전면허 취소처분의 일부 취소를 구하는 행정소송을 제기하는 경우, 甲이 승소판결을 받을 가능성이 있는지 여부 및 그 이유를 검토하시오.(다만 제소요건을 다투는 내용을 제외할 것)(20점)

2. 甲이 위 운전면허 취소처분의 전부 취소를 구하는 행정소송을 제기하는 경우, 제1종 특수면허 취소부분의 위법성을 주장할 수 있는 사유에 관하여 간략하게 검토하시오.(다만, 처분의 근거가 된 법령의 위헌성 · 위법성을 다투는 내용을 제외할 것)(10점)

[참조조문]

도로교통법

제44조(술에 취한 상태에서의 운전 금지) ① 누구든지 술에 취한 상태에서 자동차등을 운전하여서는 아니 된다.

② 경찰공무원은 교통의 안전과 위험방지를 위하여 필요하다고 인정하거나 제1항을 위반하여 술에 취한 상태에서 자동차등을 운전하였다고 인정할 만한 상당한 이유가 있는 경우에는 운전자가 술에 취하였는지를 호흡조사로 측정할 수 있다. 이 경우 운전자는 경찰공무원의 측정에 응하여야 한다.

③ 제2항에 따른 측정 결과에 불복하는 운전자에 대하여는 그 운전자의 동의를 받아 혈액 채취 등의 방법으로 다시 측정할 수 있다.

④ 제1항에 따라 운전이 금지되는 술에 취한 상태의 기준은 운전자의 혈중알코올농도가 0.05퍼센트 이상인 경우로 한다.

제80조(운전면허) ① 자동차등을 운전하려는 사람은 지방경찰청장으로부터 운전면허를 받아야 한다.

② 지방경찰청장은 운전을 할 수 있는 차의 종류를 기준으로 다음 각 호와 같이 운전면허의 범위를 구분하고 관리하여야 한다. 이 경우 운전면허의 범위에 따라 운전할 수 있는 차의 종류는 행정안전부령으로 정한다.

1. 제1종 운전면허
  가. 대형면허
  나. 보통면허
  다. 소형면허
  라. 특수면허
2. 생략

제93조(운전면허의 취소 · 정지) ① 지방경찰청장은 운전면허를 받은 사람이 다음 각 호의 어느 하나에 해당하면 행정안전부령으로 정하는 기준에 따라 운전면허를 취소하거나 1년 이내의 범위에서 운전면허의 효력을 정지시킬 수 있다. 다만, 제2호, 제3호, 제7호부터 제9호까지(정기 적성검사 기간이 지난 경우는 제외한다), 제12호, 제14호, 제16호부터 제18호까지의 규정에 해당하는 경우에는 운전면허를 취소하여야 한다.

1. 제44조 제1항을 위반하여 술에 취한 상태에서 자동차등을 운전한 경우
2. 제44조 제1항 또는 제2항 후단을 2회 이상 위반한 사람이 다시 같은 조 제1항을 위반하여 운전면허 정지 사유에 해당된 경우
3. 운전면허를 받은 사람이 자동차를 이용하여 범죄행위를 한 경우

4 - 19. 생략

▶답안요지

설문1: 일부취소를 구하는 취소소송의 승소가능성

1. 운전면허 취소처분의 일부취소의 가능성

행소법 4조 1호는 취소소송을 "행정청의 위법한 처분 등을 취소 또는 변경하는 소송"이라고 규정하고

있는바, 여기서 "변경"의 의미에 대하여 견해의 다툼이 되고 있으나 판례와 지배적인 견해는 일부취소의 의미로 해석하고 있다. 이에 따라 일부취소를 구하는 취소소송이 가능하다. 처분의 일부취소의 가능성은 일부취소의 대상이 되는 부분의 분리취소가능성에 따라 판단되는바, 외형상 하나의 처분이라 하여도 가분성이 있거나 그 처분대상의 일부가 특정될 수 있다면 그 일부만의 취소가 가능하고 그 일부의 취소는 당해 취소처분에 한하여 효력이 생긴다.

도로교통법 및 그 시행령, 시행규칙은 자동차의 운전면허를 세분하고, 각 각의 면허의 종류에 따라 운전 가능한 차종, 면허의 취득자격이나 요건 등을 달리 규정하고 있는바, 한 사람이 여러 종류의 면허를 취득하는 것이 가능할 뿐 아니라, 이를 취소 또는 정지함에 있어서도 서로 별개의 것으로 취급하는 것이 가능하다. 이에 따라 甲은 자신에 대한 운전면허취소처분 중 일부취소를 구하는 취소소송을 제기할 수 있다.

2. 甲의 승소가능성

제1종 보통, 대형 및 특수면허를 가지고 있는 자가 제1종 특수면허의 대상인 레커차량을 음주운전한 행위는 제1종 특수면허의 취소사유에 해당될 뿐, 제1종 보통 및 대형면허의 취소사유는 아니므로, 세 가지 면허를 모두 취소한 처분 중 제1종 보통 및 대형면허의 부분은 비례의 원칙에 반하여 재령권의 일탈 · 남용한 처분으로 위법하다. 이 경우 법원은 제1종 보통 및 대형면허 부분만을 취소하면 될 것이다(대판 2000. 6. 13, 98두5811).

설문2: 제1종 특수면허 취소부분의 위법성을 주장할 수 있는 사유

사안에서 20년 무사고 운전경력의 레커차량 기사인 甲은 혈중알코올 농도 0.05%의 주취상태로 교통사고를 야기시켰는바, 서울지방경찰청장은 도로교통법 93조 1항 3호에 따라 甲의 면허처분을 취소하였다.

1. 甲이 발생시킨 사고가 도로교통법 93조 1항 3호의 처분사유에 해당하는지 여부

도로교통법 93조 1항 3호에 따르면 운전면허를 받은 사람이 자동차 등을 이용하여 범죄행위를 한 경우를 면허정지 또는 취소사유로 규정하고 있다. 사안에서 甲은 음주운전 중에 교통사고를 야기시켜 2명에게 상해를 입혔는바, 여기서 甲의 고의를 인정하기 어려운바, 甲이 행한 범죄는 형법 266조에 의한 과실치상죄에 해당한다. 한편 도로교통법 93조 1항 3호는 음주와 관계없이 자동차를 이용하여 의도적으로 범죄를 행한 고의범을 대상으로 하는 규정으로 보아야 할 것이다. 이에 따라 甲은 자신의 행위가 도로교통법 93조 1항 3호의 처분사유에 해당되지 않는다고 주장하면 될 것이다.

2. 甲의 음주행위가 도로교통법 93조 1항 1호 또는 2호의 처분사유에 해당하는지 여부

甲은 20년 이상 무사고운전 경력자로서 이미 음주운전으로 2회 이상 면허정지처분을 받았다고 인정하기 어려운바, 도로교통법 93조 1항 2호에 해당하는 처분사유가 존재하지 않는다고 할 것이다. 그런데 甲의 행위가 음주운전을 면허의 정지 또는 취소사유로 규정하고 있는 도로교통법 93조 1항 1호에 해당하는지 문제가 된다. 부령인 로교통법 시행규칙 91조는 운전면허의 취소 · 정지처분 기준을 [별표 28]에서 규정하고 있는바, 동 시행규칙상의 처분기준의 법적 성격에 대하여는 견해의 대립이 있다. 일설은 형식이 부령으로 되어있다고 하더라도 내용이 행정규칙의 규율대상이라면 행정규칙의 성격을 갖는다고 주장하나, 다수설은 법률의 수권에 근거하여 법규명령의 형식과 절차에 의하여 제정된 경우에는 법규명령의 성격을 갖는다는 견해를 취하고 있다. 판례는 부령형식의 제재처분기준은 행정내부의 사무처리기준으로서 행정규칙의 성격을 갖는다는 견해를 취하고 있다. 다수설의 견해가 타당할 것이다. 법규명령설을 취할 경우에 구체적 타당성을 상실할 가능성이 있다는 비판이 있으나 도로교통법 시행규칙 등 대부분의 처분기준은 감경기준을 두고 있어 비판은 설득력이 없다. 도로교통법 시행규칙 [별표 28]은 음주운전의 경우 취소처분기준으로 혈중알코올농도 0.1퍼센트를 요구하고 있는바, 법규명령설을 취할 경우에 甲에 대한 면허취소처분은 처분기준에 위반한 하자있는 재량처분이 될 것이다. 판례와 같이 행정규칙설을 취할 경우라도 하더라도 "행정처분기준에서 정하고 있는 범위를 벗어나는 처분을 하기 위해서는 그 기준을 준수한 행정처분을 할 경우 공익상 필요와 상대방이 받게 될 불이익 등과 사이에 현저한 불균형이 발생한다는 등의 특별한 사정이 있어야

한다"는 판례(대판 2010. 4. 8, 2009두22997)의 입장을 고려할 때 처분기준을 현저히 위반한 면허취소처분은 비례의 원칙에 위배된 것으로 하자있는 재량권행사로 위법하다고 할 것이다.

3. 결어

甲은 취소소송에서 제1종 특수면허 취소부분이 도로교통법 93조 1항 1호, 2호, 3호의 사유에 해당되지 않는다고 주장하면 될 것이다.

6. 판결의 효력

1) 자박력(선고법원에 대한 구속력)
2) 확정력
  가. 형식적 확정력
  나. 실질적 확정력(기판력)
    가) 의 의
    나) 범 위
      ① 주관적 범위
      ② 객관적 범위
      ③ 시간적 범위
3) 형성력
  가. 의 의
  나. 제3자효
4) 기속력
  가. 의 의
  나. 성 질
    가) 기판력설
    나) 특수효력설
  다. 내 용
    가) 소극적 효력(반복금지효)
    나) 적극적 효력
      ① 재처분의무
        ㉠ 의 의
        ㉡ 거부처분이 실체적 하자로 취소된 경우
        ㉢ 제3자효행정행위가 절차상의 하자로 취소된 경우
      ② 결과제거의무
  라. 범 위
    가) 주관적 범위
    나) 객관적 범위
    다) 시간적 범위
5) 간접강제－재처분의무의 실효성 확보수단

행정소송법은 취소소송의 판결의 효력에 대하여 제3자에 대한 효력(법 29조 1항)과 기속력(법 30조)에 대하여만 명시적으로 규정하고 있을 뿐, 그 밖의 효력, 즉 자박력, 확정력, 형성력 등에 대하여는 규정하고 있지 않다. 그러나 행정소송도 재판인 이상 이들 효력은 취소소송의 판결에도 당연히 적용된다고 할 것이다.

1) 자박력(선고법원에 대한 구속력)

행정소송에 있어서도 판결이 일단 선고되면 선고법원 자신도 이에 구속되어 스스로 판결을 철회하거나 변경하는 것이 허용되지 않는다. 이는 확정판결의 효력이 아니라 판결일반의 효력으로서 판결의 자박력 또는 불가변력이라고 하며, 민사소송법상의 판결의 기속력에 해당한다. 이와 같이 자박력을 인정하는 이유는 일단 재판으로서 외부에 표현된 이상 자유로운 변경의 인정은 법적 안정성을 해치고 재판의 신용에도 악영향을 주기 때문이다.

한편 판결의 제목이나 내용에 명백한 오류(오산, 오기)가 있는 경우에 법원은 직권 또는 당사자의 신청에 의하여 결정을 통하여 정정할 수 있다(민소법 211조).

2) 확정력

가. 형식적 확정력(불가쟁력)

법원이 한 종국판결에 대하여 당사자는 상소를 통하여 그의 효력을 다툴 수 있는바, 상소기간의 도과 기타 사유로 상소할 수 없는 때에는 판결은 그 소송절차내에서는 취소 · 변경의 가능성이 없게 된다. 이러한 상태를 판결이 형식적으로 확정되었다고 하고, 이 취소불가능성을 형식적 확정력이라 한다. 일반적으로 판결은 형식적으로 확정되어야 판결의 내용에 따른 효력인 기판력 내지 형성력이 생기게 된다. 다만 판결의 형식적 확정력은 재심의 소에 의하여 배제될 수 있다.

나. 실질적 확정력(기판력)

가) 의 의 기판력 또는 실질적 확정력이라 함은 소송물에 관하여 법원이 행한 판단내용이 확정되면, 이후 동일사항이 문제되는 경우에 있어 당사자(승계인 포함)는 그에 반하는 주장을 하여 다투는 것이 허용되지 않으며, 법원도 그와 모순 · 저촉되는 판단을 하여서는 안되는 구속력을 말한다. 확정판결의 내용적 구속력 또는 규준력(Maßgeblichkeit)이라고 표현할 수 있다.

이러한 기판력은 소송절차의 반복과 모순된 재판의 방지라는 법적 안정성의 요청에 따라 일반적으로 인정되고 있는 효력이다. 당사자의 일방이 기판사항에 관하여 다시 소를 제기하는 경우에, 그 상대방은 기판력에 기한 항변에 의하여 그 각하를 청구할 수 있으며, 법원도 기판력에 따라 당해 소를 각하하여야 한다.

판례 1(확정판결의 기판력의 의미) 확정판결의 기판력이라 함은 확정판결의 주문에 포함된 법률적 판단의 내용은 이후 그 소송당사자의 관계를 규율하는 새로운 기준이 되는 것이므로 동일한 사항이 소송상 문제가 되었을 때 당사자는 이에 저촉되는 주장을 할 수 없고 법원도 이에 저촉되는 판단을 할 수 없는 기속력을 의미하는 것이고 이 경우 적극당사자(원고)가 되어 주장하는 경우는 물론이고 소극당사자(피고)로서 항변하는 경우에도 그 기판력에 저촉되는 주장은 할 수 없다(대판 1987. 6. 9, 86다카2756).

판례 2(소취하의 효과와 재소금지 원칙의 의미) 민사소송법 제267조 제2항은 소취하의 효과로서 "본안에 대한 종국판결이 있은 뒤에 소를 취하한 사람은 같은 소를 제기하지 못한다."라고 규정하고 있다. 이는 임의의 소취하로 그때까지 국가의 노력을 헛수고로 돌아가게 한 사람에 대한 제재의 취지에서 그가 다시 동일한 분쟁을 문제 삼아 소송제도를 남용하는 부당한 사태의 발생을 방지하고자 하는 규정이다. 따라서 후소가 전소의 소송물을 전제로 하거나 선결적 법률관계에 해당하는 것일 때에는 비록 소송물은 다르지만 위 제도의 취지와 목적에 비추어 전소와 '같은 소'로 보아 판결을 구할 수 없다고 풀이하는 것이 타당하다. 그러나 여기에서 '같은 소'는 반드시 기판력의 범위나 중복제소금지의 경우와 같이 풀이할 것은 아니므로, 재소의 이익이 다른 경우에는 '같은 소'라 할 수 없다. 또한 본안에 대한 종국판결이 있은 후 소를 취하한 사람이더라도 민사소송법 제267조 제2항의 취지에 반하지 아니하고 소를 제기할 필요가 있는 정당한 사정이 있다면 다시 소를 제기할 수 있다. 甲 등이 운영하는 병원에서 부당한 방법으로 보험자 등에게 요양급여비용을 부담하게 하였다는 이유로 보건복지부장관이 甲 등에 대하여 40일의 요양기관 업무정지 처분을 하자, 甲 등이 위 업무정지 처분의 취소를 구하는 소송을 제기하였다가 패소한 뒤 항소하였는데, 보건복지부장관이 항소심 계속 중 위 업무정지 처분을 과징금 부과처분으로 직권 변경하자, 甲 등이 과징금 부과처분의 취소를 구하는 소송을 제기한 후 업무정지 처분의 취소를 구하는 소를 취하한 사안에서, 위 과징금 부과처분의 취소를 구하는 소의 제기는 재소금지 원칙에 위반된다고 할 수 없음에도 이와 달리 본 원심판결에 법리오해의 잘못이 있다(대판 2023. 3. 16, 2022두58599).

나) 범 위

① 주관적 범위 기판력은 원칙적으로 당사자 및 당사자와 동일시 할 수 있는 그 승계인에게만 미치고, 제3자에게는 미치지 않는 것이 원칙이다. 다만 행정소송법 제16조에 의한 참가인은 필수적 공동소송의 공동소송인에 준하는 지위를 가지므로 그에게는 기판력이 미친다고 할 것이다.[132] 한편 취소소송의 피고는 권리주체가 아닌 처분청이므로 행정청을 피고로 하는 취소소송에 있어서의 판결의 확정력은 당해 처분이 귀속하는 국가 또는 공공단체에 미친다고 할 것이다.

② 객관적 범위 일반적으로 기판력은 소송물에 관한 판단에만 미치고, 그에 이르기까지의 전제적 문제에 관한 판단에는 미치지 않는 것이 원칙이다. 이에 따라 취소소송의 기판력도 주문에 표시된 소송물에 관한 판단에만 인정되고, 판결이유 중에 적시된 구체적인 위법사유에 관한 판단에는 미치지 않는다. 즉 취소소송은 행정행위를 대상으로 하여 그 위법성일반을 다투는 소송이므로 구체적으로 어느 점이 위법한가는 공격방법에 지나지 않으며, 소송물에는 영향을 미치지 않는다.

판례 1(기판력의 객관적 범위) 기판력의 객관적 범위는 그 판결의 주문에 포함된 것, 즉 소송물로 주장된 법률관계의 존부에 관한 판단의 결론 그 자체에만 미치는 것이고 판결이유에 설시된 그 전제가 되는 법률관계의 존부에까지 미치는 것은 아니다(대판 1987. 6. 9, 86다카2756).

판례 2(소송판결의 기판력이 소송요건의 흠결에 관하여 미친다는 판례) 소송판결의 기판력은 그 판결에서 확정한 소송요건의 흠결에 관하여 미치며, 확정된 종국판결의 사실심 변론종결 이전에 발생하고 제출할 수 있었던 사유에 기인한 주장이나 항변은 확정판결의 기판력에 의하여 차단되므로 당사자가 그와 같은 사유를 원인으로 확정판결의 내용에 반하는 주장을 새로이 하는 것은 허용되지 아니한다(대판 2015. 10. 29, 2015두44288).

한편 취소소송의 기판력이 그 후에 제기된 국가배상청구소송에 미치는지 여부가 문제가 되고 있는바, 이는 취소소송에 있어서 처분의 위법성과 국가배상사건에 있어서 선결문제로서의 처분의 위법성(법령위법성)을 동일한 개념으로 보는지의 여부의 문제와 직접적인 관련이 있다. 이에 관하여는 학설의 다툼이 있으나 양자를 동일한 개념으로 보는 본서의 입장에서는 취소소송에서 처분의 적법성이 인정되어 원고의 청구가 기각된 경우에는, 원고는 기판력에 의하여 처분이 위법하다는 이유로 국가배상청구소송을 제기할 수 없을 것이다. 역으로 취소소송에서 행정행위의 위법성이 인정되어 취소된 경우에는, 이후에 제기된 국가배상청구소송에서는 국가 등은 기판력에 의하여 행정행위의 적법성을 주장할 수 없을 것이다.[133]

③ 시간적 범위 기판력은 사실심변론의 종결시를 표준으로 하여 발생한다. 즉, 당사자는 사실심변론의 종결시까지 사실자료를 제출할 수 있고 종국판결도 그때까지 제출한 자료를 기초로 한 결과이기 때문에, 이 시점에서 기판력이 생긴다.

---

132) 柳至泰/朴鍾秀, 行政法新論, 691면.

133) 同旨: 洪井善, 行政法特講, 463면. 반대견해: 金東熙/崔桂暎, 行政法 I, 781면; 張台柱, 行政法概論, 785면.

3) 형성력

가. 의 의

판결의 형성력이란 판결의 취지에 따라 기존의 법률관계의 발생 · 변경 · 소멸을 가져오는 효력을 말한다. 행정처분을 취소하는 판결이 확정되면, 처분의 효력은 처분청의 별도의 행위를 기다릴 것 없이 처분시에 소급하여 소멸되고, 그로써 그 처분에 기하여 형성된 법률관계에 변동을 가져오게 된다. 예를 들어 해임처분을 받은 공무원은 그 취소판결이 확정되면 소급하여 공무원의 신분을 회복하게 된다.

판례(취소판결의 형성력) 행정처분을 취소한다는 확정판결이 있으면 그 취소판결의 형성력에 의하여 당해 행정처분의 취소나 취소통지 등의 별도의 절차를 요하지 아니하고 당연히 취소의 효과가 발생한다(대판 1991. 10. 11, 90누5443).

나. 형성력의 범위

가) 행정소송법상의 규정 취소판결의 형성력이 제3자에게도 미치는지 아니면 당사자 사이에만 발생하는지에 대하여는 종래 다툼이 있었다. 이에 관하여 현행 행정소송법 제29조 제1항은 "처분 등을 취소하는 확정판결은 제3자에 대하여도 효력이 있다"고 규정하여 제3자에 대한 형성력을 인정하고 있다. 이와 같이 제3자에 대하여 판결의 형성력을 인정한 이유는 예를 들어 제3자효행정행위에 대한 취소소송의 경우에, 소송당사자와 제3자와의 관계에 있어서 취소판결의 효력이 달라지는 것을 막고 그 법률관계를 획일적 · 통일적으로 규율하려는 데 취지가 있는 것이다. 아울러 이 경우에 소외의 제3자에게 형성력이 미치는 결과로 발생되는 불합리를 시정하기 위하여 행정소송법은 제3자의 소송참가(법 16조) 및 재심청구(법 31조)를 인정하고 있다.

나) 제3자의 범위 취소판결의 형성력이 미치는 제3자의 범위에 대하여 견해가 갈리고 있다. ① 일부 견해는 제3자의 범위를 한정하여 소송참가인에게 한정시키는 반면(相對的 形成力說), ② 다른 견해는 행정법관계의 획일적 규율의 요청 및 법률상태변동의 명확화의 요청 등의 이유에서 제3자를 모든 일반인으로 확대시키고 있다(絕對的 形成力說). 절대적 형성력설이 다수설이다.[134]

그러나 절대적 형성력설을 취할 경우에도 제3자가 취소판결의 효력을 부인할 수 없는 소극적 효력과 제3자가 취소판결의 효력을 적극적으로 원용하고 향수할 수 있는 적극적 효력으로 구분할 수 있는바, 소극적 효력은 취소소송의 성격과 행정소송법 제29조의 해석상 당연히 인정되는 효력인 데 반하여, 적극적 효력을 인정할 수 있는지는 앞으로 학설과 판례의 집적을 통하여 해결될 과제이다.

우리와 같이 취소판결의 제3자효를 인정하고 있는 일본에서 판례는 후생성장관의 의료비인상고시에 대하여 일부 의료보험조합이 취소소송을 제기하고 집행정지를 구한 사건에서, 취소사건의 제3자효는 "원고에 대한 관계에서 행정청의 행위가 취소되었다는 효과를 제3자가 승인하여야 한다는 데 지나지 아니하며, 그 이상으로 취소판결의 효과를 제3자가 원용 · 향수하여 당해 행정청의 행위가 모든 사람에 대한 관계에서 취소된 것으로 되는 것, 즉 누구든지 당해 행정행위의 적용 내지 구속을 받지

---

134) 金東熙/崔桂暎, 行政法 I, 782면; 朴鈗炘/鄭亨根, 最新行政法講義(上), 860면.

않게 되는 것은 결코 아니다"라고 하여 소극적 효력을 인정한 반면에 적극적 효력을 부인하였다.[135)]

다) 제3자효의 준용 취소판결의 제3자효규정은 무효등확인소송과 부작위위법확인은 물론 가구제에도 준용되고 있다(법 29조 2항 · 38조).

4) 기속력

가. 의 의

취소판결의 기속력이란 당사자인 행정청과 관계행정청에게 확정판결의 취지에 따라 행동하여야 할 의무를 지우는 효력을 말한다. 확정판결에 의하여 위법한 부담적 행정처분이 취소된 경우에 행정청이 그에 따르지 않고 동일한 행위를 반복하거나, 수익적 처분의 발급신청에 대한 위법한 거부처분이 취소된 경우에도 처분청이 판결의 취지에 따르는 처분을 하지 않는 경우에는 취소소송은 그 의의를 상실한다. 이에 따라 행정소송법은 "처분 등을 취소하는 확정판결은 그 사건에 관하여 당사자인 행정청과 그 밖의 관계행정청을 기속한다(법 30조 1항)"고 하여 취소판결의 기속력을 규정하고 있다.

나. 성 질

기속력의 성질에 대하여는 견해가 대립하고 있다.

가) 기판력설 기속력은 기판력의 당연한 결과로서, 본 규정은 행정의 일체성의 관점에서 당사자인 행정청 외에 관계행정청에도 기판력이 미친다는 것을 명시한 것이라 본다.

나) 특수효력설 기판력은 판결의 주문에만 미치고, 후소의 재판을 기속하여 모순된 재판을 금하는 소송법상의 효력에 불과하므로, 이에 근거하여서는 행정청으로 하여금 판결의 취지에 따라 행동하여야 하는 실체법상의 의무를 부과하거나, 동일처분의 반복을 금지시킬 수 없다. 이에 따라 기속력은 기판력에서 나오는 것이 아니라 취소판결의 효과를 실질적으로 보장하기 위하여 행정소송법이 특별히 부여한 효력이라고 한다. 현재 통설이다.

판례(기속력과 기판력의 구별) 행정소송법 제30조 제1항은 "처분 등을 취소하는 확정판결은 그 사건에 관하여 당사자인 행정청과 그 밖의 관계행정청을 기속한다."라고 규정하고 있다. 이러한 취소 확정판결의 '기속력'은 취소 청구가 인용된 판결에서 인정되는 것으로서 당사자인 행정청과 그 밖의 관계행정청에게 확정판결의 취지에 따라 행동하여야 할 의무를 지우는 작용을 한다. 이에 비하여 행정소송법 제8조 제2항에 의하여 행정소송에 준용되는 민사소송법 제216조, 제218조가 규정하고 있는 '기판력'이란 기판력 있는 전소 판결의 소송물과 동일한 후소를 허용하지 않음과 동시에, 후소의 소송물이 전소의 소송물과 동일하지는 않더라도 전소의 소송물에 관한 판단이 후소의 선결문제가 되거나 모순관계에 있을 때에는 후소에서 전소 판결의 판단과 다른 주장을 하는 것을 허용하지 않는 작용을 한다(대판 2016. 3. 24, 2015두48235).

다. 내 용

기속력은 소극적 효력과 적극적 효력의 두 가지로 구별하여 볼 수 있다.

가) 소극적 효력(반복금지효) 취소소송에서 인용판결이 확정되면 행정청(관계행정청을 포함)은 동일한 사실관계 아래서 동일당사자에 대하여 동일한 내용의 처분을 반복하여서는 안된다. 다만 취소판결의 사유가 행정행위의 절차나 형식상의 흠인 경우에는 그 확정판결의 기속력은 취소사유로

135) 東京地決 1965. 4. 22, 行集 16권 4호, 708면.

된 절차나 형식의 위법에 한하여 미친다 할 것이므로 행정청은 적법한 절차나 형식을 갖추어 다시 동일 내용의 처분을 하는 것은 가능할 것이다. 이러한 반복금지효에 위반하여 행한 행정청의 행위는 위법한 것으로 무효사유에 해당한다.

반복금지효는 청구인용판결, 즉 취소판결에만 인정되고 청구기각판결에는 적용되지 않는다. 이에따라 청구기각판결이 있더라도 행정청이 당해 처분을 직권으로 취소하는 것은 기속력과 관계가 없다고 할 것이다.

나) 적극적 효력

① 재처분의무

㉠ 의 의

행정소송법은 "판결에 의하여 취소되는 처분이 당사자의 신청을 거부하는 것을 내용으로 하는 경우에는 그 처분을 행한 행정청은 판결의 취지에 따라 다시 이전의 신청에 대한 처분을 하여야 한다(법 30조 2항)"고 규정하여 행정청의 재처분의무를 규정하고 있다. 이는 거부처분의 취소판결이 확정된 후에 행정청이 어떻게 행동하여야 할 것인지에 대하여 의문이 있을 수 있고 또한 행정청이 확정판결을 무시하고 그에 따르는 행동을 하지 않을 우려가 있어 이와 같은 재처분의무를 규정한 것이라고 하겠다. 재처분의무는 간접강제제도(법 34조 1항)에 의하여 뒷받침되고 있으며, 무효등확인소송과 부작위위법확인소송에도 준용되고 있다(법 38조 1항, 2항).

㉡ 거부처분이 취소된 경우

ⓐ 거부처분이 실체적 하자로 취소된 경우

거부처분이 실체적 하자로 취소된 경우에, 행정청은 판결의 취지에 따라 이전의 신청에 대한 처분을 하여야 하는바 여기서 기속행위와 재량행위로 구분하여야 할 것이다. 기속행위에 있어서 처분에 대한 요건이 충족이 되거나 또는 재량행위에 있어서 재량이 영(零)으로 수축된 경우에는 행정청은 당사자의 신청에 따른 처분을 하여야 할 것이다. 반면에 재량행위의 경우에는 재량의 하자를 이유로 취소판결이 행하여진 것이므로 행정청은 반드시 당사자의 신청에 따라 처분을 하여야 할 필요가 없다. 행정청은 재량의 하자없이 재처분을 하면 될 것이고 이러한 재처분은 상대방의 신청에 따른 처분일 수도 있고 거부처분일 수도 있을 것이다.

ⓑ 거부처분이 절차상의 하자로 취소된 경우

거부처분이 실체적 하자가 아니라 절차상의 하자를 이유로 취소된 경우에는 처분청이 그 위법사유를 보완하여 종전의 신청에 대하여 다시 동일한 거부처분을 한 경우에는 행정소송법 제30조 제2항의 재처분에 해당하기 때문에 판결의 기속력에 반하지 않는다. 여기서 절차의 위법이라 함은 좁은 의미의 절차뿐만 아니라 권한 · 형식 · 절차상의 위법을 포함하여, 널리 실체법상의 위법에 대응하는 넓은 의미로 해석하여야 할 것이다.

㉢ 제3자효행정행위가 절차상의 하자로 취소된 경우

행정소송법 제30조 제3항은 신청에 따른 처분이 절차상의 위법을 이유로 취소된 경우에도 제30조 제2항을 준용하도록 하고 있다. 이것은 내용적으로는 제3자효행정행위에 의하여 권리를 침해받고 있는 자가 제기한 취소소송에 있어서, 당해 처분이 절차상의 위법을 이유로 판결에 의하여 취소된 경우에 있어서 행정청의 재처분의무를 규정한 것이다. 제3자효행정행위가 실체법적 이유로 취소된 경우에는 행정청은 그 판결의 취지에 기속되므로 다시 상대방의 신청에 대하여 수익처분을 할 수가 없으며, 이 경우에 재처분의무를 규정한다는 것은 의미가 없는 것이다. 그러나 당해 제3자효행정행위가 다만 절차상의 위법을 이유로 취소된 경우에는, 적법한 절차에 따라 처분을 하는 경우 또 다시 동일한 수익처분이 내려질 가능성이 있기 때문에, 신청인(처분의 상대방)에게는 재처분의 이익이 있다.

② 결과제거의무 행정청은 처분의 취소판결이 있게 되면 결과적으로 위법이 되는 처분에 의하여 초래된 상태를 제거할 의무를 진다. 예를 들어 자동차의 압류처분이 취소되면 행정청은 그 자동차를 원고에게 반환할 의무가 있다. 여기서 행정청이 그에 따른 의무를 이행하지 않는 경우에는 이른바 공법상 결과제거청구권을 행사하여 자동차의 반환을 청구할 수 있을 것이다. 2012년 법무부 행정소송법 개정안은 이를 명문으로 도입하고자 하였다.

일설은 이러한 결과제거의무는 이른바 후행처분의 정리의무(예를 들어 과세처분이 취소되면, 세무서장은 그것을 전제로 한 압류처분을 취소하여야 할 의무)를 포함한다고 하나,[136] 선행처분이 취소되면 후행처분은 그 전제를 결여하여 무효가 되기 때문에 이러한 기속력을 인정할 별다른 실익이 없다고 보아야 할 것이다.[137]

판례(취소판결의 기속력으로 행정청의 결과제거의무가 인정된다는 판례) 어떤 행정처분을 위법하다고 판단하여 취소하는 판결이 확정되면 행정청은 취소판결의 기속력에 따라 그 판결에서 확인된 위법사유를 배제한 상태에서 다시 처분을 하거나 그 밖에 위법한 결과를 제거하는 조치를 할 의무가 있다(대판 2020. 4. 9, 2019두49953).

라. 범 위

가) 주관적 범위 취소판결의 기속력은 당사자인 행정청과 그 밖의 관계행정청을 기속한다(법 30조 1항). 여기서 관계행정청은 취소된 처분 등을 기초로 하여 그와 관련되는 처분이나 부수되는 행위를 할 수 있는 행정청을 총칭한다.

나) 객관적 범위 기속력은 판결주문 및 그 전제가 되는 요건사실의 인정과 판단에 미치고, 판결의 결론과 직접 관계없는 방론이나 간접사실의 판단에는 미치지 않는다는 것이 일반적인 견해이다.

한편 재처분의무의 범위와 관련하여 기속력은 위법성일반에 대하여 생기는 것이 아니라, 판결에서 위법한 것으로 판단된 개개의 처분사유에 대하여만 생긴다고 하면서 행정청이 종전 처분시와 다른 이유를 들어서 거부처분을 하는 것은 무방하다는 견해가 있을 수 있다.[138] 그러나 취소소송의 소송물은 위법성일반이며, 기본적 사실관계의 동일성이 유지되는 범위 내에서 사실심변론종결시까지 처분사유의 추가·변경이 인정되고 있는 점에 비추어 이와 같은 견해는 설득력이 없다고 할 것이다. 다만, 행정청이 기본적 사실관계가 동일하지 않은 다른 처분사유를 근거로 거부처분을 하는 경우에

---

136) 雁田信次, 行政事件訴訟法要說, 222면.
137) 塩野宏, 行政法 I, 144면.
138) 이에 대하여는 石鎬哲, 覊束力의 範圍로서의 處分事由의 同一, 行政判例研究 5집, 2000, 258면 이하 참조.

는 처분변경이 이루어지기 때문에 기속력에 반하지 않을 것이다.

다) 시간적 범위 기속력은 처분 당시를 기준으로 그 당시까지 존재하였던 처분사유에 한하고 그 이후에 생긴 사유에는 미치지 아니한다. 따라서 처분시 이후에 생긴 새로운 처분사유(새로운 사실관계나 개정된 법령)를 들어 동일한 내용의 처분을 하는 것은 무방하다. 다만 거부처분의 경우에 처분청이 거부취소판결이 내려진 후에 정당한 이유없이 재처분을 늦추고 그 사이에 법령이 변경된 경우에 새로운 사유에 의하여 거부처분을 하는 것은 재처분의무를 잠탈하는 결과가 되므로 허용되지 않는다고 할 것이다.

판례 1(기속력의 객관적 범위와 시간적 범위) 취소확정판결의 기속력은 판결의 주문 및 전제가 되는 처분 등의 구체적 위법사유에 관한 판단에도 미치나, 종전 처분이 판결에 의하여 취소되었더라도 종전 처분과 다른 사유를 들어서 새로이 처분을 하는 것은 기속력에 저촉되지 않는다. 여기에서 동일 사유인지 다른 사유인지는 확정판결에서 위법한 것으로 판단된 종전 처분사유와 기본적 사실관계에서 동일성이 인정되는지 여부에 따라 판단되어야 하고, 기본적 사실관계의 동일성 유무는 처분사유를 법률적으로 평가하기 이전의 구체적인 사실에 착안하여 그 기초인 사회적 사실관계가 기본적인 점에서 동일한지에 따라 결정된다. 또한 행정처분의 위법 여부는 행정처분이 행하여진 때의 법령과 사실을 기준으로 판단하므로, 확정판결의 당사자인 처분 행정청은 종전 처분 후에 발생한 새로운 사유를 내세워 다시 처분을 할 수 있고, 새로운 처분의 처분사유가 종전 처분의 처분사유와 기본적 사실관계에서 동일하지 않은 다른 사유에 해당하는 이상, 처분사유가 종전 처분 당시 이미 존재하고 있었고 당사자가 이를 알고 있었더라도 이를 내세워 새로이 처분을 하는 것은 확정판결의 기속력에 저촉되지 않는다(대판 2016. 3. 24, 2015두48235).

판례 2(새로운 처분사유에 근거한 거부처분이 기속력에 반하는지 여부) 행정처분의 적법 여부는 그 행정처분이 행하여진 때의 법령과 사실을 기준으로 하여 판단하는 것이므로 확정판결의 당사자인 처분 행정청은 종전 처분 후에 발생한 새로운 사유를 내세워 다시 거부처분을 할 수 있고, 그러한 처분도 행정소송법 제30조 제2항 소정의 재처분에 해당한다. 여기에서 새로운 사유인지는, 종전 처분에 관하여 위법한 것으로 판결에서 판단된 사유와, 기본적 사실관계의 동일성이 인정되는 사유인지 여부에 따라 판단되어야 하고, 기본적 사실관계의 동일성 유무는 처분사유를 법률적으로 평가하기 이전의 구체적인 사실에 착안하여 그 기초인 사회적 사실관계가 기본적인 점에서 동일한지 여부에 따라 결정되며, 추가 또는 변경된 사유가 처분 당시에 그 사유를 명기하지 않았을 뿐 이미 존재하고 있었고 당사자도 그 사실을 알고 있었다 하여 당초의 처분사유와 동일성이 있는 것이라고 할 수는 없다. 원고가 아파트 건설사업계획승인 신청을 하였으나 미디어밸리의 시가화 예정 지역이라는 이유로 거부되자 그 취소소송에서 처분 사유가 구체적이고 합리적이지 못하여 재량권 남용이라는 이유로 그 처분의 취소판결이 확정된 후 피고가 종전 처분 후이지만 종전 소송의 사실심 변론종결 이전에 발생한 개발제한지역 지정의 새로운 사실을 이유로 한 거부처분은 위 취소 확정판결의 기속력에 반하지 않는다(대판 2011. 10. 27, 2011두14401).

---

5) 간접강제

민사소송에서는 강제집행을 할 수 있게 하는 확정판결의 효력을 집행력이라고 한다. 행정소송법은 의무이행소송 또는 일반적 이행소송을 인정하고 있지 않기 때문에 행정소송에서는 강제집행의 문제가 생길 여지가 원칙적으로 없다. 그런데 앞서 본 바와 같이 거부처분에 대한 취소판결이 확정되면 판결의 기속력에 의하여 행정청은 당해 판결의 취지에 따르는 처분을 행할 의무가 있다(법 30조 2항, 38조 2항). 그럼에도 불구하고 행정청이 그 적극적 처분의무를 이행하지 않는 경우에는 그 판결의 집행력이 문제되는 바, 행정소송법은 판결의 실효성을 확보하기 위하여 간접강제에 대하여 규정하고 있다(법 34조).

간접강제는 민사집행법의 간접강제규정(법 261조)을 본 딴 것으로서, 이는 본래 비대체적인 작위의무의 이행을 간접적으로 강제하기 위한 제도이다. 거부처분취소판결의 경우에도 행정청이 그 판결의 취지에 따른 처분을 하여야 할 의무는 비대체적인 것이므로 이를 강제하기 위하여 간접강제를 인정한 것이다.

행정청이 취소판결의 취지에 따른 처분을 하지 않은 경우에는, 제1심 수소법원은 당사자의 신청에 의하여 결정으로써 처분을 하여야 할 상당한 기간을 정하고, 행정청이 그 기간 내에 처분을 하지 않을 때에는 그 지연기간에 따라 일정한 배상을 할 것을 명하거나 즉시 손해배상을 할 것을 명할 수 있다(법 34조 1항). 이 경우 제33조를 준용하여 배상명령의 효력이 피고인 행정청이 소속하는 국가 또는 공공단체에도 미치게 하여 그 집행의 실효성을 보장하고, 또한 민사집행법 제262조를 준용하여 행정청을 심문하도록 하고 있다(법 34조 2항). 간접강제신청에 관한 기각결정이나 인용결정에 대하여는 즉시항고할 수 있다(민사집행법 261조 2항). 이러한 간접강제는 부작위위법확인소송에도 준용되고 있다.

한편 판례는 간접강제결정에 기한 배상금은 확정판결의 취지에 따른 재처분의 지연에 대한 제재나 손해배상이 아니고 재처분의 이행에 관한 심리적 강제수단에 불과한 것으로 보아야 하므로, 특별한 사정이 없는 한 간접강제결정에서 정한 의무이행기한이 경과한 후에라도 확정판결의 취지에 따른 재처분의 이행이 있으면 배상금을 추심함으로써 심리적 강제를 꾀할 목적이 상실되어 처분상대방이 더 이상 배상금을 추심하는 것은 허용되지 않는다는 입장을 취하고 있다.

판례 1(행정소송법 제34조 제1항에 의한 간접강제신청의 요건) 거부처분에 대한 취소의 확정판결이 있음에도 행정청이 아무런 재처분을 하지 아니하거나, 재처분을 하였다 하더라도 그것이 종전 거부처분에 대한 취소의 확정판결의 기속력에 반하는 등으로 당연무효라면 이는 아무런 재처분을 하지 아니한 때와 마찬가지라 할 것이므로 이러한 경우에는 행정소송법 제30조 제2항, 제34조 제1항 등에 의한 간접강제신청에 필요한 요건을 갖춘 것으로 보아야 한다(대결 2002. 12. 11, 2002무22).

판례 2(간접강제결정에 근거한 배상금의 법적 성격) 행정소송법 제34조 소정의 간접강제결정에 기한 배상금은 거부처분취소판결이 확정된 경우 그 처분을 행한 행정청으로 하여금 확정판결의 취지에 따른재처분의무의 이행을 확실히 담보하기 위한 것으로서, 확정판결의 취지에 따른 재처분의무내용의 불확정성과 그에 따른 재처분에의 해당 여부에 관한 쟁송으로 인하여 간접강제결정에서 정한 재처분의무의 기한 경과에 따른 배상금이 증가될 가능성이 자칫 행정청으로 하여금 인용처분을 강제하여 행정청의 재량권을 박탈하는 결과를 초래할 위험성이 있는 점 등을 감안하면, 이는 확정판결의 취지에 따른 재처분의 지연에 대한 제재나 손해배상이 아니고 재처분의 이행에 관한 심리적 강제수단에 불과한 것으로 보아야 하므로, 특별한 사정이 없는 한 간접강제결정에서 정한 의무이행기한이 경과한 후에라도 확정판결의 취지에 따른 재처분의 이행이 있으면 배상금을 추심함으로써 심리적 강제를 꾀할 목적이 상실되어 처분상대방이 더 이상 배상금을 추심하는 것은 허용되지 않는다(대판 2004. 1. 15, 2002두2444).

사례 1 갑은 여관을 건축하기 위하여 관할군수 을에게 건축허가신청을 하였으나 을은 관계법령에 근거가 없다는 사유를 들어 거부처분을 하였다. 이에 갑은 을을 상대로 거부처분취소소송을 제기하여 승소

하였고 이 판결은 확정되었다. 그런데도 을은 위 판결의 취지에 따른 처분을 하지 아니하였다. 다음의 물음에 대하여 논하시오.

1) 을이 위 판결의 취지에 따른 처분을 하지 않고 있는 동안, 갑이 강구할 수 있는 행정소송법상의 구제방법은?

2) 위 승소판결 확정 후 관계법령이 개정되어 위 건축허가를 거부할 수 있는 근거가 마련되자 을은 이에 의거하여 다시 거부처분을 하였다. 을이 한 새로운 거부처분은 적법한가?

3) 만일 위 나항의 개정법령에서 당해 개정법령의 시행 당시 이미 건축허가를 신청중인 경우에는 종전규정에 따른다는 경과규정을 두었다면, 을이 한 새로운 거부처분의 효력은?(제45회 사법시험)

▶답안요지 **제1문:** 행정소송법 30조 2항은 거부처분에 대한 판결의 기속력(재처분의무)을 규정하고 있으며, 이러한 판결의 기속력의 실효성을 담보하기 위하여 동법 제34조는 간접강제를 규정하고 있다. 갑은 관할 군수 을이 재처분의무를 이행하지 않고 있기 때문에 1심수소법원에 간접강제를 신청하면 될 것이다. 법원은 결정으로서 상당한 이행기간을 정하고 행정청이 그 기간 내에 이행하지 아니한 때에는 그 지연기간에 따라 일정한 배상을 할 것을 명하거나 즉시 손해배상을 할 것을 명할 수 있다.

제2문: 여기서는 취소판결의 기속력의 시간적 범위에 관한 문제이다. 기속력은 처분 당시를 기준으로 그 당시까지 존재하였던 처분사유에 한하고 그 이후에 생긴 사유에는 미치지 아니한다. 따라서 처분시 이후에 생긴 새로운 처분사유(새로운 사실관계나 개정된 법령)를 들어 동일한 내용의 처분을 하는 것은 무방하다(대판 1998. 1. 7, 97두22). 다만, 을이 정당한 이유없이 재처분을 늦추고 그 사이에 법령이 변경된 경우에 새로운 사유에 의하여 거부처분을 하는 것은 재처분의무를 잠탈하는 결과가 되므로 허용되지 않는다고 할 것이다.

제3문: 근거법령에서 경과규정을 두어 종전의 규정에 의한다고 할 경우에는 을은 법령의 변경이라는 새로운 처분사유를 내세워 거부처분을 할 수 없다. 을의 거부처분은 취소판결의 기속력에 반하므로 위법·당연무효에 해당한다.

사례 2 유흥주점 영업허가를 받아 주점을 경영하는 갑은 청소년인 을을 유흥접객원으로 고용하여 유흥행위를 하였다는 이유로 관할 행정청인 A로부터 위 유흥주점 영업허가를 취소하는 처분을 받았다. 갑은 이에 불복하여 행정소송을 제기하여 위 취소처분을 취소하는 판결을 선고받아 그 판결이 확정되었다. 다음의 경우 A의 처분의 위법여부와 그 논거를 검토하시오.

제1문: 위 확정판결은 A가 청문절차를 거치지 않았다는 점을 이유로 위 영업허가취소처분을 취소하는 것이었다. A는 위 판결 확정 후 청문절차를 거친 다음 다시 위 영업허가를 취소하는 처분을 하였다.

제2문: 위 확정판결은 을이 청소년임을 인정할 증거가 없다는 이유로 위 영업허가취소처분을 취소하는 것이었다. A는 위 판결 확정후 을이 청소년임을 인정할 만한 증거가 새로이 발견되었다는 이유로 다시 위 영업허가를 취소하는 처분을 하였다.

제3문: 위 확정판결은 을을 유흥접객원으로 고용하였다는 점을 인정할 증거가 없다는 이유로 위 영업허가처분을 취소하는 것이었다. A는 갑이 청소년 병을 유흥접객원으로 고용하여 유흥행위를 하게 한 사실이 있었다는 이유로 다시 위 영업허가를 취소하는 처분을 하였다.

제4문: 위 확정판결은 영업허가취소처분이 갑에게 지나치게 가혹하여 재량권을 일탈·남용하였다는 이유로 취소하는 것이었다. A는 위 판결 확정 후 새로이 갑에게 영업정지 3개월의 처분을 하였다.(제49회 사법시험)

▶답안요지 설문은 취소소송의 판결이 확정된 경우에 판결의 기속력에 관한 문제이다. 행정소송법 제31조는 "처분을 취소하는 확정판결은 그 사건에 관하여 당사자인 행정청과 그밖의 관계행정청을 기속한다"고 규정하여 취소판결의 기속력에 대하여 규정하고 있다. 기속력의 내용으로는 ① 반복금지의무, ② 재

처분의무, ③ 결과제거의무가 있으나 설문에서 제시된 문제들은 모두 A의 처분이 반복금지의무에 위반되었는지 여부에 관한 것이다. 반복금지의무라 함은 취소소송의 판결이 확정되면 행정청은 동일사실관계 아래서 동일당사자에 대하여 동일한 처분을 반복하여서는 안된다는 것을 의미한다. 이러한 반복금지의무에 위반하여 행한 행정청의 행위는 위법한 것으로 무효사유에 해당한다.

제1문: 취소판결의 사유가 절차나 형식상의 하자인 경우에는 판결의 기속력은 취소사유로 된 절차나 형식의 위법에 한하여 미친다고 할 것이므로 행정청은 적법한 절차나 형식을 갖추어 다시 동일한 내용의 처분을 하는 것은 기속력에 반하지 않는다. 이에 따라 청문절차를 거친 후 A가 행한 동일한 내용의 처분은 적법하다.

제2문: 취소소송의 심리과정에서 을이 청소년이라는 사실을 A가 입증할 수 없었기 때문에 취소판결이 확정된 경우에는 이후에 을이 청소년이라는 새로운 증거가 나타났다는 이유로 동일한 처분을 하는 경우에는 기속력에 반한다. 다만, 행정소송법 제8조 제2항에 따라 준용되는 민사소송법 제451조 제2항의 재심사유가 있는 경우에는 확정판결에 대하여 재심의 소를 제기할 수 있다.

제3문: 확정판결이 있은 후 A는 다시 청소년 병을 유흥접객원으로 고용하여 유흥행위를 하게 하였다는 이유로 취소처분을 내렸다. 즉 A는 처분사유를 변경하여 다시 취소처분을 하였는바 여기서 이후의 취소처분이 이전의 처분과 동일한 처분이라면 판결의 기속력에 반한다고 할 것이다. 처분의 동일성의 여부에 대하여 판례는 처분사유의 추가 · 변경과 관련하여 기본적 사실관계의 동일성을 요구하고 있으며, 기본적 사실관계의 동일성 여부는 처분사유를 법률적으로 평가하기 이전의 구체적인 사실에 착안하여 그 기초가 되는 사회적 사실관계가 기본적인 점에서 동일한지 여부에 따라 결정된다고 판시하고 있다(대판 1999. 3. 9, 98두18565). 특히 처분사유를 변경하는 경우에 처분의 동일성이 유지되는지 여부는 기속행위와 재량행위에 있어서 차이가 나는바, 재량행위의 경우에는 재량고려의 변경을 아울러 수반하기 때문에 다른 처분이 존재하게 된다(본서 처분사유의 추가 · 변경부분 참조). 식품위생법상 영업허가의 취소는 재량행위에 해당하기 때문에 처분사유가 변경된 이후의 처분은 이전의 처분과 동일성이 없는 새로운 처분으로서 기속력에 반하지 않는다. 갑은 새로운 처분에 대하여 다시 취소소송을 제기하여야 할 것이다.

제4문: A의 영업정지처분은 이전의 영업허가취소처분과 동일성이 없는 별개의 처분이 때문에 판결의 기속력에 반하지 않는다.

사례 3 A광역시의 시장 乙은 세수증대, 고용창출 등 지역발전을 위해 폐기물처리업의 관내 유치를 결심하고 甲이 제출한 폐기물처리사업계획서를 검토하여 그에 대한 적합통보를 하였다. 이에 따라 甲은 폐기물처리업 허가를 받기 위해 먼저 도시 · 군관리계획변경을 신청하였고, 乙은 관계 법령이 정하는 바에 따라 해당 폐기물처리업체가 입지할 토지에 대한 용도지역을 폐기물처리업의 운영이 가능한 용도지역으로 변경하는 것을 내용으로 하는 도시 · 군관리계획변경안을 입안하여 열람을 위한 공고를 하였다. 그러나 乙의 임기 만료 후 새로 취임한 시장 丙은 폐기물처리업에 대한 인근 주민의 반대가 극심하여 실질적으로 폐기물사업 유치가 어려울 뿐만 아니라, 자신의 선거공약인 '생태중심, 자연친화적 A광역시 건설'의 실현 차원에서 용도지역 변경을 승인할 수 없다는 계획변경승인거부처분을 함과 동시에 해당 지역을 생태학습체험장 조성지역으로 결정하였다. 폐기물처리사업계획 적합통보에 따라 사업 착수를 위한 제반 준비를 거의 마친 甲은 丙을 피고로 하여 관할 법원에 계획변경승인거부처분 취소소송을 제기하였다.

1. 甲이 제기한 취소소송은 적법한가?(단, 제소기간은 준수하였음)(35점)

2. 폐기물처리사업계획 적합통보에 따라 이미 상당한 투자를 한 甲이 위 취소소송의 본안판결 이전에 잠정적인 권리구제를 도모할 수 있는 행정소송 수단에 관하여 검토하시오.(20점)

3. 甲은 위 취소소송의 청구이유로서 계획변경승인거부처분에 앞서 丙이 처분의 내용, 처분의 법적 근거와 사실상의 이유, 의견청취절차 관련 사항 등을 미리 알려주지 않았으므로 위 거부처분이 위법하여 취

소되어야 한다고 주장하였다. 甲의 주장은 타당한가?(15점)

4. 법원은 위 취소소송에서 甲의 소송상 청구를 인용하였고, 그 인용판결은 丙의 항소 포기로 확정되었다. 그럼에도 불구하고 丙은 재차 계획변경승인거부처분을 발령하였는데, 그 사유는 취소소송의 계속 중 A광역시의 관련 조례가 개정되어 계획변경을 승인할 수 없는 새로운 사유가 추가되었다는 것이었다. 丙의 재거부처분은 적법한가?(단, 개정된 조례의 합헌 · 적법을 전제로 함)(20점)

5. 위 취소소송의 인용판결이 확정되었음에도 불구하고 丙이 아무런 조치를 취하지 않을 경우 甲이 행정소송법상 취할 수 있는 효율적인 권리구제 수단을 설명하시오.(10점)(제2회 변호사시험)

▶답안요지

설문1: 취소소송의 적법여부

甲이 제기한 취소소송이 적법하기 위하여는 대상적격, 원고적격, 관할법원 등 취소소송의 요건을 충족시켜야 한다.

1) 대상적격

甲이 취소소송을 제기할 수 있기 위하여는 丙의 계획변경승인거부처분이 행소법 2조 1항 1호의 처분 등에 해당되어야 한다. 판례에 따르면 행정청의 거부가 처분 등에 해당하기 위하여는 ① 신청한 행위가 공권력의 행사 또는 이에 준하는 행정작용이어야 하고, ② 그 거부행위가 신청인의 법률관계에 어떤 변경을 일으키는 것이어야 하며, ③ 그 국민에게 그 행위발동을 요구할 법규상 조리상의 신청권이 있어야 한다는 입장을 취하고 있다. ③과 관련하여 학설에서는 대상적격과 원고적격의 구별을 간과하는 입장, 또는 본안을 선취하는 입장이라는 비판을 제기하고 있는바, 판례는 신청권의 존부는 구체적 사건에서 신청인이 누구인가를 고려하지 않고 관계법규의 해석에 의하여 일반국민에게 그러한 신청권을 인정하고 있는가를 추상적으로 결정되는 것이라고 하여 신청권을 형식상의 응답요구권으로 파악하고 구체적으로 그 신청이 인용될 수 있는가 하는 점은 본안에서 판단하여야 할 사항으로 판시하고 있다(본서 거부처분을 참고).

사안에 있어서 도시 · 군관리계획은 구속적 행정계획으로서 판례의 일관된 입장에 따르면 처분성을 갖고 있으며, 그 변경행위 역시 공권력행사로서 처분성을 갖고 있어 ①의 요건이 충족된다. 또한 도시 · 군관리계획변경승인을 거부할 경우에 갑은 더 이상 폐기물처리업을 행할 수 없기 때문에 ②의 요건도 충족된다. 다만 ③의 요건, 즉 甲에게 도시 · 군관리계획의 변경을 신청할 조리상 법규상 신청권이 있는지 문제가 된다. 행정청에게 광범위한 계획재량이 부여되고 있는 행정계획에 있어서 일반적인 계획변경 내지 폐지청구권이 인정되지 않는다. 다만, 판례는 일정 기간 내에 관계 법령이 정하는 시설을 갖추어 일정한 행정처분을 구하는 신청을 할 수 있는 자의 계획변경신청을 거부하는 것이 실질적으로 당해 처분 자체를 거부하는 결과가 되는 경우에는 예외적으로 그 신청인에게 계획변경을 신청할 권리를 인정하고 있다(본서 계획변경 및 폐지청구권 참조). 사안에서 폐기물처리사업계획의 적정통보를 받은 원고가 폐기물처리업허가를 받기 위하여는 용도지역을 변경하는 도시 · 군관리계획의 변경이 선행되어야 하고, 甲의 이러한 신청을 거부하다면 이는 실질적으로 甲의 폐기물처리업허가신청을 불허하는 결과가 되므로 甲은 도시 · 군관리계획의 변경을 신청할 법규상 또는 조리상 권리를 갖는다고 할 것이다(대판 2003. 9. 23, 2001두10936).

2) 원고적격

행소법 12조에 따라 취소소송은 처분 등의 취소를 구할 법 률상 이익이 있는 자가 제기할 수 있다. 학설에서는 법률상 이익에 관하여 ① 권리구제설, ② 법률상 이익구제설, ③ 이익구제설, ④ 적법성 보장설 등이 대립되고 있으나, 판례와 다수설을 법률상 이익구제설을 취하고 있다. 폐기물관리법 25조 3항은 적합통보를 받은 자가 그 사업계획에 따라 시설 · 장비 및 기술인력 등의 요건을 갖추어 허가신청을 한 때에는 지체없이 허가하도록 규정하고 있는바, 甲은 국토의 계획 및 이용에 관한 법률 제36조 및 폐기물관리법 25조 3항에 따라 도시 · 군관리계획변경을 신청할 수 있는 권리를 갖는다고 할 것이다.

3) 기타 소송요건

甲은 거부처분을 행한 丙을 피고로 하여(행소법 13조), 丙의 소재지를 관할하는 1심 행정법원에 취소소송을 제기하여야 할 것이다. 설문에서 제소기간은 준수되었다고 한다.

설문2: 甲의 잠정적 권리구제수단

행정소송의 잠정적 권리구제수단으로는 부담적 행정처분에 대한 집행정지제도와 수익적 행정처분의 거부나 부작위에 대한 가처분제도가 있다. 현행 행소법은 집행정지제도만을 규정하고 있다.

1. 집행정지제도

취소소송의 가구제와 관련하여 집행정지원칙을 취할 것인가 집행부정지원칙을 취할 것인가는 입법정책적인 문제이다. 우리 행소법 23조 1항은 남소의 폐단을 방지하고 행정의 효율성을 이유로 집행부정지원칙을 취하고 있다. 다만, 행소법 23조 2항은 처분 등이나 그 집행 또는 절차의 속행으로 인하여 생길 회복하기 어려운 손해를 예방하기 위하여 긴급한 필요가 있다고 인정할 때에는 법원은 당사자의 신청 또는 직권에 의하여 처분 등의 효력이나 그 집행 또는 절차의 속행의 전부 또는 일부의 정지를 결정할 수 있도록 하여 예외적 집행정지제도를 채택하고 있다. 사안에서 甲이 집행정지신청을 하는 경우, 인용결정을 받을 수 있는지 문제가 된다. 법원이 집행정지결정을 하기 위하여는 소극적 요건과 적극적 요건이 충족되어야 하는 바, 소극적 요건으로 ① 본안소송의 계속, ② 처분의 존재, ③ 회복하기 어려운 손해예방의 필요, ④ 긴급한 필요의 존재가 충족되어야 하며, 적극적 요건으로는 ① 공공복리에 중대한 영향을 미칠 우려가 없어야 하고, ② 본안청구가 이유가 없음이 명백하지 않아야 한다.

사안에서 적극적 요건으로서 甲은 취소소송을 적법하게 제기한 바, ①의 요건은 충족되었다고 할 것이다. 다만 집행정지결정을 하기 위하여는 ②의 요건으로서 처분이 존재하여야 하는바, 거부처분도 이에 포함되는지 문제가 된다. 판례와 다수설에 따르면 신청에 대한 거부처분의 효력을 정지하더라도 거부처분이 없었던 것과 같은 상태, 즉 신청시의 상태로 되돌아가는 데에 불과하고 행정청에게 신청에 따른 처분을 하여야 할 의무가 생기는 것이 아니므로, 거부처분의 효력정지는 그 거부처분으로 인하여 신청인에게 생길 손해를 방지하는 데 아무런 소용이 없어 그 효력정지를 구할 이익이 없다(대결 1992. 2. 13, 91두47)고 하여 거부처분에 대한 집행정지를 원칙적으로 부인하고 있다. 다만 외국인의 체류기간갱신허가 등 예외적인 경우 집행정지의 필요성이 인정될 수도 있다. 서울행정법원도 한양사국가시험 원서반려처분 및 서울대학교 신입생 1단계 전형불합격처분에 대하여 집행정지결정을 한 바 있다.

사안의 경우 甲의 신청에 대한 거부처분에 대한 집행정지를 인정한다고 하더라도 도시 · 군관리계획이 변경되는 것이 아니므로 甲에게 생길 손해를 방지하는 데 아무런 소용이 없다고 할 것이다. 판례와 다수설에 따라 甲은 거부처분에 대한 집행정지를 구할 이익이 없다고 할 것이다.

2. 민사집행법상의 가처분규정의 준용여부

행소법은 행정청의 거부처분이나 부작위에 대한 잠정적 권리구제제도로서 가처분제도를 두고 있지 않기 때문에 학설에서는 민사집행법상의 가처분규정의 준용여부에 대하여 논란이 되고 있다. ① 적극설에 따르면 헌법 27조 1항이 보장하는 재판을 받을 권리는 형식적인 소권의 보장에 그치는 것이 아니라 사법권에 의한 실효성 있는 권리보호의 보장을 내용으로 하고 있기 때문에 행정소송에서도 가처분이 필요하며, 행정소송법 8조 2항의 해석상 당연히 민사집행법상의 가처분에 관한 규정이 준용되어야 한다는 입장을 취하고 있다. 이에 대하여 ② 소극설은 우리 행소법은 의무이행소송이나 예방적 금지소송을 두고 있지 않으며, 행소법 23조 2항은 행정소송에 있어서 가구제에 관한 민사집행법의 가처분의 준용을 배제한 특별규정으로 보아야 한다는 입장을 취하고 있다. 소극설이 판례와 다수설의 입장이다.

3. 결어

丙의 거부처분에 대한 甲의 집행정지신청은 각하될 것이다. 또한 거부처분에 대한 민사집행법상의 가처분규정의 준용도 가능하지 않을 것이다. 그러나 오늘날의 급부행정국가에서 집행정지제도만을 인정하고 있는 현행법의 태도는 시대낙후적으로 볼 수밖에 없다. 법무부행정소송법 개정안 제26조는 가처분제도의 도입을 예정하고 있다.

설문3

1) 거부처분에 사전통지의 필요성 여부

행정절차법 21조에 따르면 행정청이 당사자에게 의무를 부과하거나 권익을 제한하는 처분을 하는 경우에는 처분을 하고자 하는 원인이 되는 사실과 처분의 내용 및 법적 근거, 의견제출에 관한 사항 등을 당사자에게 통지하여야 한다'고 하여 사전통지에 대하여 규정하고 있다. 사안에서 甲은 丙이 거부처분에 앞서 사전통지를 하지 않았다고 주장하는바, 거부처분에 사전통지의 필요성 여부에 대하여 부정설, 긍정설로 대립되고 있다. 판례는 부정설을 취하고 있다(대판 2003. 11. 28, 2003두674). 생각건대 현대 급부행정국가에서 거부처분은 직접적인 부담적 처분 못지 않게 상대방의 권익을 침해하고 있는 현실을 고려할 때, 거부처분도 사전통지의 대상이 되어야 할 것이다. 다만 판례의 입장을 따른다면 절차상의 하자가 존재하지 않을 것이다(본서 불이익처분의 절차 참조).

2) 절차상의 하자가 독립적인 취소사유에 해당하는지 여부

절차상의 하자로 행정처분을 취소할 수 있는지 1) 소극설, 2) 절충설, 3) 적극설이 대립하고 있는바 판례는 적극설을 취하고 있다(본서 행정절차의 하자부분 참조).

3) 결어

거부처분에 사전통지가 요구되지 않는다는 부정설에 따르면 甲의 주장은 타당성이 없을 것이다. 반면 긍정설에 따르면 거부처분은 절차상의 하자로 인하여 위법한 처분이 되며, 절차상의 하자도 독립적인 취소사유로 보는 입장에 따르면 甲의 주장은 타당할 것이다.

설문4: 丙의 재거부처분의 적법성

사안에서 甲이 승소확정판결을 받았음에도 불구하고 丙은 A광역시의 관련 조례가 개정되어 계획변경을 승인할 수 없는 새로운 사유가 추가되었다는 이유로 재거부처분을 하였다. 丙의 이러한 재거부처분이 행소법 30조 2항(재처분의무)에 위반되지 않았는지 문제가 되고 있다. 이는 기속력의 시간적 범위에 관한 문제이다. 기속력은 처분 당시를 기준으로 그 당시까지 존재하였던 처분사유에 한하고 그 이후에 생긴 사유에는 미치지 않는다. 따라서 처분시 이후에 생긴 새로운 처분사유(새로운 사실관계나 개정된 법령)을 들어 다시 거부처분을 하는 것은 무방하다. 다만, 丙이 정당한 이유가 없이 재처분을 늦추고 그 사이에 법령이 개정되어 새로운 사유에 의하여 거부처분을 하는 것은 재처분의무를 잠탈하는 결과가 되어 허용되지 않는다. 사안에서 이러한 사정을 발견할 수 없는 바, 丙의 재거부처분은 기속력에 반하지 않으며, 이에 따라 적법한 처분이다.

설문5: 甲의 권리구제수단

丙은 행소법 30조 2항(재처분의무)에도 불구하고 아무런 조치를 취하고 있지 않은바, 이러한 경우를 대비하여 행소법 34조는 간접강제를 규정하고 있다. 甲은 丙이 재처분의무를 이행하고 있지 않기 때문에 1심 수소법원에 간접강제를 신청하면 될 것이다. 법원은 결정으로서 상당한 이행기간을 정하고 행정청이 그 기간 내에 이행하지 아니한 때에는 그 지연기간에 따라 일정한 배상을 할 것을 명하거나 즉시 손해배상을 할 것을 명할 수 있다.

7. 취소판결에 따르는 기타 사항

1) 위헌 · 위법판결의 공고

헌법 제107조 제2항은 "명령 · 규칙 …… 이 헌법이나 법률에 위반되는 여부가 재판의 전제가 되는 경우"의 대법원의 최종적인 심사권을 규정함으로써 명령 · 규칙에 대한 부수적 규범통제를 인정하고 있다. 그러나 이는 추상적 규범통제와는 달리 행정입법 자체의 합법성심사를 목적으로 하는 독립된 절차가 아니고, 특정한 행정입법이 구체적인 사건에 대한 재판의 전제가 된 경우에 그 사건의 심

판을 위한 선결문제로 다루어지며, 법원이 특정한 행정입법이 위헌 또는 위법이라고 판단하는 경우에는 당해 사건에서 적용이 거부되는 것이다. 이에 따라 부수적 규범통제에 의하여 당해 명령이나 규칙이 폐지되는 것이 아니기 때문에, 앞으로도 일선집행기관에 의하여 다시 적용될 우려가 있다.

따라서 행정소송법은 대법원의 판결에 의하여 특정한 명령이나 규칙이 헌법 또는 법률에 위배되는 것으로 확정된 때에는 대법원은 지체 없이 그 뜻을 행정안전부장관에게 통보하고, 그 통보를 받은 행정안전부장관은 지체 없이 그 뜻을 관보에 게재함으로써 일반에게 고지하도록 하고 있다(法 6조). 이러한 공고는 판결의 내용을 관계 행정청이나 이해관계인에게 알려서 향후 관계 행정청은 위헌 · 위법으로 판단된 명령이나 규칙을 적용하지 않도록 하고, 이해관계인은 행정청이 그러한 명령이나 규칙을 적용하는 경우 위헌 · 위법을 주장할 수 있도록 하기 위한 것이다. 그리고 행정소송규칙 제2조는 명령 · 규칙이 헌법 또는 법률에 위배된다는 것이 법원의 판결에 의해 확정된 경우에는 그 취지를 소관 행정청에 통보하도록 하고 있다.

2) 제3자의 재심청구

가. 의 의

일반적으로 재심(再審)이라 함은 확정된 종국판결에 재심사유에 해당하는 하자가 있는 경우에 그 판결의 취소와 사건의 재심판을 구하는 특별한 불복신청방법이다.

취소소송의 판결에 대하여도 민사소송법을 준용하여 일반적인 재심청구가 가능함은 물론이다. 그런데 확정된 취소판결은 앞에서 본 바와 같이 소송 외에 제3자에 대하여도 그 효력이 미치기 때문에(法 29조 1항), 소송에 관여하지 않은 제3자가 불의의 손해를 입지 않도록 하기 위하여 제3자 및 행정청의 소송참가를 인정하고 있다(法 16조 · 17조).

그러나 제3자가 자기에게 귀책사유 없이 소송에 참가하지 못하여 판결의 결과에 영향을 미칠 공격 · 방어방법을 제출하지 못한 때가 생길 수 있는 바, 이에 행정소송법은 제3자의 재심청구를 규정하고 있다(法 31조).

나. 재심청구의 당사자

재심청구를 할 수 있는 자, 즉 재심원고(再審原告)는 취소소송의 확정판결에 의하여 "권리 또는 이익의 침해를 받은 제3자"이며(法 31조), 재심피고(再審被告)로는 확정판결에 나타난 원고와 피고가 함께 공동피고가 된다. 여기에서 "권리 또는 이익의 침해를 받은 제3자"란 소송참가에 있어서의 "소송의 결과에 따라 권리 또는 이익의 침해를 받을 제3자"와 비슷한 뜻으로서, 당해 판결의 형성력이 미침으로써 그 판결주문에 따라 직접 자신의 권리나 이익이 침해되는 소송당사자 이외의 제3자를 의미한다고 할 것이다.

다. 재심사유

재심사유로는 다음의 두 가지가 있다.

첫째, 자기에게 책임없는 사유로 소송에 참가하지 못하였어야 한다. 구체적인 경우에 있어서 당해 취소소송의 계속(係屬)을 알지 못하였거나, 설혹 알았다고 하더라도 특별한 사정으로 인하여 당해 소송에 참가할 수 없었을 것을 필요로 한다.

둘째, 소송에 참가하지 못함으로써 판결의 결과에 영향을 미칠 공격 또는 방어방법을 제출하지 못한 때이어야 한다. 즉 그 공격 · 방어방법이 종전의 소송에서 제출되었더라면 그 제3자에게 이익되게 판결의 결과에 영향을 미쳤을 가능성이 있어야 한다.

라. 재심청구기간

재심청구를 할 수 있는 기간은 당해 확정판결을 안 날부터 30일, 판결이 확정된 날부터 1년이며, 그 기간은 불변기간이다(법 31조 2항 · 3항).

XIV. 판결에 의하지 않는 취소소송의 종료

취소소송도 민사소송의 경우와 마찬가지로 종국판결의 확정에 의하여 종료되는 것이 보통이다. 그러나 법원의 종국판결에 의하지 않고 당사자의 행위나 일정한 사유에 의하여 종료되는 경우도 있는바 다음에서는 이에 관하여 살펴보기로 한다.

1. 당사자의 행위에 의한 종료

당사자의 소송행위에 의한 소송절차종료의 경우로서는 소의 취하, 청구의 포기 · 인낙 및 재판상의 화해가 있다.

1) 소의 취하

소의 취하란 원고가 제기한 소의 전부 또는 일부를 철회하는 취지의 법원에 대한 일방적인 의사표시이다. 소의 취하는 원고의 일방적인 행위로 소송이 판결에 이르지 아니하고 종료하는 점에서 청구의 포기와 같다. 그러나 청구의 포기는 원고가 스스로 청구이유가 없다는 것을 시인하는 것으로서, 이 점에 관하여 피고의 전면승소의 확정판결과 같은 동일한 효력이 생기게 되어(민소법 220조) 사건이 실체적으로 해결되는 데 반하여, 취하는 분쟁해결의 신청 그 자체를 철회하여 소송계속의 효과를 소급적으로 소멸시킨다는 점에서 사건이 미해결인 채 남게 되므로 확정된 소각하판결과 동일한 효력이 생긴다.

취소소송에도 처분권주의가 지배하므로 소의 취하가 인정된다. 그러나 소의 취하에 대하여는 민사소송법의 규정이 준용되기 때문에(법 8조 2항), 피고가 본안에 대하여 준비서면을 제출하거나 준비절차에서 진술하거나 변론을 한 후에는 소의 취하에 피고의 동의를 얻어야 한다. 또한 소의 취하는 서면으로 함이 원칙이나, 변론 또는 준비절차에서 구술로써 할 수도 있다(민소법 266조 3항).

2) 청구의 포기 · 인낙

청구의 포기란 변론 또는 준비절차에 원고가 자기의 소송상의 청구가 이유없음을 자인하는 법원에 대한 일방적 의사표시이며, 청구의 인낙이라 함은 피고가 원고의 소송상의 청구가 이유있음을 자인하는 법원에 대한 일방적 의사표시를 말한다. 민사소송법은 당사자가 청구의 포기 또는 인낙을 조서에 기재한 때에는 확정판결과 동일한 효력을 발생케 하고 있다(민소법 220조). 이는 통상의 민사소송에 있어서는 당사자에게 소송물인 권리관계를 자유로이 처분할 수 있는 권한이 인정되기 때문이다. 취소소송에 있어서 청구의 포기 · 인낙에 관한 민사소송법상의 규정이 준용될 수 있는지 다툼이 되고 있다.

종래의 다수설에 따르면 ① 취소소송의 대상인 처분 등은 사적 자치의 원칙이 적용되는 법률행위와는 달리 당사자간의 타협에 의하여 법이 인정하지 않는 내용으로 이루어질 수 없으며, ② 취소소송에서도 비록 변론주의와 처분권주의를 원칙으로 하지만, 법원이 필요하다고 인정할 때에는 직권으로 증거를 조사할 수 있고, ③ 취소소송의 확정판결은 제3자에게도 효력을 미치는 바(법 29조 1항), 만일 청구의 포기나 인낙을 인정하면 제3자에게 불의의 손해가 발생될 수 있기 때문에 취소소송에서는 원칙적으로 청구의 포기나 인낙이 인정되지 않는다고 한다.[139]

그러나 취소소송에 있어서도 처분권주의를 기본으로 하기 때문에 청구의 포기나 인낙에 관하여 전적으로 부정적인 입장을 취하는 것은 타당하지 않은 견해라고 보아야 할 것이다. 이에 대하여는 보다 세분화된 고찰이 요구된다. 우선 청구의 포기의 경우는, 원고가 자신의 청구가 이유가 없음을 소송 도중에 알았다면 이를 법원에 자인하고 일찍 소송절차에서 탈퇴하는 것이 소송경제에 도움이 될 것이다. 여기에서는 민사소송이나 취소소송이나 어떠한 차이가 존재하지 않는다.

한편 청구의 인낙의 경우는 기속행위와 재량행위로 구별되어야 할 것이다. 인낙의 대상이 기속행위인 경우에는 피고의 자인여부와는 무관하게 법률규정에 의하여 그 법적 효력이 발생되기 때문에 청구의 인낙에 의하여 소송이 종료될 수 없을 것이다. 그러나 재량행위에 대하여는 청구의 인낙이 허용될 수 있을 것이다. 예를 들어 원고가 재량행위인 영업허가정지처분에 대하여 비례의 원칙에 위배된다는 이유로 취소소송을 제기하는 경우에, 피고인 행정청이 소송도중에 원고의 청구가 이유가 있고 행정목적달성에 지장이 없다고 인정하는 경우에는 법원의 판결을 기다리는 것보다는 청구의 인낙을 통하여 소송을 종료하는 것이 타당하다고 볼 것이다.

3) 소송상의 화해

소송상 화해란 소송계속중 당사자 쌍방이 소송물인 권리관계의 주장을 서로 양보하여 소송을 종료시키기로 하는 기일에 있어서의 합의를 말하는 바, 화해조서는 확정판결과 같은 효력이 있다(민소법 220조). 취소소송에 있어서 소송상 화해의 가능성 여부에 대하여 민사소송법상의 소송상 화해규정이 준용될 수 있는지는 청구의 포기·인낙과 마찬가지로 다툼이 되고 있다. 종래의 다수설은 ① 행정처분은 당사자간의 타협에 근거하여 법이 인정하지 않는 내용으로 행하여질 수 없으며, ② 처분에 대한 재량권이 인정된다고 하더라도 재량권은 소송물에 대한 처분권과는 다르고, ③ 취소소송의 심리에는 제한된 범위에서나마 직권탐지주의가 적용되며, ④ 취소소송의 확정판결은 대세적 효력을 가지는 점 등을 이유로 취소소송에 있어서 화해는 명문으로 이를 인정하는 경우를 제외하고는 원칙적으로 인정되지 않는다는 견해를 취하고 있다.[140]

그러나 취소소송에 있어서도 민사소송과 같이 처분권주의가 지배하며, 여기에는 소송물에 대한 처분권까지 포함된다고 보아야 할 것이다. 이에 따라 취소소송에 있어서도 행정청이 처분에 대한 권한을 갖고 있고 강행법규와 행정법의 일반원칙에 반하지 않는 한, 소송상 화해도 원칙적으로 허용된다고 볼 것이다. 행정청이 처분권을 갖고 있지 않은 기속행위는 소송상 화해의 대상이 될 수 없으나, 재량행위의 경우에는 소송당사자와의 합의가 재량의 하자에 해당하지 않는 한 그 허용성을 인정하여야 할 것이다.[141] 예를 들어 영업허가취소처분에 대한 취소소송의 계속중에, 행정청이 원고의 위

139) 金南辰/金連泰, 行政法 I, 979면; 李尙圭, 新行政法論(上), 894면; 洪準亨, 行政救濟法, 675면.
140) 李尙圭, 新行政法論(上), 895면; 洪準亨, 行政救濟法, 678면.
141) 柳至泰/朴鍾秀, 行政法新論, 702면.

법사실이 취소사유가 아니라 영업정지사유에 불과하다는 것을 인식하게 되고, 이 점에 관련하여 원고도 동조를 하게 된다면, 다시 영업정지처분을 내리는 것보다 당사자 사이의 양보합의에 의하여 영업정지처분으로 변경하는 것이 합리적일 것이다. 다만 화해조서가 제3자의 권리를 침해하는 내용을 포함하는 경우에는, 제3자가 화해의 당사자로 참여하거나 또는 화해조서에 동의하는 경우에 비로소 유효하다고 할 것이다.

오늘날 재판절차가 장기화 내지 복잡화되는 현실 속에서 화해는 취소소송에 있어서도 개인의 효과적인 권리보호와 법원의 부담완화를 위하여 유용한 제도로 활용될 수 있을 것이다. 근래 서울행정법원에서도 항고소송 중 영업정지 · 허가취소 등 청구사건, 조세소송사건, 과징금사건, 부당해고사건, 산재사건 등을 중심으로 적극적으로 사실상 화해의 방식(법원의 권고 → 피고의 취소 · 변경처분 → 원고의 소취하)을 활용하여 분쟁의 종국적 해결을 유도하는 것이 실무관행으로 정착되고 있음은 주목할 만한 사실이다.

행정소송규칙 제15조는 조정권고제도에 관하여 재판장이 소송계속 중인 사건에 대하여 직권으로 다툼의 해결을 위해 필요한 사항을 서면으로 권고할 수 있다고 규정하고 있다.

한편, 2012년 5월의 법무부 행정소송법개정안은 "공공복리에 적합하지 아니하거나 당해 처분등의 성질에 반하는 경우"를 제외하고는 법원은 "당사자의 권리 및 권한의 범위 내"에서 직권으로 화해권고결정을 할 수 있도록 하여 일정한 범위 내에서 소송상 화해제도를 도입하고 있다(개정법안 35조 1항).

2. 기타의 종료사유

취소소송은 위에서 설명한 바와 같은 당사자의 의사에 의한 종료 이외에도 일정한 사유에 의하여 종료되는 경우도 있다. 즉, 성질상 승계가 허용되지 않는 소송관계에 있어서 원고가 사망한 경우에는 상대방없는 소송이 되어 그 소송은 종료하게 된다. 그러나 피고인 행정청이 없게 된 때에는 그 처분 등에 관한 사무가 귀속되는 국가나 공공단체가 피고가 되기 때문에(법 13조 2항), 상대방 없는 소송이 되지 않는다.

XV. 소송비용

취소소송의 비용은 소송비용부담의 원칙에 따라 패소자가 부담하며(민소법 98조), 원고의 청구가 일부 인용된 판결의 경우에는 소송당사자가 분담하는 것은 민사소송의 경우와 다름이 없다(민소법 101조). 다만, 원고의 청구가 사정판결로 기각되거나, 취소소송의 계속중에 행정청이 처분사유 또는 처분 등을 취소 또는 변경함으로 인하여 청구가 각하 또는 기각된 때에는 형식상 승소자인 피고가 소송비용을 분담한다(법 32조).

제2관 무효등확인소송

Ⅰ. 개 설

1. 의 의

무효등확인소송은 "행정청의 처분 등의 효력유무 또는 존재 여부를 확인하는 소송"을 말한다. 처분 등의 무효확인소송, 유효확인소송, 존재확인소송, 부존재확인소송 및 실효확인소송이 이에 포함된다. 여기서는 무효확인소송을 중심으로 설명하기로 한다.

원래 처분이 무효이면 그러한 처분에는 공정력이 인정되지 않기 때문에, 국민은 누구든지 그것을 무시하고 처분의 무효를 전제로 하여 직접 현재의 법률관계에 관한 주장을 하면 되지, 구태여 처분의 무효확인을 따로 법원에 청구할 필요가 없다는 견해가 있을 수 있다(과세처분의 무효를 전제로 한 부당이득반환청구소송). 그러나 처분이 무효인 경우에도 처분으로서의 외관이 존재하고, 처분의 무효원인과 취소원인의 구별은 상대적이기 때문에 무효인 처분도 행정청에 의하여 집행될 우려가 있다. 이에 따라서 무효인 처분의 상대방이나 이해관계인은 그 무효임을 공적으로 확인받을 필요가 있으며, 여기에 무효확인소송 그 자체를 독립된 하나의 소송형태로 인정할 의의가 있다고 하겠다.

2. 성 질

무효등확인소송의 성질에 관하여는 다툼이 되고 있다. ① 무효등확인소송은 적극적으로 처분 등의 효력을 소멸시키거나 부여하는 것이 아니라, 처분 등의 효력의 유무나 존재여부를 확인·선언하는 확인소송이라는 견해, ② 무효사유와 취소사유의 구별의 상대성을 근거로 하여 이 소송도 행정처분의 무효를 확정하고 그 효력의 제거를 목적으로 하기 때문에 취소소송과 본질을 같이 하여 항고소송으로 보는 견해, ③ 실질적으로는 일종의 확인소송이라고 할 수 있으나, 형식적으로는 처분의 효력유무를 직접 소송의 대상으로 한다는 점에서 항고소송적인 측면을 아울러 갖는다는 준항고소송으로 보는 견해가 있다.

무효등확인소송은 현행법상 항고소송의 일종으로 규정되고 있으나, 준항고소송의 성질을 갖고 있다는 것이 다수설이다.

3. 무효등확인소송의 보충성문제

종래 판례는 민사소송의 일반원칙인 형성소송 및 이행소송에 대한 확인소송의 보충성의 원칙에 따라 행정처분의 무효를 전제로 한 이행소송 등과 같은 구체적인 구제수단이 있는 경우에는 원칙적으로 소의 이익을 부정하고, 다른 구제수단에 의하여 분쟁이 해결되지 않는 경우에 한하여 무효등확인소송을 보충적으로 인정하여 왔다. 이에 따라 무효인 행정처분의 집행이 종료된 경우에 부당이득반환청구의 소 등을 청구하여 직접 이러한 위법상태를 제거하는 길이 열려 있는 이상 그 행정처분에 대하여 무효확인을 구하는 것은 종국적인 분쟁 해결을 위한 필요하고도 적절한 수단이라고 할 수 없어 소의 이익이 없다고 판시하여 왔다.[142)]

그러나 이러한 견해는 타당하게도 대법원 2008. 3. 20, 2007두6342 전원합의체 판결에 의하여

142) 대판 1998. 9. 22, 98두4375; 2001. 9. 18, 99두11752; 2006. 5. 12, 2004두14717.

변경되었다. 무효등확인소송은 비록 확인소송의 일종이라고 하나, 동시에 행정행위의 효력유무를 다투는 항고소송의 성격을 갖고 있으며, 행정소송법 제38조 제1항은 취소판결의 기속력 및 재처분의무에 관한 행정소송법 제30조를 무효확인소송에도 준용하고 있으므로 무효확인판결 자체만으로도 그 원상회복 및 결과제거 등 실효성을 확보할 수 있다. 또한 우리 행정소송법은 일본행정사건소송법과 달리 무효등확인소송의 보충성을 규정하고 있지도 않다.[143] 행정행위의 상대방은 행정소송법 제35조에 따라 근거법률에 의하여 보호되는 직접적이고 구체적인 이익이 있는 경우에는 무효등확인소송을 제기할 수 있는 것이며, 이와 별도로 행정처분의 무효를 전제로 한 이행소송과 같은 직접적인 구제수단이 있는지 여부를 따질 필요가 없을 것이다.

판례(무효확인소송의 보충적 성격의 유무) 행정소송은 행정청의 위법한 처분 등을 취소 · 변경하거나 그 효력 유무 또는 존재 여부를 확인함으로써 국민의 권리 또는 이익의 침해를 구제하고 공법상의 권리관계 또는 법 적용에 관한 다툼을 적정하게 해결함을 목적으로 하므로, 대등한 주체 사이의 사법상 생활관계에 관한 분쟁을 심판대상으로 하는 민사소송과는 목적, 취지 및 기능 등을 달리한다. 또한 행정소송법 제4조에서는 무효확인소송을 항고소송의 일종으로 규정하고 있고, 행정소송법 제38조 제1항에서는 처분 등을 취소하는 확정판결의 기속력 및 행정청의 재처분 의무에 관한 행정소송법 제30조를 무효확인소송에도 준용하고 있으므로 무효확인판결 자체만으로도 실효성을 확보할 수 있다. 그리고 무효확인소송의 보충성을 규정하고 있는 외국의 일부 입법례와는 달리 우리나라 행정소송법에는 명문의 규정이 없어 이로 인한 명시적 제한이 존재하지 않는다. 이와 같은 사정을 비롯하여 행정에 대한 사법통제, 권익구제의 확대와 같은 행정소송의 기능 등을 종합하여 보면, 행정처분의 근거 법률에 의하여 보호되는 직접적이고 구체적인 이익이 있는 경우에는 행정소송법 제35조에 규정된 '무효확인을 구할 법률상 이익'이 있다고 보아야 하고, 이와 별도로 무효확인소송의 보충성이 요구되는 것은 아니므로 행정처분의 무효를 전제로 한 이행소송 등과 같은 직접적인 구제수단이 있는지 여부를 따질 필요가 없다고 해석함이 상당하다(대판(전원합의체) 2008. 3. 20, 2007두6342).

---

4. 적용법규

무효등확인소송도 우월한 공권력의 행사인 처분 등을 대상으로 하고 있다는 점에서 취소소송에 관한 규정이 대부분 준용되며(법 37조 · 38조), 준용되지 않는 규정들로는 ① 예외적 행정심판전치주의(법 18조), ② 제소기간(법 20조), ③ 재량처분의 취소(법 27조), ④ 사정판결(법 28조)에 관한 규정이 있을 뿐이다. 이러한 규정들이 준용되지 않는 이유는 무효등확인소송은 취소소송과는 달리 중대하고 명백한 하자가 있어 무효인 처분을 대상으로 하기 때문이다.

Ⅱ. 주요소송요건

1. 재판관할

무효등확인소송의 재판관할도 취소소송과 같이 제1심 관할법원은 피고인 행정청의 소재지를 관할하는 행정법원으로 한다. 다만 중앙행정기관 또는 그 장이 피고인 경우의 관할법원은 대법원 소재지의 행정법원으로 한다(법 9조 · 38조 1항).

---

143) 독일행정법원법도 행정행위의 무효확인소송에는 보충성의 원칙을 배제시키고 있다(법 43조 2항 2문).

2. 소송의 대상

무효등확인소송도 취소소송과 마찬가지로 "처분 등", 즉 행정청이 행하는 구체적 사실에 관한 법집행으로서의 공권력의 행사 또는 그 거부와 그 밖에 이에 준하는 행정작용 및 행정심판에 대한 재결을 그 대상으로 한다. 무효등확인소송에는 행정심판전치주의에 관한 규정이 없으나, 임의로 행정심판을 전치시킬 수 있으므로 행정심판의 재결도 대상이 될 수 있다. 그러나 재결을 소송대상으로 하는 경우에는 재결자체에 고유한 위법만을 주장할 수 있고 원처분의 위법은 주장할 수 없다(법 19조·38조 1항).

3. 당사자 등

1) 원고적격

무효등확인소송은 처분 등의 효력 또는 존재 여부의 확인을 구할 법률상 이익이 있는 자가 제기할 수 있다(법 35조). 여기서 "법률상 이익"이 무엇을 의미하는지 학설에서 다툼이 되고 있다. 이와 관련하여 법적 보호이익설과 즉시확정이익설이 대립되고 있으나, 이는 무효등확인소송은 확인소송에 지나지 않기 때문에 원고적격을 별도로 검토할 필요가 없이 권리보호의 필요, 즉 즉시확정의 정당한 이익만이 요구되는지에 관한 문제이다. 일설에서는 무효등확인소송에 있어서는 권리보호의 필요만을 검토하면 충분하다는 견해를 취하고 있으나,[144] 무효등확인소송은 취소소송과 마찬가지로 주관적 소송으로서 근거법률에 의하여 직접적이고 구체적으로 보호되는 이익(보호규범설에 따른 권리의 개념)이 침해되었다고 주장하는 경우에만 원고적격이 인정된다고 할 것이다. 예를 들어 개인은 건축허가에 대한 무효등확인소송을 단순히 도시미관이 침해되고 있다는 이유로 제기하여서는 안되며, 자신의 재산권 및 일조권 등 법에 의하여 직접적이고 구체적으로 보호되는 이익이 침해되는 경우에만 제기할 수 있는 것이다.[145]

판례 1(무효등확인소송의 원고적격) 항고소송인 행정처분에 대한 무효등확인소송을 제기하려면 행정소송법 제35조 소정의 '법률상의 이익'이 있어야 하는바, 그 법률상의 이익은 당해 처분의 근거 법률에 의하여 보호되는 직접적이고 구체적인 이익이 있는 경우를 말하고 간접적이거나 사실적, 경제적 이해관계를 가지는 데 불과한 경우는 여기에 해당되지 아니한다(대판 2001. 7. 10, 2000두2136; 2008. 3. 20, 2007두6342).

판례 2(수녀원에게 공유수면매립목적의 변경처분의 무효확인을 구할 원고적격이 있는지 여부) 행정처분의 직접 상대방이 아닌 제3자라 하더라도 당해 행정처분으로 인하여 법률상 보호되는 이익을 침해당한 경우에는 그 처분의 무효확인을 구하는 행정소송을 제기하여 그 당부의 판단을 받을 자격이 있다. 여기에서 말하는 법률상 보호되는 이익은 당해 처분의 근거 법규 및 관련 법규에 의하여 보호되는 개별적·직접적·구체적인 이익을 말하고, 간접적이거나 사실적·경제적인 이익까지 포함되는 것은 아니다. 원고 수녀원은 수도원 설치 운영 및 수도자 양성 등을 목적으로 설립된 재단법인으로서, 공유수면매립 승인처분의 매립목적을 당초의 택지조성에서 조선시설용지로 변경하는 내용의 이 사건 처분으로 인하여 원고 수녀원에 소속된 수녀 등이 전과 비교하여 수인한도를 넘는 환경침해를 받지 아니하고 쾌적한 환경에서 생활할 수 있는 환경상 이익을 침해받는다고 하더라도 이를 가리켜 곧바로 원고 수녀원의 법률상 이익이 침해된다고

---

144) Kopp/Schenke, VwGO, §42, Rdn. 63ff.; Laubinger, VerwArch 1991, S. 459ff.

145) Hufen, Verwaltungsprozeßrecht, 5. Aufl., S. 362; Pietzcker, in : Schoch/Schmidt-Aßmann/Pietzner, §43, Rdn. 31ff. 이와 관련하여 제2판까지 주장한 필자의 견해는 변경하기로 한다.

볼 수 없고, 자연인이 아닌 원고 수녀원은 쾌적한 환경에서 생활할 수 있는 이익을 향수할 수 있는 주체도 아니므로 이 사건 처분으로 인하여 위와 같은 생활상의 이익이 직접적으로 침해되는 관계에 있다고 볼 수도 없으며, 이 사건 처분으로 인하여 환경에 영향을 주어 원고 수녀원이 운영하는 쨈 공장에 직접적이고 구체적인 재산적 피해가 발생한다거나 원고 수녀원이 폐쇄되고 이전해야 하는 등의 피해를 받거나 받을 우려가 있다는 점 등에 관한 증명도 부족하므로, 원고 수녀원에게는 이 사건 처분의 무효확인을 구할 원고적격이 있다고 할 수 없다(대판 2012. 6. 28, 2010두2005).

판례 3(인근주민에게 생태 · 자연도 등급변경처분의 무효확인을 구할 원고적격이 있는지 여부) 환경부장관이 생태 · 자연도 1등급으로 지정되었던 지역을 2등급 또는 3등급으로 변경하는 내용의 생태 · 자연도 수정 · 보완을 고시하자, 인근 주민 甲이 생태 · 자연도 등급변경처분의 무효 확인을 청구한 사안에서, 생태 · 자연도의 작성 및 등급변경의 근거가 되는 구 자연환경보전법 제34조 제1항 및 그 시행령 제27조 제1항, 제2항에 의하면, 생태 · 자연도는 토지이용 및 개발계획의 수립이나 시행에 활용하여 자연환경을 체계적으로 보전 · 관리하기 위한 것일 뿐, 1등급 권역의 인근 주민들이 가지는 생활상 이익을 직접적이고 구체적으로 보호하기 위한 것이 아님이 명백하고, 1등급 권역의 인근 주민들이 가지는 이익은 환경보호라는 공공의 이익이 달성됨에 따라 반사적으로 얻게 되는 이익에 불과하므로, 인근 주민에 불과한 甲은 생태 · 자연도 등급권역을 1등급에서 일부는 2등급으로, 일부는 3등급으로 변경한 결정의 무효 확인을 구할 원고적격이 없다(대판 2014. 2. 21, 2011두29052).

2) 권리보호의 필요

무효등확인소송은 항고소송의 성격을 갖고 있기는 하나, 동시에 확인소송의 성격을 갖기 때문에 원고적격에 추가하여 확인소송의 권리보호의 필요에 해당하는 "즉시확정의 정당한 이익"이 인정되어야 한다. 여기서 정당한 이익이란 원고의 법으로 보호하는 이익뿐만 아니라 경제적 그리고 정신적 이익(ideele Interesse) 등 모든 법으로 보호할 가치가 있는 이익이 포함된다고 할 것이다. 향후 행정소송법 개정시에 혼란을 피하기 위하여 원고적격과 권리보호의 필요를 구분하여 규정하는 것이 바람직할 것이다.

판례(무효확인소송에 있어서 권리보호의 필요) 행정처분에 대한 무효확인의 소에 있어서 확인의 이익은 그 대상인 법률관계에 관하여 당사자 사이에 분쟁이 있고, 그로 인하여 원고의 권리 또는 법률상의 지위에 불안 · 위험이 있어 판결로써 그 법률관계의 존부를 확정하는 것이 위 불안 · 위험을 제거하는 데 필요하고도 적절한 경우에 인정된다(대판 2001. 9. 18, 99두11752; 1998. 9. 22, 98두4375; 1989. 10. 10, 89누3397).

한편 판례는 행정처분의 무효를 전제로 하는 이행소송(부당이득반환청구소송)과 같은 구체적인 구제수단이 있는 경우에는 확인소송의 보충성의 원칙에 따라 무효확인소송의 소의 이익을 부정하는 입장이었으나 이러한 입장은 앞에서 설명한 바와 같이 대법원 전원합의체 판결에 의하여 변경되었다.

3) 피고적격

취소소송의 피고적격을 규정한 행정소송법 제13조는 무효등확인소송에도 준용되어, 여기서도 처분 등을 행한 행정청이 피고가 된다. 처분 등이 있은 후에 그 권한이 다른 행정청에 승계된 때에는, 이를 승계한 행정청이 피고가 된다(법 13조 1항 · 38조 1항).

4) 기타 관계조항

공동소송(법 15조), 제3자의 소송참가(법 16조), 행정청의 소송참가(법 17조) 등 취소소송의 참가에 관한 여타 조항도 무효등확인소송에 준용된다(법 38조 1항).

4. 예외적 행정심판전치주의 및 제소기간규정의 적용배제

무효등확인소송에는 취소소송에 있어 예외적 행정심판전치주의(법 18조)나 제소기간(법 20조)에 관한 규정이 배제된다(법 38조 1항).

Ⅲ. 집행정지결정 및 가처분

1. 집행정지결정

취소소송의 집행정지결정에 대한 규정이 무효등확인소송에 준용될 것인가에 대하여 구법에서는 명문의 규정이 없어 다툼이 있었다. 그러나 무효인 행정처분도 처분으로서의 외관이 존재하고, 무효원인과 취소원인의 구별이 상대적이기 때문에 무효인 처분도 행정청에 의하여 집행될 우려가 있다. 이에 따라 현행 행정소송법은 취소소송에 있어 집행정지결정에 관한 규정의 준용을 인정하고 있다(법 23조·38조 1항).

2. 가 처 분

앞에서 살펴본 바와 같이 취소소송에 있어 민사소송법상의 가처분의 규정이 준용될 수 있는지 여부에 대하여 다툼이 되고 있다. 긍정설의 입장에서는 무효등확인소송에 있어서도 민사소송법의 가처분규정의 준용을 인정하고 있으나, 부정설은 이를 부인하고 있다. 그러나 취소소송에 있어서는 민사소송의 가처분의 규정의 준용을 부정하는 학설 중에서도 무효인 행정처분은 그 흠이 처음부터 중대·명백하여 효력이 없다는 이유로 무효등확인소송에 그 준용을 인정하는 견해가 있다.

Ⅳ. 관련청구소송의 이송·병합 및 소의 변경

1. 관련청구소송의 이송 및 병합

행정처분과 관련되는 분쟁을 일거에 해결하여, 심리의 중복과 재판의 모순·저촉을 피함으로써 소송경제를 기할 필요가 있는 것은 무효등확인소송에서도 마찬가지이다. 이에 따라 취소소송에 있어 관련청구소송의 이송·병합에 관한 규정은 무효등확인소송에서도 준용된다(법 10조·38조 1항).

무효등확인소송과 관련청구소송이 각각 다른 법원에 계속되고 있는 경우에는 관련청구소송의 계속법원은 관련청구소송을 무효등확인소송이 계속된 법원으로 이송할 수 있으며, 무효등확인소송에는 사실심변론종결시까지 관련청구소송을 당해 법원에 병합하여 제기할 수 있다.

2. 소의 변경

소송의 제기중 그 소송자료를 그대로 이용할 수 있는 다른 소송으로의 변경을 인정하는 것은 무효등확인소송에 있어서도 원고의 권리구제 및 소송경제의 관점에서 바람직한 것은 물론이다. 이에 따라 행정소송법은 취소소송에 있어 소의 변경에 관한 규정을 무효등확인소송에 준용시키고 있다

(법 37조). 즉 법원은 무효등확인소송을 취소소송 또는 당사자소송으로 변경하는 것이 상당하다고 인정할 때에는, 청구의 기초에 변경이 없는 한 사실심의 변론종결시까지 원고의 청구에 의하여 결정으로써 소의 변경을 허가할 수 있다. 다만 무효등확인소송을 취소소송으로 변경할 경우에는 예외적 행정심판전치주의와 제소기간의 요건을 갖추어야 한다.

V. 소송의 심리

1. 직권심리주의

무효등확인소송의 심리에 있어서도 취소소송의 심리에서와 마찬가지로 법원이 필요하다고 인정할 때에는 직권으로 증거조사를 할 수 있으며, 당사자가 주장하지 않은 사실에 대하여도 판단할 수 있다(법 26조 · 38조 1항).

2. 행정심판기록의 제출명령

행정심판절차를 거친 경우에 취소소송에 있어서와 마찬가지로, 법원은 당사자의 신청이 있는 때에는 결정으로써 재결을 행한 행정청에 대하여 행정심판에 대한 기록의 제출을 명할 수 있으며, 행정청은 지체없이 이에 응하여야 한다(법 25조 · 38조 1항).

3. 주장책임과 입증책임

1) 주장책임

무효등확인소송에 있어서도 취소소송과 마찬가지로 주요사실은 당사자가 주장하지 않으면 판결의 기초로 삼을 수 없다고 보아야 한다.

2) 입증책임

무효등확인소송에 있어서 무효원인사실에 대한 입증책임을 당사자간에 어떻게 분배할 것인가에 대하여 견해가 갈리고 있다.

가. 취소소송의 경우와 동일하게 보는 견해

이 설은 ① 무효등확인소송은 항고소송으로서 취소소송과 마찬가지로 처분의 적법여부가 분쟁의 대상이 되고 있으며, ② 무효등확인소송에 있어서는 취소소송에 있어서보다 처분 등의 법적합성에 대한 의문이 더 강하며, ③ 위법의 중대 · 명백성은 법해석 내지 경험칙에 의하여 판단될 사항으로 입증책임의 문제와는 직접 관계가 없다는 이유로 피고인 행정청이 당해 처분의 유효요건에 대하여 책임을 져야 한다고 본다.[146]

나. 원고입증책임설

이 설은 ① 무효등확인소송과 취소소송의 형식상의 차이, ② 하자의 중대 · 명백성은 특별한 예외적인 사유라는 점, ③ 무효등확인소송은 제소기간의 제한없이 언제든지 제기할 수 있어 증거가 언제든지 없어질 수 있다는 점에서 원고가 무효원인사실에 대한 입증책임을 져야 한다는 견해이다.[147]

---

146) 金道昶, 一般行政法論(上), 755면; 李尙圭, 新行政法論(上), 781면.

147) 朴鈗炘/鄭亨根, 最新行政法講義(上), 873면.

현재 판례가 취하고 있는 입장이다.

판례 1(무효등확인소송에 있어서 무효사유의 입증책임) 행정처분의 당연무효를 주장하여 그 무효확인을 구하는 행정소송에 있어서는 원고에게 그 행정처분이 무효인 사유를 주장·입증할 책임이 있다(대판 2000. 3. 23, 99두11851).

판례 2(무효 확인을 구하는 뜻에서 행정처분의 취소소송에 있어서 입증책임) 민사소송법이 준용되는 행정소송에서 증명책임은 원칙적으로 민사소송의 일반원칙에 따라 당사자 간에 분배되고, 항고소송은 그 특성에 따라 해당 처분의 적법성을 주장하는 피고에게 적법사유에 대한 증명책임이 있으나, 예외적으로 행정처분의 당연무효를 주장하여 무효 확인을 구하는 행정소송에서는 원고에게 행정처분이 무효인 사유를 주장·증명할 책임이 있고, 이는 무효 확인을 구하는 뜻에서 행정처분의 취소를 구하는 소송에 있어서도 마찬가지이다. 한편 행정처분의 무효 확인을 구하는 소에는 특단의 사정이 없는 한 취소를 구하는 취지도 포함되어 있다고 보아야 하므로, 해당 행정처분의 취소를 구할 수 있는 경우라면 무효사유가 증명되지 아니한 때에 법원으로서는 취소사유에 해당하는 위법이 있는지 여부까지 심리하여야 한다. 결국 과세처분의 위법을 다투는 조세행정소송의 형식이 취소소송인지 아니면 무효확인소송인지에 따라 증명책임이 달리 분배되는 것이라기보다는 위법사유로 취소사유와 무효사유 중 무엇을 주장하는지 또는 무효사유의 주장에 취소사유를 주장하는 취지가 포함되어 있는지 여부에 따라 증명책임이 분배된다(대판 2023. 6. 29, 2020두46073).

---

4. 기 타

그 밖에 처분권주의, 공개심리주의, 법관의 석명의무에 관한 원칙 등은 무효등확인소송에도 적용된다고 할 것이다.

Ⅵ. 판결 및 소송의 종료

1. 사정판결의 가능성

앞에서 설명한 바와 같이 무효등확인소송에 있어서 사정판결의 허용되는지 여부에 대하여는 다툼이 되고 있다. 그러나 행정소송법은 사정판결에 관한 규정을 무효등확인소송에 준용시키지 않고 있다(법 38조 1항). 다수의 학설과 판례 역시 부정적인 입장을 취하고 있다.

2. 판결의 효력

무효등확인판결의 효력에 대하여는 취소판결의 효력에 관한 규정이 준용된다(법 29조·30조·38조 1항). 이에 따라 무효등확인판결은 제3자에 대하여 효력이 있고, 기속력에 근거하여 당사자인 행정청과 그 밖의 관계행정청을 기속하므로 이들 행정청으로서는 동일처분의 반복이 금지된다. 또한 무효확인된 처분이 신청을 거부하는 것을 내용으로 하는 경우에는, 처분청은 판결의 취지에 따라 이전의 신청에 대하여 재처분할 의무를 진다. 그러나 거부처분취소판결의 간접강제에 관한 규정은 무효확인판결에는 준용되지 않으므로 거부처분무효확인판결의 간접강제는 허용되지 않는다.

판례(무효등확인소송에 있어서 간접강제의 허용 여부) 행정소송법 제38조 제1항이 무효확인 판결에 관하여 취소판결에 관한 규정을 준용함에 있어서 같은 법 제30조 제2항을 준용한다고 규정하면서도 같은 법 제34조는 이를 준용한다는 규정을 두지 않고 있으므로, 행정처분에 대하여 무효확인 판결이 내려진 경우에는 그 행정처분이 거부처분인 경우에도 행정청에 판결의 취지에 따른 재처분의무가 인정될 뿐 그에 대하여 간접강제까지 허용되는 것은 아니라고 할 것이다(대판 1998. 12. 24, 98무37).

3. 제3자의 재심청구

무효등확인판결은 제3자에 대하여도 효력이 미치므로 제3자의 권익보호를 위하여, 제3자의 재심청구에 관한 규정은 무효등확인소송에도 준용되고 있다(법 31조·38조 1항).

4. 소송비용

취소소송에 있어서 소송비용부담에 관한 원칙은 사정판결의 경우를 제외하고 무효등확인소송에도 준용된다(법 33조·38조 1항).

Ⅶ. 무효확인소송과 취소소송과의 관계

1. 취소소송과 무효확인소송의 선택

취소소송과 무효확인소송은 처분에 대한 불복수단이라는 점에서 기본적으로 유사하다. 다만 소송요건 측면에서 볼 때, 무효확인소송은 제소기간의 제한이 없고 필요적 행정심판 전치주의의 경우에도 행정심판을 거치지 않고 무효확인소송의 제기가 가능하다는 점에서 취소소송보다 유리하다. 그러나 본안판단 측면에서 볼 때, 처분이 위법한 경우 바로 인용판결을 할 수 있는 취소소송과는 달리 무효확인소송에서는 처분이 위법하다고 하여 바로 인용판결을 할 수 있는 것이 아니라 위법의 정도가 중대·명백한 경우에 한해서 인용판결을 할 수 있으므로 취소소송이 유리하다. 따라서 소를 제기하려는 사람 입장에서는 제소기간을 도과하지 않은 경우에는 취소소송을, 제소기간을 도과한 경우에는 무효확인소송을 선택하게 될 것이다.

2. 무효사유에 대해 취소소송을 제기한 경우

위법한 처분에 대하여 취소소송이 제기된 경우에, 법원은 당해 위법이 무효사유인 위법인지 취소사유인 위법인지 구분할 필요 없이 취소판결을 내리면 된다. 취소소송에 있어서는 당해 처분이 위법한지 아닌지가 문제이고, 그 위법이 중대하고 명백한 것인지 여부는 심리대상이 되지 않기 때문이다. 다만 당사자가 무효선언을 구하는 취소소송을 제기한 경우에 본안심리결과 당연무효로 밝혀졌다면 법원은 무효를 선언하는 의미의 취소판결을 할 수 있다. 물론 이 경우에도 제소기간의 준수 등 취소소송의 제기요건을 충족하여야 한다.

3. 취소사유에 대해 무효확인소송을 제기한 경우

무효확인소송을 제기하였는데 본안에서 단순위법으로 판단된 경우, 당해 무효확인소송이 취소소송의 제기요건을 갖추지 못했다면 법원은 기각판결을 하여야 한다. 다만 취소소송의 제기요건을 갖춘 경우에 법원이 어떠한 판결을 내려야 할 것인가에 관하여 견해의 대립이 있다.

1) 소변경필요설

법원은 석명권을 행사하여 무효확인소송을 취소소송으로 변경하도록 한 후, 취소판결을 하여야 한다는 견해이다.

2) 취소판결설

무효확인청구는 취소청구를 포함한다고 보고, 법원은 바로 취소판결을 하여야 한다는 견해이다. 판례 역시 취소판결설을 따르고 있다.

3) 결 어

행정소송에도 처분권주의가 지배하므로 법원이 원고의 소송상 청구를 일방적으로 변경할 수는 없다. 따라서 법원은 석명권을 행사하여 무효확인소송을 취소소송으로 변경하도록 한 후 취소판결을 하여야 하는 것으로 보는 소변경필요설이 타당하다고 생각된다. 행정소송규칙 제16조는 재판장은 무효확인소송이 취소소송 제기 기간 내에 제기된 경우에는 원고에게 처분등의 취소를 구하지 아니하는 취지인지를 명확히 하도록 촉구할 수 있다고 규정하고 있다.

판례(행정처분의 무효확인을 구하는 소에 취소를 구하는 취지도 포함되는지 여부) 일반적으로 행정처분의 무효확인을 구하는 소에는 원고가 그 처분의 취소를 구하지 아니한다고 밝히지 아니한 이상 그 처분이 만약 당연무효가 아니라면 그 취소를 구하는 취지도 포함되어 있는 것으로 보아야 한다(대판 1994. 12. 23, 94누477).

---

4. 취소소송과 무효확인소송의 병합

1) 주위적 청구가 기각될 것을 대비하여 예비적 청구를 병합하는 경우

동일처분에 대한 무효확인청구와 취소청구는 서로 양립할 수 없는 청구이므로 선택적 병합이나 단순 병합은 허용되지 않고, 예비적 병합만이 가능하다. 원고는 무효확인청구가 기각될 것을 대비하여 취소청구를 예비적으로 병합할 수 있다. 그러나 취소청구가 기각될 것을 대비하여 무효확인청구를 예비적으로 병합할 수는 없다. 왜냐하면 처분의 위법이 인정되지 않아 취소청구가 배척된다면 논리상 무효확인 역시 인정될 수 없기 때문이다.

판례(무효확인의 소에 추가적으로 병합된 취소소송의 적법요건) 하자 있는 행정처분을 놓고 이를 무효로 볼 것인지 아니면 단순히 취소할 수 있는 처분으로 볼 것인지는 동일한 사실관계를 토대로 한 법률적 평가의 문제에 불과하고, 행정처분의 무효확인을 구하는 소에는 특단의 사정이 없는 한 그 취소를 구하는 취지도 포함되어 있다고 보아야 하는 점 등에 비추어 볼 때, 동일한 행정처분에 대하여 무효확인의 소를 제기하였다가 그 후 그 처분의 취소를 구하는 소를 추가적으로 병합한 경우, 주된 청구인 무효확인의 소가 적법한 제소기간 내에 제기되었다면 추가로 병합된 취소청구의 소도 적법하게 제기된 것으로 봄이 상당하다(대판 2005. 12. 23, 2005두3554).

---

2) 주위적 청구가 각하될 것을 대비하여 예비적 청구를 병합하는 경우

한편 원고는 취소청구가 제소기간의 경과 등을 이유로 각하될 것을 대비하여 무효확인청구를 예비적으로 병합할 수는 있다. 그러나 무효확인청구가 각하될 것을 대비하여 취소청구를 예비적으로 병합할 수는 없다.

사례 甲 구청장은 서울특별시장 乙로부터 서울특별시조례가 정하는 바에 의하여 권한을 위임받아 구 「주택개발촉진법」에 따른 개발사업의 결과 건축된 관내 아파트를 분양받은 丙에 대하여 2004. 2. 26.에 학교용지부담금 500만원을 부과하였다. 丙은 이를 기한 내에 납부하였다. 그러던 중 헌법재판소는 2005. 3. 31. 구 「학교용지특례법」 제5조 제1항 중 제2조 제2호가 정한 구 「주택개발촉진법」에 의하여 시행하는 개발사업지역에서 공동주택을 분양받은 자에게 학교용지확보를 위하여 부담금을 부과 · 징수할 수 있다는 부분은 헌법에 위반된다는 내용의 결정을 하였다. 丙은 자신이 이미 납부한 부담금은 불복고지에 관한 행정절차법 또는 행정심판법 규정을 위반하였고, 더욱이 헌법재판소의 위헌결정으로 인해 무효라고 생각하고 이를 되돌려 받고자 한다. 丙이 취할 수 있는 행정소송법상의 수단과 그 승소가능성에 대하여 논하시오.(2011년도 제1회 변호사 모의시험 사례형)

▶답안요지 丙이 제기할 수 있는 행정소송법상의 수단으로 부담금부과처분에 대한 무효확인소송과 공법상 부당 이득반환청구소송이 고려된다.

1) 부담금부과처분에 대한 무효확인소송

가. 무효확인소송의 적법요건

① 대상적격: 500만원 부담금부과는 급부하명으로서 행소법 2조 1항 1호의 처분 등에 해당한다.

② 원고적격: 무효확인소송의 원고적격으로 행소법 35조는 처분등의 효력의 확인을 구할 법률상 이익이 있는 자가 제기할 수 있다고 규정하고 있는바, 다수설과 판례는 법적 보호이익설에 따라 근거법률에 의하여 직접적으로 보호되는 직접적이고 구체적인 이익이 침해되는 경우에 원고적격을 인정하고 있다. 사안의 경우에 丙은 불이익처분의 직접적 상대방으로서 원고적격이 인정된다.

③ 권리보호의 필요(무효확인소송의 보충성문제): 종래 판례는 형성소송과 이행소송에 대한 확인소송의 보충성의 원칙에 따라 행정처분의 무효를 전제로 한 이행소송 등과 같은 구체적인 구제수단이 있는 경우에는 원칙적으로 소의 이익을 부정하고, 다른 구제수단에 의하여 분쟁이 해결되지 않은 경우에 한하여 무효확인소송을 보충적으로 인정하여 왔다. 이에 따라 무효인 행정처분의 집행이 종료된 경우에 부당이득반환청구의 소를 청구하여 직접 이러한 위법상태를 제거할 수 있는 한, 행정처분에 대한 무효확인소송은 분쟁해결을 위한 필요하고도 적절한 수단이라고 할 수 없어 소의 이익을 부정하였다.

이러한 견해는 타당하게 대법원 2008. 3. 20, 2007두6342 전원합의체 판결에 의하여 변경되었다. 무효확인소송은 취소소송과 마찬가지로 처분의 효력을 다투는 항고소송의 성격을 갖고 있으며, 행소법 4조는 무효확인소송은 형성소송인 취소소송과 대등한 소송유형으로 규정하고 있고, 취소판결의 기속력 및 재처분의무에 관한 규정은 무효확인소송에도 준용되고 있기 때문에 무효확인판결 자체만으로도 원상회복 및 결과제거 등의 실효성을 확보할 수 있다. 이에 따라 무효확인소송의 보충성은 부인되어야 하며, 사안과 같이 행정처분의 무효를 전제로 한 부당이득반환청구소송과 같은 직접적 구제수단이 있는지 여부를 검토할 필요가 없을 것이다.

④ 여타의 소송요건: 무효확인소송에는 제소기간이 적용되지 않으며, 예외적 행정심판전치주의도 적용되지 않는다. 丙은 甲을 피고로 하여 관할법원인 서울행정법원에 무효확인소송을 제기하면 될 것이다.

나. 부담금부과처분의 무효여부

하자있는 행정행위의 유형은 무효인 행정행위와 취소할 수 있는 행정행위로 구분되며, 그 구별기준으로서는 중대 · 명백설, 조사의무설, 명백성보충요건설 등의 견해가 있으나 중대 · 명백설이 다수설이며 판례의 입장이다.

① 행정심판법 및 행정절차법상의 불복고지의무: 행정심판법 58조와 행정절차법 26조는 행정청이 처분을 하는 경우에 상대방에게 처분에 관하여 행정심판을 제기할 수 있는지 여부, 청구하는 경우에 청구절차 · 청구기간을 알려주도록 규정하고 있는바, 이러한 불복고지의무를 위반하는 경우에 하자있는 처분이 되는지 문제가 된다. 학설과 판례는 불복고지의무를 위반하는 경우에는 행정심판의 기간의 연장 등 절차상의 제재가 따를 뿐 행정행위의 하자사유에 해당하지 않는다는 입장을 취하고 있다.

② 위헌인 법률에 근거한 처분의 하자

ⓐ 위헌결정의 소급효: 학교용지확보에 관한 특례법에 근거한 부담금부과처분의 하자가 인정되기 위하여는 위헌결정의 소급효가 인정되어야 한다. 헌법재판소 제47조 제2항은 위헌결정의 장래효를 규정하고 있지만 대법원과 헌법재판소는 일정한 경우에 위헌결정의 소급효를 인정하고 있다.

대법원은 ① 법원의 제청이나 헌법소원의 청구 등을 통하여 헌법재판소에 법률에 대한 위헌결정의 계기를 부여한 당해 사건, ② 위헌결정이 있기 전에 이와 동종의 사안으로 헌법재판소에 위헌심판제청을 하였거나 법원에 위헌심판제청을 한 경우의 당해 사건, ③ 따로 위헌제청신청은 하니하였지만 당해 법률 조항이 재판의 전제가 되어 법원에 계속중인 사건, ④ 위헌결정 이후에 위와 같은 이유로 제소된 일반사건에도 미친다고 한다. 헌법재판소는 위 ①, ②, ③의 사유 외에도 당사자의 권리구제를 위한 구체적 타당성의 요청이 현저한 반면에 소급효를 인정하여도 법적 안정성을 침해할 우려가 없고 나아가 구 법에 의하여 형성된 기득권자의 이득이 침해될 사안이 아닌 경우로서 소급효의 부인이 오히려 정의와 평등 등 헌법적 이념에 심히 배치되는 때에도 소급효를 인정할 수 있다고 한다.

ⓑ 위헌인 법률에 근거한 처분의 효력: 중대 · 명백설에 따라 하자있는 처분이 당연무효가 되기 위하여는 그 하자가 중대 · 명백하여야 한다. 그러나 법률이 헌법에 위반된다는 사정이 헌법재판소의 위헌결정이 있기 전에는 객관적으로 명백하다고 할 수 없기 때문에 위헌인 법률에 근거한 처분의 하자는 취소사유에 해당한다는 것이 학설과 판례의 입장이다.

ⓒ 검토: 설문에서 丙은 부담금부과처분에 대한 제소기간 내에 취소소송을 제기하지 않아 이미 불가쟁력이 발생한 경우로서 대법원 판례에 따르면 위헌결정의 소급효가 미치지 않는 경우에 해당하며(대판 1994. 10. 28, 92누9463), 헌법재판소의 결정에 의하더라도 법적 안정성을 해칠 우려가 없어 소급효를 인정할 수 있는 경우에도 해당되지 않는다. 이에 따라 丙에 대한 부담금부과처분은 하자가 없다고 할 것이며 丙의 무효확인청구는 기각될 것이다.

2) 공법상 부당이득반환청구소송

학설에서는 공법상 부당이득반환청구권을 당사자소송으로 다룰 것을 주장하고 있으나 판례는 아직도 민사소송으로 다루고 있다. 판례와 같이 丙이 민사소송을 제기할 경우에 민사법원의 선결문제심사권의 문제가 제기된다. 부당이득반환청구소송에서 처분의 하자가 당연 · 무효 사유인 경우에는 민사법원의 선결문제심사권은 인정되나, 취소사유에 그치는 경우에는 수소법원이나 처분청에 의하여 취소되기 전까지는 그 유효성이 인정되고 부당이득의 법률상 원인이 되기 때문에 민사법원의 선결문제심사권은 부인된다. 사안의 경우, 丙에 대한 부담금부과처분에 대하여는 위헌법률의 소급효가 미치지 않기 때문에 부당이득 자체가 성립되지 않는다.

제3관 부작위위법확인소송

Ⅰ. 개 설

1. 의 의

행정청의 위법한 처분으로 인하여 권리가 침해당한 개인은 당해 처분의 취소나 무효를 구하는 소송을 제기하여 구제를 받을 수 있다. 그러나 개인이 행정청에 대하여 일정한 처분을 할 것을 신청한 경우에, 행정청이 어떠한 처분도 하지 않고 이를 방치하고 있는 경우에는 취소소송이나 무효확인소송으로 다툴 수는 없기 때문에, 이러한 행정청의 부작위에 대하여는 다른 소송수단이 마련되어야 한다. 특히 오늘날의 급부행정국가에서는 수익적 행정행위의 위법한 거부나 불발급은 경우에 따라서는 부담적 행정행위보다 개인에게 더욱 심각한 손해를 가할 수 있기 때문에, 이러한 행정청의 부작위에 대한 권리구제수단의 필요성이 더욱 강조되고 있다. 행정청의 부작위에 대한 행정소송의 대표적인 형태로는 독일의 의무이행소송이나 영·미의 직무집행명령소송 등을 들 수 있다. 그러나 행정소송법은 권력분립적 고려, 행정권의 1차적 판단권의 존중 및 법원의 부담 등을 이유로 이러한 이행소송을 받아들이지 않고, 대신 부작위위법확인소송을 규정하고, 그 실효성을 담보하기 위하여 인용판결이 있는 경우에는 처분의무(법 30조 2항·38조 2항)와 간접강제(법 34조·38조 2항)를 인정하고 있다. 그러나 권력분립주의의 진정한 의미는 권력상호간의 견제와 균형을 도모함으로써 권력의 남용을 막고 개인의 권리를 보장하는데 있기 때문에, 법원은 행정청의 위법한 행위를 취소할 수 있을 뿐 아니라 위법한 부작위에 대하여도 이행판결을 할 수 있음은 당연한 것이다. 이에 따라 행정청의 부작위에 대하여 우회적인 방법으로 권리구제를 도모하는 현행법상의 부작위위법확인소송은 포괄적이고 효과적인 권리구제제도를 본질적인 요소로 하는 오늘날의 실질적 법치국가에 있어서 설득력을 상실하고 있다. 2012년 5월 법무부행정소송법개정안에서는 의무이행소송이 도입되어 있다.

판례(현행법상 의무이행소송의 허용 여부) 행정심판법 제3조에 의하면 행정청의 위법 또는 부당한 거부처분이나 부작위에 대하여 의무이행심판청구를 할 수 있으나 행정소송법 제4조에서는 행정심판법상의 의무이행심판청구에 대응하여 부작위위법확인소송만을 규정하고 있으므로 행정청의 부작위에 대한 의무이행소송은 현행법상 허용되지 않는다(대판 1989. 9. 12, 87누868).

---

2. 성 질

부작위위법확인소송은 행정청의 부작위가 위법하다는 것을 확인하는 소송을 말한다(법 4조 3호). 즉 부작위위법확인소송은 행정청이 당사자의 신청에 대하여 상당한 기간 내에 일정한 처분을 할 법률상의 의무가 있음에도 불구하고 이를 하지 아니하는 것에 대한 위법확인을 구하는 소송이다. 이에 따라 부작위위법확인소송은 확인소송의 성질을 갖는다. 부작위위법확인소송의 판결은 행정청의 특정한 부작위의 위법여부를 확인하는 데 그치고, 적극적으로 행정청에 대하여 일정한 처분을 할 의무를 직접 명하지는 않는다. 한편 부작위위법확인소송은 행정청의 단순한 부작위가 아니라 공권력의 행사로서 처분의 부작위를 그 대상으로 하기 때문에 취소소송이나 무효등확인소송과 마찬가지로 항고소송에 속한다(법 4조 3호).

3. 적용법규

부작위위법확인소송도 처분의 부작위를 매개로 하여 생긴 위법한 법상태의 제거를 목적으로 하는 항고소송의 일종으로서 취소소송과 기본적 성격을 같이 하므로 취소소송에 관한 대부분의 규정이 준용된다. 다만 ① 처분변경으로 인한 소의 변경(법 22조), ② 집행정지결정(법 23·24조), ③ 사정판결, ④ 사정판결의 경우 피고의 소송비용부담에 관한 규정 등은 적극적인 처분을 전제로 하는 규정들이기 때문에 부작위위법확인소송에는 준용되지 않는다.

Ⅱ. 소송의 대상

1. 의 의

부작위위법확인소송의 대상은 행정청의 부작위이다. 부작위란 "행정청이 당사자의 신청에 대하여 상당한 기간 내에 일정한 처분을 하여야 할 법률상 의무가 있음에도 불구하고 이를 하지 아니하는 것을 말한다"(법 2조 1항 2호). 부작위를 행정소송의 대상으로 한 것은 행정청이 개인의 법령에 근거한 신청을 방치하거나 사무처리를 지연함으로써 개인이 불이익을 받게 되는 경우에 그 부작위에 대하여 행정소송을 제기할 수 있도록 함으로써, 한편으로는 사무처리를 촉진하고, 다른 한편으로는 그 부작위로 인한 개인의 권익침해를 구제하려는 것이다.

2. 성립요건

부작위가 성립하기 위하여는 ① 당사자의 신청이 존재하여야 하고, ② 행정청이 상당한 기간내에, ③ 일정한 처분을 하여야 할 법률상 의무가 있음에도 불구하고, ④ 그 처분을 하지 아니할 것이 요구된다.

---

1) 당사자의 신청
- 가. 의 의
- 나. 신청권의 존재
  - 가) 판례의 태도(=신청권을 대상적격의 문제로 접근)
  - 나) 학설의 입장
    - ① 신청권을 원고적격의 문제로 보는 견해
    - ② 신청권의 존재여부는 본안문제라는 견해
- 다) 결 어(=신청권은 원고적격에 관한 문제)

2) 상당한 기간의 경과

3) 처분을 하여야 할 법률상 의무

4) 처분의 부존재

---

1) 당사자의 신청

행정청의 부작위가 성립하기 위하여는 먼저 당사자의 적법한 신청이 있어야 한다. 적법한 신청은 법령에 근거한 신청을 의미하는 것으로서, 법령이 당사자가 행정청에 대하여 일정한 신청을 할 수 있음을 명문으로 규정한 경우뿐만 아니라, 법령의 해석상 당해 규정이 특정인의 신청을 전제로 하는 것이라고 인정되는 경우도 포함한다.

판례는 한걸음 더 나아가 거부처분과 마찬가지로 부작위가 성립하기 위하여는 국민이 행정청에 대하여 그 신청에 따른 행정행위를 해줄 것을 요구할 수 있는 법규상 또는 조리상의 권리가 있어야 한다는 입장을 취하여 왔는바, 이러한 견해는 대상적격과 원고적격의 혼동 내지는 본안의 선취에 해당한다는 비판을 받아왔다.

근래 대법원은 신청권의 존부는 구체적 사건에서 신청인이 누구인지를 고려하지 않고 관계법규의 해석에 의하여 일반국민에게 그러한 신청권을 인정하고 있는가를 살펴 추상적으로 결정되는 것이고, 신청인이 그 신청에 따른 단순한 응답을 받을 권리를 넘어서 신청의 인용이라는 만족적 결과를 얻을 권리를 의미하는 것은 아니라 하고, 구체적으로 그 신청이 인용될 수 있는가 하는 점은 본안에서 판단하여야 할 사항이라고 판시하고 있다.[148] 그러나 실제로 신청권이 있는가 여부를 본안에서 판단할 문제라고 한다면, 추상적 신청권의 존재여부는 부작위의 개념에 속한 것이 아니라, 여전히 원고적격에 관한 문제로 보아야 할 것이다.

2) 상당한 기간의 경과

상대방의 신청에 대하여 상당한 기간이 경과하여도 행정청이 아무런 처분을 하지 아니한 상태가 존재하여야 한다. 여기서 상당한 기간이란 사회통념상 당해 신청에 대한 처분을 하는 데 필요한 것으로 인정되는 기간을 가리킨다 할 것이다. 행정절차법은 신청인의 편의를 위하여 처분의 처리기간을 종류별로 미리 정하여 공표하여야 한다고 규정하고 있으며(법 19조 1항), 「민원 처리에 관한 법률」은 행정기관의 장이 민원처리 기간을 공표하도록 하고 있다(법 17조 1항). 이들에서 공표되거나 고시된 처리기간이 경과되면, 특별한 사유가 없는 한, 상당한 기간을 경과하였다고 볼 것이다.

3) 처분을 하여야 할 법률상 의무

행정소송의 대상인 부작위가 되기 위하여는 당사자의 신청에 대하여 일정한 처분을 하여야 할 법률상 의무가 있어야 한다. 여기서 법률상 의무란 처분요건이 충족된 경우에 상대방의 신청에 따라 처분을 하여야만 하는 기속행위뿐만 아니라, 처분의 가부 및 선택여부가 행정청의 재량에 있는 재량행위에도 존재한다고 보아야 할 것이다. 오늘날 무하자재량행사청구권의 발전에 따라 행정청은 재량행위의 경우에도 상대방의 신청이 있으면, 그에 대한 처분을 할 것인지의 여부 및 처분을 할 경우에도 어떠한 내용의 처분을 할 것인지에 대한 하자없는 재량을 행사하여야 할 법적인 의무가 있기 때문이다.

4) 처분의 부존재

행정청의 처분으로 볼 만한 외관이 존재하지 않아야 한다. 이에 따라 중대하고 명백한 하자로 인하여 효력은 없으나 외관적 존재는 인정되는 무효인 행정행위는 부작위가 되지 않는다. 또한 법령이 일정한 상태에서의 부작위를 거부처분으로 의제한 때에는 법적으로는 거부처분이라는 소극적 처분이 있는 것으로 되어 부작위가 성립하지 않는다.

Ⅲ. 기타 주요소송요건

1. 재판관할

부작위위법확인소송의 재판관할도 취소소송과 같이 제1심 관할법원은 피고인 행정청의 소재지를 관할하는 행정법원으로 한다. 다만 중앙행정기관 또는 그 장이 피고인 경우의 관할법원은 대법원 소재지의 행정법원으로 한다(법 9조·38조 2항).

148) 대판 1996. 6. 11, 95누12460: 이 판결은 거부처분취소소송에 대한 판결이지만, 그 내용은 부작위위법확인소송에 그대로 적용될 수 있다.

2. 당사자 등

1) 원고적격

처분을 신청한 자로서 부작위의 위법의 확인을 구할 법률상 이익이 있는 자만이 부작위위법확인소송을 제기할 수 있다(법 36조). 여기에서 부작위위법확인소송의 원고적격과 관련하여 "현실적으로 처분을 신청한 자"이면 모두 원고적격을 갖는다는 견해와, "법령 또는 조리에 의하여 신청권이 인정된 자"만이 원고적격을 갖는다는 견해가 대립된다.

가. 처분을 신청한 자

이 견해는 부작위위법확인소송에 있어서 원고적격이 인정되기 위하여는 현실적으로 일정한 처분을 신청한 것으로 족하고, 그 자가 법령에 의한 신청권을 가졌는지의 여부는 가릴 것이 없다고 한다.[149] 만일 신청을 하였으나 법령에 의하여 신청권이 인정되지 아니한 경우에는 행정청은 이에 대하여 응답을 하지 아니하여도 위법으로 되지 않기 때문에 결국 본안에서 청구가 기각된다고 한다. 이에 따라 승소하기 위하여는 법령에 의하여 신청권이 인정되어야 하나, 원고적격으로서는 실제로 신청한 것만으로 족하다고 한다.

나. 처분에 대한 신청권이 인정된 자

이 견해는 부작위위법확인소송의 원고적격은 신청을 한 모든 자에 대하여 인정되는 것이 아니라, 당해 처분의 발급을 구할 수 있는 권리가 있는 자에게 인정된다는 견해이다. 현재 다수설의 견해이다.[150]

여기서 처분의 발급을 구할 수 있는 권리가 있는지 여부는 보호규범이론에 따라 부작위의 근거법률에 의하여 보호되는 직접적이고 구체적인 이익이 있는지 여부에 따라 판단되어야 할 것이다.

판례(부작위위법확인소송의 원고적격) 행정소송법상 취소소송이나 부작위위법확인소송에 있어서는 당해 행정처분 또는 부작위의 직접 상대방이 아닌 제3자라 하더라도 그 처분의 취소 또는 부작위위법확인을 받을 법률상의 이익이 있는 경우에는 원고적격이 인정되나 여기서 말하는 법률상의 이익은 그 처분 또는 부작위의 근거법률에 의하여 보호되는 직접적이고 구체적인 이익을 말하고, 간접적이거나 사실적, 경제적 관계를 가지는데 불과한 경우는 포함되지 않는다(대판 1989. 5. 23, 88누8135).

---

2) 권리보호의 필요

부작위위법확인소송의 경우도 취소소송이나 무효등확인소송과 마찬가지로 협의의 소의 이익으로서 권리보호의 필요가 요구된다. 이에 따라 부작위위법확인소송의 계속 도중 부작위상태가 해소되거나, 부작위위법확인판결을 받는다고 하더라도 원고의 법률상 지위를 침해하는 불안 내지 위험의 회복을 기대할 수 없는 경우에는 소의 이익이 없어 각하된다.

판례(부작위위법 확인의 소익) 부작위위법확인의 소는 행정청이 당사자의 법규상 또는 조리상의 권

149) 李尚圭, 新行政法論(上), 828면.

150) 金南辰, 行政法 I, 838면; 金東熙/崔桂暎, 行政法 I, 789면; 朴鈗炘/鄭亨根, 最新行政法講義(上), 878면.

리에 기한 신청에 대하여 상당한 기간 내에 그 신청을 인용하는 적극적 처분을 하거나 각하 또는 기각하는 등의 소극적 처분을 하여야 할 법률상의 응답의무가 있음에도 불구하고 이를 하지 아니하는 경우, 그 부작위의 위법을 확인함으로써 행정청의 응답을 신속하게 하여 부작위 내지 무응답이라고 하는 소극적인 위법상태를 제거하는 것을 목적으로 하는 것이고, 나아가 그 인용 판결의 기속력에 의하여 행정청으로 하여금 적극적이든 소극적이든 어떤 처분을 하도록 강제한 다음, 그에 대하여 불복이 있을 경우 그 처분을 다투게 함으로써 최종적으로는 당사자의 권리와 이익을 보호하려는 제도이므로, 당사자의 신청이 있은 이후 당사자에게 생긴 사정의 변화로 인하여 위 부작위가 위법하다는 확인을 받는다고 하더라도 종국적으로 침해되거나 방해받은 권리와 이익을 보호 · 구제받는 것이 불가능하게 되었다면 그 부작위가 위법하다는 확인을 구할 이익은 없다(대판 2002. 6. 28, 2000두4750).

3) 피고적격

부작위위법확인소송의 피고는 부작위를 한 행정청이 된다(법 13조·38조 2항). 피고의 경정에 관한 취소소송의 규정 역시 준용된다(법 14조·38조 2항).

4) 기타 관계조항

공동소송(법 15조), 제3자의 소송참가(법 16조), 행정청의 소송참가(법 17조) 등 취소소송의 참가에 관한 여타 조항도 부작위위법확인소송에 준용된다(법 38조 2항).

3. 행정심판전치주의

부작위위법확인소송에도 행정심판과 취소소송의 관계에 관한 규정을 준용하여 원칙적으로 임의적 전치절차를 채택하되, 예외적으로 다른 법률이 정한 경우에만 행정심판전치주의를 채택하고 있다(법 18조·38조 2항). 여기서 전치되는 행정심판은 의무이행심판이다. 양자의 쟁송형태가 상이하다는 점에서 어색한 면은 있으나, 양자가 모두 행정청의 부작위에 대한 쟁송수단이며, 행정심판형태로서 부작위위법확인심판이 없다는 점에서 의무이행심판을 전심절차로 하고 있는 것으로 보인다.

4. 제소기간

취소소송의 제소기간에 관한 규정은 부작위위법확인소송에도 준용되고 있다(법 20조·38조 2항). 그런데 부작위상태는 계속되고 있는 상태이기 때문에 제소기간이란 있을 수가 없다. 다만 각 개별법률에서 예외적 행정심판전치주의를 채택하고 있기 때문에 행정심판을 거친 경우 및 그 밖에 행정심판을 거친 경우에는, 원고가 행정심판의 재결서를 송달받은 날로부터 90일 내에 또는 행정심판의 재결이 있는 날부터 1년 이내에 부작위위법확인소송을 제기하여야 한다(법 20조·38조 2항).

판례(행정심판을 거친 부작위위법확인소송의 제소기간) 부작위위법확인의 소는 부작위상태가 계속되는 한 그 위법의 확인을 구할 이익이 있다고 보아야 하므로 원칙적으로 제소기간의 제한을 받지 않는다. 그러나 행정소송법 제38조 제2항이 제소기간을 규정한 같은 법 제20조를 부작위위법확인소송에 준용하고 있는 점에 비추어 보면, 행정심판 등 전심절차를 거친 경우에는 행정소송법 제20조가 정한 제소기간 내에 부작위위법확인의 소를 제기하여야 한다(대판 2009. 7. 23, 2008두10560).

Ⅳ. 집행정지결정 및 가처분

1. 집행정지결정

우리 행정소송법상의 집행정지결정은 단지 소극적으로 이미 존재하는 처분의 효력이나 그 집행 또는 절차의 속행을 정지하는 데 그치고 적극적으로 임시의 지위를 정하는 것을 내용으로 하는 것이 아니다. 이에 따라 취소소송의 집행정지결정은 부작위위법확인소송에 준용되지 않고 있다.

2. 가 처 분

부작위위법확인소송에 있어서 가구제로서 민사소송법상의 가처분에 관한 규정이 준용될 수 있는지 문제가 되고 있다. 이론적으로 본안소송이 의무이행소송이 아니고 부작위위법확인소송인 경우에는, 본안소송 자체가 부작위가 위법임을 확인하는 데 지나지 않는다 할 것이므로 당해 처분을 임시로 행할 것을 명할 수 있는 가처분은 허용되지 않는다 할 것이다. 또한 법해석상으로도 행정소송법상의 집행정지규정은 가처분에 관한 민사집행법상의 규정을 배제하는 특별한 규정으로 볼 수 있기 때문에 그 준용이 허용되지 않는다고 할 것이다.

Ⅴ. 관련청구소송의 이송 · 병합 및 소의 변경

1. 관련청구소송의 이송 및 병합

행정처분과 관련되는 분쟁을 일거에 해결하여, 심리의 중복과 재판의 모순 · 저촉을 피함으로써 소송경제를 기할 필요가 있는 것은 부작위위법확인소송에서도 마찬가지이다. 이에 따라 취소소송에 있어 관련청구소송의 이송 · 병합에 관한 규정은 부작위위법확인소송에서도 준용된다(법 10조 · 38조 2항).

부작위위법확인소송과 관련청구소송이 각각 다른 법원에 계속되고 있는 경우에는 관련청구소송의 계속법원은 관련청구소송을 부작위위법확인소송이 계속된 법원으로 이송할 수 있으며, 부작위위법확인소송에는 사실심변론종결시까지 관련청구소송을 당해 법원에 병합하여 제기할 수 있다.

2. 소의 변경

소송의 제기 중 그 소송자료를 그대로 이용할 수 있는 다른 소송으로의 변경을 인정하는 것은 부작위위법확인소송에 있어서도 원고의 권리구제 및 소송경제의 관점에서 바람직한 것은 물론이다. 이에 따라 행정소송법은 취소소송에 있어 소의 종류의 변경에 관한 규정을 부작위위법확인소송에 준용시키고 있다(법 21조 · 37조). 즉 법원은 부작위위법확인소송을 취소소송 또는 당사자소송으로 변경하는 것이 상당하다고 인정할 때에는, 청구의 기초에 변경이 없는 한 사실심의 변론종결시까지 원고의 청구에 의하여 결정으로써 소의 변경을 허가할 수 있다. 예를 들어 간주거부의 성격을 갖는 부작위에 대하여 부작위위법확인소송이 제기된 경우에 원고의 청구에 따라 취소소송으로의 변경을 허가할 수 있을 것이다.

판례(부작위위법확인소송을 취소소송으로 변경한 사례) 당사자가 동일한 신청에 대하여 부작위위법확인의 소를 제기하였으나 그 후 소극적 처분이 있다고 보아 처분취소소송으로 소를 교환적으로 변경한 후 여기에 부작위위법확인의 소를 추가적으로 병합한 경우, 최초의 부작위위법확인의 소가 적법한 제소기간

내에 제기된 이상 그 후 처분취소소송으로의 교환적 변경과 처분취소소송에의 추가적 변경 등의 과정을 거쳤다고 하더라도 여전히 제소기간을 준수한 것으로 봄이 상당하다(대판 2009. 7. 23, 2008두10560).

다른 한편, 부작위에 대하여 부작위위법확인소송을 제기한 후에 행정청의 거부처분이 있는 경우에 거부처분에 대한 취소소송으로 변경할 수 있는지 다툼이 되고 있다. 긍정설은 처분변경으로 인한 소의 변경을 규정하고 있는 행정소송법 제22조를 부작위위법확인소송에 준용하지 않고 있는 것은 입법상의 불비이므로, 행정소송법 제37조의 확대해석을 통하여 이를 보완하여야 한다고 주장한다. 이에 대하여 부정설에 따르면 행정소송법 제37조는 소의 종류의 변경을 인정하는 행정소송법 제21조만을 준용하고 있기 때문에, 부작위에서 거부처분으로 발전된 경우에는 동법 제37조를 적용하여 소의 변경을 할 수 없다고 한다.

비록 부작위위법확인소송에서는 변경될 처분이 존재하지 않으나, 부작위에서 거부처분으로 발전된 경우에도 처분변경의 한 유형으로 보아 소의 변경을 허용하는 것이 원고의 효과적인 권리보호와 소송경제에 도움이 될 것이다.

Ⅵ. 소송의 심리

1. 직권심리주의

부작위위법확인소송의 심리에 있어서도 취소소송의 심리에서와 마찬가지로 법원이 필요하다고 인정할 때에는 직권으로 증거조사를 할 수 있으며, 당사자가 주장하지 않은 사실에 대하여도 판단할 수 있다(법 26조 · 38조 1항).

2. 행정심판기록의 제출명령

행정심판절차를 거친 경우에는 취소소송에 있어서와 마찬가지로, 법원은 당사자의 신청이 있는 때에는 결정으로써 재결을 행한 행정청에 대하여 행정심판에 대한 기록의 제출을 명할 수 있으며, 행정청은 지체없이 이에 응하여야 한다(법 25조 · 38조 2항).

3. 법원의 심리권의 범위

부작위위법확인소송에서 법원의 심리권의 범위에 관련하여 적극설과 소극설이 대립하고 있다.

1) 적극설

적극설에 따르면 법원은 부작위위법확인소송의 심리에 있어서 단순히 행정청의 방치상태의 적부에 관한 절차적 심리에만 그치지 않고, 신청의 실체적 내용이 이유있는 것인가도 심리하여 그에 대한 적정한 처리방향에 관한 법률적 판단을 하여야 한다고 한다. 이 견해는 그렇게 하는 것이 행정청의 "판결의 취지(법 30조 2항)에 따르는" 처분의무를 이행하는 요건이 된다고 보고 있다.[151]

2) 소극설

소극설에 따르면 부작위위법확인소송의 목적은 신청에 대하여 법률상 응답의무가 있음에도 불

151) 金道昶, 一般行政法論(上), 836면; 洪準亨, 行政救濟法, 723면.

구하고 그것을 방치한 경우에 있어서 그 부작위의 위법성을 확인하여, 그 내용이 어떠하든 응답의무를 지움으로써 그 부작위에 의하여 형성된 위법한 법상태를 제거하는 데 있다고 한다. 또한 부작위위법확인소송에 있어서 판결의 기속력에 의하여 처분청이 행하여야 할 응답의무는 그 방치된 처분에 한하지 않는다고 한다. 이에 따라 법원의 심리는 그 부작위의 위법성을 확인하는데 그칠 뿐, 행정청이 행할 처분의 내용까지 정할 수는 없다는 견해를 취하고 있다.[152] 현재 판례의 입장이기도 하다.

판례(부작위위법확인소송의 심리범위) 부작위위법확인의 소는 행정청이 국민의 법규상 또는 조리상의 권리에 기한 신청에 대하여 상당한 기간 내에 그 신청을 인용하는 적극적 처분 또는 각하하거나 기각하는 등의 소극적 처분을 하여야 할 법률상의 응답의무가 있음에도 불구하고 이를 하지 아니하는 경우, 판결(사실심의 구두변론종결)시를 기준으로 그 부작위의 위법을 확인함으로써 행정청의 응답을 신속하게 하여 부작위 내지 무응답이라고 하는 소극적인 위법상태를 제거하는 것을 목적으로 하는 것이고, 나아가 당해 판결의 구속력에 의하여 행정청에게 처분 등을 하게 하고 다시 당해 처분 등에 대하여 불복이 있는 때에는 그 처분 등을 다투게 함으로써 최종적으로는 국민의 권리이익을 보호하려는 제도이다(대판 1990. 9. 25, 89누4758).

---

3) 결 어

적극설의 견해가 타당하다고 하겠다. 비록 부작위위법확인소송의 소송물은 부작위의 위법성에 지나지 않으나, 실제로 신청된 처분의 발급에 대한 실체적 요건의 충족여부에 대한 구체적인 심사 없이 위법성을 판단하기란 매우 어려울 것이다. 이에 따라 법원은 기속행위와 재량행위로 구분하여, 기속행위의 경우에는 처분의 요건충족여부를 심사하여, 요건이 충족된 경우에는 행정청이 해당처분을 하여야 할 의무가 있음에도 불구하고 이를 행하지 않는 부작위가 위법하다고 판시하여 판결의 기속력에 따라 신청에 따른 처분을 하도록 하여야 할 것이다. 한편 법원은 재량행위의 경우에는 현재의 부작위에 있어서 재량하자가 있는지 여부에 대하여 심리하여, 재량하자로 인한 부작위의 위법성이 인정될 경우에는 이를 적시하여, 판결의 기속력에 따라 재량하자가 없는 처분을 하도록 하여야 할 것이다. 즉 부작위의 위법성심사에는 앞으로 행해져야 할 처분의 내용에 대한 법률적 판단이 불가결하게 포함될 수밖에 없다고 보아야 할 것이다. 또한 이와 같이 해석하는 것이 헌법에서 보장하고 있는 국민의 권리보호 및 행정소송법 제30조 제2항의 취지에 상응될 것이다.

부작위위법확인소송에 있어서 판결의 기속력에 의하여 처분청이 행하여야 할 응답의무는 그 방치된 처분에 한하지 않는다는 소극설은 처분의 발급여부 및 발급될 처분의 내용을 전적으로 행정청의 재량에 맡기는 입장으로서 이는 행정실체법의 구조와 현저하게 일치하지 않는 견해라고 할 것이다.

4. 입증책임

원고는 그가 신청한 처분의 발급에 대한 권리를 근거지우는 법규범의 요건사실의 존재에 대한 입증책임을 진다. 예를 들어 원고가 식품위생업허가를 받고자 한다면, 식품위생법 제37조 제1항에 규정된 법률요건에 해당하는 사실관계가 존재한다는 것을 입증을 하지 못한다면 부작위위법확인소송은 기각될 것이다. 반면에 원고의 신청권에 대한 권리장애적인 요건사실의 존재에 대한 입증책임

---

152) 朴鈗炘/鄭亨根, 最新行政法講義(上), 881면; 金東熙/崔桂暎, 行政法 I, 790면.

은 행정청이 진다(예: 식품위생업허가를 신청한 자가 동법 38조 1항 8호에 의한 피성년후견인이라는 사실에 대한 입증).

5. 기 타

그 밖에 처분권주의, 공개심리주의, 법관의 석명의무에 관한 원칙 등은 부작위위법확인소송에도 적용된다고 할 것이다.

Ⅶ. 판결 및 소송의 종료

1. 위법판단의 기준시

부작위위법확인소송에 있어서 위법판단의 기준시는 신청시인지 또는 판결시(사실심변론종결시)인지 문제가 될 수 있으나 판결시로 보아야 한다는 것이 통설적인 견해이다. 부작위위법확인소송의 인용판결은 비록 행정청의 특정한 처분의 부작위의 위법여부를 확인하는데 그치지만 행정소송법 제30조 제2항과 결부하여 결과적으로는 행정청에게 일정한 처분의무를 부과하기 때문에 실질적으로는 의무이행소송과 유사한 성격을 갖는다. 원고가 피고에 대하여 현재 일정한 급부이행을 구하는 이행소송에 있어서는 성질상 청구권의 존재여부에 대한 판단기준시점은 판결시가 될 수밖에 없다.[153] 부작위위법확인소송에 있어서도 법원은 원칙적으로 사실심변론종결시점의 법적·사실적 상황을 근거로 원고의 신청권이 존재하고 있는지 여부 및 행정청의 부작위의 위법성을 판단하여야 한다.

2. 판결의 제3자효

행정소송법은 부작위위법확인소송은 형식상으로 확인판결이지만, 그 위법확인의 효과는 취소소송의 형성적 효과에 준하는 것으로 보아 부작위위법확인판결의 제3자에 대한 효력을 인정하고 있다(법 29조·38조 2항).

3. 판결의 기속력

부작위위법확인소송에 있어서 인용판결이 있는 때에는 행정청은 판결의 취지에 따라 이전의 신청에 대한 처분을 하도록 적극적 처분의무를 부과하고 그 위반에 대하여 간접강제를 인정하고 있다(법 30조 2항·34조·38조 2항). 여기서 적극적 처분의무의 내용이 문제가 되고 있다. 행정소송법은 부작위를 "행정청이 일정한 처분을 하여야 할 의무가 있음에도 불구하고 이를 하지 아니하는 것"으로 정의하고 있는 바, 이에 따라 부작위위법확인소송의 확정판결에 의하여 행정청이 기속받게 되는 일정한 처분의 내용이 무엇이냐에 관하여 학설에서 다툼이 되고 있다.

앞서 본 바와 같이 다수설은[154] 부작위위법확인소송의 목적은 의무이행소송과는 달리 방치된 신청에 대하여 그 내용이 어떤 것이든 간에 응답의무를 지우는 데 있다고 한다. 이에 따라 부작위위법확인소송의 판결은 부작위의 위법을 확인하는데 그치며 앞으로 행정청이 행할 처분의 내용까지 들어가 판단을 할 수 없다고 한다. 즉 행정청은 판결의 취지에 따라 어떠한 처분을 하기만 하면 되는 것이므로 기속행위의 경우에도 거부처분을 하여도 판결의 기속력의 내용인 적극적 처분의무를 이행하

153) Ule, Verwaltungprozeßrecht, S. 302.

154) 金東熙/崔桂暎, 行政法 I, 791면; 朴鈗炘/鄭亨根, 最新行政法講義(上), 882면.

는 것이 된다고 한다. 이러한 거부처분에 대하여 신청인은 취소소송을 제기하여 관계행정청의 처분의 발급의무를 확보할 수 있다고 한다.

그러나 법원의 심리권의 범위와 관련하여 설명한 바와 같이 부작위위법확인소송에 있어서는 실제로 신청된 처분의 발급을 위한 실체적 요건의 충족여부에 대한 구체적인 심사없이 부작위의 위법성을 판단한다는 것은 사실상 매우 어려울 것이다. 행정소송법 제30조 제2항이 "행정청은 판결의 취지에 따라 이전의 신청에 대한 처분을 하여야 한다"고 규정하고 있는 바와 같이 행정청은 스스로의 자유로운 판단에 따라 신청을 인용하거나 거부하는 결정을 할 수 없고, 판결이유(요건사실의 인정과 판단)에서 인용하는 처분을 하는 것이 타당하다는 것을 밝혔으면 판결이유에 대하여 행정청을 구속하는 효력을 인정하여 인용처분을 하여야 할 것이다.[155] 여기서 기속행위와 재량행위로 구분하여야 할 것이다. 기속행위의 경우에 처분의 발급요건이 충족되어 상대방의 신청권이 인정되어 그 부작위가 위법하다는 인용판결이 있게 되면, 행정청은 판결의 취지에 따라 상대방의 신청을 인용하는 결정을 내려야 한다. 이에 대하여 재량행위에서는 행정청의 부작위가 재량하자의 이유로 위법하다는 인용판결이 있게 되면, 행정청은 판결의 취지에 따라 재량의 하자없이 처분을 하여야 할 것이다. 이 경우에는 재량행사의 한계를 유지하는 한 인용결정 또는 거부처분 모두 가능할 것이다.

부작위위법확인소송에 있어서 판결의 기속력에 의하여 처분청이 행하여야 할 응답의무는 그 방치된 처분에 한하지 않는다는 소극설은 처분의 발급여부 및 발급될 처분의 내용을 전적으로 행정청의 재량에 맡기는 입장으로서 이는 행정실체법의 구조와 현저하게 일치하지 않을 뿐 아니라, 원고가 행정청의 처분에 불복하는 경우에는 이중의 소송부담을 갖게 될 것이다.

판례(부작위위법확인소송에서 간접강제의 신청요인) 신청인이 피신청인을 상대로 제기한 부작위위법확인소송에서 신청인의 제2예비적 청구를 받아들이는 내용의 확정판결을 받았다. 그 판결의 취지는 피신청인이 신청인의 광주광역시 지방부이사관 승진임용신청에 대하여 아무런 조치를 취하지 아니하는 것 자체가 위법함을 확인하는 것일 뿐이다. 따라서 피신청인이 신청인을 승진임용하는 처분을 하는 경우는 물론이고, 승진임용을 거부하는 처분을 하는 경우에도 위 확정판결의 취지에 따른 처분을 하였다고 볼 것이다(대결 2010. 2. 5, 2009무153).

---

4. 기타의 준용규정

취소소송에 있어서 제3자의 재심청구(법 31조), 소송비용에 관한 재판의 효력(법 33조), 거부처분취소판결의 간접강제(법 34조) 규정들은 부작위위법확인소송에도 준용된다.

> **사례** 갑도지사는 을시의 외곽에 화학제품공장의 설립허가를 하였다. 그러나 공장의 가동 후 오염방지시설이 설치되었음에도 불구하고 주변환경이 대기오염으로 현저하게 악화되었고 이에 따라 인근 주민의 원성이 높아지기 시작하였다. 인근주민은 갑도지사에게 화학공장에 대한 개선조치를 취하여 줄 것을 요구하였으나 상당한 기간이 지나도록 아무런 반응이 없었다. 이에 따라 인근주민은 항고소송을 제기하였다.
>
> 1) 인근주민이 제기한 항고소송의 대상적격에 대하여 논하라.

155) 同旨: 金道昶, 一般行政法論(上), 836면; 洪準亨, 行政救濟法, 723면 이하.

2) 인근주민이 도지사에 대하여 관철시킬 수 있는 공권에 대하여 논하라.

3) 인근주민이 승소하는 경우에 판결의 기속력에 대하여 논하라.

▶답안요지 **제1문:** 사안에서 인근주민이 제기할 수 있는 항고소송으로는 의무이행소송과 부작위위법확인소송이다. 일설은 행정소송법 제4조 제1호를 예시적 규정으로 보아 무명항고소송의 형태로 의무이행소송을 실무화할 것을 주장하고 있으나, 다수설과 판례는 의무이행소송은 현행법상 가능하지 않다고 본다. 이에 따라 사안에서 인근주민이 제기할 수 있는 소송은 부작위위법확인소송이 고려된다. 부작위위법확인소송의 대상적격으로 부작위가 존재하기 위하여는 ① 상대방의 신청의 존재, ② 상당한 기간의 경과, ③ 처분을 하여야 할 법률상 의무, ④ 처분의 부존재가 있어야 한다. 사안에서 도지사의 개선조치의 수권법률인 대기환경보전법 제33조는 재량규정으로 되어 있으나, 재량행위의 경우에도 상대방의 신청이 있으면, 그에 대한 처분을 할 것인지의 여부 및 처분을 할 경우에도 어떠한 내용의 처분을 할 것인지에 대한 하자없는 재량을 행사하여야 할 의무가 있기 때문에 갑도지사의 부작위가 인정된다. 판례는 부작위의 개념에 추가적으로 추상적 신청권의 존재를 요구하고 있으나 학설은 이를 원고적격에 관한 문제로 보고 있다(부작위의 개념에 대하여 상세히는 본문 참조).

제2문: 인근 주민이 관철할 수 있는 공권으로는 행정개입청구권이 고려된다. 행정개입청구권이 성립하기 위하여는 ① 행정개입의 의무를 부과하는 강행법규의 존재, ② 당해법규의 사익보호성이 존재하여야 한다. ①의 요건과 관련하여 대기환경보전법 제33조는 재량법규이기는 하나 사안에서 인근주민의 건강상의 위해가 급박한 것으로 보아 재량이 영으로 수축되어 도지사의 행정개입의 의무(개선조치의무)를 인정할 수 있다.

②의 요건에서 대기환경보전법 제33조는 공익뿐만 아니라 인근주민의 건강 · 생명을 보호하는 규정으로 보아야 하기 때문에 사익보호성이 인정된다. 이에 따라 인근주민은 갑도지사에 대하여 행정개입청구권을 주장할 수 있을 것이다.

제3문: 부작위위법확인소송의 판결의 기속력에 대하여는 소극설과 적극설이 대립하고 있다. ① 소극설에 따르면 부작위위법확인소송의 판결은 부작위의 위법을 확인하는데 그치며 향후 행정청이 행할 처분의 내용까지 판단할 수 없다고 한다. 즉 행정청은 기속행위의 경우에도 거부처분을 하여도 판결의 기속력의 내용의 적극적 의무를 이행하는 것이 된다고 한다. 이러한 거부처분에 대하여 신청인은 취소소송을 제기하여 관계행정청의 처분의 발급의무를 확보할 수 있다고 한다. 이에 대하여 ② 적극설은 부작위위법의 판단에는 행정처분의 발급의 실체적 요건에 판단이 필연적으로 포함될 수밖에 없기 때문에 향후 처리방향에 관한 법률적 판단이 있게 된다고 한다. 기속행위의 경우 처분의 발급요건이 충족되어 부작위가 위법하다는 인용판결이 있게 되면 행정청은 판결의 취지에 따라 처분을 내려야 하며, 재량행위에서는 부작위가 재량하자의 이유로 위법하다는 인용판결이 있게 되면 판결의 취지에 따라 하자없는 처분을 하여야 한다. 이 경우 재량의 한계가 유지되는 한 인용결정, 거부결정 모두 가능하다고 한다. 판례는 소극설의 입장을 취하고 있다. 한편 부작위위법확인소송의 판결의 기속력의 실효성을 확보하기 위하여 간접강제가 인정되고 있다(행소법 34조 · 38조 2항). 적극설에 따르면 재량이 영으로 수축되기 때문에 갑도지사는 개선조치명령을 내려야 할 것이다.

제3항 당사자소송(當事者訴訟)

Ⅰ. 개 설

1. 당사자소송의 의의

당사자소송은 "행정청의 처분 등을 원인으로 하는 법률관계에 관한 소송 그 밖에 공법상의 법률관계에 관한 소송으로서 그 법률관계의 한쪽 당사자를 피고로 하는 소송"(법 3조 2호)을 말한다. 항고소송은 행정청의 우월한 공권력 행사, 즉 처분이나 부작위를 대상으로 하는 행정소송인 데 대하여, 당사자소송은 처분 등을 원인으로 하는 법률관계 및 공법상의 법률관계를 대상으로 하는 행정소송이다. 이러한 당사자소송은 항고소송과 달리 대등한 당사자간에 법률상의 분쟁을 해결하기 위한 소송이라는 점에서 민사소송과 유사하다. 그러나 당사자소송은 공법상의 법률관계를 대상으로 하는 반면, 민사소송은 사법상의 법률관계를 대상으로 한다는 점에서 양자는 구별된다. 이에 따라 당사자소송은 공법원리가 적용되며, 또한 민사소송에 대한 여러 가지 특례가 인정되고 있다.

2. 당사자소송이 활성화되지 않는 이유

1) 민사소송중심의 실무적 고려

구(舊) 행정소송법에서는 당사자소송에 관한 명문규정은 없었으나 학설에서는 구법(舊法) 제1조상의 "공법상의 권리관계에 관한 소송"을 당사자소송으로 이해하였다. 현행법은 일본의 행정사건소송법의 예를 따라 당사자소송을 명문으로 인정하여 행정소송을 항고소송과 당사자소송으로 구분하고 있다.[156] 그럼에도 불구하고 그 동안 당사자소송은 실무에서는 거의 활용되지 않았다. 그 주된 원인은 현행법상 당사자소송에 있어서 원고적격이나 제소기간 등 관련규정이 미비한 점도 있었지만, 공·사법의 구별의 포기하에 공법상의 당사자소송으로 처리하여야 할 사항을 가능한 한 민사소송으로 해결하려는 민사소송위주의 실무적 고려에서 찾을 수 있다. 예컨대 국가배상, 부당이득반환청구 등은 성격상 공법상 당사자소송에 의하여 처리되어야 함에도 불구하고 민사소송에 의하여 다루어져 오고 있다. 생각건대 우리의 실정법질서가 공·사법의 이원적 체계를 인정하고 있으며, 양자 사이에 실질적 차이가 존재하는 이상, 민법상의 법률관계와 구별되는 공법상의 법률관계를 대상으로 하는 공법상의 당사자소송의 필요성은 당연하다고 할 것이다. 특히 현행법상 심리절차에 있어서도 민사소송과 당사자소송은 상당한 차이가 존재하고 있다.

그 차이점들을 살펴 보면 ① 당사자소송과 항고소송간에는 소의 변경이 가능하나, 민사소송과 항고소송간에는 소변경에 관한 규정이 없으며, ② 당사자소송에는 관련 민사소송청구를 병합할 수 있으나, 민사소송에는 관련 당사자소송청구를 병합할 수 없고, ③ 당사자소송에는 행정청이 참가할 수 있으나, 민사소송에는 불가능하며, ④ 당사자소송에는 필요한 범위에서 직권탐지주의가 적용되나, 민사소송에는 변론주의가 적용되고, ⑤ 당사자소송의 판결의 기속력은 당해 행정주체 산하의 행정청에게도 미치나, 민사소송에서는 소송당사자에게만 미친다. 이와 같이 당사자소송과 민사소송의 심리절차에 있어서 차이를 두고 있는 것은 공익과 직접적 관련이 있는 공법관계에서의 분쟁을 합리

156) 독일에서도 1960년 행정법원법 제정 전까지 항고소송과 당사자소송의 이원주의를 채택하고 있었으며, 현재 프랑스의 월권소송과 완전심리소송도 항고소송과 당사자소송의 구분과 유사하다고 할 것이다.

적으로 해결함으로써 행정운영의 적정과 아울러 국민의 권리보호를 도모하려는 데 그 취지가 있다고 볼 것이다.

2) 취소소송중심의 사고방식

공법상 당사자소송의 위축에 또 다른 중요한 역할을 한 것은 당사자소송에 의하여 해결하여야 할 법률상의 분쟁도 처분의 개념을 확대하여 가능한 한 취소소송에 의하여 해결하려는 취소소송중심의 사고방식이라고 할 것이다. 이른바 학설에서 논의되고 있는 쟁송법상 처분개념이 이를 잘 설명하여 주고 있다. 이와 같은 취소소송중심주의는 결과적으로 취소소송을 과도하게 부하시킬 뿐 아니라, 행위형식에 상응하는 소송유형을 발전시키는 가능성을 당초부터 막아버리는 결과가 된다. 또한 처분의 개념을 아무리 확대한다고 하더라도 이에는 한계가 있으며, 모든 행정작용을 이에 포섭할 수는 없는 것이다. 이에 따라 학설에서는 당사자소송을 행정소송 중에서 항고소송을 제외한 모든 소송을 포함하는 이른바 포괄소송으로 파악하려는 견해가 있다.[157]

생각건대 독일행정소송법의 일반적 이행소송이나 확인소송이 당사자소송에서 발전되어 온 것을 고려한다면, 당사자소송에 이들 소송을 포함시켜, 일반적 이행소송은 행정행위를 제외한 여타의 행정작용(사실행위 및 직무행위)의 작위, 부작위, 수인을 구하는 소송으로, 확인소송은 공법상의 법률관계의 존부여부에 대한 확인을 구하는 소송으로 실무화하는 것이 바람직할 것이다. 이러한 방안은 포괄적이고 흠결없는 권리구제를 지향하고 있는 헌법정신과 행정소송법의 목적에도 상응한다고 보아야 할 것이다.

Ⅱ. 당사자소송의 종류

당사자소송에는 실질적 당사자소송과 형식적 당사자소송의 두 가지 종류가 있다는 것이 일반적인 견해이다. 즉 행정소송법은 당사자소송을 ① "행정청의 처분 등을 원인으로 하는 법률관계에 관한 소송…… 으로서 그 법률관계의 한쪽 당사자를 피고로 하는 소송"과 ② "그 밖에 공법상의 법률관계에 관한 소송으로서 그 법률관계의 한쪽 당사자를 피고로 하는 소송"으로 구분하고 있는바, 전자의 소송 중에는 형식적으로는 법률관계의 당사자간의 소송이지만 실질적으로는 행정청의 처분을 다투는 형식적 당사자소송이 포함되어 있다고 본다.

1. 실질적 당사자소송

1) 의 의

실질적 당사자소송이란 공법상의 법률관계에 관한 소송으로서 그 법률관계의 한쪽 당사자를 피고로 하는 소송을 말한다. 여기에서 공법상의 법률관계에 관한 소송이란 소송상의 청구의 대상이 되는 권리 내지 법률관계가 공법에 속하는 소송, 즉 공권을 소송물로 하는 소송 내지는 공법법규의 적용을 통하여 해결될 수 있는 법률관계 그 자체를 대상으로 하는 소송을 말한다.

2) 실질적 당사자소송의 예

실질적 당사자소송에 해당하는 것을 예시하면 다음과 같다.

157) 朴鈗炘/鄭亨根, 最新行政法講義(上), 886면; 洪準亨, 行政救濟法, 730면.

가. 처분 등을 원인으로 하는 법률관계에 관한 소송

행정소송법 제3조 제2호는 "행정청의 처분 등을 원인으로 하는 법률관계에 관한 소송"을 당사자소송의 하나로 유형화하고 있는바, 이는 처분 등이 원인이 되어 그 직접적인 결과로서 성립된 법률관계는 공법관계로 보아 이에 관한 소송을 당사자소송으로 다루려는 취지인 것이다. 이러한 당사자소송으로서는 ① 처분 등의 취소나 무효를 전제로 하는 부당이득반환청구소송, ② 공무원의 불법행위로 인한 국가배상청구소송 등이 있다. 이들 소송은 성질상 당연히 당사자소송에 속하는 것으로 보아야 할 것이나, 실무상으로는 민사소송으로 다루어지고 있다.

나. 공법상의 신분 · 지위 등의 확인소송

공무원이나 국 · 공립학생 또는 국가유공자의 신분이나 지위의 확인을 구하는 소송이 이에 속한다. 판례는 도시재개발조합의 조합원의 자격인정여부에 관한 다툼을 공법상 법률관계에 관한 분쟁으로 보아 당사자소송의 대상으로 하고 있다.

판례 1(국가유공자로서의 보상 등 예우를 받는데 필요한 훈격을 확인하기 위한 당사자소송) 국가의 훈기부상 화랑무공훈장을 수여받은 것으로 기재되어 있는 원고가 태극무공훈장을 수여받은 자임을 확인하라는 이 소 청구는, 이러한 확인을 구하는 취지가 국가유공자로서의 보상 등 예우를 받는 데에 필요한 훈격을 확인받기 위한 것이더라도, 항고소송이 아니라 공법상의 법률관계에 관한 당사자소송에 속하는 것이므로 행정소송법 제30조의 규정에 의하여 국가를 피고로 하여야 할 것이다(대판 1990. 10. 23, 90누4440).

판례 2(재개발조합의 조합원의 자격 인정 여부에 관한 당사자소송) 구 도시재개발법에 의한 재개발조합은 조합원에 대한 법률관계에서 적어도 특수한 존립목적을 부여받은 특수한 행정주체로서 국가의 감독하에 그 존립 목적인 특정한 공공사무를 행하고 있다고 볼 수 있는 범위 내에서는 공법상의 권리의무 관계에 서 있다. 따라서 조합을 상대로 한 쟁송에 있어서 강제가입제를 특색으로 한 조합원의 자격 인정 여부에 관하여 다툼이 있는 경우에는 그 단계에서는 아직 조합의 어떠한 처분등이 개입될 여지는 없으므로 공법상의 당사자소송에 의하여 그 조합원 자격의 확인을 구할 수 있다(대판 1996. 2. 15, 94다31235).

판례 3(고용 · 산재보험료 납부의무 부존재확인의 소의 법적 성질) 고용보험 및 산업재해보상보험의 보험료징수 등에 관한 법률 제4조, 제16조의2, 제17조, 제19조, 제23조의 각 규정에 의하면, 사업주가 당연가입자가 되는 고용보험 및 산재보험에서 보험료 납부의무 부존재확인의 소는 공법상의 법률관계 자체를 다투는 소송으로서 공법상 당사자소송이다(대판 2016. 10. 13, 2016다221658).

판례 4(조세채권존재확인의 소는 당사자소송이라는 판례) 조세는 국가존립의 기초인 재정의 근간으로서, 세법은 공권력 행사의 주체인 과세관청에 부과권이나 우선권 및 자력집행권 등 세액의 납부와 징수를 위한 상당한 권한을 부여하여 공익성과 공공성을 담보하고 있다. 따라서 조세채권자는 세법이 부여한 부과권 및 자력집행권 등에 기하여 조세채권을 실현할 수 있어 특별한 사정이 없는 한 납세자를 상대로 소를 제기할 이익을 인정하기 어렵다. 다만 납세의무자가 무자력이거나 소재불명이어서 체납처분 등의 자력집행권을 행사할 수 없는 등 구 국세기본법 제28조 제1항이 규정한 사유들에 의해서는 조세채권의 소멸시효 중단이 불가능하고 조세채권자가 조세채권의 징수를 위하여 가능한 모든 조치를 충실히 취하여 왔음에도 조세채권이 실현되지 않은 채 소멸시효기간의 경과가 임박하는 등의 특별한 사정이 있는 경우에는, 그 시효중단을 위한 재판상 청구는 예외적으로 소의 이익이 있다고 봄이 타당하다. 국가 등 과세주체가 당해 확정된 조세채권의 소멸시효 중단을 위하여 납세의무자를 상대로 제기한 조세채권존재확인의 소는 공법상 당사자소송에 해당한다(대판 2020. 3. 2, 2017두41771).

다. 공법상 금전지급청구소송

손실보상청구권, 공무원연금청구권, 보조금지급청구권 및 각종 사회보장관계법률의 급부청구권 등에 있어서 이들이 행정청의 지급결정의 매개없이 법률의 규정에 의하여 직접 발생하는 경우에는 당사자소송의 대상이 된다. 종래 판례는 개별법에서 별도의 규정을 두고 있지 않는 한 손실보상청구권을 사권으로 보아 민사소송으로 다루어 왔으나, 최근 하천구역 편입토지에 대한 손실보상청구사건에서 입장을 바꾸어 공법상의 권리로 보아 당사자소송으로 다루었다. 그 밖에 공법상 금전지급청구소송을 당사자소송으로 다룬 판례로는 「광주민주화운동관련자보상 등에 관한 법률」에 의한 보상금청구사건 및 석탄산업법에 의한 석탄가격안정지원금청구사건 등이 있다. 한편 대법원은 「민주화운동관련자 명예회복 및 보상 등에 관한 법률」에 의한 보상금 지급에 관한 소송은 보상심의위원회에서 심의 · 결정을 받아야만 비로소 보상금 등의 지급 대상자로 확정될 수 있다는 이유에서 당사자소송이 아니라 취소소송의 성격을 갖는다고 판시하였다.

판례 1(하천구역 편입토지에 대한 손실보상청구권에 관한 분쟁은 당사사소송의 대상이라는 판례) 개정 하천법 등이 하천구역으로 편입된 토지에 대하여 손실보상청구권을 규정한 것은 헌법 제23조 제3항이 선언하고 있는 손실보상청구권을 하천법에서 구체화한 것으로서, 하천법 그 자체에 의하여 직접 사유지를 국유로 하는 이른바 입법적 수용이라는 국가의 공권력 행사로 인한 토지소유자의 손실을 보상하기 위한 것이므로 하천구역 편입토지에 대한 손실보상청구권은 공법상의 권리임이 분명하고, 따라서 그 손실보상을 둘러싼 쟁송은 사인간의 분쟁을 대상으로 하는 민사소송이 아니라 공법상의 법률관계를 대상으로 하는 당사자소송 절차에 의하여야 할 것이다(대판(전원합의체) 2006. 5. 18, 2004다6207).

판례 2(부가가치세 환급세액 지급청구와 당사자소송) 납세의무자에 대한 국가의 부가가치세 환급세액 지급의무는 그 납세의무자로부터 어느 과세기간에 과다하게 거래징수된 세액 상당을 국가가 실제로 납부받았는지와 관계없이 부가가치세법령의 규정에 의하여 직접 발생하는 것으로서, 그 법적 성질은 정의와 공평의 관념에서 수익자와 손실자 사이의 재산상태 조정을 위해 인정되는 부당이득 반환의무가 아니라 부가가치세법령에 의하여 그 존부나 범위가 구체적으로 확정되고 조세 정책적 관점에서 특별히 인정되는 공법상 의무라고 봄이 타당하다. 그렇다면 납세의무자에 대한 국가의 부가가치세 환급세액 지급의무에 대응하는 국가에 대한 납세의무자의 부가가치세 환급세액 지급청구는 민사소송이 아니라 행정소송법 제3조 제2호에 규정된 당사자소송의 절차에 따라야 한다(대판(전원합의체) 2013. 3. 21, 2011다95564).

판례 3(광주민주화운동관련자보상에 관한 법률에 의거한 손실보상청구권에 관한 분쟁은 당사자소송의 대상이라는 판례) 광주민주화운동관련자보상 등에 관한 법률에 의거하여 관련자 및 유족들이 갖게 되는 보상 등에 관한 권리는 헌법 제23조 제3항에 따른 재산권침해에 대한 손실보상청구나 국가배상법에 따른 손해배상청구와는 그 성질을 달리하는 것으로서 법률이 특별히 인정하고 있는 공법상의 권리라고 하여야 할 것이므로 그에 관한 소송은 행정소송법 제3조 제2호 소정의 당사자소송에 의하여야 할 것이며 보상금 등의 지급에 관한 법률관계의 주체는 대한민국이다(대판 1992. 12. 24, 92누3335).

판례 4(석탄가격지원금의 지급을 구하는 소송은 당사자소송이라는 판례) 석탄가격안정지원금은 석탄의 수요 감소와 열악한 사업환경 등으로 점차 경영이 어려워지고 있는 석탄광업의 안정 및 육성을 위하여 국가정책적 차원에서 지급하는 지원비의 성격을 갖는 것이고, 석탄광업자가 석탄산업합리화사업단에 대하여 가지는 이와 같은 지원금지급청구권은 석탄사업법령에 의하여 정책적으로 당연히 부여되는 공법상의 권리이므로, 석탄광업자가 석탄산업합리화사업단을 상대로 석탄산업법령 및 석탄가격안정지원금 지급요령에 의하여 지원금의 지급을 구하는 소송은 공법상의 법률관계에 관한 소송인 공법상의 당사자소송에 해당한다(대판 1997. 5. 30, 95다28960).

판례 5(민주화운동관련자 명예회복 및 보상 등에 관한 법률에 의한 보상금지급신청의 기각결정은 취소소송의 대상이라는 판례) '민주화운동관련자 명예회복 및 보상 등에 관한 법률' 제17조는 보상금 등의 지급에 관한 소송의 형태를 규정하고 있지 않지만, 위 규정 전단에서 말하는 보상금 등의 지급에 관한 소송은 '민주화운동관련자 명예회복 및 보상 심의위원회'의 보상금 등의 지급신청에 관하여 전부 또는 일부를 기각하는 결정에 대한 불복을 구하는 소송이므로 취소소송을 의미한다고 보아야 하며, 후단에서 보상금 등의 지급신청을 한 날부터 90일을 경과한 때에는 그 결정을 거치지 않고 위 소송을 제기할 수 있도록 한 것은 관련자 등에 대한 신속한 권리구제를 위하여 위 기간 내에 보상금 등의 지급 여부 등에 대한 결정을 받지 못한 때에는 지급 거부 결정이 있는 것으로 보아 곧바로 법원에 심의위원회를 상대로 그에 대한 취소소송을 제기할 수 있다고 규정한 취지라고 해석될 뿐, 위 규정이 보상금 등의 지급에 관한 처분의 취소소송을 제한하거나 또는 심의위원회에 의하여 관련자 등으로 결정되지 아니한 신청인에게 국가를 상대로 보상금 등의 지급을 구하는 이행소송을 직접 제기할 수 있도록 허용하는 취지라고 풀이할 수는 없다(대판 2008. 4. 17, 2005두16185).

판례 6(토지보상법상의 주거이전비 보상청구소송은 당사자소송에 의하여야 한다는 판례) 구 공익사업을 위한 토지 등의 취득 및 보상에 관한 법률 제2조, 제78조에 의하면, 세입자는 사업시행자가 취득 또는 사용할 토지에 관하여 임대차 등에 의한 권리를 가진 관계인으로서, 같은 법 시행규칙 제54조 제2항 본문에 해당하는 경우에는 주거이전에 필요한 비용을 보상받을 권리가 있다. 그런데 이러한 주거이전비는 당해 공익사업 시행지구 안에 거주하는 세입자들의 조기이주를 장려하여 사업추진을 원활하게 하려는 정책적인 목적과 주거이전으로 인하여 특별한 어려움을 겪게 될 세입자들을 대상으로 하는 사회보장적인 차원에서 지급되는 금원의 성격을 가지므로, 적법하게 시행된 공익사업으로 인하여 이주하게 된 주거용 건축물 세입자의 주거이전비 보상청구권은 공법상의 권리이고, 따라서 그 보상을 둘러싼 쟁송은 민사소송이 아니라 공법상의 법률관계를 대상으로 하는 행정소송에 의하여야 한다. 구 공익사업을 위한 토지 등의 취득 및 보상에 관한 법률 제78조 제5항, 제7항, 같은 법 시행규칙 제54조 제2항 본문, 제3항의 각 조문을 종합하여 보면, 세입자의 주거이전비 보상청구권은 그 요건을 충족하는 경우에 당연히 발생하는 것이므로, 주거이전비 보상청구소송은 행정소송법 제3조 제2호에 규정된 당사자소송에 의하여야 한다(대판 2008. 5. 29, 2007다8129).

라. 공법상 계약에 관한 소송

행정주체 상호간 또는 행정주체와 사인간의 공법상 계약에 관련된 분쟁은 당사자소송의 대상이 된다. 판례는 계약직 공무원의 임면(任免)에 관한 분쟁의 소송과 서울시립무용단원의 해촉에 관한 소송을 당사자소송으로 다루고 있다.

판례 1(공중보건의사 채용계약해지의 무효확인의 청구를 구하는 소송은 당사자소송이라는 판례) 현행 실정법이 전문직공무원인 공중보건의사의 채용계약 해지의 의사표시는 일반공무원에 대한 징계처분과는 달라서 항고소송의 대상이 되는 처분 등의 성격을 가진 것으로 인정되지 아니하고, 일정한 사유가 있을 때에 관할 도지사가 채용계약 관계의 한쪽 당사자로서 대등한 지위에서 행하는 의사표시로 취급하고 있는 것으로 이해되므로, 공중보건의사 채용계약 해지의 의사표시에 대하여는 대등한 당사자간의 소송형식인 공법상의 당사자소송으로 그 의사표시의 무효확인을 청구할 수 있는 것이다(대판 1996. 5. 31, 95누10617).

판례 2(서울특별시립무용단원의 해촉의 무효확인을 구하는 소송은 당사자소송이라는 판례) 서울특별시립무용단원의 공연 등 활동은 지방문화 및 예술을 진흥시키고자 하는 서울특별시의 공공적 업무수행의 일환으로 이루어진다고 해석될 뿐 아니라, 단원으로 위촉되기 위하여는 일정한 능력요건과 자격요건을 요하고, 계속적인 재위촉이 사실상 보장되며, 공무원연금법에 따른 연금을 지급받고, 단원의 복무규율이 정해져 있으며, 정년제가 인정되고, 일정한 해촉사유가 있는 경우에만 해촉되는 등 서울특별시립무용단원이 가지는 지위가 공무원과 유사한 것이라면, 서울특별 시립무용단 단원의 위촉은 공법상의 계약이라고 할 것이고, 따라서 그 단원의 해촉에 대하여는 공법상의 당사자소송으로 그 무효확인을 청구할 수 있다(대판 1995. 12. 22, 95누4636).

마. 공법상 결과제거청구권

공행정작용에 의하여 위법한 상태가 초래되는 경우에, 침해 이전의 상태 또는 이와 동가치적인 상태로 회복시켜 줄 것을 요구하는 결과제거청구권은 당사자소송에 의하여 실현된다. 다만 침해하는 행위가 사실행위(토지의 무단점유)가 아니고, 행정행위인 경우에는 무효가 아닌한 취소소송이 선행되어야 한다.

2. 형식적 당사자소송

1) 의 의
  가. 의 의
  나. 특색 및 인정이유
2) 형식적 당사자소송의 일반적 인정여부
  가. 부정설
  나. 긍정설
3) 개별법상의 근거규정

1) 의 의

형식적 당사자소송이란 행정청의 처분이나 재결에 의하여 형성된 법률관계에 관하여 다툼이 있는 경우에, 당해 처분 또는 재결의 효력을 다툼이 없이 직접 그 처분·재결에 의하여 형성된 법률관계에 대하여 그 일방 당사자를 피고로 하여 제기하는 소송을 말한다.

형식적 당사자소송은 처분·재결 등의 효력을 다투는 것이 되어, 실질적으로는 항고소송의 성격을 갖고 있는 것이나, 소송경제 등의 필요성에 의하여 당사자소송의 형식을 취하는 점에 그 특색이 있다. 예를 들어 토지수용에 대한 토지수용위원회의 재결과 관련하여 그 보상액에 관한 부분을 토지소유자 등과 사업시행자가 각각 원고·피고로 하여 다투는 소송이 이에 해당한다(토지보상법 85조). 만일 이러한 형태의 소송이 인정되지 않는다면, 행정청인 토지수용위원회를 상대로 하여 재결취소소송을 제기한 후 또는 그와 동시에 보상금증감에 관한 당사자소송을 제기하여 양자를 병합하는 등의 불편이 있다. 또한 이해당사자간의 재산상의 분쟁에 행정청이 피고가 되는 불합리가 있다. 형식적 당사자소송은 이러한 불편과 불합리를 제거하기 위한 소송기술적 고려에 의하여 인정되는 것이라고 할 것이다.

판례(토지보상법 제85조 제2항의 소송의 성격) 토지보상법 제85조 제2항은 토지소유자 등이 보상금 증액 청구의 소를 제기할 때에는 사업시행자를 피고로 한다고 규정하고 있다. 위 규정에 따른 보상금 증액 청구의 소는 토지소유자 등이 사업시행자를 상대로 제기하는 당사자소송의 형식을 취하고 있지만, 토지수용위원회의 재결 중 보상금 산정에 관한 부분에 불복하여 그 증액을 구하는 소이므로 실질적으로는 재결을 다투는 항고소송의 성질을 가진다(대판(전원합의체) 2022. 11. 24, 2018두67).

2) 형식적 당사자소송의 일반적 인정여부

학설은 형식적 당사자소송의 근거를 행정소송법 제3조 제2호 "행정청의 처분 등을 원인으로 하는 법률관계에 관한 소송…… 으로서 그 법률관계의 한쪽 당사자를 피고로 하는 소송"에서 찾고 있는바, 이 규정만을 근거로 하여 형식적 당사자소송을 일반적으로 인정할 수 있는지 여부에 대하여 다툼이 있다.

부정설의 입장에서는 행정청의 처분(토지수용위원회의 재결)이 있으면, 당해 처분은 공정력을 갖는데 명문의 규정이 없는 데도 불구하고 형식적 당사자소송을 인정하여, 공정력을 갖는 처분을 그대로 둔 채 당해 처분을 원인으로 하는 법률관계(보상금증감액청구)에 관한 소송을 제기하고 법원이 이를 판단하는 것은 공정력에 반한다고 한다. 또한 개별법의 규정이 없는 경우에 당사자적격, 소송제기기간 등 소송요건이 불분명하여 현실적으로 소송을 진행하기가 어렵다는 이유를 들고 있다. 현재 통설이다.[158)]

이에 대하여 긍정설은 행정소송법 제3조 제2호는 민중소송 또는 기관소송에 있어서와 같이 "법률이 정한 경우에 법률이 정한 자에 한하여 제기할 수 있다(법 45조)"는 식의 제한규정을 두고 있지 않으며, 행정행위의 공정력이라는 것도 행정행위에 본질적으로 내재하는 것이 아니라 실정법에 의하여 뒷받침되는 것이므로 행정소송법 제3조 제2호에 따라 형식적 당사자소송을 일반적으로 인정하더라도 그것이 곧 공정력에 반하는 것이 아니라고 한다.[159)]

부정설이 타당하다고 할 것이다. 형식적 당사자소송은 행정소송법만의 규정에 의하여 일반적으로 허용되는 것이 아니고, 개별법상의 명시적 규정이 있어야 할 것으로 본다.

3) 개별법상의 근거규정

가. 전기통신사업법

전기통신사업법 제45조의 규정에 의하면, 전기통신사업법 제33조의 규정에 의한 손해배상에 관하여 전기통신사업자와 이용자간에 협의가 이루어지지 아니한 경우 등에는 방송통신위원회에 재정(裁定)을 신청할 수 있으며, 통신위원회가 재정을 한 경우에 그 금액에 대하여 불복이 있는 자는 재정문서(裁定文書)의 송달을 받은 날부터 60일 이내에 소송을 제기할 수 있는바, 그 소송에서 다른 당사자를 피고로 하고 있다. 이 소송은 실질적으로는 방송통신위원회의 행정처분(재정)을 다투는 소송이나, 형식적으로는 법률관계의 당사자인 전기통신사업자와 그 이용자간에 행하여지는 당사자소송이다.

나. 특허법 등

특허법 제187조는 항고심판의 심결을 받은 자가 제소할 때에는 특허청장을 피고로 하여야 하나, 특허무효항고심판 · 권리범위확인항고심판 등의 경우에는 청구인 또는 피청구인을 피고로 하여야 한다고 규정하고 있으며, 동법 제191조는 보상금 또는 대가에 관한 불복의 소송에 있어서, 보상금을 지급할 중앙행정기관의 장 또는 출원인 · 특허권자 등을 피고로 하여야 한다고 규정하고 있다. 특허법 제191조는 디자인보호법 제167조, 실용신안법 제33조 및 상표법 제163조에도 준용되고 있다.

---

158) 金南辰/金連泰, 行政法 I, 1012면; 朴鈗炘/鄭亨根, 最新行政法講義(上), 888면.

159) 李尙圭, 新行政法論(上), 805면.

다. 공익사업을 위한 토지등의 취득 및 보상에 관한 법률

토지보상법 제85조 제2항은 토지수용의 재결 또는 이의신청의 재결에 대한 행정소송이 보상금 증감소송인 경우에는 원고가 토지소유자 또는 관계인인 때에는 사업시행자를, 사업시행자인 때에는 토지소유자 또는 관계인을 각각 피고로 하여 소송을 제기할 수 있도록 함으로써, 구 토지수용법 제75조의2의 제2항과는 달리 토지수용위원회를 피고에서 배제시켜, 당해 소송이 형식적 당사자소송의 성격을 갖고 있음을 명확히 하고 있다.

Ⅲ. 소송요건 및 절차

1. 소송요건

1) 재판관할

당사자소송의 재판관할에 대하여는 취소소송에 관한 규정이 준용된다(법 9조·40조). 따라서 제1심 관할법원은 피고의 소재지를 관할하는 행정법원이다. 그런데 당사자소송은 항고소송과는 달리 국가·공공단체 기타 권리주체를 피고로 하는 것이므로, 행정소송법은 국가나 공공단체가 피고인 때에는 당해 소송과 구체적인 관계가 있는 관계행정청의 소재지를 피고의 소재지로 의제하여 그 행정청의 소재지를 관할하는 행정법원을 일반관할법원으로 하고 있다. 여기서 관계행정청이 중앙행정기관 또는 그 장인 때에는 대법원 소재지의 행정법원의 관할이 된다.

2) 당사자 등

가. 원고적격

행정소송법은 당사자소송의 원고적격에 관한 규정을 별도로 두고 있지 않다. 이에 따라 다수의 학설은 민사소송법상의 원고적격에 관한 규정을 준용할 것을 제안하고 있는바(법 8조 2항), 문제는 민사소송법 역시 원고적격에 관한 규정을 별도로 두고 있지 않다는 점이다. 생각건대 당사자소송을 이행소송과 확인소송의 경우로 구분하여, 전자의 경우에는 취소소송에 관한 원고적격규정을 유추적용하고, 후자의 경우에는 원고적격에 관하여 별도의 검토없이 권리보호의 필요로서 즉시확정의 이익의 존부를 검토하는 것이 바람직할 것이다.[160]

나. 피고적격

항고소송에서 행정청이 피고가 되는 것과는 달리 당사자소송에 있어서는 국가·공공단체 그 밖의 권리주체가 피고가 된다(법 39조).

판례(사인을 피고로 하는 당사자소송이 가능하다는 판례) 국토의 계획 및 이용에 관한 법률 제130조 제3항에서 정한 토지의 소유자·점유자 또는 관리인(이하 '소유자 등'이라 한다)이 사업시행자의 일시 사용에 대하여 정당한 사유 없이 동의를 거부하는 경우, 사업시행자는 해당 토지의 소유자 등을 상대로 동의의 의사표시를 구하는 소를 제기할 수 있다. 이와 같은 토지의 일시 사용에 대한 동의의 의사표시를 할 의무는 '국토의 계획 및 이용에 관한 법률'에서 특별히 인정한 공법상의 의무이므로, 그 의무의 존부를 다투는 소송

160) 확인소송에 원고적격의 검토가 별도로 필요하지 않은 이유는 원고가 법률관계의 당사자가 되거나 또는 원고의 권리가 법률관계의 존부에 의존하는 경우에만 비로소 당해 법률관계는 확인소송의 대상이 될 수 있기 때문이다. Kopp, VwGO, §42, Rdn. 64.

은 '공법상의 법률관계에 관한 소송으로서 그 법률관계의 한쪽 당사자를 피고로 하는 소송', 즉 행정소송법 제3조 제2호에서 규정한 당사자소송이라고 보아야 한다. 행정소송법 제39조는, "당사자소송은 국가 · 공공단체 그 밖의 권리주체를 피고로 한다."라고 규정하고 있다. 이것은 당사자소송의 경우 항고소송과 달리 '행정청'이 아닌 '권리주체'에게 피고적격이 있음을 규정하는 것일 뿐, 피고적격이 인정되는 권리주체를 행정주체로 한정한다는 취지가 아니므로, 이 규정을 들어 사인을 피고로 하는 당사자소송을 제기할 수 없다고 볼 것은 아니다(대판 2019. 9. 9, 2016다262550).

다. 기타 관계규정

피고경정(법 14조), 공동소송(법 15조), 제3자의 소송참가(법 16조), 행정청의 소송참가(법 17조) 등 취소소송의 참가에 관한 여타 조항은 당사자소송에도 준용된다(법 44조 1항).

3) 제소기간

당사자소송에 관한 제소기간이 법령에 정하여져 있는 경우에는 그에 의하며, 그 기간은 불변기간으로 한다(법 41조). 이에 따라 취소소송의 제소기간에 관한 규정은 당사자소송에 준용되지 않는다.

4) 행정심판전치주의

취소소송에 있어서의 예외적 행정심판전치주의는 당자사소송에 준용되지 않는다. 그러나 손실보상청구소송에 있어서 전심절차를 두고 있는 경우가 있다(예: 징발법 24조의2).

2. 관련청구소송의 이송 · 병합 및 소의 변경

1) 소의 이송과 병합

당사자소송과 관련청구소송이 각각 다른 법원에 계속된 경우에 취소소송에 있어 이송과 병합에 관한 규정이 준용된다(법 10조 · 44조 2항).

판례(당사자소송에 관련청구소송의 병합의 요건) 행정소송법 제44조, 제10조에 의한 관련청구소송의 병합은 본래의 당사자소송이 적법할 것을 요건으로 하는 것이어서 본래의 당사자소송이 부적법하여 각하되면 그에 병합된 관련청구도 소송요건을 흠결한 부적합한 것으로 각하되어야 한다(대판 2011. 9. 29, 2009두10963).

2) 소의 변경

법원은 당사자소송을 항고소송으로 변경하는 것이 상당하다고 인정할 때에는 청구의 기초가 변경이 없는 한 사실심변론종결시까지 원고의 신청에 의하여 결정으로써 소의 변경을 허용할 수 있다. 이 경우에 법원은 새로이 피고로 될 자의 의견을 들어야 한다(법 21조 · 42조). 판례는 최근 당사자소송을 민사소송으로 소의 변경을 허용하였다.

판례 1(항고소송으로 제기해야 할 것을 당사자소송으로 잘못 제기한 경우에, 법원이 항고소송으로 소 변경을 하도록 석명권을 행사할 수 있는지 여부) 법원은 국가 · 공공단체 그 밖의 권리주체를 피고로 하는 당사자소송을 그 처분 등을 한 행정청을 피고로 하는 항고소송으로 변경하는 것이 타당하다고 인정할 때에는 청구의 기초에 변경이 없는 한 사실심 변론종결 시까지 원고의 신청에 의하여 결정으로써 소의 변경을 허가할 수 있다(행정소송법 제42조, 제21조). 다만 원고가 고의 또는 중대한 과실 없이 항고소송으로 제기해야 할 것을 당사자소송으로 잘못 제기한 경우에, 항고소송의 소송요건을 갖추지 못했음이 명백하여 항고소송으로 제기되었더라도 어차피 부적법하게 되는 경우가 아닌 이상, 법원으로서는 원고가 항고소송으로 소 변경을 하도록 석명권을 행사하여 행정청의 처분이나 부작위가 적법한지 여부를 심리 · 판단해야 한다(대판 2021. 12. 16, 2019두45944).

판례 2(공법상 당사자소송으로 제기된 소를 민사소송으로 변경할 수 있는지) "행정소송법 제8조 제2항은 행정소송에 관해 민사소송법을 준용하도록 하고 있으므로, 행정소송의 성질에 비추어 적절하지 않다고 인정되는 경우가 아닌 이상 공법상 당사자소송의 경우도 민사소송법 제262조에 따라 그 청구의 기초가 바뀌지 아니하는 한도 안에서 변론을 종결할 때까지 청구의 취지를 변경할 수 있다. 대법원은 여러 차례에 걸쳐 행정소송법상 항고소송으로 제기해야 할 사건을 민사소송으로 잘못 제기한 경우, 수소법원으로서는 원고로 하여금 항고소송으로 소 변경을 하도록 석명권을 행사하여 행정소송법이 정하는 절차에 따라 심리 · 판단해야 한다고 판시해 왔다(2019다264700 판결 등). 이처럼 민사소송에서 항고소송으로의 소 변경이 허용되는 이상, 공법상 당사자소송과 민사소송이 서로 다른 소송절차에 해당한다는 이유만으로 청구기초의 동일성이 없다고 해석하여 양자 간의 소 변경을 허용하지 않을 이유가 없다. 일반 국민으로서는 공법상 당사자소송의 대상과 민사소송의 대상을 구분하는 것이 쉽지 않고 소송 진행 도중의 사정변경 등으로 인해 공법상 당사자소송으로 제기된 소를 민사소송으로 변경할 필요가 발생하는 경우도 있다. 소 변경 필요성이 인정됨에도, 단지 소 변경에 따라 소송절차가 달라진다는 이유만으로 이미 제기한 소를 취하하고 새로 민사상의 소를 제기하도록 하는 것은 당사자의 권리 구제나 소송경제 측면에서도 바람직하지 않다(대판 2023. 6. 29, 2022두44262).

3. 가 구 제

당사자소송에 대하여는 행정소송법 제23조 제2항의 집행정지에 관한 규정이 준용되지 아니하므로(행정소송법 44조 1항 참조), 이를 본안으로 하는 가처분에 대하여는 행정소송법 제8조 제2항에 따라 민사집행법상 가처분에 관한 규정이 준용된다고 보아야 할 것이다.

판례(당사자소송에 민사집행법상 가처분에 관한 규정이 준용된다는 판례) 도시 및 주거환경정비법상 행정주체인 주택재건축정비사업조합을 상대로 관리처분계획안에 대한 조합 총회결의의 효력을 다투는 소송은 행정처분에 이르는 절차적 요건의 존부나 효력 유무에 관한 소송으로서 소송결과에 따라 행정처분의 위법 여부에 직접 영향을 미치는 공법상 법률관계에 관한 것이므로, 이는 행정소송법상 당사자소송에 해당한다. 그리고 이러한 당사자소송에 대하여는 행정소송법 제23조 제2항의 집행정지에 관한 규정이 준용되지 아니하므로(행정소송법 제44조 제1항 참조), 이를 본안으로 하는 가처분에 대하여는 행정소송법 제8조 제2항에 따라 민사집행법상 가처분에 관한 규정이 준용되어야 한다(대결 2015. 8. 21, 2015무26).

4. 심리절차

1) 직권탐지주의

당사자소송에서도 취소소송의 직권증거조사에 관한 규정이 준용된다(법 26조 · 44조 1항). 즉 법원은 필요하다고 인정할 때에는 직권으로 증거조사를 할 수 있고 당사자가 주장하지 아니한 사실에 대하여도 판단할 수 있다.

2) 행정심판기록의 제출명령

법원은 당사자의 신청이 있는 때에는 결정으로써 재결을 행한 행정청에 대하여 행정심판에 관한 기록의 제출을 명할 수 있다. 그 제출명령을 받은 행정청은 지체없이 당해 행정심판에 관한 기록을 법원에 제출하여야 한다(법 25조·44조 1항). 여기에서 행정심판이라 함은 당사자쟁송으로서의 행정심판(재결의 신청)을 포함하는 것으로 보아야 한다.

3) 기 타

그 밖에 취소소송에 관한 처분권주의, 공개심리주의, 구술심리주의, 법관의 석명의무, 입증책임 분배에 관한 원칙 등이 당사자소송에도 준용된다고 보아야 한다.

Ⅳ. 판결 및 소송의 종료

1. 판결의 기속력

취소소송에 있어서 판결의 기속력은 당사자소송의 판결에도 준용된다(법 30조 1항·44조 1항). 당사자소송에 있어서는 국가, 공공단체 등 행정주체만이 당사자가 되는 것인데, 그 행정주체를 위하여 직접 행정권을 행사하는 것은 관계행정청이므로 판결의 기속력을 직접 이들에게 미치게 하여 판결의 실효성을 확보하기 위함이다.

2. 가집행선고

행정소송법 제43조는 "국가를 상대로 하는 당사자소송의 경우에는 가집행선고를 할 수 없다"고 규정하였다. 그런데 헌법재판소는 2022. 2. 24. 동 조항에 대하여 평등의 원칙에 반한다는 이유로 위헌결정을 하였다.

판례(행정소송법 제43조는 헌법에 위반된다는 헌재결정) 당사자소송은 국가·공공단체 그 밖의 권리주체를 피고로 하는데 심판대상조항에 의하여 피고가 국가인 경우에만 가집행선고를 할 수 없으므로, 당사자소송의 경우 피고가 누구인지에 따라 승소판결과 동시에 가집행 선고를 할 수 있는지 여부가 달라지고, 이는 곧 심판대상조항에 따른 차별취급이라고 할 수 있다. 즉 심판대상조항은 국가가 당사자소송의 피고인 경우 가집행의 선고를 제한하여, 국가가 아닌 공공단체 그 밖의 권리주체가 피고인 경우에 비하여 합리적인 이유 없이 차별하고 있으므로 평등원칙에 반한다(헌재결 2022. 2. 24, 2020헌가12).

---

3. 기 타

취소소송의 사정판결 및 제3자의 재심청구에 관한 규정은 당사자소송에 준용되지 않는다. 한편 취소소송의 소송비용에 관한 규정인 제32조, 제33조는 당사자소송에 준용된다(법 32조·33조).

제4항 객관적 소송

Ⅰ. 의 의

행정소송은 본래 위법한 행정작용에 의하여 개인의 권익이 침해된 경우에 법원이 이러한 위법한 행정작용을 심리 · 판단하여 행정법규의 적정한 적용을 보장하고, 개인의 권익을 보호하는 것을 목적으로 하는 소송이다. 이에 따라 개인의 권익보호와는 관계없이 오직 행정법규의 적정한 적용을 보장하기 위한 행정소송은 원칙적으로 허용되지 않는다. 그러나 때로는 법률이 공익적 관점에서 행정법규의 적정한 적용만을 보장하기 위한 소송을 인정하는 경우가 있다. 이러한 소송은 개인의 권익보호를 목적으로 하는 것이 아니고, 객관적인 행정작용의 적법성을 보장하기 위한 소송이기 때문에 객관적 소송이라고 한다.

Ⅱ. 종 류

현행법상으로 객관적 소송에는 민중소송과 기관소송이 있다.

1. 민중소송

민중소송이란 국가 또는 공공단체의 기관이 법률에 위반하는 행위를 한 때에 직접 자기의 법률상 이익과 관계없이 그 시정을 구하기 위하여 제기하는 소송을 말한다(법 3조 3호). 이러한 민중소송은 법률의 명시적인 규정이 있는 경우에 법률에 정한 자에 한하여 제기할 수 있다(법 45조). 현행법이 인정하고 있는 민중소송으로는 공직선거법에 의한 선거무효소송 및 국민투표법에 의한 국민투표무효소송 그리고 지방자치법이 규정하고 있는 주민소송이 있다.

1) 선거무효소송

가. 대통령 · 국회의원선거에 관한 소송

당해 선거의 효력에 관하여 이의가 있는 선거인은 선거일로부터 30일 이내에 당해 선거관리위원회 위원장을 피고로 하여 대법원에 제소할 수 있다(공직선거법 222조 1항).

나. 지방의회의원 · 지방자치단체장의 선거에 관한 소송

당해 선거의 효력에 관하여 이의가 있는 선거인은 선거일로부터 14일 이내에, 관할 선거관리위원회에 소청한 후, 그에 대한 결정서를 받은 날로부터 10일 이내에 당해 선거관리위원회 위원장을 피고로 하여 시 · 도지사선거의 경우는 대법원에, 지방의회의원 및 자치구 · 시 · 군의 장의 선거의 경우는 그 선거구를 관할하는 고등법원에 제소할 수 있다(동법 219조 1항 · 222조 2항).

2) 국민투표무효소송

국민투표의 효력에 이의가 있는 투표인은 10만인 이상의 찬성을 얻어, 투표일부터 20일 이내에 대법원에 제소할 수 있다(국민투표법 92조).

3) 주민소송

지방자치단체의 주민은 일정한 요건하에 지방자치단체의 위법한 재무행위를 시정하기 위하여 지방자치단체의 사무소의 소재지를 관할하는 행정법원(행정법원이 설치되지 아니한 지역의 경우에는 행정법원의 권한에 속하는 사건을 관할하는 지방법원본원을 말한다)에 소송을 제기할 수 있다(지방자치법 22조).

2. 기관소송

1) 의 의

행정법상의 기관소송은 "국가 또는 공공단체의 기관 상호간에 있어서의 권한의 존부 또는 그 행사에 관한 다툼이 있을 때에 이에 대하여 제기하는 소송"(법 3조 4호)을 의미한다. 다만, 헌법재판소법 제2조의 규정에 의하여 헌법재판소의 관장사항으로 되는 소송은 제외한다(법 3조 4호 단서). 학설에서는 행정법상의 기관소송의 개념에 대하여 다툼이 되고 있는바, 협의로 보는 견해는 동일한 법주체 내부의 기관상호간의 소송만을 기관소송으로 보는 데 반하여,[161] 광의로 보는 견해는 각기 다른 법주체의 기관상호간의 소송도 기관소송으로 보고 있다.[162] 기관소송을 광의로 보는 경우에는 국가기관과 지방자치단체기관간의 다툼도 기관소송에 해당하게 된다. 그러나 기관소송은 행정소송법 제3조 제4호의 개념정의가 표현하는 바와 같이 동일한 행정주체에 속하는 기관간의 소송을 의미하며, 따라서 상이한 행정주체에 속하는 기관간의 소송은 이에 해당하지 않는다고 할 것이다.

우리 행정소송법은 기관소송을 객관적 소송으로 성격지우고 있고, 법률이 정한 경우에 법률에 정한 자에 한하여 제기할 수 있도록 하여 기관소송법정주의를 채택하여 그 가능성을 아주 제한하고 있다. 현행법상 인정되는 기관소송의 예로는 지방자치법 제120조 제3항, 제192조 제6항, 「지방교육자치에 관한 법률」 제28조 등 극소수에 그치고 있다. 공공단체에 의한 행정수행의 확대와 지방자치의 활성화에 따라 기관소송의 필요성이 점차 증가하고 있는바, 향후 기관소송법정주의를 폐지하여 이를 적극적으로 확대하는 것을 고려하여야 할 것이다. 독일의 경우 이른바 기관권리의 개념을 발전시켜 기관소송을 주관적 소송으로 구성하여 광범위한 영역에서 기관소송을 인정하고 있음은 향후 입법적 개선에 좋은 참고가 될 것이다.[163]

2) 현행법상의 예

가. 지방의회 등의 의결무효소송

가) 지방자치법 제120조에 의한 소송 지방자치단체장은 지방의회의 의결이 월권 또는 법령에 위반되거나 공익을 현저히 해한다고 인정되는 때에는 그 의결사항을 이송받은 날로부터 20일 이내에 이유를 붙여 재의를 요구할 수 있으며(지자법 120조 1항), 재의결된 사항이 법령에 위반된다고 인정되는 때에는, 재의결된 날부터 20일 이내에 대법원에 그 무효확인의 소를 제기할 수 있다(지자법 120조 3항), 지방자치법 제120조 제3항에 의한 소송은 지방의회의 의결의 적법성에 대한 지방자치단체장의 독자적인 판단에 따라 제기하는 소송으로서 순수한 형태의 기관소송이라고 할 수 있다.

나) 지방자치법 제192조에 의한 소송 지방의회의 의결이 법령에 위반되거나 공익을 현저히 해한다고 판단될 때에는 시·도에 대하여는 주무부장관이, 시·군 및 자치구에 대하여는 시·도지사

161) 鄭夏重, 地方自治團體機關 相互간의 紛爭에 대한 行政訴訟(上·下), 判例月報 1998. 5·6, 47·46면 이하; 金南辰/金連泰, 行政法 I, 1018면.

162) 朴鈗炘/鄭亨根, 最新行政法講義(上), 895면.

163) 이에 대하여 자세히는 鄭夏重, 앞의 글, 47면 이하 참조.

가 재의를 요구하게 할 수 있고, 지방자치단체장은 재의결된 사항이 법령에 위반된다고 판단된 때에는 재의결된 날부터 20일 이내에 대법원에 소를 제기할 수 있다. 지방자치단체장이 제소하지 않는 경우 주무부장관이나 시도지사가 직접 제소할 수도 있다(법 192조 5항).

지방자치법 제192조 제6항에 의한 소송은 지방자치단체장이 지방의회를 피고로 하여 제기하는 소송으로서 형식상으로는 기관소송의 형태를 갖추고 있다. 그러나 ① 재의요구가 감독기관인 주무부장관 또는 광역자치단체장에 의하여 행하여진다는 점, ② 지방자치단체에 대한 감독기능은 국가에 속한다는 점, ③ 이에 따라 소송을 제기하는 지방자치단체장의 지위는 국가의 위임사무를 수행하는 국가기관의 지위를 갖는다는 점에서 실질적으로는 감독소송의 일종에 해당한다고 보아야 할 것이다.

다) 지방교육자치에 관한 법률 제28조에 의한 소송 교육감은 교육위원회 또는 교육 · 학예에 관한 시 · 도의회의 의결이 법령에 위반되거나 공익을 현저히 해한다고 판단될 때에는 그 의결사항을 이송받은 날부터 20일 이내에 이유를 붙여 재의를 요구할 수 있다. 교육감이 교육부장관으로부터 재의요구를 하도록 요청받은 경우에는 시 · 도의회에 재의를 요구하여야 한다(법 28조 1항). 재의결된 사항이 법령에 위반된다고 판단될 때에는 교육감은 재의결된 날부터 20일 이내에 대법원에 제소할 수 있다(법 28조 3항). 동 조항에 의한 소송 역시 형식상으로는 교육감이 시 · 도의회를 피고로 하여 제기하는 기관소송에 해당하나, 엄격하게 본다면 지방자치법 제192조 제6항의 소송의 소송과 마찬가지로 감독소송의 일종에 해당된다고 볼 것이다.

나. 감독처분에 대한 이의소송

지방자치법 제188조 제6항에 의하여 지방자치단체장은 감독청의 자치사무에 관한 명령이나 처분의 취소 또는 정지에 대하여 이의가 있는 때에는 그 취소 또는 정지처분을 통보받은 날로부터 15일 이내에 대법원에 제소할 수 있다.

이와 같은 감독행정청의 감독처분에 대하여 지방자치단체장이 제기한 소송은 동일한 행정주체에 속하는 기관간의 소송이 아니므로, 본서에서 말하는 기관소송의 범주에 속하지 않는다. 이는 국가의 감독처분에 대하여 지방자치단체의 자치권을 보호하기 위한 일종의 항고소송의 성격을 갖고 있다고 보아야 할 것이다.[164] 여기서 감독청의 취소나 정지처분은 독립된 법인격주체인 지방자치단체에 대한 일방적인 규율로서 행정행위의 성격을 갖는다고 할 것이다.

Ⅲ. 당사자적격

1. 원고적격

민중소송이나 기관소송은 "법률에 정한 자에 한하여" 제기할 수 있다(법 45조). 즉 이들 소송에 있어서도 원고적격은 관계법상으로 일정한 제한을 받는다. 그러나 이들 소송에 있어서 원고는 자신의 법률상 이익의 침해와 관련없이 소송을 제기할 수 있다는 점에서 객관적 소송의 성격을 갖는다.

2. 피고적격

피고적격 역시 개별법률에서 정하고 있다. 이에 관한 규정은 위에서 본 바와 같다.

---

164) 鄭夏重, 앞의 글, 判例月報, 1998. 6, 53면.

Ⅳ. 재판관할

민중소송 및 기관소송의 재판관할에 관하여도 개별법이 정하는 바에 따른다. 현행법상으로는 대법원이 제1심이며 종심으로 되어 있는 경우가 많다.

Ⅴ. 적용법규

① 민중소송 또는 기관소송으로서 처분의 취소를 구하는 소송에서는 그 성질에 반하지 아니하는 한 취소소송에 관한 규정을 준용한다(행소법 46조 1항).

② 민중소송 또는 기관소송으로서 처분 등의 효력유무 또는 존재여부 및 부작위의 위법의 확인을 구하는 소송에는 그 성질에 반하지 아니하는 한 각각 무효등확인소송 또는 부작위위법확인소송에 관한 규정을 준용한다(법 46조 2항).

③ 민중소송 또는 기관소송으로서 위의 ①, ② 소송 외의 소송에는 그 성질에 반하지 않는 한 당사자소송에 관한 규정을 준용한다(법 46조 3항).

제6편

행정조직법

개 설

제 1 절 행정조직법의 의의

I. 의 의

행정실체법은 일반적으로 행정조직법과 행정작용법으로 구분된다. 행정조직법은 행정주체를 구성하는 행정기관의 설치 · 조직 · 폐지와 이들의 사무범위 및 상호간의 관계에 대하여 규율하는 법인데 대하여, 행정작용법은 행정주체가 외부적으로 행하는 행정작용을 법치주의 관점에서 규율함과 동시에 행정의 상대방의 권리와 의무에 관한 사항을 정하는 것을 본질로 하고 있다. 행정의 조직에 관한 법으로서 행정조직법은 행정의 내부, 즉 행정조직의 범위를 어떻게 파악하는가에 따라 광의, 협의, 최협의로 구분하는 것이 일반적이다.

1. 광의(廣義)

광의의 행정조직법은 행정내부의 범위를 가장 넓게 설정하여, 행정기관의 설치 · 사무범위 · 구성 및 이들 기관의 상호관계에 관한 법뿐만 아니라, 이들 행정기관을 구성하는 모든 인적 요소(공무원), 물적 요소(공물), 인적 · 물적 종합시설(영조물)에 관한 법을 포함시킨다. 이에 따라 광의의 행정조직법은 국가행정조직법 · 자치행정조직법 · 공무원법 · 공물법 · 영조물법을 포함한다.

2. 협의(狹義)

협의의 행정조직법은 행정내부의 범위를 보다 좁게 설정하여 광의의 행정조직법에서 행정조직의 인적 요소(공무원), 물적 요소(공물), 인적 · 물적 종합시설(영조물)에 관한 법을 제외시키고 행정기관의 설치 · 조직 · 폐지 및 이들의 사무범위 및 상호간의 관계에 대하여 규율하는 법을 의미한다. 이에 따라 행정조직법은 국가, 지방자치단체 및 기타 공공단체의 조직에 관한 법으로서 이른바 행정기구법을 지칭한다.

3. 최협의(最狹義)

최협의의 행정조직법은 협의의 행정조직법에서 지방자치단체, 공공단체 및 공기업의 조직에 관한 법을 제외한 것으로서, 이른바 국가의 행정조직법만을 가리킨다. 최협의의 행정조직법은 지방자치단체와 공공단체의 조직에 관한 법을 자치행정법에서, 정부투자기관 등 공기업의 조직에 관한 법을 공기업법에서 별도로 다루고 있다.

4. 결 어

광의의 행정조직법에서 포함시키고 있는 공물이나 영조물에 관한 법은 주로 이들 시설에 대한 국민의 이용관계를 그 핵심내용으로 하고 있고, 공기업법은 전기 · 교통 · 가스 · 수도 등 국민의 실생활에 불가결한 역무제공관계를 그 중심내용으로 하고 있으므로 이들은 급부행정법에서 별도로 다루는 것이 바람직 할 것이다. 한편, 오늘날 기관과 인간의 분리라는 근대 행정기구의 기본원칙에 따라 행정조직의 인적 요소에 관한 법인 공무원법을 행정조직법으로부터 독립시켜 고찰하는 방법론은 타당한 측면이 있으며, 또한 공무원법 역시 그 자체로 오늘날 별개의 분야를 이룰 만큼 큰 체계를 이루고 있다. 그럼에도 불구하고 행정기관과 그의 인적 요소인 공무원 사이에는 밀접한 관계가 있을 뿐 아니라, 이들을 함께 고찰하는 것이 행정조직을 종합적으로 이해하는데 도움이 된다.

Ⅱ. 행정조직과 법치행정의 원리

근대 시민적 법치국가 시대에 있어서 법치행정의 원리는 원칙적으로 행정주체인 국가와 그 상대방인 국민과의 관계에 있어서만 적용되었고, 행정내부영역은 법이 지배하지 않는 영역으로 간주되어 행정조직은 군주를 중심으로 하는 행정권의 자율적인 권한에 속하였다. 그러나 법치주의발전과 더불어 행정권에 대한 의회의 통제가 강화됨에 따라, 행정권에 의하여 자유롭게 행사되었던 조직권력은 제한되기 시작하였다. 의회법률에 의하여 행정조직과 권한이 규율되기 시작하였고, 의회에서 의결된 예산을 통하여 행정조직과 관련된 재정목적과 수단이 통제되기 시작하였다. 비록 행정조직은 그 자체가 국민의 권리와 의무와 직접적 관계가 없다고 하더라도, 행정조직의 목적은 행정권의 행사에 있으며, 어떠한 행정기관이 설치되고 어떠한 행정권한을 행사하는가는 국민생활에 중대한 영향을 미치고 있다. 뿐만 아니라 행정기관의 설치 · 운영은 국민에게 적지 않은 경제적 부담을 주기 때문에, 행정조직의 문제는 국가생활에 있어서 중요하고도 본질적인 사항으로 인식되어 원칙적으로 법률에 의하여 규율되어야 한다는 관념이 오늘날 일반적으로 받아들여지고 있다.

우리 헌법은 여러 조문에서 행정조직을 법률로서 정하도록 하여 행정조직법정주의를 채택하고 있다. 우선 헌법 제96조는 "행정각부의 설치 · 조직과 그 직무범위는 법률로 정한다"라고 규정하고 있는바, 이에 근거하여 제정된 것이 국가중앙행정조직에 관한 일반법인 정부조직법이다. 헌법은 이 밖에 선거관리위원회(헌법 114조 7항), 감사원(헌법 100조), 국가안전보장회의(헌법 91조 3항) 등의 조직과 설치를 법률로 정하도록 하고 있으며, 그에 따라 그 각각에 대한 단행법이 제정되어 있다. 헌법은 또한 지방자치단체에 대하여도 그 종류와 조직 및 운영을 법률로 정하도록 하고 있으며(헌법 117조 2항, 118조 2항), 그에 따라 지방자치에 관한 일반법으로 지방자치법이 제정되어 있다.

제2절 행정조직의 유형과 특색

Ⅰ. 행정조직의 유형

행정조직은 각국의 역사적 단계에 있어서 행정적 요청에 따라 형성·발전된 것으로서 나라마다의 사정과 시대의 흐름에 따라 그 내용이 상이할 수밖에 없다. 그럼에도 불구하고 행정조직은 경험적으로 다음과 같은 몇 가지 유형으로 구분할 수 있다.

1. 중앙집권형과 지방분권형

이것은 행정에 관한 권력이 중앙에 집중되어 있는가 또는 지방에 분산되어 있는가에 따른 구분이다. 과거에는 권력을 중앙에 집중시키는 집권형이 보편적이었으나 근래에는 분권형을 지향하는 것이 각국의 일반적인 추세라고 할 수 있다. 권력을 지방에 분산시키는 경우에도 국가로부터 독립된 지방자치단체를 설치하여 이에 자치행정권을 부여하는 자치분권과 단순히 국가의 지방행정기관에 행정권한을 분장시키는 것을 내용으로 하는 권한분권의 두 가지 유형이 있다. 자치분권은 주민자치라는 민주적 요청에 부합됨은 물론 지방의 정치적·경제적·사회적 독자성을 추구하는 단체자치의 취지에도 상응하며, 아울러 행정상의 부담도 공평하게 배분하는데 기여한다. 이에 대하여 권한분권은 진정한 의미의 분권이라기보다는 국가의 행정을 신속하며 효율적으로 수행하기 위한 행정적·기술적 고려에 의한 권한분배에 지나지 않는다.

2. 권력통합형과 권력분산형

국가·지방자치단체 등 하나의 행정주체 내에 있어서 권력이 특정한 기관에 집중되어 있는 경우를 권력통합형(국가의 경우 대통령제, 지방자치단체의 경우 수장형)이라고 하는 반면, 권력 상호간에 견제와 균형을 위하여 권력을 수개의 기관에 분산시키는 것을 권력분산형(독립행정기관의 설치 등)이라고 한다. 권력통합적 행정조직은 행정의 통일적이고 효율적이며 책임있는 행정수행에 적합한 조직형태인 데 비하여, 권력분산형은 상호견제를 통한 권력남용의 방지와 행정의 전문화의 요청에 부응하는 조직형태이다.

3. 관치행정형과 자치행정형

관치행정형은 국가가 그 스스로의 기관에 의하여 국가의 행정을 수행함을 원칙으로 하는 조직형태를 말하며, 자치행정형은 국가 밑에 독립된 자치단체를 설치하고 국가의 수권에 따라 그 독립된 자치단체로 하여금 자신의 기관에 의하여 자신의 사무로 일정한 행정을 수행하게 하는 조직형태를 의미한다. 관치행정형은 국가적 견지에서 행정의 통일적 수행의 요구가 강한 경우에 중앙집권형행정의 구체적 실시수단으로 채택하는 경우가 많은 데 비하여, 자치행정형은 일정한 지역적·경제적·직능적 단체의 자율적인 행정을 인정하려는 정치적·경제적·사회적 독립의 요구가 강한 경우에 지방분권형의 구체적 실시수단으로 이용되는 경우가 많다. 종래에는 자치행정은 대체로 지방자치단체에 의한 자치행정을 의미하였으나, 오늘날은 영조물·공공조합 등 기타의 공공단체에 의한 독립된 행정도 자치행정이라고 부르는 경향이 있다.

4. 직접민주형과 간접민주형

직접민주형은 직접 국민이나 주민의 의사에 의하여 행정을 운영하는 경우이고, 간접민주형은 국민이 선출한 대표자에 의하여 행정을 운영하는 경우이다. 행정기능이 확대되고 복잡한 오늘날에 있어서 간접민주형이 원칙이나, 행정이 국민이나 주민의 의사로부터 유리되는 경우에 대처하기 위하여 직접민주형이 보충적으로 채택되고 있다(국민투표 · 주민투표제도, 주민의 조례제정 · 개폐청구권 및 감사청구권).

5. 독임형과 합의형

독임형은 행정기관, 특히 행정청이 한 사람으로 구성되는 경우를 말하고, 합의형은 복수의 인원으로 구성되는 경우를 의미한다. 특히 후자를 합의제행정기관이라고 한다. 전자는 책임의 소재를 명확히 하고 신속하며 통일적인 사무처리에 적합한 형태인 반면에, 후자는 판단의 신중 · 공정함과 각종 이해의 공평한 조정을 도모하는 데 적합한 형태이다.

Ⅱ. 현대행정조직의 특색

오늘날의 행정은 복잡성과 다양성을 그 특징으로 할 뿐 아니라, 빠른 속도로 전문화 · 기술화되고 있다. 행정권이 그의 목적을 원활히 수행하기 위하여는 이러한 행정현상에 부응하는 조직을 갖추어야 한다. 입법권 및 사법권의 조직이나 사기업의 조직과 구별되는 행정조직의 일반적인 특색으로 다음과 같은 것을 들 수 있다.

1. 행정조직의 통일성 · 계층성

행정조직은 행정목적의 통일적이고 능률적인 수행을 위하여 원칙적으로 상 · 하행정기관 사이에 명령 · 복종체계에 의하여 규율되는 통일성 · 계층성에 의하여 특징지워진다. 이러한 점에서 행정조직은 입법권의 조직이나 사법권의 조직과 근본적인 차이가 있다. 다만, 행정조직 중에서도 감사원이나 공정거래위원회 등은 그 사무수행의 독립성과 공정성을 확보하기 위하여 계층제의 밖에 있으나 이는 어디까지나 예외적 현상에 지나지 않는다. 행정조직이 계층제를 이루고 있기 때문에, 기관 및 그 구성원의 상호간의 협동과 조정을 부단히 필요로 하며, 행정의 통일성을 확보하는 것이 중요한 과제가 되고 있다.

2. 행정조직의 독임성 · 명확성

행정조직은 사무를 신속히 처리하고 책임을 명확히 하기 위하여 독임형 조직형태를 원칙으로 하고 있다. 그러나 행정조직에 있어서도 합의형을 조직형태로 취하는 경우도 상당수 있는바, 이는 행정의 전문성 · 신중성 · 공정성을 확보하는 데 그 목적을 두고 있다.

3. 행정조직의 관료성 · 전문성

오늘날 행정기능의 확대 및 행정의 과학화 · 기술화는 행정에 관한 정책결정 및 사무처리에 보다 강화된 전문성을 요구하고 있다. 이에 따라 행정조직은 보다 높은 전문적 지식과 경험을 갖춘 직업공무원으로 충원됨을 원칙으로 하고 있다.

4. 행정조직의 민주성

행정조직은 행정목적을 합리적이고 능률적으로 실현시킬 수 있도록 구성되어야 할 뿐 아니라, 아울러 헌법의 민주주의원리에 따라 국민의 민주적 통제하에 있도록 되어야 한다. 행정조직의 민주적 통제는 단지 대통령이나 국무총리 및 각부 장관 등 최고행정기관의 단계에서 뿐만 아니라 행정조직 내부에서도 제도적으로 보장되어야 한다. 행정의 능률성과 민주적 통제라는 이 두 가지 요청을 어떻게 조화할 것인가가 현대행정조직에 있어서 매우 중요한 문제라고 하겠다.

제3절 행정주체와 행정기관

Ⅰ. 행정주체

행정주체란 자신의 이름으로 행정을 행할 권리와 의무를 가진 행정법관계의 당사자를 말한다. 이러한 행정주체에는 국가, 지방자치단체, 영조물법인, 공공조합, 공공재단이 있으며, 사인의 경우에도 행정권한을 부여받은 경우에는 행정주체의 지위에 선다(이른바 공무수탁사인). 이러한 행정주체는 법인격을 가진 법주체라는 점에서 행정주체의 구성부분인 행정기관과 구별된다.

Ⅱ. 행정기관

1. 행정기관의 개념

공법인으로서 행정주체는 그 자체로 권리능력을 갖지만 공무수탁사인과 같은 예외적인 경우를 제외하고는 스스로 행위를 할 수 있는 것은 아니다. 이에 따라 행정주체는 현실적으로 행정작용을 수행하기 위하여 일정한 행정기관을 두어 자신의 임무를 수행하도록 한다. 이때 행정기관의 행위의 법적 효과는 행정주체에 귀속된다. 행정주체에 설치된 다수의 행정기관은 역할분담에 따라 일정한 권한과 책무를 부여받는바, 여기서 권한이란 일정한 행위를 할 법적 권능을 말하며, 책무란 일정한 행위를 할 법적 의무를 말한다. 이러한 행정기관의 종류로는 행정주체의 의사를 내부적으로 결정하여 이를 외부적으로 표시할 수 있는 권한을 가진 행정청과 그를 보조·보좌하는 보조기관 및 보좌기관, 행정청의 의사결정을 집행하는 집행기관 등이 있다.

한편 행정기관은 그를 구성하는 자연인인 공무원과 구별된다. 공무원은 독립적인 법주체로서 행정주체에 대하여 일정한 권리·의무관계에 있다. 이에 대하여 행정기관은 독립적인 법주체가 아니고 행정주체의 기관으로서 그 사무를 담당하는 것으로 다만 일정한 범위의 행정권한을 갖고 있는 데 그친다.

2. 행정기관의 법인격

행정기관이 권리와 의무의 귀속주체가 될 수 있는 인격을 갖는지 여부는 논쟁의 대상이 되어 왔다. 종래의 통설적인 견해에 따르면 행정기관은 권한은 가지나 권리는 가지지 않으며, 기관 그 자체로서는 인격을 갖지 않는다고 보아왔다. 그러나 이에 대하여는 보다 세분화된 고찰이 필요하다.

1) 외부관계

우선 행정기관은 외부관계에 있어서는 원칙적으로 고유한 권리와 의무의 귀속주체로 나타나지 않으며, 단순히 행정주체의 표현기관으로서의 지위를 가질 뿐이다. 즉 국가나 지방자치단체의 행정청이 처분을 발하는 경우에 그 처분은 국가나 지방자치단체의 처분의 효력을 갖기 때문에 행정청의 권리주체성 여부는 문제되지 않는다. 다만, 실정법은 행정기관을 법률관계의 당사자로 규정하는 경우가 있는바(예: 행정소송법 13조 1항은 처분청에 피고적격을, 행정심판법 13조 1항은 행정청에 피청구인적격을 부여하고 있다), 이러한 경우에 예외적으로 행정청은 인격을 갖는다는 견해가 있다.[1] 그러나 엄격하게 본다면 이러한 경우에도 행정청은 인격을 갖는다고 볼 수 없다. 왜냐하면 행정청의 소송행위 내지 심판행위의 법적 효과의 귀속주체는 당해 행정청이 아니라 국가나 지방자치단체이기 때문이다. 여기서 행정청은 인격자에 준한 지위를 인정받는다고 보는 것이 타당한 견해일 것이다.[2]

2) 내부관계

행정의 내부관계에 있어서도 행정기관의 인격성은 원칙적으로 부인된다. 행정기관의 권한은 기관의 고유한 이익을 위하여가 아니라 기관의 배후에 있는 행정주체의 이익을 위하여 행사된다. 즉 권한이란 행정기관의 개별적인 이익을 위하여서가 아니라, 전체 행정조직의 마찰없는 행정과정의 실현이라는 행정주체의 이익, 즉 공익을 위하여 행정기관에게 부여되기 때문에 행정기관의 권리주체성이 부인된다. 행정기관 상호간의 관계는 행정조직의 계층성의 원칙에 의하여 지배되며, 일반적으로 기관상호간의 권한분쟁은 이들에 공통되는 상급행정청의 개입과 지시에 따라 해결된다. 다만, 근래에는 특정한 행정기관이 자기책임하에 행정권한을 고유하게 수행할 의무가 있으며, 다른 행정기관에 대하여 방어가 가능하며, 법적으로 관철할 수 있는 권한이 부여된 경우에는(지방의회 및 지방자치단체장의 권한) 기관권리의 개념을 인정하는 견해가 유력하게 주장되고 있다.[3]

3. 행정기관의 종류

행정기관은 그의 법률상의 지위, 권한, 소관사무의 종류 및 내용을 표준으로 하여 여러 가지로 분류할 수 있는바, 그의 주된 것에는 다음과 같은 것이 있다.

1) 권한에 따른 분류

가. 행정청

행정주체를 위하여 그의 의사를 결정하고 이를 외부에 표시할 수 있는 권한을 가진 행정기관을 말한다(각부 장관 · 청장, 지방자치단체의 장 등). 국가의 행정청을 특별히 행정관청이라고 부르기도 한

1) 李尙圭, 新行政法論(下), 57면.

2) 金道昶, 一般行政法論(下), 55면; 金南辰/金連泰, 行政法 II, 10면; 洪井善, 行政法原論(下), 11면.

3) 이에 대하여 상세히는 鄭夏重, 地方自治團體 機關相互間의 紛爭에 대한 行政訴訟(上), 判例月報, 1998. 5, 46면 이하.

다. 행정청은 행정기관에서 가장 중요한 지위를 차지하며, 행정심판의 피청구인과 항고소송의 피고가 된다(행심법 13조, 행소법 13조 1항). 실정법에서 행정청은 "행정기관의 장"이라는 용어로 표현되기도 한다(예: 정부조직법 7조). 행정청은 독임제기관인 것이 보통이나 합의제기관인 경우도 있다(중앙선거관리위원회 · 감사원 · 토지수용위원회 · 중앙노동위원회 · 소청심사위원회 · 국가배상심의회).

나. 보조기관 · 보좌기관

행정청에 소속되어 행정주체의 의사를 결정 · 표시하는 행정청의 권한행사를 보조함을 임무로 하는 행정기관을 보조기관이라고 한다. 행정 각부의 차관 · 차장 · 실장 · 국장 · 부장 · 과장 등이나 지방자치단체의 부지사 · 부시장 · 과장 등이 이에 해당한다. 이에 대하여 보좌기관은 행정청 또는 그 보조기관을 보좌하는 행정기관을 의미한다. 대통령실, 국무총리실 및 각 부의 차관보 및 담당관 등이 그 예이다. 참모기관 또는 막료기관이라고도 한다.

다. 자문기관

행정청의 자문에 응하여 또는 스스로 행정청의 권한행사에 대하여 의견을 제시함을 주된 임무로 하는 행정기관을 의미한다. 자문기관의 의견은 행정청의 의사를 구속하지는 않으나, 법률상 자문절차가 규정된 경우에는 이를 거치지 않으면 그 행위는 절차상 하자있는 행위가 되며, 그 하자는 원칙적으로 취소사유에 해당한다. 자문기관은 합의제기관(각종 위원회 · 심의회 · 조사회 등)인 것이 보통이나 독임제기관(고문)일 수도 있으며, 그 구성원은 공무원인 경우 뿐만 아니라 사인(私人)인 경우도 있다.

라. 의결기관

행정주체 내부에서 행정에 관한 의사를 결정할 수 있는 권한만을 가지고 이를 외부적으로 표시할 수 있는 권한은 없는 합의제행정기관을 말한다. 합의제행정관청과는 외부에 대하여 표시할 권한의 유무에 따라 구별된다. 의결기관은 행정의사의 공정 · 신중한 결정을 위하여 설치되는 것으로서, 합의제행정기관의 의결이 없으면, 행정주체의 유효한 의사결정이 행하여질 수 없다. 징계위원회 · 경찰위원회 · 광업조정위원회 등이 의결기관에 해당한다.

마. 집행기관

행정청의 명을 받아 실력으로 이를 집행하는 기관을 말한다. 경찰공무원 · 세무공무원 등이 이에 해당한다.

2) 소관사무의 기능에 따른 분류

가. 공기업기관 또는 영조물기관

공기업의 경영 또는 영조물의 관리를 임무로 하는 기관을 말한다. 공기업기관으로는 우체국 등이 있으며, 영조물기관으로는 국립대학 · 국립도서관 · 국립병원 등이 있다.

나. 감사기관

다른 행정기관의 사무처리 · 회계처리를 감시 · 검사하는 권한을 가진 행정기관을 말한다. 감사원이 그 대표적 예이다.

다. 책임운영기관

정부가 수행하는 사무 중 공공성을 유지하면서도 경쟁원리에 따라 운영하는 것이 바람직한 사무에 대하여, 그 기관의 장에게 행정 및 재정상의 자율성을 부여하고 그 운영성과에 대하여 책임을 지도록 하는 행정기관을 의미한다(한국정책방송원, 도로교통공단). 1999년 1월 29일에 제정된 「책임운영기관의 설치 · 운영에 관한 법률」에 의하면 책임운영기관은 ① 기관의 주된 사무가 사업적 · 집행적 성질의 행정서비스를 제공하고 성과측정기준의 개발과 성과의 측정이 가능한 사무, ② 기관운영에 필요한 재정수입의 전부 또는 일부를 자체 확보할 수 있는 사무를 수행하는 기관 중에서 대통령령으로 설치하도록 하고 있다(동법 4조).

라. 부속기관

행정권한의 직접적인 행사를 임무로 하는 행정기관에 부속하여 그 기관을 지원하는 기관을 의미한다. 오늘날 행정의 전문성 · 기술성이 요구됨에 따라 증가되는 추세에 있다. 정부조직법상 부속기관으로는 ① 시험연구기관(국립보건연구원 · 국립환경연구원 · 국립공업시험원 · 식품개발연구원 · 생산기술연구원 등), ② 교육훈련기관(중앙공무원교육원 · 국가전문행정연수원), ③ 문화기관(국립극장 · 국공립도서관 · 국공립박물관 등), ④ 의료기관(경찰병원 · 보건소 등), ⑤ 제조기관(철도차량정비창), ⑥ 자문기관(각종 위원회 및 심의회) 등이 있다(정부조직법 4조).

4. 행정기관의 설치근거

1) 국가의 행정기관

국가의 행정기관 중 대통령(헌법 67조), 국무총리(헌법 86조), 감사원(헌법 97조) 등은 헌법에 의하여 직접 설치된다. 기타 중앙행정기관의 설치는 법률로 정하며(정부조직법 2조 1항), 지방행정기관의 설치는 특별히 법률로 정한 경우를 제외하고는 대통령령으로 정한다(동법 3조). 보조기관의 설치는 중앙행정기관의 경우에는 법률로 정한 경우를 제외하고는 대통령령으로 정한다(동법 2조 4항). 실 · 국장 단위 이하는 대통령령으로 정하되(동법 2조 5항), 과의 설치와 사무분장은 총리령 또는 부령으로 정할 수 있다(동법 2조 4항 단서). 보좌기관은 그것이 행정청 내부에 위치한 것이 아닌 때에는 법률로 설치하여야 한다(국무총리국무조정실 등). 행정청 내부에 위치한 것 중 차관보는 법률로 설치하고 담당관은 대통령령으로 설치한다(동법 2조 5항). 다만, 과에 상당하는 담당관은 총리령 또는 부령으로 둘 수 있다(동법 2조 5항 단서). 의결기관은 명문의 규정이 없으나 국가의 사결정기관이므로 중앙행정기관인 경우에는 법률로 설치하여야 할 것이다. 부속기관의 설치는 대통령령으로 정한다(동법 4조).

2) 지방자치단체의 행정기관

지방의회 및 지방자치단체의 장은 헌법에 근거한 법률에 의하여 설치되며(헌법 118조 2항, 지자법 26조 · 85조), 지방자치단체의 장의 보조기관 중 부지사 · 부시장 · 부군수 · 부구청장은 법률에 의하여 설치된다(지자법 101조). 지방자치단체는 또한 행정사무를 분장하기 위하여 필요한 행정기구를 두되, 이는 대통령령이 정하는 기준에 따라 당해 지방자치단체의 조례로 정한다(지자법 102조 1항). 아울러 소관사무의 범위 안에서 필요한 때에는 대통령령 또는 대통령령이 정하는 바에 따라 당해 지방자치단체의 조례로 소방기관 · 교육훈련기관 · 보건진료기관 · 시험연구기관 및 중소기업지도기관 등을 직속기관으로 설치할 수 있다(지자법 104조 1항). 지방자치단체는 그 소관사무의 일부를 독립하여 수행할 필요가 있을 때에는 법령 또는 당해 지방자치단체의 조례가 정하는 바에 의하여 합의제행정기관을 설치할 수 있다(동법 107조 1항).

제4절 행 정 청

Ⅰ. 행정청의 권한

1. 권한의 의의

행정청이 법령상 유효하게 행정주체의 의사를 결정 · 표시할 수 있는 범위를 행정청의 권한(Kompetenz) 또는 관할(Zuständigkeit)이라고 한다. 권한은 실정법상으로 "직무범위" 등의 용어로 사용된다(정부조직법 2조 1항). 이러한 권한의 개념은 권리(subjektives Recht)의 개념과 구별된다. 권리란 자신의 이익을 실현시키기 위하여 타인에 대하여 주장할 수 있는 법상의 힘인 데 대하여, 행정기관의 권한은 기관의 고유한 이익을 위하여가 아니라 기관의 배후에 있는 행정주체의 이익을 위하여 행사된다. 즉 권한이란 행정기관의 개별적인 이익을 위하여서가 아니라, 전체행정조직의 마찰없는 행정과정의 실현이라는 행정주체의 이익, 즉 공익을 위하여 행정기관에게 부여되는 권능(Berechtigung)에 불과하다.

2. 권한의 설정

행정청의 권한은 일반적으로 행정청을 설치하는 근거법규에 의하여 정하여지며, 법규에 의하여 정하여진 행정청의 직무범위는 행정청의 권한의 사항적 한계를 이룬다. 행정청 상호간에 그 직무의 범위가 명백하지 않아 다툼이 있는 경우, 즉 권한쟁의가 있는 경우에는 일정한 절차에 따라 해결된다.

3. 권한의 한계

행정청의 권한에는 사항적 한계, 지역적 한계, 대인적 한계, 형식적 한계가 있다.

1) 사항적 한계

행정권은 그 목적과 종류에 따라 각 행정청에 배분되어 있다. 이에 따라 행정청의 권한에는 사항적으로 일정한 한계가 있는바, 이를 실질적 권한이라고도 한다. "재정경제부장관은 경제정책의 수립 · 총괄 · 조정, 화폐 · 외환 · 국고 · 정부회계 · 내국세제 · 관세 · 국제금융, 공공기관 관리, 경제협력 및 국유재산에 관한 사무를 관장한다(정부조직법 30조 1항)." 또는 "법무부장관은 검사사무, 행형, 인권옹호, 출입국관리 그 밖에 법무에 관한 사무를 관장한다(정부조직법 35조 1항)."라고 한 것은 사항적 한계의 예이다. 행정청의 실질적 권한이 비교적 일반적으로 정하여진 경우에 이를 보통행정청(국가행정청의 지위에서의 서울특별시장 · 광역시장 · 도지사 및 시장 · 군수 · 구청장)이라 하고, 비교적 특정적으로 정하여진 경우에 이를 특별행정청(지방국세청장 · 지방병무청장)이라 한다.

2) 지역적 한계

행정청의 권한에는 지역적으로도 일정한 한계가 있다. 그 권한이 전국에 미치는 경우 이를 중앙행정청이라 하고, 한 지방에 한정되는 경우를 지방행정청이라 한다. 각부장관이 중앙행정청에 속하며, 지방경찰청장 · 지방국세청장 · 지방병무청장 등 국가의 특별지방행정기관과 광역 및 기초지방자치단체의 장이 지방행정청에 해당된다.

3) 대인적 한계

행정청의 권한이 미치는 인적 범위에 한계가 있는 경우가 있다. 국립대학교 총장의 권한이 그 직원과 학생에게만 미치는 것이 그 예이다.

4) 형식적 한계

행정청의 권한행사의 형식에 한계가 있는 경우가 있다. 부령제정권은 각부장관만이 갖는 것이 그 예이다.

4. 권한의 효과

1) 외부적 효과

행정청이 그 소관사무에 관하여 외부적으로 권한행사를 한 경우에는 그 행위의 효과는 국가 등 행정주체에 귀속된다. 이에 따라 행정주체의 행위로서 효과를 발생한 경우에는 이후 행정청의 폐지 · 변경 또는 행정청의 구성원의 변경에 의하여 영향을 받지 않는다. 행정주체에 귀속되는 행정청의 행위에는 의사표시를 요소로 하는 법적 행위뿐만 아니라 사실행위도 귀속되며, 비록 논란의 여지가 있으나 불법행위도 포함된다.

2) 내부적 효과

행정청의 권한은 법규에 의하여 설정되고 행정청 상호간의 관계에 있어서 행위의 한계를 획정하기 때문에, 동급의 행정청 사이에는 물론이고 상 · 하행정청 사이에도 법규의 명시적인 규정이 없이는 다른 행정청의 권한에 속하는 행위를 할 수가 없다.

Ⅱ. 행정청의 권한의 대리

1. 대리의 의의

행정청의 권한은 스스로 행함이 원칙이다. 즉 행정청의 권한은 다른 행정기관으로부터 침해당하지 않을 뿐 아니라, 스스로도 임의적으로 그 권한을 변경하거나, 다른 기관에 이전할 수 없다. 이를 권한불변경의 원칙이라고 한다. 그러나 행정청의 구성원에 사고가 있는 경우 등에 민법에 있어서 대리와 같이 권한의 대리가 인정되는 경우가 있다. 행정청의 권한의 대리라 함은 행정청의 권한의 전부 또는 일부를 다른 행정기관이 피대리청을 위한 것임을 표시하여 자기의 이름으로 행하고, 그 행위는 피대리청의 행위로서 효과를 발생하는 것을 말한다. 권한의 대행(헌법 71조), 직무대행(정부조직법 7조 2항), 직무대리(직무대리규정)라고도 한다.

2. 유사개념과의 구별

1) 권한의 위임과의 구별

행정청의 권한을 다른 자가 대신 행하는 점에서 공통점을 가지나, 양자는 다음과 같은 차이가 있다. ① 권한의 위임은 행정청이 자신의 권한의 일부를 수임자의 권한으로 이전하는 것으로 권한 그 자체가 수임자의 권한으로 되는 데 대하여, 권한의 대리는 행정청의 권한의 전부 또는 일부를 대리자가 대리행사하는 것으로 권한 그 자체가 이전되는 것은 아니다. ② 권한의 위임은 법령상의 권한분배를 변경하는 것으로 법적 근거를 요하는 반면, 권한의 대리 중에서 임의대리는 반드시 법적 근거를 요하지 않는다는 것이 통설이다. ③ 권한의 위임에 있어서 수임자는 보통 하급행정청인 데 대하여, 권한의 대리에 있어서 대리자는 피대리청의 보조기관인 것이 보통이다.

2) 위임전결(내부위임)과의 구별

권한의 대리에 있어서 대리자는 외부적으로 대리행위임을 표시하고 행정청의 권한을 자신의 명의로 행한다. 그런데 행정청이 보조기관이나 하급행정청에게 소관사무의 처리를 위임하면서 그 업무에 관한 외부적인 권한행사는 행정청 자신의 이름으로 행하게 하는 경우가 있는바 이를 위임전결 또는 내부위임이라고 한다(행정업무규정 10조 2항).[4)]

3) 대결과의 구별

대결은 행정청 또는 기타 결재권자의 부재시 및 사고가 있는 때에 그 직무를 대리하는 자가 대신 결재한 다음, 중요한 사항에 관하여는 사후에 결재권자에게 보고하게 하는 것을 말한다(행정업무규정 10조 3항). 외부적인 권한행사는 여전히 원행정청의 이름으로 행하는 점에서 대리와 구별되며, 일시적이라는 점에서 위임전결과 구별된다.

4) 대표와의 구별

대표는 대리와 같이 대리 · 피대리와 같은 대립관계에 있는 것이 아니라, 대표자인 행정청의 행위가 국가 또는 지방자치단체의 행위가 되는 점에서 대리와 구별된다. 국가를 당사자 또는 참가인으로 하는 소송에 있어서 "법무부장관이 국가를 대표한다"(국가를 당사자로 하는 소송에 관한 법률 2조)는 경우의 대표가 이에 해당한다. 대표의 또 다른 예로는 감사원장이 감사원을 대표하는 경우(감사원법 4조 2항)와 같이 합의제행정청의 구성원 중 특정한 자가 그 행정청을 외부에 표시하는 경우이다.

5) 사법상의 대리와 구별

대리자 · 피대리자 · 제3자라는 3면관계가 성립하는 점에서는 권한의 대리와 사법상의 대리는 동일하다. 그러나 사법상의 대리는 인격자간의 관계로서 사적 자치의 원칙을 배경으로 그것을 확장 또는 보충함을 목적으로 하여 계약에 의하여 성립하는데 대하여, 권한의 대리는 하나의 인격자 내부에 있어서 행정청의 권한행사능력을 보충하여 주는 제도라는 점에서, 양자는 제도의 취지 · 발생원인 내

4) 내부위임은 상하행정청 간에 행하여지는 반면, 위임전결은 행정청과 보조기관간에 행하여지는 점에서 차이가 있다.

지는 기반을 달리한다. 이에 따라 행정청의 권한의 대리에 있어서 사법규정의 유추적용은 제약을 받는다.

3. 권한의 대리의 종류

행정청의 권한의 대리는 그 발생원인을 기준으로 하여 임의대리와 법정대리로 구분된다.

1) 임의대리

가. 의 의

임의대리는 피대리청의 수권에 의하여 대리관계가 발생되는 경우를 말한다. 수권대리라고도 한다.

나. 근 거

임의대리에 반드시 법적 근거를 요하는지 학설의 대립이 있다. 부정설은 행정청의 권한이 일반적 · 포괄적으로 정하여진 경우에는, 그 권한의 전부를 반드시 행정청 스스로 행하여야 한다는 것은 법이 요구하는 것이 아니기 때문에 그 권한의 일부는 법령의 근거가 없이 수권하는 것이 가능하다고 한다.[5] 이에 대하여 긍정설은 행정청의 권한은 본래 당해 행정청 스스로 행사하여야 하며, 권한의 대리도 법이 정한 권한분배에 변경을 가한다는 점에서 권한의 위임과 다름이 없기 때문에 마찬가지로 법의 근거를 요한다고 한다.[6] 부정설이 현재 통설이다.

다. 대리권의 범위

임의대리는 그 성격상 권한의 일부에 대하여만 허용된다. 즉 피대리청이 그 권한에 관하여 포괄적으로 대리권을 부여하는 것은 법령에 의하여 정하여진 권한을 사실상 포기하는 것이 되기 때문에 금지된다.

라. 감독 및 책임

임의대리에 있어서 대리자는 자신의 대리행위에 대하여 공무원법상, 민사상, 형사상 책임을 진다. 한편, 대리자는 피대리청의 책임하에 그 권한을 행사하는 것이기 때문에, 피대리청은 대리자에 대하여 지휘 · 감독할 수 있으며 또한 대리자의 선임 · 감독상의 책임을 진다.

2) 법정대리

가. 의 의

법정대리는 법령의 규정에 의하여 법정사실의 발생과 더불어 당연히 또는 일정한 자의 지정에 의하여 비로소 성립한다. 법정대리는 대리자의 결정방법에 따라 다시 협의의 법정대리와 지정대리로 구분된다.

가) 협의의 법정대리 대리자가 법령의 규정에 의하여 직접 정하여져 있어 법정사실의 발생으로 직접 대리관계가 발생되는 경우이다. 대리자는 일반적으로 순위에 따라 정하여져 있다(헌법 71조, 정부조직법 7조 2항 · 12조 2항, 직무대리규정 3조).

나) 지정대리 사고 등 법정사실이 발생하였을 때에 일정한 자가 대리자를 지정함으로써 비로소 대리관계가 발생하는 경우이다. 예를 들어 국무총리가 사고로 인하여 직무를 수행할 수 없을

---

5) 金道昶, 一般行政法論(下), 72면; 金南辰/金連泰, 行政法 II, 20면.
6) 朴鈗炘/鄭亨根, 最新行政法講義(下), 22면.

때에 "대통령의 지명을 받은 국무위원이 그 직무를 대행하는 경우"가 그에 해당한다(정부조직법 22조). 지정대리는 피대리청의 지위에 있는 자가 일시 사고가 있을 때에 행하여지는 것이 일반적인바, 피대리청의 지위에 있는 자가 궐위된 때에 일시 그 대리자를 지정하는 경우가 있는바 이를 서리(署理)라고 한다. 즉 서리는 피대리청의 지위에 있는 자가 존재하지 않고 다만 행정청의 권한을 당해 행정청 이외의 자에게 행사시키는 관계에 해당한다. 이에 따라 기관인격을 인정하고 행정청의 대리의 본질을 인격의 대리로 보는 학설의 입장에서는 서리를 대리와 별개의 제도로 보고 있다.[7] 그러나 행정청의 대리는 인격의 대리가 아니라 권한의 대리로서, 행정청의 행위의 효과는 행정청의 지위에 있는 자에게 귀속하는 것이 아니라, 행정주체에 귀속하는 것이므로, 행정청의 구성자인 자연인의 존부는 행정청의 대리관계의 성립에 아무런 영향을 주지 않기 때문에 서리도 대리의 일종이라고 보아야 할 것이다. 서리도 대리의 일종이라는 견해가 통설이다.[8]

나. 대리권의 범위

법정대리의 경우에는 대리권의 범위는 법령에서 특별한 규정이 없는 한, 피대리청의 권한의 전부에 미친다.

다. 지휘 · 감독

피대리청이 궐위된 경우에는 피대리청의 지휘 · 감독권은 당연히 문제가 되지 않으며, 이 경우 대리자는 자신의 책임으로 그 권한을 행사한다. 그러나 해외출장이나 보행곤란과 같은 사고로 법정대리가 발생되는 경우에는, 전화 및 기타 통신수단으로 지시할 수 있기 때문에 지휘 · 감독권을 인정할 수 있으며, 이 경우에는 피대리청도 감독책임을 진다고 보아야 할 것이다.

4. 대리자의 표시방법

대리자의 표시에 있어서는 민법의 현명주의(顯名主義)에 관한 규정이 유추적용된다고 할 것이다(민법 114조). 실무적으로는 "법무부장관직무대리법무부차관"의 형식으로 현명한다. 현명을 하지 않을 때에는 대리자 자신의 무권한의 행위로 평가될 것이나, 이해관계인이 피대리청의 행위로 믿을 만한 사정이 있을 때에는 민법상의 표현대리(表見代理)에 관한 규정(민법 125조 · 126조)이 유추적용 된다고 할 것이다.

5. 복대리의 문제

권한의 대리에 있어서 대리자가 그 대리권을 다시 타인에게 대리시킬 수 있는지가 문제가 된다. 법령에 명문규정이 있는 경우에는 그에 의하지만, 그에 관한 규정이 없는 경우에는 임의대리와 법정대리에 따라 다르게 보아야 한다. 임의대리에 있어서는 피대리청의 권한의 일부에 대하여만 대리가 행하여지고, 피대리청과 대리자는 신임관계를 바탕으로 맺어져 있기 때문에 복대리는 부정된다고 할 것이다.

이에 대하여 법정대리에 있어서는 피대리청과 대리자와의 신임관계와는 무관하게, 일정한 법정사실의 발생에 따라 성립하고, 그 대리권은 피대리청의 권한의 전부에 미치며, 대리자는 자신의 행위

7) 尹世昌, 行政法(上), 615면.
8) 金道昶, 一般行政法論(下), 75면; 朴鈗炘/鄭亨根, 最新行政法講義(下), 24면.

에 대하여 책임을 지기 때문에, 그 대리권의 일부에 대하여 복대리인을 선임할 수 있다고 볼 것이다.

6. 권한의 대리의 효과

권한의 대리에 있어서 대리행위는 피대리청의 행위로서 법적 효과를 발생한다. 이에 따라 대리기관이 대리관계를 표시하고 피대리청을 대리하여 행정처분을 한 때에는 항고소송의 피고는 피대리청이 된다. 다만 대리기관이 대리관계를 밝힘이 없이 그 자신의 명의로 행정처분을 하였다면 처분명의자인 대리기관이 항고소송의 피고가 된다고 할 것이다.

판례(권한의 대리에 있어서 항고소송의 피고) 항고소송은 다른 법률에 특별한 규정이 없는 한 원칙적으로 소송의 대상인 행정처분을 외부적으로 행한 행정청을 피고로 하여야 하는 것이고, 다만 대리기관이 대리관계를 표시하고 피대리 행정청을 대리하여 행정처분을 한 때에는 피대리 행정청이 피고로 되어야 할 것이다. 따라서 대리권을 수여받은 데 불과하여 그 자신의 명의로는 행정처분을 할 권한이 없는 행정청의 경우 대리관계를 밝힘이 없이 그 자신의 명의로 행정처분을 하였다면 그에 대하여는 처분명의자인 당해 행정청이 항고소송의 피고가 되어야 하는 것이 원칙이지만, 비록 대리관계를 명시적으로 밝히지는 아니하였다 하더라도 처분명의자가 피대리 행정청 산하의 행정기관으로서 실제로 피대리 행정청으로부터 대리권한을 수여받아 피대리 행정청을 대리한다는 의사로 행정처분을 하였고 처분명의자는 물론 그 상대방도 그 행정처분이 피대리 행정청을 대리하여 한 것임을 알고서 이를 받아들인 예외적인 경우에는 피대리 행정청이 피고가 되어야 한다고 할 것이다(대결 2006. 2. 23, 2005부4).

7. 대리관계의 종료

임의대리의 경우에는 수권행위의 철회나 실효(종기의 도래, 해제조건의 성취), 또는 대리자의 사망 및 신분의 상실 등에 의하여 대리관계가 종료된다. 이에 대하여 법정대리의 경우에는 대리권을 발생하게 한 법률사실의 소멸에 따라 대리관계가 종료된다(해외출장으로부터 귀국, 질병의 치유, 궐위 중인 자의 보충).

Ⅲ. 행정청의 권한의 위임

1. 의 의

행정청의 권한의 위임이란 행정청이 그의 권한의 일부를 다른 행정기관에 이전하여 수임기관의 권한으로 행사하게 하는 것을 말한다. 권한의 위임에 있어서는 그 권한은 위임의 범위 안에서 수임기관의 권한이 되며, 수임기관은 권한을 자신의 명의와 책임하에 행사하게 된다. 학문적으로는 법령에 근거하여 위임청의 의사로 권한을 이전하는 것을 권한의 위임이라고 하지만, 근래에는 위임되는 사무가 법령 자체에 구체적으로 정하여져 있어 위임청의 의사가 작용할 여지가 없는 경우가 대부분인바, 이것도 위임에 포함시켜 이해되고 있다.[9]

2. 유사개념과의 구별

1) 권한의 대리와의 구별

행정청의 권한의 위임과 권한의 대리는 다음과 같이 구별된다. ① 권한의 위임에 있어서는 권한 자체가 수임자에게 이전된다는 점에서, 권한 자체를 이전하지 않는 권한의 대리와 구별된다. ② 권한의 위임은 법령상의 권한분배를 변경한다는 점에서 법적 근거를 요하나, 권한의 대리에 있어서는 반드시 법적 근거를 요하지 않는다(임의대리의 경우). ③ 권한의 위임에 있어서는 수임자가 하급행정청인 것이 보통인 반면, 권한의 대리에 있어서는 보조기관인 것이 보통이다.

2) 위임전결(내부위임)과의 구별

위임전결 또는 내부위임은 행정청이 그의 특정사항에 관한 권한(허가 및 허가취소 등)을 실질적으로 하급행정청 또는 보조기관에게 위임하면서, 대외적으로는 위임청의 명의로 권한을 행사하게 하는 것을 의미한다(도지사가 석유사업면허의 권한을 시장 · 군수에게 내부적으로 위임하는 것). 내부위임의 경우 그 권한행사는 위임자의 명의로 하지 않으면 안되며, 수임자의 명의로 하면 위법이 된다. 내부위임의 경우 수임자의 명의로 한 처분의 위법성이 취소사유에 해당하는지 또는 무효사유에 해당하는지 다툼이 있다. ① 내부적으로 위임을 받고 있어 무권한이라 볼 수 없고 형식상의 하자가 있는 것에 불과하기 때문에 취소사유에 해당한다는 견해, ② 무권한에 해당하는 주체상의 하자로서 무효사유에 해당한다는 견해, ③ 수임기관이 보조기관인 경우에는 무효에 해당하지만, 하급행정청인 경우에는 취소사유에 해당한다는 절충적 견해가 대립하고 있으나, 판례는 무권한의 행위로서 무효에 해당한다는 입장을 취하고 있다.

판례(내부위임에 있어서 권한행사의 명의) 행정권한의 위임은 행정관청이 법률에 따라 특정한 권한을 다른 행정관청에 이전하여 수임관청의 권한으로 행사하도록 하는 것이어서 권한의 법적인 귀속을 변경하는 것이므로 법률이 위임을 허용하고 있는 경우에 한하여 인정된다 할 것이고, 이에 반하여 행정권한의 내부위임은 법률이 위임을 허용하고 있지 아니한 경우에도 행정관청의 내부적인 사무처리의 편의를 도모하기 위하여 그의 보조기관 또는 하급행정관청으로 하여금 그의 권한을 사실상 행사하게 하는 것이므로, 권한위임의 경우에는 수임관청이 자기의 이름으로 그 권한행사를 할 수 있지만 내부위임의 경우에는 수임관청은 위임관청의 이름으로만 그 권한을 행사할 수 있을 뿐 자기의 이름으로는 그 권한을 행사할 수 없는 것이므로, 원심이 같은 취지에서 피고의 이 사건 처분이 권한 없는 자에 의하여 행하여진 위법무효의 처분이라고 판시한 것은 정당하다(대판 1995. 11. 28, 94누6475).

---

9) 朴鈗炘/鄭亨根, 最新行政法講義(下), 26면.

3) 대결과의 구별

대결은 행정청 또는 기타 결재권자의 부재시 및 사고가 있는 때에 보조기관이 그에 갈음하여 외부에 표시없이 결재한 다음, 중요한 사항에 관하여는 사후에 결재권자에게 보고하게 하는 것을 말한다(사무관리규정 16조 3항). 대결 역시 권한의 변경을 초래하지 않는다는 점에서 권한의 위임과 구별된다.

4) 촉탁과의 구별

행정사무의 처리와 관련하여 등기 · 소송 등에 관한 사무처리를 위탁하는 것을 특히 촉탁이라고 한다(부동산등기법 27조, 국세징수법 45조). 촉탁도 행정청의 권한의 이전을 수반하는 것이 아니므로 권한의 위임과 구별된다.

5) 권한의 이관과의 구별

권한의 위임은 또한 권한의 이관과 구별되어야 한다. 권한의 이관은 예를 들어 법령상 A행정청의 권한으로 되어 있는 것을 당해 법령을 개정하여 B행정청의 권한으로 이관시키는 경우이고, 권한의 위임은 법령상 A행정청의 권한으로 되어 있는 것을, 당해 법령의 규정은 그대로 둔 채 별도의 위임근거규정에 의하여 그것을 B행정청에 위임하는 것이다. 양자는 다같이 대내외적으로 신구(新舊) 행정청간에 권한이 이전된다는 점에서 동일하나, 권한의 위임에 있어서는 잠정적인 성격을 갖고 있으며, 위임청은 위임된 권한을 언제든지 회수할 수 있으며, 또한 사무처리의 권한은 이전되나 그 사무처리에 대한 기준설정권은 위임행정청에 유보된다는 점에서 차이가 있다.

6) 민법상의 위임과의 구별

민법상의 위임은 수임자가 위임받은 것을 자신의 명의와 책임으로 처리하고, 그의 법률적 효과도 일단은 수임자에게 귀속된다는 점에서 행정법상의 위임과 다를 바 없다. 그러나 권한의 위임은 인격주체간의 관계가 아니며, 위임관계가 계약에 의하여서가 아니라 법규 또는 위임청의 일방적 행위에 의하여 발생하는 점에서 구별된다.

3. 위임의 법적 근거

행정청의 권한의 위임은 법률에 의하여 정하여진 권한분배를 대외적으로 변경하는 것이므로 법률의 명시적 근거를 요한다. 위임의 근거는 원칙적으로 당해 권한을 특정한 행정청의 권한으로 분배하는 각 개별법률에서 정하고 있다. 하천법 제92조 제1항은 "이 법에 의한 국토교통부장관의 권한은 그 일부를 대통령령이 정하는 바에 의하여 시 · 도지사 또는 지방국토관리청장에게 위임할 수 있다"고 규정하고 있는 것이 그 예이다.

한편, 정부조직법 제6조 제1항은 "행정기관은 법령이 정하는 바에 의하여 그 소관사무의 일부를 보조기관 또는 하급행정기관에 위임하거나 다른 행정기관 · 지방자치단체 또는 그 기관에 위탁 또는 위임할 수 있다"고 규정하고 있고, 지방자치법 제117조 제1항은 "지방자치단체의 장은 조례 또는 규칙이 정하는 바에 의하여 그 권한에 속하는 사무의 일부를 보조기관, 소속행정기관 또는 하급행정기관에 위임할 수 있다"고 규정하여 포괄적 위임의 근거를 정하고 있다. 그런데 국가행정청 또는 그로부터 권한을 위임받은 행정청이 개별법률의 근거가 없이 직접 정부조직법 제6조 제1항에 근거하여 권한을 위임할 수 있는지 다툼이 되고 있다. 판례와 일설은[10] 이에 대하여 긍정적인 입장을 취하고

---

10) 金南辰/金連泰, 行政法 II, 28면.

있다. 그러나 법률이 정한 행정청의 권한은 당해 행정청이 행사하여야 하고, 권한을 부여한 그 법률 자체에서 예외적으로 그 권한을 다른 기관에 위임할 수 있다고 규정하고 있는 경우에만 위임이 가능한 것인바, 당해 법률에는 규정이 없음에도 불구하고 정부조직법 제6조에 근거하여 위임한다면 행정청의 권한의 위임에 관하여 정하고 있는 모든 법률의 규정은 무의미하게 될 것이다. 정부조직법 제6조 제1항은 단지 행정청의 권한은 위임이 가능하다는 일반원칙을 표시한 것에 불과한 것으로 이를 근거로 하여 권한을 위임할 수 없고, 당해 권한에 대하여 정하고 있는 법률 자체에 위임근거가 있을 때에만 위임이 가능하다고 할 것이다.[11)]

판례(행정청의 권한의 위임 및 재위임의 근거) 정부조직법 제5조 제1항(현행 정부조직법 6조 1항)의 규정은 법문상 행정권한의 위임 및 재위임의 근거규정임이 명백하고 정부조직법이 국가행정기관의 설치, 조직과 직무범위의 대강을 정하는데 목적이 있다고 하여 그 이유만으로 같은 법의 권한위임 및 재위임에 관한 규정마저 권한위임 및 재위임 등에 관한 대강을 정한 것에 불과할 뿐 권한위임 및 재위임의 근거규정이 아니라고 할 수 없다고 할 것이므로, 도지사 등은 정부조직법 제5조 제1항에 기하여 제정된 행정권한의 위임 및 위탁에 관한 규정에 정한 바에 의하여 위임기관의 장의 승인이 있으면 그 규칙이 정하는 바에 의하여 그 수임된 권한을 시장, 군수 등 소속기관의 장에게 다시 위임할 수 있다(대판 1990. 6. 26, 88누12158).

4. 권한의 위임의 방식

권한의 위임은 권한을 대외적으로 변경하는 것이므로 상대방에의 통지는 물론 일반에의 공시를 요한다. 공시사항은 위임청, 위임의 상대방, 위임기간 등으로서, 관보·공보를 통하여 공시하는 경우가 많다.

5. 권한의 위임의 형태

종래 행정청의 권한의 위임은 주로 보조기관이나 하급행정청에 대하여 행하여졌다. 그러나 행정사무가 양적으로 팽창되고 질적으로 복잡해짐에 따라 권한의 위임은 대등관청 또는 지휘감독계통을 달리하는 하급행정청과 지방자치단체 또는 그 기관 그리고 사인에 대하여도 행하여지게 되었다.

1) 보조기관 또는 하급행정청에 대한 위임

행정청의 권한의 위임의 가장 전형적인 형태는 자신의 지휘·감독하에 있는 보조기관(기후에너지환경부장관이 대기보전국장에게 위임하는 것) 또는 하급행정청(경찰청장이 지방경찰청장에게 위임하는 것)에게 위임하는 것이 권한의 위임의 가장 전형적인 형태이다. 이는 이들 기관이 위임사항에 가장 밝고 상명하복의 계층구조를 이루고 있는 행정조직의 원리에도 맞기 때문이다.

2) 대등행정청 또는 지휘·감독하에 있지 않은 하급행정청에 대한 위임

권한의 위임은 위임청과 대등한 위치에 있거나 지휘계통을 달리 하는 하급행정청에 대하여도 할 수 있는바, 이 경우를 특히 법령상 용어로 위탁이라고 한다(행정권한의 위임 및 위탁에 관한 규정 2조 2호). 종래 위임청의 지휘·감독에 있지 않은 기관에 대한 위임에 있어서는 감독체계의 문란을 가져올 우려가 있어 수임청

11) 同旨: 朴鈗炘/鄭亨根, 最新行政法講義(下), 29면.

이나 그 감독청의 동의를 받게 하는 것이 원칙이었으나 오늘날은 이러한 위임도 그 동의 없이 법령에 의하여 행하여지고 있다. 이러한 형태의 위임은 특별지방행정기관이 별도로 설치되지 않는 중앙행정기관의 행정사무와 관련하여 다른 중앙행정기관소속의 특별지방행정기관에 대하여 주로 행하여지고 있다.

3) 지방자치단체 또는 그 기관에 대한 위임

국가는 그 행정권한의 일부를 지방자치단체나 그 기관에 위임할 수 있다. 전자의 경우를 단체위임이라 하고 후자의 경우를 기관위임이라고 한다. 단체위임의 경우는 법인격을 달리하는 자간에 권한을 위임하는 것으로 엄격한 의미의 행정청의 권한의 위임에는 해당하지 않으나, 권한이 위임된다는 점에서 위임의 일종으로 다루어지고 있다. 기관위임에 있어서는 권한의 위임을 받은 지방자치단체의 기관은 국가기관의 지위에 있게 되며, 상급국가기관의 지휘 · 감독을 받게 된다. 지방자치법 제115조는 지방자치단체에서 시행하는 국가사무는 법령의 다른 규정이 없으면, 당해 지방자치단체의 장에게 위임하여 행하도록 하고 있는바, 현재 행하여지고 있는 위임의 대부분은 이러한 기관위임이다.

4) 사인에 대한 위임

행정청의 권한은 다른 행정기관이나 지방자치단체 또는 그 기관에 행하는 것이 원칙이나, 경우에 따라서는 사인(私人)(법인(法人) · 자연인(自然人))에게 위임할 수 있다. 이 경우를 민간위탁이라고 하며, 행정권한을 위임받는 사인을 공무수탁사인이라고 한다. 민간위탁에 대한 일반법적인 근거로는 정부조직법 제6조 제3항 및 지방자치법 제117조 제3항이 있다. 국가행정기관은 법령이 정하는 바에 의하여 그리고 지방자치단체의 장은 조례 또는 규칙이 정하는 바에 의하여 그 소관사무 중 조사 · 검사 · 검정 · 관리업무 등 국민의 권리 · 의무와 직접 관계되지 않은 사무를 법인 · 단체 또는 그 기관이나 개인에게 위탁할 수 있다. 「행정권한의 위임 및 위탁에 관한 규정」에 따르면 민간위탁의 수탁기관은 상대방의 신청에 따라 선정되며, 위탁행정기관은 위탁사무처리에 대하여 수탁기관을 지휘 · 감독하며, 필요한 지시를 하거나 조치를 명할 수 있다(동규정 13조).

6. 재위임

행정청의 권한을 위임받은 기관은 위임받은 권한의 일부를 보조기관 또는 하급행정청에 재위임할 수 있다(정부조직법 6조 1항). 한편, 지방자치단체의 장이 국가행정청의 권한을 위임받은 경우에는 지방자치단체의 조례에 의하여 이를 하급행정기관에게 재위임할 수는 없고, 위임기관의 장의 승인을 받은 후 지방자치단체의 장이 제정한 규칙에 따라서만 이를 행할 수 있다(행정권한의 위임 및 위탁에 관한 규정 4조).

판례(기관위임사무의 재위임의 근거) 구 건설업법 제50조 제2항 제3호 소정의 영업정지 등 처분에 관한 사무는 국가사무로서 지방자치단체의 장에게 위임된 이른바 기관위임사무에 해당하므로 시 · 도지사가 지방자치단체의 조례에 의하여 이를 구청장 등에게 재위임할 수는 없고 「행정권한의 위임 및 위탁에 관한 규정」 제4조에 의하여 위임기관의 장의 승인을 얻은 후 지방자치단체의 장이 제정한 규칙이 정하는 바에 따라 재위임하는 것만이 가능하다(대판(전원합의체) 1995. 7. 11, 94누4615).

---

7. 권한의 위임의 효과

권한의 위임이 행하여진 때에는 위임청은 그 사무를 처리할 권한을 상실하며, 그 사항은 수임자의 권한으로 되며 수임자는 자신의 이름과 책임하에서 그 권한을 행사한다. 이에 따라 수임한 사항에 관하여는 항고소송의 피고는 수임자가 된다.

8. 위임에 따르는 비용부담

위임행정청은 권한을 위임할 때에는 수임기관의 수임능력여부를 점검하고 필요한 인력 및 예산을 이관하여야 한다(행정권한의 위임 및 위탁에 관한 규정 3조 2항). 그런데 국가기관간에 인력 및 예산의 이관은 용이하게 이루어지나, 법인격을 달리하는 국가와 지방자치단체간에는 적지 않은 문제가 발생하기 때문에 지방재정법 및 지방자치법은 국가사무를 지방자치단체 또는 그 기관에 위임하는 경우에는 그 소요되는 경비의 전부를 국가가 당해 지방자치단체에 교부할 것을 규정하고 있다(지방재정법 21조 2항 및 지방자치법 158조 단서).

9. 위임청의 지휘 · 감독권

「행정권한의 위임 및 위탁에 관한 규정」은 위임기관 및 위탁기관은 수임자의 사무처리에 대하여 지휘 · 감독하고 그 처리가 위법 · 부당하다고 인정할 때에는 이를 취소하거나 정지할 수 있도록 하고 있다(동규정 6조). 그러나 이에 대하여 보다 세분화된 고찰이 필요하다. 수임자가 위임청의 보조기관이나 지휘감독하에 있는 하급행정청인 경우에는 위임청의 지휘감독권 및 취소 · 정지권을 인정할 수 있으나, 수임자가 지휘 · 감독하에 있지 않는 기관인 경우에는 단지 사무처리의 일반적 기준을 정하여 주고 사후에 처리결과를 보고 받는 정도에 그쳐야 할 것이다. 전자의 경우에도 수임사무의 처리에 있어서 사전승인을 얻게 하거나 협의를 할 것을 요구하는 것은 권한의 위임의 취지에 맞지 않기 때문에 허용되지 않는다고 할 것이다.[12] 「행정권한의 위임 및 위탁에 관한 규정」에서도 사무처리에 있어서 사전승인이나 협의를 요구할 수 없도록 하되, 예외적으로 위임청 또는 수탁기관이 행정안전부장관과 협의하여 정하는 사항에 대한 한시적인 사전승인이나 협의의 요구는 인정하고 있다(동규정 7조).

10. 위임의 종료

위임은 위임행위의 실효 및 위임의 해제에 의하여 종료된다. 위임의 해제는 위임의 경우와 마찬가지로 공시를 요한다고 할 것이다. 위임의 종료와 함께 위임사항에 관한 수임기관의 권한은 소멸하고 그 사항은 다시 위임청의 권한에 귀속된다.

사례 1 국토교통부장관은 하천법에 의하여 자신이 관리하고 있는 하천의 점용허가의 권한을 광역지방자치단체장들에게 위임하였다.

1) 국토교통부장관은 광역지방자치단체장이 하천점용허가권을 행사할 때 국토교통부장관의 명의로 하도록 위임을 하였다. 이에 대하여 갑도지사는 이의를 제기하였다. 갑도지사의 이의제기는 타당한가?

2) 을도지사는 조례제정을 통하여 국토교통부장관으로부터 위임된 하천점용허가권을 관할 시장 · 군수에게 위임하였다. 을도지사의 재위임은 적법한 것일까?

3) 국토교통부장관은 을도지사가 발급한 하천점용허가가 위법하다는 이유하에서 하천점용허가를 취소

12) 朴鈗炘/鄭亨根, 最新行政法講義(下), 34면.

하였다. 이에 대하여 을도지사는 국토교통부장관은 이에 대한 취소권을 갖지 않고 있다고 이의를 제기하였다. 을도지사의 이의제기는 타당한가?

4) 국토교통부장관은 광역지방자치단체장들이 위임된 허가권한을 행사할 때에는 미리 국토교통부장관의 승인을 받도록 하는 내용의 훈령을 발하였다. 을도지사는 국토교통부장관의 훈령이 위법하다고 이의를 제기하였다. 을도지사의 이의제기는 타당한가?

▶답안요지 **제1문:** 행정청의 권한의 위임이란 행정청이 그의 권한의 일부를 다른 행정기관에게 이전하여 수임기관의 권한으로 행사하게 하는 것을 말한다. 이 경우 수임기관은 자신의 명의와 책임하에 행사하게 한다. 사안에서 광역지방자치단체장이 하천점용허가를 국토교통부장관의 명의로 하도록 위임하는 것은 내부위임에 해당하는 것으로 권한의 위임에서는 허용되지 않는다. 갑도지사의 이의제기는 타당하다.

제2문: 지방자치단체의 장이 국가행정청의 권한을 위임받은 경우에는 기관위임사무에 해당하기 때문에 법령에 의한 별도의 위임이 없는 한 조례의 규율대상이 되지 않는다. 이에 따라 이를 조례제정에 의하여 하급행정기관에 위임할 수 없고, 위임기관의 장의 승인을 받은 후 지방자치단체의 장이 제정한 규칙에 따라서만 이를 행할 수 있다(행정권한의 위임 및 위탁에 관한 규정 4조). 을도지사의 재위임은 위법하다.

제3문: 위임기관은 수임기관의 사무처리에 대하여 지휘 · 감독하고 그 처리가 위법 · 부당하다고 인정할 때에는 이를 취소하거나 정지할 수 있다(행정권한의 위임 및 위탁에 관한 규정 6조). 을도지사의 이의제기는 타당하지 않다.

제4문: 행정권한의 위임에 있어서 수임기관의 수임사무의 처리에 있어서 위임기관의 사전승인을 얻게 하거나 협의를 할 것을 요구하는 것은 권한의 위임의 취지에 맞지 않기 때문에 허용되지 않는다고 할 것이다(행정권한의 위임 및 위탁에 관한 규정 7조).

사례 2 도지사 A는 환경개선비용부담법 제9조 제1항의 규정에 의한 환경개선부담금징수권한을 같은 법 제22조 및 같은 법 시행령 제28조 제1항 제1호에 의해 환경부장관으로부터 위임을 받았다. 그런데 A는 이 권한을 직접 행사하지 않고 재위임에 관하여 법에 아무런 규정이 없기 때문에 행정권한을 도조례에 의하여 구청장에게 재위임하였는바, 구청장은 이에 의거하여 갑에 대하여 환경개선부담금을 부과하였다.

1) 이에 대하여 갑은 무효확인소송을 제기하였다. 갑의 권리구제가능성을 논하시오.

2) 이 경우 일반적인 재위임의 법적 근거와 문제점을 논하시오.(제47회 행정고시; 유사사례: 제6회 변호사시험)

▶답안요지 **제1문:** 환경개선부담금부과사무는 환경개선비용부담법 제9조 제1항에 따라 환경부장관의 권한에 속하기 때문에 기관위임사무에 해당한다. 기관위임사무는 법률에 별도의 위임이 없는 한 조례의 규율대상이 되지 못하기 때문에 도의 조례는 위법 · 무효에 해당한다. 이에 따라 B구청장의 환경개선부담금 부과처분은 무권한행위로서 위법하다. 이 경우 당해 처분이 무효에 해당하는지 취소사유에 해당하는지 논란은 있으나 판례는 위법한 조례에 의하여 위임된 사무권한으로서 발한 행정처분은 그 하자가 중대하기는 하나, 명백하지 않으므로 취소사유에 그친다고 본다(대판(전원합의체) 1995. 7. 11, 94누4615). 이에 따라 갑은 위 무효확인소송에서 소의 변경을 통해 처분의 취소를 구할 수 있다. 이 경우 제소기간 등 취소소송의 적법요건이 충족되어야 한다. 한편 갑의 의사가 행정처분의 무효뿐만 아니라 취소를 구하는 것으로도 해석되는 경우에는 소의 변경이 없이 취소판결을 내릴 수가 있을 것이다(대판 1987. 4. 28, 86누887).

제2문: 개별법상의 위임 및 재위임에 관한 규정이 없는 경우 정부조직법 제6조의 규정을 위임 및 재위임에 관한 일반적인 근거로 볼 수 있는지에 대하여 긍정설과 부정설이 대립하고 있으나 판례는 긍정설을 취하고 있다(긍정설의 문제점에 대하여는 본문설명 참조). 행정권한의 위임 및 위탁에 관한 규정 제4조에 따르면 시 · 도지사는 수임사무의 일부를 위임기관의 장의 승인을 얻어 규칙의 제정을 통하여 시장 · 군수 · 구청장에게 재위임이 가능하도록 규정하고 있다.

사례 3 갑은 A시 청사의 지하층 일부에 대한 사용허가를 받아 식당을 운영하고 있다. A시의 시장은 청사의 사용허가에 관한 권한을 B국장에게 내부적으로 위임(위임전결)하였고, 이에 따라 B국장은 자신의 명의로 갑에 대한 청사의 사용허가를 취소하였다. 갑은 이러한 사용허가의 취소가 위법하다고 생각하여 이를 다투려고 한다. 갑은 어떠한 소송유형을 선택하여 이를 다툴 수 있는가?(제49회 사법시험)

▶**답안요지** 1) 위임전결의 법적 성격

사안에서 행정청의 권한의 내부위임(위임전결)의 법적 성격이 우선적으로 문제가 되고 있다. 행정청의 권한의 위임의 경우에는 권한이 수임기관에 이전되고, 수임기관은 위임된 권한을 자신의 명의와 책임하에 행사한다. 반면, 위임전결에 있어서는 수임기관이 비록 실질적으로 권한을 행사하기는 하나, 권한은 여전히 위임청의 권한으로 되어 있으며, 이에 따라 수임기관은 권한의 행사를 위임청의 명의로 행사하여야 한다. 만일 하급행정기관이 자신의 명의로 권한을 행사하게 되면 위법하게 된다(대판 1995. 11. 28, 94누6475). 이에 따라 B국장이 자신의 명의로 갑에 대한 영업허가를 취소한 것은 위법하다.

2) 행정재산의 목적외사용의 법적 성격

사안에서 청사의 지하층 일부에 대한 사용허가 및 그에 대한 취소는 행정재산의 목적외사용에 해당하는 바, 그의 법적 성격이 문제가 된다. 이에 대하여 종래 공법관계설과 사법관계설이 대립되고 있으나, 현행 국유재산법과 공유재산 및 물품관리법은 행정재산의 사용 · 수익허가 및 그의 취소 · 철회에 대하여는 잡종재산에 관한 규정을 준용하지 않고 독자적인 규정을 두고 있는바 공법관계설이 타당할 것이다. 판례 역시 공법관계설을 취하고 있다(대판 1998. 2. 27, 97누1105). 이에 따라 B국장의 사용허가의 취소는 항고소송의 대상이 되는 처분의 성격을 갖는다고 할 것이다.

3) 갑이 제기할 수 있는 항고소송의 유형

여기서 항고소송의 피고가 누구인지 문제가 되는바, 위임전결의 경우에는 행정청의 권한이 여전히 위임청에 있기 때문에 위임청이 피고가 된다고 할 것이다. 그러나 판례는 수임기관의 명의로 처분을 한 경우에는 수임기관을(대판 1980. 11. 25, 80누217), 위임기관의 명의로 한 경우에는 위임기관이 피고가 된다는 입장을 취하고 있다(대판 1991. 10. 8, 91누520). 이는 권한의 위임과 위임전결이 외관상 구별이 어렵기 때문에 처분명의에 따른 것이라 하겠다. 판례의 입장을 따르는 경우에는 B국장을 피고로 하여 항고소송을 제기할 수 있을 것이다.

그런데 B국장의 위법한 처분이 취소 또는 무효사유에 해당하는지 문제가 된다. 이에 대하여는 학설의 다툼이 있으나, 판례는 무효사유로 보고 있다(대판 1993. 5. 27, 93누6621; 1995. 11. 28, 94누6475). 판례의 입장을 따른다면 갑은 무효확인소송을 제기할 수 있을 것이다. 물론 갑은 무효선언을 구하는 의미의 취소소송을 제기할 수 있으나, 이 경우 취소소송의 적법요건을 갖추어야 할 것이다.

제5절 행정청 상호간의 관계

Ⅰ. 개 설

행정청은 행정부의 수반인 대통령을 정점으로 피라미드형의 계층조직을 이루면서 상 · 하 및 대등의 관계에서 다른 행정청과 관계를 맺고 있다. 행정목적의 통일적인 수행을 위하여 상 · 하행정청 상호간에는 지휘 · 감독관계가, 그리고 대등행정청 상호간에는 협력과 조정관계가 성립한다. 다음에서는 이들에 대하여 보다 자세히 살펴보기로 한다.

Ⅱ. 상 · 하행정청간의 관계

1. 상 · 하행정청간의 관계의 종류

상 · 하행정청 상호간에는 권한행사의 감독관계가 중심을 이루고, 그 밖에 권한의 위임 및 대리관계가 존재한다. 권한의 위임 및 대리관계에 대하여는 위에서 설명하였기 때문에 권한행사의 감독관계에 대하여 보기로 한다.

2. 권한행사의 감독

1) 의 의

권한행사의 감독이란 상급행정청이 하급행정청의 권한행사의 적법성과 합목적성을 보장하고 아울러 국가의사의 통일적 실현을 도모하기 위하여, 하급행정청의 권한행사를 감시하고 필요에 따라 일정한 통제를 하는 작용을 말한다. 이와 같은 권한행사의 감독을 위하여 상명하복의 기관계층제를 이루고 있다는 점에서 입법조직이나 사법조직과 구별된다.

감독은 내용적으로 하급행정청의 위법 · 부당한 권한행사를 방지하기 위한 예방적 감독과 위법 · 부당한 권한행사를 사후적으로 시정하기 위한 교정적 감독으로 나누어지며, 감독의 실효성은 상관의 직무명령에 대한 공무원의 복종의무와 그 위반에 대한 임면권자의 징계권에 의하여 담보된다.

2) 감독의 수단

감독의 수단은 행정청의 종류와 사무의 종류에 따라 다르나 일반적으로 인정되는 수단으로는 감시권, 훈령권, 인가(승인)권, 취소 · 정지권, 주관쟁의결정권 등이 있다.

가. 감시권

상급행정청이 하급행정청의 권한행사의 상황을 파악하기 위하여 보고를 받고, 서류 · 장부를 검사하며, 실제로 사무감사를 행하는 등의 권한행사이다. 이러한 내용의 감시권은 예방적 감독수단인 것이 원칙이나 교정적 감독수단일 때도 있다. 감시권은 법적 근거를 요하지 않으나, 보고는 사무관리규정, 사무감사는 행정감사규정에 의하여 일정한 제한을 받는다.

나. 훈령권

가) 의 의　　상급행정청이 하급행정청 또는 보조기관(이하 하급행정기관이라 약칭함)의 권한 행사를 지휘하는 권한을 "훈령권"이라고 하며, 이를 위하여 발하는 명령을 "훈령"이라고 한다. 훈령은 예방적 감독의 중심적인 수단이며, 특별한 법적 근거를 요하지 않고 감독권의 당연한 작용으로서 발할 수 있다. 훈령은 하급행정기관의 직무수행을 장기적으로 그리고 일반적으로 지휘 · 감독하는 명령이라는 점에서, 단기적으로 세부적으로 지휘 · 감독하기 위한 명령인 통첩과 구별된다. 훈령은 상급행정청이 하급행정기관에 대하여 그 소관사무에 관하여 발하는 명령으로, 상관이 부하공무원 개인에 대하여 직무에 관하여 발하는 명령인 직무명령과 구별된다. 다만, 훈령은 수명기관의 구성원인 공무원도 구속하므로 직무명령의 성질도 아울러 가진다. 훈령은 행정규칙의 일종으로서 일반적 · 추상적 규율인데 대하여, 직무명령은 일반적 · 추상적 규율도 있으며, 개별적 · 구체적 규율인 경우도 있다.

나) 훈령의 성질　　훈령은 행정규칙으로서 원칙적으로 내부적 효력만을 갖는 내부법의 성격을 갖는다. 다만, 훈령이 재량준칙이나 법률대위적 행정규칙인 경우에는 행정의 자기구속의 법리에 따라 평등권을 매개로 하여 외부적 효력을 갖는다. 한편, 판례는 훈령이 예외적으로 상위법령의 수권에 근거하여 상위법령의 내용을 구체적으로 보충하는 경우에는 법규명령의 성격을 갖는다고 판시하고 있다(이른바 법령보충규칙).

훈령의 법규성 여부가 논란이 되고 있으나 이는 법규의 개념정의에 의존한다고 볼 것이다. 법규를 실질적 의미의 법률과 동일하게 보아 "대외적인 구속력을 갖고 국민의 권리와 의무를 규율하는 일반적 · 추상적 규율"로 정의하는 전통적인 견해에 따르면 훈령은 법규의 성격을 갖지 않는다. 반면 법규를 법이론적으로 파악하여 고권적 일반적 · 추상적 규율로 이해하는 근래의 유력설에 의하면 훈령은 법규의 성격을 갖는다고 할 것이다(본서의 행정규칙부분 참조).

다) 훈령의 종류　　현행법은 훈령을 ① 상급행정청이 하급행정기관을 장기적으로 일반적으로 지휘 · 감독하기 위하여 발하는 명령인 좁은 의미의 훈령 이외에도 「행정업무의 운영 및 혁신에 관한 규정」 제4조는 지시문서를 ② 상급행정청이 직권 또는 하급행정기관의 문의에 따라 발하는 개별적 · 구체적 명령인 지시, ③ 행정사무의 통일을 기하기 위하여 반복적 행정사무의 처리기준을 발하는 명령인 예규, ④ 당직 · 출장 · 시간외근무 · 휴가 등 일일업무에 관하여 발하는 명령인 일일명령으로 분류하고 있는바, 여기서 개별적 · 구체적 규율인 지시와 일일명령은 이론상으로 행정규칙의 성격을 갖는 훈령으로 보기 어려우며, 오히려 직무명령의 성격을 갖는다고 할 것이다.

라) 훈령의 형식과 절차　　훈령은 원래 특별한 형식을 요하지 않고 구두나 문서 등 어느 형

식으로 하여도 무방하나, 「행정업무의 효율적 운영에 관한 규정」 및 동시행규칙은 이에 대하여 일정한 통제를 가하고 있다. 예를 들어 좁은 의미의 훈령 및 예규는 법령과 같은 조문형식 또는 일정한 서식에 의하고 일련번호를 붙이도록 하고 있다. 그러나 이러한 형식에 관한 규정은 훈시적 규정에 불과하며, 따라서 그러한 형식에 의하지 않고 훈령을 발한 경우에도 그 효력에는 영향이 없다고 할 것이다. 훈령을 발하는데 있어서 일반적으로 따라야 할 절차는 없다. 그러나 대통령훈령 및 국무총리훈령은 "법제에 관한 사무"의 하나로 보아 관례적으로 법령안과 동일하게 법제처의 사전심사를 거치고 있으며(정부조직법 23조), 아울러 훈령의 적법성과 타당성을 확보하기 위하여 모든 중앙행정기관의 훈령 및 예규는 법제처의 사후통제절차를 밟도록 하고 있다(법제업무운영규정 25조).

마) 훈령의 적법요건과 하급기관의 심사권

① 훈령의 적법요건　　훈령은 형식적 및 실질적 요건을 충족하여야 적법하게 성립한다. 훈령의 형식적 요건으로는 ① 훈령권이 있는 상급행정청이 발하여야 하고, ② 하급행정기관의 권한에 속하는 사항에 대하여 발하여야 하며, ③ 권한행사의 독립성이 보장되고 있는 하급행정기관에 대한 것이 아니어야 한다. 훈령의 실질적 요건으로는 ① 훈령의 내용이 적법·타당하고, ② 가능하고 명백하여야 한다.

② 하급행정기관의 심사권　　하급행정기관이 위의 요건을 심사하여 위법한 경우에는 복종을 거부할 수 있는지 여부가 문제가 되는바, 형식적 요건에 대하여는 심사가 가능하며, 그 위반에 대하여는 복종을 거부할 수 있다는 점에 대하여는 견해의 일치를 보고 있다. 반면, 실질적 요건의 심사가능성여부에 대하여는 견해가 갈리고 있다. 전통적인 견해는 훈령의 법령위반이 중대하고 명백하여 무효인 경우 또는 범죄에 해당하는 경우를 제외하고는 적법성추정을 받기 때문에 하급행정기관은 훈령에 복종하여야 한다는 입장을 취하고 있다. 그러나 적법성추정이론은 오늘날 극복된 이론으로 권위주의국가시대에서 통용되던 이론이다. 하급행정기관은 훈령의 법령위반이 중대하고 명백한 경우뿐만 아니라 명백한 경우에도 이를 심사하여 복종을 거부할 수 있다고 보아야 할 것이다.[13]

바) 훈령에 위반한 행정행위의 효력　　훈령은 행정조직내부에서 하급행정기관의 행위를 기속할 뿐, 외부적 효력을 갖는 것이 아니기 때문에 하급행정기관이 훈령에 위반하여 행정행위를 하더라도 행정조직내부에서 직무상 의무위반행위로 징계책임을 질 뿐이며, 당해 행정행위가 위법하게 되는 것은 아니다. 다만, 훈령을 근거로 행정관행이 형성된 경우에는 행정관행에 위반하여 행정행위를 한 경우에는 행정의 자기구속의 법리에 따라 평등의 원칙의 위배를 이유로 위법하게 된다. 또한 예외적으로 훈령이 상위법령의 수권하에 그 내용을 보충하는 법규명령의 성질(법령보충규칙)을 갖는 경우에는 훈령에 위반한 행정행위는 위법하게 될 것이다.

다. 인가(승인)권

하급행정청의 일정한 권한행사에 대하여 미리 인가를 부여하여 적법·유효하게 행정조치를 행할 수 있게 하여주는 사전적인 예방적 감독수단의 일종이다. 인가에 대하여는 법령상 근거가 있는 경우도 있으나, 법령의 근거가 없는 경우에도, 상급행정청은 감독권의 내용으로서 하급행정청의 일정한 권한행사에 대하여 미리 인가를 받게 할 수 있다는 것이 다수설의 입장이다.[14] 다만, 인가가 법

13) 金南辰/金連泰, 行政法 II, 37면; 朴鈗炘/鄭亨根, 最新行政法講義(下), 39면.
14) 金南辰/金連泰, 行政法 II, 34면; 朴鈗炘/鄭亨根, 最新行政法講義(下), 41면.

령에 근거한 것인 때에는 인가없이 행한 하급행정청의 행위는 위법 · 무효가 되나, 법령에 근거한 것이 아닌 때에는 인가는 단순히 행정주체의 내부관계에 있어서 행하여지는 행위에 불과하므로 인가없이 행한 하급행정청의 행위는 위법 · 무효로 되지 않는다.

인가는 하급행정청의 권한행사에 대한 승인에 그치므로 인가를 받아서 행한 행위라도, 그 행위가 무효 또는 취소원인이 되는 흠을 가지고 있을 때에는 무효로 되거나 취소할 수 있게 된다. 상급행정청의 감독수단으로서 인가는 행정조직내부의 행위이기 때문에 행정행위의 성격을 갖는 개인의 법률행위에 대한 인가와 구별된다. 따라서 인가가 거부되었다고 하더라도 하급행정청은 쟁송절차로 그것을 다툴 수 없다. 다만, 법령이 정한 상급행정청의 인가를 받지 않고 한 하급행정청의 행정행위는 하자있는 행위로서, 법률상 이익을 가지는 자는 쟁송을 통하여 그의 효력을 다툴 수 있다.

라. 취소 · 정지권

이는 상급행정청이 직권에 의하여 또는 행정심판 등의 청구에 의하여 하급행정청의 위법 · 부당한 행위를 취소 또는 정지시키는 사후적인 교정적 감독수단의 일종이다. 여기서 취소라 함은 그 행위의 효과를 행위시에 소급하여 또는 장래를 향하여 영구적으로 소멸시키는 것을 말하며, 정지라 함은 그 행위의 효과를 일시적으로 소멸시키는 것을 말한다. 그런데 상급행정청이 취소 · 정지권을 행사하기 위하여는 법령의 근거가 필요한지 여부에 대하여 견해가 갈리고 있다. 일설은 취소 · 정지권을 감독의 목적을 달성하기 위한 불가결의 수단으로 보고 상급행정청은 법적 근거가 없이도 당연히 취소 · 정지권을 행사할 수 있다는 입장을 취하고 있는 반면, 다른 학설은 취소 · 정지는 그 효과가 직접 행정의 상대방에게 미칠 뿐 아니라, 하급행정청의 권한의 대행을 의미하는 것이기 때문에 법령의 특별한 규정이 없는 한 취소 · 정지권을 행사할 수 없으며, 다만 하급행정청에 취소 · 정지를 명할 수가 있을 뿐이라고 한다. 생각건대, 취소 · 정지의 효과는 행정의 상대방에게 직접 미치며, 하급행정청의 권한의 대행을 의미하기 때문에 후설이 타당하다고 볼 것이다. 취소 · 정지에 대한 법적 근거의 예로는 정부조직법 제11조 제2항 · 제18조 제2항, 지방자치법 제188조 제1항, 행정권한의 위임 및 위탁에 관한 규정 제6조 등이 있다. 상급행정청의 취소 · 정지는 외부적 효력을 갖기 때문에, 이로 인하여 법률상 이익을 침해받은 개인은 항고쟁송을 제기할 수 있다.

마. 주관쟁의결정권

이것은 상급행정청이 하급행정청 상호간에 권한에 관하여 다툼이 있는 경우에 이를 결정하는 권한을 말한다. 주관쟁의에는 서로 자기의 권한이라고 주장하는 "적극적 주관쟁의"와 서로 자기의 권한이 아니라는 "소극적 주관쟁의"가 있다. 주관쟁의가 있는 경우에는 원칙적으로 쌍방의 공통상급행정청이 결정하고, 그러한 기관이 없을 때는 쌍방의 상급행정청이 협의하여 결정하며, 협의가 이루어지지 않을 때에는 최종적으로는 국무회의의 심의를 거쳐 대통령이 결정한다(헌법 89조 10호). 행정청간의 주관쟁의는 행정조직 내부의 문제로서 법률의 특별한 규정이 없는 한, 쟁송의 대상이 되지 못한다.

Ⅲ. 대등행정청간의 관계

1. 권한존중관계

대등행정청 상호간에는 서로 그 권한을 존중하여야 하며, 다른 행정청의 권한을 침범하여서는 안된다. 또한 다른 행정청이 그 권한내에서 한 행정행위는 그것이 흠이 있다고 하더라도 중대하고 명백하여 무효가 아닌 한, 구성요건적 효력을 갖기 때문에 다른 행정청도 이에 구속된다(구성요건적 효력에 대하여는 본서 행정행위의 효력부분을 참조). 대등행정청간에 주관권한에 대하여 다툼이 있는 때에는 위에서 설명한 상급행정관청의 주관쟁의결정권에 의하여 결정된다.

2. 상호협력관계

1) 협의 · 동의 · 공동결정

하나의 사항이 둘 이상의 대등행정청의 권한에 관련되어 있는 경우에는 행정청간의 의사의 통일은 협의 · 동의 · 공동결정에 의하여 이루어진다.

가. 협 의

행정업무가 둘 이상의 행정청의 권한과 관련된 경우에 하나의 행정청이 주된 지위에 있고 다른 행정청은 부차적인 지위에 있는 경우에 주된 지위에 있는 행정청이 주무행정청이 되고 부차적인 지위에 있는 행정청은 관계행정청이 된다. 이 경우 주무행정청이 업무처리에 관한 결정권을 갖게 되며 관계행정청은 협의권을 갖게 된다. 관계기관의 협의의견은 원칙적으로 주무행정청을 구속하지 않는다. 그러나 문언에 불구하고 협의가 사전동의로 해석되기도 한다.[15)]

법에서 규정된 협의절차를 이행하지 않고 한 주무행정청의 처분은 하자있는 행정행위로서 그 절차가 당해 행정행위에 갖고 있는 의미에 따라 무효 또는 취소원인이 된다고 할 것이다. 다만 관계행정청의 협의가 법령에 의하여 규율되지 않고, 내부규율로 요구되는 경우에는 그것은 행정조직내부에 그치므로 협의없이 한 행위도 국민에 대한 관계에서 유효하다.

판례 1(협의의 처분성 여부) 은행장이 수입허가의 유효기간 연장을 승인하고자 할 때에는 무역거래법시행규칙 제10조 제3항에 의하여 미리 피고와 더불어하는 협의는 행정청의 내부 행위로서 이것만으로서는 직접 국민의 권리의무에 변동을 가져오는 것이라고는 할 수 없고, 따라서 이것은 항고소송의 대상이 되는 행정처분이라고는 볼 수 없다(대판 1971. 9. 14, 71누99).

판례 2(협의를 거치지 않은 처분의 효력) 국방 · 군사시설 사업에 관한 법률 및 구 산림법에서 보전임지를 다른 용도로 이용하기 위한 사업에 대하여 승인 등 처분을 하기 전에 미리 산림청장과 협의를 하라고 규정한 의미는 그의 자문을 구하라는 것이지 그 의견을 따라 처분을 하라는 의미는 아니라 할 것이므로, 이러한 협의를 거치지 아니하였다고 하더라도 이는 당해 승인처분을 취소할 수 있는 원인이 되는 하자 정도에 불과하고 그 승인처분이 당연무효가 되는 하자에 해당하는 것은 아니라고 봄이 상당하다(대판 2006. 6. 30, 2005두14363).

나. 동 의

행정업무가 둘 이상의 행정청의 권한과 관련되어 있고 행정청 모두 주된 지위에 있는 경우에 업무처리의 편의를 위하여 보다 업무와 깊은 관계에 있는 행정청을 주무행정청으로 하는 경우가 있다. 이 경우에 다른 행정청은 관계행정청이 된다. 이러한 경우에 주무행정청은 업무처리에 관한 결정을 함에 있어서 관계행정청의 동의를 받아야 한다. 이 경우 주무행정청은 관계행정청의 동의의견

15) 대판 2018. 7. 12, 2014추33(자사고지정 취소).

또는 부동의의견에 구속된다.

관계행정청의 부동의는 내부행위로서 처분이 아니므로 개인은 그에 대하여 항고소송을 제기할 수 없고, 처분청이 동의기관의 부동의를 이유로 거부처분을 한 경우에 당해 거부처분의 취소를 구하면서 처분사유가 된 부동의를 다투어야 한다.

판례(소방서장의 부동의사유에 근거한 건축불허가처분에 있어서 취소소송의 대상) 건축허가권자가 건축불허가처분을 하면서 그 처분사유로 건축불허가 사유뿐만 아니라 구 소방법 제8조 제1항에 따른 소방서장의 건축부동의 사유를 들고 있다고 하여 그 건축불허가처분 외에 별개로 건축부동의처분이 존재하는 것이 아니므로, 그 건축불허가처분을 받은 사람은 그 건축불허가처분에 관한 쟁송에서 건축법상의 건축불허가 사유뿐만 아니라 소방서장의 부동의 사유에 관하여도 다툴 수 있다(대판 2004. 10. 15, 2003두6573).

다. 공동결정

행정업무가 둘 이상의 행정청의 권한과 관련되어 있고 행정청 모두 주된 지위에 있으며 동일하게 업무와 깊은 관계가 있는 경우에는 모든 행정청이 주무행정청이 되며 이 경우에 업무처리는 공동의 결정에 의해 공동의 명의로 하게 된다(구 기후에너지환경부 · 국토교통부 · 행정안전부의 공동부령으로서 환경 · 교통 · 재해 등에 관한 영향평가법 시행규칙). 여기서는 관련된 행정청의 합의가 당해 조치의 유효요건이 된다.

2) 사무위탁(촉탁)

행정청이 그의 지휘 · 감독하에 있지 않은 대등한 다른 행정청 또는 하급행정청에 권한의 일부를 위탁하여 처리하는 것을 사무위탁이라고 한다. 등기 · 소송에 관한 사무의 위탁을 특히 촉탁이라고 한다.

3) 행정응원

가. 의 의

행정응원이란 주로 대등한 행정청 상호간에 있어서 한 행정청이 자신의 직무수행상 필요한 행위(장부 · 서류의 제출, 의견제출), 필요한 공무원의 파견근무(국공법 32조의2, 공무원임용령 41조), 기타 일반적 협력을 다른 행정청에 요구하는 것을 말한다. 그러나 보다 좁은 의미로 행정응원은 재해 · 사변 기타 비상시에 처하여 한 행정청의 고유한 기능으로는 행정목적을 달성할 수 없을 때에 당해 행정청의 요청에 의하여 다른 행정청이 자기의 기능의 전부 또는 일부를 동원하여 이를 응원하는 것을 의미한다. 이에는 경찰응원(경찰직무응원법 1조), 소방응원(소방기본법 11조), 군사응원(위수령 12조) 등이 있다.

나. 법적 근거

행정응원에 대하여는 과거에는 개별법적인 근거가 있었으나 행정절차법은 일반법적인 근거를 마련하고 있다. 동법은 행정청은 ① 법령 등의 이유로 독자적인 직무수행이 어려운 경우, ② 인원 · 장비의 부족 등 사실상의 이유로 독자적인 직무수행이 어려운 경우, ③ 다른 행정청에 소속되어 있는 전문기관의 협조가 필요한 경우, ④ 다른 행정기관이 관리하고 있는 문서(전자문서 포함) · 통계 등 행정자료가 직무수행을 위하여 필요한 경우, ⑤ 다른 행정청의 응원을 받아 처리하는 것이 보다 능률적이고, 경제적인 경우에는 다른 행정청에 응원을 요청할 수 있다(행정절차법 8조 1항).

한편, 행정응원 요청을 받은 행정청은 ① 다른 행정청이 보다 능률적이거나 경제적으로 응원할 수 있는 명백한 이유가 있거나, ② 행정응원으로 인하여 고유의 직무수행이 현저히 지장을 받을 것으로 인정되는 명백한 이유가 있는 경우에는 그 요청을 거부할 수 있다(동법 8조 2항). 행정청이 응원을 거부하는 경우에는 그 사유를 응원요청한 행정청에게 통지하여야 한다(동법 8조 4항). 행정응원을 위하여 파견된 직원은 응원을 요청한 행정청의 지휘·감독을 받는다. 행정응원에 소요되는 비용은 응원을 요청한 행정청이 부담한다(동법 8조 6항).

02 지방자치법

제1절 개 설

Ⅰ. 지방자치법의 의의

지방자치법은 지방자치단체의 법적 지위 · 조직 · 임무와 작용에 관한 법규의 전체를 의미한다. 지방자치에 관한 일반법으로서는 지방자치법이 있으며, 그 밖에 지방자치에 관한 개별영역을 규율하는 법률들로서는 지방공무원법, 「지방교육자치에 관한 법률」, 지방재정법, 지방세법, 지방교부세법, 지방공기업법, 지방분권특별법, 국가균형발전특별법, 지방의회의원과 지방자치단체장의 선거에 관한 공직선거법 등이 있다. 일반적으로 지방자치법이라고 할 때에는 지방자치에 관한 일반법인 지방자치법을 가리킨다. 1949년 7월 4일에 제정 · 공포된 지방자치법은 1988년 4월 6일 및 2007년 5월 11일 각각 전면 개정되었고 2021. 4. 20. 일부 개정되었는바 12장 211개조와 부칙으로 구성되어 있다.

Ⅱ. 지방자치의 개념

지방자치는 민주주의 요청과 지방분권주의를 기초로 하여 역사적으로 성립한 제도적 관념으로서 주민자치적 요소와 단체자치적 요소로 성립되어 있다.

1. 지방자치의 의의

1) 주민자치

주민자치란 일정 지역 내의 행정은 국가행정기관의 직업공무원이 아니라 지방주민에 의하여 행하여져야 한다는 지방자치의 형태를 의미하며, 정치적 의미의 지방자치라고도 한다. 역사적으로 볼 때 영 · 미의 지방자치는 주민자치의 관념을 중심으로 발전하였는바, 특히 민주주의가 일찍이 발달한 반면, 공법상의 법인개념을 발전시키지 못한 영국에서는 지방주민이 국가의 지방행정에 참여한다는 사상을 그대로 실현하는 것으로서 족하고 국가로부터 독립된 지방자치단체의 설립을 필요로 하지 않았다.

2) 단체자치

단체자치라 함은 국가 내의 일정한 지역을 기초로 하는 지역단체가 자주적으로 지방의 공공사무를 처리하는 지방자치의 형태를 말하며, 법적 의미의 지방자치라고도 한다. 독일 등 유럽대륙에서는 단체자치의 관념을 중심으로 지방자치가 발전하였다. 오랫동안 중앙 집권적 관료정치가 행하여져 온 유럽대륙에서는 지방자치를 행함에 있어서 국가행정기구로부터 독립한 별도의 법인격을 갖는 자치단체를 설립하여 그 사무를 처리하는 것을 지방자치로 관념하였다.

3) 양 요소의 결합

그러나 영 · 미형의 주민자치와 대륙형의 단체자치는 근대 지방자치의 발전과정에서 연혁상의 차이에 불과하며, 실질적으로는 양자는 상호밀접한 관련성을 갖는 상호보완적인 개념이라고 할 것이다. 또한 실제적으로 오늘날 영 · 미와 유럽대륙의 제도가 상호간에 접근하는 경향을 보이고 있으며, 그 밖의 여러 나라에서도 주민자치와 단체자치를 혼합 채택하고 있다. 생각건대, 주민자치에 있어서도 주민 모두가 자치행정을 수행하는 것이 아니고 지방자치단체를 구성하여 그 단체로 하여금 자치행정을 수행하게 하는 것이며, 또한 단체자치에 있어서도 주민의 참여를 전제로 하는 경우에만 자치행정의 기본적인 이념이 실현될 수 있기 때문에, 양자는 불가분의 관계가 있다고 할 것이다. 오히려 주민자치를 지방자치의 실질적 요소로, 그리고 단체자치를 지방자치의 형식적 요소로 보는 것이 타당할 것이다.[1)]

2. 지방자치의 본질

지방자치단체가 독자적으로 주민의 복리에 관한 사무를 처리할 수 있는 것은 지방자치단체의 고유한 권리인지, 아니면 국가로부터 전래된 것인지는 지방자치의 본질에 관한 문제로서 학설에서 오랫동안 논의의 대상이 되어 왔다.

1) 고유권설

프랑스 혁명에서 유래하는 지방권사상이 독일의 자연법사상과 결합하여 주장된 이론이다. 지방자치단체가 갖는 자치권은 개인의 기본적 인권과 같이 지방자치단체가 갖는 전국가적(前國家的)인 고유한 권리로 보는 견해이다. 지방자치단체는 국가의 성립 이전부터 주민의 공동이익을 실현하기 위하여 자연발생적으로 성립하였으며 국가권력에 대항하여 시민의 자유를 보호하는 기능을 수행하여 왔다고 한다. 주로 국가와 사회의 이원론을 바탕으로 주장된 이론이다.

2) 전래설(자치위임설)

전래설은 국가만이 통치권을 갖는다는 전제하에 지방자치단체의 자치권은 국가의 통치권으로부터 전래된 것으로 국가의 통치권의 일부가 위양된 것으로 보는 것이다. 자치위임설이라고도 한다. 오늘날 국가와 사회의 이원론이 극복되고 자치권은 국가이전의 고유권으로 존재하는 것이 아니라 주권자인 국민에 의하여 제정된 헌법에 의하여 비로소 창설되고 보장되고 있기 때문에 전래설이 타당하다고 할 것이다.

3. 지방자치의 기능

1) 민주주의의 실현

지방자치와 민주주의와의 관계는 아무리 강조하여도 지나치지 않다. 지방자치는 지방행정에 주

1) 朴鈗炘/鄭亨根, 最新行政法講義(下), 67면.

민의 능동적인 참여를 가능하게 하고, 다수결을 본질로 하는 획일적 민주주의를 보완하며, 민주주의의 훈련장이 된다.

가. 지방행정에 능동적 참여

국가에 의한 지방의 관치행정은 주민의 요망에 부응하지 못할 뿐 아니라, 타율적인 주민지배가 된다. 이에 대하여 지방자치는 지방행정에 지역주민의 자발적인 참여를 가능하게 함으로써 민주주의 실현에 중요한 기여를 한다. 지역주민은 자신의 이익을 대변할 수 있는 대표기관의 선출을 통하여 지역문제에 대한 수동적인 역할을 극복하고 지역공동체에 대한 자신의 영향력을 증대하며 많은 민주주의를 체험하게 된다.

나. 획일적 민주주의의 수정

지방자치는 또한 획일적 민주주의에 대한 수정원리로 기능한다. 획일적 민주주의에 의하면 국가의 모든 문제를 다수결에 의하여 결정하도록 하고, 이에 따라 소수자는 국가권력에서 배제된다. 다수결에 의하여 결정되는 공공업무의 수가 늘어갈수록 소수자의 수는 늘어가며, 이에 따라 국가권력은 경직화된다. 획일적 민주주의의 이러한 폐단은 지방분권을 통하여 지역적인 수준에서 다원적인 권력중심을 형성하고 여기서 소수자가 다수자가 될 수 있는 기회를 부여함으로써 극복되어질 수 있다. 중앙국가차원에서 정치적 다수를 형성하는데 실패한 소수자는 지방적 차원에서 다수의 지위를 획득할 가능성을 가짐으로써 그들의 정치적 의사를 실현시킬 수 있는 기회를 갖는다.[2)]

다. 민주정치의 훈련장

흔히 지방자치는 민주정치의 훈련장이라고 한다. 지역주민이 자신의 권한과 책임하에서 지방적 과제를 자주적으로 해결하는 훈련을 쌓아올리는 것은 민주시민으로의 자각과 공공정신의 함양에 기여한다. 지방자치가 갖는 교육적 효과는 주민의 교육과 정치가의 육성이라는 두 가지 측면으로 나타난다. 일찍이 브라이스(J. Bryce)는 "지방자치의 실시는 민주주의의 최고의 학교이며, 그의 성공에 대한 최상의 보장이다"라고 하였는바, 이 말은 지방자치가 갖는 교육적 효과의 정확한 표현이라고 하겠다.

2) 지역실정에 적합한 행정

지방자치는 지역주민에 친근하며, 지역실정에 적합한 행정을 가능하게 한다. 국가 내의 각 지방이 처해 있는 사회적 · 경제적 · 문화적 상황은 상이한바 이들을 획일적인 기준에 의하여 처리하는 것은 비효율적일 뿐 아니라, 지방주민의 무관심을 초래한다. 예를 들어 도시지역의 교통문제, 주택문제, 환경문제는 농촌과 현저한 차이가 있기 때문에 이들을 동일한 기준에 의하여 처리할 수 없다. 지방자치는 지역주민들로 하여금 자신의 지역의 공공업무를 연대심과 창의력을 갖고 처리하게 함으로써 문제를 용이하게 해결하며, 나아가서 특성에 따른 지역발전을 가능하게 한다. 다른 한편 지방자치는 특정한 국가정책이 자신의 지역에 미치는 유 · 불리(有 · 不利)만에 관심을 갖기 때문에 다른 지방에 미치는 영향이나 국가 전체적인 목적을 등한시 하는 지역이기주의에 빠지는 역기능적인 요소도 있음을 부인할 수 없다(핵폐기물처리장 등 혐오시설의 입지선정).

2) 李琦雨, 地方自治理論, 1996, 55면.

3) 권력분립적 기능

국가권력을 입법 · 행정 · 사법으로 나누고 상호간의 견제와 균형을 취함으로써 권력의 남용을 방지하기 위한 전통적 권력분립제도는 오늘날 정당국가적 경향 및 사회구조의 변화 등으로 그 본래적인 기능을 발휘하지 못하고 있다. 지방자치는 이러한 전통적인 수평적 권력분립을 보완하는 기능을 수행하는바, 지방분권을 통하여 국가권력을 수직적으로 분립하여 중앙의 권력집중과 남용을 방지한다. 지방분권을 통한 수직적 권력분립이 실현되기 위하여는 중앙정부의 지시에 예속되지 않는, 즉 중앙정부의 권력을 견제할 수 있는 힘있고 안정적인 지방자치단체의 존재가 전제된다. 이를 위하여는 기초지방자치단체뿐만 아니라 광역지방자치단체의 권한 · 임무 및 재정능력을 강화시키는 것이 필요하며, 중앙정부의 의사결정에 지방자치단체가 참여할 수 있는 방안이 마련되어야 할 것이다.

4) 보충성의 원칙의 실현

가톨릭 사회철학으로부터 유래하는 보충성의 원칙은 국가, 단체, 그리고 개인과의 관계에 있어서 사안에 가장 접근하고 있는 당사자가 우선적으로 문제를 해결하여야 한다는 것을 내용으로 한다. 즉 개인이 스스로 자력으로 해결할 수 있는 사안을 그로부터 박탈하여 사회단체에게 맡겨서는 안되며, 또한 소규모의 하위공동체가 잘 해결할 수 있는 사안을 큰 규모의 상위공동체에 맡겨서는 안된다는 것이다. 이러한 보충성의 원칙은 소극적 측면과 적극적 측면을 갖고 있다. 소극적으로 상위공동체는 하위공동체가 할 수 있는 업무를 행하여서는 안되며, 다만 하위공동체가 수행하기 어려운 경우에만 개입할 수 있다. 적극적으로 보충성의 원칙은 국가에게 하위공동체가 일차적으로 활동을 할 수 있는 여건을 만들어 주어야 한다는 것을 내용으로 하고 있다. 지방자치는 이러한 보충성의 원칙을 실현하고 있는바, 국가와 지방자치단체의 관할권이 중첩되는 경우, 전권한성의 원칙에 따라 지방자치단체의 관할권이 인정이 되며, 또한 광역지방자치단체와 기초지방자치단체의 관할권이 중첩되는 경우 기초지방자치단체의 관할권이 우선적으로 인정된다(지자법 14조 3항). 아울러 국가는 지방자치단체가 자신의 임무를 적절하게 수행할 수 있도록 상응된 권한과 재정적 능력을 갖추어 주도록 하여야 한다.

Ⅲ. 지방자치제도의 헌법적 보장

헌법 제117조 제1항은 "지방자치단체는 주민의 복리에 관한 사무를 처리하고 재산을 관리하며, 법령의 범위 안에서 자치에 관한 규정을 제정할 수 있다"고 함으로써 지방자치를 헌법적으로 보장하고 있다. 학설은 이러한 지방자치의 헌법적 보장을 제도적 보장으로 이해하고 있다. 칼 슈미트에 의하여 주장되고[3] 이후 학설에[4] 의하여 더욱 발전된 제도적 보장이론이란 한 나라에서 전통적으로 인정되고 있는 제도를 헌법적으로 보장하여, 이 제도의 개별적 내용에 대하여 입법자가 구체적으로 형성할 수는 있으나, 당해 제도를 폐지할 수 없으며 아울러 그 본질적인 내용을 침해할 수 없다는 것을 내용으로 하고 있다. 지방자치에 대한 헌법상의 제도적 보장의 내용으로는 일반적으로 지방자치단체의 존립의 보장, 지방자치단체의 객관적 보장, 지방자치단체의 주관적인 법적 지위의 보장을 들

3) C. Schmidt, Verfassungslehre, 1928, S. 170.

4) F. Klein, Institutionelle Garantien und Rechtsinstitutsgarantie, 1934; E. Schmidt-Jortzig, Die Einrichtungsgarantien der Verfassung, 1979.

고 있다.

1. 지방자치단체의 존립의 보장

헌법은 우선적으로 입법권에 의하여 지방자치단체라는 행정조직형태를 폐지하는 것을 금지시키고 있다. 즉 국가행정조직 내에서 지역적인 사무를 자치적으로 처리하는 지방자치단체라는 행정유형이 존재하여야 하며, 그에게는 헌법이 예정하고 있는 조직형태가 부여되어야 한다. 예를 들어 지방자치단체를 폐지하고 국가의 지방행정청을 설치하는 것뿐만 아니라, 지방자치단체의 자치적인 독립성을 박탈하거나, 권리능력 및 행위능력을 제한하거나 또는 지방의회를 폐지하는 것은 헌법에 위반된다. 그러나 헌법은 특정한 지방자치단체의 존립을 보장하는 것은 아니므로 개개의 지방자치단체의 폐지, 통합, 분할 또는 구역변경은 헌법에 위배되지 않는다. 또한 시·도나 시·군·자치구를 지방자치단체로 하지 않고 군과 시·읍·면을 지방자치단체로 하더라도 헌법에 위반되지 않는다. 다만 이러한 경우에도 비례의 원칙에 반하여서는 안되며 절차규정을 준수하여야 한다.

2. 지방자치제도의 객관적 보장

이는 지방자치를 객관적인 법제도로서 보장하는 것으로서, 지방자치단체가 자신의 책임하에 지역적 사무를 스스로 해결하는 것을 보장하는 것을 의미한다. 지방자치단체의 객관적 보장은 전권한성·자기책임성·핵심적 영역의 보장을 내용으로 하고있다.

1) 전권한성

헌법 제117조 제1항은 지방자치행정의 대상을 주민의 복리에 관한 모든 사무로 규정하여, 지방자치단체에 의한 행정을 전권한적으로 보장하고 있다. 즉 지방자치단체는 법률에 특별한 규정이 없는 한 주민의 복리에 관한 모든 사무에 대하여 포괄적으로 고유한 관할권을 갖는다. 지방자치법 제13조 2항은 지방자치단체의 자치사무에 대하여 예시적으로 규정하고 있는바, 이에 속하지 않은 사무라고 할지라도 그 지역과 특별한 관계를 가진 사무는 모두 당해 지방자치단체의 사무가 된다. 전권한성의 원칙은 지방자치단체의 활동영역을 보장하고 각 지방의 사정에 따른 융통적이고 능률적인 업무수행을 가능하게 한다.[5)]

판례(법령에 의한 위임사무를 제외한 지방주민의 공공의 이익에 관한 사무는 지방자치단체의 고유사무에 해당한다는 판례) 국가 또는 상급지방자치단체가 지방자치단체에 대하여 그 사무를 위임하려면 반드시 법률 또는 법률의 위임을 받은 명령의 근거가 있어야 하고, 이러한 법령에 의한 위임사무를 제외하고는 지방자치단체는 널리 지방주민의 공공의 이익을 위한 사무를 그 고유사무로서 행할 수 있는 것인바 기업체의 생산실적사실증명에 관한 사무는 달리 법령상의 위임근거를 찾아 볼 수 없으므로 이는 지방자치단체가 그 주민의 복지를 위한 고유사무처리에 수반하여 하는 사실증명업무라 할 것이다(대판 1973. 10. 23, 73다1212).

---

2) 자기책임성

헌법 제117조 제1항은 지방자치단체의 활동영역뿐만 아니라, 그의 업무를 자신의 책임하에 수

5) 李琦雨, 地方自治理論, 124면.

행할 권능을 부여하고 있다. 즉 지방자치단체는 법령의 범위 안에서 자치사무를 외부의 간섭이 없이 스스로 합목적적이라고 판단하는 바에 따라 처리할 수 있다. 자기책임의 원칙에 따라 자치단체는 자치사무의 수행여부, 시기, 방법에 대하여 독자적으로 결정할 수 있다. 자기책임성의 보장으로서 지방자치단체에게는 일련의 지방고권이 부여되는 바, 이에는 ① 지역고권(지방자치단체의 영역 안에서 공권력을 행사할 수 있는 권한), ② 인사고권(공무원의 선발 · 채용 등 지방자치단체의 인사를 독자적으로 할 수 있는 권한), ③ 조직고권(지방자치단체의 내부조직을 자기책임하에 설치 · 형성할 수 있는 권한), ④ 재정고권(법령의 범위 안에서 수입과 지출을 자기책임하에 운영할 수 있는 권한), ⑤ 계획고권(지방자치단체 내의 토지의 이용 및 건축 등에 관한 계획을 수립하고 형성할 수 있는 권한), ⑥ 조례고권(법령의 범위 안에서 조례를 제정할 수 있는 권한) 등이 있다.

3) 핵심영역의 보장

지방자치단체의 객관적인 법제도보장은 입법자에 의한 제도내용의 구체화에 있어서 법률의 지나친 침해로부터 지방자치제도의 핵심내용을 보호하는 것을 내용으로 한다. 헌법 제117조 제1항은 지방자치단체는 법령의 범위 안에서 주민의 복리에 관한 사무를 처리하도록 규정하고 있으며, 동조 제2항은 지방자치단체의 종류를 법률로 정하도록 규정하고 있고, 제118조 제2항은 지방자치단체의 조직과 운영 및 권한 등에 관한 사항 역시 법률로 정하도록 규정하고 있다. 이에 따라 입법자는 자신의 입법재량에 따라 지방자치제도의 구체적인 내용을 형성할 수 있으며, 아울러 지방자치단체의 자치권을 제한할 수 있다. 그러나 이러한 경우에도 지방자치제도의 본질적 내용을 침해할 수 없는 입법재량의 한계가 존재한다. 여기서 지방자치제도의 핵심영역을 어떻게 결정하는가의 문제가 발생하는바, 이에 관하여 독일의 판례와 학설에서는 이른바 공제이론, 역사적 방법론, 전형적 형상론을 발전시켰다.[6)] ① 공제이론은 핵심영역의 침해여부는 침해 이후에 아직 지방자치단체의 사무범위나 자기책임적인 요소가 얼마나 남아있는지 여부에 따라 판단된다는 견해이며, ② 역사적 방법론은 지방자치의 역사적 발전과정과 역사적으로 생성되어온 여러 가지 발현형태를 기준으로 판단하는 입장이다. ③ 이에 대하여 전형적 형상론은 핵심영역을 당해 제도의 구조와 형태를 변경하지 않고서는 그 제도로부터 제거할 수 없는 정도의 당해 제도의 필수적인 부분으로 정의하고 있다. 어느 견해를 따르건 법률적인 제한을 통하여 지방자치단체가 정상적인 활동을 할 수 없을 정도이거나 또는 그를 단순한 외견상의 존재로 만들 때 핵심영역의 침해가 있게 된다고 할 것이다.

3. 주관적인 법적 지위의 보장

지방자치의 제도적 보장은 객관적인 제도로서 보장뿐만 아니라 지방자치단체에 주관적인 법적 지위를 보장하는 것을 내용으로 한다. 헌법상의 지방자치의 제도적 보장은 입법자를 포함한 모든 국가기관에 대하여 제도적 보장내용을 준수할 의무를 부과하며, 이에 상응하여 지방자치단체는 이들 국가기관에게 보장내용을 준수할 것을 요구할 수 있는 권리를 가진다. 이에 따라 지방자치단체는 입법자나 행정부의 위헌 · 위법한 자치권의 침해에 대하여 방어할 수 있는 주관적 법적 지위를 갖는바, 현행법상의 방어수단으로서 위헌법률심사제도(헌법 107조 1항), 헌법소원(헌법 111조 1항 5호, 헌법재판소법 68조 2항), 권한쟁의심판(헌법 111조 1항 4호), 행정소송 등이 있다.

6) 洪井善, 行政法原論(下), 70면; 李琦雨, 地方自治理論, 132면 이하; 柳至泰/朴鍾秀, 行政法新論, 823면 이하.

Ⅳ. 우리나라의 지방자치의 연혁

제헌헌법 제96조와 제97조는 지방자치를 제도적으로 보장하였고 이를 구현하기 위하여 1948년 7월 4일에 지방자치법이 제정되었다. 지방자치단체의 종류로는 정부의 직할하에 서울특별시와 도를, 그리고 도의 관할구역안에 시 · 읍 · 면을 두었다. 기관조직형태로서 기관대립형을 채택하여 서울특별시장과 도지사는 정부임명제로 대통령이 임명하게 하였고, 시 · 읍 · 면장은 간선제로 지방의회에서 선출하도록 하였다. 그러나 헌정사의 질곡과 파란 속에서 우리의 지방자치제도도 우여곡절을 겪었다.

건국초기의 치안상의 불안을 이유로 1952년에 비로소 시 · 읍 · 면과 도에 지방의회선거가 실시되어 지방의회가 구성되었다. 1956년 2월 13일의 지방자치법개정에서 시 · 읍 · 면장을 직선제로 하였으나, 1958년 12월 26일의 개정에서는 시 · 읍 · 면장을 임명제로 하였다. 1960년에 제2공화국이 성립됨에 따라 1960년 11월 1일에 개정된 법률은 모든 지방자치단체장을 직선제로 하였다.

그러나 1961년 5월 16일 군사혁명이 일어나고 1961년 9월 1일에 제정된 「지방자치에 관한 임시조치법」은 지방자치단체의 종류를 서울특별시 · 도와 시 · 군의 두 종류로 하고, 종전에 지방자치단체였던 읍 · 면을 단순한 행정구역으로 하였다. 또한 지방의회를 해산하고 지방의회의 의결을 요하는 사항은 서울특별시 · 도에 있어서는 내무부장관, 시 · 군에 있어서는 도지사의 승인을 얻어 시행하게 하였고, 지방자치단체의 장은 정부의 임명제로 하였다. 1972년 유신헌법 부칙 제10조는 지방의회는 조국통일이 이루어질 때까지 구성되지 않는다고 규정하여 1952년에 시작된 지방자치는 중단되었다.

제6공화국이 성립되어 1988년 4월 6일에 새로운 지방자치법이 제정되었다. 그러나 그 당시의 정치적 상황 및 여 · 야의 대립으로 인하여 그 실시가 지연되다가, 1991년 3월 26일 기초지방의회의원선거, 6월 20일에 광역의회의원선거를 통하여 비로소 지방의회가 구성되었고, 지방자치단체의 장은 1995년 6월 27일에 시행된 4대지방선거(기초 · 광역지방자치단체장 및 기초 · 광역지방자치단체의원)를 통하여 선출되었다. 이로서 1961년에 중단된 지방자치가 30년만에 부활되었다.

제 2 절 지방자치단체의 법적 지위, 종류 및 명칭

Ⅰ. 지방자치단체의 법적 지위

1. 지방자치단체의 개념

지방자치단체는 국가영토의 일부를 그 구역으로 하여 구역 안의 모든 주민을 구성원으로 하는 사단(社團)으로서 법률의 범위 안에서 고권적 지배권을 행사하는 공법상의 법인이다. 지방자치단체는 법인(지자법 3조)으로서 권리 · 의무의 귀속주체가 된다는 점에서 법인격이 없는 국가의 행정기관과 구별된다. 또한 지방자치단체는 공법상의 법인으로서 사법상의 법인과는 달리 그 목적과 기능 및 설립 · 해산 · 구역변경 · 합병 · 분할 등이 특별히 법률로 규정되고, 그 목적을 수행하기 위하여 공권력이 부여되며, 국가의 특별한 감독을 받는다. 또한 지방자치단체는 일정한 구역의 주민을 그 구성원으로 한다는 점에서 지역사단(地域社團)의 성격을 갖는다.

2. 지방자치단체의 권리능력

지방자치단체는 공법상의 법인으로서 권리와 의무의 귀속주체가 될 수 있는 권리능력을 갖는다. 그의 권리능력은 공법상의 법률관계뿐만 아니라, 사법상의 법률관계에도 미친다. 지방자치단체는 그의 목적을 달성하기 위하여 행정행위, 공법상의 계약 등 공법상의 행위형식을 사용하기도 하며, 공법상의 조직형태를 이용하는 한편, 급부행정이나 국고행정(국고지원 및 영리경제활동)을 수행하기 위하여 사법상의 계약을 체결하거나 상법상의 회사를 설립하기도 한다. 그러나 지방자치단체의 권리능력은 무제한 인정되는 것이 아니라 법령의 범위내에 한정되며, 이 한계를 벗어난 행위는 권한외의 행위(ultra vires)로서 법적 효력을 발생하지 않는다.

3. 지방자치단체의 행위능력

지방자치단체는 자신의 권한의 범위내에서 자신의 기관을 통하여 법적 행위를 할 수 있는 행위능력을 갖는다. 지방자치단체의 행위능력은 경우에 따라 법률에 의하여 제한되는 경우가 있다. 예를 들어 지방자치단체의 일정한 행위는 감독청의 승인이나 동의를 받아야 비로소 법적인 효력을 발생하는 경우가 있다(외채발행(지방재정법 11조 2항), 지방자치단체조합의 설립(지자법 176조)).

4. 지방자치단체의 기본권주체성

지방자치단체는 행정주체로서 기본권의 수범자이기 때문에 기본권주체성이 원칙적으로 부인된다. 그러나 공법상의 법인인 지방자치단체도 일반사인과 마찬가지로 국가권력에 의하여 침해받을 수 있으며, 그 성질상 누리기에 적합한 기본권(평등권 · 재산권 · 청구권적 기본권 등)에 대하여는 헌법상 보장된 기본권의 주체가 될 수 있다고 보아야 할 것이다.[7] 한편 헌법재판소는 지방자치단체의 기본권주체성에 대하여 부정적인 입장을 취하고 있다.

판례 기본권의 주체라야만 헌법소원의 심판을 청구할 수 있고, 기본권의 주체가 아닌 자는 헌법소원의 심판을 청구할 수 없다고 할 것이다. 그리고 기본권 보장규정인 헌법 제2장의 제목이 "국민의 권리와 의무"이고 그 제10조 내지 제39조에서 "모든 국민은 권리를 가진다"고 규정하고 있는 점에 비추어 원칙적으로 국민만이 헌법상 기본권의 주체이고, 공권력의 행사자인 국가, 지방자치단체나 그 기관 또는 국가조직의 일부나 공법인이나 그 기관은 헌법상 기본권의 주체가 될 수 없으므로 국가기관 또는 국가조직의 일부나 공법인이나 그 기관은 헌법소원심판을 청구할 수 없다(헌재결 1996. 3. 28, 96헌마50).

Ⅱ. 지방자치단체의 종류

지방자치단체는 그의 조직 및 권한의 일반성 여부에 따라 보통지방자치단체와 특별지방자치단체로 구분하고 있다(지자법 2조 1항 및 3항).

1. 보통지방자치단체

보통지방자치단체는 그 목적 · 조직 · 권한 등에 있어서 일반적 성격을 갖고, 전국적으로 존재하는 지방자치단체를 의미한다. 일반적으로 지방자치단체는 보통지방자치단체를 가리킨다. 보통지방자

7) Schmidt-Jortzig, Kommunalrecht, S. 34.

치단체는 다시 광역지방자치단체와 기초지방자치단체로 구분되는바, 광역지방자치단체로는 특별시 · 광역시 · 특별자치시 · 도 및 특별자치도가 있고 기초자치단체에는 시 · 군 · 자치구가 있다(지자법 2조 1항). 특별시, 광역시, 특별자치시, 도, 특별자치도(이하 '시 · 도'라 한다)는 정부의 직할로 두고, 시는 도 또는 특별자치도의 관할 구역 안에, 군은 광역시 · 도 또는 특별자치도의 관할 구역 안에 두며, 자치구는 특별시와 광역시의 관할 구역 안에 둔다. 다만, 특별자치도의 경우에는 법률이 정하는 바에 따라 관할 구역 안에 시 또는 군을 두지 아니할 수 있다(지자법 3조 2항). 자치구의 자치권의 범위는 법령이 정하는 바에 의하여 시 · 군과 다르게 정할 수 있다(지자법 2조 2항).

한편, 서울특별시의 지위 · 조직 및 운영에 대하여는 수도로서의 특수성을 고려하여 법률로 정하는 바에 따라 특례를 둘 수 있다(지자법 197조 1항). 세종특별자치시와 강원특별자치도, 전북특별자치도, 제주특별자치도의 지위 · 조직 및 행정 · 재정 등의 운영에 대하여는 법률이 정하는 바에 따라 특례를 둘 수 있다(지자법 197조 2항). 또한 인구 50만 명 이상의 대도시에 대해서는 법률에 의한 특례를 둘 수 있다(법 198조 1항). 그리고 인구 100만 이상 대도시(특례시)와 실질적인 행정수요, 지역균형발전 및 지방소멸위기 등을 고려하여 대통령령으로 정하는 기준과 절차에 따라 행정안전부장관이 지정하는 시 · 군 · 구에 대해서는 추가로 법률에 의하여 특례를 둘 수 있도록 하고 있다(법 198조 2항).

광역지방자치나 기초지방자치단체는 모두 독립된 법인이기 때문에, 이들 사이에는 법령의 규정이 없는 한 상하관계 또는 감독관계가 존재하지 않는다. 현행 지방자치법상 이들 상호간에 관한 규정으로 분쟁조정권(법 165조 1항), 사무위탁권(법 168조), 위임사무처리감독권(법 185조), 지방자치단체조합설립승인권(법 176조), 자치사무감사권(법 190조), 지방의회의결 재의요구권(법 192조) 등이 있다.

2. 특별지방자치단체

1) 의의

특별지방자치단체는 그 설치목적 · 조직 · 권한 등이 특수한 지방자치단체를 의미한다. 예를 들어 수도 · 가스 · 휴양시설 등의 설치 · 관리의 경우와 같이 하나의 지방자치단체의 구역을 단위로 하는 것보다는 그러한 업무만을 따로 관장하게 하기 위하여 보다 광범위한 지역을 단위로 하는 특별지방자치단체의 설치가 필요한 경우가 있고, 또한 어떤 업무는 그 성격이 특수하여 보통지방자치단체가 관장하기보다는 그것만을 전담하는 특별지방자치단체를 설치하여 담당하게 하는 것이 능률적이고 경제적일 때가 있다.

2) 설치

2개 이상의 지방자치단체가 공동으로 특정한 목적을 위하여 광역적으로 사무를 처리할 필요가 있을 때에는 특별지방자치단체를 설치할 수 있다. 이 경우 특별지방자치단체를 구성하는 지방자치단체는 상호 협의에 따른 규약을 정하여 구성 지방자치단체의 지방의회 의결을 거쳐 행정안전부장관의 승인을 받아야 한다(지자법 199조 1항). 특별지방자치단체는 법인으로 한다(지자법 199조 3항). 특별지방자치단체의 구역은 구성 지방자치단체의 구역을 합한 것으로 한다. 다만, 특별지방자치단체의 사무가 구성 지방자치단체 구역의 일부에만 관계되는 등 특별한 사정이 있을 때에는 해당 지방자치단체 구역의 일부만을 구역으로 할 수 있다(지자법 201조).

3) 규약과 기관구성

특별지방자치단체의 규약에는 목적, 명칭, 구성 지방자치단체 및 관할 구역 등을 포함하여야 한다(지자법 202조). 특별지방자치단체의 장은 소관 사무를 처리하기 위한 기본계획을 수립하여 특별지방자치단체 의회의 의결을 받아야 한다(지자법 203조 1항). 특별지방자치단체의 의회는 규약으로 정하는 바에 따라 구성 지방자치단체의 의회 의원으로 구성한다(지자법 204조 1항). 특별지방자치단체의 장은 규약으로 정하는 바에 따라 특별지방자치단체의 의회에서 선출한다(지자법 205조 1항).

4) 운영 및 해산

특별지방자치단체의 운영 및 사무처리에 필요한 경비는 구성 지방자치단체의 인구, 사무처리의 수혜범위 등을 고려하여 규약으로 정하는 바에 따라 구성 지방자치단체가 분담한다(지자법 206조 1항). 특별지방자치단체의 장은 대통령령으로 정하는 바에 따라 사무처리 상황 등을 구성 지방자치단체의 장 및 행정안전부장관에게 통지하여야 한다(지자법 207조). 특별지방자치단체에 가입하거나 특별지방자치단체에서 탈퇴하려는 지방자치단체의 장은 해당 지방의회의 의결을 거쳐 특별지방자치단체의 장에게 가입 또는 탈퇴를 신청하여야 한다(지자법 208조 1항). 구성 지방자치단체는 특별지방자치단체가 그 설치 목적을 달성하는 등 해산의 사유가 있을 때에는 해당 지방의회의 의결을 거쳐 행정안전부장관의 승인을 받아 특별지방자치단체를 해산하여야 한다(지자법 209조 1항).

Ⅲ. 지방자치단체의 명칭

지방자치단체는 각기 고유한 명칭(이름)을 갖는다. 지방자치단체의 명칭은 다른 지방자치단체에 대한 관계에서 특정지방자치단체의 인격성 내지 동일성을 나타내는 것일 뿐 아니라, 아울러 그 지방자치단체의 주민을 통합하는 효과를 갖는다. 지방자치법은 지방자치단체의 명칭과 관련하여 역사적으로 사용되어 온 종전의 이름을 당해 지방자치단체의 명칭으로 하고 있다(지자법 5조 1항). 지방자치단체의 명칭변경은 법률로써 한다(지자법 5조 1항). 그러나 명칭변경은 지방자치단체의 인격과 직결된 것이기 때문에, 명칭변경시에는 관계 지방자치단체의 의회의 의견을 들어야 한다(지자법 5조 3항). 다만, 주민투표법 제8조에 의한 주민투표를 실시하는 경우에는 그러하지 않다(지자법 4조 3항 단서). 자치구가 아닌 구와 읍·면·동의 명칭과 구역의 변경은 당해 지방자치단체의 조례로 정하고 그 결과를 특별시장·광역시장·도지사·특별자치도지사에게 보고하여야 한다(지자법 7조 1항 단서). 리(里)의 명칭변경은 당해 지방자치단체의 조례로 정한다(지자법 7조 2항).

제3절 지방자치단체의 구성요소

지방자치단체는 일정한 구역·주민·자치고권을 구성요소로 한다. 구역은 지역적 구성요소이고, 주민은 인적 구성요소이며, 자치권은 내용적 구성요소이다.

제 1 항 지방자치단체의 구역

I. 의 의

지방자치단체의 구역이란 지방자치단체의 권한이 미치는 지역적인 범위를 말하며, 육지 · 상공 · 지하뿐만 아니라, 그 합리적 연장으로서 해면에도 미친다. 구역은 모두 종전의 예에 의하는바(지자법 5조 1항), 종전의 구역이란 최초의 지방자치법 시행 당시의 구역을 말한다. 특별시, 광역시 및 특별자치시가 아닌 인구 50만 이상의 시에는 자치구가 아닌 구를 둘 수 있고, 군에는 읍 · 면을 두며, 시와 구(자치구를 포함)에는 동을, 읍 · 면에는 리(里)를 둔다(지자법 3조 3항).

한편, 인구 감소 등 행정여건 변화로 인하여 필요한 경우 그 지방자치단체의 조례로 정하는 바에 따라 2개 이상의 면을 하나의 면으로 운영하는 등 행정 운영상 면을 따로 둘 수 있다(지자법 7조 3항). 또한 행정 능률과 주민의 편의를 위하여 그 지방자치단체의 조례로 정하는 바에 따라 하나의 동 · 리를 2개 이상의 동 · 리로 운영하거나 2개 이상의 동 · 리를 하나의 동 · 리로 운영하는 등 행정 운영상 동 · 리를 따로 둘 수 있다(지자법 7조 4항).

Ⅱ. 시 · 읍의 설치기준

1. 시(市)

시는 그 대부분이 도시의 형태를 갖추고 인구가 5만 이상이 되어야 한다. 한편, ① 기존의 시와 군을 통합한 지역이나, ② 인구 5만 이상의 도시형태를 갖춘 지역이 있는 군, ③ 인구 2만 이상의 도시형태를 2개 이상의 지역의 인구가 5만 이상인 군(이 경우 군의 인구가 15만 이상으로서 대통령령이 정하는 요건을 갖추어야 한다), ④ 국가의 정책으로 인하여 도시가 형성되고 지방자치법 128조에 따라 도의 출장소가 설치된 지역으로서 그 지역의 인구가 3만 이상이고, 인구 15만 이상의 도농복합형태의 시의 일부인 지역을 도농복합형태의 시로 할 수 있다(지자법 10조 2항).

한편, 서울특별시 · 광역시 및 특별자치시를 제외한 인구 50만 이상 대도시의 행정, 재정운영 및 국가의 지도 · 감독에 대하여는 그 특성을 고려하여 관계 법률로 정하는 바에 따라 특례를 둘 수 있다(지자법 198조).

2. 읍(邑)

읍은 그 대부분이 도시의 형태를 갖추고 인구 2만 이상이 되어야 한다. 다만, 군사무소소재지의 면이나, 읍이 없는 도농복합형태의 시에 있어서 그 면 중 1개 면을 인구 2만 미만인 경우에도 읍으로 할 수 있다(지자법 10조 3항).

Ⅲ. 구역의 변경(폐치 · 분합 및 경계변경)

1. 폐치 · 분합 및 경계변경의 의의

지방자치단체의 구역의 변경에는 폐치 · 분합과 경계변경이 있다. 지방자치단체의 폐치 · 분합은 지방자치단체의 신설 · 폐지를 초래하는 것으로서, ① 합체(신설합병), ② 편입(흡수합병), ③ 분립

(자치단체의 일부지역을 자치단체로 독립시킴), ④ 분할(하나의 지방자치단체를 둘 이상의 지방자치단체로 나눔) 등으로 구분된다. 이에 대하여 구역의 경계변경은 지방자치단체의 존폐에는 관계없이 다만 경계의 변경을 가져온다는 점에서 폐치 · 분합과는 다른 의미를 갖는다. 지방자치단체의 구역변경은 경제구조 및 산업구조의 변화와 교통수단의 발달 등으로 종전에 설정된 행정구역이 실제의 생활관계와 괴리된 경우에 이를 일치시키기 위하여, 또는 자치행정의 행정능력과 효율성을 강화하기 위하여, 또는 지방자치단체의 생활수준을 균등하게 하기 위하여 불가피하게 요청되는 경우가 발생될 수 있다. 그러나 구역변경은 지방자치의 기초가 되는 지역공동체의식을 파괴할 우려가 있을 뿐만 아니라 관련 지방자치단체 및 그 주민의 이해가 밀접하게 관련되고 있기 때문에 이들의 반발을 불러 일으키기가 쉽다. 이에 따라 폐치 · 분합이나 구역의 경계변경은 민주주의원리, 사회국가원리 및 비례의 원칙 등 헌법상의 원칙에 위배되어서는 안되며, 아울러 법에서 정한 절차에 따라 신중하게 행하여져야 한다.

2. 절 차

지방자치단체를 폐지하거나 설치하거나 나누거나 합칠 때, 또는 그 구역이나 명칭을 바꿀 때에는 법률로 정한다(지자법 5조 1항). 다만, 지방자치단체의 관할 구역 경계변경과 한자 명칭의 변경은 대통령령으로 정한다(지자법 5조 2항). 전항에 따라 지방자치단체를 폐지하거나 설치하거나 나누거나 합칠 때 또는 그 명칭이나 구역을 변경할 때에는 관계 지방자치단체의 의회의 의견을 들어야 한다. 다만 주민투표법 제8조에 의하여 주민투표를 실시하는 경우에는 그러하지 않다(지자법 5조 3항). 자치구가 아닌 구와 읍 · 면 · 동을 폐지하거나 설치하거나 나누거나 합칠 때에는 행정안전부장관의 승인을 받아 그 지방자치단체의 조례로 정한다. 다만, 명칭과 구역의 변경은 그 지방자치단체의 조례로 정하고, 그 결과를 특별시장 · 광역시장 · 도지사에게 보고하여야 한다(지자법 7조 1항). 리(里)를 폐지하거나 설치하거나 나누거나 합칠 때 또는 그 명칭과 구역을 변경할 때에는 그 지방자치단체의 조례로 정한다(지자법 7조 2항).

3. 지방자치단체의 구역변경의 효과 및 경과조치

1) 사무와 재산의 승계

지방자치단체의 폐치 · 분합이나 구역의 경계변경이 있게 되면 새로 그 지역을 관할하게 된 지방자치단체가 그 사무와 재산을 승계한다(지자법 8조 1항). 이 경우 지역에 의하여 지방자치단체의 사무 및 재산을 구분하기 곤란한 때에는 시 · 도에서는 행정안전부장관이, 시 · 군 및 자치구에 있어서는 특별시장 · 광역시장 · 특별자치시장 · 도지사 · 특별자치도지사(이하 "시 · 도지사"라 한다)가 그 사무와 재산의 한계 및 승계할 지방자치단체를 지정한다(지자법 8조 2항).

판례(구역변경으로 인하여 이전되는 사무와 재산의 범위) 지방자치법 제5조 제1항 소정의 '구역변경으로 새로 그 지역을 관할하게 된 지방자치단체가 승계하게 되는 사무와 재산'은 당해 지방자치단체 고유의 재산이나 사무를 지칭하는 것이라 할 것이고, 하천부속물 관리사무와 같이 하천법 등 별개의 법률규정에 의하여 국가로부터 관할 지방자치 단체의 장에게 기관위임된 국가사무까지 관할구역의 변경에 따라 당연히 이전된다고 볼 수 없다(대판 1991. 10. 22, 91다5594).

---

2) 조례와 규칙의 시행문제

지방자치단체가 분합하여 새로운 지방자치단체가 설치되거나 지방자치단체의 격이 변경된 경우에는 당해 지방자치단체의 장은 필요한 사항에 관하여 새로운 조례 또는 규칙이 제정 · 시행될 때까지 종래 그 지역에 시행되던 조례 또는 규칙을 계속 시행할 수 있다(지자법 31조).

3) 지방자치단체의 장의 지위문제

지방자치단체가 폐치 · 분합에 따라 새로 지방자치단체의 장을 선거하여야 하는 경우에는 그 지방자치단체의 장이 선거될 때까지 시 · 도지사는 행정안전부장관이, 시장 · 군수 및 자치구의 구청장은 시 · 도지사가 각각 그 직무를 대행할 자를 지정하여야 한다. 다만, 2 이상의 동격의 지방자치단체를 통 · 폐합하여 새로운 지방자치단체를 설치하는 경우에는 종전의 지방자치단체의 장 중에서 당해 지방자치단체의 장의 직무를 대행할 자를 지정한다(지자법 110조).

4) 예산 및 결산의 문제

지방자치단체가 폐치 · 분합되어 새로운 지방자치단체가 설치된 경우에는 지체 없이 그 지방자치단체의 예산을 편성하여야 하며, 해당 지방자치단체의 장은 예산이 성립될 때까지 필요한 경상적 수입과 지출을 할 수 있다. 이 경우 수입과 지출은 새로 성립될 예산에 포함시켜야 한다(지자법 147조). 또한 지방자치단체가 소멸한 경우의 수입과 지출은 당해 지방자치단체의 장이었던 자가 이를 결산하여야 한다(지자법 151조 1항).

4. 구역변경에 대한 권리구제

지방자치단체의 구역변경은 국가의 조직고권에 속하는 것으로서 국가는 그의 재량에 따라 이를 결정할 수 있다. 그러나 국가의 구역변경권은 비례의 원칙 등 헌법상의 제원칙에 위배되어 행사되어서는 안되며, 법적 절차에 따라 행하여져야 한다. 국가의 구역변경행위가 하자가 있어 지방자치단체의 자치권을 침해하는 경우에는 다양한 권리구제방식이 존재한다.

대통령령에 의하여 시 · 군 · 자치구의 구역변경이 행하여지고, 당해 대통령령이 처분적 법규명령에 해당할 경우에는 취소소송 등을 제기할 수 있을 것이다. 한편, 법률의 형식에 의하여 지방자치단체의 구역변경이 이루어지고, 그 법률에 의하여 주민의 기본권이 직접 침해되는 경우에는 당해 지역주민은 헌법소원을 제기할 수 있다. 또한 구역변경행위가 국가의 권한행사의 범위에 속하는지 여부가 문제가 되는 경우에는 당해 지방자치단체는 헌법재판소에 권한쟁의심판을 제기할 수 있을 것이다(헌법 111조 1항 4호).

판례(법률규정에 의하여 지방자치단체가 폐지되는 경우 주민이 헌법소원을 제기할 수 있는지 여부)
법률조항의 규정에 의하여 자치단체가 폐지되는 경우 이러한 주민의 기본권들의 침해는 별도의 집행행위의 매개를 거치지 않고 직접 그 법률조항의 시행에 의하여 발생할 수 있다. 이 사건 법률조항의 실시에 의하여 청구인들이 거주하여 온 영일군이 직접 폐지되고 포항시에 병합된다. 그러므로 이 사건 법률조항에 의하여 그 주민인 청구인들의 위와 같은 기본권의 침해가 별도의 집행행위의 매개를 거치지 않고 직접 발생할 수 있다. 그러므로 이 사건 법률조항의 시행으로 청구인들의 헌법상 보장된 위와 같은 기본권이 침해된다고 주장하여 제기된 이 사건 헌법소원은 자기관련성을 갖추었다고 할 것이다(헌재결 1995. 3. 23, 94헌마175).

---

5. 지방자치단체의 경계변경의 조정

지방자치단체의 관할 구역의 경계변경은 대통령령으로 정한다(지자법 5조 2항).

1) 행정안전부장관에 조정신청

지방자치단체의 장은 관할 구역과 생활권과의 불일치 등으로 인하여 주민생활에 불편이 큰 경우 등 대통령령으로 정하는 사유가 있는 경우에는 행정안전부장관에게 경계변경이 필요한 지역 등을 명시하여 경계변경에 대한 조정을 신청할 수 있다. 이 경우 지방자치단체의 장은 지방의회 재적의원 과반수의 출석과 출석의원 3분의 2 이상의 동의를 받아야 한다(지자법 6조 1항). 관계 중앙행정기관의 장 또는 둘 이상의 지방자치단체에 걸친 개발사업 등의 시행자도 관계 지방자치단체의 장에게 경계변경에 대한 조정을 신청하여 줄 것을 요구할 수 있다(지자법 6조 2항).

2) 경계변경자율협의체의 구성 · 운영

행정안전부장관은 경계변경에 대한 조정 신청을 받으면 지체 없이 그 신청 내용을 관계 지방자치단체의 장에게 통지하고, 20일 이상 관보나 인터넷 홈페이지에 게재하는 등의 방법으로 널리 알려야 한다(지자법 6조 3항). 행정안전부장관은 제3항에 따른 기간이 끝난 후 지체 없이 대통령령으로 정하는 바에 따라 관계 지방자치단체 등 당사자 간 경계변경에 관한 사항을 효율적으로 협의할 수 있도록 경계변경자율협의체(이하 이 조에서 '협의체'라 한다)를 구성 · 운영할 것을 관계 지방자치단체의 장에게 요청하여야 한다(지자법 6조 4항). 관계 지방자치단체는 제4항에 따른 협의체 구성 · 운영 요청을 받은 후 지체 없이 협의체를 구성하고, 경계변경 여부 및 대상 등에 대하여 행정안전부장관의 요청을 받은 날부터 120일 이내에 협의를 하여야 한다. 다만, 대통령령으로 정하는 부득이한 사유가 있는 경우에는 30일의 범위에서 그 기간을 연장할 수 있다(지자법 6조 5항). 협의체를 구성한 지방자치단체의 장은 협의 기간 이내에 협의체의 협의 결과를 행정안전부장관에게 알려야 한다(지자법 6조 6항).

3) 지방자치단체중앙분쟁조정위원회의 심의 · 의결에 따른 조정

행정안전부장관은 다음 각 호의 어느 하나에 해당하는 경우에는 지방자치단체중앙분쟁조정위원회의 심의 · 의결을 거쳐 경계변경에 대하여 조정할 수 있다(지자법 6조 7항).

1. 관계 지방자치단체가 행정안전부장관의 요청을 받은 날부터 120일 이내에 협의체를 구성하지 못한 경우
2. 관계 지방자치단체가 협의 기간 이내에 경계변경 여부 및 대상 등에 대하여 합의를 하지 못한 경우

위원회는 경계변경에 대한 사항을 심의할 때에는 관계 지방의회의 의견을 들어야 하며, 관련 전문가 및 지방자치단체의 장의 의견 청취 등에 관하여는 제5조 제8항을 준용한다(지자법 6조 8항). 행정안전부장관이 조정을 결정하면 서면으로 지체 없이 관계 지방자치단체의 장에게 통보하여야 하며, 통보를 받은 지방자치단체의 장은 그 조정 결정 사항을 이행하여야 한다(지자법 6조 10항).

행정안전부장관은 다음 각 호의 어느 하나에 해당하는 경우 지체 없이 그 내용을 검토한 후 이를 반영하여 경계변경에 관한 대통령령안을 입안하여야 한다(지자법 6조 9항).

1. 협의체의 협의 결과 관계 지방자치단체 간 경계변경에 합의를 하고, 관계 지방자치단 체의 장이 행정안전부장관에게 그 내용을 각각 알린 경우

2. 위원회가 심의 결과 경계변경이 필요하다고 의결한 경우

판례(공유수면에 대한 지방자치단체의 관할구역 경계는 등거리 중간선 원칙을 고려하여 형평의 원칙에 따라 확정되어야 한다는 헌재결정) 지방자치법 제4조 제1항에 규정된 지방자치단체의 구역은 주민 · 자치권과 함께 자치단체의 구성요소이고, 자치권이 미치는 관할구역의 범위에는 육지는 물론 바다도 포함되므로, 공유수면에 대해서도 지방자치단체의 자치권한이 존재한다. 지방자치법 제4조 제1항은 지방자치단체의 관할구역 경계를 결정함에 있어서 '종전'에 의하도록 하고 있고, 지방자치법의 개정연혁에 비추어 보면 위 '종전'이라는 기준은 최초로 제정된 법률조항까지 순차 거슬러 올라가게 되므로 1948. 8. 15. 당시 존재하던 관할구역의 경계가 원천적인 기준이 된다. 그런데 지금까지 우리 법체계에서는 공유수면의 행정구역 경계에 관한 명시적인 법령상의 규정이 존재한 바 없으므로, 공유수면에 대한 행정구역 경계가 불문법상으로 존재한다면 그에 따라야 한다. 그리고 만약 해상경계에 관한 불문법도 존재하지 않으면, 주민, 구역과 자치권을 구성요소로 하는 지방자치단체의 본질에 비추어 지방자치단체의 관할구역에 경계가 없는 부분이 있다는 것을 상정할 수 없으므로, 헌법재판소가 지리상의 자연적 조건, 관련 법령의 현황, 연혁적인 상황, 행정권한 행사 내용, 사무 처리의 실상, 주민의 사회 · 경제적 편익 등을 종합하여 형평의 원칙에 따라 합리적이고 공평하게 해상경계선을 확정할 수밖에 없다. 이 사건에서는 양 지방자치단체의 이익을 동등하게 다루고자 하는 규범적 관념에 기초한 등거리 중간선 원칙, 안면도와 황도, 죽도와 같이 이 사건 공유수면에 위치한 도서들의 존재, 서산군에 편제되어 있던 죽도리가 홍성군 소속으로 변경되는 것을 내용으로 하는 관련 행정구역의 관할 변경, 행정권한의 행사 연혁이나 사무 처리의 실상, 죽도와 이 사건 쟁송해역이 지리적으로나 생활적으로 긴밀히 연계되어 있는 상황 등을 고려하여 형평의 원칙에 따라서 해상경계선을 획정해야 한다. 이 사건 쟁송해역의 해상경계선은 청구인과 피청구인의 육상지역과 죽도, 안면도, 황도의 각 현행법상 해안선(약 최고고조면 기준)만을 고려하여 등거리 중간선 원칙에 따라 획정함이 타당하다(헌재결 2015. 7. 30, 2010헌라2).

6. 공유수면매립지 및 지적공부에 누락된 토지의 구역결정

종래 공유수면매립 후 형성된 육지에 대한 지방자치단체의 구역결정에 관하여는 ① 공유수면에 대한 지방자치단체의 구역에 따라 매립 후의 육지에 대한 구역을 결정하여야 한다는 견해, ② 매립된 토지는 새로이 형성된 토지이므로 주민의 편의 및 행정의 효율성 등 육지인 행정구역의 일반적 설정기준에 따라 새롭게 결정하여야 한다는 견해, ③ 공유수면의 구역과 함께 육지인 행정구역의 일반적 설정기준을 고려하여 구역을 결정하여야 한다는 절충설 등이 대립되어 왔으나, 헌법재판소는 ①설을 취한바 있다.

판례(공유수면에 매립된 토지에 관한 관할구역의 귀속) 공유수면에 대한 지방자치단체의 자치권한이 존재하기 때문에, 해역에 관한 관할구역과 그 해역 위에 매립된 토지에 관한 관할구역이 일치하여야 하므로, 지방자치단체가 관할하는 공유수면에 매립된 토지에 대한 관할권한은 당연히 당해 공유수면을 관할하는 지방자치단체에 귀속된다(헌재결 2004. 9. 23, 2000헌라2).

한편 공유수면매립지 및 지적공부에 누락된 토지의 구역결정과 관련하여 지방자치단체간 분쟁이 빈발함에 따라 개정지방자치법은 이에 관한 결정절차규정을 마련하였다.

가. 행정안전부장관에 결정신청

공유수면매립지의 경우에는 면허관청 또는 관련 지방자치단체의 장이 준공검사 전에, 지적공부에 누락된 토지의 경우에는 지적소관청이 지적공부에 등록하기 전에 각각 행정안전부장관에게 해당 지역이 속할 지방자치단체의 결정을 신청하여야 한다. 이 경우 공유수면매립지의 매립면허를 받은 자는 면허관청에 해당 매립지가 속할 지방자치단체의 결정 신청을 요구할 수 있다(지자법 5조 5항). 신청을 받은 행정안전부장관은 지체 없이 그 사실을 20일 이상 관보나 인터넷 등의 방법으로 널리 알려야 하고, 이 경우에 알리는 방법, 의견의 제출 등에 관하여는 행정절차법 제42조 · 제44조 및 제45조를 준용한다(지자법 5조 6항). 신청내용에 대하여 다른 지방자치단체의 이의가 제기되지 아니한 경우에는 위원회의 심의 · 의결을 거치지 아니하고 신청내용에 따라 행정안전부 장관이 제4항 각 호의 지역이 속할 지방자치단체를 결정한다(지자법 5조 7항 2호).

나. 지방자치단체중앙분쟁조정위원회의 심의 · 의결에 따른 결정

행정안전부장관은 위 기간이 끝난 후 지방자치단체중앙분쟁조정위원회의 심의 · 의결에 따라 해당 지역이 속할 지방자치단체를 결정하고, 그 결과를 면허관청이나 지적소관청, 관계 지방자치단체의 장 등에게 통보하고 공고하여야 한다(지자법 5조 7항). 지방자치단체중앙분쟁조정위원회의 위원장은 심의 · 의결과정에서 관계 지방자치단체의 장에게는 의견을 진술할 기회를 주어야 한다(지자법 5조 8항).

다. 대법원에 제소

관계 지방자치단체의 장은 행정안전부장관의 결정에 이의가 있으면 그 결과를 통보받은 날부터 15일 이내에 대법원에 소송을 제기할 수 있으며(지자법 5조 9항), 여기서 대법원의 인용결정이 있으면 행정안전부장관은 그 취지에 따라 다시 결정하여야 한다(지자법 5조 10항).

한편, 대법원은 공사가 완료된 새만금방조제의 일부구간의 귀속과 관련하여 종래 지방자치법 개정 이전까지 매립지 등 관할 결정의 준칙으로 적용되어 온 지형도상 해상경계선 기준이 가지던 관습법적 효력은 지방자치법 개정에 의하여 변경 내지 제한되었다고 보았다. 대법원은 매립지가 속할 지방자치단체를 정함에 있어 형성의 자유를 가지게 되나, 그 형성의 자유는 무제한의 재량이 허용되는 것이 아니라 여러 가지 공익과 사익 및 관련 지방자치단체의 이익(① 매립지 내 각 지역의 토지이용계획 및 인접 지역과의 유기적 이용관계 등을 고려한 효율적인 신규토지의 이용, ② 매립지와 인근 지방자치단체 관할구역의 연결 형상, 연접관계, 자연지형 등을 고려한 합리적인 관할구역 경계 설정, ③ 매립지와 인근 지방자치단체의 연접관계 및 거리 등을 고려한 행정의 효율성, ④ 매립지 거주 주민들의 이익, ⑤ 매립으로 인하여 인접 공유수면을 상실하게 되는 관련 지방자치단체 및 주민들의 해양 접근성에 대한 이익 등)을 종합적으로 고려하여 비교 · 교량하여야 한다고 판시하였다.

판례(새만금방조제 일부구간귀속결정이 이익형량상의 하자가 있는지 여부) 지방자치법 제4조 제3항, 제5항, 제6항, 제7항, 제8항, 제9항 등 관계 법령의 내용, 형식, 취지 및 개정 경과 등에 비추어 보면, 2009. 4. 1. 지방자치법이 개정되기 전까지 종래 매립지 등 관할 결정의 준칙으로 적용되어 온 지형도상 해상경계선 기준이 가지던 관습법적 효력은 위 지방자치법의 개정에 의하여 변경 내지 제한되었다고 보는 것이 타당하고, 행정안전부장관은 매립지가 속할 지방자치단체를 정할 때에 상당한 형성의 자유를 가지게 되었다. 다만 그 관할 결정은 계획재량적 성격을 지니는 점에 비추어 위와 같은 형성의 자유는 무제한의 재량이 허

용되는 것이 아니라 여러 가지 공익과 사익 및 관련 지방자치단체의 이익을 종합적으로 고려하여 비교·교량해야 하는 제한이 있다. 매립지가 속할 지방자치단체를 정할 때 고려해야 할 관련 이익의 범위 등은 지방자치법 개정의 취지 등에 비추어 일반적으로 다음과 같은 사항이 포함되어야 한다. ① 매립지 내 각 지역의 세부 토지이용계획 및 인접 지역과의 유기적 이용관계 등을 고려하여 관할구역을 결정함으로써 효율적인 신규토지의 이용이 가능하도록 해야 한다. ② 공유수면이 매립에 의하여 육지화된 이상 더는 해상경계선만을 기준으로 관할 결정을 할 것은 아니고, 매립지와 인근 지방자치단체 관할구역의 연결 형상, 연접관계 및 거리, 관할의 경계로 쉽게 인식될 수 있는 도로, 하천, 운하 등 자연지형 및 인공구조물의 위치 등을 고려하여 매립지가 토지로 이용되는 상황을 전제로 합리적인 관할구역 경계를 설정하여야 한다. ③ 매립지와 인근 지방자치단체의 연접관계 및 거리, 도로, 항만, 전기, 수도, 통신 등 기반시설의 설치·관리, 행정서비스의 신속한 제공, 긴급상황 시 대처능력 등 여러 요소를 고려하여 행정의 효율성이 현저히 저해되지 않아야 한다. ④ 매립지와 인근 지방자치단체의 교통관계, 외부로부터의 접근성 등을 고려하여 매립지 거주 주민들의 입장에서 어느 지방자치단체의 관할구역에 편입되는 것이 주거생활 및 생업에 편리할 것인지를 고려해야 한다. ⑤ 매립으로 인근 지방자치단체들 및 그 주민들은 그 인접 공유수면을 상실하게 되므로 이로 말미암아 잃게 되는 지방자치단체들의 해양 접근성에 대한 연혁적·현실적 이익 및 그 주민들의 생활기반 내지 경제적 이익을 감안해야 한다. 이 사건 제3, 4호 방조제를 군산시의 관할로 한 이 사건 결정은 앞서 본 결정 경위와 위원회의 의결 내용 및 법리 등에 비추어 볼 때, 지형도상의 해상경계선만을 기준으로 한 것은 아닐 뿐 아니라, 위에서 본 새만금 매립 대상 지역 전체의 관할 결정에 관한 적정 구도를 감안하더라도 관련 이익의 비교형량에 있어 마땅히 포함시켜야 할 사항을 누락하거나 그 이익형량이 정당성이나 객관성을 결여한 것이라고 할 수는 없다(대판 2013. 11. 14, 2010추73).

Ⅳ. 사무소의 소재지의 변경 및 새로운 설정

구역변경과 구별되어야 할 개념으로 지방자치단체의 사무소의 소재지의 변경 또는 새로운 설정이 있다. 지방자치단체의 사무소의 소재지와 자치구가 아닌 구 및 읍·면·동의 사무소의 소재지는 종전에 의하고, 이를 변경하거나 새로 설정하는 경우에는 당해 지방자치단체의 조례로 정한다(지자법 7조 1항).

제 2 항 지방자치단체의 주민

Ⅰ. 주민의 의의

지방자치단체의 주민이란 지방자치단체의 구역 안에 주소를 가진 자를 말하며(지자법 16조), 연령이나, 성별, 행위능력, 국적, 자연인·법인 여부를 가리지 않는다. 자연인은 생활의 근거가 되는 곳이 그 주소가 되나(민법 18조 1항), 주민등록법은 공법관계의 주소를 주민등록지로 하고 있으므로(법 17조의7), 주민등록지가 원칙적으로 주소가 된다. 법인의 주소는 그 주된 사무소 또는 본점의 소재지가 된다(민법 36조). 특별시·광역시 또는 도와 같이 지방자치단체가 이중구조를 취하고 있는 곳에서는 주민 역시 이중적 지위를 갖는다. 즉 자치구의 주민은 동시에 특별시나 광역시의 주민이 되며, 시·군의 주민은 동시에 도의 주민이 된다. 일반적 의미의 주민과 구분하여 '참정권의 주체', 즉 선거권과 피선거권을 갖는 주민을 공민이라고 부르기도 한다. 공민은 주민 중에서 대한민국의 국민인 자, 법정의 연령, 거주기간에 도달한 자이면서, 자연인이어야 공민이 된다.

판례 1(주민의 의의) 지방자치법은 여러 조항에서 권리·의무의 주체이자 법적 규율의 상대방으로서 '주민'이라는 용어를 사용하고 있다. 지방자치법에 '주민'의 개념을 구체적으로 정의하는 규정이 없는데, 그 입법 목적, 요건과 효과를 달리하는 다양한 제도들이 포함되어 있는 점을 고려하면, 지방자치법이 단일한 주민 개념을 전제하고 있는 것으로 보기 어렵다. 지방자치법 제13조 제2항, 제14조, 제15조, 제16조, 제17조, 제20조에 따른 참여권 등의 경우 지방자치법 자체나 관련 법률에서 일정한 연령 이상 또는 주민등록을 참여자격으로 정하고 있으므로 자연인만을 대상으로 함이 분명하다. 한편, 지방자치법 제138조에 따른 분담금 제도의 취지와 균등분 주민세 제도와의 관계 등을 고려하면, 지방자치법 제138조에 따른 분담금 납부의무자인 '주민'은 균등분 주민세의 납부의무자인 '주민'과 기본적으로 동일하되, 다만 '지방자치단체의 재산 또는 공공시설의 설치로 주민의 일부가 특히 이익을 받은 경우'로 한정된다는 차이점이 있을 뿐이다. 따라서 법인의 경우 해당 지방자치단체의 구역 안에 주된 사무소 또는 본점을 두고 있지 않더라도 '사업소'를 두고 있다면 지방자치법 제138조에 따른 분담금 납부의무자인 '주민'에 해당한다(대판 2021. 4. 29, 2016두45240).

판례 2(부동산투기나 이주대책 요구 등을 방지할 목적으로 주민등록신고를 거부할 수 있는지 여부) 주민들의 거주지 이동에 따른 주민등록전입신고에 대하여 행정청이 이를 심사하여 그 수리를 거부할 수는 있다고 하더라도, 그러한 행위는 자칫 헌법상 보장된 국민의 거주·이전의 자유를 침해하는 결과를 가져올 수도 있으므로, 시장·군수 또는 구청장의 주민등록전입신고 수리 여부에 대한 심사는 주민등록법의 입법 목적의 범위 내에서 제한적으로 이루어져야 한다. 한편, 주민등록법의 입법 목적에 관한 제1조 및 주민등록 대상자에 관한 제6조의 규정을 고려해 보면, 전입신고를 받은 시장·군수 또는 구청장의 심사 대상은 전입신고자가 30일 이상 생활의 근거로 거주할 목적으로 거주지를 옮기는지 여부만으로 제한된다고 보아야 한다. 따라서 전입신고자가 거주의 목적 이외에 다른 이해관계에 관한 의도를 가지고 있는지 여부, 무허가 건축물의 관리, 전입신고를 수리함으로써 당해 지방자치단체에 미치는 영향 등과 같은 사유는 주민등록법이 아닌 다른 법률에 의하여 규율되어야 하고, 주민등록전입신고의 수리 여부를 심사하는 단계에서는 고려 대상이 될 수 없다. 이에 따라 무허가 건축물을 실제 생활의 근거지로 삼아 10년 이상 거주해 온 사람의 주민등록 전입신고를 거부한 사안에서, 부동산투기나 이주대책 요구 등을 방지할 목적으로 주민등록전입신고를 거부하는 것은 주민등록법의 입법 목적과 취지 등에 비추어 허용될 수 없다고 할 것이다(대판(전원합의체) 2009. 6. 18, 2008두10997).

Ⅱ. 주민의 권리

주민은 지방자치단체에 대하여 여러 가지 개인적 공권을 갖는다. 지방자치법상 주민의 권리로서는 정책의 결정 및 집행과정 참여권, 공공시설이용권, 선거권 및 피선거권, 청원권, 주민투표권, 조례의 제정·개폐청구권, 주민감사청구권, 주민소송제기권, 주민소환투표청구권 등이 있다.

1. 정책결정 및 집행과정 참여권

주민은 법령으로 정하는 바에 따라 주민생활에 영향을 미치는 지방자치단체의 정책의 결정 및 집행과정에 참여할 권리를 가진다(법 17조 1항).

2. 공공시설이용권

1) 의 의

주민은 법령이 정하는 바에 의하여 소속지방자치단체의 재산과 공공시설을 이용할 권리를 가진다(지자법 17조 2항). 여기에서 재산이란 현금 이외의 모든 재산적 가치가 있는 물건 및 권리를 말하며, 공공시설이란 주민의 이용에 제공되는 시설을 의미한다. 이에 따라 재산과 공공시설은 상이한 개념이나 재산도 주민의 이용에 제공되는 것만을 의미하므로 공공시설과 동의어로 보는 견해가 다수설이다.[8] 공공시설이란 주민의 복리증진을 위하여 지방자치단체에 의하여 설치 · 관리되는 시설을 말하며, 공물, 영조물, 공기업 기타 주민에게 급부를 제공하는 일체의 시설을 포함한다(공원 · 병원 · 양로원 · 유치원 · 도서관 · 박물관 · 공동묘지 · 상수도 · 하수도 등). 공공시설의 조직형태나 소유권의 소재는 관계가 없다. 즉 공공시설 가운데에는 지방자치단체가 직영하는 것, 공법인 또는 사법인의 형태를 취하는 것, 타인에게 위탁경영시키는 것이 있으며, 자유시설(自有施設) 또는 타유시설(他有施設)도 있을 수 있다. 지방자치단체의 시설은 공용지정(Widmung)을 통하여 공공시설의 성격을 갖는바, 공용지정은 지방자치단체의 조례나 행정행위를 통하여 행하여진다.

2) 이용권의 주체

이용권의 주체는 주민이다. 따라서 도로나 공원 등 그 이용이 모든 사람에게 개방된 공공용물을 제외하고는 공공시설의 이용을 주민에게 한정시키거나, 주민과 주민이 아닌 자 간에 합리적인 차등을 정할 수 있다. 그러나 생활권이 급속도로 광역화되어 가고 있는 오늘날에 있어서 특정지방자치단체의 주민의 이용권으로서 공공시설이용권은 그 의미가 점차 퇴색하여져 가고 있음을 부인할 수 없다.

3) 이용권의 내용과 한계

주민의 공공시설이용권의 내용과 한계는 법령과 조례에 의하여 정해지며, 공용지정의 목적에 의하여 제한된다. 또한 이용권은 그 공공시설의 수용능력이나 정원과 같은 사실적 한계에 의하여 제한받게 된다. 공공시설의 이용신청자수가 그의 수용능력을 상회하는 경우에는 선착순, 추첨 또는 이용시간이나 이용횟수의 제한 등의 방법을 채택할 수 있으나 어느 경우에도 평등의 원칙에 위배되서는 안된다. 또한 지방자치단체는 공공시설의 이용으로 인하여 위험이 발생하는 경우 또는 공공시설이 손상될 우려가 있는 경우에는 그 이용을 제한할 수 있다. 만일 지방자치단체가 이러한 위험이나 손상을 방지할 수 없고, 이용자가 이에 대한 담보를 제공하지 않은 경우에는 이용을 거절할 수 있다.

4) 이용형태 및 이용관계의 내용

공공시설의 이용형태와 이용관계의 내용은 공공시설의 종류에 따라 차이가 나는바, 이에 대하여는 급부행정법편에서 공물 · 영조물 및 공기업의 이용형태 및 이용관계에서 후술하기로 한다.

5) 이용료 · 사용료

일반사용의 대상이 아닌 공공시설의 이용에 대하여는 사법상(私法上)의 이용료나 공법상(公法上)의 사용료를 징수할 수 있다.

3. 균등하게 행정의 혜택을 받을 권리

지방자치단체의 주민은 누구나 지방자치단체로부터 균등하게 행정의 혜택을 받을 권리가 있다(지자법 17조 2항). 여기서 "행정의 혜택"이란 위에서 본 공공시설의 이용을 제외한 모든 행정서비스의 혜택을 의미한다. 지방자치단체는 주민에게 행정서비스를 제공함에 있어서 자의적인 차별을 하여서는

8) 金南辰/金連泰, 行政法 II, 93면; 朴鈗炘/鄭亨根, 最新行政法講義(下), 92면; 이하; 洪井善, 行政法原論(下), 82면.

안된다.

4. 선거에 참여할 권리

주민은 법령이 정하는 바에 의하여 그 지방자치단체에서 실시하는 지방의회의원 및 지방자치단체장의 선거에 참여할 권리를 가진다(지자법 17조 3항).

1) 선거권

선거일 현재 만 18세 이상인 국민으로서 선거인명부작성기준일 현재 당해 지방자치단체의 관할구역 안에 주민등록이 되어 있는 자는 그 구역에서 선거하는 지방의회의원 및 지방자치단체장의 선거권이 있다(공직선거법 15조 2항 1호). 한편, 18세 이상인 자로서 「재외동포의 출입국과 법적 지위에 관한 법률」 제6조 제1항에 따라 해당 지방자치단체의 주민등록표에 3개월 이상 계속하여 올라 있는 국민과(공직선거법 15조 2항 2호) 출입국관리법에 따른 영주의 체류자격취득일 후 3년이 경과한 외국인으로서 선거인명부작성기준일 현재 당해 지방자치단체의 외국인등록대장에 등재된 자도 지방의회의원과 지방자치단체장의 선거권을 갖는다(공직선거법 15조 2항 3호).

2) 피선거권

선거일 현재 계속하여 60일 이상 당해 지방자치단체의 관할구역 안에 주민등록이 되어 있는 주민으로서 18세 이상의 국민은 그 지방의회의원 및 지방자치단체의 장의 피선거권이 있다. 이 경우 60일의 기간은 그 지방자치단체의 설치 · 폐지 · 분할 · 합병 또는 구역변경에 의하여 중단되지 않는다(공직선거법 16조 3항).

5. 청 원 권

1) 의 의

주민은 지방의회에 청원할 수 있다(지자법 85조 내지 88조). 헌법은 국민의 기본권의 하나로서 청원권을 보장하고 있으며(헌법 26조), 청원권행사에 관한 일반법으로서 청원법이 있다. 청원법은 “청원에 관하여 다른 법률에 특별한 규정이 없는 한 이 법에 의한다”고 규정하고 있는바(청원법 2조), 이에 따라 청원에 대하여 별도로 규정하고 있는 국회법과 지방자치법은 청원법에 대한 특별법이라고 할 것이다.

2) 행 사

청원은 지방의회의원의 소개를 받아 청원서 제출로 행한다(지자법 85조 1항). 청원서에는 청원자의 성명(법인인 경우에는 그 명칭과 대표자의 성명) 및 주소를 기재하고 서명 · 날인하여야 한다(지자법 85조 2항). 청원사항에는 제한이 없으나, 재판에 간섭하거나 법령에 위반되는 청원을 할 수 없다(지자법 86조).

3) 처 리

지방의회의장은 청원서를 접수한 때에는 이를 소관위원회 또는 본회의에 회부하여 심사하게 한다(지자법 87조 1항). 위원회가 청원을 심사하여 본회의에 회부할 필요가 없다고 결정한 때에는 그 결과를 의장에게 보고하고, 의장은 이를 청원인에게 통지하여야 한다(동법 87조 3항). 한편, 지방의회가 채택한 청원으로서 지방자치단체의 장이 처리함이 타당하다고 인정되는 청원은 이를 지방자치단체의 장에게 이송하고(동법 88조 1항), 이 경우 지방자치단체의 장은 그 결과를 지체없이 지방의회에 보고하여야 한다(동법 88조 2항).

판례(지방의회에 청원을 하고자 할 때에 반드시 지방의회 의원의 소개를 얻도록 한 것이 청원권의 과도한 제한에 해당하는지 여부) 지방의회에 청원을 할 때에 지방의회 의원의 소개를 얻도록 한 것은 의원이 미리 청원의 내용을 확인하고 이를 소개하도록 함으로써 청원의 남발을 규제하고 심사의 효율을 기하기 위한 것이고, 지방의회 의원 모두가 소개의원이 되기를 거절하였다면 그 청원내용에 찬성하는 의원이 없는 것이므로 지방의회에서 심사하더라도 인용가능성이 전혀 없어 심사의 실익이 없으며, 청원의 소개의원도 1인으로 족한 점을 감안하면 이러한 정도의 제한은 공공복리를 위한 필요 · 최소한의 것이라고 할 수 있다(헌재결 1999. 11. 25, 97헌마54).

6. 주민투표권

1) 의 의

지방자치법은 지방자치행정의 원칙인 대표민주제의 결함을 보완하기 위하여 주민투표권에 대하여 규정하고 있다. 지방자치단체의 장은 주민에게 과도한 부담을 주거나 중대한 영향을 미치는 지방자치단체의 주요 결정사항 등에 대하여 주민투표에 부칠 수 있다(지자법 18조 1항). 주민투표의 대상 · 발의자 · 투표요건 · 기타 투표절차 등에 대하여는 따로 법률로 정하도록 되어 있는바, 주민투표법의 주요 내용은 다음과 같다.

판례(지방자치법상의 주민투표권이 헌법이 보장하는 기본권에 해당하는지 여부) 지방자치법이 주민에게 주민투표권, 조례의 제정 및 개폐청구권, 감사청구권 등을 부여함으로써 주민이 지방자치사무에 직접 참여할 수 있는 길을 일부 열어 놓고 있지만 이러한 제도는 어디까지나 입법에 의하여 채택된 것일 뿐 헌법에 의하여 보장되고 있는 것은 아니므로 주민투표권은 법률이 보장하는 권리일 뿐 헌법이 보장하는 기본권 또는 헌법상 제도적으로 보장되는 주관적 공권으로 볼 수 없다(헌재결 2005. 12. 22, 2004헌마530).

2) 투표권자

18세 이상의 주민 중 그 지방자치단체의 관할 구역에 주민등록이 되어 있는 사람 그리고 출입국관리 관계 법령에 따라 대한민국에 계속 거주할 수 있는 자격(체류자격변경허가 또는 체류기간연장허가를 통하여 계속 거주할 수 있는 경우를 포함한다)을 갖춘 외국인으로서 지방자치단체의 조례로 정한 사람은 주민투표권이 있다(주민투표법 5조 1항).

3) 주민투표의 대상

주민에게 과도한 부담을 주거나 중대한 영향을 미치는 지방자치단체의 주요결정사항은 주민투표의 대상이 된다(주민투표법 7조 1항). 다만, ① 법령에 위반되거나 재판중인 사항, ② 국가 또는 다른 지방자치단체의 권한 또는 사무에 속하는 사항, ③ 지방자치단체의 예산 · 회계 · 계약 및 재산관리에 관한 사항과 지방세 · 사용료 · 수수료 · 분담금 등 각종 공과금의 부과 또는 감면에 관한 사항, ④ 행정기구의 설치 · 변경에 관한 사항과 공무원의 인사 · 정원 등 신분과 보수에 관한 사항, ⑤ 다른 법률에 의하여 주민대표가 직접 의사결정주체로서 참여할 수 있는 공공시설의 설치에 관한 사항(다만, 9조 5항의 규정에 의하여 지방의회가 주민투표의 실시를 청구하는 경우에는 그러하지 아니하다), ⑥ 동일한 사항에 대하여 주민투표가 실시된 후 2년이 경과되지 아니한 사항 등은 주민투표의 대상에서 제외된다

(법 7조 2항). 한편, 중앙행정기관의 장은 행정안전부장관과의 협의하에 지방자치단체의 폐치 · 분합 또는 구역변경, 주요시설의 설치 등 국가정책의 수립에 관하여 주민의 의견을 듣기 위하여 필요하다고 인정하는 때에는 주민투표의 실시구역을 정하여 관계 지방자치단체의 장에게 주민투표의 실시를 요구할 수 있는바(법 8조 1항), 이 경우의 주민투표는 제7조에 규정된 주민투표결과의 구속력이 인정되지 않는 순수한 주민의견수렴의 성격을 갖는다고 할 것이다.

4) 주민투표의 청구 및 실시요건

지방자치단체의 장은 주민 또는 지방의회의 청구에 의하거나 직권에 의하여 주민투표를 실시할 수 있다(주민투표법 9조 1항). 한편, 주민투표의 투표권자인 주민 또는 외국인은 주민투표청구권자 총수의 20분의 1 이상 5분의 1 이하의 범위 안에서 조례로 정하는 수 이상의 서명으로 지방자치단체의 장에게 투표청구를 할 수 있다(법 9조 2항). 지방의회는 재적의원 과반수 출석과 출석의원 3분의 2 이상의 찬성으로 투표를 청구할 수 있고(법 9조 5항), 지방자치단체장의 직권에 의한 주민투표실시는 지방의회 재적의원 과반수 출석에 출석의원 과반수 동의를 얻어야 한다(법 9조 6항).

한편 지방자치법 제18조 제1항은 주민투표회부의 여부를 지방자치단체의 장의 재량사항으로 규정하고 있다. 이에 따라 일정한 사항에 대하여 반드시 주민투표에 회부하도록 규정한 조례는 위법한 것이 된다.

판례 1(일정한 사항에 대하여 반드시 주민투표에 회부하도록 하는 조례안의 위법 여부) 지방자치법은 지방의회와 지방자치단체의 장에게 독자적 권한을 부여하고 상호 견제와 균형을 이루도록 하고 있으므로, 법률에 특별한 규정이 없는 한 조례로써 견제의 범위를 넘어서 고유권한을 침해하는 규정을 둘 수 없다 할 것인바, 위 지방자치법 제13조의2 제1항에 의하면, 주민투표의 대상이 되는 사항이라 하더라도 주민투표의 시행 여부는 지방자치단체의 장의 임의적 재량에 맡겨져 있음이 분명하므로, 지방자치단체의 장의 재량으로서 투표실시 여부를 결정할 수 있도록 한 법규정에 반하여 지방의회가 조례로 정한 특정한 사항에 관하여는 일정한 기간 내에 반드시 투표를 실시하도록 규정한 조례안은 지방자치단체의 장의 고유권한을 침해하는 규정이다(대판 2002. 4. 26, 2002추23).

판례 2(주민투표 청구를 수리 · 발의가 항고소송의 대상이 되는 행정처분이라는 사례) 무상급식 지원범위에 관한 주민투표 청구를 수리 · 발의하는 것은, 서울시장이 공권력의 주체로서 주민의 주민투표 청구에 대하여 수리, 이에 따른 주민투표 실시 여부 및 시기 결정이라는 구체적 사실에 관한 법집행으로서 행하는 공권력의 행사이고, 주민의 권리의무에도 영향을 미치는 행위이므로, 항고소송 대상이 되는 행정처분에 해당한다(서울행법 2011. 8. 16, 2011아2179).

---

5) 주민투표의 실시

주민투표는 특정한 사항에 대하여 찬성 또는 반대의 의사표시를 하거나 두 가지 사항 중 하나를 선택하는 형식으로 실시하여야 한다(주민투표법 15조). 주민투표는 원칙적으로 당해 지방자치단체의 관할구역 전체를 대상으로 실시하여야 한다. 다만, 특정한 지역 또는 주민에게만 이해관계가 있는 사항인 경우 지방자치단체의 장은 그 지방자치단체의 관할구역 중 일부를 대상으로 지방의회의 동의를 얻어 주민투표를 실시할 수 있다.

6) 투표결과의 확정 및 효력

주민투표에 부쳐진 사항은 주민투표권자 총수의 4분의 1 이상의 투표와 유효투표수 과반수의 득표로 확정된다(주민투표법 24조 1항). 지방자치단체의 장 및 지방의회는 주민투표결과에 따라 확정된 내용대로 행정 · 재정상의 조치를 취하여야 하며(법 24조 5항), 주민투표결과에 따라 확정된 사항에 대하여는 2년 이내에 이를 변경하거나 새로운 결정을 할 수 없다(법 24조 6항).

7) 주민투표에 대한 불복절차

가. 소청제기

주민투표의 효력에 대하여 이의가 있는 투표권자는 주민투표권자 총수의 100분의 1 이상의 서명으로, 주민투표결과가 공표된 날로부터 14일 이내에 관할 선거관리위원회 위원장을 피소청인으로 하여, 시 · 군 및 구에 있어서는 특별시 · 광역시 · 도 선거관리위원회에, 특별시 · 광역시 · 도에 있어서는 중앙선거관리위원회에 소청할 수 있다(주민투표법 25조 1항).

나. 소송제기

소청결정에 대하여 불복이 있는 소청인은 관할 선거관리위원회 위원장을 피고로 하여, 결정서를 받은 날로부터 10일 이내에 특별시 · 광역시 · 도에 있어서는 대법원에, 시 · 군 및 자치구에 있어서는 관할 고등법원에 소를 제기할 수 있다(주민투표법 25조 2항).

7. 조례의 제정 및 개폐청구권

1) 의 의

18세 이상의 주민은 지방의회에 조례의 제정이나 개폐를 청구할 수 있다(주민조례발안에 관한 법률 제2조). 조례의 제정 및 개폐청구권은 주민투표권과 마찬가지로 지방행정의 대의민주제를 보완하고, 지방주민의 능동적인 참여를 실현시키기 위한 제도로서, 1999년 8월 31일 지방자치법의 개정을 통하여 도입되었다. 「주민조례발안에 관한 법률」은 2021년 제정되어 2022년부터 시행되고 있다.

2) 청구요건

지방자치단체의 18세 이상의 주민은 ① 특별시 및 인구 800만 이상의 광역시 · 도에 있어서는 청구권자 총수의 200분의 1, ② 인구 800만 미만의 광역시 · 도, 특별자치시, 특별자치도 및 인구 100만 이상의 시에서는 청구권자 총수의 150분의 1, ③ 인구 50만 이상 100만 미만의 시 · 군 및 자치구에서는 청구권자 총수의 100분의 1, ④ 인구 10만 이상 50만 미만의 시 · 군 및 자치구에서는 청구권자 총수의 70분의 1, ⑤ 인구 5만 이상 10만 미만의 시 · 군 및 자치구에서는 청구권자 총수의 50분의 1, ⑥ 인구 5만 미만의 시 · 군 및 자치구에서는 청구권자 총수의 20분의 1 기준 이내에서 해당 지방자치단체의 조례로 정하는 청구권자 수 이상의 연서로서 해당 지방자치단체의 의회(이하 "지방의회"라 한다)에 조례를 제정하거나 개정 또는 폐지할 것을 청구(이하 "주민조례청구"라 한다)할 수 있다(주민조례발안에 관한 법률 2조 · 5조). 청구권자 총수는 전년도 12월 31일 현재의 주민등록표 및 외국인등록표에 따라 산정하여야 하며, 지방자치단체의 장은 매년 1월 10일까지 청구권자 총수를 공표하여야 한다(법 5조 2항 · 3항). 여기서 18세 이상의 주민이라 함은 ① 해당 지방자치단체의 관할 구역에 주민등록이 되어 있는 사람, ② 「출입국관리법」 제10조에 따른 영주(永住)할 수 있는 체류자격 취득일 후 3년이 지난 외국인으로서 같은 법 제34조에 따라 해당 지방자치단체의 외국인등록대장에 올라 있는 사람을 의미한다(｢공직선거법｣ 제18조에 따른 선거권이 없는 사람은 제외한다)(법 2조).

3) 대 상

지방의회의 조례제정권이 미치는 모든 조례규정사항이 조례제정 · 개폐의 청구대상이 된다. 다만, ① 법령을 위반하는 사항, ② 지방세 · 사용료 · 수수료 · 분담금의 부과 · 징수 또는 감면에 관한 사항, ③ 행정기구의 설치 · 변경에 관한 사항이나 공공시설의 설치를 반대하는 사항은 청구대상에서 제외된다(법 4조). 이들을 청구대상에서 제외한 이유는 건전한 지방재정을 확보하고, 행정기구의 설치 · 변경에 있어서 신중을 기하고 혐오시설의 확보를 위한 것이라고 할 것이다.

4) 절차 및 법적 효과

가. 대표자선정 및 증명서발급

청구권자가 주민조례청구를 하려는 경우에는 청구인의 대표자(이하 "대표자"라 한다)를 선정하여야 하며, 선정된 대표자는 ① 주민조례청구의 취지 · 이유 등을 내용으로 하는 조례의 제정 · 개정 · 폐지 청구서(이하 "청구서"라 한다), ② 조례의 제정안 · 개정안 · 폐지안(이하 "주민청구조례안"이라 한다)을 첨부하여 지방의회의 의장에게 대표자 증명서 발급을 신청하여야 한다(주민조례발안에 관한 법률 6조 1항). 지방의회의 의장은 신청을 받으면 대표자 증명서를 발급하고 그 사실을 공표하여야 한다(법 6조 2항).

나. 청구인명부에 서명

대표자(제2항에 따라 서명요청권을 위임한 경우에는 같은 항에 따른 수임자를 포함한다)는 청구인명부에 ① 청구서나 그 사본, ② 주민청구조례안 또는 그 사본, ③ 대표자 증명서(수임자의 경우 위임신고증을 포함한다)나 그 사본을 첨부하여 청구권자에게 청구인명부에 서명할 것을 요청할 수 있다. 대표자는 청구권자에게 서명을 갈음하여 전자적 방식으로 생성된 청구인서명부에 정보시스템을 이용하여 「전자서명법」 제2조 제2호에 따른 전자서명(이하 "전자서명"이라 한다)을 할 것을 요청할 수 있다(법 7조 4항). 대표자 또는 수임자는 제6조 제2항에 따른 공표가 있은 날부터 특별시 · 광역시 · 특별자치시 · 도 및 특별자치도(이하 "시 · 도"라 한다)의 경우에는 6개월 이내에, 시 · 군 및 자치구의 경우에는 3개월 이내에 서명과 전자서명을 요청하여야 한다(법 8조 1항).

다. 지방의회 의장에게 청구인명부제출

대표자는 청구인명부에 서명(전자서명을 포함한다)한 청구권자의 수가 해당 지방자치단체의 조례로 정하는 청구권자 수 이상이 되면 서명요청 기간이 지난 날부터 시 · 도의 경우에는 10일 이내에, 시 · 군 및 자치구의 경우에는 5일 이내에 지방의회의 의장에게 청구인명부를 제출하여야 한다. 다만, 전자서명의 경우에는 대표자가 지방의회의 의장에게 정보시스템에 생성된 청구인명부를 직접 활용하도록 요청하여야 한다(법 10조 1항).

지방의회의 의장은 청구인명부를 제출받거나 청구인명부의 활용을 요청받은 날부터 5일 이내에 청구인명부의 내용을 공표하여야 하며, 공표한 날부터 10일간 청구인명부나 그 사본을 공개된 장소에 갖추어 두어 열람할 수 있도록 하여야 한다(법 10조 2항).

라. 이의신청

청구인명부의 서명에 이의가 있는 사람은 제10조 제2항에 따른 열람기간에 지방의회의 의장에게 이의를 신청할 수 있다(법 11조 2항). 지방의회의 의장은 이의신청을 받으면 열람기간이 끝난 날부터 14일 이내에 이를 심사·결정하여야 한다. 이 경우 이의신청이 이유 있다고 결정하는 경우에는 청구인명부를 수정하고, 그 사실을 이의신청을 한 사람과 대표자에게 알려야 하며, 이의신청이 이유 없다고 결정하는 경우에는 그 뜻을 즉시 이의신청을 한 사람에게 알려야 한다(법 11조 3항).

마. 주민조례청구의 수리 및 각하

지방의회의 의장은 법률에서 정한 요건에 적합한 경우에는 주민조례청구를 수리하고, 요건에 적합하지 아니한 경우에는 주민조례청구를 각하하여야 한다. 이 경우 수리 또는 각하 사실을 대표자에게 알려야 한다(법 12조 1항). 지방의회의 의장은 제1항에 따라 주민조례청구를 각하하려면 대표자에게 의견을 제출할 기회를 주어야 한다. 지방의회의 의장은 「지방자치법」 제76조 제1항에도 불구하고 이 조 제1항에 따라 주민조례청구를 수리한 날부터 30일 이내에 지방의회의 의장 명의로 주민청구조례안을 발의하여야 한다(법 12조 3항).

사, 주민청구조례안의 심사절차

지방의회는 주민청구조례안이 수리된 날부터 1년 이내에 주민청구조례안을 의결하여야 한다. 다만, 필요한 경우에는 본회의 의결로 1년 이내의 범위에서 한 차례만 그 기간을 연장할 수 있다(법 13조 1항). 「지방자치법」 제79조 단서에도 불구하고 주민청구조례안은 제12조 제1항에 따라 주민청구조례안을 수리한 당시의 지방의회의원의 임기가 끝나더라도 다음 지방의회의원의 임기까지는 의결되지 못한 것 때문에 폐기되지 아니한다(법 13조 3항).

8. 규칙의 제정, 개정 또는 폐지와 관련된 의견 제출권

주민은 지방자치법 제29조에 따른 규칙(권리·의무와 직접 관련되는 사항으로 한정한다)의 제정, 개정 또는 폐지와 관련된 의견을 해당 지방자치단체의 장에게 제출할 수 있다(지자법 20조 1항). 법령이나 조례를 위반하거나 법령이나 조례에서 위임한 범위를 벗어나는 사항은 제1항에 따른 의견 제출 대상에서 제외한다(2항). 지방자치단체의 장은 제1항에 따라 제출된 의견에 대하여 의견이 제출된 날부터 30일 이내에 검토 결과를 그 의견을 제출한 주민에게 통보하여야 한다(3항).

9. 주민감사청구권

1) 의 의

지방자치단체의 18세 이상의 주민은 지방자치단체와 그 장의 권한에 속하는 사무의 처리가 법령에 위반되거나 공익을 현저히 해한다고 인정되는 경우에는 감독기관에게 감사를 청구할 수 있다. 주민감사청구권은 지방자치단체의 잘못된 행정을 통제하기 위하여 주민에게 인정된 권리이다. 이 제도 역시 조례의 제정 및 개폐청구권과 함께 1999년 8월 31일 지방자치법 개정을 통하여 인정된 제도이다.

2) 청구요건 및 대상

지방자치단체의 18세 이상의 주민은 시·도는 300명, 제198조에 따른 인구 50만 이상 대도시는

200명, 그 밖의 시 · 군 및 자치구는 150명을 초과하지 아니하는 범위 안에서 당해 지방자치단체의 조례가 정하는 18세 이상의 주민수 이상의 연서로 시 · 도에 있어서는 주무부장관에게, 시 · 군 및 자치구에 있어서는 시 · 도지사에게 당해 지방자치단체와 그 장의 권한에 속하는 사무의 처리가 법령에 위반되거나 공익을 현저히 해한다고 인정되는 경우에는 감사를 청구할 수 있다(법 21조).

다만, ① 수사 또는 재판에 관여하게 되는 사항, ② 개인의 사생활을 침해할 우려가 있는 사항, ③ 다른 기관에서 감사하였거나 감사중인 사항(다만 다른 기관에서 감사중인 사항이라도 새로운 사항이 발견되거나 중요한 사항이 감사에서 누락된 경우와 제17조 제1항에 따라 주민소송의 대상이 되는 경우는 제외), ④ 동일한 사항에 대하여 제22조 제2항 각 호의 어느 하나에 해당하는 소송이 계속 중이거나 그 판결이 확정된 사항은 제외된다(법 21조 4항). 감사청구대상은 여기에서 제외된 사항 이외의 기관위임사무를 포함한 모든 사항에 미친다. 그러나 일반적인 사무에 대한 감사청구를 할 수 없고, 법령에 위반되거나 공익을 해하는 개별적 · 구체적 사무의 처리를 지정하여 그에 대하여 감사를 청구하여야 한다. 주민감사청구는 당해 사무처리가 있었던 날 또는 종료된 날로부터 3년을 경과하면 제기할 수 없다(법 21조 3항).

3) 법적 효과

① 주무부장관 또는 시 · 도지사는 감사청구를 수리한 날로부터 60일 이내에 청구된 사항에 대하여 감사를 종료하고 그 결과를 청구인의 대표자와 지방자치단체장에게 서면으로 알리고 이를 공표하여야 한다. 다만, 그 기간 내에 감사를 종료하기가 어려운 사유가 있는 때에는 그 기간을 연장할 수 있으며, 이 경우 이를 미리 청구인의 대표자와 당해 지방자치단체의 장에게 알리고 공표하여야 한다(법 21조 9항).

② 주무부장관 또는 시 · 도지사는 주민이 감사를 청구한 사항이 다른 기관에서 이미 감사한 사항이거나 감사중인 사항인 경우에는 그 기관에서 실시한 감사결과 또는 감사중인 사실과 감사종료 후 그 결과를 알리겠다는 사실을 청구인의 대표자와 해당기관에 알려야 한다(법 21조 10항).

③ 주무부장관 또는 시 · 도지사는 주민감사를 처리함(각하를 포함함)에 있어서 청구인의 대표자에게 반드시 증거제출 및 의견진술의 기회를 주어야 한다(법 21조 11항).

④ 주무부장관 또는 시 · 도지사는 당해 지방자치단체의 장에게 감사결과에 따라 기간을 정하여 필요한 조치를 요구할 수 있다. 이 경우 당해 지방자치단체의 장은 이를 성실히 이행하여야 하고 그 조치결과를 지방의회와 주무부장관 또는 시 · 도지사에게 보고하여야 한다(법 21조 12항). 주무부장관 또는 시 · 도지사는 위의 조치요구내용과 당해 지방자치단체의 장의 조치결과를 청구인의 대표자에게 서면으로 알리고 이를 공표하여야 한다(법 21조 13항).

10. 주민소송제기권

주민의 직접참여에 의한 지방행정의 공정성과 투명성 강화 및 주민감사청구권의 실효성 확보를 위하여 2005년 1월 27일 지방자치법 개정을 통하여 주민소송제도가 도입되었다. 지방자치법 제22조에 규정되어 있는 주민소송은 지방자치단체장의 위법한 재무행위를 시정하기 위하여 주민이 제기하는 소송으로서, 주민의 구체적인 권리침해가 없어도 제기될 수 있다는 점에서 객관소송의 성격을 갖는다. 한편 주민소송은 감사청구를 한 주민만이 제기할 수 있도록 되어 있어 감사청구전치주의를 채택하고 있다.

1) 주민소송의 대상과 제소사유

공금의 지출에 관한 사항, 재산의 취득 · 관리 · 처분에 관한 사항, 당해 지방자치단체를 당사자로 하는 매매 · 임차 · 도급 그 밖의 계약의 체결 · 이행에 관한 사항 또는 지방세 · 사용료 · 수수료 · 과태료 등 공금의 부과 · 징수를 게을리한 사항을 제21조 제1항에 따라 감사청구한 주민은 ① 주무부장관 또는 시 · 도지사가 감사청구를 수리한 날부터 60일(감사기간이 연장된 경우에는 연장기간이 종료된 날)을 경과하여도 감사를 종료하지 아니한 경우, ② 감사결과 또는 감사결과에 따른 조치요구에 불복이 있는 경우, ③ 감사결과에 따른 조치요구를 지방자치단체의 장이 이행하지 아니한 경우, ④ 조치요구에 대한 지방자치단체의 장의 이행조치에 불복이 있는 경우에, 지방자치단체장을 상대방으로 주민소송을 제기할 수 있다(법 21조 1항).

판례 1(도로점용허가 처분이 주민소송의 대상이 되는지 여부) 주민소송 제도는 지방자치단체 주민이 지방자치단체의 위법한 재무회계행위의 방지 또는 시정을 구하거나 그로 인한 손해의 회복 청구를 요구할 수 있도록 함으로써 지방자치단체의 재무행정의 적법성과 지방재정의 건전하고 적정한 운영을 확보하려는 데 목적이 있다. 그러므로 주민소송은 원칙적으로 지방자치단체의 재무회계에 관한 사항의 처리를 직접 목적으로 하는 행위에 대하여 제기할 수 있고, 지방자치법 제17조 제1항에서 주민소송의 대상으로 규정한 '재산의 취득 · 관리 · 처분에 관한 사항'에 해당하는지도 그 기준에 의하여 판단하여야 한다. 특히 도로 등 공물이나 공공용물을 특정 사인이 배타적으로 사용하도록 하는 점용허가가 도로 등의 본래 기능 및 목적과 무관하게 그 사용가치를 실현 · 활용하기 위한 것으로 평가되는 경우에는 주민소송의 대상이 되는 재산의 관리 · 처분에 해당한다(대판 2016. 5. 27, 2014두8490).

판례 2(이행강제금의 부과 · 징수를 게을리한 행위가 주민소송의 대상이 된다는 사례) 주민소송 제도는 주민으로 하여금 지방자치단체의 위법한 재무회계행위의 방지 또는 시정을 구할 수 있도록 함으로써 지방재무회계에 관한 행정의 적법성을 확보하려는 데 목적이 있다. 그러므로 지방자치법 제17조 제1항, 제2항 제2호, 제3호 등에 따라 주민소송의 대상이 되는 '재산의 관리 · 처분에 관한 사항'이나 '공금의 부과 · 징수를 게을리한 사항'이란 지방자치단체의 소유에 속하는 재산의 가치를 유지 · 보전 또는 실현함을 직접 목적으로 하는 행위 또는 그와 관련된 공금의 부과 · 징수를 게을리한 행위를 말하고, 그 밖에 재무회계와 관련이 없는 행위는 그것이 지방자치단체의 재정에 어떤 영향을 미친다고 하더라도, 주민소송의 대상이 되는 '재산의 관리 · 처분에 관한 사항' 또는 '공금의 부과 · 징수를 게을리한 사항'에 해당하지 않는다. 이행강제금은 지방자치단체의 재정수입을 구성하는 재원 중 하나로서 '지방세외수입금의 징수 등에 관한 법률'에서 이행강제금의 효율적인 징수 등에 필요한 사항을 특별히 규정하는 등 그 부과 · 징수를 재무회계 관점에서도 규율하고 있으므로, 이행강제금의 부과 · 징수를 게을리한 행위는 주민소송의 대상이 되는 공금의 부과 · 징수를 게을리한 사항에 해당한다(대판 2015. 9. 10, 2013두16746).

판례 3(주민감사청구가 부적법하다고 오인하여 각하하는 결정을 한 경우에 주민소송을 제기할 수 있는지 여부) 지방자치법 제17조 제1항 제2호에 정한 '감사결과'에는 감사기관이 주민감사청구를 수리하여 일정한 조사를 거친 후 주민감사청구사항의 실체에 관하여 본안판단을 하는 내용의 결정을 하는 경우뿐만 아니라, 감사기관이 주민감사청구가 부적법하다고 오인하여 위법한 각하결정을 하는 경우까지 포함한다. 주민감사청구가 지방자치법에서 정한 적법요건을 모두 갖추었음에도, 감사기관이 해당 주민감사청구가 부적법하다고 오인하여 더 나아가 구체적인 조사 · 판단을 하지 않은 채 각하하는 결정을 한 경우에는, 감사청구한 주민은 위법한 각하결정 자체를 별도의 항고소송으로 다툴 필요 없이, 지방자치법이 규정한 다음 단계의 권리구제절차인 주민소송을 제기할 수 있다고 보아야 한다(대판 2020. 6. 25, 2018두67251).

판례 4(주민감사를 청구한 사항과 주민소송의 대상의 동일성여부) 주민감사청구가 '지방자치단체와 그 장의 권한에 속하는 사무의 처리'를 대상으로 하는 데 반하여, 주민소송은 '그 감사청구한 사항과 관련이 있는 위법한 행위나 업무를 게을리한 사실'에 대하여 제기할 수 있는 것이므로, 주민소송의 대상은 주민감사를 청구한 사항과 관련이 있는 것으로 충분하고, 주민감사를 청구한 사항과 반드시 동일할 필요는 없다. 주민감사를 청구한 사항과 관련성이 있는지는 주민감사청구사항의 기초인 사회적 사실관계와 기본적인 점에서 동일한지에 따라 결정되는 것이며 그로부터 파생되거나 후속하여 발생하는 행위나 사실은 주민감사청구사항과 관련이 있다고 보아야 한다(대판 2020. 7. 29, 2017두63467).

2) 주민소송의 원고와 피고

제소대상을 감사청구한 주민이라면 누구나 원고가 될 수 있으며, 1인에 의한 제소도 가능하다. 주민소송의 피고는 해당 지방자치단체의 장이 된다(법 22조 1항).

3) 주민소송의 유형

지방자치법 제22조 제2항은 주민소송을 다음의 4가지로 한정하고 있다.

가. 중지를 구하는 소송

해당 행위를 계속할 경우 회복이 곤란한 손해를 발생시킬 우려가 있는 경우에는 그 행위의 전부 또는 일부의 중지를 구하는 소송을 말한다(법 22조 2항 1호). 그러나 부작위청구소송은 당해 행위를 중지함으로써 생명 또는 신체에 대한 중대한 우려가 있거나 그 밖의 공공복리를 현저하게 저해할 우려가 있는 때에는 이를 제기할 수 없다(법 22조 3항).

나. 취소 또는 무효확인을 구하는 소송

행정처분인 당해 행위의 취소 또는 변경을 구하거나 효력의 유무 또는 존재 여부의 확인을 구하는 소송을 말한다(법 22조 2항 2호).

다. 부작위위법확인을 구하는 소송

게을리한 사실의 위법확인을 요구하는 소송을 말한다(법 22조 2항 3호).

라. 손해배상 또는 부당이득반환청구요구소송

당해 지방자치단체의 장 및 직원, 지방의회의원, 당해 행위와 관련이 있는 상대방에게 손해배상청구 또는 부당이득반환청구를 할 것을 요구하는 소송을 말한다(법 22조 2항 4호). 다만, 당해 지방자치단체의 직원이 「회계관계직원 등의 책임에 관한 법률」 제4조의 규정에 의하여 변상책임을 져야 하는 경우에는 당해 변상명령을 할 것을 요구하는 소송을 의미한다(법 22조 2항 4호 단서).

판례(공무원의 손해배상책임의 부담범위) (주민소송에 따라) 상대방인 지방자치단체의 장이나 공무원은 국가배상법 제2조 제2항, 회계직원책임법 제4조 제1항의 각 규정 내용 및 취지 등에 비추어 볼 때, 그 위법행위에 대하여 고의 또는 중대한 과실이 있는 경우에 제4호 주민소송의 손해배상책임을 부담하는 것으로 보아야 한다(대판 2020. 7. 29, 2017두63467).

---

4) 제소기간 및 관할법원

주민소송은 감사청구를 수리한 날부터 60일이 종료된 날(감사기간이 연장된 경우에는 연장기간이 종료된 날), 감사결과 또는 조치요구내용에 대한 통지를 받은 날, 조치요구시 지정한 처리기간이 만료된 날 또는 이행조치결과에 대한 통지를 받은 날부터 90일 이내에 제기하여야 한다(법 22조 4항). 주민소송은 당해 지방자치단체의 사무소 소재지를 관할하는 행정법원(행정법원이 설치되지 아니한 지역의 경우에는 행정법원의 권한에 속하는 사건을 관할하는 지방법원본원을 말한다)의 관할로 한다(법 22조 9항).

5) 손해배상금등의 지불청구 등

지방자치단체의 장(해당 사항의 사무처리에 관한 권한을 소속 기관의 장에게 위임한 경우에는 그 소속 기관의 장을 말한다)은 제22조 제2항 제4호 본문에 따른 소송에 있어서 손해배상청구나 부당이득반환청구를 명하는 판결이 확정되면 그 판결이 확정된 날부터 60일 이내를 기한으로 하여 당사자에게 그 판결에 따라 결정된 손해배상금이나 부당이득반환금의 지불을 청구하여야 한다. 다만, 손해배상금이나 부당이득반환금을 지불하여야 할 당사자가 지방자치단체의 장이면 지방의회 의장이 지불을 청구하여야 한다(지자법 23조 1항).

지방자치단체는 제1항에 따라 지불청구를 받은 자가 같은 항의 기한 내에 손해배상금이나 부당이득반환금을 지불하지 아니하면 손해배상 · 부당이득반환의 청구를 목적으로 하는 소송을 제기하여야 한다. 이 경우 그 소송의 상대방이 지방자치단체의 장이면 그 지방의회 의장이 그 지방자치단체를 대표한다(지자법 23조 2항).

11. 주민소환투표청구권

1) 의 의

주민은 그 지방자치단체의 장 및 지방의회의원(비례대표 지방의회의원은 제외한다)을 소환할 권리를 가진다(지자법 25조). 주민소환제도는 지방자치에 관한 주민의 직접참여를 확대하고 지방행정의 민주성 · 책임성과 투명성을 제고하기 위하여 2006년 5월 24일 제정된 「주민소환에 관한 법률」에 의하여 도입되었다.

2) 주민소환투표권자

19세 이상의 주민으로서 당해 지방자치단체 관할구역에 주민등록이 되어 있는 자 또는 19세 이상의 외국인으로서 출입국관리법에 따른 영주의 체류자격 취득일 후 3년이 경과한 자 중 당해 지방자치단체 관할구역의 외국인등록대장에 등재된 자는 주민소환투표권이 있다.

3) 주민소환투표의 청구

주민소환투표청구권자는 해당 지방자치단체의 장 및 지방의회의원(비례대표선거구시 · 도의회의원 및 비례대표선거구자치구 · 시 · 군의회의원은 제외한다)에 대하여 특별시장 · 광역시장 · 도지사의 경우 주민소환투표청구권자 총수의 100분의 10 이상, 시장 · 군수 · 자치구의 구청장의 경우 주민소환투표청구권자 총수의 100분의 15 이상, 시 · 도의회의원 및 자치구 · 시 · 군의회의원의 경우, 당해 지방의회의원의 선거구 안의 주민소환투표청구권자 총수의 100분의 20 이상 주민의 서명으로 그 소환사유를 서면에 구체적으로 명시하여 관할선거관리위원회에 주민소환투표의 실시를 청구할 수 있다(법 7조 1항).

한편 시 · 도지사에 대한 주민소환투표를 청구함에 있어서 당해 지방자치단체 관할구역 안의 시 · 군 · 자치구 전체의 수가 3개 이상인 경우에는 3분의 1 이상의 시 · 군 · 자치구에서 각각 주민소환투표청구권자 총수의 1만분의 5 이상 1천분의 10 이하의 범위 안에서 대통령령이 정하는 수 이상의 서명을 받아야 하며, 시 · 군 · 자치구 전체의 수가 2개인 경우에는 각각 주민소환투표청구권자 총수의 100분의 1 이상의 서명을 받아야 한다(법 7조 2항). 또한 시장 · 군수 · 자치구의 구청장 및 시 · 도의원과 자치구 · 시 · 군의원에 대한 주민소환투표를 청구함에 있어서 당해 선거구 안의 읍 · 면 · 동 전체의 수가 3개 이상인 경우에는 3분의 1 이상의 읍 · 면 · 동에서 각각 주민소환투표청구권자 총수의 1만분의 5 이상 1천분의 10 이하의 범위 안에서 대통령령이 정하는 수 이상의 서명을 받아야 하며, 읍 · 면 · 동 전체의 수가 2개인 경우에는 각각 주민소환투표청구권자 총수의 100분의 1 이상의 서명을 받아야 한다(법 7조 3항).

다만 ① 지방자치단체장 또는 지방의회의원의 임기개시일로부터 1년이 경과하지 아니한 때, ② 지방자치단체장 또는 지방의회의원의 임기만료일부터 1년 미만일 때, ③ 지방자치단체장 또는 지방의회의원에 대한 주민소환투표가 실시한 날부터 1년 이내인 때는 주민소환투표의 실시를 청구할 수 없다(법 8조).

판례(주민소환투표청구 수리결정이 항고소송의 대상이 되는 행정처분이라는 사례) 주민소환투표의 경우 다른 여타의 선거 또는 투표, 특히 후보자 등록기간과 선거기간 및 선거일이 법으로 정해진 각종 선거의 경우와 달리 주민들의 청구에 의하여 절차가 개시되고, 관할 선거관리위원회가 청구요건, 청구인서명부에 기재된 유효서명의 확인, 이의신청 등의 사항에 대하여 청구인서명부의 심사나 관계인의 의견진술 또는 증언 청취 등의 방법으로 심사한 결과, 그 청구가 법에 정한 요건을 충족하여 각하 사유에 해당하지 아니한 것으로 보아 수리한 후에는 법에 정해진 일련의 절차가 진행되어 소환청구인들을 비롯한 해당 지방자치단체 주민들이 가지고 있던 추상적인 권리 내지 제도로서의 주민소환이 비로소 개별적인 사안에 대한 주민소환투표권으로 구체화된다는 점에서 선거관리위원회의 주민소환투표청구 수리결정은 적어도 소환청구인들의 구체적인 권리의무에 직접적인 변동을 초래하는 법적인 행위로서 항고소송의 대상이 되는 '처분'에 해당한다(수원지법 2007. 11. 21, 2007구합9571).

---

4) 주민소환투표의 실시

가. 소 명

관할선거관리위원회는 주민소환투표청구가 적법하다고 인정하는 때에는 지체없이 그 요지를 공표하고 주민소환투표대상자에게 그 사실을 통보하고 이에 대하여 서면으로 소명할 것을 요청하여야 하며, 주민소환투표대상자는 그 요청을 받은 날부터 20일 이내에 소명요지와 소명서를 관할선거관리위원회에 제출하여야 한다(법 12조 · 14조).

나. 발 의

관할선거관리위원회는 주민소환투표대상자의 소명요지 또는 소명서 제출기간이 경과한 날부터 7일 이내에 주민소환투표일과 주민소환투표안(소환청구서 요지를 포함한다)을 공고하여 주민소환투표를 발의하여야 한다. 주민소환투표일은 공고일부터 20일 이상 30일 이하의 범위 안에서 관할선거관리위원회가 정한다. 다만, 주민소환투표대상자가 자진사퇴, 피선거권 상실 또는 사망 등으로 궐위된 때에는 주민소환투표를 실시하지 아니한다(법 13조 1항).

다. 권한행사의 정지 및 대행

주민소환투표대상자는 관할선거관리위원회가 주민소환투표안을 공고한 때부터 주민소환투표결과를 공표할 때까지 그 권한행사가 정지된다. 지방자치단체의 장의 권한이 정지된 경우에는 부지방자치단체장이 「지방자치법」 제124조 제4항의 규정을 준용하여 그 권한을 대행하고, 부지방자치단체장이 권한을 대행할 수 없는 경우에는 「지방자치법」 제124조 제5항의 규정을 준용하여 그 권한을 대행한다(법 21조).

5) 주민소환투표결과의 확정 및 효력

주민소환은 제3조의 규정에 의한 주민소환투표권자 총수의 3분의 1 이상의 투표와 유효투표 총수 과반수의 찬성으로 확정된다(법 22조 1항). 주민소환이 확정된 때에는 주민소환투표대상자는 그 결과가 공표된 시점부터 그 직을 상실한다(법 23조 1항).

6) 주민소환투표에 대한 불복절차

가. 소청제기

주민소환투표의 효력에 관하여 이의가 있는 해당 주민소환투표대상자 또는 주민소환투표권자(주민소환투표권자 총수의 100분의 1 이상의 서명을 받아야 한다)는 주민소환투표결과가 공표된 날부터 14일 이내에 관할선거관리위원회 위원장을 피소청인으로 하여 지역구시 · 도의원, 지역구자치구 · 시 · 군의원 또는 시장 · 군수 · 자치구의 구청장을 대상으로 한 주민소환투표에 있어서는 특별시 · 광역시 · 도선거관리위원회에, 시 · 도지사를 대상으로 한 주민소환투표에 있어서는 중앙선거관리위원회에 소청할 수 있다(법 24조 1항).

나. 소송제기

소청에 대한 결정에 관하여 불복이 있는 소청인은 관할선거관리위원회 위원장을 피고로 하여 그 결정서를 받은 날(결정서를 받지 못한 때에는 「공직선거법」 220조 1항의 규정에 의한 결정기간이 종료된 날을 말한다)부터 10일 이내에 지역구시 · 도의원, 지역구자치구 · 시 · 군의원 또는 시장 · 군수 · 자치구의 구청장을 대상으로 한 주민소환투표에 있어서는 그 선거구를 관할하는 고등법원에, 시 · 도지사를 대상으로 한 주민소환투표에 있어서는 대법원에 소를 제기할 수 있다(법 24조 2항). 주민소환투표에 관한 소청 및 소송의 절차에 관하여는 이 법에 규정된 사항을 제외하고는 「공직선거법」 제219조 내지 제229조의 규정 중 지방자치단체의 장 및 지방의회의원에 관한 규정을 준용한다(법 24조 3항).

사례 1 A시에 사는 주민 갑 등은 시장 을이 재선을 위한 사전선거운동에 업무추진비를 위법하게 지출하였다고 주장하고 있다. 이 경우 주민 갑 등이 시장 을의 위법행위에 대하여 취할 수 있는 지방자치법상의 수단에 대하여 설명하시오.(제49회 행정고시)

▶**답안요지** 주민 갑 등이 취할 수 있는 지방자치법상의 수단으로는 주민감사청구(현행 지자법 21조), 주민소송제도(법 22조), 주민소환제도(법 25조), 주민청원제도가 있다. 이에 대하여는 본문설명 참조.

사례 2 A광역시 B구는 2011년 2월 1일 B구 의회의원의 의정활동비 등 지급에 관한 조례를 개정하여 구의원들에게 전년대비 50만원이 인상된 금원 350만원에 해당하는 월정수당을 지급하도록 하였다. 이에 주민들은 의정활동비의 지급결정 과정에서 의정비심의위원회의 위원이 부적절하게 선정되었으며, 월정수당 인상이 재정자립도, 물가상승율 등을 제대로 감안하지 못하였고, 그동안 의정활동을 위한 업무추진비 집행이 적정하지 못하였다는 이유로 불만을 제기하고 있다. 특히 월정수당의 지급결정시에는 지역주민들의 의견수렴절차를 의무적으로 거치도록 규정한 지방자치법 시행령 제34조 제6항에 의하여 여론조사가 이루졌으나, 심의위원회가 잠정적으로 결정한 월정수당액의 지급기준액, 지급기준 등을 누락하고, 설문문안 역시 월정수당 인상을 유도하기 위한 설문으로 구성되는 등 그 결정과정상의 문제점을 지적하고 있다.

1) 주민들은 의정활동비 인상을 위한 의사결정과정에 대하여 감사를 청구하고자 한다. 감사청구제도에 대하여 설명하시오.(10점)

2) 주민들은 기지급된 의정활동비 인상분에 대하여 이를 환수하고자 한다. 주민들이 취할 수 있는 방법과 그 인용가능성에 대하여 설명하시오.(20점)(제56회 행정고시)

▶**답안요지** **제1문:** 주민감사청구권의 의의, 청구요건 및 대상 및 법적 효과에 대하여는 본문참조. 사안에서 주민감사청구권의 요건이 충족된다면, 감독기관인 A광역시장은 감사청구를 수리한 날로부터 60일 이내에 감사를 종료하고 그 결과를 청구인의 대표자와 지방자치단체장에게 서면으로 알리고 이를 공표하여야 한다(현행 지자법 21조 9항). 감사결과 지방주민의 주장이 타당하다고 밝혀진다면, 광역시장은 기간을 정하여 B구청장에게 의정활동비를 적정하게 결정할 것과(조례안재의결요구, 조례개정안제출 및 심의위원회위원의 재선정), 부당하게 지급된 수당을 환수하는 등의 필요한 조치를 요구할 수 있다. 구청장은 이를 성실히 이행하여야 하고 그 조치결과를 지방의회와 A광역시장에게 보고하여야 한다(지자법 21조 12항). A광역시장은 위의 조치요구내용과 당해 지방자치단체의 장의 조치결과를 청구인의 대표자에게 알리고 이를 공표하여야 한다(지자법 21조 13항).

제2문: 의정활동비인상분을 환수할 수 있는 방법으로 주민소송이 고려된다.

1) 주민소송의 요건

주민소송은 지방자치법 21조 1항에 따라 공금의 지출 등에 관한 사항 등을 감사청구한 주민이 ① 60일을 경과하여도 감사를 종료하지 않은 경우, ② 감사결과 또는 감사결과에 따른 조치요구에 불복이 있는 경우, ③ 감사결과에 따른 조치요구를 지방자치단체장이 이행하지 아니한 경우, ④ 조치요구에 대한 지방자치단체장의 이행조치에 불복이 있는 경우에 제기할 수 있다. 제소대상을 감사청구한 주민은 주민소송을 감사청구를 수리한 날부터 60일이 종료된 날, 감사결과 또는 조치요구내용에 대한 통지를 받은 날, 조치요구시 지정한 처리기간이 만료된 날 또는 이행조치결과에 통지를 받은 날로부터 90일 이내에 해당 지방자치단체장을 피고로 하여 당해 지방자치단체의 소재지를 관할하는 1심 행정법원에 제기하여야 한다(법 22조 9항).

2) 주민소송의 종류

주민소송은 ① 중지청구소송, ② 취소 또는 무효확인소송, ③ 부작위위법확인소송, ④ 손해배상 또는 부당이득반환청구요구소송이 있는바, 설문의 경우 지방주민이 제기할 수 있는 주민소송은 ④의 소송으로 당해 지방자치단체의 장 및 직원, 지방의회의원, 당해 행위와 관련이 있는 상대방에게 손해배상청구 또는 부당이득반환청구를 할 것을 요구하는 소송이다(지자법 22조 2항 4호).

3) 인용가능성

수소법원인 1심 행정법원은 손해배상 및 부당이득반환청구소송에서 부수적으로 의정활동비 지급에 관한 조례의 위법성을 심사할 수 있다. 주민의 주장이 타당하다면 위 조례는 의정비심의위원회 위원이 부적절하게 선정되었고, 주민의견수렴절차에서 월정수당액의 지급기준액, 지급기준 등이 누락되고, 설문문안 역시 월정수당 인상을 유도하기 위한 설문으로 구성되는 등 절차상의 하자가 있을 뿐 아니라, 내용상으로도 재정자립도, 물가상승률을 제대로 감안하지 못한 무효인 조례에 해당한다. 이에 따라 무효인 조례에 근거한 지급행위(사실행위)는 법률상 원인이 없는 재산적 이익의 이동에 해당하기 때문에 부당이득반환청구소송이 인용될 것이다. 아울러 위법한 조례의 제정에서 심의위원회 위원들의 고의 · 과실이 인정된다면 손해배상청구소송도 인용될 것이다. 이들 소송에서 주민들이 승소판결을 받고 확정되면, B구청장은 당사자들에게 그 판결에 따라 결정된 손해배상청구나 부당이득반환청구를 하여야 하며, 당사자들이 이를 이행하지 않으면 손해배상청구소송이나 부당이득반환청구소송을 제기하여야 한다(지자법 23조).

Ⅲ. 주민의 의무

주민은 지방자치단체에 대하여 여러 가지 의무를 부담하는바, 그 주요의무로서는 다음과 같은 것들이 있다.

1. 비용의 분담의무

주민은 법령이 정하는 바에 따라 지방자치단체의 비용을 분담하는 의무를 진다(지자법 27조). 지방자치법은 비용분담의 형태로서, 지방세의 부과(법 152조), 사용료 · 수수료 및 분담금의 징수(법 153조 내지 155조) 등을 규정하고 있다.

2. 노역 및 물품제공의무

구 지방자치법에서 인정되었던 노역 및 물품제공의무는 현행법에서 폐지되었다. 다만, 개별법률에서 응급조치를 위한 주민의 노역 및 물품제공의무를 규정하고 있는바, 예컨대 「재난 및 안전관리 기본법」 제45조의 응급부담이나 방조제관리법 제10조의 긴급사태 시의 응급조치가 이에 해당한다.

3. 이용강제의무

공공시설이 주민의 임의적인 이용관계에 일임될 수 없는 성격을 갖는 경우에 주민들에게 그 시설이용과 관련하여 강제적 의무가 부과될 수 있다. 예를 들어 조례에 근거하여 지방자치단체 구역 안의 토지를 상 · 하수도시설에 연결할 것을 강제하거나 공설화장장시설 등의 사용이 강제될 수 있다.

제3항 지방자치단체의 자치고권(自治高權)

지방자치단체가 자신의 사무를 자신의 책임하에 처리할 수 있는 권한을 지방자치단체의 자치고권이라고 한다. 지방자치단체의 자치고권은 전권한성의 원칙에 따라 포괄적이기 때문에 개별적으로 열거할 수 없다. 지방자치단체의 자치고권은 일반적으로 지역고권, 조직고권, 인사고권, 계획고권, 입법고권, 재정고권 등으로 구분되고 있다.

Ⅰ. 지역고권

지방자치단체가 당해 구역 안에서 공권력을 행사할 수 있는 권한을 말한다. 지역고권은 그 지방자치단체의 구역에 있는 모든 사람은 물론 그 안에 존재하는 모든 물건에 미친다. 이에 따라 지역고권은 지방자치단체의 행정작용이 미치는 장소적인 범위를 한정할 뿐 아니라 그에 복종하는 사람의 범위를 정하는 기능을 한다.

Ⅱ. 조직고권

지방자치단체의 조직고권은 지방자치단체가 활동하기 위하여 필요한 외부적 · 내부적 조직을 스스로 규율할 수 있는 권한을 의미한다. 지방자치단체가 활동하기 위하여는 우선 이를 담당할 행정기구가 구성되어야 하기 때문에 조직고권의 행사는 다른 업무의 수행을 가능하게 하는 전제요건이 된다. 그런데 지방자치단체의 중요한 조직은 입법자가 법령으로 통일적으로 규율하고 있어 지방자치단체가 자기책임하에 그의 조직을 결정할 수 있는 여지는 매우 한정되어 있다.

1. 행정기구의 설치

지방자치단체는 행정사무를 분장하기 위하여 필요한 행정기구를 두되, 이는 대통령령이 정하는 기준에 따라 당해 지방자치단체의 조례로 정한다(지자법 125조 1항 · 2항).

2. 직속기관의 설치

지방자치단체는 그 소관사무의 범위 안에서 필요한 때에는 대통령령 또는 대통령령이 정하는 바에 의하여 당해 지방자치단체의 조례로 소방기관 · 교육훈련기관 · 보건진료기관 · 시험연구기관 및 중소기업지도기관 등을 직속기관으로 설치할 수 있다(지자법 126조).

3. 사업소 및 출장소

지방자치단체는 특정업무를 효율적으로 수행하기 위하여 필요한 때에는 대통령령이 정하는 바에 의하여 당해 지방자치단체의 조례로 사업소를 설치할 수 있다(지자법 127조). 한편 지방자치단체는 원격지 주민의 편의와 특정지역의 개발촉진을 위하여 필요한 때에는 대통령령이 정하는 바에 의하여 당해 지방자치단체의 조례로 출장소를 설치할 수 있다(지자법 128조).

4. 합의제행정기관 및 하부행정기관의 설치

지방자치단체는 그 소관사무의 일부를 독립하여 수행할 필요가 있는 때에는 법령 또는 당해 지방자치단체의 조례가 정하는 바에 의하여 합의제행정기구를 설치할 수 있다(지자법 129조). 한편 자치구가 아닌 구와 읍 · 면 · 동에 소관행정사무를 분장하기 위하여 조례로 정하는 바에 따라 필요한 행정기구를 둘 수 있다(지자법 134조).

Ⅲ. 인사고권

인사고권이란 지방자치단체가 소속공무원의 선임 · 승진 · 징계 · 해임 등의 인사를 스스로 결정할 수 있는 권한을 의미한다. 이러한 인사고권에는 공무종사자의 수와 보수 등을 정하고, 징계권을 행사하는 권한을 포함한다. 지방자치단체의 인사고권 역시 지방자치법 · 지방공무원법 · 소방공무원법 등 법령에 의하여 구체적으로 형성되고 제한되나, 그를 제한하는 법령은 그의 본질적인 내용을 침해하여서는 안된다.

지방자치단체에는 당해 지방자치단체의 경비로써 부담하는 지방공무원을 두되, 그 정원은 인건비 등 대통령령이 정하는 기준에 따라 당해 지방자치단체의 조례로 정하도록 규정하고 있다

(지자법 125조 1항 · 2항). 한편, 지방자치법 제110조 제2항은 특별시와 광역시의 부시장, 도와 특별자치도의 부지사는 대통령령이 정하는 바에 따라 정무직 또는 일반직 국가공무원으로 보하도록 규정하고 있는바, 동 규정은 지방자치단체의 인사고권을 과도하게 제한하는 규정이라고 비판받고 있다.[9] 왜냐하면 인사고권의 본질적인 내용은 지방자치단체가 필요로 하는 사람의 임명과 복무에 관한 사항을 지방자치단체가 스스로 결정할 수 있는 권한을 의미하기 때문이다.

Ⅳ. 계획고권

지방자치단체의 계획고권이란 지방자치단체가 그의 업무를 수행하기 위하여 구속력있는 행정계획을 수립하고 그가 관련된 상급행정계획의 수립에 참여할 수 있는 권한을 의미한다. 이러한 계획고권은 지방자치단체의 전통적인 고권에 속하지 않았으나, 오늘날의 도시발전과 법이론의 전개에 따라 지방자치권의 본질적인 내용을 이루게 되었다. 지방자치단체가 수립 · 확정하는 행정계획의 종류에는 다양한 종류가 있으나 그 중에서 중요한 의미를 갖고 있는 것은 지방자치단체의 구역내의 건축이나 그 밖의 토지이용에 관하여 계획을 수립하는 도시관리계획이다. 「국토의 계획 및 이용에 관한 법률」 제24조에 의하면, 국토교통부장관이 입안권이 있는 계획사항을 제외하고 특별시장 · 광역시장 · 시장 · 군수는 도시관리계획의 입안권을 가지며, 또한 국토교통부장관이 결정권을 갖는 계획사항을 제외하고, 특별시장 · 광역시장 · 도지사는 도시관리계획의 결정권을 갖는다. 또한 지방자치단체는 자신이 관련된 상급계획의 수립에 참여할 수 있는 기회가 보장되어야 하는바, 예를 들어 특별시장 · 광역시장 · 도지사가 광역도시계획을 수립하거나 변경하고자 할 때에는 관련 기초지방자치단체의 시장 · 군수의 의견을 들어야 한다(국토계획이용법 15조).

지방자치단체의 계획고권은 여타의 자치고권보다 법령에 의하여 상대적으로 큰 제한을 받는바, 이는 토지이용 등과 관련된 계획은 종합적인 측면에서 조정을 필요로 하기 때문이다. 입법자에 의하여 침해될 수 없는 계획고권의 본질적인 내용을 규명하는 것은 향후의 중요한 연구과제가 될 것이다.

Ⅴ. 자치입법고권

1. 의 의

헌법 제117조 제1항 후단은 "지방자치단체는 … 법령의 범위안에서 자치에 관한 규정을 제정할 수 있다"고 하여 지방자치단체의 자치입법고권을 보장하고 있다. 이에 근거하여 지방자치법 제28조는 지방자치단체에게 조례제정권을, 제29조는 지방자치단체장에게 규칙제정권을 부여하고 있고, 「지방교육자치에 관한 법률」 제20조는 교육감에게 교육규칙의 제정권을 부여하고 있다. 지방자치단체의 자치입법권은 ① 주민에 보다 근접한 자가 그 지방에 효력을 미치는 규범을 제정함으로써 규범제정자와 규범수범자간에 간격을 좁히고, ② 지방자치단체가 자신의 문제를 스스로 규율함으로써 국가가 간과할 수 있는 영역을 전문적인 입장에서 판단케 하며, ③ 지역적 다양성을 고려하여야 하는 입법자의 부담을 완화시키는 의미를 갖고 있다.

---

9) 李琦雨, 地方自治行政法, 69면; 柳至泰/朴鍾秀, 行政法新論, 858면.

2. 조 례

1) 의 의

조례란 지방자치단체가 지방의회의 의결을 거쳐 제정하는 자치법규이다. 일반적으로 조례는 외부적 효력을 갖는 일반적 · 추상적 규율로서 실질적 의미의 법률의 성격을 갖는다. 그러나 지방자치단체의 조직내부에서만 효력을 갖는 조례도 있으며, 예외적으로 일반적 · 구체적 규율 또는 개별적 · 구체적 규율로서 처분의 성격을 가진 조례(처분적 조례)도 있을 수 있다. 지방자치법 제28조 본문은 "지방자치단체는 법령의 범위에서 그 사무에 관한 조례를 제정할 수 있다"라고 규정하고 있는바, 여기서 그 사무라 함은 동법 제13조 제1항에서 말하는 자치사무와 법령에 의하여 지방자치단체에 속하는 단체위임사무를 가리키는 것으로서 기관위임사무는 원칙적으로 조례의 규율대상이 아니다. 그러나 기관위임사무도 법령의 위임이 있는 경우에는 조례의 규율대상이 될 수 있다. 지방자치단체가 법률의 위임이 없이 지방자치단체의 사무에 관하여 제정하는 조례를 자치조례라고 하며, 법령의 위임에 의하여 자치단체의 사무 또는 기관위임사무에 관하여 제정하는 조례를 위임조례라고 한다. 한편, 법령에서 조례로 정하도록 위임한 사항은 그 법령의 하위 법령에서 그 위임의 내용과 범위를 제한하거나 직접 규정할 수 없다(지자법 28조 2항).

판례(자치조례와 위임조례의 규율대상) 지방자치법 제15조(현행법 28조), 제9조에 의하면, 지방자치단체가 자치조례를 제정할 수 있는 사항은 지방자치단체의 고유사무인 자치사무와 개별법령에 의하여 지방자치단체에 위임된 단체위임사무에 한하는 것이고, 국가사무가 지방자치단체의 장에게 위임된 기관위임사무는 원칙적으로 자치조례의 제정범위에 속하지 않는다 할 것이고, 다만 기관위임사무에 있어서도 그에 관한 개별법령에서 일정한 사항을 조례로 정하도록 위임하고 있는 경우에는 위임받은 사항에 관하여 개별법령의 취지에 부합하는 범위 내에서 이른바 위임조례를 정할 수 있다(대판 2000. 5. 30, 99추85).

---

2) 행정의 법률적합성의 원칙과의 관계

조례도 행정입법의 성격을 갖기 때문에 행정의 법률적합성의 원칙의 적용을 받는다. 그러나 법률우위의 원칙과 법률유보의 원칙의 적용범위에 관련하여 다툼이 되고 있다.

가. 법률우위의 원칙

헌법 제117조 제1항 내지 지방자치법 제28조 본문에서 지방자치단체는 "법령의 범위"에서 조례를 제정할 수 있다고 규정한 바와 같이 법률우위의 원칙은 조례에 당연히 적용된다. 이에 따라 법령에 위반한 조례는 무효가 된다. 판례는 국가의 법령과 조례와의 관계에 있어서 조례가 규율하는 특정사항에 관하여 그것을 규율하는 국가의 법령이 이미 존재하는 경우에도 조례가 법령과 별도의 목적에 기하여 규율함을 의도하는 것으로서 그 적용에 의하여 법령의 규정이 의도하는 목적과 효과를 전혀 저해하는 바가 없는 때, 또는 양자가 동일한 목적에서 출발한 것이라고 할지라도 국가의 법령이 반드시 그 규정에 의하여 전국에 걸쳐 일률적으로 동일한 내용을 규율하려는 취지가 아니고 각 지방자치단체가 그 지방의 실정에 맞게 별도로 규율하는 것을 용인하는 취지라고 해석되는 때에는 그 조례가 국가의 법령에 위배되지는 않는다는 입장을 취하고 있다.

판례 1(지방자치법 제15조의 '법령의 범위 안에서'의 의미) 지방자치법 제15조(현행법 28조) 본문은 "지방자치단체는 법령의 범위 안에서 그 사무에 관하여 조례를 제정할 수 있다"고 규정하는바, 여기서 말하는 '법령의 범위 안에서'란 '법령에 위반되지 않는 범위 내에서'를 가리키므로 지방자치단체가 제정한 조례가 법령에 위반되는 경우에는 효력이 없다(대판 2002. 4. 26, 2002추23).

판례 2(조례가 국가의 법령에 위배되지 않기 위한 조건) 지방자치단체의 조례는 그것이 자치조례에 해당하는 것이라도 법령에 위반되지 않는 범위 안에서만 제정할 수 있어서 법령에 위반되는 조례는 그 효력이 없지만, 조례가 규율하는 특정사항에 관하여 그것을 규율하는 국가의 법령이 이미 존재하는 경우에도 조례가 법령과 별도의 목적에 기하여 규율함을 의도하는 것으로서 그 적용에 의하여 법령의 규정이 의도하는 목적과 효과를 전혀 저해하는 바가 없는 때 또는 양자가 동일한 목적에서 출발한 것이라고 할지라도 국가의 법령이 반드시 그 규정에 의하여 전국에 걸쳐 일률적으로 동일한 내용을 규율하려는 취지가 아니고 각 지방자치단체가 그 지방의 실정에 맞게 별도로 규율하는 것을 용인하는 취지라고 해석되는 때에는 그 조례가 국가의 법령에 위배되는 것은 아니라고 보아야 한다(대판 2007. 12. 13, 2006추52).

한편, 법령의 규제내용이 전국적인 최저기준(환경오염기준)을 규정하고 있고, 그 이상의 규제는 각 지방의 특수한 사정을 고려하여 자율적으로 정하는 것을 허용하는 것으로 해석된다면, 법령의 내용을 추가 또는 초과하는 내용의 조례(추가조례 또는 초과조례)가 허용된다는 견해를 주장하는 학설도 있다.[10] 그러나 이는 조례의 규율대상에 따라 판단하여야 할 것이다. 주민의 권리를 제한하거나 의무를 부과하는 조례의 경우, 즉 규제적이거나 침익적인 조례의 경우에는 법령의 명시적인 위임을 필요로 할 뿐 아니라, 법령에서 정한 기준을 초과하여서도 안될 것이다(추가조례 · 초과조례 불가). 반면,

10) 金南辰/金連泰, 行政法 II, 157면; 張台柱, 行政法概論, 939면.

지방주민의 급부나 수익적 조치에 대하여 규율하는 조례는 법령이 전국적으로 일률적인 기준을 두어 평등한 혜택을 부여하려는 취지가 아닌 한, 해당 지역의 실정에 따라 법령의 급부기준을 초과하는 사항도 규율할 수 있을 뿐 아니라 법령에서 규율하지 않은 사항도 추가적으로 규율할 수 있다고 보아야 할 것이다(추가조례 · 초과조례 가능).

판례 1(추가조례의 허용성) 지방자치법 제15조(현행법 28조)에서 말하는 '법령의 범위 안'이라는 의미는 '법령에 위반되지 아니하는 범위 안'이라는 의미로 풀이되는 것으로서, 특정 사항에 관하여 국가 법령이 이미 존재할 경우에도 그 규정의 취지가 반드시 전국에 걸쳐 일률적인 규율을 하려는 것이 아니라 각 지방자치단체가 그 지방의 실정에 맞게 별도로 규율하는 것을 용인하고 있다고 해석될 때에는 조례가 국가 법령에서 정하지 아니하는 사항을 규정하고 있다고 하더라도 이를 들어 법령에 위반되는 것이라고 할 수가 없다(대판 2000. 11. 24, 2000추29).

판례 2(자동차관리법령이 정한 자동차등록기준보다 강화된 기준을 부가하고 있는 차고지확보제도에 관한 조례안의 허용성) 차고지확보 대상을 자가용자동차 중 승차정원 16인 미만의 승합자동차와 적재정량 2.5t 미만의 화물자동차까지로 정하여 자동차운수사업법령이 정한 기준보다 확대하고, 차고지확보 입증서류의 미제출을 자동차등록 거부사유로 정하여 자동차관리법령이 정한 자동차 등록기준보다 더 높은 수준의 기준을 부가하고 있는 차고지확보제도에 관한 조례안은 비록 그 법률적 위임근거는 있지만 그 내용이 차고지 확보기준 및 자동차등록기준에 관한 상위법령의 제한범위를 초과하여 무효이다(대판 1997. 4. 25, 96추251).

판례 3(생계유지가 어려운 자에게 생활보호법과는 별도로 생계비를 지원하는 것을 내용으로 하는 조례안의 허용성) 위 조례안의 내용은 생활유지의 능력이 없거나 생활이 어려운 자에게 보호를 행하여 이들의 최저생활을 보장하고 자활을 조성함으로써 구민의 사회복지의 향상에 기여함을 목적으로 하는 것으로서 생활보호법과 그 목적 및 취지를 같이 하는 것이나, 보호대상자 선정의 기준 및 방법, 보호의 내용을 생활보호법의 그것과는 다르게 규정함과 동시에 생활보호법 소정의 자활보호대상자 중에서 사실상 생계유지가 어려운 자에게 생활보호법과는 별도로 생계비를 지원하는 것을 그 내용으로 하는 것이라는 점에서 생활보호법과는 다른 점이 있고, 당해 조례안에 의하여 생활보호법 소정의 자활보호대상자 중 일부에 대하여 생계비를 지원한다고 하여 생활보호법이 의도하는 목적과 효과를 저해할 우려는 없다고 보여지며, 비록 생활보호법이 자활보호대상자에게는 생계비를 지원하지 아니하도록 규정하고 있다고 할지라도 그 규정에 의한 자활보호대상자에게는 전국에 걸쳐 일률적으로 동일한 내용의 보호만을 실시하여야 한다는 취지로는 보이지 아니하고, 각 지방자치단체가 그 지방의 실정에 맞게 별도의 생활보호를 실시하는 것을 용인하는 취지라고 보아야 할 것이라는 이유로, 당해 조례안의 내용이 생활보호법의 규정과 모순 · 저촉되는 것이라고 할 수 없다(대판 1997. 4. 25, 96추244).

나. 법률유보의 원칙

조례제정에 있어서 법률유보의 원칙은 원칙적으로 적용되지 않는다. 지방자치단체는 법령에 위반되지 않는 한, 법령의 위임없이도 자신의 사무에 대하여 조례를 제정할 수 있다. 그런데, 지방자치법 제28조 단서는 "다만 주민의 권리제한 또는 의무부과에 관한 사항이나 벌칙을 정할 때에는 법률의 위임이 있어야 한다"고 규정하여, 이들 사항에 대하여는 법률유보의 원칙이 적용되도록 하였다. 이러한 지방자치법 제28조 단서에 대하여는 위헌여부가 논의되고 있다.

가) 위헌설 위헌설에 따르면 헌법 제117조 제1항은 지방자치단체에게 자치사무에 관하여

포괄적인 자치입법권을 부여하고 있기 때문에, 수익적 행정작용 또는 부담적 행정작용에 불문하고 법령에 위반되지 않는 한 조례를 제정할 수 있다고 한다. 특히 지방의회는 국회와 마찬가지로 민주적 정당성을 가진 입법기관에 해당하기 때문에, 지방의회가 제정한 조례는 행정부의 법규명령과는 달리 법률의 위임을 요하지 않는다고 한다. 주민의 권리제한 및 의무부과 또는 벌칙규정에 대하여는 법률의 위임을 요구하는 지방자치법 제28조 단서는 지방자치단체의 자치입법권을 사실상 형해화하는 위헌적인 규정이라고 한다.[11)]

나) 합헌설　　반면 다수설과[12)] 판례는 합헌설을 취하고 있다. 비록 지방의회는 지역주민에 의하여 선출되어 민주적 정당성을 갖고 있으나 전체국민의 대표기관인 국회와는 상이한 법적 지위를 갖는다. 이에 따라 국민의 전체의사의 표현으로서의 법률과 지방주민의 의사의 표현인 조례와의 사이에는 그 민주적 정당성에 있어서 차이가 인정될 수밖에 없으며, 국민의 자유와 권리, 즉 기본권을 제한하는 규율은 전국민적인 민주적 정당성을 갖는 법률의 수권을 필요로 한다. 헌법 제37조 제2항은 "모든 국민의 자유와 권리는… 법률로써 제한할 수 있으며"라는 표현을 사용하고 있는바, 여기에서의 법률은 형식적 의미의 법률을 의미하기 때문에 지방자치법 제28조 단서는 합헌이라고 한다.

다) 사　견　　이 문제는 지방자치행정의 본질과 아울러 헌법 제37조 제2항의 해석에 의하여 대답될 수 있는바, 비록 헌법 제117조 제1항은 지방적인 차원에서 자치행정을 제도적으로 보장하고 있으나 지방자치단체는 연방국가에 있어서 주(州)와는 달리 국가의 성격을 갖는 것이 아니라 어디까지나 행정작용을 담당하는 간접국가행정주체에 지나지 않는다. 비록 지방의회는 지역주민의 직접적인 선거에 의하여 구성되는 민주적 정당성을 갖고 있으나 국가의 의회와는 다른 법적 지위를 갖고 있다. 행정주체로서 지방자치단체의 구성기관인 지방의회가 제정하는 조례는 행정입법의 성격을 갖는다. 국민의 기본권제한은 국가공동체의 본질적이고 중요한 사안에 해당하기 때문에 지역주민, 즉 부분국민의 정당성에 근거한 지방의회가 제정한 조례가 아니라 전체국민의 직접적인 민주적 정당성을 갖고 있는 국회의 법률만이 할 수 있으며, 이것이 헌법 제37조 제2항의 올바른 해석이 될 것이다. 헌법 제117조 제1항에 의한 지방자치단체에 자치입법권의 부여는 조직법상의 의미를 갖는데 지나지 않으며, 국민의 기본권을 제한할 수 있다는 수권규범에 해당하지 않는다고 할 것이다.[13)] 다만, 지방의회의 민주적 정당성을 고려하여 주민의 권리를 제한하거나 의무를 부과하는 조례는 행정부의 법규명령과 같이 법률의 구체적인 위임을 요하는 것이 아니라, 포괄적 위임형식의 수권도 족할 것이다. 한편, 벌칙 중 형벌을 정하는 것은 국가사무이며 또한 죄형법정주의에 비추어 법률의 개별적·구체적 위임이 요구된다고 할 것이다.

판례 1(자판기 설치를 제한하는 조례에 법률의 위임이 필요한지 여부)　　이 사건 조례들은 담배소매업을 영위하는 주민들에게 자판기 설치를 제한하는 것을 내용으로 하고 있으므로 주민의 직업선택의 자유 특히 직업수행의 자유를 제한하는 것이 되어 지방자치법 제22조(현행법 28조) 단서 소정의 주민의 권리의무에 관한 사항을 규율하는 조례라고 할 수 있으므로 지방자치단체가 이러한 조례를 제정함에 있어서는 법률

11) 朴鈗炘/鄭亨根, 最新行政法講義(下), 119면; 柳尙炫, 行政法(下), 135면.
12) 金東熙, 行政法 II, 86면; 洪井善, 行政法原論(下), 121면; 李琦雨, 地方自治法學, 206면.
13) Schmidt-Jortzig, Kommunalrecht, 1982, S. 209.

의 위임을 필요로 한다. 그런데 조례의 제정권자인 지방의회는 선거를 통해서 그 지역적인 민주적 정당성을 지니고 있는 주민의 대표기관이고 헌법이 지방자치단체에 포괄적인 자치권을 보장하고 있는 취지로 볼 때, 조례에 대한 법률의 위임은 법규명령에 대한 법률의 위임과 같이 반드시 구체적으로 범위를 정하여 할 필요가 없으며 포괄적인 것으로 족하다(헌재결 1995. 4. 20, 92헌마264 · 279 병합).

판례 2(지방자치법 제28조 단서의 위헌여부) 지방자치법 제22조(현행법 28조)는 원칙적으로 헌법 제117조 제1항의 규정과 같이 지방자치단체의 자치입법권을 보장하면서, 그 단서에서 국민의 권리제한 · 의무부과에 관한 사항을 규정하는 조례의 중대성에 비추어 입법정책적 고려에서 법률의 위임을 요구한다고 규정하고 있는바, 이는 기본권 제한에 대하여 법률유보원칙을 선언한 헌법 제37조 제2항의 취지에 부합하므로 조례제정에 있어서 위와 같은 경우에 법률의 위임근거를 요구하는 것이 위헌성이 있다고 할 수 없다(대판 1995. 5. 12, 94추28).

판례 3(지방자치법 제28조 단서에 적용되는 법률유보의 강도) 지방자치단체는 헌법상 자치입법권이 인정되고, 법령의 범위 안에서 그 권한에 속하는 모든 사무에 관하여 조례를 제정할 수 있다는 점과 조례는 선거를 통하여 선출된 그 지역의 지방의원으로 구성된 주민의 대표기관인 지방의회에서 제정되므로 지역적인 민주적 정당성까지 갖고 있다는 점을 고려하면, 조례에 위임할 사항은 헌법 제75조 소정의 행정입법에 위임할 사항보다 더 포괄적이어도 헌법에 반하지 않는다고 할 것이다(헌재결 2004. 9. 23, 2002헌바76).

판례 4(태양광발전시설 설치의 이격거리 기준을 정한 조례가 지방자치법 28조 단서에 위배되는지 여부) 주요도로와 주거 밀집지역 등으로부터 일정한 거리 내에 태양광발전시설의 입지를 제한함으로써 토지의 이용 · 개발을 제한하고 있는 청송군 도시계획 조례 제23조의2 제1항 제1호, 제2호의 법률상 위임근거가 있는지 문제 된 사안에서, 비록 국토의 계획 및 이용에 관한 법률(이하 '국토계획법'이라 한다)이 태양광발전시설 설치의 이격거리 기준에 관하여 조례로써 정하도록 명시적으로 위임하고 있지는 않으나, 조례에의 위임은 포괄 위임으로 충분한 점, 도시 · 군계획에 관한 사무의 자치사무로서의 성격, 국토계획법령의 다양한 규정들의 문언과 내용 등을 종합하면, 위 조례 조항은 국토계획법령이 위임한 사항을 구체화한 것이다(대판 2019. 10. 17, 2018두40744).

3) 조례와 벌칙규정

구 지방자치법 제20조 제1항은 "시 · 도의 조례로는 3월 이하의 징역 · 금고, 10만원 이하의 벌금 · 구류 · 과료 또는 50만원 이하의 과태료의 벌칙을 정할 수 있다"고 규정하고 있었다. 이 규정에 대하여는 형사벌칙규정권을 조례에 위임함에 있어서 그 형량의 최고한도는 정하였으나 범죄구성요건을 구체적으로 정하지 않고 조례에 백지위임하여 죄형법정주의에 반한다는 비판이 제기되었다. 이에 따라 1994년 3월 16일 지방자치법의 개정시에 이 규정이 삭제되었다. 대신 지방자치법 제34조는 "지방자치단체는 조례로써 조례위반행위에 대하여 1천만원 이하의 과태료를 정할 수 있다"고 규정하고 있으며, 동법 제156조 제2항은 "사기 기타 부정한 방법으로 사용료 · 수수료 또는 분담금의 징수를 면한 자에 대하여는 그 징수를 면한 액의 5배 이내의 과태료를, 공공시설을 부정사용한 자에 대하여는 50만원 이하의 과태료를 부과하는 규정을 조례로 정할 수 있다"고 규정하여 위헌문제를 해결하였다.

판례(조례 위반에 대하여 형벌을 가할 수 있도록 규정한 조례안의 위법성) 구 지방자치법 제20조가 조례에 의하여 3월 이하의 징역 등 형벌을 가할 수 있도록 규정하였으나 개정된 지방자치법 제27조는 형벌권을 삭제하여 지방자치단체는 조례로써 조례 위반에 대하여 1,000만원 이하의 과태료만을 부과할 수 있도록 규정하고 있으므로, 조례 위반에 형벌을 가할 수 있도록 규정한 조례안 규정들은 현행 지방자치법 제27조에 위반되고, 적법한 법률의 위임 없이 제정된 것이 되어 지방자치법 제22조 단서에 위반되고, 나아가 죄형법정주의를 선언한 헌법 제12조 제1항에도 위반된다(대판 1995. 6. 30, 93추83).

4) 광역자치단체와 기초자치단체의 조례의 관계

시·군 및 자치구의 조례는 특별시·광역시·도의 조례에 위반하여서는 안된다(지자법 30조). 비록 광역지방자치단체와 기초지방자치단체는 서로 상·하관계에 있는 것은 아니나, 기초지방자치단체가 광역지방자치단체의 관할구역 내에 위치하고 있다는 점을 고려하여 광역지방자치단체와 기초지방자치단체에 의한 행정사무처리에 있어서 모순·저촉을 방지하고 국법질서의 통일을 기하기 위한 것이다.

판례(시·도 조례와 시·군 및 자치구의 조례의 관계) 시·군 및 자치구의 조례 등이 규율하는 특정 사항에 관하여 그것을 규율하는 시·도의 조례 등이 이미 존재하는 경우에도 시·군 및 자치구의 조례 등이 시·도의 조례 등과 별도의 목적에 기하여 규율함을 의도하는 것으로서 그 규정을 적용하더라도 시·도의 조례 등의 규정이 의도하는 목적과 효과를 저해하는 바가 없는 때에는 그 조례 등이 시·도의 조례 등에 위반된다고 볼 것은 아니다(대판 2024. 6. 27, 2022추5132).

5) 조례의 제정절차

가. 제안 및 의결

조례안은 ① 당해 지방자치단체의 장, ② 교육·학예·과학에 관한 것에 한하여 교육감(지방교육자치에 관한 법률 20조), 또는 ③ 지방의회의원 5분의 1 이상 또는 10인 이상의 연서로 제안하며, 지방의회위원회도 그 소관에 속하는 사항에 관하여 조례안을 제안할 수 있다(지자법 76조). 조례안은 지방의회의 의결을 거쳐야 한다(지자법 74조). 지방의회는 심사대상인 조례안에 대하여 5일 이상의 기간을 정하여 그 취지, 주요 내용, 전문을 공보나 인터넷 홈페이지 등에 게재하는 방법으로 예고할 수 있다(지자법 77조).

나. 이송과 공포

조례안이 지방의회에서 의결된 때에는 의장은 의결된 날로부터 5일 이내에 그 지방자치단체의 장에게 이를 이송하여야 하며, 지방자치단체의 장이 조례안을 이송받은 때에는 20일 이내에 이를 공포하여야 한다(지자법 32조 1항·2항).

다. 지방자치단체의 장의 거부권

지방자치단체의 장은 조례안에 대하여 이의가 있는 때에는 조례안이 이송된 때로부터 20일 이내에 이유를 붙여 지방의회로 환부하고 그 재의를 요구할 수 있다(법 32조 3항 1문). 이 경우 지방자치단체의 장은 조례안의 일부에 대하여 또는 조례안을 수정하여 재의를 요구할 수 없다(법 32조 3항 2문).

재의요구가 있을 때 지방의회가 재적의원 과반수의 출석과 출석의원 3분의 2 이상의 찬성으로 전과 같은 의결을 하면 그 조례안은 조례로 확정된다(지자법 32조 4항). 지방자치단체의 장이 정해진 기일 이내에 공포나 재의요구를 하지 않은 때에도 그 조례안은 조례로 확정되며(지자법 32조 5항), 지방자치단체의 장은 확정된 조례를 지체없이 공포하여야 한다(법 32조 6항). 지방자치단체의 장이 제2항과 제6항에 따라 조례를 공포한 때에는 즉시 해당 지방의회 의장에게 통지하여야 한다(법 32조 7항).

라. 의장에 의한 공포

지방자치단체의 장이 공포나 재의요구를 하지 않음으로써 조례안이 조례로서 확정된 후 또는 지방의회의 재의결에 의해 확정된 조례가 지방자치단체의 장에게 이송된 후 5일 이내에 지방자치단체의 장이 공포하지 않을 때에는 지방의회의장이 이를 공포한다(지자법 32조 6항).

마. 효력발생

조례는 특별한 규정이 없는 한 공포한 날부터 20일을 경과함으로써 효력을 발생한다(지자법 32조 8항).

6) 위법한 조례의 효력

조례는 법규범에 해당하기 때문에 위법한 조례는 무효에 해당한다. 다만 절차상의 하자있는 조례의 경우에는 나중에 무효소송에 의하여 처음부터 효력이 없던 것으로 하면, 법적 안정성을 해치기 때문에 일정한 시간이 지나면 더 이상 다투지 못하도록 하는 방안을 마련하여야 할 것이다.

7) 조례의 통제

위법한 조례의 통제에 대하여는 지방자치단체의 장에 의한 통제, 국가 등의 감독기관에 의한 통제, 법원에 의한 통제, 헌법재판소에 의한 통제방법이 있다.

가. 지방자치단체의 장에 의한 통제

상술한 바와 같이 지방자치단체의 장은 지방자치법 제32조 제3항에 따라 조례안에 대하여 이의가 있는 때에는 재의요구를 할 수 있다. 그런데, 지방의회가 조례안을 원안대로 의결한 경우에 그 재의결된 사항이 법령에 위반된다고 인정된 때에, 지방자치단체의 장이 제소할 수 있는지 여부가 문제가 될 수 있다. 지방자치법 제120조는 지방의회의 의결이 월권 또는 법령에 위반되거나 공익을 현저히 해한다고 인정되는 때에는 그 의결사항을 이송받은 날부터 20일 이내에 이유를 붙여 재의를 요구할 수 있고(법 120조 1항), 의회에서 재의결로 확정된 경우에(법 120조 2항), 그 재의결된 사항이 법령에 위반된다고 인정되는 때에 대법원에 제소할 수 있다고(법 120조 3항) 규정하고 있다. 여기서 지방의회에서 의결 및 재의결된 사항에 조례안이 당연히 포함되기 때문에, 지방자치단체의 장은 위법한 조례안에 대하여 직권으로 대법원에 제소하여 이를 다툴 수 있다고 할 것이다. 판례는 조례안의 일부규정이 법령에 위반되면, 다른 규정이 법령에 위반되지 않는다고 하더라도 조례안에 대한 재의결은 그 효력이 모두 부정되어야 한다고 판시하고 있다.

판례(지방자치법 제26조 제3항과 제107조 제1항과의 관계) 지방자치법 제19조 제3항(현행법 26조 3항)은 지방의회의 의결사항 중 하나인 조례안에 대하여 지방자치단체의 장에게 재의요구권을 폭넓게 인정한 것으로서 지방자치단체의 장의 재의요구권을 일반적으로 인정한 지방자치법 제98조 제1항(현행법 107조 1항)에 대한 특별규정이라고 할 것이므로, 지방자치단체의 장의 재의요구에도 불구하고 조례안이 원안대로 재의결되었을 때에는 지방자치단체의 장은 지방자치법 제98조 제3항(현행법 107조 3항)에 따라 그 재의결에 법령위반이 있음을 내세워 대법원에 제소할 수 있는 것이다(대판 1999. 4. 27, 99추23).

나. 국가 등의 감독기관에 의한 통제

가) 재의요구 및 제소　① 지방의회에서 의결된 조례안이 법령에 위반되거나 공익을 현저히

해한다고 판단될 때에는 시 · 도에 대하여는 주무부장관이, 시 · 군 및 자치구에 대하여는 시 · 도지사가 당해 지방자치단체의 장에게 재의를 요구할 수 있고, 재의요구를 받은 장은 그 의결사항을 이송받은 날부터 20일 이내에 이유를 붙여 지방의회에 재의를 요구하여야 한다. 이 경우 지방의회가 재적의원 과반수의 출석과 출석의원 3분의 2의 찬성으로 전과 같은 의결을 하면, 그 의결사항은 확정된다(지자법 192조 1항 · 3항).

② 지방자치단체의 장은 재의결로 확정된 조례안이 법령에 위반된다고 판단되는 때에는 재의결된 날로부터 20일 이내에 대법원에 소를 제기할 수 있으며, 이 경우에 필요하다고 인정되는 때에는 의결의 집행정지결정을 신청할 수 있다(지자법 192조 4항).

③ 주무부장관 또는 시 · 도지사는 재의결된 사항이 법령에 위반된다고 판단됨에도 해당 지방자치단체의 장이 소(訴)를 제기하지 아니하는 때에는 제3항의 기간이 지난 날부터 7일 이내에 해당 지방자치단체의 장에게 제소를 지시할 수 있으며, 지방자치단체의 장은 제소지시를 받은 날로부터 7일 이내에 제소하여야 한다(지자법 192조 6항). 만약 지방자치단체의 장이 제소를 하지 않을 때에는 주무부장관 또는 시 · 도지사는 직접 제소를 하고 집행정지결정을 신청할 수 있다(지자법 192조 5항 · 7항).

④ 지방자치법 제192조 제1항에 따라 지방의회의 의결이 법령에 위반된다고 판단되어 주무부장관이나 시 · 도지사로부터 재의요구지시를 받은 지방자치단체의 장이 재의를 요구하지 아니하는 경우(법령에 위반되는 지방의회의 의결사항이 조례안인 경우로서 재의요구지시를 받기 전에 그 조례안을 공포한 경우를 포함한다)에도 주무부장관이나 시 · 도지사는 재의요구기간(20일)이 지난 날부터 7일 이내에 대법원에 직접 제소 및 집행정지결정을 신청할 수 있다(지자법 192조 8항).

⑤ 지방의회의 의결 또는 재의결된 사항이 2 이상의 부처와 관련되거나 주무부장관이 불분명한 때에는 행정안전부장관이 재의요구 또는 제소를 지시하거나 직접 제소 및 집행정지결정을 신청할 수 있다(지자법 192조 9항).

판례(지방의회에 의하여 재의결된 사항이 둘 이상의 부처와 관련되거나 주무부장관이 불분명하면 행정안전부장관이 재의요구 또는 제소를 지시하거나 직접 제소와 집행정지결정을 신청할 수 있도록 한 지방자치법 제172조 제8항의 규정 취지) 지방의회에 의하여 재의결된 사항이 법령에 위반된다고 판단되면 주무부장관이 지방자치단체의 장에게 대법원에 제소를 지시하거나 직접 제소할 수 있다. 다만 재의결된 사항이 둘 이상의 부처와 관련되거나 주무부장관이 불분명하면 행정안전부장관이 재의요구 또는 제소를 지시하거나 직접 제소와 집행정지결정을 신청할 수 있다. 이는 주무부처가 중복되거나 주무부장관이 불분명한 경우에 행정안전부장관이 소송상의 필요에 따라 재량으로 주무부장관의 권한을 대신 행사할 수 있다는 것일 뿐이고, 언제나 주무부장관의 권한행사를 배제하고 오로지 행정안전부장관만이 그러한 권한을 전속적으로 행사하도록 하려는 취지가 아니다(대판 2017. 12. 5, 2016추5162).

나) 보 고　　조례를 제정하거나 개정하거나 폐지할 경우 지방의회에서 이송된 날부터 5일 이내에 시 · 도지사는 행정안전부장관에게, 시장 · 군수 및 자치구의 구청장은 시 · 도지사에게 그 전문(全文)을 첨부하여 각각 보고하여야 하며, 보고를 받은 행정안전부장관은 이를 관계 중앙행정기관의 장에게 통보하여야 한다(지자법 35조).

다) 사전승인　　조례는 자치법규의 성격을 갖고 있기 때문에 원칙적으로 감독기관의 승인을

요하지 않는다. 그러나 법률에서 조례제정 전에 감독기관의 승인을 받도록 규정하고 있는 경우가 있다(지자법 7조 1항). 승인은 조례의 효력요건에 해당된다고 할 것이다.

판례(건설부장관의 승인을 결여한 부담금징수에 관한 조례의 효력 유무) 국무총리가 건설부장관보다 상위의 관청이고 그의 승인이 있다 하여도 도로법은 도로수익자 부담금 징수에 관한 조례는 건설장관의 인가를 필요로 한다고 규정하여 법률로서 법규명령의 유효요건을 정하고 있는 이상, 그 요건을 충족치 못한 본건 조례의 하자가 치유되어 적법한 것으로 전환되었다고 해석될 수 없다(대판 1969. 12. 30, 69누20).

다. 일반법원에 의한 통제

가) 부수적 규범통제 조례에 근거한 처분에 의하여 법률상 이익이 침해된 주민은 그에 대한 항고소송에서 당해 처분의 위법사유로서 그 근거법규인 조례의 위법을 주장할 수 있다. 여기서 수소법원은 선결문제로서 당해 조례의 위법 여부에 대하여 부수적으로 심리한다(헌법 107조 2항).

나) 추상적 규범통제 대법원은 위법한 조례안에 대한 지방자치단체장 또는 감독기관의 제소에 대하여 사전적인 추상적 규범통제를 행한다(지자법 120조 3항, 192조 4항 · 8항).

다) 항고소송 조례는 원칙적으로 일반적 · 추상적 규율이기 때문에 처분성이 없으며, 이에 따라 항고소송의 대상이 되지 않는다. 다만 조례가 예외적으로 개별적 · 구체적 규율의 형태를 취하는 경우에는(처분적 조례), 처분의 성격을 갖기 때문에 항고소송으로 다툴 수 있다.

판례 1(조례가 항고소송의 대상이 될 수 있는지 여부) 조례(경기도 두밀분교통폐합에 관한 조례)가 집행행위의 개입 없이도 그 자체로서 직접 국민의 구체적인 권리의무나 법적 이익에 영향을 미치는 등의 법률상 효과를 발생하는 경우 그 조례는 항고소송의 대상이 되는 행정처분에 해당한다(대판 1996. 9. 20, 95누8003).

판례 2(조례안 의결 무효확인소송에 있어서 소의 이익) 조례안 의결 무효확인소송에서 판단대상이 되었던 조례안이 개정되었다 하더라도 개정된 조례안의 내용이 사실상 변경된 바 없이 동일하게 유지되고 있을 경우에는 개정 전 조례안에 대한 소의 이익은 소멸되지 아니한다. 나아가 조례안의 개정 등으로 법률우위의 원칙 등에 따라 조례안의 위법성을 직접적으로 논할 여지가 소멸하게 되었더라도, 개정 전 조례안에 의하여 형성된 법률관계가 남아 있거나 또는 다른 지방자치단체에서 해당 조례안과 유사한 내용으로의 조례로 제 · 개정될 가능성이 있거나 실제 그러한 조례가 여러 지방의회에서 의결된 바 있어 해당 조례안의 위법성 확인에 대한 해명이 필요한 경우에는 예외적으로 소의 이익을 인정할 수 있다(대판 2024. 7. 25, 2023추5177).

판례 3(조례안 의결 무효확인소송에서 법령위반의 판단기준시) 지방자치법 제192조 제8항에 근거한 조례안 의결 무효확인소송은, 조례가 헌법 및 법률 등 상위 법규와의 관계에서 효력을 갖는지를 다툴 수 있도록 마련된 것으로 일종의 추상적 규범통제의 성격을 가진다. 그리고 그 취지는 '조례에 대한 관계에서 법령의 우위' 내지 '조례의 적법성'을 관철함으로써 헌법이 상정하고 있는 전체 법질서의 통일성을 확보하기 위한 것으로 볼 수 있다. 따라서 가령 조례안이 의결 당시의 법령에 위배된다고 보더라도 이후 법 개정으로 법령 위반의 여지가 사라지면 그런 이유를 들어 조례안의 유효를 선언하고, 반대로 의결 당시의 법령에 부합하는 조례안이더라도 이후 법 개정으로 법령에 위반된다고 평가되면 조례안의 무효를 선언하는 것이 위 소송 유형을 제도적으로 마련한 지방자치법 제192조 제8항의 취지에 부합한다. 결국 지방자치법 제192조

제8항에 따라 조례안이 법령에 위반되는지가 문제된 소송에서 그에 관한 심사는 변론종결 당시 규범적 효력을 갖는 법령을 기준으로 해야 한다(대판 2024. 7. 25, 2023추5177).

라. 헌법재판소에 의한 통제

일반적 · 추상적 규율인 조례가 집행행위의 매개없이 주민의 기본권을 직접 침해한 경우에는(집행적 조례), 헌법소원을 통하여 다툴 수 있다.

판례(조례가 헌법소원의 대상이 될 수 있는지 여부) 조례는 지방자치단체가 그 자치입법권에 근거하여 자주적으로 지방의회의 의결을 거쳐 제정한 법규이기 때문에 조례자체로 인하여 직접 그리고 현재 자기의 기본권을 침해받은 자는 그 권리구제의 수단으로서 조례에 대한 헌법소원을 제기할 수 있다(헌재결 1995. 4. 20, 92헌마264 · 279 병합).

3. 규　칙

1) 의　의

규칙은 지방자치단체의 장이 법령 또는 조례가 위임한 범위 안에서 그 권한에 속하는 사무에 관하여 제정하는 법이다(지자법 29조). 규칙은 외부적 효력을 갖는 일반적 · 추상적 규율로 실질적 의미의 법률의 성격을 갖는다. 그러나 행정내부의 사무처리를 위한 지침적 성격을 갖는 행정규칙의 성격을 갖는 규칙도 있다.

판례(서울특별시 하천점용규칙의 법적 성격) 구 서울특별시하천점용규칙 제6조 제1항에 하천점용허가 기간을 최장 10년으로 규정하고 있다 하더라도 상위 법규인 하천법이나 하천법시행령 또는 서울특별시 조례에 점용기간에 관한 아무런 제한적 규정도 없고 이를 자치법규인 위 서울특별시 하천점용규칙에 위임하고 있는 규정도 없는 이상 이는 행정청 내부에 있어서 그 권한행사의 방법을 정한 지침에 불과하여 국민에 대한 법규적 성질을 가진 것은 아니라고 해석되므로 그 규정된 점용기간을 넘어서 점용허가를 하였다 하더라도 그 효력을 부정할 수는 없다(대판 1985. 12. 23, 84누343).

2) 규칙의 규율사항

가. 법령 및 조례의 위임

규칙은 법령 또는 조례의 위임이 있는 사항에 관하여 규정할 수 있다. 이 경우의 위임은 개별적 · 구체적인 위임이어야 한다. 이 점에서 개괄적 위임도 가능한 조례와 다르다. 한편, 지방자치단체의 장은 법령이나 조례를 집행하기 위하여 필요한 사항이나 그 밖의 사항을 집행명령의 성격을 갖는 규칙으로 정할 수 있다.

판례(조례가 주민의 권리제한 또는 의무부과에 관한 사항을 법률로부터 위임받은 후 다시 지방자치단체장이 정하는 규칙이나 고시 등에 재위임하는 경우에도 재위임의 한계를 준수해야 하는지 여부) 위임명령은 법률이나 상위명령에서 구체적으로 범위를 정한 개별적인 위임이 있을 때에 가능하고, 여기에서 구체적인 위임의 범위는 규제하고자 하는 대상의 종류와 성격에 따라 달라지는 것이어서 일률적 기준을 정할 수는 없지만, 적어도 위임명령에 규정될 내용 및 범위의 기본사항이 구체적으로 규정되어 있어서 누구라도 당해 법률이나 상위법령으로부터 위임명령에 규정될 내용의 대강을 예측할 수 있어야 하나, 이 경우 그 예측가능성의 유무는 당해 위임조항 하나만을 가지고 판단할 것이 아니라 그 위임조항이 속한 법률의 전반적인 체계와 취지 및 목적, 당해 위임조항의 규정형식과 내용 및 관련 법규를 유기적 · 체계적으로 종합하여 판단하여야 하며, 나아가 각 규제 대상의 성질에 따라 구체적 · 개별적으로 검토함을 요한다. 또한 법률에서 위임받은 사항을 전혀 규정하지 않고 재위임하는 것은 복위임금지 원칙에 반할 뿐 아니라 위임명령의 제정형식에 관한 수권법의 내용을 변경하는 것이 되므로 허용되지 않으나 위임받은 사항에 관하여 대강을 정하고 그 중의 특정사항을 범위를 정하여 하위 법령에 다시 위임하는 경우에는 재위임이 허용된다. 이러한 법리는 조례가 지방자치법 제22조 단서에 따라 주민의 권리제한 또는 의무부과에 관한 사항을 법률로부터 위임받은 후, 이를 다시 지방자치단체장이 정하는 '규칙'이나 '고시' 등에 재위임하는 경우에도 마찬가지이다(대판 2015. 1. 15, 2013두14238).

나. 규율대상

교육 · 학예에 관한 사무를 제외하고 지방자치단체의 장의 권한에 속하는 모든 사무가 그 규율대상에 속하며, 여기에는 자치사무 · 단체위임사무뿐만 아니라 기관위임사무도 포함된다. 그러나 현행법은 규칙에 대하여 벌칙을 위임하고 있지 않기 때문에, 규칙으로 벌칙을 제정할 수 없다.

다. 법령우위의 원칙

규칙은 상위법령에 위배될 수 없다. 특히 시 · 군 · 자치구의 규칙은 시 · 도의 조례나 규칙에 위반될 수 없다(지자법 30조).

3) 규칙의 제정절차

규칙은 지방자치단체의 장이 제정하되, 공포예정 15일 전에 시 · 도지사는 행정안전부장관에게, 시장 · 군수 및 자치구의 구청장은 시 · 도지사에게 그 전문을 첨부하여 각각 보고하여야 하며, 보고를 받은 행정안전부장관은 이를 관계 중앙행정기관의 장에게 통보하여야 한다(지자법 35조).

4) 효력발생

규칙은 특별한 규정이 없는 한 공포한 날로부터 20일을 경과함으로써 효력을 발생한다(지자법 32조 8항).

4. 교육규칙

교육규칙은 교육 · 학예에 관한 사무의 집행기관인 교육감이 법령 또는 조례의 범위 안에서 자신의 권한에 속하는 사무에 관하여 제정하는 법이다(지방교육자치에 관한 법률 25조). 그리고 그의 성질 · 제정절차 · 공포 · 효력발생 등은 위에서 본 규칙의 경우와 유사하다.

사례 1 사업자 갑은 울산광역시와 경기도에서 각각 염색공장을 건설하여 현재 조업중에 있다. 그러던 중 울산광역시에서는 기존 시조례에서 정한 지역환경기준을 유지하기 어렵다고 판단하여, 환경관련 법령상의 기준보다 엄격한 배출허용기준을 내용으로 하는 조례를 새로 제정하였다. 한편, 사업자 A는 제품생산을 확대하기 위하여 울산광역시장과 경기도지사에 대하여 폐수배출시설을 포함한 공장증설허가를 각각 신청하였다. 갑의 공장증설허가신청에 대하여 경기도지사로부터 허가가 발급되었으나 울산광역시장으로부터는 갑이 신청한 폐수배출시설이 시조례가 정한 지역환경기준을 달성하기 어렵고, 조례에서 정한 배출허용기준을 충족시키지 못한다는 이유로 공장증설허가가 거부되었다. 이에 대하여 갑은 울산광역시의 조례가 법령보다 엄격한 규정을 두고 있으며 또한 경기도의 배출허용기준에 관한 조례와 비교하더라도 형평에 어긋나므로 A광역시 조례에 근거한 공장증설허가거부처분이 위법하다고 주장하고 있다. A가 취할 수 있는 권리구제수단 및 그 인용가능성을 논하시오. 단, 환경관련 법령에서 정한 기준보다 조례에 의하여 엄격한 배출허용기준을 설정할 수 있다는 법규정이 없음을 전제로 한다.(제49회 행정고시)

▶답안요지 울산광역시 조례가 처분적 조례인 경우에는 조례에 대하여 직접적으로 항고소송을 제기할 수 있으며, 또한 조례가 처분의 매개없이 직접 개인의 기본권을 침해하는 경우에는 이에 대하여 헌법소원을 제기할 수 있으나 사안의 경우 이에 해당하지 않는다. 갑은 공장증설허가에 대한 거부처분취소소송을 제기하여 부수적으로 조례의 위법여부를 다툴수 있을 것이다(부수적 규범통제).

1. 취소소송의 요건

사안에서 대상적격이 인정되고, 환경관련법률 및 울산광역시의 조례는 공익뿐만 아니라 사업자의 이익을 보호하는 규정으로 보아 원고적격이 인정된다(신청권의 존재). 관할법원, 제소기간, 피고적격 등 여타의 취소소송의 요건이 충족된 것으로 본다.

2. 거부처분의 위법성여부

울산광역시장의 거부처분이 위법한 조례에 근거하고 있다면 위법하여 갑의 취소청구는 인용될 것이다.

가. 조례의 제정범위: 지방자치단체는 자치사무와 단체위임사무의 경우에만 조례를 제정할 수 있으며, 기관위임사무의 경우에는 법률에 근거가 있는 경우에만 조례를 제정할 수 있다(위임조례). 환경관계법상의 배출허용기준은 현행법상 환경부령으로 정하고 있는바, 사안에서 울산광역시 및 경기도 등에서 조례로 배출허용기준을 정한 것으로 보아 이에 대한 위임이 있는 것으로 보인다.

나. 행정의 법률적합성의 원칙과의 관계: 사안에서 갑은 울산시조례의 배출허용기준이 법령보다 엄격한 기준을 두고 있으며, 또한 경기도의 배출허용기준에 관한 조례와 비교하더라도 형평에 어긋난다고 주장하고 있다. 여기서 조례와 행정의 법률적합성의 관계에 관하여 문제가 제기된다. 헌법 제117조 제1항 및 지방자치법 제28조 본문에서 지방자치단체는 "법령의 범위"에서 조례를 제정할 수 있다고 규정한 바와 같이 조례는 법률에 위배되지 말아야 한다.

한편 법률에서 정하지 않은 사항을 추가하는 조례(추가조례) 및 법률에서 정한 기준을 초과하여 설정하는 조례가 가능한지 문제가 된다. 이는 조례의 규율대상에 따라 판단하여야 할 것이다. 지방주민의 급부나 수익적 조치에 대하여 규율하는 조례는 전국적으로 통일적인 규율이 요구되거나 균등한 혜택이 요구되지 않는 한 법률의 급부기준을 초과하는 사항도 규율할 수 있을 뿐 아니라 법률에서 규율하지 않은 사항도 추가적으로 규율할 수 있다고 보아야 할 것이다(추가조례 · 초과조례 가능)(대판 1997. 4. 25, 96추244).

반면 주민의 권리를 제한하거나 의무를 부과하는 조례의 경우, 법령의 규제내용이 전국적인 최저기준(예: 환경오염기준)을 규정하고 있고, 그 이상의 규제는 각 지방의 특수한 사정을 고려하여 자율적으로 정하는 것을 허용하는 것으로 해석되는 경우, 법령의 내용을 추가 또는 초과하는 내용의 조례(추가조례 또는 초과조례)가 허용된다는 견해도 있으나, 지방자치법 제28조 단서에 따라 규제적이거나 침익적인 조례의 경우에는 이에 대하여 법률의 명시적인 위임을 필요로 하여야 한다(대판 1997. 4. 25, 96추251). 이 경우 법령의 위임은 개괄적 위임도 허용된다고 할 것이다. 배출허용기준은 사업자에게 의무를 부과하는 조례에 해당하는바, 설문에서 환경관련 법령에서 정한 기준보다 조례에 의하여 엄격한 배출허용기준을 설정할 수 있다는 법규정이 없다고 하는바, 이에 따라 울산시조례는 지방자치법 제28조 단서에 위반하여 위법 · 무효에 해당할 것이다. 나아가서 울산시조례는 다른 지방자치단체의 조례보다 배출허용기준을 강화시킨 것으로 평등의 원칙에 반하여 위법하다고 할 것이다. 행정처분이 위법한 조례에 근거한 경우 특별한 사정이 없는 한 취소사유에 해당한다.

3. 결어

갑의 취소청구는 인용될 것이다(반대설을 취하는 경우에는 기각판결도 가능함).

사례 2 A군은 포도 등 과일의 주산지로 이들 과일의 생산에 의하여 전체 농가소득의 대부분을 올리고 있다. 그런데 관상용으로 주택, 가로 또는 묘지 등에 심은 X나무가 포도 등 과일나무에 해로운 영향을 미치고 있으므로 X나무의 식재(植栽)를 금지하여야 한다는 여론이 제기되었다. 이에 A군 의회는 이러한 여론을 수렴하여 "1) A군에서는 X나무를 심거나 기르지 못한다. 2) 기존의 X나무에 대하여 소유권 등 권리가 있는 자는 1년 안에 이를 제거하여야 하며, 이를 이행하지 않는 자는 300만원 이하의 과태료에 처한다"라는 내용의 조례(안)을 의결하였다.

1) 위 의결된 조례(안)에 대한 군수 및 도지사의 통제방법을 논하시오.

2) 위 조례가 공포, 시행된 후 A군 관내에서 X나무 묘목을 생산, 판매하는 갑이 취할 수 있는 권리구제수단을 논하시오.(제46회 사법시험)

▶**답안요지**

1. 조례안의 위법성여부

A군의 조례안은 주민의 권리제한 및 의무부과를 내용으로 하는 침익적인 조례이므로 지방자치법 제28조 단서에 따라 법률의 위임이 있어야 한다. 그러나 설문상 위 조례안에 대한 법률적 근거가 없으므로 위 조례안은 지방자치법 제28조 단서에 위반된 조례로서 위법 · 무효에 해당한다. 다만, 지방자치법 제28조 단서와 관련하여 합헌설과 위헌설이 대립되나 다수설과 판례는 합헌으로 보고 있다.

2. 군수 및 도지사의 통제수단

1) 군수의 통제수단: 지방자치단체의 장인 군수는 지방자치법 제32조 제3항에 따라 조례안에 대하여 이의가 있는 때에는 20일 내에 지방의회로 환부하여 그 재의를 요구할 수 있으며, 동법 제120조 제3항에 따라 재의요구된 조례안이 지방의회의 재의결로 확정된 때에는 그 조례안이 법령에 위반된다고 인정된 때에 한하여 대법원에 재의결된 날로부터 20일 내에 소를 제기할 수 있다. 이 경우 그 군수는 집행을 정지하는 집행정지결정을 신청할 수 있다.

2) 도지사의 통제수단: 감독청인 도지사는 지방자치법 제192조에 의거 지방의회의 의결이 법령에 위배되거나 공익을 현저히 해한다고 판단되는 때에는 군수에게 재의를 요구할 수 있으며, 재의요구된 조례안이 지방의회의 재의결로 확정된 경우 그 재의결이 법령에 위반된 때에 한하여 군수가 대법원에 제소를 하지 않는 경우에 제소를 지시하거나 도지사 스스로가 대법원에 직접 제소를 할 수 있다(지자법 192조 5항). 한편 도지사가 조례안이 법령에 위반된다고 판단되어 군수에게 재의요구지시를 하였으나, 군수가 재의요구를 하지 않은 경우(재의요구지시를 받기 전에 조례안을 공포한 경우를 포함)에도 도지사는 직접 제소할 수 있다. 도지사가 직접 제소하는 경우에도 집행정지결정을 신청할 수 있다.

3. 갑의 권리구제수단

사안에서 A군의 조례가 이른바 처분적 조례에 해당한다면 갑은 이에 대하여 항고소송을 제기할 수 있을 것이다. 여기서 처분적 조례와 집행적 조례를 구별하여야 한다. 처분적 조례는 형식은 조례로 되어 있으나 개별적 · 구체적 규율로서 실질적으로는 처분의 성격을 갖는 조례를 의미한다. 이러한 처분적 조례에 대하여는 항고소송이 인정된다(예: 두밀분교조례). 이에 대하여 집행적 조례는 일반적 · 추상적 규율로서 처분의 매개없이 직접적으로 개인의 권리와 의무를 규율하는 조례를 의미한다. 현행법상 직접적 규범통제가 도입되지 않기 때문에 이러한 집행적 조례는 항고소송의 대상이 될 수 없으며, 다만 헌법소원의 대상이 된다. 사안에서 A군의 조례는 일반적 · 추상적 규율로서 집행행위의 매개없이 갑을 비롯한 주민의 재산권을 직접 침해하기 때문에, 갑은 헌법소원을 제기할 수 있을 것이다(담배자판기설치조례에 대한 헌재결 1995. 4. 20, 92헌마264 · 279 병합 참고).

사례 3 C도는 지방세수의 적정한 확보와 지방세의 성실납부를 독려하기 위하여 법률과는 별도로, 지방세성실납부기업에 대해서는 지방세의 일부를 경감하고, 지방세불성실납부기업에 대하여는 C도 및 C도

내의 개별 기초지방자치단체가 발주하는 일체의 공공사업 입찰에 참여 할 수 없도록 하는 것을 내용으로 하는 조례를 제정하였다. 조례는 적법한가?(제51회 행정고시)

▶답안요지

1. 조례의 제정범위

지방자치단체는 자치사무와 단체위임사무의 경우에만 조례를 제정할 수 있으며, 기관위임사무의 경우에는 법령의 근거가 있는 경우에만 조례를 제정할 수 있다(위임조례). 사안과 관련하여 지방세와 지방세외수입의 부과 및 징수(지방자치법 제13조 제2항 제1호 바목)는 자치사무에 해당하여 조례의 규율대상이 된다.

2. 법률우위의 원칙

헌법 117조 내지 지방자치법 28조 본문에서 지방자치단체는 "법령의 범위"에서 조례를 제정할 수 있다고 규정한 바와 같이 조례는 법률에 위배되지 말아야 한다. 여기서 법령의 내용을 추가하거나 또는 법정의 기준을 초과하는 조례가 가능한지 문제가 되는바, 이는 조례의 규율대상에 따라 달리 판단되어야 할 것이다. 주민의 권리를 제한하거나 의무를 부과하는, 즉 침익적 조례의 경우에는 법령의 명시적인 위임이 없는 한 추가조례나 초과조례가 가능하지 않다고 보아야 할 것이다(추가조례 · 초과조례불가). 반면 지방주민의 급부나 수익적 조치에 대하여 규율하는, 즉 수익적 조례의 경우에는 법령이 전국적으로 일률적인 기준을 두어 평등한 혜택을 부여하려는 취지가 아닌 한, 해당 지역의 실정에 따라 법령의 급부기준을 초과하는 사항도 규율할 수 있을 뿐 아니라 법령에서 규율하지 않은 사항도 추가적으로 규율할 수 있다고 보아야 할 것이다(추가조례 · 초과조례가능).

사안에서 1) 지방세를 감면하는 부분은 수익적 초과조례이기는 하나 지방세감면제도가 남용되는 경우 국민의 조세부담의 불균형 또는 지방자치단체간 지방세 과세체계에 혼란을 초래할 우려가 있기 때문에 전국적으로 통일적인 규율이 필요하기 때문에 법률우위의 원칙에 위배된다고 할 것이다. 판례 역시 이와 유사한 취지에서 인천시의 시세감면조례를 위법하다고 판시하였다(대판 1996. 7. 12, 96추22).

2) 불성실한 납세자에 대한 입찰참여금지부분은 침익적인 추가조례로서 법령에 명시적인 위임없이는 가능하지 않기 때문에 법률우위의 원칙에 위반된다. 더욱이 조례의 해당부분은 성실납세라는 행정목적과 이를 실현하기 위한 수단인 관허사업의 제한이라는 양자사이에 실질적 관련성을 인정하기 어렵기 때문에 부당결부금지의 원칙에 위배된다.

3. 법률유보의 원칙

지방자치법 28조 단서는 주민의 권리제한 또는 의무부과에 관한 사항이나 벌칙을 정할 때에는 법률의 위임이 있어야 한다고 규정하고 있다. 동 조항에 관련하여 합헌설과 위헌설이 대립하고 있으나 다수설과 판례는 합헌으로 보고 있다. 사안에서 ① 지방세감면 부분조례는 해당 기업체의 권리를 제한하거나 의무를 부과하는 사항이 아니므로 법률유보의 원칙에는 위배되지 않는다. ② 반면, 불성실기업체에 대하여 일체의 공공사업 입찰에 참여할 수 없도록 하는 조례부분은 권리를 제한하고 의무를 부과하는 것으로 법률의 근거 없이 제정되는 경우에는 위법하다.

4. 결어

지방세감면조례는 법률우위의 원칙에 위배되며, 불성실한 납세자에 대한 입찰참여금지부분조례는 법률우위 · 법률유보의 원칙 및 부당결부금지의 원칙에 위배된다. 판례는 조례안의 일부규정이 법령에 위반되면, 다른 규정이 법령에 위배되지 않는다고 하더라도 전부 무효에 해당한다는 입장을 취하고 있다(대판 1992. 7. 28, 92추31).

사례 4 B군에서는 정부의 자유무역협정체결에 대응하여 지역특산물인 녹차산업을 진흥하고 이를 통해 지역 경제를 육성하고자 「녹차산업 및 지원에 관한 조례」를 제정 · 공포하였다. 이 조례에는 녹차산업 지원을 위한 기술지도 및 보조금 지급에 관한 내용이 포함되어 있다. 이에 주민 갑은 이 조례에 근거하여 녹차 원료 생산을 위한 보조금을 신청하여 지원받았다. 그러나 주민 을은 위 보조금지급 행위가 갑과 군수의 인척관계에 기인하였을 뿐 아니라 위 보조금지급제도가 군수의 인기영합 정책에 의한 부당한 재정지출의 원인이 된다고 생각하고 있다.(제54회 행정고시)

1. 위 조례의 제정가능성에 대하여 논하시오.(15점)
2. 주민 을이 취할 수 있는 「지방자치법」에 의한 쟁송수단에 관하여 설명하시오.(15점)

▶**답안요지** **제1문:** 조례가 적법하게 제정되어 효력을 발생하려면 지방의회가 일정한 절차에 따라 의결하고, 지방자치단체장이 공포하여야 한다. 내용상 적법요건으로는 조례제정 대상인 사무에 대하여만 제정할 수 있다는 사항적 한계를 준수하여야 하며, 아울러 법률우위의 원칙과 법률유보의 원칙에 반하여서는 안 된다. 사안의 경우 절차와 공포요건은 문제되지 않으므로 내용상의 적법요건에 대하여만 검토하기로 한다.

1. 조례의 제정범위

지방자치단체는 자치사무와 단체위임사무의 경우에만 조례를 제정할 수 있으며, 기관위임사무의 경우에는 법령의 근거가 있는 경우에만 조례를 제정할 수 있다(위임조례). 사안의 지역특산물인 녹차산업의 진흥을 통한 지역경제의 육성은 지방자치법 제13조 제3항 제4호 (차)목의 지역경제의 육성 및 지원사업으로서 주민의 복리증진에 관한 사업으로서 전형적인 자치사무에 해당한다고 볼 것이다.

2. 법률우위의 원칙

헌법 제117조 내지 지방자치법 제28조 본문에서 지방자치단체는 "법령의 범위"에서 조례를 제정할 수 있다고 규정한 바와 같이 조례는 법률에 위배되지 말아야 한다. 여기서 법령에서 정하지 않은 새로운 사항을 조례로 정할 수 있는지(추가조례), 또는 법정의 기준을 초과하는 내용의 조례가(초과조례) 가능한지 문제가 된다. 이는 규율의 대상에 따라 달리 판단하여야 하는바, 지방주민의 급부나 수익적 조치에 대하여 규율하는 조례는 전국적으로 통일적인 규율이 필요하거나 또는 전국적으로 평등한 혜택이 요구되는 경우를 제외하고는 법령의 급부기준을 초과하는 사항도 규율할 수 있을 뿐 아니라 법령에서 규율하지 않은 사항도 규율할 수 있다고 보아야 할 것이다(대판 2000. 11. 24, 2000추29). 반면, 주민의 권리나 의무를 제한하는 조례의 경우에는 추가조례나 초과조례를 제정하기 위하여는 원칙적으로 법령의 위임이 요구된다고 할 것이다(사례 1, 사례 3 참고). 사안에서 조례는 녹차산업 지원을 위한 기술지도 및 보조금 지급을 내용으로 하는 수익적 조례인바, 전국적으로 평등한 혜택이 요구되는 사항에 해당되지 않기 때문에 법률우위의 원칙에 위배되지 않는다고 볼 것이다.

3. 법률유보의 원칙

지방자치법 제28조 단서는 주민의 권리제한 또는 의무부과에 관한 사항이나 벌칙을 정할 때에는 법률의 위임이 있어야 한다고 규정하고 있다. 동 조항에 관련하여 합헌설과 위헌설이 대립하고 있으나 다수설과 판례는 합헌으로 보고 있다. 사안의 경우 조례가 기존 녹차사업자를 제외한 신규 녹차사업자를 대상으로 기술지도 및 보조금지급을 내용으로 하고 있다면 이는 기존 사업자의 기본권인 경쟁의 자유를 제한하는 부담적 조례로서 법률의 근거를 요한다고 할 것이다. 반면 B군의 모든 녹차사업자를 대상으로 하여 기술지도 및 보조금지급을 내용으로 하고 있다면, 수익적 조례로서 별도의 법적 근거를 요하지 않는다고 할 것이다. 설문에서 해당 조례가 녹차사업자의 차별적 취급을 내용으로 하고 있다고 보기 어렵다.

4. 결어

B군의 조례는 조례의 제정범위에서 제정되었으며, 행정의 법률적합성의 원칙에도 위배되지 않는 적법한 조례라고 판단된다.

제2문: 보조금지급제도 및 군수의 보조금지급행위에 대하여 을이 취할 수 있는 법적 수단으로 조례제정개폐청구, 주민감사청구, 주민소송제기, 주민소환투표청구 등이 있다. 설문에서 위 수단들 중 쟁송수단에 대한 설명을 요구하고 있는바, 을이 취할 수 있는 행정쟁송수단으로는 주민소송제기가 고려된다(지방자치법 22조).

을은 군수의 보조금지급행위에 대하여 감사를 청구한 뒤, ① 주무부장관 또는 시 · 도지사가 감사청구를 수리한 날로부터 60일을 경과하여도 감사를 종료하지 않은 경우, ② 감사결과 또는 그에 따른 필요조치의 요구에 불복이 있는 경우, ③ 감사결과에 따른 조치요구를 군수가 이행하지 않은 경우, ④ 조치요구에 따른 군수의 이행조치에 대하여 불복이 있는 경우에 주민소송을 제기할 수 있다. 을이 제기할 수 있는 주민소송의 종류로는 ① 중지청구소송, ② 취소 또는 무효확인소송, ③ 부작위위법확인소송, ④ 손해배상 또는 부당이득반환청구요구소송이 있다(지방자치법 22조 2항). 사안의 경우 을은 군수의 보조금지출의 중지를 구하는 중지청구소송과 갑에 대한 보조금지급결정의 취소를 구하는 취소소송 및 손해배상청구소송을 제기할 수 있을 것이다(주민소송에 대하여 상세히는 본문 참조).

Ⅵ. 재정고권

1. 의 의

재정고권이란 지방자치단체가 법령으로 규율된 예산의 범위내에서 그의 수입과 지출을 자기책임하에 운영할 수 있는 권한을 의미한다. 지방자치단체가 자유롭게 처분할 수 있는 재정수단을 갖지 못하는 경우에는 지방자치단체는 자신의 사무를 자기책임하에 결정할 수 없으며, 나아가서 재정력이 행정활동을 뒷받침하지 못하는 경우에는 자치행정은 마비되어 버린다. 재정고권은 수입고권, 지출고권, 재정행정고권으로 구분된다. 수입고권은 지방자치단체가 법령의 범위내에서 자기책임하에 그에게 허용된 수입원, 즉 지방세 · 분담금 · 수수료 · 사용료 등으로부터 수입정책을 결정할 수 있는 권한을 말하며, 지출고권은 지방자치단체가 그의 재정수단을 예산의 범위내에서 그의 업무수행을 위하여 자기책임하에 지출 · 사용할 수 있는 권한을 의미한다. 재정행정고권은 지방자치단체가 자기책임하에 수입 · 지출을 관리할 수 있는 권한을 말하는바, 특히 예산고권이 그의 중요한 내용을 이루고 있다.

지방자치단체의 재정고권 역시 절대적인 것은 아니며, 지방세법, 지방재정법, 지방공기업법 등 법률에 의하여 제한된다. 지방자치단체의 재정자립성의 확보는 지방자치의 실질적 구현을 위하여 결정적인 요인이 된다. 그러나 현재 지방자치단체의 재정은 그 상당부분을 국가나 상급지방자치단체로부터의 교부금, 보조금에 의존하고 있는바, 따라서 자주재원의 확보가 절실한 실정이다.

판례 1(행정안전부장관의 지방공무원수당업무처리지침이 지방자치단체의 자치권을 본질적으로 침해하는지 여부) 헌법 제117조 제1항이 규정하는 자치권 가운데에는 자치에 관한 규정을 스스로 제정할 수 있는 자치입법권은 물론이고 그 밖에 그 소속 공무원에 대한 인사와 처우를 스스로 결정하고 이에 관련된 예산을 스스로 편성하여 집행하는 권한이 성질상 당연히 포함되지만, 이러한 자치권의 범위는 법령에 의하여 형성되고 제한된다. 이 사건 지침부분이 "평일 1일 2시간 이상 시간외근무한 경우에 2시간을 공제한 후 4시간 이내에서 합산"하도록 하여 근무시간 전후 2시간을 공제하도록 한 이유는 실제로 업무를 수행하는 것이 아닌 석식 및 휴게시간 등의 시간을 공제하여, 지방공무원의 시간외수당 지급시간수를 실제에 근접시켜 계산하도록 규정하는 내용이라고 볼 수 있어 그 합리성을 인정할 수 있으며, 이 사건 지침 부분은 지방자치단체가 시간외근무수당에 대한 예산을 자유롭게 편성하고 집행하는 것을 제한하는 측면이 있으나, 그 내용으로 볼 때 지방자치단체의 무분별한 재정운영을 제한하는 정도일 뿐이지 예산편성과 재정지출에 대한 지방자치단체의 고유한 권한을 유명무실하게 할 정도의 지나친 규율이라고는 볼 수 없으므로, 청구인의 자치권을 본질적으로 침해하는 것이 아니다(헌재결 2002. 10. 31, 2002헌라2).

판례 2(지방자치단체가 과세면제, 불균일과세 또는 일부과세를 하고자 하는 경우에 내무부장관의허가를 받도록 하는 지방세법 제9조의 규정이 조례제정권의 본질적 내용을 침해하는지 여부) 지방세법 제9조에서 지방자치단체가 과세면제 · 불균일과세 또는 일부과세를 하고자 할 경우에 내무부장관의 허가를 받도록 한 취지는, 과세면제 등 제도의 무분별한 남용으로 국민의 조세부담의 불균형 또는 지방자치단체 간의 지방세 과세체계에 혼란을 초래할 우려가 있을 뿐만 아니라 지방세법 본래의 취지에도 맞지 않는 결과가 발생할 수가 있고, 나아가 과세면제 등으로 인한 지방자치단체의 세수입의 손실을 지방교부세법에 의한 지방교부세의 배분에서 그 보충을 꾀하려 할 것이고 이 경우 과세면제 등으로 인한 세수입 손실의 결과는 결국 다른 지방자치단체의 지방교부세 감소라는 결과를 가져올 가능성도 있으므로, 이러한 불합리한 결과를 피하기 위하여 내무부장관이 지방자치단체의 과세면제 등 일정한 사항에 관한 조례제정에 한하여 사전허가제도를 통하여 전국적으로 이를 통제 · 조정함으로써 건전한 지방세제를 확립하기 위하여 마련한 제도인 것으로 이해되고, 따라서 위 규정이 지방자치단체의 조례제정권의 본질적 내용을 침해하는 규정으로서 지방자치단체의 조례제정권을 규정한 헌법 제117조 제1항, 제118조에 위반되거나 지방자치법 제9조, 제35조 제1항 제1호와 저촉되는 규정이라고 할 수 없다(헌재결 1998. 4. 30, 96헌바62; 대판 1996. 7. 12, 96추22).

판례 3(특별시의 관할구역 안에 있는 구의 재산세를 특별시 및 구세로 하여 특별시와 자치구가 100분의 50씩 공동과세하도록 하는 지방세법 제6조의2와 특별시분 재산세 전액을 관할구역 안의 자치구에 교부하도록 하는 지방세법 제6조의3이 지방자치단체의 자치재정권을 침해하는지 여부) 헌법 제117조 제1항에 의하여 보장된 지방자치단체의 자치재정권은 앞서 본 바와 같이 법률이 규정된 범위 내에서 보장된 것이므로, 지방자치단체에 자치재정권이 있다는 사실만으로 특정한 조세 등 수입원을 보장받을 권한이 생기는 것은 아니고 법률의 규정에 의해서 비로소 그러한 권한이 생기는 것이다. 그리고 어떤 종류의 조세를 어떤 기관에 귀속시킬 것인가 하는 문제는 그 조세의 과세근거, 징수의 효율성, 조세의 귀속주체간의 재정적 상태 등을 고려하여 국가정책적으로 결정할 사항이지, 어떤 종류의 조세를 반드시 국세나 지방세로 하여야 한다는 헌법적 근거나 논리적 당위성은 없다. 따라서 입법자는 헌법 제59조에 근거하여 국가가 국민에게 어떠한 종류의 조세를 부과할 것인지, 그 조세를 국세나 지방세 중 어떤 것으로 할 것인지, 그리고 지방세로 할 조세를 광역자치단체나 기초자치단체 중 어디에 귀속시킬 것인지 등을 결정할 권한이 있고, 이러한 입법자의 결단은 지나치게 자의적인 것이 아닌 한 존중되어야 한다. 이 사건 법률조항들은 종래 구(區)세였던 재산세를 구와 특별시의 공동세로 변경한 규정인데, 재산세를 반드시 기초자치단체에 귀속시켜야 할 헌법적 근거나 논리적 당위성이 있다고 할 수 없으므로 이와 같이 종래 기초자치단체에게 귀속되던 조세를 기초자치단체와 광역자치단체에게 공동으로 귀속시키도록 변경하는 것도 입법자의 권한에 속하는 것이다. 따라서 이 사건 법률조항들에 의하여 청구인들의 수입이 감소함으로써 청구인들의 자치재정권에 제한이 가해진다고 하더라도, 그로 인하여 청구인의 자치재정권이 유명무실하게 될 정도로 지나친 제한이어서 자치재정권의 본질적 내용을 침해한다고 볼 수 없는 한 그러한 법률조항을 제정한 피청구인의 행위는 정당하다고 할 것이다(헌재결 2010. 10. 28, 2007헌라4).

---

2. 지방자치단체의 수입

지방자치단체의 수입으로는 세수입(稅收入)과 세외수입(稅外收入)이 있으며, 세외수입은 다시 사용료 · 수수료 · 분담금 · 과태료 등의 협의의 세외수입과 지방교부세 · 지방교육양여금 · 보조금 및 지방채와 일시차입금으로 나눌 수 있다.

1) 지방세

지방자치단체는 자치상 필요한 경비를 충당하기 위하여 법률이 정하는 바에 따라 지방세를 부과 · 징수할 수 있다(지자법 152조). 지방세는 과세주체에 따라 서울특별시세 · 광역시세 · 도세와 시세 · 군세 · 자치구세로 나누어지며, 다시 과세의 목적 및 대상에 따라 보통세와 목적세로 나누어진다. 이들을 분류하면 다음과 같다.

가. 지방세의 분류

가) 도 세

① 보통세: 취득세 · 등록면허세 · 레저세 · 지방소비세

② 목적세: 지역자원시설세 · 지방교육세

나) 서울특별시세 · 광역시세

① 보통세: 취득세 · 레저세 · 담배소비세 · 지방소비세 · 주민세 · 지방소득세 · 자동차세

② 목적세: 지역자원시설세 · 지방교육세

다) 시 · 군세(광역시의 군세를 포함한다)

보통세: 담배소비세 · 주민세 · 지방소득세 · 재산세 · 자동차세

라) 자치구세

보통세: 등록면허세 · 재산세

나. 지방세의 부과 · 징수

지방세의 세목 · 과세대상 · 과세표준 · 세율 기타 부과 · 징수에 관하여 필요한 사항은 이 법 또는 지방세관계법에서 정하는 범위에서 당해 지방자체단체의 조례로 정한다(지방세기본법 5조 1항). 지방세의 부과 · 징수는 지방자치단체의 장 또는 그 위임을 받은 자가 세액 · 납부기한 및 납입장소 등을 기재한 문서(납세고지서)로 납세의무자나 특별징수의무자에게 납부 또는 납입의 고지를 함으로써 행한다(지방세기본법 55조). 지방자치단체의 징수금의 체납처분에 관하여는 지방세기본법 또는 지방세관계법에서 규정하고 있는 사항을 제외하고는 국세 체납처분의 예를 준용한다(지방세기본법 153조).

2) 세외수입

가. 협의의 세외수입

가) 사용료 · 수수료 · 분담금 　사용료는 지방자치단체가 공공시설의 이용 또는 재산의 사용의 대가로 부과 · 징수하는 것을 말하고(지자법 153조), 수수료는 지방자치단체가 특정인을 위한 사무를 행하는 경우에, 그 역무를 제공받는 자로부터 그 대가로 부과 · 징수하는 것을 말한다(지자법 154조 1항). 이에 대하여 분담금은 지방자치단체가 그 재산 또는 공공시설의 설치로 인하여 주민의 일부가 특히 이익을 받는 경우에 그 수익자로부터 이익의 범위 안에서 부과 · 징수하는 것을 의미한다(지자법 155조). 분담금은 수익의 한도를 초과하여 부과할 수 없으며, 분담금과 목적세인 도시계획세 및 공동시설세 등은 그 내용이 같은 것이므로 목적세를 부과 · 징수한 것에 대하여는 분담금을 징수할 수 없다. 사용료 · 수수료 그리고 분담금의 징수에 관한 사항은 조례로 정한다(지자법 156조 1항). 다만, 국가가 지방자치단체나 그 기관에 위임한 사무와 자치사무의 수수료 중 전국적으로 통일할 필요가 있는 수수료에 관한 사항은 다른 법령의 규정에도 불구하고 대통령령으로 정하는 표준금액으로 징수하되, 지방자치단체가 다른 금액으로 징수하고자 하는 경우에는 표준금액의 100분의 50의 범위에서 조례로 가감 조정하여 징수할 수 있다.

사용료 · 수수료 그리고 분담금의 부과 · 징수에 대하여 이의가 있는 자는 처분의 통지를 받은 날로부터 90일 이내에 지방자치단체장에게 이의신청을 하여야 하며, 이의신청에 불복이 있는 자는 이의신청의 결정을 통지받은 날로부터 90일 이내에 행정소송을 제기할 수 있다(지자법 157조).

나) 과태료 과태료는 행정상의 질서유지를 위하여 과하는 벌과금(행정질서벌)으로서, 지방자치단체는 조례로써 조례위반행위에 대하여 1천만원 이하의 과태료를 정할 수 있는 외에(지자법 34조), 사기 기타의 부정한 수단으로 사용료 · 수수료 · 분담금의 징수를 면한 자에 대하여는 그 징수를 면한 금액의 5배 이내의 과태료를, 그리고 공공시설을 부정 사용한 자에 대하여는 50만원 이하의 과태료를 부과하는 규정을 조례로 정할 수 있다(지자법 156조). 지방자치법 제27조 제2항에 따른 과태료의 부과 · 징수, 재판 및 집행 등의 절차에 관한 사항은 「질서위반행위규제법」에 따른다(지자법 156조 3항).

지방자치단체가 국가나 다른 지방자치단체의 기관위임사무에 대하여 과태료를 징수한 경우에는 그 사무귀속주체인 국가나 다른 지방자치단체에 귀속된다 할 것이나, 지방재정법은 세외수입확충방안의 하나로 다른 법령에 특별한 규정이 있거나, 비송사건절차법의 규정에 의하여 부과 · 징수한 경우를 제외하고는 사무위임을 받은 지방자치단체의 수입으로 하도록 규정하고 있다(지방재정법 32조).

다) 재산수입 재산수입은 지방자치단체가 보유하는 재산 및 기금에서 얻어지는 수입을 말한다(지자법 159조 1항). 지방자치단체의 재산의 보유, 기금의 설치 · 운영에 관하여 필요한 사항은 조례로 정한다(지자법 159조 2항).

나. 지방교부세

지방교부세는 지방행정의 건전한 발전을 도모하기 위한 지방재정조정제도로서 국가가 재정적 결함이 생긴 지방자치단체에 교부하는 금전을 말한다(지방교부세법 1조 · 2조). 교부세는 그 교부목적이 특정되어 있는지의 여부에 따라, 보통교부세와 특별교부세로 나누어진다. 보통교부세는 매년도 기준재정수입액에 미달하는 지방자치단체에 대하여 그 미달액을 기초로 하여 교부하는 것을 말하며(지방교부세법 6조), 특별교부세는 기준재정수요액의 산정방법으로 포착할 수 없는 특별한 재정수요가 있을 때, 또는 보통교부세의 산정기일 후에 발생한 재해로 인하여 특별한 재정수요가 있거나 재정수입의 감소가 있을 때 교부되는 것을 말한다(지방교부세법 9조). 이 밖에 교육재정의 결함에 충당하기 위하여 교부하는 지방교육재정교부금법에 의한 지방교육재정교부금이 있다.

다. 국고보조금

국고보조금은 국가가 지방자치단체의 경비의 일부 또는 전부로 충당하게 하기 위하여 용도를 특정하여 교부하는 재정자금을 의미한다(지방재정법 23조). 용도가 특정된다는 점에서 지방교부세와 구별된다.

라. 지방채

지방채는 국채와 같은 공채의 일종이다. 지방자치단체의 장은 그 지방자치단체의 항구적 이익이 되거나 긴급한 재난복구 등의 필요가 있는 때에는 대통령령이 정하는 지방채 발행 한도액의 범위 안에서 지방의회의 의결을 거쳐 지방채를 발행할 수 있다(지자법 139조 1항). 한편 지방자치단체의 장은 당해 지방자치단체의 발전과 관계 있는 사업을 위한 경우 등 대통령령이 정하는 사유가 발생하는 경우에는 행정안전부장관의 승인을 얻은 범위 안에서 지방의회의 의결을 얻어 지방채발행 한도액의 범위를 초과하여 지방채를 발행할 수 있다(지방재정법 11조 3항).

마. 자치구의 재원

특별시장이나 광역시장은 시세(市稅) 수입 중의 일정액을 확보하여 조례로 정하는 바에 따라 해당 지방자치단체의 관할 구역 안의 자치구 상호 간의 재원을 조정하여야 한다(지자법 196조).

3. 지방자치단체의 예산과 결산

1) 예산안의 편성과 의결

지방자치단체의 장은 회계연도(매년 1월 1일부터 12월 31일까지)마다 예산안을 편성하여 시·도는 회계연도개시 50일 전까지, 시·군 및 자치구는 회계연도개시 40일 전까지 지방의회에 제출하여야 한다. 그리고 시·도의회에서는 회계연도개시 15일 전까지, 시·군·자치구의회에서는 회계연도개시 10일 전까지 예산안을 의결하여야 한다(지자법 142조 1항·2항). 지방의회는 지방자치단체의 장의 동의없이 지출예산 각항의 금액을 증가하거나 새 비목을 설치할 수 없다(지자법 142조 3항). 지방자치단체의 장은 예산안을 제출한 후 부득이한 사유로 인하여 그 내용의 일부를 수정하고자 할 때에는 수정예산안을 작성하여 지방의회에 다시 제출할 수 있다(지자법 142조 4항).

판례(지방의회가 의결한 예산의 집행목적이 법령이나 조례에 반하는 경우, 당해 예산안 의결의 효력)

부산광역시의회가 '상임(특별)위원회 행정업무보조 기간제근로자 42명에 대한 보수 예산안'을 포함한 2012년도 광역시 예산안을 재의결하여 확정한 사안에서, 위 근로자의 담당 업무, 채용규모 등을 종합해 보면, 지방의회에서 위 근로자를 두어 의정활동을 지원하는 것은 실질적으로 유급보좌인력을 두는 것과 마찬가지여서 개별 지방의회에서 정할 사항이 아니라 국회의 법률로 규정하여야 할 입법사항에 해당하는데, 지방자치법이나 다른 법령에 위 근로자를 지방의회에 둘 수 있는 법적 근거가 없으므로, 위 예산안 중 '상임(특별)위원회 운영 기간제근로자 등 보수' 부분은 법령 및 조례로 정하는 범위에서 지방자치단체의 경비를 산정하여 예산에 계상하도록 한 지방재정법 제36조 제1항의 규정에 반하고, 이에 관하여 한 재의결은 효력이 없다(대판 2013. 1. 16, 2012추84).

2) 계속비·예비비

지방자치단체의 장은 한 회계연도를 넘어 계속하여 경비를 지출할 필요가 있을 때에는 그 총액과 연도별 금액을 정하여 계속비로서 의회의 의결을 얻어야 한다(지자법 143조). 한편, 지방자치단체는 예측할 수 없는 예산 외의 지출 또는 예산초과지출에 충당하기 위하여 세입·세출예산에 예비비를 계상하여야 한다. 이 예비비의 지출은 다음 연도 지방의회의 승인을 얻어야 한다(지자법 144조).

3) 추가경정예산

지방자치단체의 장은 예산에 변경을 가할 필요가 있을 때에는 추가경정예산안을 편성하여 지방의회의 의결을 얻어야 한다(지자법 145조).

제4절 지방자치단체의 사무

I. 개 설

지방자치법 제13조 제1항은 "지방자치단체는 그 관할구역의 자치사무와 법령에 의하여 지방자치단체에 속하는 사무를 처리한다"고 규정하여, 지방자치단체의 사무를 "자치사무(고유사무)"와 법령에 의하여 지방자치단체에 소속된 "위임사무(단체위임사무)"로 구별하고 있다.

지방자치단체의 사무를 자치사무와 위임사무(단체위임사무)로 양분하는 업무이원주의 방식은 19세기 프랑스 · 독일 등에서 지방자치단체의 자치권을 전국가적(前國家的)인 고유권으로 보는 관념에서 유래하였다. 즉 국가와 사회를 엄격하게 구분하는 이원주의적 사고방식하에서 자치사무는 시민의 자율과 자기책임하에 처리하는 사무로, 위임사무는 국가의 지시에 따라 처리되는 타율적인 사무로 이해되었다.[14] 그러나 국가와 사회의 이분법적 사고가 극복되고 자치권은 국가이전의 고유권으로 존재하는 것이 아니라, 헌법에 의하여 비로소 창설되고 보장되고 있다는 국가전래설이 지배적인 학설이 됨에 따라 업무이원주의방식은 점차로 비판을 받고 있다. 예를 들어 독일의 상당수의 주(州)들은 전통적인 업무이원주의를 포기하고 업무일원주의를 채택하고 있는바, 업무일원주의에 따르면 지방자치단체는 법률의 특별한 규정이 없는 한, 자신의 구역에서 모든 공공사무의 유일한 주체이고 자신의 책임하에 이들 업무를 수행한다. 다만, 업무수행이 법률에 의하여 의무지워지는지 여부 및 이러한 의무사무가 국가의 지시에 따라 행하여지는지 여부에 따라 임의사무, 의무사무, 지시에 따른 의무사무로 구분된다. 어느 경우에도 지방자치단체는 이들 사무를 자기책임하에 수행한다.[15]

우리 지방자치법 제13조는 여전히 업무이원주의를 채택하고 있는바, 이는 지방자치단체가 처리하는 사무에 대한 국가의 감독, 경비부담, 의회의 관여에 있어서 차이를 인정하려는 법기술적인 이유에 있다고 보아야 할 것이다. 한편, 위임사무에는 단체위임사무 이외에 국가 등이 지방자치단체의 장 및 기타의 기관에 대하여 위임한 기관위임사무가 있는바, 지방자치단체의 장 및 기타의 기관의 장은 기관위임사무를 처리하는 범위 내에서는 그 사무를 위임한 국가 등의 기관의 지위에 있게 되므로, 기관위임사무는 지방자치단체의 사무가 아니다.

Ⅱ. 사무의 종류

1. 자치사무

1) 의 의

자치사무란 지방자치단체의 존립목적이 되는 사무를 말한다. 지방자치단체는 본래 지역적인 공공사무를 처리하는 것을 목적으로 하고 있으며, 헌법 제117조 제1항이 규정하고 있는 바와 같이, 주민의 복리증진에 관한 사무가 그의 핵심을 이루고 있다. 지방자치단체가 그의 존립목적인 주민의 복리증진에 관한 사무를 수행하기 위하여는 조직을 갖추고, 재산을 관리하며, 자치법규를 제정하고 각종 사업을 경영하여야 하는바, 지방자치법 제13조 제2항에서는 이러한 자치사무의 종류를 예시적으로 규정하고 있다.

2) 종 류

자치사무는 그의 업무수행이 법률에 의하여 의무지워졌는가의 여부에 따라 임의적 사무(수의사무)와 의무적 사무(필요사무)로 구분할 수 있다.

가. 임의적 사무

임의적 사무는 지방자치단체가 업무를 수행할 것인가의 여부 및 어떻게 수행할 것인가에 대하

---

14) Wolff/Bachof/Stober, VerwR II, S. 30.

15) Wolff/Bachof/Stober, VerwR II, S. 89ff.

여 스스로 합목적적이라고 판단하는 바에 따라 자기책임하에 결정할 수 있는 업무를 말한다(지방도로의 건설, 극장 · 도서관 등 문화시설의 설치, 지역경제에 대한 자금지원 등). 이러한 임의적 사무는 법령에 규정되지 않은 경우가 대부분이나 법령에 규정되어 있다고 하더라도 수행의무가 부과되지 않은 경우에도 이에 해당될 수 있다.

나. 의무적 사무

이에 대하여 의무적 사무는 지방자치단체의 고유사무에 속하지만 임의적 사무와는 달리 그 수행의무가 법률에 규정된 경우이다. 여기서 지방자치단체는 수행여부에 대한 결정의 자유는 없으며, 단지 어떻게 수행할 것인가에 대하여만 재량이 주어진다. 의무적 사무는 지방자치단체에 중요한 의미를 갖는 사무에 해당하는 것을 법령이 그 처리를 의무화시키는 것으로서 초등학교의 설치(초 · 중등교육법 12조 2항), 오물의 처리(폐기물관리법 13조), 상 · 하수도의 설치와 관리(수도법 8조 1항, 하수도법 3조 2항) 등이 그 예에 속한다고 할 것이다.

판례 1(호적사무는 지방자치단체의 사무라는 판례) 지방자치법 제9조(현행 13조) 제1항은 지방자치단체는 그 관할구역의 자치사무와 법령에 의하여 지방자치단체에 속하는 사무를 처리한다고 규정하고, 같은 조 제2항은 각 호에서 제1항의 규정에 의한 지방자치단체의 사무를 열거하면서 제1호 (차)목으로 호적 및 주민등록관리를 예시하되, 그 단서에서 법률에 이와 다른 규정이 있는 경우에는 그러하지 아니하다고 규정하고 있는바, 이와 같은 호적법 및 지방자치법의 제규정에 비추어 보면 호적사무는 국가의 사무로서 국가의 기관위임에 의하여 수행되는 사무가 아니고 지방자치법 제9조가 정하는 지방자치단체의 사무라고 할 것이고, 단지 일반행정사무와는 달리 사법적 성질이 강하여 법원의 감독을 받게 하는 데 지나지 아니한다고 할 것이다(대판 1995. 3. 28, 94다45654).

판례 2(도시가스의 요금 및 기타 공급조건에 관한 공급규정의 승인에 관한 사항은 지방자치단체의 사무라는 판례) 도시가스사업법 제3조, 제9조, 제10조, 제11조, 제18조, 제18조의3, 제20조 등 관련 규정을 종합하면, 시 · 도지사의 지역별 가스공급시설의 공사계획 수립 · 공고나 도시가스의 요금 및 기타 공급조건에 관한 공급규정의 승인에 관한 사항은 지방자치법 제9조, 제35조 제1항 제11호에 의하여 법령에 의하여 지방자치단체의 사무에 속한 사항으로 조례로 제정할 수 있고, 일정한 경우 지방의회의 의결사항으로 할 수도 있다고 할 것이지 국가사무로 시 · 도지사에게 기관위임된 사무라고 할 것은 아니고, 같은 법 제18조의2, 제18조의4 제1항, 제20조 제3항, 제24조 제1항, 제2항, 제40조, 제40조의3, 제41조 제1항, 같은 법 시행령 제10조, 제11조, 제12조 등의 규정만으로 시 · 도지사가 가지는 지역별 가스공급시설의 공사계획 수립 · 공고나 도시가스의 요금 및 기타 공급조건에 관한 공급규정의 승인에 관한 업무의 성질이 달라지는 것은 아니다(대판 2001. 11. 27, 2001추57).

판례 3(약국 개설자에 대한 제재처분을 자치사무로 본 판례) 구 약사법 제76조 제1항 제3호, 제81조 제1항에 의하면, 시장 · 군수 또는 구청장(이하 '시장 등'이라고 한다)은 약국 개설자가 구 약사법을 위반한 경우 업무의 정지를 명하거나 그 업무정지처분을 갈음하여 과징금을 부과할 수 있는바, 이러한 시장 등의 사무는 ① 구 지방자치법 제9조 제2항 제2호 (가)목의 '주민복지에 관한 사업'으로서 주민의 복지증진에 관한 사무에 해당한다고 볼 수 있는 점, ② 그 사무의 성질이 반드시 전국적으로 통일적인 처리가 요구되는 사무라고 볼 수 없는 점, ③ 과징금을 내야 할 자가 납부하지 아니하는 경우 지방세 체납처분의 예에 따라 징수하고(구 약사법 제81조 제4항) 징수한 과징금은 징수한 시장 등이 속한 지방자치단체에 귀속되는 점(구 약사법 제81조 제5항) 등을 고려하면, 지방자치단체 고유의 자치사무라고 봄이 타당하다(대판 2014. 10. 27, 2012두15920).

판례 4(건축허가 사무를 자치사무로 본 판례) 구 지방자치법 제9조 제2항 제4호는 '지역개발과 주민의 생활환경시설의 설치 · 관리에 관한 사무'를 그중에서 (나)목은 "지방 토목 · 건설사업의 시행"을 자치단체의 사무로 예시하고 있고, 구 지방자치법 제10조 및 구 지방자치법 시행령 제8조 [별표1] 제4호 (나)목 8은 위 "지방 토목 · 건설사업의 시행" 사무중의 하나로서 '건축허가 등에 관한 업무'와 '무허가건축물 단속'을 시 · 군 · 자치구의 사무로 분류 · 규정하고 있다. 위 법령들에서 건축허가 사무를 시 · 군 · 자치구의 사무로 정한 것은, 특정 건축물이 해당 지역과 그 주민에 미칠 수밖에 없으므로, 허가권자인 지방자치단체의 장으로 하여금 건축이 이루어지는 지방자치단체에서의 자연적 · 사회적 · 행정적 제약이나 환경 등의 지역적 특성을 반영하여 허가 여부를 판단하고 허가권자의 권한과 책임 아래 그에 반하는 무허가건축물을 단속하게 하려는 취지로 보인다. 그리고 건축허가를 신청하는 사람은 허가권자에게 해당 지방자치단체의 조례로 정한 수수료를 납부하는 것이 원칙이고 그 납부된 수수료는 해당 지방자치단체에 귀속된다. 위와 같은 건축허가 사무에 관한 근거 규정의 형식 · 체제, 내용 및 입법취지와 아울러 실제의 경비 부담, 수수료의 납부 및 귀속 등에 관한 사정들을 종합하여 보면 건축허가에 관한 사무는 물론이고 건축허가를 의제하는 건축협의에 관한 사무도 지방자치단체의 자치사무라고 할 것이다(대판 2014. 3. 13, 2013두15934).

판례 5(어업면허사무가 자치사무에 해당된다는 판례) 수산업법은 면허어업에 대하여 그 면허가 시장 · 군수 · 구청장의 권한임을 명시하고 있는 점, 시장 · 군수 · 구청장은 수산업법 소정의 사유가 있는 경우에 면허한 어업을 제한 · 정지하거나 어업면허를 취소할 수 있는 점 등을 종합하면 어업면허사무는 지방자치단체의 사무에 해당하므로, 만약 청구인이 이 사건 쟁송해역에 대한 헌법상 및 법률상 자치권한을 가지고 있다고 인정된다면 이 해역에 대하여 이루어진 태안군수의 어업면허처분은 청구인의 자치권한을 침해하게 될 가능성이 있다(헌재결 2015. 7. 30, 2010헌라2).

---

3) 국가의 감독 · 경비부담 · 지방의회의 관여 및 국가배상책임

가. 국가의 감독

자치사무는 지방자치단체가 그의 업무수행에 있어서 국가나 다른 지방자치단체의 간섭을 받지 않고 자기책임하에 처리하는 사무로서 국가의 감독은 적법성감독에 제한되고 합목적성의 감독은 할 수가 없다(지자법 188조 5항).

나. 경비부담

자치사무는 지방자치단체의 사무이므로 그에 소요되는 경비는 지방자치단체가 부담한다. 그러나 지방자치단체의 재정상 불균형을 시정하고 국가시책상 필요하다고 인정되는 경우에는 지방교부세를 교부하거나 국가보조금을 통하여 재정지원을 할 수 있다.

다. 지방의회의 관여

자치사무의 처리에 대하여는 지방의회의 관여가 인정되어 지방의회는 의결권, 조례제정권, 행정사무의 조사 및 감사권을 갖고 있다.

라. 국가배상법상의 책임

지방자치단체소속의 공무원의 직무상 불법행위에 의하여 손해가 발생된 경우에는 지방자치단체는 선임 · 감독자 및 형식적 · 실질적 비용부담자로서 책임을 진다.

2. 위임사무

국가 또는 다른 지방자치단체 등으로부터 당해 지방자치단체에 위임된 사무를 의미한다. 좁은 의미에서는 단체위임사무만을 가리키나, 넓은 의미에서는 기관위임사무를 포함한다.

1) 단체위임사무

가. 의 의

단체위임사무란 지방자치법 제13조 제1항에서 규정한 바와 같이 법령에 의하여 지방자치단체에 속한 사무를 의미한다. 즉 단체위임사무는 법령에 의하여 국가나 다른 공공단체가 그 지방자치단체에 구체적으로 위임한 사무를 말한다. 단체위임사무에 대한 지방자치단체의 권한은 법령이 정하는 범위에 제한된다는 점에서 전권한성을 내용으로 하는 자치사무와 다르다. 지방자치단체는 국가의 위임사무를 처리함에 있어서 국가의 지시를 받지만 완전히 국가에 종속된 것이 아니고 상당한 자율성과 독자성을 갖고 있다. 지방자치단체는 사무를 처리하는 조직과 인사를 결정하고 업무의 수행에 있어서도 국가의 지시가 없는 한 독자적으로 처리할 수 있다. 따라서 단체위임사무와 자치사무의 구별은 상대적이며 실질적으로 구별하기가 매우 어렵다. 학설에서는 양자의 구별의 폐지를 주장하고 있으며, 지방자치법 제13조 제2항 역시 지방자치단체의 사무를 양자로 구별함이 없이 예시적으로 열거하고 있다. 실무상 국가의 위임사무와 자치사무의 구별은 당해 사무가 국가적 이해를 갖고 있느냐에 따르고 있다. 현행법상 단체위임사무는 그리 많지 않은바 시 · 군의 도세징수업무(지방세기본법 67조), 시 · 군이 다른 시 · 군에 의무교육학령아동의 일부에 대한 교육사무의 위탁(초 · 중등교육법 12조 3항) 등을 예로 들 수 있다.

나. 국가의 감독, 경비부담, 의회의 관여 및 국가배상책임

가) 국가의 감독　　국가가 위임한 단체위임사무는 국가사무가 지방자치단체에 위임되었기 때문에 국가의 감독은 적법성감독과 더불어 합목적성감독을 포함한다(지자법 188조 1항, 2항).

나) 경비의 부담　　국가사무 또는 지방자치단체사무를 위임하는 때에는 이를 위임한 국가 또는 지방자치단체에서 그 경비를 부담한다(지자법 158조 단서, 지방재정법 21조 2항).

다) 지방의회의 관여　　자치법규인 조례는 원칙적으로 자치사무를 규율대상으로 하는 것이기는 하나 지방자치법 제28조는 자치사무와 단체위임사무를 구별함이 없이 조례의 규율대상으로 하고 있기 때문에 지방의회는 단체위임사무에 대하여도 조례제정권을 갖는다. 한편, 지방의회는 단체위임사무에 대하여는 국회와 시 · 도의회가 직접 감사하기로 한 사무를 제외하고는 그 감사를 각각 당해 시 · 도의회와 시 · 군 및 자치구의회가 행할 수 있다(지자법 49조 3항).

라) 국가배상법상의 책임　　단체위임사무의 경우 지방자치단체는 공무원의 선임 · 감독자로서 그리고 형식적 비용부담자로서 국가배상책임을 진다.

2) 기관위임사무

가. 의 의

기관위임사무란 국가 또는 다른 지방자치단체 등으로부터 당해 지방자치단체의 기관에 위임된 사무를 의미한다. 기관위임사무는 지방자치단체의 사무가 아니며, 지방자치단체의 장 기타의 기관은 기관위임사무를 처리하는 범위 안에서 그 사무를 위임한 국가 등의 기관의 지위에 서게 된다. 또한 위임자와 수임자의 관계는 상급행정기관과 하급행정기관의 관계를 형성함이 보통이다. 지방자치법 제115조는 "시 · 도와 시 · 군 및 자치구에서 시행하는 국가사무는 법령에 다른 규정이 없으면 시 · 도지사와 시장 · 군수 및 자치구의 구청장에 위임하여 행한다"고 규정하고 있고, 제116조는 "지방자치단체의 장은 당해 지방자치단체의 사무와 법령에 따라 그 지방자치단체의 장에게 위임된 사무를 관리하고 집행한다"고 규정하여 기관위임사무에 대한 법적 근거를 마련하고 있다. 현재 우리나라에서 지방자치단체가 수행하는 사무의 주종은 기관위임사무이며, 그 비율은 70%에 달한다.

나. 국가의 감독 · 경비부담 · 의회의 관여 · 국가배상책임

가) 국가의 감독　국가의 기관위임사무에 대한 감독은 국가의 하급행정기관에 대한 감독에 해당하기 때문에 적법성여부 뿐만 아니라 합목적성여부에 대한 감독까지 포함한다. 기관위임사무의 관리 및 집행을 명백하게 해태할 경우에는 감독관청은 이행명령을 할 수 있고 기간내에 이행하지 않을 경우에는 그 지방자치단체의 비용부담으로 대집행하거나 행정상 · 재정상 필요한 조치를 할 수 있다(지자법 189조 2항). 다만, 지방자치단체의 장은 이행명령에 이의가 있으면 이행명령서를 접수한 날부터 15일 이내에 대법원에 소를 제기할 수 있다. 이 경우 지방자치단체의 장은 이행명령의 집행을 정지하게 하는 집행정지결정을 신청할 수 있다(지자법 189조 6항).

나) 경비의 부담　국가의 기관위임사무는 국가사무이므로 그에 소요되는 경비는 국가가 그 전부를 교부하여야 한다(지방재정법 21조 2항).

다) 지방의회의 관여　국가의 기관위임사무는 법률에 특별한 규정이 없는 한 지방의회의 조례의 규율대상이 되지 않는다. 그러나 사무의 감사와 관련하여서는 단체위임사무와 같이 국회와 시 · 도의회가 직접 감사하기로 한 사무를 제외하고는 당해 시 · 도의회와 시 · 군 및 자치구의회가 행할 수 있다(지자법 49조 3항).

라) 국가배상법상의 책임　기관위임사무에 있어서 국가는 선임 · 감독자로서 지방자치단체는 형식적 비용부담자로서 책임을 진다.

3. 사무의 구별기준

1) 문제의 제기

지방자치단체의 사무유형은 상술한 바와 같이 자치사무, 단체위임사무, 기관위임사무로 구분되며, 그에 따라 국가의 감독, 경비부담, 의회의 관여에 있어서 차이가 난다면, 실제로 지방자치단체가 행하는 구체적인 사무가 위 세 가지 사무유형 중 어디에 속하는지 구별할 필요성이 존재한다. 헌법 제117조 제1항, 제118조 제2항에 따라 지방자치단체의 자치권은 법률유보하에 있기 때문에, 입법자는 자신의 입법재량에 따라 일정한 사무를 자치사무로, 위임사무 또는 기관위임사무로 결정할 수 있다. 이에 따라 어떤 사무가 어떤 유형의 사무에 속하는지는 사무의 성질에 따라 당연히 결정되는 것이 아니라, 입법자가 어떻게 결정하는가에 따라 정하여진다. 다만, 지방자치단체의 제도적 보장에 따라 자치권의 본질적인 내용을 이루는 사무(예컨대 주민의 복리증진에 관한 사무)를 지방자치단체로부터 박탈하여 국가사무로 하는 것은 입법재량의 한계를 벗어나기 때문에 허용되지 않는다. 지방자치법 제13조 제2항은 지방자치단체의 사무를, 제15조는 국가사무를 예시적으로 규정하고 있으나, 각 단서조항에서는 법률로 달리 규정할 수 있도록 하고 있기 때문에 지방자치단체가 구체적으로 행하는 특정사무가 어떤 유형의 사무에 속하는지 판단하기가 쉽지 않은 경우가 종종 발생하고 있다.

2) 구별기준

가. 권한규정이 있는 경우

개별법률에서 대통령과 국무총리 또는 각 중앙행정기관의 장의 권한으로 규정하고 있는 사무는 국가사무로 볼 수 있다. 이와 같은 국가사무 중에서 지방자치단체에 위임된 사무는 단체위임사무로 보아야 할 것이며, 시 · 도지사나 시장 · 군수 · 구청장에게 위임된 것은 기관위임사무로 보아야 할 것이다. 한편, 개별법률에 중앙행정기관의 장과 시 · 도지사, 시장 · 군수 · 구청장의 권한이 동시에 규정된 경우에는 개별법률의 취지 및 내용을 구체적으로 파악하여 해당사무가 주무부장관의 통제하에 전국적인 기준에 의하여 처리되거나 전국적으로 통일적인 집행이 요구되는 사무는 기관위임사무로 보아야 할 것이며, 반면 지역적인 특성에 따라 자율적으로 처리되는 것이 바람직하거나 지방자치법 제13조 제2항 소정의 지방자치단체의 사무에 포함되어 있는 경우는 자치사무로 보아야 할 것이다.[16)]

나. 권한규정이 불분명한 경우

한편, 권한규정이 명확하지 않은 경우에는 비용부담, 수입규정, 감독규정 및 지방자치법 제13조 제2항과 제15조의 예시규정을 함께 고려하여 판단하여야 할 것이다. 예를 들어 사무에 소요되는 비용을 지방자치단체가 부담하고 그로 인한 수입도 지방자치단체에 귀속시키는 경우에는 자치사무로 볼 수 있을 것이다.

판례 1(기관위임사무의 판단기준) 법령상 지방자치단체의 장이 처리하도록 규정하고 있는 사무가 기관위임사무에 해당하는지 여부를 판단함에 있어서는 그에 관한 법령의 규정 형식과 취지를 우선 고려하여야 할 것이지만 그 외에도 그 사무의 성질이 전국적으로 통일적인 처리가 요구되는 사무인지 여부나 그에 관한 경비부담과 최종적인 책임귀속의 주체 등도 아울러 고려하여 판단하여야 할 것이다(대판 1999. 9. 17, 99추30).

판례 2(지방자치단체의 장인 시장이 국도의 관리청인 경우에는 국가행정기관의 지위를 갖는다는 판례) 도로법 제22조(현행 제23조) 제2항에 의하여 지방자치단체의 장인 시장이 국도의 관리청이 되었다 하더라도 이는 시장이 국가로부터 관리업무를 위임받아 국가행정기관의 지위에서 집행하는 것이므로 국가는 도로관리상 하자로 인한 손해배상책임을 면할 수 없다(대판 1993. 1. 26, 92다2684).

판례 3(부랑인선도시설 및 정신질환자요양시설에 대한 지도 · 감독사무는 국가기관위임사무라는 판례) 부랑인선도시설 및 정신질환자요양시설의 지도 · 감독사무에 관한 법규의 규정 형식과 취지가 보건사회부장관 또는 보건복지부장관이 위 각 시설에 대한 지도 · 감독권한을 시장 · 군수 · 구청장에게 위임 또는 재위임하고 있는 것으로 보이는 점, 위 각 시설에 대한 지도 · 감독사무가 성질상 전국적으로 통일적인 처리가 요구되는 것인 점, 위 각 시설에 대한 대부분의 시설운영비 등의 보조금을 국가가 부담하고 있는 점, 장관이 정기적인 보고를 받는 방법으로 최종적인 책임을 지고 있는 것으로 보이는 점 등을 종합하여 볼 때, 부랑인선도시설 및 정신질환자요양시설에 대한 지방자치단체장의 지도 · 감독사무는 보건복지부장관 등으로부터 기관위임된 국가사무이다(대판 2006. 7. 28, 2004다759).

판례 4(교육공무원 및 사립학교교원의 징계의결요구사무가 국가위임사무라는 판례) 교육공무원 징계사무의 성격, 그 권한의 위임에 관한 교육공무원법령의 규정 형식과 내용 등에 비추어 보면, 국가공무원인 교사에 대한 징계는 국가사무이고, 그 일부인 징계의결요구 역시 국가사무에 해당한다고 보는 것이 타당하다. 따라서 교육감이 담당 교육청 소속 국가공무원인 교사에 대하여 하는 징계의결요구 사무는 국가위임사무라고 보아야 한다. 또한 사립학교 교원의 복무나 징계 등은 국 · 공립학교 교원과 같이 전국적으로 통일하여 규율되어야 한다. 이를 고려할 때, 구 사립학교법 제54조 제3항이 사립 초등 · 중 · 고등학교 교사의 징계에 관하여 규정한 교육감의 징계요구 권한은 위 사립학교 교사의 자질과 복무태도 등을 국 · 공립학교 교사와 같이 일정 수준 이상 유지하기 위한 것으로서 국 · 공립학교 교사에 대한 징계와 균형 있게 처리되어

16) 金南辰/金連泰, 行政法 II, 151면.

야 할 국가사무로서 시 · 도 교육감에 위임된 사무라고 보아야 한다(대판 2013. 6. 27, 2009추206).

판례 5(학교생활기록의 작성에 관한 지도 · 감독사무를 국가기관위임사무로 본 판례) 학교생활기록에 관한 초 · 중등교육법, 고등교육법 및 각 시행령의 규정 내용에 의하면, 어느 학생이 시 · 도를 달리하여 또는 국립학교와 공립 · 사립학교를 달리하여 전출하는 경우에 학교생활기록의 체계적 · 통일적인 관리가 필요하고, 중학생이 다른 시 · 도 지역에 소재한 고등학교에 진학하는 경우에도 학교생활기록은 고등학교의 입학전형에 반영되며, 고등학생의 학교생활기록은 교육부장관의 지도 · 감독을 받는 대학교의 입학전형자료로 활용되므로, 학교의 장이 행하는 학교생활기록의 작성에 관한 사무는 국민 전체의 이익을 위하여 통일적으로 처리되어야 할 성격의 사무이다. 따라서 전국적으로 통일적 처리를 요하는 학교생활기록의 작성에 관한 사무에 대한 감독관청의 지도 · 감독 사무도 국민 전체의 이익을 위하여 통일적으로 처리되어야 할 성격의 사무라고 보아야 하므로, 공립 · 사립학교의 장이 행하는 학교생활기록부 작성에 관한 교육감의 지도 · 감독 사무는 국가사무로서 교육감에 위임된 사무이다(대판 2014. 2. 27, 2012추183).

판례 6(교원의 지위에 관한 사항이 국가사무인지 여부) 지방자치법 제9조 제2항 제5호에서 교육 · 체육 · 문화 · 예술의 진흥에 관한 사무를 지방자치단체의 사무로 들고 있고, 지방교육자치에 관한 법률 제2조가 지방자치단체의 교육 · 학예에 관한 사무를 특별시 · 광역시 및 도의 사무로 한다고 규정하고 있으나, 교원의 지위에 관한 사항은 규정하고 있지 아니하다. 따라서 이 사건 조례안 제10조가 교원인사에 관한 사항을 심의하기 위하여 공립학교에 교원인사자문위원회를 두도록 하고 그 심의사항에 관하여 규정한 것은 국가사무에 관하여 법령의 위임 없이 조례로 정한 것으로 조례제정권의 한계를 벗어나 위법하다(대판 2016. 12. 29, 2013추36).

Ⅲ. 지방자치단체의 사무배분의 방식과 기준

1. 국가와 지방자치단체간의 사무배분

1) 사무배분의 방식

국가와 지방자치단체간의 사무배분의 방식은 나라마다 역사적 전통, 정치제도 등에 따라 차이가 있는바, 대체로 영 · 미의 개별적 지정방식과 독일의 포괄적 수권방식으로 구별할 수 있다. 개별적 지정방식은 개개의 지방자치단체별로 행정 및 재정능력에 따라 개별적으로 지정하는 방식이며, 포괄적 수권방식은 법률에서 별도로 국가나 다른 지방자치단체의 사무로 규정한 경우를 제외하고는 포괄적으로 수권하는 방식을 말한다. 헌법 제117조 제1항은 주민의 복리에 관한 모든 사무를 지방자치단체의 사무로 규정하여 전권한성(全權限性)의 원칙을 채택하고 있고 지방자치법 제13조 제1항은 "지방자치단체는 그 관할구역의 자치사무 … 를 처리한다"라고 규정하여 포괄적 수권방식을 채택하고 있다.

2) 사무배분의 기준

가. 지방자치단체의 사무

지방자치법 제13조 제2항은 자치사무를 ① 지방자치단체의 구역 · 조직 및 행정관리에 관한 사무, ② 주민의 복지증진에 관한 사무, ③ 농림 · 상공업 등 산업진흥에 관한 사무, ④ 지역개발 및 주민의 생활환경시설의 설치 · 관리에 관한 사무, ⑤ 교육 · 체육 · 문화 · 예술의 진흥에 관한 사무, ⑥ 지역민방위 및 소방에 관한 사무를 예시적으로 규정하고 이를 다시 세분하고 있다. 여기에는 물론 단체위임사무가 포함되어 있다. 지방자치법 제13조 제2항에 예시되지 않은 사무라고 할지라도 전권한성의 원칙에 따라 주민의 복리에 관한 사무는 자치사무로 된다. 다만, 제13조 제2항 단서에 따라 입법자는 예시된 사무라고 할지라도 법률에 의하여 국가사무 또는 국가기관위임사무로 할 수 있다.

나. 지방자치단체가 처리할 수 없는 국가사무

지방자치법 제15조는 지방자치단체가 처리할 수 없는 국가사무로서 ① 외교, 국방, 사법, 국세 등 국가의 존립에 필요한 사무, ② 물가정책, 금융정책, 수출입정책 등 전국적으로 통일적 처리를 요하는 사무, ③ 농림 · 축산 · 수산물 및 양곡의 수급조절과 수출입 등 전국적 규모의 사무, ④ 국가종합경제개발계획, 국가하천, 국유림, 국토종합개발계획, 지정항만, 고속국도 · 일반국도, 국립공원 등 전국적 규모 또는 이와 비슷한 규모의 사무, ⑤ 근로기준, 측량단위 등 전국적으로 기준의 통일 및 조정을 요하는 사무, ⑥ 우편, 철도 등 전국적 규모 또는 이와 비슷한 규모의 사무, ⑦ 고도의 기술을 요하는 검사 · 시험 · 연구, 항공관리, 기상행정, 원자력개발 등 지방자치단체의 기술 및 재정능력으로 감당하기 어려운 사무 등 7개 유형으로 나누어 규정하고 있다. 지방자치법 제15조에 규정된 사무는 지방자치단체의 자치사무 또는 단체위임사무로 될 수 없음이 원칙이지만 법률로서 예외를 정할 수 있도록 하고 있다(동법 15조 단서).

2. 광역지방자치단체와 기초지방자치단체간의 사무의 배분

지방자치법 제14조는 자치사무에 관련하여 광역지방자치단체와 기초지방자치단체간의 사무의 배분기준을 마련하고 있다.

1) 사무배분의 원칙

가. 불경합성의 원칙

지방자치법 제14조 제3항은 시 · 도와 시 · 군 및 자치구는 그 사무를 처리함에 있어서 서로 경합하지 않아야 한다고 규정하여 사무배분에 있어서 불경합성의 원칙을 규정하고 있다. 이는 사무의 귀속과 권한, 책임의 소재 등을 명확히 하고 이중행정, 중복행정을 피하기 위한 것이다. 불경합성의 원칙에 따라 시 · 도와 시 · 군 · 자치구가 공동으로 관할권을 갖는 공관사무는 인정되지 않는다. 불경합성의 원칙은 구체적인 개별사무가 경합적으로 귀속될 수 없다는 것을 의미하므로 동일한 성질의 사무라도 개별적 구체적으로 동일한 경우가 아니라면 시 · 도와 시 · 군 · 구에 동시에 귀속될 수 있다. 예를 들어 일정규모의 개발사업은 도에, 그 이하 규모의 개발사업은 시 · 군에 귀속되게 할 수 있다.

나. 보충성의 원칙

지방자치법 제14조 제3항은 "… 그 사무가 서로 경합되는 경우에는 시 · 군 및 자치구에서 우선적으로 처리한다"라고 규정하여 시 · 군 · 자치구의 관할이 시 · 도의 관할에 우선함을 규정하고 있다. 기초지방자치단체우선의 원칙이라고도 한다. 이 원칙에 따라 주민의 복리에 관한 모든 사무는 원칙적으로 기초지방자치단체인 시 · 군 · 구가 처리하고, 시 · 군 · 구가 처리하기에 적합하지 않은 경우에만 시 · 도가 이를 수행한다.

2) 사무배분의 기준

가. 공통사무

지방자치단체의 구역, 조직 및 행정관리에 관한 사무(지자법 13조 2항 1호)는 시 · 도와 시 · 군 · 자치구의 구별없이 각 지방자치단체의 공통사무로 하고 있다(지자법 14조 1항 단서). 이에 속하는 것으로서는 ① 관할구역 안 행정구역의 명칭 · 위치 및 구역의 조정, ② 조례 · 규칙의 제정 · 개폐 및 그 운영 · 관리, ③ 산하 행정기관의 조직관리, ④ 산하 행정기관 및 단체의 지도 · 감독, ⑤ 소속공무원의 인사 · 후생복지 및 교육, ⑥ 지방세와 지방세외수입의 부과 및 징수, ⑦ 예산의 편성 · 집행 및 회계감사와 재산관리, ⑧ 행정장비관리, 행정전산화 및 행정관리개선, ⑨ 공유재산관리, ⑩ 호적 및 주민등록관리, ⑪ 지방자치단체가 필요로 하는 각종 조사 및 통계의 작성 등이 있다. 이들 사무는 지방자치단체가 행정주체로서 존립하고 활동할 수 있도록 조직하고 의사결정과정을 마련하며 필요한 재정적 · 인적 수단을 갖추기 위한 이른바 지방자치단체의 존립사무에 해당된다. 존립사무는 각 지방자치단체의 존립을 위한 사무이므로 지방자치단체간에 사무가 중복되지 않으며 이에 따라 불경합성의 원칙에 위배되지 않는다.

나. 시 · 도의 사무

특별시 · 광역시 · 도는 시 · 군 · 자치구를 포함하는 광역지방자치단체라는 점에서 그 지위와 규모를 고려하여, 지방자치단체의 사무 중 광역에 걸치는 사무, 통일적 처리를 요하는 사무, 대규모시설사무 등을 처리한다. 시 · 도가 처리하여야 할 사무로서는 ① 행정처리결과가 2개 이상의 시 · 군 및 자치구에 미치는 광역적 사무, ② 시 · 도 단위로 동일한 기준에 의하여 처리되어야 하거나, ③ 지역적 특성을 살리면서 시 · 도 단위로 통일성을 유지할 필요가 있는 사무, ④ 국가와 시 · 군 및 자치구간의 연락 · 조정 등의 사무, ⑤ 시 · 군 및 자치구가 독자적으로 처리하기에 부적당한 사무, ⑥ 2개 이상의 시 · 군 및 자치구가 공동으로 설치하는 것이 적당하다고 인정되는 규모의 시설의 설치 및 관리에 관한 사무가 있다(지자법 14조 1항 1호).

다. 시 · 군 · 자치구의 사무

자치사무 중 시 · 도가 처리하는 것으로 되어 있는 사무를 제외한 사무를 처리한다. 다만 인구 50만 이상의 시에 대하여는 도가 처리하는 사무의 일부를 처리하게 할 수 있다(지자법 14조 1항 2호). 또한 자치구의 자치권의 범위는 법령이 정하는 바에 의하여 시 · 군과 다르게 할 수 있는바(지자법 2조 2항), 이에 대한 특례가 정하여져 있다.

라. 시 · 도 및 시 · 군 · 자치구의 사무의 내용

위에서 설명한 기준에 따른 시 · 도 및 시 · 군 · 자치구가 처리하는 사무의 구체적인 내용은 대통령령으로 정하도록 하고 있는바(지자법 14조 2항), 지방자치법시행령 제8조 및 별표 1은 이를 예시적으로 정하고 있다. 예시되지 않은 사무는 그것이 명백하게 시 · 도의 사무에 속하지 않는 한 시 · 군 · 자치구의 사무가 될 것이다. 또한 자치구의 사무의 특례에 의하여 자치구에서 처리하지 않고 특별시 · 광역시에서 처리하는 사무는 동법시행령 제9조 및 별표 2에서 예시하고 있으며, 인구 50만 이상의 시에서 직접 처리할 수 있는 도의 사무는 동법시행령 제10조 및 별표 3에 예시되어 있다.

판례(자치사무로서 교육감의 학교법인 임원취임의 승인 및 취소권의 위임) 현행법상 교육감은 지방자치단체의 교육 · 학예에 관한 사무의 특별집행기관임과 동시에 국가의 기관위임사무를 처리하는 범위 내에서 국가행정기관으로서의 지위를 아울러 가지고 지방자치단체의 사무와 기관위임사무를 함께 관장하고 있어 행위의 외관상 양자의 구분이 쉽지 아니하고, 사립학교법 제4조에는 사립학교를 설치 · 운영하는 학교법인 등에 대한 관할청으로서 교육부장관이 교육감과 함께 규정되어 있을 뿐만 아니라 학교법인 임원취임의 승인 및 그 취소권은 교육감의 관장사무를 규정한 지방교육자치에관한법률 제27조에 규정되어 있지 아니하고 사립학교법 제20조, 제20조의2에서 '관할청'의 권한으로 규정되어 있는 관계로 교육감의 학교법인 임원취임의 승인 및 그 취소권은 본래 교육부장관의 권한으로서 교육감에게 기관위임된 것으로 오인할 여지가 없지 아니하며, 또한 헌법 제107조 제2항의 '규칙'에는 지방자치단체의 조례와 규칙이 모두 포함되는 등 이른바 규칙의 개념이 경우에 따라 상이하게 해석되는 점 등에 비추어, 임원취임의 승인취소처분에 관한 권한위임 과정의 하자가 객관적으로 명백하다고 할 수는 없다고 보아 당연무효 사유는 아니다(대판(전원합의체) 1997. 6. 19, 95누8669).

제5절 지방자치단체의 기관

공법상의 법인인 지방자치단체가 기능을 하기 위하여는 일정한 기관을 필요로 한다. 헌법 제118조 제2항은 지방자치단체의 조직과 권한을 법률로 정하도록 하고 있다. 지방자치법은 의결기관으로서 지방의회, 집행기관으로서 지방자치단체장을 두고 있으며, 「지방교육자치에 관한 법률」은 의결기관으로 교육위원회를, 집행기관으로 교육감을 두고 있다. 이들 기관 이외에도 지방자치단체에는 개별법률에 의하여 인사위원회, 지방소청심사위원회, 행정심판위원회, 지방토지수용위원회 등 다양한 기관들이 설치되어 있다. 다음에서는 지방의회와 지방자치단체장을 중심으로 설명하기로 한다.

Ⅰ. 지방자치단체의 기관구성형태

지방자치단체의 의사를 결정하는 의결기관과 이를 집행하는 집행기관의 구성형태는 각국의 역사적 전통에 따라 다양한 형태가 있을 수 있으나 크게 기관통합형과 기관대립형 그리고 절충형 세 가지 형태가 있다.

① 기관통합형이란 국가의 정부형태의 의원내각제와 유사한 것으로 지방자치단체의 정책결정기능과 정책집행기능을 단일기관에 귀속시키는 형태로서 그 대표적인 예로 영국의 의회형과 미국의 시정부형태 중 위원회형을 들 수 있다.

② 기관대립형은 국가의 정부형태에 있어서 대통령중심제와 유사한 것으로서 권력분립주의에 입각하여 지방자치단체의 정책결정기능과 정책집행기능을 각각 다른 기관에 분담시켜 기관간에 견제와 균형이 이루어지도록 하는 형태를 말한다. 보통 수장주의(首長主義)라고도 한다.

③ 절충형은 의결기관과 집행기관을 대립시키지 않은 점에서 기관통합형의 요소를 갖고 있으나 의결기관 이외에 별도로 집행기관을 두고 있다는 점에서 기관대립형의 요소를 갖고 있어 양자를 절충한 형태라고 할 수 있다. 네덜란드, 벨기에, 스위스 등에서 채택하고 있는 의회 · 참사회형이 절충

형의 주된 형태라고 할 것이다.

우리 지방자치법은 기관대립형을 채택하여 의결기관인 지방의회와 집행기관인 지방자치단체장을 다 같이 주민의 직접적인 선거에 의하여 선출 및 구성하고, 서로 대립시켜 각자 권한을 분담하여 상호간에 견제와 균형을 도모하도록 하고 있다. 그러나 지방자치단체의 의회와 집행기관에 관한 이 법의 규정에도 불구하고 따로 법률로 정하는 바에 따라 지방자치단체의 장의 선임방법을 포함한 지방자치단체의 기관구성 형태를 달리할 수 있다(지자법 4조 1항). 제1항에 따라 지방의회와 집행기관의 구성을 달리하려는 경우에는 「주민투표법」에 따른 주민투표를 거쳐야 한다(지자법 4조 2항).

Ⅱ. 지방의회

1. 의 의

지방의회는 주민에 의하여 직접 선출되는 의원으로 구성되는 주민의 대의기관이다. 헌법 제118조 제1항은 지방자치단체에 반드시 지방의회를 두도록 규정하고 있다. 이러한 지방의회에는 특별시의회, 광역시의회, 도의회, 시의회, 군의회, 자치구의회가 있다. 지방의회는 권리능력은 없으나 지방자치단체의 다른 기관과의 관계에 있어서 조직법상의 권리주체가 될 수 있다.[17)]

2. 지방의회의 법적 지위

1) 주민의 대표기관으로서의 지위

지방의회는 주민에 의하여 선출되는 의원으로 구성되기 때문에 주민의 대표기관으로서의 지위를 갖는다. 주민에 의하여 민주적 정당성이 부여되는 지방의회는 주민의 정치적 대표기관의 성격을 갖는 동시에, 지방의회의 의사결정이 주민의 의사로서 법적 구속력을 갖는다는 의미에서 법적 대표기관의 성격을 갖는다.

2) 의사결정기관으로서의 지위

지방의회는 당해 지방자치단체에서 최상위의결기관으로서의 지위를 갖는다. 따라서 지방자치단체에서 행하여지는 모든 중요한 사무는 지방의회의 의결을 거쳐야 한다. 지방자치법 제47조 제1항은 이를 예시적으로 규정하고 있으며, 그 밖에도 지방의회는 지방의회에서 의결할 사항을 조례로 정할 수 있다(지자법 47조 2항).

3) 집행기관의 통제기관으로서의 지위

지방의회는 집행기관의 행정을 감시 · 통제하는 기관으로서의 지위를 갖는다. 지방의회의 집행기관에 대한 감시 · 통제수단으로서는 ① 행정사무에 대한 감사 및 조사권(지자법 49조), ② 지방자치단체의 장과 관계공무원의 출석요구, ③ 행정사무 처리상황 보고 및 질문권(지자법 51조), ④ 지방자치단체의 장에 대한 서류제출요구권 등이 있다(지자법 48조).

4) 행정기관으로서의 지위

지방의회는 그 구성과 기능 및 의사결정절차에 있어서 국회와 매우 유사하지만 국회와는 법적 지위에 있어서 다르다. 국회가 행정기관에 대립된 입법기관으로서의 지위를 갖는데 대하여 지방의회

17) 鄭夏重, 地方自治團體機關 相互間의 紛爭에 대한 行政訴訟(上), 判例月報, 1998. 5, 50면 이하.

는 행정주체인 지방자치단체의 기관의 성격을 갖기 때문에 행정기관의 지위를 갖는다.[18] 이에 대하여 지방의회가 민주적 정당성을 갖는 주민의 대표기관이라는 점, 그리고 조례제정권을 갖는다는 점을 들어 지방의회를 지방자치단체의 입법기관으로 보는 견해도 있으나[19] 조례제정은 국가법적인 의미에서 입법기능이 아니라, 행정입법의 성격을 갖고 있으며, 또한 지방의회의 역할은 조례제정에 국한되는 것이 아니라 오히려 순수한 행정결정을 내리는 경우가 더 많기 때문에 행정기관이라고 할 것이다.

3. 지방의회의 구성

지방의회는 주민의 보통 · 평등 · 직접 · 비밀선거에 의하여 선출된 의원으로 구성된다(지방자치법 38조). 지방의회의원의 선거구와 의원정족수에 대하여는 공직선거법에서 규정하고 있다. 동법에 의하면 시 · 도의회와 시 · 군 · 자치구의회의 구성은 지역구를 단위로 하여 주민에 의하여 직선되는 지역구의원과 시 · 도 및 시 · 군 · 자치구 단위로 선출되는 비례대표의원으로 구성된다(동법 20조 1항 · 2항).

지방의회 의원정수는 각 지방자치단체의 인구에 비례하여 법으로 규정되어 있으며(동법 22조 · 23조), 총선거를 시행할 때가 아니면 증감할 수 없고 지방자치단체의 구역변경이나 폐치 · 분합이 있을 때에 한하여 의원정수를 조정할 수 있다(동법 28조).

구 공직선거 및 부정선거방지법은 정당의 후보자 추천을 자치구 · 시 · 군의원선거에서는 허용하지 않았지만 개정된 공직선거법에서는 기초지방자치단체의 지방의회의원에 대한 정당추천을 허용하고 있다(동법 47조).

4. 지방의회의원

1) 의 의

지방의회의원은 주민의 직접선거로 선출된 주민의 대표자이다. 여기서 주민의 대표자라고 할 때의 대표는 주민의 위임에 구속을 받는 민법상의 기속적 위임이 아니고 비기속적 위임이라고 할 것이다. 지방의회의원은 공공의 이익을 우선하여 양심에 따라 그 직무를 성실히 수행하여야 한다(지자법 44조 1항). 종전의 지방자치법 제32조 제1항은 지방의회의원의 직은 명예직으로 한다고 규정하였으나 2003년 7월 18일의 개정법률에서는 이를 삭제하였다. 또한 2005년 6월 30일의 개정법률에서는 지방의회의원에게 매월 지급하는 의정활동비(구 지자법 33조 1항 1호) 및 공무로 여행할 때 지급하는 여비(구 지자법 33조 1항 2호)에 추가하여, 직무활동에 대하여 회기에 관계없이 지급하는 월정수당(구 지자법 33조 1항 3호)을 새로이 도입함으로써 지방의회의원의 유급전문직의 성격을 명확히 하였다. 이는 지방의회의원에게 매월 일정액의 수당을 지급함으로써 지방의회의원이 전문성을 가지고 의정활동에 전념할 수 있도록 하기 위한 것이다.

2) 의원의 권리와 의무

가. 의원의 권리

가) 의사활동과 관련된 권리 의원은 의안의 발의권(지자법 76조), 질문권(지자법 51조), 발언 및 표결권을 갖는다.

---

18) 洪井善, 行政法原論(下), 102면; 李琦雨, 地方自治理論, 417면; 柳至泰/朴鍾秀, 行政法新論, 871면.

19) 金南辰/金連泰, 行政法 II, 191면.

나) 선거권 및 피선거권 의원은 의장 · 부의장(지자법 57조 1항) 및 위원회 위원의 선거권과 피선거권을 갖는다(지자법 64조 3항).

다) 재산상의 권리 의원은 의정자료의 수집 · 연구와 이를 위한 보조활동에 소요되는 비용의 보전을 위한 의정활동비(지자법 40조 1항 1호) 및 공무여행시의 여비(지자법 40조 1항 2호)와 회기에 관계없이 직무활동에 대하여 지급하는 월정수당(40조 1항 3호)을 지급받는다. 수당의 지급기준은 대통령령이 정하는 바에 따라 해당 지방자치단체의 의정비심의위원회에서 결정하는 금액 이내로 하여 지방자치단체의 조례로 정한다(지자법 40조 2항). 의원은 또한 회기중 직무로 인하여 신체에 상해를 입거나 사망한 때와 그 상해 또는 직무로 인한 질병으로 사망한 때에는 보상금을 지급받을 수 있다(지자법 42조).

판례 1(지방의회의원에 대하여 유급보좌관을 두는 예산안의결의 효력유무) 지방의회의원에 대하여 유급보좌인력을 두는 것은 지방의회의원의 신분 · 지위 및 그 처우에 관한 현행 법령상의 제도에 중대한 변경을 초래하는 것으로서, 이는 개별 지방의회의 조례로써 규정할 사항이 아니라 국회의 법률로써 규정하여야 할 입법사항이다(국회의원의 입법활동을 지원하기 위한 보좌직원으로서의 보좌관도 국회의원수당 등에 관한 법률 제9조에서 규정하고 있다). 지방의회의원의 신분 · 지위 및 그 처우에 관하여, 지방자치법은 제33조에서 의정 자료를 수집하고 연구하거나 이를 위한 보조 활동에 사용되는 비용을 보전하기 위하여 매월 지급하는 의정활동비, 공무여비 및 지방의회의원의 직무활동에 대하여 지급하는 월정수당 등을 지급하도록 규정하고, 제34조에서 회기 중 직무로 인한 사망 · 상해시 보상금을 지급하도록 규정하고 있을 뿐, 지방자치법은 물론 기타 다른 법령에서 지방의회의원에 대하여 유급보좌인력을 둘 수 있는 법적 근거가 있음을 찾아볼 수가 없다. 이 사건 예산안 중 이 사건 근로자를 임용하여 그에 대한 보수를 지급하는 내용의 '상임(특별)위원회 운영 기간제근로자 등 보수' 부분은 법령 및 조례로 정하는 범위에서 그 경비를 산정하여 예산에 계상하도록 한 지방재정법 제36조 제1항의 규정에 반하며, 이에 관하여 한 이 사건 재의결은 그 효력이 없다고 할 것이다(대판 2013. 1. 16, 2012추84).

판례 2(지역주민의 여론조사결과에 일부 부합하지 않은 의정비심의위원회의 의정활동비 등의 상한액 결정이 위법한지 여부) 구 지방자치법 제33조 제1항, 제2항, 구 지방자치법 시행령 제33조 제1항 제1호, 제2호, 제3호는 지방의회의원에게 지급하는 비용으로서 조례로 정하는 의정활동비, 여비, 월정수당(이하 '의정활동비 등'이라 한다)의 지급기준의 객관성과 적정성을 확보하기 위하여 의정활동비 등을 해당 지방자치단체의 의정비심의위원회(이하 '심의회'라 한다)가 결정한 금액(이하 '의정활동비 등의 상한액'이라 한다) 이내로 제한하는 한편, 심의회가 '의정활동비 등의 상한액'을 결정할 때 따라야 할 기준과 절차를 제시하면서, 월정수당에 관하여는 의정활동비나 여비와 달리 그 금액이나 산정방법에 대한 구체적이고 실질적인 기준을 정하지 아니한 채 지역주민의 소득수준 등 일정한 고려사항을 예시적으로 열거하고 있을 뿐이다. 따라서 심의회가 관계 법령에서 정한 절차에 의하여 구성되고 자율적으로 '의정활동비 등의 상한액'을 결정한 경우에는 결정 과정에서 주민들의 정서나 여론조사 결과에 일부 부합하지 아니한 부분이 있다고 하더라도 법령에서 심의회의 의결을 반영하는 절차를 둔 입법 취지를 달성할 수 없을 정도로 형식적인 절차를 거친 것에 불과하여 실질적으로 절차를 거치지 아니한 것과 다름없다고 볼 정도에 이르지 아니한다면, 심의회가 행한 '의정활동비 등의 상한액' 결정이 위법하다고 볼 수는 없다(대판 2014. 2. 27, 2011두7489).

나. 의원의 의무

의원은 겸직금지의무(지자법 43조), 성실의무, 청렴의무, 품위유지의무, 지위남용금지의무(지자법 44조) 등의 의무를 진다. 개정 지방자치법은 지방의회의원은 다음 각 호의 어느 하나에 해당하는 직(職)을 겸할 수 없도록 하고 있다. 1. 국회의원, 다른 지방의회의원, 2. 헌법재판소 재판관, 각급 선거관리위원회

위원, 3.「국가공무원법」제2조에 따른 국가공무원과「지방공무원법」제2조에 따른 지방공무원(「정당법」제22조에 따라 정당의 당원이 될 수 있는 교원은 제외한다), 4. 공공기관의 운영에 관한 법률」제4조에 따른 공공기관(한국방송공사, 한국교육방송공사 및 한국은행을 포함한다)의 임직원, 5.「지방공기업법」제2조에 따른 지방공사와 지방공단의 임직원, 6. 농업협동조합, 수산업협동조합, 산림조합, 엽연초생산협동조합, 신용협동조합, 새마을금고의 임직원과 이들 조합·금고의 중앙회장이나 연합회장, 7.「정당법」제22조에 따라 정당의 당원이 될 수 없는 교원, 8. 다른 법령에 따라 공무원의 신분을 가지는 직(지자법 43조 1항).

또한 지방의회의원이 다음 각 호의 기관·단체 및 그 기관·단체가 설립·운영하는 시설의 대표, 임원, 상근직원 또는 그 소속 위원회(자문위원회는 제외한다)의 위원이 된 경우에는 그 겸한 직을 사임하여야 한다. 1. 해당 지방자치단체가 출자·출연(재출자·재출연을 포함한다)한 기관·단체, 2. 해당 지방자치단체의 사무를 위탁받아 수행하고 있는 기관·단체, 3. 해당 지방자치단체로부터 운영비, 사업비 등을 지원받고 있는 기관·단체, 4. 법령에 따라 해당 지방자치단체의 장의 인가를 받아 설립된 조합의 임직원(지자법 43조 5항).

지방의회의 의장은 지방의회의원이 겸직금지의무 위반에 해당하는 경우에는 그 겸한 직을 사임할 것을 권고하여야 한다. 이 경우 지방의회의 의장은 제66조에 따른 윤리심사자문위원회의 의견을 들어야 하며 그 의견을 존중하여야 한다(지자법 43조 6항).

3) 의원체포 및 확정판결의 통지의무

지방의회의원은 국회의원이 아니므로 면책특권이나 불체포특권을 갖지 않는다. 다만 관계 수사기관의 장은 체포 또는 구금된 지방의원이 있을 때에는 지체 없이 의장에게 영장의 사본을 첨부하여 통지하여야 한다. 또한 의원이 형사사건으로 공소가 제기되어 그 판결이 확정된 때에는 각급법원장은 지체 없이 당해 의장에게 이를 통지하여야 한다(지자법 45조).

4) 의원의 제척

지방의회의 의장이나 의원은 본인·배우자·직계존비속 또는 형제자매와 직접 이해관계가 있는 안건에 관하여는 그 의사에 참여할 수 없다. 다만, 의회의 동의가 있는 때에는 의회에 출석하여 발언할 수 있다(동법 82조).

제척사유를 갖는 지방의회의원이 의사에 참여한 경우에는 그 의결은 위법하여 지방자치단체의 장의 재의요구의 대상이 된다(지자법 120조, 192조).

판례(본인 또는 직계존·비속과 직접 이해관계가 있는 안건의 의미) 지방교육자치에 관한 법률 제24조에 의하여 교육위원회에 준용되는 지방자치법 제62조에 의하면 교육위원회의 의장이나 교육위원은 본인 또는 직계존·비속과 직접 이해관계가 있는 안건에 관하여는 그 의사에 참여할 수 없도록 규정되어 있고, 여기서 '직접 이해관계'라 함은 당해 개인과 직접적이고 구체적인 이해관계가 있는 경우로서 그 이해가 간접적 또는 반사적인 것이 아닌 것을 의미한다. 교육감선출투표권을 가지고 있는 교육위원이 교육감으로 피선될 자격도 아울러 가지고 있어서 그 자신에 대하여 투표를 하였다고 하더라도 이를 가리켜 교육위원이 그와 직접적인 이해관계에 있는 안건의 의사에 참여한 것으로서 그 교육감선출을 무효라고 할 수 없다(대판 1997. 5. 8, 96두47).

5) 의원의 임기 · 사직 · 퇴직 등

가. 임 기

지방의회의원의 임기는 4년으로 한다(지자법 39조).

나. 사 직

지방의회는 의결로 소속의원의 사직을 허가할 수 있으며, 폐회 중에는 의장이 이를 허가할 수 있다.

다. 퇴직사유

의원은 지방자치법 제35조 제1항에 의하여 겸임할 수 없는 직에 취임한 때, 피선거권이 없게 된 때, 징계에 의하여 제명된 때에 의원직에서 퇴직한다. 한편, 지방의회의장은 지방의회의원이 다른 직을 겸하는 것이 청렴의무 및 품위유지의무(지자법 44조 2항)에 위반된다고 인정될 때에는 그 겸한 직을 사임할 것을 권고할 수 있다(지자법 43조 6항).

라. 자격심사 · 자격상실

지방의회의 의원이 다른 의원의 자격에 대하여 이의가 있는 때에는 재적의원 4분의 1 이상의 연서로 의장에게 자격심사를 청구할 수 있으며(법 91조 1항), 자격상실의결은 재적의원 3분의 2 이상의 찬성이 있어야 한다(법 92조 1항).

마. 휴 직

「정당법」 제22조에 따라 정당의 당원이 될 수 있는 교원이 지방의회의원으로 당선되면 임기 중 그 교원의 직은 휴직된다(지자법 43조 2항).

6) 의원의 징계

지방의회는 의원이 이 법 또는 자치법규에 위배되는 행위를 한 때에는 윤리특별위원회의 심사를 거쳐 의결로써 이를 징계할 수 있다(지자법 98조). 징계의 종류는 ① 공개회의에서의 경고, ② 공개회의에서의 사과, ③ 30일 이내의 출석정지, ④ 제명이 있으며, 제명에는 재적의원 3분의 2 이상의 찬성이 있어야 한다(지자법 100조). 판례는 의원에 대한 징계의결을 항고소송의 대상이 되는 처분으로 보고 있다.[20)]

5. 지방의회의 내부조직

1) 의장과 부의장

시 · 도의회의 경우 의장 1인과 부의장 2인을, 시 · 군 · 자치구의회의 경우 의장 1인과 부의장 1인을 둔다. 지방의회의원 총선거 후 처음으로 선출하는 의장 · 부의장 선거는 최초집회일에 실시한다. 의장과 부의장은 의원 중에서 무기명투표로 선출하며, 그 임기를 2년으로 한다(지자법 57조). 의장은 지방의회를 대표하고 의사를 정리하며, 회의장 내의 질서를 유지하고 의회의 사무를 감독한다(지자법 58조). 부의장은 의장이 사고가 있을 때에 그 직무를 대리한다(지자법 59조). ① 의장의 권한으로는 지방의회대표권(지자법 58조), ② 회의장 내 질서유지권(지자법 58조), ③ 의회사무감독권(지자법 58조), ④ 의결된 조례안의 지방자치단체의 장에 이송권(지자법 32조 1항), ⑤ 확정된 조례의 예외적인 공포권(지자법 32조 6항), ⑥ 폐회중 의원의 사직허가

20) 대판 1993. 11. 26, 93누7341.

권(지자법 89조) 등이 있다. 의장 또는 부의장이 법령을 위반하거나 정당한 이유 없이 직무를 수행하지 아니한 때에는 지방의회는 불신임을 의결할 수 있다. 불신임의결은 재적의원 4분의 1 이상의 발의와 재적의원 과반수의 찬성으로 한다. 불신임의결이 있게 되면 의장 또는 부의장은 그 직에서 해임된다(지자법 62조).

판례 1(지방의회 의장선거가 항고소송의 대상이 되는 행정처분인지 여부) 지방의회의 의장은 지방자치법 제43조, 제44조의 규정에 의하여 의회를 대표하고 의사를 정리하며, 회의장 내의 질서를 유지하고 의회의 사무를 감독할 뿐만 아니라 위원회에 출석하여 발언할 수 있는 등의 직무권한을 가지는 것이므로, 지방의회의 의사를 결정공표하여 그 당선자에게 이와 같은 의장으로서의 직무권한을 부여하는 지방의회의 의장선거는 행정처분의 일종으로서 항고소송의 대상이 된다고 할 것이다(대판 1995. 1. 12, 94누2602).

판례 2(지방의회 의장에 대한 불신임의결이 항고소송의 대상이 되는 행정처분인지 여부) 지방의회를 대표하고 의사를 정리하며 회의장 내의 질서를 유지하고 의회의 사무를 감독하며 위원회에 출석하여 발언할 수 있는 등의 직무권한을 가지는 지방의회 의장에 대한 불신임의결은 의장으로서의 권한을 박탈하는 행정처분의 일종으로서 항고소송의 대상이 된다(대판 1994. 10. 11, 94두23).

2) 위원회

지방의회는 조례가 정하는 바에 의하여 위원회를 둘 수 있다(지자법 64조 1항). 위원회의 위원은 본회의에서 선임한다(지자법 64조 3항). 위원회에는 소관의안과 청원 등을 심사 · 처리하는 상임위원회와 특정한 안건을 일시적으로 심사 · 처리하기 위한 특별위원회의 2종으로 한다(지자법 64조 2항). 특별위원회로서 의원의 윤리심사 및 징계에 관한 사항을 심사하기 위하여 윤리특별위원회를 둘 수 있다(지자법 65조). 위원회는 본회의의 의결이 있거나 의장 또는 위원장이 필요하다고 인정할 때, 재적위원 3분의 1 이상의 요구가 있는 때에 개회한다. 폐회 중에는 지방자치단체의 장도 의장 또는 위원장에게 이유서를 붙여 위원회의 개회를 요구할 수 있다(지자법 70조).

위원회에는 위원장과 위원의 자치입법활동을 지원하기 위하여 의원이 아닌 전문지식을 가진 전문위원을 둔다. 전문위원은 위원회에서 의안과 청원 등의 심사, 행정사무감사 및 조사, 그 밖의 소관 사항과 관련하여 검토보고 및 관련 자료의 수집 · 조사 · 연구를 한다(지자법 68조).

3) 교섭단체

지방의회에 교섭단체를 둘 수 있다. 이 경우 조례로 정하는 수 이상의 소속의원을 가진 정당은 하나의 교섭단체가 된다(지자법 63조의2 1항). 제1항 후단에도 불구하고 다른 교섭단체에 속하지 아니하는 의원 중 조례로 정하는 수 이상의 의원은 따로 교섭단체를 구성할 수 있다(지자법 63조의2 2항). 교섭단체의 구성 및 운영 등에 필요한 사항은 조례로 정한다(지자법 63조의2 3항).

4) 사무조직

지방의회의 사무를 처리하기 위하여 시 · 도의회에는 조례가 정하는 바에 의하여 사무처를 둘 수 있으며(지자법 102조 1항), 시 · 군 및 자치구의회에는 조례가 정하는 바에 의하여 사무국 또는 사무과를 둘 수 있다(지자법 102조 2항). 사무직원은 지방공무원으로 보(補)하되(지자법 102조 3항), 지방의회의 의장은 지방의회 사무직원을 지휘 · 감독하고 법령과 조례 · 의회규칙으로 정하는 바에 따라 그 임면 · 교육 · 훈련 · 복무 ·

징계 등에 관한 사항을 처리한다(지자법 103조 2항).

5) 정책지원 전문인력

지방의회의원의 의정활동을 지원하기 위하여 지방의회의원 정수의 2분의 1 범위에서 해당 지방자치단체의 조례로 정하는 바에 따라 지방의회에 정책지원 전문인력을 둘 수 있다(지자법 41조 1항). 정책지원 전문인력은 지방공무원으로 보하며, 직급 · 직무 및 임용절차 등 운영에 필요한 사항은 대통령령으로 정한다(동조 2항).

6. 지방의회의 회의

1) 정례회와 임시회

지방의회의 회의는 정례회와 임시회가 있다. 정례회는 매년 2회 개최되며, 그 집회일 기타 운영에 관하여 필요한 사항은 대통령령이 정하는 바에 따라 당해 지방자치단체의 조례로 정한다(지자법 53조). 지방의회의장은 지방자치단체의 장 또는 의회의 조례로 정하는 일정 수 이상의 의원의 요구가 있는 때에는 15일 이내에 임시회를 소집하여야 한다. 총선거후 최초로 집회되는 임시회는 지방의회 사무처장 · 사무국장 · 사무과장이 지방의회의원 임기개시일부터 25일 이내에 소집한다(지자법 54조 1항). 지방의회의 개회 · 휴회 · 폐회와 회기는 지방의회가 의결로 이를 정한다. 연간 회의총일수와 정례회 및 임시회의 회기는 당해 지방자치단체의 조례로 정한다(지자법 56조).

2) 회 의

가. 의사정족수

지방의회는 재적의원 3분의 1 이상의 출석으로 개의하며, 회의중 정족수에 달하지 못한 때에는 의장은 회의의 중지 또는 산회를 선포한다(지자법 72조).

나. 의결정족수

의사는 특별한 규정이 있는 경우를 제외하고는 재적의원 과반수의 출석과 출석의원 과반수의 찬성으로 의결한다(지자법 73조).

다. 의안의 발의

의안은 지방자치단체의 장이나 조례로 정하는 수 이상의 찬성으로 발의한다(지자법 76조 1항, 2항).

라. 회의공개의 원칙

지방의회의 회의는 공개한다. 다만, 의원 3인 이상의 발의로 출석의원 3분의 2 이상의 찬성이 있거나 의장이 사회의 안녕질서유지를 위하여 필요하다고 인정하는 경우에는 공개하지 아니할 수 있다(지자법 75조).

마. 회기계속의 원칙

지방의회에 제출된 의안은 회기중에 의결되지 못한 이유로 폐기되지 않는다. 다만, 지방의회의 임기가 만료되는 경우에는 그러하지 아니하다(지자법 79조).

바. 일사부재의의 원칙

지방의회에서 부결된 의안은 같은 회기중에 다시 발의 또는 제출할 수 없다(지자법 80조).

7. 지방의회의 권한

1) 의결권

지방의회는 지방자치단체의 의결기관으로서 당연히 의결권을 갖는다. 지방자치법 제47조 제1항은 지방의회의 의결사항을 11개 항목으로 열거하고 있다. 지방의회는 법정의 의결사항 이외도 조례로 의결할 사항을 따로 정할 수 있게 하여 사회적 변동에 따라 의결사항을 신축성있게 확대시킬 수 있도록 하고 있다(지자법 47조 2항). 지방자치법 제39조 제1항에서 규정된 의결사항은 ① 조례의 제정 및 개폐, ② 예산의 심의·확정, ③ 결산의 승인, ④ 법령에 규정된 것을 제외한 사용료·수수료·분담금·지방세 또는 가입금의 부과와 징수, ⑤ 기금의 설치·운용, ⑥ 대통령령으로 정하는 중요재산의 취득·처분, ⑦ 대통령령으로 정하는 공공시설의 설치·처분, ⑧ 법령과 조례에 규정된 것을 제외한 예산외 의무부담이나 권리의 포기, ⑨ 청원의 수리와 처리, ⑩ 외국 지방자치단체와의 교류협력에 관한 사항, ⑪ 기타 법령에 의하여 그 권한에 속하는 사항이다.

2) 행정사무감사 및 조사권

지방의회는 매년 1회 지방자치단체의 사무에 대하여 시·도에 있어서는 14일, 시·군 및 자치구에 있어서는 9일의 범위 내에서 감사를 실시하고, 지방자치단체의 사무 중 특정사안에 관하여 본회의 의결로 본회의 또는 위원회로 하여금 조사하게 할 수 있다(지자법 49조 1항). 특정사안에 대한 조사를 발의하고자 할 때에는 이유를 명시한 서면으로 하여야 하며, 재적의원 3분의 1 이상의 연서로 하여야 한다(지자법 49조 2항).

지방자치단체 및 그 장이 위임받아 처리하는 단체위임사무와 기관위임사무에 대하여도 국회(시·군·자치구의 경우에는 시·도의회)가 직접 감사하기로 한 사항을 제외하고는 그 감사를 시·도의회(시·군·자치구의 경우에는 시·군·자치구의회)가 행할 수 있다(지자법 49조 3항). 이와 같이 당해 지방의회가 국가 또는 상급 자치단체로부터 위임받은 단체위임사무 또는 기관위임사무에 대하여도 감사를 할 수 있게 한 것은 지방의회의 지위를 높이고, 나아가서 지방자치를 강화시키기 위한 것이다.

지방의회는 위의 감사 또는 조사를 위하여 필요한 때에는 현지확인을 하거나 서류제출 또는 자치단체의 장, 관계공무원 기타 그 사무에 관계되는 자의 출석증언이나 의견진술을 요구할 수 있다(지자법 49조 4항). 지방의회는 이들 관계인이 거짓증언을 한 때에는 고발할 수 있으며, 서류제출을 요구받은 자가 정당한 사유 없이 서류를 정하여진 기한까지 제출하지 아니한 경우, 또는 출석요구를 받은 증인이 정당한 사유 없이 출석하지 아니하거나 선서 또는 증언을 거부한 경우에는 500만원 이하의 과태료를 부과할 수 있다(지자법 49조 5항).

지방의회는 본회의의 의결로 감사 또는 조사 결과를 처리하며, 감사 또는 조사 결과 해당 지방자치단체나 기관의 시정을 필요로 하는 사유가 있을 때에는 그 시정을 요구하고, 그 지방자치단체나 기관에서 처리함이 타당하다고 인정되는 사항은 그 지방자치단체나 기관으로 이송한다. 지방자치단체나 기관은 시정 요구를 받거나 이송받은 사항을 지체 없이 처리하고 그 결과를 지방의회에 보고하여야 한다(지자법 50조).

이러한 행정사무감사 및 조사권은 지방의회 자체의 권한이지 의회를 구성하는 의원 개개인의 권한은 아니다.

판례(행정감사 및 조사권은 의원 개개인의 권한이 아니라 의회 자체의 권한이라는 판례) 의회의 의결권과 집행기관에 대한 행정감사 및 조사권은 의결기관인 의회 자체의 권한이고 의회를 구성하는 의원 개개인의 권한이 아닌바, 의원은 의회의 본회의 및 위원회의 의결과 안건의 심사 처리에 있어서 발의권, 질문권, 토론권 및 표결권을 가지며 의회가 행하는 지방자치단체사무에 대한 행정감사 및 조사에서 직접 감사 및 조사를 담당하여 시행하는 권능이 있으나, 이는 의회의 구성원으로서 의회의 권한행사를 담당하는 권능이지 의원 개인의 자격으로 가지는 권능이 아니므로 의원은 의회의 본회의 및 위원회의 활동과 아무런 관련 없이 의원 개인의 자격에서 집행기관의 사무집행에 간섭할 권한이 없으며, 이러한 권한은 법이 규정하는 의회의 권한 밖의 일로서 집행기관과의 권한한계를 침해하는 것이어서 허용될 수 없다(대판 1992. 7. 28, 92추31).

3) 출석 · 답변요구권

지방의회는 지방자치단체의 장 또는 관계공무원에 대하여 지방의회 또는 위원회에 출석하여 행정사무처리상황에 대하여 답변을 요구할 수 있다. 이 경우 지방자치단체의 장은 특별한 사유가 있는 경우에 한하여 관계공무원으로 하여금 출석 · 답변하게 할 수 있다(지자법 51조).

4) 서류제출요구권

본회의 또는 위원회는 그 의결로 안건의 심의와 직접 관련된 서류의 제출을 당해 지방자치단체의 장에 대하여 요구할 수 있다(지자법 48조). 위원회가 요구할 때에는 의장에게 이를 보고하여야 한다(법 48조 2항). 제1항에도 불구하고 폐회 중에 의원으로부터 서류제출요구가 있을 때에는 의장은 이를 요구할 수 있다(법 48조 3항). 제1항에 따른 서류제출은 서면, 전자문서 또는 컴퓨터의 자기테이프 · 자기디스크, 그 밖에 이와 유사한 매체에 기록된 상태나 전산망에 입력된 상태로 제출할 것을 요구할 수 있다(법 48조 4항).

5) 승인권

지방의회는 지방자치단체의 장이 행한 선결처분에 대한 승인권을 갖고 있다. 장의 선결권이 의회의 승인을 받지 못한 때에는 그 효력을 상실한다(지자법 122조 2항 · 3항).

6) 인사청문회

지방자치단체의 장은 다음 각 호의 어느 하나에 해당하는 직위 중 조례로 정하는 직위의 후보자에 대하여 지방의회에 인사청문을 요청할 수 있다(지자법 47조의2 1항).

1. 제123조제2항에 따라 정무직 국가공무원으로 보하는 부시장 · 부지사
2. 「제주특별자치도 설치 및 국제자유도시 조성을 위한 특별법」 제11조에 따른 행정시장
3. 「지방공기업법」 제49조에 따른 지방공사의 사장과 같은 법 제76조에 따른 지방공단의 이사장
4. 「지방자치단체 출자 · 출연 기관의 운영에 관한 법률」 제2조 제1항 전단에 따른 출자 · 출연 기관의 기관장

지방의회의 의장은 제1항에 따른 인사청문 요청이 있는 경우 인사청문회를 실시한 후 그 경과를 지방자치단체의 장에게 송부하여야 한다(2항). 그 밖에 인사청문회의 절차 및 운영 등에 필요한 사항은 조례로 정한다(3항).

7) 집행기관에 대한 지방의회의 견제 · 감시기능에 관한 주요판례

판례 1(옴부즈만조례안 무효확인) 지방자치단체의 집행기관의 사무집행에 관한 감시 · 통제기능은 지방의회의 고유권한이므로 이러한 지방의회의 권한을 제한 · 박탈하거나 제3의 기관 또는 집행기관 소속의 어느 특정 행정기관에 일임하는 내용의 조례를 제정한다면 이는 지방의회의 권한을 본질적으로 침해하거나 그 권한을 스스로 저버리는 내용의 것으로서 지방자치법령에 위반되어 무효이다(대판 1997. 4. 11, 96추138).

판례 2(행정불만처리조례안 무효확인) 지방의회가 집행기관의 인사권에 관하여 소극적 사후적으로 개입하는 것은 그것이 견제의 범위 안에 드는 경우에는 허용되나, 집행기관의 인사권을 독자적으로 행사하거나 동등한 지위에서 합의하여 행사할 수는 없으며, 사전에 적극적으로 개입하는 것도 원칙적으로 허용되지 아니하므로 조례안에 규정된 행정불만처리조정위원회 위원의 위촉, 해촉에 지방의회의 동의를 받도록 한 것은 사후에 소극적으로 개입하는 것으로서 지방의회의 집행기관에 대한 견제권의 범위에 드는 적법한 규정이라고 보아야 될 것이나, 그 일부를 지방의회 의장이 위촉하도록 한 것은 지방의회가 집행기관의 인사권에 사전에 적극적으로 개입하는 것으로서 지방자치법이 정한 의결기관과 집행기관 사이의 권한분리 및 배분의 취지에 배치되는 위법한 규정이며, 또 집행기관의 인사권에 의장 개인의 자격으로는 관여할 수 있는 권한이 없고 조례로써 이를 허용할 수도 없으며, 따라서 의장 개인이 위원의 일부를 위촉하도록 한 조례안의 규정은 그 점에서도 위법하다(대판 1994. 4. 26, 93추175).

판례 3(옴부즈만 구성원의 임면에 있어서 사전동의의 허용성) 집행기관의 구성원의 전부 또는 일부를 지방의회가 임면하도록 하는 것은 지방의회가 집행기관의 인사권에 사전에 적극적으로 개입하는 것이어서 원칙적으로 허용되지 않지만, 지방자치단체의 집행기관의 구성원을 집행기관의 장이 임면하되 다만 그 임면에 지방의회의 동의를 얻도록 하는 것은 지방의회가 집행기관의 인사권에 소극적으로 개입하는 것으로서 지방자치법이 정하고 있는 지방의회의 집행기관에 대한 견제권의 범위 안에 드는 적법한 것이므로, 지방의회가 조례로써 옴부즈맨의 위촉(임명) · 해촉시에 지방의회의 동의를 얻도록 정하였다고 해서 집행기관의 인사권을 침해한 것이라 할 수 없다(대판 1997. 4. 11, 96추138).

판례 4(행정심판청구지원조례안 무효확인) 당해 지방자치단체의 주민을 상대로 한 모든 행정기관의 행정처분에 대한 행정심판청구를 지원하는 것을 내용으로 하는 조례안은 지방자치단체의 사무에 관한 조례제정권의 한계를 벗어난 것일 뿐 아니라, 가사 그 조례안이 당해 지방자치단체의 행정처분에 대한 행정심판청구만을 지원한다는 의미로 이해한다고 하더라도, 그 지원 여부를 결정하기 위한 전제로서 당해 행정처분의 정당성 여부를 지방의회에서 판단하도록 규정하고 있다면 이는 결국 지방의회가 스스로 행정처분의 정당성 판단을 함으로써 자치단체의 장을 견제하려는 것으로서 이는 법률에 규정이 없는 새로운 견제장치를 만드는 것이 되어 지방자치단체의 장의 고유권한을 침해하는 것이 되어 효력이 없다(대판 1997. 3. 11, 96추60).

판례 5(제주도 주요업무 자체평가에 관한 조례안 무효확인) 정부업무평가기본법 소정의 자체평가업무는 지방자치단체의 장의 권한에 속한다고 할 것이고, 따라서 정부업무평가기본법 제18조에서 지방자치단체의 장의 권한으로 정하고 있는 자체평가업무에 관한 사항에 대하여 지방의회가 견제의 범위 내에서 소극적 · 사후적으로 개입하는 정도가 아니라 사전에 적극적으로 개입하는 내용을 지방자치단체의 조례로 정하는 것은 허용되지 아니한다고 할 것이다. 그런데 이 사건 조례안 중 자체평가의 지침작성에 관한 제8조, 자체평가 계획의 수립에 관한 제9조, 정기평가에 관한 제10조, 자체평가결과의 처리에 관한 제11조 등은 법령의 근거없이 지방의회가 견제의 범위 내에서 소극적 · 사후적으로 개입한 정도를 넘어서서 직접 자체평가의 대상 및 절차 등을 규정하는 것으로서 정부업무평가기본법 제18조에 위반된 규정이라고 할 것이다(대판 2007. 2. 9, 2006추45).

판례 6(지방기업사장 등의 임명에 관한 인사청문회조례안 무효확인) 상위법령에서 지방자치단체의 장에게 기관구성원 임명 · 위촉권한을 부여하면서도 임명 · 위촉권의 행사에 대한 지방의회의 동의를 받도록 하는 등의 견제나 제약을 규정하고 있거나 그러한 제약을 조례 등에서 할 수 있다고 규정하고 있지 아니하는 한 당해 법령에 의한 임명 · 위촉권은 지방자치단체의 장에게 전속적으로 부여된 것이라고 보아야 할 것이어서 하위법규인 조례로써는 지방자치단체의 장의 임명 · 위촉권을 제약할 수 없다 할 것이고 지방의회의 지방자치단체 사무에 대한 비판, 감시, 통제를 위한 행정사무감사 및 조사권의 행사의 일환으로 위와 같은 제약을 규정하는 조례를 제정할 수도 없다(대판 2004. 7. 22, 2003추44).

판례 7(지방자치단체 사무의 민간위탁에 관하여 지방의회의 사전 동의를 받도록 한 조례가 지방자치단체장의 집행권한을 본질적으로 침해하는지 여부) 이 사건 조례안이 지방자치단체 사무의 민간위탁에 관하여 지방의회의 사전 동의를 받도록 한 것은 지방자치단체장의 민간위탁에 대한 일방적인 독주를 제어하여 민간위탁의 남용을 방지하고 그 효율성과 공정성을 담보하기 위한 장치에 불과하고, 민간위탁의 권한을 지방자치단체장으로부터 박탈하려는 것이 아니므로, 지방자치단체장의 집행권한을 본질적으로 침해하는 것으로 볼 수 없다. 또한 지방자치단체장이 동일 수탁자에게 위탁사무를 재위탁하거나 기간연장 등 기존 위탁계약의 중요한 사항을 변경하고자 할 때 지방의회의 동의를 받도록 한 목적은 민간위탁에 관한 지방의회의 적절한 견제기능이 최초의 민간위탁 시뿐만 아니라 그 이후에도 지속적으로 이루어질 수 있도록 하는 데 있으므로, 이에 관한 이 사건 조례안 역시 지방자치단체장의 집행권한을 본질적으로 침해하는 것으로 볼 수 없다(대판 2011. 2. 10, 2010추11).

판례 8(업무협약에 비밀조항을 둔 경우라도 제출을 거부할 수 없도록 규정한 조례안이 경영상 · 영업상 비밀 및 공무원의 비밀유지의무에 위반된다는 판례) '경상남도 업무협약 체결 및 관리에 관한 조례안' 중 도의회가 지방자치법 제48조, 제49조에 따라 자료를 요구할 경우 도지사는 업무협약에 비밀조항을 둔 경우라도 이를 거부할 수 없도록 규정한 제6조 제1항에 대하여 도의회가 원안대로 재의결함으로써 이를 확정한 사안에서, 지방자치단체의 장이 지방의회의 요구에 따라 지방의회에 제출할 자료 중에 직무상 알게 된 비밀이 포함된 경우, 위 조례안 제6조 제1항에 따르면 지방자치단체의 장이 이를 지방의회에 제출하여야 하는 반면, 지방공무원법 제52조 등에 따르면 지방자치단체의 장이 직무상 알게 된 비밀을 엄수해야 한다는 측면에서 위 조례안 제6조 제1항이 지방공무원법 제52조 등과 충돌한다고 볼 여지가 큰 점, 사회기반시설에 대한 민간투자법 역시 사업시행자의 경영상 · 영업상 비밀에 해당하는 정보는 비공개하도록 규정하여 사업시행자의 정당한 이익을 보호하는 범위 내에서 정보공개를 의무화하고 있는데(제51조의3 제1항), 위 조례안 제6조 제1항은 서류제출 요구에 응할 경우 기업의 자유 등이 침해될 수 있다는 점에 대한 어떠한 고려도 없이 도지사에게 도의회의 서류제출 요구에 응하도록 하고 있어 기본권에 의한 한계를 규정하고 있는 위 법률조항들과도 충돌하는 점 등을 종합하면, 위 조례안 제6조 제1항은 공무원의 비밀유지의무를 규정한 지방공무원법 제52조, 공공기관의 정보공개에 관한 법률 제9조 제1항 제7호, 사회기반시설에 대한 민간투자법 제51조의3 제1항 등에 위반되므로 조례안에 대한 재의결은 효력이 없다(대판 2023. 7. 13, 2022추5149).

Ⅲ. 집행기관

지방의회의 의결사항과 지방자치단체의 행정사무를 수행하기 위하여 지방자치단체는 집행기관을 필요로 한다. 이러한 집행기관에는 지방자치단체의 장, 보조기관 등 각종의 행정기관이 속하고 있으나, 통상 지방자치단체의 집행기관이라 함은 지방자치단체의 장을 의미한다. 지방자치단체의 장으로 서울특별시에 서울특별시장, 광역시에 광역시장, 특별자치시에 특별자치시장, 도에 도지사를 두고, 시에 시장, 군에 군수, 자치구에 구청장을 둔다(지자법 106조).

1. 지방자치단체의 장의 지위

1) 지방자치단체의 대표기관

지방자치단체의 장은 교육 · 학예에 관한 사무를 제외하고는 당해 지방자치단체를 법적으로 대표하는 지위를 갖는다(지자법 114조). 지방자치단체의 장이 법적으로 당해 지방자치단체를 대표한다는 것은 지방자치단체의 장이 공 · 사법상의 법률관계에서 지방자치단체를 위하여 구속적인 의사표시를 할 수 있는 권능을 가짐을 의미한다.[21]

2) 지방자치단체의 최고행정청

지방자치단체의 장은 지방자치단체의 사무를 관리하고 집행함에 있어서 자신의 이름으로 의사를 결정하고 이를 대외적으로 표시하는 권한을 갖는 행정청의 지위를 갖는다. 또한 지방자치단체의 장은 지방자치단체의 사무를 통할하며(지자법 114조 후단), 소속 직원을 지휘 · 감독하고 법령과 조례, 규칙이 정하는 바에 따라 인사에 관한 사항을 처리하는(지자법 118조) 최고행정청의 지위를 갖는다.

3) 국가의 행정기관

지방자치단체의 장은 지방자치단체의 기관이지 국가기관은 아니다. 그러나 지방자치단체의 장이 자치구역내에서 법령에 근거하여 국가사무를 위임받아 처리하는 경우가 있는바, 이러한 국가사무를 수행하는 한도에서는 국가행정기관의 지위를 갖는다.

2. 지방자치단체의 장의 신분의 발생과 소멸

1) 신분의 취득(선거)

지방자치단체의 장은 주민의 보통 · 평등 · 직접 · 비밀선거에 의하여 선출한다(지자법 107조). 선거일 현재 계속하여 60일 이상 당해 지방자치단체의 관할구역 안에 주민등록이 되어 있는 주민으로서 만 25세 이상의 자는 그 지방자치단체의 장의 피선거권이 있다(공직선거법 16조 3항).

2) 지방자치단체의 장의 직 인수위원회

「공직선거법」 제191조에 따른 지방자치단체의 장의 당선인은 지방자치법에서 정하는 바에 따라 지방자치단체의 장의 직 인수를 위하여 필요한 권한을 갖는다(지자법 제105조 1항). 인수위원회는 시 · 도는 20명 이내, 시 · 군 및 자치구는 15명 이내로 구성되며(5항) 당선인으로 결정된 때부터 지방자치단체의 장의 임기 시작일 이후 20일의 범위에서 존속한다(2항). 인수위원회는 ① 해당 지방자치단체의 조직 · 기능 및 예산현황의 파악, ② 해당 지방자치단체의 정책기조를 설정하기 위한 준비, ③ 그 밖에 지방자치단체의 장의 직 인수에 필요한 사항을 수행한다(4항).

3) 신분의 소멸

가. 임기만료

지방자치단체의 장의 직은 4년의 임기만료로 종료한다. 지방자치단체의 장의 계속 재임은 3기에 한한다(지자법 108조).

나. 사 임

지방자치단체의 장은 사임할 수 있다. 지방자치단체의 장이 그 직을 사임하고자 할 때에는 당

21) 洪井善, 行政法原論(下), 138면; 李琦雨, 地方自治法學, 251면.

해 지방의회의 의장에게 미리 사임일을 기재한 서면(사임통지서)으로 한다(지자법 111조 1항). 지방자치단체의 장은 사임통지서에 기재된 사임일에 사임된다. 다만, 사임통지서에 기재된 사임일까지 지방의회의 의장에게 사임의 통지가 되지 않은 경우에는 지방의회의 의장에게 사임의 통지가 된 날에 사임된다(지자법 112조 2항).

다. 퇴 직

지방자치단체의 장이 겸임할 수 없는 직에 취임하거나(지자법 109조 1항), 피선거권이 없게 되거나(지방자치 단체의 구역변경이나 폐치 · 분합을 제외한 다른 사유로 당해 지방자치단체의 구역 밖으로 주민등록을 이전한 때를 포함한다), 지방자치법 제110조의 규정(지방자치단체의 폐치 · 분합)에 의하여 지방자치단체의 장의 직을 상실하면, 지방자치단체의 장은 그 직에서 퇴직한다(지자법 112조).

4) 지방자치단체의 장의 대행과 대리

가. 폐치 · 분합과 대행

지방자치단체의 폐치 · 분합에 따라 새로 지방자치단체의 장을 선거하여야 하는 경우에는 지방자치단체의 장이 선거될 때까지 시 · 도지사는 행정안전부장관이, 시장 · 군수 및 자치구의 구청장은 시 · 도지사가 각각 그 직무를 대행할 자를 지정하여야 한다(지자법 110조). 다만, 2 이상의 동격의 지방자치단체를 통 · 폐합하여 새로운 지방자치단체를 설치하는 경우에는 종전의 지방자치단체의 장 중에서 당해 지방자치단체의 장의 직무를 대행할 자를 지정한다(지자법 110조 단서).

나. 궐위 · 구금 등과 대행

지방자치단체의 장이 궐위 또는 공소제기된 후 구금상태에 있거나, 의료법에 의한 의료기관에 60일 이상 계속하여 입원한 경우에는 부지사 · 부시장 · 부구청장이 그 권한을 대행한다(지자법 124조 1항). 또한 지방자치단체장이 그 직을 가지고 지방자치단체의 장 선거에 입후보하는 경우에는 후보자등록을 한 날부터 선거일까지 부단체장이 당해 지방자치단체의 장의 권한을 대행한다(지자법 124조 2항). 부지사 또는 부시장이 2인 이상인 시 · 도에 있어서는 대통령령이 정하는 순에 의하여 그 권한을 대행한다(지자법 124조 4항).

한편 헌법재판소는 금고 이상의 형의 선고를 받고 그 형이 확정되지 않은 경우에 부단체장의 권한대행을 규정한 구 지방자치법 제111조 제1항 제3호에 대하여 무죄추정의 원칙에 위배되어 지방자치단체장의 공무담임권을 침해한다는 이유로 헌법불합치결정을 내렸다.

판례(지방자치법 111조 1항 3호가 무죄추정의 원칙에 위배된다는 판례) 헌법 제27조 제4항은 "형사피고인은 유죄의 판결이 확정될 때까지는 무죄로 추정된다."고 선언함으로써, 공소가 제기된 피고인이 비록 1심이나 2심에서 유죄판결을 선고받았더라도 그 유죄판결이 확정되기 전까지는 원칙적으로 죄가 없는 자에 준하여 취급해야 함은 물론, 유죄임을 전제로 하여 해당 피고인에 대하여 유형 · 무형의 일체의 불이익을 가하지 못하도록 하고 있다. 그런데 이 사건 법률조항은 '금고 이상의 형이 선고되었다.'는 사실 자체에 주민의 신뢰가 훼손되고 자치단체장으로서 직무의 전념성이 해쳐질 것이라는 부정적 의미를 부여한 후, 그러한 판결이 선고되었다는 사실만을 유일한 요건으로 하여, 형이 확정될 때까지의 불확정한 기간 동안 자치단체장으로서의 직무를 정지시키는 불이익을 가하고 있으며, 그와 같이 불이익을 가함에 있어 필요최소한에 그치도록 엄격한 요건을 설정하지도 않았으므로, 무죄추정의 원칙에 위배된다. 자치단체장직에 대한 공직기강을 확립하고 주민의 복리와 자치단체행정의 원활한 운영에 초래될 수 있는 위험을 예방하기 위

한 입법목적을 달성하기 위하여 자치단체장을 직무에서 배제하는 수단을 택하였다 하더라도, 금고 이상의 형을 선고받은 자치단체장을 다른 추가적 요건없이 직무에서 배제하는 것이 위 입법목적을 달성하기 위한 최선의 방안이라고 단정하기는 어렵고, 특히 이 사건 청구인의 경우처럼, 금고 이상의 형의 선고를 받은 이후 선거에 의하여 자치단체장으로 선출된 경우에는 '자치단체행정에 대한 주민의 신뢰유지'라는 입법목적은 자치단체장의 공무담임권을 제한할 적정한 논거가 되기 어렵다(헌재결 2010. 9. 2, 2010헌마418).

다. 대 리

지방자치단체의 장이 출장 · 휴가 등 일시적 사유로 직무를 수행할 수 없는 경우에는 부단체장이 그 직무를 대리한다(지자법 124조 3항). 이 경우, 부지사 또는 부시장이 2인 이상인 시 · 도에 있어서는 대통령령이 정하는 순에 의하여 그 직무를 대리한다(지자법 124조 4항).

5) 체포 및 형사사건의 판결확정

체포 또는 구금된 지방자치단체의 장이 있을 때에는 관계수사기관의 장은 지체없이 영장의 사본을 첨부하여 당해 지방자치단체에 이를 통지하여야 한다(지자법 113조 1항 1문). 또한 지방자치단체의 장이 형사사건으로 공소가 제기되어 그 판결이 확정된 때에는 각급 법원장은 지체없이 당해 지방자치단체에 이를 통지하여야 한다(지자법 113조 2항 1문). 이들 경우에 있어서 통지받은 지방자치단체는 이를 즉시 행정안전부장관에게 보고하여야 한다(지자법 113조 1항 2문 및 2항 2문).

3. 지방자치단체의 장의 권한

1) 통할 · 대표권

지방자치단체의 장은 당해 지방자치단체를 대표하고 그 사무를 통할한다(지자법 114조). 여기서 통할이라 함은 당해 지방자치단체의 기본방향을 정하고 동시에 전체 사무의 통일성과 일체성을 유지하는 것을 말한다.

2) 규칙제정권

지방자치단체의 장은 법령 또는 조례가 위임한 범위 안에서 그 권한에 속하는 사무에 관하여 규칙을 제정할 수 있다(지자법 29조). 지방자치법의 개정으로 주민에게 규칙의 제정 등에 관한 의견 제출권을 인정하고 있는바, 향후 지방자치단체의 장은 이를 반영하여야 할 것이다(지자법 20조).

3) 사무의 관리 및 집행권

지방자치단체의 장은 당해 자치단체의 사무와 법령에 의하여 장에게 위임된 사무를 관리하고 집행한다.

4) 행정지도 · 감독권

가. 하부행정기관에 대한 지휘 · 감독

시장 · 군수 · 자치구청장은 그 소관에 속하는 국가사무 및 지방자치단체의 사무를 처리하는 자치구가 아닌 구청장 · 읍장 · 면장 또는 동장을 지도 · 감독한다(지자법 133조).

나. 기초지방자치단체에 대한 지도 · 감독

① 시 · 도지사는 국가의 단체위임사무 · 기관위임사무의 처리와 관련하여 주무부장관에 앞서 1

차로 시 · 군 및 자치구나 그 장을 지도 · 감독한다(지자법 185조 1항). ② 시 · 도지사는 시 · 도의 위임사무의 처리와 관련하여 시 · 군 및 자치구나 그 장을 지도 · 감독한다(지자법 185조 2항). ③ 시 · 도지사는 시 · 군 및 자치구에 대하여 국가위임사무 또는 시 · 도위임사무의 처리가 법령에 위반되거나 현저히 부당하여 공익을 해한다고 인정될 때에는 그 시정을 명하고 기간 내에 이행하지 아니할 때에는 취소 · 정지할 수 있다. 다만 자치사무의 경우에는 법령에 위반된 경우에 한하여 이러한 조치를 취할 수 있다(지자법 188조 1항). ④ 시 · 도지사는 시장 · 군수 또는 자치구청장이 국가위임사무 또는 시 · 도위임사무의 관리 및 집행을 명백히 해태하고 있다고 인정되는 때에는 기간을 정하여 이행명령을 할 수 있으며, 기간 내에 이행하지 아니할 때에는 행정대집행법을 준용하여 당해 자치단체의 비용부담으로 대집행하거나 행정상 · 재정상 필요한 조치를 할 수 있다(지자법 189). 그 밖에 시 · 도지사는 시 · 군 · 구 의회의 의결이 법령에 위반되거나 공익을 현저히 해한다고 인정될 때에는 당해 자치단체의 장에게 지방의회에 대하여 재의요구를 하도록 명령할 수 있다(지자법 192조).

5) 소속직원의 임면 및 지휘 · 감독권

지방자치단체의 장은 소속직원을 지휘 · 감독하고 법령과 조례 · 규칙이 정하는 바에 의하여 그 임면 · 교육훈련 · 복무 · 징계 등에 관한 사항을 처리한다(지자법 118조).

6) 감사권

시 · 도지사는 기초지방자치단체의 자치사무에 관하여 보고를 받거나 서류 · 장부 또는 회계를 감사할 수 있다. 이 경우 감사는 법령위반사항에 한하여 실시한다(지자법 190조).

7) 주민투표부의권

지방자치단체의 장은 지방자치법 제18조와 주민투표법 제7조의 규정에 따라 주민에게 과도한 부담을 주거나 중대한 영향을 미치는 지방자치단체의 주요 결정사항 중 조례로 정하는 사항에 대하여 주민투표에 붙일 수 있다.

8) 지방의회에 대한 권한

가. 지방의회 임시회의의 소집 또는 소집요구

지방자치단체의 장은 필요한 경우에 임시회의 소집을 요구할 수 있다(지자법 54조 3항).

나. 의안의 발의권

지방자치단체의 장은 지방의회에서 의결할 의안을 발의할 권한을 갖는다(지자법 76조 1항). 지방자치단체의 장이 예산상 또는 기금상의 조치를 수반하는 의안을 발의할 경우에는 그 의안의 시행에 수반될 것으로 예상되는 비용에 대한 추계서와 이에 상응하는 재원조달방안에 관한 자료를 의안에 첨부하여야 한다(지자법 78조 1항).

다. 의회출석 · 진술권

지방자치단체의 장 또는 관계 공무원은 지방의회나 그 위원회에 출석하여 행정사무의 처리상황을 보고하거나 의견을 진술하고 질문에 응답할 수 있다(지자법 51조 1항). 지방자치단체의 장 또는 관계 공무원은 지방의회나 그 위원회의 요구가 있는 때에는 출석 · 답변하여야 한다. 다만, 특별한 사유가 있는 경우에는 지방자치단체의 장은 관계 공무원으로 하여금 출석 · 답변하게 할 수 있으며, 출석 · 답변할 수 있는 공무원은 조례로 정한다(지자법 51조 2항 · 3항).

라. 조례안의 공포권 · 거부권

지방자치단체의 장은 조례안을 이송받은 때에는 20일 이내에 이를 공포하여야 한다(지자법 32조 2항). 지방자치단체의 장은 이송받은 조례안에 대하여 이의가 있는 때에는 20일 이내에 이유를 붙여 지방의회에 환부하고 그 재의를 요구할 수 있다. 이 경우 지방자치단체의 장은 조례안의 일부에 대하여 또는 조례안을 수정하여 재의를 요구할 수 없다(지자법 32조 3항). 재의의 요구가 있을 때에는 지방의회는 재의에 붙여 재적의원 과반수의 출석과 출석의원 3분의 2 이상의 찬성으로 전과 같이 의결을 하면 그 조례안은 조례로서 확정된다(지자법 32조 4항).

마. 지방의회의 의결에 대한 재의요구권

가) 의결이 월권 · 법령위반 등인 경우 지방자치단체의 장은 지방의회의 의결이 월권 또는 법령에 위반되거나 공익을 현저히 해한다고 인정되는 때에는 그 의결사항을 이송받은 날로부터 20일 이내에 이유를 붙여 재의를 요구할 수 있다(지자법 120조 1항).

나) 예산상 집행불가능한 의결인 경우 지방자치단체의 장은 지방의회의 의결에 예산상 집행할 수 없는 경비가 포함되어 있다고 인정되는 때에는 재의를 요구할 수 있다(지자법 121조 1항). 또한 지방자치단체의 장은 지방의회가 ① 법령에 의하여 지방자치단체에서 의무적으로 부담하여야 할 경비, ② 비상재해로 인한 시설의 응급복구를 위하여 필요한 경비 등을 삭감하는 의결을 하는 경우에도 그 의결사항을 이송받은 날부터 20일 이내에 이유를 붙여 재의를 요구할 수 있다(지자법 121조 2항). 그러나 지방의회의 위법한 의결과는 달리, 예산상 집행이 불가능한 의결의 재의요구에 대하여는 대법원에 제소가 인정되고 있지 않다.

다) 감독청의 요청에 의한 경우 지방의회의 의결이 법령에 위반되거나 공익을 현저히 해한다고 판단될 때에는 시 · 도에 대하여 주무부장관이, 시 · 군 및 자치구에 대하여는 시 · 도지사가 재의를 요구할 수 있고 재의의 요구를 받은 지방자치단체의 장은 그 의결사항을 이송받은 날부터 20일 이내에 이유를 붙여 지방의회에 재의요구를 하여야 한다(지자법 192조 1항).

바. 선결처분권

가) 의 의 지방자치단체의 장은 지방의회가 성립되지 아니한 때와 지방의회의 의결사항 중 주민의 생명과 재산보호를 위하여 긴급하게 필요한 사항으로서 지방의회를 소집할 시간적 여유가 없거나 지방의회에서 의결이 지체되어 의결되지 아니한 때에는 선결처분을 할 수 있다(지자법 122조 1항). 선결처분권은 지방자치단체의 장의 임무수행에 지방의회의 의결이 요구되는 사안에서 그것이 기대될 수 없는 경우에 지방자치단체의 장이 갖는 일종의 긴급권이다.

나) 요 건 선결처분은 먼저 ① 지방의회가 성립되지 아니한 경우에 가능하다. 지방의회가 성립되지 아니한 때라 함은 의원의 수가 구속, 제명, 사직 등의 사유로 제73조의 의결정족수에 미달하게 된 때를 의미한다. ② 지방의회가 성립되었다 하더라도 지방자치단체의 장은 다음의 요건이 충족되는 경우에 선결처분을 할 수 있다. ㉠ 주민의 생명과 재산의 보호에 관한 사항이어야 하며, ㉡ 그 보호가 시간적으로 긴급하게 요구되어야 하며, ㉢ 지방의회를 소집할 시간적 여유가 없거나 지방의회의 의결이 지체되어 해결되지 아니한 경우여야 한다.

다) 통 제 지방자치단체의 장이 선결처분을 하면, 지체없이 지방의회에 보고하고 승인을 얻어야 한다(지자법 122조 2항). 만약 지방의회에서 승인을 얻지 못한 때에는 그 선결처분은 그 때부터 효력을 상실한다(지자법 122조 3항). 지방자치단체의 장은 선결처분의 보고와 의회의 승인여부 및 승인거부시 선결처분의 효력상실을 공고하여야 한다(지자법 122조 4항).

4. 지방자치단체의 보조기관 및 행정기구

1) 부도지사 · 부시장 · 부군수 · 부구청장

가. 정수와 임명

지방자치단체의 장의 보조기관으로서 서울특별시 · 광역시 및 특별자치시에 부시장을, 도와 특별자치도에 부도지사를 두고, 시에 부시장, 군에 부군수, 구에 부구청장을 두되, 그 수는 특별시는 3인, 광역시 · 도 · 특별자치시 · 특별자치도는 2인(인구 800만 이상의 광역시 및 도는 3인), 시 · 군 · 자치구는 1인으로 한다(지자법 123조 1항, 동법시행령 73조 1항). 특별시 · 광역시 및 특별자치시의 부시장, 도 및 특별자치도의 부지사는 정무직 또는 일반직국가공무원으로 보하며, 그 직급은 대통령령으로 정한다. 다만, 특별시 · 광역시 및 특별자치시의 부시장, 도와 특별자치도의 부지사를 2명이나 3명 두는 경우에 1명은 대통령령으로 정하는 바에 따라 정무직 · 일반직 또는 별정직 지방공무원으로 보하되, 정무직과 별정직 지방공무원으로 보할 때의 자격기준은 해당 지방자치단체의 조례로 정한다(지방자치법 123조 2항). 정무직 또는 일반직 국가공무원으로 보하는 부시장 · 부지사는 시 · 도지사의 제청으로 행정안전부장관을 거쳐 대통령이 임명한다(지자법 123조 3항). 한편 시의 부시장, 군의 부군수, 자치구의 부구청장은 일반직 지방공무원으로 보하되 그 직급은 대통령령으로 정하며, 당해 시장 · 군수 · 구청장이 임명한다(지자법 123조 4항).

나. 임무와 권한

시 · 도의 부시장과 부지사, 시 · 군 · 자치구의 부시장 · 부군수 · 부구청장(이하 부단체장이라고 한다)은 지방자치단체의 장을 보좌하여 사무를 총괄하고, 소속직원을 지휘 · 감독한다(지자법 123조 5항). 부단체장은 또한 ① 지방자치단체의 장이 궐위 또는 공소제기된 후 구금상태에 있거나 의료기관에 60일 이상 계속하여 입원하거나 금고 이상의 형의 선고를 받고 그 형이 확정되지 않은 경우, ② 지방자치단체의 장이 그 직을 가지고 당해 지방자치단체의 장 선거에 입후보 한 경우에는 그 권한을 대행하며, ③ 지방자치단체의 장이 출장 · 휴가 등 일시적인 사유로 직무를 수행할 수 없는 경우에는 그 직무를 대리한다(지자법 124조).

2) 행정기구

지방자치단체는 행정사무를 분장하기 위하여 필요한 행정기구를 두되, 이는 대통령령이 정하는 기준에 따라 당해 지방자치단체의 조례로 정한다(지자법 125조 1항).

5. 지방자치단체의 소속행정기구

1) 직속 행정기관

지방자치단체는 그 소관 사무의 범위 안에서 필요한 때에는 대통령령 또는 대통령령이 정하는 바에 의하여 당해 지방자치단체의 조례로 자치경찰기관(제주특별자치도에 한한다) · 소방기관 · 교육훈련기관 · 보건진료기관 · 시험연구기관 및 중소기업지도기관 등을 직속기관으로 설치할 수 있다

(지자법 126조).

2) 사업소 · 출장소

지방자치단체는 특정 사무를 효율적으로 수행하기 위하여 필요한 때에는 대통령령이 정하는 바에 의하여 당해 지방자치단체의 조례로 사업소를 설치할 수 있으며(지자법 127조), 원격지 주민의 편의와 특정지역의 개발촉진을 위하여 필요한 때에는 대통령령이 정하는 바에 의하여 당해 지방자치단체의 조례로 출장소를 설치할 수 있다(지자법 128조).

3) 합의제행정기관

지방자치단체는 그 소관사무의 일부를 독립하여 수행할 필요가 있는 때에는 법령 또는 당해 지방자치단체의 조례가 정하는 바에 의하여 합의제 행정기관을 설치할 수 있다(지자법 129조).

4) 자문기관

지방자치단체는 그 소관 사무의 범위에서 법령이나 그 지방자치단체의 조례로 정하는 바에 따라 심의회 · 위원회 등의 자문기관을 설치 · 운영할 수 있다(지자법 130조 1항).

6. 지방자치단체의 하급행정기관

1) 구청장

특별시 · 광역시를 제외한 시 중에서 인구가 50만 이상되는 시에는 자치구가 아닌 구를 둘 수 있으며(전주시, 부천시 등)(지자법 3조 3항), 구에 일반직 지방공무원으로 구청장을 둔다(지자법 131조). 구청장은 시장의 지휘 · 감독을 받아 소관 국가사무와 시의 사무를 처리하고 소속 직원을 지휘 · 감독한다(지자법 132조). 즉 구청장은 시의 하급행정청의 지위에 있으면서, 국가사무를 수임 · 처리하는 범위 안에서 국가기관의 지위에도 서게 된다.

2) 읍 · 면장

군에는 읍 · 면을 두고(지자법 3조 3항), 읍 · 면에 각각 일반직 지방공무원으로 읍장 · 면장을 둔다(지자법 131조). 다만 도농복합형태의 시에 있어서도, 도시의 형태를 갖추지 아니한 지역에는 읍 · 면을 둔다(지자법 3조 4항). 읍 · 면장은 시장 또는 군수의 지휘 · 감독을 받아 소관 국가사무와 지방자치단체의 사무를 처리하고, 소속 직원을 지휘 · 감독한다(지자법 133조). 이에 따라 읍 · 면장은 시 또는 군의 하급행정청의 지위와 국가의 하급행정기관의 지위를 아울러 가진다.

3) 동장

시 · 구(자치구 포함)에는 동을 두고 동에는 일반직 지방공무원으로 동장을 둔다(지자법 3조 3항, 131조). 동장은 시장 · 구청장의 지휘 · 감독을 받아 그 구역 내에서 시행하는 국가와 지방자치단체의 사무를 처리한다(지자법 133조).

판례 1(읍장의 계고처분에 대한 권한) 지방자치법 제95조 제1항(현행 104조 1항)에 따른 권한의 위임은 내부적으로 집행사무만을 위임한 것이라기보다는 이른바 외부적 권한 위임에 해당한다고 볼 것인데 기록에 의하면, 남제주군수는 남제주군사무위임조례 제2조 제2항의 규정에 따라 무허가 건축물에 대한 철거대집행사무를 하부 행정기관인 읍 · 면에 위임하고 있으므로(기록 80면 이하), 피고에게는 관할구역 내의 무

허가 건축물인 이 사건 건물에 대하여 그 철거대집행을 위한 이 사건 계고처분을 할 권한이 있다(대판 1997. 2. 14, 96누15428).

판례 2(동장의 민간위탁에 대한 권한) 동장이 주민자치센터의 운영을 다시 민간에 위탁하는 것은 그 수임사무의 재위탁에 해당하는 것이므로 그에 관하여는 별도의 법령상 근거가 필요하다고 할 것인데, 지방자치법 제95조 제3항(현행 104조 3항)은 소정 사무의 민간위탁은 지방자치단체의 장이 할 수 있는 것으로 규정하고 있을 뿐 동장과 같은 하부행정기관이 할 수 있는 것으로는 규정하고 있지 아니하고, 행정 권한의 위임 및 위탁에 관한 규정 제4조 역시 동장이 자치사무에 관한 수임권한을 재위임 또는 재위탁할 수 있는 근거가 될 수 없음은 그 규정 내용상 분명하며, 달리 동장이 그 수임권한을 재위임 또는 재위탁할 수 있도록 규정하고 있는 근거 법령이 없으므로, 지방의회가 재의결한 조례안에서 동장이 주민자치센터의 운영을 다시 민간에 위탁할 수 있는 것으로 규정하고 있는 것은 결국 법령상의 근거 없이 동장이 그 수임사무를 재위탁할 수 있는 것으로 규정하고 있는 것이어서 법령에 위반된 규정이다(대판 2000. 11. 10, 2000추36).

판례 3(군수의 읍 · 면장에 대한 지휘 · 감독권의 범위) 지방자치법이 상급 지방자치단체의 장에게 하급 지방자치단체의 장의 위임사무 처리에 대한 지휘 · 감독권을 규정하면서 하급 지방자치단체의 장의 자치사무 이외의 사무처리에 관한 위법하거나 현저히 부당한 명령 · 처분에 대하여 취소 · 정지권을 부여하고 있는 점에 비추어 볼 때, 동일한 지방자치단체 내에서 상급 행정관청이 하급 행정관청에 사무를 위임한 경우에도 위임관청으로서의 수임관청에 대한 지휘 · 감독권의 범위는 그 사무처리에 관한 처분의 합법성뿐만 아니라 합목적성의 확보에까지 미친다. 하급 행정관청으로서 군수의 일반적 지휘 · 감독을 받는 읍 · 면장의 위임사무 처리에 관한 위법한 처분에 대하여만 군수에게 취소 · 정지권을 부여하고 부당한 처분에 대하여는 이를 배제한 조례안은, 지방자치법에 위배되어 허용되지 않으므로 그 효력이 없다(대판 1996. 12. 23, 96추114).

사례 X광역시 Y구의회는 「X광역시 Y구 행정사무감사 및 조사에 관한 조례 중 일부개정조례안」을 의결하여 Y구청장에게 이송하였다. 위 조례안의 개정취지는 지방의회가 의결로 집행기관 소속 특정 공무원에 대하여 의원의 자료제출요구에 성실히 이행하지 않았다는 구체적인 징계사유를 들어 징계를 요구할 수 있다는 것이다. 이에 Y구청장은 위 개정조례안이 법령에 없는 새로운 견제장치를 만들어 지방의회가 집행기관의 고유권한을 침해하는 것으로 위법하다고 주장하였다. 위 개정조례안에 대한 Y구청장의 통제방법을 검토하고, Y구청장의 주장이 타당한지를 논하시오.(20점)(2015 국가공무원 5급공채시험)

▶답안요지

1. Y구청장의 통제수단

설문에서 Y구청장의 통제수단으로서 지방자치법 32조 3항 및 120조 1항에 의한 재의요구와 지자법 120조 3항에 따른 제소가 고려된다.

1) 재의요구

지방자치법 32조 3항에 따르면 지방자치단체장은 이송받은 조례안에 대하여 이의가 있는 경우에는 20일 이내에 이유를 붙여 지방의회로 환부하고 재의를 요구할 수 있다. 이 경우 조례안의 일부에 대하여 또는 수정하여 재의를 요구할 수 없다.

또한 지방자치단체장은 지방자치법 120조 1항에 따라 지방의회의 의결이 월권이거나 법령에 위반되거나 공익을 현저히 해친다고 인정되면 그 의결사항을 이송받은 날로부터 20일 이내에 이유를 붙여 재의를 요구할 수 있다. 설문에서 Y구청장은 지방자치법 120조의 1항의 요건이 충족되지 않는 경우에도 지방자치법 26조 3항에 따라 재의를 요구할 수 있을 것이다.

2) 지방자치법 120조 3항에 따른 제소

Y구의회가 Y구청장의 재의요구에 대하여 출석의원 3분의 2 이상의 찬성으로 재의결하면 그 의결사항은

확정된다(지자법 120조 2항). Y구청장은 재의결된 사항이 법령에 위반된다고 인정되면 재의결된 날로부터 20일 이내에 대법원에 제소할 수 있다. 이 경우 필요하다고 인정되면 그 의결의 집행을 정지하게 하는 집행정지결정을 신청할 수 있다(지자법 120조 3항, 192조 4항). 지방자치법 120조 3항의 소송의 성격은 동일한 공공단체 내부의 기관 상호간의 권한의 존부 여부에 관한 소송으로서 기관소송의 성격을 갖는다.

2. 조례안의 위법성 여부

1) 조례제정의 범위

지방자치단체는 자치사무와 단체위임사무에만 조례를 제정할 수 있으며, 기관위임사무의 경우에는 법령의 근거가 있는 경우에만 조례를 제정할 수 있다(위임조례). 사안의 경우 조례의 규율대상은 지방자치법 13조 2항 1호 마목의 소속공무원의 인사에 관한 것으로 자치사무에 해당된다고 볼 것이다.

2) 법률우위의 원칙에 위배여부

지방자치법 제28조는 지방자치단체는 법령의 범위에서 조례를 제정할 수 있다고 규정하고 있는바, 행정입법으로서 조례는 법률우위의 원칙에 위배되어서는 안된다.

설문에서 개정조례안은 의원의 자료제출요구에 성실히 이행하지 않은 집행기관 소속 특정 공무원에 대하여 지방의회가 의결로 징계를 요구할 수 있다는 것을 내용으로 하고 있는바 이러한 조례안이 지방의회와 지방자치단체장 간의 권한배분에 관한 지방자치법상의 규정에 위배되는지 문제가 된다. 지방자치단체의 기관구성형태는 기관대립형, 기관통합형, 절충형 세가지 형태가 있으나, 현행 지방자치법은 기관대립형을 채택하여 의결기관인 지방의회와 집행기관인 지방자치단체장을 다 같이 주민의 직접적인 선거에 의하여 구성 및 선출하고 서로 대립시켜 각자 권한을 분담하여 상호간에 견제와 균형을 도모하고 있다. 현행법상 지방의회의 지방자치단체장에 대한 권한은 ① 행정사무감사 및 조사권, ② 출석 · 답변요구권, ③ 서류제출요구권, ④ 선결처분에 대한 승인권 등을 들 수가 있으며, 지방자치단체장의 지방의회에 대한 권한으로는 ① 지방의회 소집요구권, ② 의안발의권, ③ 의회출석 · 진술권, ④ 조례안의 공포권 · 거부권, ⑤ 재의요구권, ⑥ 선결처분권 등이 있다. 설문에서 Y구의회가 집행기관에 대한 행정사무감사 및 조사권 및 서류제출요구권을 근거로 지방자치단체장의 권한으로 규정되어 있는 소속공무원의 임면 및 징계 등 인사(지자법 118조)에 개입할 수 있는지 문제가 된다. 판례에 따르면 지방의회가 집행기관의 인사권에 관하여 견제의 범위안에서 소극적 사후적으로 개입하는 것은 허용되나, 집행기관의 인사권을 독자적으로 행사하거나 사전에 적극적으로 개입하는 것은 허용되지 않는다는 입장을 취하고 있다. 판례는 행정불만처리조정위원회 위원 또는 옴부즈맨의 위촉 · 해촉시에 지방의회의 동의를 얻도록 정한 조례는 소극적 사후적 개입으로서 견제권의 범위안에 드는 것으로 적법하나, 이들 위원 또는 집행기관의 구성원의 일부 또는 전부를 지방의회가 직접 임명하는 것은 허용되지 않는다는 입장을 취하고 있다. 설문에서 지방의회가 자료제출요구에 성실하게 응하지 않은 공무원에 대하여 직접 징계를 요구할 수 있도록 규정한 조례개정안은 지방의회의 견제권을 벗어나 지방자치단체장의 고유한 인사권을 침해하는 것으로 위법하다고 할 것이다.

3) 결어

Y구청장의 주장은 타당하다.

Ⅳ. 교육 · 학예에 관한 특별기관

1. 개 설

헌법은 "교육의 자주성 · 전문성 · 정치적 중립성 … 은 법률이 정하는 바에 의하여 보장된다(헌법 31조 4항)"고 규정하고 있다. 헌법이념에 따라 지방교육자치제를 실현하기 위하여 지방자치법은 지방자치단체의 교육 · 과학 및 체육에 관한 사무를 분장하게 하기 위하여 별도의 기관을 두도록 규정하고 있고, 기관의 조직과 운영에 관하여 필요한 사항은 따로 법률로 정하도록 규정하고 있다(지자법 135조). 이에 근거하여 「지방교육자치에 관한 법률」이 1991년 7월 26일(법률 4951)에 제정되었다. 종전 법률에 따르면 광역지방자치단체에 교육 · 학예에 관한 집행기관으로서 교육감을 두었고, 시 · 도의회에 교육 · 학예에 관한 사무를 심의 · 의결하는 상임위원회로서 교육위원회를 설치하였다. 교육위원회는 시 · 도의회의원과 주민의 보통 · 평등 · 직접 · 비밀선거에 따라 선출된 교육위원으로 구성하되, 교육위원이 과반수가 되도록 하였다. 그러나 종전의 교육위원 및 교육 · 학예의 심의 · 의결기관으로서 교육위원회 제도가 2014년 6월 30일에 폐지됨에 따라[22] 교육위원회는 시 · 도의회의 여타 상임위원회와 동일한 지위를 갖게 되었고, 그 구성 역시 시 · 도 의회의원으로만 구성하게 되었다.

2. 교 육 감

1) 의 의

시 · 도 교육감은 특별시 · 광역시 · 도의 교육 · 학예에 관한 사무의 집행기관이며, 당해 사무에 관하여 지방자치단체를 대표한다(지교법 18조). 또한 국가의 행정사무를 수임하여 처리하는 한도에서는 국가의 행정기관으로서의 지위도 갖는다(지교법 19조).

2) 자격 및 선출

교육감후보자가 되고자 하는 자는 당해 시 · 도지사의 피선거권이 있는 자로서 후보자등록신청개시일부터 과거 1년 동안 정당의 당원이 아닌 자이어야 한다(지교법 24조 1항). 교육감후보자가 되고자 하는 자는 후보자등록신청개시일을 기준으로 교육경력 또는 교육공무원으로서의 교육행정경력이 3년 이상 있거나 양 경력을 합하여 3년 이상 있는 자이어야 한다(지교법 24조 2항). 교육감은 주민의 보통 · 평등 · 직접 · 비밀선거에 따라 선출한다(지교법 43조). 교육감선거에 있어서 정당의 후보자 추천 등 선거관여행위는 금지된다(지교법 46조).

3) 임기 및 신분

교육감의 임기는 4년으로 하며, 교육감의 계속 재임은 3기에 한한다(지교법 21조). 교육감은 국회의원 · 지방의회의원 · 교육위원 및 국가공무원법 제2조 및 지방공무원법 제2조에 규정된 공무원과 사립학교법 제2조에 규정된 사립학교교원의 직을 겸할 수 없다(지교법 23조).

교육감은 ① 제23조의 겸임할 수 없는 직에 취임한 때, ② 피선거권이 없게 된 때(지방자치단체의 구역이 변경되거나, 지방자치단체가 없어지거나 합쳐진 경우 외의 다른 사유로 교육감이 그 지방자치단체의 구역 밖으로 주민등록을 이전함으로써 피선거권이 없게 된 때를 포함한다), ③ 정당의 당원이 된 때, ④ 지방교육자치에 관한 법률 제3조에서 준용하는 지방자치법 제97조에 따라 교육감의 직을 상실할 때에는 그 직에서 퇴직된다(지교법 24조의3).

4) 교육감의 소환

주민은 교육감을 소환할 권리를 가진다. 교육감의 주민소환에 관하여는 그 성질이 반하지 아니하는 범위에서 「주민소환에 관한 법률」의 시 · 도지사에 관한 규정을 준용한다. 교육감에 대한 주민소환투표사무는 시 · 도 선거관리위원회가 관리한다(지교법 24조의2).

22) 지방교육자치에 관한 개정법률 부칙 2조 1항(2010. 2. 26, 법률 10046).

5) 권 한

가. 통합대표권

교육감은 교육 · 학예에 관하여 당해 지방자치단체를 대표하고 그 사무를 통할한다(지교법 20조).

나. 사무의 관리 · 집행권

교육감은 당해 지방자치단체의 교육 · 학예사무와 법령에 의하여 교육감에게 위임된 사무를 관리 · 집행한다. 교육감의 관장사항으로 중요한 것은 ① 교육 · 학예에 관한 조례안의 작성 및 제출, ② 예산안의 편성, ③ 결산서의 작성, ④ 학교 · 교육기관의 설치 · 이전 및 폐지에 관한 사항, ⑤ 교육과정의 운영, ⑥ 과학기술교육의 진흥, ⑦ 평생교육 및 그 밖의 교육 · 학예진흥, ⑧ 학교체육 · 보건 및 학교환경정화, ⑨ 소속국가공무원 및 지방공무원의 인사관리에 관한 사항, ⑩ 그 밖에 당해 시 · 도의 교육 · 학예에 관한 사항과 위임된 사항 등이 있다(지교법 20조).

다. 직원의 임면 및 지휘 · 감독권

교육감은 소속공무원을 지휘 · 감독하고 법령과 조례 · 교육규칙이 정하는 바에 의하여 그 임용 · 교육훈련 · 복무 · 징계에 관한 사항을 처리한다(지교법 27조).

라. 교육규칙제정권

교육감은 법령 또는 조례의 범위 안에서 그 권한에 속하는 사무에 관하여 교육규칙을 제정할 수 있다(지교법 25조).

마. 의안 등의 제출권

교육감은 교육 · 학예에 관한 의안을 시 · 도의회에 제출할 수 있다(지교법 29조의2 · 지자법 66조). 다만, 교육감은 교육 · 학예에 관한 의안 중 ① 주민의 재정적 부담이나 의무부과에 관한 조례안, ② 지방자치단체의 일반회계에 해당하는 의안을 시 · 도의회에 제출하고자 할 때에는 미리 시 · 도지사와 협의하여야 한다(지교법 29조의2).

바. 의결에 대한 재의요구와 제소권

교육감은 교육 · 학예에 관한 시 · 도의회의 의결이 법령에 위반되거나 공익을 현저히 저해한다고 판단될 때에는 그 의결사항을 이송받은 날부터 20일 이내에 이유를 붙여 재의를 요구할 수 있다. 교육감이 교육부장관으로부터 재의요구를 하도록 요청받은 경우에는 시 · 도의회에 재의를 요구하여야 한다(지교법 28조 1항). 교육감의 재의요구가 있을 때에는 재의요구를 받은 시 · 도의회는 재의에 붙이고 시 · 도의회 재적의원 과반수의 출석과 시 · 도의회 출석의원 3분의 2 이상의 찬성으로 전과 같은 의결을 하면 그 의결사항은 확정된다(지교법 28조 2항).

교육감은 재의결된 사항이 법령에 위반된다고 판단될 때에는 교육감은 재의결된 날부터 20일 이내에 대법원에 제소할 수 있다(지교법 28조 3항). 교육부장관은 재의결된 사항이 법령에 위반된다고 판단됨에도 해당교육감이 소를 제기하지 않은 때에는 해당교육감에게 제소를 지시하거나 직접 제소할 수 있다. 교육부장관 또는 교육감이 제소를 한 경우 그 의결의 집행을 정지하게 하는 집행정지결정을 신청할 수 있다(지교법 28조 7항).

사. 선결처분권

교육감은 ① 시 · 도의회의원의 구속 등의 사유로 의결정족수에 미달되어 시 · 도의회가 성립되지 아니한 때와 ② 시 · 도의회의 의결사항 중 학생의 안전과 교육기관 등의 재산보호를 위하여 긴급하게 필요한 사항으로서 시 · 도의회가 소집될 시간적 여유가 없거나 시 · 도의회에서 의결이 지체되어 의결되지 아니한 때에는 선결처분을 할 수 있다(지교법 29조 1항). 이 경우 교육감은 지체없이 선결처분을 시 · 도의회에 보고하여 승인을 받아야 하는바, 승인을 받지 못한 때에는 당해 선결처분은 그 때부터 효력을 상실한다(지교법 29조 3항).

5) 교육감의 보조기관

가. 부교육감

교육감 소속하에 국가공무원으로 보하는 부교육감 1인(인구 800만 이상이고 학생 170만명 이상인 시 · 도는 2인)을 두되, 대통령령이 정하는 바에 따라 「국가공무원법」 제2조의2의 규정에 따른 고위공무원단에 속하는 일반직공무원 또는 장학관으로 보한다(지교법 30조). 부교육감은 교육감을 보좌하여 사무를 처리하며, 지방자치법 제124조에 따라 교육감의 권한을 대행하거나 직무를 대리한다(지교법 30조).

나. 기타 보조기관

교육감 소속하에 보조기관을 두되, 그 설치 · 운영에 관하여 필요한 사항은 대통령령이 정하는 범위안에서 조례로 정한다(지교법 30조 5항).

6) 하급교육행정기관

시 · 도의 교육 · 학예에 관한 사무를 분장하게 하기 위하여 1개 또는 2개 이상의 시 · 군 및 자치구를 관할 구역으로 하는 교육지원청을 둔다. 교육지원청에 교육장을 두되 장학관으로 보하고, 그 임용에 관하여 필요한 사항은 대통령령으로 정한다(지교법 34조). 교육장은 시 · 도의 교육 · 학예에 관한 사무 중 공 · 사립의 유치원 · 초등학교 · 중학교 · 공민학교 · 고등공민학교 및 이에 준하는 각종학교의 운영 · 관리에 관한 지도 · 감독과 기타 시 · 도의 조례로 정하는 사무를 위임받아 분장한다(지교법 35조).

사례 A도 교육청 교육감 甲은 교육의 경제적 효율성을 제고하고 인구절벽이라는 시대상황을 정책에 반영하기 위하여, ① 전체 재학생수가 10명 미만인 초등학교의 경우 인근 학교와의 적극적인 통 · 폐합을 추진하고, ② 전체 재학생수가 3명 미만인 경우에는 해당 학교를 폐지하기 위한 작업을 준비하였다. 또한 A도 의회는 2016. 12. 20. 'A도 학교설치 조례' 제2조의 [별표 1] 란 중 "다동초등학교"란을 삭제하는 내용의 'A도 학교설치조례 개정안'을 의결하였다. 이 조례는 2016. 12. 31. 공포되었고, 이 조례에 대해서는 어떠한 재의요구도 없었다. 교육부장관 戊는 위 학교폐지사무는 조례의 제정대상이 아니라고 주장한다.(제7회 변호사시험)

1) 학교폐지사무의 법적 성격을 검토하시오.(10점)
2) 위 조례에 대한 戊의 지방자치법상 쟁송수단을 설명하시오.(10점)

▶답안요지

제1문: 학교폐지사무의 법적 성격

설문에서 교육부장관 戊는 학교폐지사무가 조례의 제정대상이 아니라고 주장하고 있다. 지방자치단체는 자치사무와 단체위임사무의 경우에만 조례를 제정할 수 있으며, 기관위임사무의 경우에는 법령의 근거가 있는 경우에만 조례를 제정할 수 있다(위임조례). 사안에서 학교폐지사무의 성격이 문제가 되고 있는바, 지방교육자치에 관한 법률 제20조 제5호는 "학교, 그 밖의 교육기관의 설치 · 이전 및 폐지"에 관한 사항을 광역지방자치단체의 교육 · 학예에 관한 사무의 집행기관인 교육감의 관장사무로 규정하고 있다. 법령상 지방자치단체의 장이 처리하도록 규정하고 있는 사무가 기관위임사무에 해당하는지 여부를 판단함에 있어서는 그에 관한 법령의 규정 형식과 취지를 우선 고려하여야 할 것이지만 그 외에도 그 사무의 성질이 전국적으로 통일적인 처리가 요구되는 사무인지 여부나 그에 관한 경비부담과 최종적인 책임귀속의 주체 등도 아울러 고려하여 판단하여야 한다(대판 1999. 9. 17, 99추30). 학교폐지사무는 지방교육자치에 관한 법률 제20조 제5호 및 교육재정에 관한 제36조 이하의 규정을 고려할 때, 교육감에게 위임된 사무로 보기 어려우며, 도시와 농촌의 교육여건 등이 현실적으로 차이가 있기 때문에 전국적으로 통일을 요하는 사무로 보기 어렵다. 이에 따라 학교폐지사무는 자치사무로서 조례의 제정대상이 될 것이다.

제2문: 戊의 지방자치법상 쟁송수단

교육부장관 戊는 'A도 학교설치조례'가 법령에 위반된다고 판단할 경우 교육감 甲에게 A도 의회에 재의요구를 하도록 요청할 수 있다(지방교육자치에 관한 법률 28조 1항). 이 경우 甲은 재의를 요구하여야 하며, 재의요구를 받은 시 · 도의회가 재적의원 과반수의 출석과 출석의원 3분의 2 이상의 찬성으로 전과 같은 의결을 하면 그 의결사항은 확정된다(동법 28조 2항). 재의결된 사항이 법령에 위반된다고 판단될 때에는 교육감은 재의결된 날부터 20일 이내에 대법원에 제소할 수 있다. 교육부장관은 재의결된 사항이 법령에 위반된다고 판단됨에도 해당교육감이 소를 제기하지 않은 때에는 해당교육감에게 제소를 지시하거나 직접 제소할 수 있다(동법 28조 4항). 戊가 재의결된 사항을 대법원에 제소한 경우 그 의결의 집행을 정지하게 하는 집행정지결정을 신청할 수 있다(동법 28조 7항).

제6절 지방자치단체 상호간의 관계

Ⅰ. 개 설

우리나라의 지방자치단체는 광역지방자치단체와 기초지방자치단체의 중층구조로 이루어지고 있으며, 각 지방자치단체는 그 자체가 독립적인 법인격을 갖고 있음에도 불구하고 다른 지방자치단체와 횡적 · 종적으로 유기적인 관계를 맺고 있다. 지방행정의 광역화 및 양적 증대에 따라 사무의 공동처리를 위한 지방자치단체 상호간의 협력의 필요성이 증대되는 한편, 사무집행 및 권한행사와 관련하여 갈등과 대립도 증가하고 있다. 이에 따라 지방자치단체 상호간의 효율적인 협력방식을 마련할 필요가 있으며, 분쟁발생시 이를 합리적으로 해결할 수 있는 제도적 방안이 요구되고 있다.

Ⅱ. 협력관계

지방자치법 제164조는 "지방자치단체는 다른 지방자치단체로부터 사무의 공동처리에 관한 요청이나 사무처리에 관한 협의 · 조정 · 승인 또는 지원의 요청이 있는 때에는 법령의 범위 안에서 이에 협력하여야 한다"고 하여 지방자치단체의 일반적인 협력의무를 규정하고 있다.

지방자치단체 상호간의 협력의 방법으로는 사무위탁, 행정협의회의 구성, 지방자치단체의 장의 협의체의 구성, 지방자치단체조합의 설립 등이 있다.

1. 사무의 위탁

지방자치단체 또는 그 장은 소관사무의 일부를 다른 지방자치단체 또는 그 장에게 위탁하여 처리하게 할 수 있다(지자법 168조 1항). 사무를 위탁하고자 하는 경우에는 관계 지방자치단체와의 협의에 따라 규약을 정하여 이를 고시하여야 한다(지자법 168조 2항). 규약은 공법상 계약의 성격을 갖는다. 사무위탁에 관한 규약에는 ① 사무를 위탁하는 지방자치단체와 사무를 위탁받는 지방자치단체, ② 위탁사무의 내용과 범위, ③ 위탁사무의 관리와 처리방법, ④ 위탁사무의 관리 및 처리에 소요되는 경비의 부담 및 지출방법, ⑤ 기타 사무위탁에 관하여 필요한 사항을 정하여야 한다(지자법 168조 3항).

2. 행정협의회

1) 의 의

지방자치단체는 두 개 이상의 지방자치단체에 관련된 사무의 일부를 공동으로 처리하기 위하여 관계 지방자치단체간의 행정협의회를 구성할 수 있다(지자법 169조 1항). 협의회는 ① 관련 지방자치단체의 독자적인 판단에 따라 구성될 수 있고, ② 행정안전부장관 또는 시 · 도지사가 공익상 필요하다고 보아 지방자치단체에 그 설립을 권고함에 따라 구성될 수도 있다(지자법 169조 3항).

2) 구성절차

지방자치단체가 행정협의회를 구성하고자 할 때에는 관계 지방자치단체간의 협의에 따라 규약을 정하여 관계 지방의회의 의결을 거친 다음 이를 고시하여야 한다(지자법 169조 2항). 행정협의회를 구성하는 지방자치단체의 장은 시 · 도가 구성원인 경우에는 행정안전부장관과 관계 중앙행정기관의 장에게, 시 · 군 또는 자치구가 구성원인 경우에는 시 · 도지사에게 이를 보고하여야 한다(지자법 169조 1항).

3) 조 직

협의회는 회장과 위원으로 구성된다(지자법 170조 1항). 회장과 회원은 규약이 정하는 바에 따라 관계 지방자치단체의 직원 중에서 선임한다(지자법 170조 2항). 회장은 협의회를 대표하며 회의를 소집하고 협의회의 사무를 총괄한다(지자법 170조 3항).

4) 협의 및 조정

관계 지방자치단체는 협의회에서 결정한 사항이 있는 경우에는 이에 따라 그 사무를 처리하여야 한다(지자법 174조 1항). 협의회에서 합의가 되지 아니한 사항에 대하여서는 관계 지방자치단체의 요청이 있는 경우에는 행정안전부장관 또는 시 · 도지사가 조정할 수 있다(지자법 173조 1항). 이 경우 감독관청이 조정을 하고자 할 때에는 관계 중앙행정기관의 장과의 협의를 거쳐 지방자치단체중앙분쟁조정위원회(행정안전부장관의 경우) 또는 지방자치단체지방분쟁조정위원회(시 · 도지사의 경우)의 의결에 따라 조정하여야 한다(지자법 173조 2항). 행정안전부장관 또는 시 · 도지사가 조정한 사항이 있는 경우에는 지방자치단체 상호간의 분쟁조정에 관한 규정인 지방자치법 제165조 제3항 내지 제6항의 규정을 준용한다(지자법 174조 2항). 한편, 협의회가 관계 지방자치단체 또는 그 장의 명의로 행한 사무의 처리는 관계 지방자치단체 또는 그 장이 행한 것으로 본다(지자법 174조 3항).

3. 지방자치단체조합

1) 의 의

지방자치단체조합이란 2개 이상의 지방자치단체가 하나 또는 둘 이상의 사무를 공동으로 처리하기 위하여 설립한 공법인이다(지자법 176조 1항 · 2항). 그 대표적인 예로서 김포쓰레기매립지를 공동으로 운영하기 위하여 1991년에 서울특별시 · 인천광역시 · 경기도가 공동으로 설립하였던 "수도권매립지운영관리조합"을 들 수 있다.[23] 지방자치단체조합은 관련 지방자치단체의 특정사무의 일부를 공동관리하기 위한 일부사무조합과 그 전부를 공동처리하기 위한 전부사무조합이 있는바, 현행법에서는 하나 또는 둘 이상의 사무의 공동처리를 위한 일부사무조합만을 인정하고 있다고 보아야 할 것이다.

2) 설　립

2개 이상의 지방자치단체가 하나 또는 둘 이상의 사무를 공동으로 처리할 필요가 있을 때에는 규약을 정하여 당해 지방의회의 의결을 거쳐 시 · 도는 행정안전부장관의, 시 · 군 및 자치구는 시 · 도지사의 승인을 얻어 지방자치단체조합을 설립할 수 있다. 다만, 조합의 구성원인 시 · 군 및 자치구가 2개 이상의 시 · 도에 걸치는 조합은 행정안전부장관의 승인을 얻어야 한다(지자법 176조 1항).

3) 조　직

조합에는 조합회의와 조합장 및 사무직원을 둔다(지자법 177조 1항). 조합회의의 위원과 조합장 및 사무직원은 조합규약이 정하는 바에 따라 선임한다(지자법 177조 2항). 관계 지방자치단체의 지방의회의원이나 지방자치단체의 장도 조합회의의 위원 및 조합장이 될 수 있다(지자법 177조 3항).

4) 권　한

조합회의는 조합의 규약이 정하는 바에 따라 조합의 중요사무를 심의 · 의결한다(지자법 178조 1항). 또한 조합회의는 조합이 제공하는 역무 등에 대한 사용료 · 수수료 또는 분담금을 사용료의 징수조례에 관한 조항인 지방자치법 제156조 제1항의 규정에 의한 조례의 범위 안에서 정할 수 있다(지자법 178조 2항). 조합장은 조합을 대표하며, 조합의 사무를 통괄한다(지자법 178조 3항).

5) 지도 · 감독

시 · 도가 구성원인 조합은 행정안전부장관의, 시 · 군 및 자치구가 구성원인 조합은 1차로 시 · 도지사, 2차로 행정안전부장관의 지도 · 감독을 받는다. 다만, 조합의 구성원인 시 · 군 및 자치구가 2개 이상의 시 · 도에 걸치는 지방자치단체조합은 행정안전부장관의 지도 · 감독을 받는다(지자법 180조 1항). 행정안전부장관은 공익상 필요한 경우에는 조합의 설립 · 해산 또는 규약의 변경을 명할 수 있다(지자법 180조 2항).

6) 규약변경 및 해산

지방자치단체조합의 규약을 변경하거나 조합을 해산하고자 하는 경우에는 조합의 설립과 같은 절차를 거쳐야 한다(지자법 181조 1항).

4. 사법상(私法上)의 형식에 따른 협력

지방자치단체들은 공법형식뿐만 아니라, 경우에 따라서는 사법형식을 통하여 다른 지방자치단체와 협력할 수 있다. 예를 들어 지역주민에게 행정역무의 제공을 위하여 공동출자의 형식으로 주식회사를 설립할 수 있다(여객운송회사의 설립).

---

23) 수도권매립지운영관리조합은 없어지고 현재 환경부 산하 수도권매립지관리공사가 설치되어 있다.

Ⅲ. 분쟁의 조정

1. 분쟁조정권자

지방자치단체 상호간 또는 지방자치단체의 장 상호간 사무를 처리함에 있어서 의견을 달리하여 분쟁이 있는 때에는 다른 법률에 특별한 규정이 없는 한 행정안전부장관 또는 시 · 도지사가 이를 조정할 수 있다(지자법 165조 1항).

2. 분쟁조정절차

분쟁조정은 당사자의 신청에 의한다. 다만, 그 분쟁이 공익을 현저히 저해하여 조속한 조정이 필요하다고 인정되는 경우에는 당사자의 신청이 없어도 직권으로 이를 조정할 수 있다(지자법 165조 1항). 행정안전부장관 또는 시 · 도지사가 분쟁을 조정하는 경우에는 그 취지를 미리 당사자에게 통보하여야 한다(지자법 165조 2항). 행정안전부장관 또는 시 · 도지사가 분쟁을 조정하고자 할 때에는 관계 중앙행정기관의 장과의 협의를 거쳐 지방자치단체중앙분쟁조정위원회 또는 지방자치단체지방분쟁조정위원회의 의결에 따라 조정하여야 한다(지자법 165조 3항). 분쟁조정권자가 조정의 결정을 한 때에는 이를 서면으로 지체없이 관계 지방자치단체의 장에게 통보하여야 한다(지자법 165조 4항).

3. 조정사항의 이행

조정결정을 통보받은 지방자치단체의 장은 그 조정결정사항을 이행하여야 한다(지자법 165조 4항). 조정결정사항 중 예산이 수반되는 사항의 경우에는 관계 지방자치단체는 이에 필요한 사항을 우선적으로 편성하여야 한다. 이 경우 연차적으로 추진하여야 할 사항은 연도별 추진계획을 분쟁조정권자에게 보고하여야 한다(지자법 165조 5항). 한편 분쟁조정결정사항이 성실히 이행되지 아니하면, 분쟁조정권자는 당해 지방자치단체에 대하여 직무이행명령에 관한 규정(지자법 189조)을 준용하여 이를 이행하게 할 수 있다(지자법 165조 7항).

4. 분쟁조정위원회

지방자치단체 상호간의 분쟁조정(지자법 165조 1항)과 행정협의회의 협의사항의 조정(지자법 173조 1항)에 필요한 사항을 심의 · 의결하기 위하여 행정안전부에 지방자치단체중앙분쟁조정위원회와 시 · 도에 지방자치단체지방분쟁조정위원회가 설치된다(지자법 166조 1항). 중앙분쟁조정위원회는 ① 시 · 도 또는 그 장간의 분쟁, ② 시 · 도를 달리하는 시 · 군 및 자치구 또는 그 장간의 분쟁, ③ 시 · 도와 시 · 군 및 자치구 또는 그 장간의 분쟁, ④ 시 · 도와 지방자치단체조합 또는 그 장간의 분쟁, ⑤ 시 · 도를 달리하는 시 · 군 및 자치구와 지방자치단체조합 또는 그 장간의 분쟁, 시 · 도를 달리하는 지방자치단체조합 또는 그 장간의 분쟁을 심의 · 의결하고(지자법 166조 2항), 지방분쟁조정위원회는 기타의 지방자치단체, 지방자치단체조합 또는 그 장간의 분쟁을 심의 · 의결한다(지자법 166조 3항).

판례 1(지방자치법상 분쟁조정결정이 지방자치법 제170조 제3항에 따른 대법원 직접 제소사항에 해당하거나 통상의 항고소송의 대상이 되는지 여부) 지방자치법 제148조는 제4항에서 분쟁조정결정의 통보를 받은 지방자치단체장은 조정결정사항을 이행하여야 한다고 규정하고, 제7항에서 행정안전부장관 등은 조정결정사항이 성실히 이행되지 아니하면 국가위임사무 등의 직무이행명령에 관한 지방자치법 제170조를 준용

하여 해당 지방자치단체의 장으로 하여금 이를 이행하게 할 수 있도록 규정하고 있다. 한편, 지방자치법은 제170조 제3항에서 이행명령에 이의가 있는 지방자치단체의 장은 이행명령서를 접수한 날부터 15일 이내에 대법원에 소를 제기할 수 있다고 규정하고 있으나, 분쟁조정결정에 대한 불복방법은 별도로 규정하고 있지 아니하다. 이러한 지방자치법 규정의 내용과 체계, 분쟁조정결정의 법적 성격 및 분쟁조정결정과 이행명령 사이의 관계 등에 비추어 보면, 행정안전부장관 등의 분쟁조정결정에 대하여는 그 후속의 이행명령을 기다려 대법원에 이행명령을 다투는 소를 제기한 후 그 사건에서 이행의무의 존부와 관련하여 분쟁조정결정의 위법까지 함께 다투는 것이 가능할 뿐, 별도로 분쟁조정결정 자체의 취소를 구하는 소송을 대법원에 제기하는 것은 지방자치법상 허용되지 아니한다고 보아야 한다. 나아가 분쟁조정결정은 그 상대방이나 내용 등에 비추어 행정소송법상 항고소송의 대상이 되는 처분에 해당한다고 보기 어려우므로, 통상의 항고소송을 통한 불복의 여지도 없다(대판 2015. 9. 24, 2014추613).

판례 2(자치사무가 분쟁조정 대상사무인지 여부 및 조정결정사항의 이행을 위하여 직무이행명령을 할 수 있는지 여부) 지방자치법 제148조 제1항, 제3항, 제4항의 내용 및 체계에다가 지방자치법이 분쟁조정절차를 둔 입법 취지가 지방자치단체 상호 간이나 지방자치단체의 장 상호 간 사무처리 과정에서 분쟁이 발생하는 경우 당사자의 신청 또는 직권으로 구속력 있는 조정절차를 진행하여 이를 해결하고자 하는 데 있는 점, 분쟁조정 대상에서 자치사무를 배제하고 있지 않은 점 등을 종합하면, 지방자치단체의 자치사무라도 당해 지방자치단체에 내부적인 효과만을 발생시키는 것이 아니라 그 사무로 인하여 다른 지방자치단체나 그 주민의 보호할 만한 가치가 있는 이익을 침해하는 경우에는 지방자치법 제148조에서 정한 분쟁조정 대상 사무가 될 수 있다. 또한 지방자치법 제148조 제7항, 제170조 제1항에 의하면, 지방자치법 제148조에서 정한 분쟁조정 대상 사무가 될 수 있는 자치사무에 관하여 분쟁조정결정이 있었음에도 조정결정사항을 성실히 이행하지 않은 지방자치단체에 대하여는 제148조 제7항에 따라 제170조를 준용하여 지방자치단체를 대표하는 지방자치단체의 장에 대하여 조정결정사항의 이행을 위하여 직무이행명령을 할 수 있다(대판 2016. 7. 22, 2012추121).

제 7 절 지방자치단체에 대한 국가의 관여(지도 · 감독)

Ⅰ. 개 설

헌법은 지방자치를 제도적으로 보장하고 있으며, 이에 따라 각 지방자치단체는 지방의 공공사무를 국가의 후견적 감독을 받음이 없이 자주적으로 처리할 수 있는 포괄적인 자치권을 보장받고 있다. 그러나 지방자치단체의 자치권은 국가의 통치권으로부터 전래된 것이며, 지방자치단체는 국가와 대등하거나 국가로부터 전적으로 독립된 단체가 아니라 국가의 한 구성부분을 이루는 자치행정조직의 지위를 갖고 있다. 지방자치단체의 자치권은 국가의 법질서의 구속하에 있을 뿐 아니라(헌법 117조 1항), 지방자치를 통한 지방행정의 원활한 수행은 부분사회의 이익을 넘어 전체로서의 국가이익에도 관련되고 있다. 이에 따라 국가는 법제정을 통하여 지방자치제도를 구체화하고, 감독을 통하여 지방자치행정의 적법성과 원활한 수행을 보장할 것이 요구된다.

종래 지방자치단체에 대한 국가의 관여는 시정명령, 취소 · 정지권 등 권력적 감독이 주요한 수단이 되어 왔으나, 근래에는 국가와 지방자치단체의 신뢰관계를 조성하고 대립과 갈등을 피하기 위하여 지적 · 기술적 · 재정적 지원 등 비권력적 방법이 강조되고 있다. 지방자치법 제9장은 지방자치단체에 대한 국가의 지도 · 감독에 대하여 규정하고 있다.

Ⅱ. 국가관여의 기능

1. 지방자치단체의 활동에 대한 적법성보장

지방자치단체에 대한 국가의 지도 · 감독은 우선 지방자치단체가 헌법과 법률에 따라 활동하도록 한다. 행정주체로서 지방자치단체는 행정의 법률적합성의 원칙에 따라 적법하게 그의 업무를 처리하여야 한다. 이러한 적법한 행정을 보장하기 위하여 국가의 지도 · 감독이 인정된다. 이러한 의미에서 국가는 지방자치행정에 있어서 법질서의 수호자로서 관여한다.

2. 국가이익의 보장

국가의 법률은 국가이익을 표현하는 것이며, 그 법률의 준수를 보장하는 것은 곧 국가이익의 보장을 의미한다. 또한 지방자치행정은 넓은 의미에서 국가행정의 한 유형을 의미하므로 지방자치단체의 적법행정과 지방자치행정의 원활한 수행은 해당 지방자치단체만의 관심사가 아니고 국가전체의 이익에도 관련된다. 이에 따라 국가는 지방자치행정이 원활히 수행되도록 지원하고 보호할 필요가 있다.

3. 지방자치단체에 대한 보호

국가는 지방자치단체가 인적 · 물적 · 기술적 능력이 부족한 때에는 이를 지원하여 그의 업무를 원활히 수행할 수 있도록 한다. 또한 국가의 감독관청은 지방자치단체가 다른 국가기관으로부터 자치권을 침해받거나 지나친 협력요청을 받은 경우에 이를 보호하여 주는 역할을 한다.

4. 지속적인 신뢰관계의 형성

지방자치단체에 대한 국가의 관여에 있어서 국가는 한편으로 감독자로서, 다른 한편으로는 동반자 내지 협력자로서의 지위를 가지며 경우에 따라서는 국가이익의 당사자로서의 지위를 갖는다. 지방자치단체에 대한 국가의 관여는 단편적이고 일시적인 관계가 아니라 지속적이고 유기적인 행정법관계를 형성한다. 국가의 관여는 감독기능에 편중하여서는 안되며, 여러 가지 기능이 조화될 수 있도록 지방자치단체와 지속적인 신뢰관계를 형성하여야 한다.

국가의 지방자치단체에 대한 일방적인 지도 · 감독은 국가와 지방자치단체간의 신뢰관계를 해치고 심각한 갈등과 대립을 초래할 우려가 있다. 이를 방지하기 위하여 지방자치법은 중앙행정기관의 장과 지방자치단체의 장이 사무를 처리할 때 의견을 달리하는 경우 이를 협의 · 조정하기 위하여 국무총리 소속으로 행정협의조정위원회를 둘 수 있다고 규정하고 있다(지자법 187조 1항).

Ⅲ. 국가관여의 형태

지방자치단체에 대한 국가의 관여에는 입법기관에 의한 관여, 행정기관에 의한 관여, 사법기관에 의한 관여가 있다. 이 중에서 행정기관에 의한 관여가 그 중심적인 역할을 한다고 볼 수 있다. 사법기관에 의한 관여와 입법기관에 의한 관여는 시간이 오래 걸리고 그의 수단 · 방법이 제한되어 있는데 비하여, 행정기관에 의한 관여는 직접적이고, 그의 수단 · 방법이 다양하기 때문이다.

1. 입법기관에 의한 관여

지방자치단체의 조직과 운영에 관한 사항은 법률로 정하게 되어 있다(헌법 118조). 입법자는 법률의 제정을 통하여 지방자치제도를 구체화하고 그 활동영역과 활동의 자유를 보장하고 또한 제한한다. 이러한 의미에서 지방자치단체에 대한 입법자의 입법활동은 지방자치제도가 현실적으로 기능하도록 하는 산파적 역할을 한다. 지방자치단체의 자치권을 제한하는 법규로는 형식적 의미의 법률 이외에도 법률의 위임에 의한 법규명령, 상급지방자치단체의 자치법규가 있다. 이러한 입법자의 입법재량은 무제한한 것은 아니며, 지방자치제도의 본질적인 내용을 침해하는 입법을 하여서는 안된다. 한편, 국회는 법률의 제정 · 개폐에 의한 관여 외에 예산안의 의결, 국정감사 등에 의하여도 지방자치단체를 통제할 수 있다. 즉 국회는 단체위임사무 · 기관위임사무에 대하여 광역지방자치단체의 사무를 감사할 수 있고, 본회의가 특히 필요하다고 의결한 경우에는 기초지방자치단체에 대하여도 감사를 할 수 있다(국정감사 및 조사에 관한 법률 7조).

2. 행정기관에 의한 관여

1) 협력과 감독

국가와 지방자치단체는 주민에 대한 균형적인 공공서비스 제공과 지역 간 균형발전을 위하여 협력하여야 한다(지자법 183조). 국가와 지방자치단체 간의 협력을 도모하고 지방자치 발전과 지역 간 균형발전에 관련되는 중요 정책을 심의하기 위하여 중앙지방협력회의를 둔다(지자법 186조). 행정안전부장관은 지방자치단체에 대한 일반적인 감독권을 가지며(정부조직법 34조, 지자법 190조), 교육부장관은 교육 · 학예에 관한 집행기관인 교육감에 대한 감독권을 갖는다(지자법 28조, 지교법 28조). 지방자치단체의 회계검사와 직무감찰에 대하여는 감사원이 그 권한을 가진다(감사원법 22조 · 24조).

2) 관여의 수단 · 내용

가. 조언 · 권고 · 지도 등

중앙행정기관의 장 또는 시 · 도지사는 지방자치단체의 사무에 관하여 조언 또는 권고하거나 지도할 수 있으며, 이를 위하여 필요한 때에는 지방자치단체에 대하여 자료의 제출을 요구할 수 있다(지자법 184조 1항). 조언 · 권고 · 지도는 대표적인 비권력적 관여수단에 해당한다. 지방자치법은 지도 · 권고 · 조언을 지방자치단체의 사무(자치사무 · 단체위임사무)에 한정하고 있으나, 기관위임사무에도 활용될 수 있을 것이다.

나. 재정 및 기술지원

국가 또는 시 · 도는 지방자치단체가 지방자치단체의 사무를 처리함에 있어서 필요하다고 인정할 경우 재정지원 또는 기술지원을 할 수 있다(지자법 184조 2항). 재정 및 기술적 지원 역시 비권력적인 관여수단에 해당한다. 지방자치단체가 그의 업무를 처리함에 있어서 충분한 재정능력이나 기술적인 능력을 갖고 있지 않은 경우에 국가의 지원은 지방자치단체의 자치능력을 보강하여 자치행정이 원활히 수행되도록 한다. 종래 중앙집권인 행정체제를 유지하여 온 우리나라에 있어서는 지방자치단체의 재정 및 기술능력은 상당히 취약한 실정에 있으며 전적으로 국가에 의존되어 있다고 보아도 과언이 아니다. 이에 따라 기술적 · 재정적 지원은 지방자치의 운영에 있어서 절대적인 중요성을 갖고 있으며, 이를 통하여 지방자치단체가 자율성을 잃고 국가에 예속될 우려가 있다. 향후 재정적 지원에 있어서는 목적에 구속되는 국고보조금보다는 자율성을 갖는 지방교부금을 통한 지원이 바람직 할 것이다.

다. 사무 · 회계감사 등

행정안전부장관 또는 시 · 도지사는 지방자치단체의 자치사무에 관하여 보고를 받거나 서류 · 장부 또는 회계를 감사할 수 있다. 이 경우 감사는 법령위반사항에 대하여만 실시하여야 하며(지자법 190조 1항), 행정안전부장관 또는 시 · 도지사는 감사를 실시하기 전에 해당 사무의 처리가 법령에 위반되는지 여부 등을 확인하여야 한다(지자법 190조 2항).

또한 지방자치단체에 대한 중복감사를 방지하기 위하여 주무부장관, 행정안전부장관 또는 시 · 도지사는 이미 감사원 감사 등이 실시된 사안에 대하여는 새로운 사실이 발견되거나 중요한 사항이 누락된 경우 등 대통령령으로 정하는 경우를 제외하고는 감사대상에서 제외하고 종전의 감사결과를 활용하여야 한다(지자법 191조 1항). 주무부장관이 제185조에 따라 위임사무에 대한 감사를, 그리고 행정안전부장관이 제190조에 따라 자치사무에 대한 감사를 실시하고자 하는 때에는 지방자치단체의 수감부담을 줄이고 감사의 효율성을 높이기 위하여 같은 기간 동안 함께 감사를 실시할 수 있다(지자법 191조 2항).

한편 헌법재판소는 중앙행정기관이 지방자치법 제190조의 감사에 착수하기 위해서는 자치사무에 관하여 특정한 법령위반행위가 확인되었거나 위법행위가 있었으리라는 합리적 의심이 가능한 경우이어야 하고, 또한 그 감사대상을 특정해야 하며, 이에 따라 포괄적 · 사전적 일반감사나 위법사항을 특정하지 않고 개시하는 감사 또는 법령위반사항을 적발하기 위한 감사는 모두 허용될 수 없다는 이유에서 서울특별시의 자치사무에 대한 정부의 합동감사를 헌법 및 지방자치법에 의하여 부여된 청구인의 지방자치권을 침해한 것으로 결정을 내렸다.

판례 1(지방자치법 제190조 단서의 감사의 의미) 중앙행정기관이 구 지방자치법 제158조(현행법 190조) 단서 규정상의 감사에 착수하기 위해서는 자치사무에 관하여 특정한 법령위반행위가 확인되었거나 위법행위가 있었으리라는 합리적 의심이 가능한 경우이어야 하고, 또한 그 감사대상을 특정해야 한다. 따라서 전반기 또는 후반기 감사와 같은 포괄적 · 사전적 일반감사나 위법사항을 특정하지 않고 개시하는 감사 또는 법령위반사항을 적발하기 위한 감사는 모두 허용될 수 없다. 행정안전부장관 등이 감사실시를 통보한 사무는 서울특별시의 거의 모든 자치사무를 감사대상으로 하고 있어 사실상 피감사대상이 특정되지 아니하였고 행정안전부장관 등은 합동감사 실시계획을 통보하면서 구체적으로 어떠한 자치사무가 어떤 법령에 위반되는지 여부를 밝히지 아니하였는바, 그렇다면 행정안전부장관 등의 합동감사는 구 지방자치법 제158조 단서 규정상의 감사개시요건을 전혀 충족하지 못하였다 할 것이므로 헌법 및 지방자치법에 의하여 부여된 서울특별시의 지방자치권을 침해한 것이다(헌재결 2009. 5. 28, 2006헌라6).

판례 2(지방자치단체의 자치사무에 대한 합목적성 감사의 근거가 되는 감사원법 제24조 제1항 제2호 등 관련규정 자체가 지방자치권의 본질을 침해하여 위헌인지 여부) 헌법이 감사원을 독립된 외부감사기관으로 정하고 있는 취지, 중앙정부와 지방자치단체는 서로 행정기능과 행정책임을 분담하면서 중앙행정의 효율성과 지방행정의 자주성을 조화시켜 국민과 주민의 복리증진이라는 공동목표를 추구하는 협력관계에 있다는 점을 고려하면 지방자치단체의 자치사무에 대한 합목적성 감사의 근거가 되는 이 사건 관련규정은 그 목적의 정당성과 합리성을 인정할 수 있다. 또한 감사원법에서 지방자치단체의 자치권을 존중할 수 있는 장치를 마련해두고 있는 점, 국가재정지원에 상당부분 의존하고 있는 우리 지방재정의 현실, 독립성이나 전문성이 보장되지 않은 지방자치단체 자체감사의 한계 등으로 인한 외부감사의 필요성까지 감안하면, 이 사건 관련규정이 지방자치단체의 고유한 권한을 유명무실하게 할 정도로 지나친 제한을 함으로써 지방자치권의 본질적 내용을 침해하였다고는 볼 수 없다(헌재결 2008. 5. 29, 2005헌라3).

라. 위임사무의 지도 · 감독

지방자치단체 또는 그 장이 위임받아 처리하는 국가사무(단체 및 기관위임사무)에 관하여는 시 · 도에 있어서는 주무부장관의, 시 · 군 및 자치구에 있어서는 1차로 시 · 도지사의, 2차로 주무부장관의 지도 · 감독을 받는다(지자법 185조 1항). 한편, 시 · 군 및 자치구 또는 그 장이 위임받아 처리하는 시 · 도의 사무에 관하여는 시 · 도지사의 지도 · 감독을 받는다(지자법 185조 2항). 여기서 감독은 사무처리의 적법성뿐만 아니라 합목적성 여부에 대하여도 미친다.

마. 승인의 유보

가) 의 의　　국가는 지방자치단체의 일정한 법적 행위에 대하여 법률로 승인을 유보함으로써 지방자치단체의 행정작용에 사전적 예방적으로 관여할 수 있다. 승인은 이론상으로는 사후적으로도 행하여질 수 있으나 현행법상으로는 사전적 승인만이 있다. 승인의 유보라 함은 지방자치단체의 행위가 국가의 승인을 받음으로써 비로소 유효하게 되도록 하는 지방자치단체의 자치권에 대한 법적인 제한이다. 승인의 유보는 사전적인 합법성 통제를 의미하는 감독수단으로서 성격을 갖는 것과 국가적 이해와 함께 지방적 이해와 관련된 사항(이른바 공관영역)에 있어서 국가목적의 형성적 실현을 위한 공동결정권의 성격을 갖는 것이 있다.

나) 법적 근거　　지방자치단체의 모든 행위를 국가의 승인의 유보하에 두는 것은 헌법에서 보장한 지방자치의 제도적 보장에 대한 본질적 침해를 의미하기 때문에, 지방자치단체의 행위는 원칙적으로 국가의 승인을 요하지 않는다(승인으로부터 자유의 원칙).[24] 지방자치단체는 법률유보의 원칙에 따라 법률에 명시적인 규정이 있는 경우에만 국가의 승인을 받을 의무가 있다.

현행 지방자치법상 감독청의 승인을 요하는 사항으로는 구와 읍 · 면 · 동의 명칭과 구역의 폐치 · 분합(지자법 7조), 외채의 발행(지방재정법 11조 2항), 지방자치단체조합의 설립(지자법 176조) 등이 있다.

다) 승인여부의 결정　　사전적 감독수단의 성격을 갖는 승인의 유보는 적법성통제에 제한되나, 국가의 공동결정권, 즉 협력적 관여수단의 성격을 갖는 승인의 유보는 적법성통제뿐만 아니라 합목적성 통제에도 미친다고 할 것이다. 자치사무에 대하여는 국가의 공동결정권이 인정되지 않기 때문에 적법성통제에 제한되는 반면, 국가의 위임사무(기관 및 단체위임사무)에 대하여는 적법성통제뿐만 아니라 합목적성통제도 가능하다고 할 것이다.[25]

라) 승인을 받지 않은 행위의 효력　　법률의 규정에 의하여 승인을 받아야 할 행위를 승인을 받지 않고 행한 지방자치단체의 행위는 위법한 행위가 된다. 그것이 어떤 효력을 갖는가는 공법상의 행위(公法上 行爲)와 사법상의 행위(私法上 行爲)에 있어서 동일하지 않다. 공법상의 행위에 있어서는 승인은 효력요건에 해당하기 때문에 승인없이 한 행위는 효력을 발생하지 않는다. 이에 대하여 지방자치단체의 사법상의 행위가 승인을 결여한 경우에는 민법 제103조, 제104조가 이러한 행위를 절대

24) Schmidt-Jortzig, Kommunalrecht, S. 213.
25) Erichsen, Kommunalrecht NW, S. 312.

적으로 금지한다고 볼 수 없으므로, 당연무효로 되는 것이 아니라 잠정적인 무효라고 보아야 한다. 계약당사자는 민법 제2조의 신의성실의 원칙에 따라 승인을 받도록 노력할 법적인 의무를 지며, 승인이 확정적으로 거부되거나 승인을 얻는데 필요한 시간이 경과한 경우에는 그 법률행위는 확정적으로 무효가 된다.[26)]

바. 명령 · 처분의 시정명령/취소 · 정지권

가) 주무부장관 및 시 · 도지사의 시정명령 및 취소 · 정지　　지방자치단체의 사무에 관한 지방자치단체의 장(제103조 제2항에 따른 사무의 경우에는 지방의회의 의장을 말한다. 이하 이 조에서 같다)의 명령이나 처분이 법령에 위반되거나 현저히 부당하여 공익을 해친다고 인정되면 시 · 도에 대해서는 주무부장관이, 시 · 군 및 자치구에 대해서는 시 · 도지사가 기간을 정하여 서면으로 시정할 것을 명하고, 그 기간에 이행하지 아니하면 이를 취소하거나 정지할 수 있다(지자법 188조 1항). 여기서 명령은 일반적 · 추상적 규율로서 규칙을 가리키나, 판례는 처분의 개념을 항고소송의 처분의 개념보다 넓은 의미로 파악하고 있다. 시정명령의 대상이 되는 지방자치단체의 사무는 자치사무와 단체위임사무를 의미한다. 위임사무에 있어서는 그의 위법 · 부당성이 시정명령 및 취소 또는 정지의 대상이 되나, 자치사무의 경우는 위법성만이 시정명령 및 취소 또는 정지의 대상이 된다(지자법 188조 5항). 여기서 재량권의 일탈 · 남용이 법령위반의 개념에 속하는지 또는 현저히 부당하여 공익을 해하는 경우에 속하는지 논란이 되고 있다. 대법원은 2007년 3월 22일 전원합의체 판결에서 재량권의 일탈 · 남용은 위법의 개념에 속한다고 판시하고, 중앙정부의 불허지침에도 불구하고 파업에 참가한 구청 공무원에 대해 해당 구청장이 징계하지 않고 승진시킨 것은 법령에 위반한 것이므로 상급기관인 울산시장이 취소한 것은 정당하다고 판결하였다.[27)]

판례(지방자치단체 소속 공무원에 대한 승진처분이 재량권의 일탈 · 남용에 해당하는 경우 시 · 도지사의 시정명령이나 취소 · 정지 대상이 되는지 여부)　　지방자치법 제157조 제1항 전문은 "지방자치단체의 사무에 관한 그 장의 명령이나 처분이 법령에 위반되거나 현저히 부당하여 공익을 해한다고 인정될 때에는 시 · 도에 대하여는 주무부장관이, 시 · 군 및 자치구에 대하여는 시 · 도지사가 기간을 정하여 서면으로 시정을 명하고 그 기간 내에 이행하지 아니할 때에는 이를 취소하거나 정지할 수 있다"고 규정하고 있고, 같은 항 후문은 "이 경우 자치사무에 관한 명령이나 처분에 있어서는 법령에 위반하는 것에 한한다"고 규정하고 있는바, 지방자치법 제157조 제1항 전문 및 후문에서 규정하고 있는 지방자치단체의 사무에 관한 그 장의 명령이나 처분이 법령에 위반되는 경우라 함은 명령이나 처분이 현저히 부당하여 공익을 해하는 경우, 즉 합목적성을 현저히 결하는 경우와 대비되는 개념으로, 시 · 군 · 구의 장의 사무의 집행이 명시적인 법령의 규정을 구체적으로 위반한 경우뿐만 아니라 그러한 사무의 집행이 재량권을 일탈 · 남용하여 위법하게 되는 경우를 포함한다고 할 것이므로, 시 · 군 · 구의 장의 자치사무의 일종인 당해 지방자치단체 소속 공무원에 대한 승진처분이 재량권을 일탈 · 남용하여 위법하게 된 경우 시 · 도지사는 지방자치법 제157조 제1항 후문에 따라 그에 대한 시정명령이나 취소 또는 정지를 할 수 있다(대판(전원합의체) 2007. 3. 22, 2005추62).

---

26) 李琦雨, 地方自治行政法, 138면.

27) 다만 대법원 전원합의체 소수견해는 지방자치단체의 인사고권을 존중하여 이와 반대입장을 취하고 있음은 주목의 대상이 된다.

나) 주무부장관의 개입권한 주무부장관은 지방자치단체의 사무에 관한 시장·군수 및 자치구의 구청장의 명령이나 처분이 법령에 위반되거나 현저히 부당하여 공익을 해침에도 불구하고 시·도지사가 제1항에 따른 시정명령을 하지 아니하면 시·도지사에게 기간을 정하여 시정명령을 하도록 명할 수 있다(지자법 188조 2항). 주무부장관은 시·도지사가 제2항에 따른 기간에 시정명령을 하지 아니하면 제2항에 따른 기간이 지난 날부터 7일 이내에 직접 시장·군수 및 자치구의 구청장에게 기간을 정하여 서면으로 시정할 것을 명하고, 그 기간에 이행하지 아니하면 주무부장관이 시장·군수 및 자치구의 구청장의 명령이나 처분을 취소하거나 정지할 수 있다(지자법 188조 3항).

주무부장관은 시·도지사가 시장·군수 및 자치구의 구청장에게 제1항에 따라 시정명령을 하였으나 이를 이행하지 아니한 데 따른 취소·정지를 하지 아니하는 경우에는 시·도지사에게 기간을 정하여 시장·군수 및 자치구의 구청장의 명령이나 처분을 취소하거나 정지할 것을 명하고, 그 기간에 이행하지 아니하면 주무부장관이 이를 직접 취소하거나 정지할 수 있다(지자법 188조 4항).

다) 지방자치단체장의 제소 지방자치단체의 장은 제1항, 제3항 또는 제4항에 따른 자치사무에 관한 명령이나 처분의 취소 또는 정지에 대하여 이의가 있으면 그 취소처분 또는 정지처분을 통보받은 날부터 15일 이내에 대법원에 소를 제기할 수 있다(지자법 188조 6항). 소송의 대상은 취소처분 또는 정지처분이 된다. 여기서 소송은 행정기관이 행정기관을 피고로 소송을 제기한다는 점에서 기관소송의 성격을 갖는다는 견해도 있을 수 있다. 그러나 기관소송은 동일한 법주체 내부의 기관간의 소송을 의미하며, 감독청의 취소·정지는 행정행위의 성격을 갖는다는 점에서 본 조항에 의한 소송은 이른바 감독소송의 성격을 갖는 특수한 형태의 항고소송의 성격을 갖는다고 할 것이다.[28]

판례 1(감독청의 시정명령이 소송의 대상이 될 수 있는지 여부) 지방교육자치에 관한 법률 제3조에 의하여 준용되는 지방자치법 제169조 제2항(현행법 188조 6항)은 자치사무에 관한 명령이나 처분의 취소 또는 정지에 대하여서만 소를 제기할 수 있다고 규정하고, 주무부장관이 지방자치법 제169조 제1항(현행법 188조 1항)에 따라 시·도에 대하여 행한 시정명령에 대하여도 대법원에 소를 제기할 수 있다는 규정을 두고 있지 않으므로, 시정명령의 취소를 구하는 소송은 허용되지 않는다(대판 2014. 2. 27, 2012추183).

판례 2(지방자치법 제188조 제1항의 적용대상이 행정처분으로 제한되는지 여부 및 법률의 근거없이 지방의회의원의 유급보좌인력을 두는 것이 허용되는지 여부) 행정소송법상 항고소송은 행정청이 행하는 구체적 사실에 관한 법집행으로서의 공권력의 행사 또는 거부와 그 밖에 이에 준하는 행정작용을 대상으로 하여 위법상태를 배제함으로써 국민의 권익을 구제함을 목적으로 하는 것과 달리, 지방자치법 제169조(현행법 188조) 제1항은 지방자치단체의 자치행정 사무처리가 법령 및 공익의 범위 내에서 행해지도록 감독하기 위한 규정이므로 적용대상을 항고소송의 대상이 되는 행정처분으로 제한할 이유가 없다. 지방자치단체 인사위원회위원장이 시간선택제임기제공무원 40명을 '정책지원요원'으로 임용하여 지방의회 사무처에 소속시킨 후 상임위원회별 입법지원요원(입법조사관)에 대한 업무지원 업무를 담당하도록 한다는 내용의 채용공고를 하자, 행정안전부장관이 위 채용공고가 법령에 위반된다며 지방자치단체장에게 채용공고를 취소하라는 내용의 시정명령을 하였으나 이에 응하지 않자 채용공고를 직권으로 취소한 사안에서, 지방의회에 위 공무원을 두어 의정활동을 지원하게 하는 것은 지방의회의원에 대하여 전문위원이 아닌 유급 보좌 인력을 두는 것과 마찬가지로 보아야 하므로, 이 사건 채용공고는 개별 지방의회에서 정할 사항이 아니라 국회의 법률로써 규정하여야 할 입법사항에 해당하는데, 법적 근거가 존재하지 않아 위법하고 이에 대한 직권취소

28) 鄭夏重, 地方自治團體機關 相互간의 紛爭에 대한 行政訴訟(下), 判例月報, 1998. 6, 55면 이하.

처분은 적법하다(대판 2017. 3. 30, 2016추5087).

아. 직무이행명령

가) 의 의 지방자치단체의 장이 법령의 규정에 의하여 그 의무에 속하는 국가위임사무 또는 시·도위임사무의 관리·집행을 명백히 게을리하고 있다고 인정되는 때는 시·도에 대하여는 주무부장관이, 시·군 및 자치구에 대하여는 시·도지사가 기간을 정하여 서면으로 이행할 사항을 명령할 수 있다(지자법 189조 1항). 직무이행명령의 대상이 되는 국가위임사무 또는 시·도위임사무에는 단체위임사무도 포함된다는 견해도 있으나, 기관위임사무만을 의미한다는 것이 다수의 견해이다. 직무이행명령을 하기 위하여는 지방자치단체의 장이 기관위임사무의 관리·집행을 명백하게 게을리하여 아무런 조치도 취하지 않는 부작위가 있어야 한다. 따라서 단지 위임사무를 이행하고자 준비중에 있다든가 또는 재정사정 등의 이유로 위임사무를 집행하지 않는 경우 등은 이에 포함되지 않는다.

나) 대집행 등 주무부장관 또는 시·도지사는 당해 지방자치단체의 장이 이행명령을 기간 내에 이행하지 아니할 때에는 당해 지방자치단체의 비용부담으로 대집행하거나 행정상·재정상 필요한 조치를 할 수 있다. 이 경우 행정대집행에 관하여는 행정대집행법을 준용한다(2항). 여기서 대집행은 비례의 원칙에 따라 다른 수단이 없는 경우에 마지막으로 사용하여야 할 것이다.

다) 주무부장관의 개입권한 주무부장관은 시장·군수 및 자치구의 구청장이 법령에 따라 그 의무에 속하는 국가위임사무의 관리와 집행을 명백히 게을리하고 있다고 인정됨에도 불구하고 시·도지사가 제1항에 따른 이행명령을 하지 아니하는 경우 시·도지사에게 기간을 정하여 이행명령을 하도록 명할 수 있다(3항). 주무부장관은 시·도지사가 제3항에 따른 기간에 이행명령을 하지 아니하면 제3항에 따른 기간이 지난 날부터 7일 이내에 직접 시장·군수 및 자치구의 구청장에게 기간을 정하여 이행명령을 하고, 그 기간에 이행하지 아니하면 주무부장관이 직접 대집행등을 할 수 있다(4항). 주무부장관은 시·도지사가 시장·군수 및 자치구의 구청장에게 제1항에 따라 이행명령을 하였으나 이를 이행하지 아니한 데 따른 대집행등을 하지 아니하는 경우에는 시·도지사에게 기간을 정하여 대집행등을 하도록 명하고, 그 기간에 대집행등을 하지 아니하면 주무부장관이 직접 대집행등을 할 수 있다(5항).

라) 지방자치단체의 장의 제소 지방자치단체의 장은 주무부장관 또는 시·도지사의 이행명령에 이의가 있는 때에는 이행명령서를 접수한 날로부터 15일 이내에 대법원에 소를 제기할 수 있다. 이 경우 지방자치단체의 장은 이행명령의 집행을 정지하게 하는 집행정지결정을 신청할 수 있다(6항). 여기서 감독청의 직무이행명령은 기관위임사무에 관한 것이므로 행정행위가 아니라 행정내부행위이다. 이에 따라 본 조항에 의한 소송은 통상의 항고소송으로 보기는 어려우며, 지방자치법이 특별히 규정한 특수한 소송으로 이해하여야 할 것이다.[29)]

판례 1(직무이행명령 및 이에 대한 이의소송 제도의 취지) 직무이행명령 및 이에 대한 이의소송 제도의 취지는 국가위임사무의 관리·집행에서 주무부장관과 해당 지방자치단체의 장 사이의 지위와 권한, 상

29) 同旨: 洪井善, 行政法特講, 869면.

호 관계 등을 고려하여, 지방자치단체의 장이 해당 국가위임사무에 관한 사실관계의 인식이나 법령의 해석·적용에서 주무부장관과 견해를 달리하여 해당 사무의 관리·집행을 하지 아니할 때, 주무부장관에게는 그 사무집행의 실효성을 확보하기 위하여 지방자치단체의 장에 대한 직무이행명령과 그 불이행에 따른 후속 조치를 할 권한을 부여하는 한편, 해당 지방자치단체의 장에게는 직무이행명령에 대한 이의의 소를 제기할 수 있도록 함으로써, 국가위임사무의 관리·집행에 관한 두 기관 사이의 분쟁을 대법원의 재판을 통하여 합리적으로 해결함으로써 그 사무집행의 적법성과 실효성을 보장하려는 데 있다. 따라서 직무이행명령의 요건 중 '법령의 규정에 따라 지방자치단체의 장에게 특정 국가위임사무를 관리·집행할 의무가 있는지' 여부의 판단대상은 문언대로 그 법령상 의무의 존부이지, 지방자치단체의 장이 그 사무의 관리·집행을 하지 아니한 데 합리적 이유가 있는지 여부가 아니다. 그 법령상 의무의 존부는 원칙적으로 직무이행명령 당시의 사실관계에 관련 법령을 해석·적용하여 판단하되, 직무이행명령 이후의 정황도 고려할 수 있다(대판 2013. 6. 27, 2009추206).

판례 2(교육부장관의 교원능력개발평가 추진계획에 대한 직무이행명령이 위법한지 여부) 교육부장관이 '2011년 교원능력개발평가제 시행 기본계획'을 수립한 후 각 시·도에 대하여 교원능력개발평가제 추진계획을 제출하게 하자 전라북도교육감이 '2011년 교원능력개발 평가제 추진계획'을 제출하였으나 교육부장관이 전북추진계획이 교원 등의 연수에 관한 규정 등에 위반된다는 이유로 위 추진계획을 취소하고 시정하여 새로 제출하라는 시정명령과 2011년 전북교육청 교원능력개발평가 추진계획에 대한 직무이행명령을 한 사안에서, 위 시정명령은 기관위임사무에 관하여 행하여진 것이어서, 지방자치법 제169조 제2항 소정의 소를 제기할 수 있는 대상에 해당하지 않으므로, 시정명령에 대한 취소청구 부분은 부적법하고, 전라북도교육감이 교육부장관으로부터 교원연수규정 등을 준수한 추진계획을 제출하라는 취지의 시정명령을 받았으나 이를 제대로 이행하지 않았으므로, 전라북도교육감은 기관위임사무인 교원능력개발평가 사무의 관리와 집행을 명백히 게을리하였다고 인정할 수 있어 직무이행명령은 지방자치법 제170조 제1항에 정해진 요건을 충족한 것으로서 적법하다(대판 2013. 5. 23, 2011추56).

판례 3(학설, 판례 등이 확립되지 않은 상황에서 국가기관위임사무를 자치사무로 보아 행한 사무의 집행행위가 징계사유에 해당하는지 여부) 구 초·중등교육법 등 관계 법령의 해석에 의하면 교육감의 학교생활기록의 작성에 관한 사무에 대한 지도·감독 사무는 기관위임 국가사무에 해당하지만, 교육감이 위와 같은 지도·감독 사무의 성격에 관한 선례나 학설, 판례 등이 확립되지 않은 상황에서 이를 자치사무라고 보아 사무를 집행하였는데, 사후적으로 사법절차에서 그 사무가 기관위임 국가사무임이 밝혀졌다는 이유만으로 곧바로 기존에 행한 사무의 구체적인 집행행위가 위법하다고 보아 징계사유에 해당한다고 볼 수는 없다. 교육과학기술부장관이 교육감에게 담당 교육청 소속 교육공무원들이 교육과학기술부 방침에 반하여 학교폭력 가해학생 학교생활기록부 기재 관련 업무 처리를 부당하게 하고 학교폭력 조치사항의 학교생활기록부 기재 반대 등을 요구하는 호소문을 담당 교육청 홈페이지에 발표한 행위에 대하여 징계의결 요구를 신청하도록 요청하였으나 이에 응하지 않자 징계의결 요구를 신청할 것을 내용으로 하는 직무이행명령을 한 사안에서, 징계대상자들이 학교생활기록의 작성에 관한 지도·감독 사무를 집행하면서 사무의 법적 성질을 자치사무라고 보고 직무상 상관인 교육감의 방침에 따라 교육부장관의 '학교생활기록 작성 및 관리지침'의 시행을 보류하는 내용으로 직무를 수행하였으나 그 행위가 결과적으로 법령을 위반한 것이라는 평가를 받게 되더라도, 그러한 사정만으로 징계대상자들의 직무집행 행위가 징계사유를 구성한다고 보기는 어렵고, 호소문 발표행위가 국가공무원법 제66조 제1항에서 금지하는 '공무 외의 일을 위한 집단행위'에 해당하거나 공무원의 성실의무를 규정한 국가공무원법 제56조를 위반한 것으로 볼 수 없어, 징계대상자들에 대한 징계사유가 성립되지 않으므로 교육감에게 징계의결요구를 신청할 의무가 없고 직무이행명령도 위법하다(대판 2014. 2. 27, 2012추213).

자. 지방의회의결의 재의요구

가) 재의요구명령 지방의회의결이 법령에 위반되거나 공익을 현저히 해한다고 판단될 때에는 시 · 도에 대하여는 주무부장관이, 시 · 군 · 자치구에 대하여는 시 · 도지사가 재의를 요구하게 할 수 있고, 재의요구를 받은 지방자치단체의 장은 의결사항을 이송받은 날부터 20일 이내에 지방의회에 이유를 붙여 재의를 요구하여야 한다(지자법 192조 1항). 여기서 재의요구는 지방자치법 제120조 제1항에 의한 재의요구와 구별되어야 한다. 전자는 국가감독의 수단으로서 지방자치단체의 장이 국가감독청의 하위기관으로서 재의요구를 하는 것이지만, 후자는 지방자치단체의 장이 지방자치단체의 기관으로서 지방자치단체의 내부적인 자기통제수단으로서 재의요구를 하는 것이기 때문이다. 지방의회의 의결의 대상이 되는 사항은 자치사무와 위임사무 모두 포함된다고 할 것이다.

나) 재의결 재의한 결과 재적의원 과반수의 출석과 출석의원 3분의 2 이상의 찬성으로 전과 같은 의결을 하면 그 의결사항은 확정된다(지자법 192조 3항).

다) 지방자치단체의 장의 제소 지방자치단체의 장은 재의결된 사항이 법령에 위반된다고 판단되는 때에는 재의결된 날로부터 20일 이내에 대법원에 소(訴)를 제기할 수 있다. 이 경우 필요하다고 인정되는 때에는 그 의결의 집행을 정지하게 하는 집행정지결정을 신청할 수 있다(지자법 192조 9항). 여기에서 소송은 형식적으로는 지방자치단체의 기관상호간의 소송으로 기관소송의 형태를 취하고 있으나, 소송을 제기하는 지방자치단체의 장은 국가기관의 지위를 갖기 때문에 실질적으로는 감독소송의 일종에 해당된다고 보아야 할 것이다.

판례(지방자치법 제192조 제4항의 소송의 성격) 동법 제159조(현행 제192조)에는 지방의회의 의결에 대하여 지방자치단체의 장이 이의가 있으면 대법원에 제소하도록 하여 그 제1심 관할법원을 대법원으로 하는 규정을 두고 있으나 그와 같은 소송은 지방자치단체의 장이 지방의회 의결에 대한 사전예방적 합법성 보장책으로서 제기하는 기관소송의 성질을 가진 것이다(대판 1993. 11. 26, 93누7341).

라) 제소명령 및 제소 주무부장관 또는 시 · 도지사는 지방의회에서 재의결된 사항이 법령에 위반된다고 판단됨에도 당해 지방자치단체의 장이 소를 제기하지 아니하는 때에는 당해 지방자치단체의 장에게 제소를 지시하거나 직접 제소 및 집행정지결정을 신청할 수 있다(지자법 192조 5항). 그 제소의 지시는 지방자치단체의 장이 제소할 수 있는 날(재의결이 있은 날부터 20일 이내)이 경과한 날부터 7일 이내에 행하고, 당해 지방자치단체의 장은 제소지시를 받은 날로부터 7일 이내에 제소하여야 한다. 위 기간 내에 지방자치단체의 장이 제소하지 않는 때에는, 그 기간이 경과한 날로부터 7일 이내에 주무부장관 또는 시 · 도지사가 직접 제소할 수 있다(지자법 192조 7항). 한편 지방의회의 의결이 법령에 위반된다고 판단되어 주무부장관이나 시 · 도지사로부터 재의요구지시를 받은 지방자치단체의 장이 재의를 요구하지 아니하는 경우(법령에 위반되는 지방의회의 의결사항이 조례안인 경우로서 재의요구지시를 받기 전에 그 조례안을 공포한 경우를 포함한다)에는 주무부장관이나 시 · 도지사는 제1항에 따른 기간이 지난 날부터 7일 이내에 대법원에 직접 제소 및 집행정지결정을 신청할 수 있다(지자법 192조 8항). 지방의회의 의결 또는 재의결된 사항이 2 이상의 부처와 관련되거나 주무부장관이 불분명한 때에는 행정안전부장관이 재의요구 또는 제소를 지시하거나 직접 제소 및 집행정지결정을 신청할 수 있다(지자법 192조 9항). 감

독기관이 지방의회를 피고로 제기하는 소송은 국가의 지방의회의결에 대한 통제수단으로서 감독소송의 성격을 갖는 특수한 형태의 소송이라고 할 것이다.

차. 재의결의 일부가 위법한 경우

대법원의 본안심리에서 지방의회의 재의결의 일부만이 위법하다고 인정되는 경우에는 재의결의 전부를 무효로 할 것인지 또는 위법한 부분만을 무효로 할 것인지에 대하여는 다툼이 있다. 일설은 의결 중 일부만의 효력배제가 조례의 전체적인 의미를 변질시키는 것이 아닌 한 일부무효를 인정하는 것이 새로운 조례제정을 위한 지방의회의 무용한 반복을 피할 수 있다는 점에서 일부무효를 인정하고 있다.[30] 그러나 의결의 일부에 대한 효력배제는 전체적인 의결의 내용을 변경하는 것으로서 지방의회의 고유권한을 침해할 뿐만 아니라 전체적인 의결내용을 지방의회의 당초의 의도와는 다른 내용으로 변질시킬 우려가 있어 전부 무효로 하여야 한다는 것이 판례와 다수설의 입장이다.

판례(지방의회의 재의결의 일부가 위법한 경우 재의결의 전부를 무효로 할 것인지 여부) 의결의 일부에 대한 효력배제는 결과적으로 전체적인 의결의 내용을 변경하는 것에 다름 아니어서 의결기관인 지방의회의 고유권한을 침해하는 것이 될 뿐 아니라, 그 일부만의 효력배제는 자칫 전체적인 의결내용을 지방의회의 당초의 의도와는 다른 내용으로 변질시킬 우려가 있으며, 또 재의요구가 있는 때에는 재의요구에서 지적한 이의사항이 의결의 일부에 관한 것이라고 하여도 의결 전체가 실효되고 재의결만이 의결로서 효력을 발생하는 것이어서 의결의 일부에 대한 재의요구나 수정재의 요구가 허용되지 않는 점에 비추어 보아도 재의결의 내용 전부가 아니라 그 일부만이 위법한 경우에도 대법원은 의결 전부의 효력을 부인할 수밖에 없다(대판 1992. 7. 28, 92추31).

3. 사법기관(司法機關)에 의한 관여

사법기관은 지방자치단체 또는 그 기관에 대한 각종의 재판을 통하여 지방자치단체의 활동에 관여한다. 그 중에서도 지방자치단체의 장에 대한 일반항고소송과 지방자치법상의 감독청의 취소·정지처분 및 직무이행명령에 대한 소송(지자법 188조 6항 및 189조 6항), 지방자치법상의 기관소송(지자법 120조, 192조 4항) 및 국가기관과 지방자치단체간의 권한분쟁, 지방자치단체 상호간의 권한쟁의에 관한 심판(헌법 111조 1항 4호, 헌법재판소법 62조) 등은 법원에 의한 지방자치단체에 대한 통제수단이라고 할 수 있다.

사례 1 A시는 핵가족현상에 따라 증가하고 있는 노인복지문제를 해결하기 위하여 시에서 직접 운영하는 양로원을 설치하려고 하였다. A시장은 이에 적합한 토지를 물색하여 적법한 절차에 따라 수용하였다. 그러나 관할도지사 B는 A시장에게 현재 시점에서는 지역경제의 활성화 및 실업자구제가 무엇보다 시급하기 때문에 市의 재정은 우선적으로 이에 활용되어야 하며 양로원시설은 경제적 여건이 개선된 이후에도 설치하여도 된다는 이유로 서면을 통하여 10일 이내에 토지수용처분을 취소할 것을 명령하였다. 그러나 A시장은 B도지사의 명령이 위법하다고 판단하여 이를 이행하지 않았다. 이에 따라 B도지사는 토지수용처분을 취소하였다. B도지사의 취소에 대하여 A시장이 취할 수 있는 권리구제수단에 대하여 논하시오.

▶**답안요지** 사안에서 B도지사의 취소명령(시정명령) 및 취소권행사는 지방자치법 제188조에 규정된

30) 洪井善, 行政法特講, 869면.

지방자치단체의 사무에 대한 전형적인 감독수단에 해당한다. A시장의 토지수용처분이 자치사무에 해당하고 이에 대한 B도지사의 시정명령 및 취소권행사가 위법하다면 A시장은 15일 이내에 대법원에 제소할 수 있다(지자법 188조 6항).

1) B도지사의 시정명령의 위법성

지방자치단체의 사무에 관한 그 長의 명령이나 처분이 법령에 위반되거나 현저히 부당하여 공익을 해한다고 인정될 때에는 B도지사는 국가기관의 지위에서 기간을 정하여 서면으로 시정을 명할 수 있다. 그 기간내에 이행하지 아니할 때에는 이를 취소하거나 정지할 수 있다(지자법 188조 1항). 위임사무에 있어서는 그의 위법·부당성이 시정명령의 대상이 되나, 자치사무의 경우는 위법성만이 시정명령의 대상이 된다(지자법 188조 1항 단서). 사안에서 A시장은 시영양로원설치를 위하여 토지수용처분을 하였는바, 여기서 시영양로원설치는 지방자치법 제13조 제2항 2호 나목(사회복지시설의 설치·운영 및 관리)의 사업으로 전형적인 자치사무인 주민의 복리증진에 관한 사업에 해당한다. 또한 B도지사가 지시하고 있는 실업자구제 및 지역경제조치 역시 지방자치법 제13조 제2항 3호 차목(지역산업의 육성·지원)의 사업으로 마찬가지로 자치사무에 해당한다. 이들 사업은 임의적 자치사무로서 그의 처리여부 및 방법은 지방자치단체의 재량에 속하는 사무이다. 감독기관인 B도지사는 이에 대하여 적법성통제를 할 수 있을 뿐, 합목적적인 통제를 할 수 없다. 양로원설치를 위한 토지수용처분은 적법하게 행하여졌으며, 재량행사에 있어서 일탈·남용 등 하자를 발견할 수 없기 때문에 이에 대한 B도지사의 시정명령 및 취소는 위법하다.

2) 지방자치법 제188조 6항의 소송의 성격

지방자치단체의 장이 감독청을 피고로 하여 제기하는 소송은 행정기관이 행정기관을 피고로 소송을 제기한다는 점에서 기관소송의 성격을 갖는다는 견해도 있으나, 기관소송은 동일한 법주체 내부의 기관간의 소송을 의미하며, 감독청의 취소·정지는 행정행위의 성격을 갖는다는 점에서 본 조항에 의한 소송은 이른바 감독소송의 성격을 갖는 특수한 형태의 항고소송의 성격을 갖는다는 것이 다수설의 견해이다.

사례 2 A광역시 B구의 을구청장은 구립체육관의 수영장이용규칙을 제정하면서, 주말과 공휴일 그리고 수용능력을 초과하는 경우에는 B구의 주민이 우선적으로 해당 수영장을 이용할 수 있도록 규정하였다. 또 B구의 주민은 해당 수영장을 무료로 이용할 수 있도록 규정하고, B구 이외의 시민은 이용이 가능한 경우에도 B구 을구청장이 정하는 바에 의하여 실비의 입장료를 내고 해당 수영장을 이용하도록 하였다.

1) 이에 A광역시 갑시장은 B구 을구청장이 제정한 규칙의 내용이 법령에 위반되는 것으로 판단하여 시정명령을 내렸다. 이와 관련된 법적 쟁점을 검토하시오.

2) A광역시 C구 주민 병은 자신도 B구 주민과 동등한 조건으로 해당 수영장을 이용할 수 있도록 권리구제수단을 강구하려고 한다. 이와 관련된 권리구제제도를 검토하시오.(51회 행정고시)

▶**답안요지**

제1문

1) 수영장관리사무의 성질

지방자치법 제188조 제1항은 지방자치단체의 사무에 대한 사후적 감독수단으로서 감독기관의 시정명령 및 취소·정지권에 대하여 규정하고 있다. 지방자치단체의 사무에 관한 그 장의 명령이나 처분이 법령에 위반되거나 현저히 부당하여 공익을 해친다고 인정되면 시·도에 대하여는 주무부장관이, 시·군 및 자치구에 대하여는 시·도지사가 기간을 정하여 서면으로 시정할 것을 명하고, 그 기간에 이행하지 않으면 이를 취소하거나 정지할 수 있다. 이 경우 자치사무에 관한 명령이나 처분에 대하여는 법령에 위반된 것에 한한다. 사안에서 을구청장이 제정한 수영장이용규칙이 시정명령의 대상이 되고 있는바, 수영장을 비롯한 체육관, 운동장, 도서관, 광장, 박물관, 공연장 등의 설치·관리는 지역의 특수성에 따라 운영되는 전형적인 자치사무에 해당된다고 할 것이다(지방자치법 13조 2항 5호 나목).

2) 수영장이용규칙의 위법성여부

지방자치단체의 주민은 법령이 정하는 바에 따라 소속 지방자치단체의 재산과 공공시설을 이용할 권리를 갖는다(지자법 17조 2항). 여기서 공공시설이라 함은 주민의 복리증진을 위하여 지방자치단체에 의하여 설치 · 관리되는 시설을 말하며, 여기에는 공물 · 영조물 · 공기업 기타 주민에게 급부를 제공하는 일체의 시설을 의미하는바, 사안의 수영장 역시 전형적인 공공시설에 해당된다고 할 것이다. 여기서 을구청장의 수영장이용규칙의 위법여부가 문제가 되고 있다. 공공시설의 이용권의 주체는 해당 지방자치단체의 주민이며, 그 이용은 공용지정에 의하여 정해진 목적이나 관리목적 및 수용능력 등에 의하여 제한 받는다. 공공시설의 이용신청자가 그의 수용능력을 초과하는 경우에는 이용시간 및 횟수를 제한하거나 선착순 및 추첨 등의 방법을 채택을 할 수 있다. 또한 도로나 공원 등 그 이용이 모든 사람에게 개방된 공공용물을 제외하고는 공공시설의 이용을 주민에게 한정시키거나 주민과 주민이 아닌 자 간에 합리적인 차등을 정할 수 있다. 주말과 공휴일 그리고 수용능력을 초과하는 경우에는 B구의 주민이 우선적으로 해당 수영장을 이용할 수 있도록 하고 이용료에 있어서도 B구의 주민은 무료, B구 이외의 주민은 실비의 입장료를 내도록 규정하고 있는 수영장이용규칙은 합리적인 차별로 볼 수 있기 때문에 적법하다고 할 것이다. 이에 따라 갑시장의 시정명령은 위법하며 을구청장은 이에 이행할 필요가 없다. 만일 갑시장이 수영장이용규칙을 취소하거나 정지하는 경우에는 이에 대하여 15일 이내에 대법원에 제소할 수 있을 것이다.

제2문

1) 부수적 규범통제

을구청장이 제정한 수영장이용규칙은 일반적 · 추상적 규율로서 법규범에 해당된다. 현행법상 법규범에 대한 직접적 규범통제가 인정되고 있지 않은바, 병은 수영장이용이 거부된 경우에 거부처분에 대한 취소소송을 제기하고 부수적으로 수영장이용규칙의 위법성을 다툴 수 있을 것이다(헌법 107조 2항).

2) 헌법소원

수영장이용규칙에 의하여 병이 직접적으로 기본권을 침해당한 경우에는 병은 헌법소원을 제기할 수 있을 것이다(헌재법 68조 1항). 사안에서 을구청장이 제정한 규칙에 의하여 별도의 처분이 없이도 병은 수영장이용에 있어서 직접적인 차별대우를 받게 되기 때문에 이에 대한 헌법소원도 가능할 것이다.

3) 조례제정청구

병은 지방자치법 제19조의 요건을 갖추어 갑시장에게 A광역시 내의 공공시설에 대하여 주민이 동등한 조건으로 이용하게 하는 내용의 조례를 제정하도록 청구할 수 있다.

4) 결어

병은 이용거부에 대한 거부처분취소소송 및 이용규칙에 대한 헌법소원을 제기하거나 조례제정청구를 할 수 있으나, 상술한 바와 같이 수영장설치관리는 자치구의 고유사무이며, 이용규칙은 합리적 차별을 내용으로 하기 때문에 실제로 권리구제는 어려울 것이다.

사례 3 K도지사 갑은 공무원의 근무기강 확립차원에서 K도 내의 시장 · 군수에게 '근무지 이탈자에 대한 징계업무처리지침'을 시달하여 소속 공무원이 업무시간에 개인업무를 처리하기 위하여 자리를 비우는 일이 없도록 복무관리를 철저히 할 것을 당부하였다. 그런데 K도 Y시의 공무원 A가 근무시간 중에 자리를 비운 것이 사회적 문제가 되자 갑은 Y시 시장 을에게 A에 대하여 징계의결을 요구할 것을 지시하였다. 그러나 을은 오히려 근무성적평정이 양호한 것을 이유로 A에 대한 승진임용처분을 행하였는바, 이와 관련하여 다음의 질문에 답하시오.(제54회 행정고시)

1) 을의 승진임용처분에 대한 갑의 취소가능 여부를 논하시오.(20점)

2) 만일 A에 대한 승진임용처분이 갑에 의하여 취소된 경우 을이 다툴 수 있는 방법에 대하여 논하시오.(10점)

▶**답안요지**

제1문: 지방자치법 제188조 제1항에 따라 지방자치단체의 사무에 관한 을의 명령이나 처분이 법령에 위반되거나 현저히 부당하여 공익을 해한다고 인정될 때에는 갑은 기간을 정하여 서면으로 시정을 명할 수 있고, 을이 그 기간 내에 이행하지 않는 경우에는 이를 취소하거나 정지할 수 있다. 다만 자치사무의 경우에는 법령에 위반되는 경우에만 시정명령의 대상이 된다(지자법 188조 5항). 사안의 경우 Y시 소속공무원의 승진 및 징계 등 인사에 관한 사무는 지방자치단체의 고유한 권한으로서(이른바 인사고권) 지방자치법 13조 2항 1호 마)목에 따라 자치사무에 속한다고 할 것이다. 사안에서 A는 지방공무원법 제50조에 의한 직장이탈금지의무를 위반하여 사회적 문제가 되었는바, 이는 지방공무원법 제69조 제1항에 의한 징계사유에 해당한다. 소속공무원에 징계사유가 존재하는 한, 인사권자인 을은 징계의결을 요구하여야 하며, 인사위원회의 징계의결의 결과에 따라 징계처분을 하여야 한다(69조 1항). 사안에서 명확하지 않으나 만일 을이 A에 대하여 징계의결의 요구를 하지 않고, 승진임용처분을 하였다면 이는 위법한 처분으로 갑의 취소대상이 된다. 만일 을이 징계의결을 요구하였으나, 인사위원회가 징계하지 않기로 의결하였고, 을이 A의 양호한 근무성적을 이유로 승진임용처분을 하였다면 이는 수권법률의 목적에 따라 재량권을 행사하지 않은 재량의 남용에 해당한다(본서 공무원의 징계책임 참고). 이와 같은 재량의 남용이 지방자치법 제188조 제1항의 법령위반에 해당하는지 또는 현저히 부당하여 공익을 해하는 것으로 보아야 하는지 견해의 대립이 있다. 유사한 사건에서 대법원판결의 다수견해는 재량의 일탈 · 남용 등 재량의 하자는 법령위반, 즉 위법의 개념에 포함시키는 반면, 소수견해는 지방자치단체의 자치고권을 존중하여 현저히 부당하여 공익을 해하는 경우로 보고 있다(대판 2007. 3. 22, 2005추62). 대법원판례의 다수설의 견해와 같이 재량의 하자는 법령위반의 개념에 포함되는 것으로 보아 을의 승진임용처분은 갑의 취소대상이 될 것이다. 한편 지방자치법 제188조 제1항은 감독청의 취소권행사에 관련하여 재량권을 부여하고 있는바, 사안에서 갑이 '근무지 이탈자에 대한 징계업무처리지침'을 시달하였던 점과 A의 근무지 이탈이 사회적 문제가 되었던 점을 고려할 때 갑의 취소권행사에는 재량의 남용이나 일탈이 없다고 할 것이다.

제2문: 지방자치법 제188조 제6항에 따라 을은 갑의 취소에 대하여 15일 이내에 대법원에 제소할 수 있을 것이다(사례 1 제2문의 내용 참고).

03 공무원법

제1절 개 설

Ⅰ. 공무원의 개념

공무원이라는 용어는 여러 가지 의미로 사용되고 있으나 일반적으로 광의의 공무원과 협의의 공무원으로 나누어 볼 수 있다. 광의의 공무원은 국가 또는 공공단체의 공무를 담당하는 일체의 자를 의미한다. 여기에는 대통령, 국회의원 등과 같이 선거에 의하여 취임하거나 임명에 있어 국회의 동의를 요하는 공무원은 물론 계약에 의하여 공무를 담당하는 자 등 모든 공무담당자가 포함된다. 헌법 제7조 제1항은 "공무원은 국민전체에 대한 봉사자이며 국민에 대하여 책임을 진다"라고 규정하고 있는바, 이러한 헌법규정상의 공무원은 광의의 공무원개념에 해당된다고 볼 수 있다.

다른 한편 협의의 공무원은 국가 또는 지방자치단체와 공법상의 근무관계에 있는 모든 자를 의미한다. 여기서 공무원은 국가 및 지방자치단체의 기관으로서의 지위를 떠나 별개의 법인격이 인정되며, 국가나 지방자치단체에 대하여 일정한 권리 · 의무를 갖는다.

그러나 실제로 개별법률은 그 법률의 목적에 따라 공무원의 범위를 다르게 정하고 있는바, 예를 들어 형법 · 국가배상법 · 공직선거법 · 공무원연금법 등에서의 공무원의 범위는 동일하지 않다. 따라서 공무원의 범위는 일률적으로 말할 수 없으며, 각 개별법의 규정에 따라 구체적으로 판단할 수밖에 없다.

판례(국가나 지방자치단체에 근무하는 청원경찰의 법적 지위) 국가나 지방자치단체에 근무하는 청원경찰은 국가공무원법이나 지방공무원법상의 공무원은 아니지만, 다른 청원경찰과는 달리 그 임용권자가 행정기관의 장이고, 국가나 지방자치단체로부터 보수를 받으며, 산업재해보상보험법이나 근로기준법이 아닌 공무원연금법에 따른 재해보상과 퇴직급여를 지급받고, 직무상의 불법행위에 대하여도 민법이 아닌 국가배상법이 적용되는 등의 특질이 있으며 그외 임용자격, 직무, 복무의무 내용 등을 종합하여 볼 때, 그 근무관계를 사법상의 고용계약관계로 보기는 어려우므로 그에 대한 징계처분의 시정을 구하는 소는 행정소송의 대상이지 민사소송의 대상이 아니다(대판 1993. 7. 13, 92다47564).

Ⅱ. 공무원의 종류

1. 국가공무원과 지방공무원

국가공무원은 국가에 의하여 임용되어 원칙적으로 국가기관에 근무하며, 국가로부터 보수를 받는 공무원을 의미하며, 지방공무원은 지방자치단체에 의하여 임용되어 원칙적으로 지방자치단체에 근무하며 지방자치단체로부터 보수를 받는 공무원을 의미한다. 그러나 실제로 국가공무원이면서 지방자치단체에 근무하는 경우도 많이 있다. 국가공무원은 일반적으로 국가공무원법의 적용을 받고, 지방공무원은 일반적으로 지방공무원법의 적용을 받는다.

2. 경력직공무원과 특수경력직공무원

공무원은 임용자격, 신분보장의 유무 및 직무내용의 정치성 · 전문성 유무를 기준으로 하여 경력직공무원과 특수경력직공무원으로 구별된다. 경력직공무원이 직업공무원의 주류를 이루고 있다.

1) 경력직공무원

가. 경력직국가공무원

실적과 자격에 의하여 임용되고 그 신분이 보장되는 국가공무원으로서 그 종류는 다음과 같다(국공법 2조 2항).

가) 일반직공무원　기술 · 연구 또는 행정일반에 관한 업무를 담당하는 공무원으로서 직군 · 직렬별로 분류되는 공무원.

나) 특정직공무원　법관 · 검사 · 외무공무원 · 경찰공무원 · 소방공무원 · 교육공무원 · 군인 · 군무원 · 헌법재판소 헌법연구관 및 국가정보원의 직원과 기타 특수분야의 업무를 담당하는 공무원으로서 다른 법률에서 특정직공무원으로 지정하는 공무원.

나. 경력직지방공무원

경력직지방공무원은 경력직국가공무원과 동일한 기준으로 구분되고 있다(지공법 2조 2항).

가) 일반직공무원　기술 · 연구 또는 행정일반에 대한 업무를 담당하는 공무원으로서 직군 · 직렬별로 분류되는 공무원.

나) 특정직공무원　공립의 대학 및 전문대학에 근무하는 교육공무원, 교육감 소속의 교육전문직원, 자치경찰공무원 및 지방소방공무원과 기타 특수분야의 업무를 담당하는 공무원으로서 다른 법률이 특정직공무원으로 지정하는 공무원.

2) 특수경력직공무원

특수경력직공무원은 임용에 있어서 실적과 자격을 요하지 않고, 신분이 보장되지 않아 따라서 평생토록 공무원으로 근무할 것이 예정되어 있지 않은 공무원을 의미한다. 다만 예외적으로 감사위원과 같이 자격에 의하여 임명되고 일정 임기 동안 그 신분이 보장되는 공무원도 있다.

가. 특수경력직국가공무원

특수경력직국가공무원의 종류는 다음과 같다(국공법 2조 3항).

가) 정무직공무원　선거에 의하여 취임하거나 임명에 있어 국회의 동의를 요하는 공무원, 또는 고도의 정책결정업무를 담당하거나 이러한 업무를 보조하는 공무원으로서 법률이나 대통령령

에서 정무직으로 지정하는 공무원(국무위원, 각부의 차관, 청장).

나) 별정직공무원 비서관 · 비서 등 보좌업무 등을 수행하거나 특정한 업무 수행을 위하여 법령에서 별정직으로 지정하는 공무원.

나. 특수경력직지방공무원

특수경력직지방공무원의 종류는 다음과 같다(지공법 2조 3항).

가) 정무직공무원 선거로 취임하거나 임명할 때 지방의회의 동의가 필요한 공무원, 또는 고도의 정책결정업무를 담당하거나 이러한 업무를 보조하는 공무원으로서 법령 또는 조례에서 정무직으로 정하는 공무원.

나) 별정직공무원 비서관 · 비서 등 보좌업무 등을 수행하거나 특정한 업무 수행을 위하여 법령에서 별정직으로 지정하는 공무원.

3) 적용법규

경력직공무원과 특수경력직공무원은 적용법규를 달리한다. 경력직국가공무원에는 국가공무원법이, 경력직지방공무원에는 지방공무원법이 적용되는 데 대하여 특수경력직공무원에는 원칙적으로 이들 법률이 적용되지 않는다. 그러나 보수 · 복무에 관한 규정은 특수경력직공무원에도 적용되며(국공법 3조, 지공법 3조), 국가공무원법 중 결격사유 및 징계에 관한 규정은 정무직을 제외한 특수경력직공무원에도 준용된다(국공법 3조 1항, 지공법 3조 1항). 경력직국가공무원 중 특정직공무원에 대하여는 감사원법 · 교육공무원법 · 경찰공무원법 · 법원조직법 · 검찰청법 등 특별법이 적용되는 경우가 많다. 아울러 특수경력직국가공무원 중 별정직공무원의 인사에 관하여는 국회규칙 · 대법원규칙 · 헌법재판소규칙 · 중앙선거관리위원회규칙 또는 대통령령으로 정하며(국공법 2조 4항), 특수경력직지방공무원 중 위에 해당하는 공무원의 인사에 관하여는 대통령령 또는 조례로 정하도록 되어 있다(지공법 2조 4항).[1)]

판례(계약직 공무원의 봉급삭감을 규정하고 있는 서울특별시 지방계약직공무원 인사관리규칙 제8조 제3항의 효력) 근로기준법 등의 입법취지, 지방공무원법과 지방공무원징계및소청규정의 여러 규정에 비추어 볼 때, 채용계약상 특별한 약정이 없는 한, 지방계약직공무원에 대하여 지방공무원법, 지방공무원징계및소청규정에 정한 징계절차에 의하지 않고서는 보수를 삭감할 수 없다고 봄이 상당하다. 지방계약직공무원규정의 시행에 필요한 사항을 규정하기 위한 '서울특별시 지방계약직공무원 인사관리규칙' 제8조 제3항은 근무실적 평가 결과 근무실적이 불량한 사람에 대하여 봉급을 삭감할 수 있도록 규정하고 있는바, 보수의 삭감은 이를 당하는 공무원의 입장에서는 징계처분의 일종인 감봉과 다를 바 없음에도 징계처분에 있어서와 같이 자기에게 이익이 되는 사실을 진술하거나 증거를 제출할 수 있는 등(지방공무원징계및소청규정 제5조)의 절차적 권리가 보장되지 않고 소청(지방공무원징계및소청규정 제16조) 등의 구제수단도 인정되지 아니한 채 이를 감수하도록 하는 위 규정은, 그 자체 부당할 뿐만 아니라 지방공무원법이나 지방계약직공무

---

1) 한편 국가공무원법은 국가의 고위공무원을 범정부적 차원에서 효율적으로 인사관리함으로써 정부의 경쟁력을 제고하기 위하여 고위공무원단을 구성하도록 하고 있다. 고위공무원단이라 함은 직무의 곤란성과 책임도가 높은 직위에 임용되어 재직 중이거나 파견 · 휴직 등으로 인사관리되고 있는 일반직공무원 · 별정직공무원 및 특정직공무원의 군을 말한다. 여기에는 ① 정부조직법 제2조의 규정에 의한 중앙행정기관의 실장 · 국장 및 이에 상당하는 보좌기관, ② 행정부 각급기관(감사원을 제외한다)의 직위 중 ①의 직위에 상당하는 직위, ③ 지방자치법 제110조 제2항 · 제112조 제5항 및 「지방교육자치에 관한 법률」 제33조 제2항의 규정에 의하여 국가공무원으로 보하는 지방자치단체 및 지방교육행정기관의 직위 중 ①의 직위에 상당하는 직위가 속한다(국가공무원법 2조의2).

원규정에 아무런 위임의 근거도 없는 것이거나 위임의 범위를 벗어난 것으로서 무효이다(대판 2008. 6. 12, 2006두16328).

3. 임기제공무원

전문지식 · 기술이 요구되거나 임용관리에 특수성이 요구되는 업무를 담당하게 하기 위하여 일정기간을 정하여 임용하는 경력직 공무원이다(국가공무원법 26조의5).

4. 정규공무원과 준공무원

국가공무원법, 지방공무원법 등 공무원법이 정하고 있는 신분을 가지고 있는 공무원을 정규공무원이라 하고, 개별법에서 정규공무원의 신분에 준하는 취급을 하도록 규정되어 있는 자를 준공무원이라 한다. 현행법상 준공무원의 신분을 가지는 자는 한국은행 · 한국조폐공사 · 한국도로공사 · 한국방송공사와 같은 정부투자기관의 임직원 및 금융통화위원회 위원 · 금융감독원의 집행간부 및 직원 등이다.

Ⅲ. 우리 공무원제도의 내용과 특징

과거 전제군주국가의 공무원관계에 있어서 관리는 군주에 대하여 무제한의 충성과 복종의무로 특징되는 신분적 예속관계에 있었다. 이에 따라 근무의 내용도 지배자의 개인적 목적을 실현하는데 중점이 두어졌다. 그러나 시민혁명 이후 근대국가의 발전에 따라 종래의 관료제는 국민 전체의 이익에 봉사하는 공무원제도로 기본적인 전환이 이루어졌다. 그에 따라 공무원은 국가 또는 지방자치단체의 기관의 구성원이고, 그의 복종의무는 국가 · 지방자치단체에 대한 공적 의무이지, 특정 개인에 대한 의무는 아닌 것으로 되었다. 우리 헌법 제7조 제1항은 "공무원은 국민전체에 대한 봉사자이며, 국민에 대하여 책임을 진다"라고 규정하여 민주적 법치국가에서의 공무원제도를 지향하고 있으며, 아울러 헌법 제7조 제2항에서는 "공무원의 신분과 정치적 중립성은 법률이 정하는 바에 의하여 보장된다"고 규정하여 공무원의 신분과 정치적 중립성 내지는 공무원제도를 제도적으로 보장하고 있으며, 국가공무원법과 지방공무원법은 이를 구체화하고 있다.

1. 민주적 공무원제도

우리나라의 공무원제도는 무엇보다 민주적 공무원제도를 근간으로 하고 있다.

1) 국민 전체에 대한 봉사

헌법이 명시하고 있는 바와 같이 공무원은 국민 전체에 대한 봉사자로서 국민 전체의 이익을 위하여 근무하여야 한다. 공무원은 임명권자에 대한 봉사자가 아님은 물론 집권정당이나 기타 일당일파(一黨一派)의 봉사자가 아니다.

2) 국민에 대한 책임

공무원은 주권자인 국민의 수임자이므로, 그 위임된 임무를 성실히 수행하지 못한 경우에는 그에 대한 정치적 · 법적 책임을 지지 않으면 안된다. 정치적 책임은 주로 선거를 통하여 묻게 되며,

법적 책임은 징계책임, 민사책임, 형사책임 등을 통하여 추궁받게 된다.

3) 공무담임의 기회균등

모든 국민은 공무담임권을 가지며(헌법 25조), 그에 있어서 성별 · 종교적 · 사회적 신분에 의한 차별을 받지 않는다(헌법 11조).

판례(제대군인지원에 관한 법률에 의한 가산점제도가 헌법 제25조의 공무담임권을 침해하는지 여부)

헌법 제25조의 공무담임권 조항은 모든 국민이 누구나 그 능력과 적성에 따라 공직에 취임할 수 있는 균등한 기회를 보장함을 내용으로 하므로, 공직자선발에 관하여 능력주의에 바탕한 선발기준을 마련하지 아니하고 해당 공직이 요구하는 직무수행능력과 무관한 요소를 기준으로 삼는 것은 국민의 공직취임권을 침해하는 것이 되는 바, 제대군인 지원이라는 입법목적은 예외적으로 능력주의를 제한할 수 있는 정당한 근거가 되지 못하는데도 불구하고 가산점제도는 능력주의에 기초하지 아니하고 성별, '현역복무를 감당할 수 있을 정도로 신체가 건강한가'와 같은 불합리한 기준으로 여성과 장애인 등의 공직취임권을 지나치게 제약하는 것으로서 헌법 제25조에 위배되고, 이로 인하여 청구인들의 공무담임권이 침해된다(헌재결 1999. 12. 23, 98헌마363).

---

4) 기본적 사항의 법률주의

과거 독일의 입헌군주국가시대에 있어서는 공무원관계는 특별권력관계에 해당되어, 법률이 아니라 군주의 명령에 의하여 규율되었다. 그러나 오늘날 민주적 법치국가에 있어서 이러한 고전적 의미의 특별권력관계이론은 극복되었으며, 공무원관계에 있어서 기본적 사항은 법률에 의하여 규율되고 있다. 국가공무원법과 지방공무원법은 공무원의 직급 · 직위분류 · 임면 · 복무 · 보수 · 징계 등에 관하여 규정하고 있다.

2. 직업공무원제도

직업공무원제도는 공무원이 집권세력의 논공행상의 제물이 되는 엽관제도를 지양하고 정권교체에 따른 국가작용의 중단과 혼란을 예방하고 일관성있는 공무수행의 독자성을 유지하기 위하여 헌법과 법률에 의하여 공무원의 신분이 보장되는 공직구조에 관한 제도이다.[2)]

판례(직업공무원 제도의 의의) 헌법 제7조 제2항은 "공무원의 신분과 정치적 중립성은 법률이 정하는 바에 의하여 보장된다."라고 하여, 직업공무원제도가 정치적 중립성과 신분보장을 중추적 요소로 하는 민주적이고 법치주의적인 공직제도임을 천명하면서도 구체적 내용을 법률로 정하도록 위임하였으므로, 이러한 헌법의 위임 및 기속적 방향 제시에 따른 지방공무원법이 정한 신분보장 · 승진 등 인사 운영 관련 규정을 해석 · 적용할 때에도 헌법상 직업공무원제도의 취지 · 목적과 함께 능력주의 · 성과주의 원칙을 고려하여야 한다(대판 2024. 1. 4, 2022두65092).

---

1) 신분보장

공무원의 신분보장이라 함은 공무원이 정권교체의 영향을 받지 아니할 뿐 아니라 동일한 정권

2) 헌재결 1989. 12. 18, 89헌마32 등 병합.

하에서도 정당한 이유없이 해임당하지 않는 것을 의미한다. 공무원의 신분보장은 직업공무원제도의 핵심적인 요소인바, 능력있는 공무원을 확보하고 공정하고 효율적인 사무처리를 위하여는 그 사무를 집행하는 공무원의 신분보장이 필수적이다. 헌법은 "공무원의 신분 … 은 법률이 정하는 바에 의하여 보장된다"(헌법 7조 2항)고 하여 직업공무원제도를 채택하고 있다. 이를 구체화한 국가공무원법과 지방공무원법은 공무원은 형의 선고, 징계처분 또는 동법에 정하는 사유에 의하지 아니하고는 그 의사에 반하여 휴직 · 강임 · 면직을 당하지 않으며(다만, 1급 공무원과 제23조에 따라 배정된 직무등급이 가장 높은 등급의 직위에 임용된 고위공무원단에 속하는 공무원은 해당되지 않음)(국공법 68조, 지공법 60조), 또한 일정한 사유에 해당하는 경우가 아니면 징계처분을 당하지 않는다고 규정하고 있다(국공법 78조, 지공법 69조).

한편, 지방공무원법 제29조의3은 "지방자치단체의 장은 다른 지방자치단체의 장의 동의를 얻어 그 소속 공무원을 전입할 수 있다"고 하여 지방공무원의 전출입에 대하여 규정하고 있다. 공무원의 신분보장과 관련하여 동 조항의 위헌여부가 논란되었는바, 헌법재판소는 해당 공무원의 동의가 있을 것을 전제로 하여 위 법률조항의 합헌성을 인정하였다.

판례(본인의 동의가 없는 지방공무원의 전 · 출입명령의 허용성) 지방공무원법 제29조의3은 "지방자치단체의 장은 다른 지방자치단체의 장의 동의를 얻어 그 소속 공무원을 전입할 수 있다"라고만 규정하고 있어, 이러한 전입에 있어 지방공무원 본인의 동의가 필요한지에 관하여 다툼의 여지없이 명백한 것은 아니나, 위 법률조항을, 해당 지방공무원의 동의없이도 지방자치단체의 장 사이의 동의만으로 지방공무원에 대한 전출 및 전입명령이 가능하다고 풀이하는 것은 헌법적으로 용인되지 아니하며, 헌법 제7조에 규정된 공무원의 신분보장 및 헌법 제15조에서 보장하는 직업선택의 자유의 의미와 효력에 비추어 볼 때 위 법률조항은 해당 지방공무원의 동의가 있을 것을 당연한 전제로 하여 그 공무원이 소속된 지방자치단체의 장의 동의를 얻어서만 그 공무원을 전입할 수 있음을 규정하고 있는 것으로 해석하는 것이 타당하고, 이렇게 본다면 인사교류를 통한 행정의 능률성이라는 입법목적도 적절히 달성할 수 있을 뿐만 아니라 지방공무원의 신분보장이라는 헌법적 요청도 충족할 수 있게 된다. 따라서 위 법률조항은 헌법에 위반되지 아니한다(헌재결 2002. 11. 28, 98헌바101, 99헌바8 병합).

---

2) 정치적 중립성

공무원의 정치적 중립이란 집권당의 영향으로부터의 독립과 정당에 대한 불간섭 · 불가담을 의미한다. 공무원의 정치적 중립이 요구되는 이유는 ① 공무원은 국민전체에 대한 봉사자이므로 중립적 위치에서 공익을 추구하고, ② 행정에 대한 정치의 개입을 방지함으로써 행정의 전문성과 계속성을 제고하며, ③ 엽관제로 인한 부패 · 비능률 등의 폐해를 예방하는 데 있다. 헌법은 "공무원의… 정치적 중립성은 법률이 정하는 바에 의하여 보장된다"(헌법 7조 2항)라고 하여 공무원의 정치적 중립을 보장하고 있으며, 이에 근거하여 국가공무원법 및 지방공무원법은 공무원이 정당 기타 정치단체의 결성에 관여하거나 이에 가입하는 것을 금지시키고, 선거에 있어서 특정정당 또는 특정인의 지지 또는 반대를 위한 행위 등 일련의 정치활동을 금지시키고 있다(국공법 65조, 지공법 57조).

3) 성적주의

성적주의 또는 실적주의라 함은 정치적 고려나 정실을 배제하고 자격이나 능력을 기준으로 공무원을 임면하는 것을 말한다. 성적제란 엽관제에 대립되는 개념인바, 엽관제란 공무원을 임면하는 데 있어서 그 기준을 자격이나 능력에 두는 것이 아니라 인사권자와의 혈연 · 지연 · 학벌 · 정당관계 등 귀속적 기준에 두는 경우를 말한다. 엽관제는 행정능률의 저하 · 부정 · 낭비를 초래하는 폐단이 있기 때문에, 행정이 양적으로 확대되고 질적으로 전문화되는 현대행정국가에서는 엽관제를 지양하고 성적제를 채택하는 것이 요망된다. 현행법은 "공무원의 임용은 시험성적 · 근무성적 기타 능력의 실증에 의한다"(국공법 26조, 지공법 25조)하고 규정하여 성적주의를 명시하고 있다. 성적주의의 요청에 따라 임용시험제와 직위분류제가 채택되고 있다.

가. 임용시험제

공무원의 채용은 보다 전문적 지식과 기술을 갖춘 자를 확보하기 위하여 임용시험제를 채택하고 있다.

나. 직위분류제

직위분류제라 함은 공무원의 직위(職位)를 직무의 종류에 따라 직렬(職列)로 나누고 그것을 다시 직무의 곤란성 · 책임도 · 자격도의 차이에 따라 직급(職級)별로 분류 · 정리하는 제도이다. 직위는 1인의 공무원에게 부여할 수 있는 직무와 책임을 말하며, 직렬은 직무의 종류가 비슷하고 그 곤란성과 책임의 정도가 다른 직급의 군을 말한다. 한편 직급이라 함은 직무의 곤란성과 책임도가 상당히 비슷한 직위의 군으로서 동일한 직급에 속하는 직위에 대하여는 임용자격 · 시험 · 보수 기타 인사행정에 있어서 동일한 취급을 함에 따른 개념을 말한다(국가공무원법 5조). 직위분류제의 장점은 ① 채용시험 · 전직 · 승진 등 인사배치의 기준이 되며, ② 훈련수요를 제시하여 주고, ③ 직급급(職級給)을 수립하는데 유용하며, ④ 근무성적평정의 기준을 설정하는데 유리하고, ⑤ 권한 · 책임의 한계를 명확히 하고 조직의 분업화 · 전문화 · 합리화에 기여하며, ⑥ 직업소개 · 정원관리 · 작업연구에 도움이 된다는 것 등이다.[3]

현재 국가공무원법과 지방공무원법에 따르면 모든 대상직위를 직무의 종류와 곤란성 및 책임도에 따라 직군 · 직렬 · 직급 또는 직무등급별로 분류하되 동일직급 또는 동일직무등급에 속하는 직위에 대하여는 동일하거나 유사한 보수가 지급되도록 분류하도록 하고 있다(국공법 22조, 지공법 22조).

제2절 공무원관계의 발생 · 변경 · 소멸

I. 공무원관계의 발생

공무원관계의 발생원인에는 임명, 선거에서의 당선, 법률에 의한 강제설정(군복무관계) 등이 있다. 그 중 임명에 의한 것이 가장 보편적인 형태이므로, 여기서는 임명에 관하여서만 살펴보기로 한다.

1. 임명의 의의 및 성질
   1) 의 의
   2) 임명의 법적 성격
      가. 일반적인 공무원의 임명행위－협력을 요하는 행정행위
      나. 계약직 공무원의 임명행위－공법상 계약

3) 朴鈗炘, 最新行政法講義(下), 210면.

1. 임명의 의의 및 성질

임명이란 특정인에게 공무원의 신분을 부여하여 공무원관계를 발생시키는 행위이다. 실정법상으로 임용(任用)은 임명이라는 의미로 사용되기도 한다. 그러나 임용은 일반적으로 신규채용 · 승진임용 · 전직 · 전보 · 강임 · 휴직 · 직위해제 · 정직 · 복직 · 면직 · 해임 및 파면을 포함하는 공무원관계를 발생 · 변경 · 소멸시키는 모든 행위를 가리킨다. 임명행위는 공무원의 신분설정행위라는 점에서, 이미 공무원의 신분을 취득한 자에게 그 직위를 부여하는 보직행위(補職行爲)와는 구별된다.

임명의 법적 성격에 대하여는 ① 행정행위설, ② 공법상 계약설 등이 대립되고 있으나, 오늘날 이러한 학설의 대립은 그 의미를 상실하였다고 보아야 한다. 비록 대부분의 공무원은 행정행위에 의하여 임명되지만, 공법상 계약에 의하여 임용되는 공무원도 늘어가고 있기 때문이다. 다만 국가 및 지방자치단체의 행정행위에 의하여 임명되는 경우에는 상대방의 동의를 필요로 하는 이른바 협력을 요하는 행정행위(또는 쌍방적 행정행위)의 성격을 갖는다고 할 것이다. 이 경우 상대방의 동의가 결여된 임명행위는 원칙적으로 무효라고 할 것이다.

2. 임명의 요건

공무원에 임명되기 위하여는 일정한 요건을 갖추어야 한다. 그 요건에는 능력요건과 자격요건이 있다.

1) 능력요건

가. 결격사유

일정한 결격사유에 해당하는 자는 공무원으로 임명될 능력을 갖지 못한다. 일반공무원의 결격사유로는 ① 피성년후견인, ② 파산선고를 받고 복권되지 아니한 자, ③ 금고 이상의 실형을 받고 그 집행이 끝나거나 집행이 면제된 날부터 5년이 지나지 아니한 자, ④ 금고 이상의 형의 집행유예를 선고받고 그 유예기간이 끝난날부터 2년이 지나지 아니한 자, ⑤ 금고 이상의 형의 선고유예를 받은 경우에 선고유예 기간중에 있는 자, ⑥ 법원의 판결 또는 다른 법률에 의하여 자격이 상실 · 정지된 자, ⑦ 공무원으로 재직기간 중 직무와 관련하여 「형법」 제355조 및 제356조에 규정된 죄를 범한 자로서 300만원 이상의 벌금형을 선고받고 그 형이 확정된 후 2년이 지나지 아니한 자, ⑧ (가) 「성폭력범죄의 처벌 등에 관한 특례법」 제2조에 따른 성폭력범죄, (나) 「정보통신망 이용촉진 및 정보보호 등에 관한 법률」 제74조 제1항 제2호 및 제3호에 규정된 죄, (다) 「스토킹범죄의 처벌 등에 관한 법률」 제2조 제2호에 따른 스토킹범죄 범한 사람으로서 100만원 이상의 벌금형을 선고받고 그 형이 확정된 후 3년이 지나지 아니한 사람, ⑨ 미성년자에 대한 (가) 「성폭력범죄의 처벌 등에 관한 특례법」 제2조에 따른 성폭력범죄, (나) 「아동 · 청소년의 성보호에 관한 법률」 제2조 제2호에 따른 아동 · 청소년대상 성범죄에 해당하는 죄를 저질러 파면 · 해임되거나 형 또는 치료감호를 선고받아 그 형 또는 치료감호가 확정된 사람(집행유예를 선고받은 후 그 집행유예기간이 경과한 사람을 포함한다), ⑩ 징계로 파면처분을 받은 때부터 5년이 지나지 아니한 자 및 징계로 해임처분을 받은 때부터 3년이 지나지 아니한 자이다(국공법 33조, 지공법 31조). 위의 결격사유에 해당하는 자를 공무원으로 임명하는 행위는 무효이다. 또한 결격사유에 해당하는 자가 공무원에 임용된 경우에는, 적법한 공무원의 신분을 취득한 것이 아니기 때문에 공무원연금법상의 퇴직연금 등을 청구할 수 없다.

임용당시 공무원임용결격사유가 있는 사람이 국가의 과실에 의하여 임용결격자임을 밝혀내지 못하여 사실상 공무원으로 근무한 경우에 학설은 ① 상대방에 대한 신뢰보호의 원칙에 따라, 또는 ② 하자있는 행정행위의 치유법리에 근거하여 퇴직연금청구권을 인정할 것을 주장하고 있으나 판례는 부정적인 입장을 취하고 있다.[4] 「임용결격공무원등에 대한 퇴직보상금지급 등에 관한 특례법」은 (1999. 8. 31, 법률 제6008호) ① 공무원으로 임용당시 결격사유에 해당되어 당해임용이 무효이나 사실상 공무원으로 계속하여 근무한 사람 또는 ② 공무원으로 재직중 임용결격사유로 인한 당연퇴직사유가 발생한 이후에도 사실상 공무원으로 계속하여 근무한 사람으로서 동 법 시행전까지 사실상 근무기간이 종료된 경우에 퇴직보상금지급 또는 특별채용신청에 대하여 규정하고 있다.

판례 1(임용결격사유로 인하여 임용행위가 무효이거나 임용행위가 취소되어 소급적으로 지위를 상실한 경우 공무원연금법이나 근로자퇴직급여 보장법에서 정한 퇴직급여를 청구할 수 있는지 여부) 공무원연금법이나 근로자퇴직급여 보장법에서 정한 퇴직급여는 적법한 공무원으로서의 신분을 취득하거나 근로고용관계가 성립하여 근무하다가 퇴직하는 경우에 지급되는 것이다. 임용 당시 공무원 임용결격사유가 있었다면, 비록 국가의 과실에 의하여 임용결격자임을 밝혀내지 못하였다 하더라도 임용행위는 당연무효로 보아야 하고, 당연무효인 임용행위에 의하여 공무원의 신분을 취득한다거나 근로고용관계가 성립할 수는 없다. 따라서 임용결격자가 공무원으로 임용되어 사실상 근무하여 왔다 하더라도 적법한 공무원으로서의 신분을 취득하지 못한 자로서는 공무원연금법이나 근로자퇴직급여 보장법에서 정한 퇴직급여를 청구할 수 없다. 나아가 이와 같은 법리는 임용결격사유로 인하여 임용행위가 당연무효인 경우뿐만 아니라 임용행위의 하자로 임용행위가 취소되어 소급적으로 지위를 상실한 경우에도 마찬가지로 적용된다(대판 2017. 5. 11, 2012다200486).

판례 2(공무원으로 임용된 후 일반사면으로 형이 실효된 후 사실상 공무원으로 계속 근무한 경우에 무효인 임용행위의 추인 또는 새로운 임용행위로 볼 수 있는지 여부) 경찰공무원으로 임용된 후 70일 만에 선고받은 형이 사면 등으로 실효되어 결격사유가 소멸된 후 30년 3개월 동안 사실상 공무원으로 계속 근무를 하였다고 하더라도 그것만으로는 임용권자가 묵시적으로 새로운 임용처분을 한 것으로 볼 수 없고, 임용 당시 결격자였다는 사실이 밝혀졌는데도 서울특별시 경찰국장이 일반사면령 등의 공포로 현재 결격사유에 해당하지 아니한다는 이유로 당연퇴직은 불가하다는 조치를 내려서 그 후 정년퇴직시까지 계속 사실상 근무하도록 한 것이 임용권자가 일반사면령의 시행으로 공무원자격을 구비한 후의 근무행위를 유효한 것으로 추인하였다거나 장래에 향하여 그를 공무원으로 새로 임용하는 효력이 있다고 볼 수 없을 뿐만 아니라, 1982년 당시 경장이었던 그의 임용권자는 당시 시행된 경찰공무원법 및 경찰공무원임용령의 규정상 서울특별시장이지 경찰국장이 아니었음이 분명하여, 무효인 임용행위를 임용권자가 추인하였다거나 장래에 향하

4) 이에 대하여 상세히는 尹炯漢, 任用缺格과 退職給與, 行政判例硏究 V, 2000. 9, 373면.

여 공무원으로 임용하는 새로운 처분이 있었던 것으로 볼 수 없다(대판 1996. 2. 27, 95누9617).

판례 3(임용행위가 당연무효이거나 취소된 공무원이 국가나 지방자치단체에 청구할 수 있는 부당이득의 범위) 임용행위가 당연무효이거나 취소된 공무원의 공무원 임용 시부터 퇴직 시까지의 사실상의 근로는 법률상 원인 없이 제공된 것으로서, 국가 및 지방자치단체는 이 사건 근로를 제공받아 이득을 얻은 반면 임용결격공무원 등은 이 사건 근로를 제공하는 손해를 입었다 할 것이므로, 손해의 범위 내에서 국가 및 지방자치단체는 위 이득을 민법 제741조에 의한 부당이득으로 반환할 의무가 있다. 즉, 국가 또는 지방자치단체는 공무원연금법이 적용될 수 있었던 임용결격공무원 등의 이 사건 근로 제공과 관련하여 매월 지급한 월 급여 외에 공무원연금법상 퇴직급여의 지급을 면하는 이익을 얻는데, 퇴직급여 가운데 임용결격공무원 등이 스스로 적립한 기여금 관련 금액은 임용기간 중의 이 사건 근로의 대가에 해당하고, 기여금을 제외한 나머지 금액 중 순수한 근로에 대한 대가로서 지급되는 부분(공무원의 지위에 대한 공로보상적, 사회보장적 차원에서 지급되는 부분을 제외하는 취지이다) 상당액이 퇴직에 따라 이 사건 근로의 대가로 지급되는 금액이라 할 수 있다. 한편 근로자퇴직급여 보장법 제8조에서 정한 퇴직금 제도는 퇴직하는 근로자의 근로조건에 대한 최하한의 기준으로서 본질적으로 근로제공의 대가인 후불적 임금의 성질을 지니고 있음에 비추어 보면, 퇴직에 따라 지급받을 수 있는 이 사건 근로의 대가라고 평가될 수 있는 금액은 적어도 근로자퇴직급여 보장법상 퇴직금 상당액으로 볼 수 있으므로, 임용결격공무원 등은 이 사건 근로를 제공함으로써 그 상당의 손해를 입는다고 할 수 있다. 그리고 앞에서 본 것과 같이 부당이득은 손해액과 이득액 중 적은 범위 내에서 반환의무를 지므로, 위와 같이 임용결격공무원 등이 입은 손해, 즉 임용기간 중 이 사건 근로의 대가로서의 손해액에 해당하는 공무원연금법상 기여금 관련 금액 및 퇴직에 따라 지급받을 수 있는 이 사건 근로의 대가로서의 손해액에 해당하는 근로자퇴직급여 보장법상 퇴직금 상당액의 합계가 국가 또는 지방자치단체의 이득액에 해당하는 공무원연금법상 퇴직급여 상당액을 넘는 경우에, 국가 또는 지방자치단체가 반환하여야 할 부당이득액은 공무원연금법상 퇴직급여 상당액으로 제한된다(대판 2017. 5. 11, 2012다200486).

나. 외국인 및 복수국적자

외국인은 대학의 교원인 교육공무원으로 임용될 수 있다(교육공무원법 10조의2). 그 외의 공무원에 대하여는 국가안보 및 보안·기밀에 관계되는 분야를 제외하고 대통령 등이 정하는 바에 따라 외국인을 공무원으로 임용할 수 있게 하였다(국공법 26조의3 1항, 지공법 25조의2 1항).

국가기관의 장은 ① 국가의 존립과 헌법 기본질서의 유지를 위한 국가안보 분야, ② 내용이 누설되는 경우 국가의 이익을 해하게 되는 보안·기밀 분야, ③ 외교, 국가 간 이해관계와 관련된 정책결정 및 집행 등 복수국적자의 임용이 부적합한 분야 중 대통령령 등으로 정하는 분야에는 복수국적자(대한민국 국적과 외국 국적을 함께 가진 사람을 말함)의 임용을 제한할 수 있다(국공법 26조의3 2항, 지공법 25조의2 2항).

2) 성적요건(자격요건)

공무원이 되기 위하여는 위의 결격사유가 없을 뿐만 아니라 일정한 자격요건을 갖추어야 하며, 그 자격은 시험성적·근무성적·기타 능력의 실증에 의한다(국공법 26조, 지공법 25조). 특수경력직공무원의 경우 성적요건이 필요없으나, 경력직공무원은 원칙적으로 공개채용시험에 의하고 예외적으로만(1급공무원 또는 이에 상당하는 고위공무원단에 속하는 일반직공무원의 채용, 자격소지자의 채용, 특수한 지역에 근무할 자를 임용하는 경우, 외국어에 능통하고 국제적 소양과 전문 지식을 지닌 자를 임용하는 경우, 과학기술 분야 또는 공개경쟁 채용시험으로 결원 보충이 곤란한 특수 전문 분야의 연구나 근무경력이 있는 자를 임용하는 경우, 지방공무원을 국가공무원으로 임용하는 경우 등) 경력경쟁채용시험에 의할 수 있다. 공개채용시험에는 5급 · 7급 · 9급 공개채용시험이 있다.

경력경쟁채용시험의 경우에는 공정성을 확보하고 전문인력을 적극 유치할 수 있도록 경력 등 응시요건을 정하여 같은 사유에 해당하는 다수인을 대상으로 제한적인 경쟁시험을 통하여 채용할 수 있도록 하고 있다(국공법 28조 1항, 지공법 27조 1항). 행정기관 소속 공무원의 채용시험은 인사혁신처장 또는 인사혁신처장이 지정하는 소속기관의 장이 실시한다. 다만, 인사혁신처장 또는 그 소속기관의 장이 단독으로 실시하기 곤란하면 관계 기관과 공동으로 실시할 수 있으며, 인사혁신처장은 대통령령으로 정하는 바에 따라 그 시험의 일부를 다른 행정기관의 장에게 위임하여 실시할 수 있다(국공법 34조).[5]

사례 국가공무원 A는 20년 간 성실히 근무하여 왔으나, 임용 당시 결격사유인 금고 이상의 형을 받고 그 집행유예기간이 완료된 날로부터 2년이 경과되지 아니한 것이 나중에 발견되어 임용권자 B로부터 퇴직발령의 통지를 받았다.(제53회 사법시험)

1. A에 대한 임용행위의 법적 효력 및 퇴직발령통지의 법적 성질은?(10점)
2. A는 공무원연금법상 퇴직급여금을 행사할 수 있는가?(15점)

▶**답안요지**

제1문: A에 대한 임용행위의 법적 효력 및 퇴직발령통지의 법적 성질

1. 임용행위의 법적 성질

A에 대한 임용은 특정인에게 공무원 신분을 부여하는 행위로서 강학상의 임명에 해당한다. 임명의 법적 성격에 대하여는 ① 행정행위설, ② 공법상 계약설 대립이 있으나 오늘날 계약직 공무원을 제외하고는 임명은 상대방의 동의를 필요로 하는, 이른바 협력을 요하는 행정행위에 해당한다는 견해가 지배적이다. A의 경우에 계약직 공무원에 해당하지 않는 것으로 보아 임용행위는 행정행위의 성격을 갖는다고 할 것이다.

2. 결격사유 있는 자에 대한 임용행위의 효력

공무원에 대한 임용은 적법한 임용권자가 결격사유 없는 자로서 자격요건(성적요건)을 충족한 자에 대하여 행하여야 한다. A는 임용당시 금고 이상의 형을 받고 그 집행기간이 완료된 날로부터 2년이 경과되지 아니하였기 때문에 국가공무원법 33조 4호의 결격사유에 해당하는 자다. 결격사유에 해당하는 자의 임용행위에 대한 효력은 ① 취소사유에 해당한다는 견해, ② 당연무효라는 견해가 대립되고 있으나, 국가공무원법 69조가 결격사유에 해당하는 공무원을 당연퇴직 하도록 규정하고 있는 점, 공직에 대한 국민의 신뢰를 고려할 때, 당연무효설이 지배적 견해이고 판례의 입장이다.

3. 퇴직발령통지의 법적 성질

임용당시 공무원임용 결격사유가 있었다면 비록 국가의 과실에 의하여 임용결격자임을 밝혀내지 못하였다고 하더라도 그 임용행위는 당연무효이다(대판 1987. 4. 14, 86누459). A에 대한 퇴직발령통지는 임용행위가 무효임을 공적으로 확인하여 알려주는 사실의 통보에 불과한 것으로 공무원의 신분을 상실시키는 행정처분의 성질을 갖지 않는다.

제2문: 공무원연금법상 퇴직급여금을 행사할 수 있는지 여부

사안에서 A는 공무원결격사유가 있음에도 불구하고 20년간 국가공무원으로 근무하여 왔던바, 여기서 A가 당연퇴직된 경우에 퇴직급여를 청구할 수 있는지 문제가 된다.

1) 신뢰보호의 원칙

국가 등이 당연히 결격자의 임용을 거부하여야 하여야 하였음에도 불구하고 이를 행하지 않고 수십년간 직무에 종사시켰고, 이후에 퇴직금지급을 거부한 것은 신뢰보호의 원칙에 반한다는 견해가 있다. 그러

5) 尹炯漢, 任用缺格과 退職給與, 行政判例硏究 V, 2000. 9, 373면.

나 판례는 공무원이라면 누구나 결격사유에 해당하는 경우 임용될 수 없다는 것을 알아야 하고, 이러한 사정을 알지 못하였다는 것은 정당한 사유가 될 수 없으며, 비록 그동안 사실상 공무원으로 근무하였다고 하더라도 공무원의 지위를 가질 수 없는 이상 신뢰에 의하여 보호받을 급여청구권도 존재하지 않는다는 입장을 취하고 있다(대판 1998. 12. 23, 98두16118).

2) 하자있는 임용행위의 치유이론

다수설에 따르면 치유는 취소할 수 있는 행정행위에 허용되고 법적 안정성과 행정법관계의 안정을 이유로 하여 무효인 행정행위에는 이를 인정하지 않고 있다. 그러나 취소사유와 무효사유는 상대적이며, 임용결격자가 사실상의 공무원으로 종사하여 왔으며, 제3자는 당해 임용행위가 유효한 것으로 신뢰하고 있는 이상 무효인 행정행위를 치유한다고 하더라도 법적 안정성과 행정법관계의 안정성을 해치지 않는다고 주장하면서 퇴직급여를 인정하는 견해가 있다. 그러나 임용결격자가 사실상 공무원으로 계속 근무를 하였다고 하더라도 무효인 임용행위를 임용권자가 추인하였다거나 장래에 향하여 공무원으로 임용하는 새로운 처분이 있었던 것으로 볼 수 없다는 것이 판례의 입장이다(대판 1996. 2. 27, 95누9617).

▶**결어** 생각건대 임용결격자의 공무원임명행위는 당연 무효이며, 그에게 지급한 보수 등은 법률상 원인이 없는 이익으로서 부당이득에 해당된다고 보아야 할 것이다. 한편, 국가는 A가 당연퇴직될 때까지 A로부터 일정한 근무를 제공받아 왔는바, 이 역시 법률상 원인이 없는 이익으로 부당이득에 해당된다고 볼 것이다. 이 경우 임용결격자의 근무에 대한 급여와 노무의 제공은 거의 등가에 해당된다는 것이 일반적 견해이다. 그렇다면 임용결격자가 자신의 퇴직연금을 위하여 스스로 납부하여 온 기여금 부분과 후불적 임금으로서 근로의 대가의 성격을 갖는 근로기준법상 퇴직금에 상당하는 금액은 국가가 반환하여야 할 부당이득이 된다(대판 2004. 7. 22, 2004다10350). A는 자신이 납부하여 온 기여금 부분과 근로기준법상 퇴직금에 상당하는 금액을 부당이득반환청구소송을 통하여 반환받을 수 있을 것이다.

3. 임명권자와 임명절차

1) 임명권자

행정부 소속의 공무원의 경우, 국가공무원의 임명권은 대통령에게(헌법 78조), 지방공무원의 임명권은 지방자치단체의 장에게 있는 것이 원칙이다(지공법 6조). 그러나 구체적으로 공무원의 직급에 따라 그 임명권자를 달리하고 있다. 5급 이상 공무원 및 고위공무원단에 속하는 일반직공무원은 소속장관의 제청으로 인사혁신처장과 협의를 거쳐 국무총리를 경유하여 대통령이 임용한다. 이 경우 국세청장은 국회의 인사청문을 거쳐 대통령이 임명한다(국공법 32조 1항). 그 밖의 공무원에 대하여는 소속장관이 임명권을 가지되, 소속장관은 대통령령이 정하는 바에 따라 임명권의 일부를 보조기관 또는 소속기관의 장에게 위임 또는 재위임할 수 있다(국공법 32조 2항·3항).

지방자치단체의 장은 일반직지방공무원의 경우 조례가 정하는 바에 따라 그 임용권의 일부를 소속기관의 장에게 위임할 수 있다(지공법 6조 2항).

2) 임명절차

일반직공무원을 임명할 때에는 다음의 절차를 거쳐야 한다.

가. 채용후보자명부

시험실시기관의 장은 채용시험에 합격한 자를 채용후보자명부에 등재하여야 하며, 이 명부의 유효기간은 5급은 5년, 기타는 2년의 범위 안에서 대통령령 등으로 정하되 필요에 따라 1년의 범위

안에서 연장할 수 있다(국공법 38조, 지공법 36조).

나. 임용후보자의 추천

시험실시기관의 장은 채용후보자명부에 등재된 채용후보자를 대통령령 등이 정하는 바에 따라 임용권 또는 임용제청권을 갖는 기관에 추천하여야 한다. 다만 일반직국가공무원의 경우 공개경쟁시험합격자의 우선임명을 위하여 필요한 경우에는 인사혁신처장이 근무할 기관을 지정하여 임명 또는 임명제청할 수 있다(국공법 39조 1항). 채용후보자에 대하여 임용 전에 실무 수습을 실시할 수 있다. 이 경우 실무 수습 중인 채용후보자는 그 직무상 행위를 하거나 「형법」 또는 그 밖의 법률에 따른 벌칙을 적용할 때에는 공무원으로 본다(국공법 39조 4항).

다. 시보임명

5급 공무원(제4조 제2항에 따라 같은 조 제1항의 계급 구분이나 직군 및 직렬의 분류를 적용하지 아니하는 공무원 중 5급에 상당하는 공무원을 포함한다)을 신규 채용하는 경우에는 1년, 6급 이하의 공무원을 신규 채용하는 경우에는 6개월간 각각 시보로 임용하고 그 기간의 근무성적 · 교육훈련성적과 공무원으로서의 자질을 고려하여 정규 공무원으로 임용한다. 다만, 대통령령 등으로 정하는 경우에는 시보 임용을 면제하거나 그 기간을 단축할 수 있다. 시보임용기간중 신분보장을 받지 못하며, 그 기간중 근무성적 · 교육훈련성적이 나쁘거나 공무원으로서의 자질이 부족하다고 판단되는 경우에는 면직시킬 수 있다(국공법 29조, 지공법 28조).

판례(상근강사로 임용된 자가 시보임용기간 종료 후 교원으로서 임용이 거부된 경우에 소청심사청구권을 갖는지 여부) 상근강사제도는 교육법이나 교육공무원법상의 명문의 근거를 둔 교원의 임용방법은 아니고, 국가공무원법상의 이른바 시보임용제도에 의하여 조건부로 채용된 공무원에 해당한다고 보아야 할 것인바, 상근강사로 채용된 자는 그 시보임용 내지 조건부채용시 장차 소정의 조건부 채용기간중 근무성적이 양호하여 적격판정을 받는 것을 조건으로, 특별한 사정이 없는 한 위 기간의 종료와 더불어 바로 정규공무원으로 임용될 권리를 취득하고 임용권자는 이에 대응하는 법률상의 의무를 부담한다고 할 것이며, 또한 교육공무원법상 시보임용에 의한 교육공무원으로서의 지위를 누리면서 그 조건부채용기간 중 면직 등의 처분이나 징계처분과 같은 신분상의 불이익한 처분을 받거나 또는 시보임용기간 종료 후 정규공무원 내지 교원으로서의 임용이 거부된 경우에는 행정소송 제기를 위한 전치절차로서의 교육공무원법 제52조에 의한 소청심사청구권도 가진다고 보아야 한다(대판 1990. 9. 25, 89누4758).

---

3) 임명의 형식 및 효력발생시기

임명은 임명장의 교부의 형식에 의하는 것이 보통이다. 그러나 임명은 요식행위가 아니므로 임명장의 교부는 임명의 효력요건이 아니라, 기존의 임명행위를 형식적으로 증명 · 표시하는 선언적 · 공증적 효력밖에 없다고 보는 것이 일반적 견해이다. 공무원은 원칙적으로 임명장에 기재된 일자에 임명된 것으로 보며, 소급임명은 금지된다(공무원임용령 6조 1항 · 7조, 지방공무원임용령 5조 1항 · 6조).

4. 개방형전문직위의 지정

임명권자 또는 임명제청권자는 당해 기관의 직위 중 전문성이 특히 요구되거나 효율적인 정책수립을 위하여 필요하다고 판단되어 공직 내부 또는 외부에서 적격자를 임명할 필요가 있는 직위에 대하여는 이를 개방형직위로 지정하여 운영할 수 있다(국공법 28조의4 1항, 지공법 29조의4 2항). 임명권자 또는 임명제청권자는 개방형직위에 대하여 직위별로 직무의 내용 · 특성 등을 고려하여 직무수행요건을 설정하고 그 요건을 갖춘 자를 임명 또는 임명제청하여야 한다(국공법 28조의4 2항, 지공법 29조의4 2항). 개방형직위의 운영 등에 관한 사항은 대통령령 등으로 정한다.

5. 지역인재의 추천채용 및 수습근무

임용권자는 우수한 인재를 공직에 유치하기 위하여 학업 성적 등이 뛰어난 고등학교 이상 졸업자나 졸업 예정자를 추천 · 선발하여 3년의 범위에서 수습으로 근무하게 하고, 그 근무기간 동안 근무성적과 자질이 우수하다고 인정되는 자는 6급 이하의 공무원(제4조 제2항에 따라 같은 조 제1항의 계급 구분이나 직군 및 직렬의 분류를 적용하지 아니하는 공무원 중 6급 이하에 상당하는 공무원을 포함함)으로 임용할 수 있다(국공법 26조의4 1항). 제1항에 따라 수습으로 근무하는 자를 공무원으로 임용할 때에는 행정 분야와 기술 분야별로 적정한 구성을 유지하고 지역별 균형을 이루도록 하여야 한다(국공법 26조의4 3항).

제1항에 따른 추천 · 선발 방법, 수습근무 기간, 임용 직급 등에 관한 사항은 대통령령으로 정하며, 수습으로 근무하는 자는 직무상 행위를 하거나 「형법」, 그 밖의 법률에 따른 벌칙을 적용할 때 공무원으로 본다(국공법 26조의4 4항).

6. 임기제공무원의 임용

임용권자는 전문지식 · 기술이 요구되거나 임용관리에 특수성이 요구되는 업무를 담당하게 하기 위하여 경력직공무원을 임용할 때에 일정기간을 정하여 근무하는 공무원(이하 "임기제공무원"이라 한다)을 임용할 수 있다. 임기제공무원의 임용요건, 임용절차, 근무상한연령 및 그 밖에 필요한 사항은 국회규칙, 대법원규칙, 헌법재판소규칙, 중앙선거관리위원회규칙 또는 대통령령으로 정한다.

7. 근무시간의 단축 임용

국가기관의 장 또는 지방자치단체의 장은 업무의 특성이나 기관의 사정 등을 고려하여 소속 공무원을 대통령령 또는 조례 등으로 정하는 바에 따라 통상적인 근무시간보다 짧게 근무하는 공무원으로 임용할 수 있다(국가공무원법 26조의2, 지방공무원법 25조의3).

사례 1 甲은 2009. 9. 1. 징역 10월에 집행유예 2년을 선고받아 그 형이 확정되었다. 행정청 乙은 甲이 임용결격자임을 밝혀내지 못한 채 2013. 5. 1. 7급 국가공무원시보로 임용하였고, 그로부터 6개월 후인 2013. 11. 1. 정규공무원으로 임용하였다. 다음 물음에 답하시오.(2018 5급공채)

1) 위 시보임용처분의 법적 효력에 대하여 설명하시오.(10점)

2) 그 후 乙은 시보임용처분 당시 甲에게 공무원임용 결격사유가 있었음을 확인하고는 甲에 대하여 시보임용처분을 취소하고, 그에 따라 정규임용거부처분도 취소하였다. 甲은 시보임용시에는 임용결격자였지만, 정규임용시에는 임용결격사유가 해소되었다. 乙이 정규임용처분의 취소처분시 甲에게 사전통지를 하지 않거나 의견제출의 기회를 주지 아니하였다면, 위 정규임용처분의 취소처분은 적법한지에 대해 설명하시오.(10점)

▶답안요지

제1문: 시보임용처분의 법적 효력

5급 공무원을 신규채용하는 경우에는 1년, 6급 이하의 공무원을 신규 채용하는 경우에는 6개월간 각각 시보로 임용하고 그 기간의 근무성적·교육훈련성적과 공무원으로서의 자질을 고려하여 정규공무원으로 임용한다. 즉 시보로 임용된 자는 조건부로 채용된 공무원에 해당된다고 보아야 하며, 조건부 채용기간 중 근무성적이 양호하여 적격판정을 받는 조건으로, 특별한 사정이 없는 한 기간의 종료와 더불어 정규공무원으로 임용될 권리를 취득한다(대판 1990. 9. 25, 89누4758). 이에 따라 시보임용시에 공무원의 결격사유가 없어야 한다. 결격사유에 해당하는 자를 공무원으로 임용하는 행위의 법적 효력이 문제가 되는바, 재직 중에도 결격사유에 해당하면, 당연퇴직 사유가 된다는 점, 공직에 대한 국민의 신뢰를 확보하고자 하는 취지를 고려할 때 당연무효로 보는 것이 통설이다. 임용당시 국가의 과실로 결격사유자임을 밝혀내지 못하였다고 하더라도 공무원 결격사유가 있었다면 그 임용행위는 당연무효에 해당된다는 것이 판례의 입장이다(대판 1987. 4. 14, 86누459). 甲에 대한 시보임용처분은 당연무효에 해당한다.

제2문: 정규임용처분의 취소처분의 적법성

1) 정규임용처분 취소의 법적 성질

결격사유 있는 자에 대한 시보임용처분은 당연무효의 행위이다. 이에 따라 이를 취소하는 행위는 당초 임용처분이 당연무효였음을 알리는 관념의 통지에 불과하며, 처분의 성격을 갖지 않는다. 그러나 결격사유가 해소된 이후 정규임용처분은 단지 경력요건을 결여한 것으로서, 당연무효가 아닌 취소사유가 있는 유효한 처분이다. 여기서 정규임용처분을 취소하는 처분은 법정 사유에 의하여 공무원으로서의 신분을 상실시키는 처분으로서 직권취소의 성격을 갖는다.

2) 사전통지 및 의견청취절차의 필요성 여부

행정절차법 제21조 및 제22조는 행정청의 불이익처분에 대하여 사전통지 및 의견청취 절차를 거치도록 규정하고 있다. 甲에 대한 정규임용처분의 취소처분은 공무원으로서의 신분을 박탈하는 불이익처분이다. 그런데 행정절차법 제3조 제2항 제9호는 적용배제사항으로서 '공무원의 인사 관계 법령에 따른 징계와 그 밖의 처분'을 규정하고 있는바, 甲에 대한 정규임용처분의 취소처분이 이에 해당하는지 문제가 된다. 행정의 공정성, 투명성 및 신뢰성을 확보하고 국민의 권익을 보호함을 목적으로 하는 행정절차법의 입법목적 및 동 규정의 취지에 비추어 보면, 공무원 인사관계 법령에 의한 처분에 관한 사항이라 하더라도 그 전부에 대하여 행정절차법의 적용이 배제되는 것이 아니라, 성질상 행정절차를 거치기 곤란하거나 불필요하다고 인정되는 처분이나 행정절차에 준하는 절차를 거치도록 하고 있는 처분의 경우에만 행정절차법의 적용이 배제되는 것으로 보아야 한다(대판 2013. 1. 16, 2011두30687). 사안의 경우 정규임용처분을 취소하는 처분은 공무원의 인사 관계 처분이나 국가공무원법상의 징계가 아니기 때문에 징계절차에 적용되는 절차를 거치지 않으며, 처분의 성질상 행정절차를 거치기 곤란하거나 불필요하다고 인정되는 처분이 아니다. 이에 따라 甲에 대한 정규임용처분의 취소처분은 사전통지 및 의견청취절차가 결여된 절차상의 하자있는 처분이다. 사전통지 및 의견제출이 결여되어 절차상 하자가 있는 경우 법령에 특별한 규정이 없는 한 취소사유에 해당한다는 판례의 입장이다. 이를 이유로 상대방이 취소소송을 제기한 경우 수소법원이 본안에서 취소할 수 있는지 여부에 대하여 ① 적극설, ② 절충설, ③ 소극설이 대립하고 있는바, 판례는 적극설의 입장을 취하고 있다(본서 행정절차법 부분 참조).

3) 결어: 甲에 대한 정규임용처분의 취소처분은 사전통지 및 의견청취절차를 거치지 않은 절차상으로 위법한 처분이다.

사례 2 甲은 국립 K대학교의 교수로 재직 중이다. K대학교는 「교육공무원법」 제24조 등 관계 법령 및 「K대학교 학칙」에 근거한 「K대학교 총장임용후보자 선정에 관한 규정」에 따라 총장임용후보자 선정관리위원회 구성, 총장임용후보자 공모, 정책토론회 등의 절차를 거쳐 총장임용추천위원회 투표 결과 가장 많은 득표를 한 甲을 1순위 총장임용후보자로, 그 다음으로 많은 득표를 한 乙을 2순위로 선정하였다. 이에 따라 K대학교는 교육부장관에게 총장임용후보자로 甲을 1순위, 乙을 2순위로 추천하였는데, 장관은 대통령에게 乙만을 총장임용후보자로 제청하였다. 甲은 1순위 임용후보자인 자신이 아닌 2순위 후보자인 乙을 총장으로 임용하는 것은 위법하다고 주장한다.(2019 5급공채 시험)

1) 임용제청을 받은 대통령은 乙을 총장으로 임용하려 한다. 대통령의 임용행위를 저지하기 위해 甲이 취할 수 있는 행정소송상의 수단을 검토하시오.(15점)

2) 대통령은 교육부장관의 임용제청에 따라 乙을 K대학교 총장으로 임용하였다. 대통령의 임용행위의 위법 여부를 검토하시오.(단, 절차적 하자는 제외함)(20점)

3) 대통령이 乙을 총장으로 임용한 것에 대하여 총장임용추천위원회 위원으로 학생위원을 추천한 총학생회가 취소소송을 제기한 경우, 총학생회의 원고적격 인정 여부를 검토하시오.(15점)

[참조조문] (현행 관계 법령 등을 사례해결에 적합하도록 수정하였음)

「교육공무원법」

제24조(대학의 장의 임용) ① 대학(「고등교육법」 제2조 각 호의 학교를 말하되, 공립대학은 제외한다)의 장은 해당 대학의 추천을 받아 교육부장관의 제청으로 대통령이 임용한다.

② 제1항 본문에 따른 대학의 장의 임용추천을 위하여 대학에 대학의 장 임용추천위원회(이하 "추천위원회"라 한다)를 둔다.

③ 추천위원회는 해당 대학에서 정하는 바에 따라 다음 각 호의 어느 하나의 방법에 따라 대학의 장 후보자를 선정하여야 한다.

1. 추천위원회에서의 선정

「교육공무원임용령」

제12조의2(대학의 장의 추천) 대학은 법 제24조 제1항 또는 제55조 제1항의 규정에 의하여 대학의 장의 임용추천을 할 때에는 2인 이상의 후보자를 대학의 장의 임기만료일 30일 전까지 교육부장관에게 추천하여야 한다.

제12조의3(대학의 장 임용추천위원회의 구성 및 운영) ① 법 제24조 제2항에 따른 대학의 장 임용추천위원회(이하 "추천위원회"라 한다)는 다음 각 호의 사람 중에서 해당 대학의 학칙으로 정하는 바에 따라 10명 이상 50명 이하의 위원으로 구성한다.

3. 해당 대학의 재학생

② 추천위원회의 위원에는 제1항 각 호에 해당하는 위원이 각 1명 이상 포함되어야 한다.

③ 추천위원회의 운영 등에 필요한 세부사항은 해당 대학의 학칙으로 정한다.

▶답안요지

제1문: 甲이 취할 수 있는 행정소송상의 수단

1) 예방적 금지소송

대통령의 임용행위를 저지할 수 있는 甲이 취할 수 있는 행정소송상의 수단으로서 우선 예방적 금지소송이 고려될 수 있다. 예방적 금지소송은 일정한 행정행위나 여타의 직무행위의 부작위를 구하는 내용의 행정소송을 의미한다. 현행 행정소송법에서 예방적 금지소송의 허용성 여부에 대하여 다툼이 되고 있다. 상당수의 학설은 무명항고소송 또는 당사자소송의 형태로 도입할 것을 주장하고 있으나, 판례는 부정적 입장을 취하고 있다(본서 행정소송의 한계 참조). 판례를 따른다면 사안에서 예방적 금지소송은 허용되지 않을 것이다.

2) 교육부장관의 임용제청 제외행위에 대한 취소소송

교육부장관의 임용제청 제외행위가 행소법 2조 1항 1호의 처분등에 해당한다면 甲은 이에 대하여 취소소송을 제기할 수 있을 것이다. 판례에 따르면 취소소송의 대상이 되는 처분이라 함은 "행정청의 공법상의 행위로서 특정 사항에 대하여 법규에 의한 권리의 설정 또는 의무의 부담을 명하거나 기타 법률상의 효과를 직접 발생하게 하는 행위"를 말한다. 설문에서 대학의 장에 대한 교육부장관의 임용제청행위는 행정기관 상호간의 내부행위로서 처분에 해당되는 문제가 된다. 판례는 "대학의 장 임용에 관하여 교육부장관의 임용제청권을 인정한 취지는 대학의 자율성과 대통령의 실질적인 임용권 행사를 조화시키기 위하여 대통령의 최종적인 임용권 행사에 앞서 대학의 추천을 받은 총장 후보자들의 적격성을 일차적으로 심사하여 대통령의 임용권 행사가 적정하게 이루어질 수 있도록 하기 위한 것이다. 대학의 추천을 받은 총장 후보자는 교육부장관으로부터 정당한 심사를 받을 것이라는 기대를 하게 된다. 만일 교육부장관이 자의적으로 대학에서 추천한 복수의 총장 후보자들 전부 또는 일부를 임용제청하지 않는다면 대통령으로부터 임용을 받을 기회를 박탈하는 효과가 있다. 이를 항고소송의 대상이 되는 처분으로 보지 않는다면, 침해된 권리 또는 법률상 이익을 구제받을 방법이 없다"는 이유로 교육부장관이 대학에서 추천한 복수의 총장 후보자들 전부 또는 일부를 임용제청에서 제외하는 행위는 제외된 후보자들에 대한 불이익처분으로서 항고소송의 대상이 되는 처분에 해당된다고 판시하고 있다. 판례에 따른다면 교육부장관의 임용제청 제외 행위는 甲에 대한 불이익처분으로서 대상적격 및 원고적격이 인정되는바, 제소기간 등 여타의 소송요건이 충족된다면 甲은 취소소송을 제기할 수 있을 것이다.

제2문: 대통령의 임용행위의 위법성

임용이란 좁게는 임명의 의미로 사용되는바, 임명은 특정인에게 공무원으로서 신분을 부여하여 공무원관계를 발생시키는 행위이다. 임명은 계약에 의하여 채용되는 경우를 제외하고는 행정행위의 성격을 가진다. 행정행위가 적법하게 성립하기 위하여는 주체, 절차, 형식 및 내용상의 하자가 없어야 한다. 사안에서 주체, 절차, 형식상의 하자는 없어 보이는바, 내용상의 하자가 문제가 된다. 설문에서 교육부장관은 1순위자가 아닌 2순위자인 乙을 임용제청하였고 대통령은 그를 K대학교 총장으로 임명하였는바, 이러한 임명행위가 법령에 위반한지 여부가 문제가 된다.

교육공무원법령은 대학이 대학의 장 후보자를 복수로 추천하도록 정하고 있을 뿐, 교육부장관이나 대통령이 대학이 정한 순위에 구속된다고 볼 만한 규정을 두고 있지 않다. 대학 총장 임용에 관해서는 임용권자에게 광범위한 재량이 주어져 있기 때문에 대학이 복수의 후보자에 대하여 순위를 정하여 추천한 경우 교육부장관이 후순위 후보자를 임용제청하더라도 단순히 그것만으로 헌법과 법률이 보장하는 대학의 자율성이 제한된다고 볼 수는 없다. 대학에서 추천된 후보자들 중 어떤 후보자를 상대적으로 더욱 적합하다고 판단하여 임용제청하는 행위는 후보자의 경력, 인격, 능력, 대학운영계획 등 여러 요소를 종합적으로 고려하여 정성적으로 평가하는 행위로서 그 판단의 기초가 된 사실인정에 중대한 오류가 있거나 그 판단이 사회통념상 현저하게 타당성을 잃어 객관적으로 불합리하다는 등의 특별한 사정이 없는 한 가급적 존중되어야 한다(대판 2018. 6. 15, 2016두57564). 이러한 법리는 대통령의 대학총장 임명행위에 대하여도 마찬가지로 적용된다. 사안의 경우 乙에게 연구윤리 위반, 선거부정, 그 밖의 비위행위와 같은 부적격사유가 존재하는 등 사실인정에 중대한 오류가 있거나 그 판단이 사회통념상 현저하게 타당성을 잃어 객관적으로 불합리하다는 등의 특별한 사정이 없는 한 대통령의 乙에 대한 임명행위는 적법하다고 보아야 할 것이다.

제3문: 취소소송에서 총학생회의 원고적격 인정여부

행소법 12조는 취소소송의 원고적격으로 "취소소송은 처분등의 취소를 구할 법률상 이익이 있는 자가 제기할 수 있다."고 규정하고 있다. 여기서 법률상 이익의 개념에 대하여 ① 권리구제설, ② 법률상 이익구제설, ③ 이익구제설, ④ 적법성 보상설 등의 견해대립이 있으나, 다수설과 일관된 판례는 위법한 처분에 의하여 "근거 법률 및 관계 법률에서 보호하고 있는 이익"으로 파악하여 법률상 이익구제설을 취하고 있다.

교육공무원임용령 12조의3은 임용추천위원회의 구성원으로 제3호에서 해당 대학의 재학생을 규정하고 있는바, 설문에서는 학생위원을 추천한 총학생회가 대통령의 임용행위에 대하여 취소소송을 제기할 경우에 원고적격이 인정될 수 있는지 묻고 있다. 취소소송의 당사자능력은 민사소송법 규정을 준용하여(행소법 8조 2항, 민소법 52조), 권리능력이 있는 자연인, 법인뿐만 아니라 법인격 없는 사단이라고 하다라도 대표자 또는 관리인이 있어서 외부에 명확한 조직을 갖고 있는 경우에 인정된다. 이에 따라 총학생회의 당사자능력은 충분히 인정되나, 나아가서 원고적격이 주어지는지 문제가 된다. 헌법 31조 4항은 대학의 자유에 대하여 규정하고 있다. 대학의 자유는 대학인사 · 학사 · 질서 · 재정 등 대학운영 전반에 대한 교수회의 자치와 학생회의 자치를 내용으로 한다. 대학운영 전반에 대한 학생회의 발언권은 존중되어야 한다. 대학운영 전반에 대한 피교육자로서 학생회의 결정참여권에는 일정한 한계가 있을 수밖에 없으나, 대학인사의 본질적 요소로서 대학의 장의 선임에 있어서 학생회의 의사는 적극 반영되어야 한다. 이러한 의미에서 교육공무원 임용령 12조의3은 추천위원회의 구성원으로 "해당 대학의 재학생"을 규정하고 있는바, 이에 따라 총장선임과 관련하여 학생위원을 추천한 총학생회는 동 규정에서 보호하는 이익을 갖고 있다고 판단된다. 총학생회의 원고적격은 인정된다고 판단된다.

Ⅱ. 공무원관계의 변경

공무원으로서의 신분을 유지하면서 공무원관계의 내용의 전부 또는 일부를 일시적 또는 영구적으로 변경하는 것을 공무원관계의 변경이라고 한다.

1. 공무원관계의 변경사유

승진 · 전직 · 전보 · 복직 · 파견 · 휴직 · 정직 · 직위해제 · 강임 · 감봉 · 전입 · 전출 등이 있다. 이들은 임명과 달리 공무원신분을 가진 자에 대한 국가의 일방적인 단독행위이며, 법령의 규정에 따라 행하여져야 한다.

판례(공무원의 전출이 동의를 요한다는 판례) 지방공무원법 제29조의3은 지방자치단체의 장은 다른 지방자치단체의 장의 동의를 얻어 그 소속공무원을 전입할 수 있다고 규정하고 있는바, 위 규정에 의하여 동의를 한 지방자치단체의 장이 소속 공무원을 전출하는 것은 임명권자를 달리하는 지방자치단체로의 이동인 점에 비추어 반드시 당해 공무원 본인의 동의를 전제로 하는 것이고, 위 법규정도 본인의 동의를 배제하는 취지의 규정은 아니어서 위헌 · 무효의 규정은 아니다(대판 2001. 12. 11, 99두1823).

---

2. 승진 · 전직 · 전보 · 복직

1) 승 진

승진이란 동일한 직렬안에서 상위직급에 임용되는 것을 말한다. 이에 따라 직렬이 다른 상위직급으로는 승진할 수 없다(행정주사는 검찰사무관으로 승진될 수 없다). 계급간 승진임용은 근무성적평정 · 경력평정 기타 능력의 실증에 의한다. 다만, 1급 내지 3급공무원에의 승진임용 및 고위공무원단 직위로의 승진임용에 있어서는 능력과 경력 등을 고려하여 임용하며, 5급공무원에의 승진임용에 있어서는 승진시험을 거치도록 하되, 필요하다고 인정할 때에는 대통령 등이 정하는 바에 따라 승진심사위원회의 심사(지방공무원의 경우 인사위원회의 의결)를 거쳐 임용할 수 있다(국공법 40조 1항, 지공법 38조 1항). 6급 이하 공무원에의 승진임용에 있어서 필요하다고 인정할 때에는 대통령령 등이 정하는 바에 따라 승진시험을 병용(竝用)할 수 있다(국공법 40조 2항, 지공법 38조 2항). 한편 법률의 개정으로 다자녀양육자인 공무원은 인사관리상 우대받을 수 있다(국공법 26조 단서, 지공법 25조 단서).

판례 1(승진후보자 명부에 포함되어 있던 후보자를 승진임용인사발령에서 제외하는 행위가 항고소송의 대상인 처분에 해당하는지 여부) 교육공무원법 제29조의2 제1항, 제13조, 제14조 제1항, 제2항, 교육공무원 승진규정 제1조, 제2조 제1항 제1호, 제40조 제1항, 교육공무원임용령 제14조 제1항, 제16조 제1항에 따르면 임용권자는 3배수의 범위 안에 들어간 후보자들을 대상으로 승진임용 여부를 심사하여야 하고, 이에 따라 승진후보자 명부에 포함된 후보자는 임용권자로부터 정당한 심사를 받게 될 것에 관한 절차적 기대를 하게 된다. 그런데 임용권자 등이 자의적인 이유로 승진후보자 명부에 포함된 후보자를 승진임용에서 제외하는 처분을 한 경우에, 이러한 승진임용제외처분을 항고소송의 대상이 되는 처분으로 보지 않는다면, 달리 이에 대하여는 불복하여 침해된 권리 또는 법률상 이익을 구제받을 방법이 없다. 따라서 교육공무원법상 승진후보자 명부에 의한 승진심사 방식으로 행해지는 승진임용에서 승진후보자 명부에 포함되어 있던 후보자를 승진임용인사발령에서 제외하는 행위는 불이익처분으로서 항고소송의 대상인 처분에 해당한다고 보아야 한다. 다만 교육부장관은 승진후보자 명부에 포함된 후보자들에 대하여 일정한 심사를 진행하여 임용제청 여부를 결정할 수 있고 승진후보자 명부에 포함된 특정 후보자를 반드시 임용제청을 하여야 하는 것은 아니며, 또한 교육부장관이 임용제청을 한 후보자라고 하더라도 임용권자인 대통령이 반드시 승진임용을 하여야 하는 것도 아니다. 이처럼 공무원 승진임용에 관해서는 임용권자에게 일반 국민에 대한 행정처분이나 공무원에 대한 징계처분에서와는 비교할 수 없을 정도의 광범위한 재량이 부여되어 있다. 따라서 승진후보자 명부에 포함된 후보자를 승진임용에서 제외하는 결정이 공무원의 자격을 정한 관련 법령 규정에 위반되지 아니하고 사회통념상 합리성을 갖춘 사유에 따른 것이라는 주장 · 증명이 있다면 쉽사리 위법하다고 판단하여서는 아니 된다(대판 2018. 3. 27, 2015두47492).

판례 2(임용권자가 승진임용에 관하여 인사위원회의 심의 · 의결결과에 기속되는지 여부) 지방공무원법은 징계에 관하여 인사위원회의 징계의결 결과에 따라 징계처분을 하여야 한다고 분명하게 규정하고 있는 반면(지방공무원법 제69조 제1항), 승진임용에 관해서는 인사위원회의 사전심의를 거치도록 규정하였을 뿐 그 심의 · 의결 결과에 따라야 한다고 규정하고 있지 않으므로, 임용권자는 인사위원회의 심의 · 의결 결과와는 다른 내용으로 승진대상자를 결정하여 승진임용을 할 수 있다. '지방공무원 임용령' 제38조의5가 '임용권자는 특별한 사유가 없으면 소속 공무원의 승진임용을 위한 인사위원회의 사전심의 또는 승진의결 결과에 따라야 한다.'라고 규정하고 있으나 위 규정은 지방공무원법의 구체적인 위임에 따른 것이 아니므로 그로써 임용권자의 인사재량을 배제한다고 볼 수 없으며, 문언 자체로도 특별한 사유가 있으면 임용권자가 인사위원회의 심의 · 의결 결과를 따르지 않을 수 있음을 전제하고 있으므로 임용권자로 하여금 가급적 인사위원회의 심의 · 의결 결과를 존중하라는 취지로 이해하여야 한다(대판 2022. 2. 11, 2021도13197).

판례 3(공무원의 승진임용시 임용권자가 고려하여야 할 요소) 지방공무원의 임용권자가 5급 공무원을 4급 공무원으로 승진임용을 하기 위해서는 승진 예정 대상자인 5급 공무원에 대하여 직급별로 지방공무원 임용령에서 정한 바에 따라 근무성적평정 · 경력평정 및 능력의 실증을 반영한 승진후보자명부를 작성하여 인사위원회 사전심의를 거친 다음 승진후보자명부의 높은 순위에 있는 후보자부터 차례로 승진임용 여부를 심사하여 결정해야 한다. 이때 임용권자에게는 승진임용에 관하여 일반 국민에 대한 행정처분이나 공무원에 대한 징계처분에서와는 비교할 수 없을 정도의 매우 광범위한 재량이 부여되어 있으므로 승진후보자명부의 높은 순위에 있는 후보자를 반드시 승진임용해야 하는 것은 아니지만, 승진후보자명부의 작성 또는 승진임용 여부를 심사 · 결정하는 과정에서 아무런 제한 없는 재량권이 인정되는 것은 아니다. 즉, 임용권자가 승진후보자명부의 작성 및 승진임용을 할 때에는 지방공무원법 제25조, 제38조 제1항 및 제39조 제5항에 따라 근무성적평정 · 경력평정 및 그 밖의 능력의 실증에 따라야 하는 의무를 부담하므로, 4급 공무원으로 승진임용을 하기 위하여 승진후보자명부를 작성하거나 승진임용 여부를 심사 · 결정하는 과정에서 법령상 근거 없이 직무수행능력과 무관한 요소로서 근무성적평정 · 경력평정 및 능력의 실증에 해당한다고 보기 어려운 사정을 주된 평정 사유로 반영하였거나 이러한 사정을 승진임용에 관한 일률적인 배제사유 또는 소극요건으로 삼았다면, 이는 임용권자가 법령상 근거 없이 자신의 주관적 의사에 따라 임용권을 자의적으로 행사한 것으로 헌법상 직업공무원제도의 취지·목적 및 능력주의 원칙은 물론 지방공무원법령 규정에 반하는 것이어서 허용될 수 없다(대판 2024. 1. 4, 2022두65092).

2) 전 직

전직이란 직렬을 달리 하는 임용을 말하는 바(국공법 5조 5호, 지공법 5조 5호), 직위분류제의 원칙에서 볼 때에는 일종의 특례를 의미하므로 일정한 요건에 해당될 때에 한하며, 원칙적으로 전직시험을 거쳐 행한다. 다만 대통령령 등이 정하는 전직의 경우에는 시험의 일부 또는 전부를 면제할 수 있다(국공법 28조의3, 지공법 29조의2).

3) 전 보

동일직급 내의 직위변경을 전보라고 한다(총무과장을 건축과장으로 임용하는 행위). 전보는 정실인사로 남용될 소지가 많기 때문에, 당해 직위에 임용된 날로부터 1년 이내에는 다른 직위에 전보될 수 없는 것을 원칙으로 하고 있다(공무원임용령 45조, 지방공무원임용령 27조). 승진·전직·복직 등이 행정행위의 성격을 갖는데 반하여, 전보의 법적 성격에 대하여는 학설의 다툼이 되어 왔다. 전보는 외부적 효력을 갖지 않기 때문에 행정행위가 아니라, 직무명령의 성격을 가지며 이에 따라 일반적 이행소송의 대상이 된다는 것이 독일의 지배적인 견해이다. 서울고등법원은 전보의 처분성을 인정하여 항고소송의 대상으로 한 바 있으며, 헌법재판소는 전보의 처분성을 인정하여 보충성 요건 결여를 이유로 헌법소원을 각하한 바 있다.

판례 1(전보발령이 항고소송의 대상이 되는 행정처분인지 여부) 이 사건 전보발령은 행정청인 위 피고가 그 행정조직법상의 공법상 권한에 기하여 그 권한발동의 상대방이 되는 원고에 대하여 지방공무원법상의 직무집행의무의 내용을 변경시킴으로써 그 법률상 지위에 변동을 가져오게 하는 행위에 해당되는 것으로서, 그것이 행정청의 단순한 내부적 행위나 알선, 권유, 사실상의 통지 등 법률적 효과를 가져오지 아니하는 행위에 불과하다고 볼 수는 없으며, 형평에 반하거나 특정인에게 특별히 불리한 결과를 가져오게 되는 등 재량권의 범위를 벗어난 전보발령에 대하여는 그 당사자가 소송을 통하여 이를 시정받을 수 있는 길을 열어 줄 실제적인 필요성도 있다고 인정되므로 이 사건 전보발령은 행정소송의 대상이 되는 행정처분이라고 보아야 할 것이다(서울고판 1994. 9. 6, 94구1496).[6)]

판례 2(법관에 대한 전보의 처분성을 인정하여 헌법소원심판청구를 각하한 사례) 국가공무원법 제2조 및 제3조에 의하면 법관은 경력직공무원 중 특정직공무원으로서, 다른 법률에 특별한 규정이 없는 한, 국가공무원법의 적용을 받도록 규정하고 있고, 같은 법 제9조에는 법원소속공무원의 소청에 관한 사항을 심사결정하게 하기 위하여 법원행정처에 소청심사위원회를 두도록 하고 있으며, 한편 같은 법 제76조 제1항에는 국가공무원이 그 의사에 반하여 불리한 처분을 받았을 때에는 소청심사위원회에 이에 대한 심사를 청구하여 그 시정을 구할 수 있도록 규정하고 있으므로, 법관인 청구인은 위 각 법률조항이 정한 절차에 따라 인사처분(전보처분)에 대하여 그 구제를 청구할 수 있고, 그 절차에서 구제를 받지 못한 때에는 행정소송법 제1조의 규정에 미루어 다시 행정소송을 제기하여 그 구제를 청구할 수 있음에도 불구하고, 청구인이 위와 같은 구제절차를 거치지 아니한 채 제기한 헌법소원심판청구는 부적법한 심판청구라고 아니할 수 없다(헌재결 1993. 12. 23, 92헌마247).

6) 동판례에 대한 평석으로는 鄭夏重, 特別權力關係에 있어서 行政訴訟, 考試硏究, 1996. 4, 113면 이하.

4) 복 직

복직이란 휴직 · 직위해제 및 정직중에 있는 공무원을 직위에 복직시키는 임용을 말한다. 휴직의 경우에는 그 기간이 만료되거나 그 기간중이라도 사유가 소멸한 때에는 복직이 보장된다(국공법 73조, 지공법 65조).

3. 겸임 · 파견

1) 겸 임

겸임이라 함은 현재 특정직위를 가지고 있는 공무원을 그 직위를 보유한 채로 다른 공직에 임용하거나 다른 기관 · 단체의 임직원을 공무원으로 임용하는 것을 말한다. 일반직공무원을 직위 및 직무내용이 유사하고 담당직무수행에 지장이 없다고 인정되는 경우에는, 대학교수 등 특정직공무원이나 특수전문직분야의 일반직공무원 또는 대통령령으로 정하는 관련 교육 · 연구기관, 기타 기관 · 단체의 임직원과 서로 겸임하게 할 수 있으며, 또한 대통령령으로 정하는 관련 교육 · 연구기관 기타 기관 · 단체의 임직원은 특수전문분야의 별정직공무원으로 겸임시킬 수가 있다(국공법 32조의3, 지공법 30조의3). 이와 같이 겸임제도를 폭넓게 인정한 것은 오늘날과 같이 전문화된 국가업무를 능률적으로 처리하기 위해서는 인력을 각 분야간에서 전체적으로 최대한 상호활용할 필요가 있기 때문이다.

2) 파 견

파견이라 함은 다른 기관의 업무를 지원하거나 연수, 기타 능력발전을 위하여 자기 본래의 직무를 일정기간 떠나 다른 기관에서 근무하는 것을 말한다. 따라서 본직을 가진 채로 다른 기관의 업무를 수행하는 겸임과 구별되며, 자기직무에서 완전히 이탈하여 다른 기관의 업무를 수행하는 전직과도 구별된다. 파견중에는 근무기관장의 지휘 · 감독을 받으며, 급여는 원 소속기관에서 지급하는 것을 원칙으로 한다.

국가기관의 장은 국가적 사업의 수행 또는 그 업무수행과 관련된 행정지원이나 연수 기타 능력개발 등을 위하여 필요할 때에는 소속 공무원을 다른 국가기관 · 공공단체 · 정부투자기관, 국내외의 교육기관 · 연구기관 기타 기관에 일정기간 파견근무하게 할 수 있으며, 국가적 사업의 공동수행 또는 전문성이 특히 요구되는 특수업무의 효율적 수행 등을 위하여 필요한 때에는 국가기관 외의 기관 · 단체의 임직원을 파견받아 근무하게 할 수 있다(국공법 32조의4, 지공법 30조의4).

4. 휴직 · 직위해제 · 강임 · 정직 · 감봉

1) 휴 직

공무원으로서의 신분을 보유하게 하면서 직무담임을 일시적으로 해제하는 행위이다.

가. 휴직사유 및 기간

가) 직권휴직 　　임용권자는 ① 공무원이 신체 · 정신상의 장애로 장기요양을 요할 때에는 1년 이내(다만, 「공무원연금법」 제35조 제1항에 따른 공무상요양비 지급대상 질병 또는 부상, 「산업재해보상보험법」 제40조에 따른 요양급여 결정 대상 질병 또는 부상의 경우에는 3년 이내), ② 병역법에 의한 병역복무를 필하기 위하여 징 · 소집되었을 때 또는 법률의 규정에 의한 의무를 수행하기 위하여 직무를 이탈하였을 때에는 복무기간 만료시까지, ② 천재 · 지변 또는 전시 · 사변이나 기타의 사유로 인하여 생사 또는 소재가 불명하게 되었을 때에는 3월 이내, ③ 기타 법률의 규정에 의한 의무를 수행하기 위

하여 직무를 이탈하게 되었을 때 복무기간 만료시까지, ④「공무원의 노동조합설립 및 운영 등에 관한 법률」 제7조의 규정에 따라 노동조합 전임자로 종사하게 된 때에는 전임기간까지 본인의 의사에도 불구하고 휴직을 명하여야 한다(국공법 71조 1항 · 72조, 지공법 63조 1항 · 64조).

나) 의원휴직 임용권자는 ① 국제기구, 외국기관, 국내외의 대학 · 연구기관, 다른 국가기관 또는 대통령령이 정하는 민간기업 그 밖의 기관에 임시로 채용되었을 때에는 그 채용기간중, ② 해외유학을 하게 된 때에는 3년 이내(학위취득 등 부득이한 경우에는 2년 연장), ③ 연구기관이나 교육기관에서 연수하게 된 때에는 2년 이내, ④ 만 8세 이하 또는 초등학교 2학년 이하의 자녀를 양육하기 위하여 필요하거나 여성공무원이 임신 또는 출산하게 된 때에는 자녀 1인에 대하여 3년 이내, ⑤ 사고 또는 질병 등으로 장기간 요양을 요하는 조부모, 부모(배우자의 부모를 포함), 배우자, 자녀 또는 손자녀의 간호를 위하여 필요한 때에는 1년 이내(다만, 조부모나 손자녀의 간호를 위하여 휴직할 수 있는 경우는 본인 외에는 간호할 수 있는 사람이 없는 등 대통령령 등으로 정하는 요건을 갖춘 경우로 한정된다), ⑥ 외국에 근무 · 유학 또는 연수하게 되는 배우자를 동반하게 된 때에는 3년 이내(부득이한 경우는 2년 연장), ⑦ 대통령령 등으로 정하는 기간 동안 재직한 공무원이 직무관련 연구과제 수행 또는 자기개발을 위하여 학습 · 연구 등을 하게 된 때 1년 이내에서 본인이 휴직을 원하는 경우에 휴직을 명할 수 있다(국공법 71조 2항 · 72조, 지공법 63조 2항 · 64조). 의원휴직의 경우에는 임명권자는 재량에 의하여 휴직여부를 결정할 수 있을 것이나 위 ④의 육아휴직의 경우에는 대통령령이 정하는 특별한 사정이 없는 한 휴직을 명하여야 한다.

나. 휴직의 효력

휴직기간 중에는 직무에 종사하지 못한다. 휴직 중인 공무원은 휴직기간 중 그 사유가 소멸되면 30일 이내에 이를 임용권자 또는 임용제청권자에게 신고하여야 하고, 임용권자는 지체없이 복직을 명하여야 한다. 휴직기간이 만료된 공무원이 30일 내에 복귀신고를 한 때에는 당연히 복직된다(국공법 73조, 지공법 65조).

2) 직위해제

공무원으로서 신분을 보유하면서 직무담임을 해제하는 행위이다. 휴직과 다른 점은 본인의 무능력 등으로 인한 제재적 의미를 가진 보직의 해제이며, 복직이 보장되지 않는다는 점이다. 직위해제처분은 징계처분과 법적 기초를 달리하기 때문에 동일사유로 징계나 직권면직처분을 하여도 일사부재리의 원칙에 반하지 않는다.

가. 직위해제사유

임용권자는 ① 직무수행능력이 부족하거나 근무성적이 극히 불량한 자, ② 파면 · 해임 · 강등 또는 정직에 해당하는 징계의결이 요구중인 자, ③ 형사사건으로 기소된 자, ④ 고위공무원단에 속하는 일반직공무원으로서 제70조의2 제1항 제2호 및 제3호의 사유로 적격심사를 요구받은 자, ⑤ 금품비위, 성범죄 등 대통령령으로 정하는 비위행위로 인하여 감사원 및 검찰 · 경찰 등 수사기관에서 조사나 수사 중인 자로서 비위의 정도가 중대하고 이로 인하여 정상적인 업무수행을 기대하기 현저히 어려운 자에 대하여는 직위를 부여하지 아니할 수 있다(국공법 73조의3, 지공법 65조의3).

판례는 단지 형사사건으로 기소되었다는 이유만으로 직위해제처분을 하는 것은 재량권의 범위를 일탈 · 남용으로 보고, 형사사건에 기소된 것을 사유로 한 직위해제처분의 위법성의 판단기준에 관하여 다음과 같이 판시하고 있다.

판례 1(형사사건으로 기소되었다는 이유로 직위해제처분을 할 수 있는지 여부) 헌법 제27조 제4항은 형사피고인은 유죄의 판결이 확정될 때까지는 무죄로 추정된다고 규정하고 있고, 구 국가공무원법(1994. 12. 22. 법률 제4829호로 개정되기 전의 것) 제73조의2 제1항 제4호에 의한 직위해제 제도는 유죄의 확정판결을 받아 당연퇴직되기 전단계에서 형사소추를 받은 공무원이 계속 직위를 보유하고 직무를 수행한다면 공무집행의 공정성과 그에 대한 국민의 신뢰를 저해할 구체적인 위험이 생길 우려가 있으므로 이를 사전에 방지하고자 하는 데 그 목적이 있는바, 헌법상의 무죄추정의 원칙이나 위와 같은 직위해제제도의 목적에 비추어 볼 때, 형사사건으로 기소되었다는 이유만으로 직위해제처분을 하는 것은 정당화될 수 없고, 당사자가 당연퇴직 사유인 국가공무원법 제33조 제1항 제3호 내지 제6호에 해당하는 유죄판결을 받을 고도의 개연성이 있는지 여부, 당사자가 계속 직무를 수행함으로 인하여 공정한 공무집행에 위험을 초래하는지 여부 등 구체적인 사정을 고려하여 그 위법 여부를 판단하여야 할 것이다(대판 1999. 9. 17, 98두15412).

판례 2(중징계의결 요구와 직위해제처분의 가능성) 국가공무원법 제73조의3 제1항 제3호는 파면 · 해임 · 강등 또는 정직에 해당하는 징계의결(이하 '중징계의결'이라 한다)이 요구 중인 자에 대하여 직위해제처분을 할 수 있음을 규정하였는바, 이는 중징계의결 요구를 받은 공무원이 계속 직위를 보유하고 직무를 수행한다면 공무집행의 공정성과 그에 대한 국민의 신뢰를 저해할 구체적인 위험이 생길 우려가 있으므로 이를 사전에 방지하고자 하는 데 목적이 있다. 이러한 직위해제제도의 목적 및 취지는 물론 이로 인한 불이익의 정도와 침익적 처분의 성질에 비추어 보면, 단순히 '중징계의결 요구'가 있었다는 형식적 이유만으로 직위해제처분을 하는 것이 정당화될 수는 없고, 직위해제처분의 대상자가 중징계처분을 받을 고도의 개연성이 인정되는 경우임을 전제로 하여, 대상자의 직위 · 보직 · 업무의 성격상 그가 계속 직무를 수행함으로 인하여 공정한 공무집행에 구체적인 위험을 초래하는지 여부 등에 관한 제반 사정을 면밀히 고려하여 그 요건의 충족 여부 등을 판단해야 한다(대판 2022. 10. 14, 2022두45623).

나. 직위해제의 효력

직위해제가 된 때에는 직무에 종사하지 못하며, 따라서 출근할 수도 없다. ①의 사유로 직위해제된 자에게는 임용권자 또는 임용제청권자는 능력회복이나 근무성적의 향상을 위한 교육훈련 또는 특별한 연구과제의 부여 등 필요한 조치를 취하여야 한다(국공법 73조의3 4항, 지공법 65조의3 4항). 직위해제사유가 소멸된 때에는 임용권자는 지체없이 직위를 부여하여야 한다(국공법 73조의3 2항, 지공법 65조의3 2항). 직위해제가 된 자에 대하여는 봉급의 8할을 지급하되, ② 또는 ③의 사유로 직위해제된 자가 3월이 경과하여도 직위를 부여받지 못한 때에는 3월이 경과한 후에는 5할을 지급한다. 그리고 형사 사건으로 기소된 자 등에 대하여 직위해제를 한 경우로서 긴급한 결원보충의 필요성이 인정되는 경우에는 결원보충 제한기간이 6개월에서 3개월로 단축되었다(국공법 43조 5항, 지공법 41조 4항).

판례는 직위해제처분에 대하여 불가쟁력이 발생된 경우에 후행하는 직권면직처분에 대한 취소소송에서 직위해제처분의 흠의 승계를 부인하고 있다.

판례(직위해제처분과 면직처분 사이에 흠의 승계가능성) 직위해제처분이 있은 후 면직처분이 된 경우 전자에 대하여 소청심사청구 등 불복을 함이 없고 그 처분이 당연무효인 경우도 아닌 이상 그 후의 면직처분에 대한 불복의 행정소송에서 전자의 취소사유를 들어 위법을 주장할 수 없다(대판 1970. 1. 27, 68누10).

다. 직위해제처분의 소멸 후에 소의 이익

직위해제기간의 만료 등으로 직위해제처분의 효력이 소멸된 경우에도 보수지급, 승진소요연수의 산입, 승급상의 불이익의 제거, 명예회복 등 위법확인의 정당한 이익이 있는 경우에는 소의 이익을 인정하는 것이 타당하다. 헌법재판소와 최근의 대법원 판례는 이와 관련하여 소의 이익을 긍정하고 있다.

판례 1(복직명령을 받은 공무원이 직위해제처분을 다툴 소의 이익이 있는지 여부) 제청신청인들은 개정법률 부칙 제2호에 의하여 1995. 1. 3. 복직발령을 받았으나, 직위해제처분은 여전히 유효하기 때문에, 승진소요최저연수의 계산에 있어서 직위해제기간은 산입되지 않으며(공무원임용령 제31조 제2항) 직위해제기간 중 봉급의 감액을 감수할 수밖에 없는(공무원보수규정 제29조) 등 제청신청인들에게 법적으로 불리한 효과가 그대로 남아 있다. 그러므로 제청신청인들에게는 승급이나 보수지급 등에 있어서의 불리함을 제거하기 위하여 직위해제처분의 취소를 구할 소의 이익이 인정되고, 이로써 제청법원은 당해사건의 본안에 관하여 판단해야 할 필요성이 있다고 하겠다(헌재결 1998. 5. 28, 96헌가12).

판례 2(실효된 직위해제처분에 대하여 소의 이익이 인정될 수 있는지 여부) 직위해제처분은 근로자로서의 지위를 그대로 존속시키면서 다만 그 직위만을 부여하지 아니하는 처분이므로 만일 어떤 사유에 기하여 근로자를 직위해제한 후 그 직위해제 사유와 동일한 사유를 이유로 징계처분을 하였다면 뒤에 이루어진 징계처분에 의하여 그 전에 있었던 직위해제처분은 그 효력을 상실한다. 여기서 직위해제처분의 효력을 상실한다는 것은 직위해제처분이 소급적으로 소멸하여 처음부터 직위해제처분이 없었던 것과 같은 상태로 되는 것이 아니라 사후적으로 그 효력이 소멸한다는 의미이다. 따라서 직위해제처분에 기하여 발생한 효과는 당해 직위해제처분이 실효되더라도 소급하여 소멸하는 것이 아니므로, 인사규정 등에서 직위해제처분에 따른 효과로 승진·승급에 제한을 가하는 등의 법률상 불이익을 규정하고 있는 경우에는 직위해제처분을 받은 근로자는 이러한 법률상 불이익을 제거하기 위하여 그 실효된 직위해제처분에 대한 구제를 신청할 이익이 있다(대판 2010. 7. 29, 2007두18406).

---

3) 강 임

강임이란 동일한 직렬 내에서 하위직급의 직위에 임명하거나, 하위직급이 없어 다른 직렬의 하위직급으로 임명하는 것을 말한다(국공법 5조 4호, 지공법 5조 4호). 임용권자는 직제 또는 정원의 변경이나 예산의 감소 등에 의하여 직위가 폐직되거나 또는 하위의 직위로 변경되어 과원이 된 경우 또는 본인이 동의한 경우에 한하여 소속공무원을 강임할 수 있다(국공법 73조의4 1항, 지공법 65조의3 1항). 전항에 의하여 강임된 공무원은 상위직급 또는 고위공무원단 직위에 결원이 생긴 때에는 우선 임용된다. 다만, 본인의 동의에 의하여 강임된 공무원은 본인의 경력과 당해 기관의 인력사정 등을 고려하여 우선 임용될 수 있다(국공법 73조의4 2항, 지공법 65조의4 2항).

4) 정직·감봉

가. 정 직

정직은 1월 이상 3월 이하의 기간으로 하고, 정직처분을 받은 자는 그 기간 중 공무원의 신분을 보유하나 직무에 종사하지 못하며 보수의 전액을 감한다(국가공무원법 80조 3항). 징계처분의 일종으로서 징계처분 절차를 거쳐 행하여야 한다(국공법 80조 1항, 지공법 71조 1항).

나. 감 봉

감봉 역시 징계의 일종으로서, 1월 이상 3월 이하의 기간 동안 직무담임을 계속시키면서 보수의 3분의 1을 감하는 것을 말한다(국공법 80조 2항, 지공법 71조 2항).

Ⅲ. 공무원관계의 소멸

공무원관계는 공무원이 공무원으로서의 신분을 상실함으로써 소멸한다. 이러한 소멸원인으로는 당연퇴직과 면직의 두 가지가 있다.

1. 당연퇴직

당연퇴직은 일정한 사유의 발생으로 법률의 규정에 의하여 공무원관계가 소멸되는 경우를 말한다. 따라서 퇴직발령은 퇴직된 사실을 알리는 관념의 표시에 지나지 않으며, 행정행위의 성질을 가지지 않는다. 당연퇴직사유는 다음과 같다.

1) 결격사유의 발생

공무원이 국가공무원법 제33조, 지방공무원법 제31조의 결격사유에 해당한 경우에는 당연퇴직된다. 다만, 제33조 제2호는 파산선고를 받은 사람으로서 「채무자 회생 및 파산에 관한 법률」에 따라 신청기한 내에 면책신청을 하지 아니하였거나 면책불허가 결정 또는 면책 취소가 확정된 경우만 해당하고, 제33조제5호는 「형법」 제129조부터 제132조까지, 「성폭력범죄의 처벌 등에 관한 특례법」 제2조, 「정보통신망 이용촉진 및 정보보호 등에 관한 법률」 제74조 제1항 제2호 · 제3호, 「스토킹범죄의 처벌 등에 관한 법률」 제2조 제2호, 「아동 · 청소년의 성보호에 관한 법률」 제2조 제2호 및 직무와 관련하여 「형법」 제355조 또는 제356조에 규정된 죄를 범한 사람으로서 금고 이상의 형의 선고유예를 받은 경우만 해당한다(국공법 69조, 지공법 61조). 헌법재판소는 금고 이상의 형의 선고유예를 받고 그 선고유예기간에 있는 경우 및 피성년후견인의 경우를 당연퇴직사유로 규정한 구 국가공무원법 제69조, 구 지방공무원법 제61조에 대하여 공무담임권침해의 이유로 위헌판결을 내린바 있다. 이 취지를 반영하여 개정 법률에서는 당연퇴직 사유 중 '피성년후견인'을 삭제하였다(국가공무원법 69조 1호 본문, 지방공무원법 61조 1호 본문). 미성년자 대상 성범죄자 등에 대한 임용결격 기간은 20년으로 축소 정비되었다(국공법 33조 6호의4, 지공법 31조 6호의4).

임기제공무원은 근무기간이 만료된 경우에 당연퇴직된다.

2) 정년 · 사망 · 임기만료

공무원은 정년에 달하거나, 사망 또는 임기만료로 퇴직한다. 일반적으로 정년이란 연령정년을 말하나(국공법 74조 1항, 지공법 66조 1항), 그 외에도 특정직 공무원에 적용되는 계급정년과 근속정년이 있다. 계급정년이라 함은 동일계급에서 일정기간내에 승진을 하지 못하면 자동퇴직해야 하는 경우를 말하며(외무공무원법 26조, 군인사법 8조, 경찰공무원법 24조, 소방공무원법 20조), 근속정년은 연령에 관계없이 공직임용 후의 기간을 통산하여 장기근무자를 퇴직시키는 경우(군인사법 8조)를 말한다.

3) 국적상실

외국인도 국가안보 및 보안 · 기밀에 관계되는 분야를 제외하고, 공무원으로 임명될 수 있기 때문에 공무원은 국적을 상실하여도 당연퇴직되지 않는다.

판례 1(당연퇴직통보가 항고소송의 대상이 되는 행정처분인지 여부) 당연퇴직의 통보는 법률상 당연히 발생하는 퇴직사유를 공적으로 확인하여 알려 주는 사실의 통보에 불과한 것이지 그 통보자체가 징계파면이나 직권면직과 같이 공무원의 신분을 상실시키는 새로운 형성적 행위는 아니므로 항고소송의 대상이 되는 독립한 행정처분이 될 수는 없다(대판 1985. 7. 23, 84누374).

판례 2(금고 이상의 형의 선고유예를 받은 경우에 당연퇴직을 규정하고 있는 지방공무원법 제61조 중 제31조 제5호 부분의 위헌여부) 공무원이 금고 이상의 형의 선고유예를 받은 경우에는 공무원직에서 당연히 퇴직하는 것으로 규정하고 있는 지방공무원법 제61조 중 제31조 제5호 부분은 금고 이상의 선고유예의 판결을 받은 모든 범죄를 포괄하여 규정하고 있을 뿐 아니라, 심지어 오늘날 누구에게나 위험이 상존하는 교통사고 관련 범죄 등 과실범의 경우마저 당연퇴직의 사유에서 제외하지 않고 있으므로 최소침해성의 원칙에 반한다. …… 일단 공무원으로 채용된 공무원을 퇴직시키는 것은 공무원이 장기간 쌓은 지위를 박탈해 버리는 것이므로 같은 입법목적을 위한 것이라고 하여도 당연퇴직사유를 임용결격사유와 동일하게 취급하는 것은 타당하다고 할 수 없다. 결국, 지방공무원법 제61조 중 제31조 제5호 부분은 헌법 제25조의 공무담임권을 침해하였다고 할 것이다(헌재결 2002. 8. 29, 2001헌마788, 2002헌마173 병합; 국공법 69조에 대한 위헌판결: 헌재결 2003. 10. 30, 2002헌마684, 2002헌마735 · 763 병합).

판례 3(피성년후견인의 경우를 당연퇴직사유로 규정한 국가공무원법 69조 1호에 대한 위헌결정) 당연퇴직은 공무원의 법적 지위가 가장 예민하게 침해받는 경우이므로 공익과 사익 간의 비례성 형량에 있어 더욱 엄격한 기준이 요구되고, 심판대상조항이 달성하고자 하는 공익은 우리 헌법상 사회국가원리에 입각한 공무담임권 보장과 조화를 이루는 정도에 한하여 중요성이 인정될 수 있다. 그런데 심판대상조항은 성년후견이 개시되지는 않았으나 동일한 정도의 정신적 장애가 발생한 국가공무원의 경우와 비교할 때 사익의 제한 정도가 과도하고, 성년후견이 개시되었어도 정신적 제약을 회복하면 후견이 종료될 수 있고, 이 경우 법원에서 성년후견 종료심판을 하고 있다는 사실에 비추어 보아도 사익의 제한 정도가 지나치게 가혹하다. 또한 심판대상조항처럼 국가공무원의 당연퇴직사유를 임용결격사유와 동일하게 규정하려면 국가공무원이 재직 중 쌓은 지위를 박탈할 정도의 충분한 공익이 인정되어야 하나, 이 조항이 달성하려는 공익은 이에 미치지 못한다. 따라서 심판대상조항은 침해되는 사익에 비하여 지나치게 공익을 우선한 입법으로서, 법익의 균형성에 위배된다. 결국 심판대상조항은 과잉금지원칙에 반하여 공무담임권을 침해한다(헌재결 2022. 12. 22, 2020헌가8).

판례 4(철도청 공무원으로 근무하던 중 결격사유가 발생된 자는 한국철도공사 직원으로 신분이 전환될 수 없다는 판례) 원고가 철도청 공무원으로 근무하던 중 징역형의 집행유예 확정판결을 받고도 철도청 소속 공무원으로 사실상 계속 근무하다가 2005. 1. 1. 한국철도공사 설립과 함께 철도청 공무원 신분에서 퇴직하고 한국철도공사 직원으로 임용되어 사실상 근무해 온 사안에서, 원고는 위 집행유예 판결이 확정된 시점에 이미 철도청 공무원 신분을 상실하였으므로, 한국철도공사법 부칙 제7조 제1항, 제2항에 의하여 한국철도공사 직원으로 신분이 전환될 수 없고, 따라서 갑이 철도청 공무원 신분을 가지고 있음을 전제로 하는 한국철도공사의 2005. 1. 1.자 임용행위는 효력이 없다(대판 2011. 3. 24, 2008다92022).

2. 면 직

면직은 공무원의 신분을 상실시키는 행정행위로서 의원면직과 직권면직이 있다.

1) 의원면직

공무원 자신의 사의표시에 의하여 공무원관계를 소멸시키는 행위이다. 사의표시만으로 공무원관계가 소멸되는 것이 아니고, 면직처분이 있기까지는 공무원관계가 유지된다. 따라서 사직원만 제출하고 직장을 무단이탈하는 경우에는 징계 등의 사유가 될 수 있다.[7] 공무원이 사의를 표시할 경우에 임용권자에게 수리의무가 있는가에 대하여는, 병역의무 기타 법률상 의무가 있는 경우를 제외하고는 공무원으로 복무할 것이 강제되는 것이 아니므로 수리의무가 인정된다고 할 것이다. 수리는 후임의 보충 기타 업무의 공백을 막기 위한 상당한 기간내에 행하여져야 한다.

의원면직은 공무원 자신의 자유로운 의사에 의한 신청을 전제로 하나, 실제로 많은 경우에 강요에 의한 사의표시, 즉 권고사직을 당하는 경우가 있어 공무원의 신분을 박탈하는 탈법수단으로 남용되는 경우가 있다. 상사 등의 강요에 따른 사의표시에 의한 면직처분은 위법한 것으로 취소 또는 무효사유가 된다. 다른 한편 공무원이 징계를 회피하기 위하여 사직원을 내는 경우, 임용권자는 그 수리를 유예할 수 있다.

판례 1(강요에 의하여 제출된 사직서에 따른 면직처분의 효력) 조사기관에 소환당하여 구타당하리라는 공포심에서 조사관의 요구를 거절치 못하고 작성교부한 사직서라면 이를 본인의 진정한 의사에 의하여 작성한 것이라 할 수 없으므로 그 사직원에 따른 면직처분은 위법이다(대판 1968. 3. 19, 67누164).

판례 2(사직서제출에 있어서 민법 107조의 적용여부) 사직원의 제출은 제출 당시 임용권자에 의하여 수리 또는 반려 중 어느 하나의 방법으로 처리되리라는 예측이 가능한 상태에서 이루어진 것으로서 그 사직원에 따른 의원면직은 그 의사에 반하지 아니하고, 비록 사직원 제출자의 내심의 의사가 사직할 뜻이 아니었다 하더라도 그 의사가 외부에 객관적으로 표시된 이상 그 의사는 표시된 대로 효력을 발하는 것이며, 민법 제107조 제1항 단서의 비진의 의사표시의 무효에 관한 규정은 그 성질상 사인의 공법행위에 적용되지 아니하므로 원고의 사직원을 받아들여 의원면직처분한 것을 당연무효라고 할 수 없다(대판 2001. 8. 24, 99두9971).

다른 한편 의원면직제도의 한 형태로서 명예퇴직제도와 조기퇴직제도가 시행되고 있다. 명예퇴직제도란 인사적체를 해소하기 위하여, 명예퇴직수당을 지급하는 조건으로 20년 이상 근무한 공무원이 정년 전에 자진하여 퇴직하는 제도를 의미한다(국공법 74조의2 1항, 지공법 66조의2 1항). 이에 대하여 조기퇴직제도라 함은 직제와 정원의 개폐 또는 예산감소에 의하여 폐직 또는 과원(過員)이 되었을 때, 20년 미만 근속한 자가 조기퇴직수당을 지급하는 조건으로 자진 퇴직하는 제도를 의미한다(국공법 74조의2 2항, 지공법 66조의2 2항).

2) 일방적 면직

본인의 의사와는 상관없이 일방적으로 행하여지는 면직처분으로서, 여기에는 징계면직과 협의의 직권면직이 있다.

가. 징계면직

파면과 해임이 있다(국공법 79조, 지공법 70조). 징계처분이므로 징계절차를 거쳐 행하여야 한다. 파면의 경우에는 연금이 제한되어 지급되는 점이 해임과 다르다.

나. 직권면직

법정의 사유가 있는 경우에 본인의 의사에 불구하고 임용권자가 직권으로 행하는 면직처분이다. 직권면직사유는 ① 직제와 정원의 개폐 또는 예산의 감소 등에 의하여 폐직 또는 과원이 되었을

---

7) 대판 1971. 3. 31, 71누14.

때, ② 휴직기간의 만료 또는 휴직사유가 소멸된 후에도 직무에 복귀하지 아니하거나 직무를 감당할 수 없을 때, ③ 직위해제로 대기발령을 받은 자가 그 기간중 능력 또는 근무성적의 향상을 기대하기 어렵다고 인정된 때, ④ 전직시험에서 3회 이상 불합격한 자로서 직무수행능력이 부족하다고 인정된 때, ⑤ 징병검사·입영 또는 소집의 명령을 받고 정당한 이유없이 이를 기피하거나 군복무를 위하여 휴직중인 자가 재영중 군무를 이탈하였을 때, ⑥ 해당 직급·직위에서 직무를 수행하는 데 필요한 자격증의 효력이 상실되거나 면허가 취소되어 담당직무를 수행할 수 없게 된 때, ⑦ 고위공무원단에 속하는 공무원이 제70조의2의 규정에 의한 적격심사 결과 부적격결정을 받은 때이다(국공법 70조 1항, 지공법 62조 1항).

①내지 ⑥의 사유로 직권면직시킬 경우에는 미리 관할 징계위원회의 의견을 들어야 한다. 다만 ③의 사유에 해당되어 직권면직시킬 경우에는 징계위원회의 동의를 얻어야 한다(국공법 70조 2항, 지공법 62조 2항). 그리고 ①의 사유에 해당되어 직권면직시킬 때에는 임용형태·업무실적·업무수행능력·징계처분사실 등을 고려하여 면직기준을 정하여야 하며, 면직기준을 정하거나 면직대상자를 결정함에 있어서는 임용권자 또는 임용제청권자별로 심사위원회를 구성하여 심의·의결을 거쳐야 한다(국공법 70조 3항·4항, 지공법 62조 3항·4항).

판례 1(재직 중 장애를 입은 지방공무원이 그 장애로 인하여 직권면직사유인 '직무를 감당할 수 없을 때'에 해당하는지 여부) 재직 중 장애를 입은 지방공무원이 그 장애로 인하여 지방공무원법 제62조 제1항 제2호가 정한 직권면직사유인 '직무를 감당할 수 없을 때'에 해당하는지 여부는, 장애의 유형과 정도에 비추어, 장애를 입을 당시 담당하고 있던 기존 업무를 감당할 수 있는지 여부만을 기준으로 판단할 것이 아니라, 그 공무원이 수행할 수 있는 다른 업무가 존재하는지 여부 및 소속 공무원의 수와 업무분장에 비추어 다른 업무로의 조정이 용이한지 여부 등을 포함한 제반 사정을 종합적으로 고려하여 합리적으로 판단하여야 한다(대판 2016. 4. 12, 2015두45113).

판례 2(사립대학의 학급·학과의 폐지의 경우 교원의 직권면직 기준) 헌법 제31조 제6항, 사립학교법 제56조 제1항, 교육공무원법 제43조 제2항, 제53조 제3항, 제57조 제3항 및 교원지위향상을 위한 특별법 제6조 제1항, 국가공무원법 제70조 제1항 제3호, 제3항, 지방공무원법 제62조 제1항 제3호, 제3항 등을 종합하여 보면, 사립대학이 학급·학과를 폐지하고 그에 따라 폐직·과원이 되었음을 이유로 교원을 직권면직할 때에, 국립대학의 경우와 마찬가지로 학교법인 산하의 다른 사립학교나 해당 사립대학의 다른 학과 등으로 교원을 전직발령 내지 배치전환함으로써 면직을 회피하거나 면직대상자를 최소화할 여지가 있는 경우에는, 국가공무원법 제70조 제3항, 지방공무원법 제62조 제3항의 규정을 유추하여 임용 형태, 업무 실적, 직무수행 능력, 징계 사실 등을 고려한 합리적이고 객관적인 면직기준을 정하고 그 기준에 의하여 면직 여부를 결정하여야 하는 제한을 받으며, 이에 따라 실적과 능력 등을 심사한 결과 별다른 하자가 없는 교원은 가급적 구제하는 조치가 요구된다(대판 2017. 1. 12, 2015다21554).

Ⅳ. 권익의 보장 및 행정구제

1. 처분사유설명서의 교부
2. 후임자의 보충발령의 예외
3. 소청심사의 청구
   1) 의 의-특별법상 행정심판
   2) 소청사항-본인의 의사에 반하는 불리한 처분이나 부작위
   3) 소청심사기관-소청심사위원회(합의제 행정관청)
   4) 소청절차
4. 행정소송
   1) 일반공무원인 경우
      가. 소청심사 전치주의

나. 원처분주의

※소청심사위원회의 결정이 일부취소결정 또는 적극적 변경결정인 경우, 행정소송의 대상이 원처분인지 또는 재결처분인지 여부

가) 판 례-일부취소 또는 변경결정으로 인하여 감경되고 남은 원처분을 대상으로 원처분청을 피고로 해야 한다는 입장

나) 비판적인 견해-일부취소 또는 변경결정을 대상으로 소청심사위원회를 피고로 해야 한다는 입장

2) 교육공무원의 경우

가. 국 · 공립학교 교원-일반공무원의 경우와 동일

나. 사립학교 교원-교원소청심사위원회의 재심결정이 원처분으로서 소의 대상이 됨. 그 밖에 사립학교 교원은 민사소송에 의한 구제도 가능

5. 면직처분 등이 취소된 공무원의 소급재임용 및 보수의 보장

6. 고충심사청구

공무원의 신분을 보장하고 권익을 보호하기 위하여 현행법은 다음과 같은 제도를 마련하고 있다.

1. 처분사유설명서의 교부

공무원에 대하여 징계처분 등을 행할 때나 강임 · 휴직 · 직위해제 또는 면직처분을 행할 때에는 그 처분권자 또는 처분제청권자는 처분의 사유를 기재한 설명서를 교부하여야 한다. 다만, 본인의 원(願)에 의한 강임 · 휴직 또는 면직처분은 그러하지 아니하다(국공법 75조, 지공법 67조). 이것은 공무원에 대한 불이익처분이 정당한 사유에 의한 것이라는 것을 설명하고, 피처분자가 이에 대하여 이의가 있는 경우, 불복수단의 기회를 부여하려는 데 의의가 있다. 처분사유설명서는 불이익처분의 효력발생요건은 아니지만, 처분사유설명서가 흠결되거나 불충분한 경우에는 하자있는 불이익처분이 된다. 판례는 처분의 법적 근거를 제시하는 내용을 기재한 데 그친 경우도 국가공무원법 제75조, 지방공무원법 제67조 소정의 처분사유설명서로 보고 있으나, 최소한도 불이익처분의 사유가 되는 기본적 사실관계가 제시되어야 할 것이다.

판례(처분사유설명서의 교부가 처분의 효력발생요건인지 여부) 지방공무원법 제67조 제1항의 규정은 징계처분이 정당한 이유에 의하여 한 것이라는 것을 분명히 하고 또 피처분자로 하여금 불복이 있는 경우에 출소의 기회를 부여하는 데 그 법의가 있다고 할 것이므로 그 처분사유설명서의 교부를 처분의 효력발생요건이라고 할 수 없을 뿐만 아니라 직권에 의한 면직처분을 한 경우 그 인사발령통지서에 처분사유에 대한 구체적인 적시 없이 단순히 당해 처분의 법적 근거를 제시하는 내용을 기재한 데 그친 것이더라도 그러한 기재는 위 법조 소정의 처분사유설명서로 볼 수 있다(대판 1991. 12. 24, 90누1007).

2. 후임자의 보충발령의 예외

공무원이 본인의 의사에 반하여 파면 또는 해임된 경우, 또는 대기발령을 받은 자가 그 기간중 능력 또는 근무성적의 향상을 기대하기 어렵다고 인정되어 직권면직된 경우에는(국공법 70조 1항 5호, 지공법 62조 1항 7호), 그 처분을 한 날부터 40일 이내에는 후임자의 보충발령을 하지 못한다. 다만, 인력관리상 후임자를 보충하여야 할 불가피한 사유가 있는 경우에는 행정안전부장관 등의 협의를 거쳐 후임자의 보충발령을 할 수 있다(국공법 76조 2항, 지공법 67조 3항). 이러한 "후임자의 보충발령의 유예제도"는 불이익처분을 받은 자가 후임자

의 발령으로 인하여 입게 될 불이익을 미연에 방지하기 위한 것으로서, 공무원의 권익보장을 위한 제도의 하나로 볼 수 있다.

3. 소청 및 재심청구

1) 의 의

소청이란 징계처분 기타 그의 의사에 반하는 불리한 처분이나 부작위를 받은 자가 그 처분이나 부작위에 불복이 있는 경우에 관할 소청심사위원회에 심사를 청구하는 행정심판이다. 국가 및 지방공무원법이 행정심판법에 의한 행정심판에 대한 특례로 소청제도를 마련한 것은 공무원의 신분을 보다 강하게 보장함과 동시에 공무원관계의 질서를 확립하기 위한 것이다. 후자는 심리절차에서 직권증거조사주의의 채택(국공법 12조 2항, 지공법 17조 2항) 등에서 엿볼 수 있다. 한편 교육공무원 및 사립학교교원은 「교원지위향상 및 교육활동보호를 위한 특별법」(1991. 5. 31. 법 4376호)에 의하여 교육부에 설치된 교원소청심사위원회에 불이익처분에 대하여 소청심사를 청구할 수 있다.

2) 소청사항

소청의 대상은 징계처분 · 강임 · 휴직 · 직위해제 · 면직처분 기타 본인의 의사에 반하는 불리한 처분이나 부작위이다(국공법 9조 1항, 지공법 13조). 기타 본인의 의사에 반하는 불리한 처분의 범위에 대하여는 논란의 여지가 있으나 의원면직, 복직, 전직, 전보, 대기명령, 불리한 경력평정 등이 이에 포함된다고 할 것이다.

3) 소청심사기관

심사기관으로서 소청심사위원회는 독립적인 합의제행정관청으로서 인사혁신처(지방공무원의 경우 시 · 도), 국회사무처, 법원행정처, 헌법재판소사무처, 중앙선거관리위원회사무처, 시 · 도에 설치한다. 인사혁신처에 두는 소청심사위원회는 일정한 자격을 갖춘 자 중에서 인사혁신처장의 제청으로 대통령이 임명하는 위원장 1인을 포함한 5인 이상 7인 이하의 상임위원과 상임위원수의 2분의 1 이상의 비상임위원으로 구성되며, 위원장은 정무직으로 보한다(국공법 9조 3항). 상임위원의 임기는 3년이며 1차에 한하여 연임될 수 있으며(국공법 10조 2항), 위원의 신분은 보장된다(국공법 11조).

시 · 도에는 임용권자별로 지방소청심사위원회 및 교육소청심사위원회를 둔다(지공법 13조).

4) 소청절차

가. 제 기

징계 · 강임 · 휴직 · 직위해제 또는 면직처분의 경우에는 처분사유설명서를 받은 날로부터, 그 밖의 불리한 처분을 받았을 때에는 그 처분이 있은 것을 안 날로부터 30일 이내에 소청심사위원회에 심사를 청구할 수 있다. 이 경우에 변호사를 대리인으로 선임할 수 있다(국공법 76조 1항, 지공법 67조 2항). 파면 · 해임 또는 대기발령을 받은 자에 대한 직권면직에 관한 소청사건의 경우에는 소청심사위원회는 소청을 접수한 날로부터 5일 이내에 당해 사건의 최종결정이 있을 때까지 후임자의 보충발령을 유예하는 임시결정을 할 수 있다(국공법 76조 3항, 지공법 67조 4항). 이 경우 임시결정을 한 날로부터 20일 이내에 최종결정을 하여야 하며 임용권자는 최종결정이 있을 때까지 후임자를 보충발령하지 못한다(국공법 76조 4항, 지공법 67조 5항).

나. 소청의 심사

소청심사위원회는 소청을 심사함에 있어 필요한 경우에는 검정·감정 기타 사실조사 또는 증인을 환문(喚問)하거나 관계서류의 제출을 명할 수 있다(국공법 12조 2항, 지공법 17조 2항). 또한 필요하다고 인정할 때에는 소속직원으로 하여금 사실조사를 하게 하거나 특별한 학식·경험이 있는 자에게 검정 또는 감정을 의뢰할 수 있다(국공법 12조 4항, 지공법 17조 4항). 소청인 또는 대리인에게 진술의 기회를 부여하여야 하며, 진술의 기회를 부여하지 않은 결정은 무효이다(국공법 13조, 지공법 18조).

다. 결 정

소청심사위원회는 소청심사청구를 접수한 날로부터 60일 이내에 결정을 하여야 한다(국공법 76조 5항, 지공법 67조 6항). 소청 사건의 결정은 재적위원 3분의 2 이상의 출석과 출석위원 과반수의 합의에 따르되, 의견이 나뉠 경우에는 출석위원 과반수에 이를 때까지 소청인에게 가장 불리한 의견에 차례로 유리한 의견을 더하여 그 중 가장 유리한 의견을 합의된 의견으로 본다(국공법 14조 1항·19조 1항). 결정에는 각하·기각·취소 또는 변경·무효확인 및 의무이행결정 등이 있다. 변경은 소극적 변경인 일부취소에 한하지 않고 행정심판의 경우와 같이 적극적 변경, 즉 징계의 종류를 변경시키는 것(해임을 감봉으로 변경시키는 것)도 가능하다. 그러나 소청심사위원회는 불이익변경금지의 원칙에 따라 원징계처분보다 중한 징계를 과하는 결정을 하여서는 안된다(국공법 14조 6항, 지공법 19조 5항). 위원회의 결정은 처분행정청을 기속한다(국공법 15조, 지공법 20조).

5) 재 심

구 국가공무원법 제14조의2에서는 소청심사위원회의 결정에 대한 행정안전부장관의 재심청구권을 규정하였으나 현행법에서는 삭제되었다. 다만 감사원으로부터 파면요구를 받아 행한 파면처분에 대한 소청제기로 소청심사위원회에서 결정을 한 경우에는 당해 소청심사위원장은 결정결과를 감사원에 통보하여야 하고, 감사원은 소청심사위원회에 그 재심을 요구할 수 있다(감사원법 32조 5항·6항).

4. 행정소송

1) 일반공무원인 경우

소청을 제기한 자가 소청심사위원회의 결정이 위법하다고 생각하여 불복하는 경우에는 행정소송을 제기하여야 한다. 소청절차는 필요적 전치주의에 해당하기 때문에, 행정소송을 제기함에 있어서 반드시 소청심사위원회의 결정을 거쳐야 한다(국공법 16조 1항, 지공법 20조의2). 행정소송에서는 소청심사위원회의 결정을 다투는 것이 아니라, 원처분을 다투는 것이므로 행정소송의 피고는 원처분청이 된다(다만, 행소법 19조 단서에 따라 소청심사위원회의 결정 자체에 고유한 위법이 있는 경우에는 위원회를 피고로 하여 다툴 수 있다). 그러나 대통령이 행한 원처분에 대한 행정소송의 피고는 소속장관을 피고로 하여야 한다(국공법 16조 1항). 소청심사위원회의 결정이 기각결정인 경우에는 원처분주의에 따라 원처분을 대상으로 행정소송을 제기하여야 하나, 소청심사위원회의 결정이 일부취소결정 또는 적극적 변경결정인 경우에 행정소송의 대상이 원처분인지 또는 재결처분인지가 문제된다. 이와 관련하여 일설은[8] 원처분을 적극적으로 변경하는 결정의 경우에는 변경결정이 원처분을 완전히 대체하는 새로운 처분이고 당초의 원처분은 존재하지 않는다고 보아야 하기 때문에, 변경결정을 대상으로 소청심사위원회를 피고로 하여 행정소송을 제기하여야 한다고 주장하고 있다. 그러나 판례와 다수설은[9]

---

8) 朴鈗炘/鄭亨根, 最新行政法講義(下), 232면; 朴均省, 行政法論(下), 184면.

9) 金鐵容, 行政法, 951면; 金東熙, 行政法 Ⅱ, 157면.

일부취소 또는 변경결정으로 인하여 감경되고 남은 원처분을 대상으로 원처분청을 피고로 하여 행정소송을 제기하여야 한다는 입장을 취하고 있다.

판례 1(필요적 전치절차로서 소청심사가 헌법에 합치되는지 여부) 직권면직처분을 받은 지방공무원이 그에 대해 불복할 경우 행정소송의 제기에 앞서 반드시 소청심사를 거치도록 규정한 것은 행정기관 내부의 인사행정에 관한 전문성 반영, 행정기관의 자율적 통제, 신속성 추구라는 행정심판의 목적에 부합한다. 소청심사제도에도 심사위원의 자격요건이 엄격히 정해져 있고, 임기와 신분이 보장되어 있는 등 독립성과 공정성이 확보되어 있으며, 증거조사절차나 결정절차 등 심리절차에 있어서도 사법절차가 상당 부분 준용되고 있다. 나아가 소청심사위원회의 결정기간은 엄격히 제한되어 있고, 행정심판전치주의에 대해 다양한 예외가 인정되고 있으며, 행정심판의 전치요건은 행정소송 제기 이전에 반드시 갖추어야 하는 것은 아니어서 전치요건을 구비하면서도 행정소송의 신속한 진행을 동시에 꾀할 수 있으므로, 이 사건 필요적 전치조항은 입법형성의 한계를 벗어나 재판청구권을 침해하거나 평등원칙에 위반된다고 볼 수 없다(헌재결 2015. 3. 26, 2013헌바186).

판례 2(소청심사위원회의 감경결정이 취소소송의 대상이 될 수 있는지 여부) 항고소송은 원칙적으로 당해 처분을 대상으로 하나, 당해 처분에 대한 재결 자체에 고유한 주체, 절차, 형식 또는 내용상의 위법이 있는 경우에 한하여 그 재결을 대상으로 할 수 있다고 해석되므로, 징계혐의자에 대한 감봉 1월의 징계처분을 견책으로 변경한 소청결정 중 그를 견책에 처한 조치는 재량권의 남용 또는 일탈로서 위법하다는 사유는 소청결정 자체에 고유한 위법을 주장하는 것으로 볼 수 없어 소청결정의 취소사유가 될 수 없다(대판 1993. 8. 24, 93누5673).

---

2) 교육공무원의 경우

교육공무원인 교원과 사립학교교원은 징계처분 등의 불이익처분에 대하여는 그 처분이 있은 것을 안 날부터 30일 이내에 심사위원회에 소청심사를 청구하고 심사위원회는 소청심사청구를 접수한 날부터 60일 이내에 이에 대한 결정을 하여야 한다(교원의 지위향상 및 교육활동 보호를 위한 특별법 9조 1항, 10조 1항). 아울러 교원이 심사위원회의 결정에 불복하는 경우에는 그 결정서의 송달을 받은 날로부터 90일 이내에 행정소송을 제기할 수 있다(교원의 지위향상 및 교육활동 보호를 위한 특별법 10조 3항). 여기서 교육공무원이 교원소청심사위원회의 결정에 불복하는 경우, 교원소청심사위원회를 피고로 하여야 하는지 또는 학교장을 피고로 하여야 하는지 다툼이 되고 있다. 여기서도 일설은 소청심사위원회의 결정이 적극적 변경결정인 경우에는 변경결정을 대상으로 소청심사위원회를 피고로 하여 행정소송을 제기하여야 한다고 주장하나, 판례와 다수설은 학교장을 피고로 하여 변경된 원처분을 대상으로 행정소송을 제기하여야 한다는 입장(원처분주의)을 취하고 있다.[10)]

한편 사립학교교원과 학교법인 등은 교원소청심사위원회의 결정에 불복하는 경우 교원소청심사위원회를 피고로 하여 그 결정을 대상으로 행정소송을 제기하여야 한다. 또한 사립학교교원에 대한 불이익처분은 행정처분이 아닌 사법상의 행위이므로, 그 상대방은 소청심사위원회의 결정에 대한 행정소송 이외에도, 학교법인을 피고로 하여 민사소송을 제기하여 권리구제를 받을 수도 있다. 헌법재판소는 교원소청심사위원회의 결정에 대하여 교원은 행정소송을 제기할 수 있게 한 반면, 학교법인 또는 사립학교경영자는 이를 제기할 수 없도록 한 구「교원지위향상을 위한 특별법」제10조 제3항을

10) 金鐵容, 行政法, 951면; 金東熙, 行政法 II, 157면. 이에 대하여 재심위원회를 피고로 하여 재심결정을 대상으로 행정소송을 제기하여야 한다는 견해로는 朴鈗炘/鄭亨根, 最新行政法講義(下), 233면.

위헌으로 판결하였다. 개정된「교원의 지위향상 및 교육활동 보호를 위한 특별법」은 사립학교법에 따라 설립된 학교법인 또는 사립학교 경영자 등 당사자(공공단체는 제외한다)는 그 결정서를 송달받은 날부터 30일 이내에 행정소송을 제기할 수 있도록 규정하였다(법 10조 4항).

판례 1(교원징계심사위원회의 기각재결이 취소소송의 대상이 되는 경우) 국공립학교교원에 대한 징계 등 불리한 처분은 행정처분이므로 국공립학교 교원이 징계 등 불리한 처분에 대하여 불복이 있으면 교원징계재심위원회에 재심청구를 하고 위 재심위원회의 재심결정에 불복이 있으면 항고소송으로 이를 다투어야 할 것인데, 이 경우 그 소송의 대상이 되는 처분은 원칙적으로 원처분청의 처분이고, 원처분이 정당한 것으로 인정되어 재심청구를 기각한 재결에 대한 항고소송은 원처분의 하자를 이유로 주장할 수는 없고 그 재결 자체에 고유한 주체 · 절차 · 형식 또는 내용상의 위법이 있는 경우에 한한다고 할 것이므로, 도교육감의 해임처분의 취소를 구하는 재심청구를 기각한 재심결정에 사실오인의 위법이 있다거나 재량권의 남용 또는 그 범위를 일탈한 것으로서 위법하다는 사유는 재심결정 자체에 고유한 위법을 주장하는 것으로 볼 수 없어 재심결정의 취소사유가 될 수 없다(대판 1994. 2. 8, 93누17874).

판례 2(학교법인에게 재심결정에 불복할 제소권한을 배제한 교원지위향상을 위한 특별법 제10조 제3항의 위헌여부) 학교법인에게 재심결정에 불복할 제소권한을 부여한다고 하여 이 사건 법률조항이 추구하는 사립학교 교원의 신분보장에 특별한 장애사유가 생긴다든가 그 권리구제에 공백이 발생하는 것도 아니므로 이 사건 법률조항은 분쟁의 당사자이자 재심절차의 피청구인인 학교법인의 재판청구권을 침해한다. 또한 학교법인은 그 소속 교원과 사법상의 고용계약관계에 있고 재심절차에서 그 결정의 효력을 받는 일방 당사자의 지위에 있음에도 불구하고 이 사건 법률조항은 합리적인 이유 없이 학교법인의 제소권한을 부인함으로써 헌법 제11조의 평등원칙에 위배되고, 사립학교 교원에 대한 징계 등 불리한 처분의 적법여부에 관하여 재심위원회의 재심결정이 최종적인 것이 되는 결과 일체의 법률적 쟁송에 대한 재판권능을 법원에 부여한 헌법 제101조 제1항에도 위배되며, 행정처분인 재심결정의 적법여부에 관하여 대법원을 최종심으로 하는 법원의 심사를 박탈함으로써 헌법 제107조 제2항에도 아울러 위배된다(헌재결 2006. 2. 23, 2005헌가7, 2005헌마1163 병합).

판례 3(학교의 장이 교원소청심사위원회의 결정에 대하여 행정소송을 제기할 수 있는지 여부) 교원지위 향상을 위한 특별법(이하 '교원지위법'이라고 한다) 제10조 제3항에 의하면, 교원소청심사위원회의 결정에 대하여 교원, 사립학교법 제2조에 따른 학교법인 또는 사립학교 경영자 등 당사자는 그 결정서의 송달을 받은 날부터 90일 이내에 행정소송법이 정하는 바에 의하여 소송을 제기할 수 있다. 한편, 사립학교법 제53조의2 제1항, 제2항에 의하면, 각급학교의 교원은 당해 학교법인 또는 사립학교 경영자가 임면하되, 다만 대학교육기관의 교원의 임면권은 당해 학교법인의 정관이 정하는 바에 의하여 학교의 장에 위임할 수 있다.

위 규정들의 내용 및 원래 교원만이 위원회의 결정에 대하여 행정소송을 제기할 수 있도록 한 교원지위법 제10조 제3항이 헌법재판소의 위헌결정에 따라 학교법인 및 사립학교 경영자뿐만 아니라 소청심사의 피청구인이 된 학교의 장 등도 행정소송을 제기할 수 있도록 현재와 같이 개정된 경위, 학교의 장은 학교법인의 위임을 받아 교원에 대한 징계처분, 인사발령 등 각종 업무를 수행하는 등 독자적 기능을 수행하고 있어 이러한 경우 하나의 활동단위로 특정될 수 있는 점까지 아울러 고려하면, 위원회의 결정에 대하여 행정소송을 제기할 수 있는 자에는 교원지위법 제10조 제3항에서 명시하고 있는 교원, 사립학교법 제2조에 의한 학교법인, 사립학교 경영자뿐만 아니라 소청심사의 피청구인이 된 학교의 장도 포함된다고 봄이 상당하다(대판 2011. 6. 24, 2008두9317).

판례 4(사립학교교원의 소청심사청구에 대한 교원소청심사위원회의 결정의 기속력의 범위) 교원소청심사위원회 결정은 처분청에 대하여 기속력을 가지고 이는 그 결정의 주문에 포함된 사항뿐 아니라 그 전제가 된 요건사실의 인정과 판단, 즉 처분 등의 구체적 위법사유에 관한 판단에까지 미친다. 따라서 위원회가 사립학교 교원의 소청심사청구를 인용하여 징계처분을 취소한 데 대하여 행정소송이 제기되지 아니하거나 그에 대하여 학교법인 등이 제기한 행정소송에서 법원이 위원회 결정의 취소를 구하는 청구를 기각하여 위원회 결정이 그대로 확정되면, 위원회 결정의 주문과 그 전제가 되는 이유에 관한 판단만이 학교법인 등 처분청을 기속하게 되고, 설령 판결 이유에서 위원회의 결정과 달리 판단된 부분이 있더라도 이는 기속력을 가질 수 없다(대판 2013. 7. 25, 2012두12297).

사례 갑은 교육공무원법 제11조의3 및 교육공무원임용령 제5조의2 제1항에 의하여 국립 A대학교 소속 단과대학 조교수로 4년의 기간을 정하여 임용되었다. 갑은 임용기간이 만료되기 4개월 전 임용기간의 만료 사실과 재임용 심사를 신청할 수 있음을 임용권자로부터 서면으로 통지받았다. 이에 따라 갑은 재임용 심사를 신청하였으나 임용권자는 국립 대학교 본부인사위원회의 심의를 거쳐 "첫째, 피심사자 갑의 연구실적이 '국립 A대학교 교원인사규정' 상의 재임용 최소요건은 충족하지만 지도학생에 대한 면담을 실시하지 않는 등 학생지도실적이 미흡하다. 둘째, 갑이 국립 A대학교 총장의 비리와 관련된 기사를 신문에 게재하여 교원으로서의 품위 및 학교의 명예를 크게 손상시켰다"라는 이유로 사전통지를 하지 아니한 채 갑에게 임용기간 만료 2개월 전에 재임용탈락의 통지를 하였다. 한편, 국립 A대학교 총장이 교육공무원법 제11조의3 제5항 및 교육공무원임용령 제5조의2 제3항에 따라 제정한 '국립 A대학교 교원인사규정'에 의하면 교육공무원법 제5항 각 호에서 규정하고 있는 사항 이외에 '교원으로서의 품위 및 학교 명예에 관한 사항'을 재임용 심사항목으로 규정하고 있다.(제50회 사법시험)

1. 재임용심사의 세부적 기준을 정한 '국립 A대학교 교원인사규정'의 법적 성질과 그 효력은?
2. 갑에 대한 재임용탈락 통지의 법적 성격은?
3. 임용권자가 행한 갑에 대한 재임용탈락 통지는 적법한가?
4. 재임용탈락 통지에 대한 갑의 행정쟁송상의 권리구제수단은?

[참조조문]

교육공무원법

제11조의3 ① 대학의 교원은 대통령령이 정하는 바에 의하여 근무기간 · 급여 · 근무조건, 업적 및 성과약정 등 계약조건을 정하여 임용할 수 있다.

② 제1항의 규정에 의하여 임용된 교원의 임용권자는 당해 교원의 임용기간이 만료되는 때에는 임용기간 만료일 4월 전까지 임용기간이 만료된다는 사실과 재임용 심의를 신청할 수 있음을 당해 교원에게 통지(문서에 의한 통지를 말한다. 이하 이 조에서 같다)하여야 한다.

③ 제2항의 규정에 의하여 통지를 받은 교원이 재임용을 받고자 하는 경우에는 통지를 받은 날부터 15일 이내에 재임용 심의를 임용권자에게 신청하여야 한다.

④ 제3항의 규정에 의한 재임용 심의를 신청받은 임용권자는 대학인사위원회의 재임용 심의를 거쳐 당해 교원에 대한 재임용 여부를 결정하고 그 사실을 임용기간 만료일 2월 전까지 당해 교원에게 통지하여야 한다. 이 경우 당해 교원을 재임용하지 아니하기로 결정한 때에는 재임용하지 아니하겠다는 의사와 재임용 거부사유를 명시하여 통지하여야 한다.

⑤ 대학인사위원회가 제4항의 규정에 의하여 당해 교원에 대한 재임용 여부를 심의함에 있어서는 다음 각 호의 사항에 관한 평가 등 객관적인 사유로서 학칙이 정하는 사유에 근거하여야 한다. 이 경우 심의과정에서 15일 이상의 기간을 정하여 당해 교원에게 지정된 기일에 대학인사위원회에 출석하여 의견을 진술하거나 서면에 의한 의견제출의 기회를 주어야 한다.

1. 학생교육에 관한 사항
2. 학문연구에 관한 사항
3. 학생지도에 관한 사항

▶**답안요지** 설문1: 국립 A대학교 교원인사규정의 법적 성질을 묻고 있는바, 이와 관련하여 특별명령

설과 법규명령설이 대립하고 있다.

1) 특별명령설

행정규칙을 광의로 파악하는 경우에는 하급행정기관의 조직이나 임무수행에 대하여 규율하는 협의의 행정규칙 이외에 특별신분관계내부에서 구성원의 법적 지위나 영조물의 이용관계를 규율하는 특별명령을 포함한다(예: 국립대학교의 교원이나 학생 등의 법적 지위를 규율하는 학칙이나 도서관이용규율 등). 이러한 특별명령은 구성원의 권리와 의무를 규율한다는 점에서 전통적 의미의 법규의 성격을 갖고 있다. 판례는 특별명령의 인정여부에 대하여 명시적인 입장을 밝히고 있지 않지만 법령의 범위 내에서 제정된 대학의 학칙은 자치규범으로서 당연히 구속력을 갖는다고 판시하고 있다(대판 2015. 6. 24, 2013두26408). 학설에서는 이러한 특별명령의 법적 근거를 관습법 또는 행정의 시원적 입법권 등에서 찾고 있다. 그러나 이러한 특별명령설은 오늘날 특별신분관계에 있어서도 법률유보가 적용되기 때문에 구성원의 권리와 의무를 규율하는 행정입법은 반드시 의회가 제정한 법률의 근거를 요한다는 이유로 다수설에 의하여 비판을 받고 있다.

2) 법규명령설

A대학교 교원인사규정은 교육공무원법 제11조의3 및 교육공무원임용령 제5조의2 1항에 근거하여 제정되었는바, 동 규정이 법규명령의 성격을 갖는지 문제가 된다. 부정설에 따르면 헌법은 법규명령의 형식으로 대통령 · 총리령 · 부령만을 인정하고 있으며, 또한 법규명령은 국회입법의 원칙에 대한 예외에 해당하기 때문에, 동 규정을 법규명령으로 인정하는 것은 권력분립의 원칙에 반한다고 한다. 그러나 판례와 다수설은 헌법이 인정하고 있는 위임입법의 형식은 예시적이고 입법자가 규율의 형식도 선택할 수 있기 때문에 법률의 수권에 따라 새로운 형식의 법규명령을 창설할 수 있다고 한다. 판례와 다수설에 따를 때, A대학교 교원인사규정은 법규명령의 성격, 이른바 법령보충규칙의 성격을 갖는다고 할 것이다.

설문2: 여기서 갑에 대한 재임용탈락 통지가 거부처분의 성격을 갖는지 또는 단순한 사실행위에 지나지 않는지 문제가 된다.

1) 사실행위설

이 견해는 기간을 정하여 임용된 대학교원은 그 임용기간의 만료로 대학교원으로서의 신분관계가 당연히 종료되기 때문에 임용권자가 교원인사위원회의 심의결정에 따라 교원을 재임용하지 않기로 결정을 하고 이를 통지하였다고 하더라도 이는 교원에 대하여 임기만료로 당연퇴직을 확인하여 주는 데 지나지 아니하고, 이로 인하여 어떠한 법률효과가 발생하는 것이 아니므로 이를 행정소송의 대상이 되는 행정처분이 아니라는 입장이다. 과거 판례의 입장이다(대판 1997. 6. 27, 96누4305).

2) 행정처분설

대법원은 종래의 자신의 입장을 변경하고 재임용탈락의 통지의 처분성을 인정하였다(대판 2004. 4. 22, 2000두7735). 기간제로 임용되어 임용기간이 만료된 대학교원은 교원으로서의 능력과 자질에 관하여 합리적인 기준에 의한 공정한 심사를 받아 특별한 사정이 없는 한 재임용되리라는 기대를 가지고 재임용여부에 대하여 합리적 기준에 의한 공정한 심사를 요구할 법규상 또는 조리상 신청권을 가진다고 할 것이니, 재임용을 거부하는 취지로 한 임용기간만료의 통지는 대학교원의 법률관계에 영향을 주는 것으로서 행정소송의 대상이 되는 처분에 해당된다고 할 것이다.

설문3: 재임용거부처분이 적법하기 위하여는 주체, 형식, 절차, 내용상의 요건을 충족하여야 한다. 사안에서 절차 및 내용상의 하자가 문제가 되고 있다.

1) 절차상의 하자

행정청이 당사자에게 의무를 부과하거나 권익을 제한하는 처분을 하는 경우에, 처분의 법적 근거와 사유를 사전에 통지하여야 하는바(행정절차법 21조 1항), 거부처분에도 이와 같은 사전통지가 요구되는지 견해가 갈리고 있다. 판례는 부정설을 취하고 있으나(대판 2003. 11. 28, 2003두674), 오늘날 거부처분은 침해적 처분 못지 않게 상대방의 권익을 침해하고 있는 현실을 고려할 때 사전통지의 대상이 된다고 보는 긍정설이 타당하다(본서 행정절차법의 사전통지참조). 긍정설을 따를 때 재임용거부처분은 절차상의 하자로 위법하다. 이러한 절차상의 하자의 치유가능성에 대하여는 판례는 원칙적으로 행정쟁송제기 전에 가능하다고 하나, 다수설은 행정심판절차에서는 가능하며, 행정심판절차를 거치지 않는 경우에는 행정소송 전까지 가능하다는 입장이다.

2) 내용상의 하자

A대학의 임용권자는 갑이 학생지도실적이 미흡하며, 교원의 품위 및 학교의 명예를 크게 실추시켰다는 이유로 재임용거부처분을 하였다. 여기서 총장의 비리와 관련된 기사를 신문에 게재한 것이 교원인사규정에서 정한 교원의 품위 및 학교의 명예를 실추시켰는지 문제가 된다. 교원의 품위 및 학교의 명예는 전형적인 불확정법개념인바, 학설에서는 이러한 불확정법개념이 법률요건에 사용된 경우에 행정청에게 재량이 부여되는지 또는 판단여지가 부여되는지 다툼이 되고 있다. 다수설인 판단여지설에 따르면 교원인사에 관한 결정은 비대체적 결정으로 행정청에게 제한된 범위내에서 판단여지가 부여되어 있다. 이러한 행정청의 판단여지도 ① 합의제 행정기관의 구성이 적정할 것, ② 정확한 사실관계에 기초할 것, ③ 법정의 절차준수, ④ 일반적으로 인정된 가치기준에 의한 결정, ⑤ 기타 자의적인 결정이 아닐 것 등의 한계가 있다(본서의 판단여지부분 참조). 사안에서 명확하게 나타나 있지 않으나 총장의 비리가 사실이며 그 정도가 심각한 경우에는 단순히 교원의 품위 및 학교의 명예를 실추시켰다고 보기 힘들며, 재임용 거부결정은 자의적인 결정으로 위법하다고 할 것이다.

또한 학생지도실적이 미흡하다는 이유로 교원신분의 박탈에 해당하는 재임용거부결정은 비례의 원칙에 위배된다고 할 것이다.

설문4: 갑의 행정쟁송상의 구제수단에 대하여 묻고 있는바, 갑은 재임용거부결정에 대하여 교육부에 설치된 교원소청심사위원회에 소청심사청구를 하거나, 취소소송을 제기할 수 있다. 소청심사위원회의 결정에 대하여 불복하는 경우에는 임용권자를 피고로 하여 원처분을 대상으로 취소소송을 제기하여야 한다는 다수설과 판례의 입장이다.

5. 면직처분 등이 취소된 공무원의 소급재임용 및 보수의 보장

소청심사위원회의 결정 또는 법원의 판결 등으로 면직처분 등이 취소되어도 당해 기관에 결원이 없어 재임용되지 못하고 방치되는 사례가 있었다. 이러한 문제를 시정하고 불이익처분에 대한 구제제도의 실효를 거두기 위하여 국가 및 지방공무원법은 별도의 규정을 두고 있다. 즉 공무원에게 행한 파면처분 · 해임처분 또는 면직처분에 대하여 소청심사위원회 또는 법원에서 무효나 취소의 결정 또는 판결을 한 때에는 그에 따라 결원보충이 있었던 때로부터 파면처분 · 해임처분 또는 면직처분을 받은 자의 직급에 해당하는 정원이 따로 있는 것으로 본다(국공법 43조 3항, 지공법 41조 3항). 한편 공무원에게 행한 파면처분 · 면직처분 또는 직위해제처분이 무효 또는 취소된 경우에는 원래의 정기승급일을 기준으로 한 당시의 보수의 전액 또는 차액을 소급하여 지급하도록 하고 있다(공무원보수규정 30조).

6. 고충심사청구

공무원은 누구나 인사 · 조직 · 처우 등 각종 직무조건과 기타 신상문제에 대하여 인사상담이나 고충의 심사를 청구할 수 있으며, 이를 이유로 불이익처분이나 대우를 받지 않는다(국공법 76조의2 1항, 지공법 67조의2 1항). 청구를 받은 중앙인사관장기관의 장, 임용권자 또는 임용제청권자는 이를 고충심사위원회에 부의하여 심사하게 하거나 소속공무원으로 하여금 상담하게 하고, 그 결과에 따라 고충의 해소 등 공정한 처리를 위하여 노력하여야 한다(국공법 76조의2 2항, 지공법 67조의2 2항). 중앙인사기관의 장, 임용권자 또는 임용제청권자는 심사결과 필요하다고 인정될 때에는 처분청 또는 관계기관의 장에게 그 시정을 요청할 수 있으며, 요청을 받은 처분청 또는 관계기관의 장은 특별한 사유가 없는 한 이를 이행하고, 그 처리결과를 통보하여야 한다(국공법 76조의2 6항, 지공법 67조의2 4항).

제 3 절 공무원의 권리 · 의무 · 책임

Ⅰ. 공무원의 권리

공무원은 국민 개개인으로서의 지위와 국가 또는 지방자치단체의 기관의 구성자로서의 지위의 이중적 지위를 갖는다.[11] 이에 따라 공무원은 국민인 지위에서 기본권을 행사할 수 있음은 물론, 국가 및 지방자치단체의 기관구성자로서의 지위에서 행정사무를 성실히 수행할 의무와 책임을 지며, 이에 상응하여 행정사무를 수행할 권리 및 이에 부수되는 여러 가지 권리를 가진다. 이러한 권리는 공무원이 국가나 지방자치단체에 대하여 갖는 개인적 공권으로서, 사권(私權)과는 다른 특성을 갖는다. 공무원이 국가와 지방자치단체에 대하여 갖는 권리로서는 크게 신분상의 권리, 재산상의 권리, 노동법상의 권리로 구분된다.

1. 신분상의 권리

신분상의 권리는 공무원의 신분 자체와 직접 관계가 있는 권리로서 다음과 같은 것이 있다.

1) 신분보장권

헌법 제7조 제2항에 따라 공무원의 신분은 법률에 의하여 보장된다. 국가 및 지방공무원법은 "공무원은 형의 선고 · 징계처분 또는 이 법에 정하는 사유에 의하지 아니하고는 그 의사에 반하여 휴직 · 강임 또는 면직을 당하지 않는다(다만, 1급 공무원과 제23조에 따라 배정된 직무등급이 가장 높은 등급의 직위에 임용된 고위공무원단에 속하는 공무원은 해당되지 않음)"고 규정하고(국공법 68조, 지공법 60조), 또한 징계처분은 일정한 법정사유가 있는 경우에 한하여, 법정 절차에 의하여서만 행할 수 있게 하였다. 이러한 공무원의 신분보장에도 예외가 있는바, 경력직공무원 중 1급공무원과 시보임용 또는 수습임용중에 있는 공무원은 신분보장을 받지 못한다(국공법 29조 3항, 68조 단서, 지공법 28조 3항, 60조 단서). 특수경력직공무원은 신분보장을 받지 못하지만, 예외적으로 감사위원과 같이 일정 임기 동안만 신분보장을 받는 공무원이 있다.

2) 직무수행권 · 직명사용권 · 제복착용권

공무원은 그 직위에 속하는 직무를 집행할 권리를 가지며, 또한 직명을 사용하고, 복제가 있는 공무원은 제복을 착용할 권리가 있다(군인, 경찰공무원, 세관공무원).

3) 직위보유권

공무원이 직위보유권을 갖는지 여부에 대하여 다툼이 되고 있다. 긍정설에 따르면 공무원이 임용되면, 법령에서 따로 정한 경우를 제외하고는 자신에게 적합한 일정한 직위를 부여받을 권리와 자기에게 부여된 직무가 법에서 정한 이유와 절차에 의하지 않고는 박탈당하지 않을 권리를 갖는다고

11) 공무원의 이중적 지위에 대하여는 鄭夏重, 民主的 法治國家에서의 特別權力關係, 考試界, 1994. 8, 142면 참조.

한다.[12] 이에 대하여 부정설에 따르면 직위부여는 각 부서의 인적 사항이나 국가전체의 수급계획에 의하여 현실적으로 제약을 받기 때문에, 자신에게 적합하지 못한 직위가 부여되었다는 이유로 이를 쟁송을 통하여 다툴 수 없기 때문에 직위보유권을 인정할 수 없다고 한다.[13] 부정설이 타당하다고 볼 것이다.

4) 행정구제청구권 · 고충심사청구권

공무원은 위법 · 부당하게 신분상의 불이익을 입은 경우에 소청 · 행정소송 · 고충심사청구를 통하여 그 시정을 요구할 수 있다.

2. 재산상의 권리

공무원은 국가 또는 지방자치단체에 대하여 다음과 같은 재산상의 권리를 갖는다.

1) 보수청구권

가. 보수의 의의

보수라 함은 봉급과 각종 수당을 포함한 액을 말한다. 보수의 성질에 관하여는 직무에 대한 반대급부라고 보는 반대급부설과 공무원의 생활보장을 위하여 국가가 지급하는 금품이라는 생활자금설이 있다. 국가 및 지방공무원법은 "공무원의 보수는 일반의 표준생계비 · 민간의 임금 기타 사정을 고려하여 직무의 곤란성 및 책임의 정도에 적응하도록 계급별로 정한다"(국가공무원법 46조, 지방공무원법 44조)고 규정하고 있는바, 공무원의 보수는 위 두 가지 성질을 다 갖는다는 것이 일반적인 견해이다. 공무원보수에 관하여는 공무원보수규정과 지방공무원보수규정이 구체적인 규정을 두고 있다.

나. 보수의 내용

공무원의 보수는 봉급과 기타 각종 수당을 합산한 금액을 말한다. 다만, 연봉제 적용대상 공무원의 경우에는[14] 연봉과 기타 각종 수당을 합산한 금액을 말한다(공무원보수규정 4조 1호, 지방공무원보수규정 3조 1호).

가) 봉급 · 연봉　　봉급이라 함은 직무의 곤란성 및 책임의 정도에 따라 직책별로 지급되는 기본급여 또는 직무의 곤란성 및 책임의 정도와 재직기간 등에 따라 계급(직위포함)별 · 호봉별로 지급되는 기본급여를 말한다(공무원보수규정 4조 2호, 지방공무원보수규정 3조 1호). 연봉이라 함은 매년 1월 1일부터 12월 31일까지 1년간 지급되는 기본연봉(基本年俸)과 성과연봉(成果年俸)을 합산한 금액을 말한다. 다만 고정급적 연봉

12) 洪井善, 行政法特講, 911면.
13) 柳至泰/朴鍾秀, 行政法新論, 790면; 金性洙, 一般行政法, 572면.
14) 공무원보수체계에 있어서 종래의 계급과 경력을 중시하는 연공급(年功給) 보수체계에서 능력과 업무실적을 중시하는 성과급(成果給) 보수체계로 전환하여, 공직사회의 경쟁력을 강화하고 생산성을 높이기 위하여 3급 국장급 이상 공무원과 계약직 공무원에 대하여 연봉제(年俸制)를, 정무직 공무원에 대하여는 고정급적 연봉제(固定給的 年俸制)를 도입하였다.

제적용대상공무원의 경우에는 해당직책과 계급을 반영하여 일정액으로 지급되는 연봉을 말한다(공무원보수규정 4조 8호, 지방공무원보수규정 3조 8호).

나) 수 당 　수당이라 함은 직무여건 및 생활여건 등에 따라 지급되는 부가급여를 말한다(공무원보수규정 4조 3호, 지방공무원보수규정 3조 3호). 수당의 종류로는 직무수당 · 상여수당 · 가계보전수당 · 특수지근무수당 · 특수근무수당 · 초과근무수당 등이 있다(공무원수당 등에 관한 규정 5조 내지 18조). 그리고 특수한 수당으로 퇴직수당(1년 이상 근무하고 퇴직 또는 사망한 자에게 지급), 명예퇴직수당(명예퇴직자에게 지급), 준명예퇴직수당(직제와 정원의 개폐 또는 예산의 감소 등에 의하여 폐직 또는 과원이 되었을 때에 20년 미만 근속한 자가 정년 전에 자진하여 퇴직하는 경우에 지급)이 있는바, 이들은 퇴직하는 공무원에게 지급하는 것이므로, 재직공무원에게 지급하는 수당과 성격을 달리한다.

다. 보수청구권의 성질

공무원의 보수청구권은 공무원관계의 내용을 이루는 것이므로 공권의 성격을 갖고 있다. 이에 따라 보수청구소송이나 보수청구권확인소송은 공법상 당사자소송에 의하여야 할 것이다. 공무원의 보수청구권은 양도하거나 포기할 수 없다는 것이 일반적 견해이며, 보수에 대한 압류는 그 금액의 2분의 1에 대하여만 가능하다. 보수청구권의 소멸시효에 대하여는 5년이라는 견해와[15] 3년이라는 견해가[16] 대립되고 있으나, 국가재정법 제96조 및 지방재정법 제82조에 따라 5년으로 보는 견해가 타당할 것이다. 판례는 보수청구권의 소멸시효기간을 민법 제163조 제1호에 의하여 3년으로 보고 있으나, 공무원의 보수청구권은 공권(公權)으로서 사법상(私法上)의 급료채권과는 그 성격을 달리한다고 보아야 한다.

판례 1(국회의원의 보수청구권의 소멸에 대하여 민법 제163조 제1호가 적용된다는 판례) 　국회의원이 재직중 국가로부터 받게 될 세비, 차마비, 체류비, 보수금 등을 의원직을 그만 둔 후에 국고에 대하여 청구하는 법률관계는 국고에 대한 사법상의 금전채권을 청구하는 경우로서 민법 제163조 제1호의 급료채권에 해당하고 구 예산회계법 제71조 제1항은 금전의 급부를 목적으로 하는 국가에 대한 권리로서 시효에 관하여 타법률에 규정이 없는 것은 5년간 행사하지 아니할 때에 시효로 인하여 소멸한다고 규정하고 있으므로 국가에 대한 금전채권일지라도 시효에 관하여 타법률에 5년보다 짧은 시효규정이 있는 것은 같은 조를 적용할 것이 아니라 할 것이다(대판 1966. 9. 20, 65다2506).

판례 2(유치원교사의 수령지체된 보수의 지급을 구하는 소송은 행정소송의 대상이라는 사례) 　교육부장관의 권한을 재위임 받은 공립교육기관의 장에 의하여 공립유치원의 임용기간을 정한 전임강사로 임용되어 지방자치단체로부터 보수를 지급받으면서 공무원복무규정을 적용받고 사실상 유치원 교사의 업무를 담당하여 온 유치원 교사의 자격이 있는 자는 교육공무원에 준하여 신분보장을 받는 정원 외의 임시직 공무원으로 봄이 상당하므로 그에 대한 해임처분의 시정 및 수령지체된 보수의 지급을 구하는 소송은 행정소송의 대상이지 민사소송의 대상이 아니다(대판 1991. 5. 10, 90다10766).

판례 3(계약직 공무원의 봉급을 삭감할 수 있도록 규정한 지방계약직공무원 인사관리규칙이 상위법령의 위임한계를 벗어나 무효인지 여부) 　근로기준법 등의 입법 취지, 지방공무원법과 지방공무원징계 및 소청규정의 여러 규정에 비추어 볼 때, 채용계약상 특별한 약정이 없는 한, 지방계약직공무원에 대하여 지방공무원법, 지방공무원징계 및 소청규정에 정한 징계절차에 의하지 않고서는 보수를 삭감할 수 없다고 봄이

---

15) 金南辰/金連泰, 行政法 II, 312면; 金東熙, 行政法 II, 159면; 朴均省, 行政法論(下), 191면.
16) 朴鈗炘, 最新行政法講義(下), 237면; 金鐵容, 行政法, 953면; 洪井善, 行政法原論(下), 269면.

상당하다. 지방계약직공무원규정의 시행에 필요한 사항을 규정하기 위한 '서울특별시 지방계약직공무원 인사관리규칙' 제8조 제3항은 근무실적 평가 결과 근무실적이 불량한 사람에 대하여 봉급을 삭감할 수 있도록 규정하고 있는바, 보수의 삭감은 이를 당하는 공무원의 입장에서는 징계처분의 일종인 감봉과 다를 바 없음에도 징계처분에 있어서와 같이 자기에게 이익이 되는 사실을 진술하거나 증거를 제출할 수 있는 등의 절차적 권리가 보장되지 않고 소청 등의 구제수단도 인정되지 아니한 채 이를 감수하도록 하는 위 규정은, 그 자체 부당할 뿐만 아니라 지방공무원법이나 지방계약직공무원규정에 아무런 위임의 근거도 없는 것이거나 위임의 범위를 벗어난 것으로서 무효이다(대판 2008. 6. 12, 2006두16328).

2) 연금수급권

가. 의 의

연금이란 공무원이 퇴직 또는 사망한 경우와 공무로 인하여 부상 · 질병 · 폐질에 이르게 된 경우에 공무원과 그 유족에게 지급되는 급여를 말한다. 국가나 지방자치단체는 사용자로서 공무원의 사회보장과 사회복지증진에 노력하여야 할 뿐 아니라, 재직중 입게 되는 각종 재해에 대한 급여는 물론 퇴직후에도 적절한 급여를 지급함으로써 공무원이 국민 전체에 대한 봉사자로서 그 직무에 전념할 수 있도록 하여야 한다. 이러한 취지에서 제정된 공무원연금법은 공무원법과는 달리 정규공무원뿐만 아니라 상시근로자의 지위에서 공무를 수행하는 국가 또는 지방자치단체의 직원까지 광범위하게 적용된다. 다만 군인은 군인연금법의 적용을 받으며, 정무직 공무원 중 선거에 의하여 취임하는 자는 장기근속의 담보가 없으므로 적용대상에서 제외되고 있다.

나. 성 질

연금수급권의 성질에 대하여는 봉급연불설(俸給延拂說)(연금은 지급이 연기된 봉급이라는 입장), 사회보장설(연금은 퇴직공무원이나 공무원의 유족에 대한 사회보장이라는 입장), 은혜설(연금은 은혜적으로 지급되는 것이라는 입장)로 견해가 나뉘어진다. 연금은 50%가 공무원의 봉급에서 매월 납부되는 기여금으로 조성된다는 점, 그리고 퇴직뿐만 아니라 질병이나 부상의 경우에도 연금이 지급된다는 점을 고려할 때 봉급연불적 성격과 사회보장적 성격의 양면적 성격을 갖는다는 것이 다수설의 입장이다.[17]

연금수급권 역시 공권의 성격을 가지며, 공무원 자신의 노력에 의하여 획득된 권리라는 점에서 헌법 제23조 제1항에 의하여 보호되는 재산권적 성격을 갖고 있다. 연금수급권은 금융기관에 담보로 제공하는 경우 및 국세징수의 예에 의하여 체납처분을 하는 경우를 제외하고는 양도 · 압류하거나 담보로 제공할 수 없다(공무원연금법 39조). 연금수급권은 그 급여의 사유가 발생한 날부터 5년간 이를 행사하지 않으면 시효로 인하여 소멸된다(공무원연금법 88조 1항).

판례 1(공무원연금제도의 법적 성격) 공무원연금제도는 공무원이 퇴직하거나 사망한 때에 공무원 및 그 유족의 생활안정과 복리향상에 기여하기 위한 사회보험으로서 법상 퇴직급여나 유족급여는 후불임금의 성격만 갖는 것이 아니라 기본적으로 사회보장적 급여로서의 성격을 가지면서 공무원이 기여금을 납부한다는 점에서 후불임금과 같은 성격도 함께 가진다(헌재결 1998. 12. 24, 96헌바73).

17) 金南辰/金連泰, 行政法 II, 313면; 金鐵容, 行政法, 953면; 洪井善, 行政法原論(下), 270면.

판례 2(공무원연금법상의 각종 수급권전액에 대하여 압류를 금지하는 법률조항이 헌법에 위반되는지 여부) 공무원연금법상의 각종 급여는 기본적으로 사법상의 급여와는 달리 퇴직공무원 및 그 유족의 생활안정과 복리향상을 위한 사회보장적 급여로서의 성질을 가지므로, 본질상 일신전속성이 강하여 권리자로부터 분리되기 어렵고, 사적 거래의 대상으로 삼기에 적합하지 아니할 뿐만 아니라, 압류를 금지할 필요성이 훨씬 크며, 공무원연금법상 각종 급여의 액수는 공무원의 보수월액을 기준으로 산정되는데, 공무원연금법이 제정될 당시부터 공무원의 보수수준은 일반기업의 급료에 비하여 상대적으로 낮은 편이고, 더구나 이 사건 법률조항은 수급권자가 법상의 급여를 받기 전에 그 급여수급권에 대하여만 압류를 금지하는 것일 뿐 법상의 급여를 받은 이후까지 압류를 금지하는 것은 아니므로, 이 사건 법률조항에서 공무원연금법상의 각 종 급여수급권 전액에 대하여 압류를 금지한 것이 기본권 제한의 입법적 한계를 넘어서 재산권의 본질적 내용을 침해한 것이거나 헌법상의 경제질서에 위반된다고 볼 수는 없다(헌재결 2000. 3. 30, 98헌마401, 99헌바53, 2000헌바9 병합).

다. 종 류

공무원연금법에 의한 급여는 퇴직급여, 퇴직유족급여, 비공무상 장해급여 및 퇴직수당이 있다(공무원연금법 28조).

그 밖에 퇴직한 공상공무원 및 순직공무원의 유족은 「국가유공자 등 예우 및 지원에 관한 법률」에 의하여 자녀의 교육보호 · 가료 등 보호 · 주택알선 · 수송시설의 이용 등 원호를 받는다.

라. 급여의 결정 등

급여를 받을 권리는 공무원연금법이 정한 사유의 발생으로 당연히 생기지만, 이를 현실적으로 행사하기 위하여는 당해 공무원이 소속기관장의 확인을 받아 인사혁신처장의 결정을 받아야 한다. 다만, 인사혁신처장의 결정권한은 공무원연금공단에 위탁되어 있다(공무원연금법 29조, 동법시행령 25조). 급여에 관한 결정, 기여금의 징수 등에 이의가 있는 자는 결정이 있은 날로부터 180일, 그 사실을 안날로부터 90일 이내에 공무원 재해보상법 제52조에 따른 공무원재해보상연금위원회에 심사를 청구할 수 있다(공무원연금법 87조). 급여에 관한 결정, 기여금의 징수, 그 밖에 이 법에 따른 급여에 관하여는 「행정심판법」에 따른 행정심판을 청구할 수 없다(동법 87조 3항). 왜냐하면 이 법상의 심사청구가 특별행정심판에 해당되기 때문이다(대판 2019. 8. 9, 2019두38656참조). 공무원연금급여재심위원회의 결정에 다시 불복하는 경우에는 공무원연금공단의 결정을 대상으로 행정소송을 제기하여 급여결정의 취소를 구하여야 한다.

판례 1(공무원연금공단의 급여결정에 대한 불복절차) 구 공무원연금법 제26조 제1항, 제80조 제1항, 공무원연금법시행령 제19조의2의 각 규정을 종합하면, 같은 법 소정의 급여는 급여를 받을 권리를 가진 자가 당해 공무원이 소속하였던 기관장의 확인을 얻어 신청하는 바에 따라 공무원연금공단이 그 지급결정을 함으로써 그 구체적인 권리가 발생하는 것이므로, 공무원연금공단의 급여에 관한 결정은 국민의 권리에 직접 영향을 미치는 것이어서 행정처분에 해당하고, 공무원연금공단의 급여결정에 불복하는 자는 공무원연금급여재심위원회의 심사결정을 거쳐 공무원연금공단의 급여결정을 대상으로 행정소송을 제기하여야 한다(대판 1996. 12. 6, 96누6417).

판례 2(공무원연금법령상 급여를 받으려고 하는 자가 구체적 권리가 발생하지 않은 상태에서 곧바로 공무원연금공단을 상대로 한 당사자소송으로 권리의 확인이나 급여의 지급을 소구할 수 있는지 여부) 공무원연금법령상 급여를 받으려고 하는 자는 우선 관계 법령에 따라 공무원연금공단에 급여지급을 신청하여 공무원연금공단이 이를 거부하거나 일부 금액만 인정하는 급여지급결정을 하는 경우 그 결정을 대상으로 항고소송을 제기하는 등으로 구체적 권리를 인정받아야 하고, 구체적인 권리가 발생하지 않은 상태에서 곧바로 공무원연금공단을 상대로 한 당사자소송으로 권리의 확인이나 급여의 지급을 소구하는 것은 허용되지 아니한다. 이러한 법리는 구체적인 급여를 받을 권리의 확인을 구하기 위하여 소를 제기하는 경우뿐만 아니라, 구체적인 급여수급권의 전제가 되는 지위의 확인을 구하는 경우에도 마찬가지로 적용된다(대판 2017. 2. 9, 2014두43264).

한편 지급결정된 연금의 일부 지급거부에 대하여는 공법상 당사자소송으로 연금지급청구소송을 제기하여야 한다.

판례(퇴직연금 중 일부금액의 지급거부가 있는 경우, 그 지급을 구하는 소송은 당사자소송이라는 판례) 구 공무원연금법 소정의 퇴직연금 등의 급여는 급여를 받을 권리를 가진 자가 당해 공무원이 소속하였던 기관장의 확인을 얻어 신청하는 바에 따라 공무원연금공단이 그 지급결정을 함으로써 그 구체적인 권리가 발생하는 것이므로, 공무원연금공단의 급여에 관한 결정은 국민의 권리에 직접 영향을 미치는 것이어서 행정처분에 해당할 것이지만, 공무원연금공단의 인정에 의하여 퇴직연금을 지급받아 오던 중 구 공무원연금법령의 개정 등으로 퇴직연금 중 일부 금액의 지급이 정지된 경우에는 당연히 개정된 법령에 따라 퇴직연금이 확정되는 것이지 같은 법 제26조 제1항에 정해진 공무원연금공단의 퇴직연금 결정과 통지에 의하여 비로소 그 금액이 확정되는 것이 아니므로, 공무원연금공단이 퇴직연금 중 일부 금액에 대하여 지급거부의 의사표시를 하였다고 하더라도 그 의사표시는 퇴직연금 청구권을 형성·확정하는 행정처분이 아니라 공법상의 법률관계의 한쪽 당사자로서 그 지급의무의 존부 및 범위에 관하여 나름대로의 사실상·법률상 의견을 밝힌 것일 뿐이어서, 이를 행정처분이라고 볼 수는 없고, 이 경우 미지급퇴직연금에 대한 지급청구권은 공법상 권리로서 그의 지급을 구하는 소송은 공법상의 법률관계에 관한 소송인 공법상 당사자소송에 해당한다(대판 2004. 7. 8, 2004두244).

사례 甲은 1992년 3월부터 공무원으로 재직하면서 공무원연금법상 보수월액의 65/1000에 해당하는 기여금을 매달 납부하여 오다가 2012년 3월 31일자로 퇴직을 하여 최종보수월액의 70%에 해당하는 퇴직연금을 지급받아 오던 자이다. 그런데 국회는 2012년 8월 6일 공무원연금의 재정상황이 날로 악화되어 2030년부터는 공무원연금의 재정이 고갈될 것이라고 하는 KDI의 보고서를 근거로 공무원연금 재정의 안정성을 도모하기 위한 조치로 공무원연금법 개혁을 단행하기로 하였다. 이에 따라 같은 날 공무원연금법을 개정하여, (1) 공무원연금법상 재직 공무원들이 납부해야 할 기여금의 납부율을 보수월액의 85/1000로 인상하고, (2) 퇴직자들에게 지급할 퇴직연금의 액수도 종전 최종보수월액의 70%에서 일률적으로 최종보수월액의 50%만 지급하며, (3) 공무원의 보수인상률에 맞추어 연금액을 인상하던 것을 공무원의 보수인상률과 전국소비자물가변동률의 차이가 3% 이상을 넘지 않도록 재조정하였다. (4) 그리고 경과규정으로, 재직기간과 상관없이 개정 당시 재직 중인 모든 공무원들에게 개정법률을 적용하는 부칙 조항(이 사건 부칙 제1조)과, 퇴직연금 삭감조항은 2012년 1월 1일 이후에 퇴직하는 모든 공무원에게 소급하여 적용하는 부칙 조항(이 사건 부칙 제2조)을 두었으며 동 법률은 2012년 8월 16일 공포되어 같은 날부터 시행되었다.

공무원연금공단은 개정법률의 시행에 따라 2012년 8월부터 甲에게 최종보수월액의 70%를 50%로 삭감하여 퇴직연금을 지급하였다. 甲은 공무원연금공단을 상대로 2012년 8월 26일 자신에게 종전대로 최종보수월액의 70%의 연금을 지급해 줄 것을 신청하였으나, 공무원연금공단은 2012년 9월 5일 50%를 넘는 부분에 대하여는 개정법률에 따라 그 지급을 거부하였다. 이에 甲은 감액된 연금액을 지급받기 위하여 위 거부행위를 대상으로 하여 서울행정법원에 그 취소를 구하는 행정소송을 제기하였다.

한편, 乙은 1992년 3월부터 20년 넘게 공무원으로 재직하여 오던 중 임용당시 공무원 결격사유가 있었던 사실이 발견되었고, 乙은 이를 이유로 2012년 3월 31일 당연퇴직의 통보를 받게 되었다.(이상 공무원연금법의 내용은 가상의 것임을 전제로 함)(제2회 변호사시험)

1. 甲이 제기한 행정소송은 적법한가? 만약 적법하지 않다면 甲이 취할 조치는?(10점)

2. 乙에 대한 공무원 임용행위에 관하여,

(1) 만약 乙에 대한 공무원 임용행위가 당연무효가 아니라면, 乙은 퇴직연금 등의 지급을 청구할 수 있는가?(5점)

(2) 만약 乙에 대한 공무원 임용행위가 당연무효라면, 乙은 퇴직연금 등의 지급을 청구할 수 있는가?(15점)

▶답안요지 **설문1:**

1. 취소소송의 적법여부

甲이 제기한 취소소송이 적법하기 위하여는 대상적격, 원고적격, 관할법원, 제소기간 등 취소소송의 요건이 충족되어야 한다. 사안에서 甲은 최종월보수액의 50%를 넘는 부분에 대한 공무원연금공단의 지급거부에 대하여 취소소송을 제기하였는바, 공무원연금공단의 지급거부가 행소법 2조 1항 1호의 처분 등에 해당하는지 문제가 된다. 일관된 판례의 입장에 따르면 거부처분이 성립되기 위하여는 ① 신청한 행위가 행위가 공권력의 행사 또는 이에 준하는 행정작용, 즉 처분이어야 하고, ② 그 거부행위가 신청인의 법률관계에 어떤 변경을 일으키는 것이어야 하며, ③ 그 국민에게 그 행위발동을 요구할 법규상·조리상의 신청권이 있어야 한다는 입장을 취하고 있다. 甲은 최종보수월액의 70%의 지급신청을 하였는바, 연금지급행위가 처분에 해당하는지 문제가 된다. 판례에 따르면 공무원연금법상의 연금급여는 급여를 받을 권리를 가진 자가 소속기관장의 확인을 얻어 신청하는 바에 따라 공무원연금공단이 그 지급결정을 함으로써 구체적 권리가 발생하는 것으로 공무원연금공단의 급여에 관한 결정은 국민의 권리에 직접 영향을 미치는 것으로서 항고소송의 대상이 되는 행정처분에 해당된다(대판 1996. 12. 6, 96누6414). 그러나 공무원연금공단의 결정에 의하여 연금을 지급받아 오던 중, 사안과 같이 공무원연금법령의 개정 등으로 퇴직연금 중 일부 금액의 지급이 정지된 경우에는 공무원연금공단의 연금결정과 통지에 의하여 비로소 그 금액이 확정되는 것이 아니라, 개정된 법령에 따라 당연히 연금액이 확정된다. 이에 따라 공무원연금공단이 퇴직연금 중 일부 금액에 대하여 지급거부의 의사표시를 하였다고 하더라도 그 의사표시는 퇴직연금 청구권을 형성·확정하는 행정처분이 아니라 공법상의 법률관계의 한쪽 당사자로서 그 지급의무의 존부 및 범위에 관하여 밝히는 사실상·법률상 의견에 지나지 않아 공권력 행사인 처분에 해당되지 않는다. 이에 따라 甲이 제기한 취소소송은 대상적격을 충족하지 않아 부적법하다.

2. 취소소송이 부적법할 경우 甲이 취할 수 있는 조치

甲이 주장하고 있는 미지급퇴직연금청구권은 공법상의 권리로서 공법상 법률관계에 관한 소송인 공법상 당사자소송의 대상이 된다고 할 것이다. 甲은 자신이 제기한 취소소송을 당사자소송으로 변경하면 될 것이다. 다만 소(訴)의 변경이 허용되기 위하여는 다음의 요건이 충족되어야 한다(행소법 21조).

1) 취소소송이 계속되고 있을 것: 소송요건의 흠결로 인하여 취소소송이 부적법한 경우에도 각하판결을 받을 때까지는 소의 변경신청을 할 수 있다.

2) 사실심 변론종결시까지 원고의 신청이 있을 것

3) 청구의 기초에 변경이 없을 것: 청구의 기초라 함은 신·구청구간의 관련성을 의미하는바, 청구의 기초에 변경이 없다는 것은 일반적인 견해에 따르면 신청구와 구청구에 의하여 구제받으려는 법률상 이익의 동일성이 유지되어야 함을 의미한다. 사안에서 甲이 제기한 취소소송이나 변경할 당사자소송은 최종월보수액의 70%의 지급청구를 내용으로 하는 것으로 청구의 기초가 변경이 없다고 할 것이다.

4) 법원의 허가결정: 법원은 소의 종류를 변경하는 것이 상당하다고 인정하는 때에 결정으로 허가할 수

있다. 소의 변경을 허가함에 있어서 피고를 달리하게 될 때에는 새로이 피고로 될 자의 의견을 들어야 한다(법 21조). 사안의 경우 공무원연금공단은 법률관계의 한 당사자로서 당사자소송의 피고가 되기 때문에 피고는 취소소송과 동일하다.

설문2: 본서 공무원관계의 발생 부분의 사례 참고

3) 실비변상을 받을 권리

공무원은 보수를 받는 외에 직무수행에 소요되는 실비변상을 받는다(국공법 48조, 지공법 46조). 국내외 출장시에 그 운임 · 일비 · 숙박료 등의 청구권이 여기에 해당한다. 또한 공무원은 소속기관장의 허가를 받아 본래의 업무수행에 지장이 없는 범위 내에서 담당 직무 외의 특수한 연구과제를 위탁받아 처리하면 그 보상을 지급받을 수 있다(국공법 48조 2항, 지공법 46조 2항). 다만, 실비변상이나 보상을 거짓이나 그 밖의 부정한 방법으로 수령한 경우에는 수령한 금액의 2배의 범위에서 가산하여 징수할 수 있다(국공법 48조 2항, 지공법 46조 2항).

3. 노동법상의 권리

헌법은 공무원의 신분의 특수성과 그가 담당하는 직무의 공익성을 고려하여 "공무원인 근로자는 법률이 정하는 자에 한하여 단결권 · 단체교섭권 또는 단체행동권을 가진다"고 규정하고 있다(헌법 33조 2항). 이를 구체화한 국가 및 지방공무원법은 사실상 노무에 종사하는 공무원 및 대통령령으로 정하는 특수경력직공무원을 제외하고는 노동운동 및 기타 공무 이외의 일을 위한 집단적 행위를 금지시키고 있다(국공법 3조 3항 · 66조, 지공법 3조 3항 · 58조). 한편, 공무원의 노동기본권을 보장하기 위하여 2005년 1월 28일에 「공무원의 노동조합설립 및 운영 등에 관한 법률」(법률 제7380호)이 제정되어 2006년 1월 28일부터 시행되고 있다.

1) 사실상 노무에 종사하는 공무원

사실상 노무에 종사하는 공무원에게는 단결권 · 단체교섭권 · 단체행동권의 노동3권이 보장되고 있다. 국가공무원복무규정은 사실상 노무에 종사하는 공무원의 범위를 과학기술정보통신부 소속 현업기관의 작업 현장에서 노무에 종사하는 우정직공무원으로 한정하고 있다. 이들 중에서도 ① 서무 · 인사 및 기밀업무에 종사하는 자, ② 경리 및 물품출납사무에 종사하는 자, ③ 노무자의 감독사무에 종사하는 자, ④ 보안업무규정에 의한 보안목표시설의 경비업무에 종사하는 자, ⑤ 승용자동차 및 구급차의 운전에 종사하는 자는 제외되고 있다(국가공무원복무규정 28조). 한편, 헌법재판소는 지방자치단체의 기능직 공무원들의 근로3권을 보장하기 위해 지방공무원법 제58조 제2항에서 "사실상 노무에 종사하는 공무원"의 범위를 조례로 정하도록 위임하였음에도 불구하고 조례를 정하지 않은 입법부작위에 대하여 위헌결정을 하였다.

판례 1('사실상 노무에 종사하는 공무원의 범위'를 조례로 제정하지 않은 입법부작위가 위헌에 해당하는지 여부) 피청구인들이 지방공무원법 제58조 제2항에 따라 '사실상 노무에 종사하는 공무원의 범위'를 정하는 조례를 제정하도록 위임받았음에도 불구하고, 이를 정당한 사유 없이 제정하지 아니한 이 사건 부작위는 헌법상 의무를 위반하여 청구인들이 노동3권을 부여받을 기회 자체를 사전에 차단하거나 박탈하였다고 할 것이므로, 청구인들의 이 사건 심판청구를 받아들여 위와 같은 조례입법부작위가 위헌임을 확인한다(헌재결 2009. 7. 30, 2006헌마358).

판례 2(청원경찰의 근로3권을 획일적으로 제한하는 청원경찰법 제5조 제4항이 헌법에 위반하는지 여부) 청원경찰은 일반근로자일 뿐 공무원이 아니므로 기본적으로 헌법 제33조 제1항에 따라 근로3권이 보장되어야 한다. 청원경찰은 제한된 구역의 경비를 목적으로 필요한 범위에서 경찰관의 직무를 수행할 뿐이며, 그 신분보장은 공무원에 비해 취약하다. 또한 국가기관이나 지방자치단체 이외의 곳에서 근무하는 청원경찰은 근로조건에 관하여 공무원뿐만 아니라 국가기관이나 지방자치단체에 근무하는 청원경찰에 비해서도 낮은 수준의 법적 보장을 받고 있으므로, 이들에 대해서는 근로3권이 허용되어야 할 필요성이 크다. 청원경찰에 대하여 직접행동을 수반하지 않는 단결권과 단체교섭권을 인정하더라도 시설의 안전 유지에 지장이 된다고 단정할 수 없다. 헌법은 주요방위산업체 근로자들의 경우에도 단체행동권만을 제한하고 있고, 경비업법은 무기를 휴대하고 국가중요시설의 경비 업무를 수행하는 특수경비원의 경우에도 쟁의행위를 금지할 뿐이다. 청원경찰은 특정 경비구역에서 근무하며 그 구역의 경비에 필요한 한정된 권한만을 행사하므로, 청원경찰의 업무가 가지는 공공성이나 사회적 파급력은 군인이나 경찰의 그것과는 비교하여 견주기 어렵다. 그럼에도 심판대상조항은 군인이나 경찰과 마찬가지로 모든 청원경찰의 근로3권을 획일적으로 제한하고 있는바, 이는 과잉금지원칙을 위반하여 청구인들의 근로3권을 침해한다(헌재결 2017. 9. 28, 2015헌마653).

2) 공무원노동조합의 설립 · 가입 및 단체교섭권

「공무원의 노동조합설립 및 운영 등에 관한 법률」은 공무원의 노동조합 설립 및 운영, 단체교섭, 분쟁조정절차 등에 관하여 규정하고 있다.

가. 공무원노동조합

공무원노동조합은 국회 · 법원 · 헌법재판소 · 선거관리위원회 · 행정부 · 특별시 · 광역시 · 도 · 시 · 군 · 자치구 및 특별시 · 광역시 · 도의 교육청을 최소단위로 하여 설립될 수 있다(동법 5조).

나. 가입범위

이 법에서 말하는 "공무원"은 국가공무원법 제2조 및 지방공무원법 제2조에서 규정하고 있는 공무원을 말하는데, 다만 국가공무원법 제66조 제1항 단서 및 지방공무원법 제58조 제1항 단서의 규정에 의한 "사실상 노무에 종사하는 공무원"과 「교원의 노동조합설립 및 운영 등에 관한 법률」의 적용을 받는 교육공무원은 제외된다(동법 2조).

공무원노동조합에 가입할 수 있는 사람의 범위는 ① 일반직공무원, ② 특정직공무원 중 외무영사직렬 · 외교정보기술직렬 외무공무원, 소방공무원 및 교육공무원(다만, 교원은 제외한다), ③ 별정직공무원, ④ 제1호부터 제3호까지의 어느 하나에 해당하는 공무원이었던 사람으로서 노동조합 규약으로 정하는 사람이다.

이들 공무원에 해당한다고 하더라도 ① 업무의 주된 내용이 다른 공무원에 대하여 지휘 · 감독권을 행사하거나 다른 공무원의 업무를 총괄하는 업무에 종사하는 공무원, ② 업무의 주된 내용이 인사 · 보수 또는 노동관계의 조정 · 감독 등 노동조합의 조합원 지위를 가지고 수행하기에 적절하지 아니한 업무에 종사하는 공무원, ③ 교정 · 수사 등 공공의 안녕과 국가안전보장에 관한 업무에 종사하는 공무원은 노동조합에 가입할 수 없다(동법 6조).

다. 교섭 및 단체협약체결권

공무원노동조합의 대표자는 노동조합에 관한 사항 또는 조합원의 보수 · 복지 그 밖의 근무조건에 관한 사항에 대하여 정부측 교섭대표와 교섭하고 단체협약을 체결할 권한을 갖는다. 다만, 정책결정에 관한 사항, 임용권의 행사 등 그 기관의 관리 · 운영에 관한 사항으로서 근무조건과 직접 관련되지 아니하는 사항은 교섭의 대상에서 제외된다(동법 8조).

라. 정치활동 및 쟁의행위의 금지

공무원노동조합과 그 조합원은 정치활동을 할 수 없으며(동법 4조), 파업 · 태업 그 밖에 업무의 정상적인 운영을 저해하는 일체의 행위를 하여서는 안된다(동법 11조).

판례 1(공무원을 구성원으로 삼아 조직된 근로자단체가 법률이 정한 설립신고 요건을 갖추어 공무원노동조합으로 설립되는 경우에 한하여 노동기본권의 향유 주체가 되는지 여부) 헌법 제33조 제2항, 노동조합 및 노동관계조정법 제5조 단서, 공무원의 노동조합 설립 및 운영 등에 관한 법률(이하 '공무원노조법'이라고 한다) 제3조 제1항에서 공무원의 노동기본권에 헌법적 제한을 두고 공무원노동조합의 설립이나 가입에 관하여 따로 법률로 정한 취지와 그 제정 경위, 공무원 지위의 특수성 등을 종합하여 보면, 공무원을 구성원으로 삼아 조직된 근로자단체는 공무원노조법이 정한 설립신고 요건을 갖추어 공무원노동조합으로 설립되는 경우에 한하여 노동기본권의 향유 주체가 될 수 있다(대판 2016. 12. 27, 2014도15054).

판례 2(법령 등에 따라 국가나 지방자치단체가 권한으로 행하는 정책결정에 관한 사항, 임용권의 행사 등 기관의 관리 · 운영에 관한 사항이 단체교섭의 대상이 되기 위한 요건) 구 공무원의 노동조합 설립 및 운영 등에 관한 법률 제8조 제1항, 구 공무원의 노동조합 설립 및 운영 등에 관한 법률 시행령 제4조의 내용을 종합하여 보면, 법령 등에 따라 국가나 지방자치단체가 권한으로 행하는 정책결정에 관한 사항, 임용권의 행사 등 기관의 관리 · 운영에 관한 사항이 단체교섭의 대상이 되려면 그 자체가 공무원이 공무를 제공하는 조건이 될 정도로 근무조건과 직접 관련된 것이어야 하며, 이 경우에도 기관의 본질적 · 근본적 권한을 침해하거나 제한하는 내용은 허용되지 아니한다(대판 2017. 1. 12, 2011두13392).

Ⅱ. 공무원의 의무

공무원은 국가 및 지방자치단체에 대하여 여러 가지 권리를 갖고 있는 것과 같이, 다양한 의무를 부담하고 있다. 전통적인 견해는 공무원의 의무의 근거를 공무원관계의 기초가 되는 특별권력에서 구하였다. 즉 본인의 동의에 의하여 공무원관계가 성립되면, 국가나 지방자치단체는 법령의 규정이 없어도 특별명령에 근거하여 의무를 부과할 수 있으며, 이에 따라 법령에 규정된 의무는 단지 예시적인 것으로 보았다. 그러나 오늘날 민주적 법치국가에서는 이러한 견해는 이미 극복되었으며, 공무원의 모든 의무는 공무원법을 비롯한 관련법령에 규정되고 있다. 다만 법령에서 규정된 의무 중에서는 공무원의 복종의무(국공법 57조, 지공법 49조)와 같이 포괄적인 성질을 가진 것도 있다. 공무원의 의무의 종류는 공무원의 종류 및 직무의 성질에 따라 그 내용이 다르고, 각종 법률에서 개별적으로 규정하고 있으나 국가 및 지방공무원법은 일반직공무원의 공통된 의무에 대하여 규정하고 있다.

1. 선서의무

공무원은 취임할 때에 소속기관장 앞에서 선서하여야 한다. 다만 불가피한 사유가 있을 때에는 취임후에 하게 할 수 있다(국가공무원법 55조, 지방공무원법 47조). 선서의무를 지는 공무원에는 경력직공무원과 특수경력직공무원이 모두 포함된다. 다만 정무직공무원 중 선거에 의하여 취임하는 대통령은 헌법 제69조에 따라, 국회의원은 국회법 제24조에 따라 각각 국민앞에 선서를 하여야 한다.

2. 성실의무

모든 공무원은 성실히 직무를 수행할 의무를 진다(국공법 56조, 지공법 48조). 성실의무는 공무원이 전인격과 양심을 바쳐서 공공이익의 증진에 충실하여야 하며, 최대한으로 국가의 이익을 도모하고 그 불이익을 방지하여야 한다는 것을 내용으로 하는 것으로 공무원의 각종 의무의 원천이 되는 가장 기본적 의무에 해당된다. 즉 성실의무는 단지 법령을 준수하고 상관의 명령에 복종하는 것만으로 그치지 않고, 법령이 허용하는 범위내에서 적극적으로 공익을 도모하도록 항상 노력하여야 한다는 점에 그 의의가 있다. 공무원의 성실의무는 경우에 따라서는 근무시간 외에 근무지 밖에까지 미칠 수 있다. 공무원이 법령을 위배하지 않더라도 성실의무를 위반하면 징계사유가 될 수 있다.

판례 1 지방공무원법 제48조 소정의 성실의무는 공무원에게 부과된 가장 기본적인 중요한 의무로서 최대한으로 공공의 이익을 도모하고 그 불이익을 방지하기 위하여 전인격과 양심을 바쳐서 성실히 직무를 수행하여야 하는 것을 그 내용으로 한다(대판 1989. 5. 23, 88누3161).

판례 2 전국기관차협의회가 주도하는 집회 및 철도파업은 정당한 단체행동의 범위내에 있는 것으로 보기 어렵고, 또한 그 집회가 적법한 절차를 거쳐 개최되었고 근무시간 외에 사업장 밖에서 개최되었다고 하더라도 철도의 정상적인 운행을 수행하여야 할 철도기관사로서의 성실의무는 철도의 정상운행에 지장을 초래할 가능성이 높은 집회에 참석하지 아니할 의무에까지도 미친다(대판 1997. 2. 11, 96누2125).

3. 직무상 의무

1) 법령준수의무

모든 공무원은 법령을 준수하여야 한다(국공법 56조, 지공법 48조). 법치행정의 원리에 따라 행정은 법률에 적합하게 행하여져야 하기 때문에, 행정임무를 수행하는 공무원이 법령을 준수하여야 하는 것은 당연하다. 공무원이 자신이 집행하는 법령이 위헌 · 위법이라고 판단할 때, 그의 집행을 거부할 수 있는지 문제가 된다. 공무원은 법관과는 달리 법령에 대한 위헌 · 위법심사권을 갖지 않기 때문에, 법령의 적용을 배제할 권한을 갖지 못한다. 단지 공무원은 상급기관 내지 상관에게 이에 대한 질의를 할 수 있을 것이다.[18)]

2) 복종의무

가. 소속상관
나. 직무명령
  가) 의 의
    ① 의 의
    ② 훈령과의 관계
  나) 직무명령의 적법요건
    ㉠ 직무명령의 형식적 요건
    ㉡ 직무명령의 실질적 요건
다. 복종의무의 한계
  가) 실질적 요건심사부정설
  나) 실질적 요건심사긍정설
  다) 절충설
  라) 결어(=절충설)
라. 직무명령이 경합한 경우
마. 복종의무위반의 효과

18) 金南辰/金連泰, 行政法 II, 319면.

공무원은 직무를 수행함에 있어서 소속상관의 직무상의 명령에 복종하여야 할 의무가 있다(국공법 57조, 지공법 49조). 법관 및 기타 직무수행에 있어서 독립성이 보장되는 공무원을 제외하고, 행정사무에 종사하는 공무원은 상명하복의 계층체를 이루어 행정목적을 수행하기 때문에 소속상관의 직무명령에 복종하여야 한다.

가. 소속상관

공무원의 소속상관에는 공무원의 진퇴상벌을 행하거나 그 제청권을 가진 신분상의 소속상관과 공무원의 직무를 지휘·감독할 권한이 있는 직무상의 소속상관이 있으나 여기서는 후자를 의미한다. 소속상관에는 기관의 장뿐만 아니라 보조기관인 상관과 기타 지휘·감독권을 가진 모든 상급자를 포함한다.

나. 직무명령

가) 의 의　　직무명령은 소속상관이 직무에 관하여 부하공무원에게 발하는 일체의 명령을 말한다. 여기에는 일반적·추상적인 것과 개별적·구체적인 것을 다 포함한다. 직무명령은 소속상관이 부하공무원에게 발하는 명령이라는 점에서 상급행정기관이 하급행정기관에게 발하는 훈령(訓令)과 구별된다. 훈령은 발령기관이 이를 취소하거나 기관 자체가 폐지되지 않는 한 기관구성자의 변동에 관계없이 효력을 가지지만, 직무명령은 소속상관 또는 수명공무원(受命公務員)의 변동에 의하여 효력을 상실한다. 다만, 훈령은 수명기관을 구속하는 결과 수명기관구성자도 이에 구속되기 때문에 훈령은 동시에 직무명령의 성격을 갖는다. 따라서 직무명령에는 훈령적 직무명령과 비훈령적 직무명령이 있을 수 있다.

나) 직무명령의 적법요건　　직무명령이 적법하기 위하여는 형식적 요건과 실질적 요건이 충족되어야 한다. 형식적 요건으로는 ① 직무상의 소속상관이 발한 것일 것, ② 부하공무원의 직무에 관한 것일 것, ③ 부하공무원의 직무상 독립이 보장되어 있는 사항에 관한 것이 아닐 것, ④ 법정의 절차·형식을 갖출 것이 요구되며, 실질적 요건으로는 법령에 위배되지 말아야 하고, 명확하고 이행가능하여야 할 것이 요구된다.

다. 복종의무의 한계

직무명령의 형식적 요건은 그 충족여부가 외관상 명백한 것이 보통이므로 부하공무원은 이를 심사할 수 있고 그 요건이 결여된 경우에는 복종을 거부할 수 있다는 것이 일반적인 견해이다. 그러나 부하공무원이 실질적 요건의 구비여부를 심사할 수 있으며, 그것이 결여된 경우에 복종을 거부할 수 있는지 대하여는 견해가 대립되고 있다.

가) 실질적 요건심사부정설　　전통적인 견해인 실질적 요건부정설에 따르면 직무명령도 행정행위와 같이 적법성추정(適法性推定)을 받기 때문에 중대하고 명백한 하자가 있어서 무효이거나 범죄를 구성하는 경우를 제외하고는 부하공무원은 이를 심사할 수 없으며 또한 복종을 거부할 수 없다고 한다. 이는 공무원의 복종의무를 법령준수의무보다 우선시 하는 견해로서, 만일 부하공무원에게 실질적 요건의 심사권과 복종거부권을 인정하면 법령해석에 있어서 하극상과 불통일을 가져오고, 상하계층제에 의한 행정목적의 통일적인 수행을 방해한다고 한다. 그러나 이러한 전통적인 국가행위의 적법성 추정이론은 오늘날 일반적으로 비판받고 있다. 적법성추정이론은 국가는 항상 올바르게 행동

하며 그 자체가 정당성의 구현이라는 권위주의적 국가관에 기초하고 있으며, 이러한 학설의 문제점은 이미 역사적 경험에 의하여 충분히 입증되고 있다.

나) 실질적 요건심사긍정설　　부하공무원은 직무명령의 실질적 요건을 심사할 수 있고, 위법하다고 판단하면 복종을 거부하여야 한다는 견해로서 공무원의 법령준수의무를 복종의무보다 우선시하는 견해이다. 만일 실질적 심사권을 부인하고, 위법한 직무명령에도 따라야 한다면, 공무원은 법령보다 소속상관의 직무명령에 충실하게 되고 그 결과로 위법한 직무명령이 횡행하게 된다고 한다.

다) 절충설　　이 견해는 부하공무원의 실질적 요건에 대한 심사권을 인정하나, 직무명령이 명백히 위법한 경우에만 복종을 거부할 수 있다고 한다. 법령준수의무와 복종의무가 대립하는 경우에 절충적 해결을 시도하는 입장으로 오늘날 다수설의 견해이다.

라) 결 어　　절충설의 견해가 타당할 것이다. 부하공무원이 모든 직무명령을 심사하고 복종을 거부할 수 있다면, 행정조직의 질서유지는 어려울 것이며, 반면 모든 위법한 직무명령에 복종의무를 인정하여 이를 위반할 경우 징계책임을 묻는다면 공무원의 법령준수의무는 형해화될 것이다. 이에 따라 부하공무원이 실질적 요건을 심사하고 복종을 거부할 수 있는 경우는 그 하자가 중대하고 명백한 경우에 제한되는 것이 아니라 하자가 명백한 경우에도 해당될 것이다. 직무명령이 명백히 위법한 경우에는 부하공무원은 복종을 거부할 수 있을 뿐 아니라, 법령준수의무에 따라 거부하여야 할 의무가 있으며, 이러한 직무명령에 복종한다면 그 결과에 대하여 스스로 책임(징계 · 민사 · 형사책임)을 져야 한다. 부하공무원은 그 위법성이 명백하지 않은 직무명령에 대하여는 복종을 하여야 하나, 이에 대한 의견진술을 할 수 있음은 물론이다(지공법 49조 단서).

라. 직무명령이 경합된 경우

2 이상의 소속상관으로부터 서로 모순되는 직무명령을 받았을 때에는 직근상관의 명령에 복종하여야 한다는 것이 통설적 견해이다.

마. 복종의무위반

직무명령에 대한 복종의무를 위반하는 경우, 반드시 그 공무원의 행위가 위법으로 되는 것이 아니고, 단지 당해 공무원의 징계사유가 된다.

판례 1(상급행정기관의 지시를 위반하는 처분의 위법성 여부)　상급행정기관의 지시는 일반적으로 행정조직 내부에서만 효력을 가질 뿐 대외적으로 국민이나 법원을 구속하는 효력이 없다. 대외적으로 처분 권한이 있는 처분청이 상급행정기관의 지시를 위반하는 처분을 하였다고 해서 그러한 사정만으로 처분이 곧바로 위법하게 되는 것은 아니고, 처분이 상급행정기관의 지시를 따른 것이라고 해서 적법성이 보장되는 것도 아니다. 처분이 적법한지는 상급행정기관의 지시를 따른 것인지 여부가 아니라, 헌법과 법률, 대외적으로 구속력 있는 법령의 규정과 입법 목적, 비례 · 평등원칙과 같은 법의 일반원칙에 적합한지 여부에 따라 판단해야 한다(대판 2019. 7. 11, 2017두38874).

판례 2(복종의무위반이 징계사유가 되는 경우)　공무원이 상급행정기관이나 감독권자의 직무상 명령을 위반하였다는 점을 징계사유로 삼으려면 직무상 명령이 상위법령에 반하지 않는 적법 · 유효한 것이어야 한다(대판 2020. 11. 26, 2020두42262).

판례 3(명백히 위법한 직무명령에 대한 복종의무)　공무원이 그 직무를 수행함에 있어 상관은 하관에 대하여 범죄행위 등 위법한 행위를 하도록 명령할 직권이 없는 것이고 하관은 소속상관의 적법한 명령에 복종할 의무는 있으나 그 명령이 참고인으로 소환된 사람에게 가혹행위를 가하라는 등과 같이 명백한 위법 내지 불법한 명령인 때에는 이는 벌써 직무상의 지시명령이라 할 수 없으므로 이에 따라야 할 의무는 없다(대판 1988. 2. 23, 87도2358).

판례 4(군인이 상관의 지시와 명령에 대하여 헌법소원 등 재판청구권을 행사하는 것이 군인의 복종의무에 위반되는지 여부) 상명하복에 의한 지휘통솔체계의 확립이 필수적인 군의 특수성에 비추어 군인은 상관의 명령에 복종하여야 한다. 구 군인복무규율 제23조 제1항은 그와 같은 취지를 규정하고 있다. 군인이 일반적인 복종의무가 있는 상관의 지시나 명령에 대하여 재판청구권을 행사하는 경우에는 재판청구권이 군인의 복종의무와 외견상 충돌하는 모습으로 나타날 수 있다. 그러나 상관의 지시나 명령 그 자체를 따르지 않는 행위와 상관의 지시나 명령은 준수하면서도 그것이 위법 · 위헌이라는 이유로 재판청구권을 행사하는 행위는 구별되어야 한다. 법원이나 헌법재판소에 법적 판단을 청구하는 것 자체로는 상관의 지시나 명령에 직접 위반되는 결과가 초래되지 않으며, 재판절차가 개시되더라도 종국적으로는 사법적 판단에 따라 위법 · 위헌 여부가 판가름 나므로 재판청구권 행사가 곧바로 군에 대한 심각한 위해나 혼란을 야기한다고 상정하기도 어렵다. 상관의 지시나 명령을 준수하는 이상 그에 대하여 소를 제기하거나 헌법소원을 청구하였다는 사실만으로 상관의 지시나 명령을 따르지 않겠다는 의사를 표명한 것으로 간주할 수도 없다. 종래 군인이 상관의 지시나 명령에 대하여 사법심사를 청구하는 행위를 무조건 하극상이나 항명으로 여겨 극도의 거부감을 보이는 태도 역시 모든 국가권력에 대하여 사법심사를 허용하는 법치국가의 원리에 반하는 것으로 마땅히 배격되어야 한다. 따라서 군인이 상관의 지시나 명령에 대하여 재판청구권을 행사하는 경우에 그것이 위법 · 위헌인 지시와 명령을 시정하려는 데 목적이 있을 뿐, 군 내부의 상명하복관계를 파괴하고 명령불복종 수단으로서 재판청구권의 외형만을 빌리거나 그 밖에 다른 불순한 의도가 있지 않다면, 정당한 기본권의 행사이므로 군인의 복종의무를 위반하였다고 볼 수 없다(대판(전원합의체) 2018. 3. 22, 2012두26401).

사례 A자치구청의 위생과에 근무하고 있는 갑은 소속상관인 위생과장 을의 지시에 따라 을과 친분관계에 있는 병에게 단란주점의 영업허가증을 발급하였다. 3층건물의 지하에 위치한 병의 단란주점은 영업을 시작한지 얼마 안 되서 화재가 발생하여 손님과 종업원 등 수명이 화상을 입는 사고가 발생하였다. 구청의 자체감사결과 병의 단란주점은 법령에서 요구하고 있는 여러 가지 시설기준을 충족시키지 못하고 있으며 특히 관할 소방서장이 발급하는 소방시설완비증명서를 구비하지 못하고 있었음이 밝혀졌다. 이에 따라 A구청장은 인사위원회의 의결을 거쳐 처분사유설명서의 교부와 더불어 갑과 을을 해임조치 하였다. 갑은 자신은 단순히 소속상관인 을의 명령에 따라 직무를 수행하였을 뿐이며 따라서 해임조치가 위법하다고 주장하고 있다. 갑의 주장의 타당성을 논하시오.

▶답안요지 사안에서 공무원의 복종의무의 한계가 문제가 되고 있는바, 직무명령의 형식적 요건에 대하여는 부하공무원은 그 위법성을 심사할 수 있으며 그 위법성이 인정되는 경우에는 복종을 거부할 수 있다는 것이 일반적인 견해이다. 실질적 요건에 관하여는 ① 실질적 요건심사부정설, ② 실질적 요건심사긍정설, ③ 절충설이 대립되고 있다. 다수설은 절충설을 취하고 있는바, 부하공무원은 상관의 직무명령이 명백하게 위법한 경우에는 복종을 거부하여야 한다. 부하공무원이 명백하게 위법한 직무명령에 복종하는 경우에는 징계책임 · 민사책임 · 형사책임을 면하지 못한다. 사안에서 을은 갑에게 소방시설완비증명서를 구비하지 못한 시설에 대한 단란주점허가증의 발급명령을 내렸는바, 이는 명백하게 위법한 직무명령에 해당한다. 이에 대하여 복종을 한 갑은 징계책임 · 형사책임 · 민사책임을 면하지 못할 것이다.

3) 직장전념의무

공무원은 직장에 전념할 의무를 진다. 공무원의 직장전념의무로부터 다음과 같은 일련의 의무가 발생한다.

가. 직장이탈금지의무

공무원은 소속상관의 허가나 정당한 이유없이 직장을 이탈하지 못한다(국공법 58조 1항, 지공법 50조 1항). 이러한 의무는 근무시간뿐만 아니라 시간외 근무명령이 있는 경우에도 존재한다. 직장이탈금지의무를 위반하는 경우 징계책임뿐만 아니라 형사상의 책임도 질 수 있다.

판례(연가신청에 대한 허가가 있기 전 근무지를 이탈한 행위가 징계사유가 되는지 여부) 공무원이 법정연가일수의 범위 내에서 연가신청을 하였고 그와 같은 연가신청에 대하여 행정기관의 장은 공무수행상 특별한 지장이 없는 한 이를 허가하여야 한다고 되어 있더라도 그 연가신청에 대한 허가도 있기 전에 근무지를 이탈한 행위는 지방공무원법 제50조 제1항에 위반되는 행위로서 징계사유가 된다(대판 1996. 6. 14, 96누2521).

나. 영리업무 및 겸직금지의무

공무원은 공무 이외의 영리를 목적으로 하는 업무에 종사하지 못하며, 소속기관장의 허가없이 다른 직무를 겸하지 못한다. 영리를 목적으로 하는 업무의 한계는 대통령령 등으로 정한다(국공법 64조, 지공법 56조).

가) 금지되는 영리업무 국가공무원복무규정은 금지되는 영리업무로서 ① 공무원이 상업·공업·금융업 기타 영리적인 업무를 스스로 경영하여 영리를 추구함이 현저한 업무, ② 공무원이 상업·공업·금융업 기타 영리를 목적으로 하는 사기업체의 이사·감사업무를 집행하는 무한책임사원·지배인·발기인 기타의 임원이 되는 것, ③ 그의 직무와 관련이 있는 타인의 기업에 투자하는 행위, ④ 기타 계속적으로 재산상의 이득을 목적으로 하는 업무를 행하는 것으로 공무원의 직무상의 능률의 저해, 공무에 대한 부당한 영향, 국가의 이익과 상반되는 이익의 취득 또는 정부에 대한 불명예스러운 영향을 초래할 우려가 있는 것으로 규정하고 있다(국가공무원복무규정 25조).

나) 겸직허가 공무원의 겸직이 가능한 것은 위에서 본 영리업무에 해당하지 않는 것으로 담당직무수행에 지장이 없는 것이어야 한다(국가공무원복무규정 26조 1항·2항). 허가권자인 소속기관의 장은 5급 이상의 공무원인 경우에는 임용제청권자, 6급 이하의 공무원 및 기능직공무원의 경우에는 임용권자를 말한다(국가공무원복무규정 26조 3항).

판례(겸직이 금지되는 영리업무의 범위) 지방공무원법 제56조 및 영리업무의 한계 및 사실상 노무에 종사하는 지방공무원의 범위에 관한 건 제2조 제1호에 의하면 공무원으로서 겸직이 금지되는 영리업무는 영리적인 업무를 공무원이 스스로 경영하여 영리를 추구함이 현저한 업무를 의미하고 공무원이 여관을 매수하여 임대하는 행위는 영리업무에 종사하는 경우라고 할 수 없다(대판 1982. 9. 14, 82누46).

다. 영예의 제한

공무원이 외국정부로부터 영예 또는 증여를 받을 경우에는 대통령의 허가를 받아야 한다(국공법 62조,

(지공법 54조). 외국정부로부터 영예나 증여를 받는 것은 공무원 개인으로서가 아니라 국가 및 지방자치단체의 공무원의 지위에서 받는 것이기 때문에, 국익에 저촉되는지 여부 등을 심사하기 위한 것이다.

라. 정치운동금지의무

공무원은 정치적 중립성을 지켜야 한다(헌법 7조). 국가 및 지방공무원법은 공무원의 일정한 정치적 활동을 금지시키고 있는 바, 이는 첫째, 국민전체의 봉사자로서 공무원이 특정집단의 이해관계를 대변하는 것을 방지하고, 둘째, 공무원을 정당 및 정치세력의 부당한 영향과 압력으로부터 보호하여 행정의 안정성과 계속성을 유지하기 위한 것이다. 공무원은 정당 기타 정치단체의 결성에 관여하거나 이에 가입할 수 없으며(국공법 65조 1항, 지공법 57조 1항), 선거에 있어서 특정정당 또는 특정인의 지지나 반대를 하기 위하여 ① 투표를 하거나 하지 아니하도록 권유하는 것, ② 서명운동을 기획·주재하거나 권유하는 것, ③ 문서 또는 도서를 공공시설 등에 게시하거나 게시하게 하는 것, ④ 기부금품을 모집 또는 모집하게 하거나 공공자금을 이용 또는 이용하게 하는 것, ⑤ 타인으로 하여금 정당 기타 정치단체에 가입하게 하거나 가입하지 않도록 권유하는 것 등을 하여서는 안된다(국공법 65조 2항, 지공법 57조 2항). 또한 공무원은 다른 공무원으로 하여금 위의 금지되는 행위를 하도록 요구하거나, 정치적 행위의 보상 또는 보복으로 이익 또는 불이익을 약속하여서는 안된다(국공법 65조 3항, 지공법 57조 3항). 한편, 대통령령으로 정하는 특수경력직공무원(대통령·국무총리·장차관·국회의원·비서관 등의 정무직·별정직공무원)에 대하여는 공무원법상의 정치운동금지규정이 적용되지 않으며(국공법 3조 3항, 지공법 3조 3항), 교육공무원 중 총장·학장·교수·부교수·조교수는 정당의 당원이나 발기인이 될 수 있다.

판례 1(국가 또는 지방자치단체의 정책에 대한 공무원의 집단적인 반대·방해 행위를 금지하고 있는 국가공무원 및 지방공무원 복무규정이 공무원의 정치적 표현의 자유를 침해하는지 여부) 위 규정들은 국가 또는 지방자치단체의 정책에 대한 공무원의 집단적인 반대·방해 행위를 금지함으로써 공무원의 근무기강을 확립하고 공무원의 정치적 중립성을 확보하려는 입법목적을 가진 것으로서, 위 규정들은 그러한 입법목적 달성을 위한 적합한 수단이 된다. 한편, 공무원의 신분과 지위의 특수성에 비추어 볼 때 공무원에 대해서는 일반 국민에 비해 보다 넓고 강한 기본권제한이 가능한바, 위 규정들은 공무원의 정치적 의사표현이 집단적인 행위가 아닌 개인적·개별적인 행위인 경우에는 허용하고 있고, 공무원의 행위는 그것이 직무 내의 것인지 직무 외의 것인지 구분하기 어려운 경우가 많으며, 설사 공무원이 직무 외에서 집단적인 정치적 표현 행위를 한다 하더라도 공무원의 정치적 중립성에 대한 국민의 신뢰는 유지되기 어려우므로 직무 내외를 불문하고 금지한다 하더라도 침해의 최소성원칙에 위배되지 아니한다. 만약 국가 또는 지방자치단체의 정책에 대한 공무원의 집단적인 반대·방해 행위가 허용된다면 원활한 정책의 수립과 집행이 불가능하게 되고 공무원의 정치적 중립성이 훼손될 수 있는바, 위 규정들이 달성하려는 공익은 그로 말미암아 제한받는 공무원의 정치적 표현의 자유에 비해 작다고 할 수 없으므로 법익의 균형성 또한 인정된다. 따라서 위 규정들은 과잉금지원칙에 반하여 공무원의 정치적 표현의 자유를 침해한다고 할 수 없다(헌재결 2012. 5. 31, 2009헌마705, 2010헌마90 병합).

판례 2(공무원의 정당가입을 금지하는 국가공무원규정이 헌법에 위반되는지 여부) 정당가입 금지조항은 공무원의 정치적 중립성을 보장하고 초·중등학교 교육의 중립성을 확보한다는 점에서 입법목적의 정당성이 인정되고, 정당에의 가입을 금지하는 것은 입법목적 달성을 위한 적합한 수단이다. 공무원은 정당의 당원이 될 수 없을 뿐, 정당에 대한 지지를 선거와 무관하게 개인적인 자리에서 밝히거나 투표권을 행사하는 등의 활동은 허용되므로 침해의 최소성 원칙에 반하지 않는다. 정치적 중립성, 초·중등학교 학생들에 대한 교육기본권 보장이라는 공익은 공무원이 제한받는 불이익에 비하여 크므로 법익균형성도 인정된다.

또한 초 · 중등학교 교원에 대하여는 정당가입을 금지하면서 대학교원에게는 허용하는 것은, 기초적인 지식전달, 연구기능 등 직무의 본질이 서로 다른 점을 고려한 합리적 차별이므로 평등원칙에 반하지 아니한다(헌재결 2014. 3. 27, 2011헌바42).

판례 3(국가공무원법 제65조의 '그 밖의 정치단체'에 관한 부분의 위헌여부) 국가공무원법조항 중 '그 밖의 정치단체'에 관한 부분은 공무원의 정치적 중립성 및 교육의 정치적 중립성을 보장하기 위한 것이므로, 그 입법목적의 정당성이 인정된다. 그러나 위 조항은 위와 같은 입법목적과 아무런 관련이 없는 단체의 결성에 관여하거나 이에 가입하는 행위까지 금지한다는 점에서 수단의 적합성 및 침해의 최소성이 인정되지 않는다. 또한 위 조항은 국가공무원법 제2조 제2항 제2호의 교육공무원 가운데 초 · 중등교육법 제19조 제1항의 교원(이하 '교원'이라 한다)의 직무와 관련이 없거나 그 지위를 이용한 것으로 볼 수 없는 결성 관여행위 및 가입행위까지 전면적으로 금지한다는 점에서도 수단의 적합성 및 침해의 최소성을 인정할 수 없다. 공무원의 정치적 중립성은 국민 전체에 대한 봉사자의 지위에서 공직을 수행하는 영역에 한하여 요구되는 것이고, 교원으로부터 정치적으로 중립적인 교육을 받을 기회가 보장되는 이상, 교원이 기본권 주체로서 정치적 자유권을 행사한다고 하여 교육을 받을 권리가 침해된다거나 교육의 정치적 중립성이 훼손된다고 볼 수 없다. 교원이 사인의 지위에서 정치적 자유권을 행사하게 되면 직무수행에 있어서도 정치적 중립성을 훼손하게 된다는 논리적 혹은 경험적 근거는 존재하지 않는다. 공무원의 정치적 중립성 및 교육의 정치적 중립성에 대한 국민의 신뢰는 직무와 관련하여 또는 그 지위를 이용하여 정치적 중립성을 훼손하는 행위를 방지하기 위한 감시와 통제 장치를 마련함으로써 충분히 담보될 수 있다. 위 조항이 교원에 대하여 정치단체의 결성에 관여하거나 이에 가입하는 행위를 전면적으로 금지함으로써 달성할 수 있는 공무원의 정치적 중립성 및 교육의 정치적 중립성은 명백하거나 구체적이지 못한 반면, 그로 인하여 교원이 받게 되는 정치적 표현의 자유 및 결사의 자유에 대한 제약과 민주적 의사형성과정의 개방성과 이를 통한 민주주의의 발전이라는 공익에 발생하는 피해는 매우 크므로, 위 조항은 법익의 균형성도 갖추지 못하였다. 위 조항은 과잉금지원칙에 위배되어 나머지 청구인들의 정치적 표현의 자유 및 결사의 자유를 침해한다(헌재결 2020. 4. 23, 2018헌마551).

마. 집단행위금지의무

전체국민의 봉사자로서 공무원은 노동운동 기타 공무 이외의 일을 위한 집단적 행위를 하여서는 안된다. 공무 이외의 일을 위한 집단적 행위란 공무원으로서 직무에 관한 기강을 저해하거나 기타 그 본분에 배치되는 등 공무의 본질을 해치는 특정목적을 위한 다수인의 행위로써 단체의 결성단계에 이르지 아니한 상태의 행위로 이해되고 있다. 사실상 노무에 종사하는 공무원과 대통령령으로 정하는 특수경력직공무원에 대하여는 이에 대한 예외를 인정하고 있다(국공법 3조 3항 · 66조 1항 단서, 지공법 3조 3항 · 58조 1항 단서). 한편, 「공무원의 노동조합설립 및 운영 등에 관한 법률」 및 「교원의 노동조합설립 및 운영 등에 관한 법률」은 공무원의 노동조합의 설립 · 가입 및 단체교섭권을 인정하고 있다.

판례 1(공무원의 집단행위를 금지한 국가공무원법 제66조 제1항이 헌법에 위반되는지 여부) 공무원의 집단행위를 금지한 국가공무원법 제66조 제1항이 헌법 제11조의 평등권조항, 제21조의 언론, 출판, 집회, 결사의 자유조항, 제31조 제4항의 교육의 자주성 등의 보장조항, 제33조의 근로자의 단결권 등 조항이나 제37조 제2항의 국민의 자유와 권리의 제한조항에 위배된 위헌규정이라고 할 수 없다(대판 1990. 12. 26, 90다8916).

판례 2(장관 주재회의에서 집단퇴장행위가 '집단적 행위'에 해당하는지 여부) 장관 주재의 정례조회에서의 집단퇴장행위는 공무원으로서 직무에 관한 기강을 저해하거나 기타 그 본분에 배치되는 등 공무의 본질을 해치는 다수인의 행위라 할 것이므로, 비록 그것이 건설행정기구의 개편안에 관한 불만의 의사표시에서 비롯되었다 하더라도, 위 "가"항의 "공무 외의 집단적 행위"에 해당한다(대판 1992. 3. 27, 91누9145).

판례 3(국가공무원법 제66조 제1항의 집단행위의 의미) 국가공무원법이 '공무 외의 일을 위한 집단행위'라고 다소 포괄적이고 광범위하게 규정하고 있다 하더라도, 이는 공무가 아닌 어떤 일을 위하여 공무원들이 하는 모든 집단행위를 의미하는 것이 아니라, 언론 · 출판 · 집회 · 결사의 자유를 보장하고 있는 헌법 제21조 제1항, 공무원에게 요구되는 헌법상의 의무 및 이를 구체화한 국가공무원법의 취지, 국가공무원법상의 성실의무 및 직무전념의무 등을 종합적으로 고려하여 '공익에 반하는 목적을 위한 행위로서 직무전념의무를 해태하는 등의 영향을 가져오는 집단적 행위'라고 해석된다. 공무원들의 어느 행위가 국가공무원법 제66조 제1항에 규정된 '집단행위'에 해당하려면, 그 행위가 반드시 같은 시간, 장소에서 행하여져야 하는 것은 아니지만, 공익에 반하는 어떤 목적을 위한 다수인의 행위로서 집단성이라는 표지를 갖추어야만 한다고 해석함이 타당하다. 따라서 여럿이 같은 시간에 한 장소에 모여 집단의 위세를 과시하는 방법으로 의사를 표현하거나 여럿이 단체를 결성하여 그 단체 명의로 의사를 표현하는 경우, 실제 여럿이 모이는 형태로 의사표현을 하는 것은 아니지만 발표문에 서명날인을 하는 등의 수단으로 여럿이 가담한 행위임을 표명하는 경우 또는 일제 휴가나 집단적인 조퇴, 초과근무 거부 등과 같이 정부활동의 능률을 저해하기 위한 집단적 태업 행위로 볼 수 있는 경우에 속하거나 이에 준할 정도로 행위의 집단성이 인정되어야 국가공무원법 제66조 제1항에 해당한다고 볼 수 있다(대판 2017. 4. 13, 2014두8469).

---

4) 친절 · 공정의무

공무원은 국민전체에 대한 봉사자로서 친절하고 공정하게 집무하여야 한다(국공법 59조, 지공법 51조). 직무수행에 있어 공무원의 친절 · 공정의무는 단순한 윤리적인 의무가 아니라 법적인 의무로서 이에 위반하면 징계사유가 된다.

5) 종교중립의 의무

공무원은 종교에 따른 차별 없이 직무를 수행하여야 한다. 공무원은 소속상관이 종교중립의 의무에 위반하여 직무상 명령을 한 경우에는 이에 따르지 아니할 수 있다(국공법 59조의2, 지공법 51조의2).

6) 비밀엄수의무

공무원은 재직중은 물론 퇴직 후에도 직무상 알게 된 비밀을 엄수하여야 한다(국공법 60조, 지공법 52조). 직무상 비밀에는 자신이 처리하는 직무에 관한 비밀뿐만 아니라, 직무에 관련하여 알게 된 비밀을 포함한다. 예를 들어 세무공무원이 세무조사과정에서 알게된 당해조사와 관련없는 납세자의 개인적 비밀이 이에 해당한다. 공무원의 비밀엄수의무는 직무상 알게된 개인이나 기업의 사적 비밀에도 미치지만, 그것의 주된 목적은 행정상의 비밀보호 및 이를 통한 국가의 이익보호에 있다고 할 것이다.

가. 비밀의 의의

직무상 비밀사항에는 "법률이 직무상 비밀로 정한 사항"과 "법률이 비밀로 정한 것은 아니지만 비밀인 사항"이 있다. 후자에 있어서 무엇을 비밀로 볼 것인가에 대하여는 행정기관이 비밀로 취급한 것은 모두 비밀에 해당한다는 형식설과 객관적 · 실질적으로 비밀성이 있는 것으로서 형벌로 보호할 가치가 있는 것만을 의미한다는 실질설이 있는바, 실질설이 오늘날 통설이며 판례의 입장이다. 그러나 실질설을 따른다 하더라도 당해 정보에 대하여 비밀지정행위가 선행되어야 하는지 여부가 문제가 되는바, 직무상 알게된 개인이나 법인의 비밀과 같이 그 자체로 지켜져야 할 비밀에 대하여는 개별적인 지정행위가 필요하지 않으나, 공안상 비밀 · 징세행정상의 비밀 등과 같이 행정상의 비밀에 대하여는 소관기관의 비밀지정이 선행되어야 할 것으로 본다.[19] 실질설에 해당하지 않더라도 형식적으로 비밀취급이 되고 있는 경우에 그것을 누설한 때에는 비밀엄수의무위반은 되지는 않으나, 비밀로 하도록 한 직무명령의 위반으로 다루어질 수가 있다.

판례(직무상 비밀의 판단기준) 국가공무원법상 직무상 비밀이라 함은 국가 공무의 민주적, 능률적 운영을 확보하여야 한다는 이념에 비추어 볼 때 당해 사실이 일반에 알려질 경우 그러한 행정의 목적을 해할 우려가 있는지 여부를 기준으로 판단하여야 하며, 구체적으로는 행정기관이 비밀이라고 형식적으로 정한 것에 따를 것이 아니라 실질적으로 비밀로서 보호할 가치가 있는지, 즉 그것이 통상의 지식과 경험을 가진 다수인에게 알려지지 아니한 비밀성을 가졌는지, 또한 정부나 국민의 이익 또는 행정목적 달성을 위하여 비밀로서 보호할 필요성이 있는지 등이 객관적으로 검토되어야 한다(대판 1996. 10. 11, 94누7171).

나. 직무상 비밀과 증언

공무원 또는 공무원이었던 자가 법원 기타 법률상 권한을 가진 관청의 증인 또는 감정인이 되어 직무상 비밀에 대하여 신문(訊問)을 받을 때에는 소속관청 또는 감독관청의 허가를 받은 사항에 한하여 진술할 수 있고 기타의 사항은 거부하여야 한다(형소법 147조 · 177조, 민소법 306조 · 333조). 반면 국회로부터 공무원 또는 공무원이었던 자가 증언의 요구를 받은 경우에는, 그 증언할 사항이 직무상 비밀에 속한다는 이유로 증언을 거부할 수 없게 하였다(국회에서의 증언 · 감정 등에 관한 법률 4조 1항). 다만 군사 · 외교 · 대북관계의 국가기밀에 관한 사항으로서 그 발표로 말미암아 국가안위에 중대한 영향을 미친다는 주무부장관(대통령 또는 국무총리의 소속기관에서는 그 관서의 장)의 소명이 증언 등의 요구를 받은 날로부터 5일 이내에 있는 경우에는 그러하지 아니하다(동법 4조 1항 단서). 국회가 소명을 수락하지 아니할 경우에는 그 증언이 국가의 중대한 이익을 해친다는 취지의 국무총리의 성명을 요구할 수 있으며, 그 경우 7일 이내에 성명을 발표하지 아니할 때에는 증언을 거부할 수 없다(동법 4조 2항).

다. 의무위반

공무원이 비밀엄수의무를 위반하는 경우에는 징계사유가 될 뿐 아니라, 특히 법령에 의한 직무상 비밀을 누설한 경우에는 형사처벌을 받게 된다(형법 127조). 퇴직한 공무원이 의무를 위반한 경우에는 징계책임을 물을 수는 없으나, 형사처벌의 대상이 될 것이다.

판례(국가의 안전보장에 중대한 영향을 미칠 국가비밀의 경우까지도 공개하도록 규정하고 있는 조례안의 위법 여부) 공무원 또는 공무원이었던 자가 직무상 비밀에 속한다는 이유로 지방의회의 증언 또는 서류제출 요구 등을 거부할 수 없도록 규정한 조례안의 경우, … 국가의 안전보장 등에 중대한 위험을 초래할 국가기밀의 경우에는 공개를 거부할 수 있는 예외를 합리적으로 인정하였어야 함에도, 이러한 예외를 인정함이 없이 그것이 공개됨으로써 국가의 안전보장에 중대한 영향을 미칠 국가기밀의 경우까지도 반드시 공개하도록 규정된 조례안은 이런 점에서 공무원의 비밀유지의무를 규정한 국가공무원법 제60조, 지방공무원법 제52조, 형법 제127조, 보안업무규정 제24조와 지방자치법 제36조 제7항, 같은 법 시행령 제17조의4 제3항에 위반된다고 볼 수밖에 없다(대판 1995. 6. 30, 93추83).

---

19) 朴鈗炘/鄭亨根, 最新行政法講義(下), 256면.

4. 품위유지 및 청렴의무

1) 품위유지의무

공무원은 직무의 내외를 불문하고 그 품위를 손상하는 행위를 하여서는 아니된다(국공법 63조, 지공법 55조). 이 의무는 공직의 체면·위신·신용을 유지하기 위한 것으로 축첩·도박·아편흡식·알콜중독 등과 같이 공직의 체면에 직접적인 영향이 있는 행위를 의미한다. 그러나 품위유지의무는 단순한 방탕과 같이 공직의 체면·위신·신용에 직접적인 영향이 없는 사생활까지 미치지는 않는다고 할 것이다.

판례(국가공무원법 제63조의 품위손상행위의 의미) 국가공무원법 제63조는 "공무원은 직무의 내외를 불문하고 그 품위가 손상되는 행위를 하여서는 아니 된다."라고 규정하고 있다. 국민으로부터 널리 공무를 수탁받아 국민 전체를 위해 근무하는 공무원의 지위를 고려할 때 공무원의 품위손상행위는 본인은 물론 공직사회에 대한 국민의 신뢰를 실추시킬 우려가 있으므로, 모든 공무원은 국가공무원법 제63조에 따라 직무의 내외를 불문하고 품위를 손상하는 행위를 하여서는 아니 된다. 여기서 '품위'는 공직의 체면, 위신, 신용을 유지하고, 주권자인 국민의 수임을 받은 국민 전체의 봉사자로서의 직책을 다함에 손색이 없는 몸가짐을 뜻하는 것으로서, 직무의 내외를 불문하고, 국민의 수임자로서의 직책을 맡아 수행해 나가기에 손색이 없는 인품을 말한다. 이와 같은 국가공무원법 제63조의 규정 내용과 의미, 입법 취지 등을 종합하면, 국가공무원법 제63조에 규정된 품위유지의무란 공무원이 직무의 내외를 불문하고, 국민의 수임자로서의 직책을 맡아 수행해 나가기에 손색이 없는 인품에 걸맞게 본인은 물론 공직사회에 대한 국민의 신뢰를 실추시킬 우려가 있는 행위를 하지 않아야 할 의무라고 해석할 수 있다. 구체적으로 어떠한 행위가 품위손상행위에 해당하는가는 수범자인 평균적인 공무원을 기준으로 구체적 상황에 따라 건전한 사회통념에 따라 판단하여야 한다(대판 2017. 11. 9, 2017두47472).

2) 청렴의무

공무원은 직무와 관련하여 직접 또는 간접을 불문하고 사례·증여 또는 향응을 수수(授受)할 수 없으며, 직무상의 관계 여하를 불문하고 그 소속상관에게 증여하거나 소속공무원으로부터 증여를 받아서는 아니된다(국공법 61조, 지공법 53조). 청렴의무의 위반은 징계사유가 되고, 또한 형사상의 증·수뢰죄를 구성한다(형법 129조, 내지 132조).

가. 부패방지법상의 의무

부패방지법은 청렴의무와 관련하여 공무원이 준수하여야 할 행동강령을 대통령령 등으로 정하도록 하고 있는바(부패방지법 8조 1항), 이 행동강령에는 ① 직무관련자로부터의 향응·금품 등을 받는 행위의 금지·제한에 관한 사항, ② 직위를 이용한 인사관여·이권개입·알선·청탁행위의 금지·제한에 관한 사항, ③ 공정한 인사 등 건전한 공직풍토 조성을 위하여 공무원이 지켜야 할 사항, ④ 그 밖에 부패의 방지와 공무원의 직무의 청렴성 및 품위유지 등을 위하여 필요한 사항이 규정되도록 하고 있다(동법 8조 2항). 공무원이 공무원행동강령을 위반하는 경우에는 징계사유가 되며(동법 8조 3항), 아울러 형사상의 처벌대상이 될 수 있다(형법 129조 내지 133조).

나. 공직자윤리법상의 의무

공직자윤리법은 공무원의 청렴의무를 제도적으로 확보하기 위하여 상위공직자의 재산등록 및 공개의무, 선물신고의무, 퇴직공직자의 취업제한 등에 관하여 규정하고 있다. 동법상의 의무를 이행하지 않는 경우에는 징계책임을 지는 외에(동법 22조), 재산등록거부의 죄(동법 24조)·허위자료제출 등의 죄(동법 25조)·출석거부의 죄(동법 26조) 및 취업제한위반의 죄(동법 29조) 등의 형사책임을 진다.

Ⅲ. 공무원의 책임

공무원의 책임이란 자신의 의무위반으로 받게 되는 법률상의 제재 또는 불이익을 말한다. 이러한 공무원의 책임에는 협의의 책임과 광의의 책임이 있다. 협의의 공무원책임은 공무원으로서의 의무를 위반하였기 때문에 자신의 사용주인 국가 또는 지방자치단체에 대하여 지는 책임, 즉 공무원관계 내부에서 지는 책임(공무원법상의 책임)이다. 징계책임과 변상책임이 이에 해당된다. 광의의 공무원책임은 협의의 책임 이외에 공무원의 행위가 공무원으로서의 의무위반에 그치지 않고, 동시에 사회법익을 침해함으로써 지는 형사상의 책임 및 그 행위가 타인의 권리를 침해하여 손해를 발생하게 함으로써 지게 되는 민사상의 책임을 포함한다. 여기서는 광의의 공무원책임에 대하여 설명하기로 한다.

1. 징계책임

1) 징계의 의의
2) 징계벌과 형벌(의 관계)
　가. 권력적 기초
　나. 목적·내용
　다. 대상
　라. 병과 – 가능
3) 징계벌에 대한 법적 근거 – 필요
4) 징계벌과 일사부재리의 원칙
5) 징계의 사유(국가공무원법 제78조 제1항 참조)
6) 퇴직을 희망하는 공무원의 징계사유 확인 등
7) 징계벌의 종류 – 파면, 해임, 강등, 정직, 감봉, 견책
8) 징계권자
9) 징계절차

1) 징계의 의의

징계란 공무원의 의무위반에 대하여 공무원관계의 질서를 유지하기 위하여 국가 또는 지방자치단체가 사용자로서의 지위에서 과하는 제재를 말한다. 그 제재로서의 벌을 징계벌이라고 하고, 이 벌을 받아야 할 책임을 징계책임이라고 한다.

2) 징계벌과 형벌

공무원의 의무위반행위가 징계벌의 대상이 됨과 동시에 형벌의 대상이 되는 경우가 있으나 양자는 다음과 같은 차이를 갖는다.

가. 권력적 기초

징계벌은 특별신분관계에 입각한 특별권력에 기초하고 있는데 대하여, 형벌은 국가의 통치권에 근거하여 행하여진다.

나. 목적·내용

징계벌은 공무원관계의 내부적 질서유지를 목적으로 하는 데 대하여, 형벌은 일반사회의 법질서유지를 목적으로 한다. 징계벌은 공무원의 신분상 이익의 전부 또는 일부를 박탈함을 그 내용으로 하는데 대하여 형벌은 신분상 이익뿐만 아니라, 재산적 이익 및 자유·생명까지도 박탈함을 내용으로 한다.

다. 대 상

징계벌의 대상은 공무원법상의 의무위반인데 대하여, 형벌은 형법상의 비행, 즉 형사범을 그 대상으로 한다. 또한 징계벌은 공무원의 의무위반이라는 객관적 사실에 대하여 과하는 제재인 까닭에 형벌에서와 같이 고의 또는 과실과 같은 주관적 요건을 요구하지 않으며, 또한 상관은 부하공무원의 의무위반에 대한 감독상의 책임을 면하지 못한다.

라. 병 과

징계벌과 형벌은 그 성질을 달리 하기 때문에 양자는 병과될 수 있으며, 병과하더라도 일사부재리의 원칙에 반하지 않는다. 한편, 감사원에서 조사중인 사건에 대하여는 조사개시의 통보를 한 날로부터 징계의결의 요구 기타 징계절차를 진행시키지 못하도록 되어 있는데 대하여(국공법 83조 1항), 형사벌과의 관계에서는 형사소추선행(刑事訴追先行)의 원칙은 채택되고 있지 않다. 다만, 수사기관에서 수사중인 사건에 대하여는 수사개시의 통보를 받은 날로부터 징계의결의 요구 기타 징계절차를 중지할 수 있게 하고 있다(국공법 83조 2항).

판례(징계벌과 형사벌과의 관계) 공무원에게 징계사유가 인정되는 이상, 관련된 형사사건이 아직 유죄로 확정되지 아니하였다 하더라도 징계처분을 할 수 있음은 물론, 그 징계처분에 대한 행정소송을 진행함에도 아무런 지장이 있을 수 없다(대판 1986. 11. 11, 86누59).

---

3) 징계벌에 대한 법적 근거

전통적인 의미의 특별권력관계는 법이 지배하지 않는 관계로 이해되었으며, 이에 따라 법치주의가 적용되지 않았고, 공무원에 대한 징계도 법률의 근거가 없이 행하여졌다. 그러나 이러한 관념은 공무원의 신분이 헌법에 의하여 보장되는 오늘날의 민주적 법치국가에서는 통용될 수 없음은 물론이다. 국가공무원법과 지방공무원법은 공무원의 징계사유 · 징계종류 · 징계절차 · 불복 등에 대하여 비교적 상세히 규정하고 있다. 다만, 이들 징계에 관한 법규정은 특별신분관계의 특수성을 고려하여 징계권자에게 일정한 한계내에서 판단여지와 재량권을 부여하고 있다. 징계에 관한 국가공무원법 및 지방공무원법의 규정은 원칙적으로 경력직공무원에 적용되나, 시보임용중인 공무원, 별정직공무원도 이에 준한다. 그러나 정무직공무원에는 이 규정이 적용되지 않으며, 특정직 공무원에 대하여는 해당 법령에서 징계에 관한 사항을 규정하고 있다(예: 경찰공무원법 26조 · 27조).

4) 징계벌과 일사부재리의 원칙

징계벌에도 일사부재리의 원칙이 적용된다. 다만 징계처분과 직위해제처분은 그 성질을 달리하므로 직위해제와 같은 사유로 징계처분을 함은 무방하다.

판례(직위해제처분과 징계벌 사이에 일사부재리의 원칙의 적용여부) 직위해제처분은 공무원에 대하여 불이익한 처분이긴 하나 징계처분과 같은 성질의 처분이라고는 볼 수 없으므로 동일한 사유에 대한 직위해제처분이 있은 후 다시 해임처분이 있었다 하여 일사부재리의 법리에 어긋난다고 할 수 없다(대판 1984. 2. 28, 83누489).

---

5) 징계의 사유

징계의 사유에는 ① 공무원법 및 공무원법에 의한 명령에 위반하였을 때, ② 직무상의 의무(다른 법령에서 공무원의 신분으로 인하여 부과된 의무를 포함)에 위반하거나 직무를 태만한 때, ③ 직무의 내외를 불문하고 그 체면 또는 위신을 손상하는 행위를 한 때 등 세 가지가 있다(국공법 78조 1항, 지공법 69조 1항). 이러한 사유가 있는 때에는 징계의결요구권자는 반드시 징계의결을 요구하여야 하고, 징계처분권자는 징계의결의 결과에 따라 징계처분을 행하여야 한다(국공법 78조 1항, 지공법 69조 1항).

판례(징계권자의 징계의결요구의 기속행위성) 지방공무원의 징계와 관련된 규정을 종합해 보면, 징계권자이자 임용권자인 지방자치단체장은 소속 공무원의 구체적인 행위가 과연 지방공무원법 제69조 제1항에 규정된 징계사유에 해당하는지 여부에 관하여 판단할 재량은 있지만, 징계사유에 해당하는 것이 명백한 경우에는 관할 인사위원회에 징계를 요구할 의무가 있다(대판 2007. 7. 12, 2006도1390).

위의 징계사유의 발생시에 있어서 행위자의 고의·과실은 불문하나, 징계양정에 있어서는 고려될 수 있을 것이다. 임용 전의 행위는 원칙적으로 재직중의 징계사유가 될 수 없으나, 임용 전의 행위가 재직을 허용하지 못할 정도로 중대한 것인 경우에는, 임용행위를 취소 또는 철회할 수 있다고 보아야 할 것이다. 다만 임용 전의 특정한 행위로 인하여 임용 후에도 계속하여 공무원의 품위가 손상되는 경우에는 임용 후의 의무위반이라는 사실에 기하여 징계처분을 할 수 있다.

징계에 관하여 다른 법률의 적용을 받는 공무원이 국가공무원법 또는 지방공무원법의 징계에 관한 규정의 적용을 받는 공무원으로 임용된 경우, 임용 이전의 다른 법률에 의한 징계사유는 그 사유가 발생한 날로부터 국가공무원법 또는 지방공무원법에 의한 징계사유로 본다(국공법 78조 2항, 지공법 69조 2항). 특수경력직공무원이 경력직공무원으로 임용된 경우에도 이에 준한다(국공법 78조 3항, 지공법 69조 3항).

판례 1(공무원으로 임용되기 전의 행위가 징계사유에 해당하는지 여부) 국가공무원으로 임용되기 전의 행위는 국가공무원법 제78조 제2항, 제3항의 경우 외에는 원칙적으로 재직중의 징계사유로 삼을 수 없다 할 것이나, 비록 임용 전의 행위라 하더라도 이로 인하여 임용 후의 공무원의 체면 또는 위신을 손상하게 된 경우에는 제1항 제3호의 징계사유로 삼을 수 있다고 보아야 한다(대판 1990. 5. 22, 89누7368).

판례 2(파면처분이 재량권의 남용에 해당하는지 여부) 세관원이 입국자의 휴대품 검사시 감시소홀로 인하여 불과 1주일 사이에 2회에 걸쳐 밀수품이 다른 곳으로 빼돌려진 경우, 그 세관원의 부주의는 국가공무원법 제78조 제2호의 징계사유에 해당할 것이나 파면처분한 것은 재량권의 남용이다(대판 1972. 2. 22, 71누200).

6) 퇴직을 희망하는 공무원의 징계사유 확인 등

임용권자 또는 임용제청권자는 공무원이 퇴직을 희망하는 경우에는 징계사유가 있는지 여부를 감사원과 검찰·경찰, 그 밖의 수사기관에 확인하여야 한다. 전항에 따른 확인 결과 파면, 해임, 강등 또는 정직에 해당하는 징계사유가 있는 경우 임용권자 등은 지체 없이 징계의결 등을 요구하여야 한다(국공법 78조의4 2항). 이 경우 관할 징계위원회는 다른 징계사건에 우선하여 징계의결 등을 하여야 한다(국공법 78

조의4, 지공법 69조의4).

7) 징계벌의 종류

징계의 종류는 법률에 따라 상이하나 국가공무원법과 지방공무원법은 일반직 공무원에 대한 징계로 파면 · 해임 · 강등 · 정직 · 감봉 · 견책의 6종을 규정하고 있다(국공법 79조, 지공법 70조). 파면과 해임은 당해 공무원을 공무원관계에서 배제하는 배제징계이고, 강등은 1계급 아래로 직급을 내리는 것이며, 정직 · 감봉 · 견책은 장래의 의무위반을 방지하기 위하여 신분적 이익의 일부를 일시적으로 박탈하는 교정징계이다.

가. 파 면

파면이란 공무원의 신분을 박탈하여 공무원관계를 배제하는 징계처분이다. 파면처분을 받은 자는 5년을 경과하여야만 공무원에 다시 임용될 수 있다(국공법 33조 7호, 지공법 31조 7호). 그리고 파면의 경우에는 퇴직급여 · 퇴직수당의 감액이 뒤따른다(공무원연금법 64조 1항, 동법시행령 55조 1항).

나. 해 임

해임이란 파면과 같이 공무원신분을 박탈하여 공무원관계를 배제하는 징계처분이나 해임처분을 받은지 3년이 경과하여야만 공무원에 다시 임용될 수 있으며(국공법 33조 8호, 지공법 31조 8호), 금품 및 향응수수, 공금의 횡령 · 유용으로 해임된 경우를 제외하고는(공무원연금법 64조 1항) 퇴직급여 · 퇴직수당의 감액이 없다는 점에서 파면과 다르다.

판례 1(해임처분에 대한 항고소송의 계속 중에 소의 이익을 인정할 수 있는지 여부) 해임처분 무효확인 또는 취소소송 계속 중 임기가 만료되어 해임처분의 무효확인 또는 취소로 그 지위를 회복할 수는 없다 할지라도, 그 무효확인 또는 취소로 인하여 해임처분일부터 임기만료일까지의 기간에 대한 보수 지급을 구할 수 있는 경우에는 해임처분의 무효확인 또는 취소를 구할 법률상 이익이 있다. 해임권자와 보수지급의 무자가 다른 경우에도 마찬가지이다(대판 2012. 2. 23, 2011두5001).

판례 2(당연퇴직사유가 발생된 경우 해임처분의 취소를 구할 소의 이익이 있는지 여부) 교원소청심사제도에 관한 '교원의 지위 향상 및 교육활동 보호를 위한 특별법'의 규정 내용과 목적 및 취지 등을 종합적으로 고려하면, 사립학교 교원이 소청심사청구를 하여 해임처분의 효력을 다투던 중 형사판결 확정 등 당연퇴직사유가 발생하여 교원의 지위를 회복할 수 없더라도, 해임처분이 취소되거나 변경되면 해임처분일부터 당연퇴직사유 발생일까지의 기간에 대한 보수 지급을 구할 수 있는 경우에는 소청심사청구를 기각한 교원소청심사위원회 결정의 취소를 구할 법률상 이익이 있다(대판 2024. 2. 8, 2022두50571).

다. 강 등

강등은 1계급 아래로 직급을 내리고, 공무원신분은 보유하나 3개월간 직무에 종사하지 못하며 그 기간 중 보수는 전액을 감한다(국공법 80조 1항, 지공법 71조 1항). 해임과 정직의 중간단계의 징계벌로서 2008년 12월 국가공무원법 및 지방공무원법 개정시에 새로이 도입되었다.

라. 정 직

정직이란 공무원의 신분을 보유하되 일정기간 직무에 종사하지 못하게 하는 징계처분이다. 정직기간은 1월 이상 3월 이하이며, 이 기간중에 보수는 전액을 감한다(국공법 80조 1항, 지공법 71조 1항).

마. 감 봉

감봉이란 1월 이상 3월 이하의 기간 보수의 3분의 1을 감하는 징계처분이다(국공법 80조 4항, 지공법 71조 3항).

바. 견 책

견책이란 전과에 대하여 훈계하고 회개하게 하는 징계처분이다(국공법 80조 5항, 지공법 71조 1항).

8) 징계처분권자

국가공무원에 대한 징계처분 등은 징계위원회가 설치된 소속기관의 장이 행하되, 국무총리소속하에 설치된 징계위원회에서 행한 징계의결에 대하여는 중앙행정기관의 장이 행한다. 다만, 파면과 해임은 각 임용권자 또는 임용권을 위임한 상급감독기관의 장이 이를 행한다(국공법 82조). 지방공무원에 대한 징계처분 등은 임용권자가 행한다. 다만, 5급 이상 지방공무원 또는 이와 관련된 하위직지방공무원의 징계와 소속기관(시 · 도와 구 · 시 · 군 또는 구 · 시 · 군)을 달리하는 동일사건에 관련된 자의 징계는 시 · 도의 인사위원회의 의결로 행한다(지공법 72조).

9) 징계 등 절차

가. 징계의결의 요구

징계처분권자는 공무원이 징계사유에 해당할 때 관할징계위원회에 반드시 징계의결을 요구하여야 한다. 국가공무원의 경우 5급 이상의 공무원에 대하여는 소속장관이, 6급 이하 및 기능직공무원에 대하여는 소속기관의 장 또는 소속상급기관의 장이 징계요구권자가 된다(국공법 78조 4항). 다만, 대통령 또는 국무총리의 명에 의한 감사결과 행하는 징계사건은 국무총리가 징계의결을 요구한다(공무원징계령 8조). 또한 국무총리 · 중앙행정기관의 장은 타소속공무원이 징계사유가 있다고 인정할 때에는 관계공무원에 대하여 관할징계위원회에 직접 징계를 요구할 수 있다(국공법 78조 4항 단서). 지방공무원의 경우에는 임용권자가 인사위원회에 소속공무원에 대한 징계의결을 요구하여야 한다(지공법 72조 1항).

한편 감사원은 국가공무원법 기타 법령에 규정된 징계사유에 해당하거나 정당한 사유없이 감사원법에 의한 감사를 거부하거나 자료의 제출을 해태한 공무원에 대한 징계요구를 그 소속장관 또는 임용권자에게 할 수 있다(감사원법 32조 1항). 이 경우 감사원이 정한 기한 내에 징계를 이행하여야 하며, 파면요구에는 그 결과를 통보하여야 한다(동법 32조 2항 내지 7항). 감사원은 파면요구를 행한 사항이 파면의결되지 아니한 때에는 통보를 받은 날로부터 1월 이내에 당해 징계위원회 등이 설치된 기관의 직근 상급기관에 설치된 징계위원회 등에 직접 그 심의 또는 재심의를 요구할 수 있다(동법 32조 3항 · 4항).

판례(감사원의 징계 요구와 재심의결정은 항고소송의 대상이 되는 행정처분이 아니라는 판례) 甲 시장이 감사원으로부터 감사원법 제32조에 따라 乙에 대하여 징계의 종류를 정직으로 정한 징계 요구를 받게 되자 감사원법 제36조 제2항에 따라 감사원에 징계 요구에 대한 재심의를 청구하였고, 감사원이 재심의청구를 기각하자 乙이 감사원의 징계 요구와 그에 대한 재심의결정의 취소를 구하고 甲 시장이 감사원의 재심의결정 취소를 구하는 소를 제기한 사안에서, 징계 요구는 징계 요구를 받은 기관의 장이 요구받은 내용대로 처분하지 않더라도 불이익을 받는 규정도 없고, 징계 요구 내용대로 효과가 발생하는 것도 아니며, 징계 요구에 의하여 행정청이 일정한 행정처분을 하였을 때 비로소 이해관계인의 권리관계에 영향을 미칠 뿐, 징계 요구 자체만으로는 징계 요구 대상 공무원의 권리 · 의무에 직접적인 변동을 초래하지도 아니하므로, 행정청 사이의 내부적인 의사결정의 경로로서 '징계 요구, 징계 절차 회부, 징계'로 이어지는 과정에서

의 중간처분에 불과하여, 감사원의 징계 요구와 재심의결정이 항고소송의 대상이 되는 행정처분이라고 할 수 없고, 감사원법 제40조 제2항을 甲 시장에게 감사원을 상대로 한 기관소송을 허용하는 규정으로 볼 수는 없고 그 밖에 행정소송법을 비롯한 어떠한 법률에도 甲 시장에게 '감사원의 재심의 판결'에 대하여 기관소송을 허용하는 규정을 두고 있지 않으므로, 甲 시장이 제기한 소송이 기관소송으로서 감사원법 제40조 제2항에 따라 허용된다고 볼 수 없다(대판 2016. 12. 27, 2014두5637).

나. 징계의결요구의 방식

징계의결의 요구는 징계사유에 대한 충분한 조사를 행한 후에 입증에 필요한 관계증빙서류를 첨부하여 서면(공무원징계의결요구서)에 의하되 중징계와 경징계로 구분하여 요구하여야 한다(공무원징계령 7조 6항). 징계의결요구권자가 징계의결요구서를 관할징계의결기관에 송부할 때에는 그 사본을 징계혐의자에게 송부하여야 한다(공무원징계령 7조 7항, 지방공무원징계 및 소청규정 2조 7항). 이는 행정절차법상의 처분의 사전통지에 해당하는 것으로서 징계혐의자로 하여금 자신의 혐의사실을 확인하고 이에 대한 방어준비를 하게 하려는 것이다. 징계의결요구서의 사본의 송부없이 진행된 징계절차는 원칙적으로 위법하다.

판례(징계의결요구서 사본의 송부없이 진행된 징계절차의 하자) 공무원징계령 제7조 제7항에 의하면 징계의결요구권자는 징계위원회에 징계의결을 요구함과 동시에 징계사유와 요구하는 징계종류 등을 기재한 공무원징계의결요구서 사본을 징계혐의자에게 송부하도록 되어 있는바, 이 규정의 취지는 징계혐의자로 하여금 어떠한 사유로 징계에 회부되었는가를 사전에 알게 함으로써 징계위원회에서 그에 대한 방어 준비를 하게 하려는 것으로 징계위원회에 출석하여 진술할 수 있는 권리와 함께 징계혐의자의 방어권 보장을 위한 주요규정으로서 강행규정이므로 징계의결요구서 사본의 송부 없이 진행된 징계절차는 징계혐의자의 방어권 준비 및 행사에 지장이 없었다거나 징계혐의자가 이의 없이 징계위원회에 출석하여 변명하였다는 등의 특단의 사정이 인정되지 않는 이상 위법하다(대판 1993. 6. 25, 92누17426).

다. 징계요구시한

징계의결의 요구는 징계사유가 발생한 날로부터 3년을 경과한 때에는 행하지 못한다. 다만 금품 및 향응수수, 공금의 횡령 · 유용의 경우에는 5년으로 한다(국공법 83조의2 1항, 지공법 73조의2 1항). 감사원이나 수사기관에서 조사 또는 수사를 이유로 징계절차를 진행하지 못하여 징계시효가 도과하거나 잔여기간이 1월 미만으로서 징계의결요구서작성 등 필요한 시간이 촉박한 경우에는 조사나 수사종료통보일로부터 1월이 경과한 날에 만료되는 것으로 하여 최소한 1월의 준비기간을 확보시키고 있다(국공법 83조의2 2항, 지공법 73조의2 2항). 한편 징계의결기관의 구성 · 징계의결, 기타 절차상의 하자나 징계양정의 과다를 이유로 소청심사위원회 또는 법원에서 징계처분의 무효 또는 취소의 결정이나 판결을 한 경우 징계사유의 시효가 경과하거나 잔여기간이 3월 미만이라도 그 결정이나 판결이 확정된 날로부터 3월 이내에 다시 징계의결을 요구할 수 있다(국공법 83조의2 3항, 지공법 73조의2 3항).

판례(징계시효의 기산점) 원고가 공무원 임용과 관련하여 부정한 청탁과 함께 뇌물을 공여하고 공무원으로 임용되었다면 공무원의 신분을 취득하기까지의 일련의 행위가 국가공무원법상의 징계사유에 해당한다고 할 것이므로 국가공무원법 제83조의2 제1항에 정하는 징계시효의 기산점은 원고가 뇌물을 공여한 때가 아니라 공무원으로 임용된 때로부터 기산하여야 할 것이다(대판 1990. 5. 22, 89누7368).

라. 징계의결기관

징계는 징계의결기관의 의결을 거쳐서 행한다. 국가공무원의 경우에는 징계의결기관으로서 국무총리소속하의 중앙징계위원회와 5급 이상 공무원을 장으로 행정기관에 두는 보통징계위원회가 있다(공무원징계령 2조 1항). 중앙징계위원회는 1급공무원 및 이에 상당하는 특정직공무원의 징계사건을 관장하는 제1중앙징계위원회와 2급 내지 5급공무원의 징계사건, 대통령 또는 국무총리의 명에 의한 각종 감사결과 국무총리가 징계의결을 요구한 6급 이하 공무원의 징계사건 및 6급 이하 공무원의 중징계요구사건을 관장하는 제2중앙징계위원회가 있다(공무원징계령 2조 2항 · 3항).

한편 보통징계위원회는 6급 이하 공무원의 경징계사건을 관장한다(공무원징계령 2조 4항). 지방공무원의 경우 당해 지방자치단체에 설치된 인사위원회가 징계의결기관이 된다.

마. 징계의결절차

징계의결요구가 있으면 징계의결기관은 사실조사를 거쳐 심의를 하여야 한다. 심의에 있어서 징계혐의자를 출석시키는 것을 원칙으로 하지만, 본인이 출석을 원치 않거나, 해외체재, 여행 기타 사유가 있는 경우에는 출석없이 징계의결할 수 있다. 징계의결기관은 출석한 징계혐의자에게 혐의내용에 관한 심문을 행하고, 필요하다고 인정할 때에는 관계인의 출석을 요구하여 심문할 수 있다(공무원징계령 11조 1항, 지방공무원징계 및 소청규정 5조 1항). 징계의결기관은 징계혐의자에게 충분한 진술을 할 기회를 부여하여야 한다. 진술의 방법은 서면이나 구술 모두 가능하며 증인도 신청할 수 있다. 진술의 기회를 부여하지 않고 한 징계의결은 무효이다(국공법 81조 3항). 징계위원회의 위원에 제척 · 기피제도가 적용되며(공무원징계령 15조, 지방공무원징계 및 소청규정 7조), 징계위원회의 회의는 비공개로 한다(공무원징계령 20조, 지방공무원징계 및 소청규정 11조).

판례(징계혐의자에 대한 출석통지 없이 행한 징계절차의 하자) 교육공무원법의 위임에 의하여 제정된 교육공무원징계령 제8조 소정의 징계혐의자에 대한 출석통지는 징계혐의자로 하여금 징계심의 개최일을 알게 하고 동시에 자기에게 이익되는 사실을 진술하거나 증거자료를 제출할 기회를 부여하기 위한 조치에서 나온 강행규정으므로 적법한 출석통지 없이 한 징계심의 절차는 위법하다(대판 1987. 7. 21, 86누623).

바. 징계절차의 중단

감사원에서 조사중인 사건에 대하여는 조사개시의 통보를 받은 날로부터 징계의결의 요구 기타 징계절차를 진행하지 못한다(국공법 83조 1항, 지공법 73조 1항). 감사원은 조사를 개시한 때와 종료한 때 10일 내에 소속기관의 장에게 당해 사실을 통보하여야 한다(국공법 83조 3항, 지공법 73조 3항). 한편 검찰 · 경찰 기타 수사기관에서 수사중인 사건에 대하여는 수사개시의 통보를 받은 날로부터 징계의결의 요구 기타 징계절차를 진행하지 아니할 수 있으나(국공법 83조 2항, 지공법 73조 2항), 반드시 절차를 중단하여야 하는 것은 아니다. 수사기관 역시 수사를 개시한 때와 종료한 때 10일 이내에 소속기관의 장에게 당해 사실을 통보하여야 한다(국공법 83조 3항, 지공법 73조 3항). 이때 소속 공무원에 대한 수사종료를 통보받은 소속 기관의 장은 수사기관에 수사자료를 요청하여 제공받을 수 있다(국공법 83조 4항, 지공법 73조 4항).

사. 징계의 의결

징계에 대한 의결은 원칙적으로 징계의결요구서를 받은 날로부터 30일 이내(중앙징계위원회의 경우에는 60일 이내)에 하여야 한다(공무원징계령 9조, 지방공무원징계 및 소청규정 3조). 부득이한 사유가 있을 때에는 30일에 한하여 그 기간을 연장할 수 있다. 징계사건을 의결함에 있어서 징계혐의자의 소행 · 근무성적 · 공적 · 개전의 정(改悛의 情) · 징계요구의 내용 기타 정상을 참작하여야 한다(공무원징계령 17조, 지방공무원징계 및 소청규정 8조 2항). 즉 징계처분은 재량행위의 성격을 갖는다(대판 2001. 8. 24, 2000두7704). 징계의결기관이 징계의결을 한 때에는 지체없이 징계의결서의 정본을 첨부하여 징계의결요구자에게 통보하여야 하며, 징계의결요구자와 징계처분권자가 다를 때에는 징계처분권자에게도 통보하여야 한다(공무원징계령 18조, 지방공무원징계 및 소청규정 9조). 징계의결요구자는 징계의결기관의 의결이 경하다고 인정한 때에는 그 처분을 하기 전에 직근상급행정기관에 설치된 징계위원회(직근 상급기관이 없는 징계위원회의 의결에 대하여는 그 징계위원회)에 심사 또는 재심사를 청구할 수 있다(국공법 82조 2항, 지공법 72조 3항).

판례 1(불문경고의 처분성여부) 행정규칙에 의한 '불문경고조치'가 비록 법률상의 징계처분은 아니지만 위 처분을 받지 아니하였다면 차후 다른 징계처분이나 경고를 받게 될 경우 징계감경사유로 사용될 수 있었던 표창공적의 사용가능성을 소멸시키는 효과와 1년 동안 인사기록카드에 등재됨으로써 그 동안은 장관표창이나 도지사표창 대상자에서 제외시키는 효과 등이 있다는 이유로 항고소송의 대상이 되는 행정처분에 해당한다(대판 2002. 7. 26, 2001두3532).

판례 2(서면경고의 처분성여부) 공무원이 소속 장관으로부터 받은 "직상급자와 다투고 폭언하는 행위 등에 대하여 엄중 경고하니 차후 이러한 사례가 없도록 각별히 유념하기 바람"이라는 내용의 서면에 의한 경고가 공무원의 신분에 영향을 미치는 국가공무원법상의 징계의 종류에 해당하지 아니하고, 근무충실에 관한 권고행위 내지 지도행위로서 그 때문에 공무원으로서의 신분에 불이익을 초래하는 법률상의 효과가 발생하는 것도 아니므로, 경고가 국가공무원법상의 징계처분이나 행정소송의 대상이 되는 행정처분이라고 할 수 없어 그 취소를 구할 법률상의 이익이 없다(대판 1991. 11. 12, 91누2700).

판례 3(징계처분이 재량권의 한계를 벗어났는지 판단하는 기준) 징계사유에 해당하는 행위가 있더라도, 징계권자가 그에 대하여 징계처분을 할 것인지, 징계처분을 하면 어떠한 종류의 징계를 할 것인지는 징계권자의 재량에 맡겨져 있다. 그러나 재량권의 행사가 징계권을 부여한 목적에 반하거나, 징계사유로 삼은 비행의 정도에 비하여 균형을 잃은 과중한 징계처분을 선택함으로써 비례의 원칙을 위반하거나 또는 합리적인 사유 없이 같은 정도의 비행에 대하여 일반적으로 적용하여 온 기준과 어긋나게 공평을 잃은 징계처분을 선택함으로써 평등의 원칙을 위반한 경우에는, 그 징계처분은 재량권의 한계를 벗어난 것으로서 위법하다. 징계처분에서 재량권의 행사가 비례의 원칙을 위반하였는지는 징계사유로 인정된 비행의 내용과 정도, 경위 내지 동기, 비행이 당해 행정조직 및 국민에게 끼치는 영향의 정도, 행위자의 직위 및 수행직무의 내용, 평소의 소행과 직무성적, 징계처분으로 인한 불이익의 정도 등 여러 사정을 건전한 사회통념에 따라 종합적으로 판단하여 결정하여야 한다(대판 2017. 10. 31, 2014두45734).

아. 징계의 집행과 승진 및 승급의 제한

징계처분권자는 징계의결서를 받은 날로부터 15일 이내에 이를 집행하여야 하며, 이 경우 징계처분사유설명서를 징계의결서의 사본을 첨부하여 교부하여야 한다(공무원징계령 19조, 지방공무원징계 및 소청규정 10조). 그러나 5급 이상 공무원에 대한 파면 또는 해임의 경우에는 임용제청권자가 교부한다(공무원징계령 19조).

공무원으로서 징계처분을 받은 자에 대하여는 그 처분을 받은 날 또는 그 집행이 끝난 날부터 대통령령등으로 정하는 기간 동안 승진임용 또는 승급할 수 없다. 다만, 징계처분을 받은 후 직무수행의 공적으로 포상 등을 받은 공무원에 대하여는 대통령령등으로 정하는 바에 따라 승진임용이나 승급을 제한하는 기간을 단축하거나 면제할 수 있다(국공법 80조 7항). 정직 및 감봉의 징계처분은 휴직기간 중에는 그 집행을 정지한다(국공법 80조 6항).

자. 징계에 대한 구제

징계처분을 받은 자가 이의가 있는 때에는 소청심사위원회에 심사를 청구할 수 있다(국공법 76조 1항, 지공법 67조 2항). 소청심사위원회의 결정에 있어서는 불이익변경금지의 원칙이 적용된다(국공법 14조 6항, 지공법 19조 5항). 소청심사위원회의 결정에 불복이 있는 경우에는 행정소송을 제기하여 당해 징계처분의 위법을 이유로 취소 또는 무효의 확인을 구할 수 있다.

차. 재징계의결요구

징계처분권자(대통령이 처분권자인 경우에는 처분제청권자)는 ① 법령의 적용, 증거 및 사실 조사에 명백한 흠이 있는 경우, ② 징계위원회의 구성 또는 징계의결 등, 그 밖에 절차상의 흠이 있는 경우, ③ 징계양정 및 징계부가금이 과다한 경우의 사유로 소청심사위원회 또는 법원에서 징계처분등의 무효 또는 취소(취소명령 포함)의 결정이나 판결을 받은 경우에는 다시 징계의결 또는 징계부가금 부과의결을 요구하여야 한다(국공법 78조의3 1항, 지공법 69조의3 1항). 징계처분권자가 전항에 따른 징계의결 등을 요구하는 경우에는 소청심사위원회의 결정 또는 법원의 판결이 확정된 날부터 3개월 이내에 관할 징계위원회에 요구하여야 하며, 관할 징계위원회에서는 다른 징계사건에 우선하여 징계의결 등을 하여야 한다(국공법 78조의3 2항, 지공법 69조의3 2항).

카. 징계부가금의 부과

징계처분권자가 공무원의 징계의결을 요구하는 경우 그 징계사유가 ① 금전, 물품, 부동산, 향응 또는 그 밖에 대통령령으로 정하는 재산상 이익을 취득하거나 제공한 경우, ② 공금(㉠「국가재정법」에 따른 예산 및 기금, ㉡「지방재정법」에 따른 예산 및「지방자치단체 기금관리기본법」에 따른 기금, ㉢「국고금 관리법」 제2조 제1호에 따른 국고금, ㉣「보조금 관리에 관한 법률」 제2조 제1호에 따른 보조금, ㉤「국유재산법」 제2조 제1호에 따른 국유재산 및「물품관리법」 제2조 제1항에 따른 물품, ㉥「공유재산 및 물품관리법」 제2조 제1호 및 제2호에 따른 공유재산 및 물품, ㉦ 그 밖에 가목부터 바목까지에 준하는 것으로서 대통령령으로 정하는 것)의 횡령, 배임, 절도, 사기 또는 유용한 경우에는 해당 징계 외에 위 행위들로 취득하거나 제공한 금전 또는 재산상 이득의 5배 내의 징계부가금 부과 의결을 징계위원회에 요구하여야 한다(국공법 78조의2 1항, 지공법 69조의2 1항).

징계위원회는 징계부가금 부과 의결을 하기 전에 징계부가금 부과 대상자가 제1항 각 호의 어느 하나에 해당하는 사유로 다른 법률에 따라 형사처벌을 받거나 변상책임 등을 이행한 경우(몰수나 추징을 당한 경우를 포함한다) 또는 다른 법령에 따른 환수나 가산징수 절차에 따라 환수금이나 가산징수금을 납부한 경우에는 대통령령으로 정하는 바에 따라 조정된 범위에서 징계부가금 부과를 의결하여야 한다(국공법 78조의2 2항, 지공법 69조의2 2항).

징계위원회는 징계부가금 부과 의결을 한 후에 징계부가금 부과 대상자가 형사처벌을 받거나 변상책임 등을 이행한 경우(몰수나 추징을 당한 경우를 포함한다) 또는 환수금이나 가산징수금을 납부한 경우에는 대통령령으로 정하는 바에 따라 이미 의결된 징계부가금의 감면 등의 조치를 하여야 한다(국공법 78조의2 3항, 지공법 69조의2 3항).

징계부가금 부과처분을 받은 사람이 납부기간 내에 그 부가금을 납부하지 아니한 때에는 처분권자(대통령이 처분권자인 경우에는 처분 제청권자)는 국세 체납처분의 예에 따라 징수할 수 있다(국공법 78조의2 4항, 지공법 69조의2 4항).

타. 징계 및 징계부가금 부과사유의 시효

징계의결 등의 요구는 징계 등의 사유가 발생한 날부터 3년(제78조의2 제1항 각 호의 어느 하나에 해당하는 경우에는 5년)이 지나면 하지 못한다(국공법 83조의2 1항, 지공법 73조의2 1항). 제83조 제1항 및 제2항(감사원에서 조사 중인 사건)에 따라 징계 절차를 진행하지 못하여 제1항의 기간이 지나거나 그 남은 기간이 1개월 미만인 경우에는 제1항의 기간은 제83조 제3항에 따른 조사나 수사의 종료 통보를 받은 날부터 1개월이 지난 날에 끝나는 것으로 본다(국공법 83조의2 2항, 지공법 73조의2 2항). 징계위원회의 구성 · 징계의결등, 그 밖에 절차상의 흠이나 징계양정 및 징계부가금의 과다를 이유로 소청심사위원회 또는 법원에서 징계처분등의 무효 또는 취소의 결정이나 판결을 한 경우에는 제1항의 기간이 지나거나 그 남은 기간이 3개월 미만인 경우에도 그 결정 또는 판결이 확정된 날부터 3개월 이내에는 다시 징계의결등을 요구할 수 있다(국공법 83조의2 3항, 지공법 73조의2 3항).

2. 변상책임

1) 의 의

변상책임이란 공무원이 의무위반행위를 함으로써 국가나 지방자치단체에 재산상의 손해를 발생하게 한 경우에 그에 대하여 부담하는 재산상의 책임을 말한다. 변상책임에는 국가배상법에 의한 변상책임과 「회계관계직원 등의 책임에 관한 법률」에 의한 변상책임이 있다.

2) 국가배상법상의 변상책임

공무원이 그 직무를 집행함에 당하여 고의 또는 과실로 법령에 위반하여 타인에게 손해를 가함에 따라 국가 또는 지방자치단체가 그 손해를 배상한 경우, 공무원에게 고의 또는 중과실이 있을 때에는 국가 · 지방자치단체는 공무원에게 구상할 수 있다(국배법 2조 2항). 또한 영조물의 설치 · 관리상의 하자로 인하여 타인에게 발생한 손해를 국가 또는 지방자치단체가 배상한 경우에, 공무원에게 그 원인에 대한 책임이 있을 때에는 국가는 그 공무원에게 구상할 수 있다(국배법 5조 2항). 한편 공무원이 직무행위로서 사경제적 작용을 행함에 있어서 고의 또는 과실로 타인에게 손해를 가한 때에 국가 또는 지방자치단체는 사용자로서 민법에 의한 배상책임을 지게 되는바(민법 756조 1항), 이 경우 공무원에게 손해의 원인에 대하여 책임이 있을 때에는 그에게 구상할 수 있다(민법 756조 3항).

3) 회계관계직원 등의 변상책임

가. 법적 근거

국가회계법은 회계관계직원의 책임에 관하여 따로 법률로 정하도록 하고 있고(국가회계법 28조), 물품관리법은 물품관리공무원과 물품사용공무원의 책임에 관하여 따로 법률로 정하도록 하고 있으며(물품관리법 45조), 군수품관리법 역시 물품관리공무원과 물품사용공무원의 책임에 관하여 따로 법률로 정하도록 하고 있는바(군수품관리법 28조 · 29조), 이들 법률에 근거하여 제정된 법률이 「회계관계직원 등의 책임에 관한 법률」이다. 이 법률은 회계관계직원 등의 변상책임의 유형 및 배상액의 판정과 그 행사방법에 대하여 규정하고 있다.

나. 변상책임의 유형

① 회계관계직원 등이 고의 또는 과실로 법령 기타 관계규정 및 예산에 정하여진 바에 위반하여 국가 등의 재산에 대하여 손해를 끼친 때에는 변상책임이 있으며(동법 4조 1항), ② 현금 또는 물품을 출납 · 보관하는 자가 그 보관에 속하는 현금 또는 물품을 망실 · 훼손하였을 경우에 선량한 관리자의 주의를 태만히 하지 아니함을 증명하지 못하였을 때에는 변상책임이 있고(동법 4조 2항), ③ 물품사용공무원이 고의 중과실로 법령 기타 관계규정 및 예산에 정하여진 바에 위반하여 국가 등의 재산에 대하여 손해를 끼친 때에는 변상책임이 있다(동법 4조 1항). 또한 관계직원의 상급자로서 위법한 회계관계행위를 명령하였을 때에는 당해 상급자도 연대하여 변상책임을 진다(동법 8조).

다. 통지의무

소속장관 또는 감독기관은 소속공무원에게 변상책임을 져야 할 사실이 발생한 때에는 지체없이 재정경제부장관과 감사원에 통지하여야 한다(동법 7조).

라. 변상책임의 판정 및 행사방법

가) 소속기관 또는 감독기관의 변상명령　변상책임의 유무 및 배상액은 감사원이 판정하지만 중앙관서의 장, 지방자치단체의 장, 감독기관의 장 또는 당해 기관의 장은 감사원의 판정전이라도 회계관계직원 등에 대하여 변상을 명할 수 있다(동법 6조 1항). 변상명령이 내려진 사건에 대하여 감사원이 다시 판정하지 않으면 변상책임은 변상명령에 의하여 확정되나, 감사원이 다시 판정을 하면 그 판정에 의하여 비로소 확정된다. 이에 따라 변상명령이 내려진 사건에 대하여 감사원이 변상책임이 없다고 판정한 때에는 기납의 변상금은 즉시 환부하여야 한다(동법 6조 4항). 변상명령은 사법상의 채무이행명령의 성격을 갖고 있다는 견해가 있으나 변상책임자에게 공무원법상의 의무를 부과하는 행정처분의 성격을 갖는다고 보는 것이 타당할 것이다.

판례(소속장관의 변상명령의 처분성 여부)　소속장관 등의 감사원의 변상판정서를 첨부한 변상명령은 감사원의 변상판정에 의해 성립한 기존의 의무 이상으로 새로운 의무를 부담시키는 것은 아닐지라도 변상책임자의 권리의무에 아무런 영향을 미치지 않는 단순한 변상판정의 한 단계로서의 표시행위에 불과한 것으로 볼 수는 없을 것이고 그 자체 독립한 행정행위의 하나로 보아야 할 것이다(대판 1994. 12. 2, 93누623).

나) 감사원의 판정　회계관계공무원 등의 변상책임의 유무는 감사원이 판정한다(감사원법 31조 1항). 감사원이 변상책임이 있다고 판정한 때에는 소속장관 · 감독기관의 장 또는 당해 기관의 장에게 변상판정서를 송부하고, 그 송부를 받은 소속장관 등은 감사원이 정한 기간 내에 변상하게 하여야 한다(감사원법 31조 2항 · 3항). 변상책임자가 감사원이 정한 기한 내에 이행하지 아니한 때에는 소속장관 등은 관계세무서장에게 위탁하여 국세징수법 등 체납처분의 규정을 준용하여 이를 집행한다(감사원법 31조 5항 내지 7항).

다) 감사원의 판정에 대한 불복절차　감사원의 변상판정이 위법 또는 부당하다고 판단하는

본인 · 소속장관 · 감독기관의 장 또는 당해 기관의 장은 변상판정서가 도달한 날로부터 3월 이내에 감사원에 재심의를 청구할 수 있다(감사원법 36조 1항). 감사원의 재심의판정에 대하여는 감사원을 피고로 하여 행정소송을 제기할 수 있으나, 그 효력을 정지하는 가처분결정을 할 수 없다(동법 40조 2항).

감사원의 재심의는 필요적 전치절차로서 행정심판의 성격을 갖는다. 감사원법은 재심의판정에 대한 불복에 있어서 원처분인 변상판정이 아니라 행정심판의 재결인 재심의판정을 대상으로 행정소송을 제기하도록 하여 재결주의를 취하고 있다.

판례(감사원의 변상판정에 대하여 행정소송을 제기할 수 있는지 여부) 감사원의 변상판정처분에 대하여서는 행정소송을 제기할 수 없고, 재결에 해당하는 재심의 판정에 대하여서만 감사원을 피고로 하여 행정소송을 제기할 수 있다(대판 1984. 4. 10, 84누91).

3. 형사상 책임

공무원의 형사상 책임이란 공무원의 의무위반행위가 동시에 형법 등의 형사법에 위반되는 범죄행위에 해당되는 경우, 이에 대하여 부담하는 책임을 말한다. 형법이 정하는 공무원의 범죄는 ① 직권을 남용하는 등 직무집행행위 그 자체에 의하여 법익을 침해하는 직무범죄(형법 122조 내지 128조)와 ② 뇌물을 수수하는 등 직무와 관련있는 행위로 법익을 침해하는 준직무범죄(형법 129조 내지 133조)로 구분된다. 「특정범죄가중처벌 등에 관한 법률」은 준직무범 중 수뢰죄 · 제3자뇌물제공죄 및 알선수뢰죄에 있어서 공무원이 수수 · 요구 또는 약속한 금액이 일정금액 이상인 때에는 가중처벌하도록 규정하고 있다(동법 2조). 각종 행정법규가 공무원의 범죄를 규정하고 있는 경우가 적지 않은바(국공법 84조, 지공법 82조, 우편법 50조), 이들은 행정범으로서 이에 대하여는 행정벌에 관한 이론이 적용된다.

4. 민사상의 배상책임

공무원이 직무상 불법행위로 타인에게 손해를 발생하게 한 때에는 피해자는 국가 또는 지방자치단체에 손해배상을 청구할 수 있다(국배법 2조 1항). 여기서 피해자가 가해공무원에 대하여 직접 손해배상을 청구할 수 있는지에 대하여는 긍정설, 부정설, 절충설 등으로 견해가 갈리고 있다. 판례는 공무원에게 고의 또는 중과실이 있는 때에는 이를 긍정하고 있다. 그러나 국가 및 지방자치단체가 피해자에게 배상하게 하고, 공무원이 고의 또는 중과실이 있는 경우에 구상할 수 있도록 하고 있는 것은(국배법 2조 2항) 공무원에 대한 개인의 직접적인 배상청구권을 인정하지 않는 취지로 보아야 할 것이다.

사례 A군의 주택담당 지방공무원으로 근무하던 갑은 신규아파트가 1동의 건물로 되어 있기 때문에 동별 사용승인이 부적합함에도 불구하고 동별 사용승인을 하였다. 이에 A군의 인사위원회는 이러한 사용승인으로 말미암아 민원이 야기됨은 물론, 건축 승인조건인 도로의 기부채납이 지연되거나 이행되지 않을 우려가 있음을 이유로 지방공무원법 제48조 성실의무 위반을 들어 갑을 징계의결하려고 한다. A군의 인사위원회는, 「A군지방공무원징계양정에 관한 규칙」 제2조 제1항 및 [별표1] '징계양정기준'에 의하여 이 같은 비위사실에 대하여는 견책으로 징계를 하여야 할 것이지만, 동 규칙 제4조 제1항 및 [별표3] '징계양정기준'에 따라 갑에게 표창공적이 있음을 이유로 그 징계를 감경하여 불문으로 하되, 갑에게 경고할 것을 권고하는 의결을 하였고, 이에 따라 A군의 군수는 갑을 '불문경고'에 처하였다. 한편 A군이 소속한 B도 도지사의 「B

도지방공무원인사기록 및 인사사무처리지침」에는 불문경고에 관한 기록은 1년이 경과한 후에 말소되며 또한 불문경고를 받은 자는 각종 표창의 선정대상에서 1년간 제외하도록 규정하고 있다.(제53회 행정고시)

1) 불문경고의 법적 성질 및 징계와의 관련성을 검토하시오.(10점)

2) 불문경고에 대한 행정쟁송상의 권리구제수단을 검토하시오.(20점)

▶답안요지

제1문

1. 불문경고의 법적 성질

공무원관계에 있어서 공무원의 비위사실에 대하여 가하여지는 징계처분 중 가장 경미한 처분인 '견책' 대신에 빈번히 '불문경고'가 내려지는 경우가 있다. 이러한 불문경고의 법적 성질은 국가나 관련지방자치단체의 '공무원징계양정에 관한 규칙' 및 관련규정의 규율내용에 따라 다를 수가 있다. 사안에서 「B도지방공무원인사기록 및 인사사무처리지침」에 따르면 불문경고의 기록은 1년간 공무원인사기록에 등재되며, 등재된 기간 동안에 불문경고를 받은 자는 각종 표창의 선정대상에서 제외시키도록 하고 있다. 비록 위 사무처리지침은 행정규칙의 성질을 갖고 있어 외부적 효력이 없으나 내부적으로는 구속력을 갖고 있기 때문에, 불문경고를 받은 갑은 이러한 내부적 구속력을 근거로 1년 기간 동안 각종 표창대상에서 제외될 수밖에 없다. 각종 표창실적은 향후 갑이 징계처분을 받게 될 경우에 징계감경사유로서 또한 승진 등의 인사에서도 가산점으로 고려된다는 점에서 불문경고는 갑의 권리와 의무에 직접적으로 영향을 미치는 행정처분의 성격을 갖는다고 할 것이다(대판 2002. 7. 26, 2001두3532). 사안에서의 사무처리지침과는 달리 경고가 인사기록에도 등재되지 않을 뿐 아니라 표창선정대상이나 징계감경사유에도 포함되지 않도록 관련 사무처리지침에 규율된 경우에는 상대방에게 직접적인 법적 효과를 발생시키는 처분의 성격을 갖지 않으며, 단순한 사실행위로서 주의(注意) 내지 행정지도에 불과할 것이다(대판 2004. 4. 23, 2003두13687).

2. 징계와의 관련성

징계나 사안의 불문경고는 공무원의 비위사실을 원인으로 하여, 공무원의 신분상의 지위에 직접 불이익을 주기 때문에 처분성을 갖는다는 점이 공통점이다. 국가공무원법 및 지방공무원법은 징계의 종류를 파면, 해임, 강등, 정직, 감봉, 견책으로 구분하고 있고, 징계의 종류별로 일정한 법적 효과를 규정하고 있으며, 징계처분을 받은 공무원은 그 처분을 받은 날 또는 집행이 종료된 날로부터 일정한 기간 동안 승진임용 또는 승급을 할 수 없도록 규정하고 있다(국공법 80조 6항, 지공법 71조 5항). 이에 따라 징계는 법률에 근거하고 법률에 의하여 효과가 발생하는 반면에, 불문경고는 행정규칙에 근거하고 징계와 같은 효력을 발생하지 않으며 행정규칙의 내부적 구속력을 근거로 일정한 법적 효과가 발생한다는 점이 차이점이라고 할 수 있다.

제2문: 불문경고에 대한 갑의 행정쟁송상 권리구제수단

1. 소청심사청구

지방공무원법 제13조는 공무원의 징계, 그 밖에 그 의사에 반하는 불리한 처분이나 부작위에 대하여 소청심사를 청구할 수 있도록 있도록 하고 있다. 이러한 소청심사는 행정소송을 제기하기 전에 반드시 거쳐야 하는 필요적 전심절차에 해당한다. 사안에서 불문경고는 갑에 대한 불이익처분으로서 소청의 대상이 된다. 갑은 불문경고가 있는 것을 안 날로부터 30일 이내에(지공법 67조 2항) B도에 설치된 지방소청심사위원회에 소청심사를 청구할 수 있다. 소청심사위원회는 소청심사청구를 접수한 날로부터 60일 이내에 결정을 하여야 한다(지공법 67조 6항). 결정에는 각하 · 기각 · 취소 또는 변경 · 무효확인 및 의무이행결정 등이 있는 바, 변경에는 소극적 변경인 일부취소에 한하지 않고 행정심판의 경우와 같이 적극적 변경도 가능하다. 그러나 소청심사위원회는 불이익변경금지의 원칙에 따라 원처분보다 중한 불이익처분을 하여서는 안된다(지공법 19조 5항).

2. 취소소송

갑이 제기할 수 있는 행정소송으로는 취소소송이 고려된다.

1) 취소소송의 적법요건

상술한 바와 같이 갑에 대한 불문경고는 행소법 2조 1항 1호의 처분 등에 해당한다(대상적격). 행소법 12조는 처분등의 취소를 구할 법률상 이익이 있는 자가 제기할 수 있다(원고적격). 법률상 이익의 개념에 대하여는 권리구제설, 법률상 이익구제설, 이익구제설, 적법성 보장설 등 학설의 대립이 있으나 판례와 다수설은 법률상 이익구제설을 취하고 있다. 사안에서 갑은 불이익처분의 직접적인 상대방으로 원고적격이 인정된다. 갑은 소청심사위원회의 결정서를 송달받은 날로부터 90일 이내에(행소법 20조) A군수를 피고로 하여 피고의 소재지를 관할하는 1심 행정법원(서울을 제외한 지역은 지방법원본원)(행소법 9조)에 취소소송을 제기하면 될 것이다.

2) 불문경고의 위법성

사안에서 주체 · 절차 · 형식상의 하자는 보이지 않는다. 또한 갑은 아파트의 동별 사용승인이 부적합함에도 불구하고 동별 사용승인을 함으로서 지방공무원법 제48조의 성실의무의 위반이 인정된다. 그러나 갑의 위법사유가 비교적 경미한 점, 과거에 표창공적이 있음을 고려할 때 인사위원회의 징계양정 및 '불문경고'의 의결은 비례의 원칙에 반하지 않으며 이에 따라 재량의 하자가 없어 보인다. 갑의 취소청구는 기각될 것으로 보인다.

제 7 편

특별행정작용법

01 경찰행정법

제1절 개 설

Ⅰ. 경찰개념의 연혁

일반적으로 경찰은 실질적 의미의 경찰개념을 의미한다. 공공의 안녕과 질서에 대한 위해방지업무로 파악되고 있는 실질적 의미의 경찰개념은 자유방임주의사상의 배경하에 적극적인 사회형성활동을 사회에 방임하고 국가의 임무를 질서유지에 제한시켰었던 시민적 법치국가시대의 산물이다. 연혁적으로 경찰(police, Polizei)은 그 어원을 멀리는 희랍어(πολιτεια) · 라틴어(politia)에서 유래한 것으로서 고대로부터 중세까지는 국가 · 국헌 · 국가활동 전체의 뜻으로 사용되었다. 그러다가 15, 16세기에 와서는 그 의미가 다소 축소되어 1530년의 독일의 제국경찰법에서 보는 바와 같이 교회행정의 권한을 제외한 일체의 국가행정을 의미하였다. 이후 근대 절대주의 국가가 성립되어 국가작용이 확대되고 외무 · 재무 · 군사행정 · 사법 등이 분화됨에 따라 경찰은 공공의 안녕과 질서의 유지 및 공공의 복리증진을 목적으로 하는 내무행정 전반을 의미하였다. 그러나 18세기 후반 계몽주의 국가철학의 대두와 함께 이러한 절대주의 시대의 경찰개념에 대하여 항의가 제기되었다. 경찰의 임무를 현존하는 위해의 방지에 제한시키고 복리증진의 임무를 경찰의 임무에서 배제시킬 것이 주장되었으며, 이러한 사상은 1794년에 제정된 프러시아 일반주법 제10조 제2항 제17호에 그 표현을 보게 되었다. 이후 독일경찰법의 모태가 된 동조항은 "공공의 평온, 안녕, 질서를 유지하고 공중 및 그의 구성원에 대한 절박한 위해를 방지하기 위하여 필요한 조치를 취하는 것은 경찰의 직무이다"라고 규정하였다. 1795년의 프랑스 경죄처벌법 제16조 역시 "경찰은 공적 질서 · 자유 · 재산 및 개인의 안전을 유지하기 위하여 설치된다"라고 규정하여 위해방지임무를 경찰의 임무로 하였다. 이러한 노력에도 불구하고 프랑스 혁명에 대한 반동과정에서 복리증진임무는 계속 경찰임무에 속하였으며, 이러한 포괄적인 경찰개념은 1850년에 제정된 프러시아 경찰행정법에서 발견되고 있다.

그러나 입헌주의 헌법을 기초로 하여 성립된 시민적 법치국가의 성립과 더불어 경찰개념의 수정은 불가피하여졌으며, 특히 1882년 프러시아 고등행정법원의 크로이쯔베르그(Kreuzberg) 판결은 독일에서 실질적 의미의 경찰개념의 정립에 결정적인 계기를 마련하였다. 동 판결은 베를린의 크로이쯔베르그에 있는 전승기념탑의 전망을 확보하기 위하여 일정지역에 건축물의 높이를 제한하는 경찰행정청의 법규명령에 대하여, 경찰권은 소극적인 위해방지조치만을 할 수 있고, 적극적으로 공공복리를 위한 조치를 할 권한이 없다는 이유로 무효로 선언하였다. 프러시아 고등행정법원은 위의 프러시아 일반주법 제10조 제2항 제17호를 이후의 여러 입법에도 불구하고 여전히 유효한 것으로 보고, 그에 따라 경찰임무를 소극적 위해방지임무에 제한시켰다. 1931년 프러시아 경찰행정법은 프러시아 고등행정법원의 판례에 의하여 발전된 실질적 의미의 경찰의 개념을 성문화하였는바, 동법 제14조에서는 "경찰행정청은 현행법의 테두리내에서 공공의 안녕 또는 질서에 대한 위험으로부터 공중 또는 개인을 보호하기 위하여 의무에 적합한 재량에 따라 필요한 조치를 취하여야 한다"라고 규정하였다. 한편, 1977년에 마련된 통일경찰법초안 제8조는 "공공의 안녕과 질서에 대한 구체적인 위험이 있는 경우에 경찰은 필요한 조치를 취할 수 있다"고 규정하여 소극적 위해방지를 목적으로 하는 실질적 의미의 경찰개념을 고수하고 있다. 프랑스 역시 지방자치법 제97조는 1795년의 경죄처벌법의 경찰조항을 계승하여 경찰의 임무를 "공공질서 · 안전 및 위생의 확보"로 규정하여 소극적 위해방지임무를 경찰의 일반적 관념을 표현하는 것으로 해석되고 있다.[1)]

Ⅱ. 경찰의 개념

1. 형식적 의미의 경찰

실정제도상 보통경찰기관(경찰청장 · 지방경찰청장 · 해양경찰청장 · 경찰서장 · 해양경찰서장)의 권한에 속하는 모든 작용을 의미한다. 이에 따라 형식적 의미의 경찰과 실질적 의미의 경찰은 그 내용이 반드시 일치하지 않는다. 형식적 의미의 경찰은 보통경찰기관이 관장하는 모든 행정작용을 의미하므로 그 중에서 실질적 의미의 경찰작용으로 볼 수 없는 것이 있고, 그 반대로 일반행정기관의 소관에 속하는 행정작용 중에도 실질적 의미의 경찰작용에 해당하는 것이 적지 않다. 예를 들어 경찰관직무집행법 제2조는 경찰관의 직무범위를 ① 국민의 생명 · 신체 및 재산의 보호, ② 범죄의 예방 · 진압 및 수사와 범죄피해자보호, ③ 경비, 주요 인사 경호 및 대간첩 · 대테러 작전 수행, ④ 공공안녕에 대한 위험의 예방과 대응을 위한 정보의 수집 · 작성 및 배포, ⑤ 교통 단속과 교통 위해(危害)의 방지, ⑥ 외국 정부기관 및 국제기구와의 국제협력, ⑦ 그 밖에 공공의 안녕과 질서 유지로 규정하고 있는바 이 중에서 범죄의 수사 및 피의자의 체포는 사법작용(司法作用)으로서 실질적 의미의 경찰작용에 해당하지 않는다. 한편 보통경찰기관이 아닌 일반행정기관도 건축 · 위생 · 영업 · 환경 · 산림 등 일반행정분야에서 위해방지작용, 즉 실질적 의미의 경찰작용을 수행한다.

2. 실질적 의미의 경찰

1) 개 념

실질적 의미의 경찰은 그 작용의 소관기관 여하를 불문하고 일정한 행정작용의 성질을 표준으로 하여 학문적으로 정립된 관념이다. 다른 행정작용과 구별되는 의미의 실질적 의미의 경찰은 종래 학설에서는 "공공의 안녕 · 질서를 유지하기 위하여 일반통치권에 근거하여 국민에 대하여 명령 · 강제함으로써 그의 자연적 자유를 제한하는 작용"으로 정의하여 왔다. 그러나 이러한 정의는 경찰작

1) 金東熙, 行政法 II, 189면.

용의 권력적 측면만을 본 견해로서 완전하다고 볼 수 없다. 왜냐하면 오늘날 위해방지작용은 명령과 강제와 같은 권력적 수단뿐만 아니라, 각종 재해를 당한 사람의 보호, 교통교육의 실시, 교통방송을 통한 교통안내, T.V.에서의 범죄예방의 홍보 등 비권력적 수단을 행사하는 경우가 점차 확대되어 가고 있기 때문이다. 이에 따라 실질적 의미의 경찰은 "공공의 안녕과 질서에 대한 위험(Gefahr)를 방지하고 장해(Störung)를 제거하는 행정청의 작용"이라고 정의하는 것이 보다 타당할 것이다.

2) 실질적 경찰개념의 요소

가. 경찰의 목적

경찰의 목적은 공공의 안녕과 질서에 대한 위험을 방지하고 장해를 제거하는 것을 목적으로 한다. 공공의 안녕, 공공의 질서, 위험의 개념은 다음과 같이 설명된다.[2)]

가) 공공의 안녕　공공의 안녕이라 함은 신체 · 생명 · 자유 · 재산 등 개인의 권리보호, 객관적 법질서의 유지, 국가의 존속과 그의 시설 및 기능보호를 의미한다.

① 신체 · 생명 · 자유 · 재산 등 개인의 권리보호　공공의 안녕에 우선적으로 속하는 것은 신체 · 생명 · 자유 · 재산 등 개인의 권리보호이다. 그러나 이들 권리가 사법(私法)에 의하여 보호되는 경우에는 개인은 우선적으로 민사법원에 보호를 요청하여야 한다. 다만, 경찰은 개인이 사법상(私法上)의 권리를 적시에 실현시킬 수 없거나 경찰의 도움이 없이는 권리실현이 불가능하거나 현저히 어려운 예외적인 경우에만 이들 권리의 구제를 위하여 필요한 조치를 취할 수 있다.

② 객관적인 법질서의 유지　객관적인 법질서의 유지 역시 공공의 안녕의 개념적 요소에 속한다. 그런데 사법질서(私法秩序)는 민사작용에 의하여 보호되기 때문에 경찰에 의하여 보호되는 법질서는 형법 및 행정법 등 공법규범들이라고 할 수 있다. 이들 법규범이 수범자에 의하여 침해되거나 침해될 우려가 있는 경우에는 경찰권발동의 대상이 된다.

③ 국가의 존속 및 그의 시설과 기능보호　국가의 존속보호는 영토보전뿐만 아니라 헌법적 기본질서의 보호를 포함한다. 경찰은 내란(內亂), 외환(外患) 등 국가의 존속에 대한 범죄를 예방함으로써 공공의 안녕을 보호한다. 경찰은 국가의 존속 이외에도 국회, 관공서, 법원, 외국원수의 방문 등 국가시설과 그 기능을 보호한다.

나) 공공의 질서　공공의 질서란 지배적인 사회의 가치관에 비추어 그것을 준수하는 것이 원만한 공동생활을 위한 불가결한 전제조건이 되는 법규범 이외의 규범의 총체를 의미한다. 여기에 있어서 규범이란 국가에 의하여 제정된 법규범이 아니라 사회의 가치관에 근거하고 있는 도덕, 윤리 등 사회규범을 의미하며 그 중에서 명백한 다수에 의하여 지지되는 규범만이 공공의 질서의 대상이 된다.[3)] 공공의 질서는 오늘날 특별법(경범죄처벌법)의 제정을 통하여 그 적용범위가 점차 축소되어 가고 있다.

다) 위험과 장해　위험이란 현재의 상황을 그대로 방치하는 경우에 공공의 안녕과 질서의 내용을 이루고 있는 법익의 침해에 대한 충분한 개연성이 있는 상황을 의미하며, 장해란 이미 법익

2) 공공의 안녕과 질서에 대한 개념에 대하여 상세히는 鄭夏重, 獨逸警察法의 體系와 韓國警察官職務執行法의 改善方向(上), 司法行政, 1994. 2, 4면 이하.

3) 독일의 판례는 공동묘지에서 무도회개최, 사형수의 초상을 광고에 사용, 화장 후에 남은 유골의 전시판매, 학교숙제의 대행업 등을 공공의 질서에 반하는 행위의 예로 들고 있다.

침해가 발생된 경우를 의미한다. 위험의 판단에 요구되는 개연성의 정도는 침해될 우려가 있는 법익의 중요성에 따라 달리 판단되며, 도래될 법익침해가 중대하면 중대할수록 개연성에 요구되는 정도는 완화된다.

위험은 그 종류에 따라 구체적 위험과 추상적 위험으로 분류된다. 구체적 위험은 개별적인 경우에 존재하는 위험이며, 이는 구체적인 경찰처분의 대상이 된다. 반면, 추상적 위험은 전형적인 위험, 즉 일정한 종류의 행위와 상태에서 발생되는 경향이 있는 위험을 의미하는 것으로 법률이나 법규명령의 규율대상이 된다.

나. 경찰의 수단

공공의 안녕과 질서를 유지하기 위한 경찰수단은 명령 · 강제 등 권력적 수단(경찰하명 · 경찰허가 · 경찰강제 등)이 그 중심을 이루어 왔다. 그러나 상술한 바와 같이 오늘날 행정지도, 비권력적 행정조사, 교육 및 홍보 등 비권력적 수단의 비중이 점차 확대되고 있는 현실이다.

다. 경찰의 권력적 기초

경찰은 국가의 일반통치권에 기초를 둔 작용이다. 따라서 일반통치권에 복종하는 자는 자연인 · 법인 · 내국인 · 외국인을 불문하고 경찰권에 복종하여야 한다. 경찰은 일반통치권에 기초를 둔 작용이기 때문에 특별권력관계에 있어서 특별권력에 의한 명령 · 강제는 경찰이 아니다.

Ⅲ. 경찰의 종류

경찰은 다음과 같이 여러 가지 관점에서 분류할 수 있다.

1. 행정경찰과 사법경찰

행정경찰은 공공의 안녕과 질서에 대한 위해를 방지하는 실질적 의미의 경찰을 의미하는 반면, 사법경찰은 범죄의 수사, 피의자의 체포 등을 목적으로 하는 형사사법작용을 의미한다. 범죄의 수사, 피의자의 체포와 같은 직무는 본래 사법작용(司法作用)으로서의 성질을 갖는 것이지만, 공공의 안녕 · 질서의 유지를 임무로 하는 기관에 맡기는 것이 편리한 탓으로 보통경찰기관이 관장하도록 하고 있다(경찰법 3조, 경찰관직무집행법 2조, 형사소송법 196조). 이에 따라 보통경찰기관이 범죄수사 등의 직무를 수행할 때, 이를 사법경찰이라고 한다.

2. 보안경찰과 협의의 행정경찰

사법경찰과 구별되는 행정경찰은 다시 보안경찰과 협의의 행정경찰로 구분된다. 보안경찰은 보통경찰기관에 의하여 행하여지는 위해방지작용을 의미하는 반면, 협의의 행정경찰은 일반행정기관에 의하여 행하여지는 위해방지작용을 의미한다. 전자의 예로는 교통 · 집회 · 위험물단속 · 사행행위 및 풍속영업규제 등이 있으며, 후자의 예로는 건축 · 위생 · 영업 · 환경 · 산림행정 등과 관련된 위해방지작용을 들 수 있다. 과거 독일에서는 공공의 안녕과 질서에 대한 위해방지작용은 보통경찰기관이 담당하여 왔으나, 2차대전 후 비경찰화정책에 따라 대부분의 위해방지업무는 일반행정기관에 이관되고 보통경찰기관은 긴급한 경우의 위해방지업무(신체 · 생명의 보호, 범죄의 예방 등)를 담당하는 이른바 집행경찰을 수행하고 있다. 우리나라의 경우에도 대부분의 위해방지임무는 일반행정기관에서 수행하고 있다고 보아야 할 것이다.

3. 예방경찰과 진압경찰

이는 경찰권발동의 시점에 따른 분류이다. 예방경찰은 공공의 안녕과 질서에 의하여 보호되는 법익에 대한 침해가 우려되는 경우에 이를 방지하기 위하여 발동되는 경찰을 의미하며(전염병예방, 경찰의 방범활동, 폭력이 우려되는 집회의 사전금지, 위험건축물의 철거), 진압경찰은 법익침해가 이미 발생한 경우에 이를 제거하기 위한 경찰작용을 말한다(폭동진압, 재해 및 교통사고시 구조활동, 인질구출). 예방경찰과 진압경찰을 행정경찰과 사법경찰에 대응되는 개념으로 보는 견해도 있으나 오히려 행정경찰작용에 있어서 경찰권발동의 시점을 기준으로 한 분류라고 보는 것이 타당할 것이다. 예방경찰과 진압경찰은 항상 명확하게 구별되는 것은 아니며, 동시에 행하여지기도 한다. 예를 들어 폭동진압은 공공의 안녕에 의하여 보호되는 법질서의 위반행위에 대한 진압적 작용이기도 하며, 개인의 신체 · 생명의 침해에 대한 예방적 작용으로도 볼 수 있다.

4. 평시경찰과 비상경찰

일반경찰기관이 일반경찰법규에 의하여 행하는 공공의 안녕과 질서의 유지작용을 평시경찰이라고 하고, 병력에 의한 안녕 · 질서의 유지작용을 비상경찰이라고 한다. 공공의 안녕과 질서의 유지는 일반경찰기관이 담당하는 것이 원칙이나 예외적으로 군대가 이를 수행하는 경우가 있다. 즉, 전시 · 사변 또는 이에 준하는 국가비상사태에 있어서 사회질서가 교란되어 일반행정기관만으로는 치안을 확보할 수 없는 경우에 공공의 안녕질서를 유지하기 위하여 헌법 제77조 및 계엄법에 의하여 계엄이 선포되면, 계엄사령관은 군대에 관한 행정사무와 사법사무(경비계엄의 경우) 또는 모든 행정사무와 사법사무(비상계엄의 경우)를 관장하게 되는바, 이때 행정사무의 일환으로 경찰사무도 관장하게 된다(계엄법 7조 · 8조).

5. 국가경찰(중앙경찰)과 자치경찰(지방경찰)

국가경찰은 경찰기관이 국가기관인 경찰을 의미하며, 자치경찰은 경찰기관이 지방자치단체의 기관인 경우를 의미한다. 전통적으로 우리나라에서는 소방사무를 제외하고는 경찰은 국가경찰이고, 자치경찰은 존재하지 않았다. 그러나 지방자치화 및 지방분권화 현상에 따라 자치경찰제도의 도입을 추진하여 왔으며, 「국가경찰과 자치경찰의 조직 및 운영에 관한 법률」이 2021년 1월 1일 시행됨에 따라 국가경찰과 지방경찰의 이원제를 채택하게 되었다.

1) 국가경찰의 사무

「국가경찰과 자치경찰의 조직 및 운영에 관한 법률」 제3조는 경찰의 임무를 "① 국민의 생명 · 신체 및 재산의 보호, ② 범죄의 예방 · 진압 및 수사, ③ 범죄피해자 보호, ④ 경비 · 요인경호 및 대간첩 · 대테러 작전 수행, ⑤ 공공안녕에 대한 위험의 예방과 대응을 위한 정보의 수집 · 작성 및 배포, ⑥ 교통의 단속과 위해의 방지, ⑦ 외국 정부기관 및 국제기구와의 국제협력"으로 규정하고 있다. 국가경찰사무는 제3조에 규정된 경찰임무를 수행하기 위한 사무 중 자치경찰사무를 제외한 사무를 의미한다(동법 4조 1호).

2) 자치경찰의 사무

자치경찰사무는 동법 제3조에서 정한 경찰임무의 범위에서 관할 지역의 생활안전 · 교통 · 경비 · 수사 등에 관한 사무 중 다음 각목의 사무를 의미한다.

가. 지역 내 주민의 생활안전 활동에 관한 사무

나. 지역 내 교통활동에 관한 사무

다. 지역 내 다중운집 행사 관련 혼잡 교통 및 안전 관리

라. ① 학교폭력 등 소년범죄, ② 가정폭력, 아동학대 범죄, ③ 교통사고 및 교통 관련 범죄, ④ 「형법」 제245조에 따른 공연음란 및 「성폭력범죄의 처벌 등에 관한 특례법」 제12조에 따른 성적 목적을 위한 다중이용장소 침입행위에 관한 범죄, ⑤ 경범죄 및 기초질서 관련 범죄, ⑥ 가출인 및 「실종아동등의 보호 및 지원에 관한 법률」 제2조 제2호에 따른 실종아동등 관련 수색 및 범죄에 해당하는 수사사무(동법 4조 2호).

Ⅳ. 경찰의 조직

우리나라의 경찰조직은 국가경찰과 자치경찰의 이원적 체제로 이루어지고 있다. 경찰권도 행정권의 일부인 까닭에 대통령과 국무총리의 통할 아래 보안경찰을 관장하는 보통경찰기관, 협의의 행정경찰기관이 있으며, 비상시 등에 이들 경찰사무를 관장하는 비상경찰기관(군기관)이 있다.

1. 보통경찰기관

보통경찰기관은 그의 기능에 따라 보통경찰행정청과 경찰의결기관 및 경찰집행기관으로 나누어진다.

1) 보통경찰행정청

경찰행정청이란 경찰에 관하여 외부적으로 구속력있는 의사를 결정 · 표시할 수 있는 권한을 가진 경찰기관을 말한다. 경찰행정청은 경찰청장을 최상급의 기관으로 하여 지방경찰청장과 경찰서장으로 구성되는 계층적 구조를 이루고 있다. 다만, 경찰행정청은 행정안전부장관 소속하에 두며, 행정안전부장관은 경찰청장의 임명을 제청하고, 중요정책수립에 관하여 경찰청장을 직접 지휘할 수 있으므로 넓은 의미에서 행정안전부장관도 보통경찰행정청의 하나라고 할 수 있다. 한편, 2017년 7월 26일 정부조직법 개정으로 국민안전처가 폐지됨에 따라 해양에서의 경찰 및 오염방제업무는 해양수산부장관 소속으로 설치된 해양경찰청장이 담당하게 되었다.

가. 경찰청장

치안에 관한 사무를 관장하게 하기 위하여 행정안전부장관 소속하에 경찰청을 둔다(동법 12조). 경찰청장은 치안총감으로 보하며, 국가경찰위원회의 동의를 받아 행정안전부장관의 제청으로 국무총리를 거쳐 대통령이 임명한다. 이 경우 국회의 인사청문을 거쳐야 한다(동법 14조 2항). 경찰청장의 임기는 2년으로 하며, 중임할 수 없고, 직무를 집행하면서 헌법이나 법률을 위배하였을 때에는 국회는 탄핵 소추를 의결할 수 있다(동법 14조 4항 · 5항).

나. 국가수사본부장

경찰청에 국가수사본부를 두며, 국가수사본부장은 치안정감으로 보한다(동법 16조 1항). 국가수사본부장은 「형사소송법」에 따른 경찰의 수사에 관하여 각 시 · 도경찰청장과 경찰서장 및 수사부서 소속 공무원을 지휘 · 감독한다(동법 16조 2항). 국가수사본부장의 임기는 2년으로 하며, 중임할 수 없고 임기가 끝나면 당연히 퇴직한다(동법 16조 3 · 4항). 국가수사본부장이 직무를 집행하면서 헌법이나 법률을 위배하였을 때에는 국회는 탄핵 소추를 의결할 수 있다(동법 16조 5항).

다. 시 · 도경찰청장

시 · 도경찰청에 시 · 도경찰청장을 두며, 시 · 도경찰청장은 치안정감 · 치안감 또는 경무관으로 보한다(동법 28조 1항). 시 · 도경찰청장은 경찰청장이 시 · 도자치경찰위원회와 협의하여 추천한 사람 중에서 행정안전부장관의 제청으로 국무총리를 거쳐 대통령이 임용한다(동법 28조 2항). 시 · 도경찰청장은 국가경찰사무에 대해서는 경찰청장의 지휘 · 감독을, 자치경찰사무에 대해서는 시 · 도자치경찰위원회의 지휘 · 감독을 받아 관할구역의 소관 사무를 관장하고 소속 공무원 및 소속 경찰기관의 장을 지휘 · 감독한다. 다만, 수사에 관한 사무에 대해서는 국가수사본부장의 지휘 · 감독을 받아 관할구역의 소관 사무를 관장하고 소속 공무원 및 소속 경찰기관의 장을 지휘 · 감독한다(동법 28조 3항).

라. 경찰서장

경찰서에 경찰서장을 두며, 경찰서장은 경무관, 총경 또는 경정으로 보한다(동법 30조 1항). 경찰서장은 시 · 도경찰청장의 지휘 · 감독을 받아 관할구역의 소관 사무를 관장하고 소속 공무원을 지휘 · 감독한다(동법 30조 2항). 경찰서장 소속으로 지구대 또는 파출소를 두고, 필요한 경우에는 출장소를 둘 수 있다(동법 30조 3항). 시 · 도자치경찰위원회는 정기적으로 경찰서장의 자치경찰사무 수행에 관한 평가결과를 경찰청장에게 통보하여야 하며 경찰청장은 이를 반영하여야 한다(동법 30조 3항).

마. 해양경찰청장

해양에서의 경찰 및 오염방제에 관한 사무를 관장하기 위하여 해양수산부장관 소속으로 해양경찰청을 둔다. 해양경찰청에 청장 1명과 차장 1명을 두되, 청장 및 차장은 경찰공무원으로 보한다(정부조직법 43조 2항 · 3항).

2) 경찰의결기관 · 합의제행정기관

가. 국가경찰위원회

국가경찰행정에 관하여 일정한 사항을 심의 · 의결하기 위하여 행정안전부에 국가경찰위원회를 둔다. 위원회는 위원장 1명을 포함한 7명의 위원으로 구성하되, 위원장 및 5명의 위원은 비상임으로 하고, 1명의 위원은 상임으로 한다(동법 7조). 위원은 행정안전부장관의 제청으로 국무총리를 거쳐 대통령이 임명한다. 행정안전부장관은 위원 임명을 제청할 때 경찰의 정치적 중립이 보장되도록 하여야 하며, 위원 중 2인은 법관의 자격이 있어야 한다. 위원의 임기는 3년으로 하며, 연임할 수 없다(동법 9조).

위원회는 경찰청장 임명에 대한 동의권을 가지며(동법 14조), ① 국가경찰사무에 관한 인사, 예산, 장비, 통신 등에 관한 주요정책 및 경찰 업무 발전에 관한 사항, ② 국가경찰사무에 관한 인권보호와 관련되는 경찰의 운영 · 개선에 관한 사항, ③ 국가경찰사무 담당 공무원의 부패 방지와 청렴도 향상에 관한 주요 정책사항, ④ 국가경찰사무 외에 다른 국가기관으로부터의 업무협조 요청에 관한 사항, ⑤ 제주특별자치도의 자치경찰에 대한 경찰의 지원 · 협조 및 협약체결의 조정 등에 관한 주요 정책사항, ⑥ 제18조에 따른 시 · 도자치경찰위원회 위원 추천, 자치경찰사무에 대한 주요 법령 · 정책 등에 관한 사항, 제25조 제4항에 따른 시 · 도자치경찰위원회 의결에 대한 재의 요구에 관한 사항, ⑦ 제2조에 따른 시책 수립에 관한 사항, ⑧ 제32조에 따른 비상사태 등 전국적 치안유지를 위한 경찰청장의 지휘 · 명령에 관한 사항, ⑨ 그 밖에 행정안전부장관 및 경찰청장이 중요하다고 인정하여 국가경찰위원회의 회의에 부친 사항을 심의 · 의결한다(동법 10조).

나. 시 · 도자치경찰위원회

자치경찰사무를 관장하게 하기 위하여 특별시장 · 광역시장 · 특별자치시장 · 도지사 · 특별자치도지사(이하 "시 · 도지사"라 한다) 소속으로 시 · 도자치경찰위원회를 둔다. 시 · 도자치경찰위원회는 합의제 행정기관으로서 그 권한에 속하는 업무를 독립적으로 수행한다(동법 18조). 위원회는 위원장 1명을 포함한 7명의 위원으로 구성하되, 위원장과 1명의 위원은 상임으로 하고, 5명의 위원은 비상임으로 한다(동법 19조).

시 · 도자치경찰위원회 위원은 ① 시 · 도의회가 추천하는 2명, ② 국가경찰위원회가 추천하는 1명, ③ 해당 시 · 도 교육감이 추천하는 1명, ④ 시 · 도자치경찰위원회 위원추천위원회가 추천하는 2명, ⑤ 시 · 도지사가 지명하는 1명을 시 · 도지사가 임명한다(동법 20조 1항). 시 · 도자치경찰위원회 위원장은 위원 중에서 시 · 도지사가 임명하고, 상임위원은 시 · 도자치경찰위원회의 의결을 거쳐 위원 중에서 위원장의 제청으로 시 · 도지사가 임명한다. 이 경우 위원장과 상임위원은 지방자치단체의 공무원으로 한다(동법 20조 3항).

2. 특별경찰기관

위에서 설명한 보통경찰기관 이외의 특별경찰기관으로서는 다음과 같은 것이 있다.

1) 협의의 행정경찰기관

협의의 행정경찰은 다른 주된 행정작용에 부수하여 발생하는 공공의 안녕 · 질서에 대한 위해방지작용을 의미한다는 점에서, 협의의 행정경찰청은 그 주된 행정작용을 관장하는 행정청이 된다. 즉 각 중앙행정기관은 자신의 소관사무와 관련되는 범위 안에서 협의의 행정경찰작용을 담당하는 경찰기관이 된다(건축경찰에 대하여는 국토교통부장관, 위생경찰에 대하여는 보건복지부장관, 산림경찰에 대하여는 산림청장). 협의의 행정경찰청은 그의 지방경찰청으로 특별지방행정기관인 특별지방경찰청(지방산림관청 · 영림서장)을 가지는 경우가 있으나, 그러한 특별지방경찰조직을 갖지 않는 경우에는 서울특별시장 · 광역시장 · 도지사 또는 시장 · 군수 · 자치구청장이 협의의 행정경찰사무를 관장한다. 협의의 행정경찰집행기관은 협의의 행정경찰청의 소속 공무원이 된다.

2) 비상경찰기관

비상경찰기관은 보통경찰기관만으로는 치안을 확보할 수 없는 비상시에 병력으로써 치안을 담당하는 기관을 의미하며, 이에는 계엄사령관과 위수사령관이 있다.

가. 계엄사령관

전시 · 사변 또는 이에 준하는 국가비상사태에 있어서 병력으로써 군사상의 필요에 응하거나 공공의 안녕질서를 유지할 필요가 있을 때에는 대통령은 계엄을 선포할 수 있는데(헌법 77조 1항), 계엄이 선포되면 계엄사령관이 병력으로 당해 지역 내의 경찰작용을 수행한다. 계엄은 경비계엄과 비상계엄으로 구분한다(헌법 77조 2항). 경비계엄의 경우에는 계엄사령관은 계엄지역 내의 군사에 관한 행정사무와 사법사무를 관장한다(계엄법 7조 2항). 비상계엄의 경우에는 계엄사령관은 계엄지역 내의 모든 행정사무와 사법사무를 관장한다(계엄법 7조 1항).

나. 위수사령관

위수사령관은 재해 또는 비상사태에 즈음하여 서울특별시장 · 광역시장 또는 도지사로부터 병력출동의 요청을 받았을 때에는 육군참모총장의 승인을 얻어, 사태가 긴급을 요할 때에는 승인없이 즉시 그 요청에 응할 수 있다(위수령 12조). 위수사령관의 병력출동은 군사기관의 독자적인 경찰작용이 아니고 일반경찰기관의 요청에 의하여 행하여지는 행정응원의 성격을 갖고 있다.

3. 청원경찰 · 경비업

1) 청원경찰

청원경찰은 ① 국가기관 또는 공공단체와 그 관리하에 있는 중요시설 또는 사업장, ② 국내주재 외국기관, ③ 기타 행정안전부령으로 정하는 중요시설 · 사업장 또는 장소의 기관의 장 또는 시설 · 사업장 등의 경영자가 소요경비를 부담할 것을 조건으로 경찰의 배치를 신청하는 경우에, 그 기관 · 시설 또는 사업장 등의 경비를 담당하게 하기 위하여 배치하는 경찰을 말한다(청원경찰법 2조). 청원경찰의 배치를 받고자 하는 자는 관할지방경찰청장에게 신청하여야 하며(청원경찰법 4조 1항), 지방경찰청장 역시 청원경찰의 배치가 필요하다고 인정되는 기관의 장 또는 시설 · 사업장의 경영자에게 청원경찰을 배치할 것을 요청할 수 있다(청원경찰법 4조 3항). 청원경찰은 관할하는 경찰서장의 감독을 받아 그 경비구역만의 경비를 목적으로 필요한 범위에서 「경찰관직무집행법」에 따른 경찰관의 직무를 수행한다(청원경찰법 3조). 판례는 국가나 지방자치단체에 근무하는 청원경찰의 근무관계를 공법상의 근무관계로 보고 있다.

판례(청원경찰에 대한 징계처분이 행정소송의 대상인지 여부) 국가나 지방자치단체에 근무하는 청원경찰은 국가공무원법이나 지방공무원법상의 공무원은 아니지만, 다른 청원경찰과는 달리 그 임용권자가 행정기관의 장이고, 국가나 지방자치단체로부터 보수를 받으며, 산업재해보상보험법이나 근로기준법이 아닌 공무원연금법에 따른 재해보상과 퇴직급여를 지급받고, 직무상의 불법행위에 대하여도 민법이 아닌 국가배상법이 적용되는 등의 특질이 있으며 그외 임용자격, 직무, 복무의무 내용 등을 종합하여 볼 때, 그 근무관계를 사법상의 고용계약관계로 보기는 어려우므로 그에 대한 징계처분의 시정을 구하는 소는 행정소송의 대상이지 민사소송의 대상이 아니다(대판 1993. 7. 13, 92다47564).

---

2) 경비업

경비업은 경찰조직과는 무관하게 사법인(私法人)에 의하여 운영되는 사기업(私企業)의 성격을 갖는다. 경비업을 운영하고자 하는 법인은 관할 지방경찰청장의 허가를 받아야 한다(경비업법 4조 1항). 경비업법은 경비업을 다음과 같이 분류하고 있다(경비업법 2조 1호).

① 시설경비업무: 경비를 필요로 하는 시설 및 장소(이하 "경비대상시설"이라 한다)에서의 도난 ·

화재 그 밖의 혼잡 등으로 인한 위험발생을 방지하는 업무

② 호송경비업무: 운반중에 있는 현금 · 유가증권 · 귀금속 · 상품 그 밖의 물건에 대하여 도난 · 화재 등 위험발생을 방지하는 업무

③ 신변보호업무: 사람의 생명이나 신체에 대한 위해의 발생을 방지하고 그 신변을 보호하는 업무

④ 기계경비업무: 경비대상시설에 설치한 기기에 의하여 감지 · 송신된 정보를 그 경비대상시설 외의 장소에 설치한 관제시설의 기기로 수신하여 도난 · 화재 등 위험발생을 방지하는 업무

⑤ 특수경비업무: 공항 · 항공기 등 대통령령이 정하는 국가중요시설의 경비 및 도난 · 화재 그 밖의 위험발생을 방지하는 업무

4. 소방기관

화재의 예방 · 경계 · 진압, 재난 · 재해 그 밖의 위급한 상황에서의 구조 · 구급활동 등을 내용으로 하는 소방사무는 위해방지업무, 즉 경찰사무의 한 부분을 이루고 있으나, 일반경찰조직으로부터 분리되어 운영되고 있다. 소방사무는 소방기본법에서 규정하고 있다.

시 · 도에서 소방업무를 수행하기 위하여 시 · 도지사 소속으로 소방본부를 둔다(소방기본법 5조 4항). 소방업무를 수행하는 소방본부장과 소방서장은 그 소재지를 관할하는 특별시장 · 광역시장 · 특별자치시장 · 도지사 또는 특별자치도지사의 지휘와 감독을 받는다. 한편, 행정안전부에 소속된 소방청장은 화재 예방 및 대형재난 등 필요한 경우 소방본부장 및 소방서장을 지휘 · 감독할 수 있다(소방기본법 2조 3항).

제2절 경찰작용의 근거와 한계

Ⅰ. 경찰작용의 근거

1. 경찰작용과 법률유보의 원칙

공공의 안녕과 질서에 대한 위해를 방지하고 장해를 제거하기 위하여 행하여지는 경찰작용은 주로 권력적이고 침해적인 수단을 사용하며, 이에 수반하여 개인의 자유와 재산을 침해하는 경우가 빈번히 발생된다. 따라서 경찰권발동에는 법적 근거를 필요로 하는바 이는 전통적인 침해유보설의

입장에서 뿐만 아니라 모든 국민의 자유와 권리는 질서유지를 위하여 법률로써 제한할 수 있도록 규정한 헌법 제37조 제2항으로부터 직접 요구되고 있다.

경찰작용의 법적 근거의 방식에는 법기술상 ① 개괄수권조항에 의한 방식, ② 경찰관직무집행법상의 개별적 수권에 의한 방식, ③ 특별경찰법상의 개별적 수권에 의한 방식이 있다.

2. 개괄수권조항

1) 개괄수권조항의 의의와 필요성

독일의 각주의 경찰법은 통일경찰법초안 제8조 제1항에 따라 "공공의 안녕과 질서에 대한 구체적인 위험이 있는 경우에 경찰은 필요한 조치를 취할 수 있다"라는 형식의 이른바 개괄수권조항을 두고 있다. 독일에서 실질적 의미의 경찰개념의 발전에 결정적인 역할을 하여 온 개괄수권조항은 "공공의 안녕", "공공의 질서", "위험" 등 불확정법개념을 그 요건으로 하고 있어, 학설의 일부에서[4] 법치주의 원리의 한 요소인 명확성의 원칙에 위배된다고 비판을 받았다. 또한 개별법상의 특별수권조항의 증가로 인하여 오늘날 그 역할이 축소되고 있다.

그럼에도 불구하고 개괄수권조항의 필요성은 오늘날도 여전히 강조되고 있는바, 첫째, 개괄수권조항은 지난 수십년 동안 학설과 판례를 통하여 그 내용 · 목적 · 범위가 충분히 구체화되어 법치주의 관점에서 이의가 없으며, 둘째, 오늘날과 같은 복잡한 산업사회에 있어서 입법자는 위험의 모든 종류를 미리 예측하여 상세히 규율할 수 없기 때문에 개괄수권조항이 없는 경우에는 국가의 위해방지업무체계에는 중대한 흠결이 존재할 수밖에 없기 때문이다. 이에 따라 개별법상의 특별수권조항이 존재하지 않는 경우에 보충적으로 적용되는 개괄수권조항은 여전히 경찰의 위해방지업무에서 중요한 의미를 갖고 있다고 할 것이다.

2) 현행법상 개괄수권조항의 인정여부

현행 경찰관직무집행법 제2조는 경찰의 직무범위를 규정하면서 제7호에서 "그 밖에 공공의 안녕과 질서유지"를 직무의 하나로 규정하고 있는바, 학설에서는 동규정을 개괄수권조항으로 볼 수 있는지 여부에 관하여 견해가 갈리고 있다.

가. 부정설

학설의 일부는 경찰작용은 권력적이고 침해적인 성격을 갖고 있기 때문에 그 수권형식은 개별적 수권방식이 되어야 하고, 개괄수권조항은 명확성의 원칙에 반하기 때문에 허용될 수 없다고 한다. 경찰관직무집행법 제2조 제7호는 임무규정에 불과하며 수권규정이 아니라고 한다.[5]

나. 긍정설

이에 대하여 긍정설은 경찰관직무집행법 제2조 제7호를 개괄수권규정으로 인정하여, 개별법상의 특별수권조항이 없는 경우에 보충적으로 적용할 수 있다고 한다. 아울러 개괄수권조항을 통한 권력남용은 비례의 원칙 등 조리상의 한계를 통하여 억제될 수 있다고 한다.[6]

---

4) Rupp, Grundfragen der heutigen Verwaltungsrechtslehre, 1965, S. 202.

5) 朴鈗炘/鄭亨根, 最新行政法講義(下), 313면.

6) 金南辰/金連泰, 行政法 II, 368면; 柳至泰/朴鍾秀, 行政法新論, 938면.

다. 입법필요설

이 견해는 개괄수권조항의 필요성은 인정하고 있으나 경찰관직무집행법 제2조 제7호는 임무규정에 불과하기 때문에 별도의 입법적인 조치를 통하여 개괄수권조항을 두어야 한다고 주장한다.[7)]

라. 결 어

위에서 설명한 바와 같이 오늘날 흠결 없는 위해방지업무를 위하여 개괄수권조항의 필요성은 부인할 수 없다. 그런데 경찰작용의 법적 근거로는 임무규정(Aufgabenzuweisungsnorm)과 수권규정(Befugnisnorm)으로 구분된다. 임무규정은 다른 행정청과의 직무의 한계를 설정하며 따라서 법적으로 허용되는 경찰작용의 외적 한계를 의미한다. 또한 임무규정은 개인의 권리침해와 무관한 경찰작용, 즉 교통사고 등 재해를 당한 사람의 보호, 순찰활동, 교통방송, 교통교육의 실시 등에 대한 근거규정이 된다. 반면 수권규정은 행정청에 대하여 부여된 임무의 영역내에서 개인의 권리를 침해할 수 있는 조치를 취할 수 있는 권한을 부여한다.[8)]

경찰관직무집행법 제2조 제7호는 단지 경찰관의 직무범위에 대하여 규정하고 있는 임무규정에 지나지 않기 때문에 공공의 안녕 · 질서유지를 위하여 개인의 권리를 침해할 수 있는 조치를 취할 수 있도록 하는 개괄수권조항으로 보기가 어렵다. 이에 따라 개괄수권조항은 향후 입법자에 의하여 도입되어야 하는 것이 바람직하다. 긍정설은 주민이 허가 없이 창고를 주택으로 개축하는 것을 대상으로 한 대법원판례가 경찰관직무집행법 제2조 제7호를 개괄수권조항으로 보고 있다고 주장하나 이에 찬동하기 어렵다. 만약 판례가 경찰관직무집행법 제2조 제7호를 개괄수권조항으로 인정하였다면 오히려 보충성의 원칙에 따라 위법건축물에 대한 시정조치를 규정하고 있는 구 건축법 제69조(현행 건축법 79조)를 수권조항으로 보았어야 하였을 것이다. 판례는 단순히 위법건축물의 단속이 청원경찰의 직무범위에 속한다는 것을 판시하였을 뿐 단속조치가 구체적으로 어떤 수권규정에 근거하고 있는지를 언급하지 않고 있다.

판례(건축물의 위법개축행위를 단속한 행위가 청원경찰의 직무범위에 속한다는 판례) 청원경찰법 제3조는 청원경찰은 청원주와 배치된 기관, 시설 또는 사업장 등의 구역을 관할하는 경찰서장의 감독을 받아 그 경비구역 내에 한하여 경찰관직무집행법에 의한 직무를 행한다고 정하고 있고 한편 경찰관직무집행법 제2조에 의하면 경찰관은 범죄의 예방, 진압 및 수사, 경비요인, 경호 및 대간첩작전 수행, 치안정보의 수집작성 및 배포, 교통의 단속과 위해의 방지, 기타 공공의 안녕과 질서유지 등을 그 직무로 하고 있는 터이므로 경상남도 양산군 도시과 단속계 요원으로 근무하고 있는 청원경찰관인 공소외 ○○○ 및 ○○○가 원심판시와 같이 1984. 12. 29 경상남도 양산군 장안면 임랑리 115에 있는 피고인의 집에서 피고인의 형 공소외 ○○○가 허가 없이 창고를 주택으로 개축하는 것을 단속한 것은 그들의 정당한 공무집행에 속한다고 할 것이므로 이를 폭력으로 방해한 피고인의 판시 소위를 공무집행방해죄로 다스린 원심조치는 정당하고 이에 소론과 같은 위법이 있다고 할 수 없다(대판 1986. 1. 28, 85도2448).

---

7) 洪井善, 行政法原論(下), 351면.
8) 임무규정과 수권규정에 대하여 상세히는 鄭夏重, 앞의 글, 11면.

사례 갑은 이른바 "호스트바(남자접대부를 고용한 술집)"를 운영하고 있다. 경찰관은 경찰관집행법을 근거로 이를 단속할 수 있는가?(제47회 행정고시)

▶**답안요지** 경찰관직무집행법 제2조는 경찰관의 임무를 ① 국민의 생명 · 신체 및 재산의 보호, ② 범죄의 예방 · 진압 및 수사와 범죄피해자보호, ③ 경비, 주요 인사 경호 및 대간첩 · 대테러 작전 수행, ④ 치안정보의 수집 · 작성 및 배포, ⑤ 교통 단속과 교통 위해(危害)의 방지, ⑥ 외국 정부기관 및 국제기구와의 국제협력, ⑦ 그 밖에 공공의 안녕과 질서 유지로 규정하고 있다. 여기서 범죄의 수사(사법경찰)를 제외하고는 실질적 의미의 경찰작용, 공공의 안녕과 질서에 대한 위해방지작용에 속한다고 할 것이다. 사안에서 호스트바의 운영이 ⑦ 기타의 공공의 안녕과 질서에 대한 위해를 야기시키는지 문제가 된다. 공공의 안녕이라 함은 개인의 신체 · 생명 및 재산 등 개인의 권리보호, 객관적 법질서의 유지, 국가의 존속과 그의 시설 및 기능보호를 의미하는 반면, 공공의 질서란 지배적인 사회의 가치관에 비추어 그것을 준수하는 것이 원만한 공동생활을 위한 불가결한 전제조건이 되는 법규범 이외의 규범의 총체를 의미한다.

현행법상 호스트바를 금지시키고 있는 법규정이 없으므로 호스트바의 영업이 공공의 질서에 위배되는지 문제가 된다. 남자접대부를 고용하는 술집이 우리 사회의 지배적인 가치관에 비추어 원만한 공동생활을 위하여 반드시 금지되어야 하는지는 논란의 여지는 있으나, 이를 인정할 경우, 경찰관직무집행법을 근거로 갑에게 경찰권을 발동할 수 있는지 검토를 요한다. 경찰관직무집행법상의 개별적 수권조항(이른바 표준적 직무행위)들은 사안에 해당되지 않기 때문에, 동법 제2조 제7호를 개괄수권조항으로 보아 이를 근거로 경찰권을 발동할 수 있는지 문제가 된다. 이에 관련하여 ① 긍정설, ② 부정설, ③ 입법필요설로 대립되고 있으나, 동조항은 임무규정에 해당하기 때문에 입법을 통하여 개괄수권조항을 도입하는 것이 바람직할 것이다. 이에 따라 경찰관은 경찰관직무집행법을 통하여 갑의 행위를 단속할 수 없다. 다만 경찰관은 갑이 남자접대부를 이용하여 성매매알선등 행위를 하거나 음란행위를 하게 하거나 이를 알선 또는 제공하는 경우에는(풍속영업의 규제에 관한 법 3조) 허가관청에 통보하여 영업의 정지 또는 취소케 할 수 있을 것이다(동법 6조).

3. 경찰관직무집행법상의 개별적 수권조항(표준적 직무행위)

경찰청은 공공의 안녕과 질서의 유지를 위하여 개인의 자유와 재산을 침해한다. 경찰관직무집행법은 위해방지작용을 위하여 불가결하기는 하나, 반면 개인의 자유와 재산을 전형적으로 침해하는 일련의 작용, 이른바 표준적 직무행위에 대한 수권규정을 두고 있다. 이러한 표준적 직무행위로서는 불심검문, 보호조치, 위험발생의 방지, 범죄의 예방과 제지, 위험방지를 위한 출입, 확인을 위한 출석요구 등이 있다(경찰관직무집행법 3조 내지 8조).

우리 행정법교과서에서는 종래 이러한 표준적 직무행위를 경찰상의 즉시강제의 문제로 다루어 왔으나, 이들 행위들 중에는 즉시강제에 해당하지 않는 행위들이 있음을 유의하여야 한다.

1) 불심검문

불심검문이란 거동이 수상한 자를 발견한 때에 정지시켜 조사하는 것을 말한다. 경찰관직무집행법 제3조가 규정하고 있는 불심검문의 방법으로는 질문, 동행요구 및 흉기소지여부의 조사가 있다.

가. 질 문

경찰관은 수상한 행동이나 그 밖의 주위 사정을 합리적으로 판단하여 볼 때 어떠한 죄를 범하였거나 범하려 하고 있다고 의심할 만한 상당한 이유가 있는 사람 또는 이미 행하여진 범죄나 행하여지려고 하는 범죄행위에 관하여 그 사실을 안다고 인정되는 사람을 정지시켜 질문할 수 있다

(동법 3조 1항). 불심검문은 이처럼 어떤 죄를 범하려 하고 있다고 의심할 만한 경우와 이미 어떤 죄를 범하였다고 의심할 만한 경우를 모두 그 대상으로 하고 있는바, 전자는 위해방지를 위하여 행하여지는 행정경찰작용, 그리고 후자는 범죄수사에 해당하는 사법경찰작용의 성질을 가진다. 우리나라 경찰은 두 가지 작용을 아울러 관장하고 있기 때문에, 불심검문도 두 가지 목적으로 행하여진다고 할 것이다.

경찰관이 질문하기 위하여 정지를 명하였는데 상대방이 이에 응하지 않거나 질문 도중에 현장을 떠나려 하는 경우에, 어느 정도의 물리력을 행사할 수 있는지 문제될 수 있다. 상대방의 의사를 제압하지 않는 정도의 물리력의 행사, 즉 정지를 위하여 길을 막아서거나 팔을 붙잡는 정도는 허용된다고 하는 것이 일반적 견해이다.[9] 질문에 대하여 피검문자는 그 의사에 반하는 답변을 강요당하지 않는다(동법 3조 7항).

나. 임의동행

불심검문을 함에 있어서 그 장소에서 질문을 하는 것이 상대방에게 불리하거나 교통의 방해가 된다고 인정되는 때는 질문하기 위하여 가까운 경찰서 · 지구대 · 파출소 또는 출장소로 동행할 것을 요구할 수 있다(동법 3조 2항). 여기에서의 동행은 임의동행으로서 상대방은 경찰관의 동행요구를 거절할 수 있으며, 경찰관은 물리력을 행사할 수 없다.

경찰관이 질문하거나 동행을 요구할 경우 상대방에게 자신의 신분을 표시하는 증표를 제시하면서 소속과 성명을 밝히고 그 목적과 이유를 설명하여야 하며, 동행의 경우에는 동행장소를 밝혀야 한다(동법 3조 4항). 임의동행을 한 경우 경찰관은 그 사람의 가족 또는 친지 등에게 동행한 경찰관의 신분, 동행장소, 동행목적과 이유를 고지하거나 본인으로 하여금 즉시 연락할 수 있는 기회를 부여하여야 하며, 변호인의 조력을 받을 권리가 있음을 고지하여야 한다(동법 3조 5항). 동행을 한 경우 경찰관은 그 자를 6시간을 초과하여 경찰관서에 머물게 할 수 없다(동법 3조 6항).

판례(경찰관의 임의동행요구에 저항한 행위가 정당한 행위인지 여부) 경찰관이 임의동행요구에 응하지 않는다 하여 강제연행하려고 대상자의 양팔을 잡아 끈 행위는 적법한 공무집행이라고 할 수 없으므로 그 대상자가 이러한 불법연행으로부터 벗어나기 위하여 저항한 행위는 정당한 행위라고 할 것이고 이러한 행위에 무슨 과실이 있다고 할 수 없다(대판 1992. 5. 26, 91다38334).

다. 흉기소지여부조사

경찰관은 질문을 할 때에 흉기의 소지여부를 조사할 수 있다(동법 3조 3항). 흉기소지여부조사는 사람의 신체나 소지품에 대하여 행하여지게 되므로 물리적 측면에서 볼 때에 헌법 제12조 제3항의 수색으로 볼 수 있으며, 이러한 관점에서 볼 때에 법관의 영장없이 조사를 행할 수 있도록 규정하고 있는 경찰관직무집행법은 문제가 있다는 견해가 있다. 그러나 흉기소지여부조사는 범죄행위가 행하여진 이후에 증거물발견목적도 있는 것이나, 주로 당해 흉기의 사용으로 범죄가 행하여지는 것을 예방하기 위한 것으로, 영장을 받을 시간적인 여유가 없을 뿐만 아니라, 상대방에게 미치는 피해도 일시적이고 경미하기 때문에 헌법 제12조 제3항의 의미의 수색에 해당되지 않는다고 할 것이다. 불심검문을

9) 朴鈗炘/鄭亨根, 最新行政法講義(下), 351면; 金東熙, 行政法 II, 207면; 申東雲, 刑事訴訟法, 1993, 55면.

당한 자는 형사소송에 관한 법률에 의하지 않고는 신체를 구속당하지 않는다(동법 3조 7항).

라. 불심검문의 성질

불심검문이 행정상 즉시강제에 해당하는지 견해가 대립된다. 행정상 즉시강제란 목전에 급박한 행정상 장애를 제거할 필요가 있는 경우에 미리 의무를 명할 시간적 여유가 없거나 또는 그 성질상 의무를 명해서는 그 목적을 달성하기 곤란한 때에 직접 개인의 신체·재산에 실력을 가함으로써 행정상 필요한 상태를 실현하는 작용이다. 일부의 학설에서는 불심검문에 있어서 어느 정도의 신체적 접촉이 불가피하고 또한 소지품을 검사하며, 질문에 응하지 않고 달아나는 경우에는 추적하여 도주할 수 없는 정도로 신체의 일부에 물리적 실력을 가할 수 있다는 점에서 즉시강제의 성격을 갖는다는 견해를 취하고 있다.[10] 그러나 불심검문을 당한 자는 답변을 강요당하지 않으며, 동행요구를 거부할 수 있고, 상대방의 신체에 대한 강제력이 행사되는 경우에도, 그것은 관련 정보수집에 필요한 한도에서 부수적으로만 인정될 수 있기 때문에 즉시강제의 성격을 갖기보다는 행정조사의 일종인 경찰조사의 성격을 갖는다고 할 것이다.[11]

2) 보호조치

가. 의의 및 요건

경찰관은 수상한 행동 기타 주위 사정을 합리적으로 판단하여 다음에 해당하는 것이 명백하며 응급의 구호를 요한다고 믿을 만한 상당한 이유가 있는 사람을 발견한 때에는 보건의료기관 또는 공공구호기관에 긴급구호를 요청하거나 경찰관서에 보호하는 등 적절한 조치를 할 수 있다(동법 4조 1항). ① 정신착란을 일으키거나 술에 취하여 자기 또는 타인의 생명·신체·재산에 위해를 미칠 우려가 있는 사람과 자살을 기도하는 사람, ② 미아·병자·부상자 등으로서 적당한 보호자가 없으며 응급의 구호를 요한다고 인정되는 사람, 다만 본인이 이를 거절하는 경우에는 예외로 한다. 긴급구호요청을 받은 보건의료기관이나 공공구호기관은 정당한 이유 없이 긴급구호를 거절할 수 없다(동법 4조 2항). 경찰관서에서의 보호는 24시간을 초과할 수 없다(동법 4조 7항). 구속영장을 받음이 없이 24시간을 초과하여 경찰서 보호실에 유치하는 것은 영장주의에 위배되는 위법한 구금이다.

판례(구속영장을 발부받음이 없이 조사대기실에 유치하는 것이 영장주의에 위배되는지 여부) 경찰서 조사대기실이 조사대기자 등의 도주방지와 경찰업무의 편의 등을 위한 수용시설로서 그 안에 대기하고 있는 사람들의 출입이 제한되는 시설이라면, 일단 그 장소에 유치되는 사람은 그 의사에 기하지 아니하고 일정장소에 구금되는 결과가 되므로 경찰관직무집행법상 정신착란자, 주취자, 자살기도자 등 응급의 구호를 요하는 자를 24시간을 초과하지 아니하는 범위 내에서 경찰관서에 보호조치할 수 있는 시설로 제한적으로 운영되는 경우를 제외하고는 구속영장을 발부받음이 없이 조사대기실에 유치하는 것은 영장주의에 위배되는 위법한 구금이라고 하지 않을 수 없다(대판 1995. 5. 26, 94다37226).

나. 절 차

경찰관이 긴급구호나 보호조치를 한 때에는 지체없이 이를 구호대상자의 가족·친지 기타의 연

10) 朴鈗炘/鄭亨根, 最新行政法講義(下), 362면.
11) 동지: 金東熙, 行政法 II, 209면.

고자에게 그 사실을 통지하여야 하며, 연고자가 발견되지 아니할 때에는 피보호자를 적당한 공공보건의료기관이나 공공구호기관에 즉시 인계하여야 한다(동법 4조 4항). 이 경우에는 즉시 그 사실을 소속 경찰서장 또는 지방해양경찰관서의 장에게 보고하여야 한다(동법 4조 5항). 보고를 받은 소속 경찰서장 또는 지방해양경찰관서의 장은 대통령이 정하는 바에 의하여 구호대상자를 인계한 사실을 지체없이 당해 공중보건의료기관 · 공공구호기관의 장 및 그 감독행정청에 통보하여야 한다(동법 4조 6항).

다. 임시영치

위의 피구호자가 휴대하고 있는 무기 · 흉기 등 위험을 야기할 수 있는 것으로 인정되는 물건은 경찰관서에 임시영치할 수 있다(동법 4조 3항). 임시영치기간은 10일을 초과할 수 없다.

라. 보호조치 및 임시영치의 법적 성격

사전에 상대방에게 일정한 의무부과행위가 없이 신체 및 물건에 실력을 가하는 보호조치 및 임시영치의 경우 즉시강제의 성격을 갖는다고 할 것이다.

3) 위험발생방지조치

가. 의 의

경찰관은 사람의 생명 또는 신체에 위해를 미치거나 재산에 중대한 손해를 끼칠 우려가 있는 천재, 사변, 인공구조물의 파손이나 붕괴, 교통사고, 위험물의 폭발, 위험한 동물들의 출현, 극도의 혼잡, 그 밖의 위험한 사태가 있을 때에는 ① 그 장소에 모인 사람, 사물의 관리자, 그 밖의 관계인에게 필요한 경고를 하는 것, ② 매우 긴급한 경우에는 위해를 입을 우려가 있는 사람을 필요한 한도 내에서 억류하거나 피난시키는 것, ③ 그 장소에 있는 자, 사물의 관리자, 그 밖의 관계인에게 위해를 방지하기 위하여 필요하다고 인정되는 조치를 하게 하거나 직접 그 조치를 할 수 있다(동법 5조 1항).

경찰관직무집행법 제5조 제1항은 "… 다음의 조치를 할 수 있다"라고 규정하고 있어, 위해방지조치의 여부는 경찰행정청의 재량에 있다. 그러나 구체적인 상황에서는 재량이 영으로 수축되어 경찰행정청에게 일정한 조치를 취하여야 할 의무가 발생되는 경우가 있다. 이 경우에 행정청의 부작위는 위법한 직무행위가 되어 그로 인하여 개인에게 손해가 발생되는 경우에는 국가배상책임이 인정될 수 있다.

판례(위험발생방지조치를 취하지 않은 것이 직무상의 의무위반에 해당하는지 여부) 경찰관직무집행법 제5조는 경찰관은 인명 또는 신체에 위해를 미치거나 재산에 중대한 손해를 끼칠 우려가 있는 위험한 사태가 있을 때에는 그 각 호의 조치를 취할 수 있다고 규정하여 형식상 경찰관에게 재량에 의한 직무수행권한을 부여한 것처럼 되어 있으나, 경찰관에게 그러한 권한을 부여한 취지와 목적에 비추어 볼 때 구체적인 사정에 따라 경찰관이 그 권한을 행사하여 필요한 조치를 취하지 아니하는 것이 현저하게 불합리하다고 인정되는 경우에는 그러한 권한의 불행사는 직무상의 의무를 위반한 것이 되어 위법하게 된다(대판 1998. 8. 25, 98다16890).

한편, 대간첩작전수행 또는 소요사태의 진압을 위하여 필요하다고 인정하는 상당한 이유가 있을 때에는 경찰관서의 장은 대간첩지역 또는 경찰관서 · 무기고 등 국가 중요시설에 대한 접근 또는 통행을 제한하거나 금지할 수 있다(동법 5조 2항).

나. 절 차

경찰관이 위험발생방지조치를 취한 때에는 지체없이 이를 소속경찰관서의 장에게 보고하여야 하며(동법 5조 3항), 보고를 받은 경찰관서의 장은 관계기관의 협조를 구하는 등 적당한 조치를 취하여야 한다(동법 5조 4항).

다. 위험발생방지조치의 법적 성질

경찰관직무집행법 제5조 제1항은 위해방지를 위한 조치로서 관계인에 대한 경고, 억류, 피난조치, 기타 위해방지를 위하여 필요하다고 인정되는 조치 등 광범위한 조치 등을 포함하고 있는바, 이 중에서 억류, 피난조치, 기타 조치가 긴급하게 필요하여 경찰행정청의 의무부과행위가 선행됨이 없이 행하여지는 경우에는 즉시강제의 성격을 갖는다고 할 것이다.

4) 범죄의 예방과 제지

경찰관은 범죄행위가 목전에 행하여지려고 인정될 때에는 이를 예방하기 위하여 관계인에게 필요한 경고를 발하고, 그 행위로 인하여 사람의 생명 · 신체에 위해를 미치거나 재산에 중대한 손해를 끼칠 우려가 있는 긴급한 경우에는 그 행위를 제지할 수 있다(동법 6조). 여기에 있어서도 상황이 급박하여 의무부과행위가 없이 제지행위가 이루어지는 경우에는 즉시강제에 해당한다고 할 것이다.

판례 1(경찰관직무집행법 6조 1항에 근거한 즉시강제의 한계) 경찰관직무집행법 제6조 제1항 중 경찰관의 제지에 관한 부분은 범죄의 예방을 위한 경찰 행정상 즉시강제에 관한 근거 조항이다. 행정상 즉시강제는 그 본질상 행정 목적 달성을 위하여 불가피한 한도 내에서 예외적으로 허용되는 것이므로, 위 조항에 의한 경찰관의 제지 조치 역시 그러한 조치가 불가피한 최소한도 내에서만 행사되도록 그 발동 · 행사 요건을 신중하고 엄격하게 해석하여야 한다. 그러한 해석 · 적용의 범위 내에서만 우리 헌법상 신체의 자유 등 기본권 보장 조항과 그 정신 및 해석 원칙에 합치될 수 있다. 구 집회 및 시위에 관한 법률에 의하여 금지되어 그 주최 또는 참가행위가 형사처벌의 대상이 되는 위법한 집회 · 시위가 장차 특정지역에서 개최될 것이 예상된다고 하더라도, 이와 시간적 · 장소적으로 근접하지 않은 다른 지역에서 그 집회 · 시위에 참가하기 위하여 출발 또는 이동하는 행위를 함부로 제지하는 것은 경찰관직무집행법 제6조 제1항의 행정상 즉시강제인 경찰관의 제지의 범위를 명백히 넘어 허용될 수 없다. 따라서 이러한 제지 행위는 공무집행방해죄의 보호대상이 되는 공무원의 적법한 직무집행이 아니다(대판 2008. 11. 13, 2007도9794).

판례 2(경찰관 직무집행법에 따라 범죄를 예방하기 위한 경찰관의 제지 조치가 적법한 직무집행으로 평가되기 위한 요건) 구 경찰관 직무집행법은 제2조 제1호(현행법 제2조 제2호)에서 경찰관이 수행하는 직무 중 하나로 '범죄의 예방'을 정하고 있고 제6조 제1항에서 "경찰관은 범죄행위가 목전에 행하여지려고 하고 있다고 인정될 때에는 이를 예방하기 위하여 관계인에게 필요한 경고를 하고, 그 행위로 인하여 인명 · 신체에 위해를 끼치거나 재산에 중대한 손해를 끼칠 우려가 있어 긴급을 요하는 경우에는 그 행위를 제지할 수 있다."라고 정하고 있다. 위 법률에 따라 범죄를 예방하기 위한 경찰관의 제지 조치가 적법한 직무집행으로 평가될 수 있기 위해서는 형사처벌의 대상이 되는 행위가 눈앞에서 막 이루어지려고 하는 것이 객관적으로 인정될 수 있는 상황이고, 그 행위를 당장 제지하지 않으면 곧 생명 · 신체에 위해를 미치거나 재산에 중대한 손해를 끼칠 우려가 있는 상황이어서, 직접 제지하는 방법 외에는 위와 같은 결과를 막을 수 없는 절박한 사태가 있어야 한다(대판 2017. 3. 15, 2013도2168).

5) 위험방지를 위한 출입

경찰관은 위험발생의 방지 및 범죄의 예방과 제지를 위하여 일정 장소를 출입할 수 있다. 출입에는 다음의 두 종류가 있다.

가. 다수인이 출입하지 않는 장소에의 출입

경찰관은 경찰관직무집행법 제5조 제1항 · 제2항(위험발생의 방지) 및 제6조 제1항(범죄의 예방과 제지)에 규정한 위험한 사태가 발생하여 사람의 생명 · 신체 또는 그 재산에 대한 위해가 임박한 때에 그 위해를 방지하거나 피해자를 구조하기 위하여 부득이 하다고 인정할 때에는 합리적으로 판단하여 필요한 한도 내에서 타인의 토지 · 건물 · 배 또는 차에 출입할 수 있다(동법 7조 1항).

나. 다수인의 출입장소에의 출입

흥행장 · 여관 · 음식점 · 역 기타 다수인이 출입하는 장소의 관리자 또는 이에 준하는 관계인은 그 영업 또는 공개시간 내에 경찰관이 범죄의 예방 또는 인명 · 신체와 재산에 대한 위해예방을 목적으로 그 장소에 출입할 것을 요구한 때에는 정당한 이유없이 이를 거절할 수 없다(동법 7조 2항). 경찰관은 대간첩작전수행에 필요한 때에도 위의 장소 안을 검색할 수 있다(동법 7조 3항).

다. 절 차

경찰관이 위의 필요한 장소에 출입할 때에는 그 신분을 표시하는 증표를 제시하여야 하며, 함부로 관계인의 정당한 업무를 방해하여서는 안된다(동법 7조 4항).

라. 성 질

종래의 학설에서는 위험방지를 위한 출입을 즉시강제의 성질을 갖는다는 견해를 취하고 있으나, 개인의 신체 · 생명에 대한 급박한 위험을 제거하거나, 목전에 발생되는 범죄를 예방하고 제지하는 경우를 제외하고는 대부분 수인하명을 전제로 한 직접강제의 성질을 갖는다고 보는 것이 타당할 것이다.

6) 사실확인 · 출석요구

가. 사실확인

경찰관서의 장은 직무수행상 필요하다고 인정되는 상당한 이유가 있을 때에는 국가기관 또는 공사단체(公私團體) 등에 대하여 직무수행과 관련된 사실을 조회할 수 있다. 다만, 긴급을 요할 때에는 소속경찰관으로 하여금 현장에 출장하여 해당기관 또는 단체의 장의 협조를 얻어 그 사실을 확인하게 할 수 있다(동법 8조 1항).

나. 출석요구

경찰관은 미아를 인수할 보호자 확인, 유실물을 인수할 관리자 확인 또는 사고로 인한 사상자 확인을 위하거나 행정처분을 위한 교통사고 조사에 필요한 사실을 확인하기 위하여 필요한 때에는 관계인에게 출석을 요하는 사유 · 일시 및 장소를 명확히 한 출석요구서에 의하여 경찰관서에 출석할 것을 요구할 수 있다(동법 8조 2항).

7) 정보의 수집 등

경찰관은 범죄 · 재난 · 공공갈등 등 공공안녕에 대한 위험의 예방과 대응을 위한 정보의 수집 ·

작성 · 배포와 이에 수반되는 사실의 확인을 할 수 있다. 정보의 구체적인 범위와 처리 기준, 정보의 수집 · 작성 · 배포에 수반되는 사실의 확인 절차와 한계는 대통령령으로 정한다(동법 8조의2).

8) 경찰장비 · 경찰장구 · 분사기 · 무기 등의 사용

가. 경찰장비의 사용

경찰장비라 함은 무기, 경찰장구, 최루제 및 그 발사장치, 살수차, 감식기구, 해안감시기구, 통신기기, 차량 · 선박 · 항공기 등 경찰이 직무를 수행할 때 필요한 장치와 기구를 말한다(동법 10조 2항). 경찰관은 직무수행을 위하여 경찰장비를 사용할 수 있되, 인명 또는 신체에 위해를 가할 수 있는 경찰장비에 대하여는 필요한 안전교육과 안전검사를 실시하여야 한다(동법 10조 1항). 또한 경찰장비를 임의로 개조하거나 임의의 장비를 부착하여 통상의 용법과 달리 사용함으로써 타인의 생명 · 신체에 위해를 주어서는 아니되며(동법 10조 3항), 위해성 경찰장비는 최소한도에서 사용하여야 한다(법 10조 4항). 경찰청장은 위해성 경찰장비를 새로 도입하려는 경우에는 대통령령으로 정하는 바에 따라 안전성 검사를 실시하여 그 안정성 검사의 결과보고서를 국회 소관상임위원회에 제출하여야 한다(법 10조 5항).

나. 경찰장구의 사용

경찰장구라 함은 경찰관이 휴대하여 범인검거와 범죄진압 등 직무수행에 사용하는 수갑 · 포승 · 경찰봉 · 방패 등을 말한다(동법 10조의2 2항). 경찰관은 현행범인인 경우와 사형 · 무기 또는 장기 3년 이상의 징역이나 금고에 해당하는 죄를 범한 범인의 체포 · 도주의 방지, 자기 또는 타인의 생명 · 신체에 대한 방호, 공무집행에 대한 항거의 억제를 위하여 필요하다고 인정되는 상당한 이유가 있을 때에는 그 사태를 합리적으로 판단하여 필요한 한도내에서 경찰장구를 사용할 수 있다(동법 10조의2 1항).

다. 분사기 등의 사용

경찰관은 범인의 체포 · 도주의 방지 또는 불법집회 · 시위로 인하여 자기 또는 타인의 생명 · 신체와 재산 및 공공시설안전에 대한 현저한 위해의 발생을 억제하기 위하여 부득이한 경우 현장책임자의 판단으로 필요한 최소한의 범위 안에서 분사기 또는 최루탄을 사용할 수 있다(동법 10조의3).

판례(경찰장비인 살수차와 물포의 사용 범위 및 방법) 위해성 경찰장비인 살수차와 물포는 필요한 최소한의 범위에서만 사용되어야 하고, 특히 인명 또는 신체에 위해를 가할 가능성이 더욱 커지는 직사살수는 타인의 법익이나 공공의 안녕질서에 직접적이고 명백한 위험이 현존하는 경우에 한해서만 사용이 가능하다고 보아야 한다. 또한 위해성 경찰장비인 살수차와 물포는 집회나 시위 참가자들을 해산하기 위한 목적의 경찰장비이고 경찰관이 직사살수의 방법으로 집회나 시위 참가자들을 해산시키는 것은 집회의 자유나 신체의 자유를 침해할 우려가 있으므로 적법절차의 원칙을 준수하여야 한다. 따라서 경찰관이 직사살수의 방법으로 집회나 시위 참가자들을 해산시키려면, 먼저 집회 및 시위에 관한 법률 제20조 제1항 각 호에서 정한 해산 사유를 구체적으로 고지하는 적법한 절차에 따른 해산명령을 시행한 후에 직사살수의 방법을 사용할 수 있다고 보아야 한다. 경찰청 훈령인 '물포운용지침'에서도 '직사살수'의 사용요건 중 하나로서 '도로 등을 무단점거하여 일반인의 통행 또는 교통소통을 방해하고 경찰의 해산명령에 따르지 아니하는 경우'라고 규정하여, 사전에 적법한 '해산명령'이 있어야 함을 요구하고 있다(대판 2019. 1. 17, 2015다236196).

라. 무기의 사용

무기라 함은 인명 또는 신체에 위해를 가할 수 있도록 제작된 권총·소총·도검 등을 말한다(동법 10조의4 2항). 경찰관은 범인의 체포·도주의 방지, 자기 또는 타인의 생명·신체에 대한 방호, 공무집행에 대한 항거의 억제를 위하여 필요하다고 인정되는 상당한 이유가 있을 때에는 그 사태를 합리적으로 판단하여 필요한 한도 내에서 그 무기를 사용할 수 있다. 다만, 형법에 규정한 정당방위와 긴급피난에 해당하는 때 또는 다음 각 호에 해당하는 때를 제외하고는 사람들에게 위해를 주어서는 안된다. ① 사형·무기 또는 장기 3년 이상의 징역이나 금고에 해당하는 죄를 범하거나 범하였다고 의심할 만한 충분한 이유가 있는 자가 경찰관의 직무집행에 대하여 항거하거나 도주하려고 할 때, 또는 제3자가 그를 도주시키려고 경찰관에게 항거할 때 이를 방지 또는 체포하기 위하여 무기를 사용하지 아니하고는 다른 수단이 없다고 인정되는 상당한 이유가 있을 때, ② 체포·구속영장과 압수·수색영장을 집행할 때에 본인이 경찰관의 직무집행에 대하여 항거하거나 도주하려고 할 때 또는 제3자가 그를 도주시키려고 경찰관에게 항거할 때 이를 방지 또는 체포하기 위하여 무기를 사용하지 아니하고는 다른 수단이 없다고 인정되는 상당한 이유가 있을 때, ③ 범인 또는 소요행위자가 무기·흉기 등 위험한 물건을 소지하고 경찰관으로부터 3회 이상의 투기명령 또는 투항명령을 받고도 이에 불응하면서 계속 항거하여 이를 방지 또는 체포하기 위하여 무기를 사용하지 아니하고는 다른 수단이 없다고 인정되는 상당한 이유가 있을 때, ④ 대간첩작전수행에 있어 무장간첩이 경찰관의 투항명령을 받고도 이에 불응하는 경우 등이다(동법 10조의4 1항).

한편, 대간첩·대테러작전 등 국가안전에 관련되는 작전을 수행할 때에는 개인화기 외에 공용화기를 사용할 수 있다(동법 10조의4 3항).

판례(경찰관의 무기사용요건에 해당하는지 판단기준) 경찰관은 범인의 체포, 도주의 방지, 자기 또는 타인의 생명·신체에 대한 방호, 공무집행에 대한 항거의 억제를 위하여 무기를 사용할 수 있으나, 이 경우에도 무기는 목적 달성에 필요하다고 인정되는 상당한 이유가 있을 때 그 사태를 합리적으로 판단하여 필요한 한도 내에서 사용하여야 하는바, 경찰관의 무기 사용이 이러한 요건을 충족하는지 여부는 범죄의 종류, 죄질, 피해법익의 경중, 위해의 급박성, 저항의 강약, 범인과 경찰관의 수, 무기의 종류, 무기 사용의 태양, 주변의 상황 등을 고려하여 사회통념상 상당하다고 평가되는지 여부에 따라 판단하여야 하고, 특히 사람에게 위해를 가할 위험성이 큰 권총의 사용에 있어서는 그 요건을 더욱 엄격하게 판단하여야 한다(대판 2004. 5. 13, 2003다57956).

마. 경찰장구·분사기·무기 등의 사용의 성질

종래의 학설에서는 경찰장구·분사기·무기의 사용을 즉시강제의 성질을 갖는다고 보고 있으나, 이들 강제수단들은 예외적인 경우를 제외하고는 경찰하명에 의한 의무부과를 전제로 하여 그 불이행이 있는 경우에 비로소 행사되는 직접강제의 성격을 갖는다고 보아야 할 것이다.

바. 사용기록의 보관

제10조 제2항에 따른 살수차, 제10조의3에 따른 분사기, 최루탄 또는 제10조의4에 따른 무기를 사용하는 경우 그 책임자는 사용 일시·장소·대상, 현장책임자, 종류, 수량 등을 기록하여 보관하

여야 한다(법 11조).

9) 경찰착용기록장치

가. 경찰착용기록장치의 사용

경찰착용기록장치란 경찰관이 신체에 착용 또는 휴대하여 직무수행 과정을 근거리에서 영상·음성으로 기록할 수 있는 기록장치 또는 그 밖에 이와 유사한 기능을 갖춘 기계장치를 말한다(동법 10조의5 2항). 경찰관은 다음 각 호의 어느 하나에 해당하는 직무 수행을 위하여 필요한 경우에는 필요한 최소한의 범위에서 경찰착용기록장치를 사용할 수 있다(동법 10조의5 1항).

1. 경찰관이 「형사소송법」 제200조의2, 제200조의3, 제201조 또는 제212조에 따라 피의자를 체포 또는 구속하는 경우
2. 범죄 수사를 위하여 필요한 경우로서 다음 각 목의 요건을 모두 갖춘 경우
   가) 범행 중이거나 범행 직전 또는 직후일 것
   나) 증거보전의 필요성 및 긴급성이 있을 것
3. 제5조 제1항에 따른 인공구조물의 파손이나 붕괴 등의 위험한 사태가 발생한 경우
4. 경찰착용기록장치에 기록되는 대상자(이하 이 조에서 "기록대상자"라 한다)로부터 그 기록의 요청 또는 동의를 받은 경우
5. 제4조 제1항 각 호에 해당하는 것이 명백하고 응급구호가 필요하다고 믿을 만한 상당한 이유가 있는 경우
6. 제6조에 따라 사람의 생명·신체에 위해를 끼치거나 재산에 중대한 손해를 끼칠 우려가 있는 범죄행위를 긴급하게 예방 및 제지하는 경우
7. 경찰관이 「해양경비법」 제12조 또는 제13조에 따라 해상검문검색 또는 추적·나포하는 경우
8. 경찰관이 「수상에서의 수색·구조 등에 관한 법률」에 따라 같은 법 제2조 제4호의 수난구호 업무 시 수색 또는 구조를 하는 경우
9. 그 밖에 제1호부터 제8호까지에 준하는 경우로서 대통령령으로 정하는 경우

나. 경찰착용기록장치의 사용 고지 등

경찰관이 경찰착용기록장치를 사용하여 기록하는 경우로서 이동형 영상정보처리기기로 사람 또는 그 사람과 관련된 사물의 영상을 촬영하는 때에는 불빛, 소리, 안내판 등 대통령령으로 정하는 바에 따라 촬영 사실을 표시하고 알려야 한다(동법 10조의6 1항). 그러나 제10조의5 제1항 각 호에 따른 경우로서 불가피하게 고지가 곤란한 경우에는 제3항에 따라 영상음성기록을 전송·저장하는 때에 그 고지를 못한 사유를 기록하는 것으로 대체할 수 있다(동법 10조의6 2항). 경찰착용기록장치로 기록을 마친 영상음성기록은 지체 없이 제10조의7에 따른 영상음성기록정보 관리체계를 이용하여 영상음성기록정보 데이터베이스에 전송·저장하도록 하여야 하며, 영상음성기록을 임의로 편집·복사하거나 삭제하여서는 아니 된다(동법 10조의6 3항).

다. 영상음성기록정보 관리체계의 구축·운영

경찰청장 및 해양경찰청장은 경찰착용기록장치로 기록한 영상·음성을 저장하고 데이터베이스로 관리하는 영상음성기록정보 관리체계를 구축·운영하여야 한다(동법 10조의7).

4. 특별경찰법상의 개별적 수권조항

공공의 안녕과 질서에 대한 위해방지작용은 경찰관직무집행법 이외에도 수많은 특별법의 수권조항에 근거하여 행하여진다. 이러한 특별법에 의한 위해방지작용은 부분적으로는 조직법상의 경찰기관(보통경찰기관)에 의하여 행하여지기도 하나, 대부분은 일반행정기관에 의하여 행하여진다. 특별법이 적용되는 한에 있어서는 경찰관직무집행법의 적용이 배제된다.

위해방지를 위한 특별법의 예로서는 ① 교통상의 안전 및 질서유지를 위한 도로교통법 · 자동차관리법 · 선박법 · 선박안전법 · 항공법, ② 재난으로부터 국민의 생명과 재산을 보호하기 위한 「재난 및 안전관리기본법」 · 소방기본법 · 수난구호법 · 자연재해대책법, ③ 집회 및 시위에 있어서 위해방지를 위한 「집회 및 시위에 관한 법률」, ④ 영업분야의 위해방지를 위한 식품위생법 · 공중위생관리법 · 「풍속영업의 규제에 관한 법률」, ⑤ 보건분야의 위해방지를 위한 의료법 · 약사법 · 전염병예방법, 건축분야의 위해방지를 위한 건축법, ⑥ 환경상의 위해방지를 위한 폐기물관리법 · 「수질 및 수생태계보전에 관한 법률」 · 대기환경보전법 · 해양오염방지법 등 무수히 많은 법률들이 존재하고 있다.

Ⅱ. 경찰작용의 한계

1. 법규상의 한계

1) 경찰작용의 편의주의

경찰작용은 명령과 강제를 위주로 하는 전형적인 권력적 작용에 해당하기 때문에 반드시 법률의 근거에 따라 행하여져야 하며, 아울러 법령에 위반하여서는 안된다. 그럼에도 불구하고 경찰관직무집행법을 비롯하여 대부분의 경찰작용에 대한 수권법률들은 법률요건에 불확정법개념을 사용하거나 법률효과를 가능규정으로 하여 경찰행정청에게 판단여지를 부여하거나 재량을 부여하고 있다(예: 경찰관직무집행법 4조 · 5조 · 6조). 이와 같이 위해방지작용에 있어서 경찰행정청에게 판단여지와 재량을 부여하는 것을 경찰작용의 편의주의(Opportunitätsprinzip)라고 표현하고 있다. 이러한 경찰작용의 편의주의는 공공의 안녕과 질서에 대한 위해는 수 · 종류 및 정도에 있어서 아주 다양하여 예견이 가능하지 않기 때문에 입법자가 이들을 미리 예견하여 상세하게 규정한다는 것은 입법기술적으로 불가능할 뿐만 아니라, 경찰행정청에게도 구체적인 경우에 위해방지를 위한 유연하고 탄력성 있는 조치가 불가피하다는 입법정책적인 고려에 의하여 뒷받침되고 있다. 그러나 경찰행정청은 구체적인 위해방지작용에 있어서 판단여지와 재량이 부여된다고 하더라도 그 한계를 준수하여야 한다.

2) 경찰권발동의 의무화와 경찰개입청구권

경찰작용의 편의주의에 따라 구체적인 경우에 경찰권을 발동할 수 있는지 여부 또는 발동하는 경우에 어떻게 발동할 것인가는 경찰행정청의 재량권의 범위에 속한다. 아울러 경찰권이 발동된다고 하더라도 개인이 이로부터 받는 이익은 반사적 이익에 지나지 않는다는 것이 종래의 지배적인 견해였다. 그러나 국가와 개인의 관계에 대한 근본적인 시각변화 및 행정기능의 확대로 이러한 전통적인 견해는 변화되었다. 예를 들어 공공의 안녕과 질서에 의하여 보호되는 법익이 중대하고 그에 대한 위해가 급박한 경우에는 재량이 영으로 수축되어 경찰권발동이 의무화되며, 이러한 의무에 상응하여 개인의 경찰개입청구권이 발생한다는 이론이 발전하였다. 이러한 경찰개입청구권이 성립하기 위하여는 첫째, 경찰권발동을 의무지우는 강행법규가 존재하여야 한다. 따라서 재량법규인 경우에는 재량이 영(零)으로 수축되어야 한다. 재량이 영으로 수축하여 경찰개입의 의무가 존재하기 위하여는 신체, 생명 등 개인의 중요한 법익에 대한 위해가 존재하여야 하며, 개입을 통하여 동가치적인 또는 보다 높은 법익의 침해의 우려가 없어야 하며, 아울러 개인의 자력구제나 민사상의 구제수단을 기대하기가 어려워야 한다. 둘째 요건으로는 당해 경찰법규가 공익뿐만 아니라 최소한 사익보호를 의도하고 있어야 한다.[12] 종래 경찰작용의 수권조항은 단지 공익만을 보호한다는 이유에서 사익보호성이 부인되어 왔으나, 오늘날 경찰관직무집행법 및 개별법률상의 수권조항들의 상당수가 공익뿐만 아니라 사익을 보호하고 있다는 것은 일반적으로 인정되고 있다(예: 경찰관직무집행법 4조 · 5조 · 6조 · 7조).

판례(경찰관의 부작위가 국가배상법 제2조의 법령위반에 해당하는지 여부) 범죄의 예방 · 진압 및 수사는 경찰관의 직무에 해당하며(경찰관직무집행법 제2조 제1호 참조), 그 직무행위의 구체적 내용이나 방법 등이 경찰관의 전문적 판단에 기한 합리적인 재량에 위임되어 있으므로, 경찰관이 구체적 상황하에서 그 인적 · 물적 능력의 범위 내에서의 적절한 조치라는 판단에 따라 범죄의 진압 및 수사에 관한 직무를 수행한 경우, 경찰관에게 그와 같은 권한을 부여한 취지와 목적, 경찰관이 다른 조치를 취하지 아니함으로 인하여 침해된 국민의 법익 또는 국민에게 발생한 손해의 심각성 내지 그 절박한 정도, 경찰관이 그와 같은 결과를 예견하여 그 결과를 회피하기 위한 조치를 취할 수 있는 가능성이 있는지 여부 등을 종합적으로 고려하여 볼 때, 그것이 객관적 정당성을 상실하여 현저하게 불합리하다고 인정되지 않는다면 그와 다른 조치를 취하지 아니한 부작위를 내세워 국가배상책임의 요건인 법령 위반에 해당한다고 할 수 없다(대판 2007. 10. 25, 2005다23438).

2. 경찰법상 일반법원칙의 한계(조리상의 한계)

1) 개 설

상술한 바와 같이 경찰의 위해방지작용에 있어서 편의주의원칙에 따라 비교적 폭넓은 재량이 부여되기 때문에 이를 제한하기 위한 경찰법상의 일반적인 법원칙이 발전되어 왔다. 이러한 경찰법상의 일반적인 법원칙으로는 ① 경찰소극의 원칙, ② 경찰공공의 원칙, ③ 경찰비례의 원칙, ④ 경찰책임의 원칙, ⑤ 경찰평등의 원칙 등이 있다. 이들 법원칙들은 독일에서 개괄수권조항에 의한 경찰권발동을 제한하기 위하여 발전되어 왔으나 우리 학설에서는 종래 경찰권발동전반에 대하여 적용되는 조리상의 한계로 이해되어 왔다. 그러나 이들 법원칙 중 경찰비례의 원칙, 경찰평등의 원칙 등은 헌법에서 도출되는 법원칙이며, 경찰책임의 원칙은 독일경찰법 및 우리 개별법 등에서 규정되고 있는 법원칙으로서 "사물의 본질적인 법칙" 또는 "일반사회의 정의감에 비추어 반드시 그러하여야 될 것이라고 인정되는 것"으로 이해되는 조리(條理)라는 표현을 사용한다는 것은 적절하지 못하다. 이에 따라 본서에서는 이들 법원칙을 경찰법상 일반법원칙이라는 표현을 사용하고자 한다.

2) 경찰소극의 원칙

경찰권은 공공의 안녕과 질서에 대한 위해의 방지와 제거라는 소극적 목적을 위하여서만 발동

12) 김광수, 경찰개입청구권의 법리와 전망, 경찰법연구 제20권 제3호(2022), 7면 이하.

될 수 있고, 복리증진이라는 적극적인 목적을 위하여 발동될 수 없다. 따라서 경찰권이 이러한 소극목적을 넘어서서 적극적으로 복리증진을 위하여 행사되는 때는 경찰권의 한계를 넘는 것으로 위법하게 된다. 이러한 경찰소극의 원칙은 실질적 의미의 경찰개념에서 나오는 한계라고 할 것이다.

3) 경찰공공의 원칙

경찰권은 공공의 안녕과 질서의 유지를 위하여만 발동될 수 있고, 그와 직접적인 관계가 없는 개인의 생활활동에 대하여는 원칙적으로 관여할 수 없는바, 이를 경찰공공의 원칙이라고 한다. 공공의 안녕과 질서에 영향을 주지 않는 개인의 생활활동영역으로서는 일반적으로 사생활 · 사주소 · 민사상의 법률관계를 들 수 있다. 여기서 사생활 · 사주소불가침의 원칙은 헌법에서 보장하고 있는 기본권의 경찰법에의 적용을 의미하며, 민사관계불간섭의 원칙은 권력분립의 원칙상 당연하다고 할 것이다.

가. 사생활불가침의 원칙

경찰권은 공공의 안녕 · 질서와 직접 관계가 없는 개인의 생활이나 행동에는 간섭하여서는 안된다는 원칙이다. 이 원칙에 위반하여 경찰이 함부로 개인의 사생활을 침해하면 위법한 직무행위가 된다. 그런데 사생활의 범위는 시대와 장소에 따라 반드시 동일할 수 없기 때문에 그때그때의 사회통념에 따라 결정될 수밖에 없다. 다만, 개인은 사회의 구성원이며 사회는 개인의 집합으로 구성되어 있기 때문에, 개인의 생활활동이라도 공공의 안녕과 질서에 위해를 주는 경우에는 경찰권발동의 대상이 된다. 청소년의 음주 · 끽연의 통제, 전염병환자의 격리조치 등이 그 예에 해당한다.

나. 사주소불가침의 원칙

이는 경찰은 원칙적으로 개인의 사주소에 대하여 개입할 수 없음을 의미한다. 여기에서 "사주소"란 일반사회와 직접적인 접촉이 없는 개인의 거주장소를 의미하며, 개인의 주거용의 가택뿐만 아니라, 회사 · 사무소 · 연구실 등도 여기에 포함된다. 그러나 흥행장 · 여관 · 음식점 · 역 · 버스터미널과 같이 항상 불특정다수인이 자유로이 출입할 수 있는 이른바 경찰상 공개된 장소는 사주소에 포함되지 않는다. 한편 사주소 내의 행위라고 하더라도 그것이 직접 공공의 안녕과 질서에 위해를 야기시키는 경우에는 그 한도 내에서 경찰권발동의 대상이 된다. 예를 들어 공도(公道)에 면하여 외부에서 공공연히 관망할 수 있는 장소에서 신체를 과도하게 노출시키는 행위나 인근에 불편을 주는 과도한 소음의 발생행위는 금지된다.

다. 민사관계불간섭의 원칙

이는 경찰이 개인간의 민사관계에는 원칙적으로 관여할 수 없음을 의미한다. 개인의 재산권의 행사, 민사상의 계약, 친권의 행사 등 민사상의 법률관계는 일반적으로 당해 특정의 당사자의 이익에만 관계되고, 직접 공공의 안녕과 질서에 대하여 영향을 미치지 않기 때문에 분쟁이 있는 경우에는 당사자의 청구에 의하여 사법권에 의한 보호가 부여될 뿐, 경찰권이 관여할 사항이 아니다. 다만 경찰은 개인이 사법상(私法上)의 권리를 적시에 실현시킬 수 없거나 경찰의 도움이 없이는 권리실현이 현저히 어려운 예외적인 경우에는 개입할 수 있다. 이를 사권실현에 있어서 경찰작용의 보충성의 원칙이라고도 한다.[13]

13) 鄭夏重, 앞의 글, 13면.

사례 갑은 이웃집 주민 을이 심야에 악기 연습을 하거나 친구들을 불러 악기를 연주하는 등 과도한 소음을 발생케 하는 일이 잦아 밤잠을 설치기 일쑤이다. 이에 갑은 수차례 을에게 자제를 요청하였으나 묵살되었고, 결국 신경쇠약으로 정신과치료를 받게 되었다. 갑은 여러 차례 인근 경찰관서에 신고하고 단속을 요청하였으나 경찰관서에서는 사생활 및 사주소에 대하여는 개입할 수 없다는 이유로 출동조차 하지 않고 있다. 이에 대하여 갑은 어떠한 권리구제수단을 갖는가? 단 환경분쟁조정법에 의한 권리구제는 논외로 한다.(제49회 행정고시)

▶답안요지 사안에서 경찰관에게 경찰권발동의 의무가 있으며, 이에 상응하여 갑에게 행정개입청구권이 인정된다면 갑은 거부처분에 대한 취소소송을 제기할 수 있으며, 또한 자신의 피해에 대하여 국가배상청구권을 행사할 수 있을 것이다.

1. 경찰권발동의 근거

경찰은 공공의 안녕과 질서에 대한 위해방지를 위하여 경찰권발동을 할 수 있다. 사안에서 갑은 을의 악기연주 등의 소란행위로 건강을 침해받고 있는바, 이는 공공의 안녕에 의하여 보호되는 법익의 침해에 해당한다. 경찰관의 경찰권발동을 위하여 수권규정을 필요로 하는바, 개별법상의 수권조항이 존재하지 않는 경우에 경찰관직무집행법 제2조 제7호를 개괄수권조항으로 보아 이를 근거로 경찰권발동을 할 수 있는지 문제가 된다. 이에 대하여는 ① 긍정설, ② 부정설, ③ 입법필요설 등이 대립하고 있는바, 동 조항은 임무규정에 해당하기 때문에 입법을 통하여 개괄조항을 도입하는 것이 바람직 할 것이다. 사안의 경우 수권조항으로서 경범죄처벌법 제3조 제21호(인근소란 등)[14]이 고려가 된다. 경범죄처벌법이 비록 처벌규정이기는 하나, 경찰관은 당해 규범의 집행에 대한 의무와 권한을 갖기 때문에 경찰하명에 대한 수권을 아울러 포함하고 있다는 것이 일반적 견해이다.[15]

2. 경찰개입의 의무

문제는 경찰권발동은 편의주의의 원칙에 따라 경찰관의 재량하에 있다는 점이다. 사안에서 갑이 신경쇠약에 걸려 의사의 치료를 받을 정도로 건강이 악화되었다는 점과 이를 해결할 다른 수단이 없다는 점을 고려할 때 경찰관의 개입의무를 인정할 수 있을 것이다. 그런데 관할경찰서에서는 사생활 · 사주소불가침의 원칙(경찰공공의 원칙)을 이유로 출동을 거부하고 있는바 사생활이나 사주소 내의 행위라고 할 지라도 공공의 안녕과 질서에 대한 위해를 야기하는 경우에는 경찰권발동의 대상이 된다. 사안에서 경찰관의 개입의무가 인정되며, 아울러 경범죄처벌법 제3조 제21호를 공익뿐만 아니라 사익을 보호하는 규정으로 해석할 때 갑의 경찰개입청구권은 인정될 것이다.

3. 결어

관할 경찰관서의 거부처분은 위법하며 이에 따라 갑의 취소청구는 인용될 것이다. 한편, 관할경찰관서의 직무행위(거부처분 및 부작위)의 위법성, 경찰관의 고의 · 과실, 직무행위와 갑의 손해 사이에 상당인과관계가 인정되므로 갑은 국가에 대하여 손해배상을 청구할 수 있을 것이다.

4) 경찰비례의 원칙

비례의 원칙은 행정목적과 이를 실현하는 수단사이에는 합리적인 비례관계가 있어야 한다는 원칙으로서 모든 행정영역에 적용되는 행정법의 일반원칙이다. 비례의 원칙은 오늘날 법치국가원리와 기본권보호(헌법 37조 2항)에서 도출되는 헌법상의 원칙으로 인정되고 있으나 연혁적으로는 독일에서 경찰권 발동의 한계를 설정하기 위하여 판례에 의하여 발전된 법원칙이다. 특히 경찰관직무집행법 제1조 제

14) 경범죄처벌법 제3조 제21호(인근소란 등): 악기 · 라디오 · 텔레비전 · 전축 · 종 · 확성기 · 전동기 등의 소리를 지나치게 크게 내거나 큰소리로 떠들거나 노래를 불러 이웃을 시끄럽게 한 사람.

15) Götz, Allg. Poleizei-und Ordnungsrecht, 9. Aufl., 1987, Rdn. 240.

2항은 "경찰관의 직권은 그 직무수행에 필요한 최소한도 내에서 행사되어야 하며 이를 남용하여서는 안된다"라고 하여 경찰권발동에 있어서 비례의 원칙을 명시적으로 규정하고 있다. 경찰비례의 원칙은 공공의 안녕과 질서유지라는 공익목적과 이를 실현하기 위하여 개인의 권리나 재산을 침해하는 수단 사이에는 합리적인 비례관계가 있어야 한다는 원칙으로서 적합성의 원칙, 필요성의 원칙, 상당성의 원칙의 3요소를 그 내용으로 하고 있다.

가. 적합성의 원칙

적합성의 원칙이라 함은 경찰이 취한 수단이 공공의 안녕 · 질서에 대한 위해를 방지하는 데 적합하고, 또한 상대방이 이를 이행하는 것이 법적으로 또한 사실상으로 가능하여야 함을 의미한다. 적합성의 원칙은 가장 최상의 적합한 수단을 요구하는 것은 아니며, 목적달성에 기여하면 충분하다.

나. 필요성의 원칙

필요성의 원칙은 경찰이 취한 수단이 공공의 안녕과 질서에 대한 위해방지라는 목적달성을 위하여 필요한 한도 이상으로 행하여져서는 안됨을 의미한다. 즉 목적달성을 위하여 적합한 수단이 여러 가지가 있는 경우에 경찰은 그 중에서 상대방에게 가장 적은 부담을 주는 수단을 선택하여야 한다. 예를 들어 노후건물에 대하여 개수명령으로써 목적을 달성할 수 있음에도 불구하고, 철거명령을 발하는 것은 필요성의 원칙에 위배된다. 또한 경찰행정청이 상대방에게 일정한 의무를 부과하는 경찰하명을 발한 경우에, 상대방이 이에 대하여 대안을 제시하는 경우에는 그 대안이 적합성의 원칙을 충족하고 일반공중에게 더 많은 부담을 주지 않는다면 그 대안이 객관적으로 보아 경찰행정청의 원래의 조치보다 상대방에게 불리하더라도 상대방의 대안을 받아들여야 한다(이른바 대체수단의 제공).

다. 상당성의 원칙

경찰이 취한 수단이 위해방지에 적합하고 또한 상대방을 최소로 침해하는 조치라고 하더라도 행정조치를 통하여 추구하는 공익이 행정조치를 통하여 받는 개인의 자유나 재산의 침해보다 커야 한다. 상당성의 원칙은 좁은 의미의 비례의 원칙이라고도 한다. 경찰조치에 의하여 달성하려는 공익보다 상대방의 불이익이 크다면 상당성의 원칙에 위배되는 것으로 그 조치는 위법하다.

5) 경찰책임의 원칙

가. 행위책임
나. 상태책임
다. 다수자책임
  가) 다수의 행위책임자
  나) 다수의 상태책임자
  다) 행위책임과 상태책임의 경합
라. 행정기관의 책임
마. 경찰책임의 승계(경찰의무의 승계)
  가) 의 의
    ※경찰의무의 승계는 행위책임자나 상태책임자에게 이미 경찰하명이 발하여져 구체적으로 경찰의무가 부과된 경우에 비로소 문제됨
  나) 승계가능성
    ① 상태책임 – 승계가능
    ② 행위책임 – 경찰하명에 의하여 부과된 의무가 대체적 성격인 경우 승계가능
  다) 의무의 승계요건 – 법적 근거 필요
바. 경찰비책임자에 대한 경찰권발동
  가) 의 의
  나) 요 건
    ① 장해 및 급박한 위험
    ② 다른 방법에 의한 위해방지의 불가능
    ③ 기대가능성
    ④ 법률의 근거 및 보상
사. 입법적 개선방향

경찰권은 원칙적으로 공공의 안녕과 질서의 위해에 대하여 책임이 있는 자, 즉 경찰책임자에 대하여 발동되어야 하는바 이는 민사상의 강제집행이나 형사상의 형의 선고가 민사책임자나 형사책임자에 대하여 행하여지는 것과 같다. 국가공동체의 모든 구성원은 자신의 행위 또는 자신이 지배하는 물건으로부터 공공의 안녕과 질서에 대한 위해가 발생하지 않도록 하여야 할 경찰상의 의무를 지고 있는바 이러한 의무를 위반하여 위해를 발생시킨다면 그는 경찰상의 책임자가 되어 경찰권발동의 대상이 된다.[16)]

경찰상의 의무위반으로 인하여 개인이 부담하는 경찰상의 책임에는 행위책임과 상태책임이 있으며 예외적인 경찰긴급상태에서는 위해방지를 위하여 경찰비책임자가 경찰권발동의 대상이 된다.

가. 행위책임

가) 의 의　　특정한 자연인 또는 법인의 행위에 의하여 공공의 안녕과 질서에 대한 위해가 야기되는 경우에는 위해방지를 위하여 필요한 조치는 행위자에 대하여 발하여진다. 여기서 행위라 함은 작위뿐만 아니라 일정한 작위의무가 있는 경우에는 부작위도 포함한다. 이러한 경찰법상의 행위책임은 민사법상의 책임이나 형사상의 책임과는 달리 행위자의 의사능력, 행위능력 및 과실여부를 묻지 않는 객관적 책임을 의미한다. 예를 들어 도로상에서 발작을 일으킨 간질병환자나 도로상에 방치되어 있는 만취자 역시 행위책임자가 된다(예: 경찰관직무집행법 4조 1항). 또한 행위책임은 자신의 보호 · 감독하에 있는 자의 행위에 의하여 위해가 발생된 경우에도 인정된다. 미성년자가 14세 미만인 경우나, 피성년후견인, 피한정후견인에 있어서는 이들 행위자 이외에 추가적으로 법정대리인이 책임을 진다. 피용자에 대한 사용자의 책임은 피용자의 행위가 사용자에 의하여 위임된 정상적인 사무집행에 귀속되고 있는가에 달려있다.

나) 행위책임의 귀속　　행위책임은 행위와 발생된 경찰상의 위해사이에 인과관계를 요구하고 있다. 이에 대하여는 조건설, 상당인과관계설, 직접원인설 등이 제시되고 있다. 조건설은 책임의 귀속이 무한히 확대되기 때문에 적합하지 않다. 상당인과관계설 역시 경찰책임의 귀속을 결정하는 데 있어서 타당하지 않은 결과로 이끈다. 왜냐하면 위해방지임무는 예측하기 어려운 예외적인 상황에서도 대처하여야 하며, 발생된 위해가 경험칙에 비추어 예견할 수 없었다고 하더라도 행위자에 대하여 경찰권을 발동하여야 하기 때문이다.

직접원인설이 오늘날 통설적인 견해인바, 직접원인설에 따르면 공공의 안녕과 질서에 대한 위해를 직접 발생시키는 행위만이 경찰책임의 대상이 된다. 결과발생의 간접적인 원인은 경찰책임과 관련없는 것으로 배제되며, 일련의 인과관계의 고리 중에서 마지막의 그리고 결정적인 원인을 제공한 사람이 원칙적으로 행위책임자가 된다. 예를 들어 합법적으로 개최된 집회가 방해자들에 의하여 소요가 발생될 경우 경찰은 집회의 개최자가 아니라, 방해자에 대하여 경찰권을 행사하여야 한다.

한편 직접적으로 위해의 원인을 야기시키지는 않았으나 직접원인자의 행위를 의도적으로 야기시킨 자를 목적적 원인제공자(Zweckveranlasser)라고 하여 역시 행위책임자로 보아 경찰권발동의 대상으로 하고 있다. 예를 들어 상점주인이 쇼우윈도에 이색적 광고를 하여 사람들이 운집한 경우에 운집한 군중은 직접적인 원인자로서 경찰권발동의 대상이 되며, 상점주인은 목적적 원인제공자로서 경

16) 경찰책임에 대하여 상세히는 鄭夏重, 警察法上의 責任, 公法研究 제25집 제3호, 1997. 6, 109면 이하.

찰권발동의 대상이 된다. 관중소요가 예견되고 있는 축구장이나 음악회에서 소요를 일으킨 관중은 직접원인자로서, 행사의 개최자는 목적적 원인제공자로서 행위책임을 진다. 누구든지 자신의 상업적 또는 정치적 목적을 위하여 군중을 원하는 경우, 이를 통하여 발생된 공공의 안녕과 질서에 대한 위해가 그 행사와 직접적인 연관관계가 있을 때에는 그 위해에 대하여 책임을 져야 한다.

나. 상태책임

가) 상태책임의 의의와 귀속 공공의 안녕과 질서에 대한 위해가 개인의 행위가 아니라 물건의 상태로부터 발생한다면, 물건의 소유권자를 비롯한 사실상의 지배권자는 상태책임자로서 경찰권 발동의 대상이 된다. 상태책임의 근거는 물건의 소유 그 자체에 있는 것이 아니라 물건의 소유와 일반적으로 결합되고 있는 사실상의 지배권, 즉 물건의 위험한 상태에 대하여 영향력을 가할 수 있다는 가능성에 있다. 따라서 상태책임의 귀속에 있어서는 어떠한 자가 물건에 대하여 사실상의 지배권을 갖는지가 중요한 관점이 된다. 예를 들어 절취당한 물건이 경찰상의 위해를 조성하고 있는 경우에는 그 물건의 소유자에게 상태책임을 귀속시킬 수 없다.

나) 상태책임의 범위 상태책임에 있어서는 행위책임과는 달리 개인의 행위에 의하여 위험이 야기되는 것이 아니고 물건의 상태 그 자체가 직접적으로 위험의 근원이 되고 있다. 따라서 물건의 위험한 상태가 어떤 방식으로 발생되었는지는 하등의 중요한 역할을 하지 않기 때문에 그것이 사실상의 지배권자에 의하여 또는 제3자에 의하여 또는 자연력에 의하여 발생되었는지를 묻지 않는다. 예를 들어 전쟁중 폭격으로 건물이 붕괴될 우려가 있는 경우에 소유자는 상태책임을 지며, 유조차가 전복되어 기름이 토지로 스며들어 지하수오염의 우려가 존재하는 경우에는 토지소유자는 상태책임을 면하지 못한다. 이와 같은 엄격한 상태책임은 경우에 따라 가혹한 결과로 이끌 수 있다. 예를 들어 전시 중에 폭격으로 인하여 건물훼손이라는 심각한 재산상의 피해를 입은 건물소유주가 추가적으로 잔해제거의 비용까지 부담하게 되는 것은 납득할 수 없으며 전쟁피해는 국민전체에 의하여 부담되어야 할 책임이며 개인 스스로가 부담하여야 할 책임이 아니라는 비판을 받았다. 이에 따라 상태책임의 범위를 제한하려는 시도가 행하여졌는바 유력설은 경찰상의 위해가 자연적 재해, 전쟁, 대중교통사고 등과 같은 아주 예외적인 상황에 의하여 발생되거나 또는 위험의 영역이 일반에게 귀속되어야 하는 경우에는 상태책임을 부인할 것을 주장하고 있다.[17]

그러나 다수의 학설은 이와 같은 상태책임의 제한시도를 효과적인 위해방지의 관점에서 반대하고 있다.[18] 아주 예외적인 사건 또는 일반에 속하는 위험영역과 같은 기준은 평등의 원칙을 충족시키는 충분히 신뢰할 수 있는 기준이 되지 못한다는 비판을 하고 있다. 다수설은 구체적인 상황에서 발생되는 심각한 불공정한 경우는 행정청의 의무에 적합한 선택재량에 의하여 해결될 수 있다는 입장을 취하고 있다. 경찰행정청의 재량은 비례의 원칙의 본질적인 요소인 상당성과 기대가능성의 원칙에 기속되며, 여기서 위해의 원인과 관련자의 경제적 부담이 고려될 수 있다. 예를 들어 유조차가 전복된 경우 기름제거의 비용은 행위책임자로서 유조차주인이 부담하여야 하기 때문에 경찰행정청은 우선적으로 그에게 경찰권을 발동하여야 하며, 부득이한 상황으로 인하여 토지소유자에게 경찰권

17) Frilauf, FS für Wacke, 1972, S. 293ff.; Rasch, Allg. Polizei-und Ordnungsrecht, 1982, §5 ME PG Rdn. 12.

18) Götz, Allgemeines Polizei-und Ordnungsrecht, 9. Aufl., 1987, S. 105; Drews/Wacke/Vogel/Martens, Gefahrenabwehr, 9. Aufl., 1987, S. 321.

이 발동된 경우에는 토지소유자는 자동차소유주에게 민사상의 불법행위로 인한 손해배상을 행사할 수 있다. 전쟁중 폭격에 의하여 건물의 붕괴위험이 있는 경우 소유자는 국가의 재정적 지원하에 위해방지조치를 취하여야 한다.

판례(토지상에 폐기물이 적치 또는 방치된 경우 그 제거명령을 할 수 있는지 여부) 구 폐기물관리법 제7조 제2항은 토지나 건물의 소유자 · 점유자 또는 관리자(이하 '토지소유자 등'이라 한다)는 그가 소유 · 점유 또는 관리하고 있는 토지나 건물의 청결을 유지하도록 노력하여야 하며, 특별자치시장, 특별자치도지사, 시장 · 군수 · 구청장(이하 '시장 등'이라 한다)이 정하는 계획에 따라 대청소를 하여야 한다고 규정하고 있고, 제8조 제3항은 토지소유자 등이 제7조 제2항에 따라 청결을 유지하지 아니하면 시장 등은 해당 지방자치단체의 조례에 따라 필요한 조치를 명할 수 있다고 규정하고 있다. 폐기물관리법 제8조 제3항에서 말하는 '필요한 조치'에는 토지소유자 등이 폐기물관리법 제7조 제2항에 따른 토지의 청결유지의무를 다하지 못하여 환경상의 위해가 발생할 경우 토지상에 적치 또는 방치된 폐기물의 제거를 명하는 조치도 포함된다고 해석하여야 한다(대판 2020. 6. 25, 2019두39048).

다. 다수자책임

다수의 행위책임자 또는 다수의 상태책임자가 있는 경우에 경찰행정청은 자신의 재량에 따라 그들 모두에게 또는 그들 중 한 사람에게 경찰권을 발동할 수 있다. 특히 행위책임과 상태책임이 경합되는 경우에 행위책임자가 우선적으로 경찰권발동의 대상이 된다는 견해가 있으나, 여기서도 경찰행정청의 의무에 적합한 선택재량에 의하여 결정된다고 할 것이다. 다수자책임의 경우 경찰행정청은 위해의 원인, 효과적인 위해방지의 관점, 비용의 부담 등을 고려하여 합목적적인 관점에서 선택하여야 한다.

다수의 책임자 중 한 사람에게 경찰권이 발동된다면, 위해제거에 소요되는 비용은 위해발생에 기여한 몫에 따라 배분된다.

라. 행정기관의 책임

공공의 안녕과 질서에 대한 위해는 다른 행정기관의 행위나 그들이 사용하고 있는 물건에 의하여 야기될 수 있다(비행장, 사격장, 초등학교 등에서 발생하는 소음 등). 여기서 경찰행정청이 위해방지를 위하여 일반개인에 대해서와 마찬가지로 다른 행정기관에 대하여 경찰권을 발동할 수 있는지가 문제가 된다.[19)]

다른 행정기관들도 그들의 행정작용의 수행에 있어서 법률우위의 원칙에 따라 일반 경찰법에 기속되며, 따라서 이에 대한 면제가 명시적으로 규정된 경우를 제외하고는(예: 도로교통법 29조 · 30조), 그들의 행위와 시설에 의하여 공공의 안녕과 질서가 침해되지 않도록 하여야 한다. 만일 다른 행정기관의 고권적인 작용에 의하여 경찰상의 위해가 발생된 경우에 경찰행정청이 이에 대하여 경찰권을 발동할 수 있는지 논란이 되고 있다. 긍정설은 모든 국가기관의 활동이 동가치적으로 볼 수 없기 때문에 다른 행정기관의 임무수행과 경찰상의 목적을 비교형량하여 후자의 이익이 더 큰 경우에 개입을 허용하여야 한다는 입장을 취하고 있다. 다만 이 경우에도 다른 행정기관의 적법한 임무수행을 방해하지 않

19) 이에 대하여 상세히는 鄭夏重, 警察法上의 責任, 公法研究 제25집 제3호, 1997. 6, 129면 이하.

는 범위 내에서 경찰권발동이 허용된다고 한다.[20] 이에 대하여 다수설은 부정적인 입장을 취하고 있다. 만일 경찰행정청이 다른 행정기관에 대하여 경찰권을 행사하여 구속적인 명령을 발한다면 다른 행정기관의 관할권을 침해하며 결과적으로 그의 상급기관의 지위를 갖게 된다. 이는 모든 행정분야는 동일한 서열과 등급을 갖는다는 조직법상의 기본원칙에 반한다. 모든 행정기관은 자신의 관할권의 범위 내에서 경찰법을 준수하여야 하며, 자신의 고권적인 작용에 의하여 위해가 발생된 경우에는 스스로 이를 제거하여야 할 의무를 갖고 있다. 경찰행정청은 다른 행정기관에 의하여 야기된 위해를 방지하기 위하여는 단지 이에 대하여 통보하는 것에 제한되며, 위해의 존부여부에 대하여 상호 의견의 차이가 존재하는 경우에는 경찰행정청과 다른 행정기관에 공통되는 상급행정청에 의하여 해결되어야 한다.[21]

마. 경찰책임의 승계(경찰의무의 승계)

가) 의 의 경찰책임의 승계, 즉 경찰의무의 승계는 공법상의 의무의 승계의 한 부분을 이룬다.[22] 경찰의무의 승계는 행위책임자나 상태책임자에게 이미 경찰하명이 발하여져 구체적으로 경찰의무가 부과된 경우에 비로소 문제가 된다.

전통적인 학설에 따르면, 경찰의무는 일신전속적인 성격을 갖고 있기 때문에 계약에 의하여 이전되거나(특정승계) 또는 상속(포괄승계)의 대상이 될 수 없었다. 특정한 개인의 행위나 그가 지배 또는 소유하는 물건에 의하여 공공의 안녕과 질서에 대한 위해가 발생하는 경우에 이를 제거하는 것을 내용으로 하는 경찰상의 의무 역시 공의무로서 일신전속적인 성격을 갖는다는 이유로 승계가능성이 부인되었다. 이에 따라 행위책임은 위험을 야기시킨 자에게만 존재하고 그의 사망과 더불어 소멸되며, 상태책임은 소유자나 관리자의 변경과 함께 새로이 시작되고 과거의 상태책임은 소멸된다.

이러한 견해는 점차 학설에 의하여 비판을 받기 시작하였다. 무엇보다도 경찰상의 의무승계를 부인할 경우에 실무에 있어서 발생되는 절차경제상의 어려움이 지적되었다. 예를 들어 위법건축물에 대한 철거의무의 승계가능성이 부인될 경우에 위법건축물의 소유주는 자신의 철거의무를 피하기 위하여 제3자에게 소유권을 이전시킬 수 있으며, 행정청은 또 다시 새로운 소유자에게 철거명령을 발하여야 한다. 또한 새로운 소유자는 구소유자에 대한 철거명령이 불가쟁력이 발생되었음에도 불구하고, 새로운 처분에 대하여 행정소송을 제기할 수 있다. 이러한 인식에 기초하여 다수설은 점차적으로 공법상의 의무에 있어서 부분적인 승계가능성을 인정하기 시작하였으며 이러한 견해는 곧 실무에 의하여 반영되기 시작하였다. 오늘날의 지배적인 견해에 따르면, 공법상의 의무가 승계되기 위하여는 우선 의무자체의 승계가능성이 인정되어야 하며, 아울러 승계요건이 충족되어야 한다.

나) 승계가능성 지배적인 견해는 공의무의 승계가능성 여부에 대하여 의무의 성격에 따라 세분화하고 있다. 공의무가 의무자 개인의 성격과 능력에 의존하고 있기 때문에 단지 그에 의하여만 이행될 수 있는 경우에는 종래의 학설과 마찬가지로 승계가능성을 부인하는 반면, 원래의 의무자 개인과 독립하여 이행될 수 있는 의무에 대하여는 그 승계가능성을 인정하고 있다. 경찰상의 의무의 승계가능성에 있어서는 의무자의 책임이 상태책임에 근거하고 있는지 또는 행위책임에 근거하고 있

20) 류지태/박종수, 행정법신론, 966면.

21) Drews/Wacke/Vogel/Martens, aaO., S. 242ff.; Götz, aaO., S. 111.

22) 이에 대하여는 鄭夏重, 警察上의 義務의 承繼, 考試硏究, 1999. 12, 152면 이하.

는지 여부에 따라 구별하고 있다.

① 상태책임 상태책임에 있어서는 그 의무가 물건에 관련되고 있기 때문에 그 승계가능성이 인정되고 있다. 즉 상태책임의 경우 경찰권발동은 대물적 하명의 성격을 갖고 있는바, 이러한 대물적 하명은 물건의 객관적 상태와 관련하여 물건의 소유자나 관리자에게 일정한 의무를 부과한다. 여기서 의무내용의 핵심을 이루고 있는 것은 물건의 상태에 관한 규율이며, 이것은 의무자의 변경에도 불구하고 변함없이 존속하기 때문에 그 승계가능성이 인정된다. 물건의 소유권 또는 지배권의 획득과 함께, 새로운 소유자 또는 관리자는 그 물건에 의하여 야기된 위해에 대하여 상태책임을 진다.

② 행위책임 행위책임에 있어서는 경찰하명에 의하여 부과된 의무가 대체적 성격을 갖는지 또는 비대체적 성격을 갖는지 여부에 따라 구분된다. 예를 들어 예방접종의 수인의무, 소음발생의 중지의무, 정보제공의 의무 등은 일신전속적인 성격을 갖고 있기 때문에 승계가능성이 부인되나, 도로의 청소의무, 무단폐기한 오염물질의 제거의무 등은 대체적 성격을 갖고 있기 때문에 승계가능성이 인정될 것이다.

다) 의무의 승계요건 의무의 승계가능성이 인정된다고 하더라도 자동적으로 의무가 승계되는 것이 아니라, 특정승계나 포괄승계를 불문하고 추가적으로 승계요건이 충족되어야 한다. 즉 구체적으로 경찰책임이 승계되기 위하여는 행정의 법률적합성의 원칙에 따라 법적 근거가 필요하며, 그 법률의 요건이 충족되어야 한다. 승계에 대하여는 일반법적 근거가 없으며, 단지 개별법에 의하여 특정승계 및 포괄승계의 근거가 마련되고 있다(공중위생관리법 11조의3, 식품위생법 78조, 도시가스사업법 7조의2, 산림법 4조, 석유 및 석유대체연료사업법 8조, 건강기능식품에 관한 법률 34조). 일설에서는 개별법상의 근거규정이 존재하지 않는 경우에 특정승계에 관하여는 채무인수를 규정하고 있는 민법 제453조 및 제454조를 유추적용할 수 있다는 견해를 취하고 있으나, 경찰의무의 승계에 있어서는 이들 법률의 요건이 충족된다는 것은 매우 어려울 것이다. 향후 행정절차법의 개정시에 특정승계에 관한 일반적인 법적 근거를 규정하는 것이 바람직할 것이다. 한편 포괄승계에 관하여는 개별법의 근거가 없는 경우에 민법 제997조, 제1005조를 일반적 법사상의 표현으로 보아 유추적용할 수 있다는 것이 독일의 다수학설의 견해이다.

사례 1 A공연기획사는 연휴를 맞이하여 유명 가수 B를 초청하여 음악회를 열고자 계획하였다. 그런데 가수 B는 갑작스런 질병을 이유로 공연장에 나타나지 않았다. 공연장에 갔던 관람객들은 환불조치를 요구하였고, A사가 환불을 약속했음에도 불구하고 분을 이기지 못해 거리를 점거하고 소동을 피웠으며 인근 상가의 간판을 떼어내어 도로에 바리케이트를 쳤다. 이 경우 경찰상의 책임에 대하여 설명하시오.(25점)(제54회 행정고시)

▶**답안요지** 경찰책임의 원칙에 따라 경찰권은 원칙적으로 경찰책임자에 대하여 발동하여야 한다. 경찰책임의 종류는 크게 행위책임과 상태책임으로 구분된다.

1) 행위책임

공공의 안녕과 질서에 대한 위해가 특정인의 행위에 의하여 야기된 경우에, 위해방지를 위한 조치는 행위자에 대하여 발하여져야 한다. 일반적으로 행위책임의 귀속과 관련하여 조건설, 상당인과관계설, 직접원인설 등이 제시되고 있으나, 직접원인설이 오늘날 통설적인 견해이다. 직접원인설에 따르면 공공의 안녕과 질서에 대한 위해를 직접 야기시키는 행위만이 경찰책임의 대상이 된다. 결과발생의 간접적인 원인은 경찰책임과 관련없는 것으로 배제되며, 일련의 인과관계의 고리 중에서 마지막의 그리고 결정적인 원인을 제공한 사람이 행위책임자가 된다. 사안에서 비록 관람객의 난동사태에 대한 원인은 B가 공연장에 나타나지 않은 것이었으나, 이는 간접적 원인에 지나지 않는다. 이에 따라 직접적으로 소요를 야기시키고 있는 관람객들이 행위책임자가 될 것이다.

문제는 음악회를 개최한 A를 목적적 원인제공자로 보아, 그에 대하여 경찰권발동을 할 수 있는가이다. 목적적 원인제공자는 경찰상의 위해를 직접적으로 야기시키고 있지는 않으나 직접원인자의 행위를 의도적으로 야기시킨 자로서 마찬가지로 행위책임자로 보아 경찰권발동의 대상이 된다. 사안에서 관람객들의 소요는 A에 의하여 의도적으로 야기된 것이 아니라, B가 공연장에 나타나지 않은 것에 그 원인이 있는 것으로 A는 목적적 원인야기자에 해당되지 않는다.

2) 상태책임

공공의 안녕과 질서에 대한 위해가 물건의 상태로부터 발생한다면 물건의 소유자 및 관리자 등 물건의 사실상의 지배력을 행사할 수 있는 자는 상태책임자로서 경찰권발동의 대상이 된다. 사안의 경우 공연장의 소요상태에 대한 상태책임과 인근상가의 간판을 떼어내어 도로상에 바리케이트를 설치하여 점거한 상태에 대한 상태책임으로 구분할 수 있다. 공연장의 소요상태에 대하여는 음악회의 개최자로서 공연장의 질서유지에 책임이 있는 A가 상태책임자이며, 도로상에 설치된 바리케이트에 대한 상태책임은 이를 사실상 점거하고 있는 관람객들에게 있다. 인근 상점주인들은 떼어낸 간판에 대한 사실상의 지배권을 상실하고 있기 때문에 상태책임이 인정되지 않을 것이다.

3) 다수자책임

위에서 설명한 바와 같이 사안에서 관람객은 행위책임자 및 상태책임자, 그리고 A는 상태책임자로 볼 수 있는바, 이와 같이 행위책임자와 상태책임자가 경합되는 경우에 일설은 행위책임자가 경찰권발동의 대상이 된다는 견해가 있으나, 효과적인 위해방지의 관점, 책임자의 이행능력, 비용의 부담 등을 고려하여 행정청의 선택재량에 의하여 결정된다. 이들 관점들을 고려할 때, 소요를 직접 야기시키고 있는 관람객들이 경찰권발동의 대상이 될 것이다.

4) 비용부담

다수의 책임자 중 한 사람에게 경찰권이 발동된다면, 위해의 제거에 소요되는 비용은 위해발생에 기여한 몫에 따라 배분된다.

사례 2 갑은 을로부터 자동차정비업체를 인수받았다. 그런데 을은 자동차정비업을 경영하면서 발생한 폐유를 업소부지에 파묻은 용기에 폐기하여 왔으나 갑은 이러한 사실을 전혀 알지 못하고 자신이 인수한 후 발생한 폐유는 적법한 방법으로 처리하여 왔다. 그 후 홍수로 인하여 위 용기가 일부 훼손되어 폐유가 노출됨으로써 인근지역의 공공수역을 오염시키기에 이르렀다. 이에 행정청은 구 수질환경보전법 제29조(현행법 제15조)에 근거하여 갑에게 오염물질의 제거를 명하였다. 그러나 갑은 수질오염의 행위자가 별도로 존재하므로 오염물질의 제거명령에 불응하였다. 이에 행정청은 행정대집행법에 의한 대집행을 통하여 오염물질을 제거하였다. 행정청은 갑에게 대집행비용을 징수하고자 비용납부명령을 발하였을 때, 갑은 이에 응하여야 할 법적 책임이 있는가?(제42회 사법시험)

구 수질환경보전법

제29조(배출 등의 금지) ① 누구든지 정당한 사유 없이 다음 각 호의 어느 하나에 해당하는 행위를 하여서는 아니된다.

1. 공공수역에 특정수질유해물질, 「폐기물관리법」에 의한 지정폐기물, 「석유 및 석유대체연료 사업법」에 의한 석유제품 및 원유, 「유해화학물질 관리법」에 의한 유독물, 농약관리법」에 의한 농약(이하 "농약"이라 한다)을 누출 · 유출하거나 버리는 행위

2. – 4 생략

② 제1항 제1호 또는 제2호의 행위로 인하여 공공수역이 오염되거나 오염될 우려가 있는 경우에는 그 행위

자·행위자가 소속된 법인 및 그 행위자의 사업주는 당해 물질을 제거하는 등 오염의 방지·제거를 위한 조치를 하여야 한다.

▶**답안요지** 사안에서 을은 폐유를 불법으로 폐기하여 공공수역을 오염시킨 을은 행위책임자로서 경찰권발동의 대상이 된다(구 수질환경보전법 29조 2항). 여기서 을의 행위책임이 갑에게 승계될 수 있는지 문제가 되나, 아직 을에게 경찰권발동이 행하여지지 않았기 때문에 의무승계문제는 발생되지 않는다. 한편 업소부지에 파묻은 용기의 훼손에 의하여 폐유가 누출되고 있는바, 을은 이미 업소를 갑에게 양도하였고, 이에 따라 업소부지의 소유자이며, 사실상의 지배력을 갖는 갑이 상태책임을 부담한다. 행위책임자와 상태책임자가 경합되는 경우에 행정청은 효과적인 위해방지, 비용부담 등을 고려하여 합목적적인 선택재량에 따라 경찰권을 발동한다. 사안에서 명확하지는 않으나 갑이 업소부지의 소유자로서 효과적으로 오염물질을 제거할 수 있는 상황에 있기 때문에 갑에 대한 경찰하명은 재량의 남용에 해당되지 않는다고 판단된다. 갑은 이에 따라 자신에 대한 대집행에 소요된 비용을 부담하여야 한다. 다만 갑은 실제로 폐유를 폐기한 을에 대하여 민사상의 손해배상을 청구할 수 있다(대판 2016. 5. 19, 2009다66549).

사례 3 A시는 문화예술 진흥을 목적으로 지역주민들을 위한 대규모 무료 콘서트 행사를 시립운동장에서 개최하였다. 행사 시작전 이미 참석인원이 시설수용인원을 과도하게 초과하였음에도 A시에서는 안전요원의 배치 등 적정한 안전조치를 취하지 않은 채 무리하게 행사를 강행하였다. 이에 행사 참석자들의 안전에 대한 위험이 존재한다고 판단한 관할 경찰서장은 A시 시장에 대하여 행사중지명령을 발하고자 한다. A시 시장에 대한 경찰서장의 경찰처분은 적법한가?(20점)(2013 행정직 5급공채)

▶**답안요지** **관할 경찰서장의 경찰처분의 적법성**

1. 경찰서장의 행사중지명령의 법적 근거

경찰은 공공의 안녕과 질서에 대한 위해방지를 위하여 경찰권발동을 할 수 있다. 사안의 경우 무료 콘서트 행사의 참석인원이 시설수용인원을 과도하게 초과하여 참석자들의 안전에 대한 위험이 존재하는바, 이는 공공의 안녕에 의하여 보호되는 법익(개인의 신체, 생명 등)의 침해의 위험에 해당한다. 경찰권발동으로서 경찰서장의 행사중지명령을 위하여 수권조항을 필요로 하는바, 개별법상의 수권조항을 발견하기 어려운바, 여기서 경찰관직무집행법 2조 7호를 근거로 경찰권발동을 할 수 있는지 문제가 된다. 이에 대하여는 ① 긍정설, ② 부정설, ③ 입법필요설 등이 대립되는바, 동 조항은 임무규정에 해당하기 때문에 개괄조항을 도입하는 것이 바람직 할 것이다. 사안의 경우에 인명이나 신체에 위해를 미칠 우려가 있는 극단한 혼잡이 존재한다면 경찰관직무집행법 5조 1항이 근거규정이 될 수 있을 것이다.

2. 경찰권발동의 한계

경찰권발동에 있어서도 그 한계로서 경찰법상 일반법원칙을 준수하여야 한다.

1) 경찰책임의 원칙

경찰권은 원칙적으로 경찰책임자, 즉 공공의 안녕과 질서에 대하여 책임이 있는 자에게 발동하여야 한다. 사안에서 A시는 행사개최자로서 행위책임자인 동시에 시립운동장의 관리주체로서 상태책임자에 해당한다. 문제는 A시의 시장은 행정기관의 지위를 갖고 있는바, 경찰행정청이 다른 행정기관에 대하여 경찰권발동을 할 수 있는지 견해가 대립한다. ① 긍정설은 모든 국가기관의 활동이 동가치적으로 볼 수 없기 때문에 다른 행정기관의 임무수행과 경찰상의 목적을 비교형량하여 후자의 이익이 더 큰 경우에 개입이 제한적으로 허용된다는 입장을 취하고 있다. ② 다수설에 따르면 모든 행정작용은 조직법상 원칙에 따라 동일한 서열과 등급을 갖는바, 만일 경찰행정청이 다른 행정기관에 경찰권을 발동한다면 그의 관할권을 침해하여 결과적으로 그의 상급기관이 된다고 한다. 이에 따라 경찰행정청은 다른 행정기관에 의하여 야기된 위해를 방지하기 위하여는 이에 대하여 통보하는 것에 제한되며, 다른 행정기관은 자신의 고유한 권한에 근거하여 위해를 제거하여야 한다. 자신의 수단에 의하여 제거할 수 없는 경우에는 행정절차법상의 행정응원을 통하여 경찰권을 활용할 수 있다고 한다. 다수설에 따르면 행사중지명령은 위법한 처분이 된다.

2) 경찰비례의 원칙

다른 국가기관에도 경찰권발동이 허용된다는 소수설의 입장을 취할 때 행사중지명령이 경찰비례의 원칙에 합치되는지 문제가 된다. 경찰비례의 원칙은 경찰목적과 그 실현수단 간에 합리적인 비례관계가 있어야 한다는 원칙으로서(헌법 37조 2항, 경찰관직무집행법 1조 2항), 적합성의 원칙, 필요성의 원칙, 상당상의 원칙을 내용으로 한다. 사안의 경우 ① 행사중지명령은 참석인원이 과도하여 안전상 위험을 방지하기 위하여 적합하며, ② 이미 과도한 인원이 참석하여 혼잡한 상태가 존재하는 경우에는 안전요원의 배치나 선착순 입장과 같은 수단으로는 위험을 방지할 수 없기 때문에 행사중지명령은 필요성의 원칙에도 위배되지 않으며, ③ 사람의 신체나 생명의 보호는 콘서트 행사보다도 훨씬 큰 법익에 해당하기 때문에 상당성의 원칙에도 위배되지 않는다.

3. 결어

다른 행정기관에 대한 경찰권발동이 허용되지 않는다는 다수설에 의하면 행사중지명령은 위법하나, 이를 긍정하는 소수설에 따르면 행사중지명령은 적법하다.

바. 경찰비책임자에 대한 경찰권발동

가) 의 의　공공의 안녕과 질서에 대한 위해가 발생된 경우에는 경찰행정청은 원칙적으로 경찰책임자에 대하여 경찰권을 발동하거나 또는 스스로의 인력이나 수단에 의하여 이를 제거하여야 한다. 그러나 급박하게 발생되는 위험을 경찰책임자에 대한 경찰권발동이나 경찰 스스로의 자력에 의하여 제거할 수 없는 경우가 빈번히 발생한다. 이러한 경우에 아주 예외적인 엄격한 요건하에서 경찰비책임자에 대하여 경찰권발동이 가능하며, 이는 이른바 경찰긴급상태(polizeiliche Notstand)에 의하여 정당화되고 있다.

나) 요 건

① 장해 및 임박한 위험　공공의 안녕과 질서에 대한 장해가 이미 발생하였거나 또는 위험이 직접 임박하여야 한다. 급박한 위험이란 공공의 안녕과 질서에 대한 법익침해가 거의 확실성을 갖고 예견될 수 있어야 한다.

② 다른 방법에 의한 장해방지의 불가능　경찰비책임자에 대한 경찰권발동은 경찰책임자에 대한 경찰권발동이 불가능하거나 또는 가능하더라도 어떠한 성과를 기대할 수 없는 경우에만 할 수 있다. 이 경우에도 자체수단에 의하여 위해방지가 가능한지를 검토하여야 하며, 이것이 가능한 경우에는 제3자에 대한 경찰권발동을 할 수 없다.

③ 기대가능성　위의 요건이 충족된다고 할지라도 경찰비책임자에 대한 경찰권발동은 비례의 원칙에 따라 기대가능하여야 한다. 비책임자 자신이 현저한 위험에 직면하거나 또는 자신의 보다 우월한 가치가 있는 의무를 해태할 수밖에 없는 경우에는 경찰권을 발동하여서는 안된다. 예를 들어 폭발위험이 존재하는 경우에 비책임자에 대하여 경찰권을 발동하여서는 안되며, 위급한 중환자를 치료중인 의사에게 교통사고로 다친 다른 사람의 치료를 명하여서는 안된다.

④ 법률의 근거 및 보상　경찰비책임자에 대한 경찰권발동은 아주 예외적인 상황에서만 허용되는 제3자의 기본권을 침해하는 행위이기 때문에 법률에 엄격한 근거가 있어야 하며, 아울러 제3자가 경찰권발동을 통하여 입은 손실에 대한 보상규정이 있어야 한다. 현행법상 경찰비책임자에 대

한 법적 근거로는 소방기본법 제24조(소방종사명령), 제25조(강제처분), 「재난 및 안전관리기본법」 제45조(응급부담), 방조제관리법 제10조(응급조치) 등이 있으며 그에 대한 보상규정으로는 소방기본법 제24조 제2·3항, 제25조 제4항, 「재난 및 안전관리기본법」 제64조, 방조제관리법 제11조 등이 있다.

한편, 개정된 경찰관직무집행법 제11조의2는 경찰관의 적법한 직무집행작용에 의하여 경찰비책임자 등 제3자가 입은 생명·신체 또는 재산상의 손실(손실발생의 원인에 대하여 책임이 없는 자가 경찰관의 직무집행에 자발적으로 협조하거나 물건을 제공하여 생명·신체 또는 재산상의 손실을 입은 경우를 포함)에 대하여 정당한 보상을 하도록 규정하고 있으며(동조 1항 1호), 경찰책임자라고 할지라도 적법한 직무집행작용에 의하여 자신의 책임에 상응하는 정도를 초과하는 생명·신체 또는 재산상의 손실을 입은 경우에도 이에 대한 정당한 보상을 하도록 규정하고 있다(동조 1항 2호). 동법상의 손실보상청구권의 소멸시효는 손실이 있음을 안 날부터 3년, 손실이 발생한 날부터 5년으로 하고 있다.

사. 입법적 개선방향

경찰상의 위해의 방지를 위하여 누구에게 경찰권을 발동할 것인가에 관한 경찰책임의 문제 역시 법률유보의 원칙에 따라 법률에 의하여 규정되어야 한다. 특히 경찰비책임자에 대한 경찰권발동은 현재 개별법률에서 규정된 경우에 한정되지 않기 때문에 그에 대한 일반법적 근거가 시급하게 필요한 현실이다. 학설 중 경찰관직무집행법 제2조 제7호를 개괄수권조항으로 보는 견해는 동조항이 경찰비책임자에 대한 수권규정도 될 수 있다고 하나 찬동하기 어렵다. 왜냐하면 아주 예외적인 상황에서 가능한 경찰비책임자에 대한 경찰권발동은 개괄수권조항보다 훨씬 엄격한 요건에서만 허용되어야 하기 때문이다. 경찰책임의 원칙의 성문화는 개괄수권조항과 더불어 경찰관직무집행법의 향후의 개선과제가 될 것이다.

사례 丙은 과속으로 운전 중에 도로의 난간에 충돌하는 교통사고를 당하였다. 丙은 중상을 입은 채 크게 파손된 자동차 안에 갇혔다. 현장에 도착한 경찰관은 스스로 절단기를 구할 수가 없어서 근처에 있는 서비스공장을 운영하고 있는 丁에게 자동차 문의 절단작업을 부탁하였다. 丁은 처리하여야 할 다른 중요한 일거리가 있다는 이유로 이를 거절하였다. 경찰관은 丁에게 절단작업의 의무를 부과하는 경찰하명을 발할 수 있을까?

▶**답안요지** 사안에서 丁은 자신의 행위로 인하여 교통사고를 일으키지 않았으며, 또한 자동차의 소유자가 아니기 때문에 행위책임자나 또는 상태책임자로서 경찰권발동의 대상이 되지 않는다. 다만 丁은 예외적으로 다음의 요건이 충족되는 경우에는 경찰비책임자로서 경찰권발동의 대상이 될 수가 있다.

① 공공의 안녕과 질서에 대한 장해 및 또는 급박한 위험이 존재하여야 한다. 사안에서 丙은 교통사고를 당하여 중상을 입어 생명의 위험에 처하고 있어 이미 장해가 발생하고 있다.

② 다른 방법에 의한 위해방지가 불가능하여야 하는바, 사안에서 행위책임자 및 상태책임자로서 丙에게 경찰권발동이 가능하지 않다. 또한 경찰관은 절단기가 없기 때문에 자체수단에 의하여 위해방지가 가능하지 않다.

③ 경찰비책임자에 대한 경찰권발동이 기대가능하여야 한다. 즉 비책임자 자신이 현저한 위험에 직면하거나 자신의 보다 더 우월한 가치가 있는 의무를 해태하여서는 안된다. 사안에서 丁의 다른 일거리가 사람의 생명을 구하는 것보다 중요하지 않다고 판단되며, 또한 절단작업을 통하여 丁이 현저한 위험에 빠진다고 볼 수 없다.

④ 법적 근거가 있어야 하며, 경찰비책임자에 대한 보상이 주어져야 한다. 경찰비책임자에 대한 경찰권

발동의 근거를 두고 있는 개별법들이 존재하고 있으나 경찰관직무집행법에 일반적인 수권규정을 두는 것이 바람직하다. 한편 개정 결찰관직무집행법 제11조의2는 경찰비책임자에 대한 보상규정을 마련하고 있다. 사안에서 경찰관은 경범죄처벌법 제1조 제36호(공무원원조불응)[23]에 근거하여 丁에 대하여 경찰하명을 발할 수 있을 것이다. 丁에게 손실이 발생하는 경우에는 경찰관직무집행법 제11조의2에 따라 보상이 주어질 것이다.

6) 경찰평등의 원칙

경찰권발동에 있어서 상대방의 성별 · 종교 · 사회적 신분 · 인종 등을 이유로 불합리한 차별을 하여서는 안된다. 평등의 원칙은 헌법 제11조에서 직접 도출되는 헌법상의 원칙으로 특히 경찰행정청의 재량권행사에 있어서 중요한 한계가 되고 있다.

제3절 경찰작용

경찰작용으로서는 권력성 유무에 따라 권력적 작용(경찰명령, 경찰처분)과 비권력적 작용(경찰상의 사실행위, 경찰지도, 경찰조사)으로 구분되며, 행위형식에 따라 경찰명령, 경찰처분, 경찰상의 사실행위, 경찰지도, 경찰조사 등으로 분류된다.

Ⅰ. 경찰명령

경찰명령이라 함은 공공의 안녕과 질서에 대한 위해방지를 위하여 경찰행정청에 의하여 제정되는 법규명령을 의미한다. 경찰명령은 일반적 · 추상적 규율로서 개별적 · 구체적 규율인 경찰처분과 구별된다. 경찰명령은 위해방지를 위하여 불특정다수의 사건과 불특정다수인을 규율하는 명령 또는 금지를 의미한다. 경찰명령은 또한 외부적 효력을 갖는 법규범으로서 원칙적으로 내부적 효력을 갖는 경찰상의 규칙(경찰규칙)과 구별된다.

Ⅱ. 경찰처분

경찰처분은 공공의 안녕과 질서에 대하여 구체적인 위해가 있는 경우에 이를 방지 또는 제거하기 위하여 경찰행정청이 발하는 행정행위를 말한다. 대부분의 경찰권발동은 경찰처분의 성격을 갖는다. 경찰처분은 특정한 사건의 발생시에 특정한 사람에 대하여 발하는 개별적 · 구체적 규율인 경우가 대부분이나 일반처분(一般處分)의 형식을 취하는 경우도 있다(일반적 · 구체적 규율 또는 물적 행정행위). 경찰처분의 대표적인 유형으로는 경찰하명과 경찰허가가 있다.

23) 경범죄처벌법 제3조 제29호(공무원 원조불응) 눈 · 비 · 바람 · 해일 · 지진 등으로 인한 재해 또는 화재 · 교통사고 · 범죄 그 밖의 급작스러운 사고가 발생한 때에 그곳에 있으면서도 정당한 이유 없이 관계공무원 또는 이를 돕는 사람의 현장출입에 관한 지시에 따르지 아니하거나 공무원이 도움을 청하여도 이에 응하지 아니한 사람.

1. 경찰하명

경찰하명은 경찰행정청이 경찰상의 위해방지를 위하여 개인에게 특정한 작위 · 부작위 · 수인 · 급부의 의무를 부과하는 경찰처분을 말한다. 경찰하명을 넓은 의미로 파악하여 경찰명령에 의한 하명까지(이른바 법규하명) 포함하는 견해도 있으나,[24] 처분의 성격을 가진 하명만을 의미한다고 할 것이다. 경찰하명은 의무를 부과하는 명령적 행정행위로서 권리를 설정 · 변경 · 소멸시키는 형성적 행정행위와 구별된다. 경찰하명은 내용에 따라 작위하명, 부작위하명, 수인하명, 급부하명으로 분류된다.

2. 경찰허가

경찰허가란 일반적인 경찰금지를 특정한 경우에 해제함으로써, 적법하게 일정한 행위를 할 수 있게 해 주는 경찰상의 행정행위이다. 실정법에서는 허가라는 용어 이외에 면허 · 인가 · 승인 · 지정 등의 용어로 표현되고 있는 경우도 적지 않다. 경찰법규는 특정한 행위가 반드시 공공의 안녕과 질서에 대한 위해를 야기시키는 것은 아니나, 그것을 행하는 사람 · 장소 · 설비 · 시기 또는 방법에 따라 위해가 될 우려가 있는 경우에, 그러한 행위의 허가를 유보하여 일반적으로 금지한 후 일정한 요건을 갖춘 경우에 한하여 그 금지를 해제시키도록 하고 있다. 경찰허가는 위해방지의 목적을 위하여 법령상의 잠정적인 금지를 해제하여 개인의 자연적 자유를 회복시켜 주는 행위라는 점에서 특정인에게 권리 · 포괄적 법적 지위 등을 설정시켜 주는 특허와 구별된다. 또한 경찰허가는 예방적 금지를 해제하여 주는 행위라는 점에서 사회적으로 유해한 행위이기 때문에 일반적으로 금지된 행위를 예외적으로 적법하게 할 수 있게 해 주는 예외적 승인과 구별된다(학교환경위생정화구역에서 금지된 영업행위의 해제).

Ⅲ. 경찰조사

경찰행정청은 공공의 안녕과 질서에 대한 위해방지를 위한 자신의 임무를 효과적으로 수행하기 위하여 다른 어떤 행정청보다 정보 및 자료의 수집에 의존하고 있다. 경찰조사란 경찰상 필요한 정보 · 자료 등을 수집하기 위한 일체의 경찰작용을 의미한다. 행정조사의 일종으로서 경찰조사는 종래 경찰상 즉시강제에 포함시켜 다루어 왔으나 양자는 그 목적과 내용을 달리하고 있다는 인식하에서 별개의 제도로서 고찰하는 것이 일반적인 경향이다. 경찰상 즉시강제는 직접 개인의 신체나 재산에 실력을 가하여 경찰상 필요한 상태를 실현시키는 것을 목적으로 하는 데 대하여, 경찰조사는 경찰작용을 위한 자료를 얻기 위하여 행하는 준비적 · 보조적 수단의 성질을 가진다.

이러한 경찰조사는 인격권, 사생활 및 개인의 영업상의 비밀 등 기본권을 침해할 우려가 큰 작용에 해당되기 때문에 이에 대한 법적 근거가 요구된다. 경찰관직무집행법은 제2조 제4호에서 치안정보의 수집 및 작성 등을 경찰관의 임무로 규정하고 있으며, 아울러 경찰조사를 위한 불심검문(동법 3조), 사실의 확인(동법 9조) 등에 대한 수권규정을 두고 있다. 경찰조사에 대한 기타 근거법률 들로는 식품위생법 제22조(영업장소 등의 출입 · 검사 · 수거), 공중위생관리법 제9조(보고 및 출입 · 검사), 총포 · 도검 · 화약류 등의 안전관리에 관한 법률 제44조(출입 · 검사) 등이 있다.

24) 金東熙, 行政法 II, 229면.

Ⅳ. 경찰의무의 실효성확보수단

경찰행정청은 경찰책임자 또는 긴급한 경우에는 경찰비책임자에 대한 하명을 통하여 의무를 부과함으로써 위해방지임무를 수행한다. 여기서 경찰의무자가 스스로 그 의무를 이행하면 경찰목적은 달성된다. 그러나 경찰의무자가 그 의무를 이행하지 않거나 또는 자발적인 의무이행을 기대하기 어려운 경우가 빈번히 발생한다. 이에 따라 경찰목적을 달성하고 경찰의무의 실효성을 담보하기 위한 수단이 필요하게 된다. 경찰강제와 경찰벌 등이 그 대표적인 수단이며, 근래에는 과징금, 경찰허가의 철회 등 새로운 수단들이 활용되고 있다.

1. 경찰강제

경찰강제란 "경찰목적을 위하여 개인의 신체 또는 재산에 실력을 가하여 경찰상 필요한 상태를 실현시키는 사실상의 작용"이라고 정의되며, 이러한 경찰강제에는 다시 경찰상의 강제집행과 즉시강제로 구분된다.

1) 경찰상의 강제집행

경찰상의 강제집행은 경찰하명에 의하여 부과되는 의무의 불이행이 있는 경우에 상대방의 신체 또는 재산에 실력을 가하여 의무를 이행시키거나 또는 의무이행이 있는 것과 같은 상태를 실현시키는 작용을 의미한다. 이러한 경찰상의 강제집행에는 비금전적 의무의 강제집행수단으로서 대집행, 이행강제금, 직접강제가 있고 금전적 의무의 강제집행수단으로서 강제징수가 있다.

2) 경찰상의 즉시강제

경찰상의 즉시강제라 함은 목전에 급박한 장해를 제거할 필요가 있는 경우에 미리 의무를 명할 시간적 여유가 없거나 또는 그 성질상 의무를 명해서는 그 목적을 달성하기 곤란한 때에 직접 개인의 신체 · 재산에 실력을 가함으로써 경찰상 필요한 상태를 실현하는 작용을 의미한다.

경찰상의 강제집행 및 즉시강제의 수단, 한계 및 그에 대한 권리구제에 관하여는 행정강제에 대한 법리가 그대로 적용되기 때문에 자세한 설명을 생략하기로 한다(본서의 행정강제부분을 참고).

2. 경 찰 벌

경찰벌이란 행정벌의 일종으로 경찰법상의 의무위반에 대한 제재로서 일반통치권에 의거하여 과하는 벌을 말한다. 경찰벌이 과하여지는 비행을 형사범과 구별하여 경찰범이라고 부른다. 경찰벌은 과거의 의무위반에 대한 제재라는 점에서, 의무불이행에 대하여 장래의 방향으로 의무를 이행시키는 경찰상의 강제집행과 구별된다. 그러나 경찰벌도 의무위반에 대하여 제재를 가함으로써 심리적 위압을 가함으로써 간접적으로 의무이행을 촉진시키는 기능을 갖고 있다.

경찰벌은 처벌의 내용에 따라 경찰형벌과 경찰질서벌로 나누어진다. 경찰형벌과 경찰질서벌에도 행정형벌과 행정질서벌에 대한 법리가 그대로 적용되기 때문에 설명을 생략하기로 한다(본서 행정형벌부분을 참고).

02 급부행정법

제1절 개 설

근대 시민적 법치국가시대에서는 당시의 정치 · 경제사상에 따라 국가의 임무는 국방 및 공공의 안녕과 질서의 유지에 한정되고, 기타의 영역은 개인의 자유로운 활동에 맡기는 것을 이상으로 하였다. 당시에는 국가의 기능과 역할은 적을수록 좋은 것으로 평가되었으며, 개인의 사회 및 경제생활은 보이지 않는 손에 의하여 자동적으로 조절될 수 있다고 믿었다. 이와 같은 정치 · 경제사상은 개인을 국가권력의 예속으로부터 해방시켰으며, 물질문명을 성취하는데 크게 기여하였다. 그러나 자유주의의 진전은 여러 가지 측면에서 부정적 효과를 발생시켰다. 산업혁명에 따른 경제의 획기적 발전은 계층적 · 지역적 격차를 심화시켰고, 공업화에 따른 농촌인구의 대도시유입은 주택 · 에너지 · 물 · 교통 등의 문제를 야기시켰으며, 이들 문제들은 종래와 같은 사회의 자동적 조절작용에 의하여 해결될 수 없었다. 이에 따라 국가의 기능은 더 이상 국방 및 질서의 유지라는 소극적 활동에 한정될 수 없게 되었고, 국민의 일상생활의 수요를 충족시키기 위하여 여러 가지 새로운 활동을 수행하게 되었다. 국가는 스스로 공급자로 나서서 개인에게 주택 · 전기 · 가스 · 물 등을 공급하고, 교통수단을 제공하며, 근로자의 생활보호를 위한 사회보장제도를 마련하고 있다. 국가의 이러한 새로운 활동은 그 전체로 볼 때 개인의 활동을 규제하는 것이 아니라, 개인의 생활에 필요한 역무와 재화를 제공하여 주는 것을 특징으로 하고 있으며, 행정법상 이러한 활동을 급부행정으로 파악하여 독자적인 영역으로 고찰하고 있다. 급부행정의 개념적 정의에 대하여는 학자에 따라 다소 차이가 있으나, 본서에서는 "주는 활동을 통하여 공동체구성원의 이익추구를 직접적으로 촉진하는 공행정"[1]으로 정의하기로 한다. 제2장에서는 급부행정법에서 매우 중요한 의미를 갖는 공물법과 자금조성행정을 다루기로 한다.

1) Wolff/Bachof, VerwR III, 4. Aufl., 1978, S. 182.

제 2 절 공물법(公物法)

Ⅰ. 공물의 개념

1. 공물과 사물

국가 등 행정주체가 행정활동을 함에 있어서는 이를 담당하는 인적 수단(公務員)뿐만 아니라 행정활동에 공용(供用)되는 물적 수단을 필요로 한다. 이러한 물적 수단에는 단순히 행정주체의 재산권의 대상으로서 그 경제가치를 통하여 간접적으로 행정목적에 이바지 할 뿐 그 자체가 행정목적에 직접 제공되고 있지 않는 물건과, 그 자체가 사용가치를 통하여 직접적으로 행정목적에 제공되는 물건이 있다. 전자를 사물(私物), 후자를 공물(公物)이라고 한다. 공물은 행정주체에 의하여 직접 행정목적에 제공되고 있기 때문에, 사법의 적용을 받는 사물(私物)과는 달리 그 행정목적달성에 필요한 한도안에서 사적 거래의 대상에서 제외되는 등 법적 특수성이 인정되는 경우가 많으며, 공물(公物)의 개념은 바로 이러한 법적 특수성에 착안하여 정립된 학문적 개념이다.

2. 공물의 개념

공물의 개념에 대하여는 학설상 대립이 되고 있다. 종래의 학설은 공물을 "행정주체에 의하여 직접 공적 목적에 제공된 유체물"로 이해하는 반면,[2] 근래의 유력설은 독일학설의 입장에 따라 "행정주체에 의하여 또는 관습법에 의하여 직접 공적 목적에 제공되어 공법적 규율을 받는 유체물과 무체물 및 물건의 집합체"로 정의내리고 있다.[3] 생각건대 공물에는 개개의 유체물 이외에도 무체물(대기 · 에너지 · 유수)과 집합물(체육관 · 공원 등 공공시설)이 있다는 점, 관습법에 의하여도 공물성립이 가능하다는 점에서 유력설이 타당하다. 이를 분설하면 다음과 같다.

1) 물 건

공물도 물건이다. 민법은 물건개념을 "유체물 및 전기 기타 관리할 수 있는 자연력"(민법 98조)으로 정의하고 있으나 이 개념이 그대로 공물에 적용되기에는 어려움이 있다. 왜냐하면 공물에는 대기 및 영해와 같이 관리할 수 없는 자연력이 포함되기 때문이다.

공물은 물건이라는 점에서 행정주체에 의하여 제공된 인적 · 물적 시설의 종합체로서 그것을 구성하는 개개의 사람 또는 물건과는 독립된 별개의 종합체로서 다루어지는 영조물과 구별된다. 한편 종래의 학설은 개개의 유체물만을 공물로 보았으나 개개의 물건이 일정한 목적을 위하여 집합되어 단일한 가치를 가지는 집합물 역시 공물에 해당된다.[4] 도로 · 공원 · 체육관 등 공공시설은 물건의 집합체로서 독자적 개성을 갖고 공적인 기능을 수행하고 있는바, 이들을 구성하는 개개의 유체물을 분리하여 별도로 고찰하는 것은 사실상 불가능하며 또한 의미도 없다고 하겠다. 물건의 집합체로서 공공시설은 인적 요소가 배제된다는 점에서 인적 · 물적 요소가 결합된 종합시설체인 영조물과 구별

2) 金道昶, 一般行政法論(下), 352면; 金東熙, 行政法 II, 261면.
3) 金南辰/金連泰, 行政法 II, 468면; 朴鈗炘/鄭亨根, 最新行政法講義(下), 413면; 洪井善, 行政法原論(下), 417면.
4) 金南辰/金連泰, 行政法 II, 468면; 朴鈗炘/鄭亨根, 最新行政法講義(下), 414면.

된다.

또한 공물은 유체물 뿐만 아니라 무체물도 포함된다. 종래의 학설은 유체물만을 공물로 보았으나 전기 등 에너지나 대기와 같은 무체물도 이들이 공적 목적에 제공되고 있는 한 공물의 범주에 포함된다고 할 것이다.

2) '직접 공적 목적'에 제공된 물건

공물은 그 사용가치에 의해 직접 공적 목적에 제공된 물건을 말한다. 이에 따라 공물은 행정목적에 직접적으로 사용되는 것이 아니라 재산상의 가치나 수익을 통하여 간접적으로 행정목적에 기여하는 물건인 재정재산(일반재산), 즉 행정주체의 사물(私物)(국유의 임야 · 광산 · 유가증권 등)과 구별된다. 공물은 공법규율에 예속되나 사물(私物)은 원칙적으로 사법(私法)의 규율대상이 된다.

공적 목적에 직접 제공되는 공물에는 도로 · 하천 등과 같이 일반의 사용에 제공되는 것과 행정청사와 같이 행정주체의 사무적 수요를 충족시키기 위한 것이 있다. 전자를 공공용물이라 하고 후자를 공용물이라 한다.

3) 행정주체 또는 관습법에 의하여 행정목적에 제공된 물건

공물은 행정주체 또는 관습법에 의하여 공적 목적에 제공된 물건이다. 따라서 사인이 그의 사유지를 도로용 · 공원용 기타 공적 목적에 제공하더라도 공물은 아니다. 그러나 사인의 소유에 속한 물건이라도 임차 등의 방식으로 행정주체가 공적 목적에 제공하면 공물이 된다. 공적 목적에의 제공은 공용지정이라는 법적 행위를 통하여 이루어진다. 공용지정은 일반적으로 행정주체에 의하여 행하여지나 자연공물에서와 같이 관습법에 의한 공용지정도 존재한다.

3. 공물과 국 · 공유재산

공물은 그 소유권의 귀속주체 여하에 관계없이 그 관리주체와 목적에 착안하여 정립된 개념이며, 이에 따라 국 · 공유재산과는 관념을 달리한다. 예를 들어 사유재산이라도 행정주체에 의하여 공적 목적에 제공되면 공물인데 대하여, 국 · 공유재산이라도 공적 목적에 제공되고 있지 않다면 공물이 아니다. 국유재산법 및 「공유재산 및 물품관리법」은 국 · 공유재산을 용도에 따라 행정재산과 일반재산(구 잡종재산)으로 구분하고, 행정재산을 다시 공공용재산 · 공용재산 · 기업용재산 · 보존용재산으로 구분하고 있다. 이들 중 행정재산이 공물에 해당한다.

Ⅱ. 공물의 종류

1. 목적에 따른 분류

1) 공공용물

직접 일반공중의 사용에 제공된 물건이다. 도로 · 하천 · 공원 · 영해 · 해빈(海濱) · 항만 · 운하 · 제방 · 광장 및 이들의 부속물건 등이다. 국유재산법 · 지방재정법상의 공공용재산은 공공용물에 해당한다.

2) 공용물

직접적으로 행정주체 자신의 사용에 제공된 물건이다. 예컨대, 관공서의 청사 · 교도소 · 소년원 ·

등대 등 일반행정용의 공용물, 관사 등 공무원용의 공용물, 병기 · 요새 · 연병장 등 군용의 공용물 등이 이것이다. 국유재산법 및 지방재정법의 공용재산과 기업용재산의 대부분이 공용물에 해당한다.

3) 보존공물

보존공물은 국보 · 중요문화재와 같이 그 물건 자체의 보존을 목적으로 하는 물건을 말한다. 공적 보존물이라고도 한다. 보존공물은 국유재산법 및 「공유재산 및 물품관리법」상의 보존공물과 같이 국유 또는 공유인 것도 있으나 사유물인 경우도 많다. 사유물이 보존공물로 지정되는 경우에는 그 목적달성에 필요한 한도에서 공법상 제한을 받게 된다.

이상 세 가지 공물은 그 목적에 차이가 있는 결과 법적 성질, 성립절차 및 이용관계 등에서 차이가 있다. 특히 법적 성질면에서 볼 때 일반공중의 사용에 제공되는 공공용물은 행정주체의 사용에 제공되는 공용물보다 공법적 특수성이 강하다. 이에 대하여 보존공물은 공공용 또는 공용에 제공된 것이 아니고, 공익적 관점에서 물건 자체의 보존을 목적으로 하기 때문에 그 한도내에서 공법적 특수성을 갖는데 그친다. 성립절차 및 이용관계의 차이에 대하여는 후술하기로 한다.

2. 성립과정에 따른 분류

공물은 그 성립과정의 차이에 따라 자연공물과 인공공물로 나누어진다. 자연공물은 하천 · 호소 · 해빈과 같이 자연적 상태에서 이미 공공용에 제공될 수 있는 실체를 갖추고 있는 물건을 의미하며, 인공공물은 도로 · 광장 · 도시공원과 같이 행정주체가 인공을 가하여 공공용 또는 공용에 제공함으로써 비로소 공물이 되는 물건을 말한다.

3. 소유권의 귀속주체에 따른 분류

물건의 소유권이 국가에 있는 공물을 국유공물이라 하고, 지방자치단체에 있는 공물을 공유공물이라고 한다. 이에 대하여 사유지상의 도로나 사유의 중요문화재와 같이 소유권은 사인에게 있으나, 행정주체에 의하여 공적 목적에 제공되는 물건을 사유공물이라고 한다.

4. 소유주체와 관리주체와의 관계에 따른 분류

공물의 관리주체가 동시에 그 물건의 소유권자인 공물을 자유공물이라 한다. 국가의 공물 중 국유에 속하는 것과 지방자치단체의 공물 중 당해 지방자치단체에 속하는 것은 자유공물이다. 이에 대하여 공물의 관리주체 이외의 자가 그 물건의 소유권을 갖고 있는 공물을 타유공물이라고 한다. 예를 들어 국가가 사유지를 임차하여 도로를 개설하였다면 그 도로는 타유공물에 해당한다.

5. 공물의 관리가 법정되어 있는지 여부에 따른 분류

공공용물에 한정된 분류방법이다. 공공용물은 그 관리를 위하여 공물관리법이 제정되고 있는지 여부에 따라 법정공물(法定公物)과 법정외공물(法定外公物)로 구분된다. 법정공물은 국가하천이나 지방하천 또는 고속도로 · 일반국도 · 특별시도 · 광역시도 · 지방도 · 시도 · 군도 · 구도(區道)와 같이 하천법이나 도로법 등 공물관리법이 적용되거나 준용되는 공공용물을 말한다. 이에 대하여 법정외공물은 소하천이나 이도와 같이 공물관리법의 관리대상이 되고 있지 않거나 또는 특정의 광장과 같이 국가가 설치하여 공공용에 제공하고 있으나, 아직 그것을 관리하기 위한 공물관리법이 제정되지 않은 공공용물을 말한다.

Ⅲ. 공물의 성립

특정한 물건이 공물로서의 성질을 취득하는 것을 공물의 성립이라고 한다. 공물의 성립요건은 공공용물 · 공용물 · 보존공물에 따라 차이가 있으므로 이들 각각에 대하여 설명하기로 한다.

1. 공공용물의 성립

공공용물이 성립하기 위하여는 그 물건이 일반공중의 사용에 제공될 수 있는 형체적 요소와 이것을 일반공중의 사용에 제공한다는 의미의 행정주체의 의사표시, 즉 공용지정을 필요로 한다. 다만 무체물의 경우에는 공용지정만으로서 공물이 성립된다고 할 것이다.

1) 형체적 요소

공공용물에 있어 유체물인 경우에는 일정한 형체를 갖추어 일반의 사용에 제공됨을 전제로 한다. 하천 · 해빈 등과 같은 자연공물은 자연적 상태 그대로 일반공중의 사용에 제공될 수 있으므로 형체적 요소를 갖추기 위한 특별한 행위를 요하지 않으나 도로나 광장과 같은 인공공물은 토지 기타의 물건에 공사를 시행하여 일정한 시설을 갖추어 일반공중이 사용할 수 있는 형태를 갖출 것을 요한다. 이러한 형체적 요소를 갖추지 못한 물건은 그것이 공물로 지정되어도 예정공물에 지나지 않는다.

2) 공용지정

가. 의 의

공공용물이 성립하기 위하여는 또한 특정한 물건을 일반공중의 사용에 제공한다는 취지의 공용지정을 필요로 한다. 공용지정(Widmung)이란 어떠한 물건이 특정한 공적 목적에 제공된다는 것과 그 때문에 특별한 공법상의 이용질서하에 놓이게 된다는 것을 선언하는 법적 행위를 말한다. 학자에 따라서는 공용개시라고 부르기도 한다.

나. 공용지정의 법적 성격

공용지정은 행정행위의 성격을 갖는다는 것이 종래의 학설의 입장이었다.[5] 그러나 공용지정은 행정행위뿐만 아니라, 법률 · 법규명령 · 자치법규 및 관습법 등 법규에 의하여도 행하여진다는 것이 오늘날의 유력한 견해이다.[6]

가) 법규에 의한 공용지정　　어떠한 물건이 법령에서 정하고 있는 요건을 충족함에 따라 당연히 공법상의 특별한 지위에 놓이게 되는 경우를 말한다. 공법적인 지위를 설정하는 법규에는 법률 · 법규명령 · 자치법규 그리고 관습법이 있다.

① 법률에 의한 공용지정　　법률에 의한 공용지정의 예로는 구 하천법 제2조 제1항 제2호에 의한 하천구역의 지정을 들 수 있다. 종래의 학설은 이러한 경우를 자연공물로서 공용지정이 없이 공공용물이 성립하는 예로 보고 있으나, 법률에 의하여 하천이라는 공법상 특별한 지위가 설정된다고 보아야 할 것이다. 판례 역시 법률에 의한 공용지정을 인정하고 있다.

5) 朴鈗炘/鄭亨根, 最新行政法講義(下), 423면; 金東熙, 行政法 II, 269면.
6) 金南辰/金連泰, 行政法 II, 475면; 洪井善, 行政法原論(下), 422면; 柳至泰/朴鍾秀, 行政法新論, 995면.

판례 1(구 하천법상 법률에 의한 공용지정) 하천법 제2조 제1항 제2호 (나)목, (다)목, 제3호, 제3조, 제8조, 제10조의 각 규정에 의하면, 준용하천의 관리청이 설치한 제방의 부지는 위(나)목이 정하는 하천부속물의 부지인 토지의 구역으로서 관리청에 의한 지정처분이 없어도 법률의 규정에 의하여 당연히 하천구역이 되어 같은 법 제8조, 제3조에 의하여 국유로 된다(대판 1998. 3. 10, 97누20175).

판례 2(구 하천법상 제외지가 하천구역이 되기 위하여 관리청의 지정이 필요한지 여부) 하천법 제2조 제1항의 규정을 비롯한 관계 법규에 의하면, 제방으로부터 하심측에 위치하는 이른바 제외지는 위 법 제2조 제1항 제2호 (다)목 전단에 의하여 당연히 하천구역에 속하게 되는 것이지 이러한 제외지가 위 법 제2조 제1항 제2호 (다)목 후단의 적용을 받아 관리청의 지정이 있어야 하천구역이 되는 것은 아닌 것이다(대판 1992. 6. 9, 91누10497).

② **법규명령 또는 자치법규에 의한 공용지정** 물건이나 공공시설의 공용지정은 법규명령이나 지방자치단체의 조례나 규칙에 의하여 행하여질 수도 있다.

③ **관습법에 의한 공용지정** 해빈과 같은 자연공물의 공용지정은 관습법에 의하여 이루어진다.[7] 그러나 종래의 학설은 자연공물로서 공물의 성립에는 공용지정을 필요로 하지 않는다는 입장을 취하고 있다.

나) 행정행위에 의한 공용지정 행정행위에 의한 공용지정은 공용지정 중 가장 일반적이고 중요한 형식이다. 행정행위에 의한 공용지정은 도로법 제25조 제1항에 의한 도로구역의 결정, 하천법 제10조에 의한 하천구역의 결정을 그 예로 들 수 있다. 도로법은 도로에 관하여 노선인정의 공고(17조), 도로구역의 결정고시(24조), 도로사용개시(27조) 등 여러 가지 법적 행위에 대하여 규정하고 있는바, 이 중에서 도로구역의 결정고시가 공용지정에 해당된다고 할 것이다.[8] 행정행위의 형식에 의한 공용지정은 직접 물건의 성질이나 상태를 규율하고, 간접적으로 물건의 소유자, 사용자 또는 관리인에게 법적 효과를 발생시키는 이른바 물적 행정행위의 성격을 갖는다.

판례(공공용물인 도로의 성립요건) 국유재산법상의 행정재산이란 국가가 소유하는 재산으로서 직접 공용, 공공용, 또는 기업용으로 사용하거나 사용하기로 결정한 재산을 말하는 것이고, 그 중 도로와 같은 인공적 공공용 재산은 법령에 의하여 지정되거나 행정처분으로써 공공용으로 사용하기로 결정한 경우, 또는 행정재산으로 실제로 사용하는 경우의 어느 하나에 해당하여야 비로소 행정재산이 되는 것인데, 특히 도로는 도로로서의 형태를 갖추고, 도로법에 따른 노선의 지정 또는 인정의 공고 및 도로구역 결정 · 고시를 한 때 또는 도시계획법 또는 도시재개발법 소정의 절차를 거쳐 도로를 설치하였을 때에 공공용물로서 공용개시행위가 있다고 할 것이므로, 토지의 지목이 도로이고 국유재산대장에 등재되어 있다는 사정만으로 바로 그 토지가 도로로서 행정재산에 해당한다고 할 수는 없다(대판 2000. 2. 25, 99다54332).

3) 권원의 취득

공용지정을 하기 위하여는 그 전제로서 행정주체는 그 물건에 대한 정당한 권원을 갖고 있어야 한다. 행정주체는 자신이 소유하고 있는 토지 등 물건에 대하여는 임의로 공용지정을 할 수 있으나,

7) 金南辰/金連泰, 行政法 II, 478면; 洪井善, 行政法原論(下), 422면; 柳至泰/朴鍾秀, 行政法新論, 996면.
8) 金南辰/金連泰, 行政法 II, 477면.

타인의 소유에 속하는 물건에 대하여는 법률에 특별한 규정이 없는 한 먼저 그 물건에 대하여 매매계약이나 공용수용 등에 의하여 소유권을 획득하거나 지상권 · 임차권 등 기타의 지배권을 취득하여야 한다. 아무런 권원없이 행한 공용지정은 위법한 것으로 소유자는 손해배상 · 부당이득반환 또는 결과제거로서 원상회복을 청구할 수 있다. 다만 사인의 부지가 이미 사실상 도로 등 공용에 제공된 경우에는 원상회복의 기대가능성이 없는 경우가 발생할 수 있을 것이다. 판례는 권원없이 사인의 토지를 도로로 공용지정한 경우에 손해배상 및 부당이득반환청구를 인정하나, 원상회복청구를 인정하고 있지 않다.

판례 1(권원없이 사유지를 도로로 점유하고 있는 경우 부당이득의 성립 여부) 시가 사인소유의 토지를 용익할 사법상의 권리를 취득함이 없이 또는 적법한 보상을 함이 없이 이를 점유하고 있다면 비록 그것이 도로라고 하더라도 그로 인하여 이득을 얻고 있는 것이라고 보아야 한다. 도로를 구성하는 부지에 관하여는 도로법 제5조에 의하여 사권의 행사가 제한된다고 하더라도 이는 도로법상의 도로에 관하여 도로로서의 관리, 이용에 저촉되는 사권을 행사할 수 없다는 취지이지 부당이득반환 청구권의 행사를 배제하는 것은 아니다(대판 1989. 1. 24, 88다카6006).

판례 2(권원없이 사유지를 도로로 점유하고 있는 경우 원상회복청구권의 행사가능성) 도로를 구성하는 부지에 대하여는 사권을 행사할 수 없으므로 그 부지의 소유자는 불법행위를 원인으로 하여 손해배상을 청구함은 별론으로 하고 그 부지에 관하여 그 소유권을 행사하여 인도를 청구할 수 없다(대판 1968. 10. 22, 68다1317).

판례 3(일반 공중의 통행에 공용되는 도로 부지의 소유자가 이를 점유 · 관리하는 지방자치단체를 상대로 도로의 철거, 점유 이전을 청구할 수 있는지 여부) 甲 지방자치단체가 乙 사찰로 출입하는 유일한 통행로로서 사찰의 승려, 신도, 탐방객 및 인근 주민들이 이용하고 있던 도로를 농어촌도로정비법 제2조 제1항의 농어촌도로로 지정하고 30년 이상 관리하고 있었는데, 위 도로가 있는 임야를 임의경매절차에서 매수한 丙이 甲 지방자치단체를 상대로 도로의 철거 및 인도를 구한 사안에서, 위 도로는 아주 오래전에 자연발생적으로 형성되었고 甲 지방자치단체가 농어촌도로 정비법상 농어촌도로로 지정하고 30년 이상 관리하면서 일반 공중의 통행에 공용되는 도로, 즉 공로에 해당한다고 봄이 타당하고, 이러한 이용상황을 알면서도 임의경매절차에서 위 임야를 매수한 丙이 甲 지방자치단체를 상대로 도로의 철거 · 인도를 구하는 것은 권리남용이라고 볼 여지가 큰데도, 이와 달리 본 원심판단에 법리오해의 잘못이 있다(대판 2021. 3. 11, 2020다229239).

4) 공용지정의 하자

공용지정이 하자가 있는 경우에 그 법적 효과에 대하여는 공용지정의 형식에 따라 다르다. 공용지정이 법규의 형식에 의하여 행하여지는 경우 하자있는 공용지정은 무효에 해당한다. 그러나 공용지정이 행정행위의 형식에 의하여 행하여지는 경우에는 하자의 효과에 관하여 학설의 대립이 있다. 종래의 학설에 의하면 하자있는 공용지정은 무효에 해당한다고 하나,[9] 행정행위의 하자의 일반원칙인 중대 · 명백설에 따라 하자가 중대하고 명백한 경우에는 무효에 해당하고 여타의 경우에는 취소사유가 된다고 할 것이다. 그런데 도로 · 공원 등 공공용물을 설치하는 경우 수많은 토지나 건물 등을 취득하여야 하며, 여기서 권원의 유무가 명백하지 않은 경우가 많기 때문에 보통의 경우 취소

9) 金道昶, 一般行政法論(下), 409면; 李尙圭, 新行政法論(下), 438면.

사유에 그친다고 보아야 할 것이다.[10] 하자있는 공용지정에 대하여 재산권을 침해받은 개인은 항고소송으로 다툴 수 있으나, 이미 당해 물건이 공용에 제공되고 있는 경우에는 사정재결(행심법 33조)이나 사정판결(행소법 28조)의 대상이 될 가능성이 많을 것이다.

사례 서울에서 살고 있는 갑은 A시에 토지를 소유하고 있다. 해당 토지의 일부는 수년이래로 자연발생적인 도로가 되어 인근주민들의 사용에 제공되어 왔다. 갑은 이에 대하여 매우 불쾌하게 생각하고 있었으나 아직 구체적인 조치를 취하고 있지 않고 있었다. 얼마후 A시는 해당 토지의 주변도로를 정비하면서 위 자연발생적인 도로에 아스팔트공사와 도로경계벽을 설치한 후에 공용지정을 통하여 인근주민뿐만 아니라 일반공중의 사용에 제공하였다. 갑은 A시에 대하여 자신이 소유하고 있는 토지의 반환 내지는 부당이득반환을 요구하였으나 A시는 해당지역이 이미 시의 도로로 적법하게 성립되어 일반의 사용에 제공되고 있다는 이유로 이를 거부하였다. A시의 주장은 정당한가?

▶답안요지 사안에서 공공용물로서 도로가 적법하게 성립되었는지 문제가 된다. 공공용물의 성립요건으로서는 ① 그 물건이 일반의 사용에 제공될 수 있는 형태를 갖추어야 하며(형체적 요소), ② 그 물건이 일반의 사용에 제공된다는 내용의 공용지정(의사적 요소)이 있어야 한다. 사안에서 A시가 갑의 토지에 아스팔트공사와 도로경계벽을 설치하고 공용지정을 통하여 일반의 사용에 제공한 점을 미루어 형체적 요소와 공용지정이 행하여진 점을 알 수 있다. 그러나 공용지정이 적법하게 행하여지기 위하여는 행정주체는 대상물건에 대한 정당한 권원을 갖고 있어야 한다. 즉 A시는 갑의 토지에 대하여 매매계약이나 공용수용 등에 의하여 소유권을 획득하거나 지상권·임차권 등 기타의 지배권을 취득하여야 하나, 이와 같은 정당한 권원을 취득하지 못하였다. 이에 따라 A시의 공용지정행위는 하자가 있는 행위가 되어 공공용물로서 도로가 적법하게 성립되지 못하였다. 이 경우 갑은 손해배상·부당이득반환 또는 결과제거로서 원상회복을 청구할 수 있다. 다만 판례는 손해배상 또는 부당이득반환청구를 인정하고 있으나 원상회복을 인정하고 있지 않다.

2. 공용물의 성립

공용물의 성립을 위하여는 공공용물의 성립과 같이 일정한 형체를 갖춘 물건의 존재를 전제로 한다. 그러나 공용물의 성립요건으로 공용지정이 필요한지 여부에 대하여는 견해가 갈리고 있다. 일부의 견해는 공용물의 경우에도 명시적·묵시적 공용지정을 요한다고 하나,[11] 일반의 사용에 제공되지 않는 공용물은 행정주체가 형체적 요소를 갖추어 사용을 개시하는 것으로서 족하며, 별도의 공용지정을 필요로 하지 않는다는 것이 통설이다.[12] 다만 공용물의 성립의 경우에도 그 전제로서 행정주체가 당해 물건에 대하여 정당한 권원을 가져야 한다는 것은 공공용물에서와 마찬가지이다.

3. 보존공물의 성립

보존공물이 보존공물로 할 만한 일정한 형체적 요소를 갖추는 외에 직접 법령에 의한 또는 법령에 근거한 공용지정이 필요하다(문화재보호법 5조 내지 9조). 보존공물은 공공용물이나 공용물과 같이 물건의 사용이 아니라 물건 자체의 보존에 목적이 있는 것이므로 그 물건에 대한 권리의 본질을 해치지 않는 것

10) Wolff/Bachof/Stober/Kluth, Verwaltungsrecht Ⅱ, S. 160; Papier, in: Erichsen, Allg. VerwR, S. 624; 朴鈗炘/鄭亨根, 最新行政法講義(下), 424면.

11) 洪井善, 行政法原論(下), 421면.

12) 金南辰/金連泰, 行政法 II, 480면; 朴鈗炘/鄭亨根, 最新行政法講義(下), 426면; 金東熙, 行政法 II, 268면.

이 보통이다. 이에 따라 보존공물의 공용지정에 있어서는 일반적으로 그 물건에 대한 정당한 권원을 취득할 필요가 없다. 다만 보존공물로 지정되는 경우에는 공물로서 일정한 제한을 받기 때문에 관련 법률은 그 지정의 취지를 관보에 게시함과 더불어 소유자 등에게 통지하도록 규정하고, 그 고시 또는 통지가 있는 날로부터 공용지정의 효력이 발생하도록 하고 있는 것이 보통이다(문화재보호법 12조).

Ⅳ. 예정공물

장래에 어떠한 물건을 공적 목적에 제공할 것임을 정하는 의사표시를 공물의 예정이라고 하며, 그 물건을 예정공물이라고 한다. 공용지정은 있었으나 형체적 요소가 갖추어지지 않아 현실적으로 공용되고 있지 않은 물건도 예정공물에 속한다고 할 것이다. 예정공물에 대하여는 공물에 준하는 법적 취급을 하는바(도로법 27조), 예정공물은 현재 공용되고 있지 않으나 장래 공적 목적에 제공될 예정에 있기 때문에 그에 대한 지장을 없도록 하기 위한 것이다.

판례(예정공물의 법적 지위) 이 사건 토지에 관하여 도로구역의 결정, 고시 등의 공물지정행위는 있었지만 아직 도로의 형태를 갖추지 못하여 완전한 공공용물이 성립되었다고는 할 수 없으므로 일종의 예정공물이라고 볼 수 있는데, 국유재산법 제4조 제2항 및 같은법시행령 제2조 제1항, 제2항에 의하여 국가가 1년 이내에 사용하기로 결정한 재산도 행정재산으로 간주하고 있는 점, 도시계획법 제82조가 도시계획구역 안의 국유지로서 도로의 시설에 필요한 토지에 대하여는 도시계획으로 정하여진 목적 이외의 목적으로 매각 또는 양도할 수 없도록 규제하고 있는 점, 위 토지를 포함한 일단의 토지에 관하여 도로확장공사를 실시할 계획이 수립되어 아직 위 토지에까지 공사가 진행되지는 아니하였지만 도로확장공사가 진행중인 점 등에 비추어 보면 이와 같은 경우에는 예정공물인 토지도 일종의 행정재산인 공공용물에 준하여 취급하는 것이 타당하다고 할 것이므로 구 국유재산법 제5조 제2항이 준용되어 시효취득의 대상이 될 수 없다(대판 1994. 5. 10, 93다23442).

Ⅴ. 공물의 공용변경

공물로서의 성질을 유지시키면서, 그의 지위나 사용형태에 변경을 가하는 것을 공물의 공용변경이라고 한다. 공물의 공용변경에는 등급변경(Umstufung)과 부분공용폐지(Teileinziezung)가 있다. 등급변경이란 교통상황의 변경에 따라 도로의 등급 또는 종류를 올리거나 내리는 것을 의미하며, 부분공용폐지란 공공용물의 사용종류 · 사용목적 · 사용범위와 관련하여 일반사용을 사후에 제한하는 것을 말한다.[13] 자동차의 양방통행도로를 일방통행도로로 변경하는 경우를 부분공용폐지의 한 예로 볼 수 있다.

Ⅵ. 공물의 소멸

공물이 공물로서의 성질을 상실하는 것을 공물의 소멸이라고 한다. 공물은 일반적으로 형체적 요소의 소멸과 공적 목적에 제공을 폐지시키는 법적 행위인 공용폐지(Entwidmung)에 의하여 소멸된다. 공물의 소멸사유도 공물의 성립과 같이 공공용물 · 공용물 및 보존공물에 따라 차이가 있으므로

13) 金南辰/金連泰, 行政法 II, 482면.

각각에 대하여 설명하기로 한다.

1. 공공용물의 소멸

1) 자연공물의 소멸

종래의 학설은 자연공물이 자연력 또는 인위적으로 소멸되고 사회통념상 그 실체의 회복을 기대할 수 없는 경우, 즉 형체적 요소가 소멸된 경우에는 공물로서의 성질을 상실하며, 행정주체의 공용폐지라는 별도의 의사표시를 요하지 않는다고 한다.[14] 즉 자연공물이 공용지정이 없이 자연적 상태로서 당연히 공물로서의 성질을 취득한다면, 자연적 상태의 영구 · 확정적인 멸실의 경우에는 공용폐지없이도 공물의 성격을 상실한다는 것이다. 그러나 이러한 견해는 공용폐지를 행정행위의 형식으로만 행하여지는 것으로 보는 데 기인하고 있는 바, 공용폐지는 공용지정과 마찬가지로 행정행위뿐만 아니라 법규의 형식에 의하여도 가능하며, 이에 따라 자연공물은 법률 · 법규명령 · 조례 또는 관습법 등에 의한 공용폐지를 통하여 소멸될 수 있는 것이다.[15] 판례는 자연공물의 경우에도 형체적 요소가 소멸되었다고 할지라도 공용폐지가 있어야 비로소 공물이 소멸된다는 입장을 취하고 있다.

판례 1(자연공물인 국유하천부지의 소멸요건) 국유하천부지는 공공용재산이므로 그 일부가 사실상 대지화되어 그 본래의 용도에 공여되지 않는 상태에 놓여 있더라도 국유재산법령에 의한 용도폐지를 하지 않은 이상 당연히 잡종재산으로 된다고는 할 수 없다(대판 1997. 8. 22, 96다10737).

판례 2(공유수면인 갯벌의 소멸요건) 공유수면인 갯벌은 자연의 상태 그대로 공공용에 제공될 수 있는 실체를 갖추고 있는 이른바 자연공물로서 간척에 의하여 사실상 갯벌로서의 성질을 상실하였더라도 당시 시행되던 국유재산법령에 의한 용도폐지를 하지 않은 이상 당연히 잡종재산으로 된다고는 할 수 없다(대판 1995. 11. 14, 94다42877. 동지판례: 대판 1996. 5. 28, 95다52383).

---

2) 인공공물의 소멸

인공공물은 공용폐지에 의하여 공물의 성질을 상실한다. 그런데 인공공물에 있어서 그 형체가 영구확정적으로 멸실하여 그 회복이 사회관념상 불가능하게 된 경우에 별도로 공용폐지없이 공물의 성질을 상실하는지 여부에 대하여 견해가 갈리고 있다. 일설은 형체적 요소가 소멸된 경우에는 공용폐지없이도 공물의 성질을 상실한다는 입장을 취하고 있으나,[16] 공물의 형체적 요소가 소멸된 경우에 그것은 단지 공용폐지의 사유가 될 뿐 그 사실로서 당해 공물이 소멸되지 않는다고 보아야 할 것이다.[17]

여기서 공용폐지가 명시적으로 행하여져야 하는지 또는 묵시적으로도 가능한지 논란이 될 수 있는바, 공공용물은 일반의 사용에 제공되고 있기 때문에 법률관계를 명확히 할 필요가 있으며 또한 공용폐지는 공용지정을 철회하는 의미를 갖기 때문에 원칙적으로 명시적인 의사표시를 요한다고 할 것이다. 법률에 따라서는 공용폐지에 있어서 명시적인 의사표시를 요구하는 경우도 있다

---

14) 朴鈗炘/鄭亨根, 最新行政法講義(下), 428면; 金鐵容, 行政法 II, 335면; 金東熙, 行政法 II, 271면.

15) 金南辰/金連泰, 行政法 II, 483면.

16) 金南辰/金連泰, 行政法 II, 483면; 洪井善, 行政法原論(下), 426면.

17) 朴鈗炘/鄭亨根, 最新行政法講義(下), 428면; 金東熙, 行政法 II, 271면.

(도로법 27조, 자연공원법 8조). 그러나 극히 예외적인 주변사정을 보아 객관적으로 공용폐지의 존재를 추측할 수 있는 경우에는 묵시적인 공용폐지가 있는 것으로 볼 수 있다.[18] 예를 들어 수류의 변경에 따라 새로운 제방이 축조된 경우에 제방 안의 구역에 대하여는 묵시적인 공용폐지가 있는 것으로 보아야 할 것이다. 판례는 묵시적인 공용폐지를 인정하고 있다.

판례(공용폐지의 의사표시 방법 및 그에 대한 입증책임) 공용폐지의 의사표시는 명시적 의사표시뿐만 아니라 묵시적 의사표시이어도 무방하나 적법한 의사표시이어야 하고, 행정재산이 본래의 용도에 제공되지 않는 상태에 놓여 있다는 사실만으로 관리청의 이에 대한 공용폐지의 의사표시가 있었다고 볼 수 없고, 원래의 행정재산이 공용폐지되어 취득시효의 대상이 된다는 입증책임은 시효취득을 주장하는 자에게 있다(대판 1999. 1. 15, 98다49548. 동지판례: 1997. 8. 22, 96다10737).

공공용물에 대한 공용폐지가 있게 되면 당해 물건은 공물로서의 성질을 상실하며, 그에 대한 공법적 제한이 해제된다. 그에 따라 사법상의 소유권 기타 사권이 완전히 회복되고 일반사물로서 사법의 적용대상이 된다.

2. 공용물의 소멸

공용물은 형체적 요소의 소멸이나 행정주체의 사실상 사용의 폐지에 의하여 소멸하며, 별도의 공용폐지를 요하지 않는다는 것이 다수설의 견해이다. 그러나 일설과[19] 판례는 공용물의 소멸에도 명시적 또는 묵시적 공용폐지를 요한다는 입장을 취하고 있다.

판례(공용물의 소멸에 공용폐지의 필요성 여부) 교육청사부지로 제공되어온 행정재산에 대한 공용폐지의 의사표시는 명시적이든 묵시적이든 상관이 없으나 적법한 의사표시가 있어야 하고, 행정재산이 사실상 본래의 용도에 사용되지 않고 있다는 사실만으로 용도폐지의 의사표시가 있었다고 볼 수는 없으므로 행정청이 행정재산에 속하는 1필지 토지 중 일부를 그 필지에 속하는 토지인줄 모르고 본래의 용도에 사용하지 않는다는 사실만으로 묵시적으로나마 그 부분에 대한 용도폐지의 의사표시가 있었다고 할 수 없다(대판 1997. 3. 14, 96다43508).

3. 보존공물의 소멸

보존공물은 행정주체의 지정해제의 의사표시에 의하여 공물의 성질을 상실한다. 행정주체는 보존공물이 그 가치를 상실한 경우 또는 공익상의 특별한 사유가 있을 때에는 그 지정을 해제할 수 있다(문화재보호법 13조). 보존공물의 경우에도 형체적 요소가 멸실되는 경우에 공물로서 성질을 상실하는지 여부에 관하여 견해가 대립하고 있다. 일설에 의하면 형체적 요소가 멸실되는 경우에는 보존공물은 당연히 소멸하며 지정해제는 단지 이를 확인하는 행위에 지나지 않는다고 하나,[20] 형체적 요소의 소멸은

18) 朴鈗炘/鄭亨根, 最新行政法講義(下), 429면.
19) 洪井善, 行政法原論(下), 426면.
20) 金南辰/金連泰, 行政法 II, 485면; 李尙圭, 新行政法論(下), 443면.

보존공물의 지정해제사유가 되는 데 그친다고 보는 것이 타당할 것이다.[21)]

사례 갑은 자신의 선조 때부터 소유해 오던 가옥을 문화재적 가치가 있다고 판단하여 문화재청에 유형문화재로 지정해 줄 것을 신청하였다. 이 경우 위의 가옥이 지정문화재로 성립되기 위한 요건은 무엇인가? 또한 위의 가옥이 문화재로 지정된 후 화재로 인하여 상당부분이 소실된 경우에도 여전히 지정문화재의 성격을 가지는가?(제52회 행정고시)

▶답안요지 사안의 경우 가옥이 문화재로 지정되는 경우에는 공적 목적을 위하여 보존이 강제되는 보존공물로서 인공공물에 해당한다.

1) 보존공물의 성립요건으로서는 보존공물로 할 만한 일정한 형체적 요소를 갖추는 외에 직접 법령에 의한 또는 법령에 근거한 공용지정이 필요하다. 보존공물은 공공용물이나 공용물과 같이 물건의 사용이 아니라 물건 자체의 보존에 목적이 있는 것이므로 그 물건에 대한 권리의 본질을 해치지 않는 것이 보통이기 때문에 공용지정에 있어서 물건에 대한 정당한 권원을 취득할 필요가 없다. 사안의 가옥은 일정한 형체적 요소를 갖추고 있으므로 지정문화재로 성립되기 위하여는 문화재보호법 제5조에 따른 문화재청장의 지정이 있어야 한다. 이러한 지정이 있으면 문화재청장은 그 취지를 관보에 고시하고 그 소유자인 갑에게 통지하여야 한다(문화재법 10조).

2) 보존공물은 공물관리주체의 지정해제의 의사표시에 의하여 공물의 성질을 상실한다. 그런데 보존공물이 형체적 요소의 소멸로서 공물의 성질을 상실하는지 여부에 관하여 견해가 대립하고 있다. 다수설에 따르면 형체적 요소의 소멸은 단지 보존공물의 지정해제의 사유에 지나지 않는다고 한다. 다수설의 견해를 따를 경우 가옥은 문화재청장의 지정해제가 이루어지기 전에는 여전히 지정문화재의 성격을 갖는다고 할 것이다.

Ⅶ. 공물의 법적 특색

공물은 직접 공적 목적에 제공되는 물건이기 때문에 그 목적을 달성하기 위하여 필요한 범위내에서 여러 가지 공법적 규율을 받는다. 그러나 구체적으로 어느 정도로 공법상의 특수한 규율을 받는가에 대하여는 공물에 대한 공물주체의 권리의 성질에 관련하여 학설이 대립되어 왔다. 우선 이들 학설의 대립을 살펴보고 우리 실정법상 공물에 인정되고 있는 공법상의 특색에 대하여 검토하기로 한다.

1. 공물상의 권리의 성질

1) 공소유권설

공소유권설은 공물이 가지는 공공성을 중시하는 입장에서 공물에 대한 사법의 적용을 배제하고, 공물에 대한 사권의 성립을 전적으로 부정하고, 오로지 공법의 적용을 받는 공소유권의 대상으로만 파악하는 것이다. 공소유권설을 주장한 오토 마이어(Otto Mayer)에 따르면 공물의 보존 · 관리행위는 공행정의 일부를 이루기 때문에 공법의 영역에 속한다고 하였다. 물권적 지배권은 물건의 지배 그 자체만을 가리키는 것이 아니라, 그 지배의 사실과 더불어 그것을 확보하고 규율하기 위하여 제3자와의 사이에 맺어지는 법률관계의 전체를 가리키는 것으로서, 그 관계가 대등자 사이에 발생되는 경우에는 사소유권이라고 하는 데 대하여, 대등하지 않은 자 사이에 발생되는 경우에는 공소유권이

21) 朴鈗炘/鄭亨根, 最新行政法講義(下), 430면.

라고 하였다.[22] 어떠한 물건이 공물이 되면 그에 대한 사법상의 소유권은 공법의 영역에 옮겨져 공소유권이 된다고 하였다. 프랑스 행정법상의 "공물법제(domaine public)" 역시 이러한 공소유권의 개념에 기초하고 있는바, 예를 들어 프랑스 민법 제538조는 도로 · 하천 · 항만 등 일반적으로 프랑스 영토에서 사적 소유로 할 수 없는 모든 부분을 공물로 규정하고 있다.

2) 사소유권설

사소유권설이라 함은 공물도 사법의 적용을 받고 사권의 대상이 되는 것이 원칙이나 그 공물이 공용지정을 통하여 공적 목적에 제공되는 한도에서 사법의 적용 및 사권의 행사가 제한된다고 한다. 이러한 사소유권설을 채택하고 있는 법제를 사소유권제 또는 이원적 법구조라고 부르기도 한다. 현재 우리나라와 독일 · 일본의 통설적인 견해이다.

3) 결 어

위의 두 가지 학설은 공물의 법제에 관한 두 가지 가능한 유형을 나타내는 것으로, 이들 중 어느 것을 채택할 것인가는 당해 공물의 사회경제적 · 문화적 기능을 고려하여 입법정책적으로 결정할 문제이며, 따라서 양 법제가 병용될 수 있다. 우리 도로법은 "도로를 구성하는 부지, 옹벽, 기타의 물건에 대하여서는 사권을 행사할 수 없다. 다만, 소유권을 이전하거나 저당권을 설정함은 그러하지 아니하다(3조)"라고 규정하고 있어 사소유권설에 입각하고 있다. 한편 구 하천법은 "하천은 국유로 한다(동법 3조)"고 규정하여 공소유권설에 기초하고 있었으나, 2007년 4월 6일에 개정된 하천법(법률 제8338호)은 ① 소유권을 이전하는 경우, ② 저당권을 설정하는 경우, ③ 하천점용허가를 받아 그 허가받은 목적대로 사용하는 경우를 제외하고 하천을 구성하는 토지와 그 밖의 하천시설에 대하여는 사권을 행사할 수 없도록 규정하여(동법 4조 2항) 사소유권설에 입각한 것으로 볼 수 있다.

2. 공물의 실정법상 특색

상술한 바와 같이 공물은 직접 공적 목적에 제공된 물건이므로, 그 목적 달성에 필요한 범위 내에서 사법규정이 배제되고 특수한 공법적 규율을 받는다. 다만, 구체적으로 어느 범위에서 공법적 규율을 받을 것인가는 실정법의 문제로서 공물에 관한 개별법에 따라 구체적으로 판단할 수밖에 없다. 공물에 관한 현행 법률로는 국유공물에 관한 일반법으로서 국유재산법과 공유공물에 대한 일반법으로서 「공유재산 및 물품관리법」이 있는 이외에 개별법으로는 하천법 · 도로법 · 문화재보호법 등이 있다. 다음에서는 우리 실정법상 공물에 대하여 인정되고 있는 공법적 특색 가운데 공통적인 것만을 살펴보기로 한다.

1) 융통성의 제한

공물은 법률상 사소유권의 대상이 되지 못하는 것이 있을 뿐 아니라, 사소유권의 대상이 되는 경우에도 매매 · 증여 등 양도가 제한되고, 저당권 · 지상권 등 사권의 설정행위가 제한되는 경우가 많다. 이와 같이 공물이 사법상 거래의 대상에서 제외되는 것을 불융통성이라고 한다. 이러한 불융통성은 공물이기 때문에 당연히 인정되는 것이 아니라, 공적 목적의 달성에 필요한 범위 내에서만 인정되는 것이다. 따라서 융통성이 제한되는 정도는 공물의 종류에 따라 다를 수밖에 없다. ① 국유

---

22) O. Mayer, Deutsches Verwaltungrecht, Bd. II, S. 39ff.

재산법과 공유재산 및 물품관리법은 국·공유의 행정재산에 대하여 매각·교환·양여 및 사권의 설정을 원칙적으로 금지시키고(국유재산법 27조, 공유재산 및 물품관리법 19조), 다만 공물의 목적에 지장이 없는 한도에서 사용·수익을 허용하고 있다(국유재산법 30조, 공유재산 및 물품관리법 20조). ② 도로법 제5조는 "도로를 구성하는 부지·옹벽 기타의 물건에 대하여는 사권을 행사할 수 없다. 다만, 소유권을 이전하거나 저당권을 설정함은 그러하지 아니하다"고 규정하여, 도로를 구성하는 토지 기타의 물건이 사소유권의 대상이 됨을 당연한 전제로 하고, 직접 도로의 공용을 방해할 우려가 있는 사권의 설정 및 행사를 제한하고 있다. ③ 문화재보호법은 지정문화재에 사권의 설정이나 이전을 당연시 하면서, 소유권이전의 경우 신고의무를 부과하고 있다(문화재보호법 77조 2항).

판례 1(하천구역의 매각가능성) 하천구역인 이상 나라가 이를 개인에게 불하하여 불하받은 자 명의로 소유권이전등기가 경료되었다 하더라도 이는 무효이므로 당해 토지가 의연히 국유지임에 아무런 영향이 없다(대판 1979. 8. 21, 78다1922).

판례 2(공유수면 매립지에 대한 매매계약의 무효) 원래 공공용에 제공된 행정재산인 공유수면이 그 이후 매립에 의하여 사실상 공유수면으로서의 성질을 상실하였더라도 당시 시행되던 국유재산법령에 의한 용도폐지를 하지 않은 이상 당연히 잡종재산으로 된다고는 할 수 없다. 행정재산은 사법상 거래의 대상이 되지 아니하는 불융통물이므로 비록 관재 당국이 이를 모르고 매각하였다 하더라도 그 매매는 당연무효라 아니할 수 없으며, 사인간의 매매계약 역시 불융통물에 대한 매매로서 무효임을 면할 수 없다(대판 1995. 11. 14, 94다50922).

---

2) 강제집행의 제한

공물이 민사집행법에 의한 강제집행의 대상이 될 수 있는지에 대하여는 견해가 갈리고 있다. 부정설은 공물이 공적 목적에 제공되고 융통성이 제한되고 있기 때문에 강제집행의 대상이 될 수 없다는 견해를 취하고 있다. 이에 대하여 긍정설은 공물이라는 이유만으로 당연히 강제집행이 배제되는 것이 아니며, 강제집행의 가능성은 융통성을 기준으로 판단하여야 한다는 입장이다. 국유공물과 공유공물은 일반적으로 융통성이 제한되어 있으므로 강제집행의 대상이 될 수 없는 반면, 사유공물은 융통성이 인정되므로 강제집행이 가능하다고 한다. 현재 긍정설이 통설이다.[23] 민사집행법 제192조는 "국가에 대한 강제집행은 국고금(國庫金)을 압류함으로써 한다"고 규정하여 국유공물에 대한 강제집행을 인정하고 있지 않다. 동조항의 유추적용을 통하여 지방자치단체에 대한 강제집행도 공고금(公庫金)의 압류에 의하여 행하여 질 수 있다고 보아야 할 것이다.

3) 시효취득의 제한

사물은 원칙적으로 부동산은 20년간(소유자로 등기한 자는 10년간), 동산의 경우는 10년간 소유의 의사로 평온·공연하게 점유를 계속하면 시효로 소유권을 취득한다(민법 245조·246조). 사유공물은 이러한 민법상의 시효취득의 대상이 될 수 있다. 다만, 시효취득에도 불구하고 공적 목적에 제공하여야 하는 공법상의 제한은 여전히 존속한다. 한편 민법상의 시효취득에 관한 규정이 공물에도 적용되는지에 대하여는 견해의 대립이 있다. ① 부정설은 공물은 직접 공적 목적에 제공되는 것을 그 본질로 하기

23) 金南辰/金連泰, 行政法 II, 480면; 朴鈗炘/鄭亨根, 最新行政法講義(下), 438면; 金東熙, 行政法 II, 275면.

때문에 공물로 제공되어 있는 한 시효취득의 대상이 되지 않는다고 한다.[24] ② 제한적 시효취득설에 의하면 공물은 융통성이 인정되고 있는 한도에서 시효취득의 대상이 될 수 있으나, 이 경우에도 공적 목적에 계속 제공되어야 하는 공법상의 제한을 그대로 받는다고 한다.[25] ③ 완전시효취득설은 공물이 법정의 기간 동안 장기간에 걸쳐 평온 · 공연하게 본래의 공용목적(供用目的)이 아닌 다른 사적인 목적으로 점유되었다면 묵시적인 공용폐지가 있는 것으로 보아 이미 사물(私物)에 해당되기 때문에 완전한 시효취득의 대상이 된다고 한다.[26]

생각건대 소유의 의사로 평온 · 공연하게 점유한다는 시효취득의 요건은 공물의 존재목적이나 그를 위한 관리와 양립할 수 없기 때문에 부정설이 타당할 것이다. 판례 역시 부정설을 따르고 있다.

판례 1(행정재산의 시효취득 가능성) 행정목적을 위하여 공용되는 행정재산은 공용폐지가 되지 않는 한 사법상 거래의 대상이 될 수 없으므로 취득시효의 대상도 될 수 없다. 공물의 용도폐지 의사표시는 명시적이든 묵시적이든 불문하나 적법한 의사표시이어야 하고 단지 사실상 공물로서의 용도에 사용되지 아니하고 있다는 사실이나 무효인 매도행위를 가지고 용도폐지의 의사표시가 있다고 볼 수 없다(대판 1983. 6. 14, 83다카181).

판례 2(묵시적으로 공용폐지된 행정재산의 시효취득 가능성) 학교 교장이 학교 밖에 위치한 관사를 용도폐지한 후 재무부로 귀속시키라는 국가의 지시를 어기고 사친회 이사회의 의결을 거쳐 개인에게 매각한 경우, 이와같이 교장이 국가의 지시대로 위 부동산을 용도폐지한 다음 비록 재무부에 귀속시키지 않고 바로 매각하였다고 하더라도 위 용도폐지 자체는 국가의 지시에 의한 것으로 유효하다고 아니할 수 없고, 그 후 오랫 동안 국가가 위 매각절차상의 문제를 제기하지도 않고, 위 부동산이 관사 등 공공의 용도에 전혀 사용된 바가 없다면, 이로써 위 부동산은 적어도 묵시적으로 공용폐지 되어 시효취득의 대상이 되었다고 봄이 상당하다(대판 1999. 7. 23, 99다15924).

구 국유재산법 제5조 제2항과 구 지방재정법 제74조 제2항은 국유재산 및 공유재산은 민법 제245조에도 불구하고 시효취득의 대상이 되지 않는다고 규정하였으나, 헌법재판소는 국 · 공유 일반재산(구 잡종재산)을 시효취득에서 제외시키는 당해 조항들을 위헌으로 판결하였다.[27] 현행 국유재산법 제7조 제2항과 공유재산 및 물품관리법 제6조 제2항은 일반재산을 제외한 행정재산을 시효취득에서 배제시키고 있다.

사례 A군을 가로질러 흐르는 하천의 일부는 점차 토사가 퇴적하면서 토지로 변하였다. 을은 해당 토지에 농사를 짓고 살다가 3년 후에 사망하였다. 해당토지는 을의 독자인 병에 의하여 계속 경작되었다. 그 후 20년이 지난 후 하천관리청인 관할도지사는 하천정비사업의 추진 중에 병이 하천부지를 무단으로 점유하고 있다는 이유로 토지의 반환을 요구하였다. 병은 이에 대하여 당해 토지의 소유권을 취득하였다는 이유로 이를 거부하면서 오히려 소유권이전등기를 하여줄 것을 요구하였다. 병의 주장은 정당한 것일까?

24) 金東熙, 行政法 II, 276면; 洪井善, 行政法原論(下), 429면; 柳至泰, 行政法新論, 863면.
25) 金道昶, 一般行政法論(下), 436면.
26) 朴鈗炘/鄭亨根, 最新行政法講義(下), 439면.
27) 헌재결 1991. 5. 31, 89헌가97; 1992. 10. 1, 92헌가77.

▶**답안요지** 사안에서 병은 자신이 20년 이상 경작하고 있는 토지에 대하여 민법 245조에 따른 시효취득을 주장하고 있는바 공공용물인 하천이 시효취득의 대상이 될 수 있는지 문제가 된다. 이에 대하여는 ① 부정설, ② 제한적 시효취득설, ③ 완전시효취득설이 대립하고 있으나 부정설이 다수설이다. 국유재산법 제5조 제2항과 공유재산 및 물품관리법 제6조 제2항은 공물인 행정재산을 시효취득의 대상에서 배제시키고 있다. 사안에서 하천은 이미 형체적 요소가 소멸되었는바, 자연공물의 경우 형체적 요소가 영구·확정으로 멸실된 경우에 공용폐지없이도 공물의 성격을 상실하는지 문제가 된다. 전통적인 학설은 이를 긍정하고 있으나 판례와 유력설은 이를 부정하고 있다(본문설명 참고). 공용폐지는 원칙적으로 명시적으로 이루어져야 하나, 예외적으로는 묵시적으로도 가능하다. 전통적인 학설에 따르면 사안의 토지는 더 이상 하천이 아니고 잡종재산에 해당하기 때문에 시효취득의 대상이 되어 병은 토지의 소유권을 획득하게 된다. 반면 판례와 유력설의 견해에 따르면 공용폐지가 행하여지지 않기 때문에 병은 소유권을 획득하지 못하여 토지를 반환하여야 한다.

4) 공용수용의 제한

공물은 이미 공적 목적에 제공되어 있기 때문에, 다른 공적 목적에 사용하기 위하여 원칙적으로 공물 그 자체를 수용할 수 없다고 할 것이다. 이에 따라 공물을 다른 공적 목적에 사용하기 위하여 수용할 필요가 있는 경우에는 먼저 당해 공물을 공용폐지한 이후에 수용하여야 할 것이다. 「공익사업을 위한 토지 등의 취득 및 보상에 관한 법률」 제19조 제2항은 "공익사업에 수용 또는 사용되고 있는 토지 등은 특별히 필요한 경우가 아니면 이를 다른 공익사업을 위하여 수용 또는 사용할 수 없다"고 규정하고 있는바, 동조항의 해석에 관련하여 논란이 있으나 공물은 원칙적으로 공용수용의 대상이 되지는 않으나, 특별히 필요한 경우, 즉 보다 중요한 공익사업에 제공할 필요가 있는 예외적인 경우에 허용된다는 취지로 해석하여야 할 것이다. 판례 역시 이러한 입장을 취하고 있는 것으로 보인다.

판례(지방문화재로 지정된 토지의 수용가능성) 토지수용법은 제5조의 규정에 의한 제한 이외에는 수용의 대상이 되는 토지에 관하여 아무런 제한을 하지 아니하고 있을 뿐만 아니라, 토지수용법 제5조, 문화재보호법 제20조 제4호, 제58조 제1항, 부칙 제3조 제2항 등의 규정을 종합하면 구 문화재보호법 제54조의2 제1항에 의하여 지방문화재로 지정된 토지가 수용의 대상이 될 수 없다고 볼 수는 없다(대판 1996. 4. 26, 95누13241).

---

5) 공물의 범위결정 및 경계확정

행정주체 또는 공물의 관리청은 공용지정을 통하여 공물의 범위 또는 경계를 일방적으로 결정할 수 있는 것이 보통이다. 예를 들어 도로구역의 결정 및 고시(도로법 24조), 하천구역의 결정(하천법 10조), 공원구역의 지정 및 고시(자연공원법 6조) 등이 이에 해당한다. 공물의 범위 및 경계결정은 공물관리작용의 하나로서 공물에 대한 소유권의 범위를 결정하는 것이 아니라, 공적 목적에 제공됨으로써 공법적 규율을 받게 되는 공물의 구체적인 범위를 확정하는 행위이다. 공물의 범위나 경계결정은 법규(법률·법규명령·자치법규)의 형식으로 행하여지기도 하나, 대부분 행정행위의 형식으로 행하여지며, 그것이 하자가 있는 경우에는 항고소송의 대상이 된다.

6) 공물의 설치 · 관리상의 하자로 인한 손해배상

공물의 설치 또는 관리상의 하자로 인하여 타인에게 손해가 발생한 경우에는 공물의 관리주체로서 국가나 지방자치단체는 국가배상법 제5조에 따라 손해배상의 책임이 있다.

7) 공물과 상린관계

공물에 대하여는 공적 목적을 달성하기 위하여, 공물 그 자체에 대하여 공법상의 제한을 가할 뿐만 아니라, 법률의 규정에 의하여 인접지역에 대하여서도 여러 가지 제한을 가하는 경우가 적지 않다. 예를 들어 도로법상의 접도구역(49조) · 도로보전입체구역(51조) 등에 있어서 일정한 행위를 제한 · 금지하거나, 일정한 작위의무를 부과하는 것 등이 이에 해당한다. 그와 같은 특별한 규정이 없는 경우에는 민법의 상린관계에 관한 규정(민법 216조 이하)이 유추적용된다고 할 것이다.[28]

8) 공물의 등기

자연공물은 등기없이도 법률의 규정에 의하여(민법 187조) 국유 또는 공유로 되는 경우가 많다(공유수면 관리 및 매립에 관한 법률 46조 1항). 그러나 공물인 부동산에 대하여도 부동산등기법에 의한 등기를 하여야 한다. 국유공물인 부동산의 등기에 있어서는 권리자의 명의를 국(國)으로 하고, 소관 중앙관서의 명칭을 함께 기재하여야 한다(국유재산법 14조).

판례 1(공공용물에 있어서 소유권이전등기의 필요성) 지방자치단체가 개인 소유의 부동산을 매수한 후 유지를 조성하여 공용개시를 하였다고 하더라도 법률의 규정에 의하여 등기를 거칠 필요 없이 부동산의 소유권을 취득하는 특별한 경우가 아닌 한 부동산에 대한 소유권이전등기를 거치기 전에는 소유권을 취득할 수 없는 것이므로 이를 지방자치단체 소유의 공공용물이라고 볼 수 없다(대판 1992. 11. 24, 92다26574).

판례 2(국가가 토지를 20년간 점유하여 취득시효가 완성된 경우, 토지 소유자가 하천편입토지 보상 등에 관한 특별조치법에 따른 손실보상청구권을 행사할 수 있는지 여부) 국가가 토지를 20년간 점유하여 취득시효가 완성된 경우, 토지의 소유자는 국가에 이를 원인으로 하여 소유권이전등기절차를 이행하여 줄 의무를 부담하므로 국가에 대하여 소유권에 따른 권리를 행사할 지위에 있다고 보기는 어려우나, 한편 법률 제3782호 하천법 중 개정법률 부칙 제2조가 하천구역으로 편입되어 보상 없이 국유로 된 사유지에 대하여 보상을 받을 수 있는 법적 근거를 마련하였고, 나아가 하천편입토지 보상 등에 관한 특별조치법(이하 '하천편입토지보상법'이라 한다)은 하천법에 따른 손실보상청구권의 소멸시효가 완성된 경우에도 손실보상청구를 허용하고 있는데, 이러한 관계 법령의 취지는 시간의 경과에도 불구하고 하천구역 편입으로 아무런 보상 없이 토지 소유권을 상실한 개인의 재산권을 두텁게 보장하기 위한 것인 점, 국가가 소유자를 상대로 취득시효 완성을 원인으로 한 소유권이전등기청구를 함으로써 토지의 소유권을 취득할 수 있는 지위에 있었는데도 권리를 제때 행사하지 않고 있던 중에 토지가 하천구역에 편입되어 국유로 되고 소유자에게 손실보상청구권이 발생하자 비로소 취득시효 완성 주장을 하는 경우까지 그 주장을 받아들여 원래 소유자의 손실보상청구를 배척하는 것은 헌법상 재산권 보장의 이념과 하천편입토지보상법의 취지에 부합한다고 보기 어려운 점 등을 종합하면, 점유취득시효가 완성되어 국가에 소유권이전등기청구권이 발생하였다는 사정은 토지 소유자가 국가를 상대로 소유권에 기초한 물권적 청구권을 행사하는 것을 저지할 수 있는 사유는 될 수 있으나, 나아가 토지 소유자가 소유권의 상실을 전제로 하천편입토지보상법에 따른 손실보상청구권을 행사하는 것을 저지하는 사유가 될 수는 없다. 한편 위 법리는 국가가 토지에 대한 취득시효의 완성에도 그에 따른 등기를 하지 아니하여 소유권을 취득하지 못한 상태에서 토지가 하천구역에 편입됨에 따라 국유로 되었

28) 金南辰/金連泰, 行政法 II, 493면; 朴鈗炘/鄭亨根, 最新行政法講義(下), 442면.

고, 그 결과 소유명의자가 소유권을 상실한 경우에 적용되는 것으로서, 하천구역 편입 당시 이미 국가가 토지의 소유권을 취득한 경우에는 적용될 수 없다(대판 2016. 6. 28, 2016두35243).

Ⅷ. 공물의 관리와 공물경찰

1. 공물의 관리

1) 의 의

공물의 관리란 공물주체가 공물의 존립을 유지하고 당해 물건을 공적 목적에 제공함으로써 공물 본래의 목적을 달성하기 위한 일체의 작용을 말한다. 이러한 공물의 관리는 사물의 관리와는 달리 물건을 단지 재산적 가치의 대상으로서 관리하는 것이 아니라, 그 효용면에 착안하여 전적으로 공적 목적을 달성하기 위하여 관리하는 데에 그 특색이 있다.

2) 공물관리권

가. 의의 및 성질

공물을 관리하는 공물주체의 권한을 공물관리권이라고 한다. 공물관리권의 성질에 대하여는 공물의 관리는 ① 소유권의 행사에 불과하다는 소유권설과, ② 소유권과는 관계없이 공물주체가 공물의 목적을 달성하기 위하여 행하는 독립한 물권적 지배권의 성질을 갖는다는 공법상의 물권적 지배권설이 대립되고 있는바, 후자가 지배적인 견해이다.

나. 발동형식

공물관리권의 행사는 행정작용에 해당하며, 행정입법(법규명령 · 행정규칙), 행정행위, 공법상 계약, 사실행위 등 다양한 형식에 의하여 행하여질 수 있다.

다. 공물관리권의 내용

공물관리권의 내용은 적극적으로 공물의 목적을 달성하기 위한 작용과 소극적으로 공물에 대하여 나타나는 장해를 제거하기 위한 작용으로 이루어지는바, 그 구체적인 내용은 공물의 종류에 따라 상이하다. 대체로 각종의 공물에 공통되는 내용을 살펴보면 다음과 같다.

가) 공물의 범위결정 공물주체는 공물관리권에 근거하여 공물의 범위를 결정할 수 있는바, 하천의 구역결정(하천법 10조), 도로의 구역결정(도로법 24조) 등이 이에 해당한다. 공물의 범위결정은 이미 성립된 공물의 범위를 확정하는 확인행위라는 점에서, 공물의 성립요건인 공용지정과는 구별된다.

나) 공물의 유지 · 수선 · 보존 도로 또는 하천의 유지 · 개축 · 수선, 항만시설의 개축 · 보수 · 준설, 문화재의 수리 등이 이에 해당한다. 이 경우 공물관리의 필요상 관련 대장을 정비 · 조정하는 경우가 많은 바, 도로대장의 작성 · 보관(도로법 36조), 하천대장의 작성 · 비치(하천법 15조), 항만대장의 작성 · 비치(항만법 25조) 등이 그 예이다.

다) 공용부담특권 공물관리권의 내용에는 공용부담특권도 포함되는바, 예컨대 도로 또는 하천에 관한 공사 · 조사 · 측량 또는 유지를 위한 토지에의 출입 · 사용, 죽목 기타 장애물의 제거(도로법 48조, 하천법 75조), 지정문화재의 조사를 위한 측량 · 발굴 · 장애물의 제거 기타 조사상 필요한 처분 등이 이에 해당한다.

라) 공물목적에 대한 장해의 방지 · 제거 도로구조의 보전을 위한 차량운행의 제한(도로법 54조), 하천의 보전 등을 위한 하천사용의 금지 · 제한 등이 그 예이다.

마) 공적 목적에의 제공 공물을 일반사용에 제공하거나 특정인을 위하여 그 사용권 또는 점용권(도로점용허가 · 하천점용허가) 등을 설정하는 작용으로서 공물관리권의 주된 내용을 이루고 있다.

3) 공물관리자

공물의 관리는 공물주체가 스스로 행함을 원칙으로 한다(도로법 23조 1항, 하천법 12조). 즉 국가의 공물은 국가가, 지방자치단체의 공물은 지방자치단체가 관리한다. 다만, 공물주체가 아닌 자가 관리자가 되는 경우도 있는바, 예를 들어 서울특별시 · 광역시, 특별자치시, 특별자치도 또는 시관할구역내의 국도의 관리청은 서울특별시장, 광역시장, 특별자치시장, 특별자치도지사 또는 시장이 된다(도로법 23조 2항 1호). 또한 관리청이 관리권의 일부 또는 전부를 타인에게 위임하는 경우가 있는바, 국가하천의 보수에 관한 공사와 유지 · 관리를 시 · 도지사로 하여금 행하게 하거나(하천법 28조 1항), 국도의 수선 및 유지에 관한 업무를 시 · 도지사로 하여금 행하게 하는 것, 고속국도의 관리권의 일부를 한국도로공사에 위탁하는 것(고속국도법 6조) 등이 그 예이다.

4) 공물관리와 비용부담

공물관리에 소요되는 비용은 공물주체가 부담하는 것이 원칙이다. 다만, 이에 대하여는 법률상 여러 가지 특례가 인정되고 있다. 예컨대 일정한 경우 국가는 자신이 관리하는 공물의 관리비용의 전부 또는 일부를 지방자치단체(도로법 88조 2항, 하천법 61조) 또는 사인에게 부담시킬 수가 있다(도로법 91조 3항, 하천법 61조). 공물의 관리비용을 지방자치단체 또는 사인에게 부담시키는 경우에는 공물에 관한 비용을 충당하기 위한 부담금 · 통행료 · 점용료 등의 수입은 당해 지방자치단체 또는 사인의 수입으로 함을 원칙으로 한다(도로법 95조, 하천법 65조).

5) 공물관리상의 손해배상 및 손실보상

도로 · 하천 기타 공물의 설치 · 관리에 하자가 있기 때문에 타인에게 손해가 발생한 경우에는 관리주체 또는 비용주체인 국가 또는 지방자치단체가 그 손해를 배상하여야 한다(국배법 5조 · 6조). 한편, 도로 · 하천 기타 공물의 유지 · 관리를 위하여 타인의 재산을 적법하게 침해(수용 · 사용 · 제한)한 경우에는, 법률이 정하는 기준과 방법에 따라 손실보상을 하여야 한다(도로법 99조, 하천법 76 · 78조). 하천법은 하천구역(지방하천의 하천구역을 제외함)의 결정 또는 변경으로 그 지역 안의 토지를 종래의 용도로 사용할 수 없어 그 효용이 현저하게 감소한 토지 또는 그 토지의 사용 및 수익이 사실상 불가능한 토지의 소유자에게 매수청구권을 인정하고 있다(하천법 79조 1항).

2. 공물경찰

1) 의 의

공물경찰이란 경찰행정청이 공물과 관련하여 발생되는 공공의 안녕과 질서에 대한 위해를 예방 · 제거하기 위하여 행하는 행정작용을 말한다. 공물은 그 사용방법에 따라서는 공공의 안녕과 질서에 대한 위해를 발생시키는 경우가 있는바, 공물은 그러한 한도에서 경찰권발동의 대상이 된다. 예를 들어 위해방지를 위한 도로통행의 금지 또는 제한조치가 이에 해당한다. 공물경찰도 일반경찰작용 중에 하나이며, 다만 경찰작용이 공물의 사용 등에 관련하여 발생된 위해방지를 목적으로 한다는 점에서 공물경찰이라고 불리운다. 한편, 공물목적의 달성에 장해가 발생되는 경우에 공물관리권의 발동을 통하여도 이를 방지 또는 제거할 수 있는바, 이 경우 공물경찰과의 관계가 문제가 된다.

2) 공물관리와 공물경찰과의 구별

양자는 다같이 공물에 대하여 행하여지기 때문에 경합적으로 행하여지는 경우도 있고 구별이 분명하지 않은 경우도 있다. 그러나 양자는 그 목적 · 권력 · 발동범위 · 위반행위에 대한 제재 및 강제수단을 달리하는 별개의 작용이다.

가. 목 적

공물관리는 적극적으로 공물 본래의 목적을 달성하기 위하여 행하여지는 작용인데 대하여, 공물경찰은 공물과 관련하여 발생되는 공공의 안녕과 질서에 대한 위해를 방지하는 것을 목적으로 하는 작용이다.

나. 권 력

공물관리는 공물관리권의 발동인바, 공물관리권은 공물주체가 공물에 대하여 가지는 지배권의 성질을 갖는 데 대하여, 공물경찰은 일반경찰권의 발동으로 행하여진다.

다. 발동범위

공물관리권에 의하여는 특정한 공물의 계속적이고 독점적인 사용권을 설정할 수 있는 데 대하여, 공물경찰권에 의하여는 공물의 사용관계에서 발생하는 위해의 방지측면에서 특정한 공물에 대하여 일시적인 사용허가를 행할 수 있음에 그친다.

라. 위반에 대한 제재 및 강제방법

공물관리관계에서의 의무에 위반한 자에 원칙적으로 그 사용관계로부터 배제할 수 있는데 그치고, 원칙적으로, 법률에 특별한 규정이 없는 한 제재를 과하거나 행정상의 강제집행을 할 수 없다. 이에 대하여 공물경찰상의 의무위반행위에 대하여는 행정벌을 과하거나 행정상의 강제집행을 할 수 있음이 보통이다.

3) 공물관리와 공물경찰과의 관계

공물관리와 공물경찰은 위에서 본 바와 같은 차이가 있으나 동일한 공물에 대하여 양자가 경합하여 나타나는 경우가 적지 않다. 예를 들어 도로관리청이 “도로의 구조를 보전하고 운행의 위험을 방지하기 위하여 필요하다고 인정하면 대통령령으로 정하는 바에 따라 차량의 운행을 제한(도로법 59조)”하는 공물관리작용과 경찰서장이 도로에 있어서 위험을 방지하고 교통의 안전과 원활을 기하기 위하여 “자동차의 통행을 일시금지 또는 제한(도로교통법 58조)”하는 공물경찰작용이 동일한 도로상에서 함께 행사되는 경우가 있다. 이러한 경우에 양 작용은 별개의 작용으로서 서로 독립된 효력을 갖기 때문에 상호 권한을 존중하여 모순되게 행사되지 않도록 하여야 한다. 또한 이들 작용은 별개의 작용이나 국민에게는 이중부담이 되는 경우가 있기 때문에, 가능한 한 내부적인 협의 · 조정을 행하여 국민에 대하여 단일의 작용으로 행사되도록 하여야 할 것이다(도로교통법 70조).

Ⅸ. 공물의 사용관계

1. 의 의

공물의 사용관계란 공물의 사용에 관하여 공물주체와 사용자간에 발생되는 법률관계를 의미한다. 공물의 사용관계는 공물의 종류에 따라 다르다. 공용물은 행정주체 자신의 사용에 직접 제공되는 것을 목적으로 하기 때문에, 일반공중과의 사이에 사용관계가 발생되지 않는 것이 원칙이며, 단지 공용에 지장이 없는 한도에서 예외적으로 일반공중의 사용이 인정될 뿐이다. 이에 대하여 공공용물은 일반공중의 사용에 직접 제공하는 것을 목적으로 하기 때문에 여러 가지 형태의 사용관계가 성립한다. 다음에서는 공공용물의 사용관계를 중심으로 설명하기로 한다.

2. 공물사용관계의 종류

공물은 그 사용방법을 기준으로 하여 일반사용과 특별사용으로 구분된다. 일반사용(Gemeingebrauch)이란 일반공중이 공물을 그 본래의 목적에 따라 자유로이 사용하는 경우이며, 특별사용(Sondernutzung)이란 일반사용의 범위를 넘어서 사용이 허용되는 경우이다. 특별사용은 다시 그 사용의 법적 성질에 따라 허가사용, 특허사용, 관습법에 의한 사용, 행정재산의 목적외사용 등으로 구분된다.

1) 일반사용

가. 공공용물의 일반사용

가) 의 의　　일반의 사용에 제공되는 공공용물은 개념적으로 그의 성립과 함께 일반사용이 존재하게 된다. 학설에서 보통사용 또는 자유사용이라는 용어로 사용되기도 하는 일반사용은 누구든지 타인의 공동사용을 방해하지 않는 한도에서는 행정청의 허락을 받음이 없이 그의 공적 목적에 따라 자유로이 사용하는 것을 의미한다. 도로의 통행, 해빈(海濱)에서의 해수욕, 공원에서의 산책 등이 그 전형적 예이다.

나) 법적 성질　　공공용물의 일반사용의 법적 성질에 대하여는 오래전부터 반사적 이익설과 공권설로 대립되어 왔다.

① 반사적 이익설　　독일에서 바이마르 공화국시대까지 주장되었던 견해로서, 행정주체는 공적 목적을 위하여 특정한 물건을 공공용물로 공용지정할 수 있으며, 또한 공적 목적의 필요성에 따라 공용을 폐지하거나 제한할 수 있기 때문에, 공공용물의 일반사용은 행정주체가 당해 공물을 일반공중의 자유로운 사용에 제공하는 결과로 받은 반사적 이익에 지나지 않는다고 한다.[29] 이에 따라 일반사용에 대한 개인의 권리는 존재하지 않으며, 그것이 침해된 경우에도 권리구제를 받을 수 없다고 한다.

② 공법상의 권리설　　공공용물에 대한 일반사용은 국가급부의 참여에 대한 국민의 일반적 권리의 구체화로서 개인적 공권에 해당한다는 견해로서[30] 오늘날 학설에 의하여 일반적으로 받아들

29) G. Jellinek, System der subjektiven öffentlichen Rechte, 2. Aufl., 1905, S. 70ff.; O. Mayer, Deutsches VerwR, Bd. II, S. 6.

30) Forsthoff, Lehrbuch des VerwR, S. 392; Wolff/Bachof/Stober, VerwR II, S. 719; Papier, in: Erichsen, Allg. VerwR, S. 656.

여지고 있다. 국가와 개인간의 관계에 대한 시각변화, 즉 국가이익에 대한 개인의 인격과 자유의 우월성, 헌법에서의 사회국가의 선언, 행정소송제도에 있어서 개괄주의의 채택 등에 따라 종래 반사적 이익에 속하였던 것이 개인적 공권으로 인정받게 되는 경향이 있는바, 그 대표적인 경우가 공공용물에 대한 일반사용의 공권으로 성격전환이다. 공물주체는 공공용물의 성립과 더불어 관련법률에 따라 이를 일반사용에 제공할 의무를 가지며, 일반사용은 단순한 공익뿐만 아니라 사용자의 구체적인 이익을 아울러 실현하기 때문에 그 권리성이 인정된다.[31] 공물주체 또는 행정주체에게는 일반사용이 공물목적에 따라 행사되는 한 이를 방해하거나 침해하여서는 안되는 의무가 있으며, 이에 상응하여 개인은 이러한 방해나 침해의 부작위나 제거를 요구할 권리를 갖고 있다.[32]

한편 일반사용에 대한 개인적 공권이 어느 범위까지 인정될 수 있는지 여부에 대하여는 학설상 논란이 되고 있는바, 일반적 견해에 따르면 새로운 도로의 공용지정을 통하여 일반사용을 창설하여 줄 것을 요구하거나, 또는 공물주체가 기존도로를 폐지하고 새로운 도로를 개설하는 경우에 있어서 기존도로에 대한 일반사용의 존속을 요구하는 권리는 인정되고 있지 않다. 다만 기존도로에 대한 공용폐지에 있어서 그것이 적법한 절차에 따라 행하여질 것을 요구할 수 있는 권리는 인정되고 있다.[33] 이에 따라 일반사용의 권리는 원칙적으로 현존하는 공공용물을 공용목적의 범위내에서 제한을 받지 않고 사용할 수 있는 권리를 의미한다. 판례는 예외적으로 공공용재산의 성질상 특정개인의 생활에 직접적이고 구체적인 이익을 부여하고 있는 특별한 사정이 있는 경우에는 도로의 용도폐지처분에 대하여 다툴 수 있는 법률상 이익이 있다는 입장을 취하고 있다.

공물의 일반사용권에 대한 행정권의 위법한 침해에 대하여는 공법상의 침해배제청구권이 인정되고, 또한 그로 인하여 발생된 손해에 대하여는 국가배상을 청구할 수 있을 것이다. 한편, 공물의 일반사용에 대한 권리는 행정주체와의 관계에서 인정되는 권리이기는 하나, 그것은 일상생활에 있어서 필수적인 것이므로 민법상으로도 보호된다고 할 것이다. 예를 들어 도로의 일반사용이 제3자에 의하여 방해된 경우에는 일반사용권을 근거로 하여 민법상의 방해배제나 손해배상을 청구할 수 있다.

판례 1(도로의 용도폐지를 다툴 법률상 이익의 유무) 일반적으로 도로는 국가나 지방자치단체가 직접 공중의 통행에 제공하는 것으로서 일반국민은 이를 자유로이 이용할 수 있는 것이기는 하나, 그렇다고 하여 그 이용관계로부터 당연히 그 도로에 관하여 특정한 권리나 법령에 의하여 보호되는 이익이 개인에게 부여되는 것이라고까지는 말할 수 없으므로, 일반적인 시민생활에 있어 도로를 이용만 하는 사람은 그 용도폐지를 다툴 법률상의 이익이 있다고 말할 수 없지만, 공공용재산이라고 하여도 당해 공공용재산의 성질상 특정개인의 생활에 개별성이 강한 직접적이고 구체적인 이익을 부여하고 있어서 그에게 그로 인한 이익을 가지게 하는 것이 법률적인 관점으로도 이유가 있다고 인정되는 특별한 사정이 있는 경우에는 그와 같은 이익은 법률상 보호되어야 할 것이고, 따라서 도로의 용도폐지처분에 관하여 이러한 직접적인 이해관계를 가지는 사람이 그와 같은 이익을 현실적으로 침해당한 경우에는 그 취소를 구할 법률상의 이익이 있다(대판 1992. 9. 22, 91누13212).

판례 2(도로의 일반사용에 대한 민법상의 보호) 일반 공중의 통행에 제공된 도로를 통행하고자 하는 자는, 그 도로에 관하여 다른 사람이 가지는 권리 등을 침해한다는 등의 특별한 사정이 없는 한, 일상생활

31) Bachof, Gedächtnisschrift für W. Jellink, 1955, S. 298.
32) Papier, in: Erichsen, Allg. VerwR, S. 656.
33) Papier, in: Erichsen, Allg. VerwR, S. 657.

상 필요한 범위 내에서 다른 사람들과 같은 방법으로 그 도로를 통행할 자유가 있고, 제3자가 특정인에 대하여만 그 도로의 통행을 방해함으로써 일상생활에 지장을 받게 하는 등의 방법으로 그 특정인의 통행의 자유를 침해하였다면 민법상 불법행위에 해당하며, 그 침해를 받은 자로서는 그 방해의 배제나 장래에 생길 방해를 예방하기 위하여 통행방해 행위의 금지를 소구할 수 있다고 보아야 한다(대판 2011. 10. 13, 2010다63720).

다) 일반사용의 내용과 한계　일반사용의 내용과 그 한계는 공공용물의 종류에 따라 다르나 당해 공물의 공용목적과 관계법규(법령 및 자치법규) 등에 의하여 정하여진다. 공물주체는 관리규칙 등에 의하여 일반사용의 범위를 한정할 수 있으나, 이용자의 사용의 자유를 본질적으로 침해하여서는 안된다. 일반사용의 범위가 관련법규에 의하여 정하여지지 않은 경우에는 공물주체가 공용지정 등의 행위를 통하여 정하며, 그 밖의 경우에는 사회통념과 지방적 관습에 의하여 정하여진다고 보아야 할 것이다. 공공용물의 일반사용이 공적 목적의 범위 내의 사용이라고 할지라도 구체적인 경우에는 공물을 보호 · 유지하고, 사용관계상의 이해대립의 조정 또는 공공의 안녕과 질서상의 위해를 방지하기 위하여 공물관리권 또는 공물경찰권에 의하여 제한될 수 있다.

판례(공물관리권에 의한 일반사용의 제한)　일반 공중의 이용에 제공되는 공공용물에 대하여 특허 또는 허가를 받지 않고 하는 일반사용은 다른 개인의 자유이용과 국가 또는 지방자치단체 등의 공공목적을 위한 개발 또는 관리 · 보존행위를 방해하지 않는 범위 내에서만 허용된다 할 것이므로, 공공용물에 관하여 적법한 개발행위 등이 이루어짐으로 말미암아 이에 대한 일정범위의 사람들의 일반사용이 종전에 비하여 제한받게 되었다 하더라도 특별한 사정이 없는 한 그로 인한 불이익은 손실보상의 대상이 되는 특별한 손실에 해당한다고 할 수 없다(대판 2002. 2. 26, 99다35300).

라) 인접주민의 고양된 일반사용　도로와 같은 공공용물에 인접하여 거주하거나 토지를 소유하고 있는 자, 이른바 인접주민(Anlieger)의 일반사용은 특별한 고찰을 요한다. 이들 인접주민은 공공용물에 대한 공간적인 관계를 근거로 하여 일반인의 일반사용의 범위를 넘어서서 사용할 불가결한 필요성이 있다. 예를 들어 도로변 점포주가 보도상에서 물건을 차량에 싣거나 내리는 행위, 도로공간에 돌출하게 간판 및 광고판을 설치하는 행위, 상점앞 보도에 자전거정차대를 설치하는 행위, 도로변 토지소유자가 건물의 신축 내지 증축을 위하여 보도에 일시적으로 건설장비나 건축자재를 쌓아 두는 행위, 일시적으로 이삿짐을 쌓아 두는 행위, 수거용 쓰레기통을 설치하는 행위 등이 이에 해당한다. 이러한 일반인의 일반사용을 넘어서는 공공용물의 인접주민의 사용을 인접주민의 고양된 일반사용(gesteigerter Gemeingebrauch)이라고 한다.[34]

이러한 인접주민의 고양된 일반사용의 한계로서는 ① 자신의 토지나 건물 등의 적절한 이용을 위하여 불가결한 사용에 해당하여야 하며, ② 당해지역의 관행과 합치되어야 하며 일반공공의 사용과 조화되어야 한다. 예를 들어 보도를 자신의 주차장으로 사용한다든지, 점포앞 도로상에 자동판매기를 설치하거나, 과일 및 채소상자의 진열 또는 탁자나 의자를 설치하여 영업행위를 하는 것은 특

34) Papier, in: Erichsen, Allg. VerwR, S. 640.

별사용에 해당되어 관할 행정청의 별도의 허가를 요한다.[35]

이러한 인접주민의 고양된 사용은 헌법상의 재산권조항으로부터 도출되며, 일반인의 일반사용과 마찬가지로 개인적 공권의 성격을 갖는다. 인접주민은 행정권에 의하여 자신의 고양된 일반사용권이 침해된 경우에는 공법상의 방해배제청구권을 행사할 수 있고, 또한 그로 인하여 발생된 손해에 대하여는 국가배상청구권을 행사할 수 있다. 또한 인접주민의 고양된 일반사용권이 제3자에 의하여 침해된 경우에는 민법상의 방해배제청구권과 손해배상청구권을 행사할 수 있다. 한편 도로 등의 폐지, 변경 또는 보수작업 등으로 인접영업자의 재산권을 침해하여 수인한도를 넘는 손실을 발생시키는 경우에는 그에 대한 보상을 인정하여야 할 것이다.

판례(인접주민이 고양된 일반사용을 갖는지 여부의 판단) 공물의 인접주민은 다른 일반인보다 인접 공물의 일반사용에 있어 특별한 이해관계를 가지는 경우가 있고, 그러한 의미에서 다른 사람에게 인정되지 아니하는 이른바 고양된 일반사용권이 보장될 수 있으며, 이러한 고양된 일반사용권이 침해된 경우 다른 개인과의 관계에서 민법상으로도 보호될 수 있으나, 그 권리도 공물의 일반사용의 범위 안에서 인정되는 것이므로, 특정인에게 어느 범위에서 이른바 고양된 일반사용권으로서의 권리가 인정될 수 있는지의 여부는 당해 공물의 목적과 효용, 일반사용관계, 고양된 일반사용권을 주장하는 사람의 법률상의 지위와 당해 공물의 사용관계의 인접성, 특수성 등을 종합적으로 고려하여 판단하여야 한다. 따라서 구체적으로 공물을 사용하지 않고 있는 이상 그 공물의 인접주민이라는 사정만으로는 공물에 대한 고양된 일반사용권이 인정될 수 없다. 이 사건 좌판은 점포 바로 앞의 폭 240㎝의 인도 아래 떨어져 있는 도로상에 설치된 것이고, 원고는 이 사건 점포를 임차하여 사용하면서부터 도로상에 이 사건 좌판을 차려놓고 채소 등을 판매하여 왔다는 것인바 원고가 이 사건 도로에 대하여 일반사용을 넘어 특별한 이해관계가 인정될 만한 사용을 하고 있었다는 사정을 전혀 찾아볼 수 없는 이상, 공물의 이용관계에 관한 위 법리에 비추어 그들이 이 사건 점포를 소유하고 있다는 사정만으로 이 사건 도로에 좌판을 설치 · 이용할 권리가 있다고 할 수 없을 것이다(대판 2006. 12. 22, 2004다68311).

마) 사용료　　공공용물의 일반사용은 무료임이 보통이다. 다만 법령이나 조례 등에 근거하여 사용료를 징수하는 경우가 있는바, 사용료징수가 일반사용의 성질과 모순되는 것은 아니다. 사용료징수는 일반사용권을 제한하는 것이기 때문에 반드시 법령이나 조례의 근거를 요하며(예: 지방자치법 139조). 이 경우에도 비례의 원칙에 합치되어야 하며 일반사용권을 본질적으로 침해하는 정도로 고액이 되어서는 안된다.

나. 공용물의 일반사용

공용물은 직접 행정주체 자신의 사용에 제공함을 목적으로 하기 때문에 일반사용의 대상이 되지 않는다. 다수설은[36] 공용물의 경우에도 예외적으로 그 본래의 목적에 반하지 않은 한도에서 일정한 조건하에서 일반사용이 허용된다고 하면서 그 예로 국공립학교 구내의 자유통행 또는 국공립학교 운동장의 사용 등을 들고 있다. 그러나 이러한 경우에도 공물주체의 묵시적 허가에 의한 사용에 지나지 않으며, 공용물에는 일반사용이 인정되지 않는다고 보는 견해가[37] 타당하다.

---

35) Papier, in: Erichsen, Allg. VerwR, S. 641.

36) 金道昶, 一般行政法論(下), 422면; 金南辰/金連泰, 行政法 II, 500면.

37) 金東熙, 行政法 II, 285면.

사례 1 갑은 도로에 인접된 건물을 임대하여 맥주영업을 하였다. 영업은 성황을 이루었고, 여름이 되자 도로상에 간이테이블과 의자를 설치하여 손님을 받기 시작하였다. 도로의 관리청인 구청장은 갑의 노상판매에 대한 금지명령을 내렸다. 갑은 자신의 도로사용이 일반사용에 속하다고 하면서 이를 거부하였다. 갑의 주장은 정당한가?

▶답안요지 사안에서 갑의 노상판매가 공공용물인 도로의 일반사용의 내용에 속하는지가 문제가 된다. 공공용물의 일반사용이라 함은 타인의 공동사용을 방해하지 않는 한도에서는 행정청의 허락을 받음이 없이 그의 공적 목적에 따라 자유로이 사용하는 것을 의미한다. 도로는 교통을 위하여 일반의 사용에 제공된다. 교통이란 사람과 물건의 모든 장소적 이동(사람의 보행, 자동차운행, 주차 및 화물의 운반, 동물의 이동)을 목적으로 하는 활동인바, 사안에서 갑의 노상판매행위는 이러한 범주에 속하지 않는다. 다만 도로 등의 인접주민은 공공용물의 공간적 관계를 근거로 하여 일반인의 일반사용의 범위를 넘어서는 고양된 일반사용권을 갖고 있다. 이러한 고양된 일반사용으로 인정되기 위하여는 ① 자신의 토지나 건물 등의 적절한 이용을 위하여 불가결한 사용에 해당하여야 하며, ② 당해 지역의 관행과 합치되어야 하고 일반공공의 사용과 조화되어야 한다. 사안에서 갑의 노상판매행위는 자신의 토지나 건물 등의 적절한 이용을 위한 불가결한 사용에 해당되지 않으며, 이에 따라 허가를 요하는 특별사용에 속한다.

사례 2 A군 B동 100번지에 폭 20m의 도로가 지나가고 있다. 이농현상의 심화로 B동 100번지에 두 가구 4명만 남게 되자 비용절감을 위하여 A군은 그 도로의 용도를 폐지하였다. 그리고 그 지역을 밭으로 활용하면서 주민이 승용차로 차도로 나아갈 수 있는 연결도로도 만들어 주지 않았다. 이에 주민 4인은 도로용도폐지처분의 취소를 구하려고 한다. 주민 4인은 원고적격을 갖는가?(제30회 사법시험)

▶답안요지 공공용물의 일반사용은 오늘날 개인적 공권의 성격은 인정받고 있다. 이러한 일반사용에 대한 개인적 공권은 현존하는 공공용물을 공용목적의 범위 내에서 제한을 받지 않고 사용하는 권리를 의미한다. 이에 따라 새로운 도로의 공용지정을 통하여 일반사용을 창설하여줄 것을 요구하거나, 또는 기존도로를 폐지하고 새로운 도로를 개설하는 경우에 있어서 기존도로에 대한 일반사용의 존속을 요구하는 권리는 인정되고 있지 않다.

다만 도로에 인접하여 거주하거나 토지를 소유하고 있는자, 이른바 인접주민의 일반사용은 특별한 고찰을 요한다. 자신의 생활을 도로접속에 결정적으로 의존하고 있는 인접주민은 도로사용에 대한 고양된 사실상 그리고 경제적 이익을 갖고 있기 때문에 도로의 접속이 차단되거나 본질적으로 훼손되는 경우에 이를 다툴 법률상 이익을 갖고 있다. 이러한 인접주민의 공공용물에 대한 고양된 사용권은 헌법상 재산권에도 도출되고 있다. 사안에서 인접주민은 도로용도폐지처분을 다툴 원고적격을 갖는다고 할 것이다. 한편 판례는 예외적으로 공공용재산의 성질상 특정개인의 생활에 직접적이고 구체적인 이익을 부여하고 있는 특별한 사정이 있는 경우에는 도로의 용도폐지처분에 대하여 다툴 수 있는 법률상 이익이 있다는 입장을 취하고 있다(대판 1992. 9. 22, 91누13212).

2) 허가사용

가. 공공용물의 허가사용

가) 의 의 공공용물의 사용이 일반사용의 범위를 넘어 타인의 공동사용을 방해하거나 공공의 안녕과 질서에 대한 위해를 야기시키는 경우에, 이를 방지하거나 또는 그 사용관계를 조정하기 위하여, 그러한 사용을 일반적으로 금지시킨 다음에 행정청의 허가를 받아 사용하도록 하고 있는 경우가 있는바, 이를 허가사용이라고 한다.

나) 성 질 공물사용의 허가는 공물관리권의 작용으로서 또는 공물경찰권의 작용으로서 행하여진다. 어느 경우에 있어서나 허가사용은 공물사용의 일반적 금지를 해제받아 일시적 사용에 제한된다는 점에서, 공물사용권을 설정받아 계속적으로 사용하는 특허사용과 구별된다. 허가사용의 전제가 되는 일반적 금지는 타인의 공동사용을 방해하거나 공공의 안녕과 질서에 위해의 우려가 있는 경우에, 이를 방지시키기 위한 것이기 때문에 이러한 우려가 없는 경우, 즉 상대방의 신청이 허가요건을 충족시키는 경우에는 허가를 하여야 하는 기속행위의 성격을 갖는다. 다만 법률의 규정에 의하여 재량행위로 하는 경우가 있다(예: 집회 및 시위에 관한 법률 10조). 과거에는 허가사용에 의하여 상대방이 누리는 이익을 반사적 이익으로 보는 견해가 있었으나 기본권실현의 측면이 있기 때문에 개인적 공권의 성격을 갖는다. 이에 따라 허가요건이 충족되었음에도 행정청이 거부하는 경우에는 행정쟁송을 통하여 다툴 수가 있다.

다) 허가사용의 형태

① 공물관리권에 의한 허가사용 공물의 사용이 타인의 공동사용이나 공물의 관리에 지장을 초래할 우려가 있는 경우에 이를 방지하고 또한 다수인의 사용관계를 조정하기 위하여 일정한 내용의 공물사용을 금지한 후, 개별적인 경우에 당해 금지를 해제하여 적법하게 사용하게 하는 것을 의미한다. 예를 들어 도로 · 공원에서의 수일간의 판촉행사나 노점상의 허가, 건축공사 중에 도로의 일부구간의 사용, 하천에서의 죽목의 운송허가(하천법 33조 1항), 공유수면에서의 인수(引水) 및 주수(注水)행위에 대한 허가(공유수면관리 및 매립에 관한 법률 8조 1항) 등이 그 예이다. 어디까지나 공물의 일시적 사용에 제한되며, 지속적 사용을 내용으로 하는 경우에는 특허사용으로 보아야 할 것이다.

② 공물경찰권에 의한 허가사용 공물경찰권에 의한 허가사용은 공공의 안녕과 질서에 대한 위해를 방지하기 위하여 일정한 내용의 공물사용을 일반적으로 금지한 후, 개별적인 경우에 그 금지를 해제하여 적법하게 공물을 사용할 수 있도록 하는 경우이다. 일몰시간 후에 옥외집회의 허가(집회 및 시위에 관한 법률 10조)를 그 예로 들 수 있다.

라) 허가사용의 내용 허가사용의 내용도 일반사용과 마찬가지로 공물의 종류에 따라 차이가 있으며, 개별적인 내용과 범위 및 허가기간에 대하여는 관련법규(법령 및 자치법규)에 의하여 정하여지며, 특히 공물의 유지를 위하여 사용자에게 위해방지시설의 설치의무, 사용종료후 원상회복의무 등 여러 가지 의무가 부과될 수 있다.

마) 사용료 공공용물의 사용허가는 상대방에게 이익을 주는 경우가 많기 때문에 상대방에게 사용료를 납부하는 부담을 부과하고(도로법 41조 1항, 하천법 37조 1항), 이를 이행하지 않는 경우에는 강제징수가 인정되는 것이 보통이다. 사용료부과에 대한 불복하는 경우에는 행정쟁송이 인정된다.

나. 공용물의 허가사용

공용물은 직접 행정주체 자신의 사용에 제공되는 것을 목적으로 하기 때문에 원칙적으로 허가사용의 대상은 되지 않으나, 예외적으로 그의 목적에 반하지 않는 범위 내에서 허가사용이 인정되는 경우가 있다.

3) 특허사용

가. 의 의

공물관리권에 의하여 일반인에게 허용되지 않는 특별한 사용권을 설정하여 주는 것을 공물사용권의 특허라고 하며, 그에 의거한 공물의 사용을 공물의 특허사용이라고 한다. 특허사용은 실정법상으로 허가의 용어로 쓰이는 경우가 보통이다. 예를 들어 도로법에 의한 도로점용의 허가(도로법 38조), 하천법에 의한 하천부지 또는 유수의 점용허가(하천법 33조), 도로에 전주를 세우거나 수도관 · 가스관 또는 하수관 등을 매설하거나 또는 하천에 수력발전용 댐을 건설하고 계속적으로 유수를 인용하는 행위 등은 도로 또는 하천의 특허사용에 해당한다.

공공용물의 특허사용은 독점적 · 배타적이 아니므로 공물의 사용목적에 따라 일반사용과 병존이 가능하다. 예를 들어 도로를 유형적 · 고정적으로 특정한 목적을 위하여 사용하는 경우 특허사용에 해당되나, 이러한 특허사용이 일반공중의 교통에 공용되는 보통의 도로사용을 감수하고 사용하는 경우라면, 공물의 특허사용과 일반사용이 동시에 병존한다고 할 것이다.

판례 1(도로의 특별사용의 판단기준) 도로법 제40조, 제43조, 제80조의2에 규정된 도로의 점용이라 함은, 일반공중의 교통에 공용되는 도로에 대하여 이러한 일반사용과는 별도로 도로의 특정부분을 유형적, 고정적으로 사용하는 이른바 특별사용을 뜻하는 것이고, 그와 같은 도로의 특별사용은 반드시 독점적, 배타적인 것이 아니라 그 사용목적에 따라서는 도로의 일반사용과 병존이 가능한 경우도 있고, 이러한 경우에는 도로점용부분이 동시에 일반공중의 교통에 공용되고 있다고 하여 도로점용이 아니라고 말할 수 없는 것이며, 한편 당해 도로의 점용을 위와 같은 특별사용으로 볼 것인지 아니면 일반사용으로 볼 것인지는 그 도로점용의 주된 용도와 기능이 무엇인지에 따라 가려져야 한다(대판 1995. 2. 14, 94누5830).

판례 2(특정한 목적을 위하여 도로의 지표뿐만 아니라 그 지하나 지상 공간의 특정부분을 유형적 · 고정적으로 사용하는 것은 특별사용에 해당된다는 판례) 도로법 제40조에 규정된 도로의 점용이라 함은 일반공중의 교통에 공용되는 도로에 대하여 이러한 일반사용과는 별도로 도로의 지표뿐만 아니라 그 지하나 지상 공간의 특정 부분을 유형적, 고정적으로 특정한 목적을 위하여 사용하는 이른바 특별사용을 뜻하는 것이므로, 허가없이 도로를 점용하는 행위의 내용이 위와 같은 특별사용에 해당할 경우에 한하여 도로법 제80조의2의 규정에 따라 도로점용료 상당의 부당이득금을 징수할 수 있다.

지하 1층, 지상 17층의 상가아파트 건물이 도로 상하의 공간에 설치되어 있고, 지상 1층 공간에는 일정 간격으로 지주가 배열되어 있으며, 그 사이로 형성된 터널형 공간 부분의 중앙으로 차도가 설치되어 있고, 양쪽에 주차장 및 옥외출입계단이 설치되어 있는 경우, 위 도로는 주로 위 건물의 사용을 위한 사람과 차량의 통행 및 주차 등을 위하여 사용되고 있고 지방자치단체장은 단지 건물 소유자의 독점적, 배타적 지배를 방해하지 않는 범위 내에서 일반의 차량통행, 보행 및 주차 등을 위하여 이를 사용하고 있음에 불과하므로, 원고는 이 사건 도로를 특별사용하고 있다 할 것이다(대판 1998. 9. 22, 96누7342).

나. 특허행위의 성질

공물사용권의 특허의 성질에 대하여는 종래 공법상 계약설과 상대방의 협력을 요하는 행정행위설로 대립되어 왔다. 구체적으로 실정법의 규정방식에 따라 결정될 것이나 현행법상 특허사용의 내용은 법령, 조례 및 부관 등에 의하여 일방적으로 결정되며, 일정한 사유가 있는 경우에는 취소 · 철회를 명할 수 있도록 하고 있다. 이에 따라 특허행위는 양 당사자간에 의사표시의 합치를 그 성립요건으로 하는 공법상 계약으로 보기는 어려우며, 상대방의 신청이나 동의를 요하는, 즉 협력을 요하는 행정행위(쌍방적 행정행위)의 성격을 갖는다고 할 것이다. 또한 특허행위는 특정인을 위하여 일반인에게 인정되지 않는 특별한 공물사용권을 설정하여 주는 설권적 행위로서 특별한 법률상 제한이 없는 한, 공물관리청이 출원자의 적격성, 사용목적, 공익에 미치는 영향 등 기타의 사정을 참작하여 특허여부를 결정하는 재량행위의 성격을 갖고 있다는 것이 일반적 견해이다. 다만, 법률에 의하여 특허행위 역시 기속행위로 할 수 있음은 물론이다(예: 도로법 39조에 의한 공익사업을 위한 도로의 점용).

판례(하천의 점용허가는 재량행위라는 판례) 하천법 제25조에 규정된 하천의 점용허가는 원칙적으로 하천관리청의 자유재량에 속한다함은 소론과 같다. 원심판결에 의하면 피고는 원고의 하천부지점용허가 신청을 피고의 자유재량권에 의한 불허가처분을 한 것이 아니라 그 신청서에 관련자의 동의서가 첨부되지 아니하였다는 순형식적 이유로 내용에 대한 심사도 없이 신청을 각하(반려)하였다는 것으로 기록에 의하면 원심의 그와 같은 단정은 정당하므로 이는 점용허가의 자유재량권과는 관련이 없는 사항이니 이를 전제로 하는 소론은 이유없다(대판 1976. 9. 14, 75누165).

다. 특허사용관계의 내용

공공용물의 특허사용의 내용 역시 허가사용과 마찬가지로 공물의 종류에 따라 다르며, 개별적인 내용과 범위 및 허가기간에 대하여는 관련법규(법령 및 자치법규)와 특허행위에 의하여 정하여진다. 국유재산법은 행정재산의 사용허가기간을 5년 이내로 하고, 5년의 기간을 초과하지 않는 한도에서 갱신할 수 있도록 하고 있다(국유재산법 35조). 공물사용권의 특허를 받은 자는 특허의 내용에 따라 일정한 공물사용권을 취득하는 동시에, 위해방지시설의 설치의무 및 사용종료 후 원상회복의무 등 여러 가지 의무를 부담한다.

가) 공물사용권

① 공권성 공물사용권의 성질에 대하여는 종래 공권설 · 사권설 · 절충설이 대립되어 왔으나 공법에 근거하여 취득된 권리이며, 사용자의 이익과 아울러 공물의 유지 · 관리라는 공익을 아울러 보호하려는 것이기 때문에 공권의 성격을 갖는다.

② 채권성 공물사용권은 공물주체에 대하여 공물의 특별사용을 청구할 수 있는 채권의 성격을 갖는다는 견해가 다수설과 판례의 입장이다. 그러나 도로점용허가를 받은 자는 점용허가기간 중에 당해 도로부분을 계속적으로 사용할 수 있다는 점에서 그 사용권은 물권적 성질을 아울러 갖는다고 할 것이다. 한편 실정법 중에서는 공물사용권이 물권의 성격을 갖는다는 명문의 규정을 두고 있는 경우가 있다. 예를 들어 수산업법 제15조 제2항은 어업면허에 의한 어업권을, 광업법 제10조 제1항은 광업허가에 의한 광업권을, 그리고 「댐건설 및 주변지역지원 등에 관한 법률」 제29조는 댐사용권을 물권에 속한다고 명시적으로 규정하고 있다.

판례(하천점용허가권의 법적 성격) 하천점용허가에 따라 해당 하천을 점용할 수 있는 권리(이하 '하천점용허가권'이라 한다)는 특허에 의한 공물사용권의 일종으로서 하천의 관리주체에 대하여 일정한 특별사용을 청구할 수 있는 채권에 해당하고, 독립된 재산적 가치가 있다. 하천법 제33조 제1항, 제5조 등 관련

법령에 의하면, 하천의 점용허가를 받은 자는 관할관청의 허가 없이 그 하천점용허가권을 자유로이 양도할 수 있고 하천점용허가권에 대하여 법률상 압류가 금지되어 있지도 아니하다. 이와 같은 하천점용허가권의 내용 및 법적 성격 등에 비추어 보면, 하천점용허가권에 대하여는 민사집행법 제251조에 정한 '그 밖의 재산권'에 대한 집행방법에 의하여 강제집행을 할 수 있다고 할 것이다(대판 2005. 11. 10, 2004다7873).

③ 재산권성　　공물을 일정한 목적을 위하여 사용 또는 점용하는 것을 내용으로 하는 공물사용권은 경제적 가치와 수익성을 갖고 있는 권리로서 재산권의 성격을 갖고 있다. 공물사용권이 행정권에 의하여 침해된 경우에는 행정쟁송 및 국가배상청구소송 등을 통하여 구제받을 수 있으며, 제3자가 이를 침해한 경우에는 민법상의 불법행위를 구성하며 방해배제청구권 및 손해배상청구권을 행사할 수 있다.

판례 1(하천수 사용허가는 재산적 가치가 있는 권리라는 판례)　하천법 제5조, 제33조 제1항, 제50조, 구 하천법 제25조 제1항 제1호, 구 하천법 제33조 제1항 제1호의 개정 경위 등에 비추어 볼 때, 하천법 제50조에 의한 하천수 사용권은 하천법 제33조에 의한 하천의 점용허가에 따라 해당 하천을 점용할 수 있는 권리와 마찬가지로 특허에 의한 공물사용권의 일종으로서, 양도가 가능하고 이에 대한 민사집행법상의 집행 역시 가능한 독립된 재산적 가치가 있는 구체적인 권리라고 보아야 한다. 따라서 하천법 제50조에 의한 하천수 사용권은 공익사업을 위한 토지 등의 취득 및 보상에 관한 법률 제76조 제1항이 손실보상의 대상으로 규정하고 있는 '물의 사용에 관한 권리'에 해당한다(대판 2018. 12. 27, 2014두11601).

판례 2(하천부지점용허가에 대하여 제3자가 취소소송을 제기할 법률상 이익이 있는지 여부)　하천부지점용허가처분의 직접 상대방이 아닌 제3자로서 그 취소의 소를 제기하기 위한 법률상 이익이 있다고 하기 위해서는, 그가 먼저 하천부지점용허가를 받아 점용허가 기간 중에 있거나 또는 하천법 제28조 소정의 동의를 요하는 이해관계인에 해당되거나 아니면 경합하여 하천부지점용허가신청을 한 경우에 해당됨으로써 위 점용허가처분으로 인하여 그의 권리, 이익이 침해되는 결과가 초래되었다고 볼 수 있는 경우이어야 한다(대판 1993. 10. 8, 93누5017).

나) 공물사용권자의 의무　　공물사용의 특허를 받은 자는 관련법규 및 특허행위에 의하여 여러 가지 의무를 부담한다. 그 내용은 구체적인 경우에 따라 동일하지 않으나, 일반적으로 다음과 같은 것이 있다.

① 사용료납부의무　　공물사용권의 특허는 특정인에게 일정한 내용의 공물사용권을 설정하여 주는 것이므로, 공물주체는 공물사용자로부터 그 사용의 대가로서 일시적 또는 정기적으로 사용료 또는 점용료를 징수하는 것이 일반적이다. 사용료징수에 대하여 법률에 근거규정을 두고 있는 경우가 일반적이나(지방자치법 136조, 도로법 66조 1항, 하천법 37조 1항), 그러한 규정이 없는 경우에도 사용료를 징수할 수 있다는 것이 다수의 견해이다.

② 제해시설 및 손실보상의무　　특허에 의한 공물사용이 경우에 따라서는 그 공물상에 존재하는 타인의 권익을 침해하거나 공익에 장애를 미칠 우려가 적지 않은바, 이러한 경우에 장해의 예방 또는 제거를 위하여 필요한 시설의 설치의무를 부담하는 것이 보통이다. 아울러 그러한 시설의 설치가 불가능하거나 공익상의 이유로 기존의 권리를 침해하면서 새로운 사용권을 특허하여야만 하

는 경우에는 이해조정의 견지에서 손실보상의무를 부과할 수 있다(하천법 35조).

③ 원상회복 및 비용부담의무 공물에 정착하는 공작물의 설치를 내용으로 하는 공물사용권을 특허하는 경우에는, 사용자에게 공물의 유지 · 수선 및 원상회복의무를 부과하거나(도로법 43조, 하천법 48조) 그 비용을 부담할 의무를 부과할 수 있다(도로법 76조, 하천법 60조).

다) 특허사용관계의 종료 공공용물의 특허사용관계는 ① 공물의 공용폐지 및 형체적 요소의 소멸, ② 공물사용권의 포기, ③ 기한의 도래 및 해제조건의 성취, ④ 특허의 철회 및 취소 등의 사유로 소멸된다. 특허의 철회는 철회권의 유보, 부담의 불이행, 새로운 사실의 발생 또는 법령의 변경, 법에서 정한 의무의 불이행, 기타 중요한 공익상의 이유에 의하여 행사할 수 있는바(도로법 83조 · 84조, 하천법 69조 · 70조), 경우에 따라서는 상대방의 신뢰보호를 위하여 손실보상을 하여야 한다(도로법 92조 · 93조, 하천법 79조). 부정한 방법 등에 의하여 특허를 받은 경우에는 취소사유가 된다(도로법 83조, 하천법 69조). 특허의 철회 및 취소의 경우 사전에 청문을 거쳐야 하며, 비례의 원칙에 위배되어서는 안된다.

판례(도로점용허가의 직권취소에 대한 판례) 도로점용허가는 도로의 일부에 대한 특정사용을 허가하는 것으로서 도로의 일반사용을 저해할 가능성이 있으므로 그 범위는 점용목적 달성에 필요한 한도로 제한되어야 한다. 도로관리청이 도로점용허가를 하면서 특별사용의 필요가 없는 부분을 점용장소 및 점용면적에 포함하는 것은 그 재량권 행사의 기초가 되는 사실인정에 잘못이 있는 경우에 해당하므로 그 도로점용허가 중 특별사용의 필요가 없는 부분은 위법하다. 이러한 경우 도로점용허가를 한 도로관리청은 위와 같은 흠이 있다는 이유로 유효하게 성립한 도로점용허가 중 특별사용의 필요가 없는 부분을 직권취소할 수 있음이 원칙이다. 다만 이 경우 행정청이 소급적 직권취소를 하려면 이를 취소하여야 할 공익상 필요와 그 취소로 당사자가 입을 기득권 및 신뢰보호와 법률생활 안정의 침해 등 불이익을 비교 교량한 후 공익상 필요가 당사자의 기득권 침해 등 불이익을 정당화할 수 있을 만큼 강한 경우여야 한다. 이에 따라 도로관리청이 도로점용허가 중 특별사용의 필요가 없는 부분을 소급적으로 직권취소하였다면, 도로관리청은 이미 징수한 점용료 중 취소된 부분의 점용면적에 해당하는 점용료를 반환하여야 한다(대판 2019. 1. 17, 2016두56721, 56738).

라) 허가사용과 특허사용의 상대화 공공용물의 허가사용과 특허사용은 과거 독일에서 사용기간의 장 · 단, 철회가능성, 그에 따른 손실보상의 필요성여부 등을 기준으로 행하여졌다. 그러나 오늘날 독일의 법제와 학설은 양자를 구별하지 않고 특별사용(Sondernutzung)의 명칭으로 사용하고 있으며, 우리의 실정법 역시 양자를 구별하지 않고 있다. 예를 들어 도로법이나 하천법은 공공용물의 일체의 점용행위를 허가사항으로 정하고 있으며(도로법 38조, 하천법 33조), 그에 대한 감독이나 손실보상에 있어서도 사용관계의 형태에 따라 구별하지 않고 있다. 또한 허가사용을 반사적 이익, 특허사용을 개인적 공권으로 보는 견해도 오늘날 허가와 특허의 상대화로 인하여 그 의미를 상실하고 있는바, 따라서 양자를 구별할 실익이 없음이 우리 학설에서도 강조되고 있다.[38]

사례 1 주유소를 경영하는 갑은 도로에서 자신의 주유소로 들어가는 진입로를 확보하기 위하여 도로관리청인 A시의 시장 을에게 도로점용허가를 신청하였으나 반려되자 이 진입로에 해당하는 도로를 무단

38) 金南辰/金連泰, 行政法 II, 510면.

으로 사용하였다.

1. 도로점용허가의 법적 성질을 설명하시오.

2. 위 사례에서 A시가 도로부지의 소유권자가 아닌 경우, 을이 갑에게 도로법상의 변상금을 부과할 수 있는지 여부를 설명하시오.(제50회 사법시험)

▶답안요지 **설문1:** 사안에서 갑이 신청한 도로점용허가의 법적 성질로서는 공공용물의 허가사용 또는 특허사용이 고려된다. 허가사용이란 공공용물이 사용이 일반사용의 범위를 넘어 타인의 공동사용을 방해하거나 공공의 안녕과 질서에 대한 위해를 야기시키는 경우에, 이를 방지하거나 또는 그 사용관계를 조정하기 위하여 그러한 사용을 일반적으로 금지시킨 다음에 행정청의 허가를 받아 사용하도록 하는 것이다. 반면 특허사용이란 공물관리권에 의하여 일반인에게 허용되지 않는 공공용물의 사용권을 설정하여 주는 것을 의미한다. 허가사용과 특허사용은 종래 사용기간의 장·단, 철회가능성, 손실보상의 필요성 여부로 구별하였으나 오늘날 이와 같은 구별은 상대화되고 있으며, 우리 실정법에서도 양자를 구별하지 않고 있다. 사안의 경우, 도로점용허가는 도로의 일부에 대한 계속적인 사용권을 내용으로 하고 있는바, 특허사용의 성격을 갖는다고 할 것이다. 이러한 특허사용은 독점적·배타적인 것이 아니기 때문에 일반사용과의 병존이 가능하다. 특허사용에 있어서 특허의 성질로는 공법상 계약설과 협력을 요하는 행정행위설로 다투어지고 있으나 현행 도로법의 취지상 협력을 요하는 행정행위로 보아야 할 것이다. 도로의 점용허가에 부여되는 공물사용권은 개인적 공권으로서 재산권(채권·물권)의 성격을 갖는다고 할 것이다.

설문2: 도로법 80조의2는 도로점용허가를 받지 아니하고 도로를 점용한 자에 대하여는 그 점용기간에 대한 점용료의 100분의 120에 상당하는 금액을 변상금으로 징수할 수 있도록 규정하고 있다. 사안에서 A시가 도로부지의 소유권자가 아닌 경우에도 변상금을 부과할 수 있는지 여부에 대하여 묻고 있는바, 변상금은 공물의 관리권에 의하여 부과되는 것이므로 이에 따라 공물관리권의 법적 성격이 문제가 되고 있다.

공물관리권의 법적 성격에 대하여는 ① 소유권설과 ② 공법상의 물권적 지배설로 다투어지고 있다. 소유권설에 따르면 변상금부과는 소유권에 근거하기 때문에 변상금부과를 하기 위하여는 당해 공물에 대하여 소유권이 필요하다고 하는 반면, 다수설인 물권적 지배설에 따르면 변상금부과는 공물관리권에 근거하기 때문에 소유권이 불필요하다고 한다. 판례 역시 "도로법의 제반 규정에 비추어 보면, 같은 법 제80조의2의 규정에 의한 변상금 부과권한은 적정한 도로관리를 위하여 도로의 관리청에게 부여된 권한이라 할 것이지 도로부지의 소유권에 기한 권한이라고 할 수 없으므로, 도로의 관리청은 도로부지에 대한 소유권을 취득하였는지 여부와는 관계없이 도로를 무단점용하는 자에 대하여 변상금을 부과할 수 있다"는 입장을 취하여 공법상 물권적 지배설을 따르고 있다(대판 2005. 11. 25, 2003두7194).

사례 2 Y시 소재 20 평방미터 토지(이하 '이 사건 토지'라 한다)는 일제강점기의 토지조사사업당시 토지조사부나 토지대장에 등록되지 않은 채 미등록 상태로 되어 있었다. 그런데 1912. 7. 11. 작성된 Y군(현재 Y시)의 지적원도에는 이 사건 토지의 지목이 도로로 표시되어 있었다. 그러다가 관할 X 행정청은 이 사건 토지에 관하여 1976. 12. 31. 처음으로 지번을 부여하고 토지대장을 작성하면서 토지대장에 지목을 도로로, 소유자를 국(國)으로 등록하였으며, 그 후 1995. 10. 20. 대한민국의 명의로 등기를 마쳤다. 한편 A는 이 사건 토지를 1950. 3. 1.부터 사찰부지의 일부로 사실상 점유하여 왔다.

1) A가 이 사건 토지를 사찰부지의 일부로 점유함에 따라 도로의 기능을 완전히 상실한 경우에 도로의 공용폐지를 인정할 수 있는가?(10점)

2) A가 이 사건 토지의 점용허가를 받고 사찰부지의 일부로 사용한 경우에도 일반인들도 당해 사찰부지의 일부를 통행할 수 있는가?(10점)(제54회 사법시험)

▶답안요지

제1문: 도로의 기능이 상실된 경우에 도로의 공용폐지를 인정할 수 있는지 여부

일제하 토지조사사업 당시의 관계 법령(토지조사령, 조선총독부임시토지조사국 조사규정)에 의하면, 토지조사사업 당시 지목이 도로로 조사되었으나 지번이 부여되지 아니하였을 뿐만 아니라 소유권의 조사가 이루어져 토지조사부나 토지대장에 등록되지도 않았던 토지는 당시의 현황에 따라 도로로 이용되고 있던 국유의 공공용재산이었다고 보아야 하고, 1945. 8. 9. 이전에 조선총독부 소관으로 있던 국유재산은 대한민국 정부수립과 동시에 국가 고유의 권원에 의하여 당연히 국유가 된다는 것이 판례의 일관된 입장이다(대판 2010. 11. 25, 2010다58957; 2009. 12. 10, 2006다11708). 이에 따라 관할 X 행정청이 이 사건 토지에 관하여 1976. 12. 31. 비로소 지번을 부여하고 토지대장을 작성하면서 토지대장에 지목을 도로로, 소유자를 국(國)으로 등록하였고, 그 후 1995. 10. 20. 대한민국의 명의로 등기를 마쳤다고 하더라도 이 사건 토지는 대한민국 정부수립과 동시에 행정재산으로서 공공용물인 도로에 해당한다고 볼 것이다. 설문에서 A가 이 사건 토지를 사찰부지의 일부로 점유함에 따라 도로의 기능을 완전히 상실한 경우에 도로의 공용폐지를 인정할 수 있는지 문제가 되고 있다. 공물은 일반적으로 형체적 요소의 소멸과 의사적 요소인 공용폐지에 의하여 소멸된다. 사안의 경우는 인공공물인 도로의 소멸여부에 대하여 묻고 있는바, 인공공물에 있어서 그 형체가 영구확정적으로 멸실하여 그 회복이 사회관념상 불가능하게 된 경우에 별도의 공용폐지 없이 소멸되는지 여부에 대하여 다툼이 되고 있다. 일설은 형체적 요소가 소멸된 경우에는 공용폐지 없이도 공물의 성질을 상실한다는 입장을 취하고 있으나 다수설과 판례는 형체적 요소의 소멸은 단지 공용폐지의 사유가 될 뿐 그 사실로서 당해 공물의 소멸되지 않는다는 입장을 취하고 있다. 사안의 경우 A가 사찰부지의 일부로 점용하여 도로의 형체적 요소가 상실되었으나 X의 공용폐지가 존재하지 않기 때문에 이 사건 토지는 공물의 성격을 상실하였다고 볼 수 없다. 공용폐지의 의사표시는 묵시적인 방법으로도 가능하나 행정재산이 본래의 용도에 제공되지 않는 상태에 있다는 사정만으로는 묵시적 공용폐지의 의사표시가 있다고 볼 수도 없다(대판 2009. 12. 10, 2006다11708 등 참조). 이에 따라 A는 국유재산법 제7조 2항에 따라 시효취득을 주장할 수 없다.

제2문: A가 받은 토지점용허가의 성격

공공용물의 사용관계는 일반사용과 특별사용으로 구분되며, 특별사용은 다시 허가사용, 특허사용, 관습법에 의한 사용, 행정재산의 목적외사용으로 구분된다. 설문에서 A는 이 사건 토지의 점용허가를 받고 사찰부지의 일부로 사용하였는바, 이 경우 허가사용에 해당하는지 또는 특허사용에 해당하는지 문제가 된다. 공물관리권 또는 공물경찰권의 작용으로서 행하여지는 허가사용은 공물사용의 일반적 금지를 해제받아 일시적 사용에 제한된다는 점에서 공물사용권을 설정받아 계속적으로 사용하는 특허사용과 구별된다. 법률에서 특별하게 규정한 경우를 제외하고는 허가사용은 기속행위, 특허사용은 재량행위의 성격을 갖는다. 사안에서 도로에 대하여 일반인에게 허용되지 않는 계속적인 특별한 사용권(사찰부지로 사용)을 A에게 부여한 바 특허사용에 해당한다고 볼 수 있다. 이러한 특별사용은 반드시 독점적 · 배타적이 아니므로 공물의 사용목적에 따라 일반사용과의 병존이 가능하다. 사안의 경우에 이 사건 토지에 대하여 A가 점용허가를 받아 사찰부지의 일부로 사용한다고 하더라도 도로의 기능이 상실하지 않는다고 보아야 하기 때문에 일반인은 이 사건 토지를 도로로 사용할 수 있을 것이다(대판 1995. 2. 14, 94누5830).

사례 3 A시에서 B백화점을 경영하고 있는 甲은 A시의 乙시장에게 A시 소유 지하도에서 B백화점으로 연결하는 연결통로 및 에스컬레이터 설치를 위한 도로점용허가를 신청하였고, 乙시장은 위 시설물을 건설하여 이를 A시에 기부채납할 것을 조건으로 20년간 도로점용을 허가하였다. 甲은 위 시설물을 건설하여 A시에 기부채납하였고, 그 시설물은 일반공중의 교통에도 일부 이용되었지만 주로 백화점 고객들이 이용하고 있었다. 그 후 새로 A시 시장으로 취임한 丙은 A시 관할의 도로점용허가 실태에 대하여 조사를 실시한 결과 甲이 원래 허가받은 것보다 3분의 1정도 더 넓은 면적의 도로를 점용하고 있을 뿐 아니라 연결도로의 절반에 해당하는 면적에 B백화점의 매장을 설치하여 이용하고 있음을 확인하고 도로법 72조에 근거하여 변상금을 부과하였다.

1. 甲은 위 시설물이 백화점 고객 외 일반공중의 교통에도 사용되고 있으므로 처음부터 도로점용허가를 받을 필요가 없다고 하면서 丙시장의 변상금부과처분이 위법하다고 주장한다. 甲의 주장은 타당한가?(15점)

2. 한편, 주민 丁은 A시 乙시장의 甲에 대한 도로점용허가가 사실상 도로의 영구점용을 허용하는 것이므로 도로점용허가 자체가 위법하다고 주장하면서 A시를 관할하는 도지사에게 감사청구를 하였으나, 그 주장은 받아들여지지 아니하였다. 丁은 지방자치법상의 주민소송을 제기할 수 있는가?(15점)(2017 5급공채)

▶답안요지

설문1: 변상금부과처분의 위법성

도로관리청은 도로점용허가를 받지 아니하고 도로를 점용하였거나 도로점용허가의 내용을 초과하여 도로를 점용한 자에 대하여 변상금을 징수할 수 있다(도로법 72조).

甲은 丙의 변상금부과처분의 위법성을 주장하고 있는바, 여기서 시설물설치를 위한 도로점용허가의 법적 성격이 문제가 되고 있다. 도로는 일반의 사용에 제공되는 공공용물로서 공공용물의 사용관계는 일반공중이 공물을 그 본래의 목적에 따라 자유로이 사용하는 일반사용과, 일반사용의 범위를 넘어서 사용이 허용되는 특별사용으로 구분된다. 특별사용은 다시 허가사용, 특허사용, 관습법에 의한 사용, 행정재산의 목적외사용 등으로 구분된다. 설문의 도로점용허가에 의한 시설물설치가 허가사용 또는 특허사용인지 문제가 되는바, 종래 양자의 구별은 사용기간의 장·단, 특별한 사용권의 설정, 철회가능성, 그에 따른 손실보상의 필요성 여부 등을 기준으로 행하여졌으나, 근래 양자의 구별은 상대화 되고 있으며, 실정법도 구별하고 있지 않다. 전통적 견해에 따르면, 사안의 도로점용허가는 지하도로부터 백화점으로 통행을 위한 시설물을 설치하여 20년간의 특별한 사용권을 부여하는 것을 내용으로 하는 특허사용의 성격을 갖는다고 할 것이다. 甲은 위 시설물이 백화점 고객 외 일반공중의 교통에도 사용되고 있으므로 처음부터 도로점용허가를 받을 필요가 없기 때문에 변상금부과처분이 위법하다고 주장하고 있다. 그러나 판례에 따르면 도로의 특별사용은 반드시 독점적이고 배타적이 아니며, 일반사용과 병존이 가능한바, 특정 도로의 점용이 특별사용으로 볼 것인지, 또는 일반사용으로 볼 것인지는 당해 도로점용의 주된 용도와 기능에 따라 판단하여야 한다(대판 1995. 2. 14, 94누5830). 위 시설물은 주로 백화점고객의 통행로로 이용되고 있다는 점을 고려할 때, 특허사용으로 볼 것이다. 이에 따라 甲의 주장은 타당성이 없으며, 丙의 변상금부과처분은 적법하다.

설문2: 丁이 주민소송을 제지할 수 있는지 여부

지방자치법 제17조에서 규정하고 있는 주민소송은 지방자치단체장의 위법한 재무행위를 시정하기 위하여 주민이 제기하는 소송으로서, 주민의 구체적인 권리침해가 없어도 제기될 수 있다는 점에서 객관소송의 성격을 갖는다.

1. 주민소송의 대상

공금의 지출에 관한 사항, 재산의 취득·관리·처분에 관한 사항, 해당 지방자치단체를 당사자로 하는 매매·임차·도급 계약이나 그 밖의 계약의 체결·이행에 관한 사항 또는 지방세·사용료·수수료·과태료 등 공금의 부과·징수를 게을리한 사항이 제소 대상이 된다.

2. 제소사유

1) 주무부장관이나 시·도지사가 감사청구를 수리한 날부터 60일(제16조 제3항 단서에 따라 감사기간이 연장된 경우에는 연장기간이 끝난 날을 말한다)이 지나도 감사를 끝내지 아니한 경우, 2) 감사결과 또는 감사결과에 따른 조치요구에 불복하는 경우, 3) 감사결과에 따른 조치요구를 지방자치단체의 장이 이행하지 아니한 경우, 4) 조치요구에 따른 지방자치단체의 장의 이행 조치에 불복하는 경우가 제소사유가 된다.

3. 원고와 피고

제소대상을 감사청구한 주민이라면 누구나 원고가 될 수 있으며, 1인에 의한 제소도 가능하다. 주민소송의 피고는 해당 지방자치단체의 장이 된다.

4. 주민소송의 유형

1) 중지청구소송, 2) 취소 또는 무효확인소송, 3) 부작위위법확인소송, 4) 손해배상 또는 부당이득반환청구소송이 가능하다.

5. 사안의 해결

사안에서 甲은 관할 도지사에게 주민감사청구를 하였으나 받아들여지지 않았는바, 감사청구전치주의의 요건을 충족시켰다. 다만 甲이 주장하는바와 같이 乙시장의 도로점용허가가 주민소송의 대상이 되는지 문제가 된다. 판례는 주민소송은 원칙적으로 지방자치단체의 재무회계에 관한 사항의 처리를 직접 목적으로 하는 행위에 대하여 제기할 수 있고, 주민소송의 대상으로 규정한 '재산의 취득 · 관리 · 처분에 관한 사항'에 해당하는지도 그 기준에 의하여 판단하여야 한다고 판시하면서, 도로 등 공물이나 공공용물을 특정사인이 배타적으로 사용하도록 하는 점용허가가 도로 등의 본래 기능 및 목적과 무관하게 그 사용가치를 실현 · 활용하기 위한 것으로 평가되는 경우에는 주민소송의 대상이 되는 재산의 관리 · 처분에 해당한다는 입장을 취하고 있다. 판례에 따른다면 丁은 감사결과에 대하여 통지를 받은 날로부터 90일 이내에 A시 지방자치단체장을 피고로 하여 A시 사무소의 소재지를 관할하는 행정법원에 도로점용허가의 취소 또는 무효를 구하는 주민소송을 제기할 수 있다(다만, 행정법원이 설치되지 않은 지역은 지방법원본원이 관할법원이 됨).

4) 관습법에 의한 특별사용

가. 의 의

공물사용권은 공물주체의 특허에 의하여 성립하는 것이 보통이나, 드물게는 특허에 의하지 않고 관습법에 의하여 성립하는 경우도 있다. 이는 특히 소규모의 공유수면(하천 · 호소 · 해빈) 등에서 발견할 수 있다. 예를 들어 하천의 유수에 대하여 지역주민이 음용(飮用)으로, 농지소유자가 관개용(灌漑用)으로, 수차소유자가 수차(水車)운전용으로 사용하는 관습이 있는 경우 관습법에 의한 공물사용이 인정될 수 있으며, 우리 판례 역시 이를 인정하고 있다. 관습법에 의한 공물사용권의 내용은 관습에 의하여 정하여진다. 다만, 관습법에 의한 공물사용권은 특허에 의하여 성립되는 경우와는 달리, 그 성립여부, 사용권의 주체 및 내용 등이 명확하지 않기 때문에 다툼이 생기는 경우가 많다.

판례(관습법에 의한 공유하천에 대한 용수권의 성립) 공유하천으로부터 용수를 함에 있어서 하천법 제25조에 의하여 하천관리청으로부터 허가를 얻어야 한다고 하더라도 그 허가를 필요로 하는 법규의 공포 시행 전에 원고가 위 화덕상보에 의하여 용수할 수 있는 권리를 관습에 의하여 취득하였음이 뚜렷하므로 위 하천법의 규정에 불구하고 그 기득권이 있는 것이다(대판 1972. 3. 31, 72다78).

나. 성립요건

관습법에 의한 공물사용권이 성립하기 위하여는 ① 그 사용이 다년간의 관습에 의하여 특정인이나 특정 주민 또는 단체 등 한정된 범위의 사람에 대한 특별한 이익으로 인정되고, ② 그 이용이 일시적이 아니라 계속적이며, 평온 · 공연하게 행하여져 일반인으로부터 정당한 사용으로 인식되어야 한다.

다. 관습법에 의한 특별사용관계의 내용

관습법에 의한 특별사용관계의 내용은 관습에 의하여 정하여진다. 관습법에 의한 특별사용 역시 개인적 공권의 성격을 갖기 때문에, 행정권에 의한 침해가 있는 경우에 행정쟁송 및 국가배상청구소송 등을 통하여 구제받을 수 있으며, 제3자가 이를 침해한 경우에는 민법상의 불법행위를 구성하며 방해배제청구권 및 손해배상청구권을 행사할 수 있음은 공공용물의 특허사용의 경우와 같다. 다만, 공공용물은 일반공중의 이용에 제공을 목적으로 하기 때문에, 관습법상 사용권이 현저히 침해되지 않는 범위내에서 동일한 공물에 대하여 타인이 새로운 사용권을 취득하더라도 항상 권리침해가 되는 것은 아니다.

5) 행정재산의 목적외사용

가. 의 의

국 · 공유재산 중 행정재산(국 · 공유의 공물)은 일반재산과는 달리 직접 행정목적에 제공된 재산이므로 원칙적으로 처분 · 교환 · 양여 또는 신탁 및 출자의 대상이 되거나, 그것에 용익 및 담보물권과 같은 사권을 설정할 수 없다. 그러나 행정재산도 예외적으로 그 용도 또는 목적에 장해가 되지 않는 범위 내에서 사용 또는 수익을 허가할 수 있는바(국유재산법 30조, 공유재산 및 물품관리법 20조), 이러한 허가에 따른 행정재산의 사용관계를 행정재산의 목적외사용이라 한다(행정청사에 식당이나 기타 매점 등의 영업허가). 행정재산의 목적외 사용에 대하여는 개별공물법의 규정이 없는 경우에는 국유재산법과 공유재산 및 물품관리법의 규정이 적용된다. 공공용물의 목적외사용에 대하여는 하천법 제33조, 도로법 제40조, 제41조, 도시공원법 제8조, 「공유수면관리 및 매립에 관한 법률」 제8조 등에서 규정하고 있기 때문에, 국유재산법 및 「공유재산 및 물품관리법」의 규정대상이 되는 것은 대부분 공용물이다.

나. 행정재산의 목적외사용의 성질

행정재산의 목적외사용의 성격에 대하여는 공법관계설과 사법관계설로 견해가 대립되고 있다. 사법관계설은 행정재산의 목적외사용 및 수익의 내용은 오로지 사용 · 수익자의 사적 이익을 도모한다는 이유에서 사법상의 계약관계로 보고 있다. 이에 대하여 공법관계설은 행정재산의 목적외사용의 법률관계의 발생 또는 소멸은 행정행위의 의하여 이루어지므로 공법관계라고 한다.

구 국유재산법은 행정재산의 사용 · 수익허가에 관하여 일반재산의 대부(貸付)에 관한 규정을 준용하고 있어 당시의 다수설과 판례는 사법관계설의 입장을 취하였다. 그러나 1976년 개정법 이래로 국유재산법은 행정재산의 사용 · 수익허가에 대하여는 일반재산의 대부에 관한 규정을 준용하지 않고, 그 허가, 사용료, 강제징수, 허가의 취소 · 철회에 관한 독자적인 규정을 두고 있다. 이에 따라 사법관계설은 그 근거를 상실하였다고 보아야 할 것이다. 현행법은 행정재산의 목적외사용을 관리청의 허가에 의하도록 하고 있고, 상대방의 귀책사유가 있는 경우나 공공목적을 위하여 취소 · 철회할 수 있도록 하고 있고, 사용료의 일방적 부과 및 그에 대한 강제징수를 규정하고 있는 점에 비추어 공법관계로 보는 견해가[39] 타당할 것이다. 판례 역시 행정재산의 목적외사용을 특허에 의한 공법관계로 보고 있다.

39) 金南辰/金連泰, 行政法 II, 385면; 金鐵容, 行政法, 1109면; 金東熙, 行政法 II, 295면.

판례(행정재산의 사용·수익에 대한 허가신청을 거부한 행위가 행정처분에 해당하는지 여부) 공유재산의 관리청이 행정재산의 사용·수익에 대한 허가는 순전히 사경제주체로서 행하는 사법상의 행위가 아니라 관리청이 공권력을 가진 우월적 지위에서 행하는 행정처분으로서 특정인에게 행정재산을 사용할 수 있는 권리를 설정하여 주는 강학상 특허에 해당한다. 행정재산의 사용·수익허가처분의 성질에 비추어 국민에게는 행정재산의 사용·수익허가를 신청할 법규상 또는 조리상의 권리가 있다고 할 것이므로 공유재산의 관리청이 행정재산의 사용·수익에 대한 허가 신청을 거부한 행위 역시 행정처분에 해당한다(대판 1998. 2. 27, 97누1105).

다. 허가기간

행정재산의 사용허가기간은 5년 이내로 한다(국유재산법 35조 1항). 다만 행정재산으로 할 목적으로 기부를 채납한 재산에 대하여 기부자 또는 그 상속인 기타의 포괄승계인에게 사용·수익을 허가한 때에는 사용료의 총액이 기부를 채납한 재산의 총액에 달하는 기간 이내로 한다(국유재산법 35조 1항, 공유재산 및 물품관리법 21조 1항). 허가기간이 끝난 재산에 대하여 대통령령으로 정하는 경우를 제외하고는 5년을 초과하지 아니하는 범위에서 종전의 사용허가를 갱신할 수 있다. 다만, 수의의 방법으로 사용허가를 할 수 있는 경우가 아니면 1회만 갱신할 수 있다(국유재산법 35조 2항).

라. 허가의 취소 및 철회

사용자가 부정한 방법에 의하여 허가를 받은 경우에는 취소사유가 된다(국유재산법 36조 1항). 또한 관리청은 상대방의 귀책사유가 있는 경우, 또는 국가 또는 지방자치단체가 직접 공용 또는 공공용으로 사용하기 위하여 필요하게 된 때에는 그 허가를 철회할 수 있다(국유재산법 36조 1항·2항). 후자의 사유에 의하여 허가를 철회한 경우, 허가를 받은 자에게 손실이 발생한 때에는 그 재산을 사용할 기관은 이를 보상하여야 한다(국유재산법 36조 3항). 사용·수익허가를 취소 또는 철회하고자 하는 경우에는 청문을 실시하여야 한다(국유재산법 37조).

마. 변상금의 징수

국·공유재산의 대부 또는 사용·수익허가 등을 받지 않고 국·공유재산을 점유하거나 이를 사용·수익한 자에 대하여는 대통령령이 정하는 바에 의하여 당해 재산에 대한 임대료 또는 사용료의 100분의 120에 상당하는 변상금을 징수한다(국유재산법 72조 1항, 공유재산 및 물품관리법 81조 1항). 변상금부과조치는 행정처분의 성격을 갖기 때문에 항고소송의 대상이 된다.

판례(국가가 변상금 부과·징수권의 행사와 별도로 민사상 부당이득반환청구의 소를 제기할 수 있는지 여부) 국유재산의 무단점유자에 대한 변상금 부과는 공권력을 가진 우월적 지위에서 행하는 행정처분이고, 그 부과처분에 의한 변상금 징수권은 공법상의 권리인 반면, 민사상 부당이득반환청구권은 국유재산의 소유자로서 가지는 사법상의 채권이다. 또한 변상금은 부당이득 산정의 기초가 되는 대부료나 사용료의 120%에 상당하는 금액으로서 부당이득금과 액수가 다르고, 이와 같이 할증된 금액의 변상금을 부과·징수하는 목적은 국유재산의 사용·수익으로 인한 이익의 환수를 넘어 국유재산의 효율적인 보존·관리라는 공익을 실현하는 데 있다. 그리고 대부 또는 사용·수익허가 없이 국유재산을 점유하거나 사용·수익하였지만 변상금 부과처분은 할 수 없는 때에도 민사상 부당이득반환청구권은 성립하는 경우가 있으므로, 변상금 부과·징수의 요건과 민사상 부당이득반환청구권의 성립 요건이 일치하는 것도 아니다. 이처럼 구 국유재산법 제51조 제1항, 제4항, 제5항에 의한 변상금 부과 · 징수권은 민사상 부당이득반환청구권과 법적 성질을 달리하므로, 국가는 무단점유자를 상대로 변상금 부과 · 징수권의 행사와 별도로 국유재산의 소유자로서 민사상 부당이득반환청구의 소를 제기할 수 있다. 그리고 이러한 법리는 구 국유재산법 제32조 제3항에 의하여 국유재산 중 일반재산의 관리 · 처분에 관한 사무를 위탁받은 한국자산관리공사의 경우에도 마찬가지로 적용된다(대판(전원합의체) 2014. 7. 16, 2011다76402).

사례 1 갑은 K국립도서관의 허가를 받아 지하에서 4년 동안 구내식당을 운영하여 왔다. 그런데 K국립도서관은 당해 시설을 문서보관실 등의 용도로 직접 사용할 필요가 발생하자, 허가를 취소하고 갑의 구내식당을 반환하여 줄 것을 요구하였다. 이에 대해 갑은 사용기간이 아직 1년이 남아있다고 주장하며 구내식당의 반환을 거부하였다. K국립도서관의 취소행위가 적법한지 여부와 구내식당을 반환받기 위한 K국립도서관의 행정법상 대응 수단에 관하여 설명하시오.(25점)(55회 행정고시)

▶**답안요지**

제1문: K의 취소행위의 적법성 여부

1. 국립도서관 지하의 구내식당 사용허가의 법적 성질

국립도서관은 행정목적을 위하여 설치된 인적 요소와 물적 요소가 결합된 종합시설체로서 영조물에 해당한다. 그런데 국립도서관의 인적 요소를 공제한 물적 요소만으로 고찰할 때, 국립도서관은 공공시설로서 일반의 사용에 직접 제공된 공공용물에 해당한다, 또한 소유권의 귀속주체로 볼 때 국립도서관은 국유재산으로서 행정재산에 속한다. 사안에서 K의 구내식당 사용허가는 도서관의 본래의 이용목적에 해당되지 않는다는 점에서 행정재산의 목적외사용에 해당한다. 이러한 행정재산의 목적외사용의 법적 성질에 대하여 다툼이 되고 있다. ① 사법관계설은 행정재산의 목적외사용은 오로지 사용자의 사적 이익을 도모한다는 점에서 사법상의 계약관계로 보는 반면, ② 공법관계설은 행정재산의 목적외사용의 법률관계의 발생 또는 소멸은 행정행위에 의하여 이루어지므로 공법관계라고 한다. 구 국유재산법은 행정재산의 사용 · 수익허가에 관하여 잡종재산의 대부에 관한 규정을 준용하고 있어 당시의 판례와 다수설은 사법관계설을 취하였다. 그러나 1976년 개정법 이래로 국유재산법은 행정재산의 목적외사용을 관리청의 허가에 의하도록 하고 있고, 상대방의 귀책사유가 있는 경우나 공공목적을 위하여 취소 · 철회할 수 있도록 하고, 사용료의 일방적 부과 및 그에 대한 강제징수를 규정하고 있는 점에 비추어 공법관계로 보는 것이 타당하다. 판례(대판 1998. 2. 27, 97누1105)와 다수설 역시 공법관계설을 취하고 있다. 이에 따라 구내식당 사용허가는 행정행위의 성격을 갖는다고 할 것이다.

2. 취소행위의 적법성 여부

1) 취소행위의 법적 성격

K는 갑에 대한 구내식당 사용허가를 취소하였는바, 여기서 취소행위의 법적 성격이 문제가 된다. 사안에서 갑은 적법하게 사용허가를 받아 식당운영을 하고 있던 중, K는 공간이용문제를 이유로 이를 취소하였는바, 이는 적법하게 발하여진 행정행위의 효력의 일부/전부를 후발적 이유로 하여 소멸시키는 이른바 강학상 철회에 해당한다. 설문에서 철회의 적법성 여부에 대하여 묻고 있는바, ① 철회권자, ② 철회의 근거, ③ 철회의 사유, ④ 철회의 한계의 관점에서 적법유무를 검토하기로 한다.

2) 철회권자

철회권자는 별도의 법령에 규정이 없는 한, 행정행위를 발한 처분청이어야 하는바, 사안에서 사용허가권자인 K는 정당한 철회권자에 해당된다.

3) 철회의 근거

수익적 행정행위의 철회에 있어서 법적 근거가 요구되는지 여부에 대하여 견해의 대립이 있다. 소극설은 행정의 공익타당성과 상황적응성을 이유로 법적 근거가 불요하다는 입장을 취하는 반면, 적극설은 법치행정의 원리 및 개인의 기본권보호의 관점에서 법적 근거의 필요성을 강조하고 있다. 생각건대 수익적 행정행위의 철회는 부담적 행정행위로서 침해유보의 관점에서 법률의 근거가 필요할 뿐 아니라, 대부분의 인허가는 직업의 자유, 재산권 등 기본권을 구체화하는 작용으로서 이를 침해하는 철회의 경우 법률의 근거를 요한다고 할 것이다(본서 행정행위의 철회부분 참고). 향후 독일과 같이 행정절차법에 일반법적 근거를 두는 것이 바람직 할 것이다. 국유재산법 제36조는 사용허가의 취소 · 철회에 대한 근거를 두고 있어 이와 관하여 이의가 존재하지 않는다.

4) 철회의 사유

부담적 행정행위의 철회는 행정청의 재량에 속하나, 수익적 행정행위의 경우에는 상대방의 신뢰보호를 위하여 철회를 정당화시키는 일정한 사유가 존재하여야 한다. 학설에서는 철회의 사유로서 ① 부담의 불이행, ② 철회권의 유보, ③ 상대방의 의무위반, ④ 새로운 사정의 발생, ⑤ 법령의 개정, ⑥ 기타 중대한 공익의 필요 등을 들고 있는바, 사안의 경우는 문서보관실의 필요성을 이유로 철회하였는바, 이는 새로운 사정이 발생하여 철회하지 않으면 공익이 침해되는 경우에 해당할 것이다. 국유재산법 36조 2항은 "관리청은 사용허가한 행정재산을 국가나 지방자치단체가 직접 공용이나 공공용으로 사용하기 위하여 필요하게 된 경우에는 그 허가를 철회할 수 있다."고 철회의 근거와 사유에 대하여 규정하고 있는바, 이는 바로 사안에 해당된다.

5) 철회의 한계

철회의 사유가 주어진다고 하더라도 행정청의 철회권행사는 ① 비례의 원칙, ② 신뢰보호의 원칙, ③ 실권의 법리, ④ 불가변력의 발생 등의 법리에 의하여 제한받는다. 사안의 경우 사용허가를 철회하는 방법 이외에는 다른 적합한 수단을 발견할 수 없으며(비례의 원칙), 갑의 신뢰보호의 이익이 문서보관실의 설치라는 공익보다 우월하다고 할 수도 없으며(신뢰보호의 원칙), 실권의 법리에 따라 철회권행사가 제한받지 않는다. 다만, 갑은 사용허가의 존속에 대한 자신의 신뢰보호의 관점에서 손실보상을 K도서관에 요구할 수 있을 것이다. 국유재산법 제36조 3항 역시 손실보상에 대한 근거규정을 마련하고 있다.

▶**결어** K의 사용허가의 취소행위는 적법하다.

제2문: K의 행정법상 대응수단

사안에서 갑은 K의 반환요구에 불응하고 있는바, 여기서 행정법상의 의무의 실효성확보수단으로 행정상의 강제집행수단으로 대집행, 이행강제금, 직접강제가 고려되고 아울러 무단점용에 대하여 변상금징수를 할 수 있을 것이다.

1. 행정대집행

K국립도서관이 행정대집행을 실시하기 위하여는 대집행의 요건이 충족되어야 한다. 대집행의 요건으로는 ① 대체적 작위의무의 불이행, ② 다른 수단으로는 그 이행확보가 곤란할 것, ③ 그 불이행을 방치함이 심히 공익을 해하는 것으로 인정될 것의 요건이 충족되어야 하는바, 우선 갑의 반환의무의 성격이 문제가 된다. 갑의 지하공간의 반환의무에는 그에 대한 명도의무를 포함하는바, 이러한 명도의무는 의무자 자신만이 이행할 수 있는 비대체적 작위의무에 해당된다. 이에 따라 사안에서 K는 대집행을 행사할 수 없을 것이다(다만 갑이 설치한 식당시설물의 철거의무는 대집행의 대상이 될 것이다).

2. 이행강제금

이행강제금이란 비대체적 작위의무, 부작위의무 또는 수인의무의 불이행이 있는 경우에 의무자에게 강제금의 부과를 통하여, 심리적 압박을 가하여 의무의 이행을 간접적으로 강제하기 위한 행정상의 강제집행수단이다. 근래에는 그 유용성 때문에 대체적 작위의무의 불이행의 경우에도 활용되고 있다(예: 건축법 80조, 옥외광고물 등 관리법 20조의2). 다만 이행강제금을 부과하기 위하여는 법적 근거를 요하는바, 국유재산법에는 이에 대한 근거규정이 없기 때문에, K는 이행강제금을 부과할 수 없을 것이다.

3. 직접강제

직접강제는 의무자가 의무를 이행하지 않는 경우에 의무자의 신체 · 재산에 직접 실력을 가하여 의무이행이 있었던 상태를 실현시키는 가장 강력한 강제집행수단으로 대집행, 이행강제금이 부적합하거나 아무 성과를 기대할 수 없는 경우에 마지막으로 사용되는 작위, 부작위, 수인의무의 강제집행수단이다. 사안의 경우 비대체적 작위의무의 불이행으로서 직접강제가 적합한 수단일 수 있으나 마찬가지로 그 행사를 위하여는 법적 근거를 요하는바, 현행 국유재산법에는 그에 대한 법적 근거가 마련되어 있지 않다.

4. 변상금부과

K는 갑의 도서관지하공간의 무단점유에 대하여 국유재산법 72조 1항에 따라 사용료의 100분의 120에 상당하는 변상금을 부과할 수 있을 것이다.

사례 2　甲은 A시 시청 민원실 주차장 부지 일부와 그에 붙어 있는 A시 소유의 유휴 토지 위에 창고 건물을 건축하여 사용하고 있다. A시 소속 재산 관리 담당 공무원은 A시 공유재산에 대한 정기 실태조사를 하는 과정에서 甲이 사용하고 있는 주차장 부지 일부 및 유휴 토지(이하 '이 사건 토지'라 한다)에 관하여 대부계약 등 어떠한 甲의 사용권원도 발견하지 못하자 甲이 이 사건 토지를 정당한 권원 없이 점유하고 있다고 판단하여 관리청인 A시 시장 乙에게 이러한 사실을 보고하였다. 이에 乙은 무단점유자인 甲에 대하여 ①「공유재산 및 물품 관리법」 제81조 제1항에 따라 변상금을 부과하였고(이하 '변상금 부과 조치'라 한다), ② 같은 법 제83조 제1항에 따라 이 사건 토지 위의 건물을 철거하고 이 사건 토지를 반환할 것을 명령하였다(이하 '건물 철거 및 토지 반환 명령'이라 한다).

1. 乙이 이 사건 토지를 관리하는 행위의 법적 성질을 검토하시오.(10점)

2. 甲이 건물 철거 및 토지 반환 명령에 따른 의무를 이행하지 않는 경우 이에 대한 행정상 강제집행이 가능한가?(15점)

3. 甲이 이미 변상금을 납부하였으나, 乙의 변상금 부과 조치에 하자가 있어 변상금을 돌려받으려 한다. 甲은 어떠한 소송을 제기하여야 하는가?(25점)(제58회 사법시험)

▶답안요지

제1문: 토지의 관리행위의 법적 성질

乙의 토지 관리행위의 법적 성질은 민원실 주차장 부지 일부의 관리행위와 A시 소유의 유휴토지의 관리행위와 구분하여 판단하여야 한다.

1. 주차장 부지 일부의 관리행위의 법적 성질

A시 시청 민원실 주차장은 비록 시청부지에 설치되고 있으나 시청 민원실을 이용하는 일반 시민의 사용을 위하여 직접 제공된 공공용재산으로서 공공용물에 해당한다. 공물을 관리하는 공물주체의 권한을 공물관리권이라 하는바, 공물관리권의 성격에 대하여는 ① 소유권의 행사에 불과하다는 소유권설과, ② 소유권과는 관계없이 공물주체가 공물의 목적을 달성하기 위하여 행하는 독립한 물권적 지배권의 성질을 갖는다는 공법상 물권적 지배권설이 대립하고 있는바, ②설이 통설이다. 판례 역시 도로법상 변상금부과권한은 적정한 도로관리를 위하여 도로의 관리청에게 부여된 권한이라 할 것이지 도로부지의 소유권에 기한 권한이라 할 수 없다고 하여 공법상 물권적 지배권설을 취하고 있다(대판 2005. 11. 25, 2003두7194). 乙의 민원실 주차장 부지의 관리행위는 공법상 물권적 지배권의 성격을 갖는다.

2. 유휴토지의 관리행위의 법적 성격

「공유재산 및 물품관리법」 5조 3항은 행정재산 외의 모든 공유재산을 일반재산으로 정의하고 있다. 일반재산은 행정목적에 직접 사용되는 것이 아니라 재산상의 가치나 수익을 통하여 간접적으로 행정목적에 기여하는 물건을 의미하며, 원칙적으로 사법(私法)의 규율대상이 된다. A시의 유휴토지는 이러한 일반재산의 성격을 갖는바, 이를 관리하는 행위는 이른바 국고작용(國庫作用)으로서, 사법(私法)상 소유권에 기초한 물권적 권리의 성격을 갖는다.

제2문: 행정상 강제집행의 가능성

1. 대집행의 가능성

설문에서 행정상 강제집행수단으로서 우선적으로 행정대집행이 고려된다. 행정대집행은 대체적 작위의무가 이행되지 않는 경우 행정청이 스스로 행하거나 또는 제3자로 하여금 이를 행하게 함으로써 의무의 이행이 있는 것과 같은 상태를 실현시킨 후 그에 관한 비용을 의무자로부터 징수하는 강제집행수단을 의미한다. 행정대집행을 행하기 위하여는 ① 대체적 작위의무의 불이행, ② 다른 수단으로 그 이행확보가 곤란할 것, ③ 그 불이행을 방치함이 심히 공익을 해할 것의 요건이 충족되어야만 한다.

1) 대체적 작위의무의 불이행

사안에서 건물철거의무는 대체적 작위의무에 해당하여 대집행의 대상이 되나 토지반환의무는 점유자만이 행할 수 있는 비대체적 작위의무의 성격을 갖기 때문에 대집행의 대상이 되지 못한다.

2) 다른 수단으로 그 이행확보가 곤란할 것

다른 강제집행수단으로서 이행강제금의 부과가 있으나, 「공유재산 및 물품관리법」상에 이에 관한 근거가 없기 때문에 가능하지 않을 것이다. 사안에서 甲이 건물철거를 이행하지 않는 경우 대집행 외에는 달리 이행확보가 곤란한 것으로 보인다.

3) 그 불이행의 방치가 심히 공익을 해할 것

시청의 주차장 부지 등 공유재산의 불법점유는 심각한 공익침해에 해당된다고 할 것이다.

乙은 「공유재산 및 물품관리법」 83조 2항에 따라 甲의 창고건물에 대하여 계고, 대집행영장의 통지의 절차를 거쳐 대집행을 행할 수 있다.

2. 직접강제의 가능성

위에서 언급한 바와 같이 甲의 토지반환의무는 비대체적 작위의무에 해당하기 때문에 그 의무의 실현을 위하여는 직접적인 실력행사가 요구되는바 직접강제가 적합한 수단이 된다. 그러나 직접강제는 다른 강제집행 수단과 마찬가지로 침해적 행정작용으로서 법률의 근거가 필요하기 때문에 사안의 경우는 불가능하다.

3. 결어

甲의 창고건물의 철거에 한하여 행정대집행이 가능하다.

제3문: 변상금을 반환받기 위하여 甲이 제기할 수 있는 소송

변상금을 반환받기 위하여 甲이 제기할 수 있는 소송은 항고소송과 부당이득반환청구소송이 고려된다.

1. 항고소송

지방자치단체의 장은 사용·수익허가나 대부계약 없이 공유재산 또는 물품을 사용·수익하거나 점유를 한 자에 대하여 대통령령으로 정하는 바에 따라 사용료 또는 대부료의 100분의 120에 해당하는 변상금을 부과할 수 있다(공유재산 및 물품관리법 81조). 이러한 변상금부과는 관리청이 공권력을 가진 우월한 지위에서 행한 것으로 항고소송의 대상이 되는 행정처분의 성격을 갖는다(대판 1988. 2. 23, 87누1046·1047). 설문에서 乙의 변상금부과조치에 하자가 있다고 하는바, 그 하자가 중대·명백한 하자가 있어 변상금부과처분이 무효라고 판단하는 경우에는 이에 대하여 무효등확인소송을 제기할 수 있으며, 취소사유에 해당하는 경우에는 취소소송을 제기할 수 있을 것이다. 종래 민사소송의 이행소송 등에 대하여 무효등확인소송의 보충성이 인정되었으나 이러한 입장은 대법원 전원합의체 판결을 통하여 변경되었다(대판(전원합의체) 2008. 3. 20, 2007두6342). 본안심리에서 甲이 승소판결을 받고 확정된다면, 판결의 기속력에서 발생되는 결과제거의무에 따라 변상금을 반환받을 수 있을 것이다.

2. 부당이득반환청구소송

다수설은 공법상 부당이득반환청구소송을 당사자소송으로 할 것을 주장하고 있으나, 판례는 예외를 인정하고 있으나 여전히 민사소송으로 다루고 있다. 부당이득반환청구권이 성립하기 위하여는 ① 재산적 이득의 이동, ② 법률상 원인이 없을 것의 요건이 충족되는바, 여기서 법률상 원인이 되는 변상금부과처분의 효력여부의 판단이 민사소송절차에 선결문제가 되고 있다. 이와 관련하여 행정행위의 구성요건적 효력이 문제가 되고 있다.

1) 구성요건적 효력의 의미와 근거

취소소송의 수소법원 이외의 다른 법원이나 제3의 국가기관은 처분청에 의하여 유효한 행정행위가 발급되었다는 사실을 존중하여야 하며, 이러한 행정행위를 자신의 결정에 기초하여야 한다는 구속력을 의미한다. 이러한 구성요건적 효력은 권력분립적이고 기능배분적인 권한법질서에 근거하고 있다.

2) 구성요건적 효력과 선결문제

사안에서 변상금부과처분의 하자가 무효사유에 해당하는 경우에는 구성요건적 효력이 발생되지 않기 때문에 관할 민사법원은 선결문제로서 행정처분의 무효 여부를 판단하여(행소법 11조), 부당이득반환청구소송에 대하여 인용판결을 내릴 수 있다. 반면에 취소사유에 불과한 경우에는 민사법원은 그 효력을 부인할 수 없기 때문에 기각판결을 내려야 한다. 행정처분이 위법하더라도 공정력에 따라 취소되기 전까지는 유효성이 인정되어 법률상 원인이 되어 부당이득반환청구권이 성립하지 않기 때문이다. 변상금부과처분이 취소사유인 경우에는 취소소송을 통하여 처분을 취소시킨 후에, 부당이득반환청구소송을 제기하여 하여야 할 것이나, 양 소송의 병합제기도 가능할 것이다(행소법 10조 1항).

3. 결어

1) 변상금부과처분에 대하여 항고소송을 제기할 수 있는바, 그 하자에 따라 취소소송과 무효등확인소송을 제기할 수 있다.

2) 변상금부과처분에 대하여 부당이득반환청구소송을 제기할 수 있으며, 무효사유인 경우에는 인용판결, 취소사유인 경우에는 기각판결을 받을 것이다.

제3절 자금지원행정

Ⅰ. 개 설

1. 의 의

오늘날 급부행정의 중요한 영역을 차지하고 있는 자금지원행정은 동시에 유도행정(誘導行政)의 중요한 수단이다. 국가는 명령과 강제수단의 사용대신에 재정적 지원에 의하여 개인에게 경제적 유인을 제공하고 이를 통하여 자신이 추구하는 경제적, 사회적 그리고 문화적 목적을 보다 효과적으로 실현시킬 수 있다. 무엇보다 자금지원의 유도적이고 형성적인 기능은 경제영역에서 명확하게 나타난다. 사기업에 대한 재정적 지원을 통하여 생산력을 유지시키거나 변화된 여건에 적응을 가능하게 하며, 나아가서 기술개발, 경영혁신을 통한 생산성을 향상시키고, 궁극적으로 고용창출과 개인의 생활수준의 향상이라는 국가의 목적을 실현시킨다. 다른 한편, 우리나라가 UR협정을 체결하고 세계무역기구(WTO) 및 OECD에 가입함으로써 산업부분에 대한 자금지원은 여러 가지 제한을 받고 있다.

2. 자금지원의 개념

자금지원(Subvention) 또는 자금조성의 개념은 학자에 따라 다양한 의미로 이해되고 있으나 일반적으로는 국가 등의 행정주체가 특정한 경제, 문화, 사회정책적 목적을 추구하기 위하여 사인에게 제공하는 재정적 이익으로 정의되고 있다(이른바 좁은 의미의 자금지원의 개념). 이러한 자금지원의 개

념은 자금지원의 주체, 수급자, 재정적 지원, 자금지원의 목적이라는 네 가지 요소로 이루어진다.[40)]

1) 자금지원의 주체와 수급자

자금지원의 주체는 국가, 지방자치단체 등 행정주체이며, 수급자는 사인(私人)이 되며, 이에는 자연인과 법인이 포함된다. 행정주체의 다른 행정주체에 대한 재정적 지원, 예를 들어 국가의 지방자치단체에 대한 지방교부세나 국고보조금의 지원은 자금지원에 해당하지 않는다고 할 것이다. 행정주체 상호간의 재정적 지원은 국가조직법의 영역에 속하며, 자금지원행정과 다른 법원칙이 적용된다. 「보조금 관리에 관한 법률」은 보조금의 개념에 국가의 지방자치단체에 대한 보조금을 포함시키고 있는바, 이는 여기서 말하는 자금지원에 해당하지 않는다.

2) 재정적 지원

재정적 지원이란 금전상의 반대급부 없는 재산적 이익의 제공을 의미한다. 자금지원을 넓은 의미로 파악하여 적극적인 재정수단의 제공뿐만 아니라, 조세 및 공공요금의 감면 등 이른바 공제적(控除的) 자금지원을 포함시키는 견해도 있으나,[41)] 이를 자금지원의 개념에서 배제시키는 것이 일반적 견해이다. 비록 양자는 경제적인 관점에서 동일한 효과를 발생하나, 법적인 측면에서 볼 때 공제적 자금지원은 독립된 자금지원행정을 의미하는 것이 아니라 공과금법률관계의 요소에 해당되며, 이에 따라 적극적인 재정수단의 제공과는 다른 법적 규율이 적용되기 때문이다.[42)]

3) 자금지원의 목적

자금지원은 행정주체가 특정한 목적을 추구하기 위하여 사인에게 부여하는 재정적 지원이다. 이러한 목적은 경제적 목적뿐만 아니라 사회적, 문화적 목적을 포함한 모든 공적 목적을 포함한다. 단순히 재정수단의 이전에 그치고 그 이외의 어떠한 목적을 추구하지 않는 경우는 단순한 사회보장급부에 지나지 않는다. 자금지원의 목적은 수급자의 일정한 행위를 통하여 실현된다. 수급자의 일정한 행위가 자금지원의 전제조건이 되거나 또는 수급자의 장래의 일정한 행위와 관련하여 재정적 지원이 이루어진다. 여기서 다른 급부행정과 구별되는 자금지원행정의 유도적 성격이 두드러진다.

Ⅱ. 자금지원의 종류

자금지원은 지원되는 영역별로 경제지원, 교육지원, 문화예술지원, 과학기술지원 등 여러 분야로 나누어 볼 수 있으나, 제공되는 급부의 종류에 따른 구분이 중요한 의미를 갖는다. 자금지원은 제공되는 급부의 종류에 따라, ① 소비적 보조금, ② 융자, ③ 보증 및 담보제공, ④ 사실적 조성으로 구분된다.

1. 소비적 보조금(Verlorene Zuschüsse)

소비적 보조금은 장학금, 연구보조비, 생산장려금 등 수급자가 반환의무를 지지 않는 각종의 보조금이 이에 해당된다. 물론 수급자가 그 보조금을 지급목적에 위배하여 사용하였다든가, 보조금지

40) 자금지원의 개념과 법형식에 대하여는 鄭夏重, 資金助成行政의 法的 性格과 行爲形式, 公法研究 제28집 제1호, 1999. 10, 131면.

41) Jarass, JuS 1980, S. 115ff.

42) Maurer, Allg. VerwR, S. 444; Zuleeg, Die Rechtsform der Subvention, 1965, S. 13ff.

급에 따른 의무를 이행하지 않았다든가 하는 것을 이유로 반환의무를 지는 경우는 여기에서 말하는 반환의무에 해당하지 않는다. 현행법상 이러한 소비적 보조금의 예로는 농지법 제18조에 의한 농지이용증진사업에 대한 보조금, 수산업법 제84조에 의한 보조금, 「학술진흥 및 학자금대출 신용보증 등에 관한 법률」 제17조 제2호에 의한 연구장려금 · 연구장학금 기타 학술연구에 관한 보조금 등이 있다.

2. 융자(Kredit)

융자는 공적 목적의 실현을 위하여 일반적인 금융시장에서보다 유리한 조건, 즉 저렴한 이자나 유리한 상환조건하에서 수급자에게 제공되는 자금대여를 의미한다. 이러한 융자는 행정주체에 의한 기금운영을 통하여 직접 행하여지거나 행정주체의 대리인으로서 은행 등 금융기관에 의하여 행하여진다. 많은 경우에 행정주체가 금융기관에 융자를 하고 금융기관이 수급자에게 다시 융자를 하는 재융자방식을 채택하고 있다. 현행법상 융자의 예로서는 중소기업창업지원법 제4조에 의한 중소기업창업에 대한 융자, 광업법 제86조에 의한 광업의 개발 및 촉진을 위한 융자, 농어촌발전특별조치법 제5조 제2항에 의한 농어촌현대화사업에 대한 융자 등이 있다.

3. 보증(Bürgschaft) 및 담보제공(Sicherheitsleistung)

보증은 공익상의 이유에서 행정주체가 제3자에 대하여 수급자가 진 채무에 대하여 보증을 하는 것을 의미한다. 현행법상 보증의 예로는 신용보증기금법 제3조, 제23조 제2호에 의한 담보능력이 부족한 중소기업의 채무에 대한 신용보증기금의 보증, 수출보험법 제53조 제1항에 의한 수출신용보증 및 수출용원자재수입신용보증 등이 있다. 담보제공이란 행정주체가 수급자의 채무에 대하여 담보를 제공하는 것을 의미하는 바, 현실적으로 매우 드물게 활용되는 제도이다.

4. 사실적 지원(Realförderung)

사실적 지원이라 함은 ① 국공유토지나 시설 등을 무상으로 양여하거나 대부하는 물적 지원, ② 공공시설의 사용에 있어서 요금의 차별화, ③ 용역 및 조달공급계약에 있어서 특혜를 의미한다. 이러한 사실적 지원에 대하여는 그것이 공공시설의 사용관계에 해당하거나 또는 그 자체로서 직접 공적 목적을 추구하지 않는다는 이유로 그 자체로 순수한 자금지원관계에 해당하지 않는다는 비판이 제기되기도 한다.[43] 현행법상 사실적 지원의 예로는 「산업기술기반조성에 관한 법률」 제21조에 의한 연구시설 및 시험평가 장비 등의 무상사용, 「중소기업진흥 및 제품구매촉진에 관한 법률」 제6조에 의한 제품의 구매 및 용역의 발주에 있어서 중소기업에 대한 특혜 등을 들 수가 있다.

Ⅲ. 자금지원행정의 법적 근거와 한계

1. 자금지원행정과 법률유보

자금지원행정에 있어서 법률의 근거가 필요한지 여부에 대하여 학설의 대립이 있다. 종래의 견해에 따르면, 국회의 예산안의결을 통한 예산배정으로도 민주적 정당성이 충분히 확보되기 때문에

43) Zuleeg, Die Rechtsform der Subventionen, 1965, S. 20.

자금지원에는 반드시 법률의 근거가 필요한 것은 아니라고 한다. 다만 이러한 견해도 자금지원이 수급자의 반대급부와 결부되거나 부관으로 제한되는 경우, 또는 제3자의 권리를 침해하는 경우에는 법률의 근거를 요한다고 한다.[44]

이에 대하여 근래의 유력설은 자금지원에 있어서 예산배정에 대한 단순한 국회의결로는 불충분하며 원칙적으로 법률의 근거가 필요하다는 견해를 취하고 있다.[45] 국회의결에 의한 예산배정의 경우는 단지 종목별 예산책정이 있을 뿐이지 자금지원의 지급대상, 목적, 조건과 범위가 규율되지 않아 이들은 결국 당해 중앙관서의 장이나 행정기관의 재량에 의하여 결정될 수밖에 없다. 이러한 상황은 헌법의 기본원리인 민주주의 및 법치주의원리와 합치되지 않는다. 자금지원행정에 있어서도 원칙적으로 법률유보가 이루어져야 하며, 국가의 사회적 · 문화적 · 경제적 목적실현을 위한 재정수단의 배분은 관련 국민에게 충분히 예견가능하도록 법률에 의하여 규율되어야 한다. 다만, 침해행정처럼 구체적이고 세부적인 규율은 필요하지 않으며, 행정부에게 충분한 활동의 여지를 주기 위하여 상세한 규율은 법규명령에 위임하는 것이 바람직 할 것이다. 물론 자금지원행정에 있어서 법률유보의 적용은 장기간에 걸쳐 그리고 다수국민을 대상으로 하는 자금지원에 대하여만 가능하며, 갑자기 발생하는 재해나 국가전반에 걸친 경제적 위기에 대하여는 국회가 미리 예측하여 법률로 제정할 수 없을 것이다. 이러한 경우에는 행정부의 긴급권을 인정할 수 있을 것이다.

2. 법적 한계

자금지원행정에 있어서도 법률우위의 원칙이 적용되기 때문에 자금지원행위는 실정법에 위반되서는 안된다. 아울러 자금지원행정은 평등의 원칙, 신뢰보호의 원칙, 비례의 원칙, 부당결부금지의 원칙, 신의성실의 원칙 등 행정법의 일반원칙에 위배되서는 안된다. 특히 평등의 원칙과 부당결부금지의 원칙이 자금지원과 관련하여 중요한 의미를 갖는바, 동일업종에 여러 경쟁업체가 있는 경우에 합리적 사유없이 특정업체에 자금지원을 하는 것은 평등의 원칙에 위배되며, 자금지원의 수급자에게 실질적 관련성이 없는 반대급부를 요구하는 것은 부당결부금지의 원칙에 위배될 것이다.

Ⅳ. 자금지원행정의 행위형식

자금지원은 다양한 행위형식으로 행하여지는 바, 구체적인 행위형식은 자금지원의 종류에 따라 관련법규에 의하여 결정되어진다.

1. 소비적 보조금

소비적 보조금은 일반적으로 상대방의 신청에 기하여 행정청의 일방적인 결정에 의하여 지급된다. 여기서 행정청의 결정은 행정행위의 성격을 가지며, 지급행위는 행정청의 결정의 이행행위로서 단순한 사실행위에 지나지 않는다. 행정청은 부관을 통하여 보조금의 목적실현을 확보한다. 「보조금의 관리에 관한 법률」은 행정청이 보조금의 결정을 일방적으로 하고(동법 17조), 부관을 붙일 수 있도록 하고, 취소와 철회가능성을 규정하고 있는바, 동법에 의한 보조금의 결정은 행정행위의 성격을 갖는다

44) 金南辰/金連泰, 行政法 II, 589면; 朴鈗炘/鄭亨根, 最新行政法講義(下), 501면.

45) Maurer, Allg. VerwR, S. 113.

고 할 것이다.[46] 근래에는 행정행위를 갈음하는 공법상 계약이 허용됨에 따라 소비적 보조금도 공법상의 계약에 의하여 지원될 수 있을 것이다.

판례 1(지방이전기업의 보조금신청에 대한 산업통상자원부장관의 반려회신이 행정처분에 해당하는지 여부) 수도권 소재 甲 주식회사가 본사와 공장을 광주광역시로 이전하는 계획하에 광주광역시장에게 구 '지방자치단체의 지방이전기업유치에 대한 국가의 재정자금지원기준' 제7조에 따라 입지보조금 등 지급을 신청하였고 이에 따라 광주광역시장이 산업통상자원부장관에게 지급신청을 하였는데, 이후 산업통상자원부장관이 광주광역시장에게 甲 회사가 지원대상요건을 충족하지 못한다는 이유로 반려하자 광주광역시장이 다시 甲 회사에 같은 이유로 반려한 사안에서, 국가균형발전 특별법 제19조 제1항, 제3항, 국가 균형발전 특별법 시행령 제17조 제2항, 제3항 등 관련 규정들의 형식 및 내용에 의하면, 산업통상자원부장관에 대한 국가 보조금 지급신청권은 해당 지방자치단체장에게 있고, 지방이전기업은 해당 지방자치단체장에게 국가 보조금 지급신청을 할 수 있을 뿐 산업통상자원부장관에게 국가 보조금 지급을 요구할 법규상 또는 조리상 신청권이 있다고 볼 수 없기 때문에, 산업통상자원부장관의 반려회신은 항고소송 대상이 되는 행정처분에 해당하지 않는 반면, 광주광역시장의 반려처분은 항고소송 대상이 되는 행정처분에 해당한다(대판 2011. 9. 29, 2010두26339).

판례 2(허위의 신청이나 부정한 방법으로 보조금의 교부를 받은 경우 민사소송의 방법으로 반환청구를 할 수 없다는 판례) 보조금의 예산 및 관리에 관한 법률은 제30조 제1항에서 중앙관서의 장은 보조사업자가 허위의 신청이나 기타 부정한 방법으로 보조금의 교부를 받은 때 등의 경우 보조금 교부결정의 전부 또는 일부를 취소할 수 있도록 규정하고, 제31조 제1항에서 중앙관서의 장은 보조금의 교부결정을 취소한 경우에 취소된 부분의 보조사업에 대하여 이미 교부된 보조금의 반환을 명하여야 한다고 규정하고 있으며, 제33조 제1항에서 위와 같이 반환하여야 할 보조금에 대하여는 국세징수의 예에 따라 이를 징수할 수 있도록 규정하고 있으므로, 중앙관서의 장으로서는 반환하여야 할 보조금을 국세체납처분의 예에 의하여 강제징수할 수 있고, 위와 같은 중앙관서의 장이 가지는 반환하여야 할 보조금에 대한 징수권은 공법상 권리로서 사법상 채권과는 성질을 달리하므로, 중앙관서의 장으로서는 보조금을 반환하여야 할 자에 대하여 민사소송의 방법으로는 반환청구를 할 수 없다고 보아야 한다(대판 2012. 3. 15, 2011다17328).

판례 3(지방자치단체의 보조금반환청구권은 당사자소송의 대상이 된다는 사례) 지방자치단체가 보조금 지급결정을 하면서 일정 기한 내에 보조금을 반환하도록 하는 교부조건을 부가한 사안에서, 보조사업자의 지방자치단체에 대한 보조금 반환의무는 행정처분인 위 보조금 지급결정에 부가된 부관상 의무이고, 이러한 부관상 의무는 보조사업자가 지방자치단체에 부담하는 공법상 의무이므로, 보조사업자에 대한 지방자치단체의 보조금반환청구는 공법상 권리관계의 일방 당사자를 상대로 하여 공법상 의무이행을 구하는 청구로서 행정소송법 제3조 제2호에 규정한 당사자소송의 대상이 된다(대판 2011. 6. 9, 2011다2951).

---

2. 융자와 보증

자금지원행정의 행위형식에 있어서 특히 문제가 되고 있는 것은 융자와 보증에 있어서이다. 학설에서는 이와 관련하여 사법상 계약설, 행정행위와 사법상 계약의 2단계설, 행정행위설, 공법상 계약설 등의 견해가 갈리고 있다.

1) 사법상 계약설

1950년대 초까지 융자나 보증과 같은 자금지원행정은 국고행정에 속하는 것으로 보아 사법상의

46) 鄭夏重, 앞의 글, 136면 이하; 金南辰/金連泰, 行政法 II, 582면.

금전대차계약이나 보증계약으로 이해되었다. 그러나 오늘날 공적 목적을 직접 추구하는 자금지원행정은 행정주체의 국고행정, 즉 영리경제적 활동이나 국고지원활동과는 완연히 구별된다는 인식이 관철됨에 따라 사법상 계약설은 설득력을 상실하게 되었다.

2) 2단계설

독일의 H. P. Ipsen에 의하여 발전된 2단계설이란 융자와 보증과 같은 자금조성행위는 행정행위와 사법상의 계약의 2단계적으로 이루어진다는 견해이다.[47] 즉 행정주체의 융자 내지 보증여부의 결정은 공법상의 개별적 결정으로서 행정행위의 성격을 가지며, 이러한 개별적 결정을 이행하기 위하여 행정주체와 사인간에 금전대차계약이나 보증계약이 체결된다고 한다. 이러한 2단계설은 종래 사법상 계약관계로 간주되었던 보증이나 융자관계를 부분적으로 공법적으로 구성하고 이들의 부여, 거부, 박탈행위를 행정행위로 간주하여 평등권을 비롯한 기본권에 기속시키고 아울러 취소소송의 대상으로 하기 위한 동기에서 발전된 것이다. 즉 2단계설은 한편으로는 자금지원행정을 법치국가적인 기속에 예속시키고, 다른 한편으로는 실용적인 민법상의 법형식의 활용을 가능하게 한다는 장점을 갖고 있다. 그러나 학계에 큰 반향을 불러 일으켰으며, 실무에서도 부분적으로 반영되었던 이러한 2단계설은 점차 다음과 같은 비판을 받기 시작하였으며 오늘날 점차 지지를 상실하여 가고 있다.

첫째, 2단계 구성은 사실상 허구에 지나지 않는다고 지적받았다. 행정실무에서는 행정청의 하나의 행위만을 확인할 수 있으며, 하나의 행위가 동시에 행정행위와 사법상 계약의 체결이라고 볼 수 없다. 둘째, 2단계 구성에 있어서 1단계 행위와 2단계 행위와 구별이 명확하지 않다는 점이다. 융자나 보증과 같은 자금지원행위에 있어서 명확한 2단계 분리가 가능하지 않으며, 오히려 두 단계는 상호간에 불가분적으로 의존하고 있고, 서로 영향을 주고 있다. 이자율을 높이거나 낮추는 경우에 이를 어느 단계에 귀속시켜야 하는지, 또한 첫 번째 단계의 하자가 두 번째 단계에 어떠한 영향을 주는지 정확하게 파악할 수 없다고 비판받았다. 셋째로 양 당사자 사이에 분쟁이 발생하는 경우에 행정행위를 취소할 것인가 또는 계약을 해지할 것인지 문제가 발생되며, 반환청구권의 행사를 행정행위에 의할 것인지 또는 민사법원에 제소할 것인지 명확하지 않다. 궁극적으로 2단계설은 자금지원행정에 있어서 관할법원의 분리라는 불편한 결과를 가져오게 된다는 지적을 받았다.

3) 행정행위설

오늘날 다수의 학설은 융자나 보증의 경우에도 소비적 보조금과 같이 행정행위가 적합한 행위형식이라는 견해를 취하고 있다. 재정적 지원의 액수, 조건 등은 법령 내지는 행정규칙에 의하여 상세히 규율되고 있으며, 행정주체의 일방적 행위에 의하여 융자나 보증이 행하여지기 때문에 계약의 본질적인 요소인 교섭행위가 존재하지 않는다. 신청자는 자금지원의 내용에 대하여 어떠한 영향을 행사할 수 없으며, 행정주체에 의하여 제시된 조건하에서 재정적 지원을 받아들이거나 또는 포기할 수밖에 없기 때문에, 융자나 보증은 일방적인 행정행위의 성격을 갖는다. 자금지원의 목적과 수급자의 의무는 부관을 통하여 적절히 규율되고 효과적으로 실현될 수 있으며, 수급자의 의무위반이 존재하거나 목적에 위배된 자금사용에 있어서 행정행위의 취소와 철회를 할 수 있고, 반환결정을 통하여 이미 지급된 자금의 반환을 요구할 수 있으며, 경우에 따라서는 강제징수를 할 수 있을 것이다.

---

47) Ipsen, DVBL 1956, S. 461ff.

4) 공법상 계약설

근래의 유력설은 융자나 보증에 있어서는 공법상 계약이 적합한 행위형식이라고 주장한다. 여타 계약과 마찬가지로 자금지원행정에 있어서 행정주체와 수급자간에는 의사표시의 합치가 존재하는 바, 국가 등은 특정한 공적 목적을 실현하기 위하여 재정적 지원을 하며, 수급자는 비록 자신의 경제적 이익을 위하여 자금을 사용하지만, 동시에 행정주체에 의하여 추구하는 목표실현에 협력을 한다. 수급자는 행정청에 의하여 일방적으로 재정적 지원을 받는데 그치는 것이 아니라, 공동의 목표달성을 위하여 이러한 재원을 일정한 방식으로 사용하여야 할 일련의 의무들을 지며, 이들은 국가의 재정적 지원에 대한 반대급부로 평가된다. 자금지원에 있어서 계약의 자유와 당사자간의 의사의 대등성이 없기 때문에 공법상 계약이 성립되지 않는다는 이의는 타당하지 않다고 한다. 사법상의 계약에 있어서 부합계약과 마찬가지로 수급자는 행정주체에 의하여 일방적으로 제시된 조건을 받아 들여 계약을 체결하거나 또는 포기하게 된다(이른바 종속계약). 자금지원에 있어서 공법상 계약은 자금지원의 목적과 양 당사자의 권리와 의무를 명백하게 한다는 점에서 행정행위보다 장점을 갖고 있다고 한다.

5) 결 어

비록 학설에서 심각한 논쟁이 있으나, 오늘날 융자와 보증에 있어서 행정행위와 공법상 계약 둘 다 가능한 행위형식으로서 특별한 규정이 없는 한 행정주체의 선택권을 인정하는 것이 일반적 견해이다. 행정주체의 의사를 확인할 수 없는 경우에는 객관적인 기준에 초점을 맞추어야 할 것이다. 자금조성관계가 법령 또는 행정규칙에 의하여 상세하게 규율된 경우에는 융자나 보증은 행정행위의 성격을 갖는다고 보아야 할 것이며, 구체적인 경우에 행정청의 형성의 여지가 부여된 경우에는 공법상 계약의 성격을 인정할 수 있을 것이다.[48)]

3. 사실적 지원

행정주체의 용역발주, 각종의 조달공급계약, 국공유재산의 매각 및 임대차계약은 전형적인 국고행정으로서 사법상의 계약에 의하여 이루어진다. 이러한 계약의 사법적 성격은 특정한 사회구성원(중소기업인, 장애인, 난민 등)들이 사회 및 경제정책적인 이유에서 특혜적으로 고려된다고 하더라도 여전히 유지된다. 행정주체와 수급자간의 분쟁은 민사소송절차에 의하여 해결된다. 오늘날 국고행정에 있어서도 평등권을 비롯한 기본권이 적용되는바, 민사법원은 특혜적 지위의 부여가 기본권을 침해하였는지 여부를 부수적으로 심사한다.

Ⅴ. 권리구제

자금지원행정에 있어서 개인의 권리구제는 자금지원의 행위형식에 의존한다고 보아야 할 것이다.

1. 공법상 계약 또는 사법상 계약에 의한 자금지원

자금지원이 공법상 계약의 형식으로 행하여지는 경우에는 계약체결 및 급부장애에 관련된 분쟁은 공법상의 당사자소송에 의하여 해결될 것이다. 반면, 사실적 지원과 같이 사법상 계약에 의하여

48) 鄭夏重, 앞의 글, 146면.

이루어지는 경우에는 민사소송을 통하여 처리될 것이다.

2. 행정행위에 의한 자금지원

자금지원이 행정행위에 의하여 이루어지는 경우에는 관계인은 항고쟁송을 통하여 다툴 수 있을 것이다. 자금지원에 대한 상대방의 신청에 대하여 행정청의 부작위나 거부가 있는 경우에는 의무이행심판과 거부처분취소소송과 부작위위법확인소송을 제기할 수 있을 것이다. 그러나 법률에 특별한 규정이 없는 한 자금지원행정은 대체로 행정청의 재량에 있기 때문에 신청자는 자금지원에 대한 무하자재량행사청구권을 가지며, 법원은 지령판결(指令判決) 형식의 판결을 내리는 경우가 대부분일 것이다.

한편, 경업자에 대한 자금지원이 이루어지는 경우에 취소쟁송을 제기할 수 있는지 여부는 근거법률의 해석에 따라 판단되나, 근거법률이 없는 경우에는 평등권 및 직업의 자유 등 헌법상의 자유권의 침해 등을 이유로 원고적격이 인정될 수 있을 것이다. 다만 헌법상의 자유권을 근거로 취소쟁송을 제기하는 경우에는 경쟁상황의 단순한 불이익이나, 영업상의 이익획득에 대한 기회의 감소 등으로는 불충분하며, 경쟁자의 영업상의 지위의 직접적이고 수인이 기대가능하지 않는 침해이어야 한다.

03 공용부담법

제1절 개 설

Ⅰ. 공용부담(公用負擔)의 개념

공용부담이란 "특정한 공익사업, 기타의 복리행정법상의 목적을 위하여 또는 물건의 효용을 위하여 개인에게 강제적으로 과하는 공법상의 경제적 부담"으로 정의되고 있다. 도로, 철도, 항만, 공공주택의 건설 등 특정한 공익사업을 위하여 개인의 토지나 물건 기타 노력을 필요로 하는 경우에는 보통은 매매계약 · 임대차 기타 사법(私法)상 수단을 통하여 이를 획득하여 이에 충당함이 원칙이다. 그러나 때로는 공익상의 필요에도 불구하고 권리자의 동의를 얻을 수 없거나 긴급을 요하여 사법상의 수단이 가능하지 않은 경우가 발생할 수 있다. 이러한 경우에 한편으로 공익사업의 수요를 충당하기 위하여 상대방의 의사에 반하여 강제적으로 부담을 과할 수 있게 하고, 다른 한편으로 공익과 사익과의 조화를 도모하여 그 부담을 합리적으로 조정하는 것을 목적으로 하는 공법상의 제도로서 공용부담제도가 발전되었다.

Ⅱ. 공용부담의 근거

공용부담은 강제적인 부담이기 때문에 그의 부과에 있어서는 반드시 법률의 근거가 있어야 한다. 헌법은 "공공필요에 의한 재산권의 수용 · 사용 또는 제한은 법률로 하되(23조 3항)"라고 규정하여 이를 명시하고 있다. 공용부담에 관한 가장 일반적인 법률로는 「공익사업을 위한 토지 등의 취득 및 보상에 관한 법률」이 있고, 그 밖에 개별법으로는 「국토의 계획 및 이용에 관한 법률」 · 「도시 및 주거환경정비법」 · 도로개발법 · 도로법 · 하천법 · 농지법 등 무수히 많은 법률들이 있다.

Ⅲ. 공용부담의 종류

공용부담은 내용에 따라 인적 공용부담과 물적 공용부담으로 구분된다.

1. 인적 공용부담

인적공용 부담은 특정인에게 작위 · 부작위 또는 급부 등의 의무를 과하는 공용부담을 말하며,

그에 관한 법률관계는 공법상의 채권 · 채무관계의 성질을 갖는다고 할 것이다. 물건에 부착한 부담이 아니고, 물권적 변동을 발생시키지 않는다는 점에서 물적 공용부담과 구별된다. 인적 공용부담에는 ① 부담금, ② 부역 · 현품, ③ 노역 · 물품, ④ 시설 부담, ⑤ 부작위부담 등이 있다.

2. 물적 공용부담

물적 공용부담이란 특정한 재산권에 부착하여 부과되는 부담을 의미한다. 재산권에 부착하여 직접 물권적 변동을 야기시킨다는 점에서 단순한 채권 · 채무적 성격을 갖는 인적 공용부담과는 구별된다. 물적 공용부담은 내용에 따라 다시 ① 공용수용, ② 공용제한, ③ 공용환지 · 공용환권으로 구분된다.

다음에서는 실무상 중요한 의미를 갖고 있는 인적 공용부담에서는 부담금, 물적 공용부담에서는 공용수용과 공용환지 · 공용환권에 대하여 설명하기로 한다.

제2절 부담금

Ⅰ. 개 념

1. 협의의 부담금(전통적 부담금)

전통적 의미의 부담금이란 국가나 지방자치단체 등이 특정의 공익사업과 특별한 관계에 있는 자에 대하여 그 사업에 필요한 경비의 일부 또는 전부를 부담시키기 위하여 과하는 금전지급의무를 말하며, 인적 공용부담 중 특별부담의 성격을 갖는다. 경비의 일부를 부담시키는 경우를 특히 분담금이라고 한다. 이러한 전통적 부담금은 특정 공익사업에 필요한 재정을 당해 공익사업과 특별한 관련이 있는 자에게 부담시킴으로서 부담의 형평성을 기하고, 징수된 부담금을 당해 공익사업에만 사용함으로써 공익사업을 위한 재원을 안정적으로 확보하는 기능을 한다.

2. 광의의 부담금

오늘날 부담금은 특정공익사업을 위하여만 부과하지 않고 일정한 행정목적을 위하여도 부과된다. 그 예로서 일정한 행정목적의 달성을 위하여 부과대상자의 행위를 일정한 방향으로 유도하기 위하여 부과하는 유도적 부담금(예: 수도권정비계획법 12조에 의한 과밀부담금) 및 유도적 기능과 의무이행확보기능을 동시에 갖는 부담금(예: 장애인고용촉진 및 직업재활법상 장애인고용부담금, 대기 및 수질환경보전법상 배출부과금) 등 이 있다. 이러한 새로운 형태의 부담금은 동시에 일정한 행정과제의 실현을 위한 재원충당기능을 한다는 점에서 전통적 부담금과 동일성을 갖고 있다. 이에 따라 오늘날 부담금은 "국가나 지방자치단체 등이 특정한 공익사업 또는 행정목적을 위하여 이들과 특별한 관계에 있는 자에 대하여 부과하는 금전지급의무"라고 정의할 수 있다.

3. 실정법상 개념

부담금관리기본법은 부담금을 "중앙행정기관의 장, 지방자치단체의 장, 행정권한을 위탁받은 공공단체 또는 법인의 장 등 법률에 의하여 금전적 부담의 부과권한이 부여된 자가 분담금, 부과금,

예치금, 기여금 그 밖의 명칭에 불구하고 재화 또는 용역의 제공과 관계없이 특정 공익사업과 관련하여 법률이 정하는 바에 따라 부과하는 조세외의 금전지급의무를 말한다"(동법 2조)고 정의하고 있다. 동법은 별표에서 그 설치가 인정되는 부담금을 열거하고 있는바, 여기에는 전통적 부담금뿐만 아니라 유도적 부담금, 의무이행확보를 위한 부담금 등이 포함되고 있다.

판례(총포 · 도검 · 화약류 등의 안전관리에 관한 법률 제58조 제1항 제3호에 따른 회비가 공법상 부담금에 해당된다는 판례) 어떤 공과금이 부담금에 해당하는지 여부는 명칭이 아니라 실질적인 내용을 기준으로 판단하여야 한다. 부담금 부과에 관한 명확한 법률 규정이 존재한다면 반드시 별도로 부담금관리 기본법 별표에 그 부담금이 포함되어야만 부담금 부과가 유효하게 되는 것은 아니다. 총포 · 도검 · 화약류 등의 안전관리에 관한 법률 제58조 제1항 제3호에 따른 회비는 부담금관리 기본법 별표에 포함되어 있지는 않으나, 공법상 재단법인으로서 총포 · 화약안전기술협회의 법적 성질과 회비의 조성방법과 사용용도 등을 위 법리에 비추어 살펴보면, 국가 또는 공공단체가 일정한 공행정활동과 특별한 관계에 있는 자에 대하여 그 활동에 필요한 경비를 조달하기 위하여 부담시키는 조세 외의 금전지급의무로서 공법상 부담금에 해당한다고 보아야 한다(대판 2021. 12. 30, 2018다241458).

Ⅱ. 조세와 사용료 · 수수료와의 구별

전통적 의미의 부담금은 공법상의 금전급부의무인 점에서는 조세 및 사용료 · 수수료와 동일하지만 다음과 같은 차이가 있다.

1. 조세와의 구별

부담금과 조세는 목적 · 대상자 및 부과정도에 있어서 차이가 난다. ① 부담금은 특정한 공익사업에 충당하기 위한 것인데, 조세는 국가 또는 지방자치단체의 일반수입을 목적으로 한다. ② 부담금은 당해 사업과 특별한 관계가 있는 자에게 부과되는 데 반하여 조세는 일반국민 또는 주민에게 부과된다. ③ 부담금은 사업소요경비, 사업과의 관계 등 종합적 표준에 의하여 부과되는데 비하여, 조세는 담세력을 표준으로 하여 부과된다. 그러나 조세 중 목적세는 특정한 사업의 경비에 충당하기 위하여 부과된다는 점에서 부담금과 성질을 같이 하나, 부담금과 같이 그 사업과 특별한 관계가 있는 자에게만 부과되는 것이 아니라, 일반 개인에 대하여 그 능력에 따라 과하여진다는 점에서 차이가 난다.

2. 사용료 · 수수료와의 구별

부담금은 사업자체의 경영에 소요되는 경비의 부담인 성질을 갖는 데 비하여, 수수료 · 사용료 등은 시설의 이용이나 역무의 제공에 대한 대가 또는 반대급부의 성질을 갖는다. 이에 따라 공기업 이용자나 공물이용자가 특정한 공익사업과 특별한 관계에 있는 경우에는 양자는 병과될 수 있다.

Ⅲ. 종　　류

1. 전통적 부담금의 종류

전통적 부담금은 공익사업의 종류에 따라 도로부담금, 하천부담금, 기반시설부담금, 사방부담금

(砂防負擔金), 농지개량부담금 등이 있으며, 원인에 따라 다음과 같이 세 가지로 구분된다.

1) 수익자부담금

당해 사업으로부터 특별한 이익을 받는 자에 대하여 그 수익의 한도 안에서 사업경비의 일부를 부담시키는 것을 말한다(하천법 53조, 사방사업법 18조, 지자법 129조, 방조제관리법 12 · 13조).

2) 원인자부담금

당해 사업을 필요로 하게 만든 원인을 조성시킨 관계에 있는 자에 대하여 사업경비의 일부를 부담시키는 것을 말한다(도로법 76조, 수도법 53조, 사방사업법 19조).

3) 손상자부담금

당해 사업에 속하는 시설 등을 손상하는 행위를 한 자에게 그 시설의 유지 · 수선비 등의 전부 또는 일부를 부담시키는 것을 말한다(수도법 54조). 실정법은 원인자부담과 손상자부담을 구별하고 있으나 손상자부담은 넓은 의미로 볼 때 원인자부담의 일종이라고 할 것이다.

2. 특별부담금

근래 전통적 부담금과 구별되는 특별부담금과 관련하여 논의가 활발히 되고 있다.[1] 특별부담금은 특별한 국가적 과제를 위한 재정에 충당하기 위하여 특정집단에게 과업과의 관계 등을 기준으로 부과되고 부과주체에 의한 반대급부가 보장되지 않는 금전급부의무를 말한다. 이러한 특별부담금은 여타의 다른 공과금과 같이 국가의 재정적 수입을 수입을 주목적으로 하나, 동시에 행정목적의 실현을 위한 유도적 기능을 수행하는 경우도 적지 않다(예: 대기 · 수질환경보전법상의 배출부과금, 수도권정비계획법에 의한 과밀부담금, 장애인고용촉진 및 직업재활법상 장애인고용부담금). 현행법상 특별부담금은 특정한 국가과제를 위하여 별도로 지출 · 관리되고 있다.

학설에서는 이러한 특별부담금의 남용을 방지하기 위하여 다음과 같이 네 가지 부과요건을 제시하고 있다. ① 부담금의 의무자는 사회적으로 직업적인 동질성을 가져야 하며, ② 부과금의무자는 부담금의 부과목적에 대하여 다른 사회집단보다 객관적으로 근접한 위치에 있어야 하고, ③ 부담금의 의무자는 이러한 객관적인 근접성에 근거하여 부담금부과를 통하여 추구하는 목적에 대하여 특별한 책임을 져야 하며, ④ 부담금의 수입은 부담금의무자의 집단적 이익을 위하여 사용되어야 한다.

판례(특별부담금의 부과요건) 특별부담금은 공적기관에 의한 반대급부가 보장되지 않는 금전급부의무를 설정하는 것이라는 점에서 조세와 유사하다. 그러나 특별부담금은 특별한 과제를 위한 재정충당을 위하여 부과된다는 점에서 일반적인 국가재정수요의 충당을 위하여 부과되는 조세와는 구분되고, 무엇보다도 특별부담금은 특정집단으로부터 징수된다는 점에서 일반국민으로부터 그 담세능력에 따라 징수되는 조세와는 다르다. 특별부담금의 부과가 과잉금지의 원칙과 관련하여 방법상 적정한 것으로 인정되기 위해서는, 이러한 부담금의 부과를 통하여 수행하고자 하는 특정한 경제적 · 사회적 과제에 대하여 특별히 객관적으로 밀접한 관련이 있는 특정집단에 국한하여 부과되어야 하고, 이와 같이 부과 · 징수된 부담금은 그 특정과제의 수행을 위하여 별도로 지출 · 관리되어야 하며 국가의 일반적 재정수입에 포함시켜 일반적 국가과제를 수행하는 데 사용하여서는 아니된다고 할 것이다. 부담금의 수입이 반드시 부담금의무자의 집단적 이익을 위하여 사용되어야 한다고는 볼 수 없으나, 부담금의무자의 집단적 이익을 위하여 사용되는 경우에는 부담

---

1) 이에 대하여 자세히는 鄭夏重, 排出賦課金의 制度的 根據와 法的 改善方向, 環境法硏究 15권(1993), 52면 이하; 金性洙, 行政法 I, 483면 이하 참조.

금부과의 정당성이 제고된다고 할 것이다〔헌재결 1999. 10. 21, 97헌바84(관광기금법에 의한 카지노사업자의 부담금); 1999. 5. 27, 98헌바70(한국방송공사법에 의한 TV방송수신료); 2003. 1. 30, 2002헌바5(관광진흥개발기금법에 의한 내국인 해외여행자의 납부금)〕.

Ⅳ. 부과 · 징수

전통적 부담금의 경우 부과 · 징수에 대한 권리는 당해 사업주체가 가짐이 원칙이다. 다만 국영공비사업(國營公費事業)과 같이 사업주체와 비용부담자가 다른 경우에는 후자가 부담금의 부과 · 징수권을 갖는다고 볼 수 있다. 부담금은 조세와 같이 공법상의 금전지급의무이므로 그 불이행에 대하여는 강제징수가 인정된다(도로법 90조, 하천법 58조, 지자법 131조). 부담금의 부과 · 징수에 대하여 이의가 있을 때에는 행정쟁송절차에 따라 이를 다툴 수 있다.

판례(부담금 이중부과금지 원칙을 위반한 부과처분은 무효라는 판례) 수도법 제71조 제1항에 따른 원인자부담금을 부담하였음에도 이와 별도로 지방자치법 제155조 및 같은 법 제156조 제1항의 위임에 근거한 조례에 따른 시설분담금을 추가로 부과하는 것은 부담금관리 기본법 제5조 제1항이 금지하는 부담금 이중부과에 해당한다. 이러한 법리는 원인자부담금과 시설분담금을 부담하는 주체가 다른 경우에도 그대로 적용된다. 시설분담금 부과처분이 부담금 이중부과 금지 원칙을 위반한 것은 법규의 중요한 부분을 위반한 것이므로 그 하자가 중대하다고 보아야 할 뿐만 아니라, 명백하다고 보아야 한다(대판 2023. 12. 28, 2023다268686).

제 3 절 공용수용(公用收用)

Ⅰ. 개 설

1. 공용수용의 개념

공용수용이란 특정한 공익사업을 위하여 법률에 근거하여 토지 등 타인의 재산권을 강제적으로 취득하는 것을 말한다. 도로 · 철도 · 항만 · 주택건설 등 공익사업을 위하여 타인의 토지 등이 필요한 경우에는 민법상의 매매계약을 통하여 이를 취득하는 것이 원칙이나, 소유자가 매도를 원하지 않는 경우가 빈번히 발생한다. 여기서 당해 사업이 공익상 반드시 실현되어야 할 필요가 있는 경우에는 강제적으로 취득할 수밖에 없는바, 이를 위하여 발전된 제도가 공용수용제도이다. 공용수용의 개념은 다음과 같이 분설할 수 있다.

1) 특정한 공익사업을 위한 재산권의 취득

공용수용은 그 목적에 있어서 특정한 공익사업을 위하여 재산권을 취득한다는 점에서 경찰상 · 재정상 목적을 위한 재산권의 제한 및 박탈(몰수 · 수거 · 조세징수)과 구별된다. 공용수용을 할 수 있는 공익사업은 「공익사업을 위한 토지 등의 취득 및 보상에 관한 법률」(이하 토지보상법이라 약칭함) 제4조 및 기타 개별법률에서 규정되고 있다. 사업의 공익성이 인정된다고 하여 항상 공용수용이 허용되는 것은 아니다. 개인의 재산권보호의 관점에서 공용수용의 허용여부는 비례의 원칙에 따라 해당 사업을 통하여 추구하는 공익과 재산권자의 이익을 비교형량하여 결정하여야 한다.

2) 법률에 근거한 강제적 취득

공용수용은 법률에 근거한 강제적 취득이라는 점에서 사법상 계약에 의한 임의매수와 구별된다. 즉 공용수용은 상대방에게 재산권을 제공할 채무를 부과시켜 그 이행의 결과로 재산권을 취득하는 것이 아니라, 수용권자가 직접 목적물의 권리 그 자체를 일방적으로 취득하는 것이다. 이에 따라 공용수용에 의한 수용권자의 권리취득은 승계취득이 아니라 원시취득에 속한다. 다만, 공용수용은 비례의 원칙에 따라 당사자와의 협의에 의한 매수가 불가능할 경우에만 허용됨을 유의하여야 한다. 토지보상법은 사업시행자와 토지소유자와의 협의에 의한 매수절차(법 14조 이하)를 토지수용절차에 선행시키고 있으며, 토지수용절차에 있어서도 토지수용위원회의 재결 이전에 협의절차(법 26조 이하)를 거치도록 하고 있다.

3) 공용수용의 주체로서 국가 · 공공단체 또는 사인

공용수용의 주체는 당해 공익사업의 주체이다. 국가나 공공단체 뿐만 아니라, 사인도 수용권을 부여받은 경우에는 공무수탁사인으로서 공용수용의 주체가 될 수 있다.

4) 공용수용의 목적물로서 특정한 재산권

공용수용의 목적물은 특정한 재산권이다. 토지소유권은 물론 그 밖의 부동산 · 동산의 소유권 및 기타의 권리 이외에 광업권 · 어업권 · 무체재산권도 그의 목적물이 될 수 있다.

5) 정당한 보상의 지급

공용수용에 의하여 재산권을 박탈당한 자는 공공의 필요를 위하여 특별한 희생을 입은 자로서 공평부담의 원칙에 따라 그에 대하여 정당한 보상이 주어져야 한다(헌법 23조 3항).

2. 공용수용의 근거

공용수용은 공공의 필요를 위하여 개인의 재산권을 강제적으로 취득하는 것이므로, 이에 대하여 법률의 근거가 있어야 한다. 헌법 제23조 제3항은 "공공필요에 의한 재산권의 수용 · 사용 또는 제한 및 그에 대한 보상은 법률로 하되 …"라고 하여 이를 명시적으로 규정하고 있다. 여기에서 법률이라 함은 국회에서 제정된 형식적 의미의 법률을 가리키며, 법률의 수권에 따른 법규명령이나 조례에 의한 공용수용도 가능하다.

공용수용에 대한 일반법으로는 토지보상법이 있는바, 동법은 종래 사법상의 토지취득절차(협의취득절차)를 규율하여 왔던 「공공용지의 취득 및 손실보상에 관한 특례법」과 토지의 공법적인 수용취득절차를 규율하여 왔던 토지수용법을 통합한 법률이다. 공용수용에 관한 특별법으로는 「국토의 계획 및 이용에 관한 법률」 · 광업법 · 도로법 · 하천법 · 징발법 등 많은 법률들이 있는바, 이들은 토지보상법에서 규정하지 않은 새로운 공익사업(예: 도시 및 주거환경정비법 38조) 내지 특수한 재산권(예: 특허법 106조)을 규율하거나, 수용절차를 간소화 또는 강화하는 등 특별한 절차(예: 도시개발법 22조)에 대하여 규정하고 있다. 이들 특별법은 동법에서 규정한 사항 외에는 토지보상법을 준용함이 보통이다. 또한 이들 법률에서 규정한 사업인가, 계획승인 등은 토지보상법상의 사업인정으로 간주하는 예도 많이 있다. 이하에서는 토지보상법을 중심으로 설명하고자 한다.

Ⅱ. 공용수용의 당사자

공용수용의 당사자는 수용권의 주체인 수용자와 수용권의 객체인 피수용자를 말한다.

1. 수 용 자

수용자는 그 사업을 위하여 공용수용을 할 수 있는 특정한 공익사업의 주체이다. 수용자는 공익사업의 주체로서 수용의 목적물을 취득할 권리와 이에 부수된 여러 가지 권리를 갖는 동시에 의무를 부담한다. 수용자의 권리와 의무는 사업주체의 지위에서 갖는 것이기 때문에 합병 기타의 사유로 사업이 이전되면 사업과 함께 승계인에게 이전된다(토지보상법 5조). 수용자는 국가인 경우에는 문제는 없으나 수용자가 국가가 아닌 공공단체 또는 사인인 경우에 수용자가 누구인가에 대하여는 국가수용권설과 사업시행자수용권설이 대립하고 있다. 국가수용권설에 따르면 공용수용의 본질을 수용의 효과를 야기할 수 있는 능력으로 보아, 공용수용의 주체는 국가이며 사업시행자는 다만 공익사업에 필요한 토지를 수용하여 줄 것을 청구할 수 있는 권리를 갖는데 불과하다고 한다. 반면 사업시행자수용권설에 따르면 공용수용을 수용의 효과를 누릴 수 있는 능력이라고 보아, 그 효과를 누릴 수 있는 사업시행자가 수용자라고 한다. 사업시행자수용권설이 다수설이다.[2)]

2. 피수용자

피수용자는 수용의 목적물인 재산권의 주체이다. 토지보상법은 피수용자를 "토지소유자" 및 "관계인"이라는 표현을 사용하고 있는바(토지보상법 2조 4호 · 5호), "토지소유자"라 함은 수용할 토지의 소유자를 말하며, "관계인"이라 함은 수용할 토지에 관하여 지상권 · 지역권 · 전세권 · 저당권 · 사용대차 또는 임대차에 의한 권리 기타 토지에 관한 소유권 이외의 권리를 가진 자 또는 토지에 있는 물건에 관하여 소유권 기타의 권리를 가진 자를 말한다(토지보상법 2조 5호). 다만, 국토교통부장관의 사업인정의 고시가 있은 후 그 토지 · 물건에 관하여 새로운 권리를 취득한 자는 기존권리를 승계한 자를 제외하고는 피수용자에 포함되지 않는다. 피수용자는 보상청구권 및 그 밖의 각종의 권리(재결신청권 · 수용청구권 · 환매권 등)와 의무를 갖는다.

Ⅲ. 공용수용의 목적물

1. 목적물의 종류

토지보상법이 정한 공용수용의 목적물로는 ① 토지소유권, ② 토지에 관한 소유권 이외의 권리(지상권 · 지역권 · 전세권 · 저당권 및 임차권 등), ③ 토지와 함께 공익사업을 위하여 필요로 하는 입목 · 건물 기타 토지에 정착한 물건 및 이에 관한 소유권 이외의 권리, ④ 광업권, 어업권 또는 물의 사용에 대한 권리, ⑤ 토지에 속한 흙 · 돌 · 모래 또는 자갈에 대한 권리 등이 있다(동법 3조). 그 밖에 개별법이 정한 수용의 목적물로는 토지로부터 분리되어 있는 토석 · 죽목 · 운반기구 기타 동산에 관한 권리(도로법 48조 1항)나 특허권 · 실용신안권 · 디자인권과 같은 지적재산권(특허법 106조, 실용신안법 42조, 디자인보호법 61조) 등과 같은 무체

2) 金南辰/金連泰, 行政法 II, 672면; 朴鈗炘/鄭亨根, 最新行政法講義(下), 544면.

재산권이 있다.

2. 목적물의 제한

공용수용의 목적물이 될 수 있다고 하여 그에 대한 공용수용이 무제한적으로 허용되는 것이 아니다. 공용수용은 비례의 원칙에 따라 공익사업에 필요한 최소한도에 그쳐야 하며, 물건 자체의 성질상 수용이 불가능하거나 제한되는 것도 있다. ① 치외법권을 가지는 외국대사관 등의 부지·건물(외교관계에 관한 비엔나협약 22조 3항)과 ② 공익사업에 수용 또는 사용되고 있는 토지 등은 특별히 필요한 경우가 아니면 다른 공익사업을 위하여 수용 또는 사용할 수 없으며(토지보상법 19조 2항), ③ 공물도 공용폐지가 되지 않는 한 원칙적으로 공용수용의 대상이 되지 않는다. 다만 보다 중요한 공익사업에 제공할 필요가 있는 예외적인 경우에는 특별한 절차가 필요하다.

3. 목적물의 확장

위에서 언급한 바와 같이 공용수용은 당해 공익사업을 위하여 필요한 최소한도에 그쳐야 하는 것이 원칙이나, 피수용자의 권리보호 또는 사업의 목적달성을 위하여 예외적으로 그 필요한도를 넘어 수용하는 것이 필요한 때가 있다. 이러한 제도로서 확장수용 또는 지대수용이 있다.

1) 확장수용

가. 잔여지수용

동일한 토지소유자에 속하는 일단의 토지의 일부를 수용함으로 인하여 잔여지를 종래의 목적에 사용하는 것이 현저히 곤란할 때에 토지소유자의 청구에 의하여 그 잔여지까지 전부를 수용하는 것을 말한다(토지보상법 74조).

나. 완전수용

공익사업을 위한 토지의 사용이 3년 이상일 때, 토지의 사용으로 인하여 토지의 형질의 변경되는 때, 또는 사용하고자 하는 토지에 건물이 있는 경우에 토지소유자의 청구에 의하여 그 토지를 수용하는 경우를 말한다(토지보상법 72조).

다. 이전에 갈음하는 수용

수용 또는 사용할 토지에 건축물·입목·공작물 등의 물건이 있을 때에는 이전에 필요한 비용을 보상하고 이전함이 원칙이다. 그러나 ① 건축물 등의 이전이 어렵거나 그 이전으로 인하여 건축물 등을 종래의 목적대로 사용할 수 없게 된 경우, ② 건축물 등의 이전비가 그 물건의 가격을 넘는 경우, ③ 사업시행자가 공익사업에 직접 사용할 목적으로 취득하는 경우에는 당해 물건의 가격으로 보상하여야 한다.

라. 지대수용

토지 또는 건축물을 조성·정리하기 위하여 본래 자기사업에 필요한 토지 이외에 그에 인접하는 일대의 토지수용이 인정되는 경우가 있는바, 이것을 지대수용이라고 한다. 조성·정리가 완성된 후에는 타인에게 매각 또는 임대하여 조성·정리에 소요된 비용의 일부에 충당하는 것이 일반적이다. 우리 실정법은 지대수용을 채택하고 있지 않고 있다. 다만 사업시행을 위하여 필요한 경우에 인접한 토지·건축물 등의 일시적 사용만이 인정되고 있을 뿐이다(국토계획이용법 95조 2항).

Ⅳ. 공용수용의 절차

공용수용은 공익사업을 위하여 상대방의 의사에 반하여 재산권을 강제적으로 취득하는 절차이므로 수용자와 피수용자의 상반되는 이해관계를 조정하기 위하여 일정한 절차에 따라 행하여져야 하는 것이 원칙이다. 현행법상 공용수용의 절차는 크게 두 가지로 나눌 수 있다. 첫째는 공용수용권이 직접 법률에 의하여 설정되는 것으로서 수용권자가 국가나 공공단체에 한정되고 긴급한 필요가 있을 때에만 예외적으로 인정되는 것으로서, 아무런 절차가 필요없고 수용자의 통지에 의하여 또는 보상금액의 결정을 조건으로 즉시 수용의 효과가 발생한다(48조).

둘째는 공용수용권이 법률에서 정한 일련의 절차를 거쳐, 특별한 행정행위에 의하여 설정되는 경우로서 이것은 다시 소정의 절차를 모두 거치는 보통절차와 그 중 일부 절차를 생략하는 약식절차로 나누어진다. 두 번째 절차가 공용수용의 통상적인 절차에 해당하며, 여기서는 토지보상법에 규정된 공용수용의 절차에 대하여 설명하기로 한다.

1. 보통절차

1) 사업인정
  가. 의의 및 성질－행정행위
  나. 사업인정권자－국토교통부장관
  다. 사업인정의 고시
  라. 사업인정의 효과
  마. 사업인정의 실효
2) 토지조서 · 물건조서의 작성
3) 협 의
  가. 의 의
  나. 협의의 성질
    ① 공법상 계약설(통설)
    ② 사법상 계약설
  다. 협의의 효과－수용의 효과가 발생
  라. 협의성립의 확인
4) 재 결
  가. 성 질－행정행위
  나. 재결기관
  다. 재결신청 · 재결신청의 청구
  라. 재결의 절차 · 내용 · 형식
  마. 재결의 효과－수용의 효과가 발생
  바. 재결에 대한 불복
    가) 이의신청
    나) 행정소송
      ① 항고소송－임의적 행정심판(이의신청) 전치주의 / 원처분주의
      ② 보상금증액청구소송－형식적 당사자소송
  사. 확정된 이의신청재결의 효력
  아. 사업인정과 수용재결과의 관계
    가) 사업인정의 구속력
    나) 하자의 승계
5) 화 해

토지보상법이 정한 보통절차는 ① 사업인정, ② 토지조서 · 물건조서의 작성, ③ 협의, ④ 재결 · 화해의 4단계로 나누어진다.

1) 사업인정

가. 의의 및 성질

사업인정이란 특정사업이 토지보상법 제4조에 열거되어 있는 공익사업에 해당함을 인정하여, 사업시행자에게 일정한 절차의 이행을 조건으로 하여 특정한 재산권에 대한 수용권을 설정하여 주는 행위이다. 사업인정에 의하여 사업시행자와 토지소유자 사이에는 구체적인 권리 · 의무관계가 성립되므로 사업인정은 행정행위의 성격을 갖는다. 사업인정이 확인적 행정행위의 성격을 갖는지 또는

형성적 행위의 성격을 갖는지 견해의 대립이 있다. 확인행위설은 사업인정은 공용수용을 할 수 있는 공익사업에의 해당여부를 확인 · 판단하는 확인행위의 성격을 갖는다고 주장하는 반면, 형성행위설은 사업인정은 적극적으로 사업시행자에게 일정한 절차를 거칠 것을 조건으로 하여 수용권을 설정하는 형성행위로 보아야 한다는 견해를 취한다. 형성행위설이 통설이며 또한 판례의 입장이기도 하다.

판례(사업인정의 법적 성격) 토지수용법 제14조 및 제16조에 따른 사업인정은 그 후 일정한 절차를 거칠 것을 조건으로 하여 일정한 내용의 수용권을 설정해 주는 행정처분의 성격을 띠는 것으로서 그 사업인정을 받음으로써 수용할 목적물의 범위가 확정되고 수용권으로 하여금 목적물에 관한 현재 및 장래의 권리자에게 대항할 수 있는 일종의 공법상의 권리로서의 효력을 발생시킨다(대판 1988. 12. 27, 87누1141).

나. 사업인정권자

토지보상법은 사업인정을 국토교통부장관이 하도록 하고 있으나(토지보상법 20조), 그 밖의 자에게 사업인정권이 부여되어 있는 경우도 있다(광업법 88조). 국토교통부장관이 사업인정을 하고자 할 때에는 관계 중앙 행정기관의 장 및 시 · 도지사와 협의하여야 하고, 중앙토지수용위원회 및 사업인정에 관한 이해관계자의 의견을 들어야 한다(토지보상법 21조 1항). 한편, 토지보상법 제4조 제8호 별표에 규정된 법률에 따라 사업인정이 있는 것으로 의제되는 공익사업의 허가 · 인가 · 승인권자 등은 사업인정이 의제되는 지구지정 · 사업계획승인 등을 하려는 경우에도 중앙토지수용위원회 및 사업인정에 이해관계가 있는 자의 의견을 들어야 한다(토지보상법 21조 2항). 중앙토지수용위원회는 의견제출을 요청받은 날부터 30일 이내에 의견을 제출하여야 하며, 같은 기간 이내에 의견을 제출하지 아니하는 경우에는 의견이 없는 것으로 본다(토지보상법 21조 3항). 사업인정권자는 사업인정을 함에 있어서 당해 사업이 공익사업에 해당하는지 여부 및 공공필요의 요건을 충족시키는 여부에 대하여 구체적으로 판단하여야 하므로, 일정한 한계 내에서 판단여지를 갖는다고 할 것이다. 다만, 판단여지설을 아직 채택하고 있지 않은 판례는 사업인정을 재량행위로 보고 있다.

판례 1(사업인정의 재량행위 여부) 광업법 제87조 내지 제89조, 토지수용법 제14조에 의한 토지수용을 위한 사업인정은 단순한 확인행위가 아니라 형성행위이고 당해 사업이 비록 토지를 수용할 수 있는 사업에 해당된다 하더라도 행정청으로서는 그 사업이 공용수용을 할 만한 공익성이 있는지의 여부를 모든 사정을 참작하여 구체적으로 판단하여야 하는 것이므로 사업인정의 여부는 행정청의 재량에 속한다(대판 1992. 11. 13, 92누596).

판례 2(사업인정에 있어서 비례의 원칙의 적용) 공익사업을 위한 토지 등의 취득 및 보상에 관한 법률의 규정에 의한 사업인정처분이라 함은 공익사업을 토지 등을 수용 또는 사용할 사업으로 결정하는 것으로서(같은 법 제2조 제7호) 단순한 확인행위가 아니라 형성행위이므로, 당해 사업이 외형상 토지 등을 수용 또는 사용할 수 있는 사업에 해당된다 하더라도 행정주체로서는 그 사업이 공용수용을 할 만한 공익성이 있는지의 여부와 공익성이 있는 경우에도 그 사업의 내용과 방법에 대하여 사업인정처분에 관련된 자들의 이익을 공익과 사익 간에서는 물론, 공익 상호간 및 사익 상호간에도 정당하게 비교 · 교량하여야 하고, 그 비교 · 교량은 비례의 원칙에 적합하도록 하여야 한다(대판 2005. 4. 29, 2004두14670).

다. 사업인정의 고시

국토교통부장관이 사업인정을 할 때에는 지체 없이 그 뜻을 사업시행자, 토지소유자 및 관계인, 관계 시 · 도지사에게 통지하고, 사업시행자의 성명 · 명칭, 사업의 종류, 사업지역 및 수용 또는 사용할 토지의 세목을 관보에 게시하여야 한다. 고시는 사업인정의 효력발생요건에 해당할 뿐 아니라, 그 자체로 준법률행위적 행정행위로서 통지의 성격을 갖는다. 사업인정은 고시일로부터 효력을 발생한다(토지보상법 22조). 판례는 이러한 통지와 고시에 있어서 일부절차를 누락한 사업인정의 효력을 무효사유가 아닌 취소사유로 보고 있다.

판례(사업인정에 있어서 절차상의 하자의 효과) 구 토지수용법 제16조 제1항에서는 건설부장관이 사업인정을 하는 때에는 지체 없이 그 뜻을 기업자 · 토지소유자 · 관계인 및 관계도지사에게 통보하고 기업자의 성명 또는 명칭, 사업의 종류, 기업지 및 수용 또는 사용할 토지의 세목을 관보에 공시하여야 한다고 규정하고 있는바, 가령 건설부장관이 위와 같은 절차를 누락한 경우 이는 절차상의 위법으로서 수용재결 단계 전의 사업인정 단계에서 다툴 수 있는 취소사유에 해당하기는 하나, 더 나아가 그 사업인정 자체를 무효로 할 중대하고 명백한 하자라고 보기는 어렵고, 따라서 이러한 위법을 들어 수용재결처분의 취소를 구하거나 무효확인을 구할 수는 없다(대판 2000. 10. 13, 2000두5142).

라. 사업인정의 효과

사업인정의 고시가 있게 되면 수용의 목적물이 확정되며, 수용의 목적달성을 쉽게 하기 위하여 수용자에게 그 목적물에 관한 현재 및 장래의 권리자에게 대항할 수 있는 일종의 공법상의 물권을 발생시킨다. 즉, ① 사업인정의 고시 후 그 토지 등에 관하여 새로운 권리를 취득한 사람에 대하여는, 기존의 권리를 승계한 자를 제외하고는, 피수용자로서의 권리를 인정하지 않으며(토지보상법 2조 5호 단서), ② 사업시행자는 당해 토지에 출입할 수 있는 등의 권리를 가지며, ③ 토지 등의 보전을 위하여 피수용자뿐만 아니라, 누구든지 그 토지 등에 대하여 사업에 장해가 될 형질의 변경이나 토지정착물 등의 손괴 · 수거 등의 행위가 금지되고(동법 25조 1항), 그 토지 등에 공작물을 신축 · 증축 · 대수선 등을 할 때에는 시장 · 군수 · 자치구청장의 허가를 받아야 한다(동법 25조 2항). 또한 수용에 따른 보상액은 사업인정 당시의 공시지가를 기준으로 하여, 그에 재결시까지의 통상적인 지가상승분을 더하여 산정하게 되어 있으므로, 사업인정의 고시는 보상액을 고정하는 효과를 갖는다. 한편, 사업인정이 불가쟁력이 발생된 경우에, 사업인정의 흠을 이유로 후행행위인 재결처분을 다툴 수 있는지 여부에 대하여 판례는 부정적인 입장을 취하고 있다.

판례(사업인정과 수용재결 사이에 흠의 승계가능성) 사업인정처분 자체의 위법은 사업인정단계에서 다투어야 하고 이미 그 쟁송기간이 도과한 수용재결단계에서는 사업인정처분이 당연무효라고 볼 만한 특단의 사정이 없는 한 그 위법을 이유로 재결의 취소를 구할 수는 없다(대판 1992. 3. 13, 91누4324).

마. 사업인정의 실효

가) 재결신청해태로 인한 실효 　사업시행자가 사업인정의 고시일로부터 1년 이내에 토지수용

위원회에 대한 재결을 신청하지 않을 때에는 그 기간만료일의 다음날부터 그 효력을 상실한다(동법 23조).

나) 사업의 폐지 · 변경으로 인한 실효　　사업인정의 고시 후 그 사업의 전부 또는 일부를 폐지하거나 변경함으로써 토지 등의 전부 또는 일부를 수용할 필요가 없게 된 때에는 시 · 도지사는 사업시행자의 신고에 의해 또는 직권으로 이를 고시하여야 하며, 그 고시일로부터 사업인정의 전부 또는 일부는 그 효력을 상실한다(동법 24조).

2) 토지조서 · 물건조서의 작성

사업인정을 받은 사업시행자는 토지조서 및 물건조서를 작성하여 서명 또는 날인을 하고 토지소유자 및 관계인의 서명 또는 날인을 받아야 한다(동법 26조 1항, 14조 1항). 다만 토지소유자 및 관계인이 정당한 이유 없이 서명 또는 날인을 거부하거나 토지소유자 및 관계인을 알 수 없거나 그 주소 · 거소 등을 알 수 없는 등의 사유로 서명 또는 날인을 할 수 없는 경우에는 그러하지 아니하되, 사업시행자는 해당 토지조서 및 물건조서에 그 사유를 기재하여야 한다(동법 14조 1항 단서). 이러한 조서를 작성하는 이유는 미리 사업시행자에게 토지 · 물건의 필요사항을 확인시키고 토지소유자 및 관계인에게도 이를 확인시킴으로써, 이후 토지수용위원회의 재결절차에 있어서 심리의 전제사실을 명확히 하고 심리를 신속하고 원활하게 하려는 데 있다. 조서작성을 위하여 필요한 경우 사업시행자는 해당 토지 또는 물건에 출입하여 이를 측량하거나 조사할 수 있으며(동법 27조), 조서에 대하여 이의가 있는 토지소유자 또는 관계인은 사업시행자에게 서면으로 이의를 제기할 수 있으며, 사업시행자는 그 이의를 해당 조서에 부기하여야 한다(동법 27조 2항, 15조 3항 · 4항). 사업시행자 · 토지소유자 및 관계인이 서명날인한 조서는 일응 진실한 것으로 추정되어, 이의를 부기한 경우를 제외하고는 조서에 대하여 이의를 제기할 수 없다. 다만 조서의 기재가 진실에 반하는 것임을 입증할 때에는 예외로 한다(동법 27조 2항 단서).

판례는 토지조서 작성상의 하자만으로는 수용재결이나 이의재결의 효력에 영향을 미치지 않는다는 입장을 취하고 있다.

판례(토지조서 작성상의 하자의 효과)　　토지수용을 함에 있어 토지소유자 등에게 입회를 요구하지 아니하고 작성한 토지조서는 절차상의 하자를 지니게 되는 것으로서 토지조서로서의 효력이 부인되어 조서의 기재에 대한 증명력에 관하여 추정력이 인정되지 아니하는 것일 뿐, 토지조서의 작성에 하자가 있다 하여 그것이 곧 수용재결이나 그에 대한 이의재결의 효력에 영향을 미치는 것은 아니라 할 것이므로 토지조서에 실제 현황에 관한 기재가 되어 있지 아니하다거나 실측평면도가 첨부되어 있지 아니하다거나 토지소유자의 입회나 서명날인이 없었다든지 하는 사유만으로는 이의재결이 위법하다 하여 그 취소를 구할 사유로 삼을 수 없다(대판 1993. 9. 10, 93누5543).

---

3) 협 의

가. 의 의

협의에는 사업인정 전의 협의(동법 16조)와 사업인정 후의 협의가 있다(동법 26조). 수용절차로서의 협의는 사업인정 후의 협의를 의미한다(동법 26조). 사업인정을 받은 사업시행자는 토지소유자 및 관계인과 협의의 절차를 거쳐야 한다. 협의절차는 의무적인 것으로서 협의를 거치지 않고 재결을 신청하는 것은 위법하다. 다만 사업인정 이전에 협의절차를 거쳤거나 협의가 성립되지 않아 사업인정을 받은 사업의 경우에는, 토지조서 및 물건조서의 내용에 변동이 없는 때에는 협의절차를 거치지 아니할 수 있다. 그러나 이 경우에도 사업시행자 또는 토지소유자 및 관계인이 협의를 요구한 때에는 협의하여야 한다(동법 26조 2항).

나. 협의의 성질

협의는 수용할 토지의 범위·수용시기·손실보상 등에 관한 사업시행자와 피수용자간에 교섭행위이다. 따라서 협의는 쌍방의 합의에 의하여 이루어지며, 사업시행자의 일방적 행위에 의하여 이루어질 수 없다. 협의의 법적 성질에 대하여는 사법상 계약설과 공법상 계약설이 대립하고 있다. 사법상 계약설은 협의는 사업시행자가 토지소유자 및 관계인과 법적으로 대등한 지위에서 행하는 임의적 합의이므로 수용권의 행사가 아닌 사법상의 매매계약의 성격을 갖는다고 한다. 이에 대하여 공법상 계약설은 협의는 수용권의 주체인 사업시행자가 그 토지 등의 권리를 취득하기 위하여 기득의 수용권을 실행하는 방법에 불과한 것이므로 공법상 계약이라고 한다. 생각건대 협의는 수용절차의 한 단계이며, 협의가 이루어져 토지수용위원회의 확인을 받는 경우에는 토지수용위원회의 재결과 동일한 효력을 발생한다는 점을 고려할 때 공법상 계약의 성질을 갖는다고 하겠다. 공법상 계약설이 통설이다.

판례(토지보상법상 협의취득이 사법상 매매계약이라는 판례) 토지보상법상 수용은 일정한 요건하에 그 소유권을 사업시행자에게 귀속시키는 행정처분으로서 이로 인한 효과는 소유자가 누구인지와 무관하게 사업시행자가 그 소유권을 취득하게 하는 원시취득이다. 반면, 토지보상법상 '협의취득'의 성격은 사법상 매매계약이므로 그 이행으로 인한 사업시행자의 소유권 취득도 승계취득이다. 그런데 토지보상법 제29조 제3항에 따른 신청이 수리됨으로써 협의 성립의 확인이 있었던 것으로 간주되면, 토지보상법 제29조 제4항에 따라 그에 관한 재결이 있었던 것으로 재차 의제되고, 그에 따라 사업시행자는 사법상 매매의 효력만을 갖는 협의취득과는 달리 확인대상 토지를 수용재결의 경우와 동일하게 원시취득하는 효과를 누리게 된다(대판 2018. 12. 13, 2016두51719).

다. 협의의 효과

협의가 성립되면, 공용수용절차는 종결되고 수용에 상당하는 효과가 발생한다. 즉 사업시행자는 수용의 개시일까지 보상금을 지급 또는 공탁하고(동법 40조), 피수용자는 그 개시일까지 토지·물건을 사업시행자에게 인도 또는 이전함으로써(동법 43조), 사업시행자는 목적물에 대한 권리를 취득하고 피수용자는 그 권리를 상실한다(동법 45조). 이 경우 사업시행자가 토지·물건을 취득하는 것은 재결에 의한 원시취득과는 달리 승계취득으로서, 사업시행자는 이전 소유자의 권리 위에 존재하던 부담과 제한들을 그대로 승계하게 된다.

라. 협의성립의 확인

사업시행자는 협의가 성립된 경우에는 사업인정고시가 있은 날로부터 1년 이내에 당해 토지소유자 및 관계인의 동의를 얻어 관할 토지수용위원회에 협의성립의 확인을 신청할 수 있다(동법 29조 1항). 그리고 사업시행자가 협의가 성립된 토지의 소재지·지번·지목 및 면적 등 대통령령이 정하는 사항에 대하여 공증을 받아 협의성립의 확인을 신청한 때에는 관할 토지수용위원회가 이를 수리함으로써 협의성립이 확인된 것으로 본다(동법 29조 3항). 협의의 확인은 재결로 간주되고, 사업시행자·토지소유자 및 관계인은 그 확인된 협의의 성립이나 내용을 다툴 수 없으며(동법 29조 4항), 사업시행자는 협의취득과는 달리 확인대상 토지를 수용재결의 경우와 동일하게 원시취득하는 효과를 누리게 된다.

판례(토지수용위원회가 협의 성립의 확인을 신청을 수리한 경우, 진정한 토지소유자가 수리 행위의 위법함을 이유로 항고소송으로 취소를 구할 수 있는지 여부) 사업시행자가 진정한 토지소유자의 동의를 받지 못한 채 단순히 등기부상 소유명의자의 동의만을 얻은 후 관련 사항에 대한 공증을 받아 토지보상법 제29조 제3항에 따라 협의 성립의 확인을 신청하였음에도 토지수용위원회가 신청을 수리하였다면, 수리 행위는 다른 특별한 사정이 없는 한 토지보상법이 정한 소유자의 동의 요건을 갖추지 못한 것으로서 위법하다. 진정한 토지소유자의 동의가 없었던 이상, 진정한 토지소유자를 확정하는 데 사업시행자의 과실이 있었는지 여부와 무관하게 그 동의의 흠결은 위 수리 행위의 위법사유가 된다. 이에 따라 진정한 토지소유자는 수리 행위가 위법함을 주장하여 항고소송으로 취소를 구할 수 있다(대판 2018. 12. 13, 2016두51719).

4) 재 결

가. 성 질

재결은 협의의 불성립 또는 협의불능의 경우에 행하는 공용수용의 종국적인 절차이다. 재결은 사업시행자로 하여금 토지의 소유권 또는 사용권을 취득하도록 하고 사업시행자가 지급하여야 할 손실보상액을 정하는 결정으로서 형성적 행정행위의 성격을 갖는다.

나. 재결기관

재결기관으로서 국토교통부에 중앙토지수용위원회가, 서울특별시 · 광역시와 도에 지방토지수용위원회가 설치되어 있는바(동법 49조), 이들은 합의제 행정관청의 성격을 갖고 있다. 중앙토지수용위원회는 국가 또는 특별시 · 광역시나 도가 사업시행자인 사업과 수용목적물이 2 이상의 도 또는 특별시 · 광역시 · 도의 구역에 걸친 사업에 관한 것을 관할하고, 그 이외의 사업에 관한 것은 지방토지수용위원회가 관할한다(동법 51조).

다. 재결신청 · 재결신청의 청구

가) 재결신청 협의의 불성립 또는 협의불능의 경우에는 사업시행자는 사업인정의 고시가 있은 날로부터 1년 이내에 관할 토지수용위원회에 재결을 신청할 수 있다. 이 기간 안에 신청하지 않으면, 사업인정의 고시는 기간만료일의 다음날부터 그 효력을 상실한다(동법 23조 · 28조).

나) 재결신청의 청구 재결신청은 사업시행자만이 할 수 있게 되어 있으나(동법 28조), 수용절차의 조속한 종결에 대하여는 피수용자도 중요한 이해관계가 있기 때문에 토지보상법은 재결신청의 청구제도를 두고 있다. 이에 따라 당사자간에 협의가 성립되지 아니한 때에는 토지소유자 및 관계인은 사업시행자에 대하여 조속히 재결신청을 할 것을 청구할 수 있으며, 청구를 받은 사업시행자는 청구가 있은 날로부터 60일 이내에 관할 토지수용위원회에 재결신청을 하여야 한다(동법 30조 1항 · 2항). 만약 이 기간이 지난 후에 재결을 신청한 때에는 그 경과한 기간에 대하여 이자를 보상금에 가산하여 지급하여야 한다.

판례 1(토지소유자 및 관계인에게 재결신청청구권을 부여한 이유) 토지수용법이 제25조의3의 각 항으로 토지 소유자 및 관계인에게 재결 신청의 청구권을 부여한 이유는, 시행자는 사업인정의 고시 후 1년 이내(재개발사업은 그 사업의 시행기간 내)에는 언제든지 재결을 신청할 수 있는 반면에 토지 소유자 및 관계인은 재결신청권이 없으므로, 수용을 둘러싼 법률관계의 조속한 확정을 바라는 토지 소유자 및 관계인의 이익을 보호하고 수용 당사자 간의 공평을 기하기 위한 것이다(대판 1997. 10. 24, 97다31175).

판례 2(토지소유자 등의 재결신청 청구에도 사업시행자가 재결신청을 하지 않을 때 다툴 수 있는 방법) 공익사업을 위한 토지 등의 취득 및 보상에 관한 법률 제28조, 제30조에 따르면, 편입토지 보상, 지장물 보상, 영업·농업 보상에 관해서는 사업시행자만이 재결을 신청할 수 있고 토지소유자와 관계인은 사업시행자에게 재결신청을 청구하도록 규정하고 있으므로, 토지소유자나 관계인의 재결신청 청구에도 사업시행자가 재결신청을 하지 않을 때 토지소유자나 관계인은 사업시행자를 상대로 거부처분 취소소송 또는 부작위 위법확인소송의 방법으로 다투어야 한다. 구체적인 사안에서 토지소유자나 관계인의 재결신청 청구가 적법하여 사업시행자가 재결신청을 할 의무가 있는지는 본안에서 사업시행자의 거부처분이나 부작위가 적법한가를 판단하는 단계에서 고려할 요소이지, 소송요건 심사단계에서 고려할 요소가 아니다(대판 2019. 8. 29, 2018두57865).

라. 재결의 절차·내용·형식

가) 재결의 절차　재결신청을 받은 토지수용위원회는 지체없이 이를 공고하고, 공고일로부터 14일 이상 관계서류의 사본을 일반에게 열람시킴과 아울러, 그 열람기간 중에 토지소유자 및 관계인에게 의견진술의 기회를 주어야 한다(동법 31조). 위원회는 열람기간이 경과한 후 지체없이 심의하여야 하며(동법 32조), 개시일로부터 14일 이내에 재결을 하여야 한다. 다만, 특별한 사유가 있을 때에는 1차에 한하여 14일의 범위 안에서 연장할 수 있다(동법 35조). 위원회는 필요하다고 인정하는 때에는 사업시행자·토지소유자 및 관계인을 출석시켜 그 의견을 진술하게 할 수 있으며(동법 32조 2항), 아울러 심리의 공정을 기하기 위하여 제척·기피·회피의 제도가 채택되고 있다(동법 57조).

나) 재결의 내용　토지수용위원회가 재결할 내용은 ① 수용할 토지의 구역 및 사용방법, ② 손실보상, ③ 수용의 개시일 및 기간 등의 사항이며(동법 50조 1항), 사업시행자·토지소유자·관계인이 신청한 범위 안에서 재결하여야 한다(동법 50조 2항). 다만, 손실보상에 있어서는 당사자가 신청한 범위를 넘어서 증액재결을 할 수 있다(동법 50조 2항 단서).

다) 재결의 형식　토지수용위원회의 재결은 서면으로 하는데, 그 재결서에는 주문 및 그 이유와 재결의 일자를 기재하고, 위원장 및 회의에 참석한 위원이 기명날인 한 후 그 정본을 사업시행자·토지소유자 및 관계인에게 송달하여야 한다(동법 34조).

마. 재결의 효과

토지수용위원회의 재결이 있으면 공용수용의 절차는 종결되고, 일정한 조건아래 수용의 효과가 발생한다. 즉 사업시행자는 보상금의 지급 또는 공탁을 조건으로 수용의 개시일에 토지에 대한 권리를 원시취득하고(동법 40조·45조), 피수용자가 의무를 이행하지 않는 경우에는 대집행신청권이 발생한다(동법 89조). 피수용자는 수용물건의 인도·이전의 의무를 지는 반면에, 손실보상청구권 및 환매권을 취득한다. 재결은 수용의 시기까지 사업시행자가 보상금을 지급하거나 공탁하지 않으면 효력을 상실한다(동법 42조).

판례 1(토지인도의무에 하자담보책임이 포함되는지 여부) 토지수용법에 의한 수용재결의 효과로서

수용에 의한 기업자의 토지소유권취득은 토지소유자와 수용자와의 법률행위에 의하여 승계취득하는 것이 아니라, 법률의 규정에 의하여 원시취득하는 것이므로, 토지소유자가 토지수용법 제63조의 규정에 의하여 부담하는 토지의 인도의무에는 수용목적물에 숨은 하자가 있는 경우에도 하자담보책임이 포함되지 아니하여 토지소유자는 수용시기까지 수용 대상 토지를 현존 상태 그대로 기업자에게 인도할 의무가 있을 뿐이다(대판 2001. 1. 16, 98다58511).

판례 2(수용재결이 있은 후 토지소유자 등과 사업시행자가 다시 협의하여 토지 등의 취득이나 사용 및 그에 대한 보상에 관하여 임의로 계약을 체결할 수 있는지 여부) 공익사업을 위한 토지 등의 취득 및 보상에 관한 법률은 사업시행자로 하여금 우선 협의취득 절차를 거치도록 하고, 협의가 성립되지 않거나 협의를 할 수 없을 때에 수용재결취득 절차를 밟도록 예정하고 있기는 하다. 그렇지만 일단 토지수용위원회가 수용재결을 하였더라도 사업시행자로서는 수용 또는 사용의 개시일까지 토지수용위원회가 재결한 보상금을 지급 또는 공탁하지 아니함으로써 재결의 효력을 상실시킬 수 있는 점, 토지소유자 등은 수용재결에 대하여 이의를 신청하거나 행정소송을 제기하여 보상금의 적정 여부를 다툴 수 있는데, 그 절차에서 사업시행자와 보상금액에 관하여 임의로 합의할 수 있는 점, 공익사업의 효율적인 수행을 통하여 공공복리를 증진시키고, 재산권을 적정하게 보호하려는 위 법률의 입법 목적(제1조)에 비추어 보더라도 수용재결이 있은 후에 사법상 계약의 실질을 가지는 협의취득 절차를 금지해야 할 별다른 필요성을 찾기 어려운 점 등을 종합해 보면, 토지수용위원회의 수용재결이 있은 후라고 하더라도 토지소유자 등과 사업시행자가 다시 협의하여 토지 등의 취득이나 사용 및 그에 대한 보상에 관하여 임의로 계약을 체결할 수 있다고 보아야 한다(대판 2017. 4. 13, 2016두64241).

바. 재결에 대한 불복

재결은 행정행위의 성격을 가지므로, 그에 대하여 불복하는 자는 행정쟁송을 제기하여 취소·변경을 구할 수 있다. 다만, 토지보상법은 재결의 취소·변경을 구하는 행정쟁송에 있어서 행정심판법 및 행정소송법에 대하여 약간의 특례를 인정하고 있다. 재결에 대한 불복절차로는 이의신청과 행정소송이 있는데 종전 토지수용법에서는 이의신청전치주의가 채택되어 이의신청을 거쳐야만 행정소송을 제기할 수 있었는데, 토지보상법은 임의적 전치주의를 채택하여 이의신청을 거쳐 행정소송을 제기할 수도 있고, 이의신청을 거치지 않고 바로 행정소송을 제기할 수도 있게 되었다(동법 85조).

가) 이의신청 중앙토지수용위원회의 재결에 이의가 있는 자는 중앙토지수용위원회에, 지방토지수용위원회의 재결에 대하여 이의가 있는 자는 해당 지방토지수용위원회를 거쳐 중앙토지수용위원회에, 재결서의 정본을 받은 날로부터 30일 이내에 이의를 신청할 수 있다(동법 83조). 사업시행자가 관할 토지수용위원회의 수용재결에 불복하여 중앙토지수용위원회에 이의를 신청할 경우에는 자기의 예정보상금액을 미리 지급하고 재결에 의한 보상금액과의 차액을 공탁하여야 한다(동법 40조 4항). 중앙토지수용위원회는 이의신청이 있는 경우 심리를 통하여 원재결이 위법 또는 부당하다고 인정되는 때에는 그 재결의 전부 또는 일부를 취소하거나 보상액을 직접 변경할 수 있다(동법 84조). 중앙토지수용위원회의 취소나 변경으로 보상금이 증액된 때에는 사업시행자는 30일 이내에 그 증액된 보상금을 지급하여야 한다(동법 84조 2항). 사업시행자가 당해 재결에 불복할 경우에는 증액된 보상금을 공탁한 후 행정소송을 제기할 수 있다(동법 85조 1항 후문).

나) 행정소송 지방토지수용위원회 또는 중앙토지수용위원회의 재결에 대하여 불복이 있는 사업시행자·토지소유자 또는 관계인은 재결서를 받은 날로부터 90일 이내에, 중앙토지수용위원회의

이의신청재결을 거친 때에는 이의신청에 대한 재결서를 받은 날로부터 60일 이내에 각각 행정소송을 제기할 수 있다(동법 85조 1항).

판례(수용재결에 대한 이의신청기간 및 이의재결에 대한 행정쟁송기간의 위헌여부) 수용재결(원재결)에 대한 이의신청기간과 이의재결에 대한 행정소송제기기간을 그 일반법인 행정심판법 제18조 제1항의 행정심판청구기간(60일)과 행정소송법 제20조 제1항의 행정소송의 제소기간(60일)보다 짧게 규정한 것은 토지수용과 관련한 공공사업을 신속히 수행하여야 할 그 특수성과 전문성을 살리기 위한 필요에서 된 것으로 이해되므로 이를 행정심판법 제43조, 제42조에 어긋나거나 헌법 제27조에 어긋나는 위헌규정이라 할 수 없다(대판 1992. 8. 18, 91누9312).

그런데 여기에서의 행정소송은 ① 지방토지수용위원회나 중앙토지수용위원회의 재결의 취소 또는 무효확인을 구하는 항고소송과, ② 보상금의 증액 또는 감액만을 청구하는 보상금증감청구소송인 형식적 당사자소송의 두 가지가 있다.

① 항고소송

i) **취소소송**

종전 토지수용법에서는 지방토지수용위원회 또는 중앙토지수용위원회의 재결에 대한 중앙토지수용위원회의 이의신청재결에 대한 취소소송에 있어서 원재결이 취소소송의 대상이 되는지 또는 이의신청재결이 취소소송의 대상이 되는지 학설의 다툼이 되었으나 다수설과 판례는[3] 재결주의의 입장에서 이의신청재결이 취소소송의 대상이 된다는 입장을 취하였다.

현행 토지보상법에서 지방토지수용위원회 또는 중앙토지수용위원회의 재결에 대하여 이의신청을 제기하지 않고 직접 취소소송을 제기하는 경우, 그 대상은 토지수용위원회의 원재결이 된다. 그러나 이의신청을 거쳐 취소소송을 제기하는 경우에 그 대상이 원재결이 되어야 하는지 또는 이의신청에 대한 재결이 되어야 하는지 다툼이 되고 있다. 일설은 이의신청에 대한 중앙토지수용위원회의 이의신청재결은 원재결의 내용을 변경하는 경우가 대부분이며, 현실적으로 사업시행자 · 토지소유자나 관계인 등은 이의신청재결 자체에 대하여 불복을 하기 때문에 이의신청재결이 취소소송의 대상이 된다고 한다. 이에 대하여 다른 학설은 취소소송의 원처분주의에 따라 원재결이 취소소송의 대상이 되어야 하며, 또한 제85조 제1항의 규정방식도 원처분주의를 취하고 있다고 한다. 다만, 이의신청재결 자체에 고유한 위법이 있는 경우에 한하여 이의신청재결을 취소대상으로 할 수 있다고 한다(행소법 19조). 원재결이 취소소송의 대상이 된다는 견해가 다수설이며[4] 판례의 입장이다.

판례 공익사업을 위한 토지 등의 취득 및 보상에 관한 법률 제85조 제1항 전문의 문언 내용과 같은 법 제83조, 제85조가 중앙토지수용위원회에 대한 이의신청을 임의적 절차로 규정하고 있는 점, 행정소송법 제19조 단서가 행정심판에 대한 재결은 재결 자체에 고유한 위법이 있음을 이유로 하는 경우에 한하여 취소소송의 대상으로 삼을 수 있도록 규정하고 있는 점 등을 종합하여 보면, 수용재결에 불복하여 취소소송을 제기하는 때에는 이의신청을 거친 경우에도 수용재결을 한 중앙토지수용위원회 또는 지방토지수용위원

3) 대판 1990. 6. 22, 90누1755.

4) 金南辰/金連泰, 行政法 II, 690면; 金東熙, 行政法 II, 401면; 柳至泰/朴鍾秀, 行政法新論, 1078면.

회를 피고로 하여 수용재결의 취소를 구하여야 하고, 다만 이의신청에 대한 재결 자체에 고유한 위법이 있음을 이유로 하는 경우에는 그 이의재결을 한 중앙토지수용위원회를 피고로 하여 이의재결의 취소를 구할 수 있다고 보아야 한다(대판 2010. 1. 28, 2008두1504).

ii) **무효등확인소송**

수용재결도 행정처분의 성격을 갖기 때문에 그것에 중대하고 명백한 하자가 있는 경우에는 무효등확인소송을 제기할 수 있다.

② **보상금증감청구소송** 지방토지수용위원회나 중앙토지수용위원회의 재결 또는 중앙토지수용위원회의 이의신청재결 중 보상금에 대하여 불복이 있는 때에는 위에서 본 기간 이내에 보상금증감청구소송을 제기할 수 있다. 종전의 토지수용법은 보상금청구소송의 경우에 당사자인 토지소유자·관계인과 사업시행자가 원고·피고가 되는 것일 뿐 아니라 재결청인 토지수용위원회도 피고가 되게 하였기 때문에 그 소송의 성격에 대하여 논란이 있어왔다. 그런데 토지보상법은 "… 당해 소송을 제기하는 자가 토지소유자 또는 관계인인 때에는 사업시행자를, 사업시행자인 때에는 토지소유자 또는 관계인을 각각 피고로 하여야 한다"고 규정하여(동법 85조 2항), 보상금증감청구소송이 형식적 당사자소송임을 명백히 하고 있다. 형식적 당사자소송이란 행정청의 처분이나 재결에 의하여 형성된 법률관계에 관하여 다툼이 있는 경우에, 당해 처분 또는 효력을 다툼이 없이 직접 그 처분·재결에 의하여 형성된 법률관계에 대하여 그 일방 당사자를 피고로 하여 제기하는 소송을 의미한다. 보상액만이 사업시행자와 토지소유자간에 다툼이 대상이 되고 있는 경우에 이러한 형태의 소송이 인정되지 않는다면, 사업시행자 또는 토지소유자는 행정청인 토지수용위원회를 피고로 하여 재결취소소송을 제기한 후 또는 그와 동시에 보상금증감에 관한 당사자소송을 제기하여 양자를 병합하는 등의 불편이 있다. 또한 이해당사자간의 재산상의 분쟁에 행정청이 피고가 되는 것은 불합리한 측면이 있다. 형식적 당사자소송은 이러한 불편과 불합리를 제거하기 위하여 소송기술적인 고려에 의하여 인정되고 있다.

판례 1(피보상자 또는 사업시행자가 여러 보상항목들 중 일부에 대해서만 개별적으로 불복의 사유를 주장하여 행정소송을 제기할 수 있는지 여부 및 이러한 보상금 증감 소송에서 법원의 심판 범위) 하나의 재결에서 피보상자별로 여러 가지의 토지, 물건, 권리 또는 영업(이처럼 손실보상 대상에 해당하는지, 나아가 그 보상금액이 얼마인지를 심리·판단하는 기초 단위를 이하 '보상항목'이라고 한다)의 손실에 관하여 심리·판단이 이루어졌을 때, 피보상자 또는 사업시행자가 반드시 재결 전부에 관하여 불복하여야 하는 것은 아니며, 여러 보상항목들 중 일부에 관해서만 불복하는 경우에는 그 부분에 관해서만 개별적으로 불복의 사유를 주장하여 행정소송을 제기할 수 있다. 이러한 보상금 증감 소송에서 법원의 심판범위는 하나의 재결 내에서 소송당사자가 구체적으로 불복신청을 한 보상항목들로 제한된다(대판 2018. 5. 15, 2017두41221).

판례 2(손실보상금 채권 압류와 당사자적격) 공익사업을 위한 토지 등의 취득 및 보상에 관한 법률(이하 '토지보상법'이라 한다) 제85조 제2항에 따른 보상금의 증액을 구하는 소(이하 '보상금 증액 청구의 소'라 한다)의 성질, 토지보상법상 손실보상금 채권의 존부 및 범위를 확정하는 절차 등을 종합하면, 토지보상법에 따른 토지소유자 또는 관계인(이하 '토지소유자 등'이라 한다)의 사업시행자에 대한 손실보상금 채권에 관하여 압류 및 추심명령이 있더라도, 추심채권자가 보상금 증액 청구의 소를 제기할 수 없고, 채무자인 토지소유자 등이 보상금 증액 청구의 소를 제기하고 그 소송을 수행할 당사자적격을 상실하지 않는다고 보아야 한다(대판(전원합의체) 2022. 11. 24, 2018두67).

사. 확정된 이의신청재결의 효력

이의신청재결에 대하여 기한 내에 행정소송이 제기되지 않거나 기타의 사유로 이의신청에 대한 재결이 확정된 때에는 민사소송법상의 확정판결이 있는 것으로 보며, 재결서정본은 집행력있는 판결서정본과 동일한 효력을 갖는다(동법 86조). 사업시행자가 증액된 보상금을 공탁한 후, 행정소송을 제기하여 패소한 경우에는 공탁된 보상금에 「소송촉진등에 관한 특례법」 제3조에 의한 이자를 보상금에 가산하여 지급하여야 한다(동법 87조).

아. 사업인정과 수용재결과의 관계

사업인정과 수용재결은 한편으로 상호 독립된 별개의 행정행위이면서도 다른 한편으로는 공익사업에 필요한 토지를 취득하는 것을 목적으로 하는 일련의 수용절차를 이루고 있다. 여기서 다음과 같이 양자의 관계가 문제가 되고 있다.

가) 사업인정의 구속력　　사업인정기관의 사업의 공익성 여부에 대한 판단은 토지수용위원회를 구속한다. 이에 따라 토지수용위원회는 사업인정에 반하거나 또는 사업인정 자체를 무의미하게 하는 재결을 할 수가 없다.

판례(토지수용위원회가 사업인정에 반하는 재결을 할 수 있는지 여부)　토지수용법은 수용·사용의 일차 단계인 사업인정에 속하는 부분은 사업의 공익성 판단으로 사업인정기관에 일임하고, 그 이후의 구체적인 수용·사용의 결정은 토지수용위원회에 맡기고 있는바, 이와 같은 토지수용절차의 2분화 및 사업인정의 성격과 토지수용위원회의 재결사항을 열거하고 있는 같은 법 제29조 제2항의 규정 내용에 비추어 볼 때, 토지수용위원회는 행정쟁송에 의하여 사업인정이 취소되지 않는 한 그 기능상 사업인정 자체를 무의미하게 하는, 즉 사업의 시행이 불가능하게 되는 것과 같은 재결을 행할 수는 없다(대판 1994. 11. 11, 93누19375).

나) 하자의 승계　　사업인정과 수용재결은 비록 공익사업에 필요한 토지를 취득하는 것을 목적으로 하는 일련의 수용절차를 이루고 있으나, 상호 독립된 행정행위로서 별개의 법적 효과를 발생시키기 때문에 사업인정의 하자는 수용재결에 승계되지 않는다. 또한 사업인정과 수용재결은 그 요건과 효과가 다르기 때문에 수용재결에 대한 취소소송이 제기되었다고 하여 사업인정의 취소를 구할 소의 이익이 소멸되지 않는다.

판례 1(택지개발계획승인과 수용재결 사이에 흠의 승계 가능성)　건설부장관이 택지개발계획을 승인함에 있어서 토지수용법 제15조에 의한 이해관계자의 의견을 듣지 아니하였거나, 같은 법 제16조 제1항 소정의 토지소유자에 대한 통지를 하지 아니한 하자는 중대하고 명백한 것이 아니므로 사업인정 자체가 당연무효라고 할 수 없고, 이러한 하자는 수용재결의 선행처분인 사업인정단계에서 다투어야 할 것이므로 쟁송기간이 도과한 이후에 위와 같은 하자를 이유로 수용재결의 취소를 구할 수 없다(대판 1993. 6. 29, 91누2342).

판례 2(도시계획시설사업에 관한 실시계획 인가처분이 중대·명백하여 당연무효인 경우에 이에 근거한 수용재결도 무효라고 본 판례)　도시계획시설(유원지) 결정에 따른 도시계획시설사업의 사업시행자로 지정된 제주국제자유도시개발센터가 주거·레저·의료기능이 통합된 휴양형 주거단지 개발사업에 따라 조성하고자 한 예래휴양형 주거단지는 '주로 주민의 복지향상에 기여하기 위하여 설치하는 오락과 휴양을 위한 시설'로서 공공적 성격이 요구되는 도시계획시설인 유원지의 개념과 목적에 부합하지 아니하므로 그와 같은 시설을 설치하는 내용의 도시계획시설사업에 관한 실시계획 인가처분은 위법하고 그 하자가 중대 · 명백하여 당연무효이며, 당연무효인 인가처분에 기초한 수용재결도 무효라고 볼 것이다(대판 2015. 3. 20, 2011두3746).

5) 화 해

토지수용위원회는 그 재결이 있기 전에는 언제든지 그 위원 3인으로 구성되는 소위원회로 하여금 사업시행자 · 토지소유자 · 관계인에게 화해를 권고할 수 있다(동법 33조 1항). 화해가 성립하면 토지수용위원회는 화해조서를 작성하여, 화해에 참여한 위원 · 사업시행자 · 토지소유자 · 관계인이 이에 서명 또는 날인하여야 한다(동법 33조 2항). 화해조서에 서명 또는 날인이 된 경우에는 당사자간에 화해조서와 동일한 내용의 합의가 성립된 것으로 본다(동법 33조 3항).

2. 약식절차

공용수용은 보통절차에 의하는 것이 원칙이나 토지보상법은 토지 · 물건의 사용에 대하여 다음과 같은 약식절차를 규정하고 있다.

1) 천재 · 지변시의 토지사용

천재 · 지변 그 밖의 사변으로 인하여 공공의 안전을 유지하기 위한 공익사업을 긴급히 시행할 필요가 있는 때에는 사업시행자는 시장 · 군수 또는 구청장의 허가를 받아 즉시 타인의 토지를 사용할 수 있다. 다만, 사업시행자가 국가인 때에는 당해 사업을 시행할 관계 중앙행정기관의 장이, 사업시행자가 시 · 도인 때에는 시 · 도지사가 시장 · 군수 또는 구청장에게 각각 통지하고 이를 사용할 수 있다. 이 경우 토지의 사용기간은 6월을 넘지 못하며, 사업시행자는 타인의 토지를 사용함으로써 발생하는 손실을 보상하여야 한다(동법 38조).

2) 시급을 요하는 토지사용

사업인정 후 협의가 성립되지 아니하여 사업자가 재결을 신청한 경우, 재결신청을 받은 토지수용위원회는 그 재결을 기다려서는 재해를 방지하기 곤란하거나 그 밖에 공공의 이익에 현저한 지장을 줄 우려가 있다고 인정하는 때에는 사업시행자의 신청에 의하여 담보를 제공하게 한 후, 즉시 당해 토지의 사용을 허가할 수 있다. 다만, 국가 또는 지방자치단체가 사업시행자인 경우에는 담보를 제공하지 아니할 수 있다. 이 경우에도 토지의 사용기간은 6월을 넘지 못한다(동법 39조). 한편, 이러한 토지사용의 경우에도 토지수용위원회의 재결이 있기 전에 토지소유자 또는 관계인의 청구가 있는 때에는 사업시행자는 자기가 산정한 보상금을 토지소유자 또는 관계인에게 지급하여야 하며, 사업시행자가 보상금의 지급시기까지 이를 지급하지 아니하는 때에는 토지소유자나 관계인은 사업시행자가 제공한 담보의 전부 또는 일부를 취득한다(동법 41조).

Ⅴ. 공용수용의 효과

공용수용의 효과는 사업시행자가 보상금의 지급 또는 공탁을 조건으로 수용의 개시일에 수용

목적물에 대한 권리를 원시취득하고, 이와 양립할 수 없는 그 토지 · 물건에 대한 일체의 권리가 소멸하는 데 있다. 반면 피수용자는 수용목적물의 인도 · 이전의무를 지며, 그와 동시에 보상금을 받을 수 있는 권리와 수용된 토지가 사업에 불필요하게 되었을 때에는 환매권을 갖게 된다.

1. 사업시행자의 권리취득

1) 권리취득시기

수용절차는 협의의 성립이나 재결시에 완료되나, 권리취득은 재결 즉시에 이루어지는 것이 아니라 따로 정하여진 수용의 개시일에 발생한다. 이것은 협의의 성립 또는 재결시로부터 수용의 개시일까지 보상금의 지급 또는 공탁 및 수용목적물의 인도 · 이전을 하게 하려는 데 그 취지가 있다.

2) 권리의 원시취득

사업시행자는 수용의 개시일에 수용목적물에 대한 소유권을 취득하는데, 이는 승계적 취득이 아니라 원시적 취득으로서, 수용의 개시일에 수용의 목적물에 대한 이전의 모든 권리는 소멸함과 동시에 사업시행자에게 새로운 권리가 발생한다. 권리취득의 효과는 대물적인 것으로 모든 권리자에게 발생한다. 따라서 사업시행자가 취득하는 소유권은 아무런 부담이나 하자도 없는 완전한 소유권으로서 민법상의 하자담보책임과 같은 문제를 일으키지 않는다.

3) 등 기

사업시행자가 취득하는 토지소유권은 민법상의 권리이지만 공용수용과 같은 법률의 규정에 의한 부동산물권의 취득의 경우에는 민법상의 형식주의가 적용되지 않으므로(민법 187조), 등기를 하지 않아도 수용의 개시일에 권리를 취득한다. 다만, 취득한 소유권을 타인에게 처분하기 위하여는 등기가 필요하다(민법 187조 단서).

4) 피수용자의 토지 · 물건의 이전의무

토지소유자 및 관계인 그 밖에 토지소유자나 관계인에 포함되지 않은 자로서 수용 또는 사용할 토지나 그 토지에 있는 물건에 관하여 권리를 가진 자는 수용 또는 사용의 개시일까지 당해 토지나 물건을 사업시행자에게 인도하거나 이전하여야 한다(동법 43조). 인도 · 이전의 권리자는 사업시행자이지만, 사업시행자가 수용목적물에 대한 권리를 취득하는 것은 수용의 개시일이므로(동법 45조 1항), 사업시행자의 위 권리는 소유권에 기한 것이 아니라 재결의 효과로서 법률이 직접 부여한 권리라고 할 것이다. 피수용자가 고의 · 과실없이 그 의무를 이행할 수 없을 때 등에는 사업시행자의 청구에 의하여 구 · 시 · 군의 장이 이를 대행하며(동법 44조), 또한 의무자에게 의무불이행 · 이행지체가 있거나 의무자의 이행이 현저히 공익을 해한다고 인정되는 사유가 있으면 사업시행자의 신청에 의하여 시 · 도지사, 시장 · 군수 또는 자치구청장이 행정대집행법에 따라 대집행한다. 다만 사업시행자가 국가 또는 지방자치단체인 경우에는 직접 대집행할 수 있다(동법 89조).

5) 위험부담의 이전

수용의 효과는 수용의 개시일에 완성되는 것이나 재결에 의하여 일응 구체적인 권리관계의 내용이 결정되는 것이므로, 토지수용위원회의 재결이 있은 후에는 수용목적물이 피수용자의 고의나 과실없이 멸실 또는 훼손된 경우에는, 그 손실은 사업시행자의 부담이 되며, 사업시행자는 그것을 이유로 손실보상의 면제나 감액을 주장할 수 없다(동법 46조).

2. 손실보상

공용수용은 공익사업의 수요를 충족시키기 위하여 타인의 토지 등 재산권을 강제로 취득하는 것이므로 그로 인한 피수용자의 손실에 대하여는 당연히 정당한 보상을 지급하여야 한다. 헌법 제23조 제3항은 "공공필요에 의한 재산권의 수용 · 사용 또는 제한 및 그에 대한 보상은 법률로써 하되 정당한 보상을 지급하여야 한다"고 규정하여 공용수용으로 인한 재산권침해에 대한 보상원칙을 명시하고 있다. 공용수용의 일반법인 토지보상법은 손실보상에 대한 일정한 원칙을 정하고, 다시 손실보상의 내용에 관하여 구체적인 규정을 두고 있다.

1) 손실보상에 관한 원칙

가. 사업시행자보상의 원칙

공익사업에 필요한 토지 등의 취득 또는 사용으로 인하여 토지소유자 또는 관계인이 입은 손실은 사업시행자가 보상하여야 한다(동법 61조). 사업시행자는 수용의 효과를 누리는 자이므로 당연히 보상주체가 된다.

나. 금전보상의 원칙

손실보상은 금전보상을 원칙으로 한다(동법 63조 1항). 다만, 사업시행자가 국가 · 지방자치단체 그 밖에 정부투자기관 및 공공단체인 경우로서 ① 토지소유자 또는 관계인이 원하는 경우, ② 부재(不在)부동산소유자의 토지에 대한 보상금이 대통령령이 정하는 일정 금액을 초과하는 경우에는 그 초과하는 금액에 대하여 채권으로 보상할 수 있도록 하고 있다(동법 63조 2항).

또한 예외적으로 현물로 보상할 수 있는바, 토지보상법에 따르면 손실보상자금을 효율적으로 관리하고 토지소유자가 개발혜택을 공유할 수 있도록 하기 위하여 토지소유자가 원하는 경우에는 사업시행자는 해당 공익사업의 합리적인 토지이용계획과 사업계획 등을 고려하여 현금 또는 채권으로 보상받는 금액을 제외한 부분에 대하여 공익사업의 시행으로 조성한 토지로 보상할 수 있다(법 63조 1항 단서).

다. 사전보상의 원칙

사업시행자는 당해 공익사업을 위한 공사에 착수하기 이전에 토지소유자 및 관계인에 대하여 보상액의 전액을 지급하여야 한다(동법 62조). 사업시행자가 수용의 개시일까지 토지수용위원회가 재결한 보상금을 지급 또는 공탁하지 아니하였을 때에는 재결의 효력은 상실한다(동법 42조 1항). 다만, 약식절차에 의한 사용의 경우와 같이 성질상 사후보상을 인정하여야 할 경우도 있다(동법 62조 단서). 이 경우에는 보상시까지의 적정한 이자를 가산지급하여야 한다.

라. 개별불의 원칙

보상은 피보상자에게 개별적으로 지급하여야 한다(동법 64조). 다만, 보상금을 개인별로 산정할 수 없는 경우에는 그 중의 1인(대표자)에 일괄급이 허용된다(동법 64조 단서).

마. 시가보상 · 개발이익의 배제 및 공시지가제도

보상액의 산정은 협의의 경우에는 협의성립 당시의 가격을 기준으로 하고, 재결의 경우에는 수용 · 사용의 재결 당시의 가격을 기준으로 한다(동법 67조 1항). 즉 토지보상법은 시가보상의 원칙을 택하고 있다. 한편, 구체적인 보상액의 산정에 있어서는 공시지가를 기준으로 하고 있는바(동법 70조 1항), 여기서의 공시지가는 사업인정고시일 전의 시점을 공시기준일로 하는 공시지가로서, 당해 토지의 협의의 성립 또는 재결당시 공시된 공시지가 중 당해 사업인정고시일에 가장 가까운 시점에 공시된 공시지가가 된다(동법 70조 4항). 그 구체적인 토지의 보상액은 "그 공시지가 기준일로부터 협의성립시 또는 재결시까지의 당해 토지의 이용계획 또는 공익사업으로 인한 지가의 변동이 없는 지역의 지가변동률, 생산자물가상승률 기타 당해 토지의 위치 · 형상 · 환경 · 이용상황 등을 참작하여 결정하여야 한다"(동법 70조 1항). 이와 같은 보상액산정기준은 종전의 토지수용법 제46조 제2항과 동일한 보상기준으로서 사업인정고시일전의 시점을 공시기준일로 하는 공시지가를 그 기준으로 하는 이유는 개발이익을 배제하기 위함이다.

바. 사업시행이익과의 상계금지의 원칙

사업시행자는 동일한 토지소유자에 속하는 일단의 토지의 일부를 취득 또는 사용하는 경우 당해 공익사업의 시행으로 인하여 잔여지의 가격이 증가하거나 그 밖의 이익이 발생한 때에도 그 이익을 취득 또는 사용으로 인한 손실과 상계할 수 없다(동법 66조).

2) 손실보상의 내용

토지보상법은 공용수용으로 인한 손실보상에 대하여 비교적 상세한 기준과 내용을 마련하고 있다. 토지보상법의 보상내용은 ① 공용수용의 목적물인 토지 · 물건 · 권리 등에 대한 보상인 재산권보상, ② 공익사업의 실시 또는 완성 후에 시설이 사업지 밖의 재산권에 미치는 손실에 대한 보상인 사업손실보상(간접손실보상), ③ 공용수용으로 인하여 생활근거를 상실한 재산권자에 대한 생활재건을 내용으로 하는 생활보상으로 구분된다. 이에 대하여는 이미 행정상의 손해전보부분에서 설명하였다.

사례 1 고속전철사업에 대한 사업인정이 고시되고 이어서 갑소유의 토지의 수용을 위한 협의가 결렬된 이후 이에 대한 관할지방토지수용위원회의 수용재결이 있었다. 수용재결에 대한 갑의 불복수단에 대하여 논하라.(제37회 행정고시)

▶**답안요지** 관할토지수용위원회의 수용재결에 대한 불복수단으로는 이의신청절차와 행정소송이 있다. 이의신청절차는 임의적 절차로서 갑은 이를 거치지 않고 직접 행정소송을 제기할 수 있다.

1) 이의신청절차

갑은 관할지방토지수용위원회의 재결서의 정본을 받은 날로부터 30일 이내에 관할지방토지수용위원회를 거쳐 중앙토지수용위원회에 이의를 신청할 수 있다(동법 83조). 중앙토지수용위원회는 이의신청이 있는 경우 심리를 통하여 원재결이 위법 또는 부당하다고 인정되는 때에는 그 재결의 전부 또는 일부를 취소하거나 보상액을 직접 변경할 수 있다(동법 84조).

2) 행정소송

갑은 또한 지방토지수용위원회의 재결서를 받은 날로부터 60일 이내에, 중앙토지수용위원회의 이의신청재결을 거친 경우에는 이의신청에 대한 재결서를 받은 날로부터 30일 이내에 각각 행정소송을 제기할 수 있다(동법 85조 1항). 행정소송은 ① 지방토지수용위원회의 재결이나 중앙토지수용위원회의 이의신청의 재결의 취소 또는 무효확인을 구하는 항고소송과, ② 보상금의 증액 또는 감액만을 청구하는 보상금증감청구소송인 형식적 당사자소송의 두 가지가 있다.

가) 항고소송: 갑이 지방토지수용위원회의 재결에 대하여 이의신청을 제기하지 않고 직접 취소소송을 제기하는 경우, 그 대상은 토지수용위원회의 원재결이 된다. 그러나 이의신청을 거쳐 취소소송을 제기하는 경우에 그 대상이 원재결이 되어야 하는지 또는 이의신청에 대한 재결이 되어야 하는지 다툼이 되고 있으나, 다수설은 원처분이 취소소송의 대상이 되며, 이의신청재결 자체에 고유한 위법이 있는 경우에 한하여 이의신청재결을 취소대상으로 할 수 있다고 한다는 입장을 취하고 있다.

나) 보상금증감청구소송: 갑이 지방토지수용위원회의 재결 또는 중앙토지수용위원회의 이의신청결 중 보상금에 대하여 불복이 있는 때에는 사업시행자를 피고로 하여 보상금의 증감청구소송을 제기할 수 있다. 이러한 보상금증감청구소송은 형식적 당사자소송의 성격을 갖고 있다(형식적 당사자소송에 대하여는 본문 참조).

사례 2 A시는 택지개발사업을 위해 관련 법령에 따른 절차를 거쳐 갑소유의 토지 등을 취득하고자 갑과 보상에 관하여 협의하였으나 협의가 성립되지 않았다. 이에 A시는 관할 토지수용위원회에 재결을 신청하여 "A시는 갑의 토지를 수용하고, 갑은 그 지상 공작물을 이전한다. A시는 갑에게 보상금으로 1억원을 지급한다"라는 취지의 재결을 받았다. 그러나 갑은 보상금이 너무 적다는 이유로 보상금 수령을 거절하였다. 그러자 A시는 보상금을 공탁하였고, A시장은 갑에게 보상절차가 완료되었음을 이유로 위 토지 상의 공작물을 이전하고 토지를 인도하라고 명하였다.

1. 갑이 토지수용위원회의 재결에 불복할 경우 적절한 구제수단은?(20점)
2. 갑이 공작물이전명령 및 토지이전명령에 응하지 않을 경우 A시장은 이를 대집행할 수 있는가?(8점)
3. 만약 A시장이 대집행을 했을 때, 갑이 "위법한 명령에 기초한 대집행으로 말미암아 손해를 입었다"라고 주장하면서 관할 민사법원에 국가배상청구소송을 제기 하다면 민사법원은 위명령의 위법성을 스스로 심사할 수 있는가?(12점)
4. 갑이 위 명령에 대해 관할 행정법원에 취소소송을 제기하여 청구기각판결을 받아 그 판결이 확정되었다고 하더라도 갑은 후소인 국가배상청구소송에서 위 명령의 위법을 주장할 수 있는가?(10점)(제52회 사법시험)

▶답안요지 **제1문:** 관할 토지수용위원회의 재결에 대한 불복수단으로는 임의적 절차로서 이의신청절차(토지보상법 83조, 84조)와 행정소송이 있다. 행정소송으로는 ① 토지수용위원회의 재결 또는 중앙토지수용위원회의 이의신청재결의 취소 또는 무효를 구하는 항고소송(토지보상법 85조 1항)과 ② 관할 토지수용위원회의 재결 또는 중앙토지수용위원회의 이의신청재결 중 보상금에 대하여 불복이 있는 경우에 제기하는 보상금증감청구소송(토지보상법 85조 2항)이 있다. 사안에서는 관할 토지수용위원회의 재결 중 보상금부분에 대하여 불복하고 하고 있는 바, 후자의 소송이 적절한 구제수단이 될 것이다. 이의신청절차와 형식적 당사자소송인 보상금증감청구소송에 대하여 보다 자세히는 [사례 1] 및 본문설명 참조.

제2문: 토지수용위원회의 재결이 있으면 공용수용의 절차는 종결되고, 일정한 조건하에 수용의 효과가 발생한다. 즉 사업시행자는 보상금의 지급 또는 공탁을 조건으로 수용의 개시일에 토지에 대한 권리를 원시취득하고(토지보상법 40 · 45조), 피수용자가 의무를 이행하지 않는 경우에는 대집행신청권이 발생한다(동법 89조 1항). 한편 사업시행자가 국가 또는 지방자치단체인 경우에는 행정대집행법이 정하는 바에 따라 대집행을 할 수 있다(동법 89조 2항). 행정대집행법에 의한 대집행의 요건으로는 ① 대체적 작위의무의 불이행, ② 다른 수단으로는 그 이행확보 곤란할 것, ③ 그 불이행을 방치함이 심히 공익을 해하는 것으로 인정되어야 한다(행정대집행법 2조). 사안의 경우에 공용수용절차와 관할 토지수용위원회의 재결의 적법성을 전제할 경우에, A시장의 공작물이전명령 및 토지이전명령에 대한 갑의 불응을 방치하는 경우 택지개발사업이라는 공익을 심히 해할 것이 인정되며, 이 경우에 대집행 이외의 다른 수단으로 그 이행확보가 곤란한 것으로 보인다. 문제는 사안에서 대체적 작위의무의 불이행이 존재하고 있는 가이다. 공작물이전의무는 제3자가 대신 이행할 수 있는 대체적 작위의무에 해당하나, 토지이전명령은 의무자 자신만이 이행할 수 있는 비대체적 작위의무에 해당한다. 일설에 따르면 토지보상법 89조는 행정대집행법에 대한 특별법으로서 비대체적 작위의무를 대체적 작위의무로 전환시키는 전환규범에 해당된다고 보아 대집행의 가능성을 인정하고 있으나, 판례는 토지명도의무의 대체성을 부인하고 직접적인 실력행사가 요구되는 직접강제의 대상이 된다는 입장을 취하고 있다(대판 2005. 8. 19, 2004다2809). 생각건대 89조에서 규정하고 있는 의무의 성질 역시 대집행에 부합되어야 하므로 A시장은 갑이 토지인도명령에 불응할 경우 이전의무는 대집행을 할 수 없다고 보아야 할 것이다.

제3문: 국가배상청구소송의 관할에 있어서 다수설은 당사자소송으로 다룰 것을 주장하고 있으나 실무에서는 민사소송으로 다루고 있다. 여기서 행정행위의 위법성 여부가 국가배상청구소송의 선결문제가 되는 경우에 민사법원이 이를 심사할 수 있는지 행정행위의 구성요건적 효력과 관련하여 문제가 되고 있다(행정행위의 구성요건적 효력에 대하여 자세히는 본서 행정행위의 효력 부분 참고). 행정행위가 무효인 경우에는 공정력 및 구성요건적 효력이 발생되지 않기 때문에 민사법원은 당연히 그 위법성을 심사할 수 있지만, 취소사유에 지나지 않는 경우에는 그 위법성 심사가능성 여부를 두고 학설에서 다툼이 되고 있다. ① 일설은 행정행위의 구성요건적 효력과 행정행위의 위법성판단에 대한 항고소송의 배타적 관할 및 행소법 11조를 이유로 민사법원의 선결문제심사권을 부인하고 있으나, ② 다수설은 민사법원은 행정행위의 효력을 부인하는 것이 아니라 단지 그 위법성을 심사하며, 행소법 11조는 예시적 규정이라는 이유로 긍정설을 취하고 있다. 생각건대 행정행위의 구성요건적 효력이란 하자가 무효가 아닌 한 처분청이 발한 행정행위의 효력을 제3의 국가기관이 부인할 수 없다는 의미를 갖는다는 점에서 다수설의 입장이 타당하다고 볼 것이다. 판례도 긍정설을 따르고 있다.

제4문: 사안에서 선행하는 취소소송의 판결의 기판력이 후소인 국가배상청구소송에 미치는지 여부와 관련하여 취소소송 및 국가배상청구소송의 위법의 의미가 문제가 되고 있다. 여기서 일원설, 이원설, 제한적 기판력긍정설이 대립되고 있다(본서 국가배상법 참조).

① 일원설(전부기판력긍정설): 이는 좁은 의미의 행위위법설에 기초하여 취소소송의 위법개념과 국가배상의 위법개념이 동일하다는 입장에서 전소인 취소소송의 기판력이 후소인 국가배상청구소송에 미친다는 견해이다.

② 이원설(전부기판력부정설): 이는 결과위법설에 기초하여 취소소송의 위법개념과 국가배상의 위법개념이 상이하기 때문에 전소인 항고소송의 판결의 기판력이 그 인용여부를 불문하고 후소인 국가배상청구소송에 미치지 않는다는 견해이다.

③ 제한적 기판력긍정설: 이는 실정법위반이 없다고 하더라도 조리상의 손해방지의무 또는 신체·생명·재산 등을 보호하기 위한 초법규적인 위해방지의무를 인정한 판례의 예를 들어 국가배상의 위법개념이 취소소송의 위법개념보다 넓다는 이유로 취소소송의 기판력은 제한적으로 국가배상청구소송에 영향을 준다는 견해이다. 전 전소인 취소소송이 청구인용판결이라면, 그 기판력이 후소인 국가배상청구소송에 미치게 되나, 청구기각판결의 경우에는 후소인 국가배상청구소송에는 기판력이 미치지 않는다는 견해이다.

④ 결어: 일원설이 타당하다고 본다. 위법의 개념을 다양화하는 것은 혼란을 가져올 우려가 있을 뿐 아니라, 분쟁의 일회적 해결 및 법질서의 일체성에도 반한다. 제한적 기판력긍정설은 조리상의 손해방지의무 또는 국가의 초법규적인 위해방지의무를 인정한 판례의 예를 들어 국가배상법의 위법의 개념이 항고소송의 위법의 개념보다 넓다고 하나, 조리상의 손해방지의무의 내용을 이루고 있는 행정법의 일반원칙의 위반은 항고소송의 위법의 개념에 포함되고 있으며, 초법규적인 위해손해방지의무 역시 헌법상의 기본권보호의무에서 도출되기 때문에 항고소송의 위법의 개념과 달리 구성할 필요가 없다.

사례 3 A주식회사는 Y도지사에게 「산업입지 및 개발에 관한 법률」 제11조에 의하여 X시 관내 토지 3,261,281㎡에 대하여 '산업단지지정요청서'를 제출하였고, 해당 지역을 관할하는 X시장은 요청성에 대한 사전검토 의견서를 제출하였다. 이에 Y도지사는 A주식회사를 사업시행자로 하여 위 토지를 'OO 제2일반 지방산업단지(이하 "산업단지"라고 한다)로 지정 · 고시한 후, A주식회사의 산업단지개발실시계획을 승인하였다. 그러나 Y도지사는 위 산업단지를 지정하면서, 주민 및 관계 전문가 등의 의견을 청취하지 않았다. 한편, 甲은 X시 관내에 있는 토지소유자로서 甲의 일단의 토지 중 90%가 위 산업단지의 지정 · 고시에 의해 수용의 대상이 되었다. A주식회사는 甲소유 토지의 취득 등에 대하여 甲과 협의하였으나 협의가 성립되지 않았다. 이에 A주식회사는 Y도(道) 지방토지수용위원회에 재결을 신청하였고, 동 위원회는 금 10억원을 보상금액으로 하여 수용재결을 하였다. 다음 물음에 답하시오.(2015 국가공무원 5급 공채시험)

1) 만약 A주식회사가 수용재결을 신청하기 이전에 甲과 합의하여 甲 소유의 토지를 협의취득한 경우, 그 협의취득의 법적 성질은?(10점)

2) 甲은 Y도 지방토지수용위원회의 수용재결에 대하여 취소소송을 제기하면서 Y도지사의 산업단지 지정에 하자가 있다고 한다. 산업단지 지정에 대한 취소소송의 제소기간이 도과한 경우에 甲의 주장은 인용될 수 있는가?(단 소의 적법요건은 충족하였다고 가정한다)(20점)

3) 한편, 甲은 중앙토지수용위원회에 이의신청을 거친 후, 재결에 대한 취소소송을 제기하고자 한다. 이 경우 취소소송의 대상과 피고를 검토하시오.(10점)

4) 甲은 자신의 위 토지에 숙박시설을 신축하려고 하였으나 수용되고 남은 토지만으로 이를 실행하기가 어렵게 되었고, 토지의 가격도 하락하였다. 이 경우 甲의 권리구제수단을 검토하시오.(10점)

▶답안요지

제1문: 협의 취득의 법적 성질

1) 토지수용의 절차

설문에서 Y도지사는 A주식회사를 사업시행자로 하여 해당 토지를 제2일반지방산업단지로 지정 · 고시하였는바, 산업단지의 지정 · 고시는 토지보상법상 사업인정 및 사업인정의 고시가 있는 것으로 본다(산업입지 및 개발에 관한 법률 22조 2항). 사업인정이란 특정사업이 공익사업에 해당함을 인정하여 사업시행자에게 특정한 재산권에 대한 수용권을 설정하여 주는 행위인 바, 이를 통하여 A주식회사에게 산업단지개발사업에 필요한 토지 · 건물 등에 대한 수용권이 설정되었다. 산업입지 및 개발에 관한 법률 22조 5항은 이 법에 특별한 규정이 없는 한 토지보상법을 준용하도록 하고 있다. 토지보상법에 따른 수용절차에 따라 A주식회사는 ① 토지조서 · 물건조서를 작성하고, ② 甲을 비롯한 토지소유자 및 관계인과 협의 의 절차를 거쳐야 하며, ③ 협의가 성립되지 않거나 불가능할 경우에는 사업시행자는 사업인정의 고시가 있는 날로부터 1년 이내에 관할 지방토지수용위원회에 재결을 신청하여야 한다. ④ 토지수용위원회의 재결로서 공용수용의 절차가 종결되고, 사업시행자는 보상금의 지급 또는 공탁을 조건으로 수용의 개시일에 토지에 대한 권리를 원시취득한다(토지보상법 40조 · 45조).

2) 협의 취득의 법적 성질

협의에는 사업인정 전의 협의(토지보상법 16조)와 사업인정 후의 협의가 있는 바, 수용절차로서의 협의는 사업인정 후의 협의를 의미한다. 설문에서 A주식회사는 산업단지의 지정 · 고시 후에, 즉 사업인정 후에 甲과 합의하여 협의취득한 바, 수용절차로서 협의에 해당한다. 협의가 성립되면 공용수용절차는 종결되고 수용의 효과가 발생한다. 수용절차로서 협의의 법적 성질에 대하여는 사법상 계약설과 공법상 계약설의 견해가 대립된다. ① 사법상 계약설은 협의는 사업시행자가 토지소유자 및 관계인과 법적으로 대등한 지위에서 행하는 임의적 합의이므로 사법상의 매매계약의 성질을 갖는다고 한다. ② 공법상 계약설에 따르면 협의는 수용권의 주체인 사업시행자가 그 토지 등의 권리를 취득하기 위하여 기득의 수용권을 실행하는 방법에 불과한 것이므로 공법상 계약의 성질을 갖는다고 한다. 공법상 계약설이 통설이다,

3) 결어: 협의가 성립되어 토지수용위원회의 확인을 받는 경우에는 토지수용위원회의 재결과 동일한 효

력을 발생한다는 점을 고려할 때 공법상 계약의 성질을 갖는다.

제2문: 산업단지 지정의 하자의 승계가능성

甲은 불가쟁력이 발생된 산업단지 지정에 하자가 있는 이유로 수용재결에 취소소송을 제기하고자 하는 바, 이에 따라 산업단지 지정의 하자가 수용재결에 승계될 수 있는지가 문제된다. 하자승계의 논의의 전제로는 ① 선행 행정행위는 하자가 존재하지만 후행 행정행위에는 하자가 존재하지 않을 것, ② 선행 행정행위에 무효가 아닌 취소의 하자가 존재할 것, ③ 선행 행정행위에 대하여 불가쟁력이 발생하여야 한다. 산업단지 지정은 산업입지 및 개발에 관한 법률 22조 2항에 따라 사업인정의 성격을 갖는바, 사업인정은 사업시행자에게 수용권을 부여하는 형성적 행정행위에 해당한다. 설문에서 Y도지사는 산업단지를 지정하면서 법 10조 1항에서 규정한 주민 및 전문가의 의견을 청취하지 않았는바 이는 절차상의 하자로서 판례에 따르면 취소사유에 해당한다. 취소소송에서 절차상의 하자를 이유로 처분을 취소할 수 있는지 여부에 대하여 ① 소극설, ② 절충설, ③ 적극설로 견해가 대립하나 적극설이 판례의 입장이다(본서 행정절차의 하자 참고). 한편 수용재결은 확인적 행정행위의 성격을 갖는바, 설문에서 어떠한 언급도 없는 점에 비추어 그 자체로는 하자가 없는 적법한 행위라고 보아야 할 것이다. 이에 따라 ①, ②, ③의 요건이 충족되었다.

불가쟁력이 발생된 선행 행정행위의 하자가 후행 행정행위에 대하여 하자가 승계될 수 있는지 여부에 대하여는 1) 하자승계론과 2) 구속력이론으로 견해가 대립되고 있다.

1) 하자승계론

전통적 견해 및 판례에 따르면 선행처분과 후행처분이 서로 결합하여 하나의 법률효과를 발생시키는 경우에는 하자승계가 인정되나, 선행처분과 후행처분이 별개의 법률효과를 발생시키는 경우에는 하자승계가 부인되고 있다. 다만 근래 판례는 선행처분과 후행처분이 별개의 효과를 발생시켜 하자승계를 부인할 경우에, 상대방에게 수인한도를 넘는 가혹함을 가져오며, 그 결과가 당사자에게 예측가능성이 없는 경우에 예외적으로 하자승계를 인정하고 있다(대판 1994. 1. 25, 93누8542). 판례는 사업인정과 수용재결은 각각 별개의 법률효과를 발생시킨다는 전제하에 사업인정의 하자를 이유로 수용재결의 취소를 구할 수 없다는 입장을 취하고 있다(대판 1992. 3. 13, 91누4324). 사안에서 산업단지가 지정 · 고시되었다는 점, A주식회사는 甲과 협의를 거쳤다는 점을 고려할 때, 하자승계의 부인이 수인한도를 넘거나 예측가능성이 없는 가혹함을 발생한다고 볼 수 없다.

2) 구속력이론

하자승계론을 비판하는 유력설에 따르면 선행처분이 불가쟁력을 발생하면, 실질적 존속력이론에 따라 선행처분은 후행처분에 대하여 내용적 구속력을 갖기 때문에 상대방은 객관적 한계, 주관적 한계, 그리고 시간적 한계 내에서 선행처분의 하자를 이유로 후행처분을 다툴 수 없다고 한다. 다만 상대방의 기본권침해의 방지와 권리보호의 관점에서 구속력의 예견가능성과 수인의 기대가능성을 추가적인 요건으로 제시하고 있다. 사안에서 사업인정과 수용재결은 甲의 토지를 대상으로 하고 있으며(객관적 한계로서 결정대상의 동일성), A사업시행자와 甲이라는 당사자의 동일성이 인정되며(주관적 한계), 법적 · 사실적 상황의 동일성(시간적 한계)이 인정된다. 또한 선행행위의 내용적 구속력에 대한 甲의 수인의 기대가능성과 예견가능성이 인정되기 때문에, 甲은 사업인정의 하자를 이유로 수용재결을 다툴 수 없을 것이다.

3) 결어

하자승계론 뿐만 아니라 구속력이론을 따른다고 하더라도 사업인정의 하자는 수용재결에 승계되지 않는다.

제3문: 취소소송의 대상과 피고

지방토지수용위원회의 재결에 대한 불복수단에는 ① 행정소송의 제기와 ② 중앙토지수용위원회에 이의신청의 제기가 있다. 甲은 또한 중앙토지수용위원회의 이의신청재결에 대하여 행정소송을 제기할 수 있는바, 여기서 제기할 수 있는 행정소송의 종류로는 재결의 취소 또는 무효확인을 구하는 항고소송과 보상금의 증감을 구하는 형식적 당사자소송이 있다(토지보상법 85조). 설문에서 甲은 지방토지수용위원회의 수용재결에 대하여 이의신청을 거친 후, 그 재결에 대한 취소소송을 제기하고자 한다. 여기서 이의신청은 특별행정심판의 성격을 갖는바, 그에 대한 재결은 행소법 2조 1항 1호의 처분 등에 해당한다. 여기서취소소송의 피고 및 대상이 지방토지수용위원회와 원처분인 수용재결인지 또는 중앙토지수용위원회와 이의신청재결인지 견해의 대립이 있다. ①설은 이의신청재결은 원처분의 내용을 변경하는 경우가 대부분이며, 현실적으로 사업시행자나 토지소유자 등은 이의신청재결에 불복을 하기 때문에 중앙토지수용위원회가 피고가 되며, 이의신청재결이 취소소송의 대상이 된다고 한다. ②설은 취소소송의 원처분주의에 따라 지방토지수용위원회가 피고가 되고 원처분인 수용재결이 취소소송의 대상이 된다고 하며, 토지보상법 85조 1항의 규정방식도 원처분주의를 취하고 있다고 한다. ②설이 다수설이며 판례의 입장이다. 다만 이의신청재결이 고유한 위법이 있는 경우에는 중앙토지수용위원회를 피고로 하여 이의신청재결에 대하여 취소소송을 제기할 수 있을 것이다(행소법 19조 단서).

결어: 甲은 지방토지수용위원회를 피고로 하여 원처분인 수용재결을 대상으로 취소소송을 제기하여야 한다.

제4문: 甲의 권리구제수단

甲이 행사할 수 있는 권리구제수단으로는 토지보상법 73조에 의한 잔여지의 손실에 대한 보상청구권과 74조에 의한 잔여지의 매수 및 수용청구권이 고려된다.

1) 잔여지 손실에 대한 보상청구권

사업시행자는 동일한 토지소유자에 속하는 일단의 토지의 일부가 취득 또는 사용됨으로 인하여 잔여지의 가격이 감소하거나 그 밖의 손실이 있는 때에는 그 손실을 보상하여야 한다. 다만, 공사완료일로부터 1년이 지난 후에는 손실보상을 청구할 수 없다(73조 2항).

여기서 토지소유자가 직접 사업시행자에게 직접 손실보상을 청구할 수 있는지 또는 토지수용위원회의 재결절차를 통하여 손실보상청구권을 행사할 수 있는지 문제가 된다. 판례에 따르면 토지소유자가 사업시행자로부터 토지보상법 73조에 따른 손실보상을 받기 위하여는 토지수용위원회의 재결절차를 거친 후에, 그 재결에 대하여 불복이 있는 때에는 중앙토지수용위원회에 이의신청 내지는 토지보상법 85조 2항에 의한 보상금증감청구소송을 제기할 수 있으며, 사업시행자를 상대로 직접 손실보상을 청구하는 것은 허용되지 않는다(대판 2008. 7. 10, 2006두19495).

2) 잔여지의 매수 및 수용청구권

동일한 토지소유자에 속하는 일단의 토지의 일부가 협의에 의하여 매수되거나 수용됨으로 인하여 잔여지를 종래의 목적에 사용하는 것이 현저히 곤란한 때에는 당해 토지소유자는 사업시행자에게 잔여지를 매수할 것을 청구할 수 있으며, 사업인정 이후에는 관할 토지수용위원회에 수용을 청구할 수 있다. 여기서 수용의 청구는 매수에 관한 협의가 성립되지 아니한 경우에 한하되, 그 사업의 공사완료일까지 하여야 한다(토지보상법 74조). 설문에서 甲은 이미 토지를 수용당한 후이며, 잔여지를 종래의 목적에 사용하는 것이 현저히 곤란한 때 경우에는 관할 토지수용위원회에 수용을 청구할 수 있다, 토지보상법 74조에 의한 수용청구권은 그 요건이 충족된 경우에는 토지수용위원회의 특별한 조치를 기다릴 것 없이 청구에 의하여 수용의 효과를 발생하는 형성권적 성질을 갖는다(대판 1993. 11. 12, 93누11159). 토지수용위원회는 잔여지수용청구권을 확인하는 수용재결을 하고 손실보상액을 결정한다. 토지수용위원회의 재결에 대하여 불복이 있는 경우에는 중앙토지수용위원회에 이의신청을 하거나 행정소송을 제기할 수 있는바, 여기서 행정소송의 종류에 대하여 항고소송설과 보상금증감청구소송설로 대립된다. 판례에 따르면 74조 1항에 의한 잔여지 수용청구권은 손실보상의 일환에 해당하기 때문에 토지수용위원회의 잔여지수용청구를 거부하는 재결을 대하여 토지소유자가 제기하는 소송은 토지보상법 85조 제2항에 의한 보상금증감소송(형식적 당사자소송)에 해당한다.

3) 결어

설문에서 甲은 잔여지의 가격이 하락한 경우에는 토지수용위원회의 재결절차를 통하여손실보상청구권을 행사할 수 있다. 토지수용위원회의 재결에 대하여 불복이 있는 경우에는 중앙토지수용위원회에 이의신청을 하거나, 보상금증감청구소송을 제기할 수 있을 것이다. 甲은 수용으로 인하여 자신의 토지를 종래의 목적대로 사용하는 것이 현저히 곤란한 경우에는 토지수용위원회에 수용을 청구할 수 있으며, 토지수용위원회의 재결에 불복이 있는 경우에는 중앙토지수용위원회에 이의신청을 하거나, 보상금증감청구소송을 제기하면 될 것이다.

Ⅵ. 환매권(還買權)

1. 의 의

환매권이란 공용수용의 목적물인 토지가 당해 공익사업에 불필요하게 되었거나 그것이 현실적으로 수용의 전제가 된 공익사업에 공용되지 아니하는 경우에 원래의 피수용자가 일정한 요건하에 다시 매수하여 소유권을 회복할 수 있는 권리를 말한다.[5] 공용수용은 특정한 공익사업을 위하여 개인의 재산을 강제적으로 취득하는 것이므로 수용목적물이 당해 공익사업을 위하여 불필요하게 된 경우에는 원래의 피수용자에게 그 소유권을 회복시켜 주는 것이 당연한 바, 이는 재산권의 존속보호사상에서 도출되고 있다.

2. 환매권의 근거

환매권의 근거에 대하여는 견해가 갈리고 있다. 종래의 학설은 환매권의 근거를 피수용자의 감정의 존중에서 찾고 있는 반면, 근래의 유력설은 재산권의 존속보호에서 도출되는 권리로 보고 있다.

가. 피수용자의 감정보호

종래의 학설에 따르면 피수용자는 이미 완전한 보상을 받아 재산상으로는 어떠한 손실도 없으나 수용은 피수용자의 의사에 반하여 그 권리를 박탈하는 것이므로 그 점에 있어서는 피수용자에게 아직 감정상의 손실이 남아있다. 따라서 그 감정상의 손실을 수인하여야 할 공익상의 필요가 존재하지 않는 경우에는 피수용자의 감정을 보호하기 위하여 토지 등 재산권을 반환하여야 한다고 한다.[6]

나. 재산권의 존속보호

그러나 환매권은 헌법 제23조 제1항의 재산권보장, 특히 재산권의 존속보호에서 직접 도출되는

5) 헌재결 1994. 2. 24, 92헌가15 내지 17, 20 내지 24.
6) 朴鈗炘/鄭亨根, 最新行政法講義(下), 579면; 金東熙, 行政法 II, 413면.

권리로 보아야 한다.[7] 헌법 제23조 제1항 제1문은 한편으로는 사유재산을 제도적으로 보장할 뿐 아니라 다른 한편으로는 개인의 현존하는 구체적인 재산의 존속을 보장하고 있다. 재산권의 존속보호는 개인에게 공권력에 의한 재산권침해에 대하여 방어적 권리를 부여하며, 단지 헌법 제23조 제3항의 예외적이고도 엄격한 요건하에서만 공용침해를 수인하도록 하고 있다. 헌법 제23조 제3항에 규정된 공용수용은 개인의 재산권을 그의 의사에 반하여 취득하여야 할 공익적인 필요성이 존재하여야 할 뿐 아니라, 법률에 근거하여야 하고, 정당한 보상을 지급하여야 한다는 요건하에서만 허용되고 있다. 일단 이와 같은 요건을 갖추어 수용절차가 종료되었다고 하더라도 이후에 수용된 재산이 당해 공공사업에 필요없게 되거나 이용되지 않게 되었다면 수용의 헌법상의 정당성과 공공사업자에 의한 재산권의 취득의 근거는 장래를 향하여 소멸된다. 이에 따라 재산권의 존속보호의 기능이 다시 회복되는 바, 수용 그 자체는 정당한 보상을 통하여 이루어졌다고 하더라도, 재산권의 본질적 기능인 사용 · 수익 · 처분가능성이 여전히 침해되고 있기 때문이다. 헌법재판소 역시 환매권의 근거를 헌법상의 재산권보장규정에서 찾고 있다.

판례(환매권의 법적 근거) 공용수용은 헌법 제23조 제3항에 명시되어 있는 대로 국민의 재산권을 그 의사에 반하여 강제적으로라도 취득해야 할 공익적 필요성이 있을 것, 법률에 의할 것, 정당한 보상을 지급할 것의 요건을 갖추어야 하므로 일단 공용수용의 요건을 갖추어 수용절차가 종료되었다고 하더라도 그 후에 수용의 목적인 공공사업이 수행되지 아니하거나 또는 수용된 재산이 당해 공공사업에 필요 없게 되거나 이용되지 아니하게 되었다면 수용의 헌법상 정당성과 공공사업자에 의한 재산권 취득의 근거가 장래를 향하여 소멸한다고 보아야 한다. 따라서 토지수용법 제71조 소정의 환매권은 헌법상의 재산권보장규정으로부터 도출되는 것으로서 헌법이 보장하는 재산권의 내용에 포함되는 권리이며, 피수용자가 손실보상을 받고 소유권의 박탈을 수인할 의무는 그 재산권의 목적물이 공공사업에 이용되는 것을 전제로 하기 때문에 위 헌법상 권리는 피수용자가 수용당시 이미 정당한 손실보상을 받았다는 사실로 말미암아 부인되지 않는다(헌재결 1994. 2. 24, 92헌가15 내지 17, 20 내지 24).

헌법 제23조 제1항에서 도출되는 환매권을 구체화하고 있는 개별법으로는 토지보상법 제91조 이하 및 택지개발촉진법 제13조, 「징발재산정리에 관한 특별조치법」 제20조 등이 있다. 이하에서는 토지보상법에서 규정하고 있는 환매권에 대하여 설명하기로 한다.

3. 환매권의 법적 성격

환매권의 법적 성격에 대하여는 사권설(私權說)과 공권설(公權說)이 대립하고 있다. 사권설에 따르면 환매권이란 일정한 금액을 지급하고 수용의 목적물을 다시 취득하는 수용의 반면(反面)이기는 하나 그 법적 성질은 수용과는 달리 사법상의 권리로 보고 있다. 예를 들어 토지보상법상 환매는 개인이 행정청에 대하여 청구를 하고 이에 따라 행정청이 수용을 해제하는 것이 아니라 개인이 전적으로 자신의 이익을 위하여 일방적으로 이미 불용(不用)이 되거나 또는 이용되고 있지 않은 수용의 목적물을 다시 취득할 수 있기 때문이다. 그러나 전술한 바와 같이 환매권은 헌법상의 재산권보장조항에서 직접 도출되는 권리이기 때문에 공권이라고 보아야 한다. 특히 토지보상법, 「징발재산정리에

7) 鄭夏重, 還買權의 根據와 要件, 考試研究, 2004. 11, 981면 이하.

관한 특별조치법」, 택지개발촉진법 등은 공법에 해당하며, 이들 법률에서는 공권력에 의하여 소유권이 강제적으로 박탈된 수용목적물에 대하여 일정한 요건하에 환매권을 행사할 수 있도록 하고 있는 점에서 공권에 해당한다고 볼 것이다. 판례는 사권설을 취하고 있다. 환매권에 대한 분쟁은 사권설을 따를 경우에는 민사소송의 대상이 되는 반면, 공권설을 따를 경우에는 당사자소송의 대상이 된다.

판례 1(환매권행사는 사법상 매매에 해당된다는 판례) 징발재산정리에 관한 특별조치법 제20조 소정의 환매권은 일종의 형성권으로서 그 존속기간은 제척기간으로 보아야 할 것이며, 위 환매권은 재판상이든 재판외이든 그 기간 내에 행사하면 이로써 매매의 효력이 생기고, 위 매매는 같은 조 제1항에 적힌 환매권자와 국가 간의 사법상의 매매라 할 것이다(대판 1992. 4. 24, 92다4673).

판례 2(사업시행자의 환매거부의 의사표시가 헌법소원의 대상이 되는지 여부) 청구인들이 주장하는 환매권의 행사는 그것이 공공용지의 취득 및 손실보상에 관한 특례법 제9조에 의한 것이든, 토지수용법 제71조에 의한 것이든, 환매권자의 일방적 의사표시만으로 성립하는 것이지, 상대방인 사업시행자 또는 기업자의 동의를 얻어야 하거나 그 의사 여하에 따라 그 효과가 좌우되는 것은 아니다. 따라서 이 사건의 경우 피청구인이 설사 청구인들의 환매권 행사를 부인하는 어떤 의사표시를 하였다 하더라도, 이는 환매권의 발생 여부 또는 그 행사의 가부에 관한 사법관계의 다툼을 둘러싸고 사전에 피청구인의 의견을 밝히고, 그 다툼의 연장인 민사소송절차에서 상대방의 주장을 부인하는 것에 불과하므로, 그것을 가리켜 헌법소원심판 대상이 되는 공권력의 행사라고 볼 수는 없다(헌재결 1994. 2. 24, 92헌마283).

---

4. 환매권자

토지보상법상의 환매권자는 협의취득일 또는 수용 당시에 당해 토지소유자 또는 그 포괄승계인이다. 여기서 포괄승계인이라 함은 자연인인 상속인과 합병후의 존속법인 또는 신설법인을 의미한다. 지상권자나 기타 소유권자가 아닌 권리자는 환매권이 없다. 또한 환매권은 양도될 수 없다.

5. 환매권의 대항력

환매권은 부동산등기법이 정하는 바에 의하여 협의취득 또는 수용의 등기가 된 때에는 제3자에게 대항할 수 있다(동법 91조 5항). 즉 수용목적물인 토지가 제3자에게 양도되더라도 등기가 되어 있는 경우에는 제3자는 환매권자에 대하여 권리가 있음을 주장하지 못한다.

판례(토지보상법 제91조 제5항에서 정한 '환매권은 부동산등기법이 정하는 바에 의하여 공익사업에 필요한 토지의 협의취득 또는 수용의 등기가 된 때에는 제3자에게 대항할 수 있다'의 의미) 甲 지방자치단체가 도로사업 부지를 취득하기 위하여 乙 등으로부터 토지를 협의취득하여 소유권이전등기를 마쳤는데, 위 토지가 택지개발예정지구에 포함되자 이를 택지개발사업 시행자인 丙 공사에 무상으로 양도하였고, 그 후 택지개발예정지구 변경지정과 개발계획 변경승인 및 실시계획 승인이 고시되어 위 토지가 택지개발사업의 공동주택용지 등으로 사용된 사안에서, 택지개발사업의 개발계획 변경승인 및 실시계획 승인이 고시됨으로써 토지가 도로사업에 더 이상 필요 없게 되어 협의취득일 당시 토지소유자였던 乙 등에게 환매권이 발생하였고, 그 후 택지개발사업에 토지가 필요하게 된 사정은 환매권의 성립이나 소멸에 아무런 영향을 미치지 않으며, 위 토지에 관하여 甲 지방자치단체 앞으로 공공용지 협의취득을 원인으로 한 소유권이전등기가

마쳐졌으므로, 乙 등은 환매권이 발생한 때부터 제척기간 도과로 소멸할 때까지 사이에 언제라도 환매권을 행사하고, 이로써 제3자에게 대항할 수 있다(대판 2017. 3. 15, 2015다238963).

6. 환매의 목적물

환매의 목적물은 토지소유권이다(동법 91조 1항). 따라서 토지에 대한 소유권 이외의 권리(용익물권) 및 토지 이외의 물건(토지의 정착물, 토석(土石), 입목(立木)) 등은 환매의 대상이 되지 못한다. 수용한 토지의 일부분만이 당해 공익사업에 불필요하게 된 경우에는, 그 불필요하게 된 부분의 토지에 대하여만 환매권을 행사할 수 있다. 그러나 수용한 토지의 전부가 불필요하게 된 경우에는, 그 전부에 대하여 환매권을 행사하여야 하며, 그 일부에 대하여만 환매권을 행사할 수 없다.

7. 환매요건

토지보상법 제91조 제1항과 제2항은 환매요건에 대하여 규정하고 있는바, 동법상의 요건이 환매권의 성립요건에 해당하는지 또는 행사요건으로 볼 것인지에 대하여 견해가 대립되어 있다. 그러나 환매권은 수용의 효과로서 수용의 시기에 법률상 당연히 성립·취득된다고 할 것이며, 다음의 두 가지 요건은 이미 성립된 환매권을 현실적으로 행사하는 데 필요한 요건이라고 할 것이다.

판례(공특법 제9조 1항, 2항이 환매권행사의 요건에 해당한다는 판례) 공공용지의 취득 및 손실보상에 관한 특례법 제9조 제2항은 제1항과는 달리 취득한 토지 전부가 공공사업에 이용되지 아니한 경우에 한하여 환매권을 행사할 수 있고 그 중 일부라도 공공사업에 이용되고 있으면 나머지 부분에 대하여도 장차 공공사업이 시행될 가능성이 있는 것으로 보아 환매권의 행사를 허용하지 않는다고 규정함으로써 제1항의 경우보다 환매권 행사의 요건을 가중하고 있는바, 위 규정상의 이용하지 아니하였는지 여부는 필요한 토지를 취득한 사업시행자의 입장에서 당해 공공사업에 이용될 일단의 토지의 전부를 기준으로 판단할 것이고, 취득 당시의 토지 등의 소유자나 해당 토지의 필지별로 판단할 것은 아니다(대판 1996. 2. 9, 94다46695).

가. 공익사업의 폐지·변경 그 밖의 사유로 인하여 토지의 전부 또는 일부가 필요 없게 된 경우(동법 91조 1항)

여기서 필요 없게 된 때라 함은 사업시행자의 주관적인 의사와는 관계없이 당해 토지가 특정 공익사업의 폐지·변경등의 이유로 더 이상 그 공익사업에 직접 이용될 필요가 없어졌다고 볼 만한 객관적인 사정이 발생한 경우를 말한다. 토지의 전부가 필요 없게 된 경우뿐만 아니라 당해 토지의 일부가 필요 없게 된 경우에도 그 부분에 대하여 환매권을 행사할 수 있다. 최근 헌법재판소는 환매권 발생기간을 예외없이 10년으로 규정한 구 토지보상법 제91조 제1항에 대하여 피수용자의 재산권을 과도하게 제한한다는 이유로 헌법불합치결정을 하였다.[8] 개정법률은 그 대신에 환매권의 제척기간을 ① 공익사업의 폐지·변경으로 취득한 토지가 필요 없게 된 경우는 관계 법률에 따라 사업의 폐지·변경된 날 또는 제24조에 따른 사업의 폐지·변경 고시가 있는 날로부터 10년 이내, ② 그 밖의 사유로 취득한 토지가 필요 없게 된 경우는 사업완료일로부터 10년 이내로 각각 구분하여 규정하

8) 헌재결 2020. 11. 26, 2019헌바131.

고 있다(법 91조 1항 1호 · 2호).

나. 토지의 협의취득일 또는 수용의 개시일로부터 5년 이내에 취득한 토지의 전부를 당해 사업에 이용하지 아니한 경우(동법 91조 2항)

여기서 "공익사업에 이용하지 아니한 때"란 사업에 사용할 필요가 없어진 것은 아니나 사실상 사업에 사용되지 아니한 경우를 의미한다. 토지보상법 제91조 제2항은 사업이 폐지 · 변경된 것은 아니나 단순히 그 실시가 지연되어 사업에 제공되지 않은 경우에도 환매권행사가 가능하도록 규정하고 있다. 수용된 토지를 사업에 사용하지 않고 방치하는 것은 수용의 취지에 반할 뿐 아니라 사회적으로 보아도 비경제적이기 때문이다. 단지 이 경우는 동법 제91조 제1항과는 달리 토지의 전부가 사업에 이용되지 않은 경우에만 환매할 수 있도록 요건을 강화하고 있는바 이는 토지가 불용(不用)이 된 것이 아니라 장래 사업에 사용될 가능성이 있기 때문이다.

다. 환매요건의 특칙(공익사업의 변환)

토지보상법 제91조 제6항은 특정한 공익사업을 위하여 일단 수용한 토지를 다른 공익사업에 제공하기 위하여 사업목적을 변경한 경우에는 환매를 하게 하고 다시 수용하는 번거로움을 없애기 위하여, 사업시행자가 국가 · 지방자치단체 · 「공공기관의 운영에 관한 법률」에서 대통령령이 정하는 공공기관인 경우에 한하여 이들 사업시행자가 사업인정을 받아 토지를 협의취득 또는 수용한 후, 해당 공익사업이 제4조 제1호부터 제5호까지에 규정된 다른 공익사업(별표에 따른 사업이 제4조 제1호부터 제5호까지에 규정된 공익사업에 해당하는 경우를 포함한다)으로 변경된 경우에 한하여 바로 환매를 할 수 없도록 규정하고 있다(동법 91조 6항). 유의할 점은 동조의 규정은 처음 사업인정을 받은 사업에서 동법 제4조 제1호 내지 제5호의 다른 공익사업으로 변경되는 경우에만 적용된다는 것이다. 예컨대 공항건설사업(동법 4조 2호)을 위해 수용된 토지를 이주단지조성사업(동법 4조 7호)에 제공하는 것은 허용되지 않으며, 환매 후 다시 수용하는 절차를 거쳐야 한다. 한편, 변경된 공익사업의 시행자가 변경되기 전의 사업시행자와 동일하여야 하는지 여부가 문제가 되는바, 판례는 사업시행자가 동일하지 않은 경우에도 공익사업의 변경을 인정하고 있다. 토지보상법 제91조 제6항(구 토지수용법 71조 7항)에 대하여 헌법상의 재산권보장과 관련하여 위헌성이 제기되었으나 헌법재판소는 합헌결정을 내렸다.

판례 1(공익사업의 변환에 있어서 사업시행자의 동일성이 요구되는지 여부) 이른바 "공익사업의 변환"이 국가 · 지방자치단체 또는 정부투자기관이 사업인정을 받아 토지를 협의취득 또는 수용한 경우에 한하여, 그것도 사업인정을 받은 공익사업이 공익성의 정도가 높은 토지수용법 제3조 제1호 내지 제4호(현행 5호)에 규정된 다른 공익사업으로 변경된 경우에만 허용되도록 규정하고 있는 토지수용법 제71조 제7항 등 관계법령의 규정내용이나 그 입법이유 등으로 미루어 볼 때, 같은 법 제71조 제7항 소정의 "공익사업의 변환"이 국가 · 지방자치단체 또는 정부투자기관 등 기업자(또는 사업시행자)가 동일한 경우에만 허용되는 것으로 해석되지는 않는다(대판 1994. 1. 25, 93다11760).

판례 2(변경된 공익사업의 시행자가 '국가 · 지방자치단체 또는 대통령령으로 정하는 공공기관'이어야 인정되는지 여부) 공익사업을 위한 토지 등의 취득 및 보상에 관한 법률 제91조 제6항 전문은 당초의 공익사업이 공익성의 정도가 높은 다른 공익사업으로 변경되고 그 다른 공익사업을 위하여 토지를 계속 이용할 필요가 있을 경우에는, 환매권의 행사를 인정한 다음 다시 협의취득이나 수용 등의 방법으로 그 토지를 취득하는 번거로운 절차를 되풀이하지 않게 하기 위하여 이른바 '공익사업의 변환'을 인정함으로써 환매권의 행사를 제한하려는 것이다. 토지보상법 제91조 제6항 전문 중 '해당 공익사업이 제4조 제1호부터 제5호까지에 규정된 다른 공익사업으로 변경된 경우' 부분에는 별도의 사업주체에 관한 규정이 없음에도 그 앞부분의 사업시행 주체에 관한 규정이 뒷부분에도 그대로 적용된다고 해석하는 것은 문리해석에 부합하지 않는다. 공익사업 변환 제도는 기존에 공익사업을 위해 수용된 토지를 그 후의 사정변경으로 다른 공익사업을 위해 전용할 필요가 있는 경우에는 환매권을 제한함으로써 무용한 수용절차의 반복을 피하자는 데 주안점을 두었을 뿐 변경된 공익사업의 사업주체에 관하여는 큰 의미를 두지 않았던 점, 민간기업이 관계 법률에 따라 허가 · 인가 · 승인 · 지정 등을 받아 시행하는 도로, 철도, 항만, 공항 등의 건설사업의 경우 공익성이 매우 높은 사업임에도 사업시행자가 민간기업이라는 이유만으로 공익사업의 변환을 인정하지 않는다면 공익사업 변환 제도를 마련한 취지가 무색해지는 점, 공익사업의 변환이 일단 토지보상법 제91조 제6항에 정한 '국가 · 지방자치단체 또는 공공기관의 운영에 관한 법률 제4조에 따른 공공기관 중 대통령령으로 정하는 공공기관'이 협의취득 또는 수용한 토지를 대상으로 하고, 변경된 공익사업이 공익성이 높은 토지보상법 제4조 제1~5호에 규정된 사업인 경우에 한하여 허용되므로 공익사업 변환 제도의 남용을 막을 수 있는 점을 종합해 보면, 변경된 공익사업이 토지보상법 제4조 제1~5호에 정한 공익사업에 해당하면 공익사업의 변환이 인정되는 것이지, 변경된 공익사업의 시행자가 국가 · 지방자치단체 또는 일정한 공공기관일 필요까지는 없다(대판 2015. 8. 19, 2014다201391).

판례 3(협의취득 및 수용한 토지를 제3자에게 처분한 경우에 공익사업의 변환의 허용성 여부) 공익사업의 원활한 시행을 위한 무익한 절차의 반복 방지라는 '공익사업의 변환'을 인정한 입법 취지에 비추어 볼 때, 만약 사업시행자가 협의취득하거나 수용한 당해 토지를 제3자에게 처분해 버린 경우에는 어차피 변경된 사업시행자는 그 사업의 시행을 위하여 제3자로부터 토지를 재취득해야 하는 절차를 새로 거쳐야 하는 관계로 위와 같은 공익사업의 변환을 인정할 필요성도 없게 되므로, 공익사업의 변환을 인정하기 위해서는 적어도 변경된 사업의 사업시행자가 당해 토지를 소유하고 있어야 한다. 나아가 공익사업을 위해 협의취득하거나 수용한 토지가 제3자에게 처분된 경우에는 특별한 사정이 없는 한 그 토지는 당해 공익사업에는 필요 없게 된 것이라고 보아야 하고, 변경된 공익사업에 관해서도 마찬가지이므로, 그 토지가 변경된 사업의 사업시행자 아닌 제3자에게 처분된 경우에는 공익사업의 변환을 인정할 여지도 없다(대판 2010. 9. 30, 2010다30782).

판례 4(공익사업의 변환제도가 헌법에 위반되는지 여부) 이 사건 심판대상조항은 공익사업의 원활한 시행을 확보하기 위한 목적에서 신설된 것으로 우선 그 입법목적에 있어서 정당하고 나아가 변경사용이 허용되는 사업시행자의 범위를 국가 · 지방자치단체 또는 정부투자기관으로 한정하고 사업목적 또한 상대적으로 공익성이 높은 토지수용법 제3조 제1호 내지 제4호(현행 5호)의 공익사업으로 한정하여 규정하고 있어서 그 입법목적 달성을 위한 수단으로서의 적정성이 인정될 뿐 아니라 피해최소성의 원칙 및 법익균형의 원칙에도 부합된다 할 것이므로 위 법률조항은 헌법 제37조 제2항이 규정하는 기본권 제한에 관한 과잉금지의 원칙에 위배되지 아니한다(헌재결 1997. 6. 26, 96헌바94).

8. 환매가격

환매가격은 원칙적으로 당해 토지에 대하여 지급받은 보상금에 상당하는 금액이다(동법 91조 1항). 그러나 당해 토지의 가격이 취득일 당시에 비하여 현저히 변동된 경우 사업시행자 및 환매권자는 환매가격에 대하여 서로 협의하되, 협의가 성립되지 아니한 때에는 그 금액을 법원에 청구할 수 있다. 한편 판례는 보상금액의 증감에 관한 소송을 민사소송으로 다루고 있다.

판례 1(환매대금증감을 구하는 소송은 민사소송이라는 판례) 구 토지보상법 제91조에 규정된 환매권은 상대방에 대한 의사표시를 요하는 형성권의 일종으로서 재판상이든 재판 외이든 위 규정에 따른 기간 내에 행사하면 매매의 효력이 생기는 바, 이러한 환매권의 존부에 관한 확인을 구하는 소송 및 구 토지보상법 제91조 제4항에 따라 환매금액의 증감을 구하는 소송 역시 민사소송에 해당한다. 기록에 의하면, 이 사건 소 중 주위적 청구는 구 토지보상법 제91조에 따라 환매권의 존부 확인을 구하는 소송이고, 예비적 청구는 같은 조 제4항에 따라 환매대금 증액을 구하는 소송임을 알 수 있으므로, 위 각 소송은 모두 민사소송에 해당한다고 보아야 한다(대판 2013. 2. 28, 2010두22368).

판례 2(소유권이전등기 청구소송에서 증액된 환매대금과 보상금 상당액의 차액을 지급할 것을 선이행 또는 동시이행의 항변으로 주장할 수 있는지 여부) 공익사업을 위한 토지 등의 취득 및 보상에 관한 법률 제91조에 의한 환매는 환매기간 내에 환매의 요건이 발생하면 환매권자가 지급받은 보상금에 상당한 금액을 사업시행자에게 미리 지급하고 일방적으로 의사표시를 함으로써 사업시행자의 의사와 관계없이 환매가 성립하고, 토지 등의 가격이 취득 당시에 비하여 현저히 변경되었더라도 같은 법 제91조 제4항에 의하여 당사자 간에 금액에 관하여 협의가 성립하거나 사업시행자 또는 환매권자가 그 금액의 증감을 법원에 청구하여 법원에서 그 금액이 확정되지 않는 한, 그 가격이 현저히 등귀한 경우이거나 하락한 경우이거나를 묻지 않고 환매권을 행사하기 위하여는 지급받은 보상금 상당액을 미리 지급하여야 하고 또한 이로써 족한 것이며, 사업시행자는 소로써 법원에 환매대금의 증액을 청구할 수 있을 뿐 환매권 행사로 인한 소유권이전등기 청구소송에서 환매대금 증액청구권을 내세워 증액된 환매대금과 보상금 상당액의 차액을 지급할 것을 선이행 또는 동시이행의 항변으로 주장할 수 없다(대판 2006. 12. 21, 2006다49277).

9. 환매의 절차와 효력

가. 통지 및 공고

사업시행자는 토지보상법 제91조 제1항, 제2항에 의하여 환매할 토지가 생겼을 때에는 지체없이 이를 환매권자에게 통지하여야 한다(동법 92조 1항). 다만, 사업시행자가 과실없이 환매권자를 알 수 없을 때에는 전국을 보급지역으로 하는 일간신문에 공고하거나 당해 토지가 소재하는 시·군 또는 구(자치구가 아닌 구를 포함함)의 게시판에 7일 이상 게시하는 방법에 의한다(동법 92조 1항 단서). 한편, 환매권자는 사업시행자의 통지나 공고가 없다고 하더라도 환매할 토지가 생긴 것을 안 경우에는 자발적으로 환매할 수 있다.

판례(통지의무를 위반한 경우에 법적 효과) 징발재산 정리에 관한 특별조치법 부칙 제2조 제3항 및 같은 법 제20조 제2항이 환매권 행사의 실효성을 보장하기 위하여 국방부장관의 통지 또는 공고의무를 규정한 이상 국방부장관이 위 규정에 따라 환매권자에게 통지나 공고를 하여야 할 의무는 법적인 의무이므로, 국방부장관이 이러한 의무를 위반한 채 통지 또는 공고를 하지 아니하거나 통지 또는 공고를 하더라도 그 통지 또는 공고가 부적법하여 환매권자로 하여금 환매권 행사기간을 넘기게 하여 환매권을 상실하는 손해를 입게 하였다면 환매권자에 대하여 불법행위가 성립할 수 있다(대판 2006. 11. 23, 2006다35124).

나. 환매의 의사표시

환매를 하기 위하여는 지급받은 보상금에 상당하는 금액을 지급하고 수용된 토지를 환매한다는 의사표시를 하여야 한다(동법 91조 1항). 사업시행자의 동의를 요하지 않고 환매권자의 의사표시만으로 환매계약이 성립된 것으로 본다. 과거에는 소유권은 환매권자의 의사표시만으로는 이전되지 않고 사업시행자가 이에 동의함으로써, 즉 사업시행자와 환매권자 간에 매매계약이 성립하고 소유권은 그 결과로 이전된다는 견해도 있으나 이는 환매권의 본질에도 맞지 않으며 관련조항의 해석과도 합치하지 않는다.

10. 환매권의 소멸

환매권의 존속기간은 사업시행자가 환매할 토지가 생겼음을 통지 · 공고를 할 경우와 통지 · 공고를 하지 않은 경우에 따라 다르다. 사업시행자의 통지 · 공고가 있었을 경우에는 그 통지일 또는 공고일로부터 6월이 경과함으로써 환매권이 소멸된다(동법 92조 2항). 반면, 사업시행자의 통지 · 공고가 없는 때에는 ① 공익사업의 폐지 · 변경으로 취득한 토지의 전부 또는 일부가 필요없게 된 경우는 관계 법률에 따라 사업의 폐지 · 변경된 날 또는 제24조에 따른 사업의 폐지 · 변경 고시가 있는 날로부터 10년(법 91조 1항 1호), ② 그 밖의 사유로 취득한 토지의 전부 또는 일부가 필요없게 된 경우는 사업완료일로부터 10년을 각각 경과함으로써 환매권이 소멸하고(법 91조 1항 2호), ③ 토지의 전부를 5년 이내에 당해 사업에 이용하지 아니한 경우에는 취득일부터 6년을 경과함으로써 환매권이 소멸한다(법 91조 2항). 사업시행자는 ①, ②, ③의 어느 경우에나 통지 또는 공고함으로써 그 기간을 6월로 단축할 수 있다.

사례 A광역시는 공원을 개설할 목적으로 적법한 절차와 정당한 보상하에 갑의 토지를 수용하였다. 공원이 개설된 후에 토지의 일부가 남게 되었다. A광역시는 잔여토지를 을에게 임대하였으며 을은 그곳에 자동차운전학원을 설립하여 운영하고 있었다. 토지가 수용된지 2년이 지난 후에 이러한 사실을 알게 된 갑은 을에게 임대된 토지를 반환받으려고 한다.

1) 갑은 을에게 임대된 토지를 반환받을 수 있는가?

2) A광역시는 공원을 개설할 목적으로 토지를 수용하였으나, 이후 주택난이 가속화 되자 시영임대아파트건설을 위하여 사용하고자 하였다. 이 경우에 갑은 자신의 토지를 반환받을 수 있는가?

▶답안요지 **제1문:** 설문에서 갑이 행사할 수 있는 권리는 환매권이다. 우선 환매권의 의의, 근거, 법적 성격, 환매권자에 대하여 간단히 언급을 한다. 환매권의 행사요건으로는 ① 공익사업의 폐지 · 변경 그 밖의 사유로 인하여 수용한 토지의 전부 또는 일부가 필요없게 된 경우(동법 91조 1항), ② 토지의 협의취득일 또는 수용의 개시일로부터 5년 이내에 취득한 토지의 전부를 당해 사업에 이용하지 아니한 경우(동법 91조 2항)가 있는 바, 사안의 경우 ①의 요건을 충족시킨다. 사업시행자인 A광역시는 환매할 토지가 생겼다는 사실을 지체없이 갑에 통지하여야 하며(동법 92조 1항), 갑은 A광역시의 통지가 없더라도 환매할 토지가 생긴 것을 안 경우에는 자발적으로 환매할 수 있다. 갑은 지급받은 보상금에 상당하는 금액을 지급하고 수용된 토지를 환매한다는 의사표시를 하여야 한다(동법 91조 1항).

환매권은 사업시행자의 갑에 대한 통지가 있었을 경우에는 그 통지일로부터 6월이 경과함으로써 환매권이 소멸된다(동법 92조 2항). 반면, 사업시행자의 통지가 없는 때에는 기타의 사유로 토지가 필요없게 된 경우는 사업완료일부터 10년을 경과함으로써 환매권이 소멸된다(동법 91조 1항 2호).

제2문: 공익사업의 변경에 관련된 문제로서 이는 특정한 공익사업을 위하여 일단 수용한 토지를 다른 공익사업에 제공하기 위하여 사업목적을 변경한 경우에는 환매를 하게 하고 다시 수용하는 번거로움을 없애기 위하여 인정된 제도이다(동법 91조 6항).

공익사업의 변경이 허용되기 위하여는 ① 사업시행자가 국가 · 지방자치단체 · 정부투자기관인 경우로 ② 토지보상법 4조 1호 내지 5호에 규정된 다른 공익사업으로 변경된 경우에 제한되며, 판례에 따르면 사업시행자의 변경도 허용되고 있다. 사안에서 공원조성사업(동법 4조 3호)을 위해 수용된 토지를 시영임대아파트건설(동법 4조 5호)을 위하여 제공하는 것은 허용되며, 이에 따라 갑은 자신의 토지를 반환받을 수 없다.

제4절 공용환지 · 공용환권

Ⅰ. 공용환지(公用換地)

1. 개　　념

공용환지라 함은 토지의 이용가치를 전반적으로 증진하기 위하여 일정한 지역 안에 있어서의 토지의 소유권 또는 기타의 권리(지상권 · 지역권 · 임대권)를 권리자의 의사 여하에 불구하고 강제적으로 교환 · 분합함을 의미한다. 권리자는 종전의 토지에 관한 권리를 상실하고 그에 상당하는 토지에 관한 권리를 다른 곳에 새로이 취득하게 된다. 토지의 이용가치증진을 위하여 직접 토지에 관한 권리에 대하여 강제적으로 부담(물권적 변동)을 과한다는 점에서 물적 공용부담의 일종이다.

공용환지는 토지소유권 기타 토지에 관한 권리간에 교환 · 분합을 생기게 한다는 점에서 토지와 건축시설 전체에 대하여 권리의 입체적인 변환을 실현시키는 공용환권과 차이가 난다. 또한 공용환지는 권리의 제한 또는 수용을 목적으로 하는 것이 아니라, 가능한 한 권리의 실질에 변경을 가하지 아니하면서, 다만 그 목적물을 변경하여 동가치의 토지와 교환시킨다는 점에서 공용제한이나 공용수용과 구별된다. 현행법상 인정되고 있는 공용환지로는 도시개발법에 의한 도시개발사업의 일환으로 행하여지는 것과 농어촌 정비법에 의한 농업기반 등 정비사업의 일환으로 행하여지는 것 두 가지가 있다. 이하에서는 도시개발법상 공용환지를 중심으로 고찰하기로 한다.

2. 환지계획

환지계획이란 도시개발사업이 완료된 경우에 행할 환지처분의 계획을 말하는 것으로서, 환지처분의 내용은 환지계획에서 정하여진다. 시행자는 도시재개발사업의 전부 또는 일부를 환지방식에 의하여 시행하고자 하는 경우에는 환지계획을 작성하여야 하며, 행정청이 아닌 시행자가 환지계획을 작성한 때에는 특별자치도지사 · 시장 · 구청장의 인가를 받아야 한다(도시개발법 29조 1항).

환지계획의 성질에 대하여 판례는 환지계획은 환지예정지지정이나 환지처분의 근거가 될 뿐 그 자체가 직접 토지소유자 등의 법률상 지위를 변동시키는 것이 아니라는 이유로 처분성을 부인하고 있다.[9] 이에 대하여 ① 환지예정지지정처분이나 환지처분의 내용은 환지계획에 의하여 확정되고, 환지처분 등은 환지계획의 단순한 집행에 그친다는 점, ② 환지계획에 따라 환지처분이 행하여지면 판례가 환지처분의 취소소송의 소익을 인정하지 않는 점에 비추어, 환지계획에 대하여 처분성을 인정하지 않으면 도시개발사업과 관련된 쟁송을 봉쇄하는 결과가 된다는 점, ③ 또한 공용환권에 대한 관리처분계획을 처분으로 보는 판례의 입장과 균형이 맞지 않는다 등의 관점에서 타당한 비판이 제기되고 있다.[10]

9) 대판 1999. 8. 20, 97누6889.
10) 金鐘甫, 換地計劃의 處分性, 公法硏究 28집 제3호, 2000. 3, 281면 이하.

판례(도시재개발사업에 있어서 환지계획이 행정처분의 성격을 갖는지 여부) 토지지구획정리사업법 제57조, 제62조 등의 규정상 환지예정지 지정이나 환지처분은 그에 의하여 직접 토지소유자 등의 권리의무가 변동되므로 이를 항고소송의 대상이 되는 처분이라고 볼 수 있으나, 환지계획은 위와 같은 환지예정지 지정이나 환지처분의 근거가 될 뿐 그 자체가 직접 토지소유자 등의 법률상의 지위를 변동시키거나 또는 환지예정지 지정이나 환지처분과는 다른 고유한 법률효과를 수반하는 것이 아니어서 이를 항고소송의 대상이 되는 처분에 해당한다고 할 수가 없다(대판 1998. 8. 20, 97누6889).

3. 환지예정지의 지정

1) 의 의

환지처분은 종전의 토지상의 권리관계에 변동을 가져오는 것으로, 이것은 도시개발사업이 완료된 후에 비로소 관계토지의 전부에 대하여 행하는 것이 원칙이다. 그러나 공사가 완료되기까지는 상당한 시일이 걸리는 것이 보통이므로, 도시개발사업이 완료되기 전이라도 환지처분이 있은 것과 같은 상태를 형성할 필요가 생기는바, 이러한 요청에 부응하는 것이 환지예정지의 지정제도이다. 이 제도는 사업이 완료되기 전에 환지처분이 행하여진 것과 같이 새로운 토지에 대하여 권리를 행사할 수 있게 함으로써 권리관계의 불안정한 상태를 해소하려는 것이다. 환지예정지의 지정행위는 그 시행자가 누구이든 공법상의 행위로서 행정처분의 성격을 가지며, 도시개발사업의 완료와 그에 따른 환지처분이 있으면 효력이 소멸된다.

판례(환지예정지의 지정처분의 법적 성격) 본건 토지구획정리에 있어서의 환지예정지 지정처분은 그 처분의 성질상 관계토지 소유자에게 막대한 이해관계를 미치는 것이므로 반드시 그 소유자에게 개별적으로 서면통지를 필요로 하는 상대방있는 행정처분이라 할 것이며 이는 현행 도시계획법 제35조 제2항과 같은 명문이 없는 구조선시가지계획령 소정 토지구획정리에 의한 환지예정지 지정처분에 있어서도 마찬가지로 보아야 할 것이다(대판 1962. 5. 17, 62누10).

2) 환지예정지의 지정절차

시행자는 도시개발사업의 시행을 위하여 필요한 때에는 도시개발구역안의 토지에 대하여 환지예정지를 지정할 수 있다. 이 경우 종전의 토지에 대한 임차권자 등이 있는 경우에는 당해 환지예정지에 대하여 당해 권리의 목적인 토지 또는 그 부분을 아울러 지정하여야 한다(동법 34조 1항). 시행자는 또한 환지예정지의 지정에 있어서는 관계 토지소유자와 임차권자 등에게 환지예정지의 위치 · 면적과 환지예정지 지정의 효력발생시기를 통지하여야 한다(동법 35조 3항).

3) 환지예정지지정의 효과

환지예정지가 지정된 경우에는 종전의 토지에 관한 토지소유자 및 임차권자 등은 환지예정지의 지정의 효력발생일부터 환지처분의 공고가 있는 날까지 환지예정지 또는 당해 부분에 대하여 종전과 동일한 내용의 권리를 행사할 수 있으며, 종전의 토지에 대하여는 이를 사용하거나 수익할 수 없다(동법 35조 1항). 환지예정지의 종전의 토지소유자 또는 임차권자 등은 종전의 토지에 대한 사용 · 수익권을 상실하며, 환지예정지를 지정받은 자의 사용 · 수익을 방해할 수 없다(동법 36조 3항). 그러나 환지예정지가

지정되더라도 소유권에는 변동이 없으므로 종전의 토지소유자는 그 토지를 처분할 수 있으며, 지정받은 환지예정지는 처분할 수 없다.

판례(환지예정지가 지정된 경우에 종전의 토지소유자가 그 토지를 처분할 수 있는지 여부) 토지구획정리 지구내에 있는 어떤 토지가 다른 토지의 환지 예정지로 지정되었다 하더라도 그 토지의 소유자는 환지의 인가와 고시가 있을 때까지는 그 소유권을 상실하는 것은 아니므로 이를 처분할 수 있다할 것이고 또 귀속재산의 처분에 있어 임대차계약이 유효하지 아니하다는 이유만으로 매매계약이 당연히 무효라는 법리는 없다(대판 1963. 5. 21, 63누21).

---

4. 환지처분

1) 환지처분의 성질

환지처분은 종전의 토지에 대하여 소유권 기타의 권리를 가진 자에게 종전의 토지에 갈음하여 환지계획에 정하여진 토지를 배당하여 종국적으로 이를 귀속시키는 행정처분이다. 따라서 환지처분은 형성적 행정행위의 성격을 가지며, 이에 의하여 종전의 토지의 구획·형질이 변경되어 불확정의 상태로 된 환지계획구역에 있어서 소유권 기타의 권리관계가 확정되게 된다. 환지처분의 내용은 이미 환지계획에 정하여져 있고, 환지처분은 그 내용을 그대로 실현하는 작용이므로 환지계획에 의하지 않는 환지처분은 무효이다.

판례(환지계획에 의하지 않은 환지처분의 효력) 환지처분의 내용은 모두 환지계획에 의하여 미리 결정되는 것이며 환지처분은 다만 환지계획구역에 대한 공사가 완료되기를 기다려서 환지계획에 정하여져 있는 바를 토지소유자에게 통지하고 그 뜻을 공고함으로써 효력이 발생되는 것이고, 따라서 환지계획과는 별도의 내용을 가진 환지처분은 있을 수 없는 것이므로 환지계획에 의하지 아니하고 환지계획에도 없는 사항을 내용으로 하는 환지처분은 효력을 발생할 수 없다(대판 1993. 5. 27, 92다14878).

---

2) 환지처분의 절차

환지처분은 시행자가 도시개발사업에 관한 공사를 완료한 때에 행한다. ① 시행자는 환지방식에 의하여 도시개발사업에 관한 공사를 완료한 때에는 지체없이 이를 공고하고 공사관계서류를 일반에게 공람시켜야 한다(동법 40조 1항). 도시개발구역 안의 토지소유자 또는 이해관계인은 공람기간 내에 시행자에게 의견서를 제출할 수 있으며, 그 의견서의 제출을 받은 시행자는 공사결과와 실시계획내용과의 적합여부를 확인하여 필요한 조치를 하여야 한다(동법 40조 2항). ② 시행자는 지정권자에 의한 준공검사를 받은 때(지정권자가 시행자인 경우에는 공사완료공고가 있는 때)에는 대통령령이 정하는 기간 내에 환지처분을 하여야 하는바, 환지계획에서 정한 사항을 토지소유자에게 통지하고 이를 공고하여야 한다(동법 40조 4항·5항). ③ 환지처분이 일단 공고되어 그 효력을 발생하면, 그 환지처분의 일부에 대하여 취소청구를 할 수 없고, 손해배상을 청구할 수밖에 없다.

판례(환지처분이 일단 공고되어 효력을 발생한 경우에 환지확정처분의 일부에 대하여 취소를 구할 법률상 이익이 있는지 여부) 토지구획정리사업법에 의한 환지처분이 일단 공고되어 그 효력을 발생한 이상 환지 전체의 절차를 처음부터 다시 밟지 않는 한 그 일부만을 따로 떼어 환지처분을 변경할 길이 없으므로 그 환지처분 중 일부 토지에 관하여 환지도 지정하지 아니하고 또 정산금도 지급하지 아니한 위법이 있다 하여도 이를 이유로 민법상의 불법행위로 인한 손해배상을 구할 수 있으므로 그 환지확정처분의 일부에 대하여 취소를 구할 법률상 이익은 없다(대판 1985. 4. 23, 84누446).

3) 환지처분의 효과

환지처분은 환지교부와 환지청산을 그 내용으로 한다. 환지교부란 환지계획으로 정하여진 환지를 종전의 토지에 갈음하여 교부하는 것이고, 환지청산은 환지교부로 종전의 토지와의 사이에 과부족이 있는 경우에 그 차액을 금전으로 교부 또는 징수하는 것을 말한다(동법 41조).

가. 환지교부

환지계획에서 정하여진 환지는 환지처분의 공고가 있는 다음날부터 종전의 토지로 보며, 종전의 토지에 대한 모든 권리는 환지 위에 옮겨지며, 종전의 토지에 대한 권리는 공고일이 종료할 때에 소멸한다(동법 42조 1항). 다만, 행정상 또는 재판상의 처분으로서 종전의 토지에 전속하는 것에 관하여는 영향을 미치지 않고(동법 42조 2항), 지역권도 그 성질상 종전의 토지에 그대로 존속한다(동법 42조 3항). 환지교부에 따르는 등기는 시행자의 신청 또는 촉탁에 의하여 일괄적으로 행하여진다(동법 43조 1항).

나. 환지청산

환지를 정하거나 그 대상에서 제외한 경우에 그 과부족에 대하여는 종전의 토지 및 환지의 위치·지목·면적·토질·수리·이용상황·환경 기타 사항을 종합적으로 고려하여 금전으로 청산하여야 한다. 환지계획에 정하여진 청산금은 환지처분시에 이를 결정하여야 한다(동법 41조 2항). 청산금교부처분도 환지계획에 따른 환지처분에 포함되는 것이기 때문에, 환지처분이 확정된 후에는 별도로 환지청산금교부처분을 행할 수는 없다.[11] 환지의 가격이 종전 토지의 가격보다 큰 경우에는 토지소유자로부터 청산금을 징수하고, 반대의 경우에는 토지소유자에게 청산금을 교부한다. 청산금을 납부할 자가 이를 불이행할 때에는 행정상의 강제징수절차에 따라 이를 징수한다(동법 46조 3항).

판례(도시개발사업조합이 직접 공법상 당사자소송으로 도시개발법에 따른 청산금의 지급을 구할 수 있는지 여부) 도시개발법 제46조 제3항에 따라 도시개발사업조합이 관할 지방자치단체의 장에게 도시개발법에 따른 청산금의 징수를 위탁할 수 있다 하더라도, 지방자치단체의 장이 징수위탁에 응하지 아니하는 등의 특별한 사정이 있는 때에는 도시개발사업조합은 직접 공법상 당사자소송으로 청산금의 지급을 구할 수 있다(대판 2017. 4. 28, 2013다1211).

11) 대판 1987. 3. 24, 85누926.

Ⅱ. 공용환권(公用換權)

1. 의 의

공용환권은 토지의 효용을 증진하기 위하여 일정한 지구 내의 토지의 구획 · 형질을 변경하여 권리자의 의사를 불문하고 종전의 토지 · 건축물에 관한 권리를 토지정리 후에 새로 건축된 건축물 및 토지에 관한 권리로 강제로 변환시키는, 토지의 입체적 변환방식을 말한다.

이러한 공용환권은 공익개발사업을 토지의 수용에 의하지 않고 권리의 교환 · 분합에 의하여 행한다는 점에서 공용환지와 동일하나, 공용환지가 원칙상 토지에 대한 권리의 교환 · 분합에 한정되는 데 반하여 공용환권은 토지뿐만 아니라 건축물에 대한 권리도 포함하여 교환 · 분합한다는 점에서 공용환지와 구별된다.

「도시 및 주거환경정비법」은 주거환경개선사업, 주택재개발사업 및 주택재건축사업에 공용환권의 방식을 채택하고 있다. 다음에서는 주택재개발사업 및 주택재건축사업에서의 공용환권에 대하여 다루기로 한다.

2. 조합의 설립

1) 의의 및 설립절차

시장 · 군수 및 토지주택공사 또는 지정개발자가 아닌 자가 재개발사업 · 재건축사업(이하 '정비사업'이라 한다)을 시행하려는 경우에는 토지등소유자로 구성된 조합을 설립하여야 한다(도시 및 주거환경정비법 35조 1항). 조합은 그 시행구역 안의 토지등소유자를 그 조합원으로 하는 공법인으로서 공공조합으로서의 성격을 가지며 행정주체의 지위를 갖는다. 조합을 설립하려는 경우에는 정비구역 지정 · 고시 후 토지등소유자 과반수의 동의를 받아 조합설립을 위한 추진위원회를 구성하여 국토교통부령으로 정하는 방법과 절차에 따라 시장 · 군수등의 승인을 받아야 한다(동법 31조 1항).

다만, 재개발사업의 경우 토지 등 소유자가 20인 미만인 경우에는 토지 등 소유자가 시행하거나 토지 등 소유자가 토지 등 소유자의 과반수의 동의를 받아 시장 · 군수등, 토지주택공사등, 건설업자, 등록사업자 또는 대통령령으로 정하는 요건을 갖춘 자와 공동으로 시행할 수 있다(법 25조 1항 2호).

재개발사업의 추진위원회가 조합을 설립하려면 토지등소유자의 4분의 3 이상 및 토지면적의 2분의 1 이상의 토지소유자의 동의를 받아 ① 정관, ② 정비사업비와 관련된 자료 등 국토교통부령으로 정하는 서류, ③ 그 밖에 시 · 도조례로 정하는 서류를 첨부하여 시장 · 군수등의 인가를 받아야 한다(동법 35조 2항).

재건축사업의 추진위원회가 조합을 설립하려는 때에는 주택단지의 공동주택의 각 동별 구분소유자의 과반수 동의(공동주택의 각 동별 구분소유자가 5 이하인 경우는 제외한다)와 주택단지의 전체 구분소유자의 100분의 70 이상 및 토지면적의 100분의 70 이상의 토지소유자의 동의를 받아 제2항 각 호의 사항을 첨부하여 시장 · 군수등의 인가를 받아야 한다(동법 35조 3항). 다만 재건축사업의 경우 주택단지가 아닌 지역이 정비구역에 포함된 때에는 주택단지가 아닌 지역의 토지 또는 건축물 소유자의 4분의 3 이상 및 토지면적의 3분의 2 이상의 토지소유자의 동의를 받아야 한다(동법 35조 4항).

판례 1(도시 및 주거환경정비법 상의 요건을 갖춘 추진위원회 설립승인신청이 있는 경우 시장 · 군수가 이를 승인하여야 하는지 여부) 이 사건 승인처분에 적용되는 구 도시 및 주거환경정비법 제13조 제2항에 의하면 정비사업을 시행하기 위하여 토지 등 소유자로 구성된 조합을 설립하고자 하는 경우에는 토지 등 소유자의 2분의 1 이상의 동의를 얻어 위원장을 포함한 5인 이상의 위원으로 추진위원회를 구성하여 시장 · 군수의 승인을 얻어야 하고, 구 도시정비법 시행규칙 제6조 각 호에 의하면, 추진위원회의 설립승인을 얻고자 하는 자는 별지 제2호 서식의 승인신청서에 토지 등 소유자의 명부, 동의서, 위원장 및 위원의 주소 및 성명, 위원선정을 증명하는 서류 등을 첨부하여 시장 · 군수에게 제출하여야 한다고만 규정하고 있으며, 달리 토지 등 소유자의 동의서 형식이나 동의시기, 추진위원회 위원장 및 위원의 자격이나 선정방식 등에 관하여 특별한 제한을 두고 있지는 않았으므로, 추진위원회의 설립승인신청을 받은 시장 · 군수로서는 승인신청서에 첨부된 서류에 의하여 당해 추진위원회의 구성에 관하여 토지 등 소유자의 2분의 1 이상의 동의가 있고 추진위원회가 위원장을 포함한 5인 이상의 위원으로 구성되어 있음을 확인할 수 있다면 그 추진위원회의 설립을 승인하여야 한다(대판 2011. 7. 28, 2011두2842).

판례 2(조합설립추진위원회 구성승인처분을 다투는 소송 계속 중 조합설립인가처분이 이루어진 경우 추진위원회 구성승인처분에 대하여 취소 또는 무효확인을 구할 법률상 이익이 있는지 여부) 구 도시 및 주거환경정비법 제13조 제1항, 제2항, 제14조 제1항, 제15조 제4항, 제5항 등 관계 법령의 내용, 형식, 체제 등에 비추어 보면, 조합설립추진위원회 구성승인처분은 조합의 설립을 위한 주체인 추진위원회의 구성행위를 보충하여 그 효력을 부여하는 처분으로서 조합설립이라는 종국적 목적을 달성하기 위한 중간단계의 처분에 해당하지만, 그 법률요건이나 효과가 조합설립인가처분의 그것과는 다른 독립적인 처분이기 때문에, 추진위원회 구성승인처분에 대한 취소 또는 무효확인 판결의 확정만으로는 이미 조합설립인가를 받은 조합에 의한 정비사업의 진행을 저지할 수 없다. 따라서 추진위원회 구성승인처분을 다투는 소송 계속 중에 조합설립인가처분이 이루어진 경우에는, 추진위원회 구성승인처분에 위법이 존재하여 조합설립인가 신청행위가 무효라는 점 등을 들어 직접 조합설립인가처분을 다툼으로써 정비사업의 진행을 저지하여야 하고, 이와는 별도로 추진위원회 구성승인처분에 대하여 취소 또는 무효확인을 구할 법률상의 이익은 없다고 보아야 한다(대판 2013. 1. 31, 2011두11112).

2) 조합설립인가의 법적 성격

재개발사업 또는 재건축사업의 조합 설립인가의 법적 성격과 관련하여 강학상 인가로 보는 견해와[12] 설권행위로서 강학상 특허로 보는 견해가[13] 대립되어 왔다. 이러한 견해의 대립은 조합설립에 필요한 토지소유자 등의 동의에 하자가 있는 경우에 조합설립의 효력을 다투는 소송형태와 관련하여 중요한 의미가 있다. 조합설립인가처분을 강학상 인가로 볼 경우 설립인가 자체의 하자가 없다면 민사소송을 통하여 조합설립결의의 무효를 다투어야 하는 반면, 특허로 볼 경우에는 토지소유자 등의 동의는 조합설립인가처분의 필요한 요건 중 하나가 되어 그 하자를 이유로 조합설립인가처분에 대하여 항고소송을 제기하여야 한다. 판례는 종래 조합설립인가처분은 사인(私人)들의 조합설립행위에 대한 보충행위로서 강학상 인가의 성질을 갖는다는 입장을 취하였으나, 최근에는 입장을 바꾸어 행정주체의 지위를 부여하는 설권적 행위로서 강학상 특허의 성질을 갖는다는 입장을 취하고 있다.

12) 김종보, 강학상 인가와 정비조합설립인가, 行政法硏究 10호, 2003. 10, 325면 이하.
13) 대판 2002. 5. 24, 2000두3641; 2000. 9. 5, 99두1854.

판례 1(조합설립인가처분의 법적 성질) 재개발조합은 재개발사업의 사업시행자로서 조합원에 대한 법률관계에서 특수한 존립목적을 부여받은 행정주체로서의 지위를 가지게 되고, 이러한 행정주체의 지위에서 정비구역 안에 있는 토지 등을 수용하거나, 관리처분계획, 경비부과처분 등과 같은 행정처분을 할 수 있는 권한을 부여받는다. 따라서 재개발조합설립인가신청에 대한 행정청의 조합설립인가처분은 단순히 사인(私人)들의 조합설립행위에 대한 보충행위로서의 성질을 가지는 것이 아니라 법령상 일정한 요건을 갖추는 경우 행정주체(공법인)의 지위를 부여하는 일종의 설권적 처분의 성질을 가진다고 봄이 상당하다. 그러므로 도시정비법상 재개발조합설립인가신청에 대하여 행정청의 조합설립인가처분이 있은 이후에는, 조합설립동의에 하자가 있음을 이유로 재개발조합 설립의 효력을 부정하려면 항고소송으로 조합설립인가처분의 효력을 다투어야 한다(대판 2010. 1. 28, 2009두4845. 동지판결: 대판 2009. 9. 24, 2009마168).

판례 2(도시정비법 제27조 제1항에 따라 신탁업자가 사업시행자인 경우 토지 등 소유자가 위탁자 지위의 확인을 구하는 소송의 형태는 공법상 당사자소송) 재건축사업이나 재개발사업의 사업시행자가 조합인 경우 조합과 토지 등 소유자 사이에 조합원 지위에 관하여 분쟁이 발생하면 토지 등 소유자는 조합을 상대로 공법상의 당사자소송에 의하여 조합원 자격의 확인을 구할 수 있다. 이에 반해 도시정비법상 재개발사업이나 재건축사업의 사업시행자가 도시정비법 제27조 제1항에 따른 신탁업자인 경우에는 사업시행을 위한 조합이 설립되지 않으므로 조합원의 지위가 예정되어 있지 않으나, 도시정비법 제39조 제1항은 재개발사업 또는 재건축사업의 사업시행자가 신탁업자인 경우에는 위탁자가 앞서 본 조합원에 해당한다고 규정하고 있다. 따라서 신탁업자와 토지 등 소유자 사이에 '위탁자'의 지위에 관한 분쟁이 발생하는 경우, 토지 등 소유자는 사업시행자인 신탁업자를 상대로 마찬가지로 공법상 당사자소송에 의하여 앞서 본 '조합원' 개념에 대응되는 '위탁자' 지위의 확인을 구하는 소를 제기할 수 있다고 보아야 한다(대판 2025. 2. 20, 2024두52427).

3. 사업시행인가

사업시행자(제25조 제1항 및 제2항에 따른 공동시행의 경우를 포함하되, 사업시행자가 시장·군수등인 경우는 제외한다)는 정비사업을 시행하려는 경우에는 사업시행계획서에 정관등과 그 밖에 국토교통부령이 정하는 서류를 첨부하여 시장·군수등에게 제출하여 사업시행인가를 받아야 한다(동법 50조 1항). 시장·군수등은 특별한 사유가 없으면 제1항에 따라 사업시행계획서의 제출이 있은 날부터 60일 이내에 인가 여부를 결정하여 사업시행자에게 통보하여야 한다(동법 50조 4항).

사업시행인가의 법적 성격에 대하여는 강학상 인가로 보는 견해와 강학상 특허로 보는 견해가 대립하고 있으나 이에 대하여는 세분화된 고찰이 필요하다. 토지 등 소유자들이 조합을 설립한 후 사업시행계획서를 제출하여 인가를 받는 경우에는 강학상 인가에 해당하는 반면, 토지 등 소유자들이 조합을 따로 설립하지 않고 직접 시행하는 정비사업에서 사업시행인가처분은 토지 등 소유자들에게 정비사업을 시행할 수 있는 권한을 가지는 행정주체의 지위를 부여하는 설권적 처분으로서 강학상 특허의 성격을 갖는다고 할 것이다. 판례도 동일한 입장을 취하고 있다.

판례 1(토지 등 소유자들이 조합을 따로 설립하지 않고 직접 시행하는 도시환경정비사업에서 사업시행인가처분의 법적 성격) 구 도시 및 주거환경정비법 제8조 제3항, 제28조 제1항에 의하면, 토지 등 소유자들이 그 사업을 위한 조합을 따로 설립하지 아니하고 직접 도시환경정비사업을 시행하고자 하는 경우에는 사업시행계획서에 정관 등과 그 밖에 국토해양부령이 정하는 서류를 첨부하여 시장·군수에게 제출하고 사업시행인가를 받아야 하고, 이러한 절차를 거쳐 사업시행인가를 받은 토지 등 소유자들은 관할 행정청의 감독 아래 정비구역 안에서 구 도시정비법상의 도시환경정비사업을 시행하는 목적 범위 내에서 법령이 정하는 바에 따라 일정한 행정작용을 행하는 행정주체로서의 지위를 가진다. 그렇다면 토지 등 소유자들이 직접 시행하는 도시환경정비사업에서 토지 등 소유자에 대한 사업시행인가처분은 단순히 사업시행계획에 대한 보충행위로서의 성질을 가지는 것이 아니라 구 도시정비법상 정비사업을 시행할 수 있는 권한을 가지는 행정주체로서의 지위를 부여하는 일종의 설권적 처분의 성격을 가진다(대판 2013. 6. 13, 2011두19994).

판례 2(사업시행계획 변경인가처분 중 사업시행자를 조합 단독에서 조합과 주택공사 등 공동으로 변경하는 결정부분의 성격) 행정청이 구 도시정비법 제8조 제3항, 제28조 제1항 본문에 근거하여 행하는 사업시행계획 변경인가처분 중 '사업시행자를 조합 단독에서 조합과 주택공사 등 공동으로 변경하는 결정 부분' 또는 '사업시행자를 조합과 주택공사 등 공동에서 조합 단독으로 변경하는 결정 부분'은 주택공사 등에 대하여 도시정비법상 도시환경정비사업을 시행할 수 있는 권한을 갖는 행정주체로서의 지위를 부여하거나 상실시키는 일종의 설권적 처분의 성격을 가진다(대판 2023. 12. 21, 2023다275424).

사업시행계획이 인가 · 고시를 통하여 확정되면 항고소송의 방법으로 취소 또는 무효확인을 구할 수 있을 뿐, 총회의결 부분만을 대상으로 하여 그 효력 유무를 다투는 확인의 소를 제기하는 것은 허용되지 않는다. 다만 사업시행계획이 확정되기 전에는 공법상 당사자소송으로 총회의결의 무효확인을 구하는 소송을 제기할 수 있다.

판례 1(확정된 사업시행계획에 관한 총회의결을 다툴 수 있는 방법) 구 도시 및 주거환경정비법에 따른 주택재건축정비사업조합은 관할 행정청의 감독 아래 위 법상 주택재건축사업을 시행하는 공법인으로서, 그 목적 범위 내에서 법령이 정하는 바에 따라 일정한 행정작용을 행하는 행정주체의 지위를 가진다 할 것인데, 재건축정비사업조합이 이러한 행정주체의 지위에서 위 법에 기초하여 수립한 사업시행계획은 인가 · 고시를 통해 확정되면 이해관계인에 대한 구속적 행정계획으로서 독립된 행정처분에 해당하고, 이와 같은 사업시행계획안에 대한 조합 총회결의는 그 행정처분에 이르는 절차적 요건 중 하나에 불과한 것으로서, 그 계획이 확정된 후에는 항고소송의 방법으로 계획의 취소 또는 무효확인을 구할 수 있을 뿐, 절차적 요건에 불과한 총회결의 부분만을 대상으로 그 효력 유무를 다투는 확인의 소를 제기하는 것은 허용되지 아니한다(대판 2009. 11. 2, 2009마596).

판례 2(사업시행계획의 무효를 주장하면서 인가처분의 무효확인이나 취소를 구할 수 있는지 여부) 도시 및 주거환경정비법에 기초하여 주택재개발정비사업조합이 수립한 사업시행계획은 관할 행정청의 인가 · 고시가 이루어지면 이해관계인들에게 구속력이 발생하는 독립된 행정처분에 해당하고, 관할 행정청의 사업시행계획 인가처분은 사업시행계획의 법률상 효력을 완성시키는 보충행위에 해당한다. 따라서 기본행위인 사업시행계획에는 하자가 없는데 보충행위인 인가처분에 고유한 하자가 있다면 그 인가처분의 무효확인이나 취소를 구하여야 할 것이지만, 인가처분에는 고유한 하자가 없는데 사업시행계획에 하자가 있다면 사업시행계획의 무효확인이나 취소를 구하여야 할 것이지 사업시행계획의 무효를 주장하면서 곧바로 그에 대한 인가처분의 무효확인이나 취소를 구하여서는 아니 된다(대판 2021. 2. 10, 2020두48031).

---

4. 관리처분계획(환권계획)

가. 의 의

관리처분계획은 정비사업이 완료된 후에 행할 환권처분의 계획을 말한다. 환권처분의 내용은 관리처분계획으로 정하여지는 바, 시장 · 군수의 인가를 받은 관리처분계획은 토지 등 소유자의 권리 · 의무에 직접적인 구속력을 미치는 것으로 행정쟁송상의 처분에 해당된다고 할 것이다. 한편 최근 대법원은 관리처분계획안에 대한 재건축조합의 총회결의의 무효확인소송은 민사소송에 해당한다는 종전의 판결을 변경하고 공법상의 법률관계에 관한 소송으로서 당사자소송에 해당한다고 판결하였다.

판례 1(관리처분계획이 항고소송의 대상이 되는 행정처분의 성격을 갖는지 여부) 도시재개발법에 의한 재개발조합은 조합원에 대한 법률관계에서 적어도 특수한 존립목적을 부여받은 특수한 행정주체로서 국가의 감독하에 그 존립 목적인 특정한 공공사무를 행하고 있다고 볼 수 있는 범위 내에서는 공법상의 권리의무 관계에 서 있는 것이므로 분양신청 후에 정하여진 관리처분계획의 내용에 관하여 다툼이 있는 경우에는 그 관리처분계획은 토지 등의 소유자에게 구체적이고 결정적인 영향을 미치는 것으로서 조합이 행한 처분에 해당하므로 항고소송의 방법으로 그 무효확인이나 취소를 구할 수 있다(대판 2002. 12. 10, 2001두6333).

판례 2(재건축조합의 관리처분계획안에 대한 총회결의 무효확인소송의 성격) 행정주체인 재건축조합을 상대로 관리처분계획안에 대한 조합총회결의의 효력 등을 다투는 소송은 행정처분에 이르는 절차적 요건의 존부나 효력유무에 관한 소송으로서 그 소송결과에 따라 행정처분의 위법여부에 직접 영향을 미치는 공법상 법률관계에 관한 것이므로 이는 행정소송법상의 당사자소송에 해당한다(대판(전원합의체) 2009. 9. 17, 2007다2428).

나. 관리처분계획의 절차

가) 분양공고 및 분양신청　사업시행자는 사업시행계획인가의 고시가 있은 날(사업시행계획인가 이후 시공자를 선정한 경우에는 시공자와 계약을 체결한 날)부터 120일 이내에 토지등소유자에게 통지하고, 분양의 대상이 되는 대지 또는 건축물의 내역 등 대통령령으로 정하는 사항을 해당 지역에서 발간되는 일간신문에 공고하여야 한다(동법 62조 1항). 대지 또는 건축물에 대한 분양을 받으려는 토지등소유자는 분양신청기간(30일 이상 60일 이내)에 사업시행자에게 대지 또는 건축물에 대한 분양신청을 하여야 한다(동법 62조 2항 · 3항).

나) 관리처분계획의 인가　사업시행자는 분양신청기간이 종료된 때에는 분양신청의 현황을 기초로 ① 분양설계 ② 분양대상자의 주소 및 성명, ③ 분양대상자별 분양예정인 대지 또는 건축물의 추산액, ④ 보류지 등의 명세와 추산액 및 처분방법, ⑤ 분양대상자별 종전의 토지 또는 건축물 명세 및 사업시행계획인가 고시가 있은 날을 기준으로 한 가격, ⑥ 정비사업비의 추산액 및 그에 따른 조합원 분담규모 및 분담시기, ⑦ 분양대상자의 종전 토지 또는 건축물에 관한 소유권 외의 권리명세, ⑧ 세입자별 손실보상을 위한 권리명세 및 그 평가액, ⑨ 그 밖에 정비사업과 관련한 권리 등에 관하여 대통령령으로 정하는 사항이 포함된 관리처분계획을 수립하여 시장 · 군수 등의 인가를 받아야 한다(동법 74조 1항). 시장 · 군수 등이 관리처분계획을 인가하는 때에는 그 내용을 해당 지방자치단체의 공보에 고시하여야 한다(동법 78조 3항). 관리처분계획은 구속적 행정계획으로서 독립적인 행정처분에 해당하며, 관리처분계획에 대한 인가는 그에 대한 보충행위로서 강학상 인가의 성질을 갖는다.

판례 1(주택재개발정비사업조합이 수립한 관리처분계획을 인가하는 행정청의 행위의 법적 성질) 도시 및 주거환경정비법」에 기초하여 주택재개발정비사업조합이 수립한 관리처분계획은 그것이 인가 · 고시를 통해 확정되면 이해관계인에 대한 구속적 행정계획으로서 독립적인 행정처분에 해당한다. 이러한 관리처분계획을 인가하는 행정청의 행위는 조합의 관리처분계획에 대한 법률상의 효력을 완성시키는 보충행위이다. 따라서 기본행위가 적법 · 유효하고 보충행위인 인가처분 자체에 흠이 있다면 그 인가처분의 무효나 취소를 주장할 수 있다. 그러나 인가처분에 흠이 없다면 기본행위에 흠이 있다고 하더라도 따로 기본행위의 흠을 다투는 것은 별론으로 하고 기본행위의 흠을 내세워 바로 그에 대한 인가처분의 무효확인 또는 취소를 구할 수는 없으므로, 그 당부에 관하여 판단할 필요 없이 해당 부분 청구를 기각하여야 한다(대판 2016. 2. 5, 2015두51347).

판례 2(주택재개발정비사업조합의 조합원 총회에서 관리처분계획안에 대하여 결의를 한 후 관할 행정청의 인가를 받은 경우, 조합원 총회의 효력 유무를 다투는 확인의 소를 제기할 수 있는지 여부) 도시 및 주거환경정비법에 기초하여 주택재개발정비사업조합이 수립한 사업시행계획 및 관리처분계획에 대하여 관할 행정청의 인가 · 고시가 있게 되면, 사업시행계획 및 관리처분계획은 행정처분으로서 효력이 발생한다. 이 경우에 사업시행계획 및 관리처분계획이라는 행정처분에 이르는 절차적 요건 중 하나로서 해당 총회 결의에 하자가 있다 하더라도, 행정처분인 사업시행계획 및 관리처분계획에 대하여 항고소송의 방법으로 취소 또는 무효확인을 구하여야 하고, 그와 별도로 해당 총회 결의 부분만을 따로 떼어내어 효력 유무를 다투는 확인의 소를 제기하는 것은 특별한 사정이 없는 한 허용되지 아니한다(대판 2016. 10. 13, 2012두24481).

5. 관리처분(환권처분)

가. 의 의

관리처분이란 사업시행자가 사업 완료 후에 관리처분계획에 따라 분양처분 등을 하는 것을 말하며, 일반적으로 형성적 행정행위의 성격을 갖는다.

나. 관리처분의 절차

가) 준공인가　　시장 · 군수가 아닌 사업시행자는 정비사업에 관한 공사를 완료한 때에는 시장 · 군수의 준공인가를 받아야 한다. 준공인가신청을 받은 시장 · 군수는 지체없이 준공검사를 실시하여야 한다. 시장 · 군수는 준공검사의 실시결과 정비사업이 인가받은 사업시행계획대로 완료되었다고 인정하는 때에는 준공인가를 하고 공사완료를 당해 시 · 군의 공보에 고시하여야 한다(동법 83조).

나) 분양처분　　사업시행자는 준공인가의 고시가 있은 때에는 지체 없이 대지확정측량을 하고 토지의 분할절차를 거쳐 관리처분계획에 정한 사항을 분양을 받을 자에게 통지하고 대지 또는 건축물의 소유권을 이전하여야 한다. 사업시행자는 대지 및 건축물의 소유권을 이전하려는 때에는 그 내용을 해당 지방자치단체의 공보에 고시한 후 시장 · 군수등에게 보고하여야 한다. 이 경우 대지 또는 건축물을 분양받을 자는 고시가 있은 날의 다음 날에 그 대지 또는 건축물의 소유권을 취득한다(동법 86조).

판례 1(재개발사업에 있어서 분양처분의 법적 성격) 도시재개발법에 의한 재개발사업에 있어서의 분양처분은 재개발구역 안의 종전의 토지 또는 건축물에 대하여 재개발사업에 의하여 조성되거나 축조되는 대지 또는 건축 시설의 위치 및 범위 등을 정하고 그 가격의 차액에 상당하는 금액을 청산하거나, 대지 또는 건축 시설을 정하지 않고 금전으로 청산하는 공법상 처분으로서, 그 처분으로 종전의 토지 또는 건축물에 관한 소유권 등의 권리를 강제적으로 변환시키는 이른바 공용환권에 해당한다(대판 1995. 6. 30, 95다10570).

판례 2(분양처분이 효력을 발생한 이후에 관리처분계획의 변경 또는 분양거부처분의 취소를 구할 수 있는지 여부) 도시재개발법에 의한 도시재개발사업에서 분양처분이 일단 고시되어 효력을 발생하게 된 이후에는 그 전체의 절차를 처음부터 다시 밟지 아니하는 한 그 일부만을 따로 떼어 분양처분을 변경할 길이 없고 분양처분의 일부 변경을 위한 관리처분계획의 변경도 분양처분이 이루어지기 전에만 가능하므로, 분양처분이 효력을 발생한 이후에는 조합원은 관리처분계획의 변경 또는 분양거부처분의 취소를 구할 수 없고 재개발조합으로서도 분양처분의 내용을 일부 변경하는 취지로 관리처분계획을 변경할 수 없다(대판 1999. 10. 8, 97누12105).

판례 3(이전고시가 효력을 발생하게 된 이후에는 관리처분계획의 취소 또는 무효확인을 구할 법률상 이익이 없다는 판례) 관리처분계획의 내용을 집행하는 이전고시의 효력이 발생하면 조합원 등이 관리처분계획에 따라 분양받을 대지 또는 건축물에 관한 권리귀속이 확정되고 조합원 등은 이를 토대로 다시 새로운 법률관계를 형성하게 된다. 그리하여 이전고시의 효력이 발생한 후에는 관리처분계획이 무효로 확인되어 새로운 관리처분계획을 수립하기 위한 총회의 결의가 필요하게 되더라도 특히 이 사건과 같은 대단위 아파트 단지의 경우에는 그 총회의 소집통지가 용이하지 아니하고 조합원 등의 적극적인 참여를 기대하기도 어려워 새로운 관리처분계획을 의결하는 것 자체가 현저히 곤란해지고, 또한 이전고시의 효력 발생 후에 관리처분계획이 무효로 확인되어 새로운 관리처분계획이 의결된다면 이전고시의 효력 발생 후 형성된 새로운 법률관계에 터잡은 다수의 이해관계인들에게는 예측하지 못한 피해를 가져오게 된다. 위와 같은 여러 사정들을 종합하면, 이전고시의 효력 발생으로 이미 대다수 조합원 등에 대하여 획일적 · 일률적으로 처리된 권리귀속 관계를 모두 무효화시키고 다시 처음부터 관리처분계획을 수립하여 이전고시 절차를 거치도록 하는 것은 정비사업의 공익적 · 단체법적 성격에 배치된다고 할 것이므로, 이전고시가 그 효력을 발생하게 된 이후에는 조합원 등이 관리처분계획의 취소 또는 무효확인을 구할 법률상 이익이 없다고 봄이 타당하다(대판(전원합의체) 2012. 3. 22, 2011두6400).

다. 분양처분의 효과

가) 대지 및 건축물에 대한 권리의 확정 대지 또는 건축물을 분양받을 자에게 소유권을 이전한 경우 종전의 토지 또는 건축물에 설정된 지상권 · 전세권 · 저당권 · 임차권 · 가등기담보권 · 가압류 등 등기된 권리 및 주택임대차보호법 제3조 제1항의 요건을 갖춘 임차권은 소유권을 이전받은 대지 또는 건축물에 설정된 것으로 본다. 이 경우 취득하는 대지 또는 건축물 중 토지 등 소유자에게 분양하는 대지 또는 건축물은 도시개발법 제40조의 규정에 의하여 행하여진 환지로 보며, 보류지와 일반에게 분양하는 대지 또는 건축물은 도시개발법 34조의 규정에 의한 보류지 또는 체비지로 본다(동법 87조).

나) 청산금 대지 또는 건축물을 분양받은 자가 종전에 소유하고 있던 토지 또는 건축물의 가격과 분양받은 대지 또는 건축물의 가격 사이에 차이가 있는 경우에는 사업시행자는 소유권이전의 고시가 있은 후에 그 차액에 상당하는 금액(청산금)을 분양받은 자로부터 징수하거나 분양받은 자에게 지급하여야 한다(동법 89조). 청산금을 납부할 자가 이를 납부하지 않는 경우에는 시장 · 군수등인 사업시행자는 지방세체납처분의 예에 의하여 이를 징수할 수 있으며, 시장 · 군수등이 아닌 사업시행자는 시장 · 군수등에게 청산금의 징수를 위탁할 수 있다(동법 90조).

판례(도시 및 주거환경정비법상 시장 · 군수가 아닌 사업시행자가 분양받은 자를 상대로 공법상 당사자소송의 방법으로 청산금 청구를 할 수 있는지 여부) 도시 및 주거환경정비법 제57조 제1항에 규정된 청산금의 징수에 관하여는 지방세체납처분의 예에 의한 징수 또는 징수 위탁과 같은 간이하고 경제적인 특별구제절차가 마련되어 있으므로, 시장 · 군수가 사업시행자의 청산금 징수 위탁에 응하지 아니하였다는 등의 특별한 사정이 없는 한 시장 · 군수가 아닌 사업시행자가 이와 별개로 공법상 당사자소송의 방법으로 청산금 청구를 할 수는 없다(대판 2017. 4. 28, 2016두39498).

사례 1 甲 등은 노후 · 불량건축물에 해당하는 공동주택이 밀집한 지역에 거주하고 있는데, 그 지역이 「도시 및 주거환경정비법」에 따라 정비구역으로 지정되어서 재개발사업을 추진하기 위해 재개발조합을 설립하기로 하였다. 그리하여 甲 등은 우선 그 정비구역에 위치한 건축물 및 부속토지의 소유자 과반수의 동의를 얻어 조합설립추진위원회를 구성하여 A시장의 승인을 받은 다음, 이 조합설립추진위원회가 상기 소유자 4분의 3 이상의 동의를 받아 A시장으로부터 조합설립인가를 받았다.

1. 조합설립추진위원회구성 승인의 법적 성질을 검토하시오.(10점)
2. 조합설립인가의 법적 성질을 검토하시오.(15점)(2017년 5급공채)

▶답안요지

설문1: 조합설립추진위원회구성 승인의 법적 성격

시장 · 군수등, 토지주택공사등 또는 지정개발자가 아닌 자가 정비사업을 시행하려는 경우에는 토지등소유자로 구성된 조합을 설립하여야 한다(도시 및 주거환경정비법 35조 1항). 조합을 설립하려는 경우에는 정비구역 지정 · 고시 후 토지등소유자 과반수의 동의를 받아 조합설립을 위한 추진위원회를 구성하여 국토교통부령으로 정하는 방법과 절차에 따라 시장 · 군수등의 승인을 받아야 한다(동법 31조 1항).

여기서 조합설립위원회구성 승인의 법적 성격이 문제가 되는바, 학설의 일반적인 견해와 판례(대판 2013. 1. 31, 2011두11112)에 따르면, 당사자의 법률행위를 보충하여 효력을 완성시켜 주는 인가의 성격을 갖는다. 인가는 기속행위인 경우도 있으나 재량행위인 경우도 적지 않다. 판례에 따르면, 구체적인 경우에 재량행위 여부는 "당해 행위의 근거가 된 법규의 체제 · 형식과 문언, 당해 행위가 속하는 행정분야의 주된 목적과 특성, 당해 행위의 개별적 성질과 유형 등을 모두 고려하여 판단하여야 한다고 판시하고 있다. 조합설립위원회구성 승인과 관련하여 판례는 「도시 및 주거환경정비법」 상의 요건을 갖춘 신청의 경우, 시장 · 군수는 이를 승인하여야 한다고 판시하여 기속행위의 성격을 갖는다는 입장을 취하고 있다(대판 2011. 7. 28, 2011두2842).

제2문: 조합설립인가의 법적 성질

재개발조합의 설립인가의 법적 성격과 관련하여 ① 토지소유자들의 재건축을 위하여 행한 私法(사법)상의 법률행위인 조합설립행위를 보충하여 그 효력을 완성시키는 강학상 인가에 해당한다는 견해, ② 조합설립행위가 일정한 요건을 갖춘 경우, 행정주체의 지위를 부여하는 설권적 처분, 즉 강학상 특허의 성격을 갖는다는 견해가 대립하고 있다. 판례는 종래 인가설을 취하였으나 근래 입장을 바꾸어 조합설립인가는 행정주체의 지위를 부여하는 설권적 행위로서 특허의 성격을 갖는다는 입장을 취하고 있다(대판 2010. 1. 28, 2009두4845). 재개발사업의 중요한 공익관련성 및 설권적 행위로서 특허임을 고려할 때, 조합설립인가는 아울러 재량행위의 성격을 갖는다고 할 것이다.

사례 2 A시의 X구(자치구 아닌 구) 주민들은 노후 재택재개발을 위하여 추진위원회를 구성하여 조합설립을 준비하였다. 추진위원회는 토지소유자 4분의 3 이상의 동의를 받아 조합설립결의를 거쳐 설립인가를 신청하였다. 한편, A시 시장 乙은 법령상 위임규정이 없으나, X구 구청장 丙에게 조합설립인가에 관

한 권한을 내부위임하고 이에 따라 丙이 자신의 이름으로 조합설립인가를 하였다.(제56회 사법시험)

1. X구의 주민 甲 등은 추진위원회가 주민들의 동의를 받는 과정에 하자가 있음을 이유로 조합설립결의에 대해 다투고자 한다. 이 경우 조합설립인가 전에 제기할 소의 종류는 무엇이고, 조합설립인가 후에 제기할 소의 종류는 무엇인가?(10점)

2. 甲 등이 丙이 한 조합설립인가가처분의 효력을 다투고자 행정소송을 제기하는 경우에, 피고적격과 승소가능성을 검토하시오.(10점)

▶답안요지

설문1: 주민 甲 등이 제기할 수 있는 소송의 종류

주민 甲 등이 제기할 수 있는 소송의 종류는 丙의 조합설립인가의 법적 성격과 결부되어 있다. 재건축조합의 설립인가의 법적 성격과 관련하여 ① 토지소유자들이 재건축을 위하여 행한 사법상의 법률행위인 재건축조합설립행위를 보충하여 그 효력을 완성시키는 강학상 인가에 해당한다는 견해, ② 조합설립행위가 법령상 일정한 요건을 갖추는 경우, 행정주체(공법인)의 지위를 부여하는 설권적 처분, 즉 강학상 특허의 성격을 갖는다는 견해가 대립하고 있다. 판례는 종래 인가설을 취하였으나 근래에는 입장을 바꾸어 특허설을 취하고 있다. 인가설을 취할 경우에는 주민들의 동의를 받는 과정에 하자가 있는 때에는 민사소송으로 조합설립결의의 무효확인을 구하여야 하는 반면, 특허설을 취할 경우에는 토지소유자 등의 동의는 조합설립인가처분의 필요한 요건 중 하나가 되어 그 하자를 이유로 조합설립인가처분에 대하여 항고소송을 제기하여야 한다.

변경된 판례의 입장에 따를 경우에 조합설립인가 전에는 조합은 행정주체도 아니며, 공익사업을 할 권한도 없다. 이에 따라 甲 등과 추진위원회 간에 조합설립결의의 하자를 다투는 것은 대등한 사인간의 분쟁이므로 민사소송으로 다루어야 할 것이다. 한편, 조합설립인가 후에는 토지소유자 등의 동의는 조합설립인가처분의 요건 중 하나가 되어 그 하자를 이유로 하여 인가처분에 대하여 항고소송을 제기하면 될 것이다.

설문2: 甲 등이 제기한 항고소송의 피고적격과 승소가능성

1. 항고소송의 피고적격

甲 등이 제기한 항고소송은 처분 등을 행한 행정청을 피고로 한다(행소법 13조, 38조). 사안에서 丙은 乙로부터 내부위임을 받아 자신의 이름으로 조합설립인가처분을 하였는바, 내부위임은 ① 법령상의 위임규정을 요구하지 않는다는 점, ② 권한이 수임기관에 이전되지 않는다는 점, ③ 이에 따라 수임기관은 위임행정청의 명의로 권한을 행사하여야 한다는 점에서 행정청의 권한의 위임과 구별된다(이에 대하여 본서 행정청의 권한의 위임 참조).

행정청의 권한의 위임이 있는 경우에는 권한이 수임청에 이전되기 때문에 수임청이 항고소송의 피고가 된다. 내부위임의 경우에는 권한이 이전된 것이 아니기 때문에 이론상으로는 위임청이 피고가 되어야 하나, 판례는 두 가지로 구분하여 수임기관의 명의로 처분을 한 경우에는 수임기관을, 위임청의 명의로 한 경우에는 위임청을 피고로 하고 있다. 이는 권한의 위임과 내부위임의 구별이 실제로 어렵기 때문에 처분명의에 따른 것이라 하겠다. 판례의 입장을 취할 때, 자신의 명의로 조합설립인가를 행한 丙이 피고가 된다.

2. 甲 등의 승소가능성

내부위임의 경우에는 권한의 위임과는 달리 수임기관은 위임청의 명의로 권한을 행사하여야 하며, 자신의 명의로 권한을 행사하는 것은 위법이 된다. 이 경우 행하여진 처분의 하자가 ① 내부적으로는 위임을 받고 있으므로 무권한이라 볼 수 없고 형식상의 하자가 있는 것에 불과하다는 취소사유설, ② 대외적으로 무권한에 해당하는 주체상의 하자로서 무효사유에 해당한다는 당연무효설 등 견해의 대립이 있으나 판례는 주체상의 하자로서 중대·명백한 하자로 보아 당연무효설을 취하고 있다.

사안에서 판례의 입장을 따를 때 내부위임 자체는 적법하나, 조합설립인가는 권한없는 자의 처분으로 무효이므로 甲 등은 승소할 수 있다.

04 지역개발행정법

제1절 개 설

19세기 말까지 국가는 자유방임주의사상에 따라 국토의 이용이나 지역사회의 형성에 관하여도 불간섭주의를 채택하여 이들 문제들은 전적으로 토지소유자 또는 사기업의 자유 및 지역주민의 자치에 맡겨져 있었다. 그 당시의 토지규제는 유해한 건축행위, 방화, 위생, 안전 등의 관점에서 최소한도로 행하여졌다. 그런데 산업혁명을 거쳐 자본주의경제가 발전함에 따라 도시의 인구집중을 초래하고 수많은 근로자가 집중한 공업도시에서는 거주조건이 나쁜 빈민가가 발생하여, 보건위생 · 쾌적성 · 경관 등의 면에서 커다란 사회문제가 되었다. 이에 따라 도시에 있어서의 거주조건을 개선하고, 공동생활을 쾌적하게 영위하기 위하여 필요한 도로 · 공원 · 상하수도 등의 시설을 정비하며, 도시의 질서 있는 발전을 도모하기 위하여 행정주체가 도시계획이라는 형태로 도시형성에 적극적으로 나서기 시작하였다.

그러나 오늘날의 국가는 경제의 급격한 고도화, 인구와 산업의 대도시의 집중으로 인한 과밀화의 피해, 도시와 농촌의 지역격차의 증대, 환경오염의 심화에 따른 개발과 보전의 조화의 문제 등 새로운 과제에 직면하게 되었으며, 이들 문제들에 대처하기 위하여는 종래의 도시계획이라는 국소적이고 대증(對症)적인 방법만으로는 한계에 부딪쳤다. 이에 따라 현대국가는 국토 전체의 조화되고 균형있는 발전을 목적으로 하여, 국토 전체 또는 일정지역을 대상으로 하여 계획을 확정하여, 인구나 산업의 과밀지역에 대하여는 주택 및 공공시설을 정비함과 동시에 분산을 유도하며, 사회적 · 경제적 기반구조가 약한 지역에 대하여는 기반강화정책이나 진흥정책을 취하게 되었다.[1] 그리하여 과거의 단독도시를 중심으로 한 도시계획은 주변지역의 비도시구역을 포함하는 광역도시계획으로 확대되고, 나아가서는 지역계획 · 국토계획으로까지 발전하였다. 계획의 내용도 도로나 공원 등과 같은 물리적인 도시시설의 건설에 제한되지 않고, 거시적인 관점에서 산업과 인구의 적정한 배분, 도시의 적정한 배치와 기능분담, 광역교통망의 설치 등 종합적인 내용을 포함하게 되었다.

1) 朴鈗炘, 最新行政法講義(下), 688면.

제 2 절 지역개발행정의 의의

오늘날 문헌에서 국토개발행정, 지역정서(地域整序)행정이라는 용어로 사용되기도 하는 지역개발행정은 비교적 근래에 등장한 행정영역으로 학자에 따라 차이가 있기는 하나 일반적으로 "지역사회의 사회적 · 경제적 · 문화적 발전의 기반이 되는 기초조건을 정비하고, 미이용자원이나 토지 또는 생활공간을 효율적으로 이용할 수 있는 상태로 조성하여 전체로써 지역사회와 국토를 적극적 · 계획적으로 장래에 향하여 형성하는 행정활동"[2]으로 정의되고 있다. 지역개발행정은 저개발지역의 발전의 촉진 또는 비공업지역의 산업화 등에 제한되는 것이 아니라 사회적 · 경제적 · 문화적 측면에서 인간생활의 기반이 되는 조건을 종합적이고 체계적으로 개발함으로써 지역주민의 생활수준을 향상시키는 것을 목적으로 하고 있다. 지역개발행정은 일정한 계획에 따라 공공시설의 정비, 토지이용의 규제 · 유도 등의 여러 행정수단을 종합하여 일정한 목적을 지향하여 행하여지는 전형적인 행정계획의 성격을 갖는다.

제 3 절 지역개발행정의 법제

헌법 제120조 제2항은 "국토와 자원은 국가의 보호를 받으며, 국가는 그 균형있는 개발과 이용을 위하여 필요한 계획을 수립한다"고 규정하고, 헌법 제122조는 "국가는 국민 모두의 생산 및 생활의 기반이 되는 국토의 효율적이고 균형있는 이용 · 개발과 보전을 위하여 법률이 정하는 바에 의하여 그에 관한 필요한 제한과 의무를 과할 수 있다"고 규정하여 지역개발행정법제의 헌법적 근거가 되고 있다. 이러한 헌법적 근거하에 1970년대 이후 지역개발정책의 활발한 전개와 더불어 성격과 내용을 달리하는 수많은 법률이 제정되어 상당히 복잡한 체계를 이루고 있다. 지역개발행정에 관한 대표적인 법률로서는 국토기본법, 수도권정비계획법, 「산업입지 및 개발에 관한 법률」, 「산업집적활성화 및 공장설립에 관한 법률」, 「국토의 계획 및 이용에 관한 법률」, 도시개발법, 「도시 및 주거환경정비법」, 농어촌발전특별조치법, 농어촌정비법, 「개발이익환수에 관한 법률」, 「부동산가격공시에 관한 법률」 등이 있다. 다음에서는 국토개발 및 토지이용규제에 관한 기본법인 국토기본법 및 「국토의 계획 및 이용에 관한 법률」의 내용을 검토한 후에, 토지이용규제의 대표적인 수단으로서 토지거래계약허가제, 지가공시제와 개발이익환수제에 대하여 살펴보기로 한다.

제 1 항 국토기본법

Ⅰ. 개 설

종전의 국토건설종합계획법을 대체하여 2002년 2월 4일에 제정된 국토기본법(법률 6654호)은 국토에 관

2) 朴鈗炘/鄭亨根, 最新行政法講義(下), 630면.

한 계획 및 정책의 수립 · 시행에 관한 기본적인 사항을 정함으로써 국토의 건전한 발전과 국민의 복리향상에 이바지 함을 목적으로 하고 있다(동법 1조). 동법의 주요내용을 간추려 보면, ① 국토관리의 기본이념이 국토의 지속가능한 발전에 있음을 명시하고, 이를 실천하기 위하여 국토계획 및 정책을 수립 · 집행하는 때에는 국토의 균형발전, 경쟁력있는 국토여건의 조성, 환경친화적인 국토관리를 지향하도록 하고 있으며(동법 2조-5조), ② 국토계획을 국토종합계획 · 도종합계획 · 시군종합계획 · 지역계획 및 부분별계획으로 구분하고, 상호간의 관계를 명확히 하는 등 계획간의 조화와 일관성을 도모하고 있고(동법 6조-8조), ③ 국토교통부장관은 국토전역을 대상으로 국토의 장기적인 발전방향을 제시하기 위하여 국토공간구조의 정비, 지역별 기능분담, 국토기간시설의 확충, 지하공간의 합리적 이용 및 관리, 국토환경의 보전 및 개선 등에 관한 정책방향이 포함된 국토종합계획을 수립하도록 하고 있으며(동법 9조-12조), ④ 중앙행정기관의 장 또는 지방자치단체의 장은 지역특성에 맞는 정비나 개발을 위하여 수도권발전계획 · 광역권개발계획 · 특정지역개발계획 · 개발촉진지구개발계획 등 지역계획을 수립할 수 있도록 하고 있고(동법 16조), ⑤ 국토종합계획의 실천성과 사회경제적 여건변화를 고려하여 5년마다 이를 재검토 · 정비하도록 하고, 도종합계획 · 시군종합계획 · 지역계획 및 부분별계획이 서로 상충되거나 국토종합계획이 부합되지 않는 경우에는 이를 조정할 수 있도록 하고 있으며(동법 19조), ⑥ 국토의 계획 및 이용 · 관리에 관한 중요정책을 심의하기 위하여 대통령소속하에 국무총리를 위원장으로 하는 국토정책위원회를 설치하고 있다(동법 26조 · 27조).

Ⅱ. 국토계획

1. 의 의

국토계획이란 국토를 이용 · 개발 및 보전함에 있어서 미래의 경제적 · 사회적 변동에 대응하여 국토가 지향하여야 할 발전방향을 설정하고 이를 달성하기 위한 계획을 말한다(국토기본법 6조 1항).

2. 국토계획의 종류

국토계획은 국토종합계획, 초광역계획, 도종합계획, 시 · 군종합계획, 지역계획 및 부분별계획으로 구분된다(동법 6조 2항).

1) 국토종합계획

국토종합계획은 국토전역을 대상으로 하여 국토의 장기적인 발전방향을 제시하는 종합계획이다(동법 6조 2항 1호). 국토교통부장관이 국토종합계획을 수립하고자 하는 때에는 중앙행정기관의 장 및 특별시장 · 광역시장 · 도지사에게 대통령이 정하는 바에 따라 국토종합계획에 반영되어야 할 정책 및 사업에 관한 소관별 계획안의 제출을 요청할 수 있다. 국토교통부장관은 이를 조정 · 총괄하여 국토종합계획을 작성하며, 제출된 소관별 계획안의 내용 외에 국토종합계획에 포함되는 것이 타당하다고 인정되는 사항에 대하여는 관계행정기관의 장과 협의하여 국토종합계획안에 이를 반영할 수 있다(동법 9조 2항 · 3항). 국토교통부장관은 국토종합계획안을 작성한 때에는 ① 공청회를 열어 의견을 청취하고 이를 반영하여야 하며, ② 관계중앙행정기관의 협의와 시도지사의 의견을 듣고, ③ 국무회의의 심의를 거친 후 대통령의 승인을 얻어야 한다(동법 11조 · 12조).

2) 초광역계획

초광역계획은 지역의 경제 및 생활권역의 발전에 필요한 연계 · 협력사업 추진을 위하여 2개 이상의 지방자치단체가 상호 협의하여 설정하거나 「지방자치법」 제199조의 특별지방자치단체가 설정한 권역으로, 특별시 · 광역시 · 특별자치시 및 도 · 특별자치도의 행정구역을 넘어서는 권역을 대상으로 하여 해당 지역의 장기적인 발전 방향을 제시하는 계획이다(동법 6조 2항 1호의2).

3) 도종합계획

도종합계획은 도의 관할구역을 대상으로 하여 당해 지역의 장기적인 발전방향을 제시하는 종합계획으로서, 도지사가 수립하는 계획이다(동법 6조 2항 2호 · 13조 1항). 도지사가 도종합계획을 수립하는 때에는 「국토의 계획 및 이용에 관한 법률」에 의하여 도에 설치된 도시계획위원회의 심의를 거쳐 국토교통부장관의 승인을 얻어야 한다(동법 13조 2항 · 15조).

4) 시군종합계획

시군종합계획은 특별시 · 광역시, 특별자치시, 시 또는 군(광역시의 군을 제외함)의 관할구역을 대상으로 하여 당해 지역의 기본적인 공간구조와 장기발전방향을 제시하고, 토지이용 · 교통 · 환경 · 안전 · 산업 · 정보통신 · 보건 · 후생 · 문화 등에 관하여 수립하는 계획으로서 「국토의 계획 및 이용에 관한 법률」에 의하여 수립되는 도시계획을 말한다(동법 6조 2항 3호).

5) 지역계획

지역계획은 특정한 지역을 대상으로 특별한 정책목적을 달성하기 위하여 수립하는 계획으로서, 중앙행정기관의 장 또는 지방자치단체의 장이 지역특성에 맞는 정비나 개발을 위하여 필요하다고 인정하는 경우에 관계 중앙행정기관의 장과 협의하여 수립하는 계획을 말하며, 여기에는 ① 수도권발전계획, ② 광역권개발계획, ③ 특정지역개발계획, ④ 개발촉진지구개발계획, ⑤ 그 밖에 다른 법률에 의하여 수립되는 지역계획이 있다(동법 6조 2항 4호 · 16조).

6) 부분별계획

부분별계획은 국토전역을 대상으로 하여 특정부분에 대한 장기적인 발전방향을 제시하는 계획으로서, 중앙행정기관의 장이 부분별계획을 수립하고자 하는 경우에는 국토종합계획의 내용을 반영하고 이와 상충되지 않도록 하여야 하며, 부분별계획을 수립한 때에는 지체없이 국토교통부장관에게 통보하여야 한다(동법 17조 2항 · 3항).

3. 국토계획의 상호관계 및 조정

국토종합계획은 도종합계획 및 시군종합계획의 기본이 되며, 도종합계획은 당해 도의 관할구역 안에서 수립되는 시군종합계획의 기본이 된다. 또한 지역계획과 부분별계획은 국토종합계획과 조화를 이루어야 한다. 국토종합계획은 20년을 단위로 하여 수립하며, 도종합계획, 시 · 군종합계획, 지역계획 및 부문별계획의 수립권자는 국토종합계획의 수립 주기를 고려하여 그 수립 주기를 정하여야 한다(동법 7조 3항). 국토교통부장관은 도종합계획 · 시군종합계획 · 지역계획 및 부분별계획이 서로 상충되거나 국토종합계획에 부합하지 아니한다고 판단되는 경우에는 중앙행정기관의 장 또는 지방자치단체의 장에게 당해 계획을 조정할 것을 요청할 수 있으며, 계획을 요청받은 중앙행정기관의 장 또는 지방자치단체의 장이 특별한 사유없이 이를 반영하지 않은 경우에는 미리 중앙행정기관의 장 또는 당해 지방자치단체의 장의 의견을 들어 국토정책위원회의 심의를 거쳐 이를 조정할 수 있다(동법 20조). 또한 국토교통부장관은 국토계획의 시행을 위한 처분이나 사업이 서로 상충하는 경우에도 이를 조정할 수 있다(동법 21조).

제2항 국토의 계획 및 이용에 관한 법률

Ⅰ. 개 설

종전에는 국토를 도시지역과 비도시지역으로 구분하여 도시지역에는 도시계획법, 비도시지역에는 국토이용관리법으로 이원화하여 운용하였으나 2000년대에 들어와 비도시지역, 특히 준농림지역에서의 난개발문제가 심각하게 제기되어, 2002년 2월 4일에 도시계획법과 국토이용관리법을 통합한 「국토의 계획 및 이용에 관한 법률」(이하 "국토계획이용법"이라고 약칭한다)이 새로이 제정되었다(법률 6655호). 동법의 주요내용을 간추려 보면 다음과 같다. ① 전 국토를 종전의 5개 용도지역(도시·준도시·농림·준농림·자연환경보전지역)에서 4개 용도지역(도시·관리·농림·자연환경보전지역)으로 축소하고, 준농림지역을 관리지역으로 편입시키고, 관리지역을 다시 보전관리지역·생산관리지역·계획관리지역으로 세분하여 관리하도록 함으로써 난개발문제의 해소를 도모하고 있으며(동법 6조, 36조), ② 비도시지역에 대하여도 도시기본계획 및 도시관리계획을 수립하도록 함으로써 계획에 따라 개발이 이루어지는 "선계획 후개발"의 국토이용체계를 채택하고 있고(동법 18조·24조), ③ 종전의 도시지역에 한정되어 실시되었던 개발행위허가제도를 전 국토로 확대하는 한편, 관할행정청이 일정한 개발행위를 허가하는 경우에는 미리 도시계획위원회의 심의를 거치도록 하고 있으며(동법 56조·59조), ④ 기반시설을 더 이상 설치할 수 없을 정도로 개발이 완료된 지역에서는 추가적인 개발행위로 인하여 기반시설의 용량이 부족하지 않도록 건폐율·용적률을 강화하는 개발밀도관리구역제도를 채택하고 있다(동법 66조).

Ⅱ. 도시계획

국토계획이용법에서 도시계획은 크게 광역도시계획과 도시·군계획 두 가지로 구별되는데, 도시·군계획은 다시 도시·군기본계획과 도시·군관리계획으로 구분된다. 광역도시계획은 광역계획권의 장기발전방향을 제시하는 계획이고(동법 2조 1호), 도시·군계획은 특별시·광역시·특별자치시·특별자치도·시 또는 군(광역시의 관할구역 안에 있는 군은 제외함)의 관할구역에 대하여 수립하는 공간구조와 발전방향에 대한 계획으로서 도시·군기본계획과 도시·군관리계획으로 구분되는 계획을 말한다(동법 2조 2호). 광역도시계획과 도시·군기본계획은 다른 도시계획에 대한 지침이 되는 계획으로서 관계 행정기관을 구속하기는 하나, 국민에 대한 법적 구속력은 인정되지 않는다. 이에 대하여 도시·군관리계획은 국민에 대하여 직접 구속력을 갖는 행정계획이다.

1. 광역도시계획

광역도시계획이란 광역계획권(2 이상의 특별시·광역시·특별자치시·특별자치도·시 또는 군의 관할구역의 전부 또는 일부지역을 포괄하는 지역)의 장기발전방향을 제시하는 계획이다(동법 2조 1항). 이 계획은 1개 도시의 차원에서는 해결하기 곤란한 광역교통 · 환경 등의 광역도시문제를 해결하는데 그 의의가 있다.

광역도시계획은 ① 광역계획권이 같은 도의 관할 구역에 속하여 있는 경우 관할 시장 또는 군수가 공동으로 수립하고, ② 광역계획권이 둘 이상의 시 · 도의 관할 구역에 걸쳐 있는 경우 관할 시 · 도지사가 공동으로 수립하며, ③ 광역계획권을 지정한 날부터 3년이 지날 때까지 관할 시장 또는 군수로부터 제16조 제1항에 따른 광역도시계획의 승인 신청이 없는 경우 관할 도지사가 수립하고, ④ 국가계획과 관련된 광역도시계획의 수립이 필요한 경우나 광역계획권을 지정한 날부터 3년이 지날 때까지 관할 시 · 도지사로부터 제16조 제1항에 따른 광역도시계획의 승인 신청이 없는 경우 국토교통부장관이 수립한다(동법 11조 1항).

한편, ① 국토교통부장관은 시 · 도지사가 요청하는 경우와 그 밖에 필요하다고 인정되는 경우에는 관할 시 · 도지사와 공동으로 광역도시계획을 수립할 수 있다(동법 11조 2항), ② 도지사는 시장 또는 군수가 요청하는 경우와 그 밖에 필요하다고 인정하는 경우에는 관할 시장 또는 군수와 공동으로 광역도시계획을 수립할 수 있으며, 시장 또는 군수가 협의를 거쳐 요청하는 경우에는 단독으로 광역도시계획을 수립할 수 있다(동법 11조 3항).

2. 도시 · 군기본계획

1) 의 의

"도시 · 군기본계획"이란 특별시 · 광역시 · 특별자치시 · 특별자치도 · 시 또는 군의 관할 구역에 대하여 기본적인 공간구조와 장기발전방향을 제시하는 종합계획으로서 도시 · 군관리계획 수립의 지침이 되는 계획을 말한다(동법 2조 3호). 특별시장 · 광역시장 · 특별자치시장 · 특별자치도지사 · 시장 또는 군수가 관할 구역에 대하여 다른 법률에 따른 환경 · 교통 · 수도 · 하수도 · 주택 등에 관한 부문별 계획을 수립할 때에는 도시 · 군기본계획의 내용에 부합되게 하여야 한다(동법 4조 4항). 한편, 광역도시계획이 수립되어 있는 지역에 대하여 수립하는 도시 · 군기본계획은 그 광역도시계획에 부합되어야 하며, 도시 · 군기본계획의 내용이 광역도시계획의 내용과 다를 때에는 광역도시계획의 내용이 우선한다(동법 4조 3항).

2) 도시 · 군기본계획의 수립권자

도시 · 군기본계획은 특별시장 · 광역시장 · 특별자치시장 · 특별자치도지사 · 시장 또는 군수가 그 관할 구역에 대하여 수립한다. 다만, 시 또는 군의 위치, 인구의 규모, 인구감소율 등을 고려하여 대통령령으로 정하는 시 또는 군은 도시 · 군기본계획을 수립하지 아니할 수 있다(동법 18조 1항).

특별시장 · 광역시장 · 특별자치시장 · 특별자치도지사 · 시장 또는 군수는 지역여건상 필요하다고 인정되면 인접한 특별시 · 광역시 · 특별자치시 · 특별자치도 · 시 또는 군의 관할 구역 전부 또는 일부를 포함하여 도시 · 군기본계획을 수립할 수 있으며, 이 경우 미리 그 특별시장 · 광역시장 · 특별자치시장 · 특별자치도지사 · 시장 또는 군수와 협의하여야 한다(동법 18조 2항 · 3항).

3. 도시 · 군관리계획

1) 의 의

도시 · 군관리계획은 도시기본계획을 집행하기 위한 구체적인 계획으로서 국민에 대하여 직접 구속력을 갖는 계획으로서 판례는 처분성을 인정하고 있다.[3)]

도시 · 군관리계획은 특별시 · 광역시 · 특별자치시 · 특별자치도 · 시 또는 군의 개발 · 정비 및 보전을 위하여 수립하는 토지이용 · 교통 · 환경 · 경관 · 안전 · 산업 · 정보통신 · 보건 · 후생 · 안보 · 문화 등에 관한 계획으로서 ① 용도지역 · 용도지구의 지정 또는 변경에 관한 계획, ② 용도구역(개발제한구역 · 시가화조정구역 · 수자원보호구역)의 지정 및 변경에 관한 계획, ③ 기반시설의 설치 · 정비 또는 개량에 관한 계획, ④ 도시개발사업 또는 정비사업에 관한 계획, ⑤ 지구단위계획구역의 지정 또는 변경에 관한 계획과 지구단위계획, ⑥ 입지규제최소구역의 지정 또는 변경에 관한 계획과 입지규제최소구역계획 등으로 나뉜다(동법 2조 4호).

2) 도시 · 군관리계획의 입안권자

특별시장 · 광역시장 · 특별자치시장 · 특별자치도지사 · 시장 또는 군수는 관할 구역에 대하여 도시 · 군관리계획을 입안하여야 한다(동법 24조 1항). 특별시장 · 광역시장 · 특별자치시장 · 특별자치도지사 · 시장 또는 군수는 ① 지역여건상 필요하다고 인정하여 미리 인접한 특별시장 · 광역시장 · 특별자치시장 · 특별자치도지사 · 시장 또는 군수와 협의한 경우, ② 인접한 특별시 · 광역시 · 특별자치시 · 특별자치도 · 시 또는 군의 관할 구역을 포함하여 도시 · 군기본계획을 수립한 경우에는 인접한 특별시 · 광역시 · 특별자치시 · 특별자치도 · 시 또는 군의 관할 구역 전부 또는 일부를 포함하여 도시 · 군관리계획을 입안할 수 있으며, 그 경우에는 관계 특별시장 · 광역시장 · 특별자치시장 · 특별자치도지사 · 시장 또는 군수가 협의하여 공동으로 입안하거나 입안할 자를 정한다(동법 24조 2항 · 3항). 한편, 국토교통부장관은 ① 국가계획과 관련된 경우, ② 2 이상의 시 · 도에 걸쳐 지정되는 용도지역 · 용도지구 또는 용도구역과 2 이상의 시 · 도에 걸쳐 이루어지는 사업의 계획 중 도시 · 군관리계획으로 결정할 사항이 있는 경우, ③ 특별시장 · 광역시장 · 특별자치시장 · 특별자치도지사 · 시장 또는 군수가 제138조의 규정에 의한 기한까지 국토교통부장관의 도시 · 군관리계획의 조정요구에 따라 도시 · 군관리계획을 정비하지 아니하는 경우에는 직접 또는 관계 행정기관의 장의 요청에 의하여 도시 · 군관리계획을 입안할 수 있다. 이 경우 국토교통부장관은 관할 시 · 도지사 및 시장 · 군수의 의견을 들어야 한다(동법 24조 5항). 또한 도지사는 ① 2 이상의 시 · 군에 걸쳐 지정되는 용도지역 · 용도지구 또는 용도구역과 2 이상의 시 · 군에 걸쳐 이루어지는 사업의 계획 중 도시 · 군관리계획으로 결정하여야 할 사항이 포함되어 있는 경우, ② 도지사가 직접 수립하는 사업의 계획으로서 도시 · 군관리계획으로 결정하여야 할 사항이 포함되어 있는 경우에는 직접 또는 시장이나 군수의 요청에 의하여 도시 · 군관리계획을 입안할 수 있다. 이 경우 도지사는 관계 시장 또는 군수의 의견을 들어야 한다(동법 24조 6항).

3) 도시 · 군관리계획의 입안 및 그 절차

도시 · 군관리계획은 광역도시계획과 도시 · 군기본계획에 부합되어야 한다(동법 25조 1항). 그러나 도시 · 군기본계획은 도시개발의 지침을 정함에 그치고 그 자체에 직접적인 구속력은 없는 것으로, 도

3) 대판 1988. 5. 24, 87누388.

시 · 군관리계획이 기본계획과 다른 내용을 가진다고 하여도 그것만으로 당해 계획이 위법한 것으로 되지 않는다.

판례(도시기본계획의 법적 성격) 도시계획법 제11조 제1항에는, 시장 또는 군수는 그 관할 도시계획구역 안에서 시행할 도시계획을 도시기본계획의 내용에 적합하도록 입안하여야 한다고 규정하고 있으나, 도시기본계획이라는 것은 도시의 장기적 개발방향과 미래상을 제시하는 도시계획 입안의 지침이 되는 장기적 · 종합적인 개발계획으로서 직접적인 구속력은 없는 것이므로, 도시계획시설결정 대상면적이 도시기본계획에서 예정했던 것보다 증가하였다 하여 그것이 도시기본계획의 범위를 벗어나 위법한 것은 아니다(대판 1998. 11. 27, 96누13927).

국토교통부장관, 시 · 도지사, 시장 또는 군수는 도시 · 군관리계획을 입안할 때에는 주민의 의견을 들어야 하며, 그 의견이 타당하다고 인정되면 도시 · 군관리계획안에 반영하여야 한다(동법 28조 1항). 또한 국토교통부장관, 시 · 도지사, 시장 또는 군수는 도시 · 군관리계획을 입안하려면 대통령령으로 정하는 사항에 대하여 해당 지방의회의 의견을 들어야 한다(동법 28조 5항).

주민(이해관계자를 포함한다)은 ① 기반시설의 설치 · 정비 또는 개량에 관한 사항, ② 지구단위계획구역의 지정 및 변경과 지구단위계획의 수립 및 변경에 관한 사항, ③ 개발진흥지구 중 공업기능 또는 유통물류기능 등을 집중적으로 개발 · 정비하기 위한 개발진흥지구로서 대통령령으로 정하는 개발진흥지구의 지정 및 변경에 관한 사항, ④ 제37조에 따라 지정된 용도지구 중 해당 용도지구에 따른 건축물이나 그 밖의 시설의 용도 · 종류 및 규모 등의 제한을 지구단위계획으로 대체하기 위한 용도지구, ⑤ 도시 · 군계획시설입체복합구역의 지정 및 변경과 도시 · 군계획시설입체복합구역의 건축제한 · 건폐율 · 용적률 · 높이 등에 관한 사항에 대하여 도시 · 군관리계획을 입안할 수 있는 자에게 도시 · 군관리계획의 입안을 제안할 수 있다. 도시 · 군관리계획의 입안을 제안받은 자는 그 처리결과를 제안자에게 알려야 한다(동법 26조).

판례 1(도지사가 시장 또는 군수로부터 신청받은 도시관리계획안을 변경하고자 하는 경우 주민의 의견을 청취하는 절차를 거쳐야 하는지 여부) 구 국토의 계획 및 이용에 관한 법률 제28조 제1항, 제2항, 제3항, 제4항, 구 국토의 계획 및 이용에 관한 법률 시행령 제22조 제5항이 관할 행정청으로 하여금 도시관리계획을 입안할 때 해당 도시관리계획안의 내용을 주민에게 공고 · 열람하도록 한 것은 다수 이해관계자의 이익을 합리적으로 조정하여 국민의 권리에 대한 부당한 침해를 방지하고 행정의 민주화와 신뢰를 확보하기 위하여 국민의 의사를 그 과정에 반영시키는 데 그 취지가 있다. 이러한 주민의견청취 절차의 의의와 필요성은 시장 또는 군수가 도시관리계획을 입안하는 과정에서뿐만 아니라 도시관리계획안이 도지사에게 신청된 이후에 내용이 관계 행정기관의 협의 및 도시계획위원회의 심의 등을 거치면서 변경되는 경우에도 마찬가지이고, 도지사가 도시관리계획의 결정 과정에서 신청받은 도시관리계획안의 중요한 사항을 변경하는 것은 그 범위에서 시장 또는 군수에 의하여 신청된 도시관리계획안을 배제하고 도지사가 직접 도시관리계획안을 입안하는 것과 다르지 않다. 그러므로 도지사가 관계 행정기관의 협의 등을 반영하여 신청받은 당초의 도시관리계획안을 변경하고자 하는 경우 내용이 해당 시 또는 군의 도시계획조례가 정하는 중요한 사항인 때에는 다른 특별한 사정이 없는 한 법 제28조 제2항, 시행령 제22조 제5항을 준용하여 그 내용을 관계 시장 또는 군수에게 송부하여 주민의 의견을 청취하는 절차를 거쳐야 한다(대판 2015. 1. 29, 2012두11164).

판례 2(주민이 도시관리계획의 입안권자에게 도시관리계획의 입안을 요구할 수 있는 법규상 또는 조리상의 신청권이 있는지 여부) 구 도시계획법은 도시계획 입안권자인 특별시장 · 광역시장 · 시장 또는 군수로 하여금 5년마다 관할 도시계획구역 안의 도시계획에 대하여 그 타당성 여부를 전반적으로 재검토하여 정비하여야 할 의무를 지우고, 도시계획입안제안과 관련하여서는 주민이 입안권자에게 '1. 도시계획시설의 설치 · 정비 또는 개량에 관한 사항, 2. 지구단위계획구역의 지정 및 변경과 지구단위계획의 수립 및 변경에 관한 사항'에 관하여 '도시계획도서와 계획설명서를 첨부'하여 도시계획의 입안을 제안할 수 있고, 위 입안제안을 받은 입안권자는 그 처리결과를 제안자에게 통보하도록 규정하고 있는 점 등과 헌법상 개인의 재산권 보장의 취지에 비추어 보면, 도시계획구역 내 토지 등을 소유하고 있는 주민으로서는 입안권자에게 도시계획입안을 요구할 수 있는 법규상 또는 조리상의 신청권이 있다고 할 것이고, 이러한 신청에 대한 거부행위는 항고소송의 대상이 되는 행정처분에 해당한다(대판 2004. 4. 28, 2003두1806).

4) 도시 · 군관리계획의 결정권자

도시 · 군관리계획은 시 · 도지사가 직접 또는 시장 · 군수의 신청에 따라 결정한다. 다만, 「지방자치법」 제175조에 따른 서울특별시와 광역시 및 특별자치시를 제외한 인구 50만 이상의 대도시의 경우에는 해당 시장(이하 대도시의 시장이라 함)이 직접 결정하고, ① 시장 또는 군수가 입안한 지구단위계획구역의 지정 · 변경과 지구단위계획의 수립 · 변경에 관한 도시 · 군관리계획, ② 제52조 제1항 제1호의2에 따라 지구단위계획으로 대체하는 용도지구 폐지에 관한 도시 · 군관리계획(해당 시장 또는 군수가 도지사와 미리 협의한 경우에 한정한다)은 시장 또는 군수가 직접 결정한다(법 29조 1항). 한편, 국토교통부장관은 ① 자신이 직접 입안한 도시 · 군관리계획, ② 개발제한구역의 지정 및 변경에 관한 도시 · 군관리계획, ③ 시가화조정구역의 지정 및 변경에 관한 도시 · 군관리계획을 직접 결정한다(동법 29조 1항). 다만 수산자원보호구역의 지정 및 변경에 관한 도시 · 군관리계획은 해양수산부장관이 결정한다(동법 29조 2항).

5) 도시 · 군관리계획의 결정 및 그 절차

가. 협의 및 심의절차

시 · 도지사는 도시 · 군관리계획을 결정하려면 관계 행정기관의 장과 미리 협의하여야 하며, 국토교통부장관(제40조에 따른 수산보호구역의 경우 농림축산식품부장관을 말한다)이 도시 · 군관리계획을 결정하려면 관계 중앙행정기관의 장과 미리 협의하여야 한다(동법 30조 1항).

국토교통부장관은 도시 · 군관리계획을 결정하려면 중앙도시계획위원회의 심의를 거쳐야 하며, 시 · 도지사가 도시 · 군관리계획을 결정하려면 시 · 도도시계획위원회의 심의를 거쳐야 한다(동법 30조 3항).

나. 도시 · 군관리계획의 고시

국토교통부장관이나 시 · 도지사는 도시 · 군관리계획을 결정하면 이를 고시하고, 국토교통부장관이나 도지사는 관계 서류를 관계 특별시장 · 광역시장 · 특별자치시장 · 특별자치도지사 · 시장 또는 군수에게 송부하여 일반이 열람할 수 있도록 하여야 하며, 특별시장 · 광역시장 · 특별자치시장 · 특별자치도지사는 관계 서류를 일반이 열람할 수 있도록 하여야 한다(동법 30조 6항).

다. 도시 · 군관리계획에 관한 지형도면의 작성 및 고시

특별시장 · 광역시장 · 특별자치시장 · 특별자치도지사 · 시장 또는 군수는 도시 · 군관리계획결정이 고시되면 지적(地籍)이 표시된 지형도에 도시·군관리계획에 관한 사항을 자세히 밝힌 도면을 작성하여 도지사의 승인을 받아야 한다(법 32조 1항·2항). 국토교통부장관이나 도지사는 도시·군관리계획을 직접 입안한 경우에는 관계 특별시장·광역시장·특별자치시장·특별자치도지사·시장 또는 군수의 의견을 들어 직접 지형도면을 작성할 수 있다(법 32조 3항). 국토교통부장관, 시·도지사, 시장 또는 군수는 직접 지형도면을 작성하거나 지형도면을 승인한 경우에는 이를 고시하여야 한다(법 32조 4항).

6) 도시·군관리계획 결정의 효력

도시·군관리계획 결정의 효력은 지형도면을 고시한 날부터 발생한다(동법 31조 1항). 도시·군관리계획 결정 당시 이미 허가·인가·승인 등을 받아 사업이나 공사에 착수한 자는 그 도시·군관리계획 결정에 관계없이 그 사업이나 공사를 계속할 수 있다(법 31조 2항).

Ⅲ. 용도지역제(用途地域制)

1. 의 의

용도지역제는 도시와 그 주변지역의 자연환경 및 토지이용현황을 감안하여 각 토지에 그 특성에 따른 용도를 부여하고 그 토지에 건축할 건축물의 용도·높이·밀도 등을 규제함으로써 토지의 합리적 이용과 도시기능의 향상 및 양호한 도시환경을 조성하려는 제도이다. 용도지역제는 개인의 토지이용행위를 계획적으로 규제·조정함으로써 국가 등의 행정주체가 도시형성에 개입하는 수단으로 활용되고 있으나, 지정목적에 부적합한 토지이용을 규제하는 소극적 방법에 불과하고, 규제대상도 건축행위에 한정되고 있어서 적극적으로 지정목적에 적합한 토지이용을 유도하는 기능이 부족하고 건축물이 아닌 시설에 대하여는 규제가 불가능하다는 한계가 있다. 국토계획이용법은 도시·군관리계획에 의하여 용도지역·용도지구 및 용도구역으로 지정할 수 있도록 하고 있다.

2. 용도지역

1) 의 의

용도지역이라 함은 토지의 이용 및 건축물의 용도·건폐율·용적률·높이 등을 제한함으로써 토지를 경제적·효율적으로 이용하고 공공복리의 증진을 도모하기 위하여 서로 중복되지 아니하게 도시·군관리계획으로 결정하는 지역을 말한다(동법 2조 15호). 동법은 전국토를 종전의 5개의 용도지역(도시·준도시·농림·준농림·자연환경보전지역)에서 4개의 용도지역(도시·관리·농림·자연환경보전지역)으로 축소하고, 종전에 난개발문제가 제기되었던 준농림지역을 관리지역으로 편입시키고 있다.

2) 용도지역의 지정

용도지역은 토지의 이용실태 및 특성, 장래의 토지이용방향, 지역간 균형발전 등을 고려하여 구분하며(동법 6조), 국토교통부장관, 시·도지사 또는 대도시 시장은 그 지정 또는 변경을 도시·군관리계획으로 결정한다(동법 36조). 용도지역의 구분은 다음과 같다.

가. 도시지역

인구와 산업이 밀집되어 있거나 밀집이 예상되어 당해 지역에 대하여 체계적인 개발·정비·관리·보전 등이 필요한 지역으로서(동법 6조 1호) 다음과 같이 세분된다(동법 36조 1항 1호).

① 주거지역: 거주의 안녕과 건전한 생활환경의 보호를 위하여 필요한 지역
② 상업지역: 상업 그 밖의 업무의 편익증진을 위하여 필요한 지역
③ 공업지역: 공업의 편익증진을 위하여 필요한 지역
④ 녹지지역: 자연환경 · 농지 및 산림의 보호, 보건위생, 보안과 도시의 무질서한 확산을 방지하기 위하여 녹지의 보전이 필요한 지역

나. 관리지역

도시지역의 인구와 산업을 수용하기 위하여 도시지역에 준하여 체계적으로 관리하거나 농림업의 진흥, 자연환경, 또는 산림의 보전을 위하여 농림지역 또는 자연환경보전지역에 준하여 관리가 필요한 지역으로서(동법 6조 2호) 다음과 같이 세분된다(동법 36조 1항 2호).

① 보전관리지역: 자연환경보호, 산림보호, 수질오염방지, 녹지공간확보 및 생태계 보전 등을 위하여 보전이 필요하나, 주변의 용도지역과의 관계 등을 고려할 때 자연환경보전지역으로 지정하여 관리하기가 곤란한 지역
② 생산관리지역: 농업 · 임업 · 어업생산 등을 위하여 관리가 필요하나, 주변의 용도지역과의 관계 등을 고려할 때 농림지역으로 지정하여 관리하기가 곤란한 지역
③ 계획관리지역: 도시지역으로의 편입이 예상되는 지역 또는 자연환경을 고려하여 제한적인 이용 · 개발을 하려는 지역으로서 계획적 · 체계적인 관리가 필요한 지역

다. 농림지역

도시지역에 속하지 아니하는 농지법에 의한 농업진흥지역 또는 산림법에 의한 보전산지 등으로서 농림업의 진흥과 산림의 보전을 위하여 필요한 지역을 말한다(동법 6조 3호).

라. 자연환경보전지역

자연환경 · 수자원 · 해안 · 생태계 · 상수원 및 문화재의 보전과 수산자원의 보호 · 육성 등을 위하여 필요한 지역을 말한다(동법 6조 4호).

3) 용도지역에서의 행위제한

가. 건축제한

용도지역 안에서의 건축물 그 밖의 시설의 용도 · 종류 및 규모 등의 제한은 동법 제76조 및 동법시행령 제71조에서 규정하고 있다.

나. 건폐율

용도지역 안에서의 건폐율의 최대한도는 관할구역의 면적 및 인구규모, 용도지역의 특성 등을 감안하여 대통령령으로 정하는 기준에 따라 특별시 · 광역시 · 특별자치시 · 특별자치도 · 시 또는 군의 조례로 정한다(동법 77조 1항).

다. 용적률

용도지역 안에서 용적률의 최대한도는 관할구역의 면적 및 인구규모, 용도지역의 특성 등을 감안하여 대통령령으로 정하는 기준에 따라 특별시 · 광역시 · 특별자치시 · 특별자치도 · 시 또는 군의 조례로 정한다(동법 78조 1항).

3. 용도지구

1) 의 의

용도지구란 토지의 이용 및 건축물의 용도 · 건폐율 · 용적률 · 높이 등에 대한 용도지역의 제한을 강화 또는 완화하여 적용함으로써 용도지역의 기능을 증진시키고 미관 · 경관 · 안전 등을 도모하기 위하여 도시 · 군관리계획으로 결정하는 지역을 말한다(동법 2조 16호). 이러한 용도지구는 특정 용도지역 위에 지정됨으로써 용도지역의 기능을 보완하는 기능을 수행한다. 용도지구는 용도지역과는 달리 국토 전체에 대하여 지정되는 것은 아니며, 동일 지역에 있어서도 서로 양립되지 않는 지구가 아닌 한 둘 이상의 용도지구가 중복지정될 수 있다.

2) 용도지구의 지정

용도지구의 지정 또는 변경은 국토교통부장관, 시 · 도지사 또는 대도시 시장이 도시 · 군관리계획으로 결정하는데, 용도지구의 구분은 다음과 같다(동법 37조 1항).

① 경관지구: 경관의 보전 · 관리 및 형성을 위하여 필요한 지구

② 고도지구: 쾌적한 환경 조성 및 토지의 효율적 이용을 위하여 건축물 높이의 최고한도를 규제할 필요가 있는 지구

③ 방화지구: 방화지구: 화재의 위험을 예방하기 위하여 필요한 지구

④ 방재지구: 풍수해, 산사태, 지반의 붕괴, 그 밖의 재해를 예방하기 위하여 필요한 지구

⑤ 보호지구: 문화재, 중요 시설물(항만, 공항 등 대통령령으로 정하는 시설물을 말한다) 및 문화적 · 생태적으로 보존가치가 큰 지역의 보호와 보존을 위하여 필요한 지구

⑥ 취락지구: 녹지지역 · 관리지역 · 농림지역 · 자연환경보전지역 · 개발제한구역 또는 도시자연공원구역의 취락을 정비하기 위한 지구

⑦ 개발진흥지구: 주거기능 · 상업기능 · 공업기능 · 유통물류기능 · 관광기능 · 휴양기능 등을 집중적으로 개발 · 정비할 필요가 있는 지구

⑧ 특정용도제한지구: 주거 및 교육 환경 보호나 청소년 보호 등의 목적으로 오염물질 배출시설, 청소년 유해시설 등 특정시설의 입지를 제한할 필요가 있는 지구

⑨ 복합용도지구: 지역의 토지이용 상황, 개발 수요 및 주변 여건 등을 고려하여 효율적이고 복합적인 토지이용을 도모하기 위하여 특정시설의 입지를 완화할 필요가 있는 지구

⑩ 그 밖에 대통령령으로 정하는 지구

시 · 도지사 또는 대도시 시장은 대통령령으로 정하는 주거지역 · 공업지역 · 관리지역에 복합용도지구를 지정할 수 있으며, 그 지정기준 및 방법 등에 필요한 사항은 대통령령으로 정한다(동법 34조 5항).

3) 조례에 의한 용도지구의 지정

시 · 도지사 또는 대도시 시장은 지역여건상 필요한 때에는 당해 시 · 도 또는 대도시의 조례로 용도지구의 명칭 및 지정목적, 건축 그 밖의 행위의 금지 및 제한에 관한 사항 등을 정하여 동법 및 동법시행령에 규정된 용도지구 외의 용도지구의 지정 또는 변경을 도시 · 군관리계획으로 결정할 수 있다(동법 37조 3항). 이러한 조례에 의한 용도지구의 신설은 법에서 정하고 있는 용도지역 · 용도지구 또는 용도구역만으로는 효율적인 토지이용을 달성할 수 없는 부득이한 사유가 있는 경우에 한하여야 하

며, 당해 용도지역 또는 용도구역의 행위제한을 완화하는 용도지구를 신설하지 않는다는 기준을 준수하여야 한다(동법시행령 31조 4항).

4) 용도지구 안에서의 행위제한

용도지구에서의 건축물이나 그 밖의 시설의 용도 · 종류 및 규모 등의 제한에 관한 사항은 이 법 또는 다른 법률에 특별한 규정이 있는 경우 외에는 대통령령으로 정하는 기준에 따라 특별시 · 광역시 · 특별자치시 · 특별자치도 · 시 또는 군의 조례로 정할 수 있다(동법 76조 2항).

4. 용도구역

1) 의 의

용도구역이라 함은 토지의 이용 및 건축물의 용도 · 건폐율 · 용적률 · 높이 등에 대한 용도지역 및 용도지구의 제한을 강화 또는 완화하여 따로 정함으로써 시가지의 무질서한 확산방지, 계획적이고 단계적인 토지이용의 도모, 토지이용의 종합적 조정 · 관리 등을 위하여 도시 · 군관리계획으로 결정하는 지역을 말한다(동법 2조 17호).

용도구역제는 기본적으로 도시의 무계획한 발전이나 그 과대화 · 과밀화에 따르는 폐해를 방지하고, 균형있는 발전을 도모하기 위하여 도시계획적인 측면에서 토지이용에 제한을 하는 제도이다. 이러한 용도구역으로는 개발제한구역, 시가화조정구역 및 수산자원보호구역 등이 있다.

2) 용도구역의 지정

가. 개발제한구역의 지정

국토교통부장관은 도시의 무질서한 확산을 방지하고 도시주변의 자연환경을 보전하여 도시민의 건전한 생활환경을 확보하기 위하여 도시의 개발을 제한할 필요가 있거나 국방부장관의 요청이 있어 보안상 도시의 개발을 제한할 필요가 있다고 인정되는 경우에는 개발제한구역의 지정 또는 변경을 도시 · 군관리계획으로 결정할 수 있다(동법 38조). 그리고 개발제한구역의 지정 또는 변경에 관하여 필요한 사항은 따로 법률로 정하도록 하고 있는바, 이에 해당하는 법률이 바로 「개발구역의 지정 및 관리에 관한 특별조치법」이다.

나. 도시자연공원구역의 지정

시 · 도지사 또는 대도시 시장은 도시의 자연환경 및 경관을 보호하고 도시민에게 건전한 여가 · 휴식공간을 제공하기 위하여 도시지역 안에서 식생(식생)이 양호한 산지(산지)의 개발을 제한할 필요가 있다고 인정하면 도시자연공원구역의 지정 또는 변경을 도시 · 군관리계획으로 결정할 수 있다(동법 38조의 2).

다. 시가화조정구역의 지정

시 · 도지사는 직접 또는 관계 행정기관의 장의 요청을 받아 도시지역과 그 주변지역의 무질서한 시가화를 방지하고 계획적 · 단계적인 개발을 도모하기 위하여 5년 이상 20년 이내의 기간 동안 시가화를 유보할 필요가 있다고 인정되는 경우에는 시가화조정구역의 지정 또는 변경을 도시 · 군관리계획으로 결정할 수 있다. 다만, 국가계획과 연계하여 시가화조정구역의 지정 또는 변경이 필요한 경우에는 국토교통부장관이 직접 시가화조정구역의 지정 또는 변경을 도시 · 군관리계획으로 결정할 수 있다(동법 39조 1항, 동법시행령 32조 1항).

라. 수산자원보호구역의 지정

해양수산부장관은 직접 또는 관계행정기관의 장의 요청을 받아 수산자원의 보호 · 육성을 위하여 필요한 공유수면이나 그에 인접한 토지에 대한 수산자원보호구역의 지정 또는 변경을 도시 · 군관리계획으로 결정할 수 있다(동법 40조).

마. 도시 · 군계획시설입체복합구역의 지정

제29조에 따른 도시 · 군관리계획의 결정권자는 도시 · 군계획시설의 입체복합적 활용을 위하여 ① 도시 · 군계획시설 준공 후 10년이 경과한 경우로서 해당 시설의 개량 또는 정비가 필요한 경우, ② 주변지역 정비 또는 지역경제 활성화를 위하여 기반시설의 복합적 이용이 필요한 경우, ③ 첨단기술을 적용한 새로운 형태의 기반시설 구축 등이 필요한 경우, ④ 그 밖에 효율적이고 복합적인 도시 · 군계획시설의 조성을 위하여 필요한 경우로서 대통령령으로 정하는 경우에 도시 · 군계획시설이 결정된 토지의 전부 또는 일부를 도시 · 군계획시설입체복합구역으로 지정할 수 있다(동법 40조의5 1항). 이 법 또는 다른 법률의 규정에도 불구하고 입체복합구역에서의 도시 · 군계획시설과 도시 · 군계획시설이 아닌 시설에 대한 건축물이나 그 밖의 시설의 용도 · 종류 및 규모 등의 제한, 건폐율, 용적률, 높이 등은 대통령령으로 정하는 범위에서 따로 정할 수 있다. 다만, 다른 법률에 따라 정하여진 건축제한, 건폐율, 용적률, 높이 등을 완화하는 경우에는 미리 관계 기관의 장과 협의하여야 한다(동법 40조의5 2항).

바. 공간재구조화계획에 의한 도시혁신구역과 복합용도구역의 지정

공간재구조화계획이란 토지의 이용 및 건축물이나 그 밖의 시설의 용도 · 건폐율 · 용적률 · 높이 등을 완화하는 용도구역의 효율적이고 계획적인 관리를 위하여 수립하는 계획을 말한다.

a) 도시혁신구역의 지정: 제35조의6 제1항에 따른 공간재구조화계획 결정권자는 ① 도시 · 군기본계획에 따른 도심 · 부도심 또는 생활권의 중심지역, ② 주요 기반시설과 연계하여 지역의 거점 역할을 수행할 수 있는 지역, ③ 그 밖에 도시공간의 창의적이고 혁신적인 개발이 필요하다고 인정되는 경우로서 대통령령으로 정하는 지역을 도시혁신구역으로 지정할 수 있다(동법 40조의3 1항).

b) 복합용도구역의 지정: 공간재구조화계획 결정권자는 ① 산업구조 또는 경제활동의 변화로 복합적 토지이용이 필요한 지역, ② 노후 건축물 등이 밀집하여 단계적 정비가 필요한 지역, ③ 그 밖에 복합된 공간이용을 촉진하고 다양한 도시공간을 조성하기 위하여 계획적 관리가 필요하다고 인정되는 경우로서 대통령령으로 정하는 지역을 복합용도구역으로 지정할 수 있다(동법 40조의4).

3) 개발제한구역

가. 구 도시계획법에서의 개발제한구역의 지정

구 도시계획법 제21조는 도시의 무질서한 확산을 방지하고 도시주변의 자연환경을 보전하여 도시시민의 건전한 생활환경을 확보하기 위하여, 또는 국방부장관의 요청에 따라 보안상 도시의 개발을 제한할 필요가 있다고 인정하는 때에 국토교통부장관이 개발제한구역으로 지정할 수 있도록 규정하였다. 이후에 모두 8차례에 걸쳐 전국 14개 권역에서 전국토의 5.4%에 해당하는 토지가 개발제한구역으로 지정되었다. 이렇게 개발제한구역이 지정 된 구역에서는 그 지정목적에 위배되는 건축물의 건축 및 용도변경, 공작물의 설치, 토지의 형질변경, 죽목의 벌채, 토지의 분할 등을 할 수 없는

등 재산권행사에 현저한 제한이 가하여지게 되었다. 그럼에도 불구하고 구 도시계획법은 이에 대한 보상규정을 두지 않아 동 조항에 대한 위헌성논란이 그치지 않았다. 헌법재판소는 1998년 12월 24일 이른바 그린벨트판결에서 구 도시계획법 제21조에 대하여 헌법불합치결정을 내렸으며,[4] 이것이 바로 「개발제한구역의 지정 및 관리에 관한 특별조치법」을 제정하게 된 직접적인 동기가 되었다.

나. 개발제한구역의 지정 및 관리에 관한 특별조치법

이 법은 국토계획이용법 제38조의 규정에 의한 개발제한구역의 지정과 개발제한구역에서의 행위제한, 주민에 대한 지원, 토지의 매수 기타 개발제한구역의 효율적인 관리를 위하여 필요한 사항을 정함으로써 도시의 무질서한 확산을 방지하고 도시주변의 자연환경을 보전하여 도시민의 건전한 생활환경을 확보함을 목적으로 하고 있다(동법 1조).

가) 개발제한구역의 지정 및 관리　국토교통부장관은 도시의 무질서한 확산을 방지하고 도시주변의 자연환경을 보전하여 도시민의 건전한 생활환경을 확보하기 위하여 도시의 개발을 제한할 필요가 있거나 국방부장관의 요청이 있어 보안상 도시의 개발을 제한할 필요가 있다고 인정되는 경우에는 개발제한구역의 지정 및 해제를 도시 · 군관리계획으로 결정할 수 있다(동법 3조 1항). 도시계획구역을 관할하는 특별시장 · 광역시장 · 특별자치도지사 및 시장시장 · 군수 또는 국토교통부장관(국가계획과 관련된 경우)이 개발제한구역의 지정 및 해제에 관한 도시계획을 입안하여(동법 4조 1항), 기초조사를 실시하고(동법 5조 1항), 주민 및 지방의회의 의견청취절차를 거쳐(동법 7조), 국토교통부장관이 결정한다(동법 8조 1항).

개발제한구역을 종합적으로 관리하기 위하여 시 · 도지사는 개발제한구역의 토지이용 · 보전, 건축물의 건축 · 관리, 주민지원사업의 시행 등에 관한 개발제한구역관리계획을 5년 단위로 수립하여 국토교통부장관의 승인을 얻어야 한다(동법 11조).

나) 행위의 제한　개발제한구역이 지정되면, 동 구역에서는 그 지정목적에 위배되는 건축물의 건축 및 용도변경, 공작물의 설치, 토지의 형질변경, 죽목의 벌채, 토지의 분할, 물건을 쌓아놓는 행위 및 국토이용계획법 제2조 제11호의 규정에 의한 도시계획사업의 시행을 할 수 없으며, 일정한 행위를 하고자 하는 자는 시장 · 군수 또는 구청장의 허가를 받아야 한다(동법 12조 1항).

판례(개발제한구역 내의 예외적 승인의 법적 성격)　도시계획법 제21조 제2항 제3항, 같은법시행령 제20조 제1항 제1호의 각 규정의 체재 및 문언을 살펴보면, 이들 규정들은 개발제한구역 안에서 그 구역지정의 목적에 위배되는 건축물의 건축, 공작물의 설치, 토지의 형질변경, 토지면적의 분할 또는 도시계획사업의 시행을 금지시키는 한편 공익사업 등으로 철거된 건축물의 이축허가와 같이 예외적으로 허용하는 경우에도 개발제한구역의 지정목적에 지장이 없다고 인정되는 것으로 제한규정을 하고 있어 이러한 경우 개발제한구역의 지정목적에 지장이 없는지 여부를 가리는 데에 필요한 기준을 정하는 것은 행정청의 재량에 속하는 것이므로, 그 설정된 기준이 객관적으로 합리적이 아니라거나 타당하지 않다고 볼 만한 특별한 사정이 없는 이상 행정청의 의사는 가능한 한 존중되어야 한다(대판 1998. 9. 8, 98두8759).

다) 취락지구에 대한 특례　시 · 도지사는 개발제한구역 안에 주민이 집단적으로 거주하는

---

4) 헌재결 1998. 12. 24, 89헌마214, 90헌바16, 97헌바78 병합: 동 판결에 대하여 상세히는 본서 행정상의 손실보상 부분을 참고.

취락을 취락지구로 지정할 수 있으며, 이 경우 이 지구에서의 건축규제가 완화되고 그 건축에 있어서는 시 · 도지사는 주택법에 의한 국민주택기금을 우선하여 지급할 수 있다(동법 15조 · 16조).

라) 매수청구권　　개발제한구역의 지정으로 인하여 이 구역 안의 토지를 종래의 용도로 사용할 수 없어 그 효용이 현저히 감소된 토지 또는 당해 토지의 사용 및 수익이 사실상 불가능한 토지(매수대상토지)의 소유자로서, ① 개발제한구역의 지정당시부터 당해 토지를 계속 소유한 자, ② 토지의 사용 · 수익이 사실상 불가능하게 되기 전에 당해 토지를 취득하여 계속 소유한 자 및 ③ 위의 자격에 해당하는 자로부터 당해 토지를 상속받아 계속 소유한 자는 국토교통부장관에게 그 매수를 청구할 수 있다(동법 17조).

마) 주민지원사업　　시장 · 군수 또는 구청장은 관리계획에 따라 ① 개발제한구역 주민의 생활편익과 복지의 증진 및 생활비용의 보조 등을 위한 지원사업, ② 개발제한구역 보전과 관리 등을 위한 훼손지 복구사업을 시행할 수 있으며, 그 세부내용 및 그 시행에 관하여 필요한 사항은 대통령령으로 정한다(동법 16조 1항). 개발제한구역 주민 중 대통령령이 정하는 자는 동법 제16조 제1항에 따른 생활비용의 보조를 신청할 수 있다(동법 16조의2).

Ⅳ. 개발행위의 허가

1. 의　의

개발행위허가제도는 국토계획이용법에서 정하는 "개발행위"에 대하여 사전에 허가를 받도록 하는 제도를 말한다. 종래 도시계획구역 안에서는 소규모 난개발을 방지하기 위하여 일정한 행위는 시장 · 군수의 허가를 받도록 하고 있었으나 허가대상이 포괄적이고 불투명하다는 문제점이 제기되었다. 이에 따라 2000년 구 도시계획법의 전문개정시에 개발행위허가제도를 도입하여 허가대상을 명확히 한정하고 허가기준을 구체적으로 정하였다. 이러한 개발행위허가제도는 구 도시계획법하에서는 도시지역에 한정하여 실시하였으나 국토계획이용법 에서는 국토의 난개발방지를 위하여 그 실시지역을 전국토로 확대하고 있다.

2. 개발행위허가의 대상

다음 어느 하나에 해당하는 행위로서 대통령령으로 정하는 행위(이하 "개발행위"라 한다)를 하려는 자는 특별시장 · 광역시장 · 특별자치시장 · 특별자치도지사 · 시장 또는 군수의 허가(이하 "개발행위허가"라 한다)를 받아야 한다. 다만, 도시 · 군계획사업(다른 법률에 따라 도시 · 군계획사업을 의제한 사업을 포함한다)에 의한 행위는 그러하지 아니하다(법 56조 1항).

가. 건축물의 건축

나. 공작물의 설치

다. 토지의 형질변경

라. 토석의 채취

마. 도시지역에서의 토지분할

바. 녹지지역 · 관리지역 또는 자연환경보전지역 안에 물건을 1월 이상 쌓아놓는 행위

그러나 ① 재해복구 또는 재난수습을 위한 응급조치, ② 건축법에 의하여 신고하고 설치할 수

있는 건축물의 개축·증축 또는 재축과 이에 필요한 범위 안에서의 토지의 형질변경, ③ 그 밖에 대통령령이 정하는 경미한 행위는 개발행위허가를 받지 않고 이를 할 수 있다. 다만 ①의 행위를 한 경우에는 1월 이내에 특별시장·광역시장·특별자치시장·특별자치도지사·시장 또는 군수에게 신고하여야 한다(동법 56조 4항).

3. 개발행위허가의 성질

개발행위허가가 기속행위인지 또는 재량행위인지 학설의 타툼이 있다. 여기서 개발행위허가에 대하여 일률적으로 성격화할 수가 없을 것이다. 개발제한구역내에서의 개발행위허가는 예외적 승인에 해당하므로 재량행위로 보아야 하는 반면, 국토계획이용법상 개발행위허가는 토지이용에 대한 예측가능성의 확보 및 개인의 재산권보장의 관점에서 원칙적으로 기속행위의 성격을 갖는다고 할 것이다. 다만, 국토계획이용법상의 개발행위허가기준에는 불확정법개념이 사용되어 행정청의 고도의 기술적이고 전문적인 판단을 요구하는 경우가 있는바, 그러한 한도에서 행정청의 판단여지가 인정된다고 할 것이다. 한편 판례는 개발행위허가와 토지형질변경허가 및 산림 내에서의 토석채취허가를 재량행위로 보고 있으나, 오히려 행정청의 판단여지가 인정되고 있다는 것이 보다 타당한 견해일 것이다.[5]

판례 1(토지형질변경허가의 법적 성격) 도시계획법 제4조 제1항 제1호, 같은법시행령 제5조의2, 토지의형질변경등행위허가기준등에관한규칙 제5조의 규정의 형식이나 문언 등에 비추어 볼 때, 형질변경의 허가가 신청된 당해 토지의 합리적인 이용이나 도시계획사업에 지장이 될 우려가 있는지 여부와 공익상 또는 이해관계인의 보호를 위하여 부관을 붙일 필요의 유무나 그 내용 등을 판단함에 있어서 행정청에 재량의 여지가 있으므로 그에 관한 판단 기준을 정하는 것 역시 행정청의 재량에 속하고, 그 설정된 기준이 객관적으로 합리적이 아니라거나 타당하지 않다고 볼 만한 특별한 사정이 없는 이상 행정청의 의사는 가능한 한 존중되어야 할 것이다(대판 1999. 2. 23, 98두17845).

판례 2(토석채취허가의 법적 성격) 이 사건과 같은 산림 내에서의 토석채취는 국토 및 자연의 유지와 환경의 보전에 직접적으로 영향을 미치는 행위이므로, 법령이 규정하는 토석채취의 제한지역에 해당하는 경우는 물론이거니와 그러한 제한지역에 해당하지 않더라도 허가관청은 토석채취허가 신청대상토지의 현상과 위치 및 그 주위의 상황 등을 고려하여 국토 및 자연의 유지와 환경보전 등 중대한 공익상 필요가 있다고 인정될 때에는 그 허가를 거부할 수 있다(대판 1992. 10. 27, 92누2745).

판례 3(국토의 계획 및 이용에 관한 법률 제56조에 따른 개발행위허가의 재량행위성 여부) 국토의 계획 및 이용에 관한 법률 제56조에 따른 개발행위허가와 농지법 제34조에 따른 농지전용허가·협의는 금지요건·허가기준 등이 불확정개념으로 규정된 부분이 많아 그 요건·기준에 부합하는지의 판단에 관하여 행정청에 재량권이 부여되어 있으므로, 그 요건에 해당하는지 여부는 행정청의 재량판단의 영역에 속한다(대판 2017. 10. 12, 2017두48956).

---

4. 개발행위허가의 절차

1) 허가의 신청

개발행위를 하고자 하는 자는 당해 개발행위에 따른 기반시설의 설치 또는 그에 필요한 용지의 확보·위해방지·환경오염방지·경관·조경 등에 관한 계획서를 첨부한 신청서를 개발행위허가권자

5) 朴均省, 行政法講義, 1314면.

에게 제출하여야 한다. 다만, 건축법의 적용을 받는 건축물의 건축 또는 공작물의 설치를 하려는 자는 「건축법」에서 정하는 절차에 따라 신청서류를 제출하여야 한다(동법 57조 1항).

2) 처리기간

특별시장 · 광역시장 · 특별자치시장 · 특별자치도지사 · 시장 또는 군수는 개발행위허가의 신청에 대하여 특별한 사유가 없으면 대통령령으로 정하는 기간 이내에 허가 또는 불허가의 처분을 하여야 한다(동법 57조 2항). 전항에 따라 허가 또는 불허가의 처분을 할 때에는 지체 없이 그 신청인에게 허가내용이나 불허가처분의 사유를 서면으로 알려야 한다(동법 57조 3항).

3) 개발행위허가의 기준 등

특별시장 · 광역시장 · 특별자치시장 · 특별자치도지사 · 시장 또는 군수는 개발행위허가의 신청 내용이 다음 각 호의 기준에 맞는 경우에만 개발행위허가 또는 변경허가를 하여야 한다.

1. 용도지역별 특성을 고려하여 대통령령으로 정하는 개발행위의 규모에 적합할 것
2. 도시 · 군관리계획 및 제4항에 따른 성장관리방안의 내용에 어긋나지 아니할 것
3. 도시 · 군계획사업의 시행에 지장이 없을 것
4. 주변지역의 토지이용실태 또는 토지이용계획, 건축물의 높이, 토지의 경사도, 수목의 상태, 물의 배수, 하천 · 호소 · 습지의 배수 등 주변환경이나 경관과 조화를 이룰 것
5. 해당 개발행위에 따른 기반시설의 설치나 그에 필요한 용지의 확보계획이 적절할 것

4) 도시 · 군계획사업자의 의견청취

특별시장 · 광역시장 · 특별자치시장 · 특별자치도지사 · 시장 또는 군수는 개발행위허가를 하고자 하는 때에는 당해 개발행위가 도시 · 군계획사업의 시행에 지장을 주는지 여부에 관하여 당해 지역 안에서 시행되는 도시 · 군계획사업자의 의견을 들어야 한다(동법 58조 2항).

5) 개발행위에 대한 도시계획위원회의 심의

관계 행정기관의 장은 ① 건축물의 건축, ② 공작물의 설치, ③ 토지의 형질변경 행위로서 대통령령으로 정하는 행위를 이 법에 따라 허가 또는 변경허가를 하거나 다른 법률에 따라 인가 · 허가 · 승인 또는 협의를 하려면 대통령령으로 정하는 바에 따라 중앙도시계획위원회나 지방도시계획위원회의 심의를 거쳐야 한다(동법 59조 1항).

판례(도시계획위원회의 심의를 거치지 않은 개발행위 불허가처분이 절차상의 하자로 위법한지 여부)
국토계획법령의 입법 목적과 규정내용, 국토계획법 제56조 제1항 제2호의 규정에 따른 토지의 형질변경허가는 재량행위에 속하므로 행정기관의 장이 반드시 도시계획위원회의 심의 결과대로 개발행위허가 여부를 결정하여야 한다고 볼 수 없는 점 등에 비추어 보면, 국토계획법 제59조 제1항이 일정한 개발행위의 허가에 대하여 사전에 도시계획위원회의 심의를 거치도록 하고 있는 것은 행정기관의 장으로 하여금 개발행위허가를 신중하게 결정하도록 함으로써 난개발을 방지하고자 하는 데에 주된 취지가 있다고 할 것이다. 위와 같은 사정들을 종합하여 볼 때, 개발행위허가에 관한 사무를 처리하는 행정기관의 장이 일정한 개발행위를 허가하는 경우에는 국토계획법 제59조 제1항에 따라 도시계획위원회의 심의를 거쳐야 할 것이나, 개발행위허가의 신청 내용이 허가 기준에 맞지 않는다고 판단하여 개발행위허가신청을 불허가하였다면 이에 앞서 도시계획위원회의 심의를 거치지 않았다고 하여 이러한 사정만으로 곧바로 그 불허가처분에 취소사유

에 이를 정도의 절차상 하자가 있다고 보기는 어렵다. 다만 행정기관의 장이 도시계획위원회의 심의를 거치지 아니한 결과 개발행위 불허가처분을 함에 있어 마땅히 고려하여야 할 사정을 참작하지 아니하였다면 그 불허가처분은 재량권을 일탈·남용한 것으로서 위법하다고 평가할 수 있을 것이다(대판 2015. 10. 29, 2012두28728).

6) 조건부허가

특별시장·광역시장·특별자치시장·특별자치도지사·시장 또는 군수는 개발행위허가를 하는 경우에 대통령령이 정하는 바에 따라 당해 개발행위에 따른 기반시설의 설치 또는 그에 필요한 용지의 확보·위해방지·경관·조경 등에 관한 조치를 할 것을 조건으로 하여 개발행위허가를 할 수 있다(동법 57조 4항).

5. 개발행위허가의 제한

국토교통부장관, 시·도지사, 시장 또는 군수는 다음에 해당하는 지역으로서 도시·군관리계획상 특히 필요하다고 인정되는 지역에 대하여는 도시계획위원회의 심의를 거쳐 1회에 한하여 3년 이내의 기간 동안 개발행위허가를 제한할 수 있다. 다만 다호와 라호에 해당하는 지역에 대하여는 1회에 한하여 2년 이내의 기간 동안 개발행위허가의 제한을 연장할 수 있다(동법 63조 1항).

가. 녹지지역 또는 계획관리지역으로서 수목이 집단적으로 생육하고 있거나 조수류 등이 집단적으로 서식하고 있는 지역 또는 우량농지 등으로 보전할 필요가 있는 지역

나. 개발행위로 인하여 주변의 환경·경관·미관·문화재 등이 크게 오염되거나 손상될 우려가 있는 지역

다. 도시·군기본계획이나 도시·군관리계획을 수립하고 있는 지역으로서 그 도시·군기본계획이나 도시·군관리계획이 결정될 경우 용도지역·용도지구 또는 용도구역의 변경이 예상되고 그에 따라 개발행위허가의 기준이 크게 달라질 것으로 예상되는 지역

라. 지구단위계획구역으로 지정된 지역

마. 기반시설부담구역으로 지정된 지역

판례(인접주민이 개발행위허가를 다툴 원고적격이 있는지 여부) 이 사건 신청지에 대한 개발행위허가 처분의 근거 법규인 구 국토의 계획 및 이용에 관한 법률 제56조 제1항, 제58조 제1항과 구 국토계획법 제58조 제3항의 위임에 따른 구 국토의 계획 및 이용에 관한 법률 시행령 제56조 제1항 [별표 1의2] 제1호 (라)목 (2)가 개발행위 허가기준의 하나로 '주변지역의 토지이용실태 등 주변환경과 조화를 이룰 것'을 규정하고, 그 세부사항으로 '개발행위로 인하여 당해지역 및 주변지역에 대기오염·수질오염·토질오염·소음·진동·분진 등에 의한 환경오염·생태계파괴·위해발생 등이 발생할 우려가 없을 것'을 규정하고 있는 취지는, 토지의 형질 변경 등 당해 개발행위에 따른 대기오염 등에 의한 환경오염·생태계파괴·위해발생 등으로 직접적이고도 중대한 환경상 피해를 입을 것으로 예상되는 주민들의 생활환경상의 개별적 이익을 직접적·구체적으로 보호하려는 데 있다고 할 것이다. 따라서 개발행위가 시행될 당해지역이나 주변지역의 주민은 물론, 그 밖에 '개발행위로 위와 같은 자신의 생활환경상의 개별적 이익이 수인한도를 넘어 침해되거나 침해될 우려가 있음을 증명한 자'는 개발행위허가 처분을 다툴 법률상 이익을 인정받을 수 있다(대판 2014. 11. 13, 2013두6824).

제 4 절 지역개발행정에 있어서 여타의 행정수단

Ⅰ. 토지거래계약허가제

1. 의 의

토지거래계약허가제는 토지의 투기적 거래로 인한 급격한 지가상승을 억제하기 위하여 국토교통부장관 또는 시 · 도지사가 일정한 절차에 따라 5년 내의 기간을 정하여 지정한 허가구역 안에서의 토지 등의 거래계약에 대하여 시장 · 군수 · 구청장의 허가를 받도록 하는 제도이다(부동산 거래신고 등에 관한 법률 10조 이하). 우리나라의 경우 특히 인구가 과밀하고 토지가 절대 부족한 여건하에서 급속한 산업화 · 도시화가 이루어졌기 때문에 지가가 급격히 상승함과 동시에 토지의 투기적 거래현상도 심각하였다. 이에 따라 구 국토이용관리법에서는 토지거래허가제도를 규정하였으며(21조 의3), 현재 「부동산 거래신고 등에 관한 법률」에서 동 제도를 계속 유지하고 있다.

2. 성 질

토지거래허가의 법적 성격에 대하여는 인가설과 허가 · 인가복합체설의 견해가 갈리고 있다. 인가설은 토지거래계약은 관할 시장 등의 허가를 받아야 법적 효력이 발생한다는 점에서 학문적으로 인가의 성질을 갖는다 한다.[6] 이에 대하여 허가 · 인가복합체설은 무허가계약을 일반적으로 금지하고, 허가없이 거래계약을 체결한 경우에 형사처벌을 과하고 있다는 점에서 인가와 아울러 허가의 성질을 함께 갖고 있다고 한다.[7] 그러나 토지거래허가는 제3자간의 법률행위의 효력을 완성시켜 주는 인가의 성질을 가지며, 다만 그 실효성을 담보하기 위하여 그 위반에 대하여 형사벌을 과하고 있다고 보아야 할 것이다.[8]

판례 역시 토지거래허가를 인가의 성격을 갖는다는 견해를 취하고 있다.[9]

3. 합헌성여부

종래 토지거래허가제의 합헌성여부를 둘러싸고 다툼이 있어 왔다. 위헌설은 토지거래허가제에 의하여 토지의 처분권을 제한하는 것은 토지소유권을 형해화하고, 사유재산제를 유명무실하게 하여 토지소유권의 본질적 내용을 침해할 뿐 아니라, 자유경제질서를 위태롭게 한다고 주장하고 있다.[10]

이에 대하여 합헌설은 헌법 제23조 제1항 단서에 따라 재산권의 내용과 한계는 법률로 정할 수 있는바, 토지거래허가제는 사유재산제도를 부인하는 것이 아니라 토지의 처분권을 제한하는데 그치며, 토지는 다른 재산권과는 본질적인 차이가 있어 수요에 따라 생산 · 공급될 수 없고, 헌법상의 사회복지국가의 이념을 실현하기 위하여는 토지소유권에 대한 제한이 불가피하며, 나아가서 비례의 원

6) 金相容, 土地去來許可 · 申告制의 檢討, 司法行政, 1989. 6, 30면 이하.
7) 金在德, 土地所有權制限의 理論, 1983, 310면 이하.
8) 鄭夏重, 土地去來許可制度의 考察, 考試研究, 2001. 10, 143면 이하.
9) 대판 1991. 12. 24, 90다12243.
10) 許營, 土地去來許可制의 憲法上 問題點, 考試研究, 1989. 8, 173면 이하.

칙에도 위배되지 않는다는 견해를 취하고 있다.[11]

헌법재판소는 토지거래허가제도를 합헌으로 결정하였다.

판례(토지거래허가제의 위헌여부) 국토이용관리법 제21조의3 제1항의 토지거래허가제는 사유재산제도의 부정이 아니라 그 제한의 한 형태이고 토지의 투기적 거래의 억제를 위하여 그 처분을 제한함은 부득이한 것이므로 재산권의 본질적인 침해가 아니며, 헌법상의 경제조항에도 위배되지 아니하고 현재의 상황에서 이러한 제한수단의 선택이 헌법상의 비례의 원칙이나 과잉금지의 원칙에 위배된다고 할 수도 없다(헌재결 1989. 12. 22, 88헌가13).

---

4. 허가구역의 지정

국토교통부장관 또는 시 · 도지사는 국토의 이용 및 관리에 관한 계획의 원활한 수립 및 집행, 합리적인 토지이용 등을 위하여 토지의 투기적인 거래가 성행하거나 지가가 급격히 상승하는 지역과 그러한 우려가 있는 지역에 대하여는 5년 이내의 기간을 정하여 토지거래계약에 관한 허가구역으로 지정할 수 있다. 여기서 허가구역이 둘 이상의 시 · 도의 관할 구역에 걸쳐 있는 경우에는 국토교통부장관이 지정하며, 허가구역이 동일한 시 · 도 안의 일부지역인 경우에는 시 · 도지사가 지정한다. 다만, 국가가 시행하는 개발사업 등에 따라 투기적인 거래가 성행하거나 지가가 급격히 상승하는 지역과 그러한 우려가 있는 지역 등 대통령령으로 정하는 경우에는 국토교통부장관이 지정할 수 있다(부동산 거래신고 등에 관한 법률 10조 1항).

허가구역의 지정은 국토교통부장관 또는 시 · 도지사가 허가구역의 지정을 공고한 날부터 5일 후에 효력을 발생하며(동법 10조 5항), 이른바 물적 행정행위의 성격을 갖는다고 할 것이다. 판례는 허가구역의 지정을 항고소송의 대상이 되는 행정처분으로 보고 있다.

판례(토지거래허가구역의 지정이 항고소송의 대상이 되는 행정처분에 해당하는지 여부) 국토의 계획 및 이용에 관한 법률의 규정에 의하면, 같은 법에 따라 토지거래계약에 관한 허가구역으로 지정되는 경우, 허가구역 안에 있는 토지에 대하여 소유권이전 등을 목적으로 하는 거래계약을 체결하고자 하는 당사자는 공동으로 행정관청으로부터 허가를 받아야 하는 등 일정한 제한을 받게 되고, 허가를 받지 아니하고 체결한 토지거래계약은 그 효력이 발생하지 아니하며, 토지거래계약허가를 받은 자는 5년의 범위 이내에서 대통령령이 정하는 기간 동안 그 토지를 허가받은 목적대로 이용하여야 하는 의무도 부담하며, 같은 법에 따른 토지이용의무를 이행하지 아니하는 경우 이행강제금을 부과당하게 되는 등 토지거래계약에 관한 허가구역의 지정은 개인의 권리 내지 법률상의 이익을 구체적으로 규제하는 효과를 가져오게 하는 행정청의 처분에 해당하고, 따라서 이에 대하여는 원칙적으로 항고소송을 제기할 수 있다(대판 2006. 12. 26, 2006두12883).

---

5. 토지거래계약의 허가

허가구역 안에 있는 토지에 관한 소유권 · 지상권을 이전 또는 설정(대가를 받고 이전 또는 설정하

---

11) 金南辰, 土地去來許可制의 違憲性是非, 考試硏究, 1989. 3, 197면 이하.

는 경우에 한함)하는 계약을 체결하고자 하는 당사자는 공동으로 시장 · 군수 또는 구청장의 허가를 받아야 한다. 허가받은 사항을 변경하고자 할 때에도 또한 같다(동법 11조 1항). 시장 · 군수 또는 구청장은 제3항에 따른 허가신청서를 받으면 「민원 처리에 관한 법률」에 따른 처리기간에 허가 또는 불허가의 처분을 하고, 그 신청인에게 허가증을 발급하거나 불허가처분 사유를 서면으로 알려야 한다. 다만, 제15조에 따라 선매협의 절차가 진행 중인 경우에는 위의 기간 내에 그 사실을 신청인에게 알려야 한다(동법 11조 4항). 처리기간 내에 허가증의 발급 또는 불허가처분 사유의 통지가 없거나 선매협의 사실의 통지가 없는 경우에는 그 기간이 끝난 날의 다음날에 제1항에 따른 허가가 있는 것으로 본다. 이 경우 시장 · 군수 또는 구청장은 지체 없이 신청인에게 허가증을 발급하여야 한다(동법 11조 5항).

한편, 시장 · 군수 또는 구청장은 허가신청이 ① 토지거래계약의 대상인 토지의 이용목적이 동법이 정하는 사항에 해당하지 않는 경우, ② 당해 토지의 이용목적이 도시 · 군계획 그 밖에 토지의 이용 및 관리에 관한 계획에 맞지 아니한 경우나 생태계의 보전과 주민의 건전한 생활환경 보호에 중대한 위해를 끼칠 우려가 있는 경우, ③ 그 면적이 토지의 이용목적으로 보아 적합하지 않다고 인정되는 경우를 제외하고는 허가를 하여야 한다(동법 12조).

6. 허가의 효과

토지 등의 거래계약은 허가를 받아야 효력을 발생하며, 허가를 받지 않고 체결한 거래계약은 효력을 발생하지 않는다(동법 11조 6항). 이와 관련하여 판례는 거래계약의 무효를 그 내용에 따라 확정적 무효와 유동적 무효로 구분하고 있다.

판례(토지거래허가의 효과) 토지의 소유권 등 권리를 이전 또는 설정하는 내용의 거래계약은 관할 관청의 허가를 받아야만 그 효력이 발생하고 허가를 받기 전에는 물권적 효력은 물론 채권적 효력도 발생하지 아니하여 무효라고 보아야 할 것인바, 다만 허가를 받기 전의 거래계약이 처음부터 허가를 배제하거나 잠탈하는 내용의 계약일 경우에는 확정적으로 무효로서 유효화될 여지가 없으나 이와 달리 허가받을 것을 전제로 한 거래계약(허가를 배제하거나 잠탈하는 내용의 계약이 아닌 계약은 여기에 해당하는 것으로 본다)일 경우에는 허가를 받을 때까지는 법률상 미완성의 법률행위로서 소유권 등 권리의 이전 또는 설정에 관한 거래의 효력이 전혀 발생하지 않음은 위의 확정적 무효의 경우와 다를 바 없지만, 일단 허가를 받으면 그 계약은 소급하여 유효한 계약이 되고 이와 달리 불허가가 된 때에는 무효로 확정되므로 허가를 받기까지는 유동적 무효의 상태에 있다고 보는 것이 타당하므로 허가받을 것을 전제로 한 거래계약은 허가받기 전의 상태에서는 거래계약의 채권적 효력도 전혀 발생하지 않으므로 권리의 이전 또는 설정에 관한 어떠한 내용의 이행청구도 할 수 없으나 일단 허가를 받으면 그 계약은 소급해서 유효화되므로 허가 후에 새로이 거래계약을 체결할 필요는 없다(대판 1991. 12. 24, 90다12243).

---

7. 무허가거래에 대한 제재

제11조 제1항에 따른 허가 또는 변경허가를 받지 아니하고 토지거래계약을 체결하거나, 속임수나 그 밖의 부정한 방법으로 토지거래계약 허가를 받은 자는 2년 이하의 징역 또는 계약 체결 당시의 개별공시지가에 따른 해당 토지가격의 100분의 30에 해당하는 금액 이하의 벌금에 처한다(동법 26조 2항). 여기서 "허가없이 토지 등의 거래계약을 체결하는 행위"라 함은 처음부터 허가를 배제하거나 잠탈하

는 내용의 계약을 체결하는 행위를 가리키고 허가받을 것을 전제로 한 거래계약을 체결하는 것은 이에 해당되지 않는다.

판례(처벌대상인 허가없이 '토지 등의 거래계약을 체결하는 행위'의 의미) 구 국토이용관리법 제31조의2 제1호와 그 제21조의3 제1항의 취지는 같은 법 소정의 규제구역 내에 있는 토지 등에 대한 어떠한 내용의 거래계약도 허가 없이 체결하는 것을 금지하고 이를 위반한 자를 처벌하고자 하는 것은 아니고 처음부터 허가를 배제하거나 잠탈하는 내용의 거래계약의 체결을 금지하는 것이고, 같은 법 제31조의2 소정의 벌칙적용대상인 '허가 없이 토지 등의 거래계약을 체결하는 행위'라 함은 이와 같이 처음부터 허가를 배제하거나 잠탈하는 내용의 계약을 체결하는 행위를 가리키고, 허가받을 것을 전제로 한 거래계약을 체결하는 것은 여기에 해당하지 않는다(대판 1992. 4. 24, 92도245).

8. 토지의 선매

시장 · 군수 또는 구청장은 토지거래계약에 관한 허가신청이 있는 경우 그 토지가 ① 공익사업용 토지이거나 ② 토지거래계약 허가를 받아 취득한 토지를 그 이용목적대로 이용하고 있지 아니한 토지인 때에는, 해당 토지에 대하여 국가 · 지방자치단체 · 한국토지주택공사 그 밖에 대통령령으로 정하는 공공기관 또는 공공단체가 그 매수를 원하는 때에는 이들 중에서 당해 토지를 매수할 자(선매자)를 지정하여 당해 토지를 협의매수하게 할 수 있다. 시장 · 군수 또는 구청장은 선매협의가 이루어지지 아니한 때에는 지체없이 허가 또는 불허가의 여부를 결정하여 이를 통보하여야 한다(동법 15조).

9. 토지 이용에 관한 의무 및 이행강제금의 부과

토지거래계약을 허가받은 자는 대통령령으로 정하는 사유가 있는 경우 외에는 5년의 범위에서 대통령령으로 정하는 기간에 그 토지를 허가받은 목적대로 이용하여야 한다(법 17조 1항). 시장 · 군수 또는 구청장은 토지의 이용 의무를 이행하지 아니한 자에 대하여는 상당한 기간을 정하여 토지의 이용 의무를 이행하도록 명할 수 있다. 시장 · 군수 또는 구청장은 제1항에 따른 이행명령이 정하여진 기간에 이행되지 아니한 경우에는 토지 취득가액의 100분의 10의 범위에서 대통령령으로 정하는 금액의 이행강제금을 부과한다(동법 18조).

10. 권리구제

1) 이의신청

허가신청에 대하여 이의가 있는 자는 그 처분을 받은 날로부터 1월 이내에 시장 · 군수 또는 구청장에게 이의를 신청할 수 있다(동법 13조 1항). 그리고 이의신청을 받은 시장 · 군수 또는 구청장은 시 · 군 · 구 도시계획위원회의 심의를 거쳐 그 결과를 이의신청인에게 알려야 한다(동법 13조 2항).

2) 불허가처분을 받은 토지의 매수청구

허가신청에 대하여 불허가의 처분을 받은 자는 불허가처분의 통지를 받은 날로부터 1월 이내에 시장 · 군수 또는 구청장에게 당해 토지에 관한 권리의 매수를 청구할 수 있다(동법 16조 1항). 매수 청구를 받은 시장 · 군수 또는 구청장은 국가, 지방자치단체, 한국토지주택공사, 그 밖에 대통령령으로 정하는 공공기관 또는 공공단체 중에서 매수할 자를 지정하여, 매수할 자로 하여금 예산의 범위에서 공시지가를 기준으로 하여 해당 토지를 매수하게 하여야 한다. 다만, 토지거래계약 허가신청서에 적힌 가격이 공시지가보다 낮은 경우에는 허가신청서에 적힌 가격으로 매수할 수 있다(동법 16조 2항).

Ⅱ. 개발이익환수제도

1. 개발이익의 의의

개발이익이란 개발사업의 시행 또는 토지이용계획의 변경 기타 사회 · 경제적 요인에 의하여 정상지가상승분을 초과하여 개발사업을 시행하는 자(사업시행자) 또는 토지소유자에게 귀속하는 토지가액의 증가분을 말한다(개발이익환수에 관한 법률 2조 1호). 여기서 개발사업이라 함은 국가 또는 지방자치단체로부터 인가 · 허가 · 면허 등을 받아 시행하는 택지개발사업 · 산업단지개발사업 · 관광단지조성사업 등에 의한 사업을 말한다(동법 2조 2호). 개발이익은 개발사업시행자 또는 토지소유자의 노력없이 발생하는 불로소득이므로 이를 사유화시키는 것은 사회정의에 어긋난다. 이에 따라 개발이익은 사회에 환원시켜야 하며, 이를 통하여 토지투기의 방지와 토지의 효율적인 이용을 촉진하고 나아가서 부의 형평배분을 실현시킬 수 있다. 개발이익의 환수는 과세적 방법과 비과세적 방법이 있는바, 현행법상 과세적 방법으로는 재산세 · 종합토지세 · 양도소득세 등이 있고, 비과세적 방법으로는 개발부담금이 있다. 다음에서는 직접적인 개발이익환수제도인 개발부담금에 대하여 살펴보기로 한다.

2. 개발부담금

개발사업시행자에게 귀속되는 개발이익 중에서 사회에 환원하는 금액, 즉 「개발이익환수에 관한 법률」에 의하여 국가가 부과 · 징수하는 금액을 개발부담금이라고 한다. 개발부담금의 법적 성격은 토지의 이용권과 개발권을 분리하여, 개발권을 국가가 갖는 것으로 보는 영국 등의 법제하에서는 개발권에 대한 대가라 할 것이나, 양자를 구별하지 않는 우리 법제하에서는 개발로 인한 우발적인 토지가액에 증가에 대한 준조세적인 성격을 갖는다고 볼 것이다.[12)]

3. 대상사업

개발부담금이 부과되는 대상사업은 ① 택지개발사업(주택단지조성사업 포함), ② 산업단지개발사업, ③ 관광단지조성사업(온천 개발사업 포함), ④ 도시개발사업, 지역개발사업 및 도시환경정비사업, ⑤ 교통시설 및 물류시설 용지조성사업, ⑥ 체육시설 부지조성사업(골프장 건설 및 경륜장 · 경정장 설치사업 포함), ⑦ 지목변경이 수반되는 사업으로서 대통령령이 정하는 사업, ⑧ 위와 유사한 사업으로서 대통령령이 정하는 사업이다(동법 5조).

4. 부과기준 및 부담률

1) 부과기준

부과기준은 부과 종료 시점의 부과 대상 토지의 가액(이하 "종료시점지가"라 한다)에서 ① 부과 개시 시점의 부과 대상 토지의 가액, ② 부과 기간의 정상지가상승분, ③ 개발비용을 뺀 금액(개발이익)이다(동법 8조). 여기서 부과 개시 시점은 원칙적으로 사업시행자가 국가나 지방자치단체로부터 개발사

12) 朴鈗炘/鄭亨根, 最新行政法講義(下), 669면.

업의 인가 등을 받은 날로 하고(법 9조 2항), 부과 종료 시점은 원칙적으로 관계 법령에 따라 국가나 지방자치단체로부터 개발사업의 준공인가 등을 받은 날로 한다(법 9조 3항).

2) 부담률

납부 의무자가 납부하여야 할 개발부담금은 제8조에 따라 산정된 개발이익의 ① 제5조 제1항 제1호부터 제6호까지의 개발사업의 경우에는 100분의 20, ② 제5조 제1항 제7호 및 제8호의 개발사업의 경우에는 100분의 25로 한다. 다만, 「국토의 계획 및 이용에 관한 법률」 제38조에 따른 개발제한구역에서 제5조 제1항 제7호 및 제8호의 개발사업을 시행하는 경우로서 납부 의무자가 개발제한구역으로 지정될 당시부터 토지 소유자인 경우에는 100분의 20으로 한다(법 13조).

5. 부과 · 징수

국토교통부장관은 부과 종료 시점부터 5개월 이내에 개발부담금을 결정 · 부과하여야 한다(법 14조 1항). 이 경우 개발부담금의 납부 의무자는 부과일부터 6개월 이내에 개발부담금을 납부하여야 하며(법 18조 1항), 납기일까지 납부하지 않은 때에는 국세체납처분의 예에 따라 강제징수한다(법 22조). 징수된 개발부담금의 100분의 50에 상당하는 금액은 개발이익이 발생한 토지가 속하는 지방자치단체에 귀속되고, 이를 제외한 나머지 개발부담금은 따로 법률이 정하는 지역발전특별회계에 귀속된다(동법 4조 1항).

6. 개발부담금의 부과 · 징수에 대한 불복

개발부담금의 부과 · 징수에 대하여는 행정심판에 대한 특례가 인정되어 중앙토지수용위원회가 행정심판위원회의 기능을 담당하도록 하고 있다(동법 26조).

Ⅲ. 부동산가격공시 및 감정평가

1. 개 설

종전의 「지가공시 및 토지 등의 평가에 관한 법률」은 2005년 1월 14일에 전면 개정되면서 법령명 또한 「부동산가격공시 및 감정평가에 관한 법률」(법률 7335호)로 바뀌었다. 1989년에 제정된 「지가공시 및 토지 등의 평가에 관한 법률」은 종전의 다원적인 지가조사체계, 즉 구 국토이용관리법에 의한 기준지가, 재산세 등의 산정기준으로서 지방세법에 의한 과세시가표준액, 양도소득세산정을 위한 소득세법의 기준시가 등을 일원화 하기 위하여 공시지가제도를 도입하였다. 한편, 개정된 「부동산가격공시 및 감정평가에 관한 법률」은 주택에 대한 토지 · 건물의 통합과세를 내용으로 하는 부동산 보유세제의 개편에 따라 종래의 공시지가제도 외에 토지와 건물의 적정가격을 통합평가하여 공시하는 주택가격공시제도를 도입함으로써 부동산가격 평가체계를 일원화하였다. 「부동산가격공시 및 감정평가에 관한 법률」은 2016년 1월 19일에 「부동산가격공시에 관한 법률」과 「감정평가 및 감정평가사에 관한 법률」로 분리되었는바, 그 취지는 감정평가업자의 업무가 부동산 가격공시에 한정되는 것으로 오해될 여지를 불식함과 더불어 감정평가사제도를 별도의 법률로 규율하여 그 제도적 발전을 도모하는 데 있다. 다음에서는 「부동산가격공시에 관한 법률」에서 규정되고 있는 지가공시제와 주택가격공시제 및 비주거용 부동산가격의 공시제에 대하여 살펴보기로 한다.

2. 지가공시제

1) 의 의

지가공시제란 좁은 의미로는 「부동산가격공시에 관한 법률」(이하 "부동산공시법"이라 한다)에 따라, 국토교통부장관이 표준지의 적정가격을 평가 · 공시하여 지가산정의 기준이 되게 하는 표준지지가공시제를 말하며(동법 3조 내지 10조), 넓은 의미로는 이러한 표준지지가공시제에 부동산가격공시법에 따라 시장 · 군수 · 구청장이 다른 법령이 정한 목적을 위한 지가산정에 사용하도록 하기 위하여 관할구역 안의 개별토지의 단위면적당 가격을 결정 · 고시하는 개별지가공시제를 포함한 것을 의미한다(동법 11조). 보통 지가공시제라 함은 표준지지가공시제를 의미한다.

2) 표준지지가공시제

가. 의 의

표준지지가공시란 부동산공시법에 따라 국토교통부장관이 매년 표준지의 적정가격을 평가 · 공시하여 지가산정의 기준이 되게 하는 것을 의미한다. 표준지공시지가는 일반적인 토지거래의 지표가 되며 국가 · 지방자치단체 등의 기관이 그 업무와 관련하여 지가를 산정하거나 감정평가업자가 개별적으로 토지를 감정평가하는 경우에 그 기준이 된다(동법 10조).

나. 표준지공시지가의 결정과 공시

국토교통부장관이 토지이용상황이나 주변환경 기타 자연적 · 사회적 조건이 일반적으로 유사하다고 인정되는 일단의 토지 중에서 선정한 표준지에 대하여 매년 공시기준일 현재의 적정가격을 조사 · 평가한다(동법 3조 1항). 여기에서 적정가격이라 함은 당해 토지에 대하여 통상적인 시장에서 정상적인 거래가 이루어지는 경우 성립될 가능성이 가장 높다고 인정되는 가격을 말한다(동법 2조 6호). 국토교통부장관이 조사 · 평가를 함에 있어서는 미리 둘 이상의 감정평가업자에게 의뢰하여 그 감정평가를 기초로 하여야 한다. 국토교통부장관은 조사 · 평가한 단위면적당 가격을 중앙부동산평가위원회의 심의를 거쳐 공시하여야 한다(동법 3조 1항). 국토교통부장관이 지가를 공시한 때에는 그 내용을 서울특별시장 · 광역시장 및 도지사를 거쳐 시장 · 군수 및 구청장에게 송부하여 일반에게 열람시키고 이를 도서(圖書) · 도표(圖表)로 작성하여 관계행정기관 등에게 공급하여야 한다(동법 7조).

다. 이의신청

표준지공시지가에 대하여 이의가 있는 자는 공시일로부터 30일 이내에 서면으로 국토교통부장관에게 이의를 신청할 수 있다. 국토교통부장관은 이의신청기간이 만료된 날로부터 30일 이내에 이의신청을 심사하여 그 결과를 신청인에게 통지하여야 하며, 신청의 내용이 타당하다고 인정할 때에는 표준지공시지가의 공시절차에 따라 당해 공시지가를 조정하여 다시 공시하여야 한다(동법 8조).

라. 표준지공시지가의 효력

가) 일반적 토지거래에 있어서 가격결정의 지표 표준지공시지가는 표준지의 적정가격을 공시하여 일반적 토지거래에 있어서 가격결정의 지표가 되게 한다. 그러나 이것은 어디까지나 지표에 지나지 않기 때문에 법적 구속력을 갖는 것은 아니다(동법 10조).

나) 개별토지의 감정평가기준 표준지공시지가는 감정평가업자가 타인의 의뢰에 의하여 개별토지를 감정평가할 때에 기준이 된다(동법 10조). 이 경우 감정평가업자는 당해 토지와 유사한 이용가치

를 지닌다고 인정되는 하나 또는 둘 이상의 표준지와 평가대상 토지와의 위치 · 지형 · 환경 등 토지의 객관적 평가에 영향을 미치는 모든 요인을 비교하여 평가대상토지와 표준지의 공시지가가 균형을 유지하도록 하여야 한다.

다) 국가 등의 업무와 관련한 지가산정의 기준 국가 · 지방자체단체 · 「공공기관의 운영에 관한 법률」에 따른 공공기관, 그 밖에 대통령령으로 정하는 공공단체가 ① 공공용지의 매수 및 토지의 수용 · 사용에 대한 보상액의 산정, ② 개별공시지가의 산정기준, ③ 국 · 공유토지의 취득 또는 처분시의 가격산정, ④ 그 밖에 대통령령이 정하는 토지가격의 산정기준이 된다. 이 경우 당해 토지와 유사한 이용가치를 지닌다고 인정되는 하나 또는 둘 이상의 표준지의 공시지가를 기준으로 하여 당해 토지의 가격과 표준지의 공시지가가 균형을 유지하도록 하여야 한다(동법 9조 1항).

마. 표준지공시지가의 법적 성질

표준지공시지가의 법적 성질에 대하여는 견해가 갈리고 있다.

가) 학 설

① 행정계획설 표준지공시지가는 일반적인 토지거래의 지표가 되고, 국가 · 지방자치단체 등이 그 업무와 관련하여 지가를 산정하거나 감정평가업자가 개별적으로 토지를 감정 · 평가하는 경우에 그 기준이 된다는 점에서 비구속적 행정계획으로 본다.[13)]

② 행정규칙설 표준지공시지가는 개별공시지가의 산정을 통하여 개발부담금 등의 부과에 있어서 산정기준이 되는 일반적 · 추상적 규율에 해당하기 때문에 행정규칙의 성질을 갖는다고 한다.[14)]

③ 사실행위설 이 설은 표준지공시지가는 현실적으로 존재하는 정상지가를 조사하여 공시함으로써 지가정보를 제공하는 의사작용을 요소로 하는 사실행위에 해당하며, 그 자체로서는 어떠한 법적 효과를 발생하지 않는다고 한다.[15)]

④ 행정행위설 표준지공시지가는 수용보상금 등의 산정기준이 되며, 개인의 구체적인 권리 · 의무 내지 법률상 이익에 영향을 미치며, 그 공시에 대하여 이의신청을 할 수 있다는 점에서 행정행위의 성격을 갖는다고 한다.[16)]

나) 판 례 판례는 표준지공시지가결정을 행정소송의 대상이 되는 행정처분으로 보아 그 위법여부를 다툴 수 있음은 물론, 수용보상금의 증액을 구하는 소송에서도 선행처분으로서 그 수용대상 토지 가격 산정의 기초가 된 비교표준지공시지가결정의 위법을 독립된 사유로 주장할 수 있다는 입장을 취하고 있다.[17)]

판례 1(표준지공시지가결정이 항고소송의 대상이 되는 행정처분인지 여부) 표준지로 선정된 토지의 공시지가에 불복하기 위하여는 구 지가공시 및 토지 등의 평가에 관한 법률 제8조 제1항 소정의 이의절차

13) 姜求哲, 講義行政法 II, 711면; 柳至泰/朴鍾秀, 行政法新論, 1116면.
14) 石琮顯, 공시지가의 공시절차 및 법적 성질, 月刊考試, 1993. 8, 54면.
15) 이춘섭, 공시지가, 개별지가는 행정소송의 대상인가?, 司法行政, 1992. 12, 62면.
16) 趙龍鎬, 個別土地價格決定의 處分性과 이에 대한 爭訟, 人權과 正義, 1993. 11, 84면 이하.
17) 대판 2008. 8. 21, 2007두13845: 동 판결에 대한 비판적 평석으로는 林永浩, 대법원판례해설 제78호, 2009. 7, 9면 이하.

를 거쳐 처분청인 국토교통부장관을 상대로 그 공시지가 결정의 취소를 구하는 행정소송을 제기하여야 하는 것이지 그러한 절차를 밟지 아니한 채 그 표준지에 대한 조세부과처분의 취소를 구하는 소송에서 그 공시지가의 위법성을 다툴 수는 없다(대판 1997. 2. 28, 96누10225).

판례 2(표준지공시지가결정과 수용재결 사이에 흠의 승계가능성) 인근 토지소유자 등으로 하여금 결정된 표준지공시지가를 기초로 하여 장차 토지보상 등이 이루어질 것에 대비하여 항상 토지의 가격을 주시하고 표준지공시지가결정이 잘못된 경우 정해진 시정절차를 통하여 이를 시정하도록 요구하는 것은 부당하게 높은 주의의무를 지우는 것이고, 위법한 표준지공시지가결정에 대하여 그 정해진 시정절차를 통하여 시정하도록 요구하지 아니하였다는 이유로 위법한 표준지공시지가를 기초로 한 수용재결 등 후행 행정처분에서 표준지공시지가결정의 위법을 주장할 수 없도록 하는 것은 수인한도를 넘는 불이익을 강요하는 것으로서 국민의 재산권과 재판받을 권리를 보장한 헌법의 이념에도 부합하는 것이 아니라고 할 것이다. 따라서 표준지공시지가결정에 위법이 있는 경우에는 그 자체를 행정소송의 대상이 되는 행정처분으로 보아 그 위법 여부를 다툴 수 있음은 물론, 수용보상금의 증액을 구하는 소송에서도 선행처분으로서 그 수용대상 토지 가격 산정의 기초가 된 비교표준지공시지가결정의 위법을 독립된 사유로 주장할 수 있다(대판 2008. 8. 21, 2007두13845).

판례 3(후행 재산세 부과처분의 취소에서 표준지공시지가결정의 위법성을 다툴 수 있는지 여부) 표준지로 선정된 토지의 표준지공시지가를 다투기 위해서는 처분청인 국토교통부장관에게 이의를 신청하거나 국토교통부장관을 상대로 공시지가결정의 취소를 구하는 행정심판이나 행정소송을 제기해야 한다. 그러한 절차를 밟지 않은 채 토지 등에 관한 재산세 등 부과처분의 취소를 구하는 소송에서 표준지공시지가결정의 위법성을 다투는 것은 원칙적으로 허용되지 않는다(대판 2022. 5. 13, 2018두50147).

다) 검 토　생각건대 표준지공시지가는 일반인의 토지거래에 있어서 가격결정의 지표가 되고, 감정평가업자가 타인의 의뢰에 의하여 개별적으로 토지를 감정 · 평가하는 경우에 기준으로서 그리고 국가 및 공공단체의 공공용지의 협의매수 및 수용에 대한 보상액의 산정기준으로서 활용되고 있다. 그러나 이러한 표준지공시지가는 관련 국가기관이나 감정평가업자 또는 개인에 대하여 어떠한 직접적인 구속력을 갖지 않으며 따라서 개인의 구체적인 권리와 의무 내지는 법률상 이익에 직접적인 영향을 미치고 있지 않기 때문에 처분의 성격을 갖는다고 보기는 어려울 것이다. 표준지공시지가는 개인과 국가기관에 그들의 결정과 처분을 위하여 현재의 상황이나 사실에 대한 정보와 예측을 제공하는 사실행위의 성격을 갖는 비구속적 행정계획으로서 이른바 지침적 행정계획(indikativer Plan)에 해당된다고 할 것이다. 다만, 대법원판례 96누10225에서와 같이 표준지공시지가와 개별공시지가가 일치하는 경우에만 표준지공시지가는 처분성을 갖는다고 할 것이다.

판례와 일부의 학설은 표준지공시지가에 대하여 이의신청이 허용되고 이러한 이의신청이 행정심판의 성격을 갖고 있으며 행정심판의 대상은 처분만이 될 수 있다는 이유에서 처분성을 인정하고 있으나 모든 이의신청이 행정심판의 성격을 갖는 것은 아니다. 때로는 원망의 표시 등 단순한 민원해결차원의 이의신청이 있을 수 있으며, 또한 행정청의 적법 · 타당한 행정수행을 위한 개선요구 등을 포함하는 의견개진형식의 이의신청도 있을 수 있다. 지가공시법에서 이의신청은 누구나 다 제기할 수 있는 점에 비추어 여타의 표준지공시지가의 평가 · 공시절차와 같이 공시지가의 적정성을 확보하기 위한 행정절차의 한 형태로서 의견청취절차라고 보아야 할 것이다.

3) 개별공시지가제

가. 의 의

개별공시지가는 「개발이익환수에 관한 법률」에 의한 개발부담금의 부과 기타 다른 법령이 정하는 목적을 위한 지가산정에 사용하도록 하기 위하여 시장 · 군수 · 구청장이 매년 표준지공시지가의 공시기준일 현재 관할구역안의 개별토지의 단위면적당가격을 결정 · 고시하여 이를 관계 행정기관 등에 제공하는 것을 말한다(부동산가격공시법 11조 1항). 다만 표준지로 선정된 토지, 조세 또는 부담금 등의 부과대상이 아닌 토지, 기타 대통령령이 정하는 토지에 대하여는 개별공시지가를 결정하지 않을 수 있다. 이 경우 표준지로 선정된 토지에 대하여는 당해 토지의 공시지가를 개별공시지가로 본다(동법 11조 1항 단서).

나. 개별공시지가의 결정과 공시

시장 · 군수 또는 구청장이 개별공시지가를 결정하는 경우에는 당해 토지와 유사한 시장가치를 지닌다고 인정되는 하나 또는 둘 이상의 표준지의 공시지가를 기준으로 국토교통부장관이 제공한 토지가격비준표를 사용하여 지가를 산정하여야 하며, 이 경우 당해 토지가격과 표준지의 공시지가가 균형을 유지하도록 하여야 한다(동법 11조 3항).

이에 따라 산정된 개별토지의 가격에 대하여는 그 타당성에 대하여 감정평가업자의 검증을 받아야 하고, 토지소유자 기타 이해관계인의 의견을 들어야 한다(동법 11조 1항). 시장 · 군수 · 구청장이 개별공시지가를 결정 · 공시함에 있어서는 시 · 군 · 구부동산평가위원회의 심의를 거쳐야 한다(동법 11조 1항).

다. 이의신청

개별공시지가에 대하여 이의가 있는 자는 결정 · 고시일로부터 30일 이내에 서면으로 시장 · 군수 · 구청장에게 이의를 신청할 수 있다. 시장 등은 이의신청기간이 만료된 날로부터 30일 이내에 서면으로 시장 등에게 이의신청을 심사하여 그 결과를 신청인에게 통지하여야 하며, 이의신청의 내용이 타당하다고 인정할 때에는 상술한 개별공시지가의 결정절차에 따라 다시 조정하여 결정 · 공시하여야 한다(동법 12조).

종래 학설에서는 이의신청절차가 행정심판법상의 행정심판절차를 갈음하는 절차에 해당하는지 여부에 대하여 논란이 되어 왔으나 판례는 최근 이의신청과 행정심판은 그 절차 및 담당 기관에 차이가 있다는 이유로 개별공시지가에 이의가 있는 자는 이의신청과 별도로 행정심판법에 따른 행정심판을 제기할 수 있다는 입장을 취하고 있다.

판례(개별공시지가에 대한 쟁송절차) 부동산 가격공시 및 감정평가에 관한 법률 제12조, 행정소송법 제20조 제1항, 행정심판법 제3조 제1항의 규정 내용 및 취지와 아울러 부동산 가격공시 및 감정평가에 관한 법률에 행정심판의 제기를 배제하는 명시적인 규정이 없고 부동산 가격공시 및 감정평가에 관한 법률에 따른 이의신청과 행정심판은 그 절차 및 담당 기관에 차이가 있는 점을 종합하면, 부동산 가격공시 및 감정평가에 관한 법률이 이의신청에 관하여 규정하고 있다고 하여 이를 행정심판법 제3조 제1항에서 행정심판의 제기를 배제하는 '다른 법률에 특별한 규정이 있는 경우'에 해당한다고 볼 수 없으므로, 개별공시지가에 대하여 이의가 있는 자는 곧바로 행정소송을 제기하거나 부동산 가격공시 및 감정평가에 관한 법률에 따른 이의신청과 행정심판법에 따른 행정심판청구 중 어느 하나만을 거쳐 행정소송을 제기할 수 있을 뿐 아니라, 이의신청을 하여 그 결과 통지를 받은 후 다시 행정심판을 거쳐 행정소송을 제기할 수도 있다고 보아야

하고, 이 경우 행정소송의 제소기간은 그 행정심판 재결서 정본을 송달받은 날부터 기산한다(대판 2010. 1. 28, 2008두19987).

라. 개별공시지가의 법적 효력

개별공시지가는 「개발이익환수에 관한 법률」에 의한 개발부담금의 부과 기타 다른 법령이 정하는 목적을 위한 지가산정에 사용한다(동법 11조 1항). 다른 법률에서 개별공시지가에 의하여 지가를 산정하도록 하고 있는 경우로는 공직자윤리법에 의한 등록재산의 가액산정(동법 4조 3항), 소득세법에 의한 토지양도에 대한 양도소득세의 과세표준계산을 위한 기준시가의 산정(동법 99조 1항), 「상속세 및 증여세법」에 의한 대상토지가액의 평가(동법 61조 1항), 지방세법에 의한 취득세 등의 과세표준이 되는 토지에 대한 시가표준액의 산정(동법 111조 2항) 등이 있다. 이들에 있어서도 개별공시지가가 이후의 부담금 등의 가액산정을 위한 기준이 되기는 하나 소관행정청이 이를 감액할 수 있는 경우(개발부담금 · 농지전용부담금 · 산림전용부담금 등)와 소관행정청에 의한 가액의 증감이 없이 개별공시지가가 직접 조세 등의 산정기초가 되는 것이 있다(양도소득세, 상속세 등).

마. 개별공시지가의 법적 성질

개별공시지가의 법적 성질에 대하여도 표준지공시지가와 마찬가지로 견해가 갈리고 있다. 이에 관하여는 ① 개별공시지가는 내부적으로 행정기관에 대하여만 구속력을 발생하는 구속적 행정계획의 성격을 갖는다는 견해, ② 개별공시지가는 개발부담금 등의 산정기준이 되는 것이나, 행정내부적으로만 효력을 갖는 일반적 · 추상적 규율로서 행정규칙의 성격을 갖는다는 견해, ③ 개별공시지가는 현실적으로 존재하는 정상지가를 조사하여 공시함으로써, 지가정보를 제공하는 의사작용을 요소로 하는 사실행위라는 견해, ④ 개별공시지가는 개발부담금 · 양도소득세 등의 산정기초로 되어 국민의 권리 · 의무에 구체적 영향을 미치는 것으로 행정행위의 성격을 갖는다는 견해가 주장되고 있는바 행정행위의 성격을 갖는다는 것이 통설적인 견해이다. 판례 역시 처분의 성격을 인정하고 있다.

생각건대, 개별공시지가는 일정한 공과금의 납부의무 등 비록 직접적으로 개인에 대하여 의무를 부과하지는 않으나 개별토지의 단위면적당 가격으로서 부담금 등 공과금의 액수에 반영되어 간접적으로 개인의 재산권에 영향을 주는 이른바 물적 행정행위의 성격을 갖는다고 할 것이다.[18]

판례(개별공시지가결정이 항고소송의 대상이 되는 행정처분인지 여부) 시장, 군수, 구청장이 산정하여 한 개별토지가액의 결정은 토지초과이득세, 택지초과소유부담금 또는 개발부담금 산정 등의 기준이 되어 국민의 권리, 의무 내지 법률상 이익에 직접적으로 관계된다고 할 것이고, 따라서 이는 행정소송법 제2조 제1항 제1호 소정의 행정청이 행하는 구체적 사실에 관한 법집행으로서의 공권력행사이어서 행정소송의 대상이 되는 행정처분으로 보아야 할 것이다(대판 1993. 1. 15, 92누12407).

18) 朴鈗炘/鄭亨根, 最新行政法講義(下), 664면; 柳至泰/朴鍾秀, 行政法新論, 1120면.

4) 표준지공시지가와 개별공시지가의 흠의 승계문제

표준지공시지가의 흠이 개별공시지가에 승계가 될 수 있는지 여부에 대하여, 판례는 표준지로 선정된 토지의 공시지가에 대하여 불복하기 위하여는 구 지가공시법 제8조 제1항의 이의신청절차를 거쳐 처분청을 상대로 하여 그 공시지가결정의 취소를 구하는 행정소송을 제기하여야 하는 것이지, 그러한 절차를 밟지 아니한 채 개별토지가격결정을 다투는 소송에서 그 개별토지가격산정의 기초가 된 표준지공시지가의 위법성을 다툴 수 없다는 부정적인 입장을 취하고 있다.[19] 한편 판례는 개별공시지가의 흠이 과세처분 등 후행하는 공과금처분에 승계될 수 있는지 여부에 관하여 예견가능성과 수인의 기대가능성의 관점에서 긍정적인 입장을 취하고 있다.[20]

3. 주택가격공시제

주택가격공시제는 단독주택가격공시와 공동주택가격공시로 구분되며, 단독주택가격은 다시 표준주택가격의 공시와 개별주택가격의 공시로 나누어진다.

1) 단독주택가격

가. 표준주택가격

가) 표준주택가격의 공시　　국토교통부장관은 용도지역, 건물구조 등이 일반적으로 유사하다고 인정되는 일단의 단독주택 중에서 선정한 표준주택에 대하여 매년 공시기준일 현재의 적정가격을 조사 · 평가하고, 중앙부동산가격공시위원회의 심의를 거쳐 이를 공시하여야 한다(동법 16조 1항).

나) 표준주택가격 공시의 효력　　표준주택가격은 국가 · 지방자치단체 등의 기관이 그 업무와 관련하여 개별주택가격을 산정하는 경우에 그 기준이 된다(동법 19조 1항).

다) 표준공시지가제도의 준용　　표준주택가격의 조사 · 평가의 기준, 표준주택가격의 열람, 이의신청 등에 대하여는 앞에서 설명한 표준지공시지가제도에 관한 규정들이 준용된다(동법 16조 7항).

라) 표준주택가격의 법적 성질　　표준지공시지가와 마찬가지로 표준주택가격은 개별주택가격의 산정을 위한 기준이 되는 구속력이 없는 지침적 행정계획의 성격을 갖는다고 할 것이다. 다만, 부동산공시법 제17조 제2항 단서에 따라 표준주택가격이 동시에 개별주택가격이 되는 경우에는 처분의 성격, 즉 물적 행정행위의 성격을 갖는다고 할 것이다.

나. 개별주택가격

가) 개별주택가격의 결정 · 공시　　시장 · 군수 또는 구청장은 시 · 군 · 구부동산가격공시위원회의 심의를 거쳐 매년 표준주택가격의 공시기준일 현재 관할구역 안의 개별주택의 가격을 결정 · 공시하고, 이를 관계행정기관 등에 제공하여야 한다(동법 17조 1항). 다만, 표준주택으로 선정된 단독주택, 그 밖에 대통령령으로 정하는 단독주택에 대하여는 개별주택가격을 결정 · 공시하지 아니할 수 있다. 이 경우 표준주택으로 선정된 주택에 대하여는 해당 주택의 표준주택가격을 개별주택가격으로 본다(법 17조 2항).

나) 개별주택가격 공시의 효력　　개별주택가격은 주택시장의 가격정보를 제공하고, 국가 · 지방자치단체 등이 과세 등의 업무와 관련하여 주택의 가격을 산정하는 경우에 그 기준으로 활용될 수 있다.

---

19) 대판 1998. 3. 24, 96누6851.

20) 대판 1994. 1. 25, 93누8542: 동 판결에 대하여 상세히는 본서 흠의 승계부분을 참고.

다) 개별주택가격에 대한 이의신청 등　개별주택가격에 대한 이의신청 및 정정에 대하여는 개별공시지가에 관한 규정들이 준용된다(동법 17조 8항). 그 밖에 개별주택가격의 산정, 검증 및 결정, 공시기준일, 공시의 시기, 조사·산정의 기준, 이해관계인의 의견청취 및 공시절차 등에 필요한 사항은 대통령령으로 정한다(동법 17조 9항).

라) 개별주택가격의 법적 성질　개별주택가격은 개별공시지가와 마찬가지로 과세 등의 산정에 직접적인 기준이 되므로 법적 구속력을 갖는 처분, 즉 물적 행정행위의 성격을 갖는다. 개별주택가격은 이의신청뿐만 아니라 항고소송의 대상이 된다.

2) 공동주택가격

가. 공동주택가격의 공시

국토교통부장관은 공동주택에 대하여 매년 공시기준일 현재의 적정가격을 조사·산정하고, 중앙부동산가격공시위원회의 심의를 거쳐 이를 공시하여야 한다(동법 18조 1항). 공동주택의 조사대상의 선정, 공시기준일, 공시의 시기, 공시사항, 조사·산정 기준 및 공시절차 등에 필요한 사항은 대통령령으로 정한다(동법 18조 3항).

나. 공동주택가격의 조사·평가

국토교통부장관이 공동주택의 적정가격을 조사·산정하는 경우에는 인근 유사 공동주택의 거래가격·임대료 및 당해 공동주택과 유사한 이용가치를 지닌다고 인정되는 공동주택의 건설에 필요한 비용추정액 등을 종합적으로 참작하여야 한다(동법 18조 5항). 국토교통부장관이 공동주택가격을 조사·산정하고자 할 때에는 감정원에 의뢰한다(동법 18조 6항).

다. 의견청취

국토교통부장관은 공동주택가격을 공시하기 위하여 공동주택의 가격을 산정한 때에는 공동주택 소유자 그 밖의 이해관계인의 의견을 들어야 한다(동법 18조 2항).

라. 열람 및 이의신청

공동주택가격의 열람 및 이의신청에 대하여는 표준지공시지가제도에 관한 규정이 준용된다(동법 18조 8항).

마. 공동주택가격의 효력

공동주택가격은 개별주택가격과 마찬가지로 주택시장의 가격정보를 제공하고, 국가·지방자치단체 등이 과세 등의 업무와 관련하여 주택의 가격을 산정하는 경우에 그 기준으로 활용될 수 있다(법 19조 2항).

바. 공동주택가격의 법적 성질

공동주택가격은 개별주택가격과 마찬가지로 과세 등의 산정에 직접적인 기준으로 활용된다는 점에서 처분의 성격, 즉 물적 행정행위의 성격을 갖는다고 할 것이다. 개별주택가격과 마찬가지로 이의신청의 대상이 될 뿐만 아니라, 항고소송의 대상이 된다.

4. 비주거용 부동산가격공시제

비주거용 부동산가격공시제는 비주거용 표준부동산가격공시제, 비주거용 개별부동산가격공시제 및 비주거용 집합부동산가격공시제로 구분된다.

1) 비주거용 표준부동산가격공시제

가. 비주거용 표준부동산가격의 공시

국토교통부장관은 용도지역, 이용상황, 건물구조 등이 일반적으로 유사하다고 인정되는 일단의 비주거용 일반부동산 중에서 선정한 비주거용 표준부동산에 대하여 매년 공시기준일 현재의 적정가격(이하 "비주거용 표준부동산가격"이라 한다)을 조사 · 산정하고, 중앙부동산가격공시위원회의 심의를 거쳐 이를 공시할 수 있다(동법 20조 1항).

나. 비주거용 표준부동산가격의 조사 · 산정

국토교통부장관이 비주거용 표준부동산가격을 조사 · 산정하는 경우에는 인근 유사 비주거용 일반부동산의 거래가격 · 임대료 및 해당 비주거용 일반부동산과 유사한 이용가치를 지닌다고 인정되는 비주거용 일반부동산의 건설에 필요한 비용추정액 등을 종합적으로 참작하여야 한다(동법 20조 5항). 국토교통부장관은 제1항에 따라 비주거용 표준부동산가격을 조사 · 산정하려는 경우 감정평가업자 또는 대통령령으로 정하는 부동산 가격의 조사 · 산정에 관한 전문성이 있는 자에게 의뢰한다(동법 20조 4항).

다. 비주거용 표준부동산가격의 열람, 이의신청 및 정정

비주거용 표준부동산가격의 열람, 이의신청 및 정정에 대하여는 표준지공시지가에 관한 규정을 준용한다(동법 20조 7항).

라. 비주거용 표준부동산가격공시의 효력 및 비주거용 표준부동산가격의 법적 성질

비주거용 표준부동산가격은 국가 · 지방자치단체 등이 그 업무와 관련하여 비주거용 개별부동산가격을 산정하는 경우에 그 기준이 된다(동법 23조 1항). 비주거용 표준부동산가격은 표준주택가격과 마찬가지로 비주거용 개별부동산가격의 산정을 위한 기준이 되는 구속력이 없는 지침적 행정계획의 성격을 갖는다고 할 것이다. 다만, 비주거용 표준부동산가격이 비주거용 개별부동산가격이 되는 경우에는(동법 21조 2항 단서) 처분의 성격, 즉 물적 행정행위의 성격을 갖는다고 할 것이다.

2) 비주거용 개별부동산가격공시제

가. 비주거용 개별부동산가격의 공시

시장 · 군수 또는 구청장은 제25조에 따른 시 · 군 · 구부동산가격공시위원회의 심의를 거쳐 매년 비주거용 표준부동산가격의 공시기준일 현재 관할 구역 안의 비주거용 개별부동산의 가격을 결정 · 공시할 수 있다. 다만, 비주거용 표준부동산으로 선정된 비주거용 일반부동산 등 대통령령으로 정하는 비주거용 일반부동산에 대하여는 비주거용 개별부동산가격을 결정 · 공시하지 아니할 수 있다(동법 21조 1항).

나. 비주거용 개별부동산가격의 조사 · 산정

시장 · 군수 또는 구청장이 비주거용 개별부동산가격을 결정 · 공시하는 경우에는 해당 비주거용 일반부동산과 유사한 이용가치를 지닌다고 인정되는 비주거용 표준부동산가격을 기준으로 비주거용 부동산가격비준표를 사용하여 가격을 산정하되, 해당 비주거용 일반부동산의 가격과 비주거용 표준부동산가격이 균형을 유지하도록 하여야 한다(동법 21조 5항).

다. 비주거용 개별부동산가격의 열람, 이의신청 및 정정

비주거용 표준부동산가격의 열람, 이의신청 및 정정에 대하여는 표준지공시지가에 관한 규정을 준용한다(동법 21조 8항).

라. 비주거용 개별부동산가격공시의 효력 및 비주거용 개별부동산가격의 법적 성질

비주거용 개별부동산가격은 비주거용 부동산시장에 가격정보를 제공하고, 국가 · 지방자치단체 등이 과세 등의 업무와 관련하여 비주거용 부동산의 가격을 산정하는 경우에 그 기준으로 활용될 수 있다(법 23조 2항). 비주거용 개별부동산가격은 개별주택가격과 같이 과세 등의 산정의 직접적인 기준이 되므로 법적 구속력을 갖는 처분, 즉 물적 행정행위의 성격을 갖는다. 비주거용 개별부동산가격은 이의신청뿐만 아니라 항고소송의 대상이 된다.

3) 비주거용 집합부동산가격공시제

가. 비주거용 집합부동산가격의 공시

국토교통부장관은 비주거용 집합부동산에 대하여 매년 공시기준일 현재의 적정가격을 조사 · 산정하여 중앙부동산가격공시위원회의 심의를 거쳐 공시할 수 있다. 이 경우 시장 · 군수 또는 구청장은 비주거용 집합부동산가격을 결정 · 공시한 경우에는 이를 관계 행정기관 등에 제공하여야 한다(동법 22조 1항).

나. 비주거용 집합부동산가격의 조사 · 산정

국토교통부장관이 제1항에 따라 비주거용 집합부동산가격을 조사 · 산정하는 경우에는 인근 유사 비주거용 집합부동산의 거래가격 · 임대료 및 해당 비주거용 집합부동산과 유사한 이용가치를 지닌다고 인정되는 비주거용 집합부동산의 건설에 필요한 비용추정액 등을 종합적으로 참작하여야 한다(동법 22조 6항). 국토교통부장관은 비주거용 집합부동산가격을 조사 · 산정할 때에는 감정원 또는 대통령령으로 정하는 부동산 가격의 조사 · 산정에 관한 전문성이 있는 자에게 의뢰한다(동법 22조 7항). 국토교통부장관은 비주거용 집합부동산가격을 공시하기 위하여 비주거용 집합부동산의 가격을 산정할 때에는 대통령령으로 정하는 바에 따라 비주거용 집합부동산의 소유자와 그 밖의 이해관계인의 의견을 들어야 한다(동법 22조 3항).

다. 비주거용 집합부동산가격의 열람, 이의신청 및 정정

비주거용 집합부동산가격의 열람, 이의신청 및 정정에 대하여는 표준지공시지가에 관한 규정을 준용한다(동법 22조 9항).

라. 비주거용 집합부동산가격공시의 효력 및 비주거용 집합부동산가격의 법적 성질

비주거용 집합부동산가격은 비주거용 부동산시장에 가격정보를 제공하고, 국가 · 지방자치단체 등이 과세 등의 업무와 관련하여 비주거용 부동산의 가격을 산정하는 경우에 그 기준으로 활용될 수 있다(법 23조 2항). 비주거용 집합부동산가격은 개별주택가격이나 비주거용 개별부동산가격과 같이 과세 등의 산정의 직접적인 기준이 되므로 법적 구속력을 갖는 처분, 즉 물적 행정행위의 성격을 갖는다. 이에 따라 비주거용 집합부동산가격은 이의신청뿐만 아니라 항고소송의 대상이 된다.

Chapter 05 행 · 정 · 법 · 개 · 론

환경행정법

제1절 개 설

Ⅰ. 환경문제와 환경법

환경오염문제는 오늘날 온 세계인의 공통 관심사가 되었다. 물론 환경오염은 요즈음에 비로소 나타난 것이 아니고 항상 우리 인간과 함께 존재하여 왔지만 근래에 들어와 그 양적 · 질적 전환과 더불어 심각하게 부각된 사회문제들 중의 하나이다. 20세기 후반 이후의 급속한 과학기술의 발전과 이에 따른 공업화, 각국 정부의 한결같은 경제성장에 대한 가치편중으로 인한 무절제한 생산력의 증강은 자연의 순환과정에 영구히 환원되지 않는 물질을 생산하여 냈고, 자연의 생태학적 회복능력을 훨씬 상회하는 대량의 폐기물을 배출 · 누적시켜 왔다. 오늘날 세계의 환경오염문제는 양적으로 확대되고 지역적으로 일반화되어 가고 있으며, 그 내용이나 양상에 있어서도 복잡화되어 가고 있고, 그 피해는 말할 수 없이 격화되어 가고 있는 양상을 보여 주고 있다. 이와 같은 현상이 계속된다면 멀지 않은 장래에 인간은 생물로서 그 자체까지 위협받는 실정에 놓여 있게 될 것은 자명하다. 다행히도 인간은 자기 자신의 자멸을 가만히 지켜보고 있지 않는 지혜를 가지고 있어 환경오염의 방지와 제거를 위하여 적극적으로 노력하게 되었다. 각국은 환경오염을 규율하기 위한 다양한 입법과 더불어 적극적이고 종합적인 환경대책을 마련하기 시작하였다. 환경문제를 국제적인 이해와 협력속에서 해결하려는 노력은 1972년 6월 스톡홀름에서 제1회 유엔인간환경회의를 탄생시켰고 유엔환경기구를 유엔의 상설기구로 설치하기에 이르렀다. 1982년에 유엔총회는 세계자연헌장을 채택하여 자연보전과 사회 · 경제발전이 조화되어야 함을 선언하였고, 또한 1992년 6월 브라질 리우데자네이루에서 개최된 유엔환경개발회의에서 채택한 "환경과 개발에 관한 리우선언"에서는 환경과 개발을 통합하는 지속가능한 개발의 원칙을 선언하게 되었다.

환경법은 환경을 보호하기 위한 법적 규율이다. 환경법은 그 규율내용에 따라 환경민사법, 환경형법, 환경국제법, 환경행정법 등 복잡한 체계로 이루어지고 있으나, 국내의 환경보호에 있어서는 환경행정법이 중심적인 역할을 수행하고 있다.

Ⅱ. 환경행정법의 법원(法源)

환경행정법은 환경행정의 조직 · 작용 · 절차 · 구제에 관한 법이다. 환경행정법의 법원으로서는 헌법 · 법률 · 명령 · 자치법규 · 국제법규 및 조약 등 성문법원과 불문법원으로 이루어지고 있으나 법률이 가장 중요한 법원이 되고 있다. 현행 환경행정법제는 1990년 8월 1일에 제정된 환경정책기본법을 기본법으로 하고 있으며, 환경오염규제를 위한 것으로 대기환경보전법, 물환경보전법, 토양환경보전법, 소음 · 진동관리법, 폐기물관리법, 「폐기물의 국가간 이동 및 그 처리에 관한 법률」, 유해화학물질관리법, 「오수 · 분뇨 및 축산폐수의 처리에 관한 법률」, 해양오염방지법, 자원순환기본법, 「자원의 절약과 재활용촉진에 관한 법률」 등이 있으며, 그 밖에 자연환경보전법, 환경개선비용부담법, 환경영향평가법, 환경분쟁조정법, 「환경기술개발 및 지원에 관한 법률」 등이 있다.

Ⅲ. 환경행정법의 헌법적 기초

우리 헌법 제35조는 "모든 국민은 건강하고 쾌적한 환경에서 생활할 권리를 가지며, 국가와 국민은 환경보전을 위하여 노력하여야 한다"(1항), "환경권의 내용과 행사에 관하여는 법률로 정한다"(2항), "국가는 주택개발정책 등을 통하여 모든 국민이 쾌적한 주거생활을 할 수 있도록 노력하여야 한다"(3항)고 규정하여 환경권을 기본권으로 보장하고 있다.

이러한 헌법상의 환경권의 법적 성격에 대하여는 학설에서 논란이 되고 있다. 제1설은 환경권은 인간의 존엄과 가치 · 행복추구권에서 파생된 기본권이기 때문에 자유권적 성격과 사회권의 성격을 함께 가진다는 견해를 취하고 있다(자유권 · 사회권 병존설).[1)]

제2설은 환경권은 오염된 환경으로부터 자유라는 의미에서 자유권의 성격을 가지며, 동시에 오염된 환경을 예방 또는 배제하여 줄 것을 요구할 수 있는 청구권적 기본권의 성격을 갖고 있으며, 아울러 환경오염은 인간다운 생활을 불가능하게 한다는 의미에서 사회적 기본권의 성격도 가지며, 또한 오염된 환경은 인간의 존엄성을 해치고 행복추구권을 침해한다고 주장하면서 환경권을 종합적(總合的) 기본권의 성격을 갖는다고 주장한다.[2)]

한편 제3설은 환경권은 기본권의 전제조건을 보장하는 기본권으로서의 성질과 기본권의 헌법적 한계로서 성질을 함께 갖고 있는 종합적 기본권의 성격을 가지며, 동시에 윤리적 인격체로서의 인간의 당연한 생활질서로서의 성질과 법률제도의 보장이라는 제도적 보장이라는 성질도 함께 내포하고 있다고 한다.[3)]

생각건대, 환경권은 오염된 환경으로부터 자유를 의미하는 자유권적 성격과 아울러, 오염된 환경은 인간다운 생활을 불가능하게 한다는 의미에서 사회권적 기본권의 성격을 갖는 권리라고 할 것이다. 아울러 환경권은 그 수범자를 국가뿐만 아니라 국민으로 하고 있다는 점에서 여타의 기본권과 다른 특성을 갖고 있다. 환경권의 자유권적 성격으로부터 환경침해배제청구권이 도출되며, 환경권의 사회권적 성격으로부터 환경복구 · 유지 · 개선청구권이 도출된다고 할 것이다. 여기서 국가의 환경침

1) 金哲洙, 憲法學槪論, 753면.
2) 權寧星, 憲法學原論, 646면.
3) 許營, 韓國憲法論, 422면.

해(환경오염업체의 설립인가)에 대하여 개인은 헌법상의 환경권을 근거로 취소소송 등을 제기할 수 있는지 문제가 된다. 헌법 제35조 제2항에 따라 환경권의 내용과 행사는 법률을 통하여 구체화되고 있기 때문에 개인의 원고적격은 우선적으로 근거 및 관련 법률에 의하여 주어진다고 할 것이다. 그러나 이러한 보호규범이 결여되고 있는 경우에는 보충적으로 헌법상의 환경권의 침해를 이유로 하여 원고적격이 인정된다고 할 것이다. 물론 이 경우에 개인의 환경권의 침해는 직접적이고 수인이 기대가능하지 않을 정도로 중대하여야 할 것이다. 한편, 국가의 환경보호의무를 구체적으로 실현함에 있어서 입법자에게는 국가의 사회적 · 재정적 사정과 관련하여 상당한 입법재량이 인정되고 있기 때문에 개인은 환경복구 · 유지 · 개선청구권을 직접 헌법에 근거하여 행사할 수 없을 것이다.

Ⅳ. 환경행정법의 성격

환경행정법은 그 초기에 있어서는 환경오염에 의한 위해방지를 근본목적으로 하는 질서행정에 속하였다. 이에 따라 환경행정법의 대상으로 환경에 관련된 인간의 행동의 규제라는 소극적 측면만이 강조되었으며, 환경문제에 대한 법적 접근방법도 오염의 방지, 진압, 피해구제 등으로 공해에 대한 국부적 · 소극적 · 미시적인 대책을 중심으로 하였으며, 생태적인 측면에 대한 배려가 결여되었다. 그러나 이러한 소극적 규제는 환경오염의 방지뿐만 아니라 나아가서 자연환경과 생활환경을 보전하는데 한계를 드러냈다. 이에 따라 환경행정도 종래의 소극적인 접근방법 이외에 적극적으로 환경을 이용 · 관리 · 보전하는 측면으로 확대되고 있다. 인간과 환경과의 상관관계에 입각하여 환경이 오염되지 않도록 사전에 환경을 이용 · 관리 · 보전하는 종합적이고 거시적인 대책이 중심이 되고 있으며, 환경행정의 수단도 종래의 명령과 강제중심의 수단에서 벗어나 행정계획, 행정지도, 자금지원 등의 유도적이고 비권력적인 수단들이 적극적으로 활용되고 있다.

Ⅴ. 환경법의 기본원칙

어느 법영역을 막론하고 그 영역에 대한 입법 및 법해석과 적용의 기준이 되는 법원칙이 존재한다. 환경법의 기본원리로는 위해방지의 원칙, 사전배려의 원칙, 존속보호의 원칙, 원인자책임의 원칙, 공동부담의 원칙, 협력의 원칙을 들 수 있다.[4] 이들 원칙들은 서로 선택적으로, 보충적으로 또는 중복되게 적용될 수 있으며, 법률에 명문으로 규정됨으로써 직접 구속력을 갖기도 하고, 환경행정 및 정책에 있어서 행위준칙으로 기능을 하기도 한다.

1. 위해방지의 원칙(Gefahrenabwehrprinzip)

위해란 경찰법상의 개념으로서 위험과 장해를 말한다. 위험이란 현재의 상황을 그대로 방치하는 경우에 공공의 안녕과 질서에 대한 법익침해의 충분한 개연성이 있는 상황을 의미하며, 장해란 이미 법익침해가 발생된 경우를 의미한다. 위험의 판단에 요구되는 개연성의 정도는 침해될 우려가 있는 법익의 중요성에 따라 달리 판단되며, 도래될 법익침해가 크고 중대할 수록 개연성에 요구되는 정도는 완화된다. 예를 들어 핵발전소나 화학공장이 고장난 경우에 발생될 수 있는 파국적인 손해를

4) 환경법상의 기본원칙에 대하여 상세히는 Kloepfer, Umweltrecht, S. 74ff.; Bender/Sparwasser, Umweltrecht, S. 15 이하.

예견할 때 개연성의 정도는 영으로 수축된다. 위해방지의 원칙은 무엇보다 인간의 생명, 건강 및 환경에 대한 위해의 방지에 목적을 두고 있다. 이러한 위해방지의 원칙은 환경정책기본법 제1조, 대기환경보전법 제1조, 제8조, 제33조, 제34조, 물환경보전법 제1조, 제39조, 제40조, 소음·진동규제법 제1조, 제15조, 제16조, 유해화학물질관리법 제1조, 제18조, 제23조 등 환경관계법규상에서 구현되고 있다. 이들 중 행정처분의 수권규정에 해당하는 경우에는 환경보호라는 공익뿐만 아니라 제3자의 이익을 아울러 보호하는 성격을 갖게 되어 이들의 생명, 재산, 건강을 보호하는 기능을 갖고 있다.

2. 사전배려의 원칙(Vorsorgeprinzip)

위해방지의 원칙이 발생할 우려가 있는 환경법상의 법익침해를 방지하는데 목적이 있는 것이라면, 사전배려의 원칙은 위해방지의 앞단계에서 환경에 대한 위험을 축소시키고 환경을 미래지향적으로 보전·발전·형성하는 것을 목표로 하고 있다. 사전배려의 원칙은 오늘날 환경보호에 있어서 제1차적이고도 근본적인 원칙이라고 할 수 있다. 환경보전을 위하여는 단순히 환경상의 위해를 방지·제거하는 것만으로는 부족하며, 환경의 오염이나 파괴가 일어나지 않도록 사전에 충분한 대책을 수립하여 집행할 필요가 있다. 환경정책기본법상의 환경기준의 설정과 유지(동법 12조·13조), 국가환경종합계획의 수립과 시행(동법 14조·15조), 환경상태의 조사·평가(동법 22조), 영향권별 환경관리(동법 39조), 환경영향평가제도(동법 41조) 등은 사전배려원칙의 구현이라고 할 것이다. 오늘날 환경정책의 중점은 점차 위해방지의 원칙에서 사전배려의 원칙으로 옮겨가고 있다.

3. 존속보호의 원칙(Bestandsschutzprinzip)

존속보호의 원칙은 환경을 더 이상 악화시켜서는 안되며, 현존의 상태를 유지하여야 한다는 것을 의미한다. 이에 따라 존속보호의 원칙을 악화금지의 원칙이라고도 한다. 이러한 존속보호의 원칙은 사전배려의 원칙과 밀접한 관계를 맺고 있다. 사전배려의 원칙은 환경에 대한 사전적인 계획과 관리를 통하여 미래지향적인 환경정책을 추구하는 것이라면, 이는 환경의 현상유지가 전제되어야 하기 때문에 존속보호의 원칙은 사전배려를 위한 최소한의 원칙이라고 할 것이다.[5] 자연생태계의 보호와 복원 및 동식물의 보전을 규정하고 있는 자연환경보전법 제3조와 생태·경관보전지역에서의 행위제한을 규정하고 있는 자연환경보전법 제15조, 그리고 배출시설의 허가제도를 규정하고 있는 대기환경보전법 제23조, 물환경보전법 제33조, 폐기물의 투기를 금지하고 있는 폐기물관리법 제8조 등이 존속보호의 원칙을 구현하고 있다고 보아야 할 것이다.

4. 원인자책임의 원칙(Verursacherprinzip)

원인자책임의 원칙은 환경침해에 대하여 원인을 제공하거나 직접적인 피해를 야기한 자가 원상회복, 침해의 제거 또는 이에 필요한 비용을 부담하여야 한다는 것을 의미한다. 행정주체는 우선적으로 환경오염의 원인자에 대하여 그의 제거 및 원상회복의 의무를 부과함으로써 환경보전의 목적을 달성할 수 있다.

원인자책임의 중요한 요소를 이루고 있는 것은 이른바 오염자비용부담의 원칙이라 할 것이다. 만일 환경의 과도한 사용으로 인하여 야기된 생태계의 손해가 원인자에 의하여 부담되지 않는다면,

5) 金性洙, 個別行政法, 255면.

국민경제적으로 부정적인 외부적 효과를 발생시키며, 이는 결과적으로 재화와 생산요소의 부적절한 배분으로 이끈다. 재화와 생산요소의 적정한 배분은 환경정책적으로 각자가 희소한 환경재화를 사용함으로써 야기된 비용을 스스로 부담하는 것을 전제로 한다. 원인자책임의 원칙은 환경정책기본법 제7조에서 명시적으로 규정되고 있으며, 아울러 배출부과금제도(대기환경보전법 35조, 물환경보전법 41조), 폐기물부담금(자원의 절약과 재활용촉진에 관한 법률 12조), 환경개선비용부담금(환경개선비용 부담법 9조) 및 개선 및 조업정지명령(대기환경보전법 33조 · 34조, 물환경보전법 39조 · 40조 등) 등이 원인자책임의 원칙의 구현이라고 할 것이다.

5. 공동부담의 원칙(Gemeinlastprinzip)

원인자책임의 원칙에 대조를 이루고 있는 것은 이른바 공동부담의 원칙이다. 공동부담의 원칙은 환경상의 위해가 특정한 원인자에 귀속되지 않거나 위해의 제거 또는 방지가 원인자에 의하여 가능하지 않을 때, 보충적으로 적용된다. 즉 환경침해에 대한 원인자를 찾을 수 없거나 원인자에게 비용 등을 부담시키는 것이 불가능할 때, 국가 또는 지방자치단체에게 그 비용을 부담시키는 바, 이는 결과적으로 국민 또는 주민이 공동으로 비용을 부담하는 것을 의미하는 것이다. 공동부담의 원칙이 적용되는 예로는 오염방지시설에 투자하는 기업체에 대하여 보조금의 지급 및 조세감면의 혜택을 주거나 지방자치단체가 직접 운영하는 폐기물처리시설의 사용에 대하여 어떠한 이용료도 징수하지 않는 경우를 들 수 있다.

6. 협력의 원칙

협력의 원칙이란 환경정책의 결정 및 실현과정에 있어서 해당 영역에서의 모든 이해관계자, 즉 기업자, 산업체, 환경보호단체의 협력을 구하여야 한다는 원칙이다. 협력의 원칙을 통하여 행정주체는 관련 자료와 정보를 획득하며, 환경행정수행의 효율성과 정당성을 개선시키며, 또한 개인의 이익과 국가의 필요사이에 균형을 도모하게 된다. 협력의 원칙은 또한 개인에게 환경에 관한 정보를 제공하며, 환경에 관한 교육을 시키고, 기업과 노동조합, 농업과 공업 등 각 분야에서 협동과 조화를 통하여 환경보전에 이바지 하게 한다. 계획의 수립과 집행과정에 있어서 시민의 참여, 자연보호에 있어서 환경단체의 참여, 자가측정제도(대기환경보전법 39조) 등은 모두 협력의 원칙의 구체적인 실현형태라고 볼 수 있다. 또한 환경정책기본법 제5조와 제6조는 국가와 지방자치단체의 환경보전시책에 참여하고 협력하여야 할 사업자와 국민의 의무를 규정하여 협력의 원칙을 구현하고 있다.

제2절 환경행정의 행위형식과 수단

Ⅰ. 개 설

국가는 환경보전의 의무를 실현하고 쾌적한 환경에서 생활할 수 있는 개인의 환경권을 보장하기 위하여 다양한 법적 수단들을 동원한다. 환경행정을 수행하기 위한 전통적인 수단들로는 명령, 금지, 인허가 및 의무위반에 대한 제재수단으로 허가의 철회, 행정강제, 행정벌 등을 들 수 있다. 그러나 환경행정이 종래의 국부적 · 소극적 · 미시적인 오염규제 중심의 행정에서 환경을 적극적으로 이용 · 관리 · 보전하는 거시적이고 종합적인 행정으로 변화됨에 따라 환경계획, 환경기준의 설정, 환경영향평가와 같은 사전배려적 수단의 중요성이 강조되고 있으며, 아울러 기후에너지환경부담금, 행정지도 및 협상과 같은 간접적이고 유도적인 수단들이 적극적으로 활용되고 있다. 특히 간접적 수단은 명령 · 강제와 같은 직접적 규제수단들이 갖고 있는 거부감을 불식시키고, 사업자나 개인의 자발적인 참여와 협조를 바탕으로 효과적인 환경보전의 목적을 달성할 수 있다.

Ⅱ. 환경기준

1. 의 의

환경기준(Umweltstandard)이란 쾌적한 환경을 보전하고 사람의 건강을 보호하기 위하여 요구되는 일정한 환경상태를 유지하기 위하여 정해 놓은 기준으로서 환경행정이 추구하는 지침 또는 목표치라고 할 수 있다. 종래 환경오염의 방지를 위하여 가장 보편적으로 사용되어 온 규제수단은 배출시설에서 발생되는 오염물질의 배출허용기준을 설정하고 사업자가 이를 위반하는 경우에는 개선명령, 조업정지 등 일정한 제재조치나 처벌을 과하는 것이었다. 그러나 환경 속의 오염물질은 무수한 오염발생원으로부터 배출된 오염의 총화로써 존재한다. 이에 따라 비록 일정한 오염원으로부터 배출규제가 확보된다고 하더라도 무수한 오염원으로부터 오염이 집적되면 인체나 생태계에 해악이 존재하게 되어, 결국 인간의 건강보호와 기대되는 환경조건을 확보할 수 없게 된다. 이에 따라 새로운 사전배려의 환경보전의 수단으로서 환경기준의 개념이 도입되었다.

2. 환경기준의 설정

환경문제의 해결의 출발점은 환경기준의 설정이다. 환경기준의 설정을 통하여 환경정책의 목적은 비로소 구체적으로 실현가능한 목적으로 전환된다. 환경기준은 환경행정의 목표인 동시에 한계를 의미하며, 환경입법의 모든 제도 내지 조치는 환경기준을 유지 · 확보하는 것을 지상과제로 하여 추진되는 것으로 이해될 수 있다.

환경기준은 대기 · 수질 · 토양 등 환경매체별로 정하여지는데 이들 매체가 어떤 오염원의 영향권내에서 최소한도 유지하여야 할 오염도를 확정하여 준다. 이러한 환경기준의 설정은 경제성장이나 지역개발과 같은 다른 국가 목적, 국가의 기술발전수준, 당해 지역의 성격, 이익집단의 요구, 국민의 의지 등 제반요인을 종합적으로 검토하여 결정된다.

환경정책기본법은 환경기준을 정부가 설정하고 환경여건의 변화에 따라 그 적정성이 유지되도록 노력하여야 한다고 규정하고 있으며, 구체적인 환경기준의 설정을 대통령령에 위임하고 있다(동법 12조 1항 · 2항). 이에 따라 동법시행령 제2조 별표 제1에서는 대기 · 수질 · 소음의 3개 분야에 있어서의 환경기준을 구체적 수치로 설정하여 놓고 있다. 한편, 서울특별시 · 광역시 · 도 · 특별자치도는 해당지역의 환경적 특수성을 고려하여 필요하다고 인정하는 때에는 조례로 앞의 환경기준보다 확대 · 강화된 별도의 지역환경기준을 설정할 수 있다(동법 12조 3항).

3. 환경기준의 유지

설정된 환경기준을 적정하게 유지하기 위하여는 정확한 환경상태의 측정 · 파악이 필요한바, 이를 위한 것이 환경오염의 상시측정망의 설치 · 운영제도이다. 환경정책기본법은 국가 및 지방자치단체는 ① 자연환경 및 생활환경현황, ② 환경오염 및 환경훼손실태, ③ 환경오염원 및 환경훼손요인, ④ 환경의 질의 변화 등 환경오염상황을 상시 조사 · 평가하도록 규정하고 있고 이를 위하여 환경오염의 감시 · 시험 · 측정 및 분석체제를 유지하여야 한다고 규정하고 있다(동법 22조 1항 · 2항). 한편 대기환경보전법 및 수질환경보전법 등 개별법에서도 상시측정망의 설치 및 상시측정에 대하여 규정하고 있다(대기환경보전법 3조 · 4조, 물환경보전법 9조 · 10조). 또한 국가 또는 지방자치단체는 환경기준이 적절히 유지되도록 환경에 관련되는 법령의 제정과 행정계획의 수립 및 사업의 집행에 있어서 ① 환경악화의 예방 및 그 요인의 제거, ② 환경오염지역의 원상회복, ③ 새로운 과학기술의 사용으로 인한 환경위해의 예방, ④ 환경오염방지를 위한 재원의 적정 분배 등의 사항을 고려하여야 한다(환경정책기본법 13조).

4. 환경기준의 법적 성격

환경기준은 비록 대통령령 또는 조례 등의 형식으로 제정되나 일반국민에 대하여는 직접적인 법적 구속력을 갖지 않으며, 다만 환경행정의 목표의 성격을 갖는다는 것이 통설적인 견해이다. 그럼에도 불구하고 환경기준이 갖는 규범적 의미는 적지 않다. 환경기준은 ① 환경영향평가에 있어서 평가기준으로 되며(환경영향평가법 7조 2항), ② 총량규제의 기준 및 근거가 되고(대기환경보전법 22조, 물환경보전법 4조), ③ 배출시설의 설치의 제한기준이 되며(대기환경보전법 23조 6항, 물환경보전법 33조 5항), ④ 또한 환경오염으로 인한 민사상의 손해배상청구나 유지청구소송에 있어서 수인한도의 판단기준이 될 수 있을 것이다.

Ⅲ. 환경영향평가

1. 의 의

환경영향평가란 사업의 계획을 수립함에 있어 그 사업이 환경에 미칠 영향을 미리 예측 · 평가하여 그 부정적인 효과를 제거 또는 감소시킬 수 있는 방법을 모색하는 제도이다. 여기에서 영향이라 함은 사업의 시행으로 인하여 환경에 변화를 가져오는 모든 해로운 영향으로 직접적 영향, 간접적 영향, 단기적 영향, 장기적 영향을 포함한다. 근래에 들어와 각종의 개발사업으로 인한 환경파괴의 심각화 및 다양화는 환경관리기술의 급속한 발전을 가져왔는바 환경영향평가는 지금까지 개발된 환경관리수단 중 가장 중요한 제도의 하나로 인정받고 있다. 환경영향평가는 무엇보다 사전배려의 환경보전의 수단으로서 특정한 사업의 시행 전에 일정한 절차와 내용적인 요건하에서 체계적인 검토를 시킴으로써 유해한 환경영향을 방지 · 축소 및 보완시키는 것이다. 또한 환경영향평가는 환경에 중요한 영향을 주는 사업을 실시함에 있어서 사업자 · 주민 등 이해관계인의 참여하에 이들의 이해관계를 조정하여 모두가 수긍할 수 있는 행정결정을 유도한다는 의미에서 협력의 원칙을 구현하고 있다. 한편, 환경영향평가는 과다한 비용과 시간의 소요, 주민반대운동의 야기위험성 및 영향평가와 관련된 다수의 쟁송의 제기가능성 등의 부정적 측면도 존재하고 있다.

2. 환경영향평가의 종류

환경영향평가법은 환경영향평가제도를 전략환경영향평가, 환경영향평가 및 소규모 환경영향평가로 구분하고, 종전의 환경정책기본법에 따른 사전환경성검토 대상 중 행정계획은 전략환경영향평가를 받도록 하고, 소규모 개발사업은 소규모 환경영향평가를 받도록 하고 있다.

1) 전략영향평가

전략환경영향평가란 환경에 영향을 미치는 계획을 수립할 때에 환경보전계획과의 부합 여부 확인 및 대안의 설정 · 분석 등을 통하여 환경적 측면에서 해당 계획의 적정성 및 입지의 타당성 등을 검토하여 국토의 지속가능한 발전을 도모하는 것을 말한다(법 2조 1호).

2) 환경영향평가

환경영향평가란 환경에 영향을 미치는 실시계획 · 시행계획 등의 허가 · 인가 · 승인 · 면허 또는 결정 등(이하 '승인등'이라 한다)을 할 때에 해당 사업이 환경에 미치는 영향을 미리 조사 · 예측 · 평가하여 해로운 환경영향을 피하거나 제거 또는 감소시킬 수 있는 방안을 마련하는 것을 말한다(법 2조 2호).

3) 소규모 환경영향평가

소규모 환경영향평가란 환경보전이 필요한 지역이나 난개발이 우려되어 계획적 개발이 필요한 지역에서 개발사업을 시행할 때에 입지의 타당성과 환경에 미치는 영향을 미리 조사 · 예측 · 평가하여 환경보전방안을 마련하는 것을 말한다(법 2조 3호).

3. 대상사업과 절차

다음에서는 환경영향평가법상의 "환경영향평가"를 중심으로 대상사업 및 절차를 설명하기로 한다.

1) 환경영향평가의 대상사업

환경영향평가의 대상사업으로는 ① 도시의 개발, ② 산업입지 및 산업단지의 조성, ③ 에너지 개발, ④ 항만의 건설, ⑤ 도로의 건설, ⑥ 수자원의 개발, ⑦ 철도의 건설(도시철도를 포함), ⑧ 공항의 건설, ⑨ 하천의 이용 및 개발, ⑩ 개간 및 공유수면의 매립, ⑪ 관광단지의 개발, ⑫ 산지의 개발, ⑬ 특정지역의 개발, ⑭ 체육시설의 설치, ⑮ 폐기물시설의 설치, ⑯ 국방 · 군사시설의 설치, ⑰ 토석 · 모래 · 자갈 · 광물 등의 채취, ⑱ 기타 환경에 영향을 미치는 시설로서 대통령령으로 정하는 시설의 설치사업이다(환경영향평가법 22조 1항). 환경영향평가대상사업의 구체적인 종류 · 범위 등은 대통령령으로 정한다(동법 22조 2항). 그러나 다음의 사업은 환경영향평가 대상사업에서 제외된다. ①「재난 및 안전관리 기본법」 제37조에 따른 응급조치를 위한 사업, ② 국방부장관이 군사상 고도의 기밀보호가 필요하거나 군사작전의 긴급한 수행을 위하여 필요하다고 인정하여 환경부장관과 협의한 사업, ③ 국가정보원장이 국가안보를 위하여 고도의 기밀보호가 필요하다고 인정하여 환경부장관과 협의한 사업, ④「재난 및 안전관리 기본법」 제60조에 따른 특별재난지역으로 선포된 지역에서「자연재해대책법」 제46조에 따른 재해복구계획 및「재난 및 안전관리 기본법」 제59조에 따른 재난복구계획에 따라 시행하는 사업으로서 행정안전부장관이 긴급한 복구를 위하여 필요하다고 인정하여 환경부장관과 협의한 사업(법 23조). 한편 특별시 · 광역시 · 도 · 특별자치도 또는 인구 50만 이상의 시는 환경영향평가대상사업의 범위에 해당하지 아니하는 사업에 대하여도 지역의 특성 등을 고려하여 환경영향평가를 실시하도록 할 필요가 있으면 대통령령으로 정하는 범위에 해당하는 사업에 대하여 시 · 도의 조례로 정하는 바에 따라 그 사업계획을 수립하거나 사업을 시행하려는 자로 하여금 환경영향평가를 실시하게 할 수 있다(동법 42조 1항).

2) 환경영향평가서 초안의 작성 및 주민 등의 의견수렴

사업자는 제24조에 따라 결정된 환경영향평가항목등에 따라 환경영향평가서 초안을 작성하여 주민등의 의견을 수렴하여야 한다(법 25조 1항). 사업자는 주민 등의 의견 수렴 결과와 반영 여부를 대통령령으로 정하는 방법에 따라 공개하여야 한다(법 25조 4항). 사업자는 제25조 제4항에 따라 공개한 의견의 수렴 절차에 흠이 존재하는 등 기후에너지환경부령으로 정하는 사유가 있어 주민 등이 의견의 재수렴을 신청하는 경우에는 제25조에 따라 주민 등의 의견을 재수렴하여야 한다(법 26조 2항).

사업자는 제25조에 따른 의견 수렴절차를 거친 후 제29조에 따라 기후에너지환경부장관으로부터 협의 내용을 통보받기 전까지 환경영향평가 대상사업의 변경 등 대통령령으로 정하는 중요한 사항을 변경하는 경우에는 환경영향평가서 초안을 다시 작성하여 주민 등의 의견을 재수렴하여야 한다.

3) 환경영향평가서의 작성 및 협의의 요청

승인등을 받아야 할 사업자는 환경영향평가서를 작성하여 승인기관장 등에게 제출하여야 하며, 승인등을 받지 아니하여도 되는 사업자는 기후에너지환경부장관에게 협의를 요청할 경우 환경영향평가서를 작성하여야 한다(법 27조 2항). 승인기관장등은 환경영향평가 대상 사업에 대한 승인등을 하거나 환경영향평가 대상사업을 확정하기 전에 기후에너지환경부장관에게 협의를 요청하여야 한다(법 27조 1항).

기후에너지환경부장관은 협의를 요청받은 경우에는 주민의견 수렴 절차 등의 이행 여부 및 환경영향평가서의 내용 등을 검토하여야 한다(법 28조 1항). 기후에너지환경부장관은 환경영향평가서를 검토할 때 ① 한국환경연구원, ② 해양수산부장관(해양환경에 영향을 미치는 사업으로서 대통령령으로 정하는 사업만 해당한다)으로부터 의견을 들어야 한다(법 28조 2항).

기후에너지환경부장관은 환경영향평가서를 검토한 결과 환경영향평가서 또는 사업계획 등을 보완·조정할 필요가 있는 등 대통령령으로 정하는 사유가 있는 경우에는 승인기관장등에게 환경영향평가서 또는 사업계획 등의 보완·조정을 요청하거나 보완·조정을 사업자 등에게 요구할 것을 요청할 수 있다. 이 경우 보완·조정의 요청은 두 차례만 할 수 있으며, 요청을 받은 승인기관장등은 특별한 사유가 없으면 이에 따라야 한다(법 28조 3항). 기후에너지환경부장관은 제3항에 따라 보완·조정의 요청을 하였음에도 불구하고 ① 요청한 내용의 중요한 사항이 누락되는 등 환경영향평가서 또는 해당 사업계획이 적정하게 작성되지 아니하여 협의를 진행할 수 없다고 판단하는 경우, ② 환경영향평가서가 거짓으로 작성되었다고 판단하는 경우 환경영향평가서를 반려할 수 있다.

4) 협의 내용의 통보 및 반영 등

기후에너지환경부장관은 협의를 요청받은 날부터 대통령령으로 정하는 기간 이내에 승인기관장등에게 협의내용을 통보하여야 한다(법 29조 1항). 협의내용을 통보받은 승인기관의 장은 이를 지체없이 사업자에게 통보하여야 한다(법 29조 3항). 기후에너지환경부장관은 ① 보완·조정하여야 할 사항이 경미한 경우, ② 해당 사업계획 등에 대한 승인등을 하거나 해당 사업을 시행하기 전에 보완·조정이 가능한 경우에는 해당 사업계획 등에 관련 내용을 반영할 것을 조건으로 승인기관장등에게 협의내용을 통보할 수 있다(법 29조 4항).

사업자나 승인기관의 장은 제29조에 따라 협의내용을 통보받았을 때에는 그 내용을 해당 사업계획에 반영하기 위하여 필요한 조치를 하여야 한다(법 30조 1항). 승인기관의 장은 사업계획 등에 대하여 승인을 하려면 협의 내용이 사업계획 등에 반영되었는지를 확인하여야 한다(법 30조 2항). 승인기관장 등은 사업계획 등에 대하여 승인 등을 하거나 확정을 하였을 때에는 협의 내용의 반영 결과를 기후에너지환경부장관에게 통보하여야 한다(법 30조 3항). 기후에너지환경부장관은 통보받은 결과에 협의 내용이 반영되지 아니한 경우 승인기관의 장에게 협의 내용을 반영하도록 요청할 수 있다. 이 경우 승인기관장 등은 특별한 사유가 없으면 이에 따라야 한다(법 30조 4항).

5) 협의 내용의 이행 및 관리

사업자는 사업계획 등을 시행할 때에 사업계획 등에 반영된 협의 내용을 이행하여야 한다(법 35조 1항). 사업자는 사업을 착공 또는 준공하거나 3개월 이상 공사를 중지하려는 경우에는 기후에너지환경부령이 정하는 바에 따라 ① 기후에너지환경부장관, ② 승인기관의 장에게 그 내용을 통보하여야 한다. 사업착공등을 통보받은 승인기관의 장은 해당 내용을 평가 대상지역 주민에게 대통령령으로 정하는 방법에 따라 공개하여야 한다(법 37조).

사업자는 해당 사업을 착공한 후에 그 사업이 주변 환경에 미치는 영향을 조사(이하 "사후환경영향조사"라 한다)하고, 그 결과를 ① 기후에너지환경부장관, ② 승인기관의 장에게 통보하여야 한다. 사업자는 사후환경영향조사 결과 주변 환경의 피해를 방지하기 위하여 조치가 필요한 경우에는 지체 없이 그 사실을 ① 기후에너지환경부장관, ② 승인기관의 장에게 통보하고 필요한 조치를 하여야 한다(법 36조 2항). 기후에너지환경부장관은 사후환경영향조사의 결과 및 통보받은 사후환경영향조사의 결과 및 조치의 내용 등을 검토하고 그 내용을 대통령령으로 정하는 방법에 따라 공개하여야 한다(법 36조 3항).

승인기관의 장은 승인등을 받아야 하는 사업자가 협의 내용을 이행하였는지를 확인하여야 한다(법 39조 1항). 승인기관장등은 해당 사업의 준공검사를 하려는 경우에는 협의 내용의 이행여부를 확인하고 그 결과를 기후에너지환경부장관에게 통보하여야 한다(법 39조 3항).

승인기관의 장은 승인등을 받아야 하는 사업자가 협의 내용을 이행하지 아니하였을 때에는 그 이행에 필요한 조치를 명하여야 한다(법 40조 1항). 승인기관의 장은 승인등을 받아야 하는 사업자가 제1항에 따른 조치명령을 이행하지 아니하여 해당 사업이 환경에 중대한 영향을 미친다고 판단하는 경우에는 그 사업의 전부 또는 일부에 대한 공사중지명령을 하여야 한다(법 40조 2항). 기후에너지환경부장관은 협의 내용에 협의기준에 대한 내용이 포함되어 있으면 협의기준의 준수 여부를 확인하여야 하며, 협의 내용의 이행을 관리하기 위하여 필요하다고 인정하는 경우에는 승인등을 받지 아니하여도 되는 사업자에게 공사중지나 그 밖에 필요한 조치를 할 것을 명령하거나, 승인기관의 장에게 공사중지명령이나 그 밖에 필요한 조치명령을 할 것을 요청할 수 있다(법 40조 3항·4항).

4. 환경영향평가의 하자

1) 절차상의 하자

환경영향평가를 실시하여야 할 사업에 대하여 환경영향평가를 거치지 아니하였음에도 승인등 처분을 한 경우, 그 하자는 중대하고 명백하여 당연무효사유에 해당한다는 것이 판례의 입장이다. 한편, 환경영향평가를 시행함에 있어서 승인기관의 장이 기후에너지환경부장관과의 협의를 거치지 않고 사업에 대한 승인을 하는 경우에는, 당해 승인처분은 절차상의 하자로 위법한 처분이 된다. 그런데 승인기관의 장이 기후에너지환경부장관과의 장의 협의를 거쳤으나 협의내용을 사업계획에 반영시킴이 없이 승인을 한 경우에 승인처분의 위법성 여부에 대하여, 판례는 협의는 동의가 아니라는 입장에서, 승인기관의 장의 협의를 거친 이상 그 의견에 반하는 처분을 하였다고 하여 그 처분이 위법하다고 할 수 없다고 판시하였다.

2) 내용상의 하자

판례는 반면 환경영향평가서의 내용상의 하자가 있는 경우에 그 하자가 환경영향평가제도를 둔 입법취지를 달성할 수 없을 정도로 심히 부실한 경우에는 당해 사업계획의 승인처분의 위법사유가 되나, 그 정도의 것이 아닌 부실의 경우에는 당해 승인등 처분에 재량권의 일탈 · 남용의 위법이 있는지 여부를 판단하는 하나의 요소로 됨에 그칠 뿐, 그 부실로 인하여 당연히 당해 승인등 처분이 위법하게 되는 것은 아니다라고 판시하였다.

판례 1(환경영향평가대상사업에 대하여 환경영향평가를 거치지 않고 행한 승인처분의 효력) 환경영향평가를 거쳐야 할 대상사업에 대하여 환경영향평가를 거치지 아니하였음에도 불구하고 승인등 처분이 이루어진다면, 사전에 환경영향평가를 함에 있어 평가대상지역 주민들의 의견을 수렴하고 그 결과를 토대로 하여 환경부장관과의 협의내용을 사업계획에 미리 반영시키는 것 자체가 원천적으로 봉쇄되는바, 이렇게 되면 환경파괴를 미연에 방지하고 쾌적한 환경을 유지 · 조성하기 위하여 환경영향평가제도를 둔 입법 취지를 달성할 수 없게 되는 결과를 초래할 뿐만 아니라 환경영향평가대상지역 안의 주민들의 직접적이고 개별적인 이익을 근본적으로 침해하게 되므로, 이러한 행정처분의 하자는 법규의 중요한 부분을 위반한 중대한 것이고 객관적으로도 명백한 것이라고 하지 않을 수 없어, 이와 같은 행정처분은 당연무효이다(대판 2006. 6. 30, 2005두14363).

판례 2(환경영향평가에 대한 환경부장관의 의견에 반한 공원관리청의 행정처분의 위법성 여부) 국립공원 관리청이 국립공원 집단시설지구개발사업과 관련하여 그 시설물기본설계 변경승인처분을 함에 있어서 환경부장관과의 협의를 거친 이상, 환경영향평가서의 내용이 환경영향평가제도를 둔 입법취지를 달성할 수 없을 정도로 심히 부실하다는 등의 특별한 사정이 없는 한, 공원관리청이 환경부장관의 환경영향평가에 대한 의견에 반하는 처분을 하였다고 하여 그 처분이 위법하다고 할 수는 없다(대판 2001. 7. 27, 99두2970).

판례 3(부실한 환경영향평가에 근거한 처분의 위법성 여부) 구 환경영향평가법 제4조에서 환경영향평가를 실시하여야 할 사업을 정하고, 그 제16조 내지 제19조에서 대상사업에 대하여 반드시 환경영향평가를 거치도록 한 취지 등에 비추어 보면, 같은 법에서 정한 환경영향평가를 거쳐야 할 대상사업에 대하여 그러한 환경영향평가를 거치지 아니하였음에도 승인등 처분을 하였다면 그 처분은 위법하다 할 것이나, 그러한 절차를 거쳤다면, 비록 그 환경영향평가의 내용이 다소 부실하다 하더라도, 그 부실의 정도가 환경영향평가제도를 둔 입법취지를 달성할 수 없을 정도이어서 환경영향평가를 하지 아니한 것과 다를 바 없는 정도의 것이 아닌 이상 그 부실은 당해 승인등 처분에 재량권 일탈 · 남용의 위법이 있는지 여부를 판단하는 하나의 요소로 됨에 그칠 뿐, 그 부실로 인하여 당연히 당해 승인등 처분이 위법하게 되는 것이 아니다(대판 2001. 6. 29, 99두9902).

한편, 환경영향평가법상의 환경영향평가제에 의하여 보호되는 주민의 환경상의 이익은 행정소송법 제12조의 법률상 이익으로서 하자있는 환경영향평가에 따른 승인등의 처분에 대하여는 당해 지

역의 주민은 취소소송 등을 제기하여 이를 다툴 수 있다고 할 것이다.

판례(환경영향평가제에 의하여 보호되는 주민의 이익이 법률상 이익에 해당하는지 여부) 환경영향평가에 관한 위 자연공원법령 및 환경영향평가법령상의 관련 규정의 취지는 집단시설지구개발사업으로 인하여 직접적이고 중대한 환경피해를 입으리라고 예상되는 환경영향평가대상지역 안의 주민들이 개발 전과 비교하여 수인한도를 넘는 환경침해를 받지 아니하고 쾌적한 환경에서 생활할 수 있는 개별적 이익까지도 이를 보호하려는 데에 있다 할 것이므로, 위 주민들이 위 변경승인처분과 관련하여 갖고 있는 위와 같은 환경상의 이익은 주민 개개인에 대하여 개별적으로 보호되는 직접적 · 구체적인 이익이라고 보아야 할 것이다(대판 1998. 4. 24, 97누3286).

사례 甲은 환경영향평가 대상사업인 X건설사업에 관한 환경영향평가서 초안에 대하여 주민들의 의견을 수렴하고 그 결과를 반영하여 환경영향평가서를 작성한 후 국토교통부장관에게 제출하였다. 국토교통부장관은 환경부장관과의 협의 등 「환경영향평가법」상의 절차를 거쳐 X건설사업에 대한 승인처분을 하였다. 그러나 이후 환경영향평가서의 내용에 오류가 있고 환경부장관과의 협의 내용에 따르지 않았다는 사실이 드러났다.

1. 주민 乙은 위와 같은 환경영향평가의 부실을 이유로 국토교통부장관의 사업승인처분은 위법하다고 주장한다. 그 주장의 당부를 검토하시오.(10점)

2. 환경영향평가 대상지역 밖에 거주하는 주민 丙은 사업승인처분의 취소를 구하는 소송을 제기할 수 있는가?(10점)(제57회 사법시험)

▶답안요지

제1문: 사업승인처분의 위법성

사안에서 甲이 작성한 환경영향평가서의 내용에 오류가 있고, 환경부장관과의 협의 내용에 따르지 않았다는 사실이 드러났으며, 주민 乙은 환경영향평가의 부실을 이유로 사업승인처분이 위법하다고 주장하고 있다.

1. 환경영향평가서의 내용상 오류

판례에 따르면, 환경영향평가대상사업에 대하여 환경영향평가를 거치지 않고 행한 승인처분은 중대하고 명백한 하자로 당연무효에 해당된다(대판 2006. 6. 30, 2005두14363). 반면 환경영향평가절차를 거쳤으나 환경영향평가의 내용이 부실한 경우에는 그 부실의 정도가 환경영향평가를 하지 않은 것과 다를 바 없는 심각한 정도에 해당하는 경우에는 승인처분은 위법하게 되나, 그렇지 않은 경우에는 재량의 일탈 · 남용의 위법이 있는지 여부를 판단하는 하나의 요소로 됨에 그치고 당연히 처분이 위법하게 되지 않는다고 판시하고 있다. 사안의 경우 부실이 어느 정도인지 명확하지 않으나 환경영향평가를 하지 않은 것과 다를 바 없을 정도로 부실한 경우에는 승인처분은 위법하고, 그 하자는 중대하고 명백하여 당연무효라고 할 것이다.

2. 환경부장관과의 협의내용의 미반영

행정업무가 둘 이상의 행정청의 권한과 관련된 경우에 하나의 행정청이 주된 행정청의 지위에 있고, 다른 행정청은 부차적 지위에 있는 경우, 전자는 주무행정청, 후자는 관계행정청이 된다. 법령에서 주무행정청이 관계행정청과 협의하도록 규정한 경우에 관계행정청의 협의의견은 원칙적으로 주무행정청을 구속하지 않는다. 판례는 환경부장관과의 협의를 거친 이상 승인기관의 장이 환경부장관의 환경영향평가에 대한 의견에 반하는 처분을 하였다고 하여 그 처분이 위법하다고 할 수 없다고 판시하고 있다(대판 2001. 7. 27, 99두2970).

3. 결어

환경영향평가의 내용의 부실이 환경영향평가를 하지 않은 것과 다를 바 없는 심각한 정도인 경우에는 승인처분은 위법하게 되나, 그렇지 않은 경우에는 당연히 처분이 위법하게 되지 않는다.

제2문: 주민 丙의 취소소송의 제기가능성

사업승인처분은 강학상 행정행위로서 행소법 2조 1항 1호의 처분등에 해당되며, 피고적격, 관할법원, 제소기간 등 취소소송의 요건을 충족시켰다고 본다. 사안에서는 환경영향평가 대상지역 밖에 거주하는 丙이 취소소송의 원고적격을 갖고 있는지 문제가 된다. 행소법 12조는 "취소소송은 처분등의 취소를 구할 법률상 이익이 있는 자가 제기할 수 있다"고 규정하여 원고적격을 규정하고 있다. 여기서 "법률상 이익"의 개념과 관련하여 ① 권리구제설, ② 법률상 이익구제설, ③ 이익구제설, ④ 적법성 보장설 등으로 견해가 대립되고 있으나 판례와 다수설은 법률상 이익을 "근거법률 및 관련법률에서 보호하는 이익"으로 보아, 법률상 이익구제설을 취하고 있다. 특히 제3자효행정행위에 대한 취소소송과 관련하여 대법원은 법률의 개념을 근거법률에서 관련법률로 확대시키고 있으며, 헌재는 납세병마개 제조업자 지정사건에서 자유권을 보충적으로 적용하고 있다.

사안에서 丙은 환경영향평가 대상지역 밖에 거주하고 있는 바, 판례는 이른바 새만금 사건과 관련하여 환경영향평가 대상 지역안의 주민들은 특단의 사정이 없는 한 환경상의 이익에 대한 침해 또는 침해우려가 있는 것으로 사실상 추정되어 공유수면매립면허처분 등의 무효확인을 구할 원고적격이 인정된다고 판시하고 있다. 한편, 판례는 환경영향평가 대상지역 밖의 주민이라 할지라도 공유수면매립면허처분 등으로 인하여 수인한도를 넘는 환경피해를 받거나 받을 우려가 있다는 것을 입증함으로써 그 처분 등의 무효확인을 구할 원고적격을 인정받을 수 있다고 판시하고 있다(대판(전원합의체) 2006. 3. 16, 2006두330). 이러한 판례의 취지를 따른다면, 丙은 사업승인처분으로 인하여 수인한도를 넘는 환경피해를 받거나 받을 우려가 있다는 것을 입증하는 경우에 원고적격을 인정받을 수 있다.

Ⅳ. 배출시설의 허가 · 신고제 및 배출허용기준

1. 의 의

배출시설의 허가 및 신고제와 이에 수반된 의무위반에 대한 제재조치는 각종의 명령 · 금지와 더불어 직접적인 오염규제수단의 중심을 이루고 있다. 배출시설을 설치하고자 하는 자는 기후에너지환경부장관의 허가를 받거나 신고를 하여야 하며, 허가받은 사항 및 신고한 사항을 변경하고자 할 때에도 변경허가를 받거나 변경신고를 하여야 한다(대기환경보전법 23조, 물환경보전법 33조, 소음 · 진동관리법 8조). 여기서 허가는 환경침해의 우려가 있기 때문에 일정한 행위를 금지시켰다가 개인이 법에서 정한 요건을 충족시키는 경우에, 즉 환경오염의 우려가 없는 경우에 금지를 해제시키는 상대적 금지를 의미하며, 허가유보하의 금지라고 한다. 이에 대하여 신고는 행정청에 일정한 사항을 통지함으로써 법적 효과를 발생하는 자체완성적 신고를 의미하며, 신고유보하의 금지라고도 한다.

정부의 규제완화정책에 의하여 종래의 허가제는 대폭 신고제로 전환되고 있는바, 대기환경보전법 · 물환경보전법 및 소음 · 진동규제법에서는 특정유해물질이나 특별대책지역 안에 설치하는 배출시설 등 대통령령이 정하는 경우를 제외하고는 전부 신고대상으로 하고 있다(대기환경보전법시행령 11조, 소음 · 진동관리법 8조 1항).

배출시설의 설치허가 · 변경허가를 받은 자 또는 신고 · 변경신고를 한 사업자가 당해 배출시설을 설치하거나 변경할 때에는 그 배출시설로부터 배출되는 오염물질이 배출허용기준 이하로 배출되게 하기 위하여 오염방지시설을 설치할 의무가 있다(대기환경보전법 26조, 물환경보전법 35조, 소음 · 진동관리법 9조).

2. 배출허용기준

1) 의 의

허가 및 신고제를 통한 오염배출규제에 있어서 결정적인 역할을 하는 것은 배출허용기준(또는 배출기준)이다. 배출허용기준이란 배출시설에서 배출되는 오염물질의 최대허용량 또는 최대허용농도를 의미하며, 환경오염규제의 제반조치의 근거가 되며 또한 한계가 된다. 일정한 시설의 설치 및 운영의 허가요건으로 오염물질의 배출허용기준을 충족시키도록 하고, 이후 감시제도를 통하여 오염물질이 배출허용기준 이하로 유지하도록 하는 것이 허가 및 신고제도를 통한 오염방지대책의 중심을 이룬다. 여기서 배출허용기준을 어떻게 설정하느냐는 환경기준의 설정과 마찬가지로 중요하고도 어려운 문제이다. 기준이 지나치게 엄격하게 설정되면, 사업자가 이를 준수하지 못하게 되고, 이를 너무 완화하면 배출규제는 무의미하게 되어 오염허용의 자유를 부여하는 결과가 된다. 이에 따라 배출허용기준은 환경기준과 마찬가지로 국가의 과학기술의 발전상황 및 경제발전과 관련하여 결정되어야 할 가치판단적이고도 정치적인 결정이라고도 할 수 있다. 현행법상 배출허용기준은 기후에너지환경부장관이 관계중앙행정기관의 장과 협의하여 기후에너지환경부령으로 정하도록 하고 있다(대기환경보전법 16조, 물환경보전법 32조, 소음 · 진동관리법 7조). 환경기준은 환경행정의 목표치라고 할 수 있는 반면, 배출허용기준은 국민에 대하여 직접 법적 구속력을 갖는다는 점에서 중요한 차이가 있다.

2) 배출허용기준의 다원화

환경오염은 인구 또는 산업의 집중정도, 기타 조건에 따라 그 정도에 있어 현저한 차이가 있다. 이에 따라 배출허용기준을 전국적으로 일원적인 기준을 설정하여 이를 일률적으로 적용하는 것은 합리성이 없다. 현행법은 오염농도를 감안하여 지역에 따라 다원적인 기준을 설정하도록 하고 있다. 우선 기후에너지환경부령에 의하여 정하여지는 전국적으로 적용되는 일반적 배출허용기준 외에, 기후에너지환경부장관은 특별대책지역안에 오염방지를 위하여 필요하다고 인정하는 때에는 당해 지역에 설치된 배출시설에 대하여 일반적 기준보다 엄격한 배출허용기준을 정할 수가 있으며, 당해 지역안에 새로이 설치되는 배출시설에 대하여 특별배출허용기준을 정할 수 있다(대기환경보전법 16조 5항, 물환경보전법 32조 5항). 또한 특별시 · 광역시 또는 도는 지역환경기준의 유지가 곤란하다고 인정하는 때에는 조례로 일반적 기준보다 엄격한 배출허용기준을 정할 수 있다(대기환경보전법 16조 3항, 물환경보전법 32조 3항).

3. 의무위반에 대한 제재

사업자는 배출시설을 가동하여 조업을 하는 때에는 배출허용기준의 준수 등 여러 의무를 준수하여야 한다. 사업자가 이러한 의무들을 위반하는 경우에는 기후에너지환경부장관은 개선명령, 조업정지, 허가의 취소 및 폐쇄조치 등 일련의 제재조치를 취할 수 있다.

1) 개선명령

기후에너지환경부장관은 조업중인 배출시설에서 배출되는 오염물질의 정도가 배출허용기준을 초과한다고 인정하는 때에는 기간을 정하여 사업자에게 배출허용기준 이하로 내려가도록 필요한 조치를 취할 것을 명할 수 있다(대기환경보전법 33조, 물환경보전법 39조, 소음 · 진동관리법 15조).

2) 조업정지 등 명령

기후에너지환경부장관은 개선명령을 받은 자가 개선명령을 이행하지 아니하거나 기간내에 이행은 하였으나 검사결과 배출허용기준을 계속 초과할 때에는 당해 배출시설의 전부 또는 일부에 대한 조업정지를 명할 수 있다(대기환경보전법 34조 1항, 물환경보전법 40조, 소음 · 진동관리법 16조 1항). 또한 기후에너지환경부장관은 오염으로 인한 주민의 건강상의 위해와 환경상의 피해가 급박하다고 인정하는 때에는 즉시 당해 배출시설에 대하여 조업시간의 제한 · 조업정지 기타 필요한 조치를 명할 수 있다(대기환경보전법 34조 2항, 소음 · 진동관리법 16조 2항).

3) 허가의 취소 등

기후에너지환경부장관은 사업자가 ① 사위 기타 부정한 방법으로 허가 · 변경허가를 받았거나 신고 · 변경신고를 한 때, ② 이 법 또는 이 법에 의한 명령에 위반한 때, ③ 배출시설 가동시에 방지시설을 가동하지 아니하거나 오염도를 낮추기 위하여 배출시설에서 배출되는 오염물질에 공기를 섞어 배출하는 행위를 하거나 방지시설을 거치지 아니하고 오염물질을 배출할 수 있는 공기조절장치 · 가지배출관 등을 설치하는 행위를 한 때에는 배출시설의 설치허가 취소를 하거나 또는 6월 이내의 기간을 정하여 배출시설 조업정지를 명할 수 있다. 다만, ①에 해당하는 경우에는 배출시설의 설치허가를 취소하거나 폐쇄를 명하여야 한다(대기환경보전법 36조, 물환경보전법 42조, 소음 · 진동관리법 17조).

4) 위법시설에 대한 폐쇄조치

기후에너지환경부장관은 허가를 받지 아니하거나 신고를 하지 아니하고 배출시설을 설치하거나 사용하는 자에 대하여 당해 배출시설의 사용중지를 명하여야 한다. 다만, 당해 배출시설을 개선하거나 방지시설을 설치 · 개선하더라도 그 배출시설에서 배출되는 오염물질의 정도가 배출허용기준 이하로 내려갈 가능성이 없다고 인정되는 경우 또는 그 설치장소가 다른 법률의 규정에 의하여 당해 배출시설의 설치가 금지된 경우에는 그 배출시설의 폐쇄를 명하여야 한다(대기환경보전법 38조, 물환경보전법 44조, 소음 · 진동관리법 18조).

4. 배출시설의 허가 · 신고 및 배출허용기준에 의한 규제수단의 문제점

종래 배출시설의 허가 · 신고 및 배출허용기준에 의한 환경오염의 규제는 가장 보편적으로 사용되어 온 중요한 직접적 규제수단이다. 그러나 동 제도는 근래에 들어와 학계, 특히 환경경제학자들에 의하여 실효성과 효율성의 측면에서 비판을 받고 있다.[6)]

첫째, 배출허용기준을 통한 규제는 시설규모의 차이에 따라 오염방지비용이 현저한 차이가 있음에도 불구하고(거대시설일수록 규모의 경제에 따라 비용이 적게 듦), 모든 사업시설에 동일한 배출허용기준의 유지를 요구함으로써 전체 경제적으로 오염방지비용을 필요 이상으로 높게 발생시킨다.

둘째, 동 제도는 또한 배출허용기준을 특정한 오염기준에 한정시킴으로써 더 이상의 환경보호를 위한 시설개선이나 기술적 혁신을 유발시키지 않는다.

셋째, 배출허용기준을 통한 규제는 그 효과적인 수행을 위하여 매우 높은 정도의 정보와 자료가 요구된다. 기술발전에 상응하여 새로운 배출허용기준을 설정하는 경우, 이와 관련된 상세한 지식과 정보를 필요로 하는바, 이러한 정보와 자료는 행정기관이 아니라 사업자 측에서 보유하고 있다. 그러나 사업자들은 기술발전에 대한 정보제공은 역으로 그들의 의무를 강화시키는 결과를 초래하기

---

6) 이에 대하여 상세히는 鄭夏重, 環境汚染에 대한 法的 規制手段, 社會科學硏究 3집, 1994, 西江大學校 社會科學硏究所, 180면 참조.

때문에 이에 대한 협조를 꺼려하고 결과적으로 기술발전과 환경보호의 연계에 적지 않은 애로가 발생하게 된다.

이에 따라 배출허용기준을 통한 직접적 규제수단을 보완하기 위하여 환경협상, 환경지도와 같은 비공식적 행정작용, 공법상의 계약, 기후에너지환경부담금, 환경보조금, 오염권판매제도와 같은 간접적 규제수단이 발전하게 되었다.

V. 환경부담금

1. 의 의

기후에너지환경부담금이란 환경침해행위에 대하여 부과하는 일체의 공법상의 금전적 부담을 의미한다. 기후에너지환경부담금의 부과목적과 기능은 우선적으로 환경보호를 위한 재원을 마련하는 데 있으나, 그의 또 다른 중요한 목적은 경제적 유인이나 동기부여를 통하여 오염배출자의 결정에 영향을 주어 환경우호적인 행위를 유도하는 데 있다. 기후에너지환경부담금의 유도적 기능은 이른바 배출부과금에서 명백하게 나타난다. 즉 배출부과금보다 적은 비용으로 오염배출을 축소시킬 수 있는 사업자는 배출부과금의 징수를 피하기 위하여 배출을 억제하는 데 비하여 배출부과금보다 적은 비용으로 오염배출을 감소시킬 수 없는 기업은 배출부과금을 지불하는 것을 선택하게 된다. 그러나 이 경우에도 사업자는 비용상으로 배출억제에 대한 계속적인 유인을 받는다. 이에 따라 배출부과금은 사업자에게 환경우호적인 행동을 유발시키고 최소의 비용으로 환경보전을 실현시키게 된다. 기후에너지환경부담금을 대표적인 간접적 규제수단으로 부르는 이유가 바로 여기에 있다.

기후에너지환경부담금의 이론적 근거는 환경침해에 대하여 원인을 제공하거나 직접적인 피해를 야기한 자가 원상회복, 침해의 제거 또는 이에 필요한 비용을 부담하여야 한다는 원인자책임의 원칙이다.[7] 환경정책기본법 제7조는 원인자책임의 원칙을 규정하여 기후에너지환경부담금의 일반법적 근거를 마련하고 있다. 이러한 기후에너지환경부담금의 유형으로는 배출부과금, 환경개선부담금, 환경세 등이 있는바, 다음에서는 현행법에서 채택하고 배출부과금과 환경개선부담금에 대하여 살펴보기로 한다.

2. 배출부과금

1) 의의 및 법적 성격

배출부과금은 오염물질로 인하여 환경상의 피해를 방지 또는 감소시키기 위하여 오염물질을 배출하는 사업자 및 허가 · 변경허가를 받지 아니하거나 신고 · 변경신고를 하지 아니하고 배출시설을 설치 또는 변경한 자에 대하여 부과 · 징수하는 부과금을 의미한다. 배출부과금을 부과할 때에는 ① 배출허용기준 초과여부, ② 배출되는 오염물질의 종류, ③ 오염물질의 배출기간, ④ 오염물질의 배출량, ⑤ 자가측정의 여부를 고려하여야 하며, 구체적인 배출부과금의 종류 · 산정방법 및 산정기준은 대통령령으로 정하고 있다(대기환경보전법 35조, 물환경보전법 41조). 배출부과금은 이른바 특별부담금의 성격을 갖는다. 조세가 국민의 일반적 재정책임을 근거로 부과되는 반면, 특별부담금은 국가의 특별한 재정적 수요를

7) 환경부담금의 이론적 근거에 대하여는 鄭夏重, 排出賦課金의 制度的 根據와 改善方向, 環境法硏究 제15권, 1993, 43면 이하 참고.

유발하여 이에 대한 특별한 재정적 책임을 지는 자에게 부과되는 공법상의 금전부담이다.[8)]

2) 배출부과금의 종류와 산정

현행법상 배출부과금은 기본배출부과금과 초과배출부과금으로 구분하여 합산한 금액으로 하고 있다. 기본부과금은 오염물질을 배출하는 사업자가 배출허용기준 이하로 배출하는 오염물질의 배출량 및 배출농도 등에 따라 산정하며, 초과부과금은 배출허용기준을 초과한 경우에 당해 배출허용기준초과 오염물질배출량 및 배출농도 등에 따라 산정한다(대기환경보전법시행령 23조). 초과배출부과금의 산정에 있어서 지역이나 수역별로 차등적 부과율을 적용시키는 지역별부과계수, 전년도 물가상승률을 감안하여 정하는 가격변동지수를 곱하여 정하는 연도별 부과금산정지수, 그리고 위반회수에 따라서 가중되는 위반회수별 부과계수를 사용하여 탄력적인 부과율을 적용하고 있다(대기환경보전법시행령 24조).

3) 강제징수 및 권리구제

기후에너지환경부장관은 배출부과금을 납부하여야 할 자가 소정의 기한내에 이를 납부하지 아니한 때에는 가산금을 징수하며(대기환경보전법 35조 5항, 물환경보전법 41조 4항), 또한 배출부과금 또는 가산금을 납부하여야 할 자가 소정의 기한내에 이를 납부하지 아니한 때에는 국세 또는 지방세체납처분의 예에 의하여 이를 징수한다(대기환경보전법 35조 9항, 물환경보전법 41조 8항). 한편, 사업자 등은 배출부과금의 부과에 대하여 불복이 있는 경우에는 행정심판 및 항고소송을 제기할 수 있다.

3. 환경개선부담금

1) 의의 및 법적 성격

환경개선부담금은 기후에너지환경부장관이 유통 · 소비과정에서 환경오염물질의 다량배출로 인하여 환경오염의 직접적인 원인이 되는 건물 기타 시설물의 소유자 또는 점유자와 자동차의 소유자로부터 부과 · 징수하는 부담금을 말한다(환경개선비용부담법 9조). 환경개선부담금 역시 배출부과금과 같이 원인자책임의 원칙에 따른 특별부담금의 성격을 갖고 있다. 징수된 환경개선부담금은 정부 및 사업자가 시행하는 대기 및 수질환경개선사업비의 지원 및 저공해기술개발연구비의 지원, 기타 자연환경보전사업비에 사용된다(동법 11조).

2) 부과대상 및 산정기준

개선부담금의 부과 대상이 되는 시설물 및 자동차의 범위는 대통령령으로 정한다(동법 9조 2항). 시설물에 대한 환경개선부담금은 대기 및 수질오염물질의 배출총량을 감안하여 산정하는바, ① 대기오염물질을 배출하는 경우에는 연료사용량에 단위당부과금액과 연료계수 및 지역계수를 곱한 금액으로 하며, ② 수질오염물질을 배출하는 경우에는 용수사용량에 단위당부과금액과 오염유발계수 및 지역계수를 곱한 금액으로 한다(동법 10조 1항). 한편, 자동차에 대한 환경개선부담금은 대당기본부과금액에 오염유발계수와 차령계수 및 지역계수를 곱한 금액으로 한다(동법 10조 2항). 단위당부과금액 · 대당기본부과금액 · 연료계수 · 오염유발계수 · 지역계수 · 차령계수는 대통령령으로 정한다(동법 10조 3항).

3) 납입 및 징수

환경개선부담금은 환경정책기본법에 의한 환경개선특별회계의 세입으로 한다(동법 19조). 기후에너지

8) 특별부담금의 개념에 대하여는 본서 새로운 행정상의 의무이행확보수단 부분을 참고.

환경부장관은 환경개선부담금을 납부하여야 할 자가 납부기간 내에 그 부담금을 납부하지 아니하는 경우에는 10일 이상의 기간을 정하여 이를 독촉하여야 한다. 이 경우 체납된 부담금에 대하여는 100분의 5에 상당하는 가산금을 부과하여야 한다. 독촉을 받은 자가 그 기간 내에 부담금을 납부하지 아니한 때에는 국세 또는 지방세체납처분의 예에 따라 이를 징수할 수 있다(동법 20조 1항·2항). 환경개선부담금에 대하여 불복이 있는 경우에는 행정심판과 항고소송을 제기할 수 있다.

Ⅵ. 기타의 간접적 규제수단

기후에너지환경부담금 외에 중요한 간접적 규제수단으로는 자금지원과 환경지도·환경협상과 같은 비공식적 행정작용이 있다.

1. 자금지원

경제적 동기부여를 통한 간접적 행위규제는 기후에너지환경부담금의 부과뿐만 아니라 역으로 자금지원을 통하여도 달성할 수 있다. 이러한 자금지원의 형태로는 소비적 보조금 및 융자 등의 적극적 재정적 지원과 조세 및 공과금의 감면과 같은 공제적 자금지원이 있다.[9] 국가 및 지방자치단체의 자금지원은 협력의 원칙에 의한 환경보호의 수단에 속한다. 사업자측에서 특히 환영받는 자금지원의 형태는 수급자의 반환의무가 없는 소비적 보조금인바, 오염규제와 결부하여 지급되는 것이 일반적이라고 할 것이다. 환경정책기본법은 사업자가 행하는 환경보전을 위한 시설의 설치·운영을 지원하기 위하여 필요한 세제상의 조치 및 기타 재정지원(동법 56조) 또한 환경보전에 관련되는 학술조사·연구 및 기술개발에 필요한 재정지원(동법 57조)에 대하여 규정하고 있다. 그 밖에 폐기물관리법은 폐기물처리시설 또는 재활용시설을 설치하고자 하는 자에 대하여 재정적 지원을 규정하고 있으며(법 57조), 자연환경보전법은 자연보호 관련단체에 대한 국고보조를(법 54조), 수질환경보전법은 지방자치단체의 수질보전사업의 소요경비에 대한 국가의 보조를 규정하고 있다(법 69조).

2. 환경지도 및 환경협상

환경오염을 사전에 예방 또는 방지하기 위하여 행하는 행정지도나 협상과 같은 비공식적 행정작용은 명령과 강제와 같은 직접적인 규제수단보다 훨씬 효과적인 수단으로 나타나는 경우가 있다. 특히 환경보전은 국가의 일방적인 노력에 의하여 실현될 수 없으며, 사업자, 개인 등 관련된 모든 당사자의 협력을 불가결하게 요구하고 있다. 이러한 의미에서 상대방의 임의적 동의나 협력을 전제로 하는 행정지도나 협상은 오늘날의 환경보호에 있어서 중요한 의미를 갖고 있다. 예를 들어 행정청은 사업자의 오염방지시설이 노후화된 경우에 행정지도나 협상을 통하여 오염방지시설을 스스로 개선토록 함으로써 개선 및 조업정지명령과 같은 직접적 규제수단을 피하고 이를 통하여 상대방과의 마찰을 줄이고 탄력성 있는 행정을 가능하게 한다. 또한 폐기물처리시설의 설치에 대한 주민의 반대에 대하여 협상에 의하여 원만한 해결을 가능하게 한다. 다른 한편 행정청과 사업자간의 협상과 타협은 환경오염의 법적 규제의 엄격성을 완화시키고 규제수준의 저하를 초래할 위험성이 있으며, 사업자와 경쟁관계에 있는 제3자의 법적 지위를 침해할 우려가 있다.

9) 자금지원의 개념과 종류에 대하여는 본서 자금지원행정 참조.

3. 간접적 규제수단의 문제점

간접적 규제수단의 장점은 사업자의 행위의 동기에 영향을 줌으로써 환경보호에 관련하여 어떤 측면에서는 직접적 규제수단보다는 더 많은 성과를 거둘 수 있다는 점이다. 간접적 규제수단은 사업자의 환경우호적인 행위를 유도하여 행정청과의 소모적인 분쟁을 피할 수 있게 한다. 그럼에도 불구하고 간접적 규제수단은 사업자들이 경제적 유인에 반응하는지 또는 계속 환경에 유해한 행위를 하는지 스스로의 선택을 허용하기 때문에 그의 결정적인 단점은 효과의 불확실성에 있다. 이러한 불확실성은 수단과 효과 사이에 존재하는 시간적인 간격 때문에 더욱 확대된다. 따라서 환경보호를 위하여 엄격한 통제가 요구되는 영역에서는 간접적 규제수단은 적합한 수단이 되지 못하는 경우가 많으며, 특히 인간의 생명, 건강 또는 최소한의 생태계의 보전이 문제가 되는 영역에서는 직접적 규제수단이 불가피하다. 이에 따라 간접적 규제수단은 직접적 규제수단을 대체하는 수단이 아니라 어디까지나 보완적으로 사용되어야 하는 수단으로 보아야 할 것이다.

제 3 절 환경오염에 대한 권리구제

Ⅰ. 개 설

환경오염으로 인한 개인의 권익침해에 대한 구제제도로는 크게 두 가지로 구분된다. 첫째는 환경오염으로 인한 분쟁이 사법상 분쟁의 성격을 갖는 것으로서, 이 경우에는 사법상의 구제수단이 문제가 된다. 이와 관련하여 환경정책기본법은 환경오염 또는 환경훼손으로 인한 피해에 대한 사업자의 무과실책임과 연대책임 등 피해자구제를 위한 특별규정을 두고 있으며, 유류오염손해배상보장법도 유류오염사고에 대하여 무과실책임주의를 채택하고 있다. 둘째로 환경오염이 환경행정과 관련있는 경우에는 이에 대한 권리구제제도로서는 다른 행정분야와 마찬가지로 행정쟁송제도와 행정상의 손해전보제도를 생각할 수 있다. 아울러 환경정책기본법과 환경분쟁조정법은 환경행정법상의 특유한 구제제도로서 환경분쟁조정제도를 두고 있다. 다음에서는 이들에 대하여 살펴보기로 한다.

Ⅱ. 사법상(私法上)의 구제수단

1. 환경정책기본법상의 무과실 및 연대책임

어떤 사업체가 배출하는 오염물질로 개인이 피해를 입는 경우 피해구제의 방법으로는 우선 피해자가 가해자를 상대로 민법 제750조에 의한 손해배상청구와 민법 제217조에 의한 유지(留止)청구권(환경오염의 방지 및 제거청구권)을 행사할 수 있다. 그런데 민법 제750조는 과실책임주의를 채택하고 있어 피해자의 권리구제에 적지 않은 어려움이 있었다. 환경오염으로 인한 피해는 가해자로서도 예견할 수 없는 상황에서 발생하는 경우가 많고, 또한 공장의 폐수처리 등과 같이 당시의 경제적·기술적 조건 아래서는 최선의 조치를 다하였어도 돌발적으로 발생하는 경우도 있으며, 수질오염에 의한 어업피해와 같이 대량적·집단적 피해의 경우에는 피해자의 정당한 구제를 실현할 수가 없었다.

이에 따라 환경정책기본법은 사업장 등에서 발생되는 환경오염 또는 환경훼손으로 인하여 피해가 발생한 때에는 무과실책임을 인정하고 있고(동법 44조 1항), 사업장 등이 2개 이상 있는 경우에 어느 사업장 등에 의하여 피해가 발생한 것인지를 알 수 없을 때에는 각 사업자는 연대하여 배상하도록 규정하고 있다(동법 44조 2항).

판례(사업장 등에서 발생하는 소음 · 진동으로 피해가 발생한 경우, 사업자나 원인자가 귀책사유가 없더라도 피해를 배상하여야 하는지 여부) 환경오염의 피해에 대한 책임에 관하여 환경정책기본법 제44조 제1항은 "환경오염 또는 환경훼손으로 피해가 발생한 경우에는 해당 환경오염 또는 환경훼손의 원인자가 그 피해를 배상하여야 한다."라고 정하고 있다. 사업장 등에서 발생하는 환경오염으로 피해가 발생한 때에는 사업자나 원인자는 환경정책기본법의 위 규정에 따라 귀책사유가 없더라도 피해를 배상하여야 한다. 이때 환경오염 또는 환경훼손에는 소음 · 진동으로 사람의 건강이나 재산, 환경에 피해를 주는 것도 포함되므로 피해자의 손해에 대하여 사업자나 원인자는 귀책사유가 없더라도 특별한 사정이 없는 한 이를 배상할 의무가 있다(대판 2017. 2. 15, 2015다23321).

2. 유류오염손해배상보장법상의 무과실책임

선박으로부터 유출 또는 배출된 유류에 의하여 발생한 유류오염손해의 배상에 대하여는 상법에 대한 특별법인 유류오염손해배상보장법이 있다. 여기에서 유류라 함은 선박에 화물로서 운송되거나 선박에 사용되는 유류로서 대통령령으로 정하는 것을 말한다(동법 2조 3호). 동법은 해상유류물동량의 증가로 대량유류오염사고의 위험이 증대됨에 따라 「1992년 유류오염손해에 대한 민사책임에 관한 국제조약」을 국내법으로 수용한 것으로 유류오염사고에 대하여 무과실책임주의를 채택하고 있다(동법 4조).

Ⅲ. 환경행정쟁송제도

1. 개　　설

환경행정쟁송에 있어서는 첫째, 환경오염을 유발하는 배출시설 · 건축물 및 제품 등에 대한 행정청의 허가에 대하여 제3자가 취소쟁송을 제기할 수 있는지 여부와, 둘째, 행정청이 환경오염시설 등에 대한 규제조치를 불행사하거나 해태한 경우에, 제3자가 규제의 이행을 구하는 쟁송을 제기할 수 있는지 여부가 중요한 문제가 되고 있다.

2. 취소쟁송

배출시설 등의 허가에 대하여 인접주민 등 제3자가 취소심판 또는 취소소송을 제기할 수 있는지 여부는 이들이 취소심판의 청구인적격 또는 취소소송의 원고적격을 갖는 것을 전제로 하고 있다. 왜냐하면 행정심판법과 행정소송법은 취소심판의 청구인적격과 취소소송의 청구인적격을 "법률상 이익"이 있는 자로 한정시키고 있기 때문이다. 여기서 "법률상 이익"의 개념은 학설에서 다툼의 대상이 되고 있으나, 다수의 학설과 판례는 근거법률에 의하여 직접 그리고 구체적으로 보호되는 이익으로 보고 있다. 과거에는 건축법 및 개별환경법에서 환경보호를 위하여 허가 및 여타 제한조치를 규정하는 법규정들은 단지 공익만을 보호하는 것을 목적으로 하고 있기 때문에 인접주민이나 이들 규정으로부터 받는 이익을 사실상의 이익으로 보았으며, 이에 따라 인접 주민 등의 원고적격은 부인되었다. 이에 대하여 근본적인 전환점을 마련한 것은 연탄공장허가취소사건에 대한 대법원의 판결이었다. 이 사건에서는 관계법상의 연탄공장의 면적에 관한 규정을 위반한 연탄공장의 설치허가로 심각한 피해를 보고 있던 인접주민이 취소소송을 제기하였는바, 이에 대하여 대법원은 원고적격을 부인한 원심법원과는 달리

> "주거지역 내에서 일정한 건축을 금지하고 또한 제한하고 있는 것은 … 공공복리의 증진을 도모하는 데 그 목적이 있는 동시에 주거지역 내에 거주하는 사람의 주거의 안녕과 생활환경을 보호하고자 하는 데에도 그 목적이 있는 것으로 해석된다. 따라서 주거지역 내에 거주하는 사람이 받는 이익은 단순한 반사적 이익이나 사실상의 이익이 아니라, 법률에 의하여 보호되는 이익이라고 할 것이다(대판 1974. 5. 13, 73누9697)."

라고 판시하여 원고의 소를 적법한 소로 판정하였다.[10] 또한 대법원은 속리산 용화집단시설지구개발허가의 취소사건에서 자연공원법뿐만 아니라 환경영향평가법도 허가처분에 직접적인 영향력을 미치는 근거법률이라고 판시하고, 인접주민들이 당해 허가처분과 관련하여 갖고 있는 환경상의 이익은 단순히 환경공익 보호의 결과로 국민일반이 공통적으로 가지게 되는 추상적 · 평균적 · 일반적인 이익에 그치지 아니하고 주민 개개인에 대하여 개별적으로 보호되는 직접적 · 구체적인 이익이라고 보아야 한다고 판시하였다.[11]

최근 대법원은 제3자효행정행위의 취소소송에 있어서 명시적으로 법률상 이익을 근거법률 뿐만 아니라 관계법률에 의하여 직접 그리고 구체적으로 보호하는 이익으로 확대하고 있다.[12] 한편, 행정청의 허가 등 처분에 대한 근거법률이나 관련법률이 존재하지 않는 경우에는 헌법상의 환경권을 근거로 취소소송을 제기할 수 있을 것이다. 다만, 이 경우에 개인의 환경권의 침해는 직접적이고 수인이 기대가능하지 않을 정도로 중대하여야 할 것이다.

3. 환경규제조치발동청구권 및 관계행정소송

1) 개 설

대기환경보전법 · 수질환경보전법 · 소음 · 진동규제법 등 개별환경법률에서는 기후에너지환경부장관 또는 시 · 도지사 등은 배출허용기준을 초과하여 오염물질을 배출하는 시설 등에 대하여는 개선명령 · 조업정지명령 등을 발할 수 있다고 규정하고 있다. 그런데 이러한 규제조치의 발동의 요건이 충족되었음에도 불구하고 규제조치를 취하지 않는 경우에, 피해를 보고 있는 주민이 개선명령이나 조업정지명령의 발동을 기후에너지환경부장관이나 시 · 도지사에게 청구할 수 있는지 문제가 된다. 아울러 이러한 환경규제조치발동청구권을 인정할 수 있다면, 이를 관철시킬 수 있는 쟁송수단이 문제가 된다.

---

10) 한편 대법원은 상수원보호구역 설정의 근거가 되는 수도법 제5조 제1항이 보호하고자 하는 것은 상수원의 확보와 수질보전일 뿐이고, 그 상수원에서 급수를 받고 있는 지역주민들이 가지는 상수원의 오염을 막아 양질의 급수를 받을 이익은 상수원의 확보와 수질보호라는 공공의 이익이 달성됨에 따라 반사적으로 얻게 되는 이익에 불과하다는 이유로 지역주민들의 원고적격을 부인하였다(대판 1995. 9. 26, 94누14544).

11) 대판 1998. 4. 24, 97누3286.

12) 대판 2004. 8. 16, 2003두2175.

2) 환경규제조치발동청구권

환경규제조치발동청구권은 일반적인 행정개입청구권의 한 형태인바, 그것이 성립하기 위하여는 ① 행정청에게 행정권발동의 의무를 부과하는 강행법규가 존재하여야 하고, ② 그러한 강행법규가 공익뿐만 아니라 사익보호를 의도하고 있어야 한다.

가. 규제조치발동의 의무

우선 기후에너지환경부 장관 등에게 규제조치를 취하여야 할 의무가 존재하여야 한다. 그런데 시정명령이나 조업정지명령에 대한 관계법률들의 수권조항은 "… 명할 수 있다"라고 하여, 이들 규제조치의 발동여부를 행정청의 재량으로 하고 있어, 일반적인 경우에는 행정권발동의 의무가 부인되어진다. 그러나 ① 사람의 신체 · 생명 · 재산 등 환경관계법률상의 중요한 보호법익의 침해가 우려되며, ② 그러한 위험이 행정청의 권한행사에 의하여 충분히 제거될 수 있다고 판단되고, ③ 민사소송 등 피해자의 개인적 노력으로는 위험방지가 충분하게 이루질 수 없는 경우에는 행정청의 재량이 영으로 수축되어 규제조치발동의 의무를 인정할 수 있을 것이다.

나. 관계법률의 사익보호성

상술한 바와 같이 배출시설의 설치허가 및 규제조치의 근거규정들은 과거에는 공익만을 보호하는 것으로 해석되었으나, 오늘날은 공익뿐만 아니라 인접주민 등 관련된 개인의 이익으로 보호하는 것으로 해석되어 반사적 이익의 대폭적인 공권화가 실현되고 있다. 개선명령 및 조업정지명령의 수권규정인 대기환경보전법 제33조 · 제34조, 수질보전법 제39조 · 제40조, 그리고 소음 · 진동관리법 제15조 · 제16조 등은 공익뿐만 아니라 사익보호를 의도하는 규정이라고 할 것이다.

3) 쟁송수단

인접주민 등의 환경규제조치발동청구권을 인정한다고 하더라고, 이를 현실적으로 주장하여 관철시킬 수 있는 쟁송법상의 수단이 마련되어야 한다. 인접주민의 환경규제조치의 발동요구에 대하여 행정청이 거부하거나 부작위가 있는 경우에는, 인접주민은 의무이행심판, 거부처분취소소송 또는 부작위위법확인소송을 제기할 수 있을 것이다.

4. 단체소송

환경행정쟁송수단으로서 단체소송이란 법률상 일정한 자격을 가진 환경보호단체로 하여금 직접 자신의 권리침해와는 관계없이 위법한 행정처분에 대한 항고소송을 제기할 수 있는 원고적격을 부여하는 소송제도이다. 이러한 단체소송은 위법한 행정처분으로 인하여 직접적으로 구체적인 환경상의 피해를 입지 않은 환경보호단체가 취소 등을 구하는 것으로 일종의 이타적 소송으로서 객관적 소송의 성격을 갖는다.

환경행정영역에 법률상 이익의 침해를 받은 개인이 제기하는 행정쟁송 외에 이러한 단체소송이 필요성에 대하여 다음과 같은 이유가 제시되고 있다.[13] ① 환경보호를 위한 다양한 법적 수단이 존재하고 있음에도 불구하고 행정청의 정보 및 인원의 부족으로 인하여 환경법규범의 내용이 제대로 집행되지 못하는 현상이 나타나고 있다. 이러한 환경법의 집행부전(執行不全)현상은 부분적으로는 국

13) 金性洙, 個別行政法, 304면.

민 측에서 환경에 관심과 지식을 가진 파수꾼이 없다는 것에 기인하고 있는바, 단체소송은 이러한 문제를 해결할 수 있다. ② 환경은 일단 침해가 이루어지면, 원상회복이 대단히 어려운바, 개인의 권리구제를 중심으로 하는 현행 주관적 행정소송체계는 이에 대한 충분한 보호제도가 되고 있지 못하다. 단체소송은 환경보호를 위한 현행 쟁송제도를 보완하는 기능을 갖는다.

1990년 초부터 단체소송의 도입을 위한 노력이 법무부를 중심으로 계속되고 있으나 아직 입법화되지 못하고 있는 실정이다.

Ⅳ. 환경행정상의 손해전보제도

1. 국가배상

환경행정분야에서 국가배상이 문제가 되는 경우로는 ① 공무원의 위법한 시설 및 건축허가에 의하여 또는 규제조치의 위법한 부작위로 인하여 제3자에게 손해가 발생한 경우와, ② 국가 또는 지방자치단체가 직접 설치 · 운영하는 시설에 의하여 환경상의 손해가 발생된 경우가 있다. 후자의 경우 국가배상법 제5조에 의한 무과실책임이 그대로 적용되기 때문에 큰 문제가 제기되지 않으나, 전자의 경우에는 공무원의 고의 · 과실과 인과관계의 입증에 있어서 적지 않은 문제가 발생된다. 이에 따라 고의 · 과실에 있어서 조직과실 및 일응추정의 법리를 통한 과실의 객관화를 시도할 필요가 있으며, 특히 환경정책기본법 제31조가 무과실책임을 규정하고 있는 것을 감안하여야 할 것이다. 인과관계의 입증에 있어서는 이른바 개연성이론에 따라 피해자인 개인은 인과관계의 존재의 개연성을 증명하면 족하고, 국가 등은 반증으로서 인과관계가 존재하지 아니함을 증명하지 않는 한 책임을 면하지 못한다고 보아야 할 것이다.

판례(항공기운항에 의하여 발생되는 소음 등에 의하여 수인한도를 넘는 피해를 발생하게 한 경우에 공항의 설치 · 관리상에 하자를 인정할 수 있는지 여부) 국가배상법 제5조 제1항에 정하여진 '영조물의 설치 또는 관리의 하자'라 함은 공공의 목적에 공여된 영조물이 그 용도에 따라 갖추어야 할 안전성을 갖추지 못한 상태에 있음을 말하고, 안전성을 갖추지 못한 상태, 즉 타인에게 위해를 끼칠 위험성이 있는 상태라 함은 당해 영조물을 구성하는 물적 시설 그 자체에 있는 물리적 · 외형적 흠결이나 불비로 인하여 그 이용자에게 위해를 끼칠 위험성이 있는 경우뿐만 아니라, 그 영조물이 공공의 목적에 이용됨에 있어 그 이용상태 및 정도가 일정한 한도를 초과하여 제3자에게 사회통념상 수인할 것이 기대되는 한도를 넘는 피해를 입히는 경우까지 포함된다고 보아야 한다. '영조물 설치 또는 하자'에 관한 제3자의 수인한도의 기준을 결정함에 있어서는 일반적으로 침해되는 권리나 이익의 성질과 침해의 정도뿐만 아니라 침해행위가 갖는 공공성의 내용과 정도, 그 지역환경의 특수성, 공법적인 규제에 의하여 확보하려는 환경기준, 침해를 방지 또는 경감시키거나 손해를 회피할 방안의 유무 및 그 난이 정도 등 여러 사정을 종합적으로 고려하여 구체적 사건에 따라 개별적으로 결정하여야 한다. 피고가 김포공항을 설치 · 관리함에 있어 항공법령에 따른 항공기 소음기준 및 소음대책을 준수하려는 노력을 경주하였다고 하더라도, 김포공항이 항공기 운항이라는 공공의 목적에 이용됨에 있어 그와 관련하여 배출하는 소음 등의 침해가 인근 주민인 선정자들에게 통상의 수인한도를 넘는 피해를 발생하게 하였다면 김포공항의 설치 · 관리상에 하자가 있다고 보아야 할 것이다. 이 사건 김포공항 주변지역의 소음과 관련하여서는 항공법시행규칙 제271조상의 공항소음피해예상지역으로 분류되는 지역 중 85 WECPNL 이상의 소음이 발생하는 경우에는 사회생활상 통상의 수인한도를 넘는 것으로서 위법성을 띠는 것으로 봄이 상당하다고 할 것이다(대판 2005. 1. 27, 2003다49566).

---

2. 손실보상

다른 행정분야와 마찬가지로 적법한 환경행정작용으로 인하여 개인이 재산상의 특별한 희생을 당한 경우에는 정당한 보상을 하여야 한다. 개별환경법률이 손실보상을 규정하고 있는 경우로는 대기의 오염도를 측정하는 측정망을 설치하기 위하여 토지 · 건축물 등을 수용 · 사용하는 경우(대기환경보전법 5조), 폐수종말처리시설 설치에 필요한 토지 · 건물 등을 수용 · 사용하는 경우(물환경보전법 49조의4), 자연환경보전 · 이용시설의 설치를 위하여 필요한 토지를 수용 또는 사용하는 경우(자연환경보전법 52조) 등이 있다. 특히 「폐기물처리시설설치촉진 및 주변지역지원 등에 관한 법률」은 폐기물처리시설의 설치 및 운영과 관련하여 주민들이 입는 직 · 간접적인 손실에 대하여 ① 이주대책(동법 18조), ② 주민편익시설의 설치(동법 20조), ③ 주민지원기금의 조성 및 주변영향지역의 지원(동법 21조 · 22조) 등 종합적인 보상책을 마련하고 있다.

3. 환경분쟁조정제도

환경분쟁조정제도는 환경오염 또는 환경훼손으로 야기된 손해에 대한 배상을 청구함에 있어서 통상적인 민사소송이나 국가배상청구소송에 의하지 아니하고 직권 또는 당사자의 선택에 따라 환경분쟁조정위원회에 알선 · 조정 · 재정 및 중재 등을 구하는 절차이다. 환경분쟁조정제도는 손해배상을 위한 소송절차로 인하여 소요되는 비용과 시간을 절약하여 환경분쟁을 신속하고 효율적으로 해결하기 위하여 도입되었다. 환경분쟁조정제도에 대하여는 환경분쟁조정법이 규정하고 있다.

조 세 법

제1절 개 설

Ⅰ. 조세의 개념

조세란 "국가 또는 지방자치단체가 반대급부로서가 아니라, 그 경비에 충당할 재력취득의 목적으로 과세권에 의하여 법률이 정한 과세요건에 해당하는 모든 사람으로부터 일반적 표준에 따라 균등하게 부과 · 징수하는 금전"이라고 정의할 수 있다. 이를 분설하면 다음과 같다.

① 조세는 국가 또는 지방자치단체가 통치권의 주체로서 가지는 과세권에 의거하여 부과하는 권력적 공과금이다. 이 점에서 공공조합의 조합비, 기타 행정주체의 사업수입 및 재정수입은 조세와 구별된다.

② 조세는 국가 또는 지방자치단체가 통치활동을 행하기 위한 일반적 경비에 충당할 재력취득을 목적으로 징수한다. 조세는 수입 자체를 직접적인 목적으로 한다는 점에서, 처벌을 목적으로 하는 벌금 · 과료 · 과태료 등의 처벌수입과는 구별된다. 조세는 과세주체의 일반적 경비에 충당하기 위한 수입을 확보하기 위한 것으로, 특정사업에 제공하기 위한 수입인 부역 · 현품 · 부담금과도 구별된다. 다만 조세는 예외적으로 특정한 사용목적을 위하여 부과되는 경우도 있다(목적세).

③ 조세는 특정급부에 대한 반대급부 또는 보상의 성질을 갖지 않는 일방적 금전부담이다. 이 점에서 조세는 특정한 역무 또는 이익에 대한 반대급부로서 부과되는 각종의 사용료 · 수수료 · 특권료 등과 구별된다. 이러한 사용료 · 수수료 등은 그 역무비용이나 이익을 표준으로 결정되는 데 대하여, 조세는 국가의 재력획득을 위하여 징수되는 것으로서, 그 세율은 의무자의 담세력을 표준으로 하여 결정된다.

④ 조세는 법률이 정한 과세요건에 해당하는 모든 사람에 대하여 일반적 표준에 의하여 균등하게 과세됨을 원칙으로 한다. 조세의 부과는 조세법률주의에 따라 반드시 법률에 근거하여야 하며, 법률이 정한 요건을 충족하는 경우에는 반드시 정하여진 조세를 징수하여야 한다. 이에 따라 사법상 계약에서와 같이 법률관계의 성립 및 내용이 당사자의 합의에 따라 이루어지는 임의성은 조세에 있어서 인정되지 않는다.

⑤ 조세는 금전으로 납부함을 원칙으로 한다. 과거에는 금전 이외의 물품 또는 노역이 조세의

기능을 담당한 적이 있었으나 화폐경제가 발달하면서 조세는 금전급부를 원칙으로 하고 있다. 다만 현행 세법은 상속세 등에서 예외적으로 물납을 인정하고 있다(상속세 및 증여세법 73조).

Ⅱ. 조세의 종류

조세는 여러 가지 기준에 따라 분류된다.

1. 국세와 지방세

이는 과세주체에 따른 분류이다. 국세는 국가가 부과 · 징수하는 조세로서, 소득세 · 법인세 · 상속세 · 증여세 · 부당이득세 · 부가가치세 · 특별소비세 · 주세 · 인지세 · 증권거래세 · 관세 · 교통세 · 농어촌특별세 · 교육세 · 종합부동산세 등이 이에 속한다.

지방세는 지방자치단체가 부과 · 징수하는 조세로서 취득세 · 등록면허세 · 레저세 · 담배소비세 · 지방소비세 · 주민세 · 지방소득세 · 재산세 · 자동차세 · 지역자원시설세 · 지방교육세 등이 이에 속한다.

2. 직접세와 간접세

법률상의 납세의무자와 조세의 사실상의 부담자가 일치하는 조세를 직접세라고 하고, 조세부담의 전가(轉嫁)가 행하여져 납세의무자와 사실상의 부담자가 일치하지 않는 조세를 간접세라고 한다. 소득세 · 법인세 · 상속세는 전자의 예이고, 주세 · 관세 · 부가가치세는 후자의 예이다.

3. 내국세와 관세

내국세는 국내에 있는 과세물건에 대하여 과하는 조세를 말하며, 관세는 외국으로부터 수입하는 재화에 대하여 과하는 조세를 의미한다.

4. 보통세와 목적세

국가 또는 지방자치단체의 일반경비에 충당하기 위하여 과하는 조세가 보통세이며, 특정경비에 충당하기 위하여 과하는 조세가 목적세이다. 조세는 원칙적으로 보통세이며, 목적세는 예외적인 경우에만 인정된다. 현행법상 목적세로는 국세인 교육세 · 교통세와 지방세인 지역자원시설세 · 지방교육세가 있다.

5. 비례세와 누진세

이는 적용되는 세율의 성질에 따른 구분이다. 비례세는 과세표준의 관계와는 관계없이 일정률의 같은 세율이 적용되는 조세(부가가치세 · 특별소비세 · 주세)인 반면, 누진세는 과세표준금액이 증가함에 따라 적용되는 세율도 높아지는 조세이다. 이에 따라 누진세는 소득재분배의 기능을 하며, 소득세 · 상속세 · 증여세 · 법인세 등 대부분의 조세가 이에 속한다.

6. 신고납부하는 조세 · 부과납부하는 조세 · 인지납부하는 조세

이는 과세주체의 과세권의 발동방식에 의한 구분이다. 신고납부하는 조세는 납부하여야 할 세액이 원칙적으로 납세자의 신고에 의하여 확정되며, 신고가 없거나 신고한 세액의 계산이 법률규정에 맞지 않는 경우, 기타 그 세액이 세무서장의 조사와 다른 경우에 한하여 세무서장 등의 처분에 의하여 확정되는 조세이다. 우리나라의 경우 소득세 등에 있어서는 납세의무자가 과세표준을 신고하고(소득세법 70조), 세액을 자진납부하는 형식(동법 76조)의 신고주의를 취하고 있다.

부과납부하는 조세는 납부하여야 할 세액이 전적으로 세무서장 등의 처분에 의하여 확정되고, 그 징수도 국가의 명령적 절차에 의하여 행하여지는 조세이다. 한편, 인지납부하는 조세는 등록세·인지세 등과 같이 납부하여야 할 세액이 법률의 규정에 의하여 확정되고, 그 납부가 납세의무자의 인지첩부(印紙貼付)에 의하여 자발적으로 행하여지는 조세이다.

제2절 조세법의 기본원칙

현행 조세법을 전체적으로 개관하여 볼 때 그것을 지배하는 몇가지 중요한 원칙을 발견할 수 있으며, 그 기본원칙은 형식적 측면, 실질적 측면, 과세기술상의 측면의 세 가지 관점에서 고찰할 수 있다.

Ⅰ. 형식면에서 본 기본원칙

1. 조세법률주의

헌법은 "조세의 종목과 세율은 법률로 정한다"(헌법 59조)고 규정하고 있다. 이는 조세를 부과·징수함에는 법률이란 형식으로 국회의 의결이 필요하다는, 이른바 조세법률주의를 선언한 것이다. 그런데 법률로 정하여야 할 사항은 조세의 종목과 세율에 한하지 않고 과세대상·과세표준·납세의무자·세율 등 조세의 부과와 징수에 대한 모든 구체적 사항이다. 다만, 과세요건·징수절차에 대하여는 일정한 한도에서 위임입법에 의한 규율도 허용되는 것이기는 하나, 이 경우 법률에 의한 위임은 구체적이어야 한다. 만일 법률의 위임이 없이 행정입법으로 과세요건과 부과징수절차에 관한 사항을 규정하거나 또는 법률에 규정된 내용을 유추·확장하는 내용의 규정을 마련하는 것은 조세법률주의에 위반된다고 할 것이다.

판례(헌법상의 조세법률주의의 의미) 우리 헌법 제36조, 제39조에서 규정하고 있는 조세법률주의의 원칙은 조세요건과 부과징수절차는 국민의 대표기관인 국회가 제정한 법률로 이를 규정하여야 하고, 그 법률의 집행에 있어서도 이를 엄격하게 해석적용하여야 하며, 행정편의적인 확장해석이나 유추적용은 허용되지 않음을 의미하는 것이므로 법률의 위임이 없이 명령 또는 규칙 등의 행정입법으로 조세요건과 부과징수절차에 관한 사항을 규정하거나 또는 법률에 규정된 내용을 유추, 확장하는 내용의 해석규정을 마련하는 것은 조세법률주의의 원칙에 위반된다(대판 1987. 10. 26, 86누426).

2. 영구세주의

세율 기타 필요한 사항을 매년 법률로 정하는 입법주의를 1년세주의라 하고, 법률로 일단 정한 조세는 그 법률이 개정 또는 폐지되지 않는 한 그대로 계속하여 효력을 가지는 제도를 영구세주의라고 한다. 현행법은 영구세주의를 채택하고 있다.

Ⅱ. 실질면에서 본 기본원칙

1. 조세평등의 원칙

조세평등의 원칙 또는 공평부담의 원칙이라 함은 모든 국민이 능력에 따라 균등하게 조세를 부담하여야 함은 의미한다. 조세는 국민의 반대급부 없이 일방적으로 부담하는 것이므로 조세윤리는 조세평등주의가 실현될 때 비로소 확립된다고 할 것이다. 조세입법이나 그 집행에 있어서 공평부담의 견지에서 조세회피행위를 금지하여, 특정한 자가 부당하게 조세부담을 면하는 일이 없도록 하여야 한다. 이른바 실질과세의 원칙도 조세평등의 원칙의 구체적 표현이라 할 것이다.

2. 신뢰보호의 원칙

신뢰보호의 원칙이란 국민의 행정에 대한 신뢰가 보호받을 만한 가치가 있는 것인 때에는 행정기관은 그에 반하는 행동을 하여서는 안된다는 것을 의미한다. 세법은 그 양이 방대하고 상당히 전문적·기술적인 것이어서 그 내용을 정확하게 파악하는 것은 매우 어렵기 때문에 과세당국의 법해석이나 과세관행은 중요한 의미를 가진다. 이에 따라 세법영역에 있어서는 어느 다른 행정영역보다 신뢰보호의 필요성이 크게 부각되고 있다. 우리 국세기본법은 "세법의 해석 또는 국세행정의 관행이 일반적으로 납세자에게 받아들여진 후에는 그 해석 또는 관행에 의한 행위 또는 계산은 정당한 것으로 보며 새로운 해석 또는 관행에 의하여 소급하여 과세되지 않는다"(동법 18조 3항)고 하여 신뢰보호의 원칙을 명시하고 있다. 판례는 조세법률관계에서 과세관청의 행위에 대하여 신뢰보호의 원칙이 적용되는 요건으로 ① 과세관청이 납세자에게 신뢰의 대상이 되는 공적인 견해표명을 하여야 하고, ② 과세관청의 견해표명이 정당하다고 신뢰한 데 대하여 납세자에게 귀책사유가 없어야 하며, ③ 납세자가 그 견해표명을 신뢰하고 이에 따라 무엇인가 행위를 하여야 하고, ④ 과세관청이 위 견해표명에 반하는 처분을 함으로써 납세자의 이익이 침해되는 결과가 초래되어야 한다는 입장을 취하고 있다.[1)]

Ⅲ. 과세기술면에서 기본원칙

1. 실질과세의 원칙

실질과세의 원칙은 조세부담의 공평을 기하기 위하여 형식보다는 실질에 따라 과세하여야 한다는 원칙이다. 실질과세의 원칙은 귀속의 실질주의와 거래내용의 실질주의라는 두 가지 내용을 포함한다.

귀속의 실질주의는 과세물건의 명목상의 귀속에 관계없이 사실상 과세물건이 귀속된 자를 납세의무자로 보아야 함을 의미한다. 국세기본법은 "과세의 대상이 되는 소득·수익·재산·행위 또는 거래의 귀속이 명의일 뿐이고 사실상 귀속되는 자가 따로 있는 때에는 사실상 귀속되는 자를 납세의

1) 대판 1987. 5. 26, 86누92; 1995. 9. 29, 95누7376.

무자로 하여 세법을 적용한다(동법 14조 1항)"고 하여 귀속에 관한 실질주의를 규정하고 있다.

거래내용에 관한 실질주의는 과세표준을 형성하게 되는 과세대상을 파악함에 있어서 납세자나 그 상대방 등이 사용하는 명칭이 실질내용과 일치하지 않을 때에는 그 실질내용에 따라 과세하여야 한다는 것이다. 국세기본법은 "세법 중 과세표준의 계산에 관한 규정은 소득 · 수익 · 재산 · 행위 또는 거래의 명칭이나 형식에 불구하고 그 실질내용에 따라 적용한다"고 하여 내용에 관한 실질주의를 규정하고 있다. 예를 들어 매매의 형식을 취하였으나 그 실질은 증여에 해당할 경우에 이를 증여로 보고 증여세를 부과하는 것은 거래내용에 대한 실질주의를 따른 결과이다.

판례(실질과세의 원칙의 의미) 실질과세의 원칙상 과세의 대상이 되는 소득, 수익, 재산, 행위 또는 거래의 귀속이 명의일 뿐이고 사실상 귀속되는 자가 따로 있을 때에는 사실상 귀속되는 자를 납세의무자로 보아야 한다(대판 1987. 5. 12, 86누602).

---

2. 근거과세의 원칙

근거과세의 원칙은 인정과세에 대비되는 개념으로서, 납세의무자가 세법에 의하여 장부를 비치 · 기장하고 있는 때에는 당해 국세의 과세표준의 조사와 결정은 그 비치 · 기장한 장부와 이에 관계되는 증빙자료에 의하여야 함을 의미한다(국세기본법 16조 1항). 다만 국세를 조사 · 결정함에 있어서 기장의 내용이 사실과 다르거나 기장에 누락된 것이 있는 때에는 그 부분에 한하여 정부가 조사한 사실에 따라 결정할 수 있다(국세기본법 16조 2항). 이 경우에 조사한 사실과 결정의 근거를 결정서에 부기하도록 하고 있다(국세기본법 16조 3항). 근거과세의 원칙은 과세권자의 자의를 방지하고 과세의 공정을 기하기 위한 것이다.

3. 소급과세금지의 원칙

조세는 국민의 재산권에 중대한 침해를 가져오는 것이므로 조세법규는 소급하여 적용될 수 없으며, 이미 조세를 납부할 의무가 성립한 소득 · 수익 · 재산 · 행위 또는 거래에 대하여 그 성립 후의 새로운 세법을 적용할 수도 없다(국세기본법 18조 2항). 소급효에는 진정소급효와 부진정소급효가 있다. 진정소급효란 이미 완결된 사실 또는 법률관계에 신법을 적용하는 경우를 말하고, 부진정소급효란 신법의 시행 이전부터 계속 진행되어 온, 즉 아직 종료되지 않은 사실 또는 법률관계에 신법을 적용하는 경우를 말한다. 소급과세금지의 원칙에 따라 진정소급효가 금지되는 것은 물론이다. 부진정소급효의 허용성 여부도 납세의무자의 신뢰보호 및 법적 안정성과 입법자가 법개정에 의하여 추구하려는 공익의 비교형량에 의하여 판단되어져야 할 것이다. 신법에 의하여 달성하려는 공익보다 관계자의 신뢰보호의 필요가 크다면 경과규정을 두어 진행중인 사실에 대한 신법의 적용을 피하여야 할 것이다.

판례(소급과세금지의 원칙의 의미) 소급과세금지의 원칙은 조세법령의 제정 또는 개정이나 과세관청의 법령에 대한 해석 또는 처리지침 등의 변경이 있은 경우, 그 효력발생 전에 종결한 과세요건사실에 대하여 당해 법령 등을 적용할 수 없다는 것이지, 이전부터 계속되어 오던 사실이나 그 이후에 발생한 과세요건 사실에 대하여 새로운 법령 등을 적용하는 것을 제한하는 것은 아니다(대판 1997. 9. 5, 97누7493).

제3절 조세의 부과

Ⅰ. 과세권자

과세권자라 함은 세법이 정하는 바에 따라 조세의 납부의무를 명할 수 있는 자를 말한다. 국세의 과세권자는 세무서장 및 세관장이 되는 것이 원칙이나, 일정한 국세(소득세 · 부가가치세)에 대하여는 세무서장은 그 권한을 시장 · 군수에게 위탁할 수 있다(국세징수법 8조 1항).

지방세의 과세권자는 서울특별시장 · 광역시장 · 도지사 · 시장 · 군수 · 구청장 및 이들로부터 과세권을 위임받은 공무원이다(지방세기본법 4조 · 6조).

Ⅱ. 과세요건

조세를 부과할 수 있는 요건을 과세요건이라고 하는데, 과세요건은 납세의무자, 과세물건, 과세표준 및 세율로 이루어진다. 납세의무자를 인적 과세요건이라 하고, 과세물건 · 과세표준 및 세율을 물적 과세요건이라고 한다. 과세권자는 납세의무자가 있으면, 과세표준과 세율을 적용하여 조세를 부과한다.

1. 납세의무자

납세의무자라 함은 각 개별세법에 의하여 납세의무를 부담하는 자인바, 구체적으로 어떤 요건을 갖춘 자가 납세의무자로 되는 가는 각 개별세법에 의하여 정하여지며, 따라서 조세의 종류에 따라 따르다. 납세의무자와 실제상의 조세부담자와 반드시 일치하는 것은 아니다. 직접세에 있어서는 납세의무자와 조세부담자는 일치하지만, 조세의 전가가 행하여지는 간접세에 있어서는 납세의무자와 조세부담자는 서로 다르다.

납세의무자는 조세채무를 지는 자이기 때문에 권리능력을 가져야 한다. 그러나 조세법상 권리능력이 인정되는 범위는 민법의 경우보다 넓다. 국세기본법이 법인격이 없는 사단 · 재단 기타의 단체에 대하여도 일정한 경우 납세의무를 인정하고 있는 것이 그 예이다(동법 13조). 납세의무자는 사망, 법인의 합병 등에 의하여 상속인 등에 승계된다(동법 23조 · 24조).

공유물 · 공동사업 또는 당해 공동사업에 속하는 재산에 관계되는 조세에 대하여는 각 납세의무자가 연대하여 공동납세의무자가 된다(국세기본법 25조 · 지방세기본법 44조). 해산법인의 청산인 · 무한책임사원 · 과점주주를 위한 법인 · 사업양도인 · 양도담보권자 등은 제2차 납세의무자가 된다(국세기본법 38조 내지 41조). 제2차 납세의무자의 납세의무는 주된 납세의무자와의 관계에서 부종성과 보충성을 가지므로, 제2차 납세의무자는 주된 납세의무자로부터 징수할 수 없는 금액을 한도로 하여 보충적으로 납세의무를 부담한다.

판례(제2차 납세의무자에 대한 납부고지의 요건) 제2차 납세의무자에 대한 납부고지는 형식적으로는 독립된 과세처분이지만 실질적으로는 과세처분 등에 의하여 확정된 주된 납세의무의 징수절차상의 처분으로서의 성격을 가지는 것이므로 제2차 납세의무자에 대해 납부고지를 하려면 선행요건으로서 주된 납세의

무자에 대한 과세처분 등을 하여 그의 구체적인 납세의무를 확정하는 절차를 마쳐야 할 것이고 주된 납세의무자에 대한 과세처분 등의 절차를 거침이 없이 제2차 납세의무자에 대한 납부고지는 위법하다(대판 1983. 5. 10, 82누123).

2. 과세물건

1) 의 의

과세물건이란 조세법상 과세의 목적물로 정하여진 것, 즉 조세부과의 대상이 되는 물건을 말한다. 과세물건은 과세의 물적 기초가 되므로, 그것은 개인의 담세력을 정확하게 나타내는 것이어야 한다.

2) 종 류

현행법은 개인의 담세력을 직접 나타내는 소득 또는 간접적으로 나타내는 재산 · 거래 · 소비 등을 과세물건으로 정하고 있다. 즉 수익세(소득세 등)에서는 소득을, 재산세(재산세 · 농지세 · 상속세 등)에 있어서는 재산을, 거래세(등록세 · 인지세 등)에 있어서는 경제적 거래를, 소비세(주세 등)에 있어서는 소비행위를 과세대상으로 한다.

3) 과세물건과 이중과세

과세의 적정 · 공평을 기하기 위하여는 이중과세를 피하지 않으면 안된다. 이중과세는 국가와 국가 사이, 국가와 지방자치단체 사이, 또는 지방자치단체 상호간에 발생할 수 있다. 국가 상호간에 이중과세는 원칙적으로 국제협정에 의하여 해결될 것이다. 국가와 지방자치단체간의 이중과세를 피하기 위하여 「국세와 지방세의 조정 등에 관한 법률」이 제정되어 있는바, 동법은 국세와 지방세의 종목을 명시하고, 국가와 지방자치단체는 동법에 규정된 것을 제외하고는 과세물건이 중복되는 어떠한 명목의 세법도 제정하지 못하도록 규정하고 있다.

3. 과세표준

과세표준이란 세액산출의 기초가 되는 과세물건의 수량 또는 가액을 말한다(국세기본법 2조 14호). 소득세에 있어서의 소득액, 주세에 있어서의 주류의 양 내지는 알콜의 도수 등이 그에 해당한다. 과세표준은 인지세와 같이 법률에 의하여 명백하게 결정되어 있는 경우(인지세법 3조)를 제외하고는, 부과과세의 경우에는 부과처분에 의하여 확정되고, 신고납세의 경우에는 납세의무자가 스스로 계산하여 세무관청에 신고함으로써 확정된다. 세법은 부과과세의 경우에도 과세표준의 신고의무를 지우는 세목도 있으나(상속세 및 증여세법 67조 · 68조), 이 경우의 과세표준신고는 신고납세와 같이 과세표준과 납세의무를 확정하는 효과를 갖지 못하고, 부과처분과 관련한 참고자료를 제출한다는 의미에서의 협력의무를 이행하는 데 불과하다.

판례(납세의무자의 소득금액신고의 의미) 소득세에 관하여 부과납세제도를 채택하고 있는 체제 아래에서는 납세의무자가 하는 소득금액신고는 세무관청이 소득세부과처분을 하는 데 있어서 하나의 참고자료에 지나지 아니할 뿐이고 거기에 어떠한 기속력이 생기는 것은 아니다(대판 1987. 3. 10, 86누566).

과세표준은 수량을 표준으로 하는 경우와 가액을 표준으로 하는 경우가 있는바, 전자에 의하여 과하여지는 조세를 종량세(주세 등), 후자에 의하는 것을 종가세(소득세 · 재산세 등)라고 한다.

4. 세 율

1) 의 의

과세표준에 대한 세액의 비율을 세율이라고 한다. 과세표준이 일정한 금액으로 표현된 경우에는 백분율 또는 천분율 등의 비율로 나타내고, 과세표준이 일정한 수량이나 건수로 표현된 경우에는 1단위에 대한 금액으로 나타낸다(주세(酒稅) 중 주정(酒精) 1kg당 50,000원). 어느 경우나 과세표준에 세율을 곱하여 세액이 산정된다.

2) 세율의 종류

가. 비례세율

과세표준의 수량 또는 금액에 관계없이 동일한 세율이 적용되는 경우이다. 주세(주세법 22조) · 부가가치세(부가가치세법 14조) 등이 그 예에 해당한다.

나. 누진세율

과세표준인 수량 또는 금액이 증가함에 따라 높은 세율이 적용되는 경우를 말한다. 누진세율에는 과세표준의 양 · 액이 증가함에 따라 과세표준의 전체에 대하여 그에 상당하는 계층의 세율을 적용하는 데 그치는 단순누진세율과, 과세표준인 가액이나 수량이 늘어남에 따라 과세표준을 여러 단계로 분할하여 높은 단계로 올라감에 따라 누진되는 다른 세율을 적용하는 초과누진세율(소득세 · 법인세 · 상속세 · 증여세 등)이 있다.

Ⅲ. 납세의무의 성립과 확정

1. 납세의무의 성립

납세의무는 각 세법에서 정한 과세요건이 충족되면 성립하는 것으로서 조세채무의 발생을 의미한다. 즉 납세의무는 일정시점에서 어떤 자에게 과세물건이 귀속되고, 과세표준의 산정과 세율이 적용될 수 있는 상태에 이른 때에, 그 자에 대하여 법률상 당연히 성립하며 과세관청이나 납세자의 특별한 행위를 요하는 것은 아니다. 그러나 납세의무의 성립은 그것이 아직 추상적으로 형성되어 있을 따름이고(추상적 조세채무), 그 내용이 현실적으로 확정되는 것은 아니다.

2. 납세의무의 확정

각 세법이 정한 과세요건의 충족으로 성립된 납세의무가 실제로 실현되기 위하여는 그 납세의무가 확정되어야 한다. 납세의무의 확정이란 과세요건을 이루는 사실을 인정하고 관계법령을 해석 · 적용하여 구체적으로 세액을 산정하는 것을 말한다.

납세의무는 ① 과세관청의 결정에 의하여 확정되는 것(부과납부방식)과, ② 납세의무자의 신고에 의하여 확정되는 신고납부방식이 있다. 국세 가운데 상속세, 증여세, 부당이득세, 재평가세 등이 부과납부방식을 택하고 있고, 소득세, 법인세, 부가가치세, 특별소비세, 주세, 증권거래세, 교육세, 교통세 등이 신고납부방식에 의하고 있다. 그러나 부과납부방식과 신고납부방식은 상대적인 의미를 갖는다고 할 것이다. 부과납부방식의 대상이 되는 조세도 대부분 신고를 의무로 하고, 신고를 해태하는 경우에는 가산세를 부과하기 때문이다.

판례(소득금액변동통지의 처분성) 과세관청의 소득처분과 그에 따른 소득금액변동통지가 있는 경우 원천징수의무자인 법인은 소득금액변동통지서를 받은 날에 그 통지서에 기재된 소득의 귀속자에게 당해 소득금액을 지급한 것으로 의제되어 그 때 원천징수하는 소득세의 납세의무가 성립함과 동시에 확정되고, 원천징수의무자인 법인으로서는 소득금액변동통지서에 기재된 소득처분의 내용에 따라 원천징수세액을 그 다음달 10일까지 관할 세무서장 등에게 납부하여야 할 의무를 부담하며, 만일 이를 이행하지 아니하는 경우에는 가산세의 제재를 받게 됨은 물론이고 형사처벌까지 받도록 규정되어 있는 점에 비추어 보면, 소득금액변동통지는 원천징수의무자인 법인의 납세의무에 직접 영향을 미치는 과세관청의 행위로서, 항고소송의 대상이 되는 조세행정처분이라고 봄이 상당하다(대판(전원합의체) 2006. 4. 20, 2002두1878).

---

3. 부과기간의 제한

국세기본법은 국세징수권과 국세부과권으로 구별하여, 종래 국세징수권의 소멸시효에 관한 규정(동법 27조) 외에 국세부과권의 제척기간에 관한 규정(동법 26조의2)을 신설하였다. 그에 따라 국세는 일정 기간이 만료된 후에는 부과할 수 없는데, ① 상속세 · 증여세는 부과할 수 있는 날부터 10년간, ② 납세자가 대통령령으로 정하는 사기나 그 밖의 부정한 행위로 국세를 포탈하거나 환급 · 공제받은 경우에는 그 국세를 부과할 수 있는 날부터 10년간, ③ 납세자가 법정신고기한까지 과세표준신고서를 제출하지 아니한 경우에는 해당 국세를 부과할 수 있는 날부터 7년간, ④ ② 및 ③에 해당하지 아니하는 경우에는 해당 국세를 부과할 수 있는 날부터 5년간 이다(동법 26조의2).

관세법과 지방세법도 이와 유사한 부과권의 제척기간을 두고 있다(관세법 21조, 지방세기본법 38조).

4. 조세채권의 소멸시효

납세의무는 시효에 의하여서도 소멸된다. 조세징수권의 소멸시효는 일반국세와 지방세의 경우는 5년이며(국세기본법 27조 1항, 지방세법 39조), 관세의 경우는 원칙적으로 5년이나 납세자의 과오납금 및 기타 관세의 환급청구권의 소멸시효기간은 2년이다(관세법 22조). 소멸시효는 일반국세의 경우 납세고지 · 독촉 또는 납부최고 · 교부청구 · 압류 등의 사유로 중단되며, 징수유예나 연부(年賦)체납기간 중에는 진행하지 않는다.

제 4 절 조세행정구제제도

위법 · 부당한 조세부과 · 징수에 대한 구제수단으로서는 과세전적부심사제도, 행정쟁송 및 과오금반환제도가 있다.

Ⅰ. 과세전 적부심사(適否審査)

이 제도는 1999년 8월 31일의 국세기본법의 개정에 따라 심사청구와 심판청구가 선택적 심판절차로 됨에 따라, 종전에 국세청장의 훈령에 의하여 실시되고 있던 과세전적부심사제도를 법적 제도로 도입한 것으로, 동 제도는 관세법 및 지방세기본법에서도 채택하고 있다. 과세전 적부심사제도에 의하면 세무조사결과에 대한 서면통지, 과세예고통지 등을 받은 자는 그 통지를 받은 날로부터 20일 이내에 당해 세무서장 또는 지방국세청장에게 통지내용에 대한 적법성 여부에 관하여 심사를 청구할 수 있다. 다만, ① 국세징수법 제14조에 규정하는 납기전징수의 사유가 있거나 세법에 규정하는 수시부과의 사유가 있는 경우, ② 조세범칙사건을 조사하는 경우, ③ 세무조사통지를 하는 날로부터 국세부과제척기간의 만료일까지의 기간이 3월 이하인 경우에는 그러하지 아니하다(국세기본법 81조의15).

판례(과세전적부심사 청구나 그에 대한 결정이 있기도 전에 행한 과세처분은 무효라는 판례) 사전구제절차로서 과세전적부심사 제도가 가지는 기능과 이를 통해 권리구제가 가능한 범위, 이러한 제도가 도입된 경위와 취지, 납세자의 절차적 권리 침해를 효율적으로 방지하기 위한 통제 방법과 더불어, 헌법 제12조 제1항에서 규정하고 있는 적법절차의 원칙은 형사소송절차에 국한되지 아니하고, 세무공무원이 과세권을 행사하는 경우에도 마찬가지로 준수하여야 하는 점 등을 고려하여 보면, 구 국세기본법 등이 과세전적부심사를 거치지 않고 곧바로 과세처분을 할 수 있거나 과세전적부심사에 대한 결정이 있기 전이라도 과세처분을 할 수 있는 예외사유로 정하고 있다는 등의 특별한 사정이 없는 한, 세무조사 결과에 대한 서면통지 후 과세전적부심사 청구나 그에 대한 결정이 있기도 전에 과세처분을 하는 것은 원칙적으로 과세전적부심사 이후에 이루어져야 하는 과세처분을 그보다 앞서 함으로써 과세전적부심사 제도 자체를 형해화시킬 뿐만 아니라 과세전적부심사 결정과 과세처분 사이의 관계 및 그 불복절차를 불분명하게 할 우려가 있으므로, 그와 같은 과세처분은 납세자의 절차적 권리를 침해하는 것으로서 그 절차상 하자가 중대하고도 명백하여 무효이다(대판 2023. 11. 2, 2021두37748).

Ⅱ. 행정쟁송

1. 행정심판

조세의 부과 · 징수에 관한 행정심판에 대하여는 조세사건의 특수성을 고려하여 행정심판법의 적용이 배제되고(국세기본법 56조 1항 등), 국세기본법 · 관세법 · 지방세기본법이 정하는 절차에 의한다.

1) 일반국세에 대한 행정심판

국세의 부과 · 징수에 대한 행정심판은 국세청장에 대한 심사청구와 조세심판원장에 대한 심판청구의 두 종류의 절차가 있으며, 심사청구와 심판청구 중 하나의 절차만 거치면 행정소송을 제기할 수 있으며(동법 55조 1항 · 56조 2항), 동일한 처분에 대하여 심사청구와 심판청구를 중복하여 제기할 수 없다(동법 55조 9항). 다만 당사자가 원하는 경우에는 심사청구나 심판청구에 앞서 이의신청을 할 수 있도록 하였다(동법 55조 3항).

가. 이의신청

국세의 부과와 징수에 관한 처분에 대하여 이의가 있는 자는, 국세청장이 조사 · 결정 또는 처리할 처분을 제외하고는 세무서장이나 지방국세청장에게 이의신청을 할 수 있다(동법 55조 3항 · 66조). 이의신청은 필요적 절차가 아니라 임의적 절차이다. 이의신청은 그 처분의 통지를 받은 날로부터 또는 처분이 있었던 것을 안 날로부터 90일 이내에 제기하여야 한다(동법 61조 1항·66조 6항 참조).

나. 심사청구

위법·부당한 처분 또는 필요한 처분을 받지 못함으로써(거부처분) 권리 또는 이익이 침해당한 자는 처분이 있은 것을 안 날로부터 90일 내에 당해 처분을 하였거나 하였어야 할 세무서장을 거쳐 국세청장에게 심사청구를 할 수 있다(동법 61조·62조). 이의신청을 거친 경우에는 그 결정통지를 받은 날(또는 결정기간이 경과한 날)로부터 90일 내에 하여야 한다(동법 61조 2항). 국세청장은 심사청구가 있는 때에는 심사청구를 받은 날로부터 90일 이내에 국세심사위원회의 심의를 거쳐 결정하여야 한다(동법 64조·65조). 이 기간 내에 결정이 없으면 심사청구는 기각된 것으로 본다(동법 65조).

다. 심판청구

심판청구는 당해 처분이 있는 것을 안 날부터 90일 이내에 당해 처분을 하거나 하였어야 할 세무서장을 거쳐 조세심판원장에게 하여야 한다(동법 68조 1항·69조 1항). 이의신청을 거친 경우에는 그에 대한 결정의 통지를 받은 날로부터 90일 이내에 하여야 한다(동법 61조 2항·68조 2항). 심판청구에 대한 결정기관으로서 국무총리 소속하에 조세심판원이 설치되어 있다. 조세심판원은 원장과 조세심판관으로 구성되는 합의제 행정청이다(동법 67조). 조세심판원장이 심판청구를 받은 때에는 조세심판관회의가 그 심리를 거쳐 이를 결정한다. 조세심판관회의의 결정에는 불고불리의 원칙과 불이익변경금지의 원칙이 적용되며(동법 79조), 그 결정은 관계행정청을 기속한다(동법 80조).

2) 관세에 대한 행정심판

관세에 대한 행정심판으로서 심사청구와 심판청구가 있으며 국세의 경우와 마찬가지로 행정소송의 필요적 전치절차로서 이 중의 하나만을 거치면 되고, 양자를 중복하여 제기할 수 없다(관세법 119조 8항, 관세법 120조 2항). 한편, 관세의 경우에도 임의적 절차로서 이의신청을 제기할 수 있다(동법 119조 1항).

3) 지방세에 대한 행정심판

지방세에 대한 전심절차로는 임의적 절차로서 이의신청이 있고 필요적 절차로서 심판청구가 있다(지방세기본법 89조 2항).

가. 이의신청

지방세에 대하여 이의신청을 하고자 할 때에는 그 처분이 있은 것을 안 날부터 90일 이내에 특별시세·광역시세·도세의 경우에는 시·도지사에게, 특별자치시세·특별자치도세의 경우에는 특별자치시장·특별자치도지사에게, 시·군·구세의 경우에는 시장·군수·구청장에게 이의신청을 하여야 한다(지방세기본법 90조). 지방자치단체장은 이의신청에 대하여 지방세심의위원회의 심리·의결에 따라 90일 이내에 결정하여야 한다(지방세기본법 96조 1항).

나. 심판청구

이의신청을 거친 후에 심판청구를 할 때에는 이의신청에 대한 결정 통지를 받은 날부터 90일 이내에 조세심판원장에게 심판청구를 하여야 한다. 이의신청을 거치지 아니하고 바로 심판청구를 할 때에는 그 처분이 있은 것을 안 날부터 90일 이내에 조세심판원장에게 심판청구를 하여야 한다(지방세기본법 90조). 심판청구에 관하여 지방세법 규정 이외의 사항은 국세기본법 제7장 제3절을 준용한다(지방세기본법 96조 7항). 위법한 처분에 대한 행정소송은 심판청구와 그에 대한 결정을 거치지 아니하면 제기할 수 없다. 다만, 심판청구에 대한 재조사 결정에 따른 처분청의 처분에 대한 행정소송은 그러하지 아니하다(지방세기본법 98조 3항).

2. 감사원에 대한 심사청구

감사원법에 의하면 감사원의 감사를 받는 자의 직무에 관한 처분 기타의 행위에 대하여 이해관계 있는 자는 감사원에 심사청구를 할 수 있으므로(동법 43조 1항), 국세 · 관세 · 지방세에 관한 처분에 대하여도 감사원에 심사청구를 할 수 있다. 그러나 감사원은 이해관계인으로부터 심사청구가 있는 경우에 그에 대한 결정으로 조세행정기관이 행한 처분을 직접 취소 · 변경할 수 없고, 관계행정기관의 장에게 시정 기타의 필요한 조치를 요구할 수 있는 데 그치며, 그러한 요구가 있으면 관계행정기관이 요구받은 조치를 행하도록 되어 있다(동법 46조 · 47조). 감사원에 대하여 심사청구를 제기하였거나 그 결정을 받은 때에는 국세기본법 · 관세법상의 심사청구나 심판청구를 제기할 필요가 없으며(국세기본법 55조 1항, 관세법 119조 2항), 지방세법상의 이의신청이나 심사청구를 제기할 필요가 없다(지방세기본법 117조 2항). 감사원에 대한 심사청구기간은 처분이 있은 것을 안 날부터 90일 이내이다. 감사원의 심사청구에 대한 결정에 대하여 불복이 있는 경우에 결정의 통지를 받은 날부터 90일 이내에 처분청을 피고로 하여 행정소송을 제기할 수 있다(감사원법 46조의2).

3. 행정소송

1) 행정소송법에 대한 특칙규정

조세의 부과와 징수에 관한 처분에 대하여 불복이 있는 자는 궁극적으로 행정소송을 제기할 수 있다. 조세에 대한 행정소송에도 일반법인 행정소송법이 적용된다. 다만, 국세기본법, 지방세기본법 및 관세법은 행정심판청구기간과 제소기간과 관련하여 행정소송법 제18조 · 제20조에 대한 특칙을 두고 있다(국세기본법 56조 2항 · 3항, 관세법 120조 2항 · 3항). 위에서 설명한 바와 같이 국세와 관세에 대한 행정소송은 심사청구 또는 심판청구와 그에 대한 결정을 거치지 아니하면 제기할 수 없다(국세기본법 56조 2항, 관세법 120조 2항). 제소기간은 심사청구 또는 심판청구에 대한 결정의 통지를 받은 날부터 90일 이내에 하되, 법정의 결정기간 내에 통지를 받지 못한 경우에는 결정의 통지를 받기 전이라도 그 결정기간이 경과한 날로부터 행정소송을 제기할 수 있다(국세기본법 56조 3항, 관세법 120조 3항).

2) 조세행정소송의 소송물

조세행정소송에 있어서 소송물, 즉 법원의 심판의 대상 · 범위에 대하여는 총액주의와 쟁점주의의 대립이 있다.

가. 총액주의

총액주의는 과세처분에 의하여 확정된 세액이 조세실체법에 의하여 객관적으로 성립하는 세액을 초과하는지 여부가 심판의 대상 및 범위가 된다는 견해이다. 총액주의에 따르면 과세처분 중 일부분에 대하여 불복청구가 있는 경우에도 법원은 과세처분의 대상이 된 세액 전부에 대하여 실체법상 정당한 세액을 기준으로 심판하고, 과세관청은 처분 당시의 처분사유와 다른 사유를 내세워 과세처분을 유지할 수 있다고 한다.

나. 쟁점주의

쟁점주의는 과세처분에 대한 불복청구가 있는 경우에 실체적 세액 전부가 아니라 불복청구부분의 사유에 관계되는 세액만이 심판의 대상 및 범위가 된다는 견해이다. 쟁점주의에 따르면 과세관청이 처분시에 인정한 처분사유만이 심판의 대상이 되고, 처분사유가 달라지면 소송물의 동일성이 유지되지 않기 때문에 처분사유의 추가 · 변경은 원칙적으로 허용되지 않는다.

다. 결 어

총액주의가 타당하다고 볼 것이다. 조세행정은 합법성의 원칙이 강력하게 적용되는 전형적인 기속행정에 속한다. 이에 따라 조세행정소송에 있어서는 실체적 진실의 해명을 위하여 다른 행정분야보다 직권탐지주의가 강하게 요구되며, 이에 상응하여 처분사유의 추가 · 변경도 폭넓게 이루어져야 할 것이다. 판례 역시 총액주의의 입장을 취하고 있다.

판례(부과처분에 의하여 인정된 세액이 정당한 세액에 비하여 과다한 경우에는 정당한 세액을 초과하는 범위 내에서만 위법하다는 판례) 과세처분의 취소를 구하는 소송에 있어서 심판의 대상이 되는 것은 과세관청이 부과고지한 과세표준과 세액이 객관적으로 존재하는가의 여부를 가리는 것이므로 당해 부과처분에 의하여 인정된 과세표준과 세액이 정당하면 그 부과처분은 적법하다할 것이고 반대로 부과처분에 의하여 인정된 과세표준과 세액이 정당한 과세표준과 세액에 비하여 과다한 경우에는 그 부과처분은 정당한 과세표준과 세액을 초과하는 범위 내에서만 위법하므로 이를 취소하여야 할 것이다(대판 1991. 10. 22, 90누9360).

3) 조세행정소송에 있어서 경정처분

과세관청은 과세처분에 잘못이 있는 경우에 당초처분을 시정하기 위한 경정처분을 할 수 있다. 경정처분은 부과과세방식과 신고납세방식 양자 모두에 인정된다. 이와 같이 과세관청이 당초처분을 시정하기 위하여 경정처분을 한 경우 소송의 대상이 무엇인지 문제가 된다. 이와 관련하여 개정 국세기본법은 당초처분과 경정처분과의 관계에 대하여 명문의 규정을 두고 있다. 즉 "세법의 규정에 의하여 당초 확정된 세액을 증가시키는 경정은 당초 확정된 세액에 관한 이 법 또는 세법에서 규정하는 권리 · 의무관계에 영향을 미치지 아니하며, 세법의 규정에 의하여 당초 확정된 세액을 감소시키는 경정은 그 경정에 의하여 감소되는 세액 외의 세액에 관한 이 법 또는 세법에서 규정하는 권리 · 의무관계에 영향을 미치지 아니한다(동법 22조의2)."

가. 감액경정처분의 경우

감액경정처분의 경우에는 감액된 당초처분이 취소소송의 대상이 되며 제소기간준수 여부도 당초처분을 기준으로 판단하여야 한다는 것이 다수설과 종래의 판례의 입장이다(역흡수설). 감액경정처분은 당초처분과 별개의 독립된 처분이 아니라 당초처분의 일부를 취소하는 데 불과한 처분이기 때문이다.

판례(감액경정처분의 경우에 취소소송의 대상) 과세관청이 조세부과처분을 한 뒤에 그 불복절차과정에서 국세청장이나 국세심판소장으로부터 그 일부를 취소하도록 하는 결정을 받고 이에 따라 당초 부과처분의 일부를 취소, 감액하는 내용의 경정처분을 한 경우 위 경정처분은 당초 부과처분과 별개 독립의 과세처분이 아니라 그 실질은 당초 부과처분의 변경이고, 그에 의하여 세액의 일부 취소라는 납세자에게 유리한 효과를 가져오는 처분이라 할 것이므로 그 경정처분으로도 아직 취소되지 않고 남아 있는 부분이 위법하다고 하여 다투는 경우에는 항고소송의 대상이 되는 것은 당초의 부과처분 중 경정처분에 의하여 취소되지 않고 남은 부분이 된다 할 것이고, 경정처분이 항고소송의 대상이 되는 것은 아니라 할 것이므로, 이 경우 제소기간을 준수하였는지 여부도 당초처분을 기준으로 하여 판단하여야 할 것이다(대판 1991. 9. 13, 91누391).

나. 증액경정처분의 경우

증액경정처분의 경우 당초처분과 증액경정처분이 각각 별개의 취소소송의 대상이 되는지 또는 증액경정처분만이 취소소송의 대상이 되는지 다툼이 되고 있다. 이와 관련하여 판례와 다수설은 당초처분은 증액경정처분에 흡수되므로 증액경정처분만이 취소소송의 취소소송의 대상이 된다는 입장을 취하여 왔다(흡수설).[2] 한편 최근의 유력설은 개정 국세기본법이 당초처분과 경정처분을 별개의 처분으로 규정하고 있기 때문에 당초처분과 증액경정처분은 각각 별개의 취소소송의 대상이 되어야 한다는 입장을 취하고 있다(병존설).[3] 그러나 판례는 개정 국세기본법에도 불구하고 여전히 흡수설을 고수하고 있다. 대법원은 개정 국세기본법 제22조의2의 주된 입법취지는 증액경정처분이 있더라도 불복기간의 경과 등으로 확정된 당초 신고 또는 결정에서의 세액만큼은 그 불복을 제한하려는 데 있는 점 등을 종합하여 볼 때, 동 규정의 시행 이후에도 증액경정처분이 있는 경우 당초 신고나 결정은 증액경정처분에 흡수됨으로써 독립된 존재가치를 잃게 된다고 보아야 하므로, 원칙적으로 당초 신고나 결정에 대한 불복기간의 경과 여부 등에 관계없이 증액경정처분만이 항고소송의 심판대상이 된다고 판시하고 있다.

판례 1(증액경정처분의 중 확정된 당초 신고나 결정에서의 세액에 관하여는 취소를 구할 수 없고, 증액된 세액을 한도로 취소를 구할 수 있다는 판례) 구 국세기본법 제22조의2 제1항은 "세법의 규정에 의하여 당초 확정된 세액을 증가시키는 경정은 당초 확정된 세액에 관한 이 법 또는 세법에서 규정하는 권리 · 의무관계에 영향을 미치지 아니한다."고 규정하고 있다. 위 규정의 문언 내용 및 그 주된 입법 취지가 증액경정처분이 있더라도 불복기간의 경과 등으로 확정된 당초 신고나 결정에서의 세액에 대한 불복은 제한하려는 데 있는 점을 종합하면, 증액경정처분이 있는 경우 당초 신고나 결정은 증액경정처분에 흡수됨으로써 독립한 존재가치를 잃게 되어 원칙적으로는 당초 신고나 결정에 대한 불복기간의 경과 여부 등에 관계없이 증액경정처분만이 항고소송의 심판대상이 되고, 납세자는 그 항고소송에서 당초 신고나 결정에 대한 위법사유도 함께 주장할 수 있으나, 확정된 당초 신고나 결정에서의 세액에 관하여는 취소를 구할 수 없고 증액경정처분에 의하여 증액된 세액을 한도로 취소를 구할 수 있다 할 것이다(대판 2011. 4. 14, 2008두22280).

판례 2(전심절차의 진행중에 증액경정처분이 행하여진 경우 제소기간의 판단기준) 당초의 과세처분을 다투는 적법한 전심절차의 진행 중에 증액경정처분이 이루어지면 당초의 과세처분은 증액경정처분에 흡수

2) 崔明根, 稅法學總論, 2006. 384면.
3) 任勝淳, 租稅法, 2005, 310면.

되어 독립적인 존재가치를 상실하므로, 납세자는 특별한 사정이 없는 한 증액경정처분에 맞추어 청구의 취지나 이유를 변경한 다음, 그에 대한 결정의 통지를 받은 날부터 90일 이내에 증액경정처분의 취소를 구하는 행정소송을 제기하여야 한다. 다만 당초의 과세처분에 존재하고 있다고 주장되는 위법사유가 증액경정처분에도 마찬가지로 존재하고 있어 당초의 과세처분이 위법하다고 판단되면 증액경정처분도 위법하다고 하지 않을 수 없는 경우라면, 당초의 과세처분에 대한 전심절차의 진행 중에 증액경정처분이 이루어졌음에도 불구하고 그대로 전심절차를 진행한 납세자의 행위 속에는 달리 특별한 사정이 없는 한 당초의 과세처분에 대한 심사청구 또는 심판청구를 통하여 당초의 과세처분을 흡수하고 있는 증액경정처분의 취소를 구하는 의사가 묵시적으로 포함되어 있다고 봄이 타당하다. 따라서 이러한 경우에는 설령 납세자가 당초의 과세처분에 대한 전심절차에서 청구의 취지나 이유를 변경하지 아니하였다고 하더라도 증액경정처분에 대한 별도의 전심절차를 거칠 필요 없이 당초 제기한 심사청구 또는 심판청구에 대한 결정의 통지를 받은 날부터 90일 이내에 증액경정처분의 취소를 구하는 행정소송을 제기할 수 있다고 할 것이다. 납세자가 이와 같은 과정을 거쳐 행정소송을 제기하면서 당초의 과세처분의 취소를 구하는 것으로 청구취지를 기재하였다 하더라도, 이는 잘못된 판단에 따라 소송의 대상에 관한 청구취지를 잘못 기재한 것이라 할 것이고, 그 제소에 이른 경위나 증액경정처분의 성질 등에 비추어 납세자의 진정한 의사는 증액경정처분에 흡수됨으로써 이미 독립된 존재가치를 상실한 당초의 과세처분이 아니라 증액경정처분 자체의 취소를 구하는 데에 있다고 보아야 할 것이다. 따라서 납세자는 그 소송계속 중에 청구취지를 변경하는 형식으로 증액경정처분의 취소를 구하는 것으로 청구취지를 바로잡을 수 있는 것이고, 이때 제소기간의 준수 여부는 형식적인 청구취지의 변경시가 아니라 증액경정처분에 대한 불복의 의사가 담긴 당초의 소 제기시를 기준으로 판단하여야 한다(대판 2013. 2. 14, 2011두25005).

판례 3(증액경정처분의 취소를 구하는 항고소송에서 다툴 수 있는 불복사유의 범위) 과세표준과 세액을 증액하는 증액경정처분은 당초 납세의무자가 신고하거나 과세관청이 결정한 과세표준과 세액을 그대로 둔 채 탈루된 부분만을 추가로 확정하는 처분이 아니라 당초신고나 결정에서 확정된 과세표준과 세액을 포함하여 전체로서 하나의 과세표준과 세액을 다시 결정하는 것이므로, 당초신고나 결정에 대한 불복기간의 경과 여부 등에 관계없이 오직 증액경정처분만이 항고소송의 심판대상이 되는 점, 증액경정처분의 취소를 구하는 항고소송에서 증액경정처분의 위법 여부는 그 세액이 정당한 세액을 초과하는지 여부에 의하여 판단하여야 하고 당초신고에 관한 과다신고사유나 과세관청의 증액경정사유는 증액경정처분의 위법성을 뒷받침하는 개개의 위법사유에 불과한 점, 경정청구나 부과처분에 대한 항고소송은 모두 정당한 과세표준과 세액의 존부를 정하고자 하는 동일한 목적을 가진 불복수단으로서 납세의무자로 하여금 과다신고사유에 대하여는 경정청구로써, 과세관청의 증액경정사유에 대하여는 항고소송으로써 각각 다투게 하는 것은 납세의무자의 권익보호나 소송경제에도 부합하지 않는 점 등에 비추어 보면, 납세의무자는 증액경정처분의 취소를 구하는 항고소송에서 과세관청의 증액경정사유뿐만 아니라 당초신고에 관한 과다신고사유도 함께 주장하여 다툴 수 있다고 할 것이다. 이와 달리 부가가치세에 관하여 매출액 등이 과다 신고된 경우에 납세의무자가 이를 다투기 위해서는 그 부분에 관하여 감액경정청구절차를 밟아야 하고 과세관청의 부과처분에 대한 취소소송에서는 과다신고사유를 주장할 수 없다는 취지로 판시한 대법원 2005. 11. 10, 2004두9197 판결의 견해는 이와 저촉되는 범위에서 변경하기로 한다(대판(전원합의체) 2013. 4. 18, 2010두11733).

Ⅲ. 과오납금반환청구

1. 의 의

과오납금이란 좁은 의미로는 법률상 조세로서 납부할 원인이 없는 데도 불구하고 납부되어 있는 금전을 의미한다. 이것은 일종의 부당이득이므로 그의 납부자는 당연히 반환청구권을 가지며, 국가 또는 지방자치단체는 이것을 반환할 의무를 진다. 넓은 의미의 과오납금은 좁은 의미의 과오납금과 세법이 정하는 바에 의하여 환급하여야 할 환급세액을 포함한다. 국세기본법은 이러한 넓은 의미의 과오납금을 국세환급금이라 하여, 과오납부한 금액 또는 세법에 의하여 환급하여야 할 환급세액이 있을 때에는 이를 반환하도록 규정하고 있다(동법 51조). 관세법과 지방세기본법도 국세기본법과 유사한 규정을 두고 있다(관세법 46조 내지 48조, 지방세기본법 76조 내지 77조).

환급세액은 징세기술상의 이유로 납부 후에 최종적으로 세액이 확정되는 경우에 확정된 세액을 초과하는 납부세액이 된다. 예를 들어 부가가치세에서 매출세액을 초과하는 수입세액(부가가치세법 17조), 종합소득세액에서 세액공제를 한 금액을 초과하는 근로소득원천징수액(소득세법 85조 이하) 등이 그에 해당한다.

좁은 의미의 과오납금은 ① 위법·부당한 과세처분에 의하여 납부한 후에 동 과세처분이 과세관청의 직권에 의하여 또는 쟁송절차에 의하여 취소·변경된 경우, ② 과세처분이 무효인 경우, ③ 납세자의 착오로 세금을 초과납부하거나 이중납부한 경우에 발생한다. 좁은 의미의 과오납금 및 환급세액의 반환청구권은 공법상의 부당이득반환청구권의 성격을 갖는다. 다음에서는 국세기본법상의 국세환급절차에 대하여 간단히 설명하기로 한다.

2. 과오납금의 결정·처리

세무서장은 납세자가 국세·가산금 또는 체납처분비로서 납부한 금액 중 과오납한 금액이 있거나 세법이 규정하는 바에 의하여 환급하여야 할 납부세액이 있는 때에는 즉시 그 과오납액·초과납부액 또는 환급세액을 국세환급금으로 결정하여야 한다(국세기본법 51조 1항).

결정한 금액은 ① 납세고지에 의하여 납부하는 국세, ② 체납된 국세, 가산금과 체납처분비(다른 세무서장이 충당을 요구한 것을 포함), ③ 세법에 의하여 자진납부하는 국세 등에 충당하며(동법 51조 2항), 충당되고 남은 금액은 국세환급금의 결정을 한 날로부터 30일 이내에 납세자에게 지급하여야 한다(동법 51조 5항). 환급금에 대한 권리는 타인에게 양도할 수 있으며(국세기본법 53조, 관세법 46조 3항), 일반국세와 지방세의 환급금의 소멸시효기간은 5년이다(국세기본법 5조, 관세법 22조 2항, 지방세기본법 79조).

3. 환급가산금

세무서장은 국세환급금을 국세기본법 제51조의 규정에 의하여 충당 또는 지급하는 때에는 법이 정하는 일정한 기산일부터 충당하는 날 또는 지급결정을 하는 날까지의 기간과 금융기관의 예금이자율 등을 참작하여 대통령령이 정하는 이율에 따라 계산한 금액을 국세환급금에 가산하여 지급하여야 한다(국세기본법 52조, 지방세기본법 77조).

4. 과오납금반환청구소송

과세관청이 과오납금을 환급하지 않을 때에는 납세자는 소송을 제기하여 그 반환을 청구할 수 있다. 이 경우 납세자가 제기할 수 있는 소송의 종류에 대하여 학설의 견해가 갈리고 있다. 일설은 과오납금반환청구권은 민사상의 부당이득반환청구권에 해당되기 때문에 민사소송으로 다루어야 한다는 입장을 취하고 있으나, 다수설은 과오납금반환청구권은 공법상 법률관계에 의하여 발생된 것이기 때문에 이에 관한 소송은 공법상 당사자소송이 되어야 한다고 주장하고 있다. 판례는 과오납금반환청구권은 민사상의 부당이득반환청구권으로 보고 민사소송으로 다루어 왔으나, 최근 부가가치세환급청구사건과 관련하여 입장을 바꾸고 당사자소송으로 다루었다. 향후 부가가치세환급청구소송 뿐만 아니라 여타의 과오납금반환청구소송도 당사자소송으로 다루어질 것으로 기대되고 있다. 생각건대 과오납금반환청구권은 조세법관계에 근거를 둔 공법상의 부당이득반환청구권의 성격을 갖기 때문에 공법상의 당사자소송으로 다루어야 하는 것이 타당할 것이다. 납세자는 위법한 조세부과처분에 대한 취소소송과 당사자소송을 병합하여 제기하면 될 것이다(행소법 10조 2항).

판례(부가가치세환급청구는 당사자소송으로 다루어야 한다는 판례) 납세의무자에 대한 국가의 부가가치세 환급세액 지급의무는 그 납세의무자로부터 어느 과세기간에 과다하게 거래징수된 세액 상당을 국가가 실제로 납부받았는지와 관계없이 부가가치세 법령의 규정에 의하여 직접 발생하는 것으로서, 그 법적 성질은 정의와 공평의 관념에서 수익자와 손실자 사이의 재산상태 조정을 위해 인정되는 부당이득 반환의무가 아니라 부가가치세법령에 의하여 그 존부나 범위가 구체적으로 확정되고 조세 정책적 관점에서 특별히 인정되는 공법상 의무라고 봄이 타당하다. 그렇다면 납세의무자에 대한 국가의 부가가치세 환급세액 지급의무에 대응하는 국가에 대한 납세의무자의 부가가치세 환급세액 지급청구는 민사소송이 아니라 행정소송법 제3조 제2호에 규정된 당사자소송의 절차에 따라야 한다(대판(전원합의체) 2013. 3. 21, 2011다95564).

한편 납세자가 세무서장에게 국세환급금지급청구를 하는 경우에 세무서장이 이를 거부하거나 아무런 조치를 취하지 아니할 때, 납세자가 거부처분취소소송이나 부작위위법확인소송을 제기할 수 있는지 여부가 문제가 되나, 판례는 환급거부결정의 처분성을 부인하여 이를 부인하고 있다.

판례(환급거부결정이 항고소송의 대상이 되는 행정처분인지 여부) 국세기본법 제51조 및 제52조 국세환급금 및 국세가산금결정에 관한 규정은 이미 납세의무자의 환급청구권이 확정된 국세환급금 및 가산금에 대하여 내부적 사무처리절차로서 과세관청의 환급절차를 규정한 것에 지나지 않고 그 규정에 의한 국세환급금(가산금 포함)결정에 의하여 비로소 환급청구권이 확정되는 것은 아니므로, 국세환급금결정이나 이 결정을 구하는 신청에 대한 환급거부결정 등은 납세의무자가 갖는 환급청구권의 존부나 범위에 구체적이고 직접적인 영향을 미치는 처분이 아니어서 항고소송의 대상이 되는 처분이라고 볼 수 없다(대판(전원합의체) 1989. 6. 15, 88누6436).

판례색인

〔대법원판결〕

〔하급심판결〕

〔헌법재판소판결〕

사항색인

ㄱ

ㄴ

ㄷ

ㅇ

ㅊ

정 하 중

〔저자약력〕

고려대학교 정경대학 정치외교학과 졸업
독일 Köln 대학교 법과대학 수료 및 동 대학교 법학박사
서강대학교 법학전문대학원 명예교수
국가인권위원회 행정심판위원회 위원
국회 행정심판위원회 위원
법무부 행정소송법 개정위원회 부위원장
법제처 법령해석심의위원회 위원
중앙행정심판위원회 자문위원
한국행정법학회 회장
한국행정판례연구회 회장
한국토지보상법연구회 회장
한국행정법학회 이사장(현재)
사법시험 · 행정고시 · 외무고시 · 입법고시 · 감정평가사 시험 · 변리사시험 출제위원
한국법학원 제2회 학술논문상 수상

〈주요저서 및 논문〉

행정법총론
행정법각론
행정법사례연구
행정법의 이론과 실제
독일공법학에 있어서 권리의 개념
사법행정의 기본권기속
자금조성행정의 법적 성격과 행위형식
행정행위의 공정력, 구속력 그리고 존속력
법규명령과 행정행위의 한계설정
경찰법상의 책임
법률의 개념－처분적 법률, 개별적 법률 그리고 집행적 법률
행정법에 있어서 재량과 판단여지 그리고 사법심사의 한계
민주적 법치국가에 있어서 특별권력관계 외 논문 다수

김 광 수

〔저자약력〕

서울대학교 법과대학 공법학과 졸업
서울대학교 대학원 법학석사, 법학박사
일본 동경대학교 연구생
미국 UC Berkeley Law School 방문교수
순천향대학교, 명지대학교 교수 역임
서강대학교 법학전문대학원 교수
서울시 행정심판위원회 위원
법제처 법령해석심의위원회 위원
국회 입법지원위원
감정평가협회 추천위원
한국행정법학회 회장(현재)
사법시험 · 행정고시 · 외무고시 · 입법고시 · 감정평가사 시험 · 변호사시험 출제위원
한국토지공법학회 창립 30주년 기념 학술상 수상

〈주요저서 및 논문〉

인공지능법론
환경과 법
판례교재 행정법(공저)
인공지능법의 비전과 쟁점
법학과 과학의 공진화를 위한 인공지능 법철학
긴급조치와 국가배상
도그마틱과 행정법학
인공지능 발전에 대응한 국민의 안전과 생존권 확보 방안
인공지능 기반 과학기술과 국민의 권익구제
남북한 환경법제와 DMZ 이용 및 보전방안
헌법 개정과 토지공개념
인공지능 규제법 서설
중국의 법치교육과 행정법
개발행위허가의 쟁점과 절차
감정평가제도와 헌법상 재산권보장 외 논문 다수

행정법개론 (제20판)

2007년 5월 10일 초판 발행
2008년 2월 1일 제2판 발행
2009년 1월 20일 제3판 발행
2010년 2월 25일 제4판 발행
2011년 1월 20일 제5판 발행
2012년 1월 25일 제6판 발행
2013년 1월 2일 제7판 발행
2014년 1월 3일 제8판 발행
2015년 1월 25일 제9판 발행
2016년 1월 25일 제10판 발행
2017년 1월 25일 제11판 발행
2018년 1월 25일 제12판 발행
2019년 1월 30일 제13판 발행
2020년 2월 1일 제14판 발행
2021년 2월 1일 제15판 발행
2022년 1월 15일 제16판 발행
2023년 1월 20일 제17판 발행
2024년 1월 20일 제18판 발행
2025년 1월 6일 제19판 발행
2026년 1월 5일 제20판 발행

저 자 정 하 중 · 김 광 수
발행인 배 효 선
발행처 도서출판 法 文 社
주 소 10881 경기도 파주시 회동길 37-29
등 록 1957년 12월 12일/제2-76호(윤)
전 화 (031)955-6500~6 FAX (031)955-6525
E-mail (영업)bms@bobmunsa.co.kr
(편집)edit66@bobmunsa.co.kr
홈페이지 http://www.bobmunsa.co.kr
조 판 (주) 성 지 이 디 피

정가 68,000원 ISBN 978-89-18-91655-2